AF616974

Proceso Penal

TOMO II

Procedimiento de selección de originales, ver página web:
www.tirant.net/index.php/editorial/procedimiento-de-seleccion-de-originales

Proceso Penal

TOMO II

IGNACIO FLORES PRADA
Director

AMAYA ARNÁIZ SERRANO
JUAN MANUEL ALCOCEBA GIL
Coordinadores

tirant lo blanch
Valencia, 2026

En caso de erratas y actualizaciones, la Editorial Tirant lo Blanch publicará la pertinente corrección en la página web www.tirant.com.

EDITA: TIRANT LO BLANCH
C/ Artes Gráficas, 14 - 46010 - Valencia
TELFS.: 96/361 00 48 - 50
FAX: 96/369 41 51
Email: tlb@tirant.com
www.tirant.com
Librería virtual: www.tirant.es
DEPÓSITO LEGAL: V-4682-2025
ISBN: 979-13-7021-459-3 (Obra completa)
ISBN: 979-13-7021-840-9 (Tomo II)

Si tiene alguna queja o sugerencia, envíenos un mail a: *atencioncliente@tirant.com*. En caso de no ser atendida su sugerencia, por favor, lea en *www.tirant.net/index.php/empresa/politicas-de-empresa* nuestro procedimiento de quejas.

Responsabilidad Social Corporativa: http://www.tirant.net/Docs/RSCTirant.pdf

Autores

Javier Abella López
Magistrado
Profesor de Derecho Procesal
Universidad Carlos III de Madrid

Juan Manuel Alcoceba Gil
Profesor Titular (a) de Derecho Procesal
Universidad Carlos III de Madrid
Letrado del Tribunal Constitucional

Amaya Arnáiz Serrano
Profesora Titular de Derecho Procesal
Universidad Carlos III de Madrid

Pedro Crespo Barquero
Fiscal-Jefe
Fiscalía ante el Tribunal Constitucional

José Miguel de la Rosa Cortina
Fiscal de Sala
Fiscalía del Tribunal Supremo

Emilio de Llera Suárez-Bárcena
Fiscal
Doctor en Derecho

Raquel de Miguel Morante
Fiscal
Fiscalía de la Audiencia Nacional

Luis Fernández Arévalo
Fiscal-Jefe
Audiencia Provincial de Sevilla

Ignacio Flores Prada
Catedrático de Derecho Procesal
Universidad Pablo de Olavide de Sevilla

María Jesús Fraile Martín
Letrada de la Administración de Justicia
Secretaria de Gobierno
Audiencia Nacional

Diego Alberto Gutiérrez Azanza
Fiscal
Letrado del Gabinete Técnico del TS

Juan José López Ortega
Magistrado
Audiencia Provincial de Madrid
Presidente de la Comisión de redacción de los anteproyectos de LECrim de 2011 y 2020
Profesor de Derecho Procesal
Universidad Carlos III de Madrid

Concepción López-Yuste Padial
Fiscal
Fiscalía de la Comunidad de Madrid

María Luzón Cánovas
Fiscal
Inspección Fiscal

Encarnación Molino Barrero
Abogada
Montero-Aramburu & GVA

Víctor Moreno Catena
Catedrático de Derecho Procesal
Abogado
Moreno Catena-Venturi

Sonia Nuez Rivera
Magistrada
Letrada en el CGPJ

José Luis Ramírez Ortiz
Magistrado
Letrado del Tribunal Constitucional

Ignacio Rodríguez Fernández
Fiscal
Doctor en Derecho
Letrado del Tribunal Constitucional

Índice Tomo II

SECCIÓN V
MEDIDAS CAUTELARES

SECCIÓN VI
COOPERACIÓN JURÍDICA PENAL INTERNACIONAL

PARTE SEXTA
LA FASE INTERMEDIA

PARTE SÉPTIMA
JUICIO ORAL Y SENTENCIA

SECCIÓN I
LA PREPARACIÓN DEL JUICIO ORAL

CAPÍTULO 46. LA CONFORMIDAD 1921

Concepción López-Yuste Padial

SECCIÓN II
LA CELEBRACIÓN DEL JUICIO ORAL

CAPÍTULO 47. EL JUICIO ORAL (I). SEÑALAMIENTO, DIRECCIÓN, PRINCIPIOS Y DOCUMENTACIÓN 1953

José Luis Ramírez Ortiz

SECCIÓN III
SENTENCIA Y COSA JUZGADA

PARTE OCTAVA
RECURSOS Y MEDIOS EXTRAORDINARIOS DE IMPUGNACIÓN

SECCIÓN I
RECURSOS

SECCIÓN II
MEDIOS EXTRAORDINARIOS DE RESCISIÓN DE SENTENCIAS FIRMES

1448

PARTE NOVENA
LA EJECUCIÓN PENAL

PARTE DÉCIMA
LOS PROCEDIMIENTOS PENALES

SECCIÓN I
LOS PROCEDIMIENTOS ORDINARIOS

SECCIÓN II
LOS PROCEDIMIENTOS ESPECIALES

SECCIÓN III
PROCEDIMIENTOS CON ESPECIALIDADES

SECCIÓN IV
EL PROCEDIMIENTO ANTE LA CORTE PENAL INTERNACIONAL

CAPÍTULO 74. EL PROCEDIMIENTO PARA EL ENJUICIAMIENTO EN ESPAÑA DE LOS DELITOS INVESTIGADOS POR LA FISCALÍA EUROPEA 2907

Raquel de Miguel Morante

SECCIÓN IV
EL PROCEDIMIENTO ANTE LA CORTE PENAL INTERNACIONAL

CAPÍTULO 75. EL PROCEDIMIENTO ANTE LA CORTE PENAL INTERNACIONAL 2935

Raquel de Miguel Morante

EPÍLOGO 2963

Juan José López Ortega

Sección V

Medidas cautelares

Capítulo 34

Medidas cautelares. Introducción

José Miguel de la Rosa Cortina
Fiscal de Sala
Fiscalía del Tribunal Supremo

1. CONCEPTO Y FINALIDAD

La potestad jurisdiccional tiene tres manifestaciones: la potestad declarativa, la potestad ejecutiva y la potestad cautelar. La potestad cautelar es una potestad instrumental, al servicio de las otras dos, cuya finalidad es posibilitar que pueda llegar a enjuiciarse y resolverse el conflicto planteado y que pueda llegar a ejecutarse lo en él acordado.

La actividad jurisdiccional, en todos sus órdenes, implica una inversión de medios personales, de medios materiales y de tiempo, como *prius* lógico antes de declarar el derecho y de ejecutar lo decidido. La justificación de la existencia de las medidas cautelares aparece con nitidez en el proceso penal, pues siempre debe existir una —al menos mínima— fase preliminar tendente a conocer *prima facie* qué ha pasado para poder formular una acusación, toda vez que la propia índole del delito incorpora en mayor o menor medida la nota de oscuridad y de secreto, que debe ser esclarecida y disipada antes de perfilar la pretensión procesal materializada en el escrito de acusación provisional. Igualmente es necesario articular una fase de enjuiciamiento en la que concretar las pretensiones y practicar prueba, así como un mínimo tiempo que permita al juzgador reflexionar para resolver, a lo que debe añadirse la necesidad de arbitrar una vía que permita impugnar lo resuelto ante una instancia superior. En tanto estos *tempos* podrían frustrar las finalidades perseguidas por el proceso es necesario prever la posibilidad de adoptar medidas cautelares.

Debe también subrayarse, como puso de relieve CALAMANDREI, la dimensión de las medidas cautelares en el interés de la propia Administración de Justicia, como mecanismo para salvaguardar el *imperium iudicis*.

En el proceso penal las medidas cautelares interesan a la parte activa, el promotor de la acción penal y se adoptan contra el investigado o acusado, de modo que, como regla general, han de ser pedidas por la primera y soportadas por la segunda, y persiguen siempre una finalidad procesal, permitiendo el normal desarrollo del proceso y el cumplimiento de la sentencia (MORENO CATENA/CORTÉS DOMÍNGUEZ, 2024).

Para GIMENO SENDRA (2024) las medidas cautelares en el orden penal son «aquellas resoluciones motivadas del órgano jurisdiccional que pueden adoptarse contra el presunto responsable de la acción delictiva, como consecuencia, de un lado, del surgimiento de su cualidad de imputado y, de otro, de la fundada probabilidad de su ocultación personal o patrimonial en el curso de un procedimiento penal, por lo que se limita provisionalmente su libertad o la libre disposición de sus bienes con el fin de garantizar los efectos penales y civiles de la sentencia».

1466 La importancia de las medidas cautelares ha sido resaltada por la doctrina del TC, que les ha reconocido dimensión constitucional, en relación con el derecho a la tutela judicial efectiva. La STC 218/1994 [*Tol 82623*] subraya «la trascendencia constitucional de las medidas cautelares y [...] su relación con los derechos fundamentales y libertades públicas consagrados en el Texto Constitucional, especialmente con el derecho a la tutela judicial efectiva proclamado en el art. 24.1».

La doctrina jurisprudencial parte de la premisa de que «la tutela judicial no es tal sin medidas cautelares adecuadas que aseguren el efectivo cumplimiento de la resolución definitiva que recaiga en el proceso» (STC 14/1992 [*Tol 25194*]).

Si esta doctrina es sin duda aplicable a todos los procesos, especialmente habrá de serlo al proceso penal, en el que los intereses en juego son, en ocasiones y sin necesidad de acudir a figuras metafóricas, vitales.

Por ello puede articularse el recurso de amparo cuando la medida cautelar denegada pretendía «evitar un daño sobre los derechos e intereses controvertidos en el proceso principal que de producirse llevaría a que el objeto de esos derechos o intereses desapareciera o resultara tan gravemente afectado que sus titulares, aunque obtuviesen una resolución de fondo favorable, no podrían ejercerlo o, cuando menos, no podrían desarrollar todas las facultades que lo conformaban inicialmente» (STC 218/1994 [*Tol 82623*]).

Como se ha expresado «si el proceso penal puede desembocar en imposición de una pena, interesa a todos que esa pena sea susceptible de cumplimiento efectivo» (RAMOS MÉNDEZ, 1993).

Últimamente se ha subrayado la paulatina instauración de herramientas para objetivizar la decisión judicial cautelar respecto de la concurrencia de riesgos-peligros que pueden justificar la adopción de una u otra medida cautelar, en especial en el ámbito de la violencia de género (VioGEN). Como atinadamente expone BARONA (2023) «hay que mantener el equilibrio de las garantías y los derechos en la adopción de medidas cautelares, por lo que, para evitar cualquier género de desigualdades, discriminaciones, etc., y teniendo en cuenta la posible concurrencia de sesgos en estos programas algorítmicos, han de ser complemento asistencial, que no sustituto de la decisión judicial cautelar».

2. CLASIFICACIÓN

La primera clasificación, la más básica y esencial, es la que distingue entre medidas cautelares personales y medidas cautelares reales. Para la STC 14/2000 [*Tol 12170*], la prisión provisional «se incluye [...] en la categoría más general de las medidas cautelares de naturaleza personal, al igual que, por participar de idéntica finalidad, lo son también medidas tales como la libertad provisional, con o sin fianza».

En palabras de FENECH (1982) «los actos procesales cautelares se pueden dividir en dos grandes grupos, según tiendan a limitar la libertad individual o a limitar la libertad de disposición sobre un patrimonio. A los primeros les llamaremos actos cautelares personales, y a los segundos, actos cautelares reales».

Esta misma clasificación se obtiene a partir de las dos pretensiones que se ejercitan en el proceso penal: la pretensión punitiva y a la pretensión resarcitoria, de modo que las medidas cautelares personales tienen como finalidad principal asegurar a la persona del encausado, garantizando su disponibilidad para la celebración del juicio oral, evitando, por lo tanto, su fuga u ocultación y las medidas cautelares reales sirven para asegurar la efectividad de las responsabilidades pecuniarias, salvaguardando los bienes de los responsables civiles directos o subsidiarios (NEIRA PENA, 2023).

Otros autores distinguen entre medidas cautelares penales, dirigidas a garantizar la eficacia de la ejecución del fallo condenatorio en lo que se refiere a su contenido penal; medidas cautelares civiles, dirigidas a garantizar la eficacia de la ejecución del fallo condenatorio en lo que se refiere a su contenido civil o indemnizatorio y procesales, dirigidas a garantizar la eficacia de la ejecución del fallo condenatorio en lo que se refiere a la condena en costas, pues conforme al art. 123 CP han de imponerse al condenado o condenados (LLERA SUÁREZ-BÁRCENA, 2024).

Dentro de las medidas cautelares personales cabe distinguir entre privativas de libertad —detención, prisión, prisión atenuada, internamiento en centro de desintoxicación— y privativas o limitativas de otros derechos —prohibición de aproximación, prohibición de residencia, prohibición de comunicación, privación provisional del permiso de conducir, suspensión del derecho a la tenencia, porte y uso de armas, suspensión de cargos públicos, suspensión de actividades o cierre de empresa o establecimiento y prohibición de difusión, suspensión en el ejercicio de la patria potestad, suspensión del derecho de visitas—.

Cerrando estos intentos clasificatorios, algunos autores crean otra categorización paralela, distinguiendo entre medidas cautelares y medidas de protección. Estas últimas pretenden «dar amparo a las víctimas mientras que se sustancia el proceso penal y se dicta la sentencia que establezca con carácter definitivo las correspondientes responsabilidades y determine las consecuencias accesorias» (MORENO CATENA/CORTÉS DOMÍNGUEZ, 2024).

Los autores que configuran las medidas en protección de la víctima como categoría cautelar autónoma, parten de que el art. 13 LECrim considera como primeras diligencias que han de practicarse en el proceso penal la de proteger a los ofendidos o perjudicados por el delito, a sus familiares o a otras personas. Este sector doctrinal introduce una subdivisión entre medidas de protección de la víctima —órdenes de alejamiento, orden de protección; prisión provisional en protección de la víctima— y medidas de protección de la sociedad —retirada del permiso de conducir, cierre de establecimientos y suspensión de cargos públicos—.

Frente a la cualificada opinión de este sector doctrinal partidario de excluir las denominadas medidas de protección de la víctima de la categoría de las medidas cautelares, en nuestra opinión las mismas pueden —(porque comparten su esencia) y deben (porque quedarían sometidas a sus principios)— englobarse dentro de la categoría de las medidas cautelares personales.

Algunos autores dividen las medidas cautelares patrimoniales en medidas penales, que se derivan de la misma responsabilidad penal, tales como el pago de las costas procesales o la pena de multa, entre otros conceptos y las medidas civiles, que derivan de la responsabilidad civil derivada de la comisión del hecho delictivo, garantizando la efectividad de la resolución condenatoria civil

—restitución de la cosa, reparación del daño o indemnización de perjuicios—. (BARONA, 2023).

GÓMEZ COLOMER (1996) identifica una categoría autónoma de medidas cautelares reales, a imponer en el proceso penal, «que tienen una naturaleza mixta procesal penal y civil o administrativa, pues a un tiempo garantizan que una de las consecuencias accesorias de la comisión dolosa de un delito que prevé el art. 129 CP 1995 se podrá ejecutar en su día y además que no se seguirán cometiendo delitos como los que han dado lugar a la formación de la causa». Este autor identifica como tales las siguientes: a) clausura temporal de prostíbulos, en relación con delitos de provocación sexual y prostitución (art. 194 CP *in fine*); b) medidas a cargo del autor del hecho, encaminadas a restaurar el equilibrio ecológico perturbado, en relación con delitos relativos a la ordenación del territorio o a la protección del patrimonio histórico o contra el medio ambiente (art. 339 CP); c) medidas de clausura temporal de locales y suspensión de actividades que pueden ser cautelarmente impuestas para determinados delitos (art. 129 CP); d) medidas cautelares específicas en materia de delitos relacionados con los derechos inherentes a la propiedad intelectual (art. 270.3 CP).

Pueden, por último, clasificarse las medidas cautelares entre las aplicables a personas físicas y las aplicables a personas jurídicas —clausura temporal de locales o establecimientos, suspensión de las actividades sociales, intervención judicial para salvaguardar los derechos de los trabajadores o de los acreedores—.

Una medida cautelar singular es la de retirada o bloqueo de contenidos ilícitos en la red, que fue introducida en el párrafo segundo del art. 13 LECrim por LO 10/2022, de 6 de septiembre «en la instrucción de delitos cometidos a través de internet, del teléfono o de cualquier otra tecnología de la información o de la comunicación, el juzgado podrá acordar, como primeras diligencias, de oficio o a instancia de parte, las medidas cautelares consistentes en la retirada provisional de contenidos ilícitos, en la interrupción provisional de los servicios que ofrezcan dichos contenidos o en el bloqueo provisional de unos y otros cuando radiquen en el extranjero».

3. CARACTERÍSTICAS GENERALES

Sobre las notas características de las medidas cautelares, pueden consultarse las SSTC 29/2019 [*Tol 7111098*] y 143/2022 [*Tol 9738106*], que desarrollan el contenido de los principios de legalidad, jurisdiccionalidad, excepcionalidad, modificabilidad y limitación temporal en relación con la prisión provisional.

3.1 Instrumentalidad

El principio de instrumentalidad implica que las medidas cautelares, tanto personales como reales está dirigidas a asegurar la adecuada tramitación del proceso y a posibilitar la ejecución de una eventual sentencia condenatoria.

Las medidas cautelares no tienen autonomía y siempre han de estar vinculadas a un proceso principal. Las medidas cautelares no constituyen un fin en sí mismas, sino que están ineludiblemente preordenadas a la emanación de una medida definitiva (CALAMANDREI, 1945).

Las medidas cautelares no tienen justificación en sí mismas, sino que la adquieren en función del aseguramiento del adecuado desenvolvimiento de un proceso en el que se ejerce una pretensión penal.

La instrumentalidad no siempre exige que el proceso principal se haya incoado y así la medida cautelar puede adoptarse con anterioridad, como sucede con la detención preventiva, aun cuando habrá de tener como referente en todo caso un proceso principal (MORENO CATENA/CORTÉS, 2024).

Este principio trae consigo el que, finalizado el proceso penal por resolución firme, cualquiera que fuera su causa —sentencia (condenatoria o absolutoria), sobreseimiento provisional o libre—, las medidas cautelares adoptadas en su seno deben quedar sin efecto.

3.2 Jurisdiccionalidad

Las medidas cautelares son dictadas en ejercicio de la potestad jurisdiccional que corresponde, en exclusiva, a los jueces y tribunales. Ni la Policía Judicial ni el Ministerio Fiscal pueden acordarlas. Por ello la detención gubernativa no se considera propiamente una medida cautelar y está sujeta de forma inmediata al control jurisdiccional.

La doctrina del TC ha afirmado reiteradamente este principio: toda medida restrictiva de derechos fundamentales requiere una decisión judicial motivada (SSTC 147/2000 [*Tol 26505*]; 47/2000 [*Tol 24429*]).

En el principio de jurisdiccionalidad se proyecta el derecho al juez ordinario predeterminado por la Ley, de modo que la competencia judicial para decidir sobre la prisión provisional debe estar previamente establecida por la Ley antes de la comisión del delito.

Además, quien resuelve ha de ser un juez imparcial, pues como declaró el TC «sin juez imparcial no hay propiamente proceso jurisdiccional» (STC 60/1995 [*Tol 82800*]). Desde otra perspectiva, debe partirse de que quien durante la instrucción dicta medidas cautelares pierde imparcialidad para enjuiciar el asunto (SSTC 170/1993 [*Tol 82193*]; 320/1993 [*Tol 82341*]).

3.3 Provisionalidad

Las medidas cautelares sólo deben permanecer en vigor en cuanto subsistan los presupuestos que las han justificado. Este principio exige una evaluación continua de los presupuestos y fines de la medida, y su consiguiente alzamiento en cuanto los mismos dejen de concurrir. Es por ello por lo que los autos referidos a la situación personal del imputado no poseen en ningún caso la eficacia de cosa juzgada (SSTC 66/2008 [*Tol 1322459*]; 122/2009 [*Tol 1533256*]).

La adopción de estas medidas cautelares queda sometida siempre a una implícita cláusula *rebus sic stantibus*, debiendo de oficio promover su cesación el fiscal y acordar en tal sentido el órgano jurisdiccional en cuanto proceda, y ello porque como afirma el TC «no existiendo límite mínimo en relación al tiempo que debe mantenerse a una persona en situación de preso provisional, ello implica la posibilidad de que, respetando las normas [...] esta situación subsista [...] mientras subsistan los motivos que la hayan ocasionado» (STC 41/1982 [*Tol 79014*]).

El TEDH se ha pronunciado reiteradamente sobre la necesidad de revisión judicial de las medidas (SSTEDH de 30/09/1990, Fox, Cambell y Hartley contra el Reino Unido; de 20/03/1997, Loukanov contra Bulgaria; de 27/06/1968, Neumeister contra Austria).

Es importante que la Ley subraye la provisionalidad como característica inherente a la prisión provisional. El juez debe ser plenamente consciente de que la medida ha de ser permanentemente revisada y que puede ser absolutamente correcto el dejarla sin efecto con posterioridad.

3.4 Homogeneidad

Las medidas cautelares deben compartir la misma naturaleza que las medidas ejecutivas que pueden llegar a adoptarse en la resolución definitiva del pleito principal (MONTERO AROCA, 1988). Ello supone «la imposibilidad de que se pueda obtener en el proceso cautelar cualquier cosa de más o diferente de cuanto se podrá obtener con la resolución judicial definitiva o en contraste con otras normas del Ordenamiento jurídico, sobre todo constitucionales» (VECINA CIFUENTES, 2007).

3.5 Contradicción

Las medidas cautelares, antes de ser adoptadas, deben, como regla general, someterse a un debate contradictorio entre las partes del proceso principal. La adopción *inaudita parte* debe estar justificada por razones de urgencia y venir acompañada de la posibilidad de revisarla con posterioridad, con audiencia del sujeto pasivo de la misma

3.6 Legalidad

Las medidas cautelares se rigen por el principio de legalidad, y por tanto, son *numerus clausus*, no pudiendo aplicarse otras medidas que las expresamente previstas en nuestro ordenamiento procesal.

La STC 169/2001 [*Tol 12996*] (caso Scilingo) al analizar si era admisible acordar la libertad con retirada de pasaporte pese a su falta de cobertura legal, concluyó afirmando que ni la LECrim ni ninguna de las disposiciones contenidas en otros instrumentos normativos nacionales e internacionales contenía una habilitación para adoptar tal medida con «la suficiente previsión normativa que la exigencia constitucional de certeza del derecho y de protección de la libertad personal requiere", entendiendo que no era procedente la aplicación analógica, la cual "haría quebrar la garantía de previsibilidad de las restricciones acordadas por la autoridad judicial en la libertad personal del sometido a un procedimiento penal».

El principio de legalidad y sus derivaciones —prohibición de la analogía *in malam partem*, taxatividad e irretroactividad de disposiciones no favorables— está íntimamente ligado a las ideas de previsibilidad y de confianza del ciudadano frente a las intervenciones del Estado (en el mismo sentido, SANGUINÉ, 2003).

El art. 17.1 CE constitucionaliza este principio en relación con las medidas cautelares privativas de libertad al establecer que «toda persona tiene derecho a la libertad y a la seguridad. Nadie puede ser privado de su libertad sino con la observancia de lo establecido en este artículo y en los casos y en la forma previstos en la Ley». Para el TC «los casos y la forma previstos en la Ley, son expresiones que deben ser interpretadas teniendo en cuenta, en primer y principal lugar, lo que resulta de la propia Constitución» (STC 140/1986 [*Tol 79686*]).

La Ley que prevea los supuestos de prisión provisional así como su duración máxima ha de adoptar la forma de Ley Orgánica, ya que al limitar el derecho a la libertad personal constituye un desarrollo del derecho fundamental, de conformidad con lo dispuesto en el art. 81.1 CE (SSTC 147/2000 [*Tol 26505*]; 140/1986 [*Tol 79686*] y 32/1987 [*Tol 79741*]).

Para el TC «la regla *nulla custodia sine lege* obliga a que la decisión judicial de decretar, mantener o prorrogar la prisión provisional esté prevista en uno de los supuestos legales (uno de los "casos" a que se refiere el art. 17.1 CE) y se adopte mediante el procedimiento legalmente regulado (en la "forma" mencionada en el mismo precepto constitucional)» (STC 147/2000 [*Tol 26505*]).

El principio de legalidad implica que la ley procesal debe tipificar los presupuestos y el contenido de esta medida cautelar. Este principio es perfilado por la doctrina del TC con unos contornos muy estrictos y así, la STC 169/2001 [*Tol 12996*] rechaza admitir como cobertura legal específica las normas carentes del rango de Ley requerido por el art. 53.1 CE —Reglamentos en materia de Extranjería o Servicio Militar—, las Declaraciones de la Asamblea General de Naciones Unidas, las normas que no estaban en vigor en el momento de adoptarse la medida, las disposiciones que establecen habilitaciones para la autoridad administrativa y no judicial, o aquéllas que habilitan a los órganos judiciales a adoptar esta medida en otros ámbitos jurídicos y conforme a presupuestos diferentes —las normas de la Ley de Seguridad Ciudadana, Ley de Extradición Pasiva—. Se ha acuñado en este sentido el principio de tipicidad procesal de las medidas cautelares.

Por lo que hace al efecto de irretroactividad, para el TC «en materia de derechos fundamentales la legalidad ordinaria ha de ser interpretada de la forma más favorable para la efectividad de tales derechos», lo que implica que, ante la duda suscitada por un conflicto temporal de leyes sucesivas, reguladoras de las situaciones de prisión provisional, los órganos judiciales habrán de aplicar el principio *in dubio pro libertate* [...] (STC 117/1987 [*Tol 79857*]).

En aplicación del principio de legalidad el TC reiteradamente declara que el derecho a la libertad pueda verse conculcado tanto cuando se actúa bajo la cobertura improcedente de la ley, como cuando se opera contra lo que la ley dispone (SSTC 127/1984 [*Tol 252299*]; 34/1987 [*Tol 79742*] y 128/1995 [*Tol 82867*]).

Desde el principio *nulla custodia sine lege*, será la ley la que haya de fijar los plazos máximos de prisión provisional, tal como dispone el art. 17.4 CE, debiendo tales plazos ser escrupulosamente cumplidos por los órganos judiciales, resultando, en caso contrario, afectada la garantía constitucional de la libertad contenida en el art. 17 CE, por estar ante una limitación desproporcionada del derecho fundamental carente, por lo demás, de cobertura legal (SSTC 37/1996 [*Tol 272041*] y 95/2007 [*Tol 1080331*]).

La razón de esta exigencia en cuanto a los plazos «encuentra su último fundamento en la seguridad jurídica de los ciudadanos, que con la previsión legal tienen la posibilidad de conocer hasta qué momento puede durar la restricción de su derecho fundamental a la libertad en virtud de la medida cautelar. Las ideas de advertencia y previsibilidad del tope temporal máximo de la prisión provisional cobran así un significado central en el cumplimiento del mandato del segundo inciso del art. 17.4 CE» (STC 95/2007 [*Tol 1080331*]).

Asimismo, del citado afán de garantizar la seguridad jurídica y la previsibilidad en la restricción cautelar de la libertad se deriva, a su vez, una exigencia de certeza en el cómputo del plazo que lleva a la exclusión tanto de los «eventos ajenos a la propia medida cautelar» (SSTC 19/1999 [*Tol 81099*] y 72/2000 [*Tol 24454*]) como de los «elementos inciertos» que puedan conducir al «desbordamiento del plazo razonable», conectándose de este modo la exigencia de certeza con la del «plazo razonable» (STC 98/2002 [*Tol 258632*] y 95/2007 [*Tol 1080331*]).

La norma legal habilitadora de la injerencia debe reunir «las condiciones mínimas suficientes requeridas por las exigencias de seguridad jurídica y certeza del Derecho, para aportar al individuo una protección adecuada contra la arbitrariedad» (GIMENO SENDRA/DÍAZ MARTÍNEZ, 2004).

3.7 Autonomía

Cuando en una misma causa se encuentren investigados o acusados una pluralidad de personas, habrá de analizarse individualmente la situación y circunstancias de cada una de ellas para decidir, autónomamente, las medidas cautelares a aplicar (STC 85/1989 [*Tol 81542*]).

3.8 Celeridad

La tutela cautelar exige inmediatez en su adopción, aunque ello implique complejidad y dificultad a la hora de tomar la decisión y fundamentarla adecuadamente (NIEVA FENOLL, 2014).

Se han detectado como factores que perturban el proceso de decisión la premura con la que habitualmente debe tomarse la decisión en el servicio de guarda, la carencia de datos suficientes y completos sobre el hecho, la contingencia de que en la guardia haya un número elevado de detenidos o que el delito sea especialmente complejo, reconociendo que «todos estos factores muchas veces impiden un análisis reposado del atestado» (HIDALGO GARCÍA, 2007) y por ello se ha abogado por la conveniencia de que los tribunales cuenten con asesoramiento técnico que emitiera informes de evaluación de riesgos —*pretrial risk assessments*—, mecanismo que ya se aplica en materia de violencia de género.

3.9 Excepcionalidad

La potestad cautelar se fundamenta en normas jurídicas de carácter excepcional—de derecho excepcional—, y por consiguiente, normas de interpretación estricta ——*exceptio est strictissimae interpretationis*—, no susceptibles por tal motivo de interpretación extensiva o analógica (VECINA CIFUENTES, 2007). En medidas cautelares que afecten a la libertad no cabrá la analogía ni la interpretación extensiva (SANGUINÉ, 2003).

La prisión provisional debe configurarse como medida excepcional. La libertad provisional del inculpado durante el desarrollo del procedimiento debe ser la regla. El principio hunde sus raíces en la presunción de inocencia que ampara al sujeto pasivo del proceso penal hasta tanto se demuestre su culpabilidad en sentencia firme. Por ello, deben reducirse al mínimo las medidas restrictivas de derechos en el tratamiento del investigado durante el proceso (VEGAS TORRES, 1992).

Este principio aparece recogido en el art. 502.2 LECrim, cuando establece que *la prisión provisional sólo se adoptará cuando objetivamente sea necesaria*. La excepcionalidad de esta medida cautelar ha sido también reiteradamente reconocida por la doctrina del TC (entre otras, SSTC 147/2000 [*Tol 26505*] y 72/2000 [*Tol 24454*]).

De esta nota de la excepcionalidad deriva la necesidad de aplicación del criterio hermenéutico del *favor libertatis* (SSTC 98/2002 [*Tol 258632*] y 95/2007 [*Tol 1080331*]). El principio *favor libertatis* o *in dubio pro libertate* vienen a significar que la interpretación y la aplicación de las normas reguladoras de la prisión provisional deben hacerse con carácter restrictivo y a favor del derecho fundamental a la libertad [...] lo cual ha de conducir a la elección y aplicación, en caso de duda, de la norma menos restrictiva de la libertad (SSTC 81/2004 [*Tol 409884*], 95/2007 [*Tol 1080331*] y 210/2013 [*Tol 4060059*]). El *in dubio pro libertate* se constituye en pauta radicalmente opuesta al *in dubio captivitas*.

Debe en este punto recordarse cómo la prisión provisional es una respuesta de mayor intensidad desde el punto de vista de la situación del sometido a ella que la pena privativa de libertad, pues como puso de manifiesto la STC 57/2008 [*Tol 1315313*] el preventivo «no puede acceder a ningún régimen de semilibertad, no puede obtener permisos, ni puede obtener la libertad condicional».

3.10 Proporcionalidad

La medida cautelar tiene que ser no sólo adecuada a los fines que con ella se persiguen, sino además proporcional a los hechos que se depuran y a su gravedad, de modo que el sacrificio que la medida representa en la esfera de los derechos del sujeto pasivo del proceso no puede ser más oneroso para quien la padece que el posible resultado condenatorio de la sentencia (MORENO CATENA/CORTÉS DOMÍNGUEZ, 2024).

Como declara la STC 108/1984 [*Tol 79397*] «una medida desproporcionada o irrazonable no sería propiamente cautelar, sino que tendría un carácter punitivo en cuanto al exceso». El principio de proporcionalidad se integraría por tres subprincipios: idoneidad, necesidad y proporcionalidad en sentido estricto, y su aplicación presupone una labor ponderativa en cada caso concreto, de forma que la decisión sobre la tutela cautelar excluye cualquier automatismo legal.

La proporcionalidad exige como *prius* de la prisión provisional una imputación grave. Por ello debe descartarse la aplicación de la prisión provisional como regla general ante casos de hechos punibles respecto de los que en una valoración *prima facie* sea probable que culminen en suspensión de condena o en sustitución de la pena privativa de libertad o directamente en condena a pena no privativa de libertad.

Las exigencias de proporcionalidad imponen no solo al juez sino también al fiscal ponderar desde un punto de vista subjetivo la repercusión que la medida cautelar pueda tener en el investigado, considerando sus circunstancias, desde un punto de vista objetivo los elementos concurrentes en el hecho objeto de las actuaciones y desde un punto de vista teleológico la entidad de la pena que pudiera ser impuesta (en este sentido, GONZÁLEZ PASTOR, 2003). Por tanto, el principio también impone llevar a cabo antes de la adopción de la medida un juicio de ponderación en el que debe llegarse hasta la valoración de las consecuencias gravosas que la misma pueda eventualmente irradiar en la persona concreta en una situación determinada y los fines que puede cumplir para el resultado del proceso en que se aplica.

No puede dejar de tenerse en cuenta el potente impacto estigmatizante que una medida cautelar penal, en especial la prisión provisional, puede generar y su impacto en el derecho al honor, a la intimidad y a la propia imagen del sometido a ella, el derecho a la vida familiar o el derecho al trabajo.

La proporcionalidad opera tanto como criterio para, en un primer análisis, ponderar si procede acordar la medida cautelar como para, en ulteriores análisis determinar la modalidad a aplicar y la duración de la misma.

3.11 Subsidiariedad

La Recomendación (11) de 27 de junio de 1980 del Comité de Ministros del Consejo de Europa aconsejaba reducir la prisión provisional al mínimo compatible con los intereses de la justicia, proponiendo como alternativas la obligación de residir en una determinada dirección, la prohibición de abandonar un lugar determinado sin autorización judicial, la presentación regular ante las autoridades, la retención del pasaporte o documento identificativo, la prestación de caución y el control por un órgano designado por la autoridad judicial.

La prisión provisional es la medida cautelar más traumática y estigmatizante. Constatando esta evidencia, el art. 502.2 LECrim dispone que «la prisión provisional sólo se adoptará... cuando no existan otras medidas menos gravosas para el derecho a la libertad a través de las cuales puedan alcanzarse los mismos fines que con la prisión provisional».

Por tanto, antes de acordar la prisión provisional debe analizarse no solo si concurren los requisitos para adoptarla, sino que deberá evaluarse si los fines que se persiguen pueden ser alcanzados con otras medidas menos gravosas de entre las previstas en la LECrim (GIMENO SENDRA, 2004).

El TEDH reitera que se deben valorar todas las alternativas posibles a la imposición de la prisión provisional, estableciéndola como una medida de ultima ratio (STEDH de 21/12/2010, caso Michalko contra Eslovaquia [*Tol 2644272*]).

3.12 Temporalidad

La prisión provisional, por imperativo constitucional, está sometida a plazos máximos de duración, de escrupuloso respeto, conforme a la doctrina del TC. Esta nota no debe ser confundida con la provisionalidad. Por la temporalidad, cambien o no los presupuestos que fundamentaron la prisión provisional, una vez transcurridos los plazos máximos, y en su caso las prórrogas, el imputado debe ser puesto en libertad.

Las demás medidas cautelares no privativas de libertad no se rigen por códigos de temporalidad tan estrictos, aunque en todo caso la firmeza de la sentencia o del sobreseimiento se constituyen en límite temporal infranqueable.

3.13 Motivación suficiente

En tanto las medidas cautelares penales restringen derechos, la motivación de la decisión cautelar deviene en garantía insoslayable. En relación con la prisión provisional, la exigencia de motivación se subraya por la STEDH de 11/01/ 2011, caso Darvas contra Hungria [*Tol 2643826*].

3.14 Responsabilidad estatal

En cuanto la adopción de medidas cautelares supone una inmisión en los derechos de las personas amparadas por la presunción de inocencia, si en su adopción se incurre en error o en funcionamiento anormal de la Administración de Justicia, podrán activarse los mecanismos de responsabilidad patrimonial de la Administración (arts. 121 CE y 292 y ss. LOPJ). Cuando la medida improcedentemente impuesta es la de prisión provisional, se prevén unos mecanismos de indemnización más expeditivos.

3.15 Comunicación a las víctimas

El art. 7.1.c de la Ley 4/2015, del Estatuto de la Víctima del Delito impone el deber de comunicar a los ofendidos y perjudicados por el delito todas aquellas resoluciones relativas a la situación personal del investigado o encausado.

De esta manera se habilita a las víctimas para recurrir las decisiones judiciales cautelares adoptadas, aun cuando no se hubieran personado en la causa (art. 13.1 de la Ley 4/2015).

3.16 Abono

Una forma de neutralizar la lesividad ínsita en las medidas cautelares penales —en tanto restringen derechos a personas amparadas por la presunción de inocencia— es la del reconocimiento del derecho al abono de las mismas a efectos del cumplimiento de la pena finalmente impuesta.

3.17 Control registral

Las medidas cautelares deben inscribirse en un registro *ad hoc*. Está regulado en el RD 95/2009, por el que se regula el Sistema de registros administrativos de apoyo a la Administración de Justicia.

4. COMPATIBILIDAD CON LA PRESUNCIÓN DE INOCENCIA

Uno de los grandes problemas teóricos inherentes a las medidas cautelares personales en el proceso penal es su compatibilidad con la presunción de inocencia.

La presunción de inocencia, como regla de tratamiento del aún no condenado por sentencia firme, debe proyectarse sobre el desarrollo normativo de las medidas cautelares y sobre su *praxis*, incluso sobre los presos preventivos. El art. 5 de la LO 1/1979, General Penitenciaria, (LOGP) dispone que «el régimen de prisión preventiva tiene por objeto retener al interno a disposición de la autoridad judicial. El principio de la presunción de inocencia presidirá el régimen penitenciario de los preventivos».

Mucho se ha reflexionado sobre este punto, en un afán de humanizar las medidas cautelares y especialmente la prisión provisional. HOBBES, en el siglo XVII la criticó con dureza pues «cualquier castigo que se imponga a un hombre sin ser oído y declarado culpable va contra la ley de la naturaleza». CARRARA en 1872 lamentaba «el celo convertido en libido» de los funcionarios públicos que «...se apresuran a encarcelar por la menor sospecha» y para este mismo autor la prisión provisional es "inmoral" en cuanto recae sobre una persona todavía no declarada culpable, si bien la considera como «una injusticia necesaria».

En efecto, las dificultades esenciales se presentan al tratar de construir un concepto de medida cautelar respetuoso con la presunción de inocencia, pero como acertadamente se expuso, la abolición completa de la prisión provisional no supondría «un logro hacia la libertad y seguridad y no impediría que siguieran existiendo privaciones arbitrarias de libertad por las autoridades de otros subsistemas sociales de control y posibilitaría además la aparición de las venganzas informales del ofendido o de otros grupos sociales» (SANGUINÉ, 2003). Coincidiendo con este autor «en este momento histórico, la vía más racional y realista parece consistir en el mantenimiento del instituto, pero con una regulación tajante que evite su utilización abusiva, enmarcándola en los estrictos límites de los derechos fundamentales».

El TC ha terciado en el debate, al declarar que «la presunción de inocencia es compatible con la aplicación de medidas cautelares siempre que se adopten por resolución fundada en Derecho, que cuando no es reglada ha de basarse en un juicio de razonabilidad acerca de la finalidad perseguida y las circunstancias concurrentes, pues una medida desproporcionada o irrazonable no sería propiamente cautelar, sino que tendría un carácter punitivo en cuanto al exceso» (STC 108/1984 [*Tol 79397*]). En su función de regla de tratamiento, la presunción de inocencia comporta la prohibición de que las medidas cautelares y en especial la prisión provisional sean utilizadas como castigos. Como ha establecido el TC «como regla de tratamiento, el hecho de que el imputado haya de ser considerado no culpable, obliga a no castigarle por medio de la

prisión preventiva, Y eso quiere decir que ésta ni puede tener carácter retributivo de una infracción que aún no se halla jurídicamente establecida, y, con mayor razón, proscribe la utilización de prisión con la finalidad de impulsar la investigación del delito, obtener pruebas o declaraciones, etc., ya que utilizar con tales fines la privación de libertad excede los límites constitucionales» (STC 128/1995 [*Tol 82867*]).

Desde luego, no es compatible con la presunción de inocencia un modelo de medida cautelar orientada a neutralizar la alarma social. Esta finalidad no es cautelar y encierra propiamente un castigo. Como ha declarado el TC «la genérica alarma social presuntamente ocasionada por un delito constituye el contenido de un fin exclusivo de la pena —la prevención general— y [...] presupone un juicio previo de antijuridicidad y de culpabilidad del correspondiente órgano judicial tras un procedimiento rodeado de plenas garantías de imparcialidad y defensa» (STC 47/2000 [*Tol 24429*]).

Con carácter general el TC ha exigido el cumplimiento de parámetros para declarar la presunción de inocencia compatible con la aplicación de medidas cautelares: a) que se funden en la existencia de indicios racionales de la comisión de una acción delictiva; b) que se adopten por resolución fundada en Derecho; c) que persigan finalidades cautelares legítimas; d) que se basen siempre en un juicio de razonabilidad acerca de la finalidad perseguida y las circunstancias concurrentes; y e) que, en relación con la prisión preventiva, en su adopción y mantenimiento se conciba como «medida de aplicación excepcional, subsidiaria, provisional y proporcionada a la consecución de fines constitucionalmente legítimos» (SSTC 128/1995 [*Tol 82867*] y 62/1996 [*Tol 82996*], entre otras muchas).

En este contexto, un cualificado sector doctrinal, ante la dificultad para conciliar esta institución con el principio de presunción de inocencia, propone «nuevos métodos sustitutivos más racionales y actualizados en referencia a un moderno Derecho Penal» (GARCÍA VALDÉS, 1982). Así, se postula la introducción de nuevas medidas cautelares alternativas, en íntima conexión con el principio de subsidiariedad, partiendo del dato cierto de ser la prisión preventiva la más traumática y estigmatizante.

Uno de los efectos colaterales de la prisión provisional es la indudable afectación que sufre el honor, la intimidad y la propia imagen del sujeto pasivo. Por más que el principio teórico nos dice que el preso provisional sigue siendo titular del derecho de presunción de inocencia, en la realidad la propia exigencia de que concurran indicios claros de delito y *periculum in mora* y la necesidad de declararlo así en el auto en el que la medida se acuerda, supone un innegalbe etiquetaje para el sujeto pasivo de la misma.

En este punto también presenta singular interés la Instrucción de la Fiscalía General del Estado 3/2005, *sobre las relaciones del Ministerio Fiscal con los medios de comunicación*, la cual, en su conclusión sexta, establece que «a la hora de proporcionar información habrán de tener siempre presente los Sres. Fiscales que el derecho a la presunción de inocencia que ampara al imputado le garantiza el ser tratado como inocente hasta tanto no haya recaído una sentencia firme condenatoria». En su conclusión novena dispone que «debe partirse de que durante la fase de instrucción no está vedada la transmisión de información sobre los hechos por los que se sigue el procedimiento y sobre las decisiones adoptadas, sino solamente la de datos que por afectar a la investigación puedan considerarse "sensibles" o que puedan afectar de forma desproporcionada al honor de las personas».

Debe en todo caso partirse del escrupuloso respeto a la previsión contenida en el art. 520.1 LECrim, que dispone que «la detención y la prisión provisional deberán practicarse en la forma que menos perjudique al detenido o preso en su persona, reputación y patrimonio». También el art. 18 LOGP prevé que «los traslados de detenidos, presos y penados se efectuarán de forma que se respeten la dignidad y los derechos de los internos y la seguridad de la conducción».

El TC se ha pronunciado también en cuanto a la compatibilidad de las medidas cautelares penales con el derecho al honor, declarado que «la adopción de medidas judiciales, legalmente previstas, no producen una intromisión ilegítima en el derecho al honor, siempre que, como ocurre en este caso, estén acordadas dentro de los supuestos legalmente previstos y expresamente razonados en términos de Derecho» (STC 85/1989 [*Tol 81542*]).

El respeto a la presunción de inocencia exige igualmente introducir como causa de abstención y de recusación la de haber participado en la instrucción, y, cualificadamente, la de haber adoptado la prisión provisional frente al imputado. Quien ha tomado una decisión —prisión provisional— que exige como presupuesto afirmar que concurren motivos bastantes para mantener que el sujeto pasivo es responsable del delito tendrá tendencia a ratificar tal decisión. Por ello no debiera nunca participar en el enjuiciamiento.

En relación con la pérdida de imparcialidad por resolución de recursos contra la prisión provisional el TC ha considerado que lo relevante es que se empleen argumentos identificables con un juicio de culpabilidad (STC 143/2006 [*Tol 922665*] y ATC 68/2002, de 22 de abril rec. 1634/2001). Para el TC «la tradicional doctrina de este Tribunal sobre la imparcialidad viene a señalar que no cabe apreciar pérdida de imparcialidad objetiva en los Magistrados de una Audiencia Provincial por haber resuelto en apelación incidentes surgidos durante la instrucción de la causa, pues es el ejercicio de actividades instructoras propiamente dichas y el contacto directo con las fuentes de prueba (interrogatorio de los inculpados o testigos, por ejemplo) lo que incapacita a un Juez para formar parte de la Sala que ha de dictar Sentencia sobre los mismos hechos (SSTC 145/1988, 151/1991, 113/1992 y 136/1992, entre otras). [...] el ATC 100/1998 mantuvo el mismo criterio en un supuesto en que los Magistrados habían confirmado previamente, en vía de recurso de apelación, el mantenimiento de la situación de prisión provisional del recurrente».

En todo caso «si bien la adopción de una medida cautelar como la prisión provisional es una de las actuaciones que, abstractamente consideradas, pueden generar en quienes las efectúan un prejuicio o idea preconcebida acerca de la participación del imputado en los hechos enjuiciados y de su culpabilidad, no debemos perder de vista que, conforme a la doctrina constitucional expuesta, se impone un análisis circunstancial de la cuestión sin apriorismos de los que este Tribunal ha huido constantemente». (STC 143/2006 [*Tol 922665*]).

BIBLIOGRAFÍA

- BARONA VILAR, VVAA, *Proceso Penal. Derecho Procesal III*, Tirant lo Blanch, 2023.
- CALAMANDREI, *Introducción al estudio sistemático de las providencias cautelares*, Editorial Bibliográfica Argentina, 1945.
- FENECH, *El proceso penal*, Agesa, 1982.
- GARCÍA VALDÉS, «Reflexiones sobre la prisión provisional», en *Estudios de Derecho Penitenciario*, Tecnos, 1982.
- GIMENO SENDRA, *Derecho Procesal Penal*, Colex, 2004.
- GIMENO SENDRA/DÍAZ MARTÍNEZ, «La prisión provisional y sus medidas alternativas», en *Estudios de Derecho Judicial*, 58/2004
- GÓMEZ COLOMER, *Constitución y proceso penal*, Temas clave de la Constitución Española, Tecnos, 1996.
- GONZÁLEZ PASTOR «La nueva regulación de la prisión provisional en la Ley de Enjuiciamiento Criminal», *La Ley*, núm. 5849, 2003.
- HIDALGO GARCÍA «Prisión preventiva y libertad provisional», *Cuestiones prácticas* CEJ. Estudios jurídicos, 2007.
- LLERA SUÁREZ-BARCENA, *El proceso penal*, Tirant lo Blanch, 2024.
- MARTÍNEZ GARCÍA/ETXEBARRÍA GURIDI/PLANCHADELL GARGALLO/ESPARZA LEIBAR/GÓMEZ COLOMER, *Derecho Procesal III*, Tirant lo Blanch, 2024.
- MONTERO AROCA, *Trabajos de Derecho Procesal*, Bosch, 1988.
- MORENO CATENA/CORTÉS, *Derecho Procesal Penal*, Tirant lo Blanch, 2024.
- NEIRA PENA, *Derecho Procesal Penal*, Tirant lo Blanch, 2023.
- NIEVA FENOLL «El elemento psicológico en la adopción de las medidas cautelares», *Práctica de Tribunales*, La Ley, núm. 106, enero-febrero 2014.
- RAMOS MÉNDEZ, *El proceso penal. Tercera lectura constitucional*, Bosch, 1993.
- SANGUINÉ, *Prisión provisional y derechos fundamentales*, Tirant lo Blanch, 2003.
- VECINA CIFUENTES, «La potestad cautelar: contenido y límites», *Estudios jurídicos*, CEJ, Madrid, 2007
- VEGAS TORRES, *La presunción de inocencia del art. 24.2 CE en el proceso penal español*, Universidad Complutense de Madrid, 1992.

Capítulo 35

Medidas cautelares (I). La detención

José Miguel de la Rosa Cortina
Fiscal de Sala
Fiscalía del Tribunal Supremo

1. CONCEPTO Y REGULACIÓN

La Constitución reconoce a la libertad como uno de los valores superiores del ordenamiento jurídico (art. 1 CE) y simultáneamente la configura como derecho fundamental (art. 17.1 CE).

Para el TC en «un Estado social y democrático de Derecho, como el que configura nuestra Constitución, la libertad personal no es sólo un valor superior del Ordenamiento jurídico (art. 1.1 CE), sino además un derecho fundamental (art. 17 CE), cuya trascendencia estriba precisamente en ser presupuesto de otras libertades y derechos fundamentales» (STC 82/2003 [*Tol 267655*]).

El art. 17.1 CE dispone que «toda persona tiene derecho a la libertad y a la seguridad. Nadie puede ser privado de su libertad, sino con la observancia de lo establecido en este artículo y en los casos y en la forma previstos en la ley». El apartado segundo establece que «la detención preventiva no podrá durar más del tiempo estrictamente necesario para la realización de las averiguaciones tendentes al esclarecimiento de los hechos, y, en todo caso, en el plazo máximo de setenta y dos horas, el detenido deberá ser puesto en libertad o a disposición de la autoridad judicial» (art. 17.2 CE).

La previsión legal de cualquier medida limitativa de derechos fundamentales es condición de su legitimidad constitucional (SSTC 217/2015 [*Tol 5572483*] y 84/2018 [*Tol 6680701*]) y así, la STC 40/2024 [*Tol 10273513*] considera carente de cobertura trasladar a una persona de un punto en que se la intercepta en un control de seguridad hacia una comisaría de policía para realizar la prueba de alcoholemia en aquellos supuestos en que la persona no acepte voluntariamente, de forma indubitada y clara, ese desplazamiento para realizar la prueba.

El TC igualmente conecta la libertad con la dignidad de la persona (art. 10.1 CE), reconociendo el derecho a la libertad por igual a españoles y extranjeros (SSTC 107/1984 [*Tol 79396*] y 115/1987 [*Tol 79855*]).

Conforme a la STC 15/1986 [*Tol 79562*] el art. 17.1 CE «comporta o implica la ausencia de perturbaciones procedentes de medidas tales como la detención u otras similares que, adoptadas arbitraria o ilegalmente, restringen o amenazan la libertad de toda persona de organizar en cualquier momento y lugar, dentro del territorio nacional, su vida individual y social con arreglo a sus propias opciones y convicciones».

Puede definirse la detención como la «privación de la libertad personal provisionalísima, de duración muy breve, dispuesta por el órgano competente para la investigación oficial (juez instructor, Policía Judicial o Ministerio Fiscal) e incluso por particulares, con el fin de asegurar la presencia en el proceso del presunto responsable de la infracción penal y la eficacia de una eventual sentencia condenatoria» (DE LLERA SUÁREZ-BÁRCENA).

La detención es regulada en el capítulo II del Título II del Libro II de la LECrim (arts. 489 a 501) y en los arts. 520 a 527, de forma parcheada y en algunos extremos, añeja.

En principio cualquier persona puede ser detenida, si bien en distintas normas del ordenamiento jurídico se prevén regímenes especiales, en atención a las funciones encomendadas a determinadas personas (jueces y magistrados, art. 398 LOPJ; fiscales, art. 56 EOMF; diputados y senadores, art. 71 CE; defensor del pueblo, sus adjuntos (art. 6 LO 3/1981) y las figuras afines de las Comunidades Autónomas (art. 1.1 Ley 36/1985); agentes diplomáticos (art. 31 del Convenio de Viena de 18 de abril de 1961) y miembros de consulados (art. 44 del Convenio de Viena de 24 de abril de 1963). La detención de militares en activo o en reserva activa también presenta peculiaridades, previstas en los arts. 205 a 210 de la LO 2/1989 Procesal Militar.

2. PRESUPUESTOS DE LA DETENCIÓN

La detención debe venir precedida por la existencia de indicios de que el sujeto pasivo de la misma ha cometido un delito. Ello implica «que no se puede detener para ver si ha pasado algo, como un medio de investigación, sino que la detención sólo puede practicarse porque entiende que efectivamente ha pasado algo, pues es una medida cautelar» (MORENO CATENA/CORTÉS).

3. CLASES DE DETENCIÓN

3.1 Atendiendo al momento procesal

Es de especial relevancia la clasificación según el momento en que se practique la detención: a) detención pre-procesal, esto es, sin que exista todavía causa abierta (arts. 490. 1º y 2º y 492.4 LECrim); b) detención procesal, estando ya pendiente una causa penal (arts. 490.6º y 7 y 492.2 y 3 LECrim) y c) detención ejecutiva, una vez que ya hay sentencia de condena (art. 490. 3º, 4º, 5º y 7º LECrim) (NEIRA PENA).

3.2 Atendiendo al sujeto que las practica

3.2.1 Detención por los particulares

El art. 490 LECrim, en supuestos determinados de flagrancia delictiva, habilita a los particulares a practicar detenciones. Se trata de una facultad, no de un deber. El prolijo art. 490 LECrim contempla hasta siete supuestos en los que puede el particular practicar una detención, que la doctrina sintetiza en dos: a) cuando se encuentre a una persona en el momento de ir a cometer un delito o se le sorprenda in fraganti (art. 490.1º y 2º LECrim) y b) cuando se encuentre en rebeldía el procesado o el condenado (art. 490.7º LECrim), o cuando el detenido o el preso preventivo (art. 490.6º LEcrim), o el condenado, se hubieran fugado (MORENO CATENA/CORTÉS).

Estas detenciones son admisibles si concurre alguno de los supuestos previstos por el legislador, atendido lo dispuesto en el art. 490 LECrim y su fin legítimo ha de ser el de poner a inmediata disposición de la autoridad judicial o policial al detenido. Como expone BARONA VILAR «cualquier otra que pretendiera ser la finalidad podría configurar un delito de detención ilegal del art. 163.4 CP».

En estos casos no son de aplicación los plazos de 72 ni de 24 horas, sino que el particular deberá poner inmediatamente al detenido a disposición de la autoridad o de sus agentes. Como se ha expuesto "el particular que detuviere a otro en alguno de estos supuestos, al carecer de facultades legales para realizar ningún acto de investigación, deberá entregarlo inmediatamente a las Fuerzas y Cuerpos de Seguridad, o también al Juzgado de Instrucción o al Ministerio Fiscal, poniendo en su conocimiento la causa de la detención" (DE LLERA SUÁREZ-BARCENA).

También los profesionales de la seguridad privada están habilitados para detener y poner inmediatamente a disposición de la policía [art. 32.1 d) Ley 5/2014, de Seguridad Privada].

Como se ha defendido, en principio el supuesto de delincuente in fraganti que habilita para practicar una detención incluye al autor de un delito leve «por no ser exigible al particular valoraciones técnico jurídicas, imposibles de efectuar en el momento de la comisión del delito» (CARRETERO SÁNCHEZ).

3.2.2 Detención policial

Es aquella que se acuerda por decisión de los agentes de policía y bajo la responsabilidad y control de los mismos. Su fundamento como se ha expuesto, «descansa en que los funcionarios están actuando en funciones de Policía Judicial, las diligencias que practican lo son «a prevención», hasta tanto se constituya el juez o el fiscal a instruir el sumario y la detención no es más que una medida pre-cautelar y provisionalísima que ha de ser rápidamente revisada por la autoridad judicial" (GIMENO SENDRA, 1985).

En el curso de esta detención la policía está habilitada para realizar actos de investigación para esclarecer los hechos, como Policía Judicial. La propia policía puede acordar por sí la puesta en libertad o puede acordar, dentro del plazo legal, la puesta a disposición de la autoridad judicial. Cuando la misma Policía Judicial deja sin efecto la detención que practicó, persiste su deber de instruir atestado y dar cuenta de tales extremos a la autoridad judicial y fiscal (DE LLERA SUÁREZ-BARCENA).

La policía tiene la obligación de proceder a la detención en los supuestos previstos en los arts. 490 y 492 LECrim, que pueden sistematizarse de la siguiente manera: 1) cuando se encuentre a una persona en el momento de ir a cometer un delito o se le sorprenda *in fraganti*; 2) a la persona a quien judicialmente o policialmente se haya imputado un hecho delictivo, siempre que se pueda presumir que no comparecerá ante la autoridad judicial cuando fuera llamado; 3) cuando el encausado judicialmente o el condenado se encuentren en rebeldía; 4) cuando el detenido o el preso preventivo o el condenado, se hubieran fugado (MORENO CATENA/CORTÉS, 2024).

Si un particular puede detener a un delincuente *in fraganti*, "cualquier autoridad o agente de la policía Judicial está obligado a practicar esa misma actuación (detención) en el mismo caso, por disponerlo así expresamente el art. 492.1ª de la misma ley. (STS de 23/01/2004 [*Tol 352510*]).

El presupuesto necesario para que esta detención policial sea conforme a Derecho es la concurrencia de la "racionalidad de la sospecha". Para el TS «en los supuestos de intervención policial que concluye con la detención de una persona, el examen de la racionalidad de la sospecha que justifica la medida debe hacerse *ex ante*, y no esperar a la confirmación *ex post* de los indicios racionales, por lo que es correcto detener con base racional aun cuando posteriormente se determine que el sujeto no ha cometido el ilícito. En realidad, la detención efectuada por los miembros de los cuerpos policiales se considerará delictiva cuando ésta se haya efectuado sin indicio razonable alguno de la posible comisión por el detenido de un delito, porque en tales casos la racionalidad y la proporcionalidad se ven desplazadas por la arbitrariedad, situación de arbitrariedad y total sinrazón» (STS de 12/07/2005 [*Tol 685625*]).

Conforme a la STC 21/2018 [*Tol 6536342*], «el conjunto de motivos que sustenta la decisión de detener conforma la sospecha policial, y, en este sentido, el control sobre su razonabilidad y consistencia es uno de los elementos esenciales de la posibilidad de salvaguardia frente a detenciones arbitrarias».

Obviamente, no toda detención irregular será delictiva, pues la jurisprudencia exige que se haya efectuado sin indicio razonable alguno de la posible comisión de un delito por parte del detenido. La detención practicada por los agentes con error en la interpretación de los indicios que la justificaban no será por si misma constitutiva de un delito de detención ilegal, pues será necesaria la concurrencia del dolo, por cuanto no cabe su comisión por imprudencia (PEÑALOSA TORNÉ).

En cuanto a la puesta a disposición judicial, la misma puede ser material o simbólica; lo sustancial es que el detenido pase a ser controlado por el juez de la Sección de Instrucción o de la Sección Única del correspondiente Tribunal de Instancia, de conformidad con la estructura orgánica prevista en la LO 1/2025[1].

---

[1] En adelante, y para mayor claridad y sencillez en la redacción, salvo que merezca mayor concreción en el texto que se introduzca su referencia, nos referiremos al «*juez instructor*» como a cualquiera de los jueces con competencia funcional en materia

La STC 21/1997 [*Tol 83165*] lo explica con claridad: «el sentido y finalidad de esta exigencia constitucional [...] no requiere incondicionalmente la presencia física del detenido ante el juez —aunque ello debe constituir la forma normal, por implicar una mayor garantía del detenido—, sino que la persona privada de libertad, transcurrido el plazo de las setenta y dos horas, no continúe sujeta a las autoridades que practicaron la detención y quede bajo el control y la decisión del órgano judicial competente, garante de la libertad que el art. 17.1 reconoce».

No se consideran detenciones ni la retención autorizada en el art. 16.2 LO 4/2015, de Protección de la Seguridad Ciudadana, a los solos efectos de identificación ni la que se lleva a cabo en un control de alcoholemia en carretera.

No cabe la detención por delitos leves, salvo que sean de apreciar las circunstancias contempladas por el art. 495 LECrim (reformado por LO 5/2024): a) que el presunto reo no tuviese domicilio conocido y b) que no diese fianza bastante a juicio de la autoridad o agente que intente detenerle. Una vez que se acredite la identidad del autor del delito leve, procederá la puesta en libertad.

Los agentes de policía local están facultados para llevar a cabo una detención (ATS de 1/07/2021 [*Tol 8505390*]) y también «los serenos, celadores y cualesquiera otros agentes municipales de policía urbana o rural» (STS de 23/01/2004 [*Tol 352510*]).

En todo caso, el art. 5.3 LO 2/1986, *de* Fuerzas y Cuerpos de Seguridad impone a los miembros de las Fuerzas y Cuerpos de Seguridad el deber de velar por la vida e integridad física de las personas a quienes detuvieren o que

---

de investigación judicial de delitos, en el bien entendido de que con esta denominación nos referimos al juez unipersonal integrado en la Sección que corresponda del Tribunal de Instancia competente (o, en su caso, al juez de la Sección de Instrucción del Tribunal Central de Instancia, cuando de la Audiencia Nacional hablamos) —*v.gr.* Sección de Instrucción o de la Sección Única de Civil y de Instrucción, Sección de Violencia sobre la Mujer, o Sección de Violencia contra la Infancia y Adolescencia ...—, o al juez correspondiente del TS o TSJ al que se le atribuya dicha competencia funcional cuando la competencia objetiva venga determinada a dichos tribunales por razón de aforamiento del investigado. Asimismo, dicha referencia al «*juez instructor*» lo es también teniendo en cuenta la posibilidad de que, en los casos determinados en el art. 84.6 LOPJ, se nombre a dos jueces, conforme a un turno preestablecido y público, para que, junto con el juez a quien le hubiere sido turnado el asunto inicialmente, se encarguen de la instrucción de un determinado proceso penal. En el capítulo 5 de esta obra puede consultarse una explicación completa del nuevo modelo orgánico de los Tribunales de Instancia que introduce la LO 1/2025.

se encuentren bajo su custodia y el de respetar el honor y la dignidad de las personas.

3.3 Detención ordenada por el Ministerio Fiscal

El art. 5 EOMF habilita al fiscal para ordenar la práctica de detenciones. En estos casos la detención se practicará por las fuerzas policiales, que la deberán llevar a cabo en sus propios términos.

Como dispone la Circular 3/2018 FGE, las prescripciones sobre los derechos recogidos en el art. 520 LECrim son plenamente aplicables en relación con una detención acordada por el fiscal. Como se ha expuesto «si la Policía Judicial está autorizada a practicar detenciones y actúa bajo las órdenes del Ministerio Público (art. 126 CE) no puede resultar extraño que los miembros de dicho Ministerio puedan disponer también la detención de un ciudadano» (GIMENO SENDRA, 1985). Para la práctica de estas detenciones el fiscal «se entenderá directamente con la policía Judicial» (MANZANARES SAMANIEGO).

También puede acordar detenciones el fiscal europeo en los procesos en que deba intervenir, conforme al art. 78 de la LO 9/2021, de aplicación del Reglamento (UE) 2017/1939 del Consejo, de 12 de octubre de 2017, por el que se establece una cooperación reforzada para la creación de la Fiscalía Europea.

3.4 Detención ordenada por el juez o tribunal

La detención judicial es la privación de libertad, distinta de la prisión, dispuesta por un órgano jurisdiccional en el curso de un proceso penal. Aunque materialmente se ejecuta por la policía, se somete a un régimen distinto, pues aquí la responsabilidad y control recae en el juez que la acuerda y se rige por unos plazos distintos.

En la detención judicial la policía no debe realizar diligencias de investigación, sino que «se debe limitar a poner a disposición judicial cuanto antes el detenido» (GÓMEZ-JARA DÍEZ, 2010) y comunicada la orden, la policía Judicial «queda exonerada de toda responsabilidad cumpliéndola cabalmente» (DE LLERA SUÁREZ-BARCENA).

A diferencia de la detención policial, la ordenada por autoridad judicial o fiscal no puede quedar sin efecto por decisión de la policía.

La STS de 5/07/2007 [*Tol 1151001*] explica con claridad las diferencias entre la detención policial y la detención judicial: «estamos en presencia de lo que se ha llamado una detención preventiva, esto es, aquella que se acuerda por propia iniciativa de los agentes de policía que, precisamente por ello, han de realizar por sí el examen de la concurrencia de los requisitos que justifican la privación de libertad. Distinto es el caso de la llamada detención provisional, decidida por la autoridad judicial (art. 487 LECrim.) o el Ministerio Fiscal (art. 5 EOMF) y ejecutada por los agentes, que no deben entrar a ponderar otras cuestiones que las referidas a la competencia propia y del ordenante, así como las atinentes a las formalidades de la emisión del mandamiento y la ejecución misma de la detención».

La detención acordada por la autoridad judicial tiene un plazo máximo absoluto de 72 horas. Conforme a las SSTC 179/2011 [*Tol 2294978*] y 180/2011 [*Tol 2294980*] en las detenciones acordadas por la autoridad judicial el plazo de setenta y dos horas ha de computarse desde que se verifica la ejecución material de la detención por los agentes policiales, y no a partir de la puesta a disposición de la autoridad judicial que la hubiera acordado, pues no es necesaria una puesta disposición como tal.

El juez puede citar primero al presunto autor de un delito para oírle, salvo que proceda la detención, (art. 486 LECrim), y si éste no comparece ni justifica causa legítima que se lo impida, según el art. 487 LECrim, «la orden de comparecencia podrá convertirse en orden de detención».

La detención judicial también puede ordenarse respecto de los testigos que persisten en no acudir a declarar (art. 420 LECrim).

El art. 50 de la Ley 23/2014, de 20 de noviembre, *de reconocimiento mutuo de resoluciones penales en la Unión Europea*, —modificada por Ley 3/2018— contempla la detención en ejecución de una orden europea de detención y entrega, siendo competente la Sección de Instrucción o la Sección de Menores del Tribunal Central de Instancia de la Audiencia Nacional, según que el reclamado sea mayor o menor de edad (vid. art. 95 c LOPJ).

Debe tenerse presente que la existencia de un mandamiento u orden judicial de detención no ampara el acceso al domicilio sin la correspondiente autorización judicial (STS de 8/02/2017 [*Tol 5963458*]).

3.5 Detenidos en espacios marinos

Las peculiaridades materiales de las detenciones en espacios marinos por presuntos delitos que hayan de enjuiciar las autoridades españolas exigen un singular régimen jurídico que armonice las limitaciones que presentan con la garantía de los derechos de los detenidos.

Se regula la materia en el art. 520 *ter* LECrim. A los detenidos en espacios marinos por la presunta comisión de los delitos contemplados en el artículo 23.4.d) LOPJ, les serán aplicados los derechos reconocidos en la medida que resulten compatibles con los medios personales y materiales existentes a bordo del buque o aeronave que practique la detención, debiendo ser puestos en libertad o a disposición de la autoridad judicial competente tan pronto como sea posible, sin que pueda exceder del plazo máximo de setenta y dos horas. La puesta a disposición judicial podrá realizarse por los medios telemáticos de los que disponga el buque o aeronave, cuando por razón de la distancia o su situación de aislamiento no sea posible llevar a los detenidos a presencia física de la autoridad judicial dentro del indicado plazo.

La Circular 3/2018 FGE dispone que «en los casos de detenciones en espacios marinos en las condiciones previstas en el art. 520 *ter* LECrim, los Sres. Fiscales velarán por que se instruya en sus derechos a los detenidos y se les informe de los hechos que se les atribuyan y de las razones de su detención desde los primeros momentos, procurando siempre que la información les sea facilitada oportunamente traducida, en su caso. Del mismo modo, atendiendo siempre a las concretas circunstancias concurrentes y a los medios personales y materiales existentes a bordo del buque o aeronave que practique la detención, los Sres. Fiscales habrán de velar por que en todo caso el detenido haya sido puesto en libertad o a disposición judicial dentro del plazo máximo de setenta y dos horas. Igualmente velarán por que se facilite el acceso a los elementos de las actuaciones esenciales para impugnar la legalidad de la detención a la mayor brevedad, por los mismos medios telemáticos, evitando, si ello es posible, dilatar su entrega al momento en que el detenido o su letrado comparezcan personalmente en el Juzgado».

4. LOS PLAZOS DE LA DETENCIÓN

En relación con la detención preventiva policial el art. 17.2 CE ha establecido dos plazos, uno relativo y otro absoluto: «el primero consiste en el tiempo estrictamente necesario para la realización de las averiguaciones tendentes al esclarecimiento de los hechos que, como es lógico, puede tener una determinación temporal variable en atención a las circunstancias del caso. Sin embargo, el plazo máximo absoluto presenta una plena concreción temporal y está fijado en las setenta y dos horas computadas desde el inicio de la detención, que no tiene que coincidir necesariamente con el momento en el cual el afectado se encuentra en las dependencias policiales [...]» (STC 181/2020 [*Tol 8441204*]).

Este plazo de 72 horas tiene únicamente las excepciones previstas en dos supuestos: a) el art. 55.1 CE prevé la posibilidad de suspender estos límites temporales de la detención preventiva en supuestos de declaración de estado de excepción o de sitio y b) en los supuestos de terrorismo el tiempo máximo de detención puede extenderse cuarenta y ocho horas más del plazo común de setenta y dos horas (art. 520 *bis* LECrim).

Como garantía del cumplimiento de los plazos, en el atestado deberá reflejarse el lugar y la hora de la detención y de la puesta a disposición de la autoridad judicial o en su caso, de la puesta en libertad.

El «tiempo imprescindible» que predetermina el plazo principal «no se puede delimitar a priori por lo que habrá que actuar casuísticamente atendiendo a las circunstancias del caso concreto y el fin perseguido por la detención policial» (FERNÁNDEZ PÁIZ).

Tras la puesta a disposición del detenido a la autoridad judicial, éste quedará bajo su custodia y dispondrá de un nuevo plazo de setenta y dos horas (art. 497.2 LECrim) para decidir sobre su situación personal —libertad o prisión provisional—. Como declara la STC 82/2003 [*Tol 267655*], «de los arts. 504 *bis* y 497 LECrim se desprende con toda claridad que en ningún caso una persona, una vez puesta a disposición judicial, puede estar un tiempo superior a 72 horas sin que se regularice su situación».

5. ESTATUTO DE LA PERSONA DETENIDA: DERECHOS Y GARANTÍAS

5.1 Ideas generales

Conforme al apartado tercero del art. 17 CE «toda persona detenida debe ser informada de forma inmediata, y de modo que le sea comprensible, de sus derechos y de las razones de su detención, no pudiendo ser obligada a declarar. Se garantiza la asistencia de abogado al detenido en las diligencias policiales y judiciales, en los términos que la ley establezca».

Se desarrollan estas garantías en el párrafo primero del art. 520.1 LECrim, en el que se establece un principio general: la detención deberá practicarse «en la forma que menos perjudique al detenido o preso en su persona, reputación y patrimonio», encomendándose a las autoridades y funcionarios velar «por los derechos constitucionales al honor, intimidad e imagen de aquéllos, con respeto al derecho fundamental a la libertad de información».

Como señala la Consulta FGE 2/2003 «no está de más recordar el nuevo tipo contenido en el art. 537 CP, que pone sin duda de relieve la gran importancia que para nuestro ordenamiento tiene el escrupuloso respeto de los derechos de la persona privada de libertad».

La Instrucción FGE 3/2009 sobre la forma en que ha de practicarse la detención desarrolla este precepto, encomendando a los Fiscales que: a) el momento en que se decida llevar a efecto la práctica de la detención de una persona ha de ser cumplidamente ponderado. No es aconsejable ordenar la detención en acontecimientos sociales o en lugares públicos, profesionales o de trabajo, salvo que exista un riesgo de fuga que sólo se pueda conjurar de ese modo; b) deben adoptarse cautelas para proteger a las personas trasladadas de la curiosidad del público y de todo tipo de publicidad, así como evitándose en la medida de lo posible, que aparezcan esposados o engrilletados frente a los fotógrafos y las cámaras de televisión, y c) debe respetarse el derecho a la presunción de inocencia del detenido.

El empleo de esposas con el detenido no viene permitido salvo que las circunstancias de los hechos o de la persona del detenido lo hicieran conveniente (MORENO CATENA/CORTÉS, 2024).

La demora en la lectura de derechos a la detenida, motivada por la necesidad de identificarla, no vulnera sus derechos (STS de 5/04/2016 [*Tol 5691251*]).

5.2 Derecho a asistencia letrada

5.2.1 Ideas generales

El derecho a la asistencia letrada quizás sea el derecho de mayor trascendencia que nuestro ordenamiento reconoce al detenido. La Ley regula sus contenidos de forma detallada y minuciosa.

Conforme al art. 520.2 c) LECrim, toda persona detenida tendrá derecho «a designar abogado, sin perjuicio de lo dispuesto en el apartado 1.a) del artículo 527 y a ser asistido por él sin demora injustificada. En caso de que, debido a la lejanía geográfica no sea posible de inmediato la asistencia de letrado, se facilitará al detenido comunicación telefónica o por videoconferencia con aquél, salvo que dicha comunicación sea imposible».

Por su parte, el apartado quinto del art. 520 LECrim dispone que «el detenido designará libremente abogado y si no lo hace será asistido por un abogado de oficio. Ninguna autoridad o agente le efectuará recomendación alguna sobre el abogado a designar más allá de informarle de su derecho. La autoridad que tenga bajo su custodia al detenido comunicará inmediatamente al Colegio de Abogados el nombre del designado por el detenido para asistirle a los efectos de su localización y transmisión del encargo profesional o, en su caso, le comunicará la petición de nombramiento de abogado de oficio».

El Colegio de Abogados debe proceder inmediatamente al nombramiento de un abogado del turno de oficio cuando el detenido no designa abogado, o el elegido rehusare el encargo o no fuere hallado.

La LECrim impone al abogado la obligación de personarse en el centro de detención con la máxima premura, siempre dentro del plazo máximo de tres horas desde la recepción del encargo. Si en dicho plazo no compareciera, el Colegio de Abogados designará un nuevo abogado del turno de oficio que deberá comparecer a la mayor brevedad y siempre dentro del plazo máximo de tres horas.

5.2.2 *Contenidos de la asistencia letrada al detenido*

Conforme al apartado sexto del art. 520 LECrim la asistencia del abogado consistirá en:

a) Solicitar, en su caso, que se informe al detenido o preso de los derechos establecidos en el apartado 2 y que se proceda, si fuera necesario, al reconocimiento médico señalado en su letra i).

b) Intervenir en las diligencias de declaración del detenido, en las diligencias de reconocimiento de que sea objeto y en las de reconstrucción de los hechos en que participe el detenido. El abogado podrá solicitar al juez o funcionario que hubiesen practicado la diligencia en la que haya intervenido, una vez terminada ésta, la declaración o ampliación de los extremos que considere convenientes, así como la consignación en el acta de cualquier incidencia que haya tenido lugar durante su práctica.

En relación con la extensión de la asistencia letrada, «si bien la Constitución garantiza la asistencia del Abogado [...] en todas las diligencias policiales y judiciales, de ello no se deriva "la necesaria e ineludible asistencia del defensor a todos y cada uno de los actos instructorios". [...] este Tribunal ha reclamado dicha intervención sólo "en la detención y en la prueba sumarial anticipada, actos procesales en los que, bien sea por requerirlo así expresamente la Constitución, bien por la necesidad de dar cumplimiento efectivo a la presunción de inocencia, el ordenamiento procesal ha de garantizar la contradicción entre las partes [...] en los demás actos procesales y con independencia de que se le haya de proveer de Abogado al preso y de que el Abogado defensor pueda libremente participar en las diligencias sumariales, con las únicas limitaciones derivadas del secreto instructorio, la intervención del defensor no deviene obligatoria hasta el punto de que haya de estimarse nulas, por infracción del derecho de defensa, tales diligencias por la sola circunstancia de la inasistencia del Abogado defensor» (ATC nº 75/2003, de 3 de marzo; STC 206/1991 y STS de 12/09/2019 [*Tol 7523630*]).

c) Informar al detenido de las consecuencias de la prestación o denegación de consentimiento a la práctica de diligencias que se le soliciten. Si el detenido se opusiera a la recogida de las muestras mediante frotis bucal, conforme a las previsiones de la Ley Orgánica 10/2007, reguladora de la base de datos policial sobre identificadores obtenidos a partir del ADN, el juez instructor, a instancia de la Policía Judicial o del Ministerio Fiscal, podrá imponer la ejecución forzosa de tal diligencia mediante el recurso a las medidas coactivas mínimas indispensables, que deberán ser proporcionadas a las circunstancias del caso y respetuosas con su dignidad.

d) Entrevistarse reservadamente con el detenido, incluso antes de que se le reciba declaración por la policía, el fiscal o la autoridad judicial, sin perjuicio de lo dispuesto en el artículo 527 LECrim.

Tras la reforma operada por Ley 38/2002 la entrevista reservada del investigado con su abogado puede tener lugar antes de que se le reciba declaración por la policía.

Conforme al apartado séptimo del art. 520 LECrim las comunicaciones entre el investigado o encausado y su abogado tendrán carácter confidencial en los mismos términos y con las mismas excepciones previstas en el apartado 4 del artículo 118.

5.2.3 Renuncia a la asistencia letrada

El detenido o preso puede renunciar a la preceptiva asistencia de abogado si su detención lo fuere por hechos susceptibles de ser tipificados exclusivamente como delitos contra la seguridad del tráfico, siempre que se le haya facilitado información clara y suficiente en un lenguaje sencillo y comprensible sobre el contenido de dicho derecho y las consecuencias de la renuncia. El detenido podrá revocar su renuncia en cualquier momento (*vid*. apartado octavo del art. 520 LECrim).

Por tanto, salvo en delitos contra la seguridad del tráfico la asistencia letrada es un derecho irrenunciable del detenido y, aunque éste no lo desee, tendrá que estar presente el abogado designado de oficio en las diligencias policiales o judiciales de declaración o de reconocimiento (LLOBEL MUEDRA, 1984).

5.3 Derechos de información y acceso

5.3.1 Ideas generales

Dentro del derecho de información, pueden distinguirse dos derechos: a) el de ser informado de los hechos que se le atribuyen y b) el de acceder a los materiales disponibles para permitirle defenderse. Aunque es frecuente que doctrinalmente se analicen de forma conjunta, entendemos que, a efectos de claridad, es preferible su análisis por separado.

En efecto, no debe confundirse «el derecho del detenido o encausado a ser informado, por escrito y de modo comprensible, de los hechos que se le atribuyan y las razones motivadoras de su privación de libertad [...] con el derecho de acceso a las actuaciones» (ZAMARRA ÁLVAREZ).

La STC 181/2020 [*Tol 8441204*] aclara que el deber de información es «un derecho distinto del derecho de acceso a las actuaciones policiales, porque este último es un derecho instrumental o complementario del anterior, aunque ambos aparecen conectados funcionalmente».

Ambos derechos, no obstante, están íntimamente relacionados y así la STC 83/2019 [*Tol 7378881*] declara que «la conexión entre el derecho a conocer las razones de la privación de libertad y el de acceder a los elementos de las actuaciones que sean esenciales para impugnarla explica en gran medida el contenido de esta segunda garantía, puesto que a partir de la información recibida, y para contrastar su veracidad y suficiencia, el privado de libertad puede solicitar acceso a aquello que recoja o documente las razones aducidas [...], activando con ello su derecho».

5.3.2 Derecho de información

El primero de los derechos del detenido es el de recibir información. Esa información ha de proporcionarse inmediatamente, lo que excluye toda demora, cualquiera que sea la causa que la motive, salvo que el detenido no pudiera físicamente recibir la información en ese momento; es el primer deber de quien practica la detención, antes de realizar diligencia o actuación alguna con el detenido (MORENO CATENA/CORTÉS).

La STC 21/2018 [*Tol 6536342*] aclara que esta información «ha de formalizarse en un documento que ha de ser entregado al detenido, que bien puede ser el mismo en el que se recoja la información sobre sus derechos» y que «en todo caso, en garantía del derecho de defensa, la información deberá proporcionarse antes de su primer interrogatorio por parte de la policía». Esta resolución declara igualmente que «resulta evidente que solo si el detenido, debidamente asesorado, recibe información suficiente sobre los motivos por los que ha sido privado de libertad estará en condiciones de contrastar su veracidad y suficiencia». En el FJ 6 de la citada sentencia se indica que «la información que debe ser facilitada solo es suficiente si tiene un triple contenido: se ha de extender a los hechos atribuidos, a las razones motivadoras de la privación de libertad y a los derechos que, durante su detención, definen su estatuto personal». Así, «no es suficiente, por tanto, con hacer referencia al hecho investigado, su lugar y fecha de comisión y su calificación jurídica provisional, sino que la información policial ha de poner también de manifiesto el fundamento de la conexión subjetiva y objetiva del detenido con el hecho ilícito que justifica la detención».

La STC 181/2020 [*Tol 8441204*] estima la vulneración del derecho de información respecto a los hechos y motivos de la detención. El supuesto de hecho es el siguiente: en la diligencia de información —acta de declaración de derechos— tan solo se hizo constar, además del lugar y hora de la detención, «presunta participación en los hechos: hurto» y consignando como «indicios de participación» en el hecho delictivo: «por declaración de testigos». Para el TC «no explica la conducta concreta investigada, ni tampoco las fuentes de prueba concurrentes. No alude al presunto *modus operandi*, que ya estaba indiciariamente determinado, ni a la identidad o datos referenciales del testigo que había presenciado algunos de los hechos, o a los aspectos más relevantes de su testimonio». Para el TC el conocimiento de lo actuado podría haber tenido relevancia para la determinación de la cuantía total de lo sustraído y su posible influencia en la calificación jurídica de los hechos, con la consiguiente repercusión en la propia legalidad de la detención, para el caso de que se tratara de un delito leve de hurto (art. 234.2 CP en relación con el art. 495 LECrim). Se declara por el TC que el derecho-deber de información «no puede quedar reducido a una mera formalidad que haya de ser complementada con el conocimiento de los hechos o con la conducta desplegada, en cada caso concreto, por la persona detenida. De lo contrario, quedaría desnaturalizado como deber de quien acuerda y ejecuta la detención, con la consiguiente merma del correlativo derecho del detenido, instrumentalmente orientado al ejercicio de su derecho de defensa».

La información que la policía debe facilitar al detenido se extiende, por tanto, a los motivos jurídicos y fácticos de la detención; es decir, no sólo debe identificar y calificar provisionalmente la infracción penal que se sospecha ha cometido la persona detenida, sino también los datos objetivos que permiten establecer una conexión lógica entre la conducta del sospechoso y el hecho investigado (DOLZ LAGO).

Se ha considerado que «es obligado que el letrado que asiste al detenido tenga lectura y/o copia del documento escrito que concrete la imputación inicial antes de dicho acto. Esto es, debe tomar conocimiento del documento de información al detenido antes de la entrevista previa con dicho detenido» (ABELLÁN ALBERTOS).

Ello quiere decir, en efecto, que el hecho que se le imputa debe ser concreto y no genérico. Y todavía más, debe conocer su grado de participación, y por razones, también obvias, ha de constatarse que el detenido comprende la causa de su detención (CARBALLO ARMAS).

5.3.3 Derecho de acceso

1500

Ha sido clave en esta materia la Directiva 2012/13/UE del Parlamento Europeo y del Consejo, de 22 de mayo, *relativa al derecho a la información en los procesos penales*, que fue objeto de trasposición por LO 5/2015, cuyo Preámbulo declara que «resultaba necesario completar el catálogo de derechos para adaptarlo a los postulados de la normativa europea, haciendo mención expresa, entre otros, al derecho de acceso a los elementos de las actuaciones». Debe también tenerse presente la LO 13/2015, que se dictó para trasponer la Directiva 2013/48/UE, de 22 de octubre, modificando a su vez los arts. 118, 509, 520 y 527 LECrim, e introdujo un nuevo art. 520 *ter* LECrim.

El art. 7 de la Directiva 2012/13/UE establece que solo puede denegarse el acceso a los materiales del expediente cuando dicho acceso pueda dar lugar a una amenaza grave para la vida o los derechos fundamentales de otra persona o cuando la denegación del acceso es estrictamente necesaria para defender un interés público importante y siempre sometida tal restricción de acceso al control judicial, es decir, mediante resolución reforzadamente motivada. La Directiva establece que «los Estados miembros garantizarán que la persona acusada o sospechosa o su abogado tengan acceso al menos a la totalidad de las pruebas materiales en posesión de las autoridades competentes a favor o en contra de dicha persona, para salvaguardar la equidad del proceso y preparar la defensa».

Ya la STC 13/2017 [*Tol 5985440*] declaró que «la negativa sin justificación alguna del instructor a la entrega del material del que ya disponía, trajo consigo así la vulneración del derecho a la asistencia de letrado (art. 17.3 CE), el cual incluye en su contenido el derecho del detenido y su letrado a acceder a los elementos fundamentales». La STC 21/2018 [*Tol 6536342*] analizó un supuesto de negativa al acceso en sede policial y concluye con la inexistencia de un derecho a acceder con carácter general al atestado: «el derecho invocado no otorga una facultad de acceso pleno al contenido de las actuaciones policiales o judiciales practicadas con anterioridad a la detención, o como consecuencia de la misma, que se plasman en el atestado pues, más limitadamente, únicamente cobra sentido y se reconoce el acceso a aquéllas que sean esenciales para impugnar la legalidad de la detención». Por su parte, la STC 181/2020 [*Tol 8441204*] deniega el reconocimiento de la vulneración del derecho de acceso por no constar en el atestado haberse solicitado expresamente, toda vez que los derechos del art. 520.2 LECrim y, entre ellos, el de acceso a materiales, requieren de la rogación por el interesado o su letrado.

Tratando de delimitar qué tipo de materiales no deben ser conocidos por el detenido, se ha considerado que «algunas investigaciones policiales pueden incluir diligencias que hagan referencia a terceras personas que no hayan sido detenidas o a hechos distintos a los de la concreta detención. En tales casos no debe facilitarse el acceso a dichas diligencias al detenido porque solo puede pretender el acceso a las que guarden relación con su privación de libertad. Es decir, solo se le debería entregar copia de lo estrictamente necesario para que pueda conocer las razones de su detención y su conexidad subjetiva con los hechos investigados. Ello puede incluir alguna acta de entrada y registro, omitiendo los datos personales de terceros, pero no el contenido de las intervenciones telefónicas ni de la identidad de testigos o denunciantes». (ARAGONÉS SEIJO/ALAMILLO ESTIVAL).

El atestado, conforme a lo prescrito en el art. 292 LECrim «puede recoger más información sobre la investigación del hecho delictivo de aquella que cabe considerar esencial para justificar la detención preventiva, pues puede haber en el mismo referencias a terceras personas no detenidas, a hechos distintos que nada tienen que ver con las razones concretas de la detención, pero que son conexos con los que han dado lugar a la investigación, o a líneas de investigación iniciadas y no agotadas cuya revelación puede poner innecesariamente en entredicho el resultado de la investigación» (DOLZ LAGO).

La STC 83/2019 [*Tol 7378881*] trata de contestar la cuestión de cuáles sean los elementos del expediente necesarios para poder contrastar la veracidad y suficiencia de los motivos de la detención, pero la respuesta es evanescente, pues será "necesariamente casuística, dependiendo de las circunstancias que hayan justificado la situación de privación de libertad".

Desde una concepción restrictiva se ha defendido que "solo se entregarán las diligencias policiales para que el detenido pueda impugnar la detención, no a los meros efectos de preparar su defensa y su posterior estrategia procesal" (ARAGONÉS SEIJO y ALAMILLO ESTIVAL).

5.3.4 Los derechos de información y acceso y el secreto sumarial

Estos derechos sin duda se verán afectados cuando exista secreto de sumario. Sin embargo, la STC 83/2019 [*Tol 7378881*] declara que «el legislador nacional ha adicionado, no obstante, una singularidad respecto del investigado que se encuentra privado de libertad, de manera que el secreto sumarial se entenderá "sin perjuicio de lo previsto en el párrafo segundo del apartado 3 del artículo 505" (art. 302 LECrim, *in fine*), con arreglo al cual, el abogado del imputado tendrá, en todo caso, acceso a los elementos de las actuaciones que resulten esenciales para impugnar la privación de libertad del investigado o encausado"».

La Circular 3/2018, sobre el derecho de información de los investigados en los procesos penales establece conclusiones precisas sobre este derecho, pudiéndose destacar las siguientes:

a) Los Sres. Fiscales velarán en todo momento por que se facilite a las personas detenidas, en la forma indicada en el presente documento, la información necesaria y el acceso preciso a los elementos existentes en las actuaciones que pudieran resultar necesarios para impugnar la legalidad de la detención. La información sobre los hechos que se le atribuyan y las razones motivadoras de su privación de libertad incluye su calificación jurídica provisional y debe ponerse en relación con los presupuestos de la detención, por lo que exige identificar los indicios o sospechas de la participación del detenido en unos hechos presuntamente delictivos y las circunstancias que han determinado la necesidad de aquella. La concreción de los elementos esenciales de las actuaciones debe efectuarse en cada caso, en atención a las circunstancias concurrentes;

b) Corresponde al detenido, debidamente informado de su derecho, instar el ejercicio del mismo, pudiendo solicitar el acceso a aquella parte de las actuaciones que recoja o documente las actuaciones aducidas para la detención. Una vez solicitado, el acceso debe producirse de forma efectiva, mediante exhibición, entrega de copia o cualquier otro método que, garantizando la integridad de las actuaciones, permita al detenido conocer y comprobar por sí, o a través de su letrado, las bases objetivas de su privación de libertad. En todo caso, deberá dejarse constancia en el procedimiento del acceso facilitado.

c) El derecho de acceso del detenido no incluye en sede policial el acceso al atestado en su integridad, ni otorga una facultad de acceso pleno al contenido de las actuaciones policiales o judiciales practicadas con anterioridad a la detención. Únicamente aquellos extremos del atestado que tengan que ver con la detención, los hechos y los motivos que la justifican, sólo aquellos cuyo conocimiento pueda contribuir al ejercicio del derecho de defensa frente a esa detención, integrarán el contenido del derecho de información del detenido. En todo caso, no debe perderse de vista la necesidad de ponderar otros intereses que también deben ser protegidos en la tramitación del proceso penal, como la especial protección de las víctimas y testigos en los casos en que resulte necesaria o los supuestos en que deba posteriormente declararse el secreto de las actuaciones;

d) El derecho de información y acceso a las actuaciones de personas investigadas, detenidas o presas, se agota en el procedimiento mismo, no comprendiendo el derecho a acceder a la información contenida en las bases de datos policiales que no haya sido incorporada al procedimiento.

Debe por último recordarse que la Ley 13/2009 modificó el apartado tercero del art. 797 LECrim introduciendo, en el ámbito de las diligencias urgentes el siguiendo inciso: «para garantizar el ejercicio del derecho de defensa, el Juez, una vez incoadas diligencias urgentes, dispondrá que se le dé traslado de copia del atestado y de cuantas actuaciones se hayan realizado o se realicen en el Juzgado de Guardia». Como se ha subrayado, se trata del «único supuesto legal donde expresamente se contempla sin ambages la entrega de copia de las actuaciones al abogado» (ABELLÁN ALBERTOS, 2021).

5.4 Derecho a no declarar

El apartado segundo del art. 520.2 LECrim en sus letras a) y b) reconoce al detenido el «derecho a guardar silencio no declarando si no quiere, a no contestar alguna o algunas de las preguntas que le formulen, o a manifestar que sólo declarará ante el juez y el derecho a no declarar contra sí mismo y a no confesarse culpable».

Como se ha expuesto, la policía «no puede ejercer ningún tipo de presión para forzar la declaración del detenido [...] ya no es meramente la "voluntad" del detenido que no desea declarar, sino la exigencia al cuerpo policial de no obligar al detenido a efectuar una declaración no querida por éste». (CARBALLO ARMAS).

5.5 Derecho a que la detención sea puesta en conocimiento de terceros

El apartado segundo del art. 520.2 LECrim en sus letras e) y f) reconoce al detenido el derecho «a que se ponga en conocimiento del familiar o persona que desee, sin demora injustificada, su privación de libertad y el lugar de custodia en que se halle en cada momento. Los extranjeros tendrán derecho a que las circunstancias anteriores se comuniquen a la oficina consular de su país y el derecho a comunicarse telefónicamente, sin demora injustificada, con un tercero de su elección. Esta comunicación se celebrará en presencia de un funcionario de policía o, en su caso, del funcionario que designen el juez o el fiscal, sin perjuicio de lo dispuesto en el artículo 527».

Se ha advertido que «la descripción legal [...] es, sin embargo, llamativamente parca, aunque en principio parece que su intelección está dirigida a que sean las propias fuerzas policiales las que comuniquen la particular situación en que se encuentra el detenido» (CARBALLO ARMAS).

Si se trata de extranjeros la comunicación de la detención se hará al cónsul de su país, y se le permitirá la comunicación con la autoridad consular, pudiendo elegir el detenido que tuviera dos nacionalidades las autoridades a las que deba informarse (MORENO CATENA/CORTÉS).

5.6 Derecho a reconocimiento médico

El apartado segundo del art. 520.2 LECrim en su letra i) reconoce al detenido el derecho «a ser reconocido por el médico forense o su sustituto legal y, en su defecto, por el de la institución en que se encuentre, o por cualquier otro dependiente del Estado o de otras Administraciones Públicas».

Es un derecho renunciable. Se ha consdierado que «puede ser ejercido no sólo por el detenido sino también por su abogado» y que «puede ser ejercido, bien desde el primer instante desde que se efectúa la detención, bien en cualquier momento de la misma» (CARBALLO ARMAS).

5.7 Derecho a ser asistido por intérprete

El apartado segundo del art. 520.2 LECrim en su letra h) reconoce al detenido el derecho «a ser asistido gratuitamente por un intérprete, cuando se trate de extranjero que no comprenda o no hable el castellano o la lengua oficial de la actuación de que se trate, o de personas sordas o con discapacidad auditiva, así como de otras personas con dificultades del lenguaje».

La primera actuación habrá de dirigirse a proporcionar un intérprete a la persona en situación de detención, de manera que se le permita conocer los hechos que se le imputan, los derechos que le asisten y comunicarse con su abogado.

El propio precepto equipara a los discapacitados sensoriales y el mismo tratamiento habrá de darse a quienes siendo españoles no entiendan el castellano (vid. STC 74/1987 [*Tol 79783*]).

No será preciso para ser intérprete tener un título. En este punto, no obstante, tiene particular interés la STS 70/2019 [*Tol 7283157*], que en síntesis mantiene que el Estado debe controlar la calidad de la interpretación, declarando que «la asistencia de intérprete implica que el designado cumpla adecuadamente con su encargo y que su actuación sirva para que el interesado, que no puede expresarse ni entender el castellano, pueda declarar sin problemas de expresión y pueda, a la vez, comprender las declaraciones del resto de personas que intervienen, tomando un cabal conocimiento del desarrollo del juicio en su conjunto. Así lo ha puesto de manifiesto el Tribunal Europeo de Derechos Humanos, que encomienda a los tribunales un especial deber de vigilancia, afirmando que la obligación de los órganos judiciales no se extiendo solamente al nombramiento de intérprete sino a un cierto grado de control sobre la adecuación y calidad de la interpretación (asunto Kamasinski c. Austria, STEDH 19 de diciembre de 1989, asunto Cuscani c. Reino Unido, STEDH de 24 de septiembre de 2002, asunto Hermi c. Italia, STEDH de 18 de octubre de 2006, entre otras)».

Por su parte, la jurisprudencia del TS considera que este derecho «persigue garantizar una correcta defensa, por lo que [...] se reconoce para los casos en los que el sujeto no conozca y por ello no comprenda o no hable el idioma o la lengua empleada en la audiencia o en el tribunal, o con carácter general, en la diligencia policial o judicial» (STS de 28/09/2020 [*Tol 8115154*]).

6. LA DETENCIÓN INCOMUNICADA

Esta modalidad de detención restrictiva de derechos se regula en el art. 527 LECrim. Los supuestos a los que es aplicable son los previstos en el art. 509 LECrim, es decir, a) necesidad urgente de evitar graves consecuencias que puedan poner en peligro la vida, la libertad o la integridad física de una persona, o b) necesidad urgente de una actuación inmediata de los jueces de instrucción para evitar comprometer de modo grave el proceso penal.

Apreciándose tales circunstancias, el detenido o preso podrá ser privado de los siguientes derechos si así lo justifican las circunstancias del caso:

a) Designar un abogado de su confianza.

b) Comunicarse con todas o alguna de las personas con las que tenga derecho a hacerlo, salvo con la autoridad judicial, el fiscal y el médico forense.

c) Entrevistarse reservadamente con su abogado.

d) Acceder él o su abogado a las actuaciones, salvo a los elementos esenciales para poder impugnar la legalidad de la detención.

La incomunicación ha de acordarse mediante auto (*vid.* art. 527 apartado segundo LECrim). Cuando la restricción de derechos sea solicitada por la Policía Judicial o por el Ministerio Fiscal se entenderán acordadas las medidas que hayan sido instadas por un plazo máximo de veinticuatro horas, dentro del cual el juez habrá de pronunciarse sobre la solicitud, así como sobre la pertinencia de acordar el secreto de las actuaciones.

El precepto exige que en el auto acordando la incomunicación se motiven «las razones que justifican la adopción de cada una de las excepciones al régimen general». El juez controlará efectivamente las condiciones en que se desarrolle la incomunicación, a cuyo efecto podrá requerir información a fin de constatar el estado del detenido o preso y el respeto a sus derechos.

El apartado tercero del art. 527 LECrim introduce una garantía adicional para el detenido incomunicado, mediante la intensificación de los reconocimientos médicos, que se realizarán con una frecuencia de al menos dos reconocimientos cada veinticuatro horas, según criterio facultativo.

La Circular 3/2018 dispone al respecto que los Sres. Fiscales velarán, conforme a las previsiones del art. 527.1 LECrim, porque se haga efectivo el derecho de los detenidos o presos incomunicados a acceder, por sí mismos o por medio de su abogado, a los elementos de las actuaciones que resulten esenciales para impugnar la legalidad de su detención.

Las resoluciones que acuerdan la incomunicación de los detenidos deben contener los elementos necesarios para poder sostener que se ha realizado la necesaria ponderación de los bienes, valores y derechos en juego, que la proporcionalidad de toda medida restrictiva de derechos fundamentales exige (ATC 155/1999, de 14 de junio rec. nº 155/1999). De manera que es ciertamente exigible la exteriorización de los extremos que permiten afirmar la ponderación judicial efectiva de la existencia de un fin constitucionalmente legítimo, la adecuación de la medida para alcanzarlo y el carácter imprescindible de la misma (SSTC 55/1996 [*Tol 82989*]; 161/1997 [*Tol 80785*]; 61/1998 [*Tol 80919*]; y 49/1999 [*Tol 81121*]).

7. LA DETENCIÓN DE PERSONAS INTEGRADAS O RELACIONADAS CON BANDAS ARMADAS O INDIVIDUOS TERRORISTAS O REBELDES

Para estos supuestos el art. 520 *bis* LECrim establece especialidades. La detención policial puede prolongarse más allá del plazo general de las 72 horas el tiempo necesario para los fines investigadores, hasta un límite máximo de otras cuarenta y ocho horas, siempre que, solicitada tal prórroga mediante comunicación motivada dentro de las primeras cuarenta y ocho horas desde la detención, sea autorizada por el juez en las veinticuatro horas siguientes. Tanto la autorización cuanto la denegación de la prórroga se adoptarán en resolución motivada.

El apartado segundo de este precepto dispone que en estos casos podrá solicitarse del Juez que decrete su incomunicación, el cual deberá pronunciarse sobre la misma, en resolución motivada, en el plazo de veinticuatro horas. Solicitada la incomunicación, el detenido quedará en todo caso incomunicado sin perjuicio del derecho de defensa que le asiste y de lo establecido en los artículos 520 y 527 LECrim, hasta que el juez hubiere dictado la resolución pertinente.

8. EJECUCIÓN DE LA DETENCIÓN

La LECrim contiene también disposiciones tendentes a hacer respetar los derechos de las personas detenidas, pudiendo destacarse las siguientes previsiones:

a) Los detenidos estarán, a ser posible, separados los unos de los otros (art. 521 LECrim)

b) Los detenidos pueden procurarse a sus expensas las comodidades u ocupaciones compatibles con el objeto de su detención y el régimen del establecimiento en que esté custodiado, siempre que no comprometan su seguridad o la reserva del sumario. (art. 522 LECrim)

c) Tienen derecho a ser visitados por un ministro de su religión, por un médico, por sus parientes o personas allegadas y por su abogado (art. 523 LECrim)

d) El Juez Instructor autorizará, en cuanto no se perjudique el éxito de la instrucción, los medios de correspondencia y comunicación de que pueda hacer uso el detenido o preso. (art. 524 LECrim).

BIBLIOGRAFÍA

- ABELLÁN ALBERTOS, «El acceso a las actuaciones policiales y judiciales declaradas secretas (STC 83/2019, de 17 de junio)», en *La Ley Penal*, Nº 142, Sección Jurisprudencia aplicada a la práctica, enero-febrero 2020.
- ABELLÁN ALBERTOS, «El acceso al atestado: ese oscuro objeto de deseo», en *La Ley Penal*, Nº 150, Sección Jurisprudencia aplicada a la práctica, mayo-junio 2021.
- ABELLÁN ALBERTOS, «No es la sentencia "Miranda", la del Tribunal Constitucional 21/2018, de 5 de marzo», en *Diario La Ley*, Nº 9197, Sección Doctrina, 15 de mayo de 2018.
- ARAGONÉS SEIJO/ALAMILLO ESTIVAL, «El acceso al atestado policial por parte del detenido», en *Diario La Ley*, Nº 9214, Sección Tribuna, 8 de junio de 2018.
- CARBALLO ARMAS, «Detención policial, derechos del detenido y procedimiento de "habeas corpus"», en *Actualidad Penal*, Nº 30, Sección Doctrina, Semana del 22 al 28 Jul. 2002, Ref. XXX, p. 753, tomo 2.
- CARRETERO SÁNCHEZ, «El verdadero sentido de la detención penal» *Diario La Ley*, Nº 6834, Sección Doctrina, 4 de diciembre de 2007, Año XXVIII, Ref. D-263.
- DOLZ LAGO «Derecho de información al detenido», en *Diario La Ley*, Nº 9241, Sección Comentarios de jurisprudencia, 18 de julio de 2018
- FERNÁNDEZ PÁIZ, «Detención policial y judicial: dudas y errores judiciales», en *Diario La Ley*, Nº 8582, Sección Doctrina, 14 de julio de 2015, Ref. D-283.
- GIMENO SENDRA, «La protección jurisdiccional del derecho a la libertad: el "habeas corpus"», en *Diario La Ley*, 1985, tomo 4.
- GIMENO SENDRA/MORENO CATENA/ALMAGRO NOSETE/CORTÉS DOMÍNGUEZ, *Derecho Procesal. Tomo II Proceso Penal*, 4ª edición, Tirant lo Blanch, 1992.
- GIMENO SENDRA/CALAZA LÓPEZ/DÍAZ MARTÍNEZ, *Derecho Procesal Penal*, Tirant lo Blanch, 2021.
- GÓMEZ-JARA DÍEZ, «¿Detención judicial durante 6 días sin declarar ante el juez instructor?» en *Diario La Ley*, Nº 7365, Sección Doctrina, 18 de marzo de 2010, Año XXXI, Ref. D-86, LA LEY
- IZQUIERDO TÉLLEZ «¿Se puede detener por delito leve?» Diario La Ley, Nº 8582, Sección Tribuna, 14 de julio de 2015, Ref. D-284.
- LLERA SUÁREZ-BÁRCENA, *Derecho Procesal Penal (Manual para criminólogos y policías)*, 3ª edición, Tirant lo Blanch, 2024.
- LLOBEL MUEDRA, «La modificación de los arts. 520 y 527 de la ley de enjuiciamiento criminal por la ley orgánica 14/1983, de 12 de diciembre», en *Diario La Ley*, 1984, tomo 2.
- MANZANARES SAMANIEGO, «Responsabilidad patrimonial por detenciones indebidas», en *Diario La Ley*, Nº 10041, Sección Tribuna, 1 de abril de 2022.
- MORENO CATENA/CORTÉS, *Derecho procesal penal*, Tirant lo Blanch, 2024.
- NEIRA PENA, *Derecho Procesal Penal*, (Pérez-Cruz dir.), 2ª edición, Tirant lo Blanch, 2023.
- PEÑALOSA TORNÉ, «Detención ilegal. El juicio policial de la racionalidad de la sospecha», en *Diario La Ley*, Nº 9727, Sección Tribuna, 3 de noviembre de 2020.
- VARELA RIVADULLA, «La asistencia al detenido, derecho de información y derecho de acceso», en *Diario La Ley*, Nº 10244, Sección Tribuna, 9 de marzo de 2023.

– ZAMARRA ÁLVAREZ *Comentarios a la Ley de Enjuiciamiento Criminal*, (López Barja de Quiroga dir.), t. I, (Arts. 1 a 519), Tirant lo Blanch, 2023.

Capítulo 36

Medidas cautelares (II). La libertad provisional

José Miguel de la Rosa Cortina
Fiscal de Sala
Fiscalía del Tribunal Supremo

1. CONCEPTO Y REGULACIÓN

La libertad provisional se ha definido como «una medida cautelar que consiste en la limitación de la libertad ambulatoria del investigado, y se adopta por el juez encargado de la investigación cuando entiende que existen motivos bastantes para considerar a una persona responsable de la comisión de hechos delictivos y por las circunstancias del caso, y en aras de las exigencias del procedimiento, es necesario restringir su libertad» (MORENO CATENA/ CORTÉS DOMÍNGUEZ, 2024).

Esta medida supone una limitación de la libertad del investigado, aunque de intensidad mucho menor a la prisión provisional. Se adopta para garantizar la disponibilidad del investigado en relación con un proceso penal. Es la medida menos gravosa y debe ser la regla general, si es que procede asegurar la sujeción del investigado al proceso (RAMOS MÉNDEZ, 2000). Implica que el investigado sujeto a ella queda a disposición permanente del proceso penal al que está sometido (*vid.* ASENCIO GALLEGO, 2023).

Conforme a la doctrina del TC, «se trata de medidas cautelares de naturaleza personal que implican cuando menos restricciones de diverso tipo a la libertad personal. En relación con ello, y conforme a nuestra doctrina, el canon de la conformidad constitucional de la motivación de las decisiones judiciales que habilitan la restricción de derechos fundamentales es más estricto que el canon de motivación exigido como garantía inherente al derecho a la tutela judicial» (STC 14/2000 [*Tol 12170*]) por lo que deben «ser contrastadas con el criterio general que se deriva del derecho fundamental a la libertad» (STC 56/1997 [*Tol 83199*]).

En palabras del TC «...la libertad provisional es una medida cautelar intermedia entre la prisión provisional y la completa libertad, que trata de evitar la ausencia del investigado, que queda así a disposición de la autoridad judicial y a las resultas del proceso, obligándose a comparecer periódicamente [...] y viene determinada por la falta de presupuestos necesarios para la prisión provisional» (STC 85/1989 [*Tol 81542*]).

La libertad provisional, por sí, es una medida de naturaleza restrictiva, con independencia de que sus efectos sean más o menos intensos atendiendo a las circunstancias personales del afectado (STS 3/06/2015 [*Tol 5166563*]).

Por lo que se refiere a su naturaleza, es una medida cautelar personal, en cuanto implica una cierta limitación del derecho a la libertad individual de una persona, que se acuerda por el juez o tribunal cuando existen motivos bastantes para considerar a una persona responsable criminal de un delito pero no procede decretar la prisión provisional de dicha persona (TOMÉ PAULÉ/ GARCÍA-LUBÉN BARTHE/TOMÉ GARCÍA, 2004).

Es objeto de debate la cuestión referente a si debe el juez necesariamente acordar la libertad provisional cuando, imputándose a una persona un delito, no adopta la prisión preventiva. Algunos autores consideran imperativa la adopción de la libertad provisional en defecto de prisión (BARONA VILAR, 2023). En nuestra opinión, la libertad provisional solo deberá adoptarse cuando sea necesaria y, por tanto, debe configurarse como una medida cautelar facultativa, teniendo el juez libertad para adoptarla o no, atendiendo a las circunstancias concurrentes. Procederá acordar la libertad, sin adjetivación alguna, en cuatro supuestos: a) cuando no existan indicios de haberse cometido delito; b) cuando no existan indicios de haberlo cometido la persona que ha declarado como investigada; c) cuando lo que se imputa es un simple delito leve y d) cuando proceda la inhibición a la jurisdicción de menores.

No debe olvidarse que también la libertad provisional exige como presupuesto el *fumus boni iuris*. Si no hay indicios de delito, el presentado como detenido debe ser puesto pura y simplemente en libertad (en el mismo sentido, MORENO CATENA/CORTÉS DOMÍNGUEZ, 2024). Pero además, aun existiendo indicios de la comisión de un delito, en nuestra opinión, puede acordarse la libertad de la persona imputada, sin adjetivación alguna, cuando no sea necesario en atención a las circunstancias concurrentes, introducir ningún tipo de tutela cautelar. Por propia definición, para adoptar medidas cautelares es necesario que concurra, no sólo el *fumus boni iruis* sino también el *periculum in mora*. No concurriendo este último, no deberá adoptarse ningún tipo de medida cautelar, aunque concurra el primero. La STS 7/01/2014 [*Tol 4119298*] parece avalar esta interpretación, cuando declara que «la comparecencia *apud acta* no puede imponerse a un investigado cuya libertad no es objeto de medida cautelar alguna, sino a todo aquel [...] que hubiere de estar en libertad provisional». En el mismo sentido se ha considerado que «no sería óbice a que en algunos procesos no se decrete medida cautelar alguna y se deje al sujeto sospechoso, encausado o acusado en situación de libertad natural» (BARONA VILAR, 2023).

La LECrim diseña la libertad provisional desde una perspectiva negativa, atendiendo a la falta de los presupuestos necesarios para acordar la prisión provisional y desde una perspectiva positiva, exigiendo la concurrencia de indicios de criminalidad junto con la necesidad de adoptar ciertas cautelas para asegurar la sujeción del investigado al proceso penal.

Como medida cautelar, la libertad provisional también se cimenta sobre la instrumentalidad, pues trata de asegurar el buen fin del proceso penal; en la provisionalidad, pues puede ser revisada en cualquier momento del procedimiento; y en la jurisdiccionalidad, pues su adopción es competencia exclusiva del órgano jurisdiccional.

La nota de la provisionalidad implica que si en cualquier estado de la causa desaparecen las razones que llevaron a decretarla y resulta la inocencia del sometido a ella, se deberá incluso de oficio, dejar sin efecto y ordenar de inmediato su libertad incondicional "sin cargos", lo que no impide para que pueda volverse a adoptar contra él la misma u otra medida durante la instrucción.

La libertad provisional ha asumido el papel de medida cautelar alternativa a la prisión en la LECrim, en tanto genera una menor inmisión en los bienes jurídicos del investigado.

Se ha resaltado la naturaleza proteica de la libertad provisional pues «tanto las diferentes formas como la intensidad que puede adoptar esta restricción son muy diferentes» (MORENO CATENA/CORTÉS DOMÍNGUEZ, 2024). No obstante, no pueden adoptarse medidas restrictivas junto a la libertad provisional no contempladas expresamente por la Ley (STC 169/2001 [*Tol 12996*]).

La última gran reforma de las medidas cautelares penales, operada por LO 13/2003, incorpora la doctrina del TC de que la libertad provisional es la medida cautelar preferente y la prisión provisional la medida excepcional.

El auto de libertad provisional puede dictarse en dos situaciones procesales diferentes: a) tras la detención policial y puesta a disposición judicial. Su ejecución no plantea ninguna peculiaridad procedimental, más allá de la notificación al investigado y la puesta en conocimiento de la fuerza actuante para que se proceda a la liberación del detenido; b) tras reformarse una previa situación de prisión provisional: en este caso será necesario además del auto, un mandamiento dirigido al director del establecimiento en el que se halle preso o detenido (en este mismo sentido, BARONA VILAR, 2023), conforme a las previsiones del apartado tercero del art. 511 LECrim. Puede también acordarse la libertad provisional cuando es llamado a declarar un investigado que permanece libre, una vez practicada la diligencia.

La LECrim no establece un plazo máximo de duración de la libertad provisional (en este mismo sentido, URBANO CASTRILLO, 2010), por lo que en principio podrá mantenerse la medida en tanto subsista el fundamento cautelar que la justifica. No obstante, como se deduce del art. 539 LECrim, deberán suavizarse las garantías de la libertad provisional —número de comparecencias, retirada de pasaporte o de permiso de conducir, quantum de la fianza— siempre que se reduzca el riesgo que trata de enervarse.

En todo caso, la firmeza de la sentencia habrá de considerarse el momento en el que indefectiblemente deberá entenderse decaída.

Su adopción exige el dictado de un auto motivado.

Durante la fase de instrucción, el auto acordando la libertad provisional será adoptado por el juez de la Sección de Instrucción o de la Sección Única del correspondiente Tribunal de Instancia, de conformidad con la estructura orgánica prevista en la LO 1/2025[1]. En su caso, lo será por el juez de la Sección de Violencia contra la Infancia y la Adolescencia o de Violencia sobre la Mujer.

---

[1] En adelante, y para mayor claridad y sencillez en la redacción, salvo que merezca mayor concreción en el texto que se introduzca su referencia, nos referiremos al «*juez instructor*» como a cualquiera de los jueces con competencia funcional en materia de investigación judicial de delitos, en el bien entendido de que con esta denominación nos referimos al juez unipersonal integrado en la Sección que corresponda del Tribunal de Instancia competente (o, en su caso, al juez de la Sección de Instrucción del Tribunal Central de Instancia, cuando de la Audiencia Nacional hablamos) —*v.gr.* Sección de Instrucción o de la Sección Única de Civil y de Instrucción, Sección de Violencia sobre la Mujer, o Sección de Violencia contra la Infancia y Adolescencia...—, o al juez correspondiente del TS o TSJ al que se le atribuya dicha competencia funcional cuando la competencia objetiva venga determinada a dichos tribunales por razón de aforamiento del investigado. Asimismo, dicha referencia al «*juez instructor*» lo es también teniendo en cuenta la posibilidad de que, en los casos determinados en el art. 84.6 LOPJ, se nombre a dos jueces, conforme a un turno preestablecido y público, para que, junto con el juez a quien le hubiere sido turnado el asunto inicialmente, se encarguen de la instrucción de un determinado proceso penal. En el capítulo 5 de esta

2. PRESUPUESTOS

2.1 Ideas generales

Los efectos de la libertad provisional son menos intrusivos que los de la prisión provisional, por lo que sus presupuestos son menos rigurosos. Como establece la STC 85/1989 [*Tol 81542*] «no puede deducirse, como hace el recurrente, que la libertad provisional sólo pueda adoptarse cuando concurran los requisitos para adoptar la prisión provisional, ya que en el sistema de la Ley de Enjuiciamiento Criminal dicha medida cautelar es intermedia entre la prisión y la libertad, y tiene por ello sus propios presupuestos, que son los previstos en el art. 529, distintos de los de la prisión provisional».

2.2 *Fumus boni iuris*

Es necesario para adoptar esta medida cautelar que existan indicios de criminalidad respecto del investigado. Algunos autores añaden además que es necesario que el delito que se imputa lleve aparejada pena privativa de libertad (en este sentido, MORENO CATENA/CORTÉS DOMÍNGUEZ).

La STC 85/1989 [*Tol 81542*], sin embargo, admite la adopción de la libertad provisional incluso si la pena esperada no fuera privativa de libertad, siempre que se motive suficientemente la resolución.

2.3 *Periculum in mora*

La medida, para estar justificada, requiere de la presencia de un mínimo riesgo de fuga. Aún no alcanzado la entidad del riesgo que debe concurrir para adoptar la prisión provisional, para su adopción ha de apreciarse la posibilidad de que el investigado se coloque fuera del alcance del proceso. El nivel de riesgo concurrente será un parámetro fundamental para concretar la frecuencia de las comparecencias *apud acta* o el establecimiento de fianza y su cuantía.

obra puede consultarse una explicación completa del nuevo modelo orgánico de los Tribunales de Instancia que introduce la LO 1/2025.

3. CLASES

3.1 Libertad provisional con fianza

3.1.1 Ideas generales

Conforme al art. 529 LECrim «cuando no se hubiere acordado la prisión provisional del investigado o encausado, el juez o tribunal decretará, con arreglo a lo previsto en el artículo 505, si el investigado o encausado ha de dar o no fianza para continuar en libertad provisional. En el mismo auto, si el juez o tribunal decretare la fianza, fijará la calidad y cantidad de la que hubiere de prestar. Este auto se notificará al investigado o encausado, al Ministerio Fiscal y a las demás partes personadas y será recurrible de acuerdo con lo previsto en el artículo 507».

La finalidad de la fianza es asegurar que los acusados no se sustraerán a la Administración de Justicia y a la celebración del juicio y en su caso al cumplimiento de la sentencia condenatoria (SSTC 108/1984 [*Tol 79397*], 66/1989 [*Tol 80277*] y 14/2000 [*Tol 12170*]). Para cumplir con tales cometidos debe ser gravosa para el que la presta.

La fianza no puede tener otra finalidad más que la de evitar el riesgo de fuga (*vid.* en la misma línea, ASENCIO GALLEGO, 2023). Si la libertad provisional se acuerda por haberse agotado los plazos máximos de prisión preventiva, no cabrá en ningún caso condicionarla a la prestación de fianza. Ya se pronunció en este sentido la Instrucción 1/1988 de la FGE, *sobre medidas judiciales tendentes a imposibilitar la huida de los procesados en situación de libertad provisional.*

El TC revisa la razonabilidad del juicio sobre la necesidad de la fianza para la sujeción del recurrente a la Administración de Justicia, no sólo desde el punto de vista del derecho a la tutela judicial efectiva, sino ante todo desde el más estricto que impone el derecho a la libertad del art. 17 CE. La legitimidad constitucional de las resoluciones judiciales que acuerdan la imposición de una fianza, cuando sustituye la prisión provisional o permite eludirla, no depende de su adecuación al derecho a la libre disposición de los bienes, sino a la libertad personal, dado que la no prestación de fianza habilita para el ingreso en prisión o para su mantenimiento (STC 14/2000 [*Tol 12170*]).

No es admisible transformar una prisión provisional acordada para asegurar el normal desarrollo de la instrucción, una vez desaparecido ese riesgo por una libertad con exigencia de fianza, pues en otro caso, si la fianza no llega a consignarse, la situación de privación de libertad que la prisión provisional comporta quedaría carente de la cobertura finalista que constitucionalmente la legitima (STC 14/2000 [*Tol 12170*]).

El TC ha declarado que el *quantum* de la fianza puede afectar al derecho fundamental a la libertad (STC 169/2001 [*Tol 12996*]).

La imposición de fianza puede verse acompañada de otras cautelas.

La fianza acordada en el seno de una libertad provisional debe diferenciarse de la fianza regulada en el Título IX del Libro II de la LECrim, que aun compartiendo el mismo contenido y denominación, responde a una finalidad diferente: asegurar las responsabilidades civiles (*vid*. DÍAZ MARTÍNEZ, 2004). También ha de diferenciarse de la fianza que se exige al acusador particular para poder personarse y que tiene por finalidad responder de las resultas del juicio.

3.1.2 Régimen jurídico

La LECrim dedica a la regulación de la fianza los arts. 531 a 538. El art. 532 LECrim dispone que «la fianza se destinará a responder de la comparecencia del procesado cuando fuere llamado por el juez o tribunal que conozca de la causa. Su importe servirá para satisfacer las costas causadas en el ramo separado formado para su constitución, y el resto se adjudicará al Estado».

Además, según el art. 533 LECrim se aplican supletoriamente las previsiones generales sobre fianzas y embargos como medidas cautelares reales (arts. 591 a 596 LECrim). En régimen de supletoriedad de segundo grado, conforme a la cláusula contenida en el art. 4 LEC, habrá de acudirse a las disposiciones de la ordenanza procesal civil para lo no expresamente previsto en la LECrim. Igualmente debe tenerse presente la expresa remisión al Capítulo IV, Título IV, del Libro III de la Ley de Enjuiciamiento Civil para lo relativo a la vía de apremio para realizar la fianza (art. 536 LECrim).

Desde algún sector doctrinal se ha tratado de distinguir la libertad con fianza de la prisión eludible con fianza. En nuestra opinión, desde el punto de vista formal debe partirse de que lo procedente para el investigado que no se halle constituido en prisión es acordar la *libertad provisional* subordinada a la prestación de la fianza, pues el texto del art. 529 LECrim expresamente se refiere a «cuando no se hubiere acordado la prisión», no siendo correcto pues acordar directamente la prisión provisional con la posibilidad expresa de prestar fianza para liberarse de ella (en el mismo sentido, RAMOS RUBIO, 2003).

En cuanto al plazo para prestar la fianza, el silencio de la LECrim al respecto ha de interpretarse como la atribución de un margen de discrecionalidad al juez o tribunal que la acuerde, en el bien entendido de que deben rechazarse plazos excesivamente amplios, normalmente incompatibles con la finalidad cautelar —*periculum in mora*— de la medida. El plazo a conceder debiera modularse teniendo en cuenta, entre otros factores, la cuantía de la fianza y el patrimonio e ingresos del destinatario de la medida.

3.1.3 Clases de fianza

Por lo que se refiere a las clases de fianza, la LECrim emplea impropiamente el término fianza, pues no equivale a «obligación personal de garantía contraída por tercero», sino que se utiliza en un sentido genérico, abarcando tanto la fianza propiamente dicha como otras cauciones tales como la hipoteca o la prenda de títulos valores (en el mismo sentido, PELÁEZ SANZ/BERNAL NETO, 1999).

El art. 591 LECrim dispone que «la fianza podrá ser personal, pignoraticia o hipotecaria, o mediante caución que podrá constituirse en dinero efectivo, mediante aval solidario de duración indefinida y pagadero a primer requerimiento emitido por entidad de crédito o sociedad de garantía recíproca o por cualquier medio que, a juicio del juez o tribunal, garantice la inmediata disponibilidad, en su caso, de la cantidad de que se trate». Es también admisible la prestación de garantía personal por entidades bancarias o por compañías aseguradoras (art. 784.5 LECrim).

El órgano jurisdiccional, respetando la proporcionalidad, dispone de márgenes amplios para fijar el *quantum* y el tipo de fianza (en el mismo sentido, BARONA VILAR, 2023).

Prestada fianza en alguna de las tres formas indicadas, deberá procederse al depósito de los bienes en que fuere constituida. Sobre depósitos y consignaciones judiciales habrá que estar al RD 34/1988 por el que se regulan los pagos, depósitos y consignaciones judiciales.

La *fianza en metálico* consistirá en el depósito en la cuenta de consignaciones del órgano judicial, del importe de la suma en que haya sido cuantificada. Su realización o cancelación tiene lugar mediante mandamiento de pago o reintegro firmados por el juez o presidente del tribunal y el LAJ. El art. 591 LECrim prevé la fianza mediante aval solidario de duración indefinida y pagadero a primer requerimiento emitido por entidad de crédito.

La *fianza personal* en sentido estricto consistiría en la garantía asumida por un tercero en virtud del cual se obliga a pagar por el investigado la suma que le sea impuesta por el juez. El art. 592 LECrim exige para ser fiador personal: a) que tenga nacionalidad española; b) que se encuentre en el pleno ejercicio de sus derechos civiles y políticos; c) que acredite solvencia; d) que ya sea fiador de otro a no ser que tenga, a juicio del juez o tribunal, solvencia notoria para hacer frente a ambas.

Por su parte, la *fianza pignoraticia* consiste en la prenda constituida en metálico o en efectos públicos, acciones, obligaciones, valores mercantiles admitidos a cotización en bolsa o sobre cualesquiera otros bienes muebles (art. 591 LECrim). La prenda sobre los demás bienes muebles se constituye, previa su tasación, mediante su depósito en el lugar destinado al efecto o en la persona que se designe depositaria de los mismos, que podrá ser la propia persona que la constituye o un tercero. El depositario firmará la diligencia de recibo, obligándose a conservar los bienes a disposición del órgano judicial que conozca de la causa o, en otro caso, a pagar la cantidad para cuyo afianzamiento se haya constituido la prenda (art. 600 LECrim).

La fianza hipotecaria implica la constitución de una hipoteca sobre bienes inmuebles, la cual puede otorgarse por escritura pública o *apud acta*, en cuyo caso se librará el correspondiente mandamiento para su inscripción en el Registro de la Propiedad (art. 595 LECrim).

3.1.4 Fijación del quantum *a afianzar*

«Para determinar la calidad y cantidad de la fianza se tomarán en cuenta la naturaleza del delito, el estado social y antecedentes del procesado y las demás circunstancias que pudieren influir en el mayor o menor interés de éste para ponerse fuera del alcance de la autoridad judicial» (art. 531 LECrim).

La determinación de la calidad supone especificar si la fianza es personal, pignoraticia o hipotecaria. La determinación de la cantidad implica la concreción del *quantum* a afianzar.

En la Consulta de 17 de noviembre de 1897 se instaba a los fiscales a evitar que mediante la cuantificación de las fianzas «un criterio en apariencia igualitario respecto a los co-reos, suponga una distinta consideración de éstos, según los medios pecuniarios de que dispongan». La Circular de la FGE de 10 de octubre de 1933 dispone que los fiscales tienen que procurar que la fianza «no sea tal que, por su relación con las circunstancias de los procesados, resulten de imposible prestación».

El principio general es el de que la fianza ha de ser gravosa para el investigado, pero no inalcanzable (SSTC 57/1985 [*Tol 79472*] y 34/1987 [*Tol 79743*]). Tampoco es correcto cuantificar la fianza de forma que el investigado pueda prestarla sin sacrificio. La finalidad de la fianza impone que su potencial pérdida mueva al investigado a optar por comparecer en lugar de huir.

La cuantificación correcta es difícil, pues debe tratar de conseguir que el *quantum* no sea un obstáculo insuperable para el destinatario de la medida y que simultáneamente sea un sacrificio económico con potencialidad disuasoria de la sustracción a la acción de la justicia. Normalmente cuando es necesario cuantificar la fianza aún no se dispone de datos completos sobre la situación económica del investigado. No obstante, siempre será posible valorar los indicios concurrentes, y al menos solicitar datos de vida laboral y de ingresos a la Seguridad Social y a la Agencia Tributaria así como datos sobre inmuebles inscritos a nombre del investigado.

A la hora de cuantificar la fianza la jurisprudencia menor tiene en cuenta factores tales como las incomparecencias ante citaciones judiciales, además en ocasiones la gravedad de los hechos o la concurrencia de antecedentes.

El art. 529 párrafo tercero LECrim exige la notificación del auto por el que se acuerda la libertad con fianza al Ministerio Fiscal, que deberá controlar la proporcionalidad de la cuantía fijada interponiendo, en su caso, los recursos procedentes.

El auto que acuerde la libertad con fianza se puede reformar de oficio o a instancia de parte durante toda la causa, pudiéndose aumentar o disminuir su *quantum* (art. 539 LECrim) y siendo susceptible de apelación en un efecto (art. 529 LECrim).

Parece claro que si las partes postulan la prisión provisional podrá el juez acordar la libertad con fianza, fijando el mismo su importe pese a la inexistencia de petición de parte. Entendemos que si las partes postulan la libertad con fianza pero no cuantifican el importe de la misma también será el juez el que la determine.

Sin embargo, el principio acusatorio proyectado sobre las fianzas debe implicar como corolario que el juez no podrá imponer una cantidad superior a la solicitada por las acusaciones (en el mismo sentido, SOSPEDRA NAVAS, 2003).

Deberán las partes acusadoras en sus peticiones y el juez en su resolución razonar las circunstancias que se toman en cuenta para fijar el importe y la calidad de la fianza en relación con los objetivos que su imposición está llamada a garantizar —esto es, que el investigado no eluda el proceso o la ejecución de la pena—.

La Instrucción de la Fiscalía de 15 de noviembre de 1897 se dictó para evitar el abuso en la utilización de la prisión provisional y concretamente, la práctica de la fijación de cuantías de fianzas exageradas en relación con los medios económicos de los afectados. La Fiscalía hace frente a lo que considera "espectáculo lamentable" en la fijación de fianzas desproporcionadas. La cuantía de la fianza debe estar inspirada en la imparcialidad y la prudencia. Se exhorta a los Fiscales a recurrir en reforma frente a fianzas de libertad provisional que, por la cuantía o por las circunstancias personales, sociales y económicas de los procesados, fueren de imposible prestación.

La doctrina del TEDH al respecto puede condensarse en que a) no puede determinarse la cuantía de la fianza en función exclusiva del daño que se le imputa al procesado, pues la finalidad es asegurar la comparecencia del acusado en el juicio y no la reparación del perjuicio causado; b) la cuantía debe considerarse principalmente en relación al interesado, a sus medios de vida, a sus lazos con quienes pueden afianzarle y, en resumen, a la confianza que se tenga en que la perspectiva de pérdida o ejecución de la garantía en el supuesto de no comparecer en el juicio será freno bastante para eliminar cualquier idea de fuga. (SSTEDH de 27 de junio de 1968, Neumeister contra Austria; de 15/11/2001, caso Iwañczuck c. Polonia [*Tol 9092917*]).

En el caso Prestige, el ATC 312/2003, de 29 de septiembre rec. 399/2003 llegó a considerar correcta la fijación de la fianza en tres millones de euros para el capitán del petrolero, teniendo en cuenta, entre otros factores, la situación catastrófica de alcance nacional e incluso internacional que originó el accidente del buque, la extraordinaria repercusión de los hechos, la extraordinaria gravedad de los daños ocasionados, la condición de extranjero del recurrente y la absoluta falta de arraigo en nuestro país y el escaso transcurso de tiempo acaecido desde la adopción de la medida cautelar.

3.1.5 Destino de la fianza

Si el inculpado no comparece, la fianza se realizará con intervención del Ministerio Fiscal. El art. 534 LECrim establece que «si al primer llamamiento judicial no compareciese el acusado o no justificase la imposibilidad de hacerlo, se señalará al fiador personal o al dueño de los bienes de cualquier clase, dados en fianza, el término de diez días para que presente al rebelde».

Conforme al art. 535 LECrim «si el fiador personal o dueño de los bienes de la fianza no presentare al rebelde en el término fijado, se procederá a hacer ésta efectiva, declarándose adjudicada al Estado, y haciendo entrega de ella a la Administración más próxima de Rentas, con deducción de las costas indicadas al final del artículo 532».

Dispone el art. 536 LECrim que para realizar toda fianza se procederá por la vía de apremio. Conforme al art. 537 LECrim cuando los bienes de la fianza fueren del dominio del procesado, se realizará y adjudicará ésta al Estado inmediatamente que aquél dejare de comparecer al llamamiento judicial o de justificar la imposibilidad de hacerlo.

El art. 542 LECrim establece que si se hubiere dictado sentencia firme condenatoria y el procesado no compareciere al primer llamamiento o no justificare la imposibilidad de hacerlo, se adjudicará la fianza al Estado en los términos establecidos en el art. 535 LECrim. Solamente será admisible prescindir de la adjudicación si el condenado por sentencia justifica la imposibilidad de su incomparecencia.

Conforme al art. 543 LECrim, una vez adjudicada la fianza, no tendrá acción el fiador para pedir la devolución, quedándole a salvo su derecho para reclamar la indemnización contra el procesado o sus causahabientes. Entendemos que el fiador tendrá la misma posición que se le reconoce en el Código Civil. El perjuicio debe recaer finalmente en el procesado incompareciente.

El art. 538 LECrim regula el papel del fiscal en la enajenación de bienes de fianzas, previendo una intervención que en la práctica no se da y haciendo referencia a una categoría de fiscales —el fiscal municipal— en la actualidad inexistente.

Tras la realización, el importe que se obtuviera debe destinarse al pago de las costas causadas en la pieza separada formada para su constitución, y el resto se adjudica al Estado (art. 532 LECrim).

La Consulta de la FGE de 27/06/1978 sobre un supuesto de coprocesados cuando uno de ellos se encuentra en el extranjero, considera que «cuando se ha producido fianza de libertad en favor de un procesado que ha quedado retenido por otras causas, procede su devolución, pues el fiador (artículo 534 LECrim) responde de la persona que se encuentra libre con esa garantía, pero en este caso no hay nunca situación de libertad».

En caso de cumplimiento, conforme al art. 541 LECrim se cancelará la fianza: a) cuando el fiador lo pidiere, presentando a la vez al procesado; b) cuando éste fuere reducido a prisión; c) cuando se dictare auto firme de sobreseimiento o sentencia firme absolutoria o, cuando siendo condenatoria se presentare el reo para cumplir la condena y d) por muerte del procesado estando pendiente la causa. Las causas consignadas en el art. 541 LECrim responden a un mismo fundamento: la fianza ya no es necesaria para responder de la sujeción del investigado al proceso.

El dictado de sentencia absolutoria no firme no conlleva automáticamente la cancelación de la fianza, pues no se acoge en la norma que establece los supuestos de cancelación. No obstante, su mantenimiento exigiría perseguir una finalidad cautelar legítima que debe ser razonada, no pudiendo basarse exclusivamente en que la Ley no prevé la cancelación. Esta es la conclusión a la que llega la STC 108/1984 [*Tol 79397*]

3.1.6 Efectos de la falta de prestación de la fianza

Conforme al art. 540 LECrim «si el procesado no presenta o amplía la fianza en el término que se le señale, será reducido a prisión». Pese a los términos imperativos empleados por este precepto, no existe ningún obstáculo a que el juez, atendiendo a las circunstancias concurrentes, amplíe el plazo finalizado o reduzca el importe de la fianza (en el mismo sentido, URBANO CASTRILLO, 2010).

El exceso en la determinación de la fianza por encima de las posibilidades del procesado supone una gravísima infracción de ley, en cuanto equivale a una prisión provisional sin darse los presupuestos necesarios para ello (*vid.* BARONA, 2023).

3.2 Libertad provisional con obligación *apud acta*

3.2.1 Concepto y naturaleza

La libertad provisional con obligación apud acta es la medida cautelar que, no privando de libertad, impone al investigado o acusado comparecer ante el tribunal los días que se establezca en la resolución y cuantas veces sea llamado. Más que una modalidad de libertad provisional sería la medida básica.

La libertad provisional con obligación de comparecencia es una medida cautelar [...] cuestión no controvertida en la dogmática (STS de 7/01/2013 [*Tol 4119298*]). Es indudable que supone una intromisión en el ámbito de la libertad del investigado, si bien de efectos más limitados que la que es propia de la prisión provisional (SSTS 3/07/2019 [*Tol 7410814*] y de 18/10/2015 [*Tol 5550493*]).

Para el ATC 650/1984 «el deber de presentación ante el Juzgado es una medida cautelar que no vulnera ni la libertad personal ni la presunción de inocencia (arts. 17 y 24.2 de la Constitución), pues responde a la necesidad de que el investigado se encuentre a disposición de la autoridad judicial».

No obstante, es claro que la libertad provisional con obligación de comparecer periódicamente afecta al bien jurídico libertad (*vid.* STS de 7/01/2013 [*Tol 4119298*]), y aunque ciertamente significa una restricción del derecho de libre circulación, no constituye una vulneración al mismo cuando se "impone tal obligación dentro de los supuestos legales y en forma razonada en términos de Derecho" (STC 85/1989 [*Tol 81542*]).

La finalidad de la obligación apud acta sería, con carácter mediato, garantizar la sujeción del investigado al proceso, y con carácter inmediato, detectar rápidamente una fuga del mismo (*vid.* ESCUSOL BARRA, 1990). Conforme al art. 835 LECrim «será llamado y buscado por requisitoria...el que, hallándose en libertad provisional, dejare de concurrir a la presencia judicial el día que le está señalado o cuando sea llamado».

Sigue siendo de observar por los fiscales lo dispuesto en la Instrucción FGE 1/1988, de 11 de enero, *sobre medidas judiciales tendentes a imposibilitar la huida de los procesados en situación de libertad provisional*, en la que se les

exhorta a «proveer a que el estricto y efectivo cumplimiento de las penas sea una realidad, cooperando para que quienes se hallen legítimamente en libertad provisional comparezcan en su momento al acto del juicio oral», debiendo instar en su caso «la revisión de la situación de los procesados en libertad provisional». Y así, sigue diciendo que: «ante presunciones de incomparecencia, y aún no concurriendo causa alguna hábil para cambiar la situación de libertad, el Ministerio Fiscal sí puede y debe instar la modificación temporal de la obligación 'apud acta' de comparecer que regula el artículo 530 de la LECrim siempre que se estime que la periodicidad de aquélla no es la adecuada atendidas las circunstancias de cada caso, considerando que si el hecho de presentarse periódicamente en el Juzgado no garantiza totalmente la no evasión, no puede negarse que las comparecencias periódicas con pequeños intervalos de tiempo constituyen un eficaz medio de control de los investigados».

La Instrucción 1/1988 FGE, por su parte, exhorta a que en los autos de libertad provisional se especifique de forma clara la periodicidad de los actos personales de comparecencia ante el órgano jurisdiccional, debiendo estar siempre el número de ellas en función tanto del desvalor social del comportamiento delictivo como del riesgo o peligro potencial de huida, sin que quepa excluir en singulares casos la periodicidad diaria.

La doctrina ha propuesto la sustitución de la libertad provisional con comparecencias y la libertad provisional con fianza por la libertad provisional con control telemático, sustitución que indudablemente generaría efectos positivos (NIEVA FENOLL, 2014).

3.2.2 Regulación

Conforme al art. 530 LECrim «el investigado o encausado que hubiere de estar en libertad provisional, con o sin fianza, constituirá apud acta obligación de comparecer en los días que le fueren señalados en el auto respectivo, y además cuantas veces fuere llamado ante el juez o tribunal que conozca de la causa».

Frente a las críticas que suscita la libertad provisional, en nuestra opinión esta medida cautelar tiene, a través de las comparecencias, grandes potencialidades no sólo como medio para conjurar el riesgo de fuga sino incluso como mecanismo de protección de la víctima, posibilidades quizás no suficientemente exploradas y aprovechadas. Una libertad provisional con comparecencias *apud acta* frecuentes puede ser una buena solución cautelar, en tanto, dependiendo de las circunstancias del caso, puede servir al investigado de recordatorio permanente de que está siendo sometido a un proceso penal, se le está haciendo un seguimiento por el órgano judicial, y de que cualquier reiteración en el delito puede hacerle empeorar su situación procesal.

Es también admisible acordar la libertad provisional con obligación *apud acta* tras el dictado de sentencia condenatoria hasta la firmeza.

En delitos relativos a la violencia de género se ha defendido la posibilidad de que las comparecencias apud acta puedan ser utilizadas también para que por parte de un equipo técnico se efectúen las debidas comprobaciones tendentes a acreditar el adecuado comportamiento del investigado en libertad, pues «de lo contrario estas comparecencias se convierten en un mero ritual sin efecto alguno» (GANZENMÜLLER ROIG, 1999).

En efecto, sería especialmente interesante contemplar la obligación de comparecer ante un equipo técnico encargado posteriormente de informar en el curso del proceso sobre la personalidad, imputabilidad etc. del inculpado y sobre la imposición de otras medidas complementarias, cautelares o en sentencia (FERNÁNDEZ GARCÍA, 2000).

En nuestra opinión, tal posibilidad es admisible, ya que pese a la falta de previsión expresa, no se conculcaría el principio de legalidad, pues el contenido propiamente cautelar —la comparecencia *apud acta*— está previsto en la LECrim y el añadido de que la comparecencia sea ante un equipo técnico no deja de ser una diligencia de instrucción para la que el juez está genéricamente habilitado. En el mismo sentido pueden citarse las conclusiones adoptadas en la primera reunión de fiscales encargados del servicio de violencia familiar, celebrada en Madrid los días 27 a 29 de marzo de 2000. La conclusión VI.11 acordó constatar que «las comparecencias *apud acta*, en su actual configuración, presentan un contenido formalista, por lo que cabría su sustitución por comparecencias ante un equipo técnico encargado posteriormente de elaborar un informe sobre personalidad».

Lo que no nos parece que tenga cobertura es la posibilidad de que, a través de las comparecencias, se aplicara al investigado, aún amparado por la presunción de inocencia, algún tipo de tratamiento terapéutico, como desde algún foro se ha propuesto y ello pese a los posibles efectos beneficiosos de una medida de este tipo y pese a que estas alternativas están previstas en otros ordenamientos de nuestro entorno jurídico cultural y han sido postuladas por las conclusiones del seminario de fiscales de violencia doméstica de 2004.

Es admisible acordar simultáneamente la obligación *apud acta* con la imposición de fianza y con la retirada del permiso. La obligación *apud acta* debe también respetar el principio de proporcionalidad, que condicionará el número de días en que puede exigirse comparecer al investigado. Los parámetros a ponderar serían a) la gravedad del delito; b) la pena con la que está castigado y b) el nivel de *periculum in mora* concurrente (en esta línea, BARONA VILAR, 2023).

Aunque el *usus fori* ha consagrado como práctica habitual la de fijar la comparecencia *apud acta* como obligación de comparecer los días 1 y 15 de cada mes, es más adecuado en respeto al exigible principio de proporcionalidad, intensificar o relajar los días de comparecencia en atención a las circunstancias concurrentes.

En esta línea deben recordarse las disposiciones al respecto de la reseñada Instrucción FGE 1/1988: «las comparecencias deberán tener una periodicidad variable, según el mayor o menor riesgo de fuga u ocultación. Si el hecho de presentarse periódicamente en el juzgado no garantiza totalmente la no evasión, no puede negarse que las comparecencias periódicas con pequeños intervalos de tiempo constituyen un eficaz medio de control de los investigados. Los autos de libertad provisional habrán de explicitar la periodicidad de los actos personales de comparecencia ante el órgano jurisdiccional, introduciendo como parámetro de valoración a la hora de fijar el número de comparecencias el tanto el desvalor social del comportamiento delictivo como del riesgo o peligro potencial de huida, sin que quepa excluir en singulares casos la periodicidad diaria».

Como establece la STS de 7/01/2014 [*Tol 4119298*], «nada impide que el juez instructor acuerde una frecuencia semanal, quincenal —como en el presente caso—, mensual, trimestral o incluso diaria». Si el riesgo es bajo, las comparecencias pueden ordenarse mensual o trimestralmente.

Debe considerarse admisible que el auto establezca las presentaciones del investigado ante la secretaría del órgano judicial que conoce de la causa o ante la secretaría del órgano judicial del domicilio del obligado. En nuestra opinión, ningún obstáculo existe para, cuando concurra causa justificada, fijarse la presentación ante otras autoridades, como la Policía Judicial, por aplicación analógica *pro reo* del art. 8.3 de la Ley 4/1985, de Extradición Pasiva (en este sentido, SOSPEDRA NAVAS, 2003) Algunos autores, sin embargo, no consideran admisible acordar la comparecencia ante autoridad policial (así, BARONA VILAR, 1988).

En cuanto a las consecuencias del incumplimiento, conforme al art. 835 LECrim será llamado y buscado por requisitoria... el que, hallándose en libertad provisional, dejare de concurrir a la presencia judicial el día que le está señalado o cuando sea llamado. Además, ante el incumplimiento injustificado de la obligación *apud acta* cabe promover la modificación *in peius* de la medida cautelar, debiendo atenderse a todas las circunstancias concurrentes a la hora de decantarse por una concreta propuesta.

Debe huirse de todo automatismo, pues la no presentación puede estar justificada. Ello lleva a que siempre que pretenda agravarse la situación cautelar del investigado, sea imprescindible oírle. En este sentido, el art. 537 LECrim prevé que el incomparecido pueda «justificar la imposibilidad de hacerlo». El procedimiento para la agravación se regula en el párrafo tercero del art. 539 LECrim.

La mayor parte de la doctrina defiende que si se acuerda la libertad provisional, deben simultáneamente fijarse los días de comparecencia de modo obligatorio (así, GIMENO SENDRA/DÍAZ MARTÍNEZ, 2004). En nuestra opinión, sin embargo, no existe ningún obstáculo para que el investigado quede en libertad provisional sin obligación de llevar a cabo comparecencias periódicas, aunque siempre con la obligación de comparecer cuantas veces fuese llamado. Si el órgano jurisdiccional no estima precisa esta garantía adicional, ningún sentido tiene su adopción obligatoria. Otra interpretación chocaría frontalmente con los principios de necesidad y proporcionalidad. Con razón la STS de 7/01/2014 [*Tol 4119298*] denuncia «la rutinaria aplicación de una medida restrictiva de la libertad cuya ejecución, vigilancia y seguimiento jurisdiccional no siempre están siendo ejemplares». Frente a esa aplicación rutinaria, debiera exigirse que la imposición de la obligación de comparecer responda a un fundamento concreto. Si éste no concurre, no está justificada la imposición.

3.3 Libertad provisional con retirada del permiso de conducir

La libertad provisional con retirada de permiso se regula en el art. 529 *bis* LECrim, que dispone lo siguiente: «cuando se decrete el procesamiento de persona autorizada para conducir vehículos de motor por delito cometido con motivo de su conducción, si el procesado ha de estar en libertad, el juez, discrecionalmente, podrá privarle provisionalmente de usar el permiso, mandando que se recoja e incorpore al proceso el documento en el que conste. El secretario judicial lo comunicará al organismo administrativo que lo haya expedido».

La privación cautelar del permiso de conducir está además prevista para el procedimiento abreviado en el art. 764.4 II LECrim, reformado por la Ley 38/2002. Conforme a este precepto, «también podrá acordarse la intervención del permiso de conducción requiriendo al investigado para que se abstenga de conducir vehículos de motor, en tanto subsista la medida, con la prevención de lo dispuesto en el art. 556 del Código Penal. Las medidas anteriores, una vez adoptadas, llevarán consigo la retirada de los documentos respectivos y su comunicación a los organismos administrativos correspondientes».

Se caracterizan por «conllevar una restricción provisional del mismo bien jurídico o derecho que se verá afectado por una pena de inhabilitación, de suspensión o de privación del permiso de conducir» (ARMENTA DEU, 2004).

Nada se dice en cuanto al plazo de duración, lo que mal se compadece con el principio de legalidad, sobre el que deben estar cimentadas las medidas cautelares personales.

La medida carece de finalidad si se acuerda la prisión provisional; por ello el art. 529 *bis* LECrim condiciona su adopción a que el investigado quede en libertad.

La finalidad cautelar parece que debe ubicarse en la necesidad de neutralizar la comisión de nuevos delitos con ocasión de la circulación (en este mismo sentido, GIMENO SENDRA, 2004).

Se han generado dudas acerca de la naturaleza de esta medida. La doctrina bascula entre considerarla una medida cautelar o una medida de seguridad. Para un sector doctrinal esta medida cautelar se acuerda con fines extraños al proceso, pues no se ordena en razón de su adecuada tramitación o de la ejecución de la sentencia, sino que más bien presenta un perfil de defensa o protección de la sociedad (MORENO CATENA/CORTÉS DOMÍNGUEZ, 2024).

En nuestra opinión no hay excesivos obstáculos para integrarla en la categoría de medida cautelar, con sus características de instrumentalidad, provisionalidad, proporcionalidad y jurisdiccionalidad, anticipando las consecuencias de una futura posible sentencia condenatoria. *A fortiori*, la finalidad de esta medida es esencialmente la de evitar la reiteración delictiva, y por tanto el fundamento estriba en la peligrosidad del sujeto. Tal finalidad ha sido claramente aceptada como propiamente cautelar.

Procederá su aplicación cuando, además del *fumus boni iuris*, se detecte un riesgo para la circulación. Podrá acordarse de oficio por el juez instructor sin necesidad de que sea interesada por las partes, así como dejarse sin efecto en cualquier momento en que el juez considere que deja de concurrir alguno de los presupuestos necesarios para acordarla.

La medida debe adoptarse respetando el principio de proporcionalidad. En esta línea, considera BARONA que «será necesario examinar y considerar si es proporcionado a los fines perseguidos el privar a una persona del permiso de conducción, si quizás por ejemplo se gana la vida con este medio».

La coercibilidad de la medida se refuerza con la tipificación como delito de la conducta de quien realizare la conducción tras haber sido privado cautelar o definitivamente del permiso o licencia por decisión judicial (art. 384 CP).

Aunque no se dice expresamente que el delito que se imputa tenga que llevar aparejada como pena la de privación de dicho permiso, algún sector de la doctrina ha defendido la restricción de la medida cautelar a tales supuestos. Sin embargo, debe mantenerse que no distinguiéndose por el legislador, puede esta medida cautelar extenderse a otros supuestos en los que se cumpla con el requisito de que se impute un delito cometido con motivo de la conducción aunque no lleve aparejada tal pena, siempre que concurran alguno de los fines propios de la medida cautelar y sin perjuicio de que conforme al art. 59 CP pueda ser abonable a la pena que finalmente le sea impuesta. A estos efectos debe tenerse presente, como exponíamos *supra*, que la finalidad de la medida es esencialmente la de neutralizar el riesgo de reiteración delictiva.

Se guarda silencio, por el contrario, sobre las autorizaciones para conducir ciclomotores. El CP configura como una pena única la de privación del derecho a conducir vehículos a motor y ciclomotores (*vid.* arts. 33, 39, 40 CP). El art. 47 CP expresamente establece que «la imposición de la pena de privación del derecho a conducir vehículos a motor y ciclomotores inhabilitará al penado para el ejercicio de ambos derechos durante el tiempo fijado en la sentencia».

Parece no obstante que la falta de previsión expresa de la medida cautelar de privación del derecho a conducir ciclomotores arrastraría la imposibilidad de adoptarla como tal.

La retirada o intervención del permiso ha de ejecutarse mediante la aprehensión material del documento y la comunicación al organismo administrativo correspondiente —Jefatura Provincial de Tráfico— para que tenga constancia de la misma, de modo que en caso de ser interceptado el investigado o encausado conduciendo se dé cuenta al órgano judicial. También debe procederse a requerir al investigado para que se abstenga de conducir durante la vigencia de la medida, con apercibimiento de incurrir en delito.

Cabe aplicar la medida cuando el investigado carezca de permiso, limitándose en este caso la ejecución a requerir al investigado para que se abstenga de conducir con los apercibimientos legales y oficiando al organismo correspondiente para que no expida permisos y para que comunique cualquier incumplimiento.

Debe tenerse presente que el art. 770.6ª LECrim permite a la policía, de resultar procedente, retener el permiso de circulación del vehículo y el permiso

de conducir de la persona a la que se impute el hecho. En los supuestos en los que sea la policía judicial la que retenga el permiso, debe entenderse siempre que tal diligencia se realiza a expensas de lo que acuerde la autoridad judicial. La policía judicial adoptará esta medida solamente cuando el mantenimiento del permiso en poder del sospechoso pueda suponer un peligro para la seguridad del tráfico, esto es, en supuestos de conducción etílica, suicida, etc. (PASTOR MOTTA, 2003).

Se plantea si puede el juez instructor acordar la medida de oficio, sin previa petición de parte acusadora. La respuesta, entendemos, debe ser positiva, pues si puede adoptar la medida la policía por sí, con más motivo habrá que convenir en que el juez puede adoptar la medida *ex officio* sin necesidad de petición de parte (en el mismo sentido, SOSPEDRA NAVAS, y MORENO CATENA/CORTÉS DOMÍNGUEZ, 2024).

El art. 764.4 LECrim contempla la medida de intervención inmediata del vehículo y retención del permiso de circulación del mismo, por el tiempo imprescindible, con la comunicación al órgano administrativo correspondiente. Esta medida, además de la finalidad cautelar, cumple una finalidad instructora, pues puede adoptarse cuando fuere necesario practicar alguna investigación en aquél (en el mismo sentido, DÍAZ MARTÍNEZ, 2004).

3.4 Libertad provisional con retención del pasaporte

La LO 13/2003 modificó el art. 530 LECrim, dando cobertura legal a la posibilidad de que el juez o tribunal pueda «acordar motivadamente» la retirada del pasaporte del investigado para garantizar el cumplimiento de su obligación de comparecencia *apud acta* si hubiera de estar en libertad provisional con o sin fianza. Conforme a esta disposición, «para garantizar el cumplimiento de esta obligación, el juez o tribunal podrá acordar motivadamente la retención de su pasaporte».

Nada se prevé respecto al DNI u otros documentos, pese a que los mismos son suficientes para desplazarse dentro del territorio Schengen (en el mismo sentido, RAMOS RUBIO, 2003).

En efecto, es criticable lo escueto de la regulación «que difícilmente cumple con las exigencias constitucionales, y con las que derivan del CEDH, pues se trata de una medida cautelar que impide la salida de España, y afecta por tanto a la libertad de circulación del art. 19 CE» (MORENO CATENA/CORTÉS DOMÍNGUEZ, 2024).

Así, se suscitan dudas sobre si la medida da cobertura a la prohibición de salida del territorio nacional. En este sentido, RAMOS RUBIO subraya cómo sólo existe una previsión en la LECrim, la contenida en el art. 765.2, referido a procesos relativos a hechos derivados del uso y circulación de vehículos de motor atribuidos a investigados que tuvieren su domicilio o residencia habitual en el extranjero. En nuestra opinión, debe entenderse que la adopción de la medida implica la prohibición de salida del territorio nacional, pues cualquier otra interpretación llevaría a consecuencias absurdas. Desde luego, hubiera sido técnicamente más correcto dar otra redacción al precepto, pues la medida es propiamente la de prohibición de salida del territorio nacional, siendo la retirada del pasaporte un acto material de ejecución. Igualmente debe entenderse que la retención de pasaporte lleva implícita la prohibición de expedir otro.

Tras su adopción, el órgano jurisdiccional deberá remitir oficio a los órganos correspondientes del Ministerio del Interior con el fin de que en los controles de Policía instalados en aeropuertos y fronteras se impida la huida de la persona afectada por la medida y a los efectos de que no se expida ningún otro documento.

La retirada de pasaporte no impide que simultáneamente se establezca la obligación *apud acta* de comparecencia.

La regulación de la expedición del pasaporte ordinario se desarrolla en el RD 896/2003, modificado por RD 411/2014. El art. 2.1 b) del citado RD dispone que «todos los ciudadanos españoles tienen derecho a obtener el pasaporte ordinario siempre que no concurran en los mismos alguna de las siguientes circunstancias: [...] haber sido acordada por el juez o tribunal competente alguna resolución judicial privativa de libertad, o que conlleve la prohibición de abandonar el territorio nacional salvo, en éste último caso, que obtengan autorización del juez o tribunal que dictó la medida».

4. EL PROCEDIMIENTO PARA LA ADOPCIÓN DE LA LIBERTAD PROVISIONAL

Debe partirse de que, conforme al art. 539 LECrim, los autos de prisión y libertad provisionales y de fianza serán reformables durante todo el curso de la causa. En su consecuencia, el investigado o encausado podrá ser preso y puesto en libertad cuantas veces sea procedente, y la fianza podrá ser modificada en lo que resulte necesario para asegurar las consecuencias del juicio.

1532 El párrafo tercero del art. 539 LECrim equipara procedimentalmente la libertad provisional con fianza a la prisión, exigiendo petición de parte acusadora y comparecencia: «para acordar la prisión o la libertad provisional con fianza de quien estuviere en libertad o agravar las condiciones de la libertad provisional ya acordada sustituyéndola por la de prisión o libertad provisional con fianza, se requerirá solicitud del Ministerio Fiscal o de alguna parte acusadora, resolviéndose previa celebración de la comparecencia a que se refiere el artículo 505».

Lo que sí puede hacer el juez de oficio es dejar sin efecto la prisión y acordar la libertad provisional o dejar sin efecto la libertad provisional con fianza y acordar una simple libertad provisional: «siempre que el juez o tribunal entienda que procede la libertad o la modificación de la libertad provisional en términos más favorables al sometido a la medida, podrá acordarla, en cualquier momento, de oficio y sin someterse a la petición de parte».

Al igual que ocurre con lo relativo a la prisión provisional, las medidas de libertad provisional, con o sin fianza, se sustanciarán en pieza separada (*vid.* arts. 544 y 763 LECrim).

En cuanto a los recursos, conforme al art. 596 «contra los autos que el juez dicte calificando la suficiencia de las fianzas procederá el recurso de apelación». Conforme a la Exposición de Motivos de la Ley 13/2003 «en lo que respecta a los recursos frente a las resoluciones sobre prisión o libertad provisionales, el art. 507 trata de simplificar y acelerar su tramitación, al disponer que en todo caso la apelación se sustancie por los cauces del art. 766, esto es, a través de las normas del recurso de apelación del procedimiento abreviado».

Los autos de libertad provisional con imposición de cargas deben estar debidamente motivados, individualizando los indicios de criminalidad concurrentes en el sujeto pasivo de la medida.

Cuando la pretensión sea la de agravar las cautelas frente al investigado resurge la necesidad de respeto a los principios acusatorio y de contradicción a través de la celebración de la comparecencia.

BIBLIOGRAFÍA

- ARMENTA DEU, *Lecciones de Derecho Procesal Penal*, Marcial Pons, 2004.
- ASENCIO GALLEGO, *Las medidas cautelares en el proceso penal*, Atelier, 2023.
- ASENCIO MELLADO, «Reforma de la prisión provisional. El respeto a la excepcionalidad como garantía del derecho a la libertad», en *La Ley*, año XXVI, Número 6211, miércoles, 16 de marzo de 2005
- BARONA VILAR, Silvia "Prisión provisional y medidas alternativas", Librería Bosch, 1988
- BARONA, *Proceso Penal, Derecho Procesal III*, Tirant lo Blanch, 2023.
- DÍAZ MARTÍNEZ, «El nuevo régimen jurídico de las medidas cautelares civiles en el proceso penal» en *La Ley* nº 6059, 2004.
- ESCUSOL BARRA, *El proceso penal por delitos: estudio sistemático del procedimiento penal abreviado*, Colex, 1990
- FERNÁNDEZ GARCÍA, «Primeras diligencias y adopción de medidas cautelares», en *Estudios sobre violencia familiar y agresiones sexuales —II*, 2000 CEJAJ-Instituto de la Mujer.
- GANZENMÜLLER ROIG, «El Fiscal ante el fenómeno de la violencia familiar», en *Estudios sobre violencia familiar y agresiones sexuales —I*, 1998-1999 CEJAJ-Instituto de la Mujer
- GIMENO SENDRA/DÍAZ MARTÍNEZ, *Derecho procesal penal*, Colex, 2004.
- MORENO CATENA/CORTÉS DOMÍNGUEZ, *Derecho procesal penal*, Tirant lo Blanch, 2024.
- NIEVA FENOLL, «El elemento psicológico en la adopción de las medidas cautelares», en *Práctica de tribunales*, nº 106, Sección Estudios, enero-febrero 2014.
- PASTOR MOTTA, *Práctica procesal de los juicios rápidos*, Sepin, 2003.
- PELÁEZ SANZ/ BERNAL NETO, «Las medidas cautelares en el proceso penal», en *Diario Jurídico*, abril 1999.
- RAMOS MÉNDEZ, *El proceso penal (Sexta lectura constitucional)*, Bosch, 2000.
- RAMOS RUBIO «Medidas alternativas a la prisión provisional en el proceso penal español: la libertad provisional», en *CEJAJ* 2003.
- SOSPEDRA NAVAS, *Práctica del Proceso Penal*, Civitas, 2003.
- TOMÉ PAULE/GARCÍA-LUBÉN BARTHE/TOMÉ GARCÍA, *Temario de Derecho Procesal Penal*, Colex, 2004.
- URBANO CASTRILLO, *Enjuiciameinto Criminal, Comentarios y jurisprudencia*, Sepin, 2010.

Capítulo 37

Medidas cautelares (III). La prisión provisional

José Miguel de la Rosa Cortina
Fiscal de Sala
Fiscalía del Tribunal Supremo

1. CONCEPTO Y REGULACIÓN

Podemos definir la prisión provisional como la privación de libertad de una persona a la que se imputa una conducta delictiva cuando aún no ha sido condenada por sentencia firme, acordada por un órgano jurisdiccional del orden penal y orientada a asegurar su sujeción al proceso, evitar que destruya fuentes de prueba o impedir que cometa nuevos delitos.

Ha sido definida como «privación de la libertad a un sujeto, legalmente inocente, imputado por un delito de especial gravedad, que es ordenada por una resolución jurisdiccional, de carácter provisional y duración limitada, antes de que recaiga sentencia penal firme, con el fin de asegurar el proceso de conocimiento con la presencia del imputado durante el proceso o la ejecución de la eventual y futura pena», (GUERRA PÉREZ, 2010).

Una cuestión previa a tratar es la de la denominación de esta medida cautelar. Suele utilizarse indistintamente la expresión "prisión provisional" y "prisión preventiva". La LECrim utiliza generalmente el término "prisión provisional", además de en la rúbrica del tíulo VI del Libro II, en treinta y nueve ocasiones a lo largo de su articulado, mientras que el mismo texto legal la denomina "prisión preventiva" en dos únicos artículos, el 309 y el 765.2. Sin embargo, la Ley Procesal Militar y la LOGP se refieren a la "prisión preventiva". El art. 34 CP también utiliza la denominación "prisión preventiva", mientras que los arts. 58 y 463 CP utilizan la de "prisión provisional". La LOPJ en su art. 294 emplea la denominación "prisión preventiva".

Por nuestra parte, utilizaremos preferentemente la denominación "prisión provisional", teniendo en cuenta que es la terminología que utiliza nuestra *norma normarum* en el apartado cuarto del art. 17 CE.

Tras la Constitución de 1978 la institución de la prisión provisional ha sufrido numerosas reformas. Estas turbulencias se explican por la tensión constante entre las posiciones que mantienen la necesidad de respetar las finalidades cautelares que la definen ontológicamente y los postulados de "Ley y orden" que exigen atender a una aplicación sumarísima de la Justicia para tranquilizar a la sociedad y promover la seguridad ciudadana.

La Ley 16/1980 ampliaba los supuestos en que procedía decretarla, orientándola hacia una finalidad de prevención. En determinados supuestos configuraba la prisión provisional como de obligada adopción. Contemplaba, en definitiva, la prisión provisional como un medio para combatir la inseguridad ciudadana.

La denominada "reforma Ledesma", operada por la LO 7/1983, restringió de forma radical el ámbito funcional de la prisión provisional, exigiendo para poder adoptarla que el delito imputado tuviera asignada una pena de más de seis años —salvo que el imputado dejase de comparecer sin motivo legítimo— y limitando su duración a seis o dieciocho meses dependiendo de la pena prevista para el tipo en cuestión.

La LO 10/1984, tratando de fortalecer la seguridad ciudadana amplió los motivos para decretar la prisión, introduciendo criterios ajenos a los estrictamente cautelares. Supuso una verdadera "contrarreforma" y tuvo una prolongada vigencia, pese a que utilizaba finalidades etéreas y ajenas a la esencia cautelar —circunstancias del hecho, alarma social, frecuencia, etc.—.

La reforma operada por LO 4/1988 introdujo en causas por delitos de terrorismo un recurso suspensivo del Fiscal contra el auto de libertad, que fue declarado inconstitucional (STC 71/1994 [*Tol 82479*]).

La LO 5/1995, modificada por la LO 8/1995, pese a no abordar ni los presupuestos ni los plazos de la prisión, tuvo una extraordinaria importancia, pues reguló el procedimiento para su adopción estructurándolo sobre los principios acusatorio y de contradicción.

La STC 47/2000 [*Tol 24429*], elevó autocuestión de inconstitucionalidad sobre los arts. 503 y 504 LECrim, al entender que las previsiones legales sobre los motivos justificadores de la adopción de esta medida no se acomodaban a nuestra Carta Magna.

El Pacto de Estado para la Reforma de la Justicia de 28 de mayo de 2001 incorporó a su clausulado la necesidad de reformar la prisión provisional, para adaptarla a las exigencias constitucionales. De resultas de ello, el legislador asumió la necesidad de un profundo cambio en la regulación de la prisión provisional, que cristalizó en las reformas operadas por la LO 13/2003 y por la LO 15/2003, que han merecido una valoración positiva, al poner fin a la posibilidad de utilizar la prisión provisional como pena anticipada y al limitar la aplicación de la medida a los fines considerados admisibles por el TEDH, conforme a su esencia cautelar.

El análisis de esta medida cautelar debe partir de una premisa con frecuencia preterida. Como establece la STC 14/2000 [*Tol 12170*], «la situación ordinaria del imputado en espera de juicio no es la de hallarse sometido a una medida cautelar».

Como ya expuso Ruiz Vadillo en el ATS de 18/06/1992 [*Tol 940469*] «uno de los problemas más importantes de la prisión provisional es el efecto estigmatizante que puede producir en quien la sufre, siendo, como es todavía, beneficiario de la presunción de inocencia». Los fiscales —como quienes, básicamente, pueden promoverla— y los jueces, en tanto órganos de decisión, deben ser exquisitamente cuidadosos a la hora de resolver sobre la prisión provisional. Debe, en todo caso partirse de la declaración general contenida en la Circular de la Fiscalía General del Estado 2/1995, *sobre el nuevo régimen procesal de la prisión preventiva*: «en un ámbito como el de la prisión provisional [...] el fiscal está singularmente comprometido por mandato del artículo 124 de la Constitución que le otorga un primerísimo lugar en la defensa de los derechos de los ciudadanos».

El artículo 17 CE consagra el derecho de toda persona a la libertad y a la seguridad, estableciendo que «nadie puede ser privado de su libertad, sino con la observancia de lo establecido en este artículo y en los casos y en la forma previstos en la ley». En su apartado cuarto, se refiere expresamente a la prisión provisional para establecer que por ley se determinará el plazo máximo de su duración. Debe inspirar igualmente la regulación y la praxis de la prisión provisional el art. 9 CE sobre la legalidad, la irretroactividad de las leyes y la proscripción de la arbitrariedad, el art. 14 sobre la igualdad, el art. 15 sobre la prohibición de la tortura, y el art. 53 en lo referente a las garantías de los derechos fundamentales.

La libertad es uno de los valores superiores del ordenamiento y la libertad personal es un derecho fundamental inseparable de la dignidad del hombre. Es un derecho previo al Estado, que debe ser necesariamente reconocido por la Constitución. Por ello toda la materia relativa a las medidas cautelares personales en el proceso penal debe regirse por el principio *odiosa sunt restringenda*.

El TC emparenta la prisión preventiva «con las penas privativas de libertad, de las cuales se diferencia, sin embargo, porque quien la sufre goza aún de la presunción de inocencia» (STC 98/2002 [*Tol 258632*]).

La esencia de la doctrina del TC sobre la prisión provisional puede sintetizarse en que por tratarse de una institución cuyo contenido material coincide con el de las penas privativas de libertad, pero que recae sobre ciudadanos que gozan de la presunción de inocencia, su configuración y aplicación como medida cautelar ha de partir de la existencia de indicios racionales de la comisión de una acción delictiva, ha de perseguir un fin constitucionalmente legítimo que responda a la necesidad de conjurar ciertos riesgos relevantes para el proceso que parten del imputado, y en su adopción y mantenimiento ha de ser concebida como una medida excepcional, subsidiaria, necesaria y proporcionada a la consecución de dichos fines (SSTC 128/1995 [*Tol 82867*] y 62/1996 [*Tol 82996*], entre otras muchas).

Rige por tanto el principio *in dubio, libertas* o *favor libertatis* (STC 32/1987 [*Tol 79741*]) y el principio *nulla custodia sine lege* (STC 305/2000 [*Tol 81730*]) o *nulla coactio sine lege*. El TC impone un criterio hermenéutico restrictivo, en el sentido más favorable a la libertad (*favor libertatis*), de las normas que la regulan (STC 98/2002 [*Tol 258632*]).

Desde sus primeros pronunciamientos, el TC ha considerado que «la institución de la prisión provisional...viene delimitada en el texto de la Constitución por las afirmaciones contenidas en: a) el art. 1.1, consagrando el Estado social y democrático de derecho que "propugna como valores superiores la libertad, la justicia, la igualdad y el pluralismo político"; b) en la Sec. 1ª, Cap. II Tít. I, el art. 17.1, en que se establece que "toda persona tiene derecho a la libertad y a la seguridad. Nadie puede ser privado de su libertad, sino con observancia de lo establecido en este artículo y en los casos y en la forma previstos en la Ley", y c) en el art. 24.2, que dispone que todos tienen derecho "a un proceso público sin dilaciones indebidas... y a la presunción de inocencia». (STC 41/1982 [*Tol 79014*]).

Su aplicación se rige por los principios de legalidad, jurisdiccionalidad, excepcionalidad, variabilidad y temporalidad (STC 29/2019 [*Tol 8485868*]).

Nuestra Constitución en su art. 10.2 establece que las normas relativas a los derechos fundamentales [...] se interpretarán de conformidad con la Declaración de los Derechos Humanos y los Tratados y acuerdos internacionales sobre las mismas materias suscritas por España.

Por todo ello, en la exégesis del marco legal vigente deben tenerse especialmente en cuenta el art. 9 en relación con los arts. 3, 5 y 11 de la Declaración Universal de los Derechos Humanos de 10 de diciembre de 1948; el art. 5 del Convenio Europeo para la Protección de los Derechos Humanos y de las Libertades Fundamentales, de 4 de noviembre de 1950 (en adelante CEDH) y el art. 9 del Pacto Internacional de Derechos Civiles y Políticos (en adelante PIDCP) aprobado por la Asamblea General de la ONU el 16 de diciembre de 1966.

En el ámbito de la Unión Europea, el art. 6 de la Carta Europea de Derechos Fundamentales, que entró en vigor tras el Tratado de Lisboa de 1 de diciembre de 2009, establece que «toda persona tiene derecho a la libertad y a la seguridad».

2. PRESUPUESTOS

1539

2.1 Concurrencia de indicios de criminalidad

Durante la fase de instrucción, el auto acordando la prisión provisional será adoptado por el juez de la Sección de Instrucción o de la Sección Única del correspondiente Tribunal de Instancia, de conformidad con la estructura orgánica prevista en la LO 1/2025[1]. En su caso, lo será por el juez de la Sección de Violencia contra la Infancia y la Adolescencia o de Violencia sobre la Mujer.

---

1 En adelante, y para mayor claridad y sencillez en la redacción, salvo que merezca mayor concreción en el texto que se introduzca su referencia, nos referiremos al «*juez instructor*» como a cualquiera de los jueces con competencia funcional en materia de investigación judicial de delitos, en el bien entendido de que con esta denominación nos referimos al juez unipersonal integrado en la Sección que corresponda del Tribunal de Instancia competente (o, en su caso, al juez de la Sección de Instrucción del Tribunal Central de Instancia, cuando de la Audiencia Nacional hablamos) –*v.gr.* Sección de Instrucción o de la Sección Única de Civil y de Instrucción, Sección de Violencia sobre la Mujer, o Sección de Violencia contra la Infancia y Adolescencia...–, o al juez correspondiente del TS o TSJ al que se le atribuya dicha competencia funcional cuando la competencia objetiva venga determinada a dichos tribunales por razón de aforamiento del investigado. Asimismo, dicha referencia al «*juez instructor*» lo es también teniendo en cuenta la posibilidad de que, en los casos determinados en el art. 84.6 LOPJ, se nombre a dos jueces, conforme a un turno preestablecido y público,

Para poder acordar la prisión provisional es necesario «que aparezcan en la causa motivos bastantes para creer responsable criminalmente del delito a la persona contra quien se haya de dictar el auto de prisión» (art. 503.1.2º LECrim). Es el requisito del *fumus boni iuris* o *fumus delicti comissi*. Consiste en un juicio de probabilidad sobre la responsabilidad penal del imputado.

Se exigen indicios racionales de criminalidad reforzados. Es necesario no solo que exista constancia del hecho típico, sino también que el juez tenga motivos bastantes sobre la responsabilidad penal, esto es, juicio de tipicidad, juicio de antijuridicidad y juicio de culpabilidad.

Para interpretar la expresión *motivos bastantes*, debe partirse de la gravedad de las consecuencias que implica para el investigado su ingreso en prisión cuando aún se le debe presumir inocente, por lo que ha de exigirse una entidad inculpatoria rigurosa. Los efectos del auto de prisión son mucho más severos que los del procesamiento o imputación formal, podríamos decir que irreversibles, por lo que toma cuerpo la necesidad de exigir indicios sólidos, mayores incluso que los del procesamiento.

No son suficientes, desde luego, las meras conjeturas o sospechas. El juicio de imputación presupuesto de la prisión provisional debe partir de un elevadísimo índice de certidumbre y verosimilitud acerca de la intervención del imputado en el hecho delictivo (en el mismo sentido, DÍEZ-PICAZO GIMÉNEZ, 2000). En consecuencia, y haciendo abstracción de las diferencias que puedan existir en cuanto a las circunstancias personales, es perfectamente ortodoxo que respecto de unos imputados o procesados se acuerde la prisión provisional y respecto de otros la libertad provisional sin fianza. La presunción de inocencia exige que la prisión provisional no recaiga sino en supuestos donde la pretensión acusatoria tiene un sólido fundamento, de lo contrario, vendría a garantizarse nada menos que a costa de la libertad, un proceso cuyo objeto pudiera desvanecerse (SSTC 128/1995 [*Tol 82867*], 77/1998 [*Tol 80934*]).

El TEDH en relación con el requisito del *fumus boni iuris* utiliza la expresión "razonables sospechas" (SSTEDH de 26 de junio de 1991, Letellier contra Francia; de 27 de noviembre de 1991, Kemmache contra Francia).

El TC ha declarado que para adoptar la medida han de concurrir necesariamente... «razonables sospechas de la comisión de un delito por el eventual

para que, junto con el juez a quien le hubiere sido turnado el asunto inicialmente, se encarguen de la instrucción de un determinado proceso penal. En el capítulo 5 de esta obra puede consultarse una explicación completa del nuevo modelo orgánico de los Tribunales de Instancia que introduce la LO 1/2025.

destinatario de la medida» (STC 62/1996 [*Tol 82996*]). Desde la STC 128/1995 [*Tol 82867*] «la legitimidad constitucional de la prisión provisional exige que su configuración y su aplicación tengan, como presupuesto, la existencia de indicios racionales de la comisión de una acción delictiva». En esta misma sentencia el TC habla de «relevante probabilidad de culpabilidad», constituyéndola como *conditio sine qua non* de la adopción y mantenimiento de la medida

No obstante lo anterior, la STC 35/2007 [*Tol 1038219*] declara que «[...] la decisión sobre la prisión provisional del imputado constituye una decisión que se adopta [...] en un contexto de incertidumbre acerca de la responsabilidad penal de la persona sobre cuya privación de libertad se discute... En tales circunstancias la legitimación constitucional de la medida sólo exige que recaiga "en supuestos donde la pretensión acusatoria tiene un fundamento razonable, esto es, allí donde existan indicios racionales de criminalidad", donde concurran en el afectado "sospechas razonables de responsabilidad criminal" [...] por lo que resulta posible que, como ahora es el caso, a una medida de prisión provisional adoptada de un modo constitucionalmente irreprochable pueda seguir una Sentencia absolutoria de quien sufrió la medida».

Cuando ya hay sentencia condenatoria, aunque se recurra, las sospechas razonables se refuerzan hasta el extremo de poder justificar que se acuerde la prisión provisional de quienes hasta ese momento permanecían en libertad provisional (STS de 3/11/1992 [*Tol 5137914*]).

Conforme al art. 502.4 LECrim «no se adoptará en ningún caso la prisión provisional cuando de las investigaciones practicadas se infiera racionalmente que el hecho no es constitutivo de delito o que el mismo se cometió concurriendo una causa de justificación».

Esta disposición obliga, cuando ha de tomarse una decisión sobre la prisión provisional, a no circunscribir el análisis jurídico de los hechos al juicio de tipicidad, sino que impone avanzar un paso más y realizar el juicio de antijuridicidad. Si en este primer juicio existe una duda razonable sobre la concurrencia de una causa de justificación enervadora de la antijuridicidad, la opción correcta será la de no adoptar la prisión, solicitando y acordando en su caso una medida cautelar menos gravosa o no adoptando ninguna.

Aunque no se menciona, también debe darse trascendencia a la hora de ponderar la conveniencia de adoptar una medida cautelar, al juicio *a limine* sobre culpabilidad, en especial en relación con la posible concurrencia de alguna causa de inexigibilidad de otra conducta: la trascendencia de este juicio *prima facie* para la adopción o no de la medida cautelar tiene encaje en la mención genérica que realiza el art. 502.3: «el juez o tribunal tendrá en cuenta para adoptar la prisión provisional...la entidad de la pena que pudiera ser impuesta». Si en el primer análisis concurren dudas razonables respecto de la concurrencia de una causa de inculpabilidad, con la consiguiente posibilidad de la no imposición de pena, la consecuencia desde el punto de vista cautelar será la de la improcedencia de la adopción de la medida de prisión preventiva. Distinto será el supuesto de la concurrencia de una causa de inimputabilidad, que habrá de motivar un análisis aparte.

Con mayor razón será improcedente la adopción de medidas cautelares cuando el delito haya quedado —o pueda haber quedado— extinguido por prescripción.

2.2 Pena mínima

La LECrim exige hechos que lleven aparejada una pena que potencialmente pueda alcanzar al menos los dos años de prisión (art. 503.1.1º). Este límite de los dos años coincide con el fijado por el art. 786.1.2 LECrim para posibilitar la celebración del juicio en ausencia del acusado. Si la pena señalada al delito permite celebrar el juicio *in absentia*, la necesidad de la prisión provisional se diluye.

El límite de los dos años coincide también con el que posibilita la suspensión de la ejecución de la pena (art. 81 CP) y el que permite la sustitución de la pena privativa de libertad por multa o trabajos en beneficio de la comunidad (art. 88 CP). Si es previsible que la pena finalmente impuesta pueda ser suspendida o sustituida, la adopción de la prisión provisional no respetaría el principio de proporcionalidad (en el mismo sentido, DALABRIDA, 2011).

Este límite se relaja en determinados supuestos, en los que deja de ser un requisito la potencial pena de al menos dos años de prisión:

1. Cuando, cualquiera que fuere la finalidad de cobertura de la medida el imputado tuviere antecedentes penales no cancelados ni susceptibles de cancelación, derivados de condena por delito doloso;
2. Si, siendo la finalidad de la prisión el *periculum in mora*, hubieran sido dictadas al menos dos requisitorias para su llamamiento y busca en los dos años anteriores;
3. Cuando tenga por objetivo evitar que el imputado pueda actuar contra bienes jurídicos de la víctima.
4. Cuando la prisión provisional persiga conjurar el riesgo de reiteración delictiva y el imputado pertenezca a una organización criminal o realice sus actividades delictivas con habitualidad.

Esta ampliación del radio operativo de la prisión provisional a delitos de escasa gravedad deberá aplicarse con extrema cautela, calculando con carácter previo el *quantum* probable de pena privativa de libertad imponible, para en todo caso evitar que por la vía de la prisión preventiva pueda sufrirse una privación de libertad superior a la que finalmente integre la condena.

Para determinar la pena deben analizarse las circunstancias concurrentes en el concreto hecho investigado que se conozcan en ese primer momento —grado de ejecución, grado de participación, potenciales circunstancias modificativas— (en esta línea, JORGE BARREIRO). Este criterio ha sido asumido decididamente por el TC, que considera que no puede acordarse la prisión preventiva atendiendo al delito imputado en abstracto, sino que han de valorarse el grado de ejecución delictiva o la concurrencia de circunstancias modificativas de la responsabilidad criminal, si éstas son de carácter objetivo y no hay dudas respecto de su operatividad (SSTC 153/1994 [*Tol 82559*] y 9/1994 [*Tol 82419*]).

Conforme al art. 503.1.1º LECrim «si fueran varios los hechos imputados se estará a lo previsto en las reglas especiales para la aplicación de las penas, conforme a lo dispuesto en la sección 2ª del capítulo II del título III del libro I del Código Penal». Se remite por tanto la LECrim a las disposiciones de los art. 73 a 79 CP que regulan el concurso real (art. 73, 75 y 76), el delito continuado (art. 74) y el concurso medial e ideal (art. 77).

Esta remisión debe interpretarse en el sentido de que para determinar si se superan o no los límites punitivos que habilitan para imponer la medida cautelar debe tenerse en cuenta la pena imponible en conjunto a todos los delitos imputados, conforme a las reglas penológicas citadas y no solamente la pena imponible al delito más grave aisladamente considerado.

Consecuentemente, en el supuesto de concurso real, para comprobar si la pena máxima imponible alcanza los dos años, habrá de atenderse a la suma de las penas enlazadas a los delitos imputados, con los límites previstos en los arts. 73, 75 y 76 CP.

2.3 Fines legítimos

2.3.1 Concepto

Los fines legítimos integrarían el tradicional *periculum in mora*, también denominado en su traslación al proceso penal *periculum libertatis*.

La doctrina del TC, siguiendo la del TEDH subordina el uso legítimo de la prisión provisional a que concurra «la necesidad de conjurar ciertos riesgos relevantes para el proceso y, en su caso, para la ejecución del fallo, que parten del imputado, a saber: su sustracción de la acción de la administración de justicia, la obstrucción de la instrucción penal y, en un plano distinto aunque íntimamente relacionado, la reiteración delictiva» (STC 128/1995 [*Tol 82867*]).

El TC ha negado legitimidad constitucional a las finalidades punitivas o de anticipación de la pena (SSTC 41/1982 [*Tol 79014*], 128/1995 [*Tol 82867*]), la obtención de declaraciones de los imputados que impulsen la instrucción (STC 128/1995 [*Tol 82867*]), y la genérica alarma social presuntamente ocasionada por un delito pues constituye el contenido de un fin exclusivo de la pena —la prevención general— (SSTC 66/1997 [*Tol 83209*] y 98/1997 [*Tol 83241*], entre otras muchas). La frecuencia con la que se cometen hechos análogos en el territorio donde el juez o tribunal que conociere de la causa ejerce su jurisdicción queda también definitivamente suprimida, pues tenía un fundamento claro de ejemplaridad y prevención general solamente predicable de la pena. Esta finalidad ya no tiene ningún posible encaje en la regulación vigente.

2.3.2 Riesgo de fuga

1544 Uno de los fines legítimos es, conforme al nuevo art. 503.1.3º a) LECrim «asegurar la presencia del imputado en el proceso cuando pueda inferirse racionalmente un riesgo de fuga».

La Ley hace un esfuerzo de concreción al establecer que «para valorar la existencia de este peligro se atenderá conjuntamente a la naturaleza del hecho, a la gravedad de la pena que pudiera imponerse al imputado, a la situación familiar, laboral y económica de éste, así como a la inminencia de la celebración del juicio oral, en particular en aquellos supuestos en los que procede incoar el procedimiento para el enjuiciamiento rápido regulado en el título III del libro IV de esta Ley».

Se objetiva el riesgo de fuga ante supuestos de requisitorias anteriores recientes: «procederá acordar por esta causa la prisión provisional de la persona imputada cuando, a la vista de los antecedentes que resulten de las actuaciones, hubieran sido dictadas al menos dos requisitorias para su llamamiento y busca por cualquier órgano judicial en los dos años anteriores».

En este último supuesto —dos requisitorias—, además, no será aplicable el límite general de mínimo penológico del art. 503.1.1º LECrim. En estos casos se establece una auténtica presunción de concurrencia de riesgo de fuga. En nuestra opinión, pese al tenor literal del precepto, esta presunción de riesgo de fuga debe entenderse *iuris tantum* (en la misma línea, GIMENO SENDRA y DÍAZ MARTÍNEZ, 2004).

Pese a los esfuerzos de la LECrim por concretar el concepto jurídico indeterminado de "riesgo de fuga", sigue existiendo un gran margen para la valoración de las circunstancias en cada caso concurrentes. Por ello seguirá siendo extraordinariamente útil acudir a la doctrina sentada por las SSTC 128/1995 [*Tol 82867*]; 62/1996 [*Tol 82996*]; 44/1997 [*Tol 83187*]; 47/2000 [*Tol 24429*] y 8/2002 [*Tol 123272*], que introducía la necesidad de ponderar el momento procesal:

> «Este Tribunal ha hecho especial hincapié en la necesidad de distinguir nítidamente dos momentos procesales diversos a la hora de hacer el juicio de ponderación sobre la presencia de los elementos determinantes de la constatación del riesgo de fuga: el momento inicial de adopción de la medida y aquel otro en que se trata de decidir el mantenimiento de la misma pasados unos meses [...] si en un primer momento cabría admitir que para preservar los fines constitucionalmente legítimos de la prisión provisional su adopción inicial se lleve a cabo atendiendo solamente al tipo de delito y a la gravedad de la pena, el transcurso del tiempo modifica estas circunstancias y por ello en la decisión de mantenimiento de la medida deben ponderarse inexcusablemente los datos personales del preso preventivo así como los del caso concreto».

Por tanto, en la fase inicial del procedimiento es lícito, en supuestos de delitos especialmente graves, inferir el riesgo de fuga de la entidad de las penas imponibles. Transcurrido un período prudencial, habrá de fundamentarse más la concurrencia del riesgo.

El TEDH reitera que mientras la severidad de la probable condena es un elemento relevante en la evaluación del riesgo de fuga o de reiteración la gravedad de los cargos no puede por sí mismo justificar largos períodos en prisión provisional (SSTEDH de 9/07/2013, Zirajewski contra Polonia [*Tol 9060864*]; de 4/05/2006, Michta contra Polonia [*Tol 9082570*]).

En conclusión, debe evitarse que quede indefinidamente fundamentada la prisión provisional de una persona por la única circunstancia de la gravedad del hecho, conforme a la doctrina del TEDH y del TC. El juicio de ponderación entre el riesgo de fuga y el derecho a la libertad del investigado como razonamiento previo para decidir sobre la medida cautelar habrá de tener especialmente en cuenta la fase en que se halle el proceso: en la fase inicial de la instrucción, la necesidad de evitar la desaparición de pruebas, y de evitar la fuga puede justificar la adopción de la medida atendiendo primordialmente al tipo de delito y a la gravedad de la pena. En fases más avanzadas deberán darse más relevancia a las concretas circunstancias personales concurrentes partiendo de que cuanto más tiempo lleve en prisión preventiva el presunto autor menor será el riesgo de fuga si se le otorga la libertad y menor será el riesgo de perturbación de las fuentes de prueba.

En nuestra opinión aún en procedimientos por delitos muy graves incluso en el primer momento deben incluirse consideraciones específicas sobre el riesgo de fuga (en el mismo sentido, SANGUINÉ). La exigencia de análisis particularizado «debe acentuarse aún más en casos en los que la impugnación del recurrente ha cuestionado extensa y expresamente la subsistencia y aun la existencia inicial de razones concretas que justificaran el riesgo de fuga» (STC 156/1997 [*Tol 80779*]).

Dentro del parámetro genérico del peligro de fuga, el TEDH ha ponderado criterios diversos: el grado de oposición del imputado a la detención; la falta de arraigo; los vínculos o integración social en el país en que se está en prisión; las circunstancias de la detención; las transferencias de fondos al extranjero; los contactos con otros países y el tiempo que ya lleva en prisión el encausado [SSTEDH de 11/07/2013, Aleksandr Novikov contra Rusia [*Tol 3801466*]; 27/06/1968, Neumeister contra Austria].

Como se declara en las SSTC 62/1996 [*Tol 82996*] y 47/2000 [*Tol 24429*] «el sólo dictado de una inicial sentencia condenatoria por un delito grave puede constituir un dato suficiente que justifique razonable y suficientemente la concurrencia de un riesgo de sustracción a la acción de la justicia». No obstante, a mayor tiempo del acusado en prisión, el riesgo de fuga habrá de entenderse que decrece al ser computable dicho período para el cumplimiento de la pena definitiva que en su caso pudiera serle impuesta (en la misma línea, GIMENO SENDRA, 2001).

Por contra, el paso del tiempo, con el avance de la instrucción y la perfilación de la imputación, puede ir dotando de solidez a ésta, lo que podría a su vez incrementar la probabilidad de una efectiva condena y, con ello, el riesgo de fuga.

Los recursos económicos de que disponga el investigado también pueden ser ponderados para calibrar el riesgo de fuga (en la misma línea, SOSPEDRA NAVAS, 2003).

Conforme a la Circular de la FGE 2/1995, de 22 de noviembre, *sobre nuevo régimen procesal de la prisión preventiva*, «para estimar la existencia de ese peligro de fuga u ocultación habrá que estar al sinfín de circunstancias, que se resisten a una enumeración exhaustiva, y que pueden resultar indicativas a esos fines (arraigo familiar y social; domicilio conocido; estabilidad laboral; mayor o menor gravedad del delito; posibilidades reales de ocultación o fuga».

El arraigo del imputado puede descartar el riesgo de fuga. Desarrollando el concepto de arraigo, se ha valorado para descartar el riesgo de fuga en la jurisprudencia menor: 1) El hecho de que la imputada en prisión provisional haya dado recientemente a luz o que vaya a dar próximamente a luz; 2) Ser una madre que convive con hijos de corta edad; 3) No constar que el investigado tenga medios económicos ni vínculos con países extranjeros que puedan hacer pensar razonablemente que intente abandonar el territorio nacional; 4) Estar casado y con hijos; 5) Tener domicilio conocido; 6) Ser dependiente de los padres por tener una edad próxima a los 18 años; 7) Acreditar la titularidad de un negocio; 8) Haber permanecido en libertad provisional cumpliendo escrupulosamente las cargas impuestas; 9) La juventud, unida a la falta de recursos económicos y a la dificultad para resolver situaciones complejas; 10) La avanzada edad del imputado puede reducir, minimizar o descartar el riesgo de fuga.

En nuestros tribunales se han identificado como circunstancias que generan riesgo de fuga las siguientes: 1) La falta de arraigo del acusado por tener nacionalidad extranjera. En relación con los ciudadanos extranjeros procedentes de países de la Unión europea, se han introducido mecanismos para equipararlos en el tratamiento cautelar a los nacionales; 2) La falta de arraigo por falta de trabajo, unida a la nacionalidad extranjera; 3) El dictado de una sentencia condenatoria no firme por un delito grave puede constituir un dato suficiente para justificar el riesgo de que el condenado se sustraiga a la acción de la Justicia. Cuando ya se ha dictado sentencia condenatoria, en tanto gana firmeza, la justificación de la adopción o mantenimiento de la prisión provisional se refuerza (STC 62/1996 [*Tol 82996*]); 4) La carencia de documentación, en tanto reduce la segura identificación de la persona imputada; 5) Las conexiones en otros países (STC 128/1995 [*Tol 82867*]); 6) Los medios económicos de que dispone el investigado especialmente en delitos de naturaleza económica, y especialísimamente si estos medios han sido obtenidos presuntamente por el delito que se le imputa; 7) La formalización a través de un escrito de acusación con petición de una pena no susceptible de suspensión; 8) Los caracteres del delito, pues ciertos delitos por su naturaleza y al margen de su gravedad pueden servir para presumir un cierto peligro de fuga —así, delitos cometidos por organizaciones criminales, en los que cabe presumir que la organización va a prestar apoyo al miembro para que se ponga fuera del alcance de la Justicia—; 9) Las adicciones padecidas por el investigado, pues pueden impulsarle a no someterse al proceso para tener más accesibilidad a la obtención de la sustancia a la que es adicto; 10) La circunstancia de que el investigado tenga doble nacionalidad.

En sentido opuesto, a mayor socialización e integración del investigado, menor riesgo de fuga. El que esté acreditado que el investigado tenga domicilio conocido, trabajo y convivencia familiar supone una mitigación en cuanto al riesgo de fuga.

Expresamente introduce la ley como factor a tener en cuenta el de la inminencia del señalamiento: éste será un criterio que junto con las otras pautas valorativas pueda inclinar la balanza a favor de instar la prisión provisional. No obstante, no puede considerarse éste un parámetro de significación unívoca. El TC ha declarado que respecto a la proximidad de la celebración del juicio oral como dato a partir del cual sustentar los riesgos que se pretenden evitar «al tener este dato un sentido ambivalente o no concluyente, dado que el avance del proceso puede contribuir tanto a cimentar con mayor solidez la imputación, como a debilitar los indicios de culpabilidad del acusado, el órgano judicial debe concretar las circunstancias que avalan en el caso concreto una u otra hipótesis» (SSTC 128/1995 [*Tol 82867*] y 35/2007 [*Tol 1038219*]).

Por tanto, la simple referencia a lo avanzado de la tramitación carece como tal de fuerza argumentativa para afirmar la posibilidad de que el investigado huya (STC 66/2008 [*Tol 1322459*]).

Los supuestos en los que la celebración del juicio oral se prevea para fechas inminentes y concurra además un acreditado riesgo de fuga podrán motivar la adopción de la prisión. En todo caso, el criterio de la inminencia del juicio, siendo un factor a ponderar no puede servir por sí solo de fundamento de una finalidad legítima. El dato de que no sea previsible la inminencia en la celebración del juicio se ha utilizado en ocasiones como argumento de refuerzo para dejar sin efecto la prisión provisional.

También deben ser criterios a valorar para aquilatar el riesgo de fuga los antecedentes del investigado, aunque no hayan generado una sentencia firme y en su caso, el comportamiento procesal del mismo en otras causas anteriores.

2.3.3 Ataque a las fuentes de prueba

Conforme al art. 503.1.3º b) LECrim un motivo legítimo para acordar la prisión provisional es el de «evitar la ocultación, alteración o destrucción de las fuentes de prueba relevantes para el enjuiciamiento en los casos en que exista un peligro fundado y concreto».

El TEDH ya había avalado esta finalidad en un supuesto relativo a delitos financieros (STEDH de 27 de junio de 1968, Wemhoff contra Alemania). El mismo precepto introduce cautelas al establecer que «no procederá acordar la prisión provisional por esta causa cuando pretenda inferirse dicho peligro únicamente del ejercicio del derecho de defensa o de falta de colaboración del imputado en el curso de la investigación».

En ningún caso, pues, la prisión provisional puede utilizarse para impedir la defensa adecuada y legítima del imputado. Conforme al juicio de necesidad, sólo cabrá aplicar este motivo si no puede alcanzarse con la utilización de medidas instrumentales menos contundentes —incautación de material, intervención de empresa, cierre y precinto de locales etc.—. Solo debe utilizarse para impedir la desaparición de pruebas, no para obtener la colaboración del investigado (en la misma línea, ASENCIO MELLADO, 2011)

El TC ya prohibió la utilización de la prisión provisional con la finalidad de impulsar la investigación del delito y obtener pruebas o declaraciones, ya que «utilizar con tales fines la privación de libertad excede los límites constitucionales» (STC 128/1995 [*Tol 82867*]). Deberá, pues evitarse que la prisión preventiva se convierta en un instrumento coactivo de investigación, o en un medio para quebrantar la resistencia de los imputados a declarar o confesar la culpabilidad, ciñendo la aplicación del precepto a sus estrictos límites (en la misma línea, URQUÍA GÓMEZ, 1995).

Las fuentes de prueba en peligro de ser atacadas deben ser "relevantes". Lógicamente, «cuando todos los elementos de convicción estén recogidos, no existe riesgo alguno de destrucción de pruebas, por lo que la situación deja de ser cautelable» (NIEVA FENOLL, 2014).

El miedo subjetivo que pudieran sentir los testigos no es suficiente para colmar las exigencias del fin de evitar ataques a las fuentes de prueba. Debe concurrir un peligro concreto.

El riesgo de interferencia en la causa que puede fundamentar la prisión al inicio de la instrucción normalmente cesará avanzada la misma, especialmente una vez evacuado el escrito de calificación, si bien no siempre tal circunstancia debe llevar a descartar el riesgo de oscurecimiento —piénsese por ejemplo que existan datos que hagan temer un ataque a los testigos por parte del acusado—. El propio precepto establece que «para valorar la existencia de este peligro se atenderá a la capacidad del imputado para acceder por sí o a través de terceros a las fuentes de prueba o para influir sobre otros imputados, testigos o peritos o quienes pudieran serlo».

Estos criterios legales exigen que la asunción de esta finalidad en el auto de prisión esté acompañada de una explicación sobre tales extremos, no siendo suficiente una invocación genérica al peligro de perturbar la instrucción.

La propia naturaleza de esta finalidad hace que la prisión provisional acordada por este motivo sólo pueda mantenerse por un plazo breve. El TEDH ha subrayado que los peligros alegados se debilitan con el tiempo, en la proporción y en la medida en que las investigaciones son efectuadas, las declaraciones son tomadas y las pruebas concluidas (SSTEDH de 17/03/1997, Muller contra Francia; de 27/11/1991, Kemmache contra Francia).

2.3.4 Evitación de atentados contra bienes jurídicos de la víctima

El art. 503.1. 3º c) LECrim contempla como fin legítimo el de «evitar que el imputado pueda actuar contra bienes jurídicos de la víctima, especialmente cuando ésta sea alguna de las personas a las que se refiere el artículo 173.2 del Código Penal. En estos casos no será aplicable el límite que respecto de la pena establece el ordinal 1º de este apartado».

En estos casos puede acordarse la prisión sin necesidad de que la pena imponible alcance los dos años de prisión. Para ordenar la prisión provisional como medida de protección habrá de tenerse en cuenta esencialmente el riesgo que supone la libertad del agresor para los bienes jurídicos de la víctima, más allá de la gravedad del delito imputado (MORENO CATENA/CORTÉS DOMÍNGUEZ, 2024).

Aunque no se acotan los bienes jurídicos protegidos a través de esta modalidad de prisión preventiva, debe entenderse que deben ser en todo caso bienes de entidad suficiente para justificar la utilización de este recurso (en esta línea, DE URBANO CASTRILLO, 2010).

A pesar de que el art. 503.1. 3º c) LECrim contiene una referencia a que esta modalidad de la prisión provisional es aplicable «especialmente cuando ésta (la víctima) sea alguna de las personas a las que se refiere el artículo 173.2 del Código Penal» el precepto puede proyectarse tanto sobre delitos relacionados con la violencia de género o doméstica como sobre otros delitos que puedan generar graves riesgos para la víctima. También en nuestra opinión, cuando el precepto en su inciso final se refiere a que en estos casos «no será aplicable el límite que respecto de la pena establece el ordinal 1º de este apartado», abarca tanto a la violencia de género o doméstica como a otros tipos de violencias (en el mismo sentido, CONDE PUMPIDO-FERREIRO, 2004).

Las sucesivas reformas del Código Penal en materia de violencia doméstica y de género han ampliado de forma notoria la reacción penal contra estas formas de criminalidad. Con tales modificaciones podría teóricamente acordarse la prisión provisional para los supuestos previstos en el art. 153 CP, es decir, ante cualquier lesión o menoscabo no definido como delito en el Código, hechos que con anterioridad eran constitutivos de falta. Ello debe tenerse muy en cuenta a la hora de ponderar la aplicación de la prisión provisional, evitando incurrir en excesos represivos. Debe hacerse uso de esta posibilidad con extraordinaria cautela, cuidando de aquilatar con rigor todas las circunstancias concurrentes.

Los principios de excepcionalidad, subsidiariedad y proporcionalidad de la prisión provisional cobran pues un especialísimo protagonismo, debiendo limitarse drásticamente la utilización de esta arma de grueso calibre contra infracciones de escasa gravedad (en la misma línea, GISBERT GISBERT, 2004).

Esta finalidad de la prisión provisional no había sido acogida expresamente por la doctrina del TC, pero no parece que su admisibilidad pueda plantear dudas siempre que se interprete de forma no expansiva: «evitar que el imputado pueda actuar contra bienes jurídicos de la víctima» debiera necesariamente interpretarse en el sentido —no de evitar cualquier perturbación de bienes jurídicos— sino de evitar que el imputado pueda cometer delitos contra la víctima, con lo que en definitiva su *ratio* no diferiría esencialmente de la finalidad de evitar la reiteración delictiva (en la misma línea, HERRERO-TEJEDOR ALGAR, 1998).

Una interpretación sistemática y respetuosa con el principio de proporcionalidad y subsidiariedad debe llevar a la conclusión de que la prisión provisional en protección de la víctima cuando el delito que se imputa lleve aparejada una pena que no supere los dos años de prisión solo puede adoptarse cuando previamente se hubiera incumplido la medida de alejamiento y excepcionalmente, cuando *ex ante* de modo manifiesto sea previsible la insuficiencia del alejamiento para proteger a la víctima. Aun superando este límite de dos años, no debe adoptarse la prisión provisional si con el alejamiento puede protegerse suficientemente a la víctima.

Debe recordarse que el art. 502.2 LECrim establece expresamente que «la prisión provisional sólo se adoptará [...] cuando no existan otras medidas menos gravosas para el derecho a la libertad a través de las cuales puedan alcanzarse los mismos fines que con la prisión provisional». Esta prisión provisional extraordinaria tanto por la finalidad como por la relajación en sus requisitos debe enlazarse con la previsión contenida en el párrafo último del art. 544 *bis* que al regular la medida cautelar de alejamiento dispone que «en caso de incumplimiento por parte del inculpado de la medida (de alejamiento) acordada por el juez o tribunal, éste convocará la comparecencia regulada en el artículo 505 para la adopción de la prisión provisional en los términos del artículo 503, de la orden de protección prevista en el artículo 544 *ter* o de otra medida cautelar que implique una mayor limitación de su libertad personal, para lo cual se tendrán en cuenta la incidencia del incumplimiento, sus motivos, gravedad y circunstancias».

Además, no debe olvidarse que el incumplimiento del alejamiento no justifica de forma automática la adopción de la prisión provisional, pues seguirá siendo necesario constatar la existencia de riesgo (en este sentido, STC 62/2005 [*Tol 609869*]).

En todo caso, como consecuencia de la necesidad de respeto a los principios de proporcionalidad y homogeneidad, entendemos que el delito por el que se acuerde la prisión provisional en protección de la víctima debe llevar aparejada pena de prisión.

La Consulta de la Fiscalía General del Estado 2/2006, de 10 de julio, *sobre la prisión preventiva acordada en supuestos de malos tratos del artículo 153 del Código Penal* viene a configurar la prisión provisional en el ámbito de la violencia doméstica como una *ultima ratio*, subordinando su imposición a la previa frustración de las medidas cautelares alternativas existentes.

El TC ya ha tenido oportunidad de pronunciarse sobre la legitimidad de la finalidad de la protección de la víctima como fundamentadora de la prisión provisional pero con contundencia ha afirmado que las exigencias previstas con carácter general para la prisión provisional son también aplicables en las causas por violencia doméstica (en este sentido, STC 62/2005 [*Tol 609869*]).

La STC 62/2005 [*Tol 609869*] exige como derivación de la exigencia de motivación, la obligación de especificar los indicadores de riesgo en estos supuestos en los que la finalidad es la protección de la víctima. No cabe presuponer la existencia de peligro para la víctima de manera automática cada vez que se produzca el quebrantamiento de una orden de alejamiento.

Cuando esta modalidad de prisión se adopte respecto de delitos que tienen asignada pena inferior a dos años, su duración nunca podrá exceder del máximo que representaría la mitad de la máxima pena imponible. Esta es la exégesis asumida por la reseñada Consulta de la FGE 2/2006.

La voluntad de la víctima no tiene por qué ser determinante para dejar sin efecto la prisión provisional adoptada en su protección, aunque claro es que deberá ser convenientemente ponderada.

2.3.5 Riesgo de reiteración delictiva

Conforme al art. 503.2 LECrim «también podrá acordarse la prisión provisional, concurriendo los requisitos establecidos en los ordinales 1º y 2º del apartado anterior, para evitar el riesgo de que el imputado cometa otros hechos delictivos». La jurisprudencia del TEDH ha admitido esta finalidad (SSTEDH de 10 de noviembre de 1969, Matznetter contra Austria; de 26 de enero de

1993, W. contra Suiza, entre otras). El TEDH utiliza como criterios básicos la experiencia y el grado de capacidad del imputado para facilitar la repetición de los actos delictivos, la continuación prolongada de actos punibles, la gravedad de los perjuicios sufridos por las víctimas y la nocividad del acusado.

El TC admite esta finalidad de reiteración delictiva como legítima, aunque la separa de las otras dos y las coloca «en un plano distinto aunque íntimamente relacionado» (SSTC 128/1995 [*Tol 82867*]; 47/2000 [*Tol 24429*]; 217/2001 [*Tol 242024*] y 23/2002 [*Tol 258565*]). El *juicio de pronóstico* previo a la adopción de esta medida ha de partir de la presunción de inocencia y debe alcanzar indicios de probable reincidencia, indicios que habrán de basarse en circunstancias tales como antecedentes penales o policiales, naturaleza del delito que se le imputa o pluralidad de hechos cometidos.

El juicio de peligrosidad no debe basarse en cualquier sospecha genérica, no suficiente por sí para poder afirmar la concurrencia de los presupuestos legitimadores de la adopción de la medida. Habrá, pues, fundamentalmente, de atenderse al historial delictivo del imputado para afirmar si el riesgo concurre o no. El propio precepto dispone que «para valorar la existencia de este riesgo se atenderá a las circunstancias del hecho, así como a la gravedad de los delitos que se pudieran cometer».

Debe también tenerse en cuenta que criminológicamente existen supuestos delictivos que ponen sobre aviso de la probabilidad de reiteración: delitos cometidos por personas integradas en redes terroristas, que conceptualmente consideran lícito su proceder y por tanto, susceptible de repetición, o delitos contra la libertad sexual cometidos en serie, etc.

Conforme al art. 503.2 LECrim «sólo podrá acordarse la prisión provisional por esta causa cuando el hecho delictivo imputado sea doloso». De la ubicación sistemática de este inciso claramente se desprende que la restricción afecta en exclusiva a la prisión basada en el riesgo de reiteración.

En todo caso, debe considerarse improcedente, a salvo supuestos excepcionales y debidamente justificados, promover la adopción de la prisión provisional por hechos culposos. Parece claro que cualquier otro planteamiento configuraría a la prisión provisional como un simple expediente para imponer un castigo de forma inmediata.

La Ley flexibiliza los requisitos mínimos de la prisión provisional ante supuestos en los que el riesgo de reiteración concurre con un *plus* de actuación organizada o de habitualidad. En estos supuestos no es necesario que el delito imputado lleve aparejada pena que alcance en su máximo los dos años.

La carencia de antecedentes penales se utiliza como elemento para fundamentar la inexistencia de pronóstico de riesgo de reiteración. En sentido opuesto, la profesionalización delictiva podría ser utilizada para fundamentar la prisión provisional basada en el riesgo de reiteración.

2.3.6 Los fines ilegítimos

La tentación de utilizar la prisión provisional para fines ajenos a los cautelares que debieran serle propios ha sido una constante histórica. La finalidad de la alarma social ha sido justamente denostada en la STC 98/1997 [*Tol 83241*], en la que se prohíbe la prisión acordada exclusivamente con base a este criterio. El mantenimiento de esta finalidad fue uno de los motivos que llevó al máximo intérprete de la Constitución a plantearse una autocuestión de inconstitucionalidad en su STC 47/2000 [*Tol 24429*] El TC ha declarado que lo que en ningún caso puede perseguirse con la prisión provisional son fines punitivos o de anticipación de la pena, o fines de impulso de la instrucción sumarial, propiciando la obtención de pruebas consistentes en la declaración de los imputados u otras (*vid.*, entre otras muchas, SSTC 8/2002 [*Tol 123272*]

y 98/2002 [*Tol 258632*]).

Si cabe, más rechazable es la utilización de la prisión provisional como mecanismo para propiciar confesiones de los investigados, para animarlos a llegar a una conformidad o para debilitar sus posibilidades de defensa. Como expusiera el célebre ATS de 18/06/1992 [*Tol 940469*] «no se puede obtener la verdad real a cualquier precio. No todo es lícito en el descubrimiento de la verdad material».

Debe igualmente considerarse ilegítima y contraria al principio de presunción de inocencia y a la naturaleza cautelar de la medida la prisión provisional basada en la frecuencia con que se cometen hechos análogos. Este parámetro, introducido por la reforma operada por LO 10/1984 entronca con la alarma social, por lo que son trasladables los argumentos empleados para impugnar la admisibilidad de esta finalidad. La mención a la frecuencia con que se cometen hechos análogos se suprimió también con la reforma de 2003.

3. DURACIÓN DE LA PRISIÓN PROVISIONAL

3.1 Conceptos generales

Conforme al inciso final del apartado cuarto del art. 17 CE «por ley se determinará el plazo máximo de duración de la prisión provisional». El establecimiento por Ley de un plazo máximo para la prisión provisional es una garantía básica en un proceso penal respetuoso con los derechos fundamentales (*vid.* SSTC 95/2007 [*Tol 1080331*] y 122/2009 [*Tol 1533256*]).

Aun cuando los plazos máximos puedan variarse por el legislador, mientras la Ley fije unos es evidente que han de cumplirse y que ese cumplimiento integra la garantía constitucional de la libertad proclamada en el art. 17 CE (STC 155/2004 [*Tol 500195*]). En todo caso, la ampliación de los plazos máximos operada por el cambio de la ley, nunca podría aplicarse retroactivamente a hechos cometidos antes de su entrada en vigor.

Los plazos máximos además pretenden evitar la lentitud de la justicia en los procesos penales, de modo que sirvan de acicate a los órganos judiciales para que aceleren la instrucción y el enjuiciamiento de las causas penales con preso (SSTC 8/1990 [*Tol 80302*], 305/2000 [*Tol 81730*] y 98/2002 [*Tol 258632*]).

La limitación del plazo máximo de duración de la medida de prisión provisional opera como mecanismo de garantía evitando que alcance una duración excesiva, que dependa de causas ajenas e inciertas a la persona juzgada, y con el objetivo de que quien se somete a aquella tenga una expectativa concreta sobre su extensión y finalización (STC 32/2023 [*Tol 9419409*]).

Conforme al art. 504. 1 LECrim «la prisión provisional durará el tiempo imprescindible para alcanzar cualquiera de los fines previstos en el artículo anterior y en tanto subsistan los motivos que justificaron su adopción».

El art. 504.1 concreta los principios de provisionalidad, subsidiariedad y excepcionalidad, obligando a juez y fiscal a una continua atención a las circunstancias sobrevenidas y al paso del tiempo para inmediatamente pedir o acordar la cesación de la prisión cuando ya no concurren los presupuestos de su adopción. El transcurso del tiempo puede generar una disminución del *periculum in mora* (SSTC 128/1995 [*Tol 82867*] y 62/1996 [*Tol 82996*]) y puede suprimir el riesgo de destruir u ocultar pruebas. En principio, cuanto más tiempo lleve en prisión preventiva el presunto autor, menor será el riesgo de fuga si se le otorga la libertad.

El agotamiento del plazo máximo que garantiza el artículo 17.4 CE debe llevar a la excarcelación automática, y no condicionada siquiera por la imposición de una fianza. En este sentido se pronunció ya la Instrucción de la FGE 1/1988 sobre medidas judiciales tendentes a imposibilitar la huida de procesados.

Los plazos máximos de prisión provisional que fija el art. 504 LECrim son "máximos" pero no obligatorios y sobre ellos subsiste el mandato del "plazo razonable" a que se refiere el art. 5.3 del CEDH. En este sentido se pronuncia la Instrucción de la FGE 1/1983. Si se vulneran los plazos de la LECrim se habrá producido la lesión del derecho proclamado en el art. 17.4 CE; pero, sin necesidad de rebasar tales limitaciones temporales, puede también lesionarse el referido derecho fundamental, si el imputado permanece en situación de prisión provisional más allá de un plazo que, atendidas las circunstancias del caso, puede objetivamente estimarse que excede de lo razonable (STC 206/1991 [*Tol 80609*]).

Para determinar qué plazo es "razonable" en cuanto a la duración de la medida, el TEDH declara que han de ponderarse en cada caso las circunstancias concurrentes. Se han considerado contrarias al Convenio privaciones de libertad de alrededor de dos años (STEDH de 12 de diciembre de 1991, Clooth contra Bélgica). En otros casos se han admitido privaciones de libertad de más de tres años (STEDH de 26 de diciembre de 1992 W. contra Suiza). El TEDH tiene en cuenta especialmente la complejidad de la investigación de asuntos financieros con ramificaciones en el extranjero, las medidas tomadas por las autoridades competentes, o incluso el comportamiento del demandante.

Para el TC, siguiendo al TEDH, la valoración del plazo razonable ha de estimarse teniendo en cuenta, de un lado, la duración efectiva de la prisión provisional y, de otro, el examen de la complejidad del asunto, la actividad desplegada por el órgano judicial y el comportamiento del recurrente, de tal suerte que la necesidad de prolongar la prisión, a los efectos de asegurar la presencia del imputado en el juicio oral no obedezca, ni a una conducta meramente inactiva del juez de instructor, ni sea provocada por una actividad obstruccionista de la defensa, a través del planteamiento de recursos improcedentes o de incidentes dilatorios, dirigidos exclusivamente a obtener el agotamiento de los plazos de la prisión provisional (STC 206/1991 [*Tol 80609*]). No debe computarse el periodo de rebeldía del inculpado (STC 8/1990 [*Tol 80302*]).

Puede ocurrir que sobre un mismo sujeto se impongan diferentes medidas de prisión provisional originadas por distintos procedimientos penales, que pueden coincidir incluso con el cumplimiento de condenas privativas de libertad. Pues bien, en tal hipótesis el límite máximo respectivo surte efectos respecto de cada uno de los procedimientos, por lo que no resultará infringido el art. 17.4 CE por este motivo, cuando excedido el plazo máximo por una causa o título, se mantenga la situación de prisión por razón de otro procedimiento distinto (SSTC 147/2000 [*Tol 26505*], 1/2000 [*Tol 2776*] y 72/2000 [*Tol 24454*]).

Resulta afectada la garantía constitucional de la libertad contenida en el art. 17 CE no solo por exceso respecto de los plazos legales sino también cuando aun no superando los plazos máximos el proceso penal queda paralizado sin causa de justificación alguna que la legitime (STC 305/2000 [*Tol 81730*]).

La necesidad de evitar dilaciones indebidas se hace particularmente intensa cuando existen situaciones de privación de libertad, y por ello, las causas en que existan presos preventivos deben ser tramitadas con preferencia.

Los plazos máximos se fijan por la LECrim atendiendo a la pena señalada al delito por el que se sigue el procedimiento y a la finalidad perseguida, por lo que podemos distinguir unos plazos generales —cuando la finalidad es neutralizar el riesgo de fuga, los atentados contra bienes de la víctima o la reiteración delictiva— y un plazo especial —cuando la finalidad es evitar el ataque a las fuentes de prueba—.

3.2 Plazos generales

Cuando la prisión provisional se hubiera decretado en virtud de riesgo de fuga, atentado contra bienes de la víctima o reiteración delictiva, su duración no podrá exceder de un año si el delito tuviere señalada pena privativa de libertad igual o inferior a tres años, o de dos años si la pena privativa de libertad señalada para el delito fuera superior a tres años (art. 504.2 LECrim).

Se plantea la cuestión de determinar si cuando dos procedimientos se acumulan y forman una sola causa que ha de tramitarse y enjuiciarse como tal a partir de ese momento, las prisiones provisionales sufridas en ambos procedimientos deben entenderse también acumuladas a los efectos del cómputo del plazo máximo que señala la Ley. La STC 81/2004 [*Tol 409884*] opta por la acumulación.

Por otra parte, si en una misma causa el imputado ha estado intermitentemente en prisión, habrán de sumarse tales períodos para determinar el plazo máximo de prisión (*vid.* STC 147/2000 [*Tol 26505*]).

3.3 Prórroga

El art. 504.2 LECrim admite la prórroga «cuando concurrieren circunstancias que hicieran prever que la causa no podrá ser juzgada» en los plazos generales. La prórroga puede suponer una ampliación en los plazos generales de hasta dos años si el delito tuviera señalada pena privativa de libertad superior a tres años, o de hasta seis meses si el delito tuviera señalada pena igual o inferior a tres años.

Es necesario que la resolución de prolongación de la prisión por encima del plazo inicial se dicte en fecha anterior a la expiración de este plazo (SSTC 231/2000 [*Tol 81689*]; 272/2000 [*Tol 81711*] y 305/2000 [*Tol 81730*]), pues constituye una exigencia lógica para la efectividad del derecho a la libertad personal, por más que no venga expresamente exigida por el precepto (SSTC 16/2005 [*Tol 570201*] y 55/2004 [*Tol 397357*]).

El intempestivo acuerdo de prórroga adoptado una vez superado el plazo no subsana la lesión (SSTC 155/2004 [*Tol 500195*]; 142/1998 [*Tol 80997*]). El plazo inicial judicialmente acordado es un plazo de caducidad (SSTC 71/2000 [*Tol 24432*]; 98/2002 [*Tol 258632*]; 22/2004 [*Tol 351789*]).

La prórroga o ampliación del plazo máximo inicial de prisión provisional decretada requiere una decisión judicial específica que motive tan excepcional decisión y ha de fundarse en alguno de los supuestos que legalmente habilitan para ello (SSTC 155/2004 [*Tol 500195*] y 27/2008 [*Tol 1265011*]).

Cabe acordar varias prórrogas de prisión provisional, siempre que se respeten los topes máximos pues «lo que la Constitución prohíbe, por integración del art. 17.4 CE con la ley a la que remite, es sobrepasar los límites máximos absolutos de privación de libertad, siendo irrelevante el número de prórrogas que dicten los órganos judiciales» (STC 305/2000 [*Tol 81730*]).

La LECrim prevé la posibilidad de una prórroga especial tras la sentencia condenatoria. Conforme al art. 504.2 LECrim «si fuere condenado el investigado o encausado, la prisión provisional podrá prorrogarse hasta el límite de la mitad de la pena efectivamente impuesta en la sentencia, cuando ésta hubiere sido recurrida».

La posibilidad de prolongación tras la sentencia condenatoria se fundamenta en que la imputación se realiza en un juicio oral, público y contradictorio, con lo que el *fumus boni iruis* adquiere una especial fuerza (SSTC 62/1996 [*Tol 82996*]), es decir, la sentencia condenatoria añade solidez a la consideración de la concurrencia de indicios racionales de la comisión de un delito por una persona. Por otra parte, el *periculum in mora* también se intensifica, pues el imputado percibe como más próxima la inexorabilidad de la condena. Siempre, no obstante, será necesaria una resolución expresa en la que se valoren y motiven las concretas circunstancias que justifican la prórroga de la prisión (SSTC 22/2004 [*Tol 351789*]; 333/2006 [*Tol 1016534*]).

En todo caso debe tenerse en cuenta que es necesario acordar la prórroga de la prisión expresamente pues «el dictado de una sentencia condenatoria no lleva consigo, implícitamente, la prolongación automática del plazo máximo de la prisión provisional hasta el límite de la mitad de la pena impuesta» (SSTC 272/2000 [*Tol 81711*], 231/2000 [*Tol 81689*]) pues el tenor literal del art. 504.2 LECrim y las generales exigencias de motivación de tan drástica medida cautelar exigen rechazar esta tesis (SSTC 27/2008 [*Tol 1264011*] y 50/2009 [*Tol 1457336*]).

No será procedente la prolongación de la prisión provisional hasta la mitad de la pena impuesta cuando en la sentencia se acuerda que la pena privativa de libertad impuesta sea sustituida por la expulsión (STC 140/2012 [*Tol 2604613*]).

La Circular FGE 1/2018 *sobre algunas cuestiones que suscita la nueva regulación de la segunda instancia en materia penal*, dispone en su conclusión 16ª que «la prórroga del tiempo de prisión hasta el tope máximo representado por la mitad de la condena no se activa automáticamente por el pronunciamiento de la sentencia. Es necesaria una decisión específica de prórroga. No es necesaria la celebración de comparecencia para la adopción de la prórroga de la prisión en estos supuestos. Los Sres. Fiscales, cuando interpongan o contesten un recurso de apelación contra una sentencia condenatoria en una causa en la que esté acordada la medida cautelar de prisión provisional deberán informar por otrosí sobre las razones para mantenerla, prolongarla o, en su caso, para dejarla sin efecto».

En los casos de anulación de una sentencia condenatoria recurrida y retroacción de las actuaciones renace el inicial plazo máximo de prisión preventiva y no el determinado por la sentencia condenatoria anulada (STC 304/2000 [*Tol 81729*]).

No será procedente la prolongación de la prisión provisional hasta la mitad de la pena impuesta cuando la sentencia sólo está deliberada pero no ha sido todavía dictada, pues se requiere una pena efectivamente impuesta en una sentencia (SSTC 241/1994 [*Tol 526763*] y 158/1996 [*Tol 83090*]).

Se ha mantenido que cabrá acordar la prisión o la prórroga de la prisión en la propia sentencia condenatoria, pero en todo caso debe siempre incluirse una motivación específica. En nuestra opinión tal proceder no es procesalmente ortodoxo, debiendo acordarse en auto al margen de la sentencia, entre otras cosas para la ordenada tramitación y resolución, en su caso, del recurso de reforma o súplica que pudiera interponerse frente a la medida cautelar.

La estimación de un recurso fundada en lo tardío de la prórroga del plazo de prisión provisional no ha de implicar la puesta en libertad del recurrente, que no procederá en caso de que concurra alguna de las causas que justifican la prisión (SSTC 22/2004 [*Tol 351789*]; 155/2004 [*Tol 500195*]; 99/2005 [*Tol 636312*]).

Es posible, no obstante, acordar la prisión provisional tras el agotamiento de los plazos. El apartado cuarto del art. 504 LECrim establece que «la concesión de la libertad por el transcurso de los plazos máximos para la prisión provisional no impedirá que ésta se acuerde en el caso de que el imputado, sin motivo legítimo, dejare de comparecer a cualquier llamamiento del juez o tribunal».

No se especifica nada sobre el máximo temporal de esta nueva prisión, lo que no encaja con la previsión constitucional de la necesidad de fijar por Ley un plazo máximo a la prisión provisional (en la misma línea, ASENCIO MELLADO, 2011). Será necesario también que tal incomparecencia lo sea "sin motivo legítimo", por lo que no procederá decretar la prisión si una vez hallado, el imputado justifica su incomparecencia.

3.4 Plazo reducido para la prisión por peligro de destrucción de pruebas

Cuando la prisión provisional se acuerda con fundamento en el peligro de destrucción de pruebas los plazos se acortan: su duración no podrá exceder de seis meses (art. 504.3 LECrim).

Además de este máximo de seis meses, este motivo parece no podrá legitimar la prisión provisional más allá de la fase de instrucción: una vez cerrada ésta, ya no habrá lugar a la prolongación, sin perjuicio de la posibilidad de adopción de medidas en protección de testigos.

En nuestra opinión la prisión por riesgo de oscurecimiento no es susceptible de ser prorrogada una vez consumido el plazo de seis meses. Será frecuente que en estos supuestos de riesgo de destrucción de pruebas se acuerde el secreto de las actuaciones y/o la prisión incomunicada. Para estos casos, el art. 504.3.2° LECrim dispone que si antes del plazo establecido en el párrafo anterior se levantare la incomunicación o el secreto, el juez o tribunal habrá de motivar la subsistencia del presupuesto de la prisión provisional.

3.5 Cómputo de los plazos

No cabe descontar del cómputo los días en los que el preso preventivo está simultaneando tal condición con la situación de penado por otra causa (STC 19/1999 [*Tol 81099*]).

Si en el mismo procedimiento se imputan varios delitos, a efectos de determinar el plazo máximo de duración de la medida habrá de tenerse presente únicamente el delito más grave, no siendo admisible adicionar un plazo por cada delito (SSTC 127/1984 [*Tol 79415*] y 19/1999 [*Tol 81099*]).

Conforme al art. 504.5 LECrim «para el cómputo de los plazos establecidos en este artículo se tendrá en cuenta el tiempo que el imputado hubiere estado detenido o sometido a prisión provisional por la misma causa». Por tanto, expresamente se establece que el tiempo de detención es computable.

Conforme al párrafo segundo del art. 504.5 LECrim «se excluirá, sin embargo, de aquel cómputo el tiempo en que la causa sufriere dilaciones no imputables a la Administración de Justicia». Pese al tenor literal de la Ley, el tiempo que habrá de excluirse para el cómputo será el derivado de dilaciones imputables al reo, no pudiendo descontarse otras dilaciones que, aun no siendo imputables a la Administración de Justicia, tampoco lo sean al reo —por ejemplo, dilaciones imputables a la actuación procesal de la acusación popular o particular—. Otra interpretación podría contrariar la garantía del art. 17.4 CE. No podrán descontarse tampoco dilaciones imputables a la conducta de otro de los procesados (STC 98/2002 [*Tol 258632*]).

Junto a la complejidad de la causa debe valorarse tanto la actuación de los órganos judiciales como la conducta del recurrente a la hora de determinar si las dilaciones producidas pueden o no excluirse del cómputo del plazo (STC 32/2023 [*Tol 9419409*]).

El periodo de tiempo que ha de excluirse del cómputo ha de corresponderse exactamente con la duración de la dilación (SSTC 127/1984 [*Tol 79415*] y 28/1985 [*Tol 79443*]). A efectos del cómputo del plazo de prisión provisional debe tenerse en cuenta el tiempo en privación de libertad sufrido en otro país mientras se espera la ejecución de una euro orden o una extradición a España (SSTC 32/2023 [*Tol 9419409*], 113/2022 [*Tol 9257033*] y 143/2022 [*Tol 9738106*]).

Puede llegar a descontarse el tiempo consumido por la interposición de recursos inútiles, intempestivos y dilatorios (STC 206/1991 [*Tol 80609*]) aunque desde luego la presentación de recursos legalmente previstos no puede concebirse, *a priori*, como una actitud obstruccionista (STC 121/2003 [*Tol 285451*]).

Para descontar las dilaciones del cómputo del plazo de prisión preventiva es necesario el dictado de una resolución específica y motivada en la que se acuerde la suspensión del plazo (STC 121/2003 [*Tol 285451*]).

En cuanto al *dies a quo* en el cómputo del plazo, la LECrim no lo establece de forma precisa, por lo que, en principio, la determinación del momento a partir del cual se cuentan los plazos de prisión provisional corresponde a los órganos judiciales, sin perjuicio de la competencia del TC para revisar la eventual vulneración de los derechos fundamentales en juego (STC 16/2005

[*Tol 570201*]). En general, el *dies a quo* coincidirá con el día en que comenzó la privación de libertad, comprendiendo pues la detención.

3.6 El plazo razonable en la tramitación de causas con preso

El plazo razonable presupone algo evidente: la decisión en materia penal no puede ser inmediata, es necesario invertir tiempo. Debe siempre buscarse el equilibrio entre celeridad y garantías.

La jurisprudencia del TEDH, recibida por nuestro TC, subraya el derecho de toda persona detenida preventivamente a ser juzgada en un plazo razonable o a ser puesta en libertad durante el procedimiento, garantizado en el artículo 5.3 CEDH.

El art. 528 LECrim insta a las autoridades intervinientes en el proceso a «... dilatar lo menos posible la detención y prisión provisional de los inculpados o procesados».

La Instrucción de la FGE 4/2005, *sobre motivación por el Ministerio Fiscal de las peticiones solicitando la medida cautelar de prisión provisional o su modificación* dispone que «los fiscales dispensarán atención preferente a la tramitación de las causas con preso, singularmente cuando se acuerde la prórroga de la prisión provisional, promoviendo e impulsando la celeridad del procedimiento durante la fase de instrucción, e imprimiendo máxima prontitud a su intervención cuando corresponda despachar la causa».

La necesidad de celeridad trae como consecuencia que el transcurso de tiempos razonables sin que haya finalizado el procedimiento debe provocar un replanteamiento de la medida. El art. 5.3 CEDH establece que toda persona detenida preventivamente tiene derecho a ser juzgada «en un plazo razonable o a ser puesta en libertad durante el procedimiento», y en el mismo sentido, el art. 9.3 PIDCP dispone que «toda persona detenida o presa tiene derecho a ser juzgada dentro de un plazo razonable o ser puesta en libertad».

La STEDH de 27 de junio de 1968, Wemhoff contra Alemania afirmaba que «este carácter razonable del mantenimiento de la detención de un acusado debe apreciarse en cada caso teniendo en cuenta las circunstancias de la causa».

Conforme a la doctrina del TC (STC 66/1997 [*Tol 83209*]):

> «[...] si bien hay que desterrar las dilaciones indebidas en cualquier procedimiento, el celo de la autoridad judicial en obtener la rapidez del procedimiento todavía ha de ser mucho mayor en las causas con preso porque, de otro modo, y por aplicación de los arts. 17 y 24 de la Constitución, procedería acordar su puesta en libertad [...] El plazo razonable es integrado

> por el legislador, al fijar unos límites temporales máximos a la medida de prisión provisional en el art. 504 Lecrim, sin embargo no agotan la garantía constitucional. Pues por aplicación directa de los preceptos constitucionales [...] el plazo razonable en una causa determinada puede ser sensiblemente menor al plazo máximo legal, atendiendo a la complejidad de la causa, la actividad desplegada por el órgano judicial, y el comportamiento del recurrente [...]».

Para impulsar la celeridad, el apartado sexto del art. 504 LECrim dispone que «cuando la medida de prisión provisional acordada exceda de las dos terceras partes de su duración máxima, el juez o tribunal que conozca de la causa y el Ministerio Fiscal comunicarán respectivamente esta circunstancia al presidente de la sala de gobierno y al fiscal-jefe del tribunal correspondiente, con la finalidad de que se adopten las medidas precisas para imprimir a las actuaciones la máxima celeridad. A estos efectos, la tramitación del procedimiento gozará de preferencia respecto de todos los demás».

4. LA COMPARECENCIA DE PRISIÓN

4.1 Ideas generales

El art. 505 LECrim regula el procedimiento para la adopción de las medidas cautelares de prisión y de libertad con fianza. Conforme al art. 505.1 LECrim «cuando el detenido fuere puesto a disposición del juez de Instrucción o Tribunal que deba conocer de la causa, éste, salvo que decretare su libertad provisional sin fianza, convocará a una audiencia en la que el Ministerio Fiscal o las partes acusadoras podrán interesar que se decrete la prisión provisional del investigado o encausado o su libertad provisional con fianza».

Las decisiones judiciales sobre prisión —sea eludible o no mediante fianza— exigen para su adopción: 1) una solicitud de parte y 2) una previa audiencia con asistencia de las partes. Procedimentalmente la prisión provisional se estructura, pues, sobre la base de dos principios: el principio acusatorio y el principio de contradicción. El principio de contradicción como elemento básico de los incidentes para la adopción de medidas cautelares ha sido resaltado por el TEDH (STEDH de 13 de noviembre de 2014, Alí Riza Kaplan contra Turquía).

El régimen de la comparecencia supuso, en términos del propio legislador, «la limitación de la iniciativa judicial». En realidad, más que buscar preservar la imparcialidad del juez a la hora de decidir sobre la prisión, la reforma tuvo como objetivo limitar el excesivo poder que se confería a los jueces de instrucción, que podían enviar unilateralmente a prisión por su sola voluntad.

Para el TC «si esa audiencia está expresa y claramente prevista en la ley para la adopción de la decisión controvertida, es un requisito procedimental que queda integrado en la exigencia del artículo 17.1 CE de que nadie puede ser privado de libertad sino en la "forma prevista en la ley", por lo que su omisión constituye una vulneración del artículo 17.1 CE» (SSTC 29/2019 [*Tol 8485868*] y 91/2018 [*Tol 6816211*]).

La bondad objetiva de este sistema —frente al del juez instructor soberano— es evidente: exige al menos dos voluntades concordes —la que pide y la que acuerda la prisión— e impone un proceso decisorio racional —tras una comparecencia en la que se debate la procedencia de la medida y en la que puede practicarse actividad probatoria para fundamentar la pretensión cautelar o la solicitud de libertad—. Las consideraciones de la Circular 2/1995 de la FGE *sobre el nuevo régimen procesal de la prisión preventiva* son de especial interés para interpretar este incidente procesal.

La trascendencia de este procedimiento como eslabón insoslayable entre la situación de libertad y su restricción cautelar ha sido subrayada por el Tribunal Supremo (STS de 12/11/1998 [*Tol 5133421*]).

> «[...] esta comparecencia o audiencia...... abre un debate limitado a la cuestión de la situación personal del detenido... las acusaciones tienen en su poder la llave de la prisión al no poder acordarse ésta si ninguna de ellas lo solicita... nos encontramos ante una audiencia caracterizada primordialmente por la introducción plena del principio contradictorio, en cuanto que el imputado, que estará necesariamente asistido por un Letrado, tiene la obligación de comparecer hasta el extremo de que debe suspenderse la audiencia si, por las razones que sean, no asiste apoyado por su Letrado».

El TC ha destacado la trascendencia de la audiencia pues en la misma «es posible debatir tanto la concurrencia o no de las circunstancias determinantes para acordar la libertad o la continuación de la prisión provisional como la eventual modificación de las inicialmente apreciadas» (STC 28/2001 [*Tol 81405*]) y por ello en el juicio de adecuación a la norma constitucional, el TC es asimismo garante de que «el procedimiento de adopción o confirmación de la prisión provisional, se ajuste a las exigencias constitucionales de preservación del derecho a la tutela judicial efectiva, en relación con el art. 17 CE» (STC 83/2019 [*Tol 7378881*]).

El juez es soberano para acordar la libertad provisional sin fianza, de oficio y sin necesitar de impulso o audiencia de las partes, sin perjuicio de la posibilidad de estas de recurrir, por razones de fondo, tales decisiones —en este sentido, Circular 2/1995—. El filtro del principio de contradicción se impone ante la posibilidad de acordar restricciones a la libertad, no en otros supuestos (en el mismo sentido, MARCHENA, 2003).

Aunque la iniciativa de la convocatoria de la audiencia corresponde al juez, la Circular 2/1995 establece que si solamente está personado el fiscal y éste comunica su intención de no solicitar la prisión ni interesar la libertad con fianza, la comparecencia debe ser automáticamente desconvocada con puesta en libertad del detenido. La celebración de la audiencia pierde su justificación si las partes acusadoras explicitan ante el juez su voluntad contraria a interesar una medida de prisión o de libertad con fianza. Por ello, lo correcto en estos casos es no convocar la audiencia o desconvocarla. El principio de economía procesal impone evitar las actuaciones superfluas que se producirían, pues el acto concluirá con el resultado previamente anunciado. El *favor libertatis* exige en este caso la puesta en libertad sin dilaciones.

La eventual declaración de secreto de las actuaciones no puede suponer excusa para la no celebración de la audiencia si ha de adoptarse una medida cautelar. En estos supuestos las alegaciones de las partes habrán de centrarse en los presupuestos de la medida cautelar, quedando al margen del debate los extremos afectados por el secreto de sumario (en este mismo sentido SANGUINÉ, 2003).

Además del fiscal, también la acusación popular y la particular personadas en forma están legitimadas para pedir la prisión.

No será necesaria la celebración de comparecencia de prisión en el supuesto en el que el detenido fuera un condenado que estuviera en rebeldía, ni cuando sobre el detenido existe un auto de prisión previo dictado en un proceso pendiente.

La autoridad judicial encargada de actuar como "juez de la libertad" de los investigados «no sería imparcial, en términos objetivos, si quisiera fundar la medida cautelar de privación de libertad en hechos o en calificaciones jurídicas diversas y más graves que las que los acusadores personados en el procedimiento consideran viables en ese momento procesal, convirtiéndose de ese modo en acusador potencial, cuando una característica que debe definirle es la de no acumular funciones acusatorias» (STC 29/2019 [*Tol 8485868*]). Esta resolución también indica que no es constitucionalmente exigible, en abstracto «la existencia de plena identidad o correlación entre la totalidad de los argumentos por los que los acusadores consideran que procede la prisión provisional y los que conducen al juez a acordarla».

4.2 Plazo para la celebración de la audiencia

La audiencia «deberá celebrarse en el plazo más breve posible dentro de las 72 horas siguientes a la puesta del detenido a disposición judicial» (art.

505.2 LECrim). En caso de incumplimiento del plazo, resulta afectada la garantía constitucional de la libertad. Como refiere la STC 82/2003 [*Tol 267655*] la regularización o convalidación no es posible, «una vez que se había rebasado [...] el plazo para poder elevar la detención a prisión provisional del demandante de amparo legalmente establecido».

El plazo de 72 horas no se da, en nuestra opinión, para que dentro del mismo se convoque a las partes a la comparecencia, sino para que dentro del mismo ésta llegue a término, incluyendo la práctica de las diligencias probatorias que procedan y el dictado del auto adoptando la medida cautelar o poniendo al detenido en libertad (en el mismo sentido, SANGUINÉ).

4.3 Celebración de la audiencia

Conforme al art. 505.2 LECrim, se citará a la audiencia «al investigado o encausado, que deberá estar asistido de letrado por él elegido o designado de oficio, al Ministerio Fiscal y a las demás partes personadas».

La declaración del investigado debe preceder a la celebración *stricto sensu* de la audiencia, toda vez que será un factor de primer orden a la hora de ponderar la concurrencia de base suficiente para promover la adopción de alguna medida cautelar.

Debe distinguirse el supuesto de las primeras diligencias en las que el sospechoso es trasladado como detenido, y en las que habrá de prestar declaración sobre los hechos de aquel otro en el que el investigado inicialmente en libertad, sea convocado a audiencia durante la tramitación de la causa por circunstancias sobrevenidas que exijan plantearse el agravamiento de su situación personal.

En este último supuesto si no procede tomar declaración al investigado sobre los hechos —por haber tenido lugar ya dicha diligencia—, sí que seguirá siendo necesario —con independencia de las alegaciones que pueda formular su letrado— oír al propio investigado o encausado sobre los extremos que pueden motivar la adopción de la medida cautelar —por ejemplo, si la audiencia se ha convocado ante la incomparecencia a juicio, habrá de interrogársele sobre las causas de tal incomparecencia—. En este último supuesto la declaración debe incorporarse exclusivamente a la pieza de situación personal.

La presencia del letrado deviene en *conditio sine qua non* para la celebración del acto. Siguiendo las pautas de la Circular 2/1995 su incomparecencia llevará a la suspensión. Podrá acordarse la designación de letrado de oficio, si el designado no acepta, no es hallado o no comparece (art. 520.4 LECrim).

Pero debe descartarse la posibilidad de aplicación analógica del art. 520.4 LECrim —celebración de la audiencia sin letrado tras el transcurso de ocho horas sin atender a la citación— (ATC 75/2007 rec. 1734/2005).

Del art. 504 LECrim se desprende que el tratamiento de la incomparecencia de los letrados de la acusación popular y particular será radicalmente distinto. Sin perjuicio de entender preceptiva su citación a tal acto, aunque no lo hayan instado, su no asistencia a la audiencia no será óbice a la continuación de la misma. En este sentido se pronuncia la Circular 2/1995.

Las partes civiles —actor civil, responsable civil directo y responsable civil subsidiario— no deberán ser citados pues ha de entenderse que carecen de legitimación en relación con esta pretensión cautelar.

Debe reconocerse al letrado y demás partes la facultad de tomar vista, antes de la audiencia, de las actuaciones practicadas hasta ese momento, como manifestación del derecho de defensa. —en este sentido, *vid.* Instrucción FGE 8/2004, *sobre la necesidad de promover el acceso de los Letrados de la defensa a las copias de los atestados en las actuaciones ante el Juzgado de Guardia en el procedimiento para el enjuiciamiento rápido de delitos*. El único límite derivará de que se haya acordado una declaración judicial de secreto de las actuaciones, en la parte de la causa afectada por tal resolución.

La vista para resolver sobre las pretensiones cautelares es indistintamente denominada audiencia o comparecencia de prisión. Los medios de comunicación han popularizado la denominación —sin respaldo legal— de "vistilla".

Para proponer prueba es esencial que pueda practicarse en el acto o dentro de las 72 horas. En todo caso, no podrán sobrepasarse las 72 horas desde que el detenido pasó a disposición judicial.

La prueba a practicar en la comparecencia no puede suponer una instrucción urgente del procedimiento (en este sentido, Circular 2/1995). En principio, habrá de versar sobre los elementos que son presupuesto de los fines legítimos de la medida tales como circunstancias personales del imputado, antecedentes policiales, penales, petición de informes a la Policía sobre domicilio o trabajo del imputado, certificados de empadronamiento, permisos de residencia o de trabajo, documentación acreditativa de disponer de vivienda, libro de familia, requisitorias pendientes etc (en la misma línea, SOSPEDRA NAVAS, 2003).

Sin embargo, no cabe desconocer que entre los presupuestos esenciales de la prisión está el de que consten en la causa hechos que presenten caracteres de delito y que concurran motivos bastantes para creer responsable a la persona contra quien haya de dictarse la prisión, por lo que no cabe descartar prueba sobre ambos extremos, cuando *prima facie* exista un margen de duda razonable sobre su concurrencia. El límite ineludible vendrá dado por imperativo legal en el dato de que puedan practicarse dentro del plazo de las 72 horas. Si existieren dudas sobre estos extremos y no pudiera articularse prueba en el plazo legal, la solución debe ser —al menos como regla general—, la de optar por interesar la libertad provisional, en la modalidad que proceda, y promover la práctica de la diligencia dentro de la instrucción ordinaria de la causa. Siempre será posible a la vista del resultado de la diligencia, solicitar nueva audiencia conforme al art. 539 LECrim.

En cuanto a las posibilidades de recurrir la decisión del juez de no admitir una diligencia, debe entenderse que los art. 505 y 507 LECrim no habilitan una vía autónoma y habrá de ser, en su caso a través del recurso contra la medida cautelar adoptada o no adoptada, donde se articulen los argumentos impugnatorios de la decisión judicial sobre la práctica de diligencias.

Tras la práctica de la prueba deberán informar las partes sobre sus pretensiones cautelares, en primer lugar, el fiscal y demás partes acusadoras y seguidamente la defensa. Para la Circular 2/1995 de la FGE «no puede encontrarse impedimento legal alguno a que, a solicitud de parte, el juez conceda un turno de réplica o rectificación».

En cuanto a la posible suspensión de la audiencia, se regula en el art. 505.5 LECrim: si por cualquier razón la audiencia no pudiere celebrarse, el juez o tribunal podrá acordar la denominada prisión *provisionalísima.* En los juicios rápidos, conforme al art. 505.1 LECrim este trámite se sustanciará con arreglo a lo establecido en el artículo 798, salvo que la audiencia se hubiera celebrado con anterioridad. El art. 798 LECrim regula la comparecencia en la que las partes se pronuncian sobre la continuación del procedimiento o la transformación en diligencias previas o el sobreseimiento. En definitiva, es el cauce para el debate sobre la suficiencia o insuficiencia de las diligencias practicadas por el juez de Instrucción a los efectos de la tramitación de las diligencias urgentes como juicio rápido. En este precepto ya se establece que en tal comparecencia «las partes acusadoras y el Ministerio Fiscal podrán solicitar cualesquiera medidas cautelares frente al imputado..., sin perjuicio de las que se hayan podido adoptar anteriormente». Se refuerza, por tanto, el principio de concentración de actuaciones procesales.

En el art. 800.1 LECrim se dispone que «cuando el juez de guardia hubiere acordado continuar este procedimiento, en el mismo acto oirá al Ministerio Fiscal y a las partes personadas para que se pronuncien sobre si procede la apertura del juicio oral o el sobreseimiento y para que, en su caso, soliciten o se ratifiquen en lo solicitado respecto de la adopción de medidas cautelares».

Por tanto, se abre un nuevo ámbito para promover medidas cautelares. Parece, no obstante, que el peso del debate habrá de concentrarse en la comparecencia del art. 798 LECrim, ratificando en la fase del art. 800 LECrim como regla general lo solicitado en aquel momento anterior, salvo circunstancias sobrevenidas que justifiquen un cambio en la pretensión procesal cautelar.

Debe tenerse presente que en los casos de órganos jurisdiccionales con sistemas de guardia superior a 24 horas, la audiencia prevista en el art. 798 LECrim puede celebrarse transcurridas 72 horas. En estos supuestos habrá de respetarse el límite infranqueable de las 72 horas para la celebración de la comparecencia sobre la prisión preventiva, por lo que si ambas audiencias no pueden convocarse dentro de ese plazo de 72 horas la comparecencia de prisión deberá emanciparse para respetar su plazo específico.

Conforme al art. 505.6 LECrim «cuando el detenido fuere puesto a disposición de juez distinto del juez o tribunal que conociere o hubiere de conocer de la causa, y el detenido no pudiere ser puesto a disposición de este último en el plazo de 72 horas, procederá el primero de acuerdo con lo previsto en los apartados anteriores».

El principio general del que parte el art. 505 LECrim es el de que sea el juez competente para conocer de la causa el que resuelva sobre la libertad o la prisión provisional, como juez natural. Pero este principio es matizado por el de seguridad jurídica y por el imperativo de legalizar la situación personal del detenido en el plazo más breve posible, como manifestación del derecho a la libertad y seguridad, que en ocasiones exigirá atribuir la competencia al juez de Guardia, con independencia de si es o no competente para conocer la causa.

Por tanto, salvo que claramente existan condiciones para que la audiencia del art. 505 LECrim pueda celebrarse dentro de las siguientes 72 horas ante el órgano jurisdiccional competente para conocer del fondo del asunto, habrá de ser el juez de guardia ante el que el detenido es presentado el que legalice la situación. Si existen dudas sobre la viabilidad de la celebración de la audiencia en plazo ante el juez competente, habrá de optarse por la legalización por el juez de guardia ante el que el detenido es presentado. En todo caso, la prórroga de la detención para la presentación ante el juez competente debe ir precedida por un juicio ponderativo sobre la previsibilidad de adopción de la medida cautelar por el órgano jurisdiccional competente, como presupuesto legitimador de la prolongación de la privación de libertad.

Tampoco cabe olvidar que, cuando se den las circunstancias técnicas adecuadas, pueden solventarse estos supuestos de distancia geográfica entre el tribunal que conoce de la causa y el lugar de detención, mediante la utilización de videoconferencia, celebrando la comparecencia ante el juez competente y dando audiencia al detenido físicamente.

En los supuestos en los que la audiencia se celebre por el juez no competente para el conocimiento de la causa, una vez remitidas las actuaciones al juez competente el art. 505.6 inciso segundo LECrim dispone que «no obstante, una vez que el juez o tribunal de la causa reciba las diligencias, oirá al investigado o encausado, asistido de su abogado, tan pronto como le fuera posible y dictará la resolución que proceda».

Cabe plantearse si el juez puede convocar durante la tramitación de la causa y de oficio, la audiencia para el investigado no detenido. La respuesta, tratando de respetar la filosofía inspiradora de la Ley, debe ser negativa. Esa audiencia habrá de ser interesada por alguna de las partes, sin que el juez, al que se le trata de dotar de imparcialidad, pueda asumir un rol inquisitivo al entender que procede *ex novo* la prisión.

Esta afirmación, claro es, no será aplicable a los supuestos en los que el juez aprecie riesgo de fuga, en los que conforme al art. 539 LECrim puede acordar directamente la prisión sin perjuicio de convocar audiencia dentro de las 72 horas siguientes. Esta prisión directa debe entenderse subordinada a la concurrencia de un riesgo de fuga cualificado, pues en otro caso lo procedente será respetar el procedimiento contradictorio del art. 505.

Aunque el juez no puede convocar audiencia por sí respecto de quienes están en libertad, lo que sí podrá será de oficio pedir a todas o algunas de las partes un informe sobre situación o conveniencia de convocar a comparecencia para debatir sobre medidas cautelares. En este sentido se pronuncia la Circular 2/1995.

De la regulación legal cabe concluir con que el juez necesitará de una petición del Fiscal o de otra parte acusadora para acordar la prisión provisional, el arresto domiciliario y la libertad con fianza. También requerirá petición de parte para acordar la prórroga de la prisión provisional o del arresto domiciliario. Podrá el juez acordar de oficio la libertad sin fianza, la libertad con obligación apud acta, con retención de pasaporte o de permiso de conducir. El tenor del art. 539 LECrim es terminante: «siempre que el juez o Tribunal entienda que procede la libertad o la modificación de la libertad provisional en términos más favorables al sometido a la medida, podrá acordarla, en cualquier momento, de oficio y sin someterse a la petición de parte».

Dentro de las facultades del juez está también la posibilidad de acordar una medida cautelar de menor entidad que la solicitada por las partes acusadoras.

La petición de libertad a instancias de la parte que interesó la prisión genera el efecto de que el juez debe acordar la libertad, en coherencia con el principio acusatorio que inspira la adopción de la medida (en el mismo sentido, DALABRIDA, 2011). Si la petición procede del fiscal y no hay ninguna otra parte acusadora personada, la solución no ofrece dudas. Si hay varias partes acusadoras, la Circular 2/1995 defiende la facultad del juez de que, manteniendo la prisión, de traslado a las demás partes para que se manifiesten sobre la conveniencia de mantener la medida cautelar.

El art. 306 LECrim, con una expresa referencia a la comparecencia del art. 505 autoriza a intervenir al fiscal «por medio de videoconferencia u otro sistema similar que permita la comunicación bidireccional y simultánea de la imagen y el sonido».

Conforme al art. 544 LECrim «las diligencias de prisión y libertad provisionales y fianzas se sustanciarán en pieza separada». El art. 763 LECrim incorpora la misma regla específicamente para el procedimiento abreviado.

Entendemos que será necesario también convocar una comparecencia para prorrogar la prisión durante la tramitación de la causa. El inciso final del apartado segundo del art. 504 LECrim dispone que «... el juez o tribunal podrá, en los términos previstos en el art. 505, acordar mediante auto una sola prórroga de hasta dos años si el delito tuviera señalada pena privativa de libertad superior a tres años, o de hasta seis meses si el delito tuviera señalada pena igual o inferior a tres años». La referencia a «*los términos previstos en el art. 505*» inequívocamente remite a la comparecencia, con respeto a los principios acusatorio y de audiencia.

No es sin embargo necesaria la comparecencia para prorrogar la prisión una vez dictada sentencia condenatoria (SSTC 22/2004 [*Tol 351789*] y 50/2009 [*Tol 1457336*]).

4.4 La forma de los autos de prisión

La motivación suficiente de los autos de prisión es absolutamente esencial para que la adopción de tan radical medida cautelar pueda considerarse constitucionalmente legítima. Ese carácter esencial hace que deban rechazarse motivaciones estándar o puramente tautológicas.

El art. 506.1 LECrim exige forma de auto y que exprese «los motivos por los que la medida se considera necesaria y proporcionada respecto de los fines que justifican su adopción».

La doctrina del TEDH ha hecho especial hincapié en la fundamentación (SSTEDH de 9 de enero de 2003, Shishkov contra Bulgaria; de 6 de abril de 2000, Labita contra Italia). La doctrina del TC impone un deber reforzado de motivación en atención a la entidad del derecho a la libertad. En esa especial motivación ha de plasmarse el juicio de ponderación (SSTC 29/2001 [*Tol 81406*]; 12/2007 [*Tol 1032874*]). La STC 128/1995 [*Tol 82867*] conecta la necesidad de motivación con el genérico derecho a la obtención de la tutela judicial efectiva y con el específico derecho a la libertad. La consecuencia práctica se concreta en que su vulneración no implica la devolución al juzgador para que subsane los defectos de fundamentación, sino que conlleva la nulidad de la resolución misma, y en consecuencia la inmediata puesta en libertad del preso preventivo.

Para valorar la razonabilidad de la medida adoptada y su acomodación a los fines legítimos es preciso que la resolución judicial limitativa de la libertad personal exprese no solo el fin perseguido sino también la relación existente entre éste y la medida cautelar adoptada, es decir, ha de expresar hasta qué punto la misma es útil a los fines perseguidos en el caso concreto. La exigencia debe acentuarse aun más en los casos en los que se ha impugnado la medida cuestionando extensa y expresamente la existencia inicial de razones concretas que justifiquen el riesgo de fuga (STC 47/2000 [*Tol 24429*]).

Desde un punto de vista formal, se considera constitucionalmente legítima la motivación de las resoluciones judiciales por remisión a otras resoluciones o a los informes obrantes en la causa, pero en general no ha merecido el beneplácito del TC *el uso de fórmulas estereotipadas.* El TC rechaza la utilización de procedimientos de remisión cuando se realiza una remisión genérica —a resoluciones e informes—; global —a todas las resoluciones de la misma Sala dictadas en el mismo procedimiento— y en cadena —de la última resolución a todas las anteriores, de éstas a las que las precedieron o a los informes del Ministerio Fiscal y a las alegaciones de la acusación particular— (STC 33/1999 [*Tol 81110*]).

El uso en las resoluciones judiciales de modelos impresos o formularios estereotipados, aunque es desaconsejable por ser potencialmente contraria al derecho a la tutela judicial efectiva, no implica necesariamente una falta o insuficiencia de la motivación (SSTC 184/1988 [*Tol 80032*]; 125/1989 [*Tol 81575*]; 74/1990 [*Tol 80366*] y ATC 73/1996), pues «peticiones idénticas pueden recibir respuestas idénticas sin que la reiteración en la fundamentación suponga ausencia de ésta» (ATC 73/1996, de 25 de marzo rec. 2504/1995) En consecuencia, tal utilización es admisible siempre que la resolución en la que se haya utilizado el modelo impreso o formulario constituya una respuesta —

incluida su motivación— que satisfaga las exigencias constitucionales (SSTC 8/2002 [*Tol 123272*], 128/1996 [*Tol 83061*], 74/1990 [*Tol 80366*]).

Deben evitarse la utilización de motivaciones tautológicas, apodícticas o aparentes, o la simple repetición de fórmulas reiterativas de los textos normativos.

Tampoco debiera considerarse suficiente motivación la remisión global a resoluciones anteriores, del tipo «subsistiendo los motivos en su día ponderados procede mantener la medida» (*vid.* STC 61/2001 [*Tol 81433*]).

Los fiscales también están obligados a utilizar una fundamentación acorde con las exigencias constitucionales al evacuar sus alegaciones sobre la procedencia de la adopción de medidas cautelares (*vid.* Instrucción 4/2005).

En las causas declaradas secretas existe un régimen especial: en el auto de prisión se expresarán los particulares del mismo que, para preservar la finalidad del secreto, hayan de ser omitidos de la copia que haya de notificarse, aunque en ningún caso se omitirá en la notificación una sucinta descripción del hecho imputado y de cuál o cuáles de los fines previstos en el art. 503 se pretende conseguir con la prisión. Cuando se alce el secreto del sumario, se notificará de inmediato el auto íntegro al imputado (art. 506.2 LECrim).

Conforme al art. 506.3 LECrim «los autos relativos a la situación personal del investigado o encausado se pondrán en conocimiento de los directamente ofendidos y perjudicados por el delito cuya seguridad pudiera verse afectada por la resolución».

4.5 Recursos

El art. 5.4 CEDH reconoce el derecho de toda persona privada de libertad a presentar «un recurso ante un tribunal», para que decida en «breve plazo» sobre la «legalidad de su detención y ordene su liberación» si la detención es ilegal. La LECrim regula un recurso de apelación de tramitación urgente, pues debe resolverse en un plazo máximo de 30 días (art. 507.1).

El TEDH ha analizado el *breve plazo* mencionado en el art. 5.4, admitiendo como regla general que no puede exceder de algo más de un mes, por lo que la regulación de nuestra LECrim se adapta con rigor a los parámetros de la doctrina de este Alto Tribunal.

En nuestra opinión, el incumplimiento del plazo no implica la cesación de la medida. Llevará aparejados solamente en su caso efectos desde el ámbito de las responsabilidades de tipo disciplinario y de la responsabilidad patrimonial de la Administración.

El plazo para interponer el recurso de apelación es de cinco días a contar desde el siguiente a la notificación del auto recurrido y una vez admitido el traslado para alegaciones a las demás partes personadas lo es por un plazo común de cinco días (art. 766.3 LECrim).

Para los recursos de apelación contra autos en los que se acuerde la prisión provisional cabe solicitar la celebración de vista, que habrá de celebrarse —si la Audiencia accede a ello— dentro de los diez días siguientes a la recepción de la causa por el tribunal *ad quem* (art. 766.5) pero además dentro del plazo de 30 días (art. 507.1). El plazo de 30 días ha de entenderse solamente aplicable al recurso contra el auto de prisión, no al recurso contra autos de libertad. Sin embargo, utilizando criterios interpretativos teleológicos, habrá de entenderse aplicable para los recursos que se interpongan contra los autos de libertad con fianza cuando, de resultas de su falta de abono el imputado haya sido constituido en prisión.

Puede recurrir el auto de prisión quien pese a no estar a disposición del tribunal, estaba ya personado en la causa (STC 132/2011 [*Tol 2216185*]). En cuanto a su tramitación, el art. 507.1 LECrim se remite al art. 766 LECrim.

Cuando en las causas declaradas secretas no se hubiere notificado íntegramente el auto de prisión al investigado, éste también podrá recurrir el auto íntegro cuando le sea notificado (art. 507.2 LECrim).

Desestimada la apelación, puede el recurrente interponer directamente recurso de amparo contra el auto de prisión (*vid.* SERRA DOMÍNGUEZ, 1995). Se excepciona en estos supuestos la regla general de que no cabe recurrir en amparo las resoluciones incidentales recaídas en un proceso penal aún no concluido.

Al TC le corresponde únicamente el control externo de que la adopción o mantenimiento de la medida ha sido realizada de forma fundada, razonada, completa y acorde con los fines de la institución (SSTC 142/2002 [*Tol 258673*] y 333/2006 [*Tol 1016534*]). El TC examina si la adopción de la prisión provisional cumplió con las exigencias que se derivan de la doctrina constitucional que requiere que tal medida sea idónea y necesaria para la consecución de los fines constitucionalmente legítimos enunciados, en abstracto, y que, además, su adopción en el caso concreto contenga la motivación reforzada que resulta exigible cuando está en cuestión un derecho fundamental como el consagrado en el art. 17.1 CE (STC 140/2012 [*Tol 2604613*]).

En cuanto a los efectos de haberse producido la puesta en libertad del recurrente en amparo con posterioridad a la presentación de la demanda de amparo y antes de su admisión a trámite «no priva de objeto a este recurso, pues si se hubiera cometido la vulneración del derecho fundamental que denuncia, a este Tribunal correspondía repararla, al menos en parte, otorgando el amparo en los términos procedentes» (SSTC 61/2001 [*Tol 81433*] y 8/2002 [*Tol 123272*]).

La estimación del amparo por falta de motivación implica la puesta en libertad. El mismo efecto se generaría en supuestos de estimación de amparo por prisión extemporáneamente adoptada. Sin embargo, cuando la estimación del amparo se funde en lo tardío de la prórroga del plazo de prisión provisional, no ha de implicar la puesta en libertad del recurrente, que no procederá en caso de que concurra alguna de las causas que justifican la prisión.

Podrá acudirse al TEDH alegando respecto a la prisión provisional adoptada infracción del art. 5.1 CEDH, una vez agotados los recursos internos.

Distintas a los recursos son las peticiones de libertad. La STC 66/2008 [*Tol 1322459*] declara que la particular característica de que los autos referidos a la situación personal del imputado no alcancen en ningún caso la eficacia de cosa juzgada conlleva que las partes puedan reiterar sus peticiones en esta materia —por más que hubieran sido ya total o parcialmente denegadas— obligando al juzgador a realizar una nueva reflexión sobre la cuestión ya decidida. Esta facultad de las partes de reiterar su pretensión —aun después de haber agotado los posibles recursos— no está supeditada por la Ley al advenimiento de nuevos hechos en el curso del proceso, ni aun siquiera a la aportación de nuevos elementos de juicio o argumentaciones distintas de las que ya hubieran sido expuestas con anterioridad.

Los escritos en que se solicite la libertad provisional no tienen por qué venir refrendados por la firma de letrado y procurador (Consulta nº 3/1909 de la Fiscalía). La Circular 2/1995 considera que las solicitudes de la defensa en petición de libertad con o sin fianza cuando el imputado está reducido a prisión, pueden ser resueltas por el juez o tribunal directamente sin necesidad ni de celebración de audiencia, ni de dar traslado a las otras partes para ser oídas, aunque a veces pueda ser conveniente hacerlo.

En relación con el recurso de casación, en primer lugar debe tenerse en cuenta que el auto de prisión preventiva no es recurrible en casación. El recurso de casación solamente puede articularse contra autos en los casos expresamente establecidos en la Ley (art. 848 LECrim). En este sentido se pronuncia la STS de 12/12/2007 [*Tol 1227429*]

En cuanto a la competencia para resolver sobre la situación del preso preventivo durante la tramitación del recurso de casación interpuesto contra la sentencia, la vigilancia de esas medidas cautelares se mantiene en el ámbito de las Audiencias Provinciales que las acordaron, siendo esa función de control ajena a las funciones del TS (Instrucción 5/2004 FGE relativa al seguimiento de los supuestos de privación cautelar de libertad POR Instrucción FGE 5/2004, relativa al seguimiento de los supuestos de privación cautelar de libertad y STS de 25/02/1997 [*Tol 408303*]).

En la práctica el TS otorga una total preferencia a la tramitación de los recursos en los que aparecen encausados en situación de prisión provisional (constancia en la causa que no siempre se corresponde con la realidad pues el TS no recibe noticia de las eventuales modificaciones de esa situación que se producen después de la sentencia) (*vid.* DEL MORAL GARCÍA, 2011).

En la práctica se plantea el problema de la competencia para conocer del recurso contra el auto de prisión dictado por juez no competente para conocer de la causa. La doctrina se divide y la práctica es dispersa. En nuestra opinión, en tanto en estos casos el juez incompetente se inhibe inmediatamente al competente, es a éste a quien debe corresponder el conocimiento del recurso.

5. MODALIDADES ESPECIALES

5.1 La prisión atenuada

El art. 508 LECrim establece que «el juez o tribunal podrá acordar que la medida de prisión provisional del investigado o encausado se verifique en su domicilio, con las medidas de vigilancia que resulten necesarias, cuando por razón de enfermedad el internamiento entrañe grave peligro para su salud. El juez o tribunal podrá autorizar que el investigado o encausado salga de su domicilio durante las horas necesarias para el tratamiento de su enfermedad, siempre con la vigilancia precisa».

El TC llegó a referirse a la situación de prisión atenuada como una «figura intermedia entre la libertad y la prisión ordinaria (STC 14/1996 [*Tol 82949*]) entendiendo que la prisión atenuada no sería... la forma "ordinaria" de prisión, pero tampoco sería una situación de libertad» (STC 56/1997 [*Tol 83199*]). Sin embargo, es claro que se trata de una medida cautelar personal privativa de libertad. El hecho de que se ejecute en el domicilio del investigado, en lugar de en un Centro Penitenciario, no empaña su esencia, por lo que puede considerarse trasladable en bloque la doctrina del TC sobre límites y fines legítimos que debe perseguir, así como los requisitos formales que debe cumplimentar la resolución que la adopte (*vid.* STC 56/1997 [*Tol 831999*]).

La comprobación de la concurrencia de los requisitos que el art. 503 LECrim exige para la prisión provisional es *conditio sine qua non* para aplicar esta medida. Una vez comprobada la presencia de los presupuestos en relación con el delito imputado, los fines constitucionalmente legítimos y demás requisitos, podrá ponderarse si el internamiento ha de ser según el régimen ordinario o el atenuado. Igualmente será necesario seguir el procedimiento previsto en el art. 505 LECrim, respetando por tanto los principios acusatorio y de audiencia.

El legislador ha optado por limitar el supuesto de hecho habilitador a la enfermedad generadora de grave peligro, desechando la cláusula general autorizante e incluso no acogiendo otros supuestos previstos en Derecho comparado basados en la concurrencia de un menor riesgo de fuga y en la aplicación del principio de proporcionalidad —imputada encinta o en periodo de lactancia o con hijos menores de tres años, ancianos mayores de 70 años, etc.—. En nuestra opinión al menos estos supuestos debieran haberse incluido expresamente (en el mismo sentido MIR PUIG, 2003).

No obstante, en tanto estos supuestos —y otros, como los de paralíticos con grave discapacidad funcional— pueden generar problemas de salud, no debe descartarse *a priori* como posibles situaciones legitimadoras de la adopción de esta medida en sustitución de la prisión ordinaria. La escasez de medidas alternativas a la prisión preventiva en nuestro proceso penal aconseja una interpretación extensiva *pro reo* que integre supuestos de hecho huérfanos de solución legal en los que el interés público no se vea comprometido. Sin olvidar la excepcionalidad de la prisión atenuada, debe el intérprete aportar soluciones a los espacios que deja abiertos el legislador (*vid.* JORGE BARREIRO, 1996). La posibilidad de aplicación analógica de instituciones del proceso penal favorables al reo está admitida pacíficamente por la doctrina (en este sentido, SANGUINÉ, 2003)

También encontramos en la jurisprudencia menor resoluciones que rechazan la aplicación de la prisión atenuada cuando el tratamiento prescrito no es incompatible con el ingreso en prisión —por ser tratamiento externo— y además concurre riesgo de fuga. Desde luego las referencias más o menos vagas a estados depresivos no podrían justificar por sí esta medida.

El grave peligro para la salud debe tener origen, en principio, en causas ajenas a la libre voluntad del imputado. No obstante, entendemos que no puede descartarse la aplicación de la prisión atenuada a personas que, habiéndose autolesionado, queden en una situación en la que sea conveniente su salida del Centro Penitenciario, especialmente cuando de resultas de las lesiones la capacidad de sustraerse de la acción de la Justicia quede disminuida.

Se plantea, a la vista del tenor del art. 508 LECrim., si caben otras limitaciones que acompañaron habitualmente a las medidas cautelares de prisión atenuada —prohibición de recibir determinadas visitas, limitaciones en el derecho a comunicarse, etc.—. La respuesta ante la falta de cobertura legal ha de ser necesariamente negativa, no cabiendo otras limitaciones que las derivadas directamente del art. 508 LECrim. En todo caso debe tenerse en cuenta que el texto prevé la adopción de *las medidas de vigilancia que resulten necesarias*, por lo que parece que cabrá genéricamente adoptar otras medidas restrictivas de derechos siempre que estén orientadas a la vigilancia del sometido a la medida, sean proporcionadas, necesarias y respeten la dignidad del mismo.

En cuanto a la ejecución, será el órgano jurisdiccional a cuya disposición quede el reo privado de libertad, auxiliado por la Policía Judicial, el encargado de controlar el cumplimiento de las prescripciones del arresto domiciliario del imputado. La cláusula abierta empleada por el Legislador permite incorporar otras alternativas supervisoras que los avances técnicos ofrecen, y, concretamente, las enormes posibilidades de los medios de control electrónico (en este mismo sentido, PASTOR MOTTA, 2004). En cuanto a los límites temporales de esta medida cautelar, aunque la LECrim nada dice para el cómputo de duración y para abonos, habrá de entenderse que cada día de arresto domiciliario equivale a uno de prisión (*vid.* STC 56/1997 [*Tol 83199*]).

Por aplicación de las disposiciones generales de los arts. 503 y ss. LECrim, tratándose de una situación excepcional y privilegiada que exige la misma fundamentación que la prisión provisional, los supuestos de quebrantamiento de la prisión atenuada o el incumplimiento de normas sobre salidas pueden motivar la sustitución de la medida por la de prisión provisional. El art. 228 de la Ley Procesal Militar opta en estos supuestos por la revocación de la prisión atenuada.

No obstante, si la medida se adoptó conforme al tenor literal del art. 508 LECrim por concurrencia de un riesgo real grave para la salud del imputado causalmente vinculado al ingreso en prisión, si tal riesgo persiste, parece que lo que el quebrantamiento habría de desencadenar sería el incremento de las medidas de vigilancia del arresto domiciliario.

Para poder acordar la transformación de la prisión atenuada en prisión provisional ordinaria, en nuestra opinión, será necesario petición de parte y celebración de audiencia, sin perjuicio de que en caso de riesgo de fuga pueda el juez por sí acordar directamente la denominada prisión provisionalísima y convocar *a posteriori* la audiencia (párrafo 4º del art. 539 LECrim).

5.2 Medidas cautelares alternativas para toxicómanos

El art. 508.2 LECrim dispone que «en los casos en los que el investigado o encausado se hallara sometido a tratamiento de desintoxicación o deshabituación a sustancias estupefacientes y el ingreso en prisión pudiera frustrar el resultado de dicho tratamiento, la medida de prisión provisional podrá ser sustituida por el ingreso en un centro oficial o de una organización legalmente reconocida para continuación del tratamiento, siempre que los hechos objeto del procedimiento sean anteriores a su inicio. En este caso el investigado o encausado no podrá salir del centro sin la autorización del juez o tribunal que hubiera acordado la medida».

Cuando aun no concurriendo los presupuestos para aplicar la medida de ingreso en centro de desintoxicación el investigado es toxicómano, tal circunstancia es en ocasiones valorada como variable indiciaria de riesgo de reiteración delictiva para acordar la prisión y en otras ocasiones como una circunstancia favorable para acordar la libertad provisional, dependiendo de las circunstancias en cada caso concurrentes. En este punto es especialmente valorado si el toxicómano está sometido a tratamiento de desintoxicación o, por el contrario, está desde el punto de vista de su adicción "descontrolado", utilizándose esta segunda calificación para acordar medidas cautelares más restrictivas, sobre la base de un incremento del riesgo de fuga y de reiteración delictiva.

El art. 508.2 LECrim no requiere que el hecho que motiva la medida cautelar se haya cometido con la imputabilidad afectada por la toxicomanía o por el síndrome de abstinencia. Sí es exigible, por el contrario, la previa comprobación de que concurren los presupuestos para la aplicación de la prisión provisional. Si no cabe en atención a las circunstancias concurrentes acordar la prisión provisional tampoco cabrá acordar el internamiento en centro de desintoxicación. Además, se exige cumulativamente la concurrencia de los siguientes presupuestos: 1) que el investigado se hallara sometido a tratamiento de desintoxicación o deshabituación a sustancias estupefacientes; 2) que el ingreso en prisión pudiera frustrar el resultado de dicho tratamiento; 3) que el centro que sustituya al penitenciario sea un centro oficial o perteneciente a una organización legalmente reconocida para el tratamiento; 4) que los hechos objeto del procedimiento *sean anteriores al inicio del tratamiento* (*sic*).

El requisito de que los hechos objeto del procedimiento sean anteriores al inicio del tratamiento se presta a confusiones. En efecto, si el ingreso es para continuación del tratamiento, como expresamente se prevé en el precepto, será admisible la adopción de la medida cuando los hechos se hayan cometido con posterioridad al inicio del tratamiento. Esta parece es la interpretación correcta conforme a criterios hermenéuticos teleológicos. Si se restringen las posibilidades de la medida al supuesto de tratamiento no iniciado, la aplicabilidad práctica del mismo se reduce injustificadamente.

En nuestra opinión también podría aplicarse a los supuestos en los que tras la comisión del delito y sin haber iniciado un tratamiento, el investigado interesara que en lugar de la prisión provisional se acordara el ingreso en un centro de desintoxicación para empezar *ex novo* un tratamiento, si concurren los demás requisitos legales. Una interpretación amplia *pro reo* permitiría aplicar esta medida a supuestos de delincuentes alcoholizados, al concurrir *eadem ratio decidendi*.

El precepto anuda a esta medida cautelar el efecto de que el investigado «no podrá salir del centro sin la autorización del juez o tribunal que hubiera acordado la medida». El precepto guarda un censurable silencio en cuanto a las medidas de control, vigilancia o custodia. Los responsables del centro tendrán la obligación cualificada de denunciar cualquier quebrantamiento de la medida, como delito perseguible de oficio (*vid.* art. 262 LECrim).

En principio, cualquier salida no autorizada por parte del sometido a la medida puede considerarse quebrantamiento de la misma, que además de dar lugar a la correspondiente causa penal, podrá motivar la adopción de una medida cautelar más restrictiva.

En todo caso, siempre podrá acudirse al expediente tradicional de oficiar a la Policía a fin de que lleve a cabo controles periódicos y aleatorios durante el tiempo en que la medida esté en vigor para verificar que el reo se encuentra en su domicilio (en el mismo sentido, SERRANO BUTRAGUEÑO, 2001).

5.3 La prisión incomunicada

Es una modalidad de prisión provisional en la que para tratar de asegurar el éxito del proceso se restringen provisionalísimamente los derechos del preso preventivo a comunicarse con terceras personas.

La función básica de la incomunicación ha de ser la de evitar que el investigado entorpezca la instrucción, impidiendo la fuga, las confabulaciones con terceras personas, la ocultación, alteración o destrucción de pruebas, la de evitar que *se cometan nuevos hechos delictivos* o la de evitar que el imputado pueda actuar contra bienes jurídicos de la víctima. El objetivo de la incomunicación es, en definitiva, garantizar en la medida de lo posible el éxito de la investigación sumaria, cuando, como se expresado por la mejor doctrina se investiguen delitos que exijan *suma cautela y secreto máximo* (PRIETO CASTRO,

1978). La incomunicación debe decretarse solamente en casos excepcionales. Normalmente se acordará simultáneamente el secreto de las actuaciones.

El art. 520 *bis* LECrim contempla un supuesto específico referido a individuos integrados o relacionados con bandas armadas, terroristas o rebeldes. En estos casos, además de la prolongación del plazo de detención preventiva por cuarenta y ocho horas más, que se sumarían a las setenta y dos ordinariamente previstas, se prevé también la posibilidad de acordar una detención incomunicada, la cual deberá de solicitarse al juez, que se pronunciará sobre esta petición en el plazo de veinticuatro horas. Solicitada la incomunicación por la Policía, el detenido quedará en todo caso incomunicado sin perjuicio del derecho de defensa que le asiste y de lo establecido en los arts. 520 y 527, hasta que el juez hubiere dictado la resolución pertinente (art. 520 *bis* 2 LECrim). Por su parte, el art. 509. 1 LECrim establece un régimen general de incomunicación, independiente del tipo de delito de que se trate, de acuerdo con el cual el juez de Instrucción o tribunal podrá acordar excepcionalmente, mediante resolución motivada, la detención o prisión incomunicadas cuando concurra alguna de las siguientes circunstancias: a) necesidad urgente de evitar graves consecuencias que puedan poner en peligro la vida, la libertad o la integridad física de una persona, o b) necesidad urgente de una actuación inmediata de los jueces instructores para evitar comprometer de modo grave el proceso penal. El auto en el que sea acordada la incomunicación o, en su caso, su prórroga deberá expresar los motivos por los que ha sido adoptada la medida (art. 509.3 LECrim).

La resolución judicial que adopte la incomunicación, o en su caso la prórroga, deberá ser un auto motivado, no de forma genérica, sino atendiendo a las concretas circunstancias (STEDH de 18/01/2022, Atristain Gorosabel contra España [*Tol 8753688*]). Incluso en supuestos de terrorismo la incomunicación deberá fundamentarse en alguno de las causas tasadas previstas en el art. 509. 1 LECrim (en este sentido, NEIRA PENA, 2023).

El TC ha señalado que en tanto el valor superior de la dignidad humana puede verse comprometido con motivo de una situación especial en la que el ciudadano se encuentra provisionalmente bajo la custodia física del Estado, es necesario acentuar las garantías, de tal modo que el ordenamiento constitucional pueda amparar al ciudadano fácticamente desprotegido ante cualquier sospecha de excesos contra su integridad física o moral (STC 224/2007 [*Tol 1173759*]). Si ello puede predicarse de la detención y de la prisión ordinaria, con mayor razón cabrá referirlo a los supuestos de incomunicación.

Pese a lo intrusiva que la incomunicación puede llegar a ser en los derechos de la persona privada de libertad, para el TC la especial naturaleza o gravedad de ciertos delitos, así como las circunstancias subjetivas y objetivas que concurren en ellos "puede hacer imprescindible que las diligencias policiales y judiciales dirigidas a su investigación sean practicadas con el mayor secreto" (STC 196/1987 [*Tol 79935*]).

Los efectos los recoge el art. 510 LECrim y han de completarse con lo dispuesto en el art. 527, a cuyo tenor «el detenido o preso, mientras se halle incomunicado, no podrá disfrutar de los derechos expresados en el presente capítulo, con excepción de los establecidos en el artículo 520, con las siguientes modificaciones: a) En todo caso, su Abogado será designado de oficio. b) No tendrá derecho a la comunicación prevista en el apartado d) del número 2. c) Tampoco tendrá derecho a la entrevista con su Abogado prevista en el apartado c) del número 6».

La incomunicación restringe el derecho de defensa y por ello debe seguir la regla de la excepcionalidad en su adopción y mantenimiento. El nombramiento de abogado de oficio será preceptivo incluso en el supuesto de que el investigado, antes de ser incomunicado, hubiere nombrado voluntariamente letrado que le asista. Alzada la incomunicación, podrá intervenir nuevamente el abogado designado.

Pese a la incomunicación, el sometido a la medida: 1) podrá asistir con las precauciones debidas a las diligencias en que le dé intervención la LECrim cuando su presencia no pueda desvirtuar el objeto de la incomunicación; 2) se le permitirá contar con los efectos que él se proporcione siempre y cuando a juicio de juez o tribunal no frustren los fines de la incomunicación; 3) aunque en principio el preso no podrá realizar ni recibir comunicación alguna, el juez podrá autorizar comunicaciones que no frustren la finalidad de la prisión incomunicada y adoptará, en su caso, las medidas oportunas.

El art. 510.4 LECrim añade una garantía adicional: «el preso sometido a incomunicación que así lo solicite tendrá derecho a ser reconocido por un segundo médico forense designado por el juez o tribunal competente para conocer de los hechos».

La STEDH de 7/10/2014, Etxebarría Caballero contra España [*Tol 4520091*], reitera la importancia de adoptar medidas que incrementen la calidad de los exámenes médicos forenses de las personas sujetas a detención incomunicada.

El plazo de la incomunicación ha de ser, en todo caso, lo más breve posible. A esta disposición general hay que superponer plazos concretos, regulados en el inciso segundo del apartado segundo del art. 509 LECrim. Así debemos distinguir: 1) un plazo ordinario: la incomunicación no podrá extenderse más allá de cinco días; 2) un plazo especial para delitos terroristas y asimilados: en los casos en que la prisión se acuerde en causa por alguno de los delitos a que se refiere el art. 384 *bis* u otros delitos cometidos concertadamente y de forma organizada por dos o más personas, la incomunicación podrá prorrogarse por otro plazo no superior a cinco días. No obstante, en estos mismos casos, el juez o tribunal que conozca de la causa podrá mandar que vuelva a quedar incomunicado el preso, aun después de haber sido puesto en comunicación, siempre que el desenvolvimiento ulterior de la investigación o de la causa ofreciese méritos para ello. Esta segunda incomunicación no excederá en ningún caso de tres días.

Los efectos del transcurso de los plazos legales consistirán en que la medida se transforma en una prisión provisional ordinaria. (en el mismo sentido, GARCÍA DAVID, 2023). Se pronuncia sobre esta modalidad de prisión la STS de 15/09/ 2016 [*Tol 5832571*]

> «[...] atendidas las exigencias impuestas por las especiales naturaleza y características de los hechos investigados y la posible implicación de terceras personas con amplias ramificaciones tanto para dar salida a la enorme cantidad de droga sustraída como para camuflar u ocultar las ganancias derivadas de su distribución, la decisión que se discute de incomunicar a los tres detenidos era razonable, proporcionada y adecuada al buen fin de la investigación de una presunta trama organizada dedicada a aquellas ilegales actividades».

5.4 La prisión provisionalísima

Si por cualquier razón se suspende la comparecencia convocada para resolver sobre la medida cautelar, el juez está facultado para acordar la prisión provisional si se dieran los presupuestos y estimase que concurre riesgo de fuga, siempre con la obligación de convocarla para las 72 horas siguientes y de remover activamente los obstáculos que han frustrado el primer intento. Estamos ante lo que doctrinalmente se ha llamado prisión *provisionalísima*.

Puede acordarse también cuando estando el imputado en libertad, concurra alto riesgo de fuga. Conforme al art. 539 LECrim, como excepción a la necesidad de comparecencia como paso previo para poder adoptar la prisión «si a juicio del juez o Tribunal concurrieren los presupuestos del art. 503, procederá a dictar auto de reforma de la medida cautelar, o incluso de prisión, si el imputado se encontrase en libertad, pero debiendo convocar, para dentro de las 72 horas siguientes, a la indicada comparecencia».

Siguiendo las pautas de la Circular 2/1995 debe entenderse que «el plazo se computa desde la puesta a disposición judicial del imputado y no desde que se dicta el auto de detención o prisión. Sólo cuando haya sido habido el imputado y se haya ejecutado la medida decretada, será posible celebrar la audiencia».

Para adoptar esta medida, el juez no necesita instancia de parte. No obstante, aun existiendo una expresa habilitación legal a favor del juez, en todo caso si las partes acusadoras manifiestan su voluntad de no solicitar medida cautelar, aquel indefectiblemente habrá de optar por acordar la libertad provisional y desconvocar la nueva audiencia. Los principios generales que informan la materia imponen esta interpretación.

5.5 La prisión provisional en causas declaradas secretas

Conforme al art. 506.2 LECrim si la causa hubiere sido declarada secreta, en el auto de prisión se expresarán los particulares del mismo que, para preservar la finalidad del secreto, hayan de ser omitidos de la copia que haya de notificarse. En ningún caso se omitirá en la notificación una sucinta descripción del hecho imputado y de cuál o cuáles de los fines previstos en el artículo 503 se pretende conseguir con la prisión. Cuando se alce el secreto del sumario, se notificará de inmediato el auto íntegro al imputado.

Para el TC «la restricción del principio de publicidad que supone la declaración de secreto de sumario no debe significar la atribución al Instructor de la facultad de omitir la tutela de los derechos fundamentales de los sujetos afectados, sino un instrumento para asegurar el éxito de la investigación, que debe emplearse con la necesaria cautela, evitando extenderse más allá de los límites materiales que sean imprescindibles. Conforme a este criterio, el secreto del sumario autoriza para impedir la publicidad de la situación y resultados de la instrucción judicial y, por ello, permite al juez no incluir información sobre esos aspectos en las resoluciones que dicte y que haya de notificar a las partes, pero no autoriza sin más a ocultarles todos los fundamentos fácticos y jurídicos de aquéllas [...] lo que no cabe es omitir en la notificación al detenido elementos esenciales para su defensa [...]» (SSTC 18/1999 [*Tol 81098*] y 12/2007 [*Tol 1032874*]). La estimación del amparo en estos supuestos no lleva necesariamente a la puesta en libertad (STC 143/2010 [*Tol 2015639*]).

Conforme a la Exposición de Motivos de la Ley 13/2003 «[...] se pretende dejar claro que cuando, declarada secreta la instrucción, el imputado no ha tenido conocimiento íntegro del auto de prisión hasta que se levantó dicho secreto, puede recurrir tanto el auto que le fue inicialmente notificado como, posteriormente, el auto íntegro». El TC ha reforzado las garantías en estos supuestos (SSTC 94/2019 [*Tol 7446121*] y 80/2021).

5.6 Internamiento cautelar de inimputables

De lege lata, hasta la fecha esta medida no está prevista en nuestro ordenamiento. Para la STC 84/2018 [*Tol 8420785*]:

> «[...] la privación de la libertad individual de una persona sometida judicialmente a una medida de seguridad de internamiento (art. 101 CP), mientras la sentencia penal que así la impone no haya devenido firme, no puede ampararse hoy día en el instituto de la prisión provisional. Corresponde únicamente al legislador, en el marco de sus potestades constitucionales (art. 66.2 CE), poner fin a este delicado vacío normativo, regulando de manera pertinente la medida cautelar penal de internamiento en centro psiquiátrico. Hasta tanto dicha norma con rango de ley orgánica se dicte, con una redacción que incluya los requisitos, garantías y condiciones necesaria para adoptar la medida de internamiento en centro psiquiátrico con la duración al efecto previsible, no cabe privar de libertad al acusado absuelto en sentencia por aplicación de una eximente por trastorno mental, mientras se resuelven el o los recursos interpuestos contra dicha resolución judicial, excepto si dicho internamiento se acuerda por el juez competente a través de la vía ya autorizada del artículo 763 LEC, que habrá de serlo en centro integrado en la red hospitalaria civil y no bajo el control de la Administración penitenciaria".

En la misma dirección se pronuncia la STEDH de 6/02/2025, M. B. contra España [*Tol 10370783*]

La Circular de la Fiscalía 1/2018 *sobre algunas cuestiones que suscita la nueva regulación de la segunda instancia en materia penal* dispone en su conclusión 17ª que «cuando la sentencia es absolutoria por concurrencia de eximente de enajenación mental, no cabe prorrogar la situación de prisión provisional durante la pendencia del recurso, aunque se haya impuesto una medida de seguridad de internamiento. Lo anterior debe entenderse sin perjuicio de la obligación del Ministerio Fiscal de instar, si fuera procedente, la modificación judicial de la capacidad y, en su caso, el internamiento ante la Jurisdicción Civil, con sujeción a sus presupuestos y conforme a lo dispuesto en los arts. 757, 762.2, 763 LEC y Disposición Adicional Primera de la Ley Orgánica 10/1995, de 23 de noviembre, por la que se aprueba el Código Penal».

6. CONTROL DE LAS CAUSAS CON PRESO

La necesidad de control de las causas con preso, teleológicamente ordenada a evitar prolongaciones indebidas de privación de libertad y a asegurar la efectividad del principio de provisionalidad ha de ser preocupación básica tanto del órgano jurisdiccional que acordó la medida como del Fiscal, haya o no sido quien la postuló (*vid.* Instrucción 4/2005 y Circulares 4/1978 y 6/1978).

La Circular 2/1995 insiste en la conveniencia de que cada fiscal compruebe con asiduidad el estado de las actuaciones abiertas en el órgano instructor al que puede estar adscrito y lleve un registro personal de las causas con preso cuyo despacho le corresponda, vigilando su estado de tramitación, dando prioridad a su despacho y manteniéndose en la Fiscalía un sistema de control adecuado de esas causas ya calificadas por el fiscal.

El párrafo sexto del art. 504 LECrim impone la dación de cuenta obligatoria al Fiscal Jefe cuando la medida de prisión provisional acordada exceda de las dos terceras partes de su duración máxima, con la finalidad de que se adopten las medidas precisas para imprimir a las actuaciones la máxima celeridad.

7. EFECTOS DE LA SENTENCIA ABSOLUTORIA SOBRE LA PRISIÓN PROVISIONAL

Conforme al art. 983 LECrim «todo procesado absuelto por la sentencia será puesto en libertad inmediatamente, a menos que el ejercicio de un recurso que produzca efectos suspensivos o la existencia de otros motivos legales
1586 hagan necesario el aplazamiento de la excarcelación, lo cual se ordenará por auto motivado».

Una vez dictada sentencia absolutoria, aun no siendo firme, carece de justificación mantener al acusado bajo una medida cautelar privativa de libertad, pues el *fumus boni iuris* se volatiliza por efecto de lo resuelto. Ni existe un título para ejecutar —sólo lo sería una sentencia firme condenatoria— ni existe uno de los presupuestos básicos para la aplicación de las medidas cautelares privativas de libertad.

La única respuesta posible es, por tanto, la inmediata puesta en libertad del así privado de ella. Ello debe entenderse sin perjuicio de que el absuelto se mantenga en privación de libertad si estuviere cumpliendo una pena o si estuviere preso preventivo por otra causa distinta.

Lo que no resulta ya de aplicación es el inciso relativo a que quede sin efecto la excarcelación por el ejercicio de un recurso que produzca efectos suspensivos (STC 71/1994 [*Tol 82479*]). Debe no obstante tenerse en cuenta que en ocasiones la libertad del absuelto no se produce de forma automática, sino que se somete a ciertos trámites burocráticos (art. 22 del RD 190/1996, por el que se aprueba el Reglamento Penitenciario [en adelante, RP]).

En cuanto a la segunda excepción a la excarcelación, prevista en el precepto comentado, "la existencia de otros motivos legales", además del supuesto de que el ejecutoriado tenga pendiente de cumplimiento una condena dictada en causa distinta o esté sometido a prisión provisional por otro procedimiento, parece que sólo sería admisible el supuesto de que el tribunal, a la vez que absuelve, deduce testimonio por otro delito que pudiera ser imputable al acusado absuelto y considera, por auto motivado, que debe ponerlo en calidad de detenido a disposición del juez instructor competente para decidir sobre su situación personal.

8. LA ENTREVISTA DEL PRESO PREVENTIVO CON SU LETRADO

El derecho de defensa exige que el letrado tenga acceso a su cliente. Cuando éste se encuentra en prisión provisional pueden generarse problemas para que este acceso sea efectivo.

La confidencialidad de las relaciones entre el imputado y su letrado defensor se configura en la jurisprudencia del TEDH como elemento esencial [SSTEDH de 5/10/2006, Viola contra Italia [*Tol 9081413*]; de 16/10/2001, Brenan contra el Reino Unido [*Tol 9093188*] y de 13 de mayo de 2007 Castravet contra Moldavia) y sólo se admite la intervención de las comunicaciones de un interno con su letrado en casos extraordinarios, cuando existen claros y cualificados indicios de delito contra el abogado (SSTEDH de 25 de marzo de 1992, Campbell contra Reino Unido; de 22 de abril de 2010, Radkov contra Bulgaria [*Tol 2638127*]).

La LECrim no incorpora una prohibición expresa de intervención de las comunicaciones en las que participa el letrado en el desarrollo de su labor de defensa jurídica. Pese al silencio legal, parece claro que es inadmisible la intervención de las comunicaciones del abogado defensor al servicio de la investigación desarrollada en contra de su patrocinado. El derecho de defensa implica la inviolabilidad de las comunicaciones mantenidas por el abogado defensor en el desempeño de sus funciones de defensa jurídica (profundiza en esta cuestión LÓPEZ YAGUES, 2003). La STS de 13/04/2005 [*Tol 646478*] llega a declarar que «en ningún caso debe ser interceptado el teléfono del abogado del sospechoso, por obvias razones de secreto profesional».

El art. 51.2 LOGP dispone que «las comunicaciones de los internos con el Abogado defensor o con el Abogado expresamente llamado en relación con asuntos penales y con los Procuradores que los representen, se celebrarán en departamentos apropiados y no podrán ser suspendidas o intervenidas salvo por orden de la autoridad judicial y en los supuestos de terrorismo». El art. 48.1.3ª RP desarrolla estas comunicaciones.

Las dos condiciones de "orden de la autoridad judicial" y "supuestos de terrorismo", no son alternativas sino cumulativas (*vid.* STS de 2/06/2010 [*Tol 1881924*]; SSTC 97/1994 [*Tol 82505*]; 183/1994 [*Tol 82588*]; 175/1997 [*Tol 78637*]; 200/1997 [*Tol 119195*] y 58/1998 [*Tol 64223*]). La STC 58/1998 [*Tol 64223*] señala que «es la trascendente incidencia del derecho fundamental a la defensa la que hace que el legislador penitenciario constriña toda intervención de las comunicaciones de los internos con sus Abogados o Procuradores a los supuestos de terrorismo y que exija además la garantía judicial».

La regla general garantiza la confidencialidad de las comunicaciones de los internos enmarcadas dentro del ejercicio de su derecho de defensa en un procedimiento penal, confidencialidad inmune tanto a la intervención administrativa como incluso a la judicial. El art. 51.2 LOGP introduce una excepción que está justificada en la lucha contra una actividad delictiva particularmente lesiva, el terrorismo, y que no puede ampliarse a otros delitos.

Para el TS «[...] excepcionalmente y sin que dicha excepción pueda contagiarse al resto del sistema, en el ámbito personal exclusivo de los supuestos de terrorismo, y en todo caso con la especial garantía de la orden judicial previa, naturalmente ponderadora de la necesidad, proporcionalidad y razonabilidad de la medida en cada caso concreto, el art. 51.2 [...] faculta para la intervención de este tipo de comunicaciones singulares» (STS de 23/04/1997 [*Tol 408354*]).

Para el resto de los supuestos, la natural confidencialidad en las conversaciones de una persona privada de libertad y su abogado debe preservarse, ya que la intervención de las mismas podría implicar la revelación de la estrategia de la defensa, frustrando el concepto mismo de juicio justo.

La confidencialidad en las entrevistas del investigado con su letrado reciben un amparo definitivo en la Directiva 2013/48/UE del Parlamento Europeo y del Consejo *sobre el derecho a la asistencia de letrado en los procesos penales y en los procedimientos relativos a la orden de detención europea*. Este texto desarrolla desde un enfoque garantista el derecho de asistencia letrada, que debe ser reconocido y aplicado de igual manera en todas las jurisdicciones de la UE. El art. 4 bajo la rúbrica *confidencialidad* dispone que los Estados miembros respetarán la confidencialidad de las comunicaciones entre los sospechosos o acusados y sus letrados, en el ejercicio del derecho a la asistencia de letrado. Dichas comunicaciones incluirán las reuniones, la correspondencia, las conversaciones telefónicas y otras formas de comunicación permitidas de conformidad con la normativa nacional.

9. ABONO DE LA PRISIÓN PROVISIONAL EN LA SENTENCIA

La Ley parte del carácter aflictivo de la prisión provisional y del hecho de que la sufre quien aún está amparado por la presunción de inocencia. A partir de este planteamiento y para paliar sus efectos, el art. 58 CP dispone la obligación de abonar el tiempo de privación de libertad sufrido provisionalmente en su totalidad para el cumplimiento de la pena impuesta en la causa. Esto debe hacerlo de oficio el tribunal sentenciador al realizar la liquidación de condena.

Por excepción, no procede el abono cuando la prisión provisional haya coincidido con otra privación de libertad impuesta al penado en otra causa, que le haya sido abonada o le sea abonable en ella.

Un mismo periodo de privación de libertad en ningún caso podrá ser abonado en más de una causa. Cabe la posibilidad de abonar la prisión provisional en causa distinta previa comprobación de que no ha sido abonada en otra causa. En este caso, la competencia se traslada al juez de vigilancia penitenciaria. Esta posibilidad se restringe a los casos en los que la prisión provisional sufrida sea posterior a los hechos delictivos que motivaron la pena a la que se pretende abonar. Ello tiene fundamento en evitar otorgar "cheques en blanco" para cometer futuros delitos.

El apartado cuarto del art. 58 CP permite el abono de otras privaciones de derechos acordadas cautelarmente. Cuando las medidas cautelares sufridas y la pena impuesta sean de distinta naturaleza, habrá de procederse por el tribunal a una compensación racional.

Según el Acuerdo del Pleno no jurisdiccional del TS de 19/12/2013 «la obligación de comparecencia periódica ante el órgano judicial es la consecuencia de una medida cautelar de libertad provisional. Como tal medida cautelar puede ser compensada conforme al artículo 59 del Código Penal atendiendo al grado de aflictividad que su efectivo y acreditado cumplimiento haya comportado».

Los autos relativos al abono o no de la prisión preventiva sufrida por el condenado son susceptibles de casación por declararlo así una añeja y oculta disposición, el art. 4 de la Ley de 17 de enero de 1901 sobre abono de prisión preventiva (*ad exemplum*, STS de 16/11/2020 [*Tol 8211557*]).

La STS de 14/04/2014 [*Tol 4985029*] a la hora de compensar la libertad provisional con comparecencia *apud acta* con la prisión dispone que el criterio de compensación ha de ser expresión de los principios de proporcionalidad y culpabilidad. En la STS de 7/01/2014 [*Tol 4119298*] se consideró razonable y equilibrado el criterio de compensar un día de prisión por cada diez días de comparecencia *apud acta*. En el mismo sentido se pronuncia la STS de 17/03/2015 [*Tol 4799217*].

Para estas compensaciones heterogéneas «se confía al órgano judicial la realización de un juicio de equivalencia para reducir la pena en la parte que estime compensable con arreglo a criterios prudenciales. Obviamente no son matemáticas. Habrá que atender a la naturaleza de medida y pena; a la incidencia de cada una en la esfera de derechos del sujeto; valorando su respectivo grado de aflictividad e incluso, eventualmente, circunstancias personales concretas que incidan en esos factores. No caben reglas apriorísticas de generalizada aplicación» (STS de 17/03/2015 [*Tol 4799217*]).

No siempre procede la compensación: así no se concede en un supuesto en el que la prohibición de salir de España a quien jamás ha tenido pasaporte y ni siquiera insinúa qué posible perjuicio le ha podido suponer, o qué desplazamiento que hubiese hecho le quedó vedado por estar sometido a esa medida cautelar (ATS de 5/12/2018 [*Tol 6980832*]). Tampoco se compensa una medida de alejamiento ante la ausencia de concreción de los perjuicios que pudieron ocasionarse (STS de 26/01/2015 [*Tol 4721041*]).

Debe compensarse la totalidad del tiempo en que se ha estado efectivamente sometido a la medida cautelar incluido el transcurrido desde la firmeza de la sentencia hasta el inicio de la ejecución si se mantuvo la medida (*vid.* SSTS de 23/07/2019 [*Tol 7433962*] y de 16/11/2020 [*Tol 8211557*]). La STS de 17/03/2015 [*Tol 4837063*] considera razonable la compensación de un día de prisión por cada mes de privación del pasaporte. La STS de 1/10/2020 [*Tol 8116673*] considera razonable la compensación de un día de prisión por cada seis meses de retención del pasaporte, pero «insistiendo en que no se trata de un criterio cerrado ya que si se acreditan perjuicios singulares, habrán de ser tomados en consideración para efectuar la compensación que en cada caso se estime procedente».

10. RESPONSABILIDAD PATRIMONIAL POR PRISIÓN PROVISIONAL NO JUSTIFICADA

El art. 121 CE establece que «los daños causados por error judicial, así como los que sean consecuencia de funcionamiento anormal de la Administración de Justicia, darán derecho a una indemnización a cargo del Estado, conforme a la Ley».

La LOPJ dedica su Título V a la regulación del derecho de todo particular a ser indemnizado por la lesión sufrida a consecuencia de dicho funcionamiento. Además de la vía de la reclamación de indemnización por error judicial o funcionamiento anormal de la Administración de Justicia, prevista en los arts. 292 y 293 LOPJ, la Ley establece en el art. 294 LOPJ un cauce adicional y específico para poder reclamar una indemnización por la prisión preventiva sufrida.

La prisión provisional supone un enorme sacrificio para el destinatario y daños irreparables cuando se demuestra que no debió sufrirla. Esto justifica sobradamente este tratamiento específico. La vía del art. 294 LOPJ es una vía especial frente a la vía general para reclamar prevista en el art. 293 LOPJ. Es también una vía privilegiada, puesto que no exige ni obtener una previa declaración judicial de error ni acreditar un funcionamiento anormal de la Administración de Justicia. Nos encontramos, por tanto, con que al lado de la acción de responsabilidad subjetiva por culpa —error judicial y funcionamiento anormal—, se establece una acción de responsabilidad objetiva por haber sufrido prisión preventiva.

El apartado primero del art. 294 LOPJ en su redacción original disponía que «tendrán derecho a indemnización quienes, después de haber sufrido prisión preventiva, sean absueltos por inexistencia del hecho imputado o por esta misma causa haya sido dictado auto de sobreseimiento libre, siempre que se le hayan irrogado perjuicios».

La STC 85/2019 [*Tol 7378888*] declara inconstitucionales los incisos del art. 294.1 LOPJ «por inexistencia del hecho imputado» o «por esta misma causa», de modo que se acaba con el distinto tratamiento de las prisiones preventivas indebidas, partiendo de que siempre que una persona haya sido absuelta de un delito por el que ha estado preventivamente en la cárcel, tendría derecho a ser indemnizada a través del cauce específico del art. 294 LOPJ. En consecuencia, la redacción final del art. 294.1 LOPJ, excluidos los incisos declarados inconstitucionales quedaría así: «tendrán derecho a indemnización quienes, después de haber sufrido prisión preventiva, sean absueltos o haya sido dictado auto de sobreseimiento libre, siempre que les hayan irrogado perjuicios».

El TC, no obstante, modula sus conclusiones: «debe entenderse que los presupuestos y el alcance de las indemnizaciones habrán de acotarse a través de la eventual intervención legislativa y, en su ausencia, mediante las interpretaciones congruentes con su finalidad y la teoría general de la responsabilidad civil que realicen la administración y, en último caso, los órganos judiciales. De modo que la doctrina de esta sentencia no solo respeta los amplios márgenes de configuración legislativa o de interpretación judicial en lo relativo al quantum indemnizatorio, sino que tampoco impide rechazar que exista en el caso concreto derecho a indemnización en virtud de la aplicación de criterios propios del Derecho general de daños (como puede ser la compensación o culpa exclusiva de la víctima)». El TC también advirtió de que «esta sentencia no permite revisar procesos fenecidos ni reabrir plazos para formular reclamaciones indemnizatorias».

Tras la STC 85/2019 [*Tol 7378888*] han recaído múltiples resoluciones que reconocen, mediante el procedimiento del art. 294 LOPJ derecho a la indemnización a quienes habiendo sufrido prisión provisional, son posteriormente absueltas, con independencia de los motivos de fondo para las decisiones de absolución o sobreseimiento (SSTC 127/2021 [*Tol 8505483*]; 98/2021 [*Tol 8451615*]; 83/2021 [*Tol 8420798*] y 113/2022 [*Tol 9257033*]).

El requisito de que recaiga sobreseimiento libre o sentencia absolutoria ha sido también relativizado, considerando la jurisprudencia que lo relevante es la constatación de existencia de razones sustancialmente equivalentes a las que determinan el sobreseimiento libre, aunque nominalmente se acuerde el sobreseimiento provisional (*vid.* STS (Sala Tercera) de 19/05/2022 [*Tol 8975905*] y de 11/02/2021 [*Tol 8341577*]).

En cuanto a la determinación de la cuantía de la indemnización, conforme al apartado segundo del art. 294 LOPJ «se fijará en función del tiempo de privación de libertad y de las consecuencias personales y familiares que se hayan producido». Se opta, pues, por una fórmula general, en la que sólo se aportan al Juzgador tres parámetros: tiempo de prisión, consecuencias personales y consecuencias familiares.

El TS ha calificada de realidad innegable los perjuicios morales sufridos como consecuencia del tiempo de prisión preventiva. Como establece la STS de 29/03/1994 [*Tol 1715748*] en relación con la cuantificación del importe de la indemnización por los perjuicios morales

> «La prisión comporta, en cualquier caso, desprestigio social y ruptura con el entorno, además de angustia, ansiedad, inseguridad, inquietud, frustración, fastidio, irritación o temor, aunque, según las circunstancias de edad, salud, conducta cívica, hechos imputados, antecedentes penales o carcelarios, posibilidad o no de rehabilitar la honorabilidad perdida, mayor o menor probabilidad de alcanzar el olvido social del hecho, huella dejada en la personalidad o conducta del que la ha padecido, su incidencia no es la misma en todas las personas y ha de reflejarse en la compensación económica del perjuicio moral».

Como se ha expuesto «tras la STC 85/2019 [*Tol 7378888*], el Ministerio de Justicia abandonó de inmediato el módulo anteriormente consolidado de 125 euros por día de prisión provisional y propuso el de 25. A continuación, el Consejo de Estado se inclinó por los 50 euros, cifra asumida finalmente en las propuestas ministeriales. Seguidamente se produce un profundo cambio jurisprudencial. El TS abandona el anterior criterio de indemnizar sobre la base de un módulo fijo por día de prisión provisional, y lo sustituye por el examen individual, pero en cierto modo global, de los conceptos alegados y acreditados. La relevancia del tiempo transcurrido en prisión, recogido expresamente en el artículo 294.2 LOPJ, no pierde su importancia, pero se diluye un poco entre las consecuencias personales y familiares derivadas de aquella medida cautelar» (MANZANARES SAMANIEGO, 2020). Resoluciones tales como las SSTS (Sala 3ª) 11/02/2021 [*Tol 8341577*] y de 24/06/2020 [*Tol 8012547*] optan por esta nueva forma de valorar los daños.

En cuanto al procedimiento, el art. 294.3 LOPJ se remite para la tramitación de la petición indemnizatoria a lo establecido en el apartado 2 del art. 293 LOPJ. Conforme al art. 293.2 LOPJ, el interesado debe dirigir su petición indemnizatoria directamente al Ministerio de Justicia, tramitándose la misma con arreglo a las normas reguladoras de la responsabilidad patrimonial del Estado. Contra la resolución cabrá recurso contencioso-administrativo. El derecho a reclamar la indemnización prescribirá al año, a partir del día en que pudo ejercitarse.

Si el título en el que se funda la reclamación derivada de la prisión provisional es el de error judicial, el procedimiento para reclamar es mucho más complejo, pues debe obtenerse una resolución de la Sala de lo Penal del TS en la que se declare el error. Si el título en el que se funda la reclamación derivada de la prisión provisional es el de funcionamiento anormal de la Administración de Justicia no se precisa esa previa resolución jurisdiccional. La STS (Sala 3ª) de 23/01/2007 [*Tol 1040359*] expone con claridad las diferencias entre uno y otro título de imputación.

BIBLIOGRAFÍA

- ASENCIO MELLADO, «La reforma del sistema de medidas cautelares», *La Ley*, abril 2011.
- ASENCIO MELLADO, «Los presupuestos de la prisión provisional" en *Detención y prisión provisional*, Xunta de Galicia, 1995
- BARONA VILAR, VVAA *Proceso Penal. Derecho Procesal III*, 3ª Edición, Tirant lo Blanch, 2023.
- BONET NAVARRO *La reparación de la prisión provisional. Entre lo generoso transitorio y lo generalmente cicatero*, Tirant lo Blanch, 2023.
- CONDE PUMPIDO-FERREIRO, "Comentarios a la Ley de Enjuiciamiento Criminal y otras Leyes del proceso penal" Volumen II y IV, Tirant lo Blanch, 2004.
- DALABRIDA, *La prisión provisional en el ordenamiento procesal brasileño desde la regulación procesal española*, Servicio de Publicaciones de la Universidad de Navarra, 2011.
- DE URBANO CASTRILLO *Enjuiciamiento criminal. Comentarios y jurisprudencia*, VVAA, Sepín, 2010.
- DEL MORAL GARCÍAo «La preparación del recurso de casación por el fiscal: cómo y cuándo». *Centro de Estudios Jurídicos*, 2011.
- DÍEZ-PICAZO GIMÉNEZ, I., (con De La Oliva Santos y Vegas Torres), *Derecho Procesal civil. Ejecución forzosa. Procesos especiales*, Madrid, 2000.
- GARCÍA DAVID, «La prisión provisional incomunicada. Prisión provisional agravada» Diario La Ley, núm. 10212, Sección Tribuna, 20 de enero de 2023.
- GIMENO SENDRA, «La necesaria reforma de la prisión provisional», *Estudios Jurídicos del Ministerio Fiscal*, CEJAJ-Ministerio de Justicia, V-2001.
- GIMENO SENDRA/DÍAZ MARTÍNEZ, *Derecho Procesal Penal*, Colex, 2004.
- GISBERT GISBERT, «Reflexiones sobre la prisión provisional», *Estudios Revista del Poder Judicial* núm. 76, 4º trimestre, 2004.
- GUERRA PÉREZ, *La decisión judicial de prisión preventiva. Análisis jurídico y criminológico*, Tirant lo Blanch, 2010.
- HERRERO-TEJEDOR ALGAR, «La prisión provisional en la jurisprudencia del Tribunal Constitucional», *Estudios Jurídicos del Ministerio Fiscal*, VI, 1998.
- JORGE BARREIRO, «La prisión provisional en la Ley de Enjuiciamiento Criminal» *Cuadernos de Derecho Judicial* 18/1996.
- LÓPEZ YAGUES, *La inviolabilidad de las comunicaciones con el abogado defensor*, Tirant lo Blanch, 2003.
- MANZANARES SAMANIEGO, «La responsabilidad patrimonial por el funcionamiento de la Administración de Justicia», *La Ley*, julio, 2012.
- MANZANARES SAMANIEGO, «La indemnización por prisión provisional tras la STC 85/2019», *Diario La Ley*, núm. 9759, 2020.
- MARCHENA GÓMEZ, «Prisión provisional y principio acusatorio: cuestiones procesales», VVAA, Sepín, 2003.
- MIR PUIG, «Prisión provisional. Los aspectos más polémicos de la reforma», *Iuris*, 2003
- MORENO CATENA/CORTÉS DOMÍNGUEZ, *Derecho Procesal Penal*, Tirant lo Blanch, 2024.

- NAVARRO SANCHÍS, «La responsabilidad del estado por funcionamiento anormal de la administración de justicia. el caso de la prisión preventiva injusta», *Cuadernos de Derecho Judicial*, 19/1992.
- NEIRA PENA, *Derecho Procesal Penal*, (AA.VV.), Tirant lo Blanch, 2023
- NIEVA FENOLL, «El elemento psicológico en la adopción de las medidas cautelares», *Práctica de Tribunales*, núm. 106, Sección Estudios, *La Ley*, enero-febrero 2014,
- PASTOR MOTTA, *Régimen jurídico de la prisión provisional*, Sepin, 2004.
- PRIETO CASTRO, *Derecho Procesal Penal*, 2ª edición, Tecnos, 1978.
- SANGUINÉ, *Prisión provisional y derechos fundamentales*, Tirant lo Blanch, 2003.
- SERRA DOMÍNGUEZ, «Prisión provisional: cuestiones procesales y recursos», en VVAA *Detención y prisión provisional*, Xunta de Galicia, 1995.
- SERRANO BUTRAGUEÑO, *Comentarios sistemáticos a la Ley del Jurado y a la reforma de la prisión preventiva*, Comares, 1996.
- SERRANO BUTRAGUEÑO, «El quebrantamiento de los arrestos de fin de semana», *Revista del poder judicial*, núm. 64, 2001.
- SOSPEDRA NAVAS, *Práctica del Proceso Penal*, Civitas, 2003.
- URQUÍA GÓMEZ, «Prisión preventiva», *Revista del Poder Judicial* núm. 37, marzo, 1995.
- ZAMARRA ÁLVAREZ, *Comentarios a la Ley de Enjuiciamiento Criminal*, (López Barja de Quiroga, dir.), t. I, Tirant lo Blanch, 2023.

Capítulo 38

Medidas cautelares (IV). Otras medidas

Javier Abella López
Magistrado
Profesor de Derecho Procesal
Universidad Carlos III de Madrid

1. PROHIBICIÓN DE APROXIMACIÓN O RESIDENCIA

Dentro de las medidas personales restrictivas de la libertad, encontramos medidas tales como la prohibición de residir o acudir a un determinado lugar —barrio, municipio, provincia u otra entidad local, o Comunidad Autónoma—, o de aproximarse o comunicarse con determinadas personas —544 *bis* LECrim—, medidas que afectan a la libertad, en este caso referidas a la libertad deambulatoria.

Estas concretas medidas pueden consistir en:

* La prohibición de residir en un determinado lugar, barrio, municipio, provincia u otra entidad local, o Comunidad Autónoma.
* La prohibición de acudir a determinados lugares, barrios, municipios, provincias u otras entidades locales, o Comunidades Autónomas.

Sobre la posibilidad de que dicha prohibición pudiera alcanzar a la prohibición de acudir a un lugar o «espacio virtual», resulta interesante la lectura de la STS del Pleno —también de su voto particular— de 2/06/2022 [*Tol 9051074*], señalando dicha sentencia, con voto particular disidente, que «[...] la finalidad de la privación es la de proteger a las víctimas directas del delito de la victimización secundaria derivada del posible encuentro con el autor del delito y, fundamentalmente, excluir el riesgo de que se puedan llegar a verificar nuevas lesiones en los bienes jurídicos protegidos de éstas o de terceros [...] la privación del derecho a acudir a determinados lugares, la consideración de que tales lugares dan cabida a los espacios virtuales en que el delito haya sido cometido en modo alguno implica separarse de la finalidad prevista: tal privación impide la reiteración de la conducta lesiva para el bien jurídico en cada caso protegido [...]».

* La prohibición de aproximarse o comunicarse, con la graduación que sea precisa, a determinadas personas.

Dichas medidas cautelares, introducidas por la LO 14/1999, buscan la inmediata protección de la que se dibuja como víctima del delito frente a su presunto agresor.

Así lo expresaba la Exposición de Motivos de la referida norma que venía a definir lo buscado con esta medida cautelar: «persiguen el objetivo de facilitar la inmediata protección de la víctima en los delitos de referencia, mediante la introducción de una nueva medida cautelar que permita el distanciamiento físico entre el agresor y la víctima, medida que podrá acordarse entre las primeras diligencias».

Desde este prisma, y en adecuada correlación de la evolución de los fines del proceso penal, se va colocando en el centro del mismo a quien aparece como víctima, superando su mera condición de fuente de prueba, convirtiéndose en protagonista esencial del proceso y merecedor de protección ya desde el momento en que se da inicio a la investigación penal.

Así, se viene a superar los fines clásicos de las medidas cautelares personales, basadas en la necesidad de su adopción para evitación del riesgo, con la tardanza del proceso, de la adecuada sustanciación del mismo, tratando de evitar actos del investigado que frustren el descubrimiento del delito o que el mismo se sustraiga a la acción de la justicia, abriendo un nuevo fin concreto como es proteger a la víctima de la posible reiteración delictiva frente a ella por parte del presunto autor del delito.

En este sentido se expresa, por ejemplo, el AAP de Vizcaya, Secc. 1ª, de 20/02/2023 [*Tol 9639942*], que viene a apuntar que el requisito de *periculum in mora* de toda medida cautelar, cuando hablamos de medidas de protección de la víctima, viene a sustituirse por el requisito que la doctrina viene definiendo como *periculum in damnum* (MORENO CATENA), así señala que: «Las medidas recogidas en el artículo citado, aunque coinciden con las cautelares en que implican la restricción de un derecho, no son verdaderas medidas cautelares sino preventivas, ya que no propenden a asegurar la celebración del juicio y la efectividad de la sentencia, sino a procurar una respuesta inmediata respecto de ciertas conductas consideradas socialmente peligrosas o alarmantes, lo que constituye en definitiva, una anticipación del posible pronunciamiento condenatorio de la futura sentencia. La medida pretendida en este proceso en particular, tiende a proteger a la víctima de futuras y probables agresiones. Cumpliéndose en este caso el *fumus boni iuris* sostenido por la apreciación judicial, no se cumple en cambio, el *periculum in mora* (peligro para la ordenada marcha del proceso por la tardanza), aunque sí el que podríamos denominar *periculum in damnum* (peligro fundado de reiteración delictiva)».

Ahora bien, aun desde dicho fin de protección de la víctima, no debemos perder de vista que, como toda medida cautelar, también las medidas de protección de la víctima participan de los principios de instrumentalidad, provisionalidad y proporcionalidad. Es decir, solo se puede adoptar dentro de un proceso penal abierto al que sirve —instrumentalidad—, pudiendo ser modificada en cualquier momento —provisionalidad— y debe ser adoptada solo en el caso de que sea estrictamente necesario recortar la libertad individual del presunto autor —libertad de deambulación y de comunicación— con el fin de protección de la víctima —proporcionalidad—.

1.1 Adopción por razón de delito

Expuesto lo anterior, debemos, además, concretar, que estas medidas solo se pueden adoptar con relación a hechos que pudieran ser tipificados como alguno de los delitos previstos en el art. 57 CP —los delitos de homicidio, aborto, lesiones, contra la libertad, de torturas y contra la integridad moral, trata de seres humanos, contra la libertad e indemnidad sexuales, la intimidad, el derecho a la propia imagen y la inviolabilidad del domicilio, el honor, el patrimonio y el orden socioeconómico—. Si no se cumple esta primera exigencia, simplemente no es posible la adopción de las medidas cautelares personales del art. 544 *bis* LECrim.

Así pues, para su adopción, debe concurrir, y como primer requisito, no solo esa apariencia de buen derecho o *fumus boni iuris*, consistente en la existencia de motivos bastantes para creer criminalmente responsable del delito a la persona contra la que se vaya a dictar auto de medida, sino que ese delito debe ser alguno de los señalados en el art. 57 CP.

En segundo lugar, debe darse, como fin legítimo, la necesidad de protección de la víctima —fin que reconduce el presupuesto de *periculum in mora* al presupuesto de *periculum in damnum* o de riesgo de pérdida—, necesidad que deberá estar justificada en la existencia de un riesgo objetivo y presente para la víctima.

Estas dos exigencias deben ser observadas de manera sucesiva, en tal modo que, de no cumplirse la primera, ya no es necesario analizar la segunda. Es decir, de no existir indicios de la comisión de hecho que pueda ser tipificado como alguno de los delitos enumerados en el art. 57 CP, ya no es necesario analizar si concurre un riesgo objetivo y presente para la víctima.

En cuanto a la exigencia de indicios de la comisión del hecho delictivo, se requiere, como para toda medida cautelar de carácter personal, algo más que la mera posibilidad de la comisión del delito, suficiente para iniciar la investigación, pero insuficiente para adoptar una medida restrictiva de derechos fundamentales, en este caso, referido a la libre deambulación que integra, a su vez, aun en su estadio menos intenso, la libertad.

Recordemos que, en el proceso penal, siempre debemos tener presente para determinar su inicio y el avance de sus distintas fases, tres ideas: posibilidad, probabilidad y certeza; la *posibilidad* de la existencia del delito será suficiente para dar lugar al inicio de una investigación judicial, la *probabilidad,* para abrir la fase de acusación o fase intermedia, y la *certeza* —más allá de la duda razonable— de que se ha producido el hecho delictivo, para llegar a un pronunciamiento condenatorio.

Desde este prisma, podemos señalar que, para adoptar una medida cautelar de carácter personal, hace falta algo más que la posibilidad del delito, si bien sin llegar a la exigencia de constatación de la probabilidad de su comisión.

1.2 Situación objetiva de riesgo para la víctima

Acreditado ese algo más que la mera posibilidad, sin exigir la probabilidad o debida justificación del delito, debe constatarse el segundo de los requisitos, esto es, la existencia de un riesgo para la identificada como víctima del delito, riesgo que ha de ser presente en el momento de la adopción de la medida, es decir, si existió dicho riesgo, pero ya ha cesado en el momento de decidir sobre su adopción, la respuesta judicial solo puede ser la denegación de la medida.

En este segundo requisito sí resulta exigible la constatación de la probabilidad —debida justificación— de la reiteración delictiva frente a la víctima; los cánones sobre la concurrencia de este segundo requisito son más altos, debiendo constatarse, desde el juicio de probabilidad, una situación objetiva de riesgo y presente para la víctima, sin que pueda operar una suerte de automatismo establecido a partir de los indicios sobre la existencia del delito, tras lo cual, sin más exigencias, se adopte una medida cautelar de protección de la víctima.

En este sentido se expresa el AAP de Barcelona, Secc. 3ª, de 27/08/2024 [*Tol 10275433*], que vino a razonar, con ocasión de la constatación de la reiteración delictiva: «Del mismo modo, apreciamos también la existencia de un riesgo de reiteración delictiva. [...]. Ciertamente, hemos de ser particularmente cuidadosos en la valoración de la concurrencia de este riesgo, pero ello no implica necesariamente que deban valorarse sólo la concurrencia de sentencias condenatorias firmes porque el propio art. 503 LECR no lo exige expresamente. En nuestra opinión, es suficiente la concurrencia de indicios bastantes y con la relevancia suficiente que permitan realizar un juicio pronóstico con un grado de certeza rayano en la probabilidad sobre la futura comisión de hechos delictivos, juicio de probabilidad de similar naturaleza que la existencia de un riesgo objetivo del art. 544 *bis* LECR».

En similar sentido se expresa el AAP de Madrid, Secc. 27ª, de 19/07/2024 [*Tol 10225572*]: «La apreciación o no de la concurrencia de este riesgo exige un juicio de probabilidad por parte del órgano jurisdiccional. Se trata en definitiva de un juicio de peligrosidad o pronóstico de peligro, basado en las singulares circunstancias del hecho, así como de las personales del investigado, que permita llegar a la convicción de la necesidad de dotar de una protección a la víctima por el riesgo de que aquél pueda atentar contra bienes jurídicos de ésta. No se trata de determinar con certeza absoluta si el denunciado atentará en el futuro contra la denunciante puesto que esto es imposible, sino que se debe partir de los datos de que se dispone y valorar si las posibilidades de que eso ocurra existen y son significativas convirtiéndose así en probabilidad».

La medida deberá adoptarse mediante auto debidamente motivado, justificando la situación objetiva de riesgo presente, siendo que, para la adopción de estas medidas, se tendrá en cuenta, además, la situación económica del investigado y los requerimientos de su salud, situación familiar y actividad laboral, en recta aplicación del principio de proporcionalidad. 1601

Su adopción, sin duda, encuentra su espacio natural en el momento inicial de la investigación judicial, como así lo ha entendido el legislador, como se puede observar de la lectura del art. 13 LECrim, que define como primeras diligencias a practicar por el juez de la sección de instrucción o de la sección única del tribunal de instancia[1], y entre otras, la de proteger a los ofendidos o

[1] En adelante, y para mayor claridad y sencillez en la redacción, salvo que merezca mayor concreción en el texto que se introduzca su referencia, nos referiremos al «*juez instructor*» como a cualquiera de los jueces con competencia funcional en materia de investigación judicial de delitos, en el bien entendido que con esta denominación nos referimos al juez unipersonal integrado en la Sección que corresponda del Tribunal de Instancia competente (o, en su caso, al juez de la Sección de Instrucción del Tribunal Central de Instancia, cuando de la Audiencia Nacional hablamos) —*v.gr.* Sección de Instrucción o de la Sección Única de Civil y de Instrucción, Sección de Violencia sobre la Mujer, o Sección de Violencia contra la Infancia y Adolescencia—, o al juez correspondiente del TS o TSJ al que se le atribuya dicha competencia funcional cuando la competencia objetiva venga encomendada a dichos tribunales por razón de aforamiento del investigado. Asimismo, dicha referencia al «*juez instructor*» contempla

perjudicados por el mismo, pudiendo adoptar a dicho fin, por ejemplo, medidas del art. 544 *bis* LECrim; ahora bien, nada impide que la mismas puedan adoptarse a lo largo del procedimiento, si se constatan los requisitos para su adopción y que hemos ido analizando.

1.3 Incumplimiento de la medida adoptada

En caso de incumplimiento por parte del investigado, el órgano judicial, y como señala el párrafo cuarto del art. 544 *bis* LECrim, convocará la comparecencia regulada en el art. 505 LECrim para la adopción de la prisión provisional en los términos del art. 503 LECrim o de otra medida cautelar que implique una mayor limitación de su libertad personal, para lo cual se tendrán en cuenta la incidencia del incumplimiento, sus motivos, gravedad y circunstancias, sin perjuicio de las responsabilidades que del incumplimiento pudieran resultar.

Detengámonos en el análisis sobre la determinación del órgano competente para la celebración de la comparecencia a la que hace referencia el párrafo cuarto del art. 544 *bis* LECrim.

En primer término, y de la lectura de dicho párrafo, se desprende que su aplicación solo es posible cuando se trata de un presunto quebrantamiento de medida cautelar de prohibición de acudir a determinados lugares, aproximación o comunicación, y no de pena (que por su naturaleza no es susceptible de agravación), agravación de la medida cautelar, y sobre la que se dibuja una posible ineficacia a partir de su quebrantamiento, que deberá ser acordada dentro del procedimiento en el que se adoptó la medida presuntamente quebrantada, debiendo valorarse en dicha causa la necesidad o no de medidas más restrictivas frente al investigado, todo ello con el fin de proteger eficazmente a la víctima.

Junto con lo anterior, además, tenemos que, en el procedimiento incoado por el presunto quebrantamiento de la referida medida cautelar, no sería posible acordar una *autónoma* medida cautelar del art. 544 *bis* LECrim, que *agravara* la indiciariamente quebrantada, al no estar, el delito de quebrantamiento de medida cautelar, dentro del elenco de delitos del art. 57 CP.

también la posibilidad de que, en los casos determinados en el art. 84.6 LOPJ, se nombre a dos jueces, conforme a un turno preestablecido y público, para que, junto con el juez a quien le hubiere sido turnado el asunto inicialmente, se encarguen de la instrucción de un determinado proceso penal. En el capítulo 5 de esta obra puede consultarse una explicación completa del nuevo modelo orgánico de los Tribunales de Instancia que introduce la LO 1/2025.

Así las cosas, solo en el seno del procedimiento donde se adoptó la medida presuntamente quebrantada puede agravarse la misma, siendo competente para dicha agravación el órgano judicial que, en ese momento, esté conociendo del procedimiento donde se adoptó la misma, pudiendo corresponder la celebración de la comparecencia del art. 544 *bis*.IV LECrim y posterior resolución, por ejemplo, al órgano de enjuiciamiento, si en este momento el expediente está en fase de juicio oral, a expensas de la celebración de juicio.

La agravación de la medida puede llegar, incluso, teniendo en cuenta la necesidad de adoptar una medida que proteja eficazmente a la víctima, a la adopción de la medida cautelar de prisión provisional por la vía del art. 503.1.3º.c) LECrim, esto es, evitar que el investigado atente contra la víctima, fin de la prisión que, en este caso, no exigiría que la pena del delito investigado sea igual o superior a dos años.

No obstante, existen algunos planteamientos que tratan de resolver los casos en los que durante el servicio de guardia se pone a disposición un detenido por quebrantamiento de medida cautelar del art. 544 *bis* LECrim (también cuando son adoptadas por la vía del 544 *ter* del mismo texto legal), y el juez de guardia entiende que debe ser agravada (pero sin que proceda la medida cautelar de prisión de por la vía 503.1.3º.c) LECrim, por entenderla desproporcionada); en estos casos, como exponemos, no cabe una medida autónoma de prohibición de comunicación o de aproximación (pues el delito de quebrantamiento de medida cautelar no está dentro del elenco de delitos del art. 57 CP), ni tampoco es el juez de guardia el competente para agravar la medida cautelar, sino el órgano que está conociendo de la causa donde ha sido adoptada la medida quebrantada.

Pues bien, podría defenderse que el juez de guardia, teniendo en cuenta el art. 13 LECrim puesto en relación con el art. 42.1 del Reglamento 1/2005 de los Aspectos accesorios de las actuaciones judiciales del Consejo General del Poder Judicial, que determina la competencia del juez de guardia, entre otras, para la «*práctica de cualesquiera otras actuaciones de carácter urgente o inaplazable de entre las que la Ley atribuye a los Juzgados de Instrucción y a los Juzgados de Violencia sobre la Mujer*», celebre comparecencia del art. 544 *bis*. IV LECrim, agravando la medida por determinado plazo perentorio a expensas de que sea ratificada o dejada sin efecto por el órgano competente al amparo de este último precepto, órgano competente que, como decíamos, es el órgano que esté conociendo de la causa donde se adoptó la medida quebrantada.

Así lo entendió, con oposición del Ministerio Fiscal, la Audiencia Provincial de Jaén, Secc. 2ª, en su Auto de 12/03/2024 [*Tol 10158191*], en el que vino a razonar: «Por otra parte, las competencias del servicio de guardia de los Juzgados de Instrucción para todo el territorio nacional, vienen establecidos en el Reglamento 1/2005 de los Aspectos accesorios de las actuaciones judiciales del Consejo General del Poder Judicial. [...]. Por ello, sería competente el Juzgador para agravar una medida cautelar dictada por otro órgano judicial, y sobre esta cuestión, debe de recordarse que el art. 544 *bis* de la LECrim, dispone que "[...]". Así, con independencia de la competencia para conocer del procedimiento por el supuesto quebrantamiento cometido por el investigado y por el resto de las infracciones inicialmente denunciadas, cuestión sobre la que podrá valorarse la acumulación así como posible razones de conexidad, lo que establece el citado art. 544 *bis* es que el Juez o Tribunal que dicta la medida es el que debe decidir sobre su eventual agravación previa celebración de la comparecencia y la decisión inicial al respecto correspondería al Juzgado que se encuentre conociendo de la causa en la que se acordó la medida cautelar, correspondiendo en lógica consecuencia la eventual revisión al mismo, si bien la referida agravación de la medida se acuerda por el Juzgador en funciones de guardia y a fin de proteger a las víctimas, y por tanto procede confirmar el auto recurrido, y ello sin perjuicio de que el Juzgador dé cuenta al Juzgado de Instrucción Nº 2 de Jaén del posible incumplimiento de la medida cautelar por él acordada, por si dicho Juzgado quiere ratificar o dejar sin efecto la agravación de la medida».

1.4 Duración de la medida

En cuanto a la duración de la medida cautelar, debemos tener en cuenta que la misma, como toda medida cautelar, tiene carácter provisional, debiendo ser dejada sin efecto si cesan las circunstancias que justificaron su adopción. No obstante, no se establece en la regulación actual un plazo máximo de duración, como sí ocurre, por ejemplo, con los plazos máximos de la prisión provisional. Este vacío legislativo puede producir ciertos efectos inadmisibles cuando, por ejemplo, dicha prohibición de aproximación y comunicación acordada por vía medida cautelar tenga una duración superior a la que como pena se pudiera imponer en caso de ser condenado. Así pues, deberemos estar, al menos, en cuanto al límite máximo de la duración de la medida cautelar, a la pena que, en abstracto, se le pudiera imponer al investigado, límite que, en el caso de llegar a la fase de acusación, pudiera entenderse fijado con la concreción del tiempo que, como pena, se pida por las acusaciones en sus escritos de conclusiones provisionales.

Ciertamente la prohibición de comunicación y aproximación adoptada como medida cautelar participa de otros fines y requisitos que dicha prohibición adoptada como pena; ahora bien, desde el principio de proporcionalidad (ciertamente, también desde el de homogeneidad) no parece posible, por vía de medida cautelar, que debe "soportarla" quien es titular del derecho a la presunción de inocencia, se imponga dicha prohibición por más tiempo de la que podría imponerse a quien resulte condenado y vencido su derecho a la presunción de inocencia.

Este planteamiento podemos observarlo con nitidez cuando de delitos leves se trata, en los que el máximo como pena a imponer es de seis meses, conforme establece el art. 57.3 CP, lo que determina, desde el principio de homogeneidad entre la medida cautelar y la posible pena a imponer, que la primera no pueda durar más de seis meses.

Ilustrativa resulta la interpretación dada al respecto en Circular 4 /2005, de la FGE, relativa a los criterios de aplicación de la ley orgánica de medidas de protección integral contra la violencia de género, si bien razonando el plazo duración de las medidas cautelares en el ámbito de la orden de protección del art. 544 *ter* LECrim y a la que nos referiremos a continuación, pero cuya interpretación es plenamente aplicable a la pregunta sobre el límite máximo de las medidas del art. 544 *bis* LECrim.

Dicha Circular razonaba: «no se establecen plazos de duración predeterminados, sino que se deja a la decisión del Juez (art. 61.2), como no podía ser de otra manera, ya que en tanto medidas cautelares su duración estará en función de la que tenga la situación de riesgo que pretenden eliminar. En todo caso si la medida cautelar es privativa de libertad su duración máxima será la prevista en el art. 504 LECrim, o en otro caso, se atenderá a la que tendría si se impusiese como pena o medida de seguridad».

Una práctica judicial extendida con ocasión de la adopción de estas medidas cautelares es establecer el plazo de duración vinculado, con carácter general, a la duración del procedimiento, exponiendo que la misma tendrá vigencia, sin perjuicio de que pueda ser modificada o dejada sin efecto por resolución expresa, durante toda la tramitación de la presente causa y "*hasta resolución definitiva y firme*". No parecen responder estos *usos forenses* a los principios de provisionalidad y proporcionalidad, produciendo, además, en no pocas ocasiones, la perpetuación de la medida en el tiempo y que, además, produce confusión en cuanto a su vigencia, cuando se dicta resolución definitiva en el procedimiento en la que no se determina la existencia de responsabilidad penal (por ejemplo, un auto de sobreseimiento libre o provisional —en este caso, por falta de debida justificación del delito—) y la misma es recurrida por las acusaciones, lo que impide que, eventualmente, dicha resolución alcance firmeza.

No obstante, en este último caso expuesto, debemos recordar, e interpretando lo dispuesto en el art. 782.1.II LECrim para todo cierra de la causa sin declaración de responsabilidad penal, que con el sobreseimiento quedará sin efecto, con carácter imperativo —no potestativo—, la prisión y demás medidas cautelares acordadas, por lo que, con el dictado del auto de sobreseimiento —libre o provisional—, debe entenderse cesada la medida cautelar, y sin necesidad de esperar a la firmeza de la resolución por la que se acuerda el referido sobreseimiento, pues los recursos que se pudieran interponer contra la misma no "interrumpirían" su eficacia.

Ciertamente, existe una expresa previsión legal por el que se puede mantener la medida cautelar tras el dictado de resolución que pone fin a la causa penal sin declaración de responsabilidad penal, si bien con relación al dictado de la sentencia absolutoria —la norma no distingue entre absolutoria o condenatoria— y en materia de violencia de género; previsión que la encontramos en el artículo 69 de la LO 1/2004, el cual señala que: «Las medidas de este capítulo podrán mantenerse tras la sentencia definitiva y durante la tramitación de los eventuales recursos que correspondiesen. En este caso, deberá hacerse constar en la sentencia el mantenimiento de tales medidas»; no obstante, esta excepción al levantamiento de las medidas cautelares personales tras el dictado de sentencia, aun absolutoria, cuando de materia de violencia de género se trata, no existe con relación al dictado de sobreseimiento libre de la causa, en cualquiera de sus formas, o sobreseimiento provisional por falta de debida justificación del delito.

1606 Puede razonarse que, en el caso de una sentencia absolutoria, puede mantenerse la probabilidad del delito —su debida justificación—, pero no se ha alcanzado la certeza más allá de la duda razonable, mientras que en el sobreseimiento provisional no se ha superado siquiera el juicio de probabilidad, y en el sobreseimiento libre, se ha constatado, incluso, que el hecho o no es delito o no ha ocurrido.

Pero, aun así, dicha previsión del art. 69 de la LO 1/2004 debe usarse, en todo caso, con especial cautela cuando se trata de una sentencia absolutoria; y podría plantearse cuando, no alcanzándose la certidumbre sobre la comisión del delito (lo que impide la sentencia de condena desde el juicio de certeza), se mantiene la debida justificación del delito —juicio de probabilidad—, así como el riesgo objetivo y presente.

Sea como fuere, y en todo caso, se exige un plus de motivación para mantener una medida restrictiva de derechos cuando existe, aun no firme, una sentencia que declara la falta de responsabilidad penal de un sujeto.

Así nos lo recuerda la STC 16/2012 [*Tol 2472287*], que exige en la sentencia absolutoria un pronunciamiento expreso y especialmente motivado sobre la prórroga de las medidas ex art. 69 LO 1/2014, cuando de una sentencia absolutoria se trata; señala dicha resolución que «es incuestionable que el momento en que se procede por el Juez al pronunciamiento de una Sentencia absolutoria representa un acontecimiento relevante en el proceso, al desaparecer en principio los indicios incriminatorios contra el acusado, por lo que la consecuencia lógica ha de ser el levantamiento de la expresada medida de protección, máxime cuando dicha medida afecta a derechos y libertades del imputado también constitucionalmente protegidos. Por ello, el mantenimiento de la orden de protección en este supuesto de sentencia absolutoria se supedita por el legislador (art. 69 de la Ley Orgánica 1/2004), como hemos visto, a que se haga constar expresamente en dicha resolución, lo que requerirá un plus de motivación al órgano judicial, desde el canon de la proporcionalidad, para justificar las razones por las que se acuerda en tales circunstancias la prórroga de la medida».

2. ORDEN INTEGRAL DE PROTECCIÓN

En cuanto a la orden de protección regulada en el art. 544 *ter* LECrim, el juez dictará dicha orden de protección, siempre mediante auto motivado, cuando concurran los siguientes tres requisitos:

a) *Primer requisito*: la víctima habrá de ser alguna de las personas del art. 173.2 del CP.

b) *Segundo requisito*: existencia de indicios fundados de la comisión de un delito de los descritos en el apartado primero del referido art. 544 ter, esto es, delitos contra la vida, integridad física o moral, libertad sexual, libertad o seguridad.

c) *Tercer requisito*: que concurra una situación objetiva de riesgo para la misma, requisito de cuyo análisis nos remitimos a lo expuesto en el epígrafe anterior.

Así pues, y como primer requisito, debemos encontrarnos ante delitos bien de violencia de género, bien violencia doméstica, esto es, que la víctima sea algunas de las personas relacionadas en el art. 173.2 CP. Trataremos de definir ambos tipos de violencia.

En otro orden de cosas, la orden de protección, cuando se adopta en el ámbito de la violencia de género, confiere a la víctima un estatuto integral de protección que comprenderá las medidas cautelares de orden civil y penal contempladas en este artículo y aquellas otras medidas de asistencia y protección social establecidas en el ordenamiento jurídico, si bien en cuanto a estas últimas, ya no es el "esencial" título habilitante la concesión de la orden de protección, pues conforme a lo dispuesto en el art. 23 de la LO 1/2004, de Medidas de Protección Integral contra la Violencia de Género —en su redacción dada por LO 10/2022—, los derechos regulados en dicha norma se reconocerán, al margen de la orden de protección, por cualquier otra resolución judicial que acuerde una medida cautelar a favor de la víctima, o bien por el informe del Ministerio Fiscal, o mediante informe de los servicios sociales, de los servicios especializados, o de los servicios de acogida de la Administración Pública competente destinados a las víctimas de violencia de género, "*o por cualquier otro título, siempre que ello esté previsto en las disposiciones normativas de carácter sectorial que regulen el acceso a cada uno de los derechos y recursos*".

2.1 Aproximación a la definición de violencia de género a los efectos del 544 *ter* LECrim

Podemos definir, como mera aproximación, la violencia de género, a los efectos de determinar la aplicación del art. 544 ter, como aquel delito cometido por un hombre contra una mujer que sea o haya sido su esposa, o que esté o haya estado ligada a él por una análoga relación de afectividad aun sin convivencia.

Así las cosas, como primera cuestión, tratemos, eso sí, sin la pretensión de un profundo análisis *monográfico*, de definir qué es "análoga relación de afectividad" —que habrá de servir tanto para la violencia cometida del hombre frente a la mujer, lo que sería violencia de género, como el resto de violencia en pareja, que sería encuadrable dentro de la violencia doméstica—.

Descartemos, como punto de partida, la exigencia de estabilidad y convivencia, como notas definitorias de la "relación de afectividad análoga al matrimonio", estabilidad y convivencia que ya no se exige para dicha equiparación desde la LO 13/2003 y posterior LO 1/2004, de Medidas de Protección Integral contra la Violencia de Género.

Así nos lo recuerda la clarificadora STS de 06/10/2015 [*Tol 5526253*], que vino a razonar: «En este punto no resulta ocioso destacar, como después de las reformas operadas por las LO. 13/2013 y 1/2014, la analogía respecto al matrimonio en la relación de afectividad existente entre imputado y víctima ya no encuentra apoyo en las notas de estabilidad y convivencia que han sido expresamente eliminadas en la redacción legal de los arts. 153, 173.2 y 171.4. El grado de asimilación al matrimonio de la relación afectiva no matrimonial no ha de medirse tanto por la existencia de un proyecto de vida en común, con todas las manifestaciones que caben esperar en éste, como precisamente por la comprobación de que comparte con aquél la naturaleza de la afectividad en lo que la redacción legal pone el acento, la propia de una relación personal e íntima que traspase con nitidez los límites de una simple relación de amistad, por intensa que sea ésta. [...]. Lo decisivo para que la equiparación se produzca es que exista un cierto grado de compromiso o estabilidad, aun cuando no haya fidelidad ni se compartan expectativas de futuro».

Descartada la exigencia de estabilidad y convivencia, como punto de partida, debemos, en todo caso, hacer especial hincapié en la perspectiva bajo la que debe analizarse cualquiera de los elementos que integran cada uno de los tipos penales previstos en nuestro Código Penal, que habrán de conllevar concretas medidas cautelares —como sería la orden de protección del art. 544 ter— que no es otra que la del escrupuloso respeto al principio jurisdiccional de aplicación restrictiva del derecho penal, en adecuada correlación con el principio legislativo de intervención mínima, que supone que en el derecho penal está prohibida cualquier interpretación de sus preceptos de manera extensiva, siendo la interpretación restrictiva la que debe hacerse de cualquiera de los elementos que configuran un determinado tipo penal, debiendo impedir que por vía de interpretaciones más o menos amplias de sus normas, ya no sólo se pretenda una sentencia condenatoria a determinados individuos, sino que desde esa interpretación extensiva, y desde una lectura de la norma penal que no se ajusta a uno de nuestros principios rectores del derecho penal, se permita que a determinadas conductas se apliquen tipos agravados.

Así, la relación análoga a la matrimonial no puede extenderse a cualquier situación de relación entre las personas, pues si bien tanto el legislador como la doctrina ha atemperado la exigencia de estabilidad en la relación, se requiere una mínima relación interpersonal entre la mujer y el agresor vinculados sentimentalmente con un mínimo grado de compromiso emocional, aun sin convivencia, ni expectativas de tenerla.

Ilustrativo resulta el AAP de Madrid, Secc. 27ª, de 10/12/2021 [*Tol 8793896*], cuando vino a exponer, con respecto a esta cuestión, las siguientes consideraciones: «...el grado de asimilación al matrimonio de la relación afectiva no matrimonial no ha de medirse tanto por la existencia de un proyecto de vida en común, con todas las manifestaciones que caben esperar en éste, como precisamente por la comprobación de que comparte con aquél la naturaleza de la afectividad en lo que la redacción legal pone el acento, la propia de una relación personal e íntima que traspase con nitidez los límites de una simple relación de amistad, [...]. Lo decisivo para que la equiparación se produzca es que exista un cierto grado de compromiso o estabilidad, aun cuando no haya fidelidad ni se compartan expectativas de futuro». En el mismo sentido señala la SAP de Barcelona, Secc. 20ª, de 22/07/ 2022 [*Tol 9281015*]: "...tal relación se da entre dos personas cuando, por existir entre ellas vínculos emocionales y sentimentales, deciden compartir su vida cotidiana con implicación del uno en la vida del otro por tener un proyecto común de presente y de futuro, aunque no convivan; lo que significa que la relación de amistad entre dos personas, aunque de manera puntual (incluso frecuente) mantengan relaciones sexuales, no está comprendida dentro del ámbito del tipo, razón por la cual si se diera este caso no estaríamos ante un delito de violencia de género y deberían calificarse los hechos según las normas generales del Código Penal".

2.2 Aproximación a la definición de violencia doméstica a los efectos del 544 *ter* LECrim

En cuanto a la posible definición de la violencia doméstica, podemos fijarla en aquellos delitos cometidos entre cónyuges o excónyuges —o personas que estén o haya estado ligada por una análoga relación de afectividad—, salvo que el autor sea el hombre y la víctima una mujer —en cuyo caso será calificado como violencia de género—, así como contra el resto de personas que se enumeran en el art. 173.2 CP.

Especial relevancia tiene la posible exigencia de convivencia entre víctima y victimario; así, y siguiendo esquemáticamente las personas relacionadas en el art. 173.2 del CP, tratemos de clarificar cuándo se exige convivencia y cuándo no, con el fin de establecer cuándo estamos ante violencia doméstica a los efectos de la aplicación del art. 544 *ter* LECrim:

1. En el caso de que sean o hayan sido pareja víctima y victimario, no se exige convivencia, circunscribiéndose a la violencia de género cuando la víctima es mujer y el victimario hombre.
2. En el resto de personas relacionadas en el art. 173.2 CP se exige convivencia, salvo en los casos de personas que se encuentren sometidas a custodia o guarda.

   Efectivamente, en este segundo caso, fuera de la relación de pareja entre víctima y victimario, debemos dejar concretado que para estar comprendido dentro de las personas del art. 173.2 CP se requiere convivencia en el momento de producirse los hechos, a salvo de que el victimario cometa el delito frente a quien ejerce la patria potestad, tutela, curatela, acogimiento o guarda de hecho.

Al respecto, resulta ilustrativa la STS de 11/02/2020 [*Tol 7765281*], que vino a resolver: «En definitiva, resolvemos la cuestión que suscitaba interés casacional, con el pronunciamiento de que concurre el delito de maltrato de obra del artículo 153 del Código Penal, cuando la víctima sea menor aún sin convivencia, cuando se halle sujeta a la potestad, tutela, curatela, acogimiento o guarda de hecho del cónyuge o conviviente. Y en idénticos términos cuando la víctima fuere persona con discapacidad necesitada de especial protección».

En resumen, la falta de convivencia en los casos que sí lo exige el art. 173.2 CP, y aunque nos encontramos ante parentescos descritos en dicho precepto, los mismos quedarían fueran del ámbito de la orden de protección del art. 544. ter LECrim.

2.3 Solicitud y tramitación de la orden de protección. Concretos delitos frente a los que cabe

Expuesto lo anterior, y concretada la determinación de las personas a las que se refiere el art. 173.2 CP, y una vez que se investigue un delito en el que la víctima sea una de estas personas descritas en el reseñado precepto, tenemos, como segundo requisito, que estemos ante alguno de los delitos descritos en el art. 544 ter.1 LECrim, en concreto, delito contra la vida, integridad física o moral, libertad sexual, libertad o seguridad.

Verificado lo anterior, la orden de protección, sin necesidad de ser solicitada por la víctima o terceros legitimados para ello, podrá ser acordada de oficio por el juez si se dan los requisitos de indicios de la existencia del delito, más allá de la mera posibilidad, así como riesgo objetivo y presente para la víctima, requisitos que ya hemos analizado en el anterior epígrafe, con ocasión de analizar los presupuestos para la adopción de la medida de prohibición de aproximación y residencia que como medida cautelar se establece en el art. 544 *bis* LECrim. Destaquemos, no obstante, que, como nos recuerda el art. 544 ter.11 LECrim, si, más allá del momento inicial, durante la tramitación de un procedimiento surja una situación de riesgo objetivo y presente podrá acordarse la orden de protección de la víctima, que inicialmente no se acordó, ante dicha falta de un inicial riesgo.

Junto con la posibilidad de su adopción de oficio, la orden de protección podrá ser solicitada por la víctima, por el Ministerio Fiscal, o por persona que tenga con la víctima alguna de las relaciones de parentesco que se describen en el art. 173.2 CP. Dicha solicitud podrá llevarse a cabo ante la autoridad judicial o el Ministerio Fiscal, o bien ante las Fuerzas y Cuerpos de Seguridad, las oficinas de atención a la víctima o los servicios sociales o instituciones asistenciales dependientes de las Administraciones públicas.

La solicitud habrá de ser remitida de forma inmediata al juez de violencia sobre la mujer –de tratarse de un delito encuadrable dentro del ámbito de la violencia de género–, o al juez instructor, quienes convocarán a una audiencia urgente a la víctima o su representante legal, al solicitante y al presunto agresor, asistido, en su caso, de abogado. Asimismo, será convocado el Ministerio Fiscal.

Esta audiencia, y conforme establece el art. 544 ter.2.II LECrim, se podrá sustanciar simultáneamente con la prevista en el art. 505 para la prisión provisional, cuando su convocatoria fuera procedente, con la audiencia regulada en el art. 798 LECrim en aquellas causas de enjuiciamiento rápido de delitos o, en su caso, con el acto del juicio sobre delito leve. La audiencia deberá celebrarse en el plazo más breve posible y, en cualquier caso, en un plazo máximo de setenta y dos horas desde la presentación de la solicitud.

Celebrada la audiencia, el juez resolverá mediante auto lo que proceda sobre la solicitud de la orden de protección, así como sobre el contenido y vigencia de las medidas que incorpore.

2.4 Órgano competente para resolver sobre la adopción de la orden de protección

De una interpretación conjunta de los aparatos 3 y 4 del artículo 544 *ter* LECrim (y recordando que la referencia al "juez de guardia", conforme dispone la Disposición Adicional 4ª de la LECrim, debe entenderse hecha, en su caso, al "*juez de violencia sobre la mujer*"), la competencia para resolver sobre la orden de protección será, bien del juez de violencia sobre la mujer, de tratarse de violencia de género; bien, en el caso de violencia doméstica, del juez de instrucción que esté conociendo de la causa —o, del juez de guardia, si no existe causa abierta—. No obstante, en caso de suscitarse dudas —controversia— sobre la competencia, deberá resolverla el juez ante el que se haya solicitado ésta —que, de ordinario, será el juez de instrucción en funciones de guardia, con competencia funcional, por la atribución que le confieren los arts. 13 y 544 *ter* 3 y 4, ambos de la LECrim—.

No olvidemos que, si bien lo habitual es que la solicitud de orden de protección determina la iniciación del procedimiento penal, es procesalmente posible presentar dicha solicitud durante la tramitación del procedimiento, lo que fija la competencia para resolver dicha petición, que lo será del órgano que esté conociendo de dicha causa ya abierta.

Sea como fuere, no debemos perder de vista que la comparecencia deberá ser celebrada de manera urgente, con audiencia a la víctima o su representante legal, al solicitante y al presunto agresor, asistido, en su caso, de abogado, lo que, en no pocas ocasiones, y ante la imposibilidad de resolverlo en el plazo máximo establecido por la norma (setenta y dos horas) y en una interpretación analógica del art. 505.6 LECrim, será resuelto por el juez ante el que se presente la petición, sin perjuicio de remitir con posterioridad las actuaciones a aquel que resulte competente.

Recordemos, al respecto, lo dispuesto en los apartados 1 y 4 del art. 42 del Reglamento 1/2005, de 15 de septiembre, del Pleno del CGPJ, de los Aspectos Accesorios de las Actuaciones Judiciales, de cuya lectura se puede sostener que corresponde al juez de guardia —en los partidos judiciales donde exista servicio de guardia de violencia sobre la mujer— del lugar de la presentación de la solicitud de la orden de protección —y no, por ejemplo, al juez de violencia sobre la mujer del tribunal de instancia del domicilio de la víctima, competente al amparo del art. 15 *bis* LECrim— resolver sobre su adopción —o las medidas urgentes del art. 13 LECrim en relación con el art. 544 *bis*—, cuando la puesta a disposición del detenido policial en materia de violencia de género va acompañada de una petición de orden de protección, y dicha puesta a disposición lo es fuera de horas de audiencia, cuando la competencia estuviese determinada en favor del juez de violencia sobre la mujer.

El referido artículo 42.4 señala, al respecto, que: «Salvo en aquellas demarcaciones donde exista servicio de guardia de Juzgados de Violencia sobre la Mujer, también será objeto del servicio de guardia de los Juzgados de Instrucción o de Primera Instancia e Instrucción la regularización de la situación personal de quienes sean detenidos por su presunta participación en delitos cuya instrucción sea competencia de los Juzgados de Violencia sobre la Mujer y la resolución de las solicitudes de adopción de las órdenes de protección de las víctimas de los mismos, siempre que dichas solicitudes se presenten y los detenidos sean puestos a disposición judicial fuera de las horas de audiencia de dichos Juzgados. [...]».

Por otro lado, cabe preguntarnos qué ocurre en materia de violencia de género cuando la orden de protección es presentada, si bien en horas de audiencia, en un partido judicial distinto al del domicilio de la víctima en el momento de la comisión de los hechos. La pregunta que debemos hacernos es si la competencia para resolver dicha orden en el perentorio plazo de setenta y dos horas es del juez de guardia o del juez de violencia sobre la mujer —o juez con competencia en la materia de la sección de instrucción o, en su caso, sección única— donde se presente la solicitud que, recordemos, puede ir acompañada con la puesta a disposición del investigado como detenido. La respuesta, que ha resultado controvertida por las distintas audiencias provinciales —y aún se mantiene—, parece caminar hacia la idea de la puesta a disposición ante el órgano con competencia objetiva (funcional si hablamos de la exclusiva competencia para investigar), pero sin competencia territorial, esto es, el juez de violencia sobre la mujer del tribunal de instancia distinto del lugar de domicilio de la víctima en el momento de la comisión de los hechos, y no del juez de guardia de dicho tribunal dc instancia, cuya competencia vendría determinada, en cuanto a las primeras diligencias, por lo dispuesto en los arts. 13 y 15 *bis*, último inciso, de la LECrim.

La razón de defender esta competencia del juez de violencia sobre la mujer con competencia objetiva y funcional en la materia, pero sin competencia territorial, y a pesar de los respetables argumentos para defender la competencia del juez de guardia, se justifica en razones de especialización de los jueces de violencia sobre la mujer, que conducen a una solución en la que la víctima no se vea, en ese esencial primer contacto con el sistema judicial y sus primera actuaciones indagatorias y de protección, apartada de dichos órganos especializados en la materia.

Tengamos en cuenta que la razón de la creación de los Juzgados de Violencia sobre la Mujer —hoy juez de la sección de violencia sobre la mujer, o bien del juez de la sección de instrucción o de la sección única de civil e instrucción con competencia en la materia del Tribunal de Instancia, conforme LO 1/2025—, que se recoge en la Exposición de Motivos de la Ley Orgánica 1/2004, de 28 de diciembre, de Medidas de Protección Integral contra la Violencia de Género, es la necesidad de la especialización en el tratamiento de estos delitos de violencia machista contra la mujer; así, exponía: «conforme a la tradición jurídica española, se ha optado por una fórmula de especialización dentro del orden penal, de los Jueces de Instrucción, creando los Juzgados de Violencia sobre la Mujer y excluyendo la posibilidad de creación de un orden jurisdiccional nuevo o la asunción de competencias penales por parte de los Jueces Civiles. [...]. Con ello se asegura la mediación garantista del debido proceso penal en la intervención de los derechos fundamentales del presunto agresor, sin que con ello se reduzcan lo más mínimo las posibilidades legales que esta Ley dispone para la mayor, más inmediata y eficaz protección de la víctima, [...]».

Recordemos que la relevancia de la competencia territorial debe atemperarse, no encontrándose en el mismo plano que la competencia objetiva, por cuanto todos los órganos jurisdiccionales de una clase determinada son competentes material y funcionalmente, y su actuación no tiene, necesariamente, incidencia en el juez ordinario determinado por la ley, como sí ocurre con la competencia objetiva.

Interesante, por didáctico, resulta el AAP de Castellón, Secc. 2ª, de 13/08/2021 [*Tol 9781111*], que vino a razonar: «La Exposición de Motivos de la Ley Orgánica 1/2004, de 28 de diciembre, de Medidas de Protección Integral contra la Violencia de Género ya proclama el principio de jurisdicción especializada de los Juzgados de Violencia contra la Mujer. [...]. Nos encontramos ante un atestado con detenido, por delitos continuados de quebrantamiento de condena y amenazas, ambos en el ámbito de la violencia de género. Dado que el domicilio de la víctima está en Valencia la competencia territorial para la Instrucción viene legalmente atribuida al Jugado de Violencia sobre la Mujer que por turno corresponda de Valencia, de acuerdo con la previsión del art. 15 *bis* de la LECR, sin embargo, el precepto añade "in fine" sin perjuicio de la adopción de la orden de protección, o de medidas urgentes de la presente Ley que pudiera adoptar el Juez del lugar de comisión de los hechos". Para determinar a qué Juez se refiere el precepto, si el de Violencia o el de Instrucción, hemos de acudir a dos preceptos: El primero es el art. 544 ter. 3 y 4 de la LECR que regula la orden de protección [...]. A pesar de que estos preceptos pudieran sustentar el criterio planteado por la Juez de Violencia, hay que tener en cuenta que la Disposición Adicional cuarta de la LECrim, (introducida por la disposición adicional 12 de la LO 1/2004, de 28 de diciembre) dispone [...]. La base jurídica de la cuestión se completa con el art. 42.4 del Reglamento de Aspectos Accesorias de las actuaciones judiciales de 15 de septiembre de 2005: [...]. En el presente caso la presentación del atestado tuvo lugar dentro de las horas de audiencia del Juzgado de Violencia de Vila Real, que dispone de competencia objetiva especializada en la materia por lo que resultaba competente para resolver sobre la situación personal del detenido y la orden de protección de la víctima, sin perjuicio de la posterior inhibición al Juzgado de violencia de Valencia. Es cierto que el art. 797 *bis* de la LECR en sede de "Diligencias Urgentes ante el Juzgado de Guardia" dispone: "No obstante el detenido, si lo hubiere, habrá de ser puesto a disposición del Juzgado de Instrucción de Guardia, a los solos efectos de regularizar su situación personal, cuando no sea posible la presentación ante el Juzgado de Violencia sobre la Mujer que resulte competente." Comprobamos que la Juez de Violencia no incoó diligencias urgentes sino diligencias previas en las que se suscitaba, además de la situación personal del detenido, la orden de protección de la víctima. Por otra parte, como bien indica la Sra. Fiscal, el precepto no se refiere estrictamente a la competencia territorial, y no es dudosa la competencia objetiva de dicho Juzgado. A estos efectos la doctrina jurisprudencial minora o modera la relevancia de la competencia por razón del territorio». En el mismo sentido, otros, AAP de Madrid, Secc. 27ª, de 17/11/2020 [*Tol 8398115*], modificando su criterio anterior.

2.5 Medidas cautelares penales

2.5.1 Medidas de prohibición de aproximación o residencia del artículo 544 bis *LECrim. Medidas de control telemático de cumplimiento*

Las medidas cautelares de carácter penal podrán consistir en algunas de las medidas establecidas en el artículo 544 *bis* LECrim, con idénticas exigencias y requisitos para la adopción de las mismas, y que ya hemos ido analizando en el epígrafe 1 del presente capítulo, con la salvedad de que, para adoptarlas dentro de la orden de protección, deberán darse, como ya hemos destacado, los requisitos de parentesco entre víctima y victimario, y con relación a algunos de los delitos que se recogen en el apartado primero del artículo 544 *ter* LECrim, en tal modo que si no existe parentesco del art. 173.2 CP —y, en algún caso, además, convivencia, tal y como razonábamos en el epígrafe 2.2— o no son algunos de los delitos recogidos en el art. 544 ter.1, pero sí algunos de los recogidos en el art. 57 CP, podrían adoptarse las medidas del art. 544 *bis*, pero sin hacerlo al amparo de la orden de protección del art. 544 ter LECrim, que supone un plus en cuanto a la búsqueda de la protección integral e inmediata de la víctima de la violencia de género y doméstica, con adopción, en esa idea de una protección integral en todos los aspectos y como veremos, de medidas civiles que garanticen la estabilidad personal patrimonial de la víctima, además de las concretas medidas de protección frente al presunto agresor.

Debemos destacar que, dentro de esa búsqueda de asegurar la protección de la víctima y en el exclusivo ámbito de la violencia de género cuando de orden de protección hablamos, se han establecido concretos mecanismos de control de cumplimiento, y nos referimos a la medidas de control telemático de cumplimiento de la medida de prohibición de aproximación a la persona o determinados lugares, todo ello al amparo de los arts. 17 y 64.3 de Ley Orgánica 1/2004, de 28 de diciembre, de Medidas de Protección Integral contra la Violencia de Género, también aplicable a las penas, cuyo quebrantamiento —y nos referimos a la imposición de control telemático—, puede dar lugar a un delito de quebrantamiento condena o de medida cautelar del art. 468.3 CP, que señala que: «Los que inutilicen o perturben el funcionamiento normal de los dispositivos técnicos que hubieran sido dispuestos para controlar el cumplimiento de penas, medidas de seguridad o medidas cautelares, no los lleven consigo u omitan las medidas exigibles para mantener su correcto estado de funcionamiento, serán castigados con una pena de multa de seis a doce meses».

Estas medidas de control telemático, si bien fuera de la orden de protección pero por la vía del art. 544 *bis*, también son aplicables en el ámbito de la violencia sexual concretada en alguno de los delitos mencionados en el artículo 3 de la LO 10/2022 —libertad sexual, mutilación genital, matrimonio forzado, el acoso con connotación sexual y la trata con fines de explotación sexual—, conforme último párrafo del art. 544 *bis* LECrim y art. 45.2 LO 10/2022. Toda esta regulación es acorde con las recientes directrices que establece la Directiva 2024/1385 del Parlamento Europeo y del Consejo, sobre la lucha contra la violencia contra las mujeres y la violencia doméstica, aún pendiente de trasposición. Así, en su considerando 46 refiere la necesidad de establecer, cuando resulte necesario, el seguimiento por medios electrónicos con el fin de hacer posible que se garantice el cumplimiento de las medidas de alejamiento y prohibición de comunicación; señalando en su considerando 47, y con el fin de salvaguardar la eficacia de estas medidas, y como mecanismo disuasorio, la necesidad de establecer sanciones por dicho incumplimiento, incluso penales, pudiendo incluir penas de prisión, como es el caso de España.

Esta medida de control a través de sistema tecnológico de detección de proximidad, tanto para el control de cumplimiento de la medida cautelar como de la pena, y aun no tratándose de una medida cautelar en sentido estricto, y sí de un mecanismo de control de cumplimiento de la medida misma, debe, no obstante, adoptarse también desde los principios de excepcionalidad, subsidiariedad y proporcionalidad a la consecución de los fines que la legitiman, debiendo acudirse al control electrónico de la medida de alejamiento solo cuando resulte estrictamente necesario, pues, de lo contrario, se incurriría en la quiebra de los principio expuestos, no debiendo ser ajenos a que la injerencia en la intimidad que supone el "brazalete electrónico" exige siempre que en el caso concreto se acredite que supera el juicio de proporcionalidad, sin que sea dable su adopción con el razonamiento simplista, aunque indiscutible, de que toda medida cautelar, una vez adoptada, puede ser incumplida; lo que no es suficiente, sino que deben darse o existir datos o circunstancias que permitan deducir, más allá de la mera posibilidad "en abstracto", la existencia de una voluntad por parte del investigado de no cumplir con la medida que ahora se le impone.

Por último, no olvidemos, y desde la perspectiva de la víctima, que este sistema también conlleva un grado de aflicción a la víctima, que deberá portar determinados elementos electrónicos para hacer efectiva su aplicación, lo que determina que la víctima siempre debe ser oída previo a resolver sobre la colocación de estos mecanismos tecnológicos de detección de proximidad.

2.5.2 Medida cautelar de prisión provisional

Asimismo, y dentro de las medidas cautelares personales de protección de la víctima, también es posible, además de las medidas del art. 544 *bis* LECrim, la medida de prisión provisional al amparo del art. 503.1.3º.c) LECrim, esto es, evitar que el investigado atente contra la víctima, fin de la prisión que, en este caso, no exige que la pena del delito investigado sea igual o superior a dos años, pero sin olvidar que esta excepción solo lo es cuando se trata de evitar que el investigado pueda actuar contra bienes jurídicos de la víctima; por tanto, no sería posible, en ningún caso, por vía de esta excepción, acordar la prisión provisional con el fin de evitar, por ejemplo, el riesgo de fuga, aun cuando se tratara de un delito de los comprendidos dentro de la violencia de género.

En todo caso, la prisión provisional deberá haber sido solicitada por algunas de las partes legitimadas para ello, pues si bien la orden de protección puede ser acordada de oficio, no todas las medidas cautelares personales que se pueden adoptar dentro de ella permiten, asimismo, su adopción de oficio, recordando que el art. 544 ter.6 LECrim, tras señalar que "*las medidas cautelares de carácter penal podrán consistir en cualesquiera de las previstas en la legislación procesal criminal*", establece inmediatamente después que "*sus requisitos, contenido y vigencia serán los establecidos con carácter general en esta ley*".

Así pues, deberá estarse al requisito procesal para su adopción, esto es, que sea solicitada por algunas de las partes legitimadas para ello, más allá de su adopción excepcional, al amparo del art. 505.5 LECrim, cuando no se haya podido celebrar la comparecencia regulada en dicho precepto y a la espera de la inmediata celebración de la misma, que no se podrá posponer más allá de setenta y dos horas.

2.6 Medidas de naturaleza civil

Entrando ahora en las medidas de naturaleza civil, debemos tomar, como regla general, que las mismas deberán ser solicitadas por la víctima o su representante legal y, en todo caso, por el Ministerio Fiscal, cuando existan menores o personas con capacidad judicialmente modificada. 1617

A pesar de la literalidad del art. 544 ter.7 LECrim, que habla de «personas con capacidad judicialmente modificada», y teniendo en cuenta la actual regulación en la materia —siendo norma esencial la Ley 8/2021—, donde no cabe modificar judicialmente la capacidad de las personas, parece que debe entenderse referido a «personas con discapacidad con medidas de apoyo», formales o no formales —en este último caso, tendríamos la guarda de hecho como medida de apoyo no formal—, recordando que, como señala la STS de la Sala 1ª, de 23/01/2023 [*Tol 9500850*], «En el nuevo régimen legal, con independencia del grado de discapacidad, las medidas de apoyo judiciales son subsidiarias tanto respecto de las medidas voluntarias como respecto de la guarda de hecho», pudiendo encontrarnos de manera habitual con personas con discapacidad con medidas de apoyo no judiciales, esto es, por ejemplo, la medida de apoyo no formales de guarda de hecho.

Más allá de su solicitud, el juez deberá, cuando existan estos menores o personas con discapacidad necesitadas de especial protección que convivan con la víctima y dependan de ella, pronunciarse de oficio necesariamente sobre la adopción de las referidas medidas; eso sí, dicho pronunciamiento imperativo solo surge si se acuerda orden de protección, adoptando medidas cautelares penales, pues denegadas estas, no procederá adoptar medidas civiles, a salvo de que por el órgano judicial se acuerden medidas del art. 158 CC al margen de la orden de protección y a pesar de su denegación.

Llamamos la atención sobre la circunstancia procesal de que, en el ámbito de la orden de protección, al Ministerio Fiscal se le exige que inste las referidas medidas civiles «cuando existan hijos menores o personas con la capacidad judicialmente modificada», y al juez que se pronuncie de oficio sobre las mismas «cuando existan menores o personas con discapacidad necesitadas de especial protección»; parece que el precepto exige al juez dicho pronunciamiento, y mas allá de que existan medida de apoyo —formales o no—, que la persona con discapacidad así las precise, asistencia o apoyo, como exteriorización de su necesidad de especial protección.

Con relación a este último razonamiento, podemos acudir a lo dispuesto en el art. 25 CP, esencialmente en su segundo párrafo; así, dicho precepto, define en su párrafo primero la discapacidad como «aquella situación en que se encuentra una persona con deficiencias físicas, mentales, intelectuales o sensoriales de carácter permanente que, al interactuar con diversas barreras, puedan limitar o impedir su participación plena y efectiva en la sociedad, en igualdad de condiciones con las demás», para señalar en su párrafo segundo que, si bien a los efectos del CP, «se entenderá por persona con discapacidad necesitada de especial protección a aquella persona con discapacidad que, tenga o no judicialmente modificada su capacidad de obrar, requiera de asistencia o apoyo para el ejercicio de su capacidad jurídica y para la toma de decisiones respecto de su persona, de sus derechos o intereses a causa de sus deficiencias intelectuales o mentales de carácter permanente».

1618 Asimismo, y en todo caso, cuando existan estos hijos menores o personas con la capacidad judicialmente modificada —en este último caso, como acabamos de exponer, referido a personas con discapacidad con medidas de apoyo—, el Ministerio Fiscal, en el caso de solicitar o adherirse a la petición de orden de protección, también debe instar, junto con las medidas cautelares penales, estas medidas de naturaleza civil.

Para determinar qué medidas civiles se pueden adoptar dentro de una orden de protección, y para intentar concretarlas, acudamos, en primer lugar, a la Exposición de Motivos de la Ley 27/2003, de 31 de julio, reguladora de la Orden de Protección de las Víctimas de la Violencia Doméstica, por la que se introdujo el artículo 544 *ter* en la LECrim.

Dicha Exposición de Motivos señalaba que con la orden de protección se «pretende que a través de un rápido y sencillo procedimiento judicial, sustanciado ante el juzgado de instrucción, pueda obtener la víctima un estatuto integral de protección que concentre de forma coordinada una acción cautelar de naturaleza civil y penal. Esto es, una misma resolución judicial que incorpore conjuntamente tanto las medidas restrictivas de la libertad de movimientos del agresor para impedir su nueva aproximación a la víctima, como las orientadas a proporcionar seguridad, estabilidad y protección jurídica a la persona agredida y a su familia, sin necesidad de esperar a la formalización del correspondiente proceso matrimonial civil».

Desde esta perspectiva finalista, tenemos que el juez, en el momento de acordar una orden de protección, y una vez estimada la procedencia de la adopción las medidas cautelares de índole penal, siempre teniendo en cuenta principios de necesidad y proporcionalidad, también debe analizar la adopción de las medidas cautelares civiles tratando de garantizar la seguridad, estabilidad y protección jurídica de la víctima y su familia.

Desde el fin buscado por el legislador, debemos analizar el contenido del artículo 544 *ter* 7. Así, desde un análisis hermenéutico del mismo, tenemos que partir de dos conclusiones iniciales:

1. Dichas medidas podrán adoptarse aunque no existan menores o personas con capacidad judicialmente modificada con los que conviva la víctima, conforme se desprende de la lectura del párrafo primero, en el que se especifica que estas medidas deben acordarse incluso de oficio si existen estas personas, de lo que se desprende que podrán adoptarse aunque no existan, si bien a instancia de parte.

Por otro lado, no se exige, como sí ocurre para la aplicación de las medidas del 544 Quinquies, que los menores o personas con capacidad modificada sean las víctimas directas para aplicar con respecto a ellos las medidas civiles del artículo 544 ter.

2. Las medidas recogidas en el párrafo segundo del artículo 544 *ter* 7, no son *numerus clausus*. Conclusión a la que se llega desde los propios términos utilizados en su redacción, en la que se dispone que "*Estas medidas podrán consistir en*..." y que debe entenderse como enumeración "abierta" de medidas referidas a los casos en que existan menores o personas con capacidad judicialmente modificada con las que conviva la víctima. Párrafo que, además, tiene una cláusula de cierre que establece que, con relación a los mismos, se podrá adoptar "*cualquier disposición que se considere oportuna a fin de apartarles de un peligro o de evitarles perjuicios*", lo que haría entrar en juego, con respecto a ellos, no solo las medidas del artículo 103 CC, por remisión del art. 771 de la Ley de Enjuiciamiento Civil, y expresamente enumerada en dicho segundo párrafo del artículo 544 *ter* 7, sino todas las medidas del artículo 158 CC, así como las medidas que en materia civil contemplan los artículos 64 a 66 de la Ley Orgánica 1/2004, de 28 de diciembre, de Medidas de Protección Integral contra la Violencia de Género, entre las que se encuentra la suspensión de la patria potestad, o medidas de las contempladas en el artículo 768 LEC, esto es, acordar alimentos provisionales para el menor cuya filiación se reclama al sujeto pasivo del procedimiento penal.

Con todo esto, podemos concluir que, incluso, podría adoptarse dentro de la orden de protección, junto con lo que hemos ido relacionando, la suspensión de la patria potestad a expensas de que se inste el posterior procedimiento ordinario de privación de la misma; o también la atribución del uso del que fue hogar familiar de una pareja de hecho sin hijos, a expensas de que por la víctima se inste el posterior procedimiento ordinario en relación con el mismo. Todo ello sin perjuicio de que, habiendo menores, proceda establecer necesariamente la atribución del uso y disfrute de la vivienda familiar, si la hubiese; determinar el régimen de guarda y custodia, visitas, comunicación y estancia con los menores o personas con la capacidad judicialmente modificada; y el régimen de prestación de alimentos.

Las medidas civiles tendrán una vigencia temporal de 30 días (a salvo de lo que se dirá en el siguiente epígrafe sobre las medidas del art. 158 CC a adoptar también a extramuros de la orden de protección, para la protección de menores y personas con discapacidad, en el que, dada su naturaleza cautelar, puede ser objeto de otros plazos que así deberán recogerse en la resolución dictada al efecto).

Si dentro de este plazo de 30 días fuese incoado a instancia de la víctima o de su representante legal un proceso de familia ante la jurisdicción civil, las medidas adoptadas permanecerán en vigor durante los treinta días siguientes a la presentación de la demanda. En este término las medidas deberán ser ratificadas, modificadas o dejadas sin efecto por el juez de la sección civil o sección única civil y de instrucción del tribunal de instancia que resulte competente.

El plazo de 30 días debe computarse por días hábiles, debiendo estarse a lo dispuesto en el art. 133.2 LEC al tratarse de un plazo procesal; asimismo, cuando el precepto refiere que en dicho plazo deberá "incoarse" un proceso de familia, debe entenderse como deberá "iniciarse" un proceso de familia, que lo será con la presentación de la demanda, más allá de su admisión a trámite (recordemos que, conforme a la RAE, la acepción de incoar es "llevar a cabo los primeros trámites de un proceso"), siendo los efectos del proceso desde la presentación de la demanda, como nos recuerda el art. 410 LEC; interpretación que resulta coherente con lo que establece el art. 544 *ter* 7.IV, cuando tras señalar que deberá incoarse en el referido plazo de 30 días, dispone que «las medidas adoptadas permanecerán en vigor durante los treinta días siguientes a la presentación de la demanda».

Esta interpretación encuentra, además, adecuado reflejo en la regulación de las medidas provisionales previas a la demanda a instar en el orden jurisdiccional civil —de cierto paralelismo con algunas de las medidas civiles relativas a la regulación provisional de las relaciones paterno filiales adoptadas dentro de la orden de protección—, estableciéndose en el art. 771.5 LEC que los efectos de las medidas provisionales previas a la demanda «sólo subsistirán si, dentro de los treinta días siguientes a su adopción, se presenta la demanda de nulidad, separación o divorcio».

En cuanto a los recursos contra la orden de protección, le es de aplicación el régimen general de recursos. No obstante, y en cuanto a las medidas civiles que se pudieran adoptar, un amplio sector de las audiencias provinciales viene a señalar el carácter irrecurrible de dicho pronunciamiento, bajo dos ideas principales:

a) Las medidas civiles participan de la naturaleza de las medidas provisionales reguladas en los artículos 771 a 773 de la Ley de Enjuiciamiento Civil. Desde tal planteamiento se entiende que debe aplicarse el régimen de irrecurribilidad que para este tipo de medidas se establece en la referida norma procesal, por la aplicación supletoria de la misma, conforme regula en su artículo 4.

b) Las medidas de índole civil acordadas en la orden de protección tienen su propio sistema revisorio, trasladando esta competencia *revisora* al orden jurisdiccional civil. Todo ello, partiendo de lo dispuesto en el último inciso del artículo 544 ter.7 LECrim, que determina que las medidas civiles adoptadas dentro de la orden de protección "*deberán ser ratificadas, modificadas o dejadas sin efecto por el Juez de primera instancia que resulte competente*".

En contra, ciertamente desde una posición minoritaria, puede argumentarse que, y como hemos visto, el pronunciamiento civil de la orden de protección engloba posibles medidas que superan las contempladas en los artículos 771 y 773, ambos de la LEC, por lo que, de seguirse la aplicación supletoria de la LEC, debería estarse al régimen impugnatorio que ofreciera la concreta medida cautelar de haberse acordado en el orden jurisdiccional civil, recordando que solo las medidas provisionales de los referidos arts. 771 y 773 son irrecurribles, no así, por ejemplo, las medidas, que ya mencionábamos, del artículo 158 CC, de los artículos 65 y 66 de la Ley Orgánica 1/2004, o las contempladas en el artículo 768 LEC.

Por otro lado, estando regulado el régimen de recursos frente a los autos dictados por el juez o tribunal penal, ya no cabe acudir a aplicación supletoria de la LEC, pues su artículo 4 solo la prevé en defecto de disposiciones que regulen los procesos penales, en este caso, los recursos contra una resolución judicial. A esto debemos añadir que, además, esta forzada interpretación del artículo 4 LEC no lo es favoreciendo el acceso a los recursos, sino restringiendo lo establecido como norma general en la LECrim.

Finalmente, aunque se sostuviera que las medidas civiles de la orden de protección se corresponden con las medidas provisionales del art. 771 LEC, estas últimas se adoptan por cauces procesales propios, con unos adecuados plazos de preparación previa de alegaciones y aportación de prueba que el que ofrece la comparecencia del art. 544 ter de la LECrim, lo que "equilibra" la falta de recurso, en el ámbito del art. 771 LEC, con la posibilidad de un mayor debate probatorio que, por el contrario, por su propia dinámica, es más deficitario en la comparecencia del art. 544 ter, que se "equilibra" con mecanismos impugnatorios.

2.7 La orden de protección frente al menor infractor

Resulta de interés preguntarnos qué ocurre en materia de responsabilidad penal de menores, y la posible adopción de orden de protección, tanto si estamos en el ámbito de la violencia de género como de la violencia doméstica.

Lamentablemente, no es infrecuente en el ámbito del derecho penal juvenil, y como ya recordaba la Consulta 3/2004, de 26 de noviembre, de la FGE, la existencia de malos tratos familiares protagonizados por menores hacia sus progenitores y hacia sus parejas sentimentales.

Antes de entrar a valorar la posibilidad de adoptar orden de protección en la justicia penal de menores, debemos fijar que, sea cual sea la respuesta que queramos dar, no cabe duda de que la competencia para la decisión será del juez de la sección de menores del tribunal de instancia y, en ningún caso, del juez de violencia sobre la mujer, en caso de violencia de género, o del juez de la sección de instrucción o sección única civil y de instrucción o, en su caso, sección de violencia contra la infancia y la adolescencia, en el caso de violencia doméstica, siendo que la petición deberá dirigirla el Ministerio Fiscal (al que le corresponde la competencia de la instrucción del expediente) al juez de la sección de menores del tribunal de instancia, sin perjuicio de que dicha petición la haga el Ministerio Fiscal de oficio o a petición de quien esté personado en ejercicio de la acción penal en el expediente de menores.

Dicho esto, sin duda, es posible adoptar medidas equivalentes a las recogidas en el art. 544 *bis* LECrim, pues así lo establece el art. 28.1 de la LO 5/2000, de 12 de enero, reguladora de la responsabilidad penal de los menores, que dispone que «cuando existan indicios racionales de la comisión de un delito y el riesgo de eludir u obstruir la acción de la justicia por parte del menor o de atentar contra los bienes jurídicos de la víctima, podrá solicitar del Juez de Menores, en cualquier momento, la adopción de medidas cautelares [...]. Dichas medidas podrán consistir en [...] prohibición de aproximarse o comunicarse con la víctima o con aquellos de sus familiares u otras personas que determine el Juez, o convivencia con otra persona, familia o grupo educativo [...]».

Pero no parece posible la adopción de estas medidas cautelares penales bajo la figura de la orden de protección al amparo del art. 544 *ter* —y abriendo la posibilidad de adopción, incluso, de medidas civiles ni siquiera contempladas en la LORPM—. Ciertamente, quien defiende la posibilidad de aplicar el art. 544 *ter* LECrim lo sostiene a partir de la Disposición Final Primera de la LORPM, que fija como derecho supletorio la LECrim; ahora bien, dicho carácter supletorio lo es "*para lo no previsto expresamente*" en la regulación de menores, y es lo cierto que las medidas cautelares están contempladas en dicha regulación, sin incluir la posibilidad de acordar órdenes de protección.

Así lo entendió la referida Consulta 3/2004, de 26 de noviembre, de la FGE, cuando vino a señalar expresamente que, en materia de responsabilidad penal de menores no son aplicables las disposiciones de los arts. 544 *bis* y *ter* LECrim.

En este sentido se pronuncia el AAP de Valencia, Secc. 5ª, de 12/11/ 2021 [*Tol 8786889*], que, negando la aplicación del art. 544 ter. y en concreto las medidas civiles en materia de violencia de género cuando el victimario es menor de edad, mayor de 14 años (aquí se trataba de una petición de alimentos), señaló: «Con relación al recurso presentado por la representación de doña Marcelino, ya que no se acordó la adopción de las medidas civiles solicitadas por la víctima, se comparte la omisión del establecimiento de dichas medidas, ya que no cabe en el procedimiento de menores. Y ello atendiendo al texto del artículo 28 de la LORRPM, que no contempla dicha posibilidad. [...] Tampoco se prevé la adopción de medidas civiles para estos supuestos en el ámbito del artículo 544 *ter* de la LECrim, cuyos apartados 6 y 7 han sido modificados por la Disposición Final de la Ley Orgánica 8/2021».

3. MEDIDAS DE PROTECCIÓN DE MENORES O PERSONAS CON DISCAPACIDAD

En primer lugar, recordemos que todo análisis sobre la materia, y cuando hablamos de menores, está presidido por el interés superior de los mismos, siendo este interés una cuestión de orden público por encima de otros vínculos, también los parentales, debiendo estar presididas las decisiones judiciales bajo estándares de motivación reforzada.

Cuando hablamos de interés superior del menor, hablamos de un principio preferente en la toma de decisiones en materia de menores frente a otros derechos, en tal modo que si bien, como regla de interpretación de toda norma, se debe procurar el equilibrio entre derechos en juego, cuando hablamos de afectación a menores, prima su interés, su derecho al desenvolvimiento libre e integral de la personalidad, y es aquí donde surge la idea de la flexibilidad procedimental, convirtiendo este interés superior del menor en un instrumento de flexibilización del rigor procesal en pos del mismo.

Concretado lo anterior, tenemos que, de la lectura del art. 158 del Código Civil, podemos establecer que el juez, de oficio, a instancia de Ministerio Fiscal o del propio menor de edad, o de cualquier pariente del mismo, podrá acordar, además de otras medidas, y dentro del procedimiento penal —ciertamente, también dentro de un procedimiento civil o en expediente de jurisdicción voluntaria si no hubiera un procedimiento previo abierto—, las siguientes:

1. La medida de prohibición de aproximación o comunicación con el menor por parte de los progenitores, tutores, parientes o terceras personas, así como acercarse a su domicilio o centro educativo y a otros lugares que frecuente, con respeto al principio de proporcionalidad. Medida cautelar, de naturaleza civil, que no se puede confundir con las medidas cautelares penales del artículo 544 *bis* de la LECrim, ni las que se pueden aplicar, con relación a la responsabilidad penal de menores, conforme al art. 28 de la LO 5/2000, reguladora de la responsabilidad penal de los menores.

   Como señala GONZALO RODRÍGUEZ, se trata de mecanismos protectores, tanto de los menores como de personas con discapacidad, sean o no víctima de los malos tratos, siempre que estén en situación de riesgo, buscando la estabilidad psíquica y/o física del menor o persona con discapacidad.

Ilustrativa resulta el AAP de Granada, Secc. 2ª, de 17/10/2022 [*Tol 9616684*], que vino a señalar «Como bien dice el Juez instructor en el auto apelado por el que deniega la medida cautelar, hay que buscar en el art. 158 del Código Civil, que no en el art. 544 *ter* ó en el 544 quinquies de la Ley de Enjuiciamiento Criminal, el título habilitante para adoptar el pronunciamiento que interesa la ahora apelante, pues ni hay causa para dictar la orden de protección que se regula en el primero de los preceptos, ni tampoco encontramos el encaje exacto de lo que se propone entre las medidas de protección de víctimas de delitos menores de edad que contempla el segundo. Es el art. 158-6º del Código Civil el que permite al Juez, de oficio, a instancia de cualquier pariente o del Ministerio Fiscal, decretar la suspensión cautelar en el ejercicio de la guarda y custodia establecidos en resolución judicial, entre otras medidas, a fin de apartar a un menor de algún peligro o de evitarle perjuicios en el entorno familiar o frente a terceras personas. Y tanto ésta como las demás medidas que enumera el precepto, de acuerdo con su último párrafo, pueden adoptarse dentro de cualquier proceso judicial o penal o expediente de jurisdicción voluntaria, donde el Juez está obligado a garantizar la audiencia del menor de edad. El carácter urgente del pronunciamiento es pues inherente a la naturaleza de este tipo de medidas en protección de los menores de edad, fundadas en la necesidad de preservar al menor de riesgos o perjuicios que comprometan su interés o bienestar ante una situación dada».

En similar sentido el AAP de Asturias, Secc. 2ª, de 2/05/2023 [*Tol 9704288*], señalando «Vemos así que la Magistrada instructora ha impuesto al apelante las prohibiciones de comunicación y aproximación respecto de su hija menor de 17 años, María Milagros, nacida el NUM000 de 2005, al amparo de lo dispuesto en el Art. 158 del Código Civil, al considerar que se ha justificado, médicamente sobre todo, cómo los intentos del apelante por relacionarse con dicha menor parecen estar repercutiendo negativamente en la misma, y ello hasta el punto de desestabilizarla y agravar su previo cuadro depresivo, al haber protagonizado incluso dicha menor un intento suicida que ha requerido su ingreso en unidad psiquiátrica a principios del mes de marzo pasado. [...] Y ello sin perjuicio de lo que pueda resultar de la incipiente instrucción de la causa y de la necesidad de recabar mayores datos para corroborar si se ha producido un eventual delito de coacciones/acoso en el ámbito familiar por parte del recurrente, que justificara la adopción de cualquiera de las medidas previstas en el Art. 544 LECrim».

2. En general, las demás disposiciones que considere oportunas a fin de apartar al menor de un peligro o de evitarle perjuicios en su entorno familiar o frente a terceras personas. Estas medidas, ciertamente, encuentran expreso reflejo en el artículo 544 *ter* 7 LECrim cuando dispone que el juez, dentro de las medidas de índole civil a adoptar en la orden de protección, podrá adoptar "*cualquier disposición que se considere oportuna a fin de apartarles de un peligro [...]*".
3. Las medidas necesarias para evitar la sustracción de los hijos menores o personas con discapacidad por alguno de los progenitores o por terceras personas y, en particular, las siguientes:
   a. Prohibición de salida del territorio nacional, salvo autorización judicial previa.
   b. Prohibición de expedición del pasaporte al menor o retirada del mismo si ya se hubiere expedido.
   c. Sometimiento a autorización judicial previa de cualquier cambio de domicilio del menor.

La adopción de todas estas medidas, aun en la esfera civil, lo son de estricta naturaleza cautelar y, por tanto, deben estar sometidas a criterios de necesidad y proporcionalidad, recordando que este tipo de medidas, aun participando su contenido propio de una medida civil, y al margen de las estrictas medidas provisionales de guarda y custodia, régimen de visitas y alimentos dentro del concepto de levantamiento de cargas familiares, pueden calificarse como medidas cautelares de protección de los menores que deben adoptarse exclusivamente cuando concurren determinadas circunstancias especiales que conllevan un riesgo o perjuicio para los mismos.

Ilustrativo al respecto resulta el Auto de la AP de Valladolid, Secc. 1ª, de 9 de noviembre de 2018: «Es cierto que resulta posible la adopción de las medidas cautelares del artículo 158 del Código Civil en cualquier fase del procedimiento, incluso en la fase de la ejecución de la sentencia, sin necesidad del incidente de modificación de medidas, pero para ello es imprescindible que conste urgente necesidad de su establecimiento en razón de las graves circunstancias que el artículo 158 describe y que con la adopción de aquéllas se pretende evitar. [...]. Estas medidas, son llamadas cautelares, y se caracterizan por su carácter apremiante y necesario ante situaciones puntuales de excepcionalidad. Por ello, su utilización debe reservarse para casos de necesidad y urgencia evitando así que la dilación del incidente de modificación de medidas no sirviera para dar una respuesta pronta a la situación excepcional contemplada».

Recordemos, por el contrario, que las concretas medidas de guarda y custodia, visitas y alimentos que se pueden adoptar dentro de la orden de protección, y aun al amparo del art. 544 ter.7 LECrim, se configuran, no como una medidas cautelares sometidos a estos criterios de necesidad y proporcionalidad, sino con el fin de dotar de una mínima estabilidad material y personal de las partes y sus hijos durante la tramitación del futuro procedimiento de separación, divorcio, nulidad o de medidas paterno filiales, asimilable a las que se pueden adoptar en el ámbito civil como medidas provisionales previas, por la vía del art. 771 LEC, y hasta que se adopten medidas definitivas, de ahí en este último caso, la razón de ser de la vigencia de 30 días de estas medidas (al contrario de las que se adopten al amparo del art. 158 CC), plazo en el que deberá instarse el oportuno procedimiento civil en adopción de las medidas civiles definitivas.

Previo a la adopción de todas estas medidas, la autoridad judicial habrá de garantizar la audiencia de la persona menor de edad, pudiendo el Tribunal ser auxiliado por personas externas para garantizar que pueda ejercitarse este derecho por sí misma.

Estas medidas, protectoras, y sin perjuicio de la literalidad del art. 158 CC, también son aplicables para personas con discapacidad que requieran medidas de apoyo formales o no formales —como así se desprende, por ejemplo, de la Circular 2/2017 de la FGE—. Recordemos que el art. 158 del CC refiere que las medidas en él contempladas tendrían su fin «apartar al menor [aquí debe leerse también persona con discapacidad] de un peligro o de evitarle perjuicios en su entorno familiar o frente a terceras personas».

4. MEDIDAS RELATIVAS A LA PATRIA POTESTAD O TUTELA Y AL RÉGIMEN DE VISITAS

La Disposición final primera de la Ley 4/2015, del Estatuto de la víctima del delito, introduce entre otras modificaciones de la Ley de Enjuiciamiento Criminal, el artículo 544 quinquies, a los efectos de ajustar la norma procesal penal para la adecuada transposición de algunas de las disposiciones contenidas en la Directiva 2012/29/UE del Parlamento Europeo y del Consejo, de 25 de octubre de 2012, por la que se establecen normas mínimas sobre los derechos, el apoyo y la protección de las víctimas de delitos.

En concreto, la referida Directiva venía a establecer en su artículo 22.4 que a los efectos de la misma «se dará por supuesto que las víctimas menores de edad tienen necesidades especiales de protección en razón de su vulnerabilidad a la victimización secundaria o reiterada, a la intimidación o a las represalias».

Así las cosas, el artículo 544 quinquies se convierte en un esencial exponente de la evolución de las medidas cautelares dentro del proceso penal, no como mecanismos basados en la necesidad de su adopción en evitación del riesgo que supone la tardanza del proceso y su adecuada sustanciación, sino como auténticos mecanismos de protección de la víctima, incluso alejándose del carácter instrumental de toda medida cautelar al servicio del procedimiento en donde se ha adoptado, pues, como veremos, en el presente caso, dicho principio de instrumentalidad se diluye seriamente desde el momento en que el órgano judicial podrá mantener dicha medida aun después de finalizado el procedimiento, y como dispone el art. 544 quinquies. 3, "valorando exclusivamente el interés de la persona afectada". No siendo, incluso, pacífica la naturaleza de las medidas del art. 544 quinquies, pudiendo defenderse que las mismas desbordan el ámbito propio de medidas de cautelares de naturaleza estrictamente civil, convirtiéndose en "algo más", teniendo en cuenta que están destinadas a la protección de la víctima del delito —en este caso víctima menor de edad—; no obstante, lo relevante es que dichas medidas tienen ineludible naturaleza cautelar de protección de los hijos menores —o de persona con discapacidad con medida de apoyo formal o no formal— y su interés superior.

Así, el AAP de Pontevedra, Secc. 4ª, de 15/06/2023 [*Tol 9888554*], vino a señalar: «Por otra parte, en contra de lo que sostiene la parte recurrente, pese al carácter imperativo que parece deprenderse, no del 544 ter, sino del tenor literal del art. 544 quinquies de la LECrim. y art. 94 del CC no cabe duda de que las medidas cuya adopción se permiten presididas por el interés preferente de protección que, en este caso, es el de los menores, no son de adopción automática sino siempre que concurran, además del principio de legalidad los requisitos del "fumus boni iuris" (o apariencia del buen derecho), de modo que la adopción de una medida cautelar en el proceso penal solo puede darse cuando existen indicios racionales de delito en relación con el cual existen bienes jurídicos necesitados de inmediata protección; y además el "periculum in mora" o riesgo de producción de un daño durante el transcurso del proceso, de manera que de no adoptarse la medida de que se trate finalmente no sería posible alcanzar la tutela del bien o bienes jurídico protegidos con el tipo penal de que se trate».

Así las cosas, y en todo caso, para su adopción, el carácter instrumental de estas medidas no "desaparece"; así, en primer lugar, estas medidas solo se pueden adoptar dentro del seno de un procedimiento penal en el que se investiguen algunos de los delitos del art. 57 CP, esto es, delitos de homicidio, aborto, lesiones, contra la libertad, de torturas y contra la integridad moral, trata de seres humanos, contra la libertad e indemnidad sexuales, la intimidad, el derecho a la propia imagen y la inviolabilidad del domicilio, el honor, el patrimonio, el orden socioeconómico y las relaciones familiares.

Por otro lado, la víctima debe ser menor de edad o personas con discapacidad con medidas de apoyo, formales o no formales —en este último caso, tendríamos la guarda de hecho como medida de apoyo no formal—, si bien el art. 544 quinquies, como ocurre en el inciso primero del art. 544 ter. 7, sigue hablado de "capacidad judicialmente modificada".

Como ya apuntábamos, con ocasión del análisis de las medidas civiles dentro de la orden de protección, no es posible modificar judicialmente la capacidad de las personas, partiendo de la esencial consideración de que la capacidad de las personas forma parte de la dignidad humana, recordando la Convención de Nueva York, en su art. 12, que: "las personas con discapacidad tienen capacidad jurídica en igualdad de condiciones con las demás en todos los aspectos de la vida", regulación hoy plenamente integrada en nuestra normativa interna, conforme a la Ley 8/2021, de 2 de junio, por la que se reforma la legislación civil y procesal para el apoyo a las personas con discapacidad en el ejercicio de su capacidad jurídica.

En este punto, debemos destacar, como esencial distinción de las exigencias para la adopción de las medidas del art. 544 ter.7 y de las del art. 544 quinquies, que, para la adopción de estas últimas, la víctima debe ser el menor de edad o la persona con discapacidad con medidas de apoyo —formales o no— y, en el primer caso, las medidas estarán destinadas a los hijos menores —o personas con discapacidad sometidos a su cuidado— de la víctima y del victimario, sin que sean víctimas del delito.

Así lo destaca el AAP de Barcelona, Secc. 20ª, de 14/09/2021 [*Tol 8719873*]: «Medidas civiles de la Orden de protección del artículo 544 *ter* de la LECrim [...], con carácter general no se exige que el menor sea víctima del delito puesto que la propia redacción del apartado 7 del precepto parece partir de la premisa de que la víctima sea el progenitor, al disponer: "deberán ser solicitadas por la víctima o su representante legal, o bien por el Ministerio Fiscal cuando existan hijos menores o personas con la capacidad judicialmente modificada". Según el propio texto normativo estas medidas podrán consistir en [...] cualquier disposición que se considere oportuna a fin de apartarles de un peligro o de evitarles perjuicios. 2º) Medidas estrictamente civiles del artículo 544 quinquies de la LECrim cuando la víctima es menor de edad o persona con la capacidad modificada judicialmente, exista o no regulación civil previa. El citado precepto exige en todo caso la incoación de un procedimiento penal en el que se "investigue" un delito cometido contra un menor de edad o persona con la capacidad modificada judicialmente».

Por otro lado, el art. 544 ter. 7 incluye medidas propias de las medidas reguladoras de las relaciones paterno-filiales, ajenas a cualquier naturaleza cautelar, siendo en contraposición que las medidas del art. 544 *quinques*, todas y cada una, son de pura naturaleza cautelar, presididas por la observancia de los requisitos exigidos para la adopción de toda medida cautelar, aun enfocada a la protección de la víctima del delito.

Cumplido el requisito de que se investigue un delito del art. 57 CP y que la víctima sea menor de edad o persona con discapacidad con medidas de apoyo, el órgano judicial podrá adoptar algunas de las siguientes medidas:

a) Suspender la patria potestad de alguno de los progenitores, pudiendo, en interés del menor o persona con discapacidad, fijar un régimen de visitas.

b) Suspender la tutela, curatela, guarda o acogimiento.

c) Establecer un régimen de supervisión del ejercicio de la patria potestad, tutela o de cualquier otra función tutelar o de protección o apoyo.

d) Suspender o modificar el régimen de visitas o comunicación con el no conviviente o con otro familiar que se encontrara en vigor.

En caso de suspensión de la patria potestad, tutela, curatela, guarda o acogimiento o ante la posible existencia de una situación de riesgo o desamparo, el Letrado de la Administración de Justicia del órgano judicial comunicará a la entidad pública competente que tenga legalmente encomendada la protección de los menores o de persona con discapacidad, a fin de que puedan adoptar las medidas de protección que resulten necesarias.

Estas medidas se podrán mantener, como ya apuntábamos, aun después de finalizado el procedimiento, cuando el órgano judicial, «*valorando exclusivamente el interés de la persona afectada*», sin perjuicio de que las partes, también el Ministerio Fiscal, puedan solicitar al juez su modificación o alzamiento, con aplicación, en cuanto al cauce procedimental, del procedimiento establecido en el artículo 770 Ley de Enjuiciamiento Civil.

Esta posibilidad, como ya exponíamos, aleja este tipo de medida del carácter instrumental de toda medida cautelar vinculada al proceso donde se adopta.

Al respecto, resulta ilustrativo el AAP de Vizcaya, Secc. 3ª, de 12/02/2024 [*Tol 10155625*], vino a exponer: «Frente a ello, el art. 544 quinquies LECriminal surge, de forma novedosa, para reforzar las posibilidades del juez penal en relación a la protección de menores que puedan estar siendo víctimas directas de cualquiera de los delitos previstos en el art. 57 CP, y a tal efecto la ley procesal le permite adoptar, de forma motivada, medidas civiles consistentes en la suspensión de la patria potestad, tutela, curatela, guarda, acogimiento, así como en la suspensión o establecimiento de un sistema de supervisión del régimen de vistas, estancias y comunicación del menor con el correspondiente progenitor. Así, son notas definitorias de dichas medidas las siguientes: son cautelares civiles que pueden adoptarse en cualquier momento de una investigación penal en la que el menor aparezca como víctima directa de los hechos; pueden ser adoptadas por el juez penal, sin limitación alguna, en cualquier momento del procedimiento, pudiendo modificar medidas acordadas en vía civil ante la aparición de signos de delito, pudiendo incluso suspender la patria potestad; una vez adoptadas no abandonan el procedimiento penal, sino que permanecen dentro del mismo como cautelares de naturaleza civil, pudiendo ser mantenidas o modificadas a lo largo de dicho procedimiento; a nivel temporal se extienden sine die, no requiriendo ser ratificadas en vía civil, a diferencia de las adoptadas al amparo del Art. 544 *ter* LECrim; y concluido el procedimiento, el juez o tribunal, valorando exclusivamente el interés de la persona afectada, ratificará o alzará la medida, pudiendo las partes solicitar su modificación o alzamiento de conformidad con lo previsto en el Art. 770 LEC, a fin de garantizar el principio de audiencia y contradicción. En definitiva, nos hallamos ante una medida que, a pesar de su naturaleza civil, fue concebida para "servir" como medida de protección de un menor dentro de un procedimiento penal; y así se infiere claramente del propio texto del Art. 544 quinquies LECrim, pues: a) el legislador no ha introducido en el art. 544 quinquies LECrim ninguna previsión (ni preceptiva, ni facultativa para las partes) sobre la ratificación de dicha medida en vía civil, como sí explicita (dando incluso plazo) en el caso de medidas civiles el Art. 544 *ter* LECrim; lo que parece lógico, precisamente para evitar posibles decisiones contradictorias entre la jurisdicción civil y la penal (tal como ha ocurrido en este caso) que pudieran acabar traduciéndose, además, en un menoscabo para los niveles de protección del menor que a juicio del juez penal se hacen necesarios ante los visos o indicios de delito; b) y en consonancia con ello, es en el seno del procedimiento penal donde el legislador ubica cualquier decisión de alzamiento o ratificación de la medida».

Sea como fuere, en todo caso y en último extremo, no debemos olvidar que, como toda medida cautelar, participa de exigencias tales como necesidad, excepcionalidad, subsidiariedad y proporcionalidad.

Así nos lo recuerda, entre otras la AAP de Tarragona, Secc. 2ª, de 22/05/2023 [*Tol 9691714*]: «estas medidas cautelares, como cualesquiera de las medidas adoptadas en el proceso penal, son contempladas como medidas restrictivas o limitativas de derechos respecto de la persona sometida al proceso penal, y en estos supuestos el Tribunal Constitucional nos ha recordado de forma reiterada que en su adopción, el canon de ponderación de los intereses en juego y de motivación exigido es más estricto, a partir de la información disponible en el momento en que ha de adoptarse la decisión, en el entendimiento de que las medidas restrictivas de derechos que se adopten deben cumplir los principios de excepcionalidad, subsidiariedad y proporcionalidad a la consecución de los fines que la legitiman (STC 128/1995, FJ 3; y 33/1999, FJ 3)».

5. PRIVACIÓN DEL PERMISO DE CONDUCIR

Esta medida cautelar limitativa de derechos está destinada a evitar la reiteración delictiva que pudiera llevarse a cabo mediante la circulación de vehículos de motor, siendo esta la causa de justificación de la medida y no otra; así, esta medida debe adoptarse dentro de un procedimiento en el que se esté investigado un delito en cuya comisión el investigado ha hecho uso de un vehículo a motor de los que necesitan permiso de conducir para su uso, pero no cualquier delito, sino los cometidos contra la seguridad vial.

Asimismo, junto con la anterior exigencia, deben constar en la causa circunstancias concurrentes en la persona del investigado que descubran su tendencia a la comisión de nuevos hechos delictivos relacionados con delitos contra la seguridad vial, configurándose en un riesgo relevante, sin que, en ningún caso, y como ocurre con el resto de medidas cautelares, pueda convertirse en una pena anticipada, sino que debe circunscribirse al análisis de la previsibilidad de reiteración delictiva en el ámbito de la seguridad vial.

Así, por ejemplo, justificaba la adopción de esta medida cautelar el AAP de Murcia, Sección 2ª, de 9/07/2024 [*Tol 10264755*], señalando que: «La Sala considera que la medida acordada es adecuada y proporcionada a las circunstancias concurrentes pues debe valorarse que en el caso de autos concurren circunstancias que hacen procedente y necesario la adopción, con carácter cautelar, de la retirada del permiso de conducir, atendido; por un lado, la gravedad de los hechos objeto del presente procedimiento apreciándose; por otro lado, que concurren en el imputado otras circunstancias personales de las que pudiera derivarse su tendencia a la comisión de ilícitos de análoga naturaleza al que se investiga en las presentes actuaciones pues el mismo ha manifestado que tiene problemas con el alcohol, y además se dedica profesionalmente a la conducción de vehículos a motor, pues es tractorista».

Dos son los preceptos a tener en cuenta, además del *genérico* artículo 13 LECrim. En primer lugar, debemos estar a lo dispuesto en el art. 529 *bis* LECrim que establece que «Cuando se decrete el procesamiento de persona autorizada para conducir vehículos de motor por delito cometido con motivo de su conducción, si el procesado ha de estar en libertad, el Juez, discrecionalmente, podrá privarle provisionalmente de usar el permiso, mandando que se recoja e incorpore al proceso el documento en el que constc. El Secretario judicial lo comunicará al organismo administrativo que lo haya expedido».

Un segundo precepto es el art. 764.4.II LECrim, que viene a señalar que «podrá acordarse la intervención del permiso de conducción requiriendo al investigado o encausado para que se abstenga de conducir vehículos de motor, en tanto subsista la medida, con la prevención de lo dispuesto en el artículo 556 del Código Penal», que llevará consigo la retirada de los documentos respectivos y su comunicación a los organismos administrativos correspondientes.

Pudiera pensarse, dada la redacción del párrafo primero del referido artículo 764.4, relativo a la intervención inmediata del vehículo y la retención del permiso de circulación del mismo cuando fuere necesario practicar alguna investigación en aquél o para asegurar las responsabilidades pecuniarias, que este segundo párrafo viniera a tratar esta medida de intervención de permiso de conducción como una medida de carácter real —asegurar las responsabilidades pecuniarias— o con el fin de asegurar la investigación sobre el vehículo intervenido.

Ahora bien, más allá de la confusión que puede generar este segundo párrafo tras la lectura del primero, es lo cierto que la intervención del permisión de conducir, y desde el principio de idoneidad, en nada asegura la eficacia de la intervención del vehículo, ni en nada asegura las responsabilidades pecuniarias, por lo que dicha intervención del permiso de conducir debe ser tratada como medida autónoma de carácter personal, restrictiva de derechos, que debe ser puesta en relación con los arts. 763 y 13, ambos de la LECrim, e interpretarla en términos similares a lo dispuesto en el artículo 529 *bis* LECrim.

En cuanto a la duración máxima de la medida, ciertamente nada dicen los preceptos referidos, lo que nos aboca a su análisis desde principios de proporcionalidad, en tal modo que, en el escenario más restrictivo de los derechos de una persona, no podrá durar dicha medida cautelar más de lo que como pena pudiera imponerse por el delito que está siendo investigado.

Al respecto, resulta interesante la STS de 14/02/2014 [*Tol 4142635*], que vino a razonar de manera ciertamente ilustrativa: «Es de lógica aplastante estimar que una medida cautelar no puede tener una duración superior al tope máximo legal de la medida definitiva. [...] aunque no existan limitaciones temporales específicas, las medidas cautelares personales diferentes a la prisión (con plazos propios legalmente fijados) han de tener como duración irrebasable el máximo de la pena de igual naturaleza anudada al delito. Una medida cautelar de privación del permiso de conducir (art. 529 *bis* LECrim), no solo por un básico sentido común, sino también en virtud de una interpretación sistemática de la ley, no puede prolongarse nunca más allá de ocho años (art. 33.3.d) CP); ni en concreto más allá del máximo previsto para el delito que se imputa (v.gr. cuatro años si es un delito del art. 152 CP)».

Por último, cabe señalar, tal y como se desprende de la lectura del 529 *bis*
1632 LECrim, y sin que exista previsión legal que "exija" que lo sea a instancia de parte, que esta medida cautelar puede ser adoptada de oficio.

6. SUSPENSIÓN DE ACTIVIDADES EMPRESARIALES, LA CLAUSURA TEMPORAL Y LA INTERVENCIÓN JUDICIAL

El Código Penal, tras la reforma introducida por la Ley Orgánica 5/2010, de 22 de junio, diferencia entre responsabilidad penal de las personas jurídicas, conforme dispone el art. art. 33.7 CP (cuyo último párrafo establece que frente a ellas se podrá acordar la clausura temporal de los locales o establecimientos, la suspensión de las actividades sociales y la intervención judicial), y consecuencias accesorias para aquellas organizaciones que carecen de dicha personalidad, conforme dispone el art. 129 CP, en cuyo apartado tercero establece que serán aplicables las mismas medidas cautelares a los entes sin personalidad jurídica que a los que sí la tienen.

La adopción de estas medidas cautelares, tanto frente a las personas jurídicas, como frente a entes sin personalidad jurídica, exigen los mismos requisitos que cualesquiera medidas cautelares, esto es, la apariencia de buen derecho (que recordemos tiene su ineludible punto de partida en la condición de sujeto pasivo de la acción penal de la persona jurídica o condición de entidad a través de la que se desarrolla la actividad presuntamente delictiva que se está investigando, cuando hablamos de entes sin personalidad) y el peligro de mora o daño especifico derivado de la duración de la actividad jurisdiccional penal, exigiéndose, para su adopción, la concurrencia de necesidad, idoneidad y proporcionalidad en sentido estricto.

Como apuntábamos, las medidas cautelares que se pueden adoptar frente a las personas jurídicas (o entes carentes de personalidad a través de los cuales se lleva a cabo la actividad delictiva), son tres:

* Clausura temporal de los locales o establecimientos.
* Suspensión de actividades sociales.
* La intervención judicial.

6.1 Competencia, cauce procesal y duración de la medida

Antes de entrar en el análisis de cada una de estas medidas cautelares, analizaremos las características comunes de las mismas, en cuanto a competencia, cauce procesal y duración de la medida.

En primer término, debe establecerse que para todas estas medidas rige el principio de justicia rogada, es decir, que solo pueden adoptarse a petición de parte procesal legitimada para ello, esto es, el Ministerio Fiscal y las partes legitimadas para el ejercicio de la acción penal que, como acusaciones, así se hayan personado —bien como acusación particular, bien, en su caso, acusación popular—, sin que puedan solicitarlas interesados que no sean parte procesal —piénsese en trabajadores de la persona jurídica afectados por el ilícito y no personados en la causa—.

Además, de la lectura del artículo 544 quáter LECrim, puesto en relación con los artículos 119 y 409 *bis*, ambos del mismo texto legal, tenemos que para su adopción habrán de haber adquirido, en el caso de las personas jurídicas, la condición judicial de investigada.

Así lo destaca el AAP de Guipúzcoa, Secc. 1ª, de 26/06/2020 [*Tol 8349876*], que vino a exponer: «En primer lugar, debemos partir de que la ASOCIACIÓN [...] no se encuentra imputada, ni investigada en la presente causa, [...]. Por consiguiente, no es de aplicación el art. 544 *quater* LECrim, que se invoca en el recurso, que se refiere a las medidas cautelares que pueden imponerse cuando se ha procedido a la imputación de una persona jurídica. Por el mismo motivo, tampoco es de aplicación el art. 33.7 in fine del Código Penal (CP), que permite acordar, como medidas cautelares durante la instrucción de la causa que se siga contra personas jurídicas, la clausura temporal de sus locales y establecimientos, la suspensión de sus actividades y su intervención judicial».

Asimismo, se exige previo a su adopción, y junto con la petición de parte legitimada, la celebración de una vista previa, en adecuado respeto a los principios de contradicción y defensa. Ciertamente, no se establece plazo para su celebración, pero, sin duda, deberá ser a la mayor brevedad posible —así, por ejemplo, en Italia se regula que esta comparecencia debe celebrarse en el plazo máximo de 15 días—.

Esta exigencia es ineludible, sin que exista una previsión legal (como sí ocurre, por ejemplo, con la adopción de la medida cautelar de prisión provisional —art. 505.5 LECrim—) que permita la adopción *inaudita parte*, aun siquiera en su momento inicial.

En este sentido el AAP de Vizcaya, Secc. 2ª, de 14/06/2019 [*Tol 7457823*], vino a razonar: «previo a la adopción de las medidas cautelares de autos, no se celebró vista [...] por todo lo cual hemos de acordar la nulidad de la resolución recurrida, debiendo adoptarse o no las medidas cautelares solicitadas por el Ministerio Fiscal en la vista prevista en el art. 544 quáter de la LECrim, previa designación por la asociación de persona que la represente, así como de abogado y procurador, quienes habrán de comparecer (al menos el letrado) a aquella junto con los demás investigados (y sus letrados)».

1634 En resumen, para el caso de las personas jurídicas, se establece como *requisito material* la imputación de la persona jurídica; como *requisito de legitimación*, la previa petición de parte; y como *requisito procedimental,* la celebración de vista; requisitos todos ellos que se vuelven difusos cuando los trasladamos a la adopción de estas medidas cautelares a entes sin personalidad jurídica y al amparo del art. 129.3 CP, en el que, obviamente, decae la necesidad de imputación frente a dicho ente, que, por carecer de personalidad jurídica, no puede ser sujeto pasivo de la acción penal; ciertamente, más dudas puede plantear la necesidad de que la medida cautelar se adopte a instancia de parte y con la celebración de vista previa.

Al respecto, y negando la exigencia, frente a los entes sin personalidad jurídica, de petición de parte y audiencia previa, se pronuncia el AAP de Almería, Secc. 2ª, de 6/09/2019 [*Tol 7665140*], que vino a razonar lo siguiente: «El art. 129.3 CP viene a indicar la posibilidad de adoptar de lo que en principio son penas (artículo 33.7 CP) o medidas accesorias como medidas cautelares, antes de la sentencia, en cualquier momento del procedimiento y sin necesidad de que exista una acusación y petición de parte acusadora. Es decir que las medidas del artículo 129 CP se podrán adoptar, incluso de oficio, desde el primer momento de la instrucción».

En similar sentido el AAP de Barcelona, Secc. 7ª, de 18/01/2021 [*Tol 8606395*], que vino a exponer: «Se queja la recurrente de la adopción de la medida cautelar de su clausura y suspensión de actividades en el auto de apertura de juicio oral dictado frente a su fundador y presidente, Conrado, por los delitos contra la salud pública y asociación ilícita. Y lo hace porque considera infringido el artículo 544 *quater* de la Ley de Enjuiciamiento Criminal al imponerse medidas cautelares a un tercero no investigado ni acusado. Pues bien, no entra en juego el artículo citado de la Ley de Ritos toda vez que no se ha imputado a la persona jurídica en cuestión al versar el procedimiento y la acusación del Ministerio Fiscal sobre delitos de aquellos que no pueden ser cometidos por las personas jurídicas según el catálogo cerrado de estos que determina el 31 *bis* del Código Penal. Por tanto no se ha imputado a la persona jurídica sino que se ha investigado si la misma ha sido creada precisamente para la comisión de ilícitos contra la salud pública, y por eso la medida cautelar que se adopta puede ser inaudita parte, e incluso podría haber sido acordada al inicio del procedimiento al amparo del artículo 13 de la Ley de Enjuiciamiento Criminal, aunque en este caso lo es a instancia del Ministerio Fiscal y una vez se han concretado los iniciales indicios racionales de criminalidad, de que a través y con la cobertura o pantalla de esta Asociación se estaba difundiendo el tráfico de drogas».

No obstante, no parece tan claro que la falta de personalidad jurídica justifique en todos los casos la no celebración de comparecencia previa; piénsese en la adopción de estas medidas frente a una comunidad de bienes o frente a una comunidad de propietarios, que más allá de su falta de personalidad jurídica, son entes que participan en derechos y deberes.

Por otra parte, el órgano judicial competente para la adopción de estas medidas será el órgano que esté conociendo del procedimiento en el momento de la petición de la medida cautelar. Cierto es que de la literalidad de los arts. 33.7 y 129.3, ambos del Código Penal, parece que solo podrán adoptarse en fase de instrucción y por el juez instructor. Ahora bien, más allá de la literalidad, de que el momento natural en el que se solicitan estas medidas es la fase de instrucción, no tiene mucho sentido que estas medidas cautelares no puedan adoptarse, en su caso, ya en fase de enjuiciamiento y, por tanto, por el órgano sentenciador, si se dan las circunstancias para su adopción.

En cuanto a la duración de las distintas medidas cautelares que se pueden adoptar frente a la persona jurídica —o, en su caso, ente sin personalidad jurídica—, no se establece un plazo concreto, como sí lo establecía, por ejemplo, el Borrador del Código Procesal Penal de 2013 (art. 200.4), donde se señalaba que la medida cautelar no podía durar más que el tiempo máximo que como pena se pudiera imponer —límite que se reduce a la mitad del plazo máximo que como pena se puede imponer cuando acudimos, por ejemplo, a la legislación de Italia (art. 51 Decreto legislativo 231/2001, de 8 de junio)—.

Pues bien, en espera de futuras reformas legislativas, parece adecuado sostener que no puedan imponerse medidas, por vía cautelar, a quien le asiste la presunción de inocencia, por un plazo superior al que pudiera imponerse a quien finalmente resulte, vencida su presunción de inocencia, condenado en sentencia firme. En este sentido, la Circular 1/2011 de la FGE señaló: «...no deberían imponerse por tiempo superior al de la pena que pueda corresponder en caso de ser declarada responsable la persona jurídica».

En apoyo de esta tesis tenemos los límites establecidos para la prisión provisional que, como medida cautelar, se puede acordar con respecto a las personas físicas, siendo que tanto la clausura, como la suspensión, como la intervención judicial limitan gravemente el objeto social de la persona jurídica, que es lo más relevante de la misma, pudiendo hacer cierta analogía a lo que supone el recorte de la libertad a la persona física.

Por otro lado, parece adecuado entender que el tiempo cumplido como medida cautelar se abone o compense en la pena que finalmente se le pudiera imponer —art. 58 y 59 CP—.

Finalmente, la medida, dado su carácter provisional, es revisable cuando hayan variado los hechos y circunstancias tenidas en cuenta para su adopción.

En cuanto a la resolución, que llevará forma de auto —por adoptarse una medida cautelar, conforme disponen los arts. 141 LECrim, 206.1.2º LEC y 245 LOPJ—, será recurrible en reforma, por aplicación de las normas generales sobre impugnación —arts. 217 y 766, ambos de la LECrim—, y apelación —que puede ser interpuesto directamente sin previo recurso de reforma— de tramitación preferente, conforme establece el art. 544 quáter.2 LECrim.

6.2 Clausura temporal de locales o establecimientos

Entrando en cada una de las medidas cautelares, comencemos por la clausura temporal de los locales o establecimientos. Pues bien, desde los requisitos de necesidad, proporcionalidad e idoneidad, habrán de clausurarse exclusivamente los locales o establecimientos relacionados con el hecho delictivo y para conjurar el riesgo de reiteración delictiva.

Así, aunque referida a la pena de clausura de locales o establecimientos (pero entendemos plenamente trasladable a las medidas cautelares), la Circular 1/2011 del FGE vino a razonar que la clausura lo debía ser con relación a «algunos o todos los locales y establecimientos de la persona jurídica, según su vinculación con los hechos penalmente relevantes».

Un ejemplo podríamos encontrarlo con relación a un delito medioambiental por contaminación acústica; en ese caso procedería la clausura del *foco* del ruido y no de todas las instalaciones o estancias ajenas a la contaminación.

Finalmente, y desde el principio de homogeneidad de la medida cautelar con relación a la pena a imponer, puede plantearse la imposibilidad de adoptar este tipo de medidas de clausura temporal sobre las sociedades mercantiles públicas que ejecuten políticas públicas o presten servicios de interés económico general, pues a las mismas, conforme establece el art. 31 quinquies.2

CP, no se les puede imponer como pena la clausura de los locales o establecimientos; tesis que también es extensible a la suspensión de actividad, que como pena tampoco se puede imponer a estas entidades, a las que solo se puede castigar con pena de multa e intervención judicial, salvo que se trate de una forma jurídica creada por sus promotores, fundadores, administradores o representantes con el propósito de eludir una eventual responsabilidad penal.

6.3 Suspensión de actividades sociales

En cuanto a la suspensión de actividades sociales, que como pena puede llegar hasta cinco años, supone el cese temporal de la actividad que realice la persona jurídica; esta medida puede calificarse como la medida más gravosa de las referidas en el último párrafo del art. 33.7 CP, pues supone su "completa paralización", aun temporal.

Ciertamente, cabe preguntarse si es posible delimitar la actividad de la persona jurídica a las actividades en cuyo ejercicio se haya cometido, favorecido o encubierto el hecho investigado, a modo de individualización o delimitación de la suspensión. La respuesta debe entender afirmativa, en aplicación de los principios de necesidad, idoneidad y proporcionalidad en sentido estricto que debe respetar la adopción de cualesquiera medidas cautelares. 1637

Al respecto, la Circular 1/2011 FGE señalaba que «Una interpretación literal del precepto parece obligar a la suspensión de todas las actividades de la misma. Sin embargo, en la mayoría de las empresas con una cierta entidad y actividad económica real, la suspensión completa de su actividad puede equivaler de facto a su disolución, por lo que los Sres. Fiscales deberán limitar la solicitud de esta sanción a supuestos graves, o bien concretar el sector o ámbito concreto de la actividad que deba suspenderse, que lógicamente habrá de ser el que esté más directamente vinculado con la actividad delictiva atribuida a la corporación».

6.4 Intervención judicial

En cuanto a la intervención judicial, que se viene a fijar como fin «para salvaguardar los derechos de los trabajadores o acreedores» —art. 33.7.g CP—, y que como pena puede tener una duración máxima de 5 años, la misma, como medida cautelar (también como pena), puede ser total o parcial y puede, como toda medida cautelar, modificarse o suspenderse en cualquier momento, previo informe del interventor y del Ministerio Fiscal. Conforme a la Circular 1/2011 FGE «el contenido de la intervención puede ir desde la remoción y sustitución de los administradores hasta la mera supervisión de la actividad».

Al respecto de la medida cautelar de intervención judicial, cabe preguntarse si se puede llegar a sustituir a los administradores, a modo de equiparación a la administración judicial, medida cautelar, ésta última, no contemplada expresamente, como sí lo estaba en el Borrador del Código Procesal Penal de 2013 y en el actual anteproyecto de 2020.

Podría defenderse así, teniendo en cuenta que la norma establece que el Juez o Tribunal tiene que fijar exactamente el contenido de la intervención, quién se hará cargo de la misma y los plazos en que se deben realizar los informes de seguimiento.

Por otro lado, podría caerse en la tentación de entender la intervención judicial como una medida más cercana a una medida cautelar real, dirigida a garantizar la responsabilidad civil; no obstante, como medida de carácter personal no puede pretenderse sostener el requisito de *periculum in mora* en el aseguramiento de las responsabilidades civiles.

Pero tampoco puede sostenerse que lo sea para asegurar el pago de la pena de multa —que siempre se impone a la persona jurídica condenada, sola o con otras penas—, y ello aunque el prelegislador apuntaba hacia ese fin cuando en el Borrador de Código Procesal Penal de 2013, en su artículo 232, establecía que el fin de esta medida lo era para evitar la continuidad delictiva «o el aseguramiento de las futuras responsabilidades penales», que siempre, y en todo caso, incluye la pena de multa, pues este planteamiento, como fin de una medida cautelar, atenta contra el derecho fundamental a la presunción de inocencia, adoptando medidas asegurativas de las futuras penas que solo se imponen a quien se ha visto "vencido" en dicho derecho.

Al respecto, la STC 69/2023 [*Tol 9637801*], vino a recordar al respecto: «el derecho a la presunción de inocencia «es compatible con la aplicación de medidas cautelares siempre que se adopten por resolución fundada en Derecho, que cuando no es reglada ha de basarse en un juicio de razonabilidad acerca de la finalidad perseguida y las circunstancias concurrentes, [...]. Asimismo, nos hemos manifestado en cuanto a la exclusión de la anticipación de la pena entre los fines constitucionalmente admisibles de la tutela cautelar, si bien respecto de la imposición de la prisión provisional [SSTC 57/2008, de 28 de abril, FJ 5; 140/2012, de 2 de julio, FJ 2; 30/2019, FJ 3 c), o 5/2020, de 15 de enero, FJ 11]. [...]. No así la multa, que como cualquier otra pena cumple una finalidad retributiva, rehabilitadora y de prevención, sin que la efectividad de la hipotética sentencia de condena requiera, en modo alguno, de su aseguramiento. [...]».

6.5 Otras medidas cautelares

Como última reflexión sobre las medidas cautelares a imponer a las personas jurídicas responsables como sujetos pasivos de la acción penal, cabe preguntarse si es posible adoptar otras medidas cautelares de carácter personal además de las expresamente establecidas en la norma —clausura temporal de los locales, suspensión de actividades sociales y la intervención judicial—.

Pues bien, no parece posible si acudimos a la literalidad del art. 544 *quater* LECrim, y todo ello sin perjuicio de que se atisba adecuado que en futuras iniciativas legislativas se amplíen las posibles medidas cautelares (como así hace el actual anteproyecto de Ley de Enjuiciamiento Criminal de 2020) a otras hoy no establecidas, como podrían ser la inhabilitación para obtener subvenciones y ayudas públicas, y para el disfrute de beneficios e incentivos fiscales o de la Seguridad Social o la administración judicial.

No debemos olvidar la necesidad, como principio general, de existencia de una norma habilitante para la adopción de medidas restrictivas de derechos fundamentales.

Así se expresaba la Audiencia Provincial de Santander, Secc. 1ª, en su Auto de 26/07/2023 [*Tol 10206201*], con ocasión de denegar, como medida cautelar lo que solo está contemplado como pena, en este caso la inhabilitación para contratar con el sector público, viniendo a razonar lo siguiente: «En otro intento de fundar legalmente la medida, se acude a la cláusula general de protección de la víctima contenida en el artículo 13 de la LECriminal, una especie de cajón de sastre en el que fundar cualquier medida imaginable en favor de la víctima de un delito. Ello choca con el tenor antes señalado del artículo 544 quater, que viene a establecer una excepción al artículo 13, cuando estemos hablando de personas jurídicas. La legislación hasta aquí citada no viene a permitir cualquier medida imaginable puesto que establece un marco legal estricto dentro del cual se pueden adoptar y sin que conceda poderes ilimitados al juez de instrucción para alterar, por ejemplo, la contratación administrativa. Esta es una materia regulada de una manera muy detallada y donde las medidas deben tratar de adaptarse a la normativa vigente y no interferir en ellas».

7. SECUESTRO DE PUBLICACIONES Y PROHIBICIÓN DE DIFUSIÓN

En la investigación de delitos que hayan sido cometidos a través imprenta, el grabado u otro medio mecánico de publicación, medios sonoros o fotográficos, difundidos por escrito, radio, televisión, cinematógrafo u otros similares, cabe el secuestro de publicaciones —art. 816 LECrim— y la prohibición de difusión —art. 823 *bis* LECrim—. Por tanto, tenemos, como punto de partida, que para la adopción de dichas medidas debe darse el requisito de que se esté investigando un delito cometido a través de los *cauces* ya expuestos.

7.1 Secuestro de publicaciones

En cuanto al secuestro de publicaciones, regulado en el art. 816 LECrim, se trata de una medida evidentemente cautelar, pero que además puede ser calificada, a su vez, de diligencia de investigación o instructoria, pues, por un lado, con la aprehensión de los ejemplares y copias, así como el original o "master", permite evitar la difusión, tratando de "neutralizar" la perpetuación del delito y sus efectos —fin de naturaleza cautelar— y permite acceder a material que pudiera ser incriminatorio —fin de naturaleza instructora—, lo que debe ser puesto en relación con los arts. 822 y 13, ambos de la LECrim, recordando que el referido art. 822 califica como como instrumentos o efectos del delito "los ejemplares impresos del escrito o estampa y el molde de ésta".

Asimismo, debe tratarse de la investigación, no de cualquier delito, sino de delitos cometidos por medio de imprenta, grabado u otro medio mecánico de publicación, como pudieran ser, por ejemplo, los de injurias o amenazas, o aquellos que el concreto tipo penal implica, como medio natural, la utilización de estos medios, como ocurre con el tipo penal recogido en el art. 578 CP.

Esta medida de naturaleza esencialmente cautelar afecta a los derechos fundamentales recogidos en el art. 20 CE, en cuyo apartado quinto nos recuerda que «Sólo podrá acordarse el secuestro de publicaciones, grabaciones y otros medios de información en virtud de resolución judicial», de cuya exigencia da cumplimiento la regulación del art. 816 LECrim.

Ciertamente, el referido artículo 816 viene a expresarse, en cuanto a la adopción de la medida, en términos imperativos; no obstante, dicho carácter imperativo debe entenderse "decaído" en su día por el artículo, hoy derogado, 3.2 de la Ley 62/1978, de 26 de diciembre, de Protección Jurisdiccional de los Derechos Fundamentales de la Persona, que ya fijaba esta medida con carácter potestativo, negando el automatismo de la literalidad del art. 816, carácter potestativo que lo encontramos literalmente, y a cuya luz debe ser interpretado el art. 816, en el art. 823 *bis* LECrim, norma posterior (introducida por la LO 8/2002, de 24 de octubre), más acorde con los principios que rigen la adopción de toda medida cautelar —recordemos, los principios de necesidad, idoneidad y proporcionalidad, más allá de su carácter siempre provisional— que, en este caso, supone una restricción de todos o algunos de los derechos fundamentales amparados en el art. 20 CE, como son la libertad de expresión, la libertad de información, o la libertad ideológica. En definitiva, la adopción del secuestro judicial de publicaciones debe acordarse desde el juicio de ponderación entre el recorte de derechos y el fin que se busca con dicha medida, mediante auto debidamente motivado.

En todo caso, de la lectura del art. 816 LECrim se deriva que la medida debe tener, respuesta urgente, lo que es predicable para la medida regulada en el art. 823 *bis* LECrim, pues ambos preceptos vienen a referir que la medida deberá ser adoptada «inmediatamente que se dé principio a un procedimiento...» o, como dispone el referido art. 823 *bis* «Los Jueces, al iniciar el procedimiento...».

Sobre esa necesidad ineludible de dar una respuesta inmediata resulta ilustrativo el AAP de Madrid, Secc. 2ª, de 4/02/2010 [*Tol 3641837*], que, ante una causa de inadmisión de una querella, por motivos formales, vino a razonar: «Expuesto lo anterior, entiende esta Sala, que siendo el delito perseguido de los regulados en el Título V, no debió inadmitirse de plano la querella, sino resolverse si existían actuaciones a practicar de carácter urgente, sin perjuicio de que, una vez realizadas, debiera suspenderse el procedimiento hasta la celebración de la previa conciliación pues el citado art. 278.2º de la LECrim reiteramos autoriza sin necesidad de haberse celebrado el intento de conciliación, la práctica de diligencias urgentes, que en definitiva se concretan en la decisión o no de estimar las medidas cautelares que para estos delitos se establecen en los art. 816 y siguientes de la LECrim, y en concreto caso en el art. 823 *bis* del mismo cuerpo legal, si bien a continuación se procedería, como decimos, a la suspensión del procedimiento hasta que se acreditare haber cumplimentado el anterior requisito de procedibilidad. De no ser, carecerían de sentido las medidas que, con carácter de urgencia o prioridad, se pretende por el Legislador se decidan cuando el delito presuntamente cometido, como es el caso, lo sea a través de medios sonoros, fotográficos, o difundidos por radio, televisión etc. (art. 823 *bis* LECrim). Por tanto, no procede la inadmisión de la querella en tanto no se decidan sobre si se han de aplicar medidas cautelares o no, y una vez tomada dicha decisión podrá el instructor suspender el procedimiento hasta se subsane el defecto de perseguibilidad exigido para este tipo de delitos, y si no se subsanare el mismo, si procederá, en todo caso inadmitir la querella».

7.2 Prohibición de difusión

En cuanto a la prohibición de difusión, regulada en el art. 826 *bis* LECrim, medida que no resulta incompatible con el secuestro de publicaciones, pudiendo ser, incluso, complementaria, la misma surge con las nuevas tecnologías de comunicación, cuya evolución convierte, en no pocos ocasiones, en ineficaz el mero secuestro de la publicación.

De la redacción dada por el precepto, y a diferencia de las dudas que pudiera suscitar el carácter imperativo o no de la medida del art. 816, queda claro el carácter potestativo de la adopción de la medida de prohibición de difusión, a adoptar bajo los principios, como ya hemos razonado, de toda medida cautelar (de especial observancia cuando, como aquí ocurre, se ven afectados de manera especialmente intensa derechos fundamentales —nuevamente los del art. 20 CE—), siendo que en este caso, y nuevamente a diferencia del art. 816, tiene una estricta naturaleza cautelar, alejada de cualquier vocación instructoria.

Al respecto cabe destacar, en ejecución de la medida de prohibición de difusión, el deber de colaboración que tienen los servicios de intermediación en la transmisión, copia, alojamiento y localización de datos en la red, obligación que queda concretada en el art. 11 de la Ley 34/2002, de servicios de la sociedad de la información y de comercio electrónico.

8. SUSPENSIÓN DE CARGOS PÚBLICOS

Establece el art. 384 *bis* LECrim —introducido por LO 4/1988— que el procesado por resolución firme por delito de terrorismo o relacionado con bandas armadas, sometido a la medida cautelar de prisión provisional, que estuviere ostentando función o cargo público, quedará automáticamente suspendido en el ejercicio del mismo mientras dure esta situación.

En una primera aproximación a dicho precepto nos encontramos ante una consecuencia automática del procesamiento por determinado delito de persona que se encuentra sometida a la medida cautelar de prisión provisional.

Este carácter automático de esta medida cautelar parece entrar en contradicción con el principio de proporcionalidad que debe regir la decisión sobre la adopción de una medida cautelar que, en este caso, además, conlleva una restricción de un derecho fundamental, como es el contemplado en el art. 23.2 CE; ahora bien, tomemos como punto de partida que nuestro Tribunal Constitucional, ya en su Sentencia 71/1994 [*Tol 82479*], vino a exponer que no estamos, en primer lugar, ante una medida asimilable al adelanto de la pena, en tal modo que su adopción no vulnera el derecho fundamental a la presunción de inocencia, limitándose a asociar determinado efecto a la concurrencia de una determinada situación procesal, pudiendo establecerse, disipada la duda sobre dicha vulneración, que el objetivo de esta medida cautelar es evitar la reiteración delictiva —lo que puede verse con especial claridad cuando hablamos, por ejemplo, de enaltecimiento del terrorismo— o un ejercicio torticero del cargo o función pública.

Así señala el ATS de 10/07/2019 [*Tol 7432990*] que la medida cautelar del art. 384 *bis* LECrim «Se configura así una medida cautelar de naturaleza pública y extraordinaria, que no tiene por objeto una sujeción personal al proceso o garantizar los eventuales pronunciamientos económicos del procedimiento, sino preservar el orden constitucional impidiendo que personas que ofrecen indicios racionales de haber desafiado y atacado de forma grave el orden de convivencia democrática mediante determinados comportamientos delictivos, entre los que se encuentra el delito de rebelión, puedan continuar en el desempeño de una función pública de riesgo para la colectividad cuando concurren además en ellos los elementos que justifican constitucionalmente su privación de libertad».

Sobre la cuestión relativa a la no vulneración del derecho a presunción de inocencia, resulta ilustrativa la más reciente STC 97/2020 [*Tol 8062076*], y siguiendo la línea de la referida STC 71/1994 [*Tol 82479*], que razona: «Sobre la aducida conculcación del derecho del recurrente a la presunción de inocencia art. 24.2 CE. [...]. Ni el artículo 384 *bis* LECrim establece sanción o pena alguna [SSTC 71/1994, FJ 7; 11/2020, FJ 9 B), y 38/2020, de 25 de febrero, FJ 6, antes referidas] ni su aplicación o cumplimiento por la mesa del Congreso de los Diputados ha deparado la condena del demandante. El precepto legal no es norma punitiva, sino establecedora de una medida provisional vinculada, de manera inmediata y necesaria, a otras previas —procesamiento firme y prisión provisional— adoptadas por la autoridad judicial. [...]. Procede, en este aspecto, puntualizar lo siguiente: a) El artículo 384 *bis* es de aplicación inmediata y necesaria cuando concurran los presupuestos en él fijados, presupuestos que deben ser conformes al ordenamiento y, en primer lugar, a la Constitución y a la presunción de inocencia del procesado con firmeza —por los delitos que la norma dice— para quien se dicte auto de prisión provisional, (en cuanto a esta medida cautelar, entre otras, y con carácter general, SSTC 67/1997, de 7 de abril, FJ 2; 177/1998, de 14 de septiembre, FJ 3, y 5/2020, de 15 de enero, FJ 11). [...]. Inocuos estos acuerdos para la presunción de inocencia de quien recurre, sin duda también lo es, desde esa misma perspectiva, la propia disposición de ley entonces aplicada, pues el repetido artículo 384 *bis* establece una norma general y abstracta que se limita a asociar cierto efecto necesario al dictado de determinadas resoluciones judiciales de procesamiento y prisión provisional, sin cualificar o intensificar con ello las sospechas o las apreciaciones que llevaron a los órganos judiciales a la adopción de tales actos».

Pero aún más, no es ajeno el ordenamiento jurídico a estas consecuencias cautelares frente a determinada situación procesal del sometido a una causa penal. Así, como nos recuerda MORENO CATENA, dicha suspensión cautelar automática se establece, por ejemplo, en el art. 383.2º LOPJ con relación a jueces y magistrados cuando se encuentran investigados por cualquier delito doloso en el que se hubiere dictado contra ellos auto de prisión, de libertad bajo fianza o de procesamiento.

Así las cosas, tenemos que los presupuestos para la adopción de esta medida cautelar de "suspensión automática" en el ejercicio de la función o cargo público, son:

1. *Investigación judicial de la posible comisión de un delito de terrorismo o de rebelión o pertenencia a banda armada.* Cabe matizar que este presupuesto exige no solo la existencia de un delito de rebelión (la expresión rebeldes contenida en el artículo 384 *bis* de la LECrim hace referencia a los presuntos partícipes en un delito de rebelión), sino que el investigado, al que se le va a imponer la medida cautelar, esté integrado o relacionado con bandas armadas o individuos terroristas o rebeldes, lo que excluiría, por ejemplo, la aplicación del art. 384 *bis* LECrim, en los casos en que se investigue un delito de los contemplados en el art. 577 CP.

   Y dicha concreta investigación debe mantenerse a lo largo de la vigencia de la medida adoptada al amparo del art. 384 *bis*, en tal modo que, si la evolución o cristalización del objeto penal a lo largo de la tramitación del procedimiento se modifica dejando de cumplirse el presupuesto que ahora analizamos, quedaría sin efecto la medida cautelar.

   Interesante resulta al respecto, el ATS de 14/10/ 2019 [*Tol 7752279*], en el que ante el cambio de calificación de los hechos como delito de sedición y no de rebelión vino a razonar: «Considerando el principio de provisionalidad que rige la medida de aseguramiento legal prevista en el artículo 384 *bis* de la LECRIM, así como el contenido de la sentencia de la Sala Segunda del Tribunal Supremo en lo que hace referencia a la subsunción de los hechos en el delito de sedición, de indudable incidencia respecto del pronóstico de responsabilidad atribuible a los fugados y sin perjuicio de su proyección en una eventual revisión de su procesamiento, comuníquese a la Mesa del Parlamento autonómico de Cataluña, que a los procesados y miembros de ese Parlamento Alejo y Rafael, no les resulta aplicable la suspensión del artículo 384 *bis* de la LECRIM».

2. *Que el investigado esté procesado por resolución firme.* Aquí se podría haber de una *imputación sólida* en tal modo que ha superado el juicio de probabilidad que ha permitido el dictado del auto de procesamiento, exigiéndose, además, en esa configuración de una *imputación sólida*, que el auto de procesamiento sea firme.

   En una primera aproximación, podría sostenerse que no es posible la aplicación del art. 384 *bis* en el caso del procedimiento abreviado. Ahora bien, buscando la equiparación de una resolución que conlleva un contenido material equivalente al auto de procesamiento, podríamos hallarla en el auto de continuación por los trámites de procedimiento abreviado, regulado en el art. 779.1.4ª LECrim, pudiendo pensarse que, con dicho dictado, y una vez firme, se debe acordar la suspensión cautelar de la función o cargo público.

Recordemos que el Tribunal Supremo viene señalando que el auto de transformación a Procedimiento Abreviado es el equivalente, en su contenido material, al del auto de procesamiento en el sumario ordinario. Así, ya en la STS de 1/07/2008 [*Tol 1351207*], vino a razonar que: «Pero, además, a la misma solución hay que llegar teniendo en cuenta que esta Sala ha precisado en sentencias como las STS nº 450/99 de 3 de mayo, y STS nº 703/2003, de 13 de mayo, que el auto de incoación o de transformación a Procedimiento Abreviado, es el equivalente procesal del auto de Procesamiento en el sumario ordinario (Cfr. SSTS de 21 de mayo de 1993 y 1437/98 de 18 de diciembre), teniendo la finalidad de fijar la legitimación pasiva así como el objeto del proceso penal en la medida que como se indica en la STC 186/90 de 15 de noviembre "...realiza (el instructor) una valoración jurídica tanto de los hechos como sobre la imputación objetiva de los mismos...". En definitiva, al igual que en el auto de procesamiento, se está en presencia de un acto de imputación formal efectuado por el juez instructor exteriorizador de un juicio de probabilidad de naturaleza incriminatoria, delimitador del ámbito objetivo y subjetivo del proceso. Se trata, en definitiva, de un filtro procesal que evita acusaciones sorpresivas o infundadas en la medida que sólo contra quienes aparezcan previamente imputados por los hechos recogidos en dicho auto se podrán dirigir la acusación, limitando de esta manera los efectos perniciosos que tiene la "pena de banquillo" que conlleva, por sí sola, la apertura de juicio oral contra toda persona».

3. *Que el investigado esté sometido a la medida cautelar de prisión provisional.* Sin este requisito no es posible adoptar la referida medida cautelar; y cesada la medida cautelar de prisión provisional, también deberá cesar la medida cautelar del art. 384 *bis*; es decir, solo se podrá adoptar, y mantener, la medida de este último precepto mientras el procesado por resolución firme esté, por dicha causa, sometido a la medida cautelar de

prisión provisional. Aclaremos que puede defenderse que el requisito se cumple una vez acordada la medida cautelar de prisión provisional, aun cuando no se haya podido hacer efectiva.

Así lo ha entendido el Tribunal Supremo en su Auto de 20/02/2019 [*Tol 7083390*], cuando vino a señalar que «Carece de fundamento la pretensión del recurrente de que la ley exija la materialización de la privación de libertad para la aplicación del precepto. La norma procesal es clara al establecer las exigencias para que opere la medida cautelar de una manera automática, exigiendo que se haya decretado la prisión provisional contra el procesado por rebeldía. Las razones que legitiman constitucionalmente la medida son expresadas por la doctrina constitucional que el recurrente aduce en su recurso, si bien dichas sentencias no proclaman que la medida solo resulte aplicable cuando se haya materializado el internamiento. El inciso último del artículo que se analiza no modifica el contenido sustantivo de los requisitos, resultando evidente que la concreta redacción de la acotación descansa en lo insólito que resulta que una persona procesada por un delito de rebelión, y que se encuentra en situación de rebeldía por haberse sustraído a la acción de la Justicia, eludiendo al tiempo la decisión de prisión, pueda pretender el ejercicio de funciones públicas en el ámbito de jurisdicción de nuestros Tribunales. No existe razón ninguna que justifique que no puedan ejercer funciones públicas quienes se encuentran en la situación procesal contemplada en el artículo 384 *bis*, salvo aquellos que injustificadamente logren eludir la legítima función del Poder Judicial de investigar y enjuiciar los hechos presuntamente delictivos. Como indica el Tribunal Constitucional en la ya destacada sentencia 71/1994, de 3 de marzo, "La medida de suspensión que enjuiciamos ha de afectar, precisa y exclusivamente, a los procesados y presos que lo hayan sido por aparecer —sin perjuicio de lo que resulte del juicio oral— como integrados o relacionados "con bandas armadas o individuos terroristas o rebeldes", es decir, previa la "imputación formal y provisional de criminalidad" (STC 218/1989, fundamento jurídico 4) por delitos que conllevan "un desafío mismo a la esencia del Estado democrático" (STC 89/1993, fundamento jurídico 3)"».

4. *Que el investigado ostente función o cargo público.* Este requisito no es equiparable a los cargos electos, sino que ha de concurrir en el momento de la adopción de la suspensión cautelar que el procesado ostente la función o cargo público.

BIBLIOGRAFÍA

- ABELLA LÓPEZ, *Impugnación de las medidas civiles adoptadas en la orden de protección,* Revista la Ley Penal, nº 145. Julio-agosto 2020.
- ARMENTA DEU, *Lecciones de Derecho procesal penal*, Marcial Pons, 2023.
- BANACLOCHE / ZARZALEJOS, *Aspectos fundamentales de Derecho procesal penal*, La Ley, 2023.
- CASTILLEJO MANZANARES, *La orden de protección en el anteproyecto de ley de enjuiciamiento criminal*, Revista de la asociación de profesores de derecho procesal de las universidades españolas, Nº 3, Tirant lo Blanch. 2021.
- GIMENRO SENDRA / CONDE-PUMPIDO / GARBERÍ LLOBREGAT, *Los procesos penales. Comentarios a la Ley de Enjuiciamiento Criminal con formularios y jurisprudencia*, Editorial Bosch, 2000.
- GONZALO RODRÍGUEZ, *Las novedades introducidas por las leyes de modificación del sistema de protección a la infancia y adolescencia. Visibilización de los menores que viven en un entorno de violencia de géneros*. Cuadernos Digitales de Formación CGPJ, Volumen 4/2016. Madrid, 2016.
- MORENO CATENA / CORTÉS DOMÍNGUEZ, *Derecho procesal penal*, Tirant lo Blanch, 2024.

Capítulo 39

Las medidas cautelares reales

Amaya Arnáiz Serrano[1]
Profesora Titular de Derecho Procesal
Universidad Carlos III de Madrid

1. CONCEPTO Y NATURALEZA

Las medidas cautelares reales en el proceso penal son actuaciones jurisdiccionales de carácter procesal que tienen por finalidad asegurar el cumplimiento de las responsabilidades patrimoniales que puedan derivarse de los hechos objeto de enjuiciamiento criminal. Se proyectan sobre el patrimonio del imputado o de los responsables civiles —directos o subsidiarios—, con el objetivo de garantizar la eficacia de una eventual sentencia condenatoria. Estas medidas operan dentro del proceso penal, generalmente en fase de instrucción, como medios de aseguramiento patrimonial, y constituyen un cauce para prevenir el riesgo de que el imputado o terceros dispongan u oculten bienes que habrán de responder en su caso del pago de responsabilidades de naturaleza pecuniaria y/o costas.

1 https://orcid.org/0000-0001-7125-9667.

1.1 Concepto

Desde la perspectiva procesal, las medidas cautelares de naturaleza real pueden definirse como instituciones patrimoniales de carácter provisional, adoptadas por el órgano judicial competente mediante resolución motivada, dirigidas a garantizar el cumplimiento futuro de las obligaciones económicas derivadas de la sentencia penal. Estas incluyen la denominada responsabilidad civil *ex delicto*, el decomiso y las costas procesales. Su función principal es neutralizar el riesgo de insolvencia sobrevenida o de ocultación de bienes que pudiera frustrar la eficacia de la resolución definitiva (GASCÓN INCHAUSTI, 2016, p. 54). Además, su adopción es de carácter instrumental, subordinada a la concurrencia de indicios racionales de criminalidad y a la necesidad de asegurar la satisfacción de eventuales condenas pecuniarias (BARONA VILAR, 2024, p. 343).

Estas medidas no constituyen en sí mismas una sanción ni un anticipo de pena, sino que se insertan en el marco de la tutela cautelar, conforme a los principios del proceso debido. Su naturaleza accesoria implica su dependencia directa del proceso penal y su finalidad garantista, lo que justifica que puedan ser alzadas o modificadas en función del devenir del procedimiento.

1.2 Naturaleza jurídica

La naturaleza jurídica de las medidas cautelares reales ha generado diversas aproximaciones doctrinales. Por un lado, se ha subrayado su carácter estrictamente procesal, en tanto se trata de mecanismos instrumentales para asegurar la eficacia de la tutela jurisdiccional definitiva (DE LA OLIVA SANTOS, 2003, p. 414). Desde esta perspectiva, son medidas subordinadas, provisionales y esencialmente reversibles, ya que pierden su justificación si desaparecen los presupuestos que las sustentan, es decir, el *fumus boni iuris* y el *periculum in mora.* Por otro lado, hay quien destaca el carácter mixto de estas medidas, al converger en ellas intereses públicos —como la efectividad de la potestad punitiva del Estado, especialmente en relación con el decomiso— e intereses privados —como el resarcimiento a la víctima— (MORENO CATENA, 2000, p. 1782). En todo caso, su finalidad de asegurar posibles pronunciamientos de naturaleza civil, garantizando esta tutela, explica que, aunque insertas en el proceso penal, se admita la aplicación supletoria de la Ley de Enjuiciamiento Civil, tal como prevé expresamente el art. 764.2 de la LECrim. En consecuencia, su régimen jurídico no se agota en las disposiciones de la LECrim, sino que se enriquece con normas de naturaleza civil.

1.3 Su incidencia sobre el derecho de propiedad

Estas medidas suponen una limitación relevante del derecho de propiedad reconocido en el art. 33 de la CE. Para examinar su compatibilidad con el marco constitucional es preciso recordar que nuestro más alto tribunal de garantías, en la STC 166/1986 [*Tol 79827*], ha sostenido que las injerencias en el derecho a la propiedad son legítimas siempre que se cumpla con los requisitos de legalidad, proporcionalidad y control jurisdiccional. Así, se admite la afectación del patrimonio del imputado o de terceros como mecanismo cautelar, pero únicamente si se ajusta a un canon de razonabilidad en su adopción y ejecución. Este enfoque ha sido respaldado por buena parte de la doctrina, que vincula estas medidas con el principio de seguridad jurídica y con la necesidad de asegurar el cumplimiento de resoluciones judiciales futuras (GUILARTE MARTÍN-CALERO, 2008, p. 7).

1.4 La tensión entre función aseguratoria y presunción de inocencia

Finalmente, no puede soslayarse la tensión que se produce entre el uso de estas medidas y la garantía fundamental de la presunción de inocencia (art. 24.2 CE).

Aunque doctrinalmente se admite de forma mayoritaria que la adopción de medidas cautelares reales no vulnera per se el principio de presunción de inocencia —al no implicar un juicio anticipado de culpabilidad, sino un aseguramiento provisional de eventuales responsabilidades civiles—, diversos autores han advertido del riesgo de que tales medidas deriven en una presión indebida sobre el imputado, desvirtuando su función cautelar y proyectando sobre ellas un efecto punitivo anticipado, especialmente cuando su adopción no va acompañada de una motivación reforzada ni de mecanismos efectivos de revisión judicial (ARANGÜENA FANEGO, 2021, p. 528).

No obstante, la doctrina consolidada del Tribunal Constitucional ha reiterado que el derecho a la presunción de inocencia es compatible con la adopción de medidas cautelares, siempre que estas se adopten por resolución motivada y basada en un juicio razonable sobre su finalidad y proporcionalidad.

> Así puede leerse en su STC 69/2023 (*Tol 9637801*) que: «Desde la STC 108/1984, de 26 de noviembre, venimos afirmando que el derecho a la presunción de inocencia «es compatible con la aplicación de medidas cautelares siempre que se adopten por resolución fundada en Derecho, que cuando no es reglada ha de basarse en un juicio de razonabilidad acerca de la finalidad perseguida y las circunstancias concurrentes, pues una medida desproporcionada o irrazonable no sería propiamente cautelar, sino que tendría un carácter punitivo en cuanto al exceso» [FJ 2.b), véase también el ATC 1340/1987, de 9 de diciembre, FJ 1]».

En definitiva, la legitimidad constitucional de estas medidas exige que se justifiquen no solo en función de la eficacia del proceso penal, sino también a la luz de las garantías procesales del afectado y del respeto pleno a sus derechos fundamentales.

2. FINALIDAD Y FUNDAMENTO CONSTITUCIONAL

2.1 Finalidad: asegurar el cumplimiento de las responsabilidades pecuniarias

Las medidas cautelares reales tienen como finalidad esencial garantizar la efectividad del proceso penal en lo relativo a las consecuencias patrimoniales que puedan derivarse de una eventual sentencia condenatoria. Esta finalidad alcanza, de forma acumulativa, a la responsabilidad *civil ex delicto* (arts. 109 y ss. CP), a las costas procesales (art. 240 LECrim) y al decomiso de los instrumentos, efectos o beneficios del delito (art. 127 CP y arts. 367 *ter* y ss. LECrim).

Durante años, se había mantenido una cierta ambigüedad respecto a la posibilidad de acordar medidas cautelares reales para asegurar el pago de la multa penal. Esta interpretación encontraba apoyo en una lectura amplia del art. 589 de la LECrim —que autoriza al juez a exigir fianza para asegurar "las responsabilidades pecuniarias"— y en la doctrina jurisprudencial que equiparaba estas responsabilidades a todas las derivadas del proceso penal, incluidas las penas de multa. Sin embargo, esta postura fue objeto de creciente cuestionamiento, por cuanto la multa no constituye una obligación resarcitoria, sino una sanción penal que presupone una condena firme. La STC 69/2023 [*Tol 9637801*], ha zanjado definitivamente esta controversia al declarar que el aseguramiento cautelar de la multa vulnera el principio de presunción de inocencia, al implicar una anticipación indebida de los efectos de una eventual condena. El Tribunal afirma de forma tajante que las penas de multa no pueden ser objeto de aseguramiento cautelar, pues ello "supone, en la práctica, una ejecución anticipada de una pena privativa de bienes, lo que es incompatible con el derecho a la presunción de inocencia en su vertiente de regla de juicio". En consecuencia, solo cabe acordar medidas cautelares reales para asegurar obligaciones de carácter indemnizatorio o resarcitorio, como la responsabilidad civil *ex delicto*, las costas procesales o el decomiso.

Desde una perspectiva funcional, estas medidas actúan como instrumentos de aseguramiento, orientados a evitar que el imputado o los terceros civilmente responsables dispongan, oculten o dilapiden su patrimonio durante la tramitación del procedimiento. Se pretende así evitar que el eventual pronunciamiento económico de la sentencia resulte ineficaz por causas imputables a la conducta procesal del sujeto afectado. Por tanto, su naturaleza es estrictamente cautelar y preventiva, sin que puedan entenderse como una forma encubierta de sanción. Su función es por tanto preservar la eficacia del pronunciamiento judicial en su dimensión patrimonial, sin que implique juicio alguno sobre el fondo (CAMPOS NAVA, 2013, p. 13).

En consecuencia, no puede confundirse su adopción con una presunción anticipada de culpabilidad. Se trata, más bien, de impedir que el proceso penal se vea privado de efectividad, garantizando que sus efectos puedan ejecutarse en caso de condena. Además, en el contexto del decomiso, el fundamento de estas medidas adquiere una relevancia adicional, pues en estos casos se trata de impedir que los beneficios del delito sean reintegrados al circuito económico legítimo. Por ello, la Circular 1/2011 de la FGE destacó que el decomiso cautelar tiene por objeto evitar que los instrumentos o ganancias delictivas desaparezcan antes del fallo, conectando directamente la medida cautelar con la finalidad constitucional de prevenir el lucro derivado del delito.

En suma, las medidas cautelares reales deben interpretarse como garantías estructurales del proceso penal en su dimensión patrimonial. Su justificación última no reside en la potestad sancionadora del Estado, sino en la necesidad de preservar la eficacia de la respuesta jurisdiccional, tanto en beneficio del interés público como del derecho del perjudicado a ser resarcido.

2.2 El fundamento constitucional: derecho a la tutela judicial efectiva

La legitimidad constitucional de las medidas cautelares reales se vincula directamente con el derecho fundamental a la tutela judicial efectiva, consagrado en el art. 24.1 de la CE. Este derecho no se agota en la mera posibilidad de acceder a un tribunal y obtener una resolución motivada en Derecho, sino que incluye también la garantía de que dicha resolución pueda ser ejecutada de manera eficaz, materializando así su contenido.

Desde esta perspectiva, las medidas cautelares no representan una excepción al sistema de garantías, sino una proyección necesaria del principio de efectividad que inspira el proceso penal. Su adopción permite preservar la utilidad de la resolución futura, evitando que esta se torne inoperante por la conducta del imputado o de terceros durante la tramitación del procedimiento.

La doctrina ha coincidido en destacar que, dentro del modelo constitucional de proceso, la tutela judicial no solo debe entenderse como una protección formal del derecho, sino también como una garantía práctica de su cumplimiento. En este sentido, se afirma que la posibilidad de acordar medidas cautelares patrimoniales constituye una herramienta imprescindible para evitar el vaciamiento de contenido de las resoluciones judiciales futuras (BARONA VILAR, 2024, p. 346).

Asimismo, se ha subrayado que el valor instrumental de estas medidas exige un uso ponderado y limitado, sometido a criterios de necesidad, idoneidad y proporcionalidad. De este modo, su compatibilidad con el derecho a la tutela judicial efectiva exige que su adopción no sea arbitraria, sino debidamente motivada y sometida a control jurisdiccional.

En definitiva, las medidas cautelares reales encuentran su fundamento constitucional no solo en su función procesal, sino también en su papel estructural dentro del derecho a una justicia efectiva, que protege no solo el derecho de acceso a la jurisdicción, sino también la expectativa legítima de que las decisiones adoptadas en el proceso no resulten meramente declarativas, sino ejecutables en la práctica.

2.3 El necesario equilibrio con otros derechos fundamentales

La adopción de medidas cautelares reales en el proceso penal supone como se ha dicho una injerencia directa en el derecho de propiedad (art. 33.1 CE). No obstante, tal afectación no implica *per se* una vulneración del citado derecho, siempre que se respeten las condiciones impuestas por el art. 33.2 de la CE, que exige que toda restricción esté prevista en la ley, persiga una finalidad legítima y respete el contenido esencial del derecho afectado. En este sentido, el TC ha afirmado que estas limitaciones pueden considerarse constitucionalmente válidas cuando se ajustan a los principios de legalidad, finalidad legítima, proporcionalidad y control jurisdiccional efectivo. Así lo establece expresamente en la STC 143/2012 [*Tol 2604672*], al señalar que la intervención estatal en el ámbito patrimonial ha de obedecer a fines legítimos, guardar proporción con los mismos y estar sujeta a control judicial. Asimismo el TEDH ha consolidado esta doctrina al sostener que la privación o limitación del uso de bienes es admisible siempre que esté contemplada en la ley, persiga una finalidad legítima y se aplique de forma proporcional. Así se recoge, entre otros, en el caso James y otros c. Reino Unido (STEDH de 21 de febrero de 1986 [*Tol 228276*]).

Desde esta perspectiva, el juez penal, al acordar una medida cautelar de carácter real, debe verificar que la afectación patrimonial se inscribe dentro de los límites constitucionales y persigue un objetivo procesal legítimo, como el aseguramiento de las responsabilidades civiles derivadas del delito, las costas o el comiso de bienes procedentes de actividades ilícitas. En este sentido, la ausencia de una regulación sistemática y la fragmentación normativa existente entre la Ley de Enjuiciamiento Criminal, la Ley de Enjuiciamiento Civil y el Código Penal obligan a extremar las garantías. Así lo ha subrayado la doctrina, advirtiendo que esta dispersión exige del juez una interpretación particularmente respetuosa con los derechos fundamentales (ARANGÜENA FANEGO, 2021, p. 507). Por tanto, el equilibrio entre la eficacia del proceso penal y la protección de los derechos fundamentales del afectado requiere una fundamentación especialmente rigurosa en la adopción de estas medidas, atendiendo no solo a su necesidad sino también a su adecuación y proporcionalidad.

3. PRESUPUESTOS PARA SU ADOPCIÓN

Las medidas cautelares reales, en tanto que instrumentos que restringen el derecho fundamental de propiedad consagrado, deben ser entendidas como mecanismos de aplicación excepcional dentro del proceso penal. Su legitimidad descansa en la concurrencia de una serie de presupuestos materiales y procesales, cuya finalidad es garantizar que su aplicación no derive en decisiones arbitrarias, desproporcionadas o carentes de justificación.

Estos presupuestos no aparecen formulados de manera sistemática en la legislación procesal penal vigente, lo que obliga a una reconstrucción interpretativa a partir del conjunto normativo aplicable (LECrim, CP y LEC), así como de los principios derivados de la doctrina y la jurisprudencia constitucional. Esta reconstrucción ha permitido configurar un sistema de garantías cautelares que permite justificar la intervención judicial sobre el patrimonio del investigado o de terceros sin vulnerar sus derechos fundamentales, partiendo de la naturaleza provisional, instrumental y finalista de estas medidas (DE PORRES ORTIZ DE URBINA, 2009, p. 5).

La doctrina procesalista ha coincidido en sistematizar estos requisitos en tres grandes categorías:

* *Fumus boni iuris*, que exige una base indiciaria razonable sobre la comisión de un hecho delictivo y su conexión con el responsable.
* *Periculum in mora*, que implica la existencia de un riesgo real de que, sin la adopción de la medida, el fin del proceso penal —en particular el aseguramiento económico— pueda frustrarse.
* Y finalmente, el principio de proporcionalidad, que exige que la medida no sea más gravosa de lo necesario para alcanzar ese fin, y que se mantenga solo mientras persistan los presupuestos que la justifican.

Estos criterios, aunque extraídos de la sistemática civil y constitucional, han sido plenamente incorporados a la lógica del proceso penal, en virtud de su función tuitiva del equilibrio entre la eficacia del proceso y la protección de los derechos del afectado (MORENO CATENA, 2000, p. 1803).

3.1 *Fumus boni iuris*

3.1.1 Concepto

El *fumus boni iuris*, aplicado al proceso penal, alude a la existencia de una base indiciaria razonable sobre la posible comisión de un hecho delictivo por parte del investigado, que permita anticipar la viabilidad de una condena penal que conlleve consecuencias patrimoniales. Este presupuesto se erige como un requisito indispensable que justifica la afectación provisional del derecho de propiedad, al conferir legitimidad al uso de medidas cautelares reales en tanto se fundan en una expectativa jurídica mínimamente fundada.

Esta exigencia responde a la necesidad de evitar decisiones arbitrarias y garantiza que la medida se adopte solo cuando exista una conexión objetiva entre el investigado, el hecho delictivo y la eventual condena que se pretende asegurar (MARCHENA GÓMEZ, 1998, p. 5).

3.1.2 Regulación y exigencia jurisprudencial

Aunque la LECrim no recoge de forma explícita la fórmula *fumus boni iuris*, este presupuesto se infiere de preceptos como el art. 589 de la LECrim, que faculta al juez para exigir fianza al procesado con el objeto de asegurar las responsabilidades pecuniarias. Este mandato implica, de forma implícita, que debe concurrir una imputación mínimamente fundada, esto es, sustentada en indicios razonables. Del mismo modo, el art. 764 de la LECrim habilita al juez para adoptar medidas orientadas a asegurar bienes que puedan responder del delito, lo cual presupone una base objetiva que legitime tal intervención patrimonial. La doctrina coincide en que esta exigencia indiciaria no puede identificarse con una presunción de culpabilidad, sino con una verificación judicial preliminar de que los hechos investigados podrían sustentar una futura condena. El estándar requerido no exige prueba plena ni certeza, pero sí elementos objetivos que respalden la necesidad y razonabilidad de la medida cautelar (PÉREZ DAUDÍ, 2012, p. 11).

3.1.3 *Diferenciación respecto del estándar de la prisión provisional*

Es importante diferenciar el estándar de indicios requerido para la adopción de medidas cautelares reales respecto del que se exige para las medidas cautelares de naturaleza personal, especialmente la prisión provisional. Mientras estas últimas, reguladas en los arts. 503 y ss. de la LECrim, demandan indicios especialmente consistentes y un riesgo elevado sobre los fines del proceso, las medidas reales operan sobre un plano estrictamente patrimonial. Por ello, basta con un grado de apariencia jurídica razonable, sin que sea necesario acreditar una sospecha sólida o robusta de culpabilidad.

La finalidad aseguradora de las medidas reales —limitada a preservar los efectos económicos del proceso— justifica un umbral indiciario más moderado, en consonancia con su carácter menos invasivo sobre la persona del investigado. Así, el *fumus boni iuris* en este ámbito opera como un requisito de racionalidad jurídica, cuya ausencia convertiría la medida en arbitraria y contraria a los derechos fundamentales (DE PORRES ORTIZ DE URBINA, 2009, p. 4).

3.2 *Periculum in mora*

3.2.1 *Concepto y fundamento*

El presupuesto del *periculum in mora* cumple una función decisiva en la legitimación de las medidas cautelares reales, al evidenciar la necesidad de una intervención inmediata del órgano judicial. En el ámbito del proceso penal, esta exigencia se concreta en la existencia de un riesgo cierto y objetivable de que el investigado o el tercero responsable civil pueda ocultar, transferir o dilapidar su patrimonio, impidiendo de este modo la efectividad de una eventual sentencia condenatoria. Se trata, por tanto, de un presupuesto que justifica el carácter urgente y excepcional de la medida, y que proyecta el principio de necesidad sobre el plano probatorio. La doctrina ha subrayado que la finalidad aseguradora de estas medidas no puede alcanzarse si existe un peligro fundado de frustración del proceso de ejecución, ya que en tal caso se vería comprometida la propia eficacia de la función jurisdiccional. En esta línea, se ha señalado que el *periculum in mora* actúa como una condición límite que impide la adopción de medidas innecesarias o preventivas sin fundamento real (LORENTE PABLO, 2018, p. 7).

3.2.2 *Exigencia flexible en el proceso penal*

Ahora bien, a diferencia del proceso civil, donde el art. 728.2 de la LEC exige una acreditación estricta del peligro de frustración del derecho, en el ámbito penal el análisis del *periculum in mora* ha sido tradicionalmente más flexible. Esta flexibilidad encuentra fundamento en el interés público inherente al proceso penal, que no solo busca proteger el derecho de la víctima a la reparación, sino también preservar la eficacia de la potestad punitiva del Estado.

En este contexto, parte de la doctrina admite que, en determinados casos, pueda operar una presunción relativa de riesgo, especialmente cuando concurren delitos de cierta gravedad o existen indicios de maniobras patrimoniales sospechosas. No obstante, ello no exime al juez de su obligación de motivar adecuadamente la medida, ponderando el peligro real frente al sacrificio patrimonial que impone. El control judicial sigue siendo imprescindible, tanto en el momento de adoptar la medida como en su revisión posterior, a fin de evitar automatismos o afectaciones desproporcionadas.

En definitiva, el *periculum in mora* en el proceso penal opera como un mecanismo de equilibrio entre la protección del resultado económico del proceso y el respeto al derecho de propiedad. Su exigencia, aunque más laxa que en otros ámbitos, no puede ser suprimida ni sustituida por valoraciones meramente genéricas, so pena de vaciar de contenido las garantías propias del sistema cautelar.

3.3 Control judicial de idoneidad, necesidad y proporcionalidad

3.3.1 *Juicio constitucional de proporcionalidad*

La legitimidad de las medidas cautelares reales en el proceso penal depende de la realización por parte del órgano judicial de un control efectivo de proporcionalidad, estructurado en tres niveles: idoneidad, necesidad y proporcionalidad en sentido estricto (GONZÁLEZ-CUÉLLAR SERRANO, 2004, p. 191). Este triple juicio, sistematizado y consolidado por la jurisprudencia constitucional desde la STC 108/1984 [*Tol 79397*], reiterado, entre otras, en la STC 43/2014 [*Tol 4182199*], constituye un requisito material insoslayable cuando la medida afecta derechos fundamentales como el derecho de propiedad (art. 33 CE) o la presunción de inocencia (art. 24.2 CE).

* El juicio de idoneidad exige que la medida cautelar sea apta para alcanzar el fin legítimo que se persigue, como es asegurar la eficacia de una eventual sentencia condenatoria.

* El juicio de necesidad impone la inexistencia de medidas alternativas menos restrictivas que puedan lograr con igual eficacia dicho fin.
* Finalmente, el juicio de proporcionalidad en sentido estricto obliga a ponderar si el sacrificio impuesto al derecho fundamental afectado resulta equilibrado y justificado en atención al interés público que se tutela.

Este control no puede limitarse a una valoración abstracta, sino que debe quedar reflejado en la resolución judicial, justificando la concreta elección de la medida, su alcance patrimonial y su duración.

3.3.2 Límites cuantitativos y alcance económico

El análisis de proporcionalidad también incluye una dimensión cuantitativa, que exige que la medida cautelar se limite al importe razonablemente estimable de las responsabilidades económicas derivadas del proceso penal. Embargos, prohibiciones de disponer o fianzas que excedan ese umbral pueden vulnerar el principio de mínima intervención y producir efectos equivalentes a una pena anticipada. Se ha advertido que esta exigencia de contención económica debe guiar tanto la adopción inicial como las eventuales modificaciones o levantamientos de las medidas (DE PORRES ORTIZ DE URBINA, 2009, p. 7). Del mismo modo, se ha recalcado que el aseguramiento cautelar no puede extenderse a bienes ajenos al objeto del proceso ni afectar globalmente al patrimonio del investigado sin justificación rigurosa.

3.3.3 Motivación reforzada y caución como garantía adicional

El cumplimiento del juicio de proporcionalidad implica, a su vez, una motivación reforzada de la resolución judicial. No basta con enunciar el tipo delictivo o aludir genéricamente al riesgo de insolvencia: debe explicitarse por qué la medida elegida es idónea, necesaria y proporcionada en el caso concreto. Esta motivación cumple una función doble: a) permite el control jurisdiccional de la decisión y b) garantiza al afectado un conocimiento real de las razones que justifican la restricción.

El Tribunal Constitucional recuerda en su STC 28/2020 [*Tol 7868049*] una exigencia adicional que normalmente no se contemplaba en el proceso penal: la posibilidad de condicionar la adopción de la medida a la prestación de caución sustitutoria. Este mecanismo permite minimizar el impacto de la medida cautelar sin comprometer los fines del proceso. El Tribunal Constitucional reconoce que imponer una caución puede constituir una alternativa legítima al embargo directo, siempre que resulte razonable, proporcionada y no vacíe de contenido el derecho fundamental afectado. Como afirma la citada sentencia:

> «[...] el órgano judicial ha de comprobar que la medida cautelar es apta para la finalidad perseguida, que no existen otras menos gravosas con igual eficacia, y que la intensidad de la injerencia se justifica en atención a la relevancia del fin público protegido; todo ello con una motivación que permita constatar el respeto a los derechos fundamentales del afectado».

4. CLASES DE MEDIDAS CAUTELARES REALES

La LECrim no contiene una enumeración sistemática ni exhaustiva de las medidas cautelares reales, aunque regula expresamente algunas de ellas, como la fianza, el embargo y la pensión provisional, en los arts. 589 a 614 *bis* y 765 a 767. Estas figuras responden a una lógica estrictamente patrimonial, orientada a asegurar que una futura sentencia penal pueda hacerse efectiva, especialmente en lo relativo a las responsabilidades civiles, costas o comisos que pudieran imponerse.

No obstante, la tutela cautelar en el procesal penal no se agota en esas medidas expresas. El art. 764.2 de la LECrim habilita la aplicación supletoria de las medidas cautelares reguladas en la LEC cuando así lo exijan las necesidades del caso. Esta previsión permite, por ejemplo, la utilización de figuras como la anotación preventiva de demanda, la intervención judicial o la prohibición de disponer. Tal posibilidad ha sido ampliamente aceptada por la doctrina y la jurisprudencia, en la medida en que refuerza el principio de efectividad de la tutela judicial y se ajusta a la naturaleza flexible de las medidas cautelares reales, cuya finalidad no es sancionar, sino garantizar los efectos económicos del proceso penal (DÍAZ MARTÍNEZ, 2004, p. 6)

Por otro lado, la reforma operada por la LO 1/2015, en conexión con la Ley 41/2015, introdujo una transformación relevante en el catálogo de medidas cautelares, al establecer el decomiso cautelar como una medida autónoma y diferenciada de la responsabilidad civil. Este instrumento tiene por objeto asegurar la futura privación de los efectos, instrumentos y beneficios del delito, especialmente en delitos de naturaleza económica o vinculados a estructuras criminales complejas. A diferencia de otras medidas, el decomiso no busca garantizar la satisfacción de los perjudicados, sino la neutralización del beneficio económico del crimen, cumpliendo así una función preventiva y de desarticulación patrimonial.

En todo caso, la doctrina ha defendido la naturaleza abierta o *numerus apertus* del sistema de medidas cautelares reales, lo que implica que el juez penal no se encuentra limitado a un listado cerrado, sino que puede adoptar otras medidas siempre que se ajusten a los fines del proceso y respeten los principios constitucionales de legalidad, motivación, necesidad y proporcionalidad. Esta flexibilidad resulta particularmente útil ante fenómenos delictivos complejos, donde el aseguramiento del resultado económico requiere respuestas procesales ágiles y adaptadas a la realidad del caso (ARANGÜENA FANEGO, 2021, p. 516).

4.1 La fianza

Dentro del sistema de medidas cautelares reales, la fianza representa la técnica de aseguramiento menos gravosa y más respetuosa con los derechos patrimoniales del afectado. Su finalidad esencial es evitar la adopción de medidas más intrusivas, como el embargo, mediante la prestación voluntaria de una garantía suficiente que cubra las responsabilidades pecuniarias derivadas del proceso penal. Estas pueden incluir la indemnización a la víctima, las costas procesales o el decomiso, conforme a lo dispuesto en los arts. 50 y ss., 109 y ss. del CP, y 240, 589 y ss. de la LECrim.

Desde un punto de vista normativo, la fianza penal se regula de forma específica en los arts. 589 a 597 de la LECrim. El art. 589 de la LECrim dispone que, cuando de las actuaciones se infiera la existencia de un perjuicio patrimonial susceptible de generar responsabilidad civil derivada del delito, el juez podrá requerir al procesado para que preste fianza, por la cuantía que se estime necesaria para garantizar dichas responsabilidades. Se trata de una medida de naturaleza cautelar, provisional y accesoria, cuya legitimidad deriva de su función de aseguramiento, sin implicar ningún juicio anticipado sobre la culpabilidad del investigado.

La fianza ha sido considerada por la doctrina como una herramienta esencial para compatibilizar la eficacia del proceso penal con la protección del derecho de propiedad. En efecto, su carácter voluntario y sustitutivo la sitúa como mecanismo idóneo para evitar la afectación directa de los bienes del investigado. La fianza ocupa un lugar central dentro del sistema cautelar real, ya que permite al afectado evitar un embargo mediante la prestación de una garantía idónea (GASCÓN INCHAUSTI, 2016, p. 77). De ahí que se destaque su papel preferente como mecanismo menos invasivo, especialmente cuando se adopta de forma motivada y proporcionada (ARANGÜENA FANEGO, 2021, p. 518).

La fianza puede revestir forma personal o real, según su modo de constitución. La fianza personal (arts. 593-594 LECrim) consiste en la intervención de un tercero —el fiador— que asume la obligación de pago en caso de que el deudor principal no lo haga. Por su parte, la fianza real (arts. 595-597 LECrim) implica la afectación directa de bienes muebles, inmuebles, depósitos en efectivo o valores, cuya suficiencia, liquidez y legalidad deben ser valoradas por el juez en el momento de su aceptación. En ambos casos, el órgano judicial debe verificar la idoneidad del ofrecimiento para garantizar las obligaciones que eventualmente puedan imponerse.

Un régimen específico de afianzamiento se contempla en el art. 764.3 de la LECrim, aplicable a las entidades responsables de seguros obligatorios, como las compañías aseguradoras o el Consorcio de Compensación de Seguros. Este precepto establece que dichas entidades no podrán ser parte en el proceso penal en tal concepto, si bien conservarán el derecho de defensa en lo relativo a la obligación de afianzar, para lo cual se les admitirá el escrito que presenten, resolviéndose sobre su pretensión en la pieza separada correspondiente. La jurisprudencia del Tribunal Constitucional y del Tribunal Supremo ha reiterado que las aseguradoras, en este contexto, carecen de legitimación para instar diligencias dirigidas a la averiguación de los hechos o a la preparación del juicio, así como para recurrir la sentencia dictada (entre otras muchas, STC 4/1982 [*Tol 110847*]: STC 43/1989 [*Tol 80254*] y STC 19/2002 [*Tol 258561*]).

La resolución que acuerda la exigencia de fianza debe formalizarse mediante auto motivado, conforme a lo dispuesto en los arts. 141 y 742 LECrim.

Este auto debe contener una exposición razonada de los indicios de responsabilidad, la estimación económica de la garantía y el plazo para su constitución. Solo en caso de incumplimiento podrá acordarse el embargo de bienes del afectado como medida sustitutiva.

Una vez prestada, la fianza suspende automáticamente cualquier embargo y se mantiene vigente durante la tramitación del proceso. En caso de condena, su importe se destinará al cumplimiento de las obligaciones impuestas. Si la causa finaliza por absolución o archivo, la garantía debe ser íntegramente devuelta.

Pese a que el art. 589 de la LECrim configura la fianza como la medida preferente y preceptiva para asegurar las responsabilidades pecuniarias del investigado, en la práctica su utilización resulta residual o excepcional frente al embargo directo de bienes. Ello se debe a que el propio legislador, quizá movido por un cierto «principio de desconfianza» hacia la eficacia de la fianza, establece a continuación en el art. 597 que «si en el día siguiente al de la notificación del auto dictado con arreglo a lo dispuesto en el artículo 589 no se prestase la fianza, se procederá al embargo de bienes del procesado, requiriéndole para que señale los suficientes a cubrir la cantidad que se hubiese fijado para las responsabilidades pecuniarias». Este brevísimo plazo de cumplimiento, de apenas un día, determina que, aunque la fianza se configure legalmente como el régimen general de aseguramiento de responsabilidades, en la práctica sea el embargo el que opere como medida habitual o dominante. Parte de la doctrina ha censurado esta tendencia, al considerar que invisibiliza el principio de subsidiariedad, que debe regir el sistema cautelar penal. En efecto, el art. 589 de la LECrim establece claramente que el embargo solo procede cuando no se haya prestado fianza suficiente, lo que refuerza la exigencia de agotar previamente esta vía voluntaria (NIEVA FENOLL, 2024, p. 333), pero en la práctica los plazos dejan poco margen de actuación.

4.2 El embargo

El embargo preventivo es, en la práctica forense, la medida cautelar real más frecuente en el proceso penal. Su fundamento normativo se encuentra en los arts. 589 a 612 de la LECrim, los cuales regulan tanto su procedencia como sus formas de ejecución. A diferencia de la fianza, que puede ofrecerse voluntariamente, el embargo se configura como una medida coactiva, adoptada por el órgano judicial cuando no se ha prestado garantía suficiente.

Desde su concepción, el embargo tiene como finalidad la inmovilización cautelar de bienes concretos —del investigado, del acusado o del tercero responsable civil— que se afectarán provisionalmente como garantía del resultado económico del proceso.

Pese a su carácter subsidiario respecto de la fianza —tal como se deriva del art. 589 de la LECrim, que prevé su adopción solo en caso de que no se haya constituido fianza suficiente—, la experiencia judicial revela una inversión sistemática del orden de preferencia, siendo el embargo la opción utilizada por defecto. Esta práctica ha sido objeto de crítica doctrinal, al entender que vulnera el principio de menor onerosidad que debe regir toda actuación cautelar y que exige optar por la medida menos lesiva disponible (DE PORRES ORTIZ DE URBINA, 2009, p. 13).

Los bienes susceptibles de embargo son de naturaleza diversa: pueden ser muebles, inmuebles, derechos de crédito, valores mobiliarios, rentas o cualquier otro activo patrimonial de posible realización forzosa. En los aspectos no expresamente regulados en la LECrim, resulta aplicable la normativa supletoria de la LEC, en particular los arts. 605 a 607, relativos a la inembargabilidad de ciertos bienes y a la prelación a seguir en el embargo de otros.

Una vez acordado, el embargo puede reforzarse mediante su anotación preventiva en los registros públicos pertinentes —Registro de la Propiedad, Registro Mercantil, Registro de Bienes Muebles—, de acuerdo con el art. 612 LECrim y el art. 42 de la Ley Hipotecaria. Esta medida otorga oponibilidad frente a terceros y constituye una garantía adicional frente a eventuales actos de disposición fraudulentos.

Si el procedimiento concluye con sentencia condenatoria firme, el embargo opera como vía de apremio y permite la ejecución forzosa sobre los bienes afectados (art. 610 LECrim). En cambio, si se produce una sentencia absolutoria, un sobreseimiento o el archivo de la causa, el levantamiento del embargo debe ser inmediato y automático, devolviéndose los bienes o derechos intervenidos a su titular legítimo.

El embargo puede ser impugnado mediante los recursos ordinarios de reforma y apelación. Asimismo, el afectado puede interesar su modificación, reducción o alzamiento, si han variado las circunstancias que motivaron su adopción. También es posible sustituirlo mediante la prestación de una fianza suficiente, siempre que el juez la considere adecuada.

La doctrina ha advertido sobre el riesgo de desnaturalización del embargo cuando se utiliza de forma automática o desproporcionada, convirtiéndose en una carga excesiva o incluso en una forma de presión procesal (PÉREZ DAUDÍ, 2012, p. 13). Por ello, se insiste en la necesidad de limitar la medida a una cuantía razonable, vinculada al importe previsible de las responsabilidades. El principio de proporcionalidad exige que el juez seleccione únicamente aquellos bienes cuyo valor resulte ajustado, evitando así la inmovilización innecesaria del patrimonio del afectado.

4.3 La pensión provisional

La pensión provisional constituye una medida cautelar real de naturaleza singular dentro del proceso penal. A diferencia de otras medidas aseguradoras orientadas a garantizar un resultado económico futuro, esta figura busca proporcionar anticipadamente medios de subsistencia a la víctima del delito o a sus beneficiarios, a cuenta de la eventual responsabilidad civil derivada del procedimiento. Su regulación específica se encuentra en los arts. 765 a 767 de la LECrim. Se trata de una medida de carácter asistencial, más que estrictamente patrimonial, y se inscribe en la evolución del derecho procesal penal hacia un modelo más víctimo-céntrico, que reconoce el interés legítimo del perjudicado no solo en el resultado final del proceso, sino también en su fase intermedia. Su configuración responde a la necesidad de evitar situaciones de desamparo económico durante la tramitación de causas penales, especialmente en casos en que el daño sufrido es inmediato, cuantificable y afecta a la subsistencia del perjudicado.

El art. 765.1 LECrim establece que cuando se sigan actuaciones por delitos que puedan generar una obligación de indemnizar, y exista un seguro obligatorio que cubra esa responsabilidad, el juez podrá acordar el pago de una pensión periódica a favor de la víctima o de sus causahabientes. Esta previsión condiciona la aplicación de la medida a la concurrencia de varios requisitos:

* Que exista un procedimiento penal en curso, con una base indiciaria suficiente.
* Que derive una obligación legal de indemnizar, directa o indirectamente.
* Que opere un seguro obligatorio aplicable al caso —por ejemplo, en supuestos de tráfico, laborales o profesionales—.
* Que se acredite la necesidad económica del beneficiario, como justificación de la urgencia de la medida.

Desde una perspectiva constitucional, la pensión provisional se vincula al derecho a la tutela judicial efectiva (art. 24 CE), entendido no solo como acceso a un proceso justo, sino como posibilidad de obtener una protección material inmediata en situaciones de especial vulnerabilidad. Esta interpretación es coherente con el art. 16 de la Directiva 2012/29/UE, que obliga a los Estados miembros a garantizar el apoyo a las víctimas de forma inmediata y sin dilaciones indebidas (PÉREZ DAUDÍ, 2012, p. 11).

La pensión puede ser solicitada por el Ministerio Fiscal, la acusación particular o acordada de oficio por el juez. En todo caso, su adopción requiere un auto motivado, previa audiencia de los sujetos afectados —el imputado, el responsable civil y la entidad aseguradora— salvo que razones de urgencia justifiquen su adopción inaudita parte, lo que obliga a habilitar inmediatamente un cauce de revisión contradictoria conforme a los arts. 141 y 742 de la LECrim.

La carga de la pensión recae, en principio, sobre la entidad aseguradora obligada a cubrir la responsabilidad, sin perjuicio de reembolso en caso de que finalmente no se imponga la obligación indemnizatoria. En el ámbito del proceso penal, cuando se acuerdan medidas cautelares reales destinadas a asegurar las responsabilidades pecuniarias derivadas del delito, la entidad aseguradora que tenga concertada una póliza de responsabilidad con el investigado puede asumir provisionalmente la carga económica de la medida, mediante el depósito o consignación de la cantidad fijada judicialmente. Sin embargo, dicha asunción tiene carácter meramente provisional, pues solo se consolida si en la resolución definitiva se declara la existencia de responsabilidad civil. En consecuencia, si el proceso concluye con sentencia absolutoria o con una resolución que niegue o limite la responsabilidad civil, procede la restitución o reembolso de las cantidades indebidamente percibidas o consignadas. Aunque la Ley de Enjuiciamiento Criminal no contempla expresamente esta reversibilidad, la doctrina y la jurisprudencia reconocen su procedencia con fundamento en el principio de *restitutio in integrum* y en aplicación supletoria de los arts. 525.2 y 533 de la LEC, que prevén la devolución de lo ejecutado cuando la resolución que motivó la medida cautelar es revocada o modificada.

La cuantía y periodicidad de la pensión serán fijadas judicialmente en función de criterios de proporcionalidad, necesidad y suficiencia, atendiendo a la situación socioeconómica de la víctima, la cobertura del seguro y la información indiciaria del proceso. Como medida cautelar, su alcance puede ser modificado, suspendido o revocado en cualquier momento del procedimiento.

4.4 Medidas cautelares civiles aplicables en el proceso penal

El art. 764.2 de la LECrim establece la posibilidad de aplicar, con carácter supletorio, las medidas cautelares previstas en la LEC cuando no exista previsión específica en la LECrim. Esta disposición, incorporada mediante la Ley 38/2002, se justifica en la necesidad de dotar al juez penal de herramientas más amplias y flexibles para el aseguramiento patrimonial, especialmente útil en procedimientos complejos que exigen respuestas jurídicas adaptadas a la naturaleza del daño o al volumen del perjuicio económico. Esta cláusula de remisión permite al juez penal adoptar, en determinadas circunstancias, medidas contempladas en los arts. 721 a 747 de la LEC, siempre que sean compatibles con el objeto y fines del proceso penal y respeten los principios de legalidad, contradicción, motivación y proporcionalidad.

Doctrinalmente, esta posibilidad ha sido valorada positivamente por su capacidad de adaptación a los fines del proceso penal, en particular en casos de criminalidad económica organizada, delitos societarios o patrimoniales de especial complejidad. Como se ha señalado la apertura del sistema mediante la cláusula del art. 764.2 de la LECrim convierte al juez penal en un gestor flexible de la tutela cautelar, lo que resulta imprescindible cuando se enfrentan a esquemas defraudatorios sofisticados o estructuras patrimoniales opacas (PORRES ALONSO, 2020).

Entre las medidas civiles más empleadas en el proceso penal destacan:

* La anotación preventiva de demanda (art. 727.1ª LEC), utilizada para asegurar la eficacia de una futura sentencia con trascendencia registral, como en el caso de bienes inmuebles.

* La intervención judicial (art. 727.2ª LEC), útil en supuestos de administración fraudulenta o para preservar el valor económico de empresas en funcionamiento.
* La prohibición de disponer o gravar bienes (art. 727.4ª LEC), que impide la enajenación de activos durante la tramitación del proceso.
* El depósito de bienes muebles (art. 727.1.2ª LEC), que puede ser relevante cuando el bien es especialmente valioso o perecedero.

La aplicación supletoria de medidas civiles no solo amplía el espectro técnico de aseguramiento, sino que también permite al juez ajustar la intensidad y forma de la tutela cautelar a la naturaleza concreta del proceso penal, dentro de los límites constitucionales (DÍAZ MARTÍNEZ, 2004, p. 8).

4.4.1 Anotación preventiva de querella

La anotación preventiva de demanda, prevista en el art. 727.5ª de la LEC y regulada en el art. 42.1º de la Ley Hipotecaria (LH), tiene por objeto dar publicidad registral a la existencia de un proceso judicial pendiente sobre un bien determinado. Su función es advertir a los terceros adquirentes de la posible modificación futura de la situación jurídico-real del inmueble, si la sentencia recaída fuera estimatoria.

Se trata, por tanto, de una medida cautelar de naturaleza meramente publicitaria o declarativa, que no impide la enajenación ni el gravamen del bien —pues no produce cierre registral conforme al art. 71 LH—, pero enerva la fe pública registral al advertir a los terceros sobre la existencia de una controversia judicial pendiente.

En el ámbito penal, esta figura se proyecta a través de la anotación preventiva de querella, aplicable únicamente cuando la acción penal incorpora pretensiones civiles de carácter real o personal con trascendencia jurídico-real inmobiliaria (por ejemplo, la nulidad de una transmisión o de una donación). En estos casos, la anotación no persigue asegurar el cobro de una cantidad, sino preservar la eficacia civil de una eventual sentencia que modifique la titularidad o el contenido de derechos inscritos.

Por el contrario, cuando el objetivo del proceso —civil o penal— es asegurar responsabilidades de naturaleza dineraria u obligacional, la medida procedente es la anotación preventiva de embargo, cuyo objeto específico consiste en afectar un bien determinado al cumplimiento de una obligación de pago, dando así cumplimiento al principio de responsabilidad patrimonial universal del art. 1911 del Código Civil (CC).

En este sentido, el Tribunal Supremo, en su STS de 12/12/2024 [*Tol 10331079*], ha precisado con especial claridad que "desde las exigencias de estricta tipicidad, la única lesión con relevancia penal de la eficacia de medidas cautelares que se contempla en el artículo 257.1.2º del Código Penal es la de aquellas que protegen créditos de naturaleza estrictamente obligacional y dineraria". Añade el Alto Tribunal que "en modo alguno puede equipararse a tales efectos típicos la medida cautelar de anotación preventiva de demanda con la de anotación preventiva de embargo", dado que la primera no asegura créditos dinerarios sino la posible modificación jurídico-real derivada del fallo civil.

De esta manera, mientras la anotación preventiva de querella o de demanda cumple una función de publicidad y advertencia respecto de derechos discutidos en juicio, la anotación preventiva de embargo despliega una función de garantía patrimonial frente a obligaciones pecuniarias. Ambas figuras, aunque comparten el soporte registral, difieren radicalmente en su naturaleza, finalidad y efectos, y solo esta última puede resultar típicamente relevante a efectos del delito de alzamiento de bienes o insolvencia punible.

La Dirección General de los Registros y del Notariado (hoy, Dirección General de Seguridad Jurídica y Fe Pública) ha reiterado que no es posible reflejar registralmente, por vía de anotación preventiva, la mera interposición de una querella —ni, por analogía, la mera incoación por decreto del Ministerio Fiscal— salvo que en la misma se ejercite una acción civil de trascendencia real inmobiliaria. Así lo dispone su doctrina constante (Res. 13, 14 y 15 de noviembre de 2000; 9 de septiembre de 2004; 19 de diciembre de 2006; 25 de noviembre de 2014; y especialmente Res. 28 de julio de 2016, 21 de septiembre de 2016), que aclara:

* El objeto de la anotación de demanda (o querella) es el ejercicio de una acción de trascendencia real inmobiliaria, siendo irrelevante el procedimiento o vehículo formal utilizado.
* En consecuencia, cuando la querella incluya también el ejercicio de dicha acción civil, sí puede ordenarse la anotación preventiva.
* Es imprescindible que el mandamiento judicial recoja el contenido de la acción civil ejercitada o se acompañe la querella con el correspondiente suplico que la concrete.

Por tanto, no procede la anotación preventiva de querellas orientadas únicamente al cobro de deudas dinerarias; en estos casos, la medida cautelar idónea será la anotación preventiva de embargo, prevista para créditos de carácter patrimonial y dinerario. La anotación preventiva de querella solo será procedente cuando el procedimiento penal pueda generar una modificación en el contenido del registro —nulidad de escrituras, rectificación de asientos, cancelación por ilicitud del título inscrito, etc.—.

Desde la doctrina procesal, esta figura se considera una proyección del principio de publicidad registral y de la efectividad de la tutela cautelar, pues permite anticipar la eficacia práctica de una eventual sentencia y evita maniobras fraudulentas por parte del investigado o de terceros interpuestos (DE PORRES ORTIZ DE URBINA, 2009, p. 13).

4.4.2 Intervención judicial

La intervención y la administración judicial constituyen dos modalidades de diferente intensidad dentro de esta categoría cautelar: i) La intervención judicial implica un mero control o fiscalización de la actividad del titular o administrador de la empresa o patrimonio intervenido. El interventor no sustituye la gestión existente, sino que supervisa y autoriza determinados actos de administración o disposición, de modo que el titular conserva la gestión ordinaria, pero bajo control o autorización previa; y ii) la administración judicial, en cambio, conlleva la sustitución total o parcial del órgano de administración existente por un administrador judicial designado por el juez, que asume directamente la gestión del bien o de la entidad. Se trata de una medida más intensa y restrictiva, reservada a supuestos en los que la continuidad de la administración ordinaria pueda frustrar el aseguramiento del patrimonio o favorecer la ocultación o el vaciamiento de bienes.

En aplicación del principio de proporcionalidad, el juez debe optar siempre por la medida menos lesiva para los derechos fundamentales y patrimoniales afectados. Solo cuando el control o fiscalización resulte insuficiente para garantizar la eficacia de la medida cautelar podrá acordarse la administración judicial sustitutiva. En cualquier caso, tanto la intervención como la administración tienen carácter provisional y conservativo, y su finalidad es preservar la integridad y el valor del patrimonio afecto al procedimiento penal hasta que recaiga resolución firme.

Su aplicación resulta especialmente relevante en procesos complejos relacionados con delitos económicos, corrupción, insolvencias punibles, o en aquellos casos en los que el control societario por parte de los imputados podría facilitar la ocultación, despatrimonialización o desvío de fondos. De esta forma, se busca garantizar la preservación del valor de los activos intervenidos y evitar su degradación, dispersión o deslocalización.

Como ha destacado la doctrina, esta medida representa una instrumentalización temporal del control empresarial por parte del Estado, en tanto sea necesario para asegurar los fines del proceso. Su legitimidad se sostiene en el principio de proporcionalidad, ya que permite intervenir la gestión sin necesidad de embargar preventivamente todos los bienes o de paralizar la actividad de la empresa, lo cual podría tener efectos más perjudiciales, tanto para el procedimiento como para terceros implicados.

Desde una perspectiva práctica, la intervención judicial puede ser acordada a instancia del Ministerio Fiscal, de la acusación particular o de oficio por el juez instructor. Su alcance podrá limitarse a la mera vigilancia contable o extenderse a la gestión plena de la empresa, dependiendo de la entidad del riesgo, de la complejidad societaria y del tipo de delito investigado.

Como recuerda la doctrina, la intervención judicial constituye una de las medidas más sofisticadas y menos exploradas del catálogo cautelar penal, pero especialmente eficaz en delitos de criminalidad económica organizada, donde el aseguramiento patrimonial exige soluciones estructurales y no meramente conservativas (GUILARTE MARTÍN-CALERO, 2008, p. 8).

4.4.3 Depósito judicial

El depósito judicial de bienes, regulado en el art. 727.3º de la LEC, constituye una medida cautelar real de carácter supletorio que permite al juez inmovilizar determinados bienes muebles cuya permanencia en poder del imputado pueda implicar un riesgo para su conservación, disponibilidad o integridad. Esta medida no persigue el aseguramiento económico directo, como ocurre con el embargo o la fianza, sino la protección material del bien intervenido, evitando su pérdida, deterioro o manipulación durante la tramitación del procedimiento. En consecuencia, suele emplearse en relación con objetos relevantes para el decomiso penal, efectos del delito, instrumentos utilizados en su comisión o bienes cuyo valor pudiera verse afectado por el paso del tiempo o el uso indebido.

El juez instructor puede acordar el depósito en dependencias judiciales, en instituciones públicas competentes, o incluso en poder de terceros designados al efecto —interventores, peritos o personas de confianza—, siempre que se garantice su custodia y se limite cualquier posibilidad de enajenación, alteración o desaparición. Aunque su afectación patrimonial es menor que la del embargo, no queda exento de control jurisdiccional y debe estar fundado en una valoración concreta del riesgo de pérdida o inutilización del bien.

La doctrina procesal ha señalado que esta medida resulta especialmente útil cuando se trata de bienes de difícil reproducción o alta volatilidad económica, como obras de arte, productos tecnológicos, joyas, vehículos o bienes perecederos, cuya posesión por parte del imputado podría comprometer tanto el valor económico como la eficacia de la sentencia final (GIMENO SENDRA, 2015, 718).

4.4.4 Prohibición de disponer o gravar bienes

La prohibición de disponer o gravar bienes, prevista en el art. 727.6º de la LEC, permite al juez penal impedir que el investigado realice actos de disposición patrimonial —como ventas, hipotecas o donaciones— respecto de bienes determinados. Esta medida, aunque no implica una inmovilización efectiva como el embargo, constituye una restricción jurídicamente eficaz que salvaguarda el interés del proceso, evitando que los bienes queden fuera del alcance de una eventual ejecución. Su valor radica en que preserva la situación jurídica existente, impidiendo que el bien sea transmitido con apariencia de legalidad registral a terceros de buena fe, y asegurando que los efectos económicos de la sentencia penal puedan proyectarse sobre un patrimonio aún intacto. En este sentido, ha sido reconocida como una técnica preventiva idónea frente a maniobras defraudatorias o simuladas.

Desde la doctrina, se han planteado posiciones divergentes en torno al uso de esta medida en sede penal. Por un lado, se ha advertido sobre los riesgos de desnaturalización del proceso penal al importar esquemas propios del proceso civil sin la debida adaptación garantista (BARONA VILAR, 2024, p. 347)). A su juicio, la adopción de medidas como la prohibición de disponer exige una especial justificación, ya que, pese a su apariencia de neutralidad, afecta al núcleo del derecho patrimonial del imputado. Por otro lado, hay quien defienden su integración como parte de una política procesal eficaz y proporcionada, en tanto se adopte bajo un estándar reforzado de motivación y control judicial, y no como un automatismo derivado del simple ejercicio de la acción penal autores como (GASCÓN INCHAUSTI, 2016, p. 86). Para este autor, la medida contribuye a una tutela patrimonial más rica y funcional, compatible con el principio de legalidad y el debido proceso.

4.5 El decomiso cautelar

El decomiso cautelar se configura en la actualidad como una medida cautelar real autónoma, especialmente relevante en la lucha contra la criminalidad organizada, el narcotráfico y los delitos económicos. A diferencia de otras medidas patrimoniales, que buscan garantizar el cumplimiento de las responsabilidades civiles o procesales derivadas del proceso penal, su finalidad es asegurar la futura privación de los bienes vinculados al delito, impidiendo su consolidación en el tráfico jurídico.

El fundamento normativo de la institución se encuentra en los arts. 127 *octies* y 367 bis a 367 *septies* de la LECrim. Ambos cuerpos legales responden a la necesidad de adaptar el ordenamiento interno a las exigencias del Derecho de la Unión Europea, en particular a la Directiva 2014/42/UE, así como a los compromisos asumidos por España en la Convención de Viena de 1988 y en la Convención de Palermo de 2000. Sin embargo, la técnica legislativa empleada ha sido objeto de críticas, pues como se ha señalado art. 127 *octies* CP contiene una habilitación procesal que por su naturaleza debería haberse contemplado en la norma procesal y no en el texto punitivo (GASCÓN INCHAUSTI, 2016, p. 51). Esta ubicación errónea, unida a la falta de una regulación completa del régimen procedimental en la LECrim, ha generad una regulación sumamente imprecisa, que exige un esfuerzo reconstructivo por parte de la doctrina y de la jurisprudencia y que, sin duda, en la práctica genera inseguridad jurídica. De esta falta de precisión deriva, en buena medida, la inseguridad sistemática del régimen cautelar del decomiso, al que se suma la deficiente regulación de la tutela cautelar en la LECrim, pues el legislador no ha definido de forma expresa los presupuestos materiales ni las condiciones de adopción, remitiéndose de manera insuficiente a la normativa procesal civil para aspectos aislados como la oposición, la modificación o la sustitución de las medidas. Esta remisión parcial —que no incluye ni un catálogo cerrado de medidas ni los criterios de procedencia— genera en la práctica gran incertidumbre jurídica.

A diferencia del embargo preventivo, el decomiso cautelar no se orienta a asegurar el cumplimiento de una obligación económica, sino a garantizar la efectividad de la potestad de decomiso. De ahí que su presupuesto material no sea la insolvencia del investigado, sino la existencia de indicios razonables de que los bienes afectados provienen de una actividad delictiva o han sido utilizados como instrumentos para su comisión.

En coherencia con el sistema de medidas cautelares penales, deben concurrir los presupuestos generales del *fumus commissi delicti* y del *periculum in mora*, si bien adaptados a la naturaleza del decomiso, el segundo presupuesto debe traducirse en una "apariencia específica de decomisabilidad" del bien, esto es, en la verosimilitud de que el objeto pueda ser efectivamente decomisado en el futuro.

Procesalmente, el decomiso cautelar presenta una doble vertiente: de un lado, la decisión judicial de aseguramiento (aprehensión o embargo de bienes) y, de otro, las operaciones posteriores de conservación, realización o gestión de los bienes intervenidos. En cuanto a su adopción inicial, el art. 127 *octies* CP autoriza al juez o tribunal a acordar la aprehensión o el embargo de los bienes desde las primeras diligencias, sin perjuicio de su regulación procedimental en la LECrim. Esta remisión se concreta en los arts. 367 bis a 367 *septies* LECrim, que disciplinan los efectos prácticos de la medida: destrucción, realización anticipada, uso provisional y gestión por la Oficina de Recuperación y Gestión de Activos (ORGA).

Procesalmente, el decomiso cautelar exige que la medida se adopte mediante auto motivado, dictado en pieza separada del proceso principal, con fundamentación específica sobre los indicios que vinculan los bienes al delito. Además, debe garantizarse el principio de contradicción, bien con carácter previo a la adopción de la medida o inmediatamente después, cuando concurran razones de urgencia (art. 367 ter.2 LECrim). El control judicial debe ser especialmente riguroso, dada la intensidad de la afectación patrimonial que supone.

La doctrina ha destacado que el decomiso cautelar opera bajo una lógica distinta al embargo, dado que no persigue asegurar el cobro de una deuda civil, sino evitar que los efectos del delito permanezcan en el patrimonio del investigado. Su aplicación no exige la acreditación de un riesgo de insolvencia, sino la existencia de indicios razonables de origen delictivo de los bienes (DE PORRES ORTIZ DE URBINA, 2009, p. 16).

Entre sus particularidades destaca la posibilidad de acordar el decomiso sobre bienes de valor equivalente, cuando los directamente relacionados con el delito han sido ocultados, destruidos o convertidos (art. 127.2 CP). Asimismo, el legislador ha previsto el denominado decomiso autónomo, que permite su adopción incluso sin condena penal, en supuestos de fallecimiento, rebeldía o ausencia del imputado (arts. 127 *septies* CP y 367 *sexies* LECrim). Esta extensión del decomiso sin sentencia condenatoria plantea, no obstante, importantes desafíos desde la perspectiva de las garantías procesales.

Una cuestión particularmente delicada es la relativa a la inversión de la carga de la prueba, que permite al juez presumir el origen ilícito de ciertos bienes cuando existan indicios objetivos suficientes, exigiendo al afectado que demuestre su licitud (art. 127 *ter* CP). Si bien esta presunción facilita la eficacia de la medida, debe aplicarse con cautela para no comprometer el principio de presunción de inocencia ni el derecho de defensa.

5. PROCEDIMIENTO PARA SU ADOPCIÓN

La adopción de medidas cautelares reales en el proceso penal exige el cumplimiento de un procedimiento judicial que, pese a su base normativa fragmentada, debe ajustarse a los principios constitucionales del debido proceso, especialmente legalidad, motivación, contradicción, proporcionalidad y control judicial efectivo, tal como impone el art. 24 de la CE. Esta exigencia se proyecta sobre todo el *iter* procesal que lleva a la afectación patrimonial del investigado, del acusado o de terceros responsables civiles.

La LECrim contempla diversas disposiciones que sirven de fundamento para este tipo de medidas: los arts. 589 a 612, que regulan la fianza y el embargo; los arts. 765 a 767, relativos a la pensión provisional; y el art. 764.2, que habilita la aplicación supletoria de las medidas previstas en la LEC. A su vez, los arts. 367 ter a 367 *septies* introducen el procedimiento específico del decomiso cautelar. Sin embargo, esta regulación no constituye un sistema articulado ni sistemático, lo que ha obligado a la jurisprudencia y a la doctrina procesal a reconstruir sus principios operativos a partir del derecho fundamental a la tutela judicial efectiva y del modelo de justicia cautelar civil.

Como han subrayado diversos autores, la adopción de estas medidas exige una resolución judicial motivada, que fundamente adecuadamente la concurrencia de los presupuestos materiales —*fumus boni iuris*, *periculum in mora* y proporcionalidad— y que explicite la idoneidad de la medida frente a otras menos gravosas. Además, debe garantizarse la posibilidad de contradicción, bien de forma previa o, en casos urgentes, mediante una revisión inmediata, especialmente cuando la medida ha sido adoptada *inaudita* parte (DE PORRES ORTIZ DE URBINA, 2009, p. 12).

En este marco, el control judicial efectivo adquiere un carácter especialmente reforzado, dado que estas medidas pueden suponer una afectación intensa al derecho de propiedad, cuya legitimidad depende no solo de la existencia de una previsión legal, sino también de la estricta observancia de los principios de necesidad y proporcionalidad. La jurisprudencia ha insistido en que el juez debe valorar individualizadamente la medida en función de las circunstancias del caso, evitando decisiones automáticas o estandarizadas que puedan derivar en arbitrariedad o sanción encubierta.

Asimismo, en el caso del decomiso cautelar, el procedimiento adquiere rasgos propios, regulados expresamente en los arts. 367 *ter* y ss. LECrim, entre los que destacan: su tramitación en pieza separada, la exigencia de motivación reforzada, la contradicción procesal incluso en supuestos de urgencia, y la facultad del afectado de solicitar la modificación, sustitución o alzamiento de la medida, conforme al desarrollo del proceso. Estos elementos, tal como ha apuntado parte de la doctrina, constituyen una evolución hacia un modelo garantista de aseguramiento patrimonial, que busca preservar el equilibrio entre eficacia procesal y respeto de los derechos fundamentales (GÓMEZ SOLER 2007, p. 10).

Por tanto, la falta de sistematicidad normativa no exime al juez de aplicar un estándar reforzado de motivación y control, que asegure que toda medida cautelar real en el proceso penal cumpla las exigencias constitucionales de legalidad, proporcionalidad y tutela judicial efectiva, especialmente en contextos de criminalidad económica o compleja, donde la presión sobre los bienes puede adquirir especial intensidad.

5.1 Competencia, legitimación y tramitación

La adopción de medidas cautelares reales en el proceso penal corresponde, por regla general, al juez instructor que conoce de la causa. No obstante, esta competencia puede ser ejercida también por el órgano de enjuiciamiento o, en su caso, por el órgano judicial encargado de la fase de ejecución, si las circunstancias lo exigen. La medida puede adoptarse a instancia de parte —ya sea del Ministerio Fiscal, la acusación particular o el actor civil—, pero también de oficio, cuando resulte necesaria para preservar la efectividad de una eventual sentencia penal.

La jurisdiccionalidad de las medidas cautelares, vinculada de forma exclusiva a los órganos jurisdiccionales, implica que incluso aquellas adoptadas por otras autoridades deben someterse a control judicial. En este sentido, la Ley 34/2015 introdujo en la LECrim el art. 614 *bis*, que exige la convalidación por la autoridad judicial de las medidas previamente acordadas por la Administración tributaria al amparo del art. 81 de la Ley General Tributaria, una vez iniciado un proceso por delito fiscal. De este modo, medidas como la intervención de bienes, el bloqueo de cuentas o el embargo acordados por la autoridad tributaria, aunque legítimos en sede administrativa, requieren ratificación judicial para mantenerse en el marco del proceso penal. Antes de esta reforma, esta exigencia no estaba prevista expresamente, lo que había suscitado críticas doctrinales por su potencial afectación al principio de exclusividad jurisdiccional (MORENO CATENA, 2014, p. 5).

El art. 614 *bis* de la LECrim, introducido para coordinar la actuación judicial penal con las medidas cautelares adoptadas por la Administración tributaria, tiene un alcance amplio. Tal y como ha precisado el Tribunal Constitucional en la STC 141/2020 [*Tol 8197732*], su previsión se extiende: (i) a cualquier medida cautelar prevista en el art. 81 LGT, y no únicamente a las contempladas en su apartado 8, lo que incluye también las adoptadas antes del inicio del proceso penal; y (ii) a toda pretensión procesal relativa a dichas medidas cautelares, comprendiendo las solicitudes de modificación o levantamiento, con independencia de que se trate o no de las previstas en el art. 81.8 LGT. De este modo, el precepto abarca de forma integral el control judicial sobre la subsistencia, alteración o cancelación de cualquier medida cautelar tributaria cuando existe un proceso penal relacionado.

En la práctica, las medidas cautelares reales se tramitan en una pieza separada dentro del procedimiento penal, lo que permite una gestión más ágil, controlada y específica de las cuestiones patrimoniales. Esta técnica procesal no solo contribuye a garantizar el derecho de defensa del afectado, al permitir la articulación de recursos independientes, sino que también facilita la publicidad registral y la protección de terceros interesados. Así lo han reconocido tanto la doctrina procesal como la jurisprudencia ordinaria, que han valorado positivamente esta estructuración procedimental (DE PORRES ORTIZ DE URBINA, 2009, p. 13).

La resolución que acuerda la medida debe revestir siempre la forma de auto motivado (art. 141 LECrim). Esta exigencia de motivación adquiere un carácter reforzado, dada la afectación al derecho fundamental de propiedad reconocido en el art. 33 de la CE. Por tanto, no basta con fórmulas genéricas, sino que deben exponerse con claridad los elementos fácticos y jurídicos que justifican la medida, su necesidad en el caso concreto, los bienes afectados y su conexión con el objeto del proceso penal.

Uno de los déficits más señalados por la doctrina es la falta de un régimen normativo sistemático que establezca de forma clara los presupuestos materiales exigibles a toda medida cautelar real, particularmente los principios de *fumus boni iuris* y *periculum in mora*, que sí se encuentran expresamente regulados en el ámbito civil (art. 728 LEC). Como ha destacado ARANGÜENA FANEGO, esta omisión legislativa ha obligado a construir el régimen jurídico sobre la base de principios generales del Derecho procesal y de interpretaciones jurisprudenciales que, aunque razonables, no suplen la necesidad de una legislación más precisa y garantista (2021, p. 522).

5.2 Garantías procesales, contradicción y recursos

El principio de contradicción constituye una garantía esencial en la adopción de medidas cautelares reales. Por regla general, el juez debe oír al afectado con carácter previo a su adopción. No obstante, cuando concurren razones de urgencia o peligro en la demora, la medida puede acordarse *inaudita* parte, siempre que se abra de inmediato un cauce contradictorio que permita su revisión efectiva. Tal como expone DE PORRES, la previa audiencia del afectado no constituye un requisito indispensable (2007, p. 7). En el ámbito jurisdiccional civil, la audiencia del demandado constituye la regla general (art. 733 LEC), si bien se contemplan excepciones. Por el contrario, en el ámbito penal dicho presupuesto no resulta exigible, quedando su otorgamiento supeditado a la urgencia del caso, la cual determinará la conveniencia de conceder o no audiencia previa al afectado.

El régimen de impugnación de estas medidas se articula a través de los recursos ordinarios de reforma y apelación, conforme a los arts. 766 y ss. de la LECrim. A diferencia de otros actos procesales, la interposición de estos recursos no requiere la prestación de fianza ni produce efectos suspensivos automáticos, aunque el órgano judicial puede adoptar medidas cautelares adicionales si lo estima necesario. El contenido del recurso debe centrarse en la falta de concurrencia de los presupuestos materiales exigibles, la desproporción de la medida adoptada, la existencia de medios menos lesivos o la ausencia de relación entre los bienes afectados y la persona investigada.

Durante la vigencia de la medida cautelar, el interesado tiene derecho a solicitar su modificación, sustitución o levantamiento cuando hayan variado las circunstancias que motivaron su adopción, o cuando ofrezca una garantía sustitutoria adecuada. En este contexto, el principio de proporcionalidad exige que la medida se mantenga exclusivamente durante el tiempo estrictamente necesario, cesando automáticamente cuando desaparecen los presupuestos que la justifican. Esta exigencia ha sido reiteradamente subrayada como parte esencial de un modelo de justicia cautelar ajustado al Estado de Derecho (MORENO CATENA, 2000, p. 1815).

Uno de los déficits estructurales del sistema cautelar penal, denunciado insistentemente por la doctrina, es la ausencia de un régimen específico de responsabilidad por los daños derivados de la adopción indebida de estas medidas. A diferencia de la prisión provisional, regulada en el art. 294 de la LOPJ, la LECrim no contempla una vía indemnizatoria para los supuestos en que, tras una absolución o sobreseimiento, se constate el carácter infundado de una medida real que haya causado perjuicios económicos al afectado. En este sentido, se ha propuesto establecer contracautelas específicas o mecanismos indemnizatorios que compensen las restricciones patrimoniales injustificadas, en aplicación del principio de reparación integral reconocido en el derecho constitucional y en el derecho internacional de los derechos humanos (ARANGÜENA FANEGO, 2021, p. 520).

En definitiva, aunque la práctica judicial y el desarrollo doctrinal han contribuido a consolidar un sistema de garantías mínimas en la adopción de medidas cautelares reales, la dispersión normativa y la falta de previsión legal de aspectos clave —como la indemnización por daños o el procedimiento sistematizado— continúan constituyendo asignaturas pendientes que el legislador debería afrontar sin demora.

5.3 Modificación, caución sustitutoria y extinción de las medidas cautelares reales

La naturaleza provisional y revisable de las medidas cautelares reales impone al órgano judicial la obligación de someterlas a control constante, de modo que no puedan mantenerse de forma indefinida ni automática durante la tramitación del proceso penal. Esta exigencia deriva del principio de proporcionalidad y del carácter excepcional de cualquier restricción de derechos fundamentales, particularmente del derecho de propiedad (art. 33 CE), lo que obliga a permitir su modificación, sustitución o extinción cuando cambien las circunstancias que las justificaron.

5.3.1 Modificación de la medida

La modificación de una medida cautelar real puede referirse a distintos aspectos: el importe garantizado, la clase de medida adoptada —por ejemplo, sustitución del embargo por una fianza—, o el objeto sobre el que recae —sustitución de los bienes inicialmente afectados—. Esta revisión resulta procedente cuando: a) se alteran los presupuestos materiales que motivaron su adopción —en particular el *fumus boni iuris* o el *periculum in mora*—; b) cuando se descubren bienes más idóneos o c) cuando la medida deviene desproporcionada en atención a la evolución del procedimiento.

Aunque no existe un precepto específico que regule esta facultad, la doctrina y la jurisprudencia han entendido que se deriva del art. 743 de la LECrim, que habilita al juez para adoptar, modificar o cesar cualquier medida necesaria para asegurar los bienes sujetos a responsabilidad. En este sentido, la revisión periódica de la medida responde no solo a exigencias prácticas, sino también a imperativos constitucionales derivados del principio de legalidad y del derecho a un proceso con todas las garantías.

5.3.2 Sustitución por caución

La posibilidad de sustituir una medida real por una caución o fianza suficiente constituye una manifestación directa del principio de menor onerosidad, conforme al cual debe optarse siempre por la medida menos restrictiva que permita alcanzar el fin cautelar perseguido. Así lo prevén implícitamente los arts. 589 y ss. de la LECrim, que configuran la fianza como medida preferente frente al embargo. En la práctica, esta sustitución permite al afectado evitar la inmovilización de sus bienes mediante la prestación de una garantía alternativa.

La caución puede consistir en metálico, bienes inmuebles, aval bancario, garantía prendaria o fianza personal de tercero solvente. No obstante, su admisión no es automática: corresponde al juez valorar la suficiencia, liquidez y legalidad de la garantía ofrecida, así como su idoneidad para cubrir las responsabilidades pecuniarias derivadas del proceso penal. La resolución que acepta o deniega la sustitución debe ser motivada, especialmente en el caso de rechazo, dado que está en juego el equilibrio entre la función de aseguramiento y la protección del derecho de propiedad.

5.3.3 *Extinción y alzamiento*

La medida cautelar real debe cesar cuando desaparezcan las circunstancias que justificaron su adopción. Ello ocurre, por ejemplo, cuando se dicta sentencia absolutoria, se acuerda el sobreseimiento libre o se extingue la responsabilidad penal por cualquier causa. En tales casos, el juez debe ordenar su levantamiento sin necesidad de solicitud expresa, en aplicación del principio de restitución íntegra del derecho indebidamente afectado, de acuerdo con la previsión contenida en los arts. 744 y 745 de la LEC.

Igualmente, la extinción procede cuando se ha cumplido la finalidad de la medida: por ejemplo, si se hace efectivo el pago de las responsabilidades o se ha ejecutado la sentencia. En estos supuestos, mantener la medida cautelar supondría una restricción arbitraria del derecho de propiedad y una vulneración de los principios de legalidad y proporcionalidad. Distinta es la situación cuando se dicta sentencia condenatoria firme. En tal caso, conforme a una interpretación sistemática del art. 731 de la Ley de Enjuiciamiento Criminal, las medidas cautelares reales dejan de tener carácter provisional para convertirse en instrumentos ejecutivos destinados a asegurar la efectividad de la sentencia. La doctrina entiende, por tanto, que estas medidas no se extinguen, sino que se transforman funcionalmente en medidas de ejecución, subsistiendo mientras resulte necesario para garantizar el cumplimiento de las responsabilidades civiles derivadas del delito.

Un aspecto especialmente problemático, reiteradamente señalado por la doctrina, es la inexistencia de un cauce legal expreso para reclamar la responsabilidad patrimonial del Estado por los daños derivados de medidas reales injustificadas. A diferencia de lo previsto en el art. 294 de la LOPJ para la prisión provisional indebida, no se contempla un régimen análogo en el ámbito patrimonial. Esta laguna ha sido objeto de crítica por parte de la doctrina que subraya la necesidad de establecer mecanismos normativos que garanticen la reparación integral del perjuicio sufrido por el afectado, en consonancia con las exigencias del Estado de Derecho (ARANGÜENA FANEGO, 2021, p. 522).

BIBLIOGRAFÍA

- ARANGÜENA FANEGO, «Medidas cautelares reales en el anteproyecto de LECrim de 2020», en *Reflexiones en torno al Anteproyecto de Ley de Enjuiciamiento Criminal de 2020*, Fernando Jiménez Conde (dir.), Olga Fuentes Soriano (dir.), Tirant lo Blanch, 2022.
- ARANGÜENA FANEGO, «Medidas cautelares reales en el nuevo Anteproyecto de Ley de Enjuiciamiento Criminal», *Revista de la Asociación de Profesores de Derecho Procesal*, nº. 3, 2021.
- BANACLOCHE/ZARZALEJOS, *Aspectos fundamentales de Derecho procesal penal*, La Ley, 2016.
- BARONA VILAR/GÓMEZ COLOMER, (coord.). *Proceso penal, Derecho Procesal III*, 4ª Ed, Tirant lo Blanch, 2024.
- DE LA OLIVA SANTOS/ARAGONESES MARTÍNEZ/HINOJOSA SEGOVIA/MUERZA ESPARZA/TOMÉ GARCÍA, *Derecho procesal penal*, (6ª Ed.), Editorial Universitaria Ramon Areces, 2003.
- DE PORRES ORTIZ DE URBINA, «Medidas cautelares reales en el proceso penal», en *Hacia un catálogo de buenas prácticas para optimizar la investigación judicial*, Consejo General del Poder Judicial, Manuales de formación continuada, nº 46, 2009.
- DÍAZ MARTÍNEZ, «El nuevo régimen jurídico de las medidas cautelares civiles en el proceso penal», *Diario La Ley*, nº 6059, de 12 de julio de 2004.
- GARRIDO CARRILLO, *El decomiso. Innovaciones, deficiencias y limitaciones en su regulación sustantiva y procesal*, Dykinson, 2019.
- GASCÓN INCHAUSTI, «Las nuevas herramientas procesales para articular la política criminal de decomiso total: la intervención en el proceso penal de terceros afectados por el decomiso, el proceso para el decomiso autónomo de los bienes y productos del delito», *Revista General de Derecho Procesal*, nº 38, 2016.
- GIMENO SENDRA, *Derecho procesal penal* (2ª ed.), Civitas, 2015.
- GÓMEZ COLOMER et. alii, *Derecho Jurisdiccional III*, Tirant lo Blanch, 2019.
- GÓMEZ SOLER, «Medidas cautelares reales en el nuevo procedimiento abreviado», *Revista General de Derecho Procesal*, nº 11, 2007.
- GONZÁLEZ-CUÉLLAR SERRANO, *Proporcionalidad y derechos fundamentales en el proceso penal*, Colex, 1990.
- GONZÁLEZ-CUÉLLAR SERRANO, «El principio de proporcionalidad en el Derecho Procesal español», *Cuadernos de Derecho Público*, nº 5 (septiembre-diciembre), 2004.
- LORENTE PABLO, «La investigación patrimonial y las medidas cautelares», ponencia del *Curso de formación del Centro de Estudios Jurídicos Delitos contra la Administración Pública. Prevaricación, cohecho, tráfico de influencias y malversación. Novedades tras la reforma del Código Penal por la LO 1/2015*, 2018.
- MARCHENA GÓMEZ, «Algunos aspectos de las medidas cautelares reales en el proceso penal», *Diario La Ley*, Ref. D-229, tomo 5, 1998.
- MORENO CATENA/COQUILLAT VICENTE/DE DIEGO DÍEZ/JUANES PECES/DE LLERA SUÁREZ, *El proceso penal. Doctrina, jurisprudencia y formularios* (Vol. I), Tirant lo Blanch, 2000.
- MORENO CATENA/CORTÉS, *Derecho Procesal Penal*, Tirant lo Blanch, 2024.
- MORENO CATENA, «La dudosa constitucionalidad de las medidas cautelares ordenadas por la Agencia Tributaria durante el proceso penal», *Diario La Ley*, nº 8331, 2014.
- NIEVA FENOLL, *Derecho procesal III (Proceso Penal)* (3ª Ed.), Tirant lo Blanch, 2024.

- OCAÑA RODRÍGUEZ, «Anotación de la pretensión civil en el proceso penal», *Sepin, Artículo Monográfico*, abril 2016 SP/DOCT/2085.
- PÉREZ DAUDI, «Las medidas cautelares civiles en el proceso penal», *Revista General de Derecho Procesal*, nº. 28, 2012.

Sección VI

Cooperación jurídica penal internacional

Capítulo 40

Cooperación jurídica penal internacional (I). Introducción. Estructuras orgánicas

María Jesús Fraile Martín
Letrada de la Administración de Justicia
Secretaria de Gobierno de la Audiencia Nacional

1. INTRODUCCIÓN

El objetivo de este capítulo es poner de relieve la importancia que la cooperación jurídica y policial internacional tiene en la lucha contra la delincuencia organizada en todas sus formas, en especial en sus manifestaciones más graves, así como conocer las herramientas técnicas y humanas que existen para ayudar a su consecución.

La cooperación jurídica internacional comienza a forjarse a finales de los años sesenta del siglo pasado, momento en el que una creciente percepción compartida sobre la existencia de amenazas de carácter transnacional, como el terrorismo o el tráfico de drogas, propicia el nacimiento de estructuras de cooperación de justicia y de interior destinados a un intercambio de información y de colaboración, esta cooperación intergubernamental formada por representantes de los Ministerios de Justicia e Interior forma lo que se denominó "Grupo de Trevi".

Tras estos primeros pasos, en el año 1985 se dicta el acuerdo Schengen, suprimiendo las fronteras internas de los países firmantes y manteniendo las externas con terceros países. Este acuerdo lleva consigo la pérdida de un control crucial para la seguridad de los estados como son las fronteras, propiciando que los estados busquen nuevas fórmulas en materia de cooperación judicial y policial con el objetivo de mantener la seguridad soberana de cada uno de ellos. Una de las soluciones que se adoptan para favorecer este control, es la creación del sistema de intercambio de información SIS, que veremos con mayor detalle en este capítulo.

La institucionalización de la cooperación se lleva a cabo de manera progresiva, se impulsa con el Tratado de Maastricht, donde la cooperación policial y judicial es el tercer pilar de la Unión, y se fortalece con el Tratado de Ámsterdam, previendo la creación de un espacio de libertad, seguridad y justicia, en el que se establece la libre circulación de personas, los controles de fronteras exteriores y se enfatizan materias como asilo e inmigración, y en materia de cooperación jurídica penal se introducen objetivos como la lucha y prevención contra el racismo, la xenofobia, el terrorismo, la trata de seres humanos entre otros delitos graves.

Es en Lisboa, donde se firma el Tratado de Funcionamiento de la UE en el que el espacio de seguridad, libertad y justicia es un elemento clave y parte de las "Políticas y acciones internas de la Unión", éste actúa sobre la base del principio de reconocimiento mutuo de sentencias y resoluciones judiciales, y de unas normas mínimas en procedimientos, infracciones y sanciones penales de especial gravedad. Se regulan en este momento a través del Tratado de la Unión Europea instituciones como el Parlamento Europeo, la Comisión, el Consejo Europeo, el Tribunal de Justicia de la UE y se anuncia la creación de la Fiscalía Europea.

Hoy en día, la realidad social influye en los procedimientos judiciales penales caracterizados cada vez más por contar con mayor número de elementos extranjeros o transfronterizos, asuntos como el tráfico de drogas, el terrorismo, siguen siendo amenazas reales, antes los cuales los diferentes operadores jurídicos deben dar una respuesta, en especial, los órganos judiciales.

Las herramientas humanas y técnicas de apoyo a la cooperación existentes serán explicadas a lo largo de este capítulo, cooperación que se encuentra en constante evolución, que se lleva a cabo con el apoyo de agencias como Eurojust, con la cooperación policial de Europol y de instituciones como la Red Judicial Europea, siempre con el objetivo de lograr la seguridad de los ciudadanos, y la prevención y lucha contra la criminalidad organizada.

2. EUROJUST

2.1 Eurojust. Agencia de cooperación judicial internacional europea

2.1.1 Fundamento y naturaleza jurídica

El Tratado de Ámsterdam supuso un punto de inflexión en el proceso de integración relativo a la cooperación judicial. Como parte de la creación del espacio de libertad, seguridad y justicia, se concluye en Tampere, tras la reunión del Consejo Europeo, la voluntad política por parte de los Estados miembro de crear una unidad de cooperación y coordinación judicial, formada por fiscales, magistrados y agentes de policía, con competencias equivalentes, procedentes de cada Estado de la Unión. Como consecuencia de ello es la creación de Eurojust, a través de la Decisión 2002/187/JAI, comenzado oficialmente su trabajo el 01.03.2001. Posteriormente, es el Tratado de Funcionamiento de la UE, aprobado en Lisboa, el que establece en el artículo 85 la nueva base legal en los Tratados aplicable a Eurojust.

En la actualidad es el Reglamento (UE) 2018/1727 de Eurojust de fecha 14/11/2018, que sustituye y deroga la Decisión 2002/187 JAI del Consejo, la norma que regula el mandato de la agencia, sus funciones, gobierno y estructura, así como el régimen de protección de datos y el marco para establecer acuerdos con terceros países en materia de cooperación.

Eurojust, es la Agencia de la Unión Europea para la Cooperación Judicial Penal, tiene personalidad jurídica propia y funciones operativas, su misión es respaldar y reforzar la coordinación y la cooperación entre las autoridades judiciales de los Estados miembro en relación con las formas graves de delincuencia. La agencia tiene este propósito, y en su regulación, como veremos, se estructura para que haya se fomente la comunicación de las autoridades competentes a la agencia y se facilite la colaboración entre los Estados miembro para que Eurojust ejerza de la manera óptima sus funciones. Debe tenerse en cuenta que no aplica el reglamento de la agencia a Reino Unido, Irlanda ni Dinamarca.

2.1.2 *Estructura y organización de Eurojust*

Desde el punto de vista de sus funciones operativas, Eurojust se estructura en dos pilares fundamentales: representación de los estados miembros en la sede de la agencia en la Haya, y la actuación del Colegio.

Los miembros nacionales de cada Estado miembro son los máximos responsables de las delegaciones de los Estados miembros. Cada Estado designa a un miembro nacional en comisión de servicios a la sede de Eurojust, en la Haya. Sus competencias mínimas están establecidas en el artículo 8.1 del Reglamento. En el caso de España, el nombramiento de la delegación de España en Eurojust, sus funciones y relaciones con las autoridades judiciales nacionales, está regulado en la Ley 16/2015, por la que se establece el Estatuto del miembro nacional de España en Eurojust, los conflictos de jurisdicción, las redes judiciales de cooperación internacional y el personal dependiente del Ministerio de Justicia en el exterior. Esto se debe a que la Decisión 2002/187/JAI dejó en manos de los Estados miembro la definición de la naturaleza y el alcance de sus competencias.

En relación con los requisitos para ser designado miembro nacional, éste debe tener la condición de juez o fiscal, al menos, quince años de servicio en la carrera, acreditada experiencia en la jurisdicción penal, conocimientos en materia de cooperación jurídica internacional y dominio del idioma inglés. Estos mismos requisitos son necesarios para la designación del adjunto al miembro nacional. La delegación del Estado miembro por tanto se compone, por el miembro nacional, adjunto, y al menos un asistente al miembro nacional.

Cada Estado miembro cuenta además con corresponsales nacionales de Eurojust, que pueden ser uno o varios, dando la opción a que haya corresponsal nacional para cuestiones relativas de la Fiscalía Europea, de terrorismo, para la Red Judicial Europea en asuntos penales y hasta otros tres puntos de contacto en dicha red.

Los miembros nacionales constituyen el Colegio de Eurojust, responsable del trabajo operativo de la Agencia. El Colegio es un órgano colegiado compuesto por todos los miembros nacionales que están representados de manera igualitaria, tiene funciones de gestión y operativas, a su vez, cuenta con el apoyo de la administración de la institución, integrada por analistas de casos, asesores jurídicos y expertos de datos, entre otros.

En el año 2009, se crea la posibilidad de que Eurojust tenga un Sistema de Coordinación Nacional, SCNE, formado por uno o varios corresponsales nacionales de Eurojust, un corresponsal nacional para asuntos de terrorismo, de ECI, los corresponsales nacionales de la Red Judicial Europea y hasta otros tres puntos de contacto de dicha red. La función principal del SCNE es la de coordinar el trabajo de los distintos miembros que lo componen para garantizar que el sistema de gestión de casos de Eurojust recibe información de modo fiable y eficiente. El sistema se crea en nuestro país en el año 2015, y su estructura tiene un carácter informal y multidisciplinar. Eurojust cuenta con una Célula de Coordinación de Emergencias (CCE), a través de la cual los Estados miembro pueden trasladar información a Eurojust y solicitar asistencia 24 horas al día, todos los días del año. Esta Cédula tiene como finalidad la de cumplir sus funciones en casos urgentes, y cualquier autoridad competente puede tener acceso a ella, la razón de ser de esta unidad es mantener un servicio especial, que podemos denominar de guardia, en las delegaciones nacionales. Eurojust, también acoge a las secretarías de la Red Judicial Europea, la Red de Expertos Nacionales de Equipos Conjuntos de Investigación (Red ECI) y la Red de investigación y enjuiciamiento del genocidio, los crímenes contra la humanidad y los crímenes de guerra (Red Europea de Cooperación contra el Genocidio). Además, Eurojust apoya a grupos de fiscales especializados en el tráfico ilícito de migrantes y la trata de seres humanos, y ejecuta varios programas y proyectos, como EuroMed Justice, el proyecto IPC y el Banco Mundial CRIM JUST.

2.2 Funciones operativas de Eurojust

La función operativa de Eurojust es un elemento de fortalecimiento de la cooperación judicial y creada en paralelo a la estructura de la cooperación policial europea. Eurojust participa en investigaciones, crea equipos conjuntos de investigación, y vincula a Estados miembros en la lucha contra la criminalidad organizada y la delincuencia en su forma más grave. La actuación de Eurojust puede ser a través de los miembros nacionales, o a través del Colegio cuya actuación se reserva generalmente a cuestiones concretas.

Eurojust actúa de manera general a través de los Miembros nacionales del Estado o Estados afectados, que son los que llevarán a cabo las acciones con las autoridades competentes, como la de informarles acerca de las investigaciones y procesos penales que les han trasladado, facilitar o apoyar la emisión o ejecución de cualquier solicitud de asistencia legal mutua o reconocimiento mutuo, entablar contacto directo e intercambiar información con cualquier autoridad internacional competente u organismo, prestar una labor de asistencia para garantizar la mejor coordinación de las investigaciones, cooperar o consultar a la Red Judicial Europea sobre cuestiones penales. Además, puede instar a las autoridades nacionales que investiguen hechos concretos, que acepte una investigación por estar en mejores condiciones para ello, que constituyan un equipo conjunto de investigación, o que tomen medidas especiales de investigación.

La función de Eurojust es apoyar y reforzar la coordinación y cooperación entre las autoridades judiciales de cada Estado miembro, basándose en la información facilitada por las autoridades de los Estados miembro, por Europol, la OLAF y la Fiscalía Europea.

La competencia de Eurojust viene determinada en el Anexo I de su Reglamento, que enumera hasta treinta delitos sobre los que la agencia puede ejercer sus funciones y acciones, y entre los que se encuentran los delitos de terrorismo, delincuencia organizada, narcotráfico, corrupción, blanqueo de capitales, tráfico de inmigrantes, ilícito de armas, de órganos, robo y hurto con agravantes, secuestro, detención ilegal y toma de rehenes, trata de seres humanos, ciberdelincuencia, estafa y fraude, abusos sexuales y explotación sexual, así como las infracciones conexas con estos delitos:

a) las infracciones penales cometidas con objeto de proporcionar los medios para cometer los delitos enumerados en el anexo I
b) las infracciones penales cometidas con objeto de facilitar la comisión o cometer delitos enumerados en el anexo I
c) las infracciones penales cometidas a fin de conseguir la impunidad de los delitos enumerados en el anexo I

Pero, Eurojust, no sólo actúa en estos casos, la regulación de la agencia deja claro que ésta puede colaborar y apoyar en las investigaciones y actuaciones judiciales de todo tipo de delitos si así lo solicita una autoridad competente de uno de los Estados miembro de la UE. También actuará cuando la solicitud afecte a un Estado miembro, y a un tercer país con quien haya acuerdo de cooperación, y en los casos en que la asistencia de solicitud afecte solo a un Estado miembro, pero tenga repercusión a escala de la Unión Europea.

Junto con ello, Eurojust además podrá actuar en relación con los delitos que afectan a los intereses financieros de la Unión, en los casos que no asume la competencia la Fiscalía Europea, o implique a Estados miembros que no participan en la cooperación reforzada para la creación de la Fiscalía Europea.

Es sumamente importante para la seguridad de todos los ciudadanos, que las autoridades competentes trasladen a Eurojust la información pertinente para el desempeño de sus funciones. Las únicas excepciones serán los casos en los que esto pueda suponer perjudicar intereses fundamentales de la seguridad nacional, o poner en peligro la seguridad de las personas. Son los jueces y tribunales, los miembros del Ministerio Fiscal y todas las personas y entidades públicas, las que están obligadas a prestar la colaboración requerida por Eurojust, y son estos los que podrán solicitar directamente la intervención de Eurojust en el marco de sus competencias.

2.2.1 Actuación de Eurojust

La actuación de Eurojust se lleva cabo por la solicitud a la agencia de una autoridad competente de un Estado miembro, por iniciativa propia de la Agencia, o a petición de la Fiscalía Europea. La forma de solicitud de asistencia puede activarse a través de las siguientes vías:

1. Vía autoridad judicial nacional. Las autoridades judiciales de los Estados miembro y terceros países, que tienen un miembro nacional en Eurojust, pueden trasladarle la solicitud de asistencia para sus investigaciones. La petición de asistencia se hace contactando directamente a la oficina nacional del Estado miembro, en el caso de España, estando habilitado para ello el correo electrónico.
2. Vía Fiscalía Europea (EPPO). La Fiscalía Europea puede presentar una solicitud de asistencia a Eurojust en sus investigaciones, dentro de los límites de sus competencias.
3. Por iniciativa propia de Eurojust. El Colegio de Eurojust puede actuar por iniciativa propia en las investigaciones, implicando, en su caso, a otros Estados miembro si fuera necesario, teniendo en cuenta las informaciones facilitadas por las autoridades de los Estados miembro, por Europol, por la Fiscalía Europea y por la OLAF.

Cuando Eurojust recibe una solicitud de asistencia, por ejemplo, sea de una autoridad competente, ante esta solicitud de asistencia, Eurojust abre un caso, y ante esta petición, se requiere de la agencia una respuesta a medida, que va desde una respuesta rápida, hasta acciones coordinadas, utilizando herramientas como las reuniones de coordinación, el centro de coordinación y la formación de equipos conjuntos de investigación.

Dos son las formas esenciales a través de las cuales Eurojust opera ante las solicitudes de asistencia que recibe: por medio de una respuesta rápida, o a través de la coordinación de las investigaciones.

1. *Respuesta rápida*. Si la solicitud requiere un seguimiento y por tanto respuesta inmediata, se acuerda una acción urgente. Las conexiones rápidas entre las Oficinas Nacionales de los Estados miembro son fundamentales, debido a la proximidad física, todas las delegaciones están ubicadas en la Haya, y debido al contacto directo entre ellas, facilita que la respuesta inmediata a la autoridad competente sea factible. Siendo un ejemplo de caso de respuesta inmediata el requerimiento de documentación al estado requirente para poder iniciar o continuar con la ejecución de una solicitud de asistencia, que por su urgencia no pueda esperar a que sea atendido por el Estado miembro requirente.
2. *Coordinación de investigaciones*. Por la entidad de la investigación, puede decidirse entre Eurojust y las partes implicadas llevar a cabo acciones, coordinadas en las que se plantean y resuelven cuestiones relevantes cómo son evitar los conflictos de jurisdicción, la doble incriminación y garantizar la admisibilidad de las pruebas en los tribunales del país en el que se juzgará al sospechoso.
3. *Formación de equipos conjuntos de investigación* (ECI). Eurojust podrá crear y participar en los equipos conjuntos de investigación, a los que puede prestar apoyo jurídico, práctico y financiero.
4. *Planificación de jornadas de acción conjunta*, que pueden ser dirigidas en tiempo real desde el centro de coordinación de Eurojust, incluyendo la detención simultánea de sospechosos, el registro de viviendas y otras propiedades, y la incautación de bienes ilícitos u otros activos.

Eurojust es un centro en el que las autoridades judiciales nacionales se conectan, colaboran estrechamente y garantizan un sólido seguimiento judicial a lo largo de toda la cadena del proceso, desde el inicio de la investigación penal transfronteriza hasta la resolución final en los tribunales. Los principales instrumentos en los que participa son la recuperación de activos, los conflictos de jurisdicción, la orden europea de detención y entrega, la orden europea de investigación, equipos conjuntos de investigación, extradición, antecedentes penales, medidas especiales de investigación y justicia digital penal.

2.2.2 *Acceso a la información*

En el ejercicio de sus funciones los Miembros nacionales de Eurojust, deben tener acceso a los registros de su Estado miembro, siempre de plena conformidad con su Derecho nacional. En el caso del miembro nacional de España, los asistentes y el adjunto tendrán acceso al Registro Central de Penados y demás registros públicos, al Punto Neutro Judicial, y a poder recabar de las

Fuerzas y Cuerpos de Seguridad del Estado, del Servicio de Vigilancia Aduanera de la Agencia Estatal de Administración Tributaria y de cualesquiera cuerpos policiales con competencia en materia de policía judicial, la información necesaria para el cumplimiento de sus funciones.

La colaboración con la Oficina Europea de Lucha contra el Fraude (OLAF), como autoridad española competente y accesos al sistema de información Schengen están previstos, así como el acceso a la información centralizada recogida por la Red Judicial Europea.

El tratamiento de los datos personales realizado por Eurojust en el ejercicio de sus funciones se considera como datos personales operativos. Eurojust tiene un responsable en materia de protección de datos que es parte del consejo consultivo de la agencia, y tanto en la transmisión de los datos como en la gestión se lleva a cabo con respeto a la normativa de protección de datos, y es especialmente vigilante en la transmisión de datos a terceros países, observando los acuerdos de cooperación celebrados entre ambas partes en su caso.

2.3 Las funciones de Eurojust en la prevención y resolución de conflictos

Si bien los conflictos de jurisdicción son materia objeto de una dedicación especifica, no podemos dejar de referirnos al papel de Eurojust en la prevención y resolución de conflictos. Eurojust tiene una posición privilegiada a la hora de detectar casos que puedan originar un conflicto de jurisdicción entre Estados miembros. Las autoridades nacionales tienen la obligación de informar a la agencia de todos los casos que surja o vaya a surgir un conflicto de jurisdicción, este deber de información tiene una enorme trascendencia ya que de ella va a depender la eficacia de la asistencia.

Más allá de este deber de colaboración, Eurojust tiene competencias y funciones específicas orientadas a la colaboración en la prevención y resolución de conflictos de jurisdicción, esta función se puede desarrollar a través de dos canales, de los miembros nacionales de los estados implicados que como parte de las funciones que tiene atribuidas pueden solicitar a las autoridades de sus Estados que se reconozcan como una de las que se encuentran en mejores condiciones para asumir la investigación. Otra forma, es a través del Colegio de Eurojust, que actuando como órgano colegiado, puede solicitar el reconocimiento de la jurisdicción a través de los Estados miembro, o en caso de que no haya acuerdo a través de un dictamen.

El papel de Eurojust en la resolución de conflictos, es de un mediador entre los Estados miembro implicados, tiene la facultad de emitir una opinión que no es vinculante, y en consecuencia los estados no tienen la obligación de seguirla, aunque si, en su caso, de comunicar a la agencia los motivos por los que no siguen su recomendación.

2.4 Colaboración de Eurojust con los Estados miembro y otros organismos

Eurojust mantiene relaciones de cooperación con otras instituciones, órganos, organismos y agencias de la Unión, con la Fiscalía Europea, con las autoridades competentes de terceros países y con las organizaciones internacionales, siendo esta colaboración necesaria para el cumplimiento de sus funciones.

2.4.1 Colaboración con las autoridades nacionales de España

La Ley 29/2022 regula dos tipos de obligaciones de las autoridades nacionales, por un lado, de asistencia a Eurojust cuando sean requeridos para ello, por otro lado, de dar traslado de información a la agencia en los casos que hemos visto en el punto 2.3. Esta obligación doble, vincula a los jueces y tribunales, miembros del Ministerio Fiscal y todas las personas y entidades públicas.

Junto con ello, el miembro nacional de Eurojust comunicará al fiscal general del Estado cualquier información que posea y que pueda ser de interés para las investigaciones o procedimientos penales que puedan desarrollarse por la jurisdicción española, o para su coordinación con los que se desarrollen en otro Estado miembro de la Unión Europea.

2.4.2 Colaboración con Europol

Eurojust mantiene una estrecha cooperación con Europol, lo cual reporta beneficios para la consecución de los objetivos de las dos agencias, y facilita la optimización de esfuerzos evitando la duplicidad en los trabajos.

Una medida de cooperación entre ambas agencias es la posibilidad de acceso a los datos de Eurojust por parte de Europol con las limitaciones basadas a efectos de verificación cruzada, acceso por parte de un personal autorizado, y con las limitaciones a las restricciones de acceso o en su caso utilización que pueda esta impuesta por el estado miembro que la facilita.

Eurojust y Europol deben mantenerse informados de toda actividad que conlleve la financiación de equipos conjuntos de investigación.

2.4.3 Colaboración con Fiscalía Europea

Desde que la Fiscalía Europea asume las funciones de investigación y acusación de los delitos que afectan a los intereses financieros de la Unión, Eurojust no ejerce la competencia sobre estos delios, salvo en aquellos casos que impliquen a Estados miembros que no participen en la Fiscalía Europea, bien a petición de dichos Estados miembros o de la propia Fiscalía Europea. También actuará Eurojust, en los delitos que afectan a los intereses financieros de la Unión los casos en que la Fiscalía Europea no tiene competencia o decide no ejercerla. La relación entre Eurojust y la Fiscalía Europea es una relación de estrecha colaboración a nivel operativo, y de asistencia a nivel institucional y administrativo.

La Fiscalía Europea puede solicitar la asistencia de Eurojust en el marco de su competencia, y la agencia atenderá las solicitudes que reciba como si de una autoridad competente nacional se tratara.

Eurojust, la Fiscalía Europea y los Estados miembros afectados se consultarán unos a otros, y cooperarán entre sí, para facilitar el ejercicio de las competencias de Eurojust. Los detalles prácticos sobre su ejercicio se rigen por acuerdos de trabajo.

2.4.4 Cooperación con la Red Judicial Europea

Eurojust mantiene unas relaciones privilegiadas con la Red Judicial Europea, basadas en su carácter consultivo y complementario. Ambos organismos tienen funciones respectivas, manteniendo la especificidad propia, y siempre con el enfoque en una cooperación eficiente, analizarán caso por caso, si la red está en mejores condiciones para encargarse de un caso, o si pueden ser invitados puntos de contacto de la Red a las reuniones de Eurojust. Una de las principales cuestiones en la relación de Eurojust y la RJE consiste en diferenciar cuáles son los niveles de asistencia que tienen que prestar ambas instituciones. En un intento de facilitar esta tarea, sin perjuicio del análisis del caso concreto, ambas organizaciones publicaron un documento conjunto destinado a orientar a las autoridades nacionales, el *Joint Paper assistance in Internacional cooperation in Criminal Matters for Practitioners*, que parece reconducir a la RJE para los casos de peticiones menos problemáticas o rutinarias, y a Eurojust aquellas que tengan un elemento de mayor complejidad.

Desde el punto de vista de organización, la secretaría de la Red forma parte del personal de Eurojust y pueden utilizar el sistema de cooperación nacional de la agencia para determinar si una solicitud deber ser asistida por Eurojust o por la Red. Eurojust también mantiene una relación de colaboración con la Red Europea de formación inicial.

2.4.5 Cooperación con terceros países

La colaboración de Eurojust con terceros países, no Estados miembro de la UE, se lleva a cabo con la finalidad del adecuado ejercicio de sus funciones y fomento de la cooperación. Para ello, Eurojust puede designar puntos de contacto en terceros países, o enviar a magistrados de enlace, que serán miembros de Eurojust, a los territorios que no forman parte de la Unión, pero donde la debida colaboración es necesaria para el buen fin de la cooperación.

Eurojust, podrá transferir datos personales operativos a un tercer país, pero siempre de acuerdo con las normas de protección de datos, y con condiciones según el caso , ya que en todo caso la transferencia será necesaria para el desempeño de las funciones de Eurojust.

3. LA RED JUDICIAL EUROPEA

3.1 Cuestiones generales

3.1.1 Origen y objetivo de la Red

La Red Judicial Europea, RJE, es la primera iniciativa seria orientada hacia la adopción de medidas estructurales y no exclusivamente coyunturales en el ámbito de la cooperación judicial penal en el seno de la Unión. Su creación material se acuerda por medio de la Acción Común de 29.06.1998 sobre la base del artículo K.3 del Tratado de la Unión. Y supone un salto cualitativo en la cooperación jurídica penal en el objetivo de un espacio de libertad, seguridad y justicia. Años después, el Consejo adopta la nueva Decisión 2008/976/JAI de 16.12.2008 que deroga y sustituye la Acción Común y establece la relación y comunicación entre la Red y Eurojust.

El objetivo de la Red es mejorar la cooperación jurídica entre los Estados miembro, su labor principal es el intercambio de información, y proporcionar la información legal y práctica necesaria para que las autoridades judiciales puedan preparar eficazmente una solicitud de cooperación judicial internacional o puedan mejorar la cooperación en general.

La actuación de la Red se centra en la persecución de delitos graves, como son el crimen organizado, la corrupción, el tráfico drogas o el terrorismo. No obstante, el objetivo es facilitar la cooperación, en concreto, contra las formas de delincuencia grave, y también con respecto de otras formas delincuencia.

3.1.2 Funcionamiento de la Red

En cuanto a su funcionamiento, el mecanismo de cooperación elegido es el de establecer una red de puntos de contacto judiciales entre los Estados miembro que deben ser designados por cada país, debiendo cubrir todo su territorio, y conocer al menos otra lengua oficial de otro Estado de la UE.

La designación de los puntos de contacto en España se hace de manera repartida entre representantes del poder judicial, del Misterio Fiscal y del Ministerio de Justicia en aplicación de la Ley 16/2015. Los puntos de contacto de todos los Estados miembro de la RJE pueden ser consultados en la página web de la Red: ejn-crimjust.europa.eu.

Son puntos de contacto los magistrados de enlace desde el momento de su nombramiento hasta su cese y los corresponsales nacionales de Eurojust durante el tiempo de duración de su mandato.

3.2 Funciones de los Puntos de contacto

La Red tiene una estructura flexible y dinámica basada en el principio de comunicación directa entre los puntos de contacto, junto con ello las principales funciones de la RJE son:

* Facilitar información jurídica y práctica necesaria a las autoridades judiciales locales de su país, a los puntos de contacto de los demás países y a las autoridades judiciales locales de los demás países. La información que se facilita es con el fin de permitirles preparar de forma eficaz una solicitud de cooperación judicial, o de mejorar la cooperación judicial en general.
* Favorecer la coordinación de la cooperación judicial, en los casos en los que varias solicitudes de las autoridades judiciales de un Estado miembro requieran una ejecución coordinada en otro Estado miembro.

Los puntos de contacto de la Red se reúnen periódicamente para facilitar que haya un contacto directo entre ellos e intercambien experiencias, y que se genere un foro de debate sobre las cuestiones prácticas y jurídicas en materia de cooperación judicial penal.

3.3 Herramientas de la Red Judicial Europea

De las funciones de la Red señaladas en el apartado anterior, la de información reviste de una especial complejidad debido al número elevado de instrumentos legales existentes, de autoridades competentes según los convenios aplicables y a la numerosa información sobre la legislación nacional, y que por otro lado deben ser conocidas por los operadores jurídicos, en tanto que aplicables a las actuaciones procesales con elementos extranjeros.

Con el fin de facilitar el conocimiento de los distintos instrumentos existentes en materia de cooperación judicial y policial internacional, los requisitos exigibles o las vías de tramitación, la Red ha creado herramientas de apoyo que facilitan la obtención de esta información, siendo accesibles a través de la página web página web: e-justice.europa.eu

* *Atlas judicial europeo*. Es el instrumento que contiene los datos de las autoridades competentes en cada Estado miembro para cada instrumento o convenio. De esta manera y debido a la comunicación directa entre las autoridades judiciales, les permite conocer de una manera inmediata, la autoridad judicial competente en otro estado. Siendo obligación de los estados la actualización de la información. La remisión de una orden europea de investigación a la autoridad competente de ejecución del lugar dónde deber ser practicada u obtenida la prueba, se encuentra en el atlas, con los datos de identificación para la remisión del formulario. Siendo una herramienta sumamente eficiente y segura.

* *Fichas belgas*. Contienen información sobre la regulación en cada uno de los Estados miembro sobre distintas medidas de investigación: entradas y registros, audiencia o citación a testigos, operaciones transfronterizas, transmisión de procedimientos o bloqueo de bienes. Las fichas belgas ayudan a un Estado miembro a conocer el alcance que la diligencia de investigación tiene en otro estado, y tener la información actualizada para tomar la decisión que corresponda.

* *La Biblioteca Judicial*. Tiene un valor relevante por cuanto facilita todos los documentos disponibles relativos a los instrumentos jurídicos de la UE en el ámbito de la cooperación juridica penal. *Compendium*, herramienta que permite completar en línea los formularios requeridos. Además de tener enlace a otras agencias, organismos e instituciones, siendo una herramienta técnica y humana esencial para la facilitación de la cooperación judicial internacional.

3.4 Colaboración con otros organismos y redes

3.4.1 Colaboración con Eurojust

A la debida colaboración de la RJE con Eurojust nos hemos referido en el aparatado 2.5.4 de este capítulo, y al cual nos remitimos a fin de evitar reiteraciones, tan sólo mencionar el carácter consultivo de la Red respecto el carácter operativo que tiene Eurojust, ambos necesarios y complementarios. Desde la perspectiva procesal de las investigaciones, Eurojust y la RJE han tenido problemas por los riesgos de solapamientos y duplicidades. Evitar las duplicidades para una mayor seguridad jurídica es un objetivo común.

Desde el punto de vista administrativo, la Red tiene una secretaría que está situada en Eurojust, forma parte del personal de Eurojust, pueden disponer de los recursos administrativos de Eurojust necesarios para la ejecución de sus cometidos.

3.4.2 Colaboración con terceros países

Con el fin de conseguir el objetivo de una cooperación judicial que ayude contra la delincuencia en sus formas más graves. La Red no puede limitarse al espacio UE, es por ello por lo que los puntos de contacto de la Red tienen acceso en línea a los datos de contacto de los miembros de las redes judiciales y a los puntos de contacto de terceros países, y pueden por ello prestar asistencia a las autoridades nacionales cuando existe una necesidad de cooperación fuera de la UE.

3.4.3 Con otras redes

La creación de una RJE facilita la creación de redes de autoridades judiciales en los Estados miembro de la UE con el fin de reforzar la cooperación judicial. En España como tendremos ocasión de ver en los epígrafes siguientes se crean la Red Judicial, la Red de Fiscales, y con todas ellas mantiene colaboración la RJE.

4. LA RED JUDICIAL ESPAÑOLA DE COOPERACIÓN JUDICIAL

4.1 Cuestiones generales

4.1.1 Origen y objetivo

La creación de la Red Judicial Española de cooperación judicial (RJUE), surge como un reflejo de la RJE y de su fin de fortalecer un espacio de libertad, seguridad y justicia. La REJUE se crea en virtud del Acuerdo Reglamentario 5/2003, del Pleno del Consejo General del Poder Judicial, por el que se modifica el Reglamento 5/1995, de los aspectos accesorios de las actuaciones judiciales, en lo relativo a la cooperación jurisdiccional internacional.

El objetivo de la REJUE es asistir a jueces y magistrados en materia de cooperación juridica internacional, en ocasiones una materia compleja por la necesidad de conocer la legislación no solo interna, sino de los países UE, conocer el idioma de otros países para la comunicación directa entre las autoridades judiciales, y los datos actualizados de contacto de otras autoridades judiciales.

4.1.2 Composición de la Red

La REJUE está compuesta por puntos de contacto, actualmente son 62, entre Magistrados especializados, que se distribuyen por todo el territorio nacional y que se agrupan en dos divisiones: civil (30) y penal (32).

Para ser designados punto de contacto de la REJUE penal, tienen preferencia los magistrados destinados en la sala de lo penal de la Audiencia Nacional o los jueces centrales de instrucción destinados en las Secciones de Instrucción del Tribunal Central de Instancia conforme la LO 1/2025[1]. Los miembros de la REJUE pueden compatibilizar su pertenencia con la RJE, y al igual que en otras redes, se fomenta el contacto directo a través de encuentros anuales que

---

[1] En adelante, y para mayor claridad y sencillez en la redacción, salvo que merezca mayor concreción en el texto que se introduzca su referencia, nos referiremos a «*juez instructor*» como a cualquiera de los jueces con competencia funcional en materia de investigación judicial de delitos, en el bien entendido de que con esta denominación nos referimos al juez unipersonal integrado en la Sección que corresponda del Tribunal de Instancia competente (o, en su caso, al juez de la Sección de Instrucción del Tribunal Central de Instancia, cuando de la Audiencia Nacional hablamos) —*v.gr.* Sección de Instrucción o de la Sección Única de Civil y de Instrucción, Sección de Violencia sobre la Mujer, o Sección de Violencia contra la Infancia y Adolescencia ...—, o al juez correspondiente del TS o TSJ al que se le atribuya dicha competencia funcional cuando la competencia objetiva venga determinada a dichos tribunales por razón de aforamiento del investigado. Asimismo, dicha referencia al «*juez instructor*» lo es también teniendo en cuenta la posibilidad de que, en los casos determinados en el art. 84.6 LOPJ, se nombre a dos jueces, conforme a un turno preestablecido y público, para que, junto con el juez a quien le hubiere sido turnado el asunto inicialmente, se encarguen de la instrucción de un determinado proceso penal. En el capítulo 5 de esta obra puede consultarse una explicación completa del nuevo modelo orgánico de los Tribunales de Instancia que introduce la LO 1/2025.

se celebran bajo la coordinación del Servicio de Relaciones Internacionales del Consejo General del Poder Judicial.

El Servicio de Relaciones Internacionales del CGPJ es el responsable de la coordinación de la Red y de su adecuado funcionamiento. Para conocer y contactar con los integrantes de la REJUE penal puedo acceder a la página web: poder judicial.

4.2 Funciones de la REJUE

Las principales funciones de los miembros de la Red pasan por llevar a cabo un contacto directo con los órganos judiciales, con otras Redes de cooperación, en concreto les corresponde:

* Prestar apoyo a los puntos de contacto de la RJE
* Informar, asesorar, coordinar, y llevar a cabo aquellas gestiones tendentes a la agilización de la asistencia judicial en materia internacional, a otras redes de cooperación judicial internacional, e iberoamericanos.
* Informar y asesorar a cualquier órgano judicial español, en cuantas peticiones de cooperación judicial internacional emitan o reciban en el ejercicio de su actividad jurisdiccional.
* Informar y asesorar a la Autoridad Central Española, Ministerio Fiscal o autoridad extranjera.

4.3 Colaboración con otras Redes y organismos

Los miembros de la REJUE tienen entre sus funciones la de prestar el apoyo que precisen los puntos de contacto de la RJE y la Red Iberoamericana de Cooperación Jurídica Internacional (IberRed), red a disposición de los operadores jurídicos de 22 países Iberoamericanos y del Tribunal Supremo de Puerto Rico (incluyendo España, Portugal y Andorra).

La REJUE se coordina con Eurojust a través del servicio de relaciones internacionales del CGPJ, con la Red de Fiscales, y con la Red de Letrados de la Administración de Justicia, creada por el Ministerio de Justicia en el año 2010, formada por Letrados de la Administración de Justicia especializados en cooperación jurídica internacional que presta apoyo a los LAJ y Oficinas Judiciales en la resolución de consultas y cuestiones relacionadas con la cooperación jurídica internacional.

Deber ser mencionado en este apartado, la Red de Expertos en Derecho de la Unión Europea (REDUE), red integrada por punto de contacto, magistrados, y cuyo objetivo es prestar a los miembros de la carrera judicial apoyo e información necesaria en todos los temas derivados del Derecho de la Unión Europea, con especial atención al planteamiento de cuestiones prejudiciales.

5. LA RED DE FISCALES ESPECIALISTAS EN COOPERACIÓN INTERNACIONAL

5.1 Cuestiones generales

5.1.1 Origen y objetivo

La consideración del Ministerio Fiscal como autoridad judicial a efectos del Convenio Europeo de Asistencia Judicial, de fecha 20/04/1959, y el mantenimiento de esta condición en el Convenio de Aplicación del Acuerdo de Schengen y en el Convenio relativo a la asistencia judicial en materia penal de 29/05/2000, fomentan la revisión del papel del Ministerio Público en materia de cooperación jurídica internacional y la creación de la Red de Fiscales con la Instrucción de Fiscalía General del Estado 3/2001.

El objetivo de la Red es contar con un servicio especializado en materia de cooperación jurídica internacional en cada una de las Fiscalías territoriales, que canalice, oriente y preste la ayuda judicial internacional de forma ágil y efectiva. La Instrucción 2/2003 de la Fiscalía General del Estado establece y regula su organización. Posteriormente, con el Real Decreto 1735/2010, en el que se establece la plantilla orgánica del Ministerio Fiscal, se crea la Fiscalía de Sala de cooperación jurídica internacional.

5.1.2 Composición y funciones de la Red

La Red se compone por fiscales designados que ejercen sus funciones en las Audiencias Provinciales o Tribunal Superior de Justicia de cada CCAA, con la designación de dos miembros por cada territorio. Son un servicio especial de Cooperación Internacional en cada Fiscalía de Audiencia Provincial y de TSJ, creado para facilitar la coordinación y especialización. La Red nace bajo la coordinación de la secretaria técnica de la Fiscalía General del Estado. Tras la entrada en funcionamiento de la fiscalía de Sala de Cooperación juridica internacional, paulatinamente ésta ha ido asumiendo la dirección de la Red.

Para conocer y contactar con los puntos de contacto de la Red se puede llevar a cabo a través de la página web: fiscal.es

Los fiscales especialistas en cooperación internacional que forman la Red de Fiscales asisten a los miembros de la carrera fiscal en materia de cooperación jurídica internacional, en la emisión y ejecución de las comisiones rogatorias por su parte, facilitación de los contactos directos de la Fiscalía con las Autoridades judiciales internacionales, y apoyan a los puntos de contacto españoles y extranjeros de la Red Judicial Europea.

5.2 Colaboración con otras Redes y organismos

Dentro de la debida colaboración entre todos los actores implicados en la cooperación judicial internacional, debemos destacar el papel del Fiscal de Sala de Cooperación Jurídica, la persona designada por este cargo es punto de contacto de la RJE. Además, los puntos de contacto de la Red de Fiscales tienen entre sus funciones la de prestar asistencia a los requerimientos de asistencia de Eurojust y de otros puntos de contacto del resto de redes, RJE y RECILAJ, e IberRED.

En definitiva, el fortalecimiento del espacio de seguridad, libertad y justicia da un paso adelante con esta herramienta, que presta principalmente asistencia a los fiscales españoles y órganos judiciales nacionales, en coordinación y colaboración con el resto de las herramientas sobre la materia.

6. EUROPOL

6.1 Origen y objetivo

6.1.1 Origen

La cooperación policial entre los Estados miembros se inició, al igual que la cooperación judicial, en 1976 a través de lo que se conocía como el «Grupo de Trevi». Más adelante, el Tratado de Maastricht estableció las cuestiones de interés común que justificaban una cooperación policial —terrorismo, drogas y otras formas de delincuencia internacional—, así como el principio de crear una Oficina Europea de Policía, Europol, que en un primer momento se formó como la Unidad de Drogas de Europol. El Convenio Europol se firmó el 26/07/1995, aunque la Oficina no comenzó sus actividades hasta 1999.

El Tratado de Ámsterdam refuerza las competencias de Europol, cuyo contenido había sido revisado varias veces al irse ampliando los delitos sobre los que tiene competencias, y establece la regulación de Europol por el Reglamento (UE) 2016/794 de 11/05/2016, aplicable desde el 01/05/2017, que sustituye y deroga las Decisiones anteriores que regían la agencia, 2009/371, 2009/934, 2009/935, 2009/936 y 2009/968.

La creación de Europol, como la Agencia de la Unión Europea para la cooperación policial, nace con el objeto de apoyar la cooperación entre las autoridades policiales de la Unión Europea.

6.1.2 Objetivo y ámbito de actuación

En el marco de la cooperación judicial y policial de la UE, Europol apoya a los Estados miembro en la prevención, análisis e investigación de la delincuencia organizada y grave, y el terrorismo internacional mediante los siguientes mecanismos:

* Facilitación del intercambio de información
* Provisión de análisis operativo y estratégico
* Prestación de apoyo operativo y financiero
* Puesta a disposición de la comunidad policial de pericias específicas en distintos ámbitos

La actuación de Europol, se extiende hasta treinta delitos sobre los que la agencia puede ejercer sus funciones y acciones, y entre los que se encuentran los delitos de terrorismo, delincuencia organizada, narcotráfico, corrupción, blanqueo de capitales, tráfico de inmigrantes, ilícito de armas, de órganos, robo y hurto con agravantes, secuestro, detención ilegal y toma de rehenes, trata de seres humanos, ciberdelincuencia, estafa y fraude, abusos sexuales y explotación sexual, así como las infracciones conexas con estos delitos.

6.2 Funciones de Europol

Para garantizar una coordinación eficaz entre Europol y los Estados miembro se crea la denominada unidad nacional en cada Estado, que tiene como objetivo, ser el enlace entre las autoridades nacionales competentes y Europol, teniendo cada unidad nacional un funcionario adscrito en Europol lo cual ayuda a garantizar el intercambio efectivo y continuo de información entre ambos.

En su actuación con los Estados miembro, Europol puede participar en las actividades de los equipos conjuntos de investigación creados y puede tratar la información obtenida como consecuencia de los ECI. Puede dar traslado a las autoridades competentes de un Estado miembro a través de las unidades nacionales que debe abrirles una investigación penal sobre un determinado delito, siendo en todo caso, competencia de la autoridad nacional competente resolver sobre la apertura del procedimiento.

De entre las funciones de Europol, debemos hacer una especial referencia, a la función de recoger y analizar información. Debido a esta esencial labor que lleva a cabo la Agencia, la protección de los datos personales tiene una especial y extensa regulación en su Reglamento, que deroga las Decisiones Marco que regulaban este aspecto, pasando por la designación de un responsable de Protección de Datos en Europol que vele, entre otros aspectos, por el tratamiento de los datos personales con carácter operativo y garantice el cumplimiento del traslado de información conforme lo regulado en el Reglamento.

6.3 Colaboración con otros organismos

Para una eficacia operativa de Europol, se regula el intercambio de la información necesaria, no solo a los Estados miembro, sino además a los organismos de la UE, a terceros países y a otros organismos.

6.3.1 Colaboración con Interpol

En el caso de Interpol, no podemos obviar la pertenencia de los Estados miembro de la UE a la Organización Internacional de Policía Criminal, Interpol. Para cumplir su misión, Interpol recibe, almacena y difunde datos personales con el fin de ayudar a las autoridades competentes a prevenir y combatir la delincuencia internacional. Por ello, la regulación de Europol refuerza la cooperación entre la agencia de la UE e Interpol, promoviendo un intercambio eficaz de datos personales, a la vez que se garantiza el respeto de los derechos y libertades fundamentales en relación con el tratamiento automatizado de los datos.

6.3.2 Europol y Eurojust

En los Reglamentos de Eurojust y de Europol hay varios elementos coincidentes, siendo uno de ellos, el de la debida colaboración entre ambas agencias para una cooperación policial y judicial eficaz. Además del establecimiento de un sistema de colaboración y cooperación, Europol tiene medidas establecidas para que Eurojust tenga acceso, mediante el sistema de respuesta positiva, negativa, a los datos de los que dispone.

Esta labor de coordinación implica que Europol informa de inmediato a Eurojust de cualquier solicitud de inicio de investigación que se traslada a una unidad nacional de un Estado miembro, y del resultado de la solicitud presentada, así como Eurojust y Europol deben mantenerse informados de toda actividad que conlleve la financiación de equipos conjuntos de investigación.

6.3.3 Colaboración con terceros países y OLAF

Es el propio Reglamento de Europol el que regula el intercambio de toda la información pertinente, con la excepción de los datos personales, a otros organismos de la Unión, servicios de países terceros y organizaciones internacionales en la medida necesaria para el desempeño de sus tareas, lo cual extiende también a entidades privadas.

En el caso de la OLAF, Europol deber poder permitir que tenga acceso a los datos de la agencia con las prevenciones que se establecen en su regulación.

7. EL SISTEMA DE INFORMACIÓN SIS Y LAS OFICINAS NACIONALES SIRENE

7.1 Espacio Schengen

El Acuerdo de Schengen de 14/06/1985 acuerda eliminar progresivamente los controles en las fronteras interiores de los entonces países firmantes, Bélgica, Francia, Alemania, Luxemburgo y los Países Bajos, y establecer un régimen de libre circulación para todos los nacionales de estos países, así como establecer un régimen de libre circulación para todos los nacionales de los países signatarios, los demás Estados miembros de la UE, incluyendo a algunos países no pertenecientes al espacio común.

El Convenio de Schengen, se firma el 19/06/1990, y viene a completar el Acuerdo Schengen, juntos conforman lo que se denomina el Acervo de Schengen. El Convenio, define las condiciones y las garantías para establecer un espacio sin controles en las fronteras interiores y entra en vigor en 1995, es parte de la legislación de la UE y como hemos visto en este capítulo, un objetivo establecido en el Tratado de Lisboa, un «espacio (...) sin fronteras interiores, en el que se garantiza la libre circulación de personas».

En la actualidad, un grupo de veintisiete países europeos, compuesto por veinticinco de los veintisiete Estados miembros, forman parte del espacio Schengen, el cual está en constante revisión y aplicación total o parcial en algunos países, siendo la más reciente el acuerdo de aplicación del acervo Schengen de fecha 31/03/2024 a Bulgaria y Rumanía.

Schengen supone el traslado de los controles de una frontera interna a una frontera externa común, y se articula sobre el principio de que la supresión de las fronteras interiores está destinado a avalar una seguridad común que en ningún caso quede menos garantizada de lo que estaba a nivel interno, estableciendo para ello una asistencia y cooperación policial, y creando el Sistema de Información Schengen.

7.2 Sistema de información SIS

El Convenio Schengen acuerda la creación de un sistema de información que tiene por objetivo preservar el orden y la seguridad de los ciudadanos y del Estado, a través de la incorporación, por la parte de los Estados nacionales, de la descripción de personas y objetos. Este objetivo se lleve a cabo mediante un procedimiento de consulta automatizado de controles en la frontera, y comprobaciones, y otros controles de policía y de aduanas realizados dentro del país de conformidad con el Derecho nacional.

El Sistema de Información de Schengen (SIS), creado en el año 1995, y regulado actualmente por el Reglamento UE 2018/1861, es el sistema de intercambio de información más utilizado y de mayor envergadura para la seguridad y la gestión de las fronteras en Europa. El SIS tiene una parte de soporte nacional en cuanto a la incorporación de las descripciones, y una parte de apoyo técnico. Ayuda a proteger la seguridad en ausencia de inspecciones en las fronteras interiores. En 2013, se introdujo el SIS de segunda generación (SIS II), con nuevas funcionalidades, como la posibilidad de añadir impresiones dactilares y fotografías a las descripciones. En marzo de 2023, el SIS se renovó con nuevas descripciones, datos actualizados y funcionalidades mejoradas.

Cada Estado miembro es responsable frente a la unidad central del SIS, es responsable del correcto funcionamiento y la seguridad del SIS —sistema nacional— y garantizará el acceso de las autoridades competentes, esta acción se lleva a cabo por cada Estado miembro a través de su autoridad nacional, denominada oficina Sirene, que se encarga de garantizar el intercambio y la disponibilidad de toda la información complementaria.

De manera práctica esto supone que las autoridades nacionales competentes, como la policía y los guardias de fronteras, pueden introducir y consultar descripciones relativas a personas y objetos en una base de datos común. Esas personas y objetos pueden ser localizados en cualquier lugar de la UE y del espacio Schengen durante las inspecciones fronterizas, policiales u otros controles legales.

7.3 SIRENE

El acrónimo SIRENE corresponde a *Supplementary Information Request at the National Entries* —solicitud de información complementaria a la entrada nacional—.

Las oficinas nacionales SIRENE son las autoridades designadas por cada Estado miembro, responsables del intercambio de información, y de la coordinación de actividades relacionadas con las descripciones del SIS. SIRENE está operativa las 24 horas del día, todos los días de la semana. Cada oficina Sirene servirá de punto de contacto único de su respectivo Estado miembro para el intercambio de información complementaria relativa a las descripciones, y para facilitar la adopción de las medidas solicitadas cuando se hayan introducido en el SIS descripciones sobre personas y esas personas hayan sido localizadas a raíz de una respuesta positiva. Europol ha creado también una oficina SIRENE.

Las funciones de las oficinas SIRENE nacionales consisten en:

* Suministrar información adicional sobre las descripciones
* Validar las descripciones relativas a personas buscadas para su detención
* Contactar con el país que haya emitido la descripción cuando se produzca una coincidencia y se hayan emprendido las acciones requeridas
* Contactar con el país que haya emitido la descripción cuando no sea posible emprender las acciones requeridas
* Supervisar la calidad de los datos y la compatibilidad de las descripciones
* Coordinar las actividades transfronterizas relacionadas con las descripciones del SIS
* Tramitar las solicitudes de acceso a los datos personales.

La lista de las oficinas nacionales SIRENE operativas, se publica en el diario oficial de la UE, que ofrece la información y datos de contacto de las oficinas nacionales de todos los Estados miembro. No podemos obviar la importancia de esta información para la remisión de documentación, formulario o Anexo A en los casos en que se haya acordado la emisión de una Orden Europea de Detención en un procedimiento judicial penal, por ejemplo.

La cooperación entre las oficinas SIRENE es fundamental para la eficacia del SIS. La cooperación entre los distintos países, y entre los países y Europol, puede ser bilateral o multilateral, y tiene que estar vinculada a una descripción SIS específica. Con el fin de garantizar un seguimiento rápido, confidencial y eficaz de los casos, la comunicación se efectúa mediante formularios normalizados a través de una red segura.

8. LA OFICINA EUROPEA DE LUCHA CONTRA EL FRAUDE PRESUPUESTARIO, LA CORRUPCIÓN Y LAS FALTAS GRAVES EN LAS INSTITUCIONES EUROPEAS (OLAF)

8.1 Cuestiones generales. Regulación y competencia

La Oficina Europea de Lucha Contra el Fraude, OLAF, es una institución que tiene como base el artículo 325 del TFUE, tiene por objetivo la lucha contra el fraude, las investigaciones que lleva a cabo tienen un carácter administrativo. La OLAF se crea por medio de la Decisión 1999/352, EURATOM, objeto de ulteriores modificaciones por las que se adaptan sus investigaciones, y regulado en el Reglamento 883/2013.

La Oficina efectuará las investigaciones administrativas dirigidas a luchar contra el fraude, la corrupción y cualquier otra actividad ilegal que vaya en detrimento de los intereses financieros de la Unión. Por intereses financieros de la Unión, se entiende e incluye los ingresos, gastos y activos cubiertos por el presupuesto de la UE, así como los cubiertos, gestionados o supervisados por los presupuestos de las instituciones, órganos y organismos.

Por tanto, corresponde a la OLAF investigar las denuncias referentes a:

* Fraude u otras irregularidades graves con posibles repercusiones negativas para los fondos públicos de la UE (ingresos, gastos o activos de las instituciones de la UE).
* Y las faltas graves de los miembros o del personal de las instituciones y organismos de la UE.

Con este propósito la OLAF puede llevar a cabo investigaciones externas, a través de controles y verificaciones in situ en los Estados miembros, e investigaciones internas dentro de las instituciones, órganos y organismos de la Unión.

8.2 Colaboración con otros organismos

En el ámbito de la protección de los intereses financieros de la Unión, la OLAF coopera, con Eurojust y con Europol. A los efectos de recepción y transmisión de información entre Eurojust y la OLAF, y sin perjuicio de lo dispuesto en el artículo 8 del Reglamento que lo regula, los Estados miembros garantizan que los miembros nacionales de Eurojust sean considerados autoridades competentes en los Estados miembros solo para los fines del Reglamento (UE, EURATOM) nº 883/ 2013. La OLAF y los miembros nacionales intercambiarán información sin perjuicio de la obligación de facilitarla a otras autoridades competentes.

Las últimas modificaciones del Reglamento de la OLAF tienen por objetivo la coordinación con la Fiscalía Europea tras su creación, la cooperación mutua, el intercambio de información, la complementariedad y evitar la duplicación del trabajo, estos son la base de la relación de cooperación entre ambas instituciones. La cooperación reforzada a través de la creación de la Fiscalía Europea supone también para la OLAF un reforzamiento para llevar a cabo sus propias investigaciones. El objetivo es garantizar que todos los medios disponibles se utilicen para la protección de los intereses financieros de la Unión mediante la complementariedad de sus respectivos mandatos y el apoyo de la Oficina a la Fiscalía Europea.

Al igual que en otras instituciones europeas, la OLAF prevé la creación de un servicio de coordinación antifraude en los Estados miembro, que facilite una cooperación efectiva y el intercambio de información con la Oficina, incluyendo información de naturaleza operativa.

9. LA FISCALÍA DE LA UNIÓN EUROPEA

9.1 Cooperación reforzada

La Fiscalía Europea, FE, es un órgano independiente de la UE encargado de investigar los delitos que atenten contra los intereses financieros de la Unión y de ejercer la acción penal contra sus autores y llevarlos a juicio.

El origen de la FE se remonta a la Conferencia Intergubernamental de 2000 encargada de la revisión del Tratado de Ámsterdam y que aporta entre otras relevantes cuestiones la modificación del artículo 280 TCE pretendiendo comunitarizar un instrumento como sería la Fiscalía Europea que afectaría en su funcionamiento a los sistemas de administración nacional de justicia. Esta previsión se recoge de manera expresa en el artículo 86 del Tratado de Lisboa, regulando la creación de una Fiscalía Europea a partir de Eurojust, para combatir las infracciones que perjudiquen a los intereses financieros de la UE.

La Fiscalía Europea se crea por el Reglamento (UE) 2017/1939 y empieza a funcionar el 01/06/2021, con competencia en la investigación de los delitos que perjudiquen los intereses financieros de la UE. Hasta este momento, la competencia sobre estos delitos era en exclusiva de las autoridades nacionales, aunque con ciertas limitaciones. De la misma manera que también tenían ciertas limitaciones la OLAF, Europol y Eurojust, al no poder iniciar diligencias de investigación penal, ni incoar procedimientos penales en los Estados miembro.

La estructura de la Fiscalía Europea tiene dos niveles, un nivel central con sede en Luxemburgo, integrada por el fiscal general, con una función institucional y de gestión, y el colegio de fiscales, encargado de la estrategia y las normas internas de la Fiscalía Europea, y de garantizar la coherencia de la acción penal entre los asuntos de los que conoce y en cada uno de ellos. Un segundo nivel, es un nivel nacional está formado por los fiscales europeos delegados y las Salas Permanentes. Hasta la fecha son veinticuatro los estados miembros que están comprometidos con esta cooperación reforzada.

La Ley Orgánica 9/2021, aplica al ordenamiento español el Reglamento 2017/1939, por el que se establece la creación de la Fiscalía Europa en España, que entra en vigor el 03/07/2021.

9.2 Función instructora y cuestiones de competencia

La FE se crea como una institución independiente de las autoridades nacionales, formada a nivel nacional por fiscales delegados europeos, competentes en el conjunto del territorio nacional para investigar y ejercer la acción penal de los delitos que perjudiquen los intereses financieros de la Unión Europea, en particular, tienen competencia para investigar y ejercer la acusación en relación con las causas por los siguientes delitos:

a) De los delitos contra la Hacienda de la Unión no referidos a impuestos directos nacionales, tipificados en los artículos 305, 305 *bis* y 30 del Código Penal. Salvo en los casos de los recursos propios del impuesto sobre el valor añadido, en el que la competencia será solo cuando los hechos estén relacionados con el territorio de dos o más Estados miembros y supongan, como mínimo, un perjuicio total de 10 millones de euros.

b) De la defraudación de subvenciones y ayudas europeas prevista en el artículo 308 del código penal

c) Del delito de blanqueo de capitales, cohecho y malversación que perjudiquen los intereses financieros de la Unión y los delitos tipificados en la Ley Orgánica 12/1995, de 12 de diciembre, de Represión del Contrabando, cuando afecten a los intereses financieros de la Unión.

d) Del delito relativo a la participación en una organización criminal tipificado en el artículo 570 *bis*, cuya actividad principal sea la comisión de alguno de los delitos previstos en los apartados anteriores.

Los fiscales delegados ejercen la instrucción y en cada uno de estos procedimientos se constituye un juez de garantías, que son en nuestro ordenamiento jurídico los jueces centrales de instrucción de la Audiencia Nacional, integrados en el Tribunal Central de Instancia, conforme a la estructura orgánica dispuesta por la LO 1/2025. Las competencias de los jueces de garantías son concretas y corresponden a:

1. Autorizar las diligencias de investigación restrictivas de derechos fundamentales de conformidad con lo previsto en la ley.
2. Acordar las medidas cautelares personales cuya adopción esté reservada a la autoridad judicial.
3. Asegurar la fuente de prueba personal ante el riesgo de pérdida de la misma.
4. Autorizar el secreto de la investigación y su prórroga.
5. Acordar la apertura del juicio oral o disponer el sobreseimiento conforme a lo establecido en esta ley orgánica.
6. Resolver las impugnaciones contra los decretos del Fiscal europeo delegado.
7. Adoptar las medidas de protección de testigos y peritos que procedan a instancia del Fiscal europeo delegado.

La Sala de lo Penal de la Audiencia Nacional es la competente para el enjuiciamiento de los procedimientos que instruye la fiscalía europea. En los supuestos de aforamiento la competencia corresponde al Tribunal Supremo o Tribunal Superior de Justicia, según proceda.

El derecho de avocación que tiene la Fiscalía Europea de las investigaciones penales iniciadas por un órgano judicial o por el Ministerio Fiscal, puede ser ejercido por la autoridad que lleva la investigación o por la propia FE. Cuestión que se suscita con el funcionamiento de la labor instructora de los Fiscales delegados es precisamente la referente a su competencia y la de los juzgados de instrucción, correspondiendo en estos casos de conflicto la resolución como una cuestión de competencia a la Sala lo Penal del Tribunal Supremo.

La sala segunda del TS se ha pronunciado sobre las cuestiones de competencia entre la Fiscalía Europea y el juez de la Sección de Instrucción del correspondiente Tribunal de Instancia, de conformidad con la estructura orgánica prevista en la LO 1/2025, que de manera natural en nuestro ordenamiento jurídico ha venido asumiendo la instrucción de los delitos. La siguiente resolución fija unos límites temporales que marcan las actuaciones de la Fiscalía europea además de destacar lo novedoso de la situación y relevante para nuestro ordenamiento jurídico (ATS de 9/06/2022 [*Tol 9049306*]).

> «Tres tramos hay que recorrer para resolverla: dilucidar si estamos ante una infracción sobre la que ostente competencia la Fiscalía Europea (i); indagar sobre los criterios a manejar para fijar la fecha de comisión verificando si puede considerarse cometida después del 20 de noviembre de 2017 (ii); y, por fin, en su caso, aclarar qué régimen transitorio ha de regir para hechos no escindibles penalmente, desarrollados en un lapso temporal que abarca periodos tanto anteriores como posteriores a esa fecha clave (iii). Antes de sumergirnos en su análisis, conviene detenerse algo en temas más procedimentales. Lo aconseja lo novedoso de la materia.
>
> En efecto, la cuestión de competencia que nos ocupa presenta no pocas peculiaridades derivadas de los órganos en conflicto: un juzgado de instrucción frente a una Fiscalía. Y, además, frente a una Fiscalía supranacional. Esa situación es inédita en nuestro ordenamiento. Sin duda generará en el futuro nuevas controversias similares a ésta. Es consecuencia de la implantación de ese órgano de nueva planta —Fiscalía Europea—, con un procedimiento y unas normas singulares, incrustado en nuestro viejo sistema procesal, que obedece a premisas y estructuras muy distintas, cuya necesidad de reforma se ha convertido en idea tópica, tantas veces repetida y anunciada como fracasada.
>
> Este asunto supone el debut ante esta Sala Segunda de ese novedoso actor del proceso penal en España y en concreto de su capacidad —extravagante hasta ahora en nuestro sistema— de discutir sobre competencia frente a un órgano judicial en pie de igualdad o, incluso, en una situación aparente —y no solo aparente— de cierta supremacía según derivaría de la herramienta elegida por la legislación —derecho de avocación— para articular esas relaciones.
>
> Lo novedoso del escenario invita a remontarnos por encima del asunto concreto concernido para fijar unas primeras pautas que puedan orientar en ulteriores cuestiones de competencia que inevitablemente surgirán, especialmente en los primeros años de rodaje de la nueva normativa, en buena medida rupturista por la necesidad de homologación con los modelos europeos.
>
> Si en, nuestro sistema, hoy por hoy, la investigación sigue pivotando con todos los matices que se quiera, sobre el Juez de Instrucción, en los procedimientos competencia de la Fiscalía Europea la investigación es asumida por una Fiscalía supranacional, arrebatándolos no

solo al Juez de Instrucción correspondiente, sino también a la fiscalía nacional. Eso arrastra de forma ineludible a un régimen de investigación sustancialmente distinto; una tramitación procesal con variaciones no menores; y, the last but not the least, en la mayoría de los casos, una alteración del órgano de enjuiciamiento en tanto los asuntos asumidos por la Fiscalía Europea, han de ser enjuiciados por la Audiencia Nacional conforme se deriva del art. 65.1 f) LOPJ: delitos atribuidos a la Fiscalía Europea... "cuando aquella hubiera decidido ejercer su competencia" (según reforma operada por el apartado cuatro de la disposición final segunda de la LO 9/2021, de 1 de julio, de aplicación del Reglamento (UE) 2017/1939 del Consejo, de 12 de octubre de 2017, por el que se establece una cooperación reforzada para la creación de la Fiscalía Europea, que entró en vigor el 3 de julio de 2021). La decisión sobre competencia en estos asuntos comporta consecuencias procesales que sobrepasan las ordinarias. La trascendencia de la decisión es por ello superior. Supone no solo fijar el órgano que ha de investigar, sino también el modelo procesal que regirá la investigación (aún sin ignorar las facultades de investigación del Fiscal Nacional —art. 5 EOMF— que en todo caso son mas limitadas y no pueden sustituir totalmente la instrucción judicial). Puede alterar la competencia objetiva haciendo entrar en juego a la Audiencia Nacional (o, en su caso, al Juzgado Central de lo Penal: art. 7 de la Ley orgánica 8/2021)».

9.3 Colaboración con otros organismos

Con la creación de la Fiscalía Europea y el ejercicio de las funciones de investigación y acusación de los delitos que afectan a los intereses financieros de la UE, Eurojust no ejerce la competencia sobre estos delitos, salvo en aquellos casos que impliquen a Estados miembro que no participen en la Fiscalía, bien a petición de dichos Estados miembro o de la propia Fiscalía. También actuará Eurojust, en los delitos que afectan a los intereses financieros de la UE en los casos en que la FE no tiene competencia o decide no ejercerla. No obstante, puede solicitar la asistencia de Eurojust en el marco de su competencia, y la agencia atenderá las solicitudes que reciba como si de una autoridad competente nacional se tratara.

10. EL TRIBUNAL DE JUSTICIA DE LA UNIÓN EUROPEA

10.1 Cuestiones generales. Jurisdicción obligatoria y exclusiva

El Tribunal de Justicia de la Unión Europea, TJUE, es una de las siete instituciones de la UE, es el órgano constitucional europeo que ostenta la máxima potestad jurisdiccional en la Unión. Con sede en Luxemburgo, su función es garantizar que la legislación de la UE se interprete y aplique de la misma manera en cada uno de los países miembros, así como garantizar que estos y las instituciones europeas cumplan la legislación europea.

La creación del TJUE se remonta al Tratado de París, en el que se crea la Comunidad Europea del Carbón y del Acero, posteriormente en virtud del Tratado de Ámsterdam se amplían sus competencias y es el Tratado de Lisboa el que le otorga el nombre con el que se conoce en la actualidad. El Tribunal está a su vez integrado por dos órganos jurisdiccionales: el Tribunal de Justicia propiamente dicho y el Tribunal General.

La naturaleza del Tribunal, configurada a través de los Tratados constitutivos de la UE, establece su carácter obligatorio y permanente para los Estados miembro y las instituciones europeas.

El TJUE, está compuesto por tantos jueces como Estados miembro de la UE. En la actualidad hay 27 jueces, uno por cada Estado miembro y 11 abogados generales. Los jueces son elegidos de mutuo acuerdo por los gobiernos de los países miembro, y son seleccionados de entre un conjunto de expertos juristas otorgándoles un mandato prorrogable de seis años. El Tribunal puede actuar en Pleno, en el que actúa la totalidad de los jueces, y en Gran Sala, actúan 15 jueces, y puede constituirse en Salas de tres o cinco jueces.

Especial mención debemos hacer a la figura del abogado general, que desempeña un papel especial en el Tribunal, aportando a los jueces su opinión con total imparcialidad e independencia. No forman parte de las deliberaciones, siendo los jueces los que finalmente adopten la decisión final.

Respecto el Tribunal General, éste se crea en el año 1989, actuando como órgano de primera instancia en la mayoría de los recursos directos que se plantean ante el Tribunal de Justicia. Está formado por 54 jueces, dos por cada Estado miembro y los asuntos que tiene encomendados son fundamentalmente materias de naturaleza económica. Las decisiones del Tribunal General son susceptibles de recurso ante el Tribunal de Justicia.

10.2 Mecanismos ante el TJUE

Desde su creación en 1952, el TJUE ejerce su misión principal, garantizar el respeto del Derecho en la interpretación y aplicación de los Tratados a través de varias vías:

* Controla la legalidad de los actos de las instituciones de la Unión Europea
* Vela por que los Estados miembro respeten las obligaciones establecidas en los Tratados
* Interpreta el Derecho de la Unión a solicitud de los jueces nacionales.

Esta función del TJUE se lleva a cabo a través de los siguientes mecanismos:

* *Cuestiones prejudiciales*. Los tribunales nacionales deben garantizar que la legislación europea se aplique correctamente. Si un tribunal nacional tiene dudas sobre la interpretación o validez de una ley de la UE, puede pedir una clarificación al TJUE a través de este mecanismo, que también puede utilizarse para determinar si una ley o práctica nacional es compatible con la legislación de la UE.
* *Procedimientos de infracción*. Este tipo de acción se emprende contra una administración nacional por incumplir la legislación de la UE. Puede entablarla tanto la Comisión Europea, como otro Estado miembro. Si se comprueba que un estado ha incumplido las normas, tendrá que poner remedio o afrontar nuevas acciones y una posible multa.
* *Recursos de anulación*. Por el cual se pueden anular actos jurídicos de la UE. Si se considera que un acto jurídico de la UE vulnera los tratados de la UE o los derechos fundamentales, los gobiernos de los países miembros, el Consejo de la UE o, en algunos casos, el Parlamento Europeo, pueden solicitar al Tribunal que lo anule. También puede ser solicitado por los particulares.
* *Recursos por omisión*. Su objetivo es garantizar que la UE actúe. En determinadas circunstancias, el Parlamento, el Consejo y la Comisión deben tomar decisiones. Si se diera el caso de que no lo hacen, los gobiernos nacionales, instituciones europeas o, en determinadas circunstancias, los particulares o empresas pueden recurrir al Tribunal a través de este recurso para garantizar la actuación.
* *Acciones por daños y perjuicios*. En estos casos se busca la sanción a las instituciones europeas. Puede recurrir al TJUE cualquier persona o empresa que se considere perjudicada en sus intereses por acción u omisión de la UE o de su personal.

En todo caso debe tenerse en cuenta que las sentencias del Tribunal de Justicia y del Tribunal General tienen carácter vinculante en los Estados, y priman sobre las sentencias nacionales, ya que el Derecho de la UE tiene primacía sobre el Derecho nacional.

10.3 Especial referencia a las cuestiones prejudiciales

No podemos concluir sin referirnos de una manera sucinta y práctica a las cuestiones prejudiciales, en cuanto que mecanismo a disposición de los órganos judiciales para que el TJUE se pronuncie sobre la interpretación o aplicación del derecho de la UE en el marco de un procedimiento judicial.

Algunos aspectos prácticos sobre la admisibilidad de las cuestiones prejudiciales ante el TJUE, recogidas en las recomendaciones a los órganos jurisdiccionales nacionales, y que pueden sintetizarse en las siguientes:

* La petición de decisión prejudicial debe referirse a la interpretación o a la validez del Derecho de la Unión, y no a la interpretación de normas jurídicas nacionales o a cuestiones de hecho suscitadas en el litigio principal.
* Corresponde al órgano jurisdiccional nacional, únicamente a él, apreciar las particularidades de cada asunto y el planteamiento de la cuestión prejudicial.
* El órgano jurisdiccional debe proporcionar las referencias exactas de las disposiciones nacionales aplicables a los hechos del litigio principal y de las disposiciones del Derecho de la Unión cuya interpretación solicita o de cuya validez duda.
* Para permitir que el TJUE decida rápidamente si hay que aplicar el procedimiento acelerado o el procedimiento prejudicial de urgencia, la solicitud debe exponer con precisión las circunstancias de hecho y de Derecho que acrediten la urgencia
* La petición del órgano judicial al TJUE deberá ser enviada a través de la aplicación e-Curia o mediante correo electrónico: DDP– GrefierCour@curia.europa.eu.

Debemos referirnos antes de terminar a la Red de Especialista de Derecho de la Unión Europea, REDUE, creada con las mismas premisas que la REJUE, si bien su objetivo es la asistencia a los jueces en materia de derecho de la Unión europea, especialmente en las cuestiones prejudiciales.

11. EL TRIBUNAL EUROPEO DE DERECHOS HUMANOS

11.1 Cuestiones Generales. Normas y competencias

El Tribunal Europeo de Derechos Humanos, TEDH, es un tribunal internacional creado en el año 1959. No es una institución de la Unión Europea. El tribunal se crea al amparo de la Convención Europea de Derechos Humanos, CEDH, que prevé la creación de un Tribunal con la misión de asegurar lo pactado por las partes en la Convención.

El TEDH se encarga de interpretar y garantizar la aplicación de la CEDH y sus adicionales. Es un tribunal internacional ante el que cualquier persona que considere haber sido víctima de una violación de sus derechos reconocidos por el TEDH, mientras se encontraba legalmente bajo la jurisdicción de un Estado miembro del Consejo de Europa, y que haya agotado sin éxito los recursos judiciales disponibles en ese Estado, puede presentar una denuncia contra dicho Estado por violación del Convenio.

El Tribunal tiene su sede en Estrasburgo (Francia) y está compuesto por jueces de cada Estado miembros del Consejo de Europa que han ratificado el CEDH, actualmente son 46 los jueces que componen el Tribunal que puede reunirse en Pleno, comité, Sala y Gran Sala.

11.2 Requisitos de admisibilidad de la demanda ante el TEDH

La demanda que se presente ante el TEDH deberá ir dirigida contra uno o varios de los Estados miembro en el CEDH. No es necesario que el demandante sea nacional de uno de los países del CoE, basta con que se cumpla el presupuesto anterior. Desde un punto de vista de definición negativa, debemos indicar que el tribunal no es una vía de recurso respecto los tribunales nacionales, no juzga de nuevo los asuntos ni es competente para entrar a anular, modificar, o revisar sus resoluciones.

El cumplimiento de una serie de requisitos formales previstos en la CEDH por parte del demandante en el momento de la preparación y presentación de la demanda, pueden ayudar a que nuestra demanda sea admitida por el Tribunal.

* Agotamiento de los recursos internos: Se requiere haber recurrido a todas las instancias ordinarias posibles en el sistema judicial interno del Estado presuntamente infractor, incluyendo el recurso de amparo, aunque no haya sido admitido. Se exceptúan aquellos casos de dilaciones indebidas donde se vea claramente que será inútil, debiendo justificarse.
* Requisito temporal: La demanda debe presentarse en un plazo de 4 meses a partir de la última notificación o decisión interna, tras la entrada en vigor del Protocolo número 15 de enmienda al Convenio.
* Fundamentación de la demanda: Se debe invocar algún artículo del CEDH en la demanda y haber alegado la infracción desde el inicio del proceso en vía interna, que la demanda no esté manifiestamente mal fundada y que no sea abusiva, y que el perjuicio sea importante.
* *Non bis in idem* internacional: No se puede presentar una demanda si anteriormente ya se presentó ante el TEDH u otra instancia internacional, siendo esencialmente la misma y sin que hayan sucedido hechos nuevos.

La presentación de la demanda no requiere, en el trámite inicial, de presentación a través de asistencia letrada, pero sí en el momento en que la demanda sea notificada al Gobierno frente a quien se dirige la demanda, en caso de que sea admitida. La demanda debe ser presentada de manera obligatoria conforme el formulario accesible a través de la página web del Tribunal, www.echr.coe.int en inglés o francés o a través de una de las lenguas de un país miembro del CoE.

Por último, debe destacarse que las sentencias del TEDH no son ejecutados por el propio Tribunal sino a través del Consejo de Ministros del Consejo de Europa.

BIBLIOGRAFÍA

- CARMONA RUANO/GONZALEZ VEGA/MORENO CATENA/ARNAIZ SERRANO, *Cooperación Judicial Penal en Europa*, CGPL, 2013.
- HERNÁNDEZ LÓPEZ, *El papel de Eurojust en la resolución de conflictos de jurisdicción penal en la Unión Europea. Propuestas legislativas*, Aranzadi, 2020.
- JUANES PECES/DÍEZ RODRÍGUEZ, y otros, *Cooperación Jurídica Penal Internacional*, Memento Experto Lefevre, 2016
- IRURZUN MONTORO/MAPELLI MARCHENA, *La cooperación policial y judicial penal en la lucha contra el tráfico ilícito de bienes culturales en la Unión Europea*, Boletín Oficial del Estado, 2015.
- WARLETTA TIRADO, «Cooperación judicial penal. Herramientas institucionales y técnicas de ayuda a la cooperación judicial penal», *Centro de Estudios Jurídicos*.

Capítulo 41

Cooperación jurídica penal internacional (II). Armonización normativa

Raquel de Miguel Morante
Fiscal
Fiscalía de la Audiencia Nacional

1. INTRODUCCIÓN: DE LA COOPERACIÓN A LA ARMONIZACIÓN NORMATIVA EN MATERIA PROCESAL PENAL

En un mundo rápidamente cambiante, ante los indudables avances derivados de la globalización, la libre circulación de personas o el uso generalizado de las nuevas tecnologías de la información y comunicación, que como efectos no deseados facilitan la comisión de delitos y al tiempo dificultan su persecución, se ha convertido en una prioridad para los Estados tener un sistema procesal ágil, que incorpore mecanismos e instrumentos normativos de cooperación penal internacional. Se precisan para dar una respuesta eficaz frente al crimen organizado transnacional, en particular, en delitos como el terrorismo, el tráfico de drogas, el tráfico ilícito de migrantes, la trata de seres humanos, el tráfico ilícito de armas, la delincuencia medioambiental, el blanqueo de capitales, o incluso delitos en general, aparentemente circunscritos a las fronteras nacionales, como en el caso de la ciberdelincuencia.

No obstante, y para ser certeros en los mecanismos a aplicar, dada la abundancia y confluencia de fuentes normativas en esta materia, se hará necesario, de una parte, seleccionar el concreto ámbito geopolítico en el que se encuentren los Estados, autoridades o agencias que soliciten esa cooperación —cooperación activa— o procedan a ejecutarla —pasiva—, esencialmente Naciones Unidas, Consejo de Europa, Unión Europea.

De otra, será imprescindible evaluar la específica naturaleza del auxilio solicitado, como la entrega de personas para enjuiciamiento o cumplimiento, la obtención de medios de prueba, o la adopción de medidas cautelares, lo que nos permitirá su categorización.

En relación con la primera variable —el concreto sistema de cooperación en atención al espacio geopolítico de pertenencia de las autoridades— cabe señalar que estos sistemas no serán, en términos generales, excluyentes sino coexistentes, si bien se aplicará un sistema de prelación en el que se priorizará el sistema que haya alcanzado un mayor grado de cooperación para alcanzar el mismo propósito.

Por tanto, cuando las autoridades nacionales se planteen la emisión de instrumentos de cooperación en otro Estado o les sea requerido el reconocimiento o ejecución de estos, el concreto instrumento normativo a aplicar dependerá del ámbito común de las autoridades concernidas: desde un menor grado de cooperación, basado en el estrictamente intergubernamental, hasta el máximo exponente, esto es, el ámbito de aplicación del principio del reconocimiento mutuo entre los Estados Miembros de la Unión (EEMM) en el Espacio Judicial Europeo, la tantas veces llamada "piedra angular" de la cooperación entre autoridades judiciales [ya expresamente mencionado tras el Tratado de Lisboa en los arts. 67, 70, 81 y 82 del Título V del Tratado de Funcionamiento de la Unión Europea (TFUE)].

Confirmado en los programas de La Haya y de Estocolmo, este principio implica el paso de instrumentos arquetípicos de cooperación internacional en materia penal, como la extradición, todavía vinculada al concepto de soberanía del Estado en cuestión, a otras figuras que implican automatismo en el reconocimiento de las resoluciones emitidas por las autoridades judiciales —jueces y fiscales— de los EEMM, sin intermediación gubernativa de la denominada "autoridad central" —tradicionalmente residenciada en el Ministerio de Justicia respectivo—, sin necesidad de verificar su conformidad con su ordenamiento jurídico interno, con la única excepción de que concurra alguno de los motivos tasados que permitan denegar su ejecución.

En materia penal el reconocimiento mutuo tiene por objeto facilitar la prosecución judicial transnacional o el cumplimiento de sentencias de las personas investigadas o condenadas. Pero también puede reforzar la protección de los derechos individuales. Puede «facilitar el proceso de rehabilitación y reinserción de los infractores» y, al garantizar que una resolución dictada en un Estado miembro no pueda ser impugnada en otro, el reconocimiento mutuo de las resoluciones «contribuye al principio de seguridad jurídica» en la Unión. Un buen ejemplo es, como manifiesta Dominik Düsterhaus, el principio *non bis in ídem* establecido en el artículo 54 del Convenio de aplicación de los Acuerdos Schengen (CAAS). El reconoci-

miento mutuo aquí es ventajoso para la persona afectada, ya que evita la doble sanción y, por lo tanto, facilita su libre circulación.
De los actualmente 27 EEMM, Dinamarca no participa en la adopción por el Consejo de las medidas previstas en el título V del TFUE (el Protocolo 22, «opt-out o exclusión voluntaria», exime a Dinamarca de participar en tal política).

En el presente Capítulo se van a analizar los instrumentos normativos dirigidos estrictamente a la cooperación judicial entre autoridades. Sin embargo, no se puede dejar de considerar que tras el Tratado de Lisboa, en un decidido impulso por una mayor integración en el ámbito criminal, superando los límites de la tradicional concepción de la cooperación —antiguo tercer pilar—, la Unión ha trabajado activamente en la elaboración una batería de normas específicas *ratione materiae* dirigidas a la aproximación de legislaciones de los Estados miembros de conformidad con el apartado 1 del art. 82 TFUE, en los ámbitos mencionados en el apartado 2 del artículo 82 —de carácter procesal— y en el artículo 83 TFUE —de carácter sustantivo—.

Así, de conformidad con el apartado 2 del art. 82 TFUE, en la medida en que se ha considerado necesario para facilitar el reconocimiento mutuo de las sentencias y resoluciones judiciales, fundamentalmente al socaire de la jurisprudencia del Tribunal de Justicia de la Unión, se han adoptado por vía de Directivas, normas mínimas de carácter procesal que han venido a establecer estándares mínimos entre los EEMM.

De esta forma se pretende fortalecer la confianza mutua, convalidando de forma cierta la existencia de estándares que permitan a las autoridades judiciales aplicar el principio de reconocimiento mutuo con automatismo y eficacia, sin sombra de merma del respeto de los derechos fundamentales de los justiciables. La adopción de las normas mínimas no impedirá que los EEMM en sus legislaciones nacionales mantengan o instauren un nivel más elevado de protección de las personas.

Con este propósito se dictaron como "normas mínimas comunes" para los procesos penales, las emblemáticas:

* Directiva 2010/64/UE del Parlamento Europeo y del Consejo, de 20 de octubre de 2010, relativa al *derecho a interpretación y a traducción en los procesos penales*.
* Directiva 2012/13/UE del Parlamento Europeo y del Consejo, de 22 de mayo de 2012, relativa al *derecho a la información en los procesos penales*.
* Directiva 2013/48/UE del Parlamento Europeo y del Consejo, de 22 de octubre de 2013, relativa al *derecho a la asistencia de letrado* en los procesos penales y en los procedimientos relativos a la orden de detención europea, y al *derecho a que se informe a un tercero en el momento de la privación de libertad y a comunicarse con terceros y con las autoridades consulares durante la privación de libertad*.

* Directiva (UE) 2016/343 del Parlamento Europeo y del Consejo, de 9 de marzo de 2016, por la que se refuerzan en el proceso penal determinados aspectos de la *presunción de inocencia y del derecho a estar presente en el juicio*.
* Directiva (UE) 2016/800 del Parlamento Europeo y del Consejo, de 11 de mayo de 2016, relativa a las *garantías procesales de los menores sospechosos o acusados en los procesos penales*.
* Directiva (UE) 2016/1919 del Parlamento Europeo y del Consejo, de 26 de octubre de 2016, relativa a la *asistencia jurídica gratuita a los sospechosos y acusados en los procesos penales y a las personas buscadas en los procedimientos de la orden de detención europea*.

Estas Directivas, sin bien en términos generales estaban incorporadas a nuestro ordenamiento por vía de una consolidada doctrina jurisprudencial, fue necesaria su transposición positiva expresa a fin de cumplir con los compromisos internacionales mediante las reformas oportunas en nuestras Ley de Enjuiciamiento Criminal y Ley 23/2014, de Reconocimiento Mutuo de Resoluciones Penales en la Unión Europea.

También sobre la base de este precepto, que entre otros hace referencia a la admisibilidad mutua de pruebas entre los Estados miembros, además de otros elementos específicos del procedimiento penal, es necesario señalar por su trascendencia en todos los órdenes el "paquete normativo sobre prueba electrónica en la Unión Europea".

En el entorno digital actual, las pruebas electrónicas son cruciales en la mayoría de las investigaciones penales. Sin embargo, tales las pruebas suelen estar en poder de prestadores de servicios situados fuera de la jurisdicción de las autoridades investigadoras.

Así, el acceso a pruebas electrónicas esenciales para la investigación que, sin embargo, suelen estar disponibles con frecuencia en la infraestructura privada y en el extranjero, con jurisdicciones que mutan o incluso se desconocen, es actualmente un reto incuestionable para las autoridades policiales y judiciales en materia de criminalidad transnacional, criminalidad que por otra parte está evolucionando de ser la excepción a la regla. A ello se une la naturaleza volátil de los datos electrónicos, lo que aumenta la complejidad del asunto.

Esto implica que los instrumentos de cooperación, incluso los ciertamente avanzados como la orden europea de investigación (OEI), resulten insuficientes debido a los inevitables lapsos de tiempo en su ejecución que pueden conducir en el ínterin a la pérdida de los datos.

Cierto que, en el seno de la Unión, se habían procurado canales de colaboración por los que las autoridades de investigación y prosecución penal de los EEMM recurrían a la solicitud de metadatos a los proveedores de servicios con sede en el extranjero. Sin embargo, se ha evidenciado la necesidad de establecer normas armonizadas y procedimientos estandarizados para el correcto funcionamiento de estos canales de comunicación y a fin igualmente de garantizar la integridad de los elementos en salvaguarda de todos los actores del procedimiento penal.

* Iniciado con el instrumento de cooperación de la Directiva 2014/41/UE del Parlamento Europeo y del Consejo, de 3 de abril de 2014, relativa a la orden europea de investigación en materia penal, que luego se abordará.
* Reglamento (UE) 2018/1726 del Parlamento Europeo y del Consejo, de 14 de noviembre de 2018, relativo a la Agencia de la Unión Europea para la Gestión Operativa de Sistemas Informáticos de Gran Magnitud en el Espacio de Libertad, Seguridad y Justicia (EU-LISA).
* Reglamento (UE) 2018/1862 del Parlamento Europeo y del Consejo, de 28 de noviembre de 2018, relativo al establecimiento, funcionamiento y utilización del Sistema de Información de Schengen (SIS) en el ámbito de la cooperación policial y judicial en materia penal.
* Reglamento (UE) 2019/816 del Parlamento Europeo y del Consejo, de 17 de abril de 2019, por el que se establece un sistema centralizado para la identificación de los Estados miembros que poseen información sobre condenas de nacionales de terceros países y apátridas (ECRIS-TCN) a fin de complementar el Sistema Europeo de Información de Antecedentes Penales y por el que se modifica el Reglamento (UE) 2018/1726; el presente Reglamento está relacionado con la Directiva (UE) 2019/884, de 17 de abril de 2019, por la que se modifica la Decisión Marco 2009/315/JAI del Consejo en lo que respecta al intercambio de información sobre nacionales de terceros países y al Sistema Europeo de Información de Antecedentes Penales (ECRIS).
* Reglamento (UE) 2019/818 del Parlamento Europeo y del Consejo, de 20 de mayo de 2019, relativo al establecimiento de un marco para la interoperabilidad entre los sistemas de información de la UE en el ámbito de la cooperación policial y judicial, el asilo y la migración.
* Directiva (UE) 2023/977 del Parlamento Europeo y del Consejo, de 10 de mayo de 2023, relativa al intercambio de información entre las autoridades policiales de los Estados miembros y por la que se deroga la Decisión Marco 2006/960/JAI del Consejo.
* Reglamento (UE) 2023/1543 del Parlamento Europeo y del Consejo, de 12 de julio de 2023, relativo a las órdenes europeas de entrega y de conservación de pruebas electrónicas en procesos penales y a la ejecución de penas privativas de libertad a raíz de procesos penales; se trata de un Reglamento crucial en materia de prueba electrónica con la incorporación de las órdenes europeas de producción (EPOC) y las órdenes europeas de conservación (EPOC-PR). Se aplicará directamente en todos los Estados miembros de la UE, excepto Dinamarca, a partir del 18 de agosto de 2026.
* Directiva (UE) 2023/1544 del Parlamento Europeo y del Consejo, de 12 de julio de 2023, por la que se establecen normas armonizadas sobre la designación de instituciones o de representantes legales a efectos de recabar pruebas electrónicas en los procesos penales. Tal Directiva, no obstante, se basa directamente en los arts. 53 y 62 TFUE y los EEMM adoptarán las medidas necesarias para dar cumplimiento a lo establecido en la Directiva a más tardar el 18 de febrero 2026.

Así, siendo normas esenciales del "paquete legislativo", por su ámbito judicial el Reglamento 2023/1543 y la Directiva 2023/1544, por el momento no se han producido las necesarias normas nacionales de adaptación, que siempre serán necesarias, aun cuando el Reglamento sea de aplicación directa.

Por esta vía se introducen dos medidas legales completamente nuevas: la orden europea de producción (EPOC, acrónimo en inglés) y la orden europea de conservación(EPOC-PR).

Estos instrumentos van a permitir a las autoridades competentes ordenar la preservación y la producción de pruebas electrónicas directamente de los proveedores de servicios que ofrecen estos en el territorio de la UE, independientemente de su lugar de establecimiento, o de la ubicación de los datos, siempre que el proveedor tenga su establecimiento o representante legal designado en cualquier EM.

Las nuevas medidas y procedimientos revolucionan el panorama jurídico de la recogida transfronteriza de pruebas electrónicas, amplían las herramientas de cooperación judicial y ofrecen procesos más rápidos y adaptables en comparación con los instrumentos hasta ahora existentes, con claridad y seguridad jurídica.

Ello sin dejar de mencionar las Directivas en otras materias también esenciales desde el punto de vista procesal, como la de protección de víctimas que coadyuvaron a balancear la perspectiva de nuestro sistema procesal penal, poniendo el foco en la ineludible necesidad de proteger a la víctima del delito, superando su consideración tradicional de mera fuente de prueba.

Por su parte, en el art. 83 del TFUE también se establece la previsión de dictar Directivas por las que se establezcan normas mínimas relativas a la definición de las infracciones penales y de las sanciones en ámbitos delictivos que sean de especial gravedad y tengan una dimensión transfronteriza derivada del carácter o de las repercusiones de dichas infracciones o de una necesidad particular de combatirlas según criterios comunes. Estos ámbitos son los que se han denominado de los "eurodelitos" —eurocrimes— y en ellos se han incluido específicas normas de cooperación entre EEMM. Por el momento, son los siguientes: el terrorismo, la trata de seres humanos y la explotación sexual de mujeres y niños, el tráfico ilícito de drogas, el tráfico ilícito de armas, el blanqueo de capitales, la corrupción, la falsificación de medios de pago, la delincuencia informática y la delincuencia organizada.

No obstante, con ocasión de esta armonización sustantiva *ratione materiae*, destacan específicas normas que también colateralmente introducen modificaciones de carácter procesal e instrumentos de cooperación penal. Sin ánimo de exhaustividad, cabe mencionar las siguientes.

* En *lucha contra el terrorismo*:

– Directiva (UE) 2016/681 del Parlamento Europeo y del Consejo, de 27 de abril de 2016, relativa a la utilización de datos del registro de nombres de los pasajeros (PNR) para la

prevención, detección, investigación y enjuiciamiento de los delitos de terrorismo y de la delincuencia grave.
– Reglamento (UE) 2021/784 del Parlamento Europeo y del Consejo, de 29 de abril de 2021, sobre la lucha contra la difusión de contenidos terroristas en línea.
– Reglamento (UE) 2023/2131 del Parlamento Europeo y del Consejo, de 4 de octubre de 2023, por el que se modifican el Reglamento (UE) 2018/1727 del Parlamento Europeo y del Consejo y la Decisión 2005/671/JAI del Consejo en lo que respecta al intercambio de información digital en casos de terrorismo.
* En *lucha contra la corrupción, la ciberdelincuencia, el fraude y el blanqueo de capitales*:
– Directiva 2014/42/UE del Parlamento Europeo y del Consejo, de 3 de abril de 2014, sobre el embargo y el decomiso de los instrumentos y del producto del delito en la Unión Europea.
– Directiva (UE) 2018/843 del Parlamento Europeo y del Consejo, de 30 de mayo de 2018, por la que se modifica la Directiva (UE) 2015/849 relativa a la prevención de la utilización del sistema financiero para el blanqueo de capitales o la financiación del terrorismo.
– Directiva (UE) 2018/1673 del Parlamento Europeo y del Consejo, de 23 de octubre de 2018, relativa a la lucha contra el blanqueo de capitales mediante el Derecho penal;
– Reglamento (UE) 2018/1805 del Parlamento Europeo y del Consejo, de 14 de noviembre de 2018, sobre el reconocimiento mutuo de las resoluciones de embargo y decomiso.
– Directiva (UE) 2024/1260 del Parlamento Europeo y del Consejo, de 24 de abril de 2024, sobre recuperación y decomiso de activos.
– Reglamento (UE) 2024/1624 del Parlamento Europeo y del Consejo, de 31 de mayo de 2024, relativo a la prevención de la utilización del sistema financiero para el blanqueo de capitales o la financiación del terrorismo.

2. EXTRADICIÓN Y ORDEN EUROPEA DE DETENCIÓN Y ENTREGA

En el ámbito de la cooperación penal, ha de partirse de los instrumentos que, tanto por su trayectoria histórica, como por su afección al núcleo de mayor protección de los derechos fundamentales, la libertad de las personas, ostentan una relevancia y transcendencia incuestionables.

2.1 Extradición, en particular, procedimiento y regulación de la extradición pasiva

La extradición, como es sabido, es el instrumento de cooperación internacional por excelencia, que posibilita a un Estado —requirente— en el que se sigue un procedimiento contra una persona que se encuentra fuera del ámbito de su jurisdicción que le sea entregada por el Estado donde se encuentra —requerido—, a efectos del ejercicio de acciones penales o de la ejecución de una pena o medida de seguridad privativas de libertad.

Como en todos los instrumentos de cooperación, partimos de la doble perspectiva, que no representa sino las dos caras de la misma moneda, según sean las autoridades nacionales las que requieren de esa cooperación en su procedimiento penal y emiten el instrumento —extradición activa— o requeridas, en cuyo caso se limitan a una actuación *stricto sensu* de cooperación o auxilio internacional —extradición pasiva— y que en nuestro ordenamiento se van articular en dos procedimientos distintos.

En nuestro ordenamiento, la extradición activa está regulada en el Título VI arts. 824 a 833 de la LECrim. Esencialmente el procedimiento, que podrá ser iniciado de oficio a instancia de parte, se reconduce al concreto Tratado bilateral o multilateral vigente con la nación en cuyo territorio se halle la persona reclamada. En caso de ausencia absoluta de Tratado la petición será cursada en forma de suplicatorio por conducto del Ministerio de Justicia —o departamento en el que se imbrique—.

Es sin embargo el procedimiento de extradición pasiva el que por sus especialidades ha tenido un concreto desarrollo legal y jurisprudencial, y cuya importancia se demuestra en su asiento constitucional (art. 13.3 CE).

Los procedimientos de extradición entre España —en tanto Estado europeo y de la Unión— con terceros Estados se rigen principalmente por una combinación de bases jurídicas diferentes que abarcan varios niveles: acuerdos multilaterales —por ejemplo, el Convenio Europeo de Extradición del Consejo de Europa de 1957 y sus protocolos adicionales—, los concretos acuerdos bilaterales —celebrados por la UE o directamente por el Reino de España— y la Ley 4/1985, de extradición pasiva (LEP), rigiendo en último lugar el principio de reciprocidad.

Efectivamente las condiciones, los procedimientos y los efectos de la extradición pasiva se regirán por la LEP, excepto en lo expresamente previsto en los Tratados en los que España sea parte.

Si algo caracteriza a este instrumento peculiar es su naturaleza híbrida, administrativa y judicial, en el que se pueden distinguir tres fases: dos gubernativas, la primera y la última, estando en medio la decisiva fase judicial. Este control gubernativo *ex ante* y *ex post*, reducto del ejercicio de la soberanía nacional, sin obviar las eventuales derivadas que en casos muy puntuales puedan afectar a las relaciones internacionales, no parece justificar una tramitación como la vigente, realmente alambicada que precisa ser superada, como en efecto lo ha sido en el ámbito de la Unión a través de la orden europea de detención y entrega.

Así, las tres fases están delimitadas por la ley, siendo totalmente independientes. En efecto, *ab initio*, se requerirá el previo Acuerdo del Consejo de Ministros para la continuación del procedimiento de extradición tras la recepción de la demanda con la documentación extradicional por vía diplomática a través del Ministerio de Asuntos Exteriores o directamente entre autoridades centrales, los respectivos Ministerios de Justicia (art. 7 LEP).

Tras ese acuerdo, la autoridad central remitirá el expediente en su conjunto al órgano jurisdiccional. El art. 65 apartado 4º LOPJ atribuye su conocimiento a la Audiencia Nacional, sea cual fuere el lugar de residencia o en que hubiese tenido lugar la detención del afectado por el procedimiento.

A su vez el procedimiento jurisdiccional —segunda fase— opera con una distribución de competencias entre los jueces centrales de instrucción —la Sección de Instrucción del Tribunal Central de Instancia conforme a la Ley Orgánica 1/2025, de 2 de enero, de medidas en materia de eficiencia del Servicio Público de Justicia— y la Sala de lo Penal de la Audiencia Nacional, a la que corresponderá la decisión definitiva sobre la entrega de la persona en fase jurisdiccional.

A lo largo del procedimiento de extradición el Ministerio Fiscal intervendrá realizando un puro control de legalidad, informando sobre el adecuado cumplimiento de los instrumentos de aplicación. No opera aquí el principio acusatorio, en cuanto que no se ejerce el *ius puniendi* del Estado. Con independencia de que se haya construido un proceso extradicional análogo al previsto en la LECrim, la función del Ministerio Público no es representar al Estado reclamante, sino defender la legalidad, auspiciando el correcto cumplimiento de los mecanismos de cooperación internacional, pero también ponderando la salvaguarda de las garantías y derechos avalados por nuestro ordenamiento jurídico, en el que se incluyen la Carta de los Derechos Fundamentales de la Unión Europea o el Convenio Europeo para la Protección de los Derechos Humanos y de las Libertades Fundamentales (vid. AAN de 30/09/2015 [*Tol 5991960*]6).

Ante el juez central de instrucción tendrá entrada la reclamación extradicional, resolviendo además sobre la situación personal de la persona reclamada una vez sea detenida en virtud de requisitoria internacional —teniendo entrada la denominada notificación roja de Interpol— en el plazo de 24 horas y siendo oída sobre su consentimiento a la entrega.

En todo caso tras la recepción de la documentación extradicional será nuevamente oída en comparecencia (arts. 11 y 12 LEP). En caso de consentimiento, y si no se suscitaran obstáculos legales el juez central podrá acceder, desde luego, a la demanda de extradición.

En relación con los criterios de adopción de la medida cautelar de prisión provisional, el Tribunal Constitucional en STC 147/2000 [*Tol 26505*], así como en la STC 61/2001 [*Tol 81433*], ha destacado las diferencias que separan la prisión provisional a efectos extradicionales de la que se puede imponer en un procedimiento por delito, en atención a las distintas regulaciones legales que se ocupan de las mismas, aunque, en uno y otro procedimiento, el efecto material de la medida cautelar sea el mismo. Estas diferencias se resumen en que en el procedimiento extradicional no se enjuicia la responsabilidad penal de una persona, sino la solicitud de entrega de un ciudadano formulada por otro Estado. Por otra parte, la regulación legal es distinta, ya que la previsión de la medida en los procedimientos de extradición se efectúa bien en los Convenios aplicables bien en la Ley de Extradición Pasiva, aunque esta última disposición se remite en esta materia, y en particular respecto al límite máximo de la prisión, a los preceptos correspondientes de la Ley de Enjuiciamiento Criminal" (dos plazos sucesivos de cuarenta días, antes y después de la entrega de la documentación extradicional, salvo que por Tratado se establezcan otros plazos, párrafo 3 del art. 10 LEP).

Resulta esencial recordar que, expresamente, se prevé que la finalidad de la prisión provisional en el procedimiento de extradición es la de evitar la fuga de la persona reclamada (art. 8.3 LEP), y en el presente supuesto atendida la gravedad de la responsabilidad por la que se le reclama, ello unido a su falta de arraigo personal en España, permiten resaltar de una manera evidente la existencia de un más que concreto peligro de fuga.

En cualquier caso, a los efectos de valorar la adopción de la medida cautelar, no puede desconocerse que los Estados se han enfrentado a solicitudes de extradición infundadas o abusivas, incluso con motivaciones políticas, y a notificaciones rojas de Interpol en paralelo. Una notificación roja no es ni una solicitud de extradición ni una orden de detención internacional. Se trata de una alerta dirigida a las fuerzas y cuerpos de seguridad de todo el mundo para localizar y detener provisionalmente a una persona que se encuentra pendiente de extradición, entrega u otra acción judicial similar. Sin embargo, una notificación roja debe hacer referencia a una orden de detención internacional o a una resolución judicial, apoya el procedimiento de extradición y contiene datos nacionales sobre los delitos por los que la persona es reclamada (art. 82 del Reglamento de INTERPOL).

Contra el auto del juez central sobre la situación personal cabe apelación ante la Sala de lo Penal de la Audiencia Nacional.

Desde el punto de vista procesal es también una cuestión relevante y no anecdótica en absoluto, la posibilidad de transcurso de un importante lapso de tiempo entre la incoación del procedimiento extradicional con la puesta a disposición de la persona reclamada ante el juez central de instrucción en virtud de la ejecución de la notificación roja por las fuerzas y cuerpos de seguridad y la recepción efectiva de la demanda extradicional.

La motivación de la emisión de la orden internacional de busca y captura no es jurídicamente vinculante, sino que lo será la que efectivamente conste en la demanda extradicional para fijar el concreto régimen aplicable para decidir sobre la entrega. Esto no es en absoluto baladí pues por ejemplo los motivos de denegación de la entrega serán diferentes en atención a si ésta es solicitada a efectos de enjuiciamiento o de cumplimiento de condena, o los plazos para valorar prescripción serán distintos si se trata de prescripción del delito —reclamación a efectos de enjuiciamiento— o de la pena —reclamación a efectos del cumplimiento de condena—.

Tras esta fase se remitirá el expediente a la Sala de lo Penal en la que se cumplimentará una suerte de fase intermedia, de conformidad con el art. 13 LEP. Si bien en la norma tan sólo está regulado un trámite de traslado para instrucción a los efectos de la vista oral, en la práctica forense, por vía de este artículo el Ministerio Fiscal emite un dictamen en que tras el análisis pormenorizado del expediente y del régimen regulatorio, se informa sobre la procedencia de la entrega. Del mismo se dará traslado a la representación de la persona reclamada quien podrá formular alegaciones.

Tras la celebración de una vista ante la Sala de lo Penal de la Audiencia nacional se resolverá sobre la extradición por resolución en forma de auto. El procedimiento, además, se rige por el principio de la doble instancia pues el auto decisorio será recurrible en súplica ante el Pleno de la Sala de lo Penal de la Audiencia Nacional.

Ello sin perjuicio de eventuales tramitaciones ulteriores, en los casos en que procedan, cuando se suscite pronunciamiento del Tribunal Constitucional por vía de recurso de amparo o incluso del Tribunal Europeo de Derechos Humanos.

En el caso de que en fase jurisdiccional se estime acceder a la entrega de la persona reclamada, se remitirá el expediente al Gobierno por cuanto será necesario un pronunciamiento definitivo mediante acuerdo del Consejo de Ministros, que podrá, excepcionalmente, denegarla con base en criterios de discrecionalidad reglada «en el ejercicio de la soberanía nacional, atendiendo al principio de reciprocidad o a razones de seguridad, orden público o demás intereses esenciales para España» (arts. 6 y 18 LEP).

Al tiempo, no es difícil encontrar en la praxis judicial pronunciamientos de la Sala de lo Contencioso-Administrativo del Tribunal Supremo que resuelven impugnaciones contra acuerdos del Consejo de Ministros adoptados en la tercera fase del procedimiento extradicional, lo que contribuye a relativizar el carácter supuestamente inimpugnable que les atribuye el art. 6.3 LEP, al afirmar sin mayores matices que «contra lo acordado por el Gobierno no cabrá recurso alguno». En todo caso, la cognición del Tribunal contencioso administrativo se limita al control de los aspectos reglados y a la salvaguarda de los derechos fundamentales estrictamente "conectados con los mismos". Véase sobre la alegación de vulneración de los derechos a la vida, a no sufrir penas o tratos inhumanos o degradantes y a un proceso con todas las garantías la STC 104/2019 [*Tol 7511626*].

En cuanto a las condiciones para conceder la extradición y su reverso, posibles causas de denegación, incluidas en la LEP, en el Convenio Europeo de Extradición y en la mayoría de los convenios bilaterales, procede realizar la siguiente sistematización: cumplimiento de condiciones vinculadas a la persona cuya extradición se reclama, condiciones vinculadas a los hechos por los que se le reclama y cumplimiento de condiciones procesales.

2.1.1 *Cumplimiento de condiciones vinculadas a la persona cuya extradición se reclama: identificación plena, edad y nacionalidad (arts. 3.1 y 5.2 LEP)*

En relación con las condiciones subjetivas, es esencial abordar el tratamiento de la entrega de los nacionales del Estado requerido. Si bien no tenemos previsión constitucional al respecto, el art. 3 de la LEP establece esta excepción, salvo que esté prevista en un tratado, con arreglo al principio de reciprocidad.

En general, los acuerdos de extradición, reforzando el régimen de cooperación frente a excepciones absolutas, suelen establecer cláusulas facultativas de excepción por nacionalidad.

En nuestro caso, dado nuestro tratamiento privilegiado de adquisición de nacionalidad española por parte de ciudadanos nacionales de determinados países con especiales vínculos, como los países iberoamericanos, se tratará de un supuesto de análisis no poco frecuente.

En términos generales, los acuerdos que prevén la excepción por nacionalidad implican que las partes contratantes deben respetar el principio de *aut dedere aut iudicare* para evitar la impunidad de sus propios nacionales. En general, el enjuiciamiento de los propios nacionales de los Estados puede basarse en el principio de personalidad activa aplicable a los delitos cometidos por nacionales fuera del territorio (art. 23.2 LOPJ).

El fundamento de la no extradición de nacionales reside en la consideración de que existe un especial vínculo entre el Estado y el nacional, afirmando además el Estado tiene la obligación de proteger y garantizar los derechos fundamentales de sus ciudadanos.

Esta idea se ha plasmado en resoluciones de la Sala de lo Penal de la Audiencia Nacional Auto de la Sala de lo Penal de la Audiencia Nacional, Sección 1ª, 4/2018, de 16 de octubre: "Esta Audiencia Nacional, en un reciente auto de Pleno 30/2017, de 20 de julio, denegó la entrega a Perú de una ciudadana española para ser enjuiciada (...) en dicha resolución se hacía referencia a la protección de los derechos fundamentales que los Tribunales españoles deben dispensar a los ciudadanos españoles en el procedimiento de extradición.
Ahora bien, tal régimen de protección del nacional ha de ser ponderado con otros elementos que garanticen un "iudicare" efectivo. Así para una adecuada ponderación de los intereses en juego, a la hora de adoptar la decisión de si procede hacer uso de la facultad de no entrega de los nacionales establecida en el art. 7 del Tratado, se debe tener en cuenta el lugar de los hechos, su gravedad, la accesibilidad a las pruebas, el grado de vinculación y el arraigo del reclamado en cada uno de los países, y en su caso, si así lo prevé la norma que regule la extradición, la posibilidad de enjuiciamiento por el Estado requerido.

Ha de destacarse en todo caso, que, a diferencia de la orden europea de detención y entrega, en el procedimiento de extradición, la residencia no es equiparable a la condición de nacional.

Véase el Auto de la Sala de lo Penal de la Audiencia Nacional, Sección 2ª, 23/2016, de 8 de junio, referido a una ciudadana dominicana residente en España: "(...) Viene siendo doctrina del pleno de esta Sala de lo Penal el que, salvo supuestos extraordinarios de conflicto con derechos fundamentales, no impide la extradición el arraigo social, laboral o familiar en España de la persona reclamada, debiendo cumplir el Estado español sus compromisos internacionales en virtud de los tratados suscritos a tal efecto.

En esta materia debe hacerse mención a la "Comunicación de la Comisión: Directrices sobre la extradición a terceros Estados", publicada en el DOUE de 8 de junio de 2022 consecuencia de la doctrina emanada del Tribunal de Justicia de la Unión Europea sobre el mecanismo Petruhhin (C-182/15), de carácter no vinculante pero sí con valor hermenéutico y armonizador.

Como hemos dicho, las solicitudes de extradición se pueden emitir a efectos de ejercicio de acciones penales o de ejecución de una condena.

* *En relación con la primera categoría*, el Tribunal de Justicia ha desarrollado la denominada «doctrina Petruhhin» que introdujo obligaciones específicas para los Estados miembros que no extraditan a sus propios nacionales cuando reciben una solicitud de extradición de un tercer Estado para procesar a un ciudadano de la UE que es nacional de otro Estado miembro y que ha ejercido su derecho a la libre circulación en virtud del artículo 21, apartado 1 TFUE.

El TJUE sostuvo que el Estado miembro requerido ante una solicitud de extradición de un tercer Estado relativa a un nacional de otro EM, está obligado a iniciar un procedimiento de consulta con el Estado miembro de nacionalidad del ciudadano de la UE (el mecanismo Petruhhin), dando así a este último la oportunidad de procesar a sus ciudadanos mediante una orden de detención europea (ODE).

Las obligaciones específicas impuestas a los Estados miembros que no extraditan a sus propios nacionales encuentran su justificación en la necesidad de garantizar un trato no discriminatorio entre los propios nacionales y el resto de los ciudadanos de la UE. Además, el Tribunal de Justicia extendió el mecanismo Petruhhin a Islandia y Noruega. La doctrina ha sido complementada por las resoluciones del TJUE en los casos C-473/15, Pisciotti, C-191/16, Ruska Federacija, C-897/19 PPU, Generalstaatsanwaltschaft Berlín, C-398/19, WS, C-505/19.

No obstante, la aplicación efectiva de tal mecanismo no está exento de dificultades prácticas, principalmente porque o bien carecerá de jurisdicción extraterritorial sobre el delito cometido, o bien porque, aunque tenga jurisdicción va a tener grandes dificultades para acceder a las fuentes de prueba que le permitirían una investigación eficaz. Además, si el tercer Estado y el Estado Miembro requerido de extradición tuvieren suscrito un convenio bilateral, sus obligaciones pueden entrar en conflicto con la posible orden de detención y entrega que se reciba del Estado de la nacionalidad del sujeto.

* *En relación con la segunda categoría* —solicitudes de extradición a efectos de ejecución de una condena—, tenemos la sentencia «Raugevicius» en la C-247/17. El Tribunal de Justicia siguió en cierta medida el razonamiento introducido en la jurisprudencia Petruhhin, pero con un resultado diferente. En el caso de un nacional de un Estado miembro que se traslada a otro Estado miembro, haciendo uso de su derecho a circular libremente dentro de la Unión cfr. al artículo 18 del TFUE, el hecho de poseer al mismo tiempo la nacionalidad de un Estado miembro y la de un tercer Estado no puede privar al interesado de las libertades que le confiere el Derecho de la Unión en su condición de nacional de un Estado miembro. El Tribunal de Justicia se remitió a otros mecanismos de Derecho nacional e internacional que permiten a estas personas cumplir sus penas, por ejemplo, en su Estado de origen, aumentando así sus posibilidades de reinserción social una vez cumplidas sus penas, siempre que tanto el interesado como el tercer Estado lo consientan.

El Tribunal de Justicia dictaminó que los nacionales del Estado miembro requerido, por una parte, y los de otros Estados miembros que residen de forma permanente en el Estado miembro requerido y que acreditan un cierto grado de integración en la sociedad de dicho Estado, por otra, se encuentran en una situación comparable.

2.1.2 *Cumplimiento de condiciones vinculadas a los hechos por los que se le reclama*

Estamos en los casos de doble incriminación y mínimo punitivo (art. 2 LEP), delito común que no encubra persecución, no tratándose de ninguno de los delitos excluidos de la extradición (políticos, militares...), ausencia de prescripción del delito o de la pena, como causas extintivas de la responsabilidad criminal (art. 4.4 LEP), observancia del principio de especialidad, lo que determinará la prohibición de persecución por hechos distintos de los que motivaron la solicitud de extradición (art. 21 LEP).

En materia de prescripción y en relación con el análisis de los actos interrruptivos de la misma el Auto de la Sección Segunda de la Sala de lo Penal de la Audiencia Nacional de 7/11/2024 [*Tol 10273152*], en el marco del Convenio Europeo de Extradición y siguiendo doctrina del Tribunal Constitucional español, dispone que «en tanto no se dirija el procedimiento frente al hay reclamado, carecen de entidad para interrumpir la prescripción (...) sólo cabe predicarse tal eficacia de una resolución judicial».

Conectado a los hechos por los que se solicita, suele vincularse el control del respeto a los derechos fundamentales en el Estado requirente y, por extensión, el no sometimiento a pena de muerte o penas o tratos inhumanos o degradantes.

En cualquier caso, en el procedimiento de extradición, le está vedado al Tribunal examinar el fondo del asunto. El juicio de calificación y de examen probatorio no es función de este Tribunal en el procedimiento de extradición. En apoyo de tales consideraciones basta remitirnos a la nutrida jurisprudencia del Pleno de la Sala de lo penal de la AN, así el auto del Pleno de la Sala de lo Penal de la Audiencia Nacional de 16/06/2017 [*Tol 6247208*]. Véase STC 17/2024 [*Tol 10275229*]. Supuesta vulneración de los derechos a la tutela judicial efectiva y a un proceso con todas las garantías en conexión con los derechos a la libertad personal, de residencia y circulación: resoluciones judiciales que acuerdan la extradición a partir de una documentación que no permite poner en duda la necesidad y proporcionalidad de la decisión adoptada por la fiscalía de Marruecos de solicitar la entrega para asegurar el enjuiciamiento del afectado.

En materia de evaluación de los derechos fundamentales podemos diferenciar sistemáticamente la aplicación de la Carta, art. 19, apartado 2 o los arts. 3 y 6 del Convenio de Roma (CEDH), desarrollados por la jurisprudencia del Tribunal Europeo de Derechos Humanos, pero también, en un ámbito global, el cumplimiento de las garantías establecidas por la Convención contra la Tortura y otros Tratos o Penas Crueles, Inhumanos o Degradantes y el Pacto Internacional de Derechos Civiles y Políticos, ambos convenios de Naciones Unidas ratificados por España, así como sus mecanismos de seguimiento). En cualquier caso, la autoridad judicial, ante la acreditación de un riesgo cierto de afección de tales derechos —doble control, del riesgo sistémico y *ad ca-*

sum—, podrá denegar la entrega o condicionarla a la "prestación de garantías suficientes".

> En virtud del artículo 19, apartado 2, de la Carta, nadie podrá ser devuelto, expulsado o extraditado a un Estado en el que corra un grave riesgo de ser sometido a la pena de muerte, a tortura o a otras penas o tratos inhumanos o degradantes.
> El Tribunal de Justicia precisó además que la mera «existencia de declaraciones y la aceptación de tratados internacionales que garantizan, en principio, el respeto de los derechos fundamentales no bastan, por sí mismas, para asegurar una protección adecuada contra el riesgo de maltrato cuando fuentes fiables ponen de manifiesto prácticas de las autoridades —o toleradas por éstas— manifiestamente contrarias a los principios del Convenio Europeo para la Protección de los Derechos Humanos y de las Libertades Fundamentales.
> De ello se deduce que, en la medida en que la autoridad competente del Estado miembro requerido disponga de elementos que acrediten un riesgo real de que se inflija un trato inhumano o degradante a las personas en el Estado requirente, deberá apreciar la existencia de este riesgo a la hora de pronunciarse sobre la extradición de una persona a este Estado. *A tal efecto, la autoridad competente del Estado miembro requerido deberá basarse en elementos objetivos, fiables, precisos y debidamente actualizados.* Estos elementos pueden proceder, en particular, de resoluciones judiciales internacionales, como las sentencias del Tribunal Europeo de Derechos Humanos, de resoluciones judiciales del Estado tercero requirente o de decisiones, informes u otros documentos elaborados por los órganos del Consejo de Europa o del sistema de las Naciones Unidas (véase, en este sentido, la STJUE de 5/04/2016, Aranyosi y Căldăraru, C-404/15 y C-659/15 [*Tol 5676638*]).
> El CEDH en cuyo art. 3 se proclama "Nadie podrá ser sometido a tortura ni a penas o tratos inhumanos o degradantes» y en cuyo art. 6 se plasman el derecho a un proceso equitativo, la presunción de inocencia y los derechos de la defensa, se aplica a la extradición a terceros Estados en situaciones a las que no se aplica la Carta, como la extradición de un ciudadano de la Unión que no ha ejercido el derecho a la libre circulación o de un nacional de un tercer país a un tercer Estado con el que la Unión no ha celebrado un acuerdo de extradición.

2.1.3 Cumplimiento de condiciones procesales

Condiciones procesales referidas a la jurisdicción del Estado requirente (arts. 3.1 LEP, 21 y 23.1 de la LOPJ y 8 Cc) y a la ausencia de jurisdicción nacional "efectiva", a la naturaleza no excepcional del tribunal competente para conocer del proceso penal en el Estado requirente (arts. 4.3 LEP y 24.2 CE) y a la ausencia de cosa juzgada o litispendencia (4.5 LEP).

Aquí también se exigirán ciertas garantías de ulterior recurso en el caso de que la solicitud lo sea a efectos de ejecución y se haya dictado en ausencia. Mención especial merece el tratamiento de la petición de protección internacional de la persona reclamada —asilo—, como causa de suspensión de la entrega efectiva hasta la resolución definitiva del procedimiento administrativo, no de su denegación.

Cuando alguna de las condiciones relevantes para decidir un pronunciamiento sobre la entrega no quede clara conforme a la documentación extradicional remitida, la estrecha cooperación y el intercambio de información con el Estado requirente es un trámite no sólo conveniente sino necesario.

2.2 La orden europea de detención y entrega

En el espacio de libertad, seguridad y justicia, la orden europea de detención y entrega (OEDE) va a sustituir al régimen tradicional de la extradición, convirtiéndose desde el 1 de enero de 2004 en el primer y más relevante instrumento de reconocimiento mutuo.

Regulada en la Decisión Marco 2002/584/JAI del Consejo, de 13 de junio de 2002, fue previa incluso al Tratado de Lisboa, incorporando posteriormente las modificaciones introducidas por la Decisión Marco 2009/299/JAI, de 26 de febrero de 2009, destinada a reforzar los derechos procesales de las personas a raíz de juicios celebrados sin comparecencia del imputado (*in absentia*).

La OEDE es una resolución judicial con fuerza ejecutiva en la Unión, emitida por un Estado miembro y ejecutada en otro sobre la base del principio de reconocimiento mutuo. Se inscribe en una filosofía de integración en un espacio judicial común.

Se trata del instrumento simplificado de rápida y eficaz entrega de personas entre autoridades judiciales de los EEMM a los efectos del ejercicio de acciones penales o del cumplimiento y ejecución de una sentencia penal.

Las autoridades centrales, que solían desempeñar una función importante en el proceso de extradición, quedan excluidas del proceso de toma de decisiones en los procedimientos de OEDE. La decisión de los Estados miembros emisores debe reconocerse sin más trámites y únicamente sobre la base de criterios judiciales. En esta concepción, frente a la extradición, la entrega de los nacionales del país de ejecución se concibe como norma general, con escasas excepciones.

Se podrá emitir una ODE para:

* El enjuiciamiento penal de hechos para los que la ley del EM emisor señale una pena o una medida de seguridad privativa de libertad cuya duración máxima sea al menos de doce meses (durante las fases de investigación, instrucción y juicio, hasta que la sentencia sea firme (véase STJUE de 10/04/2025, asunto Sangas C-481 /23 [*Tol 10479376*]).
* La ejecución de sentencias o de medidas de seguridad privativas de libertad cuya duración máxima sea al menos de cuatro meses.

En todo caso, rige el principio de proporcionalidad, pues aun partiendo de estos umbrales legales, la autoridad judicial de emisión de deberá examinar si emitir una OEDE supondría una medida adecuada.

> En particular, se podrían tener en cuenta los factores siguientes:
> a) la gravedad de la infracción (por ejemplo, el daño o el peligro que ha causado);
> b) la posible sanción que vaya a imponerse a la persona en caso de que sea declarada culpable de la infracción que se le imputa (por ejemplo, si fuera una pena privativa de libertad);
> c) la posibilidad de detención de la persona en el Estado miembro de emisión tras la entrega;
> d) los intereses de las víctimas de la infracción.

Asimismo, rige el principio de especialidad: en general, la persona entregada no podrá ser procesada, condenada o privada de libertad por una infracción cometida antes de su entrega distinta de la que hubiere motivado su entrega. Previsto en el artículo 27 de la Decisión marco sobre la ODE y en los arts. 60 y ss. LRM, es renunciable, y dará lugar al procedimiento incidental de ampliación de entrega en el EM requerido a fin de solicitar el consentimiento del Estado miembro de ejecución original, cuando la persona haya sido entregada y después, sin haber renunciado, reclamada por una infracción cometida con anterioridad.

A fin de simplificar las solicitudes y de facilitar su cumplimiento, estas se emiten de manera armonizada, mediante la cumplimentación de un formulario de OEDE, introduciendo un precedente que vendrá a ser replicado en todos los instrumentos de reconocimiento mutuo.

En España tal DM fue objeto de transposición inmediata en la Ley 3/2003, para posteriormente ser incluida en el Título II de la Ley de 23/2014, de reconocimiento mutuo de resoluciones penales en la Unión Europea. Así, como opción de técnica legislativa y con la intención de reducir la dispersión normativa, se han tratado de codificar en un texto conjunto las normas de aplicación de los instrumentos en materia de reconocimiento mutuo de resoluciones penales. Si bien tales instrumentos se rigen por principios comunes y tienen estructuras similares, no son totalmente miméticos, por lo que se recomienda el análisis simultáneo del articulado correspondiente de la Ley 23/14 y la concreta norma de la Unión de la que trae causa.

> Esta técnica legislativa en la que se ha redactado un Título primero con pretensión de generalidad y para evitar duplicidades, exige en puridad para la aplicación e interpretación del concreto instrumento, una remisión constante ente ambos bloques normativos, no siempre exenta de inexactitudes.

Siendo el instrumento de mayor recorrido y consolidación en la práctica judicial ordinaria de las autoridades judiciales de los Estados Miembros, las posibles dudas interpretativas que puedan generar a éstas su aplicación, son resueltas por el Tribunal de Justicia de la Unión Europea mediante el procedimiento de la cuestión prejudicial de conformidad con el art. 267 TFUE.

Véase la publicación bianual de Eurojust: *Case-law by the Court of Justice of the European Union on the European Arrest Warrant* (octubre de 2023).

Véase igualmente la Comunicación de la Comisión C/2023/1270 *Manual europeo para la emisión y ejecución de órdenes de detención europeas*, DOUE 15 de diciembre de 2023.

Recoge el procedimiento que permite a cualquier autoridad judicial española solicitar la entrega de una persona a otro Estado miembro para el ejercicio de acciones penales o para el cumplimiento de una condena impuesta —activa—, así como proceder a la entrega cuando haya recibido una orden europea de detención y entrega procedente de la autoridad judicial de otro Estado miembro —pasiva—.

2.2.1 Emisión de una OEDE

Una OEDE solo puede emitirla una autoridad que responda al concepto de autoridad judicial en el sentido de la Decisión Marco y solo una vez que se haya adoptado previamente una resolución judicial nacional ejecutable.

Durante el largo recorrido de funcionamiento del instrumento, la cuestión sobre las autoridades competentes para emitir una OEDE de conformidad con el artículo 6, apartado 1, DM había sido pacífica, pues "autoridad judicial", en tanto concepto autónomo del Derecho de la Unión, tiene una definición uniforme por cuanto se refieren en todos los instrumentos de reconocimiento mutuo, a los jueces y fiscales.

No obstante, siempre será necesario que se haya dictado previamente y de forma independiente a la OEDE una sentencia nacional firme, una orden de detención nacional o una resolución judicial similar: Véase asunto Bob-Dogi, C-241/15, STJU de 1/06/2016 [*Tol 5736627*] el Tribunal de Justicia confirmó que el sistema de la OEDE entraña una protección a dos niveles de los derechos procesales y fundamentales, en particular a la luz del artículo 47 de la Carta: además de la tutela judicial prevista en el primer nivel, a la hora de adoptar una resolución judicial nacional, como una orden de detención nacional, se añade la tutela que debe conferirse, en un segundo nivel, al emitir una ODE.

El Tribunal de Justicia dictaminó que el concepto de «autoridad judicial» recogido en el artículo 6, apartado 1, de la Decisión marco sobre la ODE, no se limita a designar únicamente a los jueces u órganos jurisdiccionales de un Estado miembro. También puede extenderse, de manera más amplia, a las autoridades que participan en la administración de la justicia penal en el ordenamiento jurídico de que se trate, distintas de los ministerios o servicios de policía que forman parte del poder ejecutivo.

Así, en la STJUE asunto C-509/18, de 27/05/2019 [*Tol 7243355*], el Tribunal de Justicia dictaminó que el Fiscal General de un Estado miembro que, aun siendo independiente del poder judicial desde el punto de vista institucional, es responsable del ejercicio de la acción penal y cuya situación jurídica en dicho Estado miembro le ofrece una garantía de independencia respecto del poder ejecutivo en relación con la emisión de una ODE, puede considerarse una «autoridad judicial emisora» en el sentido del artículo 6, apartado 1, de la Directiva marco sobre la ODE.

Asimismo, la STJUE, asuntos acumulados C-508/18 y C-82/19 PPU, OG y PI, de 27/05/2019 [*Tol 7249587*], señaló que debe considerarse que las fiscalías, que son competentes en el marco de un procedimiento penal para ejercer la acción penal contra una persona sospechosa de haber cometido un delito, participan en la administración de justicia del Estado miembro de que se trate, pero solo pueden considerarse «autoridades judiciales emisoras» en el sentido del artículo 6, apartado 1, de la Decisión marco sobre la ODE, si no están expuestas al riesgo de estar sujetas, directa o indirectamente, a órdenes o instrucciones individuales del poder ejecutivo, como un ministro de Justicia, en el marco de la adopción de una decisión relativa a la emisión de una OEDE.

En cualquier caso, nuestro legislador ha realizado una opción de política legislativa, designando en el art. 35.1 como autoridad judicial emisora, al juez o tribunal que conozca de la causa.

Por su parte, en el apartado 2 de la Disposición adicional séptima de la LRM, en las referencias atinentes a los fiscales europeos delegados, se establece que "a los efectos del apartado 1 del artículo 35, los fiscales europeos delegados serán autoridad competente en el ámbito de los procedimientos en los que ostenten las competencias atribuidas por el citado Reglamento".

Antes de emitir una OEDE, la autoridad judicial competente debe determinar si uno o más de los delitos pertenecen a una de las treinta y dos categorías para las que no se requiere el control de la doble tipificación. La lista de delitos se encuentra en el artículo 2, apartado 2, de la Decisión marco sobre la ODE (art. 20 LRM), así como en el formulario de la ODE en el que se deben señalar los delitos que pertenecen a la lista. Esto facilita la labor de la autoridad de ejecución que solo puede controlar la doble tipificación respecto de las infracciones que no están enumeradas en la lista de treinta y dos infracciones.

En cuanto a la transmisión, en la mayoría de los casos, no se conocerá el paradero de la persona y la ODE debe transmitirse a todos los Estados miembros a través del SIS (Sistema de Información Schengen).

2.2.2 *Ejecución de una OEDE*

La autoridad judicial competente para ejecutar una orden europea de detención será el juez central de instrucción del Tribunal Central de Instancia. Cuando la orden se refiera a un menor la competencia corresponderá al juez central de menores del Tribunal Central de Instancia (art. 35.2 LRM). El procedimiento para la ejecución de una OEDE —cooperación pasiva— está regulado en los arts. 47 y ss. de la LRM.

El juez central de instrucción, adoptará por tanto, a diferencia de la extradición, tanto resolución sobre la situación personal de la persona reclamada, como sobre la entrega. Ambas serán recurribles en apelación.

Los plazos son expeditivos. Si la persona no manifiesta su consentimiento a la entrega, el plazo para tomar la decisión sobre la ejecución de la OEDE se amplía de diez días a sesenta desde la detención. Una vez dictada la resolución sobre la ejecución, se abre un nuevo plazo de diez días para su materialización.

De conformidad con el art. 51.5 de la citada Ley 23/2014 a tales efectos se celebrará comparecencia en relación con la eventual concurrencia de causas de denegación o condicionamiento de la entrega y la práctica de las pruebas que pudieran proponerse sobre estos extremos, en presencia del Ministerio Fiscal, la defensa del reclamado y asistido de intérprete.

La autoridad judicial de ejecución tiene la obligación general de ejecutar toda ODE, sobre la base del principio del reconocimiento mutuo y de acuerdo con las disposiciones de la Decisión marco, verificando la ausencia de motivos de denegación.

Son motivos preceptivos de denegación: la amnistía, *ne bis in idem* y la minoría de edad de responsabilidad penal (art. 3 DM y 32.1 en relación con el 48.1 LRM). Son motivos facultativos de denegación, que permiten un margen de ponderación a la autoridad judicial:

* Falta de doble tipificación, en el caso de delitos no enumerados en la lista del artículo 2, apartado 2, de la Decisión marco (artículo 4, apartado 1 DM y 32.2 LRM). Véanse SSTJUE asunto C-289/15, Grundza, de 11/01/2017 [*Tol 5927215*] y asunto C-158/21, de 14/07/2022 [*Tol 9908900*].
* Proceso penal en curso en el Estado miembro de ejecución (artículo 4, apartado 2 DM y 48.2. a) LRM).
* Proceso penal por la misma infracción archivado en el Estado miembro de ejecución (artículo 4, apartado 3 DM y 48.2 e) LRM).
* Delito o pena prescritos con arreglo a la legislación del Estado miembro de ejecución sólo, a diferencia del régimen extradicional tradicional, cuando los hechos sean competencia de dicho Estado miembro según su propio Derecho penal (art. 4, apartado 4 DM y 32.3 LRM, lo que nos reconduce al art. 23 LOPJ)
* Sentencia firme en un tercer Estado (artículo 4, apartado 5 DM y 48.2 d) LRM)

* El Estado miembro de ejecución ejecuta la pena [artículo 4, punto 6 y 48.2 b)]. Véanse SSTJUE, asunto C-579/15, Popławski (Popławski I), de 29/06/2017 [*Tol 6193746*]; asunto C-514/17, de 13/12/2018 [*Tol 6955174*]. Véase AAN de 16/09/2024 [*Tol 10237283*].
* Extraterritorialidad (infracciones cometidas fuera del territorio del Estado miembro emisor) (artículo 4, punto 7 DM y 32. 3 a) y 48.2 c) LRM).

Especial tratamiento, en cuanto a la exigencia de garantías adicionales para la entrega, revisten los juicios dictados en rebeldía, de conformidad con la Decisión marco 2009/299/JAI que modificó la Decisión marco sobre la ODE, insertando un nuevo artículo 4 *bis* (art. 33 y 49 LRM). Confirmado por el Tribunal de Justicia en SSTJUE asunto C-399/11, Melloni, de 26/02/2013 [*Tol 3061437*] y asunto C-416/20, de 17/12/2020 [*Tol 8233681*].

Especial mención merecen las consideraciones sobre los derechos fundamentales por parte de la autoridad judicial de ejecución. Si bien la OEDE no contiene alusión expresa, a diferencia de posteriores instrumentos de reconocimiento mutuo, se ha perfilado por el Tribunal de Justicia una doctrina en torno a los márgenes de dicho control que, cohoneste el principio del reconocimiento mutuo con la posibilidad de conminar riesgos concretos y flagrantes para la persona. Véanse SSTJUE asunto Aranyosi y Căldăraru, C-404/15 y C-659/15, de 5/04/2016 [*Tol 5676638*], asunto C-216/18, de 25/07/2018 [*Tol 6674045*], y asunto C-158/21, Puig Gordi y otros, de 31/01/2023 [*Tol 9376901*].

3. OBTENCIÓN Y PRÁCTICA DE PRUEBAS

Otro de los ámbitos esenciales en materia de cooperación penal internacional es el que tiene por objeto la facilitación y obtención en un determinado Estado de medios de prueba para ser incorporados válidamente en el procedimiento de otro Estado.

Se trata de un campo de actuación clave para combatir la delincuencia transfronteriza y garantizar la justicia en casos que involucran múltiples jurisdicciones. Este proceso se basa en acuerdos internacionales, tratados bilaterales o multilaterales, muchos de ellos de ámbito sectorial, como aquellos desarrollados en el ámbito de Naciones Unidas, principios como el reconocimiento mutuo en el ámbito de la Unión y la asistencia recíproca entre Estados.

Bajo la denominación omnicomprensiva de la asistencia judicial mutua —mutual *legal assistance* o MLA, en términos generales— se contemplan la mayoría de los mecanismos de cooperación entre Estados para la obtención de información e incorporación de medios de prueba.

3.1 De las comisiones rogatorias internacionales (CRIS) a la orden europea de investigación (OEI)

Con terceros países actúa el régimen tradicional de las comisiones rogatorias internacionales (CRI) *lato sensu*, debiendo acudir a los tratados bilaterales o multilaterales, y que permiten desde el mero intercambio informal entre autoridades, al establecimiento de los sistemas que alcanzan un grado mayor de cooperación, como los "equipos conjuntos de investigación".

La tradicional CRI es convencionalmente trasmitida desde la autoridad requirente a la requerida por conducto diplomático, pudiendo establecerse alternativas que lo agilicen, a través generalmente de los tratados, bien a través de las correspondientes autoridades centrales —generalmente del departamento de Justicia en cuestión— o directamente entre autoridades judiciales.

En el ámbito global, de Naciones Unidas los tratados sectoriales han esta-
1740 blecido concretos mecanismos de MLA [Convención transnacional contra el crimen organizado (art. 18), Convención contra la corrupción (art. 46), Convención de Palermo en materia de tráfico de drogas (art. 7)].

Descendiendo a los países de la órbita del Consejo de Europa, sigue siendo el Convenio Europeo de Asistencia Judicial en Materia Penal del Consejo de Europa, de 20 de abril de 1959 (Convenio AJMP 1959), y sus protocolos adicionales, el primero de 1978 —ratificado por España el 11/9/1991— y el segundo de 2001 —que no fue ratificado por España sino hasta 2018, con entrada en vigor a partir del 1 de julio— los instrumentos clave en la asistencia penal internacional.

En un claro intento de sistematización el Convenio AJMP 1959 distingue cinco grandes grupos de actos de asistencia o auxilio judicial en materia penal, a los que dedica títulos separados: las comisiones rogatorias (Título II); la notificación de documentos procesales y resoluciones judiciales, comparecencia de testigos, peritos y procesados (Título III); la información sobre antecedentes penales (Título IV); las denuncias a fines procesales (Título VI) y el intercambio de información sobre condenas judiciales (Título VII).

El II PA regula además medidas tan importantes y usuales como la ejecución aplazada de las solicitudes, la información espontánea, la audiencia por videoconferencia y conferencia telefónica, el traslado temporal de detenidos, la restitución de efectos, la vigilancia transfronteriza, entrega vigilada, investigaciones encubiertas, así como los ECIs, las medidas provisionales o la protección de testigos.

Asimismo, el 4 de junio de 2025, el Comité de Ministros del Consejo de Europa ha adoptado un tercer Protocolo adicional al Convenio Europeo de Asistencia Judicial en Materia Penal, que constituye un paso importante en la modernización de la cooperación judicial, complementa y actualiza el Convenio adoptado en 1959, así como sus dos primeros Protocolos Adicionales, para adaptarlos a los desafíos contemporáneos, en particular a la luz de las lecciones aprendidas de la pandemia de COVID-19 y del creciente uso de herramientas digitales en la cooperación judicial.

Este tercer Protocolo se abre a la firma en la Conferencia informal de Ministros de Justicia que se celebra en La Valeta (Malta) los días 18 y 19 de septiembre de 2025. Forma parte de la voluntad común de los Estados Parte.

El nuevo Protocolo tiene por objeto reforzar la capacidad de los Estados miembros y socios para responder eficazmente a la delincuencia, y hacer que la asistencia judicial recíproca sea más eficaz, flexible y adaptada a las realidades actuales, garantizando al mismo tiempo un alto nivel de protección de los derechos humanos.

Los principales avances tienden a:

* Simplificar y acelerar los procedimientos de asistencia mutua;
* Ampliar la gama de situaciones en las que puede solicitarse asistencia mutua;
* Ampliar el uso de canales de comunicación electrónica y permitir el uso generalizado de videoconferencias;
* Permitir el uso de herramientas técnicas de vigilancia, como rastreadores GPS e interceptación de telecomunicaciones; e
* Introducir plazos.

Este tercer protocolo nace auspiciado por las experiencias y a la luz de la jurisprudencia del TJUE con ocasión principalmente de la práctica de los instrumentos de reconocimiento mutuo en el marco de la Unión, específicamente la orden europea de investigación (OEI), que se ha convertido en el principal instrumento canalizador de la cooperación internacional de la Unión Europea (UE).

En este ámbito, esta asistencia se regulaba inicialmente en el precitado Convenio AJMP 1959 (arts. 14 a 20) y sus Protocolos Adicionales, siendo reforzado por las normas sobre procedimiento de la asistencia judicial en materia penal (título V del Convenio relativo a la asistencia judicial en materia penal entre los Estados miembros de la Unión Europea, de 29 de mayo de 2000 (Convenio AJMP 2000) y su Protocolo, de 16 de octubre de 2001.

Aun cuando ha sido superado por el mecanismo que vamos a analizar a continuación, la Orden Europea de Investigación, aun son aplicables y plenamente operativas disposiciones, tales como los art. 5 y 7 del Convenio 2000, en materia de notificación de documentos procesales o intercambio espontáneo de información, la denuncia y transferencia de procedimientos (art. 21 del Convenio AJMP 1959 y art. 6 del Convenio AJMP 2000), la entrega de objetos para el perjudicado (art. 8 del Convenio AJMP 2000 y art. 12 del Segundo Protocolo del Convenio de 1959), la cooperación policial y aduanera y las diligencias previstas en el art. 19 del Convenio de Budapest, peticiones todas ellas que pueden solicitarse a través de la comisión rogatoria internacional clásica.

Al margen de los Convenios del Consejo de Europa de asistencia penal en general, existen Convenios sectoriales por razón de la materia que contemplan específicos instrumentos de MLA, destacando específicamente en materia de terrorismo y muy especialmente en cibercrimen el Convenio del Consejo de Europa sobre la Ciberdelincuencia, firmado en Budapest en 2001, así como el protocolo adicional del mismo, firmado en Estrasburgo en 2003, de cuyas previsiones en MLA es esencial el T-CY assessment report de 3 de diciembre de 2014. El Convenio de Budapest se ha completado por el Segundo Protocolo Adicional relativo a la cooperación reforzada y la revelación de pruebas electrónicas, que incluye herramientas dirigidas a facilitar la investigación de procesos penales que requieran de prueba electrónica transnacional, DOUE de fecha 28 de febrero de 2023, y que ha sido ratificado por España.

Pues bien, Orden Europea de Investigación (OEI) está regulada en la Directiva 2014/41/CE del Parlamento Europeo y del Consejo, de 3 de abril de 2014. Se aplica en el ámbito UE, excepto en Irlanda y Dinamarca. Esta Directiva fue incorporada al ordenamiento español en el año 2018 a través de una modificación en la Ley 23/2014, de 20 de noviembre, de reconocimiento mutuo de
1742 resoluciones penales en la Unión Europea, Título X (artículos 186-223) y disposiciones comunes del Título Preliminar y el Título I.

La Directiva crea un marco integral único para la obtención de pruebas. Como señala el art. 186.1 de la LRM, la OEI es una resolución penal emitida o validada por la autoridad competente de un Estado miembro de la Unión Europea, dictada con vistas a la realización de una o varias medidas de investigación en otro Estado miembro, cuyo objetivo es la obtención de pruebas para su uso en un proceso penal. También se podrá emitir una orden europea de investigación con vistas a la remisión de pruebas o de diligencias de investigación que ya obren en poder de las autoridades competentes del Estado miembro de ejecución.

La OEI podrá comprender todas las medidas de investigación, con excepción de la creación de un ECI y la obtención de pruebas en dicho equipo. Está excluido el régimen de transmisión de los antecedentes penales. Sin embargo, la norma no establece un númerus clausus de actos de investigación, a pesar de su enumeración, que es solo ejemplificativa en el articulado, especificándose en la Sección 2ª (arts. 195 y ss.) ciertas medidas en cuanto que requieren de un tratamiento singularizado, como por ejemplo: el traslado temporal de personas privadas de libertad al Estado de emisión o al estado de ejecución con el fin de llevar a cabo una medida de investigación; la comparecencia por videoconferencia u otros medios de transmisión audiovisual; la Información sobre cuentas bancarias y otro tipo de cuentas financieras y la información sobre operaciones bancarias y otro tipo de operaciones financieras.; las medidas de investigación que impliquen la obtención de pruebas en tiempo real, de manera continua y durante un determinado período de tiempo; las investigaciones encubiertas; la intervención de las comunicaciones; o las medidas cautelares de aseguramiento de prueba o de diligencias de investigación en relación con los medios de prueba. La Directiva además, en cuanto a su carácter auxiliar ínsito, como recientemente ha ratificado el Tribunal Supremo, extiende la aplicación de la OEI a otras fases más avanzadas del procedimiento además de la investigación, incluida la propia de la ejecución penal, y así lo ha recogido la STS de 08/03/2023 [*Tol 9449082*] cuando ha resuelto que «La solicitud y práctica de una medida de investigación se podrá llevar a cabo en cualquiera de las fases del procedimiento penal, incluida la de la vista, si es preciso con la participación del interesado, a efectos de la obtención de pruebas».

En consonancia con lo anterior, señala el art. 187.1 de la citada Ley que «son autoridades de emisión de una orden europea de investigación los jueces o tribunales que conozcan del proceso penal en el que se debe adoptar la medida de investigación o que hayan admitido la prueba si el procedimiento se encuentra en fase de enjuiciamiento».

Las autoridades emisoras solo pueden recurrir a la orden europea de investigación si la medida de investigación es necesaria, proporcionada y está autorizada en casos nacionales similares. En materia de recursos véanse las SSTJUE, asunto Gavanozov C-324/17, de 24/10/2019 [*Tol 7564423*]; asunto C-852/19, de 11/11/2021 [*Tol 8636874*].

La orden europea de investigación se emite mediante un formulario normalizado y se traduce a la lengua oficial del Estado miembro de la UE de ejecución o a cualquier otra lengua indicada por dicho Estado miembro.

Con arreglo a la nueva Directiva, las medidas de investigación deben ser llevadas a cabo por el Estado miembro de la UE de ejecución con la misma celeridad y prioridad que los casos nacionales similares.

En nuestro ordenamiento en materia de autoridades de ejecución, como en otros EEMM y a fin de garantizar una pronta canalización de las solicitudes de las autoridades judiciales emisoras, se ha designado al Ministerio Fiscal como única autoridad de recepción de todas las OEIs nacionales en el apartado 2 del art. 187.

Una vez registrada y tras haber acusado recibo a la autoridad de emisión, en relación con las autoridades judiciales que serán finalmente autoridades de ejecución, existe en el sistema español una dualidad competencial.

El Ministerio Fiscal conocerá del reconocimiento y ejecución de la OEI, salvo que contenga alguna medida restrictiva de derechos fundamentales, que exija autorización judicial siempre que no pueda ser sustituida por otra menos intrusiva, o cuando se indique expresamente por la autoridad de emisión que la medida de investigación debe ser ejecutada por un juez. Cuando la OEI contenga tanto medidas restrictivas de derechos fundamentales como otras que no lo sean, de acuerdo con el principio de concentración de la competencia, se remitirá la OEI completa y sin dividir, para su ejecución integral por el Juzgado, acompañando en cualquier caso informe sobre la concurrencia o no de causa de denegación de la ejecución de la OEI y, si se entiende ajustada a Derecho, la adopción de cada una de las medidas de investigación que contenga.

La Directiva establece plazos —un máximo de treinta días para decidir si se reconoce y ejecuta la solicitud y de noventa días para ejecutar efectivamente la solicitud tras la adopción de la primera decisión—.

En cuanto a los motivos tasados de denegación, las causas genéricas se encuentran reguladas en la parte general de la norma LRM, aplicables a todos los instrumentos de Reconocimiento Mutuo, cfr. al artículo 32, que aúna motivos preceptivos, en el punto 1, y facultativos en los puntos 2 y 3 de dicho precepto. En general se recogen previsiones sobre el *bis in idem*, defectos importantes del certificado remitido o privilegios procesales. Los facultativos, referidos a hechos parcialmente cometidos en territorio español y hechos que hubiesen prescrito, pero solo si España fuera competente para su enjuiciamiento previo.

1744 Las específicas del artículo 207 de la LRM son de carácter obligado, sin margen de apreciación por el órgano competente de reconocimiento y ejecución (art. 11 Directiva): inmunidad o privilegio o normas que limiten la responsabilidad penal en relación con la libertad de prensa; perjuicio a los intereses esenciales en materia de seguridad nacional; procedimientos no penales; principio *non bis in ídem*; extraterritorialidad, unida a doble tipificación; incompatibilidad con las obligaciones en materia de derechos fundamentales.

En relación con este último motivo [art. 207.1 letra d) LRM] conectado a la admisibilidad de las pruebas, procede destacar que el apartado 1 del art. 186, párrafo segundo, recoge el "principio de no injerencia":

> «Se considerarán válidos en España los actos de investigación realizados por el Estado de ejecución, siempre que no contradigan los principios fundamentales del ordenamiento jurídico español, ni resulten contrarios a las garantías procesales reconocidas en éste".
>
> En el mismo sentido, el artículo 23 (2) de la Ley 29/2022 en caso de aceptación de remisión de proceso penal extranjero: "Aceptada la iniciación o ampliación del procedimiento, se considerarán válidos en España los actos de instrucción realizados por el Estado que remite el procedimiento, siempre que no contradigan los principios generales del ordenamiento jurídico español».
>
> En cuanto a la jurisprudencia derivada del Tribunal Supremo, véanse las SSTS de 8/10/2013 [*Tol 3963333*], de 18/05/2001 [*Tol 3760823*] y de 23/02/2017 [*Tol 5969881*] confirmada por el Tribunal Constitucional español en STC 97/2019 [*Tol 7446118*]
>
> Véase igualmente STJUE, asunto C-670/22 (Encrochat), de 30/04/2024 [*Tol 9984350*].

Por ello, cuando existan motivos fundados para creer que la ejecución de la medida de investigación indicada en la OEI es incompatible con las obligaciones del Estado español, de conformidad con el artículo 6 del TUE y de la Carta de los Derechos Fundamentales de la UE, estaríamos ante la causa de denegación del reconocimiento y ejecución prevista en el artículo 207 (1) letra d) LRM.

Existen motivos de denegación adicionales para determinadas medidas, como falta de doble tipificación —con excepción de una lista de infracciones penales graves— o la imposibilidad de ejecutar la medida —la medida de investigación no existe o no está disponible en casos nacionales similares, y no hay alternativa—.

En cualquier caso, antes de proceder a la denegación de la ejecución, siempre procederá establecer previamente canales de comunicación con las autoridades emisoras a fin de clarificar los extremos que generen dudas sobre la ejecución.

Siendo indiscutible la eficacia en el funcionamiento de la OEDE y la OEI, no escapa la necesidad, como en todos los mecanismos de cooperación, de continua evaluación y margen de mejora, véase la Comunicación de la Comisión de 1 de abril de 2025 "ProtectEU: una Estrategia Europea para la Seguridad Interior", que estudia la necesidad de seguir reforzando ambos instrumentos.

3.2 Equipos conjuntos de Investigación

El equipo conjunto de investigación es uno de los más avanzados instrumentos de la cooperación penal internacional, yendo un paso más allá en lo que la OEI representa, pues se constituye mediante un acuerdo legal entre las autoridades competentes de dos o más Estados con el objeto de llevar a cabo investigaciones penales transfronterizas.

Conformados por autoridades judiciales —fiscales, jueces de instrucción— y policiales, los Equipos conjuntos de investigación (ECIs) se establecen por un periodo de tiempo determinado, normalmente de entre doce y veinticuatro meses, y con un objetivo concreto, en tanto necesario para alcanzar resultados en investigaciones transnacionales complejas.

Se trata de un mecanismo que pretende llevar a cabo con eficacia las investigaciones en diferentes Estados en los que bien por su dificultad, ante la necesidad de una movilización considerable de medios, bien por su conexidad con otros Estados por razón de las circunstancias del caso, se hace precisa una coordinación, tanto a nivel de los operativos, como de los aspectos procesales, y en los que los tradicionales mecanismos de cooperación, tales como las comisiones rogatorias o las órdenes europeas de investigación, pueden resultar insuficientes.

El ECI ofrece un marco de mutua confianza institucional donde los principales directores de la investigación, en sus respectivos ámbitos competenciales, pueden intercambiar información y enfoques con sus homólogos, cooperar en tiempo real, llevar a cabo investigaciones de forma conjunta y compartir elementos probatorios, con las salvaguardas y garantías de los respectivos sistemas procesales nacionales.

Su marco jurídico dentro de la Unión Europea se encuentra en el artículo 13 del Convenio de Asistencia Judicial de la UE de 29 de mayo de 2000 y en la Decisión Marco de 2002/465/JAI del Consejo, de 13 de junio de 2002, sobre equipos conjuntos de investigación.

También existen específicos convenios internacionales y disposiciones que permiten su creación con terceros países tales como el Acuerdo entre la Unión Europea y la República de Islandia y el Reino de Noruega sobre la aplicación de determinadas disposiciones del Convenio relativo a la asistencia judicial en materia penal, entre los Estados miembros de la Unión Europea, de 29 de mayo de 2000, y del Protocolo al mismo, de 2001; el artículo 5 del Acuerdo de Asistencia Judicial entre la Unión Europea y los Estados Unidos de América; el artículo 27 del Convenio de cooperación policial con Europa Sudoriental (PCC-SEE), aplicable entre varios Estados miembros (Austria, Bulgaria, Hungría, Rumanía y Eslovenia) y países de los Balcanes (Albania, Bosnia y Herzegovina, la Antigua República Yugoslava de Macedonia, Moldavia, Montenegro, Serbia); o el artículo 20 del segundo Protocolo adicional al Convenio Europeo de asistencia judicial.

En el caso Güzelyurtlu y otros V. Chipre y Turquía, la STEDH, de 29/01/2019 [*Tol 7003078*] señala que la obligación de cooperar en virtud del artículo 2 del Convenio de Roma debe implicar para un Estado la obligación de examinar y dar una respuesta motivada a cualquier solicitud de extradición de otro Estado contratante relativa a sospechosos buscados por asesinato o homicidios ilegítimos que se sepa que están presentes en su territorio o dentro de su jurisdicción (y ello con independencia de la ratificación de los Tratados específicos en MLA del Consejo de Europa).

Fuera del ámbito UE, destacan las especificas disposiciones de las Convenciones de Naciones Unidas que reflejan la posibilidad de su establecimiento *ratione materiae* tales como el artículo 9 de la Convención de las Naciones Unidas contra el tráfico ilícito de estupefacientes y sustancias sicotrópicas; el artículo 19 de la Convención de las Naciones Unidas contra la Delincuencia Organizada Transnacional (UNTOC); el artículo 49 de la Convención de las Naciones Unidas contra la Corrupción (UNCAC), o los respectivos Acuerdos bilaterales en materia de cooperación penal entre los Estados de que se trate. Pudiendo regir, en defecto de los anteriores el principio de reciprocidad.

Respecto a su funcionamiento es destacable el relevante papel que en investigaciones en las que al menos esté involucrado un Estado miembro, desempeñan las agencias de la Unión Europea, Europol y Eurojust —ésta particularmente en el ámbito judicial—, aportando apoyo de carácter operativo, legal y financiero durante todo el ciclo de la investigación transfronteriza, desde su planificación, pasando por la constitución del ECI, la crucial fase operativa mediante el establecimiento de reuniones de coordinación, hasta la clausura y evaluación de resultados.

Además de su incardinación en nuestro ordenamiento jurídico a través de la Ley 29/2022, de 21 de diciembre, por la que se adapta el ordenamiento nacional al Reglamento (UE) 2018/1727 del Parlamento Europeo y del Consejo, de 14 de noviembre de 2018, sobre Eurojust, y se regulan los conflictos de jurisdicción, las redes de cooperación jurídica internacional y el personal dependiente del Ministerio de Justicia en el exterior, el 14 de febrero de 2017 el Consejo de la Unión Europea publicó con el fin de facilitar información, orientación y asesoramiento a los profesionales una "Guía práctica de los equipos conjuntos de investigación" elaborada por la Red de ECI en cooperación con Eurojust, Europol y la OLAF." Eurojust ha publicado igualmente una "Guía sobre ECIs incluyendo Terceros Estados" en junio de 2022.

En cualquier caso, el papel de Eurojust es de acompañamiento y colaboración con las autoridades judiciales, que son las encargadas y responsables de la concreta investigación penal, desde las fases iniciales —que contemplan el posible auxilio en la financiación y el concreto establecimiento del acuerdo—, pasando por la fase operativa, los eventuales acuerdos sobre extradiciones, remisión de procedimientos entre Estados parte, hasta una fase final de evaluación.

Con ocasión fundamentalmente de las nuevas facultades operativas de Eurojust, reguladas en el Reglamento precitado, la Resolución 2022/C 44/01 del Consejo, de 28 de enero de 2022, ha revisado el apéndice I del modelo de acuerdo por el que se crea un equipo conjunto de investigación (ECI).

4. TRASLADO DE PERSONAS CONDENADAS

Son instrumentos jurídicos esenciales en la regulación del instrumento de cooperación internacional consistente en el traslado de condenadas a penas y medidas privativas de libertad, el Convenio del Consejo de Europa sobre traslado de personas condenadas de 21 de marzo de 1983 —del que actualmente son sesenta y cinco los Estados Parte— y la Decisión Marco 2008/909/JAI, sin perjuicio de los instrumentos internacionales y tratados bilaterales en la materia. A nivel global, en el marco de Naciones Unidas, es necesario señalar el art. 17 de la Convención de Palermo.

De conformidad con el Convenio del CE el traslado puede ser requerido bien por el Estado en el que la sentencia se ha dictado —Estado de la condena— bien por el Estado del que la persona condenada es nacional.

La Decisión Marco, como todos los instrumentos de reconocimiento mutuo, establece un procedimiento más ágil, con plazos prefijados, por el que el Estado de condena envía la sentencia al EM al que desea transferir la persona condenada, acompañada del formulario estandarizado en el que se incluyen las razones de tal solicitud. En nuestro ordenamiento el procedimiento ha sido transpuesto en el Título III, artículos 63 a 92 de la Ley 23/2014, de reconocimiento mutuo de resoluciones penales en la Unión Europea (LRM).

Son autoridades competentes para la transmisión a otro EM de la condena a pena o medida privativa de libertad, los jueces de vigilancia penitenciaria, así como los jueces de menores en el ámbito de su competencia.

En materia de ejecución se disocia el reconocimiento de la ejecución propiamente dicha: la autoridad competente para reconocer y acordar la ejecución de una resolución por la que se impone una pena o medida privativa de libertad serán los jueces centrales de lo penal de la Audiencia Nacional (Sección de Enjuiciamiento del Tribunal Central); para llevar a cabo la ejecución de la misma, serán competentes los jueces de vigilancia penitenciaria. Cuando la resolución se refiera a una medida de internamiento en régimen cerrado de un menor la competencia corresponderá al juez central de menores.

Permite que una resolución condenatoria dictada en un Estado miembro sea ejecutada en otro Estado miembro, el de nacionalidad o de residencia o a otro Estado miembro con el que tenga vínculos estrechos, con el fin de facilitar así la reinserción social de la persona condenada (art. 71.1 LRM).

En determinadas situaciones, como alternativa a emitir una OEDE para la entrega de la persona para que cumpla la pena en el Estado miembro en el que esta fue impuesta, la Decisión Marco 2008/909/JAI podría usarse para ejecutar la pena en el lugar donde el condenado resida y pueda tener mejores oportunidades de reinserción.

Asimismo, el artículo 25 de la Decisión marco 2008/909/JAI contiene una disposición específica para la ejecución de penas privativas de libertad en el Estado miembro de ejecución en relación con los supuestos contemplados en el artículo 4, apartado 6, y en el artículo 5, apartado 3, de la Decisión marco sobre la OEDE. En los supuestos en los que se apliquen el artículo 4, apartado 6, o el artículo 5, apartado 3, de la Decisión marco sobre la ODE, también debe aplicarse la Decisión marco 2008/909/JAI para transmitir la pena al Estado miembro donde esta se ejecutará.

Las autoridades judiciales españolas, por tanto, podrán transmitir sentencias condenatorias a otros Estados, cuando en ellas se impongan penas o medidas privativas de libertad y se cumplan las condiciones señaladas por la ley, debiendo ejecutar asimismo aquéllas que del mismo modo les hayan sido transmitidas. Dicho título se aplica únicamente a las penas o medidas pendientes, total o parcialmente, de ejecución.

Cuando hayan sido totalmente cumplidas, su consideración en un nuevo proceso penal se regirá por la Ley Orgánica 7/2014, sobre intercambio de información de antecedentes penales y consideración de resoluciones judiciales penales en la Unión Europea, modificada por Ley Orgánica 4/2024, para su adecuación a la normativa de la Unión Europea sobre el Sistema Europeo de Información de Antecedentes Penales (ECRIS).

Por dicha modificación se transpone la Directiva (UE) 2019/884, del Parlamento Europeo y del Consejo, de 17 de abril de 2019, y razones de seguridad jurídica se incorporan de forma expresa algunos preceptos contenidos en el Reglamento (UE) 2019/816, del Parlamento Europeo y del Consejo, de 17 de abril de 2019, por el que se establece un sistema centralizado para la identificación de los Estados miembros que poseen información sobre condenas de nacionales de terceros países y apátridas (ECRIS-TCN) a fin de complementar el Sistema Europeo de Información de Antecedentes Penales, y por el que se modifica el Reglamento de la (UE) 2018/1726, como son los referentes a la ampliación de información de identidad a otros datos de acuerdo con el Derecho nacional y la incorporación de huellas de ciudadanos que ostenten dos nacionalidades, una de ellas de un Estado miembro de la Unión Europea, y, por último, la determinación de las circunstancias en las que la autoridad central autorizará a Eurojust a comunicar a un tercer Estado requirente el nombre del Estado que posea la información solicitada.

Esta última modificación ha tenido innegables repercusiones que trascienden de aspectos operativos, como las derivadas del art. 14, por el que establece que las condenas firmes dictadas en otros Estados miembros tendrán los mismos efectos jurídicos que las condenas dictadas en España, aplicándose tanto en la fase previa al proceso penal, durante el proceso mismo, como en la ejecución de la condena. Sin embargo, se aclara que estas resoluciones no podrán afectar a sentencias firmes ya dictadas en España.

En contraste con el Convenio del CE, el instrumento de reconocimiento mutuo no requiere el consentimiento de la persona condenada en todos los casos (art. 67.2 y 81.2 LRM) y establece un límite de 90 días al potencial Estado de ejecución para decidir sobre la entrega. Ahora bien, en la DM rige el principio de especialidad (art. 18 DM y 92 LRM) por el que la persona condenada no puede ser entregada a los efectos de ejercicio de acciones penales o cumplimiento de condena por cualquier delito cometido antes de aquel para cuyo cumplimiento de condena es transferido.

Ambos sistemas requieren el principio de doble incriminación, salvo en el caso de la DM para la lista tradicional de los 32 delitos incluidos en el art. 7 de la misma.

En materia de derecho de defensa, es importante señalar la posibilidad de la adaptación de condena impuesta en la resolución que sea incompatible con la legislación española vigente en el momento en el que se solicita el reconocimiento de la resolución, por superar el límite de la pena máxima prevista para ese delito, sin que pueda transformarse en pena de otra naturaleza como la pena de multa (art. 83 LRM). Por su parte las causas de denegación preceptiva se encuentran formuladas en el art. 85 LRM.

1750 En todo caso cuando, resuelta una ejecución de OEDE emitida por otro EM, se haya condicionado (OEDE a efectos de ejercicio de acciones) o denegado (OEDE a efectos de ejecución) con fundamento en el motivo facultativo de la nacionalidad española de la persona condenada, el juez central de lo penal aplicará las disposiciones de este Capítulo a efectos de cumplimiento de la condena impuesta en el otro Estado miembro, impidiendo la impunidad del condenado (art. 91 LRM).

Aun cuando el precepto solo contempla la denegación de la OEDE por nacionalidad, en interpretación sistemática le es asimilable la posibilidad de que se haya denegado por residencia en España, de conformidad, claro está con el concepto que de la misma dispone el TJUE

En la STJUE asunto C-514/17, de 13/12/2018 [*Tol 6955174*], el Tribunal de Justicia destacó el procedimiento y los requisitos necesarios para la aplicación del artículo 4, punto 6, de la Decisión marco sobre la ODE (RJ 32): destaca "Se desprende, pues, del tenor literal de esta disposición que la aplicación de este motivo de no ejecución facultativa está supeditada al cumplimiento de dos requisitos: por una parte, que la persona buscada sea nacional o residente del Estado miembro de ejecución o habite en él y, por otra parte, que dicho Estado se comprometa a ejecutar dicha pena o medida de seguridad de conformidad con su Derecho interno."

Pero además de acuerdo con el RJ 36 "Cuando la autoridad judicial de ejecución compruebe que concurren los dos requisitos mencionados, tendrá que apreciar si existe un interés legítimo que justifique que la pena impuesta en el Estado miembro emisor sea ejecutada en el territorio del Estado miembro de ejecución (véase STJUE, asunto Kozłowski, C-66/08, de 17/07/2008 [*Tol 9919914*]).

Por lo que respecta al primer requisito, el Tribunal de Justicia ha precisado en su sentencia del asunto C-66/08, Kozłowski que los términos «residente» y «habite» que figuran en el artículo 4, punto 6, de la Decisión marco sobre la ODE, deben tener una definición uniforme y autónoma y se refieren, respectivamente, a las situaciones en las que la persona buscada haya establecido su residencia real en el Estado miembro de ejecución o haya creado, a raíz de una permanencia estable de cierta duración en ese mismo Estado, vínculos con ese Estado que tengan una fuerza similar a los resultantes de una residencia.

En cuanto al segundo requisito, el Tribunal de Justicia subrayó, en la STJUE, asunto C-579/15, Popławski, de 29/06/2017 [*Tol 6193745*] que la obligación de hacerse cargo de la

ejecución de la pena presupone, con el fin de evitar la impunidad, un verdadero compromiso del Estado miembro de ejecución de ejecutar la pena privativa de libertad dictada contra la persona buscada por el Estado miembro emisor.
Esta apreciación permite a esa autoridad tener en cuenta el objetivo perseguido por el artículo 4, punto 6, de la Decisión Marco 2002/584, como se ha expuesto en el apartado 33 de la presente sentencia».
En cuanto al interés legítimo que justifica la aplicación del artículo 4, apartado 6, el Tribunal de Justicia subrayó, en el asunto C-579/15 Popławski que el artículo 4, apartado 6 es un motivo de denegación facultativa, lo que significa que, cuando se cumplen los dos requisitos anteriores, las autoridades judiciales de ejecución no pueden estar obligadas a denegar la ejecución de una ODE.
Por tanto, como destacó el Tribunal de Justicia en el asunto C-66/08, Kozłowski, al hacer uso de su margen de discrecionalidad, la autoridad judicial de ejecución debe evaluar si existe un interés legítimo que justifique que la pena impuesta en el Estado miembro emisor sea ejecutada en el territorio del Estado miembro de ejecución. La autoridad judicial de ejecución debe, en particular, conceder particular importancia a la posibilidad de aumentar las oportunidades de reinserción social de la persona buscada una vez cumplida la pena a la que haya sido condenada.

5. EMBARGO Y DECOMISO EN PROCESOS PENALES

Son mecanismos clave en la cooperación internacional, el embargo y el decomiso. El embargo (seizure/freezing) abarca todas las medidas por las que se prohíbe temporalmente la transferencia, destrucción, conversión, disposición o movimientos de activo, así como el sometimiento a una administración temporal con base en una resolución emitida por una autoridad judicial competente. 1751

El decomiso (confiscation) debe ser entendido como la privación definitiva de la titularidad esos activos ordenada por una autoridad judicial competente, como consecuencia de una sentencia penal.

En cuanto al marco regulatorio, con carácter global, son esenciales el art. 13 del Convenio de Palermo, sus Protocolos adicionales *ratione materiae* y los arts. 54 y 55 de la Convención de Viena contra la Corrupción.

Por su parte, el Consejo de Europa mantiene dos Tratados específicos para facilitar la confiscación de los productos del delito:

* Convenio relativo al blanqueo, seguimiento, embargo y decomiso de los productos del delito, hecho en Estrasburgo el 8 de noviembre de 1990, ratificado en España por instrumento de 21 de octubre de 1998.
* Convenio relativo al blanqueo, seguimiento, embargo y comiso de los productos del delito y a la financiación del terrorismo, hecho en Varso-

via, el 16 de mayo de 2005, ratificado en España por instrumento de 21 de junio de 2010.

Sin embargo, el paquete más elaborado en la materia que incorpora normas de armonización e instrumentos de cooperación propiamente dichos ha tenido lugar en el ámbito de la Unión a través de la Decisión Marco 2001/500/JAI, la Decisión Marco 2005/212/JAI, la Directiva 2014/42/UE y el Reglamento (UE)2018/1805.

Aunque las primeras ya han sido incorporadas a nuestra legislación penal y procesal, vamos a hacer referencia estrictamente al instrumento de cooperación entre autoridades judiciales. En efecto la transposición de la Directiva 2014/42/UE se efectuó con gran celeridad, a través de distintas vías mediante la Ley Orgánica 1/2015, de 30 de marzo, por la que se modifica la Ley Orgánica 10/1995, de 23 de noviembre, del Código Penal; la Ley 41/2015, de 5 de octubre, de modificación de la Ley de Enjuiciamiento Criminal para la agilización de la justicia penal y el fortalecimiento de las garantías procesales; y el Real Decreto 948/2015, de 23 de octubre, por el que se regula la Oficina de Recuperación y Gestión de Activos.

Las peticiones de reconocimiento y ejecución de certificados de embargo y decomiso se regulan pues al amparo del nuevo Reglamento (UE) 2018/1805 del Parlamento Europeo y del Consejo de 14 de noviembre de 2018 sobre el reconocimiento mutuo de las resoluciones de embargo y decomiso.

El Reglamento, que ha entrado en vigor el 19 de diciembre de 2020, no ha tenido adaptación alguna en España a fecha de hoy, lo que, sin perjuicio de su aplicación directa conforme a la naturaleza de la norma, afecta en cuanto a la actuación de los aplicadores con ciertos márgenes de inseguridad jurídica. Se aplica a todos los EEMM, a excepción de Irlanda y Dinamarca, para los que se aplica el régimen anterior fruto de la adaptación de las Decisiones Marco 2003/577/JAI y 2006/783/JAI.

El Reglamento tiene por objeto hacer el proceso de embargo y decomiso de los activos patrimoniales a través de las fronteras más simple, rápido y efectivo.

La principal innovación es que, por primera vez, y no sin ciertas reticencias entre los EEMM (véase el considerando 53), el legislador de la UE eligió un Reglamento y no una Directiva para regir la cooperación futura en un ámbito en el que se aplican mutuamente las órdenes de los EEMM.

Las principales características del nuevo Reglamento, cuyas disposiciones son directamente aplicables, son las siguientes:

* El ámbito de aplicación se ha formulado en términos más amplios que los de la Directiva 2014/42/UE, véase el considerando 14, por los que no se limita a los delitos especialmente graves con una dimensión trans-

fronteriza. Lo único decisivo es que la resolución de la autoridad de emisión se haya dictado en el marco legal de los procedimientos penales (regulados en nuestros Código Penal y LECrim), por lo tanto se extiende al embargo como medida cautelar real, pero también a las modalidades de decomiso incorporadas en nuestra "en el marco legal" de procesos penales como el decomiso ampliado, el decomiso autónomo y ello con independencia de que el Estado de ejecución no contemple en su ordenamiento tales figuras (considerando 13). Sólo se excluyen del mecanismo los procedimientos civiles y administrativos.

* Los *motivos de no reconocimiento y no ejecución* están previstos en el artículo 8 —para las resoluciones de embargo— y en el artículo 19 —para las resoluciones de decomiso—. La cuestión más debatida durante las negociaciones fue si el Reglamento debería incluir un motivo de denegación —más o menos general— en caso de violación de los derechos fundamentales en el Estado emisor. El texto final fue un texto transaccional: El artículo 8, apartado 1, letra f), y el artículo 19, apartado 1, letra h), formulan un motivo de denegación al estilo de la reciente jurisprudencia del TJUE en Aranyosi Căldăraru (ya citada) que contiene un motivo de denegación similar en casos de órdenes de detención europeas. En consecuencia, el no reconocimiento debido a violaciones de los derechos fundamentales solo será posible en situaciones excepcionales.

* El Reglamento prevé varios *plazos para el reconocimiento de las resoluciones de embargo* —48 horas— y decomiso 45 días—, respectivamente. Han sido diseñados para garantizar una cooperación rápida y eficiente. Por lo que respecta a las resoluciones de embargo, por ejemplo, la autoridad de ejecución debe empezar a adoptar las medidas concretas necesarias para ejecutar dichas resoluciones a más tardar 48 horas después de que se haya adoptado la decisión sobre su reconocimiento y ejecución. Sin embargo, el texto del Reglamento no menciona consecuencias jurídicas en caso de retraso.

* El Reglamento contiene solo unas pocas normas sobre *vías de recurso* (art. 33 en relación con los arts. 7 y 18). En esencia, se hace referencia al Derecho nacional. El derecho a la tutela judicial debe invocarse ante un órgano jurisdiccional del Estado de ejecución de conformidad con su Derecho. Esto incluye también los recursos contra las medidas durante el proceso de ejecución de las órdenes (artículo 23, apartado 1). Sin embargo, los motivos de fondo para dictar la resolución de embargo o la resolución de decomiso deben impugnarse ante un órgano jurisdiccional del Estado de emisión (artículo 33, apartado 2).

* El Reglamento presta especial atención a la *restitución de los bienes congelados a las víctimas y/o perjudicados*. En consecuencia, la indemnización y la restitución de bienes a las víctimas deben tener prioridad sobre la enajenación de bienes embargados o decomisados (considerando 45).
* Las *reclamaciones de propiedad* deben interponerse en el Estado de emisión (artículo 29, apartado 1) y los bienes embargados deben restituirse a las víctimas lo antes posible.

Los anexos del Reglamento, como en todos los instrumentos de REM, contienen formularios normalizados para los certificados de embargo y decomiso, que pueden utilizarse para garantizar que los Estados de la UE actúen con mayor rapidez y se comuniquen de manera más eficiente.

6. OTRAS MEDIDAS DISPONIBLES EN EL MARCO DE LOS INSTRUMENTOS JURÍDICOS DE LA UNIÓN SOBRE COOPERACIÓN JUDICIAL PENAL

Estas medidas consisten en la orden europea de protección, la orden europea de vigilancia, la transmisión de resoluciones de libertad vigilada y penas sustitutivas y las sanciones económicas.

En la Ley de reconocimiento mutuo se incorporan otros instrumentos relativos bien a la fase de adopción de medidas cautelares, bien a la fase de ejecución de condenas, como son:

* *La Orden Europea de Protección* (OEP): Regulada en el Título VI LRM, artículos 130 y ss., viene a implementar la transposición de la Directiva 2011/99/UE, de 13 de diciembre de 2011, y tiene por objeto extender la protección que a través de las medidas pertinentes haya impuesto la autoridad competente de un Estado miembro con carácter cautelar para proteger a víctimas o posibles víctimas de delitos que puedan poner en peligro su vida, su integridad física o psicológica, su dignidad, su libertad individual o su integridad sexual por posibles actos delictivos de otra, al territorio del Estado miembro al que se desplace esa persona para residir o permanecer durante un determinado período de tiempo.

Esta medida adquiere gran protagonismo dentro del conjunto de medidas de protección en el ámbito de la violencia sobre la mujer (prohibiciones de aproximación o comunicación por cualquier medio), no mermando así las medidas que se hayan adoptado a nivel nacional cuando se producen traslados a otros Estados Miembros. Es por ello que en materia de autoridades competentes de ejecución (no se acierta a comprender por qué no se especifica en el caso de la emisión) se extiende la competencia a los Juzgados de Violencia sobre la Mujer.

* *La resolución sobre medidas de vigilancia de la libertad provisional* (Título V LRM arts. 109 y ss.) Como continuación en fase de medidas cautelares, la orden europea de vigilancia (OEV) supone la transposición de la Decisión Marco 2009/829/JAI del Consejo, de 23 de octubre de 2009, relativa a la aplicación del principio de reconocimiento mutuo a las resoluciones sobre medidas de vigilancia como alternativa a la prisión provisional.

La OEV se refiere a la libertad provisional en la etapa previa al juicio. Permitirá trasladar una medida de vigilancia no privativa de libertad desde el Estado miembro en el que se sospeche que la persona no residente ha cometido una infracción al Estado miembro en el que reside normalmente.

En virtud de la OEV la autoridad judicial puede permitir que la persona sospechosa regrese a su domicilio en otro EM, pudiendo pedir a las autoridades del dicho EM que se aseguren del cumplimiento de dichas medidas accesorias a la libertad provisional, tales como:

* La obligación de la persona de informar a la autoridad competente del Estado de ejecución de cualquier cambio de residencia con el fin de recibir una citación para asistir a una audiencia o a un juicio en el curso de un proceso penal;
* La obligación de no entrar en determinadas localidades del Estado de emisión o de ejecución;
* La obligación de permanecer en un lugar determinado, durante determinadas horas;
* Una limitación a la salida del territorio del Estado de ejecución;
* La obligación de informar en determinados momentos a una autoridad específica,
* Obligación de depositar fianza o de dar otro tipo de garantía o
* La obligación de someterse a un tratamiento para la adicción.

* *Transmisión de resoluciones de libertad vigilada y penas sustitutivas* (Tít. IV, arts. 93 y ss. LRM). Es objeto de transposición de la Decisión Marco 2008/947/JAI del Consejo, de 27 de noviembre de 2008, relativa a la aplicación del principio de reconocimiento mutuo de resoluciones de libertad vigilada y penas sustitutivas. La Decisión Marco se refiere a la fase posterior al juicio. Aplica el principio de reconocimiento mutuo a muchas de las alternativas a la prisión y a las medidas que facilitan la puesta en libertad anticipada.

El artículo 1, apartado 4 DM, establece que los Estados miembros deben respetar los derechos fundamentales y los principios jurídicos fundamentales.

La resolución de libertad vigilada u otra sanción alternativa se ejecutaría en un Estado miembro distinto de aquel en el que se condenó a la persona, y puede ejecutarse en cualquier Estado miembro siempre que la persona en cuestión haya dado su consentimiento.

El reconocimiento mutuo de estas resoluciones tiene por objeto incrementar las posibilidades de reinserción social del condenado al permitirle mantener sus lazos familiares, lingüísticos y culturales, así como mejorar el control del cumplimiento de las medidas de libertad vigilada y de las penas sustitutivas con objeto de evitar la reincidencia, teniendo en cuenta el principio de la protección de las víctimas.

* *Sanciones económicas*: Reguladas en el Título IX de la LRM (arts. 173 y ss. La Decisión Marco 2005/214/JAI aplica el principio de reconocimiento mutuo a las sanciones pecuniarias impuestas por las autoridades judiciales o administrativas. El objetivo es facilitar la ejecución de estas sanciones en un Estado miembro diferente a aquel en el que se impusieron. Permite a una autoridad judicial o administrativa transmitir una sanción pecuniaria directamente a una autoridad de otro Estado miembro de la Unión y que dicha sanción sea reconocida y ejecutada sin más trámite.

El procedimiento se aplica en situaciones transfronterizas en las que se impone una sanción pecuniaria en un Estado miembro y se espera que esta sea ejecutada en el Estado miembro en el que el autor reside, posee bienes u obtiene ingresos.

En los ordenamientos de algunos Estados miembros, una sanción pecuniaria no pagada puede convertirse en una pena privativa de libertad. En estas situaciones, puede emitirse una OEDE para la ejecución de la pena privativa de libertad. Se aconseja que, cuando sea posible, la Decisión marco 2005/214/JAI sea considerada como uno de los métodos para ejecutar el pago antes de convertir la sanción pecuniaria en una pena privativa de libertad, y evitar de este modo la necesidad de emitir una OEDE.

7. CONFLICTOS DE JURISDICCIÓN Y TRANSMISIÓN DE PROCEDIMIENTOS EN MATERIA PENAL

Con el fin de luchar eficazmente contra la delincuencia transfronteriza y garantizar que el Estado miembro mejor situado investigue o persiga una infracción penal existe el instrumento de "traslado o remisión de procedimientos".

La remisión de procedimientos es aquel mecanismo por el que, evitando el planteamiento de un conflicto de jurisdicción, la autoridad competente de un Estado transfiere una causa penal a la autoridad competente de otro Estado a los efectos de que considere, en interés de la acción de la justicia, la asunción de la jurisdicción para el ejercicio de la acción penal y su enjuiciamiento.

Tal mecanismo tiene por objeto evitar procesos penales paralelos innecesarios en diferentes Estados relativos a los mismos hechos y a la misma persona, que podrían dar lugar a una violación del principio fundamental del Derecho penal de que una persona no puede ser procesada o castigada dos veces por el mismo delito (principio *non bis in ídem*). También tiene por objeto reducir el número de procesos penales múltiples que se llevan a cabo en diferentes Estados, ya sea por los mismos hechos o contra la misma persona.

Puede ser una opción cuando la persona sospechosa es nacional o residente de otro Estado o ha huido a un tercer Estado con el que no es factible la extradición. También es posible en casos en que la mayoría o las pruebas sustanciales se hallan en otro Estado o se han iniciado procedimientos contra la misma persona en otro Estado por los mismos o diferentes hechos.

La remisión de procedimientos puede darse aun cuando no exista tratado internacional entre los Estados afectados. Lo que es esencial es que la legislación nacional permita la transferencia de procedimientos a una jurisdicción extranjera y que el Estado requerido tenga jurisdicción para el ejercicio de acciones penales contra la persona sospechosa en cuestión.

Las dificultades se originan cuando la jurisdicción del Estado requerido no es originaria, en cuyo caso se precisa de un tratado multilateral o bilateral para su regulación.

A nivel global, son varios los instrumentos en la órbita de Naciones Unidas que incluyen previsiones al respecto, como el art. 21 de la Convención contra el Crimen organizado, el art. 47 de la Convención contra la Corrupción o el art. 8 del Convenio contra el tráfico ilícito de drogas y sustancias psicotrópicas.

Ello sin perjuicio de los procedimientos específicos de transferencia entre los Estados y los Tribunales Internacionales, en particular, la Corte Penal Internacional.

A tales efectos, es nuclear en el seno del Consejo de Europa, el Convenio Europeo sobre la Transmisión de Procedimientos en Materia Penal, hecho en Estrasburgo el 15 de mayo de 1972 (entró en vigor en España en 1988).

El Convenio establece reglas sobre las condiciones bajo las que los procedimientos pueden ser transferidos, el procedimiento de comunicaciones entre autoridades, la posibilidad de adoptar medidas provisionales, o la validez legal para el Estado requerido de las investigaciones preliminares llevadas a cabo en el Estado requirente.

Al mismo tiempo se establecen los motivos de rechazo en el art. 11 y 35 del Convenio.

Son también relevantes la Recomendación del Comité de Ministros Rec (1979) 12 y las Guías en la materia del Comité de Expertos (PC-OC) de 10 de noviembre de 2017, que incluyen un modelo de requerimiento.

Para los Estados miembros que no han ratificado este Convenio, la transmisión puede basarse en la competencia ordinaria del Estado miembro receptor para iniciar una investigación penal. En este último caso, las solicitudes se basan normalmente en el artículo 21 del Convenio del Consejo de Europa sobre asistencia judicial en materia penal, de 20 de abril de 1959.

En el espacio de libertad, seguridad y justicia, nuestro ordenamiento jurídico ha recogido una sucinta regulación en la Ley 29/2022, de 21 de diciembre, por la que se adapta el ordenamiento nacional al Reglamento (UE) 2018/1727 del Parlamento Europeo y del Consejo, de 14 de noviembre de 2018, sobre Eurojust, y se regulan los conflictos de jurisdicción, las redes de cooperación jurídica internacional y el personal dependiente del Ministerio de Justicia en el exterior.

1758 Específicamente se contempla en el Capítulo III, «De los conflictos de jurisdicción», en el que se recoge el papel preeminente de Eurojust como actor destacado en la asistencia a las autoridades nacionales en la materia.

Si bien tal regulación venía a transponer la Decisión Marco 2009/948/JAI, el más reciente instrumento en esta materia es el Reglamento (UE) 2024/3011 del Parlamento Europeo y del Consejo, de 27 de noviembre de 2024, relativo a la remisión de procesos en materia penal, que ha entrado en vigor a los 20 días de su publicación en el DOUE y será aplicable a partir del 1 de febrero de 2027.

Con este reglamento se fortalece la cooperación judicial en la UE al proporcionar un marco claro y uniforme para la remisión de causas penales. Previene el planteamiento de conflictos de jurisdicción y promueve una distribución más eficiente de los casos penales entre los Estados miembros.

El Reglamento no afecta a los intercambios espontáneos de información regulados por otros actos jurídicos de la Unión y no se aplica a las decisiones de reasignación, acumulación o escisión de casos respecto de los cuales la Fiscalía Europea haya ejercido sus competencias de conformidad con el Reglamento (UE) 2017/1939 del Consejo.

Por otra parte, algunos actos jurídicos de la Unión ya exigen a los Estados miembros que tomen las medidas necesarias para establecer su jurisdicción respecto de delitos específicos, como los relacionados con el terrorismo, en virtud de la Directiva (UE) 2017/541, o con la falsificación del euro, en virtud de la Directiva 2014/62/UE del Parlamento Europeo y del Consejo, en los casos en que se deniegue la entrega de la persona.

En cuanto al concreto procedimiento, se promueve el contacto directo entre autoridades competentes designadas —jueces y fiscales—, de tal forma que la autoridad judicial competente de un Estado miembro —requirente—, bien por iniciativa propia, a raíz o no de una consulta con una autoridad requerida, bien a propuesta de un sospechoso o acusado, o a propuesta de una víctima, puede solicitar a la de otro Estado miembro, la asunción de un procedimiento penal si considera que este último está en una mejor posición para llevar a cabo el enjuiciamiento, y siempre que tenga jurisdicción sobre las infracciones penales objeto de la solicitud de remisión de causas penales.

Además de la jurisdicción ya establecida por el Derecho nacional del Estado requerido, debe establecerse la jurisdicción sobre la base de los motivos específicos establecidos en el Reglamento, siempre que se considere que dicho Estado miembro es el más apropiado para ejercer la acción penal: Debe tener jurisdicción en aquellos supuestos en los que deniegue la entrega de un sospechoso o acusado contra el cual se haya dictado una orden de detención europea y que se encuentre en el territorio del Estado requerido y sea nacional o residente de este, cuando tal denegación se base en los motivos específicos establecidos en el Reglamento.

El Reglamento incorpora varios modelos de formularios de remisión según el supuesto de que se trate. La autoridad del Estado requerido debe evaluar la solicitud basándose en criterios establecidos, como la conexión del caso con su territorio o la posibilidad de un juicio más efectivo, pero en todo caso, rigiendo como criterio rector el interés superior de la justicia. Son criterios establecidos en el Reglamento: 1759

* *Lugar del delito*: Si el delito se cometió en el territorio de otro Estado miembro, este podría ser más adecuado para llevar el caso.
* *Nacionalidad o residencia habitual de la persona acusada*. En relación con la residencia habitual del acusado puede influir en la decisión, facilitando su comparecencia para garantizar el derecho del sospechoso o acusado a estar presente en el juicio, de conformidad con la Directiva (UE) 2016/343 y la ejecución de una posible sentencia. En los supuestos en que se haya denegado la entrega tras la emisión de una OEDE por los motivos especificados en el Reglamento, la remisión también puede estar justificada cuando la persona se encuentre en el Estado requerido pese a no ser nacional ni residente de dicho Estado. Las autoridades requirentes deben tener debidamente en cuenta si la remisión de la causa penal puede mejorar las perspectivas de reinserción social de la persona de que se trate si la pena se ejecutase en el Estado requerido.
* *Disponibilidad de pruebas*: Si las pruebas principales se encuentran en otro Estado miembro, la remisión puede facilitar la investigación y el juicio. No obstante, se anima a la autoridad requirente a que tenga en cuenta la posibilidad de obtener pruebas en otros Estados miembros a través de los instrumentos existentes de reconocimiento mutuo de resoluciones judiciales, como la OEI.
* *Intereses de las víctimas*: Se deben considerar los derechos y necesidades de las víctimas, asegurando su participación en el proceso judicial, incluidos su protección y los aspectos relacionados con la justicia restaurativa. Además, cuando sea necesario garantizar que la protección proporcionada a la víctima en el Estado requirente se mantenga en el Estado

requerido, las autoridades competentes del Estado requirente deben valorar dictar una orden europea de protección de conformidad con el Reglamento (UE) nº 606/2013 o, para los Estados miembros vinculados por ella, la Directiva 2011/99/UE del Parlamento Europeo y del Consejo.

Tras la evaluación, la autoridad del Estado miembro receptor decide si acepta o rechaza la remisión.

Se alienta a las comunicaciones y consultas entre la autoridad requirente y la autoridad requerida, ya sea directamente o, cuando proceda, a través de Eurojust.
Además, las autoridades competentes pueden llegar a acuerdos sobre la concentración de las actuaciones del proceso basándose en determinar la jurisdicción más adecuada. Estos acuerdos pueden alcanzarse en reuniones de coordinación de Eurojust, en reuniones bilaterales o multilaterales sin la intervención de Eurojust o a raíz de una consulta de conformidad con la Decisión Marco 2009/948/JAI.

Debe comunicar su decisión en un plazo determinado, garantizando la celeridad del proceso —máximo noventa días—. En cualquier caso, la remisión de la causa penal no debe rechazarse por motivos distintos de los contemplados en el Reglamento (art. 12).

* *Motivos preceptivos*: La autoridad requerida debe rechazar la remisión de la causa penal, entre otros:
– Si la acción u omisión objeto de la remisión de la causa no constituye una infracción penal en el Estado requerido o si el Estado requerido no tiene jurisdicción para enjuiciar tal infracción penal, a menos que se trate de la jurisdicción otorgada en virtud del Reglamento (art. 3).
– La autoridad requerida también debe rechazar la remisión de la causa penal si no se cumplen las condiciones para enjuiciar la infracción penal en el Estado requerido. Tal podría ser el caso, por ejemplo, si la víctima no hubiera presentado a tiempo la denuncia o querella necesaria para enjuiciar la infracción penal en el Estado requerido o si, debido a la muerte o enajenación mental del sospechoso o acusado, el enjuiciamiento se hubiera vuelto imposible con arreglo al Derecho nacional del Estado requerido.
– Además, la autoridad requerida debe rechazar la remisión de la causa penal si existen otros impedimentos para el enjuiciamiento en el Estado requerido, como la inimputabilidad por edad, amnistía, prescripción, o en caso de que la asunción de la competencia sea contraria al principio *non bis in ídem*, tal como se establece en los artículos 54 a 58 del Convenio de aplicación del Acuerdo de Schengen de 14 de junio de 1985 y en el artículo 50 de la Carta, de conformidad con la interpretación del mismo del Tribunal de Justicia de la Unión Europea.
* *Motivos facultativos*: la autoridad requerida debe poder rechazar la remisión de la causa penal:
– Si el sospechoso o acusado goza de algún privilegio o inmunidad en virtud del Derecho nacional del Estado requerido, por ejemplo, relativo a determinadas categorías de personas, como el personal diplomático, o a relaciones específicamente protegidas, como la prerrogativa de secreto profesional en la relación cliente-abogado;
– O si la autoridad requerida considera que la remisión no está justificada atendiendo al objetivo de eficiencia y adecuación de la administración de la justicia, por ejemplo, porque no se cumplan ninguno de los criterios para solicitar la remisión de la causa penal;

– O si el formulario de solicitud de la remisión de la causa final está incompleto o es manifiestamente incorrecto y no ha sido completado ni subsanado por la autoridad requirente, lo que significaría que la autoridad requerida no dispone de la información necesaria para valorar la solicitud de remisión de la causa penal.

* La autoridad requerida también debe poder rechazar la solicitud si se refiere a acciones u omisiones no constitutivas de infracción penal en el lugar en el que se hayan cometido y el Estado requerido no tiene jurisdicción de origen para investigar y enjuiciar tal infracción. Tal motivo de rechazo tiene en cuenta el principio de territorialidad, lo que significa que el Estado requerido debe poder rechazar la remisión de procesos penales en aquellos supuestos en los que la presunta infracción penal que se ha cometido fuera del territorio del Estado requirente no constituye una infracción penal en el lugar donde se ha cometido, y el Derecho nacional del Estado requerido no autoriza el enjuiciamiento de tales infracciones cuando se cometan fuera de su territorio. A los efectos del Reglamento, se entiende por «jurisdicción de origen» la jurisdicción ya prevista por el Derecho nacional, que no se deriva del Reglamento.

El procedimiento, como todos los instrumentos de reconocimiento mutuo garantiza que la remisión de causas penales respete los derechos fundamentales de las personas implicadas y observe los principios reconocidos en la Carta de los Derechos Fundamentales de la Unión y en el Convenio para la Protección de los Derechos Humanos y de las Libertades Fundamentales.

BIBLIOGRAFÍA

- BAUTISTA SAMANIEGO, *Procedimiento de extradición pasiva Doctrina y jurisprudencia*, Editorial Jurídica Sepín, S. L., 2024.
- BODOQUE AGREDANO, *La Orden Europea de Investigación como instrumento privilegiado de cooperación jurídica internacional penal en Europa*. Dosier Cooperación Jurídica en Europa. Revista Jueces para la Democracia nº 113 julio 2025.
- DÜSTERHAUS, *In the Court(S) We Trust - A Procedural Solution to The Mutual Trust Dilemma Freedom, Security & Justice: European Legal Studies*. Rivista quadrimestrale online.
- ESPINA RAMOS, *Eurojust y la evolución de la cooperación jurídica internacional. Dosier Cooperación Jurídica en Europa. Revista Jueces para la Democracia nº 113 julio 2025.*
- JIMÉNEZ-VILLAREJO FERNÁNDEZ, *El Ministerio Fiscal como Autoridad Competente para recibir notificaciones en el nuevo marco legal de la obtención de prueba electrónica en materia penal en el ámbito de la Unión Europea*. 2025.
- LENAERTS, *The Principle of Mutual Recognition in The Area of Freedom, Security and Justice*. The Fourth Annual Sir Jeremy Lever Lecture All Souls College, University of Oxford, 30 January 2015.

PARTE SEXTA

LA FASE INTERMEDIA

Capítulo 42

La conclusión de la fase de investigación

Ignacio Flores Prada[1]
Catedrático de Derecho Procesal
Universidad Pablo de Olavide de Sevilla

1. LA ESTRUCTURA DEL PROCESO PENAL

1.1 El esquema básico del enjuiciamiento penal

El esquema básico del enjuiciamiento penal en la etapa declarativa contempla, como regla general, tres fases sucesivas: a) instrucción, b) control de la acusación y c) juicio oral y sentencia. En los procedimientos por delitos de escasa gravedad, basados en el principio de concentración, la instrucción preparatoria solo es necesaria en casos excepcionales, en tanto que el control de la acusación se diluye en los trámites iniciales de la fase de juicio.

Las fases del enjuiciamiento penal declarativo responden a un doble motivo: la lógica y las garantías del sujeto pasivo. Por un lado, la lógica explica que, siendo la clandestinidad una circunstancia que habitualmente acompaña

---

1 ORCID 0000-0002-4629-0432

a la conducta criminal, deba preceder a la toma de posición de la acusación y la defensa sobre la noticia delictiva una fase previa, preparatoria y genuina —aunque no exclusiva— del proceso penal, como es la fase de instrucción, destinada a la recopilación de información probatoria sobre la *notitia criminis* y a la identificación provisional del presunto autor. Aportada al proceso la información esencial —material y subjetiva— que proporcionan las fuentes de prueba durante la investigación, están las partes en condiciones de fijar su posición procesal en torno a la noticia criminal. De haber acusación fundada, habrán de discutirse sus argumentos en la fase de juicio mediante la práctica de la prueba y las correspondientes conclusiones, finalizando esta tercera fase, pública y contradictoria, con la sentencia.

Decíamos que explica esta estructura del proceso penal no solo la lógica, sino también la protección de las garantías procesales, señaladamente el derecho de defensa y la presunción de inocencia. Desde esta perspectiva hay que entender la fase intermedia, también llamada fase de control de la acusación. No toda acusación formulada contra el investigado debe conducir a la apertura de juicio. En la medida en que la fase de juicio convierte en público lo que hasta ahora —supuestamente— ha debido ser secreto, y que por ello la celebración del juicio implica, por sí misma, un reproche social de muy difícil olvido cualquiera que sea el contenido de la sentencia, es necesario que la acusación esté suficientemente fundada en indicios racionales y sólidos que apunten a la probable participación del investigado en el delito objeto del procedimiento (*fumus boni iuris*). Unos indicios que, sin predeterminar la condena, sostengan y justifiquen la necesidad de la apertura de juicio, con el consiguiente sometimiento del ya acusado al escrutinio procesal y público de su presunta participación en el hecho delictivo.

El equilibrio entre el derecho a la presunción de inocencia del acusado y la necesidad de un juicio público y contradictorio que preceda a la sentencia explica el fundamento garantista y protector de la llamada fase intermedia del proceso penal. La trascendencia de la fase intermedia justifica que la decisión básica sobre el archivo o la apertura de juicio se encomiende en el modelo norteamericano al "gran jurado", en tanto que en el modelo continental corresponda a la autoridad judicial, extremando en algunos casos, como en el italiano, la imparcialidad del órgano que ha de tomar esta decisión, que no es ni el que ha intervenido como juez de garantías durante la investigación, ni el competente para dictar sentencia.

Siendo así, resulta paradójico comprobar la confusión, la fragmentación y la poca precisión que le legislador dispensa, como regla general, a la regulación de la fase intermedia del proceso penal. Como señala CORTÉS (p. 417) «probablemente no hay fase procesal que en nuestro ordenamiento jurídico esté peor regulada que la intermedia del proceso, es decir, esa fase procesal que necesariamente tiene que existir y que permite transitar de la fase instructoria o de investigación, al juicio oral». Sucede así, efectivamente, incluso en los procedimientos penales de regulación más reciente como son el procedimiento abreviado, el juicio rápido, el procedimiento ante el Tribunal del Jurado o el proceso para exigir la responsabilidad penal de los menores de edad. Solo en el procedimiento más moderno de todos los que componen el sistema español de justicia penal, el regulado por la LO 9/2021 de responsabilidad penal contra los intereses financieros de la UE, encontramos una previsión específica, precisa y ordenada de la fase intermedia del proceso penal.

Respecto de esta fase de transición, no solo falta precisión normativa en el contenido, sino también una denominación legislativa propia, puesto que, salvo en el moderno procedimiento para la persecución de los delitos contra los intereses financieros de la UE por la Fiscalía Europea (LO 9/2021), las de "fase intermedia" o "fase de control de la acusación", son denominaciones doctrinales propuestas a partir de su ubicación procesal o de su contenido esencial y asumidas pacíficamente por la jurisprudencia (PRIETO-CASTRO, p. 307).

Sea como fuere, esta fase existe y es preciso analizarla con detalle y perfilarla con claridad, porque en ella se contienen los trámites que definen la posición de las partes ante la noticia criminal y que, en definitiva, permiten —o no— la apertura del juicio oral.

En síntesis, de la doctrina mayoritaria y de la jurisprudencia podemos extraer las finalidades fundamentales de la fase intermedia —que se suelen fijar en dos, pero que cabe completar con una tercera, como veremos en el siguiente epígrafe— y la duración, que se extiende desde la resolución que pone fin a la instrucción hasta la resolución que acuerda la apertura de juicio oral o el sobreseimiento. Conforme a la STS de 17/05/1990 [*Tol 2391026*]:

> «El proceso penal por delitos que son de la competencia de las Audiencias Provinciales, se halla escindido en dos grandes fases o períodos, el sumarial o instructorio, que tiene como objetivos —preparatorio y asegurativo los señalados en el art. 299 de la Ley de Enjuiciamiento Criminal, en cuya etapa prepondera el sistema inquisitivo, aunque paliado y debilitado por instituciones y trámites de matiz netamente acusatorio, y el plenario o de juicio oral, claramente impregnado del sistema acusatorio, y en el que resplandecen los principios de dualidad de partes, igualdad entre ellas, contradicción, aportación de las pruebas e iniciativa de dichas partes, concentración, oralidad, publicidad e instancia única, con posibilidad de interposición de recurso de casación, no dictándose sentencia, absolutoria o condenatoria, sino tras la celebración del juicio oral, pleno de solemnidades y garantías procesales que aseguren un perfecto enjuiciamiento y el respeto más escrupuloso a los derechos individuales de la persona tutelados por las leyes. La Ley de Enjuiciamiento Criminal dedica al sumario el libro II, y al juicio oral el libro III, incluyendo en el citado libro II materias como la conclusión del sumario y el sobreseimiento, de dudoso encaje en ese período sumarial,

desconociendo, el legislador, la posibilidad de distinguir un tercer período —el intermedio—, el cual es aceptado como real y existente por la doctrina científica, cuyos portavoces discrepan, sin embargo, a la hora de decidir el inicio de ese período, así como al concretar el momento procesal de terminación del mismo. Pero tomando como base la teoría dominante, es indudable que la fase intermedia comienza con el auto de terminación o conclusión del sumario, dictado por el Juez instructor, y culmina con el sobreseimiento de la causa o con la apertura del juicio oral, pudiéndose distinguir en ese período dos momentos estelares estos es, el de determinación de si, el sumario se halla agotado, y, por tanto, bien concluso, o si debe revocarse el auto de conclusión, para la práctica de nuevas diligencias, y aquel en el que el Tribunal provincial, a la vista de lo actuado sumarialmente, y oídas las partes acusadoras, decide que no hay méritos para el progreso del proceso, resolviendo su sobreseimiento o archivo, provisional o libre, como luego se verá, o, por el contrario, entendiendo que, el sumario está ultimado y que concurren méritos para ello, acuerda el progreso de las actuaciones, ordenando la apertura del juicio oral, que es el verdadero proceso penal, donde han de esclarecerse y dilucidarse, con las debidas garantías, las responsabilidades de los procesados. Se trata, pues, de una pausa entre la instrucción y la fase plenaria, que puede denominarse de depuración o de clasificación, durante la cual, el Tribunal provincial delibera y decide, tanto la suerte, definitiva o mudable, del auto de terminación del sumario, como si el proceso debe proseguir por sus trámites normales o si, por el contrario, debe abortarse, acordando su archivo, por entender que lo alegado sumarialmente no basta para abordar debidamente las solemnidades del juicio oral».

1768 En la misma línea se pronuncia la STC 66/1989 [*Tol 80277*]:

«En la fase intermedia no sólo se tiende a dar oportunidad para que se complete el material instructorio que permita la adecuada preparación y depuración de la pretensión punitiva, sino que es el momento de determinar si concurren o no los presupuestos necesarios para la apertura del juicio oral. [...] Debe tenerse en cuenta que, a la vista de los escritos de las partes, formulados con ocasión del trámite del art. 627 LECRIM, se abren varias posibilidades al Tribunal penal, y no sólo y obligatoriamente la apertura del juicio oral. Cabe así, que el Tribunal, de acuerdo con el art. 631 de la Ley citada, revoque el Auto del juez de instrucción, devolviendo a éste el proceso y ordenando la práctica de nuevas diligencias».

1.2 El triple control judicial en la fase intermedia

La resolución que acuerda la conclusión de la investigación es bisagra que une la fase de instrucción con la fase intermedia. Es el último trámite —en principio— de la instrucción y, al propio tiempo, el que abre la fase de control de la acusación. El debate doctrinal acerca de si la resolución que acuerda la conclusión de la investigación forma parte de la fase de instrucción o de la fase intermedia existe, pero carece de trascendencia a efectos prácticos.

La decisión de dar por terminada la investigación inicia una fase procesal, *intermedia* o de *transición*, en la que se ejerce un triple control judicial, que es tanto como decir que responde a una triple finalidad: a) comprobar que la instrucción está completa; b) determinar la jurisdicción, competencia y procedimiento adecuado para proseguir las actuaciones y c) valorar si concurren los presupuestos para la apertura de juicio oral o procede acordar, en otro caso, el sobreseimiento.

Como se señala con claridad en la STC 66/1989 [*Tol 80277*]:

«En la fase intermedia no sólo se tiende a dar oportunidad para que se complete el material instructorio que permita la adecuada preparación y depuración de la pretensión punitiva, sino que es el momento de determinar si concurren o no los presupuestos necesarios para la apertura del juicio oral. [...] Debe tenerse en cuenta que, a la vista de los escritos de las partes, formulados con ocasión del trámite del art. 627 LECRIM, se abren varias posibilidades al Tribunal penal, y no sólo y obligatoriamente la apertura del juicio oral. Cabe así, que el Tribunal, de acuerdo con el art. 631 de la Ley citada, revoque el Auto del juez de instrucción, devolviendo a éste el proceso y ordenando la práctica de nuevas diligencias».

Este triple control, relativo a la completitud de la instrucción, a la adecuación del procedimiento y de la jurisdicción y competencia, y a la fundamentación de la acusación, puede dar lugar a un variado conjunto de efectos y resoluciones, algunas de ellas de *carácter corrector* —del contenido de la instrucción, de la jurisdicción o del procedimiento—, otras de *terminación anticipada* de la causa —provisional o definitiva— y otras de *continuación de las actuaciones* y de tránsito a la fase procesal de juicio y sentencia. En todo caso, parece claro que estamos en una fase, intermedia o de transición por su ubicación sistemática en el proceso, y materialmente garantista, en la que sobresale la función de control judicial relativa a la adecuación del procedimiento y a la evitación de acusaciones carentes de suficiente fundamentación que puedan desembocar en la imposición de la conocida como "pena de banquillo".

Por último, cabe recordar que la fase intermedia, al igual que las demás fases del proceso penal, es esencialmente contradictoria. Por un lado, todas las decisiones que dicta el órgano judicial en esta fase pueden adoptarse a instancia de parte. Por otro lado, cuando se adoptan de oficio resulta posible instar la revocación o la impugnación por vía de recurso, con la única excepción de la decisión de apertura de juicio oral. Y cuando un trámite importante no ha sido inicialmente concebido como contradictorio —como sucedió con la falta de previsión expresa del traslado de las actuaciones a la defensa para instrucción y pronunciamiento sobre confirmación del auto de conclusión del sumario o solicitud de práctica de diligencias complementarias en el antiguo art. 627 LECrim— ha sido el TC el encargado de garantizar adecuadamente la contradicción, forzando con ello la reforma legislativa, introducida en el caso mencionado a través de la Ley 13/2009, que prevé expresamente el traslado de las actuaciones a la defensa a los fines antes señalados.

Señala en este sentido la STC 66/1989 [*Tol 80277*] que:

«[...] en la fase intermedia no sólo se tiende a dar oportunidad para que se complete el material instructorio que permita la adecuada preparación y depuración de la pretensión punitiva, sino que es el momento de determinar si concurren o no los presupuestos necesarios para la apertura del juicio oral. Y quienes estén procesados tienen un indudable interés en ambos aspectos, por lo que no puede prescindirse de su intervención. Debe tenerse en cuenta que, a la vista de los escritos de las partes, formulados con ocasión del trámite del art. 627 LECrim, se abren varias posibilidades al Tribunal penal, y no sólo y obligatoriamente la apertura del juicio oral. Cabe así, que el Tribunal, de acuerdo con el art. 631 de la Ley citada, revoque el Auto del Juez de Instrucción, devolviendo a éste el proceso y ordenando la práctica de nuevas diligencias; o bien, y aún confirmando el Auto del Juez y declarando terminado el Sumario, el Tribunal no queda vinculado por las peticiones de las partes acusadoras de apertura del juicio oral, ya que cabe que el Tribunal, conforme al art. 645 de la LECrim, disponga el sobreseimiento si estimase que el hecho no es constitutivo de delito, de acuerdo con lo dispuesto en el art. 637.2 de la mencionada Ley procesal. Por ello, y dada la diversidad de posibilidades abiertas al Tribunal, el hecho de que sólo las partes acusadoras pudieran alegar al respecto colocaba a los hoy recurrentes en una clara posición de desigualdad, al no poder hacer valer ellos sus argumentos frente a los de las otras partes».

1770 Sobre la garantía de contradicción en el control de la fase intermedia en el procedimiento abreviado y sobre la facultad de la defensa para solicitar diligencias complementarias tras el auto de continuación de procedimiento previsto en el art. 779.1.4ª LECrim nos detendremos más adelante (*vid. infra* epígrafe 5.2)

2. LA CONCLUSIÓN DE LA FASE DE INVESTIGACIÓN

2.1 Concepto, naturaleza, forma y presupuestos

La conclusión de la instrucción puede definirse, en términos generales, como la resolución que adopta el órgano encargado de dirigir la fase de investigación, mediante la cual se declara finalizada la actividad instructora y abierta la fase intermedia para decidir si, con base en lo instruido, procede el sobreseimiento o la apertura de juicio oral contra el investigado.

Con relación al concepto de conclusión de la instrucción, cabe hace varias precisiones sobre la base de la regulación normativa que, de tal resolución, ofrecen las normas de procedimiento.

* En primer lugar, y aunque otra cosa cupiera esperar, debe advertirse que no todos los procedimientos penales regulan expresa y singularmente esta importante decisión. Lo hacen con relativa precisión el procedimiento por delito grave (art. 622 LECrim), el juicio rápido (art. 798.1.1ª LECrim), el procedimiento de responsabilidad penal de los menores (art. 30 LO 5/2000), y el procedimiento que regula la persecución de los de-

litos contra los intereses financieros de la UE por la Fiscalía Europea (art. 109 LO 9/2021). Regula de una manera confusa la conclusión de la investigación el procedimiento abreviado (arts. 789.1.4ª y 780 LECrim), mientras que el procedimiento de jurado no contiene ninguna referencia expresa a esta resolución.

* En segundo lugar, difiere la competencia para acordar este trámite en función del modelo de procedimiento. Así, en los procedimientos que derivan del esquema acusatorio formal o mixto, la competencia para acordar la conclusión de la investigación corresponde al juez integrado en la Sección Única, Sección de Instrucción, Sección de Violencia sobre la Mujer o Sección de Violencia sobre la Infancia o la Adolescencia del correspondiente Tribunal de Instancia[2], mientras que en los procedimientos basados en el moderno modelo contradictorio, recae en el Ministerio Fiscal la competencia para decretar conclusa la fase de investigación preliminar —procedimientos de menores y de persecución de los delitos contra los intereses financieros de la UE por la Fiscalía Europea—.

* En tercer lugar, comparte la decisión de conclusión de la instrucción en todos los procedimientos penales una naturaleza provisional, en la medida en que queda sujeta a la posible revocación de las partes y, en tal caso, a la posterior confirmación mediante el rechazo de la revocación interesada, o la práctica de las diligencias complementarias

2 En adelante, y para mayor claridad y sencillez en la redacción, salvo que merezca mayor concreción en el texto, nos referiremos al "juez instructor" o "juez encargado de la instrucción" como a cualquiera de los jueces con competencia funcional en materia de investigación judicial de delitos, en el bien entendido que con esta denominación nos referimos al juez unipersonal integrado en la Sección que corresponda del Tribunal de Instancia competente —o, en su caso, al juez de la Sección de Instrucción del Tribunal Central de Instancia, cuando de la Audiencia Nacional hablamos— (*v.gr.* Sección de Instrucción o de la Sección Única de Civil y de Instrucción, Sección de Violencia sobre la Mujer, o Sección de Violencia contra la Infancia y Adolescencia), o al juez correspondiente del TS o TSJ al que se le atribuya dicha competencia funcional cuando la competencia objetiva venga encomendada a dichos tribunales por razón de aforamiento del investigado. Asimismo, la referencia al "juez instructor" o al "juez encargado de la instrucción" contempla también la posibilidad de que, en los casos determinados en el art. 84.6 LOPJ, se nombre a dos jueces, conforme a un turno preestablecido y público, para que, junto con el juez a quien le hubiere sido turnado el asunto inicialmente, se encarguen de la instrucción de un determinado proceso penal. En el capítulo 5 de esta obra puede consultarse una explicación completa del nuevo modelo orgánico de los Tribunales de Instancia que introduce la LO 1/2025.

de investigación propuestas y admitidas. Sí será diferente, en función del procedimiento, la competencia para revisar y confirmar la decisión de conclusión de la instrucción: a) en el procedimiento por delito grave corresponde al tribunal superior inmediato del juez instructor; b) en los procedimientos de menores y de persecución de los delitos contra los intereses financieros de la UE por la Fiscalía Europea corresponde, respectivamente, al juez de menores y al juez de garantías y c) en todos los demás procedimientos, la confirmación de la conclusión de la instrucción es competencia del propio juez instructor.

Por lo que se refiere a la naturaleza, conviene empezar por señalar que no es una decisión reservada a la potestad jurisdiccional sino que corresponde adoptarla al órgano que ha dirigido la investigación, sea este el juez o el Ministerio Fiscal. Se podrá discutir —y se hace sin que se adivine un mayoritario acuerdo doctrinal— acerca de a quién corresponde dirigir la investigación. Pero previsto por el legislador que en unos procedimientos asuma esta función el juez, y en otros el fiscal, parece claro que la decisión de concluirla, sin perjuicio de una posible ulterior revisión, corresponde a quien la haya dirigido. La garantía en este punto no radica en quién deba acordar la conclusión de la investigación, sino en la posibilidad de que dicha decisión pueda ser impugnada o revocada, ahora sí ante la autoridad judicial, cuando las partes entiendan que faltan actuaciones por practicar relevantes para decidir sobre la procedencia del sobreseimiento o la apertura de juicio.

Junto a lo dicho, recordamos que la decisión que acuerda la conclusión de la investigación puede adoptarse de oficio o a instancia de parte. Esta previsión forma parte de la regulación de la conclusión de la investigación en el procedimiento ordinario (art. 622 LECrim) por lo que, salvo disposición expresa en contrario —que no existe—, resultará aplicable a la misma resolución en los demás procedimientos penales, aunque en ellos no haya sido expresamente recogida por el legislador.

Tiene sentido esta doble iniciativa, señaladamente, en los procedimientos en los que la instrucción corresponde al órgano judicial. Este modelo de investigación, propio del acusatorio formal o mixto, introduce una suerte "inversión *contra natura*" de las funciones procesales propias de la jurisdicción y la acusación pública en la tarea investigadora, de tal suerte que el juez investiga para el fiscal en tanto que el fiscal controla la investigación del juez (VIVES). Siendo ello así, carece de sentido que el juez acuerde la conclusión de la instrucción sin antes consultar al fiscal, que es quien debe valorar en primer término la suficiencia del material instructorio en cuanto es él quien habrá de formalizar la acusación y sostenerla en el juicio oral.

Sí prevé expresamente el legislador el supuesto en el que, sin estar personado acusador particular o popular, el fiscal interese la conclusión de la instrucción del juez. Conforme a lo dispuesto en el art. 622 II LECrim, «Cuando no haya acusador privado y el Ministerio fiscal considere que en el sumario se han reunido los suficientes elementos para hacer la calificación de los hechos y poder entrar en los trámites del juicio oral, lo hará presente al Juez de instrucción para que, sin más dilaciones, se remita lo actuado al Tribunal competente».

La confusa redacción del art. 622 II LECrim planteó inicialmente dudas acerca de la vinculación o no del juez instructor a la petición del fiscal. Pronto la jurisprudencia y las memorias de la Fiscalía del TS (Consulta de la Fiscalía del TS de 1897 y Memoria de la Fiscalía del TS de 1899) resolvieron la cuestión interpretando la obligación del Juez de acordar la conclusión del sumario cuando se interesara por el fiscal concurriendo los presupuestos previstos en el art. 622 II LECrim. En este sentido señalaba AGUILERA DE PAZ, (t. 4, p. 502) que «no habrá de ofrecer duda alguna la recta inteligencia de los dos preceptos contenidos en el mencionado artículo 622 pues de las indicaciones hechas con tal motivo claramente se deduce que la ley establece dos modos o formas de llegar a la terminación del sumario; una, por propio acuerdo del juez y sin necesidad de que las partes insten dicha declaración, que tiene lugar cuando, practicadas todas las diligencias acordadas, considera el instructor completo el sumario, y terminada, por lo tanto, su misión. Y otra, cuando el Ministerio fiscal, por virtud de la inspección constante que debe ejercer sobre el sumario, estime que en la instrucción del mismo se han reunido los elementos necesarios para hacer la calificación de los hechos y poder entrar en el trámite del juicio oral».

Si estuviera personada en el proceso la acusación particular o la popular, no debe entenderse como vinculante para el juez instructor la petición del fiscal, prevista en el art. 622 II LECrim. Dicha personación no impide que el fiscal interese la del juez la conclusión de la instrucción; únicamente evita que la petición del fiscal produzca automáticamente la conclusión del sumario. Cuando está personada la víctima o el acusador particular y el fiscal solicita la conclusión del sumario, debiera el juez, o bien consultar con la acusación personada para conocer su parecer (AGUILERA DE PAZ, t. 4, p. 498), o bien valorar la petición del fiscal teniendo en cuenta los posibles intereses procesales de las demás acusaciones.

Tampoco parece tener mucho sentido que el juez acuerde la conclusión de la instrucción sin consultar a la defensa, ya que pueden quedar por practicar diligencias importantes que, en primer término, permitan apoyar una decisión de sobreseimiento en la fase intermedia. La decisión de concluir la investigación sin conocer la posición de la defensa podría conducir a la solicitud por esta de la revocación del auto de conclusión para la práctica de diligencias complementarias, lo que genera una complicación procedimental, fácilmente evitable si el órgano competente procura conocer de antemano la posición de las partes ante una eventual decisión de conclusión de la fase de instrucción. En este sentido recuerda TOMÉ (p. 441) que es frecuente en la práctica que «antes de declarar concluso el sumario, el Juez dicte una providencia recabando el parecer de las partes al respecto».

Para evitar dilaciones y retrocesos en el procedimiento, lo más recomendable, a nuestro juicio, es que el legislador hubiera previsto la "previa consulta a las partes" antes de decidir la conclusión —como indirectamente dispone para el juicio rápido el art. 798.2 LECrim—; y ello, tanto si la competencia para acordar la conclusión de la investigación recae en el juez, como si corresponde al Ministerio Fiscal. Esta iniciativa, como recuerda TOMÉ (P. 441), no es desconocida por la práctica forense; antes al contrario «es frecuente que, antes de declarar concluso el sumario, el Juez dicte una providencia recabando el parecer de las partes al respecto».

Por lo que se refiere a la forma que ha de adoptar la resolución que pone fin a la investigación hay que empezar por distinguir si dicha resolución debe adoptarla, en función del tipo de procedimiento, el juez o el Ministerio Fiscal. Si es el juez el competente para declarar conclusa la investigación, debe hacerlo a través de un auto, que adoptará la forma escrita salvo en el juicio rápido, en el

que el auto se dictará en forma oral (art. 798.2 LECrim). Teniendo en cuenta el significado y las implicaciones procesales de la conclusión de la investigación, convendría que el auto incluyera:

a) Unos antecedentes completos, en los que se indicaran el contenido de la noticia criminal, la fecha de incoación de procedimiento, la identificación del investigado, los recursos pendientes de decisión, así como el contenido y la notificación judicial de la imputación.
b) Los fundamentos que explican la conclusión de la investigación, en los que figure si la decisión se ha adoptado de oficio o a instancia de parte y los motivos y razones por las que el juez considera que se han practicado las diligencias necesarias para decidir si procede formular acusación contra el investigado o, en su caso, acordar el sobreseimiento.

Cuando el competente para acordar la conclusión de la investigación sea el Ministerio Fiscal, por haber sido él el encargado de dirigirla, la resolución adoptará la forma de decreto (art. 10 RD 305/2022, por el que se aprueba el Reglamento del Ministerio Fiscal). A pesar de que, ni el EOMF, ni el Reglamento del Ministerio Fiscal, ni las normas procesales que regulan la investigación de los delitos por la fiscalía —salvo alguna excepción— prevén el contenido formal de los decretos y cuáles de ellos ha de estar motivados, cabe reclamar para el decreto del fiscal por el que acuerde la conclusión de la investigación el mismo contenido que el auto judicial de conclusión de la instrucción.

Por último, conviene que nos detengamos brevemente en los presupuestos que justifican el acuerdo de conclusión de la investigación. Para entender el significado procesal de la conclusión de la investigación hay que partir, necesariamente, de la *finalidad* que tiene la investigación en el proceso penal. Como señala con acierto el art. 324.4 LECrim «el juez concluirá la instrucción cuando entienda que ha cumplido su finalidad».

Como es bien sabido, tiene esta primera fase como propósito reunir las fuentes de información probatoria necesarias para decidir, a partir de la noticia criminal, si procede formalizar acusación contra persona determinada y abrir juicio oral contra ella, o bien debe acordarse el sobreseimiento del proceso. Cabría afirmar, entonces, que la conclusión de la investigación procede cuando dicha información haya quedado incorporada al proceso, indicando la existencia de fundamentos para la acusación o la carencia de los mismos.

Los presupuestos esenciales de la conclusión de la investigación son básicamente dos. En primer lugar, la información obtenida a través de las fuentes de prueba debe ser, *no exhaustiva sino suficiente*, para decidir sobre la formalización de la acusación o el sobreseimiento. Como señala en este punto ZARZALEJOS (p. 275) «el carácter sumario de esta fase se corresponde con su naturaleza instrumental, porque no se pretende un resultado probatorio exhaustivo, sino una convicción judicial suficiente y motivada sobre la necesidad de abrir un juicio plenario, con contradicción e inmediación o, por el contrario, sobre la conveniencia de clausurar sin juicio oral el proceso, definitiva o provisionalmente, ante la ausencia de elementos de descargo contra el reo o por la presencia de circunstancias concluyentes de descargo». 1775

En segundo lugar, la aportación al proceso de las fuentes de prueba debe realizarse en un *tiempo razonable*, de tal manera que la investigación no puede prolongarse ilimitadamente, ni siquiera puede extenderse durante el plazo de prescripción del delito, a la espera de que aparezcan indicios de criminalidad que acrediten la comisión del hecho o la identidad del presunto autor. El tiempo razonable para la investigación, que inicialmente fue fijado por el legislador en un mes, viene delimitado en la actualidad por el art. 324 LECrim en doce meses a contar desde la incoación de la causa, plazo que puede prorrogarse por el juez por periodos sucesivos, iguales o inferiores a seis meses, mediante auto acordado de oficio o a instancia de parte, pero en todo caso garantizando la previa contradicción entre las partes personadas (art. 324 1 II LECrim).

2.2 La regulación de la conclusión de la instrucción en los distintos tipos de procedimiento penal

2.2.1 Procedimiento por delito grave

En el procedimiento por delito grave, la conclusión de la fase de instrucción se acuerda mediante auto escrito, que debe ser dictado, de oficio o a instancia de parte, por el juez instructor (art. 622 LECrim). La transición entre la fase de instrucción y la fase intermedia sigue en el procedimiento por delito grave una secuencia clara, conforme a la cual, dictado el auto de conclusión del sumario, las actuaciones se remiten al órgano competente para el enjuiciamiento —la AP, la AN en caso de delitos previstos en el art. 65 LOPJ o, excepcionalmente, la Sala de lo Penal del TSJ o la Sala de lo Penal del TS en caso de aforados—. No obsta a esta remisión la pendencia de recursos de apelación —tampoco de queja— contra decisiones dictadas por el juez instructor; de haberlos, el LAJ que apoye al juez instructor competente, al hacer la remisión del sumario al órgano competente expresará «los recursos de apelación en un efecto que haya pendientes» (LUACES, p. 2432). En el órgano competente para la fase intermedia quedará en suspenso el trámite para que las partes se conformen

con la conclusión del sumario o soliciten diligencias de investigación complementarias previsto en los arts. 627 y ss. LECrim hasta que sean resueltas las apelaciones pendientes, o los recursos de queja interpuestos en el procedimiento por delito grave dentro del plazo previsto para la apelación (arts. 235 y 622 IV LECrim).

Una vez resueltas las apelaciones pendientes, o si estas no existieren en el momento de concluir el sumario, podrán las partes solicitar la práctica de diligencias complementarias, que estimen necesarias para formar criterio acerca de la procedencia de formular acusación o solicitar el sobreseimiento. Una vez resuelta esta petición por el tribunal competente, y practicadas dichas diligencias, en caso de ser propuestas y admitidas, concluirá propiamente el trámite de conclusión de sumario para entrar en la solicitud por las partes y decisión por el tribunal acerca de la apertura de juicio oral o el sobreseimiento.

2.2.2 La conclusión de las diligencias previas en el procedimiento abreviado

La secuencia lógica y clara que ordena la conclusión de la investigación y el inicio de la fase intermedia en el procedimiento por delito grave se vuelve compleja y hasta cierto punto confusa en el procedimiento abreviado, en el que la fase intermedia está presidida por un principio de contradicción no siempre bien articulado.

Por de pronto, conviene advertir que no existe en el procedimiento abreviado una resolución judicial en la que expresamente deba decretarse la conclusión de la instrucción. En su lugar, regula el legislador (art. 789 LECrim) un conjunto de posibles resoluciones judiciales, que *presuponen* la conclusión previa de la investigación, y que señalan los *posibles cauces que han de seguir las actuaciones tras la finalización de las diligencias previas*. Como señala expresamente la STC 186/1990 [*Tol 81858*] «aunque no existe en el procedimiento abreviado una declaración expresa de conclusión, la misma está implícita en cualquiera de las resoluciones que establece el art. 789.5 de la Ley de Enjuiciamiento Criminal [actual 779]».

Una vez «practicadas sin demora las diligencias pertinentes...» (art. 779.1 LECrim), se abren para el juez las siguientes opciones:

a) Acordar directamente el sobreseimiento cuando entienda que el hecho no es constitutivo de infracción penal, que no aparece suficientemente justificada su perpetración, o que no hubiere autor conocido.

b) Transformar el procedimiento e inhibirse al órgano competente, si procede, en caso de que considere que el hecho constituye un delito leve, o un delito que deba ser enjuiciado por el Tribunal del Jurado.

c) Inhibirse a favor de la jurisdicción militar si el hecho constituyere delito cuyo conocimiento corresponda a tal jurisdicción.

d) Habilitar una pasarela procedimental para transformar las diligencias previas en juicio rápido si el sujeto hubiera reconocido los hechos, asistido de su abogado, y tales hechos fueran constitutivos de delito castigado con pena incluida dentro de los límites previstos en el art. 801 LECrim.

e) Si el hecho constituye delito comprendido en el ámbito del art. 757 LECrim, *seguirá los trámites de la preparación del juicio oral del procedimiento abreviado*, determinando los hechos punibles, identificando al investigado y acreditando la transmisión de la imputación y la citación para la toma de declaración al sujeto pasivo antes de acordar la continuación del procedimiento.

Cuando el juez instructor entienda que se han practicado las diligencias pertinentes, que los hechos están comprendidos en el ámbito de aplicación del art. 757 LECrim, que el investigado está identificado y que ha sido judicialmente imputado y citado a declarar, ordenará —mediante auto se entiende

(STC 54/1991 [*Tol 80468*]; GÓMEZ COLOMER, p. 182)— la *continuación del procedimiento*, abriéndose a partir de este trámite la fase intermedia del procedimiento abreviado (art. 779.4 LECrim).

A diferencia del auto de conclusión del sumario del procedimiento por delito grave, que solo decreta el fin de la fase de instrucción y el inicio de la intermedia, el auto de continuación de procedimiento del procedimiento abreviado concentra cuatro decisiones de muy relevante trascendencia procesal.

En primer lugar, decíamos que el auto que acuerda la continuación de procedimiento contiene, implícitamente, una afirmación que funciona como el presupuesto básico de esta resolución judicial: el juez instructor, al acordar el auto de continuación de procedimiento, entiende que se han practicado las diligencias pertinentes, esto es, las necesarias para definir los hechos delictivos por los que se procede, para identificar al presunto autor y para decidir si existen o no indicios suficientes para formular acusación interesando la apertura de juicio oral. En este sentido afirmaba la STS de 11/12/2008 [*Tol 1417794*] que «el presupuesto de tal resolución es doble: a) que se considere que han sido practicadas las diligencias pertinentes, según deriva del inciso inicial del citado precepto y b) que el Juez estime que los hechos son susceptibles de ser calificados como constitutivos de alguno de los delitos a que se refiere el art. 757 de la Ley de Enjuiciamiento Criminal, determinación realizada exclusivamente en función de la pena imponible» (en el mismo sentido STS de 3/05/2016 [*Tol 5718277*]). Para la STC 186/19890 *Tol 81858* «esta resolución contiene un doble pronunciamiento: de una parte, la conclusión de la instrucción, y, de otra, la prosecución del proceso abreviado en otra fase por no concurrir ninguno de los supuestos que hacen imposible su continuación». Al hilo de esta afirmación ha señalado MORENO CATENA (2000, p. 2580) que «cuando el instructor adopta la decisión de seguir el proceso como procedimiento abreviado, no se limita sólo a constatar la inexistencia de otras diligencias relevantes para la instrucción, sino que realiza una valoración jurídica de los hechos sobre la imputación subjetiva».

En segundo lugar, comienza el art. 789.4 LECrim señalando que «Si el hecho constituyera delito comprendido en el art. 757, seguirá el procedimiento ordenado en el capítulo siguiente». El auto de continuación de procedimiento debe contener, como vemos, una calificación judicial provisional del hecho por el que se procede, que determina la adecuación del procedimiento abreviado para su enjuiciamiento. Se trata de una calificación judicial *instrumental*, en cuanto sirve únicamente para decidir el procedimiento aplicable a partir de las penas máximas y mínimas que pudieran corresponder al delito por el que se procede (*vid.* entre otras, SSTS de 18/03/2015 [*Tol 4799212*] y 3/05/2016 [*Tol*

5718277]). Por un lado, debe tenerse en cuenta que esta calificación provisional puede ser impugnada por cualquiera de las partes a través del recurso de apelación, cuestionando la determinación que hubiera hecho el juez instructor acerca del procedimiento adecuado. Por otro lado, es una calificación judicial instrumental porque no condiciona, más allá de la identificación fáctica y subjetiva del objeto procesal, la que corresponde hacer a las partes en el trámite de calificaciones provisionales.

> «[...] el auto de transformación vincula a las partes en cuanto a los hechos imputados y en las personas responsables, pero no en las calificaciones jurídicas que el Juez formule, por cuanto el auto de transformación de las diligencias previas en procedimiento abreviado no tiene por finalidad y naturaleza la función acusatoria del Ministerio Fiscal y del resto de las acusaciones de modo que la ausencia de determinación expresa de un delito en dicho auto no impide que pueda ser objeto de acusación, siempre que del hecho estuviese imputado cuando el acusado prestó su declaración y pudiera solicitar las oportunas diligencias sobre el mismo» (STS 7/03/2007 [*Tol 1053722*]).

En tercer lugar, el art. 779.4 LECrim condiciona expresamente la válida conclusión de las diligencias previas y la apertura de la fase intermedia en el procedimiento abreviado a la comunicación de la imputación al investigado, con la correspondiente facultad de prestar declaración, durante la fase de instrucción (SSTC 135/1989 [*Tol 81585*], 186/1990 [*Tol 81858*] y 128/1993 [*Tol 82151*]). 1779
Señala el art. 779.4 LECrim que el auto de continuación de procedimiento, «no podrá adoptarse sin haber tomado declaración a aquella [a la persona a la que se imputen los hechos] en los términos previstos en el art. 775 [información al investigado de sus derechos y de los hechos imputados]». En este sentido, y con base en la STC 186/1990 *Tol 81858*, recuerda el STS de 25/02/2008 [*Tol 5662234*] que «la declaración como imputado es garantía esencial y por ello *conditio sine qua non* para que pueda dirigirse la acusación a una persona. La previsión jurisprudencial se trasladó al art. 779.1.4ª LECrim en 2002. Solo los hechos introducidos en el proceso sobre los que ha declarado (o podido declarar) el imputado podrán ser objeto de acusación».

En cuarto lugar, dispone el art. 779.4 LECrim que el auto de continuación de procedimiento «contendrá la determinación de los hechos punibles y la identificación de la persona a la que se imputan». Con relación a esta importante previsión conviene hacer algunas consideraciones.

* A diferencia del procedimiento por delito grave, en el que la determinación del objeto del procedimiento y la formalización de la imputación se contienen en el auto de procesamiento (art. 394 LECrim), en el procedimiento abreviado parece claro que tanto el objeto del proceso como la formalización de la imputación se contienen en el auto de continua-

ción de procedimiento del art. 779.4 LECrim (STS de 17/07/2020 [*Tol 8020990*]).

* Sabemos que en el proceso penal la determinación del objeto es progresiva. Partirá en la fase de instrucción de la noticia criminal, concretándose de cara al enjuiciamiento en los actos procesales de formalización de la imputación que prevén, de manera más o menos expresa, los diferentes procedimientos. Mientras que en el procedimiento por delito grave la determinación del objeto procesal de cara al enjuiciamiento se realiza en el auto de procesamiento, en el procedimiento abreviado esta determinación corresponde al auto de continuación del procedimiento. Conforme al art. 779.4 LECrim, la determinación judicial del objeto procesal se concreta en la definición de los hechos punibles resultantes de la investigación y en los sujetos a quienes se ha otorgado la condición de investigados (STS de 17/07/2020 [*Tol 8020990*]). Ello supone que los escritos de acusación no pueden incluir hechos distintos de los contenidos en el auto de continuación de procedimiento, ni dirigirse contra personas que no hayan adquirido antes de la fase intermedia la condición de investigados. Como señala la STS de 3/05/2016 [*Tol 5718277*], es ineludible que las partes acusadoras se acomoden en sus pretensiones a la referencia fáctica sobre la que quedan jurisdiccionalmente autorizados a formular acusación. Esa es la garantía jurisdiccional esencial de todo proceso penal en una sociedad democrática: nadie puede ser acusador sobre un hecho si antes una instancia tercera, es decir el poder jurisdiccional, no lo autoriza. Más ampliamente señala la STS de 3/05/2016 [*Tol 5718277*] que:

«el contenido de la resolución [art. 779.4 LECrim] es también doble: a) identificación de la persona imputada y b) determinación de los hechos punibles. Tal contenido tiene un límite: no podrá identificar persona ni determinar hecho, si éste no fue atribuido a aquélla con anterioridad, dando lugar a la primera comparecencia a que se refiere el art. 775 de la Ley de Enjuiciamiento Criminal. Esa decisión constituye la manifestación jurisdiccional del control sobre el alcance que puede tener la acusación. De suerte que los hechos sobre los que haya podido versar las diligencias previas solamente podrán erigirse en objeto de la acusación en la medida que esta resolución lo determine, y no sobre otros diversos. Obviamente entendiendo por hecho diverso el que tiene por sí relevancia para dar lugar a un determinado tipo penal. Es decir, en expresión de la ley en el citado precepto, un hecho punible. No puede, por otro lado, olvidarse que la identificación de imputado no se hace en abstracto, sino porque es la persona a la que aquellos hechos "se le imputan", tal como reza el art. 779.1.4ª. De tal suerte que, en relación a otros hechos punibles en expresión del art. 779, o justiciables, conforme a la expresión del art. 733, ambos de la Ley de Enjuiciamiento Criminal diferentes, esa persona ya no es (ni puede ser) imputada. La reforma de este procedimiento por Ley 38/2002 incluyó en el art. 784.1.4ª de la Ley de Enjuiciamiento Criminal. El contenido antes indicado pasa a ser inequívocamente de obligada inclusión. La determinación de hecho punible y la indicación de quien resulta imputado por razón de los mismos, es ahora de expresión ineludible. También es ineludible que las partes acusadoras, todas ellas, se acomoden en sus pretensiones a la referencia fáctica sobre la que quedan jurisdiccionalmente autorizados a formular acusación. Esa es la garantía jurisdiccional esencial de todo proceso penal en una sociedad democrática: nadie puede ser acusador sobre un hecho si antes una instancia tercera, es decir el poder jurisdiccional, no lo autoriza».

* La impugnación por las partes de una posible violación de las garantías de correlación entre la determinación de los hechos punibles y la identificación del sujeto pasivo y el contenido de los escritos de acusación debe basarse, no en la violación del principio acusatorio, sino en la afectación del derecho a un proceso con todas las garantías. La STS de 3/05/2016 [*Tol 5718277*]) explica que «la queja formulada en el motivo no afecta tanto al denominado principio acusatorio, que concierne a la comparación del fallo con la acusación, cuanto al derecho a un proceso con todas las garantías que concierne a la relación entre la autorización jurisdiccional y la acusación. Incluso como un presupuesto anterior al examen del respeto al derecho de defensa. Porque lo que aquella garantía protege es la misma división de poderes dentro del proceso penal».

* La determinación de los hechos punibles se concreta en una relación sucinta de contenido fáctico. Afirma en este sentido la STS de 17/07/2020 [*Tol 8020990*] que: 1781

«Como hemos dicho en nuestra STS 94/2010, de 10 de febrero, constituye el hecho justiciable (en terminología de la Ley del Jurado), o los "hechos punibles", en la dicción de este precepto relativo al ámbito del procedimiento abreviado, una relación sucinta de contenido fáctico —objetivo— y una determinación subjetiva: persona (o personas) imputadas (ahora, investigadas). Desde siempre, este doble acotamiento ha servido para depurar la cosa juzgada en el ámbito del proceso penal, pues, a diferencia del civil, no lo constituye la denominada "causa petendi", es decir, la calificación delictiva que quieran las partes acusadoras conferir en sus escritos de acusación, sobre la cual mantienen dichas partes acusadoras libertad para su pretendida tipificación, e incluso el Tribunal puede entrar por dicha vía, bien acudiendo al recurso de la homogeneidad del bien jurídico tutelado, sin vulnerar el principio acusatorio, apartándose en consecuencia del título imputado, o bien acudiendo a las previsiones, siempre excepcionales, de lo dispuesto en el art. 733 de la Ley de Enjuiciamiento Criminal».

En suma y según doctrina de la STS de 17/07/2020 [*Tol 8020990*], «la expresión "hechos punibles" ha de tener el contenido fáctico que al expresado precepto (art. 779.1.4ª) ha querido conferir el legislador, y no puede ser otro que una relación sucinta de hechos, al modo cómo el auto de procesamiento configura el ordinario (art. 384). La interpretación contraria, esto es, partiendo de que el legislador ordena delimitar el objeto del proceso penal mediante una relación sucinta de hechos justiciables, que luego no han de ser respetados por las acusaciones, carecería de cualquier sentido. Y qué duda cabe que tales hechos están bajo el control judicial. Es decir, el objeto del proceso penal no es absolutamente libre para las acusaciones, sino que el juez controla, en nuestro sistema jurídico, aquello que va a ser materia de enjuiciamiento penal, tanto para evitar acusaciones sorpresivas, como para delimitar los aspectos fácticos de las imputaciones que considere procedentes (de ahí, las posibilidades de sobreseimiento que al juez se otorgan). Y tal control judicial, está sujeto al oportuno recurso de apelación, posibilidad abierta al auto de transformación del procedimiento en abreviado, del que carece, sin embargo, el auto de apertura del juicio oral, en aquellos aspectos que impulsan la continuación del mismo. Por lo demás, es razonable que si en el auto de apertura del juicio oral, el juez puede cerrar el proceso a determinados hechos, mediante el expediente del sobreseimiento provisional o definitivo (art. 783.1), con mayor razón en esta fase previa de imputación».

* No toda modificación o ampliación de los hechos punibles que se advierta entre los fijados en el auto de continuación de procedimiento y los contenidos en los escritos de acusación constituye una vulneración

del derecho fundamental a un proceso con todas las garantías. En este sentido, la jurisprudencia del TS afirma que no producen violación del citado derecho las ampliaciones en el objeto fáctico consistentes en elementos añadidos a los hechos punibles fijados en el auto de continuación de procedimiento que, sin alterar sustancialmente los referidos hechos punibles, hayan podido ser conocidos y combatidos por el acusado excluyendo de este modo la indefensión. A este propósito la STS de 18/03/2015 [*Tol 4799212*] señala que:

«[...] la exigencia procesal tiene una finalidad concretada en autorizar judicialmente la continuación del proceso y en la evitación de acusaciones sorpresivas causantes de indefensión por lo cual, de un lado, el Tribunal ya advertía en esta sentencia que "una ampliación en el relato histórico del escrito de acusación en relación con la descripción de hechos contenida en el auto de transformación a procedimiento abreviado, no implica siempre una mutación sustancial a los efectos del principio acusatorio y del correlativo derecho de defensa". Y de otro lado, ya había señalado en otras resoluciones como la STS nº 1049/2012, de 21 de diciembre, que no puede darse a ese precepto una interpretación que incida solo en los aspectos formales, prescindiendo de su finalidad real, por lo que en esa sentencia se precisaba que, sin desconocer la importancia de tal previsión legal para un correcto desarrollo del proceso, y que es indudable que "... esa discrepancia entre una y otra resolución puede encerrar una potencial fuente de indefensión para la parte acusada", después de advertir que el silencio de la defensa al conocer el escrito de acusación y el auto de apertura del juicio oral puede resultar significativo acerca de su conocimiento de los hechos de los que se le acusa y de sus propias posibilidades de defensa, tras citar la STS nº 251/2012, 4 de abril, que seguía lo dicho en la STS nº 529/2007, 19 de junio, concluía que "esta Sala ha aceptado la posibilidad de un enjuiciamiento ajustado a los parámetros constitucionales definitorios del proceso justo sin indefensión, en casos en los que el auto de apertura del juicio oral no contiene una mención expresa de los hechos que delimitan el objeto del proceso. Para ello resultará indispensable que el conocimiento por el encausado del alcance objetivo y subjetivo de la imputación quede fuera de cualquier duda "».

Aborda también esta cuestión el TC, en cuya STC 134/1986 [*Tol 79680*] se afirma que «no hay indefensión si el condenado tuvo ocasión de defenderse de todos y cada uno de los elementos de hecho que componen el tipo de delito señalado en la sentencia". Con la única limitación de mantener la identidad de hechos y de inculpados, la acusación, tanto la pública como las particulares, son libres de efectuar la traducción jurídico-penal que estimen más adecuada...».

En la misma línea se pronuncia la STS de 7/07/2022 [*Tol 9124133*] al afirmar que:

«Es cierto que la función del auto de transformación supone la manifestación jurisdiccional del control sobre el alcance que puede tener la acusación (STS 371/2016, de 3 de mayo). Sin embargo, ya advertíamos en la sentencia 148/2015 que "una ampliación en el relato histórico del escrito de acusación en relación con la descripción de hechos contenida en el auto de transformación a procedimiento abreviado no implica siempre una mutación sustancial a los efectos del principio acusatorio y del correlativo derecho de defensa".
De forma que esta Sala (SSTS 276/2016, de 6 de abril o 760/2015, de 3 de diciembre), ha reiterado que sólo la exclusión expresa en el auto de apertura de juicio oral, impide a las acusaciones, integrar su objeto con hechos que hubiesen formado parte de la imputación en su momento, por cuanto el auto de transformación de las diligencias previas en procedimiento abreviado no tiene por finalidad y naturaleza la función acusatoria del Ministerio Fiscal y del resto de las acusaciones de modo que la ausencia de determinación expresa de un delito en dicho auto no impide que pueda ser objeto de acusación, eso sí, siempre que del hecho estuviese imputado cuando el acusado prestó su declaración y pudiera solicitar las oportunas diligencias sobre el mismo (STS 386/2014 de 22 de mayo, con cita de la STS 179/2007 de 7 de marzo, 1532/2000, de 9 de noviembre)».

* Como conclusión de lo expuesto cabe señalar la resolución prevista en el art. 779.4 LECrim constituye «un acto de imputación formal efectuado por el Juez Instructor, que exterioriza un juicio de probabilidad de naturaleza incriminatoria del ámbito objetivo y subjetivo del proceso. Se trata, en definitiva, de un filtro procesal que evita acusaciones sorpresivas o infundadas en la medida que sólo contra quienes aparezcan previamente imputados por los hechos recogidos en dicho auto se podrán dirigir la acusación, limitando de esta manera los efectos perniciosos que tiene la "pena de banquillo" que conlleva, por sí sola, la apertura de juicio oral contra toda persona» (STS de 17/07/2020 [*Tol 8020990*]).

2.2.3 *La conclusión de las diligencias urgentes en el juicio rápido*

Concluidas las diligencias de instrucción que se hayan podido practicar durante el servicio de guardia, el juez convocará a las partes personadas a una comparecencia a fin de que se pronuncien, en primer término, sobre lo procedente en orden a la continuación de las actuaciones y a las medidas cautelares que, en su caso, corresponda adoptar (art. 798.1 LECrim). En esta primera parte de la comparecencia, las partes habrán de evacuar posición sobre tres cuestiones: a) suficiencia de las diligencias de investigación practicadas para pronunciarse sobre la acusación o el sobreseimiento; b) procedimiento que deben seguir las actuaciones y c) medidas cauteles que procedan.

La mecánica procedimental del juicio rápido configura la presencia de las partes en la audiencia, al menos la del Ministerio Fiscal y la del investigado, como preceptiva. Si la asistencia del fiscal o del investigado a la audiencia no resultara posible durante el servicio de guardia, no queda otro remedio que convertir las diligencias urgentes en diligencias previas del procedimiento abreviado. Y ello porque las decisiones encadenadas que deben adoptarse en el curso de la audiencia requieren, en la mayoría de los supuestos, la presencia y el pronunciamiento del fiscal y del imputado.

Comparecidas ambas partes y evacuados las correspondientes posiciones, con posibilidad de contradicción, el juez dictará verbalmente un auto que contendrá alguno de los siguientes pronunciamientos:

* Si, de conformidad con lo previsto en el art. 779.1.1ª LECrim, considera que el hecho no es constitutivo de infracción penal o que no aparece suficientemente justificada su perpetración, acordará el juez el sobreseimiento de la clase que proceda. Aunque la decisión acerca del sobreseimiento corresponde, en principio, a un momento posterior de la comparecencia, la economía procesal exige que se adopte tan pronto como el juez tenga clara, incluso sin audiencia de partes, la falta de presupuestos para la apertura del juicio oral. Sobre lo previsto en el procedimiento abreviado (art. 779.1.1ª), el juicio rápido aporta la ventaja de poder consultar a las partes y oír su opinión en la comparecencia antes de adoptar dicha resolución.
* Si considera que el enjuiciamiento del hecho le corresponde a la jurisdicción de menores o a la jurisdicción militar, se inhibirá a favor del órgano competente.
* Si califica el hecho como falta, procederá a su enjuiciamiento inmediato si resulta posible conforme a lo previsto en el art. 963 LECrim.

* Si entiende que las diligencias de investigación practicadas no son suficientes para que las partes se pronuncien inmediatamente sobre la acusación, acordará transformar las diligencias urgentes en diligencias previas con indicación de las necesarias no practicadas, continuando la instrucción por los trámites del procedimiento abreviado. En este caso, el juez de guardia deberá señalar motivadamente cuáles son las diligencias cuya práctica resulta necesaria para concluir la instrucción de la causa o las circunstancias que lo hacen imposible (art. 798.2.2ª LECrim).

Estos cuatro autos son, en principio, susceptibles de reforma y apelación puesto que no están exceptuados de recurso (art. 766 LECrim). Sin embargo, debe tenerse en cuenta que la resolución estimatoria del recurso no permitirá volver sobre los trámites del juicio rápido, cuya concentración se habrá perdido para el momento en que el recurso se resuelva. Sí producirá efectos en el fondo, desde luego, el recurso que obtenga estimación en los casos de indebido sobreseimiento, de indebida asignación de la competencia objetiva, o de indebida calificación del hecho como delito leve. En tales casos, entendemos que, tras la estimación del recurso, las actuaciones continuarán por los trámites del procedimiento abreviado.

* Si considera que las diligencias son suficientes para pronunciarse sobre la continuación del procedimiento, pero que el cauce procedente es el procedimiento abreviado o el procedimiento ordinario por delito —por error en la apreciación inicial de la pena, o por concurrencia de conexión con delitos que están fuera del ámbito del juicio rápido o, estando incluidos, no permiten una instrucción sencilla—, ordenará la transformación del procedimiento, prosiguiendo por los trámites oportunos. También en este caso la resolución será susceptible de recurso de reforma y apelación (art. 766 LECrim).

* Por último, si estima que las diligencias practicadas son suficientes y que el procedimiento adecuado es el juicio rápido, ordenará mediante auto oral la continuación de los trámites por dicho procedimiento, manteniendo abierta la comparecencia para resolver, en una segunda fase, sobre la apertura de juicio oral o el sobreseimiento y para que, en su caso, se formulen los escritos de calificación y pueda darse opción a la conformidad del acusado en el propio servicio de guardia. El auto de ordena la continuación del procedimiento por los trámites del juicio rápido no es recurrible (art. 798.2.1º LECrim).

Si el cauce procedimental procedente es el juicio rápido, la audiencia preliminar contendrá, por tanto, una primera resolución judicial, en forma de auto dictado oralmente, que resolverá sobre la continuación del procedimiento. Se abrirá con ella la fase intermedia en la que, sin levantar mano ni interrumpir la audiencia, se resolverá seguidamente sobre la apertura del juicio oral o el sobreseimiento con audiencia contradictoria de las partes —de todas, y no solo de las acusadoras—.

2.2.4 *La conclusión de la fase de instrucción en procedimiento ante el Tribunal del Jurado*

La descoordinación entre los diferentes modelos procedimentales que conviven en el vigente sistema español de justicia penal tiene, en el procedimiento ante el Tribunal del Jurado, uno de sus ejemplos más elocuentes. Lo que, en principio, habría debido concebirse como una variante específica en la tramitación del juicio oral del procedimiento por delito grave cuando el delito hubiera de ser enjuiciado por el Tribunal del Jurado, acabó planteándose y aprobándose como un nuevo procedimiento penal, regulado fuera de la LECrim (LO 5/1995) y salpicado de especialidades respecto de sus dos principales referentes y modelos supletorios —el procedimiento por delitos graves y el

abreviado— en las fases de instrucción, intermedia y plenaria.

El tránsito de la fase de instrucción a la fase intermedia aparece regulada en el procedimiento de Jurado de una manera aún más difusa de como lo está en el procedimiento abreviado. En el último apartado del artículo en el que se regulan las diligencias de investigación, se prevé que «si el Juez considerase improcedentes las solicitadas y no ordenase ninguna de oficio, conferirá nuevo traslado a las partes a fin de que insten, en el plazo de cinco días, lo que estimen oportuno respecto a la apertura del juicio oral, formulando escrito de conclusiones provisionales. Lo mismo mandará el Juez cuando estime innecesaria la práctica de más diligencias, aun cuando no haya finalizado la práctica de las ya ordenadas» (art. 27.4 LO 5/1995.

Como puede advertirse, de nuevo estamos ante una conclusión implícita de la instrucción. Según señala MORENO CATENA (p. 579) «En este procedimiento no hay una resolución judicial en la que se acuerde formalmente la conclusión de la investigación y la apertura de la fase intermedia. El Juez de Instrucción, que es el órgano competente para la fase intermedia, declara tácitamente conclusa la investigación cuando remite a las partes las actuaciones para que se pronuncien sobre la apertura de juicio o sobreseimiento y formulen, en el mismo escrito, calificaciones provisionales».

Tratando de poner en claro los presupuestos que justifican la decisión judicial de concluir la fase de instrucción remitiendo a las partes las actuaciones para que se pronuncien sobre la apertura del juicio oral o el sobreseimiento, resulta de la lectura del art. 27 LOTJ una singularidad en la conclusión de la instrucción del procedimiento ante el Tribunal del Jurado que no concurre en el resto de los procedimientos penales. Sucede que, en el procedimiento de Jurado, la instrucción comprende la práctica de las diligencias necesarias para decidir sobre la apertura de juicio oral o el sobreseimiento *siempre que no pudiesen practicarse directamente en la audiencia preliminar* prevista en los arts. 30 y ss. de la LOTJ. Sin detenernos ahora sobre las disfunciones que provoca diferir la práctica de diligencias de investigación a la audiencia preliminar, antes de la cual las partes habrán debido evacuar ya sus escritos de calificación (arts. 29 y 30.1 LOTJ), conviene llamar la atención sobre la indefinición en la que queda la decisión judicial relativa a la conclusión de la fase de instrucción. Para que dicha decisión se adopte por el juez instructor es necesario que se hayan practicado las diligencias de investigación que, propuestas por las partes, considere el juez: a) pertinentes; b) imprescindibles para decidir sobre la procedencia de la apertura del juicio oral y c) que no puedan practicarse directamente en la audiencia preliminar prevista en el art. 30 LOTJ.

Lo que principalmente dificulta la inteligencia del art. 27 LOTJ a efectos de determinar cuándo debe considerase conclusa la investigación consiste en conocer las razones o motivos que, según el legislador, pueden impedir la práctica de diligencias de investigación en la audiencia preliminar. A falta de aclaración normativa, y por muy chocante que resulte, cabe entender que la instrucción concluirá cuando se hayan practicado, solo, las diligencias necesarias para decidir sobre la apertura de juicio o el sobreseimiento que no quepa diferir al trámite de audiencia preliminar.

2.2.5 *La conclusión de la fase de investigación en el procedimiento de responsabilidad penal de los menores*

El procedimiento para exigir responsabilidad penal a los menores de edad dedica el Capítulo III del Título III a la conclusión de la instrucción, regulada en un único artículo (art. 30 LORPM), que contempla el contenido de la resolución del Ministerio Fiscal por la que acuerda finalizar la fase de investigación, incluyendo en el mismo escrito la formalización de la acusación o la solicitud de sobreseimiento.

El legislador no especifica los presupuestos que deben concurrir para que el fiscal acuerde la conclusión de la investigación, ni tampoco la forma que debe adoptar esta resolución. Ambas omisiones deben resolverse aplicando la lógica procesal:

a) En el procedimiento de responsabilidad penal de los menores la conclusión de la investigación se acordará cuando se hayan practicado las diligencias de investigación necesarias para pronunciarse sobre la apertura de juicio o el sobreseimiento. Como señala DE LA ROSA CORTINA (capítulo 72 de este Tratado) «no existe un plazo preclusivo predeterminado de duración de la fase preparatoria, ni es, por tanto, legalmente posible que el juez requiera al fiscal para que le remita el expediente.

b) La resolución del fiscal por la que acuerde la conclusión de la investigación deberá estar motivada y adoptará la forma de decreto (*vid.* art. 10 RD 305/2022, por el que se aprueba el Reglamento del Ministerio Fiscal).

El decreto del fiscal por el que se acuerda la conclusión de la fase de instrucción, ni debe anunciarse anticipadamente a las partes, ni es recurrible, lo que plantea un problema importante cuando la conclusión de la instrucción se acuerde y alguna de las partes entienda que faltan por practicar diligencias necesarias para resolver sobre la formalización de la acusación o el sobreseimiento en la fase de audiencia.

De acuerdo con lo previsto en los arts. 26.1 y 33 e) LORPM, solo cuando las partes hubieran solicitado la práctica de diligencias durante la fase de instrucción y esta petición hubiera sido denegada por el fiscal, podrán reproducir las partes su petición en cualquier momento ante el juez de menores. Ello se deduce claramente de la literalidad del art. 33 e) LORPM cuando dispone que «a la vista de la petición del Ministerio Fiscal y de los escritos de alegaciones de las partes, el Juez adoptará alguna de las siguientes decisiones:

[...]

e) Practicar por sí *las pruebas propuestas por las partes y que hubieran sido denegadas por el Fiscal durante la instrucción*, conforme a lo dispuesto en el artículo 26.1 de la presente Ley, y que no puedan celebrarse en el transcurso de la audiencia, siempre que considere que son relevantes a los efectos del proceso. Una vez practicadas, dará traslado de los resultados al Ministerio Fiscal y a las partes personadas, antes de iniciar las sesiones de la audiencia».

No hay, pues, en LORPM disposición que permita a las partes, alegando una prematura y sorpresiva conclusión de la instrucción por el fiscal, solicitar la práctica de diligencias que resultaren necesarias para decidir sobre la apertura del plenario o el sobreseimiento, y que no hubieran sido previamente interesadas en la fase de instrucción.

Decretada la conclusión de la instrucción por el fiscal, no se volverá atrás en el procedimiento, ni siquiera cuando la diligencia propuesta por la parte y denegada por el fiscal, fuera declarada pertinente y útil por el juez de menores. En este caso, la diligencia será practicada por el propio juez de menores antes del inicio del plenario, convocando a tal efecto al fiscal y a las partes, e incorporando sus resultados al procedimiento.

2.2.6 *La conclusión de la fase de investigación en el procedimiento por delitos cometidos contra intereses financieros de la UE*

El procedimiento que regula el ejercicio de la acción penal por la Fiscalía Europea destaca por su calidad técnica, orden, claridad y sistemática. Terminada la fase de investigación, dedica el legislador dos Títulos distintos, sucesivos y correctamente rubricados (V y VI) a regular la conclusión de la investigación (arts. 107 a 113) y la fase intermedia (arts. 114 a 126). En cada uno de los Títulos, distingue a su vez el legislador las subfases en las que ambos trámites se estructuran. La terminación de la instrucción comprende la terminación por remisión a la autoridad nacional y la propia conclusión de la investigación, en tanto que la fase intermedia se divide —por capítulos— en: a) escrito de acusación, b) escrito de defensa, c) audiencia preliminar, d) sobreseimiento y e) apertura de juicio oral.

La investigación dirigida por la Fiscalía Europea podrá concluir por dos causas o motivos (art. 107 LO 9/2021). En primer lugar, porque de la investigación resulte a) que el delito no es de los atribuidos a la competencia de la Fiscalía Europea [art. 34 en relación con los arts. 22 y 23, todos ellos del Reglamento (UE) 2017/1939 por el que se establece una cooperación reforzada para la creación de la Fiscalía Europea] y b) porque, tratándose de un delito genéricamente atribuido a la competencia de la Fiscalía Europea, las condiciones específicas para su competencia han dejado de cumplirse [art. 25. 2 y 3 del citado Reglamento (UE) 2017/1939], que tienen que ver, fundamentalmente con la escasa cuantía o con el menor perjuicio causado. En tales casos, la Fiscalía Europea se abstendrá de continuar con el procedimiento, dando traslado a la Fiscalía General del Estado para que resuelva sobre la modificación de la competencia y la transformación del procedimiento (art. 108 LO 9/2021).

En segundo lugar, la Fiscalía Europea acordará la conclusión de la investigación cuando, considerándose competente, entienda que se han practicado las diligencias necesarias para acordar alguna de las siguientes decisiones:

* El archivo por *improcedencia del ejercicio de la acción penal* en los supuestos contemplados en el artículo 39.1 del Reglamento.

Esta decisión procederá en los casos de: a) fallecimiento del sospechoso o acusado o liquidación de una persona jurídica sospechosa o acusada; b) enajenación mental del sospechoso o acusado; c) amnistía concedida al sospechoso o acusado; d) inmunidad concedida al sospechoso o acusado, a menos que haya sido retirada; e) expiración del plazo de prescripción nacional para ejercer la acción penal; f) el caso de un sospechoso o acusado ya ha sido juzgado en sentencia firme en relación con los mismos hechos; g) ausencia de pruebas pertinentes [art. 39.1 Reglamento (UE) 2017/1939].

* La solicitud de que se dicte *sentencia de conformidad*, presentando ante el juez o tribunal competente para el enjuiciamiento escrito de acusación suscrito conjuntamente con la defensa de la persona encausada.
* La *solicitud de apertura del juicio oral* formulando escrito de acusación.
* Ejercer la *acción penal ante las autoridades judiciales de otro Estado miembro*, disponiendo el archivo del procedimiento seguido en España.

Descartada la improcedencia del ejercicio de la acción penal, la conformidad y la competencia para el enjuiciamiento de las autoridades de otro Estado miembro, el decreto de conclusión de la investigación acordado por la Fiscalía Europea contendrá, haciendo efectivo el principio de concentración, la formalización de la acusación, solicitando la apertura de juicio oral y evacuando escrito de calificaciones provisionales. El decreto de la Fiscalía Europea ordenando la conclusión de la investigación y la formalización de la acusación se remitirá al juez de garantías, abriéndose con ello la fase intermedia (art. 114 LO 9/2021).

3. LA CONCLUSIÓN ANTICIPADA DE LA FASE DE INSTRUCCIÓN

La regla procesal general en materia de conclusión de la investigación es que esta fase termina cuando se hayan practicado las diligencias necesarias para decidir si procede la formulación de la acusación o el sobreseimiento de la causa. Esta regla general rige incluso cuando se decreta la rebeldía del sujeto pasivo, se desconoce su identidad o se acredita que el investigado padece un trastorno mental sobrevenido que le priva —en principio transitoriamente— de capacidad procesal. En tales casos, la investigación debe continuar para obtener, interpretar, incorporar a las actuaciones y garantizar la futura disponibilidad de las fuentes de prueba que aporten información sobre las circunstancias del hecho delictivo y de su posible autor.

Sin embargo, hay casos en los que el juez acuerda la conclusión de la investigación durante la propia fase de instrucción, antes de que se complete la actividad investigadora y se abra la fase intermedia. Estamos en estos casos ante una *conclusión anticipada de la instrucción* que se acuerda a través de un auto de archivo dictado por el órgano instructor. En ocasiones, este auto de archivo es obligado y no plantea problemas interpretativos relevantes. En otros casos, la facultad del juez instructor de concluir anticipadamente la instrucción resulta más discutible. Vayamos por partes.

Por un lado, hay motivos que, de concurrir, deben conducir a un archivo inmediato de las actuaciones en fase de instrucción, sin necesidad de esperar a la fase intermedia. Así sucede, por ejemplo, cuando se produzca la muerte sobrevenida del investigado, la constatación de su inmunidad, la acreditación de ser el investigado menor de 14 años, la despenalización del delito objeto de la investigación, la concesión de la amnistía al sujeto pasivo, el perdón del ofendido o la renuncia al ejercicio de la acción penal por el acusador privado. Se trata de casos, como puede advertirse, en los que no resulta necesario completar la investigación, ni siquiera a los fines de asegurar las fuentes de prueba, puesto que el ejercicio de la acción penal ha perdido justificada y objetivamente, y de forma definitiva, su razón de ser.

También suponen la conclusión anticipada de la instrucción los decretos dictados por el fiscal en la fase de investigación del procedimiento de responsabilidad penal de los menores cuando, ejercitando el principio de oportunidad, acuerde el desistimiento de la incoación del expediente por corrección en el ámbito educativo y familiar (art. 18 LORPM), o el sobreseimiento del expediente, ya incoado, por conciliación o reparación entre el menor y la víctima (art. 19 LORPM).

Existen, sin embargo, otros casos en los que el juez instructor, antes de acordar la conclusión de la instrucción y la apertura de la fase intermedia, dicta un auto de sobreseimiento —archivo anticipado— cuando entienda que el hecho no es constitutivo de delito, que no aparece suficientemente justificada su perpetración o no hubiere autor conocido. Tal facultad está expresamente reconocida al instructor en el procedimiento abreviado (art. 779.1 LECrim), en el que, tanto la concentración y simplificación procedimental, como la competencia funcional del juez instructor durante la fase intermedia, hacen posible el archivo de las actuaciones antes de que se dicte auto de continuación de procedimiento, y antes también de que las partes se pronuncien sobre la procedencia del sobreseimiento o la apertura de juicio. Se puede entender, como decimos, este archivo anticipado en clave de simplificación procedimental y ahorro de tiempo en la medida en que, si el juez instructor está convencido de que procede el sobreseimiento, resuelve antes de entrar en la fase intermedia lo que previsiblemente haría en el mismo sentido una vez abierta esta.

Conviene, no obstante, usar esta facultad con prudencia: a) solo cuando se hayan practicado todas las diligencias necesarias para entender terminada la instrucción —sin que sea una excusa para su conclusión precipitada— (art. 779.1 LECrim), y b) cuando la procedencia del sobreseimiento resulte clara y palmaria, puesto que se adopta prescindiendo de la contradicción, señaladamente de los argumentos que pudieran esgrimir las acusaciones para justificar la necesidad de apertura de juicio oral.

Téngase en cuenta, en todo caso, que el auto de sobreseimiento *anticipado*, dictado por el juez instructor en el procedimiento abreviado puede ser recurrido en reforma y apelación, incluso por las víctimas que no se hubieran mostrado parte en la causa (art. 779 1. 1ª VI LECrim).

4. SUPUESTOS QUE IMPIDEN LA CONTINUACIÓN DE LA FASE INTERMEDIA

4.1 Errores en la determinación de la jurisdicción, la competencia o el procedimiento adecuado

Decretada la conclusión de la investigación por el órgano competente, es posible que concurran obstáculos procesales y materiales que impidan la continuación de la fase intermedia. El art. 799 LECrim, sin ser exhaustivo, prevé algunos de ellos: a) la falta de justificación de la comisión del hecho, la falta de relevancia delictiva o de autor conocido; b) la calificación de la infracción como delito leve; c) la competencia sobre el hecho de la jurisdicción militar; d) la presunta participación de un menor en los hechos —ya sea menor de catorce o con edad comprendida entre catorce y dieciocho—; y no comprendidos en el citado art. 799: a) la competencia del Tribunal del Jurado; b) la calificación del delito como perseguible por la Fiscalía Europea; c) la situación de rebeldía de uno, varios o todos los investigados.

En el procedimiento abreviado y en el procedimiento para la persecución de delitos por la Fiscalía Europea se contempla, tras la conclusión de la investigación y la apertura de la fase intermedia, un trámite específico, que podríamos llamar de control previo de apertura de la fase intermedia, en el que el juez instructor —en el caso del procedimiento abreviado— y el Fiscal Europeo —en el caso del procedimiento por delitos contra los intereses financieros de la UE— en el que cabe decretar el archivo o sobreseimiento del procedimiento, la transformación del mismo, o la inhibición del órgano antes de poner las actuaciones a disposición de las partes para solicitar la apertura del juicio o el sobreseimiento.

Es este el trámite para acordar alguna de las siguientes resoluciones:

* Calificar el hecho como delito leve, transformar el procedimiento y acordar, si procede, la inhibición al órgano competente.
* Calificar el hecho como delito militar, inhibiéndose a esta jurisdicción.
* Calificar el hecho como competencia de la Fiscalía Europea, remitiendo las actuaciones a este órgano.
* Remitir las actuaciones a la Fiscalía de Menores si entendiera que el hecho ha sido cometido por persona mayor de catorce y menor de dieciocho años.
* Acordar el sobreseimiento —libre o provisional— si entendiera que no aparece suficientemente justificada la comisión del delito, que los hechos no son constitutivos de delito o que no hay elementos suficientes para formalizar la acusación.

Cuando la competencia para la investigación recayera en la Fiscalía Europea, si el fiscal europeo delegado que ha dirigido la investigación entendiera que «los hechos objeto de investigación no constituyen un delito de los comprendidos en el ámbito de su jurisdicción o competencia, o bien considere que han dejado de cumplirse las condiciones específicas para el ejercicio de la misma, lo comunicará a la Fiscalía General del Estado, que remitirá el procedimiento al órgano de instrucción competente para su continuación conforme a lo previsto en la Ley de Enjuiciamiento Criminal» (art. 107 I LO 9/2021). Tras la remisión, la Fiscalía General del Estado, en el plazo máximo de treinta días, acordará por decreto la asunción del asunto o su no aceptación de conformidad con el art. 25. 5. Cuando la Fiscalía General del Estado acordara la asunción de la causa, tras la recepción del expediente, se procederá conforme a lo previsto en el artículo anterior. Si se decretara su no aceptación, el fiscal europeo delegado continuará su tramitación conforme a lo previsto en los artículos siguientes (art. 108 LO 9/2021).

En la fase intermedia del procedimiento por delito grave no hay previsto un trámite específico en el que pueda someterse a control judicial la determinación de la jurisdicción, la competencia o la selección del procedimiento. Ni el auto de conclusión de sumario debe pronunciarse expresamente sobre estas cuestiones, ni la revocación del auto de conclusión de sumario permite a las partes plantear errores en la fijación de la competencia o el procedimiento, ni consiguientemente puede pronunciarse sobre ellas el órgano funcionalmente competente para la fase intermedia (AP o AN). De lo dicho cabe deducir dos consecuencias:

a) Inicialmente, la fijación del hecho objeto de procedimiento, la jurisdicción, la competencia y el procedimiento adecuado se realiza formalmente por el juez instructor en el auto de procesamiento. Con este auto, que supone la formalización de la imputación en el procedimiento por delito grave, el juez confirma que el hecho por el que se procede debe ser enjuiciado por los trámites de dicho procedimiento y que la competencia para su enjuiciamiento corresponde a la Audiencia Provincial, a la Audiencia Nacional o, en su caso, al Tribunal del Jurado. El auto de procesamiento y el subsiguiente auto de conclusión del sumario afirman tácitamente la competencia y el procedimiento adecuado, descartando que el hecho sea competencia de la jurisdicción militar, de la jurisdicción de menores, que hay de enjuiciarse como delito contra los intereses financieros de la UE, o que el hecho deba ser calificado como delito leve. El desacuerdo de las partes con la competencia y el procedimiento fijados en el auto de procesamiento puede ser expresado a través del correspondiente recurso de reforma y posterior o subsidiaria apelación (art. 384 V LECrim).

b) Decretada la apertura de juicio oral, podrán las partes plantear en trámite de cuestiones previas la declinatoria de jurisdicción, cuestionando la jurisdicción o la competencia del órgano judicial llamado a conocer de la fase de juicio. Solo en el procedimiento de la Ley del Jurado, las partes podrán cuestionar, además de la jurisdicción y la competencia, «la adecuación del procedimiento» [art. 36.1 a) LOTJ].

A diferencia de lo previsto en el procedimiento abreviado, en el procedimiento de menores y en la persecución de delitos contra los intereses financieros de la UE por la Fiscalía Europea, en el procedimiento por delito grave no existe un trámite al inicio de la fase intermedia para la evaluación judicial de la correcta determinación de la competencia y del procedimiento. Este control se reparte entre el contenido y la eventual impugnación del auto de procesamiento, o en el planteamiento de cuestiones previas, con la limitación de contenido que prescribe el art. 666.1 LECrim —errores en la jurisdicción y competencia, pero no en la determinación del procedimiento, salvo en el enjuiciamiento a través del Tribunal del Jurado—.

4.2 La rebeldía del sujeto pasivo

4.2.1 La prohibición del enjuiciamiento del rebelde

A pesar de la denominación legal «Del procedimiento contra reos ausentes» (arts. 834 a 846 LECrim), la rebeldía no es un procedimiento especial sino una circunstancia que impide la formalización de la acusación y la apertura de juicio contra sujetos pasivos que se han colocado fuera del alcance, disposición y control del tribunal.

Como se recordará, cuatro son los requisitos que deben concurrir en una persona física para ser acusada en un proceso penal: a) estar viva, tener más de dieciocho años y capacidad procesal; b) no estar amparada por una exención jurisdiccional; c) estar a disposición del tribunal y d) existir contra ella indicios racionales y suficientes de criminalidad que sostengan su probable participación en un hecho delictivo. La *presencia* del acusado, que es condición inexcusable para la apertura de juicio oral contra él, exige que haya sido identificado y que esté a disposición del tribunal, esto es, que reciba las notificaciones, que acuda a los llamamientos y que esté localizable para el proceso. La situación contraria recibe el nombre de *ausencia* del investigado, y es circunstancia, como acabamos de señalar, que impide la continuación del procedimiento tras la conclusión de la fase de instrucción, o en el momento en el que se constate antes de la apertura del juicio oral.

Para entender la configuración de la presencia del sujeto pasivo en el juicio oral como un requisito del enjuiciamiento conviene empezar por recordar que la prohibición del juicio en ausencia del imputado es un principio cuyo origen se encuentra ya en las leyes de enjuiciamiento criminal de 1878 y de 1882. Ambas normas prohibieron, como regla general, el juicio por delito en ausencia del imputado, permitiendo el juicio en ausencia únicamente para las contravenciones, en atención a la escasa trascendencia de las consecuencias penales de las mismas. La prohibición del juicio en ausencia significó, en los arranques de la codificación de la justicia penal, una clara reacción contra el modelo de proceso penal del Antiguo Régimen, introduciendo un nuevo principio liberal, conforme al cual «nadie puede ser condenado sin haber sido oído».

Desde entonces y hasta la actualidad, nuestro modelo de proceso penal ha distinguido claramente dos estados diferentes de ausencia del sujeto pasivo, a los que se ha denominado respectivamente rebeldía y contumacia. En el primer caso —rebeldía—, no ha resultado posible notificar al sujeto pasivo, bien la propia existencia del procedimiento, bien la formulación de la acusación y la apertura de juicio; en el segundo caso —contumacia— la notificación de la acusación y de la celebración del juicio ha sido posible, por lo que la ausencia se presume voluntaria. Mientras que la regla de la prohibición de enjuiciamiento del sujeto pasivo persona física ausente se ha mantenido hasta hoy para los supuestos de rebeldía, se ha ido flexibilizando en cambio para los supuestos de contumacia, permitiendo en ciertos casos la celebración del juicio en ausencia voluntaria del acusado (STC 91/2000-*Tol 24/513*).

Con referencia al régimen del enjuiciamiento en ausencia de las personas físicas, debe señalarse que el fundamento o la base esencial del modelo vigente radica en un equilibrio razonable entre eficacia del sistema de justicia penal y garantías y derechos fundamentales del imputado. Ello explica que para los delitos graves se mantenga la prohibición de enjuiciamiento en ausencia, en tanto se permite la ausencia voluntaria para los delitos menos graves y leves. Veamos los fundamentos de una y otra regla con algo más de detalle.

La prohibición del enjuiciamiento en ausencia para los delitos graves se basa en dos principios o garantías esenciales. El primero de ellos gira en torno al derecho de defensa del imputado y a las garantías y facultades que derivan del mismo (ZARZALEJOS, p. 275). En este sentido, se entiende que el Estado debe garantizar, aún en contra de la voluntad del sujeto pasivo, las garantías básicas que integran el derecho de defensa —derecho a conocer la acusación, que puede ser modificada en juicio, derecho a utilizar los medios de prueba pertinentes para desvirtuar la acusación, derecho a la contradicción probatoria y alegatoria y derecho a declarar en juicio y a la última palabra—.

El segundo de los fundamentos de la prohibición general de enjuiciamiento en ausencia responde a la necesidad de garantizar la legitimidad del proceso penal, esto es, la protección y garantía reforzada de la idea o del estándar de proceso justo. En este sentido, España añade un plus de autoexigencia al estándar de proceso justo previsto en el CEDH y Textos Internacionales, para los que la comparecencia en juicio es un derecho del sujeto pasivo, y por tanto renunciable, siempre y cuando se garantice la eficacia en la comunicación de la convocatoria al plenario. Sin embargo, nuestro modelo de justicia penal concibe la presencia del imputado en el juicio no como un derecho renunciable sino como un deber del imputado y un compromiso que debe garantizar el Estado.

En los delitos graves prima el factor garantía sobre el factor eficacia, de tal manera que la presencia obligatoria del imputado en juicio forma parte de la legitimación jurídico-política del proceso penal en el Estado de Derecho. No se debe, pues, dejar en manos del acusado, al menos en los delitos graves, la renuncia a una parte importante del derecho de defensa. En el caso de los delitos menos graves y leves, la excepción a la regla general, esto es, la posibilidad de celebrar el juicio ante la ausencia voluntaria del acusado se justifica, como adelantamos, por la necesidad de encontrar un equilibrio razonable entre los principios de garantía y eficacia en la moderna justicia penal. Este equilibrio es posible porque se trata de delitos de escasa gravedad y cuyas consecuencias en la esfera de derechos del sujeto pasivo —penas inferiores a 2 años de privación de libertad, que permiten la suspensión condicional de la pena, o de otra naturaleza inferiores a 6 años—, son de menor entidad.

La admisión del enjuiciamiento en ausencia en tales casos se explica por la existencia de contrapesos como la garantía de la voluntariedad de la ausencia, acreditada a través de la notificación fehaciente de la *vocatio iudicium* al acusado. Entre los contrapesos figura también la necesaria presencia del abogado del acusado en el juicio en caso de delitos menos graves, la necesaria conformidad del Tribunal y la disposición de un medio extraordinario de rescisión de sentencias firmes para el caso de un enjuiciamiento con ausencia involuntaria por desconocimiento o imposibilidad de comparecer. Se tiene en cuenta, pues, a la hora de autorizar la renunciabilidad al derecho del sujeto pasivo, que tal excepción a la regla general favorece la celeridad de la justicia penal, la economía procesal, el mejor aprovechamiento de los recursos, el propio interés del acusado y la protección eficaz de los intereses de la víctima. En estos casos, el principio de audiencia y contradicción queda garantizado en cuanto implica posibilidad real y efectiva de participar en el juicio y de ejercer en él la autodefensa, sin que la efectividad de dicho principio implique su imposición obligatoria sino su disponibilidad por la parte en cuyo favor se proveen de acuerdo con sus intereses y estrategia procesal.

4.2.2 La declaración de rebeldía

La declaración de rebeldía en el proceso penal viene precedida de la búsqueda del sujeto pasivo a través de la requisitoria. Así, cuando el investigado, encausado o acusado no tuviere domicilio, se hubiera ausentado del mismo, se ignorase su paradero, se hubiera fugado del establecimiento donde estuviera detenido o preso, o dejare de concurrir al llamamiento judicial «será llamado y buscado por requisitoria (art. 835 LECrim).

Dándose alguna de las precitadas circunstancias, el órgano judicial competente dictará auto ordenando que el sujeto pasivo sea buscado por requisitoria. En la resolución por la que se acuerde buscar por requisitorias, el órgano judicial designará los particulares de la causa que fueren precisos para poder resolver acerca de la situación personal del requisitoriado una vez sea habido. Testimoniados la resolución judicial y los particulares por el LAJ, se remitirán al juez de guardia o se incluirán en el sistema informático que al efecto exista, donde quedarán registrados (art. 516 LECrim).

La requisitoria es una orden judicial, que expresará el nombre y apellidos, cargo, profesión u oficio, si constaren, del procesado rebelde, y las señas en virtud de las que pueda ser identificado, el delito por que se le procesa, el territorio donde sea de presumir que se encuentra y la cárcel adonde deba ser conducido (art. 513 LECrim). Además, la requisitoria indicará la causa de las previstas en el art. 835 que diere lugar a la expedición de la requisitoria y el término dentro del cual el procesado ausente deberá presentarse, bajo apercibimiento de que en otro caso será declarado rebelde y le parará el perjuicio a que hubiere lugar con arreglo a la Ley (art. 837 LECrim).

De acuerdo con la redacción dada al art. 512 LECrim por la LO 1/2025, las requisitorias se enviarán al Sistema de Registros Administrativos de Apoyo a la Administración de Justicia (SIRAJ) y se publicarán en el Tablón Edictal Judicial Único, dando las órdenes oportunas a las Fuerzas y Cuerpos de Seguridad del Estado y a los Cuerpos de Policía Autonómica de aquellas comunidades autónomas con competencias en materia de seguridad pública; y, en todo caso, el Sistema de Registros Administrativos de Apoyo a la Administración de Justicia compartirá la información para su publicación en el Tablón Edictal Judicial Único, garantizándose la interoperabilidad entre ambas plataformas.

Transcurrido el plazo fijado en la requisitoria sin haber comparecido o sin haber sido presentado el ausente, se le declarará rebelde (art. 839 LECrim).

4.3.3 Los efectos de la declaración de rebeldía

Distingue el legislador los efectos de la declaración de rebeldía del sujeto pasivo en función del momento procesal en que se acuerde.

* Si el procedimiento estuviera en fase de instrucción, se continuará hasta que se declare terminado por el juez o tribunal competente, suspendiéndose después su curso y archivándose los autos y las piezas de convicción que pudieren conservarse y no fueren de un tercero irresponsable (art. 840 LECrim).

* Si, al ser declarado en rebeldía el sujeto pasivo, la causa estuviera pendiente de celebración de juicio oral, se suspenderá este y se archivarán los autos.

* Si la declaración de rebeldía recayera estando pendiente recurso de casación, este se sustanciará de forma completa, teniendo el carácter de firme la sentencia que recaiga (art. 846 LECrim).

En lo que aquí interesa, debe subrayarse el efecto suspensivo del procedimiento que acompaña a la declaración de rebeldía. Si recayera, como hemos señalado, durante la instrucción, esta continuará hasta que se hayan practicado las diligencias necesarias para la recolección y aseguramiento de las fuentes de prueba. Tras ello, el juez instructor declarará la conclusión del sumario y dictará a continuación auto de suspensión del procedimiento, que se levantará si el rebelde se presentare o fuere habido, siempre que no hubiera transcurrido el correspondiente plazo de prescripción (art. 846 LECrim).

En el procedimiento abreviado, una vez conclusas las diligencias previas, se acordará auto de suspensión del procedimiento cuando el sujeto pasivo haya sido declarado en rebeldía. Distinta es, como antes indicamos, la contumacia del acusado que, conociendo la citación para el juicio y estando localizable y a disposición del tribunal, puede dejar de comparecer voluntariamente en el plenario cuando las penas solicitadas por las acusaciones no excedan de dos años de privación de libertad, o de seis si se trata de penas de otra naturaleza (art. 786.1 II LECrim).

4.3.4 La ausencia de la persona jurídica

La diferencia entre el régimen aplicable a las personas físicas y a las jurídicas en materia de ausencia en la LECrim es sustancial y apreciable a simple vista: en el caso de rebeldía de las personas físicas el procedimiento se suspende, ocurriendo otro tanto con el juicio oral en la mayor parte de los supuestos de contumacia, mientras que continúa ante la rebeldía o contumacia de la persona jurídica. Los regímenes jurídico-procesales en uno y otro caso no son solo diferentes, sino que parten además de un estándar de garantías distinto, mayor para las personas físicas, y menor para las jurídicas. 1799

Esta diferencia de régimen se explica por una razón fundamental: en el caso de las personas jurídicas, la privación de libertad no está obviamente en cuestión. Por graves que sean las penas aplicables a las personas jurídicas —que lo son como señala expresamente el art. 33.7 CP—, conllevan a lo más la disolución, la suspensión de actividades, la prohibición de desarrollarlas en el futuro, o la clausura de establecimientos. Sin dudar de la gravedad de las penas, y de la trascendencia que pueden tener para su actividad comercial o para los derechos de los trabajadores, acreedores o terceros que con ella contratan, es claro que no estamos ante consecuencias penales equivalentes a la privación de libertad, o a la privación o restricción de otros derechos personales de los que pueden ser objeto las personas físicas, cuyo componente aflictivo y estigmatizante no es comparable con el que conllevan las penas imponibles a las personas jurídicas.

Por una parte, resulta acertada la previsión del legislador acerca de la posibilidad de enjuiciar a la persona jurídica contumaz —ausente voluntaria— del juicio, cualquiera que sea la pena solicitada para ella, siempre que en el plenario comparezcan su abogado y su procurador. Sin embargo, hay que reparar en que, a diferencia de lo previsto para la persona física, que debe ser citada personalmente, con notificación de la celebración del juicio oral (art. 786 LECrim), en el caso de la persona jurídica el legislador no exige una notificación, ni al representante que hubiera designado la persona jurídica, ni en el domicilio social en el caso de falta de designación de representante. El art. 786 *bis* LECrim solo exige la notificación dirigida al representante procesal de la persona jurídica, presuponiendo que la presencia en el juicio del abogado y procurador implica que la noticia de la celebración del juicio oral es conocida, también, por la persona jurídica y que, consiguientemente, su ausencia en el plenario es voluntaria.

El principal problema se plantea al decidir qué efectos debe producir la declaración de rebeldía de la persona jurídica. Dispone el legislador que, en este caso, el procedimiento continuará frente a la persona jurídica rebelde, a la que no se designará representación procesal de oficio, ni se intentarán con ella más trámites de notificación (art. 839 *bis* LECrim). Entendemos que es la solución más correcta, siempre y cuando se extreme el celo en la primera notificación, y se disponga un procedimiento para revisar la sentencia de condena dictada contra la persona jurídica en situación de rebeldía involuntaria por desconocimiento del proceso o imposibilidad de personación. A estos efectos, resulta acertada la remisión contenida en el art. 166 III LECrim al régimen de notificaciones previsto en la LEC (arts. 149 a 168), más moderno y desde luego más exigente a la hora de proveer con éxito la notificación personal al interesado de las resoluciones judiciales y diligencias de ordenación, señaladamente las que acuerden la primera comparecencia del interesado. Pese a la obligación que recae sobre las personas jurídicas en orden a hacer constar el domicilio social en el registro correspondiente, y a mantenerlo actualizado, no debe bastar para expedir la requisitoria que en el registro no figure domicilio —supuesto poco probable—, o que el que figura resulte erróneo —por falta de indicios físicos de la entidad—, o que se encuentre permanentemente cerrado y no resulte posible la notificación personal, por correo u otros medios. Tal y como prevé el art. 156 LEC, en tales casos debe el tribunal realizar las averiguaciones oportunas para facilitar la notificación a través de los registros, organismos, colegios profesionales, entidades y empresas, muy señaladamente cuando el efecto de la rebeldía en el caso de las personas jurídicas no es la suspensión sino la continuación del procedimiento.

En el caso de las personas jurídicas, conviene tener en cuenta que no solo será posible localizar por esta vía establecimientos abiertos al público de la entidad, oficinas, sucursales o representaciones ubicadas en lugares distintos a su domicilio social, sino que también podría lograrse la notificación a través de las personas físicas que en el correspondiente registro figuren, por ejemplo, como representantes legales, administradores, apoderados, secretarios o vicesecretarios de los órganos colegiados, miembros del patronato de fundaciones o miembros de la junta directiva de asociaciones. A ellos, entendemos, les resultarán aplicables también los procedimientos de localización de domicilio de personas físicas previstos en el art. 155.3 LEC —señaladamente la localización a través del padrón municipal, la inscripción en colegios profesionales, o el domicilio fiscal en caso de autónomos—.

Si la opción de juzgar en rebeldía a la persona jurídica resulta razonable por las consideraciones expuestas, la posibilidad de juzgarla en contumacia, contando con la presencia de su abogado y procurador, no debe plantear ningún problema desde el punto de vista de la protección de las garantías esenciales de la tutela judicial efectiva y del proceso justo, siempre y cuando se cumpla con dos presupuestos básicos: la notificación efectiva de la celebración del juicio oral y de la acusación que en el mismo se dirigirá contra ella, y la articulación de un procedimiento de revisión para los juicios celebrados en ausencia involuntaria del sujeto pasivo.

Si tomamos ahora en consideración el juicio en contumacia de la persona jurídica, hay una primera diferencia respecto del régimen previsto para las personas físicas, que consiste en la falta de límite penológico que condicione la posibilidad de celebrar el juicio en ausencia de la persona jurídica acusada. Junto a ello, conviene reparar en que la comparecencia de la persona jurídica a través de un representante hará visible su presencia en el plenario como parte acusada, lo que puede perjudicar gravemente su imagen, crédito y confianza en el tráfico jurídico. Parece pues razonable que, dada la falta de interés que para la acusación tendrá de ordinario la presencia obligatoria de la persona jurídica en el juicio, y la escasa relevancia de la autodefensa que puede articular en el plenario el representante material de la entidad, se regule como voluntaria la comparecencia del representante material de la persona jurídica, siempre y cuando quede salvaguardada claro está su presencia procesal en juicio a través de abogado y procurador.

Por último, no puede olvidarse el marco interpretativo que, en esta materia, proporciona el Convenio de Roma y la jurisprudencia emanada del TEDH, conforme a la cual la presencia de la parte pasiva en el proceso es un derecho renunciable siempre que haya quedado acreditado el conocimiento efectivo de la existencia del proceso por parte del investigado y su renuncia voluntaria e inequívoca a comparecer. Por su parte, el TJUE, resolviendo una cuestión prejudicial elevada por el TC español, señaló en sentencia de 26 de febrero de 2014, que los arts. 47 y 48 de la Carta de los Derechos Fundamentales de la Unión Europea consideran la comparecencia del sujeto pasivo del proceso penal en el juicio oral un derecho renunciable, siempre y cuando el acusado ausente haya sido informado de forma fehaciente de su celebración o haya sido defendido en el juicio por un letrado al que haya conferido representación al efecto:

> «En lo que atañe al alcance del derecho a la tutela judicial efectiva y a un proceso equitativo previsto en el artículo 47 de la Carta y de los derechos de la defensa garantizados por el artículo 48, apartado 2, de ésta, se ha de precisar que, aunque el derecho del acusado a comparecer en el juicio constituye un elemento esencial del derecho a un proceso equitativo, aquel derecho no es absoluto (véase, en particular, la sentencia de 6 de septiembre de 2012, Trade Agency, C-619/10, Rec. p. I-0000, apartados 52 y 55). El acusado puede renunciar a ese derecho por su libre voluntad, expresa o tácitamente, siempre que la renuncia conste de forma inequívoca, se acompañe de garantías mínimas correspondientes a su gravedad y no se oponga a ningún interés público relevante. Más concretamente, no se produce una vulneración del derecho a un proceso equitativo, aun si el interesado no ha comparecido en el juicio, cuando haya sido informado de la fecha y del lugar del juicio o haya sido defendido por un letrado al que haya conferido mandato a ese efecto.
>
> 50. Esta interpretación de los artículos 47 y 48, apartado 2, de la Carta concuerda con el alcance reconocido a los derechos garantizados en el artículo 6, apartados 1 y 3, del CEDH por la jurisprudencia del Tribunal Europeo de Derechos Humanos (véanse en especial las sentencias del TEDH Medenica c. Suiza, de 14 de junio de 2001, demanda nº 20491/92, § 56 a 59; Sejdovic c. Italia, de 1 de marzo de 2006, demanda nº 56581/00, Recueil des arrêts et décisions 2006-II, § 84, 86 y 98, y Haralampiev c. Bulgaria, de 24 de abril de 2012, demanda nº 29648/03, § 32 y 33)».

5. EL CONTROL SOBRE LA CONCLUSIÓN DE LA INVESTIGACIÓN

5.1 Planteamiento

Acordada la conclusión de la investigación, corresponde a las partes valorar si la instrucción se ha cerrado estando completa o faltan diligencias por practicar. Este primer trámite, que podemos denominar de control de la conclusión de la investigación, se regula de manera distinta —no solo en lo accesorio, sino en ocasiones también en lo sustancial— según el procedimiento en el que nos encontremos.

Comparten todos los procedimientos penales la previsión de este trámite de control de la completitud de la investigación, y coindicen además en regularlo, no como un recurso sino más bien como una solicitud de revocación de la resolución de conclusión de la investigación. También coinciden todos los procedimientos en el presupuesto que permite la solicitud de revisión, y que se concreta en la necesidad de practicar diligencias de investigación complementarias para que las partes puedan pronunciarse con fundamento acerca de la procedencia del sobreseimiento o la apertura de juicio oral.

Las dos principales diferencias en la regulación de este trámite en los respectivos procedimientos penales se refieren, por un lado, a la posibilidad de intervención de todas o solo algunas de las partes en el control sobre la adecuada conclusión de la investigación y, por otro lado, en la posibilidad de solicitar la práctica de cualquier diligencia de investigación que se considere necesaria, o únicamente aquellas propuestas durante la instrucción que hubieran sido denegadas por el órgano encargado de la investigación.

5.2 La oposición a la resolución que acuerda la conclusión de la instrucción y la práctica de diligencias complementarias

* En el *procedimiento por delito grave*, la facultad de solicitar la revocación del auto de conclusión del sumario se prevé en el art. 627 LECrim. La exclusión de la impugnación a través de los recursos ordinarios (reforma, queja o apelación) tiene sentido en la medida en que, dictado auto de conclusión por el juez instructor, las actuaciones pasan directamente al tribunal sentenciador, ante el que la parte, más que impugnar el auto de conclusión, solicita que la instrucción se complete con la práctica de diligencias complementarias. 1803

Comparecidas las partes ante el tribunal competente, e instruidas del contenido de la investigación, podrán las partes conformarse con el auto de conclusión, o solicitar la práctica de diligencias complementarias (art. 627 III LECrim). A la vista de los escritos presentados por las partes, resolverá el tribunal confirmando o revocando el auto de conclusión (art. 630 LECrim). Si acordara la revocación del auto de conclusión del sumario, devolverá las actuaciones al juez instructor, expresando las diligencias que hayan de practicarse (art. 631 LECrim).

Es discutible si el tribunal competente para la fase intermedia en el procedimiento por delito grave tiene o no la facultad de ordenar la práctica de diligencias complementarias de oficio. Mientras que para los defensores de una estricta aplicación del principio acusatorio el tribunal carece de esta facultad, para otro sector doctrinal nada se opone a que el tribunal, a la vista de las actuaciones elevadas por el instructor, entienda que faltan por practicar diligencias esenciales para decidir sobre la apertura del juicio oral o el sobreseimiento. Así, AGUILERA DE PAZ (vol. IV, pp. 520 y 521), citando la Circular

Fiscalía del TS de 15/01/1907, afirma que el sistema procesal penal instaurado con la LECrim «presupone una inspección efectiva del superior sobre todos los actos del inferior *en la función de instruir los sumarios*. Esa inspección efectiva se haría imposible y ese vínculo de dependencia del interior al superior *en cuanto a la función* indicada de la instrucción de los sumarios se rompería y quedaría sin objeto coma si los tribunales mencionados, al tener conocimiento del resultado de dicha instrucción coma por la consulta del auto referido, no pudieran subsanar las deficiencias y omisiones en que el instructor hubiera podido incurrir, voluntaria o involuntariamente, por el mero hecho de no haber pedido su subsanación las partes interesadas en la acción acusatoria.

De la regulación prevista en el procedimiento por delito grave cabe extraer, fundamentalmente, tres conclusiones: a) la facultad de solicitar la revocación del auto de conclusión del sumario se reconoce a todas las partes, activas y pasivas; b) en el escrito en el que soliciten la revocación del auto de conclusión del sumario deberán incluir las diligencias cuya práctica se interesa, expresando el motivo o la razón por la que han de considerarse pertinentes, útiles y necesarias para poder pronunciarse acerca del sobreseimiento o apertura de juicio; y c) no hay limitación en cuanto a las diligencias cuya práctica se puede solicitar, siempre y cuando se fundamente su procedencia.

Destaca en este trámite del procedimiento por delito grave el reconocimiento de las garantías de contradicción e igualdad de armas. En la regulación original de la LECrim, la facultad de interesar la revocación del auto de conclusión del sumario y la práctica de diligencias complementarias solo se concedía a las partes acusadoras. Sucesivos pronunciamientos del (SSTC 66/1989 [*Tol 80277*] y 44/1985 [*Tol 79459*]) pusieron de manifiesto la indefensión que padecía el sujeto pasivo al no permitir el legislador su intervención en el trámite de control y valoración de la conclusión del sumario (CORTÉS, pp. 418 y 419). La reforma introducida en la LECrim por la Ley 13/2009 corrigió esta situación, modificando el art. 627 en el sentido de permitir al encausado solicitar la revocación del auto de conclusión del sumario y la práctica de diligencias complementarias. Además de proteger los principios de contradicción e igualdad de armas en la intervención procesal del sujeto pasivo en el control del auto de conclusión del sumario, tiene importancia esta reforma en cuanto subraya también la trascendencia de la fase intermedia como filtro de control de acusaciones poco fundadas. No basta con permitir a la defensa proponer prueba en su escrito de calificación; tiene derecho la defensa a un control judicial completo sobre la acusación, en la que puedan ponerse sobre la mesa todos los elementos de descargo, a fin de evitar que lleguen a juicio causas que debieron sobreseerse en la fase intermedia.

* En el *procedimiento abreviado*, prevé el art. 780 LECrim que, dictado el auto de continuación de procedimiento, se pongan los autos a disposición solo del fiscal y de los acusadores personados para que puedan solicitar el sobreseimiento o la apertura de juicio, o en su caso la práctica de diligencias complementarias. Paradójicamente, la STC 186/1990 *Tol 81858* admitió la constitucionalidad de la limitación del control de la conclusión de las diligencias previas a las partes acusadoras, privando al sujeto pasivo de toda intervención en este trámite.

«[...] el art. 790.1 de la LECrim es conforme con las exigencias que el art. 24 de la Constitución establece para todo proceso penal. En primer lugar, porque, como antes se dijo, la fase de preparación del juicio oral en el procedimiento abreviado no responde a la finalidad de completar la fase de instrucción previa, único supuesto en el que tendría sentido dar traslado de las actuaciones a todas las partes del proceso —acusaciones e imputado—, sino la de resolver sobre la procedencia de abrir o no el juicio previa formulación, en el primer caso, de la acusación. En segundo lugar, y como consecuencia de lo anterior, el hecho de que la intervención del imputado en esta fase del proceso tenga lugar en un momento posterior es coherente con la finalidad del traslado que a él se le confiere —formulación de su defensa— y constitucionalmente válida, al quedar garantizada plenamente la contradicción entre las partes. Por lo que respecta a esta concreta cuestión, no hay que olvidar que la contradicción en esta fase del proceso, una vez iniciada, se limita necesariamente a la formulación de la acusación y de la defensa, y no sobre otras cuestiones respecto de las cuales el momento procesal idóneo para dicha contradicción es el de la instrucción previa. En este sentido, el traslado de las diligencias al imputado en el trámite previsto en el art. 790.1 de la LECrim, en orden a poder solicitar y razonar la procedencia del sobreseimiento o la práctica de diligencias, sería, no sólo contrario a la finalidad de la norma, sino que podría, en la práctica, revelarse como dilatorio y redundante dado que dichas pretensiones pueden y deben hacerse valer en la fase e instrucción inmediatamente anterior y antes de que el Juez instructor acuerde la clausura de la instrucción mediante la adopción de alguna de las resoluciones previstas en el art. 789.5 de la LECrim». 1805

En consecuencia «las pretensiones que en el proceso ordinario permite al procesado el art. 627 LECrim [relativas a la solicitud de práctica de diligencias complementarias de investigación] han de hacerse valer en el abreviado antes de la clausura de la investigación [...] antes de que el juez instructor acuerde la clausura de la instrucción» (MELÓN MUÑOZ y otros, p. 459). Lo que resulta de la regulación vigente en el procedimiento abreviado causa cierta perplejidad, puesto que obliga al investigado a anticiparse, solicitando diligencias de investigación, a una decisión judicial de conclusión de la investigación cuyo momento de adopción desconoce.

Para MORENO CATENA (2000, pp. 1890 y 1892), «No se alcanza a comprender la diferencia que el TC establece entre el proceso común y el abreviado, pues si bien es cierto que diferencias en la tramitación existen, difícilmente pueden justificar la conclusión a la que llega el Tribunal [...] a nuestro juicio, después de la STC 66/1989 resulta obligatoria la intervención del imputado en los trámites de la fase intermedia, tanto en el procedimiento ordinario como en el abreviado, a pesar de la doctrina contraria del propio TC respecto a este último». A juicio de MUERZA (pp. 666 y 667) la regulación vigente, declarada constitucional por la STC 186/1990 [*Tol 81858*], «pone en entredicho el principio de "igualdad de armas" que debe regir en el proceso».

Con todo, ha de tenerse en cuenta que el auto que acuerda la continuación de procedimiento (art. 779.1.4º LECrim), y que como presupuesto lógico e implícito parte de que se han practicado las diligencias pertinentes, es susceptible de ser recurrido en reforma y apelación (art. 766 LECrim), por lo que no es descartable que la defensa pueda impugnarlo, precisamente, por no haberse practicado determinadas diligencias que el sujeto pasivo entiende como necesarias para resolver con fundamento el juicio de acusación en la fase intermedia. Señala en este sentido la STS de 11/01/2022 [*Tol 8771148*]:

> «Si bien es cierto, como ha dicho esta Sala reiteradamente que la petición de diligencias complementarias ha de estar subordinada al cumplimiento de ciertos presupuestos o requisitos legales, de carácter formal y material, y que el juez de instrucción debe realizar una labor indagatoria del contenido y verdadera finalidad de las diligencias que con carácter de complementarias soliciten las partes acusadoras, pública y privada, pero los defectos o faltas de que pudiera adolecer la instrucción al respecto, debe solventarse por la vía del recurso contra el auto que determine la continuación del procedimiento, y contra las resoluciones que acuerden las mismas».

* En el *juicio rápido*, antes de dar por concluidas las diligencias urgentes el juez de guardia oirá a las partes personadas acerca de la resolución que procede adoptar, y que podrán ser: a) la conclusión de la investigación y la continuación del procedimiento por los trámites del juicio rápido; b) la práctica de diligencias complementarias de investigación; c) el sobreseimiento; d) la transformación del procedimiento por ser el hecho constitutivo de delito leve o de delito competencia del Tribunal del Jurado; e) la inhibición a la jurisdicción militar, a la Fiscalía de Menores o a la Fiscalía Europea (arts. 798.1 y 2 en relación con el art. 779.1 1ª a 3º, ambos de la LECrim). Cuando en este trámite solicitaren las partes la práctica de diligencias complementarias y el juez de guardia entendiere procedente la solicitud, transformará el procedimiento en diligencias previas del procedimiento abreviado (art. 779.2.2º LECrim).

* En el *procedimiento de responsabilidad penal de los menores*, abierta la fase de audiencia y teniendo el juez a la vista los escritos de alegaciones del fiscal, de la acusación particular si estuviera personada la víctima, y del letrado del menor, podrá acordar «la práctica de las pruebas —más propiamente las diligencias de investigación— propuestas por las partes y que hubieran sido denegadas por el Fiscal durante la instrucción, conforme a lo dispuesto en el artículo 26.1 de la presente Ley, y que no puedan celebrarse en el transcurso

de la audiencia, siempre que considere que son relevantes a los efectos del proceso» [art. 33 e) LORPM].

* En el *procedimiento por delitos que corresponde enjuiciar al Tribunal del Jurado* ya hemos dicho que la fase intermedia está regulada de forma desordenada y confusa. Cabe decir que, una vez practicadas las diligencias de investigación acordadas por el juez instructor de oficio o a instancia de parte, podrán las partes en sus respectivos escritos de calificación «proponer diligencias complementarias para su práctica en la audiencia preliminar, sin que puedan ser reiteradas las que hayan sido ya practicadas con anterioridad» (art. 29.4 LOTJ). Como puede advertirse con facilidad, esta previsión está mal ubicada puesto que la solicitud y práctica de diligencias complementarias debe preceder a la evacuación del escrito de calificación ya que el resultado de dichas diligencias puede condicionar la solicitud de apertura de juicio o la decisión de sobreseimiento y la propia calificación del delito.

* Finalmente, en el *procedimiento para la persecución de los delitos contra los intereses financieros de la UE por la Fiscalía Europea*, los arts. 117 y 118 LO 9/20121 prevén que la defensa, a la vista de los escritos de acusación, pueda promover la impugnación de la acusación, solicitando el sobreseimiento y la práctica de diligencias que puedan poner de manifiesto la procedencia del sobreseimiento [art. 118.1 a) y b) LO 9/2021] (en este sentido, CORTÉS, p. 418). Cabe hacer en este punto la misma observación que hacíamos respecto de la regulación del procedimiento del Tribunal del Jurado: una lógica y correcta secuencia procesal debiera permitir a las partes, primero, solicitar la práctica de diligencias complementarias y después, a la vista del resultado que arrojen, pronunciarse sobre la apertura del juicio oral o el sobreseimiento.

5.3 Fundamentos de la solicitud de práctica de diligencias complementarias: los estándares Perna y Murtazaliyeva

Con propósito sintético, recogemos en este último epígrafe los criterios y orientaciones de la jurisprudencia nacional y los estándares más recientes de la jurisprudencia del TEDH acerca de la fundamentación para la solicitud de práctica de diligencias de prueba por las partes en el proceso penal, y muy señaladamente por la defensa. Para ello, partimos de una extensión analógica, no exacta pero sí asimilable en lo esencial, entre la petición de medios de prueba en la fase de juicio oral y la petición de diligencias de investigación, tanto en la fase de instrucción como en la fase intermedia.

Partiendo de la jurisprudencia nacional, cabe resumir la doctrina fundamental del TS en los dos pronunciamientos siguientes.

* STS de 20/12/2018 [*Tol 6988673*]

«1º) Que la prueba haya sido pedida en tiempo y forma. 2º) Que esté relacionada con el objeto del proceso y sea útil, es decir con virtualidad probatoria relevante respecto a extremos fácticos objeto del mismo 3º) Que sea posible su realización por no haber perdido aún capacidad probatoria y 4º) Que ante la denegación de su práctica se formule protesta por su proponente».

* Más extensamente, la STS de 11/01/2022 [*Tol 8771148*] afirma que:

«Este Tribunal ha reiterado que la vulneración del derecho a utilizar los medios de prueba pertinentes para la defensa exige, en primer lugar, que el recurrente haya instado a los órganos judiciales la práctica de una actividad probatoria, respetando las previsiones legales al respecto. En segundo lugar, que los órganos judiciales hayan rechazado su práctica sin motivación, con una motivación incongruente, arbitraria o irrazonable, de una manera tardía o que, habiendo admitido la prueba, finalmente no hubiera podido practicarse por causas imputables al propio órgano judicial. En tercer lugar, que la actividad probatoria que no fue admitida o practicada hubiera podido tener una influencia decisiva en la resolución del pleito, generando indefensión al actor. Y, por último, que el recurrente en la demanda de amparo alegue y fundamente los anteriores extremos.

Como hemos dicho en nuestra sentencia 710/2020 de 18 de diciembre, la pertinencia, entendida como relevancia, disciplina, por tanto, la inclusión, en los propios términos precisados en los artículos 311 y 759, ambos, LECrim. Regulación que proyecta un principio de racionalidad general según el cual, si se necesita determinar un hecho, todos los elementos idóneos para fundar esa determinación deben, prima facie, poder emplearse, sin perjuicio de las condiciones constitucionales y procesales de admisión. En resumen, lo que resulta útil para determinar el hecho puede y debe ser admitido, mientras que solo aquello que es, en este sentido, inútil o irrelevante, debe excluirse preliminarmente del proceso.

El juicio de no necesidad, distinta al de irrelevancia, siempre tiene un contenido relacional y anticipatorio del valor reconstructivo que se atribuye a las informaciones probatorias ya incorporadas al cuadro de prueba por lo que no puede servir para rechazar la inclusión de un medio de prueba antes de que se practiquen los propuestos y admitidos».

La jurisprudencia nacional debe ser completada en este punto con la doctrina del TEDH relativa a la admisibilidad de la prueba solicitada por las partes a la luz del art. 6 CEDH, doctrina que ha quedado sintetizada en dos importantes sentencias. En la primera de ella, (STEDH de 6/03/2003, caso Perna c. Italia), el Tribunal de Estrasburgo establece dos criterios de control sobre la decisión del tribunal relativa a la admisión de la prueba: a) ¿la parte agraviada ha fundamentado su solicitud de práctica de prueba especificando su importancia para la "manifestación de la verdad"? y b), ¿La negativa de los tribunales nacionales a su práctica menoscabó la equidad del juicio?

* STEDH de 6/03/2003, caso Perna c. Italia

«El Tribunal recuerda que, en primer lugar, corresponde a las jurisdicciones nacionales apreciar los elementos de prueba recogidos por ellas y la pertinencia de los mismos, de los cuales los acusados desean la presentación. En consecuencia, no basta que un acusado se queje de no haber podido interrogar a determinados testigos. Es necesario que apoye su petición de audiencia de testigos para precisar la importancia de la misma y que estas audiencias sean necesarias para la manifestación de la verdad judicial».

Más recientemente, el TEDH (Gran Sala) ha tenido la oportunidad de aclarar y ampliar la doctrina sentada en el caso Perna en la STEDH de 18/12/2018, caso Murtazaliyeva c. Rusia [*Tol 6955361*]. Entre el primero y el segundo de los criterios de control establecidos en el caso Perna, la sentencia dictada en el caso *Murtazaliyeva* introduce un nuevo criterio: ¿A la hora de rechazar la práctica del medio de prueba propuesto dieron los tribunales nacionales razones suficientes para fundar su decisión? Afronta el TEDH en esta sentencia no solo la incorporación de un nuevo criterio de control sobre las decisiones judiciales de admisibilidad de la prueba, sino que aprovecha para desarrollar, profundizar y aclarar los criterios ya fijados previamente en el caso *Perna*.

STEDH de 18/12/2018, caso Murtazaliyeva c. Rusia [*Tol 6955361*]:

«El test Perna aplicable consta de dos cuestiones: en primer lugar, si el solicitante ha fundamentado su petición de convocar a un testigo en particular refiriéndose a la pertinencia del testimonio de dicha persona para "el esclarecimiento de la verdad"; y, en segundo lugar, si la negativa de los tribunales nacionales a convocar a ese testigo comprometió la equidad general del proceso (véase el párrafo 141 supra).

[...]

La evaluación judicial de la pertinencia del testimonio de un testigo y el razonamiento de los tribunales nacionales al responder a la solicitud de la defensa para examinar a un testigo constituyen el vínculo lógico entre los dos elementos de la prueba Perna y han funcionado como un elemento sustantivo implícito de dicha prueba. El Tribunal considera deseable, en interés de la claridad y coherencia de la práctica, hacer explícito este elemento (véase, de forma similar, Pérez c. Francia [GC], núm. 47287/99, §§ 54-56, TEDH 2004-I).

157. Esta evolución parece estar en línea con la jurisprudencia reciente relativa al artículo 6 del Convenio, que subraya la importancia decisiva del deber de los tribunales nacionales de realizar un examen cuidadoso de las cuestiones pertinentes si la defensa presenta una solicitud debidamente fundamentada.

[...]

Cuando se ha presentado una solicitud de examen de un testigo por parte del acusado conforme al derecho interno, el Tribunal, teniendo en cuenta las consideraciones anteriores, formula la siguiente prueba de tres partes:

¿La solicitud para examinar a un testigo estaba suficientemente motivada y era pertinente para el objeto de la acusación?

¿Los tribunales nacionales consideraron la pertinencia de dicho testimonio y proporcionaron razones suficientes para su decisión de no examinar al testigo en el juicio?

¿La decisión de los tribunales nacionales de no examinar al testigo comprometió la equidad general del proceso?

[...]

(a) ¿La solicitud para examinar a un testigo estaba suficientemente motivada y era pertinente para el objeto de la acusación?

Con respecto al primer elemento [...] lo relevante es la pertinencia del testimonio del testigo respecto al objeto de la acusación y su capacidad para influir en el resultado del proceso.

A la luz de la evolución de su jurisprudencia conforme al artículo 6 del Convenio, el Tribunal considera necesario aclarar el estándar, ampliando su alcance no solo a las solicitudes de la defensa para convocar a testigos capaces de influir en el resultado del juicio, sino también a aquellos que razonablemente puedan fortalecer la posición de la defensa.

Por tanto, la pertinencia del testimonio también es determinante para valorar si el demandante ha presentado "razones suficientes" para su solicitud de convocar a un testigo, ya que la solidez del razonamiento considerado "suficiente" depende del papel que dicho testimonio desempeñe en las circunstancias de un caso concreto

(b) Si los tribunales nacionales consideraron la pertinencia de dicho testimonio y proporcionaron razones suficientes para su decisión de no examinar a un testigo en el juicio

El segundo elemento del test exige que los tribunales nacionales consideren la pertinencia del testimonio solicitado por la defensa y les obliga a proporcionar razones suficientes para sus decisiones. Estos requisitos están bien establecidos en la jurisprudencia del Tribunal (véanse, por ejemplo, Popov, citado supra, § 188, y Topić, citado supra, § 42).

[...]

En consecuencia, cuanto más sólidas y de mayor peso sean las razones presentadas por la defensa, más estricto deberá ser el escrutinio y más convincente el razonamiento de los tribunales nacionales si rechazan la solicitud de examinar a un testigo.

(c) Si la decisión de los tribunales nacionales de no examinar a un testigo comprometió la equidad general del proceso

El cumplimiento de los requisitos de un juicio justo debe examinarse en cada caso en función del desarrollo del procedimiento en su conjunto y no sobre la base del análisis aislado de un aspecto o incidente particular (véase Ibrahim y otros, citado supra, § 251).

A juicio del Tribunal, la preservación de la equidad general como criterio final para la evaluación del proceso garantiza que el test de tres etapas antes expuesto no se vuelva excesivamente rígido o mecánico en su aplicación. Aunque las conclusiones en los dos primeros pasos del test serán generalmente indicativas de si el proceso fue equitativo, no se puede descartar que en ciertos casos —excepcionales, sin duda— consideraciones de equidad puedan justificar una conclusión contraria.

BIBLIOGRAFÍA

- AGUILERA DE PAZ, *Comentarios a la Ley de Enjuiciamiento Criminal*, 6 volúmenes, Reus, 1924.
- BANACLOCHE/ZARZALEJOS, *Aspectos fundamentales del Derecho procesal penal*, La Ley, 2025.
- BARJA DE QUIROGA y otros, *Ley de Enjuiciamiento Criminal. Comentarios, concordancias, jurisprudencia, legislación complementaria e índice analítico*, Colex, 2018.
- GÓMEZ COLOMER (con BARONA/ESPARZA/ETXEBERRÍA/MARTÍNEZ/PLANCHADELL), *Proceso penal. Derecho procesal III*, Tirant lo Blanch, 2024.
- LUACES, *Comentarios a la Ley de Enjuiciamiento Criminal*, t. II (Barja de Quiroga dir.), Tirant lo Blanch, 2024.
- MELÓN MUÑOZ, A., y otros, *Procesal Penal*, Memento Práctico Lefebvre, 2022.
- MORENO CATENA/CORTÉS, *Derecho procesal penal*, Tirant lo Blanch, 2024.
- MORENO CATENA y otros, *El proceso penal*, 5 volúmenes, Tirant lo Blanch, 2000.
- PRIETO-CASTRO/GUTIÉRREZ DE CABIEDES, *Derecho procesal penal*, Tecnos, 1987.
- ROMERO PRADAS, *El sobreseimiento*, Tirant lo Blanch, 2002.
- TOMÉ GARCÍA, (con DE LA OLIVA/ARAGONESES/HINOJOSA/MUERZA), *Derecho procesal penal*, Editorial Universitaria Ramón Areces, 2007.

Capítulo 43

El sobreseimiento. La apertura de juicio oral

María Luzón Cánovas
Fiscal
Inspección Fiscal FGE

1. REFLEXIÓN PRELIMINAR ACERCA DE LA COMPETENCIA PARA CONOCER DE LA FASE INTERMEDIA Y LA IMPARCIALIDAD DEL TRIBUNAL

La atribución a distintos órganos jurisdiccionales de la competencia objetiva para la investigación y para el enjuiciamiento de una causa es, desde su configuración en la LECrim, una garantía de imparcialidad del órgano llamado a dictar sentencia. Así lo proclama el legislador de 1882, en su Preámbulo, al conformar el procedimiento penal separando «las investigaciones del Juez instructor» del «juicio verdadero» que comienza «con la calificación provisional y la apertura de los debates delante del Tribunal que, extraño a la instrucción, va a juzgar imparcialmente».

Ahora bien, estos dos grados de actuación no son contiguos. Con el cierre de la instrucción de un procedimiento penal, se abre otra fase conocida como «fase intermedia», que antecede a la fase procesal de enjuiciamiento. En el procedimiento abreviado esta fase aparece claramente delimitada por el legislador bajo la rúbrica «De la preparación del juicio oral» (arts. 780 a 784 LECrim) que se inicia tras el auto ordenando la continuación de la causa por los trámites del procedimiento abreviado (art. 779.1.4ª LECrim) hasta, excepción hecha de que se acuerde el sobreseimiento, el dictado del auto de apertura de juicio oral y la remisión de las actuaciones al órgano competente para el enjuiciamiento. En el procedimiento ordinario su extensión no es tan clara pues, aunque generalmente la doctrina considera que abarca desde que el auto de conclusión del sumario, con el sumario, es recibido por el tribunal de enjuiciamiento (art. 626 LECrim) hasta que este dicta, en su caso, el auto de apertura de juicio oral (art. 633 LECrim), criterio mantenido en esta obra, hay autores que sostienen (GIMENO SENDRA, p. 402; GUERRERO, pp. 156-157) que en la fase intermedia deben entenderse incluidos los artículos de previo pronunciamiento en tanto su estimación puede impedir la celebración del juicio determinando el sobreseimiento de la causa.

En cualquier caso, lo que es indiscutible es que en esta fase intermedia se ha de resolver sobre la procedencia de abrir o no el proceso decisorio, el juicio oral, con la sustancial diferencia, en estos procedimientos, de la atribución de la competencia objetiva para su conocimiento, pues en uno, el procedimiento abreviado, el conocimiento de la fase intermedia recae sobre el juez que ha instruido la causa, y en el otro, el procedimiento ordinario, en el tribunal llamado a enjuiciarla, cuestionándose en ambos casos, aunque desde distintos planteamientos, la imparcialidad del juez o del tribunal.

1.1 El juez encargado de la instrucción decide sobre la apertura del juicio oral

En el procedimiento abreviado se cuestiona la imparcialidad del *juez instructor* entendiendo que la actividad llevada a cabo para la comprobación o averiguación del delito y del delincuente le impide valorar desinteresadamente «los méritos de una investigación que el mismo ha realizado», tanto a la hora de presentar la *tesis acusatoria*, que implica el auto de procedimiento abreviado, como para realizar el *juicio de acusación*, que supone decidir sobre la apertura de juicio oral (QUINTERO JIMÉNEZ, pp. 262-263). Se considera que la decisión en torno a la apertura del juicio oral, como estadio final de la imputación, debería corresponder al órgano con competencia para conocer el proceso decisorio (LIBANO, pp. 181-182), o a un tercer juez ajeno a la instrucción y desligado del posterior enjuiciamiento (GUERRERO, p. 165) y, finalmente, se reprocha que el *juez instructor* pueda acordar el sobreseimiento, cuando exista una parte que previamente ha presentado escrito de acusación y solicitado la apertura del juicio oral (art. 783.1 LECrim).

Debe advertirse que, aunque centradas en el procedimiento abreviado, las mismas críticas pueden estimarse respecto de aquellos otros procedimientos en que es el juez instructor[1] quien resuelve sobre la procedencia del sobreseimiento o la apertura del juicio oral, como es el caso del procedimiento para el enjuiciamiento rápido de determinados delitos, cuyo art. 800.1 LECrim remite a la regulación de los arts. 782 y 783 para el procedimiento abreviado, o como ocurre en el procedimiento regulado por la LO 5/1995, en donde la resolución se produce tras la celebración de la audiencia preliminar (art. 32.1 LOTJ) y el auto de apertura de juicio oral, como en el procedimiento abreviado (art. 784.3 LECrim), no es susceptible de recurso (art. 32.2 LOTJ), a salvo, conviene puntualizar, en relación a los pronunciamientos contenidos en el mismo en los que se acuerde el sobreseimiento de algún hecho o algún investigado (STS 14/10/2021 [*Tol 776/2021*]).

Planteadas las dudas doctrinales sobre la contaminación del juez instructor para resolver sobre el sobreseimiento o la apertura del juicio oral, lo cierto es que este modelo implica la total autonomía de la fase de enjuiciamiento respecto de las actuaciones de las fases anteriores, otorgando al tribunal llamado a conocer y fallar la causa una completa imparcialidad.

El derecho a un juez imparcial forma parte del derecho fundamental a un proceso con todas las garantías (art. 24.2 CE), pudiendo diferenciarse entre la imparcialidad subjetiva o personal, que exige que el juez no considere asuntos que le sean ajenos, esto es, que no tenga interés alguno en los mismos, y la

1 En adelante, y para mayor claridad y sencillez en la redacción, salvo que merezca mayor concreción en el texto que se introduzca su referencia, nos referiremos al «*juez instructor*» como a cualquiera de los jueces con competencia funcional en materia de investigación judicial de delitos, en el bien entendido de que con esta denominación nos referimos al juez unipersonal integrado en la Sección que corresponda del Tribunal de Instancia competente (o, en su caso, al juez de la Sección de Instrucción del Tribunal Central de Instancia, cuando de la Audiencia Nacional hablamos) —*v.gr.* Sección de Instrucción o de la Sección Única de Civil y de Instrucción, Sección de Violencia sobre la Mujer, o Sección de Violencia contra la Infancia y Adolescencia—, o al juez correspondiente del TS o TSJ al que se le atribuya dicha competencia funcional cuando la competencia objetiva venga determinada a dichos tribunales por razón de aforamiento del investigado. Asimismo, dicha referencia al «*juez instructor*» lo es también teniendo en cuenta la posibilidad de que, en los casos determinados en el art. 84.6 LOPJ, se nombre a dos jueces, conforme a un turno preestablecido y público, para que, junto con el juez a quien le hubiere sido turnado el asunto inicialmente, se encarguen de la instrucción de un determinado proceso penal. En el capítulo 5 de esta obra puede consultarse una explicación completa del nuevo modelo orgánico de los Tribunales de Instancia que introduce la LO 1/2025.

imparcialidad objetiva o procesal, por la que se asegura que «el juez no ha tenido un contacto previo con el *thema decidente*» (STC 155/2002 [*Tol 2558487*], con cita de otras muchas). La garantía de imparcialidad objetiva pretende evitar que «influya en el juicio o en la resolución del recurso la convicción previa que un juez se haya formado sobre el fondo del asunto al decidir en anterior instancia o, incluso, al realizar actos de investigación como instructor» (STC 157/1993 [*Tol 82180*]). Desde esta consideración del juez imparcial, el que en el procedimiento abreviado se residencie la fase intermedia en el juez instructor, y no en el de enjuiciamiento, garantiza plenamente la imparcialidad del órgano decisor (STC 186/1990 [*Tol 81858*]).

En este sentido, el TC señala (STC 32/1994 [*Tol 82441*]) que, en su vertiente objetiva, la garantía de imparcialidad «se afirma únicamente respecto del acusado» y no es alegable en fase de instrucción ya que «la lesión del derecho a la imparcialidad sólo se consuma tras el fallo de la causa por el titular del órgano judicial en primera instancia», esto es, «cuando se constata efectivamente que el juez o magistrado que ha realizado auténticas actividades de instrucción, ha intervenido también en el enjuiciamiento del acusado».

A pesar de esta categórica afirmación entendemos que, en cualquier fase procesal, la obligación de imparcialidad del juez exige que no realice actos ni mantenga con las partes «relaciones jurídicas o conexiones de hecho que puedan poner de manifiesto o exteriorizar una previa toma de posición anímica a favor o en su contra» (STS de 15/09/2005 [*Tol 711444*]), por lo que resulta necesario hacer una sucinta reflexión sobre la posición del juez instructor en esta fase intermedia del procedimiento abreviado, saliendo al paso de las dudas doctrinales sobre su imparcialidad. Así:

a) La convicción a la que llega el juez instructor para resolver, de entre las distintas posibilidades que establece el art. 779.1 LECrim, la continuación de la causa por los trámites del procedimiento abreviado, no supone una tacha en sí misma, máxime cuando el auto en el que se acuerda es susceptible de revisión por él mismo (recurso de reforma) y, especialmente, por el tribunal superior jerárquico (recurso de apelación). Si reparamos en su contenido y finalidad, este auto supone una salvaguarda del derecho de defensa al delimitar el proceso desde un punto de vista fáctico y subjetivo, evitando así acusaciones sorpresivas o infundadas (STS de 30/05/2003 [*Tol 293905*]).

b) Una vez dictado el auto previsto en el art. 779.1.4ª LECrim, el juez, por más *contaminado* que esté por la labor llevada a cabo en instrucción, no puede adoptar la decisión de abrir juicio oral de oficio. Los que consideran que los prejuicios acumulados por el juez instructor le conducen a pretender el enjuiciamiento del investigado, no contemplan la labor que en esta fase desempeña el Ministerio Fiscal el cual, si bien puede mantener una tesis acusatoria, en absoluto queda vinculado por el auto de procedimiento abreviado estando su actuación sujeta, en todo caso, a los principios de legalidad e imparcialidad (art. 124.2 CE).

En efecto, la decisión de abrir el juicio oral está supeditada a su previa solicitud por las partes acusadoras (art. 783.1 LECrim). Por más que el juez instructor, convencido de la necesidad de abrir juicio oral, pueda intentar la personación de ofendidos o perjudicados por el delito, o recurrir al superior jerárquico del fiscal que ha solicitado el sobreseimiento (art. 782.2 LECrim), si todas las partes personadas solicitaran el sobreseimiento, deberá acordarlo, como manifestación del principio acusatorio y exigencia del principio del juez imparcial, que impide que el juez asuma procesalmente funciones propias de una parte (STS de 26/05/2020 [*Tol 7960632*]).

Aun cuando, a efectos meramente dialécticos, pueda sostenerse una tendencia del juez instructor que ha dictado el auto de procedimiento abreviado a abrir el juicio oral, esta predisposición no alcanzaría sus frutos sin la intervención del MF, frecuentemente única parte «acusadora», a salvo que las dudas sobre la imparcialidad en la actuación del *juez instructor* también se proyecten sobre el MF, lo que consideramos carece de fundamento objetivo.

c) De otra parte, a pesar de que las acusaciones soliciten la apertura del juicio oral, el juez no la acordará cuando entienda que «el hecho no sea constitutivo de delito» o no existan «indicios racionales de criminalidad contra el acusado» (art. 783.1).

Estos supuestos que, en la práctica, son habitualmente advertidos por el MF, implican en el juez instructor una nueva reflexión sobre el alcance del resultado de la fase de instrucción, lo que le distancia de la censura de obrar con cierto automatismo derivado de sus decisiones adoptadas en fase de instrucción —v.gr. admisión de la querella, declaración como investigado...—. La posible valoración del juez instructor que acuerda el sobreseimiento después de haber dictado el auto de prosecución por los trámites del procedimiento abreviado, además de evidenciar su imparcialidad, supone una función de garantía y defensa de los imputados frente a las pretensiones de las acusaciones.

1.2 El tribunal que decide sobre la apertura de juicio oral es el competente para el enjuiciamiento en primera instancia

En el sumario ordinario, la función del juez instructor termina con el dictado del auto de conclusión del sumario, pasando a partir de ese momento a conocer de la fase intermedia el tribunal competente para su conocimiento y fallo quien, previo traslado a todas las partes (art. 627 LECrim), resuelve si la instrucción debe entenderse concluida, revocando o confirmando dicho auto y decidiendo, en este último caso, si debe acordarse el sobreseimiento de la causa o la apertura del juicio oral. Desde el punto de vista de la imparcialidad objetiva, la duda se suscita precisamente en el hecho de que el mismo órgano jurisdiccional que decide sobre la apertura del plenario sea el que falla la causa.

Las directrices generales a tener en cuenta en el debate sobre la imparcialidad del tribunal de enjuiciamiento pueden resumirse en las siguientes:

a) La garantía de imparcialidad pretende asegurar que los jueces y magistrados que intervengan en la resolución de una causa se acerquen a la misma «sin prevenciones ni prejuicios que en su ánimo pudieran quizá existir a raíz de una relación o contacto previos con el objeto del proceso» (STC 157/1993 [*Tol 82180*]).

b) «Lo que está en juego es la confianza que debe inspirar en el público un tribunal en una sociedad democrática. Por lo tanto, debe retirarse cualquier juez sobre el que recaiga una legítima razón para temer una falta de imparcialidad» (STEDH 15/10/2009, [*Tol 9071664*]).

c) No todo acto del juez o tribunal que implique un contacto previo con el material probatorio compromete su imparcialidad ni le inhabilita para conocer del juicio oral, sino sólo aquellos que pueda ocasionarles una «convicción anticipada sobre la participación del imputado en el hecho punible» (STC 142/1997 [*Tol 252318*]). Es la investigación directa lo que forma el núcleo esencial de una instrucción, de modo que la intervención del juez antes de la vista no siempre tiene carácter de instrucción, ni permite recusarle por la causa prevista en el art. 219.11ª LOPJ, siendo ejemplo que en el procedimiento penal ordinario las Audiencias Provinciales «incluso decretan de oficio la práctica de nuevas diligencias al conocer del auto de conclusión del sumario» (STC 145/1988 [*Tol 109346*]).

d) No cabe hacer una relación de actuaciones o decisiones que en todo caso comprometen la imparcialidad judicial, debiendo comprobarse, en cada supuesto particular, el alcance de las mismas en el enjuiciamiento (STEDH de 24/05/1989, caso Hauschildt c. Dinamarca [*Tol 223277*] y

STC 26/2007 [*Tol 1032210*]). No obstante, «son causas significativas de tal posible inclinación previa objetiva», además de la realización de actos de instrucción, «la adopción de decisiones previas que comporten un juicio anticipado de culpabilidad» (STC 143/2006 [*Tol 922665*]).

e) La acumulación en un mismo órgano de la fase intermedia y la del juicio oral no supone una vulneración del juez imparcial pues, habiendo concluido la fase de instrucción, tan solo hay funciones «de enjuiciamiento sobre la apertura o no de la audiencia y de su efectiva realización» (STC 60/1995 [*Tol 82800*]), en la que se debatía la constitucionalidad del art. 15 LORPM, y por ello habla de «audiencia» y no de «juicio oral», pero en la que también se hace referencia al proceso penal ordinario para delitos graves)

f) En principio, la imparcialidad del juez ha de presumirse y los datos que puedan objetivamente poner en cuestión su idoneidad han de ser probados, no bastando la mera alegación de parcialidad dado que, de una parte, el juez de cada caso viene determinado por normas predeterminadas de competencia objetiva y, de otra, que tanto la infracción a sabiendas del deber de abstención, como la abstención injustificada (arts. 417.8 y 418.15 LOPJ), «constituyen graves ilícitos de naturaleza disciplinaria en los que el juez podría incurrir de incumplir el deber profesional fundamental de actuar con imparcialidad» (STC 133/2014 [*Tol 4471869*]).

A tenor de la doctrina expuesta, y no habiéndose planteado cuestión de inconstitucional sobre la actuación del tribunal enjuiciador en la fase intermedia, tanto el TC y como el TEDH evitan hacer pronunciamientos generales, adoptando un criterio casuístico a la hora de valorar su falta de imparcialidad.

Prescindiendo del posible conocimiento del proceso que el tribunal enjuiciador haya podido tener por haber realizado alguno de sus componentes, diligencias de instrucción, o por su actuación al conocer de recursos de apelación, pasamos a referirnos a la actividad desplegada por el tribunal competente para el enjuiciamiento de una causa durante la fase intermedia y la posible pérdida de su imparcialidad objetiva. Así:

a) La revocación del auto de conclusión del sumario puede venir motivada por la necesidad de ultimar la instrucción con la práctica de diligencias complementarias (art. 631 LECrim), revocación que las partes solo pueden solicitar ante el tribunal superior en este trámite al no ser dicho auto susceptible de recurso de apelación (art. 217 LECrim). La resolución por la que el tribunal resuelve la revocación no afecta a su posición imparcial ante el proceso, no solo porque puede pedirla tanto acusación como defensa, sino porque el tribunal se limita a verificar la razonabilidad de la petición.

Ahora bien, en el hipotético supuesto en que el tribunal acordara de oficio la revocación, sí estaría comprometiendo su imparcialidad objetiva «por haberse contaminado de tomar decisiones sobre práctica de diligencias que representen la formación de un prejuicio sobre el fondo del asunto», lo que justificaría que las partes plantearan un incidente de recusación (CONDE-PUMPIDO, p. 2120).

b) La revocación del auto de conclusión del sumario, sea o no de oficio, acordada para que el juez instructor adecúe el procedimiento a las normas del procedimiento abreviado, no afecta a su imparcialidad siendo una resolución de carácter técnico derivada de la exigencia de cualquier órgano judicial de revisar su propia competencia y de cumplir las normas procesales en cuanto al procedimiento a seguir.

c) Cabe plantearse el supuesto de que, en la revocación del auto de conclusión del sumario, se acuerde que el juez instructor procese a una persona o amplíe los hechos por los que ha sido procesada.

El presupuesto material del auto de procesamiento es que existan indicios racionales de criminalidad (art. 384 LECrim), cumpliendo la función de determinar la legitimación pasiva y el objeto de proceso por lo que, en sí mismo, supone un acto de inculpación formal, por más que sea provisional. Ello supone que la asunción de esta función por el tribunal encargado del enjuiciamiento puede poner en entredicho su imparcialidad.

Para ilustrar esta cuestión suele invocarse la casuística doctrina del TEDH refiriendo que, si bien en el asunto «Castillo Algar c. España» (STEDH de 28/10/1998 [*Tol 120075*]) se reconoció la violación del art. 6.1 del Convenio Europeo en cuanto al derecho de toda persona a que su causa sea oída equitativamente por un tribunal imparcial que decida sobre el fundamento de cualquier acusación penal dirigida contra ella, en el asunto «Garrido Guerrero c. España» (TEDH, Resolución de inadmisión de 02/03/2000) no se entendió así. Es de advertir que ambos supuestos se referían a miembros del tribunal sentenciador que habían formado parte de la Sala que confirmó el auto de procesamiento por lo que, siendo resueltas de forma distinta, puede concluirse que la previa intervención del tribunal o de alguno de sus miembros resolviendo recursos contra decisiones del juez instructor, no siempre determina una afectación negativa de la imparcialidad.

Ahora bien, sin perjuicio de tener presente esta doctrina, la cuestión que nos planteamos es otra; a saber: si el tribunal llamado a enjuiciar la causa puede perder la imparcialidad objetiva cuando, al amparo del art. 630 LECrim., resuelve sobre el procesamiento de una persona, por más que éste haya sido solicitado por una parte procesal. En efecto, para adoptar esta resolución el tribunal ha tenido que estudiar el material acopiado durante la instrucción y hacer una valoración del mismo antes de decidir que existen indicios racionales, descartados por el instructor, sobre la participación de una persona en los hechos sometidos a su consideración, valoración que, entendemos, compromete en todo caso su imparcialidad (en este sentido STS de 18/07/2003 [*Tol 305588*]; STC 170/1993 [*Tol 82193*]).

d) Confirmado el auto de conclusión del sumario, la decisión sobre la apertura del juicio oral o el sobreseimiento se resuelve de manera similar a la establecida para el procedimiento abreviado. Si el MF y la acusación particular solicitan el sobreseimiento y, en su caso, resulta infructuoso el ofrecimiento a los interesados para que ejerciten la acción penal (art. 642 párr. 1º LECrim) o el fiscal jerárquicamente superior no disiente del criterio del fiscal que ha solicitado el sobreseimiento (art. 644 LECrim), el tribunal estará obligado a acordarlo. En cuanto a la apertura del juicio oral, siempre que alguna de estas partes lo solicite, el tribunal (art. 645 LECrim) «no podrá prescindir de la apertura del juicio» salvo que acuerde el sobreseimiento libre establecido en el art. 637.2 LECrim lo que, desde el punto de vista de la configuración del sumario, tiene una lógica absoluta pues carecería de sentido práctico y jurídico que un tribunal entrara a valorar unos hechos que, al margen de su acreditación, no considera constitutivos de delito.

A efectos prácticos, las inevitables dudas que pueden surgir sobre la imparcialidad objetiva del juez, por su vinculación con la instrucción, o del tribunal, por adoptar decisiones que puedan suponer un prejuicio, en especial las referidas al procesamiento de una persona (cfr. art. 384 párr. 6 LECrim), exigen de quien así recele que las plantee a través de la recusación, tan pronto «como se tenga conocimiento de la causa en que se funde» (arts. 223.1 LOPJ y 56 LECrim) para evitar que sean inadmitidas a trámite y que puedan suponer la desestimación del recurso de amparo por no haberlo intentado oportunamente (STC 138/1991 [*Tol 80552*]).

En cualquier caso, y dejando a salvo el uso por las partes de este instituto de la recusación, o que el juez o magistrado se abstenga del conocimiento de un asunto cuando en el concurre causa de recusación (arts. 217 y ss. LOPJ), evitando que las dudas sobre su imparcialidad puedan convertirse «en un menoscabo y obstáculo a la confianza que los Tribunales de una sociedad democrática deben inspirar a los justiciables» (STC 142/1997 [*Tol 252318*]), nos alineamos con quienes propugnan la instauración de un órgano judicial distinto del que instruye y del que enjuicia, con competencias para conocer exclusivamente de la fase intermedia (SIGÜENZA, pp. 105 y 107).

2. EL SOBRESEIMIENTO: CONCEPTO Y REGULACIÓN

2.1 Concepto

En contraposición o alternativa a la resolución por la que se acuerda la apertura del juicio oral, se encuentra la que resuelve el sobreseimiento de la causa, esto es, el fin del procedimiento penal con carácter provisional o definitivo, total o parcial. El sobreseimiento se configura como un modo ordinario de terminación de un proceso cuando no se dan los presupuestos materiales y formales para continuar el procedimiento y abrir el juicio oral.

En el proceso penal, la fase de instrucción se abre con el simple conocimiento de un hecho aparentemente delictivo, llevándose a cabo las actuaciones necesarias para su comprobación y descubrimiento del autor en orden a «preparar el juicio» (art. 299 LECrim). Al margen de lo dispuesto en el art. 779.1.1ª LECrim para el procedimiento abreviado, en la fase intermedia, una vez determinado que la fase de instrucción está bien concluida, las partes acusadoras —dejando a salvo lo dispuesto en los arts. 645.1 y 783.1 LECrim—, serán las que deberán decidir si el material recabado ampara el debido ejercicio de la acción penal contra una persona determinada, esto es, si las diligencias llevadas a cabo en instrucción se configuran como presupuesto suficiente para la apertura del juicio oral. Deben examinar, en fin, si los hechos son constitutivos de delito y si existen razones justificadas para acusar de él a alguien en concreto. Desde esta consideración, la función de la instrucción, a pesar del tenor del art. 299 LECrim, no puede reducirse a la preparación del juicio, pues también es función de esta fase procesal, «evitar precisamente la celebración de los juicios que resulten innecesarios». La fase de instrucción, objeto de valoración en la fase intermedia, sirve «para determinar el devenir del proceso», que continuará con la apertura y celebración del juicio oral o concluirá, sin necesidad de que se celebre, mediante el sobreseimiento (ROMERO, pp. 59-60).

Sin perjuicio del tratamiento individualizado de cada tipo de sobreseimiento, debemos apuntar las siguientes líneas comunes:

a) El auto de sobreseimiento, provisional o definitivo, cuando ya no procede contra él recurso alguno, es una resolución firme que pone fin al procedimiento penal. Desde el punto de vista de la presunción de inocencia, «el sobreseído ha de ser tenido como inocente a todos los efectos [...] dado que no se ha producido una decisión condenatoria en forma de sentencia» (STC 43/1983-*Tol 79/2010*).

b) Aunque el derecho a la tutela judicial efectiva consagrado en el art. 24 CE se satisface primordialmente mediante una sentencia de fondo que se pronuncie sobre las pretensiones sostenidas por las partes del proceso, también se satisface «mediante otro tipo de resolución fundada en Derecho, cuando así lo requiera o lo determine la naturaleza y las características del procedimiento seguido» (STC 40/1988 [*Tol 80151*]). El derecho constitucional no se ve vulnerado por la resolución de sobreseimiento «siempre que se hayan respetado las garantías procesales que incluye el agotar los medios de investigación procedentes» (STC 46/1982 [*Tol 79019*]). En este aspecto, no solo se exige «una razonada y razonable concurrencia de los motivos legalmente previstos para acordar el sobreseimiento», sino también «que la investigación de lo denunciado haya sido suficiente y efectiva, ya que la tutela que se solicita consiste inicialmente en que se indague sobre lo acaecido» (STC 87/2020 [*Tol 8062061*]).

c) La decisión acerca de la modalidad de sobreseimiento que corresponda adoptar en cada caso concreto es una cuestión de legalidad ordinaria. La vulneración de la tutela judicial efectiva tan solo se producirá si la resolución de sobreseimiento careciera de fundamentación razonable, fuera arbitraria o pudiera ser entendida «como elusión de una resolución de fondo por una causa no prevista legalmente» (STC 212/1991 [*Tol 81896*]).

d) La conclusión de un proceso penal mediante sobreseimiento libre o provisional no excluye la responsabilidad en otros ámbitos quedando abierta, v.gr., la posibilidad de ejercicio de la acción de responsabilidad civil extracontractual (art. 1902 CC), aunque no la *ex delicto* que requiere la existencia de condena penal (STS (Sala Civil) de 27/10/2011 [*Tol 2263658*]).

e) El sobreseimiento, como forma de terminación del procedimiento, puede dictarse en el ámbito de las diligencias previas como alternativa al auto ordenando la continuación de la causa por los trámites del procedimiento abreviado y por tanto adelantándose a la fase intermedia (art. 779 LECrim) o, una vez en ella, si no existe parte acusadora que ejercite la acción penal. En el sumario ordinario el sobreseimiento solo puede acordarse en la fase intermedia como alternativa a la apertura del juicio oral (art. 632 LECrim) o, abierto el juicio oral, en el eventual trámite de cuestiones previas, cuatro de las cuales (art. 666. 2ª a 5º LECrim), de ser estimadas, determinaran el sobreseimiento libre de la causa (art. 675 y 677 LECrim). De igual modo, en el procedimiento ante el Tribunal del Jurado, el sobreseimiento puede ser acordado tanto en la fase intermedia (art. 32 LOTJ), como abierto el juicio oral, si el Magistrado-Presidente estimara alguna de las cuestiones previas que le puedan ser planteadas (art. 36 LOTJ).

2.2 Regulación

Aunque con carácter general la figura del sobreseimiento aparece regulada para el sumario ordinario bajo la rúbrica «Del sobreseimiento» (arts. 634 a 645 LECrim) siendo sus reglas, por tratarse del procedimiento tipo, aplicables
1824 al resto de procedimientos, existen otras normas diseminadas a lo largo de la LECrim que determinan la competencia, el tiempo y la forma de solicitar y acordar el sobreseimiento (arts. 627 a 633 y 780, 782 y 783); su procedencia de estimarse alguno de los artículos de previo pronunciamiento (art. 675 y 677); los efectos que puede producir [art. 541.3, 588 *bis* k)]; los presupuestos para acordarlo en diligencias previas, la obligación de su notificación y la posibilidad de que las víctimas puedan recurrirlo aunque no sean parte (art. 779.1.1ª); la presunción sobre su solicitud por el MF en las diligencias urgentes (art. 800.5); la imposibilidad de acordarlo en sentencia (art. 742) o los recursos que caben contra los autos de sobreseimiento libre (arts. 846 *ter* y 848), además de las concreciones que la LECrim realiza respecto a su aplicación en el procedimiento por delitos leves.

No existen más normas en la LECrim sobre esta institución las cuales, calificadas de «inadecuadas, imprecisas e incompletas», exigen una labor interpretativa en su aplicación que ha venido siendo realizada por la FGE y por la jurisprudencia del TS (ROMERO, p. 63).

2.2.1 El archivo de las actuaciones

En principio, la LECrim solo contempla la finalización del proceso mediante sentencia o sobreseimiento. No obstante, desde su origen, se establecieron en la Ley procesal otros supuestos en que, sin ninguna de estas resoluciones, el tribunal competente manda «archivar la causa», una vez concluso el sumario, en caso de «demencia» sobrevenida del procesado y hasta que recuperara la salud (art. 383 LECrim), o «archivará[n] los autos» cuando el procesado es declarado en rebeldía y se hallare pendiente el juicio oral (art. 841 LECrim). En ambos casos se produce una suspensión del proceso penal por tiempo indeterminado por lo que, aún no integrados en los supuestos contemplados en el art. 641 LECrim, debemos entenderlos como asimilados a las causas que determinan el sobreseimiento provisional. Ahora bien, el párr. primero del art. 383 LECrim, que autoriza al «Tribunal competente» a archivar la causa adoptando, sin juicio previo, las medidas de seguridad que el Código Penal prevé para los inimputables, debe ser entendido conforme a la garantías constitucionales establecidas en el art. 24 CE y el derecho a la libertad (art. 17 CE), de manera que el juez instructor podrá adoptar una medida preventiva de seguridad, «pero deberá remitir la causa a la Audiencia para que ésta juzgue de acuerdo a la ley al procesado que ha caído en estado de inimputabilidad» (STS de 23/07/2004 [*Tol 514613*]).

Por ultimo conviene aclarar que, desaparecida por Ley 38/2002, la figura del archivo de las actuaciones que como alternativa al sobreseimiento se establecía para el procedimiento abreviado en el art. 789.5.1ª LECrim (actual art. 779.1.1º), la referencia a «el archivo o el sobreseimiento» como instituciones diferentes que figura en el art. 778 LECrim carece de sentido, debiendo interpretarse estos términos como sinónimos.

2.2.2 La extinción de la responsabilidad criminal

Si bien, aunque indirectamente por la vía de la estimación de los artículos de previo pronunciamiento previstos en el art. 666. 3ª y 4ª LECrim, la prescripción y el indulto, como causas de extinción de la responsabilidad criminal previstas en el art. 130 CP, determinan el sobreseimiento libre de la causa (art. 675 LECrim), no prevé la LECrim los efectos procesales de otras causas establecidas en el mismo art. 130 CP; a saber, «la muerte del reo» (apdo. 1.1º) o «el perdón del ofendido» (apdo. 1.5º).

Ante la imprevisión de la ley, y no existiendo otras formas de terminación del proceso, debemos entender que los supuestos de sobreseimiento no se agotan en los expresamente contemplados en los arts. 637, 641, 675 y 677 LECrim, por lo que, partiendo de los presupuestos materiales y jurídicos de estas causas de extinción de la responsabilidad penal, deberá acordarse, por analogía, el sobreseimiento que corresponda conforme a los arts. 637 o 641 LECrim.

En caso de que la «muerte del reo» se produzca antes de juicio procede, conforme la Circular de la Fiscalía del TS (actual FGE) de 01/03/1887, acordar el sobreseimiento. Si la causa se siguiera por el procedimiento abreviado podrá dictarse al tiempo de tener constancia del mismo, debiendo, en caso del procedimiento ordinario, concluir el sumario y deducir la pretensión de sobreseimiento en la fase intermedia. No aclara la Fiscalía el tipo de sobreseimiento si bien, dado que la muerte extingue la responsabilidad criminal, deberá ser libre y fundarse en el art. 637.3 LECrim (MASCARELL, p. 56). Por otra parte, y por lo que se refiere a las personas jurídicas, aunque la formulación del art. 130.2 CP se refiera a los supuestos en que no se extingue su responsabilidad penal, *sensu contrario*, la efectiva y real disolución de la persona jurídica producirá los mismos efectos que la muerte de la persona física.

El «perdón del ofendido» está limitado, como causa de extinción de la responsabilidad criminal, a los «delitos leves perseguibles a instancias de la persona agraviada o la ley así lo prevea» (cfr. arts. 142.2, 147.4, 152.2, 171.7, 172.3, 173.4, 191.2, 201.3, 215.3 y 267, todos ellos del CP). El perdón, que no debe identificarse con la renuncia al ejercicio de la acción penal, aunque pueda ser equivalente en los delitos privados, supone la finalización del proceso en el estado en el que se encuentre. También sobre este supuesto se pronunció la Fiscalía del TS en la Memoria de 1899 entendiendo que procede acordar el sobreseimiento libre «comprendido en el número segundo del art. 637, por cuanto el perdón de la parte ofendida borra la culpa para los efectos penales». Al margen de que, analógicamente, parece tener más encaje en el art. 637.3 LECrim, dado que el hecho sigue siendo constitutivo de delito y lo que se extingue con el perdón es la acción para su castigo, su declaración no entraña ninguna dificultad procesal porque los posibles delitos en los que el perdón tiene su eficacia se desarrollan en el ámbito del procedimiento por delitos leves o del procedimiento abreviado, pudiendo el juez o magistrado que conozca del procedimiento acordar el sobreseimiento libre. Si el perdón fuera otorgado en fase de enjuiciamiento, procederá el dictado de sentencia absolutoria.

3. EL SOBRESEIMIENTO TOTAL Y PARCIAL

El primer artículo que la LECrim dedica al sobreseimiento establece las dos clasificaciones legales de esta institución al señalar que «El sobreseimiento puede ser libre o provisional, total o parcial» (art. 624 párr. 1º LECrim), no siendo estas dos clasificaciones incompatibles entre sí, de modo que se pueden dar cuatro tipos de combinaciones posibles: sobreseimiento libre o provisional y cada uno de ellos puede ser, a su vez, total o parcial.

Desde otro punto de vista, dependiendo de que el sobreseimiento afecte a las personas contra las que se dirige el proceso o a los hechos por los que se sigue, el sobreseimiento total o parcial puede acordarse por razones subjetivas o por razones objetivas o materiales.

3.1 Por razones subjetivas

El art. 634 LECrim, al desarrollar las diferencias entre el sobreseimiento total o parcial, solo estima la posibilidad de que el mismo favorezca a todos o a algunos de los procesados. Esto es, el legislador prevé exclusivamente los casos de litisconsorcio pasivo penal pero no los de acumulación de procesos penales fundados en razones objetivas.

Esta incompleta regulación puede explicarse desde la consideración de que el precepto, que mantiene su redacción original, entronca con la configuración del proceso que establecía el derogado, por Ley 41/2015, art. 300 LECrim, conforme al cual cada delito era «objeto de un sumario». Desde este planteamiento el sobreseimiento total, aun contemplado subjetivamente, podía tener su origen en una causa material que, al venir referida a un único hecho, produciría el mismo efecto. No obstante, el art. 634 LECrim, coherente con la máxima principal del art. 300, mantenida en el actual inciso primero del art. 17.1 LECrim, sigue olvidando lo prevenido en ambos preceptos respecto al enjuiciamiento conjunto de los delitos conexos.

Conforme al art. 634 párr. 2 LECrim, si el sobreseimiento fuera parcial, «se mandará abrir el juicio oral respecto de los procesados a quienes no favorezca», idea que se reproduce en el art. 640 LECrim, referido al sobreseimiento libre acordado por la causa establecida en el art. 637.3º LECrim, al limitar el sobreseimiento a quienes «aparezcan indudablemente exentos de responsabilidad criminal, continuándose la causa respecto a los demás que no se hallen en igual caso».

En definitiva, las diferencias entre el sobreseimiento total y parcial radican, conforme a la regulación legal, en la extensión subjetiva del sobreseimiento que puede favorecer a todos o alguno de los procesados o investigados.

3.2 Por razones objetivas

Al enjuiciarse en una misma causa los delitos conexos (art. 17.2 inciso segundo LECrim), así como cuando los delitos leves se enjuician conjuntamente con los delitos menos graves o graves en los términos establecidos en el art.

14.2 y 3 LECrim, se produce una acumulación objetiva de procesos penales con la posibilidad, no contemplada por el legislador, de que se pueda acordar el sobreseimiento parcial de la causa respecto a uno de esos delitos, continuando el procedimiento respecto del otro u otros, o resolver el sobreseimiento respecto de todos ellos.

Es interesante reparar en lo que la Sala Segunda del TS ha denominado «sobreseimientos encubiertos o tácitos», en donde, con los mismos hechos investigados, el tribunal impide conocer, por razón del procedimiento, un determinado ilícito penal. Esto puede ocurrir cuando, recurrido el auto de prosecución de la causa por los trámites del procedimiento abreviado, la Sala considere los hechos constitutivos de un delito leve, impidiendo la continuación del procedimiento conforme a la pretendida acusación por un delito más grave (*v.gr.* imprudencia menos grave en vez de imprudencia profesional, ATS de 15/06/2023 [*Tol 9626746*]), o cuando la acusación intenta sostener una calificación que debe tramitarse por sumario ordinario y se cierra esta vía al tramitar la causa por el procedimiento abreviado (STS de 12/05/2021 [*Tol 8436944*]). En tales casos, y a pesar de no existir un pronunciamiento expreso de sobreseimiento, el TS estima que la resolución firme que deniega la continuación de la causa por los trámites del procedimiento abreviado o del sumario, está acordando implícitamente el sobreseimiento libre parcial respecto del delito por el que se impide acusar por falta de adecuación del procedimiento. De esta forma, esta resolución se entiende asimilada al pronunciamiento expreso de sobreseimiento libre y, como tal, es susceptible de recurso de casación por la vía del art. 848 LECrim, sin perjuicio de que este tipo de autos, si son dictados en primera instancia por las Audiencias, queden sujetos al régimen de recursos establecido por Ley 41/2015, debiendo someterse al previo recurso de apelación (STS 15/07/2024 [*Tol 10117382*]).

4. EL SOBRESEIMIENTO LIBRE Y PROVISIONAL

Por los efectos que causan, la diferencia más importante entre los tipos de sobreseimiento es la existente entre el sobreseimiento libre, que produce idénticos efectos que una sentencia absolutoria sobre el fondo, y el sobreseimiento provisional, que conlleva la suspensión del proceso por tiempo indeterminado. Así, mientras el sobreseimiento libre reviste carácter definitivo y está dotado de autoridad de cosa juzgada, en el sobreseimiento provisional no precluye el proceso ni se producen los efectos de cosa juzgada, permitiendo proceder a su reapertura si aparecen nuevos elementos que lo justifiquen.

4.1 El sobreseimiento libre

El art. 637 LECrim establece los tres presupuestos en que ha de basarse este tipo de sobreseimiento, a los que se entienden equiparados, en los términos referidos anteriormente, la muerte del investigado o encausado (art. 130.1.1º CP), la disolución efectiva y real de la persona jurídica (art. 130.2 CP) y el perdón del ofendido (art. 130.1.5º CP). Además, como artículos de previo pronunciamiento, cuyo estudio corresponde al Capítulo siguiente, se prevén otros supuestos que determinan el sobreseimiento libre (arts. 675 y 677 LECrim), como son la cosa juzgada (art. 666.2ª LECrim), la prescripción del delito (art. 666.3ª LECrim), el indulto y, al margen del resultado de su estudio por el Tribunal Constitucional (art. 62.i CE), la amnistía, en la actualidad tan solo establecida en la LO 1/2024 (art. 666.4ª LECrim), así como la denegación de la autorización previa para procesar o suplicatorio (art. 666.5ª LECrim).

Sea como fuere, y aunque en este apartado nos centremos en las premisas del art. 637 LECrim, cualquier resolución de sobreseimiento libre, cuyos efectos de cosa juzgada material impiden la reapertura futura del procedimiento, exige que «a la decisión de sobreseer la causa se sobreañada un plus de inequivocidad e indiscutibilidad, que permite la anticipación de una decisión normalmente reservada al plenario» (STS de 11/03/1989 [*Tol 2364811*]).

Aunque existen diferentes clasificaciones de los supuestos de sobreseimiento libre, como la que los diferencia según se basen en motivos fácticos (art. 637.1 LECrim) o motivos jurídicos (art. 637.2 y 3 LECrim), o en motivos procedimentales (art. 637.2 LECrim) o de fondo (art. 637.1 y 3 LECrim) (MASCARELL, pp. 46 y 47), tradicionalmente, los presupuestos generales por los que procede el sobreseimiento libre se dividen entre aquellos que afectan al hecho —objetivos—, recogidos en el art. 637.1 y 2 LECrim, y los que afectan al presunto autor del delito —subjetivos—, a los que se refiere el art. 637.3 LECrim.

4.1.1 Presupuestos objetivos

Conforme al art. 637.1 LECrim, procederá el sobreseimiento libre «cuando no existan indicios racionales de haberse perpetrado el hecho que hubiere dado motivo a la formación de la causa», entendiendo por indicios, aquellos datos externos que permiten deducir razonadamente que se ha producido un determinado hecho, lo que no significa que tales datos o circunstancias tengan la fuerza necesaria para considerarlo probado. Desde este entendimiento, no debe confundirse la falta de «indicios racionales» sobre la existencia del hecho, que conducen a este motivo de sobreseimiento libre, con la existencia de indicios, pero insuficiencia de prueba de cargo sobre los mismos, que conduciría a acordar el sobreseimiento provisional previsto en el art. 641.1 LECrim. Por otra parte, «una cosa es la falta de indicios racionales de haberse cometido el delito [...] y otra muy distinta que se halle probada la inexistencia del delito imputado» (STC 34/1983 [*Tol 79201*]).

Procede también el sobreseimiento libre, al amparo del art. 637.2 LECrim «cuando el hecho no sea constitutivo de delito». Debe advertirse que si, conforme a los arts. 269 y 313 LECrim, el juez instructor ha de inadmitir las denuncias y querellas por hechos que no revistieren carácter de delito, el sobreseimiento libre por este motivo, decretado en una fase posterior, supone que ha sido necesaria una investigación para dilucidar esta cuestión. Por ello, y aunque desde el punto de vista de la tutela judicial efectiva no siempre es necesario que se realice una detallada y pormenorizada explicación de la falta de tipicidad de los hechos, «no puede estimarse idéntico el esfuerzo de motivación exigible a una resolución de archivo *ab initio* que a la realizada después de la práctica de un buen número de diligencias [...] que constituyen una entera instrucción de la causa». Desde otra perspectiva, si el juez instructor decide incoar el procedimiento y por tanto se presume que aprecia indicios de criminalidad, si «apenas un mes después, sin que conste la realización de actuación ninguna entre medias» acuerda el sobreseimiento libre por este motivo, deberá aportar los elementos que clarifiquen el cambio de criterio haciendo explícitas las razones por la que considera que los hechos carecen de ilicitud penal, entendiéndose en otro caso vulnerado el derecho a la tutela judicial efectiva (STC 191/1992 [*Tol 81971*]).

La expresión «cuando el hecho no sea constitutivo de delito» incluye tanto los supuestos en que no sea típico, como que no sea antijurídico por estimación de una causa de justificación (STS de 07/06/1988 [*Tol 2351435*]), esto es, aquellas que suponen que el hecho, a pesar de su apariencia criminal, es conforme a Derecho —*v.gr.* las establecidas en el art. 20.4, 5 y 7 CP. legítima defensa, estado de necesidad y obrar en cumplimiento de un deber o en el ejercicio legítimo de un derecho, oficio o cargo—.

El art. 639 LECrim establece que si resultare que «el hecho constituye una falta» habrá de dictarse el auto de sobreseimiento libre del art. 637.2º LECrim. Nuevamente la falta actualización de nuestra ley procesal se evidencia al no contemplar que, tras la derogación del Título III del Código Penal por LO 1/2015, ya no existen las *faltas*. No obstante, aun considerando que la mención a las *faltas* debe actualmente entenderse referida a los *delitos leves*, la polémica ya existente en torno a este precepto (SIGÜENZA, pp. 55 a 57; ROMERO, pp. 113 a 118), se mantiene. En efecto, la declaración de los hechos como *falta* o como *delito leve* no produce las consecuencias propias del sobreseimiento libre pues ni supone el archivo de las actuaciones, ni tiene el efecto característico de la cosa juzgada (arts. 634, 635 y 638 LECrim). La resolución se limita a remitir la causa al juez competente para su enjuiciamiento, lo que la aproxima a un supuesto de inadecuación del procedimiento dirimida antes de la conclusión del sumario (art. 624 LECrim) o del auto de procedimiento abreviado (art. 779.1.2ª LECrim). A pesar de esta importante diferencia, cuando la Audiencia Provincial, en el trámite de enjuiciamiento en el procedimiento ordinario, o al conocer del recurso de apelación en el procedimiento abreviado, acuerde la continuación del procedimiento por los trámites del *juicio de faltas* (de delitos leves), debe declarar el sobreseimiento libre por no ser los hechos constitutivos de delito grave o menos grave, pero sí de delito leve, como única forma de no sustraer esta resolución del recurso de casación (ATS de 15/06/2023 [*Tol 9635886*]).

Con todo, el problema más importante se produce cuando, después de haber instruido la causa, el cambio al procedimiento por delito leve lo realiza el juez instructor que resulta ser el competente para el enjuiciamiento de ese delito leve, en tanto que su imparcialidad objetiva puede quedar comprometida, constituyendo causa de abstención o recusación (art. 219.11ª LOPJ).

4.1.2 Presupuestos subjetivos

El último apartado del art. 637 LECrim refiere el sobreseimiento al hecho de que «aparezcan exentos de responsabilidad criminal los acusados como autores, cómplices o encubridores», con la precisión, establecida en el art. 640 LECrim de que los mismos aparezcan «indudablemente exentos de responsabilidad criminal, continuándose la causa respecto a los demás que no se hallen en igual caso», acogiendo este último inciso un supuesto de sobreseimiento libre parcial. Debe advertirse que, en tanto los «encubridores» no constituyen en el vigente CP una categoría de responsables penales, las personas a las que se refiere el precepto, cuya enumeración reproduce el art. 641.2 LECrim, serán las contempladas en los arts. 27 a 29 CP.

Directamente vinculada a la extensión del sobreseimiento del art. 637.2º LECrim, en el que se albergan las causas de justificación, el supuesto del art. 637.3º LECrim queda limitado a las causas de inimputabilidad (v.gr. la minoría de edad prevista en el art. 19, la enfermedad mental permanente o transitoria, la intoxicación plena por consumo de alcohol u otras sustancias y la alteración en la percepción del art. 20.1º, 2º y 3º CP) y de inculpabilidad (v.gr. el estado de necesidad y el miedo insuperable previstos en el art. 20. 5º y 6º CP) (SSTS de 23/11/2005 [*Tol 795456*], y de 25/04/2018 [*Tol 6602770*]).

Según resulta del art. 640 LECrim, la causa de exención de la responsabilidad criminal debe estar plenamente acreditada por lo que, para alcanzar esta certeza, será normalmente necesario que se abra el juicio oral en el que se desarrolle la prueba necesaria para su demostración. En este sentido, como ya mencionamos al tratar del archivo previsto en el art. 383 LECrim, tanto si la causa de inimputabilidad existe desde el momento de la comisión del delito como si sobreviene posteriormente, la imposición de una medida de seguridad exige la celebración del juicio oral en el que se acredite la comisión de un hecho previsto legalmente como delito, su autoría por el acusado, la concurrencia en éste de la causa de inimputabilidad y la necesidad de imposición de una medida desde el punto de vista del pronóstico de peligrosidad del sujeto. Ahora bien, para entrar a celebrar el juicio oral será necesario que el estado mental del acusado, al momento del inicio de las sesiones, le permita ejercitar «de forma consciente la intervención que la Ley le asigna en dicho acto y su derecho constitucional de defensa», debiendo, en caso contrario, proceder a la suspensión provisional y archivo de la causa hasta que esté en condiciones de afrontar el juicio oral. En caso de que se acreditara que la incapacidad mental del procesado «es de carácter permanente e irreversible en sus efectos, sin posibilidad de episodios lúcidos, deberá cesar toda intervención penal sobre el mismo», sin perjuicio de las actuaciones que pueda llevar a cabo el MF en el orden jurisdiccional civil (STS de 14/06/2006 [*Tol 964505*]).

Del mismo modo, en el procedimiento abreviado, y a pesar de lo prevenido en el art. 782.1 LECrim, cuando las partes acusadoras soliciten el sobreseimiento al amparo del art. 20.1º, 2º, 3º, 5º y 6º CP, la continuación del juicio hasta dictar sentencia para la imposición de medidas de seguridad y del enjuiciamiento de la acción civil, solo será posible, particularmente en los dos primeros números del art. 20 CP, si el investigado está en condiciones de comprender la acusación, el desarrollo del juicio y sus condiciones, y tiene capacidad para afrontar su propio interrogatorio, con comprensión del derecho a no declarar contra sí mismo, no confesarse culpable así como del derecho a la última palabra.

4.1.3 El recurso de casación en el sobreseimiento libre

La proposición contenida en el art. 636 LECrim, «Contra los autos de sobreseimiento solo procederá, en su caso, el recurso de casación», requiere ser precisada tras la reforma operada por la Ley 41/2015, teniendo presente que gran parte de los criterios interpretativos que la Sala Segunda del TS había instaurado anteriormente fueron adoptados por el legislador de 2015 y que, conforme el art. 848 LECrim, solo los autos de sobreseimiento libre son recurribles en casación y únicamente por infracción de ley.

Los criterios a tener en cuenta, compendiados en gran parte en la STS de 25/04/2018 [*Tol 6602770*], son los siguientes:

a) El recurso por infracción de ley contra los autos de sobreseimiento libre solo puede articularse por la vía del art. 849.1º (*error iuris*), no por la del art. 849.2º LECrim (*error facti*), «porque en rigor no se ha practicado prueba: no ha existido juicio oral y, por tanto, no se ha desplegado actividad probatoria» (STS de 23/07/2013 [*Tol 3887983*]).

b) Son recurribles en casación los autos dictados por la Audiencia en primera instancia en la fase intermedia del procedimiento ordinario, si bien habrán de ser recurridos previamente en apelación ante el TSJ (art. 846 *ter* LECrim), accediendo a la casación solo si son confirmados en esa sede.

c) También son recurribles en casación, sin necesidad de previa apelación ante el TSJ, los autos dictados por la Audiencia en el ámbito del procedimiento abreviado al resolver un recurso de apelación, tanto si confirma la resolución de sobreseimiento libre acordada por el instructor como si la adopta, *ex novo*, al estimar el recurso de apelación.

d) En uno y otro caso es necesario que el sobreseimiento se acuerde tras una imputación formal de los acusados, que en el sumario ordinario se concreta en el auto de procesamiento y, en el procedimiento abreviado, en el auto de transformación de diligencias previas en procedimiento abreviado previsto en el art. 779.4 LECrim (STS de 07/12/2017 [*Tol 6454776*]).

e) No es posible recurrir en casación los autos de sobreseimiento libre dictados al amparo del art. 637.1 LECrim en la medida que el art. 849.1º LECrim exige atenerse al hecho probado y, en el caso del art. 637.1 LECrim, lo que afirma la resolución es que los hechos no están probados.

f) Procede el recurso de casación contra la resolución judicial que declare que los hechos no son constitutivos de delito, es decir, el supuesto del art. 637.2 LECrim, único caso de los relacionados en el art. 637 LECrim en el que el juez o tribunal puede acordar el sobreseimiento de la causa a pesar de que haya sido solicitada por alguna parte la apertura del juicio oral (arts. 783.1 y 645, párrafo 2 LECrim).

g) La limitación de los autos recurribles a los de sobreseimiento del art. 637.2 LECrim, no impide que también sean recurribles los del art. 637.3

LECrim, «cuando se hubiera aplicado indebidamente el núm. 3 en vez del núm. 2», esto es, «en los casos en los que la exención de responsabilidad criminal del procesado pudiera dar lugar a que se considerase que el hecho no es constitutivo de delito» por aplicación, por ejemplo, de una causa de justificación (STS de 23/11/2005 [*Tol 795456*]).

4.2 El sobreseimiento provisional

Los dos supuestos por los que procede el sobreseimiento provisional se basan en motivos fácticos; a saber: que «no resulte debidamente justificada la perpetración del delito que haya dado lugar a la formación de la causa» (art. 641.1 LECrim) o que, pese a haberse cometido un delito, «no haya motivos suficientes para acusar a determinada o determinadas personas como autores, cómplices o encubridores» (art. 641.2 LECrim). En ambos casos nada obsta para que, de conocerse nuevos datos que acrediten el elemento fáctico o el elemento personal, pueda reabrirse la causa y continuar el proceso en el estado en que se sobreseyó. Si existe prueba suficiente sobre el hecho y sobre la persona que participó en su realización, no podrá acordarse el sobreseimiento provisional, el cual nunca procede por motivos jurídicos (MASCARELL, p. 47), siendo en el plenario donde deberán ser clarificadas y resueltas las cuestiones jurídicas.

La falta de justificación suficiente de la perpetración del delito (art. 641.1 LECrim), se encuentra íntimamente relacionada con el supuesto de sobreseimiento libre del art. 637.1 LECrim, que decaerá en favor del sobreseimiento provisional cuando exista algún indicio racional de la comisión del delito, aunque no exista prueba suficiente en la que se pueda sustentar la acusación.

El segundo motivo (art. 641.2 LECrim), alberga tanto los casos en que se desconoce quien cometió el delito, como aquellos en que existen indicios sobre la participación de una persona o personas concretas, pero no son «motivos suficientes para acusar». A la hora de acotar la significación de este término, resulta útil su comparación con las exigencias legales establecidas para dictar el auto de procesamiento o la prisión provisional, y así, mientras el auto de procesamiento debe dictarse cuando resultare «algún indicio racional de criminalidad contra determinada persona» (art. 384 párr. 1º LECrim), los «motivos suficientes para acusar» precisan de mayor certeza sobre su responsabilidad penal, como también son de mayor intensidad que contar con «motivos bastantes» a que se refiere el art. 503.1.2º LECrim para acordar la prisión provisional (ROMERO, pp. 219 a 223). De este modo se comprende que el sobreseimiento provisional del art. 641.2 LECrim puede acordarse, en la fase intermedia del sumario ordinario, aunque afecte a una persona que esté procesada en la causa (STC 40/1988 [*Tol 80151*]) siempre y cuando, respecto de la misma, no haya sido solicitada la apertura del juicio oral por el MF o la acusación particular pues, en tal caso, el tribunal deberá acordarla con la única excepción contenida en el art. 645 LECrim (STS de 05/12/2011 [*Tol 2394821*]).

En el ámbito de las diligencias previas, la indeterminación del autor del delito se contempla en dos momentos. En fase de instrucción, el art. 779.1 LECrim permite al juez acordar el sobreseimiento si «aun estimando que el hecho puede ser constitutivo de delito, no hubiere autor conocido». En la fase intermedia, el art. 783.1 LECrim establece que, a pesar de que las acusaciones hayan solicitado la apertura del juicio oral, el juez instructor puede acordar el sobreseimiento si estima «que no existen indicios racionales de criminalidad contra el acusado». A pesar de que los términos empleados en cada uno de estos preceptos pueden llevar a cierta confusión, debemos entender que tanto uno como otro son equivalentes al motivo de sobreseimiento contemplado en el art. 641.2 LECrim. Lo contrario nos llevaría a la equivocada conclusión, contraria a la agilidad que inspiran las normas del procedimiento abreviado, de que, recibida declaración en calidad de investigado a una persona, y por tanto existiendo un posible *autor conocido* (art. 779.1 LECrim), el instructor tenga que verse abocado a dictar auto de conversión de las diligencias previas en procedimiento abreviado aun no existiendo indicios de criminalidad contra él y que solo esa *falta de indicios* para acordar el sobreseimiento podría valorarla en la fase intermedia (art. 783.1 LECrim).

5. LOS EFECTOS DEL SOBRESEIMIENTO

El sobreseimiento acordado en la fase intermedia se plantea como alternativa a la apertura del juicio oral respecto a todas o parte de las personas o de todos o parte de los hechos investigados, pudiendo impedir el acceso a esa fase de plenario con carácter definitivo, en el caso de que sea libre, o suspender por tiempo indeterminado el proceso penal, en el caso de que sea provisional. Junto a este efecto principal, existen otros que pueden sistematizarse en comunes o específicos, según el sobreseimiento sea libre o provisional.

5.1 Efectos comunes

5.1.1 Piezas de convicción

El sobreseimiento total produce, como efecto inmediato, el archivo de la causa, entendido como acción de guardar la misma físicamente. En la actualidad, con la progresiva implantación del expediente digital judicial, el archivo viene representado por un mero apunte informático, recayendo las operaciones materiales exclusivamente sobre las piezas de convicción que puedan existir y que se archivarán si no tienen dueño conocido (art. 634 párr. 3º LECrim).

Conforme al art. 635 LECrim si las piezas de convicción tienen dueño conocido se le entregarán, salvo que un tercero solicite su retención «hasta que se resuelva la acción civil que se propusiere entablar», en cuyo caso deberá acreditar su interposición en el plazo que el juez le conceda al efecto. Pese a su literalidad, debe precisarse que:

a) Este «precepto no distingue ni exige qué clase de acción se pretende ejercitar» (AAP Madrid, de 21/11/2012, nº 1144/2012), por lo que abarca también las administrativa o tributarias (SAN, de 14/04/2021 [*Tol 8418824*]).
b) La retención pueda ser acordada de oficio (STS de 11/03/1999 [*Tol 5134515*]) en aquellos casos en que la intervención practicada en instrucción no sea conocida por el posible afectado quien será requerido a tales efectos (*v.gr.* la AEAT, STS de 17/03/2022 [*Tol 8881198*]).

c) El juzgado o tribunal puede acordar la búsqueda y localización de los posibles perjudicados (STS de 17/12/2014 [*Tol 4699670*]).
d) Si ningún tercero reclama para sí las piezas de convicción, se entregarán al que las estuviera poseyendo al tiempo de su incautación por el juez instructor a quien, a estos efectos y por disposición legal, se reputará dueño (art. 635 párr. 4 LECrim).

Aunque las piezas de convicción tengan dueño conocido, si por su naturaleza entrañaran «algún peligro grave para los intereses sociales o individuales así respecto de las personas como sus bienes» el tribunal les dará «el destino que dispongan los Reglamentos o, en su caso, las inutilizarán previa la correspondiente indemnización, si procediera» (art. 635 LECrim), debiendo tener en cuenta el RD 2783/1976, sobre conservación y destino de piezas de convicción.

5.1.2 Medidas cautelares

Efecto del sobreseimiento es la cesación de las medidas cautelares. A pesar de que el legislador, para el procedimiento ordinario, solo prevé que al dictarse auto firme de sobreseimiento (art. 541.3º LECrim) quede sin efecto la fianza establecida en garantía del cumplimiento de la responsabilidad penal que pudiera ser impuesta, este precepto deberá entenderse aplicable a cualquier otro tipo de medida cautelar personal.

Tampoco dice nada el legislador sobre las medidas cautelares reales, como pueden ser las fianzas o embargos, adoptadas durante el sumario para asegurar el cumplimiento de las responsabilidades pecuniarias que pudieran declararse en sentencia penal. El TS, ya en STS de 05/02/1908 [*Tol 5057272*] y siguiendo el criterio de la Fiscalía del Tribunal Supremo plasmado en su Memoria de 1902, resolvió que tales medidas deben ser canceladas cualquiera que sea el tipo de sobreseimiento, pues en ambos se pone fin al proceso penal, por más que pueda abrirse de nuevo si del provisional se trata. En el mismo sentido, el sobreseimiento, aún provisional, determina la revocación del procesamiento, sin perjuicio, claro está, de que, si el sobreseimiento es parcial, estos efectos vengan tan solo referidos a quienes favorezca el sobreseimiento.

Afortunadamente, una breve norma en el procedimiento abreviado (art. 782.1 párr. 2º LECrim) aclara esta consecuencia indicando que «Al acordar el sobreseimiento, el juez instructor dejará sin efecto la prisión y demás medidas cautelares acordadas».

5.1.3 Otros procedimientos

Finalizado el proceso penal mediante resolución de sobreseimiento, comenzará a correr el plazo de prescripción para entablar la acción civil reservada por el perjudicado «para ejercitarla después de terminado el juicio criminal, si a ello hubiere lugar» (art. 112 LECrim).

En efecto, conforme al art. 116 párr. 1º LECrim, «La extinción de la acción penal no lleva consigo la de la civil, a no ser que la extinción proceda de haberse declarado por sentencia firme que no existió el hecho de que la civil hubiese podido nacer». Siendo una excepción a la regla general, y pese a la similitud entre el auto de sobreseimiento libre y la sentencia absolutoria, nos alineamos con quienes consideran que no puede hacerse una interpretación extensiva de esta norma, de modo que el auto de sobreseimiento libre establecido en el art. 637.1º LECrim no puede impedir al perjudicado el ejercicio de la acción de resarcimiento.

El auto de sobreseimiento firme también permitirá dejar sin efecto la suspensión del procedimiento acordada en otro orden jurisdiccional por existir una cuestión prejudicial penal (art. 10.2 LOPJ), como también que se pueda dictar resolución en el expediente disciplinario abierto por los mismos hechos contra jueces, magistrados o LAJ (arts. 415.2, 468.6 y 534.5 LOPJ).

En cuanto al requisito procesal de perseguibilidad para poder proceder contra el denunciante o acusador falso (art. 456.2 CP), si bien la Sala Segunda del TS venía exigiendo que se tratara de un auto de sobreseimiento libre, el TC (SSTC 34/1983 [*Tol 79201*] y 62/1984 [*Tol 79352*]) declaró cumplido el requisito aunque el auto fuera de sobreseimiento provisional a los efectos de no dejar vacío de contenido del derecho a la tutela judicial efectiva, doctrina seguida desde entonces por la Sala Segunda (STS de 27/12/2004 [*Tol 591047*]).

5.2 Efectos específicos del sobreseimiento libre

El sobreseimiento libre se asimila a una sentencia absolutoria en cuanto a la producción del efecto preclusivo de la cosa juzgada material, lo que significa que, firme que sea esta resolución, no cabe seguir después otro procedimiento sobre el mismo hecho y respecto a la misma persona (STS de 22/04/2019 [*Tol 7083463*]). Como excepción ya mencionada, si el tribunal considerara que los hechos son constitutivos de delito leve (art. 639 LECrim), el sobreseimiento libre acordado al amparo del art. 637.2 LECrim no producirá el efecto de cosa juzgada.

En la regulación de la responsabilidad patrimonial del Estado por el funcionamiento de la Administración de Justicia, el sobreseimiento libre también se asimila a la sentencia absolutoria como presupuesto alternativo para quienes «después de haber sufrido prisión preventiva, sean absueltos o haya sido dictado auto de sobreseimiento libre, siempre que se le hayan irrogado perjuicios» —art. 294 LOPJ tras la STC 85/2019 [*Tol 7378888*], que declaró inconstitucionales los incisos del artículo, «por inexistencia del hecho imputado y por esta misma causa»—. No obstante esta exigencia en cuanto al tipo de sobreseimiento, la jurisprudencia de la Sala Tercera del TS señala que «ha de estarse al auténtico significado de la resolución que pone término al procedimiento penal» por lo que el «sobreseimiento provisional puede equivaler al libre a los efectos del artículo 294 de la LOPJ si así se infiere en el caso particular de una recta interpretación del mismo» (STS (Sala Tercera), de 29/04/2014 [*Tol 4280540*]) y así, partiendo de la doctrina del TC (SSTC 166/2020 [*Tol 8228581*] y 41/2021 [*Tol 8367468*]) y del TEDH (STEDH de 16/02/2016, Vlieeland Boddy y Marcelo Lanni contra España [*Tol 9053012*]) la Sala Tercera del TS proclama su equiparación cuando atendidas las circunstancias del auto de sobreseimiento provisional, «se aprecie la existencia de razones sustancialmente equivalentes a las que determinan el sobreseimiento libre» (STS (Sala Tercera), de 17/10/2022 [*Tol 9271271*]).

Por su parte, el art. 638 LECrim establece como efectos del sobreseimiento libre:

a) Que al decretarse se pueda declarar «que la formación de la causa no perjudica a la reputación de los procesados» (arts. 638 párr. 1º y 640 LECrim), declaración superflua en el actual contexto del principio de presunción de inocencia que extiende sus efectos a ambos tipos de sobreseimiento (STC 145/1982 [*Tol 79201*]).
b) Que a instancia del procesado se le reserve «su derecho de perseguir al querellante como calumniador» (art. 638 párr. 2º LECrim), lo que enlaza con el requisito de procedibilidad establecido en el art. 215.2 CP por el que «Nadie podrá deducir acción de calumnia o injuria vertidas en juicio sin previa licencia del Juez o Tribunal que de él conociere o hubiere conocido».
c) Que el tribunal pueda «proceder de oficio contra el querellante, con arreglo a lo dispuesto en el Código Penal» (art. 638 párr. 3º LECrim), debe ponerse en relación con la previsión contenida en el art. 456 apdo. 2 CP acerca de que el juez o tribunal pueda «proceder de oficio contra el denunciante o acusador siempre que de la causa principal resulten indicios bastantes de la falsedad de la imputación». Esta facultad del juez o tribunal queda limitada al sobreseimiento libre pues, aunque se admite que el sobreseimiento provisional pueda servir de presupuesto para el ejercicio de la acción penal por acusación o denuncia falsa, sería radicalmente contradictorio que el mismo órgano judicial que acuerda el sobreseimiento provisional, deduzca testimonio para seguir nueva causa por ese delito.

5.3 Efectos especiales del sobreseimiento provisional

Los autos de sobreseimiento provisional no producen efecto de cosa juzgada material de modo que, si posteriormente aparecen nuevos elementos fácticos sobre los que sustentar la acusación, puede reabrirse el proceso siempre que la infracción no hubiera prescrito, debiendo considerarse como *dies a quo* o día inicial del cómputo de la prescripción, el de la fecha de dicho auto cuyo dictado supone el cese de toda investigación (STS de 29/05/2020 [*Tol 7960580*]). La reapertura del proceso debe ser acordada por el órgano si se aportasen nuevos elementos de prueba no obrantes en la causa (STS 30/06/1997 [*Tol 408414*]) ni expresamente excluidos, debiendo tener presente que el principio de seguridad jurídica (art. 9.3 CE) no permite la clausura y reapertura indiscriminada de procesos penales.

6. EL AUTO DE APERTURA DE JUICIO ORAL

El auto de apertura de juicio oral supone un juicio de racionabilidad por el que el juez o tribunal estima que hay motivos suficientes para entrar en juicio (STS de 14/01/2003 [*Tol 4922422*]). Este necesario pronunciamiento solo puede realizarse previa petición de las partes legitimadas pero, mientras que en el procedimiento abreviado y en el procedimiento ante el tribunal del jurado, tal solicitud se realiza al tiempo en que se formula escrito de acusación (arts. 783.1 LECrim y 29.1 LOTJ), en el procedimiento ordinario y en el de enjuiciamiento rápido de determinados delitos, se realiza con carácter previo a la presentación de dicho escrito (arts. 627 párr. 4º y 800.1 LECrim).

Como ya comentamos, si el MF solicita el sobreseimiento, no hubiere acusación particular dispuesta a sostener la acusación y tampoco fructifican los intentos del juez o tribunal para que «los ofendidos o perjudicados conocidos, no personados» (art. 782.2 a LECrim) o los «interesados» (art. 642 párr. 1º LECrim) comparezcan para ejercer la acción penal, ni obtiene del fiscal superior un criterio distinto al sostenido por el fiscal que ha solicitado el sobreseimiento (arts. 782.2 b) y 644 LECrim), el juez o tribunal estará obligado a acordarlo.

1840 En este punto debemos precisar que:

a) El ofrecimiento de acciones a los perjudicados u ofendidos por el delito, aun establecido como una facultad del juez o tribunal, es contemplado por algunos autores en el marco del *iubere licere* (ROMERO, p. 301). Desde esta consideración, este nuevo ofrecimiento de acciones, realizado como excepción a lo dispuesto en el art. 109 LECrim, buscaría exclusivamente hacer saber a las víctimas del delito (art. 2, Ley 4/2015) que sus intereses ya no van a estar tutelados por el MF de modo que, conociendo esta nueva situación, puedan decidir si quieren defenderlos por sí mismos mediante el ejercicio de la acción penal. Este planteamiento, que puede encontrar apoyo en el hecho de que los arts. 782.2 y 642 LECrim no exigen ninguna valoración del tribunal, mientras que el art. 784 LECrim presupone que «el tribunal conceptúe improcedente la petición del Ministerio Fiscal relativa al sobreseimiento», tiene la virtud de que el uso por el tribunal de esta *facultad* no implicaría toma de postura alguna y le distanciaría de un posible contacto con el material probatorio, evitando cualquier duda sobre su imparcialidad objetiva para enjuiciar.

b) El término *interesados* que emplea el legislador en el procedimiento ordinario es equivalente al de ofendidos o perjudicados utilizada en el procedimiento abreviado.

c) La dualidad ofendido y/o perjudicado engloba el concepto de víctima directa conceptuado en el art. 2 Ley 4/2015 (STS de 15/09/2022 [*Tol 9230033*]).

d) Las referencias contendidas en el art. 643 LECrim, en cuanto a las gestiones para localizar a los *interesados* cuyo paradero se desconoce mediante edictos publicados en las puertas del tribunal y en los periódicos o, facultativamente, en la «Gaceta de Madrid» (actual BOE) han de interpretarse conforme a lo dispuesto en el art. 236 LOPJ, entendiendo cumplida la publicidad con la inserción de los edictos en los boletines oficiales de la comunidad autónoma correspondiente.

e) Si la acusación particular personada no representa a todos los perjudicados u ofendidos, subsiste la *facultad* del juez o tribunal de hacerles el ofrecimiento de acciones a esos otros no representados para que puedan personarse.

f) En tanto que la Ley procesal no lo aclara, hemos de entender que la facultad de hacer ofrecimiento de acciones a los perjudicados u ofendidos y la de acudir al fiscal superior jerárquico son compatibles entre sí pudiendo ser utilizadas simultánea o sucesivamente.

g) El supuesto de hecho que establece el art. 782 LECrim no contempla la divergencia de postura que frente a la petición de sobreseimiento del MF y de la acusación particular pueda tener la acusación popular, asunto que trataremos de manera específica en el próximo apartado.

En sentido contrario, solicitada por el MF o la acusación particular la apertura del juicio oral, el juez o el tribunal deberá acordarla salvo que considere que el hecho no es constitutivo de delito (arts. 645 y 783.1 LECrim) o, solo para el procedimiento abreviado, que no existen indicios de criminalidad, cuestiones ya analizadas en apartados anteriores. La resolución por la que se declara la apertura de juicio oral no es susceptible de recurso excepto —establece el art. 783.3 LECrim para el procedimiento abreviado— en lo relativo a la situación personal del acusado, de modo que solo queda reproducir las peticiones no atendidas con anterioridad ante el órgano de enjuiciamiento y ello al margen de que, como también hemos mencionado, si en el mismo auto se acuerda el sobreseimiento parcial, este pronunciamiento estará sometido al régimen general de recursos según el tipo de procedimiento.

La regulación de la preparación del juicio oral en el procedimiento ordinario y en el abreviado plantea sustanciales diferencias derivadas de la distinta configuración de ambos procedimientos, como veremos a continuación.

En el *proceso penal ordinario común*, la llamada «fase intermedia» transcurre antes de que los titulares de la acción penal formulen acusación, correspondiendo al tribunal hacer un cierto examen revisor de la inculpación formal realizada por el instructor en el auto de procesamiento. Como manifestación de los principios de igualdad y contradicción de las partes procesales (STC 66/1989 [*Tol 80277*]), el art. 627 LECrim no solo previene el traslado al MF y a las acusaciones, sino también a los procesados para que se pronuncien acerca de la conclusión del sumario y expresen «lo que estimen conveniente a su derecho, respecto a la apertura del juicio oral o sobreseimiento de cualquier clase». Con independencia de que los procesados soliciten, lógicamente, el sobreseimiento, este trámite les habilita para que puedan hacer valer sus argumentos frente a los de las otras partes. El tribunal, partiendo del necesario auto de procesamiento, sin el cual no se puede abrir el juicio oral, tiene en consideración los escritos que todas las partes formulan con ocasión de este traslado para resolver si confirma el auto de conclusión del sumario y, en este caso, si decreta la apertura del juicio oral o el sobreseimiento.

El dictado del auto de apertura de juicio oral supone en el sumario el traslado de las partes para calificar, sin perjuicio de la posibilidad de plantear un artículo de previo pronunciamiento (art. 633 LECrim). Por ello, no conociéndose en ese momento las pretensiones de las partes, los pronunciamientos sobre las medidas cautelares se realizan en las correspondientes piezas separadas al margen del auto de apertura del juicio oral.

A diferencia del procedimiento ordinario, en el abreviado es el instructor quien, una vez conclusa la investigación, adopta alguna de las resoluciones establecidas en el art. 779.1 LECrim, todas susceptibles de recurso (art. 766 LECrim), de modo que optar por cualquiera de ellas implica el rechazo de las demás. En consecuencia, cuando la resolución de continuar las diligencias previas por el trámite del procedimiento abreviado (art. 779.1.4ª LECrim) alcanza su firmeza, las defensas ya han tenido oportunidad de solicitar el sobreseimiento y combatir la resolución que lo deniega. El objeto de esta fase intermedia no es completar el material instructor, permitiendo la adecuada preparación y depuración de la pretensión punitiva, sino la «preparación del juicio oral». Esta es la razón de que no exista intervención de los investigados sino solo de las acusaciones personadas, cuya solicitud de apertura de juicio oral se configura como exigencia para que pueda abrirse el mismo, y ello al margen de que las mismas puedan pedir el sobreseimiento o excepcionalmente diligencias complementarias «por falta de elementos esenciales para la tipificación de los hechos» (art. 780.1 LECrim).

Planteada la cuestión de inconstitucionalidad por la falta de intervención del investigado en esta fase del proceso, el TC (STC 186/1990 [*Tol 81858*]) la desestimó argumentando que en la fase instructora del procedimiento abreviado el investigado tiene la facultad de solicitar la práctica de las diligencias que considere oportunas y el sobreseimiento de las actuaciones y que, además, a diferencia del auto de conclusión del sumario, el de transformación de la causa en procedimiento abreviado es susceptible de recurso.

Respecto a su contenido, y en tanto que el auto de apertura de juicio oral en este procedimiento se dicta tras la formulación de los escritos de acusación, sí debe contener un pronunciamiento sobre la adopción, modificación, suspensión o revocación de las medidas personales o reales interesadas por las acusaciones personadas, así como determinar el órgano competente para el enjuiciamiento y fallo de la causa (art. 783.2 LECrim). Entre las medidas cautelares de carácter real, el art. 783.2 LECrim establece que en el auto de apertura de juicio oral se exija fianza al acusado para asegurar las responsabilidades pecuniarias. El ámbito de esta fianza ha sido delimitado por el TC circunscribiéndolo a las responsabilidad civiles contempladas en los cuatro primeros conceptos del art. 126 CP —reparación del daño e indemnización de los perjuicios, importe de los gastos causados al Estado y costas— y excluyendo la posibilidad de fianza para asegurar el importe de la pena de multa solicitada, pues la multa, a diferencia de las anteriores, tiene carácter punitivo por lo que su inclusión «lejos de satisfacer una finalidad cautelar, como las otras, comporta una pena anticipada proscrita por este tribunal (STC 217/2001 [*Tol 242024*]; ATC 1340/1987) y que como tal vulnera el derecho a la presunción de inocencia» (STC 69/2023 [*Tol 9637801*]).

En cuanto al alcance del auto de apertura de juicio oral en el procedimiento abreviado, el TC señala que no es un acto «de mera ordenación formal del proceso» al contener «una calificación o juicio anticipado y provisional sobre los hechos que posteriormente el Juez está llamado a sentenciar» (STC 170/1993 [*Tol 82193*]). Ahora bien, este auto no delimita el alcance objetivo del proceso. En efecto, si bien los escritos de acusación no pueden incluir hechos que no han sido objeto de las diligencias previas, ni tampoco delitos cuyo enjuiciamiento queda fuera de la competencia del órgano judicial ante el que se formula o por los que se hubieran de seguir los trámites de otro procedimiento, el auto de apertura de juicio oral no puede limitar «las posibles interpretaciones jurídicas que de los hechos objeto de investigación en las diligencias previas puedan plantear las partes acusadoras» (STS de 26/06/2002 [*Tol 4921389*]). El objeto del proceso penal son los hechos delictivos y no su calificación jurídica, no correspondiendo al juez instructor «contribuir a la formación del contenido de la pretensión penal, ya que no es parte postulante» (STS de 18/02/2002 [*Tol*

4923900]). Es a través de los escritos de acusación cuando se formaliza e introduce la pretensión punitiva con todos los elementos fácticos y jurídicos y con ello se efectúa «una primera delimitación del objeto del proceso, que queda taxativamente fijado en las conclusiones definitivas» (STS de 25/01/2024 [*Tol 9884466*]). El auto en el que el instructor decide si en la imputación de hechos existe o no materia delictiva para abrir el juicio oral o sobreseer, ha de concretar, en caso de abrir juicio oral, los hechos que se atribuyen a quienes han sido previamente acusados acordando sobre ellos las pertinentes medidas cautelares, sin que la calificación jurídica realizada en el mismo tenga otro objeto «que determinar el procedimiento a seguir y el órgano judicial ante el que debe seguirse, sin mayores vinculaciones» (STS de 19/06/2007 [*Tol 1106861*]). Es por ello que aunque en el auto de apertura de juicio oral no figure alguno de los delitos objeto de acusación, «aun cuando pudiera constituir una irregularidad procesal», no se vulnera el derecho de defensa pues con el traslado de las actuaciones para presentar el escrito de defensa (art. 784.1 LECrim) el acusado tiene «conocimiento de las acusaciones contra él formuladas y oportunidad de defenderse sobre la realidad de los hechos aducidos por las acusaciones y sobre su ilicitud y punibilidad» no produciéndole indefensión material (STC 62/1998 [*Tol 80920*]).

1844 Tras el dictado del auto de apertura de juicio oral, el art. 784.1 LECrim prevé el emplazamiento del acusado, con entrega de copia de los escritos de acusación, para que comparezca en la causa con abogado que le defienda y procurador que le represente, dándole a continuación traslado de las actuaciones a los acusados y a los terceros responsables «para que en plazo común de diez días presenten escrito de defensa frente a las acusaciones formuladas».

Finalmente, el auto de apertura de juicio oral delimita el momento hasta el que es posible formular escrito de acusación (art. 110 LECrim), lo que debe distinguirse de la posibilidad que tienen las víctimas del delito de personarse posteriormente, incluso iniciado el juicio, si comparecen en él acompañadas de abogado, permitiéndoles en tal caso presentar conclusiones o adherirse a las del MF o a las de otras acusaciones, siempre que no se perjudique el «derecho de defensa con acusaciones sorpresivas o que se aparten del contenido estricto del proceso» (STS de 20/07/2016 [*Tol 5785328*]).

7. LA DOCTRINA ACERCA DE LA DISCREPANCIA ENTRE LOS ACUSADORES DE CARA A LA APERTURA DEL JUICIO ORAL (DOCTRINA CASOS BOTÍN Y ATUXA)

La acusación popular, como forma de participación ciudadana en la Administración de Justicia, aparece consagrada en el art. 125 CE, como también en el art. 19 LOPJ, al establecer que «Los ciudadanos podrán ejercer la acción popular [...] en la forma y con respecto a aquellos procesos penales que la ley determine», remisión genérica, «sin otro mandato o elemento definitorio que deba, o pueda, servir de pauta al legislador para establecerla en ámbitos determinados» (STC 64/1999 [*Tol 81133*]). A diferencia de ésta, el ámbito de protección de la acusación particular está garantizado en el art. 24 CE por el derecho fundamental a la tutela judicial efectiva «pues es un interés digno de protección el que el ofendido tiene en orden a solicitar la actuación del ius puniendi del Estado a fin de obtener la plena vigencia del principio sustantivo de legalidad» (STC 37/1993 [*Tol 82060*]).

El reconocimiento del ejercicio de la acción penal de «todos los ciudadanos españoles» aunque no hayan sido ofendidos por el delito, se encuentra en los arts. 101 y 270 LECrim, preceptos que, a falta de desarrollo en la propia ley procesal y dada su generalidad, han requerido de la Sala Segunda del TS resoluciones que establecen el alcance y contenido de esta legitimación popular y, por lo que respecta al tema que nos incumbe, sobre su capacidad procesal para instar la apertura del juicio oral en el supuesto de hecho previsto en el art. 782 LECrim.

La doctrina jurisprudencial que interpreta el art. 782 LECrim viene expresada en las SSTS de 17/12/2007 [*Tol 1223036*] (doctrina Botín) y de 08/04/2008 [*Tol 1292761*] (doctrina Atutxa) sobre la base de que el término *acusador particular* empleado en dicho precepto debe ser entendido en sus propios términos no incluyendo, por tanto, al *acusador popular*.

La STS de 17/12/2007 [*Tol 1223036*] parte del supuesto de que MF y la acusación particular, representada por la Abogacía del Estado, instaron el sobreseimiento de la causa al estimar que no estaba justificada la perpetración del delito contra la hacienda pública que había determinado la inicial incoación de las diligencias previas, en tanto la acusación popular solicitó la apertura del juicio oral, considerando acreditada una conducta defraudatoria para el fisco, con grave perjuicio para el erario público. Esto es, convergía una doble petición de sobreseimiento por parte del órgano que tiene encomendada la misión de «promover la acción de la justicia en defensa de la legalidad, de los derechos de los ciudadanos y del interés público tutelado por la ley» (art. 124 CE) y por parte de la acusación particular como representación legal del perjudicado por el delito.

Conforme a la doctrina Botín, iniciada en esta sentencia y continuada por otras muchas (*v.gr.* SSTS de 14/0672018 [*Tol 6645847*] y de 11/03/2020 [*Tol 7922117*]), si el MF no considera comprometido el interés social, en los términos del art. 124 CE, y el perjudicado no encuentra razones para mantener su pretensión punitiva basada en un interés particular, la doble y convergente solicitud de sobreseimiento de la causa impide la apertura del juicio oral a instancia exclusivamente de la acusación popular, no habiendo querido el legislador «conferir a la acción popular un derecho superior al de las otras partes conjuntamente consideradas».

En la STS 08/04/2008 [*Tol 1292761*], el presupuesto es distinto. El MF pidió el sobreseimiento de la causa seguida contra una autoridad autonómica considerando que el delito de desobediencia no había quedado debidamente justificado, petición frente a la que una acusación popular hizo valer su voluntad de ejercicio de la acción penal, obteniendo la apertura del juicio oral y recurriendo en casación el inicial pronunciamiento absolutorio. En este caso no existía acusación particular que invocara la defensa de su propio interés porque la naturaleza del delito investigado, desobediencia, impide la posibilidad de un perjudicado directo que, invocando su voluntad de mostrarse parte, pueda asumir el ejercicio de la acusación particular.

Conforme a esta doctrina, igualmente confirmada en sentencias posteriores (SSTS de 20/01/2010 [*Tol 7831835*]; de 08/06/2018 [*Tol 6634012*]; y de 04/11/2021 [*Tol 8643068*]) en ausencia de acusación particular no puede aplicarse el art. 782 LECrim, el cual está concebido exclusivamente para la hipótesis en que el ejercicio de la acción penal, en la fase intermedia, se diversifique con una doble representación de los intereses que pueden converger en el proceso penal, la de los intereses públicos, a cargo del fiscal, y la de los intereses particulares, hechos valer por la acusación particular. Por ello, tratándose de delitos que afectan a bienes de titularidad colectiva, de naturaleza difusa o de carácter metaindividual, el MF no tiene el monopolio de la acción penal, admitiéndose que, frente a su solicitud de sobreseimiento, pueda abrirse el juicio oral ante «una percepción de la defensa de los intereses sociales emanada, no de un poder público, sino de cualquier ciudadano que propugne una visión alternativa a la que, con toda legitimidad, suscribe el Ministerio Fiscal".

1846

En suma, la doctrina jurisprudencial en interpretación del art. 782 LECrim, iniciada por la «doctrina Botín» y complementada por la «doctrina Atuxa», excluye la legitimación de la acusación popular para instar la apertura de juicio oral cuando converge la petición de sobreseimiento del defensor de los intereses públicos y del acusador particular. En ausencia de acusación particular no es aplicable este artículo de modo que, cuando los bienes jurídicos protegidos en el delito afectan a intereses colectivos, difusos o supraindividuales, ante la petición de sobreseimiento del MF, la acusación popular está legitimada para pedir, en solitario, la apertura de la causa para la celebración del juicio oral.

BIBLIOGRAFÍA

- CONDE-PUMPIDO FERREIRO, *Enjuiciamiento criminal. Ley y Legislación complementaria*, tomo II, Trivium, 1998.
- GIMENO SENDRA, *Derecho procesal*, tomo II, Tirant lo Blanch, 1992.
- GUERRERO PALOMARES, *La imparcialidad objetiva del Juez Penal. Análisis jurisprudencia y valoración crítica*, Aranzadi, 2009.
- LIBANO BERSITAIN, *Del sumario como fase a la instrucción como proceso penal*, Bosch Procesal, 2020.
- LUZÓN CUESTA, *Compendio de Derecho Penal, Parte General*, Dykinson, 2023.
- QUINTERO JIMÉMEZ, *Fase intermedia y control de los actos acusatorios en el proceso penal*, Marcial Pons, 2021.
- ROMERO PRADAS, *El sobreseimiento*, Tirant lo Blanch, 2002.
- SIGUENZA LÓPEZ, *El sobreseimiento libre*, Aranzadi, 2002.

PARTE SÉPTIMA

JUICIO ORAL Y SENTENCIA

Sección I

La preparación del juicio oral

Capítulo 44
Las cuestiones previas

Concepción López-Yuste Padial
Fiscal
Fiscalía de la Comunidad de Madrid

1. CONCEPTO Y NATURALEZA

Es regla general de todo proceso que con carácter previo a la celebración del juicio oral se resuelvan aquellos obstáculos procesales que, de concurrir, pueden derivar en la ineficacia del proceso o impedir el normal desarrollo del juicio oral. Como señalara COBO DEL ROSAL (p. 623), la relevancia de las cuestiones previas es tal que «si existe un momento procesal en que los principios informativos del Derecho procesal penal que sea fiel trasunto del Estado social democrático y de Derecho se realcen inmaculados, ese es el juicio oral».

Estos óbices procesales se plantean y resuelven de manera distinta según el procedimiento sea el sumario ordinario o el abreviado, si bien en ambos casos su discusión se produce en un trámite contradictorio y previo a la celebración del plenario.

En el ámbito del sumario ordinario, reciben la denominación de *«artículos de previo pronunciamiento»*. Regulados en el art. 666 LECrim, se caracterizan por tener sustantividad propia, formar parte de la fase intermedia y tramitarse por escrito antes de la formalización del escrito de conclusiones provisionales conforme al procedimiento establecido en los arts. 667 al 679 LECrim.

En el ámbito del procedimiento abreviado, con la reforma introducida por la reciente LO 1/2025, estos óbices o cuestiones previas se plantean en la denominada «*audiencia preliminar*» y se resuelven por el juez o tribunal en unidad de acto. Se recogen en el art. 785.1 LECrim que analizaremos a continuación y que dispone que:

> «1. En cuanto las actuaciones se encontraren a disposición del órgano competente para el enjuiciamiento, el juez, jueza o tribunal convocará al fiscal y a las partes a una audiencia preliminar en la que podrán exponer lo que estimen oportuno acerca de la posibilidad de conformidad del acusado o acusados, la competencia del órgano judicial, la vulneración de algún derecho fundamental, la existencia de artículos de previo pronunciamiento, causas de la suspensión de juicio oral, nulidad de actuaciones, así como sobre el contenido, finalidad o nulidad de las pruebas propuestas.
> Podrán igualmente proponer la incorporación de informes, certificaciones y otros documentos. También podrán proponer la práctica de pruebas de las que las partes no hubieran tenido conocimiento en el momento de formular sus escritos de acusación o defensa.»

Prevé, por tanto, un catálogo de cuestiones (competencia del órgano judicial, vulneración de algún derecho fundamental, artículos de previo pronunciamiento, causas de la suspensión de juicio oral, nulidad de actuaciones y contenido, finalidad o nulidad de las pruebas propuestas) que no gozan de naturaleza homogénea ni producen el mismo efecto pero que tienen como elemento común, señala MEDINA CEPERO (2001, p. 341), ser presupuestos procesales que, en caso de no ser observados, se convierten en obstáculos que impiden el normal avance de la causa.

2. CLASIFICACIÓN: CUESTIONES PREVIAS DE NATURALEZA MATERIAL Y PROCESAL

De la enumeración de las cuestiones previas del art. 785.1 LECrim se pueden distinguir dos tipos.

De un lado, aquellas cuestiones que, por afectar a la sustanciación del juicio oral —declinatoria de jurisdicción, falta de competencia, falta de autorización administrativa, suspensión del juicio o las relativas a las pruebas—, tienen que resolverse en el mismo momento de la audiencia y una vez resueltas no pueden volver a plantearse, sin perjuicio de su protesta para el eventual recurso contra la sentencia —cuestiones previas procesales— (art. 785.1 LECrim).

Por otro, aquellas que pueden condicionar el pronunciamiento de fondo y que pueden plantearse en cualquier momento del proceso y reproducirse como medios de defensa durante la celebración del juicio (vulneración de derechos fundamentales, cosa juzgada, prescripción y amnistía e indulto) —cuestiones previas materiales— (art. 678 LECrim). Como señala MEDINA CEPERO (2001, p 341), en estos supuestos, "el *onus probandi* debe encontrar un marco más amplio que en el *in dubio pro reo*", por lo que no es adecuado establecer un trámite cerrado y preclusivo para su alegación, debiendo ser posible su alegación en cualquier momento del procedimiento.

A estas cuestiones previas nos referiremos a continuación si bien, por sistemática expositiva, seguiremos el orden enunciado por el art. 785.1 LECrim, mereciendo la nulidad de actuaciones y la prescripción un apartado específico.

2.1 Competencia del órgano judicial

Resolver la alegación de falta de jurisdicción o competencia es presupuesto ineludible para poder abordar, en su caso, las demás cuestiones y poder entrar en el fondo del asunto. Ningún órgano judicial puede conocer de un asunto si carece de jurisdicción o competencia para ello, motivo por el cual los arts. 785.1 y 666 LECrim mencionan esta cuestión en primer lugar y el tribunal debe resolverlas antes que el resto (art. 674 LECrim).

Aunque por su carácter improrrogable y de orden público las dudas al respecto ya se habrán planteado y resuelto, es posible que surjan también al inicio del juicio. En estos supuestos, el trámite en el que deben resolverse es el de esta audiencia preliminar que se configura como la última oportunidad que tienen las partes para sustanciar el debate. Transcurrida esta fase ya no es posible su planteamiento y la alegación se inadmite por extemporánea (STS 07/03/2002 [*Tol 4921759*]).

En este momento procesal no es posible pretender la retroacción del procedimiento hacia la fase instructora (STS 27/02/2002 [*Tol 4926466*]), por lo que la falta de competencia del órgano debe referirse a la del órgano de enjuiciamiento y no a la del órgano que instruyó: 1) falta de presupuestos procesales de jurisdicción —incluida la falta de jurisdicción de los tribunales españoles (art. 23 LOPJ)— o 2) de competencia territorial —sobre el lugar donde se cometió el delito— u objetiva *ratione materiae* —juez de lo penal o juez central de lo penal; competencia del Tribunal del Jurado—, *ratione personae* —cuando se trate de persona aforada— *o ratione poena* —juez de lo penal o Audiencia Provincial—. También los supuestos de litispendencia, cuando, ante la existencia de otro proceso seguido sobre los mismos hechos y contra la misma persona, se estima que la competencia corresponde al tribunal ante el que se sigue el otro proceso.

La competencia del órgano de enjuiciamiento viene determinada por la pretensión penal tal y como se ha mantenido por las acusaciones (no por los hechos realmente sucedidos) y se ha determinado en el auto de apertura del juicio oral. Esta resolución es irrecurrible y no puede ser revisada por el órgano de enjuiciamiento (art. 783.3 LECrim), por lo que en la audiencia preliminar únicamente cabe la corrección de errores cuando el error deriva de una falta de correspondencia entre los presupuestos objetivos y subjetivos del proceso (determinados en el auto de apertura del juicio oral) y la competencia declarada (STS 23/03/2021 [*Tol 8377098*]). Así, por ejemplo, el Tribunal Supremo, en un supuesto en el que, durante los cuatro años que duró la instrucción, ya era de sobra conocido que los hechos se habían desarrollado en Ávila, no estimó el recurso de casación por incompetencia territorial alegado al considerar que el planteamiento de la incompetencia territorial al inicio del juicio oral en la instancia, sin que la defensa lo hubiese cuestionado antes, quebraba el mantenimiento de la competencia declarada y no discutida desde el inicio de la investigación (STS 20/03/2024 [*Tol 9949578*]).

En virtud del principio de *perpetuatio jurisdictionis* no pueden plantearse cambios en la competencia sobrevenidos con posterioridad, como la pérdida de la condición de aforado; la modificación de conclusiones tras la práctica de la prueba en el juicio oral (a excepción del art. 788.6 LECrim cuando, como consecuencia del cambio de calificación en el trámite de conclusiones, la pena solicitada excede del ámbito competencial del órgano de enjuiciamiento) o variaciones legales de la penalidad o de las normas de competencia (STS 23/03/2021 [*Tol 8377098*]), supuestos estos en los que la competencia ya ha quedado determinada en el auto de apertura del juicio oral.

2.2 Vulneración de derechos fundamentales

El art. 785.1 LECrim habilita este trámite específico para subsanar cualquier vicio procesal que haya supuesto indefensión o denunciar la infracción de aquel derecho fundamental que se considera vulnerado.

La expresa previsión de este trámite como el momento para su alegación no significa que el saneamiento del proceso por este motivo haya de posponerse a este momento. Todo lo contrario. Como consecuencia del alcance de su protección, cabe su alegación y estimación en cualquier estado del procedimiento: debe denunciarse en el mismo momento y ante el mismo órgano en que se produce para permitir su inmediata reparación y evitar la expansión de sus efectos negativos (STS 459/2019 [*Tol 7515425*]) o apreciarse de oficio en cualquier fase del procedimiento siempre con anterioridad a la resolución que ponga fin al procedimiento.

En todo caso, sí se trata del momento en que reclamar o poner de manifiesto la falta que se entiende cometida y que no se ha subsanado, y tiene especial relevancia porque se constituye en requisito necesario para la prosperabilidad de eventuales recursos de apelación (art. 790.2 LECrim) y casación (art. 855 IV LECrim), salvo que se hubieren cometido en un momento en el que ya no fuere posible la reclamación. También a los efectos de un eventual recurso de amparo (art. 44.1.c) LOTC) si bien el Tribunal Constitucional prescindiendo de rigurosos formalismos en cuanto a la forma de invocar la lesión del derecho considera que, aunque no se alegue expresamente, basta con que la cuestión se suscite y delimite claramente de manera tal que permita que el órgano judicial pueda pronunciarse sobre su restablecimiento (STC 136/2002 [*Tol 258668*]).

Para su invocación están legitimadas cualquiera de las partes a quienes afecte, incluido el Ministerio Fiscal (STS de 27/11/2008 [*Tol 1413521*]), pero, en este último caso, únicamente respecto de aquellos derechos fundamentales consustanciales a la idea misma del proceso y no respecto de aquellos otros derechos que por su propia naturaleza son titularidad exclusiva de la defensa como el derecho a un juez imparcial, el principio acusatorio, la presunción de inocencia o el derecho de defensa (ATC 63/1997 [*Tol 224399*]).

2.3 Artículos de previo pronunciamiento (art. 666 LECrim)

2.3.1 Cosa juzgada

La excepción de cosa juzgada consiste en la imposibilidad de condenar a una persona más de una vez por unos hechos por los que ya ha sido juzgado con anterioridad.

Es una consecuencia inherente al principio *non bis in idem*, vinculado a los principios de legalidad y tipicidad de las infracciones (art. 25 CE) y una de las manifestaciones en las que se proyecta el derecho a un proceso con todas las garantías (art. 24.2 CE), lo que le confiere rango de garantía constitucional (STS de 15/10/1998 [*Tol 156233*]) y motivo por el que cabe también su alegación y aplicación en cualquier estado del procedimiento. Como recoge el art. 14.7 del Pacto de Nueva York sobre Derechos Civiles y Políticos de 1966, ratificado por España, «nadie podrá ser juzgado ni sancionado por un delito por el cual haya sido ya condenado o absuelto por una sentencia firme, de acuerdo con la ley y el procedimiento penal de cada país».

Para analizar su existencia deben compararse dos procesos penales: aquel que puso fin a un asunto y el posterior en que se invoca. En ellos deben concurrir los dos elementos identificadores fijados por la doctrina jurisprudencial como límites de su aplicación: la identidad del hecho —identidad objetiva— y la identidad de la persona inculpada —identidad subjetiva— (STS de 03/10/2002 [*Tol 4922224*]).

La identidad objetiva queda fijada por el relato histórico del proceso anterior y la identidad subjetiva por la persona contra la que se dirigió la acusación en aquel proceso y que ha de coincidir con la persona investigada en el segundo. Carecen en consecuencia de relevancia a estos efectos, tanto el sujeto que acciona como la calificación jurídica o título por el que se acusó. El derecho del acusado a no verse envuelto en un nuevo proceso penal no puede quedar al albur de quien no actuó en el proceso anterior. Razón también por la que lo fundamental es que el objeto del proceso sea el mismo con independencia de que la subsunción penal en que se funda la nueva acusación sea distinta. De lo contrario, la distinta calificación jurídica del mismo hecho permitiría ignorar las exigencias del *non in ídem* (STS de 03/06/2015 [*Tol 5185897*]).

No concurre, sin embargo, identidad objetiva en aquellos supuestos en que, con posterioridad a la sentencia, es posible individualizar un segundo delito en una acción que no ha sido enjuiciada ni contemplada en el primer proceso y

que, en sí misma considerada, reúne todos los elementos del tipo penal (como en los delitos de abandono de familia o de maltrato habitual). Como recoge la STS de 17/10/1994 [*Tol 402407*]:

> «Esto no significa, sin embargo, que la identidad del hecho se deba establecer sólo sobre la base de la acción o acciones del acusado en tanto fenómeno psico-físico. Por tal motivo, quienes participan del punto de vista restrictivo de la identidad del hecho admiten que, cuando con posterioridad a la sentencia se producen consecuencias más graves de la misma acción enjuiciada, jurídico-penalmente relevantes, que conducirían a otra calificación jurídica del hecho, la cosa juzgada debe ceder, pues ya no se trata del mismo hecho.
> De acuerdo con este punto de vista el Tribunal «a quo» no ha tenido en cuenta, a pesar de su esforzada y meritoria argumentación, que cuando se dictó la Sentencia de 4 abril 1987 de la Audiencia Provincial de La Coruña, todavía no se había decretado la quiebra fraudulenta del acusado, pues la Sentencia declarativa de la misma lleva fecha de 11 noviembre 1987. En efecto, en tanto el tipo del artículo 520 CP, por el que ahora acusó el Ministerio Público, requiere una condición objetiva de punibilidad, consistente en la declaración de insolvencia fraudulenta con arreglo al Código de Comercio, es indudable que la declaración de la quiebra fraudulenta constituye una consecuencia ulterior de la conducta del procesado que no pudo ser objeto del proceso celebrado en La Coruña. Consecuentemente, no existe identidad de hecho y la realización de un nuevo proceso no afecta al principio «ne bis in idem».

Únicamente producen eficacia de cosa juzgada las sentencias de fondo y otras resoluciones asimilables como los autos de sobreseimiento libre, incluidas las que emanan de órgano jurisdiccional extranjero (STS de 03/03/2010 [*Tol 1798213*]). Su estimación exige la acreditación de que, con anterioridad, ya había recaído sentencia firme —absolutoria o condenatoria— o auto de sobreseimiento libre, también firme, en las que concurre una perfecta identidad entre los hechos y los sujetos pasivos de ambos procesos. Por el contrario, no la producen 1) los autos de sobreseimiento provisional —por carecer de la eficacia definitiva propia de una resolución de fondo (STS de 15/10/1998 [*Tol 156233*])—; 2) las resoluciones que inadmiten o desestiman una querella o denuncia —por no haber existido un proceso penal (STS de 03/06/2015 [*Tol 5185897*])— o 3) las sentencias absolutorias que posteriormente son anuladas en amparo con orden de retroacción de actuaciones (STC 23/2008 [*Tol 1264007*]).

2.3.2 *Amnistía o Indulto*

El art. 666 LECrim prevé estas dos modalidades del derecho de gracia como artículos de previo pronunciamiento, en cuanto obstáculos procesales que afectan a la admisibilidad del juicio.

* *Amnistía*

La amnistía extingue la responsabilidad penal derivada de la comisión de hechos ilícitos y requiere la previa aprobación por las Cortes Generales de una ley 1) que específicamente la decrete y 2) que determine los sujetos y hechos concretos amnistiados.

Su aplicación corresponde al órgano judicial que conoce o ha conocido de los hechos objeto de la misma y en ningún caso conlleva la derogación de la norma punitiva que reguló el tipo delictivo que se amnistía.

Derogada que fue por el Código Penal de 1995, la LO 1/2024, *de amnistía para la normalización institucional, política y social en Cataluña,* introdujo nuevamente la amnistía como causa de extinción de responsabilidad penal en el apartado 4º del artículo 130.1 del Código Penal.

La LO 1/2024 tenía por objeto amnistiar los actos vinculados a la consulta y al referéndum celebrados en Cataluña el 9 de noviembre de 2014 y el 1 de octubre de 2017 respectivamente. Pero, la ausencia de una habilitación constitucional expresa y la finalidad perseguida por quienes apoyaron la aprobación de la ley generó una controversia en torno a su legitimidad constitucional que ha sido resuelta por el Tribunal Constitucional en su Sentencia 137/2025 [*Tol 10628715*], declarándola válida por una mayoría de seis de sus miembros.

El Tribunal Constitucional parte de la consideración de que todo aquello que la Constitución no prohíbe de forma explícita entra dentro del ámbito de decisión del legislador. Desde esta premisa señala que de la expresa prohibición constitucional de la concesión de indultos generales del art. 62 i) CE no se puede concluir por analogía la prohibición de la amnistía, dada la dispar naturaleza jurídica de ambas instituciones y atendidos tanto su objeto como su proceso de aprobación. Añade, además, que las amnistías son constitucionalmente válidas cuando responden a una coyuntura excepcional y considera que la crisis constitucional que supuso el proceso secesionista comportó una coyuntura social e institucional de tal entidad que justificaba la ley y legitimaba la constitucionalidad de la norma. Asimismo, el Tribunal Constitucional considera que no le corresponde interpretar la finalidad subyacente o valorar algo distinto que no sea el fin de la norma y, en este sentido, atendidos el preámbulo y el texto de la ley, la LO 1/2024 respondía a un interés legítimo y razonable cual era reducir la tensión institucional y política y facilitar un escenario de reconciliación.

En cuanto a los hechos concretos objeto de la amnistía, la LO 1/2024 tenía por objeto abarcar la responsabilidad penal de todos aquellos actos que hubieran sido declarados o estuvieran tipificados como delitos, y se extendía tanto a la organización y celebración de la consulta y el referéndum como a cuantos otros posibles ilícitos tuvieran conexión con los mismos. Sin embargo, frente a la voluntad política del legislador, la interpretación que el Tribunal Supremo ha efectuado de la letra de la ley ha impedido su aplicación con el alcance que se pretendió y, por Auto de 01/07/2024 [*Tol 10084012*], ha declarado no amnistiable el concreto delito de malversación de caudales públicos por el que los implicados habían sido condenados.

Entiende el Tribunal Supremo que los condenados obtuvieron un beneficio personal de carácter patrimonial y que se afectaron los intereses financieros de la Unión Europea, circunstancias ambas que, con arreglo a la literalidad de los arts. 1.4 y 2 LO 1/2024 respectivamente, estaban fuera del ámbito de aplicación de la ley.

Respecto a lo primero, porque la disposición de los fondos públicos al objetivo de independencia en lugar del patrimonio personal les supuso a los condenados un incremento patrimonial al sustituir lo que debió ser una aportación personal por una aportación con cargo al dinero público —de lo que ni tenía un destino público, ni fue consecuencia del ejercicio propio de la función pública—. Respecto a lo segundo, por el potencial riesgo que supuso el proceso de independencia para los ingresos que definen la aportación española a los presupuestos de la Unión Europea.

* *Indulto*

Por su parte, el indulto es una medida de gracia que otorga el Rey, a propuesta del Ministro de Justicia, previa deliberación del Consejo de Ministros.

Supone el perdón y, por tanto, remisión, de la pena impuesta. No supone ni la extinción de la responsabilidad civil ni de los antecedentes penales.

La remisión puede ser total o parcial. Es total cuando se remiten todas las penas a que hubiera sido condenado y que todavía no hubiese cumplido y parcial cuando se remite alguna o algunas de las penas impuestas, se remiten parte de ellas o se conmutan las impuestas por otras menos graves.

Se pueden indultar a los reos de toda clase de delitos, pero han debido ser previamente condenados por sentencia firme y encontrarse a disposición del tribunal sentenciador para el cumplimiento de la pena. Presupone, por tanto, un previo enjuiciamiento de unos hechos sobre los que ha recaído sentencia condenatoria firme por lo que, su alegación en esta fase, tiene un ámbito coincidente con la cosa juzgada.

No pueden ser indultados ni los reincidentes (salvo informe favorable del tribunal sentenciador o del Consejo de Estado) ni aquellos respecto de quienes la pena objeto de indulto quedó sin efecto por haberse anulado posteriormente la sentencia en que se impuso.

STS de 31/03/2004 [*Tol 392791*]

«Pues bien, el recurrente pretende que se le exima de la pena privativa de libertad por haber sido indultado con anterioridad, pero con evidente olvido de que la gracia del indulto, a diferencia de lo que ocurre con la amnistía, recae exclusivamente sobre la pena y no sobre el delito, de tal manera que, si la pena objeto del indulto se dejó sin efecto por haberse anulado la sentencia que la acordó, el indulto que de ella trae causa deviene ineficaz por inexistente. A ello puede añadirse que esa situación de ineficacia fue provocada por el propio interesado al entablar el recurso de amparo y no desistir de él después de habér sido indultado, acto propio contra el cual ahora no puede ir ni argumentar con posibilidad impugnatoria.»

2.3.3 *Falta de autorización administrativa para proceder (suplicatorio)*

El ámbito de aplicación de este artículo de previo pronunciamiento está constreñido a los supuestos de aforamiento de diputados y senadores, quienes, como garantía inherente a su inmunidad parlamentaria, no podrán ser inculpados ni procesados durante su mandato representativo sin la previa autorización de la Cámara respectiva (art. 71 CE). Este régimen es aplicable tanto a los parlamentarios nacionales como europeos y respecto de los parlamentarios autonómicos únicamente cuando los respectivos Estatutos de Autonomía expresamente así lo prevean (STC 36/1981 [*Tol 110838*]).

STC 243/1988 [*Tol 80090*]

«La inmunidad, en cambio, es una prerrogativa de naturaleza formal que protege la libertad personal de los representantes populares contra detenciones y procesos judiciales que puedan desembocar en privación de libertad, evitando que, por manipulaciones políticas, se impida al parlamentario asistir a las reuniones de las cámaras y, a consecuencia de ello, se altere indebidamente su composición y funcionamiento.»

Para proceder contra un diputado o senador se exige, por tanto, como condición de procedibilidad, la autorización previa de la Cámara Parlamentaria respectiva. Aunque se prevé su planteamiento en esta fase, será poco probable que la alegación se formule en este momento. Como ha señalado el Tribunal Constitucional el juez debe pedir el suplicatorio tan pronto como deba realizar actos que impliquen la sujeción del parlamentario a un proceso penal (STC 124/2001 [*Tol 81476*]) por lo que lo habitual será que, desde el momento en que el órgano judicial tiene constancia de que el investigado reúne esta condición, lo tramite. En cualquier caso, la estimación de esta alegación no impedirá el enjuiciamiento de la causa, sino que se suspenderá para su subsanación, momento en que el procedimiento podrá seguir su curso.

No será precisa la petición del suplicatorio cuando la condición de aforado se hubiese adquirido después de haberse dictado sentencia definitiva en primera instancia (Acuerdo de Pleno no Jurisdiccional 15 diciembre 2000 [*Tol 2110731*]).

2.4 Suspensión del juicio oral

El principio de concentración que rige la celebración del juicio oral exige que este se celebre en una única sesión y, de no ser posible, que las sucesivas sesiones se celebren de forma consecutiva dentro de un plazo determinado para preservar la unidad de acto (arts. 744 y 788 LECrim). Excepcionalmente, el juez o tribunal puede sin embargo acordar la suspensión o aplazamiento de la sesión cuando, para evitar indefensión y garantizar la correcta sustanciación del proceso, concurran determinadas circunstancias que lo exijan. Los arts. 745 y 746 LECrim recogen los supuestos en que excepcionalmente puede producirse esta suspensión.

Recoge el art. 745 LECrim:

«No obstante lo dispuesto en el artículo anterior, el Presidente del Tribunal podrá suspender la apertura de las sesiones cuando las partes, por motivos independientes de su voluntad, no tuvieren preparadas las pruebas ofrecidas en sus respectivos escritos.»

Y el art. 746 LECrim

«Procederá además la suspensión del juicio oral en los casos siguientes:

1º Cuando el Tribunal tuviere que resolver durante los debates alguna cuestión incidental que por cualquier causa fundada no pueda decidirse en el acto.

2º Cuando con arreglo a este Código el Tribunal o alguno de sus individuos tuviere que practicar alguna diligencia fuera del lugar de las sesiones y no pudiere verificarse en el tiempo intermedio entre una y otra sesión.
3º Cuando no comparezcan los testigos de cargo y de descargo ofrecidos por las partes y el Tribunal considere necesaria la declaración de los mismos.
Podrá, sin embargo, el Tribunal acordar en este caso la continuación del juicio y la práctica de las demás pruebas; y después que se hayan hecho, suspenderlo hasta que comparezcan los testigos ausentes.
Si la no comparecencia del testigo fuere por el motivo expuesto en el artículo 718, se procederá como se determina en el mismo y en los dos siguientes.
4º Cuando algún miembro del Tribunal, el Fiscal o el defensor de cualquiera de las partes, enfermare repentinamente hasta el punto de que no pueda continuar tomando parte en el juicio ni pueda ser reemplazado este último sin grave inconveniente para la defensa del interesado.
Lo mismo se aplicará, en el caso del defensor de cualquiera de las partes, en los supuestos de fallecimiento u hospitalización o intervención quirúrgica por causa grave, de un familiar hasta el segundo grado por consanguinidad o afinidad.
5º Cuando alguno de los procesados se halle en el caso del número anterior, en términos de que no pueda estar presente en el juicio.
La suspensión no se acordará por esta causa sino después de haber oído a los facultativos nombrados de oficio para el reconocimiento del enfermo.
6º Cuando revelaciones o retractaciones inesperadas produzcan alteraciones sustanciales en los juicios, haciendo necesarios nuevos elementos de prueba o alguna sumaria instrucción suplementaria.
No se suspenderá el juicio por la enfermedad o incomparecencia de alguno de los procesados citados personalmente, siempre que el Tribunal estimare, con audiencia de las partes y haciendo constar en el acta del juicio las razones de la decisión, que existen elementos suficientes para juzgarles con independencia.
Cuando el procesado sea una persona jurídica, se estará a lo dispuesto en el artículo 786 *bis* de esta Ley.
7º Si se trata de un proceso en el que la persona profesional de la abogacía ha sido designada por el turno de oficio, solo se suspenderá el procedimiento por el tiempo que demore el Colegio profesional correspondiente en proveer la designación de nuevo profesional para evitar causar indefensión a la parte. Si la suspensión se solicita por haberse producido o iniciado el parto de manera repentina, o sin tiempo suficiente como para que otro abogado o abogada pueda hacerse cargo del asunto y prepararlo, se suspenderá el señalamiento por el tiempo mínimo imprescindible en atención a su complejidad».

1863

Aunque la LO 1/2025 prevé que las posibles causas de suspensión se resuelvan en esta audiencia, el art. 786.1 LECrim establece que, una vez que el juez o tribunal hubiera resuelto sobre las cuestiones previas planteadas se establecerá el día y la hora en que deben comenzar las sesiones del juicio oral. Difícilmente puede suspenderse un plenario cuya fecha de celebración aún no se ha señalado por lo que su eventual estimación en esta fase todo lo más condicionará la fecha de inicio de las sesiones del juicio oral. Además, la mayoría de las causas contempladas concurrirán en el momento de la celebración del juicio, por lo que, amén de que será poco frecuente su planteamiento en este momento, nada impide que, si concurriera alguna de ellas una vez iniciado el juicio oral, el tribunal pueda acordarla atendida la redacción de los arts. 745 («el Presidente del Tribunal podrá suspender la apertura de las sesiones [...]») y 746 LECrim («Procederá además la suspensión del juicio oral [...]»)

El supuesto referido a la imposibilidad de la práctica de la prueba por la incomparecencia de peritos o testigos es el más habitual y, en este caso, la no solicitud de la suspensión se entiende como renuncia tácita a su práctica. Conviene no obstante recordar que, aunque el derecho a la prueba constituye una de las garantías fundamentales del justiciable y que su indebida denegación puede dar lugar a una indefensión de relevancia constitucional, no existe un derecho absoluto e incondicionado a la práctica de todas aquellas que tienen relación con el objeto del proceso, sino únicamente de aquellas que tienen potencial relevancia para acreditarlo e influencia decisiva en términos de defensa. Por tanto, la parte que lo interesa debe explicar los hechos que pretende esclarecer y su incidencia para la defensa de sus pretensiones. El tribunal, atendiendo al conflicto de intereses entre el derecho de defensa y el derecho del investigado a un proceso sin dilaciones indebidas, debe resolver valorando su pertinencia, relevancia y la posibilidad de su práctica en un plazo razonable. En este sentido, la STS de 16/06/2003 [*Tol 4926588*] señala que:

> «Está firmemente consolidado el criterio jurisprudencial según el cual la prosperabilidad de un motivo casacional fundado en la decisión del Tribunal sentenciador de no suspender el juicio ante la incomparecencia de testigos previamente admitidos por haberse considerado "pertinente" la prueba testifical propuesta en la calificación provisional, requiere la concurrencia de una serie de requisitos, unos de índole formal y otros de carácter sustantivo. Entre los primeros figuran: que se trata de una prueba solicitada en tiempo y forma procesales oportunos y que haya sido aceptada por el Tribunal, esto es, declarada pertinente y programada procesalmente; que se deje constancia de la protesta por la no suspensión del juicio; y que, tratándose de testigos, la parte haya consignado los extremos del interrogatorio que pretendía formularles (SSTS de 25 de octubre de 1983, 13 de mayo de 1986, 5 de marzo de 1987, 29 de febrero de 1988, 17 de octubre de 1989, 31 de octubre de 1990, 14 de noviembre de 1992, 6 y 18 de marzo de 1996, 11 de septiembre de 1998). Como requisitos de fondo, se exige que la prueba sea posible de practicarse; que sea necesaria, en el doble sentido de su relevancia y su no redundancia; y, finalmente, que su falta de realización ocasione indefensión en la parte que la propuso. Respecto a estas dos últimas exigencias sustantivas, "habrá que evaluar en cada caso teniendo en cuenta el resto del material probatorio de que se dispuso y la incidencia que la prueba denegada tuviese en la convicción del órgano decisor para configurar la resolución definitiva del proceso" (STS de 29 de enero de 1993). O, como con otras palabras se ha dicho, que la prueba omitida (o denegada) hubiese sido susceptible de modificar el signo del fallo (STS de 11 de abril de 1996 y 16 de febrero de 2.000, entre otras muchas).»

No se acordará la suspensión cuando a) se ignoren las razones de la incomparecencia (STS de 21/01/2004 [*Tol 348607*]); b) cuando, no habiendo sido posible la citación del testigo de oficio, el proponente pudo haber logrado fácilmente su comparecencia en el juicio (STS de 14/06/02 [*Tol 173650*]); c) cuando la parte que lo interesa no motiva la necesidad de su práctica y su utilidad en términos de defensa (STS de 30/10/2002 [*Tol 226035*]); d) cuando, diferida la decisión sobre la suspensión al resultado de la prueba practicada, la prueba resulte innecesaria o irrelevante para alterar la convicción que ya se ha formado el juzgador o e) cuando no se haya podido establecer la fecha en la que el testigo puede comparecer —por falta de información sobre su paradero tras una razonable actividad de localización o porque su estado de salud no permite hacer un pronóstico al respecto (STS de 21/01/2004 [*Tol 348607*])—. Procede, sin embargo, cuando no comparezca la víctima testigo único del delito cometido (STS de 09/05/2003 [*Tol 274578*]) o cuando, faltando el testigo directo, el resto de la prueba sea sólo referencial o indiciaria (STS de 16/06/2003 [*Tol 4926588*]).

La enfermedad repentina justificada del letrado defensor exige la suspensión del juicio. De no justificarse, el tribunal podría designar un letrado de oficio. El cambio de letrado defensor también puede ser causa de suspensión siempre que el tribunal cuente con una mínima base razonable que justifique una efectiva y material indefensión y no entrañe abuso de derecho o fraude de ley procesal. En este sentido, la STS de 19/07/2021 [*Tol 8540284*] señala que:

«Esta Sala ha declarado (SSTS 173/2000, 10 de noviembre, 327/2005, 14 de marzo, y por auto 24 de abril de 2003) que la facultad de libre designación implica, a su vez, la de cambiar de Letrado cuando lo estime oportuno el interesado en defensa de sus intereses, si bien tal derecho no es ilimitado pues está modulado, entre otros supuestos, por la obligación legal del Tribunal a rechazar aquellas solicitudes que entrañen abuso de derecho, o fraude de ley procesal según el artículo 11.2 de la Ley Orgánica del Poder Judicial (SSTS 23 de abril de 2000; 23 de diciembre de 1996; 20 de enero de 1995). De ahí la improcedencia, por ejemplo, del cambio de letrado cuando suponga la necesidad de suspender la celebración de la vista y no conste una mínima base razonable que explique los motivos por los que el interesado ha demorado hasta ese momento su decisión de cambio de letrado. Fuera de estos supuestos de ejercicio abusivo del derecho en que se afectan otros valores y derechos como el de un proceso sin dilaciones indebidas, sin una justificación razonable basada en la proscripción de una efectiva y material indefensión, los cambios de letrado están amparados por el ejercicio del derecho a la defensa que incluye el de libre designación del abogado».

Por el carácter facultativo de su presencia no procede cuando, estando debidamente citado, no comparece el letrado de la acusación (STS de 03/12/2007 [*Tol 1213964*]) o no comparecen el tercero responsable civil (art. 787.1 LECrim) o la persona designada por la persona jurídica para su representación (art. 787 *bis* 2 LECrim).

En el supuesto de incomparecencia del acusado, la suspensión es obligada, sin perjuicio de los supuestos de posible celebración del juicio en su ausencia. No procederá si el incomparecido estuviese declarado en rebeldía. Cuando se trate de la enfermedad o incomparecencia de alguno de los procesados citados personalmente, el tribunal no suspenderá el juicio para los restantes si no concurre motivo legítimo debidamente acreditado para la ausencia de aquel, y estima, previa audiencia de las partes, que existen elementos suficientes para juzgarles con independencia (art. 787.1 LECrim). En estos supuestos, el tribunal debe valorar la posibilidad, relativamente cierta, de una pronta reanudación con la presencia simultánea de todos los investigados (STS de 13/04/2015 [*Tol 4984908*]) y, en su caso, exponer y hacer constar las razones de la admisión del enjuiciamiento separado, tanto desde la perspectiva del derecho a la tutela judicial de las acusaciones como del derecho de defensa del acusado (STS de 13/07/2016 [*Tol 5781819*]).

Por su parte, las revelaciones o retractaciones inesperadas pueden producir el efecto de suspensión si (i) introducen nuevos hechos o modifican los ya introducidos por las acusaciones o las defensas; (ii) son sorpresivas o imprevistas de modo que las partes no han podido tenerlas en cuenta; (iii) producen una alteración en el objeto del proceso con influencia en la pena o en la existencia misma de la responsabilidad civil (no en su cuantificación) o (iv) hacen necesarios nuevos elementos de prueba que puedan practicarse en el mismo trámite del juicio oral o de alguna sumaria instrucción suplementaria que precise devolver el procedimiento a la fase de instrucción (STS de 17/10/2002 [*Tol 222617*]).

En cualquier caso, sólo procederá acordar la suspensión cuando los motivos invocados por las partes afecten a las pretensiones penales y a la determinación de la responsabilidad civil. No las referidas a la cuantía de la responsabilidad civil, como la falta de acreditación de la sanidad, de la tasación de daños o de la verificación de otra circunstancia de análoga significación —siempre que no sea requisito imprescindible para la calificación de los hechos (art. 788.1 IV LECrim)— cuya determinación —fijadas en la sentencia las bases de la misma— quedará diferida al trámite de ejecución. (STS de 19/07/2022 [*Tol 9152471*])

2.5 Contenido, finalidad o nulidad de la prueba

La audiencia preliminar es el momento procesal en el que el juez o tribunal debe examinar y resolver:

(i) sobre la admisión de las pruebas propuestas por el Ministerio fiscal y las partes en sus respectivos escritos de acusación y defensa (art. 785.3 LECrim);

(ii) sobre la admisión de aquellas que se propongan en este momento por no haberse podido proponer con anterioridad: bien porque no se conocían en el momento de formular los respectivos escritos, bien porque precluyó el plazo para la presentación del escrito de defensa (art. 784.1 LECrim) bien porque, ante una alegación nueva, resulta necesario para las demás la práctica de alguna diligencia que hasta ese momento no era necesaria;

(iii) sobre la posible nulidad de las pruebas propuestas de contrario y

(iv) sobre la incorporación de los informes, certificaciones y demás documentos que se estimen oportunos (art. 785.1 LECrim).

Por tanto, se trata del momento en el que las partes deben argumentar sobre la necesidad y conveniencia de la prueba propuesta con vistas a su admisión, debiendo tener en cuenta que sólo será admisible la prueba que se propone en la misma audiencia cuando (i) su necesidad esté justificada de forma razonada; (ii) no suponga un fraude procesal y (iii) no constituya, en garantía de la interdicción de toda indefensión, un obstáculo a los principios de contradicción e igualdad de las partes.

Este trámite es preclusivo por lo que, al inicio del juicio oral, las partes no podrán proponer más que aquella de la que hubieren tenido conocimiento con posterioridad a la audiencia (art. 787.3 LECrim). Deberán entonces no sólo justificar las razones de su necesidad sino acreditar igualmente que efectivamente no tuvieron conocimiento anterior.

Ahora bien, como señalábamos, no existe obligación de admitir todo medio de prueba, sino únicamente aquel que el juez o tribunal valore pertinente (porque guarda relación con el objeto del proceso), relevante (cuando la prueba, por su relación con los hechos, puede alterar la sentencia en favor del proponente) y resulte necesaria para evitar indefensión (STS de 25/09/2003 [*Tol 4914232*]). Según la STS de 25/09/2003 [*Tol 4914232*]:

> «Para una adecuada valoración del conflicto, la jurisprudencia ha proporcionado dos criterios, el de la pertinencia y el de la relevancia. Por la primera se exige una relación entre las pruebas y el objeto del proceso. La relevancia presenta un doble aspecto, el funcional, relativo a los requisitos formales necesarios para la práctica y desarrollo de la prueba y de la impugnación; y el material, relativo a la potencialidad de la prueba denegada con relación a una alteración del fallo de la sentencia.»

Su denegación deberá estar lo suficientemente motivada como para conocer las razones que han llevado a su inadmisión y no pueda considerarse arbitraria: exigencia de motivación que reclaman los arts. 24.2 CE y 6.3 CEDH como garantía constitucional del derecho de defensa afectado. En este sentido, la STS de 19/07/2022 [*Tol 9152471*] afirma que:

> «Debe insistirse en que no pueden inadmitirse medios de prueba pertinentes y apriorísticamente relevantes que se fundan en un serio interés defensivo en atención a causas de improcedencia imprecisas, difusas y no contempladas en la norma. Ni, tampoco, sobre razones de innecesidad en atención a un pronóstico hipotético de rendimiento defensivo bajo, si se hubieran practicado en la instancia, o de ausencia de potencialidad revocatoria si se hubieran practicado en fase de apelación.»

Especial importancia en este trámite tiene instar la nulidad de un medio de prueba cuando se ha obtenido con vulneración de algún derecho fundamental. Como señala la STC 14/03//1994 [*Tol 82493*]:

> «la imposibilidad de admitir en el proceso una prueba obtenida violentando un derecho fundamental no sólo deriva directamente de la nulidad de todo acto violatorio de los derechos reconocidos en el Cap. II, Tít. I CE, y de la necesidad de no confirmar, reconociéndolas efectivas, las contravenciones de los mismos (STC 114/1984), sino ahora también en el plazo de la legalidad en virtud de lo dispuesto en el art. 11. 1º LOPJ.»

De esta manera se promueve el debate contradictorio entre las partes permitiendo a la parte que la propuso justificar la legitimidad de su obtención. De no promoverse este debate conocido ya el origen ilícito del medio de prueba no podrá plantearse posteriormente. Tampoco en aquellos supuestos en que la validez de un medio de prueba dependa de la legitimidad de la obtención de fuentes de prueba en otro procedimiento (Acuerdo del Pleno no jurisdiccional TS de 26 de mayo de 2009).

3. EN ESPECIAL: LA DENUNCIA DE NULIDADES

La Ley 38/2002 introdujo la nulidad de actuaciones como cuestión previa con la finalidad de resolver la eventual nulidad en que podrían haber incurrido las actuaciones judiciales realizadas hasta el momento por los jueces de instrucción.

La LECrim carece de una regulación específica sobre la materia por lo que, para su consideración, ha de estarse a la regulación de los arts. 238 a 243 LOPJ que es de aplicación a todos los procesos judiciales.

El art. 238 LOPJ efectúa una enumeración de aquellas causas que, en todo caso, determinan la nulidad de actuaciones y deja abierto este catálogo a aquellos otros supuestos que establezcan las leyes procesales que, como decimos, en el caso concreto de la LECrim no se contemplan más allá de lo previsto en el art. 680 LECrim.

«Los actos procesales serán nulos de pleno derecho en los casos siguientes:
1. º Cuando se produzcan por o ante tribunal con falta de jurisdicción o de competencia objetiva o funcional.
2. º Cuando se realicen bajo violencia o intimidación.
3. º Cuando se prescinda de normas esenciales del procedimiento, siempre que, por esa causa, haya podido producirse indefensión.
4. º Cuando se realicen sin intervención de abogado, en los casos en que la ley la establezca como preceptiva.
5. º Cuando se celebren vistas sin la preceptiva intervención del letrado de la Administración de Justicia.
6. º En los demás casos en los que las leyes procesales así lo establezcan.»

Y el art. 240.1 LOPJ recoge que:

«La nulidad de pleno derecho, en todo caso, y los defectos de forma en los actos procesales que impliquen ausencia de los requisitos indispensables para alcanzar su fin o determinen efectiva indefensión, se harán valer por medio de los recursos legalmente establecidos contra la resolución de que se trate, o por los demás medios que establezcan las leyes procesales.»

Se distinguen, así, dos tipos de nulidad: la nulidad de pleno derecho o nulidad absoluta del art. 238 LOPJ —por la omisión de aquellos trámites fundamentales y necesarios del propio procedimiento— y la anulabilidad o nulidad relativa —de aquellos defectos de forma en los actos procesales que han producido indefensión del art. 240.1 LOPJ—. Pero tanto una como otra guardan una identidad sustancial: producen el mismo efecto de privación de eficacia del acto y es posible su apreciación de oficio.

Ahora bien, salvo aquellos supuestos que por sí mismos determinan la nulidad del acto procesal (art. 238 LOPJ), el acto procesal nulo sólo tiene relevancia constitucional cuando produce una indefensión trascendente de cara a la resolución del pleito, es decir, una privación efectiva y real del derecho de defensa de la parte. En este sentido, señala el Tribunal Constitucional en su STC 109/2002 [*Tol 258642*]:

«se produce indefensión constitucionalmente relevante cuando con infracción de una norma procesal, el órgano judicial en el curso del proceso impide a una parte el ejercicio del derecho de defensa, privando o limitando, bien su facultad de alegar y justificar sus derechos e intereses para que le sean reconocidos, bien de replicar dialécticamente las posiciones contrarias en el ejercicio del indispensable principio de contradicción, produciendo un efectivo y real menoscabo del derecho de defensa (...). Por tal razón, solo cabe otorgar relevancia constitucional a aquella que resulta efectiva, de tal forma que no toda infracción o irregularidad procesal cometida por los órganos judiciales provoca, en todos los casos, la eliminación o disminución material de los derechos que corresponden a las partes en el proceso...».

La parte que invoca la nulidad debe, por tanto, justificar que la infracción denunciada ha supuesto una indefensión material lo que conllevará, necesariamente, realizar un análisis del caso concreto y sus características. Los defectos de forma serán también determinantes de nulidad si han supuesto ausencia de los requisitos necesarios para que el acto alcance el fin que le es propio. Si el acto ha alcanzado su fin, será válido pese al incumplimiento del requisito de forma y su apariencia de nulidad.

El artículo 24 CE sólo despliega su eficacia protectora respecto de los actos u omisiones del órgano judicial, causada por su incorrecta actuación, y no respecto de los actos de las partes. Es responsabilidad de quienes representan o defienden a las partes del proceso actuar con la debida diligencia y no puede alegar indefensión quien por «pasividad, desinterés, negligencia, error técnico o impericia» (STC 254/2007 [*Tol 1228666*]) voluntariamente se coloca en esa situación.

Además, la invocación de nulidad no puede quedar a la libre voluntad de la parte, sino que debe invocarse tan pronto se conoce para que el órgano judicial a quien se imputa la infracción pueda proceder a su inmediata reparación. Su falta se considera aquietamiento y excluye la indefensión, pudiendo rechazarse por extemporánea cuando, pudiendo haberlo hecho en su momento oportuno, se plantea con posterioridad (STS de 23/07/2008 [*Tol 1366360*]).

Sin perjuicio de ello, el tribunal puede, de oficio y antes de que recaiga resolución que ponga fin al proceso (art. 240.2.I LOPJ), declarar, previa audiencia de las partes, la nulidad de todas o alguna de las actuaciones. No podrá, sin embargo, con ocasión de un recurso, decretar de oficio una nulidad que no haya sido solicitada, salvo que apreciare falta de jurisdicción o de competencia objetiva o funcional o se hubiese producido violencia o intimidación que afectare a ese tribunal (art. 240.2.II LOPJ). La no invocación por el recurrente de lo omisión o irregularidad —o lo que es lo mismo, su aquietamiento— impide al tribunal declarar la nulidad al conocer del recurso.

Además, en garantía del derecho a la tutela judicial efectiva del resto de las partes del proceso, la nulidad sólo debe declararse cuando no sea posible la subsanación del acto (arts. 240, 242 y 243 LOPJ). Si cabe la subsanación sin merma del derecho de defensa de la parte, debe procederse a ello y mantenerse la validez de los actos procesales.

4. EN ESPECIAL: LA PRESCRIPCIÓN

Con carácter general, todo delito está sometida a un plazo, transcurrido el cual se extingue la posibilidad de exigir responsabilidades por razón de su comisión. El Estado, en aras a la seguridad jurídica y al derecho del investigado a un proceso sin dilaciones indebidas, renuncia al ejercicio de su *ius puniendi* como garantía de que no se dilate indefinidamente en el tiempo la amenaza de una sanción penal que, como consecuencia del transcurso de un plazo que se considera excesivo, ha perdido su sentido y ya no puede cumplir su fin.

Como tal instituto de legalidad ordinaria, corresponde al legislador, atendiendo a criterios de seguridad jurídica y política criminal, determinar su régimen jurídico: delitos, plazos de prescripción, momento inicial de cómputo o causas de su interrupción.

4.1 Ámbito de aplicación

Todos los delitos son susceptibles de prescripción, salvo aquellos que, por su naturaleza y entidad, el legislador ha optado por su imprescriptibilidad: los delitos de lesa humanidad; genocidio; contra las personas y bienes protegidos en caso de conflicto armado, salvo los castigados en el art. 614 CP y terrorismo si hubieren causado la muerte de una persona (art. 131.3 CP).

4.2 Plazo de prescripción

El plazo de prescripción viene fijado en el art. 131 CP. Dispone el art. 131.1 CP que:

> «Los delitos prescriben:
> A los veinte años, cuando la pena máxima señalada al delito sea prisión de quince o más años.
> A los quince, cuando la pena máxima señalada por la ley sea inhabilitación por más de diez años, o prisión por más de diez y menos de quince años.
> A los diez, cuando la pena máxima señalada por la ley sea prisión o inhabilitación por más de cinco años y que no exceda de diez.
> A los cinco, los demás delitos, excepto los delitos leves y los delitos de injurias y calumnias, que prescriben al año.»

Se determina en función de la pena máxima señalada por el Código Penal para el delito concreto de que se trate y para su apreciación ha de estarse a las siguientes reglas:

a) El delito a tener en cuenta es el efectivamente cometido (el que corresponda a la calificación definitiva del hecho) y no el correspondiente al título de imputación que las acusaciones han podido pretender en algún momento del proceso, pues podría corresponderse con una infracción que no ha cometido y de la que, por tanto, no habría de ser responsable (STS de 14/07/2022 [*Tol 9150321*]). Así, por ejemplo, cuando los hechos enjuiciados se degradan de delito menos grave a leve en cuyo caso el plazo de prescripción es el que corresponde a su calificación definitiva como leve.

b) La pena máxima es la señalada en abstracto para el tipo delictivo concreto de que se trate —subtipos agravados y privilegiados— y en atención al grado de participación y ejecución —autoría y consumación— al ser agravaciones o degradaciones imperativas de la pena tipo (STS de 27/12/2004 [*Tol 591407*]). No se tienen en cuenta las circunstancias modificativas de la responsabilidad criminal.

c) Cuando la pena es compuesta, se debe estar a la pena que exija mayor tiempo de prescripción.

d) En los delitos conexos y concurso de infracciones, la prescripción se aprecia respecto al conjunto punitivo (STS de 21/12/2010 [*Tol 2008799*]) y el plazo de prescripción es el que corresponde al delito más grave (art. 131.4 CP). No cabe la prescripción autónoma de alguna o algunas de las infracciones que lo integran en tanto no prescribe la más grave de las enjuiciadas (STS de 31/10/2002 [*Tol 4976662*]) salvo en los supuestos de conexidad meramente procesal en los que la prescripción de cada uno de los delitos que se enjuician puede apreciarse separadamente (STS de 27/07/2015 [*Tol 5417891*]).

e) Las reformas procesales que eliminen o reduzcan los plazos de prescripción en curso, se aplican retroactivamente en concepto de ley penal más favorable (STS de 05/04/2005 [*Tol 633175*]).

4.3 Momento inicial y final del cómputo

4.3.1 Momento inicial (dies a quo)

Con arreglo al art. 132.1 CP, el momento de inicio del cómputo —*dies a quo*— se sitúa en el día en que «se haya cometido la infracción punible» es decir, en el momento en que se realizó el último acto necesario para la configuración típica del delito. Así pues:

a) En los delitos de mera actividad, conforme a la teoría de la acción, el delito se entiende cometido en «el momento en que el sujeto ejecuta la acción u omite el acto que estaba obligado a realizar» (art. 7 CP);

b) En los delitos que se perfeccionan *ex intervalo temporis,* de acuerdo con el criterio del resultado, la infracción penal se perfecciona en el momento en que se produce este. Como señala la STS de 09/07/1999 [*Tol 5134296*]:

«La prescripción comienza cuando el delito termina, y en consecuencia el cómputo del plazo no puede iniciarse antes de que el delito se haya perfeccionado, por la producción del resultado típico».

c) En los delitos imprudentes, el cómputo del plazo de prescripción se inicia, no con la realización de la conducta imprudente, sino cuando se produce el resultado sin el cual el delito no habría nacido, aunque se haya producido con posterioridad (STS de 25/04/2005 [*Tol 697845*]).

En los delitos continuados el plazo comienza el día en que se realizó la última infracción; en el delito permanente, cuando se eliminó la situación ilícita y, en aquellas infracciones que exijan la nota de habitualidad, cuando cesó la conducta (art. 132.1.I CP).

Cuando la víctima es menor de edad, el inicio del cómputo comienza el día en que alcanza la mayoría de edad, para los delitos previstos en el art. 132.1. II CP (delitos de aborto no consentido, lesiones, contra la libertad, de torturas y contra la integridad moral, contra la intimidad, el derecho a la propia imagen y la inviolabilidad del domicilio, y contra las relaciones familiares); desde que cumple 35 años para los delitos enunciados en el art. 132.1.III CP (los delitos de tentativa de homicidio, de lesiones de los artículos 149 y 150, en el delito de maltrato habitual previsto en el artículo 173.2, en los delitos contra la libertad sexual y en los delitos de trata de seres humanos) o, en ambos supuestos, a partir de su fallecimiento si ha tenido lugar con anterioridad.

4.3.2 *Momento final (dies ad quem)*

El *dies ad quem* se sitúa en el día en que el procedimiento se dirige frente a la persona indiciariamente responsable del delito (art. 132.2 CP), esto es, cuando al incoar la causa o en cualquier momento posterior, se dicta resolución judicial motivada en la que se le atribuye a una persona concreta su presunta participación en un hecho delictivo mediante su identificación directa (bien por su nombre y apellido, bien por otro medio que permita conocer su identidad).

La resolución más representativa es el auto de admisión de una denuncia o querella, aunque también tienen capacidad interruptiva aquellas resoluciones que, por su propia naturaleza, permiten sostener que se ha cometido un hecho delictivo y atribuir a una persona determinada su participación en el mismo. En este sentido, se han considerado actos judiciales idóneos, por ejemplo, los autos de intervención telefónica, registro domiciliario y mandamientos de detención (STS de 20/11/2014 [*Tol 4572964*]). No así, las diligencias de investigación del Ministerio Fiscal, en tanto son una actuación investigadora *extramuros* del proceso (STS de 19/06/2006 [*Tol 964474*]).

La mera presentación de una querella o denuncia únicamente interrumpe el plazo si en el plazo máximo de seis meses desde su interposición se dicta contra el querellado, denunciado o cualquier otra persona, una resolución judicial motivada en la que se le atribuya su presunta participación en los hechos. En este caso, la interrupción de la prescripción se entiende retroactivamente producida, a todos los efectos, en la fecha de presentación de la querella o denuncia. En cambio, el cómputo del plazo de prescripción continúa si, transcurrido ese plazo, el juez de instrucción dicta resolución de inadmisión a trámite, no dirige el procedimiento contra la persona querellada o denunciada o no adopta resolución judicial motivada atribuyéndole esa participación.

En los supuestos en que el delito se ha cometido por una colectividad de personas u organización más o menos jerarquizada, la interrupción se produce cuando la querella o denuncia se dirige contra esa colectividad, aunque no exista designación nominal de los responsables.

4.4 Reanudación del plazo

También puede operar la prescripción cuando, una vez iniciado, el procedimiento se paraliza durante el mismo plazo establecido. En este caso, el *dies a quo* se refiere a la fecha en que, por cualesquiera motivos, el procedimiento cesa o se paraliza (art. 132.2 CP) y queda interrumpido —*dies ad quem*— cuando se lleva a cabo una actuación relevante con trascendencia procesal para su continuación. Es decir, como ya recoge el TS en su Sentencia de 08/02/1995 [*Tol 403310*], aquellas resoluciones con «un contenido sustancial propio de una puesta en marcha y prosecución del procedimiento, en definitiva reveladora de que la investigación avanza, se amplía, es decir, que el procedimiento persevera consumando sus sucesivas etapas».

Tienen esta virtualidad interruptiva todas aquellas actuaciones judiciales encaminadas a la averiguación de los hechos contra los investigados que se hallan identificados (STS de 31/03/2017 [*Tol 6026791*]) como las declaraciones como investigados (STS de 10/11/2004 [*Tol 527664*]), los reconocimientos en rueda (STS de 03/07/1998 [*Tol 5133904*]) o las tasaciones de daños e informes de sanidad (SAP de Madrid, de 06/11/2019 [*Tol 7699045*]); los autos de prisión (STS de 27/07/2015 [*Tol 5417891*]); los escritos de calificación de las partes (STS de 26/07/2005 [*Tol 703358*]); el auto de apertura de juicio oral o de admisión de pruebas (STS de 29/09/2018 [*Tol 6820810*]) y las resoluciones fijando la fecha de señalamiento del juicio oral (STS de 10/03/2016 [*Tol 5669157*]).

Por el contrario, carecen de eficacia las actuaciones de mero trámite o que no suponen prosecución del procedimiento, como el ofrecimiento de acciones; las actuaciones relativas al reconocimiento del beneficio de la justicia gratuita; los partes de estado del sumario que han de enviarse a la Audiencia Provincial; las providencias de recordatorio de despachos pendiente; las resoluciones de acuerdo de cumplimiento de lo ordenado por el tribunal superior cuando quedan vacía de contenido porque no se pone a trámite lo ordenado; los acuses de recibo; la expedición de testimonios; la repetición de las requisitorias o de las órdenes de busca y captura o las meras personaciones en la causa (STS de 01/03/2005 [*Tol 603608*]); o el auto acordando el sobreseimiento de las actuaciones (STS de 12/11/2012 [*Tol 2690700*]).

Las actuaciones procesales que posteriormente se declaran nulas no pierden la eficacia interruptiva que tuvieron en su momento al no haber supuesto inactividad del procedimiento. Para la STS de 03/06/2011 [*Tol 2258957*] «anular una resolución puede implicar el decaimiento de los efectos establecidos por lo decidido, pero no implica privarle de todos los efectos derivados de su existencia». 1875

4.5 Cómputo del tiempo

Para la apreciación de la prescripción, el tiempo transcurrido ha de ser íntegro y sin interrupciones debiéndose excluir de su cómputo los intervalos de tiempo transcurridos con anterioridad a la fecha de interrupción.

5. PLANTEAMIENTO Y RESOLUCIÓN

5.1 Planteamiento

Tras el auto de apertura del juicio oral y remitidas las actuaciones al órgano competente para el enjuiciamiento, el art. 785 LECrim prevé la citación del fiscal, partes personadas y acusado a esta audiencia preliminar en la que resolver, con carácter previo al señalamiento del juicio, todas las cuestiones previas que pudieran plantearse. Esto no impide —como se ha señalado— que ya en la fase de instrucción se hubieran podido advertir, plantear y resolver o que las partes las anticipen en sus escritos de conclusiones o las presenten por escrito con anterioridad a la audiencia. Sobre todo, cuando la cuestión previa, dada su complejidad, puede exigir de un estudio previo. Pero, en este caso, al no estar justificado este trámite, las alegaciones se deben reproducir de forma oral en esta audiencia para dar posibilidad a las otras partes de contestar a las cuestiones planteadas.

Corresponde al fiscal y a las partes exponer lo que estimen oportuno sobre la eventual concurrencia de alguna cuestión previa y lo habitual será que, comparecidas, el juez o magistrado pregunte si tienen alguna que alegar. En caso afirmativo y en garantía del principio de contradicción, se abre un turno de intervenciones que se desarrolla oralmente y en el que las partes deben alegar lo que tengan por conveniente. De no manifestar nada en este momento, ya sea para plantear una cuestión como para oponerse a la planteada, la parte concernida no podrá después alegar indefensión. Como por lo general el planteamiento de las cuestiones suele ser inesperada, cabe la posibilidad de que las partes soliciten un aplazamiento para su estudio y que el juez o tribunal lo conceda para garantizar la efectividad del derecho de defensa.

Por otra parte, dado que la vigente redacción del art. 785 LECrim, no exige que el turno de intervenciones se abra «a instancia de parte» —como sí hiciera la redacción anterior del art. 786.2 LECrim—, el tribunal también puede plantear de oficio aquellas cuestiones que, por su naturaleza de orden público o por su concreta repercusión en el juicio oral, justificarían su debate preliminar entre las partes.

5.2 Asistencia de acusado y letrado defensor

Dice el art. 785.2 LECrim

> «La celebración de la audiencia preliminar requiere la asistencia del acusado y del abogado defensor.
> La celebración de la audiencia preliminar no se suspenderá por la inasistencia injustificada de la persona acusada que haya sido debidamente citada ni tampoco por la incomparecencia injustificada de las demás partes citadas en forma, celebrándose a los efectos de sustanciar las cuestiones que puedan resolverse en ausencia. En la citación se informará al acusado y a las partes que su injustificada incomparecencia no suspenderá la audiencia preliminar.»

La celebración de la audiencia requiere la asistencia del acusado y su defensa, pero la incomparecencia del acusado sin causa justificada no será motivo de suspensión si ha sido citado debidamente con arreglo al art. 775 LECrim, celebrándose la audiencia a los efectos de sustanciar aquellas cuestiones que puedan resolverse en su ausencia.

5.3 Procedimiento para su resolución

Una de las novedades introducidas por la LO 1/2025 ha sido la de determinar el momento y la forma en que el juez o tribunal debe resolver sobre las cuestiones previas que se planteen, poniendo con ello fin a la jurisprudencia que había surgido de la literalidad de la redacción anterior.

Recoge el art. 785.3 LECrim:

«El juez, jueza o tribunal examinará las pruebas propuestas y resolverá admitiendo las que considere pertinentes y rechazando las demás, prevendrá lo necesario para la práctica de la prueba anticipada y resolverá sobre el resto de cuestiones planteadas de forma oral, salvo que, por la complejidad de las cuestiones planteadas, hubiera de serlo por escrito, en cuyo caso el auto habrá de ser dictado en el plazo de diez días.»

La redacción del precepto no deja margen a la interpretación y acota el cuándo y cómo el juez o tribunal debe pronunciarse sobre las cuestiones planteadas: el pronunciamiento se debe llevar a cabo *in voce* en el acto de la audiencia, consignando en el acta la decisión con una sucinta motivación, no siendo necesaria su reproducción posterior en la sentencia. Cuando la complejidad técnica de las cuestiones planteadas sea tal que requieran de un análisis, estudio y, en su caso, deliberación, el tribunal podrá acordar un aplazamiento de la decisión y dictar, en el plazo máximo de diez días, un auto resolviendo de modo más detallado y razonado las cuestiones planteadas. La estimación de cualquier cuestión que ponga fin al procedimiento debe resolverse también mediante Auto. 1877

Está regulación no empece, sin embargo, para que en aquellos supuestos en que el juez o tribunal precise la práctica de la prueba para la obtención de los elementos necesarios para la resolución de la cuestión planteada, inadmita en este trámite la pretensión por no estimarla suficientemente acreditada. Ello sin perjuicio de que las partes, previa protesta, puedan alegarlas nuevamente como medios de defensa y se resuelvan posterior y definitivamente en sentencia antes de entrar sobre el fondo del asunto una vez valorada la prueba practicada.

Lo decisivo, en todo caso, es que la decisión esté motivada —motivación reforzada en caso de desestimación— y que el momento en que se decide sobre aquella garantice las posibilidades de defensa, contradicción e impugnación.

5.4 Especial referencia a la prescripción

Este momento procesal para plantear la prescripción no es ni exclusivo ni preclusivo. Precisamente para evitar que resulte condenada una persona que, por disposición de la ley, tiene extinguida su posible responsabilidad penal, la prescripción puede ser examinada de oficio por el órgano judicial o alegarse por las partes en cualquier fase del proceso, incluso en fase de impugnación de sentencia, aunque previamente no se hubiere planteado en la instancia (STC 11/2004 [*Tol 344936*]). Para la STS de 08/07/2011 [*Tol 2199599*]:

> «No forma parte del contenido material del derecho a la tutela judicial efectiva, tal y como ha sido definido por la jurisprudencia constitucional y de esta misma Sala, el derecho a que las alegaciones sobre prescripción sean resueltas en el turno de intervenciones a que se refiere el art. 786.2 de la LECrim o en la sentencia definitiva. Esa interpretación, si bien se mira, abraza un entendimiento del principio de preclusión procesal que no es acorde con su significado como criterio de ordenación del proceso y, por tanto, de rango axiológico inferior a otros valores y principios que convergen en el enjuiciamiento penal»

En todo caso, planteada en esta audiencia preliminar, es doctrina consolidada que únicamente debe resolverse en este trámite cuando sus presupuestos aparecen de forma tan evidente que, sin necesidad de celebrar el juicio oral, puede afirmarse, sin género de duda, que ha transcurrido el plazo establecido por la Ley para su enjuiciamiento. En otro caso, de ser necesario el análisis jurídico, es procedente diferir la cuestión al resultado de todas las pruebas practicadas, momento en el que podrán determinarse todos los elementos típicos precisos para poder resolver sobre la prescripción. Esto sucederá cuando resulte necesaria la práctica de prueba para la obtención de datos que permitan ampliar el marco de la acusación hasta penas con plazos de prescripción mayores o cuando se requiera de una argumentación específica (por ejemplo, en los tipos agravados o la continuidad delictiva). En estos supuestos, debe resolverse en sentencia una vez examinados los hechos y elementos del delito para evitar que una resolución anticipada de la decisión pueda derivar en inseguridad jurídica y lesión del derecho a la prueba de la parte.

1878

En cuanto a los presupuestos, la STS de 14/07/2022 [*Tol 9150321*] recuerda que «la prescripción debe estimarse siempre que concurren los presupuestos sobre los que asienta —lapso de tiempo correspondiente o paralización del procedimiento— y ello, aunque la solicitud no se inserte en el cauce procesal adecuado y dejen de observarse las exigencias procesales formales concebidas al efecto».

Rechazada su invocación en esta audiencia, puede plantearse nuevamente durante el desarrollo del juicio oral y ser resuelta en sentencia (art. 678 I LECrim), pero siempre y en todo caso debe garantizarse el principio de contradicción y dar a las partes la oportunidad de alegar sobre su procedencia, so pena de lesionar su derecho a la tutela judicial efectiva.

La prescripción siempre debe quedar probada de forma expresa, por lo que deben hacerse constar como probados todos los elementos del hecho (tanto objetivos como subjetivos) que sean imprescindibles para la calificación jurídica. Sobre todo, en aquellas infracciones especialmente cualificadas por su concurrencia (véase homicidio en grado de tentativa o delito de lesiones). Por su parte, las resoluciones denegatorias deben contener una motivación reforzada en la que ha se aprecie «un nexo de coherencia entre la decisión adoptada, la norma que le sirve de fundamento y los fines que justifican la institución» (STC 129/2008 [*Tol 1391041*]), sin que sea admisible el mero cómputo del tiempo transcurrido y su cotejo con el plazo de prescripción.

6. EFECTOS

La falta de homogeneidad de las cuestiones previas genera que los efectos de la decisión también varíen y dependerá, en primer lugar, de que la decisión del tribunal acoja o no la alegación invocada.

6.1 Efectos de la desestimación

En caso de no acogimiento, la parte que la introdujo debe formular la oportuna protesta como forma de expresar su disconformidad con la resolución denegatoria. La falta de protesta implica aquietamiento, excluye, por tanto, la indefensión e impide su posterior invocación en trámite de recurso.

La protesta debe realizarse en tiempo y forma: en el momento que el juez o tribunal comunica la decisión y ofreciendo argumentos que permitan tanto el replanteamiento de la decisión por el tribunal de instancia como su posterior valoración por el tribunal superior en caso de impugnación. Si la decisión del juez o tribunal se formaliza posteriormente en auto aparte la discrepancia debe manifestarse al inicio de las sesiones del juicio oral.

6.2 Efectos de la estimación

Los efectos de su acogimiento vendrán, sin embargo, determinados por el motivo de oposición invocado.

6.2.1 Declinatoria de jurisdicción y competencia

La estimación de la declinatoria de jurisdicción o de la falta de competencia lleva aparejada la remisión de las actuaciones al órgano competente para su enjuiciamiento.

6.2.2 Cosa juzgada, prescripción, amnistía o indulto

La apreciación de la cosa juzgada impide la reconsideración del objeto del proceso y la de la prescripción, la amnistía o el indulto, la extinción de la responsabilidad penal, lo que impedirá la celebración del juicio o, en su caso, entrar a resolver sobre el fondo del asunto. Sólo continuará la celebración del juicio en aquellos supuestos en que se deba proceder respecto de otros acusados a quienes no afecta la cuestión previa estimada. En estos casos, al tratarse de una forma excepcional de finalizar el proceso, la resolución que la resuelva debe explicar y motivar suficiente y razonadamente la concurrencia de los elementos que las definen.

Contra el auto que pone fin al procedimiento cabe interponer recurso de
1880 apelación.

6.2.3 Autorización administrativa

La ausencia de autorización de la Cámara respectiva para proceder contra un parlamentario exige su subsanación, por lo que, de apreciarse, la causa quedará en suspenso hasta su concesión. Concedida la autorización, el procedimiento seguirá su curso. En otro caso, se declarará nulo todo lo actuado y la causa se sobreseerá libremente (art. 677 II LECrim).

6.2.4 Suspensión del juicio oral

Si la suspensión se acuerda en este trámite de audiencia, se pospondrá la fecha de inicio de las sesiones del juicio oral. Si se acuerda al inicio mismo de las sesiones (antes de la práctica de la prueba), nada impide que el juicio oral se reinicie una vez superado el motivo de la suspensión. Sin embargo, si la suspensión se acuerda una vez iniciada la práctica de la prueba, el tribunal debe señalar el tiempo de suspensión, hasta el límite máximo de treinta días, transcurridos los cuales, en aras al principio de oralidad y concentración, carecerán de validez los actos practicados (art. 788 LECrim). La suspensión por un plazo superior en principio determinará la nulidad de lo actuado, ex art. 238

LOPJ, pero sólo cuando el incumplimiento de esta exigencia temporal haya provocado una efectiva indefensión (STS de 29/03/1999 [*Tol 5134505*]). Para que así suceda, debe alegarse el error que la suspensión ha provocado en la valoración de la prueba. En ningún caso será motivo de nulidad por vulneración del principio de concentración, si la parte que lo alegó se aquietó y no formuló la oportuna protesta o si por sí mismo provocó un retraso mayor.

6.2.5 Nulidad de actuaciones

La declaración de nulidad de un acto procesal determinará la ineficacia de lo declarado nulo, aunque los efectos difieren según se trate de resoluciones judiciales esenciales o de actos de prueba.

La declaración de nulidad de las primeras provoca la retroacción de las actuaciones al momento en que se produjo el vicio, lo que puede provocar la devolución de las actuaciones al juzgado de instrucción para la subsanación de la falta y la continuación de la tramitación procesal. No implicará la de (i) las partes del mismo independientes de la declarada nula —nulidad parcial—; (ii) la de los sucesivos independientes de aquél; (iii) ni la de aquéllos cuyo contenido hubiese permanecido invariado aun sin haberse cometido la infracción que dio lugar a la nulidad (art. 243 LOPJ). La mera irregularidad no produce efectos sobre el acto procesal (STS de 25/09/2003 [*Tol 316516*]).

En el supuesto de declaración de nulidad de un acto de prueba, se tendrá por no realizado y no podrá hacerse valer posteriormente en el acto del juicio —ni aquellos actos declarados nulos ni los derivados de aquel por conexión de antijuridicidad—.

En ningún caso, la eliminación de la prueba ilícita impide la existencia de otra prueba de cargo desconectada de la ilícitamente obtenida, pero, si se declara ilícita la prueba origen de la que, por existir relación de conexidad, derivan todas las demás, el juez puede, sin necesidad de practicar prueba, dictar una sentencia, en principio absolutoria. Si se declara la ilicitud de alguna o algunas de las pruebas obtenidas, tras la declaración de la ilicitud, se debe celebrar el juicio con el resto de la prueba propuesta y admitida, pero, para sanear el proceso, no pueden ser objeto del debate las pruebas declaradas ilícitas, lo que debe advertirse expresamente a las partes.

En cuanto a los actos realizados bajo violencia o intimidación, el juez o tribunal declarará nulo todo lo practicado y promoverá la formación de causa contra los culpables, poniendo los hechos en conocimiento del Ministerio Fiscal. También se declararán nulos los actos de las partes o de personas que intervengan en el proceso si se acredita que se produjeron bajo intimidación o violencia (art. 239 LOPJ).

6.3 Impugnación

Recoge el art. 785.3 II que contra la decisión que se adopte no cabe recurso alguno, sin perjuicio de que la parte afectada efectúe protesta y se reproduzca la cuestión en el recurso frente a la sentencia. Es parte afectada tanto aquella que, habiéndola invocado, vio desestimada su pretensión como aquella que, habiéndose opuesto, la vio estimada. Dice el art. 785.3 II:

> «Contra la resolución adoptada no cabrá recurso alguno, sin perjuicio de la pertinente protesta y de que la cuestión pueda ser reproducida, en su caso, en el recurso frente a la sentencia, salvo que dicha resolución ponga fin al procedimiento, en cuyo caso será susceptible de recurso de apelación, en el plazo y con las formalidades prevenidas en los artículos 790 y siguientes.»

No obstante, contra los autos que pongan fin al procedimiento ya sea por declinatoria de jurisdicción o competencia o por la apreciación de la prescripción, cosa juzgada, amnistía o indulto cabe recurso de apelación.

En el escrito de formalización del recurso el apelante podrá reiterar la prueba que le fue indebidamente denegada —siempre que hubiere formulado la oportuna protesta— o aquella que admitida no pudo practicarse por causas que no le fueron imputables (art. 790.3 LECrim).

BIBLIOGRAFÍA

- COBO DEL ROSAL, *Tratado de Derecho Procesal Penal Español*, CESEJ, Madrid, 2008.
- GIMENO SENDRA, *Derecho procesal penal*, Aranzadi, Navarra, 2019.
- MARCHENA GÓMEZ, *El juicio Oral. Cuestiones Previas.* Centro de Estudios de Derecho Procesal Penal, Comares, Granada, 2010.
- MEDINA CEPERO, *La verdadera naturaleza jurídica de las cuestiones previas penales,* Actualidad penal: revista semanal técnico-jurídica de Derecho Penal nº 16, 2001.
- MEDINA CEPERO, *Cuestiones Previas en el Proceso Penal*, Aranzadi Pamplona, 2000. Revista de Derecho Procesal. N. 3 (2000).
- MORENO CATENA (dir), «*Las cuestiones previas*», *en El proceso penal*, Tirant lo Blanch, 2000.
- ESCOBAR JIMÉNEZ/DEL MORAL GARCÍA: *El juicio oral en el proceso pena,* Comares, 2021.
- ORTÍZ NAVARRO, GUILLAMÓN SENENT, *Las cuestiones previas en el proceso penal abreviado,* Editorial Jurídica SEPÍN, 2009.
- PERALS CALLEJA, «Las Cuestiones Previas. El Juicio oral en el proceso Penal» en *Estudios de Derecho Procesal Penal*, Comares.
- PORTERO, REIG, MARCHENA, *Comentarios a la reforma procesal penal de la Ley Orgánica 7/1988*, La Casa del Abogado, 1989
- QUINTANAR DÍEZ, *Sobre el cómputo del plazo prescriptivo en los delios imprudentes. Comentario a la sentencia de 21 de abril de 1989 de la Sala de lo Penal del Tribunal Supremo*, CPC nº 58, Madrid, 1996.
- RAGUÉS I VALLÉS, *La prescripción penal: Fundamento y aplicación*, Atelier, 2004.
- RIFÁ SOLER/RICHARD GONZÁLEZ, *El Proceso penal práctico*, La Ley, 2017
- URIARTE VALIENTE, FARTO PIAY, *El proceso penal español: jurisprudencia sistematizada,* La Ley, 2018.

Capítulo 45

Las calificaciones provisionales

Encarnación Molino Barrero
Abogada penalista
Montero-Aramburu & GVA

1. CONCEPTO Y REGULACIÓN

Una vez que ha finalizado la fase de instrucción en la que se ha llevado a cabo la investigación de los hechos delictivos sin que se haya decretado el sobreseimiento y archivo, el procedimiento sigue adelante con la formulación de las calificaciones provisionales por las partes, en primer lugar, por el Ministerio Fiscal, las acusaciones y el actor civil, si lo hubiera, y a continuación por las defensas de los acusados y de los terceros responsables civiles. Se refleja aquí la estructura dialéctica del proceso, así como la vigencia del principio acusatorio, de contradicción y de igualdad de armas. Las partes acusadoras deben exponer en primer lugar la acusación que formulan y las pruebas que proponen para acreditar su tesis. Acusación y elementos de prueba que deben ser conocidos por la defensa para articular su estrategia defensiva, tanto en el relato de los hechos y calificaciones como respecto de las pruebas de descargo que propone, con igualdad de armas para ejercer válidamente su derecho de defensa.

Estamos en la fase intermedia, en la que se llevan a cabo actuaciones procesales transcendentales para la preparación del posterior juicio oral. Los escritos de calificación provisional son actuaciones procesales de las partes de una gran relevancia en el desarrollo del proceso penal dadas las importantes cuestiones que abordan y las consecuencias y efectos que van a tener en el desarrollo del posterior juicio oral. Tales escritos han de ser coherentes con las resoluciones judiciales que han puesto fin a la instrucción y han acordado la continuación del procedimiento. En dichas resoluciones han quedado fijadas las personas contra las que se puede dirigir la acusación y los hechos que pueden ser objeto de la misma. El derecho de defensa impide acusaciones sorpresivas, de tal forma que la acusación no se podrá dirigir contra personas distintas a las recogidas en las citadas resoluciones ni podrá formularse por hechos no incluidos en las mismas. El derecho a ser informado de la acusación exige que el encausado haya tenido conocimiento de los hechos que se le imputan y haya podido defenderse de los mismos durante la instrucción (arts. 775.1 y 779.1.4ª LECrim). En relación con esto último y a fin de garantizar el derecho a ser informado de la acusación, el artículo 775.2 LECrim establece que, si una vez practicadas las diligencias, se produjese un cambio relevante en el objeto de la investigación y de los hechos imputados, el juez informará con prontitud de ello al investigado. En este sentido señala la STS de 20/5/2021 [*Tol 8441947*]:

> «La necesidad de que no pueda clausurarse una instrucción (salvo los casos de archivo o sobreseimiento) al menos sin haber puesto el Juez en conocimiento del imputado el hecho punible objeto de las diligencias previas, haberle ilustrado de sus derechos y frente a la imputación contra él existente, haberle permitido su exculpación en la primera comparecencia en el art. 775 LECrim».

En este momento procesal las partes deben formular los escritos de calificación provisional concretando, por este orden, los hechos punibles o la inexistencia de los mismos, la calificación jurídica que, en su caso, procediere, la participación de los acusados o la ausencia de ésta, las circunstancias que, en su caso, pudieran concurrir, la solicitud de pena o de absolución, la determinación de las responsabilidades económicas o su inexistencia. Igualmente se propondrán por las partes los medios de prueba de que intentan valerse en el acto del juicio oral, así como otras peticiones respecto de medidas cautelares y destino de los efectos del delito.

Tras la práctica de la prueba en el juicio oral, dichas conclusiones provisionales podrán ser modificadas en el trámite de conclusiones definitivas, pero no podrán ser alteradas en lo sustancial.

Vamos a referirnos a los escritos de calificaciones provisionales en el procedimiento ordinario (art. 649 a 665 LECrim), a los escritos de acusación y defensa en el procedimiento abreviado (arts. 780 a 784 LECrim), así como también nos referiremos a estos escritos en el procedimiento del Tribunal del Jurado (art. 29 LOTJ) y en el juicio rápido (art. 800 y 801 LECrim). Entre ellos mantienen características comunes, pero también algunas especialidades como veremos en los epígrafes siguientes.

2. LOS ESCRITOS DE ACUSACIÓN

En lo esencial, todos los escritos de calificación provisional o de acusación tienen la misma estructura, recogida en el art. 650 LECrim al que nos referiremos en el epígrafe 3 de este capítulo. Como veremos a continuación, estos escritos básicamente se diferencian en su denominación, en el plazo que se otorga a las partes para su presentación, en el órgano ante el que se presentan y en el momento procesal en el que se formulan, previamente a la apertura del juicio oral o una vez que ya se ha decretado la misma. En todos ellos pueden introducirse conclusiones con carácter alternativo o subsidiario.

Las conclusiones formuladas en estos escritos son provisionales. Tras la práctica de la prueba en el juicio oral, las mismas pueden ser modificadas en el trámite de conclusiones definitivas, ahora bien, la modificación que puede ser introducida respecto de los hechos y su calificación jurídica no puede conllevar una alteración sustancial del objeto del proceso. En este sentido, la STS de 11/02/2022 [*Tol 8803856*] señala que:

> «No toda modificación de conclusiones es admisible. [...] No cabe una alteración subjetiva que aboque a la introducción de nuevos responsables penales o civiles, ni tampoco una mutación de identidad sustancial del hecho. La modificación de conclusiones no puede en principio variar el objeto procesal sustituyendo unos hechos por otros distintos desde el punto de vista naturalístico, es decir, hecho entendido como suceso o acontecimiento; pero sí aquellos elementos factuales no sustanciales o su valoración jurídica».

Si como consecuencia de la modificación de las conclusiones por las acusaciones se produce un cambio en la tipificación penal de los hechos, un mayor grado de participación o de ejecución o circunstancias de agravación, la defensa podrá solicitar un aplazamiento de la sesión de forma que el acusado pueda defenderse adecuadamente de la nueva acusación (art. 788. 5 LECrim).

2.1 En el procedimiento ordinario

El procedimiento ordinario se regula en la ley procesal como el procedimiento tipo, no obstante, en la práctica, es más frecuente el procedimiento abreviado, debido a la pena que corresponde a los delitos que se enjuiciarán a través de las normas que regulan este último.

La fase procesal en la que se formulan los escritos de calificación se desarrolla ante el órgano de enjuiciamiento, esto es, ante la Audiencia Provincial o, en su caso, ante la Audiencia Nacional. El auto de apertura de juicio oral es dictado antes de que se formulen los escritos de acusación, por ello, dicha resolución no determina los elementos subjetivos ni objetivos del juicio pues todavía no son conocidos los hechos que serán objeto de acusación, aunque en los escritos de acusación no pueden incluirse hechos no contenidos en el auto de procesamiento. La acusación no podrá dirigirse contra personas que no hayan sido procesadas, aunque personas que fueron procesadas pueden no ser acusadas.

El escrito de calificación en el procedimiento ordinario debe formularse una vez se haya dictado el auto de apertura de juicio oral, tras la confirmación del

auto de conclusión del sumario. Abierto el juicio oral en el procedimiento ordinario, se dará traslado de forma sucesiva a las partes acusadoras. En primer lugar, se comunicará la causa al Ministerio Fiscal para que en el plazo de cinco días formule su escrito de calificación provisional (art. 649 LECrim), en el que deberá determinar, con carácter provisional, sus conclusiones. El plazo de cinco días podrá ser prorrogado a instancias de las partes, siempre que existan causas justificadas para ello. Así se contempla en el art. 781.2 LECrim para el procedimiento abreviado.

El contenido del escrito de calificación será el establecido en el art. 650 LECrim, formulándose conclusiones precisas y numerada, en el orden establecido en el citado precepto. Se concretarán los hechos punibles, la calificación jurídica de los mismos, la participación del acusado, las circunstancias modificativas de la responsabilidad que, en su caso, concurran, las penas solicitadas para cada uno de los procesados, la responsabilidad civil, si la hubiera y se hubiera ejercido la acción civil. Mediante otrosí debe realizarse la proposición de prueba de que intenten valerse en el juicio oral. Y también debe incluirse la petición de prueba anticipada. Nos referiremos a ello con detenimiento en el epígrafe 3 de este capítulo.

El Ministerio Fiscal también puede interesar en su escrito de calificación la absolución en el caso de que entendiera que los hechos no son constitutivos de infracción penal alguna, o bien, puede interesar la absolución respecto de alguno o algunos de los acusados, si entendiendo que los hechos son constitutivos de delito, no aprecia la participación de alguno o algunos de los procesados en los mismos.

Evacuado el trámite por el MF, se dará traslado por el mismo plazo de cinco días a la acusación particular y por último al actor civil, si estuviera personado para que formule su escrito de calificación provisional exclusivamente en lo que respecta a la responsabilidad civil. El plazo se computará desde que se haga entrega de la causa a cada parte, y no desde la notificación de la resolución acordándolo.

Los perjudicados podrán personarse en la causa hasta el trámite de calificación del delito. Por ello hasta que termine el plazo de calificación de las acusaciones pueden comparecer nuevas acusaciones. Si se personasen una vez transcurrido el término para formular escrito de acusación podrán ejercitar la acción penal hasta el inicio del juicio oral adhiriéndose al escrito de acusación formulado por el Ministerio Fiscal o del resto de las acusaciones personadas (art. 110 LECrim).

2.2 En el procedimiento abreviado 1889

A diferencia del procedimiento ordinario, donde la fase de calificación se lleva a cabo ante el órgano de enjuiciamiento, Audiencia Provincial o, en su caso, Audiencia Nacional, en el procedimiento abreviado la tramitación de la fase intermedia en la que se formulan los escritos de acusación y defensa tiene lugar ante el mismo órgano que ha llevado a cabo la investigación, esto es, ante el juez encargado de la instrucción.

Con el auto de transformación a procedimiento abreviado se pone fin a las diligencias previas, quedando fijado el objeto del proceso penal y los sujetos del mismo. En dicha resolución, el instructor realiza una valoración jurídica, tanto de los hechos como de la imputación objetiva de los mismos, exterioriza un juicio de probabilidad de naturaleza incriminatoria, dejando delimitado el ámbito objetivo y subjetivo del proceso. Se evitan así acusaciones infundadas o sorpresivas dado que solo se podrá dirigir la acusación contra quienes aparezcan previamente imputados por hechos recogidos en el auto de transformación. El auto de transformación vincula a las partes en cuanto a los hechos imputados y a las personas responsables recogidas en dicho auto, pero no respecto de las calificaciones jurídicas que se contengan. Si la resolución omite algún hecho respecto del cual se quiera formular acusación, o alguna persona a quien se pretenda acusar, deberá interponerse recurso de reforma y/o apelación.

En el auto de transformación de las diligencias previas en procedimiento abreviado, el juez instructor acordará que se dé traslado de las diligencias al Ministerio Fiscal y a las acusaciones personadas para que en el plazo de diez días soliciten la apertura de juicio oral formulando el correspondiente escrito de acusación o el sobreseimiento de la causa, o, excepcionalmente, la práctica de diligencias complementarias (art. 780 LECrim). Por tanto, recibidas las actuaciones, el Ministerio Fiscal y las acusaciones pueden interesar que se practiquen *diligencias complementarias* antes de formular el escrito de acusación. Estas diligencias han de ser indispensables para formular el escrito de acusación, *por falta de elementos esenciales para la tipificación de los hechos*, lo cual no permitirá reabrir una nueva fase de instrucción, ni realizar diligencias de prueba que no se hayan practicado por finalización del plazo de la instrucción. En el caso de que la petición provenga del MF, el juez acordará necesariamente lo solicitado, mientras que, si la petición proviene de la acusación, acordará lo que estime procedente. No se establece en la ley que esta petición de diligencias complementarias pueda hacerla también la defensa. Admitida la realización de las diligencias complementarias, tras la práctica de las mismas, se realizará un nuevo traslado con un nuevo plazo de diez días para que se formule el escrito de acusación o se solicite el sobreseimiento.

El *plazo* para presentar el escrito de acusación es de diez días hábiles. Este plazo es común para todas las partes acusadoras. Excepcionalmente, puede darse el plazo de forma sucesiva, primero al Ministerio Fiscal y después a las partes acusadoras. Esto ocurre en aquellos casos en los que no se pueda entregar la causa a todas las partes a la vez porque sea muy voluminosa y no se pueda fotocopiar. Actualmente, son muy excepcionales los casos en los que se hace entrega de la causa original, siendo frecuente que se entregue mediante copia escaneada.

El mencionado plazo es susceptible de *prórroga* por otros diez días más si así se solicita justificadamente por el Ministerio Fiscal —previa información a su superior jerárquico— y las acusaciones personadas (art. 781.2 LECrim). Excepcionalmente, en macro causas o procedimientos complejos, con documentación muy voluminosa, los tribunales suelen conceder una mayor ampliación del plazo para la presentación de dicho escrito En todo caso, la concesión o no de la prórroga es discrecional del juez encargado de la instrucción. La resolución que otorga el plazo para la presentación de este escrito es el auto de incoación de procedimiento abreviado o la providencia que otorga nuevo plazo tras la práctica de las diligencias complementarias. En el caso de que en el momento de la notificación de estas resoluciones no se haya dado traslado efectivo de todas las actuaciones procesales, el citado plazo no se computará desde dicha notificación, sino desde que se haga entrega real de la causa. La STC 264/2006 [*Tol 994508*] ha resuelto que el *dies a quo* solo comienza a correr desde que las actuaciones son puestas a disposición de la parte ya sea acusadora o acusada.

El plazo de diez días para la presentación del escrito de acusación no es preclusivo para el Ministerio Fiscal. El Ministerio Fiscal es parte necesaria en nuestro proceso penal, por lo que es imprescindible que formule su petición de apertura de juicio oral o de sobreseimiento. En este sentido, la STS de 13/10/15 [*Tol 5545112*] señala que:

> «...en la Sentencia 723/2003, de 22 de septiembre, con cita de la Sentencia de 30 de marzo de 1999, se declara que el mero incumplimiento de un plazo es susceptible de ser corregido en el propio procedimiento a través de recordatorios, no constituyendo tal demora ninguna lesión de los derechos fundamentales del art. 24 de la CE, ni suponiendo perjuicio a los derechos de la defensa. Se recuerda que existe una regulación de los términos judiciales en el Título IX del Libro I de la Ley de Enjuiciamiento Criminal y que concretamente, en el art. 215 de la LECrim se establece que en el supuesto de falta de formulación de una pretensión o un dictamen en el plazo señalado por la Ley, el Juez o Tribunal fijara un segundo plazo. Y que en Procedimiento Abreviado se regula, en el ap. 3 del art. 781 de la Ley de Enjuiciamiento Criminal, las consecuencias de la no presentación por el Fiscal del escrito de acusación en el plazo establecido, que no consisten en la preclusión del trámite, sino en el requerimiento al superior jerárquico del Fiscal para que la formule en el plazo de diez días».

Por tanto, el incumplimiento del plazo de presentación del escrito de acusación no produce la preclusión del trámite, pues no se trata de un plazo de caducidad. La presentación de los escritos de acusación fuera de plazo es una irregularidad formal, pero no es motivo de sobreseimiento libre ni causa de extinción de la responsabilidad penal (STS de 23/02/2007 [*Tol 1044205*]). En estos casos, de no presentación del escrito de acusación en el plazo establecido, lo que se prevé es que el juez de instrucción requiera al superior jerárquico del fiscal actuante, para que en el plazo de diez días presente el escrito que proceda, dando razón de los motivos de su falta de presentación en plazo (art. 781.3 LECrim).

Si la acusación particular no presenta su escrito de acusación en plazo también es preciso el requerimiento judicial con el señalamiento de un nuevo plazo. Así la STS de 18/12/2019 [*Tol 7664242*] resuelve lo siguiente:

> «Tampoco en el caso de una acusación no pública podría llegarse automáticamente a su apartamiento del proceso, si no es previo requerimiento judicial (art. 215 LECrim y STS 437/2012 citada). Anudar al mero incumplimiento del plazo la expulsión del proceso de la acusación sería desproporcionado»

Y el ATS de 07/12/2017 [*Tol 6492445*] señala sobre esta misma cuestión que:

> «Agotado el plazo señalado para evacuar el traslado conferido con el fin de formular el correspondiente escrito de acusación sin que se haya presentado éste, habrá que proceder como dispone el art. 215 de la LECr: señalamiento de un nuevo plazo, sin perjuicio de la imposición de la correspondiente multa. Sólo si, transcurrido ese nuevo término judicial, se omite la presentación del escrito de acusación habrá que entender precluido el trámite por aplicación supletoria de la Ley de Enjuiciamiento Civil (art. 136), lo que, en definitiva, se traducirá en una suerte de desistimiento tácito o legal de la acusación particular».

En el caso de que el Ministerio Fiscal o la acusación particular soliciten el sobreseimiento de la causa por cualquiera de los motivos que prevén los artículos 637 y 641 LECrim, la acordará el juez, sin perjuicio de aquellos supuestos en los que proceda la imposición de medidas de seguridad y el enjuiciamiento de la acción civil (art. 782 LECrim).

Si el Ministerio Fiscal y las acusaciones personadas lo consideran procedente a la vista del resultado de la instrucción, presentarán el escrito de acusación en el que *solicitaran la apertura de juicio oral* ante el órgano que estimen competente, *identificaran a la persona o a las personas contra las que se dirige la acusación* y cumplimentarán todos los extremos a los que se refiere el art. 650 de la LECrim relativo al escrito de conclusiones provisionales,

precepto al que se remite el art. 781. Estas conclusiones han de ser concretas y precisas, sin que puedan realizarse acusaciones genéricas e imprecisas que generen indefensión. En este sentido, la STS de 02/06/2016 [*Tol 5756312*], remitiéndose a la STC 299/2006 [*Tol 1003682*], señala:

> «No es conforme con la Constitución ni la acusación implícita, ni la tácita, sino que la acusación debe ser formulada de forma expresa y en términos que no sean absolutamente vagos o indeterminados. [...] El juez penal no puede pronunciarse sobre hechos no aportados al proceso y que no han sido objeto de acusación, imponiéndose como exigencia de carácter material que el acusado conozca con claridad y precisión los hechos objeto de la acusación (STS 865/1997, de 13-6)».

En el escrito de acusación debe indicarse cuál es el *órgano competente para el enjuiciamiento y fallo*. El órgano competente será la Audiencia Provincial o la Sección de lo Penal de los Tribunales de Instancia, o, en su caso, la Sala de lo Penal de la Audiencia Nacional, o la Sección de lo Penal del Tribunal Central de Instancia y en el caso de los aforados, las Salas de lo Penal del Tribunal Supremo o de los Tribunales Superiores de Justicia. Las reglas de distribución de la competencia entre ambos se recogen en el art. 14.3 LECrim.

Para determinar el órgano competente para el enjuiciamiento en el momento de solicitar la apertura de juicio oral, lo decisivo es la pena en abstracto con la que está castigado el delito objeto de la acusación. No se puede tomar en consideración la pena concreta solicitada por las acusaciones, ni el grado de participación del acusado o la concurrencia de circunstancias agravantes o atenuantes en el caso concreto. Así, si la pena señalada para el delito objeto de acusación en su margen superior excede de los límites de competencia de la Sección de lo Penal de los Tribunales de Instancia, el conocimiento del asunto corresponderá a la Audiencia Provincial.

En aquellos casos en los que el procedimiento se dirija exclusivamente contra la persona jurídica, cuando el conocimiento y fallo de una causa por delito dependa de la gravedad de la pena señalada a este por la ley, se atenderá en todo caso a la pena legalmente prevista para la persona física (art. 14 *bis* LECrim).

El escrito de acusación, además de interesar la apertura de juicio oral ante el órgano que se estime competente, de identificar a la persona o a las personas contra las que se dirige la acusación, contendrá las conclusiones precisas y numeradas que indica el art. 650 LECrim, la proposición de prueba y petición de medidas cautelares.

2.3 En el juicio rápido

La acusación se formula ante el juez de guardia, abierto el juicio oral. El Ministerio Fiscal presentará de inmediato su escrito de acusación o formulará esta oralmente en el mismo acto (art. 800.2 LECrim). Si hubiera acusación particular personada que hubiera solicitado y así se hubiera acordado, la apertura de juicio oral, se presentarán los escritos de acusación en un plazo improrrogable y no superior a dos días (art. 800.4 LECrim). 1893

Si el Ministerio Fiscal no presentare escrito de acusación en los plazos establecidos, el juez emplazará a los directamente ofendidos o perjudicados conocidos, y requerirá inmediatamente al superior jerárquico del fiscal para que en el término de dos días presente el escrito que proceda. Si tampoco se presenta dicho escrito en plazo, se entenderá que no pide la apertura de juicio oral y que considera procedente el sobreseimiento libre. Dicho sobreseimiento deberá acordarse si no se personan ofendidos o perjudicados por el delito a ejercer la acusación particular (art. 800.5 LECrim).

2.4 En el procedimiento del Tribunal del Jurado

En el procedimiento para las causas ante el Tribunal del Jurado, los escritos de conclusiones provisionales de las acusaciones se formularán ante el juez de instrucción, en el plazo de cinco días. En dicho escrito las acusaciones deben solicitar la apertura del juicio oral (arts. 27.4 LOTJ) formulando escrito de conclusiones provisionales que tendrá el contenido del art. 650 LECrim (29 LOTJ) al que nos referiremos en el epígrafe 3 de este capítulo.

Estos escritos tienen una peculiaridad importante, dado que de conformidad con lo dispuesto en el número 4 del art. 29 LOTJ, las partes —no solo las acusaciones— podrán proponer diligencias complementarias para su práctica en la audiencia preliminar, sin que puedan ser reiteradas las que hayan sido practicadas con anterioridad.

3. CONTENIDO DE LOS ESCRITOS DE ACUSACIÓN

Los escritos de calificación provisional deben realizarse respetando la estructura y el contenido recogido en el art. 650 LECrim al que nos referimos a continuación.

3.1 Conclusiones provisionales

1894 El escrito de acusación debe contener *las conclusiones provisionales*, que serán precisas y numeradas en el orden establecido en el art. 650 LECrim: hechos punibles, calificación jurídica, participación, circunstancias modificativas, penas, responsabilidad civil. Veamos:

3.1.1 Los hechos punibles

Debe recoger un relato de hechos preciso, una descripción del hecho delictivo objeto de la acusación que resulte de la instrucción, en el que deben constar todos los elementos fácticos relevantes, así como las circunstancias que concurren. Los hechos concretos recogidos deben ser atribuidos de forma individualizada a cada acusado. No pueden incluirse hechos que no hayan sido incluidos en el auto de transformación a procedimiento abreviado. La STS de 02/03/2023 [*Tol 9446750*] señala que:

> «Es admisible, empero, una relativa desarmonía entre los hechos recogidos en el auto de transformación y los plasmados en los escritos de acusación. Es exigible cierta congruencia entre ese auto y los escritos de acusación, pero no un seguidismo absoluto. [...] En lo sustancial, ha de ser respetado pero que puede ser objeto de matizaciones, modulación o transformaciones siempre que no supongan un cambio esencial».

La descripción fáctica debe recoger las fechas de interés o la cronología de lo sucedido, la localización de los hechos, el sujeto o los sujetos activos del hecho cometido debidamente identificados, sus circunstancias personales y profesionales, si tienen o no antecedentes penales, la acción o actividad ejecutada u omitida, la participación que tuvo cada uno de los intervinientes, la relación entre ellos, el fin perseguido, el ánimo o intencionalidad, la víctima o víctimas y el perjudicado o los perjudicado por los hechos descritos, la intervención de terceras personas si fuera relevante para la descripción de lo ocurrido, las relaciones entre ellos, su vínculo con el hecho delictivo, las consecuencias y los resultados derivados de dicha acción u omisión, los daños y perjuicios ocasionados. El relato también debe incluir los hechos constitutivos de las circunstancias modificativas de la responsabilidad y de las condiciones objetivas de punibilidad.

En la descripción de los hechos deben utilizarse términos habituales del lenguaje y no términos jurídicos, dado que las calificaciones jurídicas deben realizarse en la conclusión segunda.

En el escrito de acusación no hay que incluir motivación alguna, ni la mención de las pruebas en las que se funda el relato de hechos, será en el informe que se haga en el juicio oral, tras la práctica de la prueba, el momento en el que procede realizar esta valoración de las pruebas y su relación con los hechos descritos en el escrito de conclusiones, analizando la eficacia probatoria de cada medio de prueba desarrollado.

3.1.2 La calificación legal de los mismos hechos

En esta conclusión procede realizar la calificación jurídica de los hechos descritos en la conclusión primera, determinando el delito o delitos que constituyen y el grado de ejecución por el que se formula acusación. Las circunstancias de agravación o atenuación del tipo básico deben incluirse en esta conclusión segunda, esto es si se trata de un tipo cualificado o privilegiado. Debe citarse el artículo del Código Penal en el que se tipifica o tipifican, mencionando, en su caso, si se trata de concurso de delitos, así como si se trata de un delito continuado.

No es necesario incluir alegaciones para justificar dicha calificación, ni tampoco procede en este momento procesal la cita de doctrina y jurisprudencia, dado que esto se hará en el informe final, en el acto del juicio oral.

Las acusaciones no están vinculadas por la calificación jurídica recogida en el auto de transformación a procedimiento abreviado, pero, en cambio la calificación jurídica de las partes acusadoras sí vincula al tribunal, pues no podrá condenar por un delito distinto —salvo que sea un delito homogéneo, esto es que proteja el mismo bien jurídico— ni apreciar un grado de ejecución más grave del contemplado en los escritos de acusación, toda vez que ello ocasionaría indefensión al acusado quien no habría tenido la oportunidad de defenderse de lo que no habría sido acusado y por lo que después resultaría condenado. El Tribunal solo puede condenar por un delito distinto del que fue objeto de la acusación, en el caso de que se trate de delitos homogéneos.

La acusación se extenderá también a *las faltas*, señala el art. 781.1 LECrim, pero habrá que entender que se refiere a los delitos leves imputables al acusado del delito o a otras personas, cuando su comisión o su prueba estuviera relacionada con el delito.

3.1.3 La participación que en ellos hubiera tenido el acusado o acusados si fueren varios

Los acusados deben quedar identificados. Se indicará el título de participación del sujeto pasivo del proceso, el concepto por el que cada partícipe resulta acusado: si es autor, inductor o cooperador necesario (art. 28 CP) o cómplice (art. 29 CP), con indicación de los artículos del Código Penal en los que se sustenta su calificación.

En el caso de que las acusaciones hayan calificado al acusado como cómplice, el tribunal no podrá condenarle por una participación más grave, como autor, cooperador necesario o inductor, porque se vulneraria el derecho de defensa del acusado al no haber tenido la posibilidad de defenderse de una calificación que aparecería sorpresivamente en sentencia y que no había sido objeto de acusación y por tanto de debate contradictorio en el juicio oral.

3.1.4 Las circunstancias eximentes, atenuantes o agravantes de la responsabilidad criminal

Los elementos constitutivos de las circunstancias invocadas deben ser recogidos en el relato de hechos.

Se debe consignar de manera concreta e individualizada las circunstancias eximentes, agravantes y atenuantes que concurran y que deban ser tomadas en cuenta a la hora de la individualización de la pena.

Por aplicación del principio acusatorio, el tribunal queda vinculado por el planteamiento que realicen las acusaciones de forma que no podrá apreciar circunstancias agravantes que no hayan sido contempladas en los escritos de acusación ni aplicarlas de forma más grave que la interesada por el Ministerio Fiscal y demás acusaciones.

3.1.5 Las penas y la responsabilidad civil

A) Las penas

Las penas que se interesan en el escrito de acusación deben ser congruentes con la calificación realizada en las conclusiones anteriores, pues vendrá determinada en función del delito o delitos objeto de acusación, grado de ejecución, la participación atribuida al acusado y las circunstancias agravantes o atenuantes que concurran.

El escrito de acusación deberá contener una petición de pena concreta, indicando el tipo de pena y su duración. Deberá estar individualizada para cada acusado en el caso de que sean varios.

Las penas que se soliciten vinculan al juez o tribunal sentenciador toda vez que no podrán imponer pena superior a la más grave de las pedidas en concreto por las acusaciones.

Respecto de la pena de prisión, cuando tenga una duración superior a cinco años, podrá interesarse en el escrito de acusación que la clasificación en tercer grado de tratamiento penitenciario no se efectúe hasta el cumplimiento de la mitad de la pena que pueda imponerse (art. 36.2 CP), sin perjuicio de que 1897
esta exigencia de cumplimiento de al menos la mitad de la pena ya esté prevista de forma obligatoria para determinados delitos.

Si el delito está castigado con una pena de multa a determinar por el sistema días-multa, el importe de las cuotas debe fijarse en el escrito de acusación teniendo en cuenta la situación económica del acusado, deducida de su patrimonio, ingresos, obligaciones, cargas familiares y demás circunstancias personales del mismo (art. 50.5 CP). Estas circunstancias deben ser objeto de investigación durante la fase de instrucción, o bien resultar acreditadas en el juicio oral, en todo caso es una prueba de cargo que corresponde a las acusaciones pues son las que tienen interés en que la situación económica del sujeto quede acreditada tanto para la determinación de la cuantía de la multa como para que el perjudicado pueda ser resarcido de las responsabilidades civiles. Si no consta en el procedimiento la situación económica y no ha sido objeto de prueba, el tribunal puede imponer la cuantía mínima de la cuota diaria establecida en el art. 50.4 CP.

En el caso de acusados extranjeros no residentes legalmente en España, cuando la pena procedente fuera la de prisión deberá interesarse, en su caso, la sustitución de dicha pena por la expulsión del territorio español, en los términos recogidos en el art. 89 CP.

Las penas aplicables a las personas jurídicas se recogen en el art. 33.7 CP, y en la parte especial se contemplan las que pueden imponerse por la comisión de los delitos en los que está prevista la responsabilidad penal de la persona jurídica. La pena más frecuente será la pena de multa con unas reglas específicas recogidas en el Código Penal (arts. 50.3, 50.4 y 52.4 CP).

Respecto de las penas accesorias previstas y reguladas en los arts. 54 a 57 CP, el tribunal puede imponerlas porque son una consecuencia necesaria de la pena principal, aunque no se haya efectuado una petición concreta por las acusaciones en los escritos de acusación o se haya efectuado la genérica solicitud de que se impongan las penas accesorias que procedan. En este sentido, la STS de 20/03/2003 [*Tol 4928983*] señala que «La imposición de la pena accesoria procedente no vulnera el principio acusatorio aunque no haya sido solicitada expresamente».

Las consecuencias accesorias del delito —como la pérdida de los efectos que provengan del delito y de los bienes, medios o instrumentos con que se haya preparado o ejecutado, las ganancias provenientes del mismo, etc., (reguladas en los arts. 127 a 129 *bis* CP)— que pretendan las acusaciones que se impongan a los responsables del delito deben ser interesadas en el escrito

de acusación, concretando expresamente la medida y su duración. Si no son pedidas por las partes acusadoras, el tribunal no podrá imponerlas, por imperativo del principio acusatorio.

B) La responsabilidad civil

La responsabilidad civil también debe ser interesada en la conclusión 5ª del escrito de acusación.

En el caso de que se ejerza la acción civil, el acusador particular, actor civil y el MF expondrán en dicho escrito: a) la cantidad en que aprecien los daños y perjuicios causados por el delito, o la cosa que haya de ser restituida; y b) la persona o personas que aparezcan responsables de los daños y perjuicios o de la restitución de la cosa, y el hecho en cuya virtud hubieren contraído dicha responsabilidad.

Por tanto, en el escrito de acusación debe quedar fijado el perjudicado o perjudicados y el responsable civil o los responsables civiles, así como el contenido de esta responsabilidad, con cantidades concretas, si fuera una pretensión económica y con determinación de si se trata de una responsabilidad directa o subsidiaria.

La responsabilidad civil puede consistir en una pretensión económica. En dicho caso en el escrito de acusación deberá concretarse la cantidad líquida que se solicita en concepto de indemnización de daños y perjuicios, cantidad que se reclamará con sus correspondientes intereses. En el caso de no poder concretar la cantidad, se fijarán las bases para su determinación (art. 781 LECrim).

La responsabilidad civil puede tener otro contenido, pues conforme al art. 110 CP la responsabilidad civil comprende la restitución, la reparación del daño y la indemnización de daños materiales y morales. Así podrá interesarse, por ejemplo, un pronunciamiento que conlleve la nulidad de un contrato o de todos los negocios jurídicos realizados para cometer un delito de alzamiento de bienes.

En el escrito de acusación se expondrán *otras peticiones* sobre entrega y destino de cosas y efectos, debiendo tener en cuenta lo establecido sobre el comiso de los efectos procedentes del delito en los arts. 127 a 129 *bis* CP.

En el escrito de acusación debe especificarse la concreta responsabilidad civil que se reclama a favor de cada *víctima, ofendido o perjudicado*, si fueren varios. En la fase de instrucción debieron ser identificados, así como instruidos de los derechos previstos en los arts. 109 y 110 LECrim. En el caso de que se aprecie que existe alguna persona víctima o perjudicada que no ha sido instruida de sus derechos se deberá solicitar, como diligencia complementaria, que se lleve a cabo, a fin de que se instruya al perjudicado de su derecho a mostrarse parte en la causa y ejercitar las acciones civiles que procedan.

Así mismo, en el escrito de acusación deberá identificarse también a las *personas civilmente responsables*. Los arts. 116 a 122 CP regulan la responsabilidad civil derivada del delito del responsable penal y de los terceros responsables de forma solidaria o subsidiaria.

En el caso de que se formule acusación contra varios sujetos, hay que señalar la cuota de la que responde cada uno, así como indicar si se trata de responsabilidad directa, solidaria o subsidiaria.

En el caso de que se dirija la acusación contra una *persona jurídica*, en el escrito de acusación deberá pedirse la responsabilidad civil en forma solidaria con las personas físicas que fueran condenadas por los mismos hechos (art. 116.3 CP).

También hay que incluir en este apartado la petición de responsabilidad civil al *partícipe a título lucrativo* (art. 122 CP), que es la persona que por título lucrativo hubiera participado de los efectos del delito, que está obligada a la restitución de la cosa o al resarcimiento del daño hasta la cuantía de su participación.

En el escrito de acusación debe interesarse la *condena en las costas* procesales. Las acusaciones particulares, deben pedir expresamente que se incluyan las de la acusación particular (art. 781 LECrim y arts. 123 y 124 CP). Las costas de la acusación popular no se incluyen en la condena a satisfacer por el condenado, salvo en supuestos de delitos que protejan bienes jurídicos difusos o de titularidad colectiva; en cuyo caso dada la naturaleza de los bienes y derechos de que se trata, deberá servir para fundar eventuales condenas al pago de las costas de la acusación popular. En este sentido la STS de 22/02/2016 [*Tol 5649671*] recuerda que:

> «El ejercicio de la acción popular, en tanto que previsto para personas físicas o jurídicas no directamente afectadas por los hechos delictivos, no puede dar lugar a una repercusión de las costas debidas a su iniciativa procesal. [...] Pero esto es algo que puede no darse en tales términos, cuando se trata de delitos como el contemplado, que afectan negativamente a los que se conocen como "intereses difusos"».

La acción civil puede *renunciarse*, o bien puede *reservarse* para ser ejercitada separadamente de la acción penal. Tanto la reserva de la acción penal como su renuncia tienen que ser manifestadas expresamente. Si no se hace expresa reserva, la acción civil se entiende ejercitada juntamente con la penal.

1900 En el caso de que se hubiera personado el actor civil, parte procesal que sólo ejerce la acción civil, debe igualmente presentar escrito de acusación.

El escrito de acusación del actor civil debe ser presentado en igual término y con la misma forma y estructura que el del resto de las partes acusadoras. Sus conclusiones provisionales deberán referirse concretamente: al hecho del que derive y en cuya virtud se hubiera contraído dicha responsabilidad civil, a la identificación de la persona o personas responsables de los daños y perjuicios, y a la determinación de las cantidades en que se concretan los mismos y cuyo pago se reclama (art. 651 párrafo 2º LECrim). Igualmente deben proponer la prueba de que intente valerse en el juicio oral y, las medidas cautelares que a su derecho procedan.

En el caso de que se dirija la pretensión de responsabilidad civil frente a terceros que no están en el procedimiento, deberá pedirse por otrosí su emplazamiento para que puedan formular su escrito de defensa.

3.2 La proposición de la prueba

El art. 781. 1 LECrim en su párrafo segundo establece que en «el mismo escrito se propondrán las pruebas cuya práctica se interese en el juicio oral, expresando si la reclamación de documentos o las citaciones de peritos y testigos debe realizarse por medio de la oficina judicial». Y añade en el párrafo siguiente «en el escrito de acusación se podrá solicitar la práctica anticipada de aquellas pruebas que no puedan llevarse a cabo durante las sesiones del juicio oral».

La proposición de la prueba en este momento procesal tiene una importancia extraordinaria. Se deben proponer todos los medios probatorios que van a practicarse en el plenario, ante el tribunal del enjuiciamiento. Es en el juicio oral donde debe desarrollarse toda la actividad probatoria en tanto que se da cumplimiento a los principios de oralidad, publicidad, inmediación, contradicción. Son las acusaciones sobre quien recae la carga de la prueba y quienes deben desvirtuar la presunción de inocencia, de ahí la importancia de efectuar una correcta proposición de prueba.

Pasado este trámite esencial, las partes sólo podrán proponer la incorporación de informes, certificaciones y otros documentos en el acto de la audiencia preliminar —que será convocada por el órgano enjuiciador y a la que asistirán el Ministerio Fiscal y las demás partes— (art. 785.1 LECrim) y al inicio de las sesiones de juicio oral (art. 787.3 LECrim). En la comparecencia prevista en el art. 785 LECrim las partes podrán proponer la práctica de pruebas de las que no hubieran tenido conocimiento al tiempo de formular sus escritos de acusación o defensa y al inicio del juicio oral podrán proponer la práctica de pruebas de las que las partes no hubieran tenido conocimiento al tiempo de la audiencia preliminar.

Las pruebas deben ser propuestas de forma concreta y específica, dando cumplimiento a todos los requisitos legales para que sean admitidas. Debe omitirse la fórmula genérica consistente en *hacer suyas las pruebas de las demás partes*, porque con esto no se convierten en propias las pruebas ajenas y en caso de renuncia por la parte proponente se tendrá por renunciada la prueba para el juicio, sin que la parte que la ha hecho suya pueda reclamar su práctica ni protestar, dado que no era prueba propia.

3.2.1 La prueba anticipada

Con el carácter de prueba anticipada se interesa la práctica de aquellas pruebas que no puedan llevarse a cabo en el juicio oral. De conformidad con el art. 657 párrafo 3º LECrim son «aquellas diligencias de prueba que por cualquier causa fuera de temer que no se puedan practicar en el juicio oral, o que pudieran motivar su suspensión». La prueba anticipada puede ser propuesta tanto por la acusación como por la defensa (arts. 781.1, párrafo 3º y 784.2 LECrim). Una vez admitidas, el órgano de enjuiciamiento en la audiencia preliminar (art. 785.3 LECrim) prevendrá lo necesario para su práctica. La práctica de la prueba se desarrolla en un momento anterior a la celebración del juicio oral, garantizando la contradicción y debiendo ser introducidas posteriormente en el plenario.

Pueden solicitarse como anticipadas pruebas testificales, periciales, documentales o de reconocimiento judicial. Esta última es muy excepcional y no suele admitirse por los tribunales. Con este carácter se interesa prueba documental, aunque realmente no se trata de una verdadera prueba anticipada por cuanto el documento va a ser aportado a la vista oral. Las partes interesan del tribunal que se requiera determinado documento. Dicho documento debe solicitarse por el tribunal y debe expedirse por el requerido con anterioridad al comienzo del juicio oral. Una vez recibido por el tribunal será incorporado a la causa y tendrá el mismo tratamiento procesal que cualquier otro documento que ya obre incorporado a los autos.

Con respecto a las periciales, puede interesarse un determinado reconocimiento pericial y la emisión del correspondiente dictamen. El reconocimiento pericial se realizará antes de la celebración del juicio, y la emisión del dictamen puede llevarse a cabo en las sesiones del plenario, o bien puede solicitarse que la emisión del dictamen se efectúe por escrito y se aporte al procedimiento con entrega de copias a las partes antes del comienzo de las sesiones del juicio, con la posterior presencia del perito en las sesiones de la vista oral para su ratificación, aclaración, y en su caso, ampliación, por lo que tampoco sería una verdadera prueba anticipada. Pero podría tratarse de una prueba desarrollada íntegramente con el carácter de anticipada en aquellos casos en los que sea imposible o muy difícil la presencia del perito en el juicio oral, produciéndose la ratificación del dictamen antes de la celebración de la vista, pero con citación de todas las partes, para garantizar la contradicción.

Las pruebas testificales que se deben proponer con el carácter de anticipadas serán la de aquellos testigos que tienen impedimentos para comparecer ante el tribunal el día del juicio, así, por ejemplo, por enfermedad grave, peligro de muerte o incapacidad física o intelectual, por residencia en el extranjero o por tenerse que ausentar del territorio nacional, etc. (arts. 448 y 449 LECrim). En la práctica anticipada de estas pruebas deberá garantizarse el cumplimiento del principio de contradicción y la presencia de la defensa letrada de la persona investigada, debiendo desarrollarse de conformidad con lo establecido en el art. 449 *bis* LECrim. La prueba deberá ser documentada en soporte apto para la grabación del sonido y de la imagen de forma que pueda ser reproducida en el juicio oral.

En el caso de que no se hayan practicado como pruebas preconstituidas durante la instrucción de la causa, también se pedirán como pruebas anticipadas las declaraciones testificales de los *menores de catorce años* y de *las personas con discapacidad necesitadas de especial protección* en los procedimientos judiciales seguidos por alguno de los delitos recogidos en el art. 449 *ter* LECrim. La prueba se practicará con todas las garantías del juicio oral. En el caso de los menores, la autoridad judicial podrá acordar que su exploración se practique a través de equipos psicosociales.

3.2.2 Prueba para su práctica en el juicio oral

Pueden proponerse como medios de prueba:

A) Interrogatorio del acusado o acusados y de los responsables civiles

En los escritos de acusación habitualmente se propone la declaración del acusado o acusados y de los responsables civiles para que se lleve a cabo en primer lugar, antes de las declaraciones de testigos, peritos y de la práctica de la prueba documental. Sin embargo, es cada vez más frecuente que las defensas pidan que los acusados y responsables civiles declaren en último lugar, tras el desarrollo del resto de la prueba. Posibilidad expresamente recogida como derecho del acusado en el art. 701 LECrim que establece que el presidente acordará la declaración del acusado en último lugar si así lo solicitare su defensa. A pesar de que la referida facultad ha sido regulada normativamente por vez primera mediante la reciente Ley Orgánica 1/2025, de 2 de enero, de medidas en materia de eficiencia del Servicio Público de Justicia, se trata de un planteamiento ya aceptado previamente por nuestra jurisprudencia; cada día eran más los tribunales que accedían a este planteamiento, considerando la declaración en último lugar como un medio de defensa que podía ser más eficaz y efectivo si la declaración se producía tras conocer el resultado del resto de la prueba. En este sentido, señala la STS de 28/09/2023 [*Tol 9731321*] que:

> «Hay que señalar a este respecto que no es posible desdeñar las indudables ventajas que le suponen al acusado declarar tras finalizar la práctica de la prueba en relación a lo que declararon los testigos, sobre todo, o los documentos que se han elevado al plenario como "utilizables" a la hora de que el juez o Tribunal dicte sentencia, el informe pericial ratificado y explicado en el plenario. Su declaración puede quedar más "matizada" si conoce lo que declararon los testigos y en algún dato técnico del informe de los peritos, como decimos. [...] La LECRIM no exige, por ello, que el acusado declare en primer lugar, y debemos circunscribirnos al orden que propongan las partes, y si lo interesa la defensa conforme exponemos, no hay razón para negar ese derecho».

Se podrá proponer la declaración de la persona jurídica, y si es admitida dicha declaración será prestada por la persona especialmente designada (art. 787 *bis* LECrim).

Podrá solicitarse que la declaración se realice por videoconferencia u otro sistema similar de comunicación simultánea con imagen y sonido por razones de utilidad, seguridad, de orden público o porque la comparecencia resulte gravosa o perjudicial (art. 731 *bis* LECrim y 229.3 LOPJ).

B) Prueba testifical

En el escrito de acusación se presentará una lista de testigos. Se expresarán los nombres y apellidos, los domicilios o residencias de los testigos propuestos (art. 656 LECrim). En el caso de los funcionarios policiales o agentes de la autoridad, será suficiente con que se les identifique por medio del número de su carnet profesional (art. 762. 7ª LECrim).

Se debe indicar expresamente si los testigos han de ser citados por la oficina judicial o, si por el contrario, se encarga la parte de que concurran a la vista oral.

El orden en que se hayan propuesto los testigos en el escrito correspondiente será el orden en el que se practicará su declaración, por lo tanto, deberá cuidarse la lista que se propone de forma que su práctica resulte eficaz, así por ejemplo declarando en primer lugar los que mejor información pueden aportar. No obstante, el presidente del tribunal puede alterar este orden a instancia de parte, o de oficio, cuando lo considere conveniente para el mayor esclarecimiento de los hechos o para el más seguro descubrimiento de la verdad, dejando a salvo el derecho del acusado a declarar en último lugar (art. 701 LECrim).

Igualmente podrá solicitarse que la declaración se realice por videoconferencia u otro sistema similar por razones de utilidad, seguridad, de orden público o porque la comparecencia resulte gravosa o perjudicial para quien haya de intervenir y, especialmente, cuando se trate de un menor (art. 731 *bis* LECrim y 229.3 LOPJ).

C) La prueba pericial

Los peritos propuestos deben ser identificados nominalmente en el escrito de acusación, salvo cuando pertenezcan a organismos oficiales —tales como en los casos de los médicos forenses, policía científica, interventores generales del Estado, etc.— casos en los que será suficiente con la referencia al organismo al que pertenecen y, en su caso, su identificación en dicho organismo.

La proposición de la prueba debe especificar el objeto de la pericia, concretando los extremos sobre los cuales el perito debe pronunciarse. En el caso de informes periciales ya emitidos durante la fase de instrucción, normalmente se indica si la pericial se propone para la ratificación del dictamen, su aclaración, o su ampliación, o para todo ello.

Debe tenerse en cuenta que en el ámbito del procedimiento abreviado tendrán carácter de prueba documental los informes emitidos por laboratorios oficiales sobre la naturaleza, cantidad y pureza de sustancias estupefacientes cuando en ellos conste que se han realizado siguiendo los protocolos científicos aprobados por las correspondientes normas (art. 788.3 LECrim).

En el procedimiento abreviado es suficiente con que el informe pericial sea prestado por un solo perito (art. 788.3 LECrim). En el procedimiento ordinario se requieren dos peritos (art. 459 LECrim).

Igualmente se debe indicar expresamente en el escrito de acusación si los peritos han de ser citados judicialmente o se encarga la parte de que concurran a la vista oral (art. 781 LECrim), así como también podrá solicitarse que la declaración se realice por videoconferencia u otro sistema similar por razones de utilidad, seguridad, de orden público o porque la comparecencia resulte gravosa o perjudicial para quien haya de intervenir (art. 731 *bis* LECrim. y 229.3 LOPJ)

D) La prueba documental

La prueba documental viene constituida por los libros, documentos, papeles y demás piezas de convicción que puedan contribuir al esclarecimiento de los hechos o a la más segura investigación de la verdad (art. 726 LECrim). Pero solo podrán tener la consideración de verdaderas pruebas aquellos que hayan sido propuestos como tales medios probatorios para el juicio oral.

En la proposición de prueba documental se deben individualizar los documentos que se aportan, pero también aquellas actuaciones documentadas o documentos obrantes en el procedimiento que resulten de interés para el juicio y que deben someterse a contradicción. No son válidas fórmulas genéricas como *dar por reproducido todo lo actuado*. La prueba documental debe proponerse de modo concreto y especifico, indicando con precisión el folio, la ruta, la pieza documental en la que se encuentran las actuaciones documentadas, y los informes o documentos ya aportados que se pretenden utilizar como prueba en el juicio oral.

En la causa puede haber prueba preconstituida que haya de ser reproducida en el juicio oral, por ejemplo, el test de alcoholemia, grabaciones de conversaciones telefónicas interceptadas, actas de registros domiciliarios, de ruedas de reconocimiento, de reconocimiento del lugar y cuerpo del delito, grabaciones de imágenes por cámaras de seguridad, etc. Cuando sea de interés, se deberá proponer como prueba documental que en el juicio oral se proceda a la lectura de un concreto documento para someterlo a contradicción, o bien a la audición o visionado de determinadas grabaciones, así por ejemplo la audición de conversaciones grabadas en intervenciones telefónicas, o el visionado de imágenes grabadas por cámaras de seguridad que recogen escenas de la comisión del delito.

Igualmente habrá que solicitar como documental la reproducción en la vista oral de la grabación audiovisual de la declaración del testigo o la víctima que haya sido practicada como prueba preconstituida durante la fase de instrucción, conforme a lo dispuesto en el art. 449 *bis* (art. 730 LECrim)

3.3 Petición de medidas cautelares

En el escrito de acusación se interesará la adopción, modificación, o suspensión de medidas cautelares privativas de libertad o restrictivas de derechos, y también de aseguramiento de las responsabilidades civiles previstas en los art. 763, 764 y 765 LECrim o cualesquiera otras que resulten procedentes.

También deberá pedirse la cancelación de aquellas medidas cautelares que hubieran sido adoptadas frente a personas contra las que no se dirija acusación.

4. LAS POSIBLES POSICIONES PROCESALES DE LA DEFENSA

Presentados los escritos de acusación, abierto el juicio oral, el siguiente trámite en el procedimiento abreviado es el emplazamiento del acusado, con entrega de copia de los escritos de acusación, para que en el plazo de tres días comparezca en la causa con abogado que le defienda y procurador que le represente. Como quiera que lo normal será que en este momento procesal ya esté cumplimentado este trámite, el LAJ dará traslado de las actuaciones, originales o mediante fotocopia, a los designados en los escritos de acusación como acusados y terceros responsables civiles para que en el plazo común de diez días presenten escrito de defensa frente a las acusaciones formuladas (art. 784 LECrim).

En el procedimiento ordinario el plazo para presentar este escrito es de cinco días y se le denomina escrito de calificación provisional.

El plazo para formular el escrito de defensa o de calificación provisional establecido en la Ley puede ser ampliado por el juez en causas complejas, extensas y con una documentación abundante, de la misma forma que se puede ampliar el plazo de presentación del escrito de acusación. El plazo se computará desde la entrega efectiva de la causa y no desde la notificación de la resolución que lo acuerda.

El acusado puede adoptar distintas posiciones frente a la acusación. El escrito de defensa podrá tener distinto contenido según la posición y estrategia defensiva que se vaya a adoptar en el juicio oral. Así, el acusado puede:

1. No presentar escrito de defensa.
2. Admitir los hechos objeto de acusación, mostrando su conformidad con las acusaciones.
3. Plantear cuestiones previas que conlleven excepciones procesales.
4. Negar los hechos y su responsabilidad penal, en todo o en parte.

Caben otras posiciones intermedias o mixtas, tales como admitir los hechos punibles, pero no su calificación jurídica o la autoría, o bien negar la existencia de responsabilidad civil o la cuantía que se reclama.

Analizaremos estas posiciones de la defensa a continuación.

4.1 No presentación del escrito de defensa

El acusado puede no presentar su escrito de calificación provisional en el plazo señalado. Ante esta conducta se entiende que se opone a las acusaciones y el procedimiento sigue su curso, sin perjuicio de la responsabilidad en que el letrado pudiera incurrir (art. 784 LECrim). No obstante, la defensa, como el fiscal, es una parte necesaria del proceso, y el plazo no es de caducidad por lo que, si el escrito de defensa se formula con antelación suficiente al inicio de las sesiones del juicio oral, el mismo quedará unido al procedimiento, y nada impide que produzca sus efectos, pese a que no se haya respetado el plazo. En la STS de 13/10/2008 [*Tol 1401646*] se señala que «la falta de respeto de los plazos concedidos tanto al Ministerio Fiscal como a la defensa del acusado para formular sus escritos de acusación y de defensa no produce el efecto pretendido por la parte recurrente, pues no se trata de plazos de caducidad». El efecto pretendido por la parte y no aceptado por el tribunal era que se decretara el sobreseimiento porque el MF había formulado el escrito de acusación fuera de plazo.

El principal problema que plantea la no presentación del escrito de defensa es que no se habrían propuesto pruebas por la defensa para practicar en las sesiones del juicio oral, toda vez que es en el escrito de defensa donde deben proponerse.

La Ley Orgánica 1/2025 introduce, en el marco del procedimiento abreviado, una audiencia preliminar anterior a la celebración de las sesiones de juicio oral. Con ello trata de anticipar a este momento, el examen de las pruebas propuestas, pronunciándose el tribunal sobre la admisión de las que considere pertinentes y rechazando todas las demás.

En esta comparecencia, regulada en el art. 785 LECrim, las partes pueden proponer pruebas para que sean practicadas en el acto de juicio oral. Podrán proponer la incorporación de informes, certificaciones y otros documentos, así como la práctica de pruebas de las que no hubieran tenido conocimiento al tiempo en que procedía la formulación del escrito de defensa. Podrán, igualmente, exponer lo que estimen oportuno sobre el contenido, la finalidad o la nulidad de las pruebas propuestas.

En el art. 787.3 LECrim también se prevé la posibilidad de que, al inicio de las sesiones del juicio oral, las partes puedan solicitar la incorporación de informes, certificaciones y otros documentos que estimen oportunos, así como proponer la práctica de prueba de la que no hubiera tenido conocimiento al momento de celebración de la audiencia preliminar.

En el momento procesal en el que comienzan las sesiones del juicio oral, la defensa deberá encargarse de aportar los documentos que ella misma deberá obtener. Debe, en definitiva, la defensa procurar y facilitar los medios de prueba que interese practicar, pues dado que el juicio comienza en esa fecha, las posibilidades de petición de documentos por parte del tribunal se verán muy limitada temporalmente. El órgano de enjuiciamiento no va a permitir que la proposición de un medio de prueba en la primera sesión de juicio conlleve su suspensión cuando pudo haberse pedido con antelación suficiente, salvo que haya una causa que justifique que no se pudo interesar antes de este momento y se cause y se alegue efectiva indefensión si la prueba no se practicara. No obstante, habrá que tener en cuenta que la doctrina jurisprudencial considera que no hay indefensión cuando es la propia parte quien la ha provocado con su inactividad, desinterés, pasividad, negligencia o impericia. En este sentido, afirma la STS de 25/04/2018 [*Tol 6590192*] que:

«Admitida procesalmente la posibilidad de proponer prueba documental al inicio del juicio oral, no puede aludirse al "factor sorpresa" en su aportación al inicio de las sesiones del juicio oral para rechazar la prueba que se propone, dado que es un derecho de la parte llevarlo a cabo, y por ser al inicio de las sesiones cuando, también, las partes pueden llevarlo a cabo, tanto documental, como pericial o testifical. [...] La viabilidad procesal de su aportación y su admisibilidad dependerá de otros factores en torno a los conceptos de "necesidad", o pertinencia", pero no acerca de un "carácter sorpresivo" de su aportación».

4.2 Conformidad del acusado con los escritos de acusación

En el procedimiento ordinario, el acusado puede prestar su conformidad al evacuar el traslado para la calificación provisional (art. 655 LECrim) y al inicio de las sesiones del juicio oral (párrafo segundo del art. 688 LECrim). En el caso de que el acusado acepte el delito y la pena, pero no la responsabilidad civil, el juicio se celebrará limitando la prueba y el debate a dicha cuestión. En el caso de que sea el tercero responsable civil el que se opone a la responsabilidad civil o su cuantía, el juicio se limitará a esta cuestión exclusivamente (arts. 655. 4 y 695 LECrim).

En el procedimiento abreviado el acusado podrá mostrar su conformidad en la fase intermedia (art. 788.3 LECrim), en la audiencia preliminar (art. 785 p. 4 LECrim) y antes de iniciarse la práctica de la prueba en el juicio oral (art. 787 *ter* LECrim).

La conformidad del acusado habrá de referirse al escrito de acusación que contenga la calificación y la pena de mayor gravedad. O, en su caso, con el nuevo escrito de calificación que conjuntamente presenten y firmen las partes acusadora y acusada junto a sus letrados, que no podrá referirse a hecho distinto ni contener calificación más grave que la del escrito de calificación anterior.

El tribunal oirá al acusado acerca de si su conformidad ha sido prestada libremente y con conocimiento de sus consecuencias. Asimismo, el Ministerio Fiscal oirá previamente a la víctima o perjudicado, aunque no estuvieren personados en la causa, si fuere posible y fuera necesario para ponderar los efectos de la conformidad, pero en todo caso cuando la gravedad o transcendencia del hecho sea especialmente significativa, o las víctimas o perjudicados se encuentren en situación de especial vulnerabilidad.

Si el tribunal considera incorrecta la calificación formulada o improcedente legalmente la pena solicitada, ordenará la celebración del juicio, salvo que la acusación que presentó el escrito de acusación más grave lo modifique de forma que la calificación sea correcta y la pena procedente. En otro caso, ordenará la celebración del juicio que también continuará si el tribunal tuviere dudas sobre si el acusado ha prestado libremente su conformidad. También podrá acordarse la continuación del juicio cuando el defensor lo considere necesario y el tribunal estime fundada su petición, así como cuando no manifestaran la conformidad todos los acusados, si fueren varios.

El letrado debe facilitar por escrito a su defendido la información sobre el acuerdo alcanzado y el tribunal informará al acusado de sus consecuencias.

Como quiera que hipotéticamente es posible una retractación de la conformidad antes de su ratificación a presencia judicial, que no conllevaría una retroacción de las actuaciones, pero sí necesariamente la celebración del juicio, en el escrito de conformidad debe realizarse una proposición de prueba de forma subsidiaria para el caso de que no fuera ratificada la conformidad.

En los casos en que el acusado sea una persona jurídica, la conformidad deberá prestarla su representante especialmente designado, con poder especial, y podrá realizarla con independencia de la posición que adopten los demás acusados (art. 785.11 LECrim).

En el procedimiento para el enjuiciamiento rápido de determinados delitos
1910 el art. 801 LECrim regula la "conformidad premial". Cabe que el escrito de conformidad conjunto se presente ante el juez de instrucción en el caso de transformación a diligencias urgentes (artículo 779.1.5º LECrim). El acusado podrá prestar su conformidad ante el juzgado de guardia, que dictará sentencia de conformidad. En esta sentencia se impondrá la pena solicitada reducida en un tercio, aun cuando suponga la imposición de una pena inferior al límite mínimo previsto en el Código Penal.

Por último, en el procedimiento ante el Tribunal del Jurado, el art. 50 LOTJ establece que se procederá a la disolución del jurado si las partes interesaren el dictado de sentencia de conformidad en los términos expuestos en la referida norma.

4.3 Planteamiento de cuestiones previas

En el escrito de defensa pueden adelantarse las cuestiones previas que se van a plantear y desarrollar en el momento procesal oportuno.

En la audiencia preliminar —que se celebrará una vez el órgano competente para el enjuiciamiento disponga de las actuaciones— se abrirá un turno de intervenciones en el que el fiscal y las partes podrán exponer lo que estimen pertinente sobre la competencia del órgano judicial, sobre la vulneración de algún derecho fundamental, la existencia de artículos de previo pronunciamiento, causas de la suspensión de juicio oral, nulidad de actuaciones, sobre el contenido, finalidad o nulidad de las pruebas propuestas así como proponer la incorporación de informes, certificaciones y otros documentos y proponer la práctica de pruebas de las que las partes no tuvieran conocimiento al tiempo de formular los escritos de defensa y acusación (art. 785.1 LECrim). Estas cuestiones no podrán ser planteadas posteriormente, a excepción de las dos últimas, que podrán ser propuesta al inicio de las sesiones del juicio oral, siempre que, en el caso de proposición de prueba, las partes no hubieran tenido conocimiento de las mismas en el momento de celebrarse la audiencia preliminar (art. 787.3 LECrim).

Tal y como hemos señalado, estas cuestiones pueden anticiparse en los escritos de defensa a fin de que el tribunal tenga conocimiento de las mismas, así como el Ministerio Fiscal y el resto de las partes, dado que pueden producir efectos relevantes sobre el devenir del juicio oral, sin perjuicio de que el momento procesal de su alegación, debate contradictorio y decisión sea en la audiencia preliminar o, en su caso, al comienzo del juicio.

El tribunal resolverá sobre las cuestiones planteadas, bien de forma oral, o por escrito en plazo de diez días si así lo requiere la complejidad de las cuestiones planteadas (art. 785 LECrim). Contra esta resolución no cabe recurso, pero debe formularse la pertinente protesta para el caso de que la cuestión deba ser planteada de nuevo en el recurso que proceda frente a la sentencia que recaiga. Si la resolución que resuelve las cuestiones previas pone fin al procedimiento —por ejemplo, estimación de cuestión relativa a la prescripción— será susceptible de recurso. 1911

4.4 Disconformidad total o parcial con los escritos de acusación

El acusado puede negar los hechos y su responsabilidad penal, en todo o en parte. Su defensa puede presentar su escrito de calificación provisional mostrando una absoluta y total disconformidad con los escritos de las acusaciones, pretendiendo que se dicte una sentencia absolutoria. Otra posición podría ser la de mostrar en su escrito una disconformidad parcial, ofreciendo una calificación más benévola para el acusado.

El escrito de defensa debe contener conclusiones precisas y numeradas en la forma establecida en el art. 652 LECrim, contestando de forma correlativa y por el mismo orden al contenido de los escritos de acusación. Veamos:

4.4.1 Los hechos punibles

La defensa puede mostrar su disconformidad con el correlativo de las acusaciones, negando los hechos contenidos en los escritos de acusación, considerando que los hechos no han ocurrido en la forma que describen las acusaciones, sobre quienes recae la carga de la prueba de los hechos y la autoría.

La defensa puede introducir un relato alternativo con el fin de concluir que los hechos no son constitutivos de delito, o, en su caso, que constituirían un delito de menor gravedad. Así mismo, puede introducir hechos nuevos, impeditivos de la responsabilidad penal o bien, hechos que serían constitutivos de una circunstancia modificativa de la responsabilidad criminal.

4.4.2 La calificación legal de los hechos

Será en disconformidad con la correlativa de las acusaciones. Dado que se han negado los hechos recogidos en los escritos de acusación, se entenderá que los hechos no son constitutivos de delito alguno.

En el caso de que la defensa haya planteado un relato alternativo o subsidiario, la calificación jurídica será la del tipo penal que proceda conforme a dicho relato. Lo mismo cabe decir respecto del grado de ejecución del delito, puede entenderse que los hechos constituyen una tentativa de delito y no un delito consumado, circunstancia que tendrá reflejo en la pena dado que a los autores de tentativa de delito se les impondrá la pena inferior en uno o dos grados (art. 62 CP).

4.4.3 La participación

Negada en la conclusión primera la participación del acusado en los hechos delictivos objeto de acusación, la conclusión cuarta debe ser en disconformidad con la de las acusaciones, toda vez que el acusado no puede ser calificado de autor, cómplice ni encubridor.

De forma alternativa o subsidiaria, con reflejo en el relato de hechos, cabría sostener una participación menor, por ejemplo, que la participación del acusado no lo ha sido en concepto de autor sino en el de cómplice. En este caso la pena que le correspondería sería la pena inferior en grado a la fijada para el autor (art. 63 CP).

4.4.4 *Circunstancias modificativas de la responsabilidad penal*

Es trascendental que la defensa invoque las circunstancias eximentes y atenuantes que entienda que concurren dada la influencia decisiva que van a tener en la determinación de la pena procedente. Normalmente estas circunstancias no serán incluidas en los escritos de acusación, por lo que es obligación de la defensa introducirlas en el debate contradictorio del juicio oral.

La invocación de estas circunstancias debe ser coherente y congruente con el relato de los hechos contenido en la conclusión primera, bien con el planteado con carácter principal, bien con el planteado de forma alternativa o subsidiaria. Por ello, en los escritos de defensa en los que se interesa en primer término una sentencia absolutoria, se especifica que se invocan las circunstancias modificativas de la responsabilidad criminal de forma subsidiaria, para el hipotético caso de que el tribunal considere que los hechos son constitutivos del delito por el que se acusa.

Los hechos constitutivos de las circunstancias modificativas de la responsabilidad deben ser descritos de forma concreta y precisa, recogiendo todos los elementos y circunstancias que darían lugar al cumplimiento de los requisitos que deben concurrir para que se aprecie dicha circunstancia. Tales hechos deben ser también objeto de prueba. 1913

En esta conclusión se alegarán, si concurrieran:

* Las *circunstancias eximentes plenas* (art. 20 CP). Tanto las causas de inimputabilidad (la enajenación mental, la intoxicación plena y las alteraciones en la percepción) como las causas de justificación (la legítima defensa; el obrar en cumplimiento de un deber, o en el ejercicio legítimo de un derecho, oficio o cargo) como las causas de inculpabilidad (el estado de necesidad, miedo insuperable). Y también cabe invocar los casos de error invencible recogidos en el art. 14 CP.
* Las *eximentes incompletas* (art. 21.1 CP) como la enajenación mental incompleta y la intoxicación no plena por consumo de bebidas alcohólicas, drogas tóxicas o estupefacientes.
* Las *circunstancias atenuantes* (art. 21 CP) de la responsabilidad criminal como la toxicomanía; el arrebato u obcecación; la reparación del daño o disminución de sus efectos; las dilaciones extraordinarias e indebidas, atenuantes de análoga significación a las anteriores.

Así mismo habrá que invocar, si existiera, alguna *excusa absolutoria*, como por ejemplo la del art. 268 CP, o el error vencible del art. 14 CP, que aplicaría como atenuante y, efectivamente, habría que incluirse en este apartado.

En el caso de las personas jurídicas las atenuantes que pueden invocarse se recogen en el art. 31 *bis*.4 y en el art. 31 *quater* del CP.

Las circunstancias agravantes habrán sido, en su caso, alegadas por las acusaciones. Negados en el escrito de defensa los hechos que las sostienen deberán ser igualmente negadas las agravantes. Y en caso de un relato alternativo o subsidiario de los hechos, se procederá conforme al mismo al redactar esta conclusión también con carácter alternativo o subsidiario.

La defensa debe recoger en su escrito si considera que la circunstancia atenuante debe ser valorada como muy cualificada, justificándolo en función de la intensidad con que concurra. Esto conllevaría un mayor grado de atenuación.

4.4.5 La pena y la responsabilidad civil

En coherencia con las anteriores conclusiones, formuladas en disconformidad y negando los hechos punibles, la petición principal que se recogerá en el escrito de defensa será que se dicte una sentencia absolutoria, con todos los pronunciamientos favorables.

En el caso de que se hayan incluido conclusiones alternativas o subsidiarias admitiendo hechos punibles con calificaciones más benévolas, se interesará la pena que proceda en función del tipo delictivo admitido, interesando normalmente su aplicación en el grado mínimo. Se tendrán en cuenta las reglas generales para la determinación de las penas establecidas en los arts. 61 y ss. del Código Penal.

En el caso de haber invocado alguna causa de justificación, procede pedir que se dicte una sentencia absolutoria sin más, toda vez que en estos supuestos la conducta se considera lícita. En los casos en que se invoque una causa de inimputabilidad, procede solicitar un pronunciamiento absolutorio, pero la defensa deberá posicionarse también respecto de las medidas de seguridad que pudieran imponerse, así como sobre la responsabilidad civil (art. 95 y 101 CP). En los casos de inculpabilidad, también procede la absolución, pero deberá igualmente recaer un pronunciamiento sobre responsabilidad civil de acuerdo con lo dispuesto en el art. 118 del CP, pues la exención de responsabilidad criminal declarada en los números 1º, 2º, 3º, 5º, y 6º del art. 20 no comprende la de la responsabilidad civil.

Para la determinación de la pena se tendrá en cuenta el tipo delictivo que se haya admitido, el grado de ejecución del delito, la participación del acusado, la naturaleza de las circunstancias que concurran, si se trata de una sola o de varias circunstancias agravantes y atenuantes, así como si son simples o muy cualificadas.

En el escrito de defensa se debe concretar la pena que, en su caso, se considera procedente, recogiendo todas las circunstancias favorables que puedan redundar en beneficio del acusado al individualizar la pena.

En cuanto a la responsabilidad civil, en coherencia con las conclusiones anteriores, la posición principal de la defensa será en disconformidad con lo interesado por las acusaciones en orden a la responsabilidad civil, por considerar que los hechos no han ocurrido como se sostiene de contrario, que no son constitutivos de delito, que no cabe hablar de participación delictiva, ni de circunstancias, ni de pena alguna, ni, en definitiva, cabe pronunciamiento alguno sobre responsabilidad civil.

Aun en el caso de que en las conclusiones alternativas o subsidiarias se haya admitido alguna participación, ello no obsta para que la defensa también pueda oponerse a que se declare la responsabilidad civil, o por la cantidad que se reclama de contrario. También procede que la defensa concrete la responsabilidad civil en cantidades inferiores.

El *tercero responsable civil* es parte y tiene derecho a intervenir y defenderse en el proceso. Se le comunica la causa para que pueda presentar su escrito de conclusiones en el procedimiento ordinario (art. 652 LECrim) y su escrito de defensa en el procedimiento abreviado (art. 784.1 LECrim). En principio, su escrito deberá referirse al hecho en cuya virtud hubieran contraído la responsabilidad civil y a la cantidad concreta en que se pueda determinar la indemnización. Podrá plantear, entre otras cuestiones, que no ostenta la condición de responsable civil, que la responsabilidad civil reclamada es improcedente, o que es excesiva la cantidad que se reclama de contrario. Pero a diferencia del actor civil, la ley no establece limitación alguna respecto de las alegaciones defensivas del responsable civil por lo que no hay ningún obstáculo para que puedan discutir y contradecir el hecho punible, puesto que de su existencia dependerá que concurra o no la responsabilidad civil que se le reclama. Ahora bien, no le será permitido al responsable civil invadir la defensa penal.

En este sentido, recuerda la STS de 30/04/2014 [*Tol 4317480*] que:

> «Sabido es que todo responsable civil subsidiario que cuestiona tal condición dispone de dos vías de ataque:
> a) Puede cuestionar los hechos de los que justifican el pronunciamiento penal condenatorio al que se injerta la responsabilidad civil ex delicto y la subsidiaria, ya que si el pronunciamiento penal no existe desaparecería dicha responsabilidad civil ex delicto, y
> b) Puede limitarse a cuestionar exclusivamente tal responsabilidad civil subsidiaria, por no concurrir los elementos que la vertebran».

4.4.6 Las costas

En los casos en que se interesa un pronunciamiento absolutorio por la defensa, y se considera que la intervención de la acusación particular o popular es temeraria o maliciosa, en el escrito de defensa debe pedirse que se condene a la acusación al pago de las costas causadas.

4.4.7 Proposición e impugnación de la prueba

Es en el escrito de defensa donde deben proponerse los medios de prueba de que intente valerse en el acto del juicio oral. Una correcta y adecuada proposición de los medios de prueba en el escrito de defensa es esencial para disponer de la prueba necesaria en el desarrollo del juicio oral a fin de llevar a cabo un diligente y eficaz ejercicio del derecho de defensa. Las pruebas deberán ir dirigidas a apoyar y sostener su estrategia defensiva, deberán ser pruebas de descargo, que se practican con la finalidad de contradecir y desvirtuar las tesis y las pruebas de cargo de las acusaciones, o a acreditar los hechos impeditivos de la responsabilidad criminal del acusado, así como a fundar las
1916 circunstancias eximentes o atenuantes invocadas. Pasado este trámite, sólo podrá proponerse nueva prueba en los supuestos recogidos en los arts. 785.1 y 787.3 LECrim.

En el escrito de defensa también se deben impugnar aquellas periciales de las que se disienta y que se pretendan contradecir. Se deberá proponer la pericial del autor del informe para someterlo a contradicción, así como sería interesante presentar un informe de contraste que también debe ser ratificado en el plenario.

Se puede proponer el interrogatorio de los acusados, testifical, pericial, inspección ocular, documental y declaración de las personas civilmente responsables.

Como ya hemos estudiado en otros capítulos puede pedirse al tribunal que el acusado preste declaración en último lugar tras la práctica de los demás medios de prueba (párrafo segundo del art. 701 LECrim). Su declaración es fundamental porque debe trasladar al tribunal el relato de hechos defendido, dar su versión de descargo.

Los testigos y peritos deben ser mencionados nominalmente por la defensa. Pueden ser los mismos u otros diferentes a los de las acusaciones, o bien coincidir en parte. En todo caso, deben ser nombrados e identificados expresamente para que sean prueba propia de la defensa propuesta en legal forma. No debe utilizarse la fórmula genérica de adherirse y hacer suyas las pruebas propuestas por las demás partes, dado que resultaría afectada y sin posibilidad de practicar la prueba en el caso de su renuncia por la parte proponente.

En el caso de testigos y peritos protegidos, puede solicitarse en el escrito de defensa el conocimiento de su identidad cuando fueran propuestos y su declaración o informe sea declarada pertinente. Deberán justificarse los motivos que hacen necesaria su identificación. El órgano de enjuiciamiento deberá facilitar el nombre y los apellidos de los peritos y testigos, respetando las restantes garantías reconocidas a los mismos (art. 4.3 LO 19/1994, de protección a testigos y peritos en causas criminales), dada la indefensión que puede derivarse de la ocultación de la identidad del declarante.

Resulta de aplicación a la *proposición de prueba en el escrito de defensa* todo lo expuesto para el escrito de acusación, tanto lo relativo a la prueba anticipada como a la proposición de prueba para practicar en el juicio oral. Nos remitimos al epígrafe 3.2 de este capítulo.

5. LAS CALIFICACIONES ALTERNATIVAS Y SUBSIDIARIAS

Nos referimos a conclusiones alternativas cuando sobre cada uno de los puntos objeto del escrito de calificación, se proponen dos o más conclusiones que se plantean al mismo nivel o con el mismo carácter de principal, esto es, se pretende esta calificación o esta otra, mientras que en el caso de que se planteen de forma subsidiaria, se realiza una calificación de forma principal y la otra u otras solo para el caso de que no se estimara la primera. El planteamiento de conclusiones alternativas o subsidiarias no debe afectar ni desvirtuar las formuladas como principales, pues el tribunal debe valorarlas en primer lugar ofreciendo la correspondiente motivación al respecto, para aceptarlas o rechazarlas.

En el art. 653 LECrim se establece que las partes podrán presentar dos o más conclusiones alternativas sobre cada uno de los puntos que han de ser objeto de calificación, para que, si no resultare del juicio la procedencia de la primera, pueda estimarse cualquiera de las demás en sentencia.

La razón de ser de las conclusiones alternativas o subsidiarias estriba en cubrir todas las posibles calificaciones que pueden derivarse de la prueba que va a practicarse en el juicio oral y cuyo resultado se desconoce, en el caso de que no proceda una calificación por falta de prueba de uno de sus elementos, pueda proceder otra calificación en la que dicho elemento no sea necesario. Así, por ejemplo: delito de robo y alternativamente, delito de receptación —se ha probado la procedencia ilícita de los objetos, pero no la sustracción con fuerza en las cosas— o delito de homicidio en grado de tentativa y alternativamente delito de lesiones consumado (si no queda probado el *ánimus necandi*, pero sí se acredita en *ánimus laedendi*). Se trata de evitar que dicha conducta quede impune por una calificación que no resulte acreditada, aunque sí se ha acreditado la concurrencia de otra.

La formulación de calificaciones alternativas es imprescindible para que pueda existir condena en el caso de delitos heterogéneos, dado que de no incluirse en el escrito de acusación la calificación alternativa, el tribunal no podrá condenar por aquel delito que haya resultado acreditado pero que no haya sido recogido en la calificación, salvo que el tribunal haga uso de la facultad establecida en el art. 733 LECrim. Sin embargo, en el caso de delitos homogéneos, esto es, aquellos que protegen el mismo bien jurídico, el tribunal puede condenar por el delito que se ha probado, aunque no esté incluido en la acusación —delito de amenazas, delito de coacciones, delito de atentado, delito de resistencia, etc.—.

Ofreciendo esa calificación alternativa se da cumplimiento al principio acusatorio evitando cualquier riesgo de indefensión a las partes. Ahora bien, lo
1918 que no se autoriza es a que el tribunal pueda realizar una doble condena acogiendo las dos calificaciones.

En este sentido recuerda la STS 21/07/2009 [*Tol 1723141*] que:

> «el derecho a ser informado de la acusación no se ve afectado cuando el debate sobre la calificación jurídica del hecho que define el objeto del proceso ofrece dos referencias alternativas cuyo alcance es conocido de antemano por todas las partes. Pero sí se vulnera si el Tribunal interpreta esa proposición disyuntiva como el presupuesto habilitante para una doble condena por cada uno de los delitos que incorpora a la propuesta acusatoria».

BIBLIOGRAFÍA

- ÁLVAREZ ALARCÓN, *Abogacía y proceso penal*, Tirant lo Blanch, 2021.
- CALAZA LOPEZ, *Derecho Procesal Penal*, 3ª edición, Tirant lo Blanch, 2024.
- GARCÍA SAN MARTÍN, *Doctrina Penal Actualizada,* 2ª Edición, Tirant lo Blanch, 2020.
- MARTÍNEZ JIMÉNEZ, *Derecho Procesal Penal,* 4º edición, Tecnos, 2021.
- MORENO CATENA, *Derecho Procesal Penal*, 11ª edición, Tirant lo Blanch, 2023.
- NIEVA FENOLL, *Derecho Procesal III (Proceso Penal)*, 3ª edición, Tirant lo Blanch, 2024.
- ORTEGA BURGOS, *Derecho Penal 2020*, Tirant lo Blanch, 2020.
- SOSPEDRA NAVAS, *Prácticum Derecho Penal 2022*, Aranzadi, 2021.

Capítulo 46

La conformidad

Concepción López-Yuste Padial
Fiscal
Fiscalía de la Comunidad de Madrid

1. CONCEPTO Y NATURALEZA DE LA CONFORMIDAD

La Real Academia Española define la conformidad como el "hecho de estar conforme o de acuerdo" y en esta primera aproximación, la conformidad penal se podría definir como el acto por el que el acusado se muestra conforme o de acuerdo con la acusación. Sin embargo, en este plano del proceso penal, la conformidad tiene unas implicaciones que trascienden esta mera acepción y que han condicionado su definición y naturaleza: es un acto de disposición por el que el acusado renuncia a su derecho de defensa y presunción de inocencia para poner fin al proceso de forma anticipada.

En su inicial regulación, la conformidad se concibió en el marco del sumario ordinario como un acto unilateral de simple adhesión del acusado cuando, al evacuar la representación del procesado el traslado del escrito de defensa, mostraba su conformidad absoluta con lo solicitado por la acusación. Desde esta concepción, la conformidad se definió como una institución por la que, tras la aceptación por el acusado de los hechos, la calificación jurídica y la responsabilidad penal, el procedimiento finalizaba de manera prematura evitando la realización del juicio oral y con ello la práctica de las pruebas encaminadas a demostrar la realización del hecho imputado. En este modelo de conformidad del sumario ordinario el acusado únicamente evitaba la celebración del juicio oral, lo que se tradujo en su escasa utilidad en la práctica por lo que, ante la necesidad de agilizar la justicia y acelerar los procesos penales, la LO 7/1988 —con la introducción del procedimiento abreviado—, previó una nueva concepción más pragmática y utilitarista de este instituto basada en la posible negociación entre las partes. Desde este pragmatismo, la conformidad se configuró como un modo de finalización del proceso, pero esta vez pactado, fruto de unas negociaciones previas y resultado de las cuales no sólo se evitaba la celebración del juicio, sino que además la acusación podía renunciar, en mayor o menor medida, a parte de su petición de condena.

Esta nueva concepción negociada generó que la conformidad fuera cobrando un papel cada vez más importante en nuestro ordenamiento procesal de manera que reformas posteriores de la LECrim recogieron esta forma de terminación pactada del procedimiento penal.

Las leyes 8/2002 y 38/2002, *sobre el procedimiento para el enjuiciamiento rápido*, supusieron una apuesta decidida por este instituto atribuyéndole, además, a la conformidad, una eficacia especial con la reducción del tercio de la condena; la Ley 37/2011, *de medidas de agilización procesal* introdujo la conformidad de las personas jurídicas y con la Ley 41/2015, de modificación de la Ley de Enjuiciamiento Criminal *para la agilización de la justicia penal y el fortalecimiento de las garantías procesales*, se introdujo el proceso por aceptación de decreto. Recientemente, la LO 1/2025, *de medidas en materia de eficiencia del Servicio Público de Justicia*, en un nuevo impulso a este instituto, amplía el ámbito de aplicación de las conformidades ante la Audiencia Provincial, suprimiendo el límite penológico de seis años de prisión al que estaban constreñidas, e impone, en el ámbito del procedimiento abreviado, la convocatoria a las partes a una audiencia preliminar previa en la que poder alcanzar una eventual conformidad. Con esta reforma, se pretende eficientar el servicio público mediante la reducción del coste que, en términos de esfuerzo, tiempo y recursos, supone para las partes y terceros, la conformidad al inicio del plenario al tiempo que se pone fin a la práctica, no infrecuente, de aquellas conformidades que, por superar el límite penológico, recibían por la doctrina la denominación de conformidades "fingidas" o "encubiertas".

En todo caso, la conformidad tiene sus defensores y detractores. Autores como DEL MORAL GARCÍA la califican de "perversión del sistema" al considerar que hace prevalecer la eficacia del sistema frente a la justicia y la búsqueda de la verdad material ya que la "aceptación" no siempre, y en todo caso, se corresponde a la verdad. Sin embargo, la Circular 1/1989 FGE, pone el foco en el acusado y en el beneficio de su reinserción, resaltando la imperatividad ético-jurídica de la búsqueda del consenso en cuanto que el reconocimiento y asunción de la responsabilidad penal del acusado implican una actitud resocializadora que no debe perturbarse por el estigma del juicio oral. Ciertamente la praxis habitual ha distorsionado el sentido de la conformidad y, como señala MORENO VERDEJO (pp. 15 y 70), para que este instituto pueda cumplir con sus verdaderos fines, la conformidad debe, en cualquier caso, poder suponer una rebaja penológica y no una amenaza de aumento de sanción a modo de penalización, hecho que no debería suceder en la práctica forense.

A consecuencia de esta dual concepción, fruto de la evolución de la conformidad, la naturaleza jurídica de esta institución ha sido muy debatida. Ciertos sectores doctrinales han encontrado semejanza entre la conformidad y el allanamiento propio del proceso civil, en cuanto se trata de una declaración de voluntad por la que el acusado muestra su conformidad con las pretensiones de la acusación. Otros han destacado que es una clara expresión del principio de oportunidad penal pues, mediante la aquiescencia del acusado, valoradas las circunstancias y consecuencias y fruto de una negociación y acuerdo entre las partes, se hace innecesario el ejercicio de la actividad probatoria. En este sentido, es clásica la definición de la conformidad de GIMENO SENDRA (2004, pp. 5 a 14) como:

> «acto unilateral de postulación y de disposición de la pretensión, efectuado por la defensa y realizado en ejercicio del principio de oportunidad, por el que, mediante el allanamiento a la más elevada petición de pena dentro de los límites que en cada caso se establecen, se ocasiona la finalización del procedimiento a través de una sentencia con todos los efectos de la cosa juzgada.»

No faltan tampoco quienes consideran que es una transacción resultado de unas negociaciones previas o una concurrencia de voluntades coincidentes, que no opera sobre el objeto del proceso sino sobre el desarrollo del procedimiento, posibilitando obviar el trámite del juicio oral. Sin embargo, FRAGA MANDIÁN (pp. 54 y ss.), en una concepción más holística, atribuye a la conformidad una naturaleza compleja dados los diversos planteamientos e inspiraciones que coexisten en la misma figura fruto de su evolución: mientras que en su primigenia concepción para el procedimiento ordinario, la conformidad se halla muy próxima a la figura civil del allanamiento, en las manifestaciones más modernas del procedimiento abreviado, del tribunal del jurado, juicios rápidos o proceso por aceptación de decreto, la conformidad se aproxima a la transacción como posible fórmula de consenso para poner término al proceso.

2. LOS «MODELOS» DE CONFORMIDAD PREVISTOS EN LA LECRIM

El instituto de la conformidad es resultado de su adaptación a las distintas reformas legislativas y a las particularidades de los distintos procedimientos que a lo largo del tiempo han ido surgiendo, motivo por el cual no se regula de forma unitaria en una disposición legal como tal institución procesal, sino de forma diversa y dispersa a lo largo de la LECrim y otras normas procesales.

En atención a su ámbito de aplicación y efectos, en la LECrim se pueden distinguir tres modalidades de conformidad: (i) la conformidad ordinaria; (ii) la conformidad 'privilegiada' o 'premial' y (iii) la conformidad *'por aceptación de decreto'*.

2.1 Conformidad ordinaria

La conformidad ordinaria es la contemplada en los arts. 655 LECrim y 688 a 700 LECrim para el sumario ordinario y en los arts. 784.3, 785 y 787 *ter* LECrim para el procedimiento abreviado, aunque la más amplia y detallada regulación de sus requisitos y efectos es la dedicada al sumario. Cuestiones como la
1924 conformidad cuando fueren más de uno los delitos imputados, la concurrencia de varios procesados, la conformidad con la responsabilidad civil o la imposibilidad del órgano judicial de imponer pena mayor a la solicitada, sólo se resuelven en la regulación contemplada para el sumario ordinario, por lo que, por mor del art. 758 LECrim, se instituyen en derecho supletorio para cubrir las lagunas de la conformidad en el procedimiento abreviado y en el juicio rápido, siempre que las normas de estos procedimientos no establezcan especialidades distintas a la regulación general.

2.2 Conformidad privilegiada

La conformidad "privilegiada" o "premial" se caracteriza porque, conformado el acusado con el escrito de acusación, la sentencia de conformidad se dicta con una reducción del tercio de la pena conformada y encuentra su fundamento en la necesidad de favorecer, para mayor agilidad y simplificación, las conformidades de aquellos procedimientos que por su escasa entidad pueden obtener una rápida respuesta judicial.

Prevista en el art. 801 LECrim, esta modalidad de conformidad tiene un ámbito más restringido que las conformidades ordinarias pues sólo puede ser de aplicación respecto de aquellos delitos castigados con las penas expresamente previstas en el art. 801.1. 2º LECrim y a la misma sólo se puede acceder desde el procedimiento para el enjuiciamiento rápido de determinados delitos —juicio rápido— o, ex art. 779.1.5 LECrim, desde unas diligencias previas cuando, durante la práctica de las diligencias de investigación por el juez encargado de la instrucción[1] y antes de su transformación en procedimiento abreviado, el investigado, asistido de su letrado, reconoce los hechos en presencia del juez.

2.3 El proceso por aceptación de decreto

Con la reforma de Ley 41/2015, en lo que pretendía ser una anticipación a un nuevo modelo de instrucción del proceso penal, se introduce en el art. 803 *bis* LECrim el denominado *'proceso por aceptación de decreto'* como otro recurso —en este caso a disposición del Ministerio Fiscal— para poner fin de forma anticipada a unas diligencias. Puede darse en el ámbito de las diligencias de investigación del Ministerio Fiscal o en cualquier momento del procedimiento judicial, siempre con anterioridad a la conclusión de la fase de instrucción, y aunque la LECrim lo configura como un proceso, en puridad se trata de una conformidad pues tiene como objeto la eventual presentación por el Ministerio Fiscal de una propuesta de pena —decreto propuesta— que se transforma en sentencia firme si, concurriendo los requisitos objetivos y subjetivos establecidos, el encausado o investigado, asistido de su letrado, manifiesta su aceptación.

1 En adelante, y para mayor claridad y sencillez en la redacción, salvo que merezca mayor concreción en el texto, nos referiremos al "juez instructor" o "juez encargado de la instrucción" como a cualquiera de los jueces con competencia funcional en materia de investigación judicial de delitos, en el bien entendido que con esta denominación nos referimos al juez unipersonal integrado en la Sección que corresponda del Tribunal de Instancia competente —o, en su caso, al juez de la Sección de Instrucción del Tribunal Central de Instancia, cuando de la Audiencia Nacional hablamos— (*v.gr.* Sección de Instrucción o de la Sección Única de Civil y de Instrucción, Sección de Violencia sobre la Mujer, o Sección de Violencia contra la Infancia y Adolescencia), o al juez correspondiente del TS o TSJ al que se le atribuya dicha competencia funcional cuando la competencia objetiva venga encomendada a dichos tribunales por razón de aforamiento del investigado. Asimismo, la referencia al "juez instructor" o al "juez encargado de la instrucción" contempla también la posibilidad de que, en los casos determinados en el art. 84.6 LOPJ, se nombre a dos jueces, conforme a un turno preestablecido y público, para que, junto con el juez a quien le hubiere sido turnado el asunto inicialmente, se encarguen de la instrucción de un determinado proceso penal. En el capítulo 5 de esta obra puede consultarse una explicación completa del nuevo modelo orgánico de los Tribunales de Instancia que introduce la LO 1/2025.

La Ley 41/2015 configura este procedimiento como un proceso de naturaleza monitoria y su exposición de motivos lo describe como un mecanismo de aceleración eficaz de la justicia penal. Sin embargo, la nula o escasa incidencia que tienen en la fiscalía las denuncias de los delitos comprendidos dentro de su ámbito de aplicación y las limitaciones penológicas y de procedimiento que la propia regulación impone, han abocado a su inoperatividad en la práctica.

En primer lugar, en cuanto a su ámbito de aplicación, porque sólo procede respecto de aquellos delitos castigados con pena en abstracto de multa, trabajos en beneficio de la comunidad o de prisión que no exceda de un año si ésta puede suspenderse con arreglo al art. 80 CP. En cualquier caso, con o sin la pena conjunta de privación del derecho a conducir vehículos a motor y ciclomotores.

En segundo lugar, porque la pena concreta solicitada por el Ministerio Fiscal sólo puede ser de multa o de trabajos en beneficio de la comunidad y, en su caso, de pena de privación del derecho a conducir vehículos a motor y ciclomotores. En ningún caso de pena de prisión y, si procediera, el Ministerio Fiscal debe exponer los motivos por los que entiende que la pena de prisión debe ser sustituida.

En último lugar, porque es requisito que no se hayan personado acusación popular o particular en la causa.

Si el encausado o investigado, asistido de su letrado, acepta en la comparecencia a la que le convoca el juez, la propuesta de pena del fiscal en todos sus términos, el juez instructor le atribuirá el carácter de resolución judicial firme con todos los efectos de sentencia condenatoria y no será susceptible de recurso alguno. En caso de no aceptación o incomparecencia, la causa continuará por el cauce que proceda y el fiscal no queda vinculado por su propuesta.

3. LOS MOMENTOS EN LOS QUE PUEDE PRESTARSE LA CONFORMIDAD

En el ámbito del sumario ordinario y el procedimiento abreviado, la conformidad puede presentarse en los siguientes momentos:

1) En el trámite de calificación provisional (arts. 655.1 I y 784.3 I LECrim), bien en el mismo momento del traslado para formulación del escrito de acusación mediante la presentación de un escrito conjunto entre acusación y defensa consecuencia de unas negociaciones previas, bien al evacuar el traslado

para la formulación del escrito de defensa, manifestando el acusado su conformidad con la calificación acusatoria.

También puede prestarse la conformidad en un momento posterior al traslado para escrito de defensa y anterior a la celebración de las sesiones del juicio oral, con un nuevo escrito de calificación que conjuntamente presenten las partes acusadoras y el acusado (arts. 655.1.III y 784.3.II LECrim).

2) En la audiencia preliminar a la que en el ámbito del procedimiento abreviado y de conformidad con el art. 785 LECrim, el juez o tribunal convocará a las partes y al Ministerio Fiscal antes de la celebración del juicio oral.

3) Al inicio de las sesiones del juicio oral y con anterioridad a la práctica de la prueba, mediante la adhesión de la defensa con el escrito de acusación que contenga pena de mayor gravedad o con el que se presentara en ese acto (arts. 688 y 787 *ter* LECrim)

En todo caso, cuando la conformidad se preste en un momento posterior al trámite de calificación provisional, el nuevo escrito de calificación no podrá referirse a hecho distinto ni contener calificación más grave que la del escrito de acusación anterior, limitación quc, aunque el legislador no ha previsto expresamente, también es de aplicación al art. 784.3 II LECrim por disposición del art. 758 LECrim y en coherencia con la nueva regulación de la conformidad introducida por la LO 1/2025.

4. LOS REQUISITOS DE LA CONFORMIDAD

Para que una conformidad surta efectos es necesario que concurran los requisitos que, de forma dispersa, el legislador ha previsto a lo largo de su regulación. En caso contrario, no hay conformidad en sentido estricto y su ausencia determina la nulidad de la sentencia.

Empleando los términos de la doctrina jurisprudencial consolidada (de la que es exponente la STS de 01/03/1988 [*Tol 5110599*]), para que la conformidad sea válida debe ser absoluta, personalísima, voluntaria, formal, vinculante y de doble garantía.

El término «conformidad absoluta» empleado por el art. 655 LECrim o las referencias al «escrito de calificación» o «escrito de acusación» de los arts. 700, 785, 787 *ter* 1 LECrim, refleja que la conformidad del acusado debe recaer sobre todos los extremos de la calificación acusatoria y, por tanto, alcanzar a la descripción de los hechos, a su calificación jurídica y a la pena correspondiente a dicha calificación en su concreta naturaleza y medida (art. 650 LECrim).

No así a la responsabilidad civil (arts. 655.4 y 695 LECrim), de la que se puede disentir, tanto respecto de su configuración como respecto de su cuantía, en cuyo caso el juicio debe continuar y la prueba y su discusión limitarse únicamente al extremo de la responsabilidad civil que, bien por el acusado, bien por los responsables civiles, no se hubiera aceptado. En ningún caso, los terceros responsables civiles, ya sean directos o subsidiarios, pueden cuestionar la aceptación de responsabilidad del acusado y únicamente pueden limitar su oposición a las conclusiones del escrito de calificación a ellos referentes (art. 700 LECrim), como son su condición de responsables o a la cuantía de la responsabilidad.

Tampoco alcanza a aquellos aspectos que, por no formar parte del contenido inexcusable de la conformidad, no son disponibles por las partes, como las penas accesorias, las costas procesales o la conmutación de la pena en su forma de ejecución (SSTS de 06/03/2000 [*Tol 4922882*] y de 19/11/2020 [*Tol 8218628*]).

1928 Por otra parte, la conformidad debe ser con la calificación más grave y por todos los delitos objeto de acusación (arts. 690 y 697 LECrim).

Para preservar la continencia de la causa y evitar posibles sentencias contradictorias, la conformidad exige además unanimidad de todos los acusados (arts. 655.1.III *in fine* y 697 LECrim), salvo cuando sea una persona jurídica la que muestra la conformidad (arts. 655.8, 785.11 y 787 *ter* 8 LECrim). Como recoge el art. 655.1 III *in fine* el juicio continuará «si fuesen varios los procesados y no todos manifestaren igual conformidad».

En este sentido, razona el Tribunal Supremo (STS de 27/07/1998 [*Tol 5133689*]) que resulta un contrasentido que un mismo hecho sea cierto por conformidad y al mismo tiempo incierto por el resultado de las pruebas y concluye que la conformidad de solo una parte de los acusados es irrelevante para determinar el sentido de la sentencia, la cual requiere necesariamente de un juicio contradictorio como si ninguno se hubiese manifestado conforme.

Cuestión distinta resulta cuando la prueba se ha practicado con todas las garantías de contradicción, inmediación y publicidad. En este caso, no se produce indefensión por lo que la jurisprudencia admite la posibilidad de conformidades parciales, aun cuando (i) los acusados conformados no quieran declarar —«lo que no fue sino manifestación de su derecho a no declarar» (STS de 04/06/2020 [*Tol 7969765*]) —(ii) la declaración se limite a un mero reconocimiento de hechos (STS de 29/11/2007 [*Tol 1213951*]) o (iii) no declaren como coimputados al celebrarse un enjuiciamiento separado (STS de 03/02/2021 [*Tol 8325954*]) pues no se puede reprochar que los acusados, legítimamente, en uso de sus facultades y decidiendo libremente, hayan aceptado la acusación y la penalidad (STS de 14/03/2024 [*Tol 9950634*]). En cualquier caso, no se trata entonces de una conformidad propiamente dicha sino, como indica FRAGA MANDIÁN *(2016 p. 215)*, de una asunción de responsabilidad que no tiene otro valor que el de una confesión ordinaria y que permite un desarrollo más ágil del juicio oral resultado de unos compromisos que se traducen en la aceptación de hechos, renuncia a la prueba y modificación de las conclusiones para rebajar las penas (STS de 13/01/2023 [*Tol 9372791*]).

También se admiten las conformidades parciales en el caso de los delitos conexos o cuando haya acusados ausentes o declarados en rebeldía. Precisamente para evitar que la conducta de unos pueda redundar en perjuicio de quienes quieren conformarse el Tribunal Supremo convalida estas conformidades cuando no ha observado indefensión ni quiebra de garantía alguna. Ni las deja sin efecto, ni ordena la repetición del juicio pese a la inobservancia del art. 697 LECrim.

La conformidad debe proceder del propio acusado o acusados o ratificada por ellos personalmente y no a través de mandatario, representante o intermediario, pues solo el acusado puede disponer de su derecho a la celebración del juicio. Así lo exige la ley al imponer la ratificación del procesado (art. 655 LECrim); ordenar que el presidente pregunte a cada uno de los acusados (art. 688 LECrim); reclamar que el escrito de defensa sea también firmado por el acusado (art. 784.3 LECrim) o exigir su expresa manifestación en la audiencia preliminar (art. 785.5 LECrim) o en el acto del juicio (art. 787 *ter* 4 LECrim). Esta ratificación debe ser siempre expresa y categórica (art. 693 LECrim) y no se admiten silencios al respecto, pudiendo vulnerarse su derecho a la presunción de inocencia y a no confesarse culpable en caso contrario.

Además, el acusado ha debido tener pleno conocimiento de la conformidad alcanzada y de las consecuencias de su acto y su conformidad no ha debido ser inducida mediante coacciones, amenazas o engaños.

Desde la primera de estas condiciones, se exige que el letrado facilite por escrito al acusado la información sobre el acuerdo alcanzado (arts. 655.1 II, 785.7 III y 787 *ter* 4 III LECrim). Desde la segunda, la aquiescencia del abogado y, en el caso de que el juez o tribunal tenga dudas sobre si el consentimiento fue prestado libremente debe ordenar la continuación del juicio (arts. 655.1.III, 785.5 *in fine* y 787 *ter* 2 *in fine* LECrim).

Inexcusablemente deben concurrir las voluntades de la defensa y del acusado —doble garantía—, la de este último en cuanto exclusivo titular del derecho de defensa. Además, es necesaria la posterior manifestación expresa de la defensa de no considerar necesaria la continuación del juicio (arts. 694, 696, 785.7 II y 787 *ter* 4 II LECrim). Si, a pesar de la conformidad del acusado, la defensa no lo manifiesta de forma expresa o considera necesaria la celebración del juicio, el juez debe ordenar su continuación siempre que —en el margen de discrecionalidad que le concede la reforma de la LO 1/2025— considere fundada la petición.

Alcanzada la conformidad, esta se convierte en vinculante, tanto para el acusado o acusados, como para las partes acusadoras, y todos ellos, una vez formulada, han de acatar necesariamente la descripción de los hechos, su calificación y la clase y extensión de la pena mutuamente aceptada. Es vinculante incluso para el órgano judicial, aunque, dado su posterior control, no de forma absoluta sino relativa.

Es necesario destacar que con la reforma de la LO 1/2025, los arts. 655.2, 785.4 II y 787 *ter* 1 II LECrim prevén lo que la Instrucción FGE 2/2009 ya exigía a los fiscales en aras a la tutela y protección de los derechos e intereses de la víctima y perjudicados: que, el Ministerio Fiscal previamente oiga «a la víctima o perjudicado, aunque no estén personados en la causa, siempre que
1930 hubiera sido posible y se estime necesario para ponderar correctamente los efectos y el alcance de tal conformidad, y en todo caso cuando la gravedad o trascendencia del hecho o la intensidad o la cuantía sean especialmente significativos, así como en todos los supuestos en que víctimas o perjudicados se encuentren en situación de especial vulnerabilidad».

5. CONFORMIDAD Y RECONOCIMIENTO DE HECHOS

La Ley 38/2002 introdujo, en el marco de las diligencias previas, el denominado 'reconocimiento de hechos' como forma alternativa de acceder a la conformidad privilegiada del art. 801 LECrim.

Regulado expresamente en el art. 779.1. 5ª LECrim, recoge este precepto que:

> «Si, en cualquier momento anterior, el investigado, asistido de su abogado, hubiere reconocido los hechos a presencia judicial, y estos fueran constitutivos de delito castigado con pena incluida dentro de los límites previstos en el art. 801, mandará convocar inmediatamente al Ministerio Fiscal y a las partes personadas a fin de que manifiesten si formulan escrito de acusación con la conformidad del acusado. En caso afirmativo, incoará diligencias urgentes y ordenará la continuación de las actuaciones por los trámites previstos en los arts. 800 y 801».

5.1 Requisitos

De su ubicación y contenido se extrae que, para que el reconocimiento de hechos tenga eficacia deben concurrir las siguientes condiciones y requisitos:

En primer lugar, que el reconocimiento del investigado tenga lugar en un momento procesal concreto: «en cualquier momento anterior» al auto de transformación en procedimiento abreviado a que se refiere el art. 779.1. 4ª LECrim. Es decir, antes de que el juez de instrucción ponga fin a las diligencias previas. Una vez que el juez ha formulado la imputación contra el investigado, ya no cabe el "reconocimiento de hechos" y sólo será posible mostrar la conformidad en el escrito de defensa una vez abierto el juicio oral (art. 784.3 LECrim), en la audiencia preliminar antes de la celebración del juicio (art. 785 LECrim) o al inicio de la vista oral antes de practicarse la prueba (art. 787 *ter* LECrim).

El reconocimiento en este momento procesal implica que las acusaciones no han calificado todavía los hechos, por lo que el reconocimiento se refiere únicamente a éstos —de ahí su denominación— y no a la calificación jurídica ni a la pena, las cuales se concretan en una audiencia posterior.

En segundo lugar, que «el investigado, asistido de su abogado, hubiere reconocido los hechos a presencia judicial». Como así se indica, el reconocimiento tiene que efectuarse en presencia del juez y, por tanto, con todas las garantías de una declaración: asistido de su abogado y previa información de sus derechos y de los hechos que se le imputan. Es indiferente (i) lo que, en su caso, se haya manifestado en sede policial; (ii) que el reconocimiento lo sea en su primera declaración como investigado o en cualquier otra declaración posterior (art. 400 LECrim) o (iii) que existan declaraciones contradictorias previas.

En tercer lugar, que los hechos objeto de investigación sean «constitutivos de delito castigado con pena incluida dentro de los límites previstos en el art. 801»: es decir, delito castigado con pena que no exceda de tres años de prisión, de diez años si se trata de pena de distinta naturaleza o con pena de multa cualquiera que sea su duración.

Este límite conlleva dos lógicas consecuencias. Por un lado, únicamente puede producir sus efectos en el marco de unas diligencias previas. No así en el ámbito del sumario ordinario, cuyo ámbito de aplicación —delitos castigados con pena en abstracto superior a nueve años de prisión— excede de este límite. Por otro, como el reconocimiento es sobre los hechos, la pena a considerar será siempre la pena en abstracto para el delito de que se trate.

En cuarto lugar, que, además, la pena solicitada por la acusación más grave —aquella con la que se va a conformar el acusado— no exceda de los límites del art. 801.1. 3º LECrim. Es decir, que la pena o la suma de las penas no supere, reducida en un tercio, los dos años de prisión.

En último lugar, el reconocimiento ha de ser total: de todos los hechos de los que ha sido informado el investigado y por todos los investigados. La ausencia de referencia expresa al respecto obliga a exigir, por aplicación del art. 758 LECrim, que se cumplan todos los requisitos de la conformidad.

5.2 Procedimiento

Si en su declaración el investigado reconoce los hechos y el juez considera que son constitutivos de un delito castigado con pena incluida en su ámbito de aplicación, debe convocar al Ministerio Fiscal y a las partes personadas a una audiencia —a la que ha de citarse también al investigado, no bastando únicamente con la presencia del letrado— para que manifiesten si formulan escrito de acusación con la conformidad del acusado. También puede suceder que, a la vista de su declaración o como consecuencia de contactos previos, sean el propio Ministerio Fiscal o la defensa quienes soliciten directamente del juez su convocatoria.

Si el investigado, tras conversación con la acusación, manifiesta su conformidad, las diligencias previas se transforman en diligencias urgentes y las actuaciones continúan por los trámites de los arts. 800 y 801 LECrim. La audiencia, la incoación de diligencias urgentes y la preparación del juicio oral se suceden en unidad de acto. Sin embargo, si instada la convocatoria de la comparecencia por cualquier motivo, finalmente no se llega a un acuerdo, la declaración del investigado carecerá de trascendencia a otros efectos y, ni podrá ser utilizada por la acusación en un momento posterior —menos aún en el acto del juicio— ni por el juez para poner fin a las diligencias previas.

En todo caso, de no llegarse a un acuerdo, las actuaciones deben seguir su curso y continuar por los trámites del procedimiento abreviado hasta obtener los elementos necesarios para formular acusación. Si, por el contrario, se hubieren practicado todas las diligencias de investigación necesarias, el procedimiento debe seguir los trámites del juicio rápido: presentación de escrito de defensa y remisión al órgano de enjuiciamiento para señalamiento —en este caso el juez adscrito a la Sección de lo Penal del correspondiente Tribunal de Instancia—.

5.3 Efectos

Manifestada la conformidad, el juez instructor dictará sentencia en los términos del art. 801.2 LECrim, i.e. con el beneficio de la reducción en un tercio de la pena conformada.

El juez adscrito a la Sección de lo Penal del Tribunal de Instancia también puede dictar sentencia de conformidad con el mismo beneficio de la reducción del tercio cuando, habiéndose conformado el investigado con la responsabilidad penal no lo hubiere hecho sin embargo con la responsabilidad civil.

6. EL CONTROL JUDICIAL DE LA CONFORMIDAD

El control jurisdiccional de la conformidad es la necesaria homologación, por parte del juez, de que el acuerdo entre acusación y defensa cumple con todos los requisitos para que la sentencia de conformidad pueda desplegar sus efectos.

Como señalábamos, el acuerdo de conformidad es vinculante tanto para las partes como para el órgano judicial y lo es en el triple aspecto que destaca DE DIEGO DÍEZ: a) en el de los hechos consensuados; b) en el título de imputación aceptado *vinculatio criminis*, y c) en la pena solicitada *vinculatio poena*. No obstante, la vinculación del juez es relativa. Los principios de oficialidad y legalidad sobre los que se asienta el proceso penal limitan la facultad dispositiva de las partes y el juez, como manifestación de estos principios, debe controlar la concurrencia de los requisitos de la conformidad y la corrección de la calificación jurídica y la penalidad aceptada. 1933

Disponen los arts. 655.1.III, 785.5 y 787 *ter* 2 LECrim que, si a partir de la descripción de los hechos aceptada por todas las partes el juez entiende que la calificación es correcta y la pena procedente, debe dictar sentencia de conformidad. Ciertamente, los hechos declarados probados predeterminan la calificación jurídica y la pena, por lo que, si, a partir de estos, la calificación es correcta y la pena la correspondiente, no parece haber motivo para que el juez modifique sus términos, aunque, previamente, habrá debido oír al acusado acerca de si su conformidad ha sido prestada libre y conscientemente. Continúa el art. 655 en sus apartados uno y tres —en el mismo sentido los arts. 785.6 y .7 y 787 *ter* 4 y 5—, que

> «En caso de que el tribunal considerare incorrecta la calificación formulada o entendiere que la pena solicitada no procede legalmente, requerirá a la parte que presentó el escrito de acusación más grave para que manifieste si se ratifica o no en él. Sólo cuando la parte requerida modificare su escrito de acusación en términos tales que la calificación sea co-

> rrecta y la pena solicitada sea procedente y el acusado preste de nuevo su conformidad, podrá el juez, jueza o tribunal dictar sentencia de conformidad. En otro caso, ordenará la continuación del juicio.
> [...]
> 3. Una vez que la defensa manifieste su conformidad, el presidente o presidenta del tribunal informará a la persona acusada de sus consecuencias y a continuación la requerirá a fin de que manifieste si presta su conformidad. Cuando el tribunal albergue dudas sobre si la persona acusada ha prestado libremente su conformidad, acordará la celebración del juicio».

El control judicial debe operar, pues, sobre un triple ámbito:

* Sobre la correcta adecuación de la calificación jurídica a los hechos propuestos;
* Sobre la adecuada correlación entre la calificación jurídica y la pena y
* Sobre la libre manifestación de voluntad del acusado.

A través este control, el legislador ha querido reforzar la protección del derecho de defensa del acusado conformado controlando que su acto de disposición ni excede de los límites de la conformidad ni lesiona aquellos derechos de los que ni siquiera el acusado puede disponer.

6.1 El relato fáctico

Como manifestación del principio de imparcialidad judicial, el control del órgano judicial no opera sobre el relato de hechos mutuamente aceptado por las partes. Como nos recuerda el Tribunal Supremo en la STS de 10/10/2011 [*Tol 2278609*] —exponente de la vinculación del tribunal a los acuerdos entre acusación y defensa—, al órgano judicial le está vetado «en todo caso y bajo cualquier régimen jurídico de la conformidad, alterar la descripción de los hechos tal como habían sido configurados por las partes acusadoras y defensa de los acusados». El mandato del legislador «a partir de la descripción de los hechos aceptada por todas las partes», es una manifestación de esta prohibición y si el órgano judicial lo altera no sólo está asumiendo una función reservada exclusivamente a las partes —a quienes compete determinar el objeto del proceso—, sino que además está dando por ciertos unos hechos distintos a los conformados pese a no haberse celebrado prueba.

En definitiva, el órgano judicial no puede modificar los hechos tal y como están descritos y esta prohibición comprende tanto su alteración como la declaración de su inexistencia o la imputación de un hecho nuevo que no fue objeto de acusación. A modo de ejemplo, el Tribunal Supremo, en un supuesto en el que órgano judicial impuso una agravante de reincidencia que el relato de hechos no contempla, consideró que el juez se había excedido en su potestad de control y anuló la sentencia al estimar que la falta de constancia de los delitos anteriores en el relato fáctico no podía suplirse, en perjuicio para el acusado, con su introducción en la fundamentación jurídica (STS de 18/07/2018 [*Tol 6677054*]).

Esta vinculación no impide sin embargo que el órgano judicial controle que el acuerdo de conformidad no altere el contenido de los escritos de acusación anteriores y que imposibilite la conformidad si ésta contiene una calificación más grave o si la disparidad del hecho es tal que convierte el hecho justiciable en un hecho distinto (arts. 655.1.III, 785.4 y 787 *ter* 1 LECrim). Cuanto menos, sin una justificación razonada y motivada del cambio. En este sentido, el Tribunal Supremo respaldó, por absoluta incorrección formal y legal el rechazo de la Audiencia Provincial a una conformidad al constatar que el Ministerio Fiscal, había eliminado del relato de hechos de su inicial escrito los elementos del tipo que enmarcaban el hecho en un delito del art. 318 *bis* CP y que justificaban la solicitud de pena de ocho años de prisión, para situarse, sin argumentación alguna, en el apartado 6º del art. 318 CP y solicitar la pena inferior en grado (STS de 01/06/2007 [*Tol 1123993*]).

6.2 Adecuación de la calificación

A partir de los hechos descritos y aceptados por las partes, el órgano judicial debe controlar su correcta calificación jurídica lo que comprende no sólo su tipificación sino también el grado de participación —autoría o cooperación necesaria—; de ejecución —consumación o tentativa— o la concurrencia de alguna causa de exención o de modificación de la responsabilidad criminal —atenuante o agravante—. Este control de la calificación incluye también el supuesto de que los hechos no sean típicos o que no queden probados.

6.3 Adecuación de la pena

El juez también debe controlar la correspondencia de la pena conformada con el tipo delictivo concreto en atención a los grados de participación y ejecución y a la concurrencia de circunstancias modificativas. Si la pena entra dentro del marco punitivo previsto por el legislador, el juez no puede examinar si la pena conformada es o no adecuada y debe dictar sentencia sin más limitación que la consistente en no poder imponer pena que exceda de la convenida o acordada por las partes

Recoge el art. 655.5 LECrim que «previa ratificación del procesado, dictará sin más trámites la sentencia que proceda según la calificación mutuamente aceptada, sin que pueda imponer pena mayor que la solicitada» por lo que, si considera que procede una pena mayor, debe dar audiencia a las partes y, en su caso, acordar la continuación del juicio. Lo contrario supone una quiebra del principio acusatorio al asumir el órgano judicial unas funciones que no le corresponden.

No procede esta limitación cuando, bien por omisión bien por no alcanzar la pena conformada el mínimo legal, existe un error material en la solicitud de la pena. En estos casos, el principio de legalidad autoriza al tribunal a imponer, en su mínima extensión, la pena que corresponde sin necesidad de motivación. Ni comporta vulneración del principio acusatorio —pues el tribunal no puede eludir su obligación de imponer una pena legalmente prevista, aunque no pueda exceder de su mínimo imponible (STS de 16/10/2019 [*Tol 7564536*])—, ni se comprometen la imparcialidad judicial y el espacio de defensa de las partes —puesto que carecen de capacidad de disposición de la pena fuera de sus límites legales (STS de 09/03/2023 [*Tol 9519718*])—. Como se estableció por Acuerdo del Pleno no Jurisdiccional de la Sala Segunda del Tribunal Supremo de 27/11/2007 (matizando su anterior Acuerdo de fecha 20/12/2006):

> «El anterior acuerdo de esta Sala, en fecha 20-12-2006, debe ser entendido en el sentido de que el tribunal no puede imponer pena superior a la más grave de las pedidas por las acusaciones, siempre que la pena solicitada se corresponda con las previsiones legales al respecto, de modo que cuando la pena se omite o no alcanza el mínimo previsto en la ley, la sentencia debe imponer, en todo caso, la pena mínima establecida para el delito objeto de condena»

Nada obsta, tampoco, a que el juez imponga una pena inferior a la acordada. Aunque el legislador mandata que si el juez considera que la calificación es correcta y la pena procedente «dictará sentencia de conformidad», la eliminación por la reforma de la Ley 38/2002 de la controvertida expresión «de estricta conformidad» de su redacción original; la ausencia de una prohibición expresa —*a sensu contrario* de la explícita imposibilidad de imponer pena mayor que la solicitada— y la potestad de individualizar la pena del art. 66 CP de la que es titular exclusivo el juez, avalan esta opción. Como ya señalara la STS de 04/12/1990 [*Tol 457937*]:

> «Tal posibilidad de imponer sanción inferior a la acordada por las partes aparece fundamentada en la necesidad de individualizar la pena para adaptarla a las circunstancias del caso concreto, no como concesión a una posible arbitrariedad del Tribunal prohibida por nuestra Constitución (art. 9.3), sino como necesidad, a veces, de adaptarse al propio modo de actuar del órgano judicial, concretamente a la forma en que en casos anteriores hubiera resuelto supuestos semejantes.»

No obstante, en observancia del principio de contradicción, cuando el juez o tribunal considere que procede la rebaja de la pena objeto de conformidad, debe dar audiencia previa a las partes, a fin de que aleguen lo estimen oportuno.

6.4 La manifestación de voluntad

Este control se desenvuelve en un doble plano: (i) en el conocimiento del acusado sobre los extremos fácticos y jurídicos del escrito de acusación y (ii) en la manifestación consciente, libre y voluntaria sobre todos y cada uno de los elementos que la integran. La conformidad es un acto voluntario y personalísimo por lo que el órgano judicial debe verificar que el acusado ha tenido pleno conocimiento de las consecuencias de su acto y que su conformidad no ha sido inducida mediante coacciones, amenazas o engaños. Para su aseguramiento, el letrado debe facilitar por escrito al acusado la información sobre el acuerdo alcanzado (arts. 655.1 II, 785.7 III y 787 *ter* 4 III LECrim) y será necesario que ratifique la conformidad y que el letrado defensor no considere necesaria la continuación del juicio (arts. 655 y 694 LECrim); que conteste de forma categórica a las preguntas del tribunal, no admitiéndose silencios al respecto (art. 693 LECrim) y que manifieste su conformidad de forma consciente, libre y voluntaria y con conocimiento de sus consecuencias (arts. 655.1.III, 785.5 *in fine* y 787 *ter* 2 *in fine* LECrim). En cualquier caso, ante la duda, el juicio debe celebrarse.

6.5 Las medidas de seguridad

En ningún caso el juez estará vinculado por las conformidades respecto a las medidas de seguridad. El legislador las excluye expresamente de la vinculación del juez (arts. 655.5, 785.8 y 787 *ter* 5 LECrim). Por un lado, porque la adopción de una medida de seguridad requiere de una evaluación del hecho y de las circunstancias personales del acusado que sólo el juez puede valorar. Por otro, porque la conformidad, como acto voluntario y personalísimo, impide que pueda prestarse por acusados que no gozan de plena conciencia y voluntad, ni por representantes legales que puedan suplir su voluntad. Además, como señala MORENO VERDEJO (p. 55), estas conformidades sólo serán posibles en supuestos de trastorno mental transitorio o algunas eximentes incompletas porque fuera de estos supuestos —en las eximentes del art. 20.1 y 3 CP y algunas semieximentes—, el acusado carece de capacidad para conformarse.

6.6 La audiencia a las partes

Como hemos señalado, el acuerdo de conformidad sólo vincula al juez en cuanto a los hechos. No alcanza ni a la calificación jurídica ni a sus consecuencias penológicas respecto de las que puede desvincularse en su facultad de control, pero, de hacerlo, si considera incorrecta la calificación formulada o improcedente la pena acordada, debe ponerlo en conocimiento de las partes para que, como manifestación del principio de contradicción, puedan alegar lo que a su derecho convenga. Tal y como señala la STS de 10/10/2011 [*Tol 2278609*]:

> «Poco esfuerzo exige justificar la exigencia de tal audiencia previa a la decisión desvinculada del juzgador. La proscripción constitucional de la indefensión proclamada en el artículo 24.1 de nuestra Constitución exige que quienes son parte no se vean afectados por una decisión jurisdiccional que asume tesis respecto de las cuales no ha tenido oportunidad de alegar y proponer prueba y que ésta se practique bajo principios de contradicción».

Esta audiencia se configura como una oportunidad para que la acusación bien rectifique y modifique su calificación —en cuyo caso el acusado debe prestar nuevamente su conformidad— bien insista en la calificación inicial, en
1938 cuyo caso el juicio deberá continuar.

La omisión de este trámite resultará en la nulidad de las actuaciones, *ex* art. 240.1 LOPJ: debe anularse el fallo y retrotraer la causa al momento anterior al trámite de la audiencia omitido, aunque el Tribunal Supremo admite también que, de ser posible, la indefensión se subsane en el mismo trámite casacional para evitar dilaciones no deseables ni pretendidas en la sustanciación del proceso.

La negativa a la conformidad es susceptible de recurso de reforma y subsidiario de apelación (art. 766 LECrim).

7. LA CONFORMIDAD EN EL JUICIO RÁPIDO

Con las Leyes 8/2002 y 38/2002 se introduce en nuestro ordenamiento procesal penal el procedimiento para el enjuiciamiento rápido de determinados delitos (arts. 795-803 LECrim) y con él una nueva modalidad de conformidad del acusado que tiene como propósito agilizar y simplificar los procedimientos de escasa complejidad y menor entidad punitiva.

Regulada en el art. 801 LECrim, esta conformidad se caracteriza por prestarse ante el juzgado de guardia y llevar aparejada la reducción de un tercio de la pena solicitada por la acusación más grave; reducción con la que se pretende su favorecimiento y motivo por el cual ha pasado a denominarse lo que por la doctrina se conoce como la conformidad "privilegiada" o "premial".

Tiene un ámbito de aplicación propio y, sin duda, restringido y, por disposición del art. 795.4 LECrim, le son de aplicación, en lo no previsto expresamente, las disposiciones generales de la conformidad del procedimiento abreviado.

7.1 Requisitos

Además de los requisitos de toda conformidad ya examinados —absoluta, personalísima, voluntaria, formal, vinculante, de doble garantía y sometida al control judicial—, para que el acusado pueda beneficiarse de la reducción del tercio propio de esta conformidad premial, deben concurrir los requisitos que, a modo de acotación, exige el art. 801.1 LECrim:

> «1. Sin perjuicio de la aplicación en este procedimiento del artículo 787, el acusado podrá prestar su conformidad ante el juzgado de guardia y dictar éste sentencia de conformidad, cuando concurran los siguientes requisitos:
> 1º Que no se hubiera constituido acusación particular y el Ministerio Fiscal hubiera solicitado la apertura del juicio oral y, así acordada por el juez de guardia, aquél hubiera presentado en el acto escrito de acusación.
> 2º Que los hechos objeto de acusación hayan sido calificados como delito castigado con pena de hasta tres años de prisión, con pena de multa cualquiera que sea su cuantía o con otra pena de distinta naturaleza cuya duración no exceda de 10 años.
> 3º Que, tratándose de pena privativa de libertad, la pena solicitada o la suma de las penas solicitadas no supere, reducida en un tercio, los dos años de prisión.»

Fuera de estos límites nada impide que el acusado pueda conformarse, pero, en este caso, como tal conformidad ordinaria, la conformidad se materializaría ante el juez de lo penal y no conllevaría la reducción del tercio de la pena.

7.1.1 Ausencia de acusación particular

El ordinal 1º del art. 801.1 LECrim parece exigir, como primer requisito, «que no se hubiera constituido acusador particular [...]». Sin embargo, conviene matizar que esta expresa referencia a la falta de personación de acusación particular debe cohonestarse con la dicción de su aparatado cinco cuando dice que «si hubiere acusador particular en la causa, el acusado podrá, en su escrito de defensa, prestar su conformidad con la más grave de las acusaciones según lo previsto en los apartados anteriores». Pese a esta aparente contradicción, lo cierto es que la eventual presencia de una acusación particular en la causa no supone más que la conformidad del acusado tendrá que serlo, entonces, con la más grave de las acusaciones que se formulen, lo que resulta coherente con los principios rectores de la conformidad ordinaria.

Los demás requisitos se refieren tanto a la naturaleza del delito objeto de conformidad como a la pena concreta solicitada por las acusaciones, estableciéndose, unas exigencias *ratione materiae* y *ratione poena* que operan conjuntamente.

7.1.2 Naturaleza del delito

Sólo pueden ser objeto de esta modalidad de conformidad aquellos delitos castigados con pena de hasta tres años de prisión, pena de multa cualquiera que sea su cuantía u otra pena de distinta naturaleza cuya duración no exceda de diez años, de forma que, si el límite superior de la pena prevista para el delito de que se trate excede de estos topes, la conformidad no será posible.

La pena de prisión se refiere a la pena en abstracto. Esto implica que no todos los delitos susceptibles de tramitación por el procedimiento para el enjuiciamiento rápido —que abarca a delitos castigados con pena de hasta cinco
1940 años de prisión como es el caso del delito de robo con violencia— pueden ser objeto de este tipo de conformidad. Tampoco pueden serlo aquellos delitos castigados con penas conjuntas cuando cualquiera de las penas, en su límite máximo, lo supere. Para la pena de multa no opera, sin embargo, límite alguno.

Además, al tratarse de pena en abstracto, para su determinación no se debe atender a la pena que pudiera corresponder al hecho concreto por el grado de participación, de consumación o de las circunstancias concurrentes (SSTS de 11/12/1993 [*Tol 401960*] y Circular 1/2003 FGE). Sin embargo, en el supuesto de subtipos agravados —robo con fuerza en casa habitada— o subtipos privilegiados —robo con violencia de menor entidad—, en su determinación debe estarse al límite máximo de la pena imponible para dicho subtipo al ser precisamente ese el delito objeto de acusación.

7.1.3 Pena solicitada

El art. 801.1. 3º LECrim exige además que, «tratándose de pena privativa de libertad, la pena solicitada o la suma de las penas solicitadas no supere, reducida en un tercio, los dos años de prisión». Ahora bien, es necesario tener en cuenta que:

a) Este límite penológico sólo aplica a las penas privativas de libertad y no a penas de naturaleza distinta, las cuales pueden solicitarse en toda su extensión siempre y cuando no supere el ámbito de aplicación del ordinal segundo.

b) La pena solicitada por las acusaciones no pueden superar los tres años de prisión, pues reducida en un tercio no rebasaría los dos años exigidos.
c) De solicitarse varias penas privativas de libertad, la limitación se aplica al resultado de la suma de todas ellas y no a la individual para cada delito, de manera que no será posible la conformidad cuando la suma de todas ellas exceda de tres años de prisión.
d) En el cómputo de la suma de las penas solicitadas no deben tenerse en cuenta ni la pena de localización permanente ni la responsabilidad personal subsidiaria por impago de multa.

Las expresas referencias en la misma frase a «pena privativa de libertad» y «prisión» de este ordinal tercero generó un intenso debate entre la doctrina al respecto.

En relación con la pena de localización permanente —antes arrestos de fin de semana— la Circular 1/2003 FGE consideró que se trataba de una pena susceptible de asimilarse a la prisión a efectos de refundición por lo que consideró más adecuado entender que integraban el cómputo punitivo del límite máximo. Sin embargo, la posición doctrinal mayoritaria defendió que el legislador había fijado el límite punitivo de los dos años exclusivamente respecto a la pena de prisión y si bien, con arreglo al art. 35 CP, la pena de localización permanente es una pena privativa de libertad, sin embargo, no lo es de prisión. 1941

En cambio, la doctrina fue unánime en cuanto a la no computación de la responsabilidad personal subsidiaria pues, pese a su configuración como pena privativa de libertad, no es como tal una pena, sino una forma de realización subsidiaria de una pena de naturaleza económica que forma parte del ámbito de la ejecución.

7.2 Procedimiento

Acordada por el juez de guardia la continuación del procedimiento para el enjuiciamiento rápido, una vez abierto el juicio oral y presentado por el Ministerio Fiscal su escrito de acusación, el acusado puede mostrar su conformidad (art. 800.1 LECrim). Estas fases se llevan a cabo en unidad de acto y puede desarrollarse de forma escrita o verbal.

No obstante, en la praxis habitual la conformidad del acusado será consecuencia de unas conversaciones previas y de un acuerdo entre la acusación y defensa, por lo que el escrito presentado por el Ministerio Fiscal estará ya consensuado con la defensa quien manifestará su conformidad una vez abierto el juicio oral. Incluso habiéndose constituido acusación particular cabe la posibilidad de que el acuerdo sea resultado del consenso entre todos. Es posible también que, constituida acusación particular, el juez fije un plazo no superior a dos días para que las partes presenten sus correspondientes escritos y, entonces, habrá de conformarse con la calificación más grave.

Manifestada la conformidad, el juez debe efectuar el preceptivo control en los términos previstos para el procedimiento abreviado, por lo que, en el supuesto de no considerar correcta la calificación o la pena, deberá dar audiencia a las partes y, sólo cuando se modifique el escrito de acusación, proceder a dictar sentencia de conformidad. En caso contrario o cuando el acusado no hubiere manifestado su conformidad, el procedimiento debe continuar su tramitación, remitiéndose al juzgado de lo penal para enjuiciamiento si se hubieren practicado todas las diligencias necesarias. Como siempre, ante la duda sobre la voluntad del acusado, el procedimiento debe seguir su curso.

1942 7.3 Responsabilidad civil

En materia de responsabilidad civil se aplican también los arts. 695 y 700 LECrim, por lo que, cualquier disconformidad al respecto, tanto del acusado como de un responsable civil, impide la conformidad en este momento. En este caso, el juez de guardia no dictará sentencia de conformidad y remitirá las actuaciones al juez de lo penal para la celebración de un juicio, en el que la práctica de la prueba y su discusión se limitarán al extremo relativo a la responsabilidad civil.

7.4 Sentencia de conformidad

Si el juez de guardia convalida la conformidad debe dictar sentencia de conformidad. La sentencia de conformidad impondrá la pena reducida en un tercio, aunque la pena resultante suponga la imposición de una pena inferior al límite mínimo previsto en el Código Penal para el delito de que se trate (art. 801.2 LECrim).

La reducción del tercio se aplica a todas las penas por las que se solicita acusación. En el caso concreto de la pena de multa, la rebaja de un tercio de la pena afecta únicamente a su duración y no a la cuantía de la cuota diaria a abonar, por cuanto que la cuota no es una pena en sí, sino una forma de cuantificar la multa que se fija solo y exclusivamente atendiendo a la capacidad económica de la persona. Por otra parte, cuando la rebaja en un tercio de la pena suponga la imposición de una pena de prisión inferior al límite mínimo de tres meses, procederá, *ex* art. 71.2 CP, la sustitución forzosa de la pena de prisión por pena de multa, trabajos en beneficio de la comunidad o localización permanente.

En la misma sentencia el juez debe además resolver «lo procedente sobre su suspensión o sustitución» (art. 801.2 LECrim). Para la suspensión condicional de la pena privativa de libertad bastará con el compromiso del acusado de satisfacer las responsabilidades civiles que se hubieren originado en el plazo prudencial que el juzgado fije. Asimismo, en los casos en que sea necesaria certificación suficiente de que el acusado se encuentra deshabituado o sometido a tratamiento (por centro o servicio público o privado debidamente acreditado u homologado), para acordar la suspensión, bastará el compromiso del acusado de obtener dicha certificación en el plazo prudencial que igualmente fije el juez (art. 801.3 LECrim). Si, transcurrido el plazo, el acusado no acredita o cumple estos compromisos, el juez debe revocar la suspensión condicional acordando la ejecución de la pena reducida en un tercio que le fue impuesta en sentencia.

Dictada sentencia de conformidad, el juez debe acordar lo procedente sobre la puesta en libertad o el ingreso en prisión del condenado y realizar los requerimientos que de ella se deriven (art. 801.4 LECrim). Así mismo, por aplicación del art. 795.4 LECrim, debe resolver sobre los aplazamientos de las eventuales responsabilidades pecuniarias y, si fuera posible, efectuar los requerimientos y liquidaciones de condena de las penas impuestas en la sentencia (art. 787 *ter* 6 LECrim), tras lo cual debe remitirla al juez de lo penal para la continuación de su ejecución. 1943

8. LA CONFORMIDAD DE LAS PERSONAS JURÍDICAS

La conformidad de las personas jurídicas se introdujo con la reforma de la Ley 37/2011 para dar respuesta a la incorporación de la persona jurídica como nuevo sujeto pasivo de la acción penal y dotarle de los mismos instrumentos que a las personas físicas. Desde entonces y hasta la reforma de la LO 1/2025, la conformidad de las personas jurídicas se previó únicamente en el marco del procedimiento abreviado, al ser su ámbito de aplicación (art. 757 LECrim) en el que se incardinaban las penas imponibles a las personas jurídicas. No obstante, la doctrina interpretó que ello no era óbice para que, por aplicación de la supletoriedad del art. 758 LECrim, las personas jurídicas pudieran conformarse también en el ámbito del sumario ordinario. Ciertamente, la interpretación contraria haría a las personas jurídicas injustificadamente de peor condición que a las personas físicas coimputadas por lo que la reforma de la LO 1/2025, recogiendo esta doctrina, introduce expresamente esta facultad en el art. 655 LECrim, si bien únicamente pueda tener lugar para el caso de que a la persona jurídica se la juzgue junto a otras personas físicas.

En el ámbito de los procedimientos para el enjuiciamiento rápido de determinados delitos no se contempla, sin embargo, previsión alguna, lo que ha generado dudas entre la doctrina. En principio, el ámbito penológico del art. 795 LECrim permitiría la conformidad, pero las exigencias del precepto —atestado policial e instrucción sencilla— parecen impedirlo. Aunque la persona jurídica podría acceder a la conformidad por la vía del reconocimiento de hechos del art. 779.1. 5ª de la LECrim, la Circular FGE 1/2011, ante la previsible complejidad de los hechos en los que resulta implicada una persona jurídica, lo desaconseja e introduce ciertas prevenciones que el Ministerio Fiscal tiene que tener en cuenta para evitar posibles mecanismos de deslizamiento de responsabilidad. En cualquier caso, dado el carácter definitivo de la pena y la limitación de diez años del art. 801.1. 2º LECrim, en ningún caso puede aplicarse la "conformidad premial" cuando alguna de las acusaciones solicite la pena de
1944 disolución del art. 33.7 b) CP.

Fuera de esta excepción, la persona jurídica puede conformarse en los mismos procedimientos, momentos procesales y condiciones que las personas físicas.

Recogen los arts. 655.8, 785.11 y 787 *ter* 8 LECrim:

> «Cuando el acusado sea una persona jurídica, la conformidad deberá prestarla su representante especialmente designado, siempre que cuente con poder especial. Dicha conformidad, que se sujetará a los requisitos enunciados en los apartados anteriores, podrá realizarse con independencia de la posición que adopten las demás personas acusadas, y su contenido no vinculará en el juicio que se celebre en relación con estas.»

Ahora bien, tiene las siguientes particularidades.

Por un lado, la conformidad de las personas jurídicas goza de una especial naturaleza. Como dice DEL MORAL GARCÍA la conformidad de la persona jurídica es un mero acto procesal, una manifestación de voluntad que no encierra una declaración de conocimiento y, como señala FRAGA MANDIÁN (2016, p. 221), no estamos ante una confesión o admisión de hechos propios, sino ante la asunción por un ente de una responsabilidad penal a través de su representante. En efecto, a diferencia de la conformidad de las personas físicas, en la que la asunción de responsabilidad se refiere a delitos cometidos por ellas mismas (hechos propios), en el caso de las personas jurídicas, misma, porque, como ya señalara ZARZALEJOS NIETO (p. 1), rige el principio *societas delinquere non potest* por lo que su eventual responsabilidad penal deriva de un delito cometido por determinadas personas físicas y que se extiende a la persona jurídica cuando la comisión se produce en determinadas circunstancias —en su beneficio directo o indirecto— y en su nombre o por cuenta de las mismas (i) por sus representantes legales, (ii) por aquellos autorizados para tomar decisiones en su nombre, (iii) por aquellos que ostentan facultades de organización y control o (iv) por los empleados, si respecto de éstos, los anteriores han incumplido sus obligaciones de supervisión vigilancia y control (art. 31 *bis* CP) —por hechos ajenos—.

Por otro, la manifestación de voluntad de la persona jurídica no tiene la condición de personalísima que se exige para la conformidad ordinaria. Se trata de una lógica excepción si tenemos en cuenta que una persona jurídica no puede por sí misma emitir una declaración. Siguiendo el mandato del legislador, tiene que ser una persona física expresamente autorizada por aquella quien, en este caso, asuma esa representación y lo haga en su nombre. Este representante especialmente designado tiene que contar, además, con un poder especial que le faculte a efectuar la declaración de conformidad y su conformidad estará condicionada al asentimiento por parte de la defensa de la persona jurídica.

Se exige, por tanto, una triple —que no doble— garantía para entender la conformidad válidamente prestada: a) que se emita por persona expresamente autorizada; b) que tenga poder especial para ello y c) que cuente con el consentimiento del letrado defensor. Si no concurre alguna de estas garantías no puede dictarse sentencia de conformidad.

Por último, para las personas jurídicas se plantea una doble desvinculación:

* La conformidad puede prestarse con independencia de que se conformen o no los demás acusados y
* Su contenido no vincula a los demás acusados en el juicio que se celebre en relación con éstos.

Aunque la redacción dada por la LO 1/2025 pueda inducir a confusión en cuanto al apartado ocho, párrafo tercero del art. 655 LECrim, al recoger que «también continuará el juicio si fuesen varios los procesados y no todos manifestaren igual conformidad» su párrafo primero es claro en cuanto a su desvinculación respecto de la posición de los demás coimputados cuando señala que «dicha conformidad [...] podrá realizarse con independencia de la posición que adopten las demás personas acusadas». En idénticos términos se regula en los arts. 785.11 y 787 *ter* 8 LECrim para el procedimiento abreviado y no parece existir justificación para excluir la desvinculación en un tipo concreto de procedimiento si la conformidad para la persona jurídica se produce siempre en el mismo ámbito. Si además tenemos en consideración la redacción del art. 655 LECrim anterior a la reforma, sólo cabe interpretar que el párrafo mencionado es consecuencia de un error de técnica del legislador. En todo caso, esta desvinculación de la persona jurídica de la posición de las personas físicas constituye una excepción a la exigencia legal de vinculación de todos los acusados de los arts. 655 y 697 LECrim. Si la persona jurídica se conforma, se dicta sentencia de conformidad para ella, aunque el juicio se celebre para los restantes acusados. Sin embargo, no sucede a la inversa. Prestada conformidad por todas las personas físicas, si no lo hace la jurídica el juicio debe continuar. Aunque ciertos autores han manifestado la falta de reciprocidad en este punto y abogan por su homogeneización lo cierto es que, con la actual regulación, esta opción no cabe y el legislador no lo ha entendido procedente. También opera esta desvinculación cuando sean varias las personas jurídicas imputadas en un mismo procedimiento. La referencia expresa a «con independencia de la posición que adopten las demás personas acusadas» comprende tanto personas físicas como jurídicas y, si no cabe la vinculación de la persona jurídica respecto de la física, con mayor motivo no hay razón para que vincule a otra persona jurídica. Esta desvinculación puede resultar además interesante ante la nueva previsión de la audiencia preliminar del art. 785 LECrim, pues, la conformidad en este momento procesal permitiría a la persona jurídica mitigar un posible riesgo reputacional al evitar el inicio de las sesiones del juicio.

El contenido de la sentencia de conformidad que se dictara tampoco vincula a las personas físicas en el juicio que se celebre para ellas. No pueden tenerse en cuenta los hechos que se han declarado probados para la persona jurídica y el juicio tiene que celebrarse y la sentencia dictarse como si la conformidad no se hubiere producido.

Si, tras la celebración del juicio, para la persona física se dictara sentencia absolutoria por no resultar acreditado el hecho o no ser constitutivo de delito, defiende MORENO VERDEJO que la sentencia firme de conformidad habría perdido su presupuesto y sería posible un recurso de revisión al amparo del art. 954.d) LECrim.

9. EFECTOS DE LA CONFORMIDAD

La conformidad alcanzada entre las partes produce, como consecuencia lógica, la terminación del procedimiento. Precisamente el reconocimiento de hechos, la aceptación de la calificación jurídica más grave y la asunción de la responsabilidad penal y, en su caso, civil hacen innecesario el debate contradictorio, por lo que el proceso concluye y el órgano judicial debe dictar sentencia de conformidad en los términos alcanzados por las partes.

La sentencia se dicta por el juez de lo penal o audiencia provincial, según el caso, salvo que la conformidad se hubiere producido en trámite de diligencias urgentes en cuyo caso se dictará por el juez de guardia (art. 801 LECrim) o el juez que estuviere conociendo de la instrucción (art. 779.5 LECrim).

Se dictará oralmente y documentará en el acta con expresión del fallo y una sucinta motivación, sin perjuicio de su ulterior redacción. Antes de declarar su firmeza, el fiscal y las partes, conocido el fallo de viva voz, deben manifestar, en ese momento, su voluntad expresa de no recurrir. No basta el silencio o un mero asentimiento. La expresa referencia a «expresaran su decisión de no recurrir» de los arts. 655.6, 785.9 y 787 *ter* 6 LECrim exige que las partes exterioricen de forma inequívoca su conformidad con lo resuelto en sentencia y declaren expresamente su decisión de no hacerlo.

Si, conocido el fallo, expresaran su decisión de no recurrir, el juez, en el mismo acto, declarará oralmente la firmeza de la sentencia y se pronunciará, previa audiencia de las partes, sobre la suspensión o la sustitución de la pena impuesta, cuando proceda. También resolverá el juez o el tribunal sobre los aplazamientos de las responsabilidades pecuniarias y se realizarán, en cuanto fuera posible, los requerimientos y liquidaciones de condena de las penas impuestas en la sentencia.

Una vez firme, la sentencia de conformidad genera todos los efectos de la cosa juzgada y será entonces vinculante tanto para el acusado como para las partes acusadoras.

10. LA IMPUGNACIÓN DEL ACUERDO DE CONFORMIDAD

10.1 Regla general

Por regla general, los recursos contra una sentencia de conformidad son, por su propia naturaleza, inadmisibles. En una línea jurisprudencial constante sobre su irrecurribilidad, los recursos carecen manifiestamente de fundamento porque la sentencia es consecuencia de una declaración de voluntad libremente prestada por el condenado, con la anuencia de su letrado y fruto de un consenso y acuerdo de voluntades sobre los hechos, la calificación jurídica y la pena. Si la sentencia se pronuncia de acuerdo con lo pactado no hay perjuicio y, si no hay perjuicio, el recurso carece de fundamento.

Como señala la STS de 15/04/2023 [*Tol 4928353*], a través de la conformidad se renuncia de forma «tácita, anticipada y condicional» a replantear las cuestiones que, con observancia de todos los requisitos y formalidades exigibles, se han aceptado de forma libre y sin oposición en el trámite procesal oportuno. Las razones de fondo que laten en esta consideración son tres:

a) El principio de que nadie puede ir contra sus propios actos *"nemo potest contra proprium actum venire"*, impugnando lo que se ha aceptado libre, voluntariamente y con la aquiescencia de su letrado.

b) El principio de seguridad jurídica, fundamentado en la regla "*pacta sunt servanda*" y que se quebraría en caso de aceptarse la posibilidad de revocar lo pactado.

c) Las posibilidades de fraude, derivadas de una negociación dirigida a conseguir, mediante la propuesta de conformidad, una acusación y una sentencia más benévolas, para posteriormente impugnar lo previamente aceptado, sin posibilidades para la acusación de reintroducir otros eventuales cargos más severos a que se renunciaron, precisamente, para obtener la conformidad (ATS de 24/06/2004 [*Tol 483835*]).

Precisamente, el Tribunal Supremo, en un recurso en el que el condenado alegó haber mostrado su conformidad por "estrategia procesal", resolvió que el motivo de casación alegado suponía *per se* reconocer una voluntad de fraude que le impedía replantear después un problema de subsunción que voluntariamente había aceptado por lo que el tribunal sentenciador había dictado una sentencia cumpliendo los requisitos formales y materiales legalmente establecidos y se había adaptado a los términos estrictos del acuerdo de conformidad (*vid*. STS de 15/04/2003-*Tol 276364*).

10.2 Excepciones al régimen general

Ahora bien, como toda regla general, el principio de irrecurribilidad de las sentencias de conformidad, tiene sus excepciones. Recogen los arts. 655.7, 785.10 y 787 *ter* 7 LECrim que:

> «Únicamente serán recurribles las sentencias de conformidad cuando no hayan respetado los requisitos o términos de la conformidad, sin que la persona acusada pueda impugnar por razones de fondo su conformidad libremente prestada»

Esta excepcionalidad se entiende desde una doble perspectiva (STS 07/04/2016 [*Tol 5688458*]) y el recurso es admisible cuando la sentencia: (i) no respete los requisitos ya sean formales, materiales o subjetivos de la conformidad —lo que se conoce como conformidad aparente— o (ii) no recoja los términos del acuerdo entre las partes.

No se respetan los requisitos de la conformidad cuando (i) la pena impuesta no sea legalmente procedente conforme a la calificación de los hechos (STS de 12/02/2007 [*Tol 1038367*]); (ii) se alegue un vicio de consentimiento que haga ineficaz la conformidad (error, violencia, intimidación o dolo, por ejemplo STS de 23/10/1975) o (iii) se alegue que no se han respetado las exigencias procesales como la "doble garantía" o inexcusable anuencia del acusado y su letrado (Auto TSJM de 09/01/2024 [*Tol 9864441*]). No se recogen los términos de la conformidad cuando la sentencia contiene pronunciamientos diferentes o más gravosos que los aceptados por las partes —hechos, calificación jurídica y pena (ATS 999/2004 de 24 de junio [*Tol 483835*]) si bien, como hemos señalado anteriormente, la aceptación no priva al tribunal de sus facultades de individualizar la pena e imponer una pena inferior a la pactada (STS 15/04/2003 [*Tol 4928353*]).

La impugnación de las sentencias de conformidad se rige por las normas generales de impugnación y estará legitimada para su impugnación la parte que se considere perjudicada. En este caso, el órgano competente para su conocimiento será el órgano superior jerárquico al que dictó la sentencia impugnada.

10.3 Recurso de revisión

Nada impide la admisibilidad de un recurso de revisión contra una sentencia de conformidad, si concurre alguna de las causas del art. 954 LECrim. La revisión no es propiamente un recurso, sino un procedimiento autónomo con singularidad propia que tiene por objeto la rescisión de una sentencia condenatoria firme por lo que, la proscripción de su recurribilidad no le es de aplicación y será admisible en aquellos supuestos en que se ponga en evidencia la injusticia de una sentencia firme de condena (STS de 07/06/2024 [*Tol 10053208*]).

BIBLIOGRAFÍA

- CARAZO LIÉBANA, RUIZ-RICO, *El derecho a la tutela judicial efectiva. Análisis jurisprudencial*, Tirant lo Blanch, 2013.
- COBO DEL ROSAL, *Tratado de Derecho Procesal Penal Español*, CESEJ, 2008
- DE DIEGO DÍEZ, «*La conformidad: concepto y ámbito de aplicación*», en *El Proceso penal* (Moreno Catena dir.). Tirant lo Blanch, 2000.
- DE DIEGO DÍEZ, *Los recursos contra las sentencias de conformidad. Los recursos en el orden jurisdiccional penal*, Cuadernos de Derecho Judicial, XXI, Consejo General Del Poder Judicial Madrid, 1995.
- FERRE OLIVÉ, MORÓN PENDÁS *Las Medidas Alternativas de Resolución de Conflictos (ADR) en las Distintas Esferas del Ordenamiento Jurídico*, 2019.
- FLORES PRADA, GONZÁLEZ CANO, *Los nuevos procesos penales (ii). El juicio rápido*, Tirant lo Blanch, 2004.
- FRAGA MANDIÁN, *La sentencia de conformidad. Especial consideración de la denominada conformidad premiada*, Tesis Doctoral Escuela de Doctorado 'Studii Salamantini' Programa de Doctorado Estado de Derecho y Gobernanza Global, Salamanca, 2016.
- GIMENO SENDRA, MORENO CATENA, ALMAGRO NOSETE, CORTES DOMÍNGUEZ, *El nuevo proceso penal. Estudios sobre la Ley 7/1988*, Tirant lo Blanch, 1989.
- GIMENO SENDRA, «La conformidad premiada de los juicios rápidos», *La Ley Penal*: revista de derecho penal, procesal y penitenciario, 2004.
- GÓMEZ COLOMER, *Derecho Jurisdiccional III. Proceso penal*, Tirant lo Blanch, 2012.
- GÓMEZ COLOMER, *El Proceso Penal. Derecho Procesal*, Tirant lo Blanch, 2022.
- MORENO CATENA, *Los nuevos procesos penales (i). El procedimiento abreviado.* La conformidad en el procedimiento abreviado., Tirant lo Blanch, 2004.
- MORENO VERDEJO, *El juicio oral en el proceso penal La conformidad*, Editorial Comares, 2021
- MUÑOZ CUESTA, «La conformidad en el proceso penal», *Revista Aranzadi Doctrinal* núm. 6/2009.
- PORTERO, REIG y MARCHENA, *Comentarios a la reforma procesal penal de la Ley Orgánica 7/1988*, La Casa del Abogado, 1989
- ZARZALEJOS NIETO, *La conformidad de la persona jurídica imputada, Responsabilidad penal de las personas jurídicas. Aspectos sustantivos y procesales*, La Ley, 2011.

Sección II

La celebración del juicio oral

Capítulo 47

El juicio oral (I). Señalamiento, dirección, principios y documentación

José Luis Ramírez Ortiz
Magistrado
Letrado del Tribunal Constitucional

1. EL JUICIO ORAL COMO EJE DEL PROCESO PENAL

En la cultura procesal continental se ha concebido el proceso penal como un complejo integrado por tres fases: la primera, de instrucción, cuyo objeto es la elaboración de una hipótesis inculpatoria provisional reconstructiva de un hecho histórico con caracteres de delito; a continuación, una fase intermedia, que sirve de preparación de la acusación, de formulación de la hipótesis acusatoria y de filtro de acusaciones infundadas; y un tercer momento, de juicio oral, cuyo objeto es verificar si la hipótesis acusatoria encuentra fundamento en la prueba practicada más allá de toda duda razonable.

Tal caracterización está fuertemente condicionada por la particularidad, propia de nuestro modelo procesal, de que el director de la primera fase es un juez, lo que determina una concepción de conjunto secuenciada y relacionada, en la que lo natural es que una fase de lugar a la otra y que el proceso concluya normalmente por sentencia. De ahí que la doctrina tradicionalmente distinguiera entre proceso instructorio y proceso decisorio (FENECH, 1978) y que aún hoy considere que el sobreseimiento es un caso de clausura anticipada, una «crisis» del proceso, un modo anómalo de terminación. Esta caracterización facilita el arrastre de la cultura inquisitiva que el legislador de 1882 pretendía erradicar colocando, en su lugar, el juicio oral en el centro de la actividad probatoria. En suma, el modelo continental se ha configurado como un proceso estructurado en etapas, en el que la fase de juicio oral no era más que la última instancia de una larga secuencia procesal, en el curso de la cual se iban incorporando fuentes de prueba que podían ser perfectamente valoradas en la fase final, pues el hecho de que hubieran sido recopiladas por un juez era garantía suficiente de fiabilidad.

Frente a tal modelo, el proceso penal del *common law* se ha caracterizado por su carácter concentrado, por lo que no cabía hablar de fases o etapas (DAMASKA, pp. 72 y ss.). En su caso, tenía lugar una investigación no jurisdiccional, con momentos puntuales de garantía judicial, que podía dar lugar a la formulación de una acusación y a un juicio en el que se practicaba toda la actividad probatoria, sin que tuvieran valor acreditativo alguno las diligencias llevadas a cabo en la investigación.

Esa diferencia central ha ido perdiendo parte de su nitidez, pues los países del *common law* han ido modificando sus legislaciones permitiendo amplias actividades investigativas preparatorias, mientras que los países del derecho continental han promovido reformas para actualizar la audiencia final —el juicio oral— y convertirlo en el acto más relevante, lo que ha reducido, al menos a nivel teórico, las diferencias entre la forma episódica del proceso continental y la concentrada del proceso angloamericano.

Sin embargo, siglos de cultura procesal no se borran mediante simples reformas legales. Las nuevas normas pueden seguir siendo aplicadas a la luz de las viejas prácticas. Por lo que atañe a nuestro modelo, ello implica la persistencia de una fuerte deferencia del tribunal de enjuiciamiento hacia las actuaciones instructoras y la toma en consideración del material fáctico proveniente de la investigación, lo que produce como efecto la devaluación del juicio oral.

Un ejemplo de tal estado de cosas es el modo en el que aún se practican los interrogatorios en juicio, que se centran en lo que quienes declaran dijeron en la fase instructora buscando los interrogadores «ratificaciones» de lo que se dijo con anterioridad. Situación ya denunciada en 1882 por la propia Exposición de Motivos de la LECrim: «Nuestros jueces y magistrados han adquirido el hábito de dar escasa importancia a las pruebas del plenario, formando su juicio por el resultado de las diligencias sumariales y no parando mientes en la ratificación de los testigos convertida en vana formalidad».

Ciertamente, la reforma de nuestro modelo procesal es crucial. Pero, en tanto ésta no tenga lugar, al menos, habría que aplicar la normativa vigente a la luz del espíritu de la LECrim originaria, que pretendió convertir el juicio oral en el momento central y verdadero escenario de la actividad probatoria. En el eje de un proceso que, en sentido propio, arranca cuando se formaliza la acusación contra una persona determinada, sin perjuicio de que con anterioridad se sustancie un procedimiento investigativo sujeto a la garantía jurisdiccional de los derechos de las personas encausadas. Como señala el párrafo decimonoveno de la Exposición: «la nueva ley... proscribe y condena una preocupación hasta ahora muy extendida, que, si pudo ser excusable cuando el procedimiento inquisitivo estaba en auge, implicaría hoy el desconocimiento de la índole y naturaleza del sistema acusatorio con el cual es incompatible. Alude el infrascrito a la costumbre, tan arraigada en nuestros Jueces y Tribunales, de dar escaso o ningún valor a las pruebas del plenario, buscando principal o casi exclusivamente la verdad en las diligencias sumariales practicadas a espaldas del acusado. No; de hoy más las investigaciones del Juez instructor no serán sino una simple preparación del juicio. El juicio verdadero no comienza sino con la calificación provisional y la apertura de los debates delante del Tribunal, que, extraño a la instrucción, va a juzgar imparcialmente y a dar el triunfo a aquel de los contendientes que tenga la razón y la justicia de su parte».

2. CONCEPTO, NATURALEZA Y FUNCIÓN

En su acepción más conocida el juicio oral es la fase procesal en la que se enjuicia la conducta de la persona acusada para condenarla o absolverla (MORENO CATENA, p. 409). El momento en que se somete a verificación y refutación la hipótesis acusatoria para resolver si se da por reconstruida en los términos propuestos por la acusación y se impone la pena legal. El juicio oral es, así, un espacio de confrontación dialéctica y de producción de medios de prueba, pero también un espacio escénico (HERNÁNDEZ GARCÍA, 2011, pp. 11 y ss.). Es un espacio, con una triple dimensión, que se nutre de garantías epistemológicas, destinadas a obtener un conocimiento de calidad, y de garantías axiológicas, articuladas en torno a la presunción de inocencia como regla de tratamiento y de juicio, que tienen por objeto reducir el riesgo de condena de la persona acusada inocente.

La presunción de inocencia es una presunción normativa, de inocencia jurídica, basada en una serie de valores que responden a una concepción liberal de la persona como libre e igual y de la sociedad como sistema de cooperación entre iguales fundada en el principio de libertad. Ahora bien, su protección exige que el tribunal parta del presupuesto de que la persona acusada es materialmente inocente, de modo que debe ser tratada como tal en juicio, y sólo puede salir de él como culpable sobre la base de las pruebas que se hayan practicado en el juicio si dichas pruebas acreditan la hipótesis acusatoria más allá de toda duda razonable.

La triple dimensión del juicio oral, vertebrada por la presunción de inocencia, comporta múltiples exigencias. Es imposible agotarlas todas en el presente capítulo. Pero, al menos, cabe señalar que, como espacio de confrontación dialéctica y de producción de actividad probatoria, deben observarse escrupulosamente los principios procesales y probatorios a los que nos referiremos posteriormente, correspondiendo al tribunal una labor activa de tutela de los mismos, y a las partes una labor de promoción de tal tutela que contribuya a mejorar la cultura procesal y jurisdiccional.

El aspecto escénico del juicio oral ha sido el tradicionalmente más descuidado, pero tiene una gran relevancia simbólica para testar el grado de respeto a los principios procesales y probatorios. En síntesis (HERNÁNDEZ GARCÍA y otros, 2011):

* Dada la disposición de las salas de vistas, *la posición de la persona acusada, en el banquillo*, separada de su abogado y observando de espaldas al escenario de la práctica de la prueba, es estigmatizante y dificulta el derecho de defensa. El art. 42.2 de la LOTJ, al imponer la exigencia de que el acusado se sitúe de forma que sea posible su inmediata comunicación con los defensores, puede servir de criterio orientador para paliar la situación. En esta línea, la jurisprudencia del TEDH (SSTEDH, de 16 de diciembre de 1999, casos T y V c. Reino Unido) recuerda que el derecho de defensa de la persona acusada implica el de poder dirigir realmente tal defensa, dar instrucciones a sus abogados, sugerir el interrogatorio de determinadas preguntas a los testigos y contribuir activamente a su defensa. De ahí la relevancia de su ubicación en la sala.

La STS de 24/02/2021 [*Tol 8352384*] aborda por primera vez el problema, indicando que cuestiones tales como la ubicación de las partes en la sala de justicia, la posición en la que deben participar o los mecanismos de un aseguramiento de las personas que acuden como acusadas pueden adquirir una gran relevancia. Con respecto a la ubicación de la persona acusada se afirma que debería ser aquélla que, por un lado, le permitiera el contacto defensivo con su letrado y, por otro, le posibilitara reconocerse y ser reconocido como una persona que goza con plenitud del derecho a la presunción de inocencia en su vertiente de regla de tratamiento.

* La adopción o mantenimiento de *medidas de sujeción de la persona* acusada durante el juicio, sin justificación para ello, es igualmente estigmatizante, crea un prejuicio de culpabilidad, y dificulta el derecho de densa.

El TEDH ha destacado (STEDH de 15 de junio de 2020, caso Harutyunyan c. Armenia) que la adopción de medidas de sujeción de la persona acusada durante la celebración del juicio, como la colocación de grilletes, debe justificarse en el caso concreto y sustentarse en un pronóstico de peligro proveniente de dicha persona, que debe ponderarse evaluando todos los intereses en conflicto. Así, junto a los peligros de huida, autolesión o lesión a terceros o daños a las cosas, se deben tomar en consideración los sentimientos de humillación y de inferioridad en la persona afectada, que pueden comprometer su capacidad de concentración y seguimiento del propio juicio; el derecho a un proceso equitativo, que puede verse lesionado cuando se utiliza como fuente de prueba la declaración de una persona realizada en condiciones que podrían colisionar con el artículo 3 del CEDH; y la apariencia de imparcialidad del propio proceso, en tanto que puede transmitirse la idea de que existe un prejuicio o prevención sobre la responsabilidad del sujeto. En la misma línea se ha pronunciado el TEDH (STEDH de 17/07/2018, caso Mariya Alekhina y otras c. Rusia [*Tol 6666203*]), resaltando la relevancia de que el tribunal vele por la apariencia imparcial del procedimiento, y la presunción de inocencia, y los derechos de la persona acusada para participar efectivamente en el procedimiento en condiciones de igualdad con el resto de partícipes. También cabe destacar aquí igualmente la Directiva 2016/343 del Parlamento Europeo y del Consejo, de 9 de marzo de 2016, por la que se refuerzan en el proceso penal determinados aspectos de la presunción de inocencia y el derecho a estar presente en el juicio, que establece unas normas mínimas comunes relativas a determinados aspectos de la presunción relativos a la presentación pública de las personas acusadas en su art. 5.1 y Considerando 20.

De todo ello se desprende la regla de que la persona acusada debe intervenir en la vista libre de medidas de coerción o sujeción, salvo que el tribunal aprecie la existencia de un concreto riesgo que aconseje la adopción de tales medidas. Dicha regla se aplica igualmente en aquellos casos en los que la persona acusada comparece en la sala de vistas bajo custodia policial, como sucede en los supuestos en los que es trasladada por encontrarse en prisión provisional o cumpliendo una pena, pues es el tribunal, y no los agentes custodios, quien tiene atribuida la llamada policía de vistas. Todo ello, sin perjuicio de que, para informarse debidamente para la adopción de la decisión que corresponda, consulte a los funcionarios policiales. Del mismo modo, es aconsejable que la decisión quede documentada, sea oralmente en la propia videograbación, o en la resolución de fondo. Estas mismas reglas son aplicables a la permanencia de la presencia de la policía junto a la persona acusada juzgada en situación de prisión provisional.

* El art. 685 LECrim establece la *regla general de que toda persona que declare ante el Tribunal lo haga de pie*, salvo que concurran razones especiales. El precepto debe ser interpretado, a la luz de los valores constitucionales y en términos históricos y sociales, alterando el juego de la regla-excepción, de modo que la regla sea la declaración en posición sedente. La posición de pie es incómoda, por lo que perjudica la finalidad primordial del juicio: la obtención de información de calidad, y si el art. 118 CE otorga a los ciudadanos que acuden a los tribunales un estatuto de colaborador con la Administración de Justicia, no hay motivos para que no declaren sentados, tal y como hacen los demás intervinientes del proceso.
* La imparcialidad del tribunal exige *ecuanimidad e igualdad en el trato a las partes y a todas las personas intervinientes*, comprometiéndose dicho principio y el de presunción de inocencia como regla de tratamiento cuando se dispensa un trato cortés al testigo respecto del cual la acusación afirma que es víctima, y un trato desconsiderado a la persona acusada, o cuando se privilegian el tiempo concedido y tipos de pregunta en el interrogatorio de la fiscalía frente al del abogado defensor,

En definitiva, si la persona acusada, jurídicamente inocente, debe ser tratada como materialmente inocente, no están justificados tratamientos escénicos que visibilicen prejuicios de culpabilidad que pueden contribuir a desestructurar y desequilibrar el juicio oral como espacio de confrontación dialéctica y de producción probatoria.

3. PRINCIPIOS QUE RIGEN LA CELEBRACIÓN DEL JUICIO ORAL

3.1 Principios procesales y principios probatorios

Como vimos en el capítulo 16, es central la distinción entre actos investigativos y actos de prueba, de tal modo que sólo los segundos tienen aptitud para desvirtuar la presunción de inocencia y fundar en ellos un pronunciamiento de condena.

Hay razones epistémicas que abonan la distinción. En primer lugar, para evitar incurrir en circularidad, hay que recordar que lo que sirve para elaborar una hipótesis no puede utilizarse para verificarla.

En segundo lugar, los sesgos del investigador no se dan en el juzgador. En particular, el sesgo de confirmación, que propicia que el investigador sobrevalore la información que confirma su propia hipótesis y descarte la que la excluya. También, el sesgo de ajuste, que da lugar a que el investigador siempre acomode la nueva información a la hipótesis inicial cuando lo procedente sería abandonarla. Del mismo modo, el sesgo de anclaje, que fija la hipótesis en un momento histórico y la convierte en refractaria a cualquier cambio pese al hallazgo de nueva información.

En tercer lugar, y por último, el tipo de razonamiento en la fase investigativa es típicamente abductivo. Esto es, opera desde el efecto a la causa, por lo que es perfectamente válido para elaborar hipótesis, pero no para verificarla. Un ejemplo puede aclarar la cuestión. La existencia de antecedentes por violencia de género puede ser un dato informativo que sirva para elaborar la hipótesis preliminar de que el sujeto dio muerte a la víctima ex pareja, pero es evidente que ese dato no puede servir para verificar la hipótesis y condenar al sujeto como autor del delito.

Pero también, hay razones axiológicas e iusfundamentales. La imparcialidad del juzgador ante el que se realiza la actividad probatoria frente a la parcialidad —consustancial al sesgo de todo investigador— del instructor que obtiene la fuente de prueba es una de las razones que fundamentan la distinción. Es conceptualmente imposible que quien diseña el objeto procesal y dispone de oficio los medios para acreditarlo pretenda ser un tercero. El diferente alcance que tienen los principios procesales en la investigación y en juicio constituye otra buena razón. De este modo, *v.gr.*, la supresión o una mayor limitación de la contradicción defensiva en la fase de investigación encuentran su compensación en la exclusión del valor probatorio de las diligencias investigativas en el acto del juicio, donde no se da esa limitación.

Los principios de la actividad probatoria en juicio incorporan esa idea: sólo puede considerarse prueba la que se practica en juicio oral, pues es en ese momento cuando los principios procesales estructurales rigen en toda su plenitud. Analizaremos, seguidamente, los aspectos probatorios de dichos principios procesales, que han adquirido individualidad propia y pueden ser concebidos como principios probatorios, y que constituyen también garantías procesales de rango constitucional (STC 145/1985 [*Tol 79535*]).

3.2 El principio de contradicción

Si el principio de contradicción puede definirse como el derecho de las partes a intervenir en todo aquello que pueda influir en la decisión judicial antes de que ésta sea dictada, el principio de contradicción en relación con la producción de la prueba puede concebirse como el derecho a probar y a controlar la prueba del adversario, propio de un proceso de partes en el que se reconoce la igualdad de armas y, en consecuencia, la igualdad en las facultades de alegación y prueba. De este modo, frente a cada alegato, prueba o en general actividad procesal desarrollada por una de las partes debe reconocerse a la contraria la posibilidad de desarrollar otra equivalente. La contradicción incorpora una doble perspectiva: la facultad de controlar la prueba contraria y el derecho a producir pruebas propias.

IGARTUA SALAVERRIA (pp. 165 y ss.) recuerda la distinción doctrinal entre la contradicción en la formación de la prueba y la contradicción sobre la prueba ya formada. La información que proporcionan las pruebas declarativas está condicionada por el método de obtención. La psicología del testimonio ha evidenciado la determinante influencia que ejerce la pregunta sobre la respuesta del interrogado. Factores tales como la estructuración de la pregunta, su formulación verbal, el tono utilizado, la relación entre interrogador e interrogado, las expectativas de ambos, o el contexto en el que se desarrolla el interrogatorio adquieren un gran peso. Pues bien, en el interrogatorio cruzado o contradictorio, se posibilita a través del intercambio dialéctico el control plural sobre las preguntas y las respuestas, de modo que los factores distorsionantes pueden identificarse, reconocerse y, por ello, mitigarse, cuando no eliminarse.
1960 No ocurre lo mismo en el interrogatorio propio de la investigación, que acaba reflejando, inevitablemente, una perspectiva unilateral. El contradictorio en la formación del testimonio permite a las partes crear conjuntamente la prueba. Frente a tal clase de contradicción, en el contradictorio sobre la prueba ya formada, las declaraciones investigativas documentadas se leen en juicio oral, lo que permitiría también convertirlas en materia del debate contradictorio.

Es evidente que una y otra clase de contradicción son muy distintas, y que sólo la primera clase de contradicción garantiza adecuadamente el ejercicio del derecho de defensa, pues la segunda, a lo sumo, solo permitiría a quien pretendiera combatir la declaración documentada hacer alegaciones sobre su contenido, pero no incidir en él. Por ello, los textos internacionales sobre derechos humanos consagran al más alto nivel, como parte del proceso justo, junto con el derecho de defensa, el primer tipo de contradicción. Así, el CEDH, no sólo reconoce el derecho a conocer y discutir cualquier información presentada al tribunal para influir sobre su decisión (STEDH, de 22/10/2019, caso Venet contra Bélgica, [*Tol 7536471*]), sino que, de modo explícito, consagra el derecho de toda persona acusada a interrogar o hacer interrogar a los testigos que declaren contra él (art. 6.3.d CEDH), lo que supone que la convicción del tribunal sólo puede derivar del examen de las pruebas practicadas en la audiencia en el que ambas partes puedan intervenir. Conviene destacar aquí la particular importancia del principio respecto de la prueba de cargo, que debe estar formada con plena vigencia del principio de contradicción si se quiere fundar en ella la condena. No sucede lo mismo con la prueba de descargo, pues la duda razonable generada por una prueba de formación no contradictoria también debe desplegar efectos absolutorios.

En todo caso, tratándose de pruebas no declarativas donde no cabe introducir la contradicción en la formación de la prueba —*v.gr.* documentales—, la salvaguarda de la contradicción se produce permitiendo la proposición de pruebas contrarias o de pruebas sobre la prueba cuestionada, con la finalidad de controlar su fiabilidad.

Otra distinción relevante se produce entre la contradicción en fase investigativa y la contradicción en juicio oral. El rasgo diferencial radica en que la contradicción que pueda producirse respecto de un concreto medio de prueba en la fase investigativa se produce necesariamente antes de la formalización de la hipótesis acusatoria, en un contexto de indagación y no de confirmación o refutación, cuando se ignora de qué materiales probatorios va a nutrirse finalmente la acusación. De ahí las limitaciones de este tipo de contradicción. De ahí también que el principio sólo se despliegue eficazmente en juicio oral, una vez formalizada la hipótesis acusatoria cuando la persona acusada conoce las pruebas en las que la acusación busca respaldo.

3.3 El principio de igualdad de armas

Conectado con el principio de contradicción, pero con sustantividad propia, el principio de igualdad de armas en el juicio oral supone que las partes acusadoras y acusadas tengan las mismas oportunidades de alegación y prueba en juicio. Si el conflicto jurídico que se dilucida en el proceso implica una relación dialéctica entre pretensiones contrapuestas de parte, es consustancial a la idea de proceso justo que se les otorgue las mismas posibilidades de alegación y prueba.

El TC tiene establecido que este principio se entiende satisfecho cuando en la actuación procesal tanto el acusador como el acusado gozan de los mismos medios de ataque y defensa e idénticas posibilidades de alegación, prueba e impugnación (SSTC 66/1989 [*Tol 80277*], entre muchas otras). Conforme a la doctrina del Alto Tribunal, aun cuando el principio no se encuentre expresamente contemplado en la CE, se halla incluido, como el de contradicción, genéricamente en el art. 24 CE (tutela judicial efectiva, exclusión de indefensión y derecho de defensa). Del mismo modo, el TEDH entiende que tal principio se encuentra incluido en el derecho a un proceso equitativo, reconocido en el art. 6.1 CEDH (STEDH de 08/06/1976, caso Engel contra Holanda [*Tol 163349*]).

Como vimos en el capítulo 16, la presunción de inocencia constituye una excepción a la igualdad de armas procesales, pues sólo se aplican sus consecuencias jurídicas a la persona acusada. Ello explica, *v.gr.* que el derecho a la última palabra otorgue a la persona acusada una última oportunidad de desplegar un medio defensivo que no se reconoce a la acusación.

3.4 El principio de inmediación

El principio de inmediación implica el contacto directo del juzgador con las fuentes de prueba que debe valorar para decidir sobre las hipótesis a probar. Consagrado en el art. 741 LECrim, no admite excepciones (MORENO CATENA, p. 419) pues la enfermedad de un miembro del tribunal debe abocar a la suspensión del juicio (art. 746.4º LECrim), o si el miembro del tribunal que presenció la práctica de la prueba quedara impedido definitivamente antes de votar o redactar la sentencia, deberá repetirse el juicio (art. 258 LOPJ).

Dicho principio presenta una vertiente subjetiva y otra objetiva (MIRANDA ESTRAMPES, pp. 270 y ss.). La primera, consiste en que el juzgador se relacione, lo más directamente posible, con los medios de prueba, presenciando su práctica. La segunda, impone al juez la regla de que debe dar preferencia para formar su convicción a los medios de prueba que se encuentren en más directa relación con el hecho a probar, lo que explicaría el valor reducido de los testimonios de referencia.

Tradicionalmente se ha distorsionado el verdadero significado del principio de inmediación, a la luz de una concepción irracionalista del principio de la íntima convicción, considerando que el contacto directo del juez con las pruebas colocaba a aquél en una posición de acceso a la verdad tal que su valoración venía a ser insustituible e incontrolable por vía de recurso. Sin embargo, la inmediación no es un método que garantice el buen conocimiento, sino un medio de relacionarse con la prueba, que permite al juzgador una relación directa con la fuente de prueba original y facilita su valoración, pero no la resuelve, porque la calidad del resultado dependerá de la calidad de su uso, como ha dicho ANDRÉS IBÁÑEZ. La inmediación no proporciona, por tanto, criterios de verdad. Es un método de abordaje de la prueba que permite la contradicción y la obtención de información por el tribunal de instancia, pero no puede concebirse como un medio de acceder al conocimiento verdadero, supuestamente reservado en exclusiva al juzgador de instancia. Si se concibiera así, la valoración probatoria no podría ser intersubjetivamente controlable.

El mal entendimiento del principio de inmediación tiene que ver con una sobrevaloración de la información extraverbal que proporcionan las pruebas declarativas —testigos, acusados y peritos—. La información semántica no ofrece ningún problema: la forma en que se maneja o racionaliza por el tribunal de instancia puede ser perfectamente verbalizada en la sentencia y controlada en apelación, pues el tribunal *ad quem* se encuentra, en principio, en la misma posición que el tribunal a quo en este ámbito. Sin embargo, la información extraverbal es más problemática. En primer lugar, es equívoca. Que el testigo o el acusado sude o tiemble o balbucee puede deberse a nervios escénicos, a la presión del falso testimonio, o a un problema médico. Que quien declara lo haga con aplomo y seguridad, puede deberse a que dice la verdad, pero también a que esté siendo sincero, esto es, que esté proporcionando información en la que se corresponde lo que dice con lo que cree. Pero una persona sincera puede proporcionar información falsa. Del mismo modo, una persona puede ser insincera y proporcionar información verdadera.

Por otra parte, la información extraverbal aporta datos informativos, no criterios de valoración (IGARTUA SALAVERRIA). Por tanto, si la información extralingüística sólo aporta datos —*v.gr.* el nerviosismo del testigo—, el juez de instancia tendrá que construir el razonamiento probatorio y explicitar la inferencia empleada para pasar del medio de prueba —la declaración— al dato probatorio —la información—: esa inferencia se basaría en la generalización empírica "los testigos o acusados nerviosos mienten". Efectivamente, el dato probatorio —el nerviosismo—, no puede ser percibido por el tribunal de apelación. Pero la corrección de la inferencia realizada por el tribunal de instancia —"los testigos o acusados nerviosos mienten"— sí puede ser revisada. Y una inferencia basada en una generalización empírica como esa es, por sí sola, excesivamente abierta por carente de soporte científico. 1963

Con toda claridad lo expresó la STS de 21/11/2003 [*Tol 4972894*]: «La sala de instancia opera normalmente con inmediación, lo que representa un valor, cuando significa contacto directo con las fuentes personales de prueba. Pero la inmediación es sólo un medio, no un método de adquisición de conocimiento, y de su empleo pueden obtenerse buenos y malos resultados. Por eso, el tribunal sentenciador debe dar cuenta de la clase de uso que ha hecho de la inmediación y no ampararse en su mera concurrencia y en una hermética valoración en conciencia, para privar a las partes y, eventualmente, a otra instancia en vía de recurso, de la posibilidad de saber qué fue lo sucedido en el juicio y por qué se ha decidido de la manera que consta. Por eso, un correcto ejercicio de la inmediación y del deber de motivación, al posibilitar la comprensión de la *ratio decidendi*, favorece el ejercicio de la crítica en que debe consistir toda revisión jurisdiccional y, al mismo tiempo, circunscribe dentro de ciertos límites el ejercicio de ésta por otro tribunal».

En la misma línea, la STC 80/2024 [*Tol 10273370*] señala que: «En definitiva, el principio de inmediación asegura que el tribunal de enjuiciamiento pronuncie su decisión tras haber mantenido un contacto directo con el material probatorio, exigencia inherente al juicio justo (art. 24.2 CE) que no garantiza, sin embargo, la corrección y razonabilidad del juicio fáctico que realice, ni mucho menos el acierto epistémico y la inamovilidad del resultado que alcance».

Se ha dicho, por todo ello, que la inmediación juega un papel limitado en la valoración de la fiabilidad de las pruebas, siendo una garantía de segundo grado y, en realidad, una simple consecuencia de la configuración del juicio penal como oral y público, siendo su función primordial política, o de legitimación del proceso y de la decisión que se adopte. De no ser así, no se entendería cómo es posible juzgar correctamente asuntos en procesos, como el contencioso administrativo, primordialmente escritos.

3.5 El principio de oralidad

El art. 120.2 CE señala que los procedimientos serán predominantemente orales, sobre todo en materia criminal, sin perjuicio de su documentación. El principio supone que la prueba se practicará predominantemente de modo oral, garantizando una mayor espontaneidad y facilitando la operatividad de la contradicción, principio nuclear del proceso. Permite la obtención de una información de mayor calidad, pues en el debate contradictorio pueden clarificarse las dudas que vayan surgiendo sobre las informaciones que vayan aportando las distintas fuentes de prueba, lo que no sería posible si la información escrita no aflorase verbalmente. Este modo oral de practicar la prueba permite que las partes y el tribunal puedan preguntar y obtener respuestas a sus preguntas. Ello sucede incluso con la prueba documental, pues, pese a que en la práctica forense está extendido el uso, de raigambre inquisitiva, de dar por reproducida la prueba, entendiéndose con ello que el juzgador la leerá después del juicio, mayores rendimientos podrían obtenerse si se procediera a su lectura en la vista, ya que de este modo se identificarían y despejarían los posibles problemas de interpretación que plantea el lenguaje escrito cuando no se le somete a control (CORDERO, pp. 285 y ss.). En cuanto a las piezas de convicción, pese a que el art. 726 LECrim señale que serán examinadas por el tribunal, respecto de éstas se ha afirmado también la existencia de una cierta oralidad indirecta a través de las alegaciones que las partes puedan realizar (GUZMÁN FLUJA, p. 134). En la misma línea, la propia ley contempla que las grabaciones audiovisuales de declaraciones practicadas como pruebas preconstituidas se visualicen en juicio (art. 730.2 LECrim).

1964

3.6 El principio de concentración

El principio de concentración implica que la prueba se practique en sesiones sucesivas y consecutivas. Es un principio instrumental al servicio de los principios de contradicción e inmediación, pues posibilita un examen de la prueba más eficaz, minimizando el impacto que el paso del tiempo puede tener sobre la memoria de quienes reciben las informaciones probatorias.

Por lo que atañe a la regulación legal, el art. 749 LECrim señala que, si la suspensión del juicio se prolonga indefinidamente o por un tiempo demasiado largo, ha de celebrarse nuevo juicio anulando la parte ya celebrada. Por su parte, el art. 788.1 LECrim fija un tiempo máximo de suspensión de 30 días durante el cual conservan validez los actos de prueba realizados, transcurrido el cual quedan sin efecto.

3.7 Principios de libertad de prueba y de legalidad

Nuestro modelo procesal reconoce el principio de libertad de prueba, de modo que, en principio, son admisibles las pruebas atípicas, esto es, aquellas que no se encuentran específicamente reguladas. Así, dada la supletoriedad de la LEC (art. 4), resulta de aplicación el art. 299.3 LEC, conforme al cual «Cuando por cualquier medio o procedimiento no expresamente previsto en los apartados anteriores de este artículo pudiera obtenerse certeza sobre hechos relevantes, el tribunal, a instancia de parte, lo admitirá como prueba, adoptando las medidas que en cada caso resulten necesarias.»

En apoyo de esta tesis se ha sostenido la vigencia del principio de relevancia, con arreglo al cual deben admitirse todos los medios de prueba que mantengan una conexión lógica con los hechos en disputa, de modo que pueda sustentarse en ellos una conclusión acerca de su verdad o falsedad.

Ahora bien, dejando a un lado la exclusión de la prueba ilícita, entendida como la practicada u obtenida con vulneración de derechos fundamentales (art. 11.1 LOPJ), debe recordarse también la vigencia del principio de legalidad procesal penal (art. 1 LECrim). Además, tratándose de fuentes de prueba en cuya obtención quedan afectados derechos fundamentales, el art. 53.1 CE contempla la reserva de Ley Orgánica. En consecuencia, si se pretende introducir en juicio una fuente obtenida con afectación de derechos fundamentales sin apoyo suficiente en una Ley Orgánica, tal pretensión debería ser rechazada, pues el juez instructor, en fase investigativa, no puede realizar un juicio de ponderación directo sin un marco legal habilitante para obtener la fuente de prueba.

Así lo venía sugiriendo la STC 184/2003 [*Tol 528617*], al destacar las deficiencias del marco regulativo de las diligencias de interceptación telefónicas reguladas en el art. 579 LECrim, pese a salvar la situación sobre la base de los criterios jurisprudenciales fijados por el propio Tribunal en la STC 49/1999 [*Tol 81121*], entre otras. Y así lo afirmó abiertamente en la STC 145/2014 [*Tol 4529675*] al abordar la ilegalidad de la utilización de instrumentos de grabación de las conversaciones desarrolladas en dependencias policiales y declarar su invalidez por ausencia total y completa de base legal.

La generalización de nuevas técnicas de obtención de información supone siempre un desafío para el principio de legalidad. Paradigmático es el caso de la prueba neurológica del potencial evocado cognitivo, conocida como P300.

Dicha prueba se funda en la relación existente entre el potencial P300, una especie de impulso eléctrico en la actividad cerebral que se inicia 300 milisegundos después de que una persona detecte un estímulo informativo relevante o que le parece significativo, y la información que se le proporciona. A tal efecto, se registra la actividad fisiológica del sujeto interrogado mientras se le formula una pregunta y, a continuación, se la ofrecen varias alternativas de respuesta. Si el sujeto muestra, consistentemente, una mayor reacción psicofisiológica ante las opciones relevantes —*v.gr.* las que se corresponden con la hipótesis incriminatoria— que ante las neutras, cabría inferir que la información relacionada con el caso le resultaría significativa y, dando un paso más, verdadera, en la medida en que se correspondería con detalles del caso conocidos únicamente por él.

Esta prueba puede atentar contra la dignidad humana (artículo 10.1 CE), pues implica la conversión del sujeto investigado en objeto de indagación para el aporte dinámico de información mediante el empleo de una técnica que impide el control del individuo sobre sus respuestas. Convertido en mero objeto de observación, libertad y voluntad quedan anuladas. No es comparable con la obtención de los perfiles identificativos de ADN del investigado, caso en el que el sujeto nada puede hacer para alterar el dato informativo. Ninguna acción dependiente de su voluntad puede alterar su información genética. Por el contrario, en la prueba P300, lo que puede cosificar al sujeto es el hecho de haber sido colocado en una posición en la que es observado por el Estado sin poder controlar sus respuestas.

Además, la diligencia puede vulnerar el derecho a la no autoinculpación (art. 24.2 CE). Es distinto al supuesto del análisis químico o del test alcoholimétrico, en el que no se emite una declaración, sino que se somete al sujeto a una diligencia para la obtención de un dato estático o no modificable en el momento de su captura, como el grado de impregnación alcohólica. La técnica es más invasiva: antes de la verbalización, que implica el ejercicio de la libertad y de la voluntad, se proporciona la información. También puede quedar afectada la intimidad personal (art. 18.1 CE), por razones obvias. Todo ello, dejando a un lado la escasa fiabilidad en términos científicos, de esta prueba.

Este conjunto de circunstancias exigiría de una regulación a través de Ley Orgánica como presupuesto de la admisión, práctica y valoración del medio probatorio. Pese a ello, este tipo de prueba se ha acordado en varias ocasiones por los tribunales españoles, lo que atentaría, al menos, contra el principio de legalidad procesal y de reserva de Ley Orgánica en los términos que hemos visto.

4. EL PRINCIPIO DE PUBLICIDAD Y SUS LÍMITES

4.1 Publicidad interna y externa

La publicidad en el proceso constituye una eficaz garantía de control tanto del Poder de persecución penal como del Poder Judicial. Una garantía que se proyecta no sólo sobre el acusado en el caso concreto, mediante el reconocimiento constitucional del derecho a un proceso público con todas las garantías (artículo 24.2 CE), sino sobre toda la ciudadanía, lo que se traduce en la consagración del principio constitucional de la publicidad de las actuaciones judiciales (artículo 120.1 CE) y del juicio oral bajo sanción de nulidad (art. 680 LECrim) con las excepciones que establezca la ley (*vid.* arts. 681 y 682 LECrim)

El carácter público de los procedimientos protege a las partes contra una Administración de justicia secreta sin control externo, pero también es un medio que mantiene y refuerza la confianza pública en los tribunales y fomenta la responsabilidad de los sujetos institucionales que intervienen en el proceso, pues el poder público que se ejerce en él ha de permanecer sujeto a la posibilidad de crítica de la opinión pública.

Como señala LÓPEZ ORTEGA, es posible distinguir dos vertientes del principio de publicidad. La publicidad interna, o publicidad para las partes, implica que todo cuanto actúa el tribunal y la parte adversa deber ser conocido por la otra parte. La publicidad general se refiere a la ciudadanía, y se manifiesta de dos formas: como publicidad inmediata, lo que supone la percepción directa de los actos procesales por el público en la sala de vistas, y la publicidad mediata, que tiene lugar por vía indirecta, a través de un intermediario —medios de comunicación—. Tal perspectiva remite al derecho reconocido en el artículo 20.1.d CE, a comunicar o recibir libremente información veraz por cualquier medio de difusión, cuyo contenido incluye todo el proceso que va desde la obtención y elaboración de la noticia hasta su difusión, pues se encuentra al servicio de la conformación de una opinión pública libre, cuya existencia se configura como condición necesaria para el correcto funcionamiento de la democracia.

Según sostiene el autor citado la publicidad interna es ajena al ámbito estricto del principio de publicidad procesal, guardando más relación con el derecho de defensa, el principio de contradicción y el de igualdad de armas, tal y como se desprende de la jurisprudencia del TC (STC 176/1988 [*Tol 80024*]) pues sólo conociendo las actuaciones procesales pueden las partes desarrollar una defensa eficaz. En esta misma línea, GUZMÁN FLUJA, (p. 131). En lo sucesivo, nos centraremos en el régimen de la publicidad externa y sus límites.

4.2 La limitación de la publicidad externa

La publicidad externa de la actuación de los tribunales no se realiza exclusivamente en las salas de vistas. Son los medios de comunicación quienes asumen la labor pública de vincular el ejercicio del Poder Judicial con la sociedad. Los medios de comunicación representan en tal escenario un papel crucial, pues se convierten en cauce de presentación del proceso para su control social. La información de lo que ocurre en una Sala de justicia constituye, por tanto, un instrumento decisivo para dotar a la decisión final que se adopte de legitimidad social y constitucional.

Esa doble vertiente de la cuestión —derecho y principio de publicidad de las actuaciones judiciales y derecho a la información— encuentra eco en el informe nº 12 (2009) del Consejo Consultivo de Jueces Europeos, que viene a señalar el papel esencial de los medios en relación con el sistema judicial, protegiendo a las partes contra una justicia opaca e incrementando la confianza de la ciudadanía en los tribunales.

Lo anterior supone que toda decisión de limitación o de prohibición de información, mediante la exclusión del público o de los informadores, de la Sala de audiencias en la que se desarrolla el proceso exija una previa ponderación de los intereses en conflicto aplicando estándares muy estrictos, de modo que el eventual recorte del derecho a la información se encuentre justificado por la necesidad de salvaguardar otros intereses merecedores de protección prevalente. A este respecto, los derechos y principios señalados pueden comprometer otros derechos e intereses de relevancia constitucional tales como el debido respeto a la vida privada, al honor y a la propia imagen de quienes han de participar en el proceso, la presunción de inocencia de los acusados, o el interés en la recta administración de justicia. Ahora bien, la solución a la eventual colisión entre derechos no ha de plantearse en términos excluyentes, sino de grado, optimizando todos los derechos e intereses en juego para dotarles de la mayor efectividad posible que permita las circunstancias del caso

A tal efecto, debe partirse del principio de habilitación legal, pues la injerencia en los derechos afectados sólo será legítima si está prevista por la ley como se desprende del artículo 53.2 CE y del CEDH. Ahora bien, el marco legal de base era parcialmente deficitario, pues si bien regulaba adecuadamente la publicidad inmediata —acceso a la Sala de vistas—, no disciplinaba con el mismo detalle la publicidad mediata —difusión hacia el exterior por medios técnicos de grabación y reproducción del desarrollo de las sesiones—. Con todo, en la medida en que la previsión legal, completada con la doctrina jurisprudencial del TC y del TEDH, ofrece cobertura y criterios suficientes para abordar la cuestión, podía entenderse suplido el déficit. En cualquier caso, tras la reforma introducida en la LECrim por la disposición final 1.17 y 18 de la Ley 4/2015, el régimen se ha clarificado.

El artículo 232 LOPJ tras señalar que las actuaciones judiciales serán públicas, con las excepciones que prevean las leyes de procedimiento, indica que excepcionalmente, «por razones de orden público y de protección de los derechos y libertades, los Jueces y Tribunales, mediante resolución motivada, podrán limitar el ámbito de la publicidad y acordar el carácter secreto de todas o parte de las actuaciones». El art. 680 LECrim parte del principio general de publicidad de los debates del juicio oral, consignando las excepciones en el artículo siguiente. Así, permite que pueda acordarse, previa audiencia de las partes, que todos o alguno de los actos o las sesiones del juicio se celebren a puerta cerrada, «...cuando así lo exijan razones de seguridad u orden público, o la adecuada protección de los derechos fundamentales de los intervinientes, en particular, el derecho a la intimidad de la víctima, el respeto debido a la misma o a su familia, o resulte necesario para evitar a las víctimas perjuicios relevantes que, de otro modo, podrían derivar del desarrollo ordinario del proceso». Igualmente, posibilita que pueda acordarse la adopción de diversas medidas para la protección de la intimidad de la víctima y de sus familiares, como la prohibición de la divulgación de información sobre su identidad, prohibida, en todo caso, para determinadas categorías de afirmadas víctimas.

Con pretensión de mayor generalidad, trascendiendo el concreto ámbito de las víctimas, y ya en relación con la publicidad mediata del juicio oral, el artículo 682 permite que el tribunal, previa audiencia de las partes, restrinja la presencia de medios de comunicación audiovisuales en las sesiones del juicio así como que prohíba que se graben todas o alguna de las audiencias cuando resulte imprescindible para preservar el orden de las sesiones y los derechos fundamentales de las partes y de los demás intervinientes. A tales efectos, puede prohibir que se grabe el sonido o la imagen en la práctica de determinadas pruebas, que se tomen y difundan imágenes de algunos de los intervinientes y que se facilite su identidad.

Pese a su naturaleza puramente reglamentaria, ha de destacarse igualmente el artículo 6 del Acuerdo de 15 de septiembre de 2005, del Pleno del Consejo General del Poder Judicial, por el que se aprueba el Reglamento 1/2005 de los aspectos accesorios de las actuaciones judiciales. Conforme a dicho precepto, se permite, con carácter general, el acceso de los medios de comunicación acreditados a los actos procesales celebrados en audiencia pública, excepto en los supuestos en que pueda verse afectados valores y derechos constitucionales, en los que el juez o presidente del tribunal podrá denegar dicho acceso mediante resolución motivada.

Por su parte, el TEDH en aplicación del art. 6.1 del CEDH, ha destacado los límites al derecho a la publicidad de las audiencias y la consiguiente posibilidad de excluir el acceso a la prensa y al público durante la totalidad o parte del juicio, cuando lo exijan los intereses de los menores o la vida privada de las partes, la seguridad o la privacidad de los testigos o los intereses de la justicia,
1970 entre otros bienes merecedores de protección (SSTEDH, de 16 de diciembre de 1999, casos T y V c. Reino Unido, entre otras).

Son igualmente ilustrativas las SSTC 56/2004 [*Tol 397358*], 57/2004 [*Tol 397359*], y 159/2005 [*Tol 673522*]. De tales resoluciones se desprende que la regla general es el acceso a los juicios con cámaras fotográficas, de video o televisión, siendo la excepción su limitación o prohibición de forma expresa en cada caso por el órgano judicial previa la adecuada ponderación de los intereses en conflicto. La última resolución citada reviste particular interés. Señala que, en principio no puede establecerse un trato diferenciado entre los periodistas que cumplen su función mediante el escrito y los que se valen de otros medios técnicos para obtener y transmitir la noticia, a través de cámaras fotográficas o de radiodifusión visual, pues el art. 20.1 d) CE garantiza el derecho a comunicar libremente información veraz por cualquier medio de difusión. Ahora bien, añade que la utilización de medios visuales puede afectar de forma mucho más intensa que el reportaje escrito a los derechos fundamentales de terceros y a bienes jurídicos constitucionalmente protegidos, con los que el derecho a la libertad de información puede entrar en conflicto, que deberá resolverse conforme a las exigencias del principio de proporcionalidad y de la ponderación. Entre esos derechos se reseña la propia imagen de los intervinientes en los juicios cuando no son personajes públicos, y, en su caso, el honor o la intimidad, garantizados en el art. 18.1 CE. También, en determinadas circunstancias extremas, el derecho a la vida y a la integridad física y moral (art. 15 CE). E, igualmente, los derechos de defensa y el ordenado desarrollo del proceso indispensable para la correcta administración de justicia,

La especificidad del medio audiovisual merece consideraciones añadidas. Toda filmación tiene por destino fundamental la divulgación en televisión, ámbito el que el tiempo es un producto extremadamente escaso y valioso, lo que se traduce en la necesidad de seleccionar sólo algunos fragmentos de lo grabado para darle difusión. En ese contexto de escasez de tiempo, toda selección acaba potenciando el sesgo de la información y, bajo este ángulo, la experiencia demuestra que la selección suele tender hacia lo sensacional y espectacular. La conexión de tal tendencia con el denominado efecto de realidad, con arreglo al cual el empleo de la imagen, en lugar de reflejar la realidad acaba creándola, intensifica los riesgos. Además, la sola retransmisión genera otro efecto, sobre todo cuando se enjuician hechos de notoriedad al constituir un factor decisivo para hacer del acto procesal un espectáculo mediático. Dicho fenómeno constituye un factor no desdeñable de presión, de alteración de las condiciones ideales en las que se debe desarrollarse un proceso, como señala el AAP de Tarragona (Rollo 9/2002 del Procedimiento 1/2002). Ese riesgo añadido de teatralización de todo el proceso, con su previsible pérdida de rigor —como señala el voto particular de la STC 56/2004 [*Tol 397358*]—, de modo que los intervinientes dejen de conducirse libremente y opten por hacerlo con arreglo a lo que estimen que los medios esperan —sean testigos, acusados, peritos o jurados—, debe incluirse en el juicio de ponderación.

Por último, conviene dejar apuntado que las nuevas tecnologías de la información y la comunicación provocan un efecto de perpetuación de la imagen, en el sentido de que, una vez ésta ha sido tomada y ha accedido al conjunto descentralizado de redes de comunicación interconectadas en que consiste internet, permanece en dichas redes ilimitadamente en el tiempo, perdiéndose el control sobre la misma, lo que genera un perjuicio añadido de muy difícil reparación.

4.3 El derecho comparado

El régimen de prohibición general de acceso de los medios audiovisuales a las Salas de vistas en los procesos penales no es incompatible con la CE. Es incompatible con la normativa legal reguladora de la cuestión, que establece una habilitación general con reserva de prohibición, como con toda claridad resulta de la última reforma de la LECrim. Pero ello, en principio, no impediría que una norma con rango legal invirtiera el juego de la regla-excepción, como ocurre en otros sistemas legales.

En este sentido, en la mayoría de países de nuestro entorno —Alemania, Francia, Reino Unido, Italia, o los Estados Unidos, en este último tanto en la regulación federal como estatal—, rige el principio general de limitación de la entrada de las cámaras en los Salas de vistas penales. De hecho, se produce la prohibición absoluta en Alemania y Reino Unido y en el sistema federal estadounidense, y, en condiciones excepcionales, se autoriza en Francia e Italia y en la mayor parte de los estados norteamericanos. En tales sistemas, por lo general, ha sido el propio legislador quien ha realizado previamente el juicio de ponderación y resuelto el eventual conflicto de antemano o priorizado anticipadamente determinados intereses. Esta opción legislativa no está exenta de lógica pues, de hecho, en la inmensa mayoría de casos, la retransmisión simultánea y grabación íntegra de las sesiones de los juicios orales compromete tanto intereses sustanciales del proceso como aspectos nucleares de los derechos fundamentales de quienes en él intervienen. Con todo, nuestro legislador ha optado por dejar la solución del conflicto al criterio del tribunal del caso concreto, lo que permite desplazar el foco de la crítica a quien adopta la decisión limitativa.

5. EL SEÑALAMIENTO

5.1 Criterios de señalamiento

En los procesos penales por delito, presentados los escritos de conclusiones provisionales por las partes, el tribunal de enjuiciamiento ha de examinar las pruebas propuestas y dictar auto de admisión o inadmisión. A la vista de tal resolución, corresponde al LAJ, tras la reforma operada por Ley 13/2009, establecer el día y hora en que deban comenzar las sesiones del juicio oral, lo que se conoce como señalamiento. A tal efecto, tendrá en cuenta los criterios generales y específicas instrucciones de quien preside el tribunal, con arreglo a lo dispuesto en el art. 182 LEC y 659.V LECrim.

Así, se tomarán en consideración los días y hora de audiencia disponibles, el número de señalamientos, la duración aproximada de la vista, la naturaleza y complejidad de los asuntos, la disponibilidad de salas de vista, la dificultad en librar las citaciones y oficios que hagan posible la práctica de la prueba, la situación de prisión provisional de la persona acusada, la existencia de otras medidas cautelares adoptadas y la prioridad de otras causas.

En el ámbito del procedimiento abreviado, la LO 1/2025 ha introducido algunas particularidades en el art. 786. En concreto, y puesto que el auto de admisión de pruebas se dicta tras la celebración de la audiencia preliminar, de no alcanzarse en ella acuerdo de conformidad, el tribunal puede hacer el señalamiento oral en la propia audiencia preliminar, tras oír a las partes. De no hacer el señalamiento el tribunal en ese momento, una vez dicte auto de admisión de pruebas, el LAJ lo efectuará tomando en consideración las circunstancias antes expuestas.

5.2 La audiencia preliminar

La LEC introdujo una audiencia previa al juicio ordinario en el art. 414 como trámite para intentar un acuerdo entre las partes, examinar y resolver cuestiones procesales, identificar el objeto del proceso y extremos controvertidos y, en su caso, proponer y admitir prueba. Esta audiencia pretendía ser una herramienta eficaz para depurar las pretensiones de las partes y determinar la información relevante que debía acceder al juicio.

La LECrim, pese a sus continuas reformas, no contempló tal opción hasta la reforma operada por la LO 1/2015. La práctica judicial demuestra que el juicio oral, en muchas ocasiones y, particularmente, en causas complejas, carece de la calidad informativa que debiera, de modo que acaba convirtiéndose en un foco de confusión y distorsión, dando lugar a largos señalamientos en numerosas sesiones en las que se practican múltiples pruebas irrelevantes que poco aportan para clarificar las pretensiones de las partes.

El juicio arranca con los interrogatorios de las personas acusadas, cuya culpabilidad se presume, por lo que lo que se intenta es que caigan en contradicciones preguntándoles por cosas que dijeron en la fase instructora. Declaran testigos por el solo hecho de aparecer identificados en el atestado, con frecuencia funcionarios policiales que simplemente intervinieron en la tramitación pero que no presenciaron directa o indirectamente hecho alguno. Intervienen peritos sobre objetos periciales no precisados con claridad. Y, sobre todo, en la medida en que se recibe en el tribunal de enjuiciamiento el expediente investigativo íntegro —el sumario—, acaban accediendo al juicio oral todos sus folios. En las macrocausas, entre esos folios puede haber miles de páginas innecesarias —*v.gr.* porque son diligencias de notificación o de citación o copias de copias de otras copias; o porque documentan aspectos de la investigación que, finalmente, quedaron fuera de los escritos acusatorios—, pero también otras tantas que son probatoriamente inadmisibles —*v.gr.*, declaraciones en sede policial o declaraciones instructoras cuando no se han activado las vías de acceso que contemplan los arts. 714 y 730 LECrim—, que acaban considerándose, incorrecta e indistintamente, como prueba documental.

La LOTJ pretendió erradicar este vestigio inquisitivo, estableciendo el contenido de aquellos testimonios que podían remitirse al tribunal, dando lugar a un momento de depuración previa, pero la práctica no se ha generalizado. Ello genera un doble problema: puede predisponer al juzgador, pues inevitablemente acaba teniendo contacto con todo el material investigativo y, además, satura el juicio oral de información inútil. La saturación, por otra parte, multiplica los sesgos en el enjuiciamiento, pues cuando se dispone de un exceso de información, el decisor acaba filtrándola sobre la base de sus propios prejuicios y del marco mental que ha logrado imponer el acusador, dada la tradicional deferencia de los tribunales de enjuiciamiento hacia la labor instructora.

El Anteproyecto de LECrim de 2020, además de especificar qué elementos del expediente investigativo pueden acceder al juicio oral, y cuáles quedan excluidos, ha regulado en los arts. 634 y ss. una vista previa ante el tribunal de enjuiciamiento para resolver posibles impugnaciones y decidir sobre la admisión o la ordenación de la práctica de la prueba, con particular referencia a los supuestos en los que se disponga de pruebas periciales divergentes (art. 636 ALECrim). Esa vista es un momento idóneo para clarificar las posiciones de las partes tanto en lo que respecta a los hechos acusatorios —en especial, cuando son complejos, confusos y se encuentran mal redactados— como en relación con la prueba.

En todo caso, el déficit regulativo se ha subsanado parcialmente mediante la introducción de la audiencia preliminar en el art. 785 LECrim. Esta audiencia puede ser un buen momento para clarificar los objetos y temas de prueba y depurar la prueba valorable, al objeto de que el juicio oral sea, efectivamente, informativo. Sea como fuere, la praxis judicial evidenciará si el peso de la tradición burocrática acaba convirtiendo esta audiencia en un trámite formulario o, por el contrario en una instancia útil subsanadora, reparadora de vicios y depuradora en materia probatoria, pues lo cierto es que, con anterioridad, la laguna regulativa podía ser perfectamente suplida aplicando las disposiciones de la LOPJ reguladoras de las vistas, que permiten a los tribunales convocarlas de oficio cuando fuera necesario, práctica que nunca se generalizó.

6. LA DIRECCIÓN DE LAS SESIONES DEL JUICIO: FACULTADES DEL TRIBUNAL

6.1 Introducción

Para garantizar que el juicio oral sea un espacio de obtención de información de calidad para resolver sobre la pretensión acusatoria al tiempo que un espacio de garantías, en prevención del error judicial, la regulación concede al juzgador distintas facultades decisorias tanto sobre lo que se ha denominado espacio escénico, como de producción de medios de prueba y de confrontación dialéctica.

Según destaca ORTEGA LORENTE (2011, pp. 271 y ss.) en los órganos colegiados la ley distingue las decisiones que compete adoptar durante el juicio al presidente de las que se atribuyen al tribunal. De forma sintética, señala que al tribunal le corresponden las decisiones afectantes a la conformación de la prueba y a los derechos fundamentales procesales mientras que al presidente le corresponden las funciones de policía de vistas y ordenación y dirección del juicio.

6.2 Facultades del presidente

El presidente debe mantener el orden en la Sala de vistas. A tal efecto, puede amonestar a las personas que lo perturben, dando señales ostensibles de aprobación o desaprobación, o faltando al respeto y consideraciones debidas a los profesionales de la justicia, pudiendo expulsarlos de la Sala si no obedecen a la primera advertencia, sin perjuicio de la responsabilidad penal en la que incurran (art. 190 LOPJ). En cuanto a la expulsión de la persona acusada (art. 687 LECrim), ha de armonizarse la decisión con el derecho a estar presente en juicio en garantía del derecho de defensa, por lo que la expulsión, como último recurso, debe durar el tiempo mínimo imprescindible. El presidente también puede imponer la multa más elevada prevista en el CP a los testigos, peritos o cualquiera otro que, como parte o representándola, falten a la consideración, respeto y obediencia debidos a jueces, fiscales, letrados de la Administración de Justicia y resto del personal al servicio de la Administración de Justicia, cuando sus actos no constituyan delito. (art. 193 LOPJ). La decisión de imposición de la multa, que revestirá la forma de acuerdo, se hará constar en acta y contra ella podrán articularse los recursos que contempla el art. 194 LOPJ.

Además, corresponde al presidente dirigir los debates evitando las discusiones impertinentes, sin que ello implique coartar la libertad de los defensores necesaria para la defensa (art. 683 LECrim). En este punto, ha de resaltarse con respecto a los abogados intervinientes que debe reconocérseles un amplio espacio de libertad de expresión instrumental para el adecuado ejercicio del derecho de defensa, por lo que es necesario partir de un principio de trato deferente, como ha declarado de forma reiterada el TC (entre otras, SSTC 39/2009 [*Tol 1449449*] y 232/2005 [*Tol 719583*]).

En materia de prueba, el presidente resuelve sobre el orden en que se practican pudiendo alterarlo (vid. capítulo 48, 2). Le corresponde igualmente resolver sobre la admisibilidad de las preguntas que se dirijan a acusados, testigos y peritos (art. 709 LECrim) impidiendo las impertinentes, capciosas y sugestivas. Son impertinentes las preguntas irrelevantes, esto es, que no guardan relación o conexión con los hechos enjuiciados. Son capciosas aquéllas que se formulan y para provocar error o confusión. Sugestivas son las preguntas que, por su estructura, introducen ya la información que debe responderse.

El presidente puede, por sí o a petición de cualquiera de los miembros del tribunal, dirigir a los testigos las preguntas que estime conducentes para depurar los hechos sobre los que declaren según el art. 708 LECrim (vid. capítulo 16, 8). En la práctica judicial se admite la posibilidad de que el presidente permita formular preguntas al ponente de la sentencia o a otros miembros del tribunal. El presidente también puede acordar la práctica de careos (art. 729.1 LECrim).

Finalmente, terminada la práctica de la prueba puede solicitar a las partes aclaraciones sobre los hechos, la prueba y la valoración jurídica (art. 788.4 LECrim).

6.3 Facultades del tribunal

La LECrim atribuye al tribunal un conjunto de relevantes facultades de dirección. ORTEGA LORENTE (2011, pp. 271 y ss.), identifica las siguientes:

a) La decisión sobre la publicidad de los debates (art. 680 y ss. LECrim).

b) La resolución de las cuestiones previas (art. 785.1 LECrim).

c) El control de la corrección de la calificación y las penas en el trámite de la conformidad (arts. 655, 785 y 787 *ter* LECrim).

d) La resolución sobre la admisión de las pruebas en la audiencia preliminar (art. 785.3 LECrim y al inicio de las sesiones del juicio en los casos contemplados en el art. 787.3 LECrim.

e) La decisión sobre práctica de pruebas sobrevenidas (art. 729.2 y 3 LECrim).

f) La decisión sobre la suspensión de la vista (arts. 746 y 788.1 LECrim).

g) El planteamiento de la tesis del art. 733 LECrim.

6.4 Resolución de posibles conflictos

Puede ocurrir que se planteen conflictos entre los miembros del tribunal sobre las decisiones que se adoptan respecto de la dirección del juicio. Tales cuestiones pueden resolverse en la misma vista, por mayoría, o en la fase de deliberación, si la cuestión puede tener efectos sobre la decisión y su naturaleza lo permite, también por mayoría, sin perjuicio de la posibilidad de formular voto particular.

7. ACTA DE LA SESIÓN Y GRABACIÓN DE LAS SESIONES

El art. 788.6 LECrim, antes de la reforma operada por la ley 13/2009, establecía que del juicio oral se levantaría acta que firmarían los profesionales intervinientes. Esa acta debía reseñar el contenido esencial de la prueba practicada, las incidencias y reclamaciones y protestas producidas y las resoluciones adoptadas. El acta escrita podía completarse o sustituirse por cualquier medio de reproducción mecánica, oral o escrita, de cuya autenticidad daría fe el LAJ. El 230 LOPJ, por su parte, permitía utilizar medios técnicos, informáticos y telemáticos que de cualquier forma eran un medio complementario, no alternativo, del acta escrita.

Tras la reforma, el art. 743 LECrim establece un régimen general de documentación mediante grabación audiovisual conforme a lo señalado en los arts. 146 y 147 LEC, que debe incorporarse al expediente judicial electrónico debiendo custodiarse por el LAJ el documento electrónico que sirva de soporte a la grabación de no existir expediente electrónico. La autenticidad e integridad de lo grabado se garantiza mediante la firma electrónica del fedatario judicial. En estos casos, no será necesario que esté presente en la Sala de vistas, salvo que lo soliciten las partes o que excepcionalmente lo considere necesario aquél, en cuyo caso se extenderá, además, acta sucinta. De no poder utilizarse esos medios, se extenderá acta extensa que recogerá el contenido esencial de la prueba practicada, las incidencias y reclamaciones producidas y las resoluciones adoptadas. Tanto el acta extensa como la sucinta se redactarán a través de medios informáticos. De no ser posible, se redactará de forma manuscrita.

En suma, la regla general es la grabación del juicio oral que constituye el acta a todos los efectos. En su defecto, se admite la combinación de grabación con acta cuando no existan mecanismos para garantizar la autenticidad e integridad (art. 743.3 LECrim). En tercer lugar, cuando no sea posible el uso de medios técnicos de grabación, será suficiente el acta extendida por el fedatario judicial elaborada por medios informáticos. Por último, la ausencia de ese tipo de medios habilita para la tradicional redacción manuscrita. El acta deberá recoger, con la extensión y detalle necesario, todo lo actuado.

La relevancia de la documentación del juicio oral queda patentizada en la STC 55/2015 [*Tol 4945891*]. Según señala esta resolución, no puede afirmarse que se ha practicado un determinado medio de prueba por el hecho de que haya solicitado y admitido, si la actuación no queda reflejada en el soporte documental legalmente establecido para dejar constancia de su existencia. En otro caso, no puede verificarse la concurrencia de prueba de cargo. Ahora bien, la documentación del juicio no es un requisito de validez del mismo, sino la prueba auténtica de su existencia, que permite constatar la realidad material de lo actuado. Por tanto, el extravío de la documentación no comporta, por sí mismo, la vulneración de ninguna garantía esencial del proceso ni, por ello, su nulidad. Cuestión distinta es que tal pérdida, en el caso concreto, concurriendo otras circunstancias, pueda dar lugar a estimar producida la lesión de algún derecho fundamental.

La STS de 24/02/2022 [*Tol 8830724*] destaca que, en las grabaciones, con frecuencia se producen déficits en la captación de imágenes y, sobre todo, de sonido. No obstante, dichas deficiencias no han de provocar, por sí solas, la nulidad del juicio, pues si la grabación de aquellas pruebas en las que se sustenta la condena no presenta problemas de imagen y sonido, y tales déficits sólo afectan a otras pruebas, en principio, ello carecería de trascendencia anulatoria. Todo ello, sin perjuicio, podemos añadir aquí, de entender que el cuadro probatorio es un complejo en el que todos los elementos están en interacción, de modo que, si la prueba que no puede visualizarse correctamente tenía un potencial absolutorio de cierta entidad, lo procedente sería declarar la nulidad.

Por otra parte, dicha resolución también señala que la reproducción videográfica implica que cualquier revisión de lo realizado en el juicio comporte idéntica inversión temporal que aquél, lo que demora innecesariamente la respuesta judicial, especialmente cuando no están ausentes los mecanismos de indexación de las grabaciones. Por ese motivo, la Sala Segunda aprobó el 24 de mayo de 2021 un acuerdo no jurisdiccional con el siguiente contenido: «1. El actual sistema de documentación de los juicios orales es altamente insatisfactorio y debería ser complementado por un sistema de estenotipia. Dada la naturaleza de las deficiencias observadas en numerosos casos, habrá de garantizarse, en relación con lo dispuesto en el artículo 743 de la LECrim, la autenticidad, integridad y accesibilidad del contenido del soporte que se entregue a las partes y del que se remita a los tribunales competentes para la resolución del recurso. 2. Cuando la documentación relativa al juicio oral sea imprescindible para la resolución del recurso, su ausencia en relación con los aspectos controvertidos, que genere indefensión material, determinará la nulidad del juicio oral o, en su caso, la absolución».

Los problemas de documentación también se plantean cuando se pretende hacer valer en juicio diligencias sumariales y éstas se encuentran grabadas sin que se haya extendido acta escrita, cuestión a la que nos referiremos al abordar las lecturas en juicio oral del material investigativo (capítulo 48, 10).

8. CAUSAS DE SUSPENSIÓN DEL JUICIO ORAL

El art. 744 LECrim viene a instaurar el principio de concentración, pues concibe el juicio oral como un único acto procesal que puede continuar durante varias sesiones hasta su conclusión.

La suspensión de las sesiones del juicio oral tiene lugar, en síntesis, cuando su continuación es material o jurídicamente imposible por los motivos que contempla el art. 746, que luego veremos. En ese caso el tribunal debe dictar auto acordando la suspensión y fijando el tiempo previsible de duración, así como determinando lo que corresponda para la continuación del juicio, resolución frente a la que no cabe recurso, conforme al art. 748.

Distinta de la suspensión es la interrupción momentánea de una determinada sesión, para continuarla el mismo día, o el aplazamiento, por tiempo determinado, del día de inicio de la sesión consecutiva (MORENO CATENA, p. 477). Tampoco es un supuesto de suspensión, en sentido estricto, el que contempla el art. 745 LECrim, que viene a suponer un aplazamiento en el inicio de la primera sesión o de alguna sesión posterior.

En cuanto a los supuestos estrictos, en primer lugar, la ley prevé la suspensión en los casos en los que el tribunal haya de resolver durante los debates alguna cuestión incidental que no pudiera decidirse en el acto, siempre y cuando ello provoque la imposibilidad de continuar la sesión, como podría ser una pretensión anulatoria de actuaciones de resolución compleja por una razón sobrevenida.

A continuación, la ley contempla el caso de que haya de practicarse alguna prueba fuera del lugar de las sesiones y no pueda verificarse en el tiempo intermedio entre una y otra sesión. La norma debe ser interpretada en clave histórica, de modo que, actualmente, sólo razones sobrevenidas pueden justificar la suspensión por esta causa, pues, por lo general, el tribunal ya habrá tomado en consideración la necesidad de desplazarse al agendar el juicio. El supuesto típico es el que contempla el art. 727 LECrim, esto es, la inspección ocular, norma que debe ser interpretada a la luz de los principios probatorios, por lo que la prueba ha de ser presenciada por todos los miembros del tribunal con intervención de las partes. No obstante, también es posible, en principio, la práctica de cualquier otro medio de prueba por esta vía, sin perjuicio de que puedan llevarse a efecto a través de videoconferencia.

El siguiente supuesto es el de la incomparecencia de los testigos propuestos y admitidos, cuando el tribunal considere necesaria su declaración. No obstante, para agilizar el señalamiento, el tribunal puede acordar la continuación del juicio y la práctica de las demás pruebas, tras lo cual puede suspenderlo hasta que comparezcan los testigos ausentes. Con todo, a la luz del resultado de la prueba ya practicada, puede reconsiderar la necesidad de la práctica del medio probatorio, siempre que ello no evidencie un prejuicio sobre la culpabilidad y menoscabe el derecho de defensa.

La enfermedad del acusado, de alguno de los miembros del tribunal, del fiscal, o de los abogados de las partes, que les impida continuar tomando parte en el juicio es otra causa de suspensión. Ello, dejando a salvo la posibilidad de que el fiscal o el abogado puedan ser reemplazados sin grave inconveniente
1980 para la defensa de sus intereses. La misma regla se aplica en los casos de los defensores de las partes en los supuestos de fallecimiento u hospitalización o intervención quirúrgica por causa grave, de un familiar hasta el segundo grado por consanguinidad o afinidad.

La norma contempla como motivo de suspensión el supuesto de la incomparecencia de alguno de los acusados. De no poder celebrarse el juicio en ausencia (art. 787 LECrim) procede suspender el señalamiento, salvo que el tribunal entienda, tras oír a las partes, que existen elementos suficientes para juzgarles con independencia, y siempre que, cabe añadir, ello no perjudique el derecho de defensa de la persona acusada.

Otro motivo de suspensión puede ser la renuncia al letrado y la necesidad de recabar nuevo letrado del turno de oficio, aunque el supuesto también debe estimarse aplicable al letrado particular. Renuncia que, en cualquier caso, puede no admitirse de apreciarse una finalidad fraudulenta y dilatoria, tras la apertura de un incidente que se sustancia oralmente ante el propio tribunal.

El motivo de suspensión más problemático es el que contempla el apartado 6º del art. 746: «Cuando revelaciones o retractaciones inesperadas produzcan alteraciones sustanciales en los juicios, haciendo necesarios nuevos elementos de prueba o alguna sumaria instrucción suplementaria».

El presupuesto aplicativo es la existencia de revelaciones o retractaciones inesperadas que produzcan alteración sustancial en el juicio. La revelación es el descubrimiento de algo que no era conocido, mientras que la retractación es un cambio en la declaración de un testigo, perito o acusado. Deben ser inesperados, lo que reduce su operatividad en el caso de las retractaciones, pues siempre debe contarse con la posibilidad de que ocurran. En el de las revelaciones, ha de constatarse que la instrucción practicada no permitía afirmar indicios de la eventual aparición de un nuevo delito o de la posibilidad de comprobarlo. En ambos casos, han de dar lugar a una alteración sustancial que ha de referirse a los hechos hasta ese momento conocidos y a la necesidad de la aportación de nuevos medios probatorios porque, de no efectuarse, no podría quedar establecida la situación que ha de tenerse por acreditada. Esa aportación puede ser simplemente de nuevos medios o dar lugar a una nueva instrucción suplementaria. En síntesis, «la aportación nueva será posible cuando los medios de prueba concretos cuyo objeto sean los hechos nuevos, son conocidos por las partes, de modo que resultan suficientes los actos de proposición, admisión, eventual preparación —citaciones, nombramiento de peritos, requerimiento de aportaciones documentales— y práctica. Por el contrario, la instrucción suplementaria será necesaria cuando, siendo conocidos los hechos nuevos, no se conocen, en cambio, las fuentes que servirán para probarlos y, por tanto, hay que investigarlas para la posterior proposición de los medios de prueba correspondientes» (POZA CISNEROS, 2013, pp. 637 y ss).

Son evidentes los peligros de contaminación procesal en el tribunal que provoca esta figura. Por ello, la norma exige la petición de parte en estos casos, lo que no evita siempre y en todo caso el riesgo de esa eventual contaminación. Del mismo modo, puede hacerse un uso estratégico de la figura para completar investigaciones defectuosas o proposiciones de prueba deficientes, lo que no es admisible. Por tales razones, la STS de 15/02/2023 [*Tol 9422877*] impone una interpretación restrictiva del alcance de esta modalidad suspensiva.

Para concluir, debe señalarse que cuando la suspensión del juicio se prevé que pueda prolongarse de forma indefinida, en los casos de los números 4, 5 y 6 del art. 746, el tribunal declarará sin efecto todo lo actuado en el juicio y se señalará nuevo juicio cuando desaparezcan las causas que motivaron la suspensión. También cabe suspender y aplazar la sesión del juicio durante un plazo máximo de 30 días conforme al art. 788.1 LECrim (MORENO CATENA, p. 479).

BIBLIOGRAFÍA

- ANDRÉS IBÁÑEZ, *Prueba y convicción judicial en el proceso penal*, Hammurabi, 2009.
- BACH FABREGÓ, CAMARENA GRAU, GIMENO JUBERO, HERNÁNDEZ GARCÍA, y ORTEGA LORENTE, *84 cuestiones sobre la dirección y publicidad del juicio oral*, Consejo General del Poder Judicial, Madrid, 2011.
- CORDERO, *Procedimiento penal*, Temis, 2000.
- DAMASKA, *El derecho probatorio a la deriva*, Marcial Pons, 2015.
- FENECH, *El proceso penal*, Agesa, 1978.
- GUZMÁN FLUJA, *Anticipación y preconstitución de la prueba en el proceso penal*, Tirant lo Blanch, 2007.
- IGARTUA SALAVERRIA, *Cuestiones sobre prueba penal y argumentación judicial*, Ediciones Olejnik. 2018.
- LÓPEZ ORTEGA, «La dimensión constitucional del principio de la publicidad de la justicia». *Justicia, información y opinión pública. Encuentro Jueces-Periodistas, Revista del Poder Judicial* Nº 17, Consejo General del Poder Judicial, Madrid, 1999.
- MIRANDA ESTRAMPES, *La mínima actividad probatoria en el proceso penal*, Bosch, 1997.
- MORENO CATENA (con CORTÉS DOMÍNGUEZ), *Derecho procesal penal*, Tirant lo Blanch, 2017.
- POZA CISNEROS, CAMARENA GRAU, ORTEGA LORENTE, MORENO VERDEJO, MIRANDA ESTRAMPES, LOPEZ ORTEGA, y HERNANDEZ GARCÍA., *113 cuestiones básicas sobre la prueba en el proceso penal*, en *Cuadernos Digitales de Formación* nº 31, Consejo General del Poder Judicial, Madrid, 2013.

Capítulo 48

El juicio oral (II). Admisión y práctica de la prueba

José Luis Ramírez Ortiz
Magistrado
Letrado del Tribunal Constitucional

1. LA PRÁCTICA DE LA PRUEBA EN EL JUICIO ORAL

1.1 El principio general

En el capítulo 47.1, 2 y 3, hemos visto la relevancia del juicio oral como espacio natural de producción de la prueba que puede servir de sustento a una hipotética condena. Por las razones allí indicadas, la presunción de inocencia sólo puede desvirtuarse sobre la base de las pruebas practicadas en el juicio oral, sin perjuicio de las excepciones también analizadas en el capítulo 16.7 —prueba preconstituida y anticipada—.

1.2 El juicio telemático

1.2.1 El régimen jurídico

La amenaza inquisitiva al principio general, esto es, la tentación de emplear como prueba de cargo elementos sumariales, es una constante en nuestra historia procesal desde que se introdujeron elementos acusatorios que pretendían corregir el modelo. A esta vieja amenaza, que analizaremos en el epígrafe 10, se añade, en tiempos más recientes, una nueva: el uso de las nuevas tecnologías.

La utilización de videoconferencias para la práctica de determinados medios de prueba presenta múltiples ventajas cuando quien declara lo hace desde otro Estado, evitando así la ralentización del proceso. Son múltiples los instrumentos de cooperación internacional que permiten tal práctica. Del mismo modo, en el ámbito de la UE se han aprobado normas en esa línea. En relación con las afirmadas víctimas, cabe destacar el artículo 17 de la Directiva 2012/29/UE del Parlamento Europeo y del Consejo, de 25 de octubre de 2012, por la que se establecen normas mínimas sobre los derechos, el apoyo y la protección de las víctimas de delitos. Respecto de la persona acusada, es de interés la Directiva 2013/48/UE del Parlamento Europeo y del Consejo, de 22 de octubre de 2013, sobre el derecho a la asistencia de letrado en los procesos penales. Respecto de toda clase de declaraciones, en el año 2013 se publicó la Guía sobre videoconferencias en procedimientos judiciales transfronterizos en la Unión Europea, texto de lectura recomendable, así como el Dictamen 1/2021 de la FGE sobre el uso de la videoconferencia en la cooperación judicial internacional en materia penal.

En el ámbito interno, el uso de la videoconferencia en juicio oral, siendo posible, ha sido considerado tradicionalmente excepcional, encontrando cobertura legal en el art. 229.3 LOPJ que permite que las declaraciones, interrogatorios, testimonios, careos, exploraciones, periciales y vistas puedan realizarse a través de videoconferencia asegurando, en todo caso, la posibilidad de contradicción de las partes y la salvaguarda del derecho de defensa, cuando lo acuerde el tribunal, si bien para ello debe mediar distancia geográfica y razón suficiente que lo justifique. Desde el año 2006, tras la reforma del art. 731 *bis* LECrim, por razones de utilidad, seguridad, orden público, o en los casos en los que la comparecencia de quien haya de intervenir como imputado, testigo, perito o en otra condición, resulte gravosa o perjudicial, o cuando se trate de un menor, el tribunal puede acordar la práctica de la prueba mediante videoconferencia.

Pues bien, como pone de relieve RUEDA SORIANO, desde el año 2020 se ha producido un salto cualitativo que ha desplazado la excepcionalidad del uso de la videoconferencia convirtiéndolo, al menos normativamente, en la regla. La situación de pandemia fue la justificación inicial, que se incorporó en el RDL 16/2020, de medidas procesales y organizativas para hacer frente al COVID-19 en el ámbito de la Administración de Justicia, modificado posteriormente por la Ley 3/2020, de tal modo que la celebración de actos procesales mediante la presencia telemática de los intervinientes pasó a generalizarse.

Un paso adelante en la senda de la desformalización del juicio oral y su transformación telemática lo da el Real Decreto-ley 6/2023 por el que se aprueban medidas urgentes para la ejecución del Plan de Recuperación, Transformación y Resiliencia en materia de servicio público de justicia, función pública, régimen local y mecenazgo. Según señala el propio RDL, uno de sus fines es «contribuir al proceso de modernización y digitalización de la administración de justicia, adaptando la realidad judicial española al marco tecnológico contemporáneo». A tal efecto, introduce el art. 258 *bis* LECrim bajo la rúbrica «Celebración de actos procesales mediante presencia telemática», que establece una regla general de celebración de juicios mediante presencia virtual, siempre que los tribunales dispongan de los medios técnicos necesarios. Esa intervención virtual se practicará siempre a través de un punto de acceso seguro, de conformidad con la normativa que regule el uso de la tecnología en la Administración de Justicia. La regla general se excepciona cuando el tribunal, en atención a las circunstancias del caso, disponga otra cosa. Igualmente, se introducen diversas excepciones en relación con la necesidad de presencia física de la persona acusada, al menos en juicios por delitos graves y menos graves con penas de prisión superiores a dos años. También se señala que cuando se disponga la presencia física del investigado o acusado, será también necesaria la presencia física de su defensa letrada, y que cuando se permita su declaración telemática, el abogado del investigado o acusado comparecerá junto con este o en la sede del órgano judicial.

1.2.2 *Los efectos del modelo de juicio telemático*

Se han destacado algunas ventajas del nuevo modelo de juicios telemáticos: se evitan los desplazamientos de personas y costes asociados, en especial para los funcionarios policiales y para las personas en situación de prisión provisional, y se atenúa la victimización secundaria de las víctimas de violencia sexual y de género. Sin embargo, la realidad demuestra que los riesgos no compensan esas supuestas ventajas. En primer lugar, se destacan tanto los déficits en infraestructuras tecnológicas, como la falta de cuantificación de la inversión que supondría la adecuación (CABEZUDO), sin que sea admisible la práctica, que se viene extendiendo, consistente en la realización de declaraciones a través de canales poco fiables que no garantizan los principios de la prueba —*v.gr.* videollamadas telefónicas desde la calle o los domicilios particulares—. Pero, además, esta clase de juicios, por lo general, no satisfacen las exigencias que tales principios incorporan (RUEDA SORIANO).

Por lo que atañe al ejercicio del derecho de defensa, si el abogado y la persona acusada no se encuentran en el mismo espacio, difícilmente podrá garantizarse el contacto permanente y continuado necesario durante la práctica de la prueba, ni el acceso personal de aquélla al expediente. Ello tiene especial trascendencia en el ámbito penal, en el que, en gran parte de los casos, tras prestar declaración en el Juzgado de guardia, la persona investigada, que puede estar en situación de vulnerabilidad debido a una discapacidad por trastorno mental, toxicomanía o exclusión social, no suele volver a tener contacto con el letrado de oficio hasta el día del juicio. El sistema tampoco garantiza que el acusado pueda presenciar la práctica de la prueba plenaria en las mismas condiciones en las que podría verla de estar físicamente presente. Además, si el acusado declara por videoconferencia, la interacción pierde la riqueza que tiene la comunicación presencial y se dificulta la posibilidad de que el tribunal perciba matices que pueden tener relevancia para calibrar el estado físico y psíquico del sujeto. El factor humano se diluye. Por otro lado, se dificulta la confidencialidad de las conversaciones entre el abogado y el cliente si la grabación queda bajo la custodia del órgano judicial.

La inmediación también sufre una merma. De hecho, el TC ha declarado que cualquier modo de practicarse las pruebas personales que no consista en la coincidencia material, en el tiempo y en el espacio, de quien declara y quien juzga no es una forma alternativa de realización de estas sobre cuya elección pueda decidir libremente el órgano judicial, sino un modo subsidiario de practicar la prueba, cuya procedencia viene supeditada a la concurrencia de causa justificada, legalmente prevista, lo que pugna con la regla general de presencia telemática.

El juicio telemático plantea otros problemas prácticos de difícil solución, tales como la exhibición de documentos o de piezas de convicción desde la sede del tribunal a quienes declaran desde otra sede, o cómo garantizar la incomunicación entre testigos (art. 704 LECrim). En este sentido, es frecuente que las declaraciones de los funcionarios policiales se realicen desde una habitación de la comisaría correspondiente. En tal contexto, no es fácil garantizar que quien declara lo hace solo o en la misma dependencia en la que se encuentra el resto de los funcionarios que deben declarar sucesivamente. También pueden producirse problemas, si no puede garantizarse que el testigo no esté siendo mediatizado o condicionado por otras personas en el momento en que declara desde otra sede que no sea judicial. Del mismo modo, puede plantear problemas la misma identificación de quien declara desde sede no judicial.

En definitiva, si se tiene en cuenta que alguna de las supuestas ventajas que plantea el juicio telemático no son propias de este, sino que también se conseguirían en un juicio presencial si se gestionara racionalmente —*v.gr.* filtrando en el juicio de admisión de prueba la testifical realmente relevante evitando el desplazamiento de personas que no aportarán ninguna información—, y que otras hipotéticas ventajas no se justifican —pues, *v.gr.* las personas en situación de prisión provisional presentan una especial vulnerabilidad en términos defensivos que debe atenuarse garantizando su presencia física en la vista—, no hay razones suficientes que avalen una regla general tal y como la legalmente establecida.

1.2.3 El estándar Marcello Viola

En la práctica, sin embargo y pese a la dicción legal, la regla general continúa siendo el juicio presencial. Por otra parte, tanto el art. 731 *bis* como el art. 258 *bis* no pueden interpretarse aisladamente, sino que necesariamente deben serlo a la luz del artículo 6 del CEDH y 24 de la CE, y de la jurisprudencia recaída sobre ambos preceptos. En este sentido, el TEDH reitera la idea de que la concurrencia de la persona acusada en el acto del juicio resulta indispensable tanto para garantizar el derecho a que su causa sea oída equitativamente como para verificar sus afirmaciones y compararlas con las de los testigos que declaran en su contra. Aunque no se encuentre expresamente mencionada en el artículo 6.1 del CEDH, la finalidad del precepto evidencia la consagración del derecho a estar presente físicamente en la vista. De hecho, los subapartados c), d) y e) del apartado 3 garantizan el derecho a defenderse personalmente, a interrogar o hacer interrogar a los testigos y a la asistencia de intérprete, en su caso, siendo difícil ver cómo podrían materializarse tales derechos sin la concurrencia de quien es acusado.

Ahora bien, la efectividad de tal derecho, que igualmente reconoce la Directiva (UE) 2016/343 del Parlamento Europeo y del Consejo, de 9 de marzo de 2016, por la que se refuerzan en el proceso penal determinados aspectos de la presunción de inocencia y el derecho a estar presente en el juicio, no implica, siempre y en todo caso, la presencia física de la persona acusada en la Sala de vistas, pues pueden concurrir razones excepcionales que justifiquen su intervención a distancia, lo que será conforme con las exigencias del proceso justo siempre y cuando tales razones persigan la satisfacción de un interés público relevante debidamente justificado y quede garantizada, inexcusablemente, la participación efectiva de la persona en el juicio.

El interés público relevante, cuando el acusado no realice una manifestación expresa, habrá de ser específicamente identificado por el tribunal. Pero, además, deben adoptarse las prevenciones oportunas para garantizar su participación en el juicio. A tal efecto, resulta de interés el estándar establecido en la STEDH 5/10/2006, Marcello Viola contra Italia [*Tol 9081413*], para los supuestos de comunicación a través de videoconferencia. Así:

a) Ha de examinarse, en primer lugar, si la persona acusada tuvo ocasión de comunicarse con su abogado reservadamente y transmitirle instrucciones concretas acerca del modo en que debía ejercerse la defensa, interviniendo activamente en dicha defensa.

b) De lo anterior se desprende que tal comunicación no se limita a la entrevista previa al juicio y reservada, sino que debe asegurarse la posibilidad de comunicación bidireccional en el curso de la vista para que la persona acusada pueda intercambiar impresiones, sin alterar el orden de la Sala, con quien le asiste como defensor.

c) Además, debe garantizarse el derecho a presenciar el juicio en igualdad de condiciones, sin ningún tipo de interferencia, para lo que se utilizarán medios técnicos que garanticen la calidad y fiabilidad de la imagen y el sonido. Igualmente, tal sistema debe garantizar la posibilidad de que la persona acusada sea efectivamente oída si quiere hacer uso del derecho a declarar o a realizar manifestaciones.

En síntesis, si la persona acusada no es sólo objeto de prueba sino, principalmente, sujeto activo en la práctica de las actuaciones que se desarrollan en el acto de su propio juicio, adquiere una gran relevancia tanto su presencia física en él como la posibilidad constante de comunicación directa con su letrado. En consecuencia, el incumplimiento de algunos de los requisitos que enuncia el TEDH podría fundamentar la nulidad del juicio.

2. LA ADMISIÓN DE LAS PRUEBAS PROPUESTAS

2.1 El derecho a la prueba

El art. 24.2 CE consagra el derecho a utilizar los medios de prueba pertinentes para la defensa. Por su parte, la jurisprudencia constitucional ha puesto de manifiesto la conexión entre el derecho a la prueba y el derecho a la tutela judicial efectiva del art. 24.1 CE, que proscribe la indefensión (entre otras, STC 1/1996 [*Tol 82936*]). Se trata de un derecho que, si bien es aplicable a todas las partes procesales, protege especialmente a quien asume la posición de acusado, y que cobra particular relevancia respecto de la prueba plenaria, no así respecto de las diligencias investigativas (ATC 127/1989, de 13 de marzo).

Según el Alto Tribunal, el derecho presenta dos facetas: el derecho a que se admitan los medios de prueba pertinentes y el derecho a que se practiquen los medios de prueba admitidos como pertinentes. En opinión de FERRER BELTRÁN (2019, pp. 14 y ss.), este derecho se descompone en otros cuatro: a) El derecho a utilizar todas las pruebas disponibles para demostrar los hechos que fundan la pretensión, que conlleva la obligación de los tribunales de admitir todas las pruebas relevantes aportadas por las partes, esto es, aquéllas que hipotéticamente sean idóneas para suministrar informaciones acerca de los hechos a probar; b) El derecho a que las pruebas admitidas sean practicadas en el juicio; c) El derecho a que dichas pruebas sean valoradas racionalmente, pues de nada serviría reconocer los derechos a la proposición y práctica de pruebas si luego el juzgador no las toma en consideración con arreglo a criterios racionales; y, d) El derecho a obtener una resolución motivada, como 1989
garantía de la corrección de la decisión.

2.2 Criterios de admisión

2.2.1 Relevancia jurídica y relevancia probatoria

La admisión de medios de prueba ha sido un ámbito tradicionalmente descuidado en la práctica judicial, pues suele admitirse toda la propuesta por las partes desplazando al momento de la valoración probatoria lo que podría decidirse en trámite de admisión. Ello suele dar lugar a que se practiquen innecesariamente medios de prueba en juicio, con los costes que supone para un sistema ya sobrecargado. En esta materia, dos son las cuestiones que deben ser respondidas: a) qué hechos deben ser probados y b) con qué medios se prueban. El concepto de relevancia jurídica da respuesta al primer interrogante, y el de relevancia probatoria, al segundo (VÁZQUEZ ROJAS/FERNÁNDEZ LÓPEZ, 2022, pp. 143 y ss.).

A través del criterio de la relevancia jurídica pueden inadmitirse los hechos notorios y ciertos hechos no controvertidos en los limitados términos en los que en el ámbito penal esto es posible. También pueden inadmitirse los medios de prueba que versan sobre hechos que carecen de trascendencia para la decisión judicial. Esto es, hechos cuya acreditación no serviría para acreditar ningún elemento de la hipótesis acusatoria o de las hipótesis planteadas por la defensa.

Mediante el criterio de la relevancia probatoria deben excluirse aquellas pruebas que, aun de practicarse, no permitirían acreditar el hecho jurídicamente relevante. Así, sería irrelevante probatoriamente la declaración de un testigo que no hubiera presenciado el hecho directa o indirectamente si su declaración tuviera por objeto acreditar tal hecho.

Ambos criterios están conectados entre sí, y de la conexión cabe extraer una regla basada en el principio epistemológico de que cuanta más información relevante esté a disposición del juzgador, mayor será la probabilidad de acierto en la decisión (FERRER BELTRÁN, 2007, p. 68). TARUFFO formuló la regla del siguiente modo: deben admitirse todas aquellas pruebas que hipotéticamente pueden ser idóneas para aportar, directa o indirectamente, elementos de juicio sobre los hechos que deben ser probados.

Por otra parte, el juicio de relevancia es un juicio hipotético, realizado *ex ante*, acerca de su resultado y consiste en valorar si la prueba, en caso de resultar exitosa, tendrá incidencia en la probabilidad del resultado. Para realizar tal valoración, el tribunal necesita disponer de una mínima información. Por eso, aun cuando el art. 656 LECrim nada indique, cuando las partes proponen prueba en sus escritos de conclusiones han de suministrar esa información, especificando la relación que el medio de prueba propuesto tiene con el hecho a probar. A la vista de ello, el tribunal dictará resolución admitiendo las que considere relevantes y rechazando las demás (art. 659 LECrim).

El principio general de admisión de las pruebas relevantes presenta varias excepciones por razones epistemológicas, y también excepciones por razones jurídicas, en las que el ordenamiento pretende proteger intereses que considera especialmente valiosos, si bien hay muchos supuestos en los que ambas razones concurren simultáneamente.

Entre las excepciones debidas a razones jurídicas se encuentran las pruebas ilícitas, esto es, las obtenidas con violación de derechos fundamentales, en cuyo caso se activa la regla de exclusión que contempla el art. 11.1 LOPJ. A ellas nos referimos en el capítulo 17. También se encuentran las dispensas o privilegios, que afectan a distintos tipos de testigos (arts. 416 a 418 LECrim), a las que también nos referimos en el capítulo 17 y que desarrollaremos más adelante, y que pretenden proteger relaciones familiares o afectivas, profesionales o informaciones reservadas. Igualmente, se encuentran las reglas de preclusión, que impide admitir pruebas propuestas extemporáneamente —v. gr, en el recurso de apelación, art. 790.3 LECrim—. Entre las excepciones debidas a razones epistémicas cabe citar la prueba superflua o redundante. En principio, si bien el grado de corroboración de una hipótesis se incrementa con el número de pruebas que la corroboran, llegado cierto punto, el exceso de información puede provocar lo que FERRER BELTRÁN (2007, p. 75) llama peligro de desborde en el tratamiento de la prueba, debido a la limitación humana para el procesamiento de información, haciendo muy difícil la toma de decisiones. En tal caso, puede encontrarse justificada la exclusión probatoria, en particular si la información ya disponible hace innecesaria la que se pretende aportar.

2.2.2 Particularidades de la prueba pericial

La mayor objetividad y racionalidad del conocimiento técnico y científico suponen su mayor fiabilidad a priori. Sin embargo, aquí radica también una fuente evidente de peligro: el riesgo de sobrevaloración de un informe pericial pretendidamente fundado en dicho tipo de conocimiento. Por ello, es importante establecer reglas jurídicas que tiendan a garantizar dos cosas. En primer lugar, la cientificidad del conocimiento que se introduce en el proceso, lo que permitirá excluir conocimientos espurios que pretenden revestirse de científicos y que no dejan de ser paracientíficos o pseudocientíficos (*vid.* los llamados criterios Daubert, derivados de la sentencia de la Corte Suprema de Estados Unidos *Daubert v. Merrell Dow Pharmaceuticals, Inc., 1993* [a) la capacidad de la teoría o técnica para ser sometida a prueba; la publicación o revisión por pares de la teoría o técnica; b) el rango de error conocido o posible; c) la existencia de estándares de calidad y su cumplimiento y d) la aceptación general de la teoría o técnica en la comunidad científica]. En segundo lugar, que dicho conocimiento se ha aplicado adecuadamente al caso, para lo que habrán de identificarse cuáles las técnicas y metodologías empleadas y si se corresponden con las que son propias del ámbito de conocimiento de que se trate.

Tales reglas funcionan en los ordenamientos del *common law* como criterios de admisión, de modo que se excluye la admisión de aquellas pruebas periciales que no estén basados en conocimientos, técnicas y procedimientos fiables y suficientemente contrastados. La LECrim no contiene ninguna regla concreta sobre la cuestión. En el Anteproyecto de LECrim de 2020, se convirtieron algunos de los criterios de admisión de pruebas periciales en descripciones de contenido y normas de valoración de tales pruebas, con la finalidad de potenciar la capacidad del juzgador para identificar las premisas utilizadas por el perito y las inferencias que realiza sobre la base de aquéllas, pues el experto ha de explicitarlas en su dictamen y las partes pueden denunciar su ausencia. En este sentido, el artículo 487 del Anteproyecto señala: «La observancia de la regulación contenida en esta ley sobre la realización del informe pericial será valorada por el tribunal a los efectos de determinar su fiabilidad».

En cualquier caso, el actual déficit regulativo no impide que el tribunal advierta, ya en fase de admisión, la falta de fiabilidad del informe pericial por no basarse en conocimientos, técnicas y procedimientos fiables y suficientemente contrastados y lo inadmita estimando por no ser probatoriamente relevante —*v.gr.* la prueba del polígrafo—.

2.2.3 Necesidad, pertinencia, utilidad y relevancia

La jurisprudencia del TC y del TS recurre a los conceptos de necesidad, utilidad, pertinencia y relevancia probatoria, si bien con cierta imprecisión terminológica, pues en ocasiones los dota del mismo significado o los intercambia. Conforme a la distinción, es innecesaria la prueba que verse sobre hechos notorios, sobre hechos admitidos o sobre normas jurídicas. Pertinente es todo medio de prueba que pretenda probar un hecho relevante para la decisión, bien de modo directo, bien indirectamente. Útil es todo medio de prueba idóneo para acreditar un hecho relevante. Con todo, la STC 51/1985 [*Tol 79466*] afirma que el concepto de pertinencia es polisémico, y que, con él, puede hacerse referencia a la prueba necesaria, útil y pertinente en sentido estricto.

Por otra parte, la jurisprudencia constitucional también recurre a la categoría de la relevancia de la prueba en un sentido distinto. Así, para estimar si se ha vulnerado el derecho que contempla el art. 24.2 CE a utilizar los medios de prueba pertinentes para la defensa, exige la acreditación de la relevancia del medio, de modo que para apreciar la vulneración debe quedar acreditada no sólo la pertinencia del medio en sentido estricto, sino también su decisividad (relevancia) para la decisión del litigio (ATC 70/1985, de 31 de enero), de modo que si, pese a ser pertinente, el resultado de la prueba, de haberse practicado, no habría variado el fallo, no se produciría indefensión material y, por tanto, la lesión del art. 24.2 CE.

En ocasiones, se recurre a la fórmula de la falta de necesidad sobrevenida para referirse a la prueba redundante. A ella se refiere las *Federal Rules of Evidence* (Regla 403) en su último inciso al establecer que: «Aunque sean relevantes, las pruebas pueden excluirse si su valor probatorio es sustancialmente rebasado por el peligro de que produzcan un prejuicio injusto, una confusión de los asuntos o sean tendenciosas para el jurado; o bien, por consideraciones de retraso debido, pérdida de tiempo o innecesaria presentación de pruebas acumulativas».

En este sentido, el 363 de la LEC previene que las partes pueden proponer cuantos testigos estimen conveniente, si bien cuando el tribunal hubiere escuchado el testimonio de al menos tres testigos con relación a un hecho discutido, podrá obviar las declaraciones testificales que faltaren, referentes a ese mismo hecho. Ahora bien, la aplicabilidad de dicha regla al proceso penal debe tomar en consideración varios factores, como resalta CAMARENA GRAU. Así:

a) Debe tratarse de varios testigos que hayan presenciado lo mismo y den respuestas coincidentes
b) Antes de adoptar la decisión, para garantizar la debida contradicción, debe oírse a las partes.
c) La parte que solicite que se continúe examinando a algún o varios testigos más, deberá justificar por qué un mayor número de testigos afectará a la decisión sobre el resultado probatorio. Así, por ejemplo, puede poner de relieve que los testigos pendientes de ser oídos pueden tener un mayor grado de credibilidad por no tener conexión familiar con la persona acusada, o por gozar de una particular cualificación, lo que puede reforzar su posición probatoria.
d) La decisión judicial debe tomar en consideración las manifestaciones de las partes. Así, si ninguna manifiesta que va a cuestionar lo que ya han dicho los anteriores testigos, podrá dejarse sin efecto la práctica de la testifical restante. En caso contrario, el tribunal deberá decidir realizando, sobre la base de una la interpretación más favorable para el ejercicio del derecho de defensa, pues, como señala la STC 89/1995 [*Tol 82828*], una denegación tardía, aun razonada, de la prueba supone una vulneración del derecho a los medios de prueba si genera indefensión.

2.2.4 El estándar Murtazaliyeva

La doctrina del TS se ha hecho eco de lo que se conoce como estándar Murtazaliyeva, por referencia a la STEDH de 18/12/2018, caso Murtazaliyeva c. Rusia [*Tol 6955361*] que ofrece un método para evaluar la compatibilidad de las decisiones de inadmisión probatoria, en particular cuando afectan a la defensa, con las exigencias del artículo 6.3 d) CEDH, que puede servir de guía a los tribunales nacionales para el desarrollo de su función de control.

En esta línea, la STS 1/02/2024 [*Tol 9864030*] identifica tres niveles de control de la corrección de la decisión sobre la admisión probatoria:

a) Con relación a la carga de alegación y argumentación razonada que incumbe a las defensas sobre la necesidad del medio probatorio propuesto, el potencial informativo del medio propuesto debe ir destinado a influir en el resultado del juicio, fórmula que da cobertura también a aquellas solicitudes de medios de prueba de los que se pueda esperar razonablemente que refuercen la posición de la defensa, para lo que debe atenderse a las circunstancias del caso, a la etapa de las actuaciones, a los argumentos y estrategias adoptadas por las partes y a su conducta durante el desarrollo del proceso.

b) Con relación al grado de razonabilidad de la respuesta del tribunal, éste debe examinar la pertinencia de la pretensión solicitada por la defensa y justificar suficientemente su decisión sobre este punto. En particular, el tribunal debe examinar cuidadosamente las cuestiones pertinentes cuando la defensa hace una solicitud suficientemente razonada para el interrogatorio de un testigo

c) Finalmente, en cuanto al tercer nivel de control, esto es, el relativo a si la decisión del rechazo del medio de prueba propuesto afectó negativamente a la equidad del juicio, nivel aplicable en exclusiva al TEDH, éste debe valorar el desarrollo del proceso en su conjunto pues ello permite evitar que la aplicación del estándar de control se convierta en excesivamente rígida y mecánica. No obstante, una base razonable en la solicitud de práctica probatoria y una denegación injustificada o arbitraria por parte del tribunal son dos indicadores de inequidad en el desarrollo
1994 del proceso. Así, como supuestos concretos, el TEDH ha precisado que la audiencia de un testigo de descargo cuando su testimonio va dirigido a confirmar la coartada del acusado debe ser considerada a priori pertinente.

3. EL ORDEN DE LA PRÁCTICA DE LA PRUEBA

3.1 Régimen jurídico y praxis judicial

El art. 701 LECrim dispone que las pruebas de cada parte se practicarán por el orden en que hayan sido propuestas en sus escritos de conclusiones provisionales. No obstante, el presidente puede alterar dicho orden, a instancia de parte o de oficio «cuando así lo considere conveniente para el mayor esclarecimiento de los hechos o para el más seguro descubrimiento de la verdad».

La LECrim no regula el interrogatorio de la persona acusada, como veremos en el siguiente epígrafe. No obstante, por vía jurisprudencial no sólo se ha venido admitiendo dicho interrogatorio como medio de prueba lícito, sino que, además, se ha consolidado la práctica de que el arranque del juicio tiene lugar con él. A ello ha contribuido el tenor de los arts. 688 y ss. LECrim. Ahora bien, dichos preceptos no regulan el interrogatorio del acusado, sino solo la posible confesión, a preguntas del presidente del tribunal, a efectos del dictado de sentencia de conformidad de concurrir las circunstancias que contempla el art. 655 LECrim. Tal práctica judicial responde al modo en el que habitualmente se proponen los medios de prueba en los escritos de conclusiones provisionales, en los que la fiscalía interesa, en primer lugar, la declaración de la persona acusada y, de forma mimética, las defensas suelen hacer lo propio.

Pese a ello, en los últimos años se ha abierto paso otra práctica, iniciada en las AAPP de Tarragona y Barcelona (FERNÁNDEZ PALMA/RUEDA SORIANO) consistente en desplazar el interrogatorio de la persona acusada al último lugar en el orden de la práctica de la prueba plenaria, decisión que se adopta no sólo a petición de las defensas, sino incluso de oficio, con la argumentación de que, de este modo, se contribuye a una mejor averiguación de la verdad.

Tanto desde un punto de vista epistémico como desde el plano de las garantías, la decisión es acertada. La experiencia demuestra que cuando la práctica de la prueba comienza con el interrogatorio del acusado ocurren dos cosas. En primer lugar, negada por el acusado su participación en los hechos, el objeto del interrogatorio sufre una alteración, y deja de ser el hecho acusatorio para centrarse en la hipótesis de descargo suministrada por el interrogado. Las preguntas irán dirigidas a cuestionar la credibilidad del testimonio de la persona acusada, y, para ello, el interrogador utilizará técnicas dirigidas a confundir a la persona a quien interroga, a buscar contradicciones. Quien tenga dificultades para expresarse o para procesar con rapidez la información y evitar trampas dialécticas correrá el riesgo de equivocarse. No se toma en consideración el hecho de que la falsedad de la declaración —entendida como falta de correspondencia con la realidad— puede deberse no sólo a la mentira, sino también al error. Tampoco suele considerarse que, en cualquier caso, de dicha falsedad no se infiere la verdad del hecho acusatorio.

Fruto de lo anterior, se piden al acusado explicaciones por las informaciones provenientes de diligencias documentadas en el expediente investigativo y que no constituyen medios de prueba, por lo que el tribunal no debería considerarlas y, menos aún, permitir tales preguntas. Sin embargo, los tribunales suelen, en tales casos, consultar el sumario y, de este modo, acceder indebidamente a su contenido, por lo que van conformando un prejuicio de fondo. Es evidente que esta práctica distorsiona el modo en que el juzgador debiera entrar en contacto con los hechos probatorios, pues se altera el orden natural, que debería comenzar con la prueba de cargo que se supone da sustento a la hipótesis de la acusación.

Desde el punto de vista del proceso justo, en el modelo tradicional predomina la concepción del acusado como mero objeto de prueba y no como sujeto procesal, pues aquél se ve compelido a contestar a las preguntas del acusador, por el temor de que puedan extraerse consecuencias de su silencio. Late, bajo la superficie de la praxis, la cultura probatoria inquisitiva: en el fondo, se piden al acusado explicaciones sobre el resultado de las diligencias sumariales, dando a entender que ya se dispone de la prueba incriminatoria y que ahora es el turno de la defensiva. Frente a ello, debe objetarse que el proceso justo, espacio en el que se busca la verdad, debe garantizar la efectividad del derecho de defensa, y únicamente se puede ejercitar ésta de forma efectiva cuando el acusado conoce toda la prueba existente, momento en el que se encuentra en disposición de ejercitar adecuadamente el derecho a guardar silencio.

3.2 La jurisprudencia de la Sala Segunda del TS

La doctrina del TS es pacífica. La STS de 17/03/2009 [*Tol 1499106*] desestimó un recurso de casación en el que el recurrente alegaba que el tribunal que le condenó no había atendido a su petición de declarar, no al comienzo de la sesión, sino una vez practicadas las pruebas. La Sala Segunda afirmó que es el tribunal al que corresponde la última palabra sobre el orden en el que han de

practicarse las pruebas propuestas por las partes, pues el director del proceso es el juzgador, no las partes. En consecuencia, la denegación de la petición de cambio en el orden de las pruebas no supone quebrantamiento de forma alguno, ni genera indefensión, dada la posibilidad de la defensa de intervenir contradictoriamente en todas las pruebas, y del derecho a la última palabra, reconocido al acusado.

Ahora bien, la STS de 25/04/2023 [*Tol 9547168*] ya viene a reconocer que la práctica tradicional está evolucionando, al ser más congruente con la presunción de inocencia que se pida al acusado una explicación cuando haya escuchado qué pruebas existen contra él. En cualquier caso, la resolución descarta que la denegación de la alteración del orden fijado por el tribunal implique lesión de derecho alguno, pues en el juicio siempre se da la última palabra al acusado, éste ya conoce las pruebas que la acusación propone como de cargo y las que constan en el sumario, dispone de asistencia letrada, y ha podido asesorarse sobre la posible invalidez de alguna prueba existente en su contra.

Lo cierto, sin embargo, es que propiamente no cabe hablar de pruebas si éstas no se han practicado contradictoriamente en juicio oral, por lo que, en sentido estricto, la persona acusada ignora las pruebas existentes en su contra hasta el momento en que éstas se han practicado.

De todos modos, y más allá del debate acerca del momento en el que se practica la declaración del acusado, cabe apuntar que el tribunal debe velar porque el juicio sea un espacio de producción de información de calidad, lo que aconseja una intervención activa en la determinación del orden de realización de las pruebas y puede hacer aconsejable en determinados casos —v.gr. juicios en los que las pruebas periciales y documentales presenten una especial complejidad y sean determinantes— practicar en último término todas las pruebas declarativas.

3.3 La reforma del art. 701 en la LO 1/2025

La LO 1/2025, haciéndose eco del debate, ha introducido el régimen que, a continuación, se expone. Como hasta ahora, la regla general es la práctica de la prueba por el orden propuesto por las partes. Además, el Presidente puede alterar dicho orden, incluso de oficio, «cuando así lo considere conveniente para el mayor esclarecimiento de los hechos o para el más seguro descubrimiento de la verdad». En todo caso, y con independencia de lo anterior, y aquí radica la novedad, prevalece la solicitud de la defensa cuando solicite que el acusado declare en último lugar. La reforma, que en este punto merece una valoración positiva, parece, por otro lado, una toma de postura a favor de la posibilidad de que se reciba declaración a la persona acusada, pese a la ausencia regulativa, como veremos seguidamente.

4. EL INTERROGATORIO DEL ACUSADO

4.1 Problemas regulativos

La LECrim contempla la intervención del acusado para prestar la conformidad (art. 688) y para hacer uso de la última palabra (art. 739). Menciona la prueba de interrogatorio en el Juicio por delito leve (art. 969.1) y en el procedimiento ante el Tribunal del Jurado (art. 46.1 y 5 LOTJ). Pero, pese a que regula con detalle la diligencia de investigación del interrogatorio de la persona investigada (arts. 385 y ss.), no regula la declaración de la persona acusada.

La omisión fue explicada por la doctrina como simple olvido, de modo que la memoria de la FGE de 1883 instó a los fiscales a proponer como prueba en sus escritos de calificación tal interrogatorio, y a recurrir en casación las decisiones denegatorias, pronunciándose el TS en favor de su admisión.

LÓPEZ ORTEGA sostiene que se trató de una decisión deliberada del legislador, coherente con la práctica procesal inglesa vigente en el momento de la promulgación de la LECrim, a la que se acudió como modelo, y en la que sólo a partir de 1898 se permitió al acusado declarar, si bien sólo a instancia de su propio abogado y en la condición de testigo. Prueba de ello es que el art. 714 LECrim sólo regula la lectura de las declaraciones sumariales de los testigos, y no de los investigados. De este modelo, seguido por los Códigos Procesales portugués e italiano, se han hecho eco el Anteproyecto de Ley de Enjuiciamiento Criminal (2011), el borrador de Código Procesal Penal (2013), y el Anteproyecto de 2020, que priorizan la consideración de dicha declaración como medio defensivo sobre su conceptuación como medio de prueba, en línea con las exigencias del proceso acusatorio eliminando uno de los residuos inquisitivos que permanecen en nuestro sistema: el acusado declara, a instancias del acusador, al inicio del juicio oral.

4.2 Práctica de la prueba

La doctrina jurisprudencial, no obstante, viene aplicando analógicamente las reglas de la declaración sumarial, si bien con algunas matizaciones, pues el art. 387 LECrim impone a quienes declaran la obligación de decir verdad, en contradicción con lo dispuesto en el art. 24.2 CE, que garantiza los derechos a guardar silencio y a no confesarse culpable. Además, debe observarse lo que hemos indicado en el capítulo 47.2 respecto de la regla de ausencia de medidas de sujeción física, declaración sedente, y con la posibilidad de comunicación inmediata con el letrado defensor, con la finalidad de garantizar el derecho de defensa aplicando la filosofía que deriva del art. 42.2. LOTJ —el acusado se encontrará situado de forma que sea posible su inmediata comunicación con el defensor—.

CAMARENA GRAU ha señalado que el marco constitucional general de los derechos del acusado al prestar declaración habilita al letrado defensor para pedir la interrupción de la declaración en determinados casos para que se subsanen los déficits y se le permita comunicarse con su defendido. En concreto, y entre otros:

a) Cuando las circunstancias escenográficas puedan atentar contra la dignidad, libertad y el derecho de defensa de la persona acusada. Así, cuando se adoptan medidas de sujeción innecesarias, o declara incómodamente de pie en una sesión larga, o sin posibilidad de comunicarse fluidamente con su abogado, o si se advierte la presencia de factores coactivos externos, tales como la presencia en Sala de personas portando armas, pues la declaración debe realizarse en ausencia de cualquier tipo de coerción (STC 161/1999 [*Tol 81208*] y art. 389.3 LECrim).

b) Cuando se constaten deficiencias en la labor del intérprete, cuya función no sólo se extiende a traducir las palabras de la persona acusada cuando declara, sino a traducirle cuantas informaciones resulten de las pruebas que se practican ante él. Difícilmente, como declara la STC 30/1989 [*Tol 80241*], puede garantizarse el proceso justo si no se garantiza la compresión del acusado del sentido y significado de los actos procesales en que interviene y de las informaciones y hechos acusatorios.

c) Cuando el interrogatorio atañe a pruebas cuya licitud, directa o indirecta, ha sido cuestionada y sobre las cuales el tribunal aún no se ha pronunciado, por haber deferido la cuestión para su resolución en sentencia, pues la declaración puede servir para romper el nexo de antijuridicidad en perjuicio de la persona acusada, como vimos en el capítulo 17.

d) Cuando se constaten deficiencias en la transmisión de la información y en la comprensión del derecho a guardar silencio. A esta cuestión nos referiremos más adelante.

e) Cuando se formulen preguntas capciosas o sugestivas, momento en el que la defensa, al amparo del art. 709 LECrim puede solicitar la interrupción de la declaración, reclamando la intervención del presidente.

4.3 Valor probatorio

4.3.1 Declaración del acusado y confesión

La doctrina jurisprudencial tiene admitido de forma pacífica que la confesión de la persona acusada, realizada con las debidas garantías legales, constituye prueba idónea y suficiente para estimar enervada la presunción de inocencia. La jurisprudencia distingue entre la prueba del hecho y la prueba de la autoría, de modo que, si bien la justificación probatoria de la autoría puede basarse en exclusiva en la confesión, no ocurre lo mismo con la justificación del hecho, que debe encontrar respaldo en otras pruebas, tal y como resulta del art. 406 LECrim.

Llama la atención la diferenciación semántica y sus efectos. La jurisprudencia suele distinguir entre confesión, entendida como el resultado del interrogatorio en el que el acusado reconoce los hechos y cuyo valor probatorio suele sobredimensionarse, y la declaración exculpatoria, a la que no suele darse valor sobre la base del hecho de que la persona acusada no tiene obligación de decir la verdad. Por lo que respecta a la declaración exculpatoria, un razonamiento de este tipo incurre en lo que se conoce como falacia normativista, al derivar el ser del deber ser. Así, de la misma manera que del hecho de que el testigo tenga estatutariamente establecida la obligación de decir verdad no se sigue que en el caso concreto proporcione información veraz, del hecho de que el acusado no esté obligado a confesarse culpable nada puede inferirse en su perjuicio. Si proporciona o no información falsa es algo que dependerá del análisis conjunto del cuadro de prueba. Me remito aquí a lo que se dirá al analizar la prueba testifical, y, en especial, a la necesidad de que existan corroboraciones pues, como prueba declarativa equivalente a la declaración del acusado, presenta bastantes elementos comunes.

La confesión, por su parte, plantea inquietantes problemas analizados por la psicología del testimonio. Suele atribuírsele una gran fuerza probatoria sobre la base de que ninguna persona declararía en su propio perjuicio algo que no fuera verdadero. Además, se trata de una prueba que puede permitir el hallazgo de otras pruebas adicionales y que tiene capacidad para modificar otras pruebas.

DIGES ha puesto de relieve, sobre la base de diversos estudios, la frecuencia con la que se producen falsas confesiones. En este sentido, distingue entre falsas confesiones voluntarias, forzadas por conformidad, y forzadas por internalización. Las primeras se ofrecen en ausencia de presión, y suelen tener por objeto ayudar al verdadero autor —sea por coacción, altruismo, para beneficiar a una persona del entorno, o por algún pacto—. También pueden producirse por un trastorno mental vinculado con el deseo de notoriedad o la incapacidad de distinguir la fantasía de la realidad. Las confesiones forzadas por conformidad se producen cuando se coloca a la persona acusada en una situación en la que una confesión falsa de culpabilidad es preferible a arriesgarse a otras alternativas. Así, cuando la pena ofrecida es muy baja en relación con la posible pena imponible, o cuando se obtienen otras ventajas instrumentales, como la finalización de la situación de prisión o cuando la verdad coloca en mal lugar al sujeto —*v.gr.* adulterio—.

Las falsas confesiones forzadas por internalización son particularmente problemáticas. En ellas, la persona sospechosa, debido al cansancio, a la presión y a la sugestividad del interrogatorio puede llegar a creer que cometió el delito, aunque no lo recuerde. Un contexto de amnesia o de consumo de alcohol puede generar memorias frágiles o difusas que pueden ser aprovechadas por el interrogador, de buena o mala fe, provocando en el interrogado una especie de desconfianza hacia su propia memoria, de modo que ésta acaba siendo alterada. Los estudios que DIGES cita en su obra analizan las técnicas para forzar la internalización, que suelen enseñarse en los manuales policiales. Así, entre muchas otras, el interrogador debe intentar convencer al sujeto que duda sobre la existencia de pruebas incontrovertibles de su participación en el delito, aunque no existan en ese momento, así como de las razones por las que puede no recordar los hechos; o repetir con confianza su creencia en su culpabilidad; o recordar al sujeto sus problemas previos de memoria, o atemorizarle sobre las consecuencias de su negativa a confesar. Si la persona sospechosa declara aislada de personas que pueden aportarle otros puntos de vista y tiene ciertas características de personalidad —*v.gr.* confianza en la autoridad, sugestionabilidad elevada, etc.—, puede acabar construyendo un falso recuerdo, que puede llegar a acabar determinando no sólo su declaración policial, sino la declaración en juicio.

Por ello, los supuestos de confesión voluntaria deben evaluarse críticamente analizando minuciosamente las circunstancias en las que se obtuvo, más allá de lo que quede reflejado en las diligencias policiales.

4.3.2 Declaración del coacusado: la corroboración

La declaración de la persona acusada cuando incrimina a otro acusado —declaración de coacusado— ha sido calificada de prueba intrínsecamente sospechosa por la doctrina jurisprudencial por dos razones. En primer lugar, por la posible concurrencia de móviles espurios, como pueden ser la autoexculpación o la obtención de un beneficio penológico por la heteroinculpación. Pero, además, por el déficit de contradicción defensiva que para la persona incriminada por la declaración supone enfrentarse a tal medio de prueba, pues como todo acusado, el coacusado no solo no tiene la obligación de decir la verdad, sino que puede callar total o parcialmente o incluso mentir. 2001

Por ello, la jurisprudencia exige, para que la declaración pueda tomarse como prueba de cargo que permita la condena, que se encuentre corroborada por elementos externos a la propia declaración. Sin embargo, en muchos casos, dista de ser claro qué sea corroboración. Así, el TC ha indicado lo siguiente:

a) La corroboración no constituye una prueba adicional, pues, en otro caso, bastaría ésta sin necesidad de las declaraciones de los coacusados. La corroboración es la confirmación de otra prueba, que es la que por sí sola no podría servir para la destrucción de la presunción de inocencia, pero que con dicha corroboración adquiere fuerza para fundar la condena (STC 198/2006 [*Tol 964379*])

b) Ahora bien, la corroboración resulta exigible no en cualquier punto, sino en relación con la participación del recurrente en los hechos punibles que el órgano judicial considera probados (STC 125/2009 [*Tol 1533293*]). No obstante, existen ejemplos aislados en los que el TC se aparta de este criterio y acepta la concurrencia de datos genéricos como constitutivos de la mínima corroboración necesaria para entender enervada la presunción de inocencia. Así, la STC 57/2009 [*Tol 1468366*], en la que el TC estima que las declaraciones de las personas coacusadas quedaron suficientemente corroboradas por otros datos relativos a la personalidad y actividad de los coacusados incriminados.

c) Además, la declaración de un coacusado no constituye corroboración mínima de la de otro coacusado (STC 72/2001 [*Tol 81443*]), ni los factores de credibilidad objetiva de la declaración, tales como la persistencia en la incriminación, la ausencia de incredulidad subjetiva, ni la coherencia en el relato (STC 134/2009 [*Tol 1533321*]). Por tanto, las fuentes corroboradoras han de ser externas.

ANDRÉS IBÁÑEZ ha definido con mayor precisión la corroboración. Esta es el «instrumento de refuerzo del valor probatorio de la afirmación de un acusado relativa al hecho principal de la causa, mediante la aportación de datos de una fuente distinta, referidos no directamente al hecho principal, sino a alguna circunstancia que guarda relación con él, cuya constatación confirmaría la veracidad de lo declarado por el declarante» Hay que distinguir entre el objeto de la corroboración —esto es, una afirmación del acusado sobre el hecho acusatorio—, la fuente de la corroboración —que ha de ser ajena al acusado; por
2002 tanto, ha de tratarse de otra fuente de prueba—, y el contenido de la corroboración —constituido por un hecho secundario del que inferir el principal—. En definitiva, «corroborar es probar, no directamente la acción que da contenido a la acusación, sino un hecho relacionado con ella y con el acusado, cuya producción en determinadas circunstancias abonaría en términos de la experiencia la certeza de que, en efecto, la misma ha tenido lugar con intervención de aquél».

Se trata de un concepto dinámico y relativo dependiente de los términos del debate procesal. Un informe pericial que identifica la presencia de ADN en la muestra de semen hallada en la zona vaginal de la víctima es elemento de corroboración de su declaración si el acusado niega el acto de contenido sexual, pero no lo es si lo afirma, pero objeta que fue consentido. O un informe forense de lesiones, puede corroborar el hecho, pero no la autoría.

Tal y como hizo con otra prueba que presenta déficits intrínsecos de fiabilidad —la diligencia de identificación visual— el Anteproyecto de LECrim de 2020 introdujo una regla de prueba legal negativa, estableciendo que la sentencia sería siempre absolutoria cuando la prueba de cargo consista en exclusiva en la declaración de coacusados si no concurren elementos de corroboración. Lo adecuado sería generalizar esta regla para la declaración de la persona acusada y también para la declaración del testigo, pues no hay otro modo para testar la fiabilidad de la información que proporciona una fuente de prueba personal que cruzándola con otras informaciones probatorias.

4.3.3 El aprovechamiento probatorio del silencio

El art. 24.2 CE reconoce a toda persona acusada el derecho a guardar silencio. Se trata de un mecanismo eficaz para prevenir el riesgo de tortura, malos tratos o coacciones para la obtención de confesiones. Por ello, se trata de una regla rígida e inderogable, no susceptible de ser sometida a ponderación.

Es desde esa óptica desde la que debemos abordar la cuestión relativa a los rendimientos probatorios que cabe obtener del silencio de la persona acusada, pues un incorrecto entendimiento de la doctrina que sobre tal cuestión introdujo el TEDH en la STEDH de 8/02/1996, caso Murray contra Reino Unido [*Tol 8567274*], puede acabar provocando la lesión del derecho a la presunción de inocencia mediante una inversión de la carga de la prueba.

Para clarificar los posibles problemas interpretativos que ofrece dicha doctrina es de especial interés la STEDH de 20/03/2001, caso Telfner contra Austria, que, implícitamente, recomienda no perder de vista los hechos a los que en cada caso se enfrentaba el Alto Tribunal al ir conformando y perfilando su posición. Según señala, la sentencia dictada en el caso Murray se refería a un caso en el que la propia ley nacional permitía sacar conclusiones de sentido común del silencio del acusado, a modo de presunciones. Se trataba, por otra parte, de un caso en el que la acusación demostró los cargos contra el acusado, y en el que éste fue llamado a dar una explicación. Así, a la vista de que las pruebas presentadas contra el Sr. Murray tenían un peso inequívocamente inculpatorio, el tribunal estimó que el hecho, adicional, de extraer conclusiones de su silencio no vulneraba el artículo 6 CEDH.

En el caso Telfner, una persona fue acusada de causar lesiones por imprudencia en un accidente de circulación conduciendo un vehículo. La clase de vehículo y su matrícula fueron identificados, pero no el conductor, del que la víctima no supo explicar si era hombre o mujer. En el juicio, las pruebas periciales apuntaron a que el acusado era el principal usuario del vehículo, aunque su madre y su hermana también solían utilizarlo. El acusado negó haber utilizado el vehículo sin aportar prueba alguna, y fue condenado. El TEDH concluyó: «Al requerir del acusado una explicación, aunque no se pudieran demostrar unos indicios razonablemente convincentes contra él, los tribunales trasladaron la carga de la prueba de la acusación a la defensa» vulnerando el artículo 6 CEDH.

Por tanto: a) La carga de la prueba siempre recae sobre la acusación (artículo 6 CEDH); b) Cualquier duda sobre la hipótesis acusatoria siempre ha de beneficiar al acusado; c) Cuando la carga de la prueba se traslada de la acusación a la defensa, se vulnera la presunción de inocencia; d) Sólo cuando la prueba presentada sea de tal peso que lo único que puede inferirse del silencio del acusado es que carece de una explicación alternativa para el caso que se le presenta, puede extraerse un rendimiento adicional de dicho silencio. En otros términos: el «test de la explicación» sólo opera cuando las pruebas acusatorias hayan alcanzado un elevado umbral convictivo. En este sentido, son de interés la STC 155/2002 [*Tol 258487*] y la STC 61/2005 [*Tol 609868*].

El punto de referencia lo encontramos hoy día en la Directiva (UE) 2016/343 del Parlamento Europeo y del Consejo, de 9 de marzo de 2016, por la que se refuerzan en el proceso penal determinados aspectos de la presunción de inocencia. Su art. 7 proclama el derecho a guardar silencio y a no declarar contra sí mismo, y añade en su parágrafo quinto: «El ejercicio por parte de los sospechosos y acusados del derecho a guardar silencio y a no declarar contra sí mismos no se utilizará en su contra ni se considerará prueba de haber cometido la infracción penal de que se trate»

Como recuerda la STS de 25/03/2021 [*Tol 8398950*], en línea con la doctrina Murray bien entendida, y, como se precisa en los considerandos introductorios de la propia Directiva 2016/343 —parágrafos 22 a 29—, el silencio del acusado no puede aprovecharse para suplir la insuficiencia de la prueba de la hipótesis acusatoria. Pero puede emplearse para argumentar, de contrario, sobre la solidez de los resultados inferenciales que arroja la prueba de la acusación.

4.3.4 El derecho a la última palabra

Por último, debe señalarse aquí que el derecho que reconoce el art. 739 LECrim constituye una manifestación estructural del derecho de defensa, como expresión de la autodefensa, otorgando al acusado la posibilidad de que el tribunal incorpore sus manifestaciones a los elementos de juicio, para apreciar la prueba racionalmente. Ahora bien, cuando el acusado ejerce tal derecho puede introducir informaciones y, como tales, son susceptibles de valoración probatoria autónoma, lo que puede favorecer o perjudicar a quien declara.

5. PRUEBA DE TESTIGOS

5.1 Régimen jurídico general

El testigo es la persona que ha presenciado un hecho con relevancia jurídica para el caso y que proporciona información en juicio sometiéndose al interrogatorio cruzado de las partes. A diferencia del perito, que expone en el juicio el razonamiento inferencial que realizó sobre la base de las operaciones periciales que haya llevado a cabo, el testigo se limita a relatar lo que vio y oyó, suministra los hechos percibidos —con todos los matices que puedan hacerse, tal y como vimos al diferenciar entre hecho percibido e interpretado en el capítulo 16, 5.5—.

No pueden prestar declaración como testigos los jueces y fiscales del caso (arts. 219.6 LOPJ y 54 y 96 LECrim), aunque sí quienes afirman ser víctimas o personas ofendidas o perjudicadas por el delito, aunque se encuentren personadas como acusación.

La LECrim regula la diligencia sumarial testifical (arts. 410 a 450) y la prueba testifical en juicio (arts. 702 a 722). Aunque el art. 446 LECrim establece que al testigo sumarial se le apercibirá de la obligación de volver a prestar declaración, en calidad de prueba, en el juicio oral, ello no significa que sólo puedan declarar en juicio las personas que hayan sido previamente interrogadas en la instrucción, pues son las partes quienes proponen la prueba que estimen relevante para la defensa de su posición jurídica.

Los testigos tienen la obligación de comparecer en la sede del órgano judicial cuando sean citados, con las excepciones que la ley establece para los miembros de la Casa Real y las autoridades a las que se refiere el art. 703 LECrim, quienes pueden declarar por escrito. La incomparecencia injustificada puede provocar la suspensión del juicio oral, sin perjuicio de la multa que pueda imponerse al testigo. 2005

Los testigos tienen también la obligación de prestar declaración, bajo sanción de multa y sin perjuicio de incurrir en delito de desobediencia grave (art. 716 LECrim). Están exentas de dicha obligación las personas a las que se refieren los arts. 416.2 y 417 LECrim —casos de incapacidad física o psíquica, siempre que se hayan agotado los mecanismos periciales para obtener la información, pues, en principio, puede ser testigo cualquier persona; y supuestos de secreto profesional, que se extienden al abogado del caso y al intérprete—. También se exime de tal obligación a quien deba responder a alguna pregunta cuya contestación pueda perjudicar, bien a dicha persona, bien a algunos de los parientes a los que se refiere el art. 416 LECrim.

A los parientes contemplados en el art. 416.1 LECrim se les concede una dispensa, de modo que pueden no declarar en contra de la persona acusada, de lo que deberán ser expresamente advertidos. Sin, advertidos, finalmente declaran, podrán valorarse sus manifestaciones libremente. En todo caso, tras la reforma operada por la LO 8/2021 la dispensa no se concede en los casos que el precepto establece —*v.gr.* cuando el testigo sea representante legal de la víctima menor o discapaz necesitada de especial protección, cuando se trate de un delito grave y la víctima sea menor de edad o discapaz necesitada de especial protección, cuando el testigo no pueda comprender el sentido de la dispensa, o cuando haya estado personada en el proceso como acusación particular—.

Todas estas excepciones al deber de declarar persiguen tutelar intereses relevantes para el proceso, así como evitar que el testigo sea colocado en un estado de necesidad que podría llevarle a faltar a la verdad y a suministrar información poco fiable.

En cuanto al procedimiento de toma de declaración, se conoce como interrogatorio cruzado. El testigo, tras ser informado de sus deberes y de la obligación de decir verdad, prestará juramento o promesa de hacerlo, de ser mayor de 14 años, y contestará a las preguntas generales de la ley que el presidente le dirija —nombre, apellidos, edad, profesión, relación con las partes, etc.— y, acto seguido responderá a las preguntas que las partes realicen por su orden: en primer lugar, las de la parte que le propuso; seguidamente, las restantes partes y, finalmente, y de modo excepcional, el presidente, para aclarar algún extremo en relación con las informaciones que ya hayan surgido en el interrogatorio. El art. 708 LECrim establece que, si bien la parte que presenta al testigo puede hacerle las preguntas que tenga por conveniente, las demás
2006 partes podrán dirigirles las que «consideren oportunas y fueren pertinentes en vista de sus contestaciones», lo que parece restringir el alcance de lo que la contraparte puede preguntar, con la finalidad de evitar las consecuencias que podrían derivarse de la introducción de preguntas nuevas del letrado no proponente, como el abrir un nuevo turno de preguntas para el proponente. La cuestión, en todo caso, no deja de ser más teórica que práctica por cuanto lo habitual es que ambas partes hagan suyas las propuestas de prueba testifical de la parte contraria, en especial, las defensas.

La denegación de una pregunta por el presidente del tribunal por impertinente, capciosa o sugestiva, o innecesaria y relativa a la vida privada que no tenga relevancia para el hecho delictivo enjuiciado (art. 709 LECrim), puede motivar la formulación de protesta contra la decisión, como paso previo a interponer recurso contra la sentencia de fondo basada en la inadmisión de la pregunta.

En cuanto al orden, salvo que el tribunal haya decidido otra cosa, declaran en primer lugar los testigos propuestos por el Ministerio Fiscal; a continuación, los de las acusaciones particulares, actor civil y, finalmente, defensas y responsables civiles (arts. 705 y 701 LECrim).

Los testigos permanecen incomunicados entre sí y con otras personas hasta el momento en que deban declarar. La infracción de la regla, no obstante, no conlleva la invalidez del testimonio, sino, en su caso, puede determinar que tal circunstancia pueda ser objeto de valoración en sentencia.

Por lo que atañe a determinados testigos —*v.gr.* menores de 18 años y personas con discapacidad necesitadas de especial protección—, el art. 707 LECrim establece que, a fin de mitigar la victimización secundaria, consustancial a toda declaración en la que se permita la contradicción defensiva, el tribunal puede adoptar medidas para evitar la confrontación visual entre quien declara y la persona acusada, pudiendo incluso contemplarse la posibilidad de que la declaración se realice desde otra habitación a través de un circuito cerrado de televisión o mediante videoconferencia. Igualmente, de ser necesario para obtener adecuadamente la información y reducir esa victimización secundaria, podrá practicarse la declaración recurriendo al auxilio de expertos, en los términos que contempla el art. 449 LECrim, aun cuando no se tratara de preconstituir la prueba.

5.2 Valor probatorio

5.2.1 Creencias erróneas sobre la prueba testifical 2007

Es indudable la relevancia que adquiere la prueba testifical en el proceso penal, en el que abundan escenarios probatorios en los que sólo se dispone de testimonios, incluso siendo únicos. Pese a la aparente sencillez del tratamiento judicial de este tipo de pruebas, basada en la premisa de que los testigos, salvo que tengan motivos para mentir, perciben y narran la verdad, por lo que en el proceso deben aplicarse las mismas reglas de sentido común que se aplican en la vida cotidiana, los expertos nos demuestran que tanto su obtención como su valoración no son en absoluto sencillas.

En las últimas décadas se han generalizado los estudios sobre tales cuestiones desde la psicología del testimonio, ciencia que se ocupa de la memoria y de los factores que inciden en la codificación, retención y recuperación de la información. Dicha ciencia proporciona pautas para evaluar la exactitud y credibilidad de los testimonios, por lo que constituye una herramienta auxiliar imprescindible para la labor jurisdiccional.

Los estudios aplicados al proceso penal, difundidos tempranamente gracias a la obra de LOFTUS, han servido para patentizar la existencia de falsas creencias que tradicionalmente han permeado la praxis judicial. Entre éstas: a) La memoria humana es infalible e inmune a la deformación; b) La mente humana graba y almacena los acontecimientos con la precisión de una máquina; c) Cuando queremos acordarnos de algo, extraemos el recuerdo completo e intacto de la memoria, y lo transmitimos, poniendo en contacto al destinatario de la declaración con los hechos que percibimos en el pasado; d) La credibilidad subjetiva del testigo permite afirmar la fiabilidad de la información que el testigo proporciona; y e) El testigo que declara con seguridad y firmeza dice la verdad.

Gracias a los conocimientos de la psicología del testimonio, los tribunales, gradualmente, han ido replanteándose dichas afirmaciones. Ello ha sucedido, sobre todo, en determinadas áreas en los que la prueba testifical presenta singularidades. En particular, en la investigación y enjuiciamiento de los delitos sexuales cometidos sobre menores de edad, supuestos en los que las fuentes primordiales de prueba suelen ser los testimonios de niños y niñas de corta edad, con frecuencia únicos y carentes de corroboraciones. Testimonios en los que las acusaciones fundan peticiones muy elevadas de pena, y que colocan a los juzgadores en situaciones dramáticas, dada la elevada probabilidad de error y la gravedad de sus consecuencias.

En este tipo de casos se han generalizado las denominadas pruebas periciales de credibilidad, dato que revela, al menos, que se ha tomado conciencia del problema. Cuestión distinta es que haya sobrevenido otro fenómeno: la inadecuada valoración del contenido de tales informes, que se aceptan acríticamente sin identificar su verdadero significado probatorio, lo que puede deberse a la deficiente cultura científica de la magistratura. En cualquier caso, es innegable que los avances de la psicología del testimonio han servido para introducir buenas prácticas tanto en la obtención de declaraciones testificales de menores de edad como en su valoración. Del mismo modo, tales buenas prácticas se han extendido al ámbito de los delitos de la violencia de género, en el que también se han producido algunos avances, no exentos, por otro lado, de riesgos, pues no cabe trasladar la metodología propia del análisis del contenido de las declaraciones de menores víctimas de delitos sexuales basado en criterios a otra clase de testimonios.

5.2.2 *Factores de incidencia en el procesamiento de la información: memoria de hechos*

Está muy extendida la idea de que la principal amenaza a la correspondencia entre el testimonio y la realidad es la mentira (DIGES). Según esta idea, la mentira sería lo opuesto a la verdad. Sin embargo, lo opuesto a la verdad es la falsedad, y la falsedad puede, efectivamente, venir de la mentira. Pero también del error. El testigo puede ser sincero, puede no mentir, y pese a ello, su recuerdo puede no corresponderse con la realidad. O su relato, puede no corresponderse con su recuerdo. Estas distinciones, sin embargo, no han encontrado eco en la jurisprudencia. Por ello, es frecuente encontrar ejemplos en el razonamiento judicial que aluden a la ausencia de motivos para mentir, como circunstancia que permite afirmar la fiabilidad de las informaciones que proporcionan los testigos cuando declaran en juicio.

Si dejamos a un lado la mentira, causante de una falsedad deliberada y nos centramos en la falsedad sincera, debida al error, es necesario partir de la premisa de que la memoria no es reproductiva, sino reconstructiva. Esto es, el testigo al que pedimos que explique su recuerdo no funciona como una máquina que reproduce una grabación que previamente ha almacenado asépticamente. A tal efecto, los psicólogos del testimonio identifican tres fases relevantes en el procesamiento de la información (MANZANERO): la adquisición o codificación, la retención o almacenamiento de la información codificada, y la recuperación de la información. En cada una de esas fases operan diversos factores que pueden distorsionar la exactitud de la información y, en consecuencia, repercutir sobre su fiabilidad.

a) Cuando percibimos un suceso lo interpretamos. Por tanto, lo que se almacena en la memoria no sólo se basa en la pura percepción sensorial, sino en los conocimientos previos de quien percibió el hecho y las inferencias probables que realizó sobre aspectos no percibidos, basadas en esos conocimientos previos. En consecuencia, no sólo inciden sobre la calidad de la información codificada las características del suceso —*v.gr.* duración, frecuencia, familiaridad, condiciones de iluminación, de sonido, tipo de suceso, grado de violencia, presencia de detalles sobresalientes—, sino también las características del sujeto —*v.gr.* capacidades cognitivas y sensoriales, estrés, estereotipos, edad—.

b) En la fase de retención hay distintas variables que también inciden. Así, la edad, el paso del tiempo —la memoria se degrada con el transcurso del tiempo, y el olvido opera cuantitativa y cualitativamente: olvidamos más datos y más selectivamente, por lo que el recuerdo tiende a hacerse «redondo» manteniendo la unidad de sentido que atribuimos al hecho y suprimiendo los datos que cuestionan ese sentido—, las interferencias con nuevas informaciones, o la adquisición de conocimientos nuevos sobre el hecho posteriores al suceso.

c) También en la fase de recuperación hay factores distorsionantes. Fundamentalmente, el contexto en que se verbaliza la información —si es o no institucional—, el modo de interrogar —el contenido y forma de las preguntas pueden producir el efecto de inducir respuestas determinadas y cambiar el recuerdo del testigo, suprimiendo la memoria real o inducienda recuerdos falsos) y el número de recuperaciones —cuanto mayor sea su número, mayor también la probabilidad de interferencias de nuevas informaciones—.

En definitiva, recordar no es una operación mecánica reproductiva, sino una reconstrucción de un suceso a través de los fragmentos de información que puedan haberse guardados y se encuentren disponibles, sujetos a transformación, en los que hay lagunas que rellenamos inconscientemente para que se integren en un todo con sentido.

Por otra parte, los expertos señalan la diferente operatividad de los dos tipos de variables presentes: las variables a estimar y las del sistema. Con respecto a las primeras —*v.gr.* los distintos factores de percepción—, el sistema de justicia penal no puede hacer nada, ya que afectarían a la exactitud del testimonio en las fases previas a la declaración judicial. En cuanto a las variables del sistema —*v.gr.* las que afectan a la recuperación de la información—, son controlables directamente por los modelos investigativos y procesales, que pueden favorecer, en función de su diseño, la fiabilidad y exactitud de los testimonios. Así, por ejemplo, evitando reiterar los interrogatorios que han de prestar los testigos o diseñándolos para reducir el impacto de factores que
2010 alteren la huella de memoria.

A lo anterior puede añadirse que debe distinguirse entre el recuerdo de sucesos y el de caras o personas, planteando este último diversos problemas que se vinculan con la diligencia de identificación visual, mediante exhibición fotográfica y el reconocimiento en rueda.

5.2.3 Factores de incidencia en el procesamiento de la información: memoria de caras

Por lo que respecta a la identificación visual, la psicología del testimonio ha demostrado que su resultado es siempre, esencialmente, falible e incierto. Los estudios de DIGES y MANZANERO, así lo patentizan. Algunos estudios experimentales que citan dichos autores han puesto de relieve que en ruedas de reconocimiento compuestas donde el autor no se encuentra presente en un 48% de los casos las víctimas o testigos han identificado a alguien de quien por definición se sabe que es inocente. El margen de falsos positivos es tal que en supuestos de prueba única queda malparado un modelo procesal que se dice basado en la presunción de inocencia.

Pese a ello, en la práctica judicial no suelen someterse a juicio crítico este tipo de identificaciones. Posiblemente, uno de los motivos sea el hecho de que son muy frecuentes los casos en los que la prueba única existente contra la persona acusada es una identificación visual realizada por la víctima, generalmente en delitos graves —delitos sexuales, robos violentos—, lo que genera una gran preocupación por evitar una impunidad que la sociedad rechaza. Pero al privilegiar así este tipo de reconocimientos se corre el doble riesgo de condenar a la persona inocente y dejar impune al verdadero responsable.

En las identificaciones visuales, la fuente de prueba, el origen de la información es la persona del testigo. Ahora bien, el medio de prueba, entendido como la actividad a través de la cual la fuente ingresa en el proceso no es único, sino doble. No consiste exclusivamente en la declaración testifical de la persona en juicio oral, sino también en la sujeción de la identificación a ciertas reglas que permiten la preconstitución del acto identificativo. Tales reglas tienen por objeto minimizar el riesgo de error, siempre presente en las identificaciones. Que ello es así lo evidencia jurídicamente el hecho de que las actas y videograbaciones que documentan las identificaciones tienen acceso al juicio oral con independencia de la disponibilidad del testigo.

La preconstitución documentada del acto identificativo obedece a ciertas máximas de la experiencia que suministra la psicología del testimonio. Son particularmente relevantes, dos: a) cuanto más próxima se encuentre la identificación al hecho, mayor será la probabilidad de acierto; y b) cuantas más alternativas de elección tenga el testigo, a través del recurso a los distractores o cebos que presenten rasgos físicos similares a los que aquél proporcionó al describir el autor, también será mayor la probabilidad de acierto. La declaración en el plenario, por su parte, persigue someter a la fuente de prueba a la debida contradicción defensiva, garantizando el derecho de defensa, lo que posibilitará obtener una información más detallada y completa sobre las circunstancias de la identificación que anticipadamente se realizó. En definitiva, nos encontramos ante dos medios de prueba distintos provenientes de la misma fuente.

En cuanto a los factores que pueden afectar a la exactitud de una identificación visual, la psicología del testimonio también distingue las denominadas circunstanciales, esto es, factores que afectan a la memoria de un testigo presencial durante la percepción inicial del suceso y el período de retención posterior, que determinan el grado de precisión de su recuerdo y que no son susceptibles de control jurídico, y variables del sistema, o factores que afectan al proceso de recuperación del recuerdo —identificación del autor dentro del proceso— y que pueden ser controlados por el sistema.

Entre las denominadas variables circunstanciales destacan (MANZANERO):

a) Las características del suceso, entre las que se encuentran las condiciones perceptivas —cuanto mejores sean, mejor será el procesamiento visual de la información y, por tanto, mejor el recuerdo que se tenga—, la duración del hecho —cuanto mayor haya sido la exposición a la imagen del autor, más fiable habrá sido el procesamiento de la información—, la familiaridad de la persona que debe ser identificada —es más fiable la identificación de personas conocidas que de extrañas—, la presencia de detalles impactantes —si el agresor tiene un detalle en la cara que destaque mucho el testigo se fijará más en ese detalle sin reparar en otras características de la cara—, el número de agresores —cuanto mayor es el número de personas que un testigo tiene que identificar, mayores errores comete— o el uso de armas —el conocido efecto de "foco en el arma", que provoca que los testigos centren su atención visual en la presencia de un arma, en cuanto objeto que amenaza la propia vida, en detrimento de su atención y recuerdo de otros detalles del suceso, como los rasgos faciales del delincuente—.

b) Las características del autor, entre las que se encuentran la presencia de rasgos distintivos, la pertenencia al mismo grupo étnico que el testigo —los testigos tienen una capacidad mejor para reconocer los rostros de sujetos de su propia etnia que los de miembros de otras etnias—, o la existencia de elementos de disfraz, que pueden dificultar la identificación pues las caras no se perciben como conjunto de rasgos particulares, sino de forma integral. En suma, el procesamiento suele ser holístico.

c) Las características del testigo: la edad, la existencia de psicopatías, problemas de percepción, el grado de atención al suceso, el nivel de estrés sufrido durante el mismo —a mayor estrés, menor fijación, con la salvedad de que niveles moderados de ansiedad mejoran el rendimiento cognitivo, mientras que niveles más altos lo empobrecen— y, en consecuencia, el papel del testigo —víctima o espectador—, cometiendo más errores quien es víctima que quien es espectador.

En esta línea, ha de ser destacado que el grado de seguridad o confianza subjetiva no es un indicador válido, ya que si la persona que reconoce recibe la información posterior de que ha identificado al sospechoso, inmediatamente puede sobrevalorar su propia seguridad, lo que genera una inflación artificial.

Respecto de las variables del sistema, ha de partirse de que las ruedas producen un sesgo de respuesta, tendente a identificar a alguien. El riesgo de identificación de un sospechoso inocente que implica el sesgo de respuesta disminuiría si el juez instructor sólo sometiera a rueda a un sospechoso respecto del que ya se contase con algún elemento de incriminación. En otro orden de cosas, la previa identificación fotográfica puede contaminar la identificación en rueda por un fenómeno de transferencia inconsciente o por el efecto de compromiso con la primera identificación, por lo que resultaría aconsejable optar por la construcción de un retrato robot elaborado sobre la base de la descripción del testigo. En relación con este tipo de variables, nos remitimos a lo indicado en el capítulo que versa sobre el régimen jurídico regulador de la diligencia de identificación visual, poniendo de relieve su insuficiencia y la necesidad de una actualización regulativa en línea con la contemplada en el Anteproyecto de LECrim de 2020.

5.2.4 Aspectos a valorar en la prueba testifical

Vistas las particulares dificultades que el testimonio plantea, en el caso de las testificales de quienes afirman ser víctimas el TS ha fijado una tríada de elementos a valorar —fundamentalmente, atender: a) a la credibilidad subjetiva, b) a la verosimilitud y c) a la persistencia en la incriminación del testigo—. Sin embargo, un testigo puede ser, en principio, subjetivamente creíble —por no tener malas relaciones con el acusado y ejercer una profesión como la policial—, verosímil —en tanto su declaración fuera plausible o conforme a la lógica y a la experiencia— y persistente en sus manifestaciones —por haber mantenido siempre el mismo relato— y, aun así, su testimonio no adecuarse a lo verdaderamente acontecido. Se trata, por tanto, de aspectos a valorar que han de ser convenientemente contextualizados a la luz de las circunstancias del caso concreto. Cabe señalar así que corresponde al juez valorar esos ítems, pero que no puede establecerse de antemano el sentido de la valoración, pues ello dependerá: a) De la calidad epistémica de las inferencias empleadas, esto es, si se alude a conocimientos científicos, seudocientíficos o a máximas de la experiencia espurias; y b) Del contraste de las informaciones probatorias que provienen del testigo con el resto de informaciones probatorias procedentes de otras fuentes de prueba.

Partiendo de lo anterior, para testar la fiabilidad de la información probatoria que proporciona un testigo podemos atender a los siguientes factores (RAMÍREZ ORTIZ, 2019): a) El comportamiento no verbal del testigo y modo de expresión; b) La credibilidad subjetiva del testigo; c) La coherencia del relato; y, d) La existencia de elementos de corroboración.

Por lo que atañe al primer elemento, testigos y acusados se comunican lingüísticamente, pero también gestualmente, proporcionando informaciones y también suscitando impresiones. La información extraverbal plantea dos tipos de problemas (IGARTUA SALAVERRÍA). Por un lado, es equívoca, pues circunstancias tales como el nerviosismo del testigo pueden denotar tanto mendacidad en el testimonio como simple tensión al ser colocado en un escenario y un contexto institucional al que el testigo no está habituado. Por otra parte, la información extraverbal aporta datos a valorar, no criterios de valoración. Por tanto, percibido, por ejemplo, el nerviosismo del testigo, el juez tendrá que construir el razonamiento probatorio y explicitar la inferencia empleada, que siempre estará abierta a la crítica, pues se basaría en la regla «los testigos nerviosos mienten», carente de confirmación científica o empírica. Ello no significa que lo gestual no juegue un papel en el marco del juicio oral, pero tal papel lo desempeña fundamentalmente para la acusación y la defensa, en tanto el nerviosismo o la inseguridad de la persona que declara ante una pregunta comprometedora puede ser un indicador para el interrogador de que debe insistir en la línea de inquisición abierta; pero el juzgador ha de atenerse a los aspectos semánticos, al contenido narrativo del discurso.

También suele apelarse a la mayor o menor credibilidad subjetiva del testigo para valorar la fiabilidad de la información que proporciona. Sin embargo, la psicología del testimonio nos enseña que una persona subjetivamente creíble puede proporcionar información no fiable. El testigo puede estar convencido de que lo que dice es cierto, y, sin embargo, su relato puede no corresponderse con lo sucedido. En consecuencia, al testar la credibilidad subjetiva, a lo sumo, podemos afirmar que el testigo es sincero, pero no que lo que nos cuenta sea verdadero.

La coherencia alude a la perspectiva interna del relato, y toma en consideración la congruencia de la historia, infiriéndose su credibilidad de la «...existencia de una acción central que resulte fácilmente identificable y se encuentre asociada a un contexto que proporcione una explicación aceptable del comportamiento de los sujetos que en ella intervienen» (LÓPEZ ORTEGA, 2018). Un relato es coherente cuando está en armonía con los conocimientos de fondo propios del contexto de que se trata. Por ejemplo, con las generalizaciones empíricas o con los conocimientos comúnmente aceptados o con los conocimientos científicos. La coherencia constituye una buena herramienta para testar la fiabilidad de la información que proporciona un testigo. Sin embargo, es un instrumento de segundo nivel, no exento de problemas: a) En primer lugar, un relato coherente puede ser falso. Que lo que el testigo relate se acomode a nuestros conocimientos sobre el mundo, hace, en principio, atendible el testimonio, pero no excluye su posible falsedad. El contenido de un testimonio puede ser narrativamente coherente, pero falso. Del mismo modo, un testimonio puede ser narrativamente pobre —*v.gr.* porque el testigo tenga déficits cognitivos o dificultades de expresión—, pero verdadero; b) Por otra parte, qué sean los conocimientos de fondo propios del contexto de que se trata es una cuestión problemática, que exige siempre una permanente actualización y una mirada crítica, pues por esta vía se introducen juicios de valor acerca de cuál debía ser la conducta esperable de la víctima o del infractor y qué clase de personas suelen ser víctimas e infractores. Y en estos casos, podemos dejar el camino expedito bien para que el juez imponga sus propias concepciones, bien para que imponga aquéllas que crea mayoritarias.

Mientras que la coherencia alude a la perspectiva interna del relato, la corroboración, por su parte, considera la fiabilidad del testimonio desde una óptica externa, tomando en cuenta los datos objetivos verificables que le prestan apoyo. Definida en los términos que vimos en el epígrafe 4.3.2, la corroboración introduce así un conveniente elemento de prevención de la arbitrariedad y del error judicial en la apreciación de las pruebas al anclarla en el terreno de lo objetivable y, por tanto, controlable. Gracias a los elementos de corroboración es viable la justificación racional de la valoración probatoria, pues podemos someter a contraste lo que el testigo dijo con un elemento que confirmaría o refutaría lo que manifestó como paso previo a declarar o no probada la hipótesis acusatoria.

En resumen, en la compleja labor valorativa del testimonio, en el modelo de valoración racional de la prueba deben tomarse en consideración, en primer lugar, todos los factores que hayan podido tener incidencia en el procesamiento de la información. Una vez realizada tal evaluación, podrán evaluarse los elementos que atañen a la credibilidad subjetiva, a la coherencia del relato y a la corroboración, debiendo señalarse que son éstos últimos los que acaban teniendo un peso decisivo.

5.2.5 Testigos directos y de referencia, protegidos y anónimos

Testigo directo es la persona que, al haber presenciado o conocido por sí misma un acontecimiento, está en condiciones de aportar datos sobre ese hecho, como fuente primaria. Por su parte, el testigo de referencia es una fuente mediata de posible conocimiento que declara, no sobre el hecho procesalmente relevante, sino sobre la versión del mismo que alguien podría haberle suministrado. En rigor, el testimonio de referencia no versa de manera directa sobre el hecho principal —el que configura la hipótesis acusatoria— y ni siquiera sobre un hecho secundario de esta, sino sobre otro ajeno a los de la causa, que, además, es un hecho declarativo. De ahí, parece que la jurisprudencia extrae una doble consecuencia: a) Sólo es posible acudir a la testifical de referencia cuando no sea posible escuchar al testigo directo; y, b) La testifical de referencia carece por sí sola de aptitud para desvirtuar la presunción de inocencia

Desde la perspectiva de la adquisición y transmisión de la información, los riesgos del testimonio de referencia son equivalentes a los del testimonio directo: errores de percepción, de memoria, de comunicación o, en los casos más graves, insinceridad. Esto es, aquel de quien recibe la información el testigo de referencia puede malinterpretar los hechos que presenció, olvidar detalles cruciales en su exposición, errar al transmitir el significado o falsear la realidad. Todo esto puede suceder en los demás testimonios, pero en el de referencia se da un riesgo añadido: tratándose del testigo directo, pueden examinarse contradictoriamente las facultades de percepción del deponente, testar su memoria o someter a análisis su fiabilidad. Por el contrario, la indisponibilidad del contradictorio constituye el principal problema de la testifical de referencia. Si se tiene en cuenta que el testigo de referencia puede, a su vez, incurrir en el mismo tipo de errores al procesar la información recibida del testigo directo, parece claro que deben extremarse las cautelas. En el fondo, subyace el principio de que la fiabilidad de la información disminuye a medida que se aleja de su fuente, se van produciendo interposiciones de terceros, de modo que, aunque no habría óbice legal para admitir un testimonio de referencia de un testimonio de referencia —referencia secundaria, no primaria—, no cabe duda de que el peso probatorio sería decreciente a medida que se produjera el distanciamiento del origen de la noticia. Por estas razones, dado que su toma en consideración para la condena lesionaría el derecho que consagra el art. 6.3.d) CEDH, el testimonio de referencia, por sí solo, no constituye prueba de cargo.

No obstante, tal y como indicó la STC 217/1989 [*Tol 81786*]: «El testimonio de referencia puede tener distintos grados según que el testigo narre lo que personalmente escuchó o percibió —*auditio propio*— o lo que otra tercera persona le comunicó —*auditio alieno*—». En consecuencia, el testigo de referencia puede valorarse, como cualquier otro testigo, en lo que concierne a hechos objeto de enjuiciamiento que haya apreciado directamente y a hechos relativos a la validez o fiabilidad de otra prueba. En este sentido, todo aquello que el testigo percibió de modo directo puede integrar una serie de circunstancias que cabe vincular con el hecho en disputa mediante una conexión inferencial a través de la denominada prueba indiciaria.

En cuanto a los testigos protegidos, la LO 19/1994, autorizó que el juez instructor pudiera adoptar medidas de protección para quienes intervinieran en el proceso penal como testigos o peritos cuando se apreciara, racionalmente, un peligro grave para la persona, libertad o bienes de dichas personas o de sus familiares (art. 1). Entre las medidas de protección introducidas están la sustitución de los datos personales de identificación del testigo o perito —nombre, apellidos...— por un número o clave a los efectos de preservar su identidad [art. 2 a)], así como que cuando comparezcan para la práctica de cualquier diligencia se utilice cualquier procedimiento que imposibilite su identificación visual normal [art. 2 b)]. Finalizada la investigación el órgano judicial competente para el enjuiciamiento debe pronunciarse, motivadamente, sobre el mantenimiento, modificación o supresión de las medidas de protección que hubiera adoptado el Juez de instrucción, o incluso se le faculta para adoptar nuevas medidas (art. 4.1). A tal efecto, la decisión de ocultamiento o anonimato del testigo obliga a realizar una ponderación de derechos e intereses, pues a la protección de vida e integridad física del testigo (art. 15 CE), se contraponen el derecho a un juicio público, a interrogar a los testigos de cargo (arts. 24.2 CE y 6.1 y 6.3 CEDH) y, desde una perspectiva más amplia, el derecho de la sociedad y de los medios de comunicación a conocer y transmitir información veraz (art. 20.1 d) CE). En síntesis, la ley no limita el anonimato a la fase de investigación. Ahora bien, este anonimato parcial permanente, como se le ha llamado por la doctrina, exige un control reforzado por parte del órgano encargado del enjuiciamiento, quien deberá ponderar las razones que hacen conveniente el conocimiento por la defensa del nombre y apellidos del testigo y la necesidad de su ocultación aplicando la técnica de la ponderación de intereses y derechos que contempla el art. 4.1.

2017

La jurisprudencia de la Sala II (entre otras, STS de 27/03/2017 [*Tol 6010231*]) destaca los problemas que puede suscitar la adopción de medidas de protección. Fundamentalmente, la ocultación de la identificación impide a la defensa cuestionar la imparcialidad y credibilidad subjetiva del testimonio, así como testar, mediante la visualización directa, la convicción, veracidad y firmeza de la declaración, lo que afecta al derecho de defensa. Además, en línea con la STC 64/1994 [*Tol 82472*], la Sala Segunda distingue, dentro la categoría general de testigos protegidos, entre testigos anónimos y testigos ocultos. Los primeros son aquellos de los que las partes ignoran sus datos personales. Los segundos, aquellos que sí son identificados personalmente con nombres y apellidos, pero que deponen en el plenario con distintos grados de opacidad a la visión o control de las partes procesales

Por lo que respecta a los testigos anónimos, la jurisprudencia del TEDH (entre otras SSTEDH de 20/11/1989, caso Kostovski contra Holanda [*Tol 164143*], de 27/09/1990, caso Windisch contra Austria [*Tol 220339*], y de 15/06/1992, caso LUDI [*Tol 220338*]), concluye contrario a las exigencias derivadas del art. 6.3 CEDH —derecho a interrogar o hacer interrogar a los testigos que declaren contra el acusado— la condena de un acusado sobre la base exclusiva de testimonios anónimos, entendiendo por tales las declaraciones de personas cuya identidad es desconocida por el tribunal, por la defensa, o por ambos, pues ello conduce a una restricción de los derechos de defensa al imposibilitar la contradicción ante el órgano judicial encargado de decidir sobre la inocencia o culpabilidad.

Con posterioridad, el TEDH ha dictado otras resoluciones (SSTEDH de 26/03/1996, caso Doorson contra Países Bajos; de 23/04/1997, caso Van Mechelen contra Países Bajos; de 14/02/2002, caso Visser contra Países Bajos [*Tol 9092360*]; de 28/03/2002, caso Birutis contra Lituania y de 22/11/2005, caso Taal contra Estonia [*Tol 9083925*]), de las que se desprende que cabe utilizar los testigos anónimos como pruebas de cargo con las siguientes cautelas: a) Debe justificarse la necesidad del anonimato; b) El anonimato debe compensarse a través un interrogatorio de la defensa que permita apreciar la fiabilidad y veracidad del testimonio; y c) En todo caso, un testimonio anónimo nunca puede servir como única prueba de cargo o como prueba incriminatoria decisiva para fundamentar la condena.

En la misma línea, la STJUE, de 8/12/2022, asunto C-348/21 [*Tol 9306775*], señala que las informaciones testificales obtenidas sin contradicción o con contradicción limitada, como ocurre, a nuestro parecer, en el caso de los testigos anónimos, no pueden erigirse en pruebas únicas o decisivas de la condena.

2018

6. EL CAREO

El careo que, etimológicamente, significa colocar cara a cara a dos personas (MORENO CATENA) es tanto un acto de investigación como un medio de prueba. En lo que atañe al juicio oral, consiste en confrontar a varios acusados o testigos o acusados y testigos entre sí cuando del resultado de sus declaraciones puedan desprenderse contradicciones sobre los hechos que relatan. CORDERO (p. 103), recuerda que el careo entre investigados o acusados era un procedimiento habitual practicado por los inquisidores.

En cuanto a su régimen jurídico, el art. 713 LECrim se limita a señalar que en los careos no se permitirá que medien insultos ni amenazas, de modo que el presidente del tribunal velará porque los careados se limiten a hacerse las observaciones que sean convenientes para ponerse de acuerdo y descubrir la verdad. El precepto añade que no se practicarán careos con menores de edad, salvo que se considere imprescindible. Dicho régimen jurídico suele completarse con el de la diligencia sumarial (arts. 451 a 455 LECrim), de la que se desprende el carácter subsidiario y excepcional de esta prueba, de modo que sólo se acordará cuando no haya otro modo de comprobar el hecho delictivo o la participación del acusado en él. El careo se practica leyendo a quienes intervienen en la práctica del medio de prueba el contenido de las declaraciones que hubieran prestado para, a continuación, preguntarles si se ratifican en ellas o tienen alguna variación que hacer. Tras ello, el presidente del tribunal pondrá de relieve las contradicciones existentes e invitará a los careados a ponerse de acuerdo entre sí. Por lo general, no debe practicarse con más de dos personas. Por último, como señala el art. 729.1 LECrim, el careo es un medio de prueba que puede ser acordado de oficio por el tribunal.

La doctrina del TS (por todas, STS de 17/03/2022 [*Tol 8882516*]) señala que más que un medio de prueba es un instrumento de verificación y contraste de la fiabilidad de otras pruebas, por lo que difícilmente puede prosperar un recurso fundado en la denegación de la práctica de este medio, sobre cuya admisión decidirá potestativamente el tribunal.

El careo, como metaprueba, puede ser entendido de dos formas. Como instrumento de confrontación o como mecanismo de complementación de los testimonios. Una aproximación ingenua a los procesos de codificación, almacenamiento y obtención de la información y, en consecuencia, al funcionamiento de la memoria, lo concibe como medio de confrontación para el descubrimiento de la verdad objetiva. Para esta concepción, la divergencia en la narración suele suponer que algún declarante ha mentido. A través de la confrontación es posible poner al descubierto la mentira y descubrir la verdad. La psicología del testimonio ha destacado la posibilidad de la existencia de errores sinceros, de supuestos en los que el testigo narra un hecho falso en cuya realidad cree, pero también la posibilidad de que un mismo hecho presenciado por dos personas distintas sea reconstruido, sinceramente, de forma diversa por el modo en que funcionan los procesos cognitivos. Por otro lado, en los supuestos en los que una persona miente deliberadamente, difícilmente el careo dará lugar a una retractación. Por estas razones, es preferible concebir el careo como mecanismo que permite complementar testimonios en los que hayan podido producirse divergencias con la finalidad de intentar identificar el origen o causa de la divergencia, lo que permitiría testar la mayor o menor fiabilidad de las informaciones que proporciona cada declarante. De ahí se sigue la operatividad de este medio probatorio será mayor cuando tenga lugar solo entre testigos, pues, debido a la posición procesal que ocupa, no puede exigirse al acusado que colabore a reconstruir un hecho histórico que puede perjudicarle. De hecho, la negativa de un acusado a participar en un careo debería conducir a la denegación del medio de prueba, por ser previsible la inutilidad de la práctica, pues si se llevara a efecto y el acusado guardara silencio, no cabría extraer consecuencias probatorias de dicho silencio sin lesionar el art. 24.2 CE.

2019

7. PRUEBA PERICIAL

7.1 Régimen jurídico: entre la necesidad de reforma y la heterointegración

La prueba pericial es una prueba personal, pues la fuente de información es la persona que proporciona su conocimiento experto. Que la información que suministra suela plasmarse en un dictamen escrito no altera la naturaleza de la prueba, por lo que su redactor debe comparecer en el plenario para someterse al interrogatorio de las partes.

Lo habitual es que el instructor ordene la pericia como diligencia investigativa, de modo que el perito designado realice las operaciones periciales correspondientes y emita un dictamen escrito, pudiendo declarar en fase instructora para ratificar el dictamen contradictoriamente. En sus escritos de calificación, las partes pueden proponer esa misma pericia, identificando al perito y el dictamen, para que el segundo se incorpore al expediente de juicio y el primero sea citado para declarar. Todo ello, sin perjuicio de otras pericias que las partes puedan proponer.

2020 La regulación de la diligencia sumarial se encuentra en los artículos 456 a 498 LECrim. La de la prueba plenaria, en los artículos 723 a 725 LECrim. El régimen jurídico apenas ha sufrido cambios sustanciales desde 1882 por lo que su actualización es necesaria. Con todo, la regulación vigente puede ser completada e integrada sobre la base de las reglas y principios que inspiraron el Anteproyecto de 2020, que puede servir de guía a tal efecto a modo de buenas prácticas, al nutrirse de herramientas provenientes del terrero de la epistemología y del derecho comparado, aplicables en nuestro marco procesal (*vid.* RAMÍREZ ORTIZ, 2021).

7.2 El perito

El perito es una persona experta nombrada cuando, para conocer o apreciar algún hecho o circunstancia importante en el sumario, fuesen necesarios o convenientes conocimientos científicos o artísticos (art. 456 LECrim).

La LECrim distingue entre peritos titulares y no titulares, en función de si tienen o no título oficial que reglamente su disciplina (arts. 457 y 458 LECRim). En el procedimiento ordinario, la pericial se lleva a cabo por dos peritos, mientras que en el abreviado puede ser realizada por uno solo si el juez lo considera suficiente (arts. 778.1 y 788.3 LECRim). Si los dos peritos nombrados discordaran, el Juez podrá nombrar un tercer perito dirimente (art. 484 LECRim). El perito debe prestar juramento o promesa antes de realizar su encargo o de declarar en juicio, y queda sujeto a la responsabilidad penal que contempla el art. 459 CP.

El perito debe ser un sujeto imparcial ajeno a las partes e intereses que se sustancian en el proceso. Plantean problemas de parcialidad los peritos de la Agencia Tributaria y otros vinculados con las Administraciones Públicas, quienes suelen intervenir en el proceso en la doble condición de testigos y peritos. Todo perito puede ser recusado por las causas que contempla el art. 468 LECrim a través del procedimiento que la ley procesal establece (arts. 723 y ss. LECrim).

7.3 El procedimiento pericial

La LECrim contempla cuatro fases: el nombramiento, de oficio o a instancia de parte; la práctica de las operaciones periciales, o realización de los experimentos, ensayos o reconocimientos precisos; la emisión del dictamen escrito, y el interrogatorio del perito en juicio.

La contradicción puede garantizarse en dos momentos distintos. Durante 2021
la realización de las operaciones periciales y en el interrogatorio en juicio. En el primer momento, la parte puede proponer a un perito para que esté presente y participe en los reconocimientos precisos (arts. 471 y ss.). No obstante, en determinadas pericias, razones de protección de la intimidad y de operatividad práctica (*v.gr.* exploraciones de menores para la emisión de dictamen de credibilidad del testimonio), pueden aconsejar que, previa ponderación de intereses el juez decida que no intervenga el perito de parte en el reconocimiento, sin perjuicio de que pueda presenciarlo. En el segundo momento, en la declaración plenaria, la contradicción no sólo se salvaguarda mediante el interrogatorio cruzado, sino también mediante lo que no deja de ser un careo. Así, conforme al art. 724 LECrim los peritos serán examinados juntos cuando deban declarar sobre unos mismos hechos, y contestarán a las preguntas y repreguntas que las partes les dirijan. Este tipo de careo es, sin duda, más eficaz que el careo entre testigos y acusados. El tribunal puede, además, pedir a los peritos las aclaraciones que estime oportunas si hay extremos, bien de la metodología, bien de las inferencias realizadas, que no ha comprendido, pues la pericia es una prueba cuya finalidad es auxiliar la labor judicial.

7.4 El informe pericial

El art. 475 LECrim impone a la autoridad judicial establecer el objeto del informe clara y determinadamente. En cuanto a su contenido, el art. 478 viene a señalar que todo informe, si fuere posible, debe identificar el objeto de la pericia, la metodología empleada, las operaciones practicadas, el resultado obtenido y las conclusiones. Por otra parte, las respuestas y aclaraciones que realicen los peritos en el interrogatorio se consideran parte del informe (art. 483 LECrim).

7.5 Valor probatorio

La doctrina jurisprudencial clásica estima que el juez es un *peritus peritorum*, por lo que no queda vinculado por las conclusiones de los informes, pudiendo razonadamente separarse de ellos u optar por unos y descartar otros, de ser varios.

La jurisprudencia ha construido lo que se conoce como doctrina de la aceptación tácita. Según ésta, si la contraparte no impugna el informe pericial
2022 que de adverso se propone, no será precisa la comparecencia personal del perito para defender el informe, pues puede estimarse que su contenido ha sido aceptado, especialmente, si se trata de informes que provienen de órganos oficiales (STS de 26/10/2023 [*Tol 9777529*]). Esta posición, en todo caso, no prejuzga el valor probatorio del dictamen, por lo que, aun en el caso de no haber sido impugnado, si presenta problemas de fiabilidad, por déficits metodológicos o inferenciales, puede no desplegar efectos probatorios.

Por otra parte, en el ámbito del procedimiento abreviado el art. 788.3 LECrim atribuye la naturaleza de prueba documental a los informes emitidos por laboratorios oficiales sobre la naturaleza, cantidad y pureza de sustancias estupefacientes cuando en ellos conste que se han realizado siguiendo los protocolos científicos aprobados por las correspondientes normas, lo que hace innecesaria la comparecencia en el plenario de sus redactores, salvo que las partes impugnaran dichos informes.

7.6 Propuestas heterointegradoras

7.6.1 Los espacios del tribunal y del perito

El perito no sólo debe suministrar la conclusión, sino que ha de incorporar todos los elementos, fácticos y argumentativos, que permiten alcanzarla, haciendo así posible el juicio crítico sobre la corrección de la conclusión. Si el informe incluye juicios de responsabilidad sobre los hechos o las personas encausadas, deben tenerse por no hechos, pues el papel de perito es auxiliar, no sustituye al Tribunal. El perito puede aportar un dato de prueba —el ADN— o una inferencia con la que enlazar la prueba con la hipótesis a probar —una ley científica que explique la relación entre dos fenómenos—, pero no puede emitir conclusiones sobre la verdad o falsedad de la hipótesis acusatoria. Un ejemplo de mala praxis sería un informe de imputabilidad que afirmara la imputabilidad o inimputabilidad del sujeto en el momento de los hechos. El psiquiatra experto puede identificar el trastorno psíquico que padecía el sujeto en el período en que cometió el hecho, la posible influencia en la motivación de la conducta y su situación actual y pronóstico de futuro, pero determinar si existió afectación con la finalidad de apreciar la atenuante o eximente es tarea jurisdiccional.

7.6.2 La relevancia en la admisión

La LECrim, al regular la proposición de pruebas, no impone a las partes la carga de explicitar su relevancia. La omisión normativa puede corregirse jurisprudencialmente exigiéndoles que expongan las razones justificativas de
la concreta propuesta probatoria y su conexión con el objeto del proceso pues, 2023
de otro modo, difícilmente puede el tribunal realizar un juicio imparcial de admisión de prueba. Concluida la investigación y seleccionada la hipótesis a verificar en juicio, cabe que la pericia practicada en instrucción ya no sea, en todo o en parte, relevante, lo que deberá llevar a su exclusión del cuadro de prueba. Será la parte interesada en su utilización quien tenga la carga de justificar por qué no ha de ser excluida y el tribunal puede acordar, a los efectos de proveerse de elementos de convicción para tomar la decisión sobre la admisión, que se celebre una vista.

Por otra parte, en fase de admisión, sería aconsejable que el tribunal recabara informes de instituciones acreditadas de carácter científico o académico sobre la validez de la ciencia y metodología que sirve de apoyo a una pericia, y la correcta aplicación de las técnicas y procedimientos utilizados, cuando haya dudas relevantes sobre la fiabilidad de dicha pericia y tales informes resulten necesarios para tomar una decisión fundada sobre su admisibilidad. En definitiva, se trata de poner coto, ya en fase de admisión, al acceso al cuadro plenario de lo que se conoce como ciencia basura (*v.gr.* periciales de microgestualidad).

7.6.3 *La gestión de la discordia*

Los desacuerdos entre los peritos son frecuentes en el ámbito del proceso penal. Las divergencias pueden ser reales, por ejemplo, por haberse empleado diferentes métodos igualmente aplicables para lograr un mismo objetivo, o por realizar inferencias distintas a partir de los mismos datos. Pero también suelen darse desacuerdos aparentes, porque alguno de los expertos ha utilizado información diferente a la utilizada por el otro perito o por otras razones. En consecuencia, uno de los primeros objetivos a lograr es el de identificar si se está frente a un desacuerdo verdadero o ante un desacuerdo aparente. A tal efecto, en el derecho comparado se opta por distintas soluciones. Una de ellas es nombrar un perito tercero en discordia, como contempla la regulación vigente en el artículo 484 LECrim. Sin embargo, como pone de relieve VÁZQUEZ ROJAS (2022) ese sistema ha dado lugar a que los jueces tiendan a resolver el dilema asumiendo como correcto lo que afirma la mayoría con un argumento meramente cuantitativo o numérico. La alternativa, de raíz anglosajona, produce resultados más satisfactorios: el llamado «hot-tub», que consiste en solicitar de los peritos que procedan a delimitar y aclarar los desacuerdos entre ellos.

2024 Así, en fase de admisión de prueba, si se detecta que varios informes periciales llegan a distintas conclusiones sobre una misma cuestión, el tribunal debe requerir a los peritos en discordia para que, con antelación suficiente a la práctica de sus declaraciones, presenten un informe conjunto en el que identifiquen: a) Los extremos en los que estuviesen de acuerdo; b) Los puntos de divergencia, justificando sus razones; c) El modo, de haberlo, en que podrían resolverse las divergencias; y, d) Cualesquiera otras cuestiones que puedan facilitar el conocimiento del juez sobre los hechos o circunstancias objeto de las pericias. Dicho informe debe firmarse por todos los peritos y, si alguno de ellos modifica sustancialmente su dictamen original, el informe incluirá un anexo en el que el perito ha de explicar las razones del cambio de opinión. En estos casos, en el acto de la vista los peritos serían examinados conjuntamente. De este modo, se reducirá la tentación a proponer pericias con el solo objeto de desorientar y confundir al tribunal, se optimizará el aprovechamiento del caudal de conocimientos que pueden brindar los expertos, y se facilitará notablemente la valoración probatoria que ha de realizar quien enjuicia, pues, v.gr, si los expertos parten de modelos teóricos diferentes o han seguido métodos diversos o aplicados distintas técnicas, tales divergencias aflorarán y podrán ser racionalmente evaluadas.

7.6.4 La experticia individual y conjunta

Tan relevante o más que la titulación es la experiencia acumulada por el perito en el ámbito de referencia, lo que podrá verificarse mediante la acreditación del número actividades desempeñadas, el tiempo de desempeño o el número de participaciones en casos como los que son materia de la prueba, etc. A tal efecto, es aconsejable que en el dictamen se haga constar la titulación y experiencia profesional del perito. Pero también han de hacerse constar la titulación y experiencia de todas las personas que hayan participado en la realización de la pericia. Y es que, en los supuestos de dictámenes complejos, en los que intervienen varios profesionales, será igualmente necesario que en el informe se especifique la concreta intervención de cada uno, así como si las operaciones que llevó a cabo las realizó bajo la supervisión de otra persona. En suma, en los casos de trabajo colectivo, ha de identificarse la concreta intervención de cada experto, para facilitar la identificación del origen o fuente de cada información probatoria y posibilitar un debate satisfactorio sobre la corrección de tal información.

7.6.5 El contenido del informe 2025

El dictamen pericial, debe especificar cuál es su concreto objeto —si se proyecta sobre un hecho o sobre una inferencia—. Dicho objeto, nunca podrá ser la verdad o falsedad de la hipótesis acusatoria.

Además, debe identificar de forma detallada todos los datos e informaciones tomados en consideración para elaborar el dictamen, lo que permitirá evaluar su exhaustividad. En suma, deben incluirse los datos suministrados al perito, los aportados por el propio perito y los tomados finalmente en consideración en el dictamen. Con ello, se trata de determinar las fuentes de información de las que verdaderamente se ha nutrido el experto, lo que permite conocer qué selección ha realizado, cuáles han sido las inclusiones y exclusiones, y posibilita la prevención de sesgos en la confección del informe y hallazgo de conclusiones.

También debe incluir la descripción de los procedimientos y técnicas utilizados en la realización de la pericia, así como la de los fundamentos en que se basan. El informe debe exponer detalladamente los procedimientos y las técnicas mediante los cuales el experto ha llegado a sus conclusiones. De este modo, se podrá verificar si se ajustan a los conocimientos contrastados entre los técnicos pertenecientes al ámbito de referencia.

Han de referirse las publicaciones especializadas que avalen los procedimientos y técnicas empleados y los fundamentos en que se basan, pues la evaluación realizada por partes constituye un elemento que puede contribuir a identificar el grado de consenso que el procedimiento o técnica suscitan y, por tanto, puede contribuir a calibrar su potencialidad probatoria. Este parámetro, extraído de las ya citadas «reglas Daubert» no se erige en criterio de demarcación de la cientificidad del conocimiento, sino de su grado de aceptación por la comunidad de referencia.

Las conclusiones que se formulen han de expresarse de forma clara y comprensible, concretando de qué modo interpreta los datos resultantes de los análisis y operaciones que ha llevado a cabo para que el tribunal entienda exactamente su significado y pueda valorarlos junto con el resto de pruebas disponibles.

La completud del dictamen aconsejaría la especificación por el perito de todos los antecedentes tomados en consideración y su inclusión en un anexo documental. Además, para evitar la incidencia de los sesgos, sólo debería permitirse al perito acceder al expediente investigativo cuando su conocimiento fuera imprescindible para emitir el dictamen dejando, en todo caso, constancia de los particulares examinados.

7.6.6 El control epistémico del tribunal

Otorgar valor probatorio de cargo a una pericia implica un juicio acerca de la fiabilidad de la información que proporciona dicha pericia, lo que supone determinar si se basa en técnicas y procedimientos fiables y suficientemente contrastados, así como clarificar si dichas técnicas y procedimientos se han aplicado de forma fiable a los hechos sobre los que versa la pericia. Para ello no es preciso que el tribunal domine la rama del conocimiento de que se trate, pues no le corresponde formular un juicio científico, artístico, técnico o práctico. Ese juicio lo realiza el perito. El Tribunal valorar si el perito basa sus conclusiones en criterios respetuosos con los estándares de racionalidad epistémica y si los aplica de manera coherente con los datos existentes en el proceso. Su control no es científico-técnico, sino epistémico. A tal efecto, GASCÓN ABELLÁN propone el análisis de una serie de *ítems* de gran utilidad.

8. PRUEBA DOCUMENTAL

8.1 Piezas de convicción, documentos y signos

La legislación procesal penal sólo dedica dos preceptos a la prueba documental: los arts. 726 LECrim y 46.2 LOTJ, además de los arts. 567 y ss. LECrim, referidos a los objetos incautados en los registros de inmuebles. Todos esos preceptos se refieren a los documentos y otras piezas de convicción. La pieza de convicción es un concepto vago, si bien puede entenderse por tal todo objeto que puede servir de fuente de información para el tribunal. A diferencia de la prueba personal, es una prueba real, al provenir de una cosa. La pieza de convicción puede ser el objeto material del delito —*v.gr.* la cosa sustraída—, un instrumento del delito —*v.gr.* el arma homicida—, u otra cosa del mundo exterior. El documento es una clase específica de pieza de convicción caracterizada por tres elementos: a) la existencia de un soporte material; b) su origen artificial, esto es, humano; y, c) la presencia de signos, expresivos de datos con relevancia probatoria.

El elemento más característico del documento es que se compone de signos. El signo es un objeto que está por otro, y que debe ser interpretado para conocer su significado. Tal proceso interpretativo no es sencillo, pues un mismo signo puede ofrecer multiplicidad de significados, literales o figurados. Dichos signos, como pone de relieve la semiótica, pueden ser índices —signo que varía con la realidad, como el indicador de temperatura del termómetro o la fotografía—; iconos, o signos que guardan semejanza con el objeto a que se refieren —el retrato pictórico de una persona—; y símbolos, o signos que no guardan relación con la realidad, siendo la relación convencional —como el lenguaje—. 2027

El concepto de documento, por otra parte, es contextual y dependiente del hecho a probar. El atestado policial no es, en principio, un documento, sino un modo de documentar diligencias policiales que carecen de valor probatorio. Así, las declaraciones policiales de testigos no tienen acceso al juicio como prueba documental. Deben declarar en juicio los testigos que las realizaron. Una fotografía incorporada al atestado, sin embargo, sí puede tener acceso al plenario como documento. Ahora bien, el atestado puede ser considerado como documento si el hecho a probar es que se confeccionó un atestado.

8.2 Procedimiento probatorio

La regulación vigente se limita a señalar que el tribunal podrá examinar por sí mismo los documentos y atribuirles el valor probatorio que considere conveniente. No obstante, aplicando supletoriamente las disposiciones de la LEC y las nociones de la teoría general de la prueba, cabe distinguir distintos momentos.

8.2.1 Incorporación y aportación

Durante la investigación, el documento es incorporado al expediente, bien de oficio, bien por aportación de parte. Cabe exigir judicialmente su exhibición, cuando estén en poder de terceros (art. 575 LECrim), y pueden ser obtenidos a través del registro del lugar en que se encuentren (arts. 579 y ss. LECrim). Para el juicio oral, las partes deben identificar en los escritos de conclusiones provisionales la prueba documental que proponen (sea aportándola o designando los archivos o lugares en que se encuentran), aunque también pueden presentar documentos en el trámite que contempla el art. 786.2 LECrim, al inicio de las sesiones del juicio. De forma excepcional, puede admitirse la aportación extemporánea antes de finalizar la actividad probatoria, por tratarse de documentos de fecha posterior, o responder a otro documento tempestivo de la contraparte presentado en momento tal que no sea posible darle respuesta en plazo.

8.2.2 Traslado e impugnación

Presentados los documentos, debe conferirse traslado a las demás partes para que se pronuncien sobre su admisibilidad. Las partes pueden aceptarla o impugnarla por ser extemporáneo, irrelevante o falso. A tal efecto, puede denunciarse la falsedad material del soporte, por haber sido creado *ex novo* o alterado. También puede cuestionarse su autoría. Finalmente, puede cuestionarse su contenido —falsedad ideológica—. La impugnación puede dar lugar a que se arbitren los mecanismos para establecer la autenticidad material y subjetiva del documento —*v.gr.* prueba pericial, cotejo o comprobación, conforme a los arts. 320 y 326.3 LEC—, mediante la propuesta que realicen las partes. La falsedad ideológica suele considerarse cuestión de fondo, que dependerá del resultado del juicio.

DE PAULA RAMOS sugiere que convendría exigir a quien elabora y presenta el documento que proporcione o facilite pruebas sobre cómo fue creado, demostraciones, materiales de base, información subyacente —algoritmos, en el caso de softwares; análisis, en el de historias clínicas, etc.—. También sugiere que la parte proponente permita el acceso a los lugares, máquinas e instrumentos de elaboración. Y todo ello, al no ser sencillo impugnar la falsedad material o autenticidad para la parte que no lo ha elaborado cuando ignora el proceso de elaboración —piénsese en archivos digitales o creados mediante máquinas—. Como tampoco será fácil cuestionar el significado de los signos si se ignora cómo se confeccionó el documento —*v.gr.* una fotografía de detalle tomada desde cierto ángulo ignorándose el escenario circundante—.

8.2.3 Admisión

Si no hubiera impugnaciones, se admitirá la prueba relevante y tempestiva. De haberlas, si afectaran al contenido ideológico, el tribunal puede admitir la prueba sin perjuicio del valor que le atribuya. En los demás casos, se puede producir, bien la inadmisión, si la falsedad es clara, bien una admisión condicionada al resultado de las pruebas que sobre su falsedad se articulen.

Se inadmitirá la prueba propuesta como documental que no tenga tal condición, como las declaraciones policiales que constan en el atestado o las sumariales. También se inadmitirá, por ello, la documental consistente en la lectura de los folios de todo el sumario.

8.2.4 Práctica

La prueba documental puede ser propuesta para su lectura expresa en juicio, lo que hará el LAJ de viva voz. Es usual recurrir al empleo de la fórmula «por reproducida», lo que significa que las partes no solicitan tal lectura y entienden que el tribunal examinará los documentos por sí una vez concluido del juicio. En cualquier caso, la fórmula exige que previamente se hayan identificado e individualizado adecuadamente qué elementos tienen la consideración de prueba documental. Si se trata de documentos relevantes para las posiciones en disputa, lo aconsejable es la lectura en juicio, para clarificar su sentido y fuerza probatoria, dada la apertura a la polisemia de todo signo y el carácter contextual de todo documento.

8.3 Valoración

La LEC establece en los arts. 319 y 326 el valor probatorio de los documentos públicos y privados. Se trata de supuestos de prueba tasada que carecen, en principio, de operatividad en el proceso penal. DE PAULA RAMOS propone que para valorar correctamente un documento debe abandonarse la clásica presunción de objetividad: todo documento tiene más de un único sentido, por lo que precisa ser interpretado. Pare ello, es imprescindible entender su relación con la realidad.

Es importante conocer el tipo de fuente que generó el documento y sus límites —en particular, si son máquinas e instrumentos—; los tipos de signos utilizados y su relación con la realidad —índices, iconos o símbolos—; el contexto en que se elaboran y la finalidad para la que están pensados; así como reconocer los distintos sentidos posibles y analizar los documentos en el contexto del conjunto probatorio, a fin de evitar los sesgos confirmatorios y las convicciones previas.

9. INSPECCIÓN OCULAR

La inspección ocular consiste en el reconocimiento sensorial directo por parte del órgano judicial de los lugares y objetos relacionados con los hechos acusatorios. Fundamentalmente, se trata de una diligencia de investigación, aunque de modo excepcional puede practicarse como medio de prueba en juicio oral. En lo que atañe a la diligencia de investigación, nos remitimos a lo señalado en el capítulo 25, precisando que son modalidades de esta diligencia la reconstrucción de los hechos, el levantamiento de cadáver y, en cierto sentido, la propia autopsia. El acceso de la diligencia a juicio oral tiene lugar mediante la lectura del acta que la documenta, al amparo del art. 730 LECrim, siempre que se ajuste a lo dispuesto en los arts. 332 y concordantes. Las denominadas inspecciones oculares técnico policiales no tienen la misma naturaleza, de modo que han de prestar declaración en el acto de juicio oral los funcionarios policiales intervinientes, bien como testigos (en relación con lo que percibieron y documentaron), bien como peritos (si aportaron inferencias basadas en conocimientos específicos propios de una ciencia o técnica de los que el Tribunal carece).

Como medio de prueba, su regulación se contiene en el art. 727 LECRim. La jurisprudencia (por todas, STS de 5/12/2017 [*Tol 6454787*]), destaca su carácter excepcional, al colisionar con los principios de concentración y publicidad, ya que implica el desplazamiento de los miembros del tribunal y de las partes al lugar donde haya de practicarse, de modo que sólo se acordará cuando las partes no dispongan de otros medios de prueba para acreditar los datos fácticos que pretendan. Por tanto, es carga de quien propone la prueba precisar qué extremos concretos debe percibir directamente el tribunal, en qué medida que son relevantes para el caso, y las razones por las que resulta imposible probarlos por otros medios.

10. LA LECTURA DE ACTUACIONES PRACTICADAS DURANTE LA FASE DE INVESTIGACIÓN

10.1 Una posible taxonomía

Como vimos en el capítulo 16, la regla de que sólo tienen la consideración de pruebas las practicadas en juicio oral encuentra diversas excepciones que, en principio, encuentran acomodo legal en los arts. 730 y 714 LECrim. La jurisprudencia del TC, al catalogar tales excepciones, dista de ser consistente en la terminología, al confundir en ocasiones los conceptos de prueba anticipada y preconstituida, y no dotar de un contenido preciso a la noción de prueba preconstituida. Paradigmática es la STC 303/1993 [*Tol 82324*], que parece dar a entender que las actas de inspección ocular de la policía en ocasiones pueden ser prueba preconstituida, por tener la mera constatación de datos objetivos y ser irrepetibles o irreproducibles en juicio oral, cuando lo cierto es que la naturaleza del dato probatorio no debe afectar a su modo de introducción en juicio oral para garantizar la contradicción. Del mismo modo, la jurisprudencia del TS es excesivamente casuista y variable, pese a la apariencia de homogeneidad, y se encuentra marcada por el caso concreto, en especial, respecto de la necesidad de contradicción, lo que genera cierta dosis de inseguridad jurídica.

Dejando a un lado el supuesto de prueba anticipada que, al no practicarse en el espacio investigativo no constituye propiamente una excepción a la regla, una posible taxonomía de los supuestos de hecho que excepcionan la regla, podría ser la siguiente:

a) *Prueba preconstituida por naturaleza*. Se trata de diligencias esencialmente irreproducibles en juicio oral tal y como se produjeron inicialmente. La doctrina suele señalar como ejemplos el registro domiciliario, las intervenciones telefónicas, las mediciones de alcoholemia, o las actas de inspección ocular, añadiendo que su acceso al plenario se produce al amparo del art. 730 LECrim. No obstante, conviene introducir matizaciones. Las diligencias de entrada y registro y de interceptación de las comunicaciones son actos de búsqueda de fuentes de prueba. Una vez encontradas —*v.gr.* la droga o el registro de la conversación—, se introducirán en juicio oral como piezas de convicción y, como tal, constituirán el objeto de la valoración probatoria. Las actas que documentan el registro domiciliario y las resoluciones judiciales autorizantes son elementos indispensables para testar la legalidad de la obtención de la fuente, sin perjuicio de que intervengan como testigos los funcionarios policiales que participaron en tales diligencias. El acta de inspección ocular judicial, o la videograbación, documentan la percepción sensorial del reconocimiento practicado en la fase investigativa. Como diligencia generalmente irreproducible, es conveniente garantizar, de ser posible, la contradicción en su realización. Pero puede ser valorada aun sin que ésta haya tenido lugar. En cuanto a las mediciones de alcoholemia, nos encontramos ante un documento que registra el resultado de una medición, producido mecánicamente en un momento histórico dado. En ese sentido, es irreproducible. Sin embargo, deberán declarar como testigos los funcionarios policiales que intervinieron en la práctica de la diligencia para dar cuenta de sus circunstancias.

b) *Prueba preconstituida convencional o aseguramiento* ad hoc *de la fuente de prueba.* Es aquélla que el instructor ordena conforme a los arts. 448, 449 y 449 *bis* LECrim, esto es, en los casos de pronóstico de pérdida de la fuente de prueba declarativa. También, en los casos del art. 449 ter, tratándose de menores de 14 años o de determinadas personas con discapacidad. Si la fuente de prueba está disponible para el día del juicio, no se valorará la prueba preconstituida, sino que se practicará la prueba declarativa correspondiente, salvo en el supuesto del art. 449 *ter* LECrim. Mientras que la prueba preconstituida por naturaleza versa por lo general sobre pruebas reales, la prueba convencional versa sobre pruebas personales. El acceso al plenario de la fuente de prueba se produce también al amparo del art. 730 LECrim, mediante la lectura del acta o la reproducción de la videograbación. Nos remitimos a lo señalado en el capítulo 16.

c) *Diligencia irreproducible por razones sobrevenidas*. Generalmente, se trata de casos en los que no se realizó el aseguramiento de la fuente de prueba, pero en los que, por razones inesperadas, el testigo o perito no está disponible para el juicio oral, por fallecimiento, enfermedad grave que le impida asistir o ilocalización del sujeto después de haber agotado razonablemente las posibilidades para localizarle. De encontrarse el sujeto en el extranjero, deben agotarse las posibilidades de practicar la prueba en juicio mediante el recurso a la cooperación internacional. En todos estos casos, en principio, cabe la introducción de la fuente de prueba mediante la lectura del acta de la declaración sumarial o la reproducción de la videograbación. Pero, para ello, deben concurrir varios requisitos. Y es, respecto de tales requisitos, en particular, respecto de la contradicción actual o potencial, donde encontramos contradicciones en la jurisprudencia del TS.

d) *Las lecturas de contraste del art. 714 LECrim*. El precepto establece que «Cuando la declaración del testigo en el juicio oral no sea conforme en lo sustancial con la prestada en el sumario, podrá pedirse la lectura de ésta por cualquiera de las partes. Después de leída, el presidente invitará al testigo a que explique la diferencia o contradicción que entre sus declaraciones se observe». La jurisprudencia del TS entiende que por esta vía cabe rescatar la declaración sumarial del sujeto, y que, por ello, el tribunal podrá optar por otorgar valor probatorio, bien a la declaración sumarial, bien a la declaración en juicio. Sin embargo, ni fue esa la intención del legislador, ni tal posibilidad se desprenden del precepto. La declaración realizada en fase investigativa no puede tener valor probatorio de los hechos en ella afirmados, cuando está disponible la fuente de prueba en juicio oral. La lectura de contraste puede servir para determinar la credibilidad de la declaración prestada en el juicio oral, esto es, la discordancia entre declaraciones puede permitir establecer la conclusión de que el declarante no es subjetivamente creíble, pero difícilmente de tal discordancia pueda inferirse que deba ser preferida la declaración sumarial o la plenaria. Sin embargo, se trata de una vía, como veremos, de la que se abusa para dar entrada en juicio al sumario.

10.2 Condiciones de utilizabilidad

En función del supuesto, las condiciones de utilizabilidad de la diligencia sumarial como prueba plenaria varía. La lectura del acta que la documenta o la reproducción de la videograbación constituyen condiciones legales que parecen irrenunciables, con la finalidad de garantizar la debida contradicción y cl principio de publicidad del juicio oral. Sin embargo, lo cierto es que se aprecia una tendencia contractualista en la jurisprudencia, que degrada esta exigencia, pues el TS viene declarando que, si las partes renuncian a la lectura en juicio, puede tenerse por hecha.

Por otra parte, la contradicción en la formación de la diligencia sumarial también es otra exigencia problemática en los supuestos de diligencias irreproducibles por razones sobrevenidas. La jurisprudencia tiene establecido que la incorporación al proceso de declaraciones que han tenido lugar en fase de instrucción resulta aceptable siempre que exista una causa legítima que impida la declaración en el juicio oral, y que se hayan respetado los derechos de defensa del acusado, esto es, siempre que se dé al acusado una ocasión adecuada y suficiente de contestar los testimonios de cargo e interrogar a su autor.

Ahora bien, a estos efectos, nos encontramos con resoluciones como la STS de 29/02/2016 [*Tol 5661936*], que señalan que lo relevante es si la defensa tuvo oportunidad real de interrogar al testigo en instrucción, con independencia de si la falta de oportunidad fue debida a deficiencias del órgano judicial, o a la conducta del imputado o de su letrado, sin que, en ningún caso, el testimonio no contradictorio pueda usarse como prueba determinante, mientras que otras resoluciones como la STS de 24/05/2016 [*Tol 5739248*], sostienen que el principio de contradicción se respeta no sólo cuando el demandante goza de la posibilidad de intervenir en el interrogatorio de quien declara en su contra, sino también cuando la efectiva intervención no llega a tener lugar por motivos o circunstancias que no se deben a una actuación judicial constitucionalmente censurable, como puede ser el hecho de que la causa esté declarada secreta, como señala la STS de 28/04/2014 [*Tol 4270323*]. Esta solución no parece convincente pues, en tal caso, lo que debió hacer el Juzgado de Instrucción es permitir la contradicción tan pronto se alzó el secreto. En cualquier caso, la diversidad de respuestas exigiría una regulación legal más precisa, como la contenida en el Anteproyecto LECRim 2020, que regula en los arts. 684 y ss. las lecturas admitidas y prohibidas.

10.3 Supuestos problemáticos

10.3.1 Declaraciones de la persona encausada

Un primer grupo de supuestos problemáticos es el de las declaraciones policiales, generalmente confesiones en comisaría bajo condiciones de detención. Tras diversas oscilaciones jurisprudenciales, el TS ha acabado reconociendo que tales declaraciones no tienen cobijo en los arts. 714 y 730 LECrim, por no tratarse de declaraciones sumariales. Ahora bien, el Acuerdo de Pleno no jurisdiccional de 3/06/2015, que sustituyó al de 2006, señala que, aunque tales declaraciones no tienen valor probatorio, ni pueden corroborar otros medios de prueba, ni introducirse mediante las testificales de los agentes que las practicaron, los datos contenidos en la declaración son acreditados como verdaderos por otros medios de prueba, el conocimiento de tales datos por el declarante puede constituir un hecho base para realizar inferencias. A tal efecto, para constatar la validez y contenido de la declaración policial deberán prestar testimonio en el acto del juicio los agentes que la presenciaron.

También plantea dudas la situación del acusado que en el acto del plenario decide guardar silencio, cuando declaró en instrucción. En estos casos, el TS ha admitido el rescate y lectura de la declaración sumarial, entendiendo, bien que el silencio equivale a contradicción (art. 714 LECrim), bien que constituye un supuesto de irreproducibilidad por causas sobrevenidas (art. 730 LECrim), construcciones en exceso artificiosas.

Por otra parte, si el acusado opta por declarar en juicio, se plantea el problema que hemos visto respecto del sentido del art. 714 LECrim, pues, aun cuando la jurisprudencia afirme que el tribunal puede optar por conceder valor probatorio a una u otra declaración, lo cierto es que el objeto de valoración sólo puede ser la declaración plenaria, y la contradicción puede servir como vía de cuestionamiento de la credibilidad subjetiva, pero nada más.

10.3.2 Declaraciones testificales

Respecto de los testigos, el TS ha afirmado que las declaraciones policiales no pueden ser objeto de valoración. En cuanto a las declaraciones sumariales, si el sujeto guarda silencio en juicio, *v.gr.* por hacer uso de la dispensa del art. 416 LECrim, la Sala llega a conclusiones paradójicamente contradictorias respecto de la situación del acusado. Así, la STS de 07/06/2016 [*Tol 5748545*], destaca la importancia de no acudir a vías alternativas de introducción de las declaraciones sumariales en tales casos. Se señala, con cita de muchas otras resoluciones: «... la libre decisión de la testigo en el acto del juicio oral que optó por abstenerse de declarar contra el acusado, de acuerdo con el art. 707 de la LECrim, en relación con el art. 416 de la LECrim, es el ejercicio de una dispensa legalmente atribuida, incompatible con la neutralización de su efecto mediante la valoración de la declaración sumarial, porque con ello se desvirtuaría tal decisión a la que se le admite una plena eficacia». Ni el silencio es contradicción, por lo que no cabe aplicar el art. 714 LECrim, ni la negativa a declarar es un supuesto de imposibilidad que justifique la aplicación del art. 730 LECrim, pues es el legítimo ejercicio de un derecho.

Esta doctrina hace surgir el interrogante acerca de si guardar silencio, al amparo del art. 24.2 CE, no es el legítimo ejercicio de un derecho. Entenderlo de otro modo constituye, a nuestro parecer, otro residuo inquisitivo difícil de erradicar de nuestra cultura jurídica.

11. LA PRÁCTICA DE LA PRUEBA ACORDADA POR EL TRIBUNAL

El tribunal puede acordar de oficio pruebas e intervenir en las propuestas por las partes tal y como hemos visto en el capítulo 16.8. La prueba acordada de oficio no debe plantear problemas en su práctica, si se concibe como metaprueba estricta, de modo que comenzará el interrogatorio el tribunal para pedir las aclaraciones o complementos precisos, tras lo cual se abrirá un turno de palabra para las partes. Si el hecho a probar excediera de sus límites, en particular si fuera potencialmente acusatoria, el modo de práctica evidenciaría que el tribunal ha usurpado indebidamente el rol de la acusación.

12. LA PRUEBA INDICIARIA

12.1 Precisiones terminológicas y conceptuales

El término indicio es polisémico. Puede significar evidencia provisional —*v.gr.* indicios racionales de criminalidad a efectos del dictado del auto de procesamiento— por oposición a la evidencia o prueba plenaria. En la acepción que nos interesa, el indicio es el hecho conocido del que cabe derivar el hecho ignorado, o el hecho a partir del cual puede demostrarse, a través de un juicio inferencial, otro hecho relevante que constituye el objeto principal de la prueba.

A partir de ahí, IGARTUA SALAVERRÍA (2021, pp. 44 y ss.) destaca la ambigüedad del sintagma prueba indiciaria, que puede aludir tanto a la prueba del indicio como a la prueba por indicios. En la primera, el objeto de prueba es el propio indicio —hecho base o hecho indiciante—. En la segunda, el indicio es el hecho probatorio del que cabe inferir el hecho relevante que se pretende acreditar de modo principal —hecho indiciable—.

Esta distinción se conecta con la que permite diferenciar la prueba directa de la indirecta. En la primera, el objeto de prueba es el hecho principal —*v.gr.* hecho acusatorio—. En la segunda, el objeto de prueba es un hecho secundario del que cabe inferir el hecho principal.

Sobre la base de tales distinciones cabe concluir que la prueba indiciaria es un fenómeno complejo que abarca dos etapas: a) La prueba del hecho base o indiciante; y, b) La prueba del hecho indiciable, que suele ser el hecho principal o acusatorio, aunque también podría ser otro hecho indiciante del que inferir, a su vez, otro hecho indiciable.

En nuestra tradición, la prueba indiciaria ha tenido y sigue teniendo autonomía conceptual, pese a que, en sentido estricto, constituye una manifestación de un fenómeno más general: la denominada inferencia probatoria (GONZÁLEZ LAGIER, pp., 42 y ss.), o argumento que permite acreditar el hecho a probar (*v.gr.* el hecho acusatorio) a partir de uno o varios hechos probatorios (*v.gr.* las informaciones suministradas por los distintos medios de prueba que convergen en resultados probatorios concretos), a través de un enlace normalmente empírico (*v.gr.* lo que se conoce como máxima de la experiencia). También conocida como prueba por presunciones, el art. 386 LEC la contempla al señalar que «A partir de un hecho admitido o probado, el tribunal podrá presumir la certeza, a los efectos del proceso, de otro hecho, si entre el admitido o demostrado y el presunto existe un enlace preciso y directo según las reglas del criterio humano».

Es evidente así, que la prueba indiciaria no es un medio de prueba en el sentido en que lo son la prueba testifical, la pericial, o la documental. Más bien se trata de un razonamiento probatorio complejo integrado por dos etapas, como hemos visto, en las cuales se recurre a inferencias probatorias.

12.2 Clases de indicios

La jurisprudencia ha acudido en ocasiones a clasificaciones poco precisas, distinguiendo entre indicios serios, graves, menos graves y leves, en atención al grado de convicción que el indicio es capaz de suscitar. Sin embargo, como pone de relieve IGARTUA SALAVERRIA (2021, pp. 40 y ss.), la fuerza del indicio no reside en sí mismo, sino en el grado de conclusividad del razonamiento que une el indicio con la hipótesis a probar. Por ello, propone otra clasificación en la que se atienda a su eficacia probatoria, esto es, a la intensidad del resultado probatorio que cabe derivar del indicio. Así, cabe distinguir entre:

a) Indicios equiprobables, o aquéllos reconducibles, además de a la hipótesis acusatoria a otras hipótesis con el mismo grado de probabilidad —*v.gr.* si en pistola que mató a X aparecen huellas de A y de B, el indicio de las huellas apunta tanto a uno como a otro—.

b) Indicios de probabilidad prevalente, o aquéllos reconducibles a la hipótesis acusatoria así como a otra hipótesis alternativa, si bien con un grado de probabilidad superior a la primera —*v.gr.* si en el lugar del crimen aparecen casquillos de bala de dos calibres distintos, lo que implica el uso de dos armas, el indicio presta respaldo a dos hipótesis: en el hecho intervinieron dos sujetos que dispararon con dos armas de fuego, o un mismo sujeto que realizó dos disparos con armas diferentes. Esta última hipótesis es menos probable con arreglo a máximas de la experiencia—. 2037

c) Indicios de alta probabilidad, que acrecientan la probabilidad de la hipótesis acusatoria, no tanto por el indicio en sí, sino porque no es plausible una hipótesis alternativa —*v.gr.* el hallazgo de huellas de A dentro de la cámara acorazada de un banco con el que nunca ha tenido relación, apunta a su presencia en el interior de dicha cámara con una alta probabilidad—.

d) Indicios necesarios, en los que, en aplicación de las leyes científicas, se excluye la posibilidad de cualquier alternativa distinta a la acusatoria —*v.gr.* la presencia de ADN—.

12.3 Valor probatorio de la prueba indiciaria

La jurisprudencia ha establecido algunos requisitos que debe reunir la prueba indiciara para ser considerada apta para desvirtuar la presunción de inocencia. Es llamativa la atención jurisprudencial que ha recibido esta prueba, lo que puede tener que ver con el hecho de que haya sido considerada como prueba inferior o de menor valor que la prueba personal, real o documental.

No se ha caído en la cuenta de que, en un sentido profundo, la diferencia entre prueba directa e indirecta se diluye, pues también para dar por acreditado el hecho acusatorio que el testigo afirma haber presenciado es necesario recurrir a una o varias inferencias probatorias, pues del hecho de que el testigo afirme que ha presenciado el hecho principal no cabe concluir sin más que ese hecho haya de darse por probado. Posiblemente, la equivocidad del término indicio —que también puede ser entendido como prueba provisional en fase instructora— y un mal entendimiento del principio de inmediación en relación con la prueba personal pueda explicar la situación, que ha llevado a entender que se trata de una prueba secundaria o menos fiable.

La jurisprudencia de la Sala Segunda TS ha establecido los requisitos que ha de reunir esta prueba para desplegar efectos probatorios. La extravagante STS de 4/11/2019 [*Tol 7575400*] sintetiza algunos de ellos. En concreto: «1) Que exista una pluralidad de indicios. No puede precisarse, de antemano y en abstracto, su número 2) Que los indicios estén demostrados mediante prueba directa. 3) Que, de manera indispensable, entre el hecho demostrado o indicio y el que se trate de deducir haya un enlace preciso, concreto y directo según las reglas del criterio humano, y 4) Que el órgano judicial motive en su senten-

cia el razonamiento de cómo ha llegado a la certeza del hecho presunto. La exigencia de la motivación en la sentencia respecto a la concurrencia de indicios y su consecuencia es más fuerte y debe ser más precisa que en los casos de prueba directa, ya que está es clara y diáfana, pero no lo son los indicios, porque si lo fueran sería prueba directa y no indiciaria».

Tales requisitos han sido cuestionados por IGARTUA SALAVERRÍA (2010, pp. 668 y ss.):

a) En primer lugar, la pluralidad de indicios no es indispensable. Un solo indicio necesario, en el sentido expresado en 12.2. puede tener una fuerza probatoria autónoma y suficiente. La simple acumulación de indicios débiles no incrementa el valor probatorio de cada uno de ellos.

b) Tampoco es necesario que el indicio esté acreditado mediante prueba directa. Una prueba indiciaria puede servir de base para acreditar el hecho base o indiciante del que inferir el hecho indiciable.

c) En cuanto al enlace entre el hecho indiciante y el hecho indiciable, la jurisprudencia señala que debe ser preciso, concreto y directo según las reglas del criterio humano. La fórmula no es clara. No es el número de indicios concurrentes, ni el número de inferencias a realizar el dato relevante, sino la mayor calidad y conclusividad de tales inferencias. Por tanto, lo relevante es esa tasa de conclusividad. A tal efecto, de existir indicios plurales, es conveniente atender, en primer lugar, a su convergencia en la misma dirección de modo que, si todos los indicios apuntan a la misma hipótesis, ésta se encontrará mejor acreditada. Y, a continuación, a su compatibilidad entre sí, de forma que los indicios no sólo deben apuntar en idéntica dirección, sino que, además, deben interrelacionarse y no excluirse. En realidad, pueden aplicarse aquí, *mutatis mutandis*, los criterios de corrección de la inferencia probatoria enunciados por GONZÁLEZ LAGIER (pp. 55 y ss.). Así, partiendo de que la acreditación de la hipótesis es una cuestión de grado, pueden apuntarse diversos criterios. A título de ejemplo, y en relación con los hechos indiciantes, es preciso tomar en consideración su cantidad, calidad y variedad de modo que, cuantos más elementos de juicio, más fiables y más variados militen en favor del hecho indiciable, mejor acreditado estará. Además, en relación con la conexión o enlace, cuanto mejor fundada esté la máxima de la experiencia o generalización empírica empleada, mejor confirmado estará el hecho indiciable. Desde otra perspectiva, cuando mayor sea la frecuencia expresada en la generalización empírica, más sólidamente fundamentado estará dicho hecho indiciable.

En realidad, como vemos, la prueba indiciaria remite al fenómeno de la valoración racional de la prueba y de la corrección de los criterios de valoración, en los términos que hemos examinado en el capítulo 16, 12.3 y ss.

BIBLIOGRAFÍA

- ANDRÉS IBÁÑEZ, «La supuesta facilidad de la testifical», en *Prueba y convicción judicial en el proceso penal*. Hammurabi, 2009.
- CABEZUDO BAJO: «Avance hacia un juicio penal íntegramente telemático mediante un uso más generalizado de la videoconferencia: eficiencia y derechos fundamentales», en *Revista General de Derecho Procesal* nº 52, Madrid, 2020.
- CAMARENA GRAU, «¿Se debe interrumpir la declaración del acusado en el plenario si lo solicita el letrado de la Defensa?», en POZA CISNEROS, CAMARENA GRAU, ORTEGA LORENTE, MORENO VERDEJO, MIRANDA ESTRAMPES, LOPEZ ORTEGA, y HERNANDEZ GARCÍA, *113 cuestiones básicas sobre la prueba en el proceso penal*, Colección Cuadernos Digitales de Formación nº volumen: 31, Madrid, 2013.
- CORDERO, *Procedimiento penal*, Temis, 2000.
- DE PAULA RAMOS, *La prueba documental*, Marcial Pons, 2023.
- DIGES, *Aspectos psicológicos de la confesión, en testigos, sospechosos y recuerdos falsos*, Trotta. 2016.
- FERNÁNDEZ PALMA y RUEDA SORIANO «El orden de los factores que sí altera el producto», en *Boletín de la Comisión de Penal de Jueces para la Democracia*, nº 6. Disponible en internet.
- FERRER BELTRÁN, *La valoración racional de la prueba*, Marcial Pons, 2007.
- FERRER BELTRÁN, *Prueba y racionalidad de las decisiones judiciales*, Editorial CEJI, Hidalgo, 2019.

2040

- GASCÓN ABELLÁN «Ideas para un "control de fiabilidad" de las pruebas forenses. Un punto de partida para seguir discutiendo», en *Manual sobre derechos humanos y prueba en el proceso penal*. Suprema Corte de la Justicia de la Nación, Ciudad de México, 2019.
- GONZÁLEZ LAGIER, *Quaestio facti. Ensayos sobre prueba, causalidad y acción*, Fontamara, 2013.
- IGARTUA SALAVERRÍA y otros. *99 cuestiones básicas sobre la prueba en el proceso penal*, Manuales de Formación Continuada, 51, Consejo General del Poder Judicial, Madrid, 2010.
- IGARTUA SALAVERRÍA, *Cuestiones sobre prueba penal y argumentación judicial*, Ediciones Olejnik, 2018.
- IGARTUA SALAVERRÍA, *Indicios, duda razonable, prueba científica*, Tirant lo Blanch, 2021.
- LOFTUS y KETCHMAN, *Juicio a la memoria. Testigos presenciales y falsos culpables*, Alba, 2010.
- LÓPEZ ORTEGA, «La declaración del imputado en el juicio oral, ¿debería obtenerse sólo a su instancia y como una prueba de la defensa, no de la acusación, y en el turno de las pruebas de la defensa?», en *113 cuestiones básicas sobre la prueba en el proceso penal*, Colección Cuadernos Digitales de Formación nº volumen 31, Madrid, 2013.
- LÓPEZ ORTEGA, «Breves reflexiones: yo sí ti creo», en *Boletín de la Comisión Penal de Juezas y Jueces para la Democracia*, nº 10, volumen II, Madrid, 2018.
- MANZANERO, *Memoria de testigos, Obtención y valoración de la prueba testifical*, Pirámide, 2010.
- MORENO CATENA, *Derecho procesal penal*, Tirant lo Blanch, 2017.

- RAMÍREZ ORTIZ, «Un cambio de paradigma probatorio: prueba pericial y prueba científica en el Anteproyecto de Ley de Enjuciamiento Criminal de 2020», en *Diario La Ley, Nº 9896, Sección Tribuna*, Wolters Kluwer, Madrid, 2021.
- RAMÍREZ ORTIZ, «El testimonio único de la víctima en el proceso penal desde la perspectiva de género». *Quaestio Facti. Revista internacional sobre razonamiento probatorio*, vol 1. 2019.
- RUEDA SORIANO, «El debate sobre el debate: el juicio oral a examen» en *El proceso penal práctico: análisis de cuestiones polémicas*, Manuales de Formación a Distancia 3, Consejo General del Poder Judicial, Madrid, 2021.
- TARUFFO, *La prueba de los hechos*, Trotta, Madrid, 2009.
- TONINI/CONTI, *La prueba penal en el proceso acusatorio contemporáneo*, Tirant lo Blanch, 2024.
- VÁZQUEZ ROJAS y FERNÁNDEZ LÓPEZ en FERRER BELTRÁN, (coord.), 2022, GONZÁLEZ LAGIER, VÁZQUEZ ROJAS, FERNÁNDEZ LÓPEZ, *Manual de razonamiento probatorio*, Suprema Corte de Justicia de la Nación, Ciudad de México, 2022.

Capítulo 49

El juicio oral (III). Conclusión

Encarnación Molino Barrero
Abogada penalista
Montero-Aramburu & GVA

SUMARIO: **1. CONCLUSIONES DEFINITIVAS. 2. PLANTEAMIENTO DE LA TESIS. 3. INFORMES. 4. ÚLTIMA PALABRA. 5. LA TERMINACIÓN ANORMAL DEL JUICIO ORAL: PERDÓN DEL OFENDIDO, MUERTE DEL ACUSADO Y RENUNCIA. 5.1 El perdón del ofendido. 5.2 La muerte del acusado. 5.3 Renuncia de acciones.**

1. CONCLUSIONES DEFINITIVAS

Una vez que ha concluido la práctica de la prueba en el juicio oral se abre el trámite de *conclusiones definitivas*. En el procedimiento ordinario se regula en el art. 732 LECrim y en el procedimiento abreviado en el art. 788 LECrim. En estos escritos las partes fijan de manera definitiva sus posiciones de tal forma que los informes habrán de ajustarse estrictamente a la defensa de las concretas pretensiones incluidas en las calificaciones definitivas, sin poder introducir cuestiones distintas. Así mismo la congruencia de la sentencia se mide comparándola con el contenido de los escritos de calificación definitiva de las acusaciones. Igualmente, en fase de recurso, para decidir si lo planteado es una cuestión nueva o no, hay que acudir a los escritos de conclusiones definitivas, pues solo podrán ser alegadas en vía de recurso aquellas cuestiones que hayan sido recogidas en los escritos de calificación definitiva.

En este trámite se conferirá traslado primero al Ministerio Fiscal, después a las acusaciones, y, en su caso, al actor civil, y a continuación a las partes pasivas, las defensas de los acusados, y tras ellas a las de los responsables civiles, para que puedan formular sus conclusiones definitivas.

Las partes acusadoras podrán a) elevar a definitivas las conclusiones provisionales, manteniendo inalteradas las que se formularon en su día, b) introducir las modificaciones que consideren conveniente, c) retirar la acusación. La defensa también puede mantener sus conclusiones provisionales elevándolas a definitivas, o bien modificarlas. Cabe incluir las conclusiones alternativas previstas en el art. 653 LECrim que pueden ser disyuntivas o subsidiarias de forma que una tesis sea la principal y las otras se formulen de forma supletoria para el caso de que no se estime la primera.

Los hechos contenidos en los escritos de calificación de la acusación deben mantenerse en lo esencial, no pudiendo introducir hechos nuevos o distintos a los relatados en las conclusiones provisionales, como garantía del derecho del acusado a ser informado de la acusación y de la interdicción de la indefensión.

En este sentido, la STS de 06/07/2022 [*Tol 9140672*]:

> «El conocimiento de la acusación se garantiza inicialmente mediante las conclusiones provisionales y, una vez finalizada la actividad probatoria en el acto del juicio oral, mediante las definitivas en las que, naturalmente, se pueden introducir las modificaciones fácticas y jurídicas demandadas por aquella actividad, siempre que se respete la identidad esencial de los hechos que han constituido el objeto del proceso [...]. Si se trata de hechos que hasta ese momento no habían sido en modo alguno objeto de investigación, sin que hubiera la más mínima referencia a ellos en el proceso, en principio, la respuesta a la cuestión de si se pueden introducir esos nuevos hechos —y correlativos nuevos delitos— en el trámite de calificación definitiva, habría de ser negativa, pues admitir esa posible modificación supondría una alteración sustancial del objeto del proceso. Esa entrada en el proceso en sus últimos estadios de hechos nuevos en su integridad, comportaría privar a la defensa de la fase de investigación y con ella, de todas las posibilidades defensivas que se establecen también en esta fase».

En el caso de que apareciesen hechos nuevos y distintos a los incluidos en las conclusiones provisionales, que resultaren de revelaciones o retractaciones inesperadas, que produzcan alteraciones sustanciales en el juicio, el tribunal podrá acordar una *instrucción suplementaria* (art. 746.6 LECrim) pero esto ha sido objeto de estudio en otro capítulo. También podrá solicitarse, en su caso, la deducción de testimonio para la incoación de un nuevo proceso o pieza separada.

En el trámite de conclusiones definitivas se puede modificar la calificación jurídica, el grado de ejecución, la participación, o las circunstancias que se estiman concurrentes, así mismo, también se puede modificar la pena e indemnización que se interesa de condena. Deberá indicarse la conclusión concreta que se modifica, determinando con precisión y claridad los términos en los que se modifica. Tales conclusiones se anticiparán verbalmente en el juicio para que todas las partes queden instruidas, sin perjuicio de formularse por escrito que se entregará al presidente del tribunal (párrafo 2º del art. 732 LECrim). En la práctica, si se trata de modificaciones simples o de poco alcance, se admite su exposición verbal que quedarán reflejadas en el acta o en la grabación del juicio.

Las conclusiones definitivas de las acusaciones *marcarán el límite de la congruencia de la sentencia*, dado que el tribunal no podrá condenar por delito que no haya sido objeto de acusación, salvo que haya homogeneidad, ni imponer pena o indemnización más grave de la pedida por las acusaciones.

En el caso de que, en conclusiones definitivas, la acusación cambie la tipificación penal de los hechos o se aprecie un mayor grado de participación o de ejecución o circunstancias de agravación de la pena, para salvaguardar el derecho a ser informado de la acusación, se confiere a la defensa el derecho a pedir un aplazamiento de la sesión para preparar adecuadamente sus alegaciones y para, en su caso, aportar elementos probatorios y de descargo que estime conveniente. El juez o tribunal puede conceder un aplazamiento de hasta diez días. Tras la práctica de la nueva prueba que pueda solicitar la defensa, las partes acusadoras podrán de nuevo modificar sus conclusiones definitivas (art. 788.5 LECrim). Igualmente, la defensa podrá oponerse a la modificación de las conclusiones si considera que vulnera el principio acusatorio y que le genera efectiva indefensión.

La modificación de las conclusiones puede incidir en el tipo de proceso seguido y también en la competencia. Así, puede suceder que, en un proceso seguido por los trámites del procedimiento abreviado, se introduzca una calificación por delito castigado con penas al que no resulte de aplicación este tipo de procedimiento por lo que habrá que proceder a la transformación del mismo, y a la incoación del correspondiente sumario. Esta modificación de la calificación exige la retroacción del procedimiento, con suspensión del juicio oral, la devolución de la causa al instructor para la formación de sumario y resolver sobre el procesamiento. También puede ocurrir que en un juicio que se celebra ante la Sección Penal Tribunal de Instancia, como consecuencia de la modificación de las conclusiones, la competencia no sea de este órgano sino de la Audiencia Provincial. En este caso, cuando todas las acusaciones califiquen los hechos como delitos castigados con pena que exceda de la competencia del juez de la Sección Penal Tribunal de Instancia, éste se declarará incompetente para juzgar, dará por terminado el juicio, y se remitirán las actuaciones a la Audiencia Provincial competente, esto es, el juez de lo penal resulta vinculado por el planteamiento unánime de las acusaciones. Fuera del supuesto anterior, esto es, cuando la modificación de la calificación que afecte a la competencia sea realizada sólo por alguna o algunas de las acusaciones, el juez de lo penal resolverá lo que estime procedente acerca de la continuación o finalización del juicio, pero en ningún caso podrá imponer una pena superior a la que corresponda a su competencia (art. 788.6 LECrim).

También puede suceder que, tras la prueba practicada en el juicio oral, se considere por todas las acusaciones o alguna de ellas que no ha existido prueba de cargo suficiente para sostener la petición de condena. En este caso, procede modificar las conclusiones provisionales, *retirando la acusación* respecto de quien corresponda, o en su caso, de todos los acusados. Si la acusación particular, privada o popular retiran la acusación quedan automáticamente apartadas del proceso. Si es el fiscal quien retira la acusación y es la única parte acusadora o todas las acusaciones han desistido de su pretensión, es suficiente con que se manifieste que se retira la acusación, y el juicio se da por finalizado, y por imperativo del principio acusatorio la sentencia será absolutoria. Ahora bien, si existe otra acusación que mantiene su pretensión punitiva, el Ministerio Fiscal deberá formular sus conclusiones definitivas interesando la absolución, procediendo también a informar defendiendo su petición absolutoria y oponiéndose a la petición de condena formulada por la parte acusadora. También puede ocurrir que se retire la acusación parcialmente, esto es, que se retire la acusación respecto de algún acusado, o que se retire la acusación respecto de algún delito. En estos casos, el juicio continuará respecto del resto de los acusados, o por el resto de los delitos. Aquellos a los que se les retira la acusación dejan de tener la condición de parte pasiva, por lo que abandonarán el banquillo y su letrado ya no debe tener ninguna intervención en el proceso, por lo que dejará el estrado.

2046 La defensa puede elevar a definitivas las conclusiones provisionales, pero también puede modificarlas, o incluso mantener la petición de absolución como principal y ofrecer otras conclusiones alternativas o subsidiarias. Como quiera que los informes de los defensores de las partes se acomodarán a las conclusiones definitivas (art. 737 LECrim), se debe incluir en este escrito la mención de todas las cuestiones que se vayan a defender en el posterior informe, tales como cuestiones procesales, vulneración de derechos fundamentales, prescripción, cosa juzgada, etc., así como eximentes, eximentes incompletas, atenuantes, u otras, incluyendo en la conclusión primera una referencia a los hechos que constituirían dichas circunstancias. Las alegaciones introducidas *ex novo* en trámite de informe carecen de transcendencia procesal porque no han sido sometidas a la necesaria contradicción y, por tanto, no pueden ser objeto de decisión en sentencia.

Así se recoge la STS de 22/05/2019 [*Tol 7260548*]:

> «Como indica el Ministerio Fiscal, ante todo hay una cuestión previa que no se puede obviar y que resuelve la sentencia recurrida en su FJ Séptimo (f 26) diciendo que: "La primera advertencia que se hace por el apelante es que la nulidad que ahora se alega fue planteada por la defensa en trámite de informe (que, hemos de interpretar, se refiere al informe en plenario, tras las conclusiones definitivas) y lo cierto es que, en efecto, verificada que ha sido por este Tribunal el acta de juicio, se constata cómo la alegada nulidad no fue introducida por la defensa del acusado en trámite de cuestiones previas, ni tampoco en las conclusiones, lo que, en realidad, significa que no se planteó la cuestión en ningún momento al Tribunal a quo, resultando, pues, improcedente, pretender que en esta alzada se haga un pronunciamiento

"prima facie" sobre extremos que se debieron dar a conocer al Tribunal sentenciador. Es sabido que las alegaciones que se hagan por las partes en el juicio oral en trámite de informe carecen de trascendencia procesal, en el sentido de que no pueden ser objeto de decisión por el órgano judicial ante el que se aducen." Y tiene razón el tribunal de apelación, porque el principio de contradicción que preside el proceso penal impide que se efectúen alegaciones que no puedan ser oportunamente contradichas por la correspondiente contraparte. Por ello el art. 737 de la LECr prescribe que "los informes de los defensores de las partes se acomodarán a las conclusiones que definitivamente hayan formulado"; y el art. 738 que: "después de estos informes sólo será permitido a las partes la rectificación de hechos y conceptos". Y sin que en el Procedimiento Abreviado el art. 788.3 y 4 proporcione norma distinta, viniendo por el contrario a resaltar la necesidad de debate contradictorio».

2. PLANTEAMIENTO DE LA TESIS

En el ordenamiento penal rige el principio acusatorio. El tribunal al dictar sentencia no puede ir más allá de lo solicitado por las partes acusadoras. Es más, según un sector de la doctrina, tampoco puede el tribunal realizar en la sentencia una valoración jurídica más grave de los hechos que la alegada por las acusaciones sin lesionar tal principio. El Tribunal Supremo en la STS 30/12/2020 [*Tol 8301530*], remitiéndose a las SSTS 86/2018 de 19 de febrero y 207/2018, de 3 de mayo señalaba:

«entre las garantías que incluye el principio acusatorio se encuentra la de que «nadie puede ser condenado por cosa distinta de la que se le ha acusado y de la que, por lo tanto, haya podido defenderse... Por «cosa» no puede entenderse únicamente un concreto devenir de acontecimientos, un *factum*, sino también la perspectiva jurídica que delimita de un cierto modo ese devenir y selecciona algunos de sus rasgos, pues el debate contradictorio recae no sólo sobre los hechos, sino también sobre su calificación jurídica"».

Como garantía del principio acusatorio, del derecho a ser informado de la acusación y del principio de contradicción, la LECrim permite al tribunal plantear la conocida como tesis de la desvinculación del órgano jurisdiccional.

Está regulada en el art. 733 LECrim. Se trata de una facultad excepcional que el tribunal puede utilizar una vez que se han presentado las calificaciones definitivas, planteando a las partes, a la vista del resultado de las pruebas, una calificación diferente a la recogida en sus escritos de conclusiones definitivas. No se trata de una facultad del tribunal para introducir nuevos hechos incriminatorios; no pueden ser introducidos hechos relevantes que no fueran los verificados por la acusación. Si bien, ello no obsta, a que el tribunal pueda introducir modificaciones no esenciales en los hechos, ya impliquen efectos perjudiciales o beneficiosos para el acusado.

El tribunal debe hacer uso de esta fórmula con moderación. No se puede utilizar en causas por delitos que solo pueden perseguirse a instancia de parte, ni tampoco es aplicable a los errores que hayan podido cometerse en los escritos de calificación respecto a la apreciación de circunstancias atenuantes, agravantes, ni en cuanto a la participación de cada uno de los procesados.

La fórmula que se empleará, recogida en el precepto citado, es la siguiente:

«Sin que sea visto prejuzgar el fallo definitivo sobre las conclusiones de la acusación y la defensa, el Tribunal desea que el Fiscal y los defensores del procesado (o los defensores de las partes cuando fuesen varias) le ilustren acerca de si el hecho justiciable constituye el delito de... del artículo... del Código Penal».

El tribunal deberá plantear la tesis en los siguientes casos:

* Cuando considere que los hechos son constitutivos de un delito más grave que por el que se acusa.
* Cuando considere que los hechos son constitutivos de un delito de igual o menor gravedad, pero heterogéneo respecto del delito por el que se acusa.

* Cuando considere que concurre una circunstancia agravante no recogida en las conclusiones definitivas de las partes, por entender que de no plantearse la tesis y ser apreciada la circunstancia se vería afectado el derecho de defensa. A pesar de que el citado precepto las excluye, la STC 205/1989 [*Tol 81776*] consolida una sólida línea jurisprudencial que afirma la necesidad del planteamiento de la tesis prevista en el art. 733 para la apreciación de circunstancias agravantes o subtipos agravados: «La anterior doctrina, fundada en los principios acusatorio y de contradicción y defensa y, en último término, en la prohibición de indefensión, obliga a establecer que, sin la tesis previa del citado art. 733, el Tribunal sentenciador no puede apreciar agravantes que no hayan sido objeto de la acusación, y así lo reconoce la Sala Segunda del Tribunal Supremo, siguiendo consolidada jurisprudencia de la que cita la Sentencia de la misma Sala de 4 de noviembre de 1986».
* Cuando considere que debe apreciarse en el acusado una participación más grave de la que le atribuyen las acusaciones. También se encuentra excluido en el artículo 733 LECrim; si bien el tratamiento seguido por la jurisprudencia respecto del grado de participación en el delito de los responsables es semejante al señalado anteriormente respecto de las agravaciones. Elevar el grado de participación del acusado, determinaría un aumento de la penalidad; de forma que, de no plantearse la tesis

se estaría vulnerando el principio acusatorio, de contradicción, la tutela judicial efectiva y el derecho de defensa del acusado.

* Cuando considere que deba aumentarse el grado de ejecución atribuido al acusado por las acusaciones.
* Cuando considere que concurre una circunstancia eximente de la responsabilidad criminal no recogida por la defensa, a fin de someterla a debate en el juicio oral y no causar indefensión a las acusaciones.

Si las partes indican que no están suficientemente preparadas para discutir la cuestión propuesta por el tribunal, se suspenderá la sesión hasta el día siguiente.

Si la tesis planteada por el tribunal no es acogida por alguna de las partes, la hace suya y la introduce en sus conclusiones definitivas, el tribunal deberá estar a las calificaciones de las partes, y no podrá considerar en la sentencia la tesis que hubiera propuesto, por exigencias del principio acusatorio y de interdicción de la indefensión.

La facultad del tribunal prevista en el art. 733 LECrim, aun cuando se regula en relación al procedimiento ordinario, es aplicable al abreviado, según la doctrina mayoritaria. Si bien ha sido objeto de discusión si en el abreviado el procedimiento que debería ser de aplicación sería el previsto en el art. 788.4 LECrim que establece que el Tribunal podrá «solicitar del Ministerio Fiscal y de los letrados un mayor esclarecimiento de hechos concretos de la prueba y la valoración jurídica de los hechos, sometiéndoles a debate una o varias preguntas sobre puntos determinados» —*vid.* Circular FGE 1/1989—. Realmente no son de preceptos incompatibles, sino complementarios que recogen situaciones distintas; resultando de aplicación ambos en el procedimiento abreviado.

3. INFORMES

Tras la fase de calificación definitiva, llega el momento de los informes en los que las partes han de exponer oralmente ante el tribunal cuanto consideren necesario sobre la valoración de la prueba, la calificación jurídica, y todos los argumentos y razones que les asisten para pedir que se haga justicia.

En términos generales, puede decirse que las acusaciones explicarán sus pretensiones, expondrán que sus peticiones son ajustadas a derecho y pedirán la condena del acusado. Los letrados defensores solicitaran la absolución de sus patrocinados, o bien la atenuación de los tipos penales y la reducción de las penas y responsabilidades, intentando convencer al tribunal de que sus peticiones son más justas que las de las acusaciones.

Para la preparación del informe se requiere un conocimiento exhaustivo de toda la causa y un estudio a fondo del asunto, de los problemas que se plantean, del Derecho, de la doctrina y la jurisprudencia que puede resultar de aplicación. Del conocimiento profundo y de la preparación surgirán las ideas con las que se construirá el informe. En el informe deberán recogerse los puntos esenciales, se marcará la línea general de la acusación o de la defensa, y, en su caso, las hipótesis alternativas. Se pide lo máximo, y de ahí puede pasarse a otras posibilidades que puedan darse, pues las conclusiones deben adaptarse al resultado de la prueba y también al planteamiento que hayan realizado las demás partes.

Los informes deben ser ordenados, claros, lógicos, realistas, y, en lo posible, breves. Y debe tenerse presente que «hay algo más importante que la palabra. Es la razón» (MARTÍNEZ VAL, p.161).

Se establece un orden de intervenciones para informar (arts. 734, 735 y 736 LECrim). Se conferirá la palabra en primer lugar, al Ministerio Fiscal; en segun-
2050 do lugar, al letrado de la acusación particular; en tercer lugar, al letrado de la acusación popular; en cuarto lugar, al letrado del actor civil, si lo hubiere. Tras quedar expuestas las tesis acusatorias, llega el turno de los letrados de las defensas de los acusados y, por último, el de los letrados de los responsables civiles, así como de los partícipes a título lucrativo, si los hubiere.

En el caso de que intervengan varios letrados como acusadores particulares o para ejercitar la acción civil, el orden de intervención puede venir determinado por el momento de su personación en la causa, esto es, el primero en informar será el primero que se haya personado como acusación particular. O bien, también podría atenderse al orden en el que se ha evacuado el traslado de la calificación. En el caso de que haya varios acusados o responsables civiles, los letrados de las defensas intervendrán en el orden en que figuren los acusados o los responsables civiles en el escrito del fiscal, salvo que el presidente del tribunal o juez de lo penal hubiere alterado el orden propuesto para los interrogatorios por el fiscal (art. 701 párrafos 4 a 6 LECrim) pues lo normal es que las defensas informen en el orden en que fueron practicados los interrogatorios de los acusados. También es habitual que el letrado de la defensa que informe en primer lugar sea el del acusado frente al que se formula una acusación más grave, y así sucesivamente.

En el caso de que un letrado intervenga en el juicio en calidad de acusación particular de una persona y a su vez como defensor de otra persona (por ejemplo en un caso de riña mutuamente aceptada), aun cuando a dicho letrado debería corresponderle un doble turno de intervenciones, primero para informar como acusación, y después en el turno de las defensas para informar en esa condición, son pocos los tribunales que permiten esta doble intervención, siendo lo habitual que el letrado deba informar conjuntamente en su calidad de acusación y de defensa una única vez, cuando se le concede la palabra a tales efectos.

La forma de realizar el informe ante el tribunal es muy personal, no obstante en términos generales puede decirse que debe quedar expuesto: 1) lo que se pide; 2) las cuestiones más importantes suscitadas durante el procedimiento y en el juicio oral, 3) los argumentos en defensa de la tesis que defendemos reflejada en las conclusiones definitivas con alusión a las pruebas practicadas, a la calificación jurídica, al grado de ejecución del delito, a la autoría y participación delictiva; a las circunstancias modificativas de la responsabilidad criminal, a la justificación de la pena o de la absolución interesada, a la responsabilidad civil y su cuantía, y a las costas 4) la refutación de los argumentos formulados de contrario; 5) la conclusión, destacando las principales ideas y peticiones que se formulan.

Profundizando en lo anterior, en el informe se debe abordar cada una de las conclusiones expuestas en los escritos de calificación definitiva. Desde un punto de vista sistemático, si se han planteado cuestiones procesales, resulta adecuado defenderlas y desarrollarlas en primer lugar. Tanto si las cuestiones han sido introducidas por la parte que informa como si son cuestiones introducidas de contrario deben ser explicadas unas y contradichas o contraargumentadas las otras.

Así mismo, se valorará el resultado de la prueba practicada en el juicio oral, sea de cargo o de descargo, y se explicará si los hechos se entienden acreditados o no. Se entrará en la calificación jurídica de los mismos, exponiendo los argumentos que sostienen la calificación del delito por el que se acusa o, por el contrario, que los mismos no son constitutivos del tipo penal sostenido por las acusaciones. Deberá explicarse el grado de ejecución del delito, así como la participación atribuida al acusado, o bien será refutada y desacreditada, justificando lo uno o lo otro, en función de la posición sostenida en las calificaciones definitivas. Deberán exponerse los hechos que constituyen las circunstancias modificativas, las pruebas que los sustentan, así como los argumentos jurídicos que las avalan, en el sentido que se invoquen por cada parte. Así mismo, las acusaciones deberán exponer y justificar las penas que se solicitan y las responsabilidades civiles y cuantías que se reclaman, o bien, por las defensas, se expondrán las razones que existan para sostener que no proceden esas penas o esas responsabilidades civiles o, en su caso, que deben ser inferiores a las pedidas de contrario. Lo mismo se hará respecto de las costas.

Es interesante y necesario abordar las cuestiones conflictivas, las que revisten mayor dificultad o que sean más problemáticas. El Ministerio Fiscal y las acusaciones deben responder a las cuestiones planteadas por las defensas en sus escritos de conclusiones, así como valorar también la prueba de descargo y la relevancia que haya tenido en orden a rebatir la tesis que sostenían. Las defensas deberán contestar las cuestiones planteadas por las acusaciones, valorando la prueba practicada en el plenario y defendiendo sus propias conclusiones. Cada parte expondrá la argumentación que proceda en defensa de la tesis que defiende y hará una crítica y refutará las formuladas contrario. En el caso de que se hayan propuesto conclusiones principales y otras alternativas o subsidiarias, también deberán ser explicadas y justificadas todas ellas. Es este el momento indicado para invocar los preceptos legales, la doctrina y la jurisprudencia que sustenta las respectivas posiciones.

Cuando el Ministerio Fiscal interesa la absolución por haber retirado la acusación, también emitirá su informe, pues debe justificar y motivar su decisión, dado que tiene una posición institucional y defiende el interés público.

Los informes vienen regulados en los arts. 734 a 737 y 788.4 LECrim.

Respecto de la duración de los informes, en ocasiones se ha planteado controversia sobre la limitación del tiempo para el desarrollo y exposición de éstos. La jurisprudencia viene sosteniendo que su extensión debe ajustarse a los principios de claridad, concisión y celeridad. A tal propósito corresponde al presidente del tribunal el control prudente y proporcional del tiempo del que cada parte dispone para evacuarlos, sin que la llamada del tribunal a la conclusión implique, por sí, la infracción del derecho defensa. En este sentido, la STS de 11/02/2021 [*Tol 8326056*] señala:

> «El art. 683 LECrim encomienda al Presidente del Tribunal, la dirección de los debates, como indica el Ministerio Fiscal, para evitar la reiteración de las alegaciones tanto de pruebas como de argumentos de las partes en la fundamentación de sus intervenciones, sin ambigüedades y contradicciones, a fin de agilizar la celebración del juicio debiendo regir los principios de claridad, concisión y brevedad. El tiempo a emplear en el informe, no resulta fijado y entra dentro de sus competencias establecerlo, en función de diversas variables, entre las cuales, la complejidad resulta relevante; pero en atención a la derivada del caso de autos y el tiempo que concorde el acta (en soporte audiovisual) había empleado el Letrado, no resulta reprochable. Especialmente a través de este cauce casacional, cuando no formuló protesta, ni es capaz de concretar en esta sede, cómo, esa llamada, no a la brevedad sino a la conclusión, tras el tiempo empleado, limitó su derecho de defensa. El motivo se desestima».

En términos similares, se pronuncia la STS de 08/06/2022 [*Tol 9009644*]:

«En cuanto a la extensión de los informes orales, en su regulación, art. 734 y ss LECrim, —y en concreto para la defensa en el art. 737: "los informes de los defensores de las partes se acomodarán a las conclusiones que definitivamente hayan formulado..."— no se hace referencia expresa a su duración, que quedará al arbitrio del Juez o Presidente del Tribunal, como los responsables de dirigir el juicio oral, quienes en cada caso concreto marquen las directrices en cuanto a este extremo, dado que entre las funciones de ordenación del debate que competen al Presidente del Tribunal también se encuentran la de evitar intervenciones interminables, reiterativas o abusivas en atención al interés de todas las partes, por lo que constituye un uso prudente de las facultades presidenciales interesar moderación en el uso de la palabra limitando razonablemente las intervenciones reiterativas, más aún en el juicio de Jurados al ser éstos, por regla general, personas legas en cuestiones estrictamente jurídicas».

Y la STS de 21/09/2022 [*Tol 9229870*]:

«Las funciones del juez solicitando celeridad en los informes y no reiteración de lo que el tribunal ha oído, forma parte de las funciones propias de la policía de estrados para aligerar la marcha de los procesos en atención a la agenda de señalamientos y, efectuadas con los adecuados niveles de respeto y consideración a la parte, no suponen una lesión al derecho de defensa».

4. ÚLTIMA PALABRA

El derecho a la última palabra se integra en el derecho fundamental a la defensa y en el derecho a un proceso con todas las garantías (art. 24 CE).

El derecho a la defensa comprende tanto la asistencia de letrado libremente elegido o nombrado de oficio, como también el derecho a defenderse personalmente —arts. 6.3 c) del Convenio de Roma y 14.3 d) del Pacto Internacional de Derechos Civiles y Políticos— en la medida en que lo regulen las leyes procesales de cada país configuradoras del derecho. Nuestra ley procesal ofrece al acusado el derecho a la última palabra (art. 739 LECrim).

Este derecho es una expresión del derecho a la autodefensa. Es el derecho del acusado a ejercer su propia defensa al finalizar el juicio, pues nadie puede ser condenado sin ser oído. El juzgador, una vez terminadas las intervenciones de todas las partes, hace un ofrecimiento al acusado para que manifieste lo que estime oportuno. Se trata de que lo último que oiga el órgano judicial, antes de dictar sentencia y tras la celebración del juicio oral, sean precisamente las manifestaciones del propio acusado, que en ese momento asume personalmente su defensa (STC 13/2006 [*Tol 817430*]).

El derecho a la última palabra no es una mera formalidad sino expresión de la necesaria contradicción y del derecho de defensa «que tiene todo acusado al que se brinda la oportunidad final para confesar los hechos, ratificar o rectificar sus propias declaraciones o las de sus coimputados o testigos, o incluso discrepar de su defensa o completarla de alguna manera. La raíz profunda de todo ello no es sino el principio de que nadie pueda ser condenado sin ser oído, audiencia personal que, aun cuando mínima, ha de separarse como garantía de la asistencia letrada, dándole todo el valor que por sí misma le corresponde. La viva voz del acusado es un elemento personalísimo y esencial para su defensa en juicio», según recoge la doctrina del Tribunal Constitucional en la STC 181/1994 [*Tol 82586*], reiterándolo luego las SSTC 29/2005 [*Tol 579127*]; 93/2005 [*Tol 636306*] y 13/2006 [*Tol 817430*].

Está regulado en el art. 739 LECrim que dispone «Terminadas la acusación y defensa, el presidente preguntará a los procesados si tienen algo que manifestar al Tribunal. Al que contestare afirmativamente, le será concedida la palabra. El presidente cuidará de que los procesados al usarla no ofendan la moral, ni falten al respeto debido al Tribunal ni a las consideraciones correspondientes a todas las personas, y que se ciñan a lo que sea pertinente, retirándoles la palabra en caso necesario». El ejercicio de este derecho no está supeditado a la petición por el acusado, ni el letrado tiene la carga de formular protesta si se omite el trámite, porque ofrecer esta garantía es un deber de la
2054 autoridad judicial.

Como señala la STC 13/2006 [*Tol 817430*] el derecho a la última palabra:

«... debe igualmente diferenciarse del derecho a ser oído mediante la posibilidad de interrogación o confesión cuya realización se habrá ya realizado al inicio del juicio [...] El interrogatorio permite al acusado hacer las manifestaciones que estime pertinentes en defensa de sus intereses. Pero en ese momento desconoce cuál va a ser el comportamiento de los demás coimputados que declaren a continuación, de los testigos de cargo y de descargo, y el resultado de las pericias practicadas. Incluso desconoce cuál va a ser la vía argumental de las acusaciones y las defensas en sus respectivos alegatos, por lo que su postura inicial puede verse reafirmada o, por el contrario, necesitada de actualización y matización. El acusado ha de tener la oportunidad de contradecir o someter a contraste todo el proceso probatorio, añadiendo todo aquello que estime pertinente para su mejor defensa, por lo que ha de tener la oportunidad de ser el último en intervenir en el proceso, de modo que esta facultad se encuadra dentro del derecho de defensa que, en estas circunstancias, ha de realizarse de manera personal y directa por el interesado».

Y sigue diciendo la mencionada STC:

«Se trata, por lo tanto, de que lo último que oiga el órgano judicial, antes de dictar sentencia y tras la celebración del juicio oral, sean precisamente las manifestaciones del propio acusado, que en ese momento asume personalmente su defensa. Por ello su propia naturaleza impide que esas manifestaciones sean sometidas a debate por las partes, pues si fuera así, es claro que lo dicho por el acusado dejaría de ser la última palabra para convertirse en una más de sus declaraciones ante el tribunal».

El derecho a la última palabra se reconoce expresamente a la persona jurídica quien podrá ejercerlo por medio del representante especialmente designado por la persona jurídica al finalizar el acto del juicio. El art. 787 *bis* 1 LECrim establece «cuando el acusado sea una persona jurídica, esta podrá estar representada para un mejor ejercicio del derecho de defensa por una persona que especialmente designe. Dicha persona podrá [...] ejercer el derecho a la última palabra al finalizar el juicio».

Hasta la Sentencia de Pleno del Tribunal Constitucional 258/2007 [*Tol 1228670*], se consideraba que bastaba la constatación de la omisión del ofrecimiento al acusado del derecho a la última palabra, para que se decretara la vulneración del derecho fundamental a la defensa del art. 24.2 CE. Sin embargo, a partir de la sentencia citada, la doctrina jurisprudencial exige que la omisión del derecho a la última palabra haya generado al acusado una real y efectiva situación de indefensión, esto es, exige conectar el derecho constitucional a la última palabra con el concepto de indefensión material. En otro caso se tratará de una infracción de las normas de procedimiento o una irregularidad procesal sin efectos, pues solo tendrá relevancia constitucional cuando produzca un perjuicio real y efectivo en las posibilidades de defensa de quien la denuncia, esto es, cuando no se pueda descartar que el trámite omitido hubiera sido decisivo en términos de defensa y que hubiera podido determinar un fallo diferente (STS de 17/06/2014 [*Tol 6201283*]). 2055

Esta interpretación ha vuelto a ser matizada por la STC 35/2021 [*Tol 8347239*], en la que se considera vulnerado el derecho de defensa y el derecho a un proceso con todas las garantías cuando se priva al acusado del derecho a la última palabra, a cuyo ejercicio no se había renunciado expresamente, sin que para ello deba acreditarse la repercusión o relevancia hipotética de que lo que hubiera podido expresar el acusado al Tribunal en el derecho a la última palabra hubiera supuesto un fallo distinto en la sentencia.

La STC 35/2021 [*Tol 8347239*]), recoge:

> «Varias han sido las ocasiones en las que nos hemos pronunciado acerca de dicha relevancia, y en todas ellas el criterio rector ha sido siempre considerarla una garantía esencial para asegurar la autodefensa del acusado en el proceso penal, de modo que su sola denegación comporta la vulneración de derechos fundamentales del art. 24 CE, en cuanto se verifique tal circunstancia, sin otra exigencia añadida. Este criterio rector, que solo se ha modulado en un único aspecto por la STC 13/2006, FJ 6.
>
> 3. Doctrina de la STC 258/2007, este tribunal sin embargo no ha dispuesto de una nueva ocasión para pronunciarse en sentencia sobre la adecuación o no de las modulaciones entonces introducidas.
>
> 4. Matizaciones a la doctrina de la STC 258/2007, de 18 de diciembre, FFJJ 3 y 5, debe matizarse en el sentido de que ha de considerarse vulnerado el derecho a la defensa del art. 24.2 CE en todos los casos en los que, no habiendo renunciado expresamente a su ejercicio, se

haya privado al acusado del derecho a la última palabra, sin que para ello deba este acreditar en vía de impugnación contra la sentencia, la repercusión o relevancia hipotética de cómo lo que hubiera podido expresar al tribunal, habría supuesto la emisión de un fallo distinto».

En el caso de que se entendiese que se ha producido la vulneración del derecho fundamental a la defensa por haber omitido el ofrecimiento al acusado del derecho a la última palabra y se decretase la nulidad, hay que determinar cuál es el alcance de la misma, esto es, si se trata de una nulidad limitada a la actuación omitida, retrotrayendo el procedimiento al momento en que se cometió la vulneración del derecho, lo cual determinaría la nulidad de la sentencia dictada con devolución de la causa al mismo tribunal para que en presencia de todas las partes con sus letrados, se materialice el derecho a la última palabra, y tras ello, se dicte nueva sentencia. O bien, la nulidad afecta a todo el juicio oral, que deberá celebrarse de nuevo íntegramente con un tribunal distinto del que hubiera enjuiciado el asunto. Encontramos ambas soluciones en nuestra jurisprudencia, así la STS de 10/05/2001 [*Tol 4925524*], recoge el primer supuesto y acuerda la nulidad de la sentencia para que el mismo tribunal sentenciador subsane la vulneración cometida concediendo al acusado el derecho a la última palabra y tras ello se dicte la nueva sentencia, mientras

que la STS de 5/04/2000 [*Tol 4922839*], acuerda la celebración íntegra de un nuevo juicio por un tribunal constituido por tres magistrados distintos de los que intervinieron en el anterior.

Pese a la favorable literatura jurídica que se ocupa de este derecho, considerándolo pieza esencial como derecho a la autodefensa, en la práctica se convierte en un arma de doble filo que entraña mucho riesgo para los acusados. En este sentido, MORENO VERDEJO (2021, p. 854) se refiere a la «posible autodefensa *suicida* y sus consecuencias» y estima que se trata «de un derecho sobrevalorado, y cuya eficacia práctica se mide a favor del reo de modo mucho más limitado que en su contra. Que cuando el juicio casi ha concluido se permita al acusado una especie de *desahogo final* ajeno en principio a toda contradicción entre las partes y a todo control por su letrado es algo que suscita serios problemas de fijación de los límites de control por el Tribunal de esas manifestaciones».

Puede resultar problemático que tras la práctica de la prueba y de los informes de las partes, los acusados manifiesten libremente y sin control alguno lo que tengan por conveniente, sin que reste ya trámite alguno para explicar, aclarar o contradecir las manifestaciones espontaneas que puedan realizar los acusados, que pueden haber surgido de los sentimientos y sensaciones provocados por el devenir del juicio. Los acusados pueden realizar un alegato autodefensivo, pero también pueden realizar unas manifestaciones que discrepen o contradigan la tesis sostenida por la defensa, o bien exterioricen un arrepentimiento cuando no hayan sido reconocidos los hechos o la confesión de hechos previamente negados, o el reconocimiento de un hecho o la rectificación de un dato que perjudica a su posición procesal. Las palabras pronunciadas por el acusado en esa última fase del juicio no son un medio de prueba ni se producen en el periodo probatorio. Deben considerarse un alegato defensivo final, ahora bien, será difícil conseguir que tales palabras dichas espontáneamente en el último momento no contribuyan a la formación de la convicción del tribunal, teniendo en cuenta que lo único que queda es el famoso "visto para sentencia, despejen la sala".

5. LA TERMINACIÓN ANORMAL DEL JUICIO ORAL: PERDÓN DEL OFENDIDO, MUERTE DEL ACUSADO Y RENUNCIA

El procedimiento penal culmina, frecuentemente, tras la práctica de las diligencias pertinentes durante la fase de instrucción y la celebración del juicio oral, con el dictado de una sentencia, que puede ser condenatoria o absolutoria.

No obstante, es posible que el procedimiento penal finalice sin la celebración del juicio oral. En estos casos por medio de auto se acuerda el sobreseimiento antes de que se abra juicio; sobreseimiento que podrá ser provisional (art. 641 LECrim) o libre (art. 637 LECrim), como se analizó en el capítulo correspondiente.

Ahora bien, el procedimiento puede concluir de forma anormal, en el caso de que concurra alguno de los supuestos que determinan una terminación anticipada: el perdón del ofendido, la muerte del acusado y la renuncia, que a continuación pasamos a analizar.

5.1 El perdón del ofendido

La responsabilidad criminal se extingue por el perdón de la persona ofendida, cuando se trate de delitos leves perseguibles a instancias de la persona agraviada o la ley así lo prevea. El perdón habrá de ser otorgado de forma expresa antes de que se haya dictado sentencia, a cuyo efecto la autoridad judicial sentenciadora deberá oír a la persona ofendida por el delito antes de dictarla (art. 130.1. 5º CP)

En los delitos cometidos contra personas menores de edad o personas con discapacidad necesitadas de especial protección que afecten a bienes jurídicos eminentemente personales, el perdón de la persona ofendida no extingue la responsabilidad criminal.

La STS de 23/04/2019 [*Tol 7199696*] señala:

«La disponibilidad sobre la acción penal o sobre la pena que supone el ejercicio del perdón se relaciona directamente con la necesidad de que, en los delitos en los que resulta relevante, el ejercicio de las acciones penales sea impulsado por el propio ofendido, por su representante legal o, en casos específicamente establecidos, por el Ministerio Fiscal. Con otras palabras, el perdón del ofendido no es contemplado por el legislador cuando se trata de delitos que afectan a intereses generales o a bienes jurídicos respecto de los que el ofendido no tiene una especial disponibilidad. Incluso, en ocasiones, aunque el inicio de la causa penal queda en manos del ofendido, una vez iniciada aquella, el eventual perdón del ofendido podría carecer de eficacia alguna».

El Código Penal contempla en su articulado determinados delitos —que no son leves— respecto de los que el perdón del ofendido sí extingue la responsabilidad penal:

* Delitos relativos al descubrimiento y revelación de secretos previstos en los arts. 197 a 200 CP (art. 201.3 CP), sin perjuicio de lo señalado en el anteriormente citado art. 130.1.5 CP.
* Delitos de injurias y calumnias previstos en los arts. 205 a 210 CP (art. 215.3 CP), sin perjuicio de lo señalado en el artículo 130.1.5 CP.
* Delito de daños causado por imprudencia grave superior a 80.000 euros (art. 267 CP).

También se regula de forma singular en relación con los delitos de agresiones sexuales y acoso sexual. El art. 191.2 CP expresamente señala que el perdón del ofendido o del representante legal no extinguirá la acción penal de tales delitos.

5.2 La muerte del acusado

Esta causa de extinción, clara y evidente manifestación del principio de personalidad de las penas, se encuentra recogida en el art. 130.1. 1º CP que señala que la responsabilidad criminal se extingue por la muerte del reo.

El empleo del término reo en este artículo no ha estado exento de objeciones; si bien la doctrina mayoritaria coincide en que ha ser interpretado en sentido amplio y no reducirse a la figura del condenado. Señala BOLSOVA PASAMAR (2023, p. 566) «la muerte como causa de extinción de la responsabilidad penal, no debía haberse limitado a referir la del reo, dado que este concepto presupone un sujeto condenado, sino la del sujeto responsable (reo o no). No obstante, aunque no se haya dictado sentencia firme, la muerte seguirá extinguiendo la responsabilidad criminal dimanante del delito, como no podía ser de otro modo —*mors omnia solvit*—, como consecuencia del Derecho sustantivo, hecho que encuentra su efecto procesal en que la muerte del culpable extingue asimismo la acción penal (art. 115 LECrim)».

El artículo 115 LECrim establece que la acción penal se extingue por la muerte del culpable; añadiendo este precepto que la acción civil subsistirá en este supuesto contra los herederos o causahabientes, pero sólo podrá ejercitarse ante la jurisdicción civil; toda vez que las consecuencias de índole civil derivadas del delito no pueden verse afectadas por la muerte del reo, habrán de determinarse en un procedimiento civil con sujeción a las normas civiles.

Como señala CORTÉS DOMÍNGUEZ (2023, p. 530) «el derecho de penar y, previamente, el derecho de acusar, tienen necesariamente una referencia subjetiva pasiva, pues no cabe acusar hipotéticamente y no cabe condenar en hipótesis a personas ya fallecidas por conductas realizadas por ellas durante su vida».

Si la muerte tuviera lugar cuando la causa está pendiente contra el procesado, se cancelará la fianza que hubiese prestado conforme a lo señalado en los arts. 529 y ss. LECrim (art. 541. 4 LECrim).

Los delitos de blanqueo y receptación no se extinguen aun cuando el autor del delito precedente hubiese fallecido sin condena, siempre que resultare acreditado el hecho típico y antijurídico.

El efecto de la muerte del encausado durante el proceso es la extinción de la responsabilidad penal.

5.3 Renuncia de acciones

El art. 106 LECrim establece que la acción penal por delito que da lugar al procedimiento de oficio es irrenunciable, es decir, no se extingue por la renuncia de la persona ofendida. Ahora bien, a diferencia de los delitos públicos en los que, como se ha expuesto, la renuncia no extingue la acción penal, en los delitos que sólo pueden ser perseguidos a instancia de parte, la renuncia del ofendido sí extingue a la acción penal.

Las acciones civiles se extinguen por la renuncia del ofendido cualquiera sea el delito del que proceda.

El art. 109.2 CP prevé la posibilidad de la renuncia al ejercicio de la acción civil *ex delicto* en el curso del proceso penal pues la pretensión civil no pierde su naturaleza y se rige por los principios propios de estas acciones, entre los que se encuentra el dispositivo, el de renunciabilidad y el de la reserva de la acción civil para ejercitarla en un procedimiento civil una vez concluido el penal. El último párrafo del artículo 112 LECrim añade que «si se ejercitase sólo la civil que nace de un delito de los que no pueden perseguirse sino en virtud de querella particular, se considerará extinguida desde luego la acción penal».

La renuncia ya sea de la acción civil o de la acción penal renunciable no perjudicará más que al renunciante; pudiendo continuar el ejercicio de la penal en el estado en que se halle la causa, o ejercitarla nuevamente los demás a quienes también correspondiere (art. 107 LECrim).

La renuncia al derecho de restitución, reparación o indemnización debe realizarse expresamente (art. 108 LECrim). El art. 110 *in fine* LECrim, señala que es necesario que la renuncia se haga de «una manera clara y terminante».

Como señala la STS de 15/05/2012 [*Tol 2573938*], si la acción penal es pública es indisponible en cuanto regida por el principio de legalidad. La acción civil ejercitada juntamente con la penal mantiene sus principios rectores de disposición y rogación y los que son consecuencia de éstos, como el de renunciabilidad que establecen los arts. 106 y ss. LECrim. El derecho de resarcimiento se constituye como un derecho subjetivo del ofendido, cuya renuncia sólo puede perjudicar a éste.

No obstante lo anterior, el párrafo 2º del artículo 112 LECrim establece que se podrá revocar la renuncia al ejercicio de la acción civil, aun cuando previamente se hubiera renunciado a ella, en aquellos casos en los que a) las consecuencias del delito son más graves de las que se preveían en el momento de la renuncia, o b) si la renuncia pudo estar condicionada por la relación de la víctima con alguna de las personas responsables del delito. Para ello será necesario que se dicte resolución judicial, a solicitud de la persona dañada o perjudicada y oídas las partes, siempre y cuando se formule antes del trámite de calificación del delito.

BIBLIOGRAFÍA

- ÁLVAREZ ALARCÓN, Abogacía y proceso penal, Tirant lo Blanch, 2021.
- BOLSOVA PASAMAR, *Tratado de las consecuencias jurídicas del delito,* Tirant lo Blanch, 2023.
- CALAZA LOPEZ, *Derecho Procesal Penal*, 3ª edición, Tirant lo Blanch, 2024.
- GARCÍA SAN MARTÍN, *Doctrina Penal Actualizada,* Tirant lo Blanch, 2020.
- MARTÍNEZ JIMÉNEZ, *Derecho Procesal Penal,* Tecnos, 2021.
- MARTÍNEZ VAL, *Abogacía y Abogados,* Bosch, 1993.
- MORENO CATENA, *Derecho Procesal Penal*, Tirant lo Blanch, 2023.
- MORENO VERDEJO, *El juicio oral en el proceso penal,* Comares, 2021.
- NIEVA FENOLL, *Derecho Procesal III (Proceso Penal)*, 3ª edición, Tirant lo Blanch, 2024.
- ORTEGA BURGOS, *Derecho Penal 2020*, Tirant lo Blanch, 2020.
- SOPENDRA NAVAS, *Prácticum Derecho Penal 2022*, Aranzadi, 2021.

Sección III

Sentencia y cosa juzgada

Capítulo 50

La sentencia

Diego Alberto Gutiérrez Azanza
Fiscal
Letrado del Gabinete Técnico del Tribunal Supremo (Sala Segunda)

1. CONCEPTO

La sentencia es, primero y ante todo, una resolución judicial. Concretamente, y en el ámbito penal, es una de las resoluciones judiciales que puede poner fin al proceso. Según el art. 141 de la LECrim las sentencias son resoluciones que deciden «definitivamente la cuestión criminal». No se trata de una definición exacta, puesto que hay otras resoluciones que pueden decidir definitivamente un proceso penal. Piénsese, por ejemplo, en un auto de sobreseimiento libre, dictado al amparo del artículo 637 de la LECrim, que decida que unos hechos investigados no son constitutivos de delito, que no se han producido o que la persona que los cometió está exenta de responsabilidad criminal. Será una resolución que decida, de igual forma, la "cuestión criminal" de forma definitiva. La LOPJ emplea unos términos similares —más amplios todavía—, aun cuando se refiere a las sentencias en general y no particularmente a las del orden penal, y dice que las resoluciones jurisdiccionales se denominan sentencias «cuando decidan definitivamente el pleito o causa en cualquier instancia o recurso, o cuando, según las leyes procesales, deban revestir esta forma».

Al respecto de lo que sea una sentencia en el orden penal, pueden examinarse algunos pronunciamientos doctrinales. HERNÁNDEZ GIL (p. 5) se refería a la sentencia con bellas palabras y decía que «la sentencia es el derecho condensado en una resolución fundada y actuante. Dice y decide cuál es el derecho en concreto; o mejor, decide diciendo; o si se prefiere, dice decidiendo». Más adelante (p. 7) señalaba que, tradicionalmente, se considera que la sentencia es un silogismo, según la concepción aristotélica del silogismo asertivo y predicativo, con tres términos —mayor, medio y menor—, distribuidos en dos premisas y una conclusión. ASENCIO (p. 268) contrapone la sentencia penal a la sentencia civil y señala que el proceso penal, una vez celebrado el juicio oral, debe concluir mediante sentencia en que se declare la culpabilidad o inocencia del acusado. Concibe la sentencia como una resolución que pone fin al proceso resolviendo sobre la pretensión penal y emitiendo un juicio acerca de la culpabilidad o inocencia del acusado. Destaca que, en un Estado de Derecho, la sentencia es el único instrumento en que actúa el derecho penal.

Para CALAZA (p. 493-494), la sentencia es consecuencia inexorable de la fase de enjuiciamiento del proceso penal. Recuerda que el juez, en nuestro ordenamiento jurídico, no puede omitir el enjuiciamiento, sino que debe conocer del fondo del asunto y juzgarlo. Considera la sentencia como una «respuesta final» del Estado, emitida a través de jueces y magistrados, que pone fin a conflictos sociales presentados por el Ministerio Fiscal o los acusadores personados en el marco de un proceso judicial (penal). La concibe como una resolución jurisdiccional —pues solo puede ser dictada por jueces y magistrados que tienen encomendado el enjuiciamiento en exclusividad—; que es de la máxima relevancia —pues constituye la decisión final—; tiene carácter material —por cuanto su contenido consistirá en la condena o en la absolución—; y tiene carácter inmodificable o fuerza de cosa juzgada.

Entiende PÉREZ-CRUZ (pp. 569-570) que debe ponerse el acento, más que en construcciones doctrinales acerca de su concepto, en que la sentencia tiene carácter definitivo, de manera que queda proscrita la sentencia absolutoria en la instancia; y que, una vez abierto el juicio oral, este solo puede concluir por sentencia. Su significado —con cita de otros autores— consiste, al poner fin al proceso penal, en que encarna verdaderamente el principio de legalidad y supone una forma de resolución de conflictos sociales mediante la creación de una norma individual a partir de la norma general contenida en la ley.

La cuestión de qué es una sentencia en el orden penal entronca con la naturaleza misma de este proceso, y su función en la sociedad. CORTÉS (pp. 183-192) entiende que el fin del proceso penal es la preservación del ordenamiento jurídico penal, pretende declarar el derecho a la imposición de una sanción penal en virtud de la comisión de un hecho punible, aunque solo en caso de que exista ese derecho. El derecho a la imposición de penas es exclusivo del Estado y solo el Estado tiene la legitimidad, soberanía e *imperium* para castigar los hechos punibles. En consecuencia, concreta el objeto del proceso penal en el ejercicio de la pretensión punitiva por parte del Estado. El fin del proceso penal, sería así, la declaración de la existencia del derecho del Estado a la imposición de una pena.

Para otra corriente doctrinal, el objeto del proceso sí es la pretensión punitiva. PÉREZ-CRUZ (pp. 215-244) expone la necesidad de distinguir entre el objeto y el fin del proceso. Entiende que el objeto principal —acción penal— del proceso es el ejercicio de la pretensión punitiva. El proceso penal, para el autor, se insta para averiguar el delito y el delincuente, e imponerle la pena. Expone que la pretensión punitiva es una declaración de voluntad que se dirige contra el acusado, en la que se solicita del juez o tribunal una sentencia de condena al cumplimiento de una pena o medida de seguridad, fundada en la comisión por aquel de un hecho punible. Si se toma esta concepción de proceso penal, la sentencia sería la resolución que declara la procedencia o la improcedencia de lo pedido por las partes acusadoras.

Prescindiendo de un mayor estudio doctrinal, que desbordaría el interés de esta obra, puede concluirse que la sentencia es una resolución judicial, de contenido jurisdiccional, que pone fin al proceso penal y se pronuncia sobre el fondo de la pretensión penal debidamente constituida en el proceso penal y declara cometidos —o no— unos determinados hechos, quién fue su autor, el delito que, en su caso, constituyen —con sus circunstancias— y emite un pronunciamiento de condena —con la imposición de penas, medidas de seguridad o consecuencias accesorias y, en su caso, responsabilidad civil— o lo descarta. Es, en fin, la resolución que decide acerca del contenido de la pretensión penal. Su formación responde a la estructura de un silogismo lógico, en la forma que se explicará. Se coincide, de esta manera, con COBO (p. 756) que definía la sentencia en términos similares y señalaba que «la sentencia es el acto judicial documentado que pone fin al proceso penal, debiendo resolver todas las cuestiones planteadas durante el juicio oral, muy especialmente, las reseñadas en el escrito de conclusiones definitivas que deberán ser contestadas y resultas absolutamente todas so pena de ulterior nulidad, y declarando la condena o absolución del acusado, con todo lo que a ello haya lugar». 2067

La LECrim contiene, dentro del Título VI (De la forma de dictar resoluciones y del modo de dirimir las discordias) del Libro I (Disposiciones Generales), un Capítulo I que trata "De las resoluciones procesales" (arts. 141 a 162); y un Capítulo II, que versa "Del modo de dirimir las discordias" (arts. 163 a 165). Por otra parte, debe tenerse en cuenta, también, que la LOPJ, dentro del Libro III (Del régimen de los Juzgados y Tribunales) regula un Título III (De las actuaciones judiciales) y, en él, un Capítulo IV "De las resoluciones judiciales" (arts. 244 a 248) y un Capítulo V "De la vista, votación y fallo" (arts. 249 a 267).

2. CLASES DE SENTENCIAS

En la clasificación de las sentencias, pueden tenerse en cuenta diferentes criterios que, además, otorgan puntos de vista diferentes y complementarios entre sí. Procede clasificar las sentencias según los criterios que se indicarán a continuación, aun sin descartar que pueda haber otros más atinados.

2.1 Clases de sentencias según el pronunciamiento

Una primera gran clasificación de sentencias puede realizarse en función de su parte dispositiva, es decir, de si contienen un pronunciamiento de condena o de absolución. Así pueden clasificarse las sentencias como condenatorias o como absolutorias.

Las sentencias de condena —o condenatorias— contendrán un pronunciamiento en el que se declara la autoría de los hechos, la culpabilidad, la imposición de una pena o medida de seguridad y las consecuencias accesorias, el pronunciamiento relativo a las costas y a la responsabilidad civil —si hubiere lugar—. Las sentencias absolutorias contendrán un pronunciamiento de absolución, sin responsabilidad penal para el acusado. Dentro de ellas, pueden distinguirse, a su vez:

a) *Sentencias absolutorias por inexistencia de los hechos o por no haberse acreditado la autoría del acusado*, cuya parte dispositiva no contendrá más pronunciamiento que la absolución del acusado y el relativo a las costas —aun cuando pueda hacerse referencia también a cuestiones tales como las medidas cautelares o los efectos intervenidos—. Téngase en cuenta que la sentencia, aun cuando sea absolutoria por este motivo, no puede limitarse a consignar que no se han probado unos hechos determinados (vid. art. 851.3º, en relación con el artículo 142.2ª LECrim), para evitar expresiones vacuas o vacías relativas a que no han quedado acreditados los hechos atribuidos por las acusaciones (por todas, STS de 21/01/2022 [*Tol 8765063*]).

b) *Sentencias absolutorias por concurrencia de una circunstancia eximente*. Estas sentencias, en puridad, son sentencias de condena, pero en ellas no se declara la culpabilidad del acusado y no se impone pena, sino una medida de seguridad. Podrán contener el pronunciamiento relativo a la responsabilidad civil, además del correspondiente a las costas y a las consecuencias accesorias conforme a lo dispuesto en el Código Penal.

c) *Sentencias absolutorias por concurrencia de una excusa absolutoria*. También son, en puridad, sentencias de condena y, en ellas, puede declararse la culpabilidad del acusado, no así la imposición de pena —ni de medida de seguridad—. Se pronunciarán sobre la responsabilidad civil, sobre las consecuencias accesorias y sobre las costas según las disposiciones del Código Penal.

Como puede verse, aunque esta clasificación *a priori* parece sencilla, no está exenta de complicaciones. Por ello, hay quien prefiere hablar de sentencias estimatorias —parcial o totalmente— o desestimatorias de la pretensión acusatoria (CALAZA, pp. 494-495).

No puede dejar de pasarse por alto que las sentencias absolutorias y las condenatorias gozan de diferente posibilidad de impugnación mediante el sistema de recursos previsto en la LECrim. Se hace remisión a los respectivos capítulos de esta obra con relación a esta cuestión.

2.2 Clases de sentencias por el grado decisorio

Las sentencias también pueden clasificarse según la "provisionalidad" de la decisión que contienen. Así, hay sentencias impugnables, que solo deciden la cuestión en la instancia que corresponde y contra las que pueden imponerse recursos. Estas sentencias, que deciden provisionalmente la cuestión penal, son las sentencias definitivas. Las sentencias definitivas son las que ponen fin al procedimiento en cada instancia

Por otra parte, las sentencias firmes son aquellas contra las que ya no cabe recurso alguno. Deciden la cuestión de forma "final". Su principal virtud es que tienen efecto de cosa juzgada.

En realidad, esta distinción, aunque real, se antoja un tanto difusa por dos motivos. El primero de ellos es que, dado el volumen de instancias de recurso admitidas en el ordenamiento, resulta difícil aseverar cuándo no cabe un recurso más. Tras los recursos ordinarios de apelación, está el extraordinario de casación y podría pensarse que las posibilidades impugnatorias acaban ahí. No es así, puesto que puede interponerse recurso de amparo —que no es propiamente un recurso contra la sentencia, sino por la vulneración de un derecho fundamental—, y acudirse a la tutela de derechos del Convenio Europeo de Derechos Humanos que ofrece el TEDH. Es más, existe el recurso de revisión (arts. 954 y ss. LECrim) que, precisamente, está pensado para la impugnación de sentencias firmes. El segundo motivo es que las sentencias definitivas son el antecedente cronológico de las firmes, y el que una sentencia gane firmeza puede traer causa, simplemente, de la decisión de las partes de no presentar recurso.

2.3 Clases de sentencias por el órgano sentenciador

Las sentencias pueden distinguirse en función de la competencia funcional, es decir, en función del órgano que las dicta. Así pueden distinguirse diferentes clases de sentencias:

a) *Sentencias dictadas por la Sección de instrucción, la Sección de Violencia sobre la Mujer, la Sección de Violencia Contra la Infancia y la Adolescencia o la Sección Única del Tribunal de Instancia, o por la Sección de Instrucción del Tribunal Central de Instancia*, cuando ejercen funciones instructoras de conformidad con la estructura orgánica prevista en la LO 1/2025[1]. Dictan sentencias en el procedimiento por delito leve (arts. 14.1 y 973 LECrim), en el procedimiento por aceptación de decreto (art. 803 *bis* i LECrim) y en el juicio rápido, en caso de conformidad del acusado (art. 801 LECrim).

b) *Sentencias dictadas por la Sección de lo Penal del Tribunal de Instancia o del Tribunal Central de Instancia* —en su ámbito competencial— de conformidad con la estructura orgánica prevista en la LO 1/2025. Estas secciones dictan sentencias en las causas por delito cuando está castigado con una pena que no exceda de cinco años de prisión, pena de multa u otra clase pena que no exceda de diez años (arts. 14.3 y 789 LECrim).

c) *Sentencias dictadas por la Sección de Menores del Tribunal de Instancia* de conformidad con la estructura orgánica prevista en la LO 1/2025, en el ámbito competencial que le es propio (LORPM).

d) *Sentencias dictadas por la Audiencia Provincial o la Sala de lo Penal de la Audiencia Nacional* —en su ámbito competencial—. Las Audiencias dictan sentencias en los procedimientos por delitos castigados con penas de más de cinco años de prisión, o penas de otra naturaleza superiores a diez años de prisión (arts. 14.4, 740 a 742 y 789 LECrim). Tam-

1 En el capítulo 5 de esta obra puede consultarse una explicación completa del nuevo modelo orgánico de los Tribunales de Instancia que introduce la LO 1/2025.

bién dictan sentencias resolviendo la apelación contra las sentencias de los delitos leves —si bien lo hace un solo magistrado— (art. 82.1.2º LOPJ), contra sentencias dictadas por las Secciones de lo Penal de los Tribunales de Instancia (arts. 790 y 82.1.2º LOPJ) y contra sentencias dictadas por las Secciones de Menores de los Tribunales de Instancia (arts. 41.1 LORPM y 82.1.4º LOPJ).

e) *Sentencias dictadas por el Tribunal del Jurado*, o más propiamente por el Magistrado-Presidente del Tribunal del Jurado (arts. 4, 67 y concordantes de la LOTJ.

f) *Sentencias dictadas por la Sala de lo Civil y Penal del Tribunal Superior de Justicia*. Dictan sentencia en procedimientos correspondientes a aforados que han podido cometer delitos. Además, dictan sentencias al resolver los recursos de apelación interpuestos contra las sentencias dictadas por el Magistrado-Presidente del Tribunal del Jurado (arts. 846 *bis* a) y ss. LECrim) y contra las sentencias dictadas por la Audiencia Provincial o la Sala de lo Penal de la Audiencia Nacional en primera instancia (art. 846 *ter* LECrim).

g) *Sentencias dictadas por la Sala de lo Penal del Tribunal Supremo*. La Sala Segunda del TS dicta sentencia en procedimientos por enjuiciamiento de aforados. También dicta sentencia al resolver recursos de casación (arts. 847 y ss LECrim) —con remisión, en cuanto a los casos que procede, al capítulo correspondiente de esta obra— y al resolver recursos de revisión contra sentencias firmes (arts. 954 y ss. LECrim). 2071

2.4 Clases de sentencias por el grado jurisdiccional

Finalmente, y aun sin perjuicio de que puedan encontrarse otros criterios de clasificación, las sentencias se pueden ordenar en función del grado jurisdiccional, tal y como ya se ha hecho ver. Así puede distinguirse entre sentencias de instancia, que resuelven la cuestión de fondo por primera vez; sentencias de apelación, que resuelven esta clase de recurso ordinario por el órgano superior jerárquico, y sentencias que resuelven recursos extraordinarios —de casación y revisión—.

3. ESTRUCTURA DE LA SENTENCIA

El artículo 248.4 de la LOPJ, de forma muy sintética, indica que «las sentencias se formularán expresando, tras un encabezamiento, en párrafos separados y numerados, los antecedentes de hecho, hechos probados, en su caso, los fundamentos de derecho y, por último, el fallo». La LECrim, en el artículo 142, contiene una mayor precisión y desarrollo al respecto de la estructura que debe reunir la sentencia en este orden jurisdiccional, aunque, a efectos prácticos, la dicción del artículo no es clara, pues no distingue entre antecedentes de hecho y hechos probados, hace referencia a "considerandos" o "resultandos", etc. Por ello, desde el punto de vista de la práctica, lo más adecuado es acoger la estructura prevista en la LOPJ y, en ella, incluir las cuestiones específicamente propias del proceso penal, para lo que sí sirve lo previsto en el artículo 142 LECrim.

3.1 Encabezamiento

Tal y como dispone el párrafo 1º del artículo 142 LECrim, las sentencias penales comienzan exponiendo una serie de datos que permiten la identificación, tanto de la sentencia en sí misma, como de los hechos, del procedimiento, de las partes y de quienes la suscriben —con especial mención de quién sea el ponente de la resolución—. Así se dice que las sentencias «Se principiarán expresando: el lugar y la fecha en que se dictaren, los hechos que hubieren dado lugar a la formación de la causa, los nombres y apellidos de los actores particulares, si los hubiere, y de los procesados, los sobrenombres o apodos con que sean conocidos, su edad, estado, naturaleza, domicilio, oficio o profesión, y, en su defecto, todas las demás circunstancias con que hubieren figurado en la causa, y además el nombre y apellido del magistrado ponente».

3.2 Antecedentes de hecho

En esta parte de la sentencia se consignan cuestiones que sitúan la causa procesalmente y sirven para explicar las cuestiones objeto de debate. En ellos usualmente se consigna la incoación del procedimiento, el órgano instructor, la apertura del juicio oral, el señalamiento y la celebración de la vista del juicio.

Tal y como prevé el artículo 142.3º LECrim, deben hacerse constar las conclusiones definitivas de las partes —y, en su caso, las que se plantean con la tesis de desvinculación del art. 733 LECrim—, lo que sirve para delimitar el debate procesal, pues es sobre las conclusiones definitivas sobre lo que tendrá que pronunciarse la sentencia.

3.3 Hechos probados

Es, probablemente, la parte más importante de la sentencia. Los hechos probados o *factum* contienen el relato histórico que el juez o tribunal considera que ha quedado probado a la luz de la prueba practicada.

Los hechos probados son la conclusión fáctica del resultado del juicio y de ellos deberán resultar las conclusiones jurídicas. Es decir, los hechos probados deberán reflejar la autoría, grado de participación, concurrencia de circunstancias modificativas de la responsabilidad criminal y elementos que puedan ser tomados en cuenta para la individualización de las penas o medidas que, en su caso, procedan.

La redacción de hechos debe realizarse con cuidado:

a) Deben reflejarse los hechos que se consideran probados, de forma clara y terminante, y que permita calificarlos (art. 851.1º LECrim). Es causa de nulidad de la sentencia que el relato fáctico contenga insuficiencia descriptiva que lo haga incomprensible, o difícilmente inteligible, bien por una omisión total de versión fáctica; bien por omisiones parciales que impidan su comprensión; bien por el empleo de frases ininteligibles o dubitativas que impidan saber lo que el tribunal declara efectivamente probado; o bien por contener la sentencia un relato de hechos construido de tal forma que conduzcan a la duda acerca de si el tribunal los está declarando probados o no (por todas, STS de 31/5/2024 [*Tol 10053014*]).

b) Como ya se ha señalado en este capítulo, deben evitarse relatos de hechos probados que solo indiquen que los hechos alegados por las acusaciones no se han probado (art. 851.2º LECrim) (vid., por todas, STS de 11/01/2022 [*Tol 8765063*]).

c) Los hechos no pueden ser contradictorios entres sí (art. 851.1º LECrim). La esencia de la contradicción consiste en el empleo, en el hecho probado, de términos o frases que, por ser antitéticos, resultan incompatibles entre sí, de tal suerte que la afirmación de una, resta eficacia a la otra, al excluirse uno al otro, produciendo una laguna en la fijación de los hechos (vid. STS de 9/5/2024 [*Tol 10032770*]).

d) Los hechos no pueden contener una predeterminación del fallo (art. 851.1 LECrim). La predeterminación del fallo supone el empleo, en los hechos probados, de palabras, frases o términos que supongan un anticipo o adelanto en el hecho probado de términos contenidos en la descripción del tipo penal y, por lo tanto, propias de la fundamentación de la subsunción del hecho en la norma (por todas, STS de 27/6/2024 [*Tol 10094878*]).

3.4 Fundamentos de Derecho

Esta parte de la sentencia es la que contiene el análisis jurídico de los hechos probados. El artículo 142 de la LECrim no lo dice expresamente, pero los fundamentos jurídicos deben contener un análisis probatorio. Debe acudirse al artículo 741 LECrim que, en su primer párrafo, indica «el tribunal, apreciando según su conciencia las pruebas practicadas en el juicio, las razones expuestas por la acusación y la defensa y lo manifestado por los mismos procesados, dictará sentencia [...]».

Es decir, el juez o tribunal debe explicar por qué considera que el resultado de la prueba da lugar a los hechos probados que ha consignado anteriormente. Esta cuestión forma parte de la motivación esencial de la sentencia y se estudiará en este capítulo, más adelante.

Además del análisis probatorio, el órgano de enjuiciamiento debe realizar la subsunción jurídica y, así, tal y como prevé el artículo 142 LECrim, esta parte de la sentencia deberá contener:

a) Los fundamentos doctrinales y legales de la calificación de los hechos que se hubiesen estimado probados. Es decir, deberá hacerse un juicio de tipificación, de subsunción de los hechos en la norma penal sustantiva.
b) Los fundamentos doctrinales y legales determinantes de la participación que en los referidos hechos hubiese tenido cada uno de los procesados. Así, el juez o tribunal deberá explicar por qué considera al acusado o acusados autores de la infracción y el grado de autoría o participación que les atribuye.
c) Los fundamentos doctrinales y legales de la calificación de las circunstancias atenuantes, agravantes o eximentes de responsabilidad criminal, en caso de haber concurrido.
d) También debe contenerse un juicio de individualización de la pena, medida de seguridad o consecuencias accesorias que se impongan. De nuevo, debe traerse a colación lo dispuesto en el artículo 741 LECrim, si bien en su segundo párrafo, que contiene la obligación de consignar en la sentencia el razonamiento acerca de la calificación del delito y de la individualización de la pena, lo que complementa al artículo 142 LECrim: «Siempre que el tribunal haga uso del libre arbitrio que para la califica-

ción del delito o para la imposición de la pena le otorga el Código Penal, deberá consignar si ha tomado en consideración los elementos de juicio que el precepto aplicable de aquél obligue a tener en cuenta». También, el artículo 72 del CP obliga a un pronunciamiento expreso acerca de la individualización penológica: «los jueces o tribunales, en la aplicación de la pena, con arreglo a las normas contenidas en este capítulo, razonarán en la sentencia el grado y extensión concreta de la impuesta».

e) Los fundamentos doctrinales y legales de la calificación de los hechos que se hubiesen estimado probados con relación a la responsabilidad civil en que hubiesen incurrido los procesados o las personas sujetas a ella a quienes se hubiere oído en la causa, y los correspondientes a las resoluciones que hubieren de dictarse sobre costas, y, en su caso, a la declaración de querella calumniosa.

3.5 Parte dispositiva

Es la parte de la sentencia que sucede a la fundamentación y también se conoce como "fallo". En ella se contiene el pronunciamiento del órgano jurisdiccional en cuanto a la condena o absolución de las personas acusadas. Se resuelve sobre la pretensión punitiva que han ejercitado las partes acusadoras y la correspondiente a la responsabilidad civil.

También en la parte dispositiva se hace constar el pronunciamiento relativo a las costas procesales (art. 239 LECrim), indicando el recurso que, en su caso, proceda contra la sentencia (art. 248.6 LOPJ).

4. FORMA DE LA SENTENCIA

El art. 120 CE impone en sus apartados 2 y 3 la predominancia de la oralidad en el proceso y que las sentencias se pronuncien en audiencia pública. En la misma línea la LOPJ (art. 229.1) indica que «las actuaciones judiciales serán predominantemente orales, sobre todo en materia criminal, sin perjuicio de su documentación». Podría pensarse, en consecuencia, que nuestro ordenamiento jurídico impone la oralidad en el dictado de la sentencia como forma preferente, y que su redacción se circunscribe a un acto de mera documentación de lo expresado de forma oral.

No es así. La práctica jurídica ha venido determinando un modelo de sentencia escrita, en el que raramente el pronunciamiento se hace en audiencia pública, y, cuando se realiza, consiste en la lectura de lo ya redactado y consignado por escrito. Una excepción a esta práctica son las sentencias dictadas por conformidad de las partes (arts. 655 y ss, 787 *ter* LECrim) en que se ha previsto el dictado oral de la sentencia y su posterior redacción.

Existen poderosas razones para que lo usual sea el dictado de una sentencia escrita y sin pronunciamiento en audiencia pública. La primera, el elevado volumen de juicios y consecuentes sentencias que se dictan en el orden jurisdiccional penal en España. La memoria de 2024 del Consejo General del Poder Judicial, con datos de 2023, indica que en España se dictaron, en un año, 542.148 sentencias en el orden penal. Es evidente que tal volumen de sentencias restringe la posibilidad de que todas ellas se dicten en audiencia y oralmente para su posterior redacción. La segunda razón es metodológica. La necesidad de motivación en las sentencias, como se explicará, requiere una valoración que debe hacerse de forma pausada y con esmero. La obligación de valorar el conjunto de la prueba y exponer, en los fundamentos, tal valoración, los razonamientos que conllevan la aplicación de los tipos penales —o su descarte—, y demás elementos que deben constar en la fundamentación jurídica impiden, por lo general, el dictado de la sentencia en forma oral. O, más que impedirlo, lo que implican es la necesidad de redactar la sentencia, de manera que su expresión en forma oral no es más que su lectura, con lo que la celebración de una vista carece de sentido práctico.

Por otra parte, debe tenerse en cuenta, en la redacción de la sentencia, lo dispuesto en el artículo 9 de la LO 5/2024, del Derecho de Defensa, que prevé la redacción en lenguaje claro, de forma sencilla y comprensible, de forma que pueda ser comprendida por su destinatario, de todas las resoluciones judiciales, lo que incluye las sentencias. Además, se ha previsto la adaptación de oficio de las resoluciones para personas con discapacidad o con dificultades de comprensión, así como, una adaptación específica para menores de edad.

5. MOTIVACIÓN

5.1 Necesidad constitucional de motivación de la sentencia

La motivación de las sentencias es tanto un derecho de las partes en el proceso penal —a través de la tutela judicial efectiva y, en su caso, de la presunción de inocencia, art. 24, apartados 1 y 2, CE— como una obligación de los jueces y tribunales que las dictan. Viene impuesta, no solo por los derechos de las partes, ya indicados, a los que incluso podría añadirse alguno más como el derecho a un proceso con todas las garantías del art. 24.2 CE, sino también como una derivada de la interdicción de la arbitrariedad de los poderes públicos, del artículo 9.3 CE y del principio de legalidad penal del art. 25.1 CE. El deber de motivación aparece expresamente previsto en el artículo 120.3 CE que indica que «las sentencias serán siempre motivadas».

Acerca de la motivación de las sentencias puede hacerse una reflexión: ni el texto constitucional ni las leyes han explicitado en precepto alguno qué es la motivación de una resolución judicial o de una sentencia. Es más, como se ha visto, el artículo 142 de la LECrim contiene sólo una descripción parcial de lo que debe figurar en la fundamentación jurídica de la sentencia, pues no se refiere a la valoración del acervo probatorio. Sin entrar en debates doctrinales a este respecto, puede señalarse que existen conceptos amplios y estrictos acerca de lo que debe considerarse la motivación de una resolución judicial. A estos efectos, puede tomarse la definición de HERNÁNDEZ (pp. 294-302) que presenta una concepción estricta de lo que es una resolución judicial e indica que «la motivación de una decisión judicial es un razonamiento que intenta probar que la decisión es correcta, o sea, conforme al derecho, sobre todo materialmente conforme al derecho».

5.2 Motivación como control y legitimación

El TS y el TC han concebido, en muchas de sus resoluciones, la función de la motivación de la sentencia como un mecanismo de control de la resolución judicial. Desde esta óptica, la motivación de una sentencia penal sirve para controlar que el órgano jurisdiccional ha cumplido de forma adecuada con su función de enjuiciamiento.

BARJA DE QUIROGA (pp. 2.444-2.447) explica que esta función de la motivación, como mecanismo de control de la actividad jurisdiccional, se asienta sobre la necesidad de controlar la actividad judicial tras el paso de sistemas de prueba tasada, a sistemas donde impera la libre apreciación de la prueba. Los sistemas de prueba tasada reducen las posibilidades de actuación del órgano de enjuiciamiento, mientras que los de libre apreciación de la prueba —cuyo advenimiento se produjo con la Revolución Francesa— permiten una mayor libertad a quien enjuicia.

Como se ha indicado, el artículo 142 LECrim no se pronuncia sobre la valoración de la prueba, aspecto que sólo se refleja en el artículo 741 LECrim, cuando expresa que «el Tribunal, apreciando según su conciencia las pruebas practicadas en el juicio, las razones expuestas por la acusación y la defensa y lo manifestado por los mismos procesados, dictará sentencia [...]».

Esta función de la motivación, como mecanismo de control de la actividad jurisdiccional, se ha explicitado por el Tribunal Constitucional en múltiples sentencias. Así la STC 33/2015 [*Tol 4852000*] —con cita de otras muchas— señalaba que la exigencia constitucional de motivación entronca con una concepción de la legitimidad de la función jurisdiccional sustentada esencialmente en el carácter vinculante que para todo órgano judicial tienen la ley y la Constitución. Además, no debe olvidarse que la razón última que sustenta este deber de motivación, en tanto que obligación de exteriorizar el fundamento de la decisión, reside en la interdicción de la arbitrariedad y la necesidad de evidenciar que el fallo de la resolución no es un simple y arbitrario acto de voluntad del juzgador, sino una decisión razonada en términos de Derecho.

Esta doctrina es acogida, también, por el Tribunal Supremo en múltiples sentencias. Así, por ejemplo, la STS de 17/01/2024 [*Tol 9876740*] recuerda que la motivación de las resoluciones judiciales es «garantía frente a la arbitrariedad e irrazonabilidad de los poderes públicos [...] Ello implica [...], en primer lugar, que la resolución ha de estar motivada, es decir, contener los elementos y razones de juicio que permitan conocer cuáles han sido los criterios jurídicos que fundamentan la decisión; y, en segundo lugar, que la motivación esté fundada en Derecho [...], carga que no queda cumplida con la mera emisión de una declaración de voluntad en un sentido u otro, sino que debe ser consecuencia de una exégesis racional del ordenamiento y no fruto de la arbitrariedad».

5.3 Motivación como explicación

La motivación de la sentencia no cumple solo esa función de legitimación y justificación de la función jurisdiccional. Además, la motivación de la sentencia cumple una función explicativa: la motivación sirve para explicar por qué se adopta la decisión. De esta manera, las partes pueden conocer el razonamiento judicial que ha llevado al órgano de enjuiciamiento a adoptar una determinada decisión.

Este conocimiento permite a las partes una función de control del órgano sentenciador, pues, conocidos los motivos que determinan el fallo, puede interponerse contra la sentencia recurso —si es que cabe—. Es decir, la motivación permite a las partes la interposición del recurso que corresponda, pues solo conociendo las razones que llevaron a un tribunal a dictar una resolución, se pueden impugnar esas razones. Claro está, la ausencia de motivación será también motivo de impugnación.

De esta manera, la motivación de la resolución sirve también al órgano jurisdiccional superior para controlar, por la vía del sistema de recursos, que la decisión es conforme a Derecho.

Finalmente, la motivación de la decisión sirve también como explicación al conjunto de la sociedad. En el proceso penal existe un evidente interés público, pues se ejercita el *ius puniendi* del Estado y, además, las penas cumplen —entre otras— una función de prevención general. Por ello, la sentencia también debe explicar a los ciudadanos el porqué de la decisión de un juez o tribunal a la hora de considerar probados —o no— unos determinados hechos y, consecuentemente, castigar —o absolver— a quien los ha cometido.

Este deber de motivación no puede confundirse con un derecho de las partes a que los jueces y tribunales les den la razón en lo pedido o a que interpreten la prueba conforme a sus intereses. Tampoco se corresponde con un deber de motivar con una exhaustividad plena, por la que el tribunal deba pronunciarse al respecto de cada vicisitud, elemento probatorio o alegato que realicen las partes. Lo que debe es contener una respuesta suficiente y fundada en Derecho, que permita ese control de las partes y, en su caso, del órgano superior.

Así, la STC 8/2024 [*Tol 9863873*] recuerda que la sentencia debe explicar el porqué de la decisión que se adopta, y, además, justificar particularmente por qué se declaran probados los hechos. Ello no obsta a que esa ponderación deba ser según pretende la parte, ni que sea absolutamente pormenorizada: 2079

> «[...] se ha incidido en que la idoneidad incriminatoria debe ser no solo apreciada por el juez sino también plasmada en la sentencia, de forma que la carencia o insuficiencia de la motivación, en cuanto a la valoración de la prueba y la fijación de los hechos probados, entraña la lesión del derecho a la presunción de inocencia, lo que impone como parámetro de análisis no ya la mera cognoscibilidad de la *ratio decidendi* de la decisión judicial, sino una mínima explicación de los fundamentos probatorios del relato fáctico, con base en el cual se individualiza el caso y se posibilita la aplicación de la norma jurídica. En este marco, también se ha establecido que la presunción de inocencia se extiende a verificar si se ha dejado de someter a valoración la prueba de descargo aportada, exigiéndose una ponderación de esta, pero sin que ello implique que esa ponderación se realice de modo pormenorizado, ni que la ponderación se lleve a cabo del modo pretendido por el recurrente, sino solamente que se ofrezca una explicación para su rechazo».

En similares términos se expresa el Tribunal Supremo, cuando explica que la motivación debe permitir el conocimiento de los criterios jurídicos que fundamentan la decisión. Ello no alcanza a que la ponderación deba hacerse en la forma que interesa a las partes. Por ejemplo, en STS de 14/2/2024 [*Tol 9900754*] se recuerda que:

> «[...] la resolución ha de estar motivada, es decir, contener los elementos y razones de juicio que permitan conocer cuáles han sido los criterios jurídicos que fundamentan la decisión (sentencias del TC 58/1997, 25/2000); y en segundo lugar, que la motivación esté fundada en Derecho (sentencia 147/1999), carga que no queda cumplida con la mera emisión de una declaración de voluntad en un sentido u otro, sino que debe ser consecuencia de una exé-

gesis racional del ordenamiento y no fruto de la arbitrariedad (sentencias 61/1983). Pero no puede alegarse el "defecto de motivar" amparado en una negativa a admitir los argumentos de la parte, ya que la motivación no es dar la razón al impugnante de su ausencia, sino resolver con arreglo a las pruebas practicadas y dar sentido al derecho a la tutela judicial efectiva a ambas partes del proceso. Así, el juicio de análisis o estimación lo es con respecto al "nivel de argumentación de la respuesta judicial", y en este escenario donde se somete al nivel de medida el termómetro del órgano casacional, o el que revisa la apelación, a fin de fijar si se cumplen los cánones o parámetros de la respuesta a cada cuestión que ha sido objeto de debate. Como incide la doctrina, la indefensión del acusado se haría patente al verse privado de la exposición razonante que llevó a la solución condenatoria, contra la cual ha de velar sus armas al hacer acopio de contraargumentaciones impugnativas. Así, en el ámbito del derecho a la tutela judicial efectiva puede inscribirse el derecho a la obtención de una resolución motivada. Pero no el derecho a una resolución que "le dé la razón". La motivación de una resolución judicial tiene que ver con la respuesta dada en derecho con los puntos que son objeto de la pretensión, bien sea ésta directa, o por vía impugnativa. Viene a constituirse como "el derecho a conocer" el postulante las razones de la respuesta judicial". Se trata de un derecho a saber por qué el órgano judicial estima o desestima una pretensión, sin que la extensión de la motivación sea un derecho del recurrente, o la mayor explicación al aserto que explicita el Tribunal ante el tema suscitado ante el mismo».

5.4 El diferente grado de motivación de las sentencias condenatorias y las absolutorias

Como ya se ha expuesto anteriormente, las sentencias penales pueden ser absolutorias o de condena. El deber de motivación no es el mismo en ambas. No lo es porque en el proceso penal no existe una igualdad entre las partes, sino que la parte acusada obra amparada por la presunción de inocencia. El rigor en la motivación de la sentencia condenatoria es mayor que en la absolutoria y sobre ello existe una amplia línea jurisprudencial del Tribunal Constitucional y del Tribunal Supremo.

Cuando se trata de una sentencia condenatoria (vid. por todas, STC 80/2024 [*Tol 10069607*]), la presunción de inocencia y los derechos fundamentales del acusado que pueden verse afectados exigen un doble parámetro: motivación y suficiencia de la prueba. La sentencia debe explicitar las pruebas relevantes y la conexión de estas con los hechos probados y, todo ello, según las reglas de la lógica, ciencia y experiencia. De esta forma se posibilita ese juicio externo a que se ha hecho referencia anteriormente. La omisión de las pruebas de descargo relevantes puede ser un motivo de invalidez del juicio fáctico.

A estas exigencias formales de motivación se añade la necesidad material de que la prueba conduzca, de forma concluyente, a la estimación de la pretensión acusatoria. Ello significa que el órgano judicial no debe otorgar prioridad a la tesis acusatoria cuando exista una versión alternativa de los hechos, ofrecida por la defensa o emanada de su propia interna reflexión, que presente un grado de verosimilitud susceptible de generar una duda razonable, justificada y no arbitraria.

Cuando de lo que se trata es de la absolución, también existe deber de motivación (vid., por todas, STC 72/2024 [*Tol 10030645*]). Una sentencia absolutoria no puede ser expresión del mero decisionismo judicial, sino que ha de dar cuenta del porqué de ella. La exigencia de motivación fáctica es igualmente aplicable ya se aprecie inexistencia o insuficiencia de la prueba de cargo, o se concluya en la existencia de duda razonable acerca de la acreditación del presupuesto fáctico de la pretensión de condena. Sin embargo, las sentencias absolutorias no necesitan motivar la valoración de la prueba que enerve la presunción de inocencia del acusado, sino que cuentan con esa presunción. Por ello, para considerar justificada una absolución basta con la expresión de la duda acerca de si los hechos ocurrieron como se sostiene por quien acusa (vid., por todas, STS de 16/6/2024 [*Tol 10074011*]). Al contrario, en línea con lo expuesto, si la sentencia es de condena, la presunción de inocencia se extiende a verificar si se ha dejado de someter a valoración la prueba de descargo aportada, exigiéndose una ponderación de la misma, pero sin que ello implique que esa ponderación se realice de modo pormenorizado, ni que la ponderación se lleve a cabo del modo pretendido por el recurrente, sino solamente que se ofrezca una explicación para su rechazo (vid. STC 46/2022 [*Tol 8909220*], y las que, en ella se citan).

6. CONGRUENCIA

En el ordenamiento jurídico penal no rige, como en el civil, un claro principio de rogación, que limita la respuesta judicial a aquello que las partes solicitan, sino que rigen el principio acusatorio, la legalidad penal y el principio de necesidad. «El deber de congruencia entre la sentencia y la acusación es una de las consecuencias de la vigencia del principio acusatorio» recuerda la STS de 11/04/2024 [*Tol 9981988*]. Así, una de las consecuencias de este principio es la vinculación del órgano de enjuiciamiento a la delimitación del objeto del proceso que realizan las acusaciones, así como a la petición de pena.

6.1 Congruencia subjetiva

La primera consecuencia, a este respecto, parece obvia, pero no por ello, debe dejar de destacarse. No puede condenarse a quien no ha sido parte acusada en el procedimiento, a quien no ha sido acusado. Es lo que se conoce como "vinculación subjetiva" del órgano de enjuiciamiento.

6.2 Congruencia respecto del objeto del procedimiento

El órgano de enjuiciamiento, a la hora de valorar la prueba y de dictar sentencia condenatoria —cuando ésta proceda— se encuentra con un límite: debe sujetar su condena a los hechos por los que se haya formulado acusación. GIMENO (pp. 6-11) explica que de lo que se trata es de garantizar el derecho a conocer de la acusación formulada. Es decir, que no se pueda condenar a una persona por hechos respecto de los cuales desconocía que se le estaba juzgando y, de esta manera, no haya podido defenderse de ellos. BARJA DE QUIROGA (pp. 258-263) entiende que una defensa plena del principio acusatorio conlleva la exigencia de una estricta correlación entre la acusación y la sentencia. Sostiene el autor citado que la sentencia no puede abandonar los límites marcados por la acusación ya que, en otro caso, el conocimiento previo de la acusación y las posibilidades de defensa carecen de sentido.

En cuanto a la legislación positiva, conviene recordar lo dispuesto en el artículo 142 de la LECrim, que exige que las sentencias penales sean congruentes pues requiere que se fundamenten: los hechos «de la calificación» que se consideren probados; la participación de los acusados; las circunstancias modificativas de la responsabilidad criminal; y los hechos —reiterando— «de la calificación» que se consideren probados relativos a la responsabilidad civil.

Como puede observarse, el propio texto de la LECrim viene a establecer una vinculación del órgano de enjuiciamiento con los hechos de la calificación, tanto para la redacción de los hechos probados, como de lo relativo al grado de participación, de la existencia de circunstancias modificativas de responsabilidad criminal o de los hechos de los que deba surgir la responsabilidad civil.

El artículo 789 de la LECrim, en sede de procedimiento abreviado, también se establece una vinculación del tribunal con el "delito" por el que se ha formulado acusación, ya que, en su apartado tercero, establece «La sentencia no podrá imponer pena más grave de la solicitada por las acusaciones, ni condenar por delito distinto cuando éste conlleve una diversidad de bien jurídico protegido o mutación sustancial del hecho enjuiciado, salvo que alguna de las acusaciones haya asumido el planteamiento previamente expuesto por el Juez o Tribunal dentro del trámite previsto en el párrafo segundo del artículo 788.3».

Tradicionalmente se ha venido entendiendo que el hecho al que el juzgador está vinculado es el "hecho histórico". Sin embargo, poco a poco se ha dado entrada a aspectos jurídicos de la calificación que puedan vincular al órgano de enjuiciamiento, cambiando así la concepción tradicional de la vinculación con el hecho histórico (así, por ejemplo, en STC 4/2002 [*Tol 123265*]).

Actualmente, se viene entendiendo que la vinculación del órgano de enjuiciamiento lo es, tanto respecto de los hechos, como respecto de la calificación jurídica. La correlación entre acusación y sentencia debe ser completa. De esta forma, el tribunal no puede referirse a hechos que no se incluyan en las acusaciones o a calificaciones que no se hayan contemplado en ella. Así, debe tenerse en cuenta que la Sala Segunda del Tribunal Supremo ha dicho en muchas ocasiones (por todas, la ya citada STS de 11/04/2024 [*Tol 9981988*]) que «[...] el deber de congruencia entre la sentencia y la acusación es una de las consecuencias de la vigencia del principio acusatorio, según el cual y conforme a la doctrina del Tribunal Constitucional y de esta Sala nadie puede ser condenado por cosa distinta de la que se le ha acusado y de la que, por lo tanto, haya podido defenderse, habiendo precisado a este respecto que por "cosa" no puede entenderse únicamente un concreto devenir de acontecimientos, un "factum", sino también la perspectiva jurídica que delimita de un cierto modo ese devenir y selecciona algunos de sus rasgos, pues el debate contradictorio recae no sólo sobre los hechos, sino también sobre su calificación jurídica».

No obstante, el tribunal, aunque no puede introducir hechos no recogidos por las acusaciones (vid. por todas STS de 22/06/2023 [*Tol 9636082*]), lo que sí ha venido siendo admitido es el cambio en las conclusiones para modificar el título de condena, siempre y cuando se respetaran: a) la identidad sustancial del hecho —el elemento objetivo y la participación que se ha expuesto— y b) la identidad del bien jurídico protegido. Esta identidad del bien jurídico protegido se concreta en la necesidad de que los delitos provisional y definitivamente calificados sean homogéneos (STS de 6/2/2024 [*Tol 9876416*]).

Son homogéneos los delitos «que constituyan modalidades distintas pero cercanas dentro de la tipicidad penal, de tal suerte que, estando contenidos todos los elementos del segundo tipo en el tipo delictivo objeto de la acusación [...]» (entre otras muchas, STS de 22/02/2024 [*Tol 9904163*]). O, en palabras del TC, hay homogeneidad delictiva cuando existe «identidad del bien o interés protegido en cuanto haya una porción del acaecer concreto o histórico común en la calificación de la acusación y en la de la sentencia» (STC 225/1997 [*Tol 80847*]).

Sin embargo, el TJUE ha considerado contrario al derecho de la Unión (Directiva 2012/13 del Parlamento Europeo y del Consejo de 22 de mayo de 2012 relativa al derecho a la información en los procesos penales), que un tribunal condene por una calificación jurídica distinta a la imputada por la acusación, aunque sea de menor levedad o no contenga elementos nuevos respecto del delito por el que se había formulado acusación, sin la existencia de información específica a la parte acusada a este respecto y sin la posibilidad de ejercitar de manera concreta y efectiva su derecho de defensa respecto de esa nueva calificación [vid. STJUE (Sala cuarta), de 9 de noviembre de 2023, asunto c-175/2022 [*Tol 9889892*])]. Esta cuestión ha sido puesta de relieve en alguna sentencia del Tribunal Supremo (STS 6/02/2024-[*Tol 9876416*]).

6.3 Congruencia respecto de la pena solicitada

Sin entrar en detalles que exceden el interés de esta obra, puede decirse que ha existido una evolución jurisprudencial en este sentido. Inicialmente, el Tribunal Supremo y el Tribunal Constitucional (*vid.*, entre otras, SSTC 17/1988 [*Tol 80128*]; 189/1988 [*Tol 80037*]; y 43/1997 [*Tol 83186*]) entendían que el juez o tribunal sentenciador no se encontraba limitado por la petición de pena que hacían las acusaciones. El advenimiento del procedimiento abreviado y, concretamente, el art. 789.3 de la LECrim, que indica que no se puede imponer pena más grave que la solicitada por las acusaciones, provocaron un cambio jurisprudencial.

Por Acuerdo del Pleno no Jurisdiccional de la Sala Segunda del Tribunal Supremo de 20/12/2006 quedó establecido que: «El Tribunal sentenciador no puede imponer pena superior a la más grave de las pedidas en concreto por las acusaciones, cualquiera que sea el tipo de procedimiento por el que se sustancie la causa». La STS de 12/01/2007 [*Tol 1028232*] desarrolló el Acuerdo del Pleno mencionado. Esta posición chocaba con la del Tribunal Constitucional, que, en ese momento, no había variado su línea jurisprudencial.

Sin embargo, en STC 155/2009 [*Tol 1568033*], el Tribunal Constitucional se alineó con la doctrina del Tribunal Supremo, indicando que, efectivamente, hay un deber de congruencia de la sentencia con las pretensiones punitivas de la acusación.

No obstante, quedaba pendiente la solución definitiva a un problema concreto: aquellos supuestos en que la acusación no ha solicitado una pena o la ha pedido por debajo del mínimo legal. La respuesta del Tribunal Supremo se dio en Acuerdo del Pleno no Jurisdiccional de 27/12/2007, conforme al cual: «el anterior Acuerdo de esta Sala, de fecha 20 de diciembre de 2006, debe ser entendido en el sentido de que el Tribunal no puede imponer pena superior a la más grave de las pedidas por las acusaciones, siempre que la pena solicitada se corresponda con las previsiones legales al respecto, de modo que cuando la pena se omite o no alcanza el mínimo previsto en la ley, la sentencia debe imponer, en todo caso, la pena mínima establecida para el delito objeto de condena».

El acuerdo se desarrolló en STS de 11 de enero [*Tol 1235257*]. Sin embargo, la STC 47/2020 [*Tol 8062027*]) introdujo una sombra de duda a este respecto, pues indicaba expresamente que «[...] la pena concreta solicitada por la acusación para el delito formalmente imputado constituye —al igual que el relato fáctico y la calificación jurídica en la que aquella se sustenta— un elemento esencial y nuclear de la pretensión punitiva, determinante por ello de la actitud procesal y de la posible línea de defensa del imputado [...] ha de proscribirse la situación constitucional de indefensión que, por quiebra del principio acusatorio, padecería el condenado a quien se le impusiera una pena que excediese en su gravedad, naturaleza o cuantía de la solicitada por la acusación».

Tras la citada sentencia, el Tribunal Supremo dictó resoluciones que divergían en cuanto a la solución a este problema —penas no solicitadas, o solicitadas por debajo del mínimo—. Existen sentencias (SSTS de 11/3/2021 [*Tol 8370104*]; y de 30/6/2022 [*Tol 9134646*]) en las que la Sala de lo Penal ha mantenido su interpretación tradicional, permitiendo la imposición de una pena legal, omitida o incorrectamente pedida por la acusación. Por el contrario, en la STS de 18/10/2022 [*Tol 9274802*], la Sala de lo Penal entendió que la interpretación realizada por el Acuerdo del Pleno de 27 de diciembre de 2007 —y las sentencias que lo siguieron— debe ser corregida para limitar, de forma estricta, el pronunciamiento condenatorio a lo pretendido por las acusaciones, sin suplir omisiones o incorrecciones.

La solución definitiva llegó con la STS del Pleno de 9/3/2023 [*Tol 9519718*]. En ella se indicó la existencia de dos supuestos. Los primeros supuestos son aquellos en que la pretensión punitiva se ha ejercitado en el marco penal que prevé el legislador, donde existe imposibilidad de que el órgano sentenciador imponga una pena superior a la solicitada por las acusaciones, ya sea por fijarla en mayor extensión o por aplicar una pena "de mayor rigor" que la pedida.

Los segundos supuestos son aquellos en que existe una petición de pena fuera de los límites legalmente previstos. En este caso lo relevante es la posibilidad de defensa. Lo relevante, dicho de otro modo, es que la parte acusada siempre tiene la posibilidad de negar que los hechos constituyan el delito por el que se ha formulado acusación y, por ello, que proceda, al menos, la pena mínima legal. En consecuencia, la Sala de lo Penal entendió plenamente aplicable la doctrina contenida en el Acuerdo del Pleno no Jurisdiccional de 27/12/2007 y, evidentemente, también el Acuerdo de 20/12/2006.

7. LA FORMACIÓN DE LA SENTENCIA DICTADA POR ÓRGANOS COLEGIADOS

Tanto las Audiencias Provinciales, como la Sala de lo Penal de la Audiencia Nacional, las Salas de lo Civil y Penal de los Tribunales Superiores de Justicia, y la Sala de lo Penal del Tribunal Supremo, dictan sentencias, como órganos colegiados, es decir, con una pluralidad de magistrados que intervienen en el procedimiento. Existe una duplicidad de regulaciones, pues tanto la LECrim (arts. 145 a 162, principalmente) como la LOPJ (arts. 196 y ss.; 244 y ss.) se ocupan de esta cuestión. En el proceso de configuración de la sentencia por los órganos colegiados pueden distinguirse cuatro fases sucesivas: la formación de la sala; la designación del ponente; la deliberación y votación; y la firma.

7.1 Formación de la Sala

En primer lugar, debe señalarse que el art. 145 LECrim (y el art. 196 LOPJ) han venido a establecer un *quorum* de tres magistrados para formar Sala en los órganos colegiados, a excepción del Tribunal Supremo. En la STS de

23/06/2022 [*Tol 9100152*] se recordaba que este es un requisito imprescindible para formar Sala: «El art. 196 de la LOPJ establece que "en los casos en que la ley no disponga otra cosa bastarán tres magistrados para formar Sala". En el mismo sentido el art. 145 de la LECrim dispone que para dictar sentencia serán necesarios tres magistrados. El quórum de tres es imprescindible para la válida formación o constitución de la Sala. Se ha subrayado que en materia penal la composición de los tribunales debe ser siempre impar (arts. 145 y 898 de la LECrim)».

Por lo que se refiere al Tribunal Supremo, deben distinguirse distintos supuestos. Cuando realice funciones de enjuiciamiento, el art. 145 LECrim prevé la formación de Sala por siete magistrados. Caso distinto es el supuesto en que el Tribunal Supremo resuelve un recurso de casación —la mayor parte de sus intervenciones—, en que la Sala se formará por cinco magistrados —pese a lo dispuesto en el art. 898 LECrim—. La formación de la Sala por cinco magistrados en el Tribunal Supremo proviene de dos Acuerdos del Pleno no Jurisdiccional de 22/07/2004 y de 18/07/2006, previstos para determinados supuestos: a) tramitación del recurso para unificación de doctrina en materia penitenciaria; y b) supuestos en que existe concurso entre tráfico de droga y blanqueo de capitales. En ambos casos, la Sala de lo Penal acordó que los asuntos serían conocidos por cinco magistrados. Esta previsión se extendió para la generalidad de los asuntos (ENCINAR/MARTÍNEZ ARRIETA, pp. 556-557).

Por otra parte, tal y como prevén tanto la LECrim, como la LOPJ, es necesario que los magistrados que hayan formado Sala sean los mismos que participen en la deliberación y votación, aunque se hayan jubilado; como también es requisito su firma —*vid.* art. 248.5 LOPJ—. «En la deliberación y votación han de participar los mismos Magistrados que intervinieron en la vista, incluidos los trasladados o jubilados, y ha de comenzar por la propuesta del ponente, que es también el primero en emitir su voto (arts. 253, 254 y 256 de la LOPJ y arts. 149, 151 y 155 de la LECrim); las sentencias se firmarán por todos los Magistrados no impedidos (art. 259 LOPJ)» (STS de 23/06/2022 [*Tol 9100152*]). No obstante, la firma puede no ser requisito indispensable si consta debidamente el acto de deliberación y votación (STS de 23/06/2022 [*Tol 9100152*]).

7.2 Designación del magistrado ponente

Los arts. 146 y 147 de la LECrim regulan la figura y funciones del magistrado ponente. En términos básicos, estas funciones consisten en: a) informar de las solicitudes de las partes a la sala, b) examinar las pruebas y c) proponer una resolución para ser deliberada y votada por los magistrados que integren la Sala. Los magistrados ponentes se designan por turnos, que se establecen cada año por criterio objetivos. La designación del ponente se realiza en la primera resolución que se dicta en el proceso. Es obligatorio que se notifique a las partes tal designación y, en su caso, las causas de la sustitución en la ponencia (STS de 8/6/2012 [*Tol 2578758*]). 2087

El incumplimiento de estas obligaciones no conlleva la nulidad de la sentencia *per se*, pero sí permite a la parte recurrir por tal motivo, sin necesidad de formular el incidente de recusación previo (STS de 15/10/2020 [*Tol 8415988*]; STC 231/2002 [*Tol 224808*]).

7.3 Deliberación y votación

Los arts. 148 a 152 LECrim regulan la forma en que se deliberan los asuntos en los órganos colegiados. La deliberación, cuando sea posible, se realiza inmediatamente después de la vista. En términos prácticos, en un número muy elevado de ocasiones, esto no puede ser así por cuestiones materiales. Por ello, el artículo 253 LOPJ permite que el presidente de la sala designe un día para deliberación y votación.

Los magistrados que deben deliberar y votar son los mismos que han intervenido en el acto de la vista, incluyendo como sabemos a los que han sido trasladados o a los que se han jubilado. La deliberación comienza con la propuesta del ponente, que es el primero en emitir su voto (STS de 20/7/2006 [*Tol 984880*]).

Cuando alguno de los magistrados esté impedido para votar, se procede conforme a lo dispuesto en el artículo 257 LOPJ. Este artículo permite emitir el voto remitiéndolo directamente al presidente, o realizarlo ante un LAJ. Aquí deben distinguirse estos supuestos del previsto en el art. 257.4 LOPJ, que se circunscribe al caso de que un magistrado no haya podido votar. En este caso, la deliberación y voto se realiza por los que hayan formado la Sala y no estén impedidos, siempre que se cuente con *quorum* suficiente (vid. SSTS de 16/12/2005 [*Tol 809366*] y de 23/06/2022 [*Tol 9100152*]).

Las discordias entre los magistrados se resuelven en la forma prevista en los arts. 163 a 165 LECrim. También debe tenerse en cuenta lo dispuesto en los arts. 262 y 263 LOPJ. Así, cuando no se alcanza la mayoría necesaria sobre cualquier pronunciamiento de hecho o de derecho, se vuelven a discutir exclusivamente esos pronunciamientos. Si, concluido este nuevo debate, sigue sin existir mayoría, se forma una "Sala de discordias" en que se realiza una nueva vista entre los magistrados, añadiendo dos o tres más, dependiendo de si los discordantes son pares o impares. A esta Sala de discordias se suman,

por orden, el presidente de la Sala —si no ha asistido ya—, los magistrados de la misma Sala —que no hubieren asistido—, el presidente de la Audiencia respectiva, y, finalmente, el resto de los magistrados de la misma Audiencia, con preferencia por los del mismo orden jurisdiccional. Si no se consigue la mayoría necesaria sobre los puntos discordados, se someten a votación los dos pareceres mayoritarios.

Debe también recordarse que el art. 260 LOPJ permite formular un voto particular a los magistrados que disientan de alguno de los pareceres mayoritarios. Esta facultad deviene obligatoria, cuando es el magistrado ponente el que disiente de la mayoría y se encarga a otro magistrado la redacción de la sentencia (art. 147.4º, párr. 2º LECrim).

7.4 Firma de la sentencia

Los arts. 259 y 260 LOPJ —y el art. 248.6 LOPJ de forma genérica— prevén la firma de los magistrados no impedidos (SSTS de 26/5/2003 [*Tol 305514*]; y de 16/12/2005 [*Tol 809366*]), en el plazo para dictar sentencia, con la posibilidad de formular voto particular a que se ha hecho referencia.

La falta de firma de la sentencia no necesariamente dará lugar a su nulidad si consta el acto de deliberación y votación expresamente, como ya se ha mencionado (STS 23/06/2022 [*Tol 9100152*]).

Por lo demás, debe recordarse que los arts. 159 LECrim y 265 LOPJ prevén la llevanza de un "libro de sentencias" en cada juzgado o tribunal, cuya responsabilidad y custodia corresponde al LAJ. Cuando la tramitación de los procedimientos se realice a través de un sistema de gestión procesal electrónico, este sistema generará automáticamente, y sin necesidad de intervención del LAJ, un fichero en que se incluyan las sentencias y autos, numerados por el orden en que han sido firmados.

8. LA SENTENCIA DICTADA POR EL TRIBUNAL DEL JURADO

Se hace expresa remisión a lo indicado en el tema correspondiente de este tratado, a este particular respecto.

BIBLIOGRAFÍA

- ASENCIO MELLADO, *Derecho Procesal Penal*, 7ª Edición, Tirant lo Blanch, 2015.
- COBO DEL ROSAL, *Tratado de Derecho Procesal Penal español*, Centro de Estudios Superiores de Especialidades Jurídicas CESEJ, Madrid.
- MORENO CATENA/CORTÉS, *Derecho Procesal Penal*. 11ª Edición, Tirant lo Blanch, 2024.
- CALAZA LÓPEZ, «Sentencia y Cosa Juzgada», en *Derecho Procesal Penal*, (Gimeno/Calaza/Díaz Martínez), Tirant lo Blanch, 2021.
- ENCINAR DEL POZO/MARTÍNEZ ARRIETA, *El recurso de casación y revisión penal. La función de unificación de la jurisprudencia*, 4ª Edición, Tirant lo Blanch, 2022.
- GIMENO SENDRA, «El derecho fundamental a un proceso acusatorio», en *Diario la Ley*, nº 7.869, 2012.
- HERNÁNDEZ GIL, «La sentencia», *Conferencia en el Centro de Estudios Universitarios de Madrid (Madrid, 10 de marzo de 1972)*. Madrid: Comisión General de Codificación, 1972.
- HERNÁNDEZ MARÍN, *Teoría general de las decisiones judiciales*, Marcial Pons, 2021.
- PÉREZ-CRUZ MARTÍN, *Derecho Procesal Penal*, Tirant lo Blanch, 2020.

Capítulo 51

La cosa juzgada

Juan Manuel Alcoceba Gil[1]
Profesor Titular (a) de Derecho Procesal
Universidad Carlos III de Madrid
Letrado del Tribunal Constitucional

1. CONCEPTO Y NATURALEZA DE COSA JUZGADA

1.1 Concepto

El concepto cosa juzgada no puede considerarse unívoco, pues, como ha puesto de manifiesto la doctrina en numerosas ocasiones, se trata de un término poliédrico y polisémico que alude a diferentes construcciones jurídicas (PÉREZ AGUILERA, p. 25). No obstante, en líneas generales, los diferentes usos que se hacen del mismo pueden ser reconducidos a dos grandes categorías semánticas: la de "estado" y la de "efecto" (DE LA OLIVA SANTOS, p 17; GRANDE SEARA, p. 33).

Según la primera, la cosa juzgada define el estado en que se encuentra un concreto asunto o cuestión planteados en el marco del proceso judicial cuando se ha llevado a cabo su enjuiciamiento definitivo. Si el ejercicio de la acción supone someter un determinado conflicto a la jurisdicción, la resolución judicial que le pone fin —mediante la aplicación de la norma jurídica al caso concreto—, implica el cese de dicho conflicto a efectos procesales. Des-

1 https://orcid.org/0000-0003-2225-0177

de ese momento no cabe hablar de *res iudicanda*, sino de *res iudicata*, pues se cuenta con una decisión material que extingue la litis. Es decir, que, cuando la controversia ha sido solventada por la autoridad judicial a través de un pronunciamiento sobre el fondo del asunto, debe entenderse que: la *cosa*, ha sido *juzgada* (DE LA OLIVA SANTOS, p 17).

El segundo de los sentidos, sin embargo, no alude a un estado del procedimiento o su tramitación, sino al efecto que produce la existencia de una determinada resolución judicial sobre la realidad jurídica; concretamente, aquella resolución en que se agota definitivamente la facultad decisoria del órgano de enjuiciamiento, impidiendo que este o cualquier otro vuelva a pronunciarse sobre el mismo objeto. Este efecto, por tanto, comporta el nacimiento de un vínculo jurídico-procesal que impide a las partes y también a los órganos judiciales modificar la decisión contenida en la resolución sobre la que se proyecta la cosa juzgada.

La concepción de la cosa juzgada como efecto es aquella que más atención ha suscitado históricamente, encontrando a su vez dos derivas diferentes dentro de la doctrina procesalista. De un lado, ha sido considerada, de forma mayoritaria, como el efecto que producen las resoluciones firmes, especialmente la sentencia (ASENCIO MELLADO, p. 300; CORTÉS DOMÍNGUEZ, p, 279; BANACLOCHE PALAO, p. 330). De otro, se ha predicado del proceso en su conjunto, en tanto efecto que este produce sobre su propio objeto, una vez agotada la fase declarativa del mismo; es decir, cuando se ha practicado el enjuiciamiento y revisado este en las diferentes instancias (SERRA DOMÍNGUEZ, p. 634).

Ambos planteamientos deben ser matizados, dado que, como se expone en los siguientes epígrafes del presente capitulo: existen resoluciones distintas a la sentencia —autos de sobreseimiento libre— que, por tanto, no versan sobre el fondo del asunto, pero si producen efectos de cosa juzgada. Del mismo modo y precisamente por ello, no todos los procesos penales finalizan tras el acto del juicio, pudiendo cerrarse —por sobreseimiento— sin dar respuesta de fondo a las cuestiones planteadas por las partes y, por tanto, sin resolver su objeto.

Además, tal y como concluye PÉREZ AGUILERA (p. 28), el debate sobre si el efecto de cosa juzgada ha de predicarse respecto del proceso en que recae una resolución firme, o emana de la resolución en sí, resulta estéril; toda resolución judicial se dicta en el marco de un proceso, suponiendo la sentencia, precisamente, su conclusión y síntesis. Por consiguiente, afirmar que aquello que presenta valor de cosa juzgada es la sentencia o es el proceso, en el momento que se da lugar a la misma, son planteamientos equivalentes, sin que pueda extraerse consecuencia práctica clara de optar por una u otra tesis.

Así las cosas, debe concluirse que el concepto de cosa juzgada, independientemente de que se considere un estado o efecto procesal y de que se predique de las resoluciones judiciales mismas o del proceso en sí; concurre desde el momento en que la facultad atribuida a la autoridad judicial para decidir sobre el contenido de un determinado asunto ha sido plenamente ejercitada y, por ende, ha cumplido con su función, no procediendo, con carácter general, volver a pronunciarse de nuevo sobre el mismo.

1.2 Naturaleza

1.2.1 Previsión legal

En la Constitución no se hace mención expresa a la cosa juzgada, como tampoco se contiene precepto alguno en el Código Penal o la LECrim que proporcione una definición general de esta institución.

No obstante, en la última de las normas citadas sí se regula su tratamiento procesal como excepción o cuestión que impide proceder con el enjuiciamiento, por lo que puede ser planteada, en concepto de *artículo de previo pronunciamiento*, antes del inicio del juicio oral (art. 666 LECrim). Del mismo modo, en relación con el procedimiento abreviado, en el texto legal se contempla expresamente el momento procesal donde deber ser invocada: la audiencia preliminar acaecida durante la fase intermedia. Será entonces cuando las partes tengan oportunidad de alegar la existencia de artículos de previo pronunciamiento, entre los que —como ya se ha dicho— se encuentra la cosa juzgada (art. 785.1 LECrim). Sobre lo planteado en la referida audiencia preliminar habrá de resolverse en el mismo acto de forma oral, salvo que, por la complejidad de las cuestiones aducidas, fuera necesario hacerlo por escrito, en cuyo caso se dictará auto en el plazo de diez días (art. 785.3 LECrim).

En cuanto a su regulación sustantiva, la cosa juzgada encuentra escaso reflejo dentro del Código Penal, previéndose con carácter expreso solo en relación con las agravantes o atenuantes. Así, el art. 67 de la citada norma contempla la prohibición de que las agravantes se tengan en cuenta como circunstancias modificativas de la responsabilidad cuando se encuentren incorporadas a la estructura típica del delito o resulten inherentes a él, de tal forma que, sin su concurrencia, la infracción penal no tendría lugar.

Pese a que efectivamente trae causa en la cosa juzgada, debe señalarse que tal previsión carece de carácter general, como también ocurre con la contenida en el art. 72 del Real Decreto Legislativo 339/1990, por el que se aprueba el texto articulado de la Ley sobre Tráfico, Circulación de Vehículos a Motor y Seguridad Vial; o la prevista en el art. 45 de la Ley Orgánica 4/2015, de protección de la seguridad ciudadana. Tales previsiones están dirigidas a evitar duplicidades entre la sanción penal y administrativa mediante la declaración expresa del carácter subsidiario que presenta la segunda respecto de la primera, sin que sea posible extraer de las mismas una definición legal de la cosa juzgada con vocación de generalidad.

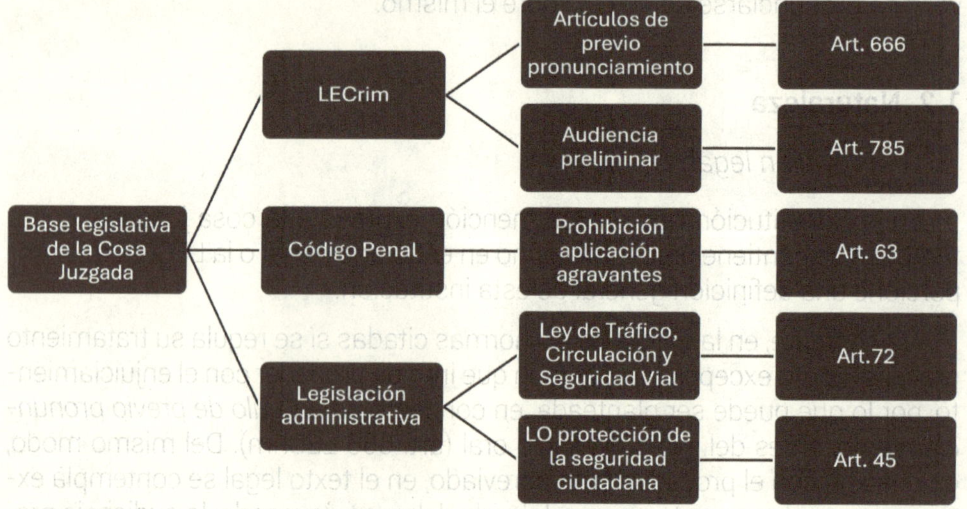

1.2.2 Delimitación jurisprudencial

En cuanto a su encaje jurisprudencial, el Tribunal Constitucional ha integrado la cosa juzgada penal, desde un principio, dentro del contenido del art. 25.1 CE, definiéndola ante todo como una de las concreciones del *non bis in idem* que proscribe el doble castigo por unos mismos hechos. Así, en la STC 221/1997 [*Tol 156333*], se recoge lo siguiente:

> «cumple recordar que el principio *non bis in idem*, si bien no aparece expresamente reconocido en el Texto constitucional, ha de estimarse comprendido en su art. 25.1, en cuanto integrado en el derecho fundamental a la legalidad penal con el que guarda íntima relación (SSTC 2/1981, 154/1990 y 204/1996, entre otras). Tal principio, evidentemente "invocable en el supuesto de una duplicidad de acciones penales, es decir, cuando un mismo delito fuera objeto de Sentencias condenatorias distintas" (STC 66/1986, fundamento jurídico 2º), supone, en definitiva, la prohibición de un ejercicio reiterado del ius puniendi del Estado, que impide castigar doblemente tanto en el ámbito de las sanciones penales como en el de las administrativas, y proscribe la compatibilidad entre penas y sanciones administrativas en

aquellos casos en los que adecuadamente se constate que concurre "la identidad de sujeto, hecho y fundamento" (ATC 355/1991, fundamento jurídico 5º)».

La doctrina que sitúa la cosa juzgada penal bajo la órbita del art. 25.1 CE ha sido constante y reiterada, recogiéndose en múltiples pronunciamientos de los que son ejemplo las SSTC 2/2003 [*Tol 228958*] y 236/2007 [*Tol 1179106*], donde se recalca la naturaleza del principio *non bis in idem* como un "genuino" derecho fundamental que cuenta con reconocimiento expreso en múltiples convenios internacionales sobre derechos humanos (Pacto Internacional de Derechos Civiles y Políticos de la ONU del 19 de diciembre de 1966, ratificado por España mediante Instrumento publicado en el "BOE" núm. 103, de 30 de abril de 1977, en su art. 14.7, el Protocolo 7 del Convenio Europeo de Derechos Humanos, ratificado por España mediante Instrumento publicado en el "BOE" núm. 249, de 15 de octubre de 2009, en su art. 4, o la Carta de los Derechos Fundamentales de la Unión Europea, que recoge la prohibición de doble sanción en su art. 50).

No obstante, en la doctrina constitucional, la proscripción del *bis in idem* articulada a través de la cosa juzgada excede el ámbito del principio de legalidad, conectando con otros derechos subjetivos de carácter fundamental. Así, el supremo intérprete de la Constitución también ha vinculado el efecto de la cosa juzgada penal con el derecho a la tutela judicial efectiva, en tanto incorpora la garantía de intangibilidad de las resoluciones judiciales. Concretamente, la STC 173/2021 [*Tol 8641530*], recoge lo siguiente:

«De esta manera el derecho a la tutela judicial efectiva reconocido en el art. 24.1 CE actúa como límite que impide a los jueces y tribunales variar o revisar las resoluciones judiciales definitivas y firmes al margen de los supuestos y casos taxativamente previstos por la ley, incluso en la hipótesis de que con posterioridad entendiesen que la decisión judicial no se ajusta a la legalidad (por todas, STC 66/2008, de 29 de mayo, FJ 3)».

En el mismo sentido, la STC 39/2012 [*Tol 2513653*] define el derecho a la intangibilidad de las resoluciones judiciales firmes, consagrado en el art. 24.1 CE, como una de las vertientes del derecho a la tutela judicial efectiva no solo circunscrita a los supuestos en que sea posible apreciar las identidades propias de la cosa juzgada formal. De manera que la garantía supera los límites inherentes a este concepto jurídico procesal, presentando un alcance mucho más amplio que se proyecta sobre «todas aquellas cuestiones respecto de las que pueda afirmarse que una resolución judicial firme ha resuelto, conformando la realidad jurídica en un cierto sentido que no puede ser ignorado o contradicho, ni por el propio órgano judicial, ni por otros órganos judiciales en procesos conexos».

La naturaleza de la cosa juzgada también ha sido definida, por el Tribunal Supremo, como una de las manifestaciones del derecho a un proceso con todas las garantías previsto en el art. 24.2 CE. Concretamente, el órgano conecta tal manifestación del debido proceso con los principios de legalidad y tipicidad de las infracciones penales; pudiendo ser sintetizada, en este sentido, como la garantía que impide el enjuiciamiento reiterado de una determinada persona por los mismos hechos. Así, en la STS de 15/10/1998 [*Tol 156333*] se recoge lo siguiente:

> «Desde el punto de vista de su naturaleza jurídica, la cosa juzgada es la garantía de todo acusado a defender su derecho a no ser enjuiciado penalmente más de una vez por unos mismos hechos; es una de las manifestaciones en las que se proyecta el derecho a un proceso con todas las garantías previsto en el art. 24-2º de la Constitución, si bien tiene también evidentes conexiones con el principio *non bis in idem* el cual ha de entenderse implícito en el art. 25-1º del mismo texto, y por lo tanto aparece vinculado íntimamente a los principios de legalidad y tipicidad de las infracciones. Todo ello le confiere un rango inequívocamente de garantía constitucional. Más aún, como afirman las Sentencias de esta Sala de 12 de diciembre de 1994 y 20 de Junio de 1997, la vigencia de esta garantía en nuestro Ordenamiento Jurídico dimana, además, del art. 10-7º del Pacto Internacional de Derechos Civiles y Política de Nueva York de 16 de diciembre de 1966, ratificado por España el 13 de abril de 1977, y que en virtud de lo previsto en el art. 96-1º, tiene la consideración de derecho interno. Según el indicado art. 14 párrafo 7º Nadie podrá ser juzgado ni sancionado por un delito por el cual haya sido condenado o absuelto por una sentencia firme de acuerdo con la ley y el procedimiento penal de cada país. Sin desconocer la naturaleza procesal de la excepción de cosa juzgada y aunque se trata de una verdadera causa de impunibilidad, semejante a la prescripción, a la amnistía o al indulto —Sentencia de 24 de noviembre de 1987—, es cuestión que puede ser discutida en casación al amparo del nº 1 del art. 849 y también por infracción de precepto constitucional por la vía del art. 5-4º de la LOPJ en conexión con el principio del *non bis in idem*, como tiene declarado la Sentencia de 16 de febrero de 1995*Se facilitará a la persona con discapacidad la asistencia o apoyos necesarios para que pueda hacerse entender, lo que incluirá la interpretación en las lenguas de signos reconocidas legalmente y los medios de apoyo a la comunicación oral de personas sordas, con discapacidad auditiva y sordociegas».

En la misma línea discurren las SSTS de 02/06/2022 [*Tol 9009724*] y de 24/02/2022 [*Tol 8830633*], donde se vincula la cosa juzgada penal al efecto que impide que un *mismo* sujeto sea sancionado en más de una ocasión con el *mismo* fundamento y por los *mismos* hechos, pues «ello supondría una reacción punitiva *desproporcionada* que haría quebrar, además, la garantía de previsibilidad de las sanciones». De esta manera, el Tribunal Supremo, a la hora de delimitar los contornos de la cosa juzgada, parece ir más allá de la doctrina constitucional previamente expuesta, llegando a conectarla con el contenido sustantivo del principio *non bis in idem* al señalar como «la suma de una pluralidad de sanciones provoca una respuesta punitiva emancipada del juicio de proporcionalidad realizado por el legislador y puede materializar la imposición de una sanción no prevista legalmente (SSTC 2/2003, de 16 de enero, F. 3; 48/2007, de 12 de marzo, F. 3; 91/2009, de 20 de abril, F. 6.b). La proporcionalidad de la penalidad es también cuestión de orden sustantivo y no puramente constitucional o procesal (STS 39/2020, de 6 de febrero)».

En cualquier caso, los planteamientos expuestos han sido complementados por parte del mismo órgano con posterioridad, que termina de perfilar la naturaleza de la cosa juzgada como contenido y límite —al mismo tiempo— del art. 24.1 CE, a través su STS de 10/02/2021 [*Tol 8319084*], donde se dice lo siguiente:

> «es sabido que la doctrina procesal ha coincidido en definir o, en su caso, en calificar como *cosa juzgada* material de un lado, la imposibilidad de reiterar la petición de tutela judicial efectiva, ante los *Tribunales* de justicia, sobre un determinado asunto litigioso cuando ya existe, entre las mismas partes, en relación con esa concreta controversia, cuando menos, una primera respuesta judicial, así como la obligación, de otro, de partir de esta resolución cuando su contenido guarde una relación de dependencia, conexidad o prejudicialidad, con el objeto litigioso, que deba ventilarse en sucesivos procesos».

Del conjunto de pronunciamientos citados debe concluirse que la cosa juzgada presenta una naturaleza tan variada como lo son los usos del propio término, pudiéndose enlazar, según sus diferentes acepciones, con una pluralidad de derechos y principios constitucionales. Sirva a modo de síntesis o resumen de esta exegesis plural, lo recogido en la STC 31/2025 [*Tol 10431505*]:

> «una de las proyecciones del derecho fundamental a la tutela judicial efectiva reconocida en el art. 24.1 CE es el derecho a que las resoluciones judiciales alcancen la eficacia otorgada por el ordenamiento, lo que implica, entre otras cosas, el respeto a su firmeza y a la intangibilidad de las situaciones jurídicas en ellas declaradas. Tal derecho a la intangibilidad o invariabilidad de las resoluciones judiciales firmes responde a los principios de seguridad jurídica, legalidad procesal y eficacia del derecho fundamental a la ejecución de tales resoluciones, cuyo cumplimiento comporta una de las garantías esenciales para el funcionamiento y desarrollo del Estado de Derecho (arts. 9.3, 24.1 y 117.3 CE) (entre otras, SSTC 198/1994, de 4 de julio, FJ 3; 197/2000, de 24 de julio, FJ 4, y 107/2024, de 9 de septiembre, FJ 3). El principio de intangibilidad asegura a las partes procesales que las resoluciones judiciales solo puedan ser modificadas dentro de los cauces legales previstos y proscribe que los juzgados y tribunales puedan variar o revisar las resoluciones judiciales definitivas y firmes al margen de los casos taxativamente previstos por la ley; incluso en la hipótesis de que, con posterioridad, entendiesen que la decisión judicial no se ajusta a la legalidad. Si se permitiese reabrir lo ya resuelto por una decisión firme fuera de los supuestos legalmente permitidos, el derecho a la tutela judicial efectiva, aparte de vulnerado, resultaría carente de efectividad (entre otras, SSTC 119/1988, de 20 de junio, FJ 2; 3/2024, de 15 de enero, FJ 3, y 107/2024, de 9 de septiembre, FJ 3)».

Puede concluirse, por tanto, que la cosa juzgada sirve, en el ámbito penal, a la efectiva realización del principio de seguridad jurídica (art. 9.3 CE); el principio de legalidad (art. 25.1 CE); la tutela judicial efectiva (art. 24.1 CE) y el debido proceso (art. 24.2 CE). En qué efectos o dimensiones conecta con cada uno de estos derechos, es algo que solo puede determinarse previa clasificación y estudio de los mismos.

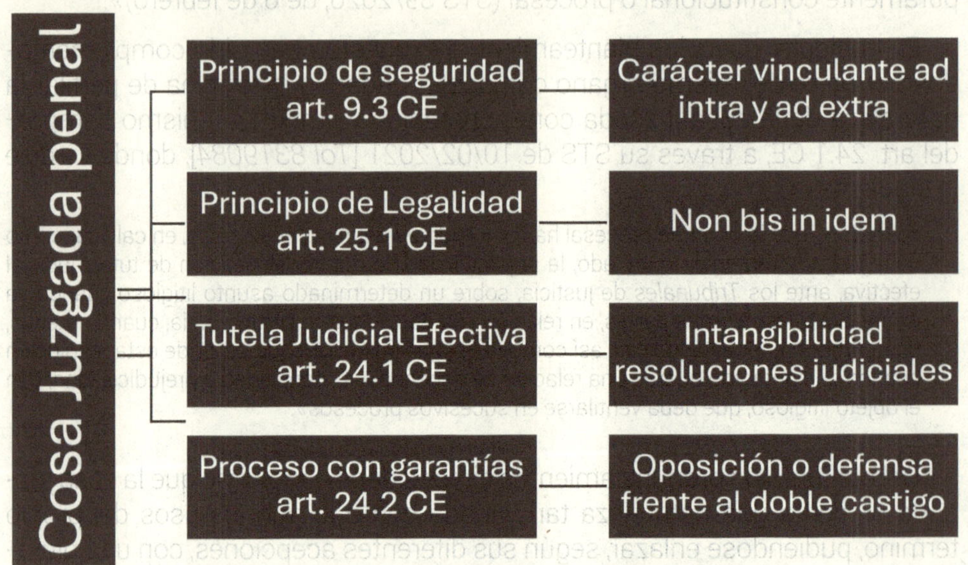

1.3 Clasificación

Del concepto y naturaleza de la cosa juzgada tal y como han sido definidos con anterioridad, se extrae la clásica distinción entre cosa juzgada formal y material, que atiende al sentido o dirección en que esta despliega sus efectos.

En términos generales, se entiende por *cosa juzgada formal* el efecto que produce, en el marco del propio proceso, la firmeza de la resolución judicial que pone fin al mismo; mientras que la *cosa juzgada material* abarca los efectos que tal decisión proyecta en el resto del ordenamiento en general y los ulteriores pronunciamientos judiciales en particular (GENÉ I BALEYTO p.373).

Es decir, que la cosa juzgada, en su dimensión formal, implica la imposibilidad de atacar una determinada decisión judicial por quien es parte del proceso en que se dicta. La dimensión material, por el contrario, presenta una vocación *erga obnes*, dirigida a garantizar la intangibilidad de las resoluciones judiciales fuera del contexto procesal del que traen causa, impidiendo una nueva decisión por parte de otro órgano sobre lo ya decidido.

Esta última faceta de la cosa juzgada —la material—, presenta, a su vez, un doble efecto: el de carácter positivo o prejudicial —inexistente en el orden penal— y el de carácter negativo o preclusivo —coincidente con el principio *non bis in idem*—. En su dimensión positiva, la cosa juzgada material impone a otros órganos judiciales tener en cuenta lo establecido en las resoluciones prexistentes sobre una determinada cuestión, quedando vinculados por las mismas cuando deciden sobre cualquier asunto conexo. El efecto negativo, por su parte, impide que se decida de nuevo sobre la misma cuestión; es decir, que tiene un carácter netamente excluyente o preclusivo.

Dentro del efecto negativo de la cosa juzgada material puede realizarse otra subdivisión con base en aquello cuya repetición se excluye. Así, se denomina cosa juzgada sustantiva a la imposibilidad de condenar a una misma persona más de una vez por los mismos hechos; mientras que se entiende por cosa juzgada procesal a aquella que comporta la prohibición de doble enjuiciamiento.

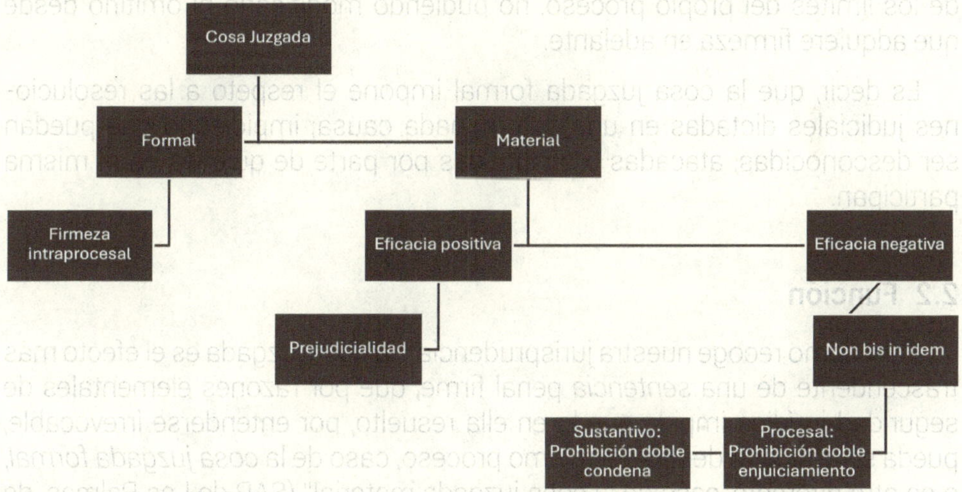

La distinción entre cosa juzgada formal y material cuenta con reconocimiento legal expreso en la Ley de Enjuiciamiento Civil (arts. 207 y 222 respectivamente). No así sus subdivisiones, trazadas por la doctrina y desarrolladas por la jurisprudencia, como se expone en los siguientes epígrafes.

Sin embargo, parte de la doctrina se ha mostrado reticente a asumir la primera de las clasificaciones —que distingue entre formal y material—, proponiendo incluso la supresión de tal diferenciación con el fin de crear una categoría unitaria de cosa juzgada (NIEVA FENOLL p. 185-192).

En cualquier caso, debe señalarse que todas las dimensiones y efectos de la cosa juzgada que se desarrollan a continuación comparten un mismo objeto: garantizar la estabilidad de las resoluciones judiciales y, por ende, la seguridad jurídica del sistema normativo. La diferencia estriba, esencialmente, en el ámbito —interno o externo— y el sentido —positivo o negativo— a través del cual dicha finalidad trata de alcanzarse.

2. LA COSA JUZGADA FORMAL

2.1 Concepto

Como ya se ha adelantado, la cosa juzgada formal se proyecta *ad intra* del proceso donde se dicta la resolución que la produce. Es, de hecho, el efecto intraprocesal que desprende toda decisión judicial firme o inamovible, en virtud del cual las partes y el juez o tribunal quedan vinculados por lo decidido dentro de los límites del propio proceso, no pudiendo modificarlo ni omitirlo desde que adquiere firmeza en adelante.

Es decir, que la cosa juzgada formal impone el respeto a las resoluciones judiciales dictadas en una determinada causa; impidiendo que puedan ser desconocidas, atacadas o sustituidas por parte de quienes en la misma participan.

2.2 Función

Tal y como recoge nuestra jurisprudencia, "la cosa juzgada es el efecto más trascendente de una *sentencia* penal firme, que por razones elementales de seguridad jurídica impide que lo en ella resuelto, por entenderse irrevocable, pueda ser atacado dentro del mismo proceso, caso de la *cosa juzgada formal*, o en otro diferente, caso de la cosa juzgada material" (SAP de Las Palmas, de 27/2/2013 [*Tol 3726880*]).

Así, la cosa juzgada formal resulta un elemento fundamental para articulación del proceso judicial, en la medida que posibilita su final a través de una decisión coherente e irrevocable. Y, en este sentido, conecta con el derecho a la tutela judicial efectiva (art. 24.1 CE), garantizando la intangibilidad de las resoluciones judiciales en el seno del propio proceso; supone un requisito necesario para la satisfacción del principio de seguridad jurídica consagrado en el art. 9.3 CE y, por ello, reviste un incuestionable interés público.

Pero, además de obrar en beneficio de la seguridad y previsibilidad del proceso en cuestión donde se dicta la resolución firme, la cosa juzgada formal también contribuye a que el mismo se desarrolle conforme a un orden lógico, impidiendo que los actores que intervienen en él puedan frustrar su avance.

Así, CALAZA LÓPEZ (p. 133) señala como «la cosa juzgada formal encuentra, asimismo, un adecuado fundamento, tal y como ha tenido ocasión de señalar un sector de la doctrina, en la imperiosa necesidad de estabilidad en el orden lógico de las resoluciones judiciales dictadas a lo largo del proceso».

2.3 Contenido

Sobre el contenido de la cosa juzgada formal en el orden penal se ha pronunciado el Tribunal Supremo en su Sentencia de 05/02/2010 [*Tol 1792978*], donde refiere expresamente que «hay cosa juzgada formal cuando, por haberse agotado los recursos previstos o por ser irrecurrible, goza una resolución judicial de inatacabilidad directa (firmeza)».

Con base en esta definición jurisprudencial, parte de la doctrina planteó la equivalencia entre los conceptos de firmeza y cosa juzgada formal (MONTERO AROCA p. 257); el debate debe considerarse zanjado a partir de la promulgación de la Ley de Enjuiciamiento Civil del año 2000 —de aplicación supletoria al ámbito penal—.

En el segundo apartado del art. 207 LEC, bajo la rúbrica "cosa juzgada formal", se define como resoluciones firmes «aquéllas contra las que no cabe recurso alguno bien por no preverlo la ley, bien porque, estando previsto, ha transcurrido el plazo legalmente fijado sin que ninguna de las partes lo haya presentado". Inmediatamente después —en el tercer apartado— se concede a estas resoluciones la "autoridad de cosa juzgada" con carácter general, imponiendo al tribunal del proceso en que hayan recaído, la obligación de "estar en todo caso a lo dispuesto en ellas». 2101

En el cuarto apartado del citado precepto se reitera lo previsto en los anteriores, unificándose en un mismo párrafo el contenido del segundo y tercero. Dice así: «transcurridos los plazos previstos para recurrir una resolución sin haberla impugnado, quedará firme y pasada en autoridad de cosa juzgada, debiendo el tribunal del proceso en que recaiga estar en todo caso a lo dispuesto en ella».

De la lectura conjunta de los apartados 2, 3 y 4 del art. 207 LEC se infiere con toda claridad que, mientras los conceptos de inimpugnabilidad y firmeza presentan un contenido exclusivamente negativo, en la medida que impiden atacar la resolución o dictar una nueva en su lugar; la cosa juzgada formal presenta también un contenido positivo, por cuanto además de firme e inimpugnable, la resolución en cuestión resulta vinculante para el órgano judicial y las partes, de forma que su contenido no puede ser ignorado en los restantes actos del proceso donde se dicta (DE LA OLIVA SANTOS p. 19).

La firmeza es, por tanto, un presupuesto necesario de la cosa juzgada formal, pero no agota su contenido, ya que el efecto de cosa juzgada también incorpora el carácter vinculante de la resolución que lo desprende.

Así ha sido entendido por la mayor parte de nuestra jurisprudencia, de entre la que destaca, por su completud, la definición de cosa juzgada formal ofrecida por la Audiencia Provincial de Las Palmas, en sus Sentencias de 30/07/2014 [*Tol 4540270*], y de 20/02/2013 [*Tol 3728184*]:

> «La cosa juzgada formal es el efecto de toda resolución judicial firme, y con ella se quiere expresar que contra la resolución de la que se predica éste efecto no cabe ulterior recurso con la finalidad de satisfacer el principio de seguridad jurídica. De este modo, la firmeza supone la imposibilidad de revocar la resolución y de sustituirla por otra distinta, por cuanto implicando el proceso sucesión de actos, la firmeza de una resolución intermedia implica que ha precluido una fase, continuando el trámite del mismo, no siendo posible volver a resolver sobre lo mismo ya resuelto por una actuación judicial inmodificable en su contenido; las resoluciones firmes, pues, gozan de la peculiar eficacia de la «cosa juzgada formal», que se despliega en el seno del mismo proceso en que recaen las resoluciones y no consiste en su inimpugnabilidad, sino en que el tribunal está vinculado por lo que se haya resuelto, sin que sea procedente, salvo que la ley autorice la revisión o revocabilidad, disponer después de algo contrario o distinto o no atenerse a lo juzgado».

Por último, debe mencionarse que la cosa juzgada formal, en tanto integra el concepto de firmeza, ha sido considerada por la jurisprudencia un presupuesto o requisito esencial para que la cosa juzgada material pueda desplegar sus efectos, «toda vez que sólo las resoluciones firmes "pasan en autoridad de cosa juzgada" (art. 207.3 LEC) y gozan, por tanto, de todos sus efectos materiales, tanto positivos como negativos, es decir, se convierten en impugnables y producen su ejecución de oficio (arts. 794 y 988 LECrim)». Así, en la STS de 15/03/2023 [*Tol 9469448*] se realiza la siguiente síntesis de lo previamente expuesto:

> «las dos funciones de la *cosa juzgada formal* (positiva y negativa) se despliegan dentro del proceso en el que se dicta la resolución dotada de tal autoridad, materializándose en un vínculo procesal que afecta al juez o tribunal y a las partes, impidiendo, en el caso del efecto negativo, que se modifique la resolución por iniciativa del juez o tribunal o a instancia de las partes; y, en el caso del efecto positivo, imponiendo el respeto de la decisión judicial firme como antecedente prejudicial de los posteriores actos procesales que tengan lugar en el proceso».

2.4 Requisitos

En la LECrim no se contempla regulación alguna sobre la cosa juzgada formal más allá de decretarse, en sus arts. 141 y 161 respectivamente, la firmeza de las sentencias irrecurribles y la inamovilidad de las resoluciones firmadas.

No obstante, si se lleva a cabo una interpretación integradora de los referidos preceptos, junto con el art. 207 LEC —de aplicación supletoria—, debe concluirse que las resoluciones judiciales devienen firmes y, consecuentemente, también adquieren autoridad de cosa juzgada formal, cuando concurre alguno de los siguientes requisitos:

a) no se prevé recurso alguno en la ley contra dicha resolución;

b) no se hace uso en tiempo y forma de los recursos previstos en la ley por parte de los legitimados para ello;

c) se desiste o renuncia al recurso interpuesto;

d) se confirma la resolución en cuestión por la última instancia de cuantas prevea la ley.

2.5 Tratamiento procesal

En tanto principales destinatarios, la cosa juzgada formal debe ser apreciada de oficio por todos los órganos judiciales; ya sea en su vertiente negativa como positiva. Ello es así, dado que supone un mandato directo a jueces y tribunales, cuyo contenido —respetar los pronunciamientos firmes dictados en el proceso— debe ser atendido por estos a iniciativa propia (CALAZA LÓPEZ p. 69). 2103

No obstante, para el caso de que no fuera así, se prevé la posibilidad de impugnar los actos judiciales que modifiquen resoluciones firmes dictadas en el mismo proceso o desatiendan su contenido. Sin embargo, tal ejercicio impugnatorio, a diferencia de lo que ocurre con la cosa juzgada material (arts. 666.2º y 785 LECrim), carece de un cauce especifico, debiendo ser canalizado a través de la pluralidad de recursos e incidentes previstos con carácter ordinario en el ordenamiento procesal.

La ausencia de un mecanismo concreto para denunciar el quebrantamiento de la cosa juzgada formal no supone una laguna legislativa, sino que es una decisión del legislador coherente con la naturaleza de esta institución. En la medida que la dimensión formal de la cosa juzgada sirve para garantizar la correcta tramitación del procedimiento y no para negar su conveniencia o necesidad, carece de sentido ubicar la infracción de la misma dentro de las excepciones procesales o los artículos de previo pronunciamiento; tales figuras no sirven para reconducir la tramitación procesal, sino para evidenciar la falta de presupuestos necesarios para el enjuiciamiento. Por tanto, la quiebra de la cosa juzgada formal, dada su función dentro del proceso, debe ser tratada como cualquier otro motivo de impugnación ordinario que afecte a la validez de la concreta resolución atacada.

3. LA COSA JUZGADA MATERIAL

3.1 Concepto

La cosa juzgada material se identifica con la cualidad de las resoluciones judiciales firmes, generalmente sentencias sobre el fondo, que impide atacar, modificar, sustituir o desconocer lo decidido en ellas, ya no dentro del propio proceso donde se dictan, sino fuera de este. Es, por tanto, un efecto que se proyecta *ad extra* del proceso, de contenido similar al de la cosa juzgada formal, pero con clara vocación *erga omnes*.

Por eso, la cosa juzgada material es comúnmente definida entre la doctrina como el vínculo jurídico—publico que impide a los órganos judiciales volver a juzgar las cuestiones penales de fondo decididas por resolución judicial firme y, como consecuencia directa de ello, les obliga a inadmitir nuevas acciones ejercidas sobre los hechos y las personas ya enjuiciados (GÓMEZ COLOMER p. 475).

3.2 Función

Al igual que en su dimensión formal, la cosa juzgada material persigue proteger la seguridad jurídica. Sin embargo, dentro del ámbito penal, esta institución cumple además una genuina función de garante de los derechos fundamentales, indispensable para el funcionamiento y desarrollo del Estado de Derecho (entre otras, SSTC 198/1994 [*Tol 82603*]; 197/2000 [*Tol 81358*], y 107/2024 [*Tol 10273346*]).

Independientemente de la coherencia del sistema jurídico o de la correcta tramitación del proceso judicial, nuestro ordenamiento reconoce a toda persona que ha sido inculpada en una causa penal el derecho fundamental a recibir una resolución firme sobre el fondo del asunto que dirima su posible responsabilidad sobre los hechos. Y, dentro de esta garantía, ha de entenderse comprendido también el derecho a no verse procesado varias veces por los hechos de los que dimana dicha responsabilidad, ya dilucidada en un momento anterior.

En este sentido, si bien la cosa juzgada sirve con carácter general al principio de seguridad jurídica consagrado en el art. 9.3 CE, la faceta material de la cosa juzgada es aquella que conecta esta institución con el principio de legalidad penal del art. 25.1 CE; con el derecho a la tutela judicial efectiva (art. 24.1 CE) y, por extensión —como ya se señaló—, con el derecho al proceso con todas las garantías (art. 24.2 CE); pues garantiza la intangibilidad *ad extra* de las resoluciones judiciales y, con ello, su ejecución en los términos en que fueron dictadas. La STC 156/2002 [*Tol 258517*], lo recoge, en su FJ 2, de la siguiente manera:

> «Es evidente, y así lo hemos declarado en numerosas ocasiones, la estrecha conexión entre el principio de seguridad jurídica y la garantía procesal de la cosa juzgada material, llegando incluso a afirmar que esta garantía procesal o principio esencial del proceso encuentra su fundamento en aquel principio constitucional (por todas, *STC* 185/1990, de 15 de noviembre, FJ 6). Sin embargo no es menos cierto que el principio de seguridad jurídica, en cuanto se encuentra proclamado en el art. 9.3 CE, no es per se susceptible de protección a través del recurso de amparo constitucional, por no estar incluido en el ámbito de protección propio de éste, de conformidad con lo establecido en el art. 53.2 CE (STC 305/2000, de 11 de diciembre, FJ 2), lo que en modo alguno ha constituido obstáculo para que este Tribunal Constitucional haya venido considerando de manera reiterada la garantía procesal de la cosa juzgada material como integrante del derecho a la tutela judicial efectiva reconocido en el art. 24.1 CE (STC 106/1999, de 14 de junio, FJ 3)».

3.3 Eficacia positiva

En la jurisdicción penal no opera la prejudicialidad, o lo que es lo mismo, la cosa juzgada material carece de efectos positivos; solo presenta eficacia negativa. Así, el contenido de las resoluciones judiciales —penales o no— adoptadas previamente a la incoación de la causa, no vincula al órgano judicial, que únicamente tendrá prohibido conocer de un asunto si existe identidad subjetiva y objetiva entre una resolución firme de carácter penal y el nuevo proceso; sin que ello suponga la incorporación del contenido de dicha resolución a sus decisiones.

La falta de vinculación aplica, bajo el riesgo de incurrir en contradicción, incluso cuando lo resuelto previamente aborde cuestiones centrales del enjuiciamiento de los delitos que motivaron el segundo proceso, operando lo practicado y decidido con anterioridad únicamente a efectos probatorios.

Tal planteamiento ha sido plenamente asumido y desarrollado en la jurisprudencia de nuestro Tribunal Supremo, de lo que es ejemplo la STS de 22/04/2019 [*Tol 7202198*], donde se dice lo siguiente:

> «A diferencia de otras ramas del Derecho en las que puede existir una eficacia de cosa juzgada material de carácter positivo o prejudicialidad que se produce cuando para resolver lo planteado en un determinado proceso haya de partirse de lo ya antes sentenciado con resolución de fondo en otro proceso anterior, ésta eficacia no tiene aplicación en el ámbito del proceso penal, pues cada causa criminal tiene un propio objeto y su propia prueba y

conforme a su propio contenido ha de resolverse, sin ninguna posible vinculación prejudicial procedente de otro proceso distinto (otra cosa son las cuestiones prejudiciales de los arts. 3 y ss. de la LECrim), todo ello sin perjuicio de que la prueba practicada en el primero pueda ser traída de segundo proceso para ser valorada en unión de las demás existentes».

La doctrina clásica ha abordado extensamente los límites de la cosa juzgada material en el ámbito penal, concluyendo, en esencia, que está "excluye, como impedimento procesal, un segundo juicio, o en todo caso la condena, por el hecho ya juzgado y respecto de la misma persona; pero no determina prejudicialmente el contenido de la segunda sentencia, ni respecto de otro inculpado —por el mismo hecho—, ni del mismo inculpado, por un hecho distinto, aun conexo o condicionado por el juzgado" (GÓMEZ ORBANEJA p. 315). En el mismo sentido se ha pronunciado la jurisprudencia en resoluciones como la STS de 23/10/2015 [*Tol 5558277*], que recoge expresamente cómo:

«las sentencias penales carecen de eficacia material o positiva de cosa juzgada en otro proceso penal. No existe efecto prejudicial penal en el proceso penal como afirma, entre otras, la sentencia de 3 de noviembre de 1993: «es doctrina reiterada de esta Sala (sentencias de 13 de septiembre, 22 de noviembre y 12 de diciembre de 1974, 19 de *octubre* de 1984 y 13 de noviembre de 1989, *entre otras) que las sentencias sobre temas análogos, incluso sobre todo o parte de los mismos hechos, dictadas por los Tribunales de otra jurisdicción, así como las producidas por los Tribunales del mismo orden jurisdiccional, no vinculan al Tribunal sentenciador, ni le impiden formar libremente su convicción sobre los temas fácticos y jurídicos que se defieran en el proceso de que se trate. Dichas sentencias ajenas, debidamente testimoniadas o certificadas, tienen solo a los efectos dichos, una fiabilidad intrínseca, circunscrita al dato del Tribunal sentenciador, fecha, identidad de las partes y hasta el dato que objetivamente se resolvió, pero no tiene eficacia para superponerse al criterio del Tribunal penal actuante, de forma que tenga que estar y pasar por el contenido de sus declaraciones prescindiendo del resultado de la prueba que ante él se ha practicado*».

La exclusión del efecto positivo se deduce igualmente del tratamiento dispensado a la cosa juzgada material en la LECrim, donde es concebida únicamente como un artículo de previo pronunciamiento que impide el doble enjuiciamiento (art. 666.2), lo que supone reconocer exclusivamente el efecto negativo de esta institución.

La omisión legal de cualquier referencia a la eficacia positiva responde a la naturaleza pública del conflicto jurídico-penal, donde se persigue, antes incluso que preservar la seguridad del tráfico jurídico, determinar si concurre el derecho y el deber del Estado de castigar los delitos.

Por eso, son mayoría los autores que señalan como «la certeza del derecho que se trata de conseguir con la cosa juzgada, en el campo penal, se resuelve en una exigencia de tutela de la libertad personal, y no en la seguridad del tráfico jurídico, a la que tiende principalmente la seguridad jurídica que se pretende conseguir con la cosa juzgada civil» (CORTÉS DOMÍNGUEZ p. 163); llegándose incluso a negar la existencia de «relaciones jurídicas que puedan dar lugar a causas jurídico penales prejudiciales y que afecten al mismo sujeto» (CORTÉS DOMÍNGUEZ p. 488).

En conclusión: durante y a partir del proceso penal pueden ser sacrificados derechos fundamentales de especial relevancia, de entre los que destaca la libertad personal, por lo que este incorpora un nivel de garantías superior al del resto de jurisdicciones. Como consecuencia de ello, en caso de conflicto entre la coherencia o estabilidad de las resoluciones judiciales —asegurada por la prejudicialidad— y la situación jurídico-subjetiva de quien es sometido al proceso, debe prevalecer esta segunda.

3.4 Eficacia negativa

Como se ha señalado, el contenido de la cosa juzgada material, en el ámbito penal, tiene un carácter netamente excluyente o preclusivo, que coincide con la dimensión procesal del principio *non bis in idem*, pues se concreta en la proscripción de volver a pronunciarse sobre lo ya juzgado. En palabras del Tribunal Supremo: 2107

> «La única eficacia que la cosa juzgada material produce en el proceso penal es la preclusiva o negativa consistente simplemente en que, una vez resuelto por sentencia firme o resolución asimilada una causa criminal, no cabe seguir después otro procedimiento del mismo orden penal sobre el mismo hecho y respecto a la misma persona (*STS*. 24.4.2000), pues aparece reconocido como una de las garantías del acusado el derecho a no ser enjuiciado penalmente más de una vez por unos mismo hechos, derecho que es una manifestación de principio "*non bis in idem*", y una de las formas en que se concreta el derecho a un proceso con todas las garantías reconocido en el artículo 24.2 en relación con el artículo 10-2 de la Constitución Española y 14.7 del Pacto de Nueva York sobre Derechos Civiles y Políticos de 1966, ratificado por España el 13.4.77, según el cual "nadie podrá ser juzgado, ni sancionado por un delito por el cual haya sido ya condenado o absuelto por una sentencia firme, de acuerdo con la Ley y el procedimiento penal de cada país» (STS de 22/04/2019 [*Tol 7202198*]).

La relación trazada en nuestra doctrina constitucional entre la prohibición del *bis in idem* y la cosa juzgada material es tan estrecha que la segunda se concibe como "consecuencia, efecto y causa a la vez" del primero (PÉREZ AGUILERA p. 113). De hecho, el Tribunal Constitucional ha desarrollado dos dimensiones diferentes de este principio: una sustantiva y otra procesal; incardinando la cosa juzgada material en la segunda. El contenido de ambas dimensiones, según se indica en la STC 188/2005 [*Tol 673551*], sería el siguiente:

> «El principio *non bis in idem* tiene, en otras palabras, una doble dimensión: a) la material o sustantiva, que impide sancionar al mismo sujeto en más de una ocasión por el mismo

hecho con el mismo fundamento, y que tiene como finalidad evitar una reacción punitiva desproporcionada (SSTC 154/1990, de 15 de octubre, FJ 3; 177/1999, de 11 de octubre, FJ 3; y ATC 329/1995, de 11 de diciembre, FJ 2), en cuanto dicho exceso punitivo hace quebrar la garantía del ciudadano de previsibilidad de las sanciones, pues la suma de la pluralidad de sanciones crea una sanción ajena al juicio de proporcionalidad realizado por el legislador y materializa la imposición de una sanción no prevista legalmente [SSTC 2/2003, de 16 de enero, FJ 3 a); y 229/2003, de 18 de diciembre, FJ 3]; y b) la procesal o formal, que proscribe la duplicidad de procedimientos sancionadores en caso de que exista una triple identidad de sujeto, hecho y fundamento, y que tiene como primera concreción la regla de la preferencia o precedencia de la autoridad judicial penal sobre la Administración respecto de su actuación en materia sancionadora en aquellos casos en los que los hechos a sancionar puedan ser, no sólo constitutivos de infracción administrativa, sino también de delito o falta según el Código penal [SSTC 2/2003, de 16 de enero, FJ 3 c); y 229/2003, de 18 de diciembre, FJ 3. SSTEDH de 29 de mayo de 2001, en el caso Franz Fischer contra Austria; y de 6 de junio de 2002, en el asunto Sallen contra Austria].

Aunque es cierto que este principio ha venido siendo aplicado fundamentalmente para determinar una interdicción de duplicidad de sanciones administrativas y penales respecto a unos mismos hechos, esto no significa, no obstante, que sólo incluya la incompatibilidad de sanciones penal y administrativa por un mismo hecho en procedimientos distintos correspondientes a órdenes jurídicos sancionadores diversos (STC 154/1990, de 15 de octubre, FJ 3). Y es que en la medida en que el ius puniendi aparece compartido en nuestro país entre los órganos judiciales penales y la Administración, el principio *non bis in idem* opera, tanto en su vertiente sustantiva como en la procesal, para regir las relaciones entre el ordenamiento penal y el derecho administrativo sancionador, pero también internamente dentro de cada uno de estos ordenamientos en sí mismos considerados, proscribiendo, cuando exista una triple identidad de sujeto, hechos y fundamento, la duplicidad de penas y de procesos penales y la pluralidad de sanciones administrativas y de procedimientos sancionadores, respectivamente».

En el mismo sentido se ha pronunciado el Tribunal Supremo en sentencias como la de 03/07/2025 [*Tol 10621460*] donde recoge la doctrina constitucional previamente referenciada para concluir que, en caso de *bis in idem* procesal, entendido este como cosa juzgada material, habrá de prevalecer el primero de los juicios realizados. Así dice:

«Venimos proclamando que en casos de doble enjuiciamiento de la misma persona por el mismo hecho, debe darse prevalencia a la primera sentencia y declarar la nulidad e invalidez de la segunda, pues los efectos de la cosa juzgada material de las sentencias firmes impiden que los hechos puedan volver a ser juzgados (SSTS 1218/2009, de 2 de diciembre; 66/2018, de 6 de febrero; 671/2020, de 10 de diciembre; 716/2020, de 22 de diciembre; 237/2021, de 15 de marzo; 359/2021 de 29 de abril; 22/2022, de 13 de enero; 178/2022 de 24 de febrero; 498/2022, de 24 de mayo; 206/2023, de 22 de marzo; o 216/2023, de 23 de marzo, entre otras)».

Queda claro entonces que dentro del *non bis in idem* se encuentran contenidas dos prohibiciones de carácter complementario: a) la proscripción de sancionar a un mismo sujeto más de una vez por los mismos hechos y fundamentos y b) la interdicción de que se sustancien dos procesos con el mismo objeto. Esta segunda, denomina formal o procesal por contraposición con la primera —a la que se tribuye cárter sustantivo—, es la que se identifica con la cosa juzgada material en sentido estricto.

Con base en esta diferenciación, la doctrina ha señalado como "la cosa juzgada [material en su sentido negativo] nada tiene que ver con la condena o con la absolución; por el contrario, lo que evita es que una misma persona pueda ser enjuiciada dos veces por los mismos hechos" (CORTÉS DOMÍNGUEZ, p. 694). Pero, incluso dentro de esta prohibición de doble juicio, el efecto negativo de la cosa juzgada quedaría limitado a las sentencias que resuelven sobre cuestiones penales, siendo posible el enjuiciamiento en diferentes ordenes por los mismos hechos, cuando de ellos dimanen distintas responsabilidades.

En conclusión, debe entenderse que el contenido de la cosa juzgada material, dentro del ámbito penal, presenta únicamente eficacia negativa o de carácter preclusivo, identificándose por la doctrina constitucional con la dimensión procesal del principio *non bis in idem*. O, lo que es lo mismo, la prohibición del *bis in idem* como garantía constitucional, se articula en su dimensión adjetiva a través de la cosa juzgada material, impidiendo el doble juicio o procesamiento por unos mismos hechos (STC 126/2011 [*Tol 2210542*], en referencia a SSTC 2/2003 [*Tol 228958*]; 229/2003 [*Tol 334829*]; 246/2004 [*Tol 526403*]; y 60/2008 [*Tol 1322453*]). En el mismo sentido se ha pronunciado el Tribunal Supremo en sentencias como la de 03/07/2025 [*Tol 10621460*].

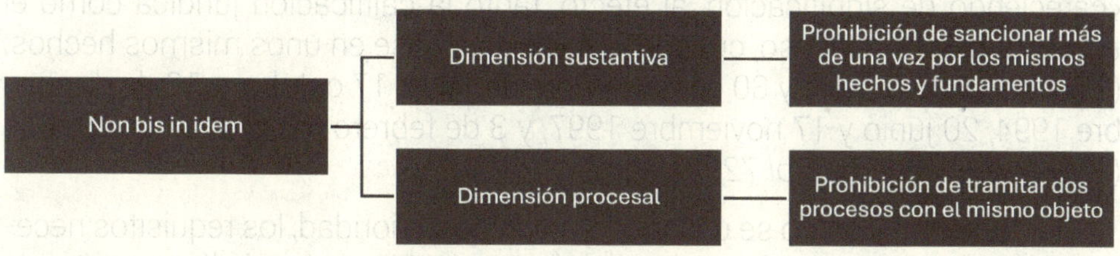

3.5 Requisitos

Existen dos líneas jurisprudenciales divergentes sobre los requisitos de identidad que deben darse entre una resolución firme y un proceso posterior, para apreciar la existencia de cosa juzgada material. No obstante, la línea o corriente expuesta en el epígrafe 5.1 del presente capitulo resulta preponderante, tanto en términos temporales como materiales, por lo que se considera la vigente en la actualidad con carácter general.

En cualquier caso, la primera corriente o corriente minoritaria, impulsada por el Tribunal Constitucional en sus orígenes y de carácter marcadamente tradicional, toma como referencia la compresión civil de la cosa juzgada para exigir una triple identidad de cara a su apreciación, a partir de la cual habrá de tenerse en cuenta:

a) *La identidad subjetiva*: que habrá de darse entre las personas que figuren como encausadas en la resolución que pone fin al proceso precedente y en el posterior;

b) *La identidad objetiva:* que habrá de darse entre los hechos que fueron juzgados y aquellos que constituyen el objeto factico del proceso posterior.

c) *La identidad de acción*: que pone el énfasis en la causa de pedir entre la resolución firme y la que se pretende conseguir a través del nuevo enjuiciamiento, lo que equivale en la práctica al delito acusado.

De esta concepción son muestra las SSTC 39/2012 [*Tol 2513653*]; 207/2000 [*Tol 81364*]; 15/2006 [*Tol 817432*] o 62/2010 [*Tol 1982920*], así como todas aquellas que les precedieron y son referenciadas en las mismas.

La segunda línea jurisprudencia, actualmente mayoritaria, es una evolución de la primera, desarrollada esencialmente por el Tribunal Supremo. La misma, se desliga del paradigma civil de cosa juzgada para asumir como referencia la persona y el objeto material de proceso penal, del que se dice es la consecución de un *factum*; de forma que se exige únicamente una doble identidad, «careciendo de significación, al efecto, tanto la calificación jurídica como el título por el que se acusó, cuando la misma se base en unos mismos hechos. (STS. de 16 de febrero y 30 de noviembre de 1995, 17 octubre y 12 de diciembre 1994, 20 junio y 17 noviembre 1997, y 3 de febrero y 8 de *abril* de 1998)». (STS de 22/04/2019 [*Tol 7202198*]).

Por tanto, tal y como se desarrollará con posterioridad, los requisitos necesarios para aplicar cosa juzgada material según esta segunda línea son:

1. *Identidad sustancial de los hechos motivadores de la sentencia firme y del segundo proceso*: en este sentido, habrá de entenderse como hecho aquel que por el relato histórico por el que se acusó y condenó o absolvió en el proceso anterior, comparándolo con el hecho por el que se acusa o se va a acusar en el proceso siguiente.

2. *Identidad de sujetos pasivos, de personas sentenciadas y acusadas*: como tal ha de considerarse la persona contra la que dirigió la acusación en la primera causa, quedando definitivamente condenada o absuelta; de forma que coincida con el encausado del segundo proceso.

3.6 Tratamiento procesal

El hecho de que la cosa juzgada material constituya, como se viene diciendo, una garantía constitucional básica, impone que su tratamiento procesal esté determinado por el interés superior de salvaguardar los derechos fundamentales de los que es concreción, dando lugar a las siguientes consecuencias:

a) La existencia de cosa juzgada material puede ser alegada en cualquier momento del proceso, incluida la fase de recursos (SSTS de 20/06/1997 [*Tol 5140379*] y de 12/07/2000 [*Tol 4924746*]).

b) Su concurrencia puede ser estimada de oficio aun cuando no ha sido invocada por las partes (STS de 12/07/2000 [*Tol 4924746*]).

c) Es motivo para interponer el recurso de casación por vulneración de precepto constitucional y puede ser aducida en revisión previsto en el artículo 954.1º LECrim (STS de 26/11/1999 [*Tol 272760*]).

d) Resulta tutelable mediante el recurso de amparo previsto ante el Tribunal Constitucional (STC 31/2025 de 10/02/25 [*Tol 10431505*]).

4. RESOLUCIONES QUE PRODUCEN EFECTOS DE COSA JUZGADA

Como se ha señalado, la cosa juzgada «es el valor que el ordenamiento da al producto de la actividad jurisdiccional, consistente en la subordinación a los resultados del proceso, por convertirse en irrevocable la decisión del órgano judicial» (GÓMEZ COLOMER p. 518). Por eso, debe partirse de que todas las resoluciones que ponen fin *definitivamente* al proceso producen el efecto de cosa juzgada (MORENO CATENA p. 488). Tales efectos se predican, en términos generales, respecto de las sentencias y los autos de sobreseimiento. Ello, tanto en su dimensión formal como material; aunque, con relación a esta segunda dimensión, solo en sentido negativo, como ya se ha visto con anterioridad.

4.1 Las sentencias firmes

Pocas dudas pueden caber sobre el valor de cosa juzgada que presentan las sentencias, en tanto resoluciones dirigidas a decidir sobre el fondo del asunto, cuando —una vez impugnadas o agotado el plazo para ello—, adquieren firmeza.

Prohibida en nuestro ordenamiento procesal la absolución provisional o en la instancia (art. 144 LECrim), todo pronunciamiento dirigido a dirimir el contenido material de la controversia jurídico-penal habrá de adoptar la forma de sentencia y, por tanto, indistintamente del sentido del fallo que recoja, será susceptible de adquirir valor de cosa juzgada. De no ser así, resultaría imposible garantizar la deseable seguridad jurídica consagrada en el art. 9.1 y 3 CE.

Puede decirse entonces, que la sentencia es aquella resolución respecto de la que la cosa juzgada se predica en origen, adquiriendo verdadera plenitud en relación con sus fines y naturaleza cuando se atribuye a este tipo de resoluciones. Por eso, sobre este aspecto existe claro consenso doctrinal (DE LA OLIVA SANTOS p. 570; ASENCIO MELLADO p. 298, etc.) y jurisprudencial (por todas las allí citadas STS de 22/04/2019 [*Tol 7202198*] y STS de 18/03/2019 [*Tol 7141075*]).

4.2 Los autos de sobreseimiento libre *ex* art. 637 LECrim

Junto con las sentencias, los autos de sobreseimiento libre, dictados al amparo del art. 637 LECrim, también adquieren valor de cosa juzgada cuando devienen firmes. No podría ser de otro modo, pues la radical inexistencia de indicios sobre los hechos que llevaron a su incoación; el carácter atípico de los mismos o la indudable exención de responsabilidad del encausado, son motivos que impiden de forma categórica y definitiva proceder con el enjuiciamiento. Y, una vez cegada la única vía que nuestro ordenamiento contempla para entrar a conocer sobre el fondo del asunto, no queda otra opción que poner fin al procedimiento con carácter permanente.

En este mismo sentido, el Tribunal Supremo ha conectado desde un inicio la idoneidad que estas resoluciones presentan para adquirir valor de cosa juzgada con la función equivalente a la absolución que cumplen dentro de nuestro sistema procesal, exigiendo para su adopción especiales cautelas y una fundamentación reforzada (STS de 07/07/2000 [*Tol 273173*]). Así, la asimilación de esta figura a la sentencia absolutoria, en la medida que ambas se les atribuye valor de cosa juzgada, es lo que ha llevado a elevar el estándar aplicable a la justificación de su adopción, obligando a los órganos judiciales a expresar explícitamente los razonamientos y las motivaciones que han aconsejado «adoptar tan drástica y terminal resolución», que no podrá dictarse sino «previa y profunda reflexión y procediendo con tacto, prudencia y mesura» (STS de 17/05/1990 [*Tol 2391026*]).

Por el contrario, quedarán fuera del ámbito de la cosa juzgada las resoluciones que inadmiten a trámite las denuncias o querellas, al amparo de los arts. 269 y 313 LECrim, por entender que los hechos en que se fundan no son constitutivos de delito; así como los autos de sobreseimiento provisional dictados al amparo del art. 641 LECrim, tal y como se refleja en la ya clásica STS 190/1995 de 16/02/1995 [*Tol 5012085*].

A este respecto, la jurisprudencia de nuestro Tribunal Supremo también ha diferenciado entre el archivo y el sobreseimiento, en tanto conceptos no susceptibles de equiparación, de forma que el primero nunca podría desprender efectos de cosa juzgada, restringiéndose su aplicación de nuevo al sobreseimiento libre en sentido estricto (STS de 23/10/2015 [*Tol 5558277*]).

4.3 Los autos de sobreseimiento libre *ex* art. 666 LECrim

Por último, también desprenderán efectos de cosa juzgada las decisiones por las que se aprecie la concurrencia de alguno de los artículos de previo pronunciamiento recogidos en los apartados 2, 3 y 4 del art. 666 LECrim, sobre la existencia de cosa juzgada, prescripción del delito y amnistía o indulto a favor del encausado (en este sentido *vid*. STS de 23/05/2005 [*Tol 725644*]).

En estos tres casos se está de nuevo ante un supuesto de negación anticipada del derecho a castigar del Estado que conecta con lo expuesto en el epígrafe anterior, pues, de darse, también imposibilita la continuación del procedimiento con carácter definitivo, obligando a su cierre o archivo permanente en los mismos términos que la absolución.

No obstante, existe cierta polémica en torno a si tal régimen jurídico debe aplicarse igualmente a los autos que archivan el procedimiento en los supuestos previstos en el 5º apartado del citado art. 666 LECrim; que son aquellos donde resulta imposible continuar con la causa por falta de autorización administrativa, cuando esta es preceptiva para procesar a un determinado cargo público. En el art. 677 LECrim se indica con toda claridad que la carencia de dicha autorización motivará la suspensión del procedimiento hasta su obtención; previéndose igualmente que, si finalmente se denegase la referida autorización por el órgano competente, quedará nulo todo lo actuado y se sobreseerá libremente la causa. Pese a ello, parte de la doctrina (GIMENO/MORENO CATENA/CORTÉS DOMÍNGUEZ p. 693; PÉREZ AGUILERA p. 120), con la que se coincide, ha mostrado objeciones a la hora de proporcionar a tales supuestos el mismo tratamiento, en lo relativo a la cosa juzgada, que al resto de artículos de previo pronunciamiento. La principal diferencia estriba en el hecho de que la cosa juzgada, la prescripción y la amnistía e indulto constituyen obstáculos permanentes o insalvables para el enjuiciamiento, mientras que la falta de autorización administrativa no. El órgano encargado de conceder dicha autorización para procesar puede cambiar de criterio, ya que el mismo depende en última instancia del equilibrio de fuerzas que arroja su variable composición. Y, si así ocurriera, no parecen existir motivos de peso para sostener la definitiva sustracción del sujeto investigado de la acción de la justicia.

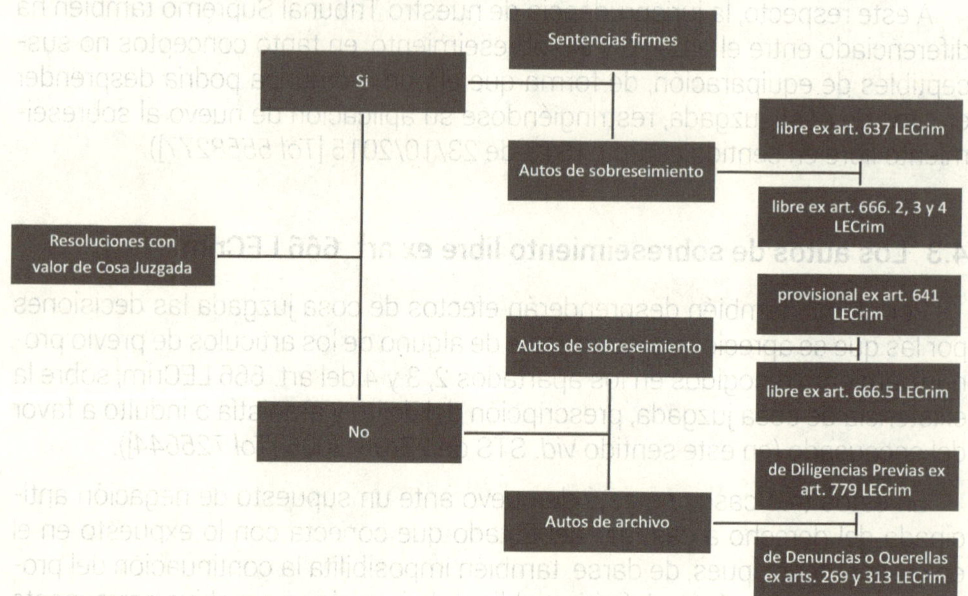

5. LÍMITES DE LA COSA JUZGADA

Como se ha puesto de manifiesto con anterioridad, la condición necesaria para que la cosa juzgada pueda desplegar eficacia material en sentido negativo radica, esencialmente, en que exista una identidad sustancial entre el objeto de un determinado proceso finalizado mediante sentencia firme —o resolución de naturaleza análoga— y el de aquel en que se pretende hacer valer la prohibición del *bis in idem* (PÉREZ AGUILERA p. 125).

No obstante, ante la complejidad que en la práctica presenta la determinación del objeto penal, doctrina y jurisprudencia han acotado la cuestión de la identidad a dos dimensiones concretas: la objetiva y la subjetiva. Tales dimensiones actúan, en relación con la cosa juzgada, como "límites", modulando su extensión con carácter general.

Sin embargo, estos límites se muestran difusos en ciertos supuestos donde la propia naturaleza del delito, su dinámica comisiva o la concurrencia de distintas formas de autoría, desdibujan los contornos del relato fáctico. En tales casos, la identificación de aquello que queda dentro o fuera de la cosa juzgada requiere atender a las singulares características que los elementos integradores del objeto penal presenten.

5.1 Límites objetivos de la cosa juzgada

En relación con la dimensión objetiva del proceso, la cosa juzgada extiende sus efectos a los hechos que hayan sido objeto de decisión en la resolución de la que se predica. Es decir, que abarca única y exclusivamente el presupuesto fáctico del juicio y no la calificación jurídico penal que se haya podido hacer de los hechos que lo integran. Por tanto, la posibilidad de que tales hechos puedan ser observados o descritos en clave técnica desde diferentes ángulos, resulta irrelevante a los efectos de determinar la existencia de cosa juzgada.

Así lo ha establecido claramente en su jurisprudencia, tanto nuestro Tribunal Supremo (por todas, STS de 21/01/1998 [*Tol 1294008*]), como el TJUE. Este último, desde su sentencia de 9/03/2006 (caso Van Esbroek), viene manteniendo que aquello relevante a efectos del derecho de la Unión (artículo 3.2 DM 2002/584) es «la identidad de los hechos materiales, entendida como la existencia de un conjunto de hechos indisolublemente ligados entre sí, con independencia de su calificación jurídica o del interés jurídico protegido» (en el mismo sentido: SSTJUE de 29/04/2021 [*Tol 8409567*]; de 23/03/2023 [*Tol 9908674*]). De esta misma línea jurisprudencial debe inferirse, *sensu contrario*, que la cosa juzgada material no resulta aplicable cuando los hechos de que se trate no sean idénticos, sino solo similares (STJUE de 23/03/2023 [*Tol 9908674*], apartado 37).

Desde el plano objetivo hay cosa juzgada, por tanto, cuando en el objeto del segundo proceso se integran hechos que, por si solos o junto con otros, fueron juzgados en el primero; indistintamente de que se presenten a partir de una denominación jurídica distinta: lesiones en vez de homicidio o hurto en lugar de robo con fuerza. Del mismo modo, habrá cosa juzgada aun cuando diverja el juicio de autoría, pero no la acción realizada por el sujeto activo del delito, siendo irrelevante. por ejemplo, que varíe la forma de participación atribuida por la acusación de cómplice a encubridor (DE LA OLIVA SANTOS p. 576).

El problema reside en que, aun partiendo que los limites objetivos de la cosa juzgada vienen establecidos por la dimensión fáctica del objeto procesal, su determinación no es sencilla. En no pocas ocasiones surge la duda de si se está ante un mismo hecho u otro distinto, pues los fenómenos criminales son construcciones intelectuales que no resultan fácilmente acotables en términos espacio temporales. Así, pueden encontrarse diversos supuestos de especial dificultad a los que la práctica forense a tratado de dar respuesta.

5.1.1 *Delitos continuados*

Los delitos continuados son una figura prevista, como regla especial para la aplicación de las penas, en el art. 74 del Código Penal. Tal figura consiste, esencialmente, en la ficción de que varios hechos constitutivos de un mismo tipo delictivo o de semejante naturaleza, suponen una única infracción penal de mayor gravedad que la imputable a cada uno de ellos si fueran individualmente considerados. Es decir, que esta institución, por lógica, implica la existencia de una pluralidad de acciones típicas cometidas por un mismo sujeto, que podrán ser enjuiciadas conjuntamente y castigadas con una única pena.

En lo que ahora interesa, la cuestión principal reside en determinar si la prohibición del *bis in idem* opera sobre aquellos hechos que, pese a formar parte de la continuidad delictiva en cuestión, no fueron incluidos en el objeto del proceso que dio lugar a la resolución de la que se predica el valor de cosa juzgada.

En caso de que unos determinados hechos no fueran objeto de acusación, pero guarden una clara identidad material con aquellos que fueron enjuiciados conjuntamente por aplicación de esta figura, cabe plantearse si recaen o no sobre estos los mismos efectos de cosa juzgada que sobre los efectivamente enjuiciados. Nada se refleja en la normativa procesal al respecto y la jurisprudencia resulta fluctuante.

En síntesis, la línea jurisprudencial inicialmente mantenida, tanto por nuestro Tribunal Constitucional (STC 221/1997 [*Tol 80843*]), como por el Tribunal Supremo (SSTS de 04/11/2008 [*Tol 1417784*] y de 18/10/2004 [*Tol 513574*]), se ha caracterizado por "regatear la eficacia de cosa juzgada a la sentencia condenatoria por delito continuado respecto de hechos individuales que, pudiendo haberse integrado en tal continuidad, no fueron objeto de acusación" (STS de 14/11/2013 [*Tol 4082245*]). De tal manera que, aun existiendo identidad entre conductas típicas enjuiciadas y no enjuiciadas, se consideraba posible su enjuiciamiento y punición por separado.

No obstante, entrada la segunda década del presente siglo, el propio Tribunal Supremo comienza a manifestar dudas sobre la inocuidad de tal interpretación para los derechos del justiciable, llegando a considerar una "tesis más que cuestionable" la mantenida en su propia jurisprudencia y la del máximo intérprete de la Constitución. De hecho, en la STS de 19/10/2017 [*Tol 6403070*], llega a expresar lo siguiente:

> «Debe rechazase la visión tradicional según la cual el delito continuado además de los requisitos de tipo sustantivo ha de cubrir otro procesal (unidad de enjuiciamiento). Eso supondría que, de enjuiciarse separadamente, distintas acciones teóricamente susceptibles de formar un único delito continuado, perderían su unidad dando lugar a tantas infracciones —¡y sanciones!— como procesos».

Pese a ello, la práctica totalidad de nuestros tribunales continua, a día de hoy, atribuyendo autonomía jurídico penal propia a los hechos que, en términos naturales, integran la continuidad delictiva; lo que impide superar la concepción clásica y aplicar la cosa juzgada a todos aquellos que escaparon al primer proceso. El principal fundamento de tal concepción reside en la plena vigencia, en términos jurisprudenciales, que presenta la teoría de la "unidad jurídica de acción", a partir de la cual el delito continuado se entendiendo como una pluralidad de hechos individualmente punibles que son agrupados, bajo la *fictio iuris* de constituir un solo delito, con el único fin de evitar la acumulación de penas (MIR PUIG p. 596).

Para evitar la exasperación punitiva que el enjuiciamiento plural de los hechos no acumulados acarrea, la jurisprudencia ha planteado tres posibles soluciones: a) moderar la pena impuesta en el segundo procedimiento descontando de esta la primera (STS de 20/04/2004 [*Tol 434332*]), o bien procurando que ambas no superen el marco abstracto correspondiente al hecho delictivo en cuestión (STS de 23/11/2005 [*Tol 795519*]); b) aplicar con carácter analógico el mecanismo de la refundición de condena previsto en art. 988 LECrim; c) promover la concesión de indultos parciales de la pena que excede el *quantum* resultante de haber enjuiciado los hechos como delito continuado (STS de 11/05/1999 [*Tol 795519*]). 2117

De las tres posibilidades, la primera es la más acogida en la actualidad, pues se asume que a través de la misma es posible evitar cualquier exceso penológico respecto del resultado que hubiera dado el enjuiciamiento unitario de todos los hechos que integran la continuidad delictiva.

En contraposición a la realidad jurisprudencial descrita, se encuentra la mayor parte de la doctrina procesal, que propone dotar de la eficacia preclusiva que otorga la cosa juzgada a todos aquellos hechos o conductas susceptibles de haber sido incluidos en el delito continuado. Ello, independientemente de la causa por la que no lo fueron (entre otros: MORENO CATENA p. 489; DE LA OLIVA SANTOS p. 576; CORTÉS DOMÍNGUEZ p. 676).

En el mismo sentido se viene pronunciando la referida doctrina sobre los delitos de habito, donde lo que se castiga es una unidad sustancial de hechos caracterizada por la habitualidad, propugnando que la cosa juzgada afecte a todos aquellos que puedan constituir objeto de esa habitualidad; indistintamente de que hayan sido o no recogidos en los escritos de acusación o la sentencia.

Coincidimos con la línea mantenida por los autores previamente citados, pues, lo coherente con los fundamentos de la institución ahora estudiada es dotar a todos los hechos integrantes del delito continuado, no solo de una desvaloración jurídica unitaria, sino también de una identidad natural común. El efecto material en sentido negativo de la cosa juzgada debe extenderse, para la adecuada preservación de los derechos garantizados por la prohibición del *bis in idem*, a todos los actos individualizables que entran, desde el punto de vista natural, en el nexo de continuación marcado por el dolo único del autor.

5.1.2 Delitos complejos

En el caso de que se esté ante uno de los delitos previstos en el art. 77 del Código Penal, o bien ante aquellos para cuya realización es necesario ejecutar diversas acciones que resultan típicas de por sí, se habrá de entender, por lógica, que la cosa juzgada material se proyecta sobre todos los hechos que conforman el supuesto factico de la norma (STS de 11/12/1990 [*Tol 2416480*]).

Consecuentemente, no se podrá enjuiciar por separado aquellos hechos previamente valorados en conjunto para el establecimiento de responsabilidades penales distintas; de igual forma que no es posible apreciar la concurrencia de circunstancias modificativas de la responsabilidad cuando, pese a darse el hecho constitutivo de las mismas, este ya se encuentra integrado en la estructura del tipo penal aplicable.

5.1.3 Concurso ideal

En aquellos casos donde de una sola acción o conducta derivan diversas infracciones penales, la delimitación de la cosa juzgada en términos objetivos no plantea demasiados problemas, resolviéndose de modo contrario a como se propone para el delito continuado o habitual.

Cuando un sujeto realiza un disparo que causa lesiones a otro y daños a la propiedad de un tercero, la cosa juzgada operará sobre los hechos procesales y no el natural, determinados por la dualidad de bienes jurídicos lesionados (STS de 12/02/2018 [*Tol 6531944*]).

5.2 Límites subjetivos de la cosa juzgada

Por último, queda referirse al contenido que debe presentar la identidad subjetiva entre procesos para que sea posible aplicar el efecto preclusivo que provoca la cosa juzgada material sobre la resolución que puso fin al primero de ellos.

A este respecto, es suficiente con señalar que, una vez superado el principio de extensión subjetiva, la cosa juzgada material despliega sus efectos únicamente sobre el sujeto pasivo del proceso; es decir, el acusado. Resulta irrelevante, por tanto, que coincidan o no los actores en uno y otro proceso. Así se infiere claramente de la doctrina constitucional vigente, ampliamente referenciada en la STC 69/2010 de 18/10/2010 [*Tol 1982925*].

BIBLIOGRAFÍA

- BANACLOCHE PALAO, J., *Aspectos fundamentales de Derecho procesal penal*, La Ley, 2016.
- DE LA OLIVA SANTOS, A., *Derecho procesal penal*, Ed. Universitaria Ramon Areces, 2004.
- GENÉ BALEYTO, G., "De la cosa juzgada en el orden penal y su conjugación con el delito continuado", *Revista jurídica de Catalunya*, Vol. 118, Nº 2, 2019.
- GIMENO SENDRA/MORENO CATENA/CORTÉS DOMÍNGUEZ, *Derecho Procesal Penal*, Colex, 1999.
- GÓMEZ COLOMER, J. L., *Derecho Jurisdiccional III*, Tirant lo Blanch, 2019.
- GÓMEZ ORBANEJA, E., *Derecho y proceso*, Civitas, 2009.
- GRANDE SEARA, P., *La extensión subjetiva de la cosa juzgada en el proceso civil*, Tirant lo Blanch, 2008.
- MIR PUIG, S., *Derecho Penal Parte General*, Reppertor, 2016.
- MONTERO AROCA, J., "Cosa juzgada, jurisdicción y tutela judicial", *Derecho Privado y Constitución*, núm. 8, 1996.
- MORENO CATENA/CORTÉS DOMÍNGUEZ, *Derecho Procesal Penal*, Tirant lo Blanch, 2024.
- NIEVA FENOLL, J., *La cosa Juzgada*, Ed Atelier, 2006.
- SERRA DOMÍNGUEZ, M., "Comentario al art. 1252 del Código Civil", en AA.VV, *Comentarios al Código Civil y Compilaciones Forales*, Ed. Revista de Derecho Privado, 1981.
- PÉREZ AGUILERA, L. M., *El efecto positivo o prejudicial de la cosa juzgada en el proceso penal*, Aranzadi, Cizur Menor, 2020.

PARTE OCTAVA

RECURSOS Y MEDIOS EXTRAORDINARIOS DE IMPUGNACIÓN

Sección I

Recursos

Capítulo 52

Los recursos: fundamentos, principios y esquema

María Jesús Fraile Martín
Letrada de la Administración de Justicia
Secretaria de Gobierno de la Audiencia Nacional

1. LOS FUNDAMENTOS DEL SISTEMA DE RECURSOS EN EL PROCESO PENAL

1.1 Sistema de recursos en el proceso penal

«Un recurso es un instrumento procesal a través del cual una parte impugna una resolución que le perjudica y simultáneamente solicita que sea sustituida por otra que le sea más favorable» (BANALOCHE / ZARZALEJOS, p. 345)

La regulación de los recursos en el proceso penal está dispersa en la LECrim, a diferencia de la regulación sistematizada que establece la LEC para el sistema de recursos en dicho orden jurisdiccional. La LECrim y su regulación de los recursos ha sido objeto de varias reformas a lo largo de los años, si bien parece, a pesar de las variadas reformas llevadas a cabo, que la materia es susceptible de una revisión y adecuación uniforme y sistemática a través de una revisión y reforma de mayor calado.

El sistema de recursos en el proceso penal opera en las tres fases del proceso, en la fase de instrucción, en la fase intermedia y en la fase de juicio oral. Son varios los recursos previstos en la ley, variadas las resoluciones frente a las que cabe interponer los recursos, y a su vez variados los efectos de los recursos. No obstante esta diversidad, de una manera lógica, podemos clasificarlos según uno de los criterios que utiliza la doctrina, en función de la resolución recurrible, así se pueden categorizar por un lado los recursos frente a las resoluciones que no ponen fin al procedimiento, y los recursos frente a las sentencias definitivas.

A la regulación en nuestro sistema procesal de los recursos, hay que añadir una complejidad adicional con la entrada en vigor de la Ley Orgánica 5/1995 del Tribunal del Jurado, como indican (MORENO CATENA/CORTÉS, p. 632), ya que introduce el recurso de apelación como medio de impugnación de las sentencias dictadas en los procesos por jurado, siendo el órgano competente para conocer del recurso de apelación los Tribunales Superiores de Justicia de las Comunidades Autónomas. Junto con ello, la LO 5/1995 permitió el recurso de casación contra las resoluciones resolutorias de esos recursos de apelación.

Posteriormente, la LOPJ fue reformada, como se recordará, por la Ley 19/2003, que creó la Sala de Apelación de la Audiencia Nacional, a quien se atribuye la competencia para conocer de los recursos de apelación frente a las sentencias dictadas por la Sala de lo Penal de la Audiencia Nacional, dotando además a las Salas de lo Civil y de lo Penal de los Tribunales Superiores de Justicia de la competencia para conocer de los recursos de apelación frente a las sentencias dictadas en primera instancia por las Audiencias Provinciales.

Más adelante, la Ley 13/2009 de reforma procesal para la implantación de la nueva oficina judicial, reguló el sistema de impugnación contra las decisiones adoptadas por los LAJ. Por último, la LO 9/2021 por la que se regula el procedimiento y la competencia de la Fiscalía Europea en España, ha previsto el sistema de recursos frente a las resoluciones dictadas por la Fiscalía Europea, añadiendo otro elemento adicional a la ya dispersa y compleja regulación que caracteriza a nuestro sistema de recursos.

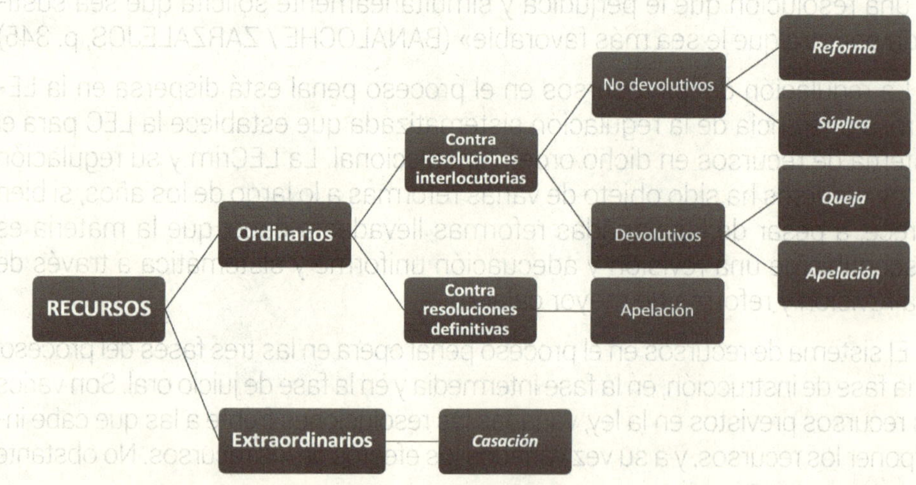

1.2 Fundamentos del sistema de recursos

La evolución regulatoria de la LECrim en materia de recursos no puede distraer de su verdadero fundamento natural, que se encuentra en el valor de la justicia, en adoptar una decisión correcta, en la posibilidad de un doble examen de todas las decisiones judiciales, no sólo de las sentencias. El recurso tiene la finalidad de garantizar una decisión correcta del caso individual, de las formas judiciales del procedimiento y, en general, la unidad de aplicación del Derecho. No se puede olvidar que el proceso penal ha de garantizar una correcta aplicación del Derecho penal y, por tanto, de la pena, de tal manera que el sistema de recursos permite una eventual revisión de la decisión tomada, bien por el propio órgano que la dicta —recurso no devolutivo— o por un órgano superior —recurso devolutivo—.

En el fondo el sistema de recursos encuentra su fundamento mismo en la falibilidad humana (BANALOCHE / ZARZALEJOS, p. 345) puesto que siempre cabe que exista un error en la decisión; el sistema de impugnación posibilita la revisión y, en su caso, la corrección de la decisión errónea, garantizando así un modelo procesal que prevé el control de las decisiones y su eventual depuración cuando resultare necesario. 2127

Sin perjuicio de lo que ya expusimos extensamente en el capítulo 1 de esta obra, conviene ahora recordar que, desde una perspectiva constitucional, el derecho al recurso es un derecho de configuración legal, en el sentido de que son los textos procesales, el legislador en suma, los que determinan cuándo procede interponer un recurso y frente a qué resoluciones. Como ha puesto de relieve el TC (STC 23/1992 [*Tol 80638*]) «La constitución no garantiza clase alguna de recurso judicial, sino que tan sólo asegura el acceso a los recursos legalmente previstos, siempre que se cumplan y respeten los presupuestos, requisitos y límites que la propia Ley establezca».

La única excepción es el sistema de recursos frente a las sentencias penales condenatorias, obligado a prever en todo caso una impugnación ante toda sentencia de condena dictada en primera instancia, de conformidad con lo previsto en el art. 14.5 del Pacto Internacional de Derechos Civiles y Políticos, suscrito por España.

2. REFERENTE CONSTITUCIONAL: LA CONFIGURACIÓN LEGAL DE LOS RECURSOS

2.1 Configuración legal de los recursos

Como recuerdan la doctrina y la jurisprudencia, «el recurso constituye una prosecución del proceso y, al tiempo, una revisión de este ya sea por el mismo órgano que dictó la resolución impugnada o por un órgano superior que ha de decidir conforme lo solicitado y alegado críticamente por las partes oídas contradictoriamente» (STC 112/1987 [*Tol 148418*]), (RIFÁ/RICHARD GONZÁLEZ, p. 1193).

Es cuestión no debatida por la doctrina que el art. 24 de la CE no reconoce expresamente la existencia de un derecho fundamental al recurso, y el TC no ha entendido que forme parte del contenido esencial de derecho a la tutela judicial efectiva (BANALOCHE/CUBILLO (p. 345). El derecho a disponer de un recurso pasa a formar parte del derecho a la tutela judicial efectiva cuando así lo disponen las leyes procesales, siendo como avanzamos un derecho de configuración legal en el sentido de que el poder legislativo es dueño de determinar, tanto el número de recursos como el tipo de recursos que caben contra una resolución. En el caso de la justicia penal, como también adelantamos, la previsión obligatoria de una vía de impugnación ante una sentencia condenatoria en primera instancia deriva de la ratificación por España del art. 14.5 del Pacto Internacional de Derechos Civiles y Políticos de 1966, y del art. 2.1 del Protocolo Adicional número 7 del Convenio Europeo de Derechos Humanos, CEDH. Así lo recoge la siguiente la STC 35/2011 [*Tol 2084721*]:

> «Respecto del derecho a la tutela judicial efectiva, en la vertiente de acceso al recurso, este Tribunal ha venido manteniendo, en especial, desde la STC 37/1995, de 7 de febrero, que así como el acceso a la jurisdicción es un componente esencial del contenido del derecho fundamental a la tutela judicial efectiva proclamado en el art. 24.1 CE, el sistema de recursos frente a las diferentes resoluciones judiciales se incorpora a este derecho fundamental en la concreta configuración que reciba de cada una de las leyes de enjuiciamiento reguladoras de los diferentes órdenes jurisdiccionales, salvo en lo relativo a las Sentencias penales condenatorias. Como consecuencia de lo anterior el principio hermenéutico pro actione opera en la fase inicial del proceso, para acceder al sistema judicial, y no en las sucesivas, conseguida una primera respuesta judicial a la pretensión, que es la sustancia medular de la tutela y su contenido esencial, sin importar que sea única o múltiple, según regulen las normas procesales el sistema de recursos. Ello es así porque el derecho al recurso no nace directamente de la Constitución, salvo en el supuesto antes apuntado, sino de lo que hayan dispuesto las leyes procesales, y se incorpora al derecho fundamental en su configuración legal».

2.2 Elementos de los recursos

La teoría general de los recursos, aplicable al proceso penal establece que para poder recurrir una resolución se requiere la concurrencia de los siguientes cuatro elementos: elemento subjetivo, objetivo, temporal y formal.

2.2.1 Elemento subjetivo: legitimación

El elemento subjetivo se refiere a la legitimación para impugnar la resolución que se pretende recurrir. De inicio, la legitimación para recurrir corresponde a la parte que se ha visto perjudicada por la decisión. La doctrina constitucional avala la necesidad de que el recurrente acredite este perjuicio o gravamen derivado de la resolución recurrida (STC 157/2003 [*Tol 312603*]).

> «Así, sobre esta base, debe considerarse que el razonamiento de la Audiencia Provincial satisface las exigencias constitucionales de motivación. En efecto, la apuntada escueta afirmación de la Audiencia Provincial para rechazar el recurso de apelación promovido responde, en rigor, a una determinada concepción del gravamen, como presupuesto de los recursos o medios impugnatorios, ampliamente difundida en nuestra comunidad jurídica (y a ello parece referirse precisamente la Audiencia Provincial cuando emplea la expresión «Sabido es que»), y aceptada en numerosas resoluciones judiciales...»

Que se deba producir —y acreditar— un gravamen para que la parte perjudicada por el mismo esté legitimada para recurrir es un presupuesto para la interposición del recurso, si bien este perjuicio, aclara el TC, no tiene que ser el que de manera manifiesta se indique en la parte dispositiva, sino que puede derivar también de la fundamentación de la resolución recurrida (STC 157/2003 [*Tol 312603*]).

> «Pues bien, para la resolución del concreto supuesto sometido a nuestra consideración en el presente proceso constitucional, lo que ahora interesa destacar es que la inadmisión de un recurso de apelación sobre la sola base de que éste sólo puede interponerse en relación con los pronunciamientos que se contienen en la parte dispositiva de la resolución judicial impugnada, incorpora una motivación que no satisface las exigencias que derivan del derecho fundamental a la tutela judicial efectiva del art. 24.1 CE, por suponer la inadmisión de un recurso legalmente establecido sin causa para ello, en los términos que con anterioridad han quedado expuestos. En realidad, las consideraciones que venimos realizando resultan ya de declaraciones anteriores de este Tribunal. Así, en la STC 79/1987, de 27 de mayo, negamos que la simple circunstancia de que el recurrente hubiere sido absuelto en un proceso penal pudiere impedir a éste, en determinadas circunstancias, la interposición de recurso frente a la Sentencia absolutoria, señalando expresamente que la existencia del interés o perjuicio que permitan el acceso al recurso ha de ser examinada en concreto, sin que pueda rechazarse por razones abstractas o de principio, ligadas al contenido de la parte dispositiva de la resolución judicial (FJ 2 in fine). Y en la STC 41/1998, de 24 de febrero (FJ 9), recordamos que las excepciones a la regla general de la no admisión de recursos o impugnaciones

contra pronunciamientos absolutorios tienen un sustrato constitucional, concretado en el considerado derecho fundamental a la tutela judicial efectiva reconocido en el art. 24.1 CE».

2.2.2 Elemento objetivo: recurribilidad

El elemento objetivo viene determinado por la previsión legal de la recurribilidad de la resolución. El art. 24 de la CE sólo incluye el derecho a recurrir sobre aquellas decisiones judiciales que hayan sido declaradas recurribles por las leyes procesales. En el caso de que las leyes procesales establezcan y prevean un recurso frente a una resolución judicial, su utilización pasa a formar parte del derecho fundamental a la tutela judicial efectiva del art. 24.1 CE. En este sentido se ha pronunciado con claridad el TC, advirtiendo que la falta de previsión de recurso contra una determinada resolución —v.gr. las diligencias de constancia dictadas por el LAJ o el auto de apertura de juicio oral en el procedimiento abreviado— no vulneran el derecho a la tutela judicial efectiva (STC 100/2009 [*Tol 1502422*]):

> «Este Tribunal ha venido manteniendo, en especial, desde la STC 37/1995, de 7 de febrero, que así como el acceso a la jurisdicción es un componente esencial del contenido del derecho fundamental a la tutela judicial efectiva proclamado en el art. 24.1 CE, el sistema de recursos frente a las diferentes resoluciones judiciales se incorpora a este derecho fundamental en la concreta configuración que reciba de cada una de las leyes de enjuiciamiento reguladoras de los diferentes órdenes jurisdiccionales, salvo en lo relativo a las Sentencias penales condenatorias. Como consecuencia de lo anterior el principio hermenéutico pro actione opera en la fase inicial del proceso, para acceder al sistema judicial, y no en las sucesivas, conseguida una primera respuesta judicial a la pretensión, que es la sustancia medular de la tutela y su contenido esencial, sin importar que sea única o múltiple, según regulen las normas procesales el sistema de recursos. Ello es así porque el derecho al recurso no nace directamente de la Constitución, salvo en el supuesto antes apuntado, sino de lo que hayan dispuesto las leyes procesales, y se incorpora al derecho fundamental en su configuración legal».

2.2.3 Elemento temporal: plazos

Uno de los elementos que determinan la configuración legal de los recursos es la fijación de un plazo para poder ejercitar el derecho a la impugnación. Conforme a lo dispuesto en el art. 248.4 de la LOPJ, «al notificarse la resolución judicial a las partes, se indicará si la misma es o no firme y, en su caso, los recursos que procedan, órgano ante el que deben interponerse y plazo para ello».

Sobre esta información que debe contenerse en las resoluciones —conocida comúnmente como pie de recurso—, hay numerosa jurisprudencia que recoge la falta de precisión en la advertencia, el error o la ausencia de la misma no implica necesariamente la vulneración del derecho constitucional (STC 267/1994 [*Tol 82672*]).

> «Este Tribunal ha declarado en diversas ocasiones que la instrucción sobre los recursos que impone el art. 248.4 LOPJ no integra el contenido decisorio de la resolución notificada, y representa una simple información al interesado, que no está obligado a seguir si entiende que es otro el recurso procedente o el plazo de interposición del recurso. Además, la indicación que exige el art. 248.4 LOPJ no constituye propiamente un acto del Juez o Tribunal del que procede la resolución notificada, sino una indicación que debe hacerse "al notificarse la resolución a las partes", por lo que corresponde a quienes tengan encomendada la realización del acto de comunicación o notificación de las resoluciones judiciales (SSTC 155/1991, 203/1991)».

Los plazos para la interposición de las impugnaciones son, claro está, distintos de conformidad con la naturaleza y tipo de recurso de que se trate, por lo que hay que acudir a los preceptos específicos de la LECrim que los regulan, tendiendo en cuenta además el régimen legal para el cómputo de los plazos, para lo cual remitimos expresamente al capítulo 53 de esta obra. Con carácter general, debemos recordar lo dispuesto en el art. 184.1 de la LOPJ, conforme al cual, «sin perjuicio de lo dispuesto en los artículos anteriores, todos los días del año y todas las horas serán hábiles para la instrucción de las causas criminales, sin necesidad de habilitación especial».

A la vista de lo dispuesto en el citado art. 184.1 LOPJ, cabe preguntarse si la norma en él prevista para los plazos en la fase de instrucción penal es aplicable solo a la práctica de diligencias o también al cómputo de plazos de los recursos. Como señalan DEL MORAL/ESCOBAR/MORENO VERDEJO (p. 13), parte de la praxis judicial y cierta jurisprudencia constitucional se inclinan por aceptar que la regla prevista en el art. 184.1 LOPJ —inexistencia de días y horas inhábiles en la instrucción penal— también se aplica a los plazos de interposición de los recursos. No plantea, en cambio, discusión la exclusión del cómputo de los plazos de los días inhábiles en el caso de los recursos que pueden interponerse contra las resoluciones dictadas durante la fase de juicio oral o de ejecución en el proceso penal —a los que será aplicable lo previsto en el art. 182 LOPJ—.

2.2.4 *Elemento formal: depósito*

El depósito para recurrir es un requisito o presupuesto formal, aplicable al orden jurisdiccional penal solo a la acusación popular, de tal manera que la interposición por dicha parte de recurso contra sentencias o autos que pongan fin al proceso o impidan su continuación, deberá consignar como depósito, 30 euros, si se trata de recurso de queja, 50 euros, si se trata de recurso de apelación o de rescisión de sentencia firme a instancia del rebelde, 50 euros, si se trata de recurso extraordinario por infracción procesal, 50 euros si el recurso fuera el de casación, o 50 euros si fuera recurso de revisión. Al notificarse la resolución a las partes se indicará la necesidad de constitución de depósito para recurrir, así como la forma de efectuarlo.

No se admitirá a trámite ningún recurso cuyo depósito no esté constituido, siendo un defecto subsanable por el recurrente. Sobre el carácter subsanable del depósito para recurrir se ha pronunciado la STC 73/2018 [*Tol 6667410*]:

> «En el fundamento jurídico 3 de la citada STC 203/2012 aparece vertida la doctrina de referencia, en la que luego de recordar que hemos venido considerando como contrario al derecho fundamental a la tutela judicial efectiva (art. 24.1 CE), el no permitir la subsanación de la falta de constitución de los depósitos para recurrir resoluciones civiles, excepto que la norma legal que lo contempla excluya expresamente dicha posibilidad (SSTC 217/2002, de 25 de noviembre, FJ 4 y 197/2005, de 18 de julio, FJ 3), afirmamos que ese mismo criterio ha de seguirse también con respecto al depósito de la disposición adicional decimoquinta LOPJ, que se configura como «un requisito de inexcusable cumplimiento, sin el cual la parte no tendrá derecho a que el procedimiento impugnatorio se sustancie en todas sus fases y, en todo caso, a que se resuelva en el fondo». De este modo, la consecuencia de no efectuar su consignación «será la no admisión a trámite del recurso, según indica el párrafo primero del apartado 7 de dicha disposición adicional. Ahora bien, establecido lo anterior, es claro que la ley no pretende que la exigencia de este depósito acabe erigiéndose en un obstáculo excesivo al ejercicio del derecho a la tutela jurisdiccional (art. 24.1 CE). De modo que obliga al órgano judicial que ha dictado la resolución susceptible de ser impugnada a advertir a las partes de "la necesidad de constitución de depósito para recurrir, así como la forma de efectuarlo" (apartado 6, párrafo primero, in fine, de la disposición adicional decimoquinta LOPJ). Y antes de decretar la inadmisión a trámite del recurso, se garantiza a la parte recurrente "que hubiere incurrido en defecto, omisión o error en la constitución del depósito" a la apertura de un plazo de dos días, añade la norma, "para la subsanación del defecto, con aportación en su caso de documentación acreditativa" (apartado 7, párrafo segundo). Sólo en caso de que la parte incumpla ese requerimiento, precisa la norma, "se dictará auto que ponga fin al trámite del recurso" (apartado 7, último párrafo, de la disposición adicional decimoquinta LOPJ)».

3. LA DOBLE INSTANCIA PENAL Y EL ARTÍCULO 14 DEL PIDCP

3.1 Contexto

El sistema de recursos en el proceso penal evidencia la necesidad de una reforma general del modelo vigente. La regulación actual no es sistemática, está regulada de forma dispersa y fragmentaria, y en ocasiones no es coherente, como hemos apuntado al inicio de este tema. La necesidad de una regulación completa del sistema de recursos en la LECrim ya se pone de relieve en el prólogo de la exposicion de motivos de la LO 19/2003 que reforma la

LECrim en más de cien artículos. Se decía entonces que resultaba evidente la necesidad de una regulación completa, moderna y coherente del sistema de recursos. Por un lado, porque lo reclaman los compromisos internacionales suscritos por España, por otro lado, porque la reforma introducida por la LO 19/2003 venía a corregir un sistema de garantías deficitario, sobresaliendo entre las carencias más importantes la vigencia de un modelo de impugnación basado en la instancia única, precisamente, en las resoluciones dictadas en los procesos por delitos graves, en los que las sentencias dictadas por las Audiencias Provinciales solo eran susceptibles de casación —recurso extraordinario, y por tanto sujeto a limitación de motivos— ante la Sala Segunda del TS.

A pesar de que el Acuerdo del Pleno no jurisdiccional de la Sala Segunda del TS de 13/09/2000 sostuvo que el recurso de casación cumplía con los requisitos de permitir un recurso efectivo contra las sentencias de condena en primera instancia, sucesivas resoluciones de condena contra España por el Comité de Derechos Humanos de Naciones Unidas por la falta de una doble instancia efectiva en el sistema español de justicia penal terminaron por forzar la previsión de un recurso de apelación frente a todas las sentencias dictadas en primera instancia que posibilitara la revisión plena de la decisión, incluida la valoración de la prueba efectuada por el tribunal de instancia (SSTC 64/2008 [*Tol 1322457*]; 167/2006 [*Tol 956782*], 136/2006 [*Tol 922658*], 70/2002 [*Tol 258605*], y SSTS de 25/04/2029 [*Tol 7216580*] y de 8/03/2005 [*Tol 622965*], entre otras)

3.2 Convenios y pactos internacionales

El PIDCP fue ratificado por España el 27 de abril de 1977, entrando en vigor el 27 de julio del mismo año, por medio del Pacto se establece el derecho a recurrir en el proceso penal. El art. 14.5 establece que, «Toda persona declarada culpable de un delito tendrá derecho a que el fallo condenatorio y la pena que se le haya impuesto sean sometidos a un tribunal superior, conforme a lo prescrito por la ley».

Por otro lado, el Convenio Europeo de Derechos Humanos, en concreto el art. 2.1 del Protocolo Adicional número 7 del CEDH de fecha 22/11/1984, en vigor tras su publicación en el BOE de fecha 15/10/2009, establece que, «toda persona declarada culpable de una infracción penal por un tribunal tiene derecho a que la declaración de culpabilidad o la condena sean examinadas por un tribunal superior».

El encaje de estos mandatos internacionales en nuestro ordenamiento jurídico viene del art. 96 de la CE, que dice que, «los tratados internacionales válidamente celebrados, una vez publicados oficialmente en España, formarán parte del ordenamiento interno. Sus disposiciones sólo podrán ser derogadas, modificadas o suspendidas en la forma prevista en los propios tratados o de acuerdo con las normas generales del Derecho internacional». Y, además, del art. 10.2 de la CE que establece que «Las normas relativas a los derechos fundamentales y a las libertades que la Constitución reconoce se interpretarán de conformidad con la Declaración Universal de Derechos Humanos y los tratados y acuerdos internacionales sobre las mismas materias ratificados por España».

3.3 Doble instancia penal

3.3.1 Evolución normativa y jurisprudencial

Tras la ratificación por España del art. 14.5 del PIDCP y del art. 2.1 del protocolo nº 7 del CEDH, asumimos en nuestro ordenamiento jurídico los fundamentos de una generalización de una segunda instancia en el derecho fundamental a la tutela judicial efectiva del art. 24 de la CE. A este respecto la jurisprudencia del TC y del TS ya venían declarando que por la evolución de la jurisprudencia y la ratificación de los convenios internacionales, era conveniente instaurar un recurso de apelación previo al de casación en nuestro sistema procesal penal. Aún así, antes de la reforma de 2003, todavía el TS sostenía que el recurso de casación permitía cumplir con la exigencia del PICP en orden a contar en el sistema de impugnación con un recurso efectivo contra las sentencias penales de condena en primera instancia. Según el ya citado Acuerdo no jurisdiccional del Pleno de la Sala de lo Penal del Tribunal Supremo de 13/09/2000:

> «Asimismo la Sala de lo Penal del Tribunal Supremo ha puesto de manifiesto que, en la evolución de la jurisprudencia en España, el recurso de casación previsto en las leyes vigentes en nuestro país, similar al existente en otros Estados Miembros de la Unión Europea, ya constituye un recurso efectivo en el sentido del art. 14.5 del Pacto Internacional de Derechos Civiles y Políticos de 1966. Por tal razón, el Pleno de la Sala de lo Penal ha decidido no suspender el trámite de los recursos de casación pendientes. Al mismo tiempo la Sala ha recordado que, con objeto de evitar malos entendidos internacionales, ya se ha dirigido oportunamente a la Sala de Gobierno del Tribunal Supremo para insistir en la conveniencia de instaurar un recurso de apelación previo al de casación».

No es hasta la reforma de la LOPJ por la LO 13/2009, cuando se puede hablar de una regularización de la segunda instancia, al menos en su previsión orgánnica. Esta generalización supone una atribución de competencias a las Salas de lo Civil y de lo Penal de los Tribunales Superiores de Justicia de las Comunidades Autónomas y supone, además, la creación y atribución de competencias de la Sala de Apelación de la Audiencia Nacional. A las Salas de lo civil y penal de los TSJ se atribuye competencia para conocer de los recursos de apelación frente a las sentencias dictadas en primera instancia por la Audiencias Provinciales, en tanto que la Sala de Apelación de la Audiencia Nacional habrá de conocer de los recursos de apelación frente a las sentencias definitivas dictadas por la Sala de lo Penal de la Audiencia Nacional.

Esta reforma es sustancial en cuanto que cambia un sistema que llevaba casi un siglo operando en nuestro ordenamiento jurídico en el sistema penal, basado en buena medida en la instancia única, por un sistema generalizado de doble. Con todo, conviene recordar que esta primera parte de la reforma, de carácter orgánico, no se verá completada con la reforma procesal hasta la Ley 41/2015, de modificación de la Ley de Enjuiciamiento Criminal para la agilización de la justicia penal y el fortalecimiento de las garantías procesales.

Tal y como explica la exposición de motivos de la Ley 41/2015, para la generalización de la segunda instancia en el proceso penal, se mantiene una situación insatisfactoria que, al tener que compensarse con mayor flexibilidad en el entendimiento de los motivos del recurso de casación, desvirtúa la función del Tribunal Supremo como máximo intérprete de la ley penal. Por ello, se procede a generalizar la segunda instancia, estableciendo la misma regulación actualmente prevista para la apelación de las sentencias dictadas por los jueces de lo penal[1] en el proceso abreviado, adaptándola a las exigencias tanto constitucionales como europeas. 2135

Se completa en este momento la regulación del recurso de apelación con nuevas previsiones legales relativas al error en la valoración de la prueba como fundamento del recurso y al contenido de la sentencia que el órgano *ad quem* podrá dictar en tales circunstancias, cuyo fin último es ajustar la reglamentación de esta materia a la doctrina constitucional y, en particular, a las exigencias que dimanan del principio de inmediación.

[1] En adelante, y para mayor claridad y sencillez en la redacción, salvo que merezca mayor concreción en el texto que se introduzca su referencia, nos referiremos al «juez de lo penal» como a cualquiera de los jueces con competencia objetiva ex art. 14.3 LECrim, en el bien entendido que con esta denominación nos referimos al juez unipersonal integrado en la Sección de lo Penal del Tribunal de Instancia competente (o, en su caso, al juez central de lo penal cuando de la Audiencia Nacional hablamos). En el capítulo 5 de esta obra puede consultarse una explicación completa del nuevo modelo orgánico de los Tribunales de Instancia que introduce la LO 1/2025.

3.3.2 La doble instancia penal

Las reformas llevadas a cabo en la LECrim a través de la Ley 13/2009 y la posterior forma de la LECrim por la ley 41/2015, establecen ahora la posibilidad de recurrir en apelación de forma generalizada en cuanto a las resoluciones recurribles en primera instancia. Sin embargo, y en cuanto a los motivos, establece el legislador una suerte de limitación (art. 790 LECrim) en cuanto no basta alegar simplemente el perjuicio que al recurrente le produce la sentencia recurrida, sino que es preciso señalar el concreto quebrantamiento de las normas y garantías procesales producido, el eventual error en la apreciación de la prueba en que hubiera incurrido el juzgador de instancia, o la infracción de las normas del ordenamiento jurídico en las que se base la impugnación. Junto a ello, cuando la acusación alegue error en la valoración de la prueba para pedir la anulación de la sentencia absolutoria o el agravamiento de la condenatoria, tendrá que justificar la insuficiencia o la falta de racionalidad en la motivación fáctica, el apartamiento manifiesto de las máximas de experiencia o la omisión de todo razonamiento sobre alguna o algunas de las pruebas practicadas que pudieran tener relevancia o cuya nulidad haya sido improcedentemente declarada. Por último, podrá pedir el recurrente la práctica de las diligencias de prueba que no pudo proponer en la primera instancia, de las propuestas que le fueron indebidamente denegadas, siempre que hubiere formulado en su momento la oportuna protesta, y de las admitidas que no fueron practicadas por causas que no le sean imputables (art. 790 LECrim).

Este conjunto de requisitos permiten hablar, a juicio de un sector de la doctrina, de una suerte de apelación híbrida, que combina elementos del medio de gravamen y del medio de impugnación (MORENO CATENA/CORTÉS, p. 667). Vistos, en su conjunto, los requisitos y amplios motivos que permiten interponer la apelación, más parece que estamos ante un verdadero medio de gravamen, en el que el legislador ha querido ordenar, más que limitar, sistemáticamente los motivos, obligando al recurrente a especificar con claridad las alegaciones en las que basa el cuestionamiento de la sentencia.

En todo caso, parece claro que la apelación debe ser el medio normal de impugnación después de la celebración de un juicio penal sea cual sea el delito, quedando el recurso de casación como un recurso verdaderamente extraordinario. Sin embargo, y siguiendo a los autores citados, «no es este el camino seguido en la reforma de 2015, que se ha quedado en un escalón inferior a la verdadera revisión de material probatorio y su valoración (STS de 25/04/2019 [*Tol 7216580*]).

La STS de 8/07/2020 [*Tol 8080179*] recoge, en un análisis extenso y detallado, la evolución normativa del problema de la doble instancia y, muy señaladamente, la doble interpretación posible de las exigencias derivadas del art. 14.5 del PIDCP para el sistema español de justicia penal, insistiendo en que el recurso de casación cumple con las exigencias previstas en el citado art. 14 del PIDCP.

«[...] el art. 14.5 del PIDCP, ratificado por España, y cuyo contenido ha de tenerse en cuenta en la interpretación de las normas constitucionales relativas a los derechos fundamentales (art. 10.2) consagra el derecho a un doble grado de jurisdicción en materia penal en los siguientes términos: «toda persona declarada culpable de un delito tendrá derecho a que el fallo condenatorio y la pena que se le hayan impuesto sean sometidos a un tribunal superior, conforme a lo prescrito pro al Ley». La doctrina del TC sistematizada ampliamente en la STC 70/2002, FJ 7, y a la que se refiere también la STC 123/2005, de 12 de mayo, FJ 6, parte de que el mandato del citado precepto, aún cuando no tiene un reconocimiento constitucional expreso, queda incorporado al derecho a un proceso con todas las garantías para que se refiere la Constitucional en su art. 24.2, a través de la previsión del art. 10.2 del CE, por lo que hay que entender que entre las garantías del proceso penal se encuentra la del recurso ante un tribunal superior y que, en consecuencia, deben ser interpretadas en el sentido más favorable a un recurso de este género todas las normas del Derecho procesal penal de nuestro Ordenamiento (STC 42/82 de 3 de julio, FJ 3, entre otras).

[...]

Efectuada esta precisión previa, la cuestión sobre si, tras el dictamen del Comité de Derechos Humanos de Naciones Unidas de 11 de agosto de 2000 puede seguir entendiéndose que la actual regulación de la casación penal cumple con las exigencias declaradas en el art. 14.5 del PIDCP respecto del derecho a la rescisión integra de la declaración de culpabilidad y la pena por un tribunal superior, ya ha sido resuelta afirmativamente por el TC Sentencias, entre otras, 170/2002 de 3 de abril, FJ 7, 80/2003 de 28 de abril FJ 2, 105/2003 de 2 de junio FJ 2, 123/2005 FJ 6, y por el TS (408/2004 de 24.3, 121/2006 de 7.2, 741/2007 de 27.7, 893/2007 de 31.10, 918/2007 de 16.11, entre las más recientes [...]. Igualmente, la STS. 1305/2002 reiterando lo ya dicho en auto de 14.12.2001, recuerda que el Tribunal Constitucional ha venido declarando desde la STC 60/85 que el recurso de casación cumple con la exigencia del art. 14.5 Pacto y desde la STC 42/82 ha establecido que esta norma del Pacto no da derecho a recursos que no se encuentren reconocidos en nuestra legislación (ver también STC 37/88).

[...]

Pues bien, el texto del Pacto Internacional de Derechos Civiles y Políticos, único de los citados que ha sido ratificado por España, no requiere un nuevo juicio con repetición de la prueba, satisfaciéndose la exigencia de que el fallo condenatorio y la pena sean sometidos a un Tribunal superior con la mera revisión del juicio de inferencias realizado por el Tribunal de instancia.

[...]

El Tribunal Supremo, en sus sentencias, para un mejor cumplimiento del mandato del artículo 14.5 del Pacto Internacional tantas veces citado y acorde con las declaraciones del Tribunal Constitucional sobre ese artículo, ha ido elaborando una doctrina que viene ensanchando su conocimiento a la revisión de cómo se ha hecho la valoración de la prueba por el Tribunal de instancia. Así en la Sentencia de esta Sala de 25 de abril de 2000 se dice que al invocarse el derecho de presunción de inocencia ello conduce al Tribunal Supremo a examinar, entre otras cuestiones, si las pruebas se obtuvieron lícitamente y si las conclusiones probatorias del Tribunal sentenciador no contravienen las leyes de la lógica, de la experiencia y de las ciencias. El cumplimiento por este Tribunal del Pacto Internacional de Derechos

Civiles y Políticos se mantiene, con el alcance del recurso de casación que se ha dejado expresado, tras el Dictamen del Comité de Derechos Humanos de las Naciones Unidas de 20 de julio de 2000, sin que este Dictamen, que resuelve un caso concreto y no si el recurso de casación español en su generalidad se ajusta o no al artículo 14.5 del Pacto, exija, en modo alguno un cambio de criterio, siendo cuestión bien distinta la conveniencia de que se instaure la segunda instancia en todo tipo de procesos y se residencia en el Tribunal Supremo como única función, la esencial de unificación en la aplicación del ordenamiento jurídico. [...]

Como precisa la STS. 692/2002 de 18.4 y la doctrina que se expone con detalle en el auto de 14.12.2001, el recurso de casación penal en el modo en que es aplicado actualmente, particularmente cuando se alega vulneración del derecho a la presunción de inocencia, cumple con lo previsto en el citado art. 14.5. Y ello es así porque en este recurso cabe examinar la prueba practicada en la instancia y la aplicación que de ella se hizo por el órgano judicial competente, con suficiente amplitud como para satisfacer ese derecho que tiene toda persona declarada culpable de un delito a que su condena "sea sometida a un tribunal superior conforme a lo prescrito en la ley". En nuestro caso la "Ley" a que se refiere el Pacto no está constituida únicamente por las disposiciones de la LECr, sino también por la forma en que han sido interpretadas y ampliadas en los últimos años para su adaptación a la Constitución por la jurisprudencia del Tribunal Constitucional y también por esta sala del Tribunal Supremo. En resumen como ha declarado la STC de 8 de mayo de 2006 FJ·: "hay que aclarar que nuestro sistema casacional no queda limitado a al análisis de cuestiones jurídicas y formales y que sólo permite revisar las pruebas en el en el restringido cauce que ofrece el art. 849.2 de la LECrim., ya que en virtud del art. 852 de la LECrim., el recurso de casación podía interponerse en todo caso, fundándose en la infracción de un precepto constitucional, de modo que, a través de la invocación del art. 24.2 de la CE (fundamentalmente en cuanto se refiere al derecho a la presunción de inocencia) es posible que el TS controle tanto la licitud de la prueba practicada en la que se fundamenta el fallo, como en suficiencia para desvirtuar la presunción de inocencia y la razonabilidad de las inferencias realizadas. En definitiva, a través de un motivo de casación basado en la infracción del derecho a la presunción de inocencia, se puede cuestionar no sólo el cumplimiento de las garantías legales y constitucionales de la prueba practicada, sino la declaración de culpabilidad que el Juzgador de instancia haya deducido de su contenido (STC 2/2002 de 14 de enero, FJ 2). Por tanto, el recurrente tiene adscrita una vía que permite al TS la "revisión íntegra" entendida en el sentido de posibilidad de acceder no solo a las instancias jurídicas, sino también a las fácticas en que se fundamental la declaración de culpabilidad, a través del control de la aplicación de las reglas procesales y de valoración de la prueba (STC 70/2002, FJ 7).

Por último es de interés destacar dos cuestiones: 1º) que el Tribunal Europeo de Derechos Humanos, en los casos Loewengestin y Deperrios, que fueron inadmitidas, respectivamente, el 30 de mayo y el 22 de junio de 2000, consideró que en el art. 2 del Protocolo número 7, los Estados Parte conservan la facultad de decidir las modalidades del ejercicio del derecho al reexamen y pueden restringir el alcance de éste último; además, en muchos Estados el mencionado reexamen se encuentra igualmente limitado a cuestiones de Derecho. Por ello el Tribunal Europeo de Derechos Humanos considera que la posibilidad de recurrir en casación responde a las exigencias del art. 2 del Protocolo 7 del Convenio.

2º) Que posteriormente se han producido varias decisiones de inadmisión de Comunicaciones, en las que el Comité considera adecuada la revisión llevada a cabo por el Tribunal Supremo Español en un recurso de casación. Así la Decisión de 29 de marzo de 2005 (Comunicación núm. 1356-2005 Parra Corral c. España, 4.3) en la que se señala que "la alegación referente al párrafo 5 del art. 14, esto es, el hecho de que presuntamente los tribunales españoles no examinaron de nuevo la apreciación de las pruebas no es consecuente con el texto de los fallos del Tribunal Supremo y Constitucional en el caso de autos. Después de que estos dos tribunales examinaron a fondo la alegación del autor en el sentido de que los indicios eran insuficientes para condenarlo, discreparon de la opinión del autor y expusieron con todo detalle sus argumentos para llegar a la conclusión de que las pruebas, aunque fuesen indicios, bastaban para justificar su condena". Igualmente, la Decisión de 25 de julio de 2005, (comunicación núm. 1399-2005, Cuartero Casado c. España, § 4.4) que destaca que "con respecto a la presunta violación del párrafo 5 del art. 14, del fallo del Tribunal Supremo se desprende que éste examinó con gran detenimiento la valoración de las pruebas hecha por el Juzgado de primera instancia. A este respecto, el Tribunal Supremo consideró que los elementos de prueba presentados contra el autor eran suficientes para contrarrestar la presunción de inocencia, de conformidad con los criterios establecidos por la jurisprudencia a fin de determinar la existencia de pruebas suficientes para el enjuiciamiento de determinados delitos, como la agresión sexual". Del mismo modo, la Decisión de 25 de julio de 2005 (comunicación núm. 1389-2005, Bertelli Gálvez c. España, § 4.5, poniendo de manifiesto que "en cuanto a la presunta violación del párrafo 5 del artículo 14, del texto de la sentencia del Tribunal Supremo se desprende que si bien éste declaró que —la evaluación de las pruebas compete al Tribunal de primera instancia y no al Tribunal Supremo—, sí examinó en detalle la argumentación del autor y concluyó que en realidad él era culpable de estafa porque —hubo conducta dolosa y ánimo de lucro personal, lo que condujo a engaño de una tercera persona y la llevó a tomar disposiciones contrarias a su propio interés—". Y, por último, la Decisión de 28 de octubre de 2005 (comunicación núm. 1059-2002, Carballo Villar c. España, § 9.3) al afirmar que "con respecto a la presunta violación del párrafo 5 del artículo 14, del fallo del Tribunal Supremo se desprende que éste examinó con detenimiento la valoración de las pruebas hecha por la Audiencia Provincial. A este respecto, el Tribunal Supremo consideró que los elementos de prueba presentados contra el autor eran suficientes para contrarrestar la presunción de inocencia de aquél", por lo que considera que la queja "no se ha fundamentado suficientemente a efectos de admisibilidad" y la declara inadmisible.

Igualmente, ha de tenerse en cuenta que el Comité ha precisado, por ejemplo, que el artículo 14.5 del Pacto no requiere que el Tribunal de apelación lleve a cabo un nuevo juicio sobre los hechos, sino que lleve a cabo una evaluación de las pruebas presentadas al juicio y de la forma en que éste se desarrolló. Decisión de 28 de marzo de 1995, comunicación núm. 536-1993, Perera c. Australia, § 6.4); que la falta de un juicio oral en la apelación no constituye violación del derecho a un juicio justo, ni del art. 14.5 del Pacto (Dictamen de 29 de octubre de 1999, comunicación núm. 789-1997, Bryhn c. Noruega, § 7.2) o que un sistema que no permita el derecho automático a apelar puede ser conforme a las exigencias del art. 14.5 del Pacto, siempre que el examen de la autorización de la solicitud para presentar recurso entrañe una revisión completa, tanto por lo que respecta a las pruebas como a los fundamentos de Derecho, y a condición de que el procedimiento permita examinar debidamente la naturaleza del caso (Dictamen de 31 de marzo de 1999, comunicación núm. 662-1995, Lumley c. Jamaica, § 7.3). De acuerdo con lo expuesto, se puede concluir que no exista la vulneración del derecho a un proceso con todas las garantías en la regulación del actual recurso de casación en materia penal, al cumplir con las exigencias del art. 14.5 PIDCP.

Junto a esta amplísima, aunque discutible, fundamentación de la casación como instrumento de revisión "efectiva" de las sentencias de condena dictadas en primera instancia, en cuanto impide el "control pleno" de la valoración de la prueba hecha por el tribunal *a quo*, conviene contrastar, desde la propia doctrina del TS, las facultades que sí tiene el tribunal *ad quem* en el conocimiento del recurso de apelación (STS de 24/05/2023 [*Tol 9595721*]):

«Por su parte, cuando la apelación se interpone contra una sentencia de condena, el tribunal "ad quem" dispone de plenas facultades revisoras. El efecto devolutivo transfiere también la potestad de revisar no solo el razonamiento probatorio sobre el que el tribunal de instancia funda la declaración de condena, como sostiene el apelante, sino también la de valorar todas las informaciones probatorias resultantes del juicio plenario celebrado en la instancia, determinando su suficiencia, o no, para enervar la presunción de inocencia. Afirmación de principio que solo permite modulación cuando se trata del recurso de apelación contra sentencias del Tribunal del Jurado. Este es el sentido genuino de la doble instancia penal frente a la sentencia de condena. La apelación plenamente devolutiva es garantía no solo del derecho al recurso sino también de la protección eficaz de la presunción de inocencia de la persona condenada. Esta tiene derecho a que un tribunal superior revise las bases fácticas y normativas de la condena sufrida en la instancia. Como destaca el Tribunal Constitucional en la importante STC 184/2013 por la que, en términos contundentes, se sale al paso de fórmulas reductoras del efecto devolutivo de la apelación contra sentencias de condena, extendiendo indebidamente el efecto limitador que frente a sentencias absolutorias estableció la STC 167/2002 "el recurso de apelación en el procedimiento penal abreviado, tal y como aparece configurado en nuestro ordenamiento, otorga plenas facultades o plena jurisdicción al Tribunal "ad quem" para resolver cuantas cuestiones se planteen, sean de hecho o de Derecho. Su carácter, reiteradamente proclamado por este Tribunal, de "novum iudicium", con el llamado efecto devolutivo, conlleva que el Juzgador "ad quem" asuma la plena jurisdicción sobre el caso, en idéntica situación que el Juez a quo, no solo por lo que respecta a la subsunción de los hechos en la norma, sino también para la determinación de tales hechos a través de la valoración de la prueba (...) pues toda persona declarada culpable de un delito tiene derecho a que el fallo condenatorio y la pena que se le haya impuesto sean sometidos a un Tribunal superior y a que un Tribunal superior controle la corrección del juicio realizado en primera instancia, revisando la correcta aplicación de las reglas que han permitido la declaración de culpabilidad y la imposición de la pena en el caso concreto. (...). Negarse a ello, como ocurrió sobre la base de una errónea apreciación de la doctrina de nuestra STC 167/2002, no solo revela el déficit de motivación aducido y de incongruencia con sus pretensiones, sino, como consecuencia, la vulneración del derecho a un proceso con todas las garantías (art. 24.2 CE), por privarse al recurrente de su derecho a la revisión de la sentencia condenatoria».

4. CLASES DE RECURSOS

4.1 Contexto

A diferencia del proceso civil, en el que hay una regulación de los recursos coincidente entre los recursos frente a las resoluciones interlocutorias —no devolutivos—, y recursos contra las resoluciones definitivas —devolutivos—, en el proceso penal hay una regulación y previsión de recursos en cada una de las fases del proceso penal —fase de instrucción, fase intermedia, y en la fase de juicio oral—, además de un sistema de recursos concreto y no uniforme por tipos de procedimiento. El sistema de recursos en el proceso penal dibuja, como hemos adelantado, un mapa desordenado, fragmentario, confuso y farragoso, producto de reformas descoordinadas con falta de un modelo claro de referencia, no ya de proceso penal, sino de un esquema coherente de instrumentos de impugnación.

4.2 Clasificación de los recursos

Los recursos en el sistema penal se pueden clasificar con base en distintos criterios. Una primera clasificación distingue entre recursos devolutivos y no devolutivos, en función de si el recurso se resuelve por el mismo órgano que dictó la resolución recurrida o por el superior jerárquico. Son recursos no devolutivos los de reforma y súplica, y devolutivos los de queja, apelación y casación.

Otro criterio de clasificación de los recursos es por el elemento objetivo, distinguiendo entre recursos ordinarios y extraordinarios. Los recursos ordinarios son los que pueden fundamentarse en cualquier motivo; en estos recursos (RIFÁ SOLER/RICHARD, p. 1195) el órgano decisor tiene amplísimo margen de conocimiento, contando con la misma libertad que el órgano *a quo* dentro de los márgenes en los que está formulada la impugnación. Son recursos ordinarios el recurso de reforma, súplica, apelación y queja. Por el contrario, los recursos extraordinarios solo pueden ser utilizados frente a un determinado tipo de resoluciones y por unos motivos tasados por la ley. A este tipo de recursos pertenece en nuestro sistema de justicia penal el recurso de casación.

Una tercera clasificación de los recursos distingue entre impugnaciones —utilizamos aquí el término impugnación en sentido amplio— contra resoluciones interlocutorias e impugnaciones contra resoluciones que ponen fin al procedimiento en la instancia. Como recursos contra resoluciones interlocutorias la LECrim regula la reforma, la súplica, apelación, reposición y revisión —como recursos contra las decisiones adoptadas por los LAJ— e impugnación de decretos de la Fiscalía.

Por último, cabe distinguir entre recursos —propiamente dichos— y medios extraordinarios de impugnación. Los primeros son instrumentos de revisión de resoluciones que pueden utilizarse durante la tramitación del proceso, mientras que los segundos solo proceden contra sentencias firmes. Esta categoría de medios extraordinarios de impugnación está integrada por la revisión y la anulación.

5. LOS EFECTOS DE LOS RECURSOS: DEVOLUTIVOS, SUSPENSIVOS Y EXTENSIVOS

La interposición de un recurso en el proceso penal puede producir tres efectos distintos: devolutivo, suspensivo, y extensivo. Analizaremos la afectación de cada uno de estos efectos.

5.1 Efecto devolutivo

Son recursos devolutivos aquellos recursos que resuelve el órgano superior jerárquico al que dicta la resolución recurrida u órgano *a quo*. Este efecto devolutivo lo producen, como regla general, todos los recursos penales ordinarios, con la excepción de los recursos de reforma y suplica.

En sentido contrario, y sin producir este efecto devolutivo, los recursos de reforma y súplica son resueltos por el mismo órgano judicial que ha dictado la resolución que se impugna. También son recursos no devolutivos los recursos de reposición interpuestos contra las resoluciones del LAJ.

5.2 Efecto suspensivo

El efecto suspensivo de un recurso consiste en suspender los efectos y ejecución de la resolución recurrida hasta que el recurso se resuelva por el órgano decisor del recurso.

El efecto suspensivo del recurso se produce cuando el recurso se admite en ambos efectos, siendo el segundo de los efectos, el suspensivo. En caso de admisión del recurso en un solo efecto, el efecto que produce es el devolutivo. Señala a este respecto el art. 223 de la LECrim que, «Interpuesto el recurso de apelación, el Juez lo admitirá, en uno o en ambos efectos, según sea procedente».

En el recurso de apelación, de la regulación de la LECrim (arts. 217 a 223), la regla general que se deduce es la admisión de los recursos en un solo efecto, y solo cuando se admita expresamente en dos efectos suspenderá la ejecución de la resolución recurrida. No se admite la posibilidad de admitir los recursos en ambos efectos para los recursos de reforma, súplica y queja.

* Respecto el recurso de reforma, el art. 217 de la LECrim, dice que, "El recurso de reforma podrá interponerse contra todos los autos del Juez de Instrucción. El de apelación podrá interponerse únicamente en los

casos determinados en la Ley, y se admitirá en ambos efectos tan sólo cuando la misma lo disponga expresamente."

* Respecto del recurso de queja, no hay una prohibición expresa en la LECrim, pero como apuntan MORENO CATENA/CORTÉS, (p. 657) «éste no produce efecto suspensivo por la propia esencia del recurso y regulación que, aunque parca y deficiente, nos hace ver que estamos en presencia de un recurso que no tiene efectos suspensivos».
* Respecto del recurso de apelación, éste se puede interponer frente a resoluciones interlocutorias y frente a resoluciones definitivas, siendo la regla general su admisión en un solo efecto y solo en los casos que la ley lo indique expresamente, será admitido en ambos efectos.

En relación con el recurso de apelación frente a las resoluciones definitivas y el posible efecto suspensivo, tenemos que distinguir entre los diferentes tipos de apelación para poder conocer en qué efectos se admiten, o pueden admitirse, advirtiendo que la regulación de la LECrim no siempre aclara si procede o no el efecto suspensivo del recurso que se interpone.

* En los supuestos de recurso de apelación frente al auto de sobreseimiento, el art. 782 de la LECrim señala que, «Al acordar el sobreseimiento, el Juez de Instrucción dejará sin efecto la prisión y demás medidas cautelares acordadas». De esta redacción se deduce que el recurso de apelación frente al sobreseimiento no tiene efectos suspensivos.

* En los supuestos del recurso de apelación frente a las sentencias definitivas dictadas en el procedimiento del Tribunal del Jurado, de la redacción del art. 846 *bis* d) de la LECrim, se desprende la admisión del recurso en un solo efecto cuando dispone que, «...Si el apelante principal no se personare o manifestare su renuncia al recurso, se devolverán por el Letrado de la Administración de Justicia los autos a la Audiencia Provincial, que declarará firme la sentencia y procederá a su ejecución."

* En cuanto el recurso de apelación contra las sentencias dictadas por el Juez de lo Penal en el procedimiento abreviado (art. 790 LECrim) y en el juicio rápido (art. 803 de la LECrim), nada dice expresamenre la ley. Sin embargo, y como indican MORENO CATENA/CORTÉS (p. 658) «la dicción de los arts. 794.1 y 803.3 de la LECrim no deja lugar a dudas sobre el carácter suspensivo del recurso de apelación, pues solo se ejecuta la sentencia firme dictada en apelación».

* En todos los demás casos, si nada dice la Ley, se entiende que el recurso de apelación se admite en un solo efecto conforme al art. 223 LECrim. No obstante, aclaran MORENO CATENA/CORTÉS, p. 659 que, «acierta el

legislador al no decir si la apelación produce o no el efecto suspensivo [...] el problema es si, tras la sentencia, hay o no que tutelar el derecho a la libertad, o si debe primar el derecho del Estado de asegurarse el cumplimiento de una posible condena y ello, en cualquier caso, es independiente de la interposición del recurso. Creemos que la sentencia absolutoria debe acabar con cualquier medida cautelar [...] y que la sentencia condenatoria no debe producir, por sí sola, modificación alguna de la situación personal del acusado-condenado, ni de las medidas cautelares que en su momento pudieron tomarse».

* Los recursos interpuestos contra las resoluciones del LAJ no producen efecto suspensivo. Según dispone el art. 238 *bis* de la LECrim, «El recurso de reposición, que se interpondrá siempre por escrito autorizado con firma de letrado y acompañado de tantas copias cuantas sean las demás partes personadas, expresará la infracción en que la resolución hubiere incurrido a juicio del recurrente y en ningún caso tendrá efectos suspensivos».

* Respecto los recursos contra los decretos dictados por los Fiscales Europeos, nada se dice sobre su posible carácter suspensivo en la LO 9/2021, de modo que habrá que entender que solo tienen carácter devolutivo, salvo que la parte solicite el efecto suspensivo y así lo acuerde el juez de garantías.

5.3 Efecto extensivo

El art. 903 de la LECrim establece que, «cuando sea recurrente uno de los procesados, la nueva sentencia aprovechará a los demás en lo que les fuere favorable, siempre que se encuentren en la misma situación que el recurrente y les sean aplicables los motivos alegados por los que se declare la casación de la sentencia. Nunca les perjudicará en lo que les fuere adverso».

Laa resolución del recurso beneficia —efecto extensivo—, en lo favorable, tanto al recurrente como a las partes no recurrentes (STS de 19/03/2007 [*Tol 1050595*]).

«La estimación parcial del recurso interpuesto por Luis Alberto produce efectos extensivos en base a lo preceptuado en el art. 903 LECrim. tanto respecto a los coacusados recurrentes Eugenio, Jose Ignacio, Jaime y Miguel Ángel, como los no recurrentes Ricardo, Juan Ramón y Benedicto, declarándose de oficio las costas de los respectivos recursos, art. 901 LECrim».

En el mismo sentido (STS de 14/02/2007-*Tol.1.038.380*)

«Los motivos sextos por infracción de ley, al infringirse precepto constitucional, conforme a lo previsto en el art. 852 LECrim., en relación con el art. 5.4 LOPJ. y art. 24 CE. por vulneración del derecho fundamental a un proceso sin dilaciones indebidas, y séptimo por infracción de Ley, fundado en el art. 849.1 LECrim. por vulneración del art. 21.6 CP. en cuanto a la aplicación de la atenuante analógica de dilaciones indebidas al estar íntimamente relacionados entre si, pueden ser analizados conjuntamente y al coincidir en su planteamiento con el motivo primero del recurso del coacusado Valentín, deben ser igualmente estimados con los efectos de estimar concurrente aquella circunstancia atenuante, con efectos extensivos al resto de los acusados no recurrentes Cornelio y Marco Antonio, por encontrarse en la misma situación y serles aplicable el motivo alegado, art. 903 LECrim».

Es claro, en cambio, que lo que al recurrente resulte desfavorable, no resulta aplicable por extensión a la parte que no recurrió la resolución (SSTS de 19/03/2007 [*Tol 1050595*] y de 14/02/2007 [*Tol 1038380*]).

Se debe distinguir, por último, entre la extensión de los efectos en lo que beneficie al no recurrente, y la ejecución de las sentencias definitivas respecto a la parte que no ha interpuesto el recurso. Nada impide que pueda ejecutarse la sentencia definitiva para el que no la haya recurrido sin perjuicio de que, un pronunciamiento posterior, le resulte favorable (MORENO CATENA/CORTÉS, p. 660).

5.4 Efecto extensivo del recurso y prohibición de la *reformatio in peius*

En el caso de que los efectos del recurso sean desfavorables, éste tiene sus efectos limitados. El art. 902 de la LECrim establece que, «si la Sala casa la resolución objeto del recurso en virtud de algún motivo fundado en la infracción de la Ley, dictará a continuación, pero separadamente, la sentencia que proceda conforme a derecho, sin más limitación que la de no imponer pena superior a la señalada en la sentencia casada o a la que correspondería conforme a las peticiones del recurrente, en el caso de que se solicitase pena mayor».

Obviamente, la prohibición de la *reformatio in peius* beneficia también al no recurrente, de tal manera que las limitaciones sobre los efectos desfavorables del recurso aplicables al recurrente por el mencionado principio, se extienden por elemental lógica al no recurrente.

Esta limitación de efectos en lo que no beneficia al no recurrente cuenta con el apoyo de la doctrina jurisprudencial, no solo para el recurso de casación (STC 310/2005 [*Tol 776651*]).

«La denominada reforma peyorativa tiene lugar cuando la parte recurrente, en virtud de su propio recurso, ve empeorada o agravada la situación jurídica creada o declarada en la resolución impugnada, de modo que lo obtenido con la decisión judicial que resuelve el recurso es un efecto contrario al perseguido por el recurrente, que era, precisamente, eliminar o aminorar el gravamen sufrido con la resolución objeto de impugnación (SSTC 9/1998, de 13 de enero, FJ 2; 232/2001, de 10 de diciembre, FJ 5). Desde las primeras resoluciones de este Tribunal hemos afirmado que la prohibición de la reforma peyorativa, aunque no esté expresamente enunciada en el art. 24 CE, tiene una dimensión constitucional, pues representa un principio procesal que forma parte del derecho a la tutela judicial efectiva a través del régimen de garantías legales de los recursos, que deriva, en todo caso, de la prohibición constitucional de indefensión (entre otras, SSTC 54/1985, de 18 de abril, FJ 7; 116/1988, de 20 de junio, FJ 2; 56/1999, de 12 de abril, FJ 2; 16/2000, de 31 de enero, FJ 5; 28/2003, de 10 de febrero, FJ 3). Es, además, una proyección de la congruencia en el segundo o posterior grado jurisdiccional, que impide al órgano judicial ad quem exceder los límites en que esté planteado el recurso, acordando una agravación de la sentencia impugnada que tenga origen exclusivo en la propia interposición de éste (STC 17/2000, de 31 de enero, FJ 4), pues de admitirse que los órganos judiciales pueden modificar de oficio en perjuicio del recurrente la resolución por él impugnada, se introduciría un elemento disuasorio para el ejercicio del derecho a los recursos legalmente establecidos en la ley, incompatible con la tutela judicial efectiva que vienen obligados a prestar los órganos judiciales (SSTC 114/2001, de 7 de mayo, FJ 4; 28/2003, de 10 de febrero, FJ 3).

A lo anterior cabe añadir, siempre de acuerdo con nuestra doctrina, que es trasladable al recurso de apelación contra sentencias penales lo dispuesto en el art. 902 de la Ley de enjuiciamiento criminal (LECrim) para el recurso de casación a fin de preservar el principio acusatorio y evitar el agravamiento de la situación del condenado apelante por su solo recurso, cuando ejercita el derecho a la segunda instancia en el orden penal que es producto de la conexión de los artículos 24.1 y 10.2 CE (SSTC 54/1985, de 18 de abril, FJ 7; 84/1995, de 5 de junio, FJ 2; 115/1986, de 6 de octubre, FJ 2; 6/1987, de 28 de enero, FJ 2; 116/1988, de 20 de junio, FJ 2; 19/1992, de 14 de febrero, FJ 2; 56/1999, de 12 de abril, FJ 2; 16/2000, de 16 de enero, FJ 5; 200/2000, de 24 de julio, FJ 2). Lo cual agrega a la prohibición general de reforma peyorativa el nuevo matiz, constitucionalmente relevante, de la seguridad jurídica del condenado sobre la inmutabilidad de la Sentencia en su perjuicio si no media recurso de parte contraria, estando vedada la agravación de oficio aunque fuera absolutamente evidente su procedencia legal, pues las garantías constitucionales deben prevalecer sobre el principio de estricta sumisión del Juez a la ley, incluso para corregir de oficio en la alzada errores evidentes en la aplicación hecha de la misma en la instancia (SSTC 153/1990, de 15 de octubre, FJ 5; 70/1999, de 26 de abril, FJ 8; 28/2003, de 10 de febrero, FJ 5)."

BIBLIOGRAFÍA

- BANACLOCHE/CUBILLO LÓPEZ, *Aspectos fundamentales del Derecho procesal civil*, La Ley, 2023.
- BANACLOCHE/ZARAZALEJOS NIETO, *Aspectos fundamentales de Derecho Procesal penal*, Wolters Kluwer, 2025.
- DEL MORAL/ESCOBAR/MORENO VERDEJO, *Los recursos en el proceso penal abreviado*, Comares, 1999.
- MORENO CATENA/CORTÉS, *Derecho Procesal Penal*, Tirant lo Blanch, 2024.
- RIFÁSOLER/RICHARD GONZÁLEZ, *El proceso penal práctico*, Wolters Kluwer, 2017.

Capítulo 53

Recursos contra resoluciones interlocutorias

María Jesús Fraile Martín
Letrada de la Administración de Justicia
Secretaria de Gobierno de la Audiencia Nacional

1. CONCEPTO Y FUNDAMENTO

1.1 Concepto y fundamento

El recurso es el acto procesal tendente a provocar del órgano jurisdiccional una nueva resolución, menos gravosa, para la parte que insta la revisión. El recurso tiene un fundamento natural, que es el derecho a una resolución correcta, el derecho a acceder a un recurso no significa el derecho a una resolución favorable de los tribunales, sino el derecho a la revisión de la resolución dictada bien por el mismo órgano que la dicta, bien por otro órgano judicial superior.

Por ello se puede definir el recurso como indica ALHAMBRA PÉREZ (p. 2) como «un medio de impugnación de una resolución judicial con la cual la parte no está conforme, bien porque le perjudica o bien porque no es ajustada a derecho y pretende su revocación, ante el propio órgano que la ha dictado o ante otro órgano superior que conoce *ex novo* de dicha resolución judicial».

El fundamento natural del recurso se encuentra en el valor de la justicia, en adoptar una decisión correcta. La posibilidad de un doble examen de todas las decisiones judiciales tiene la finalidad de garantizar una decisión correcta del caso individual.

El sistema de recursos encuentra además su fundamento en la falibilidad humana (BANALOCHE/ZARAZALEJOS, p. 389) puesto que siempre cabe que exista un error en la decisión de quien la ha adoptado, pudiendo por vía de recurso interponer o alegar el error adoptado y solicitar su corrección.

El derecho de acceso al recurso es un derecho de configuración legal en el sentido de que son los textos procesales los que determinan cuándo procede interponer un recurso y frente a que resoluciones se puede interponer. En este sentido destaca la doctrina constitucional sobre la configuración legal de los recursos en nuestro sistema procesal penal, como vemos en la siguiente resolución, que se refiere a varias resoluciones sobre la materia (STC 55/2024 [*Tol 10273499*])

«Sobre el derecho a la tutela judicial efectiva (art. 24.1 CE), en su vertiente de derecho de acceso a los recursos legalmente establecidos, existe una consolidada doctrina constitucional, relevante para examinar la adecuación de las resoluciones impugnadas a las exigencias de este derecho. En síntesis, se advierte en dicha doctrina que el derecho de acceso a los recursos es un derecho de configuración legal (dejando a salvo la especialidad del derecho a la doble instancia en el caso de las sentencias condenatorias del orden penal), lo que implica que la tarea de interpretación de los requisitos exigidos por las normas para la admisión de los recursos, en tanto que materia de legalidad ordinaria, queda reservada a los jueces y tribunales (art. 117.3 CE). En consecuencia, no corresponde al Tribunal Constitucional revisar la aplicación judicial de las normas sobre admisión de recursos, salvo en los casos de inadmisión cuando esta se declara con base en una causa legalmente inexistente o mediante un juicio arbitrario, irrazonable o fundado en error fáctico patente (por todas, SSTC 37/1995, de 7 de febrero, FJ 5; 55/2008, de 14 de abril, FJ 2; 186/2008, de 26 de diciembre, FJ 2; 42/2009, de 9 de febrero, FJ 2, y 129/2012, FJ 2)»

El sistema de recursos en nuestro proceso penal ha sido objeto de varias reformas parciales, pero es cierto que una revisión en profundidad que otorgue a la norma de coherencia y sistemática sería deseable por buena parte de la doctrina y también desde un punto de vista de la práctica jurídica. La regulación de los recursos en la LECrim no está, a diferencia de la LEC, regulada de forma sintetizada, sino que está dispersa a lo largo de su articulado.

De esta regulación podemos concluir, sin discusión, que los recursos pueden ser interpuestos en las tres fases del procedimiento penal y se pueden clasificar, desde un punto de vista práctico, y lo que se viene entendiendo como la clasificación más lógica, por el tipo de resolución que se recurre. Así tenemos los recursos frente a las resoluciones interlocutorias, que son las resoluciones que no ponen fin al procedimiento, como son el recurso de reforma, el recurso de súplica, recurso de queja y el de apelación. Y, por otro lado, tenemos los recursos frente a las resoluciones que sí que ponen fin al procedimiento como son el recurso de apelación, el de casación, y las medidas extraordinarias de revisión de sentencias.

Vamos a ver a continuación elementos esenciales y comunes al sistema de recursos que nos pueden ayudar a aplicarlos en la práctica diaria, como son la advertencia del recurso que cabe contra una resolución, el cómputo de los plazos o el desistimiento del recurso. Todo ello, sin perjuicio de las especificidades propias de cada tipo que se estudiará con detalle en este y los capítulos siguientes de esta obra.

1.2 Cuestiones generales de los recursos

2151

1.2.1 Advertencia del sistema de recursos

El art. 248.4 de la LOPJ establece que, «al notificarse la resolución a las partes se indicará si la misma es o no firme y, en su caso, los recursos que procedan, órgano ante el que deben interponerse y plazo para ello». Esta advertencia no es parte de la sentencia, sino una formalidad que se exige en el momento de la notificación de la resolución (entre otras, STC 203/1991 [*Tol 81889*])

> «En primer término, como se ha puesto de manifiesto por este Tribunal en la reciente STC 155/1991 (Sala Segunda), «la indicación de recursos, preceptiva según el art. 248.4 LOPJ, no constituye una parte del contenido decisorio de la resolución notificada, sino una información al interesado, quien lógicamente no está obligado a seguirla si entiende que existe otro recurso procedente», y además, en segundo lugar, «dicha indicación no constituye en la Ley ni siquiera una información del Juez o Tribunal, sino una indicación que debe hacerse "al notificarse la resolución", lo cual reduce obviamente su valor legal en cuanto la desvincula de la resolución notificada y en consecuencia obliga a considerarla así aunque se haya expresado como apéndice de la resolución dirigido al agente notificador».

Esta advertencia puede que no se indique por parte del órgano judicial debido a una omisión, o a que la advertencia que se hace sea errónea, en estos casos es abundante la jurisprudencia que establece que la inadvertencia de los recursos procedentes frente a una resolución no supone necesariamente una vulneración constitucional, y que en todo caso la indicación del tipo de recurso que cabe contra una resolución no deja de ser eso, una indicación. Si es otro recurso el que realmente cabe contra la resolución recurrida, deberá ser éste el que se interponga, y si nada se dice en la resolución sobre el recurso que puede interponerse y sí que cabe recurso frente a la resolución, deberá ser admitido a trámite por el órgano judicial en caso de que se interpusiera (ATS de 25/11/2024 [*Tol 10303630*]):

> «La información facilitada sobre los recursos procedentes, exigida en el art. 284.4 LOPJ, no debe ser inexorablemente tomada como cierta, el interesado no resulta obligado actuar conforme a la información suministrada; si bien, respecto a la instrucción o información errónea acerca de los recursos facilitada por los órganos judiciales, dada la auctoritas que corresponde a quien la hizo constar, es susceptible de inducir a un error a la parte litigante, que hay que considerar en todo caso excusable dada la autoridad que necesariamente ha de merecer la decisión judicial, ya que si se han ofrecido indicaciones equivocadas sobre los recursos utilizables, el interesado, aun estando asistido por expertos en la materia, podría entender por la autoridad inherente a la decisión judicial, que tales indicaciones fueran ciertas y obrar en consecuencia (así, por ejemplo, SSTC 112/2009, de 11 de mayo, FJ 2; 47/2014, 7 de abril, FJ 4, o 60/2017, de 22 de mayo, FJ 5). Aunque, también hemos de reseñar con cita de la jurisprudencia constitucional que la instrucción de recursos mediante los que se indica a las partes si la resolución que se les notifica es firme o no y los que, en su caso, procedan (art. 248.4 LOPJ) no forma parte del decisum de la resolución judicial (SSTC 175/1985, 155/1991, 70/1996 ó 128/1998). Consecuentemente se ubiquen al final de la resolución (pie de recurso) o se ubiquen sin solución de continuidad con el fallo o integrado en el mismo, su naturaleza no sobrepasa la mera indicación».

1.2.2 Interposición de los recursos

Los recursos se interponen por escrito, firmado por abogado o procurador según la fase del procedimiento en la que nos encontremos. En el caso de que el escrito por el que se interpone el recurso no tuviera la firma de abogado y, o de procurador, diversa jurisprudencia del TC ha declarado que se trata de un defecto subsanable no sólo en el recurso de reforma sino en la interposición de recursos en general, así vemos en la resolución que se indica a continuación que en caso de escrito sin firma de letrado o de procurador si fuera el caso, de no subsanación del defecto formal, solo si la parte no lo subsana tras ser requerido, será causa de inadmisión del recurso (STC 174/1988 [*Tol 80022*]).

> «No obstante, tanto en las dos Sentencias citadas como en otras, el Tribunal ha considerado que el incumplimiento de requisitos formales subsanables no debe dar lugar, dentro de una correcta interpretación del art. 24 de la Constitución, a consecuencias sancionatorias conducentes a la perdida de acceso al proceso. El derecho fundamental a la tutela judicial efectiva (an. 24 de la Constitución), reforzado a nivel legislativo por el art. 11 de la Ley Orgánica del Poder Judicial, «sólo permite desestimar o rechazar por motivos formales las pretensiones de las partes cuando el defecto fuese insubsanable o no se subsanase» (STC 3/1987, fundamento jurídico 3º in fine. Es cieno que las anteriores consideraciones se

formularon en Sentencias en las que se discutía las consecuencias de la falta de firma de letrado y que en la presente providencia que analizamos puso de manifiesto además la falta de representación por procurador. Pero, aunque este requisito no es de idéntica naturaleza a la exigencia de dirección técnica, tiende como ésta a garantizar la corrección técnica de los actos procesales a través de su realización por profesionales con la finalidad de que la pretensión deducida pueda llegar a buen fin. Ahora bien, tanto la presencia del procurador como la firma de letrado son requisitos de cumplimiento subsanable, y sólo cuando no hayan sido subsanados tras habérsele dado a la parte oportunidad para ello podrán servir como motivos de inadmisibilidad sin lesionar el derecho a la tutela judicial efectiva».

En el orden jurisdiccional penal la interposición del recurso lleva aparejada el depósito para recurrir, cuando se trate de la acusación popular, siendo un elemento formal del recurso, que al igual que hemos visto para el caso de la ausencia de firma de abogado y procurador, es un defecto subsanable. Solo en el caso de que habiendo sido requerida la parte no lo subsane será un motivo de inadmisión del recurso.

1.2.3 Cómputo de plazos

Cada recurso tiene unos plazos concretos para su interposición, no establece la LECrim unos plazos comunes. Sin perjuicio de lo anterior, si que es común el trámite de inicio del cómputo del plazo o *dies a quo*, y la forma de computar los plazos

A este respecto, y en lo que se refiere a la forma de computar los plazos, el art. 185 de la LOPJ establece que, «para el cómputo concreto en los plazos señalados por días, a contar de uno determinado, quedará éste excluido del cómputo, el cual deberá empezar en el día siguiente; y si los plazos estuviesen fijados por meses o años, se computarán de fecha a fecha. Cuando en el mes del vencimiento no hubiera día equivalente a la inicial del cómputo, se entenderá que el plazo expira el último del mes, y si el último día de plazo fuere inhábil, se entenderá prorrogado al primer día hábil siguiente».

Estableciendo la ley cuándo comienza el cómputo del plazo —al día siguiente de realizada la notificación—, cabe también la posibilidad, bastante frecuente en la práctica, de que haya una posible doble notificación, una al letrado y procurador, y otra al propio interesado. En este caso la cuestión que se plantea es si se tiene en cuenta para el inicio del cómputo del plazo la primera notificación practicada, como es el caso del procedimiento civil, art. 152.6 de la LEC, o la última notificación practicada. Hay consolidada doctrina jurisprudencial constitucional que afirma que no es correcto tener en cuenta la primera notificación practicada, sino que debe tenerse en cuenta la segunda, ya sea ésta la practicada al letrado o procurador, o al interesado. Resultando que el cómputo del plazo se inicia desde la práctica de la segunda notificación practicada, a este respecto vemos la siguiente resolución que hace referencia a esta segunda notificación como el inicio del plazo para el cómputo del recurso (STC 184/1997 [*Tol 80807*]).

> «Desde una perspectiva complementaria, este Tribunal ha reiterado la vigencia del principio pro actione, que si bien no implica, a pesar de su ambigua denominación, "la forzosa selección de la interpretación más favorable a la admisión de entre todas las posibles de las normas que la regulan" (STC 88/1997, fundamento jurídico 2º), sí que impone la "interdicción de aquellas decisiones de inadmisión que por su rigorismo, por su formalismo excesivo o por cualquier otra razón revelen una clara desproporción entre los fines que aquellas causas preservan y los intereses que sacrifican" (STC 88/1997, fundamento jurídico 2º, que cita las SSTC 110/1985, 123/1986, 78/1991, 12071993 y 190/1994). Así, por ser desproporcionado, se ha declarado que vulneran el derecho a la tutela judicial efectiva resoluciones judiciales que inadmiten recursos penales en los que se toma como día de inicio del plazo para interponerlo el de la notificación de la Sentencia al procurador y no la posteriormente realizada al propio interesado (SSTC 140/1994 y 88/1997). Debe, igualmente, recordarse la obligación que corresponde al Tribunal Supremo en orden a "utilizar las posibilidades que le brinda el ordenamiento de modo que quien quiere recurrir y quiere y debe ser defendido no se vea privado de uno y de otros derechos fundamentales" (STC 37/1988, fundamento jurídico 7º)».

2154 En un segundo lugar, debemos tener en cuenta para el cómputo general de los plazos, la fase en la que se encuentra el procedimiento, si el recurso se interpone en fase de instrucción o en las fases posteriores (DEL MORAL/ESCOBAR JIMÉNEZ/MORENO VERDEJO, p. 11).

En la fase de instrucción, establece el art. 184.1 de la LOPJ que, «sin perjuicio de lo dispuesto en los artículos anteriores, todos los días del año y todas las horas serán hábiles para la instrucción de las causas criminales, sin necesidad de habilitación especial», y a efectos de saber los días inhábiles, establece el art. 182 de la LOPJ, que, «son inhábiles a efectos procesales los sábados y domingos, los días de fiesta nacional y los festivos a efectos laborales en la respectiva Comunidad Autónoma o localidad».

La cuestión que se plantea respecto al cómputo de los plazos en la fase de instrucción es si conforme el art. 184 de LOPJ, por el cual establece que todos los días del año y todas las horas son hábiles para la instrucción de las causas criminales, es aplicable no sólo a la práctica de diligencias, sino también al cómputo de plazos de los recursos.

Hay un criterio, como nos apuntan DEL MORAL/ESCOBAR JIMÉNEZ/MORENO VERDEJO (p. 13) que no deja de ser discutible y que tiene el amparo de parte de la praxis judicial y jurisprudencia constitucional, por el cual el plazo de habilidad se aplica igualmente para los plazos de práctica de diligencias y para los recursos. Consideran estos autores que, «cuando se declaran hábiles todos los días a efectos de instrucción parece que se está pensando en la actividad propiamente de instrucción —práctica de diligencias con las finalidades previstas en el art. 299 de la LECrim— pero no en actos de las partes como los recursos. Y menos razón todavía hay para mantener ese criterio amplio en los casos en que la resolución recurrida lo que está haciendo precisamente es poner fin a la instrucción», si bien es una cuestión que como se apuntaba al inicio es discutida.

No plantea discusión el cómputo de los plazos si el procedimiento se encuentra en las fases de juicio oral y fase de ejecución; en estos casos el cómputo de los plazos se lleva a cabo conforme el art. 182 de la LOPJ, quedando excluidos del cómputo los días inhábiles.

1.2.4 Desistimiento del recurso

La parte puede desistir del recurso interpuesto mientras éste no esté resuelto. Ahora bien, como advierten RIFÁ/RICHARD GONZÁLEZ (p. 1197), «el desistimiento no adquiere eficacia procesal hasta que no es admitido por el tribunal, que no está vinculado por la petición».

2. RECURSO DE REFORMA

2.1 Concepto y regulación

De la clasificación de los recursos de nuestro sistema procesal penal, el recurso de reforma es el recurso que cabe contra las resoluciones interlocutorias, esto es, aquellas que no ponen fin al procedimiento. Es un recurso cuyo efecto no es devolutivo, ya que la resolución del recurso le corresponde al mismo órgano judicial que ha dictado la resolución que se recurre. No cabe por lo tanto esta vía de recurso contra las sentencias. Con estas mismas características que el recurso de reforma, encontramos el recurso de súplica, que veremos en otro apartado de este capítulo. La tramitación procesal de los dos recursos es la misma, siendo la principal diferencia, el tipo de órgano judicial que ha dictado la resolución recurrida: en el caso de la reforma proviene de un órgano unipersonal y en el caso del recurso de súplica proviene de un órgano colegiado.

Encontramos parte de la regulación del recurso de reforma en los arts. 216 y ss. de la LECrim, previstos dentro del Título X, denominado de los recursos frente a las resoluciones procesales, capítulo I, de los recursos contra las resoluciones de los jueces y tribunales, y también en los artículos destinados al procedimiento abreviado.

2.2 Resoluciones recurribles

El recurso de reforma puede ser interpuesto contra los autos dictados, como nos dice el art. 766 de la LECrim, por el juez de la Sección de Instrucción y el Juez de la Sección de lo Penal del Tribunal de Instancia[1], no siendo susceptibles de recurso de reforma:

* Los autos que resuelven un recurso de reforma frente a los cuáles cabe interponer recurso de apelación o queja según los casos.
* Los autos en los que la ley expresamente indica que no cabe interponer recurso alguno.

La cuestión que se ha planteado respecto el recurso de reforma es si puede ser interpuesto contra las providencias. Para responder a esta cuestión tenemos que analizar la regulación que hace la LECrim y la doctrina jurisprudencial sobre la materia. Así vemos que, siguiendo el tenor literal de la LECrim, el art. 216 señala que, «son recurribles en reforma todas las resoluciones del Juez de Instrucción», en tanto que el art. 217 de la LECrim dispone que, «el recurso de reforma cabe contra todos los autos del Juez de Instrucción». Como vemos, la ley nada dice expresamente respecto de la admisibilidad del recurso de reforma contra las providencias dictadas por los jueces de instrucción, más allá de la generalidad recogida en el art. 216 de la LECrim. Es en este punto donde la doctrina jurisprudencial nos da la respuesta. Tras una interpretación inicialmente más restrictiva, mantiene actualmente una interpretación más flexible, permitiendo el recurso contra las providencias, sin que estas deban ajustarse por su contenido a una resolución que por su motivación debiera revestir la forma de auto (STC 349/1993 [*Tol 82370*]):

> «Olvida por el contrario el órgano judicial que una exégesis conjunta de los arts. 141, 216 y 217 de la LECRim, permite entender comprendidas las providencias dentro de las resoluciones del instructor susceptibles de recurso, en el sentido indicado por el mencionado art.

---

1 En adelante, y para mayor claridad y sencillez en la redacción, denominaremos a los jueces unipersonales con arreglo a su función: juez de instrucción, juez de lo penal, juez de violencia sobre la mujer, juez central de instrucción...en el bien entendido que con esta denominación nos referimos al juez unipersonal integrado en la Sección que corresponda del Tribunal de Instancia competente (TI o TCI). En el capítulo 5 de esta obra puede consultarse una explicación completa del nuevo modelo orgánico de los Tribunales de Instancia que introduce la LO 1/2025.

216: «Contra las resoluciones del Juez instructor podrán ejercitarse los recursos de reforma, apelación y queja». A esa misma conclusión, se llega finalmente examinando el art. 141 de la LECRim., antes citado, que dispone que se denominarán Autos las resoluciones judiciales que, entre otros supuestos... «decidan la reposición de alguna providencia» y como quiera que el término «reposición» es equivalente a reforma, se deduce que es procedente la reposición o reforma de las providencias»

Asentado el criterio conforme al cual cabe recurso de reforma, no solo contra los autos, sino también contra las providencias dictadas por el juez de instrucción y el juez de lo penal[2], la doctrina entiende, lógicamente, que la posibilidad de interponer estos recursos se extienden además a las resoluciones interlocutorias dictadas por los jueces centrales de instrucción, los jueces de violencia sobre la mujer, y los jueces centrales de lo penal.

2.3 Tramitación procesal del recurso de reforma

2.3.1 Competencia

El órgano competente para tramitar y resolver el recurso de reforma es el mismo que ha dictado la resolución que se recurre, arts. 219.1 y 220.1 de la LECrim. Son, por lo tanto, órganos judiciales competentes para resolver los recursos de reforma los jueces de instrucción, de lo penal, de vigilancia peni-

2 En adelante, y para mayor claridad y sencillez en la redacción, salvo que merezca mayor concreción en el texto que se introduzca su referencia, nos referiremos al «*juez instructor o juez de instrucción*» como a cualquiera de los jueces con competencia funcional en materia de investigación judicial de delitos, en el bien entendido que con esta denominación nos referimos al juez unipersonal integrado en la Sección que corresponda del Tribunal de Instancia competente (o, en su caso, al juez de la Sección de Instrucción del Tribunal Central de Instancia, cuando de la Audiencia Nacional hablamos) —*v. gr.* Sección de Instrucción o de la Sección Única de Civil y de Instrucción, Sección de Violencia sobre la Mujer, o Sección de Violencia contra la Infancia y Adolescencia—, o al juez correspondiente del TS o TSJ al que se le atribuya dicha competencia funcional cuando la competencia objetiva venga encomendada a dichos tribunales por razón de aforamiento del investigado. Asimismo, dicha referencia al «*juez instructor*» contempla también la posibilidad de que, en los casos determinados en el art. 84.6 LOPJ, se nombre a dos jueces, conforme a un turno preestablecido y público, para que, junto con el juez a quien le hubiere sido turnado el asunto inicialmente, se encarguen de la instrucción de un determinado proceso penal. En el capítulo 5 de esta obra puede consultarse una explicación completa del nuevo modelo orgánico de los Tribunales de Instancia que introduce la LO 1/2025.

tenciaria, centrales de instrucción, central de vigilancia penitenciaria y central de lo penal, en el caso de que la resolución recurrida sea la dictada por ellos.

Una cuestión que se suscita con relativa frecuencia se refiere al juez que debe considerarse competente para resolver el recurso de reforma interpuesto contra los autos de prisión, cuando el juez que dictó el auto se inhibe posteriormente a favor de otro órgano judicial (DEL MORAL/ESCOBAR JIMÉNEZ/MORENO VERDEJO, p. 36). Aunque en algunas ocasiones se ha llegado a entender que es el juez que dicta la resolución el que debe resolver el recurso, los autores indicados sostienen la solución contraria, de tal suerte que el juez competente para resolver el recurso es el juez que conoce de la causa en el momento en el que se suscita, cuestión que redunda además en una mayor eficacia en los tiempos de resolución.

2.3.2 Objeto del recurso

El recurso de reforma es un recurso ordinario, dado que puede plantearse por cualquier motivo. La vulneración producida normalmente será sobre un precepto procesal, debiendo indicarse dicho motivo en el escrito de interposición del recurso.

Salvo que la ley disponga otra cosa, el art. 766 de la LECrim indica con claridad, que los recursos de reforma no suspenderán el curso del procedimiento.

2.3.3 Plazo

Dos son los plazos que debemos diferenciar en el recurso de reforma: el plazo para la interposición del recurso y el plazo para resolver el recurso interpuesto.

El plazo para interponer el recurso de reforma es de tres días (art. 211 LECrim), «Los recursos de reforma o de súplica contra las resoluciones de los Jueces y Tribunales se interpondrán en el plazo de los tres días siguientes a su notificación a los que sean parte en el juicio». Para el cómputo de los plazos nos remitimos a lo que ya explicamos en el ap. 1 de este capítulo. El plazo para resolver el recurso de reforma es de dos días (art. 222 de la LECrim), a contar desde que la parte recurrente haya presentado el traslado de copias a las demás partes, hayan presentado éstas recurso o no.

2.3.4 *Procedimiento del recurso de reforma*

El recurso se presenta mediante escrito firmado por letrado, y dentro del plazo de tres días que establece la ley, ante el juez competente para ello, con tantas copias como partes haya personadas en el procedimiento. En el caso de que el escrito por el que se interpone el recurso no tuviera la firma de abogado y, o, de procurador, ya señalamos en el apartado 1, que se trata de un defecto subsanable.

Si el recurso cumple con todos los presupuestos procesales, se tiene por admitido a trámite. En tal caso, el siguiente paso es dar traslado a las demás partes del procedimiento por un plazo de dos días para que formulen, si lo estiman oportuno, alegaciones al recurso conforme lo dispuesto en el art. 222 de la LECrim. El recurso de reforma no produce efectos suspensivos (art. 766 de la LECrim).

El recurso se resuelve por el juez por medio de auto. Contra esta resolución cabrá apelación o queja según el tipo de procedimiento en el que nos encontremos y la resolución impugnada.

En los casos en que se desestime el recurso de reforma y se hubiera interpuesto subsidiario de apelación, en el auto que resuelve la reforma se debe decidir sobre la admisión o no a trámite del recurso de apelación. 2159

3. RECURSO DE SÚPLICA

3.1 Concepto y regulación

El recurso de súplica, al igual que el recurso de reforma, se interpone ante el mismo órgano judicial que dicta la resolución que se recurre, que es además el competente para resolverlo. Como ya se adelantó, se distinguen ambos recursos en función del tipo de órgano que dicta la resolución recurrida; si se trata de un órgano unipersonal cabe reforma, si quien dicta la resolución es un órgano colegiado, el recurso que cabe es el de súplica.

El recurso de súplica está regulado en los arts. 236 a 238 de la LECrim.

3.2 Resoluciones recurribles y procedimiento

El recurso de súplica es un recurso no devolutivo que cabe contra los autos de los tribunales penales, esto es contra los autos dictados por las Audiencias Provinciales, Tribunales Superiores de Justicia, Audiencia Nacional y Tribunal Supremo. Es importante señalar que cuando el legislador prevé recursos específicos contra resoluciones dictadas por los órganos colegiados, esta previsión no excluye la posibilidad de interponer recurso de súplica, si bien el uso de la súplica impide utilizar el recurso específicamente previsto —por ejemplo la apelación— de forma simultánea o sucesiva.

Respecto la admisibilidad del recurso de súplica contra las providencias, es aplicable el mismo criterio que hemos analizado en el apartado anterior respecto al recurso de reforma y en los mismos términos, siendo recurribles las providencias como lo son los autos por ambos recursos.

No cabe recurso de súplica:

* Contra autos o sentencias definitivas frente a los que cabe recurso de apelación o de casación
* Contra los autos dictados que resuelvan otros recursos, ya sea en segunda instancia.

A este respecto debemos decir que, aunque no hay una previsión legal al respecto, la jurisprudencia ha acotado el acceso al recurso de súplica en los casos de los autos que resuelven otros recursos, evitando con ello una espiral interminable de recursos (STC 24/1994 [*Tol 82432*]):

> «Es doctrina reiterada de este Tribunal, conformada con ocasión de supuestos similares al ahora planteado, que «la interpretación y aplicación que del art. 236 LECrim hace una constante línea jurisprudencial de los Tribunales ordinarios, según la cual no cabe recurso de súplica contra los Autos que resuelven, a su vez, otros recursos en segunda instancia, en modo alguno puede calificarse de irrazonable o infundada, pues, de lo contrario, habida cuenta de la regulación genérica que el precepto antes citado hace del recurso de súplica, la posibilidad de recurrir sería ilimitada (AATC 814/1987, 1113/1987 y 181/1989" (STC 212/1991, fundamento jurídico 1º; en la misma línea, STC 3/1992). En consecuencia, la denuncia relativa a la supuesta infracción del art. 24.1 de la Constitución por obra de la providencia formalmente impugnada incurre con claridad en la causa de inadmisión prevista en el art. 50.1 d) LOTC; causa de inadmisión que, en este momento procesal, se torna, sin más, en causa de desestimación de la demanda de amparo en este específico punto».

Asimismo, debemos tener en cuenta la incompatibilidad del recurso de queja y de súplica, como nos dicen RIFÁ/RICHARD GONZÁLEZ (p. 1204), «el recurso de súplica es incompatible con el recurso de queja, ya que una vez resuelto el recurso de súplica contra la resolución denegatoria del mismo no cabrá en ningún caso recurso de queja y tampoco procederá el recurso de súplica cuando proceda interponer el recurso de queja contra determinados autos de la Audiencia Provincial».

La tramitación del recurso de súplica, conforme el art. 238 de la LECrim, se sustanciará por el procedimiento señalado para el recurso de reforma. El recurso de súplica se interpone y resuelve ante el mismo órgano judicial que ha dictado la resolución recurrida. El plazo para la interposición del recurso es de tres días desde la notificación de la resolución que se quiera recurrir. El recurso se tiene que presentar en escrito, firmado por letrado, con traslado de copias al resto de las partes. Admitido a trámite el recurso, se da traslado a las demás partes por un plazo de dos días para que formulen, si lo estiman conveniente, alegaciones al recurso. Transcurrido el plazo de los dos días, el juez competente deberá resolver el recurso interpuesto. El recurso se resuelve por medio de auto, y no tiene efectos suspensivos, no siendo susceptible de recurso ordinario alguno.

4. RECURSO DE QUEJA

4.1 Concepto y resoluciones recurribles

El legislador utiliza la palabra "queja" para designar dos recursos distintos. Por un lado, se denomina recurso queja el recurso ordinario contra resoluciones interlocutorias —no apelables— previsto en la fase de instrucción del procedimiento por delitos graves (arts. 218 y ss. LECrim) y, por otra parte, también se denomina recurso de queja, al previsto para impugnar la denegación de la preparación del recurso de casación por el tribunal que dictó la resolución recurrible (art. 862 LECrim), actuando como una vía de control devolutivo frente a la eventual denegación del recurso.

Sobre esta regla general de supuestos contra los que, sí que cabe el recurso de queja, vamos a analizar los supuestos en los que no cabe el indicado recurso:

* No cabe contra los autos dictados en el procedimiento abreviado, tras la reforma operada por la Ley 38/2002, salvo para el caso de inadmisión del recurso de apelación frente a la sentencia dictada en primera instancia por el juez de lo penal
* No cabe contra la resolución denegatoria de un recurso de súplica
* No cabe contra los autos dictados en trámite de ejecución
* No cabe contra el auto que deniega la apertura de juicio oral acordada por el Juez de Instrucción y confirmada por la Audiencia Provincial, como nos dicen RIFÁ/RICHARD GONZÁLEZ (p. 1264).

Junto con ello, debemos destacar el papel esencial que tiene el recurso de queja en la casación. Conforme el art. 858 de la LECrim, «El Tribunal, dentro de los tres días siguientes, sin oír a las partes, tendrá por preparado el recurso si la resolución reclamada es recurrible en casación y se han cumplido todos los requisitos exigidos en los artículos anteriores, y, en el caso contrario, lo denegará por auto motivado». Le corresponde por tanto al tribunal que dictó la resolución recurrida examinar el cumplimiento de los requisitos procedentes para la interposición del recurso, de no concurrir alguno de ellos, acordará mediante auto su inadmisión, decisión que será recurrible en queja ante el órgano competente para resolver el fondo del recurso.

4.2 Procedimiento

El recurso de queja tiene una regulación diferenciada si se interpone contra los autos del juez de instrucción o en los casos de inadmisión del recurso de apelación o casación; veámoslo a continuación, distinguiendo ambos supuestos.

4.2.1 Recurso de queja contra los autos no apelables del juez de instrucción

En el caso de interposición de recurso de queja contra los autos dictados del juez de instrucción o juez de lo penal que son recurribles por esta vía: autos de denegación de la apelación y autos no apelables. En estos casos, el art. 219 de la LECrim establece que el recurso se interpone ante el tribunal superior del que dicta la resolución no recurrible o cuyo recurso se ha inadmitido.

El plazo para la interposición del recurso en estos casos no es preclusivo, sino que el art. 213 de la LECrim establece que, «podrá interponerse en cualquier tiempo, mientras estuviese pendiente la causa». Sería deseable que hubiera un plazo preclusivo para la interposición del recurso de queja a efectos de la afectación de la resolución en la tramitación de la causa, si bien esto parece resuelto con la prevención que contiene el art. 235 de la LECrim, al recoger que, «el auto que se dicte —resolviendo el recurso de queja— no podrá afectar al estado que tuviere la causa cuando el recurso se haya interpuesto fuera del término ordinario de las apelaciones». Esto nos lleva directamente al efecto de la resolución que resuelve el recurso de queja: si el recurso de queja se interpone en el plazo de los cinco días —contra los autos—, plazo para la interposición del recurso de apelación, la resolución del recurso de queja tendrá efectos en la causa. Ahora bien, si se interpone fuera de este plazo, la resolución no tendrá efectos en la causa, y la inadmisión del recurso no podrá ser alterada (DEL MORAL/ESCOBAR JIMÉNEZ/MORENO VERDEJO, p. 72)

En cuanto a la tramitación del recurso, se debe interponer por escrito firmado por letrado (art. 221 LECrim) directamente ante el tribunal *ad quem* art. 219.2 LECrim, que será quien lo resuelva. Regulado el trámite en los arts, 223 a

235 de la LECrim, una vez interpuesto el recurso de queja, el tribunal *ad quem*, ordenará al juez (de instrucción o de lo penal) que informe en el corto término que al efecto le señale. Recibido dicho informe, el art. 234 de la LECrim, establece que lo pasará al fiscal, si la causa fuere por delito en que tenga que intervenir, para que emita dictamen por escrito en el término de tres días.

Se puede plantear en este trámite si del escrito del juez se debe dar traslado además a las partes que estuvieren personadas en el procedimiento, en aras a respetar el trámite de contradicción que asienta la doctrina constitucional en los recursos (STC 124/2024 [*Tol 10319298*]):

> «El art. 24.1 CE comprende el derecho a no sufrir indefensión, que en nuestra jurisprudencia se entiende como un derecho a la defensa contradictoria y se vincula con las garantías del proceso debido, reconocidas en el art. 24.2 CE, que requiere indefensión material (STC 94/2024, de 2 de julio, FJ 7.3.1, con ulteriores referencias). La proscripción de la indefensión puesta en relación con el reconocimiento del derecho de defensa, en el apartado segundo del mismo precepto constitucional, "significa que en todo proceso judicial debe respetarse el derecho de defensa contradictoria de las partes contendientes" (STC 29/2023, de 17 de abril, FJ 2, también con numerosas referencias). Se garantiza así "a los litigantes, en todo proceso y en todas sus instancias y recursos, un adecuado ejercicio del derecho de defensa que respete los principios de audiencia, contradicción e igualdad de armas procesales, asegurándoles la oportunidad de ser oídos y de hacer valer sus respectivos derechos e intereses legítimos" (STC 23/2003, de 10 de febrero, FJ 2)».

En el caso del recurso de queja la ley solo dice que debe darse traslado al Ministerio Fiscal, y parece que es posible que la parte pueda hacer sus alegaciones y sean recogidas por el juez en su informe, sin que esto suponga dejar vacío el trámite de contradicción de las partes.

4.2.2 Recurso de queja contra la inadmisión del recurso de apelación

Como se ha indicado en el apartado anterior, al referirnos a los supuestos en los que cabe la interposición del recurso de queja, uno de ellos es el ya estudiado recurso contra las resoluciones no apelables, siendo otro de los supuestos en los que cabe la interposición del recurso de queja, contra los autos del juez que inadmiten el recurso de apelación. En este caso a diferencia del anterior supuesto, el juez deniega el recurso de apelación frente a una resolución recurrible, y la LECrim, en su art. 218 establece una vía de revisión frente a esta denegación a través del recurso de queja.

El recurso de queja se interpone ante el tribunal superior del juez que dicta la resolución que deniega el recurso de apelación, quien además será el competente para resolverlo. Será competente la Audiencia Provincial, si es el juez de instrucción o el juez de lo penal el que dicta la resolución recurrible en queja. La interposición del recurso deberá hacerse siempre en escrito, autorizado con firma de letrado tal y como establece el art. 221 de la LECrim.

No establece la LECrim un plazo preclusivo para la interposición del recurso de queja, como ya hemos indicado en el apartado anterior de este capítulo, al cual nos remitimos para no ser reiterativos, el efecto que prevé la Ley para el recurso de queja si no se interpone dentro del plazo de cinco días para la interposición del recurso de apelación es que, «el auto que se dicte no podrá afectar al estado que tuviere la causa cuando el recurso se haya interpuesto fuera del término ordinario de las apelaciones, sin perjuicio de lo que el Tribunal acuerde en su día cuando llegue a conocer de aquélla».

La tramitación del recurso de queja está regulado en los arts. 233 a 236 de la LECrim, que establece que una vez interpuesto el recurso, el tribunal *ad quem*, ordenará al juez (de instrucción o de lo penal) que informe en el corto término que al efecto le señale. Recibido dicho informe, el art. 234 de la LECrim, establece que lo pasará al fiscal, si la causa fuere por delito en que tenga que intervenir, para que emita dictamen por escrito en el término de tres días. Resolviendo el tribunal competente, la resolución dictada se comunica al juez que habiendo denegado el recurso de apelación, se verá afectado por la resolución dictada por el superior si el recurso se hubiera dictado en el plazo indicado anteriormente.

4.2.3 Recurso de queja contra la inadmisión del recurso de casación

Si el auto que se recurre es de inadmisión de la casación, el art. 862 de la LECrim establece un plazo de dos días desde la notificación del auto de inadmisión como plazo para la interposición del recurso de queja.

El procedimiento a seguir en este caso supone que, presentado el recurso ante el tribunal sentenciador (art. 863 de la LECrim), éste dispone que, «se remita copia certificada del auto denegatorio a la Sala Segunda del Tribunal Supremo y mandará emplazar a las partes para que comparezcan ante la misma». Conforme a lo dispuesto en los arts. 867 y ss. de la LECrim, si la parte no comparece ante el TS se tiene por declarado desierto el recurso. Si la parte comparece ante la Sala Segunda del Tribunal Supremo, deberá presentar escrito firmado por abogado y procurador con la fundamentación de la queja, acompañada de las correspondientes copias para las partes y para el Ministerio Fiscal, a quien se da traslado para alegaciones por un plazo de tres días. Cuando alguna de las partes emplazadas comparezca en forma legal, dentro del término de emplazamiento, se le entregará copia del escrito del recurso y del auto denegatorio para que, si lo estima conducente, pueda impugnarlo en el mismo término de tercero día que se concede al Ministerio Fiscal (art. 867 *bis* LECrim).

Transcurrido dicho plazo, el recurso se pasará para informe del magistrado ponente, resolviendo la Sala sin más trámites por medio de auto. La resolución que se dicte se comunicará al tribunal sentenciador, ordenando que confirme o revoque la resolución dictada. Contra el auto que resuelve el recurso de queja no cabe recurso alguno (art. 871 de la LECrim).

4.3 Efectos del recurso de queja

El recurso de queja, como regla general no tiene efectos suspensivos, si bien sus concretos efectos dependen de si el recurso se interpone contra los autos interlocutorios no apelables en el procedimiento por delitos graves, o contra los autos que inadmiten el recurso de apelación o de casación.

4.3.1 Efectos del recurso de queja interpuesto contra resoluciones interlocutorias

Si se trata de los recursos contra los autos del juez de instrucción, los efectos del recurso dependen del plazo en el que se interpone el recurso de queja. Si el recurso de queja se interpone dentro del plazo previsto para la apelación —5 días— los efectos del recurso se equiparan a los de la interposición del recurso de apelación. Así, y conforme a lo dispuesto en el art. 232 de la LECrim, si se estima el recurso, se comunicará la decisión al juez de instrucción que hubiera dictado la resolución para el cumplimiento de lo prevenido por el tribunal superior. En caso de que el recurso de queja se interponga fuera del plazo de los cinco días previstos para la apelación, los efectos del auto que resuelve el recurso no tienen afectación inmediata en la causa, sin perjuicio de que el tribunal acuerde lo que estime procedente al dictar sentencia (art. 235.2 de la LECrim).

4.3.2 Efectos del recurso de queja interpuesto contra la denegación de la apelación o casación

Si el recurso se ha interpuesto contra los autos que inadmiten el recurso de apelación o casación, sus efectos están regulados en el art. 870 de la LECrim. Cuando la Sala estime fundada la queja, revocará el auto denegatorio y mandará al órgano *a quo*, que expida la certificación de la resolución reclamada para continuar con la tramitación —teniendo por preparado el recurso— conforme lo establecido en los arts. 858 y 861 LECrim.

Cuando, a juicio de la Sala, la queja no sea procedente, la desestimará con condena en costas, comunicándolo al tribunal sentenciador para los efectos correspondientes.

5. RECURSO DE APELACIÓN

5.1 Recurso de apelación: evolución y ámbito de aplicación

5.1.1 Evolución

El recurso de apelación en nuestro sistema procesal ha sufrido relevantes modificaciones a lo largo de los años hasta la regulación actual que veremos en este apartado. La LO 19/2023, introduce en el art. 73.3 de la LOPJ la atribución a los TSJ de las Comunidades Autónomas el conocimiento de los recursos de apelación interpuesto frente a las sentencias dictadas por las Audiencias Provinciales en primera instancia. Esta misma ley introduce ex novo el art. 64 *bis* de la LOPJ por el cual atribuye a la Sala de Apelación de la Audiencia Nacional la competencia para conocer del recurso de apelación frente a las sentencias dictadas por la Sala de lo Penal de dicho órgano judicial.

Esta reforma orgánica no se pudo llevar a cabo en la práctica hasta la reforma de la LECrim por la Ley 41/2015. Conforme esta reforma se procede a generalizar la segunda instancia en el sistema penal, estableciendo la misma regulación que ya existía para la apelación de las sentencias dictadas por los jueces de lo penal en el proceso abreviado, si bien adaptándola a las exigencias constitucionales y europeas.

5.2.2 Ámbito de aplicación

El recurso de apelación en la regulación actual puede ser interpuesto contra las siguientes resoluciones:

1. Resoluciones interlocutorias, que no ponen fin al procedimiento, dictadas por el juez de instrucción o juez de lo penal, de las que conoce la Audiencia Provincial, y en el caso de los jueces centrales de instrucción, conoce la Sala de lo Penal de la Audiencia Nacional.
2. Cabe recurso de apelación contra las sentencias, en concreto contra las siguientes:

   * Sentencias dictadas en el ámbito del procedimiento abreviado por el juez de lo penal del que conocerá la Audiencia Provincial, o dictadas

por el juez central de lo penal, del que conocerá la Sala de lo Penal de la Audiencia Nacional

* Sentencias dictadas en primera instancia por la Audiencia Provincial, y la Sala de lo Penal de la Audiencia Nacional del que conocerá el TSJ de la Comunidad Autónoma y la Sala de Apelación de la Audiencia Nacional respectivamente
* Sentencias dictadas en primera instancia por el magistrado– presidente del Tribunal del Jurado, del que conocerá el TSJ de la Comunidad Autónoma.

El recurso de apelación tiene una finalidad distinta según la resolución que se recurra. Cuando el recurso de apelación se interponga frente a las resoluciones interlocutorias, podemos decir que el recurso cumple una función depuradora, (RIFÁ/RICHARD GONZÁLEZ, p. 1205), ya que permite la denuncia de las infracciones legales. En cambio, cuando se trata del recurso de apelación frente a las sentencias, puede considerarse como una segunda instancia, aunque no plena, ya que la revisión del recurso tiene ciertas limitaciones. Estudiaremos a continuación el recurso de apelación según sea interpuesto contra las resoluciones interlocutorias. 2167

5.2 El recurso de apelación frente a las resoluciones interlocutorias

El recurso de apelación se puede interponer contra las resoluciones interlocutorias dictadas en el ámbito del procedimiento abreviado y en el procedimiento ordinario por delitos graves. La diferencia entre ambos casos exige que el estudio del recurso de apelación lo hagamos de manera separada según el marco del procedimiento donde se interpone el recurso de apelación.

5.2.1 Recurso de apelación frente a resoluciones interlocutorias en el procedimiento ordinario

* *Resoluciones recurribles*. El recurso de apelación se puede interponer frente a las resoluciones interlocutorias dictadas por el juez de instrucción y el juez central de instrucción expresamente indicadas en el art. 217 de la LECrim. Ésta es la principal diferencia respecto del recurso de apelación en el procedimiento abreviado, en el que, salvo el auto de apertura de juicio oral, como regla general, todas las resoluciones interlocutorias son recurribles en apelación.

En el procedimiento por delitos graves, el recurso de apelación puede interponerse contra los autos que resuelven el recurso de reforma, y contra otras resoluciones expresamente previstas en la ley, como por ejemplo el auto que inadmite la querella (art. 220 de la LECrim).

* *Interposición del recurso*. El recurso de apelación se interpone ante el mismo órgano judicial que dicta la resolución que se recurre (órgano *a quo*, art. 219 de la LECrim), siendo competente para su resolución el superior jerárquico (art. 220 de la LECrim), esto es, la Audiencia Provincial en el caso del recurso frente a las resoluciones de los jueces de instrucción, o a la Sala de lo Penal de la Audiencia Nacional en el caso de recurso interpuesto frente a las resoluciones dictadas por los jueces centrales de instrucción. Será competente el Tribunal Supremo en los casos de procedimientos contra personas aforadas (art. 224 de la LECrim).

El recurso de apelación no podrá interponerse sino después de haberse ejercitado el de reforma, pero podrán interponerse ambos en un mismo escrito, en cuyo caso el de apelación se propondrá subsidiariamente, por si fuere desestimado el de reforma (art. 222 de la LECrim).

El plazo para la interposición del recurso de apelación es de cinco días, que empezará a contar a partir de la última notificación practicada a las partes de

la resolución que se recurre (art. 212 de la LECrim). El recurso deberá presentarse en escrito con firma de letrado (art. 221 de la LECrim).

* *Procedimiento.* Interpuesto el recurso de apelación, el juez *a quo* lo admitirá si cumple con los requisitos, admitiéndolo según proceda en uno o en ambos efectos. Conforme el art. 217 de la LECrim, la regla general es la admisión del recurso en un solo efecto —devolutivo—, y solo de manera expresa la Ley lo admitirá en el doble efecto —suspensivo—.

Una vez admitido, la tramitación del recurso se rige por lo previsto en el art. 225 de la LECrim, «si el recurso no fuere admisible más que en un solo efecto, el Juez, en la misma resolución en que así lo declare en cumplimiento del artículo 223, mandará sacar testimonio del auto primeramente recurrido, de los escritos referentes al recurso de reforma, del auto apelado y de cuantos otros particulares considere necesario incluir, fijando el término dentro del cual ha de quedar expedido el testimonio, término que se contará desde la fecha siguiente a la de la resolución en que se fije». Las partes y el Ministerio Fiscal pueden solicitar la inclusión de particulares. Incorporado el testimonio por el órgano *a quo*, se emplazará a las partes ante el órgano *ad quem* por término de 10 días si es la Audiencia Provincial o 15 días si es el Tribunal Supremo el competente.

Una vez recibidas las actuaciones por el órgano competente para resolver el recurso, si la parte recurrente no comparece se declarará éste desierto y se devolverá al juez de instrucción. Si la parte recurrente comparece ante el tribunal *ad quem*, se le dará vista de las actuaciones, dándose traslado de las mismas, a continuación, al resto de las partes. Tras la celebración de la vista, resolverá el órgano competente mediante auto, que será notificado al tribunal *a quo*, sin que esta resolución sea susceptible de recurso.

Los recursos de apelación que se hubieren interpuesto no impiden la tramitación del sumario y su terminación en su caso.

5.2.2 *Recurso de apelación frente a resoluciones interlocutorias en el procedimiento abreviado*

La regulación de este tipo de recurso no dista mucho respecto el que hemos visto en el apartado anterior referente al recurso en el procedimiento ordinario. Las principales diferencias, afectan a las resoluciones recurribles, al órgano encargado de preparar el recurso y al carácter no obligatorio de la previa interposición del recurso de reforma.

* *Resoluciones recurribles*. En el procedimiento abreviado cabe interponer recurso de apelación contra todos los autos del juez de instrucción y juez central de instrucción, siempre que la ley no disponga lo contrario (art. 766 de la LECrim).

* *Interposición*. Para la interposición del recurso de apelación no es preceptiva, como hemos adelantado, la previa presentación del recurso de reforma. El recurrente puede interponer recurso de reforma previo a la apelación, puede interponer recurso de apelación subsidiario de la reforma en el mismo escrito, o puede interponer directamente recurso de apelación.

El recurso de apelación se presentará mediante escrito ante el órgano *a quo*, dentro de los cinco días siguientes a la notificación del auto recurrido o del resolutorio del recurso de reforma. En el escrito de interposición se expondrán los motivos del recurso, se señalarán los particulares que hayan de testimoniarse y se acompañarán, en su caso, los documentos justificativos de las peticiones formuladas. El plazo para la interposición del recurso empezará a contar, se haya practicado la última notificación a las partes de la resolución que se recurre (art. 212 de la LECrim).

El tribunal competente para conocer del recurso es el que deba conocer del juicio oral (art. 220 de la LECrim). En el caso de resoluciones dictadas por el juez de instrucción, el órgano competente para resolver la apelación será la Audiencia Provincial, mientras que en el caso de resoluciones dictadas por los jueces centrales de instrucción, el órgano competente para resolver será la Sala de lo Penal de la Audiencia Nacional.

* *Procedimiento.* Admitido a trámite el recurso, se dará traslado a las demás partes personadas por un plazo común de cinco días para que puedan alegar por escrito lo que estimen conveniente, señalar otros particulares que deban ser testimoniados y presentar los documentos justificativos de sus pretensiones.

En los dos días siguientes a la finalización del plazo, el juez ante el que se haya presentado el recurso remitirá testimonio de los particulares señalados a la Audiencia respectiva que, sin más trámites, resolverá dentro de los cinco días siguientes. Excepcionalmente, la Audiencia podrá reclamar las actuaciones para su consulta siempre que con ello no se obstaculice la tramitación de aquéllas; en estos casos, deberán devolverse las actuaciones al juez *a quo* en el plazo máximo de tres días (art. 766.3 de la LECrim).

El recurso de apelación se resuelve, como regla general, sin necesidad de celebrar vista. Sin embargo, el art. 766. 5 de la LECrim establece que, «si en el auto recurrido en apelación se acordare la prisión provisional de alguno de los investigados o encausados, respecto de dicho pronunciamiento podrá el apelante solicitar en el escrito de interposición del recurso la celebración de vista, que acordará la Audiencia respectiva. Cuando el auto recurrido contenga otros pronunciamientos sobre medidas cautelares, la Audiencia podrá acordar la celebración de vista si lo estima conveniente».

Al igual que en el recurso de apelación contra las resoluciones en el procedimiento ordinario, el recurso de apelación tiene un efecto devolutivo siempre, y suspensivo cuando se diga expresamente, y contra el auto que resuelve la apelación no cabe interponer recurso ordinario alguno.

5.2.3 *El recurso de apelación contra los autos dictados por el magistrado-presidente en el procedimiento del Tribunal del Jurado que no ponen fin al procedimiento*

El sistema de recursos de la LECrim es de aplicación al procedimiento del jurado, que si bien regulado por la LO 5/1995, del Tribunal del Jurado, no tiene una regulación propia del sistema de recursos, más allá de meras referencias a que las resoluciones son recurribles. Ante la ausencia de una regulación sobre la materia, es la LECrim la que regula de manera expresa en los arts. 846 *bis* a) y ss. el recurso de apelación contra las sentencias y determinados autos.

En concreto, veremos en este apartado el recurso de apelación contra los autos dictados por el magistrado-presidente en el procedimiento del Tribunal del Jurado que no ponen fin al procedimiento, pudiendo encontrar una mayor concreción sobre el procedimiento del Jurado y las vías de recurso e impugnación en el capitulo 72 de esta obra.

* *Resoluciones recurribles*. Si bien son recurribles las resoluciones del juez de instrucción en esta fase del procedimiento del jurado, nos vamos a centrar en el recurso de apelación contra los autos dictados por el magistrado-presidente del Tribunal del Jurado que no ponen fin al procedimiento.

El art. 846 *bis* a) de la LECrim, establece que en concreto podemos identificar algunos de los supuestos contra los que cabe interponer el recurso de apelación sin que ello suponga una numeración tasada, siendo los supuestos que identificamos los siguientes:

* Contra los autos que resuelven cuestiones o excepciones previstas en el art. 666 de la LECrim, esto es la declinatoria de jurisdicción, la de cosa juzgada, la de prescripción del delito, la de amnistía o indulto, la falta de autorización administrativa para procesar en los casos en que sea necesaria, con arreglo a la Constitución y a Leyes especiales.
* Contra los autos que resuelven sobre la competencia o inadecuación del procedimiento.
* Contra los autos que resuelven la situación personal del acusado.
* *Tramitación*. El recurso de apelación contra las resoluciones interlocuorias del magistrado Presidente están reguladas en el mismo apartado que el recurso de apelación contra las sentencias, surgiendo la cuestión de si son aplicables al recurso contra los autos las mismas normas previstas para el recurso de apelación contra las sentencias, que en concreto son las que regulan la motivación del recurso y su tramitación.

Parece generalizada la opinión de que el recurso de apelación contra los autos que no ponen al fin al proceso no deben sustentarse en los motivos que el art. 846 *bis* c) de la LECrim establece para los recursos contra las sentencias, y ello debido a que el carácter ordinario de los recursos contra las resoluciones interlocutorias no debe venir acompañado de una lista de motivos.

El recurso se deberá presentar en escrito ante el Tribunal del Jurado. Del escrito interponiendo recurso de apelación, establece el art. 846 *bis* d) que el Letrado de la Administración de Justicia dará traslado, una vez concluido el término para recurrir, a las demás partes por un plazo de cinco días.

Las demás partes, en el término de cinco días, podrán impugnar el recurso o formular recurso supeditado de apelación, introduciendo esta figura en los recursos de apelación, si éste se interpusiera se dará traslado a las demás partes.

«Concluido el término de cinco días sin que se impugne o se formule apelación supeditada o, en su caso, efectuado el traslado a las demás partes, el Letrado de la Administración de Justicia emplazará a todas ante el órgano competente para conocer y resolver del recurso de apelación, la Sala de lo Civil y Penal del Tribunal Superior de Justicia, siendo el plazo para personarse ante dicho órgano es de de diez días», tal y como establece el art. 846 *bis* d) de la LECrim. La sala de lo Civil y de lo Penal del TSJ, se compondrá, para conocer de este recurso, de tres Magistrados.

6. LOS RECURSOS CONTRA LAS DECISIONES DE LOS LETRADOS DE LA ADMINISTRACIÓN DE JUSTICIA

La LO 19/2003 aborda una importante reforma de la oficina judicial, entre otras previsiones, atribuye más funciones a los LAJ. Consecuencia de ello es la reforma introducida en la LECrim por la Ley 13/2009, en la que se regula el sistema de recursos que caben contra las resoluciones dictadas por los LAJ. De manera sintética podemos decir que resultan recurribles las diligencias de ordenación y los decretos, quedando sin recurso las diligencias de constancia, de comunicación y de ejecución.

Los recursos previstos por el legislador son el recurso de reposición, que se resuelve por el propio LAJ, y el de revisión, del que conocerá el juez o magistrado a cuyo ejercicio jurisdiccional esté adscrito el LAJ que ha dictado la resolución recurrida.

6.1 Recurso de reposición

6.1.1 Resoluciones recurribles y plazo

El recurso de reposición está regulado en los artículos 211 y 238 de la LECrim. Cabe contra todas las diligencias de ordenación dictadas por los LAJ. También podrá interponerse recurso de reposición contra los decretos de los LAJ, excepto en aquellos supuestos en que proceda la interposición directa de recurso de revisión por así preverlo expresamente la ley (art. 238 de la LECrim).

Los supuestos en los que cabe directamente el recurso de revisión frente a los decretos son, conforme señala FERNÁNDEZ GALLARDO, los siguientes:

* Decreto declarando desierto el recurso de apelación, art. 228 LECrim.

* Decretos declarando desierto el recurso de queja una vez transcurrido el término del emplazamiento sin que haya comparecido el recurrente, art. 866 LECrim
* Decreto declarando desierto el recurso de casación una vez transcurrido el término del emplazamiento sin que el recurrente lo haya interpuesto, art. 873 LECrim.
* Decreto declarando desierto el recurso de casación una vez transcurrido el término de emplazamiento sin que haya comparecido la recurrente, art. 878 LECrim.

El plazo de interposición del recurso es de tres días, a contar desde el siguiente a su notificación a los que sean parte en el juicio, tal y como establece el art. 211 LECrim.

6.1.2 Fundamentación y trámite

El recurso de reposición es un recurso sin efectos suspensivos. En cuanto a los requisitos formales, recordamos que debe ser presentado por escrito, con firma de letrado, y con tantas copias como partes haya en el procedimiento. El recurso deberá indicar la infracción cometida como motivación de la fundamentación del recurso.

Nada dice la ley respecto a qué sucede si no se cumplen los requisitos formales para su interposición. A este respecto aclara FERNÁNDEZ GALLARDO, que se aplicará, en función de la supletoriedad prevista en el art. 4 LEC, el art. 452.2 LEC, conforme al cual, si no se cumplieran tales requisitos, se inadmitirá el recurso mediante decreto, que será directamente recurrible en revisión.

En el caso de que el recurso cumpla con todos los requisitos, será admitido por medio de diligencia de ordenación, se dará traslado a las partes por un plazo común de dos días para alegaciones, transcurrido el cual se resolverá sin más trámite el recurso por medio de decreto.

En la redacción originaria del recurso de reposición, el párrafo final del art. 238 de la LECrim previó que, «contra el decreto del Letrado de la Administración de Justicia que resuelva el recurso de reposición no cabrá interponer recurso alguno», párrafo que ha sido declarado inconstitucional y nulo por STC 151/2020 [*Tol 8197733*].

«El Pleno del TC declara la inconstitucionalidad y nulidad del precepto cuestionado, último párrafo del art. 238 de la LECrim precisando, al igual que se hizo en las SSTC 58/2016, FJ 7; 72/2018, FJ 4; 34/2019, FJ 7, y 15/2020, FJ 3, que, en tanto el legislador no se pronuncie al respecto, el recurso judicial procedente frente al decreto del letrado de la administración de justicia resolutivo de la reposición sea el directo de revisión».

6.2 Recurso de revisión

6.2.1 Resoluciones recurribles y plazo

El recurso de revisión se interpondrá contra los decretos dictados por el LAJ en los que expresamente se indique así por la ley, sin perjuicio del régimen establecido en materia de medidas cautelares y en fase de ejecución, que analizaremos posteriormente. Tal y como adelantamos, cabe interponer directamente recurso de revisión contra:

* Decreto declarando desierto el recurso de apelación, art. 228 LECrim.
* Decreto declarando desierto el recurso de queja una vez transcurrido el término del emplazamiento sin que haya comparecido el recurrente, art. 866 LECrim
* Decreto declarando desierto el recurso de casación una vez transcurrido el término el término del emplazamiento sin que el recurrente lo haya interpuesto, art. 873 LECrim.
* Decreto declarando desierto el recurso de casación una vez transcurrido el término de emplazamiento sin que haya comparecido el recurrente en forma, art. 878 LECrim.

Los plazos de interposición e impugnación, así como sus requisitos formales son iguales a los establecidos para el recurso de reposición. El plazo de interposición del recurso es de tres días a contar desde el siguiente a su notificación, tal y como establece el art. 211 LECrim.

6.2.2 Fundamentación y trámite

Al igual que el recurso de reposición, el recurso de revisión deberá ser presentado en escrito con firma de letrado, en el que deberá citarse la infracción en que hubiere incurrido la resolución recurrida, y del que deberán presentarse tantas copias cuantas sean las demás partes personadas.

Conforme el art. 238 *ter* de la LECrim, si el recurso cumple con todos los requisitos será admitido a trámite, concediéndose al Ministerio Fiscal y a las demás partes personadas un plazo común de dos días para que presenten sus alegaciones por escrito. Transcurrido este plazo, el juez o tribunal resolverá sin más trámite. Contra el auto resolutorio del recurso de revisión no cabrá interponer recurso alguno.

6.2.3 Recursos en materia de medidas cautaleres reales y en fase de ejecución

En el ámbito de las medidas cautelares y fase de ejecución encontramos una referencia expresa al régimen de recursos de la LEC. El art. 238 *ter* LECrim establece que, «el régimen de recursos frente a las resoluciones de los LAJs dictadas para la ejecución de los pronunciamientos civiles de la sentencia y para la realización de la medida cautelar real de embargo prevista en los artículos 589 y 615 de esta Ley, será el previsto en la LEC».

En fase de instrucción del procedimiento el embargo que de los bienes acuerda el juez adopta la forma de auto, contra el que cabe el sistema ordinario de recursos. Si bien una vez dictado el auto de procesamiento o fase de juicio oral, corresponde por tanto al LAJ en caso de no cumplimiento voluntario de la prestación de fianza, acordar el embargo sobre los bienes que resulten suficientes siguiendo el orden establecido en los arts. 592 y ss. LEC, adoptar las medidas de localización y averiguación de los bienes del responsable. En estos casos frente a las resoluciones procesales del LAJ cabe interponer:

* Recurso directo de revisión, conforme el art. 551 de la LEC contra el decreto que contiene el embargo de bienes, o medidas de localización y averiguación de bienes, y contra los decretos acordando la mejora, reducción, o modificación del embargo, art. 612 de la LEC, así como contra el decreto poniendo fin a la ejecución, art. 570 de la LEC
* Recurso de reposición, contra las resoluciones dictadas por el LAJ en el marco del proceso de ejecución que no sean el decreto que acuerde medidas ejecutivas concretas

Sistema que es de igual aplicación en el caso de las responsabilidades pecuniarias, regulando el art. 589 de la LECrim que, «cuando del sumario resulten indicios de criminalidad contra una persona, se mandará por el Juez que preste fianza bastante para asegurar las responsabilidades pecuniarias que en definitiva puedan declararse procedentes, decretándose en el mismo auto el embargo de bienes suficientes para cubrir dichas responsabilidades si no prestare la fianza», las medidas que se adopten por parte del LAJ para el aseguramiento, o averiguación de bienes o medidas de embargo serán de aplicación, el sistema de recursos de la LEC, bien recurso de revisión o de reposición según la resolución recurrida como hemos expuesto anteriormente.

7. LA IMPUGNACIÓN DE LOS DECRETOS DICTADOS POR LA FISCALÍA EUROPEA

7.1 Introducción y resoluciones recurribles

La LO 9/2021 contiene las normas de aplicación al ordenamiento español del Reglamento UE 2017/1939 del Consejo de 12 de octubre de 2107, por el que se establece una cooperación reforzada para la creación de la Fiscalía Europea. Regula la LO 9/2021, como se sabe, un procedimiento especial para el ejercicio de la acción penal por los fiscales europeos en orden a la protección de los intereses financieros de la UE, de conformidad con las competencias y los principios procesales previstos en el Reglamento 2017/1939.

Como mecanismo de control, el art. 8 LO 9/2021 establece que, «corresponde al juez de garantías resolver las impugnaciones contra los decretos del fiscal europeo delegado», añadiendo el art. 90 que, «los decretos dictados por el fiscal europeo delegado durante el procedimiento de investigación solo podrán ser impugnados ante el juez de garantías en los supuestos expresamente establecidos en esta ley orgánica».

2176 Los decretos recurribles son:

1. Decreto de incoación del procedimiento de investigación, art. 23.3 LOFE
2. Decreto denegando la segunda o sucesivas declaraciones del investigado, art. 30.4 LOFE.
3. Decreto denegando el acceso al procedimiento, art. 32 LOFE.
4. Decreto denegando diligencias propuestas por la defensa, art. 33.2 LOFE.
5. Decreto denegando la incorporación al procedimiento de elementos de descargo aportados por la defensa, art. 34.2 LOFE.
6. Decreto que deniegue la personación de la acusación particular, art. 36.4 LOFE.
7. Decreto que deniegue la personación de actor civil, art. 37.2 LOFE.
8. Decreto denegando el acceso al procedimiento por la acusación particular, art. 38 LOFE
9. Decreto denegando las diligencias propuestas por la acusación particular, art. 39.2 LOFE.
10. Decreto denegando la participación de peritos de parte, art. 44.2 LOFE
11. Decreto denegando o aceptando la recusación de peritos, art. 44.3 LOFE
12. Decreto resolviendo sobre las informaciones obtenidas mediante intervención de comunicación que deban ser excluidas por irrelevantes, art. 48.4º LOFE.
13. Decreto sobre medidas cautelares reales, art. 63.1 LOFE.
14. Decreto de detención, art. 78.1 LOFE.
15. Decreto de reapertura de investigación tras archivo, art. 113.3 LOFE.

Una cuestión que parece de interés plantear es si la indicación de los decretos recurribles en la LO 9/2021 debe considerarse como *numerus clausus* y si la inadmisión del recurso fuera de estos casos señalados vulnera el derecho a la tutela judicial efectiva. Sobre esta cuestión se ha pronunciado la AN en varias resoluciones, todas ellas en el mismo sentido, considerando que son otros los mecanismos de control judicial de los que dispone la parte para hacer valer su derecho, siendo los supuestos de impugnación un *numerus clausus* (AAN de 26/11/2024 [*Tol 10302603*]).

«Volviendo de nuevo a lo que ahora es objeto de recurso, esto es, la inadmisión a trámite del interpuesto por los ahora quejosos contra el decreto de 17 de noviembre de 2023 de los Fiscales Europeos delegados, por el que desestimó la petición de sobreseimiento del procedimiento 11/2022 que había sido interesada por los que están investigados y que por ellos había sido interesada, debe ser desestimado ya que aquel decreto es irrecurrible ya que, como se dice en el informe del magistrado del Juzgado Central de Instrucción, en función de Juez de Garantías, se trata de una resolución irrecurrible conforme a lo establecido en el Capítulo IV del Título IV de la Ley Orgánica 9/2021 de 1 de julio, que en su artículo 90 establece que los Decretos dictados por el Fiscal Europeo Delegado durante el procedimiento de investigación sólo podrán ser impugnados en los supuestos expresamente establecidos en esta Ley Orgánica, pues la Ley ha diseñado un sistema de impugnación en supuestos legamente tasados (numerus clausus) entre los que no se encuentran los Decretos desestimatorios de la petición de sobreseimiento interesada por los investigados, lo que determina su impugnabilidad". En definitiva, desestima el recurso y confirma así la resolución impugnada.

A la misma conclusión llegamos en este recurso pues como muy bien señala el Juez de Garantías la resolución es irrecurrible al no estar expresamente incluido en el art. 90 de la LOFE, y por tanto no se prevé recurso alguno contra el decreto que desestima la solicitud de devolución de los efectos procedentes de una entrada y registro. Sin embargo, como recuerda el Auto impugnado, existen mecanismos de control judicial, sobre los actos y los decretos de los Fiscales Europeos, sobre su validez o nulidad, sobre la posible indefensión o vulneración de derechos fundamentales y sobre la eventual utilización de medios de prueba nulos, como el que se regula en los arts. 32 (acceso el procedimiento) y 29 (retraso injustificado de la primera comparecencia). El art. 33 de la LOFE permite la impugnación ante el Juez de Garantías, en los casos en que el Fiscal delegado deniegue la práctica de una diligencia propuesta por una de las partes. Otro de estos mecanismos de control judicial se regula en el art. 71.2 de la LOFE, y, por tanto, aunque no se permita la impugnación directa del Decreto, cabe que el Juez de Garantías pueda llevar a cabo el control judicial sobre los resultados de la medida acordada. Y una vez concluida la investigación, se articula en los arts. 117 a 122 de la LOFE, un mecanismo de control judicial a través del que las partes pueden impugnar la acusación formulada, solicitando la celebración de una audiencia preliminar, con posibilidad de practicar diligencias para poner de manifiesto la procedencia del sobreseimiento. Otro de los mecanismos de control se puede llevar a cabo al inicio del juicio oral donde las defensas pueden plantear las cuestiones previas del art. 786. 2 de la Lecrim y por tanto todas aquellas que afecten a la vulneración de derechos fundamentales.

En definitiva, se comparten los argumentos de la resolución recurrida en el sentido de que existe un control judicial sobre los actos de investigación adoptados por los Fiscales Europeos delegados, bien de forma directa en los casos expresamente previstos o a través de los otros mecanismos de control judicial, razón por la cual no existe indefensión alguna en relación con una menor garantía del procedimiento regulado en la LOFE frente a de la LECrim».

7.2 Impugnación y control judicial

El juez de garantías es el competente para resolver la impugnación que se presenta por la parte, siendo el juez de garantías el juez central de instrucción de la Audiencia Nacional.

La tramitación del procedimiento está regulada expresamente en el art. 91 de la LO 9/2021, conforme al cual, «La impugnación deberá realizarse por escrito firmado por la representación del solicitante dentro de los cinco días siguientes a la notificación del decreto dictado por el Fiscal europeo delegado».

En el escrito se expondrán los motivos en que la impugnación se funda, se designarán los particulares que han de tenerse en cuenta para resolverla y se acompañarán, en su caso, los documentos justificativos de las peticiones formuladas.

Si el escrito de impugnación cumple con los requisitos, se admitirá a trámite la impugnación, se dará traslado al fiscal europeo delegado y a las demás partes personadas por un plazo común de cinco días para que aleguen por escrito lo que estimen conveniente, designen otros particulares que deban ser considerados y presenten los documentos justificativos de sus pretensiones (art. 91.2 de la LOFE). Transcurrido el plazo de cinco días, quedarán las actuaciones para resolver por medio de auto por plazo de cinco días.

Contra el auto resolviendo la impugnación, las partes no podrán interponer recurso alguno (art. 90.3 de la LO 9/2021). Contra el auto que deniega la tramitación de la impugnación del decreto de fiscalía por parte del juez de garantías cabe interponer recurso de queja.

8. ORGANIGRAMAS DE TRAMITACIÓN

8.1 Recursos de reforma y súplica

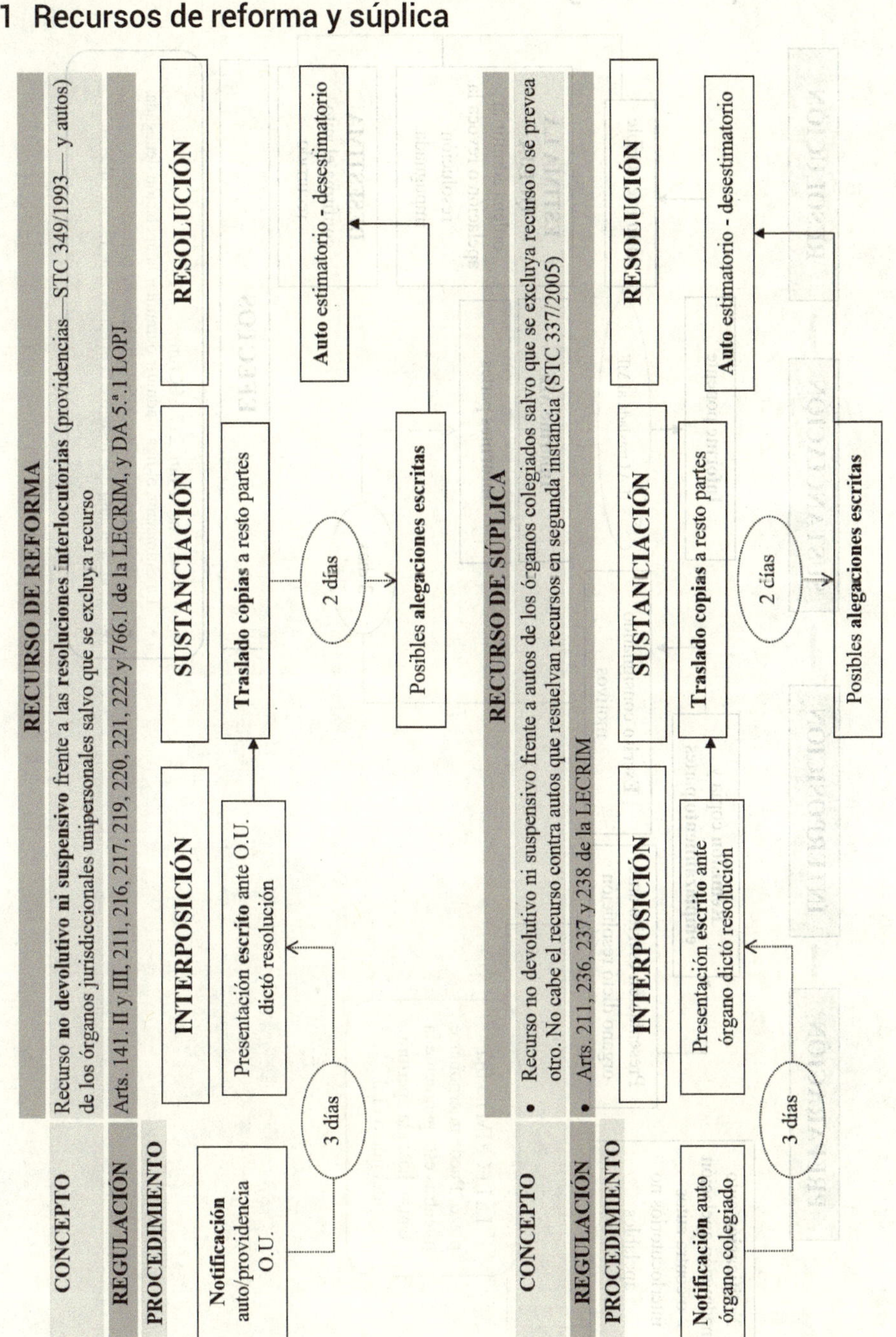

8.2 Recurso de queja contra resoluciones interlocutorias en el procedimiento por delitos graves

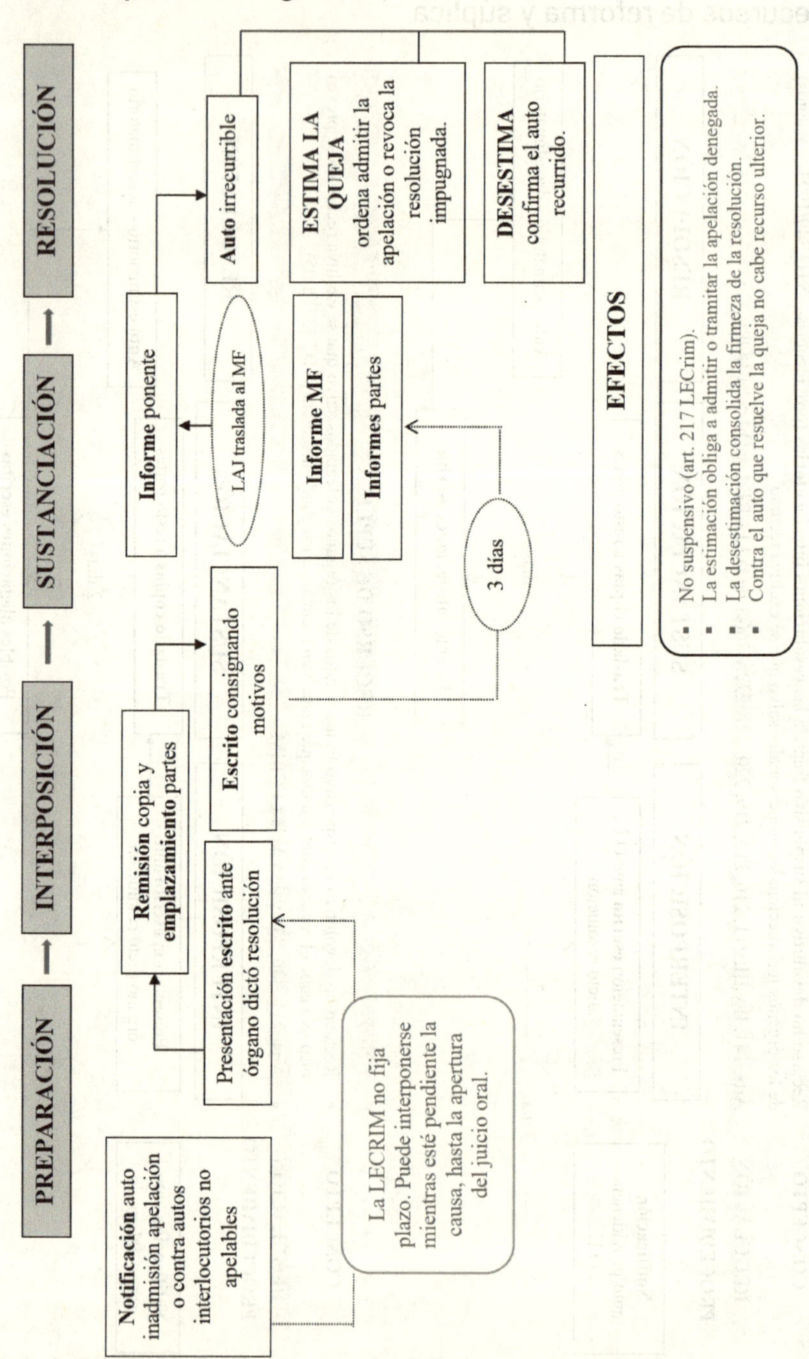

8.3 Recurso de apelación contra resoluciones interlocutorias en el procedimiento por delitos graves

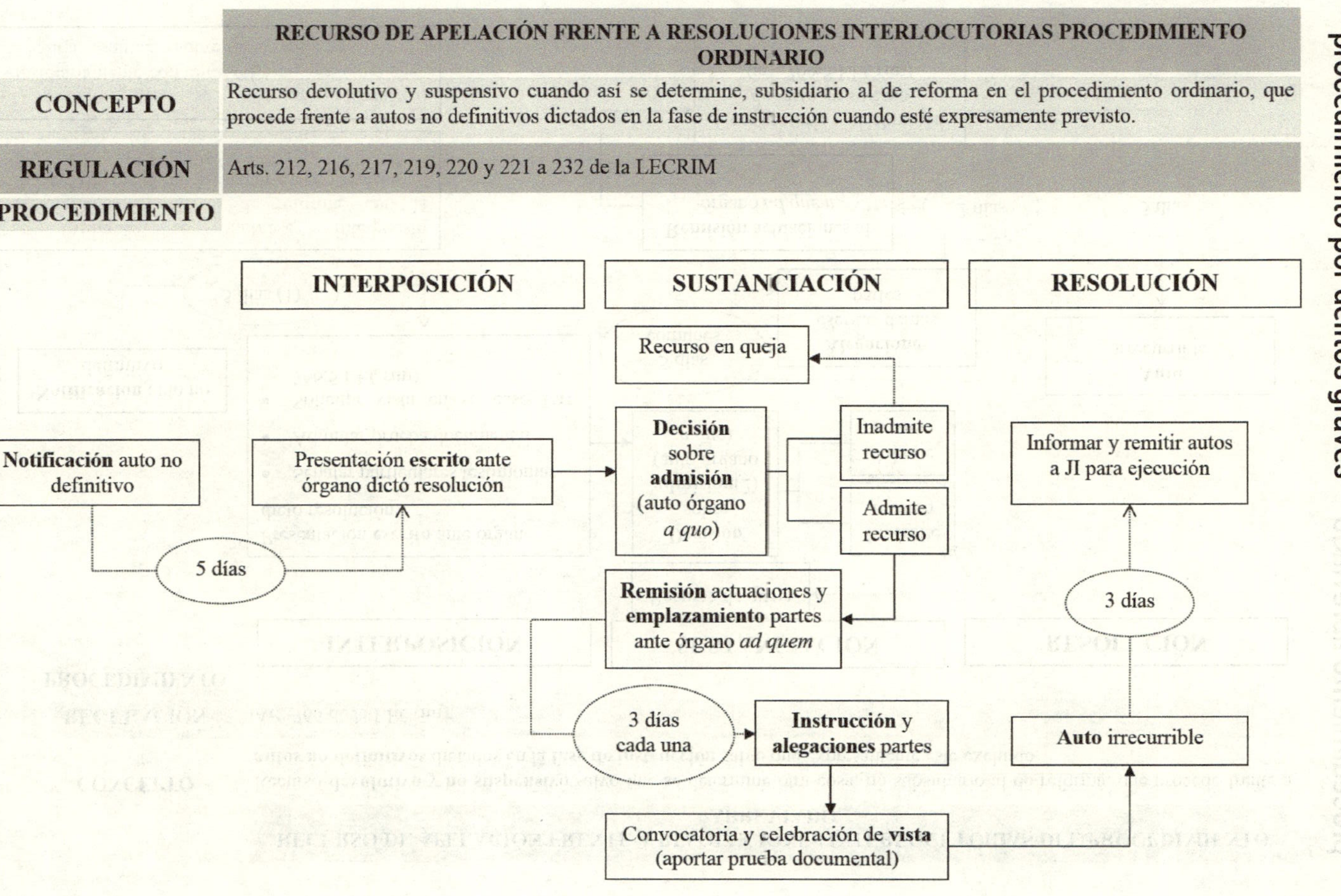

8.4 Recurso de apelación contra resoluciones interlocutorias en el procedimiento abreviado

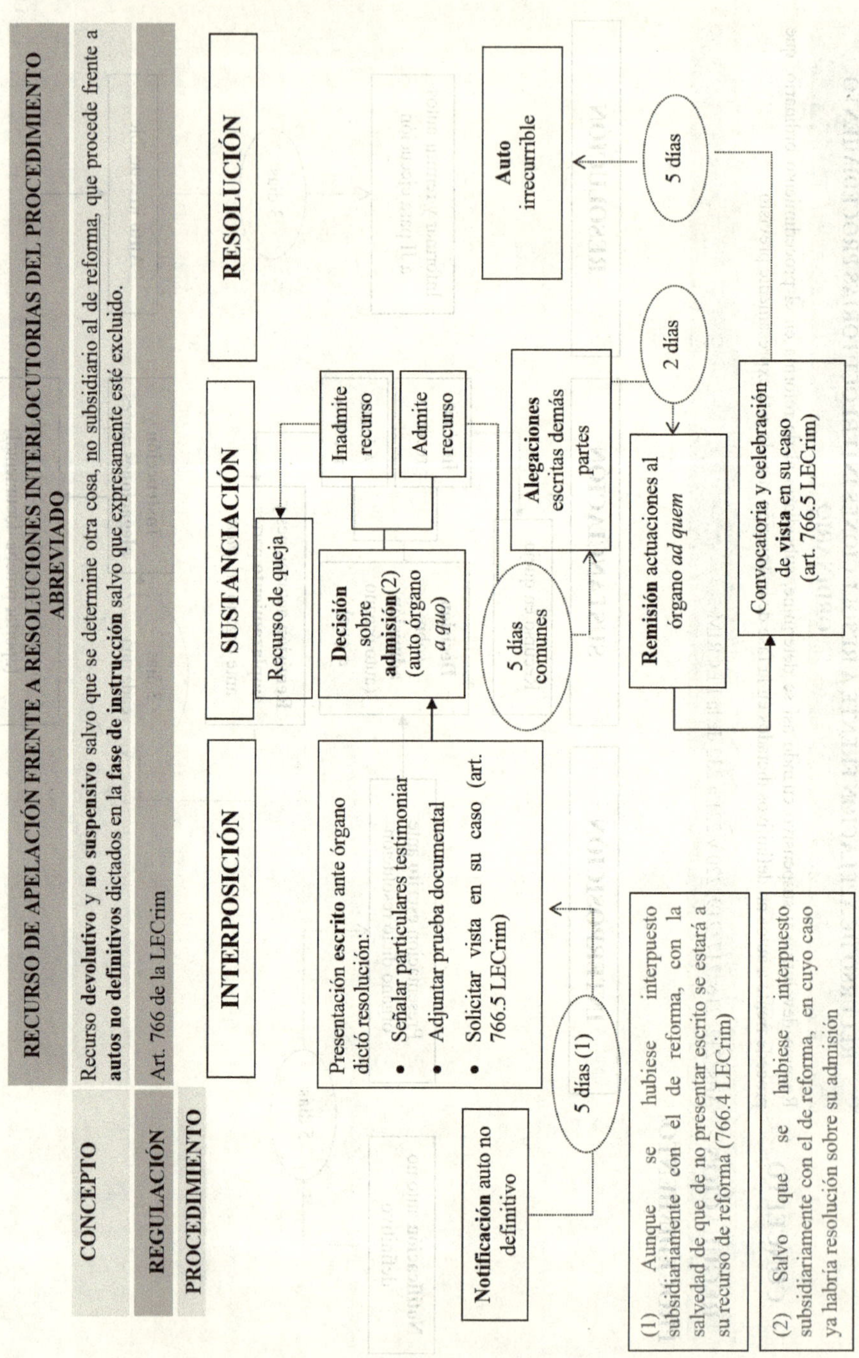

BIBLIOGRAFÍA

- ALHAMBRA PÉREZ, «Los recursos en la fase de instrucción del procedimiento penal», *Estudios de derecho Judicia,* 150/2008.
- DEL MORAL / ESCOBAR JIMÉNEZ / MORENO VERDEJO, *Los recursos en el proceso penal abreviado*, Comares, 1999.
- FERNÁNDEZ GALLARDO, *Derecho Penal*, Tirant lo Blanch, 2020 (esta publicación no la localizo ¿tendrías más datos?)
- MORENO CATENA / CORTÉS, *Derecho Procesal Penal*, Tirant lo Blanch, 2024.
- BANALOCHE PALAO / ZARAZALEJOS NIETO, *Aspectos fundamentales de Derecho Procesal penal*, Wolters Kluwer Aranzadi, 2018.
- RIFÁ SOLER / RICHARD GONZÁLEZ, *El proceso penal práctico*, Wolters Kluwer Aranzadi, 2017.

Capítulo 54

Recursos contra resoluciones que ponen fin al proceso

José Luis Ramírez Ortiz
Magistrado
Letrado del Tribunal Constitucional

SUMARIO: **1. EL RECURSO DE APELACIÓN CONTRA SENTENCIAS. 1.1 Concepto, regulación y naturaleza. 1.2 Evolución histórica. 1.3 La ordenación de los motivos de recurso. 1.4 Recurso por quebrantamiento de forma o garantías. 1.5 Recurso por error en la valoración probatoria. 1.6 Recurso por infracción de ley. 1.7 Recurso por infracción de precepto constitucional. 1.8 Facultades de oficio del tribunal. 2. LA REVISIÓN FÁCTICA DE LAS SENTENCIAS ABSOLUTORIAS. 2.1 Fundamento de la distinción entre la revisión fáctica de sentencias de condena y absolutorias. 2.2 El derecho a la doble instancia. 2.3 La reforma del modelo de apelación. 2.4 El recurso de apelación contra sentencias absolutorias. 3. LA REVISIÓN FÁCTICA DE LAS SENTENCIAS DE CONDENA. 3.1 La situación de partida. 3.2 La sentencia del Tribunal Constitucional 80/2024. 3.3 Alcance de la revisión fáctica.** *3.3.1 Motivos anulatorios y absolutorios. 3.3.2 Criterios de corrección y taxonomía de errores.* **4. LA TRAMITACIÓN DEL RECURSO DE APELACIÓN. 4.1 Formalización y posible proposición de prueba. 4.2 Traslados, vista potestativa y sentencia. 4.3 Adhesión a la apelación. 5. RECURSO DE APELACIÓN CONTRA AUTOS DE SOBRESEIMIENTO LIBRE. 5.1 Procedimiento abreviado. 5.2 Procedimiento ordinario. 6. RECURSO DE QUEJA CONTRA RESOLUCIONES QUE TENGAN POR NO INTERPUESTO EL RECURSO DE APELACIÓN O POR PREPARADO EL RECURSO DE CASACIÓN. 7. ORGANIGRAMAS DE TRAMITACIÓN. 7.1 Recurso de apelación h contra sentencias. 7.2 Recurso de queja contra resoluciones que acuerden no tener por preparado el recurso de casación.**

1. EL RECURSO DE APELACIÓN CONTRA SENTENCIAS

1.1 Concepto, regulación y naturaleza

El recurso de apelación contra sentencias constituye un medio de impugnación de la resolución definitiva considerada gravosa, que se resuelve por un órgano superior en una segunda decisión. El recurso abre la segunda instancia y, por tanto, la posibilidad de que el Tribunal superior se pronuncie sobre la totalidad de las cuestiones que fueron objeto de debate en la primera instancia.

La LECrim contempla dicho recurso contra las sentencias dictadas por órganos unipersonales en los procedimientos abreviados (art. 790), de enjuiciamiento rápido (art. 803) y por delitos leves (art. 976), esto es, conforme a la denominación dada por la LO 1/2025, las sentencias dictadas en cada caso por los jueces de las correspondientes Secciones competentes de los Tribunales de instancia, así como contra las sentencias dictadas por los órganos colegiados por las Audiencias Provinciales y la Sala de lo Penal de la Audiencia Nacional (art. 846 ter). En todos los casos, la tramitación del recurso se ajusta a lo dispuesto en los arts. 790 a 792, con las particularidades previstas para los juicios rápidos en el art. 803 y para los juicios por delitos leves en el art. 976.

El recurso de apelación se configura en nuestro ordenamiento, en principio, como recurso ordinario, en el sentido de que permite denunciar cualquier vicio del juicio o de la sentencia, esto es, lo que se conoce como vicios *in procedendo* y vicios *in iudicando*.

Además, el recurso se adscribe al modelo de apelación limitada y no plena. En el modelo de apelación plena, el tribunal superior recibe todos los materiales de hecho de la primera instancia, se pueden aportar ante él materiales nuevos de todo tipo, completar las pretensiones de la instancia e incluso ejercitar nuevas pretensiones. Es un nuevo juicio con todos los efectos. Por su parte, en el modelo de apelación limitada, sólo cabe la denuncia de la resolución impugnada a partir de los mismos materiales de la instancia, aunque con carácter excepcional se permite la aportación de materiales nuevos (MORENO CATENA, 2008). La revisión se limita a lo que es objeto de recurso, sin perjuicio de la operatividad de la doctrina de la voluntad impugnativa tácita en favor de la persona acusada. Ese es el sentido de la distinción. El carácter limitado no implica que el tribunal sólo pueda revisar las conclusiones probatorias de la sentencia de instancia cuando se haya incurrido en irracionalidad o en la infracción de las reglas de la lógica o la experiencia. La limitación se predica respecto de los medios de conocimiento, no del objeto. Bajo este ángulo, por emplear una fórmula plástica, cabría destacar que, en principio, nuestro recurso de apelación es limitado, en cuanto a los medios, y pleno, en cuanto al objeto.

1.2 Evolución histórica

En su redacción originaria, la LECrim no previó el recurso de apelación contra las sentencias dictadas en los procesos por delito, bajo la premisa de que había instaurado un modelo de enjuiciamiento de corte acusatorio en el que el juicio oral y público nutría de elementos de convicción al tribunal de enjuiciamiento que sólo podría resolver sobre la base de aquéllos, conforme al art. 741 LECrim. Por eso sólo contempló el recurso de casación por razones estrictamente jurídicas. No obstante, introdujo el recurso de apelación contra las sentencias dictadas en juicios de faltas, tanto por la desconfianza hacia los jueces municipales como por el hecho de responder este juicio al principio inquisitivo de actuación de oficio (LÓPEZ ORTEGA).

La ley de 8 de abril de 1967 introdujo un procedimiento en el que la instrucción y enjuiciamiento correspondían al juez instructor, denominado procedimiento de urgencia, contra cuyas sentencias se estableció el recurso de apelación ante la Audiencia Provincial. La LO 10/1980 para el enjuiciamiento de los delitos dolosos, menos graves y flagrantes, mantuvo el mismo modelo, que fue declarado inconstitucional por la STC 145/1988 dada la dualidad de funciones jurisdiccionales incompatibles.

La ley 7/1988, de modificación de la LECrim, dictada tras la declaración de inconstitucionalidad, introdujo el procedimiento abreviado manteniendo el modelo de doble instancia para las sentencias dictadas por los Juzgados de lo Penal en los procesos sustanciados por los trámites de este tipo procedimental. La LO 38/2002, conservó el recurso de apelación contra las sentencias dictadas en el procedimiento abreviado por los Juzgados de lo Penal y lo introdujo en el procedimiento de enjuiciamiento rápido.

Posteriormente, la LO 19/2003, de modificación de la LOPJ, con la finalidad de generalizar la doble instancia penal, atribuyó competencia a las Salas de Apelación de la Audiencia Nacional —creadas por la propia ley— y a las Salas de lo Civil y Penal de los Tribunales Superiores de Justicia para conocer de los recursos de apelación contra las sentencias dictadas en primera instancia por la Sala de lo Penal de la Audiencia Nacional y las Audiencias Provinciales, extendiendo así el recurso a las sentencias dictadas en primera instancia por dichos órganos colegiados. El ajuste de la reforma orgánica a la procesal se retrasó más de una década, y tuvo lugar a través de la ley 41/2015, de modificación de la LECrim que, además, modificó el recurso formulable por las acusaciones cuando alegaran errores en la valoración de la prueba para revocar una sentencia absolutoria o para agravar las condiciones fijadas en la condenatoria, como veremos.

Por último, el modelo de doble instancia ha encontrado eco igualmente en otras leyes procesales, como la LO 5/1995 del Tribunal del Jurado y la LO 5/2000, reguladora de la responsabilidad penal de los menores.

1.3 La ordenación de los motivos de recurso

El art. 790.2 LECrim identifica los motivos sobre los que puede articularse el recurso de apelación y que el recurrente debe identificar, lo que podría dar a entender que el recurso se configura como extraordinario. No obstante, la amplitud con la que aparecen formulados los motivos en la norma permite afirmar el carácter ordinario del recurso, con la salvedad que luego veremos. El motivo impugnatorio sirve para delimitar el objeto devolutivo y para medir la congruencia de la respuesta, y es conceptualmente distinto de la alegación que argumentativamente le da apoyo. En consecuencia, si bien la sentencia de apelación no será necesariamente incongruente por no tomar en consideración una alegación, sí incurrirá en dicho vicio si no da respuesta a un motivo invocado.

Por otra parte, la articulación de los motivos impugnatorios debe seguir un orden lógico: en primer lugar, la denuncia de infracción de normas y garantías esenciales del proceso causantes de la indefensión que pudieran dar lugar a la nulidad del juicio o sentencia o que impidan entrar a conocer el recurso, *v.gr.* por déficits de legitimación; a continuación, razones que cuestionen los hechos probados, por errores en la valoración probatoria o utilización de pruebas ilícitas; y, finalmente, la violación de normas sustantivas que evidencien errores en la subsunción, por aplicación indebida de normas o por su indebida inaplicación. No obstante, el tribunal de apelación puede reordenar de oficio los motivos der recurso para dar una respuesta coherente a las pretensiones formuladas por todas las partes, siempre que ello no conlleve consecuencias negativas para el recurrente, como sucedería, *v.gr.* si se resuelve antes la pretensión de prescripción que la del error valorativo que impediría atribuir la autoría al apelante (HERNÁNDEZ GARCÍA).

1.4 Recurso por quebrantamiento de forma o garantías

El primer motivo de recurso es la infracción de normas o garantías procesales que causaran indefensión en términos tales que no pueda ser subsanada en segunda instancia. En ese caso, el apelante puede interesar la nulidad del juicio, Para ello, debe identificar las normas legales o constitucionales que considere infringidas, explicar las razones de la indefensión, y acreditar haber pedido la subsanación de la falta o infracción en primera instancia, salvo en el caso de que se hubieran producido en un momento en el que fuera ya imposible la reclamación (art. 790.2 párrafo segundo LECrim).

La indefensión en términos constitucionales es la situación en la que el órgano judicial, como consecuencia de la infracción de una norma procesal, impide a la parte el ejercicio del derecho de defensa limitando o privando, bien su facultad de alegar y justificar probatoriamente sus derechos e intereses, bien su posibilidad de replicar contradictoriamente las alegaciones y pruebas contrarias, con el consiguiente perjuicio real y efectivo para sus intereses. La indefensión se caracteriza, para el TC, por ser real y efectiva, no bastando la infracción de la norma procesal, y por provenir de actos y omisiones del órgano judicial (GIMENO).

La Circular 1/2018 de la FGE destaca la relación existente entre el motivo de apelación analizado y los motivos casacionales contemplados en los arts. 850 y 851 LECrim, de modo que, aunque el motivo impugnatorio en apelación no se basa en un listado cerrado de supuestos en que encuadrar los vicios *in procedendo* e *in iudicando*, la jurisprudencia del TS recaída sobre los motivos casacionales puede servir de pauta interpretativa.

Por lo que respecta a los vicios del juicio, la Circular señala que deben denunciarse en el trámite de cuestiones previas del art. 786.2 LECrim, aplicable analógicamente al procedimiento ordinario, si se han producido en la instrucción o durante el juicio oral y hacerse constar en acta, si han tenido lugar en ese momento procesal. En cuanto a los submotivos, cabe denunciar, entre otros: a) La denegación de una diligencia de prueba relevante propuesta en tiempo y forma; b) La falta de práctica de la prueba admitida, en cuyo caso será necesario solicitar la suspensión del juicio y, tras la denegación, formular protesta, haciendo constar las razones que fundamentan el juicio de relevancia de la prueba; c) La denegación de una pregunta a un testigo o perito por capciosa, sugestiva o impertinente, cuando no sean tales.

Ciertamente, la denegación indebida de pruebas o de preguntas puede ser corregida en segunda instancia, proponiendo la práctica de prueba en la alzada al amparo del art. 790.3 LECrim, por lo que no necesariamente aboca a la nulidad del juicio. Ahora bien, en los casos de denegación de la mayor parte de la prueba o de prueba crucial, lo procedente es la nulidad, pues, en otro caso, se desdibujarían los cometidos de los órganos jurisdiccionales competentes, convirtiendo al tribunal de apelación en órgano de primera instancia y privando a las partes de la posibilidad de cuestionar una valoración probatoria que, por vez primera, conocerían en la segunda instancia. Por otro lado, como veremos, si la prueba denegatoria fuera la de la acusación, y la sentencia apelada fuera absolutoria, carecería de sentido la práctica en segunda instancia, pues no podría alterarse el sentido del fallo en la sentencia de apelación.

Otros supuestos anulatorios habituales podrían ser la celebración del juicio en ausencia del acusado cuando no concurren los supuestos que lo justifiquen; la indebida denegación de peticiones de suspensión para nombramiento de nuevo letrado; o la falta de competencia del tribunal o inadecuación del procedimiento.

En cuanto a los vicios de la sentencia, ha de señalarse que, por lo general, no deben provocar la nulidad del juicio sino, en su caso, los de la resolución en que se detectan. Entre ellos, en primer lugar, son frecuentes los que atañen a la redacción de los hechos probados, al no consignar clara y terminantemente cuáles han quedado acreditados (art. 851.1 LECrim, para la casación).

A este respecto, la práctica de los tribunales penales patentiza que hay dos modos de entender la función judicial al fijar el relato de hechos probados. Para la primera praxis aplicativa, tales hechos deben incorporar sustancialmente los resultados de la actividad probatoria, prescindiendo relativamente del contenido de las hipótesis debatidas, aun cuando constituyan un elemento de referencia. Para la segunda, la hipótesis acusatoria es la referencia nuclear. Con ella, el tribunal deberá dialogar para determinar si la misma queda o no acreditada sobre la base de la prueba que se haya practicado en juicio. No se trata, entonces, tanto de incorporar a los hechos probados una narración basada en las informaciones probatorias que resultan del juicio como de determinar si tales informaciones probatorias confirman o refutan la hipótesis acusatoria. Esta segunda opción es la más congruente nuestro sistema de garantías, pues no parece consistente con la concepción del juez como tercero imparcial que pueda declarar probada una hipótesis que no haya sido alegada, por más que eventualmente haya podido producirse prueba sobre la misma. En esta línea, el artículo 679 del Anteproyecto de LECrim de 2020 señala que sólo podrán declararse probados en la sentencia hechos que hayan sido objeto de debate contradictorio en el juicio oral y se incluyan en las conclusiones definitivas de las acusaciones, vedando la posibilidad de sentencias que declaren probados hechos que no hubiera sido objeto de acusación definitiva. En consecuencia, el elemento de referencia será siempre el hecho acusatorio.

Por otro lado, la falta de consignación de hechos probados no constituye un vicio de la sentencia, si ello se debe a la total ausencia de prueba, como puede ocurrir, v.gr, por la declaración de ilicitud de un medio de prueba, que arrastra, por conexión de antijuridicidad, al resto de prueba practicada que se considera refleja, o cuando el testigo único no declara en juicio por hacer uso de la dispensa que contempla el art. 416 LECrim.

También constituye un vicio de la sentencia la existencia de contradicciones en los hechos probados, siempre que sea manifiesta, insubsanable mediante la integración a través de la lectura de otros hechos probados, interna en el hecho probado, y relevante para la calificación jurídica.

Otro vicio frecuente es la consignación como hechos probados de conceptos que, por su carácter jurídico, impliquen la predeterminación del fallo. Ahora bien, no toda inclusión de conceptos jurídicos tiene trascendencia anulatoria, sino sólo los de aquéllos que impidan realizar el juicio de subsunción en el caso concreto. Por tanto, si la expresión empleada es usual en el lenguaje común y suficientemente expresiva e informativa en el contexto lingüístico, su uso puede no tener trascendencia anulatoria. Así, incurre en el vicio anulatorio el hecho probado que declarase que A amenazó a B. No incurriría en tal el hecho que declarase probado que A amenazó a B diciéndole que le iba a matar.

Se plantea en ocasiones la cuestión acerca de si las omisiones en el relato de hechos probados deben abocar a la nulidad de la sentencia o si cabe la heterointegración de la omisión recurriendo a la fundamentación jurídica. La cuestión debe resolverse caso por caso, en función de la trascendencia que para el derecho de defensa pueden tener la omisión y las dificultades de integración, partiendo de la regla general de que si afecta a elementos esenciales y no es sencillo identificar univocamente su complemento en la fundamentación jurídica no cabe esa heterointegración.

También cabe denunciar por esta vía los déficits de incongruencia, cuando la sentencia no resuelva todos los puntos que hayan sido objeto de acusación y defensa, si bien en este punto conviene hacer uso, con carácter previo, del denominado recurso de aclaración para la integración de los pronunciamientos omitidos (art. 267 LOPJ) que, aunque no sea requisito imprescindible para recurrir en apelación, ha sido considerado, en ocasiones, como exigencia para poder articular este motivo en vía casacional por el TS.

Por último, ha de señalarse que la categoría vicio *in iudicando* debido al quebrantamiento de garantías presenta zonas comunes con la del error en la valoración probatoria por vulneración de la presunción de inocencia, al tratarse ésta de una regla de juicio, por lo que, en determinados casos, cabría su invocación por ambas vías. 2191

1.5 Recurso por error en la valoración probatoria

El art. 790.2 LECrim enuncia como motivo de recurso la existencia de error en la apreciación o valoración de las pruebas. Se trata, sin duda, del motivo estadísticamente más frecuente en la apelación penal. Por su especial trascendencia, y por la necesidad de diferenciar entre sentencias absolutorias y condenatorias, nos referiremos a este motivo en epígrafes distintos.

1.6 Recurso por infracción de ley

El siguiente motivo de recurso es la infracción de normas del ordenamiento jurídico en las que se base la impugnación. La doctrina jurisprudencial es pacífica al afirmar que la ley infringida debe ser de naturaleza sustantiva y no procesal, pues esta última tiene su cauce por la vía del quebrantamiento de forma. Según la jurisprudencia mayoritaria, de la que se hace eco la Circular

1/2018, son normas sustantivas las comprendidas en el CP y en las leyes penales especiales siempre que definan los delitos e identifiquen los elementos del mismo —acción, tipicidad, antijuridicidad, culpabilidad y punibilidad—, las personas responsables, las circunstancias modificativas de la responsabilidad, las que determinen el grado de ejecución y participación, las penas y reglas para su aplicación, la responsabilidad civil derivada del delito y las costas. También son normas sustantivas, a estos efectos, las extrapenales que tienen relevancia para resolver el caso, como las que permiten integrar los tipos penales en blanco, o las normas estrictamente civiles necesarias para resolver sobre la acción civil derivada del delito.

La infracción puede cometerse por la aplicación indebida de un precepto penal incorrecto, por la aplicación errónea o por la inaplicación de la norma que debió aplicarse en el caso concreto.

Este cauce exige el respeto a los hechos probados, por lo que no cabe afirmar que se ha producido infracción de ley si el hecho probado de la sentencia apelada no ha sido cuestionado y no permite la subsunción en la norma cuya infracción se denuncia.

En cuanto a las consecuencias de la estimación del motivo impugnatorio, en el caso de sentencias de condena, y a diferencia de lo que sucede con el supuesto del error en la apreciación de la prueba, en cuyo caso, como veremos, la sentencia de apelación no podrá condenar al encausado que resultó absuelto en primera instancia ni agravar la sentencia condenatoria que le hubiera sido impuesta, sin perjuicio de que declare la nulidad de la resolución (art. 792.2 LECrim), es constitucionalmente admisible la condena o la agravación de la condena en segunda instancia si, manteniendo los hechos probados, se estima el recurso por infracción de ley y se realiza un juicio diferente de subsunción que permita la condena. Así lo ha declarado la STC 45/2011 [*Tol 2096672*], al afirmar que «...cuando a partir de los hechos declarados probados en la primera instancia, el núcleo de la discrepancia entre la sentencia absolutoria y la condenatoria sea una cuestión estrictamente jurídica, para su resolución no resulta necesario oír al acusado en un juicio público, sino que el Tribunal puede decidir adecuadamente sobre la base de lo actuado».

Se ha planteado, en este sentido, qué ocurre con los elementos subjetivos del delito. Durante décadas el TS estimó que tales elementos no eran hechos en sentido propio, de modo que los recursos de casación podían fundarse en el motivo de infracción de ley, pues, en sentido propio, no había error en la valoración de la prueba. Hoy día tal doctrina ha sido superada, y se entiende que tales elementos deben recibir el mismo tratamiento dispensado a los demás componentes de naturaleza fáctica y, por ello, su afirmación como concurrentes debe satisfacer las exigencias de la garantía constitucional de presunción de inocencia. Por otra parte, y desde un punto de vista probatorio, salvo en los casos de confesión del acusado, la existencia de dichos elementos no puede acreditarse normalmente a través de prueba directa, por lo que su justificación se producirá a través de la prueba de indicios. En consecuencia, deben probarse ciertos hechos base de los cuales inferir, a través de un razonamiento inductivo, los hechos acusatorios. Si es así, el control de la racionalidad del razonamiento probatorio podrá verificarse determinando si los hechos base están acreditados a través de otros medios de prueba más allá de toda duda razonable, y evaluando la racionalidad de la inferencia y su ajuste a las exigencias del art. 24.2 CE, pues si, *v.gr.* los hechos base disponibles son reconducibles a varias hipótesis, no puede darse por justificada la acusatoria. Por tanto, la identificación del elemento subjetivo debe sustentarse en datos fácticos susceptibles de prueba y refutación, que permitan articular las correspondientes inferencias.

En definitiva, si la sentencia de instancia descarta la presencia del elemento subjetivo y, por ello absuelve, la de apelación no podrá apreciarla y condenar. En esta línea, e introduciendo convenientemente la distinción, la STC 88/2013 [*Tol 3660076*] señala que «...el enjuiciamiento sobre la concurrencia de los elementos subjetivos del delito forma parte...de la vertiente fáctica del juicio que corresponda efectuar a los órganos judiciales, debiendo distinguirse del mismo el relativo a su estricta calificación jurídica, que deba asignarse a los hechos una vez acreditada su existencia».

1.7 Recurso por infracción de precepto constitucional

Este motivo impugnatorio tiene su base en lo dispuesto en el art. 5.4. LOPJ, con arreglo al cual «En todos los casos en que, según la ley, proceda recurso de casación, será suficiente para fundamentarlo la infracción de precepto constitucional», precepto también aplicable al recurso de apelación.

En la mayor parte de los casos, los supuestos de hecho contemplados en el art. 5.4. LOPJ pueden reconducirse a otros motivos impugnatorios más específicos, fundamentalmente los submotivos incluidos en el motivo de quebrantamiento de normas y garantías procesales. La vulneración del derecho fundamental a la presunción de inocencia presenta espacios de intersección con el motivo de error en la valoración probatoria —*v.gr.* si tales errores han conducido al dictado de una sentencia de condena basada en la valoración de prueba ilícita, o en la declaración como probado del hecho acusatorio sobre la base de prueba no practicada en juicio oral o de forma contradictoria, o en prueba insuficiente— o incluso con el de infracción de ley —*v.gr.* si entre las opciones interpretativas de la norma disponibles se ha optado por aquélla más gravosa para los derechos de la persona acusada—.

1.8 Facultades de oficio del tribunal

El TS permite, corregir en casación de oficio, en beneficio del recurrente acusado, errores de derecho constatados sobre la base de la doctrina de la voluntad impugnativa tácita (por todas, STS de 1/03/2023 [*Tol 9490706*]), entendiendo que tal facultad está implícitamente comprendida en el motivo impugnatorio de infracción de ley. En ese sentido, la STC 123/2005 [*Tol 636370*] señala que «...la posibilidad de proceder a revisar la calificación jurídica se proyecta sobre todos los pronunciamientos de la sentencia de instancia en la medida en que la misma no ha adquirido firmeza. Ello viene determinado por la configuración legal del recurso de casación; en particular por lo dispuesto en el párrafo primero del art. 902 LECrim, a cuyo tenor: "Si la Sala casa la resolución objeto de recurso a virtud de algún motivo fundado en la infracción de la Ley, dictará a continuación, pero separadamente, la sentencia que proceda conforme a derecho, sin más limitación que la de no imponer pena superior a la señalada en la sentencia casada o a la que correspondería conforme a las peticiones del recurrente, en el caso de que se solicitase pena mayor"». En suma, el único límite a la facultad de revisión de la calificación jurídica de los hechos en el recurso de casación es el de la prohibición de la reforma peyorativa, esto es, que no se imponga pena superior a la señalada en la sentencia casada.

Pues bien, tal razonamiento puede extrapolarse al de los tribunales de apelación, que han llegado incluso a fundamentar en la doctrina de la voluntad impugnativa tácita el análisis de ciertas cuestiones de hecho cuando estuvieran estrechamente ligadas con aspectos normativos que pudieran favorecer a la persona acusada, en particular con aquéllos afectantes a la imputabilidad. También, en relación con la validez de los medios de prueba practicados en la instancia en los que se fundó la condena, entendiendo que tal cuestión es de orden público procesal, como se desprende de la STC 126/2010 [*Tol 2007352*], en sintonía con una concepción del proceso entendido como técnica de tutela de los derechos de los ciudadanos, actual o potencialmente encausados.

En todo caso, el alcance de esta facultad de construcción de oficio de motivos impugnatorios ha de resolverse en cada caso concreto. HERNÁNDEZ GARCÍA sugiere que, si el error normativo perjudica al condenado en la instancia, como regla, puede corregirse de oficio sin traslado previo a las partes si existe identidad o analogía entre el error alegado por la parte y el que se aprecia. No obstante, si el error se encuentra desligado de la causa de pedir invocada en el recurso, será imprescindible la audiencia previa a las partes.

2. LA REVISIÓN FÁCTICA DE LAS SENTENCIAS ABSOLUTORIAS

2.1 Fundamento de la distinción entre la revisión fáctica de sentencias de condena y absolutorias

Como ha puesto de relieve LÓPEZ ORTEGA, en el modelo procesal angloamericano, en términos generales, sólo se contempla la posibilidad de que la sentencia de instancia sea recurrida por el acusado condenado, bajo la consideración de que el recurso se concibe como mecanismo de defensa frente a los excesos del poder público. A diferencia de dicho modelo, en el continental se reconoce a los acusadores la posibilidad de recurrir la sentencia absolutoria. Ello tiene que ver, según expone el autor citado, con el origen histórico del recurso de apelación, enmarcado en la cultura del proceso inquisitivo y considerado no tanto como mecanismo de garantía sino como instancia de control burocrático del juez delegado en la organización judicial vertical, por lo que la finalidad del recurso no era otra que la de fiscalizar la falta de celo condenatorio de dicho juzgador. Por tal motivo, en la configuración histórica del recurso de apelación no existen diferencias jurídicas en función del sentido, absolutorio o condenatorio, de la sentencia. Es más, sobre la base de un deficiente entendimiento del principio de igualdad de armas procesales, se estimó justificada la equiparación en el trato.

La constitucionalización del estatuto jurídico de la persona encausada impide mantener este punto de vista. La STC 72/2024 [*Tol 10273374*], haciéndose eco de resoluciones anteriores, destaca la posición asimétrica que las partes tienen en el proceso penal, señalando que las reglas de garantías, posibilidades de actuación y límites definitorios de su estatuto procesal difieren como consecuencia de la naturaleza de la acción penal que, al constituir la forma más extrema de intervención del poder estatal en el núcleo más sagrado de los derechos fundamentales, exige reconocer en favor del ciudadano sometido a la investigación y posterior proceso una serie de garantías específicas. Entre éstas (SÁNCHEZ YLLERA), la presunción de inocencia, el derecho a ser informado de la acusación, a no declarar contra sí mismo, a no confesarse culpable, a no ser juzgado ni condenado dos veces por los mismos hechos, a la legalidad de las infracciones y sanciones, a la contradicción defensiva y al derecho al doble grado de la jurisdicción. Por el contrario, a los acusadores sólo se les reconoce el derecho de acceso al proceso y participación en él y el de obtener una resolución fundada en derecho que dé respuesta a su pretensión. No se les reconoce el derecho a la condena. No son titulares de un inexistente derecho a la presunción de inocencia o legalidad penal invertidos (VIVES). En este contexto, el principio de igualdad de armas tiene un encaje limitado a la concesión de análogas posibilidades de alegar y probar. Como dice la STC 41/1997 [*Tol 83184*]: «...que el debate procesal deba desarrollarse en condiciones de igualdad procesal y contradicción, de modo que todos los intervinientes tengan plena capacidad de alegación y prueba, y que por ello tanto acusador como acusado ostenten esta misma garantía, no comporta que sean iguales en garantías, pues ni son iguales los intereses que arriesgan en el proceso penal ni el mismo es prioritariamente un mecanismo de solución de un conflicto entre ambos, sino un mecanismo para la administración del ius puniendi del Estado, en el que el ejercicio de la potestad punitiva constituye el objeto mismo del proceso».

Por lo que nos ocupa, y por lo que respecta al juicio fáctico, la asimetría justifica la necesidad de diversas exigencias para la sentencia de condena que no se requieren para la absolutoria. En suma, para la primera tales exigencias son la presencia de prueba de cargo suficiente practicada con inmediación y con-

tradicción, un mayor esfuerzo argumental que justifique el hecho acusatorio sobre la base de los hechos probatorios más allá de toda duda razonable, y, en consecuencia, un control más riguroso por vía de recurso, que ha de analizar la existencia, suficiencia, licitud y validez de la prueba de cargo y descartar la posibilidad de las hipótesis alternativas. Esos requerimientos no operan para la sentencia absolutoria.

2.2 El derecho a la doble instancia

El art. 14.5. del Pacto Internacional de Derechos Civiles y Políticos, de 1966 (PIDCP), establece que «Toda persona declarada culpable de un delito tendrá derecho a que el fallo condenatorio y la pena que se le haya impuesto sean sometidos a un tribunal superior, conforme a lo prescrito por la ley». En la misma línea, el art. 2.1. del Protocolo núm. 7 al CEDH, señala que «toda persona declarada culpable de una infracción penal por un tribunal tendrá derecho a hacer que la declaración de culpabilidad o la condena sea examinada por un órgano jurisdiccional superior». Como señala la STC 72/2024 [*Tol 10273374*], se trata de dos textos que, por su valor hermenéutico, ex art. 10.2 CE, han incorporado su contenido al elenco de garantías del proceso justo del art. 24.2 CE. Por tanto, el derecho al doble grado de la jurisdicción constituye una exigencia convencional y constitucional en el caso de las sentencias de condena, exigencia que otorga a su titular (el acusado) el derecho a que el fundamento de su condena sea revisado por un Tribunal superior, cuya decisión prevalecerá sobre la de la instancia y que implica el control no sólo sobre el juicio normativo sino sobre el juicio de hecho (LÓPEZ ORTEGA). Por otra parte, SÁNCHEZ YLLERA destaca que desde la STEDH de 16/05/1988, caso Ekbatani c. Suecia, el Alto Tribunal ha declarado que en los modelos europeos de apelación que permiten revisar en segunda instancia el juicio de culpabilidad, su estructura y desarrollo debe asegurar al justiciable las garantías propias del proceso justo. En definitiva, la persona condenada en la instancia no sólo tiene derecho a la doble instancia. Además, esa segunda instancia debe tener, para dicha persona, un contenido mínimo que, en principio, implicaría el derecho de asistir, participar, defender y probar la propia pretensión en un juicio público, lo que supondría que el Tribunal de apelación escuchara las alegaciones y presenciara la prueba.

En cuanto al fundamento del derecho a la doble instancia PÉREZ MANZANO/SÁNCHEZ YLLERA recuerdan que suele afirmarse que con el reconocimiento del derecho se pretende minimizar el riesgo del error judicial, derivado de la falibilidad humana. Ahora bien, el error judicial puede ser concebido de dos modos: en términos de resultado, o desajuste entre la realidad empírica y lo declarado probado en sentencia, o en términos de procedimiento. Desde esta segunda perspectiva una declaración de hechos probados obtenida a través de un procedimiento en el que se hubieran vulnerado las reglas de conformación, producción y valoración de la prueba siempre sería errónea. En opinión de ambos autores, y en la línea de VIVES y la posición que se expuso en el capítulo 16, esta noción de error es la única que se ajusta a una comprensión razonable del proceso probatorio y de la verdad que en él puede obtenerse. Como la «verdad procesal es sólo una verdad probable no resulta adecuado hablar de la justicia o corrección de la decisión desde la perspectiva del resultado del juicio, sino tan sólo desde la óptica del proceso seguido en la misma [...] como el grado de probabilidad [...] de que se haya condenado a un inocente no puede eliminarse de forma absoluta mediante la segunda instancia [...] la revisión que se efectúa sólo puede reducir a ciertos límites justificados el riesgo de condena de un inocente. Para ello, la revisión que se realice en segunda instancia debe incluir el control de la presunción de inocencia en su acepción genuina [...] pues es su correcta aplicación y revisión la que reduce las posibilidades de condena de un inocente» (PÉREZ MANZANO). Como señala ALEXY: «... no existe por un lado la justicia y la verdad como fines y, por otro lado, las reglas en cuanto indicaciones de los medios mediante los cuales ambas pueden producirse o descubrirse, sino que lo justo y lo verdadero es lo que produce o se descubre mediante estas reglas».

A partir de tales premisas cabe concebir la segunda instancia de dos formas: bajo la lógica del modelo de doble convencimiento o bajo la lógica del control. Conforme al primer modelo, la segunda instancia es un nuevo juicio idéntico al primero en cuanto a su objeto, procedimiento y garantías. La igualdad y el doble convencimiento del tribunal minimizan la posibilidad de error en la condena. Con arreglo al modelo de control, no se trata tanto de repetir el juicio como de evaluar si la actividad jurisdiccional de la primera instancia justifica adecuadamente la condena. El primer modelo no aporta mayor garantía de corrección de la decisión, convierte la primera instancia en un juicio superficial, pues las partes son conocedoras de que se trata de un ensayo, y, al reiterar la prueba, hace perder espontaneidad al juicio de la segunda instancia. Tampoco se ve la necesidad de que en ese modelo el tribunal de apelación deba ser un superior jerárquico. El segundo modelo garantiza mejor el derecho a la revisión de la condena, pues analiza si el método seguido en la toma de decisión cuestionada se ajustó a las exigencias epistemológicas, legales y constitucionales. Pues bien, según SÁNCHEZ YLLERA las exigencias del proceso justo en apelación se satisfacen con un modelo apelativo de control que no exige la práctica de prueba en la alzada, siempre que permita revisar íntegramente la practicada en la instancia, así como la valoración llevada a cabo, respetando la presunción de inocencia como regla de juicio, lo que implica el descarte de las hipótesis alternativas a la acusatoria.

SCHÜNEMANN desde una perspectiva similar, señala que el tribunal del juicio oral, que ha tenido contacto con el expediente investigativo, por el papel que ejerce en el juicio, no está en las condiciones óptimas para poder valorar todas las pruebas con absoluta imparcialidad, al presentar ciertos sesgos que inciden en su comprensión del caso y orientan la decisión, lo que suele ocurrir en perjuicio del acusado. Por ello, la segunda instancia debe concebirse como proceso de protección jurídica contra las vulneraciones provenientes de la primera instancia, y no como una simple repetición de ésta, pues, de ser así, la segunda instancia se encontraría aquejada de los mismos males que la primera.

Muy distinto es el supuesto de las sentencias absolutorias. Como señala la STC 72/2024 [*Tol 10273374*], en este caso no hay una obligación convencional o constitucional de establecer un recurso. El fundamento de tal establecimiento radica en el derecho a la tutela judicial efectiva, de ahí que el legislador disponga de un amplísimo margen de configuración para regular dicho recurso, que podría dar lugar a que no previera recurso alguno o a que limitara ampliamente el acceso al mismo.

2.3 La reforma del modelo de apelación

Con anterioridad a la Ley 41/2015, que generalizó la segunda instancia para todos los delitos, el Comité de Derechos Humanos de Naciones Unidas declaró en varias ocasiones que distintas sentencias del TS vulneraron el art. 14.5 PIDCP. Destaca por su relevancia el Dictamen del asunto Gómez Vázquez c. España, de 11/08/2000. En él, el Comité estimó que el recurso de casación contra las sentencias de condena dictadas en primera instancia por la Audiencia Provincial no satisfacía las exigencias mínimas inherentes al derecho al doble grado de la jurisdicción, pues dicho recurso, por su carácter extraordinario y limitado, no permitía la revisión íntegra del juicio sobre los hechos acusatorios, una evaluación plena de las pruebas y de las incidencias del juicio, sino sólo el abordaje de ciertos aspectos normativos. La Sala Segunda optó por ir ampliando sus funciones revisoras extendiéndolas al control del juicio del hecho con ciertos límites, pero, aun así, se estimó que tal ampliación seguía sin colmar los requerimientos del derecho.

Por otra parte, desde la STC 167/2002 [*Tol 205001*], se consideró, tal y como declaró la STC 88/2013 [*Tol 3660076*] que «...vulnera el derecho a un proceso con todas las garantías (art. 24.2 CE) que un órgano judicial, conociendo en vía de recurso, condene a quien había sido absuelto en la instancia o empeore su situación a partir de una nueva valoración de pruebas personales o de una reconsideración de los hechos estimados probados para establecer su culpabilidad, siempre que no haya celebrado una audiencia pública en que se desarrolle la necesaria actividad probatoria, con las garantías de publicidad, inmediación y contradicción que le son propias, y se dé al acusado la posibilidad de defenderse exponiendo su testimonio personal». Y ello, por considerar que, aunque el art. 7.2 del Protocolo 7 al CEDH excepciona el derecho a que la condena sea revisada por un tribunal superior en el caso de que la persona haya sido declarada culpable y condenada por vez primera a resultas de un recurso contra su absolución, las limitaciones del modelo apelativo vigente impedían que desplegaran plenamente sus efectos en la segunda instancia las garantías de inmediación y contradicción, garantías que constituían condición necesaria para la condena.

La conjunción de ambas problemáticas determinó la aprobación de la LO 19/2003, de modificación de la LOPJ y, finalmente, de la ley 41/2015, que, tras el Proyecto de LO de 2005, el Anteproyecto LECRim de 2011, y el borrador de Código Procesal Penal de 2013, introdujo el modelo apelativo hoy vigente.

2.4 El recurso de apelación contra sentencias absolutorias

De los arts. 790 y 792 LECrim se desprende que la sentencia de apelación no puede condenar al acusado absuelto en primera instancia ni agravar la sentencia condenatoria que le hubiera sido impuesta basándose en la existencia de error en la apreciación de las pruebas. La acusación que recurra la decisión sólo podrá solicitar la nulidad de la sentencia justificando «la insuficiencia o la falta de racionalidad en la motivación fáctica, el apartamiento manifiesto de las máximas de experiencia o la omisión de todo razonamiento sobre alguna o algunas de las pruebas practicadas que pudieran tener relevancia o cuya nulidad haya sido improcedentemente declarada». De prosperar la pretensión anulatoria, se devolverán las actuaciones al órgano que dictó la resolución recurrida. En tal caso, la sentencia de apelación debe concretar si la nulidad se extiende al juicio oral y si «el principio de imparcialidad exige una nueva composición del órgano de primera instancia en orden al nuevo enjuiciamiento de la causa».

No obstante, entrada en vigor la reforma, se constató la persistencia de un fenómeno llamativo. Por un lado, respecto de las sentencias de condena,

debido al peso de la tradición, los tribunales de apelación seguían recurriendo a esquemas de razonamiento y modelos de resoluciones no sostenibles. Debido a una mala recepción de la jurisprudencia del TC y del TC, que algunas Audiencias Provinciales y Tribunales Superiores de Justicia incorporaron acríticamente, sin tomar en consideración el hecho de que la perspectiva de análisis del tribunal de apelación es distinta a la del TC —limitada a identificar si hubo o no violación de derecho fundamental— y a la del TS —circunscrita a resolver un recurso de casación que, por muy flexible que fuera su entendimiento con anterioridad a la reforma de 2015, no dejaba de ser un recurso de casación—, el examen de la pretensión absolutoria por motivos fácticos se realizaba de un modo superficial con el pretexto, como veremos, de la falta de inmediación, y una deficiente comprensión del carácter limitado del recurso de apelación, lo que daba, y ha seguido dando, lugar a la rutinaria confirmación de las sentencias de condena.

Pero, contradictoriamente con esta práctica, numerosos tribunales realizaban una labor exhaustiva de evaluación de la prueba practicada en la instancia en el caso de sentencias absolutorias, para, sustituyendo el criterio del tribunal de instancia, anular la resolución cuestionada por divergencias valorativas, para que se volviera a dictar nueva sentencia de condena, bien por el mismo juzgador, bien por otro distinto. Signo revelador de la persistencia de ecos culturales inquisitivos que simples cambios legislativos no logran erradicar.

La STC 72/2024 [*Tol 10273374*] se dicta con pretensión de dar respuesta a esta segunda praxis, fijando el régimen normativo. Así, indica que, en el caso de las sentencias absolutorias, la función del tribunal de apelación se circunscribe a supervisar externamente la suficiencia, coherencia y razonabilidad del discurso que une la actividad probatoria con el relato fáctico resultante, y de la duda expresada sobre la acreditación de los hechos de la acusación. Ese control de razonabilidad puede extenderse a distintos aspectos, que se han incorporado al redactado del art. 790.2 LECrim.

En primer lugar, el control puede recaer sobre la motivación o justificación de la conclusión probatoria, cuando resulte ausente, insuficiente o apoyada en un error de hecho patente que derive de las actuaciones. No se trata de una simple divergencia con la valoración que se ha realizado. Debe justificarse una irracionalidad valorativa que implique la vulneración del derecho a la tutela judicial efectiva que concluya en el dictado de una resolución ajena a la racionalidad. Es decir, quien recurre debe mostrar que en realidad la absolución carece patentemente de fundamento. Sería irrazonable la decisión de absolver por la mera expresión de una duda, que no pudiera considerarse razonable y que no estuviera fundada en algún elemento explicito o implícito, o en su ausencia, que permitiera una explicación razonable de la absolución dictada.

En segundo lugar, cabe denunciar la utilización de reglas de inferencia fáctica contrarias a la lógica, el conocimiento científico o las máximas de experiencia. Esto es, debe demostrarse que las generalizaciones empíricas empleadas para realizar inferencias son espurias en cuanto carentes de cualquier apoyo científico, estadístico o empírico.

Además, cabe fundar el recurso en la omisión de razonamiento sobre pruebas practicadas que sean relevantes para el fallo. No basta con un razonamiento insuficiente o inadecuado, o que pueda entenderse incluido en el razonamiento general. Debe tratarse de una ausencia total de razonamiento sobre una prueba con potencialidad transformadora del resultado final.

Por último, el control puede recaer sobre la previa decisión de excluir pruebas relevantes del acervo probatorio por considerarlas inválidas —contrarias a los principios de igualdad de armas y contradicción— o ilegítimas —por haberse declarado que fueron obtenidas como consecuencia de la vulneración directa o indirecta de derechos fundamentales sustantivos—.

En síntesis, el tribunal de apelación podrá y deberá controlar: a) En primer lugar, si el tribunal de instancia a la hora de absolver ha valorado de manera completa toda la información probatoria lícita y relevante producida en el plenario; y, b) Además, si los estándares valorativos utilizados pueden considerarse racionales. Esto es, la atribución de valor a las informaciones probatorias no ha de basarse en criterios epistémicos absurdos, en máximas de experiencia espurias o en el más puro subjetivismo. Por otra parte un simple error u omisión eventuales en la valoración de una determinada información probatoria o de un concreto medio de prueba no determinan necesariamente la prosperabilidad de la pretensión anulatoria, pues la valoración conjunta e de todos los medios de prueba, de todas las informaciones que de ellos resultan, conforma un cuadro probatorio único, que puede avalar razonablemente la conclusión absolutoria prescindiendo de la información o medio de prueba erróneamente valorados u omitidos en la valoración.

La STC 72/2024 [*Tol 10273374*] destaca que, en esta modalidad de recurso, es necesario distinguir entre el juicio sobre el hecho y sobre la prueba, que realiza el tribunal de instancia, y la revisión de la racionalidad del juicio probatorio de instancia, que realiza el tribunal de apelación. Este último «debe acudir a la sentencia y no a las pruebas; el vicio de justificación que posibilita la anulación de la sentencia absolutoria... debe emerger del texto de la decisión, confrontado con el desarrollo del juicio... El control no consiente el acceso a las fuentes de prueba para reevaluarlas dado que, en nuestro modelo de revisión sería contrario a las garantías del proceso justo, que no permiten en este contexto impugnatorio de las acusaciones una valoración alternativa de las inferencias fácticas ni una reconstrucción del hecho probado».

Por otra parte, el análisis de la sentencia de apelación debe limitarse a determinar si la sentencia de instancia debe ser anulada. Análisis en el que deben identificarse con cuidado y claridad los motivos de anulación, evitando que pueda generarse la apariencia de que el tribunal de instancia debió condenar.

Por último, aun cuando la sentencia de apelación debe especificar si la nulidad se extiende al juicio oral, es necesario poner de manifiesto que la nulidad del juicio para su nueva celebración con tribunal distinto ha de quedar reservada para los casos de quebrantamiento de normas o garantías procesales en el juicio, y sólo con carácter extraordinario y muy excepcional, en algún caso de nulidad de la sentencia de instancia. Y ello, por cuanto tal nulidad genera efectos muy perturbadores sobre el sistema. En suma, se vuelve a someter al juicio oral y público y al riesgo de condena a quien ya lo ha sufrido, con la particularidad de que la acusación ya es conocedora de la estrategia de la defensa y de lo que no funcionó en el juicio anulado, con lo que se le otorgaría una segunda oportunidad. Además, se aparta al tribunal que dictó la sentencia anulada del conocimiento del asunto. Por todo ello, anulación del juicio ha de basarse en la concurrencia de motivos muy excepcionales.

3. LA REVISIÓN FÁCTICA DE LAS SENTENCIAS DE CONDENA

3.1 La situación de partida

Tal y como se dijo anteriormente, sobre la base de una deficiente comprensión de la naturaleza limitada del recurso de apelación y del alcance del principio de inmediación, la jurisprudencia menor ha venido entendiendo que el control que por vía apelativa puede realizar de las sentencias de condena es formal o externo. Aún hoy, si realizamos una labor de búsqueda en la jurisprudencia utilizando los marcadores «inmediación» y «apelación limitada», podemos encontramos con resoluciones que vienen a decir que no cabe sustituir el convencimiento del tribunal de instancia, basado en la inmediación, por el convencimiento del tribunal de apelación, debido al carácter limitado del recurso.

Lo cierto, como hemos reiterado, es que nuestro modelo de apelación es limitado respecto de los medios, pero pleno respecto del objeto. Por otro lado, la inmediación no puede suponer óbice alguno para fiscalizar la corrección de la resolución condenatoria de la instancia. No sólo por lo que ya indicamos en el capítulo 47, al analizar el principio de inmediación, sino porque resultaría una paradoja que una garantía procesal establecida en favor de la persona acusada pudiera oponérsele para reducir el alcance de otra garantía procesal, esto es, el derecho a la doble instancia.

3.2 La sentencia del Tribunal Constitucional 80/2024

La STC 80/2024 [*Tol 10273370*] afirma contundentemente que el recurso de apelación contra sentencias de condena se encuentra exento de las restricciones normativas propias del recurso de apelación contra sentencias absolutorias, de modo que goza de un efecto devolutivo pleno. Añade que, bajo este ángulo, el recurso contra sentencias de condena tiene la naturaleza de ordinario, mientras que el recurso contra sentencias absolutorias, al basarse en causas determinadas, tiene la consideración de recurso extraordinario.

El objeto de control no es sólo el razonamiento probatorio sobre el que el tribunal de instancia funda la declaración de condena, sino que se extiende a la valoración de todas las informaciones probatorias resultantes del juicio de instancia para determinar si son o no suficientes para desvirtuar la presunción de inocencia, tal y como declaró la STS de 17/02/2022 [*Tol 8820264*]. La razón de ello radica en la garantía «...no solo del derecho al recurso sino también de la protección eficaz de la presunción de inocencia de la persona condenada. Esta tiene derecho a que un tribunal superior revise las bases fácticas y normativas de la condena sufrida en la instancia».

En suma, el tribunal de apelación puede revisar y corregir la valoración probatoria llevada a cabo por el tribunal de instancia, sin que la falta de inmediación pueda oponérsele como razón limitativa de su función de control. Ello implica que pueda fiscalizar no sólo la motivación, sino también la existencia y suficiencia de pruebas, la existencia de una conexión fundada entre las pruebas y la declaración de hechos probados, y los nexos o conectores empleados para vincular los hechos probatorios con los hechos probados, esto es, las máximas de la experiencia, con la finalidad de testar si la declaración de culpabilidad se basa en pruebas que acrediten los hechos acusatorios más allá de toda duda razonable.

3.3 Alcance de la revisión fáctica

Una vez aclarada la naturaleza ordinaria del recurso de apelación contra la sentencia de condena y afirmado el derecho a la revisión de las bases fácticas de la condena es conveniente intentar arrojar luz sobre el alcance de tal afirmación, pues puede suceder que la aplicación de la regla a los casos concretos evidencie que no se ha comprendido la regla.

3.3.1 Motivos anulatorios y absolutorios

En primer lugar, es evidente que el tribunal de apelación puede declarar la nulidad de la sentencia de condena por las mismas razones por las que puede declarar la nulidad de la sentencia absolutoria. En síntesis, tales razones serían:

a) La insuficiencia o falta de racionalidad de la motivación fáctica, esto es la irracionalidad valorativa, o la carencia patente de fundamento. Sería irrazonable, en este sentido, la decisión de condenar por la mera expresión de una intuición o de una convicción subjetiva no objetivable.

b) El apartamiento notorio de las máximas de experiencia. En este caso, el error claro e incontrovertible, en los términos consignados, es igualmente predicable del apartamiento de las máximas de la experiencia. Esto es, debe evidenciarse que las generalizaciones empíricas empleadas para realizar inferencias son espurias en cuanto carentes de cualquier apoyo científico, estadístico o empírico.

c) La omisión de todo razonamiento sobre alguna o alguna de las pruebas exculpatorias practicadas que pudieran tener relevancia o cuya nulidad haya sido improcedentemente declarada. Este supuesto no se identifica con un razonamiento insuficiente o inadecuado, o que pueda entenderse incluido en el razonamiento general, sino una ausencia total de razonamiento sobre una prueba con potencialidad transformadora del resultado final.

Llegados a este punto, surge la duda acerca de qué sucedería si el acusado apelante no solicita la nulidad sino la absolución. Ello habría de resolverse caso por caso, pues, como tiene declarado el TC, ciertos déficits en la motivación de la prueba de cargo implican una lesión de la presunción de inocencia que despliega efectos absolutorios (STC 80/2024 [*Tol 10273370*]). En cualquier caso, parece evidente que la falta de racionalidad de la motivación fáctica, al impedir la condena por no satisfacer el estándar que contempla el art. 24.2 CE, puede determinar la absolución en la segunda instancia sin declaración de nulidad. Del mismo modo, el apartamiento notorio de las máximas de la experiencia da lugar a un supuesto de irracionalidad valorativa que también podría abocar a la absolución.

3.3.2 Criterios de corrección y taxonomía de errores

La sentencia de condena puede ser revisada, desde el punto de vista fáctico, cuando se advierte error en la apreciación de las pruebas o infracción de normas constitucionales. En este último caso, no sólo cuando pueda haberse lesionado el derecho a la presunción de inocencia, sino también cuando se haya valorado como prueba de cargo un medio probatorio que carecía de tal condición por haberse obtenido lesionando derechos fundamentales *procesales* —*v.gr.* la contradicción defensiva— o *sustantivos* —*v.gr.* la inviolabilidad domiciliaria—.

Ambas categorías presentan un tronco común si partimos de un concepto de error concebido como acción o estado de cosas incorrectos sobre la base de un criterio de corrección. Tales criterios de corrección, por lo que afecta a la valoración probatoria, pueden ser de dos clases: a) *epistémicos* —esto es, los que nos suministran la filosofía de la ciencia y las ciencias empíricas— y b) *normativos* —proporcionados por normas constitucionales y legales aplicables a la actividad probatoria—. Como conocer lo realmente sucedido es un desiderátum, un simple ideal, de lo que se trata es de reconstruir el hecho histórico conforme a reglas. Bajo tal óptica, el error que puede depurarse en segunda instancia es aquél que deriva de la incorrecta aplicación de las reglas de juzgar o de su simple inaplicación (SÁNCHEZ YLLERA). Hay, por tanto, reglas epistémicas y reglas jurídicas que deben ser observadas, tal y como destacamos en el capítulo 16 (12.3 a 12.5), cuyas consideraciones cabe dar aquí por reproducidas, y partiendo de las cuales cabe proponer un esquema abierto de errores frecuentes de tipo fáctico susceptibles de revisión por vía apelativa.

Partiendo de las precedentes consideraciones es posible proponer un esquema abierto de errores fácticos revisables por vía apelativa. Así:

a) *Errores en la valoración individual*. Estos pueden producirse, en primer lugar, por la utilización de un medio de prueba no apto para introducir una información probatoria. Ejemplos de ello serían atribuir al testigo de referencia valor para acreditar el hecho referido —error epistémico—; otorgar valor probatorio a la declaración policial que consta en el atestado —error normativo—; otorgar valor probatorio a la declaración de un testigo que no se sometió a contradicción —error normativo—; o atribuir valor probatorio a la diligencia de identificación visual mediante reconocimiento fotográfico —error epistémico y normativo—. En segundo lugar, los errores pueden deberse a la atribución al medio de prueba de una información que no proviene de él, como ocurre cuando se afirma que el testigo o la pericia dicen cosas que no dicen. Finalmente, pueden tener lugar por atribuir al medio de prueba una fiabilidad de la que carece, como ocurre cuando se acepta de forma acrítica una pericia en la que no se ha seguido el método exigible.

b) *Errores en la valoración conjunta*. Supuestos de esta clase de error pueden ser omitir la valoración de medios de prueba o informaciones probatorias relevantes; declarar la compatibilidad de informaciones probatorias contradictorias o la incompatibilidad de informaciones convergentes; otorgar mayor fiabilidad a un medio de prueba menos fiable que otro más fiable; declarar probada la hipótesis acusatoria cuando no se sustenta en el juicio crítico de las informaciones probatorias; o no tomar en consideración la existencia de pruebas ausentes relevantes, esto es pruebas disponibles que deberían haberse aportado por la acusación que no se aportaron, abocando a un escenario de prueba testifical única.

c) *Errores comunes en la valoración individual y conjunta*. Ejemplo de esta clase de errores puede ser la utilización de máximas de la experiencia espurias con las que conectar los hechos probatorios y la hipótesis acusatoria o la fuente de prueba y la información probatoria que proporciona.

d) *Errores en la aplicación del estándar*. Como vimos, el estándar del art. 24.2 CE implica, entre otras cosas, que cuando las informaciones probatorias disponibles sean reconducibles a varias hipótesis, no puede optarse por la más gravosa. Supongamos que un sujeto es detenido por la policía en posesión de un gramo de marihuana, tras huir al ver la presencia de la dotación policial, y ese sujeto, acusado por un delito de posesión preordenada al tráfico, opta por guardar silencio en juicio, y resulta condenado sobre la base de esas solas informaciones probatorias. La sentencia de apelación debería revocar la condena estimándola errónea, pues los datos disponibles no sólo serían compatibles con la hipótesis acusatoria, sino también con la alternativa de posesión para el consumo. Dejamos aquí apuntada la idea, pues no es posible profundizar más ahora en ella, de que la identificación de si se satisfizo o no el estándar dista de ser sencilla en las zonas grises, tal y como ocurre en los supuestos de condenas basadas en prueba declarativa única no corroborada.

4. LA TRAMITACIÓN DEL RECURSO DE APELACIÓN

4.1 Formalización y posible proposición de prueba

La interposición y formalización del recurso se plantea en un mismo escrito que debe presentarse ante el tribunal que dictó la sentencia en el plazo de 10 días —procedimiento ordinario y abreviado— o 5 días —juicio rápido y juicio por delito leve— desde el siguiente al de la notificación de la sentencia, identificando alguno de los motivos que contempla el art. 790.2 LECrim a los que nos hemos referido anteriormente —quebrantamiento de las normas y garantías procesales, error en la apreciación de las pruebas o infracción de normas del ordenamiento jurídico—, y solicitando, en función del motivo, bien la nulidad del juicio, con retroacción de actuaciones, en su caso al momento en que se cometió; bien la nulidad de la sentencia, para el dictado de nueva resolución por el tribunal de instancia; bien la revocación de la sentencia de instancia y el dictado de sentencia absolutoria en apelación. 2207

En cuanto al plazo para interponer el recurso, el art. 267.9º LOPJ dispone que los plazos para los recursos que procedan contra la resolución de que se trate se interrumpirán desde que se solicite su aclaración, rectificación, subsanación o complemento y, en todo caso, comenzarán a computarse desde el día siguiente a la notificación del auto o decreto que reconociera o negase la omisión del pronunciamiento y acordase o denegara remediarla, lo que debe ser tomado en consideración para el cómputo. Por otro lado, se plantea el problema que se suscita cuando la sentencia no se notifica a todas las partes el mismo día. La jurisprudencia mayoritaria, en línea con la Circular 1/2018 de la FGE, estima que el día inicial del cómputo para todos ha de ser aquél en el que se realiza la última notificación, con fundamento supletorio en lo dispuesto en el art. 212 LECrim [846 *bis* b) para la apelación del jurado], y la STC 88/1997 [*Tol 83231*]

En el escrito de recurso puede solicitarse la práctica de prueba en segunda instancia, que se limita a los supuestos que prevé el art. 790.3 LECrim.

En concreto, los medios de prueba que no pudieron proponerse en primera instancia, *v.gr.* por versar sobre hechos nuevos relevantes o de los que no se hubiera tenido conocimiento con anterioridad, o tratarse de medios de prueba cuya existencia se ignoraba; los medios de prueba propuestos e indebidamente denegados, siempre que se hubiera formulado protesta en la instancia; y, finalmente, las pruebas admitidas que no fueron practicadas por causas que no fueran imputables al recurrente.

La jurisprudencia suele exigir al recurrente que explicite la relevancia de la prueba propuesta, debiendo justificar los motivos por los que su práctica, en principio, tendría aptitud para variar el sentido del fallo, lo que debe ser objeto de matización. De apelarse una sentencia de condena, tal aptitud se satisfaría si la prueba propuesta tuviera *ex ante* el potencial suficiente para generar una duda razonable. No será, por tanto, necesario que la prueba tenga idoneidad para demostrar la inocencia de la persona acusada. Ello nos lleva al supuesto en el que se apela una sentencia absolutoria o una condenatoria cuya agravación se solicita. En tal caso, a la vista de la imposibilidad de condena en segunda instancia, dado lo dispuesto en el art. 792.2 LECrim, tal y como hemos visto, no es sencillo imaginar un caso en el que la acusación pudiera solicitar la práctica de prueba al amparo del art. 790.3 LECrim, por lo que lo procedente sería que en los casos de prueba indebidamente denegada o no practicada canalizara la pretensión por la vía del quebrantamiento de forma por vicio *in procedendo*, siempre que se tratara de pruebas con un elevado potencial condenatorio.

Siendo excepcional, tampoco cabe rechazar la posibilidad de que el tribunal de apelación acuerde la práctica de prueba de oficio, ajustándose a los límites con los que la jurisprudencia interpreta el art. 729 LECrim, por lo que debe tratarse de una prueba con potencialidad exculpatoria estrechamente vinculada con los motivos de recurso alegados, o bien relacionada con cuestiones de orden público, tales como los supuestos en los que del juicio se desprende la posible falta de capacidad procesal del sujeto acusado, en los que resultara preciso disponer de documentación médica. En este sentido, la STC 77/2014 [*Tol 4373203*] señala que: «El deber de realizar diligencias complementarias de las estrictamente legales para despejar cualquier duda en relación con la participación de personas con discapacidad mental en el proceso penal tiene sustento, en nuestro Derecho, en el mandato del art. 9.2 CE, que obliga a los poderes públicos a promover las condiciones para que la igualdad de los individuos sea efectiva, removiendo los obstáculos que impidan o dificulten su plenitud, y se ampara en el especial deber de protección y apoyo de que gozan las personas con discapacidad».

4.2 Traslados, vista potestativa y sentencia

De admitirse el recurso, se dará traslado a las demás partes para que en el plazo común de 10 días —5, en el juicio rápido—, puedan oponerse o adherirse al mismo por escrito y, en su caso, proponer prueba en los mismos supuestos que hemos visto. Presentados los escritos de alegaciones o precluido el plazo para hacerlo, se dará traslado de cada uno de ellos a las demás partes y se remitirán al tribunal de apelación los autos originales con todos los escritos presentados.

Se celebrará vista bien cuando el tribunal lo estima oportuno por haber admitido la prueba propuesta y ser necesaria su práctica en acto oral, bien cuando, de oficio o a petición de parte, la considere necesaria para un mejor entendimiento de las cuestiones planteadas. La vista se señalará dentro de los 15 días siguientes, y a ella serán citadas las partes. En ella, se practicará la prueba admitida, tras lo cual las partes resumirán el resultado de la misma y el fundamento de sus pretensiones.

La sentencia de apelación se dictará dentro de los 5 días siguientes a la vista oral —3 en el caso de juicio rápido—, o dentro de los 10 días siguientes a la recepción de las actuaciones de no haberse celebrado dicha vista. Contra ella cabe recurso de casación en los supuestos previstos en el art. 847, recurso de revisión y recurso de anulación al amparo del art. 793 LECrim.

La sentencia debe ser congruente con las pretensiones impugnatorias, y le es de aplicación la prohibición de la reforma peyorativa, que según la STC 203/2007 [*Tol 1155254*], tiene lugar cuando la parte recurrente, en virtud de su propio recurso, «ve empeorada o agravada la situación jurídica creada o declarada en la resolución impugnada, de modo que lo obtenido con la decisión judicial que resuelve el recurso es un efecto contrario al perseguido por el recurrente, que era, precisamente, eliminar o aminorar el gravamen sufrido con la resolución objeto de impugnación». No obstante, la STC 70/1999 [*Tol 81136*] también ha señalado que la aplicación de las normas de orden público procesal puede justificar el empeoramiento de la situación del recurrente, que no se encuentra en tales casos protegido por la prohibición de la reforma peyorativa que integra el art. 24 CE en los derechos a la tutela judicial efectiva, a no padecer indefensión y en un proceso con todas las garantías, siempre que concurran ciertos requisitos y que se garantice la contradicción.

4.3 Adhesión a la apelación

La STS de 9/04/202 [*Tol 8403458*] sintetiza el debate y cambio jurisprudencial sobre el ámbito de la adhesión al recurso de apelación. En síntesis, viene a recordar que la parte que no hubiera recurrido puede adherirse al recurso de apelación bien por los mismos motivos y en el mismo sentido, bien por otros motivos y en sentido opuesto, lo que permite distinguir entre adhesión homogénea y adhesión heterogénea o autónoma, siendo admisibles ambas. En cualquier caso, la adhesión siempre se supedita al recurso principal, por lo que, si se desiste de éste, se entiende igualmente que se ha desistido del recurso adhesivo. Por otro lado, se impone el traslado del recurso adhesivo para que exista una efectiva posibilidad de contradicción, como señala el TC que ya se pronunció sobre esta modalidad en la STC 43/2007 [*Tol 6646257*].

5. RECURSO DE APELACIÓN CONTRA AUTOS DE SOBRESEIMIENTO LIBRE

5.1 Procedimiento abreviado

En el procedimiento abreviado el juez de la Sección de Instrucción del Tribunal de instancia[1] puede dictar auto de sobreseimiento libre en dos momentos procesales. En primer lugar, antes de la formalización de la acusación, una vez agotado el razonable esfuerzo instructor exigible, por estimar atípico el hecho (art. 779.1.1ª LECrim: «el hecho no es constitutivo de infracción penal»). No podrá acordar en este momento el sobreseimiento libre por inexistencia de indicios racionales de criminalidad, pues el único supuesto de hecho contemplado es el

1 En adelante, y para mayor claridad y sencillez en la redacción, salvo que merezca mayor concreción en el texto, nos referiremos al "juez instructor" o "juez encargado de la instrucción" como a cualquiera de los jueces con competencia funcional en materia de investigación judicial de delitos, en el bien entendido que con esta denominación nos referimos al juez unipersonal integrado en la Sección que corresponda del Tribunal de Instancia competente —o, en su caso, al juez de la Sección de Instrucción del Tribunal Central de Instancia, cuando de la Audiencia Nacional hablamos— (*v. gr.* Sección de Instrucción o de la Sección Única de Civil y de Instrucción, Sección de Violencia sobre la Mujer, o Sección de Violencia contra la Infancia y Adolescencia), o al juez correspondiente del TS o TSJ al que se le atribuya dicha competencia funcional cuando la competencia objetiva venga encomendada a dichos tribunales por razón de aforamiento del investigado. Asimismo, la referencia al "juez instructor" o al "juez encargado de la instrucción" contempla también la posibilidad de que, en los casos determinados en el art. 84.6 LOPJ, se nombre a dos jueces, conforme a un turno preestablecido y público, para que, junto con el juez a quien le hubiere sido turnado el asunto inicialmente, se encarguen de la instrucción de un determinado proceso penal. En el capítulo 5 de esta obra puede consultarse una explicación completa del nuevo modelo orgánico de los Tribunales de Instancia que introduce la LO 1/2025.

de debilidad de la base indiciaria, no su inexistencia, esto es, «que no aparezca debidamente justificada la perpetración del delito» lo que constituye un caso de sobreseimiento provisional (art. 779.1.1ª en relación con el art. 641.1º LECrim).

Conferido el traslado para acusar, las acusaciones pueden solicitar el sobreseimiento libre por cualquiera de los motivos que contempla el art. 637 LECrim, en cuyo caso el art. 782 LECrim dispone que el juez acordará dicho sobreseimiento, salvo en los casos de los números 1º, 2º, 3º, 5º y 6 CP, en el los que devolverá las actuaciones a las acusaciones para calificación, continuando el juicio hasta sentencia, a los efectos de la imposición de medidas de seguridad y del enjuiciamiento de la acción civil, en su caso.

Se plantea el problema de si el instructor se encuentra vinculado por la modalidad de sobreseimiento solicitada, esto es, si en el caso de que, v.gr, se solicite el sobreseimiento libre por atipicidad penal del hecho, debe necesariamente ordenarlo o puede limitarse, por el contrario, a afirmar que procede a sobreseer la causa por inexistencia de acusación, cuestión que no resulta pacífica. Esta posibilidad se encuentra prevista también para las Diligencias Urgentes, conforme a lo dispuesto en el art. 800 LECrim.

Por otro lado, en la práctica forense es frecuente que el instructor dicte auto de incoación de Diligencias Previas a los solos efectos de registro, ordenando, al mismo tiempo, el archivo por reputar el hecho atípico. Tal supuesto, en sentido estricto, debería dar lugar al dictado de auto de inadmisión a trámite de la denuncia (art. 269 LECrim) o querella (art. 313 LECrim), caso en el que procedería la apelación, tramitada conforme a las reglas del procedimiento ordinario. De dictarse, conforme al uso forense, auto de incoación y archivo, debe permitirse la apelación conforme a lo dispuesto en el art. 766 LECrim.

En cuanto al recurso de apelación, puede interponerse subsidiariamente con el de reforma o de forma autónoma por separado, sin que sea preciso interponer previamente el de reforma para presentar la apelación. La tramitación se contiene en el art. 766.3 LECrim, que señala que el recurso se presentará dentro de los cinco días siguientes al de la notificación del auto recurrido o del resolutorio de la reforma, mediante escrito que indicará los motivos del recurso, y que identificará los particulares que hayan de testimoniarse. Una vez admitido a trámite, se dará traslado a las demás partes por un plazo común de cinco días para alegaciones, pudiendo señalar los particulares que deban ser testimoniados. En los dos días siguientes, a la finalización del plazo, el juez instructor remitirá testimonio de los particulares señalados a la Audiencia respectiva que, sin más trámites, resolverá dentro de los cinco días siguientes. Se prevé que, de modo excepcional, la Audiencia pueda reclamar las actuaciones para su consulta siempre que con ello no se obstaculice la tramitación de aquéllas.

Se plantea como cuestión controvertida cuáles son las consecuencias de que las partes no identifiquen particulares o propongan testimonios que sean insuficientes. Esto es, si, en tal caso, el tribunal puede solicitar de oficio la remisión de dichos testimonios o, por el contrario, debe resolver el recurso a la luz de los elementos de juicio disponibles. La respuesta a dicho interrogante dependerá de la adscripción a un modelo apelativo en el que el tribunal recupere la instancia y se subrogue, a todos los efectos, en el rol del instructor, o a un modelo de control estricto, en el que el tribunal se limite a resolver sobre la base de las alegaciones y elementos de juicio propuestos por las partes, siendo este segundo el más acorde con nuestro sistema de garantías.

5.2 Procedimiento ordinario

En el procedimiento ordinario, la AP o la Sala de lo Penal de la AN puede dictar auto de sobreseimiento libre por cualquiera de los motivos que contempla el art. 637 LECrim. En tales casos, puede interponerse recurso de apelación ante las Salas de lo Penal de los TSJ o la Sala de Apelación de la AN, conforme a lo que dispone el art. 846 *ter* LECrim. La tramitación del recurso se sustancia

conforme a lo dispuesto en los arts. 790 a 792 LECrim, en el entendido de que las referencias efectuadas a los jueces de la Sección de lo Penal de los Tribunales de Instancia se entenderán realizadas al órgano que haya dictado la resolución recurrida y las referencias a las Audiencias al que sea competente para el conocimiento del recurso. El tribunal de apelación, en cualquier caso, se constituirá siempre con tres magistrados.

De dictarse dichos autos en apelación, serían recurribles en casación sólo por infracción de ley por la vía que contempla el art. 849.1 LECrim, si bien en tal caso se exige, adicionalmente, que la causa se haya dirigido contra la persona encausada mediante una resolución judicial que suponga una imputación fundada [arts. 847.1 b) y 848 LECrim].

6. RECURSO DE QUEJA CONTRA RESOLUCIONES QUE TENGAN POR NO INTERPUESTO EL RECURSO DE APELACIÓN O POR PREPARADO EL RECURSO DE CASACIÓN

El recurso de queja procede contra los autos que no admiten a trámite el recurso de apelación (arts. 218 y ss. LECrim) o contra los que no tienen por preparado un recurso de casación (arts. 862 y ss. LECrim). El recurso, en consecuencia, no se interpone contra la resolución que se considera gravosa por razones de fondo, sino contra la que impide que dicha resolución sea objeto de un auténtico recurso, razón por la que esta modalidad de queja es conceptuada por la doctrina como recurso devolutivo instrumental.

El recurso de queja contra la resolución que inadmita el recurso de apelación se interpone ante el tribunal superior del que dictó la resolución cuestionada (art. 219 LECrim), que será el competente para resolverlo (art. 220 LECrim). Se interpone por escrito, conforme a las reglas generales de postulación. En cuanto a la tramitación, regulada en los arts. 233 y ss. LECrim, el tribunal competente para resolver el recurso ordenará al de procedencia que emita informe, en el término que le señale, expresivo de las razones de la inadmisión. Acto seguido, se pasará la causa al fiscal para que emita dictamen en el plazo de tres días, tras lo cual el TS dictará la resolución que proceda. De estimar la queja, ordenará al tribunal inferior que admita a trámite el recurso de apelación. En otro caso, denegará la petición, convirtiendo en firme la decisión de que se trate.

El recurso de queja contra el auto que dicte el tribunal sentenciador denegatorio de tener por preparado el recurso de casación (art. 858 LECrim), se interpone ante el TS, comunicándolo al tribunal sentenciador, dentro de los dos días siguientes al de la notificación de dicho auto. El tribunal sentenciador remitirá testimonio del auto denegatorio a la Sala Segunda y mandará emplazar a las partes para que comparezcan ante dicha Sala en el término que contempla el art. 859 LECrim. De no comparecer en ese término, se declarará desierto el recurso con imposición de costas al recurrente, ganando firmeza la resolución recurrida. De comparecer, el recurrente presentará escrito conforme a las reglas generales de postulación expresivo del fundamento de la queja, del que se dará traslado a las demás partes y al Ministerio Fiscal por término de tres días. Concluido el mismo, se pasará el asunto al magistrado ponente para que emita informe. Tras ello, la Sala dictará la resolución que corresponda.

Si estima el recurso, revocará el auto denegatorio y ordenará al tribunal sentenciador que tenga por preparado el recurso de casación y proceda conforme disponen los artículos 858 y ss. LECrim. Si lo desestima, impondrá las costas al recurrente y lo comunicará al Tribunal sentenciador. De ser falsos los hechos alegados como fundamento de la queja, se podrá interponer al recurrente una multa de 180 a 6000 euros, y se dará traslado de la actuación realizada al Colegio profesional competente a los efectos disciplinarios que correspondan.

7. ORGANIGRAMAS DE TRAMITACIÓN

7.1 Recurso de apelación contra sentencias

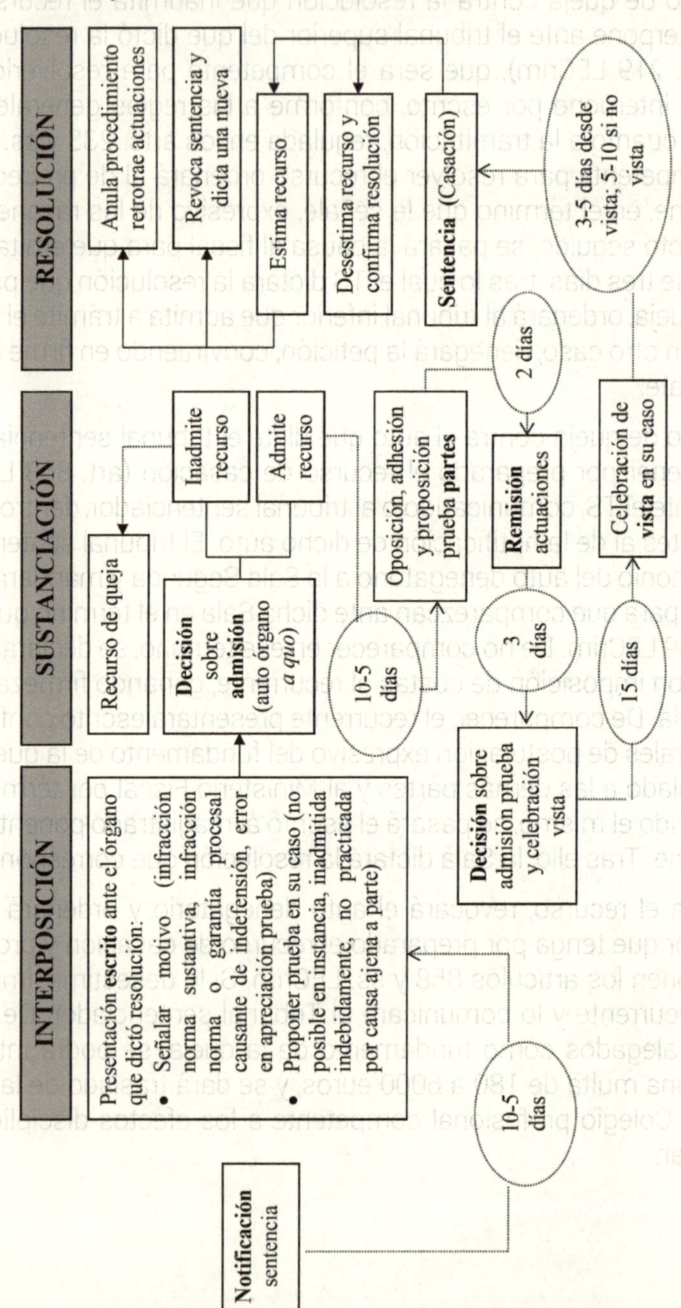

7.2 Recurso de queja contra resoluciones que acuerden no tener por preparado el recurso de casación

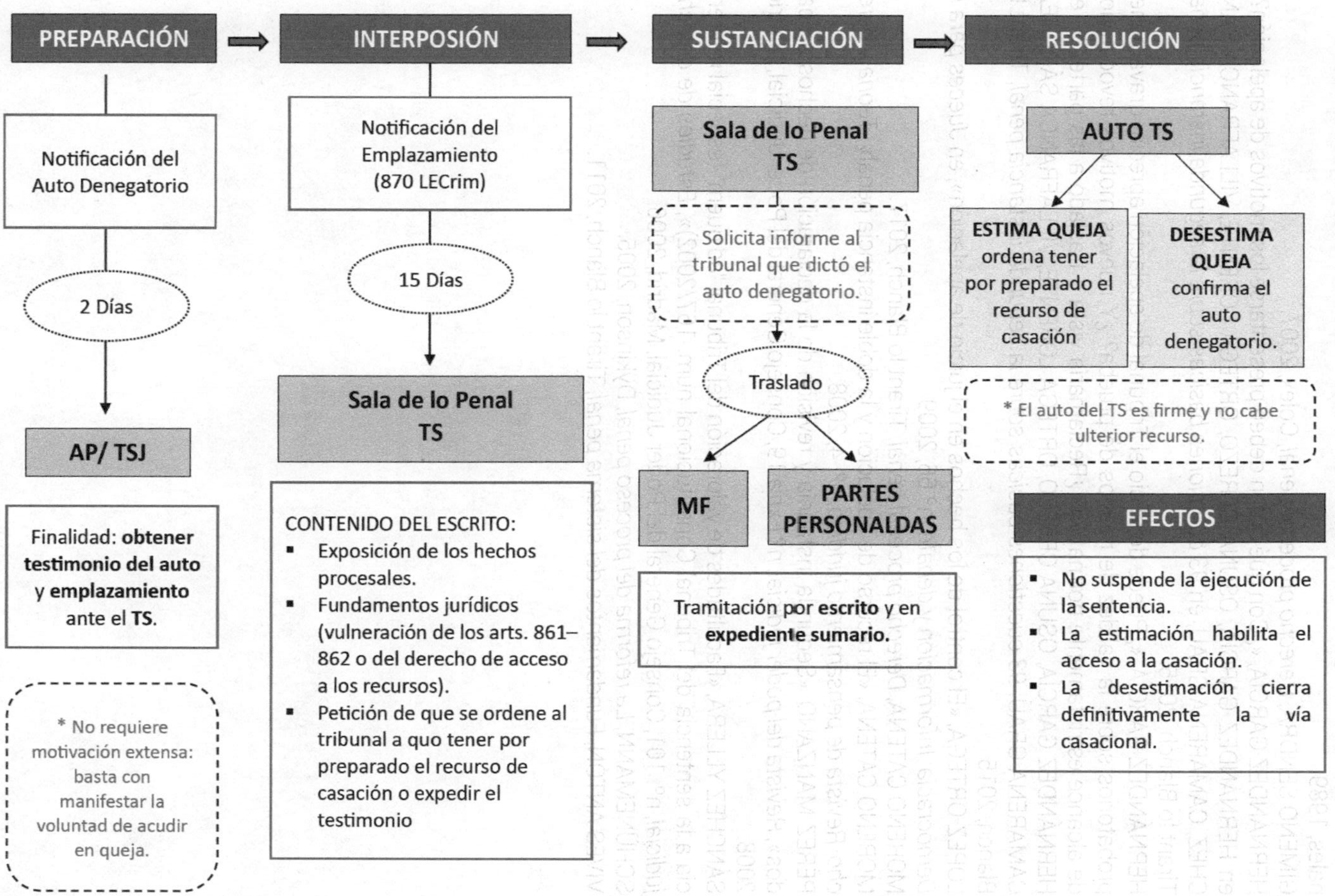

BIBLIOGRAFÍA

- ALEXY, *Teoría de la argumentación jurídica*, Centro de Estudios Políticos y Constitucionales, 1989.
- GIMENO SENDRA, *Derecho procesal penal*, Colex, 2007.
- HERNÁNDEZ GARCÍA, «¿Con qué orden deben presentarse los motivos de apelación?» en HERNÁNDEZ GARCÍA, OSUNA CEREZO, ORTEGA LORENTE, VILLAFRANCA SÁNCHEZ, CAMARENA GRAU, en *93 cuestiones básicas sobre la segunda instancia penal*, Tirant lo Blanch, 2015.
- HERNÁNDEZ GARCÍA, «¿Puede de oficio el Tribunal de apelación apreciar gravámenes probatorios sobre la validez de medios de prueba? ¿Y nuevos motivos revocatorios de alcance estrictamente normativo? ¿Reclamaría vista o traslado a las partes?», en HERNÁNDEZ GARCÍA, OSUNA CEREZO, ORTEGA LORENTE, VILLAFRANCA SÁNCHEZ, CAMARENA GRAU: *93 cuestiones básicas sobre la segunda instancia penal*, Tirant lo Blanch, 2015.
- LÓPEZ ORTEGA, «El control de los hechos en el juicio de apelación», en *Jueces para la Democracia: Información y debate*, nº 66, 2009.
- MORENO CATENA, *Derecho procesal penal*, Tirant lo Blanch, 2017.
- MORENO CATENA, «El recurso de apelación y la doble instancia penal», *Teoría y derecho, Revista de pensamiento jurídico*, nº. 4, 2008.
- PÉREZ MANZANO, «Segunda instancia y revisión de la declaración de hechos probados», *Revista del poder judicial, nº Extra* 19, Consejo General del Poder Judicial, Madrid, 2008.
- SÁNCHEZ YLLERA, «Facultades de valoración del Tribunal "ad quem" (especial referencia a la sentencia del Tribunal Constitucional núm. 167/2002)», *Estudios de derecho judicial*, nº. 101, Consejo General del Poder Judicial, Madrid, 2006.
- SCHÜNEMANN, *La reforma del proceso penal*, Dykinson, 2005.
- VIVES ANTÓN, *Fundamentos del sistema penal*, Tirant lo Blanch, 2011.

Capítulo 55

Recurso de casación

Diego Alberto Gutiérrez Azanza

Fiscal

Letrado del Gabinete Técnico del Tribunal Supremo (Sala Segunda)

1. CONCEPTO Y FUNDAMENTO

Afirma LUZÓN (2015, pp. 21-22) que la casación es el recurso extraordinario por antonomasia y que, en su esencia, no existe diferencia entre el ámbito civil y penal. La define como «el medio de impugnación preparado ante el tribunal de instancia, y en las causas por jurado ante el de instancia —causas contra aforados— o el de apelación, y formalizada ante la Sala 2ª del Tribunal Supremo, a quién corresponde resolverlo, de las sentencias dictadas por las audiencias en juicio oral y única instancia o por las salas de lo civil y penal de los tribunales superiores de Justicia en única o en segunda instancia, y determinados autos definitivos, expresamente previstos legalmente, por motivos limitados, en uno y otro caso coma a la infracción de preceptos constitucionales hola errónea aplicación de una norma sustantiva, bien partiendo de los hechos declarados probados en la resolución impugnada o previa excepcional rectificación de estos, y, solo respecto a las sentencias, también por determinadas infracciones procesales, con el fin, en ambos supuestos, de que, aun anulando total o parcialmente la resolución recurrida, haga la Sala 2ª correcta aplicación del Derecho, o devuelva las actuaciones al órgano que la dictó, para que corrija el defecto procesal apreciado, retrotrayendo el procedimiento al momento en que se produjo».

Puede compartirse, en lo esencial, esta definición ampliamente descriptiva, si bien con matices. Actualmente, es posible interponer recurso de casación contra sentencias que se hayan dictado en primera y única instancia por las Audiencias Provinciales, cuando la causa se incoó antes del 6 de diciembre de 2015 —fecha de entrada en vigor de la reforma de la LECrim dada por 41/2015—; pero también es posible la interposición contra sentencias dictadas en apelación por los Tribunales Superiores de Justicia (Salas de lo Civil y Penal), cuando el juicio oral tuvo lugar ante la Audiencia Provincial, y no en procedimientos ante el Tribunal del Jurado, sino en procedimientos abreviados o por delitos graves tramitados conforme a la LECrim. Ello, precisamente, por la reforma de la casación producida por la Ley 41/2015, antes citada. Otra precisión que cabría realizar es que el recurso de casación contra autos no requiere solo de su previsión legal y de que el auto sea definitivo, se trata de una cuestión mucho más compleja, pues existen autos contra los que cabe casación, pese a no tener previsión legal expresa y otros que, pese a tener aparente previsión legal en este sentido, no pueden ser recurridos en casación.

ENCINAR/MARTÍNEZ (2022, pp. 110) conciben la casación penal como un recurso extraordinario, devolutivo, suspensivo, que procede, fundamentalmente contra sentencias definitivas y, excepcionalmente, contra determinados autos, y cuyo conocimiento corresponde a la Sala de lo Penal del Tribunal

Supremo. No obstante, indican que el carácter plenamente devolutivo del recurso es cuestionable y, en puridad, solo debería predicarse respecto de las sentencias condenatorias y cuando es interpuesto por el condenado. También señalan que, al menos hasta la reforma dada por la Ley 41/2015, la naturaleza extraordinaria del recurso podía ponerse en entredicho, y considerarlo de una naturaleza *cuasi* ordinaria.

Por lo demás, sin que proceda entrar en una explicación histórica de la formación y establecimiento del recurso de casación, debe señalarse que se constituye con la institución del Tribunal Supremo, por la Constitución de Cádiz de 1812, y que es heredero del antecedente francés de la *Cour de Cassation*, institución centrada en la correcta aplicación del Derecho. No obstante, como evidencian ENCINAR/MARTÍNEZ (2022, pp. 111-113) el recurso de casación, en España, se apartó de la función nomofiláctica —protección de la norma jurídica— y se adentró en formación del hecho probado, acentuadamente al establecerse un cauce casacional por vulneración de derechos fundamentales. No obstante, también indican que la reforma dada por la Ley 41/2015, ha permitido, en cierta forma, retomar esa función nomofiláctica del recurso de casación.

En definitiva, prescindiendo de un mayor debate doctrinal, puede decirse que el recurso de casación penal es un recurso previsto contra sentencias definitivas y contra algunos autos, de carácter generalmente extraordinario y devolutivo —aunque no plenamente devolutivo en determinados casos—, destinado a examinar la correcta aplicación del derecho y, bajo ciertas condiciones, a corregir la formación del hecho probado y las vulneraciones de derechos fundamentales.

2. LEGITIMACIÓN

La legitimación para la interposición del recurso de casación se recoge en el art. 854 LECrim, conforme al cual «podrán interponer el recurso de casación: El Ministerio fiscal, los que hayan sido parte en los juicios criminales, los que sin haberlo sido resulten condenados en la sentencia y los herederos de unos y otros. Los actores civiles no podrán interponer el recurso sino en cuanto pueda afectar a las restituciones, reparaciones e indemnizaciones que hayan reclamado.»

GIMENO/DÍAZ (2021, p. 221) entienden que, con carácter previo a estudiar la legitimación de los diferentes intervinientes que prevé el art. citado, deben realizarse dos precisiones: que quien recurren, debe tener un interés en sentido propio, cualificado y específico; y que la resolución recurrida debe tener carácter desfavorable para el recurrente, puesto que el recurso de casación está previsto para ejercitar derechos propios. Estas precisiones son lo que ENCINAR/MARTÍNEZ (2022, pp. 143-149) denominan requisitos de existencia de gravamen y de defensa de intereses propios.

Por otra parte, y previo al examen de estos requisitos de carácter general, conviene aclarar que sólo se van a estudiar los supuestos de legitimación que, en realidad, pueden dar lugar a algún problema. Cuestiones tales como la legitimación del Ministerio Fiscal para interponer el recurso, o de las partes en el procedimiento no presentan, en la actualidad, mayores problemas.

2.1 Requisitos de existencia de gravamen y defensa de intereses propios

Para que la resolución sea recurrible en casación, debe ser perjudicial para el interés de quien pretende recurrirla. «El recurso de casación está diseñado para la tutela de intereses propios y requiere que quien pretenda la revisión presente un gravamen» (por todas, STS de 31/05/2023 [*Tol 9595558*]). Solo podrá recurrir en casación quien sufra un perjuicio por la resolución dictada. Este perjuicio no tiene necesariamente que identificarse con una condena, o con la absolución de una persona contra la que se formulaba acusación.

Lo explica, entre otras, la STS de 20/04/2022 [*Tol 8927536*]):

> «El art. 854 de la LECrim señala los requisitos de la legitimación para formalizar el recurso de casación. [...] La legitimación para recurrir se fundamenta sobre dos presupuestos, que laten en la enumeración de los sujetos legitimados que recoge el citado precepto: i) existencia de un gravamen; y ii) defensa de intereses propios. Como indica la STS 483/2013, de 12 de junio:
>
> "El recurso de casación está diseñado para la tutela de intereses propios y requiere que quien pretenda la revisión presente un gravamen en la sentencia, pues si la sentencia de instancia, o el auto cuando es recurrible, no es gravosa para el recurrente, es decir, no es desfavorable, no hay gravamen y, por lo tanto, no hay legitimidad para interponer recurso. No es admisible, porque no hay legitimidad, que el acusado, o responsable civil absuelto, inste la casación de la sentencia condenatoria de otro de los acusados, a salvo que el pronunciamiento de la sentencia sea expresamente desfavorable a la parte recurrente y, por ello, sea gravosa".
>
> En cuanto a la existencia de gravamen hemos requerido que la resolución objeto de la impugnación debe ser lesiva del interés de quien recurre, por producirle algún perjuicio. El término "gravamen" se identifica con una resolución perjudicial para una persona. Supone que sólo pueden interponer recurso de casación los que hayan experimentado un perjuicio por la resolución. El gravamen debe derivar del contenido del Fallo de la sentencia, ya que el recurso de casación procede contra el mismo. Por tanto, no cabe admitir en casación: i) los recursos que se limitan a mostrar su desacuerdo con los argumentos o la fundamentación de la sentencia, pero en las que el Fallo no es perjudicial para el recurrente; ii) los recursos que

están conformes con el fallo, pero se formulan por hallarse condicionados a la prosperabilidad del recurso del oponente procesal (STS 1497/2001, de 18 de julio); y iii) los recursos en que el acusado o responsable civil absuelto insten la casación de la sentencia condenatoria de otro de los acusados, a salvo que el pronunciamiento de la sentencia sea expresamente desfavorable a la parte recurrente y, por ello, sea gravosa».

2.2 Legitimación del acusado absuelto

Parece evidente la legitimación del acusado condenado por la sentencia para recurrir su condena en casación. Siempre, obviamente, que quepa recurso contra esa sentencia. Más problemas plantea la posibilidad de recurso para el acusado que resultó absuelto. La razón es que, en principio, la ausencia de condena determina la inexistencia de gravamen para el acusado. El pronunciamiento absolutorio no causa —no debería causar— perjuicio para la parte acusada. En consecuencia, no se cumple con los requisitos generales de existencia de gravamen y tutela de intereses propios.

No obstante, pueden existir determinados supuestos en que, pese a la existencia dc un pronunciamiento absolutorio, la sentencia sí cause un perjuicio, un gravamen, susceptible de ser tutelado por el recurso de casación. A este respecto pueden darse cuatro situaciones en que el acusado absuelto estaría legitimado para interponer recurso de casación.

* Cuando la *sentencia carece de una fundamentación consistente* por haber *desechado alguna tesis exculpatoria de la defensa*, que se considera más fundada, o *no se hubiere pronunciado sobre alguna cuestión obstativa del enjuiciamiento* cuestionado —prescripción, denegación de pruebas, incongruencia omisiva, etc.—. Es indudable que, en tales supuestos, no podría cerrarse la puerta a un posible recurso de casación del acusado absuelto, pues se vulneraría su derecho a la tutela judicial efectiva (art. 24.1 CE) (*vid.* SSTS de 29/05/2009 [*Tol 1554220*], de 16/05/2018 [*Tol 6604666*]).
* Cuando el acusado absuelto insta la casación de una *sentencia que condena a otro acusado, porque le resulta gravosa* (SSTS de 30/04/2012 [*Tol 2535528*] y de 20/04/2022 [*Tol 8927536*]).
* Cuando *la absolución viene determinada por la prescripción* de los hechos, y el relato fáctico es desfavorable al acusado (STS de 18/07/2001 [*Tol 4976573*] y de 9/02/2023 [*Tol 9415037*]).
* Cuando *la absolución se acuerda por la existencia de un indulto* (*vid.* STC 79/1987 [*Tol 79788*]).

2.3 Legitimación de la víctima que no ha sido parte en el procedimiento

La víctima, como parte en el procedimiento, podrá formular recurso de casación, lo que no parece presentar problemas con carácter general. Lo que sí puede resultar problemático es la pretensión de formular recurso cuando la víctima no ha sido parte, y se considera perjudicada por una sentencia de absolución.

La regla general es que la víctima que no ha sido parte en el procedimiento no puede personarse, una vez dictada la sentencia, y formular recurso de casación. En este sentido, *vid.* ATS de 9/03/2017 [*Tol 6065314*] y de 12/01/2017 [*Tol 5989693*]):

> «[...] el acceso a los recursos de la víctima que no ha sido parte en el proceso se ciñe a las posibilidades contenidas en la legislación procesal. Esta consideración se refuerza si se tiene en cuenta que el art. 13 de la Ley 4/2015 autoriza a las víctimas "que hubieran solicitado, conforme a la letra m) del art. 5.1, que les sean notificadas las resoluciones (que se citan a continuación), podrán recurrirlas de acuerdo con lo establecido en la Ley de Enjuiciamiento Criminal, aunque no se hubieran mostrado parte en la causa, refiriéndose todas ellas a resoluciones relativas a la ejecución de la sentencia" [...] La ley es clara al establecer la legitimación activa para la interposición del recurso de casación: será necesario haber sido parte en los juicios criminales».

No obstante, en los procesos en que la víctima lo sea por violencia sobre la mujer (de género), la solución puede variar en aplicación del art. 20.7 de la LO 1/2004 tras su modificación por RDL 9/2018, según el cual «Las víctimas de violencia de género podrán personarse como acusación particular en cualquier momento del procedimiento si bien ello no permitirá retrotraer ni reiterar las actuaciones ya practicadas antes de su personación, ni podrá suponer una merma del derecho de defensa del acusado».

En este sentido, la STS de 17/03/2021 [*Tol 8394793*] apreció la posibilidad de recurrir una sentencia absolutoria, en apelación, por la víctima personada tras el dictado de la sentencia. Este pronunciamiento se refiere a la posibilidad de formulación del recurso de apelación, pero sus consideraciones podrían trasladarse, sin dificultad, a la formulación del recurso de casación (así opinan también ENCINAR/MARTÍNEZ, 2022, pp.152-155).

2.4 Legitimación de los condenados que no hayan sido parte

El art. 854 LECrim también legitima para interponer recurso de casación, bajo una críptica expresión, a «los que sin haberlo sido [parte] resulten condenados en la sentencia». Esta expresión no puede referirse a la existencia de una condena penal, pues todo el sistema de garantías procesales descansa sobre la posibilidad de defensa de quien resulta acusado en un procedimiento, posibilidad que quedaría anulada si pudiese imponerse una pena a quien no se le ha dado opción a defenderse. La respuesta que puede encontrarse es que, bajo esta expresión, la LECrim hace referencia a otro tipo de pronunciamiento condenatorio.

Así la Sala Segunda del Tribunal Supremo ha reconocido la posibilidad de recurso al tercero hipotecario, cuando la sentencia declara la nulidad de la hipoteca (STS de 24/06/2003 [*Tol 305511*]); o al afectado por el decomiso que no fue parte en el procedimiento (STS de 20/02/2001 [*Tol 4926324*]).

2.5 Legitimación de herederos

La legitimación a los herederos del acusado que confiere el art. 854 LECrim es un asunto complejo y que no ha sido tratado de forma unívoca. Existe una contradicción, al menos aparente, con lo que señala el art. 115 LECrim, que dispone que «la acción penal se extingue por la muerte del culpable; pero en este caso subsiste la civil contra sus herederos y causahabientes, que sólo podrá ejercitarse ante la jurisdicción y por la vía de lo civil». LUZÓN (2015, pp. 253-254) señala que se ha sostenido la conveniencia de permitir el recurso a los herederos del acusado por razones de tutela del honor del fallecido, de su honra o del respeto a su memoria, y por las implicaciones civiles que pueden derivar de la condena.

Sea como fuere, la línea jurisprudencial actual del Tribunal Supremo considera el art. 854 LECrim como un supuesto específico de sucesión procesal, que permite a los herederos: interponer el recurso de casación si el condenado fallece después del dictado de la sentencia de instancia, o mantener el recurso de casación interpuesto por un condenado fallecido (STS de 15/11/2021 [*Tol 8649773*]). Incluso se permite el mantenimiento del recurso, aunque la sentencia fuese absolutoria (STS de 4/06/2020 [*Tol 8031252*]).

2.6 Legitimación de actores civiles

Su legitimación para interponer recurso de casación se limita a lo que pueda afectar a las restituciones, reparaciones e indemnizaciones que hayan reclamado. De ello se deduce que, en principio, no pueden recurrir sentencias absolutorias, lo que CORTÉS (2024, p. 693) considera contrario al derecho a la tutela judicial efectiva del art. 24.1 CE.

2.7 Legitimación de responsables civiles

Su legitimación no aparece expresamente prevista, por lo que habrá de entenderse incluida en la de "los que hayan sido parte" en el procedimiento y, en lógica, por cuanto pueden resultar condenados en el proceso penal. La jurisprudencia de la Sala segunda del TS, acerca de las posibilidades de recurso por parte de los responsables civiles ha sufrido cierta evolución, pues inicialmente se limitaba la posibilidad de recurso «al área puramente indemnizatoria, que se agota en la impugnación de los daños y perjuicios derivados del delito y en su cualidad de sujeto pasivo de esa responsabilidad, discutiendo y negando, en su caso, el nexo causal en el que se funda la misma, sin que le sea posible alegar en su defensa cuestiones penales de descargo». Actualmente, también se permite impugnar «aquellos extremos que afecten a la consideración antijurídica del hecho fuente de su responsabilidad» (STS de 21/07/2022 [*Tol 9191592*], entre otras). Mayor amplitud se intuye, incluso, en alguna resolución más reciente, porque «¿cómo no va a poder defenderse de lo que constituye el presupuesto de su responsabilidad civil?» (STS de 29/03/2023 [*Tol 9501177*]).

2224

3. RESOLUCIONES RECURRIBLES EN CASACIÓN

Se distinguirá entre sentencias y autos contra los que puede interponerse recurso de casación, sin perjuicio de adelantar que, en cuanto a los autos contra los que puede interponerse el recurso, la explicación será meramente enunciativa, por razones de extensión de la presente obra.

Debe partirse de lo establecido por el art. 847 LECrim, que dispone:

> «1. Procede recurso de casación:
> a) Por infracción de ley y por quebrantamiento de forma contra:
> 1º Las sentencias dictadas en única instancia o en apelación por la Sala de lo Civil y Penal de los Tribunales Superiores de Justicia.
> 2º Las sentencias dictadas por la Sala de Apelación de la Audiencia Nacional.
> b) Por infracción de ley del motivo previsto en el número 1º del art. 849 contra las sentencias dictadas en apelación por las Audiencias Provinciales y la Sala de lo Penal de la Audiencia Nacional.
> 2. Quedan exceptuadas aquellas que se limiten a declarar la nulidad de las sentencias recaídas en primera instancia».

Así como del art. 848 LECrim que establece:

> «Podrán ser recurridos en casación, únicamente por infracción de ley, los autos para los que la ley autorice dicho recurso de modo expreso y los autos definitivos dictados en primera instancia y en apelación por las Audiencias Provinciales o por la Sala de lo Penal de la Audiencia Nacional cuando supongan la finalización del proceso por falta de jurisdicción o so-

breseimiento libre y la causa se haya dirigido contra el encausado mediante una resolución judicial que suponga una imputación fundada».

3.1 Recurso de casación contra sentencias

Para un estudio sistemático, se distinguirá según la competencia funcional para el dictado de la sentencia y, además, en orden ascendente —en cuanto a nivel funcional—. Téngase en cuenta, a efectos sistemáticos, que se está distinguiendo en función del órgano que dicta la sentencia de instancia.

3.1.1 Sentencias dictadas por las Secciones de Instrucción, de Violencia sobre la Mujer, de Violencia contra la infancia y la Adolescencia o Sección Única de los Tribunales de Instancia[1], en delitos leves

Se trata de sentencias contra las que no cabe recurso de casación, únicamente apelación (art. 977 LECrim). Esta limitación cobra sentido por la entidad de tales delitos (ENCINAR / MARTÍNEZ, 2022, p. 199). Aun cuando pudieran haber surgido dudas por la reforma de la LECrim dada por la Ley 41/2015, estas fueron despejadas por el Acuerdo del Pleno no jurisdiccional de la Sala Segunda del Tribunal Supremo de 9/09/ 2016, sobre unificación de criterios sobre el alcance de la reforma de la Ley de Enjuiciamiento Criminal de 2015, en el ámbito del recurso de casación. A este respecto, el acuerdo disponía:

> «El art. 847.1 b) LECRim debe ser interpretado en relación con los arts. 792 4° y 977, que establecen respectivamente los recursos prevenidos para las sentencias dictadas en apelación respecto de delitos menos graves y respecto de los delitos leves (antiguas faltas). Mientras el art. 792 establece que contra la sentencia de apelación corresponde el recurso de casación previsto en el art. 847, en el art. 977 se establece taxativamente que contra la sentencia de segunda instancia no procede recurso alguno. En consecuencia, el recurso de casación no se extiende a las sentencias de apelación dictadas en el procedimiento por delitos leves».

En este sentido, AATS de 29/06/2017 [*Tol 6193686*]; de 25/05/2017 [*Tol 6193660*]; de 14/09/2017 [*Tol 6403100*], entre otros muchos.

---

1 En el capítulo 5 de esta obra puede consultarse una explicación completa del nuevo modelo orgánico de los Tribunales de Instancia que introduce la LO 1/2025.

3.1.2 Sentencias dictadas por las Secciones de Instrucción, de Violencia sobre la Mujer, de Violencia contra la infancia y la Adolescencia o Sección Única de los Tribunales de Instancia en juicios rápidos

Estas sentencias son de conformidad, por lo que se hace remisión al estudio concreto de estos supuestos. Son sentencias contra las que, en principio, no está previsto recurso, aunque puede caber apelación en los supuestos en que las sentencias de conformidad son impugnables y, tras esta sentencia de apelación, recurso de casación únicamente por la vía prevista en el art. 847.1 b) LECrim y solo si el procedimiento se incoó con posterioridad al 6 de diciembre de 2015, como si se tratara de una sentencia dictada por la Sección de lo Penal del Tribunal de Instancia (STS de 15/04/2021 [*Tol 8409628*]).

3.1.3 Sentencias dictadas por las Secciones de Menores de los Tribunales de Instancia

Contra las sentencias que dictan las Secciones de Menores de los Tribunales de Instancia, cabe recurso de apelación ante la Audiencia Provincial (art. 41.1 LORPM). Contra esta sentencia dictada en apelación, en determinados casos, se puede interponer recurso de casación ante la Sala de lo Penal del Tribunal Supremo. Se trata de un recurso regulado en el art. 42 de la LORPM, en que se indica, literalmente, que se trata de un recurso previsto para la unificación de doctrina.

Un estudio profundo de este recurso excede del interés de esta obra. Sin perjuicio de lo cual (GUTIÉRREZ, 2021), puede señalarse que es un recurso especial, destinado a lograr una cierta unificación de criterio en la aplicación de la ley ante los supuestos de mayor gravedad, que carece de efecto suspensivo (STS de 3/02/2003 [*Tol 4928016*]), donde no resulta empleable el cauce previsto en el art. 849.1 LECrim (STS de 24/09/2012 [*Tol 2662580*]) y limitado a sentencias condenatorias, en que se imponga una medida de las previstas en el art. 10 LORPM. Lo que pretende es corregir discrepancias acerca de las medidas impuestas a un determinado menor que, en su contenido, duración y objetivos, se apartan sensiblemente de otras que tomaron en consideración datos idénticos o muy parecidos sobre la gravedad objetiva del hecho, la personalidad y situación del menor, su entorno familiar o social, su edad, sus necesidades, etc. (SSTS de 3/02/2003 [*Tol 4928016*]; de 7/11/2002 [*Tol 4976653*] y ATS de 27/10/2016 [*Tol 5895789*]).

3.1.4 *Sentencias dictadas por las Secciones de lo Penal de los Tribunales de Instancia o del Tribunal Central de Instancia*

Las sentencias dictadas por las Secciones de lo Penal de los Tribunales de Instancia o del Tribunal Central de Instancia tienen un doble régimen, que depende de la fecha de incoación del procedimiento.

A) Procedimientos incoados antes del 6 de diciembre de 2015

Esta es la fecha de la entrada en vigor de la reforma de la LECrim dada por la Ley 41/2015. Si el procedimiento se incoó con anterioridad a esta fecha, la sentencia que dicta, en primera instancia, la Sección de lo Penal del Tribunal de Instancia o del Tribunal Central de Instancia, únicamente tiene previsto recurso de apelación. No cabe casación contra la sentencia que, en apelación, dicte la Audiencia Provincial o la Sala de lo Penal de la AN. La redacción del art. 847 LECrim preveía que «procede el recurso de casación por infracción de ley y por quebrantamiento de forma contra: a) las sentencias dictadas por la Sala de lo Civil y Penal de los Tribunales Superiores de Justicia en única o en segunda instancia; y b) las sentencias dictadas por las Audiencias en juicio oral y única instancia».

El establecimiento del recurso de casación contra las sentencias que, en apelación, dictan las Audiencias Provinciales o la Sala de lo Penal de la Audiencia Nacional, se produjo con la reforma de la LECrim mencionada. Esta reforma no previó su efecto retroactivo a procedimientos entonces vigentes. Existen infinidad de resoluciones de la Sala Segunda del Tribunal Supremo acerca de la imposibilidad de formular recurso de casación contra sentencias dictadas por Juzgados de lo Penal o Juzgados Centrales de lo Penal en asuntos incoados con anterioridad a la reforma de la Ley 41/2015 (AATS de 24/07/2023 [*Tol 10191473*], de 24/07/2024 [*Tol 10191190*]) o de 11/10//2022 [*Tol 9750467*]).

B) Procedimientos incoados después del 6 de diciembre de 2015

En este caso, contra la sentencia dictada por la Sección de lo Penal del Tribunal de Instancia o del Tribunal Central de Instancia cabe recurso de apelación (art. 790 LECrim); y, contra la sentencia que dicta la Audiencia Provincial o la Sala de apelación de la Audiencia Nacional cabe recurso de casación, según lo que dispone el art. 847.1 b) LECrim.

Se trata de un recurso de casación limitado, pues solo se puede interponer por infracción de ley del art. 849.1º LECrim, aunque pueda invocarse la infracción de una norma constitucional a los solos efectos de reforzar la infracción de la norma penal sustantiva. Además, en estos recursos debe justificarse la existencia de un interés casacional, según previó la exposición de motivos de la Ley 41/2015. Así se explicó en el Acuerdo del Pleno no Jurisdiccional de la Sala Segunda del Tribunal Supremo, de 9/06/2016, sobre unificación de criterios sobre el alcance de la reforma de la Ley de Enjuiciamiento Criminal de 2015, en el ámbito del recurso de casación, que, a estos efectos, señalaba:

«Interpretación del art. 847.1, letra b) de la Ley de Enjuiciamiento Criminal.

El art. 847 1° letra b) de la LECrim. debe ser interpretado en sus propios términos. Las sentencias dictadas en apelación por las Audiencias Provinciales y la Sala de lo Penal de la Audiencia Nacional solo podrán ser recurridas en casación por el motivo de infracción de ley previsto en el número primero del art. 849 de la LECRim, debiendo ser inadmitidos los recursos de casación que se formulen por los arts. 849 2°, 850, 851 y 852.

b) Los recursos articulados por el art. 849 1° deberán fundarse necesariamente en la infracción de un precepto penal de carácter sustantivo u otra norma jurídica del mismo carácter (sustantivo) que deba ser observada en la aplicación de la Ley Penal (normas determinantes de subsunción), debiendo ser inadmitidos los recursos de casación que aleguen infracciones procesales o constitucionales. Sin perjuicio de ello, podrán invocarse normas constitucionales para reforzar la alegación de infracción de una norma penal sustantiva.

2228

c) Los recursos deberán respetar los hechos probados, debiendo ser inadmitidos los que no los respeten, o efectúen alegaciones en notoria contradicción con ellos pretendiendo reproducir el debate probatorio (art. 884 LECrim).

d) Los recursos deben tener interés casacional. Deberán ser inadmitidos los que carezcan de dicho interés (art. 889 2°), entendiéndose que el recurso tiene interés casacional, conforme a la exposición de motivos: a) si la sentencia recurrida se opone abiertamente a la doctrina jurisprudencial emanada del Tribunal Supremo, b) si resuelve cuestiones sobre las que exista jurisprudencia contradictoria de las Audiencias Provinciales, c) si aplica normas que no lleven más de cinco años en vigor, siempre que, en este último caso, no existiese una doctrina jurisprudencial del Tribunal Supremo ya consolidada relativa a normas anteriores de igual o similar contenido.

e) La providencia de inadmisión es irrecurrible (art. 892 LECrim)».

«Estamos ante una modalidad del recurso que enlaza más con el art. 9.3 de la Constitución —seguridad jurídica— que con el art. 24.1 —tutela judicial efectiva—» STS de 28/03/2017 [*Tol 6012755*]). Entre otras muchas, pueden verse las SSTS de 26/06/2024 [*Tol 10105869*], de 12/06/2024 [*Tol 10117381*], de 18/07/2024 [*Tol 10121961*]. Ese acuerdo del Pleno de la Sala segunda del TS fue refrendado por el ATC 40/2018 [*Tol 8485811*], en el que el TC, en un supuesto de inadmisión del recurso de casación, en un caso en el que la petición acusatoria había sido ya juzgada en doble instancia, concluyó que la apreciación de inadmisión cuestionada no podía entenderse arbitraria, ni manifiestamente irrazonable, ni tampoco contraria a la plena efectividad de los derechos fundamentales, cuya supuesta vulneración sustentaba el recurso de condenada, sino que se funda en la existencia de una causa legal que ha sido razonablemente aplicada.

3.1.5 Sentencias dictadas por el Tribunal del Jurado

Contra las sentencias que dicta el Tribunal del Jurado en el ámbito de la Audiencia Provincial cabe recurso de apelación ante la Sala de lo Civil y Penal de los Tribunales Superiores de Justicia [art. 846 *bis* a) LECrim]. Contra la sentencia que dicta la Sala de lo Civil y Penal del TSJ en apelación puede interponerse recurso de casación [art. 847.1 a) LECrim]. Se trata de un recurso de casación en que pueden plantearse todos los motivos que prevé la LECrim. No sufrió variación sustancial con la reforma de la Ley 41/2015, pues la LECrim ya preveía el recurso de apelación contra esta clase de sentencias y la posterior casación.

3.1.6 Sentencias dictadas por las Audiencias Provinciales o la Sala de lo Penal de la Audiencia Nacional

De nuevo, existe una distinción por la fecha de incoación del procedimiento, derivada de la entrada en vigor de la reforma de la LECrim dada por la Ley 41/2015.

A) Procedimientos incoados antes del 6 de diciembre de 2015

Con anterioridad a la Ley 41/2015, las sentencias que dictaban las Audiencias Provinciales o la Sala de lo Penal de la Audiencia Nacional, cuando el juicio se celebraba ante ellas, no tenían previsto un recurso de apelación. La casación era el único recurso que preveía el art. 847 LECrim, en estos casos. Sin entrar en detalles por las limitaciones de esta obra, esto determinó que el recurso de casación no pudiera ser considerado extraordinario, sino *cuasi* ordinario (ENCINAR/MARTÍNEZ, 2022, pp. 110-111), por la exigencia del establecimiento de un juicio de revisión contra las sentencias condenatorias derivado del art. 14.5 del PIDCP.

En consecuencia, en esta clase de procedimientos, cuando la sentencia la dicta la Sala de lo Penal de la Audiencia Nacional o las Audiencias Provinciales, en primera instancia, el recurso de casación es el único posible. Podrán esgrimirse todos los motivos previstos en la ley. Los posibles defectos formales en la formulación del recurso no deben observarse con un rigor innecesario. Así, en STC 123/1986 [*Tol 79669*]:

> «no toda irregularidad meramente formal puede convertirse en un obstáculo insalvable para la prosecución del proceso, de forma que no es lo mismo un rigor formal justificado que un exceso de formalismo [...].
> Esta doctrina general en materia de recursos, ha de ser aplicada con mayor exigencia a la casación penal si se tiene en cuenta que ésta cumple en nuestro ordenamiento, el papel de "Tribunal Superior" que revisa las Sentencias de instancia en la vía criminal a que se refiere el art. 14.5 del Pacto Internacional de Derechos Civiles y Políticos de 19 de diciembre de 1966, ratificado por España y que ha de ser tenido en cuenta, por mandato del art. 10.2 de la Constitución, a efectos de la interpretación de los derechos fundamentales. De ahí, que como ha reconocido nuestra STC 60/1985, de 6 de mayo, la casación penal cumple también la función de velar por el derecho a la tutela judicial efectiva en su más amplio contenido».

En el mismo sentido, el Pleno no jurisdiccional de la Sala Segunda del Tribunal Supremo de 13/09/2000, en que se acordó:

> «[...] la Sala de lo Penal del Tribunal Supremo ha puesto de manifiesto que, en la evolución actual de la jurisprudencia en España, el recurso de casación previsto en las leyes vigentes en nuestro país, similar al existente en otros Estados miembros de la Unión Europea, ya constituye un recurso efectivo en el sentido del art. 14.5 del Pacto Internacional de Derechos Civiles y Políticos de 1996 [...]».

2230 Véase, también, por todas, la STS de 11/04/2016 [*Tol 5691593*], con cita de otras, en que se estudia la cuestión de la inexistencia de un recurso de apelación y la suficiencia del recurso de casación a los efectos de la revisión de las sentencias condenatorias por un tribunal superior.

B) Procedimientos incoados tras el 6 de diciembre de 2015

Tras la entrada en vigor de la reforma de la LECrim dada por la Ley 41/2015 las sentencias que dictan, en primera instancia, las Audiencias Provinciales o la Sala de lo Penal de la Audiencia Nacional son recurribles en apelación ante la Sala de lo Civil y Penal del Tribunal Superior de Justicia de la Comunidad Autónoma correspondiente o ante la Sala de Apelación de la Audiencia Nacional [arts. 846 ter LECrim, 73.3 c) LOPJ, y 64 *bis* LOPJ]. De este modo, como indica CALDERÓN (2015, p. 255), se generaliza la segunda instancia se transforma el recurso de casación con la pretensión última de conseguir que cumpla eficazmente su función unificadora en todas las materias, sustantivas, procesales y, en menor medida, constitucionales.

Contra la sentencia que, en apelación dicte la Sala de lo Civil y Penal del TSJ correspondiente o la Sala de Apelación de la Audiencia Nacional, cabe interponer recurso de casación por todos los motivos que incluye la LECrim, que se desarrollarán más adelante. No obstante, cabe hacer una precisión. En la medida en que esta clase de sentencias tienen un recurso de apelación previo a la casación, la Sala de lo Penal del Tribunal Supremo ha puesto en valor la necesidad de justificar la "relevancia casacional" del recurso. Este concepto implica la necesidad de justificar en qué medida la sentencia de apelación no ha dado una respuesta correcta a la pretensión impugnatoria según la doctrina emanada del Tribunal Supremo o, por otra parte, de justificar los aspectos novedosos que plantea el recurso. Así en STS de 26/06/2017 [*Tol 6201803*] (primera sentencia del TS resolutoria de un recurso de casación contra una sentencia dictada en apelación por un TSJ, citada en numerosas ocasiones):

> «[...] la Sentencia contra la que se plantea el recurso de casación es la resolutoria del recurso de apelación. Frente a la misma el recurrente deberá plantear su disidencia, sin que —como principio general y, sobre todo, en relación con el ámbito fáctico— pueda consistir en la reiteración simple del contenido de la impugnación desarrollada en la apelación ni en el planteamiento de cuestiones no debatidas en la apelación, pues las mismas ya han tenido respuesta desestimatoria o son cuestiones que han sido consentidas por la parte. En particular, respecto al ámbito del control casacional cuando se invoca la lesión al derecho fundamental a la presunción de inocencia, cumplida la doble instancia, la función revisora de la casación en este ámbito se contrae al examen de la racionalidad de la resolución realizada a partir de la motivación de la sentencia de la apelación, comprensiva de la licitud, regularidad y suficiencia de la prueba. Respecto al error de Derecho, función primordial de la nueva casación, deberá actuarse conforme a la consolidada jurisprudencia de esta Sala en torno a los dos apartados del art. 885 de la ley procesal penal. Los quebrantamientos de forma, una vez que han sido planteados en la apelación y resueltos en forma negativa, pues de lo contrario la nulidad declarada no tiene acceso a la casación, la queja se contrae a la racionalidad y acierto de la resolución recurrida al resolver la cuestión planteada.
> Estos elementos son el fundamento sobre los que debe operar la admisión del recurso de casación y cuya inobservancia puede conllevar la inadmisión del mismo, conforme a los arts. 884 y 885 LECRim».

3.1.7 Algunos supuestos especiales

A) Recursos contra sentencias de conformidad

Puede alcanzarse tal conformidad ante las secciones de los Tribunales de Instancia a que corresponde la instrucción en los trámites del juicio rápido o, en el procedimiento abreviado (incluso en el sumario), al inicio del acto del juicio oral. La regla general es la irrecurribilidad, en casación, de esta clase de sentencias. No obstante, existen determinadas excepciones, tales como situaciones en que la conformidad no es posible, la existencia de vicios en la prestación de la conformidad, errores en la calificación, o supuestos en que no se respeta el acuerdo de conformidad alcanzado por las partes (*vid.* SSTS de 12/02/2007 [*Tol 1038367*], de 14/05/2010 [*Tol 1865592*], de 29/11/2023 [*Tol 9803241*]).

Distinto es el supuesto en que, sin ser posible una sentencia de conformidad por los límites de pena establecidos en la LECrim, se produce un reconocimiento de hechos y una asunción de la pena interesada por las acusaciones. Una suerte de "conformidad encubierta". Este tipo de sentencias son, en principio, recurribles en casación, sin perjuicio de tener en cuenta el reconocimiento de hechos que se ha realizado, así como la asunción de la pena solicitada (por todas, STS de 15/06/2020 [*Tol 8417970*]), si bien también se detecta algún supuesto en que el TS se decantó por la inadmisibilidad del recurso (STS de 29/11/2007 [*Tol 1213951*]).

Téngase en cuenta que los artículos 655 y 787 de la LECrim han sido modificados (con inclusión, a este particular respecto, del artículo 787 ter), por la Ley Orgánica 1/2025, de 2 de enero, de manera que se ha eliminado el límite penológico para la conformidad del acusado y se han introducido una serie de requisitos para la prestación de esa conformidad. Por ello, estas situaciones de "conformidad encubierta" deberían desaparecer, con el paso del tiempo y la aplicación de la reforma. A estos efectos, se hace expresa remisión al estudio que se contiene en esta misma obra, en el Capítulo 46.

B) Sentencias que declaran la nulidad de una sentencia de primera instancia

Este tipo de sentencias, que se limitan a declarar la nulidad de la sentencia de primera instancia, no son, en principio, recurribles en casación por estar expresamente previsto en el art. 847.2 LECrim (SSTS de 10/03/2020 [*Tol 7928038*] o de 20/07/2023 [*Tol 9662633*]).

C) Sentencias dictadas en procedimientos de decomiso autónomo

El régimen del recurso de casación, en estos casos, es el mismo que el previsto para las demás sentencias, dependiendo del órgano que las dicte. Así se deduce del art. 803 *ter* LECrim.

3.2 Recurso de casación contra autos

3.2.1 Autos expresamente previstos en el art. 848 LECrim

Según el actual art. 848 de la LECrim:

> «Podrán ser recurridos en casación, únicamente por infracción de ley, los autos para los que la ley autorice dicho recurso de modo expreso y los autos definitivos dictados en primera instancia y en apelación por las Audiencias Provinciales o por la Sala de lo Penal de la Audiencia Nacional cuando supongan la finalización del proceso por falta de jurisdicción o so-

breseimiento libre y la causa se haya dirigido contra el encausado mediante una resolución judicial que suponga una imputación fundada».

El artículo citado parte de una premisa: solo son recurribles en casación los autos para los que existe previsión legal expresa y, además, únicamente por infracción de ley. El mismo artículo pone de relieve dos autos contra los que puede interponerse recurso de casación

En primer lugar, *los autos definitivos de sobreseimiento libre*, cuando ha existido una resolución judicial que suponga una imputación fundada. Téngase en cuenta, a estos efectos, el Pleno no Jurisdiccional de la Sala Segunda del TS de 9/02/2005 [*Tol 2095509*], que estableció la siguiente doctrina en orden a la recurribilidad en casación de los autos dictados por las Audiencias:

> «Los autos de sobreseimiento dictados en apelación en un procedimiento abreviado sólo son recurribles en casación cuando concurran estas tres condiciones: 1ª. Se trate de un auto de sobreseimiento libre. 2ª. Haya recaído imputación judicial equivalente a un procesamiento, entendiéndose por tal la resolución judicial en que se describa el hecho, el derecho aplicable y las personas responsables. 3ª. Se haya dictado en procedimiento cuya sentencia sea recurrible en casación».

Tras la modificación operada por la Ley 41/2015 en el art. 848 LECrim, tal requisito —se refiere a que el auto haya sido dictado en procedimiento cuya sentencia sea recurrible en casación— desaparece. Es decir, actualmente los requisitos del sobreseimiento libre recurrible en casación por infracción de ley, son los siguientes: a) haberse dictado un auto definitivo —esto es, no impugnable mediante recurso ordinario—, dictado por una Audiencia Provincial o por la Sala de lo Penal de la Audiencia Nacional; b) que suponga la finalización del proceso por falta de jurisdicción o por sobreseimiento libre —con análogos efectos a los de una sentencia absolutoria—, y c) contra una persona encausada mediante una resolución judicial que suponga una imputación fundada (STS de 02/03/2016 [*Tol 5672001*]). Esta imputación fundada se ha equiparado a una resolución previa equivalente a un procesamiento o acto de inculpación con la plasmación de los hechos indiciariamente delictivos, las normas en que se subsumirían esos hechos y los sujetos presuntos autores de los mismos. Y como tal se ha considerado el auto que se dicta al amparo del art. 779.1.4º de la Ley de Enjuiciamiento Criminal, acordando seguir los trámites con arreglo al procedimiento abreviado, o como mucho el auto que acuerda determinadas medidas cautelares que contaron con una descripción de indicios contra personas determinadas, acompañada de una subsunción de la conducta en una norma penal y la intervención de un posible autor (SSTS de 5/02/2015 [*Tol 5669135*], de 7/12/2017 [*Tol 6454776*] y de 5/06//2019 [*Tol 7271621*]).

En segundo lugar, *los autos definitivos dictados en primera instancia y en apelación por las Audiencias Provinciales o por la Sala de lo Penal de la Audiencia Nacional cuando supongan la finalización del proceso por falta de jurisdicción*. Se trata de un supuesto introducido en la reforma de la Ley 41/2015 que, previamente, ya tenía previsión por vía jurisprudencial (STS de 24/09/2014 [*Tol 4462413*]). Téngase en cuenta, a estos efectos el Acuerdo del Pleno no jurisdiccional de la Sala Segunda del Tribunal Supremo, de 28/02/2018, que concluyó:

> «Conforme a lo establecido en el art. 848 LECrim solo cabe recurso de casación contra autos que acuerden el sobreseimiento por falta de jurisdicción; y no contra los que la afirmen».

Consúltese además el ATS de 13/03/2018 [*Tol 6554701*] que desarrolla el citado acuerdo.

3.2.2 Recurso de casación contra otros autos

Sin ánimo de exhaustividad, está prevista la posibilidad de recurso de casación contra los siguientes autos (por todos, ATS de 14/04/2023 [*Tol 9563125*],
2234 con cita de abundante jurisprudencia):

* Autos de inhibición dictados por la Audiencia en primera instancia (SSTS de 28/05/1999 [*Tol 5151043*]; de 8/05/2001 [*Tol 4926209*]; de 9/10/2002 [*Tol 222579*] y de 30/10/2002 [*Tol 4976589*]; y AATS de 29/04/1998 [*Tol 3475357*] y de 5/11/2001 [*Tol 3464730*]).
* Autos dictados en materia de competencia de los arts. 35, 37, 40 y 43 de la LECrim.
* Autos de inhibición de la Audiencia a favor de los Juzgados de lo Penal.
* Autos del art. 676 de la LECrim dictados por los Tribunales Superiores de Justicia fuera del ámbito competencial de la Ley del Jurado.
* Autos que resuelven problemas de jurisdicción penal extraterritorial.
* Autos de archivo decretados por las Audiencias al resolver el recurso de queja contra el auto de conclusión de las Diligencias Previas y de transformación del procedimiento cuando se trate de procedimiento competencia de la Audiencia Provincial.
* Autos definitivos que declaran la falta de jurisdicción de los Tribunales españoles para conocer de hechos sucedidos en el extranjero.
* Autos de refundición de condenas conforme al art. 988 de la LECrim.
* Autos que aprueban el licenciamiento definitivo del penado.
* Autos acordando o denegando el abono de prisión preventiva dictados por las Audiencias.
* Autos de revisión de sentencias susceptibles de recurso de casación
* Autos de las Audiencias Provinciales y Audiencia Nacional resolviendo recursos de apelación en materia penitenciaria para unificación de doctrina
* Autos dictados en materia de responsabilidad civil que sean complemento de la sentencia que sea susceptible de casación, concreción relativa a un punto que forme parte del fallo de la sentencia (art. 142 LECrim), concreción en ejecución de la sentencia, incidiendo en su fallo, de liquidación de intereses o de fijación en la ejecución de las bases conforme a las que debe calcularse la indemnización.

4. MOTIVOS POR LOS QUE SE PUEDE INTERPONER RECURSO DE CASACIÓN

4.1 Infracción de ley por indebida aplicación de precepto penal de carácter sustantivo

Según lo previsto en el art. 849.1º, de la LECrim:

> «Se entenderá que ha sido infringida la Ley para el efecto de que pueda interponerse el recurso de casación:
>
> 1º Cuando, dados los hechos que se declaren probados en las resoluciones comprendidas en los dos arts. anteriores, se hubiere infringido un precepto penal de carácter sustantivo u otra norma jurídica del mismo carácter que deba ser observada en la aplicación de la Ley penal».

Este motivo de recurso es el genuino del recurso de casación (así en ENCINAR/MARTÍNEZ, 2022, p. 380). Con este motivo, lo que se pretende es que el Tribunal Supremo examine la aplicación de la ley que ha realizado el órgano de instancia, o el de apelación. Es decir, si del relato de hechos probados que se contienen en la sentencia recurrida, resulta una correcta aplicación de las normas penales. Si se emplea la vía prevista en el art. 849.1º LECrim, la parte recurrente no puede discutir el relato de hechos probados.

Así, por todas, en STS 26/09/2024 [*Tol 10206120*]):

> «[...] el recurso de casación cuando se articula por la vía del art. 849.1 LECrim ha de partir de las precisiones fácticas que haya establecido el Tribunal de instancia, por no constituir una apelación ni una revisión de la prueba. Se trata de un motivo de carácter sustantivo penal cuyo objeto exclusivo es el enfoque jurídico que a unos hechos dados, ya inalterables, se pretende aplicar, en discordancia con el Tribunal sentenciador. La técnica de la casación penal exige que en los recursos de esta naturaleza se guarde el más absoluto respeto a los hechos que se declaren probados en la sentencia recurrida, ya que el ámbito propio de este recurso queda limitado al control de la juridicidad, o sea, que lo único que en él se puede discutir es si la subsunción que de los hechos hubiese hecho el Tribunal de instancia en el precepto penal de derecho sustantivo aplicado es o no correcta jurídicamente, de modo que la tesis del recurrente no puede salirse del contenido del hecho probado. Resulta inviable no respetar los hechos probados, proclamados por la convicción psicológica de la Sala de instancia, ya sea modificándolos radicalmente en su integridad, o alterando su contenido parcialmente, o condicionándolo o desviándolo de su recto sentido con hermenéutica subjetiva e interesada, o interpolarse frases, alterando, modificando, sumando o restando a la narración fáctica extremos que no contiene o expresan intenciones inexistentes o deducen consecuencias que de consuno tratan de desvirtuar la premisa mayor o fundamental de la resolución que ha de calificarse técnicamente en su tipicidad o atipicidad y que necesita de la indudable sumisión de las partes».

Téngase en cuenta que el motivo de casación por infracción de ley del art. 849.1º LECrim puede emplearse para discutir la tipicidad de los hechos o la correcta calificación jurídica. Pero no solamente eso. Podrán discutirse todas las consecuencias jurídicas que resultan de una correcta subsunción de los hechos probados. Es decir, también podrá discutirse la autoría o grado de participación, el grado de consumación, la concurrencia de circunstancias modificativas de responsabilidad criminal, etc. Lo que no cabe es entrar en cuestiones probatorias.

También debe tenerse en consideración que el *factum* —o hechos probados de la sentencia— no puede integrarse con los fundamentos jurídicos (*vid.* STS de 8/03/2023 [*Tol 9487830*]). Si el *factum* es incompleto, no puede acudirse a los razonamientos de la sentencia para complementarlo (*vid.* por todas STS de 31/07/2024 [*Tol 10191540*]).

Este principio de imposibilidad de "heterointegrar" el hecho probado con la fundamentación fáctica de la sentencia tiene dos excepciones: cuando se realiza en beneficio del reo o cuando se está ante cuestiones de pura responsabilidad civil (por todas, STS de 27/05/2022 [*Tol 9009931*]).

4.2 Infracción de ley por error en la valoración de documentos

El párrafo segundo del art. 849 LECrim establece:

> «Se entenderá que ha sido infringida la Ley para el efecto de que pueda interponerse el recurso de casación: [...]
> 2º Cuando haya existido error en la apreciación de la prueba, basado en documentos que obren en autos, que demuestren la equivocación del juzgador sin resultar contradichos por otros elementos probatorios».

El motivo de casación por infracción de ley, por error en la valoración de documentos ha sido ampliamente criticado por la doctrina, puesto que no se compadece con la misión que, en puridad, es propia de la casación (véase ENCINAR/MARTÍNEZ, 2022, pp. 412-416). Posiblemente sea el motivo de casación que peor se emplea en la generalidad de los casos, puesto que, con muchísima frecuencia, se utiliza para discutir el resultado probatorio del juicio y su sentido no es ese.

En este motivo, lo que debe alegarse es la existencia de un documento, cuya naturaleza y contenido no hayan sido discutidos, y del que resulte, indefectiblemente, que existe un error en los hechos probados, pues permite su modificación. Es un documento "literosuficiente" o con "eficacia demostrativa autárquica". No se trata de que la prueba, en su conjunto, se haya valorado de forma errónea; de que existan juicios de inferencia mal realizados; o de que no se justifique por qué se declaran probados unos hechos. Ni tan siquiera se trata de que el órgano de enjuiciamiento haya valorado un documento en contra de los intereses del recurrente. De lo que se trata es de que en el procedimiento conste un documento del que resulta, por sí mismo, un error en la redacción de los hechos probados.

En palabras del TS (STS de 29/05/2024 [*Tol 10038581*]):

> «El uso —¡abuso!— del art. 849.2 LECrim es tan frecuente, como infrecuente su manejo correcto (SSTS 368/2018, de 18 de julio o 592/2021, de 2 de julio ó 685/2021, de 15 de septiembre). Este recurso constituye una muestra más de esa afirmación que no puede sorprender a nadie familiarizado con la casación. Esa constatable realidad —porcentaje bajísimo de estimación de motivos fundados en el art. 849.2º LECrim— encuentra cierta explicación en el contraste entre el enunciado legal del motivo (error en la valoración de la prueba), muy atractivo y capaz de seducir al profesional disconforme con el juicio fáctico realizado por el Tribunal en la instancia; con su rígida disciplina procesal plagada de exigencias y condicionantes que conforman un terreno bien abonado para provocar no pocos tropezones en quienes exploran esa vía. No tiene cabida en el art. 849.2º cualquier divergencia en la valoración probatoria como podría sugerir su enunciado y como se entiende tantas veces (en el recurso late esa errada concepción); solo la que venga apuntalada por prueba estrictamente documental, es decir, que pueda apoyarse en un documento. Y no en cualquier documento; sino solo en un documento literosuficiente, es decir que demuestre directamente por sí, sin posibilidad de duda alguna, lo que se quiere probar. Ítem más, no basta que el documento sea literosuficiente. Hay que verificar que ningún otro elemento probatorio —sea del tipo que sea— desmiente o contradice lo que asevera el documento. Superados todos esos obstáculos resta, aún, un último control —que es el que en mayor medida flaquea aquí—: es necesario bien que lo que acredite el documento por sí haya sido rechazado por el Tribunal y modifique el juicio jurídico; bien que la aseveración que se trata de introducir en el hecho probado —que debe ser identificada— sea justamente lo que acredita el documento, y no una deducción a la que se llega a través de valoraciones, más o menos racionales, pero que no repelen interpretaciones alternativas».

Por lo demás, téngase en cuenta: 1) que los documentos a efectos casacionales no son prueba personal ni las actuaciones procesales documentadas; 2) que deben identificarse tanto los documentos, como sus particulares concretos relevantes (cfr. STS de 13/06/2024 [*Tol 10074011*]); 3) que los dictámenes periciales solo pueden considerarse documentos a estos efetos, cuando existen uno o varios totalmente coincidentes y no hay más prueba sobre los hechos que constituyen su objeto (por todas, STS de 18/07/2024 [*Tol 10124349*]); 4) que el motivo requiere, para su estimación, que se consigne una redacción alternativa del hecho probado (por todas, STS de 18/12/2023 [*Tol 9818802*]).

4.3 Quebrantamiento de forma por vicios *in procedendo*

Por quebrantamiento de forma, podrá interponerse recurso de casación conforme prevé el art. 850 de la LECrim:

> «El recurso de casación podrá interponerse por quebrantamiento de forma:
> 1º Cuando se haya denegado alguna diligencia de prueba que, propuesta en tiempo y forma por las partes, se considere pertinente.
> 2º Cuando se haya omitido la citación del procesado, la del responsable civil subsidiario, la de la parte acusadora o la del actor civil para su comparecencia en el acto del juicio oral, a no ser que estas partes hubiesen comparecido en tiempo, dándose por citadas.
> 3º Cuando el Presidente del Tribunal se niegue a que un testigo conteste, ya en audiencia pública, ya en alguna diligencia que se practique fuera de ella, a la pregunta o preguntas que se le dirijan siendo pertinentes y de manifiesta influencia en la causa.
> 4º Cuando se desestime cualquier pregunta por capciosa, sugestiva o impertinente, no siéndolo en realidad, siempre que tuviese verdadera importancia para el resultado del juicio.
> 5º Cuando el Tribunal haya decidido no suspender el juicio para los procesados comparecidos, en el caso de no haber concurrido algún acusado, siempre que hubiere causa fundada que se oponga a juzgarles con independencia y no haya recaído declaración de rebeldía».

4.3.1 Quebrantamiento de forma por inadmisión de medios de prueba

2238 El motivo comprende tanto la inadmisión del medio probatorio en sí mismo, como la denegación de suspensión del acto del juicio por imposibilidad de practicar una prueba en sí misma. La conexión de este motivo con la vulneración del derecho a emplear los medios de prueba pertinentes del art. 24.2 CE, así como con la tutela judicial efectiva es evidente.

En cuanto a sus requisitos, puede estarse a lo indicado en STS de 26/06/2024 [*Tol 10103005*]):

> «[...] el quebrantamiento de forma por denegación de prueba exige unos requisitos necesarios para la estimación y, consecuente, nulidad del enjuiciamiento tendentes a clarificar la observancia de los requisitos procesales en orden a la regularidad de la pretensión de prueba, y para constatar la existencia de una efectiva indefensión.
> Así hemos declarado que el quebrantamiento de forma requiere:
> a) Un requisito formal: la oportuna propuesta en tiempo y en la forma legalmente impuesta. El proceso penal aparece conformado por requisitos que obedecen al proceso debido y que deben ser observados por las partes, entre otras razones para evitar una efectiva lesión.
> b) El requisito de pertinencia: Conforme al mismo el medio propuesto ha de poseer una relación con el objeto del proceso, o más exactamente con el tema de prueba. Si aquello que se propone demostrar es ajeno a lo que la decisión del proceso exige que sea demostrado, el medio es no pertinente.
> c) Su práctica debe ser necesaria: Con ello se exige que entre el medio y lo que se trata de demostrar exista una relación instrumental. Para tal objetivo el empleo del medio debe resultar ineludible. Ahí se afecta al derecho a no sufrir indefensión, pues de no concurrir el objetivo probatorio de la parte devendría frustrado (STS nº 1289/1999 de 5 de marzo).

Es de subrayar que la presencia de este requisito puede variar según el momento del procedimiento. Lo inicialmente necesario —por ejemplo, al tiempo de decidir la admisión del medio puede devenir innecesario —por ejemplo, al tiempo en que su práctica estaba prevista— lo que ocurrirá si la práctica de otros medios, conforme a una ponderada valoración, hacen prescindible el excluido, cualquiera que sea su eventual resultado. Por ello se hace referencia a la necesidad de ponderar la prueba de cargo ya practicada en el momento de denegar la práctica de un determinado medio. Sea de manera directa sea indirectamente al denegar la suspensión del juicio para disponer de dicho medio en una sesión ulterior».

4.3.2 Quebrantamiento de forma por omisión de citaciones

El motivo previsto en el art. 850.2º de la LECrim está previsto para asegurar la correcta celebración del acto del juicio oral. Se trata de una causa de nulidad, prevista para cuando se ha omitido la citación del procesado, la del responsable civil subsidiario, la de la parte acusadora o del actor civil, a no ser que estas partes comparezcan en tiempo y se den por citadas. Entronca con la proscripción de indefensión y con el derecho a la tutela judicial efectiva del art. 24.1 CE (*vid.* por todas, STS de 23/05/2023 [*Tol 9616878*]).

4.3.3 Quebrantamiento de forma por denegación de preguntas pertinentes

De nuevo, se trata de un motivo que pretende el respeto a la tutela judicial efectiva, la proscripción de la indefensión y garantiza el derecho a la práctica de los medios de prueba pertinentes para la defensa. Es reiteradísima la jurisprudencia del TS que señala, como requisitos para la estimación del motivo (*vid.*, por todas, STS de 11/05/2023 [*Tol 9572779*]):

«a) que cualquiera de las partes haya dirigido preguntas a un testigo o parte; b) que el Presidente del Tribunal no haya autorizado que conteste a alguna pregunta; c) que la misma sea pertinente, es decir, relacionada con los puntos controvertidos; d) que tal pregunta fuera de manifiesta influencia en la causa; e) que se transcriba literalmente en el acto del juicio; y f) que se haga constar en el acta la oportuna protesta».

4.3.4 Quebrantamiento de forma por denegación de preguntas que, en realidad, no son capciosas, sugestivas o impertinentes

Este motivo, requiere, para su estimación, los mismos requisitos que el anterior. Además (STS de 18/10/2023 [*Tol 9740535*]):

«[...] requiere un análisis sobre la consideración de capciosa, sugestiva o impertinente de la pregunta, requiriendo, al igual que el anterior el motivo, que la denegación afecte a una pregunta de verdadera importancia para el resultado del juicio. Lo relevante es que la pregunta tenga verdadera importancia para el juicio, y que la denegación aparezca protestada para replantear la pertinencia de la pregunta y la relevancia para el resultado del juicio».

4.3.5 Quebrantamiento de forma por denegación de suspensión por incomparecencia del coacusado

Al igual que en los motivos anteriores, este motivo tiene su causa en evitar una vulneración de derechos fundamentales. En este caso, la indefensión generada a un acusado por juzgarle en ausencia de otra persona acusada, cuando existe causa para juzgarles de forma conjunta y no se ha declarado la rebeldía del coacusado no comparecido. Los requisitos para que prospere este motivo de recurso se han sintetizado por la Sala Segunda del TS (por todas, STS de 29/06/2022 [*Tol 9124571*]):

> «a) Que hubiera causa fundada que se oponga a juzgar por separado al acusado comparecido y al no comparecido.
> b) Que no haya recaído declaración de rebeldía respecto del acusado incomparecido, pues en estos supuestos el art. 842 de la LECRim expresamente establece la continuación del curso de la causa respecto a los no rebeldes y
> c) Que la parte que discrepe de la decisión de continuación haga constar la oportuna protesta (art. 855-3 LECRim).
> Indicábamos también en la sentencia que nos sirve de referencia que la ley parte, como regla general, de que ante la incomparecencia de uno de los acusados debe procederse a la suspensión del juicio. Pero permite la no suspensión y acordar la continuación del juicio oral, evitando suspensiones inmotivadas, cuando confluyan las siguientes circunstancias:
> 1) Que el procesado o los procesados incomparecidos hubieren sido citados personalmente.
> 2) Que la Audiencia, antes de decidir o inmediatamente después de anunciar su propósito de no suspender el juicio, oiga a las partes personadas.
> 3) Que el Tribunal exponga explícitamente las razones de su decisión.
> 4) Que existan elementos de juicio suficientes para poder juzgar a los procesados presentes, con independencia de los ausentes [...]».

4.4 Quebrantamiento de forma por vicios *in iudicando*

El art. 851 LECrim recoge los motivos de casación por quebrantamiento de forma en la sentencia. Los arts. 142 LECrim y 248.3 LOPJ regulan el contenido de la sentencia penal. A estos efectos, téngase en cuenta lo expuesto en el capítulo correspondiente de la presente obra. El art. 851 de la LECrim dispone:

> «Podrá también interponerse el recurso de casación por la misma causa:
> 1º Cuando en la sentencia no se exprese clara y terminantemente cuáles son los hechos que se consideren probados, o resulte manifiesta contradicción entre ellos, o se consignen como hechos probados conceptos que, por su carácter jurídico, impliquen la predeterminación del fallo.
> 2º Cuando en la sentencia sólo se exprese que los hechos alegados por las acusaciones no se han probado, sin hacer expresa relación de los que resultaren probados.
> 3º Cuando no se resuelva en ella sobre todos los puntos que hayan sido objeto de la acusación y defensa.
> 4º Cuando se pene un delito más grave que el que haya sido objeto de la acusación, si el Tribunal no hubiere procedido previamente como determina el art. 733.

5º Cuando la sentencia haya sido dictada por menor número de Magistrados que el señalado en la Ley o sin la concurrencia de votos conformes que por la misma se exigen.
6º Cuando haya concurrido a dictar sentencia algún Magistrado cuya recusación, intentada en tiempo y forma, y fundada en causa legal, se hubiese rechazado».

4.4.1 Quebrantamiento de forma por falta de claridad en los hechos probados, contradicción entre ellos o predeterminación del fallo

En realidad, bajo este epígrafe se recogen tres supuestos diferentes: la falta de claridad en el *factum*; la existencia de contradicciones en el relato de hechos probados; y la predeterminación del fallo.

A) Falta de claridad en los hechos probados

Este vicio en la sentencia, determinante de su nulidad se da en los siguientes casos, en palabras del TS (por todas, STS de 4/07/2024 [*Tol 10103148*]), que también señala los requisitos para hacer viable el motivo):

«Reiterada doctrina jurisprudencial ha entendido que la sentencia debe anularse cuando se aprecie en el relato fáctico una insuficiencia descriptiva que lo haga incomprensible o difícilmente inteligible, bien por una omisión total de versión fáctica, bien por omisiones parciales que impidan su comprensión; bien por el empleo de frases ininteligibles o dubitativas que impiden saber lo que el tribunal declare probado efectivamente, o bien por contener la sentencia un relativo de hechos constando de tal forma que conduzcan a la duda acerca de si el tribunal los está declarando probado o no. Siendo necesario además que los apuntados defectos supongan la imposibilidad de calificar jurídicamente los hechos».

B) Contradicción entre los hechos probados

En este supuesto, el vicio determinante del cauce casacional es la existencia de una contradicción interna y esencial en el relato recogido en el *factum*, de tal manera que se impide su comprensión. No se trata de que los hechos probados sean contradictorios respecto de la fundamentación jurídica, es que existe una contradicción en esa parte de la sentencia: los hechos probados. En palabras de la Sala Segunda del TS (STS de 25/09//2024 [*Tol 10206678*]):

«[...] en cuanto al quebrantamiento de forma denunciado al amparo del art. 851.1º LECRim, conviene recordar que es doctrina jurisprudencial reiterada de esta Sala (SSTS de 4 y 5 de junio de 2001, por ejemplo), la que sostiene que para la procedencia del motivo resulta preciso que la contradicción sea interna al propio relato, es decir constatada por la contraposición de expresiones en él contenidas que, neutralizando entre sí su respectivo significado, provoquen un vacío en la descripción de lo acontecido que impida la correcta comprensión e integración normativa de esa misma narración fáctica. Como requisito también necesario se cita, en primer lugar, el de que la contradicción ha de ser esencial, es decir que afecte a extremos determinantes del pronunciamiento judicial y no relativos, tan sólo, a meras circunstancias irrelevantes para la conclusión alcanzada con la resolución. Y, también, que se genere una verdadera incongruencia, dada la relación entre el vicio procesal y el pronunciamiento que contiene la Sentencia recurrida».

C) Predeterminación del fallo

Este vicio existe cuando, en el relato de hechos probados, se recogen expresiones técnico-jurídicas impropias del *factum*. Ocurre cuando en los hechos probados se está realizando la subsunción jurídica, es decir, cuando se está incluyendo la descripción del delito en el relato de hechos probados. Así lo describe el TS (por todas, STS de 10/11/2023 [*Tol 9777506*]):

«[...] el quebrantamiento de forma por predeterminación del fallo presupone el que se consignen como hechos probados conceptos que coincidan con los empleados por el legislador para la descripción del núcleo del tipo, cuyo alcance y significación sólo puede ser conocido por quien tenga conocimientos jurídicos y que han sustituido a los hechos en tal medida que de suprimirse mentalmente el relato fáctico quedaría desposeído de la base necesaria para efectuar la correspondiente calificación jurídica antecedente del fallo y ello con la finalidad de impedir que las sentencias penales sustituyan los relatos de los hechos, tal y como acontecieron en la realidad, por expresiones jurídicas que suponen, ya de antemano, la valoración penal del comportamiento, porque de esta manera se impide saber en qué consistió el hecho y se vulnera el derecho de defensa».

4.4.2 Quebrantamiento de forma por omisión de hechos probados

Este motivo de casación está destinado a combatir aquellas sentencias en que los hechos probados se limitan a indicar que no ha quedado acreditado el relato propuesto por las partes acusadoras. Así, por todas, en STS de 12/07/2023 [*Tol 9662737*]):

«[...] la finalidad del legislador que introdujo este motivo por ley de 28 de junio de 1933 fue evitar que en las sentencias sólo se transcribieran los hechos alegados por las acusaciones y a continuación se añadiera «hechos que no han resultado probados». Por ello, el precepto exige una declaración positiva, que se establezcan los hechos que se declaran probados, sin perjuicio de que en tal caso, pueda añadirse una declaración negativa indicando cuáles no han sido probados». Y se argumenta que «el art. 851.2 LECrim sanciona que la sentencia omita la premisa mayor de la labor de subsunción. Es componente esencial de una sentencia una descripción precisa, clara y terminante de los hechos que el Tribunal estima justificados de manera que proporcionen la base de la consiguiente calificación jurídica acerca de la tipicidad o atipicidad de los hechos relatados. La ausencia de toda narración deja sin soporte fáctico la decisión y sin apoyo la capacidad de discutir por vía de recurso la corrección del juicio jurídico. Cuando en los hechos probados se consignan los contenidos en las conclusiones definitivas de las acusaciones, añadiendo que no consta que los hechos se desarrollasen en esa forma, o precedidos de la fórmula "no ha quedado acreditado que..." la sentencia incurrirá en el defecto procesal analizado. No se pretende que la Sala refleje datos, extremos o acontecimientos cuya probanza no ha alcanzado cotas de acreditación suficiente para convencerla de su realidad. Pero es preciso fijar —aunque sean mínimos— los hechos que han sido probados a salvo los casos excepcionales y poco frecuentes (v.gr. nulidad de toda la actividad probatoria) en que nada puede reputarse acreditado. Es exigible y está en la esencia del derecho a la tutela efectiva, el deber del órgano judicial de exponer en términos positivos, con claridad y coherencia los hechos que se consideran probados. Constituyen la materia prima de una adecuada calificación jurídica, y en definitiva del pronunciamiento condenatorio o absolutorio».

4.4.3 Quebrantamiento de forma por incongruencia omisiva

Este motivo de casación está previsto para aquellos supuestos en que la sentencia contiene un "fallo corto". Es decir, para las sentencias que no resuelven todas las pretensiones ejercitadas por las partes y, por ello, vulneran el derecho a la tutela judicial efectiva. Debe advertirse que, para alegar con éxito este motivo, no se trata de que el Tribunal que enjuicie el asunto dé respuesta a todos los argumentos de las partes, sino de que resuelva sobre su pretensión, acusatoria o de defensa. Así en STS de 21/05/2024 [*Tol 10032362*]:

«La doctrina reiterada de esta Sala viene declarando que, con relación a temas de carácter jurídico suscitados por las partes oportunamente en sus escritos de conclusiones definitivas y no a meras cuestiones fácticas, existe un vicio procesal de incongruencia omisiva cuando no hay decisión de la pretensión o cuestión formulada, siempre que la cuestión tenga relevancia para el sentido del fallo; pero teniendo en cuenta que la respuesta no necesita extenderse a cada una de las distintas alegaciones individuales o razonamientos concretos en que la pretensión se sustente, y que no hay omisión apreciable cuando el silencio judicial pueda razonablemente interpretarse como una desestimación implícita o tácita, lo que sucede cuando la resolución dictada en la instancia sea incompatible con la cuestión propuesta por la parte, es decir, cuando del conjunto de los razonamientos contenidos en la resolución judicial puede razonablemente deducirse no sólo que el órgano judicial ha valorado la pretensión deducida, sino además los motivos fundamentadores de la respuesta tácita».

Por otra parte, para poder acudir a este motivo de casación, la Sala de lo Penal del Tribunal Supremo viene exigiendo que, previamente, se haya intentado el complemento de la sentencia, como previenen los arts. 161.5º LECrim y 267.5 LOPJ (SSTS de 27/03/2023 [*Tol 9494687*]; de 7/02/2024 [*Tol 9889073*]). No obstante, téngase en cuenta que el Tribunal Constitucional (STC 43/2023 [*Tol 9582106*]) ha considerado que esta exigencia es contraria al derecho a la tutela judicial efectiva, si bien en el ámbito del recurso de apelación, no en el de casación.

4.4.4 *Quebrantamiento de forma por condena por delito más grave*

Este motivo de casación se encuentra íntimamente vinculado con las exigencias del principio acusatorio, a cuyo estudio debe hacerse expresa remisión. Esta vía casacional se prevé para aquellas sentencias en que se condena por un delito más grave que el que fue objeto de la acusación, siempre que no se haya hecho uso de la "tesis de desvinculación" del art. 733 de la LECrim (art. 789.3 LECrim, para el procedimiento abreviado). En la STS de 21/04/2022 [*Tol 8919434*]), se decía, a propósito de este cauce casacional:

> «Ciertamente, el vicio «in iudicando» del art. 851.4 LECrim es consecuencia de la vigencia en nuestro sistema del principio acusatorio, el cual se proyecta, entre otros aspectos, en que no pueda condenarse por delito distinto a aquel que fue objeto de acusación. Principio acusatorio, cuya infracción puede también denunciarse por vulneración de principio constitucional, art. 24.2, derecho fundamental al proceso debido y a conocer la acusación.
> La delimitación de la acusación se produce con las conclusiones definitivas. La jurisprudencia de esta Sala, por todas reciente STS 111/2022, de 10-2, admite la posibilidad de modificación de las conclusiones provisionales y considera que no se ha infringido el principio acusatorio básico del proceso penal, porque éste, lo que impide es que se traspasen los límites de la acción, que queda acotada, en la calificación provisional por los hechos que en ella se comprenden, y por las personas a quienes se imputen, pero no que se califiquen adecuadamente esos hechos al evacuarse el trámite de conclusiones definitivas autorizado por el art. 732 LECrim. para el procedimiento ordinario y por el art. 788.4 para el abreviado, en el que, manteniéndose la identidad esencial del hecho objeto de la acusación se puede variar, sin infringir la Ley, las modalidades del suceso, sus circunstancias, la participación de los encartados, tipo de delito cometido y grados de ejecución, pero ningún sentido tendría el trámite de modificación de conclusiones si fuesen las provisionales las que acotasen los términos del debate».

4.4.5 *Quebrantamiento de forma por falta de magistrados o de votos*

Este motivo de casación se conecta directamente con lo que disponen los arts. 145 a 162 LECrim y los arts. 196 y ss. y 244 y ss. LOPJ, que regulan, entre otras cuestiones, la formación de Sala y la deliberación. A este respeto, véase el capítulo correspondiente a la sentencia en esta obra.

4.4.6 *Quebrantamiento de forma por sentencias dictadas por magistrados cuya recusación se haya intentado*

Este motivo de casación se conecta con el derecho a un juez imparcial implícitamente recogido en el art. 24.2 CE a través de la proclamación del derecho al juez legal, así como el derecho a un proceso con todas las garantías (*vid.* STS de 1/07/2021 [*Tol 8513606*]). Debe hacerse remisión al estudio de estos derechos, y, principalmente, a las causas de abstención y recusación —y a las formas de hacerlas valer— que se contienen en esta obra.

4.5 Vulneración de preceptos constitucionales

El recurso de casación por infracción de preceptos constitucionales está expresamente previsto tanto en el art. 852 LECrim, como en el art. 5.4 LOPJ. El primero dispone: «Artículo 852. En todo caso, el recurso de casación podrá interponerse fundándose en la infracción de precepto constitucional». Mientras que el art. 5.4 LOPJ establece que «En todos los casos en que, según la ley, proceda recurso de casación, será suficiente para fundamentarlo la infracción de precepto constitucional. En este supuesto, la competencia para decidir el recurso corresponderá siempre al Tribunal Supremo, cualesquiera que sean la materia, el derecho aplicable y el orden jurisdiccional».

Usualmente, esta vía impugnativa (y no la del art. 849.2 LECrim, como se ha señalado) podrá ser utilizada para discutir la vulneración de la presunción de inocencia o del principio *in dubio pro reo*, por insuficiencia de la prueba o errores en su valoración o defectos en la motivación. Al margen de ello, servirá para invocar la lesión de cualquier otro derecho fundamental, por cualquier motivo. Piénsese, por ejemplo, en una vulneración del secreto de las comunicaciones, por alegarse que las intervenciones telefónicas fueron incorrectamente acordadas; una vulneración de la inviolabilidad domiciliaria, por una entrada y registro practicada sin sustento constitucional; etc. Se trata de un cauce procesal amplísimo y que, además, puede conectarse fácilmente con los demás, tal y como se ha expresado.

5. TRAMITACIÓN

Puede afirmarse que el recurso de casación conlleva una tramitación procesal compleja y no siempre adaptada a la realidad actual, aun cuando ha sufrido algunas recientes modificaciones por el RDL 5/2023. La LECrim distingue cuatro fases: 1) fase de preparación o de anuncio (arts. 855-872 LECrim); 2) fase de interposición (arts. 873-879 LECrim); 3) fase de sustanciación (arts. 880-893 LECrim); y 4) fase de decisión [arts. 893 *bis* a) - 909 LECrim].

5.1 Preparación del recurso

Esta fase de recurso se lleva a cabo ante el órgano *a quo*, es decir, ante el órgano que ha dictado la sentencia o el auto que se pretende recurrir. Se regula en los arts. 855 a 872 de la LECrim. Se inicia con un escrito, dirigido al órgano que ha dictado la resolución, en el que se manifiesta la intención de recurrir la resolución ante la Sala de lo Penal del Tribunal Supremo.

El plazo para la presentación de este escrito es de cinco días desde la última de las notificaciones (*vid.* art. 856 LECrim) y debe ir firmado por abogado y procurador. De conformidad con lo dispuesto en el art. 855 LECrim, su contenido será:

* Que se propone recurrir la resolución dictada y se solicitará que se expida un testimonio de ella.
* Los motivos por los que se pretende formular recurso de casación.
* Téngase en cuenta que, tras la reforma dada por el Real Decreto-ley 5/2023, de 28 de junio, en los recursos en que se impugna una sentencia dictada en apelación por las Audiencias Provinciales o por la Sala de lo Penal de la Audiencia Nacional, es necesario, además, consignar los requisitos exigidos para el recurso (resumidamente, solo cabe por infracción de ley del art. 849.1 LECrim), indicar los preceptos sustantivos vulnerados y, además, explicar las razones por las que se entienden infringidos (de modo sucinto).
* Si lo que se pretende es emplear el cauce previsto en el art. 849.2º LECrim, deberán designarse los documentos incorrectamente valorados y sus particulares.
* Los demás motivos (quebrantamientos de forma, infracción de preceptos constitucionales) no requieren un razonamiento expreso, aunque sí detallar las reclamaciones que se han realizado para subsanarlas (en el caso de los quebrantamientos de forma).
* La promesa solemne de constituir depósito (*vid.* arts. 857 y 875 LECrim).
* Debe indicarse expresamente la situación de insolvencia declarada o el reconocimiento del derecho a la asistencia jurídica gratuita, y la solicitud al Tribunal de que haga constar expresamente esta circunstancia. En estos supuestos, si se desea, se podrá interesar que el Tribunal remita, directamente, el testimonio necesario para la interposición del recurso al Tribunal Supremo.

Tras la presentación del escrito, sin trámite de audiencia, el órgano *a quo* dicta resolución en la que deniega o acepta tener por preparado el recurso. El control que realiza el Tribunal pivota en torno al control de la recurribilidad de la resolución y de los requisitos procesales (art. 858 LECrim). No obstante, el RDL 5/2023, ha introducido la previsión de un control que, en cierta medida, atañe al fondo del asunto, en los supuestos de recursos que se preparan contra sentencias dictadas en apelación por las Audiencias Provinciales o la Sala de lo Penal de la Audiencia Nacional. En efecto, en esta clase de recursos, el tribunal de apelación tendrá que controlar no sólo si la resolución es recurrible y se cumplen los requisitos procesales para tener por preparado el recurso, además tendrá que controlar que el recurso se ciña a las alegaciones de infracción de ley del art. 849.1 LECrim y se consigne un breve extracto.

En este punto, pueden dictarse dos resoluciones: la que tiene por preparado el recurso y la que deniega tal preparación. La primera, tiene, resumidamente, las siguientes consecuencias (*vid.* arts. 859 a 861 *bis* c) LECrim):

* La expedición del testimonio de la sentencia, junto con los votos particulares y los documentos cuya valoración se impugna al amparo del art. 849.2º LECrim; así como los datos previstos en el art. 861 LECrim.
* El emplazamiento a las partes para comparecer ante la Sala de lo Penal del Tribunal Supremo. Téngase especial cautela, pues el plazo del emplazamiento es común, para la personación y para la formalización del recurso.
* La remisión de certificación, por el Letrado de la Administración de Justicia prevista en el art. 861.2º LECrim y, en su caso, de la causa o de los documentos relevantes (art. 861.3º LECrim).
* La imposibilidad de ejecución de la sentencia [art. 861 *bis* a) - 861 *bis* c) LECrim].

Al contrario, puede ocurrir que el tribunal *a quo* rechace tener por preparado el recurso de casación (*vid.* art. 858 3º LECrim). En este caso, la resolución (auto), puede ser recurrida en queja ante la Sala Segunda del Tribunal Supremo (arts. 862 - 871 LECrim) en el plazo de dos días desde su notificación. Es un recurso que se prepara ante el tribunal que deniega la preparación del recurso de casación y que, también, contiene dos fases de presentación. Una primera fase, en que el recurso se anuncia o prepara ante el tribunal que ha dictado la resolución impugnada, que emplaza para comparecer ante el Tribunal Supremo; y una segunda fase, en que se debe comparecer y formalizar el recurso ante la Sala de lo Penal del TS. Resumidamente, se da traslado al Ministerio Fiscal y a las partes personadas y, sin vista, la Sala decide sobre el recurso.

5.2 Interposición del recurso

Esta fase se regula en los arts. 873-879 de la LECrim. La interposición del recurso se realiza con la presentación de un escrito, en un plazo que, como se ha indicado es común para comparecer y formalizar el recurso. No hay un plazo para personación y otro para presentación del escrito que contiene el recurso. Son el mismo plazo.

Puede ocurrir (art. 873 LECrim) que sea el recurrente quien formalice el recurso en el plazo que indica el Tribunal recurrido conforme al art. 859 de la LECrim (15, 20 o 30 días, dependiendo del lugar donde se prepara el recurso, cuestión ciertamente anacrónica). Por otra parte, puede ocurrir que el recurrente haya pedido al Tribunal recurrido que remita los testimonios, en caso de insolvencia o concesión de justicia gratuita, conforme al art. 860 LECrim. En ese caso, es la propia Sala de lo Penal del TS quien confiere al recurrente el plazo para personarse y formalizar. Pero, en todo caso, sea el recurrente quien presenta directamente el escrito conforme al art. 859 LECrim, sea tras la concesión de plazo por la Sala de lo Penal por vía del 860 LECrim, el plazo es único, para comparecer y formalizar (por todos, ATS de 12/03/2024 [*Tol 9950608*], con cita de otros).

La LECrim ha previsto que el recuso deba interponerse mediante un escrito, que debe reunir una serie de formalismos recogidos en el art. 874. La postulación y la defensa técnicas son preceptivas. En el escrito, en párrafos separados y numerados, debe consignarse:

- El fundamento o los fundamentos doctrinales y legales aducidos como motivos de casación por quebrantamiento de forma, por infracción de ley o por ambas causas, encabezados con un breve extracto de su contenido.
- El art. de esta Ley que autorice cada motivo de casación.
- La reclamación o reclamaciones practicadas para subsanar el quebrantamiento de forma que se suponga cometido y su fecha, si la falta fuese de las que exigen este requisito.

Al escrito deben acompañarse una serie de documentos:

- El poder bastante, para recurrir en casación.

* El testimonio del art. 859 LECrim, salvo que se hubiera solicitado su remisión al TS por la vía del art. 860 LECrim.
* Copias del escrito y del testimonio para las partes.
* El documento acreditativo del depósito que prevé el art. 875 LECrim —solo cuando, quien recurre, es una parte acusadora—. Véase, además, la DA 15ª de la LOPJ.

Téngase en cuenta que, como se ha indicado, el recurso de casación debe sujetarse a los formalismos referidos. Aunque, en la medida de lo posible, en aplicación del principio *pro actione*, la Sala de lo Penal del TS ha evitado exigir un rigor excesivo, también ha indicado que deben respetarse los requisitos del art. 874 LECrim (por todas STS de 15/02/2024 [*Tol 9905649*]):

«Esta Sala ha tendido a aminorar el rigor formal de la casación (*vid.* SSTC 123/1986, de 22 de octubre o 122/1996, de 22 de noviembre). Ha de reseñarse, no obstante, que la jurisprudencia del Tribunal Europeo de Derechos Humanos considera conforme con las exigencias del Convenio un mayor rigorismo formal en casación (Decisión de 20 de abril de 1999 recaída en el asunto MOHR v. Luxemburgo; y Decisión de igual fecha recaída en el asunto De Virgilis v. Italia). Por eso no sobra alentar a los profesionales a extremar el esfuerzo por ajustarse a tales previsiones legales pues responden a rectas finalidades. La flexibilidad que impone el derecho de acceso a los tribunales y el favor actionis no puede degenerar en una actitud de desprecio frente a esos requisitos».

5.3 Fase de sustanciación

Tras la formalización del escrito de recurso por la parte recurrente, comienza la fase de sustanciación del recurso (arts. 880-893 LECrim). Recibido el escrito en el Tribunal Supremo, el LAJ realiza los siguientes actos (arts. 880 y 881 LECrim): a) designación del magistrado ponente; b) formación de nota; c) entrega de las copias de los recursos a las partes; y d) designación de letrado y procurador, en caso de condenados o absueltos no recurrentes ni comparecidos.

Dentro del término para la formación de nota (10 días), según lo dispuesto en el art. 882 LECrim se produce la instrucción por las partes. En este momento, las partes recurridas pueden impugnar el recurso o formular adhesión él. La adhesión se trata como un recurso autónomo, que puede contener motivos diversos y pretensiones opuestas a las de la parte recurrente; si bien el recurso adhesivo queda supeditado al mantenimiento del suyo propio por la parte recurrente. Esta es la última línea interpretativa de la Sala 2ª del TS, por mor de los arts. 882, 861, 873 y 874 LECrim (por todas SSTS de 25/02/2016 [*Tol 5662234*] y de 1/02/2018 [*Tol 7059334*]).

El art. 882 LECrim preveía, hasta la reforma introducida por RDL 5/2023, un nuevo traslado de los escritos de impugnación a la parte recurrente, para alegaciones. Esta especie de "dúplica" ha desaparecido con la reforma.

Tras las alegaciones de las partes, existe una fase de admisión del recurso, que concluye con una resolución de admisión o inadmisión, irrecurrible en todo caso (arts. 887 y 892 LECrim). El art. 883 LECrim que prevé que «previo informe del Ponente, la Sala dictará la resolución que proceda sobre la admisión o inadmisión del recurso». Se trata de una fase de importancia capital en la tramitación del recurso y que no solo se circunscribe a cuestiones formales, sino también de fondo. Existió un Acuerdo de la Sala de Gobierno del Tribunal Supremo de 9 de marzo de 1993 (ENCINAR / MARTÍNEZ, 2022, p. 548-549), que dispuso la creación de una sala específica de admisión del recurso de casación, compuesta por tres de los magistrados de la Sala. Un porcentaje elevadísimo de recursos de casación quedan sin admitir, por no pasar este "filtro" de la Sala de admisión.

Las causas de inadmisión del recurso de casación se recogen en los arts. 884 y 885 de la LECrim. ENCINAR/MARTÍNEZ (2022, pp. 550-553) sostienen que las causas de inadmisión previstas en el art. 884 LECrim lo son por motivos formales, mientras que las recogidas en el art. 885 LECrim lo son por motivos de fondo. Así las causas de inadmisión que se recogen en el art. 884 LECrim sin las siguientes:

«1º Cuando se interponga por causas distintas de las expresadas en los arts. 849 a 851.

2º Cuando se interponga contra resoluciones distintas de las comprendidas en los arts. 847 y 848.

3º Cuando no se respeten los hechos que la sentencia declare probados o se hagan alegaciones jurídicas en notoria contradicción o incongruencia con aquéllos, salvo lo dispuesto en el número 2º del art. 849.

4º Cuando no se hayan observado los requisitos que la Ley exige para su preparación o interposición.

5º En los casos del art. 850, cuando la parte que intente interponerlo no hubiese reclamado la subsanación de la falta mediante los recursos procedentes o la oportuna protesta.

6º En el caso del número 2º del art. 849, cuando el documento o documentos no hubieran figurado en el proceso o no se designen concretamente las declaraciones de aquellos que se opongan a las de la resolución recurrida».

Añade el art. 885 LECrim a las causas de inadmisión ya previstas, las siguientes:

«Podrá, igualmente, inadmitirse el recurso:

1º Cuando carezca manifiestamente de fundamento.

2º Cuando el Tribunal Supremo hubiese ya desestimado en el fondo otros recursos sustancialmente iguales.

La inadmisión de recurso podrá afectar a todos los motivos aducidos o referirse solamente a algunos de ellos».

La resolución de inadmisión debe adoptarse por unanimidad de la Sala de admisión (*vid.* art. 889 LECrim); es irrecurrible (art. 892 LECrim) y conlleva la condena en costas al recurrente y, en su caso, la pérdida del depósito para recurrir (*vid.* art. 890 LECrim). Adoptará la forma de auto, con dos excepciones, en que se prevé la inadmisión por providencia sucintamente motivada:

* Cuando se recurren sentencias dictadas, en apelación, por Audiencias Provinciales o la Sala de Apelación de la Audiencia Nacional, siempre que el recurso carece de interés casacional.

* Cuando se recurren sentencias dictadas, en apelación, por las Salas de lo Civil y Penal de los TSJ, la pena privativa de libertad impuesta no excede de 5 años y el asunto carece de relevancia casacional.

A estos efectos, debe reseñarse, aunque sea brevemente qué es el "interés casacional" y qué es la "relevancia casacional". El concepto de "interés casacional" fue sintetizado en el Acuerdo del Pleno no Jurisdiccional de la Sala Segunda de 9/06/2016 que, entre otras cuestiones, establecía: 2251

«[...] d) Los recursos deben tener interés casacional. Deberán ser inadmitidos los que carezcan de dicho interés (art. 889 2º), entendiéndose que el recurso tiene interés casacional, conforme a la exposición de motivos: a) si la sentencia recurrida se opone abiertamente a la doctrina jurisprudencial emanada del Tribunal Supremo, b) si resuelve cuestiones sobre las que exista jurisprudencia contradictoria de las Audiencias Provinciales, c) si aplica normas que no lleven más de cinco años en vigor, siempre que, en este último caso, no existiese una doctrina jurisprudencial del Tribunal Supremo ya consolidada relativa a normas anteriores de igual o similar contenido».

El concepto de "relevancia casacional" (STS de 28/03/2017 [*Tol 6012755*]) no ha recibido tratamiento en otro acuerdo similar, pero se concreta en que el recurso debe justificar la medida en la cual la sentencia de apelación ha dado una respuesta —a las pretensiones formuladas en tal recurso— que no es conforme con la jurisprudencia de la Sala Segunda del TS, o, por otra parte, que plantea una cuestión novedosa en casación que no ha sido resuelta por la jurisprudencia de esa Sala. El concepto de relevancia casacional implica la necesidad de que la parte plantee adecuadamente las razones que sustentan su recurso, bien en cuanto a los aspectos que sostienen su fundamento esencial o bien en relación con los aspectos novedosos que plantea su recurso. El recurso de casación se deber dirigir contra la sentencia resolutoria del recurso de apelación. Frente a ella, el recurrente deberá plantear su disidencia, sin que —como principio general y, sobre todo, en relación con el ámbito fáctico— pueda consistir en la simple reiteración del contenido de la impugnación desarrollada en la apelación ni en el planteamiento de cuestiones no debatidas en la apelación, pues las mismas ya han tenido respuesta desestimatoria o son cuestiones que han sido consentidas por la parte (SSTS de 26/06/2017 [*Tol 6201803*]; de 18/09/2018 [*Tol 6820544*]; de 25/10/2018 [*Tol 6888403*] y de 23/01/2019 [*Tol 7020117*], entre otras).

Por el contrario, la resolución de admisión adopta la forma de providencia, irrecurrible (art. 892 LECrim) y, en ella, se acuerda, asimismo, que el Letrado de la Administración de Justicia señale la vista —si procediese— o día para el fallo (art. 893 LECrim).

5.4 Fase de decisión

Esta fase se regula en los arts. 893 *bis* a) - 906 LECrim; y se inicia tras la providencia de admisión del recurso que, además, ordenará la celebración de vista cuando corresponda. La celebración de vista es potestativa para el tribunal [art. 893 *bis* a), párrafo 2º LECrim], que puede decidir su celebración de oficio o a instancia de alguna de las partes cuando, en función de las circunstancias concurrentes o la trascendencia del asunto, la publicidad de los debates resulte aconsejable. No obstante, hay determinados supuestos en los que la celebración de la vista es preceptiva [art. 893 *bis* a), párrafo 1º LECrim]:

* Cuando lo piden todas las partes —todas, no solo algunas (STS de 26/02/2018 [*Tol 7099270*])— y, además, la pena impuesta es de prisión superior a tres años (DT 11ª del CP 1995) u otra privativa de libertad por tiempo superior a seis años.
* Cuando el asunto verse sobre los delitos comprendidos en los títulos I, II, IV o VII del libro II del Código Penal.

Si no se celebra la vista, la sentencia se dicta conforme prevén los arts. 899 y 900 LECrim [*vid.* art. 893 *bis* b) LECrim].

Por lo demás, la vista se celebra en audiencia pública y en la forma en que prevén los arts. 894 a 898 LECrim. Debe señalarse, a estos efectos, que la asistencia de las partes no es precisa —sí la de los letrados, aunque su inasistencia sin causa no provoca la suspensión del acto—. De hecho, en Acuerdo del Pleno no Jurisdiccional de la Sala Segunda del Tribunal Supremo de 19/12/2012 se dispuso que: «la citación del acusado recurrido a una vista para ser oído personalmente antes de la decisión del recurso, ni es compatible con la naturaleza de la casación, ni está prevista en la ley» (STS de 3/01/2012 [*Tol 2732440*]).

La Sala de lo Penal del TS dispone de un "teórico" plazo de diez días para el dictado de la sentencia, así como de la posibilidad de reclamar los autos antes de acordar el fallo (art. 899 LECrim). La LECrim regula tanto la forma que debe adoptar la sentencia (art. 900 LECrim), como la imposición de las costas y la eventual pérdida del depósito (art. 901 LECrim) en caso de sentencia desestimatoria. Los efectos de la sentencia estimatoria pueden sistematizarse siguiendo a ENCINAR/MARTÍNEZ (2022, pp. 562-564) del siguiente modo:

* Si se estima un motivo de quebrantamiento de forma: se devolverá la causa al Tribunal que la dictó. Si se tratase de un vicio *in procedendo*, se deberá celebrar un nuevo juicio, con un Tribunal de composición distinta. Si se tratase de un vicio *in iudicando*, el Tribunal que dictó la sentencia deberá dictar otra, corrigiendo el vicio. Si ello no es posible, deberá repetirse el juicio, por otro Tribunal.
* Si se estima un motivo de infracción de ley: será la propia Sala 2ª del TS, la que, tras casar la sentencia recurrida, dictará otra, en la que resolverá el asunto. 2253
* Si se estima una vulneración de un precepto constitucional: cuando lo vulnerado sea la presunción de inocencia, la Sala 2ª del TS casará la sentencia y dictará otra absolviendo al recurrente. Cuando se trate de otro derecho, no existe una solución apriorística, pues en algunas ocasiones el TS ha considerado la vulneración equivalente a un quebrantamiento de forma y, en otras, ha dictado una segunda sentencia resolviendo el asunto.
* Si existen otros acusados no recurrentes, en la misma situación que el recurrente y a los que le sean aplicables los mismos motivos de casación, se extenderán los efectos de la sentencia a ellos. Entiéndase que, en ningún caso, pueden extenderse en su perjuicio, en virtud de la proscripción de la *reformatio in peius*.

Por lo demás, no cabe recurso contra la sentencia que se dicte (*vid.* art. 904 LECrim), al margen de la posibilidad de acudir al recurso de amparo, y se publica en la colección legislativa del TS (arts. 905 y 906 LECrim).

6. ORGANIGRAMAS DE TRAMITACIÓN DEL RECURSO DE CASACIÓN

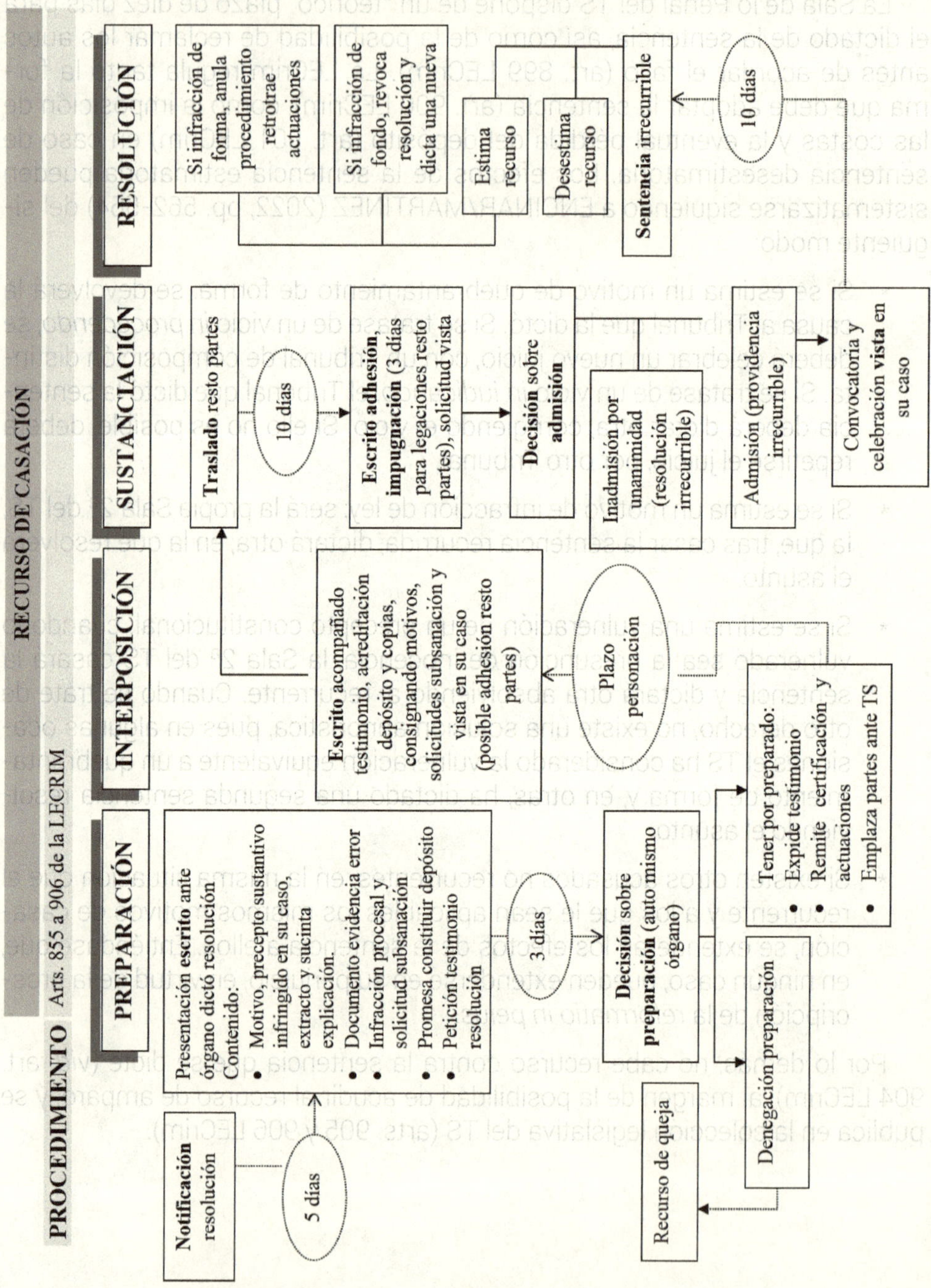

BIBLIOGRAFÍA

- BARJA DE QUIROGA, *Tratado de Derecho Procesal Penal (Tomo II)*, Thomson Reuters Aranzadi, 2019.
- CALDERÓN CUADRADO, *Tribunales superiores...y justicia. Aforamiento, casación y otras cuestiones orgánicas y funcionales de las salas de lo civil y penal*, Tirant lo Blanch, 2015.
- DÍAZ CABIALE/LÓPEZ CASTILLO, *Casación penal, recursos extraordinarios y presunción de inocencia tras la reforma de 2015*, Thomson Reuters Aranzadi, 2021.
- ENCINAR DEL POZO/MARTÍNEZ ARRIETA, *El recurso de casación y revisión penal. La función de unificación de la jurisprudencia*, Tirant lo Blanch, 2022.
- GUTIÉRREZ AZANZA, «El recurso de casación contra la sentencia en el proceso penal de menores», *La ley penal. Revista de derecho penal, procesal y penitenciario*, núm. 148, La Ley, febrero de 2021.
- GIMENO SENDRA/DÍAZ MARTÍNEZ, «El recurso penal de casación», en *Estudios sobre la casación. Homenaje a Fernando Jiménez Conde*, Thomson Reuters Aranzadi, 2021.
- LUZÓN CUESTA, *El recurso de casación penal*, Dykinson, 2015.
- MORENO CATENA/CORTÉS, *Derecho procesal penal*, Tirant lo Blanch, 2024.

Sección II

Medios extraordinarios de rescisión de sentencias firmes

Capítulo 56

Revisión

María Luzón Cánovas
Fiscal
Inspección Fiscal FGE

1. CONCEPTO Y FUNDAMENTOS

En el Preámbulo del RD de 14/09/1982, por el que se aprueba la LECrim, el Ministro de Gracia y Justicia, Manuel Alonso Martínez, enumeraba entre los «vicios crónicos de nuestro sistema de enjuiciar tradicional» el de aquellos procesos que terminaban «por una absolución de la instancia» dejando a los procesados «por todo el resto de su vida en situación incómoda y deshonrosa, bajo la amenaza perenne de abrir de nuevo el procedimiento el día en que por malquerencia se prestaba a declarar contra ellos cualquier vecino rencoroso y vengativo». El nuevo código procesal aspiraba a cesar en esta «práctica abusiva y atentadora a los derechos del individuo» apostando «por un sistema que dando amplitud a la defensa y garantía de acierto al fallo» consiga «que la suerte del ciudadano no esté indefinidamente en lo incierto» y que «la pena siga de cerca a la culpa para su debida eficacia y ejemplaridad».

Trasladando estos objetivos al ámbito de los derechos constitucionales, la tutela judicial efectiva (art. 24 CE) garantiza el respeto a la firmeza de las resoluciones judiciales, a que se ejecuten en sus propios términos y a la intangibilidad de las situaciones jurídicas en ellas declaradas, danto soporte a la ansiada seguridad jurídica que, como principio, se proclama en el art. 9.1 CE. El principio de intangibilidad de las resoluciones judiciales firmes (art. 118 CE) conectado con el de seguridad jurídica resultan así instrumentales del derecho a la tutela judicial efectiva pues, «de tolerarse la modificabilidad sin trabas de las resoluciones judiciales firmes, se vaciaría de contenido el instituto de la firmeza, dejando al albur de las partes o del propio órgano judicial el resultado final de los procesos judiciales» (SSTC 69/2000 [*Tol 1417*], y 83/2022 [*Tol 9136486*]).

Ahora bien, por más garantías que se establezcan para obtener ese «acierto al fallo», debe reconocerse, si quiera excepcionalmente, que el contenido de una resolución puede quedar distorsionado por ciertas anomalías o circunstancias sobrevenidas o desconocidas que, por su entidad, la alejen de la verdad material. Cuando estas anomalías alcanzan al sentido de una sentencia condenatoria, surge la pugna entre las exigencias de la seguridad jurídica y certidumbre de las resoluciones judiciales y las de su justicia, tensión que el legislador resuelve a través del instituto de la revisión entendido como último remedio para hacer prevalecer la justicia material sobre la formal, la verdad sobre la intangibilidad de la sentencia firme.

Afirma la STC 124/1984 [*Tol 79412*] que «el recurso de revisión, encaminado a la anulación de una sentencia firme y que significa en consecuencia una derogación al principio preclusivo de la cosa juzgada, exigencia de la seguridad jurídica, es por su propia naturaleza un recurso extraordinario, históricamente asociado al derecho de gracia y sometido a condiciones de interposición estrictas. [...] su existencia se presenta esencialmente como un imperativo de la justicia [...] por cuanto la circunstancia que permite acudir a él implica un hecho o medio de prueba que venga con posterioridad a evidenciar la equivocación del fallo. Y el fin del proceso penal, como medio para la fijación de la verdad de los hechos y de su consiguiente tratamiento legal, no puede conducir a que el efecto preclusivo de la sentencia condenatoria pueda prevalecer».

La designación como *recurso* del instituto de la revisión se mantiene en la actualidad a efectos meramente dialécticos sobre la base de la denominación que del mismo realizan tanto la LOPJ como la LECrim; no así la LEC del año 2000 que superó esta designación que si figuraba en la LEC de 1881. De ser calificado como recurso «excepcional más que de extraordinario» (STS de 10/11/1984 [*Tol 2312779*]), en la actualidad doctrina y jurisprudencia conceptúan la revisión como un proceso autónomo (SÁNCHEZ MONTENEGRO, 2017, p. 29; Auto TS de 08/02/2019 [*Tol 7065577*]; STS de 27/07/2021 [*Tol

8540286]), un remedio extraordinario (STS de 18/11/2015 [*Tol 5567297*]), una acción impugnatoria de carácter autónomo (GARCIANDÍA, 2016, p. 31) o «un instrumento procesal autónomo que pretende la revocación de una sentencia condenatoria firme, y que encuentra su fundamento en razones de justicia, una vez constatada la existencia de hechos o elementos que pongan de manifiesto la improcedencia de la condena» (STC 63/2022 [*Tol 8978323*]).

En efecto, mientras que el recurso persigue la revisión de hechos o aspectos jurídicos de una resolución que no ha adquirido firmeza dentro del mismo proceso, es presupuesto de la revisión que exista una sentencia firme con los efectos propios de cosa juzgada, sometiendo a consideración hechos o elementos nuevos que no figuran en la causa y que, por tanto, no han sido tenidos en cuenta por el juzgador al tiempo de dictar la resolución que con este proceso autónomo se pretende rescindir. No siendo un verdadero recurso, la denegación de acceso a la revisión supone una denegación de acceso a la jurisdicción, no de acceso al recurso, por lo que «su control constitucional ha de verificarse de forma especialmente intensa, a través de los criterios que proporciona el principio pro actione», entendido como la interdicción de aquellas decisiones impeditivas de un pronunciamiento sobre el fondo que «revelen una clara desproporción entre los fines que aquellas causas preservan y los intereses que sacrifican» (STC 141/2020 [*Tol 8485889*]).

Dejando al margen el debate sobre su naturaleza, el recurso de revisión penal, siguiendo el sistema francés, se sustenta en el principio *favor rei* o *favor defensionis* que permite la quiebra de la firmeza de una sentencia, evitando que se perpetúen los efectos de una condena injusta, cuando afloren elementos que, por desconocidos o nuevos, no figuraban en el proceso y hacen palmario el error cometido.

2. LEGITIMACIÓN PARA INTERPONER LA REVISIÓN

La Ley 10/1992, de Medidas Urgentes de Reforma Procesal, pretende, tal y como indica su Exposición de Motivos, «dar respuesta a los problemas planteados por la actual regulación del recurso de revisión, abriéndolo a quienes legítimamente pueden promoverlo, de acuerdo con las recomendaciones del Defensor del Pueblo y la jurisprudencia constitucional».

Antes de su promulgación, la legitimación residía exclusivamente en el MF quien podía, actuar de oficio, a solicitud de penado o sus parientes, o por orden del Ministerio de Justicia «cuando a su juicio hubiese fundamento bastante para ello», lo que suponía residenciar exclusivamente en el MF la facultad para su interposición. El penado o sus familiares tan solo podían promover la revisión ante el Ministerio de Justicia que, de estimarla, *ordenaba* al MF su interposición como sujeto de la legitimación *ad processum*.

La STC 124/1984 [*Tol 79412*], dictada en amparo frente a la resolución de la Fiscalía General del Estado, que estimó improcedente la interposición de recurso de revisión promovido por el condenado, pese a denegar el amparo por entender que la decisión del MF queda fuera del control constitucional, «postula un nuevo sistema [...] legitimando al interesado para su interposición» (FJ 7 que reproduce la STC 92/1989 [*Tol 9735926*]).

A su vez, el Defensor del Pueblo, en su Informe Anual del año 1989 (pp. 75 y 76), traslada a las Cortes Generales la doctrina constitucional sobre la «Inadecuación a la Constitución de la regulación del Recurso de Revisión en la Ley de Enjuiciamiento Criminal», consideraciones que reitera en su Informe Anual de 1990 (pp. 94 a 96) haciéndose eco del informe del MF sobre la necesidad de reformar la legitimación para su interposición.

Con estos antecedentes, la Ley 10/1992 modifica los artículos 955, 957 y 961 LECrim otorgando al penado o, en su defecto, a sus familiares, el antes negado acceso a la jurisdicción.

2.1 Legitimación del penado

Conforme al art. 955 LECrim «Están legitimados para promover e interponer, en su caso, el recurso de revisión, el penado y, cuando éste haya fallecido, su cónyuge, o quien haya mantenido convivencia como tal, ascendientes y descendientes, con objeto de rehabilitar la memoria del difunto y de que se castigue, en su caso, al verdadero culpable.»

El TC, en la citada sentencia (124/1984 [*Tol 79412*]), indica que, por sus características, el recurso de revisión está sometido a ciertas cautelas «tendentes a mantener el necesario equilibrio entre las exigencias de la justicia y de la seguridad jurídica» sugiriendo, por ello, hacerlo depender de «un trámite de admisión» a implantar por el legislador. Así lo hizo el legislador de 1992 al subordinar la legitimación del penado a la previa autorización para interponer el recurso, otorgada por la Sala Segunda del TS (art. 957 LECrim). Adquiriere así significación la locución «en su caso» unida al verbo «interponer», pues el penado solo podrá interponer el recurso de revisión si anteriormente ha promovido la revisión de la sentencia y obtenido la autorización del TS «previa audiencia del MF», la cual, siendo preceptiva, no es vinculante (ATS de 19/09/2022 [*Tol 9229982*]).

Surge aquí la cuestión de si esa autorización puede ser promovida por el penado, por sí mismo, o si requiere, conforme a las normas generales de postulación (art. 118 y ss. LECrim), de la asistencia de abogado y procurador.

Ante la ausencia de regulación expresa, hay quienes entienden que no es precisa su intervención (VERNENGO 2015, p. 125) o que no lo es en el juicio sobre delitos leves (SÁNCHEZ MONTENEGRO 2017, p. 123), postura respaldada por el TS en algunas resoluciones (AATS de 05/11/2001 [*Tol 839341*], de 27/02/2002 [*Tol 843421*], de 16/12/2005 [*Tol 846356*] y de 20/09/2013 [*Tol 4943581*]), procediendo en aquellas otras ocasiones en que el penado solicitaba el nombramiento de abogado y procurador para tal trámite, a librar los correspondientes oficios a los Colegios de Abogados y Procuradores para la designación por el turno de oficio de defensa y representación (AATS de 29/12/2000 [*Tol 3468447*] y de 21/02/2002 [*Tol 856150*]).

Poco a poco, sin embargo, el TS abandonó este criterio archivando de plano los escritos remitidos por los penados promoviendo el recurso de revisión, aunque les informan de que, para dar curso a sus pretensiones, precisan de escrito firmado por abogado y procurador (AATS de 14/12/2015 [*Tol 5663169*]; de 11/10/2017 [*Tol 6403107*]; de 15/10/2019 [*Tol 7580447*]; y de 15/07/2020 [*Tol 8020585*]), cualquiera que sea el tipo de procedimiento en el que hubiera recaído la sentencia cuya revisión se pretende, incluido el juicio por delito leve (ATS de 23/06/2020 [*Tol 7996182*]).

De igual modo, en la actualidad, el TS no traslada a los colegios profesionales las solicitudes de nombramiento de abogado y procurador por el turno de oficio, rechazando estas peticiones, si bien advierten al particular promotor de que, antes de iniciar procedimiento, debe instar ante el Colegio de Abogados de su domicilio el reconocimiento del derecho a la asistencia jurídica gratuita (art. 12 Ley 1/1996) de forma que, «reconocida y designados los profesionales, abogado y procurador, si su pretensión no es insostenible, presentarán cuantos escritos sean necesarios en representación y defensa de sus intereses» (ATS de 26/01/2022 [*Tol 9001640*]).

La preceptiva autorización para interponer el recurso de revisión se configura «como un acto procesal más, plenamente integrado en la tramitación procesal del recurso de revisión» (STS de 29/03/2011 [*Tol 2088621*]) y de ahí la necesidad de que la postulación se realice, desde ese primer momento, con abogado y procurador. Esta exigencia responde a las normas generales de postulación dado que, cuando la LECrim quiere excepcionarlas, lo hace expresamente —cfr. art. 469 LECrim, para la recusación de peritos o art. 768 LECrim para el procedimiento abreviado— y, añadimos, resulta necesaria teniendo en cuenta que los motivos por los que pueden ser encauzadas las pretensiones de revisión de la sentencia son de carácter técnico y tasado (art. 954 LECrim) por lo que de no exigirse, el derecho de defensa podría verse comprometido ante la falta de conocimientos técnicos y jurídicos del penado.

En cualquier caso, con el fin de evitar innecesarias controversias, sería conveniente, tal y como se prevé en el actual art. 856 LECrim para el recurso de casación o en el art. 867 LECrim para el recurso de queja, que el legislador estableciera expresamente que la solicitud de revisión deba realizarse por escrito firmado por abogado y procurador, inclusión que pese a figurar en el Proyecto de LECrim de 2020 (art. 762), sorprendentemente no ha sido incorporada a la reforma de la LECrim operada por RD 6/2023, que modifica el art. 954.3 LECrim.

Cabe puntualizar, dado el tenor literal del art. 955, que la legitimación no se extiende a los declarados responsables civiles en una sentencia penal, pues no tienen la consideración de «penados» (ATS de 12/07/2019 [*Tol 7431993*]), y que también carecen de ella quienes en el proceso han sido parte como acusación particular (ATS de 31/05/2019 [*Tol 7295283*]).

2264 **2.2 Legitimación de los parientes del condenado**

De la relación establecida en el art. 955 LECrim, la reforma de 1992 excluyó a los hermanos quienes, en la redacción original del precepto, ostentaban la misma legitimación que el resto de los parientes mencionados. Al margen de la consideración que pueda merecer esta supresión, la enumeración es taxativa quedando limitada al cónyuge o conviviente y a la línea recta ascendente y descendente (cfr. ATS de 27/01/2016 [*Tol 5643948*], que deniega la legitimación a una sobrina nieta). Este listado de familiares, si bien cerrado, no impone un orden de preferencia por lo que cualquiera de ellos, individual o incluso conjuntamente, puede promover la revisión.

El precepto establece además dos condiciones: que el penado haya fallecido y que se promueva «con objeto de rehabilitar la memoria del difunto y de que se castigue, en su caso, al verdadero culpable».

El condenado, mientras viva, es el único particular legitimado para promover la revisión, de modo que, para ostentar la legitimación, tiene que resultar acreditada, además de la relación de parentesco, el hecho de su fallecimiento (ATS de 10/11/1993 [*Tol 3483661*], que deniega la autorización a los padres del condenado interno en centro penitenciario).

La segunda condición exige que la pretensión esté guiada por una doble finalidad, que, conforme a su tenor literal, se establece con carácter cumulativo.

La finalidad de rehabilitar la memoria del difunto aproxima la revisión a la acción de protección civil del honor que, caso de que la persona fallecida no hubiera designado, a tal efecto, a nadie en su testamento, o esta hubiera también fallecido, resuelve la legitimación para recabar esa protección en favor del cónyuge, descendientes, ascendientes y hermanos (art. 4.2 LO 1/1982). Se trata de una «legitimación por "sucesión" procesal del derecho subjetivo al honor» de los parientes fallecidos (STC 214/1991 [*Tol 81898*]). La finalidad de que se pretenda el castigo del verdadero culpable en la que, de nuevo, figura la locución «en su caso», resulta un tanto innecesaria desde el momento en que el legislador, en el art. 958, establece el modo en que el tribunal ha de proceder para cada uno de los supuestos en que se acuerde la revisión de la sentencia. El uso de la forma reflexiva, «se», impide entender que los familiares queden en modo alguno obligados a ejercer la acción penal contra el *verdadero culpable*.

En definitiva, estas dos finalidades que han de guiar la actuación del familiar, no requieren de acreditación pues, salvo hipótesis extravagantes, el hecho de que promueva el recurso de revisión comporta su interés por lograr esos objetivos.

2.3 Legitimación del Ministerio Fiscal

Conforme al art. 961 LECrim, último del Título que la LECrim dedica al recurso de revisión (Título III del Libro V), «El Fiscal General del Estado podrá también interponer el recurso siempre que tenga conocimiento de algún caso en el que proceda y que, a su juicio, haya fundamento bastante para ello, de acuerdo con la información que haya practicado». A pesar de la referencia al Fiscal General del Estado, «la representación de la institución ante esta Sala Segunda la ostenta el Fiscal del Tribunal Supremo y no necesaria e indefectiblemente el Fiscal General del Estado» (entre otras muchas, SSTS de 19/05/2014 [*Tol 4395321*], y de 15/02/2024 [*Tol 9900751*]).

El MF, a diferencia del penado o sus parientes, goza de legitimación directa para recurrir, lo que responde a la misión que le encomienda el art. 124 CE como promotor de la acción de la justicia en defensa de la legalidad, de los derechos de los ciudadanos y del interés público tutelado por la ley, de oficio o a petición de los interesados. Su legitimación no está subordinada a una previa autorización del tribunal que, por otra parte, no tendría sentido al requerir dicha autorización de la audiencia previa del propio fiscal. «Frente a la necesidad de promover e interponer el recurso (dos momentos), al referirse al Ministerio Público la ley habla solo de interponer» (STS de 19/05/2014 [*Tol 4395321*]).

Eso no quiere decir que no exista una fase previa a la interposición, pero la misma se desarrolla dentro del propio MF, no ante el TS. En efecto, dada la estructura del MF, la existencia de una causa que pudiera dar lugar a la revisión de una sentencia puede llegar a su conocimiento a través de cualquier fiscal del territorio nacional encargado, *v.gr.*, de la llevanza de una ejecutoria penal que constate la duplicidad de condenas por un mismo hecho, o que conozca de una sentencia firme por falsedad de un documento que ha sido esencial en otra condena previa. En estos casos, y a través de los cauces reglamentarios (RD 305/2022, por el que se aprueba el Reglamento del MF), el Fiscal Jefe de la fiscalía correspondiente remitirá un informe a la Fiscalía del TS, única que ostenta la legitimación para interponer el recurso, acompañado de la documentación testimoniada sobre la que fundamenta la necesidad de proceder a la revisión de la sentencia condenatoria firme.

Siendo esta vía la más frecuente, el fiscal también puede tomar conocimiento de la existencia de una situación que justifique la interposición del recurso a través de escritos dirigidos por particulares o incluso por comunicación de un órgano jurisdiccional, el cual no está legitimado para promover ni presentar el recurso (ATS de 14/10/2011 [*Tol 3449667*], respecto de un juez de instrucción que remitió testimonio a estos efectos a la Sala Segunda).

2.4 Legitimación del Ministerio de Justicia

El art. 956 LECrim, cuya redacción procede, sin modificación alguna, del texto original de la Ley de 1882, establece que «El Ministerio de Gracia y Justicia, previa formación de expediente, podrá ordenar al Fiscal del TS que interponga el recurso, cuando a su juicio hubiese fundamento bastante para ello».

Como hemos señalado, antes de la reforma de 1992, el art. 955 solo permitía que el penado y sus parientes promovieran el recurso de revisión «acudiendo al Ministerio de Gracia y Justicia con solicitud motivada», lo que conecta con la formación del expediente ministerial del que trata el art. 956 y con la posibilidad de dar órdenes al Fiscal del TS, denominación que el Estatuto del MF de 21/06/1926 dispensaba al Fiscal General del Estado y en cuya regulación se contemplaba la posibilidad de recibir órdenes del Gobierno directamente o a través del Ministerio de Gracia y Justicia.

Entendemos que, cuanto menos, desde la Ley 50/1981, por la que se regula el Estatuto Orgánico del MF —en adelante EOMF—, el término «ordenar» no puede ser entendido en su literalidad y solo puede interpretarse como un olvido del legislador de 1992 no corregido en las siguientes reformas de la institución de los años 2015 y 2023. En efecto, tanto el art. 8 EOMF, en relación al Gobierno central, como el art. 11 EOMF respecto al Gobierno de las Comunidades Autónomas, prevén que estos puedan interesar del MF que «promueva ante los Tribunales las actuaciones pertinentes en orden a la defensa del interés público» (art. 8) regulándose una tramitación de estas peticiones en la que, en ambos casos, el Fiscal General del Estado debe oír a la Junta de Fiscales de Sala del TS, resolviendo sobre la viabilidad o procedencia de las actuaciones interesadas, «ajustándose en todo caso al principio de legalidad» (art. 11) y sin perjuicio de exponer «su resolución al Gobierno de forma razonada» o de dar «cuenta del mismo a quien haya formulado la solicitud».

2.5 Régimen específico

Al margen de los preceptos que, con carácter general, regulan la legitimación activa (arts. 955, 956 y 961 LECrim), el art. 954.3 LECrim, solo para el supuesto contemplado en el mismo, restringe la legitimación a quien «estando legitimado para interponer este recurso, hubiera sido demandante ante el Tribunal Europeo de Derechos Humanos».

3. COMPETENCIA FUNCIONAL PARA LOS JUICIOS RESCINDENTE Y RESCISORIO

La revisión, concebida como un procedimiento para rescindir sentencias firmes de condena, conlleva la existencia de dos fases: un *iudicium rescindens* y un *iudicium rescissorium*. El art. 57.1 LOPJ atribuye a la Sala de lo Penal del TS la competencia para conocer del recurso revisión, sin especificar si está determinando el órgano competente para resolver si la sentencia firme debe rescindirse, esto es, la competencia funcional para el juicio rescindente, o si su competencia alcanza también al juicio rescisorio. Por su parte, el art. 958 LECrim parece establecer la competencia del TS para el juicio rescindente pero no para el rescisorio en el que el conocimiento para el enjuiciamiento de los hechos o el dictado de la nueva sentencia recae en el órgano judicial que dictó la sentencia condenatoria anulada.

A pesar de la regulación del art. 958 LECrim, cuya redacción procede de la Ley de 24/07/1933, el tenor del art. 959 LECrim y la necesidad de evitar innecesarios trámites que dilaten la resolución del procedimiento, hace que esta línea divisoria haya quedado, en la práctica, casi difuminada, alcanzando el pronunciamiento del TS, en gran número de supuestos, a todas las consecuencias derivadas de la estimación del recurso, incluido el pronunciamiento sobre el contenido de la nueva sentencia, esto es, sobre el juicio rescisorio.

De este régimen de competencia funcional se exceptúa el supuesto contemplado en el art. 334 LO 2/1989, de 13/04, Procesal Militar, conforme al cual corresponde a la Sala del art. 61 LOPJ el conocimiento de la revisión en el supuesto de doble condena por un mismo hecho, cuando las sentencias han sido dictadas por un juez o tribunal de la jurisdicción ordinaria y otro de la jurisdicción militar.

3.1 Juicio rescindente

3.1.1 Autorización

Como hemos visto, con anterioridad a la reforma del art. 955 LECrim operada por Ley 10/1992, la legitimación para interponer el recurso de revisión recaía exclusivamente en el MF, por lo que el juicio rescindente comenzaba con la interposición del recurso. Las actuaciones del penado o sus familiares ante el Ministerio de Justicia, el expediente incoado por éste o las diligencias que podía practicar el MF en orden a solicitar la revisión de una sentencia, resultaban ajenas a la función jurisdiccional. El tribunal solo conocía de las pretensiones que habían superado esos filtros.

Desaparecido el monopolio de la legitimación del MF, esa valoración inicial de la pretensión del penado ahora es realizada por el propio TS, de modo que esta fase de promoción, de autorización para interponer la revisión, «forma parte del recurso» (STS 29/03/2011 [*Tol 2088621*]), siendo así que los tres miembros que resuelven mediante auto la autorización, forman parte de la Sala que dicta la sentencia de revisión y el magistrado ponente es el mismo en uno y otra.

Ello no debe llevar a la conclusión de que, obtenida la autorización para interponer el recurso, se produce una suerte de automatismo que conduce a su estimación. En la fase de promoción, el tribunal debe decidir si la revisión pretendida presenta suficiente apoyo en alguna de las causas que el art. 954 LECrim establece, pero sin prejuzgar cual sea el definitivo resultado del proceso. Esto es, debe resolver si la reclamación es posible, en cuanto exista un motivo legal que la sustente, y es idónea, por adecuarse la materia que trata de revisarse, a la pretensión procesal.

A pesar de ello, son varios los supuestos en los que el contenido de la autorización determina indefectiblemente el pronunciamiento rescisorio de la sentencia. Así, aportadas dos sentencias condenatorias por un mismo hecho al promover la revisión, el TS debe comprobar si realmente se trata de los mismos hechos imputados al mismo autor, pues de lo contrario, no lo autorizaría (AATS de 13/12/2023 [*Tol 9818730*] y de 06/02/2024 [*Tol 9880480*]). Si el TS constata la realidad de la doble condena concediendo la autorización, la sentencia de revisión no hace sino reiterar el pronunciamiento contenido en el auto (*v.gr.* el ATS de 13/10/2022 [*Tol 9270788*] y la STS 23/03/2023 [*Tol 9505613*]). Esta misma situación, en la que el contenido del auto adelanta necesariamente el pronunciamiento de la sentencia, se produce en otros supuestos como cuando se evidencia que el condenado era menor de edad a la fecha de los hechos (*v.gr.* ATS 14/06/2023 [*Tol 9615813*], y STS 25/01/2024 [*Tol 9876314*]), o que su personalidad fue suplantada (en el ATS 27/02/2023 [*Tol 9437146*] y en la STS 06/07/2023 [*Tol 9652206*]), y no digamos cuando se acredita que está viva la supuesta víctima de un homicidio consumado, como ocurrió en el afamado caso conocido como «el crimen de Cuenca» (STS 960/1926, de 10/07/1926).

A tenor de estos supuestos podría considerarse, como sostiene algún autor (GARCIANDÍA, 2016, p. 178), que la fase de promoción del recurso «no se encuentra justificada y debería sustituirse por una única decisión que se pronuncie sobre la solicitud de comienzo del proceso».

No compartimos este criterio. Pese a reconocer el carácter incontestable de algunas pruebas, la posibilidad excepcional de dejar sin efecto lo acordado en una resolución que ha alcanzado el valor de cosa juzgada y la preservación del principio de seguridad jurídica exige extremar las cautelas en la tramitación de las pretensiones rescisorias. Para ello el legislador establece un catálogo tasado de causas y previene que lo alegado esté plenamente acreditado y en íntima conexión con la sentencia cuya revocación se interesa. Desde esta consideración, la fase de promoción permite evitar un uso indiscriminado de este extraordinario remedio procesal de modo que, solo si se constata la seriedad de la pretensión y su encaje legal, se acceda a la fase de interposición del recurso en la que el TS examina de nuevo la razonabilidad de la solicitud y la prueba que se aporta, en ocasiones clarificada en la primera fase con la práctica de diligencias, realizando una más profunda valoración para resolver si el supuesto de hecho, la verosimilitud de la pretensión y su incardinación en el motivo invocado, justifica quebrar los efectos de la cosa juzgada en favor de la verdad material y la justicia.

Señala el TC (STC 123/2004 [*Tol 479505*]) que no se trata de apreciar en este momento procesal si existen pruebas indubitadas suficientes, sino de valorar si hay una base *prima facie* bastante para dar curso a la revisión, y por ello, cuando existen dudas razonables, el art. 957 LECrim permite al Tribunal la práctica de las diligencias oportunas, de cuyo resultado dependerá «el otorgamiento o la denegación de la autorización para la interposición del recurso, es decir, el acceso a la jurisdicción».

3.1.2 Interposición

Autorizada la pretensión revisora interesada por el penado o sus familiares, estos disponen de quince días para su interposición (art. 957 *in fine* LECrim), plazo que, integrado dentro del proceso de revisión, ha de entenderse referido a días hábiles (art. 185 LOPJ) y del que no cabe hablar en caso de que la interposición la realice el MF quien está exento de esta autorización.

Con la interposición del recurso, se abre la segunda fase del juicio rescindente, también ante la Sala Segunda, sin que, como hemos señalado, la previa autorización para interponer el recurso conduzca necesariamente a su estimación. Frente a los ejemplos indicados con anterioridad, no es infrecuente que concedida la autorización por la existencia de un *hecho nuevo* que puede afectar a la sentencia cuya revisión se pretende (*v.gr.* AATS de 02/03/2021 [*Tol 8359953*] y de 27/06/2023 [*Tol 9640700*]), las subsiguientes sentencias denieguen la revisión valorando que ese *hecho nuevo* no tiene la relevancia exigida para determinar necesariamente la absolución (SSTS de 31/05/2022 [*Tol 9010062*] y de 25/01/2024 [*Tol 9852208*]), o que no se ha subsanado el déficit puesto de manifiesto en el auto que la autorizaba (STS de 26/05/2022 [*Tol 9000923*]).

La decisión por la que el TS estima la procedencia de la revisión, cualquiera que sea el motivo invocado, tiene como efecto la *anulación* total o parcial de la sentencia condenatoria que fundamenta el recurso (arts. 958 y 960 LECrim). El uso del verbo *anular* ha sido criticado doctrinalmente por resultar impropio ya que dicha resolución no *anula* la sentencia «puesto que ésta, además de ser firme —lo que implica imposibilidad jurídica de pedir y obtener la anulación...—, es una sentencia perfectamente válida y eficaz, aunque injusta» (CORTÉS DOMÍNGUEZ, 1999, pp. 768 y 769), mientras que la nulidad supone la existencia de origen de un defecto o vicio.

Respecto a la resolución con la que concluye el juicio rescisorio, el art. 959 LECrim, en consonancia con los dispuesto en los arts. 206.1.3ª LEC y 245.1.c) LOPJ, le atribuye la forma de «sentencia, que será irrevocable». En realidad, esta resolución no está legalmente configurada para decidir «definitivamente la cuestión criminal», que es el contenido propio de las sentencias penales (art. 141 LECrim) sino para dejar sin efecto, en su caso, la situación creada por una sentencia penal firme. Ahora bien, además de que lo establece la Ley, resulta «impensable», señala SÁNCHEZ MONTENEGRO (2017, p. 196), que una sentencia pueda ser rescindida por una resolución judicial que revista una forma distinta a la de una sentencia, además de que, como ya hemos apuntado, frecuentemente esta resolución sí decide la cuestión criminal mediante el pronunciamiento sobre el fondo del asunto.

Si la sentencia es desestimatoria, concluye el proceso de revisión. En caso contrario, y dependiendo del motivo que la sustenta y del alcance de la nulidad declarada, es el propio TS quien cierra el procedimiento, poniendo la resolución en conocimiento del tribunal sentenciador, o reenvía las actuaciones para que instruya un nuevo procedimiento o dicte la sentencia oportuna.

3.2 Juicio rescisorio

Conforme establece el art. 958 LECrim, en tres de sus cuatro apartados, estimado el motivo de revisión se mandará «instruir de nuevo la causa» al tribunal a quien corresponda el conocimiento del delito, sentando así la competencia para conocer del juicio rescisorio.

Sin ignorar el tenor de la Ley, lo cierto es que la obsoleta regulación del art. 958, no actualizado pese a las reformas que de los motivos de revisión realizó la Ley 41/2015 y el RDL 6/2023, la remisión a los trámites del recurso de casación (art. 959 LECrim), razones de justicia, economía procesal y evitación de dilaciones innecesarias, han llevado al TS a pronunciarse sobre el fondo del procedimiento sin reenvío al juzgado o tribunal que dictó la sentencia anulada.

Debe tenerse en cuenta que son múltiples los supuestos en que la revisión se agota con la rescisión de la sentencia firme no precisando de un nuevo pronunciamiento. Dicho en otras palabras, la sentencia del juicio rescindente, por su contenido, deja sin sentido la apertura de un procedimiento rescisorio.

Pensemos, a título de ejemplo, que el hecho nuevo estimado (art. 954.1. d) LECrim) es que el penado se hallaba en posesión del carné de conducir al tiempo de la condena (art. 384 CP). Anulada, en el juicio rescindente, la sentencia condenatoria por conducir careciendo del mismo, el juicio rescisorio carece de sentido en tanto que no existe posibilidad de una resolución sobre el fondo del asunto que no sea la absolución ya declarada.

Pero no siempre es así. Son varios los supuestos en que, acordada la procedencia de la revisión, el pronunciamiento que resuelve la cuestión que lo motivó, lo realiza el propio TS en la misma sentencia de revisión, o en segunda sentencia, entendiendo que el art. 959 de la Ley Procesal le autoriza a «resolver definitivamente la cuestión deducida sin reenviar la causa al órgano jurisdiccional que dictó la Resolución que se recurre» (STS de 09/04/2015 [*Tol 4839254*]).

En este sentido, señala la STS de 13/09/2021 [*Tol 8579339*] que «...en cuanto al alcance de la resolución que deba dictar esta Sala, hemos de partir de que el art. 959 LECrim preceptúa que el recurso de revisión seguirá los trámites establecidos para el de casación por infracción de ley, y la respuesta legal ante la estimación de un motivo articulado por esta vía ha de ser, según nuestro régimen procesal, el dictado de una segunda sentencia que sustituya a la anterior y en la que esta Sala ha de asumir el papel del tribunal de instancia en la aplicación del derecho, haciendo prevalecer sobre el criterio de la audiencia el plasmado en la sentencia de casación y extrayendo congruentemente las consecuencias jurídicas pertinentes —y entre ellas, en su caso, la correcta subsunción o no de circunstancias o la penalidad concreta a imponer—».

Entran dentro de estos pronunciamientos los casos de usurpación de identidad del condenado, en los que el TS, al estimar el recurso declara la rectificación de la sentencia condenatoria sustituyendo el nombre suplantado por el del auténtico autor contra quien se seguirá la ejecución de la misma (SSTS de 08/10/2015 [*Tol 5536946*] y de 27/01/2021 [*Tol 8310082*]), o los casos en que, por estimar que el hecho nuevo evidencia la no concurrencia de una circunstancia agravante, declara la nulidad de la sentencia en ese aspecto e impone una nueva pena (SSTS de 07/03/2002 [*Tol 4914176*] y de 09/04/2015 [*Tol 4839254*]).

Ello no quiere decir que el TS asuma siempre la doble competencia funcional para el juicio rescindente y rescisorio. Particularmente, cuando está en juego la apreciación de una circunstancia atenuante modificativa de la responsabilidad criminal, el TS opta por el reenvío de la causa al tribunal de instancia «para que se debata con plenitud el alcance de la prueba incorporada por mor de la revisión ordenada, permitiendo, además, el recurso contra la decisión que pueda adoptarse» (STS de 16/11/2023 [*Tol 9789137*]), reenvío que no lo hace, como es lógico, para «instruir de nuevo la causa» sino para que celebre nuevo juicio a los solos efectos de que se practiquen y puedan ser valorados esos nuevos elementos de prueba que pueden afectar a la culpabilidad o imputabilidad del autor (SSTS de 13/09/2021 [*Tol 8610890*], de 19/01/2021 [*Tol 8280651*] y de 02/06/2022 [*Tol 9009624*]).

Finalmente, existen otros casos en los que el TS procede conforme al tenor literal del art. 958 mandando instruir de nuevo la causa al órgano competente (SI del TI o Fiscalía de Menores) para su instrucción. En este grupo se encuentran las sentencias en las que quien resulta autor de los hechos no ha estado sometido al procedimiento judicial (STS de 14/01/2009 [*Tol 1432464*], donde las huellas dactilares que determinaron la condena de una persona corresponden a otra); en las que tras reconocer la imposibilidad de la autoría del condenado en el juicio rescindente, se desconoce quién cometió el delito (SSTS de 10/07/2008 [*Tol 1347074*] y de 13/05/2015 [*Tol 5185890*]); o en las que el condenado en la jurisdicción ordinaria resulta ser menor de edad (STS de 21/07/2020 [*Tol 8079908*]).

4. RESOLUCIONES SUSCEPTIBLES DE REVISIÓN

Con carácter general, sin perjuicio de la particularidad establecida en el art. 954.2 LECrim, son susceptibles de revisión las sentencias condenatorias firmes dictadas en cualquier tipo de procedimiento penal.

4.1 Sentencias firmes

Solo las sentencias que han alcanzado su firmeza, por no haber sido objeto de recurso o por haberse agotado todos los posibles, pueden ser objeto de este procedimiento extraordinario de impugnación.

Como medio impugnativo autónomo frente a sentencias condenatorias firmes, en donde la verdad material prevalece sobre la seguridad jurídica y la eficacia de la cosa juzgada, es indiferente, a los efectos de su planteamiento, que la firmeza de la sentencia se haya alcanzado por conformidad entre las partes, siempre que concurra alguno de los motivos establecidos en el art. 954 LECrim (SSTS de 20/06/2013 [*Tol 3833950*], de 02/10/2017 [*Tol 6369743*] o de 16/06/2023 [*Tol 9652195*], entre otras). A este respecto conviene aclarar que, cuando el art. 787 *ter* 7 LECrim establece que «únicamente serán recurribles las sentencias de conformidad cuando no hayan respetado los requisitos y términos de la conformidad, sin que la persona acusada pueda impugnar por razones de fondo su conformidad libremente prestada», está preservando la eficacia de la conformidad ante el posible arrepentimiento del penado que ha reconocido los hechos y aceptado la pena con pleno conocimiento de los términos pactados, con respeto de todas las garantías legales y con el control de su abogado defensor y del juez o tribunal sentenciador. En el recurso de revisión «no tiene cabida el arrepentirse de una conformidad prestada ni es una tercera vía que se pueda utilizar *per saltum*, intentando un juicio de culpabilidad, o más bien de inocencia, que el promovente evitó por su propia voluntad» (AATS de 21/06/2021 [*Tol 8503538*] y de 20/01/2023 [*Tol 9626746*]).

Cabe añadir que, si la sentencia condenatoria dictada por el órgano de enjuiciamiento ha sido confirmada en ulteriores instancias, será la dictada en primera instancia la que sea objeto de revisión, pero si en apelación o casación es revocada total o parcialmente, el objeto de la revisión recaerá sobre esa última sentencia condenatoria.

Queda excluida de la revisión cualquier otra resolución judicial, incluidos los autos (ATS de 10/07/1994 [*Tol 3491514*]).

4.2 Sentencias condenatorias firmes

El art. 954 LECrim establece los casos en que se puede solicitar «la revisión de las sentencias firmes», sin especificar que el sentido de la sentencia deba ser condenatorio, aclaración innecesaria en la redacción anterior a la reforma operada por Ley 41/2015, pues de los cuatro casos contemplados, los tres primeros, antecedentes de los contenidos en los supuestos c), d) y a) del vigente apdo. 1, comenzaban con la expresión «cuando estén [o esté] sufriendo condena...» y el cuarto, precedente del actual 954.1 d), se refería a nuevos hechos o elementos de prueba «que evidencien la inocencia del condenado».

La reforma de 2015 modifica el art. 954 LECrim incluyendo otros motivos de revisión y variando la redacción de los existentes. En tres de los motivos contenidos en el apdo. 1, ya no se alude al término condena (supuestos b, c y e), como tampoco se hace en los de nueva incorporación recogidos en los apdos. 2 y 3, lo que ha llevado a algunos autores a plantearse si sigue siendo predicable que el objeto de la revisión sean sentencias firmes condenatorias (GARCIANDÍA, 2016, pp. 77 a 79). En efecto, en los supuestos contemplados en el art. 954.1, el del apdo. b) solo impone que la sentencia hubiera sido distinta si no hubiera existido la resolución prevaricadora, pero no que tenga que ser condenatoria; el del apdo. c) se refiere a dos sentencias contradictorias, sin establecer que ambas sean condenatorias, pudiendo darse el caso que la segunda sentencia, que en principio sería la anulada por el principio *non bis in idem*, sea absolutoria, y la primera condenatoria; por último, el del apdo. e) solo establece que la cuestión prejudicial no penal decidida en la sentencia penal, sea resuelta posteriormente de manera distinta por el tribunal del orden jurisdiccional propio, sin exigir que la sentencia del tribunal penal sea condenatoria.

Por su parte, el motivo previsto en el art. 954. 2 LECrim se refiere a la revisión de la sentencia firme recaída en el proceso de decomiso autónomo y el art. 954.3 LECrim a la revisión de una resolución judicial firme, sin que tampoco imponga que sea condenatoria.

No obstante, y al margen del supuesto del art. 954.2 LECrim cuyo contenido, en puridad, no es condenatorio ni absolutorio, entendemos que no puede olvidarse la finalidad de la revisión, esto es: la exigencia de justicia que, frente al efecto de cosa juzgada, obliga a dejar sin efecto aquellas sentencias de quienes fueron indebidamente condenados. En palabras del TC (STC 68/2022 [*Tol 9738134*]), la revisión «encuentra su fundamento en razones de justicia, una vez constatada la existencia de hechos o elementos que pongan de manifiesto la improcedencia de la condena».

Desde otro planteamiento, si la revisión pudiera proyectarse sobre sentencias absolutorias, debería admitirse la legitimación de quien ha intervenido en el proceso como acusación particular, legitimación no prevista legalmente (art. 955 LECrim) y denegada por el TS tras la reforma del año 2015 manifestando que «presupuesto de la revisión es el carácter condenatorio de la sentencia cuya revisión se insta» (ATS de 24/04/2024 [*Tol 10263681*]), siendo contundente su afirmación de que «frente a sentencias absolutorias no cabe recurso de revisión» (ATS de 13/01/2022 [*Tol 8768225*]).

Debemos advertir que, tratándose de sentencias *condenatorias*, la revisión no puede plantearse exclusivamente respecto de los pronunciamientos sobre la responsabilidad civil. Esto es, no puede cuestionarse solo la condena civil cuando no se discute la condena penal. Con claridad lo expresa el TS indicando que la posibilidad de revisar la doble condena penal por los mismos hechos «se refiere a la condena penal, no al pronunciamiento de las responsabilidades civiles», de forma que si en dos o más sentencias se exige la misma cantidad por el mismo concepto, la cuestión puede ser solventada mediante la presentación en la ejecutoria del documentos que acrediten su pago, «no estando pensado el recurso de revisión para enmendar o corregir un pago indebido» (ATS de 26/06/2012 [*Tol 3452860*], reproducido en AATS de 9/03/2021 [*Tol 8447540*] y de 21/09/2022 [*Tol 9229840*]).

4.3 Sentencias dictadas en cualquier procedimiento

Es indiferente cuál sea el procedimiento penal en el que haya recaído la sentencia condenatoria a efectos del promover su revisión, sin que quepa excepción alguna derivada del órgano de enjuiciamiento. De otra parte, tras la LO 1/2015, que derogó el Libro III del CP y con ello la consideración como faltas de las infracciones castigadas con pena leve, que pasaron a ser delitos leves, las reticencias doctrinales, que no jurisprudenciales (SSTS de 30/11/1981 [*Tol 5023928*], de 19/05/1987 [*Tol 2336523*] o de 12/03/2004 [*Tol 365570*]), acerca de la posibilidad de revisión de las sentencias condenatorias dictadas en juicios de faltas, quedaron definitivamente superadas.

5. MOTIVOS

Los únicos motivos de revisión de una sentencia firme son los contenidos en el art. 954 LECrim, siendo esta enumeración «taxativa y cerrada», lo que supone la «imposibilidad de su ampliación a supuestos no previstos» aunque presenten analogía o respondan a criterios de una mejor política criminal (SSTS de 20/12/2013 [*Tol 4096903*] y de 01/02/2024 [*Tol 9873396*]).

Los tres motivos contemplados en la redacción de la LECrim dada por Ley de 07/08/1899, que amplió el motivo tercero, junto con el motivo cuarto adicionado por Ley de 24/06/1933, se mantuvieron invariables hasta la reforma que del art. 954 realizó la ya citada Ley 41/2015. Entre tanto, el TS, tuvo que encarar el tratamiento de ciertos supuestos no previstos y para ello, bajo la premisa de su carácter cerrado, afirmar que los supuestos legales presentan «distintas manifestaciones» permitiendo, especialmente en el supuesto del número 4º, que «se extienda su cobertura a una variedad de casos en que, después de dictada una sentencia firme, se conocen hechos o situaciones que eran desconocidas para el sentenciador y que evidencien la inocencia del condenado» (SSTS de 04/02/2002 [*Tol 4921878*], de 06/06/2011 [*Tol 2174019*] y de 15/07/2014 [*Tol 4471231*]).

La orientación que el TS fue imprimiendo a los distintos supuestos de hecho sobre los que tuvo que pronunciarse está en el origen de la modificación de los motivos de revisión llevada a cabo por el legislador de 2015, tanto en la reformulación de los ya existentes como en la inclusión de los de nuevo cuño.

En el análisis de estos motivos de revisión, sin embargo, debe tenerse en cuenta que conforme a la disposición transitoria única de la Ley 41/2015: «2. El artículo 954 se aplicará también a las sentencias que adquieran firmeza tras su entrada en vigor. El supuesto previsto en el apartado 3 del artículo 954 se aplicará a las sentencias del Tribunal Europeo de Derechos Humanos que adquieran firmeza tras su entrada en vigor.»

Ello supone que, habiendo sido publicada la Ley el día 06/10/2015 y entrando en vigor a los dos meses de su publicación —disposición final cuarta—, la anterior normativa deberá seguir aplicándose a todas las sentencias firmes anteriores al 06/12/2015 coexistiendo así ambas regulaciones por tiempo indefinido. No obstante, a efectos expositivos, partiremos de la regulación actual, pero sin dejar de tener presente la anterior redacción.

5.1 Condena fundada en un hecho delictivo [art. 954.1. a) LECrim]

A tenor de este motivo se podrá solicitar la revisión de las sentencias firmes: «Cuando haya sido condenada una persona en sentencia penal firme que haya valorado como prueba un documento o testimonio declarados después falsos, la confesión del encausado, arrancada por violencia o coacción o cualquier otro hecho punible ejecutado por un tercero, siempre que tales extremos resulten declarados por sentencia firme en procedimiento penal seguido al efecto. No será exigible la sentencia condenatoria cuando el proceso penal iniciado a tal fin sea archivado por prescripción, rebeldía, fallecimiento del encausado u otra causa que no suponga una valoración de fondo.»

El actual art. 954.1.a) LECrim reproduce, con matices, el motivo regulado bajo el número 3º en la anterior redacción del que se distingue en que ya no es preciso que el documento o testimonio falso, la confesión obtenida con violencia o cualquier otro hecho punible, haya sido el *fundamento* de la condena, ni tampoco que así se declare en sentencia firme, siendo suficiente que los mismos hayan sido *valorados* como prueba, permitiendo invocar el motivo de la revisión aun cuando no llegue a dictarse sentencia condenatoria por ello, cuando la causa se ha archivado por causas que no impliquen una valoración de fondo.

La nueva redacción tampoco contempla la posibilidad de que el tribunal practique «cuantas pruebas se consideren necesarias para el esclarecimiento de los hechos controvertidos», supresión sin trascendencia toda vez que en el juicio rescindente, con carácter general, el TS puede practicar las pruebas que estime convenientes para su resolución.

5.1.1 El hecho delictivo valorado como prueba

El cambio de la exigencia de que el hecho delictivo fuera el *fundamento* de la sentencia condenatoria a que *haya sido valorado como prueba*, no debe llevar a considerar que cualquier hecho delictivo declarado y valorado en sentencia condenatoria, conduzca a la rescisión de la sentencia. No puede olvidarse el carácter excepcional del recurso de revisión cuyo objeto puede quebrar el principio de seguridad jurídica que otorga la firmeza de una sentencia. Su revocación exige una notoria equivocación de la condena, y ese palmario error no puede resultar si la prueba que después se declara delictiva, no ha tenido la entidad necesaria para conducir por sí sola a la condena que se pretende anular, «sino que es preciso la misma tenga un peso determinante en la condena» (ATS de 28/09/2021 [*Tol 8611207*]), no siendo procedente la revisión «cuando la ilicitud declarada fuera irrelevante en la acreditación del hecho, o concurrieran otros elementos probatorios en la acreditación del hecho.» (STS de 18/05/2023 [*Tol 9594881*]).

El cambio de redacción no afecta, pues, a la necesaria relevancia que la prueba declarada ilícita ha tenido en la conformación de la sentencia condenatoria, sino que clarifica que no es necesario que sea la única prueba que la fundamenta, pudiendo concurrir con otras en las que también se basó el relato de hechos probados, posibilidad, por otra parte, que ya había sido admitida por el TS (STS de 22/03/2012 [*Tol 2499076*]).

5.1.2 Exigibilidad de sentencia condenatoria sobre el hecho delictivo

Requisito esencial para que prospere este motivo es que el hecho delictivo que fundamenta la revisión haya sido investigado y resuelto previamente en otro procedimiento penal, evitando que el procedimiento de revisión se convierta en una investigación penal realizada por un órgano que no es el competente (ATS de 07/10/2015 [*Tol 5633506*]). La falta de este requisito ha bastado al TS para rechazar la revisión cuando se basa en una mera alegación de la falsedad de un testimonio (ATS de 22/09/2011 [*Tol 3471054*]), en la aportación de un acta de manifestaciones de supuestos testigos (ATS de 01/07/2011 [*Tol 3490498*]) o de un acta notarial en que el testigo se desdice de lo declarado judicialmente (ATS de 28/09/2021 [*Tol 8611207*]), o en la presentación de denuncia o querella sin esperar a su resolución mediante sentencia (ATS de 12/02/2019 [*Tol 7065474*]). Precisamente por ello es muy frecuente que, en estos casos, tergiversando el contenido que es propio de este motivo de revisión, y ante la falta de una sentencia condenatoria que declare que la prueba en que se basó la condena es constitutiva de delito, se articule el recurso como un «hecho nuevo» a los que se refiere el actual art. 954.1 d) LECrim (anterior 954.4º), lo que es reiteradamente rechazado por el TS porque «reconducir el artículo 954.4º LECrim a lo que es un supuesto claramente encajable en el art. 954.3º LECrim (*lex specialis derogat lex generalis*) supondría un fraude de ley para eludir una de las condiciones que establece el legislador» (AATS de 22/9/2011 [*Tol 3471054*] y de 21/09/2016 *Tol 5846700*).

El legislador de 2015 exceptúa esta exigencia «cuando el proceso penal iniciado a tal fin sea archivado por prescripción, rebeldía, fallecimiento del encausado u otra causa que no suponga una valoración de fondo», salvedad que, teniendo en cuenta que el recurso de revisión no está sometido a plazo, está justificada cuando la naturaleza delictiva de la prueba en la que se fundamentó la condena es descubierta una vez transcurrido el plazo de prescripción del supuesto delito, o cuando, iniciado el procedimiento contra una persona, el mismo no puede concluir por las causas —fallecimiento, rebeldía, etc.— que enumera el artículo. Así, se ha estimado la revisión en un supuesto en que la testigo, menor de edad a la fecha de los hechos, una vez alcanzada la mayoría de edad manifiesta la falsedad de la imputación realizada y que determinó la condena de una persona, entendiendo el TS la no exigibilidad de la condena previa pues la responsable era menor al tiempo de los hechos y además el delito de falso testimonio estaría prescrito (STS de 18/05/2023 [*Tol 9594881*]).

Esta posibilidad no deja de ser una excepción a la norma general de exigencia de una sentencia condenatoria previa por el hecho punible y, como tal, debe ser abordada con las debidas cautelas. Si bien no es imprescindible la condena previa, tampoco es suficiente la mera manifestación, sin justificación alguna, de la falsedad de un testimonio alegando que dicha condena no se puede obtener por haber prescrito el delito, pues de ser así, «bastaría con esperar el plazo de prescripción del posible delito de falso testimonio dado en un determinado proceso, para iniciar el proceso de revisión de la sentencia, lo cual es realmente absurdo» (ATS de 10/03/2020 *Tol 7956522*). En cualquier caso, recordemos, tal excepción solo es aplicable cuando la sentencia de la que se pide su revisión ha adquirido su firmeza con posterioridad a la entrada en vigor de la Ley 41/2015 (AATS de 23/05/2016 *Tol 5769850* y de 04/07/01 / *Tol 6221065*).

5.2 Condena determinada por una resolución prevaricadora [art. 954.1. b) LECrim]

Según el art. 954. 1 b), se podrá solicitar la revisión: «Cuando haya recaído sentencia penal firme condenando por el delito de prevaricación a alguno de los magistrados o jueces intervinientes en virtud de alguna resolución recaída en el proceso en el que recayera la sentencia cuya revisión se pretende, sin la que el fallo hubiera sido distinto».

Sin antecedente en la regulación anterior del art. 954 LECrim, pero sí previsto como motivo de revisión en la LO 2/1989, Procesal Militar (art. 328.1.4º), el precepto exige, conforme indican MARTÍNEZ ARRIETA y ENCINAR DEL POZO (2022, p. 630) que, tras la sentencia penal firme en un proceso, recaiga otra sentencia penal firme condenando por prevaricación a alguno de los magistrados o jueces que intervinieron en aquel proceso; que el delito de prevaricación se haya apreciado en virtud de una resolución recaída en ese proceso y que, en el caso de no haberse dictado esa resolución prevaricadora, el fallo de la sentencia inicial hubiera sido distinto.

La condena del magistrado o juez, por prevaricación y no por cualquier otro delito, debe serlo por alguna resolución dictada en el proceso que concluye con la sentencia cuya revisión se pretende. No necesariamente ha de ser la propia sentencia, pudiendo ser cualquier otra resolución que incida decisivamente en su contenido, lo que, a falta de precedentes jurisprudenciales, resulta difícil de imaginar pues no consideramos, p.ej., que tenga esa influencia determinante el auto de procesamiento o el auto en que se acuerde o confirme una medida cautelar.

Algún autor (GARCIANDÍA, 2016, p. 98) entiende que la literalidad de la norma permite que la sentencia cuya revisión se pretende no sea necesariamente de condena, solo que su fallo «hubiera sido distinto», criterio del que disentimos por las razones, ya expuestas, sobre el fundamento y finalidad del recurso de revisión penal. Lo que sí es posible, entendemos, es que la resolución prevaricadora no afecte al hecho de la condena, pero sí a otros aspectos como a la tipificación jurídica del delito, a la concurrencia de circunstancias agravantes, o a la extensión de la pena.

Por lo demás, como indicó el Pleno del CGPJ en su informe al anteproyecto de la Ley, la inclusión de este motivo de revisión «viene a llenar el vacío legal que existía en relación con las sentencias dictadas por un juez o magistrado, que después es condenado por una sentencia firme por delito de prevaricación».

5.3 Doble sentencia por el mismo hecho y encausado [art. 954.1. c) LECrim]

Dispone el apdo. 1.c) del art. 954 LECrim que se podrá solicitar la revisión «Cuando sobre el mismo hecho y encausado hayan recaído dos sentencias firmes», motivo que guarda una similitud tan solo aparente con el regulado bajo el número 1º en la redacción anterior a la Ley 41/2015, que prevé el recurso de revisión contra sentencias firmes «Cuando estén sufriendo condena dos o más personas, en virtud de sentencias contradictorias, por un mismo delito que no haya podido ser cometido más que por una sola».

Las diferencias son significativas; si en ambos preceptos se exige que se hayan dictado dos sentencias, en el previsto en el art. 954.1 c) LECrim las mismas deben venir referidas a la misma persona y hecho y no necesariamente ser ambas condenatorias, mientras que el presupuesto del anterior art. 954.1 LECrim es que las sentencias vengan referidas a diferentes personas, por el mismo delito, y ser ambas condenatorias.

Hasta la reforma de 2015, el supuesto de doble sentencia con identidad subjetiva y objetiva, a falta de una previsión legal específica, era reconducido por el TS bien por el citado nº 1 bien por el nº 4, considerando que la revisión podía llevarse a cabo realizando una interpretación amplia y extensiva del art. 954 LECrim, para «evitar así situaciones que pugnan con el más elemental sentido de justicia», aplicando el principio *non bis in idem*, apreciable de oficio, o la doctrina sobre cosa juzgada material (STS de 29/12/2005 *Tol 815675*), siendo ambos cauces compatibles entre sí.

La jurisprudencia, consolidada en esta etapa con múltiples pronunciamientos, partiendo del término «contradictorias», admite la revisión aunque el sentido del fallo en una de ellas sea absolutorio, entendiendo que los efectos de la cosa juzgada material de las sentencias firmes impiden que los hechos puedan volver a ser juzgados, con la consecuencia de dar prevalencia a la primera sentencia y declarar la nulidad e invalidez de la segunda (STS de 22/03/2000 *Tol 4922834*, referido a sentencias del año 1998, la primera condenatoria y la segunda absolutoria que, rechaza la pretensión del penado de dar validez a la segunda por aplicación del principio *pro reo*, siendo esta segunda sentencia *radicalmente nula*). De esta regla general se exceptúan los supuestos en que la segunda sentencia condene por delito continuado integrado, entre otros, por el hecho objeto de la condena anterior, en cuyo caso «debe atenderse al relato fáctico más amplio, con el objeto de no hacer ilusoria una revisión que materialmente resulta procedente» (STS de 21/12/2016 [*Tol 5930571*]). 2281

El doble enjuiciamiento puede afectar a la totalidad de los hechos enjuiciados en una y otra sentencia o a parte de ellos (SSTS de 20/12/1990 *Tol 2416099* y de 29/12/2005 *Tol 815675*), pudiendo ocurrir que la sentencia objeto de revisión contenga hechos enjuiciados en más de una sentencia anterior (STS de 15/02/2024 [*Tol 9884302*], en delitos de impago de pensiones). Es indiferente, a efectos de revisión, la naturaleza del procedimiento penal en el que hayan sido dictadas las sentencias (STS de 14/07/2020 [*Tol 8091932*], doble condena por un mismo delito leve), que medie en ambas condenas la conformidad del penado (SSTS de 24/11/2003 [*Tol 352390*] o de 26/01/2024 [*Tol 9863982*]), o que el órgano de enjuiciamiento haya sido distinto (STS de 07/06/2002 [*Tol 4926387*], que dejó sin efecto la sentencia por una falta leve de desobediencia dictada por un Juzgado de Instrucción al existir una condena previa por delito de desobediencia dictada por un Juzgado de lo Penal, y en donde, de nuevo, se rechaza la preferencia de la segunda sentencia en aras al principio *pro reo* invocado por el promovente).

Por otra parte, y dado el tenor del art. 954.1 c) LECrim, la revisión alcanza a la sentencia que enjuicia el mismo «hecho» que ya había sido objeto de una sentencia anterior respecto del mismo autor, aunque la calificación jurídica de ese hecho haya sido distinta (SSTS de 07/06/2002 [*Tol 4926387*] y de 21/12/2016 [*Tol 5930571*]).

En cuanto al infrecuente supuesto, (tan solo hemos localizado dos casos: SSTS de 28/10/1975 [*Tol 4251683*] y de 01/07/2001 [*Tol 4976473*]) de dos personas condenadas por el mismo delito en diferentes sentencias posteriores a 2015, suprimido este específico cauce de revisión por Ley 41/2015, su alegación habrá de articularse por la vía del «hecho nuevo» al amparo del actual art. 954.1 d) LECrim.

5.4 Conocimiento sobrevenido de hechos o elementos de prueba [art. 954.1. d) LECrim]

El motivo más alegado para solicitar la revisión de una sentencia es el recogido en el actual art. 954.1.d) LECrim para «Cuando después de la sentencia sobrevenga el conocimiento de hechos o elementos de prueba, que, de haber sido aportados, hubieran determinado la absolución o una condena menos grave».

Su claro antecedente es el antes incluido como número 4º que preveía el recurso: «Cuando después de la sentencia sobrevenga el conocimiento de nuevos hechos o de nuevos elementos de prueba, de tal naturaleza que, evidencien la inocencia del condenado».

La mera lectura de ambos preceptos evidencia que mientras en el primitivo era necesario que los hechos o los elementos de prueba fueran *nuevos*, en el sentido de sobrevenidos o que se revelaren después de la condena, y que evidenciaran la inocencia del condenado, en el actual se prescinde de la referencia a la «novedad», del requisito de su certeza plena, «evidencien», y de su único alcance a la «inocencia» del condenado.

5.4.1 El concepto de novedad

El requisito de la novedad fue tradicionalmente interpretado por el TS comprendiendo todos los hechos que, «por su desconocimiento, no hayan podido ser alegados, en algún momento procesal oportuno, antes de la sentencia definitiva, y todo elemento de prueba que tampoco haya podido ser tenido en cuenta, ni valorado por el Tribunal que pronunció aquélla» (STS de 21/11/1951 [*Tol 4450215*]) incluyendo los que «fueran sobrevenidos o que se revelasen después de la condena, es decir, que aun existiendo antes de ésta sean conocidos después» (STS de 12/05/1987 [*Tol 5022485*]). De entenderlo de otro modo, esto es, que la novedad afecta al hecho mismo o elemento de prueba, carecerían de sentido, por redundantes, los términos empleados por el legislador, «porque si los hechos son nuevos su conocimiento no pudo ser anterior» a la sentencia (GULLÓN, 2017, p. 24).

La redacción actual del precepto confirma esta interpretación jurisprudencial en donde lo relevante no es la «novedad» del hecho o elemento de prueba, sino que no hayan podido ser aportados en el proceso. En efecto, ya antes de la reforma decía el TS (STS de 08/11/2010 [*Tol 1994161*]): «solamente es posible plantear en un recurso de revisión la práctica de nuevas pruebas cuando: a) sean de posterior aparición a la fecha de la firmeza de la Sentencia que se pretende revisar, o conocidas posteriormente por el recurrente; b) se trate de pruebas inequívocamente concluyentes a los efectos de evidenciar la inocencia del condenado; c) que tales pruebas no hayan podido proponerse con anterioridad a la celebración del juicio oral, por causas que resulten de razonable apreciación».

Se permite así la presentación de pruebas que, siendo conocidas, no *pudieron* ser propuestas, dejando en el TS la estimación sobre la razonabilidad de esa falta de propuesta previa (*v.gr.* la tenencia de un carné de conducir de otro país, STS de 21/04/2016 [*Tol 5699154*], o el hecho de la minoría de edad del penado, STS de 25/04/2008 [*Tol 1324462*]), sin que ello suponga una quiebra del presupuesto general de inadmisión que la excluye cuando el elemento de prueba estaba a disposición de la defensa y no fue aportado por razones de estrategia procesal (STS 02/06/2022 [*Tol 9009624*]) o por cualquier otra razón (ATS de 09/09/2021 [*Tol 8587836*]). 2283

Los elementos de prueba, «definidos como aquellas herramientas a través de las cuales se prueba un hecho y que se traduce en un medio de prueba dentro del proceso» (VERNENGO, p. 254), no tendrán cabida en este motivo si con ellos se pretende reabrir el debate sobre la valoración de la prueba debidamente practicada (AATS de 08/10/2019 [*Tol 7536880*] o de 23/07/2020 [*Tol 8080182*]) o de revisar nuevamente la actividad probatoria llevada a cabo para poner de manifiesto que tal condena supuso un error judicial (ATS de 05/02/2001 [*Tol 3453395*]). En definitiva, el motivo no ampara «elementos probatorios que permitan nuevas argumentaciones en pro de la inocencia del entonces condenado, sino de nuevas pruebas que la evidencien» desvirtuando las pruebas que en su día se tuvieron en cuenta para la condena (ATS de 22/03/2011 [*Tol 3476811*]).

En conclusión, y siguiendo la síntesis que sobre la jurisprudencia en esta materia realiza el ATS de 30/05/2024 [*Tol 10041574*]: «No se consideran nuevos elementos de prueba aquellos que pudieron ser propuestos por el condenado, entonces acusado, y no lo fueron, por no considerarlo oportuno para su defensa o por cualquier otra causa no razonable; los propuestos e inadmitidos por el juez o tribunal por considerarlos impertinentes, inútiles o ilegales; así como la pruebas ya practicadas u obrantes en las actuaciones a las que se pretende dar una distinta valoración de la que en su día realizó el juez o tribunal sentenciador. Y tampoco lo son, según nuestra sentencia nº 635/2020, de 25 noviembre, las pruebas que no son pruebas de posterior aparición a la fecha de la firmeza de la sentencia que se pretende revisar, sino pruebas solicitadas y producidas posteriormente por el recurrente, que no es lo mismo, sin que acredite que tales pruebas no las pudo proponer con anterioridad a la celebración del juicio oral, por causas de natural apreciación no imputables al mismo».

5.4.2 La relación entre el "hecho nuevo" y la sentencia condenatoria

El término *evidencien*, utilizado en el art. 954.4º LECrim en su anterior redacción, dejaba poco margen a la interpretación. Evidenciar es «hacer patente y manifiesta la certeza de algo» (DRAE), por lo que, el hecho o elemento de prueba sobrevenido debía tener la aptitud necesaria para demostrar, por sí solo, la inocencia del penado. Así, el TS venía exigiendo que «la prueba que se tuvo en cuenta en el anterior enjuiciamiento, quede totalmente desvirtuada por la prueba obtenida después del fallo condenatorio, de modo que haga indubitable la falta de responsabilidad del reo» (STS de 28/04/2009 [*Tol 1525302*]), por lo que, aunque aparecieran datos que suscitaran «dudas razonables» que hubieran podido surtir su efecto en la instancia, sino suponían certeza plena de la inocencia del penado, no se accedía a la revisión (ATS de 30/06/2000 [*Tol 3450278*])

Este criterio rigorista fue paulatinamente cediendo ante una nueva consideración de la revisión ligada al principio de presunción de inocencia y así, «cuando el elemento nuevo tiene entidad inequívoca para recuperar la presunción de inocencia que la sentencia revisada declaró enervada, es claro que estamos ante un elemento decisivo que es determinante de la inocencia del acusado» (STS de 02/10/2012 [*Tol 2721918*]). Esta corriente jurisprudencial fue implantándose hasta ser acogida por el legislador de 2015 que en la redacción del nuevo motivo prescinde del verbo *evidenciar* y lo sustituye por *determinar*, constatando la suficiencia de aquellas pruebas que «presumible o probablemente hubiesen determinado un pronunciamiento absolutorio (no solo por acreditar la inocencia, sino también por generar dudas sobre la culpabilidad) o una condena más benigna como consecuencia de dejar sin sostén probatorio una agravante o un elemento de agravación.» (STS de 13/09/2021 [*Tol 8610890*]).

5.4.3 La ampliación de la revisión a las circunstancias modificativas

Pese a la literalidad del art. 954.4 LECrim, en donde los nuevos hechos tan solo eran admisibles si con ellos se acreditaba la inocencia del condenado, el TS admitió ciertas excepciones por razones de justicia material, como en el caso de un condenado al que no le había sido aplicada la atenuante de minoría de edad que procedía, pues «mantener la condena, conociendo ese error gravísimo, es absurdo, inconstitucional e insostenible» (STS de 11/03/1994 [*Tol 402704*]).

Al igual que con el requisito de la «novedad», también aquí la jurisprudencia fue ampliando el radio de acción del art. 954.4º LECrim a aquellos hechos de los que resultara la concurrencia de una circunstancia eximente o atenuante de la responsabilidad del condenado al existir «una identidad de fundamento con la evidencia de su inocencia», pues tan injusto sería mantener una condena frente a quien no ha sido autor del hecho como frente a quien se halle amparado por una causa de exención o disminución de la responsabilidad (STS de 28/11/2003 [*Tol 341480*]). Con el mismo fundamento, pero con mayor virtualidad aplicativa, el TS reconoció que el nuevo hecho afectara, no a la apreciación de una atenuante o eximente, sino a la no concurrencia de una agravante al haber supuesto su apreciación un exceso de penalidad en su conducta (SSTS de 07/03/2002 [*Tol 4914176*], de 10/03/2004 [*Tol 365566*], de 09/04/2015 [*Tol 4839254*], y de 18/05/2015 [*Tol 5005197*], todas ellas referidas a la agravante de reincidencia).

En este aspecto, de nuevo, el legislador de 2015 aceptó la práctica jurisprudencial consolidando este criterio, ahora ya incontrovertido, permitiendo que el hecho sobrevenido determine «la absolución o una condena menos grave».

5.4.4 El presupuesto objetivo: el hecho o elemento de prueba

Entre las múltiples demandas de revisión que se articulan por este motivo, podemos distinguir las basadas en hechos o elementos de prueba en sentido natural o material, contenido claro de este motivo, y las que vienen referidas a la incidencia de pronunciamientos jurídicos de otros tribunales o a cambios normativos o de criterios de interpretación de las normas, que son articuladas a través de este motivo en tanto que su planteamiento no está, o no estaba, expresamente recogido en ningún otro. En efecto, algunos de los supuestos que encontraban su cauce procesal a través del art. 954.4 LECrim, han sido acogidos por el legislador de 2015 previendo expresamente unos nuevos motivos de revisión en los arts. 954.1 e) y 954. 3 LECrim.

Abundan los motivos basados en *nuevos hechos* en sentido material o natural, destacando entre ellos, por ser los más frecuentes, los referidos a la minoría de edad del condenado, (SSTS de 21/12/2012 [*Tol 2721311*] y 09/03/2016 [*Tol 5674706*]), a la tenencia de un permiso de conducir por cuya carencia fue condenado (SSTS de 30/12/2012 [*Tol 2728074*] y de 19/01/2023 [*Tol 9379460*]) o al error en la identidad del condenado derivado de la falsa atribución de su nombre por el autor de los hechos (SSTS de 17/06/2011 [*Tol 2176493*] y de 18/04/2016 [*Tol 5699013*]). A este amplio supuesto, habrá de reconducirse el contemplado en el anterior art. 954.2 LECrim —«Cuando esté sufriendo condena alguno como autor, cómplice o encubridor del homicidio de una persona cuya existencia se acredite después de la condena»—.

Más interés tienen aquellos hechos de naturaleza jurídico material que pueden tener incidencia en la condena cuya revisión se solicita. Dejando al margen la efectividad de las cuestiones prejudiciales resueltas en la sentencia penal que posteriormente son objeto de pronunciamiento en su específico ámbito jurisdiccional [art. 954.1 e) LECrim], así como la de las sentencias dictadas por el TEDH (art. 954.3 LECrim), que serán objeto de análisis al tratar de estos nuevos motivos de revisión, nos referiremos a la consideración que merecen los cambios en la doctrina jurisprudencial y los pronunciamientos del TC.

a) El cambio de criterio en la Sala Segunda sobre la relación entre el delito contra la salud pública y el de contrabando que, de ser considerados en concurso ideal de delitos pasaron, con el CP de 1995, a entenderse como un supuesto de consunción a resolver conforme al art. 8.3º CP, dio lugar a que se planteara, y se resolviera contradictoriamente, si el cambio de la jurisprudencia podía considerarse como un *hecho nuevo* sobre el que fundamentar el recurso de revisión (ver AATS de 18/09/1998 [*Tol 3471746*] en contra y de 13/02/1999 [*Tol 5134719*], a favor). Para zanjar la cuestión, la Sala Segunda, en Acuerdo de Pleno no jurisdiccional de 30/04/1999, ratificado en el posterior Acuerdo de Pleno de 19/07/2000, resolvió su improcedencia, no siendo sostenible que un cambio jurisprudencial que necesariamente ha de operar *ad futurum* actúe *ad praeteritum* (ATS de 16/07/1999 [*Tol 3451142*]), pronunciándose en el mismo sentido en Acuerdo de Pleno de 19/10/2001 en cuanto a la determinación de la agravante de notoria importancia en los delitos contra la salud pública. En definitiva, el cambio de jurisprudencia como nueva forma de interpretar un precepto sustantivo no es un hecho nuevo que determine la nulidad del anterior enjuiciamiento y no puede ser estimado a efectos del art. 954.1 LECrim.

b) Conforme al art. 40 de la LO 2/1979, eliminada por inconstitucional una norma jurídica, todas las resoluciones penales o sancionadoras ancladas en ella, deben ser igualmente eliminadas al carecer de soporte legal. Así, declarada la inconstitucionalidad del art. 7.1 RD 463/2020, que declaró el estado de alarma frente a la crisis sanitaria producida por la pandemia COVID/19 (STC 148/2021 [*Tol 8518747*]), fue estimada la revisión, por el cauce analizado, de las sentencias condenatorias por delitos de desobediencia frente a las órdenes de los agentes de la autoridad basadas en ese artículo cuya inconstitucionalidad había sido declarada (SSTS de 27/05/2022 [*Tol 9001494*] y de 23/11/2023 [*Tol 9796611*], entre otras).

Cuestión distinta, a los efectos del recurso de revisión, son los pronunciamientos que, en un recurso de amparo, declaran vulnerados derechos fundamentales por la interpretación realizada por un juez o tribunal sobre una norma jurídica, y la incidencia de esta declaración en sentencias condenatorias anteriores contra las cuales no se ha promovido el amparo. El art. 54 LOTC establece que en estos casos el TC «limitará su función a concretar si se han violado derechos o libertades del demandante y a preservar o restablecer estos derechos o libertades, y se abstendrá de cualquier otra consideración sobre la actuación de los órganos jurisdiccionales».

Este precepto sirvió de fundamento al TS (ATS de 12/07/1994 [*Tol 3481424*]) para denegar la revisión fundamentada en la STC 111/1993 [*Tol 82134*] que, en amparo, declaró que el ejercicio de actos propios de una profesión que no requiere título académico oficial no estaba incluido en el delito de intrusismo. A pesar de que este Auto del TS también fue recurrido en amparo y que el TC lo anuló al estimar que dentro del término *hechos nuevos* se incluían las declaraciones «que sirven de *ratio decidendi* y que de modo claro y terminante rechazan por vulneradoras del art. 25.1 CE», el TS, exceptuando unas iniciales resoluciones aisladas, mantuvo el mismo criterio que el sostenido respecto a los cambios en su propia jurisprudencia, negando que este tipo de resoluciones del TC puedan fundamentar la revisión de sentencias condenatorias.

De nuevo, unos pronunciamientos del TC realizados en procedimientos de amparo (SSTC 63/2005 [*Tol 609870*] y 29/2008 [*Tol 1264013*]) declarando que la mera presentación de una denuncia o querella no tenían capacidad interruptiva para el cómputo de los plazos de prescripción del delito, determinaron que la Sala Segunda TS reafirmara su posición en Acuerdo del Pleno no Jurisdiccional de 26/02/2009, señalando que la sentencia del TC proclamando cómo se integra el contenido de una norma legal, acerca del momento interruptivo de la prescripción, que resulta diversa a como venía siendo entendido, no constituye un hecho nuevo de aquellos a los que se refiere el art. 954 LECrim.

Este criterio del TS, plenamente consolidado, insiste en que la doctrina del TC en el marco del recurso de amparo queda circunscrita a las resoluciones judiciales concernidas por lo que el intento de extender los efectos a otros casos, considerándola como hecho nuevo a los efectos de revisión, carece de soporte normativo y «supondría de hecho, una asimilación de los efectos del recurso de amparo a los procedimientos de inconstitucionalidad» (ATS de 26/03/2009 [*Tol 1643320*]).

5.5 Cuestión prejudicial [art. 954.1. e) LECrim]

Admitida dentro del *cauce-comodín* del art. 954.4º LECrim, la Ley 41/2015 la incorpora expresamente para «Cuando, resuelta una cuestión prejudicial por un tribunal penal, se dicte con posterioridad sentencia firme por el tribunal no penal competente para la resolución de la cuestión que resulte contradictoria con la sentencia penal.»

Es pacífica y reiterada la jurisprudencia del TS que sostiene como premisa que, a partir de la entrada en vigor del art. 10 LOPJ, no son admisibles cuestiones prejudiciales devolutivas en el proceso penal. En el proceso penal, como regla general, han de ser resueltas las cuestiones jurídicas de cualquier otra naturaleza necesarias para la constatación de la concurrencia del delito objeto de enjuiciamiento. Lo contrario impediría, prácticamente, el enjuiciamiento autónomo de casi cualquier delito pues en todos ellos la determinación de la concurrencia de alguno de los elementos integrantes del tipo, «dependen de la previa valoración, resolución o interpretación de una cuestión jurídica de naturaleza extrapenal» (STS de 19/02/2013 [*Tol 3059225*]).

No obstante, el pronunciamiento realizado en otro orden jurisdiccional de alguna cuestión que le es propia, resuelto después de la sentencia condenatoria penal, puede incidir en la existencia de algún elemento del tipo penal que sustentó esa condena. En tanto que esta cuestión prejudicial puede corresponder a cualquier orden jurisdiccional, señalaremos algunos supuestos a título ilustrativo.

a) En el orden contencioso/administrativo, no es excepcional que la condena penal basada en la resolución administrativa de pérdida de puntos del carnet de conducir (art. 384 CP), deba ser rescindida por la vía del recurso de revisión al producirse, con posterioridad a su firmeza, una resolución que declara la nulidad de esa resolución administrativa (ATS de 07/02/2024 [*Tol 9884334*]). La anulación de la sanción opera retroactivamente, borrando cualquier efecto penal que hubiese podido tener la resolución administrativa anulada.

b) En el ámbito mercantil, la sentencia que declara la nulidad de un modelo de utilidad, determina la revisión de la sentencia penal condenatoria por un delito contra la propiedad industrial (273.1 y 2 CP) por la comercialización de objetos registrados como ese modelo de utilidad. Al declararse la nulidad del modelo de utilidad, el tipo penal queda sin uno de sus elementos normativos por lo que la sentencia penal, previa al pronunciamiento civil, debe ser anulada (STS de 25/06/2020 [*Tol 7996040*]).

c) En el orden jurisdiccional civil se ha planteado la influencia en la condena penal por delito de impago de pensiones, de la sentencia estimatoria de la impugnación de la filiación. Argumentan los promotores de la revisión que la obligación al pago de la prestación económica deriva de su condición de progenitores y la sentencia civil confirma que no lo son. Tantas veces ha sido planteada la cuestión como rechazada por el TS que declara que el tipo penal (art. 227 CP) no exige que se trate de una filiación biológica y que, además, lo que castiga este delito de omisión es el incumplimiento del mandato jurídico estableciendo el deber de pago de unas prestaciones, que es la conducta objeto de la condena, sin que la no paternidad declarada con posterioridad afecte al delito cometido, no teniendo la filiación como hecho nuevo, efectos retroactivos (SSTS de 28/11/2007 [*Tol 1235266*] y de 02/10/2012 [*Tol 2674008*] y ATS de 06/10/2022 [*Tol 9271506*]).

5.6 Decomiso autónomo (art. 954.2 LECrim)

Sin precedente alguno, dispone el nuevo precepto añadido por la Ley 41/2015 que «Será motivo de revisión de la sentencia firme de decomiso autónomo la contradicción entre los hechos declarados probados en la misma y los declarados probados en la sentencia firme penal que, en su caso, se dicte.»

Su inclusión es acorde con la incorporación de esta figura en el art. 127 *ter* CP (LO 1/2015) que permite que el juez o tribunal lo acuerde «aunque no medie sentencia de condena, cuando la situación patrimonial ilícita quede acreditada en un proceso contradictorio» y se cumplan los presupuestos que establece el mismo artículo. Dentro de la regulación que de este proceso realiza la LECrim (Título III ter, Libro IV), dispone el apdo. 2 del art. 803 *ter* r) que «son aplicables al procedimiento de decomiso autónomo las normas reguladoras de la revisión de sentencias firmes».

Este motivo de revisión, no aplicado hasta la fecha, supone una excepción al carácter condenatorio común a las sentencias sobre las que se suscita la revisión. Su presupuesto es que, desaparecidas las causas que impidieron el enjuiciamiento de unos hechos se realice el mismo y la sentencia penal declare probados unos hechos en oposición con los declarados en la sentencia de decomiso autónomo. Se trata de un supuesto de contradicción entre dos sentencias en el que, como ocurre en el motivo contemplado en el art. 954.1 c) LECrim, la discordancia puede venir tanto si la segunda sentencia es absolutoria como si, siendo condenatoria, no acoge la pretensión de decomiso de unos bienes, o no lo hace con el mismo alcance.

5.7 Sentencias del TEDH (art. 954.3 LECrim)

El último de los motivos de revisión, incorporado en el art. 954.3 LECrim por la repetida Ley 41/2015, establece en su párrafo primero que: «Se podrá solicitar la revisión de una resolución judicial firme cuando el Tribunal Europeo de Derechos Humanos haya declarado que dicha resolución fue dictada en violación de alguno de los derechos reconocidos en el Convenio Europeo para la Protección de los Derechos Humanos y libertades Fundamentales y sus Protocolos, siempre que la violación, por su naturaleza y gravedad, entrañe efectos que persistan y no puedan cesar de ningún otro modo que no sea mediante esta revisión.»

Su inclusión, según resulta del Preámbulo de la Ley, no supuso un cambio sustancial en cuanto al tratamiento de las resoluciones del TEDH ya que estas, aunque carecían de cauce legal específico de revisión, tenían la «cobertura que la interpretación jurisprudencial» les dispensaba por la vía del art. 954.4º LECrim, a la cual se llegó, añadimos, ante la pasividad del Poder Legislativo de establecer una vía procesal por la que articular la eficacia de las resoluciones del TEDH que declararan la infracción de derechos fundamentales en la imposición de una condena penal y que les venía siendo demandada tanto por el TS (STS de 04/04/1990 [*Tol 2390171*]) como por el Tribunal Constitucional (STC 245/1991 [*Tol 80618*]).

Entre tanto, ya esta sentencia del TC, pese a reconocer que las resoluciones del TEDH «tienen carácter declarativo y no anulan ni modifican por sí mismas los actos, en este caso sentencias, declarados contrarios al Convenio» advertía que todos los poderes públicos, en su respectivo ámbito de competencia, debían «tutelar y reparar satisfactoriamente una lesión de un derecho fundamental que sigue siendo actual», proclamando en sucesivas sentencias que tales resoluciones debían entenderse incluidas en la expresión «hechos nuevos [...] que evidencien la inocencia del condenado del art. 954.4 LECrim» (STC 240/2005 [*Tol 736215*]).

Tras la entrada en vigor el día 01/06/2010, del Protocolo n° 14 de 10/05/2010, (BOE nº 130, de 28/05/2010), para la protección de los Derechos Humanos y las Libertades Fundamentales, ya no hubo duda de la naturaleza vinculante en nuestro ordenamiento jurídico de las Sentencias dictadas por el TEDH, al establecer una nueva redacción del art. 46.1 del Convenio, conforme a la cual «Las Altas Partes Contratantes se comprometen a acatar las sentencias definitivas del Tribunal en los litigios en los que sean parte».

El TS, con el fin de fijar claramente su posición, en reunión de Pleno no Jurisdiccional de 21/10/2014, adoptó por unanimidad el siguiente Acuerdo: «En tanto no exista en el Ordenamiento Jurídico una expresa previsión legal para la efectividad de las sentencias dictadas por el TEDH que aprecien la violación de derechos fundamentales de un condenado por los Tribunales españoles, el recurso de revisión del art. 954 LECrim. cumple este cometido».

Este cauce de revisión por la vía del art. 954.4º LECrim suponía que la declaración de nulidad realizada por el TEDH de una de las pruebas tenidas en cuenta como elemento de cargo para enervar la presunción de inocencia en un proceso, debía ser valorada como un hecho nuevo, dando lugar o no a la rescisión de la sentencia condenatoria, dependiendo de si subsistían otros elementos probatorios del mismo sentido incriminatorio que pudieran producir legítimamente ese mismo resultado (ATS de 29/04/2004 [*Tol 443472*]).

En definitiva, la vulneración del derecho fundamental debía haberse producido en la sentencia cuya revisión se pretendía y no en otra (ATS de 27/07/2000 [*Tol 3478107*]) sin que la vulneración proclamada por el TEDH supusiera automáticamente la anulación de la sentencia condenatoria en cuyo seno se hubiera cometido dicha vulneración.

La lectura del nuevo art. 954.3 evidencia la asunción legislativa de la doctrina jurisprudencial anterior de modo que una STEDH tiene potencialidad para rescindir una sentencia condenatoria si proclama que fue dictada en violación de alguno de los derechos reconocidos en el Convenio «siempre que la violación, por su naturaleza y gravedad, entrañe efectos que persistan y no puedan cesar de ningún otro modo que no sea mediante la revisión», no siendo posible autorizar la revisión cuando se invoca como hecho nuevo una sentencia del TEDH sin interrelación de ninguna clase con la que contiene la condena que se pretende anular (ATS 08/06/2022 [*Tol 9049305*]).

A esta doctrina, la Ley 41/2015, en el segundo párrafo del art. 954.3 LECrim, añade dos requisitos que diferencian esta vía del resto de cauces de revisión: que quien está legitimado para interponer el recurso de revisión conforme a las normas generales (cfr. arts. 957 y 961 LECrim) además «hubiera sido demandante ante el Tribunal Europeo de Derechos Humanos», y que la solicitud de revisión se formule «en el plazo de un año desde que adquiera firmeza la sentencia del referido Tribunal».

6. SUSTANCIACIÓN

La regulación que la LECrim realiza sobre la tramitación del recurso se limita a los arts. 957 y 959, sin perjuicio de las particularidades contenidas en el actual art. 954.3 para el motivo en él regulado.

6.1 Fase de promoción

El art. 957 LECrim, referido a la fase de promoción del recurso, comienza

diciendo: «La Sala, previa audiencia del Ministerio Fiscal, autorizará o denegará la interposición del recurso. Antes de dictar la resolución, la Sala podrá ordenar, si lo entiende oportuno y dadas las dudas razonables que suscite el caso, la práctica de las diligencias que estime pertinentes, a cuyo efecto podrá solicitar la cooperación judicial necesaria.»

Dejando al margen la legitimación para promover el recurso, cuestión ya tratada en apartados anteriores, tanto el penado o su familiar, como promotores del recurso, como el MF al darle audiencia, pueden solicitar la práctica de diligencias que la Sala «podrá ordenar» en caso de que lo considere necesario para adoptar su resolución. Si así lo acordara, una vez practicadas, procede dar audiencia o, si se hubiera ya hecho, nueva audiencia, al fiscal. Este trámite, por más que el término empleado pueda sugerir lo contrario, se desarrolla por escrito. Aunque evidente, conviene alertar que esta solicitud queda limitada a la prueba que tiene por finalidad acreditar el hecho o la circunstancia sobre la que se sustenta la revisión que, por definición, es extrínseca al pronunciamiento judicial que se trata de revisar.

Continúa el art. 957 LECrim señalando que «Los autos en los que se acuerde la autorización o denegación a efectos de la interposición, no son susceptibles de recurso alguno». Ello no obstante, el afectado podrá interponer recurso de amparo en el plazo de 30 días a partir de la notificación del auto que deniega la autorización (art. 44.2 LOTC) en el bien entendido que la vulneración de derechos fundamentales ha de venir referida a esta resolución judicial y no a las sentencias condenatorias cuya revisión se pretende (ATC 23/03/2010 [*Tol 10023412*]). Ahondando en la naturaleza y el fundamento del recurso de revisión penal, resulta de gran interés el análisis del canon de constitucional de las resoluciones que deniegan la interposición del recurso y del alcance de los pronunciamientos del Tribunal Constitucional ante el recurso de amparo que sistematiza la STC 63/2022 [*Tol 8978323*]: «Si bien la interpretación y aplicación de estos requisitos, como presupuestos de legalidad ordinaria, es competencia del TS (art. 957 LECrim) sin embargo, desde la perspectiva del control de constitucionalidad que corresponde a este tribunal y, conforme al canon propio del derecho de acceso a la jurisdicción, una decisión que desestime la solicitud de autorización para la interposición de un recurso de revisión habrá de tener en cuenta no solo el texto de la norma sino también la debida ponderación de los principios y valores en juego. De esta manera, la interpretación y aplicación de la norma no puede ser tan rigorista como para imposibilitar la vigencia del principio de justicia en su condición de valor superior del ordenamiento jurídico (art. 1.1. CE), pero tampoco tan flexible como para quebrantar el principio de seguridad jurídica, que es una garantía básica del sistema constitucional (art. 9.3 CE)».

Para finalizar, si la solicitud de autorización para interponer la revisión por los motivos regulados en el actual art. 954. 1 y 2 no está sujeta a plazo alguno, una vez que, en su caso, haya sido concedida la autorización, el promotor dispone de quince días naturales para su interposición (art. 957 *in fine*).

6.2 Fase de interposición

El art. 959 LECrim, que mantiene la redacción original de la LECrim, viene referido a la segunda fase del juicio rescindente. Dice así: «El recurso de revisión se sustanciará oyendo por escrito una sola vez al Fiscal y otra a los penados, que deberán ser citados, si antes no comparecieren. Cuando pidieren la unión de antecedentes a los autos, la Sala acordará sobre este particular lo que estime más oportuno. Después seguirá el recurso los trámites establecidos para el de casación por infracción de Ley, y la Sala, con informe oral o sin él, según acuerde en vista de las circunstancias del caso, dictará sentencia, que será irrevocable».

La regulación de esta fase remite al recurso de casación del que se excluye el trámite de admisión del recurso que, conforme al artículo 957 LECrim, es previo a su interposición y no es aplicable al recurso interpuesto por el MF.

El recurrente y las demás partes en el proceso pueden presentar cualquier elemento de prueba no presentado anteriormente bien por propia iniciativa, resolviendo la Sala sobre su admisión, bien porque el auto de autorización adelantaba la necesidad de aportarlo (*v.gr.* ATS de 22/07/2021 [*Tol 9000923*]) y, aunque la Ley no lo prevé expresamente para esta fase y sí para la de promoción, es posible que la Sala acuerde la práctica de instrucción suplementaria para esclarecer el fundamento del recurso. Pese a la literalidad del art. 959, durante la sustanciación del recurso, especialmente cuando se practica información suplementaria, la Sala puede dar traslado en más de una ocasión para informe tanto del MF como al resto de partes personas.

La Sala deberá citar al penado o penados que no hubieran comparecido con anterioridad (art. 881 LECrim), lo que ocurre cuando el recurrente es el MF o son varios los condenados y el recurso ha sido interpuesto por uno solo de ellos. En cuanto a la acusación particular, a falta de regulación en sentido contrario y por aplicación del principio general de audiencia, también deberá ser emplazada como el resto de las partes intervinientes en el proceso en el que recayó la sentencia que se ataca, pudiendo personarse y adquirir así el derecho de ser oída en el proceso de revisión (SSTS de 08/04/2005 [*Tol 703351*] y de 07/02/2005 [*Tol 703353*]). En el mismo sentido, procede el emplazamiento y audiencia de la Abogacía del Estado (STS de 22/02/2017 [*Tol 5990984*]) o de la acusación privada (STS de 28/10/2002 [*Tol 4922175*]). Debe entenderse que cualquiera de las partes puede adherirse al recurso interpuesto por otra, al igual que pueden ocupar la posición pasiva en el recurso interpuesto por el condenado. En todo caso, la falta de comparecencia de cualquiera de ellas, incluido el condenado en caso de haber interpuesto el recurso el MF, no afecta a la sustanciación y resolución del proceso.

No prevé la LECrim la posibilidad de que, estando el condenado cumpliendo condena privativa de libertad, pueda suspenderse la misma durante la tramitación del proceso de revisión, si bien podría admitirse en esta fase (GARCIANDÍA, 2016, pp.187 a 189) cuando la prueba presentada fuera incontestable, como puede ocurrir en supuestos de confusión en la identidad del condenado o en los de minoría de edad.

Como en la fase anterior, la tramitación del recurso de revisión es escrita, prescindiendo la Sala de la celebración de la vista para decidir sobre el fondo del asunto. La desestimación de la demanda de revisión conlleva la imposición al recurrente particular de las costas procesales de conformidad con lo dispuesto en el art. 901 LECrim para el recurso de casación.

La sentencia con la que concluye el proceso de revisión es irrevocable.

6.3 Especialidades en la regulación del art. 954.3 LECrim

Como ya hemos mencionado en anteriores apartados, el nº 3 del art. 954 LECrim presenta especialidades respecto al resto de motivos de revisión. Además de tener un régimen especial de legitimación y contar para su interposición de un plazo de un año desde la firmeza de la sentencia del TEDH en que se fundamenta, el RDL 6/2023, añadió dos párrafos a dicho artículo para permitir la intervención en estos motivos de la Abogacía General del Estado con la finalidad, declarada en su Preámbulo, de que pueda, por una parte «en el ejercicio de sus funciones de Agente del Reino de España ante el Tribunal Europeo de Derechos Humanos, informar al Comité de Ministros del Consejo de Europa de las medidas adoptadas en ejecución de las sentencias del citado Tribunal, y, por otra parte, facilitar a los órganos jurisdiccionales su tarea de dar debida consideración a lo que pueda demandar la ejecución de dichas sentencias de condena».

Según resulta de estos dos últimos párrafos, la Abogacía del Estado debe ser informada de la existencia del procedimiento desde «la presentación de la demanda de revisión», esto es, desde la fase de promoción del recurso. Su intervención, que no le otorga la condición de parte en el procedimiento, es facultativa, sin perjuicio de que pueda aportar «información u observaciones escritas sobre cuestiones relativas a la ejecución de la Sentencia del Tribunal Europeo de Derechos Humanos» y de que le sean notificadas tanto las resoluciones sobre su admisión a trámite como las sentencias que pongan fin al procedimiento de revisión. Además, si el TS estima la procedencia de la revisión, los LAJ de los órganos judiciales afectados por ella, deberán también informarle de las actuaciones realizadas como consecuencia de la revisión.

7. LOS EFECTOS DE LA SENTENCIA DE REVISIÓN

Pese a la importante modificación que sobre los motivos de revisión llevó a cabo la Ley 41/2015, ni ella ni la modificación realizada en el art. 954 por el RDL 6/2023, previeron la necesidad de modificar el art. 958 LECrim en el que se regulan sus efectos y que sigue refiriéndose a los cuatro motivos anteriores a la reforma de 2015. Resulta así un precepto completamente desfasado no solo porque hay que buscar la equivalencia de los preceptos que menciona en los actuales motivos, sino porque no contempla las consecuencias de la estimación de los nuevos motivos incorporados en la Ley. Por eso, los efectos del recurso de revisión se encuentran, más que en la previsión legal, en los pronunciamientos jurisprudenciales.

En tanto que el art. 959 LECrim remite a la tramitación del recurso de casación por infracción de Ley, la Sala Segunda sostiene que la estimación del recurso de revisión ha de tener la misma respuesta. De esta forma, el TS asume el papel del tribunal de instancia en la aplicación del derecho, haciendo prevalecer sobre el criterio del órgano sentenciador el plasmado en la sentencia de revisión «extrayendo congruentemente las consecuencias jurídicas pertinentes (y entre ellas, en su caso, la correcta subsunción o no de circunstancias o la penalidad concreta a imponer)» (STS 13/09/2021 [*Tol 8610890*]). Así, el dictado por la Sala Segunda, tras la sentencia rescisoria, de una segunda sentencia, contempla todos los efectos que supone la rescisión de la sentencia, haciendo innecesario otro pronunciamiento del juez o tribunal que ha dictado la sentencia en la instancia, el cual se limitará a llevar a cabo lo ordenado por el TS.

Ello no obstante, el reenvío de la causa al tribunal de instancia será necesario cuando deba llevarse a cabo una nueva instrucción o cuando la estimación parcial de la revisión basada en nuevos elementos de prueba precise de nuevo enjuiciamiento en el que las partes puedan debatir sobre los mismos.

En tanto que la desestimación de la revisión no supone efecto alguno, confirmándose la eficacia de la cosa juzgada de la sentencia condenatoria firme que con la impugnación se pretendía revertir, trataremos de los efectos que produce la rescisión, total o parcial, de la sentencia condenatoria, dependiendo del motivo que la sustenta y de la dimensión y el alcance que a cada uno de ellos otorga el TS, así como de los efectos que, con carácter general, otorga la anulación de la sentencia firme.

7.1 Efectos particulares

Siguiendo el orden del art. 954 LECrim, en su redacción de la Ley 41/2015, cabe considerar los siguientes:

1º) En el supuesto de condena fundada en un hecho delictivo, el párr. 3º del art. 958 LECrim dispone: «En el caso del número 3º del referido artículo, *[actual 1 a]* dictará la Sala la misma resolución, con vista de la ejecutoria que declare la falsedad del documento, y mandará al Tribunal a quien corresponda el conocimiento del delito, instruir de nuevo la causa».

Aunque solo se refiere a la *falsedad del documento,* los efectos deben entenderse referidos al resto de los supuestos contemplados en el motivo. Cuando la prueba declarada ilícita ha sido *determinante* de la condena, el TS declara la nulidad de la sentencia comunicando la resolución al tribunal de procedencia a los efectos oportunos (STS de 21/07/2020 [*Tol 8055671*] y de

12/11/2020 [*Tol 8209502*]). Aunque estos efectos pueden suponer la remisión al órgano competente para «instruir de nuevo la causa» (STS de 22/03/2012 [*Tol 2499076*]), no es lo habitual pues, normalmente, la declaración de ilicitud de una prueba decisiva en la condena no solo afecta a la autoría del delito, sino a su propia existencia (cfr. condena por agresión sexual basada en la declaración de quien posteriormente se retracta manifestando que todo fue falso, STS de 18/05/2023 [*Tol 9594881*]).

2º) Al incorporarse como motivo de revisión, en la Ley 41/2015, la condena determinada por una resolución prevaricadora [art. 954.1. b) LECrim], no prevé el art. 958 LECrim los efectos de la sentencia rescisoria. No obstante, por aplicación de la doctrina del TS, debe entenderse que, si la resolución prevaricadora determina injustamente la autoría del condenado, procede la nulidad de la sentencia con el posible reenvío a la instancia para una nueva instrucción. Ahora bien, si la resolución prevaricadora afecta a la aplicación de una circunstancia agravante de la responsabilidad criminal o a la aplicación de un subtipo agravado, podrá el TS declarar la nulidad parcial de la sentencia dictando, en su segunda sentencia, nuevo pronunciamiento sobre la pena que corresponde imponer tras la calificación jurídica adecuada

3º) Conforme al párr. 1º del art. 958 LECrim, «En el caso del número 1º del artículo 954 LECrim, la Sala declarará la contradicción entre las sentencias, si en efecto existiere, anulando una y otra, y mandará instruir de nuevo la causa al Tribunal a quien corresponda el conocimiento del delito». 2297

La nueva instrucción de la causa tiene sentido para el caso al que se refiere el precepto, esto es, que por un mismo delito existen dos sentencias condenatorias contradictorias frente a personas distintas. Sin embargo, en el actual art. 958.1 c) LECrim, en que las sentencias son por el mismo hecho y encausado, el TS «declara la nulidad e invalidez de la segunda sentencia debido a que los efectos de la cosa juzgada material de las sentencias firmes impiden que los hechos puedan volver a ser juzgados» (STS de 24/05/2022 [*Tol 8995825*]).

Este criterio general cede en favor de la nulidad de la primera sentencia cuando la segunda condene por delito continuado integrado, entre otros, por el hecho que constituye el objeto de la condena anterior (STS de 21/12/2016 [*Tol 5930571*]), o cuando la segunda sentencia condena por un delito «integrado por muchas acciones individualizadas temporalmente que se aprecian en "unidad de acción" y la doble condena afecta exclusivamente a una sola de tales acciones individualizadas» (STS de 05/10/2023 [*Tol 9738590*], en el caso de un delito de quebrantamiento de condena de la pena de localización permanente).

Lo que desde luego no afecta a la aplicación del criterio de la prioridad temporal manteniéndose el pronunciamiento de la primera sentencia, es que la segunda sentencia sea más beneficiosa para el condenado que la primera (SSTS de 07/06/2002 [*Tol 4926387*] o de 26/01/2006 [*Tol 839488*]), ya que en cualquier caso la segunda sentencia se ha dictado vulnerando el principio *non bis in idem*.

Por otra parte, el TS ha declarado que «Es la fecha de la sentencia de instancia la que ha de marcar el orden para decidir cuál de las condenas ha de ser anulada, singularmente cuando la apelación fue íntegramente desestimada confirmando su plena adecuación a derecho» (STS de 29/11/2013 [*Tol 4053879*]).

4º) Tratándose del conocimiento sobrevenido de hechos o elementos de prueba, el último apartado del art. 958 LECrim establece: «En el caso del número 4º del citado artículo *[actual 1 d]*, la Sala instruirá una información supletoria, de la que dará vista al Fiscal, y si en ella resultare evidenciada la inocencia del condenado, se anulará la sentencia y mandará, en su caso, a quien corresponda el conocimiento del delito instruir de nuevo la causa».

Dejando al margen la posibilidad de instruir «información suplementaria» que más adecuadamente debería contemplarse en el art. 959 LECrim, la Sala Segunda, al estimar la revisión, viene declarando la nulidad de la sentencia y con ello, la absolución del condenado, con el reenvío de la causa a instrucción para dirigir la causa contra la persona que realmente resulte responsable del delito.

En los casos en que declara la nulidad parcial de la sentencia, el TS, siguiendo los efectos estimatorios del recurso de casación por infracción de ley, resuelve sobre las consecuencias anudadas a la misma sin reenviar la causa al órgano jurisdiccional que dictó la resolución a anular parcialmente. Así, si el «hecho nuevo» ha desvirtuado la concurrencia de un subtipo agravado o de una circunstancia agravante, dicta segunda sentencia en la que, en coherencia con dicha declaración, realiza la labor de realizar una adecuada calificación del tipo a aplicar o de reindividualizar las penas «eludiendo así el trámite dilatorio de diferir al Juzgador la remodelación de esas duraciones» (STS de 09/04/2015 [*Tol 4839254*]).

Por el contrario, cuando está en juego la apreciación de una circunstancia modificativa de la responsabilidad criminal, la Sala opta por declarar la nulidad parcial de la sentencia y el reenvío de la causa al tribunal sentenciador para que celebre un nuevo juicio con el exclusivo objeto de que se practiquen aquellas pruebas —documental y pericial— relativas a la atenuación de la responsabilidad penal del recurrente y que fueron obtenidas con posterioridad a la celebración del juicio, manteniéndose el resto de los pronunciamientos. (SSTS de 31/03/2022 [*Tol 8909076*] y de 16/11/2023 [*Tol 9789137*]).

Finalmente, en ocasiones, el TS, pese a estimar el supuesto de revisión, no declara la nulidad de la sentencia condenatoria. En efecto, dentro del inabarcable número de «hechos nuevos» que pueden determinar la revisión de una sentencia, se encuentran aquellos en que la persona contra la que se dirigió el procedimiento se vale de otro nombre —habitualmente el de un hermano o familiar cercano— suplantando así su identidad, que sustenta y con la que declara en todo el proceso y con la que incluso presta en juicio su conformidad con la acusación. En tales supuestos el TS excepciona la aplicación del último apartado del art. 958 LECrim y, ni anula la sentencia ni ordena instruir la causa contra el verdadero culpable, entendiendo suficiente la «rectificación de la sentencia, sustituyendo el nombre suplantado por la auténtica identidad del autor contra quien se seguirá la ejecución de la sentencia, procediendo asimismo la rectificación del nombre en la anotación de la condena en el Registro Central de Penados y Rebeldes» (SSTS de 20/11/2014 [*Tol 4583049*] y de 18/02/2016 [*Tol 5651473*]).

5º) Apreciado el motivo de revisión con base en el art. 954.1 e) LECrim —cuestión perjudicial—, el TS declara la nulidad de la sentencia condenatoria y declara la absolución del condenado (STS de 25/06/2020 [*Tol 7996040*], en el ámbito civil o STS de 30/10/2017 [*Tol 6420661*] en el ámbito contencioso administrativo).

6º) Como en el supuesto anterior, si los hechos sobre los que se sustenta la declaración de decomiso autónomo resultan contradichos por la posterior sentencia penal (art. 954.2 LECrim), el efecto de la estimación de la revisión supondrá la anulación de aquella sentencia.

7º) Cuando el TEDH declara la vulneración de un derecho reconocido por el Convenio (art. 954.3 LECrim), bien en el desarrollo del proceso, bien en la obtención o práctica de una determinada prueba de cargo, y ello determina la rescisión de la sentencia condenatoria, ocurre, como en otros motivos de revisión (vgr. art. 954.1 d) que, dependiendo de su alcance, la declaración de la nulidad afecte a la totalidad de la sentencia condenatoria o solo a una parte de sus pronunciamientos (STS de 21/09/2017 [*Tol 5781819*]).

Además, como ya señalamos, el último párrafo del art. 954.3 LECrim contiene un mandato específico a los LAJ del procedimiento afectado para que informen «a la Abogacía General del Estado de las principales actuaciones que se lleven a cabo como consecuencia de la revisión».

7.2 Efectos generales

El primer párrafo del artículo 960 LECrim, también invariable desde la promulgación de la LECrim, señala: «Cuando por consecuencia de la sentencia firme anulada hubiese sufrido el condenado alguna pena corporal, si en la nueva sentencia se le impusiere alguna otra, se tendrá en cuenta para el cumplimiento de ésta todo el tiempo de la anteriormente sufrida y su importancia».

El precepto pone de relieve como la rescisión de una sentencia condenatoria, una vez se produce el reenvío para nuevo enjuiciamiento o nueva instrucción, no supone que no pueda dictarse nueva sentencia de signo condenatorio, a la que se abonará el tiempo que, por la anterior condena, el penado cumplió alguna medida privativa de libertad o de derechos. Ello no excluye, entendemos, que no pueda abonarse el tiempo de cumplimiento en otra causa conforme a lo dispuesto en el art. 58 CP.

El párrafo segundo de dicho artículo, añadido por la Ley de 24/06/1933, establece: «Cuando en virtud del recurso de revisión se dicte sentencia absolutoria, los interesados en ella o sus herederos tendrán derecho a las indemnizaciones civiles a que hubiere lugar según el derecho común, las cuales serán

satisfechas por el Estado, sin perjuicio del derecho de éste de repetir contra el Juez o Tribunal sentenciador que hubieren incurrido en responsabilidad o contra la persona directamente declarada responsable o sus herederos»

A estos efectos debe tenerse en cuenta el art. 293.1 LOPJ que comienza señalando que «La reclamación de indemnización por causa de error deberá ir precedida de una decisión judicial que expresamente lo reconozca. Esta previa decisión podrá resultar directamente de una sentencia dictada en virtud de recurso de revisión».

Lo dispuesto en este precepto no permite concluir que una sentencia de revisión implique el reconocimiento directo de la existencia de un error judicial. Tal y como señala el TS (Sala Tercera) de 19/10/2015 [*Tol 5534604*]: «no basta una sentencia estimatoria de un recurso de revisión para entender que se ha producido un "error judicial", ni por consiguiente debe entenderse que toda sentencia rescisoria implica un título suficiente en el que poder basar una acción resarcitoria por error al amparo del art. 293 de la LOPJ. Tan solo cuando del contenido de dicha sentencia se desprenda directamente la existencia de un error judicial, con las características señaladas en la jurisprudencia, podrá entenderse que la sentencia recaída en el recurso de revisión es título en que fundar la reclamación de daños y perjuicios por error judicial. Lo contrario nos conduciría a sostener que no solo existen dos cauces procesales diferentes sino también dos conceptos sustantivos distintos de error judicial, dependiendo del cauce procesal que se utilice, pues cualquier sentencia estimatoria del recurso de revisión constituiría título suficiente de imputación, al margen de los pronunciamientos concretos que en ella se contuvieren, de la causa acogida como motivo de revisión, incluso, aunque no se aprecie la existencia de un error judicial con el alcance y contenido fijado en la jurisprudencia del TS».

Por último, la anulación total de la sentencia condenatoria comporta la cancelación de los antecedentes en todos los registros públicos y, en su caso, la inmediata puesta en libertad del afectado por esa condena.

BIBLIOGRAFÍA

- GARCIANDÍA GONZÁLEZ, *El proceso de revisión de las sentencias penales*, Aranzadi, 2016.
- GIMENO, MORENO CATENA, CORTÉS DOMÍNGUEZ, *Derecho Procesal Penal*. Colex, 3ª edición, 1999.
- GULLÓN PÉREZ, «*El recurso de revisión tras la reforma de la Ley 41/2015*», abril 2017 *(accesible* Documentación - Fiscal.es).
- MARTÍNEZ ARRIETA/ENCINAR DEL POZO, *El recurso de casación y de revisión penal*, Tirant lo Blanch, 4ª edición, 2022.
- SÁNCHEZ MONTENEGRO, *El recurso de revisión penal*, Edisofer, 2017.
- VERNENGO PELLEJERO, «*La revisión de la sentencia firme en el proceso penal*», Tesis Doctoral. Universidad de Barcelona, 2015. (http://hdl.handle.net/2445/66197).

Capítulo 57

Anulación. Otros medios para la modificación de resoluciones firmes

Concepción López-Yuste Padial
Fiscal
Fiscalía de la Comunidad de Madrid

1. EL JUICIO EN AUSENCIA DEL ACUSADO

El derecho de defensa del art. 24.1 CE exige que nadie pueda ser juzgado y condenado sin ser oído. No obstante, como excepción, en determinados supuestos y bajo ciertas condiciones, se admite la celebración del juicio oral sin la preceptiva presencia del acusado.

Aunque existieron antecedentes muy puntuales y de escaso recorrido en nuestro ordenamiento procesal, no fue sino hasta la reforma introducida por la LO 7/1988 cuando, siguiendo las recomendaciones europeas, se introdujo el llamado «juicio en ausencia» en el ámbito del procedimiento abreviado.

Para solucionar los problemas a los que se enfrentaba la justicia penal y evitar que la suspensión indiscriminada de procedimientos privara a las partes presentes de una respuesta ágil a sus pretensiones, la Resolución (75) 11 y la Recomendación (87) 18 del Comité de Ministros del Consejo de Europa recomendaron a los Estados Miembros regular la posibilidad de celebrar juicios en ausencia del inculpado para supuestos de infracciones leves.

Su regulación debía, según la recomendación citada, prever un sistema de garantías que preservara los derechos del acusado a ser oído y a estar presente en el proceso: la citación en debida y legal forma con advertencia de las consecuencias de la incomparecencia; la asistencia letrada en el acto del juicio y el establecimiento de mecanismos de impugnación tanto de la sentencia como específico del juicio celebrado en ausencia.

Recogiendo este testigo, la LO 7/1988 reguló el juicio en ausencia en términos acordes a estas recomendaciones e introdujo un sistema que garantizaba suficientemente el derecho del acusado a defenderse en un juicio contradictorio; la oportunidad de comparecer en él y la posibilidad de instar un procedimiento rescisorio frente a la condena penal en ausencia (STC 21/07/1997-*Tol 252311*).

La finalidad invocada por la Exposición de Motivos de la LO 7/1988 ponía el acento en las víctimas: garantizar la eficacia del proceso y evitar que el acusado, conocedor de la existencia de un proceso penal y sus consecuencias, hiciera imposible su desarrollo decidiendo voluntaria e injustificadamente no comparecer en perjuicio para la víctima —rebeldía estratégica—.

Ahora bien, la necesidad de conciliar la eficacia del proceso, con la naturaleza fundamental de los derechos que resultaban afectados, requería dotar a este "recurso" de un carácter extraordinario y exigir, para su celebración, la concurrencia de unos requisitos que evidenciaran que el acusado renunciaba voluntaria y expresamente a su derecho a ser oído y estar presente en el juicio.

Recoge el art. 787.1 LECrim que:

> «1. La celebración del juicio oral requiere preceptivamente la asistencia de la persona acusada y del abogado o abogada defensor. No obstante, si hubiere varias personas acusadas y alguna de ellas deja de comparecer sin motivo legítimo, apreciado por el juez, la jueza o el tribunal, podrá éste acordar, oídas las partes, la continuación del juicio para los restantes.
> La ausencia injustificada de la persona acusada que hubiera sido citada personalmente, o en el domicilio o en la persona a que se refiere el art. 775, no será causa de suspensión del juicio oral si el juez, la jueza o el tribunal, a solicitud del Ministerio Fiscal o de la parte acusadora, y oída la defensa, estima que existen elementos suficientes para el enjuiciamiento, cuando concurran los siguientes requisitos:
> a) Que la pena más grave solicitada no exceda de dos años de privación de libertad, que no exceda de seis años si se trata de pena de distinta naturaleza o que se trate de pena de multa cualquiera que sea su cuantía o duración.
> b) Que, en todo caso, tratándose de penas privativas de libertad, la suma total de las penas solicitadas no exceda de cinco años.
> La ausencia injustificada del tercero responsable civil citado en debida forma no será por sí misma causa de suspensión del juicio.»

De la dicción de este precepto se extraen los requisitos necesarios para la celebración del juicio en ausencia, requisitos que, en aras a la adecuada protección de los derechos del acusado afectados, deben ser rigurosamente cumplidos y objeto de una interpretación restrictiva:

a) Que el acusado haya sido debidamente citado, bien personalmente o bien en el domicilio o persona en territorio español que haya designado en su primera comparecencia ante el juez instructor[1].

b) Que, al ser requerido para hacer esa designación, se le haya advertido de la posibilidad de celebrar el juicio en su ausencia.

c) Que la incomparecencia del acusado sea injustificada.

d) Que la pena más grave solicitada por las acusaciones no exceda de dos años de privación de libertad o de seis años si fuere de distinta naturaleza. En todo caso, tratándose de penas privativas de libertad, la suma total de las penas solicitadas no puede exceder de cinco años.

e) Que su defensa letrada esté presente en el acto del juicio.

f) Que el Ministerio Fiscal o por la parte acusadora hayan solicitado la celebración del juicio y sea oída la defensa.

g) Que, el juez o tribunal, a quien se le confiere el necesario control sobre la adecuación y procedencia del juicio en ausencia, considere que existan elementos suficientes para el enjuiciamiento.

Únicamente es admisible el juicio en ausencia si se le ha garantizado suficientemente al ausente su derecho a defenderse en un juicio contradictorio y concurren los requisitos necesarios para su celebración. En caso contrario, el juez debe suspender el acto y la no suspensión habilita al condenado en

1 En adelante, y para mayor claridad y sencillez en la redacción, salvo que merezca mayor concreción en el texto, nos referiremos al "juez instructor" o "juez encargado de la instrucción" como a cualquiera de los jueces con competencia funcional en materia de investigación judicial de delitos, en el bien entendido que con esta denominación nos referimos al juez unipersonal integrado en la Sección que corresponda del Tribunal de Instancia competente —o, en su caso, al juez de la Sección de Instrucción del Tribunal Central de Instancia, cuando de la Audiencia Nacional hablamos— (*v. gr.* Sección de Instrucción o de la Sección Única de Civil y de Instrucción, Sección de Violencia sobre la Mujer, o Sección de Violencia contra la Infancia y Adolescencia), o al juez correspondiente del TS o TSJ al que se le atribuya dicha competencia funcional cuando la competencia objetiva venga encomendada a dichos tribunales por razón de aforamiento del investigado. Asimismo, la referencia al "juez instructor" o al "juez encargado de la instrucción" contempla también la posibilidad de que, en los casos determinados en el art. 84.6 LOPJ, se nombre a dos jueces, conforme a un turno preestablecido y público, para que, junto con el juez a quien le hubiere sido turnado el asunto inicialmente, se encarguen de la instrucción de un determinado proceso penal. En el capítulo 5 de esta obra puede consultarse una explicación completa del nuevo modelo orgánico de los Tribunales de Instancia que introduce la LO 1/2025.

ausencia a instar un procedimiento rescindente frente al juicio celebrado en su ausencia.

2. REGULACIÓN Y FUNDAMENTO DE LA ANULACIÓN

El derecho fundamental a la tutela judicial efectiva comporta que, en ningún momento, pueda producirse indefensión. En todo proceso judicial —muy especialmente en el penal— debe respetarse, a través de la contradicción, el derecho de defensa. Por este motivo, la regulación del juicio en ausencia conlleva la necesidad de prever un mecanismo específico de impugnación a través del cual el ausente pueda instar la nulidad del juicio celebrado cuando se ha producido una injustificada quiebra del principio de audiencia y, de cualquier forma, se le ha impedido intervenir en la vista oral y alegar y probar procesalmente sus derechos o intereses. Se trata del llamado recurso de anulación.

Dice el art. 793 LECrim:

> «1. En cualquier momento en que comparezca o sea habido el que hubiere sido condenado en ausencia conforme a lo dispuesto en el párrafo segundo del apartado 1 del art. 786, le será notificada la sentencia dictada en primera instancia o en apelación a efectos de cumplimiento de la pena aún no prescrita. Al notificársele la sentencia se le hará saber su derecho a interponer el recurso a que se refiere el apartado siguiente, con indicación del plazo para ello y del órgano competente.
> 2. La sentencia dictada en ausencia, haya sido o no apelada, es susceptible de ser recurrida en anulación por el condenado en el mismo plazo y con iguales requisitos y efectos que los establecidos en el recurso de apelación. El plazo se contará desde el momento en que se acredite que el condenado tuvo conocimiento de la sentencia.»

La parquedad e insuficiencia de esta regulación fue muy criticada por la doctrina y las lagunas de que adolecía, objeto de múltiples interpretaciones. Sin embargo, tras el Acuerdo del Pleno no Jurisdiccional de la Sala de lo Penal del Tribunal Supremo, de 25/02/2000, las dudas en torno a su naturaleza, objeto y efectos se resolvieron y las controversias quedaron obsoletas.

La finalidad de este recurso es asegurar las garantías del proceso y restaurar al ausente en su derecho cuando, o bien no se cumplieron las condiciones para la celebración del juicio en ausencia o bien su ausencia estaba justificada. Su objeto es demostrar que la decisión judicial que ordenó la celebración de los debates del juicio oral —con ausencia del acusado— no se ajustaba al ordenamiento jurídico, por lo que procedía la suspensión del acto.

El recurso de anulación tiene, por tanto, un carácter rescindente limitándose su contenido exclusivamente a controlar si el órgano sentenciador respetó escrupulosamente los requisitos legales que exige su celebración.

Si resulta acreditado que no concurrieron los presupuestos para la celebración en ausencia, el juez declarará la nulidad del juicio respecto del ausente —*iudicium rescindens*— dejando sin efecto la sentencia impugnada y procederá un nuevo enjuiciamiento de la cuestión procesal que haga posible una nueva sentencia —*iudicium rescissorium*—.

Este —el incumplimiento de los requisitos del art. 787.1 LECrim— y no otro, se constituye como único motivo del recurso de anulación, lo que no impide que cualquier otra cuestión derivada del proceso pueda plantearse a través de los correspondientes recursos de apelación y, en su caso, casación. En uno y otro, los motivos son distintos: mientras que en el recurso de anulación el vicio de anulabilidad se encuentra en la celebración misma del acto de la vista en los recursos de apelación y casación el vicio de anulabilidad afecta a la sentencia. En cualquier caso, nada impide que, de darse los presupuestos, puedan alegarse en estos últimos los motivos de anulabilidad del recurso de anulación.

3. COMPETENCIA FUNCIONAL PARA LOS JUICIOS RESCINDENTE Y RESCISORIO

La ley no determina el órgano jurisdiccional a quien corresponde conocer del recurso de anulación. Sin embargo, la naturaleza rescindente de este recurso y la remisión del apartado segundo del art. 793 LECrim a los "efectos" del recurso de apelación, indica que se trata de un medio de impugnación devolutivo que debe ser resuelto por el órgano jurisdiccional jerárquicamente superior al del que dictó la sentencia impugnada.

La cuestión radica entonces en determinar qué órgano tiene competencia para celebrar un juicio en ausencia y, en este sentido, el único criterio empleado por el legislador para delimitar su ámbito de aplicación ha sido el de la pena.

Al remitir la condición punitiva a la entidad de la pena en concreto solicitada y no a la abstracta para el delito de que se trate, será posible la celebración de juicios en ausencia en todos aquellos procedimientos y respecto de todos aquellos delitos cuyo enjuiciamiento esté atribuido a cualquier órgano jurisdiccional cuando, por las circunstancias del caso, la pena tipo se convierte en una petición concreta inferior a los dos años de privación de libertad o pena de naturaleza distinta y duración que no exceda de seis años —Sección de lo Penal del Tribunal de Instancia, Sección de lo Penal del Tribunal Central de Instancia, Audiencia Provincial, Audiencia Nacional, Tribunal Superior de Justicia, o Tribunal Supremo para aforados en los dos últimos casos—.

Por tanto, la competencia para conocer del recurso de anulación corresponderá a la Audiencia Provincial o Audiencia Nacional si la sentencia fue dictada en primera instancia por la Sección de lo Penal del Tribunal de Instancia o del Tribunal Central de Instancia, respectivamente; a la Sala de lo Civil y Penal del Tribunal Superior de Justicia, cuando la sentencia se dictó en primera instancia por la Audiencia Provincial; a la Sala de Apelaciones de la Audiencia Nacional, cuando fue dictada en primera instancia por la Audiencia Nacional; y a la Sala Segunda del Tribunal Supremo, cuando la sentencia se dicte en única instancia por el Tribunal Superior de Justicia.

Cuando la sentencia se dicte en única instancia por el Tribunal Supremo, la cuestión sobre quién conoce del eventual recurso de anulación plantea difícil solución al carecer este órgano de superior jerárquico y no ser sus resoluciones susceptibles de apelación. No obstante, en la medida en que se ha vulnerado un derecho fundamental, nada obsta al planteamiento de un eventual recurso de amparo ante el Tribunal Constitucional por vulneración del art. 24 CE, previo incidente de nulidad de actuaciones.

2308 Ahora bien, el órgano que conoce del recurso de anulación únicamente efectúa un juicio rescindente, verificando si el órgano sentenciador respetó o no el cumplimiento de los requisitos fijados para la celebración del juicio en ausencia. Si el superior jerárquico rescinde la sentencia, tendrá lugar un nuevo enjuiciamiento que haga posible una nueva sentencia —juicio rescisorio— que, entonces, se celebrará ante el órgano competente para su enjuiciamiento en primera o única instancia.

4. LEGITIMACIÓN PARA INTERPONER LA ANULACIÓN

El art. 793 LECrim restringe la legitimación para recurrir en anulación al condenado en ausencia. La literalidad del precepto y las reiteradas referencias al condenado cuando señala *«en cualquier momento en que comparezca o sea habido el que hubiere sido condenado [...] se le hará saber su derecho a interponer el recurso" o "la sentencia dictada en ausencia [...], es susceptible de ser recurrida en anulación por el condenado [...]»* no ofrece lugar a dudas.

Esta atribución de la legitimación al condenado es coherente con la finalidad del recurso de anulación, que no es otra que la de restaurar al ausente en el ejercicio de sus derechos de audiencia y defensa. Ciertamente es el verdadero perjudicado y, de ahí, la previsión.

El absuelto queda por tanto excluido de legitimación. Es principio tradicional de nuestra doctrina jurisprudencial que la legitimación para recurrir se anude a la necesidad de gravamen, por lo que se considera que sólo disponen de un interés jurídicamente relevante aquellos que han sufrido agravio y además lo han sido en la parte dispositiva y no en la fundamentación jurídica de la resolución. Matizando esta doctrina, también se ha afirmado que esta regla general admite excepciones y que no puede discutirse la legitimación de un absuelto cuando concurren circunstancias de entidad suficiente —ya sea en los hechos declarados probados o en su fundamentación jurídica— como para no descartar un perjuicio susceptible de reparación. Esto permite la impugnación de sentencias de aquellos que, aun habiendo sido absueltos por cualquier causa —*v.gr.* por prescripción— la sentencia contiene en la declaración de hechos probados o en su fundamentación jurídica, hechos de tal relevancia o entidad que podría afirmarse que resultan perjudicados (STS de 19/05/2020 [*Tol 7940615*], recogiendo la doctrina del Tribunal Constitucional).

Sin embargo, aun partiendo de lo anterior, no cabe duda que el recurrente debe poseer la condición de condenado para estar activamente legitimado, y el absuelto, haya sido o no perjudicado por la sentencia, carece de legitimación para recurrir el pronunciamiento absolutorio cualquiera que sea la causa de la absolución. Repárese en que, anulado el juicio celebrado en ausencia, no opera el principio *reformatiu in peius*, por lo que, si el objeto del recurso de anulación es la celebración de un nuevo juicio en el que se respete el derecho de audiencia y defensa del ausente absuelto, siguiendo a MORENO VERDEJO, poco sentido tendría que, pese a este fin de reparación, el juicio rescisorio pudiera empeorar y hacer más gravosa la situación jurídica del recurrente.

Por otra parte, si el legislador hubiera querido hacer extensiva esta legitimación más allá del condenado, habría bastado con emplear expresiones como «*cualquiera* de las partes» o «*las demás partes en el proceso*» al igual que en los recursos de apelación (art. 790 LECrim) y de casación (art. 854 LECrim).

Quedan excluidos, por tanto, los copartícipes presentes —quienes tuvieron oportunidad de ejercer su derecho y justificar su inocencia—. También los terceros responsables civiles condenados en rebeldía. Si constan citados en debida forma, su ausencia injustificada ni siquiera es por sí misma causa de suspensión del juicio (art. 787.1.III LECrim). Lo mismo sucede respecto de la persona designada por la persona jurídica para su representación. Su incomparecencia no impedirá, en ningún caso, la celebración de la vista, que se llevará a cabo con la presencia del abogado y el procurador de ésta (art. 787 *bis* 2 LECrim). Tanto unos como otros mantendrán la posibilidad de impugnar la sentencia a través de los recursos de apelación y casación y, en este caso, podrán además alegar los mismos motivos que darían lugar a la anulación—y con idénticos resultados— en orden a la rescisión de la sentencia por quebrantamiento de las garantías del procedimiento.

A diferencia de lo que ocurre con otros mecanismos de impugnación, tampoco puede extenderse la legitimación a los herederos del ausente.

5. RESOLUCIONES SUSCEPTIBLES DE ANULACIÓN

Son susceptibles de impugnación en anulación las sentencias dictadas en ausencia, hayan sido o no apeladas. Es decir, la sentencia que se dictó en única o primera instancia, que es aquella que incurrió en la infracción legal que se ataca. Cualquier otra resolución dispone de sus respectivos medios de impugnación.

En línea con lo ya señalado respecto a la legitimación para recurrir, las expresas referencias empleadas por el precepto al condenado, implica que sólo pueden impugnarse las sentencias dictadas en ausencia cuando estas sean condenatorias.

2310 Además, la sentencia, en principio, ha de ser firme. Aunque un sector muy menor de la doctrina considera que no es necesaria la firmeza, la posición mayoritaria defiende que el recurso de anulación únicamente puede dirigirse contra la sentencia una vez firme. La cuestión no es baladí por la trascendencia práctica que una u otra opción plantean entorno al plazo de prescripción—del delito o de la pena— y de la situación del recurrente respecto a la pena (PORTERO/REIG/MARCHENA, p. 104).

Esta postura mayoritaria se apoya en dos argumentos: a) la expresión «*la sentencia dictada en primera instancia o apelación a efectos de cumplimiento de la pena aún no prescrita*» da por sentada esta firmeza, puesto que sólo puede cumplirse pena si la sentencia es firme y b) la propia naturaleza excepcional del recurso de anulación exige su equiparación a otros recursos de similar naturaleza —como el recurso de revisión— en los que la sentencia ha de ser firme.

Sin embargo, cabe otro punto de vista o de análisis de la cuestión y que el recurso de anulación quepa contra cualquier sentencia sea o no firme. Por un lado, porque el legislador ha vinculado el *dies a quo* del plazo para la interposición de este recurso al conocimiento por el ausente del contenido de la sentencia y esto puede suceder tanto en un momento anterior como posterior a su firmeza. Aunque es excepcional que así suceda, puede ocurrir que el ausente tenga conocimiento de la sentencia en un momento anterior. Si lo tiene con anterioridad al transcurso del plazo para la interposición del recurso de apelación, no existe cuestión: los motivos de anulación pueden alegarse en el eventual recurso de apelación que se interponga y, de estimarse, retrotraerse las actuaciones al momento anterior a la celebración del juicio.

Siguiendo a GARBERÍ LLOBREGAT (p. 209), el problema surge si el ausente tiene conocimiento de la sentencia interpuesto ya el recurso de apelación o casación y antes de su declaración de firmeza. Si el ausente tiene que esperar a que se declare la firmeza es probable que precluya el plazo para recurrir en anulación y, entonces, se le habrá impedido el ejercicio de su derecho a la tutela efectiva. Esto no sería aceptable en ningún caso, es decir, ni aun en la tesis de la firmeza, por lo que una posible solución para quienes la defienden sería la suspensión del plazo para recurrir en anulación e inicio del cómputo una vez declarada ésta.

Por el contrario, no existe inconveniente en que coincidan en el tiempo eventuales recursos de apelación y anulación pues, algunos de los motivos de anulación no se podrían plantear en apelación y siempre cabría la posibilidad de suspender el recurso de apelación en tanto se resuelve el de anulación. Además la expresión «la sentencia dictada en ausencia, haya sido o no apelada» empleada por el legislador admite esta posición y, a diferencia de lo exigido de forma expresa por el legislador para el recurso de revisión —*«se podrá solicitar la revisión de las sentencias firmes [...]»*—, esta firmeza, sin embargo, no se exige de forma expresa para el recurso de anulación al ser el objeto de uno y otro recurso distinto: mientras el recurso de revisión tiene por objeto la rescisión de la sentencia en base a hechos nuevos —descubiertos con posterioridad— y con trascendencia jurídica y virtualidad de acreditar la inocencia del condenado, el juicio rescindente del recurso de anulación tiene por objeto un juicio celebrado con quebranto de las garantías debidas. 2311

6. MOTIVOS

Si el recurso de anulación pretende cuestionar la regularidad del juicio celebrado en ausencia y el órgano *ad quem* debe limitar su enjuiciamiento a comprobar si concurrían o no los requisitos exigidos, lógico es que el incumplimiento de cualquiera de ellos sea causa de anulación alegable en este recurso.

Por tanto, en correspondencia con los requisitos exigidos para el juicio en ausencia, *los motivos en los que puede sustentarse el recurso de anulación* son:

a) La falta de citación personal o en el domicilio o en la persona a que se refiere el art. 775 LECrim —es decir, el domicilio o persona en España que designó en la primera comparecencia ante el juez instructor—. La citación es el único medio que se le ofrece al acusado para conocer la existencia del proceso (STC 135/1997—*Tol 252311*), por lo que resulta esencial que se haya realizado correctamente y con todas las formalidades legales para que se pueda afirmar que la presencia en juicio y la posibilidad de defensa del ausente fue efectiva, cierta y real. Se prevé una triple fórmula de citación del acusado con la que asegurar que el acto de comunicación ha llegado a su conocimiento y garantizar la efectividad de su derecho a estar presente, comparecer y ser oído. Es decir que el acusado pudo ejercitar sin obstáculos su oportuna defensa en el proceso judicial y que la ausencia se produjo por su exclusiva voluntad. Si la notificación no se realizó correctamente, al ausente se le ha causado una indefensión efectiva por causas que no le son imputables.

b) Que, en la primera comparecencia ante el juez no se le hubiera advertido de la posibilidad de celebrar el juicio en su ausencia.

2312 c) Que la pena solicitada exceda del límite legal de dos años de privación de libertad o de seis años si fuese de otra naturaleza, en caso de ser varias las penas privativas de libertad solicitadas por una misma acusación, la suma total de las penas no puede exceder de cinco años. La pena de multa no opera en ningún caso como límite.

Se trata de la pena en concreto solicitada por la acusación o acusaciones en la calificación provisional, que es aquella de la que el acusado ha sido informado y respecto de la que ha optado por no comparecer. De formularse varias acusaciones, hay que atender a la pena solicitada en el escrito de acusación que contenga pena de mayor gravedad y basta que la pena solicitada por una sola de las acusaciones exceda de estos límites para que no pueda celebrarse el juicio en ausencia.

Establecidos estos límites, se considera un fraude de ley eludir esta limitación legal mediante la reducción inmediatamente anterior al juicio de la pena solicitada, sin conocimiento del ausente, para encajarla dentro del límite punitivo y poder, así, celebrar el juicio. En este sentido, el Acuerdo del Pleno no Jurisdiccional de la Sala Segunda del TS, de 15/02/2000, señala que:

«Precisamente la pena solicitada en los escritos de calificación provisional fue la que se trasladó al acusado y su defensa, advirtiéndole de las consecuencias de su incomparecencia, y respecto de la cual ha convenido su no presentación al acto de la vista presuntamente conocedor de las consecuencias de su inasistencia por lo que cualquier modificación posterior del escrito de calificación provisional afecta a su derecho de defensa y contradicción».

En el mismo sentido, la doctrina es pacífica en considerar que, si, por cualquier motivo, la acusación eleva en conclusiones definitivas la pena solicitada excediendo los límites fijados, el juicio debe suspenderse para procurar la asistencia obligada del acusado y celebrarse de nuevo partiendo de estas conclusiones definitivas.

d) Que la incomparecencia haya obedecido a causa justificada. Es decir, que haya concurrido un motivo legítimo y justificado para su incomparecencia. En ningún caso habrá indefensión si la incomparecencia se debió a una actitud voluntariamente aceptada por él, o si le fue imputable por el propio desinterés, pasividad, malicia o falta de la necesaria diligencia. Se excluyen los supuestos de incomparecencia por voluntad expresa o tácita o por negligencia imputable al acusado citado debidamente (STC 135/1997 [*Tol 252311*]).

La Circular 1/1989 FGE ha entendido por "ausencia justificada" la enteramente involuntaria y no deliberada y la jurisprudencia menor abunda en su concepto y exige para su calificación que sea absoluta, legítima y actual. Como señala la SAP Málaga de 12/07/2019 [*Tol 7897664*] —recogiendo el parecer mayoritario de la doctrina científica y de la jurisprudencia menor— la imposibilidad es absoluta en todos aquellos casos en que el acusado no haya podido comparecer por motivos extraños a su voluntad, como en los supuestos de caso fortuito y de fuerza mayor —v.gr. los casos de accidentes que impidieron su desplazamiento hasta el órgano judicial—. Se considera que la imposibilidad es legítima cuando no haya sido dolosamente preordenada o provocada a tal fin espurio por el propio acusado incurriendo, en un claro fraude de ley, y es actual cuando la imposibilidad se corresponde con el momento en que debió haberse producido el juicio señalado.

e) Que el juicio oral se haya celebrado sin la previa solicitud del Ministerio Fiscal o de cualquier otra acusación personada en la causa. Sólo si hubiera mediado esta solicitud, el órgano judicial puede resolver sobre la continuidad o no del juicio en ausencia (SAP Barcelona de 07/06/2022 [*Tol 9220376*]). Esta manifestación del principio acusatorio impide que el juez pueda acordar de oficio la continuación del juicio, pero basta que lo solicite sólo una de las partes acusadoras para que lo acuerde. La defensa tampoco está legitimada para solicitar la celebración del juicio, pero deberá ser oída al respecto.

f) Que no se haya dado audiencia a la defensa —«oída la defensa»— sobre la conveniencia de celebrar el juicio. Esta audiencia es importante porque permite conocer las causas de la ausencia y, en su caso, los motivos que aconsejan la suspensión del juicio, pero en ningún caso es vinculante para el juez (SAP Asturias 121/1999, de 18 febrero).

g) Que la asistencia letrada del ausente no esté presente en el juicio oral que se celebre para ejercer su defensa a pesar de su ausencia.

h) Que no consten elementos probatorios suficientes para la celebración del juicio. Para el enjuiciamiento el juez o tribunal competente deberán valorar si, en efecto, existen elementos suficientes para decidir sobre las pretensiones punitivas formuladas en la causa. (SAP de Gerona de 19/05/2015 [*Tol 5504811*]).

La falta de cualquiera de estos requisitos determina la nulidad de todo lo actuado desde que se produjo el defecto y deberá procederse a la repetición del juicio en legal forma.

2314

7. TRAMITACIÓN

El art. 793.1 LECrim establece que en el momento en que el condenado en ausencia comparezca o sea habido, le será notificada la sentencia y se le hará saber su derecho a recurrirla, el plazo para su interposición y el órgano ante el que debe interponerlo.

Como, además, señala el art. 793.2 LECrim el recurso de anulación debe ajustarse, en cuanto al plazo, requisitos y efectos, a lo establecido para el recurso de apelación por lo que el procedimiento a seguir para su tramitación será el establecido en los arts. 790 a 792 LECrim.

7.1 Plazo para la interposición del recurso

Conforme a los arts. 790.1 y art. 846 *bis* b) LECrim, el plazo para la interposición del recurso de anulación es de diez días hábiles.

Ahora bien, como especificidad del recurso de anulación y, como remarca la Circular FGE 1/1989, con la finalidad de evitar que la pendencia de la sentencia quede al arbitrio del condenado, el cómputo de los diez días comienza a partir del momento en que se acredite que el condenado tuvo conocimiento de la sentencia (art. 793.2 LECrim).

No cabe duda de que, si al condenado se le notifica en legal forma la sentencia en el momento en que comparece o es habido, adquiere dicho conocimiento con la misma notificación. En este caso, el cómputo de los diez días comienza el día siguiente al de la notificación y, el recurso interpuesto transcurrido este plazo se inadmitirá por extemporáneo.

El problema radica cuando el condenado tiene conocimiento de la sentencia por otros medios distintos al de la notificación formal y con anterioridad a esta. En tal caso, el plazo comienza a partir de este conocimiento y la dificultad radica precisamente en acreditarlo. Sobre todo, porque no basta con probar el mero hecho de que el ausente conoce haber sido condenado, sino que el conocimiento tiene que ser "suficiente y fehaciente" y alcanzar, en consecuencia, tanto el contenido de la sentencia como los términos de la condena. Por este motivo, en la mayoría de los supuestos, se tratará de una cuestión de prueba cuya carga va a corresponder a la acusación y que, como señala CORTÉS DOMÍNGUEZ, finalmente se va a resolver en el *iudicium rescindens*, dando lugar a su desestimación si se acredita que el recurso fue extemporáneo por haber tenido conocimiento con anterioridad.

7.2 Formalización y sustanciación del recurso

7.2.1 *Interposición*

El recurso de anulación debe interponerse por escrito ante el órgano judicial que dictó en primera o única instancia la sentencia en ausencia, haya sido recurrida o no en apelación.

El escrito de formalización debe cumplir con las formalidades legales exigidas para el recurso de apelación y, por tanto, debe interponerse por escrito, con firma de letrado y procurador, designando un domicilio para notificaciones.

El escrito debe a) indicar la resolución que se impugna y fundamentar la petición de anulación —quebrantamiento de normas y garantías procesales—; b) exponer ordenadamente las alegaciones que se consideran oportunas respecto a los motivos del recurso; c) proponer las diligencias de prueba de que intenta valerse y d) en su caso, solicitar y motivar la conveniencia de la celebración de una vista. Finalmente, debe contener la petición de rescisión de la sentencia impugnada.

Dada la naturaleza rescindente de este recurso, tanto los motivos de anulación como las diligencias de prueba que se soliciten, deben ceñirse exclusivamente a la inobservancia de alguno o algunos de los requisitos exigidos y, en su caso, a su acreditación. No se pueden suscitar otras cuestiones, las cuales pueden plantearse por la representación legal del condenado a través de los mecanismos ordinarios de impugnación.

7.2.2 *Admisión*

Recibido el escrito de formalización, el órgano *a quo* debe verificar que el mismo reúne los requisitos indicados para la interposición. Inadmitirá a trámite el recurso cuando a) se interponga trascurridos diez días desde la notificación de la sentencia; b) cuando se interponga ante órgano incompetente; c) cuando el recurrente carezca de legitimación o d) cuando lo haga sin la preceptiva asistencia letrada y de representación procesal —requisito éste último subsanable—.

Ahora bien, la inadmisión *a limine* por motivos formales sólo será posible cuando el defecto fuese insubsanable porque, en caso contrario, el órgano judicial debe procurar la subsanación del defecto que ha advertido. Si, concedido un plazo para la subsanación del defecto el recurrente no lo subsana, el recurso se inadmitirá. En todo caso, desde la perspectiva de que el recurso de anulación es presupuesto ineludible para el acceso del condenado ausente a la jurisdicción, el control del órgano judicial sobre estos presupuestos debería realizarse con criterios favorables al principio *pro actione* y, en la ponderación de los diferentes grados de defectuosidad, el juez observar el principio de proporcionalidad y evitar lo que por la doctrina constitucional se ha venido en considerar un "formalismo excesivamente riguroso" hasta el punto de convertir los requisitos y presupuestos procesales en meros obstáculos que impiden el derecho a la tutela judicial efectiva.

En ningún caso serán subsanables aquellos defectos que por falta de diligencia o ignorancia inexcusable puedan afectar a la regularidad del procedimiento o al derecho de defensa de la parte contraria.

Contra el auto de inadmisión cabe recurso de reforma o súplica y, en su caso, recurso de queja, por asimilación a las *«resoluciones en que se denegare la admisión de un recurso de apelación»* del art. 218 LECrim.

7.2.3 *Sustanciación*

Admitido el recurso, el órgano judicial dará traslado a las demás partes por diez días para su impugnación o adhesión y, transcurrido este plazo, elevará en los dos días siguientes al órgano *ad quem* —Audiencia Provincial, Tribunal Superior de Justicia o Tribunal Supremo— los autos originales con todos los escritos presentados para su resolución.

7.2.4 Decisión

El órgano *ad quem* procederá entonces conforme a lo previsto en los arts. 791 y 792 LECrim y rescindirá la sentencia dictada en ausencia si el condenado no fue citado o no lo fue debidamente (SAP Sevilla de 07/09/2010 [*Tol 2049380*]); concurriera causa que justificara su ausencia (SAP Santa Cruz de Tenerife de 09/03/2020 [*Tol 7998362*]); las penas solicitadas en la calificación provisional acusatoria hubiesen excedido del límite punitivo impuesto; la celebración del juicio no se hubiera instado por ninguna de las partes acusadoras (SAP Madrid (Sección 2) Sentencia 182/2003, de 11 de abril); no se hubiere dado audiencia a la defensa o el juez hubiere carecido de elementos suficientes para su enjuiciamiento —circunstancia esta última con mayores dificultades para su acreditación—.

7.3 Efectos de la sentencia rescindente

Si la sentencia dictada en el recurso de anulación considera que sí procedía la celebración del juicio en ausencia —desestima el recurso—, declarará ajustada a derecho la celebración del juicio y procederá la ejecución de la pena aún no prescrita de la sentencia no rescindida.

Si, por el contrario, estima el recurso, por equiparación a los efectos del recurso de apelación por quebrantamiento de forma, declarará la nulidad del juicio y ordenará la retroacción de las actuaciones al momento en que se cometió el vicio de procedimiento para su nueva sustanciación conforme a derecho.

En este supuesto, el juicio oral —*iudicium rescissorium*— debe celebrarse nuevamente en su integridad, sin que pueda concederse validez a ninguna de las actuaciones o diligencias de prueba que se hubieren practicado. Contra la sentencia rescisoria cabe recurso de apelación y casación.

8. OTROS MEDIOS PARA LA MODIFICACIÓN DE RESOLUCIONES FIRMES

8.1 Solicitud de aclaración, corrección y complemento

El principio general de invariabilidad o intangibilidad de las resoluciones judiciales es consecuencia del principio de seguridad jurídica (art. 9.3 CE). Como manifestación del derecho a la tutela judicial efectiva, asegura, a quienes son o han sido parte en un proceso, que las resoluciones judiciales dictadas no puedan ser alteradas o modificadas después de firmadas fuera de los cauces legales. Este principio opera con más intensidad en el supuesto de resoluciones firmes que en aquellos otros en los que el ordenamiento procesal ha previsto específicos medios o cauces de impugnación.

8.1.1 Solicitud de aclaración y rectificación

Por este motivo el legislador previó en los arts. 267 LOPJ y 161 LECrim los incidentes de aclaración y rectificación como mecanismos excepcionales para que, en caso de observar oscuridades u omisiones o errores materiales manifiestos o aritméticos respectivamente, el órgano judicial, pueda corregirlos.

Ni son un recurso —no se impugna una resolución judicial—, ni suponen una quiebra del principio de invariabilidad —únicamente se pretende la corrección de una resolución— por lo que la cuestión estriba, entonces, en determinar cuál es su alcance.

Hay un consolidado cuerpo de doctrina —de la que es exponente la STS de 22/06/2022 [*Tol 9111397*]— que acota los límites de estos incidentes. Señala que no pueden suponer un cambio del sentido y espíritu del fallo por lo que el órgano judicial no puede salirse del contexto interpretativo de lo ya manifestado ni alterar el contenido de la resolución (STC 13/02/1996 [*Tol 82958*]) ni pueden utilizarse como remedio de la falta de fundamentación; ni rectificar errores judiciales de calificación jurídica, ni subvertir las conclusiones probatorias previamente mantenidas (STC 29/11/1993 [*Tol 82373*]), cuestiones éstas que deberán plantearse a través de los cauces impugnatorios establecidos al efecto.

Son objeto de estos incidentes las sentencias y autos definitivos y podrán aclararse de oficio dentro de los dos días hábiles siguientes al de la publicación de la resolución, o a petición de parte o del Ministerio Fiscal —formulándose en los mismos plazos—. Cuando se solicite a instancia de parte, el tribunal debe resolver dentro de los tres días siguientes al de la presentación del escrito (art. 267.2 LOPJ). Sin embargo, los errores materiales manifiestos y los aritméticos en que incurran las resoluciones judiciales —aquellos que puedan evidenciarse de la propia resolución judicial, sin necesidad de valoración, deducción o hipótesis alguna—, pueden corregirse de oficio en cualquier momento (art. 267.3 LOPJ). Lo mismo sucede respecto de las omisiones o defectos de que adolezcan las sentencias y autos y que fuere necesario remediar para llevarlas plenamente a efecto (267.4 LOPJ).

8.1.2 Solicitud de complemento

Junto a estos incidentes de aclaración y rectificación, se admite una tercera posibilidad de variación de las resoluciones: cuando el objeto sea integrar la resolución con un pronunciamiento que se ha omitido sobre una pretensión que fue oportunamente deducida y sustanciada en el proceso. Se trata del incidente de complemento de los arts. 267.5 LOPJ y 161 párrafo 5 LECrim, con el que se pretende evitar acudir a un recurso o, en su caso, al incidente de nulidad de actuaciones. Debe tratarse, en todo caso, de una omisión manifiesta, que no altere el sentido ni espíritu del fallo y que no pueda deducirse implícitamente de su contenido.

Este complemento puede iniciarse de oficio o a solicitud escrita de las partes en el plazo de cinco días a contar desde la notificación de la resolución. Si se inicia de oficio, el tribunal —sin más trámite— dentro del plazo de cinco días, dictará auto acordando el complemento. Si se inicia a instancia de parte, se dará traslado de dicha solicitud a las demás partes para alegaciones escritas por otros cinco días, tras lo cual el tribunal dictará auto por el que resolverá completar la resolución con el pronunciamiento omitido o no haber lugar a completarla.

8.1.3 Efectos

Contra el auto que resuelve la solicitud de aclaración, rectificación o complemento no cabe recurso, sin perjuicio de los recursos que procedan, en su caso, contra la sentencia o auto a que se refiera la solicitud o actuación de oficio (267.8 LOPJ).

El plazo para la interposición de los recursos contra el auto o sentencia se interrumpirá desde que se solicite su aclaración, rectificación, o complemento y, una vez notificado el auto que resuelva la solicitud, el plazo comenzará a computarse desde el día siguiente a su notificación. Ha surgido sin embargo la duda sobre si el plazo queda en suspenso y se reanuda una vez resuelto el incidente o si, por el contrario, el plazo se reinicia y vuelve a computarse desde el inicio.

De acuerdo con la doctrina del Tribunal Constitucional recogida en la STC 105/2006 [*Tol 870485*], siempre que el recurso de aclaración no constituya ni un abuso de derecho ni una maniobra dilatoria, el plazo debe computarse íntegramente de nuevo puesto que «las resoluciones aclarada y aclaratoria se integran formando una unidad lógico-jurídica que no puede ser impugnada sino en su conjunto». En consecuencia, en la determinación del dies a quo se debe tener necesariamente en consideración la fecha de notificación de la resolución aclaratoria. Así sucederá también cuando no se hubiera accedido a la aclaración.

8.2 Incidente de nulidad de resoluciones firmes (art. 241.1 LOPJ)

El incidente de nulidad del art. 241.1 LOPJ es un remedio procesal extraordinario para la tutela de derechos fundamentales frente a resoluciones firmes. Su actual regulación es consecuencia de la reforma introducida por la LO 6/2007, por la que se modifica la Ley Orgánica 2/1979 del Tribunal Constitucional y surge ante la necesidad de reforzar la protección jurisdiccional de los derechos fundamentales vulnerados y de circunscribir el alcance del amparo constitucional a los supuestos de «especial trascendencia constitucional» [art. 50.1.b) LOTC]

Esta reforma supuso un cambio trascendental en la naturaleza y función del incidente de nulidad y, junto a su concepción originaria como incidente que procedía únicamente por incongruencia de la sentencia o defecto de forma que generaba indefensión, se amplió su alcance a la tutela y defensa de los derechos fundamentales.

Se configuró, así, un cauce procesal común a través del cual los jueces y tribunales ordinarios podían declarar la nulidad de actuaciones que se habían producido en el proceso, confiriéndoles un mayor protagonismo en la protección de los derechos fundamentales que hasta entonces solo era viable por la vía del recurso de amparo ante el Tribunal Constitucional. En palabras de la Exposición de Motivos, se les atribuye el papel de primeros garantes, convirtiendo al Tribunal Constitucional en su garante último en cuanto su máximo intérprete.

El incidente de nulidad es un instrumento de amparo jurisdiccional que es necesario agotar antes de la presentación del recurso de amparo constitucional, el cual se configura como un recurso subsidiario y de última instancia respecto de todas las vulneraciones en procesos ordinarios. Consecuencia de ello, para la articulación del recurso de amparo, ya no basta con la mera lesión del derecho fundamental o libertad pública, sino que será necesario que su contenido justifique una decisión sobre el fondo en razón a su especial relevancia constitucional.

Conforme al art. 241.1 LOPJ:

> «No se admitirán con carácter general incidentes de nulidad de actuaciones. Sin embargo, excepcionalmente, quienes sean parte legítima o hubieran debido serlo podrán pedir por escrito que se declare la nulidad de actuaciones fundada en cualquier vulneración de un

derecho fundamental de los referidos en el art. 53.2 de la Constitución, siempre que no haya podido denunciarse antes de recaer resolución que ponga fin al proceso y siempre que dicha resolución no sea susceptible de recurso ordinario ni extraordinario».

Se trata de un remedio procesal al que se puede acudir para reparar la vulneración de un derecho fundamental de los referidos en el art. 53.2 CE, pero siempre que no haya podido denunciarse antes de recaer resolución que ponga fin al proceso y siempre que dicha resolución no sea susceptible de recurso ordinario ni extraordinario.

8.2.1 Características

Se caracteriza por ser un recurso excepcional y extraordinario. Es extraordinario, en cuanto que únicamente cabe contra resoluciones firmes y excepcional porque está limitado al cumplimiento de una serie de presupuestos previos. Se exige:

a) Que la resolución cuya nulidad se pretenda haya agotado la vía jurisdiccional y ponga fin al procedimiento; es decir haya adquirido firmeza. A diferencia de la nulidad del art. 240 LOPJ que deberá declararse, de oficio o a instancia de parte, antes de que recaiga resolución que ponga fin al proceso, este incidente exige la firmeza de la resolución y a través del mismo se abre un nuevo proceso que tiene por objeto una pretensión distinta sobre una decisión *ex novo* del órgano judicial.

b) Que en la resolución supuestamente nula se haya producido la vulneración de los derechos fundamentales a los que se refiere el art. 53.2 de la Constitución

c) Que la supuesta vulneración no haya podido invocarse con anterioridad a que se agote la vía judicial a través de los recursos o medios legalmente establecidos, pues, de lo contrario, los defectos procesales que hubieran incurrido en dicha vulneración se habrían convalidado con arreglo al principio de convalidación.

8.2.2 Requisitos

Es competente para conocer de este incidente el mismo tribunal que dictó la resolución que adquirió firmeza y están legitimados quienes fueron parte legítima en el procedimiento judicial o debieron haberlo sido y no lo fueron.

La clara delimitación por el legislador de los legitimados para plantear el incidente evidencia la posición del Ministerio Fiscal pese a tener por objeto la tutela de derechos fundamentales. La intervención del Ministerio Fiscal, en estos casos, la resuelve la Circular FGE 2/2003: el fiscal carece de legitimación para promover el incidente si ni ha sido ni ha debido ser parte en el proceso —delitos privados—, pero, cuando, sin ser parte o sin deber haberlo sido, el órgano judicial le da traslado, en base a los arts. 3.3 y 3.11 EOMF, el Ministerio Fiscal, está legitimado para intervenir y emitir el correspondiente informe en tanto se trata de una cuestión que afecta a derechos fundamentales.

Además, se ha de promover ante el mismo órgano judicial que dictó la resolución —cualquier resolución judicial— que presuntamente haya causado una lesión de derechos fundamentales, si bien ha de ser firme porque sólo cabe contra aquellas contra las que no cabe recurso ordinario o extraordinario.

El plazo para solicitar la nulidad es de veinte días hábiles desde la notificación de la resolución (STC 28/06/2009 [*Tol 1568035*]) o, en todo caso, desde que se tuvo conocimiento del defecto causante de indefensión, sin que, en este último caso, pueda solicitarse la nulidad de actuaciones después de transcurridos cinco años desde la notificación de la resolución. Si se solicita una eventual aclaración o corrección de la sentencia, el cómputo del plazo comenzará a contar desde la notificación del Auto que resuelve sobre la petición (STC 02/04/2006 [*Tol 870485*]) siempre que el recurso de aclaración no constituya ni un abuso de derecho ni una maniobra dilatoria.

8.2.3 Efectos

El juzgado o tribunal inadmitirá a trámite cualquier incidente en el que se pretendan suscitar otras cuestiones. Ahora bien, hay que tener en cuenta, como reiteradamente ha señalado el TC, que una deficiente protección por parte del órgano judicial de los derechos denunciados puede dejar al recurrente sin ningún tipo de protección en aquellos supuestos en los que la vulneración en la que supuestamente incurra la resolución impugnada carezca de trascendencia constitucional. Por este motivo, —salvo en las inadmisiones de plano que se inadmitirán mediante providencia sucintamente motivada—, el órgano judicial debe realizar «una interpretación no restrictiva de los motivos de inadmisión, tramitar el incidente y motivar, en cualquier caso, suficientemente su decisión» (STC 153/2012 [*Tol 2604722*])

Contra la providencia por la que se inadmite a trámite el incidente no cabe recurso alguno, sin perjuicio del posible amparo constitucional en el caso de tener relevancia constitucional.

La admisión a trámite del incidente de nulidad no suspende la ejecución y eficacia de la resolución, sin perjuicio de que, de forma expresa, se acuerde la suspensión para evitar que el incidente pueda perder su finalidad.

La resolución por la que se estime o desestime el incidente adopta la forma de auto. Si se estima, se repondrán las actuaciones al estado inmediatamente anterior al defecto que la haya originado y se seguirá el procedimiento legalmente establecido. Si se desestima, se condenará al solicitante a las costas del incidente y, en caso de que el juzgado o tribunal entienda que se promovió con temeridad, podrá imponerse, además, una multa de 90 a 600 euros.

Contra la resolución que resuelva el incidente no cabe recurso alguno y este carácter inimpugnable es predicable tanto de la resolución que desestima la pretensión como de la que la estime (STC 23/2005 [*Tol 579121*]).

9. ORGANIGRAMAS DE TRAMITACIÓN DE LA ANULACIÓN

JUICIO RESCINDENTE

INICIO	Escrito de sujeto legitimado en 10 días desde la notificación de la resolución
DESARROLLO	Según los trámites de la apelación
DECISIÓN	Sentencia irrecurrible: Confirma firmeza / Rescinde sentencia y abre segunda fase

JUICIO RESCISORIO

INICIO	Acordado por el órgano de enjuiciamiento competente una vez recibida rescisión sentencia condenatoria
DESARROLLO	Desarrollo nuevamente de la vista oral según los trámites del procedimiento abreviado
DECISIÓN	Sentencia

BIBLIOGRAFÍA

- CALDERÓN CUADRADO, *El recurso de anulación penal* Comares, 1995.
- CARAZO LIÉBANA, RUIZ-RICO, *El derecho a la tutela judicial efectiva. Análisis jurisprudencial*, Tirant lo Blanch, 2013.
- CARRASCO DURÁN, *El incidente de nulidad de actuaciones: problemas y algunas soluciones*, Aranzadi, 2013.
- COBO DEL ROSAL, *Tratado de Derecho Procesal Penal Español*, CESEJ, 2008
- DE DIEGO DÍEZ, *Resolución del recurso de anulación*, Tirant lo Blanch, 2004.
- DEL MORAL GARCÍA, *El juicio oral en el proceso penal*, Comares, 1995.
- GARBERI LLOBREGAT, *La ausencia del acusado en el proceso penal*, Colex, 1992.
- GIMENO/MORENO CATENA/ALMAGRO/CORTÉS, *El nuevo proceso penal. Estudios sobre la Ley 7/1988*, 1989.
- DE HOYOS SANCHO, *El procedimiento contra reos ausentes*, Tirant lo Blanch, 2021.
- MORENO VERDEJO, *El recurso de anulación*, Comares, 2021.
- MONTERO AROCA, *La ausencia del imputado en el proceso penal*, Estudios de Derecho Procesal, 1991.
- MORENO CATENA/CORTÉS, *Derecho procesal penal*, Tirant lo Blanch, 2004.
- RIFA SOLER/RICHARD GONZÁLEZ, *El proceso Penal Práctico*, La Ley, Madrid 2017.
- RIVES SEVA, «El juicio en ausencia y el recurso de anulación de la Ley Orgánica 7/1988, de 28 de diciembre», en *Poder Judicial*, núm. 19, Madrid, 1990.
- PORTERO/REIG/MARCHENA, *Comentarios a la reforma procesal penal de la Ley Orgánica 7/1988*, La Casa del Abogado, 1989.

PARTE NOVENA

LA EJECUCIÓN PENAL

Capítulo 58

El proceso de ejecución

Luis Fernández Arévalo
Fiscal Jefe
Fiscalía Provincial de Sevilla

1. CONCEPTO, REGULACIÓN Y NATURALEZA

1.1 Concepto

Según el DPEJ, la ejecución penal se concibe como el conjunto de actos que tienden a dar cumplimiento a los pronunciamientos contenidos en los fallos o parte dispositiva de las resoluciones judiciales ejecutables recaídas en un proceso penal. MORENO CATENA (2024, 738) la define como «la actividad ordenada y fiscalizada por los órganos jurisdiccionales para lograr el cumplimiento de los títulos de ejecución». FERNÁNDEZ ARÉVALO/NISTAL BURÓN (2016, p. 100) como «el conjunto de actos protagonizados por los órganos del Estado facultados legalmente al efecto —en España, exclusivamente órganos jurisdiccionales— encaminados a materializar y hacer cumplir todos y cada uno de los pronunciamientos contenidos en el fallo de una sentencia penal condenatoria firme».

La índole diversa de pronunciamientos contenidos en el fallo de una sentencia penal determina proyecciones distintas de la ejecución penal, según la naturaleza de aquellos. Así, el primer contenido del fallo de las sentencias penales condenatorias consiste en la imposición de penas o de medidas de seguridad, que aparecen como las consecuencias principales del delito imponibles en sentencia. En nuestro sistema penal las penas pueden ser privativas de libertad (art. 35 CP), privativas de derechos (art. 39 CP), y pecuniarias (art. 50 CP); y a su vez las medidas de seguridad pueden clasificarse en medidas privativas de libertad, y no privativas de libertad (art. 96 CP). La ejecución de penas y medidas de seguridad se manifiesta así como una primera parcela de la ejecución penal. En segundo lugar, dentro de los pronunciamientos de las sentencias penales el sistema penal español contempla las denominadas consecuencias civiles del delito, que se proyectan en tres planos: a) la responsabilidad civil *ex delicto*, materializada a su vez en la regulación de otras tres figuras distintas: restitución, reparación, e indemnización; b) en los especiales supuestos de condenas por determinados delitos, determinadas consecuencias civiles especiales —v.gr., determinación de la paternidad, y fijación de alimentos; o la demolición de la obra y la reposición a su estado originario de la realidad física alterada, sin perjuicio de las indemnizaciones debidas a terceros de buena fe—, y c) en la imposición de las costas procesales. La ejecución de las consecuencias civiles de la infracción penal aparece así como otra proyección de la ejecución penal. Finalmente, el sistema penal español ha previsto la existencia de pronunciamientos sobre unas denominadas consecuencias accesorias del delito (arts. 127 a 129 *bis* CP) lo que permite hablar de la ejecución de las consecuencias accesorias de la infracción penal como tercera parcela de la ejecución penal. De esta manera (FERNÁNDEZ ARÉVALO/ NISTAL BURÓN (p. 101) la ejecución penal constituye un género de la ejecución de sentencias penales firmes; y dentro de dicho género encontramos tres especies: la ejecución penal de las consecuencias principales de la infracción penal —penas y medidas de seguridad—; la ejecución penal de sus consecuencias civiles —responsabilidad civil *ex delicto*, o consecuencias civiles generales; consecuencias civiles especiales, y consecuencias procesales o costas—. Finalmente, la ejecución penal de las consecuencias accesorias —comiso, clausuras, disoluciones, suspensiones y prohibiciones de actividad...—. Así pues, no debemos confundir la ejecución penal, o ejecución de las sentencias penales, con la ejecución de las penas privativas de libertad, que no es sino una especie —muy importante, ciertamente— del género superior.

Tampoco debe confundirse la ejecución penal con la actividad penitenciaria. La actividad penitenciaria se concibe como aquella desplegada por los servicios administrativos de prisiones —que en España se conocen como instituciones penitenciarias—, que tradicionalmente han pivotado sobre tres ejes: a) la retención y custodia de detenidos, presos, penados y sentenciados a medidas de seguridad de internamiento; b) la reeducación y reinserción social de penados y sentenciados sujetos a medidas de seguridad de internamiento; y c) la realización de prestaciones asistenciales a reclusos y liberados condicionales. A estos tres ejes debe agregarse en la actualidad la colaboración en la ejecución penal mediante la definición de los denominados planes administrativos de ejecución de determinadas medidas penales, como trabajos en beneficio de la comunidad y de otras medidas penales alternativas a las penas de prisión, así como su seguimiento.

1.2 Regulación

La regulación de la ejecución penal se caracteriza por la dispersión de fuentes normativas, de tal suerte que quien pretendiera partir de su estudio en los arts. 983 a 999 de la LECrim, que integran su título VII —cuya rúbrica es "de la ejecución de las sentencias"— únicamente alcanzaría un conocimiento parcial de la materia del todo punto insuficiente, que incluye además preceptos legales que pueden actualmente reputarse derogados tácitamente. 2331

Partiendo de las fuentes superiores, debemos aludir a la Constitución Española, principalmente a sus arts. 24, 25 y 117.

Situándonos en el plano de la legalidad ordinaria, aparte de los preceptos ya indicados de la LECrim, debemos referirnos al Libro I del CP, especialmente los arts. 38 y 58 a 60, la mayoría de los de la Sección 2ª —reglas especiales para la aplicación de las penas, arts. 73, 75 a 78 *bis*— del Capítulo II del Título III, los del Capítulo III —de las formas sustitutivas de la ejecución de las penas privativas de libertad y de la libertad condicional, arts. 80 a 94 *bis*— del mismo Título, los del Título IV —de las medidas de seguridad, arts. 95 y siguientes—, los del Capítulo IV —del cumplimiento de la responsabilidad civil y demás responsabilidades pecuniarias, arts. 125 y 126, que deben complementarse con numerosos preceptos de la Ley de Enjuiciamiento Civil— del Título V, los del Título VI —de las consecuencias accesorias, arts. 127 a 129 *bis*—, y los de su Título VII —de la extinción de la responsabilidad criminal y sus efectos—.

Junto a la LECrim y al CP debemos aludir a la LOPJ, en relación con las competencias de ejecución penal de los distintos órganos incardinados en el orden jurisdiccional penal, y especialmente de los jueces adscritos a la Sección de Vigilancia Penitenciaria de los correspondientes Tribunales de Instancia o del Tribunal Central de Instancia (arts. 94 y 95 LOPJ en la redacción dada por la LO 1/2025)[1], o la competencia de la sala de lo Penal de la Audiencia Nacional para la ejecución de las sentencias dictadas por tribunales extranjeros o del cumplimiento de pena de prisión impuesta por tribunales extranjeros, cuando en virtud de un tratado internacional corresponda a España la ejecución de una sentencia penal extranjera o el cumplimiento de una pena o medida de seguridad privativa de libertad, salvo en aquellos casos en que esta Ley atribuya alguna de estas competencias a otro órgano jurisdiccional penal (art. 65.2º LOPJ). Dicha LOPJ debe complementarse con la Ley 38/1988, de Demarcación y de Planta Judicial.

Igualmente debe tenerse en cuenta la Ley Orgánica 1/1979, General Penitenciaria, que aun regulando la actividad desplegada por las Instituciones Penitenciarias contempla las funciones de los JVP en su Título V, arts. 76 a 78. En su normativa se contempla el núcleo básico de las funciones fiscalizadoras del sometimiento a las leyes de la actividad penitenciaria. Dicha Ley debe entenderse complementada con el Reglamento Penitenciario aprobado por RD 190/1996, que estableció en su Disposición derogatoria única mantener la vigencia de los artículos 108, 109, 110 y 111 y del primer párrafo del artículo 124 del Reglamento Penitenciario aprobado por RD 1201/1981, en la redacción dada por el RD 787/1984, relativos a las faltas o infracciones de los internos, a las sanciones disciplinarias y a los actos de indisciplina grave cuya sanción puede ser inmediatamente ejecutada. Ha de tenerse presente en materia de organización penitenciaria la normativa autonómica de aquellas Comunidades Autónomas con competencia ejecutiva trasferida en materia de prisiones. Además, a tener presente el RD 840/2011, por el que se establecen las circunstancias de ejecución de las penas de trabajo en beneficio de la comunidad y de localización permanente en centro penitenciario, de determinadas medidas de seguridad, así como de la suspensión de la ejecución de las penas privativas de libertad y sustitución de penas.

[1] En adelante, y para mayor claridad y sencillez en la redacción, salvo que merezca mayor concreción en el texto, nos referiremos al "juez de vigilancia penitenciaria" como juez unipersonal integrado en la Sección de Vigilancia Penitenciaria del correspondiente Tribunal de Instancia competente. Otro tanto haremos cuando nos tengamos que referir al juez instructor o juez encargado de la instrucción, o a cualquier juez adscrito a las correspondientes Secciones del Tribunal de Instancia competente. En el capítulo 5 de esta obra puede consultarse una explicación completa del nuevo modelo orgánico de los Tribunales de Instancia que introduce la LO 1/2025.

Por último, hay que tener presente la normativa internacional, en la que podemos incardinar dentro del ámbito de las Naciones Unidas, la Declaración Universal de Derechos Humanos de 1948, el Pacto Internacional de Derechos Civiles y Políticos, hecho en Nueva York el 19 de diciembre de 1966. En el ámbito del Consejo de Europa el Convenio para la Protección de los Derechos Humanos y de las Libertades Fundamentales; el Convenio sobre traslado de personas condenadas, hecho en Estrasburgo el 21 de marzo de 1983, así como las resoluciones y recomendaciones del Comité de Ministros del Consejo de Europa. Y dentro del ámbito de la Unión Europea, un conjunto de Decisiones Marco y Directivas que se han articulado en nuestro sistema penal en la Ley 23/2014, de reconocimiento mutuo de resoluciones penales en la Unión Europea.

1.3 Naturaleza

La naturaleza de la ejecución penal, y muy particularmente en lo concerniente a la ejecución de las penas privativas de libertad, constituye punto de conflicto de varias corrientes y teorías. Siguiendo a GONZÁLEZ CANO (pp. 71 y ss.) diferenciaremos la tesis material o administrativista, la tesis jurisdiccional o procesalista, y la ecléctica. 2333

1.3.1 La tesis material o administrativista

Así, un sector doctrinal (SANTORO, GUTIÉRREZ DE CABIEDES) ha venido sosteniendo la naturaleza administrativa, de la ejecución penal, entendiendo que la cosa juzgada penal determina el pase definitivo de la sanción penal al Derecho administrativo, constituyendo el punto y final del proceso penal y el inicio de una actividad netamente administrativa, sin perjuicio de la intervención judicial a través de un control jurisdiccional en incidentes puntuales.

1.3.2 La tesis jurisdiccional o procesalista

Para un segundo sector (CARNELUTTI, FAIRÉN), la ejecución penal constituye una actividad procesal —aunque no jurisdiccional— sosteniendo que el proceso penal no acaba con la firmeza de la sentencia, sino que continúa hasta la completa extinción de la pena.

1.3.3 *La tesis mixta o ecléctica*

Finalmente existe una tercera corriente (GÓMEZ ORBANEJA), que afirma la naturaleza mixta de la ejecución pena argumentando que en el diseño de la fase de ejecución del proceso penal son diferenciables dos aspectos, denominados, respectivamente, ejecución y cumplimiento. El primero, ejecución de las sentencias, tarea que correspondía a los órganos jurisdiccionales; la segunda, cumplimiento material de las penas privativas de libertad, que correspondía a la Administración.

Esta doctrina encuentra su apoyo en la premisa de que, en España, la potestad jurisdiccional se define constitucionalmente como la potestad de juzgar y hacer ejecutar lo juzgado, que corresponde exclusivamente a los jueces y tribunales (art. 117.3 CE). Por el contrario, el cumplimiento de las penas privativas de libertad se asigna a los servicios administrativos de prisiones que en España reciben la denominación de instituciones penitenciarias, cuya actividad resulta ser así pues una actividad netamente administrativa.

2. PRINCIPIOS Y GARANTÍAS

2.1 Principios de la ejecución penal

Son principios fundamentales de la ejecución penal los de jurisdiccionalidad, de legalidad y de oficialidad.

2.1.1 *Principio de jurisdiccionalidad*

Atendido que la ejecución penal es la actividad de ejecución de la sentencia penal, esto es, de hacer ejecutar lo juzgado, constituye un imperativo constitucional que las decisiones que conciernan a la misma corresponden exclusivamente a los órganos jurisdiccionales. Así resulta del art. 117.3 CE, conforme al cual «el ejercicio de la potestad jurisdiccional en todo tipo de procesos, juzgando y haciendo ejecutar lo juzgado, corresponde exclusivamente a los jueces y tribunales determinados por las leyes, según las normas de competencia y procedimiento que las mismas establezca». En el plano de la legalidad ordinaria ello se proyecta en el juez o tribunal que dictó la sentencia en primera instancia; si bien las competencias de ejecución son compartidas por el juez o tribunal sentenciador con el juez de vigilancia penitenciaria (JVP), tratándose de penas privativas de libertad y medidas de seguridad.

2.1.2 *Principio de legalidad*

El principio de legalidad, en su vertiente penal se desdobla en cuatro ya clásicas garantías: la garantía criminal (*nullum crime sine previa lege*, art. 1 CP), la garantía penal (*nulla poena sine previa lege*, art. 2 CP), la garantía jurisdiccional y procesal (art. 3.1 CP) y la garantía ejecutiva, contemplada en el art. 3.2 CP: tampoco podrá ejecutarse pena ni medida de seguridad en otra forma que la prescrita por la Ley y reglamentos que la desarrollan, ni con otras circunstancias o accidentes que los expresados en su texto. La ejecución de la pena o de la medida de seguridad se realizar bajo el control de los jueces y tribunales competentes.

Así pues, en España, la garantía ejecutiva del principio de legalidad incide no solo en la ejecución de la sentencia penal (art. 3.1 CP), sino en el régimen del cumplimiento de la pena a cargo los servicios administrativos de prisiones, que igualmente deben ajustar su actividad a las previsiones establecidas en la ley, con la previsión de un preceptivo control jurisdiccional de dicha actividad administrativa penitenciaria (art. 3.2 CP).

2.1.3 *Principio de oficialidad*

A diferencia del sistema procesal civil, en el que rige el principio de rogación o actuación a instancia de parte, y del sistema penal italiano donde el impulso procesal corresponde al Ministerio Público, en el sistema español la ejecución penal viene presidida por la actuación o impulso de oficio a cargo del órgano jurisdiccional al que la ley encomienda la ejecución. Así, el art. 990 I LECrim establece que las penas se ejecutarán en la forma y tiempo prescritos en el CP y en los reglamentos, añadiendo el párrafo segundo que corresponde al juez o tribunal a quien el presente Código impone el deber de hacer ejecutar la sentencia adoptar sin dilación las medidas necesarias para que el condenado ingrese en el establecimiento penal destinado al efecto, a cuyo fin requerirá el auxilio de las autoridades administrativas, que deberán prestárselo sin excusa ni pretexto alguno; el párrafo tercero agrega que la competencia del juez o tribunal para hacer cumplir la sentencia excluye la de cualquier autoridad gubernativa hasta que el condenado tenga ingreso en el establecimiento penal o se traslade al lugar en donde deba cumplir la condena.

Ello se debe entender complementado con la actividad de impulso del LAJ, toda vez que el art. 990 VI LECrim dispone que corresponde al LAJ impulsar el proceso de ejecución de la sentencia dictando al efecto las diligencias necesarias, sin perjuicio de la competencia del juez o tribunal para hacer cumplir la pena.

2.1.4 *Principio de reeducación y reinserción social como criterio de orientación de la ejecución de las penas privativas de libertad y de las medidas de seguridad*

Conforme al inciso primero del art. 25.2 CE, las penas privativas de libertad y las medidas de seguridad estarán orientadas hacia la reeducación y reinserción social y no podrán consistir en trabajos forzados. Ahora bien, hay que señalar que, conforme a la jurisprudencia constitucional, este precepto no entraña un auténtico derecho fundamental sino un mandato al legislador orientativo respecto de las penas privativas de libertad y las medidas de seguridad; además, la reeducación y reinserción constituyen uno de los fines de las penas, pero no excluyen otros, como prevención general o retribucionista, ni la prevención especial. En definitiva, el art. 25.2 CE contiene un mandato dirigido al legislador para orientar la política penal y penitenciaria, que puede servir de parámetro de constitucionalidad de las leyes (SSTC 2/1987 [*Tol 340205*]; 28/1988 [*Tol 80139*]; 79/1998 [*Tol 64226*]; 120/2000 [*Tol 24714*]; 160/2012 [*Tol 2663057*], y 128/2013 [*Tol 3785914*]); y que no determina, en ningún caso, una obligación del legislador de contemplar específicos institutos resocializadores, ni mucho menos le impone una obligación adicional de darles un determinado y concreto contenido, si bien con el matiz de que no podía descartarse «una proyección legislativa de ese principio en el ámbito de las penas de prisión de larga duración» (ATC 3/2018 [*Tol 6531290*]).

2.1.5 *Principio de conservación de derechos fundamentales del condenado*

Conforme al inciso segundo del art. 25.2 CE, el condenado a pena de prisión que estuviere cumpliendo la misma gozará de los derechos fundamentales de este Capítulo, a excepción de los que se vean expresamente limitados por el contenido del fallo condenatorio, el sentido de la pena y la ley penitenciaria.

De este precepto constitucional van a dimanar múltiples garantías que ampararán al condenado, que se van a proyectar muy fundamentalmente en el marco de la actividad penitenciaria, pero también en el de la ejecución penal. En este plano de la ejecución penal, que es el que ahora nos interesa, este precepto determina que el condenado va a conservar el derecho a la tutela judicial efectiva (art. 24.1 CE) y el derecho al juez ordinario predeterminado por la ley, a la defensa y a la asistencia de letrado (art. 24.2 CE), como se confirmó entre otras en STC 11/1987 [*Tol 79719*], que consagró que en los incidentes de fijación de máximo de cumplimiento debía ser oído también el condenado con asistencia letrada.

2.2 Garantías

2.2.1 Derecho al juez predeterminado por la ley

Todas las partes en la ejecución van a ostentar el derecho al juez predeterminado por la ley (art. 24.2 CE) que, conforme a la doctrina constitucional (SSTC 83/2022 [*Tol 9136486*] y 149/2022 [*Tol 9331453*]) se va a desenvolver en tres garantías: a) que el órgano judicial al que se atribuye un asunto litigioso haya sido creado previamente por una norma jurídica rango de ley, sin que puedan ser establecidas ni por Decretos Leyes, ni por normas de rango reglamentario; b) que esta le haya investido de jurisdicción y competencia con anterioridad al hecho motivador de la actuación o proceso judicial; y c) que su régimen orgánico y procesal no permita calificarle de órgano especial o excepcional. La generalidad y la abstracción de los criterios legales de atribución competencial garantiza la inexistencia de jueces *ad hoc*; la anterioridad de tales criterios al caso a enjuiciar garantiza que una vez determinado en concreto el juez de un caso en virtud de la aplicación de las reglas competenciales establecidas en las leyes, no podrá ser desposeído de su conocimiento en virtud de decisiones tomadas por órganos gubernativos (SSTC 101/1984 [*Tol 110814*], y 199/1987 [*Tol 79938*]). 2337

2.2.2 Derecho a la tutela judicial efectiva

Todas las partes en la ejecución penal igualmente van a ostentar el derecho fundamental a la tutela judicial efectiva. El derecho fundamental a la tutela judicial efectiva constituye un derecho complejo que abarca los derechos siguientes: en primer lugar, el derecho de acceso a la tutela judicial; en segundo lugar, el derecho de conseguir una resolución fundada en Derecho, sea o no favorable a las pretensiones del actor; en tercer lugar, el derecho a ejercitar los recursos legalmente previstos y, finalmente, el derecho a obtener la ejecución de la sentencia.

Comenzando por el derecho de acceso libre a la jurisdicción o *ius ut procedatur,* constituye la primera manifestación lógica y cronológica del derecho a la tutela judicial efectiva, que consiste aparte del derecho a ser parte en el proceso, en el de articular una pretensión ante los órganos jurisdiccionales. Se proyecta a su vez en las tres manifestaciones: a) el derecho a promover la actividad jurisdiccional a través de cualquier tipo de procedimiento y de intervenir en el mismo como parte; b) el derecho a la admisión de cualquier tipo de pretensión, independientemente de que prospere o no, y a que la inadmisión en su caso, no sea arbitraria, sino por causa legalmente establecida y debidamente motivada; y c) el derecho a la justicia gratuita, en los términos de la Ley 1/1996, de Asistencia Jurídica Gratuita, a fin de que el costo del ejercicio de una pretensión no sea un obstáculo para el ejercicio de la pretensión.

Proseguimos con el derecho a obtener una resolución fundada en Derecho, sea o no favorable a las pretensiones articuladas, y excepcionalmente a través de una resolución judicial de inadmisión. A este respecto, la jurisprudencia constitucional (STC 14/1991 [*Tol 80428*]) ha establecido que la necesaria motivación de las resoluciones judiciales no supone el derecho del justiciable a una determinada extensión de la motivación, sino a que la misma se produzca de manera adecuada para que sea posible garantizar su control por los órganos superiores, lograr la adecuada convicción de las partes intervinientes acerca de la justicia y corrección de la decisión y mostrar el proceso deductivo llevado a cabo por el órgano jurisdiccional a fin de garantizar la proscripción de la arbitrariedad de sus decisiones.

En directa relación con lo anterior se encuentra el derecho a obtener una resolución congruente. Se entiende por congruencia la adecuada correlación que debe existir entre el contenido de lo resuelto y la cuestión que ha sido objeto de debate.

La tercera proyección del derecho complejo a la tutela judicial consiste en el derecho a ejercitar los recursos legalmente previstos. A este respecto el TC viene a afirmar sin embargo que el derecho a interposición de recursos constituye un derecho de configuración legal, conforme al cual el legislador puede libremente determinar con libertad los presupuestos en que procede su interposición, y los requisitos o formalidades para su formalización, sin perjuicio del principio general de la doble instancia que inspira el proceso penal.

La cuarta proyección del derecho complejo a la tutela judicial consiste en el derecho a obtener la ejecución de la resolución judicial acordada. A este respecto, el TC viene a afirmar que el derecho a la tutela judicial efectiva exige también que el fallo judicial se cumpla y que el recurrente sea repuesto en su derecho y compensado, si hubiere lugar a ello, por el daño sufrido; lo contrario sería convertir las decisiones judiciales y el reconocimiento de los derechos que ellas comportan en favor de alguna de las partes, en meras declaraciones de intenciones.

El inciso final del art. 24.1 CE, al constituir la constitucionalización del derecho fundamental a la tutela judicial efectiva, consagra además la prohibición de la indefensión. A este respecto, existirá indefensión siempre que se prive al interesado de la posibilidad de articular instrumentos contemplados por el ordenamiento jurídico para la defensa de sus derechos e intereses. A este respecto, la STC 64/1995 [*Tol 82804*] expresa que la prohibición de indefensión es una garantía general que implica el respeto del esencial principio de contradicción en el proceso (STC 48/1986 [*Tol 79595*]). Y también ha afirmado reiteradamente el TC que el art. 24.2 CE, al reconocer los derechos a un proceso con todas las garantías y a la defensa, ha consagrado, entre otros, el derecho a la igualdad de armas y el de defensa contradictoria de las partes, quienes han de tener la misma posibilidad de ser oídas y acreditar, mediante los oportunos medios de prueba, lo que convenga a la protección de sus derechos e intereses legítimos (SSTC 4/1982 [*Tol 110847*]; 89/1986 [*Tol 79635*]; 231/1992 [*Tol 82011*] y 273/1993 [*Tol 82294*]), y reputa aplicable dicha doctrina a los incidentes en fase de ejecución de una sentencia.

2.2.3 Derecho a la defensa y a la asistencia letrada

Esta garantía se encuentra intensamente vinculada al derecho a la tutela judicial efectiva y a la interdicción de la indefensión. Consiste en el derecho fundamental de todas las personas físicas a poder defenderse y a disponer de asistencia técnica, lo que incluye tanto la autodefensa como la asistencia letrada, con la posibilidad autodefensa, en los términos preceptuados por las leyes, en relación con la asistencia de letrado y procurador, que examinaremos especialmente más adelante en relación con el estatus del condenado. Este derecho comprende la prestación de asistencia letrada o asesoramiento en Derecho y la defensa de los intereses legítimos de la persona a través de los procedimientos previstos legalmente, así como el asesoramiento previo al eventual inicio de estos procedimientos y, en todo caso, el derecho al libre acceso a los tribunales de justicia, a un proceso sin dilaciones indebidas, a que se dicte una resolución congruente y fundada en Derecho por el juez ordinario e imparcial predeterminado por la ley, así como a la invariabilidad de las resoluciones firmes y a su ejecución en sus propios términos; incluye además las facultades precisas para conocer y oponerse a las pretensiones que se formulen de contrario, para utilizar los medios de prueba pertinentes en apoyo de las propias y el acceso a un proceso público con todas las garantías, sin que, en ningún caso, pueda producirse situación alguna de indefensión (art. 3 LO 5/2024, del Derecho de defensa).

Ahora bien, el carácter preceptivo de la intervención de abogado en la jurisprudencia constitucional se restringe, aparte del supuesto de la solicitud del condenado, al hecho de que debía contemplarse la posibilidad, en la hipótesis de que la resolución judicial sea denegatoria, de acceder a la casación, lo que sería extensible al recurso de apelación, que exige intervención de abogado.

3. EL TÍTULO DE LA EJECUCIÓN

Existe un consenso generalizado acerca de que es título de la ejecución penal la sentencia penal condenatoria firme, si bien como advierte MORENO CATENA (2021, pp. 720 y 721) también debe incluirse la sentencia absolutoria por inimputabilidad.

3.1 La cuestión de si constituyen título de la ejecución las sentencias absolutorias

La doctrina mayoritaria considera que no se asiste propiamente a la ejecución de una sentencia, sino al alzamiento de medidas cautelares previamente acordadas. Por excepción, aquellas que impongan medidas de seguridad.

3.2 La cuestión de si solo constituyen título de ejecución las sentencias condenatorias firmes, o si cabe la ejecución de las sentencias recurridas

En el derecho positivo español no cabe duda de que, tratándose de penas y medidas de seguridad, se hace necesaria la firmeza de la sentencia: así resulta de la enunciación de la garantía procesal del principio de legalidad en materia penal definida en el art. 3.1 CP, que dispone que no podrá ejecutarse pena ni medida de seguridad sino en virtud de sentencia firme dictada por el juez o tribunal competente, de acuerdo con las leyes procesales. Así lo corrobora el art. 988 I LECrim, que establece que cuando una sentencia sea firme, con arreglo a lo dispuesto en el artículo 141 de esta Ley, lo declarará así el juez o el tribunal que la hubiera dictado, agregando el párrafo segundo que hecha esta declaración, se procederá a ejecutar la sentencia aunque el reo esté sometido a otra causa, en cuyo caso se le conducirá, cuando sea necesario, desde el establecimiento penal en que se halle cumpliendo la condena al lugar donde se esté instruyendo la causa pendiente. A lo dicho se suman el art. 794 LECrim respecto del procedimiento abreviado y el art. 803.3 LECrim respecto del procedimiento para el enjuiciamiento rápido de determinados delitos.

Tratándose de sentencias recurridas, no cabe su ejecución cuando han sido apeladas, en tanto no adquieran firmeza (arts. 794 y 977 LECrim), y en tanto no haya transcurrido el plazo para preparar el recurso de casación [art. 861 *bis* a) LECrim]; y cuando el recurso hubiere sido preparado por uno de los procesados, podrá llevarse a efecto la sentencia desde luego en cuanto a los demás [art. 861 *bis* b) LECrim], sin perjuicio de lo dispuesto en el artículo 903 LECrim.

Las sentencias deben haber sido dictadas por tribunales españoles, con la excepción contemplada en el art. 65.2º LOPJ, ya examinado.

Pero sí cabe hablar de ejecución provisional de sentencias recurridas en cuanto a las consecuencias civiles y así resulta del art. 989.1 LECrim, que establece que los pronunciamientos sobre responsabilidad civil serán susceptibles de ejecución provisional con arreglo a lo dispuesto en la Ley de Enjuiciamiento Civil.

4. COMPETENCIA

4.1 Juez o tribunal sentenciador

En el plano de la legalidad ordinaria ello se proyecta en los arts. 984 y 985 II LECrim —sentencias penales dictadas respecto de delitos leves—, 985 I LECrim —sentencias por delitos menos graves o graves—, y 986 LECrim —sentencias objeto de casación—, que atribuyen la competencia al juez que dictó la primera sentencia. Por excepción, las sentencias de conformidad dictadas por las Secciones de Instrucción, de Violencia sobre la Mujer o de Violencia contra la Infancia y la Adolescencia del Tribunal de Instancia, en el ámbito del enjuiciamiento rápido de determinados delitos, serán ejecutadas por la Sección de lo Penal que resultaría competente para el enjuiciamiento de la causa si en la misma no se hubiera alcanzado la conformidad (art. 801.4 LECrim), correspondiendo al juez de guardia acordar lo procedente sobre la suspensión o sustitución de la pena privativa de libertad (art. 801.2 LECrim), así como la puesta en libertad o el ingreso en prisión del condenado, realizando los requerimientos que de ella se deriven, tras lo cual el LAJ seguidamente remitirá las actuaciones junto con la sentencia redactada a la Sección de lo Penal, que continuará su ejecución (art. 801.4 LECrim).

En concreto, al juez o tribunal sentenciador competen todas las decisiones anteriores a la determinación del momento inicial del cumplimiento de la pena, que en el caso de las penas privativas de libertad conlleva que será competente para:

a) En primer lugar, para conceder el beneficio de la suspensión de la ejecución de la pena, en sus diversas modalidades.

b) En segundo lugar, para aprobar los aplazamientos del cumplimiento material de las penas, y las paralizaciones si ya se hubiera iniciado el cumplimiento, por razón de tramitación de indulto (art. 4.4 CP), y de requerimiento de, suspensión por el Tribunal Constitucional en caso de recurso de amparo (art. 56 LOTC).

c) En tercer lugar, para ordenar el inicio del cumplimiento de la pena, con orden de internamiento si se tratara de pena privativa de libertad (art. 990 LECrim), determinando el periodo de cumplimiento a través de la llamada liquidación de condena, mediante la fijación del día de inicio (art. 38 CP) y concretando la fecha de extinción mediante la detracción al cuanto de la pena de la duración del periodo de privación cautelar de libertad (art. 58 CP) sufrida en la causa donde recayó la condena.

d) En cuarto lugar, aprobando la libertad definitiva (art. 17.3 LOGP) y declarando extinguida la responsabilidad penal por las causas generales. En definitiva (FERNÁNDEZ ARÉVALO/NISTAL BURÓN, pp. 104 y 105), el marco competencial del juez o tribunal sentenciador tradicionalmente alcanzaba todas las decisiones de ejecución de la sentencia hasta el momento de acordar el inicio de cumplimiento material de la pena privativa de libertad, reapareciendo en el momento de aprobar la libertad definitiva, pero extendiéndose a las paralizaciones de cumplimiento. Tras la entrada en funcionamiento de los JVP las decisiones de ejecución relativas a las penas privativas de libertad entre esos dos momentos pasaron a la competencia de dichos JVP. Este marco general se quebró a partir de la reforma de la LO 15/2003, en vigor desde el 1 de octubre de 2004, al atribuirse las decisiones de suspensión de la ejecución de la pena por enajenación mental sobrevenida al JVP tanto en su vertiente de paralización como en la de aplazamiento, antes de dar inicio al cumplimiento material de la pena.

e) En quinto lugar, respecto de la ejecución de las medidas de seguridad, les competerán las decisiones de continuidad, cese, suspensión y sustitución de la medida, resolviendo un procedimiento contradictorio activado por propuestas del JVP, que tratándose de medidas de seguridad privativas de libertad o de una medida de libertad vigilada que deba ejecutarse después del cumplimiento de una pena privativa de libertad deberán ser al menos de periodicidad anual (art. 98 CP).

4.2 Jueces de Vigilancia Penitenciaria

Las competencias de ejecución son compartidas por el juez o tribunal sentenciador con el JVP[2], tratándose de penas privativas de libertad y medidas de seguridad. Así resulta del art. 92.1 LOPJ, que dispone que «Con carácter general, en el Tribunal de Instancia con sede en la capital de cada provincia, dentro del orden jurisdiccional penal, existirá una Sección de Vigilancia Penitenciaria, que tendrá las funciones jurisdiccionales previstas en la ley en materia de ejecución de penas privativas de libertad y medidas de seguridad, emisión y ejecución de los instrumentos de reconocimiento mutuo de resoluciones penales en la Unión Europea que les atribuya la ley, control jurisdiccional de la potestad disciplinaria de las autoridades penitenciarias, amparo de los derechos y beneficios de los internos en los establecimientos penitenciarios y demás que señale la ley».

Como regla general, esas competencias se ejercen a partir del internamiento en prisión en las penas de esta clase; la competencia de ejecución pasa a atribuirse al JVP, de conformidad con lo dispuesto en el art. 76.1 LOGP, que establece que el JVP tendrá atribuciones para hacer cumplir la pena impuesta, resolver los recursos referentes a las modificaciones que pueda experimentar con arreglo a lo prescrito en las Leyes y Reglamentos..., y en el art. 76.2.a) LOGP, que dispone que corresponde especialmente al JVP adoptar todas las decisiones necesarias para que los pronunciamientos de las resoluciones en orden a las penas privativas de libertad se lleven a cabo, asumiendo las funciones que corresponderían a los jueces y tribunales sentenciadores, lo que se complementa en los apartados b) y c) del precitado art. 76.2 LOGP. 2343

Debe además significarse la competencia de la Sala de lo Penal de la AN para la ejecución de las sentencias dictadas por tribunales extranjeros o del cumplimiento de pena de prisión impuesta por tribunales extranjeros, cuando en virtud de un tratado internacional corresponda a España la ejecución de una sentencia penal extranjera o el cumplimiento de una pena o medida de seguridad privativa de libertad, salvo en aquellos casos en que esta Ley atribuya alguna de estas competencias a otro órgano jurisdiccional penal (art. 65.2 LOPJ).

---

2 Actualmente Sección de Vigilancia Penitenciaria; pero como se ha indicado En adelante, y para mayor claridad y sencillez en la redacción, denominaremos a los jueces unipersonales con arreglo a su función: JVP. En el capítulo 5 de esta obra puede consultarse una explicación completa del nuevo modelo orgánico de los Tribunales de Instancia que introduce la LO 1/2025.

Las funciones de vigilancia penitenciaria o de control de legalidad de la actividad penitenciaria se examinarán en el capítulo 59.

5. PARTES

5.1 Ministerio Fiscal

En España, el Ministerio Fiscal desarrolla en la ejecución penal las misiones constitucionales (art. 124 CE) de «promover la acción de la justicia en defensa de la legalidad, de los derechos de los ciudadanos y del interés público tutelado por la ley, de oficio o a petición de los interesados, así como velar por la independencia de los Tribunales y procurar ante éstos la satisfacción del interés social». Para el cumplimiento de dichas misiones el art. 3.9 EOMF le asigna como una de sus funciones velar por el cumplimiento de las resoluciones judiciales que afecten al interés público y social; de ahí que aun cuando no desempeñe el cometido motor o impulsor del *Pubblico Ministero* en Italia, su presencia será constante en el desarrollo de la ejecución penal, ante los órganos sentenciadores, y ante los JVP. Pero además, el Ministerio Fiscal en España tiene reconocidas intervenciones de control de legalidad de la actividad penitenciaria, estando expresamente facultado por la ley para visitar en cualquier momento los centros o establecimientos de detención, penitenciarios o de internamiento de cualquier clase de su respectivo territorio, examinar los expedientes de los internos y recabar cuanta información estime conveniente (art. 4.2 EOMF), siendo además derecho de los reclusos el dirigir al fiscal peticiones y quejas [art. 4.j) RP] pudiendo entrevistarse con los reclusos sin que resulte factible ningún género de medida de intervención o censura de las comunicaciones orales o escritas por parte de la Administración penitenciaria (art. 50.2 RP). El RP vigente prevé además dos funciones de control de legalidad por el Fiscal especialmente relevantes, a partir de la notificación o dación de cuenta de las decisiones administrativas siguientes: las decisiones sobre admisión o retirada de hijos menores de las reclusas en el Centro Penitenciario —art. 17 RP—, y las decisiones sobre clasificación en tercer grado, que entrañan la asignación al mismo del régimen abierto —art. 107 RP. El juicio de ilegalidad por el fiscal posibilitará a este promover las oportunas acciones judiciales ante la jurisdicción civil especializada en materia de familia, o los oportunos recursos ante el JVP.

5.2 El condenado

En España, conforme al inciso segundo del art. 25.2 CE, ya examinado, el condenado a pena de prisión que estuviere cumpliendo la misma gozará de los derechos fundamentales de este Capítulo a excepción de los que se vean expresamente limitados por el contenido del fallo condenatorio, el sentido de la pena y la ley penitenciaria, con lo que se consagra como principio constitucional el principio de conservación de derechos fundamentales del condenado a pena de prisión.

Ello va a tener como consecuencia la pervivencia del bloque de garantías constitucionales del art. 24 CE en lo que atañe a la ejecución penal *stricto sensu*, precepto que reconoce dos apartados de derechos fundamentales: a) el derecho a la tutela judicial efectiva (art. 24.1 CE) y b) los derechos al juez ordinario predeterminado por la ley y al derecho a la defensa y a la asistencia letrada proclamados en el art. 24.2 CE. Ello justificará en su caso la preceptiva intervención del letrado en determinados incidentes de la ejecución —v.gr., incidentes de concesión y revocación de la suspensión de la ejecución de la pena, de enajenación mental sobrevenida, de fijación de máximo de cumplimiento— y en cualesquiera otros incidentes cuando la causa llegue a estado en que se necesite el consejo de aquéllos o haya de intentar algún recurso que hiciese indispensable su actuación (art. 118.3 II LECrim), y cuando la intervención de abogado y procurador, aun no siendo legalmente preceptiva su intervención, sea expresamente requerida por el juez o tribunal mediante auto motivado para garantizar la igualdad de las partes en el proceso [art. 6.3.a) de la Ley 1/1996]. A todo ello ha de sumarse la posibilidad de recurso contra todas y cada una de las decisiones judiciales adoptadas. 2345

En el plano del control de legalidad de la actividad penitenciaria, los reclusos podrán formular ante el JVP recursos, quejas y reclamaciones contra todas las decisiones de la Administración que afecten a sus derechos fundamentales, y a los derechos o beneficios penitenciarios reconocidos por la legislación vigente, sin perjuicio de la posibilidad de formular quejas y denuncias ante otras instancias —Defensor del Pueblo y Ministerio Fiscal—.

Pero a la par, los imperativos constitucionales precedentes obligan a los órganos judiciales a dictar resoluciones judiciales motivadas donde se exterioricen las razones legales de sus decisiones a todos los incidentes, recursos y quejas. El incumplimiento del deber de motivación abre incluso la posibilidad constitucional de la demanda de amparo ente el TC por constituir la tutela judicial efectiva un derecho fundamental (art. 24.1 CE).

5.3 Las acusaciones

Las acusaciones personadas deben ser oídas en determinadas incidencias de ejecución por parte del juez o tribunal sentenciador —pero no por el JVP—, tales como de suspensiones de ejecución (art. 82.1 CP) con posibilidad de recurso contra las resoluciones de concesión y revocación del beneficio. Respecto de su falta de legitimación para recurrir resoluciones del JVP, el apartado 9 de la disposición adicional 5ª LOPJ restringe la legitimación para el recurso de apelación contra las resoluciones del JVP al Ministerio Fiscal, al interno y al liberado condicional, y en este sentido el ATC 373/1989, de 3 de julio, avaló la ausencia de legitimación de la acusación particular para interponer un recurso contra el auto de autorización de un permiso de salida al condenado en la causa en la que dicha acusación se encontraba personada. Todo ello, sin perjuicio de lo que posteriormente se indicará respecto de las víctimas, que en este sentido sería aplicable a las acusaciones particulares, pero no a las acusaciones populares.

5.4 La Administración penitenciaria

En general, la Administración penitenciaria tiene como cometido primordial la realización de la actividad penitenciaria. Dicho cometido se traduce, en primer lugar, en la realización de actividades de retención y custodia de todos los reclusos; y en segundo lugar, en el desarrollo de actividades de reeducación y reinserción social respecto de penados y sentenciados sujetos a medidas de seguridad. Las actividades de retención y custodia constituyen el fundamento de lo que la ciencia penitenciaria conoce como régimen penitenciario; y a su vez, las actividades de reeducación y reinserción social se conocen en el Derecho penitenciario como tratamiento penitenciario. Régimen y tratamiento penitenciario constituyen pues los dos pilares básicos de la actividad penitenciaria. Junto a ambas actividades, las administraciones penitenciarias tienen un deber de desarrollar determinadas prestaciones asistenciales respecto de los reclusos.

Pero a su vez, la Administración penitenciaria participa en el desarrollo de la ejecución penal mediante comunicaciones y propuestas a la autoridad de ejecución.

Sin embargo, no está contemplada su condición procesal de parte, no estando legitimada para la interposición de recursos a la vista del contenido de la disposición adicional 5ª LOPJ, que como ya se indicó restringe la legitimación para el recurso de apelación contra las resoluciones del JVP al Ministerio Fiscal, al interno y al liberado condicional. En este sentido la STC 129/2015 [*Tol*

5421296], avaló la ausencia de legitimación de la Administración penitenciaria para interponer un recurso contra el auto que reputó no ajustada a derecho la aplicación de medios coercitivos a un recluso.

5.5 La víctima

La situación de la víctima antes de la aprobación del EVD por la Ley 4/2015 se contemplaba, en la fase de ejecución, en el art. 990 VI LECrim —redacción introducida por la Ley 13/2009—, actualmente art. 990 VII. Conforme a tal regulación, el secretario judicial había de poner en conocimiento de los directamente ofendidos y perjudicados por el delito y, en su caso a los testigos, todas aquellas resoluciones relativas al penado que puedan afectar a su seguridad. Por su parte, el CP de 1995 contemplaba que, en los delitos que sólo pueden ser perseguidos previa denuncia o querella del ofendido, los jueces y tribunales oirán a éste y, en su caso, a quien le represente, antes de conceder los beneficios de la suspensión de la ejecución de la pena (art. 86 CP), previsión que, tras la reforma de 2015, se trasladó al art. 80.6 CP vigente.

La situación se ha modificado respecto de la fase de ejecución tras la aprobación del EVD. A este respecto, su art. 5.m) contempla como un derecho de la víctima el recibir la notificación de las resoluciones a las que se refiere el artículo 7 EVD. A estos efectos, la víctima podrá designar una dirección de correo electrónico o, en su defecto, una dirección postal o domicilio, al que serán remitidas las comunicaciones y notificaciones por la autoridad

A su vez el art. 7.1 EVD establece que toda víctima será informada de manera inmediata de la fecha, hora y lugar del juicio, así como del contenido de la acusación dirigida contra el infractor, debiendo notificársele las resoluciones o decisiones de cualquier autoridad judicial o penitenciaria que afecten a sujetos condenados por delitos cometidos con violencia o intimidación y que supongan un riesgo para la seguridad de la víctima. En estos casos, y a estos efectos, la Administración penitenciaria comunicará inmediatamente a la autoridad judicial la resolución adoptada para su notificación a la víctima afectada. También le serán notificadas a la víctima las resoluciones a que se refiere el artículo 13 EVD.

Dicho art. 13 se refiere a la participación de la víctima en la ejecución, y expresa que las víctimas que hubieran solicitado, conforme a la letra m) del artículo 5.1 EVD, que les sean notificadas las resoluciones siguientes, podrán recurrirlas de acuerdo con lo establecido en la LECrim, aunque no se hubieran mostrado parte en la causa:

a) El auto por el que el JVP autoriza, conforme a lo previsto en el párrafo tercero del art. 36.2 del CP, la posible clasificación del penado en tercer grado antes de que se extinga la mitad de la condena, cuando la víctima lo fuera de alguno de los siguientes delitos: 1º Delitos de homicidio. 2º Delitos de aborto del artículo 144 CP. 3º Delitos de lesiones. 4º Delitos contra la libertad. 5º Delitos de tortura y contra la integridad moral. 6º Delitos contra la libertad e indemnidad sexual. 7º Delitos de robo cometidos con violencia o intimidación. 8º Delitos de terrorismo. 9º Delitos de trata de seres humanos.

b) El auto por el que el JVP acuerde, conforme a lo previsto en el artículo 78.3 CP, que los beneficios penitenciarios, los permisos de salida, la clasificación en tercer grado y el cómputo de tiempo para la libertad condicional se refieran al límite de cumplimiento de condena, y no a la suma de las penas impuestas, cuando la víctima lo fuera de alguno de los delitos a que se refiere la letra a) de este apartado o de un delito cometido en el seno de un grupo u organización criminal.

c) El auto por el que se conceda al penado la libertad condicional, cuando se trate de alguno de los delitos a que se refiere el párrafo segundo del artículo 36.2 del CP o de alguno de los delitos a que se refiere la letra a) de este apartado, siempre que se hubiera impuesto una pena de más de cinco años de prisión. A estos efectos, la víctima deberá anunciar al LAJ competente su voluntad de recurrir dentro del plazo máximo de cinco días contados a partir del momento en que se hubiera notificado conforme a lo dispuesto en los párrafos segundo y tercero del artículo 7.1 EVD, e interponer el recurso dentro del plazo de quince días desde dicha notificación. Para el anuncio de la presentación del recurso no será necesaria la asistencia de abogado.

Por otro lado el art. 13.2 EVD dispone que las víctimas estarán también legitimadas para: a) interesar que se impongan al liberado condicional las medidas o reglas de conducta previstas por la ley que consideren necesarias para garantizar su seguridad, cuando aquél hubiera sido condenado por hechos de los que pueda derivarse razonablemente una situación de peligro para la víctima; b) facilitar al juez o tribunal cualquier información que resulte relevante para resolver sobre la ejecución de la pena impuesta, las responsabilidades civiles derivadas del delito o el comiso que hubiera sido acordado.

Finalmente, el art. 13.3 EVD concluye disponiendo que antes de que el JVP tenga que dictar alguna de las resoluciones indicadas en el apartado 1 de este artículo, dará traslado a la víctima para que en el plazo de cinco días formule sus alegaciones, siempre que ésta hubiese efectuado la solicitud a que se refiere la letra m) del apartado 1 del artículo 5 de esta Ley.

6. EL INICIO DE LA EJECUCIÓN

Cuando una sentencia sea firme, lo declarará así el juez o el tribunal que la hubiera dictado (art. 988.I LECrim). A este respecto conviene recordar que se habla de sentencias firmes cuando no cabe contra ellas recurso alguno ordinario ni extraordinario, salvo los de revisión y rehabilitación; y que se llama ejecutoria al documento público y solemne en que se consigna una sentencia firme. (art. 141 LECrim). Hecha esta declaración, se procederá a ejecutar la sentencia, aunque el reo esté sometido a otra causa (art. 988 II LECrim). A partir de ese momento el procedimiento pasa a registrarse como ejecutoria.

Ante todo, los tribunales remitirán, a través de procedimientos electrónicos, al Registro Central de Penados y al Registro Central para la Protección de las Víctimas de la Violencia Doméstica y de Género, establecidos en el Ministerio Justicia, respectivamente, notas autorizadas de las sentencias firmes en las que se imponga alguna pena o medida de seguridad por delito y de los autos en que se declare la rebeldía de los procesados (art. 252 LECrim). 2349

El art. 988 *bis* LECrim, introducido por la reforma de la LO 1/2025, de medidas en materia de eficiencia del Servicio Público de Justicia, ha contemplado dos procedimientos contradictorios de impulso de la ejecutoria, uno con tramitación escrita y otro con vista.

En lo que se refiere a la tramitación escrita, los apartados 1 y 2 establecen que el juez o tribunal dará traslado del auto de incoación de la ejecutoria a la representación de cada uno de los condenados para que, en el plazo de diez días, se pronuncien en un mismo escrito sobre las siguientes circunstancias:

a) Cuando hubieran sido impuestas penas privativas de libertad susceptibles de ser suspendidas conforme al Código Penal y la sentencia no se hubiera pronunciado acerca de su suspensión, sobre la modalidad o modalidades de suspensión de la ejecución de las penas privativas de libertad que solicite.

b) Para el caso de haber sido impuestas responsabilidades pecuniarias, sobre la forma de cumplimiento y, en particular, si solicita su aplazamiento y en qué términos, así como el plazo máximo para su cumplimiento.

c) Cualquier otra solicitud relativa a la ejecución de los pronunciamientos de la sentencia, incluida la sustitución de la pena en los casos en que proceda.

En sus alegaciones escritas las defensas de los condenados deberán adjuntar los informes y la documentación en que se funden las peticiones. Seguidamente el juez o tribunal realizará, en su caso, las comprobaciones necesarias sobre la concurrencia de los requisitos de la suspensión y del resto de peticiones realizadas, tras lo cual dará traslado de la solicitud y de lo practicado al Ministerio Fiscal, a las partes acusadoras personadas y víctimas, directamente afectadas por la decisión, para que, en el plazo de diez días, formulen alegaciones. Transcurrido el plazo, en el término de cinco días el órgano competente resolverá mediante auto todas las peticiones (art. 988 *bis*.2 LECrim)

A su vez el art. 988 *bis*.3 LECrim establece que el juez o tribunal podrá sustituir la tramitación escrita por una vista que habrá de celebrarse en el plazo de diez días y a la que deberá citarse al acusado y su defensa, al Ministerio Fiscal, a las partes acusadoras y a las víctimas directamente afectadas por la decisión. Celebrada la vista, el órgano competente resolverá en el acto o, de no ser posible, en los tres días siguientes, sobre todas las cuestiones planteadas.

Finalmente, el art. 988 *bis*. 4 LECrim establece que el LAJ citará al condenado a una comparecencia en la que le requerirá de cumplimiento de las penas, decomiso y responsabilidades civiles que le hubieran sido impuestas y le informará de las responsabilidades en que pueda incurrir en el supuesto de incumplimiento. Asimismo, practicará las liquidaciones de condena, que comprenderán, en todo caso, la fecha de inicio del cumplimiento, el tiempo abonable por haber estado privado de libertad provisionalmente en la causa o por la aplicación de cualquier otra medida cautelar, c) el tiempo de duración de la condena, y el tiempo de cumplimiento. A tales efectos, el cómputo se hará por años, meses y días, de acuerdo con las siguientes reglas: los meses completos serán de treinta días y los años completos serán de trescientos sesenta y cinco días.

De dichas liquidaciones, que se notificarán personalmente al condenado, se dará traslado al Ministerio Fiscal y a las partes, que podrán impugnarlas en el plazo de dos días. Transcurrido el plazo sin impugnación, el LAJ la aprobará mediante decreto.

Si fueran impugnadas por alguna de las partes, se dará traslado al resto para alegaciones por de dos días. Transcurrido el mismo, hubieren o no presentado escrito las demás partes, el juez, la jueza o el tribunal resolverá mediante auto, que será dictado en el plazo de dos días. Una vez firme éste, si corrigiere la liquidación de condena será notificado personalmente al condenado. Nótese que la decisión del juez o Tribunal encargado de la ejecución no se adopta resolviendo un recurso de revisión contra una resolución del LAJ, con lo que subsiste el régimen de recursos preexistente.

7. LA SUSPENSIÓN DE LA EJECUCIÓN

7.1 Consideraciones generales: concepto y causas que la determinan

Según el DPEJ, por suspensión de la ejecución debe entenderse la posibilidad de suspender temporalmente el cumplimiento de la sentencia, o el incidente procesal por el que se paraliza temporalmente el procedimiento de ejecución por disposición legal, y en el proceso civil también por acuerdo de todas las partes interesadas. En el sistema procesal penal español existe una figura específica, actualmente denominada suspensión de la ejecución de las penas privativas de libertad —en los Códigos Penales de 1928, 1932, 1944 y 1973 denominada remisión condicional o condena condicional—, que constituye una modalidad específica de suspensión de la ejecución penal, pero existiendo otras modalidades específicas de suspensión de la ejecución, bien podría denominarse a los incidentes determinantes de la suspensión de la ejecución incidentes de aplazamiento y de paralización, para no confundir el género con la especie.

En estos casos, como advierten FERNÁNDEZ ARÉVALO/NISTAL (p. 136), denominaríamos *aplazamiento* a toda decisión de autoridad competente en cuya virtud se resuelve diferir o demorar el momento de inicio de cumplimiento de la pena, y *paralizaciones* a aquellas decisiones de la autoridad judicial competente en cuya virtud se acuerda interrumpir el cumplimiento de la pena una vez ya iniciada.

A este respecto, como premisa general, una vez firme la sentencia debe procederse sin demora a la ejecución de la sentencia, como lo avalan los párrafos primero y segundo del art. 990 LECrim, ya examinados, y los párrafos primero y segundo del art. 988 LECrim, que establecen que cuando una sentencia sea firme, con arreglo a lo dispuesto en el artículo 141 de esta Ley, lo declarará así el juez o el tribunal que la hubiera dictado. Hecha esta declaración, se procederá a ejecutar la sentencia, aunque el reo esté sometido a otra causa, en cuyo caso se le conducirá, cuando sea necesario, desde el establecimiento penal en que se halle cumpliendo la condena al lugar donde se esté instruyendo la causa pendiente.

En España existen varias causas legales de aplazamientos y de paralizaciones de la ejecución. Prescindiremos del examen de la suspensión de la ejecución de las penas privativas de libertad, que se abordará en el capítulo 59, y del supuesto de que el reo se sustraiga a la acción de la justicia, caso en que asistimos *de facto* a un supuesto de imposibilidad de ejecución, caso éste en que el juez o tribunal debe librar las oportunas requisitorias para su llamamiento y busca (arts. 835.1º y 2º y 845 LECrim). Examinaremos ahora en primer lugar, la solicitud de indulto (art. 4.4 CP); en segundo lugar, la enajenación mental sobrevenida, con o sin imposición de medidas de seguridad si fueren necesarias para garantizar la asistencia sanitaria del reo (art. 60 CP), y en tercer lugar la decisión judicial por requerimiento del TC cuando se hubiere acordado por éste la suspensión de la sentencia objeto de demanda de amparo constitucional por vulneración de derechos fundamentales (art. 56.1 LOTC). Ahora bien, junto a estas causas, jueces y tribunales sentenciadores suelen acordar el aplazamiento de los ingresos en prisión siempre que se aleguen causas justificadas personales, médicas, familiares, o laborales, que no demoren en exceso el inicio de cumplimiento.

El régimen de recursos en estos casos es el general de la fase de ejecución contra las resoluciones de los jueces y tribunales sentenciadores: reforma y apelación contra las resoluciones de órganos sentenciadores unipersonales, y de súplica contra las de los colegiados.

7.2 Suspensión por causa de solicitud de indulto

Comenzando por la suspensión por causa de solicitud de indulto, debemos partir de la doctrina mantenida por el Tribunal Constitucional (*vid.*, entre otros muchos, AATC 17/1980 [*Tol 242836*], 257/86, 249/1989, 110/96 [*Tol 224592*] y 713/1997) acerca de que la suspensión se configura como una medida provisional de carácter excepcional y de aplicación restrictiva, dado el interés general en la efectividad de las decisiones de los poderes públicos, y en particular, en la ejecución de las resoluciones dictadas por los jueces y tribunales en el ejercicio de la potestad jurisdiccional que les confiere el art. 117.3 CE. Así, se llega a afirmar que en un Estado de Derecho las sentencias claman por ser cumplidas como exigencia implícita a la eficacia de la tutela judicial (AATC 120/1993 [*Tol 238365*] y 198/1995 [*Tol 320846*], entre otros).

Siendo la regla general la ejecución inmediata, no obstante, el art. 4.4 I CP dispone dos excepciones a la regla interdictiva contenida en el art. 32 de la Ley para el Ejercicio de la Gracia de Indulto (LEGI). La primera, que si el juez o tribunal hubiere apreciado en resolución fundada que por el cumplimiento de la pena puede resultar vulnerado el derecho a un proceso sin dilaciones indebidas, suspenderá la ejecución de la misma en tanto no se resuelva sobre la petición formulada; asistiríamos así a un supuesto que el CP reputa de suspensión imperativa [SEGARRA CRESPO (2014), JIMÉNEZ ALARCON (2015), GÓMEZ ESCOLAR (2017)]. La jurisprudencia del TS sostiene que para la suspensión por causa de dilaciones indebidas es preciso que el tribunal haya apreciado la existencia de dilaciones indebidas en el proceso, ya que sin una resolución fundada del tribunal de instancia sobre la existencia de las dilaciones indebidas no cabe la suspensión de la pena prevista en este precepto (ATS 1646/1998, de 17 de junio).

A su vez el art. 4.4 II CP agrega que también podrá el juez o tribunal suspender la ejecución de la pena mientras no se resuelva sobre el indulto cuando, de ser ejecutada la sentencia, la finalidad de éste pudiera resultar ilusoria; asistiríamos en este caso a un supuesto de suspensión facultativa o potestativa.

Sin embargo, pese a la dicción literal del precepto, la jurisprudencia muchas veces parece reputar ambos supuestos como facultativos (STS 271/2010 [*Tol 1831003*]; a favor del criterio de asociar la suspensión imperativa por causa de indulto a las dilaciones indebidas, vid. AAP Barcelona de 20/12/2023 [*Tol 9894161*]). Lo que sin duda se avala es la conclusión de que esa facultad de suspensión de la ejecución que al juez o tribunal concede el párrafo último del art. 4.4 CP solo podrá ser utilizada en casos muy concretos, cuando las especiales circunstancias concurrentes así lo exijan de modo evidente (ATS 6.800/1998 de 22 de septiembre).

La jurisprudencia es, a este respecto, muy casuística. En este sentido se ha señalado como criterio rector para la suspensión de la ejecución, ante la solicitud de un indulto, el que marque el propio tribunal en el informe que prevea que va a emitir en su momento, incidiéndose en que si va a informar positivamente sobre el indulto suspenda la ejecución. Por el contrario, cuando examinada la petición y sus fundamentos no encuentre motivos excepcionales y singulares para la propuesta del indulto, deniegue la suspensión, ponderando todos los factores, entre ellos, la duración de la pena impuesta (AAN de 22/04/2024 [*Tol 9996370*]), pero este criterio es rechazado por numerosas resoluciones de Audiencias Provinciales. Sí se apoya en general que en los casos de penas de corta duración la suspensión de la ejecución por petición de indulto no puede apreciarse con automatismo, y que se deben valorar las circunstancias concurrentes (AAP Cáceres, de 1/02/2024 [*Tol 9972412*], que rechaza el criterio antes expuesto de la Audiencia Nacional), si bien hay criterios de cierto automatismo matizado vinculado a la duración de la pena (AAP Gerona, de 7/11/2023 [*Tol 9885440*]) y otras destacan como causas a tener en cuenta lo dispuesto en el artículo 2 de la ley de 18 de junio de 1870 cuando dispone que se exceptúan del indulto los reincidentes en el mismo o en otro cualquier delito por el cual hubiesen sido condenados en sentencia firme, salvo que a juicio del tribunal sentenciador o del Consejo de Estado hubiera razones suficientes de justicia, equidad o conveniencia pública (AAP Barcelona, de 2/10/2023 [*Tol 9853573*]; en el mismo sentido, AAP Sevilla, de 3/11/2023 [*Tol 9866399*]).

Aunque algún sector doctrinal (QUINTERO OLIVARES, p. 88) cuestiona con base en la vinculación directa del incidente con la naturaleza del procedimiento a que se vincula —el indulto— la posibilidad de recurso contra las resoluciones en materia de suspensión, en el *usus fori* se entiende aplicable el régimen general de los recursos en fase de ejecución, esto es, reforma y apelación contra las resoluciones dictadas por jueces unipersonales, y súplica contras las de los órganos colegiados.

Debe tenerse presente que la prescripción de la pena se interrumpe durante la suspensión de la ejecución de la misma acordada conforme a causas legales, conforme al art. 134.2 a) CP que establece que el plazo de prescripción de la pena quedará en suspenso durante el periodo de suspensión de la ejecución de la pena. Ahora bien, dicha cobertura legal interruptiva no se introdujo hasta la reforma de la LO 1/2015, y en este sentido la STC 33/2022 [*Tol 8892988*] señaló que la decisión de entender interrumpido el plazo de prescripción de la pena supone crear *ex novo* una causa de interrupción no prevista en la norma

que resulta de aplicación (art. 134 CP, en la redacción anterior a la reforma introducida por la Ley Orgánica 1/2015). La STC precitada concluyó indicando que dicha interpretación devenía arbitraria por opuesta a la norma aplicable y lesionaba por ello el derecho a legalidad penal (art. 25.1 CE).

7.3 Suspensión por causa de enajenación mental sobrevenida

Conforme art. 60.1 I CP, cuando, después de pronunciada sentencia firme, se aprecie en el penado una situación duradera de trastorno mental grave que le impida conocer el sentido de la pena, el JVP suspenderá la ejecución de la pena privativa de libertad que se le hubiera impuesto, garantizando que reciba la asistencia médica precisa, para lo cual podrá decretar la imposición de una medida de seguridad privativa de libertad de las previstas en el CP, que no podrá ser, en ningún caso, más gravosa que la pena sustituida. Si se tratase de una pena de distinta naturaleza, el JVP apreciará si la situación del penado le permite conocer el sentido de la pena y, en su caso, suspenderá la ejecución imponiendo las medidas de seguridad que estime necesarias.

La resolución de este incidente se atribuye al JVP, lo que suscita problemas por ser aplicable a toda clase de penas, cuando el marco competencial del JVP como juez de ejecución de penas se había contraído a penas privativas de libertad, con la excepción de su intervención en relación con las penas de trabajos en beneficio de la comunidad. Se evidencia el problema cuando el incidente se activa antes del inicio del cumplimiento material de la pena, lo que determina que en la intervención del JVP el vehículo común de comunicación nacerá de la iniciativa del propio juez o tribunal sentenciador. En las conclusiones de los encuentros de fiscales de vigilancia penitenciaria (en adelante CFVP) se ha establecido que la competencia para su aplicación corresponderá al JVP del lugar de cumplimiento, si el sujeto está interno, o al del lugar de ubicación del tribunal sentenciador, en otro caso (conclusión 118).

En todo caso, el incidente regulado en los arts. 991 a 994 LECrim parece claro que queda vaciado de contenido, lo que hace más que cuestionable la participación de las acusaciones particulares mencionadas en el art. 993 LECrim, toda vez que no son parte en los procedimientos seguidos ante los JVP, ni ostentan legitimación para interponer recurso contra sus resoluciones.

En relación con el condenado, las CFVP establecen que en el procedimiento debe garantizarse la contradicción, con audiencia del sujeto y nombramiento de letrado para su defensa (conclusión 118). Y en el Acuerdo 112 *bis* de 2022 adoptado por los JVP en su jornada anual, se indica, tras resaltar la necesidad de letrado, de informe del psiquiatra y del forense y del traslado al fiscal, que «El penado podrá ser examinado por el JVP (art. 993 LECrim)». Esta conclusión se ve avalada por la STS de 27/06/2024 [*Tol 10083974*], que ha ratificado que en los expedientes del art. 60 CP será necesario, además de la asistencia letrada del interno, que se proceda a la audiencia o examen personal del interno por el JVP. 2355

Son condiciones para acordar la suspensión o aplazamiento de ejecución de la pena las siguientes: a) que la anomalía o alteración psíquica se detecte después de la firmeza de la sentencia; b) que el trastorno mental sea grave y duradero, viniendo marcada la gravedad del trastorno por el hecho de que sea de intensidad tal que el reo no capte el sentido de la pena, aunque como advierten los FVP en la conclusión 118 ya citada debe hacerse una interpretación amplia, incluyendo no solo los trastornos sobrevenidos, sino también los inadvertidos en fases procesales anteriores, y no solo los que anulan la capacidad de conocer el sentido de la pena, sino también de aquéllos que la comprometen de forma notable. Como advierte HERNÁNDEZ GARCÍA (p. 530) «el desconocimiento del sentido de la pena no solo va referido al estricto contenido aflictivo, privativo de derechos que comporta, sino también a las propias finalidades resocializadoras a las que debe responder su imposición. En particular, en supuestos de ejecución de penas privativas de libertad, el sobrevenido desconocimiento del sentido y de la función de la pena priva de todo contenido al tratamiento penitenciario y, en lógica conexión, compromete la adecuación del régimen para optimizar los fines del primero».

Si concurren los presupuestos examinados, el JVP suspenderá la ejecución de la pena privativa de libertad que se le hubiera impuesto al condenado, garantizando que reciba la asistencia médica precisa, para lo cual podrá decretar la imposición de una medida de seguridad privativa de libertad de las previstas en el CP, que no podrá ser, en ningún caso, más gravosa que la pena sustituida. Conforme a la DA 5ª LOPJ, dicha resolución será susceptible de recursos de reforma y de apelación ante el juez o tribunal sentenciador. La conclusión 118 de las CFVP establece a este respecto que el juez que la adoptó será competente para el seguimiento de la medida —controles periódicos—, de forma directa o a través de propuesta del JVP del lugar de internamiento, en los supuestos de medidas privativas, siendo este último, en todo caso, el competente para acordar los permisos y salidas terapéuticas

Conforme al art. 60.2 CP, restablecida la salud mental del penado, éste cumplirá la sentencia si la pena no hubiere prescrito, sin perjuicio de que el juez o tribunal sentenciador, por razones de equidad, pueda dar por extinguida la condena o reducir su duración, en la medida en que el cumplimiento de la pena resulte innecesario o contraproducente. El precepto examinado merece dos observaciones: la primera, que asistimos a una excepción a la regla general de que la prescripción de la pena se interrumpe durante la suspensión de la ejecución de la misma, conforme al art. 134.2 a) CP ya reseñado, desde la reforma de la LO 1/2015, con las matizaciones de la precitada STC 33/2022 [*Tol 8892988*]; y la segunda, que si la suspensión corresponde al JVP, la competencia para acordar la extinción o conclusión conforme a las reglas generales corresponde al juez o tribunal sentenciador.

Conforme al art. 60.1-II CP, el JVP comunicará al Ministerio Fiscal, con suficiente antelación, la próxima extinción de la pena o medida de seguridad impuesta, a efectos de lo previsto por la disposición adicional primera del CP. De este modo, la comunicación se encamina a que el Ministerio Fiscal valore la procedencia de promover un proceso para la adopción judicial de medidas de apoyo a la persona con discapacidad o, si hubieran sido ya anteriormente acordadas, su revisión.

7.4 Suspensión por causa de requerimiento del TC cuando se hubiere acordado por este la suspensión de la sentencia objeto de demanda de amparo constitucional por vulneración de derechos fundamentales

La legislación establece el deber de que el juez o tribunal sentenciador acuerde el aplazamiento de la ejecución de la pena por requerimiento del TC cuando se hubiere acordado por éste la suspensión de la sentencia objeto de demanda de amparo constitucional por vulneración de derechos fundamentales, en los términos previstos por el art. 56 LOTC, que la prevé cuando la ejecución del acto impugnado hubiere de ocasionar un perjuicio que haría perder al amparo su finalidad. El art. 56.1 LOTC parte del principio de que la interposición del recurso de amparo no suspenderá los efectos del acto o sentencia impugnados, pero, acto seguido, el art. 56.2 LOTC establece que la excepción a la regla general viene determinada por un doble condicionamiento: en primer lugar, que la ejecución del acto o resolución impugnados produzca un perjuicio que pudiera hacer perder al amparo su finalidad, para el caso de que fuera finalmente estimado; y en segundo lugar, que la suspensión no genere, a su vez, una perturbación grave a un interés constitucionalmente protegido, ni a los derechos fundamentales o libertades de otra persona. Añadiendo el art. 56.3 LOTC que la sala o la sección podrá adoptar cualesquiera medidas cautelares y resoluciones provisionales previstas en el ordenamiento, que, por su naturaleza, puedan aplicarse en el proceso de amparo y tiendan a evitar que el recurso pierda su finalidad. Es doctrina general del TC la improcedencia de la suspensión de la ejecución de aquellos fallos judiciales que admiten la restitución íntegra de lo ejecutado, como por lo general sucede en los que producen efectos meramente patrimoniales; por el contrario, entiende procedente acordarla en aquellos otros fallos en los que resultan afectados bienes o derechos del recurrente en amparo de imposible o muy difícil restitución a su estado anterior, lo cual sucede en las condenas a penas privativas de libertad (ATC 93/2018 [*Tol 8485791*]).

De entre los factores a tomar en cuenta cobra especial relevancia el referido a la gravedad de la pena impuesta, ya que este criterio expresa de forma sintética la reprobación que el ordenamiento asigna al hecho delictivo —la importancia del bien jurídico tutelado, la gravedad y trascendencia social del delito— y, en consecuencia, la magnitud del interés general en su ejecución (ATC 211/2004, de 2 de junio). En relación con este criterio de gravedad de la pena el TC adopta como directriz inicial la de que la pena se sitúe por encima o por debajo de la frontera de los cinco años de prisión, que es la que le sirve al legislador penal para diferenciar entre las penas graves y las menos graves (art. 33 CP). En relación con este criterio de gravedad de la pena, el TC viene aplicando, como regla general, la de que la pena se sitúe por encima o por debajo de la frontera de los cinco años de prisión (AATC 61/2013 [*Tol 3259987*], y 90/2014 [*Tol 4185256*], entre muchos otros).

7.5 Aplazamiento del ingreso o del inicio de cumplimiento por cualquier justa causa

Junto a las causas legales examinadas, es *usus fori* generalizado entre los jueces y tribunales sentenciadores españoles acordar facultativamente el aplazamiento del ingreso en los centros penitenciarios para inicio de cumplimiento de las penas de prisión o demorar el inicio de cumplimiento de otras penas siempre que se acrediten causas justificadas personales, médicas, familiares, o laborales, que no retrasen en exceso el inicio de cumplimiento. A veces pueden ser incluso de prudencia ante una reforma penal, tal y como la inejecución de una pena que queda derogada tras una *vacatio legis* —v.gr. la pena de trabajo en beneficio de la comunidad en los casos en que el reo sentenciado por un delito contra la seguridad del tráfico tenía ya pagada la multa impuesta como pena conjunta—. La base legal debe encontrarse en el art. 990 II LECrim ya examinado; el precepto, aunque limitado en principio a las penas de prisión, es proyectable analógicamente a cualquier tipo de pena, partiendo de que la regla general de ejecución de la sentencia sin dilación debe entenderse como sin dilación no justificada, pudiendo demorarse por causas justificadas.

8. CONCLUSIÓN DEL PROCESO DE EJECUCIÓN

Las causas de conclusión del proceso de ejecución presentan una coincidencia incompleta con las causas de extinción de la responsabilidad criminal contempladas en el art. 130 CP, toda vez que la prescripción del delito no resulta aplicable como motivo de conclusión de la ejecución penal, una vez dictada la sentencia firme condenatoria: la prescripción del delito es así una causa de extinción de la responsabilidad criminal que por su propia esencia excluye la ejecución, al no existir una sentencia condenatoria firme. Y lo propio sucede con el perdón del ofendido, pues el art. 130.1.5º CP exige que habrá de ser otorgado de forma expresa antes de que se haya dictado sentencia, a cuyo efecto el juez o tribunal sentenciador deberá oír al ofendido por el delito antes de dictarla.

Partiendo de esta premisa, procederemos al análisis sucesivo de las causas de conclusión de la ejecución penal, si bien lo iniciaremos por el cumplimiento de la condena.

8.1 Cumplimiento de la condena

Conforme al art. 130.1.2º CP, la responsabilidad criminal se extingue por el cumplimiento de la condena. El cumplimiento de la condena constituye la causa ordinaria de extinción de la responsabilidad penal y viene determinada por el licenciamiento definitivo de las penas de prisión y, en su caso, de las penas privativas de libertad o cuando vence la fecha de término de cumplimiento de la pena o medida de seguridad o se declare cesada la medida de seguridad si se acuerda dicho cese de manera anticipada, en los términos del art. 98 CP. En el caso de penas conjuntas impuestas por un mismo delito, cuando se haya cumplido la última de las impuestas.

No debe confundirse el cumplimiento de la condena con la excarcelación por causa de libertad condicional en el caso de penas de prisión y privativas de libertad. En este supuesto, la condena se entenderá cumplida cuando transcurra el tiempo que reste al sujeto por cumplir sin que éste hubiere vuelto a delinquir ni hubiere infringido las reglas de conducta fijadas por el juez o tribunal sentenciador.

8.2 La muerte del reo

Conforme al art. 130.1.1º CP la responsabilidad criminal se extingue por la muerte del reo. La muerte del reo extingue la responsabilidad criminal en aplicación del principio de personalidad de la pena, que implica que la responsabilidad penal sólo se exige a personas concretas por sus propios actos, sin que resulte factible una responsabilidad colectiva extensible al grupo familiar o social. A diferencia de otros CP —como los de 1870 y 1928— el vigente no distingue entre penas pecuniarias y personales, por lo que ha de entenderse que esta causa de extinción afecta a todas.

Cuando la muerte se produce habiendo recaído sentencia condenatoria firme, la muerte del reo llevará consigo la extinción de la pena impuesta.

Se plantea la cuestión de determinar si la declaración de fallecimiento produce al igual que la muerte la extinción de la responsabilidad penal. La doctrina se inclina por la tesis negativa ya que el CP no contempla esta posibilidad y la declaración de fallecimiento supone una mera presunción *iuris tantum* que quedará sin efecto si el declarado fallecido se presentase o se tuviesen noticias de su existencia en cuyo caso deberá cumplir la pena salvo que hubiera prescrito.

En cuanto a la responsabilidad civil, ésta no se extingue por la muerte del reo, sino que se transmite a los herederos. Y así, el art. 115 LECrim establece que la acción penal se extingue por la muerte del culpable; pero en este caso subsiste la civil contra sus herederos y causahabientes, que sólo podrá ejercitarse ante la jurisdicción y por la vía de lo civil. Respecto de las costas procesales, la doctrina sostiene que éstas constituyen una forma de responsabilidad civil por lo que las mismas no se extinguirán por la muerte del reo, sino que se transmiten también a los herederos.

8.3 La remisión definitiva de la pena

Establece el art. 130.1.3º CP que la responsabilidad criminal se extingue por la remisión definitiva de la pena, conforme a lo dispuesto en los apartados 1 y 2 del artículo 87 CP. A este respecto el art. 87.1 CP dispone que, transcurrido el plazo de suspensión fijado sin haber cometido el sujeto un delito que ponga de manifiesto que la expectativa en la que se fundaba la decisión de suspensión adoptada ya no puede ser mantenida, y cumplidas de forma suficiente las reglas de conducta fijadas por el juez o tribunal sentenciador, éste acordará la remisión de la pena. Ello, no obstante, en el caso de la suspensión especial de toxicómanos y alcohólicos contemplada el art. 80.5 CP, el art. 87.2
2360 CP establece una regla especial señalando que, no obstante, para acordar la remisión de la pena que hubiera sido suspendida conforme al apartado 5 del artículo 80 CP, deberá acreditarse la deshabituación del sujeto o la continuidad del tratamiento. De lo contrario, el juez o tribunal sentenciador ordenará su cumplimiento, salvo que, oídos los informes correspondientes, estime necesaria la continuación del tratamiento; en tal caso podrá conceder razonadamente una prórroga del plazo de suspensión por tiempo no superior a dos años.

8.4 La amnistía o el indulto

Establece el art. 130.1.4º CP que la responsabilidad criminal se extingue por la amnistía o el indulto. Este apartado ha sido redactado por la disposición final 2 de la LO 1/2024, de amnistía para la normalización institucional, política y social en Cataluña, ya que en las redacciones del CP vigente solo se aludía al indulto, a diferencia de los Códigos Penales de 1944 y 1973 que sí aludían también a la amnistía como causa de extinción de la responsabilidad criminal. La amnistía opera antes de la sentencia, como causa de extinción de la responsabilidad criminal, y si lo hace tras una sentencia condenatoria firme, opera del mismo modo, pero en la medida en que se hubiera iniciado su ejecución, como causa de conclusión derivada de la extinción precitada.

En cuanto a la amnistía, el 666.4ª LECrim la contemplaba antes de la reforma de 2024 del CP —y la sigue contemplando— como artículo de previo pronunciamiento. Ahora bien, el ATS de 24 de julio de 2024 ha planteado cuestión de inconstitucionalidad sobre el art. 1 de la LO 1/2024 por vulneración del derecho constitucional a la igualdad ante la ley y los principios de seguridad jurídica, proscripción de la arbitrariedad y exclusividad jurisdiccional.

Conviene resaltar las diferencias entre indulto y amnistía. En primer lugar, el indulto sólo puede afectar a uno o varios sujetos y en atención a las circunstancias específicas de su caso; por el contrario, la amnistía afecta a una pluralidad de sujetos en atención a circunstancias generales. En segundo lugar, el indulto se concede mediante un acto del Poder Ejecutivo; la amnistía sólo puede concederse mediante un acto del Poder Legislativo. Y finalmente, el indulto supone el perdón o atenuación de las consecuencias jurídicas de un delito mientras que la amnistía supone la extinción de todos los efectos del delito, incluyendo la anotación de antecedentes penales.

Centrados ya en el indulto, puede obedecer a los siguientes fines: primero, ajustar la pena a razones de moral o utilidad política o social que no fueron tenidas en cuenta por el legislador; segundo, corregir los errores judiciales cuando las leyes procesales no contemplan ninguna otra vía para ello; y finalmente, compensar la severidad de la norma cuando sobreviene un cambio de circunstancias personales en el delincuente.

Por lo que atañe a las clases de indulto, el art. 4 LEGI dispone que el indulto podrá ser total o parcial. Será indulto total la remisión de todas las penas a que hubiese sido condenado y que todavía no hubiese cumplido el delincuente; y parcial la remisión de alguna o algunas de las penas impuestas, o de parte de todas las que hubiese incurrido y no hubiese cumplido todavía el delincuente. Se reputará también indulto parcial la conmutación de la pena o penas impuestas al delincuente en otras menos graves. El indulto total se otorgará a los penados tan sólo en el caso de existir a su favor razones de justicia, equidad o utilidad pública, a juicio del tribunal sentenciador (art. 11 LEGI). En los demás casos, se concederá tan sólo el parcial y con preferencia la conmutación de la pena impuesta en otra menos grave dentro de la misma escala gradual. Sin embargo, podrá también conmutarse la pena en otra de distinta cuando haya méritos suficientes para ello, a juicio del tribunal sentenciador o del Consejo de Estado, y el penado además se conformare con la conmutación.

Respecto de los beneficiarios del indulto, el art. 1 LEGI dispone que los reos de toda clase de delitos podrán ser indultados con arreglo a las disposiciones de esta ley de toda o parte de la pena en que por aquéllos hubiesen incurrido. No obstante, se exceptúan los siguientes sujetos: a) los procesados que no hubieran sido condenados por sentencia firme; b) los que no estuvieren a disposición del Juez o tribunal sentenciador para el cumplimiento de la condena; y c) los reincidentes en el mismo o cualquier otro delito por el que hubieren sido condenados en sentencia firme salvo que el juez o tribunal sentenciador estime razones suficientes de justicia, equidad o convivencia pública. Con independencia de lo anterior, el art. 102 CE exceptúa los casos de responsabilidad penal del presidente y los demás miembros del Gobierno. Por su parte, el art. 15 LEGI dispone que el indulto no podrá concederse si causare perjuicio a un tercero.

En cuanto a la competencia para otorgar el indulto, el art. 62 CE dispone que corresponde al rey ejercer el derecho de gracia con arreglo a la ley, que no podrá autorizar indultos generales. No obstante, conviene recordar que el art. 64.2 dispone que los actos del rey serán refrendados por el presidente del gobierno y, en su caso, por los ministros competentes. De los actos del rey serán responsables las personas que los refrenden.

Respecto del procedimiento para su concesión, el art. 19 LEGI dispone que podrán solicitar el indulto los penados, sus parientes o cualquier persona en su nombre sin necesidad de acreditar por escrito su representación. Agrega el art. 20 LEGI que también puede proponer el indulto el juez o tribunal sentenciador, o el TS, o el fiscal de cualquiera de ellos, con arreglo a lo que se dispone en el párrafo tercero, art. 2º del CP, y se disponga además en las Leyes de procedimientos y casación criminal. El art. 21 LEGI agrega que podrá también el Gobierno mandar formar el oportuno expediente, con arreglo a las disposiciones de esta Ley, para la concesión de indultos que no hubiesen sido solicitados por los particulares ni propuestos por los tribunales de justicia. Las solicitudes de indultos se dirigirán al ministro de justicia por conducto del juez o tribunal sentenciador, del jefe del establecimiento o del gobernador de la provincia en que el penado se halle cumpliendo la condena, según los respectivos casos —art. 22 LEGI. El juez o tribunal sentenciador pedirá, a su vez, informe sobre la conducta del penado al Jefe del establecimiento en que aquél se halle cumpliendo la condena, o al gobernador de la provincia de su residencia, si la pena no consistiese en la privación de libertad, y oirá después al fiscal y a la parte ofendida si la hubiere (art. 24 LEGI), debiendo remitir con su informe de parecer hoja histórico-penal y el testimonio de la sentencia ejecutoria del penado, con los demás documentos que considere necesarios para la justificación de los hechos (art. 26 LEGI).

Sobre determinación del juez o tribunal sentenciador que concretamente deba emitir el informe, es doctrina de la Sala de lo Contencioso Administrativo del Tribunal Supremo que, en los supuestos en los que la pena se eleve, por la estimación de un recurso ya sea este de apelación o de casación, es el tribunal que agravó la pena impuesta el que ha de emitir este informe, pues está en mejores condiciones para dictaminar si procede conmutar total o parcialmente la pena que él impuso y sobre la finalmente versa la solicitud de gracia que se solicita, sin perjuicio de que pueda valerse de la colaboración del tribunal encargado de la ejecución de la sentencia para poder informar sobre alguno de los extremos previstos en el art. 25 de la Ley del indulto y lo propio rige para los casos en que se reduzca las penas, y en el caso de las sentencias de conformidad, ya que cuando se atribuye con carácter exclusivo las ejecutorias de un orden jurisdiccional a un órgano judicial determinado, esa labor de ejecución no modifica quien es el tribunal sentenciador al que se refiere el art. 23 LEGI, y puesto que el objeto del indulto es la remisión de la pena impuesta por un determinado órgano, es ese órgano precisamente, en cuanto tribunal sentenciador, el que ha de emitir el informe, y no aquel al que por puras razones organizativas y de agilidad en la tramitación de las ejecuciones, se han trasladado las competencias a los solos efectos de la ejecución (SSTS 847/2014, de 17 de marzo y 4579/2014, de 11 de noviembre). En el mismo sentido, los acuerdos de Pleno de la Sala Segunda del Tribunal Supremo de 20 de abril de 2001, 1 y 5 de abril de 2005, que señaló que "el Tribunal Supremo será competente para informar indultos, como tribunal sentenciador, cuando dicte segunda sentencia." 2363

Las solicitudes de indulto, inclusas las que directamente se presentaren al ministro de justicia, se remitirán a informe del tribunal sentenciador (art. 23 LEGI). Las solicitudes de indultos se dirigirán al ministro de justicia por conducto del tribunal sentenciador, del jefe del establecimiento o del gobernador de la provincia en que el penado se halle cumpliendo la condena, según los respectivos casos.

La concesión de indulto se realizará mediante Real Decreto que se publicará en el BOE (art. 30 LEGI); y la aplicación del mismo corresponderá al tribunal sentenciador (art. 31 LEGI). El tribunal sentenciador no dará cumplimiento a ninguna concesión de indulto cuyas condiciones no hayan sido previamente cumplidas por el penado; salvo las que por su naturaleza no lo permitan (art. 17 LEGI).

Serán condiciones de todo indulto: a) Que no cause perjuicio a tercera persona o no lastime sus derechos; b) Que haya sido oída la parte ofendida, cuando el delito por el que hubiese sido condenado el reo fuere de los que solamente se persiguen a instancia de parte (art. 15 LEGI). Podrán, además, imponerse al penado en la concesión de la gracia las demás condiciones que la justicia, la equidad o la utilidad pública aconsejen (art. 16 LEGI).

Respecto de los efectos del indulto, se establecen los siguientes: el indulto de la pena principal llevará consigo el de las accesorias salvo la inhabilitación para cargos públicos y derechos políticos y la sujeción a vigilancia de la autoridad a menos que se haga expresa referencia a ellas; pero no se entenderán incluidas la responsabilidad civil (art. 6 LEGI) ni las costas procesales (art. 9 LEGI). Por otra parte, podrá concederse el indulto de las penas accesorias, pero no de la pena principal y viceversa, a menos que aquéllas fuesen inseparables de éstas por su propia naturaleza (art. 7 LEGI). A su vez el indulto de una pena pecuniaria eximirá al penado del pago de la cantidad que no hubiese satisfecho, pero no se extenderá a la devolución de lo pagado salvo que se determine expresamente —art. 8 LEGI. Finalmente, la concesión del indulto será siempre irrevocable (art. 18 LEGI).

Conviene finalmente señalar que conforme al art. 25 RP, si el reo estuviera cumpliendo la pena en un centro penitenciario, cuando la liberación definitiva de los penados se produzca por aplicación de medidas de gracia, el director del centro se abstendrá, en todo caso, de poner en libertad a los penados sin haber recibido orden o mandamiento por escrito del tribunal sentenciador.

8.5 Prescripción de la pena o de la medida de seguridad

Establece el art. 130.1.7º CP que la responsabilidad criminal se extingue por la prescripción de la pena o de la medida de seguridad.

8.5.1 Prescripción de las penas

El art. 133.1 CP enuncia los plazos generales de prescripción de las penas, a saber: a los 30 años, las de prisión por más de 20 años; a los 25 años, las de prisión de 15 o más años sin que excedan de 20; a los 20, las de inhabilitación por más de 10 años y las de prisión por más de 10 y menos de 15; a los 15, las de inhabilitación por más de seis años y que no excedan de 10, y las de prisión por más de cinco años y que no excedan de 10; a los 10, las restantes penas graves; a los cinco, las penas menos graves; y finalmente al año, las penas leves.

A su vez el art. 133.2 CP contempla unas reglas especiales de imprescriptibilidad, indicando que las penas impuestas por los delitos de lesa humanidad y de genocidio y por los delitos contra las personas y bienes protegidos en caso de conflicto armado, salvo los castigados en el artículo 614 CP, no prescribirán en ningún caso; ni tampoco las penas impuestas por delitos de terrorismo, si estos hubieren causado la muerte de una persona.

Por lo que se refiere al *dies a quo* del cómputo, el art. 134.1 CP dispone que el tiempo de la prescripción de la pena se computará desde la fecha de la sentencia firme, o desde el quebrantamiento de la condena, si ésta hubiese comenzado a cumplirse. Pero seguidamente se advierte (art. 134.2 CP) que el plazo de prescripción de la pena quedará en suspenso: a) durante el período de suspensión de la ejecución de la pena. b) durante el cumplimiento de otras penas, cuando resulte aplicable lo dispuesto en el artículo 75 CP.

8.5.2 Prescripción de las medidas de seguridad

Las medidas de seguridad prescribirán a los diez años, si fueran privativas de libertad superiores a tres años, y a los cinco años si fueran privativas de libertad iguales o inferiores a tres años o tuvieran otro contenido (art. 135.1 CP).

En cuanto al *dies a quo*, el tiempo de la prescripción se computará desde el día en que haya quedado firme la resolución en la que se impuso la medida o, en caso de cumplimiento sucesivo, desde que debió empezar a cumplirse (art. 135.2 CP).

Finalmente, si el cumplimiento de una medida de seguridad fuere posterior al de una pena, el plazo se computará desde la extinción de ésta (art. 135.3 CP).

8.6 Anulación del título de ejecución

Atendido el hecho de que la sentencia firme condenatoria es el título de ejecución, dicho título puede anularse a través de tres medios excepcionales: el recurso de revisión, el recurso de amparo, y el recurso ante el TEDH, como advierte JUANES PECES (pp. 3.631 y ss.). De este modo, la anulación del título de ejecución por cualquiera de estos tres cauces pondrá término y conclusión a la ejecución de la sentencia penal; aunque en la práctica ahora se reconducen a los dos primeros, como veremos.

8.6.1 Recurso de revisión

La anulación de la sentencia por la sala Segunda del Tribunal Supremo en virtud de un recurso de revisión puede producir efectos diferentes; mientras que en unos casos llevará aparejada la libertad del condenado (art. 958 II LECrim), en los demás ordenará el TS instruir de nuevo la causa. En estos últimos supuestos, el anteriormente condenado, si estuviera en prisión hasta entonces en concepto de penado, podrá proseguir su internamiento en condición de preso preventivo si así lo acuerda el Juez de Instrucción.

Una de las modalidades del recurso de revisión se posibilita (art. 954.3 LECrim, tras redacción introducida por el art. 101.10 del RDL 6/2023) cuando el TEDH haya declarado que una resolución judicial fue dictada en violación de alguno de los derechos reconocidos en el CEDH y sus Protocolos, siempre que la violación, por su naturaleza y gravedad, entrañe efectos que persistan y no puedan cesar de ningún otro modo que no sea mediante esta revisión. Ha de tenerse presente que, en este supuesto, la revisión solo podrá ser solicitada por quien, estando legitimado para interponer este recurso, hubiera sido demandante ante el TEDH. La solicitud deberá formularse en el plazo de un año desde que adquiera firmeza la sentencia del referido tribunal.

8.6.2 Recurso de amparo

La sentencia que otorgue el amparo puede contener como uno de sus pronunciamientos la declaración de nulidad de la decisión, acto o resolución que hayan impedido el pleno ejercicio de los derechos o libertades protegidos, con determinación, en su caso, de la extensión de sus efectos [art. 55.a) LOTC].

BIBLIOGRAFÍA

- Conclusiones vigentes sistematizadas de encuentros de fiscales de vigilancia penitenciaria 2011-2023 https://www.fiscal.es/documents/d/fiscal/concl-sistematizadas-2011-a-2023-
- Criterios de actuación, conclusiones y acuerdos aprobados por los jueces de vigilancia penitenciaria en sus xxx reuniones celebradas entre 1981 y 2022. Https://derechopenitenciario.com/wp-content/uploads/2022/08/criterios-jjvp-pamplona-mayo-2022.pdf
- FERNÁNDEZ ARÉVALO/NISTAL BURÓN, *Derecho Penitenciario*, Aranzadi, 2016.
- GÓMEZ-ESCOLAR MAZUELA, «Indulto: presente y futuro», en *Fase de ejecución: en especial, acumulaciones y refundiciones, libertad condicional e indulto*", Curso de formación continua de fiscales, CEJ, 2017.
- GONZÁLEZ CANO, *La ejecución de la pena privativa de libertad*, Tirant lo Blanch, 1994.
- HERNÁNDEZ GARCÍA, *Comentarios al Código Penal*, (Cuerda Arnau dir.), Tirant lo Blanch, 2023.
- JIMÉNEZ ALARCÓN, «El indulto», en *Curso de formación continuada de fiscales sobre novedades en materia de ejecución*, CEJ, abril 2016.
- MORENO CATENA, COQUILLAT VICENTE, JUANES PECES y DE LLERA SUÁREZ BÁRCENAS, *El Proceso Penal. Doctrina, Jurisprudencia y Formularios*, Tirant lo Blanch, 2000.
- MORENO CATENA/CORTÉS, *Derecho Procesal Penal*, Tirant lo Blanch, 2024.
- QUINTERO OLIVARES, *Comentarios al Código Penal español*, Aranzadi, 2024.
- SEGARRA CRESPO, «Inicio de la ejecutoria en el caso de penas privativas de libertad. incidentes de paralización y/o aplazamiento. Especial análisis del indulto», en *Curso formación continua fiscales*, CEJ, 2014.

Capítulo 59
La ejecución de penas privativas de libertad

Luis Fernández Arévalo
Fiscal Jefe
Fiscalía Provincial de Sevilla

1. SUSPENSIÓN DE LA EJECUCIÓN DE LAS PENAS PRIVATIVAS DE LIBERTAD

1.1 Ejecución y cumplimiento

Nuestro sistema penal vigente establece (art. 36.1 CP) que penas privativas de libertad son la prisión permanente revisable, la prisión, la localización permanente y la responsabilidad personal subsidiaria por impago de multa. Su cumplimiento, así como los beneficios penitenciarios que supongan acortamiento de la condena, se ajustarán a lo dispuesto en las leyes y en este Código.

A este respecto, en nuestro sistema de ejecución de penas privativas de libertad existen dos vertientes: de una parte, la jurisdiccional, que comprende los aspectos concernientes a la ejecución de las sentencias penales; y de otra, la de ejecución administrativa de las penas o cumplimiento, que en España asumen los servicios de prisiones o instituciones penitenciarias. Se confrontan así dos conceptos: ejecución y cumplimiento.

1.2 Las llamadas formas sustitutivas de la ejecución de las penas privativas de libertad

Los inconvenientes de las penas privativas de libertad —costes económicos del sistema penitenciario, su sobreocupación, elevadas tasas de reincidencia que cuestionan el fracaso resocializador de las penas— han determinado la aparición de medidas alternativas a la propia pena de prisión, entre las que encontramos las denominadas formas sustitutivas de la ejecución de las penas privativas de libertad.

Asistimos así a figuras que, o bien implican la renuncia a la imposición de una pena privativa de libertad o bien posibilitan modos elusivos de su cumplimiento material. Las renuncias pueden ser anteriores a las resoluciones judiciales o posteriores a aquellas. Entre las renuncias anteriores encontramos ejemplos en el sistema español de justicia juvenil, como el desistimiento de la incoación del expediente por corrección en el ámbito educativo y familiar (art. 18 LORPM), y el sobreseimiento del expediente por conciliación o reparación entre el menor (art. 19 LORPM) y la víctima. Entre las posteriores se citan en otros sistemas el descargo absoluto y el perdón condicional. Frente a las renuncias encontramos los llamados regímenes de prueba, que tienen sus proyecciones principales en el modelo anglosajón de *probation*, en el que existiendo una declaración de culpabilidad el inculpado queda sometido a vigilancia por los funcionarios del servicio de *probation*; y en el modelo continental europeo del *sursis* o remisión condicional, en el que se pronuncia la sentencia, con imposición de la pena, que no se ejecuta, quedando el condenado en libertad, debiendo no delinquir en un plazo determinado.

1.3 La suspensión de la ejecución de las penas privativas de libertad

1.3.1 Concepto, requisitos, y modalidades

En España la figura principal en el sistema penal de adultos es la remisión o condena condicional, que actualmente conocemos como suspensión de la ejecución de las penas privativas de libertad. Por medio de remisión condicional de las penas privativas de libertad se deja en suspenso el cumplimiento material de la pena privativa de libertad en atención a la baja peligrosidad criminal del reo, esto es, cuando es razonable esperar que la ejecución de la pena no sea necesaria para evitar la comisión futura por el penado de nuevos delitos, según resolución motivada del propio juez o tribunal sentenciador (art. 80.1-I CP). Para adoptar esta resolución el juez o tribunal valorará las circunstancias del delito cometido, las circunstancias personales del penado, sus antecedentes, su conducta posterior al hecho, en particular su esfuerzo para reparar el daño causado, sus circunstancias familiares y sociales, y los efectos que quepa esperar de la propia suspensión de la ejecución y del cumplimiento de las medidas que fueren impuestas (art. 80.1-II CP).

Como modalidades podemos diferenciar entre la suspensión general de penas privativas de libertad, aplicable a penas de prisión, de localización permanente y de responsabilidad personal subsidiaria, que es la regulada en los arts. 80 y siguientes, y la suspensión especial de la pena de prisión permanente revisable, que se regula en el art. 92 CP.

Dentro de la suspensión general de las penas privativas de libertad condicional encontramos la suspensión común, la especial sustitutiva, la especial de personas toxicómanas y alcohólicas, y la excepcional de enfermos graves con padecimientos incurables.

La suspensión común exige como requisitos para su concesión (art. 80.2 CP) los siguientes; primariedad delictiva, que la pena de prisión no exceda de dos años, sin incluir la derivada del impago de multa, la satisfacción de las responsabilidades civiles y haberse hecho efectivo en su caso el decomiso. Respecto de la primariedad, no se tendrán en cuenta las anteriores condenas por delitos imprudentes o por delitos leves, ni los antecedentes penales que hayan sido cancelados, o debieran serlo con arreglo a lo dispuesto en el artículo 136, ni tampoco los antecedentes penales correspondientes a delitos que, por su naturaleza o circunstancias, carezcan de relevancia para valorar la probabilidad de comisión de delitos futuros. El momento para valorar la presencia de antecedentes penales vigentes, es según criterio mayoritario, el momento de decidir sobre la suspensión de la pena; la existencia de posteriores condenas a la fecha de los hechos de autos es irrelevante a los efectos del requisito de la primariedad, si bien pueden no serlo a efectos de la apreciación en el reo de peligrosidad criminal que representa. Respecto de la satisfacción de responsabilidades civiles, debe tenerse presente que lo único exigible puede ser un compromiso mínimo por parte del penado de satisfacer la responsabilidad civil impuesta, de acuerdo con su capacidad económica, ya que el art. 80.2.c) II CP prevé que ese requisito se entenderá cumplido cuando el penado asuma el compromiso de satisfacer las responsabilidades civiles de acuerdo a su capacidad económica y de facilitar el decomiso acordado, y sea razonable esperar que el mismo será cumplido en el plazo prudencial que el juez o tribunal determine, sin perjuicio de que el juez o tribunal pueda solicitar las garantías que considere convenientes para asegurar su cumplimiento.

La suspensión especial sustitutiva (art. 80.3 CP) relaja los requisitos de primariedad y de cuantía de la pena, pudiendo aplicarse a condenados que no tengan la condición de reos habituales en los términos del art. 94 CP, respecto de las penas de prisión que individualmente no excedan de dos años cuando las circunstancias personales del reo, la naturaleza del hecho, su conducta y, en particular, el esfuerzo para reparar el daño causado, así lo aconsejen. En estos casos, la suspensión se condicionará siempre a la reparación efectiva del daño o la indemnización del perjuicio causado conforme a sus posibilidades físicas y económicas, o al cumplimiento del acuerdo alcanzado en virtud de mediación, imponiéndose en todo caso una multa graduada por el juez o tribunal que no podrá ser superior a la que resultase de aplicar dos cuotas de multa por cada día de prisión, o de un día de trabajo en beneficio de la comunidad sobre un quinto de la pena impuesta.

La suspensión especial de alcohólicos y toxicómanos (art. 80.5 CP) se podrá conceder respecto de penas privativas de libertad no superiores a cinco años de los penados que hubiesen cometido el hecho delictivo a causa de su dependencia de las sustancias señaladas en el art. 20.2 CP, siempre que se certifique suficientemente, por centro o servicio público o privado debidamente acreditado u homologado, que el condenado se encuentra deshabituado o sometido a tratamiento para tal fin en el momento de decidir sobre la suspensión. En el caso de que el condenado se halle sometido a tratamiento de deshabituación se condicionará la suspensión a que no abandone el tratamiento hasta su finalización; pero no se entenderán como abandono las recaídas en el tratamiento si estas no evidencian un abandono definitivo del tratamiento de deshabituación

Finalmente, la suspensión excepcional de enfermos graves con padecimientos incurables podrá concederse sin sujeción a requisito alguno en el caso de que el penado esté aquejado de una enfermedad muy grave con padecimientos incurables, salvo que en el momento de la comisión del delito tuviera ya otra pena suspendida por el mismo motivo. A este respecto debe tenerse presente que la jurisprudencia menor considera muy razonablemente que es de aplicación la doctrina que respecto de la libertad condicional de enfermos graves con padecimientos incurables fijó la STC 48/1996 [*Tol 104646*], de 25 de marzo, que establece que se justifica en los casos de enfermedad grave e incurable en cuya evolución incida desfavorablemente la estancia en la cárcel con empeoramiento de la salud del paciente, acortando así la duración de su vida, aun cuando no exista riesgo inminente de su pérdida. Son criterios prácticos que definen su contenido los formulados por la Instrucción de la DGIP 1/2000, de 11, de enero, en este aspecto no derogada, respecto de la libertad condicional excepcional por el mismo motivo de enfermedad: riesgo de muerte estimado superior al 10% en el plazo de un año a pesar del tratamiento; riesgo de muerte estimado superior al 50% en el plazo de 5 años a pesar del tratamiento; índice de Karnofsky menor o igual al 50%; infección por VIH en estadio A3, B3 o C, y trastorno psicótico crónico con actividad sintomática a pesar de haber seguido: la concurrencia de cualquiera de estos requisitos en principio la justifica.

1.3.2 Tramitación de la suspensión de la ejecución de las penas privativas de libertad

Como regla general, la resolución debe adoptarse por el juez o tribunal sentenciador en la propia sentencia. Subsidiariamente, en los demás casos, una vez declarada la firmeza de la sentencia, se pronunciará con la mayor urgencia, previa audiencia a las partes, sobre la concesión o no de la suspensión de la ejecución de la pena (art. 82.1 CP). En los delitos que sólo pueden ser perseguidos previa denuncia o querella del ofendido, los jueces y tribunales oirán a éste y, en su caso, a quien le represente, antes de conceder los beneficios de la suspensión de la ejecución de la pena (art. 80.6 CP). La resolución debe fijar el plazo del periodo de prueba, y podrá fijar reglas de conducta, esto es, mandatos y prohibiciones, a las que seguidamente nos referiremos. En el procedimiento abreviado tras dictarse las sentencias de conformidad, si el fiscal y las partes, conocido el fallo, expresaran su decisión de no recurrir, el juez, en el mismo acto, declarará oralmente la firmeza de la sentencia, y se pronunciará, previa audiencia de las partes, sobre la suspensión o la sustitución de la pena impuesta (art. 787.6 LECrim), lo que se extiende a todos los casos de sentencia *in voce* en este tipo de procedimiento (art. 789.2 LECrim). En el caso de las diligencias urgentes ante el juez de guardia, dictada la sentencia de conformidad, si el fiscal y las partes personadas expresasen su decisión de no recurrir, el juez, en el mismo acto, declarará oralmente la firmeza de la sentencia y, si la pena impuesta fuera privativa de libertad, resolverá lo procedente sobre su suspensión o sustitución (art. 801.2 LECrim), contemplándose la suficiencia del compromiso del acusado de satisfacer las responsabilidades civiles que se hubieren originado en el plazo prudencial que el juez de guardia fije, y en los casos de suspensión especial de toxicómanos, el compromiso del acusado de obtener certificación suficiente por centro o servicio público o privado debidamente acreditado u homologado de que se encuentra deshabituado o sometido a tratamiento para tal fin en el plazo prudencial que el juez de guardia fije (art. 801.3 LECrim).

Cuando el pronunciamiento sobre la suspensión no se hubiera formulado en sentencia, el art. 988 *bis* LECrim, introducido por la reforma de la LO 1/2025, de 2 de enero, de medidas en materia de eficiencia del Servicio Público de Justicia, señala que dicho pronunciamiento deberá adoptarse tras la incoación de la ejecutoria. A este respecto se diferencia entre una tramitación escrita para resolver este incidente o una tramitación con vista.

En lo que se refiere a la tramitación escrita, los apartados 1 y 2 establecen que el juez o tribunal dará traslado del auto de incoación de la ejecutoria a la representación de cada uno de los condenados para que, en el plazo de diez días, se pronuncien en un mismo escrito cuando hubieran sido impuestas penas privativas de libertad susceptibles de ser suspendidas conforme al Código Penal y la sentencia no se hubiera pronunciado acerca de su suspensión, sobre la modalidad o modalidades de suspensión de la ejecución de las penas privativas de libertad que solicite, adjuntando en su caso los informes o la documentación en que se funden las peticiones. Seguidamente el juez o tribunal realizará, en su caso, las comprobaciones sobre la concurrencia de los requisitos de la suspensión, y dará traslado de la solicitud y de lo practicado al Ministerio Fiscal, a las partes acusadoras personadas y víctimas, directamente afectadas por la decisión, para que, en el plazo de diez días, formulen alegaciones. Una vez transcurrido el plazo, en el término de cinco días el juez, la jueza o el tribunal resolverán mediante auto sobre todas las peticiones.

A su vez el art. 988.3 LECrim establece que la tramitación escrita podrá ser sustituida por el juez o tribunal, por una vista que habrá de celebrarse en el plazo de diez días y a la que deberá citarse al acusado y su defensa, al Ministerio Fiscal, a las partes acusadoras y víctimas, directamente afectadas por la decisión. Celebrada la vista, el juez, la jueza o el tribunal resolverá en el acto o, de no ser posible, en los tres días siguientes, sobre todas las cuestiones planteadas.

En materia de recursos rige el sistema general, esto es, recursos de reforma y apelación contra resoluciones de órganos unipersonales, y súplica contra las de los colegiados, con una matización respecto de las decisiones de la Audiencia Provincial. La jurisprudencia del TS permite admitir la apelación frente a autos dictados por la Audiencia Provincial sobre materias que podrían haber sido resueltas en la sentencia, siendo este el caso que resuelve sobre la suspensión de condena y del auto que acuerda en fase de ejecución la expulsión sustitutiva de la pena, ante el absurdo de que tales decisiones serían o no apelables en función del momento procesal en el que se adoptaran (STS de 8/06/2022 [*Tol 9049275*]). Pero no es susceptible de recurso de casación —AATS de 29 de febrero —recurso 8181/2023— y de 30 de mayo de 2024 —recurso 8181/2023— como más recientes.

Por otra parte, la suspensión conlleva un periodo de prueba durante el que el reo no debe cometer delitos, y debe respetar las reglas de conducta que se le impongan: de dos a cinco años para las penas privativas de libertad no superiores a dos años, y de tres meses a un año para las penas leves. El plazo se fijará por el juez o tribunal, atendidos los criterios expresados en el art. 80.1-II CP. En el caso de la suspensión especial de alcohólicos y toxicómanos el plazo de suspensión será de tres a cinco años (art. 81 CP). Dicho plazo se computará desde la fecha de la resolución que la acuerda; pero si hubiera sido acordada en sentencia, el plazo de la suspensión se computará desde la fecha en que aquélla hubiere devenido firme. No se computará como plazo de suspensión aquél en el que el penado se hubiera mantenido en situación de rebeldía (art. 82.2 CP). 2375

La suspensión queda en todo caso sujeta a una condición legal, y eventualmente a reglas de conducta. La condición fijada por ley es que durante el periodo de suspensión el reo debe mantener una conducta respetuosa de la ley penal.

Las reglas de conducta consisten a su vez en mandatos o deberes, y en prohibiciones, instrumentales para el control de la peligrosidad criminal del reo, en la medida en que resulten necesarias para evitar el peligro de comisión de nuevos delitos, sin que puedan imponerse deberes y obligaciones que resulten excesivos y desproporcionados. Aparecen enumeradas en el art. 83 CP y son las siguientes:

1ª Prohibición de aproximarse a la víctima o a aquéllos de sus familiares u otras personas que se determine por el juez o tribunal, a sus domicilios, a sus lugares de trabajo o a otros lugares habitualmente frecuentados por ellos, o de comunicar con los mismos por cualquier

medio. La imposición de esta prohibición será siempre comunicada a las personas con relación a las cuales sea acordada.
2ª Prohibición de establecer contacto con personas determinadas o con miembros de un grupo determinado, cuando existan indicios que permitan suponer fundadamente que tales sujetos pueden facilitarle la ocasión para cometer nuevos delitos o incitarle a hacerlo.
3ª Mantener su lugar de residencia en un lugar determinado con prohibición de abandonarlo o ausentarse temporalmente sin autorización del juez o tribunal.
4ª Prohibición de residir en un lugar determinado o de acudir al mismo, cuando en ellos pueda encontrar la ocasión o motivo para cometer nuevos delitos.
5ª Comparecer personalmente con la periodicidad que se determine ante el juez o tribunal, dependencias policiales o servicio de la administración que se determine, para informar de sus actividades y justificarlas.
6ª Participar en programas formativos, laborales, culturales, de educación vial, sexual, de defensa del medio ambiente, de protección de los animales, de igualdad de trato y no discriminación, resolución pacífica de conflictos, parentalidad positiva y otros similares.
7ª Participar en programas de deshabituación al consumo de alcohol, drogas tóxicas o sustancias estupefacientes, o de tratamiento de otros comportamientos adictivos.
8ª Prohibición de conducir vehículos de motor que no dispongan de dispositivos tecnológicos que condicionen su encendido o funcionamiento a la comprobación previa de las condiciones físicas del conductor, cuando el sujeto haya sido condenado por un delito contra la seguridad vial y la medida resulte necesaria para prevenir la posible comisión de nuevos delitos.
9ª Cumplir los demás deberes que el juez o tribunal estime convenientes para la rehabilitación social del penado, previa conformidad de éste, siempre que no atenten contra su dignidad como persona.

Tales reglas de conducta son facultativamente impuestas por el juez o tribunal; pero por excepción, cuando se trate de delitos cometidos sobre la mujer por quien sea o haya sido su cónyuge, o por quien esté o haya estado ligado a ella por una relación similar de afectividad, aun sin convivencia, se impondrán siempre las prohibiciones de aproximación y de comunicación indicadas en las reglas 1ª y 4ª del art. 83.1 y la obligación de participar en programas formativos, laborales, culturales, de educación vial, sexual, de defensa del medio ambiente, de protección de los animales, de igualdad de trato y no discriminación, resolución pacífica de conflictos, parentalidad positiva y otros similares del art. 83.1.6ª (art. 83.2 CP), lo que permite concluir con TAMARIT SUMALLA (p. 619) que asistimos a un auténtico subsistema en los delitos de violencia de género.

En cuanto al control y seguimiento de la observancia de las reglas de conducta se establece que la imposición de cualquiera de las prohibiciones o deberes de las reglas 1ª, 2ª, 3ª, o 4ª del apartado 1 de este artículo será comunicada a las Fuerzas y Cuerpos de Seguridad del Estado, que velarán por su cumplimiento. Cualquier posible quebrantamiento o circunstancia relevante para valorar la peligrosidad del penado y la posibilidad de comisión futura de nuevos delitos, será inmediatamente comunicada al Ministerio Fiscal y al juez o tribunal de ejecución (art. 83.3 CP). En cuanto al control del cumplimiento de los deberes a que se refieren las reglas 6ª, 7ª y 8ª del apartado 1 de este artículo corresponderá a los servicios de gestión de penas y medidas alternativas de la Administración penitenciaria, que informarán al juez o tribunal de ejecución sobre el cumplimiento con una periodicidad al menos trimestral, en el caso de las reglas 6ª y 8ª, y semestral, en el caso de la 7ª y, en todo caso, a su conclusión; y además informarán inmediatamente de cualquier circunstancia relevante para valorar la peligrosidad del penado y la posibilidad de comisión futura de nuevos delitos, así como de los incumplimientos de la obligación impuesta o de su cumplimiento efectivo (art. 83.4 CP).

A su vez el art. 84 CP confirma la línea marcada por la suspensión sustitutiva de la absorción del modelo de sustitución de penas privativas de libertad contemplado en la antigua redacción del art. 88 CP dentro del régimen de la suspensión de su ejecución, como advierte TAMARIT (p. 621), agregando la posibilidad de que el juez o tribunal condicione la suspensión de la ejecución de la pena al cumplimiento del acuerdo alcanzado por las partes en virtud de mediación, al pago de una multa que no podrá ser superior a la que resultase de aplicar dos cuotas de multa por cada día de prisión sobre un límite máximo de dos tercios de su duración, con ciertas matizaciones (art. 84.2 CP) en el caso de delitos inscritos en el marco de la violencia de género y doméstica, o a la realización de trabajos en beneficio de la comunidad, sin que pueda exceder de computar un día de trabajos por cada día de prisión sobre un límite máximo de dos tercios de su duración.

Nuestro sistema penal no contempla como una foto fija dichas reglas de conducta, sino que admite la posibilidad de su modificación y alzamiento (art. 85 CP). Como advierte HERNÁNDEZ GARCÍA (pp. 687 y 688) «el silencio de la norma no impide considerar necesario, antes de tomar la decisión modificativa, la apertura de un incidente contradictorio con audiencia de todas las partes, en los términos a los que se refiere el artículo 86 CP para la revocación de la suspensión o la modificación agravatoria», aunque parece adecuado admitir la modificación de oficio en caso de que haya razones urgentes o cuando la modificación no sea agravatoria.

1.3.3 Revocación

La revocación del beneficio de la suspensión de la ejecución de la pena privativa de libertad se produce por causas tasadas (art. 86.1 CP), a saber, ser condenado por un delito cometido durante el período de suspensión cuando ello ponga de manifiesto que la expectativa en la que se fundaba la decisión de suspensión adoptada ya no puede ser mantenida; incumplimiento grave o reiterado de las prohibiciones y deberes que le hubieran sido impuestos conforme al art. 83 o de las condiciones del art. 84 CP, o sustraerse al control de los servicios de gestión de penas y medidas alternativas de la Administración penitenciaria, y facilitar información inexacta o insuficiente sobre el paradero de bienes u objetos cuyo decomiso hubiera sido acordado; no dar cumplimiento al compromiso de pago de las responsabilidades civiles a que hubiera sido condenado, salvo que careciera de capacidad económica para ello; o facilite información inexacta o insuficiente sobre su patrimonio, incumpliendo la obligación impuesta en el artículo 589 LEC. Aun así, se contempla que, si el incumplimiento no fuere grave y reiterado, el juez o tribunal puede modificar o añadir nuevas reglas de conducta, o prorrogar el plazo de la suspensión (art. 86.1 CP).

El TC se ha pronunciado en la STC 32/2022 [*Tol 9738156*], invocada después por las SSTC 184/2023 [*Tol 9732272*], 39/2024 [*Tol 10273445*] y 78/2024 [*Tol 10273407*], en relación con la causa de revocación de no dar cumplimiento al compromiso de pago de las responsabilidades civiles a que hubiera sido condenado, estableciendo que el derecho a la tutela judicial efectiva en rela-
2378 ción con el derecho a la libertad impone que la decisión judicial de revocación de la suspensión de la ejecución se debe adoptar analizando de modo específico la capacidad económica del penado referida al momento de adoptar la decisión revocatoria, debiendo razonarse sobre el carácter injustificado del impago o sobre si existe una situación de imposibilidad material que lo impida, en cuyo caso no procederá la revocación.

Centrándonos en la tramitación del incidente de revocación (art. 86.4 CP) el juez o tribunal resolverá después de haber oído al Fiscal y a las demás partes. Sin embargo, podrá revocar la suspensión de la ejecución de la pena y ordenar el ingreso inmediato del penado en prisión cuando resulte imprescindible para evitar el riesgo de reiteración delictiva, el riesgo de huida del penado o asegurar la protección de la víctima. El juez o tribunal podrá acordar la realización de las diligencias de comprobación que fueran necesarias y acordar la celebración de una vista oral cuando lo considere necesario para resolver. En la STC 32/2022 [*Tol 9738156*] precitada además se analizó la condición imperativa del trámite de audiencia previa, ya que la misma entronca con las garantías procesales que requiere la decisión y el afán de evitar consecuencias desproporcionadas del mero incumplimiento de las condiciones de la suspensión, sin que la posibilidad de recursos subsane la ausencia de una audiencia contradictoria sin ninguna explicación plausible asociada a las excepciones legalmente contempladas.

Respecto del régimen de recursos, debe entenderse como aplicable el régimen general: reforma y apelación contra resoluciones de órganos unipersonales, y súplica contra las de los colegiados, sin que sea proyectable la matización de la jurisprudencia especial para las resoluciones de concesión o denegación de apelación ante el TSJ ya examinada, toda vez que la revocación no puede hacerse en sentencia.

En el caso de revocación de la suspensión, los gastos que hubiera realizado el penado para reparar el daño causado por el delito conforme al apartado 1 del art. 84 CP no serán restituidos. Sin embargo, el juez o tribunal abonará a la pena los pagos y la prestación de trabajos que hubieran sido realizados o cumplidos conforme a las medidas 2ª y 3ª (art. 86.3 CP).

1.3.4 Remisión definitiva de la pena

Transcurrido el plazo de suspensión fijado sin haber cometido el sujeto un delito que ponga de manifiesto que la expectativa en la que se fundaba la decisión de suspensión adoptada ya no puede ser mantenida, y cumplidas de forma suficiente las reglas de conducta fijadas por el juez o tribunal, éste acordará la remisión de la pena (art. 87.1 CP). En los casos de la modalidad especial de suspensión de toxicómanos, para acordar la remisión de la pena que hubiera sido suspendida deberá acreditarse la deshabituación del sujeto o la continuidad del tratamiento. De lo contrario, el juez o tribunal ordenará su cumplimiento, salvo que, oídos los informes correspondientes, estime necesaria la continuación del tratamiento; en tal caso podrá conceder razonadamente una prórroga del plazo de suspensión por tiempo no superior a dos años. El régimen de recursos es el examinado en el apartado 1.3.3.

2. SUSTITUCIÓN DE PENAS: LA EXPULSIÓN SUSTITUTIVA

Una de las grandes novedades del CP de 1995 fue la introducción de la figura de la sustitución de las penas privativas de libertad, donde se encuadraron dos modalidades: la modalidad común, contemplada en el art. 88 CP, y la modalidad especial de expulsión sustitutiva de ciudadanos extranjeros, regulada en el art. 89 CP. La reforma de la LO 1/2015 suprimió el art. 88 CP con la sustitución común de las penas de prisión por la multa y el trabajo en beneficio de la comunidad, y en el caso de la prisión hasta 6 meses por la localización permanente. Ello se justificó por la regulación como condiciones de la suspensión en el art. 84.1.2ª —suspensión sustitutiva con multa— y.3ª CP —suspensión sustitutiva con trabajos en beneficio de la comunidad— consistentes en prestaciones y medidas de la suspensión de la ejecución de las penas de prisión, evitando incidentes dilatorios. De este modo, actualmente aparece como única modalidad sustitutiva la especial de expulsión de extranjeros.

Respecto de las penas privativas de libertad impuestas a extranjeros se sigue contemplando en el art. 89 CP la expulsión sustitutiva, que aparece contemplada no como una pena —no aparece como tal en el catálogo general del art. 33 CP— sino como una forma sustitutiva de la ejecución de las penas privativas de libertad.

En cuanto a su contenido, la expulsión proyecta tres efectos: a) el reo debe abandonar el territorio nacional; b) la expulsión conlleva el archivo de cualquier procedimiento administrativo que tuviera por objeto la autorización para residir o trabajar en España (art. 89.6 CP); y c) el extranjero no podrá regresar a España en un plazo de cinco a diez años, contados desde la fecha de su expulsión, atendidas la duración de la pena sustituida y las circunstancias personales del penado (art. 89.5 CP).

Sobre expulsión sustitutiva, pueden consultarse las conclusiones 13, 40, 91, 134 y 135 —Conclusiones vigentes sistematizadas de encuentros de fiscales de vigilancia penitenciaria 2011-2023 (en adelante CFVP)— y los criterios 44 y 77 —Criterios de actuación, conclusiones y acuerdos aprobados por los jueces de vigilancia penitenciaria en sus XXX reuniones celebradas entre 1981 y 2022 (en adelante CJVP)—.

2.1 Ámbito de aplicación

En cuanto a su ámbito de aplicación, la reforma de la LO 1/2015 limitó la expulsión sustitutiva respecto de las penas de prisión impuestas a ciudadanos extranjeros, siempre que sean superiores a un año, diferenciando según que se trate de penas que excedan o no de cinco años (art. 89.1 CP). Se excluye la sustitución cuando, a la vista de las circunstancias del hecho y las personales del autor, en particular su arraigo en España, la expulsión resulte desproporcionada (art. 89.4 I CP). Y respecto de ciudadanos de la Unión Europea, solo procederá cuando represente una amenaza grave para el orden público o la seguridad pública en atención a la naturaleza, circunstancias y gravedad del delito cometido, sus antecedentes y circunstancias personales. Pero si hubiera residido en España durante los diez años anteriores procederá la expulsión cuando además: a) hubiera sido condenado por uno o más delitos contra la vida, libertad, integridad física y libertad e indemnidad sexuales castigados con pena máxima de prisión de más de cinco años y se aprecie fundadamente un riesgo grave de que pueda cometer delitos de la misma naturaleza; y b) hubiera sido condenado por uno o más delitos de terrorismo u otros delitos cometidos en el seno de un grupo u organización criminal.

Cuando las penas de prisión excedan de un año y no rebasen los cinco, se fija como regla general la expulsión íntegra, y como regla subsidiaria la expulsión parcial sustitutiva en la extensión que se repute adecuada, que no podrá ser inferior al último tercio de la condena, pero en todo caso de aplicación cuando aquél acceda al tercer grado o le sea concedida la libertad condicional (art. 89.1 CP). En cambio, cuando las penas excedan individual o conjuntamente de cinco años, el juez o tribunal acordará la ejecución de todo o parte de la pena, en la medida en que resulte necesario para asegurar la defensa del orden jurídico y restablecer la confianza en la vigencia de la norma infringida por el delito; pero en estos casos igualmente la expulsión del penado del territorio español, cuando el penado cumpla la parte de la pena que se hubiera determinado, acceda al tercer grado o se le conceda la libertad condicional (art. 89.2 CP). Por excepción, las reglas de expulsión sustitutiva quedan excluidas a los extranjeros que hubieran sido condenados por la comisión de delitos a que se refieren los arts. 177 *bis*, 312, 313 y 318 *bis* CP.

2.2 Tramitación de la resolución de expulsión

Centrándonos en la tramitación de la decisión de expulsión, el juez o tribunal resolverá en sentencia sobre la sustitución de la ejecución de la pena siempre que ello resulte posible. En los demás casos, una vez declarada la firmeza de la sentencia, se pronunciará con la mayor urgencia, previa audiencia al fiscal y a las demás partes, sobre la concesión o no de la sustitución de la ejecución de la pena.

En relación con la audiencia del reo, la audiencia al penado y el respeto al principio de contradicción en la decisión sobre expulsión del territorio nacional, forman parte del derecho de defensa del penado (STC 242/1994) pues sólo con ella es posible discutir el conjunto de circunstancias en que la expulsión ha de producirse. No obstante, la STS de 27/06/2022 [*Tol 9124648*], concluyó que, no habiendo comparecido el acusado, asistido de letrado desde el inicio de las actuaciones, al acto de juicio oral de forma voluntaria, por causa exclusivamente a él imputable, y habiéndose celebrado el juicio en su ausencia, puede el tribunal decidir sobre la sustitución de la pena de prisión por la expulsión del territorio español, al dar por precluido el trámite de audiencia y por garantizado su derecho de audiencia.

Son aplicables las consideraciones expuestas en relación con la tramitación oral y escrita contemplada en el art. 988 *bis* LECrim, introducido por la LO 1/2025 así como con el régimen de recursos de la suspensión de la ejecución de la pena de prisión.

2.3 Materialización de la expulsión y consecuencias de su imposibilidad

Respecto de la materialización de la expulsión, se diferencia según que el expulsado esté o no privado de libertad; si no lo está, se contempla la posibilidad de que el juez o tribunal acuerde el internamiento en un CIEX en los términos y con los límites y garantías previstos en la Ley para la expulsión gubernativa (art. 89.8-I CP); si lo está, permanecerá internado en un Centro Penitenciario hasta 30 días para su materialización policial —DA 17ª LO 19/2003.

Ahora bien, si acordada la sustitución de la pena privativa de libertad por la expulsión, ésta no pudiera llevarse a efecto, se procederá la ejecución de la pena originariamente impuesta o del período de condena pendiente, o a la aplicación, en su caso, de la suspensión de la ejecución de la misma (art. 89.8 II CP.

2.4 Consecuencias del quebrantamiento de la expulsión tras su materialización

Deben diferenciarse dos supuestos. En los casos de regreso consumado tras materialización de la expulsión antes de transcurrir el período de tiempo establecido judicialmente, el extranjero condenado cumplirá las penas que fueron sustituidas, salvo que, excepcionalmente, el juez o tribunal, reduzca su duración cuando su cumplimiento resulte innecesario para asegurar la defensa del orden jurídico y restablecer la confianza en la norma jurídica infringida por el delito, en atención al tiempo transcurrido desde la expulsión y las circunstancias en las que se haya producido su incumplimiento. Ahora bien, si es localizado en la frontera, será expulsado —en puridad, acuerdo de devolución, *ex* art. 58.3 a) LOEX— directamente por la autoridad gubernativa, empezando a computarse de nuevo el plazo de prohibición de entrada en su integridad (art. 89.7 CP).

3. EL MANDATO JUDICIAL DE CUMPLIMIENTO DE LAS PENAS PRIVATIVAS DE LIBERTAD

3.1 Las decisiones de inicio de cumplimiento

3.1.1 Órgano competente y momento en que procede

Conforme al art. 990 I LECrim, las penas se ejecutarán en la forma y tiempo prescritos en el CP y en los reglamentos. A este respecto, la firmeza de la sentencia penal condenatoria determina la incoación de la ejecutoria con inicio de la ejecución de la sentencia penal. Así el art. 988 I LECrim establece que cuando una sentencia sea firme, con arreglo a lo dispuesto en el artículo 141 de esta Ley, lo declarará así el juez o el tribunal que la hubiera dictado. En este sentido, el art. 141 LECrim dispone que llámase ejecutoria el documento público y solemne en que se consigna una sentencia firme. Hecha esta declaración, se procederá a ejecutar la sentencia aunque el reo esté sometido a otra causa, en cuyo caso se le conducirá, cuando sea necesario, desde el establecimiento penal en que se halle cumpliendo la condena al lugar donde se esté instruyendo la causa pendiente (art. 988-II LECrim)

Agrega el art. 990-II LECrim que corresponde al juez o tribunal a quien el presente Código impone el deber de hacer ejecutar la sentencia —que es aquel que impuso la condena en primera instancia, arts. 984, 985, 986, 988 I LECrim— adoptar sin dilación las medidas necesarias para que el condenado ingrese en el establecimiento penal destinado al efecto, a cuyo fin requerirá el auxilio de las Autoridades administrativas, que deberán prestárselo sin excusa ni pretexto alguno. Finalmente, el art. 990 III LECrim dispone que la competencia del juez o tribunal para hacer cumplir la sentencia excluye la de cualquier autoridad gubernativa hasta que el condenado tenga ingreso en el establecimiento penal o se traslade al lugar en donde deba cumplir la condena. 2383

Como premisa inicial, debe procederse a la inscripción en el Registro Central de Penados de las resoluciones firmes por la comisión de un delito que impongan penas o medidas de seguridad, dictadas por los Juzgados o tribunales del orden jurisdiccional penal (arts. 262 LECrim y 2.3.a) RD 95/2009, de 6 de febrero, por el que se regula el Sistema de registros administrativos de apoyo a la Administración de Justicia).

Naturalmente, el inicio de cumplimiento puede quedar demorado si prosperan los incidentes de suspensión o aplazamiento, examinados en el capítulo anterior, así como los de remisión condicional o suspensión de la ejecución de la pena privativa de libertad, que ya hemos abordado en el presente; y del mismo modo puede producirse la suspensión ya iniciado el cumplimiento por los mismos motivos en procedimientos incoados antes de la vigencia del art. 988 *bis* LECrim.

En esta fase de inicio todas las resoluciones del juez o tribunal sentenciador serán susceptibles de recurso conforme a las reglas generales, esto es, reforma y apelación en caso de órganos unipersonales, y de súplica en el caso de colegiados, con las matizaciones que casuísticamente examinaremos. Estarán legitimados para recurrir penado, Ministerio Fiscal, y demás partes personadas.

Ahora bien, iniciado el cumplimiento tras el ingreso, y a partir de haberse recibido el testimonio de la sentencia y la liquidación de condena, con la sola excepción de los incidentes de fijación de máximos de cumplimiento, y la aprobación del licenciamiento definitivo, que siguen correspondiendo al juez o tribunal sentenciador, todas y cada una de las resoluciones de cumplimiento material corresponden a la esfera de la Administración penitenciaria en el marco de su colaboración con la ejecución penal, y pasan a la fiscalización del JVP. A su vez, los autos del JVP en materia de ejecución de penas —disposición adicional 5ª LOPJ— serán recurribles en reforma y apelación ante el juez o tribunal sentenciador que impuso la pena, una vez ajustada la disposición adicional 5ª al acuerdo de Pleno de fecha 28 de junio de 2002, y de existir varias penas, el que impuso la más grave y de existir varios con la misma pena el que impusiera el último su condena—, así como casación para unificación de doctrina. Por excepción no serán recurribles en apelación los autos resolutorios de incidentes de impugnación de resoluciones administrativas en materia de ejecución de penas, excepto en materia de clasificación. La legitimación la ostentan penado y liberado, así como Ministerio Fiscal, y excepcionalmente las víctimas en los supuestos tasados del art. 13 EVD. Por el contrario, en materia de tutela de derechos de los internos y demás del régimen y tratamiento penitenciario y de prestaciones asistenciales, cabrán recursos de reforma, de apelación ante la Audiencia Provincial territorialmente competente, y de casación para unificación de doctrina, con legitimación restringida a interno, liberado y Ministerio Fiscal (disposición adicional 5ª LOPJ).

2384

3.1.2 Lugar de cumplimiento de las penas privativas de libertad

Tratándose de penas privativas de libertad serán lugares de cumplimiento, en el caso de las penas de prisión permanente revisable y de prisión, los establecimientos penales establecidos al efecto (arts. 988 y 990 LECrim), y en concreto los Centros Penitenciarios (arts. 1, 8, 9 y 10 LOGP), y ello sin perjuicio de las competencias que la LOGP y el RP confieren a los Centros Directivos de las Administraciones Penitenciarias sobre clasificación y destino, conforme a lo establecido en el art. 79 LOGP. El sistema diseñado por la LOGP en cuanto a la clasificación de establecimientos penitenciarios (arts. 7 a 11 LOGP) de Centros de Preventivos, de Cumplimiento —dentro de estos de régimen ordinario y abierto, y excepcionalmente de régimen cerrado— y Especiales, se ve superado por la moderna realidad de los establecimientos polivalentes (art. 10 RP) por posibilitar la retención y custodia de todo tipo de reclusos, con independencia de su condición procesal de detenidos, presos, penados o sentenciados sujetos a medidas de seguridad de internamiento, y entre los penados con independencia de su grado de clasificación. No corresponde a los juzgados o tribunales sentenciadores acordar el cumplimiento de las penas otro tipo de establecimientos, posibilidad alternativa que sí se contempla en cuanto a las medidas de seguridad en los arts. 101 a 103 CP.

En cuanto a la pena de localización permanente, lugar de cumplimiento será el domicilio del condenado o en su caso el lugar determinado fijado por el juez en sentencia o posteriormente en auto motivado (art. 37.1 I CP). Por excepción en los casos en los que la localización permanente esté prevista como pena principal, atendiendo a la reiteración en la comisión de la infracción y siempre que así lo disponga expresamente el concreto precepto aplicable, el juez podrá acordar en sentencia que la pena de localización permanente se cumpla los sábados, domingos y días festivos en el centro penitenciario más próximo al domicilio del penado (art. 37.1 II CP).

En lo que concierne a la responsabilidad personal subsidiaria (art. 53.1 II CP) si el condenado no satisficiere, voluntariamente o por vía de apremio, la multa impuesta, quedará sujeto a una responsabilidad personal subsidiaria de un día de privación de libertad por cada dos cuotas diarias no satisfechas, que, tratándose de delitos leves, podrá cumplirse mediante localización permanente. En este caso, no regirá la limitación que en su duración establece el apartado 1 del artículo 37. El art. 53.1 II contempla también su forma de cumplimiento en modo de trabajos en beneficio de la comunidad. El art. 53.2 CP no modifica el modelo antes definido respecto de la multa proporcional sino en el sentido de que los jueces y tribunales establecerán, según su prudente arbitrio, la responsabilidad personal subsidiaria que proceda, que no podrá exceder, en ningún caso, de un año de duración, permitiendo igualmente previa conformidad del penado, que se cumpla mediante trabajos en beneficio de la comunidad.

3.1.3 *Ingreso en el centro penitenciario*

El ingreso de un penado en cualquiera de los establecimientos penitenciarios se hará mediante mandamiento u orden del juzgado o tribunal sentenciador, excepto en el supuesto de presentación voluntaria, que será inmediatamente comunicado a la autoridad judicial, quien resolverá lo procedente, y en los supuestos de estados de alarma, excepción o sitio en los que se estará a lo que dispongan las correspondientes leyes especiales (arts. 15.1 LOGP y 15.1 RP). El ingreso por mandamiento judicial contiene una orden dirigida a la Dirección del centro penitenciario requiriendo la admisión, retención y custodia del condenado, adjuntando en su caso testimonio de la sentencia e identificando la ejecutoria de la que dimana. En caso de sentencias de conformidad dictadas en el marco de diligencias urgentes, el juez de guardia, en aquellos casos en que no se conceda la suspensión de la ejecución de la pena, acordará lo procedente sobre la puesta en libertad o el ingreso en prisión del condenado y realizará los requerimientos que de ella se deriven, remitiendo el LAJ seguidamente las actuaciones junto con la sentencia redactada al Juzgado de lo Penal que corresponda, que continuará su ejecución (art. 801.4 LECrim).

2386 Pero el ingreso puede ser también voluntario, mediante presentación voluntaria, siendo práctica usual emplazar el sentenciado el juzgado o tribunal sentenciador para ese ingreso voluntario. A este respecto debe tenerse presente que en estos casos el director del centro recabará del juez o tribunal, dentro de las veinticuatro horas siguientes al ingreso, el correspondiente mandamiento, así como, en su caso, el testimonio de sentencia y liquidación de condena (art. 16.1 RP); y que si, transcurrido el plazo de las setenta y dos horas siguientes al ingreso, no se hubiese recibido en el centro la documentación que legalice el mismo, se procederá a la excarcelación del ingresado (art. 16.4 RP).

3.1.4 *Liquidación de condena: determinación del momento de inicio y de término de la pena privativa de libertad*

La liquidación de condena constituye una resolución realizada por el LAJ, y en su virtud se concreta el periodo de cumplimiento, determinando día de inicio y día de término o cumplimiento. Así resulta del art. 988 *bis* LECrim que establece que el LAJ citará al condenado a una comparecencia en la que le requerirá de cumplimiento de las penas, decomiso y responsabilidades civiles que le hubieran sido impuestas y le informará de las responsabilidades en que pueda incurrir en el supuesto de incumplimiento, y además practicará las liquidaciones de condena, que comprenderán, en todo caso, los siguientes particulares: a) la fecha de inicio del cumplimiento, b) el tiempo abonable por haber estado privado de libertad provisionalmente en la causa o por la aplicación de cualquier otra medida cautelar, c) el tiempo de duración de la condena, y d) el tiempo de cumplimiento. A tales efectos, el cómputo se hará por años, meses y días, de acuerdo con las siguientes reglas: los meses completos serán de treinta días y los años completos serán de trescientos sesenta y cinco días.

Debe tenerse presente que, de dichas liquidaciones, que se notificarán personalmente al condenado, se dará traslado al Ministerio Fiscal y a las partes, que podrán impugnarlas en el plazo de dos días. Transcurrido el plazo sin impugnación, el LAJ la aprobará mediante decreto. Pero si fueran impugnadas por alguna de las partes, se dará traslado al resto para alegaciones por de dos días. Transcurrido el mismo, hubieren o no presentado escrito las demás partes, el órgano judicial resolverá mediante auto, que será dictado en el plazo de dos días. Una vez firme éste, si corrigiere la liquidación de condena será notificado personalmente al condenado (art. 988 *bis* LECrim).

En cuanto al día de inicio de cumplimiento cuando el reo estuviere preso (art. 38.1 CP), la duración de las penas empezará a computarse desde el día en que la sentencia condenatoria haya quedado firme; y si no estuviere preso (art. 38.2 CP) desde que ingrese en el establecimiento adecuado para su cumplimiento. En los casos de concurrencia de penas, cuando se traten de privativas de libertad, regirá el principio de cumplimiento sucesivo mediante enlace según orden de gravedad, si fuere posible (art. 75 CP.)

La determinación del día de término o de cumplimiento definitivo se realiza detrayendo al tiempo de la condena el periodo sufrido en la causa por razón de prisión preventiva sufrida en la misma causa, con la condición de que no conste abonado en otra causa. Así, el tiempo de privación de libertad sufrido provisionalmente será abonado en su totalidad por el juez o tribunal sentenciador para el cumplimiento de la pena o penas impuestas en la causa en que dicha privación fue acordada, salvo en cuanto haya coincidido con cualquier privación de libertad impuesta al penado en otra causa, que le haya sido abonada o le sea abonable en ella. En ningún caso un mismo periodo de privación de libertad podrá ser abonado en más de una causa (art. 58.1 CP). Este último inciso se introdujo en virtud de la LO 5/2010, corrigiendo el silencio precedente, que había posibilitado la doctrina sentada por la STC 57/2008 [*Tol 1315313*], que aceptó el valor dual del tiempo de internamiento partiendo de que el silencio de la ley permitía que la prisión sufrida en una causa debía ser de abono en la misma aun cuando estuviera computada en la liquidación judicial de una responsabilidad penada concurrente con la causa preventiva, por no haberse contemplado explícitamente esa exclusión. La STS de 16/05/2012 [*Tol 2554029*] y otras posteriores confirman que este óbice del tribunal Constitucional pierde su fundamento tras la reforma del inciso final del art. 58.1 CP precitado, si bien la doctrina del doble cómputo sigue siendo de aplicación en la ejecución de todas las sentencias dictadas antes de la entrada en vigor de la nueva norma —SSTS de 29/02/2012 [*Tol 2468227*], de 22/01/2012 [*Tol 3055094*] y de 8/06/2017 [*Tol 6171879*]. Tratándose de condenas acumuladas, cuando proceda aplicar los criterios del doble cómputo, los periodos en que la prisión preventiva haya estado simultaneada con el cumplimiento de una pena de prisión en ejecución no han de descontarse directamente sobre el máximo de cumplimiento establecido, sino sobre la condena en cuyo procedimiento estuvo en situación de preventivo (STS de 5/05/2021 [*Tol 8421823*]).

No obstante, el art. 58.2 CP establece una excepción a la competencia del juez o tribunal sentenciador. El abono de prisión provisional en causa distinta de la que se decretó será acordado de oficio o a petición del penado y previa comprobación de que no ha sido abonada en otra causa, por el JVP de la jurisdicción de la que dependa el centro penitenciario en que se encuentre el penado, previa audiencia del Ministerio Fiscal. Este precepto se inscribe en el principio general ya indicado de que iniciado el cumplimiento material de la pena, corresponden al JVP las funciones generales de ejecución penal, pues

conforme al art. 76.2.a) LOGP corresponde especialmente al juez de vigilancia adoptar todas la decisiones necesarias para que los pronunciamientos de las resoluciones en orden a las penas privativas de libertad se lleven a cabo, asumiendo las funciones que corresponderían a los jueces y tribunales sentenciadores, lo que se complementa con la asignación de las competencias sobre resolución sobre las propuestas de libertad condicional de los penados y las revocaciones que procedan [art. 76.2.b) LOGP] y para aprobar las propuestas que formulen los establecimientos sobre beneficios penitenciarios que puedan suponer acortamiento de la condena [art. 76.2.c) LOGP], así como en materia de clasificación [art. 76.2.f) LOGP].

En estos casos, el art. 58.3 CP establece una regla para aceptar el abono del periodo de prisión preventiva sufrida en otra causa: sólo procederá cuando dicha medida cautelar sea posterior a los hechos delictivos que motivaron la pena a la que se pretende abonar. La literalidad del precepto se ha visto corregida por la STS de 21/06/2023 [*Tol 9638583*], que asumiendo la línea trazada desde las SSTS de 11/05/2000 [*Tol 4923737*], de 18/12/2001 [*Tol 4976070*] y de 20/09/2005 [*Tol 715900*], concluye que ha de permitirse, en la línea de esta interpretación teleológica, que el abono de prisión preventiva sean anteriores a la fecha en que el reo tuvo conocimiento de la sentencia que le absolvió, pues sólo a partir de tal momento cabe decir que el sujeto puede actuar con el mencionado sentimiento de impunidad que constituye, en suma, el fundamento de la limitación o excepción del art. 58 CP.

Ahora bien, debe tenerse presente que el art. 59 CP dispone que cuando las medidas cautelares sufridas y la pena impuesta sean de distinta naturaleza, el juez o tribunal ordenará que se tenga por ejecutada la pena impuesta en aquella parte que estime compensada. Ello abre la puerta a detraer del periodo de cumplimiento no solo la detención y la prisión preventiva, sino también otras medidas cautelares. En el Acuerdo del Pleno no jurisdiccional de la Sala Segunda del TS de 19/12/2013 se estableció la posibilidad de compensar con la pena de prisión la obligación de comparecencia periódica ante el órgano judicial impuesta, cuando se acuerda la libertad provisional, al tratarse de una medida cautelar derivada de la libertad provisional y en posteriores sentencias se ratificó este criterio (SSTS de 7/01/2013 [*Tol 4119298*], de 14/04/2015 [*Tol 4985029*] y de 19/10/2015 [*Tol 5542972*]). Y aunque el TS deja por regla general al tribunal de instancia realizar la compensación conforme a criterios racionales y de equidad, en la STS de 17/03/2015 [*Tol 4799217*], avaló abonar un día por cada diez comparecencias, lo que viene asumiéndose de manera generalizada.

Con posterioridad, la STS de 17/03/2015 [*Tol 4837063*], estableció la posibilidad de compensación de la medida cautelar de retirada del pasaporte. Nuevamente (STS de 23/02/2020 [*Tol 8379141*]) se afirma que no se pueden establecer módulos fijos, sino que se debe ponderar el diverso nivel de aflictividad que la medida ha supuesto en concreto, pudiendo llegar a producirse situaciones muy excepcionales en que no se puede concretar perjuicio haya podido suponer, o qué desplazamientos no se pudieron efectuar, en que lo procedente es, si no denegar toda compensación, sí reducirla a algo casi simbólico, partiendo de que algún grado de aflictividad ha podido existir, por mínimo que sea, señalándose sin pretensiones de generalidad, que el abono de un día de prisión por cada seis meses de retirada del pasaporte y prohibición de salir de España parecía razonable, si bien en la STS de 20/05/2021 [*Tol 8454763*], se acordó la compensación de un día de privación de libertad por cada quince días o fracción de ese tiempo que el condenado estuvo cautelar e indebidamente privado de su pasaporte y del derecho de salir del territorio español sin previa autorización judicial; y en la STS de 10/02/2022 [*Tol 8812613*], a razón de un día de prisión por cada nueve meses. Por su parte, la STS de 20/05/2021 [*Tol 8454763*], no sólo ha reconocido la compensación en la llamada dualidad homogénea, que se produce cuando la medida cautelar y la pena proyectan su efecto sobre un mismo derecho pero con distinta intensidad —caso de las comparecencias apud acta y la pena de prisión—, sino en la compensación heterogénea que se produce cuando la medida cautelar y la pena se proyectan sobre distintos derechos, afirmando que la previsión permite compensar la medida cautelar de prisión provisional con la pena de multa, o una medida de alejamiento con la pena privativa de libertad que finalmente se imponga, o entre la medida de alejamiento y la pena pecuniaria.

El actual sistema de impugnación de las decisiones referidas al abono de la prisión preventiva, se acomoda al esquema general de recursos referenciado con una matización (SSTS de 30/09/2014 [*Tol 4545697*], y de 12/11/2019 [*Tol 7592127*], entre otras muchas), a saber: si la resolución cuestionada ha sido dictada por la Audiencia Provincial o Audiencia Nacional, en su condición de órgano sentenciador, el auto será recurrible en casación con arreglo a las previsiones de la Ley de 17 de enero de 1901, aún vigente.

3.2 Concurrencia de penas privativas de libertad: refundición material y acumulación jurídica

3.2.1 Problemática general del concurso de medidas penales

En el caso de existencia concurrente de varias penas, al responsable de dos o más delitos o faltas se le impondrán todas las penas correspondientes a las diversas infracciones (art. 73 CP). Son excepciones de este principio general el

delito continuado y masa (art. 74 CP), y el concurso ideal propio e impropio o medial (art. 77 CP.) Seguidamente se abordan una serie de reglas de ejecución que toman como punto de partida la afirmación del cumplimiento simultáneo, siempre que fuera posible por la naturaleza y efectos de las penas en cuestión (art. 73 CP), y subsidiariamente el cumplimiento sucesivo según orden de gravedad, en cuanto sea posible (art. 75 CP), lo que acontece en el caso de las penas privativas de libertad y en el caso de penas homogéneas en general. En estos casos tratándose de penas privativas de libertad, pueden aparecer dos incidentes: el de refundición material o por enlace, y la fijación del máximo de cumplimiento o refundición o acumulación jurídica.

3.2.2 La refundición material o "por enlace" de condenas

A la refundición material de condenas se refieren las conclusiones 58 y 58 *bis* de las CFVP y la número 1 de los CJVP. La concurrencia de penas privativas de libertad en general suscita un problema derivado de ser el cumplimiento de la pena causa de extinción de la responsabilidad criminal (art. 130 CP) y en ese caso la concesión de beneficios penitenciarios —permisos de salida, libertad condicional— viene condicionado por unos requisitos referenciados a un cálculo de fase de cumplimiento de penas —1/4 los permisos, 3/4 y en su caso 2/3 y 1/2 la libertad condicional—, que imponen una unidad de ejecución de las distintas penas privativas de libertad en fase de cumplimiento sucesivo. La solución de este problema la afronta la normativa penitenciaria con la figura de la refundición material de penas, que toma por base la superveniencia de segunda y sucesivas responsabilidades, cuyo cómputo inicial respectivo se enlaza como siguiente al día del término de la responsabilidad precedente. A este respecto la Oficina de Gestión del Centro Penitenciario de destino elabora un proyecto de refundición que toma como día inicial del cómputo el de la primera pena, y como término final el de la última, expresando los periodos de preventiva abonables, remitiendo su proyecto al JVP correspondiente para su aprobación, acompañado de documentación consistente en los correlativos mandamientos de penado, los testimonios de sentencias y las liquidaciones judiciales de condena. Una vez recibido, el JVP, competente conforme al art. 76.1 y 2.a) LOGP, previo informe del fiscal, aprobará en su caso en virtud de auto el proyecto de refundición, remitiendo testimonios a la dirección del centro penitenciario y a los correspondientes juzgados y tribunales sentenciadores para su constancia e incorporación a las ejecutorias de su razón.

Será competente el JVP del que dependa el centro penitenciario de destino del penado; por excepción, una vez concedida la libertad condicional, para la aprobación de un nuevo proyecto de ampliación de la inicial refundición de condenas para incluir nuevas causas por hechos anteriores a la libertad condicional, el competente ha de ser el mismo juez que concedió ésta.

A este respecto para el cómputo de las tres cuartas partes o, en su caso, dos terceras partes de la pena, cuando el penado sufra dos o más condenas de privación de libertad, la suma de las mismas será considerada como una sola condena a efectos de aplicación de la libertad condicional. Si dicho penado hubiera sido objeto de indulto, se sumará igualmente el tiempo indultado en cada una para rebajarlo de la suma total (art. 193.2ª RP).

La STS 11/12/2020 [*Tol 8267944*], asumiendo básicamente la posición de las CFVP, ha sentado la siguiente doctrina: que el licenciamiento acordado en una ejecutoria no debe impedir, *per se*, su inclusión en un proyecto de refundición de condenas del art. 193.2 RP para su ejecución unificada con otras responsabilidades. Aunque lo procedente es que la anulación del licenciamiento se haga por el sentenciador que lo acordó, ello no sería obstáculo para que el JVP, a los solos efectos de ejecución unificada, acordase su inclusión en el proyecto de refundición. Así, podrán incluirse en la refundición: a) la sentencia firme ya existente cuando se produjo el licenciamiento indebido por otra responsabilidad, se haya acordado o no la revocación de dicho licenciamiento. b) la sentencia dictada después del licenciamiento correctamente acordado, si el penado ha continuado en prisión como preventivo basta la firmeza de la nueva resolución, siempre que aquélla se refiera a hechos anteriores al ingreso en prisión. Por el contrario, en los supuestos en que el licenciamiento supone la salida de prisión, estando pendiente el juicio o el recurso contra la sentencia por otra causa por la que se produce luego el reingreso, además de ser improcedente la revocación del licenciamiento, también lo es la refundición de condena conforme al art. 193.2 RP, por no haber en ese momento condenas a enlazar ni concurrir el presupuesto excepcional de mantenimiento de la relación de sujeción especial que justifica la interpretación extensiva del precepto realizada en el párrafo anterior.

El tribunal Constitucional ha examinado esta figura en ATC 274/1997, estableciendo que la decisión de rectificación de una refundición adoptada por el JVP, y ratificada por la Audiencia Provincial, no atenta a la intangibilidad de las resoluciones judiciales firmes, porque la resolución aprobando una refundición de condena no es, por su propia naturaleza, intangible.

Como en toda materia de ejecución de penas, los autos del JVP se ajustan al régimen general de recursos contra las resoluciones de los JVP en materia de ejecución de penas contemplado en la DA 5ª LOPJ: recurso de reforma (DA 5ª ap.1), en su caso apelación al no tratarse de impugnación de una resolución administrativa ante el tribunal sentenciador; caso de haber varios, la competencia corresponderá al juzgado o tribunal que haya impuesto la pena privativa de libertad más grave, y en el supuesto de pluralidad que hubieran impuesto pena de igual gravedad, al que de ellos la hubiera impuesto en último lugar (DA 5ª ap. 2). Cuando se trate de JVP, la competencia para conocer del recurso de apelación y queja, ante la Sala Central de lo Penal de la Audiencia Nacional (DA 5ª ap. 6). Cabrá recurso de queja contra la resolución de inadmisión de la apelación (DA 5ª ap. 4). Finalmente, cabe interponer recurso de casación para la unificación de doctrina ante la Sala de lo Penal del tribunal Supremo contra las resoluciones de la Audiencia Provincial y de la Sala de lo Penal de la Audiencia Provincial.

3.2.3 La fijación del máximo de cumplimiento o refundición o acumulación jurídica de condena

En cuanto a la figura de acumulación jurídica de penas o refundición de condenas o fijación de máximo de cumplimiento —sobre un examen de esta figura sobre terminología, naturaleza jurídica y consecuencias de su reinterpretación jurisprudencial de la "doctrina Parot" (FERNÁNDEZ ARÉVALO, 2006) el art. 76.1 CP establece que, no obstante lo dispuesto en el artículo anterior, el máximo de cumplimiento efectivo de la condena del culpable no podrá exceder del triple del tiempo por el que se le imponga la más grave de las penas en que haya incurrido, declarando extinguidas las que procedan desde que las ya impuestas cubran dicho máximo, que no podrá exceder de veinte años. Excepcionalmente, este límite máximo será: a) de veinticinco años cuando el sujeto haya sido condenado por dos o más delitos y alguno de ellos esté castigado por la ley con pena de prisión de hasta veinte años; b) de treinta años cuando el sujeto haya sido condenado por dos o más delitos y alguno de ellos esté castigado por la ley con pena de prisión superior a veinte años; c) de cuarenta años cuando el sujeto haya sido condenado por dos o más delitos y, al menos, dos de ellos estén castigados por la ley con pena de prisión superior a veinte años; d) de cuarenta años cuando el sujeto haya sido condenado por dos o más delitos de terrorismo de la Sección 2ª del Capítulo V del Título XVII del Libro II de este Código y alguno de ellos esté castigado por la ley con pena de prisión superior a veinte años. En relación con este precepto hay que señalar que el máximo de cumplimiento efectivo de condena constituye una regla especial del principio de cumplimiento sucesivo de las penas, que conlleva una reducción de su suma aritmética conforme a reglas de derecho: sea el triplo de la más grave, o subsidiariamente y de ser más favorable, un límite legal que puede ser general (20 años) o especial (25, 30 o 40). Conforme a la llamada doctrina *Parot*, sentada por la STS de 28/02/2006 [*Iol 846378*] y otras sucesivas, el triple o el límite legal no se convierte en una nueva pena, distinta de las sucesivamente impuestas al reo, sino que tal límite representa el máximo de cumplimiento del penado en un centro penitenciario, desdiciéndose de la jurisprudencia anterior que afirmaba la existencia de una nueva pena sustitutiva de las anteriores.

A su vez, el art. 76.2 CP señala que la limitación se aplicará, aunque las penas se hayan impuesto en distintos procesos si los hechos, por su conexión o el momento de su comisión, pudieran haberse enjuiciado en uno solo. Así pues, en los casos de pluralidad de causas, la determinación del máximo de cumplimiento presupone una fase previa instrumental de confirmación de un juicio favorable de conexidad de los hechos punibles, que de acuerdo con jurisprudencia consolidada se vincula a la posibilidad de enjuiciamiento conjunto, rigiendo la doctrina de la coetaneidad de las causas, conforme a la cual los hechos delictivos pueden enjuiciarse conjuntamente con un límite impeditivo: a partir de la fecha de una sentencia los hechos delictivos perpetrados con posterioridad a la misma no pudieron ser conjuntamente enjuiciados con los que fueron objeto del primer fallo condenatorio. Existen al respecto Acuerdos de Pleno no Jurisdiccional de Sala Segunda del TS de 29/11/2005, de 19/12/2012, de 12/11/2013, de 20/1/2015, de 3/2/2016 y de 27/6/2018. En estas líneas, el TS se ha decantado finalmente por fijar el límite temporal de la conexidad en la fecha de la primera sentencia, y no la de apelación o casación, ni la de su firmeza. Solo cuando la sentencia inicial es absolutoria y la condena se produce *ex novo* en apelación o casación, esta segunda fecha será la relevante a efectos de acumulación (Acuerdo del Pleno no Jurisdiccional de la Sala Segunda del TS de 27/6/2018). Por otro lado, cumplidos los presupuestos materiales de conexión y temporales de producción de los hechos delictivos, ha de procurarse la interpretación que de manera más amplia pueda favorecer a la persona condenada, lo que permite establecer combinaciones diversas para delimitar el eje temporal que comporte el menor tiempo de cumplimiento con relación a las condenas acumuladas; de tal modo, aunque se comience el cálculo por la sentencia más antigua en el tiempo, ello no impide formar distintos bloques que permitan llegar a un resultado punitivo que sea el más favorable para la persona condenada (SSTS de 25/02/2016 [*Tol 5662029*], de 16/06/2016 [*Tol 5757729*], de 9/02/2023 [*Tol 9595269*]). Por otro lado, se acepta considerar penas extinguidas cuando los hechos pudieron haber sido enjuiciados conjuntamente (STS de 5/05/2016 [*Tol 5739746*]), y las condenas con la suspensión de la ejecución reconocida deben incluirse en la acumulación si ello favoreciere al condenado y se considerarán las menos graves, para el sucesivo cumplimiento (STS 30/11/2017 [*Tol 6449523*]).

2394 Sentado lo anterior, esto es, determinados los delitos que pudieron ser conjuntamente enjuiciados, el pronunciamiento final fija el máximo de cumplimiento efectivo de la condena del culpable, según que la suma aritmética de las penas impuestas sea superior a uno de dos términos comparativos: el triple del tiempo por el que se le imponga la más grave de las penas impuestas, o el límite abstracto alternativo de la ley, variable, de 20, 25, 30 o 40 años.

Respecto de la competencia, tramitación y recursos, cuando el culpable de varias infracciones penales haya sido condenado en distintos procesos por hechos que pudieron ser objeto de uno solo, conforme a lo previsto en el artículo 17 de esta Ley, el juez o tribunal que hubiera dictado la última sentencia (art. 988-III LECrim; AATS de 7/04/1989 [*Tol 3523669*] y de 14/10/1989 [*Tol 3505599*], y no los JVP), de oficio, a instancia del Ministerio Fiscal o del condenado, procederá a fijar el límite del cumplimiento de las penas impuestas conforme a lo dispuesto en el artículo 76 del CP. Para ello, el LAJ reclamará la hoja histórico-penal del Registro central de penados y rebeldes y testimonio de las sentencias condenatorias y previo dictamen del Ministerio Fiscal, cuando no sea el solicitante, el juez o tribunal dictará auto en el que se relacionarán todas las penas impuestas al reo, determinando el máximo de cumplimiento de las mismas. Contra tal auto podrán el Ministerio Fiscal y el condenado interponer recurso de casación por infracción de Ley (art. 988 III LECrim, DA 5ª, ap. 7 LOPJ).

Así pues, será competente el último juez o tribunal sentenciador. La tramitación del incidente se articula incorporando hoja histórico penal y testimonio de todas las sentencias. Deben ser oídos fiscal y penado, a quien debe en todo caso nombrársele abogado, y caso de omitirse este nombramiento tal omisión es causa de nulidad: el TC entiende preceptiva la intervención de letrado (SSTC 11/87 [*Tol 79719*] y 130/96 [*Tol 83063*]) y el TS viene anulando las resoluciones de instancia dictadas sin dicha asistencia letrada (por todas, STS de 9/6/1998 [*Tol 223940*]). Requisito que no puede entenderse cumplido con la mera notificación al condenado el auto que se dicte para que pueda discutir su corrección (STS de 23/10/2000 [*Tol 4923347*]). En punto a recursos, como señala el precepto, cabrá recurso de casación, con independencia de que el juez competente sea no una Audiencia, sino un Juzgado Penal y aun de Instrucción, con legitimación de fiscal y penado.

Para una recapitulación actualizada y completa del incidente de fijación de máximo de cumplimiento, análisis doctrinal y cita jurisprudencial [*vid.* ENCINAR DEL POZO (pp. 3523 a 3537)].

3.2.4 El régimen especial de cumplimiento del art. 78 CP

Se denomina impropiamente cumplimiento íntegro de la condena a un régimen especial de cumplimiento consistente en que no obstante la vigencia del máximo de cumplimiento, los beneficios penitenciarios se deben computar sobre la suma aritmética de penas impuestas. Dicha regla (art. 78 CP), dispone que si, a consecuencia de las limitaciones establecidas en el art. 76, la pena a cumplir resultase inferior a la mitad de la suma total de las impuestas, el juez o tribunal sentenciador podrá acordar que los beneficios penitenciarios, los permisos de salida, la clasificación en tercer grado y el cómputo de tiempo para la libertad condicional se refieran a la totalidad de las penas impuestas en las sentencias. Frente a esta imposición facultativa, contemplada en el art. 78.1 CP, el art. 78.2 CP establece que dicho acuerdo será preceptivo en los supuestos previstos en los apartados a), b), c) y d) del apartado 1º del artículo 76 de este Código siempre que la pena a cumplir resulte inferior a la mitad de la suma total de las impuestas. La competencia corresponde al juez o tribunal sentenciador, rigiendo contra sus resoluciones el recurso de casación por acordarse en sede de art. 76 CP en relación con 988 LECrim.

No obstante, el art. 78.3 CP contempla la posibilidad de reversión al régimen general de cumplimiento que puede acordar el juez de Vigilancia en virtud del pronóstico favorable de reinserción, al señalar que en estos casos, el juez de Vigilancia, previo pronóstico individualizado y favorable de reinserción social y valorando, en su caso, las circunstancias personales del reo y la evolución del tratamiento reeducador, podrá acordar razonadamente, oído el

Ministerio Fiscal, Instituciones Penitenciarias y las demás partes, la aplicación del régimen general de cumplimiento. Si se tratase de delitos de terrorismo de la Sección 2ª del Capítulo V del Título XVII del Libro II de este Código o cometidos en el seno de organizaciones criminales y, atendiendo a la suma total de las penas impuestas, la anterior posibilidad sólo será aplicable: a) al tercer grado penitenciario, cuando quede por cumplir una quinta parte del límite máximo de cumplimiento de la condena. b) A la libertad condicional, cuando quede por cumplir una octava parte del límite máximo de cumplimiento de la condena. Contra las resoluciones del JVP acordando la reversión al régimen general de cumplimiento será de aplicación el consabido régimen general de recursos por penado y Ministerio Fiscal, y excepcionalmente, y excepcionalmente por la víctima en los delitos tasados que se refiere el art. 13.1 a) EVD y el art. 13.1.b) EVD. Pese a la necesidad de su audiencia, no ostentan legitimación las demás partes personadas. Sobre esta cuestión de vuelta al régimen general en el art. 78 CP, con cita de jurisprudencia del TS, conclusión 47 quinquies de CFVP, y conclusiones 8, 11 y 12 de CJVP.

Tratándose de penas de prisión permanente revisable, la concurrencia con otras penas en orden al acceso al tercer grado y a la suspensión de ejecución y libertad condicional se aborda en el art. 78 *bis* CP.

4. CUMPLIMIENTO DE LAS PENAS DE PRISIÓN

4.1 El sistema español de individualización científica, dividido en grados

4.1.1 La separación interior

Admitido un interno en un centro penitenciario, se procederá a su identificación y a la apertura de su expediente penitenciario (art. 18 RP). Seguidamente se le destina al departamento de ingresos durante un periodo que no debe rebasar los cinco días para examen médico, entrevistas con personal de equipos técnicos, e información de sus derechos y deberes, tras lo cual se procede a su traslado por decisión del director (art. 280.2.9ª RP) al departamento que le corresponda (art. 20 RP), conforme a los criterios legales del art. 16 LOGP, teniendo en cuenta, con carácter prioritario, criterios de sexo, edad y antecedentes delictivos y respecto de los penados las exigencias del tratamiento penitenciario (art. 99.1 RP); tratándose de miembros de los Cuerpos y Fuerzas de Seguridad o de personal militar, se observará lo dispuesto en su legislación respectiva que contempla su separación diferenciada. En relación con esta cuestión, vid. FERNANDEZ ARÉVALO/NISTAL BURÓN (pp. 536 a 547).

4.1.2 Clasificación y sistema de individualización científica dividido en grados

El sistema progresivo irlandés o de *Crofton* se había implantado en el sistema penitenciario español en 1901 y dividía el cumplimiento material de las penas en cuatro períodos sucesivos, de aislamiento y observación, de trabajo en comunidad, de readaptación social, y de gracias y recompensas, este último transformado en libertad condicional desde 1914, en virtud de la Ley de Libertad Condicional. Este sistema perduró hasta la modificación del RSP de 1956 por la reforma de 1968, que implantó el modelo de clasificación. Este nuevo modelo representa una superación del sistema irlandés, y constituye el nervio central del sistema de individualización científica, del cual el tratamiento penitenciario se erige como motor ideológico.

Así, nuestro sistema penitenciario contempla que las penas privativas de libertad se ejecutarán según el sistema de individualización científica, separado en grados, el último de los cuales será el de libertad condicional, conforme determina el Código Penal (art. 72.1 LOGP); por consiguiente no rige para la prisión provisional (art. 104.1 y.2 RP— ni para las medidas de seguridad (art. 97 CP). Ello se complementa con el principio de correlación entre grados y regímenes ya que tras el ingreso los penados serán clasificados en grados. Los grados serán nominados correlativamente, de manera que la clasificación en segundo grado implicará la aplicación de las normas correspondientes al régimen ordinario de los Establecimientos; el tercer grado, la aplicación del régimen abierto en cualquiera de sus modalidades; y el primer grado, la aplicación de las normas del régimen cerrado, régimen en el que las medidas de control y seguridad serán más estrictas (arts. 72.2 LOGP, 100.1 y 101 RP). Este principio de correlación presenta como matización el principio de flexibilidad, que permite que el equipo técnico pueda proponer a la junta de tratamiento, que respecto de cada penado adopte un modelo de ejecución en el que puedan combinarse aspectos característicos de cada uno de los mencionados grados, cuando dicha medida se fundamente en un programa específico de tratamiento que de otra forma no pueda ser ejecutado, medida excepcional que necesitará de la ulterior aprobación del JVP sin perjuicio de su inmediata ejecutividad (art. 100.2 RP).

La clasificación penitenciaria puede ser así conceptuada como aquella actividad penitenciaria consistente en la decisión del modelo regimental que debe aplicarse a un condenado a pena privativa de libertad, en atención a tratarse del modelo más adecuado para conseguir los objetivos del tratamiento, mediante la asignación de un grado (art. 63.1 LOGP).

La clasificación se configura sobre dos principios complementarios: el de clasificabilidad inicial en grado superior sin pasar por los anteriores, ya que siempre que de la observación y clasificación correspondiente de un interno resulte estar en condiciones para ello, podrá ser situado inicialmente en grado superior, salvo el de libertad condicional, sin tener que pasar necesariamente por los que le preceden (art. 72.3 RP). Nota ésta esencial diferenciadora del sistema de individualización científica frente a los sistemas progresivos, y que explica el cambio de denominación de período a grado. Y, en segundo lugar, el principio de revisabilidad periódica en función de la evolución del tratamiento, ya que en ningún caso se mantendrá a un interno en un grado inferior cuando por la evolución de su tratamiento se haga merecedor a su progresión (art. 72.4 LOGP).

En relación con esta cuestión *vid*. FERNANDEZ ARÉVALO/NISTAL BURÓN, (pp. 610 a 634). Sobre materia de clasificación y principio de flexibilidad las CFVP reseñan sus conclusiones 1 a 25 *bis*, 51 a 53 y 72; y los CJVP, sus criterios 3, 5, 13 a 30, 88, 125, 126, 127, 128 y 138.

4.1.3 Las variables de clasificación

Las variables de clasificación suponen que la clasificación debe tomar en cuenta no sólo la personalidad y el historial individual, familiar, social y delictivo del interno, sino también la duración de la pena y medidas penales en su caso, el medio a que probablemente retornará y los recursos, facilidades y dificultades existentes en cada caso y momento para el buen éxito del tratamiento (arts. 63 y 64.2 LOGP). Una vez recaída sentencia condenatoria, se completará la información anterior con un estudio científico de la personalidad del observado, formulando en base a dichos estudios e informaciones una determinación del tipo criminológico, un diagnóstico de capacidad criminal y de adaptabilidad social y la propuesta razonada de grado de tratamiento y de destino al tipo de establecimiento que corresponda.

4.1.4 Procedimiento de clasificación

En cuanto al procedimiento de clasificación, la propuesta de clasificación inicial penitenciaria (art. 103 RP) se formulará por las juntas de tratamiento, previo estudio del interno en el plazo máximo de dos meses desde la recepción en el establecimiento penitenciario del testimonio de la sentencia. A este respecto, el protocolo de clasificación penitenciaria contendrá la propuesta razonada de grado y el programa individualizado de tratamiento, en el que se señalarán expresamente los destinos, actividades, programas educativos, trabajo y actividades ocupacionales o de otro tipo que deba seguir el interno. La resolución sobre la propuesta de clasificación penitenciaria se adoptará por escrito motivado del centro directivo como regla general en el plazo máximo de dos meses desde su recepción, y se notificará al penado, indicándole que, de no estar conforme con la misma, puede acudir en vía de recurso ante el juez de vigilancia. Cuando se trate de penados con condenas de hasta un año, la propuesta de clasificación inicial formulada por la junta de tratamiento, adoptada por acuerdo unánime de sus miembros, tendrá la consideración de resolución de clasificación inicial a todos los efectos, salvo cuando se haya propuesto la clasificación en primer grado de tratamiento, en cuyo caso la resolución corresponderá al centro directivo.

El art. 107 RP prevé con carácter general la notificación al Ministerio Fiscal de todas las resoluciones clasificatorias en tercer grado, sean iniciales o por revisión, a fin de posibilitar el eventual recurso ante el JVP de este órgano del Estado, para posibilitar un control de legalidad de la actividad penitenciaria en esta materia tan decisiva.

Cada seis meses como máximo, los internos deberán ser estudiados individualmente para evaluar y reconsiderar, en su caso, todos los aspectos establecidos en el modelo individualizado de tratamiento al formular su propuesta de clasificación inicial (art. 105 RP). La progresión en el grado de clasificación dependerá de la modificación positiva de aquellos factores directamente relacionados con la actividad delictiva, se manifestará en la conducta global del interno y entrañará un incremento de la confianza depositada en el mismo, que permitirá la atribución de responsabilidades más importantes que impliquen un mayor margen de libertad. Y la regresión de grado procederá cuando se aprecie en el interno, en relación al tratamiento, una evolución negativa en el pronóstico de integración social y en la personalidad o conducta del interno (art. 106 RP). 2399

Las clasificaciones acordadas por el Centro Directivo son susceptibles de recurso ante el JVP, por el penado y por el Ministerio Fiscal [art. 76.2.f) LOGP]; por excepción los acuerdos de continuidad en segundo grado previamente requieren que una vez notificados al penado, éste solicite su elevación como propuesta al centro directivo, cuya resolución ya sí podrá recurrir al JVP (art. 105.2 RP).

A su vez las resoluciones del JVP serán susceptibles de recurso en los términos generales de la disposición adicional 5ª LOGP —reforma, apelación ante tribunal sentenciador, y casación para unificación de doctrina—. Estos mismos recursos cabrán contra las resoluciones del JVP en punto a aplicación de principio de flexibilidad y en punto a las modalidades especiales de tercer grado y de primer grado, al referirse a materia de ejecución administrativa de la pena. Tratándose de recursos de apelación contra resoluciones referidas a materia de clasificación de penados o concesión de la libertad condicional y pueda dar lugar a la excarcelación del interno, siempre y cuando se trate de condenados por delitos graves, producen efectos suspensivos condenados por delitos graves. A este respecto, el TS ha establecido, como doctrina legal unificada, que en el caso de delitos graves, la decisión de progresión a clasificación que faculte la excarcelación del interno, como sucede con el tercer grado, adoptada ya sea por el órgano administrativo o ya sea por el JVP, cuando sea recurrida por el fiscal, dicho recurso producirá efecto suspensivo, que se mantendrá hasta la resolución por el órgano *ad quem* —tribunal sentenciador—, con carácter preferente y urgente, bien del referido efecto o bien del fondo de la cuestión (SSTS de 15/12/2022 [*Tol 9339571*] y de 18/04/2024 [*Tol 9987721*]).

4.1.5 Presupuestos especiales para el tercer grado introducidos por las reformas del año 2003

2400 Dichos presupuestos complementarios son: 1º) La introducción del periodo de seguridad para la pena de prisión cuya duración sea superior a cinco años (art. 36.2 CP; 2º) La exigencia de satisfacción de responsabilidades civiles (art. 72.5 LOG y 3º) El abandono de la disciplina de organizaciones terroristas y de organizaciones criminales y la colaboración activa con las autoridades (art. 72.6 LOGP).

Por lo que atañe al periodo de seguridad, vid. conclusiones 21, 22, 23, 47 quinquies y 129 CFVP; y criterios 10, 25, 26, 156 y 161. Sobre resoluciones reversivas del periodo de seguridad con aplicación del régimen general de cumplimiento valen las consideraciones expuestas sobre recursos contra las resoluciones del JVP con el solo matiz de posibilitarse el recurso por la víctima en delitos tasados (art. 13.1 EVD).

4.2 El control judicial de la actividad penitenciaria por el juez de vigilancia penitenciaria[1]

La actividad penitenciaria es aquella que tiene por contenido la retención y custodia de los internos, con independencia de su condición procesal, que co-

[1] En adelante, y para mayor claridad y sencillez en la redacción, salvo que merezca mayor concreción en el texto, nos referiremos al "juez de vigilancia penitenciaria" como juez unipersonal integrado en la Sección de Vigilancia Penitenciaria del correspon-

nocemos como régimen penitenciario; la reeducación y reinserción social de los penados y sentenciados sujetos a medidas de seguridad, que conocemos como tratamiento penitenciario; y el despliegue de las prestaciones asistenciales en relación con los reclusos. Dicha actividad se sujeta a los principios de oficialidad, con contadas excepciones, de administratividad, de legalidad, y de sujeción a control judicial.

Centrándonos en el control judicial de la legalidad de la actividad penitenciaria, la misma se articula básicamente por los JVP cuyo marco competencial se contempla en el art. 94 LOPJ, y se despliega en el art. 76 y 77 CP. En concreto, el art. 76.1 LOGP dispone que el juez de vigilancia tendrá competencia para hacer cumplir la pena impuesta, resolver los recursos referentes a las modificaciones que pueda experimentar con arreglo a lo prescrito en las leyes y reglamentos, salvaguardar los derechos de los internos y corregir los abusos y desviaciones que, en el cumplimiento de los preceptos del régimen penitenciario, puedan producirse. Seguidamente el art. 76.2 LOGP establece un catálogo *ad exemplum* de las competencias de los JVP, y que doctrinalmente se clasifican en dos grandes grupos: competencias de ejecución penal, y competencias de vigilancia penitenciaria.

Respecto a las competencias de ejecución penal, se establecen en los tres primeros apartados del art. 76.2 LOGP, y que podemos sistematizar así: a) las llamadas competencias generales de ejecución, consistentes en adoptar todas las decisiones necesarias para que los pronunciamientos de las resoluciones en orden a las penas privativas de libertad se lleven a cabo, asumiendo las funciones que corresponderían a los jueces y tribunales sentenciadores; y b) las competencias de aprobación de las modificaciones cualitativas de las penas privativas de libertad «resolver sobre las propuestas de libertad condicional de los penados y acordar las revocaciones que procedan»; c) las competencias de aprobación de las modificaciones cuantitativas de las penas privativas de libertad, que consisten en «aprobar las propuestas que formulen los establecimientos sobre beneficios penitenciarios que puedan suponer acortamiento de la condena». Además, el JVP en relación con la ejecución de las medidas de seguridad las funciones de propuesta de revisión de medidas de seguridad contempladas en el art. 97 CP —continuidad, modificación, suspensión y cese—.

diente Tribunal de Instancia competente. Otro tanto haremos cuando nos tengamos que referir al juez instructor o juez encargado de la instrucción, o a cualquier juez adscrito a las correspondientes Secciones del Tribunal de Instancia competente. En el capítulo 5 de esta obra puede consultarse una explicación completa del nuevo modelo orgánico de los Tribunales de Instancia que introduce la LO 1/2025.

Respecto las competencias de vigilancia penitenciaria, que se escinden en tutela de los derechos de los internos y las de control de legalidad de la actividad penitenciaria, corresponden al JVP las siguientes: a) resolución de los recursos legalmente establecidos —contra acuerdos sancionadores adoptados por la Administración penitenciaria y contra los acuerdos de clasificación; b) resolución de las quejas formuladas por los internos contra actos y omisiones de la Administración penitenciaria, adoptando las resoluciones que procedan conforme a las leyes; c) recibir daciones de cuenta de decisiones de la administración penitenciaria que afecten a derechos fundamentales de los internos, o que apliquen modelos que se aparten del estándar; y en este capítulo el art. 76.2 LOGP reseña la autorización de sanciones de aislamiento en celda cuya duración exceda de 14 días, y el conocimiento del pase de los internos a régimen cerrado, aunque la LOGP incluye el conocimiento de medios coercitivos y de decisiones de intervención de comunicaciones, y el RP los ha multiplicado —conocimiento del principio de flexibilidad, etc., y d) finalmente, actuaciones de oficio para salvaguardar los derechos de los internos. Para el ejercicio de estas competencias el JVP puede visitar los establecimientos penitenciarios, y además pueden realizar propuestas de mejoras organizativas a la administración penitenciaria.

Centrándonos ahora en el régimen de recursos, se contemplan en la DA 5ª. Vale lo expuesto al abordar los recursos contra las resoluciones del JVP en materia de refundición material de condenas, con la siguiente matización respecto de las resoluciones dictadas en materia de control de legalidad de la actividad penitenciaria —régimen, tratamiento y de prestaciones asistenciales—. Como en materia de ejecución de penas cabe la reforma, la apelación, la queja caso de inadmisión de recursos de apelación, casación para unificación de doctrina. Pero en materia de apelación, las resoluciones del JVP en lo referente al régimen penitenciario y demás materias que no sean de ejecución de penas serán recurribles en apelación o queja siempre que no se hayan dictado resolviendo una impugnación contra resolución administrativa, conociendo la AP que corresponda, por estar situado dentro de su demarcación el establecimiento penitenciario (DA 5ª LOPJ ap. 3).

5. MODIFICACIONES CUANTITATIVAS DE LAS PENAS DE PRISIÓN

5.1 Modificaciones cuantitativas y beneficios penitenciarios

Se conocen como modificaciones cuantitativas de las penas aquellas figuras que suponen una reducción del cuánto de la pena. Existen dos: a) la redención de penas por el trabajo y b) el indulto particular. La normativa penitenciaria vigente los encuadra en la categoría de los beneficios penitenciarios, en particular de los beneficios reductivos de la pena. Conviene aclarar que la figura de la redención de penas por el trabajo o reducciones ha desaparecido para las condenas impuestas conforme al CP vigente.

Por beneficios penitenciarios se entienden aquellas medidas que dentro del marco penitenciario y con el fin de facilitar la reeducación y la reinserción social del penado, permiten la reducción de la duración de la condena o el tiempo efectivo de internamiento Constituyen, por tanto, beneficios penitenciarios el adelantamiento de la libertad condicional y el indulto particular (art. 202 RP). Este precepto omite la cita de la redención de penas, al no estar reguladas en el Código Penal vigente. Los beneficios penitenciarios responden a las exigencias de la individualización de la pena en atención a la concurrencia de factores positivos en la evolución del interno, encaminados a conseguir su reeducación y reinserción social como fin principal de la pena privativa de libertad (art. 203 RP). Por ello la propuesta de los beneficios penitenciarios requerirá la ponderación razonada de los factores que la motivan, así como la acreditación de la concurrencia de buena conducta, el trabajo, la participación del interesado en las actividades de reeducación y reinserción social y la evolución positiva en el proceso de reinserción (art. 204 RP). La propuesta corresponderá a la Junta de Tratamiento [art. 273.h) RP], y su configuración jurisdiccional justifica que su aprobación final corresponderá al JVP, conforme al art. 76.2.c) LOGP, que le atribuye especialmente aprobar las propuestas que formulen los establecimientos sobre beneficios penitenciarios que puedan suponer acortamiento de la condena.

Las denegaciones de beneficios penitenciarios por parte de la Junta de Tratamiento son susceptibles de impugnación ante el JVP por vía de queja ex art. 76.2.g) LOGP; las resoluciones del JVP se sujetan al régimen general ya examinado en anteriores apartados: reforma, apelación ante juez o tribunal sentenciador, y casación para unificación de doctrina, conforme a disposición adicional 5ª LOPJ.

5.2 Indulto particular

La junta de tratamiento, previa propuesta del equipo técnico, podrá solicitar del JVP la tramitación de un indulto particular en la cuantía que aconsejen las circunstancia para los penados en los que concurran de modo continuado durante un tiempo mínimo de dos años y en un grado que se pueda calificar de extraordinario todas y cada una de las siguientes circunstancias: a) buena conducta; b) desempeño de una actividad laboral normal, bien en el establecimiento o en el exterior que se pueda considerar útil para su preparación para la vida en libertad; y c) participación en las actividades de reeducación y reinserción social (art. 206 RP. La tramitación del indulto una vez aprobada la propuesta por el JVP se acomoda a la tramitación de la LEGI.

5.3 La redención de penas por el trabajo en el derecho transitorio

La regulación de la redención de penas por el trabajo —"reducciones", en terminología del TC— se contenía en el art. 100 CP de 1973, y en los arts. 65 a 73 RSP aprobado por Decreto de 2/02/1956, expresamente declarados en vigor para las penas impuestas conforme al CP de 1973 (disposición transitoria 1ª RP) a los *únicos efectos siguientes: a) para determinar en su momento la ley penal más favorable para el reo conforme a lo establecido en las disposiciones transitorias primera, segunda, tercera y cuarta de la LO 10/1995 del CP; y b) para el cumplimiento de las penas impuestas y que se ejecuten conforme al CP que se deroga por la LO 10/1995 del CP, en aplicación de lo previsto en las citadas disposiciones transitorias de dicha LO. Se trata pues de normativa ya puramente residual, si se tiene presente que en junio de 2024 únicamente había 77 personas en todos los centros penitenciarios de España cumpliendo condenas conforme al CP de 1973, y no todas redimen penas por el trabajo.*

6. LIBERTAD CONDICIONAL

6.1 Configuración legal

La libertad condicional tuvo su origen en el cuarto periodo del sistema progresivo irlandés o de *Crofton* al que acomodó en España el modo de cumplimiento de las penas de prisión. La LOGP asignó a los JVP esta competencia, al reputarse competencia jurisdiccional, pese a haberse ejercido hasta ese momento por el Ministerio de Justicia. El CP vigente en su redacción originaria no desnaturalizó la configuración de esta institución, aunque la encuadró en sede sistemática de del Capítulo 3º del Título III del Libro I, bajo la rúbrica "de las formas sustitutivas de la ejecución", si bien en la reforma de la LO 15/2003 pareció diferenciarla al cambiar la rúbrica del Capítulo 3º del Título III que pasó a denominarse de las formas sustitutivas de la ejecución y de la libertad condicional. La reforma de la LO 1/2015 sigue refiriéndose a esta figura como libertad condicional, denominación que además se mantiene en algunos pasajes, pero pasa a configurarla como una modalidad de suspensión de la ejecución del resto de la pena, como lo revela el art. 90.1

CP cuando indica que «el JVP acordará la suspensión de la ejecución del resto de la pena de prisión y concederá la libertad condicional al penado que cumpla los siguientes requisitos...». Y, efectivamente, al contrario de lo que contemplaba la normativa vigente hasta 2015, el tiempo en libertad condicional no computará como tiempo de cumplimiento de condena, sino que la concesión de la libertad condicional determinará la suspensión de la ejecución del resto de la pena durante un determinado período de tiempo: si, durante ese tiempo, el penado no reincide y cumple las condiciones impuestas, se declarará extinguida la pena pendiente de cumplimiento; por el contrario, si durante ese período comete un nuevo delito o incumple gravemente las condiciones impuestas, la libertad será revocada y deberá cumplir toda la pena que restaba. De este modo, la libertad condicional tras la reforma de la LO 1/2015, pasa a conceptuarse como aquella decisión de suspensión de la ejecución de lo que resta de la pena acordada por el JVP respecto de los penados a penas privativas de libertad en atención a la concurrencia de determinados requisitos formales y a la existencia de un pronóstico favorable de resocialización. En punto a los objetivos de este cambio de naturaleza perseguidos por el legislador, y su trascendencia [un análisis preciso puede encontrarse en CERVELLÓ DONDERIS (pp. 75 y ss.)]. 2405

A la libertad condicional se refieren las conclusiones 51, 63 a 91 ter, y 159 CFVP; y criterios 1, 2, 20, 28, 29, 75 a 93, 101, 103, 125, 128, 138, 144, 151, 155, 157, 158 y 161 de los CJVP.

6.2 La libertad condicional común

6.2.1 Requisitos de la libertad condicional común

El JVP acordará la suspensión de la ejecución del resto de la pena de prisión y concederá la libertad condicional al penado que cumpla los siguientes requisitos: a) que se encuentren en el tercer grado de tratamiento penitenciario; b) que se hayan extinguido las tres cuartas partes de la pena impuesta y c) que hayan observado buena conducta (art. 90.1 I CP).

Subsiste además el requisito de pronóstico favorable de reinserción social, ya que para adoptar la decisión correspondiente el JVP valorará la personalidad del penado, sus antecedentes, las circunstancias del delito cometido, la relevancia de los bienes jurídicos que podrían verse afectados por una reiteración en el delito, su conducta durante el cumplimiento de la pena, sus circunstancias familiares y sociales y los efectos que quepa esperar de la propia suspensión de la ejecución y del cumplimiento de las medidas que fueren impuestas (art. 90.1-II CP). A estos requisitos se vienen a sumar los de satisfacción de responsabilidades civiles y de abandono de fines y medios de la actividad terrorista y colaboración activa con las autoridades en los casos de delitos de terrorismo o cometidos en el seno de grupos criminales (art. 90.1 III CP). En esta línea, son causas de posible denegación la conducta de obstrucción al decomiso por el reo, incumplimiento de compromisos de satisfacción de responsabilidades civiles, o conductas elusivas de información de su patrimonio (art. 90.4 I CP), y en el caso de delitos contra la Administración Pública, que el penado hubiera eludido el cumplimiento de sus responsabilidades económicas ni reparado los perjuicios irrogados a la Administración (art. 90.4 II CP).

6.2.2 *Tramitación*

Tras la reforma de la LO 1/2015, el JVP resolverá de oficio sobre la suspensión de la ejecución del resto de la pena y concesión de la libertad condicional a petición del penado. Suscita dudas la exigencia de petición expresa del penado ante la referencia de resolución de oficio, decantándose la doctrina por la doble opción GUISASOLA LERMA (pp. 57 y ss.) y CERVELLO DONDERIS (pp. 158 y ss.) —Instrucción 4/2015 de la SGIP, y conclusión 63 de las CFVP—. Lo cierto es que subsisten formalmente vigentes los arts. 194 y 195 RP, que asignan a la junta de tratamiento el deber de iniciar la tramitación del correspondiente expediente con la antelación necesaria para que no sufra retraso la concesión de este beneficio, y definen el contenido documental que debe reunir dicho expediente, y su elevación al JVP es un cauce para la actuación judicial de oficio. Pero el penado puede solicitar la incoación del expediente al JVP si la Junta de Tratamiento no lo acuerda a su petición (FERNÁNDEZ ARÉVALO/NISTAL BURON, p. 207) lo que debe serle notificado con instrucción de formular queja al JVP.

2406

En el caso de que la petición no fuera estimada, el juez o tribunal podrá fijar un plazo de seis meses, que motivadamente podrá ser prolongado a un año, hasta que la pretensión pueda ser nuevamente planteada (art. 90.7 CP). Respecto del régimen de recursos, se aplica lo expuesto respecto de la refundición material de condenas (DA 5ª LOPJ).

6.2.3 *Plazo de suspensión*

El plazo de suspensión de la ejecución del resto de la pena será de dos a cinco años. En todo caso, el plazo de suspensión de la ejecución y de libertad condicional no podrá ser inferior a la duración de la parte de pena pendiente de cumplimiento (art. 90.5-IV CP). Este segundo inciso supone que el plazo de suspensión sí puede exceder de 5 años, cuando lo pendiente de cumplimiento exceda de dicha cuantía. El plazo de suspensión y libertad condicional se computará desde la fecha de puesta en libertad del penado (art. 90.5 IV CP).

6.2.4 *Posibilidad de fijación de reglas de conducta, modificabilidad y consecuencias de su incumplimiento*

En los casos de suspensión de la ejecución del resto de la pena y concesión de la libertad condicional, resultarán aplicables las normas contenidas en los artículos 83, 86 y 87 CP (art. 95.3 I CP). Esto es, pueden establecerse las prohibiciones y deberes del art. 83 CP, pero no las prestaciones y medidas del art. 84 CP, rigiendo además supletoriamente las normas de revocación y de remisión definitiva.

A su vez, el JVP, a la vista de la posible modificación de las circunstancias valoradas, podrá modificar la decisión que anteriormente hubiera adoptado conforme al artículo 83 CP, y acordar la imposición de nuevas prohibiciones, deberes o prestaciones, la modificación de las que ya hubieran sido acordadas o el alzamiento de las mismas (art. 95.3 II CP) e igualmente revocará la suspensión de la ejecución del resto de la pena y la libertad condicional concedida cuando se ponga de manifiesto un cambio de las circunstancias que hubieran 2407
dado lugar a la suspensión que no permita mantener ya el pronóstico de falta de peligrosidad en que se fundaba la decisión adoptada. Este último motivo de revocación en principio no será aplicable a los delitos cometidos antes del 1 de julio de 2015, cuya libertad condicional se rige por el régimen jurídico anterior a la reforma operada por LO 1/2015, conforme a la jurisprudencia del TS que examinaremos al abordar el derecho transitorio.

6.3 Modalidades especiales de la libertad condicional

6.3.1 *Adelantamiento común hasta a 2/3 por el JVP*

Se contempla que el JVP podrá acordar la suspensión de la ejecución del resto de la pena y conceder la libertad condicional a los penados que cumplan los siguientes requisitos: a) que hayan extinguido dos terceras parte de su condena; b) que durante el cumplimiento de su pena hayan desarrollado actividades laborales, culturales u ocupacionales, bien de forma continuada, bien con un aprovechamiento del que se haya derivado una modificación relevante y favorable de aquéllas de sus circunstancias personales relacionadas con su actividad delictiva previa y c) que acredite el cumplimiento de los requisitos a que se refiere el apartado anterior, salvo el de haber extinguido tres cuartas partes de su condena (art. 90.2 CP y art. 205 RP).

6.3.2 *Adelantamiento reforzado desde la mitad de la condena hasta 90 días por año de cumplimiento efectivo*

Agrega el último párrafo del art. 90.2 CP que, bajo determinadas condiciones, es posible el adelantamiento de 90 días por año de cumplimiento efectivo, siempre que el penado haya desarrollado continuadamente las actividades indicadas en la letra b) y acredite, además, la participación efectiva y favorable en programas de reparación a las víctimas o programas de tratamiento o desintoxicación, en su caso (art. 90.2-II CP.

6.3.3 *Adelantamiento a la mitad de la condena a delincuentes primarios con condenas que no excedan de tres años*

Se contempla en el art. 90.3 CP, requiriendo el cumplimiento del requisito del art. 90.2.b), con la sola exclusión de penados que lo hayan sido por la comisión de un delito contra la libertad e indemnidad sexuales (art. 90.3 CP).

6.3.4 *Modalidad restrictiva de personas condenadas por delitos perpetrados en el seno de organizaciones criminales y por delitos de terrorismo*

A esta modalidad se refiere el art. 90.8 CP, que alude a dos cuestiones: a) requisitos de concesión y b) exclusión de ciertas modalidades especiales atenuadas. En cuanto a los requisitos, se requiere que el penado muestre signos inequívocos de haber abandonado los fines y los medios de la actividad terrorista y haya colaborado activamente con las autoridades (art. 90.8-I CP). Para estos casos se excluyen el adelantamiento a 2/3, el adelantamiento reforzado, y la modalidad "exprés" de mitad de cumplimiento (art. 90.8-II CP).

6.3.5 *La modalidad especial de libertad condicional sin plazos mínimos de septuagenarios y de enfermos graves con padecimientos incurables conforme al art. 91 CP*

A la modalidad de septuagenarios se refiere el art. 91.1 I CP. A la de enfermos graves con padecimientos incurables según informe médico, el art. 91.1 II CP.

Con relación a su tramitación, se regulan dos modalidades, una ordinaria y otra de urgencia. Respecto de la ordinaria, se establece que, constando a la Administración penitenciaria que el interno se halla en los casos anteriores, elevará el expediente de libertad condicional, con la urgencia que el caso requiera, al JVP que, a la hora de resolverlo, valorará junto a las circunstancias personales la dificultad para delinquir y la escasa peligrosidad del sujeto (art. 91.2 CP). A la tramitación judicial urgente se refiere partiendo de la existencia de peligro patente para la vida del interno, a causa de su enfermedad o de su avanzada edad, por estar así acreditado por el dictamen del médico forense y de los servicios médicos del establecimiento penitenciario; en estos casos el JVP podrá, sin necesidad de que se acredite el cumplimiento de ningún otro requisito y valorada la falta de peligrosidad relevante del penado, acordar la suspensión de la ejecución del resto de la pena y concederle la libertad condicional, sin más trámite que requerir al centro penitenciario el informe de pronóstico final al objeto de poder hacer la valoración a que se refiere el apartado anterior (art. 91.3-I CP), viniendo el penado obligado a facilitar al servicio médico penitenciario, al médico forense, o a aquel otro que se determine por el juez o tribunal, la información necesaria para poder valorar la evolución de su enfermedad. El incumplimiento de esta obligación podrá dar lugar a la revocación de la suspensión de la ejecución y de la libertad condicional (art. 91.3-II y III CP).

En estos casos serán aplicables las previsiones contempladas respecto de posibilidades de denegación del art. 90.4 CP, de fijación de reglas de conducta y de su modificabilidad, plazos de suspensión causas y consecuencias de la revocación contempladas en el art. 90.5 y.6 CP.

6.4 Problemas de derecho transitorio

La transmutación de la naturaleza jurídica de la libertad condicional de última fase jurisdiccional de la ejecución de las penas privativas de libertad a modalidad de suspensión de la ejecución de la pena privativa de libertad suscita numerosos problemas. Algunos han sido abordados jurisprudencialmente por el TS. Así, la STS de 5/05/2021 [*Tol 8425360*], de unificación de doctrina, declara que el régimen jurídico de la libertad condicional que resulta de la modificación operada por la LO 1/2015, no será de aplicación, cuando ello sea desfavorable, a aquellos internos cuyos hechos delictivos daten de fecha anterior al 1/07/2015, siempre que la sentencia que se ejecuta haya sido dictada de conformidad con la normativa anterior a la entrada en vigor de dicha reforma. Ahora bien, se ha declarado que para hechos delictivos anteriores a 1/07/2015 y cuya libertad condicional se rige por el régimen jurídico anterior a la reforma operada por LO 1/2015 la presunta participación del beneficiario en un nuevo delito no permite la revocación del beneficio si, a juicio del JVP no se evidencia que se hayan inobservado las reglas de conducta expresamente impuestas al penado con ocasión de la libertad condicional (STS de 9/04/2022 [*Tol 8932354*]). Estos problemas son profusamente analizados en las CFVP y CJVP.

6.5 El acceso de la prisión permanente revisable a la suspensión de la ejecución de la pena

6.5.1 Requisitos

Son requisitos para acordar la suspensión de la ejecución de la pena de prisión permanente revisable los siguientes: a) que el penado haya cumplido veinticinco años de su condena, sin perjuicio de lo dispuesto en el artículo 78 *bis* CP para los casos regulados en el mismo; b) que se encuentre clasificado en tercer grado, y c) que el tribunal, a la vista de la personalidad del penado, sus antecedentes, las circunstancias del delito cometido, la relevancia de los bienes jurídicos que podrían verse afectados por una reiteración en el delito, su conducta durante el cumplimiento de la pena, sus circunstancias familiares y sociales, y los efectos que quepa esperar de la propia suspensión de la ejecución y del cumplimiento de las medidas que fueren impuestas, pueda fundar, previa valoración de los informes de evolución remitidos por el centro penitenciario y por aquellos especialistas que el propio tribunal determine, la existencia de un pronóstico favorable de reinserción social. Caso de que el penado lo hubiera sido por varios delitos, el pronóstico favorable de reinserción social se realizará valorando en su conjunto todos los delitos cometidos.

6.5.2 Procedimiento oral contradictorio

El tribunal resolverá sobre la suspensión de la pena de prisión permanente revisable tras un procedimiento oral contradictorio en el que intervendrán el Ministerio Fiscal y el penado, asistido por su abogado (art. 92.1-II CP).

6.5.3 Aplicabilidad supletoria de los arts. 80.1-II, 83, 86, 87 y 91 CP

Son de aplicación las reglas que la vinculan a la ausencia de peligrosidad criminal contenidas en el art. 80.1-II CP, la posibilidad de fijar reglas de conducta consistentes en deberes y prohibiciones del art. 83, y la normativa sobre consecuencias de su incumplimiento y sobre remisión y revocación contenidas en los arts. 86 y 87 CP, sin quedar excluida la aplicabilidad de la libertad excepcional de septuagenarios y enfermos graves con padecimientos incurables del art. 91 CP (art. 92.3 I CP).

Respecto de las reglas de conducta, se reitera la posibilidad de revisabilidad de reglas de conductas (art. 92.3 II CP en relación con 91.5 II CP). Igualmente se reitera que la pérdida de pronóstico de falta de peligrosidad será causa de revocación por parte del JVP (art. 92.3 II, en relación con 91.5 III CP).

6.5.4 *Duración de la suspensión*

Se establece un plazo de suspensión de duración comprendida entre 5 a 10 años, computados desde la fecha de puesta en libertad del penado.

6.5.5 *Revisión caso de denegación*

Se establece el plazo de 25 años de condena, o bien de 30 cuando el penado lo haya sido por varios delitos y dos o más de ellos estén castigados con una pena de prisión permanente revisable, o bien uno de ellos esté castigado con una pena de prisión permanente revisable y el resto de penas impuestas sumen un total de veinticinco años o más, el tribunal deberá verificar, al menos cada dos años, el cumplimiento del resto de requisitos dc la libertad condicional. El tribunal resolverá también las peticiones de concesión de la libertad condicional del penado, pero podrá fijar un plazo de hasta un año dentro del cual, tras haber sido rechazada una petición, no se dará curso a sus nuevas solicitudes (art. 92 CP).

6.5.6 *Modalidad especial caso de delitos de organizaciones y grupos terroristas y de delitos de terrorismo*

En estos casos, la libertad condicional tomará por base un nuevo requisito, el consabido *abandono* de los fines y los medios de la actividad terrorista y la colaboración activamente con las autoridades (art. 92.2 CP), y los periodos de cumplimiento de la condena se incrementan a 28 y 35 años según la concurrencia con otras condenas (art. 78 *bis*.3 II CP).

7. LICENCIAMIENTO DEFINITIVO

El principio general de jurisdiccionalidad de la ejecución penal impone que, al igual que la decisión de internamiento, la decisión de libertad sea también jurisdiccional: para proceder a la excarcelación de los condenados será precisa la aprobación de la libertad definitiva por el tribunal sentenciador o de la propuesta de libertad condicional por el JVP (art. 17.3 LOGP y 24.1 RP).

Con una antelación mínima de dos meses al cumplimiento de la condena, el director del establecimiento formulará al tribunal sentenciador una propuesta de libertad definitiva para el día en que el penado deje previsiblemente extinguida su condena, con arreglo a la liquidación practicada en la sentencia (art. 24.2 RP). Pero si quince días antes de la fecha propuesta para la libertad definitiva no se hubiese recibido respuesta, el director del establecimiento reiterará la propuesta al tribunal sentenciador, significándole que, de no recibirse orden expresa en contrario, se procederá a liberar al recluso en la fecha propuesta (art. 24.3 RP).

Recibido en el centro el mandamiento de libertad, el director o quien reglamentariamente le sustituya dará orden escrita y firmada al jefe de servicios para que sea cumplimentada por funcionarios a sus órdenes. Pero antes de que el director extienda la orden de libertad a que se refiere el apartado anterior, el funcionario encargado de la oficina de régimen procederá a realizar una completa revisión del expediente personal del interno, a fin de comprobar que procede su libertad por no estar sujeto a otras responsabilidades. El funcionario encargado del servicio o, en su defecto, el que designe el jefe de servicios procederá a realizar la identificación de quien haya de ser liberado, cotejando las huellas dactilares y comprobando los datos de filiación, y le acompañará, posteriormente, hasta la salida del centro penitenciario. (arts. 22 y 28 RP). Los directores de los establecimientos retendrán a los penados que, habiendo extinguido una condena, tengan alguna otra pendiente de cumplimiento, informando a aquéllos de la causa de la retención. Cuando la retención lo sea por tener pendiente otra causa en que se haya decretado prisión provisional, el director lo comunicará a la autoridad judicial competente y al centro directivo para traslado cuando proceda (art. 29 RP). En relación con esta cuestión, *vid.* FERNÁNDEZ ARÉVALO / NISTAL BURÓN, (pp. 560 a 569).

BIBLIOGRAFÍA

- CERVELLÓ DONDERIS, *Libertad condicional y sistema penitenciario*, Tirant lo Blanch, 2019.
- Conclusiones vigentes sistematizadas de encuentros de fiscales de vigilancia penitenciaria 2011-2023 https://www.fiscal.es/documents/d/fiscal/concl-sistematizadas-2011-a-2023-
- Criterios de actuación, conclusiones y acuerdos aprobados por los jueces de vigilancia penitenciaria en sus XXX reuniones celebradas entre 1981 y 2022. https://derecho-penitenciario.com/wp-content/uploads/2022/08/CRITERIOS-JJVP-PAMPLONA-MAYO-2022.pdf
- ENCINAR DEL POZO, *Comentarios a la Ley de Enjuiciamiento Criminal* (Barja de Quiroga dir.), Tirant lo Blanch, 2023.
- FERNANDEZ ARÉVALO, «Máximo de cumplimiento: terminología, naturaleza jurídica y consecuencias de su reinterpretación jurisprudencial», *Sepin*, SP/DOCT/2848, artículo monográfico, abril, 2006.
- FERNANDEZ ARÉVALO/NISTAL BURÓN, *Derecho Penitenciario*, Aranzadi, 2016.
- GUISASOLA LERMA, *La libertad condicional. Nuevo régimen jurídico conforme a la LO 1/2015 CP*, Tirant lo Blanch, 2017.
- HERNÁNDEZ GARCÍA, *Comentarios al Código Penal*, Tirant lo Blanch, 2023.
- TAMARIT SUMALLA, *Comentarios al Código Penal*, (Quintero Olivares, dir.), Aranzadi, 2024.

Capítulo 60

La ejecución de medidas de seguridad

Luis Fernández Arévalo
Fiscal Jefe
Fiscalía Provincial de Sevilla

1. PENA Y MEDIDA DE SEGURIDAD

1.1 Premisas y antecedentes históricos

Al abordar el concepto de las medidas de seguridad conviene recordar que las infracciones penales tienen asignadas legalmente una serie de consecuencias jurídicas, que pueden ser civiles y penales; que dentro de las consecuencias jurídicas penales encontramos de un lado unas denominadas consecuencias principales, donde se encuadran las penas y las medidas de seguridad, y de otro lado unas llamadas consecuencias penales accesorias, entre las que se encontrarían comiso y restantes medidas contempladas en los arts. 129 y 129 bis CP.

La incorporación de tales medidas a los ordenamientos penales tiene su antecedente en Karl Stoos, influido por el positivismo, en su obra Anteproyecto de Código Penal suizo de 1893. En España, y prescindiendo de otros antecedentes más antiguos, citados por GRACIA MARTÍN/MAYO CALDERÓN (p. 624), las medidas de seguridad fueron introducidas por el Código Penal de 1928 (arts. 90 a 107, que las contemplaban como consecuencia de los delitos o faltas, o como complemento de pena), y se mantuvieron en otras normas como la Ley de Vagos y Maleantes de 1933 y la Ley de Peligrosidad y Rehabilitación Social de 1970, distinguiendo éstas dos últimas entre medidas de seguridad predelictuales y postdelictuales.

No obstante, las medidas de seguridad predelictuales quedaron heridas de muerte tras la STC 23/1986 [*Tol 79570*], que estableció que la imposición de medidas de seguridad con anticipación a la punición de conducta penal y la concurrencia sobre un mismo hecho de pena y medida de seguridad era contraris al principio de legalidad penal, ya que por un lado no cabe otra condena —y la medida de seguridad lo es— que la que recaiga sobre quien haya sido declarado culpable de la comisión de un ilícito penal, y por otro lado, no sería posible sin quebrantar el principio *ne bis in ídem*, íntimamente unido al
2416 de legalidad, hacer concurrir penas y medidas de seguridad sobre tipos de hecho igualmente definidos, y ello aunque se pretendiese salvar la validez de la concurrencia de penas y medidas de seguridad diciendo que en un caso se sanciona la «culpabilidad» y en el otro la «peligrosidad». En el mismo sentido, SSTC 21/1987 [*Tol 79730*], entre otras muchas.

Sin embargo, la regulación de su ejecución es relativamente poco detallada, y suscita numerosos problemas, lo que en gran medida viene determinado por la escasa magnitud de las cifras de su aplicación en la práctica en proporción a la imposición de las penas. Así, en el cuadro de medidas penales privativas de libertad, la población penal en el sistema penitenciario español ascendía en septiembre de 2024 a 10.489 personas preventivas, 46.990 penadas, 919 personas penadas con causas preventivas, y 523 personas sujetas a medidas de internamiento; de una suma total de 58.921 reclusos, los internos con imposición de medidas de seguridad representaban un 0'88% del total.

Ello no es ajeno al insuficiente abordaje normativo. Así, en su redacción originaria, la LECrim tan solo vislumbró la problemática que se derivaba del padecimiento de anomalías psíquicas por parte del inculpado, en relación con las medidas a adoptar en los casos de demencia sobrevenida tras la comisión del hecho, pero antes de la celebración del juicio (art. 383 LECrim), y en relación con los confinados a los que les sobreviniera demencia (arts. 991 a 994 LECrim). Es más, la voz medida de seguridad actualmente aparece en la LE-

Crim citada en tres ocasiones. Cronológicamente, por primera vez, en el nuevo art. 846 *bis* c) —introducido por LO 5/1995 y reformado por LO 8/1995—, estableciendo como uno de los motivos que la sentencia hubiera incurrido en infracción de precepto constitucional o legal en la calificación jurídica de los hechos o en la determinación de la pena, o de las medidas de seguridad o de la responsabilidad civil. En segundo lugar, en el art. 782.1-I LECrim —reformado por Ley 38/2002—, cuando contempló la vinculación del Juez de Instrucción a la solicitud de sobreseimiento de la causa por cualquiera de los motivos que prevén los artículos 637 y 641 LECrim, excepto en los supuestos de los números 1º, 2º, 3º, 5º y 6º del art. 20 CP, en que devolverá las actuaciones a las acusaciones para calificación, continuando el juicio hasta sentencia, a los efectos de la imposición de medidas de seguridad y del enjuiciamiento de la acción civil. Y en tercer y último lugar hasta la fecha, en la reforma del art. 252-I LECrim por el Real Decreto-ley 6/2023, al contemplar que el deber de los tribunales de remitir, a través de procedimientos electrónicos, al Registro Central de Penados y al Registro Central de Medidas Cautelares, Requisitorias y Sentencias no Firmes y al Registro Central para la Protección de las Víctimas de la Violencia Doméstica y de Género, establecidos en el Ministerio Justicia, respectivamente, notas autorizadas de las sentencias firmes en las que se imponga alguna pena o medida de seguridad por delito y de los autos en que se declare la rebeldía de los procesados. 2417

A su vez, la LOGP llega incluso a desconocer la propia expresión medida de seguridad, para referirse a ellas como otras medidas penales, diferentes de las penas, y ello además de manera muy ocasional, en cuatro de sus preceptos [arts. 1, 8.1, 11.c) y 63 LOGP]. Es cierto que la LOGP ha tenido que convivir con normas legales de filosofías tan radicalmente contrarias como la Ley 16/1970, de 4 de agosto, de Peligrosidad y Rehabilitación Social, y el CP, cuya disposición derogatoria, apartado 1.c), dejó definitivamente sin efecto aquella ley de peligrosidad y sus disposiciones complementarias. Pero lo que sí resulta ya del todo punto inexplicable es que, tras varios años de vigencia, no se haya abordado una reforma de la regulación del internamiento en Hospitales o Unidades Psiquiátricas Penitenciarios por el Reglamento Penitenciario aprobado por RD 190/1996, que se ubica sistemáticamente como una forma especial de ejecución (capítulo VII del Título VII), y que constituye posiblemente el apartado de peor factura de ese Reglamento, donde en primer lugar llegan a contemplarse formas de ingresos expresamente proscritas en el CP vigente [art. 184.c) RP en relación con art. 60 CP], se prescinde en segundo lugar a su vez de otras posibilidades de ingreso perfectamente admisibles [v.gr., internamiento por aplicación de semieximente, *ex* art. 104 CP, en su art. 184.b) RP], y en tercer lugar —probablemente lo peor desde la perspectiva penitenciaria *stricto sensu*– llega a desconocerse por completo quién es el destinatario de las daciones de cuenta por parte de la Institución, si el JVP o bien el juez o tribunal sentenciador, como lo acredita la expresión empleada de "autoridad judicial", sistemáticamente utilizada cada vez que quienes redactaron la LOGP o el RP ignoraban a quién se debía de poner en conocimiento un determinado acto de la institución penitenciaria (en el art. 186 RP).

1.2 Concepto

De lo expuesto se concluye que en el sistema penal español actual solo caben las medidas de seguridad postdelictuales, y a este respecto las medidas de seguridad se van a configurar como auténticas sanciones penales, pues entrañan una respuesta legal frente a la comisión de un hecho delictivo, que imponen la privación al sentenciado bien del derecho a la libertad, bien de otro tipo de derecho, y por ello se someten a las garantías del principio de legalidad [garantías criminal (art. 1 CP), penal (art. 2 CP), jurisdiccional (art. 3.1 CP), y ejecutiva (art. 3.2 CP)]. En este sentido el DPEJ define la medida de seguridad como aquella sanción penal que se aplica a un sujeto que es declarado crimi-
2418 nalmente peligroso tras la comisión de un delito.

De este modo, la medida de seguridad aparece configurada en nuestro CP como una consecuencia jurídica penal principal del delito, juntamente con las penas, y partiendo de este dato podemos definir las medidas de seguridad como aquellas consecuencias jurídicas penales principales previstas por la ley frente a la comisión de un hecho delictivo en cuya virtud se priva de un determinado derecho al sujeto, no en función de su culpabilidad sino en base a su peligrosidad criminal –exteriorizada con la comisión de ese delito– apareciendo en todo caso la privación del derecho como imprescindible en orden a controlar esa peligrosidad criminal: FERNÁNDEZ ARÉVALO/NISTAL BURÓN (p. 227). No obstante, la definición puede abordarse desde otras perspectivas, como analiza de forma detallada RUBIO LARA (pp. 135 a 141)

Hasta la reforma del CP introducida por LO 5/2010, la peligrosidad criminal venía marcada por la concurrencia de circunstancias eximentes o semieximentes que anulaban o reducían muy considerablemente la culpabilidad del reo; tras dicha reforma penal esas circunstancias eximentes o semieximentes prosiguen determinando la peligrosidad criminal que inspiran la idea de peligrosidad, pero no la monopolizan, toda vez que la aparición de la libertad vigilada postpenitenciaria fundamenta la peligrosidad criminal, no en la ausencia o reducción considerable de la culpabilidad, sino precisamente en la afirmación de la culpabilidad vinculada a la comisión de determinados delitos.

1.3 Caracteres

En cuanto a los caracteres de las medidas de seguridad en el sistema español aparte de su condición de consecuencia jurídica del delito entendida como auténtica medida penal, imponible en base a la previa comisión de un hecho que revista caracteres de delito, podemos señalar los siguientes:

a) *Predeterminación legal*: no será castigado ningún delito ni falta con pena que no se halle prevista por Ley anterior a su perpetración. Carecerán, igualmente, de efecto retroactivo las leyes que establezcan medidas de seguridad (art. 2.1 CP).

b) *Jurisdiccionalidad*: no podrá ejecutarse pena ni medida de seguridad sino en virtud de sentencia firme dictada por el juez o tribunal competente de acuerdo con las leyes procesales (art. 3.1 CP.

c) *Postdelictualidad*: las medidas de seguridad constituyen ante todo una respuesta ante la comisión de un hecho delictivo. Es una consecuencia penal principal del delito, juntamente con la pena. En consecuencia, como ya se indicó, en nuestro sistema penal vigente no caben las medidas de seguridad predelictuales: donde no conste declarada la existencia de infracción penal, no puede existir una medida de seguridad. Así resulta del art. 6.1 CP, conforme al cual las medidas de seguridad se fundamentan en la peligrosidad criminal del sujeto al que se impongan, exteriorizada en la comisión de un hecho previsto como delito. Lo que se reitera en el art. 95 CP, conforme al cual las medidas de seguridad se aplicarán por el juez o tribunal, previos los informes que estime convenientes, a las personas que se encuentren en los supuestos previstos en el capítulo siguiente de este Código, siempre que concurran estas circunstancias: «1ª Que el sujeto haya cometido un hecho previsto como delito...»

d) *Peligrosidad como fundamento de su imposición*: frente al principio de culpabilidad que inspira la imposición de las penas, el fundamento de las medidas de seguridad se asienta no en dicha culpabilidad, sino en la peligrosidad exteriorizada con la comisión del hecho delictivo. Por peligrosidad criminal se entiende la probabilidad o posibilidad razonable de comisión de nuevos hechos delictivos. A ello se refieren los arts. 6.1 CP, ya citado, y el art. 95.2 CP, que tras definir la posdelictualidad, expone como requisito que del hecho y de las circunstancias personales del sujeto pueda deducirse un pronóstico de comportamiento futuro que revele la probabilidad de comisión de nuevos delitos.

e) *Personalidad*: en cuanto que la responsabilidad penal sólo puede exigirse a personas concretas y por sus actos propios, sin que pueda admitirse una responsabilidad colectiva extensible al grupo familiar o social.

f) *Exclusión de medidas penales como la muerte y las medidas penales corporales*: conforme al imperativo constitucional de que todos tienen derecho a la vida y a la integridad física y moral, sin que, en ningún caso, puedan ser sometidos a tortura ni a penas o tratos inhumanos o degradantes. Queda abolida la pena de muerte, salvo lo que puedan disponer las leyes penales militares para tiempos de guerra (art. 15 CE).

g) *Finalidad resocializadora*: conforme al inciso primero del art. 25.2 CE, las penas privativas de libertad y las medidas de seguridad estarán orientadas hacia la reeducación y reinserción social y no podrán consistir en trabajos forzados.

1.4 Relación entre las penas y las medidas de seguridad

En cuanto a la relación entre penas y medidas de seguridad, se han mane-
2420 jado distintos sistemas, como lo son el sistema dualista, o de acumulación de la pena y la medida, el sistema de vía única o de fusión de pena y medida; y finalmente, el sistema de doble vía o vicarial que combina la ejecución de pena y medida.

El sistema monista propugna un sólo medio de lucha contra la delincuencia: penas o medidas de seguridad. En un principio apareció el sistema monista: la pena era la única respuesta contra el delito. Cuando aparecieron las medidas de seguridad surgió el sistema dualista, sosteniendo de doble vía o régimen del *doppio binario*, en el que, de un lado, el delito tendrá como respuesta la pena si se aprecia culpabilidad; de otro, tendrá como respuesta la medida de seguridad, si no existiendo culpabilidad, se apreciara peligrosidad criminal. El sistema vicarial o sistema sustitutivo parte de que la pena, fundada en la culpabilidad, puede ser sustituida en su ejecución por una medida de seguridad, computándose el tiempo de cumplimiento de ésta con el de la pena. El tribunal tiene la facultad de optar entre que continúe el cumplimiento del resto de la pena que queda o suspender ésta de forma definitiva o decretar la libertad o remisión condicionales.

2. EL FUNDAMENTO DE LAS MEDIDAS DE SEGURIDAD

Mientras que el fundamento de la pena radica en la culpabilidad, la imposición de medidas de seguridad toma su fundamento en la peligrosidad criminal, concepto que hunde sus raíces en la temibilidad de Garófalo, y que se entiende como la probabilidad de que un individuo cometa o vuelva a cometer un delito. La pena mira al pasado, en tanto la medida se impone examinando el futuro. De este modo, frente al principio de culpabilidad que inspira la imposición de las penas, el fundamento de las medidas de seguridad se asienta no en dicha culpabilidad, de la que incluso puede carecer el partícipe en la comisión del hecho delictivo —o al menos puede tenerla notable o gravemente limitada—, sino en la peligrosidad exteriorizada con la comisión del hecho delictivo. En este sentido la jurisprudencia, haciéndose eco de Jescheck, sostiene en cuanto a los fines y función de las medidas ha de ponderarse, de una parte, la protección del propio acusado, quien mediante el correspondiente tratamiento médico-terapéutico puede controlar los impulsos de su enfermedad mental y acabar haciendo una vida normalizada, objetivo de rehabilitación social que acabará repercutiendo también en beneficio de la comunidad. Y, desde una segunda perspectiva, se protege también con la medida por supuesto a la sociedad, salvaguardándola de los riesgos que genera una persona que ya tiene acreditada una peligrosidad objetivada en el hecho enjuiciado, evitando así la reiteración de tales actos en el futuro (STS de 25/10/2017 [*Tol 6420832*], con cita de SSTS de 2711/2010 [*Tol 2018420*] y de 6/03/2012 [*Tol 2567223*]).

No obstante su distinto fundamento, se observa tanto en las legislaciones como en la doctrina una evolución en la consideración de pena y medida de seguridad, que se puede esquematizar en tres aspectos (LUZÓN PEÑA, pp. 260 y 261): a) se procura evitar, en lo posible, la acumulación de pena y medida, en la conciencia de que entraña un alargamiento del castigo más allá del límite inicialmente asignado al concreto delito; b) se pretende someter a las medidas a límites precisos sobre su duración, de modo que incluso la posibilidad de que una medida alcance su tope de duración sin haber logrado su fin, debe dar lugar a la adopción no ya de una «medida de seguridad penal», sino de asistencia sanitaria, y c) el principio de alternatividad o el sistema vicarial obedecen, de hecho, al propósito de establecer materialmente un castigo único, lo que supone un acercamiento al monismo.

Nuestro derecho positivo viene a confirmar la peligrosidad criminal como fundamento de la medida de seguridad: las medidas de seguridad se fundamentan en la peligrosidad criminal del sujeto al que se impongan, exteriorizada en la comisión de un hecho previsto como delito (art. 6.1 CP). Tal y como adelantamos, por peligrosidad criminal se entiende la probabilidad o posibilidad razonable de comisión de nuevos hechos delictivos: las medidas de seguridad se aplicarán por el juez o tribunal, previos los informes que estime convenientes, a las personas que se encuentren en los supuestos previstos en el capítulo siguiente de este Código, siempre que concurran estas circunstancias: a) que el sujeto haya cometido un hecho previsto como delito; b) que del hecho y de las circunstancias personales del sujeto pueda deducirse un pronóstico de comportamiento futuro que revele la probabilidad de comisión de nuevos delitos" (art. 95.1 CP).

3. PRINCIPIOS

3.1 Principio de legalidad

El principio de legalidad se encuentra constitucionalmente implícito en los arts. 25.1 CE «nadie puede ser condenado o sancionado por acciones u omisiones que en el momento de producirse no constituyan delito, falta o infracción administrativa, según la legislación vigente en aquel momento» y 53.1 CE «los derechos y libertades reconocidos en el Capítulo segundo del presente Título vinculan a todos los poderes públicos. Sólo por ley, que en todo caso deberá respetar su contenido esencial, podrá regularse el ejercicio de tales derechos y libertades, que se tutelarán de acuerdo con lo previsto en el artículo 161.1.a)».

Tomando como punto de partida a Feuerbach, padre de la Escuela Clásica, dicho principio se proyecta en 4 garantías: la criminal, la penal, la jurisdiccional y la ejecutiva.

a) La *garantía criminal* se formula en el CP cuando establece que las medidas de seguridad sólo podrán aplicarse cuando concurran los presupuestos establecidos previamente por la Ley (art. 1.2 CP). Dichas garantías se proyectan en el art. 95 CP. Como advierte MORALES PRATS (p. 76) «el artículo 1.2 CP, al someter las medidas de seguridad a la garantía criminal, viene a sintonizar con la doctrina del Tribunal Constitucional, encaminada a integrar las medidas de seguridad en el alcance del artículo 25.1 CE, lo que implícitamente supone considerar estas reacciones jurídicas como sanciones penales *stricto sensu* y las decisiones judiciales por las que son impuestas como condenas» (MORALES PRATS/ GARCÍA ALBERO).

b) *La garantía penal* se contempla en el art. 2.1 CP «no será castigada ninguna acción ni omisión que no esté prevista como delito por ley anterior a su perpetración», sin perjuicio de la retroactividad de la ley penal más favorable (art. 2.2 CP).

c) La *garantía jurisdiccional* se contempla en el art. 3.1 CP «no podrá ejecutarse pena ni medida de seguridad sino en virtud de sentencia firme dictada por el juez o tribunal competente, de acuerdo con las leyes procesales».

d) Y finalmente, *la garantía ejecutiva*: «tampoco podrá ejecutarse pena ni medida de seguridad en otra forma que la prescrita por la Ley y reglamentos que la desarrollan, ni con otras circunstancias o accidentes que los expresados en su texto. La ejecución de la pena o de la medida de seguridad se realizará bajo el control de los Jueces y Tribunales competentes» (art. 3.2 CP).

3.2 Principio de postdelincuencialidad

También ya examinado, y contemplado en los arts. 6.1. y 95.1.1º CP. Como advierte GARCÍA ALBERO (p. 684) «es ésta una consecuencia obligada del principio, según el cual toda reacción punitiva estatal, de la clase que fuere, resulta sólo constitucionalmente admisible por razón del hecho cometido. La sola peligrosidad, ayuna de este previo referente, no justifica una tal intervención de naturaleza penal, por impedirlo el artículo 25.1 CE, según jurisprudencia del Tribunal Constitucional».

3.3 Principio de peligrosidad criminal

El tercer principio, ya examinado, es el principio de peligrosidad criminal como fundamento y base de la imposición de las medidas de seguridad (arts. 6.1 95.1.2º CP). Ahora bien, como advierte QUINTERO OLIVARES (p. 92) refiriéndose a la peligrosidad criminal, «ésta implica evidentemente, un juicio de prognosis, que como tal requiere la expresa valoración por parte del tribunal sentenciador, y por lo tanto sería técnicamente posible que la comisión de un delito por un inimputable permanente o temporal no revele peligrosidad, sino que esa comisión sea sólo un primer e importante dato a considerar. Ahora bien, cuando el legislador habla de "peligrosidad... exteriorizada en la comisión de un hecho previsto como delito...", parece que conduce a la idea de que toda comisión de una infracción penal por un sujeto que no puede ser declarado culpable implica necesariamente peligrosidad... En conclusión, la peligrosidad de cada sujeto, en cuanto es condición de la clase de medida que se adopte, deberá ser en cada caso expresamente declarada, y no es una mera consecuencia automática de la comisión del hecho, sino un efecto variable y mensurable del mismo». En el mismo sentido, la STS 482/2019, de 4 de mayo establece que «el juicio sobre la peligrosidad del sujeto opera en dos fases: a) en la fase de diagnóstico, fundado en el actuar peligroso para la sociedad, ya patentizado y objetivado en el hecho dañoso ejecutado, es decir, en un juicio *ex ante* y a ello se refiere el art. 95-1º CP; b) en la fase de pronóstico, que se proyecta hacia su comportamiento futuro y que tiene por finalidad, en un juicio de futuro, prever la posibilidad de que la persona concernida cometa nuevos hechos dañinos para la sociedad y a ello se refiere el art. 95-2º CP», y seguidamente advierte que «este juicio de futuro no debe estar fundado en el puro decisionismo intuitivo del operador judicial, sino que se debe operar con argumentos científicos contrastados ...que puedan aventurar —nunca con la certeza propia de las ciencias naturales— la posible actuación futura de la persona...».

3.4 El principio de proporcionalidad cualitativa

El principio de proporcionalidad cualitativa establece un límite cualitativo
2424 de la naturaleza de la medida de seguridad que puede llegar a imponerse, de tal suerte que, si lo que se prevé por la ley penal es una pena no privativa de libertad, ni podrá imponerse originariamente una medida de seguridad privativa de libertad, ni tampoco durante su ejecución podrá sustituirse por una medida de seguridad privativa de libertad: la medida de seguridad no puede ser más gravosa que la pena como advierte QUINTERO OLIVARES, con esa expresión, la norma se aleja del ámbito de la privación de libertad, en el cual el problema se contrae a la cuestión de su duración, y pasa al campo de la aflicción o afectación que una medida (no privativa de libertad) puede entrañar en relación con las penas no privativas de libertad, pues entonces ya no sirve el criterio de la duración temporal. Lo que se refuerza en el art. 95.2 CP, conforme al cual, cuando la pena que hubiere podido imponerse por el delito cometido no fuere privativa de libertad, el juez o tribunal sentenciador sólo podrá acordar alguna o algunas de las medidas previstas en el artículo 105 CP.

3.5 El principio de proporcionalidad cuantitativa

Conforme al principio de proporcionalidad cuantitativa, la medida de seguridad (dice el art. 6.2 CP) no puede ser de mayor duración que la pena abstractamente aplicable al hecho cometido, ni ser más gravosa que la pena. Aunque predicado en abstracto de las medidas de seguridad en general, en puridad es un principio sólo aplicable a la medidas de seguridad de internamiento.

El TS, por medio del Acuerdo del Pleno de la Sala Segunda de 31/03/2009, ha establecido que «la duración máxima de la medida de internamiento se determinará en relación a la pena señalada en abstracto para el delito de que se trate». Y en desarrollo de este Acuerdo, tal y como se expone en la STS de 25/10/2017 [*Tol 6420832*], con cita de las STS de 11/06/2009 [*Tol 1560695*] y de 1/02/2012 [*Tol 2498731*], así como de la Consulta FGE 5/1997, esta referencia a la «pena abstractamente aplicable al hecho cometido» ha de referirse a la prevista en el correspondiente artículo definidor del delito teniendo en cuenta lo dispuesto en los arts. 61 a 64 CP a propósito del grado de ejecución —consumación y tentativa— y de participación —autoría y complicidad—, y sin consideración a las circunstancias agravantes o atenuantes de carácter genérico (arts. 21, 22 y 23 CP).

3.6 El principio de proporcionalidad selectiva de la medida de seguridad imponible para el control de la peligrosidad criminal

Conforme a este principio, la medida de seguridad (art. 6.2 CP) no puede exceder el límite de lo necesario para prevenir la peligrosidad del autor. Ello se proyecta especialmente en los supuestos de medidas de seguridad privativas de libertad (arts. 101 a 103 CP), donde se reseña que para cuya imposición no basta que se haya previsto pena privativa de libertad respecto del delito cometido, sino que además deba ser necesaria para el control de la peligrosidad criminal del reo. Y se va a proyectar además durante todo el periodo de su ejecución, determinando un principio de revisabilidad periódica formulado en el art. 97 CP.

3.7 Principio de revisabilidad periódica de las medidas de seguridad en el caso de las medidas de seguridad de internamiento

Este principio no es sino una proyección temporal del anterior. La peligrosidad no constituye una foto fija, y en función de su evolución la medida impuesta puede ser transmutada, suspendida o cesada, en función de que deje de resultar imprescindible para el control de la peligrosidad criminal.

El sistema de ejecución de las medidas de seguridad se inspira, al igual que la ejecución de las medidas de reforma juvenil, en los llamados sistemas de reformatorio, que se basan en que la medida penal tiene una duración máxima fijada en sentencia, pero la dinámica de la ejecución permite que, minimizada la peligrosidad criminal del reo pueda transmutarse, suspenderse o cesarse definitivamente la medida penal de que se trate. Este principio aparece consagrado en el art. 97 CP que establece que durante la ejecución de la sentencia, el juez o tribunal sentenciador adoptará, por el procedimiento establecido en el artículo siguiente, alguna de las siguientes decisiones:

a) Mantener la ejecución de la medida de seguridad impuesta.

b) Decretar el cese de cualquier medida de seguridad impuesta en cuanto desaparezca la peligrosidad criminal del sujeto.

c) Sustituir una medida de seguridad por otra que estime más adecuada, entre las previstas para el supuesto de que se trate. En el caso de que fuera acordada la sustitución y el sujeto evolucionara desfavorablemente, se dejará sin efecto la sustitución, volviéndose a aplicar la medida sustituida.

d) Dejar en suspenso la ejecución de la medida en atención al resultado ya obtenido con su aplicación, por un plazo no superior al que reste hasta el máximo señalado en la sentencia que la impuso. La suspensión quedará condicionada a que el sujeto no delinca durante el plazo fijado, y podrá dejarse sin efecto si nuevamente resultara acreditada cualquiera de las circunstancias previstas en el art. 95 CP.

Este mandato de revisabilidad periódica es directa consecuencia de la peligrosidad como fundamento de la medida de seguridad, ya que la peligrosidad, como se ha indicado, no puede presentarse como una foto fija, sino variable, que se modifica en función de la evolución de las variables personales, sociales educativas, formativas y asistenciales, entre otras.

3.8 Principio de resocialización

Conforme al imperativo constitucional de reeducación y reinserción social que debe inspirar su imposición y ejecución «las penas privativas de libertad y las medidas de seguridad estarán orientadas hacia la reeducación y reinserción social y no podrán consistir en trabajos forzados» (art. 25.2 CE). En relación con este precepto, la jurisprudencia constitucional ha formulado las siguientes precisiones: a) que dicho precepto no contiene, pese a su ubicación sistemática, un verdadero derecho fundamental, sino un mandato del constituyente al legislador para orientar la política penal y penitenciaria, mandato del que no se derivan derechos subjetivos, ni tampoco un derecho fundamental invocable ante la jurisdicción constitucional que justifique el amparo, y b) que no establece que la reeducación y la reinserción social sean la única finalidad legítima de la pena privativa de libertad.

En cuanto a los fines de las medidas de seguridad, la doctrina sostiene que éstas cumplen una finalidad de prevención especial consistente en evitar que el autor de un hecho previsto por la ley como delito pueda volver a delinquir sin perjuicio de que algunas de estas medidas pueden cumplir otros fines adicionales, como sucede con las medidas de internamiento en centros de deshabituación que cumplen también una finalidad asistencial.

3.9 Principio de conservación de derechos fundamentales

Aunque el inciso segundo del art. 25.2 CE no se refiere al sentenciado sujeto a medida de seguridad, sino al condenado a pena de prisión que estuviere cumpliendo la misma, para establecer que gozará de los derechos fundamentales de este Capítulo, a excepción de los que se vean expresamente limitados por el contenido del fallo condenatorio, el sentido de la pena y la ley penitenciaria, es perfectamente extensible a los sujetos a medidas de seguridad.

De este principio van a dimanar múltiples garantías que ampararán al sentenciado, que se van a proyectar, fundamentalmente, en el marco de la actividad penitenciaria, pero también en el de la ejecución penal. En este plano de la ejecución penal, que es el que ahora nos interesa, este precepto determina que el condenado va a conservar el derecho a la tutela judicial efectiva (art. 24.1) y el derecho al juez ordinario predeterminado por la ley, a la defensa y a la asistencia de letrado (art. 24.2 CE) como se confirmó entre otras en STC 11/1987 [*Tol 79719*], que consagró que en los incidentes de fijación de máximo de cumplimiento debía ser oído también el condenado con asistencia letrada.

4. LAS MEDIDAS DE SEGURIDAD PRIVATIVAS DE LIBERTAD Y SU DURACIÓN

4.1 Clases de medidas de seguridad

El CP clasifica las medidas de seguridad advirtiendo que las medidas de seguridad que se pueden imponer con arreglo a este Código son privativas y no privativas de libertad (art. 96.1 CP). Como advierte GARCÍA ALBERO (p. 672), la distinción es muy relevante por su régimen diferenciado: a) las privativas de libertad sólo pueden imponerse cuando la pena imponible al delito sea privativa de libertad; b) las no privativas de libertad pueden imponerse directamente, o como sustitutivas durante su ejecución de una medida de internamiento; c) la transmutación de una medida no privativa a otra privativa sólo será posible cuando fuera sustitutiva de una medida de internamiento y o bien el sujeto experimentara una involución desfavorable, o se hubiera producido el quebrantamiento de una medida en origen privativa de libertad.

4.2 Las medidas de seguridad privativas de libertad

Las medidas de seguridad privativas de libertad son: a) el internamiento en centro psiquiátrico; b) el internamiento en centro de deshabituación y c) el internamiento en centro educativo especial (arts. 101 a 104 CP, aplicables en los casos de aplicación de las eximentes 1ª, 2ª y 3ª del art. 20 CP, o de la semieximente 1ª del art. 21 CP en relación con las circunstancias precitadas del art. 20 CP).

4.2.1 Internamiento en centro psiquiátrico

Se puede aplicar si fuere necesaria dicha medida a las personas peligrosas inimputables conforme a la eximente 1ª del art. 20 CP ª (art. 101 CP) o semi-imputables a los que les fuera aplicable la eximente incompleta del CP del art. 21.1 en relación con art. 20.1ª (art. 104 CP).

Conforme a los principios generales examinados para la imposición de cualquier medida de seguridad —comisión de un hecho previsto como delito, condición de inimputable o semi-imputable, y justificación de una probabilidad de comisión de nuevos delitos—, para la concreta imposición de la medida de seguridad de internamiento, por su naturaleza privativa de libertad, viene a añadirse la exigencia de que el delito cometido tenga asignada una pena privativa de libertad (arts. 6.2, 95.2, 101.1 y 104.1 CP) y que se justifique tal privación (ATS de 3/02/2022 [*Tol 8804378*]). La exigencia de que el delito cometido tenga asignada pena privativa de libertad deriva del principio de proporcionalidad cualitativa; y que se justifique la necesidad del internamiento psiquiátrico, del principio de proporcionalidad selectiva para el control de la peligrosidad criminal, reforzada por la previsión de que se aplicará solo si fuere necesaria.

La vigencia del internamiento tendrá la duración máxima fijada en sentencia, pero podrá alzarse conforme a la dinámica del principio de revisión periódica del art. 97 CP, como confirma el art. 101.2 CP cuando establece que el sometido a esta medida no podrá abandonar el establecimiento sin autorización del juez o tribunal sentenciador, de conformidad con lo previsto en el art. 97 CP. Rige, como se ha examinado, el principio de proporcionalidad cuantitativa; si bien en la sentencia condenatoria únicamente debe determinarse el límite máximo, sin que pueda fijarse un plazo determinado de vigencia de la medida de seguridad privativa de libertad «pues puede ser objeto de modificación en función de las circunstancias y expectativas que vayan surgiendo durante la ejecución de la misma, teniendo en cuenta los informes y propuestas del Juez de Vigilancia Penitenciaria a la vista de los informes emitidos por los facultativos y profesionales o por las Administraciones Públicas competentes o el resultado de las demás actuaciones que se ordenen» (STS de 30/12/2015 [*Tol 5626339*]).

El art. 101 CP, para referirse a los centros de internamiento en estos casos, señala establecimientos para tratamiento médico o de educación especial adecuados al tipo de anomalía o alteración psíquica que se aprecie. Serán de educación especial en los casos de personas con deficiencias psíquicas —oligofrenias—, para compensar déficits de aprendizajes condicionantes de la actividad delictiva. Los establecimientos para tratamiento médico no tienen por qué ser hospitales psiquiátricos penitenciarios. A este respecto, la jurisprudencia del TS concluye que se trata de una decisión que corresponde al juez o tribunal valorando los informes que estime convenientes sobre la conjugación de los fines de la defensa social y el rehabilitador o resocializador del individuo afectado. Se acepta por la jurisprudencia el razonamiento de que el centro psiquiátrico en el que debía ingresar el sentenciado debía ser penitenciario, porque consideraba que estos centros son los únicos que ofrecían las garantías suficientes, al propio tiempo, para proporcionar al reo «el oportuno tratamiento» a su anomalía psíquica y para conjurar «el peligro o riesgo que el mismo representa» para los demás, haciéndose de la reserva de que el riesgo de reiteración criminal no era desdeñable, y de que las medidas terapéuticas a aplicar a la patología debían ser estrictas e intensas, incluyendo tanto tratamiento psicofarmacológico como un régimen de estrecho seguimiento del paciente con la minimización de riesgo de consumo de tóxicos (STS de 6/02/2020 [*Tol 7746127*]).

4.2.2 Internamiento en centro de deshabituación público, o privado debidamente acreditado u homologado

La medida de internamiento en centro de deshabituación está prevista en el art. 102.1 CP para las personas peligrosas inimputables conforme a la eximente 2ª del art. 20 CP —intoxicación plena por el consumo de bebidas alcohólicas, drogas tóxicas, estupefacientes, sustancias psicotrópicas u otras que produzcan efectos análogos— o semi-imputables a los que les fuera aplicable la eximente incompleta del art. 21.1 CP en relación con art. 20.2ª (art. 104 CP).

Como en el caso del internamiento del art. 101.1 CP examinado, el art. 102.1 CP advierte que el internamiento no podrá exceder del tiempo que habría durado la pena privativa de libertad, si hubiera sido declarado responsable el sujeto, y a tal efecto el juez o tribunal fijará en la sentencia ese límite máximo; valen en consecuencia las consideraciones referenciadas *supra*.

El art. 102.1 CP establece que los establecimientos puedan ser públicos, pero también admite los privados que estén debidamente acreditados u homologados. La LOGP contempló entre los centros especiales a los centros de rehabilitación social, para la ejecución de medidas penales, de conformidad con la legislación vigente en esta materia [art. 11.c) LOGP]. No obstante, de los mismos, tras la entrada en vigor del RP vigente, nunca más se supo, si bien entre las formas especiales de ejecución el art. 182.1 RP alude al internamiento en centro de deshabituación y en centro educativo especial para penados clasificados en tercer grado que necesiten un tratamiento específico para deshabituación de drogodependencias y otras adicciones, autorizándose por el centro directivo la asistencia en instituciones extrapenitenciarias adecuadas, públicas o privadas, dando cuenta al JVP. En el art. 182.3 RP se contempla que la Administración penitenciaria correspondiente celebrará los convenios necesarios con otras Administraciones Públicas o con entidades colaboradoras para la ejecución de las medidas de seguridad privativas de libertad previstas en el CP.

4.2.3 Internamiento en centro de educación especial

La medida de internamiento en centro de educación especial está prevista en el art. 103.1 CP para las personas peligrosas inimputables conforme a la eximente 3ª del art. 20 CP —alteraciones en la percepción— o semi-imputables a los que les fuera aplicable la eximente incompleta del CP del art. 21.1 en relación con art. 20.3ª (art. 104 CP).

Como en el caso del internamiento de los arts. 101.1 y 102.1 CP, el art. 103.1 CP advierte que el internamiento no podrá exceder del tiempo que habría durado la pena privativa de libertad, si hubiera sido declarado responsable el sujeto, y a tal efecto el juez o tribunal fijará en la sentencia ese límite máximo. Resultan aplicables, en consecuencia, las consideraciones referenciadas sobre los arts. 11.c) LOGP y 182 RP.

4.2.4 Especial consideración de la actividad penitenciaria en los hospitales psíquiátricos penitenciarios

En cuanto a los Hospitales Psiquiátricos Penitenciarios, se regulan en los arts. 11.b) LOGP como centros especiales; y en los arts. 183 y siguientes del

RP como establecimientos o unidades psiquiátricas dentro de las formas especiales de ejecución. Conviene significar que las personas sujetas a medidas de internamiento cumplidas en hospitales psiquiátricos penitenciarios oscilan generalmente entre 500 y 600 personas, sobre globales de 55.000 a 60.000 reclusos. Así, 600 en 2020, 463 en 2021, 621 en 2022, 476 en 2023 (cifras re feridas a diciembre de cada año), y 538 en junio de 2024.

El RP vigente aborda la definición de hospital psiquiátrico penitenciario señalando en su art. 183 RP que son «aquellos centros especiales destinados al cumplimiento de las medidas de seguridad privativas de libertad aplicadas por los tribunales correspondientes». Sin embargo, ello se desmiente parcialmente por el art. 184 RP, que regula otras modalidades de ingresos, desdiciéndose de ser el cumplimiento de dichas medidas de seguridad el único objeto de estos centros especiales, al contemplarse el ingreso de detenidos o presos con patología psiquiátrica para observación y emisión de informe psiquiátrico a requerimiento judicial, y además de penados a los que de, conformidad con lo dispuesto en el art. 60 CP, se aplique medida de seguridad adicional al acuerdo suspensivo de la pena.

Consecuencia directa de su finalidad asistencial, de las circunstancias personales de discapacidad psíquica de los internos ingresados, y de que el modelo normativo reglamentario no contempló la posibilidad de ingreso de penados, este cúmulo de factores determina una peculiar estructura organizativa de los Hospitales Psiquiátricos Penitenciarios. Así, la imposibilidad de imputación de responsabilidades en el plano disciplinario —dada la ausencia de culpabilidad de las personas discapacitadas psíquicas ingresadas— determina que no tenga razón de ser la existencia de una comisión disciplinaria (art. 188.4 RP). De otra parte, al no existir penados, no rige el sistema de individualización científica, mediante la clasificación en grados, y ello excluye la necesidad del funcionamiento de las juntas de tratamiento y de los equipos técnicos. Subsiste la necesidad de la existencia de un consejo de dirección, en la medida en que se trata del órgano colegiado competente para regir la organización de la vida regimental; y también subsiste la necesidad de la junta económico-administrativa, encargada de las actividades de esta índole, esenciales para el desenvolvimiento de sus funciones por parte de cualquier establecimiento penitenciario. No obstante, se hace necesaria la existencia de un órgano colegiado que pueda realizar dos tareas esenciales, la de definir los denominados programas individuales de rehabilitación; y la de formular unas ante-propuestas periódicas dirigidas al JVP en orden a que éste órgano judicial pueda adoptar las decisiones de propuesta sobre continuidad, sustitución, suspensión o cese de la medida de internamiento psiquiátrico, en los términos que el art. 97 CP vigente se establecen: dicho órgano será el denominado equipo multidisciplinar.

A este Equipo se refiere el art. 185.1 RP, que señala que «para garantizar un adecuado nivel de asistencia, los Establecimientos o Unidades Psiquiátricas penitenciarias dispondrán, al menos, de un Equipo multidisciplinar, integrado por los psiquiatras, psicólogos, médicos generales, enfermeros y trabajadores sociales que sean necesarios para prestar la asistencia especializada que precisen los pacientes internados en aquéllos. También contarán con los profesionales y el personal auxiliar necesario para la ejecución de los programas de rehabilitación». Esto inspira el diseño del art. 265.4 RP, que establece que en los hospitales psiquiátricos penitenciarios sólo existirán el consejo de dirección, cuya composición se determinará por las normas de desarrollo de este Reglamento, la junta económico-administrativa y los equipos multidisciplinares necesarios.

En cuanto a la intervención del hospital psiquiátrico penitenciario en sus funciones de colaboración con las competencias jurisdiccionales de ejecución penal se van a canalizar principalmente en relación con las decisiones revisoras de la subsistencia de la medida de internamiento (art. 186.2 RP). Obsérvese que el CP exige una revisión anual de la situación de las medidas de seguridad privativas de libertad, pero en el caso de los internamientos en hospitales psiquiátricos penitenciarios las revisiones administrativas efectuadas por el equipo multidisciplinar se efectúan con periodicidad semestral (art. 187 RP), lo que se acomoda al sistema general de revisión de grado y del programa de tratamiento prescrito en el art. 65.4 LOGP.

La actividad penitenciaria en los hospitales psiquiátricos penitenciarios perseguirá dos finalidades: a) la retención y custodia, o aseguramiento de la persona del sentenciado, ordenada por la autoridad judicial, manteniendo la convivencia ordenada; y b) la reeducación y reinserción social del interno. Ahora bien, la actividad asistencial va a impregnar en su totalidad una y otra parcela de la actividad penitenciaria, e inspira la propia ubicación y diseño de los hospitales psiquiátricos penitenciarios. Así el art. 191.1 RP establece que para fijar la ubicación y el diseño de las instalaciones psiquiátricas, deberán tenerse en cuenta como elementos determinantes, factores tales como los criterios terapéuticos, la necesidad de favorecer el esparcimiento y la utilización del ocio por parte de los pacientes internados, así como la disposición de espacio suficiente para el adecuado desarrollo de las actividades terapéuticas y rehabilitadoras, agregándose que la Administración penitenciaria procurará que la distribución territorial de las instalaciones psiquiátricas penitenciarias favorezca la rehabilitación de los enfermos a través del arraigo en su entorno familiar, mediante los correspondientes acuerdos y convenios con las Administraciones sanitarias competentes.

La actividad asistencial va a inspirar incluso los límites regimentales desde el momento mismo del ingreso, y en cuanto a su separación interior: conforme al art. 186.1 RP, en el momento de ingresar, el paciente ser atendido por el facultativo de guardia, quien, a la vista de los informes del centro de procedencia y del resultado de su reconocimiento, dispondrá lo conveniente respecto al destino de aquél a la dependencia más adecuada y al tratamiento a seguir hasta que sea reconocido por el psiquiatra. Y conforme al art. 188.1 RP, la separación en los distintos departamentos de que consten los establecimientos o unidades se hará en atención a las necesidades asistenciales de cada paciente. Igualmente, el propio modelo de vida que le es aplicable, y así se establece (art. 188.2 RP) que las restricciones a la libertad personal del paciente deben limitarse a las que sean necesarias en función del estado de salud de aquel o del éxito del tratamiento. La eventual aplicación de medios coercitivos es admitida pero supeditada a la expresa indicación facultativa. A tal efecto (art. 188.3 RP) se dispone que el empleo de medios coercitivos es una medida excepcional, que sólo podrá ser admitida por indicación del facultativo y durante el tiempo mínimo imprescindible previo al efecto del tratamiento farmacológico que esté indicado, debiéndose respetar, en todo momento, la dignidad de la persona. Incluso en los supuestos de que médicamente se considere que no hay alternativa alguna a la aplicación de los medios expresados, la medida debe ser puntualmente puesta en conocimiento de la autoridad judicial de la que dependa el paciente, dándose traslado documental de su prescripción médica. Ya vimos además que el régimen disciplinario es tajantemente excluido (art. 188.4 RP).

En cuanto a la actividad de reeducación y reinserción social, constituye el fundamento y núcleo del tratamiento penitenciario, que será igualmente de manera fundamental terapéutico-social. Así se dispone que (art. 68.1 LOGP), en los centros especiales el tratamiento se armonizará con la finalidad específica de cada una de estas Instituciones.

A las actividades rehabilitadoras se refiere el art. 189 RP, diferenciando entre la programación general de actividades rehabilitadoras del hospital psiquiátrico penitenciario, y los programas individuales de rehabilitación, y se establece que con el fin de incrementar las posibilidades de desinstitucionalización de la población internada y facilitar su vuelta al medio social y familiar, así como su integración en los recursos sanitarios externos, en los establecimientos o unidades se establecerá, con soporte escrito, una programación general de actividades rehabilitadoras, así como programas individuales de rehabilitación para cada paciente, no debiendo limitarse la aplicación de estas medidas a quienes presenten mayores posibilidades de reinserción laboral o social, sino abarcando también a aquellos que, aun teniendo más dificultades para su reinserción, puedan, no obstante, mejorar, mediante la aplicación de los correspondientes tratamientos, aspectos tales como la autonomía personal y la integración social. A este respecto, la programación general de actividades rehabilitadoras equivale al calendario mensual de actividades del régimen ordinario (art. 77.3 RP), y el programa individual rehabilitador el equivalente a lo que el RP denomina programa individual de tratamiento, para penados, y modelo individualizado de intervención, para preventivos. Para la realización de estas actividades de rehabilitación, la Administración deberá contar no sólo con instalaciones adecuadas, sino también con recursos personales especializados suficientes, y con la colaboración de recursos externos. A los recursos personales especializados se refiere el art. 185.1 RP, conforme al cual para garantizar un adecuado nivel de asistencia, los establecimientos o unidades psiquiátricas penitenciarias dispondrán, al menos, de un equipo multidisciplinar, integrado por los psiquiatras, psicólogos, médicos generales, enfermeros y trabajadores sociales que sean necesarios para prestar la asistencia especializada que precisen los pacientes internados en aquéllos. También contarán con los profesionales y el personal auxiliar necesario para la ejecución de los programas de rehabilitación. A la colaboración de los recursos externos se refiere el art. 185.2 RP, conforme al cual, la Administración penitenciaria solicitará la colaboración necesaria de otras Administraciones Públicas con competencia en la materia para que el tratamiento psiquiátrico de los internos continúe, si es necesario, después de su puesta en libertad y para que se garantice una asistencia social postpenitenciaria de carácter psiquiátrico, así como para que los enfermos cuya situación personal y procesal lo permita puedan ser integrados en los programas de rehabilitación y en las estructuras intermedias existentes en el modelo comunitario de atención a la salud mental.

Las actividades de reinserción social se van a canalizar a través de figuras tales como comunicaciones con familiares y amigos que acudan a visitar al internado en el hospital psiquiátrico penitenciario, y un programa de salidas al exterior. A estas actividades de reinserción social se refiere el art. 190 RP, bajo la denominación de relaciones con el mundo exterior. Las comunicaciones con el exterior de los pacientes se fijarán en el marco del programa individual de rehabilitación de cada uno de aquéllos, indicando el número de comunicaciones y salidas, la duración de las mismas, las personas con quienes los pacientes puedan comunicar y las condiciones en que se celebren las mencionadas comunicaciones (art. 190 RP). Ello suscita la problemática de la competencia judicial para autorizar las salidas al exterior, si corresponde al juez o tribunal sentenciador, o bien por el contrario al JVP. Actualmente no cabe dudar de que compete al JVP, pues el control de legalidad de la actividad penitenciaria se atribuye a este órgano jurisdiccional, y así viene a clarificarse al inscribirse las salidas al exterior se inscriben en el programa individualizado de rehabilitación (art. 190 RP); y como el programa de rehabilitación se manda para su aprobación a la autoridad judicial correspondiente, según el art. 186.2 RP, juntamente con las propuestas de cese, sustitución, suspensión o continuidad de la medida, es claro que dicha autoridad judicial es así el JVP (ATS 16/12/2009), que deviene en competente para la autorización de las salidas, y así lo han asumido los JVP (108 CJVP) y los Fiscales de Vigilancia Penitenciaria (FVP) en sus criterios de actuación.

La orden de libertad vendrá determinada por las decisiones de suspensión, sustitución o cese de la medida acordada por el juez o tribunal sentenciador, conforme al art. 97 CP, o bien por vencimiento del máximo de cumplimiento contemplado en la liquidación de la medida. La excarcelación suscita problemas cuando no hubiera alcanzado éxito su tratamiento terapéutico, lo que a la par nos ubica en puridad ante la acción social postpenitenciaria. A la Administración penitenciaria le incumbirá un deber de derivación hacia los recursos terapéutico sociales externos, conforme al art. 185.2 RP, que establece que la Administración penitenciaria solicitará la colaboración necesaria de otras Administraciones Públicas con competencia en la materia para que el tratamiento psiquiátrico de los internos continúe, si es necesario, después de su puesta en libertad y para que se garantice una asistencia social postpenitenciaria de carácter psiquiátrico, así como para que los enfermos cuya situación personal y procesal lo permita puedan ser integrados en los programas de rehabilitación y en las estructuras intermedias existentes en el modelo comunitario de atención a la salud mental.

La excarcelación por razón de libertad se pondrá en conocimiento del Ministerio Fiscal, a los efectos de que se pueda instar en su caso las medidas de incapacitación pertinentes, y así se prevé con carácter general en el art. 219.4 RP cuando (actualmente de apoyo) el liberado definitivo sea un enfermo mental, se comunicará al Ministerio Fiscal a los efectos procedentes. Puede suceder que el interno, al tiempo de la excarcelación por cumplimiento de la medida de seguridad, se encuentre en una situación de descompensación que justifique su internamiento en un centro hospitalario extrapenitenciario, en cuyo caso la dirección del hospital psiquiátrico penitenciario podrá proceder en los términos contemplados en el art. 763 LEC.

5. LAS MEDIDAS DE SEGURIDAD NO PRIVATIVAS DE LIBERTAD Y SU DURACIÓN

5.1 El catálogo de las medidas de seguridad no privativas de libertad

Como advierte GARCÍA ALBERO (p. 672), la reforma introducida por la LO 5/2010 vino a racionalizar el catálogo de las medidas de seguridad no privativas de libertad al agrupar, dentro de la nueva medida de libertad vigilada, el contenido de siete medidas anteriores, ahora previstas como reglas de conducta.

El art. 96.3 CP define el catálogo de las medidas de seguridad no privativas de libertad cuando las penas imponibles por el delito no fueren privativas de libertad (art. 95.2 CP). Así establece que son medidas no privativas de libertad: a) la inhabilitación profesional; b) la expulsión del territorio nacional de extranjeros no residentes legalmente en España; c) la libertad vigilada; d) la custodia familiar —el sometido a esta medida quedará sujeto al cuidado y vigilancia del familiar que se designe y que acepte la custodia, quien la ejercerá en relación con el JVP y sin menoscabo de las actividades escolares o laborales del custodiado—; e) la privación del derecho a conducir vehículos a motor y ciclomotores, y f) la privación del derecho a la tenencia y porte de armas (art. 96.3 CP).

A su vez, el art. 105 CP define otros dos supuestos de imposición de medidas de seguridad no privativas de libertad: a) supuestos de imposición razonada acumulativa de una o varias medidas no privativas de libertad, con medidas de seguridad privativas de libertad en el momento de la imposición de éstas o durante el periodo de ejecución, y b) en los demás casos expresamente previstos en el CP, esto es, cuando estando previstas penas privativas de libertad, no se reputen necesarias las medidas de seguridad, y en el caso de la libertad vigilada post-penitenciaria.

El contenido material de las medidas de seguridad coincide con el de sus penas homónimas, restando solo por concretar el de la custodia familiar; en este sentido el art. 105.1.b) CP lo especifica al indicar que el sometido a esta medida quedará sujeto al cuidado y vigilancia del familiar que se designe y que acepte la custodia, quien la ejercerá en relación con el JVP y sin menoscabo de las actividades escolares o laborales del custodiado.

Al catálogo examinado hay que agregar la expulsión judicial, que aparece en el catálogo del art. 96.3 CP pero no en los supuestos del art. 105 CP, calificándose en el art. 108 CP como medida de seguridad sustitutiva. Su regulación presenta alteraciones diferenciales respecto de la expulsión sustitutiva de las penas de prisión, por cuanto es aplicable exclusivamente si el sujeto fuera extranjero no residente legalmente en España. Al ser sustitutiva de otras medidas de seguridad no se limita a las privativas de libertad; en caso de intento de quebrantamiento determina la devolución.

5.2 Su respectiva duración

En los casos del art. 105 CP se contempla la duración de las medidas de seguridad no privativas de libertad, diferenciando entre duración máxima de 5 y de 10 años. Por un tiempo no superior a cinco años: a) libertad vigilada y b) custodia familiar (art. 105.1 CP). Por un tiempo de hasta diez años: a) libertad vigilada, cuando expresamente lo disponga el CP; b) privación del derecho a la tenencia y porte de armas y c) privación del derecho a conducir vehículos a motor y ciclomotores (art. 105.2 CP). Respecto de la duración de estas dos últimas, no deben olvidarse los principios de proporcionalidad definidos en el art. 6.2 CP en relación con la duración imponibles respecto de los delitos en que se contemplan.

El principio de proporcionalidad selectiva en orden al control de la peligrosidad se refuerza en el art. 105 CP cuando dispone que para decretar la obligación de observar alguna o algunas de las medidas previstas en este artículo, así como para concretar dicha obligación cuando por ley viene obligado a imponerlas, el juez o tribunal sentenciador deberá valorar los informes emitidos por los facultativos y profesionales encargados de asistir al sometido a la medida de seguridad.

Se omite el plazo de duración de las medidas de inhabilitación profesional y de expulsión. Al plazo de la inhabilitación profesional se refiere el art. 107 CP, que dispone que la autoridad judicial podrá decretar razonadamente la medida de inhabilitación para el ejercicio de determinado derecho, profesión, oficio, industria o comercio, cargo o empleo u otras actividades, sean o no retribuidas, por un tiempo de uno a cinco años, cuando la persona haya cometido con abuso de dicho ejercicio, o en relación con él, un hecho delictivo, y cuando de la valoración de las circunstancias concurrentes pueda deducirse el peligro de que vuelva a cometer el mismo delito u otros semejantes, siempre que no sea posible imponerle la pena correspondiente por encontrarse en alguna de las situaciones previstas en los números 1º, 2º y 3º del artículo 20 CP.

Al plazo de la medida de seguridad de expulsión se refiere el art. 108.2 CP, cuando establece que el extranjero no podrá regresar a España en un plazo de 10 años, contados desde la fecha de su expulsión. Respecto de la duración de este plazo, no deben olvidarse los principios de proporcionalidad definidos en el art. 6.2 CP en relación con la duración de la expulsión imponible como pena.

Una última cuestión se suscita respecto de la duración de la libertad vigilada. El art. 105.1 a) CP alude a un plazo de 5 años general; y uno del 10 años cuando expresamente lo establezca el CP. Ese plazo de 10 años puede alcanzarse en los delitos contra la libertad sexual cuando se trate de delitos graves (art. 192.1 CP) y en los delitos graves de terrorismo (art. 579 *bis*.2 CP). En los demás casos el plazo no podrá rebasar los 5 años, esto es, delitos de homicidios y sus formas (art. 140 *bis*.1 CP), lesiones cuando la víctima pertenezca al circuito doméstico del art. 173.2 CP (art. 156 *quater* CP) y malos tratos habituales del art. 173.2 CP.

5.3 La libertad vigilada

5.3.1 Casos en que puede aplicarse

La libertad vigilada puede ser impuesta por tres cauces: a) cuando se trate de delitos castigados con penas no privativas de libertad (art. 95.2 CP); b) cuando se trate de delitos castigados con penas privativas de libertad acumuladamente con la medida de internamiento correspondiente, sea en la sentencia o durante su ejecución (art. 105.1 CP) o cuando no se repute necesario el internamiento, y c) en aquellos casos previstos por la ley como medida de seguridad posterior al cumplimiento de penas privativas de libertad en los casos tasados que la ley penal establezca. En los primeros casos puede hablarse de libertad vigilada pura o común; en el último, de libertad vigilada postpenitenciaria.

5.3.2 Contenido material

La libertad vigilada consistirá en el sometimiento del condenado a control judicial a través del cumplimiento por su parte de alguna o algunas de las siguientes medidas (art. 106.1 CP.

a) La obligación de estar siempre localizable mediante aparatos electrónicos que permitan su seguimiento permanente.
b) La obligación de presentarse periódicamente en el lugar que el juez o tribunal establezca.
c) La de comunicar inmediatamente, en el plazo máximo y por el medio que el juez o tribunal señale a tal efecto, cada cambio del lugar de residencia o del lugar o puesto de trabajo.
d) La prohibición de ausentarse del lugar donde resida o de un determinado territorio sin autorización del juez o tribunal.
e) La prohibición de aproximarse a la víctima, o a aquellos de sus familiares u otras personas que determine el juez o tribunal.
f) La prohibición de comunicarse con la víctima, o con aquellos de sus familiares u otras personas que determine el juez o tribunal.
g) La prohibición de acudir a determinados territorios, lugares o establecimientos.
h) La prohibición de residir en determinados lugares.

i) La prohibición de desempeñar determinadas actividades que puedan ofrecerle o facilitarle la ocasión para cometer hechos delictivos de similar naturaleza.
j) La obligación de participar en programas formativos, laborales, culturales, de educación sexual u otros similares.
k) La obligación de seguir tratamiento médico externo, o de someterse a un control médico periódico.

5.3.3 Examen especial de la libertad vigilada postpenitenciaria

Sin perjuicio de lo dispuesto en el artículo 105 CP, el juez o tribunal deberá imponer en la sentencia la medida de libertad vigilada para su cumplimiento posterior a la pena privativa de libertad impuesta siempre que así lo disponga de manera expresa el CP. (art. 106.2-I CP). Frente a todos los supuestos de medidas de seguridad hasta ahora examinados, aplicables a delincuentes inimputables peligrosos y a delincuentes semiimputables peligrosos, la libertad vigilada postpenitenciaria es aplicable a delincuentes imputables peligrosos de criminalidad grave.

En el caso de la libertad vigilada postpenitenciaria, por excepción entre las medidas de seguridad privativas de libertad entra en juego la intervención activadora del JVP. En estos casos, al menos dos meses antes de la extinción de la pena privativa de libertad, de modo que la medida de libertad vigilada pueda iniciarse en ese mismo momento, el JVP, por el procedimiento previsto en el art. 98 CP, elevará la oportuna propuesta al juez o tribunal sentenciador, que, con arreglo a dicho procedimiento, concretará, sin perjuicio de lo establecido en el art. 97 CP, el contenido de la medida fijando las obligaciones o prohibiciones enumeradas en el apartado 1 de este artículo que habrá de observar el condenado (art. 106.2-II CP).

Ello plantea el problema de concurrencia de penas privativas de libertad sucesivas. En estos casos, si el condenado lo hubiera sido a varias penas privativas de libertad que deba cumplir sucesivamente, lo dispuesto en el párrafo anterior se entenderá referido al momento en que concluya el cumplimiento de todas ellas (art. 106.2-III CP).

Igualmente se suscita el problema de concurrencia de varias condenas en que se hubiera impuesto la medida de seguridad de libertad vigilada postpenitenciaria. Para estos casos se prevé que el penado a quien se hubiere impuesto por diversos delitos otras tantas medidas de libertad vigilada que, dado el contenido de las obligaciones o prohibiciones establecidas, no pudieran ser ejecutadas simultáneamente, las cumplirá de manera sucesiva, sin perjuicio de que el juez o tribunal pueda ejercer las facultades que le atribuye el apartado siguiente (art. 106.2.IV CP).

En cuanto a las consecuencias del incumplimiento de las reglas de conducta, se prevé que en caso de incumplimiento de una o varias obligaciones el juez o tribunal, a la vista de las circunstancias concurrentes y por el mismo procedimiento indicado en los números anteriores, podrá modificar las obligaciones o prohibiciones impuestas. Si el incumplimiento fuera reiterado o grave, revelador de la voluntad de no someterse a las obligaciones o prohibiciones impuestas, el juez deducirá, además, testimonio por un presunto delito del artículo 468 del CP (art. 106.4 CP).

6. CONTROL Y SEGUIMIENTO DE LA MEDIDA DE SEGURIDAD

Aunque el art. 988 *bis*.4 LECrim se refiere a las penas y no a las medidas de seguridad, deben entenderse aplicables sus previsiones a éstas. Por consiguiente, el LAJ deberá citar al sentenciado a una comparecencia en la que le requerirá de cumplimiento de la medida de seguridad, decomiso y responsabilidades civiles que le hubieran sido impuestas y le informará de las responsabilidades en que pueda incurrir en el supuesto de incumplimiento.

Asimismo, practicará las liquidaciones de condena, que en este caso se correspondería con una liquidación del máximo de cumplimiento de la medida de seguridad, que comprenderá, en todo caso, los siguientes particulares: a) la fecha de inicio del cumplimiento, b) el tiempo abonable por haber estado privado de libertad provisionalmente en la causa o por la aplicación de cualquier otra medida cautelar, c) el tiempo de duración máxima de la medida, y d) el tiempo de cumplimiento.

A tales efectos, el cómputo se hará por años, meses y días, de acuerdo con las siguientes reglas: los meses completos serán de treinta días y los años completos serán de trescientos sesenta y cinco días.

De dichas liquidaciones, que se notificarán personalmente al sentenciado, se dará traslado al Ministerio Fiscal y a las partes, que podrán impugnarlas en el plazo de dos días. Transcurrido el plazo sin impugnación, el letrado o la letrada de la Administración de Justicia la aprobará mediante decreto.

Si fueran impugnadas por alguna de las partes, se dará traslado al resto para alegaciones por de dos días. Transcurrido el mismo, hubieren o no presentado escrito las demás partes, el juez, la jueza o el tribunal resolverá mediante auto, que será dictado en el plazo de dos días. Una vez firme éste, si corrigiere la liquidación de condena será notificado personalmente al condenado. Nótese que la decisión del juez o Tribunal encargado de la ejecución no se adopta resolviendo un recurso de revisión contra una resolución del LAJ, con lo que subsiste el régimen de recursos preexistente.

6.1 Determinación del momento de inicio

Deben entenderse de aplicación analógicamente las previsiones del art. 38 CP; así pues, cuando el sentenciado estuviere preso, la duración de la medida de internamiento empezará a computarse desde el día en que la sentencia haya quedado firme; y cuando no estuviere preso, desde que ingrese en el establecimiento adecuado para su cumplimiento. Si fuere no privativa de libertad, desde el momento en que se acuerde por el juez o tribunal sentenciador firme que sea la sentencia.

6.2 La cuestión del abono de la prisión provisional

Es cuestión discutida la abonabilidad del periodo de prisión preventiva a las medidas de seguridad, aunque la jurisprudencia menor reciente parece inclinarse por la afirmación del abono (SAP Sevilla de 21/07/2023 [*Tol 9984377*]). La conclusión 111 de las CFVP asume la abonabilidad con base en el principio actualmente vigente de que la medida de seguridad no puede tener mayor duración que la pena abstractamente aplicable al delito, lo que jurisprudencialmente se reconoce en la actualidad en los supuestos de exención completa, debiendo estarse respecto de la incompleta a lo establecido por la STS de 30/12/2015 [*Tol 5626339*].

Es de interés resaltar la motivación de esta conclusión según las CFVP. La postura favorable ha sido acogida implícitamente por el TS (SSTS de 20/11/2002 [*Tol 4922158*] y de 18/07/2002 [*Tol 4922355*]) con relación a las eximentes completas. El hecho de que las medidas de seguridad no estén sujetas a dosimetría concreta, sino que su imposición se ajuste a la liquidación de máximos en relación con el tipo aplicable —aunque sea revisable— no cuestiona, como se ha pretendido, sino refuerza esta conclusión, precisamente por fijarse como punto de partida el techo temporal de la medida. Así, cuando la STS de 17/02/2011 [*Tol 2062438*], desestima el recurso interpuesto por falta de abono de la preventiva en el que invocaba la limitación punitiva inferida del art. 6.2 CP, señaló que, precisamente porque la sentencia de instancia no respetó su doctrina sobre la fijación de ese límite en el máximo del tipo previsto no tendría sentido, además, el abono pretendido, por lo que se infiere *a contrario sensu* que, de haberse realizado correctamente, debería haber sido de abono. Respecto de las incompletas, en las que el cumplimiento de la medida de internamiento es anterior al de la pena, la posición jurisprudencial se divide, y de este modo la SAP de Valencia de 14/06/2012 [*Tol 2624259*] acepta su abono, pero está muy extendida la posición contraria (SAP de Sevilla de 16/10/2008 [*Tol 6975762*]), basándose en la diversidad de fines entre penas —en las que es innegable los fines retributivos y preventivos generales en la fase de Individualización judicial, sin perjuicio de que en el ámbito de la ejecución se orienten al fin preventivo especial de reinserción social— y medidas de seguridad, en las que la propia individualización judicial aparece fundada en criterios preventivo especiales, y su pervivencia viene marcada únicamente por la necesidad de atender a esas finalidades.

El TS se ha pronunciado también en contra del abono (STS de 22/01/2013 [*Tol 4124905*]). Sin embargo en la STS de 30/12/2015 [*Tol 5626339*] añadió que «siendo ello así, lo que no puede obviarse es la limitación máxima de vigencia de la misma, que no puede exceder en ningún caso de la pena prevista por el CP para el delito como en el caso, de forma que la prisión provisional debe ser incluida y por ello abonada a la hora de establecer dicho límite máximo en todo caso en el tramo final de su aplicación, no pudiendo exceder el tiempo de duración del internamiento del de cumplimiento efec-

tivo de la pena correspondiente al delito de que se trate, que evidentemente incluye el tiempo sufrido en prisión preventiva, dando lugar a la liquidación correspondiente. Es decir, la medida de internamiento será abonada íntegramente para el cumplimiento de la pena de prisión si ésta excediese de aquélla abonándose la medida cautelar (si el exceso fuese de la medida sobre la pena ésta se tendrá por cumplida), pero si no fuese así se abonará la prisión provisional al límite máximo de la medida que no puede exceder al de la pena en abstracto impuesta al delito descontando del mismo el tiempo pasado en prisión preventiva».

En cambio, no es abonable el internamiento involuntario conforme al art. 763 LEC acordado por el Juzgado de Familia por no ser asimilable a una medida cautelar de privación de libertad que, en su caso, pueda ser valorada en la liquidación de la condena del mismo modo que lo es la prisión provisional sufrida (ATSJ de Galicia, de 29/07/2022 [*Tol 9282260*]).

6.3 Concurrencia de penas y medidas de seguridad

6.3.1 Concurrencia de medidas de seguridad

Debe regir el principio de cumplimiento simultáneo siempre que fuere posible (art. 73 CP), y si no lo fuere, parece que debe prevalecer el cumplimiento de las más graves, siempre que fuere posible (art. 75 CP). Así, como advierte

NISTAL BURÓN (2012), no hay inconveniente para el cumplimiento simultáneo de medidas de seguridad de internamientos con privaciones de derecho a residir en un lugar determinado [art. 106.1.h) CP], de acudir a determinados lugares o establecimientos [art. 106.1.g) CP], prohibición de acercarse a la víctima, o a aquellos de sus familiares u otras personas que determine el juez o tribunal [art. 106.1.e) CP], resultando incompatible en el caso de las medidas de seguridad homogéneas, y del internamiento con la custodia familiar [art. 105.1.b) CP].

Suscita problemas la aplicación de las reglas del art. 76 CP tratándose de medidas de seguridad privativas de libertad. Existen opiniones favorables como la de NISTAL BURÓN, que afirma que «la naturaleza de las medidas de seguridad privativas de libertad no impediría la aplicación de estas reglas de la acumulación jurídica. Negar su aplicabilidad a los sentenciados a medidas de seguridad constituiría un alargamiento de la privación de libertad más allá de lo que el Código Penal ha previsto para los penados, lo que podría suponer la conculcación del principio de proporcionalidad». La cuestión no parece ser tan obvia, y aunque respaldada por los FVP, es discutible cuando se trate de medidas privativas de libertad heterogéneas.

6.3.2 *Concurrencia con penas*

La concurrencia entre penas y medidas de seguridad puede producirse cuando se dictan imponen en una misma sentencia por aplicación del art. 104.1 CP, previsto para los casos de eximente incompleta en relación con los números 1º, 2º y 3º del artículo 20 CP, que dispone que el juez o tribunal podrá imponer, además de la pena correspondiente, las medidas previstas en los artículos 101, 102 y 103 CP. No obstante, la medida de internamiento sólo será aplicable cuando la pena impuesta sea privativa de libertad y su duración no podrá exceder de la de la pena prevista por el Código para el delito. Para su aplicación se observará lo dispuesto en el artículo 99 CP.

A su vez el art. 99 CP dispone que en el caso de concurrencia de penas y medidas de seguridad privativas de libertad, el juez o tribunal ordenará el cumplimiento de la medida, que se abonará para el de la pena. Una vez alzada la medida de seguridad, el juez o tribunal podrá, si con la ejecución de la pena se pusieran en peligro los efectos conseguidos a través de aquélla, suspender el cumplimiento del resto de la pena por un plazo no superior a la duración de la misma, o aplicar alguna de las medidas previstas en el artículo 96.3. Para estos casos GARCÍA ALBERO (p. 697) expresa que ante el silencio de la ley, siempre que sea posible, debe primar el cumplimiento simultáneo por resultar menos gravoso para el sujeto; y que las medidas no privativas de contenido primariamente terapéutico más que asegurador —tratamiento ambulatorio, etc.— deberían cumplirse con anterioridad, para permitir la eventual suspensión del cumplimiento de la pena, caso de que puedan ponerse en peligro los efectos conseguidos a través de aquélla.

Ahora bien, esta concurrencia puede también producirse por la imposición de medidas penales —penas y medidas de seguridad— en distintas causas, rigiendo el principio de cumplimiento simultáneo, si fuere posible, y en su defecto cumplimiento sucesivo según orden de gravedad.

Sí parece factible incluir conforme a la naturaleza de las cosas en la fijación de máximo de cumplimiento conforme al art. 76.2 CP a penas que se declararon extinguidas por cumplimiento de la medida de internamiento acordada con base en la aplicación del art. 104 CP; pero no si estuvieren pendiente de cumplimiento.

2444

6.4 El procedimiento revisorio en caso de medidas de seguridad privativas de libertad y de la libertad vigilada impuesta para cumplimiento posterior a una pena privativa de libertad: la propuesta del JVP

El sistema de ejecución de las medidas de seguridad se inspira, al igual que la ejecución de las medidas de reforma juvenil, en los llamados sistemas de reformatorio, que se basan en que la medida penal tiene una duración máxima fijada en sentencia, pero la dinámica de la ejecución permite que, minimizada la peligrosidad criminal del reo pueda transmutarse, suspenderse o cesarse definitivamente la medida penal de que se trate. Este principio aparece consagrado en el art. 97 CP, que otorga al juez o tribunal sentenciador un sistema de revisión periódica que le permite establecer la continuidad, la sustitución, la suspensión y el cese de la medida.

6.4.1 El procedimiento revisorio en los casos de medidas de seguridad privativas de libertad y en los casos de libertad vigilada postpenitenciaria

Cuando se trate de una medida de seguridad privativa de libertad o de una medida de libertad vigilada que deba ejecutarse después del cumplimiento de una pena privativa de libertad, el JVP estará obligado a elevar al menos anualmente, una propuesta de mantenimiento, cese, sustitución o suspensión de la misma (art. 98.1 CP), si bien la resolución corresponderá al juez o tribunal sentenciador (art. 97 CP). La previsión de propuesta revisoria anual experimenta una excepción en los casos del internamiento en centros de educación especial, en que la propuesta deberá hacerse al terminar cada curso o grado de enseñanza (art. 103.3 CP), silenciando el art. 101 la previsión de esta excepción en aquellos casos en que el internamiento se hubiera acordado conforme al art. 20.1 CP. La intervención del JVP en el ejercicio de esta competencia de propuesta no se limita pues a los internamientos en hospitales psiquiátricos penitenciarios, sino que se extiende a todos los internamientos psiquiátricos, en centros de deshabituación y de educación especial.

Para formular dicha propuesta, el JVP deberá valorar los informes emitidos por los facultativos y profesionales que asistan al sometido a medida de seguridad o por las Administraciones Públicas competentes y, en su caso, el resultado de las demás actuaciones que a este fin ordene.

Conviene precisar por su importancia la intervención de la Administración penitenciaria en los supuestos de sentenciados sujetos a medida de internamiento en hospital psiquiátrico penitenciario. Para estos casos se contempla que el llamado equipo multidisciplinar del hospital psiquiátrico penitenciario elaborará un informe periódico semestrales sobre la subsistencia y alternativas al internamiento acordado, que se elevarán al JVP correspondiente, a los efectos de la formulación de la propuesta contemplada en el art. 97 CP, con copia al Ministerio Fiscal (art. 187 en relación con 186 RP).

En todo caso, el juez o tribunal sentenciador resolverá motivadamente a la vista de la propuesta o los informes a los que respectivamente se refieren los dos apartados anteriores, oída la propia persona sometida a la medida, así como el Ministerio Fiscal y las demás partes —lo que incluye a eventuales acusaciones personadas—. Se oirá asimismo a las víctimas del delito que no estuvieren personadas cuando así lo hubieran solicitado al inicio o en cualquier momento de la ejecución de la sentencia y permanezcan localizables a tal efecto (art. 98.3 CP).

En el caso de la libertad vigilada impuesta como medida de seguridad posterior al cumplimiento de una pena privativa de libertad, el procedimiento del art. 98.1 CP previsto para las medidas de seguridad privativas de libertad es aplicable para la revisión, no ya de la libertad vigilada propiamente dicha, de sus mandatos y prohibiciones, y para su aminoración temporal o término, pero no para su sustitución. Así resulta del art. 106.3 CP, que dispone que por el mismo procedimiento del artículo 98, el juez o tribunal podrá: a) modificar en lo sucesivo las obligaciones y prohibiciones impuestas; b) reducir la duración de la libertad vigilada o incluso poner fin a la misma en vista del pronóstico positivo de reinserción que considere innecesaria o contraproducente la continuidad de las obligaciones o prohibiciones impuestas o c) dejar sin efecto la medida cuando la circunstancia descrita en la letra anterior se dé en el momento de concreción de las medidas que se regula en el número 2 del presente artículo.

6.4.2 Procedimiento revisorio en caso de medidas de seguridad no privativas de libertad

La redacción originaria del CP vigente contemplaba la intervención preceptiva del JVP para activar el procedimiento contradictorio revisorio de las medidas de seguridad, con independencia de que las mismas fueran o no privativas de libertad, sin más distinción que exigir que dicha activación debería hacerse con una propuesta de periodicidad anual para las privativas de libertad. La reforma de la LO 5/2010 suprimió la intervención del JVP en la activación del procedimiento revisorio tratándose de medidas de seguridad no privativas de libertad, sin duda por reputarse artificiosa, ya que su actuación cobra únicamente sentido en relación con las medidas de seguridad privativas de libertad, y en su plenitud cuando se trata de internamientos en hospitales psiquiátricos penitenciarios. Así, en la actualidad, cuando se trate de cualquier otra medida no privativa de libertad, el juez o tribunal sentenciador recabará directamente de las Administraciones, facultativos y profesionales a que se refiere el apartado anterior, los oportunos informes acerca de la situación y la evolución del condenado, su grado de rehabilitación y el pronóstico de reincidencia o reiteración delictiva (art. 98.2 CP). Se exceptúa el caso de la libertad vigilada postpenitenciaria, al que luego aludiremos.

De ahí que actualmente en todo caso, el juez o tribunal sentenciador resolverá motivadamente a la vista de la propuesta o los informes a los que respectivamente se refieren los dos apartados anteriores, oída la propia persona sometida a la medida, así como el Ministerio Fiscal y las demás partes. Se oirá asimismo a las víctimas del delito que no estuvieren personadas cuando así lo hubieran solicitado al inicio o en cualquier momento de la ejecución de la sentencia y permanezcan localizables a tal efecto (art. 98.3 CP). Los informes aludidos son los de los facultativos y profesionales que asistan al sometido a medida de seguridad o por las Administraciones Públicas competentes y, en su caso, el resultado de las demás actuaciones que a este fin ordene. Por excepción, en el caso de la custodia familiar, parece que sí cobra su sentido el informe del JVP, ya que el sometido a esta medida quedará sujeto al cuidado y vigilancia del familiar que se designe y que acepte la custodia, quien la ejercerá en relación con el JVP y sin menoscabo de las actividades escolares o laborales del custodiado (art. 96.3.4ª CP).

7. FINALIZACIÓN DE LA MEDIDA DE SEGURIDAD

La finalización de la medida de seguridad aparece explícitamente regulada en los preceptos que a continuación referimos.

En primer lugar, a través de la finalización del máximo de su cumplimiento establecido en la sentencia correspondiente. Como recuerda QUINTERO OLIVARES (2024, pp. 92, 93) el internamiento de los enajenados tenía una duración indeterminada, y solo a partir de la reforma de 1983 del CP derogado se abrió paso —y ello, en la letra de la ley, tan solo en el caso de las semieximentes— la convicción de que las penas y las medidas de seguridad debían respetar por igual los derechos fundamentales del reo, entre los cuales destaca el derecho a la seguridad jurídica y a la exacta determinación del castigo; la reducción de las garantías al campo de las penas en sentido estricto pugnaba con la sensibilidad jurídica pero, sobre todo, con la CE que imponía las mismas pautas a las penas y a las medidas: permitir el internamiento indefinido a través de la imposición de medidas de seguridad constituía un fraude al sistema de garantías. La cuestión quedó zanjada al establecer el art. 6.2 CP que nunca las medidas de seguridad pueden resultar de mayor duración que la pena abstractamente aplicable al hecho cometido, y en los arts. 101 a 103 CP, cuando se establece que el internamiento no podrá exceder del tiempo que habría durado la pena privativa de libertad, si hubiera sido declarado responsable el sujeto, y a tal efecto el juez o tribunal fijará en la sentencia ese límite máximo.

En segundo lugar, a través de la decisión adoptada por el juez o tribunal sentenciador al amparo del art. 97.b) CP de decretar el cese de cualquier medida de seguridad impuesta en cuanto desaparezca la peligrosidad criminal del sujeto

En tercer lugar, cuando el juez o tribunal sentenciador acuerde al amparo del art. 97.c) CP dejar en suspenso la ejecución de la medida en atención al resultado ya obtenido con su aplicación, una vez transcurra el plazo que reste hasta el máximo señalado en la sentencia que la impuso, siempre que no se incumpla la condición de que el sujeto no delinca durante el plazo fijado, y que no se acuerde dejarse sin efecto si nuevamente resultara acreditada cualquiera de las circunstancias previstas en el artículo 95 del CP.

En cuarto lugar, por la muerte de la persona sentenciada (art. 130.1.1ª CP).

En quinto lugar, por la prescripción de la medida de seguridad (art. 130.1.7ª CP. A tal efecto las medidas de seguridad privativas de libertad superiores a 3 años prescriben a los diez años; y a los cinco años si fueran privativas de libertad iguales o inferiores a tres años o tuvieran otro contenido. El cómputo tomará como diez a quo el día en que haya quedado firme la resolución en la que se impuso la medida o, en caso de cumplimiento sucesivo, desde que debió empezar a cumplirse; y si su cumplimiento fuera posterior al de una pena, el plazo se computará desde la extinción de ésta (art. 135 CP).

Esta circunstancia nos lleva a examinar el quebrantamiento de las medidas de seguridad. El quebrantamiento obviamente determina la interrupción del cómputo de la medida de internamiento, al que se refiere el art. 100.1 CP, indicando que dará lugar a que el juez o tribunal ordene el reingreso del sujeto en el mismo centro del que se hubiese evadido o en otro que corresponda a su estado. Tratándose de medidas de seguridad no privativas de libertad, dicho quebrantamiento puede determinar la posibilidad de la revisión al alza de la medida, acordándose el internamiento, y así lo confirma el art. 100.2 CP que establece que el quebrantamiento de medidas distintas del internamiento, el juez o tribunal podrá acordar la sustitución de la quebrantada por la de internamiento si ésta estuviese prevista para el supuesto de que se trate y si el quebrantamiento demostrase su necesidad. En cuanto a la posibilidad de la comisión de un posible delito de quebrantamiento de condena, queda abierta en la redacción vigente del art. 100.3 CP, que establece que en ambos casos el juez o tribunal deducirá testimonio por el quebrantamiento. A estos efectos, no se considerará quebrantamiento de la medida la negativa del sujeto a someterse a tratamiento médico o a continuar un tratamiento médico inicialmente consentido. No obstante, el juez o tribunal podrá acordar la sustitución del tratamiento inicial o posteriormente rechazado por otra medida de entre las aplicables al supuesto de que se trate.

Obviamente no entran en juego las causas de remisión definitiva, pues las medidas de seguridad no son susceptibles de remisión condicional, ni tampoco por indulto, ya que no susceptibles de dicha medida de gracia conforme a la LEGI.

BIBLIOGRAFÍA

- Conclusiones vigentes sistematizadas de encuentros de fiscales de vigilancia penitenciaria 2011-2023 https://www.fiscal.es/documents/d/fiscal/concl-sistematizadas-2011-a-2023-
- Criterios de actuación, conclusiones y acuerdos aprobados por los jueces de vigilancia penitenciaria en sus xxx reuniones celebradas entre 1981 y 2022. https://derechopenitenciario.com/wp-content/uploads/2022/08/CRITERIOS-JJVP-PAMPLONA-MAYO-2022.pdf
- FERNANDEZ ARÉVALO/NISTAL BURÓN, *Derecho Penitenciario*, Aranzadi, Pamplona, 2016.
- GARCÍA ALBERO, *Comentarios al Código Penal Español*, AA.VV, (Quintero Olivares dir.), Aranzadi, 2024.
- GRACIA MARTÍN/MAYO CALDERÓN, *Tratado de las consecuencias jurídicas del delito*. AA.VV. (Boldova Pasamar/ Alastuey Dobón dirs.), Tirant lo Blanch, 2003.
- LUZÓN PEÑA, *Compendio de derecho penal*, Dykinson, Madrid, 2004.
- MORALES PRATS, *Comentarios al Código Penal Español*, AA.VV, (Quintero Olivares dir.), Aranzadi, 2024.
- NISTAL BURÓN «El cumplimiento de las medidas de seguridad privativas de libertad. Problemática que genera la escasa regulación normativa al respecto», *Diario La Ley*, Nº 7865, Sección Doctrina, 24 de mayo de 2012, Año XXXIII.
- QUINTERO OLIVARES, *Comentarios al Código Penal Español*, 8ª ed., Aranzadi, 2024.
- RUBIO LARA, *Teoría de la pena y consecuencias jurídicas del delito: análisis doctrinal y jurisprudencial*. Tirant lo Blanch, 2017.

Capítulo 61

La ejecución de penas no privativas de libertad y de la responsabilidad civil

Luis Fernández Arévalo
Fiscal Jefe
Fiscalía Provincial de Sevilla

1. EJECUCIÓN DE PENAS RESTRICTIVAS DE LIBERTAD Y PRIVATIVAS DE DERECHOS

Al abordar la ejecución de las penas restrictivas de libertad y de las privativas de derechos conviene recordar que cuando una sentencia sea firme, lo declarará así el Juez o el Tribunal que la hubiera dictado (art. 988.I LECrim). Hecha esta declaración, se procederá a ejecutar la sentencia aunque el reo esté sometido a otra causa (art. 988 II LECrim). A partir de ese momento el procedimiento pasa a registrarse como ejecutoria.

Ante todo, los tribunales remitirán, a través de procedimientos electrónicos, al Registro Central de Penados y ... al Registro Central para la Protección de las

Víctimas de la Violencia Doméstica y de Género, establecidos en el Ministerio Justicia, respectivamente, notas autorizadas de las sentencias firmes en las que se imponga alguna pena o medida de seguridad por delito y de los autos en que se declare la rebeldía de los procesados (art. 252 LECrim).

El art. 988 *bis* LECrim, introducido por la reforma de la LO 1/2025, de 2 de enero, de medidas en materia de eficiencia del Servicio Público de Justicia, ha contemplado dos procedimientos contradictorios de impulso de la ejecutoria, diferenciando la posibilidad de una tramitación escrita o la convocatoria de una vista, a criterio del juez o tribunal sentenciador.

En lo que se refiere a la tramitación escrita, los apartados 1 y 2 establecen que el juez o tribunal dará traslado del auto de incoación de la ejecutoria a la representación de cada uno de los condenados para que, en el plazo de diez días, se pronuncien en un mismo escrito sobre las siguientes circunstancias: ... c) Cualquier solicitud relativa a la ejecución de los pronunciamientos de la sentencia, incluida la sustitución de la pena en los casos en que proceda. En sus alegaciones escritas las defensas de los condenados deberán adjuntar los informes y la documentación en que se funden las peticiones. Seguidamente el juez o tribunal realizará, en su caso, las comprobaciones necesarias sobre la concurrencia de los requisitos ... de las peticiones realizadas, tras lo cual dará traslado de la solicitud y de lo practicado al Ministerio Fiscal, a las partes acusadoras personadas y víctimas, directamente afectadas por la decisión, para que, en el plazo de diez días, formulen alegaciones. Transcurrido el plazo, en el término de cinco días el juez, la jueza o el tribunal resolverán mediante auto sobre todas las peticiones (art. 988 *bis*.2 LECrim)

A su vez el art. 988 *bis*.3 LECrim establece que la tramitación escrita podrá ser sustituida por el juez o tribunal, por una vista que habrá de celebrarse en el plazo de diez días y a la que deberá citarse al acusado y su defensa, al Ministerio Fiscal, a las partes acusadoras y víctimas, directamente afectadas por la decisión. Celebrada la vista, el juez, la jueza o el tribunal resolverá en el acto o, de no ser posible, en los tres días siguientes, sobre todas las cuestiones planteadas.

Finalmente, el art. 988 *bis*.4 LECrim establece que el LAJ citará al condenado a una comparecencia en la que le requerirá de cumplimiento de las penas, decomiso y responsabilidades civiles que le hubieran sido impuestas y le informará de las responsabilidades en que pueda incurrir en el supuesto de incumplimiento. Asimismo, practicará las liquidaciones de condena, que comprenderán, en todo caso, la fecha de inicio del cumplimiento, el tiempo abonable por haber estado privado de libertad provisionalmente en la causa o por la aplicación de cualquier otra medida cautelar, el tiempo de duración de la condena, y el tiempo de cumplimiento. A tales efectos, el cómputo se hará por años, meses y días, de acuerdo con las siguientes reglas: los meses completos serán de treinta días y los años completos serán de trescientos sesenta y cinco días.

De dichas liquidaciones, que se notificarán personalmente al condenado, se dará traslado al Ministerio Fiscal y a las partes, que podrán impugnarlas en el plazo de dos días. Transcurrido el plazo sin impugnación, el LAJ la aprobará mediante decreto.

Si fueran impugnadas por alguna de las partes, se dará traslado al resto para alegaciones por de dos días. Transcurrido el mismo, hubieren o no presentado escrito las demás partes, el juez, la jueza o el tribunal resolverá mediante auto, que será dictado en el plazo de dos días. Una vez firme éste, si corrigiere la liquidación de condena será notificado personalmente al condenado. Nótese que la decisión del juez o tribunal encargado de la ejecución no se adopta resolviendo un recurso de revisión contra una resolución del LAJ, con lo que subsiste el régimen general de recursos preexistente.

1.1 Penas restrictivas de la libertad 2453

Las penas restrictivas de libertad, según el Diccionario Panhispánico del Español Jurídico (en adelante DPEJ), son aquellas penas que limitaban la libertad deambulatoria sin reclusión en establecimiento penitenciario. Sus clases eran el extrañamiento, el confinamiento y el destierro. Se contraponen a las penas de privación de libertad, que conllevan el internamiento del condenado en un centro penitenciario. Se trata de penas que llevan aparejadas una restricción de la libertad ambulatoria (MORENO CATENA/CORTÉS, pp. 758 y 759) pudiendo incluirse en esta categoría la privación del derecho a residir en determinados lugares o acudir a ellos (art. 39.f CP), y la prohibición de aproximarse a la víctima o a aquellos de sus familiares u otras personas que determine el juez o el tribunal [art. 39.g) CP].

La privación del derecho a residir en determinados lugares o acudir a ellos impide al penado residir o acudir al lugar en que haya cometido el delito, o a aquel en que resida la víctima o su familia, si fueren distintos (art. 48 CP) que la matiza en caso de que exista declarada una discapacidad intelectual o una discapacidad que tenga su origen en un trastorno mental, en cuyo caso se estudiará el caso concreto a fin de resolver teniendo presentes los bienes jurídicos a proteger y el interés superior de la persona con discapacidad que, en su caso, habrá de contar con los medios de acompañamiento y apoyo precisos para el cumplimiento de la medida.

A su vez la prohibición de aproximarse a la víctima, o a aquellos de sus familiares u otras personas que determine el juez o tribunal, impide al penado acercarse a ellos, en cualquier lugar donde se encuentren, así como acercarse a su domicilio, a sus lugares de trabajo y a cualquier otro que sea frecuentado por ellos, quedando en suspenso, respecto de los hijos, el régimen de visitas, comunicación y estancia que, en su caso, se hubiere reconocido en sentencia civil hasta el total cumplimiento de esta pena (art. 48.2 CP).

La pena de privación del derecho a residir en determinados lugares o acudir a ellos tendrá una duración de hasta 10 años. La prohibición de aproximarse a la víctima o a aquellos de sus familiares u otras personas tendrá una duración de un mes a 10 años. Estas penas tienen la consideración de pena grave cuando la duración excede de 5 años (art. 33.2.h) e i) CP); de pena menos grave, cuando su duración se comprende entre 6 meses y 5 años [art. 33.3.g) y h) CP]; y de pena leve cuando su duración se extiende entre 1 y 6 meses [art. 33.4.e) y f) CP]. Igualmente aparecen como reglas de conducta de la suspensión de la ejecución (art. 83 CP), y de la libertad condicional (art. 90.5 CP), así como medidas que dan contenido a la libertad vigilada (art. 106 CP).

2454 Además, nuestro CP las configura como penas accesorias facultativas en los delitos de homicidio, aborto, lesiones, contra la libertad, de torturas y contra la integridad moral, trata de seres humanos, contra la libertad e indemnidad sexuales, la intimidad, el derecho a la propia imagen y la inviolabilidad del domicilio, el honor, el patrimonio, el orden socioeconómico y las relaciones familiares, por un tiempo que no excederá de diez años si el delito fuera grave, o de cinco si fuera menos grave (art. 57.1-I CP). Ahora bien, cuando la persona condenada lo fuera a pena de prisión y el juez o tribunal acordara la imposición de una o varias de dichas prohibiciones, lo hará por un tiempo superior entre uno y diez años al de la duración de la pena de prisión impuesta en la sentencia, si el delito fuera grave, y entre uno y cinco años, si fuera menos grave, en cuyo caso la pena de prisión y las prohibiciones antes citadas se cumplirán necesariamente por la persona condenada de forma simultánea (art. 57.1-II CP).

No obstante, la pena de prohibición de aproximación se convierte en imperativa, por un tiempo que no excederá de diez años si el delito fuera grave, o de cinco si fuera menos grave, sin perjuicio de lo dispuesto en el art. 57.1-II CP en los supuestos de los delitos precitados cometidos contra quien sea o haya sido el cónyuge, o sobre persona que esté o haya estado ligada al condenado por una análoga relación de afectividad aun sin convivencia, o sobre los descendientes, ascendientes o hermanos por naturaleza, adopción o afinidad, propios o del cónyuge o conviviente, o sobre los menores o personas con discapacidad necesitadas de especial protección que con él convivan o que se hallen sujetos a la potestad, tutela, curatela, acogimiento o guarda de hecho del cónyuge o conviviente, o sobre persona amparada en cualquier otra relación por la que se encuentre integrada en el núcleo de su convivencia familiar, así como sobre las personas que por su especial vulnerabilidad se encuentran sometidas a su custodia o guarda en centros públicos o privados.

Además, pueden operar como reglas de conducta de la suspensión de la ejecución (arts. 80.3 y 84 CP), de la libertad condicional (art. 90.5 CP) y como medida que da contenido a la libertad vigilada (art. 106 CP).

La ejecución de estas penas corresponde al juez o tribunal que hubiere dictado la sentencia en primera o única instancia, anotándose la condena en el RCP, aprobándose la correspondiente liquidación de condena, que deberá ser comunicada a las Fuerzas y Cuerpos de Seguridad del Estado, ordenando que cualquier posible quebrantamiento sea inmediatamente comunicado, en coherencia con el art. 83.1-1ª y 81.3 CP. Ahora bien, el juez o tribunal podrá acordar que el control de todas estas medidas se realice a través de aquellos medios electrónicos que lo permitan (art. 48.4 CP).

En cuanto a la liquidación de condena, rigen las reglas de los arts. 58 y 59 CP ya examinadas en el capítulo 59 de esta obra. Conforme a las reglas generales, las resoluciones de liquidación serán susceptibles de recursos conforme a las reglas generales, esto es, reforma y apelación en el caso de órganos jurisdiccionales sentenciadores unipersonales, y de súplica en el caso de los colegiados.

1.2 Penas privativas de derechos

La pena privativa de derechos, según el DPEJ, es aquella sanción penal que implica la privación, temporal o definitiva de derechos diferentes de la libertad deambulatoria y el patrimonio. Nuestro CP contempla las penas privativas de derechos —donde incluye las de alejamiento ya examinadas— en su art. 39, que se refiere a la inhabilitación absoluta, las de inhabilitación especial para empleo o cargo público, profesión, oficio, industria o comercio, u otras actividades, sean o no retribuidas, o de los derechos de patria potestad, tutela, guarda o curatela, tenencia de animales, derecho de sufragio pasivo o de cualquier otro derecho, la suspensión de empleo o cargo público, la privación del derecho a conducir vehículos a motor y ciclomotores, la prohibición de comunicarse con la víctima o con aquellos de sus familiares u otras personas que determine el juez o tribunal, los trabajos en beneficio de la comunidad y la privación de la patria potestad, amén de las penas de alejamiento ya examinadas.

Como en el caso anterior, la ejecución de estas penas corresponde al juez o tribunal que hubiere dictado la sentencia en primera o única instancia, a quien corresponderá aprobar la correspondiente liquidación de condena, y las resoluciones que se adopten serán susceptibles de recurso conforme a las reglas generales ya examinadas.

1.2.1 La pena de inhabilitación absoluta

La pena de inhabilitación absoluta produce la privación definitiva de todos los honores, empleos y cargos públicos que tenga el penado, aunque sean electivos; y produce, además, la incapacidad para obtener los mismos o cualesquiera otros honores, cargos o empleos públicos, y la de ser elegido para cargo público, durante el tiempo de la condena (art. 41 CP). Tendrá una duración de seis a 20 años (art. 40.1 CP). El empleo público no solo conlleva el ostentado por los funcionarios públicos, sino cualquier función pública (ATS de 18/01/2001 [*Tol 440333*]) no extendiéndose a empleos privados; por honores se entiende todos los títulos o distinciones honoríficas que tenga el condenado, sin incluir los títulos académicos. Su contenido aflictivo conlleva la pérdida
2456 de la condición en su caso de funcionario [lo que se cohonesta con el art. 63-e) EBEP] y la imposibilidad de obtener dicha condición durante el tiempo de la condena.

El CP la contempla como principal en determinados delitos cometidos por funcionarios, pudiendo citarse a modo de ejemplos los de detención ilegal (art. 167.2 CP), torturas (art. 174 CP), agresiones sexuales en general cometidas prevaliéndose de la condición de funcionarios (arts. 180 y 181 CP), determinados delitos relativos a la prostitución (arts. 187 y 188 CP), descubrimiento y revelación de secretos (art. 198 CP), allanamientos de morada (art. 204), tráfico de personas extranjeras (art. 318 *bis* CP), malversación (art. 432 CP), entre otros.

A su vez el CP la contempla como accesoria de penas de prisión iguales o superiores a diez años durante el tiempo de la condena, salvo que ésta ya estuviere prevista como pena principal para el supuesto de que se trate (art. 55 CP).

Para su ejecución, tras la anotación de la condena en el RCP debe levantarse acta con apercibimiento personal de que, caso de usar los honores, derechos y cargos para los que se le ha inhabilitado, incurrirá en un delito de quebrantamiento de condena. Se debe librar oficio, con remisión de testimonio de la condena a la autoridad competente, para que se incorpore nota de la condena al expediente personal del inhabilitado, dando traslado a su superior jerárquico para que informe del cumplimiento de la condena al tribunal sentenciador (JUANES PECES, p. 3.829).

1.2.2 La pena de inhabilitación especial para empleo o cargo público

La pena de inhabilitación especial para empleo o cargo público produce la privación definitiva del empleo o cargo sobre el que recayere, aunque sea electivo, y de los honores que le sean anejos. Produce, además, la incapacidad para obtener el mismo u otros análogos, durante el tiempo de la condena. En la sentencia habrán de especificarse los empleos, cargos y honores sobre los que recae la inhabilitación (art. 41 CP), debiendo entenderse que la imposibilidad de tener acceso a cargos o empleos semejantes en un sentido restrictivo y no omnicomprensivo (STS de 18/10/1993 [*Tol 23166*]). La pena de inhabilitación especial para empleo o cargo público tendrá una duración de seis a 20 años; tendrá la condición de pena grave cuando su duración rebase los 5 años [art. 33.2.d) CP]; de pena menos grave cuando su duración no exceda de 5 años [art. 33.3.b) CP].

Se impondrá como pena principal o como accesoria de las penas de prisión de hasta 10 años (art. 56 CP). Para su ejecución valen las consideraciones expuestas para la inhabilitación absoluta.

1.2.3 La suspensión de empleo o cargo público

La suspensión de empleo o cargo público priva de su ejercicio al penado durante el tiempo de la condena (art. 43 CP), lo que la diferencia de las penas de inhabilitación de empleo o cargo público, que conllevan además la pérdida del empleo o del cargo. Su duración se extiende entre tres meses y seis años (art. 40.1 CP)

Se puede imponer como pena principal y como pena accesoria facultativa de las penas de prisión de hasta 10 años (art. 56 CP).

La ejecución de las inhabilitaciones y de la suspensión para cargos o empleos públicos corresponde al juez o tribunal que dictó la sentencia en primera o única instancia. El juez o tribunal remitirá testimonio de la sentencia requiriendo la anotación en el expediente del funcionario, dirigiéndose al organismo público donde viniera prestando servicios o del que dependa el cargo público; debiendo tenerse en cuenta que a través de convenio de Conferencia Sectorial se establecen criterios que permitan el intercambio homogéneo de la información entre Administraciones, con respeto a lo establecido en la legislación de protección de datos de carácter personal (art. 71.3 EBEP).

1.2.4 *La inhabilitación especial para profesión, oficio, industria o comercio*

La inhabilitación especial para profesión, oficio, industria o comercio u otras actividades, sean o no retribuidas, o cualquier otro derecho, que ha de concretarse expresa y motivadamente en la sentencia, priva a la persona penada de la facultad de ejercerlos durante el tiempo de la condena. El juez o tribunal podrá restringir la inhabilitación a determinadas actividades o funciones de la profesión u oficio, retribuido o no, permitiendo, si ello fuera posible, el ejercicio de aquellas funciones no directamente relacionadas con el delito cometido (art. 45 CP). Las penas de inhabilitación especial tendrán la condición de pena grave cuando su duración rebase los 5 años [art. 33.2.d) CP]; de pena menos grave cuando su duración no exceda de 5 años [art. 33.3.b) CP]. Se contempla que la pena menos grave de inhabilitación especial para el ejercicio de profesión, oficio o comercio que tenga relación con los animales y para la tenencia de animales de un año y un día a cinco años [art. 33.3.f) CP]; y como pena leve, de tres meses a un año [art. 33.4.c) CP].

Además, puede imponerse como pena accesoria de las de prisión de hasta 10 años, atendiendo a la gravedad del delito, y siempre que el derecho en cuestión tenga relación directa con el delito cometido, debiendo determinarse expresamente en la sentencia esta vinculación (art. 56 CP).

Tras la anotación de la condena en el RCP, cuando se trata de oficios o profesiones que exigen habilitación o permiso oficial y de profesiones colegiadas, el juez o tribunal deberá oficiar al Colegio correspondiente, y en su caso a su respectivo Consejo General; cuando se trata de profesiones u oficios que no exijan habilitación o permiso oficial ese oficio no resulta posible, lo que dificulta el control de su ejecución (JUANES PECES, 3.831).

1.2.5 *Inhabilitación especial para el derecho de sufragio pasivo*

La inhabilitación especial para el derecho de sufragio pasivo priva al penado, durante el tiempo de la condena, del derecho a ser elegido para cargos públicos (art. 44 CP).

Puede imponerse como pena accesoria de las de prisión de hasta 10 años, atendiendo a la gravedad del delito (art. 56 CP). Por todos los delitos electorales comprendidos en la LOREG (arts. 139 a 150 LOREG) se impondrá, además de la pena señalada en el precepto correspondiente la de inhabilitación especial para el derecho del sufragio pasivo (art. 137 LOREG), debiendo entenderse que la pena de inhabilitación ha de tener una duración equivalente a la de la respectiva pena privativa de libertad impuesta en caso de comisión de cada uno de esos delitos, aplicando, en el caso de que la pena impuesta sea la de multa, el mecanismo de conversión a responsabilidad personal subsidiaria del art. 53 CP —STC 126/2021 [*Tol 8486029*]. Las sentencias en que se imponga se publicarán en el BO de la Provincia y remitirá el tribunal testimonio de las mismas a la Junta Electoral Central (art. 152 LOREG).

1.2.6 Inhabilitación especial para el ejercicio de la patria potestad, tutela, curatela, guarda o acogimiento

La inhabilitación especial para el ejercicio de la patria potestad, tutela, curatela, guarda o acogimiento, priva a la persona condenada de los derechos inherentes a la primera, y supone la extinción de las demás, así como la incapacidad para obtener nombramiento para dichos cargos durante el tiempo de la condena (art. 46.1 CP).

El juez podrá además disponer la inhabilitación especial para el ejercicio de la patria potestad, tutela, curatela, guarda o acogimiento, o bien la privación de la patria potestad, cuando estos derechos hubieren tenido relación directa con el delito cometido. Esta vinculación deberá determinarse expresamente en la sentencia (art. 55 CP).

Aparece como pena principal facultativa en determinados delitos, entre otros, relacionados con la violencia de género y doméstica, y sexuales, entre otros.

Además, tiene la condición de pena accesoria facultativa en las penas de prisión inferiores a diez años, atendiendo a la gravedad del delito la inhabilitación especial para empleo o cargo público, profesión, oficio, industria, comercio, ejercicio de la patria potestad, tutela, curatela, guarda o acogimiento o cualquier otro derecho, la privación de la patria potestad, si estos derechos hubieran tenido relación directa con el delito cometido, debiendo determinarse expresamente en la sentencia esta vinculación (art. 56 CP).

Una vez firme la sentencia se anotará en el RCP, y dado que son inscribibles en el Registro Civil las resoluciones judiciales que afecten a la titularidad, al ejercicio y a las modificaciones de la patria potestad (art. 71 LRC), se remitirá testimonio de la sentencia para su inscripción. Como en casos anteriores debe levantarse acta con apercibimiento personal de incurrir en delito de quebrantamiento de vulnerarse la prohibición durante el tiempo de la condena.

1.2.7 Privación de la patria potestad

La pena de privación de la patria potestad implica la pérdida de la titularidad de la misma, subsistiendo aquellos derechos de los que sea titular el hijo o la hija respecto de la persona condenada que se determinen judicialmente. La autoridad judicial podrá acordar estas penas respecto de todas o algunas de las personas menores de edad o personas con discapacidad necesitadas de especial protección que estén a cargo de la persona condenada. Para concretar qué derechos de las personas menores de edad o personas con discapacidad han de subsistir en caso de privación de la patria potestad y para determinar respecto de qué personas se acuerda la pena, la autoridad judicial valorará el interés superior de la persona menor de edad o con discapacidad, en relación a las circunstancias del caso concreto. A los efectos de este artículo, la patria potestad comprende tanto la regulada en el Código Civil, incluida la prorrogada y la rehabilitada, como las instituciones análogas previstas en la legislación civil de las comunidades autónomas (art. 46 CP).

Tiene la condición de pena principal en determinados delitos (arts. 140 *bis*, 149 y 192 CP, entre otros), además, como ya hemos visto, de pena accesoria facultativa (arts. 55 y 56 CP).

Una vez firme la sentencia se anotará en el RCP, y dado que son inscribibles en el Registro Civil las resoluciones judiciales que afecten a la titularidad, al ejercicio y a las modificaciones de la patria potestad (art. 71 LRC), se remitirá testimonio de la sentencia para su inscripción. Como en casos anteriores debe levantarse acta con apercibimiento personal de incurrir en delito de quebrantamiento de vulnerarse la prohibición durante el tiempo de la condena.

1.2.8 Prohibición de comunicarse con la víctima o con aquellos de sus familiares u otras personas que determine el juez o tribunal

La prohibición de comunicarse con la víctima, o con aquellos de sus familiares u otras personas que determine el juez o tribunal, impide al penado establecer con ellas, por cualquier medio de comunicación o medio informático o telemático, contacto escrito, verbal o visual (art. 48.3 CP).

La pena de prohibición de comunicarse a la víctima o a aquellos de sus familiares u otras personas tendrá una duración de un mes a 10 años. Tiene la consideración de muy grave cuando su duración exceda de cinco años; menos grave cuando su duración sea a partir de seis meses hasta cinco años; y leve cuando su duración partiendo de un mes sea inferior a seis meses. Además, puede imponerse como pena accesoria de determinados delitos (art. 57 CP), y puede operar como regla de conducta de la suspensión de la ejecución (arts. 80.3 y 84 CP), de la libertad condicional (art. 90.5 CP) y como medida que da contenido a la libertad vigilada (art. 106 CP).

Una vez firme la sentencia se anotará en el RCP. Como en casos anteriores debe levantarse acta con apercibimiento personal de incurrir en delito de quebrantamiento de vulnerarse la prohibición durante el tiempo de la condena.

Siguiendo por aplicación analógica lo dispuesto en el art. 83.3 CP, deberá ser comunicada a las Fuerzas y Cuerpos de Seguridad del Estado, que velarán por su cumplimiento. Cualquier posible quebrantamiento o circunstancia relevante para valorar la peligrosidad del penado y la posibilidad de comisión futura de nuevos delitos, será inmediatamente comunicada al Ministerio Fiscal y al juez o tribunal de ejecución,

1.2.9 Privación del derecho a conducir vehículos de motor y ciclomotores

La imposición de la pena de privación del derecho a conducir vehículos a motor y ciclomotores inhabilitará al penado para el ejercicio de ambos derechos durante el tiempo fijado en la sentencia (art. 47-I CP). Tendrá la condición de pena grave cuando su duración rebase los 8 años [art. 33.2.f) CP]; de pena menos grave cuando su duración se extienda entre un año y un día y ocho años art. 33.3.d) CP]; y de pena leve cuando su duración se extienda entre tres meses y un año [art. 33.4.a) CP]. Cuando la pena impuesta lo fuere por un tiempo superior a dos años comportará la pérdida de vigencia del permiso o licencia que habilite para la conducción (art. 47-III CP).

Se trata en todo caso de pena principal, que se impone en delitos relacionados con vehículos de motor y ciclomotores: así delitos contra la seguridad vial y homicidios y lesiones imprudentes cometidos con dicho tipo de vehículos.

Respecto de su ejecución, tras anotarse la condena en el RCP, debe diferenciarse según que el condenado posea o no permiso o licencia de conducir. Caso afirmativo se requerirá la entrega del permiso, que se incorporará a la ejecutoria, y se requerirá al condenado para que se abstenga de conducir, practicándose liquidación con inicio del cómputo desde la recepción y requerimiento, debiendo detraerse el periodo de intervención cautelar acordada (art. 58.4 CP en relación con los arts. 764 y 770 LECrim). Caso negativo, además de la liquidación se librará mandamiento a la Jefatura Central de Tráfico para que no se expida en el periodo liquidado permiso o licencia (art. 794.2ª LECrim).

1.2.10 Privación del derecho a la tenencia y porte de armas

La imposición de la pena de privación del derecho a la tenencia y porte de armas inhabilitará al penado para el ejercicio de este derecho por el tiempo fijado en la sentencia (art. 47.II CP). Tendrá la condición de pena grave cuando su duración rebase los 8 años [art. 33.2.f) CP]; de pena menos grave cuando su duración se extienda entre un año y un día y ocho años [art. 33.3.d) CP]; y de pena leve cuando su duración se extienda entre tres meses y un año [art. 33.4.a) CP]. Cuando la pena impuesta lo fuere por un tiempo superior a dos años comportará la pérdida de vigencia del permiso o licencia que habilite para la conducción (art. 47-III CP).

Se trata en todo caso de pena principal, que se impone en delitos homicidios y lesiones imprudentes cometidos con armas de fuego, en delitos relacionados con la violencia doméstica y de género, contra la fauna y contra los animales.

Respecto de su ejecución, una vez firme la sentencia, y tras su anotación en el RCP, para hacer efectivo el cumplimiento de esta pena, el juez o tribunal sentenciador cumplimentará lo dispuesto en el art. 988 bis LECrim, y seguida-
2462 mente el Letrado de la Administración de Justicia deberá requerir al penado para que entregue la licencia de uso de armas de la que fuese titular, para que deposite el arma o las armas amparadas en dicha licencia así como la guía de pertenencia, y remitirá en su caso, las armas depositadas a la intervención de armas de la Guardia Civil, con remisión de oficio en que se hará constar la fecha de devolución del arma. Una vez cumplida la pena se devolverá el arma intervenida, documentándose mediante acta de devolución que se incorporará a la ejecutoria.

1.2.11 Trabajos en beneficio de la comunidad

Los trabajos en beneficio de la comunidad obligan a la persona condenada a prestar su cooperación no retribuida en determinadas actividades de utilidad pública, que podrán consistir, en relación con delitos de similar naturaleza al cometido por la persona condenada, en labores de reparación de los daños causados o de apoyo o asistencia a las víctimas, así como en la participación de la persona condenada en talleres o programas formativos de reeducación, laborales, culturales, de educación vial, sexual, resolución pacífica de conflictos, parentalidad positiva y otros similares (art. 49 CP).

Aparecen configurados en nuestro sistema penal como pena principal alternativa a la prisión o a la multa, ya que no podrán imponerse sin consentimiento del penado [art. 39.i) y 49 CP]; como pena sustitutiva (art. 71.2 CP), pero también como forma de cumplimiento de la responsabilidad personal subsidiaria (art. 53.1-II CP), y como condición de la suspensión de la ejecución de la pena privativa de libertad (art. 80.3 y 84 CP). Como pena tiene la condición de menos grave cuando su duración se extiende de treinta y un días a un año (art. 33.3.I CP); y de pena leve cuando oscila entre uno a treinta días [art. 33.4.i) CP].

Su duración diaria no podrá exceder de ocho horas y sus condiciones serán las siguientes: 1) La ejecución se desarrollará bajo el control del juez de vigilancia penitenciaria, que, a tal efecto, requerirá los informes sobre el desempeño del trabajo a la Administración, entidad pública o asociación de interés general en que se presten los servicios. 2) No atentará contra la dignidad del penado. 3) El trabajo en beneficio de la comunidad será facilitado por la Administración, la cual podrá establecer los convenios oportunos a tal fin. 4) Gozará de la protección dispensada a los penados por la legislación penitenciaria en materia de Seguridad Social. 5) No se supeditará al logro de intereses económicos.

En cuanto a sus circunstancias de ejecución se regulan en el RD 840/2011 y se ajusta a las siguientes líneas maestras: a) remisión del mandamiento u orden judicial de ejecución por parte del Letrado de la Administración de Justicia correspondiente a juez o tribunal sentenciador a los Servicios Sociales Penitenciarios del domicilio del reo, que contendrá sus datos de identidad, su domicilio, y número de jornadas a cumplir, acompañado en su caso de copia de sentencia; b) citación del reo por los Servicios Sociales Penitenciarios para conocer sus circunstancias familiares, laborales y educativas; c) definición del plan administrativo de ejecución por los SSP, que recibe la denominación de propuesta de cumplimiento; d) aprobación por el juez de vigilancia penitenciaria de la propuesta de cumplimiento; e) seguimiento, que puede ser presencial o a través de medios telemáticos; f) finalmente, informe final por los Servicios Sociales Penitenciarios sobre cumplimiento y eventuales incidencias. Debe tenerse presente que la aprobación del plan y el control y seguimiento corresponderá al juez o tribunal sentenciador en los casos de suspensión sustitutiva

En el cumplimiento material de la pena de trabajos en beneficio de la comunidad cabe diferenciar varias actividades.

* Las *actividades de facilitación y selección del trabajo en beneficio de la comunidad*. En primer lugar, la actividad de selección y asignación, que corresponde a la Administración Penitenciaria, que requiere la aceptación concreta del penado, que podrá ofertar a su vez un trabajo en beneficio de la comunidad en su caso.
* La *actividad de gestión*. La actividad de gestión implica que el trabajo o prestación ocupacional desplegada por el reo puede desarrollarse no

solamente por cuenta de la Administración Penitenciaria, sino además por cuenta de otras Administraciones públicas o de entidades públicas o privadas que desarrollen actividades de utilidad pública.

* La *actividad de asistencia*. Además, existe una labor de asistencia, que corresponde a la Administración Penitenciaria sin perjuicio de los convenios concertados, y que se materializa en el abono de desplazamientos, en la protección de la Seguridad Social y en la protección en materia de prevención de riesgos laborales.

* La *actividad de seguimiento y supervisión*. Diferente de la gestión es la actividad de seguimiento, que consiste en la supervisión, verificando que el desarrollo de la prestación ocupacional se ajusta al plan de ejecución aprobado judicialmente, a efectos de traslado de incidencias. En este sentido, los servicios sociales penitenciarios, hechas las verificaciones necesarias, comunicarán al juez de vigilancia penitenciaria las incidencias relevantes de la ejecución de la pena y, en todo caso, si el penado: a) se ausenta del trabajo durante al menos dos jornadas laborales, siempre que ello suponga un rechazo voluntario por su parte al cumplimiento de la pena; b) a pesar de los requerimientos del responsable del centro de trabajo, su rendimiento fuera sensiblemente inferior al mínimo exigible; c) se opusiera o incumpliera de forma reiterada y manifiesta las instrucciones que se le dieren por el responsable de la ocupación referida al desarrollo de la misma; d) por cualquier otra razón, su conducta fuere tal que el responsable del trabajo se negase a seguir manteniéndolo en el centro (art. 49.6ª CP).

La función de control de la ejecución del trabajo en beneficio de la comunidad (TBC) corresponde tras la reforma de la LO 15/2003 al juez de vigilancia penitenciaria cuando se trate de una pena, y al juez o tribunal sentenciador cuando se imponga como medida sustitutiva, y se va a materializar en dos competencias: a) la aprobación de la propuesta de cumplimiento, ya examinada; b) el conocimiento y resolución de las incidencias de la ejecución participadas por los Servicios Sociales Penitenciarios. Y respecto del pronunciamiento a adoptar por el JVP el art. 49 CP establece que, una vez valorado el informe, el juez de vigilancia penitenciaria podrá acordar su ejecución en el mismo centro, enviar al penado para que finalice la ejecución de la misma en otro centro o entender que el penado ha incumplido la pena. En caso de incumplimiento, se deducirá testimonio para proceder de conformidad con el artículo 468 (art. 49.6ª CP). Ahora bien, si el penado faltara del trabajo por causa justificada no se entenderá como abandono de la actividad. No obstante, el trabajo perdido no se le computará en la liquidación de la condena, en la que se deberán hacer constar los días o jornadas que efectivamente hubiese trabajado del total que se le hubiera impuesto (art. 49.7ª CP).

2. EJECUCIÓN DE LA PENA DE MULTA

La pena de multa consiste en la imposición al condenado de una sanción pecuniaria (art. 50.1 CP). Se trata de una auténtica pena, y como tal se cataloga en nuestro sistema penal (art. 32 CP). Tiene la condición de pena menos grave la multa de más de tres meses, y la multa proporcional en todo caso [art. 33.3.j) y k) CP] y de pena leve la de diez días a tres meses [art. 33.4.g) CP]. No obstante, puede operar como prestación en la modalidad de la suspensión sustitutiva de la ejecución de las penas privativas de libertad (arts. 80.3 y 84 CP).

2.1 El modelo escandinavo

El CP de 1995 ha implantado el modelo escandinavo de multa como regla general: la pena de multa se impondrá, salvo que la ley disponga otra cosa, por el sistema de días-multa (art. 50.2 CP). Su extensión mínima será de 10 días y la máxima de dos años (art. 50.3 CP), debiendo los jueces y tribunales determinar motivadamente la extensión de la pena dentro de los límites establecidos para cada delito y según las reglas del Capítulo II de este Título (art. 50.5 CP). En cuanto a la determinación del importe de cada cuota, los jueces y tribunales fijarán en la sentencia, el importe de estas cuotas, teniendo en cuenta para ello exclusivamente la situación económica del reo, deducida de su patrimonio, ingresos, obligaciones y cargas familiares y demás circunstancias personales del mismo (art. 50.5 CP), teniendo en cuenta que la cuota diaria tendrá un mínimo de dos y un máximo de 400 euros. A efectos de cómputo, cuando se fije la duración por meses o por años, se entenderá que los meses son de 30 días y los años de 360 (art. 50.4 CP).

En cuanto al momento del pago, la regla general es el pago unitario de la multa; sin embargo, el tribunal, por causa justificada, podrá autorizar el pago de la multa dentro de un plazo que no exceda de dos años desde la firmeza de la sentencia, bien de una vez o en los plazos que se determinen. En este caso, el impago de dos de ellos determinará el vencimiento de los restantes (art. 50.6 CP). Ahora bien, si después de la sentencia, variase la situación económica del penado, el juez o tribunal, excepcionalmente y tras la debida indagación de dicha situación, podrá modificar tanto el importe de las cuotas periódicas como los plazos para su pago (art. 51 CP).

2.2 El sistema de multa proporcional

Junto al modelo escandinavo de multa o sistema de días multa, que constituye la regla general, el CP ha contemplado como modelo excepcional el sistema de multa proporcional. Y así indica que, no obstante lo dispuesto en los artículos anteriores y cuando el CP así lo determine, la multa se establecerá en proporción al daño causado, el valor del objeto del delito o el beneficio reportado por el mismo (art. 52.1 CP). La proporcionalidad no prescinde del todo de la capacidad económica del reo ya que, en estos casos, los jueces y tribunales impondrán la multa dentro de los límites fijados para cada delito, considerando para determinar en cada caso su cuantía, no sólo las circunstancias atenuantes y agravantes del hecho, sino principalmente la situación económica del culpable (art. 52.2 CP). A este respecto se contempla el cambio de circunstancias económicas del reo, pero exclusivamente a la baja: si, después de la sentencia, empeorase la situación económica del penado, el juez o tribunal, excepcionalmente y tras la debida indagación de dicha situación, podrá reducir el importe de la multa dentro de los límites señalados por la Ley para el delito de que se trate, o autorizar su pago en los plazos que se determinen (art. 52.3 CP).

2466 A su vez también se contempla la multa proporcional imponible a las personas jurídicas: en los casos en los que el CP prevé una pena de multa para las personas jurídicas en proporción al beneficio obtenido o facilitado, al perjuicio causado, al valor del objeto, o a la cantidad defraudada o indebidamente obtenida, de no ser posible el cálculo en base a tales conceptos, el juez o tribunal motivará la imposibilidad de proceder a tal cálculo y las multas previstas se sustituirán por las siguientes: a) multa de dos a cinco años, si el delito cometido por la persona física tiene prevista una pena de prisión de más de cinco años; b) multa de uno a tres años, si el delito cometido por la persona física tiene prevista una pena de prisión de más de dos años no incluida en el inciso anterior; c) multa de seis meses a dos años, en el resto de los casos (art. 52.4 CP).

Respecto de las personas jurídicas, también podrá ser fraccionado el pago de la multa impuesta durante un período de hasta cinco años, cuando su cuantía ponga probadamente en peligro la supervivencia de aquélla o el mantenimiento de los puestos de trabajo existentes en la misma, o cuando lo aconseje el interés general. Si la persona jurídica condenada no satisficiere, voluntariamente o por vía de apremio, la multa impuesta en el plazo que se hubiere señalado, el Tribunal podrá acordar su intervención hasta el pago total de la misma (art. 53.5 CP).

2.3 Procedimiento de ejecución

En lo que concierne al procedimiento de ejecución, conviene recordar que, cuando una sentencia sea firme, lo declarará así el Juez o el Tribunal que la hubiera dictado (art. 988.I LECrim). Hecha esta declaración, se procederá a ejecutar la sentencia aunque el reo esté sometido a otra causa (art. 988 II LECrim). A partir de ese momento el procedimiento pasa a registrarse como ejecutoria. Ante todo, el tribunal remitirá, a través de procedimientos electrónicos, al Registro Central de Penados y al Registro Central para la Protección de las Víctimas de la Violencia Doméstica y de Género, establecidos en el Ministerio Justicia, respectivamente, notas autorizadas de las sentencias firmes en las que se imponga alguna pena o medida de seguridad por delito y de los autos en que se declare la rebeldía de los procesados (art. 252 LECrim). Y regirá el art. 988 *bis* LECrim, introducido por la reforma de la LO 1/2025, de medidas en materia de eficiencia del Servicio Público de Justicia que, ha contemplado dos procedimientos contradictorios de impulso de la ejecutoria, se diferenciando una tramitación escrita o una vista.

En lo que se refiere a la *tramitación escrita*, el apartado 1 establece que el juez o tribunal dará traslado del auto de incoación de la ejecutoria a la representación de cada uno de los condenados para que, en el plazo de diez días, se pronuncien en un mismo escrito sobre las siguientes circunstancias: 2467

a) Cuando hubieran sido impuestas penas privativas de libertad susceptibles de ser suspendidas conforme al Código Penal y la sentencia no se hubiera pronunciado acerca de su suspensión, sobre la modalidad o modalidades de suspensión de la ejecución de las penas privativas de libertad que solicite.
b) Para el caso de haber sido impuestas responsabilidades pecuniarias, sobre la forma de cumplimiento y, en particular, si solicita su aplazamiento y en qué términos, así como el plazo máximo para su cumplimiento.
c) Cualquier otra solicitud relativa a la ejecución de los pronunciamientos de la sentencia, incluida la sustitución de la pena en los casos en que proceda.

Ello se cohonesta con el art. 125 CP que establece que el juez o tribunal, previa audiencia al perjudicado, podrá fraccionar su pago, señalando, según su prudente arbitrio y en atención a las necesidades del perjudicado y a las posibilidades económicas del responsable, el período e importe de los plazos.

En sus alegaciones escritas las defensas de los condenados deberán adjuntar los informes y la documentación en que se funden las peticiones. Seguidamente el juez o tribunal realizará, en su caso, las comprobaciones necesarias sobre la concurrencia de los requisitos de las peticiones realizadas, tras lo cual dará traslado de la solicitud y de lo practicado al Ministerio Fiscal, a las partes acusadoras personadas y víctimas, directamente afectadas por la decisión, para que, en el plazo de diez días, formulen alegaciones. Transcurrido el plazo, en el término de cinco días el juez, la jueza o el tribunal resolverán mediante auto sobre todas las peticiones (art. 988 *bis*.2 LECrim)

A su vez el art. 988 *bis*.3 LECrim establece que *la tramitación escrita podrá ser sustituida por el juez o tribunal, por una vista* que habrá de celebrarse en el plazo de diez días y a la que deberá citarse al acusado y su defensa, al Ministerio Fiscal, a las partes acusadoras y víctimas, directamente afectadas por la decisión. Celebrada la vista, el tribunal resolverá en el acto o, de no ser posible, en los tres días siguientes, sobre todas las cuestiones planteadas.

Finalmente, el art. 988 *bis*.4 LECrim establece que el LAJ citará al condenado a una comparecencia en la que le requerirá de cumplimiento de las penas, decomiso y responsabilidades civiles que le hubieran sido impuestas y le informará de las responsabilidades en que pueda incurrir en el supuesto de incumplimiento. Una vez hecho el pago, se incorporará a la ejecutoria el justi-

ficante del ingreso, que será transferido al Tesoro Público.

Si no pagase voluntariamente o manifestase la ausencia de recursos para hacerlo, se procederá a investigar su solvencia, averiguándose si situación patrimonial, y si se localizan bienes ejecutables, se procederá a su realización forzosa conforme a las normas de la LEC, debiendo tenerse en cuenta el orden de prelación de pagos a fin de ordenar la preferencia entre los mismos cuando el condenado tuviera otras responsabilidades pecuniarias, prelación que se contempla en el art. 126 CP. reparación del daño causado e indemnización de los perjuicios, indemnización al Estado por el importe de los gastos que se hubieran hecho por su cuenta en la causa, costas del acusador particular o privado cuando se impusiere en la sentencia su pago, demás costas procesales, incluso las de la defensa del procesado, y finalmente la multa.

2.4 Impago de la multa y responsabilidad personal subsidiaria

El impago de la multa determina la entrada en juego de la responsabilidad personal subsidiaria, cuya naturaleza propiamente dicha es la de pena privativa de libertad (art. 35 CP), que tendrá la condición de menos grave o leve, según la que corresponda a la pena que sustituya (art. 33.5 CP). Sin embargo, la responsabilidad personal subsidiaria no se impondrá a los condenados a pena privativa de libertad superior a cinco años (art. 53.3 CP).

Despejadas las dudas de su constitucionalidad por la STC 19/1988 [*Tol 80130*], como advierte MORENO CATENA (2024, 763) «sólo acreditada la insuficiencia patrimonial del penado, y no como una opción libre entre el pago de la multa y la privación de libertad, quedará el insolvente sujeto a la responsabilidad personal subsidiaria por impago de la multa, puesto que han de agotarse los medios encaminados a hacerla efectiva (STS de 19/12/1985 [*Tol 23165*]). El pago de la multa debe admitirse en cualquier momento, incluso tras haberse empezado a cumplir la responsabilidad subsidiaria (Consulta nº 6, Memoria de la FTS de 1943».

Sobre el procedimiento de ejecución, rige el procedimiento alternativo oral o de vista ya examinado, pudiendo y debiendo conforme al principio de concentración y economía procesal articularse a la par que respecto de la multa.

En cuanto a la forma de cumplirse la responsabilidad personal subsidiaria, y sin perjuicio de resultar susceptible del beneficio de la remisión condicional o suspensión de la ejecución de la pena, quedará sujeto a una responsabilidad personal subsidiaria de un día de privación de libertad por cada dos cuotas diarias no satisfechas que, tratándose de delitos leves, podrá cumplirse mediante localización permanente. En este caso, no regirá la limitación en su duración establece el art. 37.1 de este Código (art. 53.1-I CP). Pero también podrá el juez o tribunal, previa conformidad del penado, acordar que la responsabilidad personal subsidiaria se cumpla mediante trabajos en beneficio de la comunidad. En este caso, cada día de privación de libertad equivaldrá a una jornada de trabajo (art. 53.1-II CP). En los supuestos de multa proporcional, los jueces y tribunales establecerán, según su prudente arbitrio, la responsabilidad personal subsidiaria que proceda, que no podrá exceder en ningún caso de un año de duración. También podrá el juez o tribunal acordar, previa conformidad del penado, que se cumpla mediante trabajos en beneficio de la comunidad (art. 53.2 CP).

El cumplimiento de la responsabilidad personal extinguirá la obligación de pagar la multa aunque el condenado mejore su situación económica (art. 53.5 CP).

3. COMISO Y CONSECUENCIAS ACCESORIAS

Junto a las penas y medidas de seguridad —consecuencias penales principales— y a la exigencia de responsabilidades civiles —consecuencias civiles—, figuran las llamadas consecuencias accesorias. El DPEJ las define como consecuencias jurídicas imponibles por la comisión de un hecho delictivo, que el

Código Penal no considera pena ni medida de seguridad, y que pueden consistir en el decomiso, en diversas privaciones de derechos a grupos o entidades sin personalidad jurídica y en la toma de muestras biológicas para obtención de identificadores de ADN. Se trata en definitiva de medidas complementarias de las consecuencias principales del hecho punible y tienen por objeto coadyuvar a restaurar el orden jurídico vulnerado por la infracción penal.

3.1 El comiso

El DPEJ define el comiso como consecuencia accesoria impuesta por la comisión de una infracción penal, que implica la pérdida de los efectos provenientes de un delito y de los bienes, medios o instrumentos con que se haya preparado o ejecutado, así como de las ganancias provenientes del delito, cualesquiera que sean las transformaciones que hubieren podido experimentar.

3.1.1 Decomiso directo

Se contempla como consecuencia imperativa de todas las penas impuestas por delitos dolosos: toda pena que se imponga por un delito doloso llevará consigo la pérdida de los efectos que de ellos provengan y de los bienes, medios o instrumentos con que se haya preparado o ejecutado, así como las ganancias provenientes del delito, cualesquiera que sean las transformaciones que hubieren podido experimentar (art. 127.1 CP). Pero además, se contempla como consecuencia facultativa de delitos imprudentes castigados con prisión que exceda de un año: en los casos en que la ley prevea la imposición de una pena privativa de libertad superior a un año por la comisión de un delito imprudente, el juez o tribunal podrá acordar la pérdida de los efectos que provengan del mismo y de los bienes, medios o instrumentos con que se haya preparado o ejecutado, así como las ganancias provenientes del delito, cualesquiera que sean las transformaciones que hubieran podido experimentar (art. 127.2 CP).

3.1.2 Otras modalidades de decomiso

Nuestro sistema penal además ha contemplado el decomiso por sustitución (art. 127.3 y 127 septies CP), el decomiso ampliado (art. 127 *bis*, quinquies, sexies y septies CP), el decomiso sin condena (art. 127 *ter* CP) y el decomiso de bienes de terceros (art. 127 quater), facultándose además el decomiso cautelar (art. 127 octies CP)

El art. 374 LECrim prevé el comiso de los instrumentos del delito contra la salud pública, como drogas, vehículos, etc., que quedarán bajo depósito judicial, aunque pueden ser utilizados provisionalmente por la Policía Judicial encargada de la represión del tráfico ilegal de drogas, adjudicándose al Estado los bienes decomisados por sentencia. La Ley 36/1995 crea un fondo procedente de los bienes decomisados por tráfico de drogas y otros delitos relacionados con él.

Igualmente, el art. 385 CP prevé el comiso del vehículo de motor o ciclomotor propios por delito de conducción temeraria. Y el art. 431 CP prevé el comiso de dádivas, presentes o regalos por delito de tráfico de influencias.

En los delitos de contrabando se establece asimismo el comiso, con parecidos efectos y destino que en los delitos contra la salud pública (art. 5 LO 12/1995, de represión del contrabando).

3.1.3 Momento en que se acuerda y trámites de su ejecución

El comiso debe decretarse en sentencia; pero los bienes por lo general debieron ser intervenidos y depositados durante la fase de instrucción o investigación del proceso penal, aunque la privación de la propiedad de los mismos no se produce hasta la firmeza de la sentencia.

En cuanto al procedimiento de ejecución, tras los incidentes contemplados en el art. 988 bis, conforme a lo dispuesto en el art. 988 bis.4 LECrim, el letrado o la letrada de la Administración de Justicia citará al condenado a una comparecencia en la que le requerirá de cumplimiento de las penas, decomiso y responsabilidades civiles que le hubieran sido impuestas y le informará de las responsabilidades en que pueda incurrir en el supuesto de incumplimiento.

3.1.4 Destino de los bienes y efectos decomisados

En cuanto a su destino, debe diferenciarse según que los bienes decomisados sean o no de lícito comercio. Cuando sean de ilícito comercio esto es, cuando esté prohibida su enajenación, o sea precisa una autorización para ello —explosivos, armas, estupefacientes, etc.—, con arreglo a los arts. 127 y 128 del CP, se destruirán, de acuerdo con lo dispuesto en los artículos 367 *ter* y siguientes de la LECrim.

Pero cuando los bienes sean de lícito comercio se venderán, aplicando su producto a cubrir las responsabilidades del penado. La enajenación, en ausencia de regulación del CP y de la LECrim, ha de realizarse en pública subasta de acuerdo con las normas establecidas en la LEC, destinándose a satisfacer las responsabilidades según el orden de prelación del art. 126 CP. Si del producto obtenido en la enajenación judicial existiera sobrante después de satisfechos todos los débitos a que se contrajera la sentencia, deberá ser ingresado en el Tesoro Público, resultando improcedente devolución alguna al condenado.

Por ello, en los casos de desproporción existente entre el valor de los bienes decomisados y la naturaleza y gravedad de la sanción penal, o cuando se hubieren satisfecho totalmente las responsabilidades civiles, se faculta al tribunal para que no decrete el comiso o lo decrete sólo parcialmente (art. 128 CP).

3.2 Ejecución de otras consecuencias accesorias

3.2.1 Suspensión de actividades, clausura de establecimientos, prohibición de actividades, inhabilitación para obtener ayudas públicas, e intervención judicial

2472 Además de las figuras de decomiso, el art. 129 CP en relación con el art. 33 c) a g) CP, señala otras consecuencias accesorias, como suspensión de actividades por un plazo que no podrá exceder de cinco años, clausura de locales y establecimientos por un plazo que no podrá exceder de cinco años, prohibición de realizar actividades en cuyo ejercicio se haya cometido, favorecido o encubierto el delito —que podrá ser temporal, sin exceder de 15 años, o definitiva—, la inhabilitación para obtener subvenciones y ayudas públicas, para contratar con el sector público y para gozar de beneficios e incentivos fiscales o de la Seguridad Social, por un plazo que no podrá exceder de quince años, y la intervención judicial para salvaguardar los derechos de los trabajadores o de los acreedores por el tiempo que se estime necesario, que no podrá exceder de cinco años, así como la prohibición definitiva de llevar a cabo cualquier actividad, aunque sea lícita. Dichas medidas sólo serán aplicables a empresas, organizaciones, grupos o cualquier otra clase de entidades o agrupaciones de personas que, por carecer de personalidad jurídica, no estén comprendidas en el artículo 31 *bis*, cuando el Código lo prevea expresamente, o cuando se trate de alguno de los delitos por los que el mismo permite exigir responsabilidad penal a las personas jurídicas.

3.2.2 *Toma de muestras biológicas de su persona y la realización de análisis para la obtención de identificadores de ADN e inscripción de los mismos en la base de datos policial*

Caso de condenados por la comisión de un delito grave contra la vida, la integridad de las personas, la libertad, la libertad o indemnidad sexual, de terrorismo, o cualquier otro delito grave que conlleve un riesgo grave para la vida, la salud o la integridad física de las personas, el juez o tribunal podrá acordar la toma de muestras biológicas de su persona y la realización de análisis para la obtención de identificadores de ADN e inscripción de los mismos en la base de datos policial (art. 129 *bis* I CP). Se establecen dos condiciones: a) su adopción solo procederá cuando de las circunstancias del hecho, antecedentes, valoración de su personalidad, o de otra información disponible pueda valorarse que existe un peligro relevante de reiteración delictiva; y b) únicamente podrán llevarse a cabo los análisis necesarios para obtener los identificadores que proporcionen, exclusivamente, información genética reveladora de la identidad de la persona y de su sexo.

El art. 129 *bis* II CP contempla la oposición del condenado a la recogida de las muestras, disponiendo que podrá imponerse su ejecución forzosa mediante el recurso a las medidas coactivas mínimas indispensables para su ejecución, que deberán ser en todo caso proporcionadas a las circunstancias del caso y respetuosas con su dignidad.

4. LA EJECUCIÓN DE LAS CONSECUENCIAS CIVILES

Las consecuencias civiles que han de hacerse efectiva en la ejecución pueden englobar conceptos diferentes: la responsabilidad civil derivada de los hechos delictivos, que pueden ser consecuencias civiles sustantivas generales —consistentes en la restitución, reparación del daño e indemnización de los perjuicios, art. 110 CP—, así como otras consecuencias civiles sustantivas especiales en función del delito objeto de condena, todas ellas diseminadas en los diversos preceptos de la legislación penal —tales como pronunciamientos que procedan en orden a la filiación y fijación de alimentos en el caso de delitos sexuales en el art. 193 CP; la demolición de la obra y la reposición a su estado originario de la realidad física alterada en casos de delitos contra la ordenación del territorio del art. 319.3 CP; la reconstrucción o restauración de la obra a cargo del autor de los delitos contra el patrimonio histórico del art. 321-II CP; la adopción, a cargo del autor del hecho, de las medidas necesarias encaminadas a restaurar el equilibrio ecológico perturbado en el caso de delitos contra el medio ambiente, y otras similares—, y las consecuencias civiles procesales, entendiendo por tales las costas procesales (art. 123 CP).

Recuérdese en este punto lo que antes se expuso con relación a la modificación del art. 988 *bis* LECrim por la LO 1/2025 en materia de impulso de la ejecutoria.

4.1 La restitución

La restitución —según el DPEJ—— constituye una modalidad de satisfacción de la responsabilidad civil derivada del delito que consiste en devolver el mismo bien a su legítimo poseedor o propietario. Siempre que sea posible debe restituirse el mismo bien, con abono de los deterioros y menoscabos que el juez o tribunal determinen. La restitución tendrá lugar aunque el bien se halle en poder de tercero y éste lo haya adquirido legalmente y de buena fe, dejando a salvo su derecho de repetición contra quien corresponda y, en su caso, el de ser indemnizado por el responsable civil del delito; esta disposición no es aplicable cuando el tercero haya adquirido el bien en la forma y con los requisitos establecidos por las Leyes para hacerlo irreivindicable (art. 111 CP). Las tercerías de dominio o de mejor derecho que puedan deducirse se sustanciarán y decidirán con sujeción a las disposiciones establecidas en la Ley de Enjuiciamiento Civil (art. 996 LECrim).

Cuando la cosa hubiere sufrido menoscabo habrá de resarcirse, regulándose su cuantía por el tribunal en la sentencia si ha sido objeto de juicio (art. 742 LECrim).

Cuando no fuera posible entregar la misma cosa, entran en juego los mecanismos de reparación subsidiarios como la indemnización por el valor del bien ilícitamente apropiado (STS de 1/03/2017 [*Tol 5984481*]). Ahora bien, el simple ofrecimiento de entrega no es causa para afirmar que la restitución sea posible, y así la restitución de un bien mueble después de años de uso o de abandono no es una forma de reparación integral de la víctima del delito ya que, de llevarse a cabo, la pérdida patrimonial sería incuestionable (STS de 1/07/2021 [*Tol 8503736*]).

Debe tenerse presente que los efectos que pertenecieran a la víctima del delito serán restituidos inmediatamente a la misma en condición de depósito, tan pronto se recuperan, por la policía o por el juzgado en fase de instrucción, salvo que excepcionalmente debieran ser conservados como medio de prueba o para la práctica de otras diligencias, y sin perjuicio de su restitución tan pronto resulte posible. Aun así, en estos casos excepcionales en que la restitución puede demorarse deberán restituirse cuando su conservación pueda garantizarse imponiendo al propietario el deber de mantenerlos a disposición del juez o tribunal. Si se demora la restitución la víctima podrá recurrir esta decisión sin necesidad de intervención de abogado (art. 334-IV LECrim). Ahora bien, el art. 620.2 LECrim impide la restitución a su dueño que se encuentran en poder de un tercero hasta después de celebrado el juicio oral, excepto los casos en que la causa se archive por estar en rebeldía (art. 844 LECrim.

En los supuestos de sobreseimiento de la causa, el art. 635 LECrim establece que las piezas de convicción cuyo dueño fuere conocido continuarán retenidas si un tercero lo solicitare, hasta que se resuelva la acción civil que se propusiere entablar; en este caso, si el Tribunal accediere a la retención, fijará el plazo dentro del cual habrá de acreditarse que la acción se ha entablado. Transcurrido el plazo que se fije según lo dispuesto en el párrafo anterior sin haberse acreditado el ejercicio de la acción civil, o si nadie hubiere reclamado que continúe la retención de las piezas de convicción, serán devueltas éstas a sus dueños, reputándose tales a quienes estuvieren poseyendo la cosa al tiempo de incautarse de ella el juez de instrucción.

4.2 La reparación y la indemnización de daños y perjuicios

La reparación del daño podrá consistir en obligaciones de dar, de hacer o de no hacer que el juez o tribunal establecerá atendiendo a la naturaleza de aquél y a las condiciones personales y patrimoniales del culpable, determinando si han de ser cumplidas por él mismo o pueden ser ejecutadas a su costa (art. 112 CP). A su vez la indemnización de perjuicios materiales y morales comprenderá no sólo los que se hubieren causado al agraviado, sino también los que se hubieren irrogado a sus familiares o a terceros (art. 113 CP). Debe tenerse presente que si la víctima hubiere contribuido con su conducta a la producción del daño o perjuicio sufrido, los jueces y tribunales podrán moderar el importe de su reparación o indemnización (art. 114 CP). Los jueces y tribunales, al declarar la existencia de responsabilidad civil, establecerán razonadamente, en sus resoluciones las bases en que fundamenten la cuantía de los daños e indemnizaciones, pudiendo fijarla en la propia resolución o en el momento de su ejecución (art. 115 CP).

En el proceso abreviado se permite demorar a la ejecución de la sentencia la determinación de la indemnización de los perjuicios o la reparación de los daños que se hubieran causado con los hechos delictivos, fijando en el escrito de acusación las bases para su determinación (art. 781.1 LECrim); de ahí que constituye causa de suspensión del juicio la falta de acreditación de la sanidad —factor determinante de la indemnización en los casos de lesione—, de la tasación de los daños o de la verificación de otra circunstancia de análoga significación siempre que no sean requisitos imprescindibles para la calificación de los hechos, ya que en dichos casos la determinación cuantitativa de la responsabilidad civil quedará diferida al trámite de ejecución, fijándose en la sentencia las bases de la misma (art. 788.1-V LECrim). En estos casos, una vez sea firme la sentencia, cualquiera de las partes podrá instar, durante la ejecución de la sentencia, la práctica de las pruebas que estime oportunas para su precisa determinación, dándose traslado de esta pretensión por el LAJ a las demás para que, en el plazo común de diez días, pidan por escrito lo que a su derecho convenga. El juez o tribunal rechazará la práctica de pruebas que no se refieran a las bases fijadas en la sentencia. Practicada la prueba, y oídas las partes por un plazo común de cinco días, se fijará mediante auto, en los cinco días siguientes, la cuantía de la responsabilidad civil. El auto dictado por el juez de lo penal será apelable ante la Audiencia respectiva (art. 794.1ª LECrim).

Para la ejecución de la sentencia, en cuanto se refiere a la reparación del daño causado e indemnización de perjuicios, se aplicarán las disposiciones establecidas en la Ley de Enjuiciamiento Civil, si bien será en todo caso promovida de oficio por el Juez que la dictó (art. 984-III LECrim). De ahí que debe

procederse en la fase de ejecución a la realización de los bienes embargados o a hacer efectiva la fianza, devolviéndose el sobrante, si lo hubiere (arts. 589 y 615 LECrim); si las garantías fueran insuficientes será necesario proceder al embargo de otros bienes del responsable con el fin de obtener la cantidad de dinero precisa para satisfacer todos los débitos

Cuando no existan bienes suficientes en el patrimonio del condenado para hacer frente a todas las responsabilidades debe seguirse el orden de prelación del art. 126 CP, satisfaciéndose: 1º la reparación del daño causado e indemnización de perjuicios; 2º la indemnización al Estado por los gastos hechos por su cuenta en la causa; 3º las costas del acusador particular o privado, cuando se impusiere en la sentencia su pago; 4º las demás costas procesales, incluso las de la defensa del procesado, sin preferencia entre los interesados; es decir, a prorrata, y 5º la multa. Cuando el delito hubiese sido de los que sólo pueden perseguirse a instancia de parte, se satisfarán las costas del acusador privado con preferencia a la indemnización del Estado (art. 126.2 CP).

4.3 Ejecución provisional de los pronunciamientos sobre responsabilidad civil

La LECrim admite la posibilidad de ejecutar provisionalmente los pronunciamientos sobre responsabilidad civil de la sentencia penal, y para ello parte de remitirse a lo dispuesto en la Ley de Enjuiciamiento Civil (art. 989.1 LECrim), esto es, a lo dispuesto en los arts. 524 y ss. LEC.

A este respecto, se contempla el auxilio de los organismos tributarios, contemplándose que para ejecutar la responsabilidad civil derivada del delito, el LAJ podrá encomendar a la Agencia Estatal de Administración Tributaria o, en su caso, a los organismos tributarios de las haciendas forales las actuaciones de investigación patrimonial necesarias para poner de manifiesto las rentas y el patrimonio presente y los que vaya adquiriendo el condenado hasta tanto no se haya satisfecho la responsabilidad civil determinada en sentencia (art. 989.2-I LECrim).

Cuando dichas entidades alegaren razones legales o de respeto a los derechos fundamentales para no realizar la entrega o atender a la colaboración que les hubiese sido requerida por el LAJ, éste dará cuenta al juez o tribunal para resolver lo que proceda (art. 989.2-II LECrim), lo que se cohonesta con la previsión de que los datos, informes o antecedentes obtenidos por la Administración tributaria en el desempeño de sus funciones tienen carácter reservado y sólo podrán ser utilizados para la efectiva aplicación de los tributos o recursos cuya gestión tenga encomendada y para la imposición de las sanciones que procedan, sin que puedan ser cedidos o comunicados a terceros, salvo excepciones, entere las que se cuenta la colaboración con los jueces y tribunales para la ejecución de resoluciones judiciales firmes, en cuyo caso la solicitud judicial de información exigirá resolución expresa en la que, previa ponderación de los intereses públicos y privados afectados en el asunto de que se trate y por haberse agotado los demás medios o fuentes de conocimiento sobre la existencia de bienes y derechos del deudor, se motive la necesidad de recabar datos de la Administración tributaria [art. 95.1-h) LGT].

En los supuestos específicos de delitos contra la Hacienda pública, contrabando y contra la Seguridad Social, los órganos de recaudación de la Administración Tributaria o, en su caso, de la Seguridad Social, tendrán competencia para: a) investigar, bajo la supervisión de la autoridad judicial, el patrimonio que pueda llegar a resultar afecto al pago de las responsabilidades civiles derivadas del delito; b), ejercer las facultades previstas en la legislación tributaria o de Seguridad Social; c) remitir informes sobre la situación patrimonial; y d) poner en conocimiento del juez o tribunal las posibles modificaciones de las circunstancias de que puedan llegar a tener conocimiento y que sean relevantes para que el juez o tribunal resuelvan sobre la ejecución de la pena, su suspensión o la revocación de la misma (art. 990-III LECrim).

Hay que tener en cuenta que los órganos de recaudación de la Administración en el caso de la responsabilidad civil derivada de los delitos contra la

Hacienda Pública tienen atribuida la ejecución, en estos casos, por el procedimiento administrativo de apremio (Disposición Adicional 10ª LGT), cuando: a) la sentencia adquiere firmeza y el condenado no satisface las cantidades debidas; b) se acuerda la ejecución provisional de una sentencia; y c) cuando al condenado se le ha concedido el fraccionamiento del pago e incumple el mismo. A estos efectos el juez o tribunal competente para la ejecución ha de remitir los testimonios correspondientes, ordenando proceder a la exacción de las cantidades a los órganos de recaudación, toda vez que los mismos cuentan con información patrimonial y medios para poder hacerla efectiva (ENCINAR DEL POZO, 2023, pp. 3.515 a 3.517). En estos casos, la disconformidad del obligado al pago con las modificaciones que conforma a la LGT lleve a cabo la Administración Pública se pondrá de manifiesto al tribunal competente para la ejecución, en el plazo de 30 días desde su notificación; dicho tribunal, previa audiencia de la Administración ejecutante y del Ministerio Fiscal por idéntico plazo, resolverá mediante auto si la modificación practicada es conforme a lo declarado en sentencia o si se ha apartado de la misma, en cuyo caso, indicará con claridad los términos en que haya de modificarse la liquidación (art. 999.1 LECrim). Contra el auto que resuelva este incidente cabrá recurso de apelación en un solo efecto o, en su caso, el correspondiente de súplica (art. 999.2 LECrim). Ello, sin perjuicio de que contra los actos de apremio dictados por los órganos de recaudación de Administración Tributaria para la exacción de la responsabilidad civil y de la multa por delito contra la Hacienda pública pueda interponerse recurso de reposición o reclamación económico-administrativa (ENCINAR DEL POZO, p. 3.518).

4.4 Imprescriptibilidad de la responsabilidad civil

Debe tenerse presente que conforme a STS de 13/11/2020 [*Tol 8232620*], declarada la firmeza de la sentencia, la ejecución de sus pronunciamientos civiles puede continuar hasta la completa satisfacción del acreedor, según previene el artículo 570 de la LEC, sin que le sea de aplicación ni la prescripción ni la caducidad.

4.5 Tercerías

Las tercerías de dominio o de mejor derecho que puedan deducirse en el proceso penal se sustanciarán y decidirán con sujeción a las disposiciones establecidas en la LEC (art. 996 LECrim). Dicha normativa se contiene así pues en los arts. 595 a 604 en lo que atañe a la tercería de dominio, y 614 a 620 la tercería de mejor derecho, y por consiguiente deben articularse en todo caso dentro del orden jurisdiccional civil.

BIBLIOGRAFÍA

- MORENO CATENA, COQUILLAT VICENTE, JUANES PECES, y DE LLERA SUÁREZ-BÁRCENAS, *Derecho Procesal Penal. Doctrina, Jurisprudencia y Formularios*, Tirant lo Blanch, 2000.
- MORENO CATENA / CORTÉS, *Derecho Procesal Penal*, Tirant lo Blanch, 2023.
- ENCINAR DEL POZO, *Comentarios a la LECrim*, (López Barja de Quiroga dir.), Tirant lo Blanch, 2023.

PARTE DÉCIMA

LOS PROCEDIMIENTOS PENALES

Sección I

Los procedimientos ordinarios

Capítulo 62

Los procedimientos penales. El procedimiento por delitos graves

Ignacio Flores Prada[1]
Catedrático de Derecho Procesal
Universidad Pablo de Olavide de Sevilla

1. LOS PROCEDIMIENTOS PENALES. GENERALIDADES

1.1 Planteamiento

El sistema español de justicia penal cuenta en la actualidad con doce procedimientos de naturaleza declarativa. Ocho de ellos están regulados en la LECrim —procedimiento por delitos graves; procedimiento abreviado; procedimiento por delitos leves; procedimiento para el enjuiciamiento rápido de delitos; procedimiento para el enjuiciamiento inmediato de delitos leves; procedimiento para el enjuiciamiento del delito privado; procedimiento de decomiso autónomo; y procedimiento por aceptación de decreto—. Los otros cuatro han sido regulados en leyes específicas —el procedimiento de *habeas corpus* (LO

1 ORCID 0000-0002-4629-0432

6/1984), el procedimiento para el enjuiciamiento por el Tribunal del Jurado (LO 5/1995), el procedimiento para el enjuiciamiento de menores (LO 5/2000) y el procedimiento para el enjuiciamiento de delitos cometidos contra los intereses financieros de la Unión Europea (LO 9/2021). Como especialidades singulares que modifican ciertos trámites del correspondiente proceso ordinario deben calificarse las previstas en los procedimientos por delitos cometidos por aforados, por delitos cometidos a través de medios de comunicación y difusión, por delitos de violencia contra la mujer, y por delitos que llevan aparejada pena de decomiso.

<table>
<tr><th colspan="2">PROCEDIMIENTOS REGULADOS EN LA LECrim</th></tr>
<tr><td>* Procedimientos ordinarios</td><td>– Procedimiento por delitos graves
– Procedimiento abreviado
– Procedimiento por delitos leves</td></tr>
<tr><td>* Procedimientos especiales</td><td>– Procedimiento para el enjuiciamiento rápido de delitos
– Procedimiento para el enjuiciamiento inmediato de delitos leves
– Procedimiento para el enjuiciamiento de delito privado
– Procedimiento por aceptación de decreto
– Procedimiento de decomiso autónomo</td></tr>
<tr><td>* Procedimientos ordinarios con especialidades</td><td>– Especialidades procedimentales en los delitos cometidos por aforados
– Especialidades en caso de delitos cometidos a través de medios de comunicación
– Especialidades procedimentales en los delitos de violencia contra la mujer
– Especialidades procedimentales en los delitos con pena de decomiso</td></tr>
</table>

2486

PROCEDIMIENTOS REGULADOS EN LEYES ESPECÍFICAS
* Procedimiento de *habeas corpus* * Procedimiento para el enjuiciamiento por el Tribunal del Jurado * Procedimiento por delitos cometidos por menores * Procedimiento por delitos cometidos contra los intereses financieros de la Unión Europea

En cuanto al ámbito de aplicación cabe adelantar, por el momento y de forma sintética, lo siguiente:

* El *procedimiento por delitos graves* se aplicará al enjuiciamiento de los delitos castigados con penas privativas de libertad superiores a nueve años.

* El *procedimiento abreviado* (arts. 759 a 794 LECrim) se aplicará al enjuiciamiento de los delitos castigados con penas privativas de libertad no superiores a nueve años, o bien con penas de otra naturaleza, cualquiera que sea su cuantía o duración.
* El *procedimiento por delitos leves* (arts. 962 a 977 LECrim) se aplicará al enjuiciamiento de los delitos que el CP castiga con penas leves en toda o parte de su extensión. Según prevé el art. 33.4 CP, son delitos leves los castigados con: a) la privación del permiso para conducir vehículos de motor de tres meses a un año; b) pena de multa y localización permanente de hasta, al menos, tres meses de duración; c) trabajos en beneficio de la comunidad con una duración de hasta treinta días. Siempre que, al menos, un tramo de la pena prevista en abstracto para el delito en cuestión se sitúe dentro del umbral penológico fijado por el legislador para los delitos leves, el delito tendrá la consideración de leve y será enjuiciado, consiguientemente, por los trámites del procedimiento para delitos leves (ARMENTA, p. 365).
* El *juicio rápido* (arts. 795 a 803 LECrim) está previsto para enjuiciar delitos castigados con penas privativas de libertad no superiores a cinco años, o penas de otra naturaleza de duración inferior a diez años siempre y cuando: a) la vía de comunicación de la noticia criminal haya sido el atestado; b) el investigado esté detenido o haya sito citado para comparecer ante el juez, y c) se trate de un delito flagrante, o de instrucción sencilla, o la conducta imputada constituya alguno de los delitos previstos en el art. 795.1.2ª LECrim.
* El *juicio inmediato por delito leve* (arts. 962 a 977 LECrim) se aplicará a los delitos leves de lesiones o maltrato de obra, hurto flagrante, amenazas, coacciones o injurias, siempre que se hubiera procedido a la incoación de procedimiento a través de atestado policial que pudiera presentarse de forma inmediata ante el juez competente, con citación del denunciante, denunciado, ofendidos, perjudicados y testigos.
* El *procedimiento por delito de injuria y calumnia contra particulares* (arts. 804 a 815 LECrim) está previsto para el enjuiciamiento de los delitos previstos en los arts. 205 y 208 CP, siempre que se dirijan contra particulares. En tales casos, los delitos de injuria o calumnia únicamente serán perseguibles a instancia de parte (art. 215 CP). 2487
* El *procedimiento de decomiso autónomo* [arts. 803 *ter* e), a 803 *ter* u) LECrim] está previsto para solicitar el decomiso de bienes, efectos o ganancias provenientes del delito, o el valor equivalente a los mismos, con posterioridad al proceso penal por el delito del que dichos productos traen causa, cuando el fiscal hubiera reservado la acción para ejercitarla en este procedimiento, o cuando la acción penal no hubiera podido ser ejercitada por el fiscal contra el presunto autor por causa de fallecimiento, rebeldía o incapacidad para comparecer.
* El *procedimiento por aceptación de decreto* [arts. 803 *bis* a. a 803 *bis* j)] es aplicable al enjuiciamiento de delitos que, según el criterio del fiscal, deban ser castigados con penas de multa, trabajos en beneficio de la comunidad o prisión no superior a un año —cuando sea susceptible de suspensión— con o sin privación del permiso de conducción, siempre que no esté personada en la causa acusación popular ni particular.
* El *procedimiento de* habeas corpus, regulado en la LO 6/1984, está previsto para obtener la inmediata puesta a disposición judicial de la persona a la que se considere ilegalmente detenida.
* El procedimiento para *el enjuiciamiento a través del Tribunal del Jurado*, regulado por la LO 5/1995, se aplicará a los delitos previstos en el art. 1.2 de la citada LO, a saber: homicidio, amenazas, omisión del deber de socorro, allanamiento de morada, infidelidad en la custodia de documentos, cohecho, tráfico de influencias, malversación de caudales públicos, fraudes y exacciones ilegales, negociaciones prohibidas a funcionarios, infidelidad en la custodia de presos.
* El procedimiento para deducir la *responsabilidad penal de los menores*, regulado en la LO 5/2000, se aplicará al enjuiciamiento de los delitos cometidos por mayores de catorce y menores de dieciocho años.

* El procedimiento para la *protección de los intereses financieros de la UE*, regulado por la LO 9/2021, se aplicará a la persecución y castigo de los delitos cometidos en España contra los intereses financieros de la Unión Europea de conformidad con los artículos 4, 22, 23 y 25 del Reglamento (UE) 2017/1939 del Consejo, de 12 de octubre de 2017.

1.2 Procedimientos penales declarativos ordinarios y especiales

La vigente LECrim establece un esquema basado en tres procedimientos ordinarios: el procedimiento por delitos graves, el procedimiento abreviado y el juicio por delitos leves. No altera el esquema expuesto el hecho de que el procedimiento abreviado esté ubicado en el Libro IV de la LECrim, dedicado a los procedimientos especiales (MORENO CATENA, 2023, p. 542). El art. 757 LECrim define claramente el ámbito de aplicación del procedimiento abreviado a partir de la gravedad del delito y de la consiguiente extensión de la pena prevista, sin que exista superposición con el ámbito de aplicación previsto para los otros dos procedimientos ordinarios. Y ello sin perjuicio de los supuestos de conexión entre infracciones cuyo enjuiciamiento correspondería a diferentes procedimientos ordinarios, que serán resueltos conforme al principio de la *vis atractiva* que, para el enjuiciamiento, ejerce el cauce procedimental previsto para la infracción más grave, esto es, la castigada con pena mayor considerada en abstracto.

Cuando la conexión aparece entre delitos para cuya persecución y castigo están previstos, respectivamente, procedimientos ordinarios y especiales, hay que tomar en consideración dos supuestos diferentes. Por un lado, procederá, como regla general, el enjuiciamiento separado cuando no implique la ruptura de la continencia de la causa —no se romperá la continencia de la causa cuando en alguno o algunos de los delitos pueda recaer sentencia de fallo condenatorio o absolutorio, y en otro u otros pueda recaer otra sentencia de sentido diferente (Acuerdo del Pleno no Jurisdiccional de la Sala Segunda del TS, de 9/03/2017)—. Si no pudiere procederse al enjuiciamiento separado sin romper la continencia de la causa —*v.gr.* en el caso de delitos que sean medio para cometer otros o para facilitar su ejecución— procederá el enjuiciamiento acumulado por los trámites del procedimiento ordinario, salvo que la aplicación del procedimiento especial resultara posible sin alteración o quebranto de sus trámites específicos.

Reglas singulares se aplican a la acumulación en los procedimientos de responsabilidad penal de los menores, de enjuiciamiento a través del Tribunal del Jurado, y en el procedimiento por delitos cometidos contra los intereses financieros de la UE. Cuando la conexión exista entre delitos cometidos por mayores y menores de edad, los primeros serán enjuiciados por el procedimiento penal de adultos que corresponda, mientras los segundos lo serán por el procedimiento de responsabilidad penal de los menores. Por lo que se refiere al Jurado, la regla aplicable viene recogida en el art. 5.2 de la LO 5/1995, en el que se prevé la tramitación, también a través del procedimiento especial, de los delitos conexos, salvo el de prevaricación y de aquellos que puedan enjuiciarse por separado sin romper la continencia de la causa —*vid.*, para mayor concreción, los acuerdos del Pleno no jurisdiccional de la Sala Segunda del TS sobre los problemas de determinación de la competencia del Tribunal del Jurado—. Cuando se trate del enjuiciamiento de delitos contra los intereses financieros de la

UE, a falta de previsión específica se aplican las normas del procedimiento abreviado, y las generales de la LECrim en materia de acumulación (art. 2.2 LO 9/2021), de modo que solo procedería el enjuiciamiento acumulado mediante los trámites del procedimiento especial cuando no fuere posible el enjuiciamiento separado y no concurriera obstáculo procedimental al enjuiciamiento conexo.

Los procedimientos especiales prevén cauces de enjuiciamiento diferentes de los ordinarios, en todo o en gran parte de su tramitación. Su introducción en el sistema procesal obedece a razones que tienen que ver con su objeto, con el sujeto pasivo, con algún propósito específico de política legislativa, o con circunstancias de carácter meramente procesal. En tales casos, los procedimientos ordinarios, ni resultan adecuados por falta de adaptación a las singularidades del conflicto, ni basta con introducir algunas modificaciones o especialidades en su estructura. Se hacen necesarios, entonces, procedimientos completos y distintos a los ordinarios. Cabría decir que los procedimientos especiales comparten con los ordinarios las garantías procesales fundamentales —tutela judicial efectiva y proceso justo— y el objeto vinculado a la persecución y castigo de los delitos. A partir de ahí, pueden no compartir la finalidad propiamente punitiva —procedimiento por decomiso autónomo—, el modelo de instrucción —procedimiento de menores, o procedimiento de persecución delitos relacionados con los intereses financieros de la UE— o el esquema del juicio y la conformación del tribunal —procedimiento de enjuiciamiento mediante el Tribunal del Jurado—.

El sistema de justicia penal español regula también otros procedimientos que, ni son propiamente ordinarios porque contienen trámites específicos y singulares, pero cuyas especialidades no conforman sistemas completos de normas para regular procedimientos específicos, por lo que no tienen la entidad o relevancia como para que puedan ser calificados como especiales (PRIETO-CASTRO, p. 379). Se trata, por tanto, de procedimientos que incluyen o prevén algunas especialidades menores o puntuales, y que mantienen su condición de ordinarios a salvo las referidas singularidades —en esta categoría podemos incluir, por ejemplo, los procedimientos para el enjuiciamiento de diputados y senadores, o los procedimientos para el enjuiciamiento de delitos cometidos por medios mecánicos de publicación o reproducción de la palabra, la imagen o el sonido—. En los casos mencionados, las especialidades procedimentales se insertan en el procedimiento ordinario que corresponda a la naturaleza y pena del delito por el que se procede.

Una de las características que distingue los procedimientos ordinarios con especialidades y los procedimientos especiales es que los primeros han de buscar en la gravedad del delito el cauce marco de tramitación —ordinario, abreviado o procedimiento por delito leve— en tanto que los especiales proporcionan un cauce procedimental único, que no cambia en función de la gravedad del delito, aunque alguno de ellos tenga fijado un tope máximo de penalidad como límite en su ámbito de aplicación —*v.gr.* enjuiciamiento a través del Tribunal del Jurado, enjuiciamiento de menores, juicio rápido o procedimiento por aceptación de decreto—. De ahí que en los procedimientos ordinarios con especialidades haya que insertar, en la tramitación que corresponda, la concreta especialidad contemplada por el legislador —la petición del suplicatorio prevista en el art. 755 LECrim, o el secuestro de la publicación o la prohibición de difusión de la información en los procedimientos por delitos cometidos a través de la imprenta, el grabado u otros medios mecánicos de publicación (arts. 816 y 823 *bis* LECrim)—.

1.3 El proceso penal de ejecución

En la medida en que la potestad jurisdiccional consiste en juzgar y hacer ejecutar lo juzgado (art. 117.3 CE), el legislador procesal ha de prever procedimientos declarativos que sean necesarios para la tarea de juzgar —ordinarios y especiales—, y procedimientos que permitan hacer ejecutar lo juzgado

cuando la sentencia sea condenatoria. Cabe hablar, en este sentido, de fase declarativa del proceso, y de fase de ejecución; la primera preceptiva, la segunda eventual y solo procedente en el caso de pronunciamiento condenatorio.

La fase de ejecución penal comprende «la actividad ordenada y fiscalizada por los órganos jurisdiccionales para lograr el cumplimiento de los títulos de ejecución» (MORENO CATENA, p. 730). Se trata de una actividad compleja, que abarca distintas disciplinas de la ciencia jurídica —penal, penitenciaria, procesal y administrativa— y extrajurídica —sociología, antropología, psiquiatría, criminología, ciencia política...—. Ello explica que la regulación del proceso de ejecución sea dispersa y deba buscarse, fundamentalmente, en los ámbitos penal sustantivo, penitenciario y procesal (CP, LECrim, LOGP y RP).

Sin perjuicio de lo que ya hemos estudiado con detalle —capítulos 58 a 61—, cabe señalar ahora que, en la fase de ejecución, más que procedimientos distintos es posible diferenciar modalidades de ejecución en función del contenido de la condena. Así, debe diferenciarse inicialmente entre ejecución de la responsabilidad penal y de la responsabilidad patrimonial. Dentro de la primera modalidad, hay que distinguir, a su vez, entre ejecución de penas y de medidas de seguridad —diferenciando dentro de las medidas de seguridad, la ejecución de medidas privativas y no privativas de libertad—. Por su parte, dentro de la ejecución de penal, cabe distinguir la ejecución de penas privativas y no privativas de libertad, constituyendo sub-modalidades de estas últimas la ejecución de la pena privativa o restrictiva de derechos, la ejecución de la pena de multa, y la ejecución de la pena de decomiso. En lo que se refiere a la ejecución de la responsabilidad patrimonial, comprende en primer término la ejecución de la multa —tanto la impuesta como pena, como la que pudiera acordarse con carácter correctivo—, la ejecución de la responsabilidad civil y la ejecución de la condena en costas. En materia de ejecución patrimonial, incluyendo las tercerías que pudieran surgir (art. 996 LECrim), se aplicarán las normas específicas previstas en el CP y en la LECrim —escasas y fragmentarias—, estableciéndose con carácter general (arts. 536 y 614 LECrim) la remisión a las disposiciones previstas en la LEC (ESPARZA, p. 570).

1.4 Las reglas de supletoriedad y subsidiariedad

La larga vigencia de la LECrim y las numerosas modificaciones que ha sufrido desde su entrada en vigor explican, en buena medida, la complejidad procedimental actual y la dificultad para reconocer con claridad las reglas de *supletoriedad* —normativa a la que acudir ante una laguna— y *subsidiariedad* —norma que ha de aplicarse con preferencia a otra ante un supuesto de concurrencia— que existen entre los distintos procedimientos penales previstos en nuestro sistema de justicia penal. 2491

Las lagunas normativas se salvan, como es bien conocido, a través de dos mecanismos de integración jurídica. El primero de ellos es la *supletoriedad*, que permite acudir a la regulación de otro procedimiento para colmar la laguna. El segundo es la *analogía*, mediante la cual, a falta de una disposición que permita la aplicación supletoria, el tribunal acude al espíritu de la norma y a los principios generales del sistema en el que la laguna aparece para integrar la omisión, dotando de este modo a la ley de unidad y coherencia normativa (GÓMEZ ORBANEJA, 1947, pp. 98 y 99).

Una primera regla de supletoriedad, que rige las relaciones entre el procedimiento por delitos graves y el abreviado, dispone que las normas del primero son supletorias respecto del segundo en lo no previsto específicamente por este (art. 758 LECrim). La segunda regla de supletoriedad rige para el juicio rápido (art. 795.4 LECrim), cuya regulación será completada con las normas del procedimiento abreviado (art. 795.4 LECrim) y, en su defecto, con las normas del procedimiento ordinario por delitos graves (art. 758 LECrim).

La regulación de los procedimientos especiales no proporciona reglas explícitas para establecer claramente los vínculos de supletoriedad. Respecto de los procedimientos especiales regulados en la LECrim, un primer grupo —relativamente homogéneo por su naturaleza simplificada y por su ámbito de aplicación reducido— lo conforman el juicio rápido y el procedimiento por aceptación de decreto. Para ambos, entendemos que resulta también aplicable de forma extensiva la regla prevista en el art. 795.4 LECrim, conforme a la cual es el procedimiento abreviado el supletorio de primer grado, y el ordinario por delitos graves el de segundo grado. Así se deduce, por ejemplo, de lo previsto específicamente en materia de conformidad y juicio oral para el juicio rápido en los arts. 801 y 802 LECrim.

En el caso del enjuiciamiento inmediato de delitos leves, la supletoriedad corresponderá, en primer lugar, al procedimiento ordinario para el enjuiciamiento por delitos leves y, en su defecto y por orden, al procedimiento abreviado y al ordinario por delitos graves.

La especial naturaleza del procedimiento de decomiso autónomo explica que la supletoriedad en este procedimiento corresponda al procedimiento civil [art. 803 *ter* g) LECrim]. En el mismo sentido, y con carácter específico, el art. 803 *ter* d) LECrim dispone que la incomparecencia del tercero afectado por el decomiso se regirá por las normas establecidas por la LEC para el demandado rebelde, incluidas las previstas para las notificaciones, los recursos frente a la sentencia y la rescisión de la sentencia firme a instancia del rebelde.

El procedimiento por delitos de injuria y calumnia contra particulares representa un caso singular en materia de supletoriedad. La falta de una intervención explícita del legislador obliga a entender que el procedimiento supletorio en el enjuiciamiento por delito privado siga siendo el procedimiento ordinario por delitos graves, en lugar del procedimiento abreviado que sería el adecuado para suplir sus lagunas. Solo en materia de competencia objetiva se ha corregido en este procedimiento la que por defecto correspondería (Audiencia Provincial), siendo el órgano competente el juez de la Sección de lo Penal del correspondiente Tribunal de Instancia (Acuerdo del Pleno no Jurisdiccional de la Sala II del TS, de 10 de mayo de 1994, adaptado en la indicación orgánica a la reforma introducida por la LO 1/2025).

Con relación a la Ley del Jurado, el art. 24.2 contiene una remisión genérica y, por tanto, imprecisa, en cuanto al principio de supletoriedad, que se completa con la prevista en el art. 42 para los trámites del juicio oral. Mientras que el primero de los preceptos citados remite en bloque a la LECrim para la integración de las lagunas, sin especificar un procedimiento concreto, el segundo precepto señala, para el juicio oral, la aplicación supletoria de las normas previstas en el procedimiento por delitos graves.

Para la fase de instrucción, la lógica aconseja que sea el procedimiento por delitos graves el que sirva, en todos los casos, como procedimiento supletorio. En primer lugar, porque siendo diversos y de distinta gravedad los delitos que pueden ser enjuiciados por el Tribunal del Jurado, parece prudente tomar como referencia supletoria un solo procedimiento, y que este sea el que proporciona la tramitación más completa en la fase de instrucción (Circular de la FGE 4/1995). En segundo lugar, porque en algunos de los trámites sí regulados por el legislador del Jurado se toma como referencia la normativa del procedimiento por delitos graves (arts. 26.1 y 26.2 LOTJ).

Más compleja resulta la cuestión de la supletoriedad en la fase intermedia del procedimiento del Tribunal del Jurado al estar compuesta por un conjunto heterogéneo de trámites —que mezcla los especiales con los inspirados en el procedimiento abreviado y en el ordinario— lo que impide establecer una regla general de supletoriedad para esta fase. Cuando en ella sea necesario resolver vacíos normativos, habrá que ir trámite a trámite, determinado en cada caso la norma de referencia a la que acudir en función del tipo de acto procesal en el que surja, del contexto procedimental en el que se ubique, y de su contenido material.

En el procedimiento de responsabilidad penal de los menores, la disposición final primera establece que serán supletorias, en el ámbito sustantivo, el CP y las leyes penales especiales, y, en el ámbito del procedimiento, la LECrim, señaladamente lo dispuesto para los trámites del procedimiento abreviado. Puntualmente, la LORPM se remite a normas del procedimiento ordinario por delitos graves —*v. gr* para las garantías de la detención (art. 17.1) y para el plazo de la detención (art. 17.4)—. De acuerdo, pues, con esta disposición, en el procedimiento de responsabilidad penal de los menores la supletoriedad de primer grado corresponde a las normas del procedimiento abreviado y, en lo no dispuesto por ellas, a las normas del procedimiento por delitos graves. 2493

Finalmente, y por lo que se refiere a los "procedimientos ordinarios con especialidades", la regla aplicable en materia de supletoriedad es la que rige con carácter general para los procedimientos ordinarios —el procedimiento por delitos graves es supletorio respecto del abreviado, y ambos lo son, en primer grado el abreviado, y en segundo grado el ordinario, para el juicio por delitos leves—.

La aplicación del principio de subsidiariedad resulta mucho más clara. Rige la regla general de la preferencia del procedimiento especial sobre el común u ordinario para resolver los teóricos problemas que concurrencia que pudieran surgir. Al menos, desde el punto de vista dogmático, la solución aparece clara. Es cierto, sin embargo, que pueden plantearse supuestos en los que resulte difícil determinar, *ab initio*, el procedimiento aplicable —ordinario o especial—. En tales casos, y ante el silencio normativo, parece más puesto en razón iniciar la causa por los trámites del procedimiento ordinario que corresponda, puesto que la transformación del procedimiento ordinario al especial será, por lo general, más fácil que la operación contraria (Circulares de la FGE 3/1995 y 4/1995).

1.5 Vínculos entre procesos por razón del objeto: litispendencia y acumulación de acciones y procesos penales

1.5.1 Litispendencia

En la regulación de los vínculos derivados del objeto entre distintos procedimientos destacan cuatro clásicas instituciones procesales: la prejudicialidad, la litispendencia, la cosa juzgada y la acumulación. Dejaremos ahora de lado la prejudicialidad y la cosa juzgada, que se estudian con detenimiento en otras partes de este tratado, y nos centraremos en la litispendencia y en la acumulación, que no son objeto de regulación por la LECrim.

Comenzando por la litispendencia, debemos recordar que se trata de una situación jurídica que constata el inicio formal de un proceso identificado, en el ámbito penal, por los hechos punibles y por el sujeto pasivo. Situación jurídica
2494 distinta, aunque suele conocerse también como litispendencia, es la tramitación paralela o simultánea de procesos con el mismo objeto, que puede y debe ser evitada: a) para garantizar la prohibición del *non bis in idem*; b) para evitar sentencias contradictorias; c) para facilitar la economía procesal; y, finalmente d) para no someter al sujeto pasivo a distintos procedimientos con el mismo objeto (AAP de Granada, 21/10/2022 [*Tol 9592075*]; AAP de Guipúzcoa, 23/06/2023 [*Tol 9795063*]).

La LECrim no regula el modo de proceder ante la tramitación simultánea de procesos con el mismo objeto. Esta laguna debe resolverse, en primer término, acudiendo a la cláusula general de supletoriedad prevista en el art. 4 de la LEC, que nos remite a su vez a los arts. 78, 400, 410 y 412 LEC. Ahora bien, las peculiaridades del proceso penal no siempre permiten una traslación normativa mecánica o automática de las normas procesales civiles (GIMENO, p. 162; AAP de Tarragona 18/02/2022 [*TOl 8945681*]). En muchas ocasiones será necesaria una suerte de trasposición adaptada que permita salvar el vacío legal del proceso penal a partir del esquema general y de los principios normativos básicos que aporta la regulación de la litispendencia en el proceso civil.

El presupuesto para poder hablar de simultaneidad de procesos con el mismo objeto y de su prohibición radica en el significado de la *identidad*, que en el proceso penal exige coincidencia entre el hecho punible por el que se procede y los sujetos pasivos de ambos procesos. Junto a la *litispendencia penal propia* —simultaneidad de procesos penales con hechos y sujeto pasivo iguales— la jurisprudencia se refiere a la llamada *litispendencia penal impropia*, que es aquella en la que basta «con que el resultado procesal de un proceso vincule o determine la decisión a adoptar en otro, por ello, debe interferir o prejuzgar el resultado del otro con la posibilidad de fallos contradictorios» (STS 29/02/2024 [*Tol 9925129*]). También utiliza la jurisprudencia la expresión *litispendencia penal impropia* en los supuestos de conexión que no dan lugar a la acumulación de procesos (STS 17/11/2015 [*Tol 5636519*]), o vinculada a la prejudicialidad penal (art. 111 LECrim) en los casos en los que, tramitándose paralelamente dos procesos, civil y penal, el hecho de apariencia delictiva sea uno de los hechos constitutivos de la acción del demandante (STS 17/05/2016 [*Tol 5731026*]). La diferencia entre las situaciones a que aluden ambas expresiones es relevante desde el punto de vista práctico: mientras que, en los casos de litispendencia penal propia procede plantear la mal llamada "excepción de litispendencia"; en el caso de la litispendencia impropia hablamos de procesos penales de tramitación simultánea compatible. En unos casos, la tramitación simultánea será posible, aunque habrá que tomar las debidas precauciones para gestionar las posibles interferencias entre unos y otros, mientras que en otros casos procederá la suspensión de uno en tanto concluye la tramitación del otro.

Por lo que se refiere a la naturaleza que debe otorgarse a la prohibición de tramitación simultánea de procesos penales con el mismo objeto y sujeto pasivo, la jurisprudencia del TC ha señalado que la prohibición de litispendencia y la infracción de la cosa juzgada negativa constituyen garantías procesales con rango o naturaleza de derecho fundamental (STC 69/2010 [*Tol 1982925*]), debiendo encuadrarse en el ámbito del derecho a la tutela judicial efectiva del art. 24.1 CE [...] (SSTC 159/1987 [*Tol 79898*]; 2/2003 [*Tol 228958*]; 249/2005 [*Tol 736268*]; 23/2008 [*Tol 1264007*]; 60/2008 [*Tol 1322453*]; 91/2008 [*Tol 1348975*])».

«[...] en el ámbito de lo definitivamente resuelto por un órgano judicial, no cabe iniciar un nuevo procedimiento, pues se menoscabaría la tutela judicial dispensada por la anterior decisión firme y se arroja sobre el reo la carga y la gravosidad de un nuevo enjuiciamiento. Por tanto, la falta de reconocimiento del efecto de cosa juzgada puede ser el vehículo a través del cual se ocasiona dicha lesión. Igualmente, se ha destacado que este Tribunal Constitucional tiene competencia para revisar el pronunciamiento de los órganos judiciales sobre la existencia de la triple identidad requerida de sujeto, hecho y fundamento, en cuanto constituye el presupuesto de la interdicción constitucional de incurrir en *bis in idem* y delimita el contenido de los derechos fundamentales reconocidos en el art. 25.1 CE, o para analizarla directamente, pero siempre dentro del respeto a los límites de la jurisdicción de amparo, de modo tal que se han de comparar los ilícitos sancionados, partiendo de la acotación de los hechos realizada por los órganos judiciales...» (STC 91/2008 [*Tol 1348975*]).

Entrando ya en el esquema procedimental, cabe decir que la simultaneidad de procedimientos puede apreciarse de oficio o plantearse a instancia de parte (art. 421.1 LEC), debiendo ponerse de manifiesto en cuanto se conozca (SERRANO HOYO, p. 37). La litispendencia nace con el inicio formal de la investigación, cualquiera que sea el órgano que la dirija. En cuanto al momento preclusivo, entendemos que cabe alegarla o apreciarla en cualquier momento mientras ambos procedimientos se estén tramitando, siempre que no haya recaído resolución firme en alguno de ellos (AAAP de Barcelona 9/10/2023 [*Tol 9853662*] y *Tol 9877317*).

Sin embargo, como es sabido, la Ley de Enjuiciamiento Civil es supletoria de la ley procesal penal (artículo 4 LEC) y consiguientemente, en defecto de disposiciones sobre litispendencia en la Ley de Enjuiciamiento Criminal, son de aplicación los preceptos de la ley procesal civil, que regulan la litispendencia en el proceso civil. Por tanto, habrá que estar a lo dispuesto en el art. 421.1 LEC, que es uno de los que regula las cuestiones o excepciones procesales que pueden obstar a la válida prosecución y término del proceso mediante sentencia de fondo, y preceptúa que cuando el tribunal aprecie la pendencia de otro juicio sobre objeto idéntico dictará en el plazo de los siguientes cinco días auto de sobreseimiento, siendo el procedimiento en el que se ha hecho valer la litispendencia el que se debe sobreseer o archiva.
Y es que la litispendencia es la antesala de la cosa juzgada, y tal circunstancia lo que debe implicar es la suspensión y archivo provisional de la causa hasta que gane firmeza la sentencia recaída en el primer proceso, sentencia firme que sí justificaría el archivo definitivo del segundo proceso por haberse enjuiciado los hechos de manera firme (AAP de Barcelona, de 09/10/2023 [*Tol 9853662*]).

Por lo que se refiere a la resolución que cabe adoptar en el proceso penal en caso de que se aprecie por el órgano judicial la excepción de litispendencia, caben básicamente dos posibilidades: a) que dicte un auto de sobreseimiento —o resolución equivalente—; b) que se dicte auto acordando la inhibición.

La aplicación supletoria de la LEC apunta a la primera opción (art. 421 LEC), y cuenta con respaldo desde un sector de la jurisprudencia (AAP de Barcelona, de 9/10/2023 [*Tol 9853662*]; AAP de Salamanca, de 14/12/2021 [*Tol 8932810*]; AAP de Granada, de 21/10/2022 [*Tol 9592075*]). No es una solución, sin embargo, exenta de obstáculos: resulta difícil de aplicar al proceso penal porque no en todas sus fases está prevista una resolución equivalente al archivo civil y, sobre todo, porque un auto de sobreseimiento no contempla, en principio, la posibilidad de que, concurriendo la simultaneidad de procesos, parte de las actuaciones del segundo proceso puedan incorporarse al primero que se inició.

La segunda posibilidad señala la conveniencia de estimar la simultaneidad de procesos a través de un auto de inhibición dictado en el procedimiento más moderno (AAP de Valladolid, de 12/02/2024 [*Tol 9994066*]; AAP de Guadalajara, de 3/11/2023 [*Tol 9864573*]). Esta opción, que encajaría con dificultad en la fase de juicio oral y en la de recursos, permitiría sin embargo salvar el problema de la posible acumulación, de manera que la inhibición iría seguida de la remisión al órgano encargado del proceso más antiguo de las actuaciones practicadas en el proceso más moderno.

«[...] tampoco se considera correcta por la Sala la solución dada por la Magistrada de instrucción, habiendo sobreseído las diligencias, ya que no hay causa en sí de sobreseimiento, sino que, en su caso, se produciría una *litispendencia* en tanto en cuanto deviniera firme la sentencia dictada, produciendo posteriormente a su firmeza el efecto de cosa juzgada. Adoptando una solución práctica al problema jurídico planteado, debemos referirnos a la posibilidad de una acumulación de las diligencias previas que están siendo objeto de trámite en el Juzgado de Instrucción 2, tal y como se encuentran en este momento procesal, y el procedimiento abreviado pendiente de juicio que está en el Juzgado de lo Penal número 1 de Vitoria. Tal posibilidad de acumulación entre unas diligencias previas y un procedimiento abreviado ya en el Juzgado de lo Penal o en otro órgano de enjuiciamiento (Audiencia Provincial) ha sido analizada por esta Sala en auto 522/2013 de fecha 26/11/2013 [...] En esta Sala [...] se han producido acumulaciones de procedimientos penales que estaban pendientes de enjuiciamiento-señalamiento mientras que otro proceso estaba en la fase de instrucción, singularmente porque alguno de los acusados estaba en rebeldía y se había abierto otro proceso penal respecto de aquéllos, habiéndose realizado dos escritos de acusación [...] Siguiendo este criterio de acumulación, lo que deberá hacer el Juzgado de Instrucción no es sobreseer y archivar la causa, sino remitir las actuaciones con una inhibición al Juzgado de lo Penal a efectos de acumulación, y para que sean enjuiciados todos los hechos relatados en la denuncia presentada..." (AAP de Álava, de 02/10/2020 [*Tol 8323240*]).

En cuanto al contenido de las diligencias que han de remitirse en caso de que proceda la inhibición, recuerda el TS (ATS de 17/07/2024 [*Tol 10124083*]) que respecto a la extensión de las actuaciones que deben enviarse en los casos de inhibición, la LECRim no acota. Habla de "las diligencias practicadas y los efectos recogidos" (artículo 22), "testimonio de las actuaciones" (artículo 25), "las diligencias practicadas" (artículo 29). En definitiva, debe entenderse todo aquello que pueda tener relevancia para la causa. El órgano judicial que recibe ese material siempre tiene la posibilidad de seleccionar el que pueda ser de interés para su causa, devolviendo el resto».

En tales casos, la recepción de diligencias en el proceso más antiguo quedaría sujeta a las disposiciones aplicables a la circulación y uso de diligencias de investigación y obtención de fuentes de prueba entre distintos procesos penales.

Visto el planteamiento jurisprudencial, quizá proceda una solución intermedia. La supletoriedad de la LEC en esta materia indica que, ante la concurrencia de procesos con el mismo objeto, el tribunal competente para el proceso iniciado con posterioridad acordará el archivo. Esta será la fórmula adecuada, entendemos, en los casos en los que en el proceso más moderno se haya limitado a constatar la coincidencia de objetos y de sujetos pasivos, sin avanzar en nada en la investigación. Sin embargo, cuando en el proceso más moderno se hayan practicado diligencias que puedan concurrir, interferir o completar el proceso más antiguo, podría ser procedente la inhibición, remitiendo las actuaciones practicadas al proceso que comenzó con anterioridad.

En este último caso y ante una posible discrepancia, la inhibición permitiría, frente al auto de archivo, una decisión por el superior jerárquico teniendo a la vista los argumentos de todas las partes y órganos judiciales concernidos. Conviene añadir a lo dicho que, la regla general según la cual el procedimiento que se archiva o el órgano que se inhibe es el que comenzó con posterioridad, puede tener como excepción el supuesto en el que el procedimiento más moderno sea el que procedimentalmente se encuentra más avanzado.

Para terminar, conviene hacer una breve referencia a dos supuestos específicos en materia de litispendencia. Cuando el objeto del proceso más moderno amplía por conexión el objeto del más antiguo, no procede el sobreseimiento del segundo proceso sino su acumulación al más antiguo (AAP de Cádiz, de 11/07/2018 [*Tol 7190311*]). En segundo lugar, no son pocas las ocasiones en las que convergen la posible simultaneidad de procesos con la figura del delito continuado. En estos casos no existe propiamente litispendencia, puesto que los hechos son distintos, sino más bien causa de acumulación, a la que se procederá mediante inhibición conforme a las normas de la competencia territorial (AAP de Vizcaya, de 17/11/2021 [*Tol 8974940*]).

1.5.2 Acumulación

La acumulación supone reunir en un solo proceso diferentes acciones que procedan por distintos delitos, o diferentes procedimientos que se estén tramitando de forma simultánea. El fundamento de la acumulación radica en la conexión entre infracciones penales (art. 17 LECrim). La conexión es el vínculo existente entre diferentes delitos, concretado en alguno de los supuestos que contempla el art. 17.2 LECrim. De concurrir alguno de estos vínculos puede proceder el enjuiciamiento de acciones o procesos en un solo procedimiento por razones que tienen que ver con el mantenimiento de la continencia de la causa, con la eficacia en el esclarecimiento y prueba de los hechos y con la economía procesal, salvo que la acumulación genere una complejidad procesal excesiva o previsibles dilaciones durante la tramitación.

Tal y como adelantamos, la tramitación de la acumulación no se regula en la LECrim. Se impone, de nuevo, la aplicación supletoria de las normas de la LEC, adaptándolas a los principios, garantías y estructura del proceso penal.

De entrada, conviene recordar la vigencia en el proceso penal de la clásica distinción entre acumulación de acciones y procesos (SSTS de 10/11/1982 [*Tol 2309695*], y de 18/09/2018 [*Tol 6796840*]). Mientras la acumulación de acciones da lugar a un procedimiento con pluralidad de objetos, la acumulación de procesos reúne en un solo procedimiento varios procesos ya iniciados. En uno y otro caso, el fundamento radica, como hemos indicado, en la conexión entre delitos (art. 17.2 LECrim), cuyos vínculos hacen conveniente su enjuiciamiento conjunto en el mismo procedimiento, salvo que la acumulación pueda generar excesiva complejidad o dilaciones en el procedimiento (STS 20/03/2024 [*Tol 9950221*]).

Si desde el punto de vista sustantivo cabe aplicar ciertos remedios a las distorsiones que pueden surgir de la tramitación separada de los procesos, desde el punto de vista procesal, la ausencia de efectos positivos de la cosa juzgada permite que la tramitación separada de procedimientos por delitos conexos genere sentencias contradictorias (GÓMEZ ORBANEJA, *Comentarios*, p. 437). No obstante, tras la reforma introducida por la Ley 41/2015 en el art. 17 de la LECrim, se refuerza aún más la regla general, según la cual cada delito será objeto de un procedimiento distinto. Incluso cuando concurra conexidad entre delitos, esta no será razón suficiente para el enjuiciamiento acumulado, sino que será necesario acreditar su conveniencia por razones que tienen que ver con la investigación y la prueba conjunta, quedando en todo caso excluida la acumulación cuando pueda producir una excesiva complejidad procedimental, o dilaciones en la tramitación.

Según señala el ATS de 11/04/2024 [*Tol 9982411*], «nos parece razonable y acorde con principios que informan las reglas sobre conexidad tras la reforma habida en nuestra LECrim. por Ley 41/2015, de 5 de octubre de 2015 que, en evitación acumulaciones automatizadas, o lo que su propio Preámbulo denomina "elefantiasis procesal", como principio de partida, cada hecho delictivo dé lugar a una causa, porque esa es la regla general, según el propio art. 17.1 pf. I, y va ínsito en su espíritu, como lo evidencia el título con que se denomina la propia Ley "de modificación de la Ley de Enjuiciamiento Criminal para la agilización de la justicia penal y el fortalecimiento de las garantías procesales. La acumulación por conexidad es una excepción a la regla general del propio art. 17.1 pf. I, que viene contemplada en su pf. II, como resulta de la conjunción adversativa, "no obstante" con que comienza su redacción, lo que implica que no basta una mera afirmación de que es evidente la conexidad [...] sino que precisará, al menos, una cierta explicación, que no solo quede reducida a las razones de la misma conexidad, sino también se extienda a aquéllas por las que "la investigación y la prueba en conjunto de todos los hechos resulten convenientes para su esclarecimiento y para la determinación de las responsabilidades procedentes salvo que suponga excesiva complejidad o dilación para el proceso", como de la literalidad del propio art. 17.1 resulta...».

La acumulación de acciones —enjuiciamiento acumulado, desde el principio del procedimiento o de manera sobrevenida, de una pluralidad de delitos conexos presuntamente cometidos por la misma o diferentes personas— no plantea especiales problemas de tramitación. En el caso de acumulación inicial, basta que el órgano judicial sea el competente para el enjuiciamiento conjunto —art. 18 LECrim, completado con las reglas específicas para el caso de concurrencia entre aforados y no aforados— y que la determinación del procedimiento adecuado se ajuste a las reglas generales de la *vis attractiva* que 2499 ejerce el correspondiente a la tramitación del delito más grave, y a las reglas particulares, en su caso, derivadas del principio de especialidad procedimental —véase, por ejemplo, el art. 5 LOTJ—.

Respecto de la acumulación por delitos que deben enjuiciarse a través de procedimientos "heterogéneos" —ordinario y especial o especiales— no es posible formular una regla general para todos los supuestos.

* En el *procedimiento ante el Tribunal del Jurado*, el Acuerdo del Pleno no jurisdiccional de la Sala Segunda del TS, de 9 de marzo de 2017, ha completado la doctrina interpretativa de la Sala Segunda sobre la aplicación de las reglas de conexión en el procedimiento ante el Tribunal del Jurado con ocasión de la reforma del art. 17 LECrim en 2015. Con relación a los efectos de la conexión cabe decir, con carácter general y dentro de la interpretación restrictiva que marca la LOTJ, que la acumulación más probable será la de acciones, porque es la que menos complejidad y dilaciones procedimentales puede generar.
* Los presupuestos específicos, y los trámites concentrados y acelerados previstos en la tramitación del *juicio rápido*, hacen difícil la figura de la acumulación. Quizá el supuesto más frecuente de acumulación será el de acciones, derivada de una conexión delictiva por simultaneidad, por concierto o medial, siempre claro está que los diferentes delitos cumplan los requisitos de aplicación del juicio rápido, y que su tramitación conjunta no impida la celeridad y concentración que imprime esta modalidad especial de enjuiciamiento. Otro tanto cabe decir para los supuestos de acumulación en el enjuiciamiento inmediato de delitos leves. Con respecto a la acumulación heterogénea, no es descartable que delitos que puedan ser tramitados por el juicio rápido o por el juicio inmediato por delitos leves resulten acumulados a un procedimiento ordinario cuando la tramitación separada sea susceptible de romper la continencia de la causa.
* Nada impide la acumulación homogénea en el *procedimiento por aceptación de decreto*, siempre que los delitos conexos cumplan los requisitos de aplicación de este procedimiento especial. En este caso, por la propia naturaleza del procedimiento, la acumulación sería de acciones como regla general, dirigidas además contra un mismo sujeto.
* En cuanto al *procedimiento de decomiso autónomo*, entendemos que resulta posible la acumulación homogénea, de tal manera que el Ministerio Fiscal puede acumular en el mismo procedimiento diferentes acciones de decomiso autónomo contra una persona condenada en la misma sentencia por la comisión de diferentes delitos, así como diferentes acciones contra diferentes personas condenadas en la misma sentencia por diferentes delitos. La posible acumulación traerá siempre causa de un previo procedimiento penal en el que se han enjuiciado acumuladamente diferentes delitos, derivando de ellos acciones de decomiso que cumplan las condiciones previstas en el art. 803 *ter* e LECrim. La determinación de la competencia prevista en el art. 803 *ter* f, permite deducir que no resultan acumulables acciones de decomiso contra la misma persona que traigan causa de procesos penales tramitados separadamente.

Por lo que se refiere a los trámites procedentes en los supuestos de acumulación de procesos, la aplicación supletoria de lo previsto en los arts. 74 a 98 de la LEC no plantea importantes problemas en el proceso penal. Así, la acumulación de procesos puede acordarse de oficio o a instancia de parte. En caso de que la acumulación se solicite a instancia de parte, habrá de plantearse ante el tribunal que tramite el proceso más antiguo, siempre y cuando fuera el proceso que se encuentra más avanzado (AAP Valladolid 1/02/2008 [*Tol 1519862*]). Antes de que el tribunal —si los procesos pendieran ante el mismo órgano— o los tribunales concernidos adopten una decisión acerca de la acumulación, deberán dar traslado a las partes para que puedan instruirse y formular alegaciones. A fin de garantizar la eficacia de la eventual acumulación, tan pronto como la acumulación de solicite comiencen las actuaciones del órgano judicial para acordarla, procederá la suspensión del proceso más moderno, absteniéndose el tribunal de dictar sentencia. Acordada la acumulación por el tribunal encargado de tramitar el proceso más antiguo, requerirá la acumulación al tribunal ante el que se tramita el proceso más moderno. Este último decidirá lo que considere procedente, previa audiencia de las partes. En el caso en el que el tribunal requerido rechace la solicitud de acumulación, decidirá el superior común a los órganos judiciales concernidos.

Con relación al momento preclusivo para plantear la acumulación, la LEC lo extiende hasta el momento inmediatamente anterior a que se dicte sentencia en primera instancia. En este aspecto, la jurisprudencia del TS impone un criterio más restrictivo en el proceso penal, de tal manera que no podrá solicitarse la acumulación después de haberse dictado auto de apertura de juicio oral (STS de 20/12/2023 [*Tol 9818094*]; en el mismo sentido ATS de 30/11/2012 [*Tol 3452156*]). 2501

La acumulación producirá el efecto de tramitar los procesos en un solo procedimiento, siendo resueltos en la misma sentencia. Como acabamos de señalar, es posible que los procedimientos susceptibles de acumulación se encuentren en distintas fases procesales, siempre y cuando ambos se estén sustanciando en primera instancia y en ninguno de ellos haya recaído sentencia definitiva (art. 77.4 LEC). Siempre que la acumulación no genere especial complejidad procesal o dilaciones, se realizará al proceso que se encuentre más avanzado, lo que trata de evitar la pérdida de derechos procesales. La suspensión del proceso más avanzado se acordará sin perjuicio de la práctica de las diligencias urgentes e imprescindibles para la obtención y aseguramiento de las fuentes de prueba, para el aseguramiento del sujeto pasivo y para la protección de las víctimas o de terceros. En la medida en que las informaciones probatorias hayan sido incorporadas válidamente a cada uno de los procesos acumulados, surtirán efectos probatorios en el procedimiento resultante de la acumulación, aunque solo hubieran podido obtenerse en alguno o algunos de los procesos acumulados.

2. EL PROCEDIMIENTO POR DELITOS GRAVES

2.1 Introducción

La LECrim regula tres procedimientos ordinarios para el enjuiciamiento de los delitos en función de su gravedad y pena: el procedimiento por delitos graves, el procedimiento por delitos menos graves —procedimiento abreviado— y el procedimiento por delitos leves.

El procedimiento por delitos graves es el que contiene la regulación más completa, extensa y detallada de los diferentes trámites e instituciones del enjuiciamiento penal. Por ello ha tenido siempre la consideración de "proceso común" dentro del sistema procesal penal español. No es el que más se utiliza en la práctica, ni tampoco el más moderno de los procesos ordinarios en términos de modelo, pero mantiene su condición de procedimiento de referencia, siendo su regulación supletoria respecto del resto de procedimientos ordinarios previstos en la LECrim (BARONA, 576).

La necesaria lectura en clave constitucional del procedimiento por delitos graves se ha afrontado gradualmente a través de reformas puntuales y, sobre todo, por obra de una extensa doctrina jurisprudencial interpretativa (MORENO CATENA, 2000, pp. 2482 y 2483). En ciertos casos, completa esta tarea modernizadora una aplicación supletoria inversa de las normas del procedimiento abreviado, por regla general más simplificadas, y más acordes con el modelo constitucional de proceso penal que las previstas en el proceso ordinario por delitos graves. Así sucede, por ejemplo, con la investigación preliminar, con la intervención y régimen de comunicación del defensor, con el modo de constituir las fianzas, con el régimen de las medidas cautelares civiles o con el reconocimiento de las pensiones alimenticias (GIMENO, 2018, p. 700).

Nótese, por último, que el procedimiento por delitos graves carece de denominación específica en la LECrim. Al ser concebido como el modelo ordinario o común para el enjuiciamiento de todos los delitos, fueron los demás procedimientos —ordinarios y especiales— los que recibieron una denominación específica. Hemos optado por denominarlo "procedimiento por delitos graves" porque es la denominación que expresa, al tiempo, su naturaleza ordinaria y su específico ámbito de aplicación.

2.2 Regulación, ámbito de aplicación, estructura y competencia

2.2.1 Regulación y ámbito de aplicación

La regulación del procedimiento por delitos graves comprende los Libros II y III de la LECrim; poco menos de quinientos artículos que comienzan con la denuncia (art. 259) y concluyen con la suspensión del juicio oral (art. 749). Entre ambos preceptos queda comprendida la regulación básica de la fase declarativa del modelo común de enjuiciamiento penal.

No define explícitamente la LECrim el ámbito de aplicación del procedimiento por delitos graves, por lo que hay que deducirlo por vía de exclusión a partir del ámbito de aplicación previsto para los demás procedimientos ordinarios y especiales. De ello resulta que el procedimiento por delitos graves es aplicable al enjuiciamiento de los delitos castigados en el CP con penas privativas de libertad superiores a los nueve años, excepto aquellos que deban ser enjuiciados a través de un procedimiento especial —señaladamente por el procedimiento del Tribunal del Jurado o por el procedimiento para la protección de los intereses financieros de la UE cuando las penas excedan de las previstas para la aplicación del procedimiento abreviado—.

A los efectos de determinación del procedimiento adecuado y de la competencia, la pena se considerará en abstracto, de tal manera que, si el delito tiene prevista en alguno de sus tramos una pena superior a nueve años, el procedimiento aplicable será el previsto para delitos graves, aunque la pena solicitada efectivamente por la acusación resulte inferior (STS de 10/07/1997 [*Tol 408049*]). 2503

2.2.2 Estructura y competencia

El procedimiento por delitos graves se divide en dos fases: sumario (Libro II) y juicio oral (Libro III). Sin mencionarla de forma explícita, regula la LECrim una tercera fase, denominada tradicionalmente por la doctrina como "fase intermedia", que se sitúa entre el sumario y el juicio oral, y que tiene como función esencial comprobar si de lo instruido en el sumario se desprenden indicios racionales de criminalidad que permitan formalizar el ejercicio de la acción penal y abrir el juicio oral contra una persona determinada (arts. 622 a 648 LECrim). Eventualmente, la fase de instrucción en el procedimiento por delitos graves puede venir precedida de una investigación preliminar, de naturaleza preprocesal, dirigida por la Policía Judicial o por el Ministerio Fiscal (arts. 282 y 284 LECrim y 5 EOMF).

Por lo que se refiere a la competencia, hay que distinguir entre las tres fases del procedimiento. Para la fase de instrucción, el competente será el juez adscrito a la Sección Única o las Secciones de Instrucción, de Violencia sobre la Mujer o sobre la Infancia y la Adolescencia del lugar en el que el delito se ha cometido (arts. 303 y 306 LECrim y 84, 88, 89 y 89 *bis* LOPJ, reformados estos últimos por la LO 1/2025).

Cuando, por razón de aforamiento, la instrucción corresponda a un órgano colegiado (TS, art. 57.2 LOPJ, o TSJ, art. 73.4 LOPJ) se designará de entre los miembros de la Sala, conforme a un turno preestablecido, un instructor que no formará parte de la misma para el enjuiciamiento. En el caso de los delitos que son competencia de la Audiencia Nacional, la dirección de la instrucción corresponderá al juez de instrucción de la Sección de Instrucción del Tribunal Central de Instancia que por turno corresponda (art. 95 LOPJ).

La facultad que el art. 304 LECrim atribuye a las Salas de Gobierno de las Audiencias Territoriales para nombrar jueces especiales de instrucción en circunstancias extraordinarias, ha de considerarse derogado por la Constitución (STC 101/1984 [*Tol 110814*]; MORENO CATENA, 2000, p. 2489).

2504 En el procedimiento por delitos graves, la competencia funcional para la fase intermedia corresponde al tribunal sentenciador (art. 622 LECrim). Esta atribución competencial plantea un problema, resuelto en ocasiones por la vía de hecho (STC 39/2004 [*Tol 359789*]); en la medida en que la intervención del tribunal sentenciador en la fase intermedia para evaluar la suficiencia de las diligencias sumariales o la existencia de indicios racionales de criminalidad contra el investigado puede comprometer su imparcialidad, la competencia para la fase intermedia se atribuye a una sección de la Audiencia Provincial o de la Audiencia Nacional distinta de la que tiene encomendado el enjuiciamiento y fallo (ZARZALEJOS, p. 267)

La competencia para la fase de enjuiciamiento se determina con claridad en la LECrim y en la LOPJ; corresponde a la AP y, en el caso de los delitos previstos en el art. 65 LOPJ, a la Sala de lo Penal de la AN. Cuando se trata de aforados, la competencia se atribuye, según lo dispuesto en la LOPJ y en los respectivos Estatutos de Autonomía, a la Sala de lo Civil y Penal de los TSJ, o a la Sala Penal del TS.

2.3 Inicio y partes

2.3.1 Inicio

El procedimiento por delitos graves puede iniciarse, bien por la transmisión al juez de instrucción competente de la noticia criminal a través de cualquiera de los tres cauces previstos en la LECrim —denuncia, querella o atestado policial—, bien por conversión de otro procedimiento en sumario ordinario. La LECrim mantiene la llamada "incoación de oficio" (art. 303. I), por más que en la práctica haya quedado reducida a los supuestos de procedimientos penales iniciados a partir de la deducción de testimonio proveniente de órganos judiciales que, en el ejercicio de la potestad jurisdiccional, han tenido conocimiento de presuntos hechos delictivos no conexos con los que se procede.

El procedimiento ordinario por delitos graves comienza cuando el juez competente, a la vista de la noticia criminal, dicta auto de incoación de sumario. A diferencia de lo que sucede con el procedimiento de Jurado, o con las diligencias urgentes, no regula expresamente la LECrim este importante auto, que marca el inicio del procedimiento por delitos graves y que tiene trascendencia a efectos de la determinación de la competencia judicial, del cómputo de los plazos de la instrucción, de la interrupción del plazo de prescripción del delito, de la delimitación inicial del objeto del proceso, o de la posible concurrencia de litispendencia o cosa juzgada. Además de los requisitos formales, de datación y de identificación, el auto de incoación debe recoger de manera clara los hechos por los que se procede, la forma en que la noticia criminal ha llegado a conocimiento del juez encargado de la instrucción, y las primeras diligencias y medidas cautelares que se acuerdan para la averiguación de los hechos y para el aseguramiento del presunto responsable, de su patrimonio, de la integridad de la instrucción, y de la seguridad de terceros.

2.3.2 *Las partes en el procedimiento ordinario*

El Ministerio Fiscal es parte necesaria en todos los procesos penales por delitos públicos y semipúblicos. Nada más conocerse la comisión de un delito, el juez encargado de la Instrucción lo pondrá en conocimiento del fiscal para que, personado, pueda ejercer las funciones de inspección y control que la ley le atribuye (art. 308 LECrim). La falta de comunicación al fiscal de la incoación del sumario, o la falta de notificación de alguna o algunas resoluciones sumariales, no deben conducir necesariamente a la nulidad. Para ello, además de constatar la irregularidad procesal, es necesario acreditar que la misma haya producido una situación de indefensión material (STS de 4/11/2008 [*Tol 1408378*]).

Cuando el sumario se siga por delito perseguible de oficio, pueden constituirse como partes tanto el querellante público como la víctima, ejerciendo respectivamente la acusación popular y la particular. En ambos casos, el plazo preclusivo para su constitución en parte se fija en un momento inmediatamente anterior al trámite de calificación, de tal manera que la parte pasiva pueda conocer, antes de formular su escrito de defensa, la pretensión procesal de cada una de las acusaciones. No obstante, la especial consideración de la posición de la víctima explica que, tras la reforma introducida en los arts. 109 *bis* 1 y 110 LECrim por la LO 8/2021, la acusación particular pueda personarse en el proceso hasta el inicio de las sesiones del juicio oral, si bien en este caso, y para salvaguardar el derecho de defensa de la parte pasiva, solo podrá hacerlo adhiriéndose al escrito de calificación del fiscal o de cualquiera de las acusaciones.

Según prevé la LECrim, el acusador popular se personará en el proceso interponiendo querella y prestando fianza (arts. 270, 280 y 281 LECrim). Sin embargo, y como recuerda la doctrina (BANACLOCHE, p. 108), la exigencia de ambos requisitos ha sido flexibilizada considerablemente por la jurisprudencia, permitiendo la personación del acusador popular sin interponer querella cuando el procedimiento ya está en curso (STS de 30/05/2003 [*Tol 293905*]), incluso sin constituir fianza si existen indicios contrastados de la posible comisión del delito.

Como afirma con claridad la STS de 12/03/1992 [*Tol 399478*]: «Sobre la primera alegación —inexistencia de *querella* en sentido formal— parece olvidarse que el Legislador —tratándose de delito público— no ha limitado la acción popular al derecho de pedir la incoación del proceso penal mediante *querella*, sino que ha permitido ejercitarla en las causas ya iniciadas personándose en los términos prevenidos en el artículo 110 de la Ley de Enjuiciamiento Criminal, es decir mostrándose parte como adhesión, en nombre de la ciudadanía, a un proceso pendiente, sin dejar condicionada la eficacia de la acción penal a la formulación de *querella*. La exigencia de fianza, impuesta por el artículo 280 de la Ley Procesal citada, constituye requisito de admisibilidad de la *querella* cuando ésta es medio de iniciación del procedimiento penal, pero cuando el ejercicio de la acción popular se realiza en un proceso en curso y dictado el Auto de procesamiento —supuesto contemplado en esta causa— la necesidad de tal requisito no parece ser razonable».

La víctima podrá personarse interponiendo querella, o bien aceptando el ofrecimiento de acciones previsto en el art. 109 LECrim. También en el procedimiento por delitos graves, el ofrecimiento de acciones a la víctima debe realizarse por el Ministerio Fiscal o por la Policía Judicial en el curso de la investigación preliminar (arts. 771.1ª y.773.2 LECrim)

2.4 La fase de investigación

2.4.1 Investigación preliminar

Ante la noticia de delitos que han de ser enjuiciados por los trámites del procedimiento por delitos graves es posible, y relativamente frecuente, que la incoación de procedimiento venga precedida de una investigación preliminar desarrollada por la Policía Judicial. La fragmentación normativa contribuye a una cierta confusión en cuanto al régimen aplicable a la investigación preliminar de la Policía Judicial, que se encuentra contenido básicamente en los arts. 282 y ss. LECrim y 547 a 550 LOPJ, en la LO 2/1987 de Cuerpos y Fuerzas de Seguridad, en la LO 9/2021 y en el RD 769/1987, de Policía Judicial. Resultará además de aplicación a la investigación preliminar de la Policía Judicial en los casos de delitos graves lo previsto para el procedimiento abreviado en los arts. 770 a 772 LECrim, en cuanto recogen disposiciones de régimen general sobre las actuaciones preliminares de la Policía compatibles con los trámites del procedimiento por delitos graves.

Tampoco está exento de cierta confusión el ámbito de aplicación de la investigación preliminar que puede dirigir el Ministerio Fiscal. Por una parte, la investigación preliminar dirigida por el Ministerio Fiscal está regulada dentro de los trámites del procedimiento abreviado (art. 773.2 LECrim). Sin embargo, basta leer detenidamente el precepto —"Cuando el Ministerio Fiscal tenga noticia de *un hecho aparentemente delictivo* [...] en otro caso instará del Juez de Instrucción la *incoación del procedimiento que corresponda*"— para comprobar que estamos ante la regulación de facultades de investigación preprocesal no previstas para un concreto procedimiento. Abunda en esta interpretación lo previsto en los arts. 5 de la Ley 50/1981, y 123 de la LO 2/1989, en los que se contempla la investigación preliminar dirigida por el Ministerio Fiscal sin delimitación específica de su ámbito de aplicación.

2.4.2 *El sumario*

A) Concepto, regulación y finalidad

El sumario es el nombre que recibe la fase de instrucción en el procedimiento por delitos graves. Dirigida por el juez e inspirada en el modelo acusatorio formal o mixto, comprende un conjunto amplio de diligencias, trámites, medidas, actuaciones y garantías encaminadas a decidir si, a partir de una noticia criminal, procede o no formular acusación contra persona determinada por la comisión de un concreto hecho delictivo.

El sumario está regulado en los arts. 259 a 621 *ter* LECrim. El propósito del legislador fue ofrecer en estos artículos la disciplina completa y común de la investigación penal, dejando para los procedimientos especiales las singularidades propias que demandara la investigación de su objeto específico. Desde el punto de vista material, sigue representando el referente común para las formas de transmisión de la noticia criminal, las diligencias de investigación y las medidas cautelares. Sobre esta base, el procedimiento abreviado y los procedimientos especiales aportan singularidades en la investigación principalmente estructurales, centradas por lo general en la simplificación, la celeridad y la concentración de los trámites.

B) El contenido del sumario; las piezas

Para la más ágil y eficaz gestión de la actividad y de la documentación procesal de la instrucción, el legislador previó la división de las actuaciones procesales en "piezas". Las piezas permiten la tramitación separada y paralela de los actos de la instrucción, agrupados en torno a la misma categoría o campo de la actividad procesal. Tradicionalmente, las piezas procesales que podían abrirse eran cuatro: la *pieza principal*, la *pieza de situación personal*, la *pieza de responsabilidad civil* y la *pieza de responsabilidad civil de tercero* (arts. 519, 544, 589 y 619 LECrim). En caso de plantearse, a estas cuatro se añadía la *pieza de recusación* (art. 64 LECrim), y la *pieza de recurso* para los interpuestos contra resoluciones dictadas por el juez encargado de la instrucción que tengan efecto devolutivo y que hayan sido admitidos en un solo efecto (art. 225 LECrim).

2508 La reforma introducida por la LO 13/2015 en los arts. 579.5 y 588. *bis* d), ha previsto la formación de una nueva pieza cuando se adopte alguna de las diligencias de investigación reguladas en los arts. 579 y 588 *ter* a 588 *septies* —intervención de la correspondencia, intervención de comunicaciones, utilización de dispositivos de localización, seguimiento y captación de la imagen, registro de dispositivos de almacenamiento masivo de información y registros remotos sobre equipos informáticos—. En todos estos casos, la pieza abierta será secreta, sin que sea necesario acordar expresamente el secreto de la causa ni notificarlo a las partes [art. 588. *bis* d)], lo que favorece la eficacia de la medida al quedar únicamente bajo el conocimiento y control del juez y del fiscal.

C) Los actos de imputación; en especial: el auto de procesamiento

El auto de procesamiento es una resolución propia y exclusiva del procedimiento por delitos graves, que prevé la formalización judicial de la imputación en el curso de la instrucción (art. 384 LECrim). Lo que en su concepción original era una llamada a la contradicción y al ejercicio del derecho de defensa desde que aparecieran en la instrucción motivos para una imputación inicial contra persona determinada, fue convertido por la práctica forense en una suerte de comunicación judicial tardía de la imputación, notificada cuando la mayor parte del material inculpatorio había quedado ya incorporado al proceso.

La construcción actual de la imputación, fruto básicamente de la doctrina y jurisprudencia, y carente de una regulación sistemática en la práctica totalidad de los procedimientos penales vigentes, se basa en tres elementos fundamentales: a) una imputación inicial, provisionalísima, garantista de la contradicción y defensa del sujeto pasivo (art. 118 LECrim), que realizan la Policía Judicial y el Ministerio Fiscal en el curso de la investigación preliminar (art. 767 LECrim), o el juez encargado de la instrucción a partir de la verosimilitud de una denuncia, querella o atestado policial que haya recibido, o del resultado de las propias actuaciones instructoras (STS de 2/04/1990 [*Tol 2412865*]); b) una progresiva y gradual evaluación judicial de la imputación inicial, que puede consolidarse, ampliarse o desvanecerse en el curso de la investigación, y sobre la que el juez va pronunciándose de forma indirecta o implícita a través de distintas resoluciones —*v.gr.* adopción o endurecimiento de medidas cautelares, ampliación de la imputación inicial, práctica de diligencias instrumentales restrictivas de derechos contra el investigado, auto de conclusión del sumario, o autos de desestimación de solicitudes de archivo—; y c) una motivación suficiente.

«Ahora bien, el Auto de procesamiento que regula el art. 384 de la LECrim, en cuanto medida atributiva de un determinado «status» e imputación suficiente para justificar la adopción de medidas cautelares de importancia dentro del proceso penal, en el caso de que se dictara arbitrariamente sin un mínimo fundamento en «algún indicio racional de criminalidad» podría vulnerar el derecho a la tutela judicial efectiva que reconoce el art. 24.1 CE. De manera que si bien corresponde a los órganos judiciales, en el ejercicio de las facultades ponderativas, inherentes a su propia jurisdicción, apreciar si existe dicho indicio necesario para dictar el auto (ATC 324/1982, de 25 de octubre; 146/1983, de 13 de abril; 173/1984, de 21 marzo, y 340/1985, de 22 de mayo), es propio de este Tribunal en sede de amparo constitucional revisar la adecuación de la resolución a las exigencias que derivan del citado art. 24.1 CE. Esto es, que el auto incorpore explícita motivación, y teniendo en cuenta la propia literalidad del art. 384 LECrim, para excluir el mero voluntarismo en la decisión adoptada, se aprecie: a) la presencia de unos hechos o datos básicos; b) que sirvan, racionalmente, de indicios de una determinada conducta que; c) resulte calificada como criminal o delictiva. Todo ello en el bien entendido de que el Tribunal ha de limitarse a verificar o constatar la presencia de tales elementos en la resolución, sin entrar a valorar el mayor o menor acierto del órgano judicial al estimar el peso de los indicios presentes o su relevancia como señal o muestra de una posible actividad delictiva, pues ese error o acierto ha de apreciarse por los Tribunales ordinarios bien con ocasión de los recursos susceptibles de interponerse contra el Auto de procesamiento, bien en su momento, después de la correspondiente sustanciación procesal, al pronunciarse el definitivo juicio de culpabilidad o inocencia» (STC 66/1989 [*Tol 80277*]).

En la actualidad, el auto de procesamiento es una resolución instructora que supone la formalización y asunción judicial de la imputación en el procedimiento por delitos graves (SSTC 66/1989 [*Tol 80277*]; 70/1990 [*Tol 80362*]).

«El Auto de procesamiento, desde la Ley Provisional de Enjuiciamiento Criminal de 22 de diciembre de 1872, aparece como una peculiar institución del ordenamiento procesal penal español, incardinada en el que ha venido siendo procedimiento ordinario para el enjuiciamiento de los delitos, cuya naturaleza ha sido caracterizada por la doctrina como resolución que coloca al afectado en una situación procesal específica, como objeto de una imputación formalizada, que ha podido definirse como verdadera acusación judicial. Ello supone, por una parte, colocar al procesado en una posición que resulta dañosa y perjudicial, en sus consecuencias sobre su crédito y prestigio social; pero al mismo tiempo representa una garantía para el formalmente inculpado, incluso, aunque en menor medida, después de la reforma del art. 118 de la LECrim producida por la Ley 53/1978, de 4 de diciembre, que extiende la capacidad de defensa al primer momento en que existe algún tipo de inculpación, ya que permite un cierto conocimiento previo de la acusación en fase de instrucción, posibilita la primera declaración indagatoria (art. 386 LECrim), y hace surgir la obligación judicial de proveer de Abogado de oficio si el procesado estuviera desasistido de dirección letrada (art. 118.4º LECrim), además, de conferir al procesado la condición de parte con las consecuencias a ello inherentes. El procesamiento no implica, evidentemente, la imposición de una pena. Constituye sólo una resolución judicial de imputación formal y provisional que ha de ser objeto del correspondiente debate contradictorio y de la ulterior decisión, no implicando la culpabilidad del procesado, ni siquiera la vinculación del propio instructor, que puede revocar el procesamiento si desaparecen los indicios que determinaron su adopción» (STC 66/1989 [*Tol 80277*]).

En cuanto recapitulación y síntesis judicial motivada de la imputación, debe contener la identificación del sujeto o sujetos pasivos, la relación detallada de los hechos imputados y las actuaciones y diligencias de las que derivan los
2510 fundamentos de la imputación (STS de 26/01/2007 [*Tol 1036589*]). Dictado el auto de procesamiento, debe el Juez de Instrucción citar al imputado o imputados para que presten declaración indagatoria, lo que en la actualidad carece de sentido puesto que el investigado habrá sido citado para comunicarle la imputación y para recibirle declaración desde la aparición en el procedimiento de los primeros indicios racionales de criminalidad contra él.

Mantiene, no obstante, esta formalización judicial de la imputación inicial cierto carácter garantista respecto del derecho de defensa de los investigados, en cuanto impide que pueda formularse acusación por hechos distintos de los fijados en el auto de procesamiento, o contra personas distintas de las que en él resultan imputadas (STC 70/1990 [*Tol 80362*]). Aunque no condiciona la calificación acusatoria (SSTS de 24/01/1989 [*Tol 2363396*], de 25/03/1994 [*Tol 5012734*], de 29/01/1996 [*Tol 406210*], de 22/06/2001 [*Tol 103193*] y de 28/01/2020 [*Tol 7774714*]), sí determina sus límites en los aspectos fácticos y subjetivos (SSTS 5/07/2006, 14/07/2022); no podrá desbordar el relato fáctico del auto de procesamiento, ni acusar a quien previamente no haya sido procesado (STS de 10/02/2016 [*Tol 5645467*]). Tiene además naturaleza provisional, de modo que puede modificarse, revocarse o ampliarse con posterioridad al momento de ser dictado (STS de 9/07/2001 [*Tol 4925155*]).

El TC ha señalado que el procesamiento no puede por su naturaleza vulnerar por sí mismo la presunción de inocencia, que es, en principio el derecho a no ser condenado sin pruebas de culpabilidad o sin una actividad probatoria realizada con las debidas garantías que, en alguna forma, pueda entenderse de cargo (AATC 340/1985, 387/1985, y 1.303/1987, entre otros muchos).

Contra el auto que acuerda el procesamiento cabe interponer recurso de reforma y, contra el desestimatorio de la reforma, apelación. Si el juez encargado de la instrucción deniega la solicitud de procesamiento, o estima la reforma contra el auto que acordó el procesamiento, la petición puede ser reiterada ante la Audiencia Provincial en la fase intermedia. Contra el auto del juez que acuerda el procesamiento por orden del tribunal superior competente, cabe interponer directamente recurso de apelación. A efectos de determinar la imparcialidad del tribunal sentenciador que, previamente, ha resuelto un recurso relativo al auto de procesamiento adoptado por el juez, la STS de 18/07/2003 [*Tol 305588*] distingue los supuestos en los que el tribunal se limita a comprobar la concurrencia de los requisitos básicos del auto de procesamiento, de aquellos casos en los que el tribunal ordena dictar un auto de procesamiento *ex novo*, en contra del criterio del juez encargado de la instrucción, lo que pueda conllevar una pérdida de imparcialidad del órgano sentenciador (*vid.*, ampliamente, STS de 23/03/2010 [*Tol 1816482*]).

El auto de procesamiento solo podrá ser objeto de amparo constitucional cuando «se dictara arbitrariamente sin un mínimo fundamento en algún indicio racional de criminalidad» (STC 70/1990). Del mismo modo, su falta de notificación o notificación defectuosa al investigado podrá alcanzar tutela constitucional cuando el defecto o ausencia del trámite de notificación hay producido indefensión material en el sujeto pasivo.

D) Los plazos de la instrucción

De conformidad con el art. 324 LECrim, la instrucción se desarrollará en un plazo máximo de doce meses desde la incoación de la causa. Este plazo inicial u ordinario podrá prorrogarse sucesivamente por plazos de seis meses o periodos inferiores mediante auto del juez encargado de la instrucción, que ha de ser dictado previa audiencia de las partes y antes de que haya concluido el plazo ordinario de instrucción, o la correspondiente prórroga. Será nulo el auto que acuerde la prórroga de la instrucción y las diligencias practicadas durante el plazo prorrogado si el auto que prorroga la instrucción es dictado en un momento posterior a la conclusión del plazo previo. También serán nulas las diligencias acordadas en el curso de una prórroga no amparada por auto judicial dictado en plazo (art. 324.3 LECrim).

E) La conclusión del sumario

Cuando el juez entienda que se han practicado las diligencias necesarias para la averiguación de los hechos, la identificación del presunto autor y el aseguramiento de las eventuales responsabilidades personales y patrimoniales a que hubiera lugar, dictará auto de conclusión del sumario y remitirá los autos y piezas de convicción al órgano competente para el enjuiciamiento (art. 323.4 LECrim).

El auto de conclusión podrá dictarse de oficio o a instancia de cualquiera de las partes. Acordada la conclusión del sumario, pasarán las actuaciones al tribunal sentenciador, ante el que deberán comparecer las partes en el plazo de diez días —quince si el emplazamiento fuese ante el TS—.

Las partes no podrán recurrir el auto de conclusión de sumario, sino únicamente solicitar su revocación cuando entiendan que procede la práctica de nuevas diligencias de investigación o de aquellas que hubieran sido indebidamente desestimadas por el instructor (art. 627.III LECrim). La decisión de revocación no implica, por sí misma, contaminación por parcialidad tribunal que la adopta (SSTS de 31/01/2000 [*Tol 4923531*], y de 10/01/2008 [*Tol 4967573*]).

De admitirse dicha solicitud, que habrá de presentarse por escrito ante el tribunal sentenciador una vez personada la parte y antes de que concluya el plazo para instrucción de autos (art. 627 LECrim), se revocará el auto de conclusión y se ordenará al juez competente para la instrucción la práctica de las diligencias de investigación consideradas procedentes.

El auto de conclusión del sumario indicará los recursos de apelación interpuestos contra resoluciones sumariales que hayan sido admitidos en un solo efecto y que estén pendientes de resolver. En tal caso, la tramitación de la causa quedará suspendida hasta que se resuelvan los recursos pendientes. Cuando alguno de dichos recursos fuera estimado, se procederá según indique el tribunal. El auto que resuelva el recurso podrá acordar la práctica de diligencias de investigación propuesta en su momento por las partes y desestimadas por el instructor, pero la estimación del recurso también puede generar efectos más complejos, como la nulidad de parte de las actuaciones, la ampliación del objeto de la investigación, la acumulación de procesos o la inclusión de nuevos imputados en la causa. En todo caso, los efectos derivados de la admisión de los recursos de apelación que estuvieran pendientes de resolver en el momento de dictar el auto de conclusión del sumario deberán proyectarse sobre el proceso antes de continuar con la tramitación de la fase intermedia.

Una vez confirmado el auto de conclusión del sumario, continuará la fase intermedia para que formalicen las partes su posición procesal respecto de alguna de las dos opciones procedimentales posibles: el sobreseimiento o la apertura de juicio oral (art. 627 IV LECrim).

2.5 La fase intermedia

2.5.1 Naturaleza y finalidad

Los procedimientos penales que cuentan con fase de instrucción —todos excepto el procedimiento por delito leve—, precisan un paréntesis antes del juicio oral que permita, tanto al tribunal encargado del control de la acusación como a las partes, la revisión de la investigación y la toma de posición motivada sobre la procedencia del sobreseimiento o la formalización de la acusación.

«es indudable que la fase intermedia comienza con el auto de terminación o conclusión del sumario, dictado por el Juez instructor, y culmina con el sobreseimiento de la causa o con la apertura del juicio oral, pudiéndose distinguir en ese período dos momentos estelares estos es, el de determinación de si, el sumario se halla agotado, y, por tanto, bien concluso, o si debe revocarse el auto de conclusión, para la práctica de nuevas diligencias, y aquel en el que el Tribunal provincial, a la vista de lo actuado sumarialmente, y oídas las partes acusadoras, decide que no hay méritos para el progreso del proceso, resolviendo su sobreseimiento o archivo, provisional o libre, como luego se verá, o, por el contrario, entendiendo que, el sumario está ultimado y que concurren méritos para ello, acuerda el progreso de las actuaciones, ordenando la apertura del juicio oral, que es el verdadero proceso penal, donde han de esclarecerse y dilucidarse, con las debidas garantías, las responsabilidades de los procesados. Se trata, pues, de una pausa entre la instrucción y la fase plenaria, que puede denominarse de depuración o de clasificación, durante la cual, el Tribunal provincial delibera y decide, tanto la suerte, definitiva o mudable, del auto de terminación del sumario, como si el proceso debe proseguir por sus trámites normales o si, por el contrario, debe abortarse, acordando su archivo, por entender que lo alegado sumarialmente no basta para abordar debidamente las solemnidades del juicio oral».(STS de 17/05/1990 [*Tol 2391026*]).

Esta fase, denominada por la doctrina fase intermedia o fase de control de la acusación, tiene, sobre la utilidad práctica, una indudable función garantista, dirigida a evitar acusaciones poco fundamentadas que produzcan en el sujeto pasivo los perjuicios derivados de la llamada "pena de banquillo" (SSTC 290/1993 [*Tol 82311*]; 26/2018 [*Tol 8485756*]; SSTS de 16/10/1989 [*Tol 2362821*]; de 3/05/1999 [*Tol 5152536*]; de 25/01/2007 [*Tol 1044186*] y de 22/04/2022 [*Tol 8932359*]). A este propósito tiene el tribunal encargado de la fase intermedia la competencia para valorar si existen, y constan en las actuaciones, suficientes y razonables indicios de criminalidad contra el acusado que justifiquen la apertura de juicio oral contra él.

2.5.2 *La revisión de la instrucción*

En el procedimiento por delitos graves, el esquema de la fase intermedia está presidido por el principio de desconcentración de los actos y trámites. Una vez dictado auto de conclusión de sumario, el LAJ remitirá las actuaciones, por su orden y de manera sucesiva, al fiscal, a las acusaciones, a las defensas —traslado este último preceptivo aunque no previsto en el art. 627 LECrim (STC 66/1989 [*Tol 80277*])—, y a las partes civiles (STS de 2/10/1992 [*Tol 138108*]), otorgando el tribunal a cada una de ellas un plazo que no bajará de tres días y no excederá de diez, para que se pronuncien por escrito acerca de: a) si procede revocar el auto de conclusión del sumario para practicar diligencias complementarias; b) si debe acordarse el sobreseimiento; c) si procede la apertura de juicio oral.

Aunque la LECrim es confusa en cuanto al orden y dialéctica procesal que deriva de estos pronunciamientos (arts. 627 a 632 LECrim), cabe entender que, si se pide y se acuerda la revocación del auto de conclusión para la práctica de diligencias complementarias, una vez practicadas, se volverá a dar trámite de audiencia a las partes para que se pronuncien, ya de forma definitiva, sobre el sobreseimiento o la apertura de juicio.

2.5.3 *Sobreseimiento* vs. *apertura de juicio oral*

Tras la notificación de la confirmación del auto de conclusión de sumario, disponen las partes, sucesivamente y por su orden, de un plazo de diez días para evacuar escrito motivado dirigido al tribunal solicitando la apertura de juicio o el sobreseimiento. Importa que el escrito de solicitud sea motivado, y que el plazo sea sucesivo, para que la defensa pueda pronunciarse conociendo previamente la posición de los acusadores y su respectiva fundamentación. No se olvide que la decisión del tribunal acerca de la apertura o no del juicio oral dependerá de estos escritos, y de su respectiva motivación apoyada en los resultados de la instrucción.

No se pronuncia la LECrim acerca del efecto que debe producir la falta de interposición en plazo del escrito de solicitud de sobreseimiento o apertura de juicio. En el caso de la defensa, parece lógico deducir la oposición tácita a la solicitud de apertura de juicio. Para las acusaciones, la falta de pronunciamiento precluye la facultad de formalizar acusación contra el investigado. Cuando es el fiscal quien no presenta en plazo su escrito, cabría aplicar una suerte de supletoriedad inversa de lo previsto en el procedimiento abreviado (art. 781.3 LECrim), conforme al cual, el tribunal sentenciador requerirá al superior jerárquico del fiscal para que remita el escrito dando cuenta además de las razones por las que no fue presentado en plazo.

Sobre lo que en su momento dijimos con carácter general acerca del sobreseimiento y la apertura de juicio en el capítulo 43, conviene aquí añadir las particularidades propias de tramitación del procedimiento por delitos graves. Por una parte, el pronunciamiento de las partes acerca del sobreseimiento o la apertura de juicio, y la presentación de las calificaciones provisionales, se evacuan en trámites diferentes y sucesivos, que pertenecen además a dos fases procesales distintas: el primero a la fase intermedia y el segundo a la fase de juicio. Por otra parte, el tribunal competente para la fase intermedia solo puede acordar de oficio el sobreseimiento en el supuesto del art. 641.2 LECrim (STC 171/1988 [*Tol 80019*]). Por último, es también propio del procedimiento por delitos graves el esquema de recursos que pueden interponerse contra el auto de sobreseimiento. Los autos dictados en primera instancia por la AP o por la Sala de lo Penal de la AN que supongan la finalización del procedimiento por sobreseimiento libre o falta de jurisdicción, son recurribles en apelación, respectivamente, ante la Sala de lo Civil y Penal del TSJ o ante la Sala de Apelación de la AN (arts. 846 *ter* y 790, 791 y 792 LECrim). Contra la resolución que resuelva la apelación solo podrá interponerse recurso de casación, y únicamente por infracción de ley, si el tribunal de apelación confirma el auto de sobreseimiento libre acordado por no ser los hechos constitutivos de delito y figuran personas investigadas en el procedimiento (arts. 637.2, 848, 849.1 LECrim); vid. Acuerdo del Pleno no Jurisdiccional del Tribunal Supremo, de 4 de marzo de 2015 y la STS 27/01/2022 [*Tol 8778712*] (ZARZALEJOS, pp. 270 y 271). 2515

2.6 El juicio oral

2.6.1 Los actos preparatorios

La resolución del tribunal sentenciador acordando la apertura del juicio oral pone fin a la fase intermedia y abre la fase de plenario que, básicamente, se compone de dos subfases: a) los actos previos y preparatorios del juicio, y b) el desarrollo de las sesiones del plenario.

A) Cuestiones previas

En los tres primeros días del plazo de los cinco concedido a las partes para calificación, pueden alegar ante el tribunal sentenciador la concurrencia de alguna circunstancia cuya estimación determinará, salvo en el caso de la falta de suplicatorio, la finalización anticipada del procedimiento mediante auto de sobreseimiento libre. Estamos ante las llamadas cuestiones previas o artículos de previo pronunciamiento —excepciones de carácter material y procesal— previstas, sin carácter exhaustivo (STS 30/04/2010 [*Tol 1864252*]), en el art. 666 LECrim. La jurisprudencia ha actualizado esta relación, añadiendo otros obstáculos procesales no previstos en el art. 666 LECrim, como la litispendencia, la concurrencia de cuestiones prejudiciales no planteadas con anterioridad, la procedencia de la acumulación de procesos, o la modificación de procedimiento (ZARZALEJOS, p. 284), aclarando que no estamos ante un catálogo cerrado (STS de 02/12/2021 [*Tol 8705274*]). Cabe plantear también en este momento procesal la nulidad de actuaciones (MORENO CATENA, 2024, p. 449; ARMENTA, p. 269), si bien el TS se inclina por la conveniencia de hacerlas valer al inicio del juicio oral para que sean decididas en la sentencia (SSTS de 24/09/1996 [*Tol 5134925*]; de 15/04/2000 [*Tol 4923516*]; de 19/09/2002 [*Tol 3469259*] y de 30/04/2010 [*Tol 1864252*]).

2516 «Esta Sala, es cierto, ha proclamado en distintas ocasiones la diferencia entre el significado procesal predicable del turno de intervenciones, y el que es propio de los artículos de previo pronunciamiento (cfr. STS 1383/2003, 27 de octubre). Sin embargo, también ha admitido la posibilidad de invocar vulneración de derechos fundamentales por el cauce que ofrecen los arts. 666 y ss. de la LECrim, en la medida en que no existe un catálogo cerrado de artículos-cuestiones— de previo pronunciamiento. Así, por ejemplo, la STS 1061/1999, 29 de junio, se mostró partidaria de acoger en el ámbito de los artículos de previo pronunciamiento, el debate sobre nulidad probatoria fundada en la infracción de derechos fundamentales. Pero esta doctrina no puede considerarse plenamente consolidada. De hecho, hemos declarado recientemente que cuando lo que se pretende es obtener la nulidad de determinadas actuaciones por entender que se han producido con violación de derechos fundamentales no cabe hacer uso de la vía de los artículos de previo pronunciamiento, sino que las objeciones correspondientes deberán reservarse para el juicio oral (cfr. SSTS 10/2010, 21 de enero, 1481/2002, 18 de septiembre y STS 640/2000, de 15 de abril). Y esto, no sólo por el carácter extraordinario del recurso de casación, sino también porque dado que lo que se trata de valorar es la posible concurrencia de una efectiva indefensión material derivada de la irregularidad del trámite, tal apreciación no puede disociarse de la del propio contenido y resultado de la actividad probatoria en su conjunto» (STS de 30/04/2010 [*Tol 1864252*]).

Afirma, en este sentido, la STS de 21/03/2023 [*Tol 9490775*], que «Es cierto que el Tribunal de instancia prescindió de la doctrina de este Tribunal Supremo, que de manera reiterada ha avalado la incorporación en el procedimiento ordinario de un trámite de cuestiones previas propio del abreviado o del procedimiento ante el Tribunal del Jurado en el que poder efectuar alegaciones en relación a eventuales vulneraciones de derecho o en torno a los medios de prueba, incluso con nuevas proposiciones, sobre todo cuando una parte lo insta (así lo ha dicho esta Sala, entre otras muchas en SSTS 195/2014, de 3-3; 543/2014, de 25-6; 255/2017, de 6-4; 856/2018, de 12-3; 329/2021, de 22-4) y lo ha practicado en los juicios orales que a razón del aforamiento se han celebrado ante esta Sala, todo ello con la idea de dotar al sistema procesal penal de unidad y cohesión y de evitar que previsiones procedimentales de alcance predominantemente formal puedan degenerar en nuevos obstáculos o trabas a sortear carentes de sentido».

En el procedimiento por delitos graves, las cuestiones previas se proponen por escrito ante el tribunal sentenciador, acompañadas de los documentos que sirvan para acreditar su concurrencia y se resuelven en el curso de un incidente contradictorio previsto en los arts. 668 a 674 LECrim. Con excepción de la declinatoria de jurisdicción, cuya apreciación provocará la inhibición del tribunal y la remisión al que se considere competente, y la falta de autorización para proceder, que determinará la suspensión del procedimiento hasta que sea solicitado y concedido el suplicatorio, la estimación en los demás casos dará lugar a la terminación anticipada del proceso mediante auto de sobreseimiento libre (arts. 675 a 677 LECrim).

El auto que desestime las cuestiones previas planteadas no será recurrible, sin perjuicio de que puedan ser reproducidas en el juicio como medios de defensa (art. 678.I LECrim). Si la resolución fuera estimatoria, podrá interponerse recurso de apelación. En el caso de la declinatoria de jurisdicción, el auto no será recurrible cualquiera que fuera su pronunciamiento.

B) Calificaciones provisionales

Tras la notificación del auto de apertura de juicio oral, el LAJ pasará la causa a las partes por su orden para que, sucesivamente y en el plazo de cinco días desde el requerimiento, formulen escrito de calificación provisional. En el caso de las acusaciones, el escrito de calificación contendrá los siguientes pronunciamientos (art. 650 LECrim): a) el relato de los hechos punibles; b) la calificación legal de los mismos; c) la participación que en ellos hubiera tenido el procesado; d) la concurrencia de circunstancias modificativas de la responsabilidad criminal; y e) la pena que se solicita para el acusado. Cuando se sostenga acumuladamente la acción civil, el fiscal —y si estuvieran personados, también el acusador particular y el actor civil— señalarán las personas sobre las que recaiga la responsabilidad civil y el objeto de la misma —devolución, reparación y cuantía en que se estime el daño y perjuicio causado por el delito—. Recibida la causa por la parte pasiva, y en su caso por el responsable civil, dispondrán de un plazo de cinco días, también por su orden y con relación al objeto que les corresponda, para contestar correlativamente a las conclusiones contenidas en los escritos formulados por las partes acusadoras (art. 652 LECrim).

Las partes podrán formular sus calificaciones en forma alternativa, proponiendo en cada uno de los puntos dos o más conclusiones (STS de 29/01/2019 [*Tol 7488927*]), de manera que, si no se estima la primera, pueda serlo alguna de las siguientes por su orden (art. 653 LECrim). Para que el tribunal incurra en incongruencia omisiva por no haber dado respuesta en la sentencia a la calificación alternativa, «es necesario que ni explícita ni implícitamente se haya dado respuesta a una cuestión jurídica oportuna y temporáneamente alegada por alguna de las partes del proceso» (SSTS de 25/07/2012 [*Tol 2641689*], y de 05/12/2013 [*Tol 4934494*])

Completarán los escritos de calificación los pronunciamientos de las partes acerca de las pruebas de que intenten valerse en el acto del juicio, resultando aplicable en el procedimiento por delito grave lo previsto en el procedimiento abreviado en cuanto a la posibilidad de proponer en el escrito de calificación la práctica de prueba anticipada (art. 781.1.III LECrim; ARMENTA, p. 262). En caso de proposición de prueba testifical o pericial, las partes adjuntarán las correspondientes listas de testigos y peritos, indicando identificación, domicilio, y procedimiento de citación —por el tribunal o por la parte proponente— (arts. 656 y 657 LECrim).

Aunque la LECrim fija en los escritos de calificación el momento preclusivo para la proposición de prueba, el TS viene admitiendo pacíficamente la posibilidad de proponer prueba hasta el momento acto del juicio "siempre que ello esté razonablemente justificado, no suponga un fraude procesal, y no constituya un obstáculo al principio de contradicción" (SSTS de 13/12/1996 [*Tol 406387*], y de 14/02/2007 [*Tol 1038380*]).

Al respecto, resulta interesante, sobre las posibilidades y límites a la proposición de prueba tras los escritos de conclusión provisional, traer a colación la actual regulación dada para el procedimiento abreviado, por la LO 1/2025, en los arts. 785.1 y 787.3, ambos de la LECrim.

Cuando el escrito de defensa no se presente en plazo, cabe aplicar supletoriamente en el procedimiento por delitos graves lo previsto en el procedimiento abreviado, en el sentido de entender que el proceso continúa con la oposición tácita de la defensa a los escritos de acusación (art. 784.1.II LECrim). La falta de formulación de escrito de defensa conlleva la pérdida de la facultad de proposición de prueba por la parte pasiva, que únicamente podrá utilizar la que proponga en el juicio oral, e intervenir en la que hayan propuesto y no renunciado las demás partes (art. 784.1.III LECrim).

C) Conformidad

Tras la reforma introducida por la LO 1/2025, ha quedado suprimido el límite penológico el art. 655 LECrim para admitir la conformidad —pena correccional, que debe fijarse en seis años *ex* art. 33 CP—. Ante el silencio del legislador, cabría también hacer uso de la conformidad cuando se trata de penas de otra naturaleza, cualquiera que sea su duración y cuantía (Circular FGE 1/2003).

Fija el legislador dos momentos procesales para prestar la conformidad en el procedimiento por delitos graves: a) el escrito de calificación de la defensa (art. 655 LECrim); y b) el inicio de las sesiones del juicio oral (art. 688 LECrim).

D) Admisión de la prueba y señalamiento para la celebración del juicio oral

Concluido el plazo de presentación de calificaciones provisionales, resolverá el tribunal sobre la admisión o inadmisión de la prueba propuesta (art. 659.I LECrim). Contra la parte del auto que admita las pruebas propuestas no cabrá recurso alguno; contra la parte en la que se denieguen solo cabrá formular protesta, que será preceptiva para poder formular, en su momento, los recursos de apelación y casación (arts. 659.IV y 850.1º LECrim).

Evacuado por el tribunal el trámite de admisión de la prueba, será el momento para la práctica de la prueba anticipada y para plantear y resolver la recusación formulada contra los peritos (arts. 467 y ss. y 723 LECrim). Fijará además el LAJ en este momento procesal el día que deban comenzar las sesiones del juicio oral de conformidad con los criterios fijados por los Presidentes de Sala o Sección de los tribunales sentenciadores (art. 659.V y VI LECrim). 2519

2.6.2 La celebración de la vista oral

A) Inicio de las sesiones

El inicio de las sesiones del juicio oral en el procedimiento por delitos graves presenta algunas singularidades frente a la regulación prevista en el procedimiento abreviado.

En primer lugar, y antes de la lectura de los escritos de calificación, preguntará el Presidente a cada uno de los acusados si se conforma o no con la pena más grave solicitada por las acusaciones (art. 688 LECrim). La negativa de uno o varios de los acusados determinará, para todos, la continuación del juicio oral con la práctica de la prueba admitida (arts. 696 y 697 LECrim). En segundo lugar, en el procedimiento por delitos graves no se prevé que las partes puedan reproducir, al inicio de las sesiones del juicio oral, la petición de práctica de prueba previamente rechazada por el tribunal como sí ocurre, en el trámite de la audiencia preliminar, en el procedimiento abreviado (785.3.II LECrim).

B) Práctica de la prueba

En el capítulo 48 hemos analizado con detalle el régimen general de la práctica de la prueba en la fase de juicio oral (arts. 688 a 731 *bis* LECrim). Tan solo existen dos disposiciones en la regulación del procedimiento por delitos graves, ambas referidas a la prueba pericial, que marcan la diferencia con las especialidades previstas en el procedimiento abreviado. En primer lugar, la prueba pericial debe ser practicada por dos peritos, mientras que en el procedimiento abreviado bastará con la intervención de uno (arts. 459 y 788.3 LECrim). En segundo lugar, los informes emitidos por laboratorios oficiales sobre sustancias estupefacientes cuando hayan sido practicados conforme a los protocolos aprobados por las normas correspondientes mantienen, en el procedimiento por delitos graves, la naturaleza de dictámenes periciales, por lo que sus autores podrán ser llamados a comparecer en juicio para explicar y defender el contenido de sus informes. Cabe destacar que, con la reforma operada por la LO 1/2025, se regula expresamente la posibilidad de que el acusado declare en último lugar, conforme establece el actual 701.II LECrim.

2520 C) Conclusiones definitivas y eventual planteamiento de la tesis por el Tribunal

Tras la práctica de la prueba, y a la vista de sus resultados, las partes evacuarán las calificaciones definitivas, que podrán confirmar o modificar las formuladas provisionales en los correspondientes escritos de calificación. Aunque el art. 732 LECrim prevé que, si las conclusiones definitivas modifican las provisionales, se aporten por escrito, se trata de un requisito dispensable por el tribunal siempre que las conclusiones definitivas se trasladen a las demás partes con claridad y precisión, y su formulación sea recogida íntegramente en el soporte digital de grabación del juicio. Cuando la modificación de conclusiones afecte de forma relevante a la tipificación, a la participación, o las circunstancias modificativas, debe entenderse aplicable al procedimiento por delitos graves la posibilidad de suspensión interesada por la defensa prevista en el procedimiento abreviado (art. 788.5 LECrim) a fin de garantizar adecuadamente el principio de contradicción. Tras la práctica de una nueva prueba que, en este trámite, haya propuesto la defensa, las partes acusadoras podrán, de nuevo, modificar sus conclusiones definitivas.

Por lo que se refiere al planteamiento de la llamada "tesis de desvinculación" por el tribunal sentenciador, y sin perjuicio de lo que ya dijimos en el Capítulo 50, conviene recordar ahora que la diferente redacción de que es objeto este requerimiento en el procedimiento por delitos graves (art. 733 LECrim) y en el procedimiento abreviado (art. 788.4.II LECrim), no implica la existencia un régimen procesal sustancialmente distinto de esta facultad del tribunal en uno y otro procedimiento. Los dos preceptos que analizamos responden a la misma necesidad y coinciden fundamentalmente en la misma solución, si bien la redacción de que es objeto el planteamiento de la "tesis" en el procedimiento abreviado es más moderna, y más acorde con las garantías constitucionales que deben rodear el uso de esta facultad por parte del tribunal y sus efectos sobre la sentencia. Lo relevante es que, en ambos procedimientos, son aplicables los mismos límites y garantías constitucionales fijados para el régimen y efectos de la "tesis de desvinculación" en la jurisprudencia del TS y del TC.

D) Informes y última palabra

Tras la evacuación de las conclusiones definitivas, se suceden en el juicio oral dos trámites con distinta finalidad. En primer lugar, los arts. 734 a 738 LECrim regulan la exposición oral de los informes finales por las partes, en los que recapitularán, explicarán y justificarán sus conclusiones definitivas a la vista del resultado de la prueba. Tras la exposición de los informes, únicamente se permitirá a las partes realizar aclaraciones, precisiones o rectificaciones sobre hechos y conceptos contenidos en su alegato (art. 738 LECrim). 2521

Evacuados los informes se abrirá el trámite de última palabra para los acusados (art. 739 LECrim). Constituye la última palabra una garantía procesal derivada del derecho de autodefensa y del derecho a un proceso justo con todas las garantías, a través del cual podrá manifestar el acusado lo que considere conveniente frente a la acusación, teniendo a la vista los resultados de todas las actuaciones realizadas durante el juicio oral.

E) Causas de suspensión

El principio de concentración impone, en la medida de lo posible, la celebración del juicio oral en unidad de acto, o en sesiones consecutivas. No obstante, en determinados casos pueden concurrir circunstancias que hagan necesario posponer el inicio de las sesiones (art. 745 LECrim) o suspender temporalmente el plenario (art. 746 LECrim).

A las causas de suspensión previstas en este último precepto, añade dos más el RDL 5/2023; a) cuando se produzca el fallecimiento u hospitalización o intervención quirúrgica por causa grave de un familiar del defensor de cualquiera de las partes hasta el segundo grado por consanguinidad o afinidad (art. 746.4º.II LECrim); y b) cuando cambie el defensor designado de oficio, o cuando la defensora de alguna de las partes se haya puesto repentinamente de parto (art. 746.7º LECrim).

Excepción hecha de la aplicación supletoria al procedimiento por delito grave de la causa de suspensión prevista en el procedimiento abreviado en los supuestos de modificación sustancial de las calificaciones provisionales, no existen otras singularidades en materia de suspensión aplicables únicamente al procedimiento por delitos graves.

2.7 Recursos y ejecución

2.7.1 Recursos

A) Contra resoluciones interlocutorias

Contra las providencias que no sean de mera tramitación y contra los autos dictados por los jueces encargados de la instrucción en el procedimiento por delitos graves cabrá interponer recurso de reforma. El auto que resuelva la reforma es recurrible en queja ante el superior jerárquico del instructor, salvo que para la resolución recurrida haya previsto específicamente la LECrim que procede el recurso de apelación (art. 217 LECrim). La reforma se tramitará conforme disponen los arts. 216 y ss. LECrim; el de queja según prevén los arts. 216, 218 a 220 y 233 a 235 LECrim; y del de apelación según el procedimiento regulado en los arts. 216, 217, 219, y 220 a 232 LECrim.

Contra las providencias que no sean de mera tramitación y contra los autos dictados por los órganos colegiados en el procedimiento por delitos graves podrá interponerse el recurso de súplica (arts. 236 a 238 LECrim). Contra el auto que resuelva el recurso de súplica no se dará ningún otro. Si contra la resolución del órgano colegiado cupiera otro recurso, además de la súplica, la interposición del recurso de súplica impide a la parte recurrente utilizar, simultánea o sucesivamente, otro recurso.

B) Contra resoluciones definitivas

Contra las sentencias dictadas en primera instancia en el procedimiento por delitos graves cabe interponer recurso de apelación ante la Sala de lo Civil y Penal del correspondiente TSJ (art. 846 *ter* LECrim). Si la sentencia ha sido dictada por la Sala de lo Penal de la AN, será competente para resolver el recurso de apelación la Sala de Apelaciones de la AN. Si, por causa de aforamiento, la sentencia es dictada en primera instancia por la Sala de lo Civil y Penal del TSJ, procederá recurso de apelación ante la Sala de apelaciones del TSJ.

Los autos dictados por las AP, o por la Sala de lo Penal de la AN que pongan fin al procedimiento por delitos graves estimando falta de jurisdicción o solicitud de sobreseimiento libre, son recurribles en apelación, respectivamente, ante la Sala de lo Civil y lo Penal del correspondiente TSJ y ante la Sala de Apelaciones de la AN.

Tanto en el caso de apelación contra sentencias, como en la apelación contra autos que pongan fin al procedimiento, el régimen aplicable para la tramitación del recurso de apelación será el previsto en los arts. 790 a 792 LECrim (art. 846 *ter* 3 LECrim).

2.7.2 *Ejecución*

En el procedimiento por delitos graves, sin perjuicio de las facultades atribuidas por la Ley a los Jueces de la Sección de Vigilancia Penitenciaria del correspondiente Tribunal de Instancia y a los Jueces de Vigilancia Penitenciaria del Tribunal Central de Instancia, la competencia para la fase de ejecución corresponde al órgano que dictó la sentencia en primera instancia; esto es, a las AP o a la Sala de lo Penal de la AN; en el caso de delitos cometidos por aforados, la competencia se tribuye a la Sala de lo Civil y Penal de los TSJ o a la Sala de lo Penal del TS.

BIBLIOGRAFÍA

- AAVV, *Comentarios a la Ley de Enjuiciamiento Criminal* (2 t.), López Barja de Quiroga dir., Tirant lo Blanch, 2023.
- AGUILERA DE PAZ, *Comentarios a la Ley de Enjuiciamiento Criminal*, (6 t.), Reus, 1923.
- ARMENTA DEU, *Lecciones de Derecho procesal penal*, Marcial Pons, 2023.
- BANACLOCHE/ZARZALEJOS, *Aspectos fundamentales del Derecho procesal penal*, La Ley, 2025.
- DÍEZ-PICAZO GIMÉNEZ, I., *Derecho procesal civil. El proceso de declaración*, (con DE LA OLIVA), Centro de Estudios Ramón Areces, 2000.
- GIMENO SENDRA, *Derecho procesal penal*, Civitas, 2015.
- GIMENO SENDRA/CONDE-PUMPIDO TOURÓN/GARBERÍ, *Los procesos penales*, Bosch, 2000.
- GÓMEZ COLOMER/BARONA (coords.), *Proceso penal. Derecho procesal III*, Tirant lo Blanch, 2022.
- GÓMEZ ORBANEJA, *Comentarios a la Ley de Enjuiciamiento Criminal*, (2 vol.), Bosch, 1947.
- GÓMEZ ORBANEJA-HERCE QUEMADA, *Derecho Procesal (vol. II) Derecho Procesal Penal*, 1951.
- MORENO CATENA (dir), *El proceso penal*, (5 vols.), Tirant lo Blanch, 2000.
- MORENO CATENA/CORTÉS, *Derecho procesal penal*, Tirant lo Blanch, 2024.
- PRIETO-CASTRO/GUITIÉRREZ DE CABIEDES, *Derecho procesal penal*, Tecnos, 1987.
- VEGAS TORRES, «La eficacia excluyente de la litispendencia», en *Revista Electrónica del Departamento de Derecho de la Universidad de La Rioja* (REDUR), nº 0, junio 2002.
- URIARTE /FARTO, *El proceso penal español. Jurisprudencia sistematizada*, La Ley, 2018.

Capítulo 63

El procedimiento abreviado

Javier Abella López
Magistrado
Profesor de Derecho Procesal
Universidad Carlos III de Madrid

1. ORIGEN Y FUNDAMENTO DEL PROCEDIMIENTO ABREVIADO

El legislador, *incitado* por la STC 145/1988 [*Tol 109346*], que llamaba la atención sobre la quiebra del derecho al juez imparcial cuando el mismo órgano es competente para "investigar y juzgar", introduce el denominado procedimiento abreviado, por la LO 7/1988, buscando adecuar la estructura de determinados procedimientos penales dada por Ley 3/1967 sobre modificación de determinados artículos del Código Penal y de Ley de Enjuiciamiento Criminal y el instaurado por la LO 10/1980, de enjuiciamiento oral de delitos dolosos, menos graves y flagrantes —siendo esta última que dio lugar al planteamiento de diversas cuestiones de inconstitucionalidad, que acumuladas, tuvieron como respuesta el dictado de la Sentencia 145/1988, cuya motivación, puede decirse así, dio lugar a la LO 7/1988—.

Para que el lector alcance por sí mismo la respuesta a la pregunta sobre la razón de ser de introducir el procedimiento abreviado en nuestra LECrim, desterrando los procedimientos *dibujados* por las leyes de 1967 y 1980, basta aproximarse a los artículos que determinaban la competencia objetiva y funcional de los juzgados de instrucción.

El art. 14.3 de LECrim, en su redacción dada por la ley de 1967, establecía que los juzgados de instrucción eran competentes para «la instrucción, conocimiento y fallo de las causas por delitos ...». Por su parte, la LO 10/1980, estableció en su artículo segundo la competencia para "conocimiento y fallo" de determinados delitos, para establecer, a su vez, en sus artículos tercero y quinto la competencia de determinadas diligencias de instrucción, entre otras, oír al investigado en dicha fase de investigación, como acto de investigación con intervención personal del juez.

De la mera lectura, tenemos que dichas previsiones legales ponían en grave riesgo el derecho fundamental al juez imparcial, haciendo confluir en el mismo órgano la investigación del delito y su posterior enjuiciamiento.

Y así se expresó la ya referida STC 145/1988 [*Tol 109346*], que vino a razonar: «Entre ellas figura la prevista en el art. 24.2 que reconoce a todos el derecho a «un juicio público... con todas las garantías», garantías en las que debe incluirse, aunque no se cite en forma expresa, el derecho a un juez imparcial, que constituye sin duda una garantía fundamental de la Administración de Justicia en un Estado de Derecho, [...] la actividad instructora, en cuanto pone al que la lleva a cabo en contacto directo con el acusado y con los hechos y datos que deben servir para averiguar el delito y sus posibles responsables puede provocar en el ánimo del instructor, incluso a pesar de sus mejores deseos, prejuicios e impresiones a favor o en contra del acusado que influyan a la hora de sentenciar.[...]. De todo lo que antecede resulta que el párrafo segundo del art. 2 de la Ley Orgánica 10/1980, que prohíbe en todo caso la recusación (y consiguientemente la abstención) del juez sentenciador que ha sido instructor de la causa es inconstitucional por vulnerar el derecho al juez imparcial que reconoce el art. 24.2 de la Constitución».

2526

En sintonía con estos razonamientos, se llevó a cabo la reforma de la LECrim, a través de la renombrada LO 10/1988, de 28 de diciembre, que en su preámbulo señaló al respecto: «La Constitución española y los Convenios internacionales en materia de derechos humanos suscritos por España reconocen, con el carácter de fundamental, el derecho a un juicio público con todas las garantías, entre las cuales figura el derecho a un juez imparcial. El Tribunal Constitucional y el Tribunal Europeo de Derechos Humanos han considerado que la imparcialidad del juzgador es incompatible o queda comprometida con su actuación como instructor de la causa penal: La presente Ley Orgánica pretende acomodar nuestra organización judicial en el orden penal a la exigencia mencionada, mediante la introducción de una nueva clase de órganos unipersonales: los Juzgados de lo Penal».

Bajo este fundamento se sustituyen los dos procedimientos de urgencia que regulaba la LECrim y el procedimiento oral para delitos dolosos, menos graves y flagrantes, y se crean unos nuevos órganos judiciales, esto es, los Juzgados de lo Penal, que vendrían a asumir el conocimiento y fallo de los procedimientos que se atribuían, hasta ese momento, y junto con la investigación, al juez de instrucción —hoy, conforme a la reforma operada por la LO

1/2025, jueces de la Sección de instrucción de los Tribunales de Instancia[1]—, dejando a este último ya solo con la competencia, en este caso funcional, para la instrucción y "apartándoles" del enjuiciamiento.

2. ÁMBITO DE APLICACIÓN

Antes de fijar, a partir del análisis de art. 757 LECrim, el concreto ámbito de aplicación, no debemos olvidar, y que ya fue objeto de estudio en el capítulo 20 de esta obra, el principio de unidad del ordenamiento jurídico aplicado al orden jurisdiccional penal, y cómo la doctrina jurisprudencial ha ido homogenizando los distintos procedimientos penales entre sí.

Junto con este principio debemos tener en cuenta que actualmente, a salvo de los procedimientos por delito leve, la gran parte de la investigación y enjuiciamiento de delitos se lleva a cabo por los cauces del procedimiento abreviado, siendo este el más común de los procedimientos penales y cuyas reglas, con aplicación del referido principio de unidad del ordenamiento jurídico, se ha ido extendiendo al resto, superando la regla del art. 758 LECrim, de acomodo del procedimiento, en lo que en él no esté regulado, "a las normas comunes" de la LECrim.

Al contrario, es el procedimiento abreviado el que ha "teñido", con su regulación, la interpretación del resto de procedimientos, desde ese reiterado principio de unidad del ordenamiento jurídico.

1 En adelante, y para mayor claridad y sencillez en la redacción, salvo que merezca mayor concreción en el texto que se introduzca su referencia, nos referiremos a «*juez instructor*» como a cualquiera de los jueces con competencia funcional en materia de investigación judicial de delitos, integrado en la Sección que corresponda del Tribunal de Instancia competente (o, en su caso, del Tribunal Central de Instancia, cuando de la Audiencia Nacional hablamos) —*v. gr.* sección de instrucción o de la sección única de civil y de instrucción, sección de violencia sobre la mujer, o sección de violencia contra la infancia y adolescencia ...—, o al juez correspondiente del TS o TSJ al que se le atribuya dicha competencia funcional cuando la competencia objetiva venga determinada a dichos tribunales por razón de aforamiento del investigado. Asimismo, dicha referencia al «*juez instructor*» lo es también teniendo en cuenta la posibilidad de que, en los casos determinados en el art. 84.6 LOPJ, se nombre a dos jueces, conforme a un turno preestablecido y público, para que, junto con el juez a quien le hubiere sido turnado el asunto inicialmente, se encarguen de la instrucción de un determinado proceso penal. En el capítulo 5 de esta obra puede consultarse una explicación completa del nuevo modelo orgánico de los Tribunales de Instancia que introduce la LO 1/2025.

Así, por ejemplo, y como decíamos en el capítulo 20, se admiten en el procedimiento ordinario los informes periciales por un solo perito (cuando en su regulación se exige que sean dos), tal y como se regula en el procedimiento abreviado (STS de 15/02/2024 [*Tol 9900752*]). Lo mismo ocurría cuando del planteamiento, antes del reforma operada por la LO 1/2025 —que introduce la audiencia preliminar, y a la que nos referiremos en el epígrafe 8 de este capítulo—, de cuestiones previas de manera oral al inicio del juicio oral que se regulaba en el procedimiento abreviado, que también se permitía en el procedimiento ordinario, a pesar de que, conforme a la regulación de este último, debe ser planteado antes del acto del juicio, por escrito, por la vía de los artículos de previo pronunciamiento, al amparo del art. 666 LECrim (STS de 2/12/2021 [*Tol 8705274*], con relación a esta posibilidad de planteamiento de cuestiones previas orales al inicio del juicio oral también en el procedimiento ordinario). En el mismo sentido, también se ha venido permitiendo en el procedimiento ordinario la proposición de prueba con posterioridad a los escritos de conclusiones provisionales, teniendo en cuenta que en el procedimiento abreviado dicha proposición es posible finalizado el trámite de calificación provisional, pudiendo proponerse incluso al inicio del juicio —hoy, tras la LO 1/2025, limi-

tado a la incorporación de informes, certificaciones y otros documentos, o a «*pruebas desconocidas*» por las parte proponente al momento de formular sus escritos de acusación y defensa, debiendo, en dicho caso, ser propuestas en el acto de la audiencia preliminar, al amparo del art. 785.1.II LECrim o, incluso, al inicio del juicio, si el *desconocimiento* de la existencia de la prueba persiste en la audiencia preliminar, conforme establece el art. 787.3 LECrim—.

Cfr. STS de 21/03/2023 [*Tol 9490775*], sobre esta posibilidad de proponer, en el procedimiento ordinario, prueba tras los escritos de conclusiones provisionales, en concreto, al inicio del juicio oral.

Aclarado este efecto expansivo de las reglas procesales establecidas para el procedimiento abreviado, tenemos que el mismo, *stricto sensu*, y conforme dispone el art. 757 LECrim, es de aplicación para el «enjuiciamiento de los delitos castigados con pena privativa de libertad no superior a nueve años, o bien con cualesquiera otras penas de distinta naturaleza bien sean únicas, conjuntas o alternativas, cualquiera que sea su cuantía o duración», sin olvidar, en todo caso, que el artículo 760.1º LECrim, en su inciso primero dispone, no obstante, que iniciada la causa por los trámites del procedimiento abreviado «en cuanto aparezca que el hecho no se halla comprendido en alguno de los supuestos del artículo 757, se continuará conforme a las disposiciones generales de esta Ley, sin retroceder en el procedimiento más que en el caso de que resulte necesario practicar diligencias o realizar actuaciones con arreglo a dichos preceptos legales».

Interesante resulta al respecto del alcance de la aplicación del art. 760 LECrim, el ATS de 23/03/2017 [*Tol 6074430*], que vino a fijar la posibilidad de transformar en sumario, aun ya dictado, y no recurrido, auto de continuación por los trámites de procedimiento abreviado, al amparo del art. 779.1.4ª LECrim, por el que se abre la fase intermedia o de acusación, y con ocasión de la calificación jurídica de los hechos por parte de una de las acusaciones, calificación jurídica que llevaba a un tipo penal cuya pena en abstracto superaba, en su tramo superior, la pena de nueve años de prisión, todo ello sin apartarse de los hechos punibles recogidos en el auto dictado al amparo del referido artículo 779.1.4ª.

Pues bien, dicho ATS de 23/03/2017 [*Tol 6074430*] razonaba: «Según el recurrente, se vulnera el derecho a la tutela judicial efectiva en su modalidad de intangibilidad de las resoluciones judiciales firmes, ya que se dictó auto de transformación de las Diligencias Previas en Procedimiento Abreviado en fecha 21 de septiembre de 2015 y posteriormente se dejó sin efecto al dictarse el auto de fecha 7 de octubre de 2015 de transformación en sumario y auto de 8 de octubre de 2015 de procesamiento. [...], el auto de acomodación de las Diligencias Previas en Procedimiento Abreviado es firme y no puede ser modificado o revocado. [...] Conforme establece el art. 760 de la LECRim: "Iniciado un proceso de acuerdo con las normas de este Título, en cuanto aparezca que el hecho no se halla comprendido en alguno de los supuestos del artículo 757, se continuará conforme a las disposiciones generales de esta Ley, sin retroceder en el procedimiento más que en el caso de que resulte necesario practicar diligencias o realizar actuaciones con arreglo a dichos preceptos legales. [...]. Ante la solicitud de pena por parte de la acusación particular de 11 años de prisión, el Ministerio Fiscal emitió un escrito solicitando el cambio de procedimiento a sumario, [...] Se plantea por parte del recurrente, la nulidad de este auto y los que le siguen porque el Ministerio Fiscal no solicitó el cambio de procedimiento a través del oportuno recurso del auto de Procedimiento Abreviado, pero al tratarse de una cuestión de adecuación del procedimiento a los trámites previstos en la ley procesal, puede ser realizada de oficio por el juez de instrucción o, como ha ocurrido en este caso, mediante escrito de solicitud del Ministerio Fiscal. De hecho, así lo permite el art. 760 de la LECRim que impone la adecuación del procedimiento a la pena solicitada por las acusaciones en cuanto aparezca que el hecho no se halla comprendido en alguno de los supuestos del art. 757 LECRim».

Suele ser la práctica judicial habitual, con mayor o menor crítica, incoar la generalidad de los procedimientos —a salvo de que los hechos sean *ab initio* constitutivos de delito leve— como Diligencias Previas y posteriormente, tras la práctica de la instrucción correspondiente, transformar en el procedimiento que corresponda, cristalizado y delimitado el objeto penal.

3. LA FIJACIÓN DE LA PENA A EFECTOS DE DETERMINACIÓN DEL PROCEDIMIENTO

Para determinar la procedencia de conocer de determinados delitos a través del cauce de procedimiento abreviado, deberá estarse a la pena en abstracto, sin individualizar la misma con las reglas de participación, grados de ejecución, ni circunstancias agravantes de la responsabilidad penal, sea por causas modificativas generales o por causas recogidas en disposiciones específicas, si bien, de configurar estas últimas concretos y autónomos tipos penales agravados, habrá de estarse, en este caso sí, a la pena en abstracto recogida en el referido tipo penal.

En esta materia resulta sin duda especialmente didáctica la STS de 27/02/2024 [*Tol 9902675*], que vino a señalar sobre la determinación de la pena en abstracto, sin tener en cuenta ni la participación, ni grado de ejecución, ni causas modificativas, que «Cuando el legislador utiliza la locución "pena señalada al delito" u otras similares, surge habitualmente la duda de si hay que pensar en la pena en concreto o en abstracto. La opción por la segunda de las alternativas, a su vez abre nuevos dilemas: la pena en abstracto ¿es la establecida para el delito consumado en la parte especial?; ¿hay que tener en cuenta las reglas de individualización?; en este último caso, ¿todas las reglas de individualización o solo las que permiten sobrepasar por arriba o por abajo la horquilla penal?, ¿también en los casos de eximentes incompletas o pluralidad de atenuantes? La respuesta no siempre ha de ser la misma. Según la institución a la que nos enfrentemos la solución varía. Una cosa es el derecho penal sustantivo (arts. 76 o 131 CP); y otra, con reglas de interpretación diferentes, el derecho procesal regido por principios propios. Dentro del derecho procesal, a su vez, hay que distinguir supuestos (prisión preventiva, tipo de procedimiento, competencia...) La naturaleza de la institución modula y condiciona la respuesta. No vamos a explorar ahora, —resulta innecesario—, todo ese mosaico de supuestos. Interesa solo subrayar que las soluciones no son trasplantables miméticamente de uno a otro ámbito, sin distorsionar el sistema. Por eso no es correcto, a diferencia de lo que sucede en la acumulación de condenas (art. 76 CP), entender que al hablarse de delitos castigados con una pena ha de tomarse en consideración también el grado de ejecución a efectos de determinar la competencia. No es ese el criterio consagrado en la jurisprudencia. Un delito de homicidio siempre será juzgado por la Audiencia, aunque no esté consumado y se esté enjuiciando en exclusiva a un cómplice. Y el procedimiento a seguir será necesariamente el ordinario (art. 757 LECrim)».

En el caso de acumulación de varios delitos en la misma causa, bien por conexidad procesal —o, si se prefiere, acumulación por analogía o relación entre sí—, al amparo del artículo 17.3 LECrim, bien por conexidad material, conforme dispone el apartado segundo del dicho precepto, habrá de estarse a la pena en abstracto de cada uno de los delitos acumulados en la misma causa.

Especial mención merece el caso de concursos de delitos, también de concurso medial de delitos (a la que le corresponde la aplicación del art. 77.3 CP para el cálculo de la pena); pues bien, a idéntica solución a la anterior debemos llegar, debiendo estarse a la pena en abstracto de cada uno de los delitos que configuran ese concurso.

Ilustrativa resulta la STS de 19/01/2018 [*Tol 6486657*], que, si bien con relación a la determinación de la competencia objetiva en caso de concursos mediales de delitos, entendemos plenamente aplicables, sus razonamientos, a la determinación del cauce procedimental; así, dicha resolución razonó: «La magnitud de dichas penas, conforme a la jurisprudencia de esta Sala, es la fijada en abstracto por el legislador; la prevista en el tipo conforme su redacción en la ley. Así, la STS 355/2014, de 14 de abril, declara: la jurisprudencia ha precisado que para la determinación de la competencia objetiva de los juzgados y tribunales penales en función de la pena que corresponda al delito, habrá de estarse a la pena prevista en abstracto por la ley para clase de delito y no a la concretamente solicitada por las acusaciones [...]., pues si rigiera el criterio de la pena concreta se dejaría en manos de las acusaciones la determinación de la competencia objetiva de los órganos judiciales penales. [...] en los supuestos concursales, sea cualesquiera la regla de específica de aplicación de la pena, la competencia la fija y determina la penalidad abstracta prevista para cada delito que integra el concurso; [...] E inclusive respecto de las penas de prisión, el juez de lo penal, aunque sólo conozca de delitos castigados con pena privativa de libertad de duración no superior a cinco años, no es infrecuente que imponga penas superiores, en supuestos de concurso real, pudiendo llegar a fijar un límite de cumplimiento (ex art. 76) de quince años de prisión (como consecuencia del triplo de la más grave). Dicho de otro modo, la competencia deferida al juez Penal, no imposibilita la imposición de penas superior a cinco años, sino enjuiciar delitos (no concursos) cuya pena abstracta de prisión, exceda de cinco años. [...] resulta contradictorio que dos infracciones que concursan en forma ideal o en forma real, la atribución competencial, cuando la penalidad de cada una de ellas no sea superior a cinco años de prisión, corresponda al juez de lo penal, pero si concursan en forma medial, más grave que la modalidad ideal, pero menos que la real, salgan de su competencia. [...] Acuerdo de Pleno.— Esta solución es concorde con el Acuerdo del Pleno no jurisdiccional, adoptado el pasado 12 de diciembre: [...]».

En cuanto al delito continuado, por aplicación del art. 74 CP, y tal y como viene señalando la doctrina del TS, recordemos que se trata de una unidad jurídica de acción, de una verdadera "realidad jurídica", que permite construir un proceso unitario sobre una pluralidad de acciones, en tal modo que, aquí sí, debe estarse a la horquilla punitiva que establece el art. 74 CP para determinar el tipo de procedimiento a seguir. Así las cosas, si por aplicación del apartado primero del art. 74 CP, la pena máxima resulta superior a los nueve años de prisión, no será posible conducir el procedimiento por los cauces del procedimiento abreviado. En concreto, debemos estar al máximo que se obtenga de incrementar hasta la mitad inferior de la pena superior en grado de la señalada para la infracción más grave, aunque la posibilidad de imponer esta pena en la mitad inferior de la superior en grado sea facultativa.

Como señala el TS, ciertamente referido a la competencia objetiva, «si hay facultad de imponer penas superiores a las que determinan la competencia objetiva de los Juzgados de lo Penal, aunque las acusaciones no hayan hecho uso de esa facultad en sus calificaciones, la competencia ha de reconocerse en favor de la Audiencia provincial» (*STS 502/2018* [*Tol 6898965*]).

Así, en apoyo de esta tesis la STS de 24/02/2021 [*Tol 8337462*], si bien con relación a cuestiones de competencia objetiva, declaró que en el delito continuado la competencia se fija teniendo en cuenta el máximo de pena correspondiente al delito con la agravación posible para el continuado —mitad inferior de la pena superior en grado—.

Sirva, a su vez, la SAP de Tarragona, Secc. 2ª, de 13/02/2024 [*Tol 10083492*], si bien nuevamente referido a cuestiones de determinación de la competencia objetiva, bien del juzgado de lo penal, bien de la Audiencia Provincial, pero entendemos, nuevamente, aplicables sus argumentos para la determinación del tipo de procedimiento a seguir; dicha resolución vino a razonar: «Único.– De conformidad con lo previsto en el artículo 14 LECr, el enjuiciamiento y fallo de las causas por delito a los que la ley señale pena privativa de libertad superior a cinco años corresponde a la Audiencia Provincial de la circunscripción donde el delito se haya cometido, lo que concurre en el presente caso, toda vez que la acusación pública califica los hechos justiciables como constitutivos de un delito continuado de robo con fuerza en casa habitada, previsto y penado en los artículos 237, 238.2, 241 y 74 CP, por lo que le corresponde en abstracto una pena que excede de los cinco años de prisión, al poder abarcar hasta los seis años y 3 meses de prisión de conformidad con lo dispuesto en el artículo 74.1 que establece «... el que, en ejecución de un plan preconcebido o aprovechando idéntica ocasión, realice una pluralidad de acciones u omisiones que ofendan a uno o varios sujetos e infrinjan el mismo precepto penal o preceptos de igual o semejante naturaleza, será castigado como autor de un delito o falta continuados con la pena señalada para la infracción más grave, que se impondrá en su mitad superior, pudiendo llegar hasta la mitad inferior de la pena superior en grado", por lo que resulta procedente aceptar la competencia de esta Audiencia Provincial para el enjuiciamiento de los hechos justiciables».

4. TRATAMIENTO PROCESAL DE LA COMPETENCIA

Encontramos en el art. 759 LECrim, apriorísticamente, una regulación específica para las cuestiones de competencia que puedan surgir entre los distintos órganos judiciales con ocasión de la tramitación del procedimiento abreviado en sus distintas fases.

No obstante, este pretendido tratamiento procesal de la competencia *individualizado* para el procedimiento abreviado, no difiere en lo esencial del tratamiento de dicha materia en el procedimiento común, que, en todo caso, lo complementa, por aplicación del art. 758 LECrim, debiendo estarse también a lo dispuesto en los arts. 19 a 47 de la LECrim.

Asimismo, y visto que en el referido art. 759 LECrim, en sus reglas 2ª y 3ª, se regulan cuestiones de competencia objetiva, dicha regulación debe analizarse, a su vez, a la luz del art. 52 LOPJ.

4.1 Tratamiento procesal de la competencia objetiva

El debate sobre la competencia objetiva, como decimos, se encuentra recogido en las reglas 2ª y 3ª del art. 759 de la LECrim, debate competencial que no puede ser calificado, en sentido estricto, como cuestiones de competencia, recordando que el art. 52 LOPJ, referido unas líneas atrás, vendría a cerrar la posibilidad de plantear cuestiones de competencia entre «Jueces y Tribunales subordinados entre sí».

Destaquemos, no obstante, que existe una sólida línea jurisprudencial que atempera el alcance del referido art. 52 LOPJ, admitiendo el debate de las decisiones de las Audiencias Provinciales sobre los límites de su competencia objetiva frente a los Juzgados de lo Penal —hoy, conforme a la reforma operada por la LO 1/2025, jueces de la Sección de lo Penal de los Tribunales de Instancia[2]—. Admisión que es justificada por la naturaleza del derecho cuestionado, esto es, el derecho a ser juzgado por el juez predeterminado por la ley de acuerdo con el art. 24 CE.

> Al respecto, la STS de 60/04/2016 [*Tol 5687972*] reiterada por posteriores resoluciones —entre las más recientes, STS de 16/07/2024 [*Tol 10124482*]— señalaba: «Sea como sea, y poniendo el acento en unas u otras cuestiones, aun sin faltar resoluciones en sentido contrario menos abundantes pero igualmente bien razonadas (vid. Autos de 20 de diciembre de 2006, 15 de diciembre de 2010, 27 de marzo de 2003, 14 de febrero de 2013, 3 de diciembre de 2015), existe una muy mayoritaria línea jurisprudencial que, minimizando, si se quiere de forma discutible, el alcance del art. 52 LOPJ, admite la recurribilidad en casación de las decisiones de las Audiencias Provinciales sobre los límites de su competencia objetiva frente a los Juzgados de lo Penal. Tal jurisprudencia arranca de un Pleno no jurisdiccional de fecha 2 de octubre de 1992 que analizaba esa distribución de competencias. Fue el germen de un nutrido abanico de resoluciones. Muchas de ellas comienzan afirmando la impugnabilidad en casación de la decisión de la Audiencia Provincial».

2533

Con los matices antedichos, de la lectura del art. 759 LECrim, podemos hablar del tratamiento procesal de la competencia objetiva, y que se lleva a cabo, en palabras de GIMENO SENDRA, desde dos prismas:

1. *Debate menor a mayor*. Dispone el art. 759.2ª LECrim que ningún juez instructor o juez de lo penal (o, en su caso, bien juez de la sección de instrucción del Tribunal Central de Instancia o bien juez de la sección de lo penal de dicho Tribunal Central de Instancia, si de la Audiencia Nacional

---

2 En adelante, nos referiremos a «juez de lo penal» como a cualquiera de los jueces de la Sección de lo Penal del Tribunal de Instancia competente (o, en su caso, de la Sección de lo Penal del Tribunal Central de Instancia, cuando de la Audiencia Nacional hablamos).

se trata) podrá promover cuestiones de competencia a las Audiencias respectivas o a la Sala de lo Penal, en el caso de la Audiencia Nacional, siendo que la única posibilidad para dichos jueces unipersonales[3] es exponer al órgano colegiado, oído previamente al Ministerio Fiscal, en primer término, y, en segundo lugar, al resto de partes, las razones que tenga para creer que le corresponde, bien a él —competencia en sentido positivo—, bien a la Audiencia Provincial, o la Sala de lo Penal, en su caso, el conocimiento del asunto, resolviendo finalmente el órgano colegiado lo que estime procedente, comunicando esta resolución al juez que la haya expuesto para su cumplimiento.

2. *Debate competencia de mayor a menor* (art. 759.3ª LECrim). En el caso inverso, esto es, que la controversia sea planteada por la Audiencia Provincial —o, en su caso, la Sala de lo Penal de la Audiencia Nacional— frente a los jueces unipersonales referidos en el apartado anterior, al entender que le corresponde conocer a dicho tribunal de un asunto que estuviera conociendo el órgano unipersonal.

De la lectura de dichas reglas dos cuestiones se pueden suscitar. Una primera, en la que debemos preguntarnos en qué casos puede existir un conflicto sobre competencia objetiva entre un juez instructor y la Audiencia Provincial (o, en su caso, un juez central de instrucción y la Sala de lo Penal, si de la Audiencia Nacional hablamos), dada la concreta competencia objetiva de estos jueces unipersonales, siendo difícil que esto se produzca; tal vez, con ocasión del conocimiento de los «delitos leves, sean o no incidentales, imputables a los autores de estos delitos o a otras personas, cuando la comisión del delito leve o su prueba estuviesen relacionadas con aquellos» a los que hace referencia el art. 14.3 LECrim —ciertamente referido a la competencia de los jueces de lo penal, pero plenamente trasladable a los procedimientos cuyo enjuiciamiento corresponda a la Audiencia Provincial, teniendo en cuenta el apartado quinto del artículo 142.4ª y artículo 742, ambos de la LECrim—, o también con ocasión de los delitos leves que por razón de conexidad deban ser conocidos en la misma causa al amparo del art. 17 LECrim.

La siguiente cuestión que se puede suscitar es hasta cuándo pueden plantearse estos debates sobre competencia, y si existe un límite temporal, entre

---

3 Denominaremos a los «*jueces unipersonales*», bien con dicha identificación genérica para cualquiera de los jueces o magistrados integrados en la sección que corresponda del Tribunal de Instancia competente, bien concretando dicho juez unipersonal con arreglo a su función —v. gr. juez de instrucción, juez de lo penal, juez de violencia sobre la mujer, juez central de instrucción...—.

los referidos jueces unipersonales y órganos colegiados sobre la competencia objetiva.

Al respecto, tomemos como punto de partida —y a salvo de los inhabituales, sino insólitos, casos en que sea el juez instructor el que platee la cuestión cuando discuta la procedencia de conocer o no de un determinado delito leve— que este tipo de debate sobre la competencia objetiva será siempre tras el dictado del auto de apertura de juicio oral, pues será en ese momento, y transcurrido el plazo para los escritos de defesa, en el que la causa sea asumida por el juez de lo penal o la Audiencia Provincial, auto de apertura de juicio oral que fijará, en cumplimiento de lo dispuesto en el último inciso del art. 783.2 LECrim, el órgano de enjuiciamiento, en determinación de la competencia objetiva.

Así las cosas, nuestro TS, a pesar de lo dispuesto en el art. 759 LECrim, y en evitación de un indeseable peregrinaje procesal, y desde el principio de perpetuación de la jurisdicción, viene a establecer que, dictado el auto de apertura de juicio oral, el órgano al que se remite la causa, a salvo de errores materiales con encaje en el art. 161 LECrim o de variación de los hechos que justifique el cambio de competencia, no será dable discutir, con carácter general, su competencia objetiva ni el juez de lo penal frente a la Audiencia Provincial, ni esta última frente al primero, con la salvedad para el juez de lo penal de la previsión establecida en el art. 788.5 LECrim, que establece que cuando todas las acusaciones califiquen los hechos como delitos castigados con pena que exceda de la competencia del juez de lo penal, se declarará éste incompetente para juzgar, dará por terminado el juicio y el LAJ remitirá las actuaciones a la Audiencia competente.

Al respecto, el ATS de 11/12/2019 [*Tol 7628209*], vino a afirmar que «Nada afectaría a la competencia objetiva de la Audiencia que no se solicitara en conclusiones definitivas o no se aceptara por el Tribunal el cuestionado subtipo agravado que tuvo por consecuencia determinar —en abstracto— la competencia de la Audiencia, sin embargo, a la inversa, si la competencia objetiva del juez de lo penal quedase desbordada por alguna de las acusaciones, se debería proceder de la forma prevista en el artículo 788-5º de la Ley de Enjuiciamiento Criminal que prevé en tal caso que se debe declarar incompetente, dar por terminado el juicio y remitir la causa a la Audiencia correspondiente».

Incluso se podría defender que es de aplicación el referido art. 788.5 LECrim con ocasión de modificar las conclusiones provisionales, no con ocasión de elevarlas a definitivas, tras la práctica de la prueba y por razón del resultado de ellas, sino por la vía de modificarlas como cuestión previa y manteniendo su "condición" de conclusión provisional, lo que permitiría por dicha vía al juez de lo penal remitir, en caso de ser incompetente a raíz de la calificación de las conclusiones de los escritos presentados, el procedimiento a la Audiencia Provincial.

En cuanto a esta reticencia sobre la posibilidad de plantear cuestiones de competencia objetiva, tras el dictado del auto de apertura de juicio oral, siempre que no haya una variación de los hechos que justifique el cambio de competencia, resulta destacable lo razonado en la STS de 20/12/2023 [*Tol 9818094*]: «En relación con la primera de las cuestiones, y según se deduce del contenido de las actuaciones, singularmente de los autos fechados los días 16/04/21 y 06/04/21, la petición de acumulación se produjo con posterioridad al dictado del auto de apertura de juicio oral y este tribunal viene declarando que el momento preclusivo para plantear problemas de conexidad es el citado auto. Siendo cierto que la LECrim no establece una disposición terminante que impida el planteamiento de conexidades o de acumulaciones hasta un momento procesal determinado y siendo también cierto que esta Sala ha sido permisiva en orden a admitir el planteamiento de cuestiones de competencia del órgano de enjuiciamiento hasta el inicio del juicio, en el trámite de alegaciones previas previsto en el artículo 786.2 de la LECrim, también lo es que esta Sala viene aplicando el principio de la "perpetuatio iurisdictionis", para denegar el cambio de competencia cuando la instrucción ha concluido, siempre que no haya una variación de los hechos que justifique el cambio de competencia (AATS 11/12/2003– CC 20146/12–; 30/11/2012 –CC 20584/2012 y 31/01/2015– CC 20774/2012)».

2536

4.2 Tratamiento procesal de la competencia territorial

En cuanto a la discusión por competencia territorial, que solo puede serlo, claro está, entre órganos del mismo grado y clase, tenemos la regla primera del art. 759 LECrim, si bien por dicha vía será posible plantear algún debate centrado en aspectos que entroncan con cuestiones relativas a la competencia objetiva, cuando, por ejemplo, se discute la competencia para conocer de la investigación de unos hechos entre un juez de violencia sobre la mujer y un juez de instrucción, o, entre este último y el juez central de instrucción, competencia, en cuanto a la investigación del delito, si bien de carácter funcional, la misma *deriva* de una competencia objetiva distinta.

Sea como fuere, el art. 759 LECrim dibuja dos escenarios en cuanto al posible debate competencial, a saber:

1. Cuestión de *competencia positiva*, surgida con el rechazo del inicial *requerimiento de inhibición* cuando un órgano judicial reclame el conocimiento de determinada causa que está conociendo otro, y este último rechaza dicho requerimiento; el órgano requirente deberá bien desistir del mismo o plantear cuestión de competencia positiva ante el superior jerárquico común de ambos.

2. Cuestión de *competencia negativa*, surgida con el rechazo de la inicial inhibición: cuando un órgano judicial se inhiba del conocimiento de determinada causa, y el que la recibe rechaza dicha remisión; el órgano que

pretende la inhibición deberá desistir de la misma o plantear cuestión de competencia positiva ante el superior jerárquico común de ambos.

Ahora bien, de la regulación de nuestra LECrim se desprende que los órganos que "debatan" la competencia, bien por inhibición, bien por requerimiento de inhibición, están llamados a seguir instruyendo las diligencias necesarias en tanto se resuelva la controversia competencial. Así, señala el art. 25 de la LECrim —como decíamos, de aplicación supletoria a procedimiento abreviado conforme establece el art. 758 LECrim—: «Entretanto no recaiga decisión judicial firme resolviendo definitivamente la cuestión promovida o aceptando la competencia, el juez instructor que acuerde la inhibición a favor de otro de la misma clase seguirá practicando todas las diligencias necesarias para comprobar el delito, averiguar e identificar a los posibles culpables y proteger a los ofendidos o perjudicados por el mismo. A tal efecto, la resolución que inicialmente acuerde la inhibición expresará esta circunstancia, y a ella se acompañará únicamente testimonio de las actuaciones. Dirimida la cuestión o aceptada la competencia por resolución firme, se remitirán los autos originales y las piezas de convicción al juez que resulte competente», señalando, en sintonía con lo expuesto, el art. 759 LECrim, en regulación específica para el procedimiento abreviado, que «cuando la cuestión surja en la fase de instrucción, cada uno de los juzgados continuará practicando en todo caso, hasta tanto se dirima definitivamente la controversia, las diligencias conducentes a la comprobación del delito, a la averiguación e identificación de los posibles culpables y a la protección de los ofendidos o perjudicados por el mismo, debiendo remitirse recíprocamente ambos juzgados testimonio de lo actuado y comunicarse cuantas diligencias practiquen». 2537

Por tanto, y de la lectura de ambos preceptos, así como del art. 22 LECrim, la regulación no permite la paralización del procedimiento en ningún momento. Así, incluso, y en estricta aplicación de la norma, cuando un órgano judicial acuerda la inhibición de una causa a otro órgano judicial, debería serlo mediante remisión de testimonio de la misma, debiendo seguir practicando las diligencias oportunas para la comprobación del delito.

Finalmente, debemos recordar que estos órganos judiciales que debaten la competencia ostentarían la competencia funcional para conocer de los hechos, siendo las diligencias de instrucción por ellos practicadas plenamente válidas, como así expresamente se desprende, por ejemplo, del art. 22. LECrim, párrafos segundo y tercero, que establece el *principio de conservación* de los actos encaminados a la investigación de los delitos.

Todos estos preceptos deben, además, ser interpretados a la luz del art. 324 LECrim, pues la cuestión de competencia no interrumpe los plazos establecidos para finalizar la instrucción de la causa, más allá de las prórrogas que puedan acordarse en su caso.

Así las cosas, planteada, por ejemplo, la cuestión de competencia ante el superior jerárquico común, deberá, quien plantea dicho conflicto, comunicar dicho planteamiento —con remisión de copia testimoniada de las actuaciones, si no la tuviese ya en su poder— al órgano de igual clase frente al que se plantea la cuestión de competencia, y a los efectos de lo dispuesto en los arts. 759 y 25 LECrim, para que practique las diligencias que tenga por conveniente, participándole de las diligencias de investigación que puedan acordarse por el órgano remisor.

Una vez aceptada la inhibición, o resuelta por el superior jerárquico la cuestión de competencia, se pondrá a disposición del órgano judicial que finalmente deba conocer de la causa, si no los tuviese ya, los autos originales, así como el resultado de las diligencias practicadas por el órgano al que finalmente no le corresponda asumir el conocimiento de la causa.

5. LA ESTRUCTURA DEL PROCEDIMIENTO ABREVIADO

Para aproximarnos a la estructura del procedimiento abreviado, tomemos como punto de partida las tres *barreras* que debe superar el proceso penal para llegar, en su caso, a un pronunciamiento condenatorio, esto es, juicio de posibilidad, el juicio de probabilidad y el juicio de certeza; así no cabe duda de que para dar inicio a un proceso penal basta con la mera posibilidad de la existencia del delito —recordemos que solo se puede inadmitir una denuncia cuando los hechos no sean delito o resulten manifiestamente falsos, conforme nos recuerda el art. 269 LECrim— y que para abrir la fase de acusación o fase intermedia del proceso es necesaria la probabilidad —o debida justificación— de la existencia del delito, permitiendo desembocar en la fase de enjuiciamiento para el caso de que se sostenga la acusación por algunas de las partes legitimadas para ello. Sin embargo, para llegar a un pronunciamiento condenatorio es necesaria la certeza de que se ha producido el hecho delictivo, sin que sea suficiente la probabilidad de que haya sido así, ni mucho menos la posibilidad.

Desde esta aproximación, tenemos que en el recorrido judicial del procedimiento abreviado podemos distinguir tres fases:

1. *Diligencias previas* (fase de instrucción o de investigación judicial), regulada en los artículos 774 a 779 de la LECrim: cuyo inicio surge ante la mera posibilidad de la existencia del delito.

2. *Fase intermedia o de acusación* (artículos 780 a 784 de la LECrim), cuya apertura se produce cuando, tras la práctica de las diligencias necesarias y llevado a cabo el juicio de probabilidad, el juez instructor entiende debidamente justificada la existencia del delito y su autoría, en cuyo caso dictará la resolución a la que se refiere el art. 779.1.4ª LECrim.
3. *Fase de juicio oral* (artículos 785 a 789 de la LECrim), cuya apertura se produce, en recta aplicación del principio acusatorio, cuando, junto con dicha probabilidad de la comisión delictiva y probable autor, al menos alguna de las partes legitimadas para ello está dispuesta a sostener el ejercicio de la acción penal frente al identificado como probable responsable penal en la resolución por la que se ha abierto la fase intermedia o de acusación.

   Dentro de esta fase de juicio oral, y con la reforma introducida por la LO 1/2025, tenemos un acto previo al acto del juicio en sentido estricto, llamado «audiencia preliminar», cuyo fin, en una primera y esquemática aproximación, se circunscribe a verificar la posible conformidad del acusado o acusados, así como resolver todas aquellas cuestiones relativas a la competencia del órgano judicial, vulneración de derechos fundamentales, artículos de previo pronunciamiento, nulidad de las actuaciones y causas de ilicitud de la prueba. 2539

6. LA INVESTIGACIÓN PRELIMINAR

Junto con las tres fases que hemos descrito en el epígrafe anterior y que integrarían la causa penal judicializada, la regulación del procedimiento abreviado da especial importancia a la investigación preliminar, referida tanto a la investigación del Ministerio Fiscal como a la de la Policía Judicial, y que se practica antes de iniciarse la investigación judicial. Investigación preliminar que analizaremos en el presente epígrafe.

Esta especial relevancia de dicha fase de *preinstrucción* no debe, en ningún caso, tener como consecuencia que se tiña el procedimiento judicial de actuaciones o consecuencias propias del principio inquisitivo.

Así, la Sentencia del Tribunal Europeo de Derechos Humanos, de 6 enero 2010 (Vera Fernández-Huidobro contra España), y si bien señaló que el Convenio Europeo de Derechos Humanos garantiza el derecho a un tribunal independiente e imparcial y que dentro de esta noción de tribunal no se integra ni la investigación judicial, ni la preliminar, vino a recordar, no obstante, que «El Tribunal recuerda que, en repetidas ocasiones, ha considerado que las garantías del artículo 6 se aplicaban al conjunto del proceso, incluidas las fases de investigación preliminar y de instrucción judicial (ver, particularmente, las sentencias Imbrioscia c.

Suiza, 24 de noviembre de 1993, § 36, y Pandy c. Bélgica, no 13583/02, § 50, 21 de septiembre de 2006) en la medida en que su incumplimiento inicial tiene el riesgo de comprometer gravemente el carácter equitativo del proceso. No hay que olvidar que el Convenio tiene por objeto «proteger derechos no sólo teóricos o ilusorios, sino concretos y efectivos» (Airey c. Irlanda, 9 de octubre de 1979, § 24, serie A no 32) y que la jurisprudencia del Tribunal no se desinteresa de las fases que se celebran antes del juicio oral. Así, el artículo 6 —especialmente su párrafo 3— puede ser relevante antes de que conozca el juez sentenciador si, y en la medida en que, su incumplimiento en esa fase previa entraña el riesgo de comprometer gravemente la equidad del proceso (Imbrioscia, ya citada, § 36)».

Por otro lado, no debemos perder de vista, más allá de su relevancia, que la investigación preliminar ni tiene carácter jurisdiccional, ni es, en ningún caso, necesaria, es decir, es eventual, más allá de resultar, en no pocos casos, esencial para el correcto desarrollo posterior de la investigación judicial.

La eventualidad de la investigación preliminar la constatamos desde la aproximación a los modos de iniciarse una investigación judicial, alguna de ellas sin necesidad de pasar "por las manos" del Ministerio Fiscal, ni la policía judicial, bien por llegar la *notitia criminis* directamente al juez, bien por interposición de denuncia directamente ante el juez de guardia, bien por iniciarse el procedimiento a través de interposición de querella, siendo que en ninguno de estos casos existirá investigación preliminar.

6.1 El papel del Ministerio Fiscal

Sin perjuicio de remitirnos al especifico estudio de la investigación preliminar que se hace en la presente obra, en los capítulos 18 y 19, debemos destacar, y en lo que importa al procedimiento abreviado, que, sin duda, una novedad especialmente relevante que trajo consigo el procedimiento abreviado fue regular la actividad investigadora de la Policía Judicial y del Ministerio Fiscal, que viene siendo conocida como investigación preliminar —o preprocesal—, apostando por dicha *preinstrucción* o investigación previa a la investigación judicial, si bien incompatible con esta última, en tal modo que toda investigación preliminar del Ministerio Fiscal (regulada en el art. 773.2 LECrim) debe cesar en el caso de que se inicie una investigación judicial, sin perjuicio de que deberá continuar la actuación del Ministerio Fiscal, pero ya mediante intervención en la investigación judicializada, conforme dispone en art. 773.1 LECrim —ejerciendo la acción penal y civil, interviniendo en las diligencias de investigación, proponiendo otras, solicitando medidas cautelares...—, pero con la asunción de la investigación por parte del juez instructor; asimismo, la Policía Judicial seguirá actuando, pero ya bajo la dirección de éste último.

Esta "incompatibilidad" entre la investigación preliminar del Ministerio Fiscal y la investigación judicial, viene fijada con diáfana claridad en el último inciso del art. 773.2 LECrim, que dispone expresamente: «Cesará el Fiscal en sus diligencias tan pronto como tenga conocimiento de la existencia de un procedimiento judicial sobre los mismos hechos».

Regula específicamente el art. 773.2 LECrim (que debe ser puesto en relación con el art. 5 EOMF) las distintas posibilidades de finalización de su investigación preliminar, tras la práctica de las diligencias que tuviera por oportuno, procediendo el archivo mediante decreto —que deberá notificarse a los denunciantes y perjudicados—, cuando no se hubiera evidenciado hecho de significación penal (art. 5.3 EOMF y 773.2 LECrim), esto es:

1. El hecho no reviste carácter de delito.

2. El hecho no ha acontecido.

3. Faltan elementos que acrediten la perpetración del delito.

La falta de indicios para atribuir los hechos a determinada persona llevará consigo, no el archivo, sino la remisión de lo actuado al juez, con solicitud de incoación y sobreseimiento

Finalmente, procederá la presentación de denuncia o querella ante el juez competente cuando se hubieran evidenciado hechos de significación penal. 2541

6.2 El papel de la Policía Judicial

En lo que se refiere a la instrucción preliminar de la Policía Judicial, dentro del procedimiento abreviado la encontramos recogida en los arts. 770 a 772 de la LECrim, regulación que se centra especialmente en la misión de recoger todos aquellos datos sobre los delitos que se cometieren en su territorio para ponerlos a disposición de la autoridad judicial, cesando, como hemos apuntado, su investigación preliminar en el momento que haya en marcha una investigación judicial, pasando entonces, como también exponíamos, a ser la Policía Judicial instrumento de esta investigación del juez instructor.

La regulación del procedimiento abreviado en la LECrim fija como concretas diligencias de investigación preliminar a llevar a cabo por la Policía Judicial, entre otras, recabar auxilio de personal sanitario para prestar, en su caso, auxilios al ofendido (art. 770.1ª LECrim), realizar el oportuno reportaje fotográfico o reproducción de imágenes que sirva al esclarecimiento de los hechos y exista riesgo de desaparición de sus fuentes de prueba (770.2ª LECrim), recogida de efectos, instrumentos o pruebas del delito (770.3ª LECrim), toma de datos de las personas que pudieran razón de los hechos (770.5ª LECrim).

Por último, no está de más matizar el plazo dispuesto en el art. 295 LECrim, no modificado ni aclarado por la Ley 41/2015, a pesar de reformar algún aspecto de dicho precepto —con ocasión de adecuarlo al también reformado art. 284 LECrim—, plazo que fija en veinticuatro horas como tiempo que "*en ningún caso los funcionarios de Policía Judicial podrán dejar transcurrir*" sin dar conocimiento a la autoridad judicial o al Ministerio Fiscal de las diligencias que hubieran practicado, estableciendo imposición de sanciones disciplinarias caso de dejarlo transcurrir.

Pues bien, dicho plazo, en primer lugar, debe computarse desde la finalización del atestado (STS de 16/01/2004 [*Tol 340282*]), si bien no puede prorrogarse la investigación policial más allá de lo necesario para cumplir su fin inicial como investigación preliminar, pues nuestro sistema no admite una investigación policial con aroma de clandestinidad (STS de 16/01/2018 [*Tol 6477994*]); no debe perderse la perspectiva de que la investigación preliminar de la policía no puede pretender la sustitución de la investigación judicial, siendo el fin de dicha investigación preliminar ofrecer al órgano judicial la información fáctica adecuada, ordenada y comprobada, de la comisión de hechos con apariencia de delito, determinando las distintas fuentes, no solo policial, sino la de personas que presenciaron los hechos, la de los técnicos que hayan podido informar la naturaleza el modo de ser de las cosas, etc.

Ilustrativo sobre la interpretación del plazo de veinticuatro horas al que hace referencia el art. 295 LECrim, resulta la STS de 3/03/2020 [*Tol 8420671*], que vino a razonar: «Pues bien, es cierto que la sentencia recurrida reconoce que los plazos del art. 295 LECrim no se han cumplido, [...]. Es más que obvio que nos encontramos ante una investigación en la que, desde un primer momento, aparecían como presuntamente implicadas un número importante de personas, referida además a cuestiones de indudable complejidad, lo que, partiendo de una serie de datos que requerían una mínima actividad de comprobación (tarea que como decíamos realizaron los agentes que intervinieron como auxiliares del instructor), contribuía a dificultar esa pronta puesta en conocimiento de la autoridad judicial o del Ministerio Fiscal, en los términos a que se reconducen los plazos previstos en la ley procesal, debiendo apelarse igualmente a criterios de proporcionalidad consustanciales con el contenido de las mentadas investigaciones. [...] no habiéndose producido ninguna ocultación al juez Instructor, debiendo valorarse pues las características de la investigación, los hechos que constituyen su objeto y las propias circunstancias en que se inició esta».

7. LAS ESPECIALIDADES EN LA FASE INTERMEDIA

7.1 El final de la instrucción

Una vez practicadas las "diligencias pertinentes" (en estricta expresión del art. 779.1 LECrim) el juez instructor puede dictar alguna de las siguientes resoluciones:

1. Decretar *el sobreseimiento* que corresponda, que podrá ser, y a pesar de la literalidad del art. 779.1.1ª LECrim, cualquiera de los motivos de sobreseimiento libre del artículo 637 o provisional del art. 641, ambos de la LECrim, tipos de sobreseimiento y su análisis que ya han sido objeto de estudio en el capítulo 43 de esta obra y al que nos remitimos. Lo significativo, en lo que respecta al procedimiento abreviado, es que, a diferencia de la regulación del procedimiento ordinario, el juez instructor, practicadas las "diligencias pertinentes", tiene la potestad para decidir abrir la fase intermedia del proceso o sobreseerlo por cualquiera de las causas que establecen los art. 637 y 641, ambos de la LECrim, e, incluso, sobreseer por apreciar algunas de las circunstancias del art. 666 LECrim, cuando, por ejemplo, el juez instructor entendiera que existe prescripción de delito o, incluso, cosa juzgada.

Recordemos que, en el sumario de procedimiento ordinario, el sobreseimiento solo puede ser dictado por el órgano de enjuiciamiento (conforme art. 632 y concordantes de la LECrim), sin que dicho pronunciamiento pueda ser dictado por el juez instructor; al cual solo le cabe la posibilidad de no dictar auto de procesamiento, cuando en fase de sumario se entiende que procede el sobreseimiento de la causa por alguna de las causas del art. 637 y 641, ambos de la LECrim, y todo ello sin perjuicio del superior criterio de la Audiencia Provincial llamada a ratificar la conclusión de sumario o, en su caso, revocar el mismo, acordando el dictado del auto de procesamiento por parte del juez instructor, así como la práctica de diligencias de investigación que se entiendan necesarias para completar el sumario.

2. *Remitir* las actuaciones al tribunal o jurisdicción competente cuando los hechos sean constitutivos de *delito leve*, salvo que le corresponda su enjuiciamiento, estén atribuidos a la *justicia militar* o hayan sido cometidos por *menores* (art. 779.1.2ª y 3ª LECrim).
3. *Incoar diligencias urgentes de juicio rápido* cuando el investigado haya reconocido los hechos, éstos sean constitutivos de delito castigado con pena no superior a 3 años de prisión, o de multa cualquiera que sea su cuantía, o con otra pena de distinta naturaleza cuya duración no exceda de diez años, y el Ministerio Fiscal y las partes personadas acepten formular acusación con la conformidad del acusado (art. 779.1.5ª LECrim).

Nos remitimos, en cuanto al análisis de este trámite, a lo expuesto en el correspondiente epígrafe dentro del capítulo 65 de esta obra.

4. Abrir la fase intermedia o de acusación, dictando auto de continuación del procedimiento por los trámites de procedimiento abreviado (art. 779.1.4ª LECrim), a cuyo estudio dedicaremos el siguiente epígrafe.

7.2 La apertura de la fase intermedia o de acusación

Analizaremos en este epígrafe la fase que surge con la decisión regulada en el art. 779.1.4ª LECrim, decisión que habrá de producirse superado el juicio de probabilidad, en tal modo que el instructor entienda debidamente justificada la existencia del delito y determinado el probable autor, esto es, la existencia de elementos que permiten sostener una acusación seria con probabilidad de condena; caso contrario, no deberá abrirse esta fase y tendrá que detenerse el procedimiento, dictando el sobreseimiento que proceda, en evitación apertura de juicios innecesarios.

Así lo razona el ATS de 31/07/2013 [*Tol 4943117*] cuando expone: «Pero sí ha de cancelarse el proceso cuando racionalmente quepa hacer un pronóstico fundado de inviabilidad de la condena por insuficiencia del material probatorio con que se cuenta. Si tal bagaje se revela desde este momento como insuficiente para derrotar a la presunción de inocencia y, con igual juicio hipotético, no pueden imaginarse ni variaciones significativas ni introducción de nuevos materiales, procederá abortar ya el procedimiento en aras de esa finalidad complementaria de la preparatoria del juicio oral: evitar la celebración de juicios innecesarios que, entre otras cosas, supondrían la afectación del derecho a un proceso sin dilaciones indebidas, también el de las partes acusadoras que verían inútilmente postergada en el tiempo la decisión final ya pronosticable, y dilapidadas energías no solo procesales sino también económicas y personales cuando se trata de parte no institucional. El procesamiento exige que la hipótesis de la comisión del delito y la participación en él del inculpado sea al menos tan posible o fuerte como la contraria. Estamos en un escalón superior al necesario para tomar declaración como imputado y por supuesto, muy por encima de la verosimilitud que justifica la incoación de unas diligencias penales».

7.2.1 Presupuesto previo

Es siempre presupuesto necesario e ineludible, como expresamente dispone el art. 779.1.4ª LECrim, para la apertura de la fase intermedia del proceso, que se haya tomado declaración como investigado a la persona física o jurídica frente a la que se decida abrir dicha fase intermedia o de acusación, siendo que la esencial razón de dicha exigencia la podemos encontrar en la evitación de acusaciones sorpresivas, con tramitación de una investigación judicial a espaldas del sujeto pasivo de la acción penal, lo que ocurriría si se abriera la fase de acusación, dando por concluida la instrucción penal sin haber practicado la toma de declaración del investigado o, si se prefiere, sin que se le haya dado la oportunidad de ser oído en dicha fase de investigación.

No olvidemos que la toma de declaración del investigado en esta fase inicial del proceso participa de una naturaleza mixta, pues sin dejar de ser una diligencia de investigación, también es una expresión del derecho fundamental del defensa, en este caso, en su vertiente de derecho de autodefensa, recordando que, dentro del derecho a un proceso justo y equitativo, está la prohibición de cerrar la instrucción o investigación de la causa y abrir la fase de acusación o fase intermedia del proceso sin haber dado la oportunidad al investigado de intervenir personalmente en la causa, con su declaración, en evitación de acusaciones sorpresivas tras una investigación en la que no haya podido intervenir la persona sobre la que se cierne una posible acusación.

Como señala la STS de 14/07/2022 [*Tol 9140681*], «La declaración como imputado (investigado, a partir de 2015) se configura así legalmente junto con el auto de transformación como actuaciones definidoras del objeto del proceso y de las personas contra las que se dirige».

7.2.2 *El auto de continuación por los trámites de procedimiento abreviado. Contenido*

Como ya decíamos, la llamada fase intermedia en el procedimiento abreviado se produce con el dictado del auto de continuación de procedimiento abreviado regulado en el art. 779.1.4ª LECrim, que en cuanto a su vertiente formal puede equiparse al auto dc conclusión de sumario —no así en su vertiente material o de contenido, equiparable, desde este prisma, y como se dirá, al auto de procesamiento—, pues en ambos casos supone la apertura de la fase intermedia del proceso o fase de acusación. Dicho dictado se produce cuando el órgano judicial encargado de la investigación considera que ya no es necesario realizar más diligencias de investigación, "diligencias pertinentes" en palabras del art. 779 LECrim para el proceso abreviado y está debidamente justificada la existencia del delito y su probable autor. 2545

En este auto, el juez instructor acuerda la continuación —o transformación, si se prefiere— de la causa por los trámites del procedimiento abreviado, y por tanto acuerda la *imputación formal* de los encausados —no olvidar que el auto de transformación debe contener «la determinación de los hechos punibles y la identificación de la persona a la que se imputan», dando traslado al Ministerio Fiscal y partes acusadoras para que se pronuncien sobre el trámite que debe darse a las actuaciones.

Retomando la ya mencionada STS de 14/07/2022 [*Tol 9140681*], la misma vino a señalar: «La reforma de 2002 arrojó alguna luz acogiendo la doctrina del Tribunal Constitucional reforzada por la exigencia normativa de una específica delimitación en el auto de conclusión de las diligencias previas (art. 779.1.4ª): "[...]". Los hechos contemplados en el auto indicado, así como las personas que la misma resolución señala, a las que deberá haberse recibido declaración previa en esta condición, conforman los contornos de los hechos justiciables (por utilizar terminología de la Ley del Jurado) a los que han de atenerse los ulteriores trámites. [...] Por fin, las conclusiones definitivas confirmarán ese objeto prefijado o acabarán de perfilarlo. Es admisible, en verdad, una relativa desarmonía entre los hechos recogidos en el auto de transformación y los que aparecen en los escritos de acusación. Es exigible cierta congruencia entre ese auto y los escritos de acusación, pero no un seguidismo absoluto. No se produce una vinculación fuerte o rígida que impediría variar ni un ápice lo narrado (en relato que no tiene por qué descender a todos los detalles) en el auto de transformación. Esta idea concuerda con la funcionalidad de tal interlocutoria: supone la constatación de que existe fundamento para abrir el juicio oral porque hay indicios de unos hechos que revisten caracteres de delito. Su función no consiste en perfilar en sus últimos detalles los hechos, sino dar paso a la fase de enjuiciamiento de un material fáctico que, en lo sustancial, ha de ser respetado pero que puede ser objeto de matizaciones, modulación o transformaciones siempre que no supongan un cambio esencial del objeto procesal. Ese es el punctum dolens en el presente asunto. Tras el auto de transformación, ¿podían las partes —y en su momento la Audiencia— construir el reproche penal sobre hechos no incluidos en el Auto y, además, claramente distintos, aunque tengan vinculación o estén relacionados? El grado de vinculación que supone en lo fáctico el auto de transformación es relativilizable, pero no hasta el punto que admite la sentencia ahora examinada. Máxime cuando estamos enfrentando al espejo del auto de transformación, no los escritos de acusación, sino directamente la sentencia, sin ese paso intermedio de las pretensiones acusadoras en que no se detectaba una acusación, aunque fuese implícita, por el art. 251.2 CP. La piedra de toque para discriminar en definitiva será verificar si ha quedado menoscabado el derecho de defensa. Aquí la respuesta a ese interrogante ha de ser afirmativa. Se ha justificado ya».

2546 En cuanto a la calificación jurídica de los hechos indiciarios que se recoge en el auto de continuación por los trámites de procedimiento abreviado, la misma, en modo alguno vincula a las acusaciones, pues dicha calificación jurídica solo lo es a los exclusivos efectos de determinar el tipo de procedimiento por el que debe continuar la causa, en este caso, para fijar si los hechos objeto de imputación encajan dentro de los delitos comprendidos en el artículo 757 LECrim.

Al respeto, resulta ilustrativa la STS de 30/10/2019 [*Tol 7586532*]: «La calificación jurídica que pueda contener el auto acordando la continuación del proceso por los trámites del procedimiento abreviado solo tiene por objeto, determinar el procedimiento a seguir, sin mayores vinculaciones, dando traslado a las acusaciones a los efectos prevenidos en los artículos 780 y 781 de la Ley de Enjuiciamiento Criminal. La calificación jurídica de los hechos tiene vocación contingente y siempre puede ser modificada, incluso hasta la emisión por las partes de sus conclusiones definitivas tras la práctica de la prueba en el acto del Juicio Oral. Así lo prevé expresamente el artículo 788 de la Ley de Enjuiciamiento Criminal».

Las acusaciones solo están vinculadas por los "hechos punibles" que se describen en el auto de continuación por los trámites de procedimiento abreviado, de los que no podrán apartarse, en lo esencial, en el momento de llevar a cabo la calificación provisional de los hechos o escrito de acusación.

Recordemos que el objeto del procedimiento, que va cristalizando a lo largo del mismo, con la apertura de la fase intermedia o de acusación del proceso ya queda delimitado al hecho punible, en cuanto a los elementos básicos que lo configuran, determinado en el auto por el que se abre la misma.

7.2.3 La práctica de diligencias complementarias

Dispone el art. 780.2 LECrim que, cuando las acusaciones afirmen que no pueden formular escrito de acusación «por falta de elementos esenciales para la tipificación de los hechos», podrán solicitar la práctica de diligencias complementarias a dicho fin, señalando el precepto que si las diligencias son interesadas por el Ministerio Fiscal, el juez «acordará lo solicitado»; pero si estas son interesadas por otras partes acusadoras «acordará lo que estime procedente», sin bien, lo solicite quien lo solicite, dichas diligencias no son, en ningún caso, diligencias de investigación y sí meramente diligencias indispensables para la tipificación de los hechos, esto es, para calificar los mismos.

Así, no se puede perder de vista que el traslado a las acusaciones, tras el dictado del auto de continuación de procedimiento abreviado, en aplicación del art. 779.1.4ª LECrim, no está destinado a determinar si procede la práctica de nuevas diligencias instructoras para la adecuada terminación de la investigación, como sí ocurre con la regulación del art. 627 LECrim para el procedimiento ordinario, en el que, ahí sí, a las partes —acusación y defensa— se les da traslado para, entre otras cuestiones, manifiesten si la investigación está completa.

El traslado del art. 780.1 LECrim se limita a permitir exteriorizar, una vez finalizada la instrucción, la voluntad de acusar de las partes activas del proceso, permitiendo exclusivamente solicitar excepcionalmente diligencias complementarias, pero que no pueden ser de investigación, sino que las mismas están encaminadas a permitir poder acusar, es decir, sólo se admiten si la acusación se encuentra ante la «imposibilidad de formular escrito de acusación», no siendo equiparable no poder acusar con la pretensión de contar con elementos añadidos para poder hacerlo (AAP de La Coruña, Secc. 1ª, de 12/04/2023 —ROJ: AAP C 232/2023 —ECLI:ES:APC:2023:232A—).

Tampoco la petición de diligencias complementarias puede estar destinada a recabar material probatorio para el acto del juicio; no debemos dejar de tener en cuenta que las diligencias complementarias sólo pueden instarse por las acusaciones, estando vetada a las defensas instar diligencia alguna a colación de la práctica de las diligencias complementarias, lo que obliga a acudir a una interpretación restrictiva de estas últimas con el fin de no caer en práctica de diligencias de investigación a instancia únicamente de una de las partes —las acusaciones—, abriendo una fase de investigación en la que la defensa tendría limitada su capacidad de intervención, en este caso, la imposibilidad de instar diligencias, con el efecto *atentatorio* al derecho de defensa y a un proceso con todas las garantías que asiste al sujeto pasivo de la acción penal.

Recordemos que con la Ley 13/2009, de reforma de la legislación procesal para la implantación de la nueva oficina judicial, y tratando de preservar el derecho a un proceso con todas las garantías, se dio entrada a la fase intermedia del procedimiento ordinario a las defensas —todo ello con la reforma del art. 627 LECrim, en el que hasta ese momento nada estaba previsto expresamente—; lo que venía justificado porque dicho art. 627 LECrim preveía el traslado para que las partes —solo las acusadoras hasta la referida reforma por la Ley 13/2009— manifestaran su conformidad con la conclusión de sumario o la necesidad de nuevas diligencias de investigación.

Por eso, en este punto la referida reforma, al párrafo primero del art. 627 LECrim, junto con la redacción original «Transcurrido dicho término, el Secretario judicial pasará los autos para instrucción por otro, que no bajará de tres días ni excederá de diez, según el volumen del proceso, al Ministerio Fiscal, si la causa versa sobre delito en que deba tener intervención, después al procurador del querellante, si se hubiere personado», añadió la frase «y por último a la defensa del procesado o procesados».

Y esta reforma surgió a partir de la doctrina del Tribunal Constitucional, entre otras, la STC 66/1989 [*Tol 80277*], en la que señalaba que la fase intermedia

2548 no puede estar pensada solo para dar oportunidad a las partes acusadoras —y no a los acusados— para que se complete el material instructorio para la preparación y depuración de sus pretensiones punitivas. Para este fin, la fase intermedia no puede prescindir de la intervención del procesado que, como sujeto pasivo del proceso penal, tiene un indudable interés en valorar la suficiencia de las diligencias de investigación practicadas y solicitar en su caso la práctica de otras, sin que sea posible que esa posibilidad se les conceda a las acusaciones y le esté vetada al procesado, debiendo, el procesado, tener la oportunidad de solicitar y razonar la práctica de nuevas diligencias de investigación o instructoras que considere pertinentes para justificar su solicitud de sobreseimiento por la irrelevancia penal de los hechos imputados.

Así lo señaló el Preámbulo de la Ley 13/2009, de 3 de noviembre, de reforma de la legislación procesal para la implantación de la nueva Oficina judicial que «también en el orden jurisdiccional penal, y en concreto en el sumario ordinario, se ha recogido la doctrina del Tribunal Constitucional consolidada a partir de la sentencia 66/89, de 17 de abril, que exige restablecer en la llamada fase intermedia el equilibrio de las partes en el proceso penal. Para ello, se ha introducido en el artículo 627 de la Ley de Enjuiciamiento Criminal una modificación que hace preceptivo el traslado de la causa a la defensa del procesado, a fin de que se pronuncie acerca del auto de conclusión del sumario, solicitando la práctica de nuevas diligencias de prueba, la apertura del juicio oral o, en su caso, el sobreseimiento de la causa».

La justificación de que, con la apertura de la fase intermedia en el procedimiento abreviado, este traslado a la defensa no está previsto solo se puede justificar porque la vía del art. 780.2 LECrim no lo es para solicitar nuevas diligencias de investigación, sino para acordar —y que está llamado a hacerlo a petición del Ministerio Fiscal—, y de manera excepcional, diligencias complementarias indispensables para poder formular acusación que recae sobre "elementos esenciales de la tipificación de los hechos", sin que, una vez dictado el auto de continuación por los trámites de procedimiento abreviado, puedan practicarse diligencias de investigación con "otros fines", ni abrir un "segundo periodo" de investigación.

De permitir una interpretación favorecedora para instar cualesquiera diligencias de naturaleza instructora adquirirían plena vigencia las razones dadas por nuestro Tribunal Constitucional, entre ellas la nombrada STC 66/1989 [*Tol 80277*], de 17 de abril, en la que se venía a establecer que esta falta de traslado supone un quebranto del principio de igualdad de armas, del principio de contradicción y consecuentemente, también de los derechos fundamentales a un proceso con todas las garantías y de defensa del art. 24.2 CE en esta fase intermedia.

> Al respecto, la STS de 3/04/2025 [*Tol 10491686*], vino a razonar: «La doctrina constitucional, con respecto a las diligencias complementarias que la acusación puede solicitar en la llamada fase intermedia, ha proclamado que sólo resultan admisibles si se limitan a aclarar un elemento preciso para la calificación acusatoria y sin el cual ésta no podría abordarse, de forma que, de no practicarse tales indagaciones, resulte insalvable el trámite procesal acordado por el instructor y necesario para el avance del procedimiento. Las diligencias complementarias se configuran como un mecanismo de desbloqueo procesal y no pueden operar como instrumento para completar una instrucción que finalizó cuando devino firme el Auto de Prosecución por los trámites del procedimiento abreviado previsto en el artículo 779.1.4 de la LECRim, bien porque todas las partes estuvieron conformes con la terminación de la fase de investigación, bien porque su objeción fue finalmente rechazada. Esta lectura constitucional, en lo que aquí interesa, descansa en la imposibilidad que sufre la defensa de solicitar ningún tipo de diligencia de investigación durante este periodo. La regulación normativa de la fase intermedia no ofrece a los investigados la posibilidad de que, en dicho trámite, puedan impulsar ninguna indagación, contraprueba o contrainvestigación frente al resultado que ofrezcan las ampliaciones prospectivas solicitadas por la acusación. Y son esta ordenación legal y la necesidad constitucional de preservar el principio de igualdad entre las partes, los que fundamentan una doctrina constitucional (SSTC 186/1990 o 19/2000) [...]».

Así las cosas, si, como ya hemos apuntado, cualquiera de las partes, acusación y defensa, dentro del procedimiento abreviado, entienden que la instrucción no ha finalizado y que es necesario la práctica de otras diligencias de investigación, deben recurrir el auto que pone fin a la fase de instrucción y abre la fase intermedia del procedimiento abreviado, para que, con revocación del mismo, se retorne a la fase de investigación judicial en la que se practiquen las oportunas diligencias de investigación, con intervención, en planos de igualdad, de todas las partes procesales.

7.2.4 El principio acusatorio en la fase intermedia

Señala el art. 782.1 LECrim que «Si el Ministerio Fiscal y el acusador particular solicitaren el sobreseimiento de la causa por cualquiera de los motivos que prevén los artículos 637 y 641, lo acordará el juez, excepto en los supuestos de los números 1º, 2º, 3º, 5º y 6º del artículo 20 del Código Penal (eximentes de responsabilidad criminal por alteraciones psíquicas, alcoholemia o toxicomanía, alteración de la percepción de la realidad, estado de necesidad, y miedo insuperable) en que devolverá las actuaciones a las acusaciones para calificación, continuando el juicio hasta sentencia, a los efectos de la imposición de medidas de seguridad y del enjuiciamiento de la acción civil, en los supuestos previstos en el Código Penal».

Dicho precepto supone una determinante exteriorización del principio acusatorio, en tal modo que, aunque el juez instructor, desde el juicio de probabilidad, entienda que está debidamente justificada la existencia del delito y su autoría, éste no puede dictar auto de apertura del juicio oral si, junto con esto, no concurre alguien, de los legitimados para hacerlo, sosteniendo la acusación y solicitando expresamente la apertura del juicio oral.

2550 Así pues, sin alguien que sostenga la acusación, el órgano judicial está vinculado a la petición de sobreseimiento que se le pueda hacer.

Cierto es que, ante la convicción del juez instructor sobre la probabilidad del delito imputable a una persona concreta, también desde ese juicio de probabilidad, conforme al art. 782.2 LECrim (en adecuada correlación con la regulación de los artículos 642 y 644, ambos de la LECrim, para el procedimiento ordinario), se establecen determinados mecanismos en manos de dicho órgano judicial, en búsqueda de la acusación, para evitar el sobreseimiento que entiende no está justificado.

Así el art. 780.2 LECrim establece lo siguiente:

1. Cuando el Ministerio Fiscal pide el sobreseimiento, podrá el órgano judicial acordar que la petición del Ministerio Fiscal se haga saber a los interesados en el ejercicio de la acción penal que no estuvieren personados en el proceso, por si les conviniere ejercitar la acción penal.

2. Igualmente, para aquellos casos en que no existan interesados en el ejercicio de la acusación o fuesen desconocidos, o cuando no se personaren, el órgano judicial tiene la posibilidad de dirigirse al jefe del fiscal del órgano correspondiente para que decida si mantiene la petición de sobreseimiento o si la cambia por la petición de la apertura de juicio oral.

En este punto cabe recordar, y teniendo en cuenta la referencia literal al "Ministerio Fiscal y el acusador particular" que encontramos en el art. 782.1 LECrim, que, conforme una sólida doctrina jurisprudencial, solicitado el sobreseimiento por ambos —o por el Ministerio Fiscal, sin que llegue a personarse la víctima u ofendido como acusación particular—, no es posible abrir juicio oral aunque esté constituida en la causa la acusación popular y lo interese *(caso Botín)*. Esta doctrina, como sabemos, ha sido matizada y completada por el Tribunal Supremo, con la conocida *doctrina Atutxa*, considerando que no es aplicable cuando se trata de delitos relativos a bienes supraindividuales, en los que, por su naturaleza, no existe posibilidad de acusación particular, pudiendo por tanto abrirse juicio oral si la acusación popular sostiene acusación.

7.2.5 Los escritos de acusación y la apertura de juicio oral

A diferencia de lo que ocurre en el procedimiento ordinario —también en el procedimiento para el enjuiciamiento rápido de determinados delitos—, cuando, en el procedimiento abreviado, se solicite la apertura de juicio oral, la misma se exteriorizará con la presentación de escrito de acusación, el cual se formulará según lo dispuesto en el art. 650 LECrim, comprendiendo los delitos leves conexos, así como la acción civil. 2551

Como ya destacábamos, los escritos de acusación sólo podrán dirigirse contra las personas que consten identificadas como probables responsables penales en el auto de transformación y con relación a los hechos narrados en esta resolución como "hechos punibles", sin bien dicha vinculación con estos hechos lo será en lo esencial, no siendo exigible una correlación absoluta, siendo el límite de dicha "desviación" fáctica que la misma no cause indefensión al investigado.

Al respecto, la STS de 6/07/2023 [*Tol 9648130*], vino a razonar: «Es cierto, como se invoca en el recurso, que el auto de procesamiento en el sumario ordinario, al igual que el de prosecución en el procedimiento abreviado, si bien no reclama agotadoras fórmulas descriptivas o normativas, propias de la sentencia, debe, no obstante, determinar, además de los sujetos pasivos contra los que puede dirigirse la acusación, el hecho punible en su dimensión fáctica y normativa. Dicho contenido debe garantizar el derecho de la persona inculpada a conocer de qué y por qué, en su caso, puede ser acusada, [...] En efecto, como de forma muy precisa se establece en el artículo 6 de la Directiva 2012/13, la persona contra la que se dirige la acción penal ostenta durante todo el curso del proceso, pero muy en particular cuando la imputación se delimita formalmente por la autoridad judicial, el derecho a conocer con el mayor grado de detalle necesario, no incompatible con la concisión, las razones fácticas y jurídicas sobre las que se sostiene el proceso inculpatorio. Y ello con la doble finalidad de salvaguardar la equidad del proceso y el efectivo ejercicio del derecho de defensa. Ahora bien, se hace preciso advertir que ni el auto de procesamiento ni el de prosecución preconstituyen los términos de la acusación. Ambos delimitan el marco fáctico-normativo posible en el que esta puede formularse a partir de los hechos justiciables que han sido objeto de investigación e imputación en la fase previa. [...]. El auto delimita, por tanto, un marco de referencia con una función esencialmente pragmática en garantía de que la persona inculpada no pueda verse acusada de forma sorpresiva por hechos punibles que no fueron objeto de previa imputación y respecto de los que, por ello, no pudo defenderse en fase previa».

Asimismo, el escrito de acusación incluirá la proposición de los medios de prueba para el juicio, y las que deben practicarse anticipadamente. También se manifestará sobre las medidas cautelares —adopción, modificación, suspensión o revocación—, bien para modificar o suspender las ya adoptadas, bien para imponer las que resulten procedentes.

En el procedimiento abreviado, el escrito de acusación (art. 781 LECrim) contendrá, junto con la solicitud de apertura de juicio oral frente a determinada o determinas personas y la determinación del órgano competente para el enjuiciamiento, los siguientes elementos:

1. Los extremos previstos por el art. 650 LECrim, esto es, la descripción del hecho o hechos punibles, la calificación jurídica de los mismos, participación, causas modificativas de la responsabilidad penal, las penas a imponer, y, en su caso, la concreción de la acción civil y responsables.

2. Se incluirán los delitos leves incidentales o conexos al delito principal.
3. Se recogerá la petición de pruebas para que se practiquen en el acto del juicio oral, si bien se podrá solicitar la práctica anticipada de aquellos medios de prueba de los que se prevea que no podrán practicarse en el juicio oral (art. 781.1.III LECrim).
4. Por último, contendrá, en su caso, la petición de adopción, modificación, suspensión o cancelación de medidas cautelares personales o reales (art. 781.1.III LECrim).

En cuanto al plazo para presentar el escrito de acusación será de diez días desde el traslado de la causa, por original o copias, debiendo estarse al momento de la entrega material de las copias (STC 208/1998 [*Tol 81060*]), traslado que, a diferencia del procedimiento ordinario, será, no sucesivo, sino simultaneo (de ahí la previsión de que el traslado de la causa lo sea por original o copias), si bien en la práctica forense de nuestros órganos judiciales, diría que de manera generalizada, se ha instaurado el traslado sucesivo, como ocurre en el procedimiento ordinario, y por el mismo orden que marcan los arts. 650 a 652, de la LECrim.

Por otro parte, el referido plazo de diez días podrá prorrogarse por otros diez, de manera justificada y a instancia de parte, tal y como prevé el art. 781.2 LECrim.

> No parece ser dudoso que el plazo debe computarse por días hábiles, sin que le sea de aplicación el art. 201 LECrim, tal y como nos recuerda la STS de 18/12/2019 [*Tol 7664242*], que razona: «El entendimiento alternativo reclamaría un sentido distinto para la disposición: se está pensando en las actuaciones que materialmente puede ser calificadas de instrucción —práctica de diligencias con las finalidades previstas en el art. 299 LECrim—, pero no en actos de parte como la presentación del escrito de acusación o un recurso contra una resolución interlocutoria. La Ley ya no habla de las actuaciones del sumario, sino de la instrucción de las causas criminales. La locución concuerda mejor con la segunda interpretación apuntada. [...]. c) Nótese, a mayor abundamiento, que la resolución del Instructor confiriendo ese traslado (arts. 779.1.4ª y 780.1 LECrim) clausura la fase de instrucción. No en vano el art. 780 encabeza un capítulo que se intitula "De la preparación del juicio oral". Pese a no estar abierto el juicio oral, no se puede hablar ya en rigor de fase de instrucción. Decae con ello la eficacia del art. 201 LECrim, incluso en la más rígida de sus lecturas».

Cabe preguntarse qué ocurre cuando las partes acusadoras personadas no presentan escrito de acusación en plazo.

Para dar respuesta a esta cuestión, debemos dejar sentado que la presentación por parte del Ministerio Fiscal de dicho escrito de acusación —o, en su 2553
caso, de petición de sobreseimiento—, se constituye en el cumplimiento de un deber, en tal modo que la ley prevé que en caso de no presentación del escrito, se requiera al superior jerárquico para que dé razones (781.3 LECrim), sin que prevea expresamente un efecto preclusivo —que solo está previsto, en cierto modo, para el juicio rápido (art. 800.5 LECrim), que establece como consecuencia que se entienda que solicita el sobreseimiento libre de la causa—.

Para el resto de acusaciones, la presentación del escrito de acusación es exclusivamente la exteriorización del ejercicio de un derecho, esto es, el ejercicio del derecho a acusar, lo que podría dar lugar a tenerle por decaído en su derecho, a modo de desistimiento en el ejercicio del mismo.

Así pues, y siguiendo la respuesta de nuestro Tribunal Supremo (entre otras, STS de 14/06/2018 [*Tol 6648246*]), la falta de presentación en plazo del escrito de acusación cuando se trata del fiscal, debe ser considerada como mera irregularidad sin repercusión procesal, sin perjuicio de que se le requiera para que presente dicho escrito en plazo y de las responsabilidades en que pudiera incurrir, lo que no es óbice para que, ante un grave retraso, el mismo pudiera ser valorado, en caso de sentencia condenatoria, como atenuante, simple o muy cualificada, de dilaciones indebidas.

Si se trata de la acusación no pública, y siguiendo la referida STS de 14/06/2018 [*Tol 6648246*], ante la falta de presentación, deberá efectuarse un previo requerimiento judicial con nuevo plazo, con advertencia formal de tenerle por apartado del ejercicio de la acción. Transcurrido dicho plazo habría de tener a dicha acusación por *expulsada* del proceso, pudiendo hablarse de un desistimiento tácito, en aplicación del párrafo primero del art. 215 de la LECrim puesto en relación con el art. 136 LEC.

STS de 21/02/2024 [*Tol 9902819*]: «Hemos expresado (SSTS 437/2012, de 22 de mayo; 631/2019, de 18 de diciembre o 513/2021, de 10 de junio, entre otras), que "La presentación fuera de plazo de un escrito de acusación no acarrea sin más su ineficacia. Si se trata del Fiscal, exceptuado el caso contemplado en el art. 800.5 LECRim, estaremos ante una irregularidad que podrá influir, si el retraso fuese insólito o desmesurado, en la apreciación de una atenuante de dilaciones indebidas; o, eventualmente, desencadenar consecuencias en el ámbito interno de la Institución, aunque sin repercusiones en el proceso. Tampoco en el caso de una acusación no pública podría llegarse automáticamente a su apartamiento del proceso, si no es previo requerimiento judicial (art. 215 LECrim y STS 437/2012 citada). Anudar al mero incumplimiento del plazo la expulsión del proceso de la acusación sería desproporcionado. Las SSTS 73/2001, de 19 de enero y 1526/2002, de 26 de septiembre avalan esta interpretación que, por otra parte, encuentra apoyo legal en el art. 242.2 LOPJ».

Presentado el escrito o escritos de acusación, el juez instructor, al amparo del art. 783.1 LECrim, y a la vista de dichos escritos, acordará la apertura de
2554 juicio oral —la regla general—, salvo que estimare que concurre el supuesto del número 2 del artículo 637 —que el hecho no sea típico— o que no existen indicios racionales de criminalidad contra el acusado, en cuyo caso acordará el sobreseimiento que corresponda conforme a los artículos 637 y 641, ambos de la LECrim.

Como señala la STS de 14/07/2022 [*Tol 9140681*], «Tras los escritos de acusación, el auto de apertura del juicio oral determinará definitivamente el objeto del debate en el plenario. En dicho auto se limita el Instructor a realizar un juicio de razonabilidad de la acusación y de la procedencia de celebrar juicio oral, o, alternativamente, de decretar el sobreseimiento (art. 783.1)».

Esta circunstancia procesal, esto es, el sobreseimiento de la causa, una vez presentados los escritos de acusación, será objeto de análisis en el siguiente epígrafe.

7.2.6 *El sobreseimiento en fase intermedia*

Al respecto, si bien el órgano judicial está condicionado por la ausencia de acusación, no lo está en todo caso por la petición de apertura del juicio oral; es decir, no siempre que se solicita la apertura del juicio oral está indefectiblemente obligado a abrir el juicio oral. Así, los arts. 645 y 783 de la LECrim le permiten sobreseer cuando el hecho no sea constitutivo de delito (art. 637.2º LECrim) o no existan indicios racionales de criminalidad contra el acusado.

Asimismo, tenemos que si interpretamos los supuestos del art. 666 LECrim, tal como lo hemos hecho anteriormente, tendríamos que llegar a la conclusión de que también podría dictarse auto de sobreseimiento cuando el órgano judicial entendiera que existe prescripción de delito, indulto o, incluso, cosa juzgada. En los dos primeros casos —prescripción o indulto—, de acuerdo con el art. 130 del CP, se produce una extinción de la responsabilidad criminal. En el supuesto de la cosa juzgada, dándose la identidad de los hechos juzgados y de nuevo acusados, hay que llegar a la conclusión de que es imposible, no ya la condena, sino, previamente, el enjuiciamiento del hecho en virtud del principio non *bis in idem*. No obstante, el resultado práctico es el mismo, pues donde no hay acción penal no hay sanción.

Por otro lado, también tenemos que de la literalidad del art. 783.1 LECrim parece que el legislador no prevé esta posible desvinculación del órgano judicial de la apertura del juicio oral en los demás casos del art. 637 LECrim (1º y 3º), tal vez por poder ser considerados menos «objetivos» y, por tanto, más proclives a distintas interpretaciones. Que existan o no indicios racionales de haberse perpetrado el hecho (art. 637.1º LECrim) es, apriorísticamente, una materia discutible y abordable desde distintos puntos de vista; y lo mismo podemos decir del art. 637.3º.

No obstante, y tomando como punto de partida la regulación del procedimiento abreviado, tenemos que resulta defendible que es procesalmente correcto "detener" un procedimiento penal por parte del órgano judicial también por vía del art. 637.1º y 3º —e incluso por vía del sobreseimiento provisional del 641— al amparo de la expresión "no existen indicios racionales de criminalidad contra el acusado", no sólo dentro de la fase de instrucción, sino también una vez abierta la fase intermedia del proceso tras dictarse el auto regulado en el 779.1.4º LECrim, fase en la que el juez instructor también está llamado, una vez dado traslado a las partes llamadas a ejercitar la acción penal —Ministerio Fiscal y partes personadas como acusación particular o popular— y evacuado el trámite regulado en el art. 780 LECrim, a realizar control judicial sobre el *ius ut procedatur* o derecho al ejercicio de la acción penal, encontrándonos, desde el análisis de la razonabilidad de la acusación formulada, ante un "juicio negativo de acusación" cuyo reflejo legislativo en la fase intermedia del procedimiento abreviado lo encontramos en el art. 783 LECrim, que viene a señalar: «solicitada la apertura del juicio oral por el Ministerio Fiscal o la acusación particular, el juez de instrucción la acordará, salvo que estimare que concurre el supuesto del número 2 del art. 637 o que no existen indicios racionales de criminalidad contra el acusado, en cuyo caso acordará el sobreseimiento que corresponda conforme a los arts. 637 y 641, pudiendo el Instructor», si se formula acusación, y en virtud del trascrito artículo, valorar de nuevo los hechos, tal y como vienen redactados en los escritos de acusación y teniendo en cuenta las diligencias de investigación practicadas, pudiendo llegar a acordar el sobreseimiento que corresponda si concurriera el supuesto del número 2º del artículo 637 o si no existen indicios racionales de criminalidad contra el investigado.

Al respecto, el AAP de Burgos, Secc. 1ª, de 21/06/2024 [*Tol 10191121*], señala «[...] y en el trámite previsto en el artículo 783 del mismo texto legal, trámite este último que posibilita al Juez de Instrucción, una vez ha tenido conocimiento de los escritos de acusación, valorar la consistencia de las acusaciones, con la posibilidad entonces de decretar cualquiera de los sobreseimientos previstos en los artículos 637 y 641 de la Ley de Enjuiciamiento Criminal». Y, como ya señalaba el AAP de Madrid, Secc. 3ª, de 3/07/2006 [*Tol 6255391*], «No existe contradicción entre el auto de 12 de enero de 2005, acordando la continuación de la causa por los trámites del procedimiento abreviado, y la resolución impugnada de 29 de marzo de 2006, pues se dictan en dos momentos distintos. Encomendado, en el procedimiento abreviado, el control de la verosimilitud, seriedad o consistencia de la imputación al propio Instructor se le impone dicho control en dos momentos distintos, uno al tiempo de considerar concluida la instrucción, debiendo adoptar alguna de las resoluciones previstas en el artículo 779 de la Ley procesal y otro, para el caso de haber acordado la continuación por los trámites del procedimiento abreviado, en el momento de resolver sobre la apertura del juicio oral». (Cfr. también, entre otros, AAP de Madrid, Secc. 27ª, de 7/04/2011 [*Tol 5321077*]).

8. LA AUDIENCIA PRELIMINAR

Con la reforma introducida por la LO 1/2025, se establece una comparecencia, tras recibir los autos el órgano de enjuiciamiento, y previo al acto del juicio, llamada audiencia preliminar, que en cierto modo traslada las cuestiones previas al inicio del juicio que se establecían en el art. 786.2 LECrim a una comparecencia previa al juicio.

Así, el art. 786.2 disponía, en su anterior redacción, que «El Juicio oral comenzará con la lectura de los escritos de acusación y de defensa. Seguidamente, a instancia de parte, el Juez o Tribunal abrirá un turno de intervenciones para que puedan las partes exponer lo que estimen oportuno acerca de la competencia del órgano judicial, vulneración de algún derecho fundamental, existencia de artículos de previo pronunciamiento, causas de la suspensión de juicio oral, nulidad de actuaciones, así como sobre el contenido y finalidad de la pruebas propuestas o que se propongan para practicarse en el acto», para pasar a señalar el actual art. 785.1 que «En cuanto las actuaciones se encontraren a disposición del órgano competente para el enjuiciamiento, el juez, jueza o tribunal convocará al fiscal y a las partes a una audiencia preliminar en la que podrán exponer lo que estimen oportuno acerca de la posibilidad de conformidad del acusado o acusados, la competencia del órgano judicial, la vulneración de algún derecho fundamental, la existencia de artículos de previo pronunciamiento, causas de la suspensión de juicio oral, nulidad de actuaciones, así como sobre el contenido, finalidad o nulidad de las pruebas propuestas. Podrán igualmente proponer la incorporación de informes, certificaciones y otros documentos. También podrán proponer la práctica de pruebas de las que las partes no hubieran tenido conocimiento en el momento de formular sus escritos de acusación o defensa».

No está de más recordar, y en interpretación del anterior art. 786.2, entendemos trasladable al actual art. 785.1, la doctrina del TC sobre la idoneidad del trámite de cuestiones previas para la denuncia de vulneración de derechos fundamentales a la parte acusada, incluso aunque tal denuncia no se hubiese puesto de manifiesto en los escritos de defensa (cfr. STC 31/2025 [*Tol 10431505*]).

A partir de la comparación de ambas regulaciones, puesto en relación con el Preámbulo de la LO 1/2025, tenemos que esta «reestructuración» de las conocidas en la práctica forense como «cuestiones previas» —también llamada fase preliminar del acto del juicio— tiene su razón de ser, como primera idea, introducir normativamente lo que ya venía siendo una práctica forense, esto es, las comparecencias de conformidades previo al señalamiento de juicio —ciertamente en casos muy limitados al margen del cauce del conocido como protocolo de conformidades—, evitando ocupar señalamientos, así como citar a testigos, peritos, para finalmente llegar a una conformidad, con el coste de medios personales y materiales, así como las incomodidades de "llevar a los tribunales" a testigos y peritos para luego no ser "oídos en juicio". 2557

Junto con dicho fin, y siendo citados solo el Ministerio Fiscal y a las acusaciones y defensas, así como al acusado o acusados, y verificada la no posibilidad de conformidad, se resolverá sobre admisión de pruebas y sobre diversas cuestiones que ya eran objeto de regulación en el anterior art. 786.2, pero sin necesidad de esperar a su resolución en sentencia tras la celebración del juicio oral, y evitando, incluso, en su caso, la convocatoria a juicio por estimar alguna de las cuestiones previas planteadas —piénsese, por ejemplo, en la estimación de la cosa juzgada, o la prescripción del delito—.

Concretamente, el Preámbulo de la LO 1/2025, viene a razonar: «Esta audiencia tendrá por finalidad no solo la admisión de pruebas, sino también una posible conformidad, así como la depuración de aquellas cuestiones que pudieran suponer la suspensión de la celebración del juicio oral y un nuevo señalamiento o la posible nulidad de pruebas por vulneración de derechos fundamentales, sin necesidad de esperar a su resolución en sentencia tras la celebración del juicio oral».

La celebración de la audiencia preliminar, y al contrario que el planteamiento de las cuestiones previas al inicio del juicio conforme a la anterior regulación —el art. 786.2, en su redacción anterior, señalaba que el planteamiento de dichas cuestiones previas lo era «a instancia de parte»—, tiene carácter preceptivo, siendo que el órgano judicial, recibida la causa, debe, con carácter imperativo, convocar la misma.

Debemos tener en cuenta que, conforme a la Disposición Transitoria Novena de la LO 1/2025, la exigencia de celebración de la audiencia preliminar lo será solo con relación a los procedimientos incoados con posterioridad a la entrada en vigor de la reforma por la que se establece su celebración con carácter imperativo—la entrada en vigor lo fue en fecha 3 de abril de 2025—; ahora bien, acudiendo al apartado tercero de dicha disposición transitoria, que regula el régimen transitorio de la sentencia en conformidad, con expresa mención de la aplicación del actual art. 785.9 LECrim también para los procedimientos ya incoados antes de entrada en vigor de la reforma, puede defenderse la posibilidad, al menos a instancia de parte, de convocar a la audiencia preliminar del art. 785 en aquellos procedimientos incoados con anterioridad pero en los que no se haya celebrado juicio oral.

De la lectura del artículo 785 LECrim podemos esquematizar las funciones de la audiencia preliminar, audiencia preliminar que deberá documentarse mediante soporte audiovisual en los mismos términos que el acto del juicio, conforme dispone el art. 743, por remisión del art. 785.12, ambos de la LECrim, y todo ello conforme regulan los artículos 146 y 147, ambos de la LEC, a los que se remite el apartado primero del referido art. 743.

Pues bien, tres son las funciones o fines que podemos dejar fijados como propios de la audiencia preliminar, cuyo contenido será eminentemente oral:

2558

1. *Verificación de la posibilidad de conformidad*, como cauce para hacerse efectiva la tutela judicial penal. A dicho fin la norma exige la presencia del acusado, que, de no comparecer, no será posible la conformidad —para la cual la intervención personal del acusado es indispensable—, continuando la audiencia preliminar para el resto de fines de la misma.

Sobre el trámite de la conformidad, nos remitimos al capítulo 46 de la obra, dedicado a su estudio; tan solo destacar, y aun ajeno al contenido material de la audiencia preliminar, que expresamente el art. 785 establece que el Ministerio Fiscal deberá oír previamente a la víctima si así lo estima necesario para ponderar correctamente los efectos y el alcance de tal conformidad; ciertamente, no aclara la actual regulación, y como llama la atención la STS de 4/03/2025 [*Tol 10449290*], si tal audiencia previa del Ministerio Fiscal, es con anterioridad al comienzo de la audiencia preliminar, o dentro de la misma, en alguna audiencia, coetánea, pero no pública, pues la audiencia preliminar propiamente dicha no habría comenzado.

2. *Función sanadora o de depuración*, centrada en resolver todas aquellas cuestiones que puedan impedir o condicionar la celebración del juicio, en tal modo que, con esta función sanadora, se pretende que, de llegar a juicio, ya lo sea solo para llevar a cabo la práctica de la prueba admitida, llevando el acto del juicio a su fin natural, esto es, al dictado de una sentencia sobre el fondo. Sobre la base de esta función se podrá alegar:

   * La vulneración de algún derecho fundamental.
   * La existencia de artículos de previo pronunciamiento.

* Causas de la suspensión de juicio oral.
* Nulidad de actuaciones.

3. *Función delimitadora de la prueba*, en tal modo que las partes podrán:

a) Por un lado, exponer lo que estimen oportuno acerca de:

* La *finalidad de la prueba* propuesta en los escritos de acusación o defensa, recordando que en dicho momento no se ha admitido ninguna de las pruebas propuestas, que lo será tras oír a las partes, en tal modo que dichas alegaciones pueden resultar muy relevantes, pues las mismas pueden «influir» en la decisión sobre la admisión de la prueba.
* La *nulidad de las pruebas* propuestas, siendo este momento en el que se podrá alegar sobre la existencia de prueba ilícita, que ya no se resolverá en sentencia, sino en la audiencia preliminar, lo que permite «expulsar» del procedimiento toda prueba que se declare ilícita, que ya no constará en autos en el momento de celebración del acto del juicio —o que ya no se lleve a cabo su práctica—; cuestión que resulta más respetuosa con el derecho a un juicio justo, pues en el momento de dictar sentencia la prueba ilícita —así como la prueba derivada de la misma, en conexión de antijuridicidad— habrá sido "borrada" de la causa, aminorando el riesgo de influencia de su resultado en la decisión interna del juez —piénsese, en un documento que no debiendo estar en el expediente, al tratarse de una prueba ilícita, permanezca en el mismo tras quedar los autos vistos para sentencia, tal y como venía ocurriendo con la regulación anterior—. A esto debemos añadir que la declaración de ilicitud de una prueba y las derivadas de la misma, con antelación a la celebración del acto del juicio, permite conocer las concretas pruebas de cargo existentes, en tal modo que los acusados no ejercen su defensa en el acto del juicio con la incertidumbre de si algunas de las pruebas de cargo van a poder ser tenidas en cuenta —de tal forma que con la actual regulación mejora el estándar de calidad del derecho de defensa—, ni las acusaciones ejercerán la acción penal sin saber sobre qué elementos probatorios podrán basar finalmente su petición de condena.

b) Y, por otro, podrán proponer la incorporación de informes, certificaciones y otros documentos, así como proponer la práctica de "*pruebas desconocidas*" para las partes en el momento de formular sus escritos de acusación o defensa.

2559

La celebración de la audiencia preliminar no se suspenderá por la inasistencia injustificada de las partes, abordándose las cuestiones que así sea posible con ausencia de algunas de las partes —piénsese, por ejemplo, que ante la ausencia del acusado, no será posible resolver sobre una posible conformidad—.

No habiendo conformidad, y tras los tramites de alegaciones, el juez o tribunal resolverá en el acto de forma oral —salvo que, por la complejidad de las cuestiones planteadas, hubiera de serlo por escrito, en cuyo caso el auto habrá de ser dictado en el plazo de diez días—, cabiendo contra lo resuelto solo la protesta a efectos de segunda instancia.

9. JUICIO ORAL. CELEBRACIÓN DEL JUICIO EN AUSENCIA DEL ACUSADO

Centraremos el presente epígrafe en el análisis del juicio en ausencia, regulado actualmente, y tras la reforma introducida por la LO 1/2025, en el art. 787.1.II LECrim, remitiéndonos, en cuanto a la regulación general del juicio oral, a los capítulos de la obra que afrontan el estudio de esta materia, y que comprenden los capítulos 47 a 49, ambos inclusive.

Pues bien, ya en el Preámbulo de la Ley Orgánica 7/1988, de 28 de diciembre, a colación de la posibilidad del juicio en ausencia, se lleva a cabo la siguiente reflexión que dibuja el fundamento de introducir en el proceso penal el juicio en ausencia: «Se introduce la posibilidad de celebrar el juicio en ausencia del acusado en causas por delitos no graves, bajo condiciones que garantizan no sólo el derecho de defensa del ausente, asegurado por la intervención de su Abogado defensor, sino también el derecho de recurrir en anulación contra la sentencia dictada. Se pretende así evitar dilaciones inútiles, que pueden redundar en perjuicio de las víctimas, siguiendo una tendencia que se observa en el Derecho comparado y las orientaciones de la Resolución número 75(11) y de la Recomendación número R(87)18, adoptadas por el Comité de Ministros del Consejo de Europa».

Así, el artículo 787.1.II LECrim establece que «La ausencia injustificada de la persona acusada que hubiera sido citada personalmente, o en el domicilio o en la persona a que se refiere el artículo 775, no será causa de suspensión del juicio oral si el juez, la jueza o el tribunal, a solicitud del Ministerio Fiscal o de la parte acusadora, y oída la defensa, estima que existen elementos suficientes para el enjuiciamiento, cuando concurran los siguientes requisitos: a) Que la pena más grave solicitada no exceda de dos años de privación de libertad, que no exceda de seis años si se trata de pena de distinta naturaleza o que se trate de pena de multa cualquiera que sea su cuantía o duración. b) Que, en todo caso, tratándose de penas privativas de libertad, la suma total de las penas solicitadas no exceda de cinco años».

Este precepto debe ser interpretado de manera restrictiva, pues si bien, en abstracto, se ha entendido conforme con los derechos del acusado con proyección constitucional, como así lo ha razonado el Tribunal Constitucional (entre otras, STC, de Pleno, núm. 91/2000 [*Tol 24513*]), dicha posibilidad debe ser sometida a un estándar estricto de cumplimiento de sus requisitos, pues su aplicación implica un recorte de los derechos del acusado (entre otros, el ejercicio del derecho defensa, esencialmente en su vertiente de autodefensa), interpretación restrictiva de cada uno de los requisitos que permiten el juicio en ausencia, en tal modo que la duda sobre el acomodo de cada uno de ellos debe ser siempre a favor de la necesidad de la presencia en juicio, sin que puedan hacerse interpretaciones amplias de los mismos en busca de hacer posible ese juicio en ausencia.

Al respecto, la STC 26/2014 [*Tol 4129144*], ya señalaba: «Así, la doctrina del Tribunal Europeo de Derechos Humano ha reconocido que la presencia del acusado en el juicio es un derecho básico de éste, pero no se infringe el art. 6 CEDH cuando el acusado, debidamente emplazado, decida libremente renunciar a su presencia en el juicio, y siempre que cuente durante el mismo con la asistencia de Abogado para la defensa de sus intereses, pues de acuerdo con el Tribunal Europeo de Derechos Humanos "el hecho de que un acusado, a pesar de haber sido debidamente citado, no comparezca, no puede, incluso aunque tal ausencia resulte injustificada, privarle de su derecho a ser defendido mediante un letrado" (STEDH caso Pelladoah c. Países Bajos, de 22 de septiembre de 1994, § 40; y en el mismo sentido, SSTEDH caso Poitrimol c. Francia, de 23 de noviembre de 1993, § 35; caso Lala c. Países Bajos, de 22 de septiembre de 1994, § 33; caso Van Geyseghem c. Bélgica, de 21 de enero de 1999, § 34). Por su parte, el Tribunal de Justicia de la Unión Europea ha afirmado que "en lo que atañe al alcance del derecho a la tutela judicial efectiva y a un proceso equitativo previsto en el artículo 47 de la Carta y de los derechos de la defensa garantizados por el artículo 48, apartado 2, de ésta, se ha de precisar que, aunque el derecho del acusado a comparecer en el juicio constituye un elemento esencial del derecho a un proceso equitativo, aquel derecho no es absoluto (véase, en particular, la Sentencia de 6 de septiembre de 2012, Trade Agency, C-619/10, Rec. p. I-0000, apartados 52 y 55). El acusado puede renunciar a ese derecho por su libre voluntad, expresa o tácitamente, siempre que la renuncia conste de forma inequívoca, se acompañe de garantías mínimas correspondientes a su gravedad y no se oponga a ningún interés público relevante. Más concretamente, no se produce una vulneración del derecho a un proceso equitativo, aun si el interesado no ha comparecido en el juicio, cuando haya sido informado de la fecha y del lugar del juicio o haya sido defendido por un letrado al que haya conferido mandato a ese efecto" [Sentencia del Tribunal de Justicia de la Unión Europea de 26 de febrero de 2013, C-399/11, asunto Melloni, apartado 49]».

Centrada la exigencia de interpretaciones restrictivas, tenemos que de la lectura del art. 787.1.II, deben darse las siguientes premisas para la celebración del juicio en ausencia:

1. Existencia de una citación al acusado para la celebración de juicio, bien de manera personal, bien en el domicilio o en la persona designada por el propio acusado.

2. Que la pena solicitada no exceda de dos años de privación de libertad —y, además, de imputarse varios delitos con petición de penas privativas de libertad, la suma total de las penas no exceda de cinco años— o, si fuera de otra naturaleza, cuando su duración no exceda de seis años (salvo la pena de multa, que permite siempre el juicio en ausencia).
3. A instancia de cualquiera de partes acusadoras, con audiencia de la defensa del acusado.

Analicemos cada uno de estos tres requisitos esenciales, no sin antes señalar que, y con el fin de establecer un mecanismo de protección del "ausente", la LECrim prevé en su artículo 793 un recurso que podemos identificar como de anulación, destinado a que el ausente tenga una vía para alegar que el órgano sentenciador no ha respetado los requisitos legales que exige el juicio en ausencia y, por tanto, debe declararse la nulidad del juicio, que, de estimarse, deberá repetirse ante el órgano competente, asimilando este recurso de nulidad al del recurso de revisión, en cuanto a su naturaleza rescidente.

9.1 Citación del acusado para celebración de juicio oral

En cuanto a la primera de las exigencias, esto es, la citación personal, domiciliaria o en la persona designada por el propio acusado, tenemos que el art. 775.1 LECrim, establece que el letrado de la Administración de Justicia, en la primera comparecencia del investigado, le requerirá para que designe un domicilio en España para realizar las notificaciones, o una persona que las reciba en su nombre, con advertencia expresa de que citado en ese domicilio, o en la persona indicada, se podrá celebrar el juicio en su ausencia si la pena solicitada no supera los límites de dos años de privación de libertad— y, además, de imputarse varios delitos con petición de penas privativas de libertad, la suma total de las penas no exceda de cinco años— o, si fuera de distinta naturaleza, cuando su duración no exceda de seis años (salvo la pena de multa, que permite siempre el juicio en ausencia).

Los requisitos de dicha citación deben ser cumplidos de manera rigurosa, de forma que la misma tenga como fin que pueda llegar al acusado, que deberá decidir, conocida su citación, acudir o no al acto del juicio oral, todo ello sin perjuicio de que haya sido su propia falta de diligencia, pasividad, omisión voluntaria, aun cumplidos los requisitos legales, lo que le haya apartado de conocer el día y hora de la celebración de juicio.

> Así, ya señalaba el ATC 148/1999, de 14 de junio, Recurso de amparo 2.865/1997: «Como ya ha quedado indicado, para que la indefensión alcance la categoría de vicio constitucional es preciso que sea imputable al órgano judicial, de modo que no se produce tal defecto cuando

la situación en la que el ciudadano se ha visto colocado se debió a una actitud voluntariamente aceptada por él o si le fue imputable por el propio desinterés, pasividad, malicia o falta de la necesaria diligencia».

Concretado lo anterior, destaquemos que, en el marco del procedimiento abreviado, la citación personal es sustituible por la citación en la persona o en el domicilio a que se refiere el artículo 775 LECrim, en tal modo que cualesquiera de estos cauces serán válidos si la designación del domicilio o de la persona se ha hecho con las advertencias referidas en el nombrado precepto.

Apunta la STS de 5/05/2006 [*Tol 941529*], que «Las excepciones a esta previsión, que como tales han de ser tratadas con carácter restrictivo y con mayor razón en atención al rango fundamental de los derechos a los que afectan, se basan en la exigencia de varios requisitos, que parten del carácter voluntario de la ausencia, al exigir que sea injustificada, de manera que el origen de la falta de ejercicio de los derechos afectados se sitúe en una decisión libre de su titular o, al menos, imputable a una negligencia inexcusable del mismo. Lo cual se completa naturalmente con la necesidad de que haya mediado una citación personal, debidamente acreditada, sustituible en el marco de este procedimiento abreviado por la citación en la persona o en el domicilio a que se refieren el artículo 775».

9.2 Límite de la pena solicitada

Establece el artículo 787.1.II LECrim que para poder celebrar el juicio en ausencia la pena solicitada no exceda de dos años de privación de libertad —y, además, de imputarse varios delitos con petición de penas privativas de libertad, la suma total de las penas no exceda de cinco años— o, si fuera de otra naturaleza, cuando su duración no exceda de seis años (salvo la pena de multa, que permite siempre el juicio en ausencia, cualquiera que sea su cuantía o duración).

Dos cuestiones merecen especial interés por nuestra parte; una primera cuestión es fijar que dicho límite, y de la lectura del precepto, lo es con relación a la pena concreta solicitada por las acusaciones, acudiendo a la más grave de las solicitadas.

Debe destacarse, al respecto de esta primera cuestión, que la reforma introducida por la LO 1/2025 zanja el debate sobre cómo debía interpretarse el límite de dos años —recordemos que antes de la reforma el legislador no resolvía qué ocurría cuando eran varias las penas privativas de libertad que se solicitaban—; hasta la referida reforma parecía razonable defender que el límite de dos años lo era sobre la suma de todas las concretas penas solicitadas en el caso de que se acusara por más de un delito, de manera que, por ejemplo, si se acusaba por tres delitos, solicitando por cada uno de ellos un año de prisión, no sería posible el juicio en ausencia, al superar los dos años la suma total de las penas solicitadas.

Al respecto la SAP de Navarra, Secc. 2ª, de 14/12/2022 —*ROJ: SAP NA 1545/2022-ECLI:ES:APNA:2022:1545*—, vino a razonar «¿Opera el límite de los dos años a la totalidad de la pena, como dice la defensa, o solo se debe tener en cuenta la pena para cada delito, como dice el Ministerio Fiscal? Pues bien, habida cuenta que las excepciones al principio de audiencia y contradicción han de ser interpretadas de forma restrictiva, ni cabe y se considere un fraude, la modificación de calificación para posibilitar el encaje dentro de los parámetros de la pena, ni cabe tener en cuenta cada delito de forma individual, debiendo por tanto entenderse que el límite opera aun sumando las penas por distintos tipos penales objeto de la acusación (lo contrario podría llevar a condenar a alguien por varios delitos e imponerle una pena sumada que excediera varios años tal limitación), debido a dicha interpretación restrictiva, y es que el límite de los dos años es tenido en cuenta por el legislador igualmente para la posibilidad de conceder la suspensión (art. 81 CP), al que de forma expresa señala que el mismo no podrá superarse por la suma de las penas impuestas».

Sea como fuere, con la reforma introducida por la LO 1/2025, se establece expresamente que de imputarse varios delitos con petición de penas privativas de libertad, para poder celebrar el juicio en ausencia, la suma de todas las penas —que recordemos que individualmente contempladas no podrán superar el límite de dos años— no podrá exceder de cinco años, de forma que ahora sí es posible el juicio en ausencia en el caso del ejemplo expuesto anteriormente —se acusa por tres delitos, solicitando por cada uno de ellos un año de prisión—.

La segunda cuestión a destacar es la inviabilidad de celebrar el juicio en ausencia cuando las penas inicialmente superan los límites penológicos que permitirían celebrar el juicio sin el acusado, pero incomparecido el acusado previamente citado, las acusaciones deciden modificar sus conclusiones provisionales rebajando las penas —o dejando de acusar por algunos de los delitos— hasta no rebasar el umbral que permite el juicio en ausencia, todo ello para conseguir celebrar el juicio, evitando la suspensión por falta de comparecencia del acusado.

Esta actuación viene siendo calificada como un fraude de ley, teniendo en cuenta que el acusado ha sido citado a juicio sin la advertencia de poder ser celebrado en ausencia, procediendo, de manera sobrevenida, a hacerlo sin que el mismo haya tenido conocimiento de dicha circunstancia.

Al respecto debe traerse a colación el Acuerdo no jurisdiccional del Pleno de Sala Segunda del Tribunal Supremo de 25 de febrero de 2000, por el que «el límite punitivo legalmente prevenido para el juicio en ausencia, se refiere a la pena solicitada en la calificación provisional acusatoria, es aquella de la que ha sido informado el acusado, estimándose que constituye un fraude de ley eludir dicha limitación legal mediante la modificación inmediatamente anterior al juicio de la calificación acusatoria, sin conocimiento del ausente».

Ilustrativa al caso resulta la SAP de Granada, Secc. 1ª, de 6/05/2021 [*Tol 8815488*]: «Una vez que el investigado ya acusado conoce los términos exactos de la acusación o acusaciones formuladas contra el mismo, y es citado en forma para la celebración del correspondiente acto de juicio oral, deberá como se dice ser advertido de la posibilidad de celebrar el juicio en su ausencia si concurren los requisitos para ello. Ante ello, el acusado podrá adoptar la estrategia procesal que más entienda le convenga. [...], entonces el acusado citado puede decidir no asistir al acto de juicio, en la legítima confianza consistente en que no resultará posible ni la celebración, en ningún caso, del juicio en su ausencia, [...]. Pero lo que en ningún caso resultará admisible es que, tras la decisión del acusado de no comparecer voluntariamente, las acusaciones modifiquen al inicio del acto de juicio oral sus calificaciones provisionales, a la baja, para situar la pena solicitada en el arco que el artículo 786 LECr considera límite para poder celebrar el juicio en ausencia del acusado, pues ello le produce una efectiva indefensión, acusado que pudiera haber decidido asistir al acto de juicio oral de haber conocido tal modificación producida sin su conocimiento, para ejercitar con plenitud su derecho de defensa. Tal proceder por parte de las acusaciones producirá una vulneración de las formalidades esenciales procesales que lleva aparejada indefensión, cuya consecuencia es la nulidad radical del acto de juicio oral celebrado (Tribunal Supremo (TS) SS nros. 1703/2000 de 8 de marzo, y 647/2001 de 20 de abril)».

9.3 A iniciativa de las acusaciones

2565

Como último requisito, se exige que la celebración del juicio en ausencia lo sea a petición de algunas de las acusaciones, y con imperativa audiencia al letrado de la defensa (su ausencia implicaría inevitablemente la suspensión), siendo la razón de dicha petición porque, y citamos literalmente el art. 787.1.II LECrim, se «estima que existen elementos suficientes para el enjuiciamiento».

Alguna reflexión merece la declaración de la parte acusada en su condición de investigada en fase de instrucción y su valor probatorio en el plenario cuando no comparece al acto del juicio y se celebra el juicio en ausencia.

Pues bien, tomemos como punto de partida que la prueba debe practicarse en el acto del juicio y que la vía de los arts. 714 y 730, ambos de la LECrim, en cuanto a la reproducción de las declaraciones sumariales, se mueven en el ámbito de la excepcionalidad.

Al respecto, la doctrina jurisprudencial, tal y como vino a recordar la STS de 31/10/2019 [*Tol 7573342*] que exponía la posibilidad de hacer uso del art. 714 y 730, ambos de la LECrim para introducir en el plenario las declaraciones sumariales hechas por los acusados, argumentando que «dado que la Ley de Enjuiciamiento Criminal no prevé otra forma de incorporar tales manifestaciones al material probatorio durante el plenario, y que una interpretación literal de los preceptos indicados supondría impedir la lectura en juicio de tales declaraciones sumariales (lo que supondría de facto reconocer al acusado, no sólo su derecho a no declarar, sino el derecho de excluir o borrar las declaraciones propias hechas voluntariamente en momentos anteriores), la jurisprudencia de esta Sala ha admitido que, si las declaraciones instructorias se realizaron con todas las garantías (incluyendo el respeto del derecho del investigado a no declarar), sea posible acudir a la aplicación del art. 714 de la LECRim», si bien dicha sentencia también recordaba que «En todo caso, la incorporación de una declaración sumarial mediante lectura, comporta una serie de exigencias que el Pleno del Tribunal Constitucional en su STC 134/2019 [*Tol 7611680*], relacionó en los siguientes términos: a) Es preciso que exista imposibilidad efectiva de reproducir la diligencia en el juicio oral; b) Es necesario que en la diligencia intervenga el juez, dado que sólo a él le corresponde funcional y constitucionalmente la facultad de preconstituir prueba con garantías de independencia; c) se debe garantizar la posibilidad de contradicción y la asistencia letrada de los investigados a fin de que puedan interrogar al declarante y d) La declaración debe ser introducida en el juicio mediante lectura, conforme al artículo 730 de la LECrim, o mediante los interrogatorios, lo que posibilita que su contenida acceda al debate procesal público y se someta a contradicción ante el juez o tribunal sentenciador (SSTC 80/2003; 187/2003, y 344/2006)».

Ahora bien, siendo discutible esta vía de acceso, es lo cierto que la misma debe producirse cuando exista imposibilidad efectiva de oír en declaración al acusado, lo que no acontece cuando se celebra el juicio en ausencia, que lo es a petición de la acusación.

2566 No es compatible dicha petición de juicio en ausencia con la petición posterior de la lectura de la declaración sumarial por vía del art. 730 LECrim, debiendo la acusación, si "insistía" en la práctica de la declaración del acusado que venía pidiendo como prueba, haber pedido la suspensión, señalando que se trata de una prueba indispensable, solicitando que se citara al mismo con el apercibimiento de ser detenido o conducido por la fuerza pública si incumpliera esa obligación.

Lo que no es posible es pretender tomar como prueba de cargo unas declaraciones hechas en la fase de investigación judicial cuando pueden repetirse en el acto del plenario, como tampoco sería posible acudir a dicha vía cuando, por ejemplo, no acude un testigo, no pedir la suspensión para que sea citado nuevamente y luego solicitar la lectura de su declaración por vía del 730 LECrim.

Al respecto, SAP de Madrid, Secc. 7ª, de 26/07/2021 [*Tol 8636725*]: «En primer lugar hay que destacar que el acusado legalmente citado no acudió al juicio oral, sin que ninguna de las partes planteara la suspensión del juicio; por tanto, la declaración prestada por el acusado durante la fase de instrucción no puede, válidamente, introducirse en el juicio oral. Son pocas las ocasiones en que el TS se ha podido pronunciar acerca de la celebración del juicio en ausencia del acusado debidamente citado, pero sí lo hizo en la sentencia la sentencia de 23 de junio de 1999 en que, en un caso de celebración del juicio en ausencia del acusado que estaba debidamente citado, se dijo "Se cumplían así todos los requisitos exigidos en el párrafo segundo del art. 793.1 LECrim para tal celebración en ausencia del acusado en el trámite del procedimiento abreviado. Era conforme a la Ley Procesal tal celebración y, según dice dicho art. 793.1, concurriendo esos requisitos el juez o Tribunal puede acordar la no suspensión del juicio "si estima que existen elementos suficientes para el enjuiciamiento". Es decir, puede prescindirse en tales casos de la presencia del acusado porque haya otras pruebas con independencia de las declaraciones de éste (como en realidad ocurrió en el caso presente). Pero lo que no puede hacer el juzgado de lo penal o la Audiencia es dar validez como prueba de cargo a unas declaraciones del acusado hechas durante la instrucción. Si se quiere utilizar la confesión del imputado como prueba del hecho o de su autoría, el Juzgado o Tribunal que conoce del juicio oral ha de suspenderlo, señalar para otra fecha y citar al acusado para que asista el juicio, haciéndole saber la obligación que tiene de acudir con el apercibimiento de ser detenido o conducido por la fuerza pública si incumpliera esa obligación. Lo que no cabe hacer es tomar como prueba de cargo unas declaraciones hechas en la fase de las diligencias previas cuando pueden repetirse en el acto del plenario». (En el mismo sentido Sentencia núm. 306/2022, de 1 de julio, de la Secc. 17ª de la Audiencia Provincial de Madrid).

10. CORRELACIÓN ENTRE ACUSACIÓN Y SENTENCIA

Siendo tratada en previos capítulos de esta obra la congruencia de la sentencia, en concreto en el capítulo 50, así como el planteamiento de la tesis del art. 733 LECrim, tratado en el capítulo 49, centraremos el presente epígrafe en el artículo 789.3 LECrim, que dispone que «La sentencia no podrá imponer pena más grave de la solicitada por las acusaciones, ni condenar por delito distinto cuando éste conlleve una diversidad de bien jurídico protegido o mutación sustancial del hecho enjuiciado, [...]».

Dicho precepto, dentro del procedimiento abreviado, nos habla de la correlación entre los escritos de acusación y el contenido de la sentencia, pero no impone la exigencia de correlación, sino la exigencia de que la falta de correlación implique una quiebra del principio acusatorio desde el prisma del derecho a ser informado de la acusación, como derecho instrumental del derecho de defensa, bien por imponerse una pena de la que nunca se ha podido defender, porque nunca fue solicitada, cualitativa o cuantitativamente —esto es, también cuando se impone más pena de la solicitada—, bien por ser condenado por un delito del que no ha podido defenderse. A continuación, matizaremos el alcance de la regulación del art. 789.3 LECrim.

Como punto de partida, y para poder establecer en cada caso concreto que se analice bajo el prisma del art. 789.3 LECrim, en qué escenario se produce una quiebra del principio acusatorio, debemos tener en cuenta que el derecho a ser informado de la acusación forma parte del principio acusatorio, pues no solo está íntimamente relacionado con dicho principio, sino que lo integra.

Al respecto, el Auto del Tribunal Constitucional 181/2007, de 12 de marzo, Recurso de amparo 149/2004 —*ECLI:ES:TC:2007:181A*—, exponía: «Es indudable que el derecho a ser informado de la acusación forma parte de las garantías que derivan del alegado "principio acusatorio", en virtud del cual es constitucionalmente exigido que nadie sea condenado si no se ha formulado contra él una acusación de la que haya tenido oportunidad de defenderse de manera contradictoria».

Así pues, el principio acusatorio exige que el sujeto pasivo de la acción penal tenga posibilidad de rechazar la acusación que contra él ha sido formulada, incluida la concreta pena que contra él se solicita, posibilidad que sólo surge cuando el mismo haya tenido la efectiva oportunidad de conocer la acusación, lo que nos lleva a la conclusión de que no es posible el respeto del principio acusatorio si se infringe el derecho a ser informado de la acusación, debiendo, por tanto, establecerse que este derecho integra el principio acusatorio como uno de los elementos estructurales que lo configuran.

Así la STC 155/2009 [*Tol 1568033*], de 25 de junio nos recuerda que: «El Pleno de este Tribunal recordaba, una vez más, en la STC 123/2005, de 12 de mayo, reiterando precedente doctrina constitucional, que, aun cuando el principio acusatorio no aparece expresamente mencionado entre los derechos constitucionales que disciplinan el proceso penal, ello no es óbice para reconocer como protegidos en el art. 24.2 de la CE ciertos derechos fundamentales que configuran los elementos estructurales de dicho principio, que trasciende el derecho a ser informado de la acusación y comprende un haz de garantías adicionales. En este sentido se resaltaba tanto la vinculación del principio acusatorio con los derechos constitucionales de defensa y a conocer la acusación como con la garantía constitucional de la imparcialidad judicial (FJ 3 y doctrina constitucional allí citada)».

Desde esta perspectiva, y al tratar de analizar un concreto caso a la luz del art. 789.3 LECrim, debemos respondernos si la sentencia condena por un delito a una pena de la que previamente el acusado fue informado, en tal modo que pudo efectivamente defenderse de dichas peticiones. Si la respuesta es afirmativa, se habrá respetado la congruencia exigida en dicho precepto si no es así, habría infracción del mismo.

Para dicho análisis debemos tener en cuenta que la sentencia debe dar respuesta a las conclusiones definitivas de las acusaciones, no a los informes, ni a las iniciales conclusiones provisionales. Es a dicho instrumento procesal, y no a otro, al que debe dar respuesta la sentencia que se dicte.

Siguiendo la redacción del art. 789.3 LECrim, tres son los aspectos que deben guardar adecuada correlación entre las conclusiones definitivas de las acusaciones y la sentencia; el hecho punible, la calificación jurídica y, por último, la pena.

10.1 Identidad de hecho punible

Dispone, al respecto, el art. 789.3 LECrim, que la sentencia no podrá condenar por delito distinto al pedido por las acusaciones cuando suponga una «mutación sustancial del hecho enjuiciado». Vaya por delante que, como es natural, dicha prohibición de mutación sustancial del hecho enjuiciado lo es cuando se produce en perjuicio del reo, no cuando dicha mutación lo es a su favor.

En primer lugar, debemos delimitar qué debe entenderse por hecho enjuiciado; al respecto no son todos los hechos contenidos en los escritos de acusación, sino los hechos que las acusaciones dotan de trascendencia jurídica para colmar determinado tipo penal, esto es, y en expresión del art. 779.1.4ª LECrim, los "hechos punibles" y no otros, por más que formen parte del relato ofrecido por las acusaciones, pero sin que la misma les dé transcendencia jurídica a los efectos del delito objeto de acusación.

La frontera entre mutación sustancial y mutación no sustancial debemos buscarla distinguiendo entre mutación que afecta al derecho a ser informado de la acusación como instrumento del derecho de defensa y la que no afecta. El sometido al procedimiento penal tiene en los hechos objeto de imputación el elemento esencial sobre el que se configura el objeto penal que va cristalizando a lo largo del procedimiento, de manera que dicha concreción, como veremos en el siguiente subepígrafe, también alcanza a la calificación jurídica; si bien el elemento fáctico es la piedra angular del objeto penal y que debe conocer el sometido a él. 2569

Así las cosas, la exposición fáctica sobre la que las acusaciones basan su acción penal, que se recogerá en la conclusión primera de su escrito de conclusiones definitivas —conforme establece el art. 650.1º al que se remite el art. 781.1, ambos de la LECrim—, es la que debe recogerse en la sentencia, en los aspectos que se den por probados, sin que pueda introducir elementos fácticos no contemplados en los escritos de acusación y que sirvan para colmar los elementos del tipo penal objeto de acusación, sin perjuicio de introducir en el relato elementos fácticos que den una mayor riqueza o mejor claridad del relato ofrecido por las acusaciones en todo lo que se declare probado.

Por tanto, el hecho probado de la sentencia no puede añadir elementos fácticos distintos a los que las acusaciones han destinado a colmar el tipo delictivo por el que se acusa —tanto el elemento objetivo como subjetivo o, si se prefiere, el hecho material y el elemento psicológico—, que no estuviesen ya recogidos en el relato de hechos punibles objeto de acusación, sin que pueda suplir un posible déficit en el mismo; no obstante, sí puede pormenorizar el relato, en tal modo que no es exigible un traslado automático del hecho objeto de acusación a los hechos probados de la sentencia, siendo lo relevante que el acusado haya podido defenderse de dichos hechos imputados, con pretendida trascendencia penal.

Al respecto, la STS de 14/07/2022 [*Tol 9140681*] señala «La sentencia, no puede introducir sorpresivamente ni hechos distintos a los invocados por las acusaciones, ni valoraciones jurídicas novedosas que la defensa no haya tenido ocasión de rebatir. Tampoco puede focalizar su atención para conformar la tipicidad en elementos fácticos que la acusación no recogía en su pretensión; ni conferir a los elementos que hayan podido ser aludidos una dimensión o relevancia que no se desprendía, ni expresa ni implícitamente, del examen de la pretensión acusatoria. Si en la sentencia se cambia la calificación articulada por la acusación o se reelaboran los hechos en términos que van más allá de un simple prescindir de algunos de sus elementos; y aclarar o especificar otros; o que introducen perspectivas nuevas, se frustra el derecho a ser informado de la acusación: la defensa no habría tenido ocasión de combatir adecuadamente esa nueva valoración jurídica o la trascendencia jurídica concedida a datos fácticos que no se presentaban con tal alcance por la acusación. Es imprescindible que exista acoplamiento o ajuste en lo esencial, aunque no la similitud que brinda un espejo. Es decir, la condena ha de tener su correspondencia en la acusación; debe ser reflejo, aunque solo sea parcial, de aquélla (entre otras STS 326/2013, de 1 de abril). [...]. El principio acusatorio presupone el derecho de defensa y, consecuentemente, la posibilidad de contestación o rechazo de la acusación (principio de contradicción). Al juez no le está permitido excederse de los términos del debate tal como han sido fijados por acusación y defensa, lo cual significa en última instancia, que ha de existir siempre correlación entre la acusación y el fallo de las Sentencias (SSTC 53/1987, de 7 de mayo; 17/1988, de 16 de febrero y 95/1995, de 19 de junio)».

10.2 La calificación jurídica y sus posibles modificaciones

Dispone, al respecto, el art. 789.3 LECrim, que la sentencia no podrá condenar «por delito distinto cuando éste conlleve una diversidad de bien jurídico protegido».

Tengamos en cuenta, como punto de partida, que la correlación entre acusación exteriorizada en las conclusiones definitivas y el contenido de la sentencia tiene su elemento nuclear en la prohibición de mutación, en lo sustancial, de los hechos que como punibles son objeto de acusación, de forma que lo que puede suponer un cambio de la calificación jurídica es en realidad un cambio de los hechos punibles que como tales han sido objeto de acusación.

Al respecto, resulta sumamente ilustrativo el ejemplo que nos ofrece la STS de 14/07/2022 [*Tol 9140681*], sobre las dudas entre la participación en un robo de la persona en cuyo poder se han encontrado los efectos; o su condición de receptador posterior. Dicha sentencia recuerda que se deberá estar a los concretos hechos punibles que se describen por las acusaciones, con voluntad de que tenga trascendencia penal para colmar determinado tipo penal, en tal modo que si el hecho punible describe los elementos objetivo y subjetivo de un robo, aunque en el relato de las acusaciones aparezca que el acusado tenía en su poder los objetos procedentes del robo, conocimiento de procedencia que estaría implícito en el relato porque se le estaría imputando el referido robo —lo que hace, del propio hecho punible imputado, inevitable que lo supiera—, no será posible la condena por receptación si la acusación no abrió, de forma alternativa, esa posibilidad en el relato de su "hecho punible", no tanto en su calificación jurídica.

Y no será posible la condena, pues para ello se estarían cambiando los hechos punibles de manera sustancial, pues los hechos de transcendencia jurídica que se describen para configurar un delito de robo no son los mismos que corresponden a los hechos con transcendencia jurídica que deben describirse para el delito de receptación, por más que en el relato factico del referido delito de robo se recoja que se encontró al acusado en posesión de dichos efectos que se dicen sustrajo.

Otro ejemplo de mutación sustancial del hecho enjuiciado, y no de modificación de calificación jurídica, lo encontramos en la STS de 4/10/2012 [*Tol 2665148*], en este caso se trata de un supuesto de acusación de homicidio en grado de tentativa y la posibilidad de condenar por un delito de amenazas graves, y que mereció la siguiente reflexión: «la condena por un delito de amenazas no es necesariamente heterogénea con una acusación por delito de homicidio en grado de tentativa. Ahora bien, eso no significa que siempre se pueda predicar de ambas infracciones la homogeneidad que abriría la puerta a la condena por la figura penal por la que no se acusó. Sin negar la premisa inicial general —posibilidad de homogeneidad—, en el caso concreto no se puede decir que hubiese homogeneidad: convertir la acusación por el delito de homicidio en grado de tentativa en una condena por amenazas supone en este supuesto introducir una perspectiva que no era previsible ni presumible y que no puede considerarse contenida en la pretensión acusatoria. Comporta una mutación constitucionalmente vedada de la perspectiva jurídica del objeto del proceso».

En ninguno de estos ejemplos se estaría ante una exclusiva modificación de la calificación jurídica, sino ante una mutación sustancial del hecho punible que, como tal, describen las acusaciones.

Matizado lo anterior, veamos el alcance de la expresión «delito distinto cuando éste conlleve una diversidad de bien jurídico protegido», siempre partiendo de que no se habría producido una mutación sustancial del hecho enjuiciado.

Pues bien, podemos señalar que, más que de identidad de bien jurídico protegido, debemos analizar la cuestión desde que tanto el concreto delito por el que se acusaba como el concreto delito por el que se condenaba estén identificados con una misma línea de ataque de intereses jurídicos, existiendo una relación de homogeneidad en relación con el bien jurídico protegido en uno y otro, en el sentido de que el acusado haya podido defenderse, de manera efectiva, de todos los elementos del delito sancionado por el tribunal. Así pues podría hablarse de una relación de homogeneidad entre el delito de tentativa de homicidio y el de amenazas graves si del relato ofrecido por las acusaciones como hechos punibles (cuya descripción deberá incluir el elemento material o elemento objetivo del tipo y el elemento psicológico o elemento subjetivo del tipo) con transcendencia jurídica ofrecidos por la acusación (en las que debería describirse como hecho punible, no sólo el elemento subjetivo del tipo del delito de homicidio, sino el de las amenazas) tienen encaje, bien en una tentativa de homicidio, bien en un delito de amenazas graves.

Así las cosas, y a modo de resumen, y siguiendo la STS de 21/09/2023 [*Tol 9731730*], se exige:

* Que el tribunal respete el relato del "hecho punible" de la calificación acusatoria, que debe ser completo, con inclusión de todos los elementos que integran el tipo delictivo sancionado.
* Que entre el tipo penal objeto de acusación y el calificado por el tribunal existe una relación de homogeneidad en relación con el bien jurídico protegido en uno y otro, en el sentido de que con relación de todos y cada uno de los elementos del delito sancionado por el tribunal no exista un componente concreto del que el condenado no haya podido defenderse.

10.3 La concreta pena a imponer

Dispone, al respecto, el art. 789.3 LECrim, que la sentencia «no podrá imponer pena que exceda de la más grave de las acusaciones».

Inicialmente, y con objeto del análisis del artículo 794.3 de la LECrim, en su redacción inicial dada por Ley Orgánica 7/1988, de 28 de diciembre, y que también refería que «no podrá imponer pena que exceda de la más grave de las acusaciones», la doctrina constitucional señalaba que este límite punitivo debía ser interpretado en el sentido de que el juzgador estaba limitado por la horquilla de la pena a imponer que resultara de la calificación jurídica de los hechos, y no por la pena concreta solicitada por las acusaciones, en tal modo que podía imponer una pena superior a la solicitada sin rebasar el límite máximo de la señalada por la ley al tipo penal incriminado.

No obstante, a partir de la STC 155/2009 [*Tol 1568033*], en la que se destacaba la necesidad de replantear la cuestión desde la perspectiva constitucional en una más adecuada interpretación del precepto a la luz del principio acusatorio, se vino a establecer que la pena a imponer no podrá exceder, por su gravedad, naturaleza o cuantía, de las concretas pedidas por las acusaciones, aunque la pena en cuestión no exceda del máximo legalmente previsto para el tipo penal por el que es condenada determinada persona.

Así ya venía siendo interpretado por el Tribunal Supremo, exteriorizado en el Acuerdo del Pleno no jurisdiccional de la Sala Segunda de fecha 20 de diciembre de 2006, que señalaba que "el tribunal sentenciador no puede imponer pena superior a la más grave de las pedidas en concreto por las acusaciones, cualquiera que sea el tipo de procedimiento por el que se sustancie la causa", matizado por su posterior Acuerdo del Pleno no jurisdiccional de 27 de febrero de 2007 según el cual: "El Tribunal no puede imponer pena superior a la más grave de las pedidas por las acusaciones, siempre que la pena solicitada se corresponda con las previsiones legales al respecto, de modo que cuando la pena se omite o no alcanza el mínimo previsto en la ley, la sentencia debe imponer, en todo caso, la pena mínima establecida para el delito objeto de condena".

En resumen, y siguiendo con la interpretación dada por la doctrina jurisprudencial, el órgano sentenciador no puede imponer una pena superior o más grave de las solicitadas por las acusaciones, a salvo que la petición esté por debajo de la pena mínima prevista por la ley, en cuyo caso habrá de imponerse esta penal mínima legal.

Cierto es que la STC 47/2020 [*Tol 8062027*], parece alimentar las tesis en contra de la posibilidad de acudir a la pena mínima legal cuando las acusaciones han solicitado penas por debajo de dicho mínimo, señalando, ciertamente referido al caso en que no se había pedido pena concreta en el recurso de apelación contra la absolución, y, por tanto, la pena impuesta en segunda instancia, aun asociada al tipo penal pretendido carecía de «*cobertura acusatoria*», llegando a razonar en su posterior Sentencia 132/2021 [*Tol 8505478*], nuevamente no resolviendo estrictamente la cuestión de la imposición del mínimo legal cuando la pena solicita es inferior, sino referido a la falta de petición en trámite de recurso de dicha rectificación, que «el principio acusatorio requiere, en su contenido constitucional, que la pretensión punitiva se exteriorice en cada una de las instancias, siendo inadmisibles las acusaciones implícitas. Por otro lado, la seguridad jurídica de la condenada sobre la inmutabilidad de la sentencia en su perjuicio, si no media recurso de parte contraria, veda la agravación de oficio, aunque fuera absolutamente evidente su procedencia legal, pues las garantías constitucionales deben prevalecer sobre el principio de estricta sumisión del juez a la ley, incluso para corregir de oficio en la alzada errores evidentes en la aplicación de la misma en la instancia (SSTC 223/2015, de 11 de diciembre, FJ 4)».

No obstante, el TS ha mantenido posteriormente a estas sentencias, su doctrina sobre el principio acusatorio, en tal modo que, como nos recuerda la STS de 4/03/2025 [*Tol 10437399*]: «El principio de legalidad y la ausencia en nuestro ordenamiento jurídico de un espacio en el que se reconozca a las partes una disponibilidad de la pena fuera del marco punitivo previsto por el legislador, determina que, en aquellos supuestos en los que la pretensión punitiva de la acusación omite o no alcanza el mínimo previsto en la ley y tal defecto no sea subsanado en el acto del plenario, la sentencia debe imponer la pena mínima establecida para el delito objeto de condena, siempre que la punición en el margen no peticionado no genere indefensión para la parte»

11. ESPECIALIDADES EN EL RÉGIMEN DE RECURSOS DENTRO DEL PROCEDIMIENTO ABREVIADO

Centraremos el presente epígrafe exclusivamente a analizar las singularidades de del régimen de impugnación de resoluciones dictadas en el ámbito del procedimiento abreviado, que se concreta en el art. 766 LECrim, para los autos dictados por el juez instructor y el juez de lo penal, remitiéndonos, en cuanto al régimen impugnatorio frente a sentencias, providencias, autos dictados por los órganos colegiados, así como la impugnación frente a las resolución dictadas por los letrados de la Administración de Justicia, al régimen general, y al estudio que se hace en los capítulos de esta obra que se ocupan del mismo.

Así, en el ámbito del procedimiento abreviado, se regula de manera específica, en el art. 766 LECrim, y al margen de la regulación general, el régimen impugnatorio frente a autos dictados por el juez instructor o el juez de lo penal.

Las singularidades establecidas en el referido art. 766, recordemos referido a autos dictados por órganos unipersonales, y en lo que pretende ser una esquemática comparativa con el régimen general de recursos, son las siguientes:

1. Se establece con carácter general, no solo el recurso de reforma, sino también el de apelación contra todos los autos dictados por el juez instructor y el juez de lo penal (art. 766.1 LECrim), a salvo de los autos en que expresamente se disponga que no cabe recurso, como ocurre, por ejemplo, con relación al auto de apertura de juicio oral, y conforme dispone expresamente el art. 783.3 LECrim. Difiere esta regulación del régimen general, en cuanto a recurso de apelación, pues el art. 217 LECrim dispone que podrá interponerse recurso de apelación *«únicamente en los casos determinados en la ley»* (art. 217 LECrim); esto es, no existe tal posibilidad de un modo genérico, sino únicamente cuando la ley establezca explícitamente que frente a un concreto auto cabe apelación.
2. En el procedimiento abreviado —al contrario que en el régimen general, donde siempre es preceptivo el previo recurso de reforma al de apelación (art. 222 LECrim)—, la presentación de un recurso de reforma es potestativa en aquellos casos en que también está previsto recurso de apelación contra un concreto auto (art. 766.2 LECrim), siendo posible, por tanto, el recurso de apelación directo, mientras que en el ordinario es obligatoria, como decimos, la previa interposición del recurso de reforma, aunque pueden interponer ambos en el mismo escrito (art. 222.1 LECrim). Si se presentan recurso de reforma y de apelación de forma conjunta —recurso de reforma y subsidiario de apelación— se establece

un segundo trámite de alegaciones tras la desestimación total o parcial del recurso de reforma (art. 766.4 LECrim), siendo la razón de este segundo trámite la de poder reformular el recurso una vez conocidos los razonamientos del auto desestimando —o estimando parcialmente— el recurso de reforma.

3. Se establece de manera expresa en el procedimiento abreviado que los recursos contra los autos del órgano unipersonal «no suspenderá el curso del procedimiento» (art. 766.1 LECrim), efecto, suspensivo o no, que, en las reglas generales, no queda determinado con carácter general, a salvo del efecto de no suspensión del recurso devolutivo (art. 217 LECrim).

4. Por último, en el caso del recurso de apelación, en el que el recurrente deberá señalar la parte de los autos que deben testimoniarse para su remisión a la Audiencia Provincial, y tras la admisión del mismo, el propio órgano *a quo* dará traslado a las demás partes para alegaciones por cinco días, y una vez evacuado dicho trámite, se elevarán las actuaciones al Tribunal *ad quem* para que decida sin celebración de vista (art. 766.3 LECrim), salvo en el caso de impugnación de medidas cautelares, que si se trata de prisión y el apelante la solicita, debe el Tribunal acordarla; siendo facultativa si se trata de cualquier otra medida cautelar (art. 766.5 LECrim). Esta tramitación se simplifica, sin que se prevea, como regla general, la celebración de vista, en contraposición de la regulación del recurso de apelación conforme a las normas generales de los art. 223 y siguientes de la LECrim.

BIBLIOGRAFÍA

- ARMENTA DEU, *Lecciones de Derecho procesal penal*, Marcial Pons, 2023.
- ARNÁIZ SERRANO/LÓPEZ JIMÉNEZ (directoras), *Esquemas de Derecho Procesal Penal*. Tirant lo Blanch, 2019.
- BANACLOCHE/ZARZALEJOS, *Aspectos fundamentales de Derecho procesal penal*, La Ley, Madrid, 2023.
- ESCOBAR JIMÉNEZ/DEL MORAL GARCÍA (Coord.), *El juicio oral en el proceso penal*, Comares, 2021.
- GASCÓN INCHAUSTI, *Derecho procesal penal materiales para el estudio.* Edición digital, ISBN 978-84-09-14502-7. 2025.
- GIMENO/CONDE-PUMPIDO/GARBERÍ, *Los procesos penales. Comentarios a la Ley de Enjuiciamiento Criminal con formularios y jurisprudencia*, Bosch, 2000.
- MONTIEL OLMO, «El procedimiento para el enjuiciamiento rápido de determinados delitos. Sentencia de conformidad y ejecución», *CGPJ, Cuadernos Digitales de Formación* CGPJ, volumen 6/2012, Madrid, 2012.
- MORENO CATENA/CORTÉS, *Derecho procesal penal*, Tirant lo Blanch, 2024.
- PIQUÉ VIDAL/RIFÁ SOLER/VALLS GOMBAU/SAURA LLUVIÁ, *El proceso penal práctico*, La Ley-Actualidad, 1997.

Capítulo 64

El juicio ordinario por delitos leves

Ignacio Flores Prada[1]
Catedrático de Derecho Procesal
Universidad Pablo de Olavide de Sevilla

1. INTRODUCCIÓN

El juicio por delitos leves es el procedimiento ordinario regulado en la LECrim para el enjuiciamiento de los delitos que el CP castiga con penas leves (arts. 13.3 y 33.4º CP). Su esquema procedimental, basado en el juicio de faltas previsto en la redacción original de la LECrim, fue reformado por la Ley 38/2002 para introducir una modalidad de enjuiciamiento inmediato y, más recientemente, por la LO 1/2015, que despenalizó algunas de las antiguas faltas y convirtió otras en "delitos leves", otorgando además al Ministerio Fiscal importantes márgenes para el ejercicio del principio de oportunidad (BARONA, p. 603).

Mantiene el enjuiciamiento de delitos leves la denominación de "juicio", subrayando con ella su naturaleza de procedimiento centrado en la fase de plenario (MORENO CATENA, 2024, p. 565; GIMENO, 2018, p. 709). Conserva también su impronta original, como procedimiento ágil, flexible y simplificado, presidido por los principios de oralidad, concentración e inmediación, que

1 ORCID 0000-0002-4629-0432

prescinde de la actividad propiamente instructora para situar el eje del procedimiento en la fase de juicio oral (STC 29/2023 [*Tol 9543595*]).

Entre las singularidades procedimentales del juicio por delitos leves pueden destacarse las siguientes:

* El enjuiciamiento de los delitos leves prevé *dos modalidades* —la ordinaria y la acelerada o inmediata— que estudiamos en este tratado en capítulos distintos. La modalidad inmediata es preferente, de manera que solo se aplicará el enjuiciamiento por la vía ordinaria cuando no resulte posible seguir los trámites de la acelerada (MORENO CATENA, 2023, 560).
* Tras la reforma introducida por la LO 1/2015, el Ministerio Fiscal goza de plena *discrecionalidad* para el ejercicio de la acción penal en el procedimiento por delitos leves.
* La falta de previsión de una fase de instrucción preparatoria hace *girar el procedimiento en torno al juicio oral*, manteniendo la competencia objetiva y funcional en el juez competente para la primera instancia (juez adscrito a la Sección Única, o a la Sección de Instrucción, de Violencia sobre la Mujer o de Violencia sobre la Infancia o la Adolescencia del correspondiente Tribunal de Instancia, todo ello conforme a la reforma orgánica introducida por la LO 1/2025). Cuando resulta necesaria cierta actividad instructora, es preciso determinar si contamina o no la imparcialidad del juez de instrucción para dictar sentencia.
* Las partes pueden *comparecer sin abogado y procurador*; una previsión que simplifica y abarata el procedimiento, pero que obliga a velar también por el derecho de defensa cuando la acusación actúa y comparece con asistencia de abogado.
* Los delitos leves *prescriben* al año de su comisión (art. 131.1 CP), la condena no genera *agravante de reincidencia* (art. 22. 8ª CP), ni tampoco se tiene en cuenta para excluir la condición de delincuente primario a efectos de la suspensión de la pena privativa de libertad (art. 80.2.1º CP). Los Tribunales *aplicarán la pena a su prudente arbitrio* sin sujetarse a las reglas del art. 66.1 CP (ARMENTA, pp. 366 y 367)
* La *secuencia del juicio oral* es diferente a la prevista para el plenario en los otros dos procedimientos ordinarios. En el juicio por delitos leves la vista se ordena, no por trámites sino por partes, de modo que comienza con la alegación y prueba de la acusación, continúa con la alegación y prueba de la defensa, y termina con el trámite de conclusiones e informes.
* La agilidad y la simplificación propias del juicio por delitos leves resultan plenamente compatibles con el pleno reconocimiento de las *garantías del principio acusatorio* (SSTC 54/1985, 84/1885; 202/1988 y 11/1992; GIMENO/DÍAZ MARTÍNEZ, 2015, pp. 990 y 991).

2. REGULACIÓN Y ÁMBITO DE APLICACIÓN

2.1 Regulación

El juicio por delitos leves está regulado en el Libro IV de la LECrim (arts. 962 a 977). No separa sistemáticamente el legislador los preceptos que regulan las dos modalidades procedimentales —ordinaria e inmediata—; ambas aparecen entremezcladas en una disciplina por momentos confusa, producto de la incrustación del enjuiciamiento inmediato sobre el esquema del juicio ordinario por delitos leves a base de reglas que alternan condiciones y excepciones que hacen difícil reconocer claramente las diferentes vías procedimentales.

Tratando de aclarar algo la estructura normativa cabe decir que:

a) La regla general es que el juicio por delitos leves se celebre en el plazo máximo de siete días desde su incoación.
b) El legislador ha previsto, básicamente, dos modalidades de enjuiciamiento de los delitos leves —la ordinaria y la inmediata o acelerada, dividiéndose esta última, a su vez, en dos cauces: el juicio inmediato de delitos leves ante el juez de guardia con citación policial, y el juicio inmediato ante el juez de guardia con citación judicial (ZARZALEJOS, pp. 496 y 407)—.
c) La aplicación de la modalidad de enjuiciamiento inmediato de los delitos leves depende de dos presupuestos: la transmisión de la noticia criminal a través de atestado policial y la posibilidad de celebrar el juicio durante el tiempo que dura el correspondiente servicio judicial de guardia que recibe la noticia criminal.
d) El enjuiciamiento inmediato cuenta, a su vez, con dos cauces o vías de tramitación. El primero, configurado como preceptivo, se aplicará en los supuestos de los delitos previstos en el art. 962 LECrim —lesiones, maltrato de obra, hurto flagrante, amenazas, coacciones e injurias—. En estos casos, las citaciones ante el juez de guardia se harán por la propia Policía Judicial. La segunda vía procedimental se aplicará cuando se trate de delitos leves no previstos en el art. 962 LECrim, siempre que las circunstancias concurrentes en su comisión permitan el enjuiciamiento dentro del tiempo que dura el servicio de guardia del juez competente, que podrá ser el juez de instrucción en servicio de guardia de la Sección Única o de la Sección de Instrucción del Tribunal de Instancia competente, o el juez adscrito a la Sección de Violencia sobre la Mujer o sobre la Infancia o Adolescencia del TI competente. En todos estos casos, las citaciones no se realizan por la Policía sino por el LAJ que apoye al juez de guardia competente (art. 964 LECrim).
e) En todos los demás casos se aplicará la modalidad ordinaria de enjuiciamiento de delitos leves, previendo el legislador que el juicio se celebre en el plazo máximo de siete días desde el conocimiento de la noticia criminal por el juez de guardia. 2579

2.2 Ámbito de aplicación

El juicio por delitos leves se aplicará al enjuiciamiento de las infracciones penales que tienen tal condición, que son aquellas castigadas en el CP con penas leves (art. 13.3 CP).

Según establece el art. 33.4 CP, son penas leves:

a) La privación del derecho a conducir vehículos a motor y ciclomotores de tres meses a un año.
b) La privación del derecho a la tenencia y porte de armas de tres meses a un año.
c) Inhabilitación especial para el ejercicio de profesión, oficio o comercio que tenga relación con los animales y para la tenencia de animales de tres meses a un año.
d) La privación del derecho a residir en determinados lugares o acudir a ellos, por tiempo inferior a seis meses.
e) La prohibición de aproximarse a la víctima o a aquellos de sus familiares u otras personas que determine el juez o tribunal, por tiempo de un mes a menos de seis meses.
f) La prohibición de comunicarse con la víctima o con aquellos de sus familiares u otras personas que determine el juez o tribunal, por tiempo de un mes a menos de seis meses.
g) La multa de hasta tres meses.
h) La localización permanente de un día a tres meses.
i) Los trabajos en beneficio de la comunidad de uno a treinta días.

La determinación del ámbito de aplicación del juicio por delitos leves plantea un primer problema, que deriva de lo previsto en el art. 13.4 CP. Para que un delito sea considerado como leve bastará que parte de la franja mínima de su pena prevista en abstracto incluya o comprenda alguna de las previstas en el citado art. 33.3 CP (STS de 31/05/2017 [*Tol 6155987*]), lo que ha incrementado considerablemente la lista de los delitos que deben ser enjuiciados conforme al juicio por delitos leves (ARMENTA, pp. 365 y 366).

Un segundo problema que suscita la determinación del ámbito de aplicación del juicio por delitos leves se refiere a la cualificación y a la consiguiente determinación del procedimiento aplicable en los casos de delitos con penas compuestas, cuando solo alguna o algunas de ellas compartan franja inferior con la propia de los delitos leves. En estos casos, la Circular de la FGE 1/2015 sostiene una interpretación restrictiva del art. 13.4 CP, al afirmar que «la desvinculación del delito de su tope máximo debe tener un carácter subsidiario frente a la regla general del art. 13.2 CP, pues la calificación en sentido descendente de la gravedad de un delito en los términos de la reforma penal de 2015 es sólo factible cuando la extensión leve y menos grave concurren en una misma pena, no en penas diferentes. El art. 13.2 CP habrá de prevalecer

2580 si el presupuesto del art. 13.4, inciso segundo CP no se cumple en el seno de todas y cada una de las penas asignadas por la Ley al delito. En consecuencia, sólo podrá considerarse leve un delito cuando todas las penas que tenga asignadas incluyan o estén íntegramente comprendidas en los tramos leves definidos en el art. 33.4 CP; por el contrario, si alguna o algunas de ellas tienen prevista una extensión comprendida íntegramente en los tramos menos graves del art. 33.3 CP, prevalecerá el art. 13.2 CP y el delito habrá de ser considerado menos grave (STS 31/05/2017 [*Tol 6155987*])».

Cuando resulten vínculos que aconsejen el enjuiciamiento conjunto de delitos leves con delitos graves o menos graves, se aplicará el procedimiento previsto para enjuiciar el delito castigado con pena mayor. Si el delito leve se ha cometido por una persona mayor de catorce años y menor de dieciocho, se aplicará para su enjuiciamiento y fallo el procedimiento de responsabilidad penal de los menores previsto en la LO 5/2000.

Se acordará la conversión sobrevenida de procedimiento cuando, iniciadas unas actuaciones por los trámites del procedimiento por delitos graves, por el procedimiento abreviado o por un procedimiento especial, entienda el órgano judicial competente para la instrucción o para la fase intermedia que los hechos por los que se procede son constitutivos de delito leve (arts. 634, 639, 779.1.2ª LECrim). Si, en los casos mencionados, el juez que hubiera dirigido la instrucción resulta competente para enjuiciar el delito leve tras la conversión del procedimiento, habrá de abstenerse de conformidad con lo previsto en el art. 219.11ª LOPJ.

Finalmente, cabe recordar que la modalidad ordinaria del juicio por delito leve se aplicará al enjuiciamiento y fallo de los delitos leves que no puedan ser juzgados dentro del tiempo que dura el servicio de guardia del juez competente.

3. COMPETENCIA Y PARTES

3.1 Competencia

La competencia objetiva para el conocimiento del juicio por delitos leves corresponde al juez de instrucción adscrito a la Sección Única o a la Sección de Instrucción del correspondiente Tribunal de Instancia y, en determinados casos, al juez adscrito a la Sección de Violencia sobre la Mujer o a la Sección de Violencia sobre la Infancia o la Adolescencia (en adelante: el juez de instrucción, el juez de violencia sobre la mujer o el juez de violencia sobre la infancia o la adolescencia, o más genéricamente el juez competente) —cuando estos últimos sean dotados de competencia material por el legislador— (art. 14.1 y 5 LECrim).

El juez de violencia sobre la mujer será objetivamente competente para el conocimiento de los delitos leves que le atribuye la ley, siempre que la víctima sea o haya sido su esposa o mujer que esté o haya estado ligada al autor por análoga relación de afectividad, aun sin convivencia, o haya sido cometido sobre los descendientes, propios o de la esposa o conviviente, o sobre los menores o personas con discapacidad que con él convivan o que se hallen sujetos a la potestad, tutela, curatela, acogimiento o guarda de hecho de la esposa o conviviente, cuando también se haya producido un acto de violencia de género [(arts. 14.5 d) LECrim y 89.5 d) LOPJ]. Son delitos leves que pueden calificarse como de violencia sobre la mujer los delitos de delitos de amenazas leves, coacciones leves, o injuria o vejación injusta leve (arts. 171.7.II, 172.3.II y 173.4 CP). Tanto los delitos leves de amenazas y coacciones previstos en los arts. 171.7 y 172.3 no se solapan con las amenazas y coacciones leves previstas en los arts. 171.4 y 172.2 al tratarse, en estos dos últimos casos, de delitos menos graves. En el caso de las injurias graves sin publicidad (art. 209 in fine CP) proferidas en el ámbito de la protección de la violencia de género, será también competente el juez adscrito a la Sección de Violencia sobre la Mujer, aunque dicha competencia no se reconozca expresamente en el art. 14.5 d) LECrim; el mismo órgano será competente en el caso de las injurias y vejaciones leves recíprocas entre la pareja (IZQUIERDO TÉLLEZ, pp. 7 y ss.).

Cuando el competente sea el juez de instrucción, lo habitual será que la noticia criminal del delito leve llegue al juez mientras está en funciones de guardia, aunque no siempre será así —denuncias o querellas que se turnan por reparto, o delitos leves que provienen de remisión de actuaciones por conversión de otros procedimientos—. Cuando el juez de instrucción que ha iniciado el procedimiento deba apartarse de la decisión —mediante la abstención o la recusación— por haber practicado diligencias de instrucción que comprometen su imparcialidad, corresponderá el conocimiento del delito leve que deba sustituir al inicialmente competente (arts. 219.11ª y 221.4 LOPJ).

En los casos en los que la incoación de juicio por delito leve traiga causa de un auto de transformación de diligencias previas, será competente por regla general el propio juez de instrucción que ha dictado el auto de transformación (MORENO CATENA, 2000, pp. 2801 y 2802), salvo que el conocimiento del delito leve correspondiera al juez de violencia sobre la mujer, o al juez de violencia sobre la infancia y la adolescencia —cuando se regule su competencia material— o que procediera la abstención o recusación del juez de instrucción por haber practicado diligencias de instrucción que hubieran podido comprometer su imparcialidad. Conocerá el TS del enjuiciamiento y fallo de delitos leves cometidos por las personas previstas en el art. 57.2 y 3 LOPJ; la competencia para el enjuiciamiento y fallo de delitos leves cometidos por personas que ostentan cargos o funciones públicas a nivel autonómico corresponderá a la Sala de lo Civil y Penal de los TSJ o al TS según dispongan los respectivos Estatutos de Autonomía [art. 73.3 a) LOPJ]. Los delitos leves cometidos por menores serán enjuiciados en todo caso por los jueces de menores, en tanto que los delitos leves, sean o no incidentales, imputables a los autores de estos delitos o a terceras personas, cuando la comisión del delito leve o su prueba estuviera relacionada con aquellos, serán competencia de los Juzgados de lo Penal o de la Audiencia Provincial. No obstante,
2582 cuando se trate de delitos contra la libertad sexual, a los solos efectos de determinar la competencia para el enjuiciamiento, se tendrán en cuenta únicamente las penas de prisión o de multa, correspondiendo al juez de lo penal de la circunscripción donde el delito fue cometido, o al juez de lo penal correspondiente a la circunscripción del juez de violencia sobre la mujer o sobre la infancia y la adolescencia, en su caso, el conocimiento y fallo de los delitos para los que la ley señale pena privativa de libertad de duración no superior a cinco años o pena de multa cualquiera que sea su cuantía (art. 14.3 LECrim tras la redacción dada por la LO 4/2023, cuya finalidad consiste en mantener dentro de la competencia del juez de lo penal delitos contra la libertad sexual castigados con penas distintas de las señaladas, cuya cuantía o duración otorgaba la competencia a las Audiencias Provinciales, provocando eventualmente su saturación).

Al no existir fase de instrucción, la competencia funcional prácticamente se contrae al efecto devolutivo del recurso contra la sentencia, que será apelable, y cuya resolución corresponderá a la Audiencia Provincial, constituida al efecto por un solo magistrado, designado mediante turno de reparto (arts. 82.1.2º. II y 82.1.3º LOPJ).

Cabe la posibilidad de mantener las medidas de protección y seguridad de las víctimas durante el trámite de apelación de la sentencia dictada en primera instancia (art. 69 LO 1/2004), con apoyo en la guía práctica para la aplicación de la LO 1/2004 del CGPJ y en la jurisprudencia del TC (STC 16/2012 [*Tol 2472287*]). Una crítica doctrinal puede verse en (IZQUIERDO TÉLLEZ, pp. 7 y ss.).

La competencia territorial vendrá determinada por la regla general del lugar de comisión del delito, exceptuada en los casos de delitos en los que la competencia objetiva corresponda a los jueces de violencia sobre la mujer o sobre la infancia y la adolescencia, en cuyo caso la competencia territorial vendrá determinada por el lugar del domicilio de la víctima (art. 15 *bis* LECrim). Ante supuestos de cambio de domicilio de la víctima, pluralidad de domicilios o de domicilio fijado en el extranjero, el Acuerdo del Pleno no jurisdiccional de la Sala Segunda del TS de 31/01/2006 estableció que será «el que tenía la víctima al momento de ocurrir los hechos». Para la determinación del lugar de comisión del delito, y para identificar el órgano competente cuando se desconozca inicialmente el lugar de comisión del delito, se aplicarán, en el primer caso, los criterios generales establecidos por la jurisprudencia —resultado, actividad y ubicuidad— y, en el segundo, los fueros subsidiarios recogidos en el art. 15 LECrim.

El acuerdo de enjuiciamiento acumulado por conexión entre delitos leves o entre delitos leves y delitos menos graves o graves puede alterar la aplicación ordinaria de las reglas que determinan la competencia objetiva y la territorial. De conformidad con lo previsto conjuntamente por los arts. 14 y 17 LECrim, resulta que, como regla general, procederá la acumulación cuando, siendo o no incidentales los delitos leves, su comisión o su prueba estén relacionadas con delitos menos graves o graves, y siempre que el enjuiciamiento acumulado no suponga excesiva complejidad o dilación para el proceso. En estos casos, la competencia objetiva se atribuye al órgano competente para el conocimiento del delito de mayor gravedad, o al delito que tenga asignada específicamente la competencia por razón de persona o materia (TSJ o TS en caso de aforados, o AN en caso de delitos leves conexos con los previstos en el art. 65 LOPJ). Cuando el competente sea el Tribunal del Jurado, procederá el enjuiciamiento separado, salvo que con ello se rompa la continencia de la causa. Nunca se acordará el enjuiciamiento acumulado entre delitos cometidos por mayores y menores de edad.

Todavía dentro de la competencia objetiva, se aplicará una regla especial en los delitos leves de violencia sobre la mujer conexos con otros delitos leves. De conformidad con el art. 17 *bis* LECrim, será también competente el juez de violencia sobre la mujer cuando se trate de una conexión medial (supuestos 3º y 4º del art. 17 LECrim).

> «En la práctica, sin embargo, se van a dar necesariamente otros supuestos fuera del art. 17 *bis* LECrim que van a determinar la atribución de competencia a favor del juez de violencia sobre la mujer para el enjuiciamiento de delitos distintos y sobre los que, individualmente considerados, no tendrían competencia conforme a los arts. 87 ter.1 LOPJ y 14 LECrim. Así ocurre en casos como el delito de violencia habitual, que para su configuración puede abar-

car hechos delictivos cometidos en sucesivos momentos y respecto a personas distintas al cónyuge, ex cónyuge, pareja o ex pareja, de acuerdo con lo previsto en el art. 173.2 y 3 CP, o en los casos de agresiones recíprocas simultáneas, en las que la conexidad venía estableciéndose por el criterio general de impedir que se dividiera la continencia de la causa y que actualmente se contempla expresamente en el art. 17.2.6 LECrim, y también en los delitos de injurias leves del art. 173.4 CP producidas recíprocamente» (IZQUIERDO TÉLLEZ, p. 12).

Cuando procediera el enjuiciamiento acumulado de varios delitos leves cometidos en distintas circunscripciones territoriales, la determinación de la competencia territorial resultará de la aplicación de las reglas previstas en el art. 18 LECrim. Si la acumulación se planteara entre delitos leves y delitos graves o menos graves cometidos en diferentes circunscripciones, ejercerá la *vis attractiva* a efectos de competencia territorial el órgano encargado del enjuiciamiento del delito que tenga aparejada pena de mayor gravedad.

Completa la determinación de la competencia en el procedimiento por delitos leves la reforma de la justicia de paz introducida por la LO 1/2025 de Eficiencia del Servicio Público de la Justicia. Por el momento, la LO 1/2025 ha introducido únicamente la modificación orgánica que atribuye a los jueces de paz competencia para conocer de delitos leves (art. 100.2 LOPJ). Sin
2584 embargo, el legislador ha pospuesto para una futura reforma procesal la relación de delitos leves de los que conocerán los jueces de paz, de tal manera que, por el momento y de conformidad con lo previsto en el art. 14 LECrim, la competencia para conocer de todos los delitos leves está residenciada en los jueces de instrucción adscritos a la correspondiente Sección Única o Sección de Instrucción del Tribunal de Instancia, o a los jueces adscritos a la respectiva Sección de Violencia sobre la Mujer o de Violencia sobre la Infancia o Adolescencia del Tribunal de Instancia competente.

3.2 Partes

3.2.1 Ministerio Fiscal

A) Planteamiento

Tres reglas definen básicamente la intervención del Ministerio Fiscal en el juicio por delitos leves. La primera establece que el Ministerio Fiscal será parte necesaria en todos los procedimientos por delitos leves públicos. La segunda señala que la intervención del Ministerio Fiscal en los delitos leves perseguibles previa denuncia del ofendido será excusable en atención al interés público concurrente en cada caso (art. 969.2 LECrim). La tercera establece la prohibición de intervención del Ministerio Fiscal en los delitos perseguibles únicamente a instancia de parte. No intervendrá, por tanto, en el proceso por delito de injurias graves sin publicidad previstas en el art. 209 CP, al tratarse de un delito leve que solo es perseguible a instancia de parte (art. 215 CP). Mantiene, sin embargo, la condición de delito semipúblico, y la posible intervención del Ministerio Fiscal en su enjuiciamiento, el de injurias leves causadas contra alguna de las personas a que se refiere el art. 173.2 CP, para cuya persecución basta con la denuncia del agraviado o de su representante legal (art. 173.4 CP).

B) La aplicación del principio de oportunidad

Una vez que el órgano judicial competente reciba la noticia de la posible comisión de un delito leve mediante atestado, querella o denuncia, acordará la incoación del juicio por delito leve si entiende que los hechos cumplen con los requisitos de tipicidad y verosimilitud. Nada más incoar el procedimiento, remitirá las actuaciones al Ministerio Fiscal (arts. 963.1, 964.2 y 965.1.1ª LECrim) para que, a la vista de la noticia criminal, se pronuncie sobre si procede la continuación del procedimiento o el sobreseimiento. En este trámite entran en juego las amplias facultades discrecionales de archivo que la LO 1/2015 reconoce al Ministerio Fiscal en el juicio por delitos leves públicos y semipúblicos. Podrá el fiscal solicitar el archivo de las actuaciones, además de por los motivos reglados de sobreseimiento *ex* arts. 637 y 641 LECrim, cuando entienda que: a) el delito leve denunciado resulte de muy escasa gravedad a la vista de la naturaleza del hecho, sus circunstancias, y las personales del autor, y b) no exista un interés público relevante en la persecución del hecho (art. 963.1.1ª LECrim). 2585

La Circular de la FGE 1/2015 nos ofrece las pautas básicas para interpretar el significado y la aplicación de los dos criterios indicados.

* Ambos criterios son cumulativos.

* La expresión "escasa gravedad del delito" obliga a examinar tanto el valor relativo del bien jurídico afectado como la intensidad del daño o riesgo efectivamente ocasionado. Cuando los afectados por el delito leve sean bienes jurídicos personales —integridad física y moral, dignidad, libertad—, o cuando el delito leve haya consumado la lesión del bien jurídico, o haya producido un daño o perjuicio indemnizable no compensado antes del auto de incoación, procederá, como regla general, la petición de continuación del procedimiento por el fiscal. Como referentes complementarios para valorar la mayor o menor "gravedad del delito", tendrá en cuenta el fiscal la edad del presunto autor, la concurrencia de antecedentes, el posible arrepentimiento o la predisposición a reparar el daño.

* El segundo criterio para que el Ministerio Fiscal pueda solicitar el sobreseimiento por razones de oportunidad está recogido en la expresión "ausencia de interés público en la persecución del hecho". Es importante esta fórmula porque es la que mejor evidencia que la mera tipificación del hecho no es requisito suficiente para promover su persecución. No es momento de profundizar en esta compleja cuestión; baste aquí señalar que la ausencia de interés público en la persecución del delito tiene que ver con determinadas circunstancias

que pueden concurrir en el sujeto, en la acción, en la víctima, en el comportamiento del presunto autor, o en los efectos de la conducta, que pueden hacer, a juicio de la acusación pública, innecesaria o perjudicial la respuesta penal, evitándola o sustituyéndola por otra de distinta naturaleza.

* A la hora de concretar qué se entiende por "ausencia de interés público en la persecución" y cuándo debe apreciarse a efectos de instar el sobreseimiento por razones de oportunidad, la citada Circular FGE 1/2015 señala, básicamente, dos elementos de referencia. El primero es la frecuencia con la que se comete el delito en cuestión, de tal manera que, si se quiere garantizar razonablemente la integridad del ordenamiento jurídico, a mayor frecuencia de comisión de un tipo delictivo, mayor eficacia e intensidad debe ponerse en su persecución, o lo que es lo mismo, menor grado de tolerancia. El segundo elemento para ponderar el mayor o menor interés público concurrente en el castigo de un delito se centra en la actitud de la víctima y en su debida protección. Por una parte, habrá que atender a la conducta de la víctima durante los trámites previos al pronunciamiento del fiscal acerca del sobreseimiento o la continuación del procedimiento. En concreto, interesará comprobar si ha denunciado, si ha aceptado el ofrecimiento de acciones, si ha aceptado o rechazado declarar como testigo o si, en general, muestra actitud o interés favorable a la continuación del proceso. De existir una pluralidad de víctimas, parece razonable recomendar la continuación del procedimiento si alguna o algunas de ellas se muestran decididas a mantener o impulsar la solicitud de tutela judicial penal. Al margen de lo que pueda deducirse de su comportamiento procesal, del EVD se desprende que la opinión explícita de la víctima debe constituir un trámite preceptivo y un criterio relevante a la hora de decidir sobre el archivo o la continuación del juicio por delito leve (BARONA, p. 607).

* Desde el punto de vista de la reparación material y moral de los perjuicios causados por el delito, conviene valorar la posible asunción espontánea de la responsabilidad civil, el interés del presunto autor por el alcance y gravedad de los posibles daños causados o su predisposición para restañarlos.

Una observación, con trascendencia práctica en cuanto a las opciones de control por vía de recurso, debe hacerse acerca de si la oportunidad que la LECrim reconoce al Ministerio Fiscal en el juicio por delitos leves es reglada o libre. Suele afirmarse por la doctrina que estamos ante una oportunidad reglada, y no es este el lugar para discutir tal opinión. Pero sí tiene interés señalar que los criterios en los que puede fundamentarse la petición de sobreseimiento del Ministerio Fiscal por razones de oportunidad (art. 963.1.1ª LECrim) no son reglados —condiciones o presupuestos cuyo cumplimiento pueda ser objetivamente evaluado— sino juicios o calificaciones valorativas de libre apreciación por el Ministerio Fiscal. Se trata de criterios que escapan al control de oficio por parte del juez, obligado a acordar el sobreseimiento si lo interesa el fiscal en tiempo, forma y motivadamente (MORENO CATENA, 2023, p. 554). Ahora bien, la LECrim no impide que el denunciante, víctima del delito leve, a quien se hubiera notificado el auto de sobreseimiento manifieste su interés en el ejercicio de la acción penal ante la inacción del Ministerio Fiscal interponiendo recurso de apelación contra el auto de sobreseimiento. La eventual estimación del recurso por el órgano *a quem* reflejaría que la solicitud de sobreseimiento por el fiscal —que no es, en realidad, el objeto del recurso— no impide que la víctima pueda comparecer en el juicio por delito leve para ejercitar la acción penal, lo que supondría además una herramienta de control procesal interno sobre las decisiones discrecionales adoptadas por el Ministerio Fiscal —con relación a los problemas que plantea la estimación del recurso del apelante por el órgano *a quem* puede consultarse IZQUIERDO TÉLLEZ, p. 17—.

C) La asistencia del Ministerio Fiscal a los juicios por delitos leves semipúblicos

Junto al ejercicio del principio de oportunidad, la LECrim (art. 969.2) permite al Ministerio Fiscal, por razones de interés público, no intervenir en los juicios por delitos leves cuando la persecución del delito exija la denuncia del ofendido o perjudicado. En estos casos, la declaración del denunciante en el juicio afirmando los hechos denunciados tendrá valor de acusación, aunque no los califique ni señale pena. Esta facultad, que habrá de ser ejercida de conformidad con las instrucciones impartidas por la FGE, fue introducida en la LECrim por la Ley 10/1992, y objeto de análisis, con pronunciamiento favorable en cuanto a su constitucionalidad, por la STC 56/1994 [*Tol 82464*]

Cuatro son los fundamentos básicos que amparan esta facultad concedida por el legislador al FGE (Instrucción FGE 6/1992 y Circular FGE 1/2003): a) la simplicidad de los tipos penales a los que afecta; b) la necesidad de optimizar los recursos del Ministerio Fiscal mediante su intervención en la persecución de infracciones penales de mayor relevancia; c) el solapamiento que, con cierta frecuencia, se produce entre el Fiscal y el perjudicado u ofendido en la parte acusadora en estos procedimientos, y d) la existencia de seguro obligatorio que cubre las responsabilidades del autor en alguna de las infracciones leves perseguibles a instancia del perjudicado.

Tras la reforma introducida por la LO 1/2015, la Circular 1/2015 FGE concreta y actualiza, por el momento, los criterios de intervención del Ministerio Fiscal en los juicios por delitos leves semipúblicos.

* *Homicidio por imprudencia menos grave* (art. 142.2 CP): el fiscal deberá asistir al juicio cuando:
– El resultado mortal se produzca con motivo de la circulación de vehículos de motor o ciclomotores por la vía pública o con motivo de la prestación de un servicio público o privado de transporte colectivo de personas.
– Cuando el resultado mortal se produzca en el ámbito laboral como consecuencia de la infracción de normas de prevención de riesgos, seguridad e higiene en el trabajo.
– Cuando se trate de muertes imprudentes producidas en el ámbito sanitario como consecuencia de la actuación desplegada por cualquiera de los profesionales que intervienen en el mismo, o en el contexto de cualquier otra actividad profesional por infracción de la *lex artis*.
* *Lesiones cualificadas causadas por imprudencia menos grave* (art. 152.2 CP)
– El fiscal asistirá al juicio oral en los mismos casos señalados en el apartado anterior cuando el resultado lesivo sea alguno de los previstos en el art. 149 CP.

– No asistirá si se trata de lesiones ocasionadas por imprudencia menos grave encuadradas en el art. 150 CP, pues parece oportuno reservar la intervención del fiscal a los resultados lesivos de mayor gravedad.

* *Lesiones dolosas* (147.2 CP): el fiscal asistirá siempre al juicio oral.

* *Maltrato de obra* (art. 147.3 CP): el fiscal no asistirá al juicio salvo cuando la víctima sea una persona vulnerable por razón de edad, enfermedad o discapacidad.

* *Amenazas y coacciones leves fuera del ámbito doméstico* (arts. 171.7, 1 y 172.3, 1 CP): el fiscal no asistirá a juicio.

* *Injurias leves en el ámbito doméstico* (art. 173.4 CP): el fiscal no asistirá a juicio.

* *Daños causados por imprudencia grave en cuantía superior a 80.000 euros* (art. 267 CP): el fiscal no asistirá a juicio.

* *Cláusula de cierre*: El fiscal asistirá al juicio en todos aquellos casos en los que haya denunciado en nombre de una persona menor de edad, con discapacidad necesitada de especial protección o desvalida al amparo de lo establecido en el art. 105.2 LECrim, deberá, obviamente, intervenir en el juicio oral en defensa de los intereses de estas personas, cualquiera que sea el delito, pues la misma necesidad de tutela del desvalido que ha justificado la decisión del fiscal de denunciar para poner en marcha el procedimiento exige que luego intervenga de forma activa en el enjuiciamiento del hecho.

Aunque la Circular FGE 1/2015 no la mencione expresamente, debe entenderse vigente la facultad excepcional que la Circular 1/2003 concedió a los Fiscales Jefes, en el sentido de poder acordar la presencia del fiscal en
2588 aquellos delitos leves en los que, «en atención a las circunstancias de toda índole concurrentes y tras su debida ponderación, se estime necesaria para la más eficaz protección del interés público en juego y de los derechos de los particulares implicados».

Téngase en cuenta, por último, que en los delitos leves previstos en los arts. 171.1 CP (amenazas leves), 153 CP (malos tratos) y 173 CP (coacciones leves) cuando la víctima sea una de las personas indicadas en el art. 173.2 CP, no es precisa la denuncia previa del ofendido. Cuando el Ministerio Fiscal promueva la incoación de procedimiento en estos casos, faltando la denuncia de la víctima, será difícil sostener en el juicio la acusación sin contar con el testimonio del ofendido o perjudicado (MORELL, p. 63).

3.2.2 *Partes acusadoras*

La LECrim no utiliza una terminología precisa para referirse a las partes acusadoras y acusadas en el juicio por delitos leves. Suele hablar el legislador de denunciante y denunciado, pero también de querellante, perjudicado, ofendido, investigado y acusado, sin que el cambio de denominación implique claridad y precisión a la hora de distinguir, como sucede por ejemplo con el denunciante, si se trata de un mero interviniente, o si tiene la cualidad de parte procesal acusadora. Conviene aclarar, a efectos de derechos, obligaciones y garantías, la condición en la que unos y otros participan en el procedimiento.

De entrada, hay que recordar que también en el juicio por delitos leves la acción penal es pública (art. 101 LECrim). En consecuencia, cualquier ciudadano español o miembro de la UE, mayor de edad y capaz, podrá constituirse como parte acusadora en el juicio por delitos leves públicos. Si se trata de delitos leves semipúblicos, o del delito leve privado, la legitimación activa se atribuye a la víctima, aplicándose los mecanismos de apoyo que correspondan en caso de discapacidad. La distinción entre ofendido y perjudicado responde a la naturaleza de la lesión provocada por el delito, de tal manera que hablamos de ofendido cuando es personal y de perjudicado cuando es patrimonial.

La concentración, celeridad y antiformalismo que inspiran el procedimiento por delitos leves explican, también, ciertas especialidades en el trámite de personación de las partes acusadoras. Con carácter general, los legitimados para sostener la acusación deben constituirse como partes formulando querella, o denuncia, siempre que, en este segundo caso y una vez interpuesta la denuncia, acepten el ofrecimiento de acciones previsto en el art. LECrim. Si se trata del delito leve privado (art. 209 LECrim) la interposición de querella es preceptiva tanto para la incoación de procedimiento como para la constitución en parte acusadora de la víctima.

Todo ello debiera servir para distinguir claramente la condición del denunciante, de la del acusador popular o particular. Mientras que el primero cumple con el deber cívico y procesal de transmitir la noticia criminal, los segundos se constituyen como partes acusadoras en el procedimiento para el ejercicio de la acción penal. Tras la interposición de la denuncia, el denunciante podrá ser llamado al procedimiento como testigo, quedando obligado a comparecer y a prestar testimonio conforme a las previsiones de los arts. 410 y ss. LECrim cuando sea requerido por el órgano judicial. Será informado, además, de su derecho a mostrarse parte en la causa (arts. 109, 110 y 967 LECrim), de las específicas previsiones de postulación en el juicio por delitos leves, y del derecho a reclamar los daños y perjuicios que haya podido producir la comisión del delito leve denunciado. Hasta aquí, el régimen ordinario o común.

Sin embargo, debe notarse que la facultad reconocida al Ministerio Fiscal en el art. 969.2 LECrim para no asistir a los juicios en determinados procedimientos por delitos leves semipúblicos deja en muchos casos en manos de la víctima el sostenimiento de la acusación en este tipo de infracciones penales. Ello explica la previsión del art. 969.2 *in fine* LECrim, conforme a la cual, cuando la persecución del delito leve exija la denuncia del ofendido o perjudicado, la declaración del denunciante en el juicio tendrá valor de acusación, aunque no lo califique, ni señale pena. Esta especialidad del juicio por delito leve crea una figura híbrida, a caballo entre el denunciante-testigo y el acusador, que plantea algunas cuestiones que conviene aclarar.

* El denunciante no se convierte en parte acusadora por el mero hecho de interponer la denuncia.
* Tiene el denunciante la obligación de comparecer en el juicio oral y prestar declaración como testigo.
* Si el denunciante quiere constituirse en parte acusadora, debe personarse en forma a través de querella, o aceptando el ofrecimiento de acciones. En tal caso, además de estar obligado a comparecer, debe acudir al juicio oral con los medios de prueba de los que intente valerse.
* Si se trata de un delito leve semipúblico en el que el Ministerio Fiscal no interviene en el procedimiento, y el denunciante no ha manifestado voluntad de constituirse en parte, tendrá obligación de comparecer y declarar. Esta declaración, que como decíamos tiene *ex lege* valor de acusación formalizada en juicio, ha sido declarada constitucional en la STC 56/1994 [*Tol 82464*], aclarando el TC que no priva «objetiva ni subjetivamente de imparcialidad al juez, ni le resta objetividad en el juicio, ni le condiciona al dictar sentencia».

3.2.3 Partes acusadas

2590 La parte pasiva, denominada habitualmente denunciado, pero también investigado o acusado, es la persona capaz y mayor de edad, a la que se imputa la comisión de un delito leve. La imputación se formaliza mediante la citación como parte denunciada para que comparezca al acto del juicio, que se realizará por escrito, y que contendrá información sucinta sobre los hechos en los que consista la denuncia y del derecho que le asiste de comparecer asistida de abogado. Tanto la falta de citación al juicio, como la falta de notificación escrita de la imputación determinarán la nulidad de la vista oral en caso de que fuera celebrada en ausencia del acusado, o sin haberle comunicado previamente y por escrito la imputación. Si la acusación formalizada en el juicio tiene un contenido más amplio, o diferente del contenido en el escrito de imputación, podrá instarse la suspensión del juicio para poder preparar adecuadamente la defensa.

Es importante que en la citación al denunciado-investigado conste el apercibimiento de que: a) tiene la obligación de comparecer al juicio (arts. 962.1, 964.3 y 967.2 LECrim); y b) el juicio podrá celebrarse en su ausencia (STC 56/1994 [*Tol 82464*]), informándole además de que, en caso de residir fuera del término municipal en el que se celebrará el juicio, puede ejercer su defensa remitiendo escrito al órgano judicial a través de su representación procesal (art. 970 LECrim).

Tras la citación a juicio y la notificación de la imputación, puede el denunciado personarse en el procedimiento con la finalidad de proponer la práctica de diligencias previas antes del juicio o de instar el archivo de las actuaciones.

3.2.4 Partes civiles

Tanto el Ministerio Fiscal —cuando intervenga—, como el denunciante en los juicios por delitos leves públicos y semipúblicos, y el querellante en el delito leve privado, ejercerán la acción civil derivada del delito si no ha sido renunciada o reservada por el ofendido o perjudicado. No hay inconveniente en que, en los juicios por delitos leves públicos o semipúblicos, ejercite únicamente el denunciante la acción civil.

Cuando la acción civil se dirija en el juicio por delitos leves contra quienes resultan responsables civiles directos (art. 118 CP) o subsidiarios (arts. 120 y 121 CP), se constituirán ambos como partes pasivas del procedimiento. Lo mismo sucederá en los juicios por delitos leves de los que puedan derivarse responsabilidades civiles directas a cargo de compañías aseguradoras o del Consorcio de Compensación de Seguros —su citación preceptiva es analizada en la STC 57/1991 [*Tol 80471*]—, o de quienes puedan resultar responsables del delito leve como partícipe a título lucrativo (art. 615 LECrim).

La constitución en parte de los responsables civiles directos o subsidiarios, así como de los posibles responsables a título lucrativo derivará de su citación a juicio.

3.2.5 Postulación

Salvo que el delito leve lleve aparejada pena de multa cuyo límite máximo sea, al menos, de seis meses, en cuyo caso se aplicarán las reglas generales de defensa y representación (art. 967.2.II LECrim con relación a los arts. 23 a 35 LEC), la postulación en el juicio por delitos leves es potestativa, incluso cuando la transmisión de la noticia criminal se haga a través de querella (art. 969.2 LECrim).

Aun siendo una facultad, el ofendido, el perjudicado y el denunciado deben ser informados del derecho a la asistencia de abogado y a solicitar, si procede, el nombramiento de un abogado de oficio (arts. 962.1 y 967.1 LECrim).

Cuando la postulación sea potestativa, debe tenerse en cuenta la doctrina del TC relativa a la necesaria protección del derecho de defensa, conforme a la cual, cuando la parte acusadora comparezca con abogado, debe ofrecerse a la defensa la posibilidad de designar de oficio abogado defensor (SSTC 47/1987 [*Tol 148410*] y 208/1992 [*Tol 148410*]; art. 6.3 Ley 1/1996, de Asistencia Jurídica Gratuita). Una exposición detallada de la doctrina constitucional sobre la defensa técnica en el juicio por delito leve, señaladamente sobre los principios de igualdad de armas y contradicción, puede verse en la STC 29/2023 [*Tol 9543595*].

En todo caso, debe recordarse que la denegación de la postulación cuando no es preceptiva solo genera nulidad de actuaciones cuando hubiera producido indefensión material de la parte, menoscabando de forma relevante el derecho de defensa (STC 51/1996 [*Tol 82985*]). Debe recordarse también que, no siendo preceptiva la postulación en el juicio por delitos leves, si la parte opta por servirse de abogado y procurador, deberá satisfacer sus honorarios —sin que se aplique el criterio del vencimiento— salvo que tenga reconocido el derecho a la asistencia jurídica gratuita (VELASCO NÚÑEZ/RUZ GUTIÉRREZ, p. 85).

Cuando la intervención de abogado no sea preceptiva, la inclusión de sus honorarios en la condena en costas dependerá de la necesidad objetiva de su intervención en el procedimiento, que apreciará el órgano judicial a la vista de la complejidad del asunto y de la trascendencia de las consecuencias que de él puedan derivarse.

4. INICIACIÓN DEL JUICIO ORDINARIO POR DELITOS LEVES

4.1 Las actuaciones preliminares de la Policía Judicial

Cuando la Policía Judicial tenga noticia de la comisión de un presunto delito leve, practicará, siempre que fuera posible, las diligencias previas necesarias para facilitar su enjuiciamiento inmediato (arts. 962 y 964 LECrim). A la vista de las circunstancias concurrentes, corresponderá al juez de guardia decidir si procede el enjuiciamiento inmediato, que es la opción siempre preferente, o la incoación de procedimiento ordinario por delitos leves.

Las diligencias previas que la LECrim encomienda a la Policía Judicial en el procedimiento por delitos leves son, fundamentalmente, las siguientes:

* La protección de la víctima, en los términos previstos en el EVD.
* La identificación de quienes hayan tenido relación con los hechos, a los que se solicitará, a efectos de notificaciones, dirección de correo electrónico y número de teléfono, o dirección postal en su defecto (art. 962.1.II LECrim).
* La atribución provisional de los correspondientes roles procesales: denunciante, denunciado y testigos, completada con la información previa acerca de los derechos, obligaciones y garantías de cada uno de ellos. La comunicación de la imputación al denunciado, junto

con los específicos derechos y obligaciones que conlleva su posición procesal, se realizará siempre por escrito (art. 962.2 LECrim).
* La documentación de todas las diligencias previas en un atestado, que entregará al juez de guardia o al juez de violencia sobre la mujer o al juez de violencia sobre la infancia o la adolescencia.
* La práctica de las citaciones que procedan (Acuerdo Reglamentario 2/2003, de 26 de febrero, del Pleno del CGPJ).

Es posible que, aún practicadas todas las diligencias necesarias para el enjuiciamiento inmediato del delito leve por la Policía Judicial, ello no resulte posible por diversos motivos —incompetencia del juez de guardia que recibe el atestado, falta de comparecencia ante el juez de guardia de partes o intervinientes cuya presencia se repute necesaria, imposibilidad de proceder a la práctica de pruebas durante el juicio que el juez considere relevantes...—. Sucede así que habrá casos en los que la Policía Judicial no pueda practicar las diligencias previas necesarias proceder al enjuiciamiento inmediato, o casos en los que, practicadas, no pueda acordarse el enjuiciamiento inmediato por el juez de guardia a causa de circunstancias sobrevenidas.

4.2 Incoación

Comenzará el juicio ordinario por delitos leves con el auto de incoación que dictará el juez de instrucción, el juez de violencia sobre la mujer o el juez de violencia sobre la infancia y la adolescencia. El auto de incoación se acordará tras la recepción de la noticia criminal por el juez competente, que puede llegar a través de denuncia, querella, atestado policial o por auto de transformación de procedimiento. La incoación de procedimiento ordinario por delito leve conlleva una cuádruple decisión inicial por parte del juez: a) que la noticia criminal reviste caracteres de delito leve; b) que tiene verosimilitud, c) que el juez que ha recibido la noticia criminal es competente para el enjuiciamiento, y d) que el juicio no podrá celebrarse de forma inmediata, dentro del periodo previsto para el servicio de guardia (art. 965.1 LECrim).

Antes de dictar auto de incoación, el LAJ examinará la competencia del juez al que se ha remitido la noticia criminal; si entiende que corresponde a otro órgano judicial, dictará decreto remitiendo las actuaciones a dicho órgano (art. 965.1.2ª LECrim). En caso contrario, procederá el juez a dictar auto de incoación, remitiéndose a continuación las actuaciones al Ministerio Fiscal para que se pronuncie acerca de la procedencia del sobreseimiento o la continuación del procedimiento (art. 963.1 LECrim).

4.3 Sobreseimiento

Si, evacuando el trámite previsto en el art. 963.1 LECrim, el Ministerio Fiscal interesara el sobreseimiento por motivos de oportunidad, la literalidad del precepto citado indica que la decisión del fiscal resulta vinculante para el juez: «acordará el sobreseimiento del procedimiento y el archivo de las diligencias cuando lo solicite el Ministerio Fiscal».

La decisión de sobreseimiento plantea en el juicio ordinario por delitos leves una primera duda, acerca de si puede o no el juez competente dictar, de oficio, auto de sobreseimiento antes de dar traslado de las actuaciones al Ministerio Fiscal. Aunque la LECrim no prevé expresamente tal facultad, entendemos que por aplicación supletoria de lo dispuesto en los procedimientos por delitos graves y abreviado, debe el juez dictar auto de sobreseimiento de oficio cuando: a) los hechos no sean constitutivos de delito; b) resulten manifiestamente falsos; c) se formulen de manera excesivamente genérica; d) el delito haya prescrito; e) el autor sea desconocido; f) no existan suficientes indicios de criminalidad contra él; o g) falte la concurrencia de los correspondientes requisitos de procedibilidad (MORELL, pp. 66 y 67).

2594 El auto que acuerde el sobreseimiento interesado por el fiscal por razones de oportunidad podrá ser recurrido por infracción de los requisitos de contenido y procedimiento que puedan concurrir tanto en la decisión del fiscal como en el auto del juez. El auto dictado de oficio por el juez acordando el sobreseimiento podrá ser recurrido en reforma y apelación por aplicación supletoria de lo previsto en el procedimiento por delitos graves (VELASCO/RUZ GUTIÉRREZ, p. 96)

4.4 Señalamiento del juicio

Si el fiscal interesara la continuación del procedimiento, el LAJ acordará el señalamiento para la celebración del juicio, librando las citaciones procedentes, para el día hábil más próximo posible dentro de los predeterminados a tal fin y, en cualquier caso, en un plazo no superior a siete días (art. 965.1.1ª LECrim).

5. DILIGENCIAS DE INSTRUCCIÓN Y PREPARACIÓN DEL JUICIO

5.1 Planteamiento: el que instruye no puede juzgar

La fase declarativa del juicio por delitos leves se compone de dos trámites fundamentales —incoación y celebración del juicio—, que se suceden sin solución de continuidad. Ambos trámites se completan con la previsión de diligencias previas de investigación a cargo de la Policía Judicial (arts. 962 y 964 LECrim), y con la práctica judicial de las citaciones a partes, peritos y testigos, en la modalidad ordinaria del juicio por delitos leves (art. 966 LECrim).

Al margen de las mencionadas citaciones, el juicio por delitos leves no prevé la práctica de diligencias judiciales de instrucción o de preparación del juicio oral. La ausencia de una fase de instrucción, además de facilitar la concentración y la simplificación procedimental, permite que la competencia para incoar, juzgar y fallar se atribuya al mismo órgano judicial —juez de instrucción, juez de violencia sobre la mujer o juez de violencia sobre la infancia o la adolescencia—.

Aunque el legislador no las haya previsto expresamente, hay ocasiones en las que la práctica de diligencias de instrucción o de preparación del juicio en el enjuiciamiento de delitos leves resulta imprescindible. Cuando ello sucede, surgen básicamente dos problemas. El primero se refiere al Derecho aplicable, y se resuelve acudiendo a las reglas de supletoriedad: la práctica de las diligencias de instrucción o preparación del juicio que sean necesarias en el enjuiciamiento de delitos leves se regirá por las reglas previstas en el procedimiento abreviado y, en su defecto, por las contenidas en el procedimiento por delitos graves.

El segundo problema consiste en la posible contaminación que surge en el juez que, habiendo ordenado la práctica de diligencias de instrucción o de preparación del juicio, tiene también encomendada la función de enjuiciar y fallar (SSTC 145/1988 [*Tol 109346*]; 98/1990 [*Tol 80391*]; 170/1993 [*Tol 82193*]; 132/1997 [*Tol 80755*]). Tal posibilidad existe, en efecto, aunque el legislador no la prevea. Siendo así, resulta necesario determinar qué diligencias judiciales practicadas para la instrucción o la preparación del juicio pueden comprometer la imparcialidad objetiva del juez y cuáles no (TENA ARAGÓN, pp. 38 y 39). Si se hubieran practicado algunas que afecten a la imparcialidad judicial será necesario, mediante la aplicación de los mecanismos previstos para la abstención y la recusación, designar a un juez distinto para el enjuiciamiento y fallo del juicio por delito leve.

Para aclarar esta cuestión, resulta útil distinguir entre *diligencias de instrucción directiva o valorativa de la imputación*, y *diligencias preceptivas para la preparación del juicio*. La práctica de las primeras es la que puede afectar a la imparcialidad objetiva del juez, en tanto que las segundas pueden considerarse actuaciones procedimentalmente necesarias y orientadas a garantizar que el juicio oral se pueda celebrar en forma correcta y adecuada.

5.2 Diligencias judiciales de instrucción directiva o valorativa

Las diligencias de instrucción *directiva* o *valorativa* son aquellas que pueden razonablemente generar dudas acerca de la imparcialidad objetiva del juez que las adopta, haciéndolo por ello inidóneo para intervenir en el enjuiciamiento. Se trata de decisiones que implican, bien la *orientación* de la investigación, evaluando los datos y dirigiendo el foco material y subjetivo de la actividad de averiguación, bien la *valoración* de los indicios sobre la participación en los hechos del investigado, las que pueden generar en el juez *prejuicios* sobre los hechos y la participación del investigado, de los que debe estar desprovisto el juez sentenciador.

Según ha señalado reiteradamente el TC (SSTC 56/1994 [*Tol 82464*] y 220/2007 [*Tol 1173562*]), no todas las decisiones adoptadas por el juez competente en el juicio por delitos leves comprometen su imparcialidad objetiva de cara al enjuiciamiento. Ello sucede cuando adopta decisiones que, por asumir el juez un juicio sobre la participación del investigado en el hecho punible (STC 186/1990 [*Tol 81858*]), o por adoptar decisiones que claramente orienten la investigación penal, puedan inducir en su ánimo determinados prejuicios sobre la culpabilidad del investigado que lo inhabiliten para conocer de la fase de juicio oral. No suponen, sin embargo, una actividad propiamente instructora los actos de comunicación y ordenación procesal, los de aportación de las certificaciones de antecedentes penales, la acreditación de la sanidad del lesionado, el interrogatorio de testigos, la tasación pericial, las instrucciones cursadas a los funcionarios de Policía Judicial para que completen el atestado o la instrucción de derechos al ofendido o perjudicado.

5.3 Diligencias judiciales preceptivas para la preparación del juicio

Un segundo grupo de diligencias judiciales previas a la celebración del juicio oral en el procedimiento ordinario por delitos leves está formado por resoluciones judicial preceptivas o de trámite que, en ocasiones, resulta necesario practicar antes de la celebración del juicio oral.

Para MORENO CATENA (2024, pp. 564 y 565), las diligencias judiciales de preparación del juicio que no comprometen la imparcialidad del juzgador pueden ser clasificadas en tres grupos. Por una parte, las encaminadas a la *identificación del investigado*, si su identidad no figura en la noticia criminal. Se trata, en efecto, de una diligencia preceptiva para comunicarle la imputación, los derechos que tiene como investigado, recibirle declaración y citarlo para la celebración del juicio oral. En segundo lugar, determinados delitos leves exigen para su calificación la aportación de *dictámenes periciales*, como sucede con el informe de sanidad en los delitos de lesiones, o la tasación de valor de objetos sustraídos para distinguir el delito menos grave del leve. Finalmente, en el juicio ordinario por delitos leves son preceptivas las *citaciones* de partes, testigos y peritos, comunicando el señalamiento del juicio oral y los derechos y deberes que cada uno de los citados tiene respecto de su comparecencia e intervención. De las citaciones nos ocuparemos, con más de detalle, en el siguiente epígrafe.

Sintéticamente y con base en la jurisprudencia del TC, cabe señalar como diligencias que pueden cuestionar la imparcialidad del juez de instrucción: a) la adopción autónoma de la imputación o la ampliación de la inicialmente transmitida por la noticia criminal; b) la adopción de medidas cautelares o de medidas limitativas de los derechos fundamentales; c) la adopción de diligencias de investigación no derivadas directamente de la noticia criminal; d) la práctica de prueba anticipada No cuestionan, en cambio, la imparcialidad judicial: a) las actuaciones meramente dirigidas a la identificación del presunto autor; b) la admisión de denuncia o querella; c) la toma de declaración a imputados y testigos identificados en el atestado o denuncia; d) dictar auto de transformación de procedimiento, calificando un hecho, no como delito menos grave, sino como delito leve.

5.4 Citaciones

En el juicio por delitos leves la asistencia de las partes —salvo la del fiscal en los delitos leves perseguibles de oficio— no es, como regla general, preceptiva. De la falta de asistencia se pueden derivar, sin embargo, importantes efectos procesales para unos y otros interesados. La ausencia del denunciante puede provocar, en los delitos leves perseguibles de oficio, la falta de apoyo probatorio de la acusación sostenida por el fiscal, o directamente la absolución del acusado en los delitos semipúblicos en los que no intervenga el fiscal, y en todo caso en el delito leve privado. En el caso del acusado, si vive fuera de la demarcación del juez competente, puede excusar justificadamente su asistencia, dirigiendo escrito de alegaciones al tribunal y encomendando a su abogado su representación en el juicio (art. 970 LECrim). Si el acusado tiene su residencia en la demarcación del juez competente, debe acudir al juicio, pudiendo sancionarse su ausencia injustificada con multa de 200 a 2.000 euros (art. 967.2 LECrim). En todo caso, y según dispone el art. 971 LECrim, la ausencia injustificada el acusado no suspenderá el juicio, salvo que el juez, de oficio, considere necesaria su declaración. Junto a ello, debe recordarse que la ausencia del acusado no impedirá la condena, suponiendo además la renuncia a la declaración defensiva cuando esté representado en el juicio por su abogado. Todavía en el caso del acusado, la falta de citación para la comunicación de la imputación, de los derechos que la imputación conlleva, y del señalamiento del juicio, generarán la nulidad de las actuaciones posteriores.

Por su parte, la ausencia de peritos y testigos en el juicio, con independencia de las correspondientes sanciones procesales que pudieran serles impuestas por el órgano judicial, pueden fundamentar la declaración de innecesariedad de la prueba, con los correspondientes efectos sobre el reparto de la carga sobre la parte que las hubiera propuesto.

Por todo ello, la práctica correcta y fehaciente de las citaciones por el órgano judicial es esencial en el juicio ordinario por delitos leves (SSTC 146/2003 [*Tol 295202*]; 175/2009 [*Tol 1571764*], y 3/2010 [*Tol 1803798*]). Una práctica que estará sometida al régimen general de las citaciones en el proceso penal y a las disposiciones específicas contempladas para el juicio ordinario por delitos leves en los arts. 966 y 967 LECrim (SSTC 145/1990 [*Tol 80401*]; 196/1990 [*Tol 81868*]).

Una primera situación que conviene aclarar es la que se suscita cuando el procedimiento por delito leve que se inicia con atestado policial conforme a las previsiones del juicio inmediato se reconvierte, tras el trámite de incoación judicial, en juicio ordinario por delitos leves ante la imposibilidad sobrevenida de celebrar el juicio dentro del servicio de guardia correspondiente. En este caso, las citaciones realizadas por la Policía Judicial para la comparecencia de partes e intervinientes ante el juez de guardia quedarán sin efecto, siendo sustituidas por las que expida el LAJ para la celebración de juicio oral dentro del plazo previsto en el art. 965.1 LECrim.

Si desde el inicio, el juicio por delito leve se encauza a través del procedimiento ordinario, o la noticia criminal llega al juez procedente de un órgano incompetente, las citaciones serán remitidas por el LAJ de conformidad con lo preceptuado por el citado art. 965.1 LECrim, una vez que se dicte auto de incoación de procedimiento y se ordene por el juez proseguir con la tramitación de las actuaciones una vez evacuado el trámite previsto en el art. 963.1 LECrim —solicitud de sobreseimiento por el Ministerio Fiscal o petición de continuación de procedimiento—.

Según establece el art. 966.1 LECrim, en el juicio ordinario por delitos leves las citaciones se harán al fiscal, al querellante o denunciante si lo hubiere, al denunciado y a los testigos o peritos que puedan dar cuenta de los hechos. El segundo párrafo del art. 966.1 regula un trámite de comparecencia de cada uno de ellos ante el órgano judicial —salvo del fiscal— para que designen correo electrónico y número de teléfono o, en su defecto, dirección postal, para cursar las comunicaciones o notificaciones que se les deban realizar. Se trata, por tanto, de un trámite previo a la citación, aunque nada impide que en la misma comparecencia se les comunique la correspondiente citación a juicio.

Cuando las citaciones para la celebración del juicio se dirijan al denunciante, al ofendido o perjudicado y al investigado, serán informados de que pueden acudir al juicio asistidos de abogado, y de que deben comparecer con los medios de prueba de que intenten valerse. En el caso del investigado, la citación debe añadir copia de la denuncia o querella de la que se derive su imputación, sin perjuicio de que la comunicación de la imputación pueda hacerse en el curso de su primera comparecencia ante el órgano judicial. Sea a través de la comparecencia, sea a través de la citación, la validez del juicio depende de que el investigado conozca la imputación y sus derechos como parte pasiva antes del comienzo del juicio oral, de ahí la importancia de acreditar la correcta realización de la citación, señaladamente en los supuestos en los que pueda cursarse mediante correo electrónico o mediante llamada telefónica. No producirá nulidad basada en la indefensión cuando la falta de notificación obedezca a la negligencia, pasividad u obstaculización del trámite por el investigado, o cuando este conociera por otros medios la celebración del acto o comparecencia (STC 142/1989 [*Tol 81591*]). Procede en cambio la nulidad de actuaciones cuando se haya practicado notificación telefónica de cuya recepción por el destinatario no quede constancia (STC 94/2005 [*Tol 636307*]). Señala también el TC (SSTC 59/1998 y 199/2002) que son válidas las citaciones realizadas en personas distintas del destinatario siempre que se cumplan determinadas cautelas; cuando se cuestione la recepción por el destinatario final, será este quien debe alegar razonadamente, y no a través de argumentos meramente formales, los motivos por los que quepa presumir la falta de la efectiva recepción de la citación (STC 116/2004 [*Tol 479498*]). 2599

Aunque la asistencia de las partes es voluntaria en las dos modalidades del juicio por delitos leves, el art. 967.2 LECrim advierte que la incomparecencia injustificada de las partes puede ser sancionada con multa de 200 a 2.000 euros. La misma sanción se podrá imponer —con más lógica— ante la incomparecencia injustificada de peritos o testigos debidamente citados para la celebración del juicio oral.

Recapitulando, constituirá el *contenido mínimo de la citación* (BARONA, 2022, 605):
* Indicación del día, hora y lugar de la celebración del juicio oral
* Información básica sobre el contenido de la imputación, cuando se trate de la parte pasiva
* Advertencia de la condición en que se cita a cada persona y de las consecuencias que pueden derivarse de la falta de comparecencia, incluida la eventual sanción, apercibiendo de la posibilidad de celebrar el juicio en ausencia de los citados.
* Información a las partes sobre el deber de acudir al juicio con los medios de prueba de que intenten valerse.
* Por último, información a las partes acerca de la posibilidad de asistir al juicio con abogado, salvo en el caso de delitos leves castigados con pena de multa cuyo límite máximo sea, de al menos, seis meses, en cuyo caso de aplican las reglas generales de defensa y representación.

5.5 Medidas cautelares

La escasa gravedad de los delitos leves, junto a la concentración y celeridad que caracterizan el procedimiento previsto para su enjuiciamiento, hacen que la adopción de medidas cautelares sea, en principio, posible pero poco frecuente y muy limitada en su alcance.

Dentro de las medidas cautelares personales, descartadas las privativas de libertad, pueden aplicarse medidas restrictivas de libertad para la protección de víctimas y terceros, señaladamente medidas de prohibición de residencia, de aproximación y de comunicación en los supuestos de delitos leves relacionados con la violencia contra la mujer [arts. 14.5 a) y 544 *bis* LECrim con relación a los arts. 171.7.II, 172.3.II y 173.4 CP].

Dentro del objeto civil del procedimiento por delitos leves, podrá el juez adoptar, conforme a los arts. 589 y ss. LECrim, las que, solicitadas a instancia de parte, considere oportunas y convenientes para asegurar la eventual condena reparatoria de la responsabilidad civil a que hubiere podido dar lugar la comisión del delito leve por el que se proceda.

2600

6. LA CELEBRACIÓN DEL JUICIO ORAL

6.1 El desarrollo del juicio

La celebración del juicio oral sigue el mismo esquema cualquiera que sea la modalidad seguida para el enjuiciamiento de delitos leves. Estamos, como ya advertimos, ante un esquema distinto al previsto para el plenario en los demás procedimientos penales en cuanto que la actividad probatoria se ordena por turnos sucesivos, en los que se practicarán todas las pruebas de las acusaciones y luego de las defensas.

Comenzará el juicio oral con la lectura de la denuncia, de la querella, o de la imputación contenida en el atestado policial. Aunque nada dice la LECrim, si el procedimiento por delito leve se hubiera iniciado a raíz de un auto de transformación de procedimiento, lo adecuado en este trámite sería la lectura del auto de incoación de juicio por delito leve.

Tampoco prevé expresamente el legislador la posibilidad de plantear cuestiones previas en el procedimiento por delitos leves. Si a juicio de las partes concurrieran estas cuestiones, por aplicación subsidiaria de la regulación del procedimiento abreviado habrían de plantearse al inicio del juicio oral y ser resueltas por el tribunal en la sentencia (VELASCO/RUZ GUITÉRREZ, p. 103).

Concluida la lectura de la denuncia, la querella de la imputación contenida en el atestado policial o de la que deriva del auto de transformación de procedimiento, y planteadas, en su caso, las cuestiones previas que pudieran concurrir a juicio de las partes, se procederá a la proposición, admisión y práctica de la prueba de la acusación.

Téngase en cuenta que la rapidez, simplificación y concentración de trámites que presiden el procedimiento por delitos leves pueden producir, en ocasiones, una falta de comunicación precisa al acusado del contenido de la imputación con carácter previo al juicio, con la consiguiente lesión del derecho a preparar adecuadamente la defensa y la proposición de la prueba; "si el acusado manifestara [razonadamente] en el acto su desconocimiento de la acusación o justificara la conveniencia de disponer de un tiempo superior para la preparación de la defensa, debe el juez suspender el juicio a fin de garantizar el derecho de defensa" (GIMENO/DÍAZ MARTÍNEZ, p. 995).

Seguidamente se oirá al acusado y se practicará la prueba que este haya propuesto y que resulte admisible. En lo no previsto expresamente para la proposición y práctica de la prueba en el enjuiciamiento de delitos leves se aplicará, con carácter subsidiario, el régimen general regulado en los procedimientos abreviado y por delitos graves. Puesto que, como se advierte, no hay tiempo para proponer prueba contradictoria —ni para la acusación ni para la defensa— habrá que extremar la atención en preparar anticipadamente los medios de prueba que puedan servir, no solo para acreditar el relato propio, sino también para desvirtuar las alegaciones de la parte contraria. 2601

Finalizada la práctica de la prueba, se concederá la palabra a las partes para que formulen sus conclusiones e informes. Comenzará el fiscal, si hubiera intervenido en el juicio; a continuación intervendrá el querellante o denunciante, y finalizará el turno con la intervención del querellado y, en su caso, del responsable civil. Si el juez no hace uso del derecho a dictar *in voce* la sentencia —que es la fórmula preferente (art. 789.2 LECrim)—, el juicio oral concluirá ofreciendo al acusado la posibilidad de dirigirse al tribunal utilizando el derecho a la última palabra como manifestación de las facultades de autodefensa del sujeto pasivo.

En el juicio por delitos leves, en el que las partes pueden intervenir por sí mismas en la vista, sin necesidad de asistencia letrada, resulta especialmente importante la labor *pedagógica* del juez —informativa, facilitadora, explicativa y directora— a fin de que las partes puedan solicitar la tutela judicial con conocimiento razonable de sus derechos procesales en cuanto a su contenido, aprovechamiento y posibles efectos.

Por lo que se refiere a la documentación de los juicios orales por delitos leves, el art. 972 LECrim se remite a lo dispuesto con carácter general por el art.

743 LECrim. Con relación a la documentación de la vista, conviene recordar el Acuerdo del Pleno no Jurisdiccional de la Sala 2ª del TS, de 24/05/2017, al señalar que cuando la documentación relativa al juicio resulte imprescindible para la resolución del recurso de apelación, su ausencia con relación a los aspectos controvertidos, que genere indefensión material, producirá la nulidad del juicio oral o, en su caso, la absolución del acusado (SSTS de 8/05/2018 [*Tol 6602874*] y de 15/02/2018 [*Tol 6517765*]).

6.2 Conformidad

Aunque no está expresamente prevista por la LECrim para el procedimiento por delitos leves, nada impide que, al inicio del juicio oral, el acusado manifieste al juez, por sí o a través de su abogado, que ha llegado a un acuerdo con la acusación (TENA ARAGÓN, p. 106; VELASCO/RUZ GUTIÉRREZ, p. 109). El juez habrá de valorar la concurrencia de los requisitos exigibles para la conformidad, que serán los generales previstos para este acto de disposición de la pretensión en los procedimientos por delito grave y abreviado. Cuando exista acuerdo y cumpla este los requisitos de la conformidad, se procederá por el
2602 juez a dictar sentencia, que podrá afectar al objeto penal y también a la pretensión civil reparatoria.

6.3 Causas de suspensión

Ante la falta de previsión normativa específica, los motivos de suspensión de la vista oral en el procedimiento por delitos leves resultan de interpretar conjuntamente las causas contempladas en el art. 746 LECrim y las singularidades procedimentales propias del enjuiciamiento por delitos leves. En este sentido, son causas de suspensión de la vista oral:

* La imposibilidad de asistir al juicio del juez.
* La imposibilidad de asistir al juicio, debidamente justificada, de los abogados designados por las partes. Con relación a la ausencia de los abogados designados por las partes conviene advertir lo siguiente: a) el abogado de la parte debe comunicar al órgano judicial la causa que le imposibilita asistir al juicio en cuanto la conozca (vid. *v.gr.* art. 188.6 LEC); b) la justificación de la ausencia debe ser valorada por el órgano judicial antes de la celebración del juicio, debiendo notificarse al abogado la decisión judicial; c) en caso de que la justificación sea desestimada o considerada inconsistente, el abogado deberá asistir al juicio o proveer su sustitución de acuerdo con la parte a quien representa; de no hacerlo queda sujeto a la responsabilidad procesal prevista en el art. 967.2 LECrim, y a la disciplinaria a que hubiere lugar; d) la ausencia injustificada del abogado no implica la suspensión del juicio; el juez la acordará cuando entienda que la ausencia del Letrado afecta a garantías esenciales de las partes, señaladamente al derecho de defensa, o a los principios de contradicción e igualdad

de armas; e) en caso de ausencia del Letrado, la parte puede renunciar a la presencia de su Abogado, solicitando que el juicio se celebre sin su presencia.

* La ausencia del querellante, del denunciante o del denunciado, debidamente justificada. En el caso del querellante, ha de tenerse en cuenta, como criterio relevante, la naturaleza del delito leve —público, semipúblico o privado—. Si se trata de delito privado, su incomparecencia en el juicio determina en todo caso el abandono de la acción penal y la conclusión del procedimiento con la absolución del querellado. Si el delito leve es semipúblico, la ausencia justificada del querellante puede no determinar la suspensión del juicio si el fiscal está personado y comparece al juicio, siempre que el testimonio del querellante no resulte relevante, oído el fiscal y según resuelva el juez. La ausencia injustificada del querellante en los delitos semipúblicos provocará el abandono de la acción penal; solo continuará la vista si comparece el fiscal o, en caso contrario, si concurren otros querellantes o denunciantes en el procedimiento. Cuando el delito leve es público, la ausencia del querellante, esté o no justificada, solo provocará la suspensión si su testimonio es estimado como necesario. La ausencia injustificada del querellante queda sujeta también a la responsabilidad procesal prevista en el art. 967.2 LECrim. Si se trata del denunciante, su régimen quedará sujeto al de los testigos. Cuando quien no comparezca sea el denunciado, si la ausencia está justificada, el juez acordará la suspensión. En caso contrario, se procederá a la celebración del juicio oral, pudiendo intervenir en nombre del denunciado su abogado si ha comparecido al juicio.

* La petición por parte del denunciado de nombramiento de abogado de oficio no es causa suficiente para la suspensión; es necesario acreditar que la falta de nombramiento ha producido efectiva indefensión y que esta no haya sido provocada por falta de diligencia de la parte pasiva (VELASCO/RUIZ GUTIÉRREZ, p. 105).

* La ausencia justificada de testigos o peritos. La falta de comparecencia de los testigos y peritos debidamente citados y cuya ausencia haya sido justificada, solo determinará la suspensión del juicio cuando el juez, oídas las partes, considere esencial su comparecencia. Lo mismo sucederá si la ausencia no ha sido justificada, aunque en este caso puede aplicarse a unos y otros la sanción prevista en el art. 967.2 LECrim (200 a 2.000 euros). 2603

* El planteamiento de cuestiones previas o incidentales que no puedan ser resueltas por el juez en el acto del juicio.

* La necesidad de que el juez practique alguna diligencia fuera de la sede del órgano judicial y no pueda hacerlo entre una y otra sesión de la vista.

* Circunstancias sobrevenidas que impidan materialmente la celebración del juicio.

* La indisposición o enfermedad sobrevenida del juez, de alguna de las partes o de sus representantes legales.

* La necesidad sobrevenida de practicar alguna prueba que no haya podido ser preparada ni aportada por las partes.

* La imposibilidad para el sujeto pasivo de haber dispuesto de tiempo suficiente para la preparación de la defensa (STC 34/1985).

* La constatación de irregularidades en las citaciones que hayan impedido la asistencia de abogados, partes, peritos o testigos.

* El cambio de la cualidad en la que se convoca a cada una de las personas que hayan de intervenir en el juicio (STC 1171992).

* La falta de comunicación de la acusación.

* La ausencia del acusado por estar ingresado en prisión y no haber sido trasladado al lugar de celebración del juicio por causas ajenas a su voluntad (DE LA ROSA CORTINA, pp. 31 y 32).

A diferencia de la suspensión, que supone una interrupción puntual en la celebración del juicio permitiendo su continuación de forma inmediata o en fecha próxima (art. 968 LECrim), la modificación del señalamiento constituye una resolución del LAJ que, previendo la imposible celebración del juicio en la fecha inicialmente prevista —ya sea por causa originada en el propio órgano judicial, ya por estimar la justificación de incomparecencia comunicada por alguna de las partes, letrados, testigos o peritos—, fija una nueva fecha para la celebración de la vista (art. 968 LECrim).

7. SENTENCIA Y RECURSOS

Cuando el juez haga uso de la facultad —considerada preferente por el legislador— de pronunciar *in voce* la sentencia a la conclusión del juicio, preguntará a las partes sobre su propósito de recurrir o no la sentencia. En caso de que las partes anuncien la decisión de no recurrir, la sentencia devendrá firme al concluir el acto del juicio y ejecutable en cuanto se redacte y se notifique a las partes (art. 975 LECrim).

2604 Si el juez no hubiera pronunciado oralmente el fallo a la conclusión del juicio oral, dispondrá de un plazo de tres días desde la conclusión del juicio oral para redactar la sentencia y notificarla a las partes (art. 973 LECrim). Una vez notificada, se abrirá para las partes el plazo de recurso.

Por lo que se refiere a la determinación de la pena, hay que recordar la singularidad prevista en el juicio por delitos leves (art. 66.2 CP), según la cual «los jueces o tribunales aplicarán las penas a su prudente arbitrio, sin sujetarse a las reglas prescritas en el apartado anterior». Como aclara la Circular 1/2015 FGE, «Desaparece, por lo tanto, la obligación de respetar el límite mínimo nominalmente asignado, que se hace permeable en sentido descendente en las formas imperfectas de ejecución y participación (arts. 62 y 63 CP) y en los supuestos de eximente incompleta (art. 68 CP), conforme a las reglas de dosimetría penal establecidas en el art. 70.1.2ª CP [*v.gr.* tentativa inacabada de hurto de un bien de valor no superior a 400 euros, art. 234.2 CP, la pena de 1 a 3 meses de multa se rebajaría obligatoriamente en un grado (multa de 15 a 29 días), o facultativamente en dos (multa de 8 a 14 días)]».

Por otro lado, debe notarse que el art. 973.2 LECrim ordena la notificación de la sentencia a los ofendidos y perjudicados por el delito leve, aunque no se hayan mostrado parte en el procedimiento. En la notificación, sigue señalando el precepto citado «se harán constar los recursos procedentes contra la resolución comunicada, así como el plazo para su presentación y órgano judicial ante quien deba interponerse». Esta suerte de privilegio para la víctima introducido por la Ley 38/2002, debe aplicarse con cautela en el procedimiento por delitos leves, como recuerda la Circular de la FGE 1/2003: «la interpretación del art. 974.1 ha de hacerse en conexión con lo dispuesto en el art. 11 LOPJ, de modo que quien ejercite este derecho a recurrir ha de respetar las reglas de la buena fe procesal. Sólo así se podrán evitar situaciones de fraude de ley proscritas por el citado precepto. No parece, en efecto, que el art. 974 pueda dar cobertura —en principio— a situaciones en las que es el propio ofendido quien provoca, con su falta de comparecencia voluntaria al acto del juicio, una sentencia absolutoria por falta de prueba de cargo, y que —al serle notificada la sentencia conforme al art. 973.2— la impugna, acogiéndose al derecho que contempla el art. 974.1, con lo que, de obtener una sentencia favorable en segunda instancia, en realidad estaría privando a quien resultó condenado de su derecho a esa segunda instancia».

Por último, y según dispone el art. 976 LECrim, la sentencia dictada en el procedimiento por delitos leves es apelable ante la Audiencia Provincial compuesta a estos efectos por un solo magistrado (art. 82.2.1º LOPJ), en el plazo de los cinco días siguientes a la notificación. El plazo comenzará a correr para todas las partes el día siguiente a aquel en que se hubiera practicado la última notificación (art. 212.III LECrim). La sentencia dictada por la AP resolviendo el recurso de apelación no es susceptible de ser recurrida en casación ante el TS (Acuerdo del Pleno no Jurisdiccional de la Sala 2ª del TS, de 9/06/2016).

BIBLIOGRAFÍA

– ARMENTA DEU, *Lecciones de Derecho Procesal Penal*, Marcial Pons, Madrid, 2023.
– BANACLOCHE/ZARZALEJOS, *Aspectos fundamentales del Derecho procesal penal*, La Ley, Madrid, 2025.
– ENCINAR DEL POZO, *Comentarios a la Ley de Enjuiciamiento Criminal*, (Barja de Quiroga dir.), vol. II, Tirant lo Blanch, Valencia, 2023.
– GIMENO, *Derecho procesal penal*, Civitas, Pamplona, 2015.
– GIMENO, *Derecho procesal penal*, Ediciones jurídicas Castillo de Luna, Madrid, 2018.
– IZQUIERDO TÉLLEZ, "El juicio por delito leve ante el juez de violencia sobre la mujer", en *Actividad formativa FC053FS*, Centro de Estudios Jurídicos, www.fiscal.es, 2017.
– MARCA/MORELL, *Delitos leves. Problemas sustantivos y procesales*, Tirant lo Blanch, Valencia, 2020.
– MORENO CATENA/CORTÉS, *Derecho procesal penal*, Tirant lo Blanch, Valencia, 2024.
– MORENO CATENA (dir), *El proceso penal, doctrina, jurisprudencia y formularios*, (vol. IV), Tirant lo Blanch, Valencia, 2000.
– ORAA GONZÁLEZ, «La constitucionalidad del juicio de faltas desde la perspectiva del derecho al juez imparcial», *Poder Judicial*, núm. 23.
– TENA ARAGÓN, *El nuevo juicio de faltas*, Marcial Pons, Madrid, 2003.
– VELASCO/RUZ GUTIÉRREZ, *El juicio de faltas. Aspectos penales y procesales*, Comares, Granada, 2011.

Sección II

Los procedimientos especiales

Capítulo 65

El procedimiento para el enjuiciamiento rápido de delitos

Javier Abella López
Magistrado
Profesor de Derecho Procesal
Universidad Carlos III de Madrid

1. ORIGEN Y RAZÓN DE SER DEL JUICIO RÁPIDO

La Ley 38/2002 introdujo importantes modificaciones en la LECrim con la finalidad de conseguir una mejora en la agilización de los procesos penales, regulando en el Título III del Libro IV el procedimiento para el enjuiciamiento rápido de determinados delitos, arts. 795 a 803, tratándose de un proceso autónomo, con sustantividad procesal propia.

Como antecedente legislativo tenemos la reforma de la LECrim realizada por la Ley 10/1992, de Medidas Urgentes de Reforma Procesal, por la que se introdujo la "*tramitación rápida del procedimiento abreviado*", y que se trató de consolidar con la LO 2/1998, de modificación del Código Penal, y de la Ley de Enjuiciamiento Criminal.

Es en la Ley 10/1992, como decimos, donde se introduce por primera vez el llamado sistema de "juicios rápidos", sin bien no como un procedimiento autónomo, sino como un sistema de especialidad del procedimiento abreviado para tramitar de manera "acelerada" la instrucción y enjuiciamiento de aquellos allí contemplados.

La idea se cristalizaba en el art. 790.1.II LECrim, en su redacción de la época, que disponía «...tan pronto como el Juez de Instrucción considere que existen elementos suficientes para formular la acusación por haberse practicado, en su caso, las diligencias a que se refiere el apartado 3 del artículo 789, el traslado de las actuaciones al Ministerio Fiscal y partes acusadoras podrá efectuarse de forma inmediata, incluso en el propio servicio de guardia del Juzgado de Instrucción».

Pero no es hasta la reforma de 2002 donde, con la voluntad de dar un definitivo impulso al sistema de juicios rápidos, se crea un procedimiento autónomo con una regulación propia (sin perjuicio de la aplicación supletoria de las reglas del procedimiento abreviado, conforme dispone el art. 795.4 LECrim), identificado como *procedimiento para el enjuiciamiento rápido de determinados delitos*, conocidos como *juicios rápidos* —y su fase de instrucción como "*diligencias urgentes*"—, superando la escasa regulación normativa del previo sistema de tramitación rápida dentro del procedimiento abreviado para determinados casos, concretándose con razonable claridad, ahora sí, las circunstancias y los delitos que dan lugar a la incoación de este procedimiento, regulando detalladamente su tramitación procesal.

Además, y vista la literalidad del art. 795 LECrim, redactado en su modo gramatical imperativo, la tramitación de este procedimiento no es potestativa para el Juez Instructor, sino imperativa en cuanto concurran los presupuestos para su aplicación del referido art. 795, sin que pueda decidir no aplicar este procedimiento por razones de simple conveniencia.

Se ha buscado y, en razonable medida, logrado, una tramitación ágil en procedimientos sencillos, dentro de los delitos menos graves, que dé una pronta respuesta frente a la posible comisión de delitos, incluso creando un sistema de conformidades premiadas en evitación de coste de tiempos y medios, que finalicen con sentencia condenatoria en el propio servicio de guardia, sin necesidad de convocar al acto del juicio oral.

No obstante, este *procedimiento para el enjuiciamiento rápido de determinados delitos* no debe suponer un recorte de las garantías del proceso, ni permitir caer en indeseables automatismos que relajen estas garantías para el investigado, ni para víctimas y perjudicados, en pos de una pretendida mayor eficacia del sistema.

El procedimiento está ideado para casos que permitan una tramitación rápida, como serían investigados puestos *a disposición* del juez de guardia por la policía judicial (bien como detenido, bien citado para comparecer ante el mismo), tratándose de delitos flagrantes o delitos, apriorísticamente, de tramitación sencilla, llegándose a establecer, no como numerus clausus, un concreto elenco de delitos.

Como señala la Exposición de Motivos de la Ley 38/2002: «La experiencia cotidiana de muchos Juzgados de Instrucción demuestra que un amplio número de conductas aparentemente delictivas es susceptible de una investigación relativamente sencilla: son pocas, y de práctica escasamente complicada, las diligencias tras cuya realización puede decidirse si procede el sobreseimiento o bien la celebración de un juicio oral».

Para ello, y como veremos, se da el mayor protagonismo de la *Policía Judicial,* cuyo atestado es decisivo para la tramitación de este procedimiento, confiando al *juez de guardia* la instrucción, y mientras dure la guardia.

2. ÁMBITO DE APLICACIÓN Y PRESUPUESTOS

En la incoación del procedimiento para el enjuiciamiento rápido de determinados delitos habrán de tenerse en cuenta los siguientes parámetros:

1. Pena en abstracto del delito a investigar judicialmente. 2611
2. Modo de iniciación del procedimiento.
3. Y, cumplidos los anteriores, concurrencia de alguna de las concretas circunstancias determinadas por la norma con relación al delito.

2.1 La pena en abstracto del delito a investigar como límite absoluto para la incoación de diligencias urgentes

En cuanto al primer parámetro, esto es, la pena en abstracto del delito que se va a investigar, éste se convierte en un límite objetivo absoluto, conforme dispone el art. 795.1 LECrim, en tal modo que sólo se podrá instruir y enjuiciar a través de este procedimiento los castigados con una pena en abstracto de hasta cinco años de prisión o con cualesquiera otras penas de distinta naturaleza que no excedan de diez años, o multa cualquiera que sea su cuantía.

No cumplido este requisito, resulta irrelevante el cumplimiento del resto de presupuestos o requisitos exigidos por la norma —por ejemplo, delito flagrante o de instrucción sencilla—.

Este límite por la gravedad de la pena viene a coincidir con los delitos de los que, por competencia objetiva, deben conocer los Juzgados de lo Penal —hoy, conforme a la reforma operada por la LO 1/2025, jueces de la Sección de lo

Penal de los Tribunales de Instancia[1]—, como se desprende de la lectura del art. 795.1, lo que encuentra reflejo en los arts. 800.3 y 803, todos ellos de la LECrim, en los que se dibuja que los "juicios rápidos" tienen como órgano de enjuiciamiento el juez de lo penal.

No obstante, esta *plena coincidencia* entre la tramitación de la investigación y enjuiciamiento de determinados delitos por los cauces de juicios rápidos y la competencia objetiva de los jueces de lo penal ha quebrado con la LO 4/2023, que vino a modificar el artículo 14.3 de la LECrim para *volver a atribuir* al juez de lo penal el conocimiento y fallo de aquellos delitos contra la libertad sexual de los que venían conociendo hasta la entrada en vigor de la Ley Orgánica 8/2021 —la cual, y por mor del art. 192.3.II CP, trajo consigo que todos los delitos contra la libertad sexual pasaran a ser juzgados por la Audiencia Provincial, una vez que se establece una pena de inhabilitación especial cuyo tramo máximo supera los 10 años—.

Así, con la referida reforma del 2023 se limita el catálogo de las penas que determinan la competencia en estos delitos para circunscribirlas únicamente a las penas de prisión o multa; así, el párrafo segundo del art. 14.3 LECrim, tras señalar en su primer párrafo que la competencia objetiva del juez de lo penal lo es para delitos con privación de libertad de hasta cinco años o pena de multa cualquiera que sea su cuantía, o cualesquiera otras de hasta diez años, dispone que, para esta determinación de la competencia objetiva, «en los delitos comprendidos en el Título VIII del Libro II del Código Penal, [...], se tendrán en cuenta únicamente las penas de prisión o de multa, [...]».

Así las cosas, de la lectura conjunta del art. 795.1 LECrim, que señala que se tramitará por el procedimiento de "juicios rápidos" la investigación y enjuiciamiento en su caso de «delitos castigados con pena privativa de libertad que no exceda de cinco años, o con cualesquiera otras penas, bien sean únicas, conjuntas o alternativas, cuya duración no exceda de diez años», y del parcialmente transcrito art. 14.3 del mismo texto legal, tenemos que, bien por olvido, bien de manera consciente, el legislador ha dejado fuera de los juicios rápidos los delitos contra la libertad sexual cuya competencia objetiva lo es del juez de

[1] En adelante, y para mayor claridad y sencillez en la redacción, salvo que merezca mayor concreción en el texto que se introduzca su referencia, nos referiremos a «*juez de lo penal*» o «*jueces de lo penal*» como a cualquiera de los jueces de la Sección de lo Penal del Tribunal de Instancia competente (o, en su caso, del Tribunal Central de Instancia, cuando de la Audiencia Nacional hablamos). En el capítulo 5 de esta obra puede consultarse una explicación completa del nuevo modelo orgánico de los Tribunales de Instancia que introduce la LO 1/2025.

lo penal, dado que el antes citado art. 192.3 II CP, establece para todos los delitos sexuales del Título VIII una pena conjunta de inhabilitación especial cuyo máximo supera los 10 años.

No parece que pueda hacerse una interpretación integradora de ambos preceptos, pues el primero de ellos determina exclusivamente el cauce procedimental y el segundo la competencia objetiva, por más que, por ejemplo, los delitos contra la libertad sexual del art. 178 CP, cuyo enjuiciamiento corresponde al juez de lo penal, en no pocas ocasiones pueden ser de tramitación sencilla —aunque no quepa la conformidad del art. 801 LECrim por desbordar el límite punitivo máximo exigido en dicho precepto— e, incluso, algunos delitos, también contra la libertad sexual, que pudieran acceder a la sentencia premiada o privilegiada del referido art. 801, teniendo en cuenta la privativa de libertad (por ejemplo, el tipificado en el art. 185 CP, referido a la exhibición obscena ante menores de edad o personas con discapacidad necesitadas de especial protección), de tramitación sencilla y, en no pocas ocasiones, constituidos en *delitos flagrantes*.

En todo caso, al margen de esta salvedad, podemos establecer, como máxima, que, si el enjuiciamiento de unos hechos no corresponde al juez de lo penal, sino a la sección penal de la Audiencia Provincial, no podrá, en ningún caso, seguirse el trámite de *juicios rápidos*, y deberá seguirse el trámite de diligencias previas de procedimiento abreviado o de sumario del procedimiento ordinario; dicho de otro manera, el enjuiciamiento de todos los procedimientos tramitados por juicio rápido corresponde al juez de lo penal. 2613

2.2 Otros límites absolutos: las reglas de conexidad, el secreto de la causa y el Tribunal del Jurado

Junto con el límite objetivo de la pena en abstracto a la que se hace referencia en el art. 795.1 LECrim, tenemos otros límites objetivos que impiden tramitar como juicio rápido la investigación y enjuiciamiento, en su caso, de determinados delitos; estos límites objetivos del delito son:

1. No cabe el juicio rápido cuando exista conexidad (art. 795.2 LECrim) con hechos delictivos cuyo enjuiciamiento seguiría otras vías procesales, como pudiera ser procedimiento abreviado o procedimiento ordinario.
2. Cuando el juez responsable de la investigación penal —ya sea, por ejemplo, el juez de la sección de instrucción o de la sección única o, en su caso, de la sección de Violencia sobre la Mujer o de la sección de Violencia contra la Infancia y Adolescencia, del tribunal de instancia

competente (LO 1/2025)[2]— considere oportuno acordar el secreto de la instrucción.

3. Cuando el enjuiciamiento corresponde al Tribunal del Jurado. Todo ello en recta aplicación del art. 24.1 de la LOTJ, que determina que ante la existencia de indicios de la comisión de un delito de los descritos en el art. 1.2 LOTJ, el juez instructor procederá a incoar "procedimiento para el juicio ante el Tribunal del Jurado".

Ciertamente, la LO 1/2025 introduce una excepción, posibilitando, de darse el resto de exigencias procesales del art. 795 LECrim, que el delito de allanamiento de morada —competencia del Tribunal del Jurado, conforme art. 1.2 LOTJ— se pueda tramitar por el procedimiento para enjuiciamiento rápido de delitos. Con dicha reforma, debe entenderse, con relación al delito de allanamiento de morada, "derogado" el art. 24.1 LOTJ, a partir de la Disposición Derogatoria Única de la LO 1/2025, que establece dicha consecuencia derogatoria de toda disposición de igual o inferior rango que contradiga, se oponga o resulte incompatible con lo dispuesto en ella, siendo que el art. 24.1 LOTJ tiene rango de ley ordinaria —conforme establece la Disposición final tercera de la LOTJ—, igual rango, por tanto, que el art. 20 de la LO 1/2025, sobre modificación de la LECrim —de carácter ordinario, conforme al apartado b) de la Disposición final trigésima séptima—.

2614

2.3 El atestado como modo de iniciar las diligencias urgentes, con citación o puesta a disposición del investigado ante el juez de guardia

Como segundo parámetro, y como ya señalábamos, tenemos el modo de inicio del procedimiento, señalando que debe haberse incoado en virtud de atestado policial, en cuya actuación:

---

2 En adelante, y para mayor claridad y sencillez en la redacción, salvo que merezca mayor concreción en el texto que se introduzca su referencia, nos referiremos al «juez instructor» como a cualquiera de los jueces con competencia funcional en materia de investigación judicial de delitos, integrado en la Sección que corresponda del Tribunal de Instancia competente (o, en su caso, al juez de la sección de instrucción del Tribunal Central de Instancia, cuando de la Audiencia Nacional hablamos) —*v. gr.* sección de instrucción o de la sección única de civil y de instrucción, sección de violencia sobre la mujer, o sección de violencia contra la infancia y adolescencia ...—, o al juez correspondiente del TS o TSJ al que se le atribuya dicha competencia funcional cuando la competencia objetiva venga determinada a dichos tribunales por razón de aforamiento del investigado. Asimismo, dicha referencia al «juez instructor» lo es también teniendo en cuenta la posibilidad de que, en los casos determinados en el art. 84.6 LOPJ, se nombre a dos jueces, conforme a un turno preestablecido y público, para que, junto con el juez a quien le hubiere sido turnado el asunto inicialmente, se encarguen de la instrucción de un determinado proceso penal.

1. Bien se haya practicado una detención que finalice con la puesta a disposición del detenido.
2. Bien, sin puesta a disposición como detenido al posible responsable, se haya citado al mismo para que comparezca ante el juez instructor de guardia en calidad de investigado.

Especial mención merecen aquellos casos cuyos delitos que están siendo investigados, sean competencia del juez de la sección de violencia sobre la mujer del Tribunal de Instancia correspondiente[3] en cuya demarcación no exista servicio de guardia de dichos órganos y el presunto responsable haya sido detenido y tenga que ser puesto a disposición judicial fuera de las horas de audiencia.

En estos casos, partiendo de lo dispuesto en el art. 797 *bis* 2 II LECrim —precepto introducido por el artículo 54.2 de la Ley Orgánica 1/2004, de Medidas de Protección Integral contra la Violencia de Género—, siendo el juez de guardia el que haya de resolver sobre la situación personal del detenido, será este órgano judicial el que citará a éste, en caso de decretar su libertad, para comparecencia ante el juez de violencia sobre la mujer, y en la misma fecha para la que hayan sido citados por la Policía Judicial la persona denunciante y los testigos, siendo que, en caso de que se acuerde la prisión provisional, será el juez de guardia, a su vez, el que tenga que librar los mandamientos oportunos para el traslado del investigado desde el centro penitenciario ante el Juez de violencia sobre la mujer en la fecha indicada, y todo conforme dispone el art. 49.2.III del Acuerdo de 15/09/2005, del Pleno del CGPJ, por el que se aprueba el Reglamento 1/2005, de los aspectos accesorios de las actuaciones judiciales.

En este estado de cosas, el juez de guardia habrá tenido que incoar el oportuno procedimiento judicial, que de natural lo habrá de ser como diligencias urgentes, teniendo en cuenta que fuera de las horas de audiencia habrá actuado en sustitución del Juez de violencia sobre la mujer, aunque solo sea para resolver la situación personal del detenido puesto a su disposición —y, en su caso, sobre la orden de protección u otras medidas cautelares de protección de la víctima—, continuando con el resto de diligencias que establece el art.

3 En adelante, no referiremos como "juez de violencia sobre la mujer" al juez de la sección de violencia sobre la mujer, o bien al juez de la sección de instrucción o de la sección única civil y de instrucción con competencia en la materia del Tribunal de Instancia competente.

797 LECrim, a practicar dentro de las diligencias urgentes, el Juez de violencia sobre la mujer ante el que deberá ser citado, como decimos, el investigado.

Esta actuación del juez de guardia puede entenderse como en sustitución del juez de violencia sobre la mujer, conforme establece el art. 42.4 del ya referido Reglamento 1/2005, de los aspectos accesorios de las actuaciones judiciales, que dispone que «a estos efectos, el Juez de Instrucción que atienda el servicio de guardia actuará en sustitución del correspondiente Juez de Violencia sobre la Mujer. Adoptada la decisión que proceda, el Juez de Instrucción en funciones de guardia remitirá lo actuado al órgano competente».

Recibidas dichas actuaciones por el juez de violencia sobre la mujer, que lo habrán de ser por vía de inhibición por competencia por razón de la materia, para continuar con la tramitación del juicio rápido, dicho órgano dictará auto de aceptación de inhibición e incoará sus propias diligencias urgentes que, formalmente, se habrán incoado a partir de la aceptación de un procedimiento recibido de otro órgano judicial, y no de un atestado, pero que deberá entenderse que se cumple el requisito de incoación a partir de dicho atestado, dado que el juez de guardia "ordinario" habrá actuado en sustitución del juez de violencia sobre la mujer.

2616

2.4 Concretas circunstancias con relación al delito exigidas para la incoación de diligencias urgentes: concretos delitos, delitos flagrantes o delitos de tramitación sencilla

Finalmente, y cumplidos los anteriores parámetros, deben darse determinadas circunstancias que rodean a la comisión delictiva, en tal modo que el juicio rápido sólo puede servir como cauce hábil siempre que concurra, al menos, una de las siguientes circunstancias (art. 795.1 LECrim):

1. Bien, que se trate de delitos flagrantes. Delito flagrante que, al amparo del art. 795.1 LECrim y a dichos efectos, será el que se estuviese cometiendo o se acabare de cometer cuando el delincuente sea sorprendido en el acto. Se entenderá sorprendido en el acto no sólo al delincuente que fuere detenido en el momento de estar cometiendo el delito, sino también al detenido o perseguido inmediatamente después de cometerlo, si la persecución durare o no se suspendiere mientras el delincuente no se ponga fuera del inmediato alcance de los que le persiguen. También se considerará aquel a quien se sorprendiere inmediatamente después de cometido un delito con efectos, instrumentos o vestigios que permitan presumir su participación en él.

2. O bien, que se trate de alguno de los siguientes delitos:

a) Delitos de lesiones, coacciones, amenazas o violencia física o psíquica habitual, cometidos contra las personas a que se refiere el artículo 173.2 del Código Penal.

b) Delitos de hurto o robo, incluidos los delitos de hurto y robo de uso de vehículos.

c) Delitos contra la seguridad vial.

d) Delitos de daños referidos en el artículo 263 CP.

e) Delitos contra la salud pública previstos en el artículo 368.II CP.

f) Delitos flagrantes relativos a la propiedad intelectual e industrial previstos en los artículos 270, 273, 274 y 275 del CP.

g) Delitos de allanamiento de morada del artículo 202 CP.

h) Delitos de usurpación del artículo 245 CP.

Aunque la norma no lo específica, debe entenderse referido al aparato primero de dicho precepto, pues el tipo penal descrito en el segundo constituye delito leve que, en su caso, deberá tramitarse por los cauces de enjuiciamiento de delito leve del art. 963 LECrim.

3. Bien, que se trate de un hecho punible cuya instrucción sea presumible que será sencilla.

Así pues, y a modo de esquemático resumen, los requisitos para la incoación del procedimiento para el enjuiciamiento rápido de determinados delitos son los siguientes (art. 795.1 LECRim):

1. Delitos castigados, en abstracto, con pena privativa de libertad que no exceda de cinco años, o con cualesquiera otras penas, bien sean únicas, conjuntas o alternativas, cuya duración no exceda de diez años.
2. Que el proceso penal se incoe en virtud de atestado policial.
3. Que la Policía Judicial haya detenido a una persona y la haya puesto a disposición del juez de guardia o que, aun sin detenerla, la haya citado para comparecer ante él.

Cumplidos los anteriores requisitos, y junto con todos ellos, debe darse alguna de las siguientes circunstancias:

1. Que se trate de un *delito flagrante.*
2. O se trate de *alguno de los concretos delitos del art. 795.1.2ª LECrim.*
3. O se trate de un hecho punible de *instrucción sencilla.*

3. COMPETENCIA OBJETIVA Y FUNCIONAL. EN ESPECIAL: LA COMPETENCIA DEL JUEZ DE INSTRUCCIÓN PARA DICTAR SENTENCIA DE CONFORMIDAD

La competencia objetiva, a salvo de lo que se dirá para las sentencias en conformidad prestada ante el juez de guardia, viene atribuida al juez de lo penal, no existiendo otro posible órgano competente objetivamente.

Es más, y como apuntábamos en anterior epígrafe, hasta la reforma de la LECrim operada por la Ley Orgánica 4/2023, el límite punitivo de los delitos que podían ser tramitados por juicio rápido, conforme al art. 795.1 LECrim, coincidía con la competencia objetiva del juez de lo penal establecida en el art. 14.3 del mismo texto legal.

De ello ya llamaba la atención la Circular FGE 1/2003, de 7 de abril, sobre procedimiento para el enjuiciamiento rápido e inmediato de determinados delitos y faltas y de modificación de procedimiento abreviado, en la que exponía: «Se atiende —por tanto— a la naturaleza del delito, ciñéndola no sólo a los delitos menos graves sino también a algunos graves, en concreto aquellos que se atribuyen al conocimiento de los Juzgados de lo Penal. De hecho, la limitación punitiva recogida en el art. 795.1 coincide con lo señalado en el art. 14.3 LECrim al establecer el ámbito competencial de los Juzgados de lo Penal (después de la redacción dada por la Ley 36/1998, de 10 de noviembre; texto que se ha mantenido igual, en este punto, tras la Ley 38/2002)».

En definitiva, todo procedimiento tramitado como "*procedimiento para el enjuiciamiento rápido de determinados delitos*" tiene como órgano de enjuiciamiento, esto es, con competencia objetiva, al juez de lo penal; esos y no otros son los órganos con competencia objetiva, a salvo de los que se dirá ahora para el dictado de sentencia en conformidad prestada ante el juez de guardia —o, en su caso, ante el juez de violencia sobre la mujer—.

Al respecto, cuando se produce el reconocimiento de los hechos en fase de diligencias urgentes —tras la apertura de juicio oral y presentados los escritos de acusación— y el ya acusado presta su conformidad con la calificación más grave, es el propio juez instructor en funciones de guardia —o, en su caso, el juez de violencia sobre la mujer— el órgano con competencia objetiva para el dictado de la sentencia en estricta conformidad, eso sí, aplicando la rebaja de un tercio de las penas solicitadas por la acusación. En todo caso, como en el supuesto de sentencia dictada por el juez de lo penal, la competencia —en este caso funcional— para la ejecución es del juez de lo penal, a salvo del inicio de la ejecución en cuanto a la pena privativa de libertad y requerimientos, que serán llevados a cabo por el juez de guardia —o, en su caso, juez de violencia sobre la mujer—, todo ello en recta aplicación del art. 801.4 LECrim.

El referido apartado cuarto del art. 801 dispone que, dictada sentencia en estricta conformidad por el juez instructor en funciones de guardia, y declarada firme inmediatamente, conocida la voluntad de las partes de no recurrir, el mismo debe pronunciarse ineludiblemente —competencia funcional—, de haberse impuesto pena de prisión, sobre la suspensión de dicha pena o su inmediato ingreso en prisión, todo ello tras dar audiencia a las partes, de ordinario de manera oral tras declarar firme la sentencia.

Ilustrativo resulta el AAP de Guipúzcoa, Secc. 1ª, de 25/02/2022-*ROJ: AAP SS 72/2022-ECLI:ES:APSS:2022:72*A, que vino a razonar: «Vemos, por tanto, que el apartado 2 del precepto atribuye al Juez de Instrucción sentenciador la competencia funcional para pronunciarse sobre si procede o no la suspensión de la ejecución de la pena privativa de libertad que haya impuesto en la sentencia, para el caso, aquí concurrente, de que las partes expresaran su decisión de no recurrir la sentencia. Y es posteriormente a dicho pronunciamiento sobre la suspensión cuando el Juez de guardia ha de acordar lo procedente sobre la puesta en libertad o el ingreso en prisión del condenado —pero no antes, que es lo que ha hecho el Juez de Instrucción en la presente causa y, además, de manera inmotivada—. Y es una vez realizadas todas las actuaciones mencionadas en el apartado 4, cuando el Juzgado de guardia debe remitir las actuaciones al Juzgado de lo Penal competente para continuar la ejecución. Esa atribución de competencia funcional para el inicio de la ejecución al Juez de Instrucción de guardia en el seno del procedimiento para el enjuiciamiento rápido de determinados delitos ha de ponerse en relación con lo dispuesto con carácter general en el art. 82.1 del Código Penal, [...]».

Este precepto nos plantea la duda de qué ocurre cuando el juez de guardia —o, en su caso, juez de violencia sobre la mujer— deniega la suspensión de la pena de prisión, teniendo en cuenta que los recursos que contra dicha decisión no suspenden la ejecución de la pena. Apriorísticamente podemos establecer que el órgano judicial, en ejecución de la sentencia, debe librar los mandamientos oportunos para el ingreso en prisión.

Pues bien, es práctica habitual y razonable en ejecución de sentencias firmes de condena con imposición de pena de prisión, que se requiera en primer lugar al condenado para su ingreso voluntario, con concesión de plazo antes de expedir las correspondientes requisitorias para ingreso forzoso, posibilidad de ingreso voluntario en centro penitenciario para cumplimiento de pena que está previsto en los artículos 15 y 16 del RD 190/1996, por el que se aprueba el Reglamento Penitenciario, actuación perfectamente trasladable a la previsión del artículo 801.4 LECrim, pudiendo entenderse que se da cumplimiento a las exigencias de dicho precepto, que atribuye determinada competencia funcional al juez de guardia. Tras la denegación de la suspensión de la pena, dicho órgano requerirá al penado a fin de que en el concreto plazo que se fije verifique el ingreso voluntario en centro penitenciario —en la práctica forense, y aunque la ley no establece uno concreto, se viene concediendo un plazo de 10 días como tiempo razonable para llevar a cabo dicho ingreso voluntario—, todo ello con el apercibimiento de que, en caso de no realizarlo, se procederá a librar las requisitorias oportunas para su detención e ingreso forzoso en el correspondiente centro penitenciario.

Cabe destacar que, en la práctica ante los tribunales, y dentro de la negociación del acusado con el Ministerio Fiscal y las acusaciones si se hubiesen constituido, se suele incluir que dichas partes acusadoras no pongan oposición a la suspensión.

Asimismo, y al margen de acordar "*lo procedente sobre la puesta en libertad o el ingreso en prisión del condenado*", el juez de guardia (o juez de violencia sobre la mujer, en su caso), y continuando con lo dispuesto en el art. 801.4 LECrim, realizará los requerimientos que de la sentencia de conformidad firme deriven, remitiendo, tras los mismos el letrado de la Administración de Justicia las actuaciones junto con la sentencia al juez de lo penal que corresponda, que continuará la ejecución.

El supuesto más común es el de requerimiento y entrega del permiso de conducir, en el caso de los delitos contra la seguridad vial, en los que se impone la pena de privación del derecho a conducir vehículos a motor y ciclomotores, con la advertencia de que, en caso de no abstenerse de conducir, podría incurrir en un delito del art. 384 CP, o, en caso de imposición de multa, de cuyo pago también deberá ser requerido el penado, con la advertencia, en este caso, de la responsabilidad personal subsidiaria del art. 53 CP, esto es, un día de privación de libertad por cada dos cuotas impagadas.

Igual ocurre con la pena de prohibición de aproximación o comunicación, del art. 48 CP, cuyo requerimiento de cumplimiento, una vez dictada la sentencia de conformidad premiada, y declarada firme, deberá llevarse a cabo por el propio órgano que ha dictado dicha resolución, con la advertencia al condenado de que de no cumplirla, incurrirá en un delito de quebrantamiento de condena del art. 468 CP.

Finalmente, y más allá de la anterior competencia funcional del juez de guardia —o, en su caso, juez de violencia sobre la mujer— establecida en el art. 801.4 LECrim, tenemos que, en cuanto al resto de atribuciones al amparo de la competencia funcional, en nada cambia con relación a la que se establece en el procedimiento abreviado para conocer de la fase de instrucción y fase intermedia, incidentes, así como los recursos que se interpongan frente a las resoluciones que se dicten dentro del procedimiento.

4. LA INVESTIGACIÓN PRELIMINAR DE LA POLICÍA JUDICIAL. COORDINACIÓN CON EL SERVICIO DE GUARDIA DEL TRIBUNAL DE INSTANCIA. LAS AGENDAS PROGRAMADAS DE CITACIONES

En el enjuiciamiento rápido de delitos cobra especial trascendencia la actividad pre-procesal de instrucción por parte de la Policía Judicial, siendo sus diligencias determinantes para poder seguir el enjuiciamiento del hecho delictivo por los trámites del juicio rápido, recordando que este procedimiento solo se inicia por atestado policial; así, son fundamentales tanto las diligencias de investigación policial, como las citaciones de las personas que deban comparecer ante el juez de guardia, conforme establece el art. 796 LECrim, en tal modo que podemos distinguir entre *actuaciones de carácter investigador* y *actuaciones de información y citación*.

Así, ante los hechos delictivos, citados anteriormente, la Policía Judicial realizará las siguientes diligencias de naturaleza investigadora:

* Las previstas con carácter general en los artículos 770 a 772 de la LECrim para las diligencias previas del procedimiento abreviado, y en artículo 282 del mismo texto legal para el sumario.
* Recabar los informes periciales; en este caso, habrá de solicitar una copia del informe médico o del personal sanitario que hubiese prestado asistencia a una persona y la incorporará al atestado. En caso de que la persona que deba ser reconocida no pudiera desplazarse al tribunal de instancia correspondiente, la policía judicial podrá solicitar la presencia del médico forense (art. 796.1.1ª LECrim).
* Remitirá al Instituto de Toxicología, Instituto de Medicina Legal o laboratorio correspondiente las sustancias que se hubieran aprehendido, con la advertencia de que hagan llegar los resultados del análisis al juez de guardia por el medio más rápido, haciéndoles saber que el plazo máximo para remitir el resultado será el señalado en la citación de quienes deban comparecer ante el juez de guardia. Cuando no fuera posible realizar el análisis en este breve plazo, la LECrim permite que la policía judicial lo practique, sin perjuicio del debido control judicial del mismo.
* Los controles de alcoholemia deberán realizarse de acuerdo con la Ley de Seguridad Vial, siendo normalmente realizados a través de un espirómetro. Sin embargo, cuando hubiera que practicar análisis de sangre u otro análogo por el personal sanitario capacitado para ello, el resultado deberá remitirse al juez de guardia, a cuyo efecto la policía judicial hará el oportuno requerimiento.
* Cuando sea precisa para la calificación jurídica de los hechos la tasación del valor de un objeto, la LECrim prevé que, en lugar del juez de guardia, sea la propia Policía Judicial la que solicite la práctica de ese reconocimiento. No obstante, el perito en cuestión remitirá su informe al juez instructor (si fuese escrito) y, si no, oralmente (796.1.8ª LECrim).
* Tomar declaración a los testigos, en su caso.

En cuanto a las actuaciones de información y citación, la Policía Judicial habrá de llevar a cabo:

* Informar al investigado no detenido del derecho fundamental de comparecer ante el juez de guardia asistido de abogado, recabando en su caso la designación de oficio si no manifiesta expresamente que designará un abogado particular, citándole para comparecer el día y hora correspondiente ante el juez de guardia para ser oído.

* Poner a disposición del juez de guardia al detenido en cuanto finalicen las diligencias tendentes al esclarecimiento de los hechos, con citación del abogado que le haya asistido en dependencias policiales o el que designe el detenido para dicha actuación.

* Además, debe practicar las citaciones de todo aquel que pueda dar razón de los hechos, citándole como testigo, excepto a los miembros de las FFCCSE que hubieran intervenido en el atestado cuando sus declaraciones consten en el mismo. Asimismo, habrán de ser citados las víctimas, perjudicados y posibles responsables civiles.

* Las víctimas y perjudicados deberán ser informados de sus derechos que les asisten, conforme disponen los arts. 109 y 110 de la LECrim, y lo habrán de ser de forma escrita, todo ello conforme prevé el art. 771.1ª LECrim, al que se remite el art. 796.1 del mismo texto legal.

* Las citaciones que realice la policía podrán hacerse por cualquier medio de comunicación, incluso, por razones de urgencia, verbalmente.

Todas estas citaciones llevadas a cabo por la Policía Judicial, en cuanto a la determinación de día y hora a comparecer ante el juez de guardia —o, en su caso, ante juez de violencia sobre la mujer—, las hará en adecuada coordinación con dicho órgano judicial, debiendo estarse, entre otros, al art. 49.1 del Reglamento 1/2005, de los aspectos accesorios de las actuaciones judiciales (aprobado por Acuerdo de 15 de septiembre de 2005 del Pleno del CGPJ).

Especial mención merece la tramitación por parte de la Policía Judicial cuando se trata de demarcaciones en las que no existen estos jueces de violencia sobre la mujer en funciones de guardia. En dicho caso, habrá de estarse a lo dispuesto en el art. 797 *bis* LECrim, de cuya lectura se puede concluir que la Policía Judicial habrá de realizar las citaciones para que las partes llamadas comparezcan ante el juez de violencia sobre la mujer «en el día hábil más próximo», si bien, estando detenido el investigado, habrá de ser puesto a disposición del juez de guardia, a los solos efectos de regularizar su situación personal, cuando no sea posible la presentación ante el Juez de violencia sobre la mujer competente.

Esta disposición legal debe ser puesta en relación, en cuanto a su concreta coordinación en su ejecución entre el juez de guardia y el juez de violencia sobre la mujer, con lo dispuesto en el Reglamento 1/2005, de los aspectos accesorios de las actuaciones judiciales, y, en concreto en sus arts. 42.4 y 49.1 y 2.

5. LAS DILIGENCIAS URGENTES ANTE EL SERVICIO DE GUARDIA DEL TRIBUNAL DE INSTANCIA: EL PRINCIPIO DE CONCENTRACIÓN

Partamos, en primer lugar, de que la previsión de incoación de diligencias urgentes se circunscribe al servicio de guardia del Tribunal de Instancia correspondiente, con un juez de guardia, en tal modo que, al margen de la previsión del art. 779.1.5ª LECrim para la sentencia en conformidad cuando en el ámbito de las diligencias previas el investigado reconoce los hechos, no es posible incoar diligencias urgentes *desvinculadas* del servicio de guardia.

Así se desprende de todo el articulado que regula el enjuiciamiento rápido para determinados delitos, y en especial del art. 799 LECrim, que establece que las diligencias urgentes «deberán ser practicadas y adoptadas durante el servicio de guardia del Juzgado de Instrucción», con la única singularidad de que en aquellos partidos judiciales en que el servicio de guardia que tenga una duración superior a veinticuatro horas, podrán incoarse y tramitarse las diligencias urgentes en las setenta y dos horas posteriores a la finalización de la guardia, cuando el atestado se hubiera recibido dentro de las cuarenta y ocho anteriores a la finalización del servicio de guardia.

Así nos lo recuerda la STS de 28/01/2020 [*Tol 7831831*], en la que señala: «el procedimiento para el enjuiciamiento rápido de determinados delitos presenta una referencia temporal específica. Además de que este proceso penal exige que se incoe en virtud de un atestado policial y que la Policía Judicial haya detenido a una persona y la haya puesto a disposición del Juzgado de guardia o que, aun sin detenerla, la haya citado para comparecer ante el Juzgado de guardia por tener la calidad de denunciado en el atestado policial (art. 795 LECRim), el procedimiento establece que todas las diligencias y resoluciones que le son propias, se practiquen y adopten durante el servicio de guardia del Juzgado de Instrucción o, en su caso, durante las setenta y dos horas siguientes a la finalización de este servicio».

Especial mención merece la determinación de qué ocurre en materia de violencia sobre la mujer en demarcaciones donde no existe servicio de guardia de este tipo de órganos —solo existen jueces de violencia sobre la mujer de guardia en partidos judiciales donde hay cuatro o más de este tipo, conforme establece el art. 62 *bis* del Reglamento 1/2005—.

Al respecto, partamos de lo dispuesto en el art. 797 *bis*.1 LECrim, que dispone que «En el supuesto de que la competencia corresponda al Juez de violencia sobre la mujer, las diligencias y resoluciones señaladas en los artículos anteriores deberán ser practicadas y adoptadas durante las horas de audiencia».

Aquí debemos preguntarnos cómo debe ser interpretado este último precepto, con el fin de delimitar el plazo en el que un procedimiento puede "permanecer" en diligencias urgentes sin celebrar la comparecencia del art. 798 LECrim, cuando el mismo es incoado por un juez de violencia sobre la mujer que no tiene servicio de guardia.

Pues bien, por un lado, con carácter general debe estarse a lo dispuesto en el art. 799 LECrim: «1. Las diligencias y resoluciones señaladas en los artículos anteriores deberán ser practicadas y adoptadas durante el servicio de guardia [...]», lo que determina, si estuviésemos en guardia de ocho días —que se establece para determinados órganos judiciales en el art. 60 del Reglamento 1/2005, de los aspectos accesorios de las actuaciones judiciales—, que dicho periodo de ocho días sería el tiempo para la tramitación de determinadas diligencias urgentes ante el juez de guardia, y "admitiendo", en el apartado segundo del referido art. 799, prorrogar su tramitación hasta setenta y dos horas posteriores a la finalización de la guardia cuando se recibe un atestado en las últimas cuarenta y ocho horas; es decir, que el legislador ha contemplado la posibilidad de tramitar determinadas diligencias urgentes más allá de las horas de audiencia del día en que se reciben, lo que no es incompatible ni contradice lo razonado en la Exposición de Motivos de la Ley 38/2002, de 24 de octubre, que, con respecto a los plazos para la tramitación de la instrucción de las diligencias urgentes, señala: «A estos efectos, la pieza clave del nuevo procedimiento consiste en una instrucción concentrada ante el juez de guardia: toda la fase de instrucción y de preparación del juicio oral ha de ser realizada en brevísimos plazos ante el órgano judicial»; es decir, el espíritu de la reforma era establecer un procedimiento que pudiera ser tramitado hasta la preparación del juicio en brevísimos plazos, que no dejaban de serlo porque se regule de facto un plazo de hasta ocho días en algunos casos.

Ciertamente, de la específica regulación que al respecto hace para los jueces de violencia sobre la mujer el art. 797 *bis* 1 de la LECrim, se podría entender que las diligencias urgentes ante estos órganos deberían realizarse en el día en que es entregado el atestado ante dicho órgano, lo que, no obstante, resulta del todo una interpretación rigorista que impediría de facto la tramitación de numerosos procedimientos por la vía de diligencias urgentes que, aun de sencilla tramitación, no podrían finalizar en el plazo de apenas unas horas —piénsese en la presentación del atestado ante un juez de violencia sobre la mujer a la finalización de la mañana y, en consecuencia, en las últimas horas de audiencia—, por lo que deberá acudirse a una interpretación integradora de la regulación de este tipo de procedimientos, no solo aplicando analógicamente los plazos que se establecen en el art. 799 LECrim., sino acudiendo a la "razón legislativa" de la tramitación de la investigación de determinados hechos por la vía de las diligencias urgentes, tratando de cumplir con la voluntad del legislador.

Legislador, que volviendo nuevamente a la lectura de la Exposición de Motivos de la referida Ley 38/2002 vino a señalar que la reforma por la que se introducían los juicio rápidos lo era porque «en determinados supuestos, la tramitación de los procesos penales se prolonga en el tiempo mucho más de lo que resulta necesario y aconsejable; y esta dilación es fuente de ciertas situaciones que han generado en los últimos tiempos una notable preocupación social: los retrasos en la sustanciación de los procesos penales son aprovechados en ocasiones por los imputados para ponerse fuera del alcance de la autoridad judicial y, sobre todo, para reiterar conductas delictivas, lo que genera una impresión generalizada de aparente impunidad y de indefensión de la ciudadanía ante cierto tipo de delitos. La inmediatez y aceleración en la respuesta estatal ante la delincuencia es, sin duda, una pieza clave para evitar los fenómenos antes descritos y permitir que la Justicia penal cumpla alguno de los fines que tiene asignados».

Pues bien, desde este prisma, puede llegarse a la conclusión de que la tramitación del juicio rápido, cuando es incoado por un juez de violencia sobre la mujer sin funciones de guardia, debe ser posible que se extienda más allá del día en que la causa ha sido incoada, pudiendo prolongarse en días sucesivos siempre con el límite de que dicha tramitación "diferida" no quebrante el espíritu de la reforma por la que se introdujo para determinados casos por la "vía" de diligencias urgentes, dando una eficaz respuesta a la necesidad de que los procedimientos penales no se dilaten más allá de lo estrictamente necesario, en evitación de la pena de banquillo a la que se somete al sujeto pasivo de la acción penal, procurando una tutela judicial pronta y eficaz a la víctima de la violencia sobre la mujer, pudiendo tomarse como plazo analógico para su tramitación el que se establece en la LECrim para la tramitación del juicio rápido cuando tiene entrada en el servicio de guardia del tribunal de instancia con guardia superior a veinticuatro horas, esto es, ocho días.

Aclarado lo anterior, y siempre con la idea de la celeridad que se cristaliza en el principio de concentración en la práctica de las diligencias urgentes ante el juez de guardia —o ante el juez de violencia sobre la mujer sin funciones de guardia—, la LECrim determina que estos órganos judiciales, a la vista del atestado policial que se le remite y de los objetos y actuaciones que le acompañen, incoe diligencias urgentes mediante auto, acordando, con la presencia del Ministerio Fiscal —de relevante participación activa en las misma— y con la posibilidad de contradicción del investigado, la *práctica de las siguiente di-*

ligencias tras el examen de las actuaciones policiales —que puede definirse como *investigación preliminar*—:

1. Practicar el reconocimiento del investigado en rueda si resultare pertinente y hubiera comparecido el testigo que debiera realizarlo.
2. Ineludiblemente, tomar declaración al investigado, recordando que no se podrá abrir la fase de juicio oral sin su previa declaración, pues lo contrario supondría una proscrita instrucción a espaldas del investigado (recordemos que, expresamente, y acudiendo a la regulación del procedimiento abreviado, no es posible abrir la fase de acusación sin oírle previamente, conforme dispone el art. 779.1.4ª que se remite al 775, ambos de la LECrim). Sobre esta exigencia recordemos, no obstante, que la misma no surge en toda su intensidad si las referidas diligencias urgentes van a ser sobreseídas por algunas de las razones de los art. 637 y 641, ambos de la LECrim, pues lo que se impide, con la necesariedad de que el investigado sea oído en fase de instrucción, es la evitación de acusaciones sorpresivas, más allá, obvio, del respeto del derecho de defensa, que se cristaliza, entre otros, en el principio de contradicción, que exige permitir al investigado participar desde el primer momento en la práctica de las diligencias de investigación. Así expresamente se refleja en el art. 797.3 LECrim cuando dispone, en cuanto al ejercicio de la defensa técnica, que el abogado de la defensa, y desde el momento de la incoación de las diligencias urgentes, tendrá acceso a una copia del atestado y de cuantas actuaciones se hayan realizado o se realicen ante el juez de guardia.
3. Oír en declaración a los testigos y, en su caso, ordenar el careo entre los investigados y los testigos. Al respecto cabe destacar que se establece en el art. 797.1.8ª LECrim, tratando de limitar las diligencias a practicar y en evitación de un retardo en la tramitación de las diligencias urgentes, que no será necesario oír en régimen testifical a los agentes de policía que hubieren intervenido en el atestado, salvo que se considere imprescindible su declaración en sede judicial.
4. Informar a las víctimas u ofendidos y a los perjudicados de los derechos que les asisten —ofrecimiento de acciones—, conforme establece el art. 797.1.5ª LECrim, recordando, no obstante, la previsión del art. 776.1 LECrim, que determina la necesidad de informar al ofendido y al perjudicado de sus derechos en los términos previstos en los artículos 109 y 110, «cuando previamente no lo hubiera hecho la Policía Judicial».

Ciertamente, con la reforma operada por la LO 1/2025, se introduce un segundo párrafo en el art. 776.1 LECrim, que determina establece que en los casos en que la

Policía Judicial hubiera informado de sus derechos a las víctimas o perjudicados, el letrado de la Administración de Justicia les notificará el número del procedimiento a que hubiera dado lugar y las posibles vías de contacto con el tribunal competente.

5. Se acordará recabar informe del médico forense cuando fuera necesario, así como cualquiera otra pericial que resultare pertinente, entre otras, la tasación de bienes u objetos.
6. También podrán practicarse como diligencias de investigación aquellas que resulten necesarias para el esclarecimiento de los hechos, incluida la práctica de prueba preconstituida, siendo plenamente vigente la aplicación de los art. 449 *bis* y 449 *ter*, ambos de la LECrim, con encaje también en lo dispuesto en el art. 797.2 del mismo cuerpo legal, que establece su práctica cuando «fuere de temer razonablemente que una prueba no podrá practicarse en el juicio oral, o pudiera motivar su suspensión».

6. LA CONFORMIDAD ANTE EL JUEZ DE GUARDIA: LA VÍA ACELERADA DEL JUICIO RÁPIDO

Dentro de las particularidades del juicio rápido, quizá la más singular es la posibilidad de una conformidad privilegiada o premiada ante el juez de guardia, privilegiada porque se prevé una reducción automática en un tercio de la pena solicitada por las acusaciones, bajo determinados requisitos, los cuales analizaremos a continuación, si bien adelantamos que el órgano llamado a dictar la sentencia en conformidad premiada lo será, como ya hemos expuesto en un anterior epígrafe, por razón de competencia objetiva, el juez de guardia —o el juez de violencia sobre la mujer, si hablamos de delitos para los que son competentes este tipo de órganos—; sin perjuicio de que el acusado pueda mostrar su conformidad también al inicio del juicio oral ante el juez de lo penal (art. 787 LECrim), pero en dicho caso no podrá beneficiarse de la referida reducción automática de la pena en un tercio. 2627

La lectura del art. 801.1.1º LECrim podría hacer pensar que la conformidad sólo es posible si no hay acusación particular; sin embargo, este apartado debe ser puesto en relación con lo dispuesto seguidamente en el 801.5 LECrim, en el que se disipa cualquier duda y permite concluir que también es válida la conformidad premiada cuando existe acusación particular.

Disipada esta primera duda, para poder acceder a dicha sentencia de conformidad privilegiada, una vez abierto juicio oral, no deberán superarse los siguientes *límites punitivos*:

* *Límite con relación a la pena en abstracto*: Que los hechos objeto de acusación hayan sido calificados como un delito castigado con pena en abstracto de prisión que no exceda de tres años, una pena de multa cualquiera que se la cuantía o una pena de otra naturaleza que no exceda de 10 años. Aquí debemos darnos cuenta, por tanto, de que existen determinados hechos delictivos que pueden ser investigados y enjuiciados, en su caso, dentro del procedimiento para enjuiciamiento inmediato de determinados delitos pero que, no obstante, no pueden ser conformables, recordando que por este procedimiento puede tramitarse la instrucción y el enjuiciamiento de delitos castigados con pena privativa de libertad que no exceda de cinco años.

  Podría plantearse la duda sobre si para la determinación de este límite de «pena en abstracto» pudiera tenerse en cuenta la participación (por ejemplo, en caso de complicidad, procediendo la aplicación del artículo 63 CP) o el grado de ejecución (por ejemplo, que nos encontremos con un delito en grado de tentativa, procediendo la aplicación del artículo 62 CP). No parece esa la voluntad del legislador cuando en el art. 801.1.2º LECrim habla de «delito castigado con pena de hasta tres años», recordando que, conforme dispone el art. 61 CP, «cuando la Ley establece una pena, se entiende que la impone a los autores de la infracción consumada», lo que puede entenderse como una cuestión de política criminal en el que el legislador ha decidido solo permitir la conformidad privilegiada o premiada para delitos menores —en este caso, delitos con penas que no superen los tres años—, más allá de participación y grados de ejecución, pues esto no modifica la gravedad del delito en el que se ha participado o se ha intentado —en este sentido STS 29/03/2001 [*Tol 4925603*]—; no obstante, podemos encontrar algún pronunciamiento aislado en contra —por todas, SAP de Madrid de 22/06/2011 [*Tol 2207202*], la cual pone el acento en la expresión «los hechos objeto de acusación hayan sido calificados» que recoge el referido art. 801.1.2º LECrim, razonando que dicha calificación engloba también la participación y el grado de ejecución—.

* *Límite con relación a la pena en concreto*: una vez cumplido el anterior, deberá además cumplirse un segundo límite cuando procede la imposición de una pena privativa de libertad, y este es que la pena solicitada o la suma de las solicitadas no exceda, reducida en un tercio, los dos años de prisión. Este límite lo es solo referido a la pena de prisión, sin que ninguna relevancia tenga el resto de penas distintas que se pudieran imponer al acusado, ni tampoco la responsabilidad personal subsidiaria que correspondiera, eventualmente, en el caso de impago de la multa.

Al respecto, la STS 15/042021 [*Tol 8409628*] de abril, señaló: «Y al objeto que ahora nos interesa se añade que, por otra parte, cuando la acusación pida pena de multa, o esta pena figure entre las solicitadas por la acusación, para determinar la concurrencia del requisito establecido en el art. 801.1.3º LECr, no puede computarse la responsabilidad personal subsidiaria que, eventualmente, pudiera imponerse al acusado en el caso de impago de la multa. Como acertadamente señala la Circular 1/2003 de la Fiscalía General del Estado, en esos casos "nos encontramos con una pena privativa de libertad que no se impone directamente al reo, sino como medio de realización subsidiaria de una pena de naturaleza pecuniaria". Además, desde un punto de vista sistemático, hay que tener en cuenta que, cuando el delito imputado al acusado esté castigado con pena de multa, el art. 801.1.2º LECr. admite expresamente la posibilidad de que el acusado preste su conformidad con la acusación ante el Juzgado de Guardia, con independencia de la cuantía de la multa prevista legalmente para aquel delito».

Junto con estos *límites punitivos* de la pena en abstracto y pena concreta, cabe plantearse si es requisito para alcanzar una sentencia de conformidad premiada que deba producirse un reconocimiento de los hechos imputados a modo de confesión en previa declaración como investigado de quien va a beneficiarse de una sentencia de conformidad, o si la mera conformidad implica un reconocimiento de los hechos sin que sea necesaria la previa declaración del acusado confesando los mismos.

Al respecto, la STS 13/06/2017 [*Tol 6175421*], vino a señalar que «Con independencia de las distintas posturas doctrinales sobre la naturaleza jurídica de la conformidad, en este sentido recordar con la STS 12-7-2006, nº 778/2006, y 260/2006 de 9.3, "que la STS. 17.6.91, consideró la conformidad una institución que pone fin al proceso basándose en razones utilitarias o de economía procesal. La conformidad significaría un allanamiento a las pretensiones de la acusación pero sin llegar a su equiparación total y a sus estrictas consecuencias, por cuanto hay que reconocer que en el proceso civil rige el principio dispositivo y la verdad formal, mientras que en el proceso penal prepondera el de legalidad y el indisponibilidad del objeto del proceso, siendo la búsqueda de la verdad material a la que se orienta este proceso, otras opiniones entienden que la debatida figura pugna con el principio conforme al cual nadie puede ser condenado sin ser previamente oído y defendido, aunque lo cierto es que si pudo defenderse y ser oído, renunciando a ello porque quiso, admitiendo y confesando su culpabilidad; si bien la conformidad supone que el hecho sea "aceptado" como existente ello no implica que se trate de una verdadera confesión y por tanto, de una actividad probatoria como sería el interrogatorio del acusado. También se ha dicho que la conformidad no es un acto de prueba, sino un medio para poner fin al proceso, es decir una situación de crisis del mismo, mediante la cual se llega a la sentencia, sin previo juicio oral y público, y de modo acelerado, consecuente a la escasa gravedad de la pena solicitada por las acusaciones y el convenio o acuerdo habido entre acusadores y acusados, en el que han participado los defensores de estos últimos y finalmente se ha sostenido que la conformidad es una declaración de voluntad de la defensa, que no constituye confesión, porque lo contrario pugnaría con el art. 24.2 CE. que recoge el derecho a no confesarse culpable, y se considera que la conformidad constituye una clara consecuencia de la admisión del principio de oportunidad que podrá reportar al acusado substanciales ventajas materiales derivadas de una transacción penal. Entendiéndose por ello que no debe hablarse de la existencia de un pacto subyacente entre las partes —dada la indisponibilidad del objeto del proceso penal— y lo que hay es una concurrencia de voluntades coincidentes. En definitiva, la conformidad no sería una institución que operase sobre el objeto del proceso, sino sobre el desarrollo del procedimiento, posibilitando obviar el trámite del juicio oral. [...] la búsqueda del consenso es un imperativo ético-jurídico que puede venir apoyado por dos parámetros constitucionales: 1º que la obtención del consentimiento del acusado a someterse a una sanción implica una manifestación de la autonomía de la voluntad o ejercicio de la libertad y desarrollo de la propia personalidad proclamada en la Constitución, art. 10.1. 2º que el reconocimiento de la propia responsabilidad y la aceptación de la sanción implican una actitud resocializadora que facilita la reinserción social, proclamada como fin de la pena, art. 25.2 CE, y que en lo posible no debe ser perturbada por la continuación del proceso y el estigma del juicio oral».

Es desde la perspectiva del último inciso del transcrito fragmento de la sentencia, referido a la aceptación de la responsabilidad, desde la que puede defenderse que esa aceptación, como primer acto de reparación de su actuación antisocial, debe llevarse a cabo no solo con la conformidad, sino con la confesión del hecho objeto de imputación; así expresamente se pronuncia el art. 779.1.5ª LECrim como exigencia para llegar a una sentencia de conformidad premiada desde la tramitación de diligencias previas y antes del cierre de la instrucción. Dicho precepto dispone expresamente como requisito previo para llegar a la conformidad premiada del art. 801 LECrim, el de que «el investigado asistido de su abogado hubiere reconocido los hechos a presencia judicial», siendo el segundo requisito la conformidad con el escrito de acusación, exigiendo, por tanto, la confesión como la posterior conformidad; y si bien el art. 801 LECrim no lo prevé expresamente —nos referimos a la declaración de reconocimiento de hechos—, es cierto que es difícil sostener que se cumple esa visión de la conformidad como primer acto de reparación de la actuación antisocial llevada a cabo por el acusado, cuando este, a pesar de su conformidad, haya negado los hechos en su previa y preceptiva declaración en fase de diligencias urgentes, y ello teniendo en cuenta que sí se exige la confesión si la conformidad premiada se pretende por la vía del referido art. 779.1.5ª LECrim.

En definitiva, desde esta interpretación hasta aquí expuesta, puede defenderse que es requisito previo e inicial para llegar a la sentencia de conformidad privilegiada o premiada el reconocimiento de los hechos objeto de acusación.

Por último, para que la conformidad surta sus efectos, ha de ser, como nos recuerda la doctrina jurisprudencial:

1. *Absoluta*: no supeditada a condición, plazo o limitación alguna.
2. *Personalísima*: dimanante de los propios acusados o ratificada por ellos personalmente, y no por medio de mandatario, representante o intermediario, a salvo, obviamente, de la conformidad de la persona jurídica acusada, que habrá de ser prestada por su representante especialmente designado, que deberá contar con poder especial para conformarse.

3. *Voluntaria*: consciente y libre.
4. *Formal*: que la conformidad lo sea a presencia judicial.
5. *Doble garantía*: se exige que dicha conformidad sea prestada tanto por la defensa letrada como por el propio acusado.

Cumplidos todos los requisitos que hemos ido desgranando, el juez de guardia, previo el control de la corrección de la calificación y de la pena, así como de la voluntad y comprensión de las consecuencias por el acusado de su conformidad, dictará oralmente sentencia de conformidad reduciendo la pena en un tercio, aun cuando suponga la imposición de una pena inferior al límite mínimo previsto en el CP.

Cabe señalar que la reducción de la pena en un tercio alcanza a todas las penas, principales o accesorias, también a la prohibición de residir en determinados lugares, así como aproximarse o comunicarse con la víctima, pena regulada en el art. 48 CP, e incluso a la multa proporcional, pero no a la cuota en la pena de días-multa, siendo que la cuota no es la pena, sino la multa, y la cuota responde a parámetros distintos que se regulan en el art. 50 CP, que trata de igualar el grado de aflicción de la pena a todo condenado, en tal modo que dicha aflicción sea similar ante el mismo hecho y misma condena entre dos personas con independencia de su capacidad económica, siendo la cuota mayor para el que "más tiene", de manera que no se convierta dicha multa en algo irrisorio, debiendo fijarse el importe de estas cuotas teniendo en cuenta la situación económica del reo (al contrario que la multa proporcional, que no toma en consideración la capacidad económica del reo), deducida de su patrimonio, ingresos, obligaciones y cargas familiares y demás circunstancias personales del mismo. 2631

Así nos lo recuerda la referida STS de 15/04/2021 [*Tol 8409628*], que vino a señalar: «La capacidad económica del penado para fijar la cuota es el criterio a seguir, y, por ello, el criterio de "esta capacidad económica", podemos decir que no puede ser reducido en un tercio por consecuencia de la conformidad. La capacidad económica es la que es como criterio referencial, y no es susceptible de modificación por la conformidad como "allanamiento" a la pretensión punitiva expuesta por la acusación. En la Circular 2/2004, de 22 de diciembre, de la FGE sobre aplicación de la reforma del Código Penal operada por Ley Orgánica 15/2003, de 25 de noviembre se recoge a este respecto de fijar como criterio único la capacidad económica del penado que: La fórmula de los días-multa sigue inspirándose en la necesidad de tender hacia un tratamiento igualitario de los destinatarios de la pena, acomodándose a las concretas posibilidades. El sistema del Código Penal, siguiendo el modelo escandinavo de los días multa separa con nitidez los dos momentos de determinación de la multa a través de dos actos independientes que tratan de traducir en primer lugar la determinación de la extensión temporal (art. 50.5 CP), esto es, la determinación del número de cuotas siguiendo las reglas generales de determinación de la pena. [...]. En segundo lugar, a través de la fijación de la cuantía de la cuota se evalúa la capacidad económica del penado con la finalidad de reducir el impacto desigual de la multa por las distintas capacidades económicas de las personas (STC 108/2001, de 23 abril). [...] No cabe la rebaja del tercio en la cuota, como exponemos. El criterio es el de la "capacidad económica". 4.– Que el juez debe ajustarse matemáticamente a lo que constituye la esencia de la conformidad en este caso de los "juicios rápidos", es decir, la "rebaja en el tercio de la pena", y no a aplicar ese privilegio o "premio" a conceptos distintos a lo que constituye por naturaleza y esencia que a la pena. 5.– La literalidad del citado artículo 801.2 LECRim al referirse a que el juez impondrá la pena solicitada reducida en un tercio exige no llevar a cabo una interpretación extensiva del concepto al que se refiere, que no es otro que limitar su aplicación a lo que se entiende por pena [...]».

Finalmente, dictada la sentencia en conformidad, si el Ministerio Fiscal y las partes personadas expresasen su decisión de no recurrir, el juez, en el mismo acto, declarará oralmente la firmeza de la sentencia. Si la pena fuera privativa de libertad, resolverá lo procedente sobre la suspensión o la sustitución de la misma, tras lo cual el letrado de la Administración de Justicia remitirá las actuaciones al juez de lo penal para continuar con su ejecución, todo ello conforme dispone el art. 801.2 y 4 LECrim.

La suspensión de la pena privativa de libertad podrá estar condicionada a que satisfaga las responsabilidades civiles, bastando con que el condenado se comprometa a satisfacerlas en un plazo razonable que el juez de guardia dicte. También podrá estar supeditada, si del caso concreto así resulta adecuado, a que, en un plazo prudencial, obtenga un certificado de que está deshabituado o en tratamiento. De incumplir cualquiera de estas condiciones, se podrá dar lugar a la revocación de la suspensión.

6.1 La conformidad en el caso de varios acusados

La conformidad, no solo en el ámbito del enjuiciamiento rápido de determinados delitos, debe ser prestada por todos los acusados, como establece el art. 697 LECrim, con la única excepción del caso de la persona jurídica acusada, la cual, y al amparo del art. 787.8 LECrim, podrá conformarse "*con independencia de la posición que adopten los demás acusados*".

Así nos lo recuerda la STS de 16/11/2017 [*Tol 6436439*], que tras transcribir el art. 697 LECrim, razonó: «En este criterio abundan, entre muchas, las SSTS 1014/2005, de 9 de septiembre; 260/2006, de 9 de marzo; 88/2011, de 11 de febrero; 73/2017, de 13 de febrero o 422/2017, de 13 de junio. Sólo opera el régimen especial de conformidad si todos los acusados se allanan. En caso contrario, es obligado celebrar el juicio para todos (también para los conformes). La conformidad no predicable de todos los acusados deviene intrascendente y conlleva como consecuente necesidad la celebración de un juicio contradictorio exactamente igual que si la conformidad no se hubiese manifestado por ninguno. El art. 787.2 en sede de procedimiento abreviado insiste en la necesidad de la anuencia de todas las partes, requisito solo excluido cuando es una persona jurídica la que muestra la conformidad (art. 787.8 LECrim)».

En todo caso, nuestra actual regulación no admite las conformidades parciales —a salvo de la persona jurídica acusada—, y tampoco se admiten tras la reforma de la conformidad introducida por la LO 1/2025, tal y como nos recuerda la STS 4/03/2025 [*Tol 10449290*] al señalar, con relación a las conocidas en la práctica forense como "conformidades parciales" —referidas a aquellas en que no se conforman todos los acusados, celebrándose el juicio y declarando como "*acusado conformado*" quien aceptó el pacto con las acusaciones, sin que el juez pueda imponer mayor pena que la conformada—, que «las "conformidades parciales" no son realmente tales ni tienen preciso encaje en los arts. 787 y 694 a 700 LECrim, por todas y con cita de otras anteriores, SSTS 287/2020, de 4 de junio; 280/2020, de 4 de junio; 744/2017, de 16 de noviembre; 91//2019, de 19 de marzo; o 422/2017, de junio».

Ciertamente, de mantenerse la desvinculación entre reconocimiento de hechos con conformidad, podría criticarse la exigencia de que la conformidad haya de serlo de todos los acusados.

Así, puede sostenerse que es la razón de que la conformidad implique la asunción del relato fáctico de la acusación en su integridad lo que impide la conformidad solo de alguno o algunos de los acusados, pues resultaría inadmisible las posibles contradicciones que podrían resultar entre los hechos reconocidos por alguno o algunos de los acusados y los que determinara el tribunal tras examinar la prueba de cargo aportada en relación a los acusados que no se hubieran conformado.

La falta de conformidad de todos los acusados tiene especial relevancia en el ámbito del enjuiciamiento inmediato de determinados delitos, en el que la conformidad se presta ante el juez de guardia —a salvo de lo dispuesto en el art. 779.1.5º LECrim—, pues es en ese momento en el que se permite la sentencia de conformidad premiada —esto es, con la rebaja del tercio de la pena—, en tal modo que si la conformidad se produce, por ejemplo, en el acto del juicio ante el juez de lo penal, ya no podrá beneficiarse el acusado de la rebaja de la pena en un tercio.

Así las cosas, qué ocurre cuando, habiendo más de un acusado, uno de ellos se conforma en tiempo y forma ante el juez de guardia y el otro u otros no. En primer término, no podrá dictarse sentencia en conformidad por parte del juez de guardia, por impedirlo en art. 697 y concordantes de la LECrim. Ahora bien, cabe preguntarse si es posible que, exteriorizada por un acusado en tiempo y forma la conformidad ante el juez de guardia, no siendo posible la sentencia en conformidad ante dicho órgano por falta de conformidad de todos los acusados, y debiendo remitirse la causa al juez de lo penal para enjuiciamiento, este pueda dictar sentencia condenatoria aplicando la rebaja del tercio de la pena al acusado que se conformó ante el juez de guardia.

Podemos decir que dicho planteamiento debe ser rechazado de plano, pues la regulación del art. 801 LECrim solo estableció el dictado de la sentencia de conformidad premiada por parte del juez de guardia y no por el órgano de enjuiciamiento, respondiendo esta conformidad a cuestiones utilitaristas, guiadas por la economía procesal, de medios y recursos materiales y humanos, que tratan de evitar que el procedimiento "llegue a juicio", por lo que, llegado a dicha fase procesal, la razón de ser de la conformidad premiada pierde todo su sentido.

Ahora bien, es difícil justificar frente al acusado que ha dado todos los pasos exigidos para alcanzar esta "sentencia premiada" que no es posible su aplicación porque falta la conformidad de otro u otros acusados, por más que, como hemos señalado en el párrafo anterior, unos de los principios sobre los que se sostiene la conformidad en fase de instrucción es la "economía procesal" antes referida.

Alguna soluciones se han ofrecido en estos casos, siempre vinculando la conformidad con el reconocimiento de los hechos, reconduciendo dichos reconocimiento y conformidad a la más grave de las acusaciones, ya en fase de instrucción, y que no fue posible la sentencia de conformidad premiada por existir otro y otros acusados que no se conformaban. Destacable es el tratamiento de dicha conformidad —insistimos, vinculada su aplicación al previo reconocimiento de los hechos—, ya en el acto del juicio, como una atenuante analógica muy cualificada de reconocimiento de los hechos o confesión eficaz simplificando la tramitación del procedimiento, que daría como resultado, y desde un punto de vista penológico, a la rebaja de un tercio de la pena solicitada por las acusaciones.

Así se expresó, en su día, la SAP de Santander, de 14/11/2007 [*Tol 1267880*], que vino a razonar al respecto: «El ahora recurrente mostró su conformidad con la calificación del Ministerio Fiscal en los términos exigidos por la Ley de Enjuiciamiento Criminal para permitirle la rebaja de un tercio de la pena conforme al artículo 801.1 de dicha Ley; la consecuencia de la aplicación de dicha conformidad sería, en los términos del artículo 801.2 de la Ley, la imposición de "la pena solicitada reducida en un tercio, aun cuando suponga la imposición de una pena inferior al límite mínimo previsto en el Código Penal", lo que aquí no ha sido aplicado al estar implicado en los hechos otros imputados que no prestaron su conformidad por lo que se hizo necesaria la continuación de las actuaciones y la celebración de juicio. Se trata, por tanto, de un supuesto en que la calificación de la defensa, que aparece elevada a definitiva en el acto del juicio oral, muestra su conformidad con la pena solicitada por el Ministerio Fiscal. De esta manera, entiende la Sala que concurren todos los requisitos que permiten la aplicación de la conformidad privilegiada, que sólo se impidió por la imputación en los hechos de otras personas. Ciertamente esta circunstancia da lugar a que se precise la celebración del juicio ante el Juzgado de lo Penal, lo que impide precisamente que se haga efectiva la ventaja que es consecuencia de la conformidad prestada en instrucción, la evitación del juicio, principal efecto de tal conformidad privilegiada; sin embargo, no puede ignorarse que ello se produce por un hecho completamente ajeno al imputado que ahora recurre y de ahí que en el presente caso en que el recurrente ha mostrado una conducta de plena conformidad con la calificación fiscal desde la comparecencia en instrucción, esta Sala estime que se deba tener en cuenta para graduar la imposición de la pena dado que concurre la misma conducta y, por tanto y en buena lógica, su situación es similar a la de otros imputados que se conformen ante el juez de instrucción. A fin de hacer posible dicho efecto, este Tribunal ha admitido en anterior resolución (Sentencia 275/07 de 31 de julio) que la rebaja venga configurada a través de la aplicación de una atenuante analógica pues puede razonarse, como así se hace, que ya no se trata de la conformidad ante el juez de instrucción sino que se exige que se dicte una sentencia por el Juez de lo Penal tras la celebración de juicio con inexistencia de conformidad respecto a otros acusados si bien se entiende que, cabiendo la posibilidad de privilegiar la atenuante hasta llegar a un resultado similar al de la conformidad privilegiada, debe actuarse en ese sentido y reducir la pena aplicable hasta los dieciséis meses de prisión».

En el mismo sentido vino a posicionarse la SAP de Alicante, de 7/11/ 2012 [*Tol 3060335*], que concluye con la aplicación de la atenuante que pudiéramos llamar "*atenuante analógica de reconocimiento de los hechos*", vía art. 21.7º del Código Penal, para rebajar en un tercio de la pena, y que se justifica en que dicho acusado reconoció su participación en los hechos y se conformó con el escrito de acusación presentado ante el juez de guardia, siendo el único obstáculo para no poder acogerse a la conformidad premiada del art. 801 de la LECrim que hubiese otro acusado que no se conformaba ni reconocía los hechos, concluyendo que en estos casos en que, pese a la voluntad firme, inicial e incondicionada del investigado a conformarse con los hechos y la pena, no sea factible el dictado de sentencia por parte del juez instructor en funciones de guardia —único supuesto procesal previsto por el legislador—, parece evidente que esta *imposibilidad procesal* ajena a la voluntad del investigado para alcanzar la conformidad premiada deberá ser considerada en el momento de determinar la pena, acudiendo a la aplicación de la atenuante analógica del art. 21.7º, en relación con el art. 21.5º, ambos del Código Penal, como muy cualificada, rebajando la pena en un grado e imponiendo la misma que hubiera correspondido de rebajarla en un tercio. 2635

Otra posibilidad, que ciertamente pudiera calificarse de imaginativa, podría ser abrir una pieza separada dentro de las diligencias urgentes para, con respecto al acusado que pretende alcanzar la conformidad premiada, dictar sentencia en conformidad ante el juez de guardia, con la consiguiente rebaja en un tercio de la más grave de las penas solicitadas por las acusaciones. Así lo apunta la STS de 17/04/2023 [*Tol 9514583*] cuando, reflexionando sobre la exigencia del acceso a la sentencia en conformidad a que todos los acusados *conformen*, vino a razonar:

«Vaya por delante la constatación de que la descrita situación procesal no se acompasa bien con el régimen para la conformidad en procesos con pluralidad de acusados previsto en la Ley. Parece traicionar su filosofía inspiradora, aunque se puede discrepar de su bondad o del acierto de perpetuar esa estricta disciplina, solo excepcionada recientemente para los casos de personas jurídicas acusadas. De cualquier forma, tampoco resulta abiertamente contraria a la legalidad la formación de piezas separadas para alcanzar, como prevé la ley, una innegable agilidad proporcionando una salida legal procesal a esos casos de conformidad parcial: la jurisprudencia, ha mostrado en ocasiones, como veremos, un cierto plácet a ese expediente. Incluso hay supuestos en que se presenta esa —piezas separadas— como la solución más aconsejable para no privar injustamente a un acusado de los beneficios extraordinarios que la ley liga en algunos casos a la conformidad (art. 801 LECrim) por la exclusiva razón de que el coacusado (que, incluso, a la postre puede resultar absuelto) no comparte, sea cuales sean sus razones siempre legítimas, esa postura y reclama la celebración del juicio oral».

6.2 La conformidad y la responsabilidad civil

Analizamos ahora el caso de falta de conformidad, no de alguno o algunos de los acusados con relación a la responsabilidad penal, sino sobre la responsabilidad civil que se vendría reclamando por parte de las acusaciones o actores civiles.

Pues bien, ciertamente la regulación que sobre la materia desarrolla la LECrim con relación al procedimiento ordinario, determina la posibilidad de separar la conformidad en la responsabilidad penal de la responsabilidad civil, en tal modo que, alcanzada la conformidad con la primera y no con la segunda,

podría seguirse el juicio solo sobre este extremo, a modo de "juicio civil"; así, en el párrafo primero del art. 700 LECrim se establece que «Cuando el procesado o procesados hayan confesado su responsabilidad de acuerdo con las conclusiones de la calificación, y sus defensores no consideren necesaria la continuación del juicio, pero la persona a quien sólo se hubiese atribuido responsabilidad civil no haya comparecido ante el Tribunal, o en su declaración no se conformase con las conclusiones del escrito de calificación a ella referentes, se procederá con arreglo a lo dispuesto en el artículo 695», siendo que el art. 695 LECrim dispone que: «Si confesare su responsabilidad criminal, pero no la civil, o aun aceptando ésta, no se conformare con la cantidad fijada en la calificación, el Tribunal mandará que continúe el juicio. Pero, en este último caso, la discusión y la producción de pruebas se concretarán al extremo relativo a la responsabilidad civil que el procesado no hubiese admitido de conformidad con las conclusiones de la calificación».

Desde esta perspectiva, podría defenderse que, aun no siendo posible dictar sentencia en conformidad ante el juez de guardia, por falta de plena conformidad —en este caso, con relación a la responsabilidad civil—, se remitiera la causa al juez de lo penal para llevar a cabo el "juicio civil" y dictar sentencia en conformidad con la rebaja de la pena en un tercio y la resolución que corresponda, tras un juicio contradictorio, con respecto a la responsabilidad civil.

Así lo defendía la Circular 1/2003 de la FGE, que señalaba al respecto: «La no conformidad con la responsabilidad civil de algún acusado o de algún responsable civil, en los términos establecidos en los arts. 695 y 700 LECrim, obliga a frustrar este tipo de conformidad premiada y a entrar en el trámite ordinario. Es decir, el juez instructor no dictará sentencia y remitirá las actuaciones al juez de lo penal para la celebración de un juicio en el que —como reza el art. 695— la «discusión y la producción de pruebas se concretarán al extremo relativo a la responsabilidad civil [...] Terminado el acto el tribunal dictará sentencia».

Ahora bien, la pena conformada a imponer por el juez de lo penal tras la celebración del juicio para determinar las responsabilidades civiles: ¿irá o no reducida en un tercio? Partiendo de la posibilidad que brinda la ley de disociar conformidad penal y seguimiento del juicio exclusivamente para la responsabilidad civil, ha de permitirse la aplicación analógica de esa rebaja de penalidad al juez de lo penal cuando el truncamiento de la sentencia de conformidad por parte del juez instructor sólo vino motivado por el rechazo de un tercero responsable civil.

En este sentido, se pronuncia la SAP de Murcia de 27/09/2016 [*Tol 5866274*] de septiembre de 2016, que razonó «En primer lugar debe examinarse la alegación del acusado que impugna la Sentencia alegando que, indebidamente, no le fue rebajado en un tercio la pena solicitada por las acusaciones pese a haber reconocido los hechos al tramitarse el Juicio rápido en Instrucción y haber aceptado las penas, todo ello al amparo del art. 801 de la LECrim, y haber continuado únicamente el procedimiento por las discrepancias habidas en las cuestiones civiles. Estima la Sala que, aun siendo discutible la cuestión, lo cierto es que se produjo una conformidad con las penas solicitas ante el Juzgado de Instrucción, siendo las mismas inferiores a los dos años de prisión y, por tanto, debió haberse procedido conforme a lo establecido en el indicado precepto. Y si continuó el procedimiento ante el Juzgado de lo Penal exclusivamente por discrepancias en el quantum indemnizatorio (en la misma Sentencia se afirma textualmente "continuando la vista oral únicamente en cuanto a la cuestión referida a la responsabilidad civil de la misma "), en una materia en la que va a ser una Aseguradora la que habrá de abonar las indemnizaciones a los perjudicados, no parece adecuado no reconocer en esa sede los efectos penológicos atenuados de una conformidad prestada con todos los requisitos para que desplegara sus efectos. Otra solución implicaría una rigorista interpretación contra reo de una medida legalmente previsto para "incentivar" las conformidades en delitos no graves».

No obstante, este planteamiento choca de nuevo con la regulación sobre la conformidad privilegiada o premiada, que determina que la competencia exclusiva y excluyente para el dictado de la sentencia en conformidad con la consiguiente rebaja de la pena en un tercio, regulado en el art. 801 LECrim, es del juez de guardia, como así dispone, determinando la competencia objetiva, el inciso final del párrafo del primero del art. 14.3 LECrim cuando establece «la competencia de la Sección de Instrucción del Tribunal de Instancia con competencia en materia de guardia del lugar de comisión del delito para dictar sentencia de conformidad, o de las secciones con competencia en la instrucción en materia de violencia sobre la mujer o de violencia contra la infancia y la adolescencia competentes, en su caso, en los términos establecidos en el artículo 801».

Cabe matizar sobre qué ocurre cuando quien no quiere conformarse es el tercero responsable civil. Al respecto, y con relación a la entidad aseguradora responsable civil en virtud del seguro obligatorio, debemos estar a lo dispuesto en el párrafo segundo del art. 764.3 LECrim, que le niega su condición, a dichos efectos, de "*parte del proceso*".

Resulta ilustrativa la Sentencia de la SAP de La Rioja, de 25/02/2016 [*Tol 5688426*], que razonó: «La Sala estima que la pretensión de la aseguradora apelante no puede prosperar, por cuanto el art. 800 de la LECRM: solo exige la conformidad del acusado, no de la aseguradora responsable civil directa ex lege, por lo que no era precisa su comparecencia ni su conformidad, sin perjuicio de ejercer su derecho de repetición, [...]. Al respecto, la Sala comparte los razonamientos de la sentencia de la Audiencia Provincial de Madrid de 1 de marzo de 2007 que estima de aplicación al supuesto que nos ocupa: "En primer lugar, y antes de entrar a examinar la procedencia o no del recurso, se ha de aclarar: 1.– que el art. 764.3 de la LECrim es perfectamente aplicable a los juicios rápidos [...] Exclusión de las aseguradoras como partes en el proceso penal, en cuanto que su responsabilidad no deriva del delito, sino del contrato de seguro, que no las priva de su derecho de audiencia, defensa y bilateralidad, pues puede hacer las alegaciones que, en orden a su obligación de afianzar y extensión de dicho afianzamiento, tenga por conveniente en la correspondiente pieza de responsabilidad civil, tal como ha establecido tanto la jurisprudencia del Tribunal Supremo (SSTS 27-6-1980, 27-11-1997 y 16-11-970), como la del Tribunal Constitucional (STC 8-2-1982, 4-4-1984, 20-2-1998, 14-3-1991 y 25-6-1996, entre otras). Sosteniendo la constitucionalidad del art. 784.5 de la LECrim, extensible al vigente art. 764.3 de tal texto procesal que, por lo ya expresado, mantiene su virtualidad y no contradice lo dispuesto en el art. 117 del CP».

En cuanto al resto de terceros responsables civiles, la falta de conformidad por parte de los mismos impide el dictado de la sentencia de conformidad, debiéndose remitir la causa para enjuiciamiento, con las mismas posibles soluciones procesales que hemos venido desgranando en el epígrafe anterior, cuando alguno o algunos de los acusados se conforman y otro no.

Al respecto, MONTIEL OLMO llama la atención sobre algunas soluciones, más o menos imaginativas, que se han dado en la práctica diaria, refiriendo que algunos jueces de guardia, tras el dictado de la sentencia de conformidad, no hacen expreso pronunciamiento sobre la responsabilidad civil derivada del delito y remiten la causa al juez de lo penal «para que sea este el que en trámite de ejecución de sentencia resuelva la controversia suscitada. En otros casos, el juez de guardia dicta sentencia de conformidad y hace expreso pronunciamiento sobre la responsabilidad civil con oposición de la entidad responsable civil, quedando a salvo el derecho de esta última para la interposición de recurso de apelación», dibujando en dicho razonamiento la aplicación en estos casos de lo dispuesto en el art. 115 CP.

7. LA PREPARACIÓN Y CELEBRACIÓN DEL JUICIO ORAL

Siguiendo la estructura de la interpretación conjunta de los artículos 798, 800 y 801, todos ellos de la LECrim, tenemos que, finalizadas las diligencias, se celebrará una comparecencia ante el juez de guardia para determinar el modo y forma en que debe continuar el procedimiento. Ciertamente, el art. 798 no habla de comparecencia y se limita a señalar que el «el juez oirá a las partes personadas", sin concretar el modo y forma en que debe oírles; no obstante, el art. 800 nos da la "solución" al disponer que "Cuando el Juez de guardia hubiere acordado continuar este procedimiento, en el mismo acto oirá al Ministerio Fiscal y a las partes personadas», lo que, puesto en relación con el referido art. 798, tenemos que dicha audiencia será en comparecencia y de manera oral.

Aclarado lo anterior, debemos concretar, a su vez, que dicha comparecencia no parece exigir la presencia personal del investigado y sí del Ministerio Fiscal y las defensas letradas de las partes personadas, todo ello sin perjuicio de que, de no haber comparecido en fase de instrucción —diligencias urgentes— el investigado y no haber sido oído, no será posible abrir la fase de enjuiciamiento, todo ello ante la imposibilidad de cerrar la fase de instrucción a "espaldas del investigado", recordando que no es posible dicho cierre sin haber sido oído el investigado a lo largo de la misma, lo que se desprende, no solo de la recta aplicación de los derechos fundamentales de carácter procesal del art. 24 CE, sino de la regulación que, en cristalización de dichos derechos, el legislador ordinario ha dispuesto, como así podemos observar de la lectura conjunta de los art. 797.1.3ª, 779.1.4ª y 775, todos ellos de la LECrim.

Así, habiendo sido oído el investigado previamente como diligencias de investigación, nada exige el art. 798 y siguientes de la LECrim sobre la presencia del investigado; solo el art. 801 LECrim y para acceder a la sentencia de conformidad premiada o privilegiada —con rebaja de la pena en un tercio—, exige la necesaria intervención personal del ya acusado, pues dicha conformidad ha de prestarla no solo su defensa técnica, sino el propio acusado de manera personal.

Ciertamente se podría defender la presencia personal del investigado en dicha comparecencia, de plantearse la necesidad de notificación personal del auto de apertura de juicio oral —que se dicta de manera oral—, así como los escritos de calificación de las acusaciones —que también podrían evacuarse de manera oral—, todo ello en una interpretación analógica sobre la notificación personal de los escritos de acusación y auto de apertura de judicial oral dentro del procedimiento abreviado.

Así nos lo recuerda, con relación al procedimiento abreviado, la STS de 18/10/2023 [*Tol 9763900*], sobre la necesidad de dicha notificación personal, a cuyo respecto vino a razonar: «Partiendo de las precisiones anteriores procedemos a responder a la demanda que ha dado origen a las presentes actuaciones. Es cierto que el artículo 784 de la LECrim no preceptúa como imprescindible la notificación del auto de apertura del juicio oral al acusado ya que solo dispone que "el Secretario Judicial emplazará al encausado, con entrega de copia de los escritos de acusación, para que en el plazo de tres días comparezca en la causa con Abogado que le defienda y Procurador que le represente" De dicho precepto parece desprenderse que al auto de apertura de juicio oral no le sería exigible la notificación personal y bastaría la notificación el Procurador, ya que conforme al artículo 182 de la LECrim dispone como regla general que las citaciones y notificaciones podrán hacerse a los Procuradores de las partes salvo las citaciones que por disposición expresa de la ley deban hacerse personalmente o las que tengan por objeto la comparecencia obligatoria de éstas, que también han de hacerse de forma personal, circunstancias ambas que no se dan en el presente caso. Obsérvese, no obstante, que el artículo 182 utiliza la expresión "podrán" por lo que nada impide que las restantes notificaciones y citaciones puedan hacerse también de forma personal en función de su trascendencia y de las circunstancias concurrentes y sucede con el auto de apertura de juicio oral que al ser una resolución muy relevante, por determinar los hechos objeto de acusación, la calificación jurídica y las pretensiones de la acusación, no faltan quienes consideran que para evitar situaciones de indefensión el citado auto debe ser notificado personalmente al encausado, sobre todo teniendo en cuenta la posibilidad de que el juicio pueda ser celebrado en ausencia. Desde esta posición doctrinal se considera que, aun cuando el investigado haya designado domicilio a efectos de notificaciones conforme a lo previsto en el artículo 775.1 de la LECrim, no cabrá la celebración del juicio en ausencia si no tiene conocimiento de la acusación formulada en su contra, a cuyo fin sería necesaria la notificación personal del auto a que alude el artículo 782 de la LECrim».

No obstante, también el TS se ha pronunciado sobre la falta de necesidad de esta notificación cuando de procedimiento ordinario se trata —a cuya estructura, en cuanto a su fase intermedia, se asimila más el *juicio rápido*, pues la fase intermedia o de acusación se abre con la petición de sobreseimiento o apertura de juicio oral, y solo tras la apertura de juicio oral se producen los escritos de conclusiones de provisionales—.

Así, la STS de 11/04/2016 [*Tol 5691593*], vino a razonar, con ocasión del análisis del art. 652 LECrim: «El artículo 652 LECrim ordena el trámite subsiguiente a los escritos de calificación del Ministerio Fiscal, el acusador particular y al actor civil, de forma que el Secretario judicial seguidamente "comunicará la causa a los procesados y a las terceras personas civilmente responsables, para que en igual término y por su orden manifiesten también...". La comunicación de la causa no es equivalente a la exigencia de la notificación personal al acusado de los escritos de las acusaciones. Se trata de un trámite que implica la preceptiva intervención del abogado y del procurador y por ello cuando la ley se refiere a comunicar la causa a los procesados se refiere a los profesionales citados que son los obligados a evacuar el trámite. Por ello no se ha infringido el precepto procesal que hemos transcrito parcialmente».

Matizado lo anterior, tenemos que, en la comparecencia, y, en primer lugar, siguiendo la redacción del art. 798 LECrim, se oirá a las partes sobre la *suficiencia* de las diligencias de investigación practicadas, dictándose alguna de las siguientes resoluciones:

1. *En el caso de que considere insuficientes las diligencias practicadas*: el juez acordará la transformación de los autos en diligencias previas del procedimiento abreviado, que lo hará por auto que será impugnable mediante recurso de reforma y subsidiario de apelación, o mediante recurso directo de apelación. En dicha resolución habrán de recogerse las diligencias cuya práctica resulta necesaria, lo que deberá motivarse tanto su necesidad para concluir la instrucción, como la imposibilidad de no poder practicarlas durante el servicio de guardia.

Cabe destacar las dudas que pueden suscitar el enfoque de este cauce cuando el delito investigado sea el allanamiento de morada —competencia del Tribunal Jurado, conforme establece el art. 1.2 LOTJ—; la LO 1/2025 por la que se introduce la posibilidad de investigación y enjuiciamiento de estos delitos por juicio rápido, no disipa dichas dudas, habiendo generado con la reforma una grave distorsión de la competencia objetiva para conocer de estos delitos, que queda determinada por razón del cauce procedimental por el que se inicia su investigación judicial, preguntándonos si dicha distorsión alcanza aun cuando la tramitación del procedimiento desborda el cauce del juicio rápido una vez que las diligencias practicadas han sido insuficientes, "reconduciéndolo" a diligencias previas del procedimiento abreviado; pues bien, a la espera de las soluciones jurisprudenciales (no siendo descartable nuevas iniciativas legislativas al respecto, tal vez, por ejemplo, dejando fuera de la competencia del Tribunal del Jurado estos ilícitos penales), son legítimas las tesis que sostienen que, en estos casos, desbordado el procedimiento para enjuiciamiento rápido de delitos, la transformación del procedimiento deba ser en procedimiento ante el Tribunal del Jurado —y no en diligencias previas del procedimiento abreviado— para finalizar la instrucción y conducirlo, en su caso, al acto del juicio "con jurado", y todo ello acudiendo a lo dispuesto en los arts. 760.II y 309 *bis*, de aplicación supletoria a los juicios rápidos, conforme establece el art. 795.4, todos ellos de la LECrim.

Así la Circular 1/2025 de la FGE señala al respecto: «si llegado el momento procesal previsto en el artículo 798 LECrim, se considerase que la instrucción no ha finalizado y procede la práctica de nuevas diligencias instructoras, el juzgado de instrucción incoará diligencias previas del procedimiento abreviado. Ahora bien, una vez incoado dicho procedimiento penal, el Ministerio Fiscal deberá interesar su adecuación a procedimiento ante el Tribunal del Jurado, conforme a los artículos 760 y 309 bis LECrim, al tratarse de un delito competencia del Tribunal del Jurado, cuya tramitación procedimental solamente es viable por el cauce de procedimiento ante el Tribunal del Jurado o diligencias urgentes».

2. *En el caso de que considere suficientes las diligencias practicadas*: dictará auto en forma oral, que deberá documentarse y no será susceptible de recurso alguno, ordenando seguir el procedimiento por los tramites del artículo 800 LECrim, salvo que, aun siendo suficientes, proceda acordar, mediante auto (que en este caso sí será recurrible por aplicación del

art. 766, al que se remite el art. 798.3, ambos de la LECrim), alguno de los siguientes pronunciamientos:

a) Sobreseimiento libre (si estimare que el hecho no es constitutivo de infracción penal) o provisional (si no aparece suficientemente justificada la perpetración del delito o su autoría). Cabe destacar que el juez podría acordar dicho sobreseimiento, tras acordar la continuación por los trámites de juicio rápido al amparo del art. 800 LECrim, y todo ello conforme establece el apartado primero de este último artículo. Al respecto, y si bien este primer trámite de audiencia a las partes prevé la posibilidad de sobreseer la causa sin dictar resolución formal declarando suficientes las diligencias practicadas, aun entendiéndolo así, parece, en adecuada ordenación del procedimiento, que se acordará formalmente mediante auto oral la suficiencia de las diligencias y abrir el concreto y segundo trámite de audiencia para que las partes se pronuncien expresamente sobre el sobreseimiento o apertura de juicio oral. Nótese que, en este primer trámite, el juez no está vinculado por la solicitud de sobreseimiento de las partes personadas, en tal modo que si considera que hay indicios para abrir juicio oral, debe acordar, en todo caso, la continuación de las diligencias urgentes conforme al trámite del art. 800 LECrim, declarando suficientes la diligencias practicadas, siendo que, tras dicha resolución oral, en la que, como diremos, oirá a las partes sobre la posibilidad de abrir juicio oral, momento, ahí sí, donde estará vinculado, desde la recta aplicación del principio acusatorio, por la petición de sobreseimiento, más allá de que acuda (en aplicación del art. 782.2 LECrim al que se remite el art. 800 del mismo texto legal), en su caso, en "*busca de un acusador*" que sostenga la petición de apertura de juicio oral.

b) Reputar delito leve el hecho que hubiere dado lugar a la formación de las diligencias, en cuyo caso procederá a su enjuiciamiento inmediato conforme a lo previsto en el artículo 963 LECrim.

c) Remisión de la causa a la jurisdicción militar, si la investigación del hecho estuviese atribuida a la misma.

d) Remisión al Fiscal de menores, si todos los investigados fuesen menores de edad penal.

En este primer trámite de audiencia a las partes sobre la suficiencia o no de las diligencias practicadas, también se las podrá oír sobre la adopción de medidas cautelares con relación al investigado, conforme establece el art. 798.1 LECrim, si bien también es posible hacerlo con ocasión del traslado para que se pronuncien sobre la apertura de juicio oral o sobreseimiento, conforme expresamente señala el art. 800.1 LECrim.

Al respecto debemos recordar que en el caso de la petición de orden de protección al amparo del art. 544 ter LECrim, es posible celebrar la preceptiva comparecencia dentro de la comparecencia regulada en el art. 798 y siguientes de la LECrim; así lo prevé expresamente el art. 544.4.II LECrim.

Declaradas suficientes las diligencias practicadas, como decíamos, el juez dictará auto en forma oral —que no será susceptible de recurso alguno—, ordenando seguir el procedimiento por los tramites del artículo 800 LECrim, dando traslado a las partes, lo que podemos calificar *de segundo trámite de audiencia* —el primero habrá sido para que se pronuncien sobre la suficiencia de las diligencias practicadas— para que, en adecuada interpretación del art. 800.1 LECrim, se pronuncien sobre la apertura de juicio oral o sobreseimiento de la causa; asimismo, en este *segundo paso* se podrán solicitar medidas cautelares —o ratificarse en las ya solicitadas previamente, que bien pudiera haber sido en el descrito primer trámite de audiencia al amparo del art. 798 LECrim, tal y como hemos expuesto—.

En este segundo trámite de audiencia regulado en el art. 800.1 LECrim, si el Fiscal y las acusaciones personadas solicitasen el sobreseimiento, en recta aplicación del principio acusatorio, procederá acordarlo, todo ello sin perjuicio de lo dispuesto en el art. 782.2 LECrim. Esto es, para el caso de que fuera el Ministerio Fiscal el que solicitara el sobreseimiento de la causa y no se hubiere personado la víctima u ofendido del delito dispuesto a sostener la acusación particular, antes de acordar el sobreseimiento, el juez instructor podrá: 2643

* *Remitir la causa al superior jerárquico del fiscal* para que resuelva si procede o no sostener la acusación, lo que deberá comunicarlo en 10 días.
* Asimismo, sin perjuicio de lo anterior, podrá *poner el asunto en conocimiento de las víctimas u ofendidos* para que dentro del plazo máximo de quince días comparezcan a defender su acción si lo consideran oportuno; y si no se personaran, se acordará el sobreseimiento solicitado por el Ministerio Fiscal.

Ciertamente, estos plazos de 10 y 15 días descritos en los párrafos anteriores tienen difícil encaje en la estructura del procedimiento de enjuiciamiento rápido para determinados delitos. No obstante, esta dificultad no es óbice para que el juez instructor no haga uso, de entenderla pertinente —si no está de acuerdo con la petición de sobreseimiento del Ministerio Fiscal—, de la via del art. 782.2 LECrim, a salvo de que por dicha vía se vea abocado a no poder cumplir el plazo del apartado tercero del artículo 800 LECrim, referido a la celebración del juicio oral en el plazo máximo de 15 días.

Algunas resoluciones de las audiencias provinciales vienen a señalar que en este caso procedería transformar el procedimiento en diligencias previas. Así, por ejemplo, lo expone el AAP de Las Palmas, de 14/05/2020 [*Tol 8470174*], que vino a razonar: «El problema surge en este momento, pues cabe preguntarse en qué medida cabe conciliar esa llamada al proceso concediendo ese plazo de 15 días, con la previsión del art. 800.3 de la LECRim de efectuar el señalamiento para la celebración del juicio oral, que pone como límite temporal máximo el de 15 días, plazo que parece arrancar de la audiencia que se celebra conforme al art. 800.1, siendo así que el art. 800.4 justamente prevé un plazo de dos días para que la acusación particular personada presente escrito de acusación, lo que conlleva que hasta que no transcurra un mínimo de 17 días desde la audiencia del art. 800.1 no se podrá efectuar el señalamiento del art. 800.3, que para ello como se ha dicho impone un máximo de 15 días. Similar problema se podría producir en aplicación del art. 800.5 de la LECRim, en tal caso cuando el Juez Instructor necesariamente, al no presentar escrito de acusación el Fiscal que previamente solicitase la apertura de juicio oral, debe poner en conocimiento de los ofendidos o perjudicados conforme al art. 782.2 —plazo de 15 días— tal circunstancia para que si lo desean puedan personarse a formular acusación. Esa falta de correlación temporal entendemos que ha de resolverse entendiendo que la búsqueda del acusador particular, sea —en tal caso facultativamente— en el supuesto del 800.1, sea —en tal caso de forma imperativa— en el supuesto del art. 800.5 de la LECRim, ha de conllevar la transmutación de la causa de diligencias urgentes en procedimiento abreviado, sirviendo de sustento para ello la remisión al art. 782 que se dispone en el art. 800.1 que posibilita así un salto de tipo de tramitación. Ninguna merma de derechos sufre el investigado pues la decisión de continuar las diligencias urgentes para enjuiciamiento rápido no es susceptible de recurso alguno —art. 798.2.1º LECRim—, y en todo caso siempre tendrá abierta la posibilidad de retornar a las diligencias urgentes si su voluntad fuese la de conformarse y lograr la reducción del tercio de la pena del art. 801.2 de la LECRim, al amparo del art. 779.1.5ª de la LECRim».

No parece, no obstante, que exista impedimento para interrumpir la comparecencia que ya se encuentra en el trámite de "juicio rápido" —habiendo precluido el trámite de transformación de diligencias previas, siempre previo a la declaración formal de suficiencia de las diligencias practicadas— hasta transcurrido el plazo de 15 días a conceder para personarse la víctima u ofendido, y transcurrido dicho plazo, convocar a las partes para decidir sobre la apertura de juicio oral, sin que el plazo para convocar a juicio del art. 800.3 LECrim pueda considerarse un plazo propio, con una suerte de efecto preclusivo, sino que debe ser calificado de plazo impropio, en tal modo que carece de dicho efecto, siendo que las partes deberán ser convocadas en la fecha más próxima aunque lo fuera más allá de los referidos 15 días.

Si alguna de las partes pide la apertura de juicio oral, o comparece la víctima u ofendido dispuesto a ejercitar la acción penal solicitando la apertura de juicio oral tras hacer uso del trámite del art. 782.2 LECrim, el Juez de guardia acordará mediante auto lo que proceda, pudiendo sobreseer la causa conforme a los artículos 637 y 641 LECrim si considera que concurren los presupuestos para ello.

Acordada la apertura de juicio oral mediante auto oral motivado, que deberá documentarse y no es susceptible de recurso alguno —salvo en lo relativo a las medidas cautelares que se pudieran adoptar con ocasión de su dictado—, tenemos que, en una primera aproximación, el art. 800 LECrim distingue entre los casos en que solo esté constituido en la causa el Ministerio Fiscal, y los casos donde estén constituidas acusación particular o popular —ciertamente, el precepto se refiere estrictamente a la acusación particular, pero nada impide que se constituya acusación popular, por más que resulte, por la propia configuración del procedimiento de juicio rápido, altamente improbable—.

Así, de la lectura del art. 800.2 LECrim tenemos que en el caso de que no exista otro posible acusador al margen del Ministerio Fiscal, éste último presentará en el acto su acusación, por escrito u oralmente, frente a la que el acusado podrá mostrar su conformidad o formular su defensa por escrito u oralmente en el momento, salvo que solicite y se le conceda un plazo no superior a cinco días (en cuyo caso deberá presentar el escrito de defensa ante el juez de lo penal).

Por otro lado, a tenor del art. 800.4 LECrim, si está personada la acusación particular —o, en su caso, popular—, el juez de guardia emplazará en el acto a la acusación particular y al Ministerio Fiscal para que presenten sus escritos en el plazo improrrogable y no superior a dos días ante el mismo servicio de guardia del tribunal de instancia. Presentados los escritos de acusación, los trámites serán los del supuesto anterior, esto es, lo regulado en el apartado segundo del reiterado artículo 800 LECrim.

Tienen difícil justificación el carácter imperativo del plazo y la obligación de formular por escrito la acusación que se contemplan en el art. 800.4 LECrim. Puede justificarse dicha regulación por la aplicación supletoria de las normas del procedimiento abreviado, donde el traslado para acusar es simultáneo y no sucesivo, simultaneidad que no se podría respetar si la acusación fuera de manera oral; pero esta justificación no parece de peso, siendo que la concesión del plazo para formular escrito de acusación obligaría siempre a interrumpir la comparecencia del art. 798 y siguientes de la LECrim, pues no podría darse traslado para formular defensa, oral o por escrito —o conformarse con la más grave de las acusaciones—, al ya acusado, que no podría evacuar dicho trámite hasta conocer los términos de la acusación.

Al respecto, en la práctica forense se sigue llevando a cabo de forma oral la acusación por parte del Ministerio Fiscal, tras la cual se le da traslado a la acusación para que formule, también oralmente, la suya, sin hacer uso del plazo improrrogable de dos días, práctica forense que también se extiende, en cuanto a requerimiento de *acusación inmediata*, sin concesión de plazo, aun cuando solo esté constituida en la causa el Ministerio Fiscal como parte legitimada para el ejercicio de la acción penal, nuevamente bajo el argumento de que la concesión del plazo abocaría a la interrupción de la comparecencia a la espera de la presentación del escrito de acusación para el posterior traslado a la defensa del acusado o acusados.

Especial mención merece las consecuencias de la falta de presentación de acusación por parte del Ministerio Fiscal —nada se regula con relación al resto de acusaciones, pues la falta de presentación de su calificación solo puede tener un efecto, el preclusivo, dado que se trata del ejercicio de un derecho, en este caso, el del derecho a acusar, que, de no ejercitarse en plazo, solo puede tener como consecuencia que decaerá en dicho derecho y se tendrá, simplemente, por no ejercitada la acusación—.

La falta de presentación de acusación por parte del Ministerio Fiscal —que en este caso se configura en el ejercicio de una obligación, una vez que ha solicitado la apertura de juicio oral y así se ha acordado, en recta aplicación del principio de legalidad a la que está sometido el Ministerio Fiscal—, conlleva

que, conforme prevé el art. 800.5 LECrim, el juez de guardia requerirá inmediatamente al superior jerárquico para que, en el plazo de dos días, presente el escrito que proceda; y si el mismo tampoco presenta escrito, habrá de entenderse que solicita el sobreseimiento libre.

Finalmente, presentado el escrito o escritos de acusación, y para el caso de que no medie conformidad, se dará traslado en la comparecencia al abogado del acusado para defensa oral o escrita o, en su caso, solicitar plazo para su presentación, que no podrá ser superior a cinco días y que habrá de ser ante el juez de lo penal, al que se remiten las actuaciones para celebrar el juicio oral conforme a las reglas generales del procedimiento abreviado, salvo en lo que se refiere a la audiencia preliminar previa al juicio regulada en el artículo 785 LECrim —que no le es de aplicación a los juicios rápidos— y salvo el plazo para dictar sentencia, que es de tres días (art. 802 LECrim), sin que medie ninguna otra singularidad en el modo y forma en que debe celebrarse el juicio oral.

El LAJ responsable del servicio de guardia, previo a remitir la causa al juez de lo penal, citará a las partes para la celebración del juicio oral en la fecha más próxima posible y en todo caso en el plazo de 15 días, fecha que le vendrá impuesta por la agenda de señalamientos electrónica; asimismo, el letrado de la Administración de Justicia practicará las citaciones pedidas por las partes a testigos y peritos, sin perjuicio de lo que decida el órgano enjuiciador sobre la admisión de prueba, todo ello conforme establece el art. 800.3 II y 7 LECrim.

8. RECURSOS

Tomemos como punto de partida la idea de que, con carácter general, al procedimiento de enjuiciamiento rápido de determinados delitos se le aplica, conforme se deriva del artículo 795.4 LECrim, el régimen de recursos establecidos para el procedimiento abreviado, salvo algunas singularidades que aquí vamos a apuntar.

Dejando al margen los recursos contra las sentencias, de los que nos ocuparemos en párrafos posteriores, tenemos como primera singularidad la establecida en el art. 798.2.1º LECrim, que establece la irrecurribilidad del auto judicial, dictado de forma oral, que decide la suficiencia de las diligencias practicadas y la continuación del procedimiento por los trámites de "juicio rápido" de los arts. 800 y 801, ambos de la LECrim. Frente a esta irrecurribilidad, la parte que no esté conforme con dicha suficiencia, y como señala la Circular de la FGE 1/2003, deberá acudir a la fórmula de la protesta con la argumentación oral de su razón, todo ello con el fin de hacer valer sus argumentos en el futuro recurso contra la resolución que ponga fin al procedimiento —por ejemplo, infracción del derecho a hacerse valer de las diligencias de investigación pertinentes como integrante en el derecho «a utilizar los medios de prueba pertinentes para su defensa», como derecho procesal fundamental recogido en el art. 24.2 CE—. 2647

Ciertamente no está regulado ese trámite de protesta (como sí se regula expresamente en la LECrim ante decisiones orales, algunas de ellas denegatorias de medios probatorios, como los artículos 659, 709 —con relación a inadmisión de determinada pregunta a un testigo—, 786.2, o 790.3 referido a la petición de prueba en segunda instancia indebidamente denegada en primera instancia «siempre que hubiere formulado en su momento la oportuna protesta», pero parece adecuada dicha actuación procesal como acto que disipe toda duda de aquietamiento con la resolución judicial que cierre la puerta a su posterior alegación, en trámite de recurso, frente a la resolución que ponga fin al procedimiento.

Ilustrativo al respecto resulta el AAP de Ceuta, Secc. 6ª, de 17/09/2019 [*Tol 7521921*], que vino a razonar: «En las actuaciones procesales orales, cuyo máximo exponente en el procedimiento penal es el plenario, pueden adoptarse multitud de decisiones judiciales de manera verbal. Aunque materialmente puedan tener el contenido propio de una providencia o un auto conforme con el artículo 141 de la Ley de Enjuiciamiento Criminal no se les atribuye legalmente tal consideración y, cuando sí se hace, se les da expresamente dicho carácter y se requiere que se les dé forma como tal. Es el caso del artículo 798.2.1º del citado cuerpo legal. En el mismo se prevé que, tras la realización de las diligencias urgentes del procedimiento para el enjuiciamiento rápido de determinados delitos, el juez de guardia, si "... considerase suficientes las diligencias practicadas, dictará auto en forma oral, que deberá documentarse y no será susceptible de recurso alguno, ordenando seguir el procedimiento del capítulo siguiente, salvo que estime procedente alguna de las decisiones previstas en las reglas 1ª y 3ª del apartado 1 del artículo 779, en cuyo caso dictará el correspondiente auto...". [...] d) En coherencia con la razón de ser y la finalidad última de las decisiones orales que estamos analizando, no se abre la vía a recurso alguno contra ellas. Se posibilita consignar protesta y hacer valer la infracción de normas y garantías procesales al atacar la resolución posterior que permiten, posibilitan o facilitan».

Por otro lado, de la lectura del art. 800.1, con remisión al art. 783.1, ambos de la LECrim, cabe preguntarse si cabe recurso contra el pronunciamiento del auto de apertura oral (que el art. 800.1 niega) referido a las medidas cautelares que allí se adopten, como sí lo permite el art. 783.3 LECrim con ocasión del auto de apertura de juicio oral en el procedimiento abreviado. La respuesta parece que debe ser que sí, y todo ello desde una interpretación en favor del acceso a los recursos legalmente establecidos como parte del derecho a tutela judicial efectiva.

Para ello, y como nos recuerda la Circular FGE 1/2003, debe interpretarse el art. 800.1 a la luz también del apartado tercero del art. 783, de aplicación por la vía del art. 795.4, todos ellos de la LECrim, puesto en relación con el art. 798.3 del mismo texto legal, que sí permite recurrir, conforme al art. 766, el pronunciamiento sobre medidas cautelares con ocasión del dictado de algunos de los autos recogidos en los tres primeros apartados del art. 779.1; una interpretación contraria significaría afirmar que los pronunciamientos sobre medidas cautelares durante la tramitación de las diligencias urgentes son recurribles y, sin embargo —acordada la continuación de la causa por los trámites de los arts. 800 y 801, ambos de la LECrim—, "irrecurribles" si se acuerdan con ocasión del dictado del auto de apertura de juicio oral.

Al respecto, el AAP de Madrid, de 4/04/2011 [*Tol 5325885*], vino a razonar: «Centrado, así, el debate, analizaremos, a continuación, los preceptos procesales aludidos por el Magistrado informante, comenzando, en primer lugar, por el artículo 798 de la Ley de Enjuiciamiento Criminal, que establece que: "[...]". Y, en segundo lugar, el artículo 800.1 que recoge: "[...]". Tras la lectura de sendos artículos, entiende el Magistrado Juez de Violencia Sobre la Mujer, que la ley no prevé expresamente, por tanto, que contra la resolución que decide sobre las medidas cautelares recurso alguno en el caso de tratarse de juicio rápido por las razones ya recogidas anteriormente, estableciendo un régimen singular y específico de irrecurribilidad en el procedimiento especial incoado. Sin embargo, tiene razón el Ministerio Fiscal en cuanto señala que por el contrario la remisión enunciada, determina, de forma indudable, que habrá de seguirse el sistema general de recursos que se establecen respecto de las referidas resoluciones judiciales».

En cuanto al régimen de recursos frente a las sentencias dictadas por el juez de lo penal, ciertamente no se establecen en el procedimiento de enjuiciamiento rápido de determinados delitos particularidades relevantes con relación al régimen de recursos frente a las sentencias dictadas dentro del procedimiento abreviado, tramitación a la que expresamente se remite el art. 803 LECrim, con dos salvedades:

* El recurso deberá interponerse dentro del plazo de cinco días, a diferencia de los diez días que se establece en el art. 790 LECrim.
* El recurso tendrá tramitación preferente, conforme establece el art. 803.1.4ª LECrim, en adecuada correlación a la preferencia otorgada por la ley a la tramitación de este tipo de procedimientos.

Especial mención merece la sentencia dictada en estricta conformidad, tanto si se alcanza ante el juez de guardia con la aplicación de la conformidad premiada de rebaja de la pena en un tercio, como si se alcanza ante el juez de lo penal. En ambos casos ha de estarse a lo dispuesto en el art. 785.10ª —antes 787.7— LECrim (al que se remite el art. 801 del mismo texto legal si estamos ante la referida conformidad premiada o privilegiada con aminoración de la pena).

Pues bien, el art. 785.10ª LECrim establece que no cabrá recurso alguno contra dicha sentencia dictada en conformidad, a salvo de que se haya dictado sin respetar los requisitos o términos de la conformidad, sin que, en ningún caso, dichas sentencias sean recurribles "por razones de fondo".

Sobre el alcance de esta vía de impugnación residual de la sentencia dictada en conformidad resulta ilustrativo el ATS de 11/12/2017 [*Tol 6492419*], que vino a distinguir entre "conformidad irregular o aparente" y "conformidad alterada" como los dos únicos casos en que cabía recurso frente a este tipo de sentencias:

* En cuanto a la *conformidad irregular o aparente*, es aquella en la que no concurren los presupuestos legales para una sentencia de conformidad, de los que dicha resolución destaca lo que vino a definir como conformidades aparentes, que serían aquellas no libremente prestadas, por ejemplo, porque el consentimiento estaba viciado bien en la voluntad o por razón de falta de conocimiento del alcance y consecuencias de la conformidad.
* En cuanto a la *conformidad alterada*, sería aquella en la que no se han respetado los términos de la conformidad.

9. EL RECONOCIMIENTO DE HECHOS EN LAS DILIGENCIAS PREVIAS Y LA PASARELA PROCEDIMENTAL HACIA EL JUICIO RÁPIDO

Existe, dentro de las diligencias previas, una previsión procesal que permite conducir a la sentencia de conformidad privilegiada. Para ello, el art. 779.1.5ª LECrim establece que, si el investigado asistido de su abogado reconoce los hechos a presencia judicial, y éstos fueran constitutivos de delito a los que alude el artículo 801, convocará inmediatamente al Ministerio Fiscal y a las partes personadas a fin de que manifiesten si formulan escrito de acusación con la conformidad del acusado.

En caso afirmativo, incoará *diligencias urgentes* para transformar el procedimiento en juicio rápido, en el que tramitará la *conformidad privilegiada* del acusado con la más grave de las acusaciones. Será el propio juez instructor el que dicte sentencia de conformidad (art. 801.2 LECrim y 87.1 b LOPJ).

2650 Para un adecuado entendimiento de este trámite debemos dejar sentado que la transformación de unas diligencias previas en diligencias urgentes para el enjuiciamiento rápido de determinados delitos solo puede desembocar en una sentencia en estricta conformidad, como así se desprende de la exigencia que el art. 779.1.5ª, que establece que solo se puede acudir a este trámite si el delito es de los que lleva aparejada «pena incluida dentro de los límites previstos en el artículo 801", esto es, delitos "conformables».

Para ello deben concurrir los siguientes hitos procesales y de manera sucesiva, de tal forma que, si no se da el primer hito, no puede avanzarse hacia el siguiente y desembocar finalmente en su sentencia en conformidad:

1. En primer lugar, y antes de que finalice la instrucción y se abra la fase intermedia del proceso con el dictado del auto de continuación por los trámites de procedimiento abreviado que establece el art. 779.1.4ª LECrim, el investigado tendrá que haber reconocido los hechos. Reconocimiento de hechos que, conforme dispone el art. 779.1.5ª LECrim, deberá ser a presencia judicial y asistido de su abogado.

2. En segundo lugar, y tras el reconocimiento de hechos, se citará a una comparecencia, en la que las partes acusadoras presentarán, en su caso, escrito de acusación a los efectos de que el investigado pueda mostrar su conformidad. La convocatoria de comparecencia debe llevarse a cabo de oficio, sin necesidad de que sea solicitada por el investigado o su defensa letrada.

Ilustrativo al respecto, resulta el AAP de Huesca, Secc. 1ª, de 6/05/2024 [*Tol 10189126*]: «Tal y como se expone en el escrito de recurso, el precepto no exige que sea la defensa la que solicite este trámite, sino que es el Juzgado el que debe llevarlo a cabo si se dan los presupuestos exigidos en la ley. [...] Téngase en cuenta que el reconocimiento de los hechos, en los términos que se ha visto, permiten al investigado beneficiarse de la posible rebaja de un tercio prevista en el artículo 801 de la LECrim. De modo que, habiéndose cumplido con lo establecido en la ley, no hay motivo para impedir a la denunciada el acceso a este beneficio». En el mismo sentido, AAP de Valladolid, Secc. 4ª, de 6 de mayo de 2024 y AAP de Jaén, Secc. 2ª, de 6 de febrero de 2024.

De no alcanzarse la conformidad, se dará por concluida la comparecencia, continuando la tramitación de la causa por los trámites de diligencias previas, siendo lo natural el dictado de auto de conclusión de la instrucción y apertura de la fase intermedia, regulado en el art. 779.1.4ª LECrim. Piénsese que para llegar a dicha comparecencia regulada en el art. 779.1.5ª LECrim, habrán de haberse practicado ya las diligencias de investigación indispensables para decidir sobre la debida justificación del delito y su autoría, contando, junto con dichas diligencias, el reconocimiento de los hechos por parte del investigado, lo que dibuja, de manera razonable, la superación del juicio de probabilidad de la comisión delictiva y su autoría (todo ello sin olvidar lo dispuesto en el art. 406.II LECrim), pero que ya habrá sido objeto de valoración por parte del instructor para acordar convocar a la comparecencia del renombrado art. 779.1.5ª LECrim.

Esta falta de conformidad suscita algunos desajustes procesales en cuanto a qué hacer con el escrito o escritos de acusación con los que no se ha conformado el investigado. Pues bien, aunque esta no es la práctica forense habitual, parece adecuado que dichos escritos de acusación queden unidos al acta que se levante con ocasión de la comparecencia del art. 779.1.5ª con el fin de que quede constancia de con qué "no se ha conformado" el investigado, y todo ello sin perjuicio de que las acusaciones no queden vinculadas con la petición que allí se hacía, pues solo lo era con el fin de lograr una conformidad en dicha fase procesal.

3. En tercer lugar, mostrada la conformidad, en ese momento y no antes, procede la transformación en diligencias urgentes y celebración de comparecencia por los trámites de los arts. 800 y 801, ambos de la LECrim, todo ello con el fin de llegar al momento procesal del dictado de sentencia en estricta conformidad. Cabe llamar la atención sobre que en dicha comparecencia no se dará el trámite del art. 798 LECrim sobre la suficiencia de las diligencias de investigado, pues dicha determinación ya estaría fijada con ocasión de la comparecencia del art. 779.1.5ª LECrim, sino que directamente se procederá, a petición de las acusaciones y con conformidad del investigado, a la apertura del juicio oral, con ra-

tificación de los escritos de acusación a los que previamente se habría conformado el ya acusado, con intervención personal en la ya tantas veces mencionada comparecencia del art. 779.1.5ª LECrim.

Tras esto se procederá por el juez instructor al dictado de sentencia en estricta conformidad, con reducción de la pena más grave solicitada en un tercio, conforme regula el art. 801 LECrim.

BIBLIOGRAFÍA

- ARMENTA DEU, *Lecciones de Derecho procesal penal*, Marcial Pons, 2023.
- BANACLOCHE / ZARZALEJOS, *Aspectos fundamentales de Derecho procesal penal*, La Ley, 2025.
- FLORES PRADA, A., «Eliminación y aceleración del procedimiento. La conformidad. El Juicio Rápido», Estudios Jurídicos. Ministerio Fiscal, I-2000.
- FLORES PRADA/GONZÁLEZ CANO, *El juicio rápido*, Tirant lo Blanch, 2004.
- GASCÓN INCHAUSTI, *Derecho procesal penal materiales para el estudio.* Edición digital, ISBN 978-84-09-14502-7. 2025.
- GIMENO SENDRA/CONDE-PUMPIDO/GARBERÍ LLOBREGAT, *Los procesos penales. Comentarios a la Ley de Enjuiciamiento Criminal con formularios y jurisprudencia*, Bosch, 2000.
- MONTIEL OLMO, *El procedimiento para el enjuiciamiento rápido de determinados delitos. Sentencia de conformidad y ejecución*, CGPJ, Cuadernos Digitales de Formación CGPJ, volumen 6/2012, 2012.
- MORENO CATENA/CORTÉS, *Derecho procesal penal*, Tirant lo Blanch, 2024.

Capítulo 66

El juicio inmediato por delitos leves

Ignacio Flores Prada[1]
Catedrático de Derecho Procesal
Universidad Pablo de Olavide de Sevilla

SUMARIO: **1. INTRODUCCIÓN. 2. REGULACIÓN. 3. PRESUPUESTOS PARA LA APLICACIÓN DEL ENJUICIAMIENTO INMEDIATO DE DELITOS LEVES. 3.1 Presupuestos para la aplicación del enjuiciamiento inmediato de delitos leves con citación policial. 3.2 Presupuestos para la aplicación del enjuiciamiento inmediato de delitos leves con citación judicial. 3.3 Breve referencia a la competencia. 4. ACTUACIONES PREPARATORIAS REALIZADAS POR LA POLICÍA JUDICIAL. 4.1 Actuaciones de investigación. 4.2 Calificación de los hechos, determinación del procedimiento e identificación de la competencia. 4.3 Información de derechos. 4.4 Citaciones. 5. LAS POSIBLES DECISIONES A ADOPTAR POR EL JUEZ DE GUARDIA. 5.1 Decisión del juez cuando las citaciones han sido practicadas por la Policía Judicial. 5.2 Decisión del juez cuando las citaciones no han sido practicadas por la Policía Judicial. 5.3 Transformación de diligencias previas en juicio por delito leve. 6. LA CELEBRACIÓN DE LA VISTA EN EL ENJUICIAMIENTO INMEDIATO POR DELITOS LEVES.**

1. INTRODUCCIÓN

En el marco de una amplia reforma de la justicia penal para la simplificación y aceleración de la persecución y castigo de la delincuencia menos grave, la Ley 38/2002 introdujo una vía procedimental que permitiera el enjuiciamiento inmediato de las faltas flagrantes o de tramitación sencilla cuando el juicio pudiera celebrarse dentro de la duración prevista para cada servicio judicial de guardia. La clave de esta vía acelerada se hacía depender de la actividad preparatoria del enjuiciamiento por la Policía Judicial, a la que se atribuyó, además de la propia tarea investigadora, la calificación inicial de los hechos y, en ciertos casos, la práctica de las citaciones de las partes e intervinientes ante el juez de guardia a través de una agenda coordinada —policial y judicial— de citaciones (art. 49 del Reglamento 1/2005, de los Aspectos Accesorios de las Actuaciones Judiciales).

Las citaciones se realizan a través de una aplicación del Ministerio de Justicia denominada "Aplicación Juicios Rápidos". Para las citaciones policiales en el enjuiciamiento de delitos leves, la Policía Judicial habrá de acceder a través del perfil de usuario "Cuerpos y Fuerzas

1 ORCID 0000-0002-4629-0432

de Seguridad". Una vez identificado el usuario, podrá abrir, solo para lectura, el cuadro de servicios de guardia de la localidad que señale, y podrá acceder también, en este caso parea lectura y escritura, a la agenda programada de señalamientos. Eligiendo la fecha, la Policía Judicial comprobará las franjas horarias libres de las que disponen los correspondientes órganos en funciones de guardia, pudiendo insertar en la franja horaria libre las citaciones que sean necesarias, vinculadas a un mismo procedimiento. Una vez seleccionada la fecha, y hora se abre el recuadro de la citación para cumplimentar los siguientes datos: Número de atestado, Tipo de procedimiento, Tipo de infracción, Localidad del hecho, Fecha del hecho, Fecha citación, Hora, Observaciones, Nombre del detenido principal, Interviniente citado, Tipo de interviniente, Nombre, DNI / NIE / Pasaporte, Detenido o no Detenido, y Lista de Intervinientes.

En los casos de investigación preparatoria sencilla, en los que la Policía Judicial pudiera presentar el atestado ante el juez de guardia habiendo identificado a las partes e intervinientes, resultaba en muchas ocasiones posible celebrar el juicio durante el servicio de guardia. A esta vía procedimental especial para las faltas se la denominó "enjuiciamiento inmediato". A ella se recondujeron también los supuestos en los que, recibida la noticia criminal por el juez de guardia a través de denuncia o querella, fuera posible hacer comparecer a juicio a todos los que tuvieran que intervenir durante el plazo de duración del servicio de guardia del juez que recibió la noticia criminal.

Sin alterar en lo sustancial el esquema procedimental del referido enjuiciamiento inmediato introducido en 2002, la LO 1/2015 despenalizó parte de las faltas previstas en el CP de 1995, creando una nueva y amplia categoría de infracciones penales, a las que se denominó "delitos leves", y que aparecen, ya no reunidas en un Libro específico, sino desperdigadas por los distintos Títulos y Capítulos de la parte especial del CP y cualificadas por ser castigadas con "penas leves".

Son delitos leves, por estar castigados con pena leve en toda su extensión o en una parte de ella, los tipificados en los siguientes artículos del CP: *a) delitos leves contra las personas*: 142.2, 147.2 y 3, 152.2, 163.4, 171.7, 172.3 y 4, 195.1, 203.2, 209; *b) delitos leves contra el patrimonio*: 234.2, 236.1, 244.1, 245.2, 246.1, 247.1, 249, 252.2, 253.2, 254.1 y 2, 255.1 y 2, 256.1, 263.1, 267, 286.4, 298.3, 324; *c) delitos leves en materia de protección animal*: 337.4, 337 *bis*; *d) delitos leves de falsedades*: 386.3, 389 II, 397, 399, 400, 402 *bis*; *e) delitos leves contra la Administración*: 406, 456.1.3º, 465.2, 470.3; *f) delitos leves contra el orden público*: 556.2 (MARCA/MORELL, pp. 24-27).

El resultado de las reformas de 2002 y 2015 es, en cuanto al juicio por delitos leves, la previsión de una doble vía de enjuiciamiento: la llamada *ordinaria*, en la que el juicio debe celebrarse dentro de los siete días siguientes a la presentación del atestado, denuncia o querella, y la *inmediata*, en la que el juicio tiene lugar dentro del tiempo que dura el servicio de guardia del juez al que corresponde conocer de la noticia criminal recibida.

Completa la regulación del procedimiento por delitos leves, como ya señalamos en el capítulo 64, la reforma de la justicia de paz introducida por la LO 1/2025 de Eficiencia del Servicio Público de la Justicia. Por el momento, la LO 1/2025 ha introducido únicamente la modificación orgánica que atribuye a los jueces de paz competencia para conocer de delitos leves (art. 100.2 LOPJ). Sin embargo, el legislador ha pospuesto para una futura reforma procesal la relación de delitos leves de los que conocerán los jueces de paz, de tal manera que, por el momento y de conformidad con lo previsto en el art. 14 LECrim, la competencia para conocer de todos los delitos leves está residenciada en los jueces de instrucción adscritos a la correspondiente Sección Única o Sección de Instrucción del Tribunal de Instancia, o a los jueces de violencia sobre la mujer o sobre la infancia o adolescencia adscritos a la respectiva Sección de Violencia sobre la Mujer o de Violencia sobre la Infancia o Adolescencia del Tribunal de Instancia competente.

Al introducir el estudio del enjuiciamiento inmediato de delitos leves cabe hacer una última reflexión. Lo esencial del juicio por delitos leves no cambia en las dos vías procedimentales reguladas por el legislador —la ordinaria y la inmediata, con o sin citación policial—. La diferencia entre el enjuiciamiento ordinario y el inmediato radica en la actividad previa al enjuiciamiento, y depende de la actividad preliminar de preparación del juicio, más concretamente, del trámite de citación de las partes e intervinientes. Si el juicio se puede celebrar dentro del plazo que dura el servicio de guardia —sea este de veinticuatro horas o de siete días— estaremos ante un enjuiciamiento inmediato, mientras que, si esto no es posible, el enjuiciamiento será el ordinario, sin que en uno y otro caso varíen los trámites esenciales del procedimiento —decisión sobre la apertura del juicio, celebración de la vista, sentencia, recursos en su caso, y eventual ejecución— (MORENO CATENA, p. 601).

2. REGULACIÓN

El juicio inmediato por delitos leves está previsto, básicamente, en los arts. 962 y 963 LECrim. Se trata de un cauce procedimental especial, que no se reconoce con facilidad en la compleja y farragosa normativa que regula el enjuiciamiento de los delitos leves. Las disposiciones específicas que regulan el enjuiciamiento inmediato han de ser completadas con las previsiones generales del juicio por delitos leves relativas a las citaciones (arts. 966 y 967 LECrim), a la imposibilidad de celebrar el juicio en el plazo previsto (arts. 965 y 968 LECrim) y al desarrollo de la vista (arts. 969 a 973 LECrim).

3. PRESUPUESTOS PARA LA APLICACIÓN DEL ENJUICIAMIENTO INMEDIATO DE DELITOS LEVES

Tal y como indicábamos antes, y explicábamos con cierto detalle en el capítulo 64, el legislador ha previsto, básicamente, dos modalidades de enjuiciamiento para los delitos leves: la ordinaria y la inmediata o acelerada. Esta última contempla, a su vez, la activación de dos posibles cauces procedimentales: a) el juicio inmediato de delitos leves ante el juez de guardia con citación policial, y b) el juicio inmediato ante el juez de guardia con citación judicial de partes e intervinientes (ZARZALEJOS, pp. 496 y 407). Ambos cauces o vías aceleradas de tramitación son preferentes respecto del procedimiento ordinario, y preceptivas si concurren los presupuestos previstos para la tramitación de cada una de ellas.

En todos los demás casos se aplicará la modalidad ordinaria de enjuiciamiento de delitos leves, previendo el legislador que el juicio se celebre en el plazo máximo de siete días desde el conocimiento de la noticia criminal por el juez de guardia.

3.1 Presupuestos para la aplicación del enjuiciamiento inmediato de delitos leves con citación policial

La aplicación del enjuiciamiento inmediato de delitos leves con citación policial viene definido, en primer término, por un determinado ámbito material o sustantivo. En este sentido cabe señalar que esta modalidad de enjuiciamiento inmediato de delitos leves solo puede ser utilizada cuando los hechos sean susceptibles de ser calificados como alguno de los delitos leves previstos en el art. 962 LECrim —lesiones (art. 147.2 CP); maltrato de obra (art. 147.3 CP); hurto flagrante (arts. 234.2, 236.1 o 244.1 CP); amenazas (art. 171.7 CP); coacciones (art. 172.3 CP) e injurias (art. 173.4 CP)—. No aclara el legislador porqué ha elegido estos pocos delitos leves como ámbito de aplicación material o sustantivo para del enjuiciamiento inmediato con citación policial, aunque a efectos prácticos poco importa la razón, más allá de recordar que si se trata de otros delitos leves, podrán ser sustanciados a través del procedimiento inmediato solo si el juez de guardia es quien realiza las citaciones y el juicio puede celebrarse dentro del tiempo que dura el correspondiente servicio de guardia.

Una vez delimitado el ámbito sustantivo de aplicación del enjuiciamiento inmediato de delitos leves con citación policial, analicemos ahora los presupuestos de naturaleza procesal.

* En primer lugar, para aplicar el juicio inmediato con citación policial es necesario que el procedimiento judicial se inicie mediante *atestado policial*. Es indiferente que el conocimiento de la noticia criminal por la policía traiga causa de una actuación policial iniciada de oficio o a instancia de parte. Lo que el legislador exige es que la noticia criminal llegue al juez competente mediante la presentación de atestado, lo que en principio presupone la realización de una investigación preliminar y preparatoria del enjuiciamiento por parte de la Policía Judicial. Se trata, claro está, de un requisito necesario, pero no suficiente, como veremos a continuación.
* En segundo lugar, prevé el legislador que, durante las actuaciones prejudiciales, la policía haya *identificado al presunto autor, a los ofendidos y perjudicados, y a los testigos* que puedan dar razón de los hechos. Aunque la ley no lo diga expresamente, debe entenderse incluido en las diligencias policiales el encargo o realización de la pericia, cuando esta resulte necesaria para la averiguación o calificación del hecho. Solo si la pericia puede evacuarse durante la actividad preliminar policial, o puede aportarse al momento en que el experto sea citado ante el juez competente, será posible proceder al enjuiciamiento inmediato.
* En tercer lugar, el enjuiciamiento inmediato de delitos leves con citación policial solo resulta posible cuando la Policía Judicial tenga noticia de la comisión de alguno de los *delitos previstos en el art. 962 LECrim, cuyo enjuiciamiento corresponda al juez de instrucción*[2] *al que se deba entregar el atestado o a otro del mismo partido judicial*. Con una redacción algo confusa, viene a decir el legislador que la aplicación del

---

2 En adelante, y para mayor claridad y sencillez en la redacción, salvo que merezca mayor concreción en el texto que se introduzca su referencia, nos referiremos al «juez instructor» como a cualquiera de los jueces con competencia funcional en materia de investigación judicial de delitos, integrado en la Sección que corresponda del Tribunal de Instancia competente (o, en su caso, al juez de la sección de instrucción del Tribunal Central de Instancia, cuando de la Audiencia Nacional hablamos) —*v. gr.* sección de instrucción o de la sección única de civil y de instrucción, sección de violencia sobre la mujer, o sección de violencia contra la infancia y adolescencia ...—, o al juez correspondiente del TS o TSJ al que se le atribuya dicha competencia funcional cuando la competencia objetiva venga determinada a dichos tribunales por razón de aforamiento del investigado. Asimismo, dicha referencia al «juez instructor» lo es también teniendo en cuenta la posibilidad de que, en los casos determinados en el art. 84.6 LOPJ, se nombre a dos jueces, conforme a un turno preestablecido y público, para que, junto con el juez a quien le hubiere sido turnado el asunto inicialmente, se encarguen de la instrucción de un determinado proceso penal.

enjuiciamiento inmediato con citación policial requiere que el juicio deba celebrarse en el mismo partido judicial en el que se han llevado a cabo las actuaciones preliminares de la Policía Judicial y en el que se ha levantado el atestado. La proximidad territorial entre policía y órganos judiciales es elemento que favorece esta vía acelerada de enjuiciamiento en la medida en que permitirá la inmediata presentación del atestado y la igualmente inmediata comparecencia de las partes e intervinientes ante el juez competente.

El atestado, como indica el art. 962 LECrim, habrá de presentarse ante el juez de instrucción en servicio de guardia, o bien ante «otro del mismo partido judicial», indicación que ha de referirse, necesariamente, al juez de violencia contra la mujer o al juez de violencia contra la infancia o la adolescencia de ese mismo partido judicial. Cuando el competente sea el juez de violencia sobre la mujer o el juez de violencia sobre la infancia y la adolescencia[3] (art. 14.1 LECrim), la citación se hará el día hábil más próximo, teniendo en cuenta los turnos de guardia que se hayan establecido en las circunscripciones en las que existan Secciones del Tribunal de Instancia con más de un juez adscrito. Para la realización de las referidas citaciones, la Policía Judicial fijará el día y la hora de la comparecencia coordinadamente con los jueces de violencia sobre la mujer o la infancia y la adolescencia (art. 962.5 LECrim, completado con la reforma introducida por la LO 1/2025 en lo relativo a la constitución y funcionamiento de los Tribunales de Instancia).

Todavía con relación a la competencia, cabe añadir que no excluye el legislador la aplicación del enjuiciamiento inmediato con citación policial para los delitos leves conexos, siempre que se trate de delitos previstos en el art. 962 LECrim y que de ellos deba entender el juez de guardia del partido en el que se levanta el atestado policial. A *sensu contrario*, cabría el enjuiciamiento inmediato, pero con citación judicial —poco probable en la práctica— cuando se trate de delitos leves conexos entre los que figuren alguno o algunos no previstos en el art. 962 LECrim. Por último, no están expresamente regulados los supuestos en los que en un parti-

[3] De conformidad con la modificación introducida por la LO 1/2025 en el art. 88 bis de la LOPJ [apartado 5:II b)], la Sección de Violencia contra la Infancia y la Adolescencia conocerá [...] «de los delitos leves que les atribuya la ley cuando la víctima sea niño, niña o adolescente». Habrá que esperar, pues, a que el legislador determine de qué delitos leves conocerán los jueces adscritos a las correspondientes Secciones de Violencia contra la Infancia y la Adolescencia de los Tribunales de Instancia.

do judicial exista una sección única del Tribunal de Instancia con un solo juez adscrito, o los supuestos en los que en el partido judicial en cuestión haya una Sección de Violencia sobre la Mujer o sobre la Infancia y Adolescencia con un solo juez adscrito. En tales casos, el servicio de guardia de estos jueces es permanente, de tal manera que procederán al enjuiciamiento más inmediato posible con arreglo a la actividad preparatoria que haya podido realizar la Policía Judicial, sin sujeción a plazo predeterminado.

* En cuarto lugar, el enjuiciamiento inmediato requiere que la *Policía Judicial* haya procedido, en el curso de las diligencias preliminares practicadas, a *citar a las personas identificadas, y al denunciante, si lo hubiere, ante el juez de guardia competente a través de la agenda programada* de citaciones. Sobre el régimen de las citaciones volveremos más adelante.
* En quinto y último lugar, es preceptivo que la *Policía Judicial entregue el atestado al juez de guardia*, o al que resulte competente, en el que deberán constar las diligencias y citaciones practicadas con sus correspondientes requisitos cumplidos y apercibimientos realizados, todo ello acompañado, en su caso, de la denuncia del ofendido (art. 962.3 LECrim). 2661

3.2 Presupuestos para la aplicación del enjuiciamiento inmediato de delitos leves con citación judicial

La segunda vía procedimental, dentro del enjuiciamiento inmediato, se aplicará cuando se trate de delitos leves no previstos en el art. 962 LECrim —la gran mayoría—, siempre que las circunstancias concurrentes en su comisión y la actividad preparatoria realizada por la Policía Judicial permitan el enjuiciamiento dentro del tiempo que dura el servicio de guardia del juez competente.

En estos casos, la única variante sobre la primera modalidad de enjuiciamiento inmediato consiste en que las citaciones no se realizan por la Policía sino por el propio juez de guardia, una vez que reciba el atestado y haya podido valorar la posibilidad de celebrar la vista dentro del plazo de duración del servicio de guardia (art. 964 LECrim). Señaladamente, para activar la vía de enjuiciamiento inmediato con citación por el juez de guardia cuando por este órgano se reciba denuncia, querella o atestado por delito leve, el denunciado aparece identificado, resulta posible citar a todas las personas que deban ser convocadas, los citados comparecen —o si no comparecen, se trata de partes o intervinientes cuya presencia en la vista no resulta necesaria— y el delito leve es competencia del juez de guardia que recibe el atestado, denuncia o querella según las normas aplicables de competencia y reparto (ARMENTA, p. 370).

Cabe, sin embargo, la posibilidad de activar el enjuiciamiento inmediato por esta segunda vía —citación judicial—, aun siendo el delito de los previstos en el art. 962 LECrim, en aquellos casos en los que, por la razón que fuere, no hubiere realizado la Policía Judicial las citaciones oportunas. Puede decirse, por tanto, que esta segunda vía permite el enjuiciamiento inmediato de todos los delitos leves siempre que el juez competente entienda, una vez recibido el atestado, que resulta posible la celebración de la vista dentro del plazo del servicio de guardia, procediendo el propio órgano judicial a la expedición de las citaciones correspondientes.

Finalmente, conviene llamar la atención sobre la previsión de que el enjuiciamiento inmediato activado por el juez de guardia solo resulte posible cuando la noticia criminal ha llegado al órgano judicial mediante atestado o denuncia interpuesta por el ofendido o perjudicado (art. 964.1 LECrim). Esta restricción, como señala MORENO CATENA (p. 601) carece de sentido «por lo que debe considerarse de aplicación este procedimiento especial siempre que sea posible citar a todos cuantos deban estar en el juicio, cualquiera que sea

la procedencia de la *notitia criminis*».

3.3 Breve referencia a la competencia

La compleja y confusa regulación del juicio por delitos leves en la LECrim no puede pasar por alto un problema que el enjuiciamiento inmediato plantea en relación con la competencia y con la predeterminación legal del juez. Consiste este problema en que, remitida la noticia criminal mediante atestado, o presentada denuncia o querella ante el juez de guardia, será este juez y no otro el que asuma el enjuiciamiento del delito leve. En todo caso será el competente para el enjuiciamiento inmediato, y lo será también para el enjuiciamiento ordinario, salvo que en este último caso las normas de reparto prevean específicamente la remisión y reasignación del conocimiento del delito leve en cuestión entre los jueces de instrucción de la Sección de Instrucción o Sección Única del correspondiente Tribunal de Instancia.

La cuestión aquí no es si hay actividad instructora o no por parte del juez que pueda cuestionar su imparcialidad a la hora de dictar sentencia, sino si el procedimiento permite que la Policía, el denunciante o el querellante elijan el juez que va a encargarse de dictar sentencia en aquellas circunscripciones en las que exista más de un juez adscrito a la Sección Única, a la Sección de

Instrucción, o a las Secciones de Violencia sobre la Mujer o sobre la Infancia o la Adolescencia del correspondiente Tribunal de Instancia.

En la medida en que el legislador dispone que, con relación a las denuncias, querellas o atestados que se presenten en la guardia será el juez en funciones de guardia el que celebre el juicio inmediato dentro del periodo que dura su guardia, o señale el juicio para los siete días siguientes si no puede celebrarlo dentro del servicio de guardia, parece claro que, salvo denuncia o querella por delito leve presentada en el servicio común correspondiente de la oficina judicial de la circunscripción que corresponda, o disposición específica de remisión y reasignación a través de las normas de reparto, será el denunciante, el querellante o la Policía Judicial quienes, presentando la noticia criminal en el servicio de guardia, elijan al juez encargado de dictar la sentencia en los procedimientos por delitos leves.

4. ACTUACIONES PREPARATORIAS REALIZADAS POR LA POLICÍA JUDICIAL

Aunque el legislador no contempla expresamente una fase de instrucción en el juicio por delitos leves, incluso en infracciones penales sencillas y de escasa gravedad es precisa una mínima actividad preparatoria del enjuiciamiento. Entre otras, forman parte de esta actividad preparatoria las tareas de constatar los hechos, calificarlos inicialmente, recoger fuentes de prueba, identificar al presunto autor, a los perjudicados, ofendidos y posibles testigos, encargar los dictámenes periciales necesarios y determinar, inicialmente, el procedimiento aplicable y la competencia judicial.

El enjuiciamiento inmediato de delitos leves resulta posible cuando: a) todas estas actuaciones se realizan por la Policía Judicial en el marco de una investigación preliminar, b) existe una coordinación fluida entre la Policía Judicial y los jueces que desempeñan los correspondientes servicios de guardia y c) se logra que las fuentes de prueba necesarias para la celebración del juicio estén a disposición del juez durante el tiempo que dura el servicio de guardia. Veamos a continuación con cierto detalle las actuaciones preliminares encomendadas a la Policía Judicial en el enjuiciamiento inmediato de delitos leves.

4.1 Actuaciones de investigación

El procedimiento especial que estudiamos arranca con una noticia criminal conocida por la Policía Judicial, cuyos datos iniciales permiten calificarla como delito leve.

Ya señalamos que para la aplicación del enjuiciamiento inmediato de delitos leves es indiferente que la noticia criminal llegue inicialmente a la Policía Judicial como consecuencia de una investigación practicada de oficio o mediante denuncia de terceros. Lo único que exige la ley como requisito preceptivo para el enjuiciamiento inmediato de delitos leves es que la noticia criminal llegue al juez en funciones de guardia mediante atestado policial.

Tampoco establece el legislador requisitos temporales para la investigación policial. No importa lo que la Policía Judicial tarde en las actividades preliminares de investigación y de preparación del enjuiciamiento —más allá lógicamente de los límites que marcan los plazos de prescripción—. La aceleración en el enjuiciamiento inmediato de delitos leves solo rige en sede judicial, esto es, a partir de la presentación del atestado.

Las diligencias policiales de investigación en el enjuiciamiento inmediato de delitos leves pueden discurrir por dos cauces: a) el esclarecimiento de hechos de los que la Policía ha tenido conocimiento directo en el ejercicio de sus funciones —v.gr. la percepción directa de delitos de maltrato de obra, de hurto, de receptación o de abandono de animales— y b) la investigación de denuncias interpuestas por el ofendido o el perjudicado [o su representante legal] o

un testigo de los hechos. En ambos casos, la Policía Judicial debe realizar, fundamentalmente, tres actuaciones en el marco de la investigación preliminar: a) la comprobación de la realidad de los hechos, recogiendo todas las fuentes de prueba necesarias para el esclarecimiento de sus circunstancias y autoría, entre las que figuran lógicamente la identificación y toma de declaración de posibles autores, víctimas y testigos; b) la calificación jurídica inicial de los hechos y c) la determinación de la competencia judicial.

La comprobación de los hechos comprende actuaciones variadas de investigación teniendo en cuenta el amplio abanico y diversidad de delitos leves que contempla el vigente CP. Muy esquemáticamente cabe sintetizarlas en actividades de inspección de lugares, recogida material de fuentes de prueba —físicas y electrónicas— identificación y toma de declaración del presunto autor, de las víctimas y perjudicados y de los testigos, obtención de documentos y certificaciones para la constatación de hechos, encargo —o práctica por la propia Policía— de informes periciales, y reconocimientos por el médico forense.

Debe advertirse que, en el caso del ofendido o perjudicado, del presunto autor, del denunciante y de los testigos, las diligencias policiales no pueden limitarse a la mera identificación de los sujetos, sino que deben incluir, necesariamente, la comparecencia personal en dependencia policiales, durante la cual serán instruidos de sus respectivos derechos, facilitarán información sobre sus datos de contacto y, si se trata de alguno de los delitos previstos en el art. 962 LECrim, recibirán información sobre la citación para comparecer ante el juez competente en funciones de guardia.

Con independencia de las actuaciones de investigación que resulten indispensables en función del delito por el que se procede, a efectos de la activación del enjuiciamiento inmediato es importante recordar la necesidad de identificar al presunto autor en el marco de la actividad policial preparatoria —en otro caso el atestado no se presentará, como regla general, ante el juez de guardia (art. 284.2 LECrim)— y la exigencia de denuncia previa del ofendido o de su representante legal en los supuestos de homicidio por imprudencia menos grave (art. 142.2), lesiones dolosas que requieran una primera asistencia (art. 147.2), malos tratos (art. 147.3), lesiones de los arts. 147.1, 149 y 150 causadas por imprudencia menos grave (art. 171.7), amenazas leves (art. 172.3) y daños por imprudencia grave de cuantía superior a los 80.000 euros (art. 267), todos ellos del CP, (*vid*. MARCA/MORELL, p. 62).

4.2 Calificación de los hechos, determinación del procedimiento e identificación de la competencia 2665

Señalábamos en el epígrafe anterior que, en el curso de las actuaciones preliminares, debe realizar la Policía Judicial, si quiera sea provisional e indiciariamente, una calificación jurídica de los hechos y una determinación inicial del procedimiento judicial procedente, en la medida en que las actuaciones policiales preliminares tienen diferente contenido y alcance según el tipo de procedimiento a través de cual deban tramitarse los hechos. Así sucede, claramente, en el enjuiciamiento inmediato de delitos leves, en el que el tipo de delito determina si las citaciones ante el juez de guardia deben hacerse por la propia Policía Judicial (delitos leves previstos en el art. 962 LECrim) o deben cursarse por el órgano judicial (resto de delitos leves art. 964 LECrim).

También corresponde a la Policía Judicial una identificación inicial de la competencia judicial, tanto de la objetiva —si el conocimiento del delito leve corresponde al juez de instrucción, al juez de violencia sobre la mujer o al juez de violencia sobre la infancia y la adolescencia— como de la territorial —puesto que solo podrá activarse el enjuiciamiento inmediato si el juez que ha de conocer del delito es el juez del partido judicial en el que está actuando la Policía Judicial (art. 962 LECrim), así como de la aplicación de las reglas especiales de determinación de la competencia objetiva o territorial derivadas de una eventual conexión.

4.3 Información de derechos

De conformidad con lo previsto en el art. 962.1 y 2 LECrim, en el curso de una comparecencia personal durante las actuaciones preparatorias del enjuiciamiento inmediato de delitos leves, la Policía Judicial procederá a informar a los ofendidos y perjudicados, al denunciante —si lo hubiere—, al denunciado, y a los testigos: a) de su condición de parte o interviniente en una investigación preliminar por delito leve; b) de sus derechos y obligaciones y c) de la citación realizada por la propia Policía Judicial para que comparezca el día y hora señalado ante el juez de guardia competente —citación que se tramitará siempre que estemos ante alguno de los delitos previstos en el art. 962 LECrim.

Aunque no lo dice expresamente el legislador, en las dos modalidades de enjuiciamiento inmediato las partes e intervinientes han de ser citados en las dependencias de la Policía Judicial para ser debidamente identificados, para dejar constancia documental de sus datos de contacto y de sus derechos y obligaciones según la condición de cada uno, para recibirles declaración, para incorporar el dictamen en caso de peritos y, en su caso, para ser citados directamente ante el juez competente.

2666 En el caso del denunciante que no es víctima, tendrá la condición de testigo de los hechos y en tal condición será informado de su obligación de comparecer ante el juez competente, siendo advertido de que la falta de comparecencia injustificada está sancionada con multa de 200 a 2.000 euros (art. 967.1 II LECrim) y, en caso de reiteración en la incomparecencia, con una posible deducción de testimonio por delito de obstrucción a la justicia o desobediencia grave a la autoridad si compareciendo se niega a declarar (arts. 410 y 420 LECrim).

Si el denunciante fuere la víctima del delito, será informado de los derechos previstos en los arts. 109, 110 y 967 LECrim, y señaladamente de los derechos reconocidos en el Estatuto de la Víctima del Delito —EVD— (ZARZALEJOS, p. 406). En concreto, de la disponibilidad de los servicios de apoyo a las víctimas, del derecho a constituirse en parte y al acceso a la justicia gratuita si se dieran las condiciones, del derecho a solicitar información del curso y resoluciones fundamentales que se adopten en el proceso penal —en los casos de violencia sobre la mujer este derecho está implícito en la condición de víctima y la información se facilita automáticamente en la dirección o contacto que la víctima facilite— el derecho a la protección —evitando el contacto visual con el presunto autor, a realizar las declaraciones que sean imprescindibles y a no asistir a juicio oral a prestar testimonio—, a recurrir determinadas resoluciones aunque no haya sido parte en el juicio, a conocer y utilizar los servicios de justicia restaurativa, y a conocer el estatuto de protección reforzada para las víctimas de especial disponibilidad. En este sentido, las unidades policiales contendrán documentos en los que conste con claridad y sencillez la información que deben conocer las víctimas, así como los formularios adecuados para dejar constancia de la información de tales derechos y de las decisiones de las víctimas en cuando a su solicitud y uso.

Respecto del denunciado, el art. 962 LECrim es sorprendentemente parco en lo referido a la información de derechos, sobre todo teniendo en cuenta que el enjuiciamiento inmediato al que se encaminan las actuaciones exige que esta información se facilite al denunciado o imputado policial con detalle y en el primer trámite posible, que será el de la primera comparecencia ante la Policía. Sea como fuere, parece claro que la Policía Judicial deberá informarle, en primer término, de su condición de sujeto pasivo de la investigación preliminar, entregándole copia de la denuncia, si la hubiere, o de la información suficiente sobre los hechos y su posible participación que se desprenda de las actuaciones policiales de investigación (MORENO CATENA, p. 602). Junto con la comunicación de la imputación, será informado de los derechos que tiene como parte pasiva, en particular, del derecho a ser asistido de abogado —asistencia que no es preceptiva salvo que se trate de delitos leves castigados con pena de multa cuyo límite máximo sea de, al menos, seis meses (art. 967.2 LECrim)—, del derecho a no declarar, a no hacerlo contra sí mismo, a no confesarse culpable, a solicitar un intérprete si no conociera el español, y a servirse de una persona de apoyo o de un facilitador procesal en casos de discapacidad (arts. 962, 118 a 127 LECrim y art. 7 *bis* a 9 LEC). También deberá ser informado con claridad y precisión del derecho que tiene a no asistir al juicio. Este derecho se desdobla, a su vez, en dos facultades. Al juicio puede no acudir el acusado, pero sí su abogado, en cuyo caso el sujeto pasivo abandona los derechos a declarar en el juicio, a comunicarse con su abogado durante la vista y a la última palabra. En segundo lugar, puede el acusado no asistir al juicio, ni tampoco designar abogado para que lo represente. En tal caso, renuncia además a los derechos a presentar prueba, a participar en la prueba practicada a instancia de las demás partes, a informar y a anunciar recurso en caso de que la sentencia sea condenatoria y haya sido formulada oralmente a la conclusión de la vista. 2667

La jurisprudencia del Tribunal Constitucional ha venido señalando la importancia del principio de igualdad de armas en el ejercicio efectivo del derecho de defensa, de tal manera que, aun sin ser preceptiva la asistencia letrada para el sujeto pasivo en el juicio por delito leve, si la acusación comparece con abogado, debe el tribunal garantizar la asistencia letrada también a la parte pasiva para evitar un lesivo desequilibrio procesal (ZARZALEJOS, p. 408); (STC 29/2023 [*Tol 9543595*]):

«[...] aun en supuestos en que la intervención de letrado no sea legalmente preceptiva, la garantía de la asistencia letrada puede ser constitucionalmente exigible para garantizar la igualdad de las partes y la efectiva contradicción. Sobre los órganos jurisdiccionales recae un deber positivo de evitar desequilibrios entre las respectivas posiciones procesales de las partes, atendida no solo la especial proyección que tiene la exigencia de asistencia letrada en el proceso penal por la complejidad técnica de las cuestiones jurídicas que en él se debaten y por la relevancia de los bienes jurídicos que pueden verse afectados, sino también por la circunstancia de que la contraparte cuente con una asistencia técnica de la que pueda deducirse una situación de desigualdad procesal (STC 22/2001, de 29 de enero, FJ 4). La capacidad de la interesada, el objeto del proceso, su dificultad técnica, la mayor o menor complejidad del debate procesal, la cultura y conocimientos jurídicos de quien ha comparecido personalmente, deducidos de la forma y nivel técnico con que haya ejercitado su autodefensa, serán determinantes para verificar si se ha producido una efectiva indefensión [...]

(iii) Al inicio del juicio, cada una de las denunciantes se encontraba asistida de letrado de su elección. Dicha situación de desigualdad procesal no fue compensada por la magistrada. Esta no informó a la recurrente de las posibilidades procesales que le correspondían si ejercitaba la autodefensa. No consta que la recurrente en amparo fuera conocedora de tales posibilidades o tuviera la capacidad de ejercitarlas. Ante la pasividad de la denunciada, tampoco el órgano judicial preservó sus posibilidades procesales, instruyéndole de sus facultades de autodefensa o informándole de una eventual suspensión del acto del juicio a los efectos de que procediera a continuar el juicio mediante abogado de su elección o con uno designado de oficio.

(iv) De la actuación de la recurrente de amparo, en el acto de la vista y del contenido de la instancia que cumplimentó de modo manuscrito para solicitar el nombramiento de abogado para recurrir en apelación, no resulta que fuera consciente del desequilibrio procesal en el que se celebró el acto del juicio o de sus posibilidades de defensa.

(v) No consta tampoco que tuviera la capacidad para ejercitar tales facultades caso de haber sido informada de las mismas o que fuera viable el ejercicio efectivo de las mismas, atendidas las malas relaciones que tenía con las denunciantes de las que la propia magistrada se hizo eco durante la dirección de la vista.

(vi) La demandante de amparo se enfrentaba a una acusación por delito leve, en el que una de las penas que se le podían llegar a solicitar e imponer, alcanzaba la condición de pena menos grave, como lo fue la solicitada por las acusaciones de seis meses de prohibición de aproximarse a determinado lugar [art. 33.3 i) CP].

(vii) El carácter facultativo, especialmente aflictivo y diverso del contenido de las penas privativas de derechos a las que se enfrentaba: privación del derecho a residir en determinados lugares o acudir a ellos y prohibición de aproximarse y/o comunicarse con la víctima, o a aquellos de sus familiares u otras personas que determine el juez o tribunal (arts. 48 y 57.3 CP). La posibilidad de que se pudiera acordar el control de estas medidas a través de la colocación de medios electrónicos sobre la condenada, justificaba la existencia de un debate de naturaleza técnica sobre el carácter proporcionado y justificado de su imposición.

El concurso de todas estas circunstancias determinaba la necesidad de evitar que se produjera indefensión de la recurrente en amparo, de tal modo que frente a una acusación técnica debía garantizarse, en este caso, también una defensa técnica [...]» (STC 29/2023 [*Tol 9543595*]).

Todos estos derechos se comunicarán por escrito al sujeto pasivo, de forma clara y comprensible, dejando constancia también escrita de su notificación. Entendemos que ello debe ser así, y debe ponerse especial cuidado en el trámite de información policial de derechos, porque un defecto sustancial o relevante en este trámite puede conllevar, o la imposibilidad de celebrar el enjuiciamiento inmediato en sede judicial —por ejemplo por falta de conocimiento el sujeto pasivo de su derecho a comparecer asistido de abogado—, o la nulidad del propio juicio, acordada por razón de una insuficiente información de derechos.

Cuando se trate de testigos y peritos, serán informados debidamente por la Policía Judicial del deber que tienen de comparecer, conforme a la citación practicada por la Policía Judicial, o por la que recibieren del juez en funciones de guardia.

Como deberes comunes de información a todas las partes e intervinientes, corresponde a la Policía Judicial apercibir a las personas a las que cite para que comparezcan ante el juez de guardia de las consecuencias que se derivan de su falta de comparecencia. En el caso de testigos y peritos, su falta de comparecencia sin alegar justa causa podrá acarrear, como anticipamos, multa de 200 a 2.000 euros (art. 967.2 LECrim).

En el caso de las partes —denunciante que no tenga la condición de testigo y ofendido o perjudicado— serán informadas por la Policía, además de sus derechos en los términos de los arts. 109, 110 y 967 LECrim, de la posibilidad de que el juicio se celebre en su ausencia, y de que, si comparecen, deberán hacerlo con los medios de prueba de los que pretendan valerse en la vista oral. Este trámite de comunicación e información debe hacerse igualmente por escrito y dejar constancia documental del mismo en el atestado.

El art. 967.2 LECrim también sanciona con multa de 200 a 2.000 euros la ausencia injustificada de las partes. Con respecto a la comparecencia del denunciado, conviene recordar que no se regula en la LECrim con carácter general como preceptiva. Si el sujeto pasivo reside fuera de la circunscripción judicial en la que ha de celebrarse la vista, no tiene obligación de comparecer, pudiendo remitir al juez escrito alegando lo que considere oportuno para su defensa, o apoderando a un letrado o procurador para que en la vista presente en su nombre las alegaciones y los medios de prueba que entienda adecuados para su defensa. Si el sujeto pasivo residera en la circunscripción en la que debe celebrarse el juicio, su incomparecencia no suspenderá la vista, a no ser que el juez, de oficio o a instancia de parte, considere necesaria su declaración, en cuyo caso suspenderá el juicio, volviéndole a citar con los apercibimientos oportunos (MORENO CATENA, p. 566).

4.4 Citaciones

Cuando, por tratarse de los delitos leves previstos en el art. 962 LECrim, sea la Policía Judicial quien realice las citaciones ante el juez de guardia durante las actuaciones preliminares, deberán observarse las siguientes prescripciones.

En primer lugar, la Policía Judicial deberá informar a los citados del propio trámite de citación, esto es, deberá explicar a las personas que van a ser citadas, que deben comparecer el día, a la hora y en el lugar señalados, ante el juez de guardia.

En segundo lugar, la citación ha de ser realizada por la Policía Judicial a través de la agenda programa de citaciones, que es la herramienta electrónica que permite la asignación por la Policía Judicial de citaciones para enjuiciamiento inmediato en las franjas horarias habilitadas y disponibles por el correspondiente juez de guardia. Se entiende que la citación deberá hacerse en la primera franja disponible. En los casos de delitos leves que puedan ser calificados como de violencia sobre la mujer o sobre la infancia o adolescencia —de los previstos en el art. 962 LECrim pueden encajar en esta categoría los de lesiones, maltrato de obra, amenazas o coacciones—, habrá que estar, o
2670 bien a la disponibilidad de agenda programada de citaciones también para el juez que asuma la guardia dentro de estas Secciones del Tribunal de Instancia, o bien a la comunicación directa que pueda establecerse entre la Policía Judicial y el juez adscrito a la correspondiente Sección de Violencia sobre la Mujer o sobre la Infancia y la Adolescencia que esté en servicio de guardia (art. 962.5 LECrim). El problema puede surgir cuando no esté disponible para estas Secciones una agenda programada de citaciones y el juez con el que se comunique la Policía Judicial no pueda fijar la vista dentro del tiempo que dura su servicio de guardia. El citado art. 962.5 LECrim dispone que, en todo caso, la vista se fijará «el día hábil más próximo», debiendo la Policía Judicial comunicarse con el juez de la Sección correspondiente que antes pueda facilitar día y hora hábil para la celebración de la vista. A estos efectos, y a falta de disponibilidad de una agenda programada de citaciones, la presidencia de las correspondientes Secciones especializadas puede desempeñar un papel útil en la coordinación con la Policía Judicial para la asignación de días y horas hábiles para la celebración de las vistas en los juicios inmediatos por delitos leves en materia de violencia sobre la mujer o sobre la infancia y adolescencia.

En tercer lugar, al momento de comunicar a la parte o interviniente la citación realizada, la Policía Judicial solicitará a los citados que designen, si disponen de ellos, una dirección de correo electrónico y un número de teléfono a los que serán remitidas las comunicaciones y notificaciones que deban realizarse. Si no los pudieren facilitar, o lo solicitaren expresamente, las notificaciones les serán remitidas por correo ordinario al domicilio que designen (art. 962.1 II LECrim). Los datos de contacto solicitados deben entenderse necesarios, no para el trámite inicial de citación ante el juez de guardia, que realiza la Policía Judicial y que se comunica en el mismo acto de realizarse, sino para trámites posteriores que deba realizar el juez —*v.gr.* comunicación de los acuerdos de sobreseimiento, aplazamiento de la vista y nueva citación, notificación de la sentencia, etc.—. Sucede así que la Policía Judicial debe recabar estos datos, tanto si activa la vía del enjuiciamiento inmediato con citación policial a juicio, como si se trata de alguno de los delitos leves no previstos en el art. 962.1 LECrim, en cuyo caso las citaciones deben cursarse por el LAJ de la Sección del TI a la que esté adscrito el juez de guardia, ya se active la vía de enjuiciamiento inmediato con citación judicial, ya la vía de enjuiciamiento ordinario (arts. 964 y 965 LECrim).

En los casos en los que proceda el enjuiciamiento inmediato con citación judicial (art. 964 LECrim), las citaciones se cursarán, además de al querellante o denunciante, si lo hubiere, al denunciado y a los testigos y peritos, y al Ministerio Fiscal (art. 966 LECrim). El Ministerio Fiscal será citado cuando los delitos leves sean perseguibles de oficio, lo que sucede en todos los casos de enjuiciamiento inmediato del art. 962 LECrim. Sin embargo, el LAJ no citará al Ministerio Fiscal cuando la falta fuera perseguible solo a instancia de parte (art. 964.3 LECrim) frente a la regulación anterior, que exigía, en todo caso, la citación al fiscal (MORENO CATENA, p. 602) 2671

Todas las citaciones se expedirán por escrito y se notificarán a quienes deban comparecer ante el juez de guardia. No se excluye, en determinados casos, la posibilidad de realizar la citación telefónicamente, por más que en este caso también debe documentarse la notificación mediante el registro telefónico correspondiente.

Debe recordarse que, además de las partes e intervinientes en el objeto penal del juicio inmediato por delitos leves, la Policía Judicial o el LAJ, en su caso, también citarán al juicio al responsable civil directo o subsidiario si el delito es de los que generan responsabilidad civil, siempre que esta no haya sido renunciada expresamente por el perjudicado u ofendido, o reservada para ejercitarla en el proceso civil correspondiente. No será posible deducir en el juicio por delito leve la responsabilidad civil, ni menos aún acordar la condena, si al responsable civil no se le ha ofrecido la posibilidad de ejercitar el derecho de defensa (ARMENTA, p. 369).

En cuanto a los requisitos de validez y sus efectos, conviene tener en cuenta que la práctica correcta y fehaciente de las citaciones, ya sea por la Policía Judicial, ya sea por el LAJ, es esencial en el juicio por delitos leves (SSTC

146/2003 [*Tol 295202*]; 175/2009 [*Tol 1571764*], y 3/2010 [*Tol 1803798*]). Una práctica que estará sometida al régimen general de las citaciones en el proceso penal y a las disposiciones específicas contempladas para el juicio por delitos leves en los arts. 962, 964, 966 y 967 LECrim (SSTC 145/1990 [*Tol 80401*]; 196/1990 [*Tol 81868*]).

No producirá nulidad basada en la indefensión cuando la falta de notificación obedezca a la negligencia, pasividad u obstaculización del trámite por el investigado, o cuando este conociera por otros medios la celebración del acto o comparecencia (STC 142/1989 [*Tol 81591*]). Procede en cambio la nulidad de actuaciones cuando se haya practicado notificación telefónica de cuya recepción por el destinatario no quede constancia (STC 94/2005 [*Tol 636307*]). Señala también el TC (SSTC 59/1998 y 199/2002) que son válidas las citaciones realizadas en personas distintas del destinatario siempre que se cumplan determinadas cautelas; cuando se cuestione la recepción por el destinatario final, será este quien debe alegar razonadamente, y no a través de argumentos meramente formales, los motivos por los que quepa presumir la falta de la efectiva recepción de la citación (STC 116/2004 [*Tol 479498*]).

2672 Antes de concluir el examen de las citaciones, cabe hacer una última consideración. No termina de entenderse porqué el legislador solo ha permitido que la vía de enjuiciamiento inmediato con citación policial, que es la que más probabilidad tiene de lograr efectivamente la inmediatez del enjuiciamiento, puede aplicarse únicamente a cinco delitos leves —lesiones, maltrato de obra, hurto flagrante, amenazas y coacciones—, que, además y excepción hecha del hurto flagrante, quizá no sean los que con más facilidad permitan un enjuiciamiento inmediato. Más que los propios delitos, habrían de tenerse en cuenta las circunstancias de comisión, de tal manera que cuando en el curso de las actuaciones preliminares pudiera la Policía Judicial completar el atestado de un delito leve y proceder a la citación de las partes e intervinientes ante el juez de guardia, se abriera la vía del enjuiciamiento inmediato, con independencia del tipo concreto de delito leve del que se trate. Hay casos en los que la citación policial no puede realizarse en las actuaciones preliminares de los cinco delitos leves previstos en el art. 962.1 LECrim, y habrá también casos —bastantes— en los que, tratándose de un delito leve no previsto en el art. 962.1 LECrim, pueda la Policía Judicial completar el atestado y realizar las citaciones dentro de las actuaciones preparatorias.

5. LAS POSIBLES DECISIONES A ADOPTAR POR EL JUEZ DE GUARDIA

Cuando el juez de guardia recibe un atestado policial —con o sin citaciones ya practicadas—, una querella o una denuncia por delito leve, debe de tomar una de estas tres decisiones: a) el sobreseimiento; b) la activación del procedimiento especial de enjuiciamiento inmediato de delitos leves y c) la activación del procedimiento ordinario de enjuiciamiento de delitos leves.

Con relación a la decisión de sobreseimiento, tanto si se acuerda de oficio por el juez competente como si se adopta la decisión a instancia del fiscal, interesando el archivo por razones de oportunidad, nos remitimos a lo que ya explicamos en el capítulo 64.

Si no procede el sobreseimiento, deben distinguirse dos situaciones: a) que se trate de alguno de los delitos previstos en el art. 962 LECrim y la Policía Judicial haya practicado las citaciones de todos los que deban comparecer y b) que se trate de un delito leve de los no previstos en el art. 962.1 LECrim.

5.1 Decisión del juez cuando las citaciones han sido practicadas por la Policía Judicial

Si, tratándose de alguno de los delitos leves previstos en el art. 962.1 LECrim, la Policía hubiera identificado y citado a través de la agenda programada de citaciones a todos los que deban intervenir, el juez tendrá que valorar dos requisitos: a) si es o no necesaria la práctica de alguna diligencia de obtención de fuente de prueba no incluida entre las practicadas o encargadas por la Policía Judicial y b) si todas las personas citadas por la Policía Judicial han comparecido en las dependencias judiciales y el juicio puede celebrarse de forma inmediata.

En el caso de que sea precisa la práctica en el juicio de algún medio de prueba no previsto inicialmente por la Policía Judicial —*v.gr.* la declaración del médico forense, la práctica de una tasación o la comparecencia de algún testigo no citado— habrá que comprobar si es o no posible proveer de forma rápida a su práctica durante la celebración del juicio. En caso de que no fuera posible, resultará necesario suspender la vista y ordenar un nuevo señalamiento, bien dentro del tiempo que dura el servicio de guardia del juez competente —lo que será posible en las circunscripciones con guardias de una semana, e improbable en capitales con servicios de guardia de 24 horas—, bien una vez que concluya el servicio de guardia, pero —a ser posible— dentro de los siete días siguientes (art. 965.1 LECrim).

5.2 Decisión del juez cuando las citaciones no han sido practicadas por la Policía Judicial

En los procedimientos por delitos leves no previstos en el art. 962.1 LECrim, el juez, a la vista del atestado, la denuncia o la querella, deberá valorar si es posible o no evacuar las citaciones necesarias para que el juicio se celebre dentro del periodo de duración del servicio de guardia. Como ya anticipamos, en las circunscripciones que disponen de servicio de guardia de 24 horas, será altamente improbable que, aun habiendo recibido la noticia criminal a través de atestado, puedan en el mismo día remitirse las citaciones y celebrarse el juicio (vid. también ZARZALEJOS, p. 407). Más posibilidades existirán en las circunscripciones con servicio de guardia de 7 días de duración, en los que, dependiendo el día de la guardia en el que se reciba la noticia criminal, puede haber margen para evacuar las citaciones por el LAJ y señalar el juicio antes de que concluya el servicio de guardia.

En aquellas circunscripciones de servicio de guardia permanente de los jueces de instrucción, o de los jueces adscritos a las Secciones de Violencia sobre la Mujer o sobre la Infancia y la Adolescencia del correspondiente TI, no existe diferencia formal entre el enjuiciamiento ordinario e inmediato de delitos leves, más allá de la mayor o menor celeridad con la que se señalen las vistas en este procedimiento.

5.3 Transformación de diligencias previas en juicio por delito leve

En la práctica totalidad de supuestos, la transformación de diligencias previas en procedimiento por delito leve se produce en el curso de la instrucción judicial (art. 779.1.2ª LECrim), cuando las diligencias practicadas ponen de manifiesto que, lo que en un principio parecía un delito que debía ser enjuiciado por los trámites del procedimiento abreviado, resulta ser un delito leve cuyo enjuiciamiento exige una modificación del procedimiento. En tales casos, una vez acordada la transformación del procedimiento mediante auto, procede la remisión de las actuaciones al juez competente mediante la aplicación de las correspondientes normas de reparto. Esta vía dará lugar al enjuiciamiento ordinario del delito leve en cuestión.

Sin embargo, es posible —más en las circunscripciones con servicios de guardia de siete días— que acordada inicialmente la apertura de diligencias previas por el juez de guardia, este transforme, a la vista de los hechos y circunstancias concurrentes, las diligencias previas incoadas en juicio por delito leve durante el propio servicio de guardia, pudiendo en algunos casos proceder al enjuiciamiento inmediato si cabe citar a las partes e intervinientes y señalar juicio dentro del plazo que resta del servicio de guardia del juez competente.

6. LA CELEBRACIÓN DE LA VISTA EN EL ENJUICIAMIENTO INMEDIATO POR DELITOS LEVES

Si, practicadas las citaciones por la Policía Judicial o por el LAJ que asista al juez en funciones de guardia, es posible celebrar la vista dentro del plazo previsto para el servicio de guardia, se seguirán las previsiones contempladas en los arts. 968 y ss. LECrim, sin que en este trámite se prevea especialidad alguna respecto de la vista en el enjuiciamiento ordinario de delitos leves.

BIBLIOGRAFÍA

- ARMENTA DEU, *Lecciones de Derecho Procesal Penal*, Marcial Pons, 2023.
- BANACLOCHE/ZARZALEJOS, *Aspectos fundamentales del Derecho procesal penal*, La Ley, 2023.
- ENCINAR DEL POZO, *Comentarios a la Ley de Enjuiciamiento Criminal*, (Barja de Quiroga dir.), vol. II, Tirant lo Blanch, 2023.
- GIMENO, *Derecho procesal penal*, (2ª ed.), Civitas, 2015.
- GIMENO, *Derecho procesal penal*, (2ª ed.), Ediciones jurídicas Castillo de Luna, 2018.
- IZQUIERDO TÉLLEZ, "El juicio por delito leve ante el Juzgado de Violencia sobre la Mujer", en *Actividad formativa FC053FS*, Centro de Estudios Jurídicos, www.fiscal.es, 2017.
- MARCA/MORELL, *Delitos leves. Problemas sustantivos y procesales*, Tirant lo Blanch, 2020.
- MORENO CATENA/CORTÉS, *Derecho procesal penal*, Tirant lo Blanch, 2024.
- MORENO CATENA (dir), *El proceso penal, doctrina, jurisprudencia y formularios*, (vol. IV), Tirant lo Blanch, 2000.
- ORAA GONZÁLEZ, "La constitucionalidad del juicio de faltas desde la perspectiva del derecho al juez imparcial", *Poder Judicial*, núm. 23.
- TENA ARAGÓN, *El nuevo juicio de faltas*, Marcial Pons, 2003.
- VELASCO/RUZ GUTIÉRREZ, *El juicio de faltas. Aspectos penales y procesales*, Comares, 2011.

Capítulo 67

El procedimiento para el enjuiciamiento del delito privado

Juan Manuel Alcoceba Gil[1]
Letrado del Tribunal Constitucional
Profesor Titular (a) de Derecho Procesal
Universidad Carlos III de Madrid

1. LA TUTELA PENAL DEL HONOR

1.1 Regulación sustantiva

Los delitos contra el honor están previstos en el título XI del Libro II del Código Penal (arts. 205-216), donde se encuentran tipificadas la calumnia (cap. I) y la injuria (cap. II). Por su parte, el capítulo III del mencionado título se dedica a las «Disposiciones generales» aplicables a ambos delitos. No obstante, al igual que ocurre con otros valores dignos de protección penal, como la libertad sexual, pueden encontrarse también a lo largo del Código algunas figuras delictivas que, pese a no estar recogidas en el título expresamente dedicado a este bien jurídico, se encuadran dentro del amplio marco punitivo previsto por el legislador para su protección.

Con relación a las calumnias e injurias concretamente, en el art. 215 CP se traza una diferencia entre aquellas que sean vertidas contra particulares y las que vayan dirigidas contra funcionarios públicos o autoridades o agentes de la misma, sobre hechos concernientes al ejercicio de sus cargos; mientras que

1 https://orcid.org/0000-0003-2225-0177

en los arts. 490.3, 491, 496 y 504 CP, se recogen las ofensas punibles de carácter injurioso o calumnioso cometidas contra las altas instituciones del Estado. Mediante estos últimos cuatro preceptos, objeto de amplio cuestionamiento doctrinal, se sancionan las expresiones calumniosas e injuriosas pronunciadas contra la Corona, las Cortes Generales y las Asambleas Legislativas de las Comunidades Autónomas, el Gobierno de la Nación, el Consejo General del Poder Judicial, el Tribunal Constitucional, el Tribunal Supremo o los Tribunales Superiores de Justicia de las Comunidades Autónomas.

La principal diferencia entre los delitos contra el honor cometidos contra particulares —previstos en el titulo XI del libro II CP— y aquellos que castigan el grave menoscabo de la imagen o el prestigio de funcionarios públicos, autoridades, o las instituciones del Estado previamente referenciadas, reside en su perseguibilidad. Mientras que los primeros resultan únicamente perseguibles a instancia de parte, *ex* art. 215 CP, los segundos pueden serlo de oficio.

Esta característica, junto con otras singularidades de orden procesal, como es el hecho de que, en el caso de los cometidos contra particulares, se excluya expresamente la participación procesal del Ministerio Fiscal (art. 105 LECrim y Consulta 7/1997, de 15 de julio, de la FGE); sea preceptivo para la admisión de la demanda realizar un intento de conciliación previo a su interposición (art. 278 LECrim); el eventual perdón del ofendido extinga la acción penal (art. 215.3 CP) y se exija licencia del juez si la calumnia o injuria fue vertida en juicio (art. 215.2 CP), han llevado a doctrina y jurisprudencia a hablar de delitos privados y procesos penales dispositivos (por todos: MORENO CATENA/CORTES, p. 550).

El presente capitulo versa exclusivamente sobre estos procedimientos penales "dispositivos", incoados por delitos contra el honor cometidos frente a particulares, o lo que es lo mismo: sobre los procedimientos para el enjuiciamiento de los delitos privados de injurias y calumnias. Quedan fuera del objeto de este estudio, por tanto, la investigación y enjuiciamiento de las injurias y calumnias cuando son cometidas contra funcionarios, autoridades, la jefatura del Estado u otras instituciones, pues su régimen procesal en nada difiere al de la generalidad de ilícitos penales de carácter público.

1.2 Tratamiento procesal

Como se ha adelantado, la investigación y enjuiciamiento de los delitos privados reviste una serie de singularidades que están en estrecha relación con el carácter dispositivo que presenta la tutela penal del bien jurídico protegido por los mismos. Tales singularidades son reguladas en el título IV (arts. 804 a 815) de la LECrim, con carácter general, y en los arts. 278 y 279 LECrim en lo que se refiere a los requisitos de la querella. La mayor parte de la doctrina ha entendido que tal regulación no llega a constituir un proceso especial completo, sino más bien un conjunto de reglas específicas a aplicar sobre el procedimiento abreviado, cuando este se dirige a la investigación y enjuiciamiento de las calumnias o injurias cometidas contra particulares (COLOMER HERNÁNDEZ p. 628. Una minoría entiende, sin embargo, que estaríamos ante un auténtico proceso especial que se yuxtapone al previsto para delitos cometidos por medio de la imprenta, el grabado u otros medios mecánicos de publicación o los procedimientos de carácter civil recogidos en las leyes de esta naturaleza promulgadas específicamente para la defensa del derecho al honor (HINOJOSA SEGOVIANO p. 799).

Independientemente de si se trata de un proceso especial o con especialidades, su principal rasgo definitorio estriba en que la incoación, continuación y finalización del mismo mediante sentencia, dependen enteramente del ofendido, que actúa necesariamente en solitario y con total libertad de disposición sobre la tutela penal de su honor. Se produce, como consecuencia, un fuerte paralelismo entre los procesos penales por este tipo de delitos y el proceso civil ordinario, quedando en manos del actor la posibilidad misma de resolver el conflicto jurídico-penal a través de un pronunciamiento judicial sobre el fondo, o a través de otras vías.

Tal singularidad, hoy acotada a los dos ilícitos previamente referenciados —las injurias y las calumnias—, era en origen aplicable a un elenco mayor de delitos. En 1882, cuando fue aprobada nuestra actual Ley de Enjuiciamiento Criminal, la norma sustantiva en vigor, el Código Penal de 1870, recogía también como infracciones privadas los delitos contra la honestidad, que eran el adulterio, el amancebamiento o el estupro. Derogados tales ilícitos a raíz de la progresiva ampliación de libertades públicas que comportó la adopción del modelo democrático de convivencia ínsito a la Constitución, el procedimiento especial ideado para los delitos privados vio reducido su ámbito de aplicación a los delitos contra el honor.

Solo en el marco de la persecución y castigo de estas conductas, de compleja justificación en términos de interés público, adquieren sentido las restricciones en la cognición y facultad decisoria del órgano judicial previstas para los delitos privados. Pues, como se acaba de mencionar, el juzgador se verá determinado en todo momento por la autonomía de la voluntad del ofendido: tanto en lo que respecta a la actividad investigadora y probatoria —que puede decaer por desistimiento o renuncia a la acción—; como en relación con el contenido de la eventual decisión judicial, que habrá de atenerse a la pena pedida y resistida por las partes sin posibilidad de sugerir distintas calificaciones.

Desde la doctrina se han formulado diversas teorías a la hora de explicar la razón de ser de tales especialidades, impropias del orden penal. Por un lado, hay autores, como LAURENZO COPELLO (p.935), que las atribuyen a la dificultad de aprehender el bien jurídico, ya que la intensidad la lesión depende en buena medida de las circunstancias concretas de cada caso, pues los dos delitos citados presentan «un halo de misterio y pudor en consonancia con los rituales sociales vigentes» (FERNÁNDEZ PALMA p. 131). Por otro lado, se plantea que la iniciación a instancia de parte y, en esencia, el carácter dispositivo del proceso, responden al hecho de que, en este tipo de delitos, el enjuiciamiento supone para el agraviado un doble sufrimiento, añadido al infligido por la ofensa; pues la exposición pública que conlleva implica una afectación autónoma y adicional a su intimidad (MORENO CATENA/CORTÉS p. 550). Por último, estarían quienes identifican el procedimiento para el enjuiciamiento de delitos privados como un auténtico proceso especial, dirigido a permitir la tramitación abreviada de este tipo de delitos (HINOJOSA SEGOVIA p. 800).

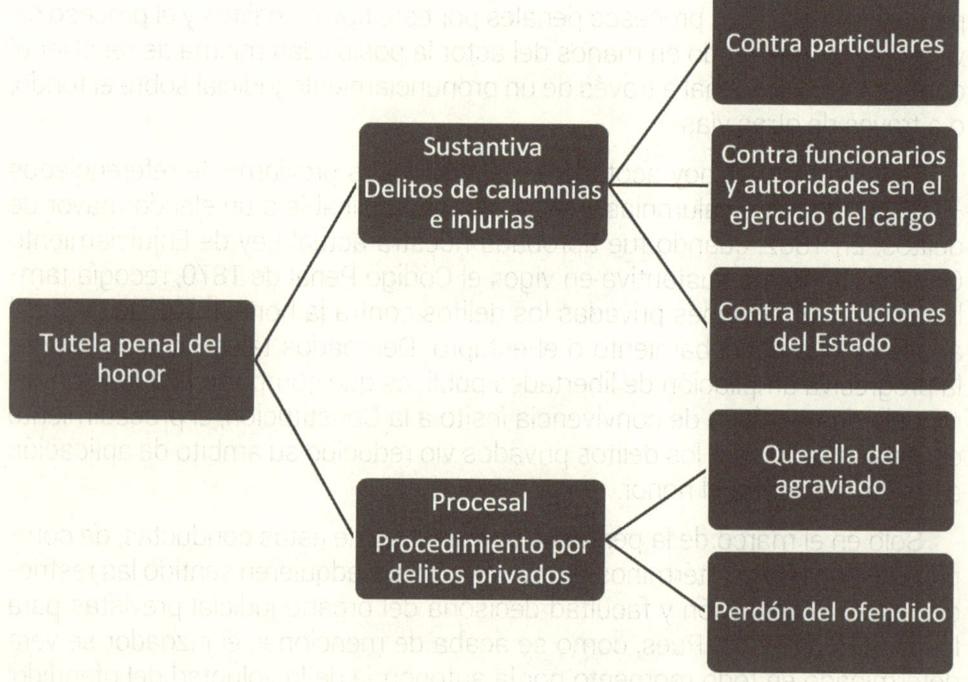

A todas estas razones ha de sumarse sin duda la gran distancia en términos políticos y sociales existente entre el momento en que nuestra Ley de Enjuiciamiento Penal fue promulgada —el año 1882— y el presente. A nadie puede sorprender que la imposibilidad para superar el actual modelo decimonónico de justicia penal haga difícilmente conciliables ciertos aspectos de su regulación con la cultura y valores imperantes, evidenciando en este caso la presencia de diferencias históricas en el contenido de los conceptos público y privado manejados por el legislador decimonónico y aquel del que se parte en la actualidad.

2. LEGITIMACIÓN ACTIVA

Según se dispone en el art. 215 LECrim, «nadie será penado por calumnia o injuria sino en virtud de querella de la persona ofendida por el delito o de su representante legal», excluyéndose de tal previsión general los casos en que la ofensa se dirija contra funcionario público, autoridad o agente de la misma sobre hechos concernientes al ejercicio de sus cargos.

Queda claro entonces que la legitimación activa en los delitos de calumnias e injurias contra particulares o funcionarios por hechos realizados fuera del ejercicio de sus cargos, se atribuye con carácter exclusivo al ofendido, debiéndose estar a lo dispuesto con carácter general en materia de sucesión procesal en caso de fallecimiento o pérdida de capacidad procesal de este. 2681

Así, en el art. 276 LECrim se prevé que «se tendrá también por abandonada la querella cuando, por muerte o por haberse incapacitado el querellante para continuar la acción, no compareciere ninguno de sus herederos o representantes legales a sostenerla dentro de los treinta días siguientes a la citación que al efecto se les hará dándoles conocimiento de la querella».

Cuando el fallecimiento se produce, no obstante, previamente a la interposición de la querella, surge la cuestión de si sería posible ejercer la acción por terceros. Doctrina y jurisprudencia parecen haber descartado esta opción en vista de lo dispuesto en el art. 215.1 y 3, en conexión con el 130.1.5º, todos ellos del CP. Queda a salvo de tal exclusión, no obstante, la posibilidad de que las personas designadas por el finado o, en su defecto, alguna de las previstas en el art. 4 de la Ley Orgánica 1/1982, de protección civil del derecho al honor, a la intimidad personal y familiar y a la propia imagen puedan emprenderse acciones para la protección civil del honor.

Por otro lado, frente a la imposibilidad de exigir responsabilidad criminal con ocasión de la muerte del ofendido, se plantea la posibilidad de extender dicha condición, de forma indirecta o mediata, a su familia o círculo cercano. Ello, al menos, es lo que parece desprenderse de lo dispuesto en la STC 190/1996 [*Tol 83119*], cuando se expone lo siguiente:

«en supuestos como el presente, en el que lo que se discute es si se atribuye a una persona ya fallecida su posible adicción a las drogas, la difamación no se detiene en el sujeto pasivo de la imputación, sino que alcanza también a aquellas personas de su ámbito familiar con las que guarda una estrecha relación. Como afirmábamos en la *STC* 231/1988, «no cabe dudar que ciertos eventos que puedan ocurrir a padres, cónyuges o hijos, tienen normalmente, y dentro de las pautas culturales de nuestra sociedad, tal trascendencia para el individuo, que su indebida publicidad o difusión incide directamente en la propia esfera de su personalidad» (fundamento jurídico 4.)»

Lo mismo ocurre con la posibilidad de atribuir legitimación activa a un determinado colectivo o grupo social por ataques a su honor, cuando estos son perpetrados a través de expresiones injuriosas o calumniosas proferidas contra uno de sus integrantes, precisamente por razón de su pertenencia a dicha colectividad. Sobre este aspecto, el Tribunal Constitucional se viene pronunciando afirmativamente desde su STC 214/1991 [*Tol 81898*], en la que se recoge lo siguiente:

«Tratándose de un derecho personalísimo, como es el honor, la legitimación activa corresponderá, en principio, al titular de dicho derecho fundamental. Esta legitimación originaria no excluye, ni la existencia de otras legitimaciones (v.gr., la legitimación por sucesión de los descendientes, contemplada en los arts. 4 y 5 de la LO 11/982 de Protección del Derecho al Honor), ni que haya de considerarse también como legitimación originaria la de un miembro de un grupo étnico o social determinado, cuando la ofensa se dirigiera contra todo ese colectivo, de tal suerte que, menospreciando a dicho grupo socialmente diferenciado, se tienda a provocar en el resto de la comunidad social sentimientos hostiles o, cuando menos, contrarios a la dignidad, estima personal o respeto al que tienen derecho todos los ciudadanos con independencia de su nacimiento, raza o circunstancia personal o social (arts. 10.1 y 14 CE)».

En el mismo sentido, pero de forma aún más categórica, se afirma en la STC 176/1995 [*Tol 82914*], lo siguiente:

«Parece justo que, si se le ataca a título colectivo, pueda defenderse en esa misma dimensión colectiva y que estén legitimados para ello, por sustitución, personas naturales o jurídicas de su ámbito cultural y humano. En definitiva, es la solución que, con un planteamiento inverso, desde la perspectiva de la legitimación activa, aceptó este Tribunal Constitucional en su STC 214/1991».

Por último, debe hacerse referencia a la posibilidad de que el sujeto pasivo del delito sea una persona jurídico-privada, pues no cabe duda de que las públicas pueden serlo *ex* arts. 490.3, 491, 496 y 504 CP. Es este un aspecto también resuelto en sentido afirmativo por la doctrina constitucional, ya que en las STC 139/1995 [*Tol 82878*] y, posteriormente en la STC 183/1995 [*Tol 82920*], se recoge lo siguiente:

«el significado personalista que el derecho al honor tiene en la Constitución no impone que los ataques o lesiones al citado derecho fundamental, para que tengan protección consti-

> tucional, hayan de estar necesariamente perfecta y debidamente individualizados «*ad personam*", pues, de ser así, ello supondría tanto como excluir radicalmente la protección del honor de la totalidad de las personas jurídicas, incluidas las de substrato personalista, y admitir, en todos los supuestos, la legitimidad constitucional de los ataques o intromisiones en el honor de personas, individualmente consideradas, por el mero hecho de que los mismos se realicen de forma innominada, genérica o imprecisa». En consecuencia, dada la propia sistemática constitucional, el significado del derecho al honor ni puede ni debe excluir de su ámbito de protección a las personas jurídicas (...) Resulta evidente, pues, que, a través de los fines para los que cada persona jurídica privada ha sido creada, puede establecerse un ámbito de protección de su propia identidad y en dos sentidos distintos: tanto para proteger su identidad cuando desarrolla sus fines, como para proteger las condiciones de ejercicio de su identidad, bajo las que recaería el derecho al honor. En tanto que ello es así, la persona jurídica también puede ver lesionado su derecho al honor a través de la divulgación de hechos concernientes a su entidad, cuando la difame o la haga desmerecer en la consideración ajena (art. 7.7 LO 1/1982)».

Debe concluirse, por tanto, que, pese al carácter personalísimo del derecho al honor, la atribución exclusiva de legitimación activa al ofendido se extiende a miembros de la familia o allegados sobre los que se extiende la difamación; así como a los colectivos directamente afectados por las expresiones constitutivas del delito de calumnias o injurias. De la misma manera, será posible ejercer la acción penal por las personas jurídicas que sean atacadas a través de las conductas punidas en los arts. 205 a 216 CP. 2683

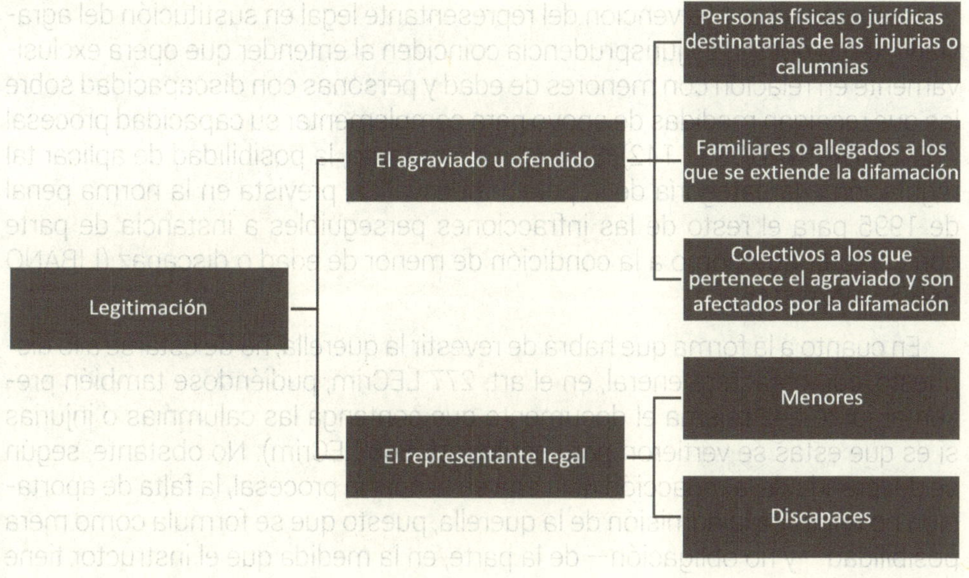

3. PRESUPUESTOS PARA LA INCOACIÓN DEL PROCEDIMIENTO

3.1 La querella

Tal y como se ha indicado, la presentación de querella por parte del ofendido o su representante legal es requisito indispensable para la iniciación del procedimiento para el enjuiciamiento de los delitos privados (art. 215.1 CP). Por tanto, la querella del agraviado opera como presupuesto procesal de persecución, o requisito de procedibilidad, de los delitos de calumnias o injurias cometidos contra particulares. Así ha sido reconocido de forma expresa por el Tribunal Supremo en repetidas ocasiones, incluso con carácter previo al Código Penal de 1995, siendo buena muestra de ello su Sentencia de 04/07/1985 [*Tol 2314272*], donde recoge expresamente que, en relación con los delitos de calumnias e injurias:

> «Como requisito de procedibilidad, es indispensable, de conformidad con lo dispuesto en el párrafo tercero del artículo *467* del Código Penal, que medie querella de la parte ofendida».

La principal consecuencia de ello, radica en que quedan excluidas del ámbito de estos delitos las acciones publica y popular, siempre que se dirijan
2684 contra particulares; de forma que solo tendrán cabida cuando sean cometidos contra las instituciones del Estado (STC 129/2001 [*Tol 12986*]).

Respecto de la intervención del representante legal en sustitución del agraviado, tanto doctrina y jurisprudencia coinciden al entender que opera exclusivamente en relación con menores de edad y personas con discapacidad sobre las que recaigan medidas de apoyo para complementar su capacidad procesal (PÉREZ GRANADOS p. 142). Se excluye, por tanto, la posibilidad de aplicar tal regulación a la categoría de la persona desvalida, prevista en la norma penal de 1995 para el resto de las infracciones perseguibles a instancia de parte con carácter autónomo a la condición de menor de edad o discapaz (LIBANO BERISTAIN p. 246).

En cuanto a la forma que habrá de revestir la querella, ha de estarse a lo dispuesto, con carácter general, en el art. 277 LECrim, pudiéndose también presentar junto a la misma el documento que contenga las calumnias o injurias si es que estas se vertieron por escrito (art. 806 LECrim). No obstante, según se desprende de la redacción utilizada en la norma procesal, la falta de aportación no impedirá la admisión de la querella, puesto que se formula como mera posibilidad —y no obligación— de la parte, en la medida que el instructor tiene conferidas las facultades habituales en materia de investigación para lograr su incorporación al proceso.

3.2 La celebración del acto de conciliación

Además de exigirse querella del ofendido o de representante legal, *ex* art. 215.1 CP, la ley procesal recoge, como segundo requisito de procedibilidad para la persecución de los delitos contra el honor, la realización o intento de un acto de conciliación previo a la incoación del proceso penal.

Este requisito enlaza con el carácter dispositivo que nuestro ordenamiento otorga a la tutela penal del bien jurídico afectado. La disposición de la parte actora sobre el objeto del proceso posibilita dar solución al conflicto mediante métodos autocompositivos, normalmente excluidos del ámbito de la justicia criminal. Potenciar tal posibilidad resulta una opción coherente con los principios que instruyen nuestro ordenamiento jurídico penal, ya que, como es sabido, el *ius puniendi* constituye la *última ratio* del poder público.

Así, en el art. 278 LECrim se prevé que, «si la querella tuviere por objeto algún delito de los que solamente pueden perseguirse a instancia de parte, excepto el de violación o rapto, acompañará también la certificación que acredite haberse celebrado o intentado el acto de conciliación entre querellante y querellado». Tal presupuesto de admisibilidad de la demanda, que también es reconocido en el art. 804 LECrim, solo podrá ser exceptuado en el improbable caso de que sea necesario practicar diligencias de carácter urgente para la comprobación de los hechos o para la detención del delincuente. No obstante, aun en tales supuestos, una vez practicadas las averiguaciones o realizada la detención, se suspenderá después el curso de los autos hasta que se acredite el cumplimiento del referido requisito.

Su inobservancia, por tanto, supone la inadmisión de plano de la querella, tal y como se recoge en el ATS de 20/01/2025 [*Tol 10363176*], donde se acuerda la inadmisión a trámite de una denuncia por calumnias presentada por un particular contra un miembro del Parlamento Europeo, con base en los siguientes argumentos:

> "2. La razón no reside en la atipicidad de los hechos presuntos denunciados, sino en la ausencia de dos ineludibles condiciones de procedibilidad. La primera, y tal como dispone el artículo 215 Código Penal, la necesidad de querella como instrumento para el ejercicio de la acción penal por el perjudicado. La segunda, como previene el artículo 804 LECrim, haberse celebrado, con carácter previo a su presentación, acto de *conciliación* con el querellado o haberse intentado sin efecto.
> 3. Ambas condiciones solo pueden desplazarse cuando la ofensa vaya dirigida contra una autoridad, pero siempre, además, que esté relacionada con *hechos concernientes al ejercicio de su cargo*. Los términos en los que se formula la *«notitia criminis»* no permiten identificar que el hecho presuntamente *calumnioso* que se atribuye al denunciante esté relacionado con su condición de Ministro de Transportes o con el ejercicio de una concreta actividad vinculada con dicho cargo, lo que cierra la puerta a que el proceso pueda iniciarse por denuncia del Ministerio Fiscal".

Según señala la doctrina clásica (MORENO CATENA/CORTÉS, p. 552), la normativa aplicable a la conciliación será la contenida en los arts. 139 a 148 de la Ley 15/2015, de jurisdicción voluntaria. Cabe, no obstante, plantearse si, a partir de la promulgación de la Ley Orgánica 1/2025, de medidas en materia de eficiencia del Servicio Público de Justicia, podrá recurrirse a los actos de conciliación privada regulados en dicha norma (arts. 14 y ss.).

Por último, debe señalarse que el contenido de la conciliación determinará el objeto del posterior proceso penal, limitando los hechos y delitos por los que podrá acusarse a aquellos efectivamente planteados durante el acto conciliatorio.

3.3 La licencia del tribunal

Junto con el inicio a instancia de parte y la certificación de que se ha intentado conciliar, en el art. 215.2 del CP, así como en los arts. 279 y 805 de la LECrim, se prevé un tercer presupuesto de admisibilidad de la querella para aquellos casos en que la calumnia o injuria objeto de acusación se hubiera vertido en juicio. En tales ocasiones, se habrá de recabar licencia del juez o tribunal ante quien hubiesen sido inferidas.

No obstante, según se señala en el art. 805 LECrim, la autorización no se estimará prueba bastante de la imputación, operando, por tanto, como mero requisito de procedibilidad. En este sentido, en el FJ 3º de la STC 100/1987 [*Tol 79849*], donde se resuelve un recurso de amparo formulado frente al auto del órgano judicial que denegó la licencia para deducir querella por delitos de calumnias e injurias, se establece lo siguiente:

> «La necesidad de obtener licencia del Juez o Tribunal para poder presentar querella por presuntos delitos de calumnia o injuria causadas en juicio es, por tanto, una limitación razonable que opera como garantía del ejercicio efectivo de ese mismo derecho fundamental por parte de terceros. Desde este ángulo, la tutela judicial exige que las alegaciones formuladas en un proceso, que sean adecuadas o convenientes para la propia defensa, no puedan resultar constreñidas por la eventualidad incondicionada de una ulterior querella por supuestos delitos atentatorios al honor de la otra parte procesal, que actuaría así con una injustificada potencialidad disuasoria o coactiva para el legítimo ejercicio del propio derecho de contradicción. Con esta única finalidad aparece configurada legalmente la autorización de que se trata, la competencia de cuyo otorgamiento se atribuye precisamente a aquel órgano judicial que, por haber entendido del caso, está en la mejor situación para apreciar la relevancia, significado e intención de las manifestaciones efectuadas o de las expresiones vertidas en el curso del proceso. A todo lo cual debe añadirse que, como resalta el Ministerio Fiscal en sus alegaciones, la singular peculiaridad de esta autorización exige que el órgano judicial disponga de ciertos márgenes de apreciación, sin poder abundar en prolijos razonamientos, que podrían prejuzgar lo que es materia propia de un proceso penal, de suerte que, tanto si

otorga como si deniega la licencia, no puede entrar en consideraciones que prejuzguen la culpabilidad o la inocencia del presunto calumniador o injuriante».

En idéntico sentido, la STC de 36/1998 [*Tol 80894*] afirma que «el precepto contenido en el art. 467, párrafo 2º, del Código Penal de 1973, reproducido por el art. 215.2 del ahora vigente desde 1995, configura una evidente restricción del derecho a obtener la efectiva tutela judicial, aun cuando sea en principio constitucionalmente legítima porque, con ella, se trata de «proteger a quienes han comparecido en un proceso de los trastornos de una acción penal cuando ésta traiga causa "de las manifestaciones realizadas para defender intereses y posiciones propias" (ATC 1026/1986)».

Tales planteamientos han sido ampliamente desarrollados con posterioridad por la jurisprudencia ordinaria, de lo que son reciente ejemplo el AAP de Madrid de 18/10/2023 [*Tol 9850872*]; AAP de Lleida de 16/11/2023 [*Tol 9896548*]) y AAP de Las Palmas de 13/11/2023 [*Tol 10040834*]. Las resoluciones señaladas destacan, en orden al estándar constitucional previamente referenciado, la necesidad de que el tribunal que deniegue o conceda la licencia motive su resolución, pero sin entrar a prejuzgar el fondo del asunto; por lo que, independientemente del sentido de decisión, debe abstenerse de recoger consideraciones sobre la culpabilidad o inocencia del querellado.

4. LA ESTRUCTURA DEL PROCEDIMIENTO

4.1 La fase de instrucción

La admisión de la querella por delitos contra el honor da lugar a la incoación de un procedimiento penal cuya fase de investigación diverge en tiempo y complejidad según el medio utilizado para verter las calumnias o injurias.

4.1.1 Injurias y calumnias vertidas por escrito

En el art. 807 LECrim se regulan expresamente los actos de investigación a realizar cuando la expresión injuriosa o calumniosa se ha realizado por un medio escrito, debiéndose comprobar, en primer término, si la persona contra la que se procede reconoce la autoría del texto y, en segundo lugar, si se ha dado o no publicidad al mismo.

En caso afirmativo, se dará por concluido el sumario tras procederse al encausamiento del querellado. Si, por el contrario, surgiesen dudas sobre la persona que ha realizado el escrito, pues el querellado negara su autoría o autenticidad, plantea SERRA DOMÍNGUEZ (pp. 801 y ss.) que no habrá de optarse por sobreseimiento, sino que se prescindirá de obedecer a lo dispuesto en el Título IV del libro IV LECrim y se continuará la tramitación de la instrucción según lo previsto para el procedimiento abreviado —pese a hacerse referencia en la ley al ordinario por razón de su antigüedad—.

Por otro lado, aunque de forma complementaria, MORENO CATENA/CORTÉS (p. 554) señalan que, en los casos donde la identidad del autor es controvertida, el juez instructor[2] podrá acordar a instancia de parte las diligen-

cias pertinentes para el esclarecimiento de los hechos; unas diligencias que, añadimos nosotros, dependerán de la naturaleza del documento que recoge la injuria o la calumnia —manuscrito, impreso o digital— y que, no solo deben abarcar la responsabilidad sobre la elaboración del texto, *ex* art. 30 CP, sino también su efectiva publicidad en los términos establecidos en el art. 211 CP.

En resumidas cuentas, tal y como señala LIBANO BERISTAIN (p. 233), durante la fase de instrucción del procedimiento por injurias o calumnias vertidas por escrito contra particulares, se tratará, por un lado, de unir a la causa el impreso, grabado o cualquier otro medio de publicación que haya servido para la comisión del delito; por otro, de hallar a la persona autora o a quien resulte subsidiariamente responsable (art. 823 LECrim).

Dirimida la autoría del escrito e identificado el medio de publicación, ya sea por aceptación del querellado o a través de la práctica de las diligencias co-

---

2 En adelante, y para mayor claridad y sencillez en la redacción, salvo que merezca mayor concreción en el texto, nos referiremos al "juez instructor" como juez unipersonal integrado en la Sección de Instrucción o en la Sección Única del correspondiente Tribunal de Instancia competente. Otro tanto haremos cuando nos tengamos que referir al juez adscrito a las correspondientes Secciones del Tribunal de Instancia competente. En el capítulo 5 de esta obra puede consultarse una explicación completa del nuevo modelo orgánico de los Tribunales de Instancia que introduce la LO 1/2025.

rrespondientes, habrá de darse por concluida la investigación. Según la redacción vigente (art. 807 LECrim), ello se hará a través de autos de conclusión del sumario y procesamiento, lo que remite a la regulación del procedimiento ordinario. Sin embargo, se entiende que, tal y como señala LIBANO BERISTAIN (p. 232), tras la instauración del procedimiento abreviado en 1988, tales referencias han de concebirse implícitamente reconducidas al ámbito del proceso abreviado, dada la franja de pena establecida para los delitos contra el honor.

4.1.2 Injurias y calumnias vertidas verbalmente

Para los casos en que las injurias o calumnias se hayan vertido oralmente, la ley procesal prevé una fase indagatoria aún más sencilla, de tal forma que el órgano instructor deberá convocar al querellante, al querellado y a los testigos para la celebración de un "juicio verbal" (art. 808 LECrim), que habrá de celebrarse dentro de los tres días siguientes al de la presentación de la querella (art. 809 LECrim).

En caso de que no resultara posible ceñirse a los tres días inicialmente previstos por razones extraordinarias y debidamente justificadas, el Letrado de la Administración de Justicia podrá ampliar a ocho el termino para la celebración de la vista, que, por lo demás, se llevará a cabo según lo dispuesto para el enjuiciamiento de delitos leves en el Libro VI de la LECrim.

En cuanto a la naturaleza de los testimonios vertidos en juicio, la regulación aplicable permite que comparezcan y declaren como testigo únicamente quienes hayan tenido un conocimiento directo de las injurias o las calumnias. Quedan excluidos, por tanto, los testigos indirectos o de referencia (art. 813 LECrim).

A este respecto, la SAP de Sevilla de 14/02/2024 [*Tol 10037807*], que revoca en apelación la condena impuesta en la instancia por delito de calumnias, en virtud de la declaración de un testigo protegido y de referencia, recoge lo siguiente:

> «Desde la perspectiva de la adquisición y transmisión de la información es claro que los riesgos del testimonio de referencia son equivalentes a los del testimonio directo: errores de percepción, de memoria, de comunicación o, en los casos más graves, insinceridad. Esto es, aquel de quien recibe la información el testigo de referencia puede malinterpretar los hechos que presenció, olvidar detalles cruciales en su exposición, errar al transmitir el significado o falsear la realidad. Todo esto puede suceder en los demás testimonios, pero en el de referencia se da un riesgo añadido: tratándose del testigo directo pueden examinarse contradictoriamente las facultades de percepción del deponente, testar su memoria o someter a análisis su fiabilidad. Por el contrario, la indisponibilidad del contradictorio (a través de la denominada «cross-examination») constituye la cruz de la testifical de referencia. Si se tiene en cuenta que el testigo de referencia puede, a su vez, incurrir en el mismo tipo de

errores al procesar la información recibida del testigo directo, parece claro que deben extremarse las cautelas. En el fondo, subyace el principio de que la fiabilidad de la información disminuye a medida que se aleja de su fuente, a medida que se van produciendo interposiciones de terceros, de modo que, aunque no habría óbice legal para admitir un testimonio de referencia de un testimonio de referencia (referencia secundaria, no primaria), no cabe duda de que el peso probatorio sería decreciente a medida que se produjera el distanciamiento del origen de la noticia».

Una vez celebrada la comparecencia del art. 813 LECrim, la cual podrá realizarse incluso en ausencia del querellado, siempre que se le hubiere citado en forma (art. 814 LECrim); el órgano judicial competente decidirá sobre la continuación de la causa, dando en su caso por concluida la fase de investigación.

4.2 Fase intermedia y juicio oral

4.2.1 Regulación aplicable

Con carácter general, las fases intermedia y de enjuiciamiento del procedimiento para el enjuiciamiento de delitos privados deben tramitarse en virtud de lo dispuesto en la LECrim para el proceso ordinario que corresponda por razón de la cuantía de la pena atribuida al delito en cuestión.

El problema radica en que, tras la modificación operada por la Ley Orgánica 1/2015, tanto las calumnias como las injurias pueden ser constitutivas de delitos menos graves y leves. Concretamente, las calumnias, *ex* art. 206, «serán castigadas con las penas de prisión de seis meses a dos años o multa de doce a 24 meses, si se propagaran con publicidad y, en otro caso, con multa de seis a 12 meses»; mientras que, *ex* art. 209 CP, «las injurias graves hechas con publicidad se castigarán con la pena de multa de seis a catorce meses y, en otro caso, con la de tres a siete meses»: lo que constituye, en ambos casos, delito menos grave según lo previsto en el art. 33.3 a) y j) CP.

Sin embargo, tanto las injurias graves con o sin publicidad —castigadas estas últimas con una pena de tres a siete meses de multa—, como las calumnias sin publicidad, deberán considerarse un delito leve cuando el acusado «reconociere ante la autoridad judicial la falsedad o falta de certeza de las imputaciones y se retractare de ellas», pues en tal caso «el Juez o Tribunal impondrá la pena inmediatamente inferior en grado y podrá dejar de imponer la pena de inhabilitación que establece el artículo anterior» (art. 214 CP).

Si se aplica la pena inferior en grado, tanto a la multa prevista en abstracto para la calumnia sin publicidad, como para la injuria grave, según lo dispuesto en el art. 13.4 CP. «cuando la pena, por su extensión, pueda incluirse a la vez entre las mencionadas en los dos primeros números de este artículo, el delito se considerará, en todo caso, como grave. Cuando la pena, por su extensión, pueda considerarse como leve y como menos grave, el delito se considerará, en todo caso, como leve», solo cabe concluir que se estaría ante delitos leves, ya que la pena resultante para el delito de calumnia sin publicidad sería de tres a seis meses menos un día de multa; para la injuria grave con publicidad, de tres a seis meses menos un día de multa; y, para la injuria grave sin publicidad, de un mes y medio a tres meses menos un día de multa.

Así las cosas y aunque muy probablemente se trate de una consecuencia indeseada por el legislador, en la actualidad, solo el delito de calumnias, con o sin publicidad y el de injurias graves con publicidad, deberían ser enjuiciados según lo dispuesto para el procedimiento abreviado. En el resto de supuestos: injurias graves sin publicidad, *per se*, o calumnias sin publicidad e injurias graves con o sin publicidad cuando haya reconocimiento de falsedad y retractación del querellado; habrá de estarse a lo dispuesto para los delitos leves.

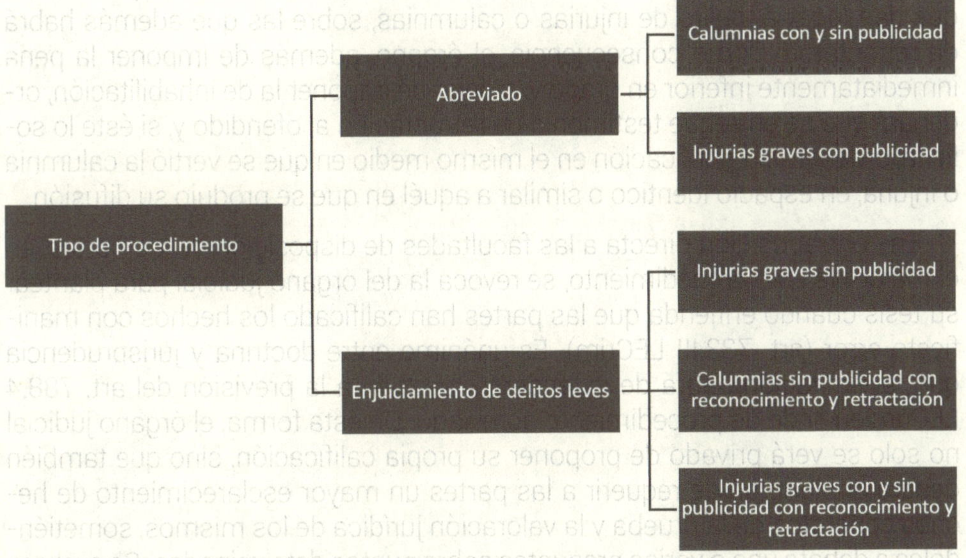

4.2.2 *Limitaciones a las facultades del juzgador*

Independientemente de si debe aplicarse la regulación del procedimiento abreviado o la del enjuiciamiento de delitos leves, la cognición del juzgador penal se verá sensiblemente limitada durante el enjuiciamiento de los delitos contra el Honor. Ello, debido, esencialmente, a la capacidad de disposición que presenta las partes sobre el objeto del proceso.

Como principal expresión de este principio dispositivo, el perdón del ofendido extinguirá la acción penal *ex* art. 215.3 CP, sin perjuicio de lo dispuesto en el artículo 130.1.5º II de la misma norma. Para ello, el perdón habrá de ser otorgado de forma expresa antes de que se haya dictado sentencia y previa audiencia al ofendido. Se está, por tanto, ante una expresión autocompositiva que pone fin al proceso penal por decisión unilateral de la parte actora que, en ejercicio de su autonomía de la voluntad, renuncia o desiste a la acción. Solo en los casos en que las injurias o calumnias se dirijan contra personas menores de edad o personas con discapacidad necesitadas de especial protección, el juzgador podrá dejar sin efecto el perdón otorgado por los representantes y ordenar la continuación del procedimiento.

En la norma penal sustantiva también se prevé, ex art. 214 CP, la posibilidad de que el querellado disponga de su voluntad, allanándose a la pretensión del actor y consiguiendo con ello una rebaja en grado de la pena impuesta. Se trata, por tanto, de una clase especifica de conformidad consistente en reconocer ante la autoridad judicial la falsedad o falta de certeza de las imputaciones que dan lugar al delito de injurias o calumnias, sobre las que además habrá de retractarse. Como consecuencia, el órgano, además de imponer la pena inmediatamente inferior en grado y/o dejar de imponer la de inhabilitación, ordenará que se entregue testimonio de retractación al ofendido y, si éste lo solicita, ordenará su publicación en el mismo medio en que se vertió la calumnia o injuria, en espacio idéntico o similar a aquél en que se produjo su difusión.

En contraposición directa a las facultades de disposición de las partes, en el marco de este procedimiento, se revoca la del órgano judicial para plantear su tesis cuando entienda que las partes han calificado los hechos con manifiesto error (art. 733.III LECrim). Es unánime entre doctrina y jurisprudencia que tal limitación habrá de extenderse también a la previsión del art. 788.4 LECrim en sede de procedimiento abreviado. De esta forma, el órgano judicial no solo se verá privado de proponer su propia calificación, sino que también deberá abstenerse de requerir a las partes un mayor esclarecimiento de hechos concretos de la prueba y la valoración jurídica de los mismos, sometiéndoles a debate una o varias preguntas sobre puntos determinados. Se excluye, además, como ya se ha expuesto con anterioridad, la posibilidad de basar el razonamiento sobre los hechos en lo manifestado por testigos de referencia (SAP de Sevilla de 14/02/2024 [*Tol 10037807*]).

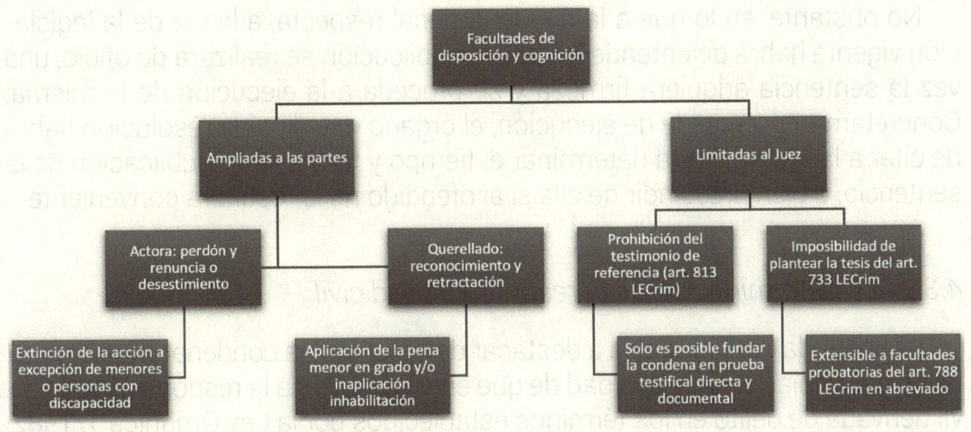

4.3 La sentencia

Al igual que ocurre con la iniciación, instrucción, fase intermedia y enjuiciamiento, la forma de terminación por sentencia en el procedimiento por delitos privados también presenta ciertas especialidades que, una vez más, responden a la singular naturaleza del bien jurídico penalmente protegido (SSTC 244/2007 [*Tol 1211346*]; 65/2015 [*Tol 5163933*]; 83/2023 [*Tol 9653314*]). 2693

4.3.1 La publicación de la sentencia

La primera y más relevante de estas especialidades consiste en la publicación o divulgación de la sentencia a costa del condenado como forma de reparación. Dicha publicación habrá de llevarse a cabo en el tiempo y lugar que el órgano juzgador determine una vez oídas las partes (art. 216 CP). El Tribunal Supremo se ha pronunciado reiteradamente, tanto en sede civil como penal, sobre la función reparatoria que cumple la divulgación de la sentencia, de lo que es ejemplo la Sentencia de su Sala Primera de 21/01/2013 [*Tol 3006991*], donde se recoge lo siguiente:

> «De la jurisprudencia dictada por esta Sala a propósito del artículo 9.2 LPDH se deduce que corresponde a la víctima de la intromisión ilegítima en los derechos fundamentales la petición de que se proceda a la difusión de la sentencia (STS de 16 de febrero de 1999, RC nº 1519/1995); el órgano jurisdiccional ante el que se formula la petición debe atender a las circunstancias concretas de cada caso (STS de 29 de abril de 2009, RC nº 977/2003) y, habrá de valorar sí la difusión de la sentencia es ajustada a la proporcionalidad del daño causado (SSTS de 25 de febrero de 2009, RC nº 2535/2004 y 9 de julio de 2009 RC nº 2292/2005)».

No obstante, en lo que a la condena penal respecta, a la luz de la legislación vigente habrá de entenderse que la publicación se realizará de oficio, una vez la sentencia adquiera firmeza y se proceda a la ejecución de la misma. Concretamente, en sede de ejecución, el órgano que dictó la resolución habrá de citar a las partes para determinar el tiempo y forma de la publicación de la sentencia, o bien prescindir de ella si al ofendido no le resultara conveniente.

4.3.2 La determinación de la responsabilidad civil

La segunda característica a destacar de la sentencia condenatoria por injurias o calumnias es la necesidad de que en ella se recoja la responsabilidad civil derivada de delito en los términos establecidos por la Ley Orgánica 1/1982, de protección civil del derecho al honor, a la intimidad personal y familiar y a la propia imagen.

En el art. 1.2 de la citada norma se dispone que, cuando la intromisión en este derecho revista carácter delictivo, serán aplicables los criterios contenidos en la misma norma para la determinación de la responsabilidad civil derivada de delito; declarando así la vigencia del principio de especialidad en esta materia, confirmado y desarrollado a su vez por la jurisprudencia del Tribunal Supremo (SSTS de 31/07/200 [*Tol 4973957*] y de 22/11/2002 [*Tol 4920185*]).

Para la concreción de los criterios aplicables a la hora de establecer la responsabilidad civil de estas tipologías delictivas habrá de estarse a lo establecido en el art. 9.3 de la referida LO 1/1982, donde recoge expresamente que siempre que se declare por resolución judicial la intromisión ilegítima en el honor, se presumirá la existencia de un perjuicio, cuya indemnización se extenderá al daño moral, que se valorará atendiendo a las circunstancias del caso y a la gravedad de la lesión efectivamente producida. Se matiza en el propio precepto que habrá de tenerse en cuenta, en su caso, la difusión o audiencia del medio a través del que se haya producido la vulneración.

Esta regulación ha de ponerse en conexión con lo dispuesto en el art. 212 CP, en virtud del cual «será responsable civil solidaria la persona física o jurídica propietaria del medio informativo a través del cual se haya propagado la calumnia o injuria»; de tal manera que, en relación con la pretensión indemnizatoria, podrá procederse tanto contra el autor del agravio, como contra los propietarios de aquellos medios que fueran utilizados para su difusión. Mientras que, en cuanto a su contenido, podrá integrar tanto los daños materiales como morales (STC 93/2021 [*Tol 8451620*])

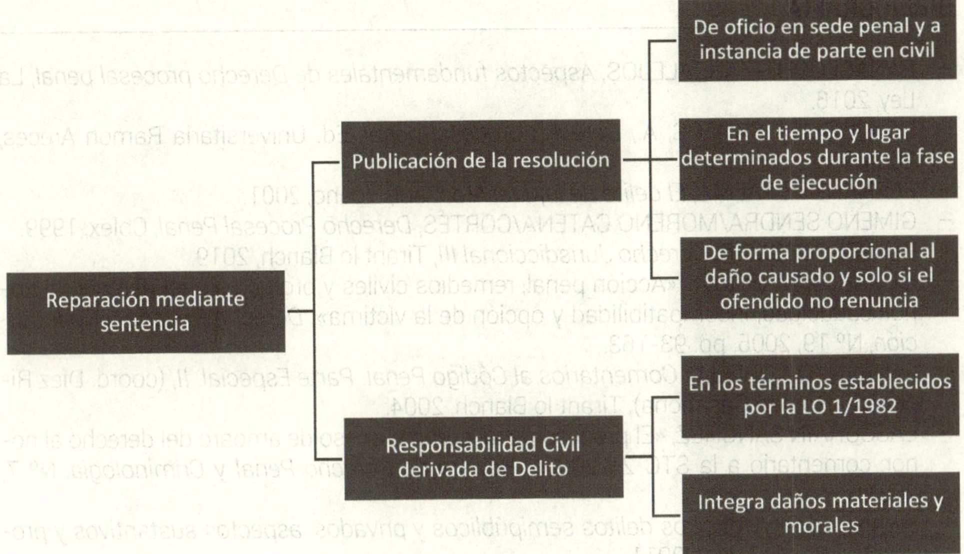
Reparación mediante sentencia
Publicación de la resolución
Responsabilidad Civil derivada de Delito
De oficio en sede penal y a instancia de parte en civil
En el tiempo y lugar determinados durante la fase de ejecución
De forma proporcional al daño causado y solo si el ofendido no renuncia
En los términos establecidos por la LO 1/1982
Integra daños materiales y morales

BIBLIOGRAFÍA

- BANACLOCHE/ZARZALEJOS, *Aspectos fundamentales de Derecho procesal penal*, La Ley, 2016.
- DE LA OLIVA SANTOS, A., *Derecho procesal penal*, Ed. Universitaria Ramon Areces, 2004.
- FERNÁNDEZ PALMA, *El delito de injuria*, Aranzadi, Elcano, 2001.
- GIMENO SENDRA/MORENO CATENA/CORTÉS, *Derecho Procesal Penal*, Colex, 1999.
- GÓMEZ COLOMER, *Derecho Jurisdiccional III*, Tirant lo Blanch, 2019.
- LAMARCA/MARQUÉS «Acción penal, remedios civiles y protección del derecho al honor: caducidad, incompatibilidad y opción de la víctima», *Derecho Privado y Constitución*, Nº 19, 2005. pp. 93-163.
- LAURENZO COPELLO, *Comentarios al Código Penal. Parte Especial. II*, (coord. Díez Ripollés y Romeo Casabona), Tirant lo Blanch, 2004.
- LASCURAÍN SÁNCHEZ, «El proceso penal como proceso de amparo del derecho al honor: comentario a la STC 21/2000», *Revista de Derecho Penal y Criminología*, Nº 7, 2001.
- LIBANO BERISTAIN, *Los delitos semipúblicos y privados: aspectos sustantivos y procesales*, Bosch Editor, 2011.
- MIR PUIG, *Derecho Penal Parte General*, Reppertor, 2016.
- MORENO CATENA/CORTÉS, *Derecho Procesal Penal*, Tirant lo Blanch, 2024.

- PÉREZ GRANADOS, «Jurisprudencia del Tribunal Supremo sobre el derecho al honor, a la intimidad y a la propia imagen», *Cuadernos de derecho judicial*, Nº. 1, 1998
- SERRA DOMÍNGUEZ, «El procedimiento especial para los delitos de injurias"» *Estudios de Derecho Procesal*, Ariel, 1969.

Capítulo 68

El procedimiento de decomiso autónomo

Amaya Arnáiz Serrano[1]
Profesora Titular de Derecho Procesal
Universidad Carlos III de Madrid

1. INTRODUCCIÓN

El decomiso autónomo se ha configurado en nuestro ordenamiento jurídico como una herramienta esencial de política criminal, cuya finalidad es neutralizar los beneficios derivados de la actividad delictiva, incluso en ausencia de un pronunciamiento penal condenatorio. La incorporación de esta modalidad mediante la LO 1/2015, a través del art. 127 *ter* del CP y de los arts. 803 *ter* e) y ss. de la LECrim, respondió a la exigencia de transponer al Derecho interno la Directiva 2014/42/UE del Parlamento Europeo y del Consejo, de 3 de abril de 2014, relativa al embargo y decomiso de los instrumentos y del producto del delito en la Unión Europea.

El impulso normativo que propició la incorporación de esta institución se enmarca en un proceso más amplio de internacionalización y armonización de las políticas de privación

[1] https://orcid.org/0000-0001-7125-9667

patrimonial, orientadas a neutralizar los beneficios económicos derivados de la actividad delictiva. La Convención de Viena de 1988, en materia de tráfico ilícito de estupefacientes, y la Convención de Palermo de 2000, sobre delincuencia organizada transnacional, ya habían insistido en la necesidad de dotar a los Estados de mecanismos eficaces para privar a los infractores de los réditos obtenidos ilícitamente. Esta tendencia se ha visto reforzada con la reciente Directiva (UE) 2024/1260, relativa a la recuperación y decomiso de activos, cuyo objetivo primordial, recogido expresamente en su considerando primero, es garantizar que «el delito no resulte rentable», ampliando el alcance del decomiso sin condena y mejorando la cooperación transfronteriza.

El legislador español para dar cumplimiento a estos compromisos, diseñó el decomiso autónomo como procedimiento jurisdiccional independiente que permite la pérdida definitiva a favor del Estado de bienes, efectos o ganancias de origen delictivo, cuando el Ministerio Fiscal se limite en su escrito de acusación a solicitar el decomiso de bienes reservando expresamente para este procedimiento su determinación, o cuando no sea posible dictar una sentencia condenatoria por causas como el fallecimiento del investigado, su rebeldía procesal o por su incapacidad para comparecer en juicio—.

La incorporación de este mecanismo no ha estado ausente de polémicas pues, mientras para algunos constituye un avance imprescindible en la lucha contra las estructuras criminales complejas, pues impide que la inactividad procesal o la imposibilidad de enjuiciamiento favorezca la consolidación de patrimonios ilícitos (GISBERT POMATA, 2022, p.37). Para otros, en cambio esta institución pone en riesgo algunos de los principios estructurales del proceso penal en un Estado de Derecho, por la flexibilización del estándar probatorio y la desvinculación del juicio de culpabilidad (ESCUDERO GARCÍA-CALDERÓN, 2024, p. 91; DURÁN SILVA/JAÉN VALLEJO, 2018, p. 45).

En todo caso, el decomiso autónomo se presenta como un instrumento de política criminal complejo, pues por un lado aporta al sistema un instrumento preventivo-patrimonial de indudable eficacia, pero por otro, su aplicación práctica debe armonizarse con las garantías propias del proceso penal, lo que no siempre resulta sencillo. Su potencial para privar de rentabilidad al delito y desarticular estructuras criminales complejas resulta innegable; pero la amplitud de sus supuestos de procedencia y la flexibilización probatoria que lo caracteriza demandan un escrutinio judicial especialmente riguroso, a fin de evitar que la eficacia se imponga en detrimento de los derechos y garantías fundamentales del afectado. Este equilibrio, núcleo de la tensión entre efectividad y garantías, constituye el eje vertebrador de esta institución.

2. MARCO CONCEPTUAL Y SISTEMÁTICO DEL DECOMISO AUTÓNOMO

2.1 Concepto y caracteres distintivos frente a otras formas de decomiso

El decomiso autónomo es un procedimiento de carácter jurisdiccional independiente del proceso penal principal que permite declarar la pérdida definitiva, a favor del Estado, de bienes, efectos o ganancias procedentes de actividades delictivas, sin necesidad de una sentencia penal condenatoria respecto de su titular. Esta configuración, recogida en el art. 127 *ter* del CP y desarrollada procesalmente en los arts. 803 *ter* e) y ss. de la LECrim, responde a la finalidad de impedir que circunstancias procesales o personales —tales como el fallecimiento, la rebeldía o la incapacidad para comparecer en juicio del investigado— frustren la neutralización patrimonial de los beneficios ilícitos.

Con respecto a la expresión que se recoge en el art. 803 *ter* e.2.a) LECrim como causa para acudir a la vía del decomiso autónomo, referida a «incapacidad para comparecer en juicio», debemos preguntarnos si solo se está refiriendo a la incapacidad para comparecer en juicio relativa la falta de capacidad procesal o ¿puede extenderse a otros motivos? Por ejemplo, que el investigado este privado de libertad cumpliendo condena de larga duración, en tal modo que no le permita comparecer en juicio, o sufra una enfermedad grave que le impida comparecer sin grave aflicción para su salud; pues bien, parece, de la lectura del precepto y las razones del mismo, que la «incapacidad para comparecer en juicio» debe incluir no solo los casos de falta de capacidad procesal, sino todas aquellas situaciones de hecho que, con cierta vocación de permanencia, perpetúan en el tiempo dicha incapacidad para comparecer, como ocurrir en los casos, por ejemplo, regulados en los arts. 746.4º y 5 y 749 LECrim, cuando se prolongan en el tiempo sin mínimos datos de que dicha «incapacidad» vaya a cesar a medio o largo plazo, conclusión que debe ser puesto en relación con lo dispuesto en el art. art. 127 ter.1.a) CP que refiere la existencia de una enfermedad crónica que impida su enjuiciamiento como justificación para acudir al decomiso aunque no medie sentencia de condena.

En contraste con el decomiso ordinario —previsto en el art. 127 del CP—, que se concibe como una consecuencia accesoria de la condena penal y requiere la acreditación plena del hecho delictivo y de la culpabilidad del condenado, el decomiso autónomo se desvincula del juicio de culpabilidad. Ello lo aproxima, aunque sin confundirse, al decomiso ampliado del art. 127 *bis* del CP, el cual permite incautar bienes procedentes de otras actividades ilícitas distintas de las que motivaron la condena, pero exige igualmente que exista sentencia condenatoria por alguno de los delitos habilitantes.

El carácter procesalmente independiente y materialmente patrimonial del decomiso autónomo lo singulariza también frente al denominado decomiso sin condena previsto en instrumentos internacionales y europeos, en particular en la Directiva 2014/42/UE y en la Directiva (UE) 2024/1260. A diferencia de estos modelos, que pueden atribuir su tramitación a autoridades administrativas, el legislador español ha optado por reservar la competencia a órganos jurisdiccionales penales, asegurando así un control judicial pleno.

En síntesis, el decomiso autónomo se caracteriza por:

* Su independencia procesal respecto del juicio de culpabilidad.
* Su naturaleza patrimonial y finalidad preventiva, orientada a neutralizar beneficios ilícitos.
* La reserva de competencia jurisdiccional para su tramitación.
* La flexibilización del estándar probatorio, limitada por la exigencia de motivación reforzada.

2.2 Fundamento y naturaleza jurídica

El decomiso autónomo encuentra su fundamento en la necesidad de privar al delito de cualquier beneficio económico y de impedir la consolidación de patrimonios ilícitos en el tráfico jurídico. Esta finalidad presenta un doble carácter. De un lado, preventivo, en cuanto pretende desarticular la base patrimonial que sostiene la actividad criminal y evitar su reinversión en nuevas actividades ilícitas. De otro, restitutivo, en la medida en que, siempre que sea posible, orienta los bienes recuperados a la reparación de los perjuicios ocasionados a las víctimas.

Este diseño responde a directrices internacionales. Tanto la Convención de Viena de 1988 como la Convención de Palermo de 2000 establecieron que la privación de las ganancias ilícitas es una herramienta esencial en la lucha contra la delincuencia grave. En el ámbito de la Unión Europea, la Directiva 2014/42/UE y la Directiva (UE) 2024/1260 consolidan esta orientación, expresando que «el delito no debe ser rentable» y promoviendo fórmulas de decomiso sin condena penal previa, pero con pleno control judicial.

La naturaleza del decomiso autónomo ha generado un intenso debate doctrinal, dado su principal rasgo definitorio, la posibilidad de acordar la privación definitiva de bienes, efectos o ganancias procedentes de actividades delictivas sin necesidad de una sentencia penal condenatoria.

Esta configuración ha llevado a un sector de la doctrina a sostener que se trata de una consecuencia patrimonial de naturaleza preventiva, destinada a privar al delito de rentabilidad y a restaurar el orden económico alterado, alejada conceptualmente de la pena y de la lógica retributiva, lo que justificaría un estándar probatorio basado en indicios objetivos, siempre que se acompañe de un contradictorio reforzado y una motivación judicial sólida (GASCÓN INCHAUSTI, 2017, p. 9).

En cambio, otro sector doctrinal considera que, por su intensidad, carácter definitivo y ausencia de condena previa, el decomiso autónomo presenta rasgos materiales propios de una sanción penal, lo que exigiría aplicar las garantías sustantivas y procesales del Derecho penal, incluido un estándar probatorio más exigente y una interpretación restrictiva de su ámbito de aplicación (MARAVER, 2025, p. 14, ESCUDERO GARCÍA-CALDERÓN, 2024, p. 92 o FUNES BELTRÁN, 2024, p. 61).

Hay quienes adoptan una posición intermedia considerando que la institución responde a una naturaleza híbrida, con elementos preventivos y sancionadores, que obliga a extremar las garantías procesales para evitar vulneraciones de derechos fundamentales como la presunción de inocencia o el in dubio pro reo (DURÁN SILVA/JAÉN VALLEJO, 2018, p. 46). El Tribunal Supremo ha considerado que el decomiso autónomo no constituye una pena, sino una consecuencia patrimonial del delito, si bien exige un control judicial reforzado y pleno respeto a las garantías procesales debido a la intensa afectación que produce sobre el derecho de propiedad (entre otras, SSTS de 12/11/2020 [*Tol 8213888*], de 9/02/2022 [*Tol 8803732*] y de 17/03/2022 [*Tol 8881198*]).

3. PRESUPUESTOS PARA SU APLICACIÓN

3.1 Presupuestos materiales

El decomiso autónomo, en cuanto consecuencia patrimonial del delito desvinculada de un pronunciamiento de culpabilidad, exige la concurrencia de determinados presupuestos materiales cuya función es delimitar su ámbito de aplicación y garantizar su compatibilidad con los derechos fundamentales. Tales requisitos, previstos en el art. 127 *ter* del CP y desarrollados en los arts. 803 *ter* e) y ss. de la LECrim, constituyen verdaderas condiciones de procedencia y, por tanto, han de ser objeto de interpretación estricta. Conforme al diseño legal, se exige:

* Que resulte jurídicamente imposible —o altamente improbable conseguirlo en un plazo razonable— continuar el procedimiento penal ordinario.

* Que concurran indicios objetivos y fundados sobre el origen delictivo de los bienes, efectos o ganancias objeto de la medida.

3.1.1 Imposibilidad de continuar el procedimiento penal ordinario

El art. 127 *ter* 1 del CP faculta la adopción del decomiso autónomo cuando «no pueda dirigirse o continuarse el procedimiento penal» contra la persona a la que se refiere el art. 127 *bis* del mencionado texto legal. Este presupuesto actúa a la vez como condición habilitante y como límite: habilitante, en cuanto permite la desvinculación de la medida respecto de un pronunciamiento condenatorio; y limitativo, en la medida en que impide que el decomiso se convierta en una vía paralela destinada a eludir las exigencias probatorias o procesales del enjuiciamiento penal.

El propio precepto, en conexión con el art. 130 del CP, identifica expresamente ciertos supuestos en los que concurre la imposibilidad de continuar el procedimiento, entre los que destacan:

* El fallecimiento del investigado o acusado.
* La rebeldía procesal declarada.
* La concurrencia de causas que extingan o impidan la exigencia de responsabilidad penal, tales como la muerte del sujeto pasivo de la acción penal o la prescripción del delito.

La doctrina del Tribunal Supremo ha tratado de precisar el concepto de "imposibilidad" exigiendo que sea real y jurídicamente de difícil superación. De ahí que en la STS de 12/11/2020 [*Tol 8213888*], se subraye que el decomiso autónomo no es un mecanismo para suplir la insuficiencia de prueba en el proceso penal, sino una respuesta excepcional cuando concurren obstáculos que impiden pronunciarse sobre la culpabilidad.

Resulta ciertamente ejemplificativo para delimitar el contorno de concepto de «imposibilidad de continuar el procedimiento penal», una lectura del art. 127 ter1.a) del CP, que viene a señalar que se podrá acordar el decomiso aunque no medie sentencia de condena, entre otras causas, cuando el sujeto pasivo de la acción sufra una enfermedad crónica que impida su enjuiciamiento y exista el riesgo de que puedan prescribir los hechos; la imposibilidad de comparecer en juicio que se atisbe que se va a perpetuar en el tiempo, en tal modo que pueda dibujarse en el horizonte la posibilidad de la prescripción, nos debe dar la idea de qué puede entenderse como imposibilidad de celebrar el juicio, que no es otra que aquella que refleja que la ausencia de posibilidad de celebrar el juicio oral se va a prolongar a lo largo de tiempo.

La naturaleza compleja de esta institución ha llevado a la doctrina a advertir del riesgo de que una interpretación extensiva de este presupuesto erosione su carácter excepcional, convirtiendo el decomiso autónomo en una herramienta de uso ordinario desligada de las circunstancias tasadas por el legislador (GASCÓN INCHAUSTI, 2017, p. 164).

Además, la concurrencia de este presupuesto requiere no solo la verificación de una de las circunstancias legales, sino también la constatación de que la imposibilidad —o alta dificultad prolongada en el tiempo— de enjuiciamiento no es imputable a la actuación de las partes procesales ajenas al sujeto pasivo de la acción ni fruto de una estrategia procesal de éstas dirigida a eludir las garantías del proceso penal.

Recordemos que en el ámbito del proceso de decomiso autónomo no nos movemos, cuando de estándares probatorios hablamos, en la exigencia de la certeza más allá de la duda razonable, como especial observancia del principio "in dubio pro reo", sino en exigencia de alta probabilidad cercana a la certeza «pero menos».

Al respecto la STS de 9/02/2022 [*Tol 8803732*], vino a exponer «De ahí, que, en el caso, no resulte contradictorio que el Fiscal no acusara a la Sra. Eloisa y a sus hijos como autores de un delito de blanqueo en el procedimiento suspendido por desconocer el origen delictivo del dinero con el que se adquirieron los bienes y, sin embargo, pretenda el decomiso de determinados bienes de su propiedad en el procedimiento autónomo. En este, el fundamento pretensional, *la causa de pedir*, es distinto. [...]. Presupuestos cuya acreditación no reclama un estándar de prueba más allá de toda duda razonable, pues este solo resulta exigible en el proceso penal para declarar la responsabilidad criminal de la persona acusada, bastando un estándar de simple preponderancia de la evidencia».

3.1.2 *Existencia de indicios objetivos y fundados del origen delictivo de los bienes*

El segundo presupuesto material, previsto en los arts. 127 *quinquies* y *sexies* del CP, exige que la pretensión de decomiso se fundamente en indicios objetivos y fundados que permitan inferir razonablemente el origen ilícito de los bienes, efectos o ganancias. El legislador enumera, a título ejemplificativo, determinadas circunstancias de especial significación indiciaria:

* la desproporción entre el valor del patrimonio y los ingresos lícitos del afectado;
* La interposición de personas o entidades para ocultar la titularidad real.
* La utilización de estructuras opacas o radicadas en jurisdicciones no cooperantes.
* La realización de operaciones sin justificación económica o jurídica razonable.

* El conocimiento o la posibilidad razonable de conocer que el bien estaba destinado a dificultar el decomiso.

En la práctica forense no se exige prueba plena del nexo causal entre la actividad delictiva y el bien, pero sí una base indiciaria sólida, construida sobre hechos acreditados y conectados entre sí mediante una inferencia lógica y motivada. Lo que no cabe es que la decisión judicial descanse en conjeturas o apreciaciones subjetivas, sino que debe hacerlo en un análisis crítico de los indicios que descarte hipótesis alternativas de origen lícito (entre otras, la STS de 26/11/2015 [*Tol 5612946*], y la STS de 12/11/2020 [*Tol 8213888*]).

La valoración de este estándar probatorio ha generado posiciones encontradas. Hay quienes consideran que la relajación del canon de prueba plena desplaza el eje del proceso desde la culpabilidad penal hacia la titularidad patrimonial, con el consiguiente riesgo de configurar presunciones de ilicitud prácticamente irrebatibles (ESCUDERO GARCÍA-CALDERÓN, 2024, p. 91). Frente a esta visión, otros entienden que no existe una verdadera inversión de la carga de la prueba en sentido penal, sino una obligación de colaboración para justificar la licitud del patrimonio cuando la acusación ha aportado indicios objetivos de origen ilícito (CASTELLVÍ MONTSERRAT, 2019, p. 9).

En todo caso, lo que debe exigirse del órgano jurisdiccional es que realice una valoración conjunta y contextualizada de los indicios, evitando que un único elemento —como la localización de fondos en un paraíso fiscal—, se erija por sí solo en fundamento suficiente de la medida. La motivación ha de ser reforzada, no solo para posibilitar el control jurisdiccional ulterior, sino también para garantizar que la medida se adopta con pleno respeto al principio de proporcionalidad y a la tutela judicial efectiva.

3.2 Presupuestos procesales y garantías

El decomiso autónomo, aun siendo una medida de naturaleza patrimonial, se tramita exclusivamente ante la jurisdicción penal mediante un procedimiento especial previsto en los arts. 803 *ter* e) y ss. de la LECrim. Su configuración busca garantizar que, incluso en ausencia de condena penal, la privación patrimonial se adopte dentro de un marco procesal respetuoso con los derechos fundamentales, en especial el derecho de defensa, el principio de contradicción y el principio acusatorio.

Este diseño responde a la necesidad de dotar de legitimidad constitucional a un instrumento que afecta intensamente al derecho de propiedad y puede incidir de forma directa en el patrimonio de terceros, lo que exige un contradictorio efectivo y un control judicial reforzado (GASCÓN INCHAUSTI, 2017, p.174).

3.2.1 *Audiencia contradictoria y derecho de defensa*

Tanto el art. 127 *ter* y *quater* del CP como el art. 803 *ter* j) de la LECrim prevén que se cite y oiga a todas las personas contra quienes se dirige la pretensión de decomiso, así como a los terceros con interés legítimo. Esta fase no es un mero trámite formal, sino una garantía esencial que debe permitir al afectado conocer los hechos y fundamentos de la pretensión y rebatirlos en igualdad de armas.

La jurisprudencia ha insistido en que la resolución judicial debe exponer de forma razonada la cadena de indicios y la inferencia que lleva a la conclusión de ilicitud, para posibilitar su impugnación (STS de 12/11/2020 [*Tol 8213888*]). Asimismo, esta audiencia debe servir para plantear excepciones materiales —como la prescripción— y defender los derechos de terceros de buena fe (*cfr.* SAN 10/2025 [*Tol 10451974*]).

3.2.2 *Asistencia letrada*

El art. 803 *ter* i) de la LECrim impone la asistencia letrada obligatoria en todo el procedimiento, con designación de oficio si el afectado no la nombra. Esta previsión responde a la complejidad técnica de la medida y a su potencial impacto en derechos fundamentales, por lo que la intervención de abogado y procurador resulta irrenunciable.

En supuestos de rebeldía, el art. 803 *ter* k).1 de la LECrim garantiza que el proceso continúe asegurando la representación y defensa por profesionales designados de oficio, evitando que la incomparecencia frustre el procedimiento, pero preservando las garantías mínimas del afectado (ESCUDERO GARCÍA-CALDERÓN, 2024, p. 96).

Asimismo, si bien referido a completar la capacidad procesal de quien se ve abocado al procedimiento de decomiso autónomo por falta de capacidad procesal suficiente para comparecer en el juicio penal —y lo es por estar limitado en su capacidad de entender y comprender la naturaleza y alcance del proceso penal al que está sometido—, existe expresa regulación de integración de la capacidad para comparecer en dicho proceso de decomiso autónomo —cfr., arts. 803 *ter* e 2 b y 803 *ter* k 2, ambos de la LECrim—, que habrá de incidir en la eficacia de la asistencia letrada, integración de la capacidad que la encontramos regulada en la figura del defensor judicial —cfr. art. 8 de la LEC—.

3.2.3 Principio acusatorio y carga de la prueba

El principio acusatorio se plasma en que la legitimación activa para promover el decomiso autónomo corresponde en exclusiva al Ministerio Fiscal (art. 803 *ter* h) LECrim). De este modo se asegura que la acción se ejercita en defensa del interés público y bajo el principio de objetividad, evitando su utilización con fines privados.

En cuanto a la carga de la prueba, la estructura procesal parte de la obligación del Ministerio Fiscal de aportar indicios objetivos y fundados sobre el origen ilícito de los bienes (arts. 127 *quinquies* y *sexies* CP). Una vez cumplida esta carga inicial, corresponde al afectado la contraprueba para justificar la licitud de su patrimonio. Esta distribución no supone una inversión automática de la carga, pero sí desde luego un singular desplazamiento que ha suscita un trascendente debate doctrinal por su posible tensión con la presunción de inocencia, sobre todo cuando los indicios se construyen sobre estándares probatorios flexibles (DURÁN SILVA/JAÉN VALLEJO, 2018, p. 45).

En esta fase inicial, resulta esencial un control judicial cualitativo sobre la suficiencia y coherencia de los indicios, de forma que solo se abra el contradictorio cuando exista una base razonable y documentada que justifique la privación patrimonial (GASCÓN INCHAUSTI, 2017, p. 167).

4. SUJETOS INTERVINIENTES EN EL PROCEDIMIENTO

4.1 El Ministerio Fiscal como legitimado activo único

La LECrim atribuye en exclusiva al Ministerio Fiscal la legitimación activa para instar el procedimiento de decomiso autónomo. Así lo dispone el art. 803 *ter* j) LECrim, al establecer que únicamente el Ministerio Fiscal estará legitimado para instar el procedimiento de decomiso autónomo, lo que excluye expresamente la posibilidad de que particulares, incluso las víctimas, puedan promover directamente la medida.

Esta configuración responde a dos razones esenciales. En primer lugar, la finalidad del decomiso autónomo es proteger un interés público de carácter general —impedir que bienes, efectos o ganancias de origen delictivo permanezcan en el tráfico jurídico—, lo que justifica su atribución a un órgano institucional dotado de un mandato de objetividad y ajeno a intereses particulares. En segundo lugar, la concentración de la acción en el Ministerio Fiscal busca evitar un uso estratégico o instrumental de la figura, garantizando que su ejercicio obedezca únicamente a criterios de legalidad y política criminal (GISBERT POMATA, 2022, p. 38).

Desde la perspectiva procesal, esta exclusividad tiene consecuencias relevantes. Al ser el único actor legitimado para iniciar el procedimiento, el Ministerio Fiscal asume íntegramente la carga de la iniciativa y de la aportación de indicios objetivos y fundados que justifiquen el decomiso, conforme a los arts. 127 *quinquies* y *sexies* del CP. Ello implica no solo una labor de dirección jurídica, sino también de investigación patrimonial previa, que puede desarrollarse mediante diligencias de investigación propias o con el auxilio de la Oficina de Recuperación y Gestión de Activos (ORGA).

El Tribunal Supremo ha subrayado que esta atribución exclusiva en manos del Ministerio público refuerza la conexión entre el decomiso autónomo y la jurisdicción penal, preservando su carácter de medida judicial y no administrativa. Se ha resaltado que el decomiso, incluso en su modalidad autónoma, es consecuencia patrimonial del delito y requiere un control jurisdiccional integral, lo que se ve favorecido por la intervención de un sujeto procesal especializado y sometido al principio de objetividad como es el Ministerio Fiscal (cfr. la STS de 12/11/2020 [*Tol 8213888*]).

Se ha considerado que esta configuración no solo otorga al Ministerio Público un papel central, sino que también le impone un estándar reforzado de actuación, en la medida en que su monopolio procesal implica responsabilidad directa en la valoración de la viabilidad de la medida y en la protección de derechos de terceros potencialmente afectados (GASCÓN INCHAUSTI, 2017, p. 173).

Asimismo, se ha considerado que la atribución exclusiva de la legitimación activa al Ministerio Fiscal persigue garantizar la coherencia, objetividad y uniformidad en la aplicación del decomiso autónomo, asegurando que su utilización responda siempre a una finalidad de interés general y que se tramite bajo control jurisdiccional, sin riesgo de instrumentalización por actores privados.

4.2 Demandado: titular o poseedor de los bienes

En el procedimiento de decomiso autónomo, la posición procesal de "demandado" corresponde a la persona contra la cual se dirige la pretensión de privación definitiva de bienes, efectos o ganancias de origen delictivo. El art. 127 *ter* CP y el art. 803 *ter* j) de la LECrim delimitan la legitimación pasiva en términos amplios, incluyendo no solo al titular formal, sino también al poseedor efectivo o a cualquier persona con relación material o jurídica relevante sobre el objeto del decomiso. Este criterio finalista obedece a la lógica patrimonial de la medida, pues el proceso no tiene por objeto declarar la culpabilidad penal de un individuo, sino determinar si determinados bienes deben salir del tráfico jurídico por su origen ilícito. En consecuencia, la legitimación pasiva se fundamenta en la vinculación del demandado con los bienes y no necesariamente en su participación directa en la actividad de naturaleza delictiva.

Precisamente por su carácter amplio y finalista, esta legitimación puede alcanzar a titulares aparentes o interpuestos sin participación directa en el hecho delictivo, lo que resulta especialmente relevante en contextos de estructuras societarias o patrimoniales complejas (GISBERT POMATA, 2022, p. 41). Para preservar el equilibrio entre la eficacia de la medida y la tutela de derechos, el ordenamiento exige el reconocimiento de una audiencia contradictoria efectiva (arts. 127 *ter* 2 y *quater* CP y 803 *ter* o) LECrim), que permita a la persona contra la que se dirige la acción rebatir los indicios, proponer prueba y, en su caso, acreditar la licitud del origen de los bienes.

Asimismo, en los supuestos de rebeldía procesal —cuando el demandado ha sido declarado en rebeldía en el proceso penal suspendido—, el art. 803 *ter* k) de la LECrim garantiza la designación de abogado y procurador de oficio, permitiendo que el proceso continúe sin merma de las garantías de defensa. La doctrina ha destacado que esta previsión equilibra el interés público en la recuperación de activos con la necesidad de preservar el núcleo esencial del derecho de defensa (ESCUDERO GARCÍA-CALDERÓN, 2024, p. 96).

Por tanto, la condición de demandado en el decomiso autónomo no se circunscribe a la persona investigada o acusada en el proceso penal previo, sino que se extiende a cualquier sujeto con una relación jurídicamente relevante sobre los bienes afectados. Este diseño amplio, propio de un instrumento de naturaleza patrimonial-preventiva, debe aplicarse con prudencia, mediante una motivación judicial reforzada y un contradictorio efectivo, a fin de evitar privaciones patrimoniales arbitrarias.

4.3 Terceros afectados y terceros de buena fe

El régimen del decomiso autónomo reconoce la posible intervención de terceros distintos del titular o poseedor directo de los bienes, a fin de salvaguardar los derechos patrimoniales legítimos que puedan verse comprometidos por la medida. Esta previsión responde a una exigencia constitucional derivada del derecho de propiedad (art. 33 CE) y de la tutela judicial efectiva (art. 24 CE), así como a los límites materiales previstos en el artículo 127 *quater* CP, que excluye expresamente del decomiso "los derechos adquiridos por terceros de buena fe a título oneroso".

4.3.1 Concepto y alcance de la intervención de terceros

El art. 803 *ter* j.3 de la LECrim remite al art. 803 *ter* b.3 del mismo texto legal, que regula la comparecencia de terceros con "interés legítimo" sobre los bienes objeto de decomiso. Este concepto comprende tanto a quienes ostenten derechos reales —como hipotecas, usufructos o servidumbres— como a quienes acrediten derechos de crédito o expectativas legítimas de adquisición. La intervención procesal de estos terceros tiene por finalidad garantizar que la medida no se convierta en un mecanismo de privación patrimonial sin indemnización para quienes han adquirido derechos de forma legítima y sin conexión con la actividad delictiva.

La amplitud del concepto de "tercero afectado" implica que pueden comparecer tanto aquellos que aleguen la titularidad de los bienes como los que reclamen un derecho de garantía o cualquier otra relación jurídica que pueda verse menoscabada. No obstante, el reconocimiento procesal de la posición de tercero no implica automáticamente la exclusión del decomiso, sino la apertura de un contradictorio en el que el tercero debe acreditar la licitud de su adquisición y la ausencia de conocimiento o deber de conocimiento del origen ilícito de los bienes.

4.3.2 El estándar de la buena fe y la carga probatoria

La buena fe del tercero, conforme a la doctrina consolidada, debe ser subjetiva y objetiva:

- Subjetiva, en cuanto ausencia de conocimiento del origen ilícito.
- Objetiva, en cuanto diligencia razonable para detectarlo según las circunstancias del caso.

La doctrina del Tribunal Supremo ha vinculado esta valoración a criterios de normalidad negocial y a la ausencia de indicios que, de haber sido apreciados, hubieran debido alertar al adquirente (STS de 12/11/2020 [*Tol 8213888*]). Se ha subrayado que el tercero debe aportar prueba suficiente de la licitud de su adquisición, lo que exige acreditar tanto el título como el precio y la causa de la transmisión, y no basta con la mera titularidad registral (STS de 17/03/2022 [*Tol 8881198*]). Además, debe tenerse presente que, en estos casos, la buena fe no puede presumirse sin más, sino que debe ser objeto de una valoración judicial fundada en la prueba aportada, y que el desconocimiento del origen ilícito no exonera si se actuó con negligencia grave en la verificación de la licitud del bien (STS de 9/02/2022 [*Tol 8803732*]). De hecho, hay quien considera que una interpretación excesivamente *laxa* del estándar de diligencia podría convertir la excepción de buena fe en una cláusula de escape de difícil control, debilitando la eficacia del decomiso (GISBERT POMATA, 2022, p. 42).

4.3.3 Garantías procesales de los terceros

Procesalmente, los terceros de buena fe tienen derecho a ser oídos, conocer los bienes afectados, formular alegaciones, proponer prueba y recurrir la resolución que acuerde el decomiso. Este derecho de audiencia contradictoria está recogido en el art. 803 *ter* b) de la LECrim y ha sido calificado como garantía esencial para la legitimidad del procedimiento (SAN 10/2025 [*Tol 10451974*]).

La intervención de terceros de buena fe contribuye a preservar la seguridad jurídica y la confianza legítima en las relaciones patrimoniales, evitando que el decomiso se convierta en una expropiación encubierta de bienes lícitos. Esta salvaguarda no solo protege derechos individuales, sino que también refuerza la legitimidad material del sistema de recuperación de activos frente a la criminalidad (GISBERT POMATA, 2022, p. 43).

2710 **4.4 Supuestos de rebeldía procesal**

El art. 803 *ter* k) de la LECrim regula de forma específica la tramitación del procedimiento de decomiso autónomo cuando el demandado ha sido declarado en rebeldía en el proceso penal principal que dio origen a la causa. Esta previsión se justifica por la necesidad de conjugar el interés público en la privación patrimonial de bienes de origen delictivo con la preservación de las garantías procesales, evitando que la incomparecencia del afectado —voluntaria o no— frustre la eficacia de la medida.

La declaración de rebeldía no impide la continuación del procedimiento, pero obliga al órgano jurisdiccional a adoptar medidas sustitutivas para salvaguardar el derecho de defensa. Entre ellas destacan:

* La citación del rebelde a través de su representación procesal constituida en el procedimiento penal previo, si existiera —art. 803 *ter* j.2 LECrim—;
* la publicación de edictos en el tablón de anuncios del órgano judicial, garantizando una publicidad procesal mínima.
* La designación de abogado y procurador de oficio para que asuman la representación y defensa durante todo el procedimiento —puede pensarse, visto el contenido del art. 803 *ter* j.2 LECrim, que esto solo lo será

para el caso de que no exista representación y defensa en el eventual proceso penal previo o que dichos profesionales renuncien—.

Estas medidas pretenden evitar que la rebeldía —especialmente en contextos de criminalidad organizada o transnacional— se convierta en una estrategia para eludir la acción de decomiso. Sin embargo, la doctrina ha advertido que esta habilitación para proseguir el procedimiento sin la comparecencia personal del afectado exige un refuerzo en el control judicial sobre la suficiencia de la prueba y la proporcionalidad de la medida (ESCUDERO GARCÍA-CALDERÓN, 2024, p. 96).

En el plano práctico, la intervención de letrado y procurador designados de oficio en estos supuestos no debe limitarse a una mera representación formal, sino que debe orientarse a la defensa activa de los intereses del rebelde, incluyendo la proposición de prueba y la interposición de recursos. De este modo se asegura que, aun en ausencia física del afectado, el procedimiento cumpla con las exigencias del art. 24 CE y con el principio de igualdad de armas.

5. PROCEDIMIENTO DE DECOMISO AUTÓNOMO

5.1 Competencia y ámbito territorial

La determinación del órgano competente para conocer del decomiso autónomo está prevista en el art. 803 *ter* f) de la LECrim, que establece un criterio escalonado con el fin de garantizar la continuidad y coherencia procesal respecto del procedimiento penal principal, aunque este no haya concluido con sentencia condenatoria.

En primer lugar, será competente el órgano que hubiera dictado sentencia firme en el proceso penal previo. En segundo término, si el procedimiento penal se encuentra suspendido —por ejemplo, por rebeldía o incapacidad procesal sobrevenida—, la competencia corresponderá al tribunal que estuviera conociendo de la causa. Finalmente, si no se hubiese iniciado un procedimiento penal, será competente el órgano que resultaría competente para su enjuiciamiento, aplicando las reglas generales de competencia objetiva y territorial de la LECrim.

Este esquema evita el *forum shopping* y refuerza el principio de unidad de causa, procurando que el mismo órgano que conoció o conocería de los hechos delictivos valore la procedencia del decomiso patrimonial. Como subraya GASCÓN INCHAUSTI, esta continuidad no es solo una cuestión de economía procesal, sino también una garantía de que el órgano decisor dispone de un conocimiento más completo del contexto fáctico y jurídico de la medida, incluso si la acción de decomiso se promueve con posterioridad y de manera independiente (2017, p. 154).

En el plano territorial, se aplican los criterios generales de los arts. 14 a 18 de la LECrim, atendiendo prioritariamente al lugar de comisión del delito del que derivan los bienes o, en su defecto, al lugar en que se encuentren o puedan hallarse los efectos, bienes o ganancias a decomisar. Este último criterio es especialmente relevante en supuestos de criminalidad económica transnacional, donde la localización física de los activos puede diferir del lugar de comisión de los hechos, lo que exige coordinación judicial y cooperación internacional.

La determinación de la competencia territorial en el procedimiento de decomiso autónomo debe abordarse con un criterio funcional, coherente con el carácter patrimonial y preventivo de la medida. Se ha señalado que, en casos de dispersión geográfica de los bienes, puede resultar más eficiente atribuir la competencia a aquel órgano cuya localización favorezca la tramitación y ejecución del decomiso (GASCÓN INCHAUSTI, 2016, p. 154). También se ha defendido que la acumulación, en un solo órgano, de actuaciones relativas a bienes situados en distintos territorios contribuye a evitar la fragmentación procesal y refuerza la efectividad de la privación patrimonial, siempre que se preserven las garantías procesales de las partes (MARTÍN SAGRADO, 2018, p. 212). Este planteamiento prioriza la finalidad del decomiso —excluir del tráfico jurídico bienes de origen ilícito— sobre una aplicación rígida de las reglas tradicionales de competencia territorial (VIZUETA FERNÁNDEZ, 2023, p. 15).

La doctrina coincide al señalar que la regulación actual presenta un equilibrio razonable entre especialización y proximidad territorial, aunque advierten de que en casos de gran complejidad —por ejemplo, macrocausas con bienes en diversas jurisdicciones— la concentración competencial puede generar sobrecarga y dilaciones, lo que aconsejaría prever mecanismos de distribución o auxilio judicial reforzado (MARAVER GÓMEZ, 2018, p. 111).

5.2 Inicio del procedimiento y demanda

El procedimiento de decomiso autónomo se inicia exclusivamente a instancia del Ministerio Fiscal, en virtud de lo dispuesto en el art. 803 *ter* h) de la LECrim. Esta previsión —como se ha dicho anteriormente— responde a la configuración institucional de la medida como consecuencia patrimonial del delito orientada a la protección del interés público, cuya promoción corresponde a un sujeto procesal sometido al principio de legalidad y objetividad (art. 124 CE).

La fase de incoación exige que el fiscal valore previamente la concurrencia de los presupuestos materiales establecidos en el art. 127 *ter* del CP —imposibilidad, o altamente improbable, de continuar el procedimiento penal ordinario y existencia de indicios objetivos y fundados del origen ilícito de los bienes—, así como la viabilidad probatoria de la acción. Para ello, puede practicar diligencias de investigación patrimonial con el auxilio de la ORGA o de la Policía Judicial (art. 803 *ter* q) LECrim). Estas actuaciones, de carácter preparatorio, tienen por finalidad identificar y localizar los bienes susceptibles de decomiso, recabando la documentación y los elementos probatorios que permitan sostener la pretensión en el contradictorio posterior.

La demanda se formula por escrito y debe cumplir los requisitos formales contemplados en el art. 803 *ter* l) de la LECrim:

* Identificación de las personas contra quienes se dirige la acción y sus domicilios o, en caso de rebeldía, la constancia de tal situación.
* Relación precisa de los bienes, efectos o ganancias cuyo decomiso se interesa, con indicación de su localización y situación registral.
* Exposición de los hechos que fundamentan la pretensión, incluyendo el hecho punible del que derivan los bienes y su calificación jurídico-penal.
* Fundamento legal de la medida solicitada, con referencia a los preceptos sustantivos y procesales aplicables.
* Proposición de la prueba que se estime pertinente.
* Solicitud, en su caso, de medidas cautelares patrimoniales para asegurar la efectividad del decomiso.

La demanda debe por tanto contener un relato fáctico y jurídico suficientemente preciso para que el demandado conozca con claridad el alcance de la pretensión y pueda articular adecuadamente su defensa. Ello exige identificar de forma concreta el nexo indiciario entre el patrimonio cuya privación se solicita y la actividad ilícita que se le atribuye, evitando fórmulas genéricas o presunciones no fundamentadas (GASCÓN INCHAUSTI, 2016, p. 162). Del mismo modo, cuando se soliciten medidas cautelares, el escrito debe justificar expresamente su proporcionalidad y necesidad, de forma que se permita al órgano judicial valorar su procedencia con plena información y garantizando el derecho de defensa (MARTÍN SAGRADO, 2018, p. 219).

Doctrinalmente, se ha advertido que la solidez técnica de la demanda resulta decisiva para el éxito del procedimiento, dado que una insuficiencia probatoria inicial puede condicionar todo el desarrollo del contradictorio (GASCÓN INCHAUSTI, 2017, p. 163). Asimismo, se ha subrayado la necesidad de que el Ministerio Fiscal extreme el rigor en la exposición de indicios cuando se trate de decomisos sobre bienes de terceros, a fin de evitar un uso expansivo que vulnere derechos patrimoniales legítimos (DURÁN SILVA/JAÉN VALLEJO, 2018, pp. 45-46).

5.3 Legitimación pasiva y pluralidad de demandados

El art. 803 *ter* j) de la LECrim configura una legitimación pasiva amplia en el procedimiento de decomiso autónomo, acorde con su finalidad patrimonial y preventiva. Pueden ser demandados no solo quienes ostenten la titularidad formal de los bienes, efectos o ganancias cuyo decomiso se pretende, sino también quienes los posean, administren o se beneficien de ellos, así como aquellos que mantengan una relación material o jurídica relevante con el objeto de la medida.

2714 Este diseño responde a la lógica del decomiso autónomo, pues no se persigue una declaración de culpabilidad, sino la determinación de la ilicitud del origen patrimonial y su consiguiente exclusión del tráfico jurídico. En este sentido, el Tribunal Supremo ha advertido que la legitimación pasiva no se agota en el investigado o acusado, sino que puede extenderse a terceros interpuestos cuando existan indicios fundados que vinculen los bienes con actividades delictivas (cfr. entre otras, la STS 740/2015 [*Tol 5612946*] y la STS de 12/11/2020 [*Tol 8213888*]).

La regulación distingue tres supuestos principales:

1. Sujetos con relación directa con los bienes (art. 803 *ter* j.1 LECrim), como propietarios registrales, poseedores efectivos, cotitulares o administradores de hecho.
2. Encausados declarados rebeldes (art. 803 *ter* j.2 LECrim), cuya incomparecencia no detiene el procedimiento, pero obliga a garantizar su defensa mediante designación de oficio. Aquí podemos incluir a la persona con limitación de la capacidad procesal a la que hace referencia el art. 803 *ter* k.2 LECrim y las que, por la vía del art. 8 de LEC, se nombre un defensor judicial.
3. Terceros afectados con interés legítimo (art. 803 *ter* j.3 LECrim), cuya posición se conecta con el art. 127.7 CP, que protege los derechos adquiridos por terceros de buena fe a título oneroso.

En cuanto a la pluralidad de demandados, el art. 12 de la LEC y la propia regulación especial permiten la acumulación subjetiva en un mismo procedimiento cuando concurren bienes vinculados a varios sujetos o cuando existen cotitularidades. Esta acumulación favorece la economía procesal y evita resoluciones contradictorias, pero plantea el reto de mantener la claridad en la imputación fáctica y jurídica a cada parte. Como apunta MARAVER GÓMEZ la correcta delimitación de las posiciones procesales es esencial para garantizar un contradictorio real, especialmente cuando se invocan derechos de terceros de buena fe o se discute la titularidad compartida (2018, p. 115).

La pluralidad de demandados plantea además retos procesales específicos, pues la presencia de varios sujetos con intereses potencialmente contrapuestos puede generar estrategias defensivas divergentes y conflictos en la proposición y práctica de la prueba, obligando al órgano judicial a extremar las cautelas para garantizar la igualdad de armas y evitar dilaciones indebidas. Asimismo, cuando los bienes se encuentran en copropiedad o gravados con cargas reales, la resolución debe concretar el alcance de la privación patrimonial respecto de cada cuota o derecho afectado, para no perjudicar a titulares ajenos a la actividad ilícita. Estas cuestiones adquieren especial relevancia en contextos transnacionales, donde la cooperación judicial y la ejecución de resoluciones de decomiso deben ajustarse a las garantías previstas en la Directiva (UE) 2024/1260, particularmente en lo que respecta a la protección de terceros de buena fe.

5.4 Medidas cautelares patrimoniales

El decomiso autónomo, por su marcada naturaleza patrimonial, exige la previsión de mecanismos cautelares que aseguren la disponibilidad de los bienes durante la tramitación del procedimiento, evitando su ocultación, transmisión o deterioro. El art. 803 *ter* l.1.h) de la LECrim habilita al Ministerio Fiscal para solicitar la adopción de medidas cautelares en el mismo escrito de demanda, debiendo justificar su conveniencia para garantizar la efectividad del decomiso. La resolución judicial sobre dichas medidas se adopta en el auto de admisión, conforme al apartado 2 del mismo precepto.

Entre las medidas más frecuentes se encuentran el embargo preventivo, la prohibición de disponer sobre bienes inmuebles —mediante anotación preventiva en el Registro de la Propiedad conforme al art. 20 de la LH—, la retención de saldos en cuentas bancarias o el depósito judicial de bienes muebles. Todas ellas deben adoptarse con respeto a los principios de proporcionalidad, idoneidad y necesidad, tal como exige el art. 17 de la Directiva 2014/42/UE y ha reiterado el Tribunal Supremo en múltiples resoluciones.

Aunque las medidas cautelares en el decomiso autónomo tienen carácter provisional, pueden producir una afectación intensa sobre el derecho de propiedad, lo que exige un control judicial estricto y una motivación reforzada (GASCÓN INCHAUSTI, 2017, p. 175). Este criterio encuentra respaldo en la jurisprudencia, que ha señalado que la adopción de tales medidas debe sustentarse en indicios objetivos que permitan inferir razonablemente la procedencia ilícita de los bienes, incluso cuando el estándar probatorio inicial sea indiciario (cfr. STS de 12/11/2020 [*Tol 8213888*]). Asimismo, se ha puesto de relieve la necesidad de que la resolución que acuerde la medida valore expresamente su proporcionalidad, ponderando si existen alternativas menos gravosas para el afectado (cfr. la STS de 17/03/2022 [*Tol 8881198*]).

Se ha advertido del riesgo de que las medidas cautelares se utilicen como un decomiso "anticipado" sin las garantías del contradictorio pleno, especialmente cuando se prolongan en el tiempo por dilaciones procesales (FUNES BELTRÁN, 2024, p. 62). En este sentido se ha señalado que la flexibilidad probatoria del decomiso autónomo obliga a reforzar las garantías en la fase cautelar, para evitar que la mera existencia de indicios conduzca a una privación patrimonial prácticamente irreversible (ESCUDERO GARCÍA-CALDERÓN, 2024, p. 99).

El régimen de oposición, modificación o levantamiento de las medidas cautelares patrimoniales se remite, en lo no previsto expresamente, a las disposiciones del Título VI del Libro III de la LEC, conforme a la remisión del art. 803 *ter* l.3 de la LECrim. De este modo se permite al afectado cuestionar tanto la procedencia inicial como la subsistencia de la medida, ya sea por variación de las circunstancias, exceso en su alcance o acreditación del origen lícito de los bienes.

5.5 Citación y contestación

Una vez admitida la demanda de decomiso autónomo, el órgano jurisdiccional debe ordenar la citación de todos los legitimados pasivos y terceros con interés legítimo, garantizando así el derecho de audiencia contradictoria. El art. 803 ter m) LECrim dispone que el demandado en el procedimiento de decomiso autónomo debe presentar escrito de contestación a la demanda de decomiso, bajo apercibimiento de que, de no hacerlo en el plazo que le sea conferido, se dictará decreto de decomiso definitivo.

La citación debe practicarse con observancia de las reglas generales de notificación, pero adaptada a la naturaleza del procedimiento. Así, en los supuestos de rebeldía, se exige notificar también a los abogados y procuradores designados de oficio (art. 803 *ter* k) LECrim), asegurando que el demandado esté representado y defendido incluso en su ausencia; asimismo, se regula la posibilidad de nombrar un defensor judicial cuando la necesidad de acudir al proceso de decomiso autónomo viene dada por la limitación de la capacidad de entender y comprender con suficiente transcendencia como para impedir la continuación del procedimiento penal. Estas previsiones, como recuerda la STS de 9/02/2022 [*Tol 8803732*], buscan evitar que la incomparecencia del afectado suponga una merma real en el ejercicio del derecho de defensa.

En cuanto a la contestación, el escrito debe dar respuesta ordenada y motivada a los hechos y fundamentos jurídicos expuestos en la demanda, pudiendo el demandado alegar:

* La inexistencia del presupuesto material del art. 127 *ter* CP.
* La licitud del origen de los bienes, efectos o ganancias.
* La falta de conexión indiciaria suficiente.
* Cualquier otra causa que excluya el decomiso —por ejemplo, derechos adquiridos por terceros de buena fe a título oneroso—.

El demandado puede asimismo proponer prueba en esta fase. La proposición probatoria en la contestación es clave, pues la naturaleza concentrada del procedimiento limita las oportunidades posteriores de incorporación de prueba (GASCÓN INCHAUSTI, 2017, p. 178). Además, dada la flexibilidad probatoria del decomiso autónomo, la contestación debe aprovecharse para introducir elementos que neutralicen indicios y presunciones, evitando que se consolide un escenario probatorio adverso (AGUADO CORREA, 2013, p. 21). 2717

La inactividad del demandado tiene consecuencias procesales significativas: si no contesta en plazo o se allana, el tribunal puede acordar directamente el decomiso (art. 803 *ter* m 2 LECrim). Sin embargo, incluso en estos casos el juez debe verificar la concurrencia de los requisitos materiales y la proporcionalidad de la medida, evitando que la falta de oposición se convierta en un automatismo privativo de bienes (DURÁN SILVA/JAÉN VALLEJO, 2018, p. 47).

5.6 Prueba y vista oral

La fase probatoria en el procedimiento de decomiso autónomo se regula en el art. 803 *ter* n) de la LECrim, que dispone que, una vez contestada la demanda o transcurrido el plazo para hacerlo, el órgano judicial resolverá sobre la admisión de la prueba propuesta y fijará, en su caso, fecha para la celebración de la vista oral, que se desarrollará conforme a las reglas del juicio verbal civil (arts. 437 y ss. LEC). Esta estructura responde a la naturaleza predominantemente patrimonial del procedimiento, aunque su origen penal justifica que se apliquen los principios propios del proceso penal, en particular el contradictorio y el derecho de defensa.

La carga de la prueba corresponde al MF, como parte actora, en lo relativo a la acreditación de los presupuestos materiales del decomiso: imposibilidad de continuar el proceso penal ordinario y existencia de indicios objetivos fundados del origen ilícito de los bienes. Ahora bien, la doctrina ha destacado que la configuración legal del decomiso autónomo permite fundar la medida en prueba indiciaria, lo que, si bien facilita su eficacia práctica, introduce un margen de riesgo en términos de garantías procesales (ESCUDERO GARCÍA-CALDERÓN, 2024, p. 91; FUNES BELTRÁN, 2024, p. 61).

El Tribunal Supremo ha subrayado que estos indicios deben ser objetivos, plurales y convergentes, y que su valoración debe responder a un juicio lógico y motivado. Se exige que la conexión entre los bienes y la actividad ilícita se exponga en la sentencia mediante una motivación reforzada, de manera que permita el control jurisdiccional y el ejercicio del derecho de defensa. Se insiste que no basta con la mera titularidad del bien o la desproporción patrimonial, sino que debe acreditarse un conjunto de circunstancias que, valoradas en su conjunto, permitan concluir razonablemente su procedencia ilícita. Sobre la prueba requerida puede leerse en la STS de 12/11/2020 [*Tol 8213888*], *que:*

«Como ya hemos apuntado, la diferencia entre prueba plena y prueba semiplena no tiene espacio en el proceso penal moderno. Sea cual fuere la etiqueta con la que el legislador quiera identificar la naturaleza del decomiso ampliado, lo cierto es que la decisión judicial expropiatoria de los bienes ha de estar basada en la incuestionable conexión probatoria entre la existencia de una actividad ilícita y los bienes o ganancias obtenidos como rendimiento. La realidad de esa actividad delictiva, aunque no se conozcan los detalles que, en otro caso, justificarían su investigación y enjuiciamiento, ha de estar plenamente acreditada, sin que sea bastante una acreditación semiplena, como parece autorizar de manera desafortunada el legislador. Y esta conclusión es predicable cualquiera que sea la naturaleza que quiera adjudicarse al decomiso ampliado. Su consideración como enriquecimiento injusto, desde luego, no libera al Fiscal de acreditar la injusticia de ese enriquecimiento. Si se ve en el decomiso algo parecido a una confiscación que, a su vez, es consecuencia necesaria del delito, la procedencia de esa sanción expropiatoria también tendrá que estar probatoriamente justificada. De lo que se trata, en fin, es no perder de vista que el decomiso ampliado sólo se justifica —como exige el art. 127 *bis* del CP— cuando, mediante indicios objetivos y fundados puede acreditarse su condición de ganancia derivada de un delito cometido con anterioridad a aquel por el que se dicta condena. El origen ilícito de esos bienes, por tanto, ha de estar acreditado mediante indicios que, como es natural, no pueden responder al puro voluntarismo del órgano judicial que acuerda el decomiso. Han de estar fundados y no pueden quedar neutralizados por datos que sugieran lo contrario, esto es, que esos bienes son el resultado de una actividad económica no vinculada al ilícito sobre el que se construye la condena. En la mayor parte de las ocasiones, la decisión jurisdiccional acerca del origen ilegal de esos bienes y ganancias habrá de basarse en una valoración indiciaria, plenamente acomodada al canon constitucional de apreciación probatoria. El recelo respecto de la prueba indiciaria no es novedoso. El aforismo *probatio vincit praesumptionem*, es una muestra bien expresiva de la preocupación histórica por fijar garantías adicionales que disminuyan el riesgo inherente a la proclamación de unos hechos probados a partir de una mera articulación lógica de indicios. Y es que por indicio hemos de entender todo rastro, vestigio, huella, circunstancia y, en general, todo hecho conocido, o mejor dicho, debidamente comprobado, susceptible de llevarnos, por vía de inferencia, al conocimiento de otro hecho desconocido. Precisamente por ello, se ha dicho que más que una prueba estaríamos en presencia de un sistema o mecanismo intelectual para la fijación de los hechos, ciertamente relacionado con la prueba, pero que no se configura propiamente como un verdadero medio de prueba. Y como quiera que cuando se pone en marcha la cadena lógica, nos adentramos en el terreno de las incertidumbres, la necesidad de un plus argumentativo se justifica por sí sola. El juicio histórico y la fundamentación jurídica han de expresar, con reforzada técnica narrativa, la hilazón lógica de los indicios sobre los que se construye la condena. (cfr. SSTS 220/2020, 22 de mayo; 740/2017, 16 de noviembre; 241/2015, 17 de abril; 587/2014, 18 de julio; 947/2007, 12 de noviembre y STS 456/2008, 8 de julio, entre otras). En la apreciación de la prueba indiciaria exigida por el apartado 2º del art. 127 *bis* del CP —objetiva y fundada—, conviene tener bien presente que la cadena de indicios y presunciones a que se refieren los arts. 127 quinquies y 127 sexies, no altera los presupuestos que definen nuestro sistema probatorio. Esas presunciones legales no aspiran —no pueden aspirar— a anticipar el desenlace valorativo del Juez, suplantando su inferencia por la prevista por el legislador. No se trata de verdaderas presunciones legales, que alterarían el esquema sobre el que también se construye la presunción de inocencia, sino de pautas hermenéuticas mediante las que el legislador busca facilitar la tarea decisoria, sin que su propia existencia implique una subversión de la carga de la prueba».

En esta fase, la intervención de terceros de buena fe reviste especial importancia, ya que pueden proponer prueba tendente a demostrar la licitud de su adquisición y la ausencia de conocimiento del origen ilícito de los bienes. Esta prueba puede ser compleja, pues exige acreditar no solo un título legítimo, sino también la diligencia debida en la operación de adquisición (GISBERT POMATA, 2022, p. 42).

La vista oral constituye el momento central del contradictorio. Se rige por las reglas del juicio verbal civil y el tribunal deberá garantizar el respeto a los principios de oralidad, inmediación y concentración, de manera que las partes puedan exponer sus argumentos, practicar la prueba admitida y formular conclusiones. destaca que, debido a la concentración de actos procesales en esta fase, la preparación exhaustiva de la prueba resulta determinante, ya que las posibilidades de actuación posterior son limitadas (GASCÓN INCHAUSTI, 2017, p. 178)

Doctrinalmente, se ha planteado el debate sobre si el estándar probatorio del decomiso autónomo debería aproximarse más al del proceso penal ordinario, dadas sus graves consecuencias patrimoniales. Un sector doctrinal, defiende que, aunque la finalidad sea preventiva, la intensidad de la afectación sobre el derecho de propiedad justifica exigir un estándar próximo a la "prueba más allá de toda duda razonable" (ROIG TORRES, 2016, p. 67), mientras que otros, sostienen que basta con un estándar intermedio que permita actuar de forma eficaz frente a patrimonios ilícitos, siempre que exista un control judicial reforzado (DURÁN SILVA/JAÉN VALLEJO, 2018, p. 46).

Como ya hemos apuntado, la doctrina del Tribunal Supremo viene señalando que la acreditación de los presupuestos para estimar el decomiso no reclama un estándar de prueba más allá de toda duda razonable, pues este solo resulta exigible en el proceso penal para declarar la responsabilidad criminal de la persona acusada, bastando un estándar de simple preponderancia de la evidencia (STS de 9/02/2022 [*Tol 8803732*]).

5.7 Sentencia: contenido, efectos y recursos

La resolución que pone fin al procedimiento de decomiso autónomo adopta la forma de sentencia, de conformidad con el art. 803 *ter* o) LECrim. Su contenido mínimo debe comprender: a) la declaración sobre la procedencia o no del decomiso de los bienes, efectos o ganancias identificados en la demanda; b) la motivación fáctica y jurídica que justifica la decisión; c) la determinación concreta de los bienes afectados o, en su defecto, el valor equivalente; y d), en su caso, el reconocimiento de derechos preferentes de terceros de buena fe y la fijación de indemnizaciones derivadas.

En cuanto a sus efectos, la sentencia estimatoria produce la privación definitiva a favor del Estado de los bienes o derechos decomisados, sin perjuicio de la aplicación prioritaria de lo obtenido a la satisfacción de las responsabilidades civiles (art. 127 *octies* 3 CP). La eficacia de cosa juzgada material queda limitada a las personas y bienes objeto del procedimiento (art. 803 *ter* p) LECrim), lo que permite un posterior enjuiciamiento penal del mismo hecho si desaparecen las circunstancias que impedían su prosecución (por ejemplo, la rebeldía procesal o la incapacidad procesal sobrevenida).

La doctrina ha subrayado que la motivación de la sentencia debe identificar de forma clara y específica la conexión indiciaria entre cada bien y la actividad ilícita, evitando razonamientos excesivamente genéricos o basados únicamente en presunciones sin el adecuado juicio de inferencia (GASCÓN INCHAUSTI, 2017, p. 169). Este planteamiento encuentra respaldo en la STS de 12/11/2020 [*Tol 8213888*], que rechaza la mera invocación de la titularidad formal como base suficiente para el decomiso, y en la STS de 17/03/2022 [*Tol 8881198*], que enfatiza la necesidad de valorar de manera diferenciada la situación de cada bien y cada afectado, especialmente en supuestos de pluralidad de demandados. El principio de proporcionalidad actúa como límite sustancial de la medida, debiendo ponderarse tanto el valor económico de los bienes como la naturaleza y gravedad de la actividad ilícita y el grado de vinculación acreditado (STS de 9/02/2022 [*Tol 8803732*]). En esta línea, la jurisprudencia ha advertido que el decomiso no puede operar como una sanción encubierta ni extenderse a bienes cuya relación con el hecho punible no haya quedado acreditada mediante indicios objetivos y fundados (SAN 10/2025 [*Tol 10451974*]).

En materia de recursos, el art. 803 *ter* r) de la LECrim remite a las disposiciones generales del proceso penal abreviado. Así, cabe recurso de apelación ante la Audiencia Provincial (arts. 766 y 790 LECrim), recurso de casación ante la Sala Segunda del Tribunal Supremo (art. 847 LECrim) y, excepcionalmente, recurso extraordinario de revisión cuando concurra alguna de las causas tasadas (art. 954 LECrim). En la sentencia de 17/03/2022 [*Tol 8881198*] el TS reconoció la procedencia del recurso de casación incluso cuando el procedimiento no versa sobre responsabilidad penal sustantiva, interpretando de forma flexible los requisitos de admisión para garantizar el control jurisdiccional pleno. Según MARCHENA GÓMEZ esta amplitud de las vías de impugnación es esencial para dotar de legitimidad al decomiso autónomo (2017, p. 78), lo que evidencia los límites en los que se ha configurado este proceso.

6. EFECTOS Y EJECUCIÓN DEL DECOMISO AUTÓNOMO

6.1 Efectos patrimoniales y personales

El decomiso autónomo, como consecuencia patrimonial del delito, produce esencialmente efectos de naturaleza patrimonial, aunque su adopción puede tener también repercusiones indirectas en la esfera personal de los afectados. Conforme al art. 127 del CP, la declaración judicial de decomiso implica la pérdida definitiva a favor del Estado de los bienes, efectos o ganancias de origen ilícito, con independencia de que exista o no condena penal contra el titular.

En el plano patrimonial, la sentencia estimatoria comporta la traslación del dominio de los bienes decomisados al Estado, libre de cargas, salvo los derechos preferentes de terceros de buena fe a título oneroso (art. 127 *quater* CP). Esta transferencia incluye tanto bienes determinados como el valor equivalente, si se acuerda el decomiso por equivalente (art. 127 *octies* 3CP). La jurisprudencia ha precisado que, en todo caso, debe priorizarse la aplicación de lo decomisado a la satisfacción de responsabilidades civiles, indemnizando a víctimas y perjudicados antes de su incorporación definitiva al patrimonio estatal (STS de 9/02/2022 [*Tol 8803732*]).

En cuanto a los efectos personales, aunque el decomiso autónomo no tiene naturaleza punitiva en sentido estricto, su ejecución puede implicar restricciones relevantes sobre la esfera de derechos del afectado. La pérdida de bienes esenciales para el desarrollo de su actividad económica o profesional, o la imposibilidad de disponer de determinados activos, pueden generar consecuencias indirectas similares a sanciones, lo que ha motivado un intenso debate doctrinal sobre su compatibilidad con el principio de proporcionalidad (entre otros, ESCUDERO GARCÍA-CALDERÓN, 2024, p. 99; FUNES BELTRÁN, 2024, p. 62).

Además, el decomiso autónomo no prejuzga la responsabilidad penal del afectado, por lo que su ejecución no impide un posterior enjuiciamiento penal si cesan las circunstancias que justificaron la imposibilidad de continuar el proceso como señala (MARCHENA GÓMEZ, 2017, p. 75). No obstante, el art. 803 *ter* p) LECrim impide que se decrete el decomiso sobre bienes sobre el que ya se haya desestimado el mismo en el previo procedimiento de decomiso autónomo, garantizando así la prohibición de doble enjuiciamiento con relación al decomiso de un mismo objeto.

6.2 Destino de los bienes decomisados

2722 El régimen jurídico sobre el destino de los bienes decomisados en el procedimiento autónomo está previsto, principalmente, en el art. 127 *octies* CP y en las normas que regulan la actuación de la ORGA. Este marco combina, de forma intencionada, una función resarcitoria —orientada a satisfacer las responsabilidades civiles derivadas del delito— con una dimensión preventiva y social, destinada a reintegrar en el circuito lícito los activos ilícitos, poniéndolos al servicio de la colectividad y del fortalecimiento del sistema de justicia penal.

En primer lugar, y de acuerdo con el art. 127 *octies* 3 del CP, el legislador ha establecido una regla de prelación clara: los bienes, efectos o ganancias decomisados se destinarán prioritariamente a cubrir las indemnizaciones reconocidas a favor de las víctimas y perjudicados. Con ello se materializa un principio de justicia restaurativa, que no solo busca privar al delincuente de los beneficios ilícitos, sino también reparar, de forma efectiva, los daños ocasionados. Una vez satisfecha esta finalidad resarcitoria, los bienes pasan a integrarse en el patrimonio estatal.

En segundo lugar, cuando resulte imposible localizar los bienes originales o se hayan sustraído, el art. 127 *septies* del CP contempla el decomiso por valor equivalente, permitiendo afectar otros bienes del condenado o afectado hasta cubrir el importe estimado del activo ilícito. Si bien esta técnica incrementa la eficacia de la medida —como destaca ROIG TORRES (2016, p. 66)—, también exige un control judicial estricto que evite injerencias desproporcionadas sobre el patrimonio lícito del afectado, reforzando así la seguridad jurídica.

La gestión y realización de los bienes decomisados constituye el tercer pilar del sistema. Aquí adquiere protagonismo la ORGA, cuya misión es localizar, conservar, administrar y, en su caso, enajenar anticipadamente estos bienes para impedir su depreciación. Los recursos obtenidos, una vez deducidos los gastos de gestión, se destinan —hasta el límite fijado por la Ley de Presupuestos Generales del Estado— a programas de asistencia a víctimas, prevención y tratamiento de la delincuencia, cooperación internacional y mejora del sistema de justicia penal.

Este diseño no es arbitrario, sino que responde a las directrices marcadas por el Derecho de la Unión Europea. El art. 10 de la Directiva 2014/42/UE insta a los Estados miembros a asegurar que los bienes decomisados se utilicen, en la medida de lo posible, en beneficio de la sociedad y de las víctimas. La jurisprudencia del Tribunal Supremo ha subrayado que esta afectación a fines de interés general refuerza la legitimidad material del decomiso, recordando que su finalidad no es recaudatoria, sino de desarticulación patrimonial del delito (STS de 12/11/2020 [*Tol 8213888*]).

Finalmente, la doctrina ha coincidido en que la eficacia de este modelo no depende solo de su diseño normativo, sino también de la transparencia y eficiencia en su ejecución. La opacidad o la ineficiencia en la gestión de estos fondos podría erosionar la confianza ciudadana en el decomiso como instrumento de justicia y prevención (FUNES BELTRÁN, 2024, p. 64). De ahí que sea imprescindible un control público riguroso que garantice que los activos recuperados cumplen efectivamente las funciones para las que fueron concebidos.

6.3 Prelación de créditos y relación con la responsabilidad civil derivada del delito

La regulación del decomiso autónomo incorpora una regla de prelación clara en relación con otros créditos y, en particular, con la responsabilidad civil derivada del delito (art. 127 *octies* 3 CP). Conforme al apartado tercero de dicho precepto, los bienes, efectos y ganancias decomisados se aplicarán prioritariamente a la satisfacción de las responsabilidades civiles reconocidas judicialmente a favor de las víctimas o perjudicados. Solo una vez satisfechas estas deudas se incorporarán al patrimonio estatal para su eventual afectación a fines públicos (ROIG TORRES, 2016, p. 64).

Esta preferencia obedece a un fundamento de justicia restaurativa: la neutralización patrimonial del delito no puede desligarse de la reparación del daño causado. El art. 127 *octies* 3 del CP debe interpretarse en conexión con el art. 126 del CP, que reconoce la preferencia de la responsabilidad civil derivada del delito sobre cualquier otra obligación del condenado, incluso las de carácter público. Así, el decomiso, aunque tenga naturaleza autónoma, no altera la prelación general de créditos derivada de la condena penal o de la constatación judicial del daño (FUNES BELTRÁN, 2024, p. 57).

Se ha dicho que esta prelación evita conflictos de intereses entre el Estado y las víctimas, reforzando la legitimidad del decomiso como medida no recaudatoria sino reparadora (ROIG TORRES, 2016, p. 65). Y se ha puesto de relieve que en la práctica pueden surgir tensiones cuando los bienes decomisados no son suficientes para cubrir íntegramente las responsabilidades civiles y otros créditos garantizados, lo que exige criterios judiciales claros para la distribución proporcional (FUNES BELTRÁN, 2024, p. 59).

La preferencia de los créditos indemnizatorios no impide que los terceros de buena fe con derechos reales previos sobre los bienes —por ejemplo, acreedores hipotecarios— conserven su rango, siempre que acrediten su condición y el carácter oneroso de su adquisición (art. 127 *quater* CP).

En suma, el régimen de prelación en el decomiso autónomo persigue armonizar tres intereses: a) el resarcimiento efectivo de las víctimas, b) la preservación de los derechos de terceros legítimos y c) la finalidad preventiva y social de la medida. Este equilibrio requiere no sólo una interpretación sistemática de los arts. 126 y 127 y ss. del CP, sino también de un ejercicio judicial prudente que evite que el decomiso se perciba como un mecanismo recaudatorio en detrimento de las legítimas expectativas indemnizatorias.

7. ANÁLISIS CRÍTICO Y CUESTIONES CONTROVERTIDAS

7.1 Naturaleza sancionadora o no sancionadora del decomiso autónomo

La caracterización jurídica del decomiso autónomo es una de las cuestiones más debatidas desde su introducción en nuestro ordenamiento. El problema de fondo reside en decidir si debe considerarse una verdadera sanción penal o, por el contrario, una consecuencia patrimonial preventiva vinculada al delito, pero desligada del juicio de culpabilidad. Esta distinción no es meramente académica, de ella dependen la aplicación de principios como la irretroactividad desfavorable, la presunción de inocencia o el estándar probatorio exigible.

El Tribunal Supremo ha venido señalando que el decomiso, incluso en su modalidad autónoma, no tiene naturaleza de pena en sentido estricto, sino que constituye una consecuencia patrimonial derivada del delito, orientada a privar al autor o a terceros de los beneficios ilícitos y a impedir su eventual reutilización en actividades criminales (*vid.*, por todas, STS de 12/11/2020 [*Tol 8213888*]). Esta calificación ha permitido a la Sala Segunda excluir la aplicación automática de la garantía de irretroactividad prevista para las sanciones penales, sin que ello implique una menor exigencia en cuanto a la motivación reforzada y al respeto del principio de contradicción, habida cuenta del intenso impacto patrimonial que comporta la medida.

Sin embargo, esta doctrina no zanja el debate. De manera que hay quienes respaldan la tesis no sancionadora subrayando que el decomiso autónomo «responde a una lógica de privación de ganancias ilícitas que no pretende castigar, sino restituir el orden económico alterado» (GASCÓN INCHAUSTI, 2017, p. 6).

Frente a esta visión, otros autores advierten que la intensidad de la medida y su carácter definitivo la aproximan, en términos materiales, a una sanción penal. En este sentido MARAVER observa que, aunque el legislador lo presente como una consecuencia patrimonial, «su intensidad, su carácter definitivo y el hecho de poder acordarse sin condena penal lo aproximan a una verdadera sanción» (2025, p. 14). La actual configuración es precisamente lo que permite, bajo la apariencia de una consecuencia patrimonial, justificar un estándar probatorio más laxo y ampliar su alcance a costa de las garantías propias del derecho penal. Esta preocupación es compartida por autores que señalan el riesgo de que la desvinculación respecto del juicio de culpabilidad y la flexibilidad probatoria erosionen principios estructurales del Derecho penal como el in dubio pro reo (ESCUDERO GARCÍA-CALDERÓN, 2024, p. 92 o FUNES BELTRÁN, 2024, p. 61).

Por el contrario, otro sector doctrinal es de la opinión de que su eficacia frente a la criminalidad lucrativa justifica su configuración como consecuencia patrimonial autónoma, siempre que se mantenga un control judicial estricto y se priorice la protección de terceros de buena fe y víctimas (MARCHENA GÓMEZ, 2017, p. 78 y ROIG TORRES, 2016, p. 64).

En suma, mientras que la jurisprudencia española se inclina de forma consistente por la naturaleza no sancionadora, la doctrina refleja un panorama más dividido. El consenso parece situarse en que, más allá de la etiqueta jurídica, el decomiso autónomo exige un escrutinio reforzado de proporcionalidad, motivación y respeto pleno a las garantías procesales, de forma que no se convierta, en la práctica, en una sanción encubierta.

7.2 Inversión de la carga de la prueba y su compatibilidad con la presunción de inocencia

Otro de los debates más intensos en torno al decomiso autónomo gira en torno a la forma en que el legislador ha regulado la acreditación del origen ilícito de los bienes. El art. 127 *quinquies* CP faculta al juez para acordar el decomiso cuando existan «indicios objetivos y fundados» de que los bienes, efectos o ganancias proceden de actividades delictivas, incluso distintas de aquellas investigadas en un proceso penal previo. Esta fórmula, diseñada para superar las dificultades probatorias en delitos de criminalidad organizada o blanqueo, implica en la práctica una flexibilización del estándar probatorio y plantea la cuestión de si se está produciendo, aunque no de forma expresa, una inversión de la carga de la prueba.

Para GARCÍA-CALDERÓN el verdadero "talón de Aquiles" del decomiso autónomo es esta relajación probatoria, que desplaza el foco del proceso desde la culpabilidad penal hacia la mera titularidad patrimonial, con el riesgo de erosionar la presunción de inocencia (2024, p. 91). En esta misma línea hay quien considera que estamos ante "presunciones normativas casi irrebatibles" incompatibles con el *in dubio pro reo* (FUNES BELTRÁN, 2024, p. 61). Hay incluso quienes han considerado que este desplazamiento probatorio constituye una manifestación de "responsabilidad objetiva encubierta" incompatible con un proceso penal plenamente garantista (DURÁN SILVA Y JAÉN VALLEJO, 2018, p. 45).

Frente a esta visión crítica, otro sector doctrinal ha defendido que el uso de la prueba indiciaria responde a la lógica preventiva y patrimonial del decomiso, en contextos donde la trazabilidad directa del origen ilícito es extremadamente difícil (GASCÓN INCHAUSTI, 2017, p. 166). No obstante, este autor advierte que esta técnica solo es legítima si se acompaña de un contradictorio reforzado y de una motivación judicial detallada que permita controlar la solidez de la inferencia (p. 167). En un sentido similar, se ha subrayado que la exigencia de indicios objetivos y fundados, unida a la oportunidad de oposición del afectado, constituye una garantía suficiente siempre que el juez descarte hipótesis alternativas plausibles (BAUTISTA SAMPER, 2018, p. 74).

> Así, la STS de 9/02/2022 [*Tol 8803732*], hacía la siguiente reflexión «Lo que justifica, como precisa la Directiva 2014/42 en el considerando 21, que puedan utilizarse presunciones como medios de prueba. Entre estas, la de la desproporción entre los bienes poseídos y los ingresos lícitos acreditados o la de la conexión ilícita entre el bien y la actividad delictiva

previa durante un periodo determinado de tiempo. O, como se previene en el artículo 127 quáter. 2 CP, en relación con el decomiso autónomo de bienes de terceros, la presunción de conocimiento del origen ilícito o de incumplimiento del deber de conocer atendiendo el carácter gratuito de las transferencias de bienes o por un precio inferior al del valor de mercado. Como ha destacado el Tribunal Europeo de Derechos Humanos, «no es incompatible con el derecho a la presunción de inocencia la existencia de presunciones de hecho o de derecho, sin perjuicio de que los Estados contratantes deban preservar los derechos de defensa y no superar ciertos límites en su utilización a la luz de la gravedad del asunto concreto". Precisando que en procedimientos de confiscación o decomiso de bienes relacionados con la previa actividad delictiva "no se compromete el concepto de juicio justo en materia penal cuando se impone a los demandantes la obligación de dar explicaciones creíbles sobre su situación económica". En particular, "cuando el fiscal ha probado la posesión de los bienes no es irrazonable que el poseedor pruebe la licitud del origen de aquellos". En el caso, se afirma, "los demandantes eran conscientes de estas cuestiones y no habrían tenido ninguna dificultad para cumplir con su obligación si hubieran sido veraces sobre el estado de su patrimonio" —vid. STEDH, caso Grayson y Burnham c. Reino Unido, de 23 de septiembre de 2009. En el mismo sentido, STEDH, caso Geerings contra los Países Bajos de 1 de marzo de 2007—. De tal modo, cuando el nivel patrimonial acreditado por la acusación no guarde relación con los ingresos declarados cabe exigir a la persona contra la que se dirige la acción de decomiso que acredite el origen lícito de los recursos y bienes que integran dicho patrimonio. En la Decisión de Inadmisión Aboufadda c. Francia, de 4 de noviembre de 2014 —que guarda algunos significativos puntos de coincidencia con el caso que nos ocupa—, el Tribunal Europeo de Derechos Humanos descartó que el uso de presunciones por parte del tribunal nacional, como fundamento probatorio de la decisión de confiscación, que no fueron enervadas por la prueba de los afectados, lesionara el derecho de estos a la propiedad. Como se indica en la mencionada Decisión "se examinaron debidamente los elementos de prueba que se presentaron a tal efecto. En particular, se tuvieron en cuenta las alegaciones de que sus recursos procedían de una herencia y de la venta de un terreno en Marruecos. Pero los tribunales nacionales constataron que no se habían aportado pruebas de la transferencia de las correspondientes sumas a Francia. También señalaron que no se justificaban los numerosos pagos en efectivo efectuados en sus cuentas y, a la vista de los elementos que obraban en el expediente, consideraron probado que las cuotas del préstamo contraído para la compra de la casa habían sido pagadas por A. y que este había pagado las obras realizadas en ella. [...]"».

En suma, aunque pueda considerarse que el modelo vigente no establece una inversión legal de la carga de la prueba, sí produce un desplazamiento práctico que obliga al afectado a justificar la licitud de su patrimonio ante la existencia de indicios objetivos en su contra. Desde la política criminal, este esquema puede justificarse por la necesidad de neutralizar patrimonios ilícitos frente a estructuras delictivas complejas, pero sin duda desde la óptica de las garantías, exige un control judicial extremadamente riguroso para evitar que el decomiso autónomo se convierta en una sanción patrimonial basada en meras conjeturas.

BIBLIOGRAFÍA

- AGUADO CORREA, «El decomiso en el Código Penal español», *Revista de Derecho Penal y Criminología*, (18), UNED. 2006.
- ÁLVAREZ GARCÍA, F. J. «El decomiso: Concepto, naturaleza y regulación tras la reforma de 2015», *Revista General de Derecho Penal*, (30). Iustel. 2018.
- BAUTISTA SAMPER, «El decomiso en el Código Penal: Especial referencia a las reformas de 2003 y 2010», *Revista Penal*, (34), Tirant lo Blanch. 2014.
- CAMPOS NAVAS, «Comiso y medidas cautelares: Regulación vigente y reformas en tramitación», *Cuadernos Digitales de Formación*, (29), 1-24. Consejo General del Poder Judicial. 2013.
- CASTELLVÍ MONSERRAT, «Decomisar sin castigar: Utilidad y legitimidad del decomiso de ganancias», *InDret: Revista para el Análisis del Derecho*, (1). https://www.indret.com 2019.
- CHOCLÁN MONTALVO, «El comiso y la confiscación: Medidas contra las situaciones patrimoniales ilícitas», *La Ley: Revista Jurídica Española de Doctrina, Jurisprudencia y Legislación*, (5), 2003.
- DOLZ LAGO, «Procedimiento de decomiso autónomo», *Diario La Ley*, (10058), Sección Comentarios de jurisprudencia, 1-18. Wolters Kluwer. 2022.
- DURÁN SILVA, «Las presunciones legales *iuris tantum* en la figura del decomiso», *Revista General de Derecho Procesal*, (48). Iustel. 2019.
- ESCUDERO GARCÍA-CALDERÓN, «El verdadero talón de Aquiles del decomiso ampliado», *Revista Penal*, (54), Tirant lo Blanch. 2024
- ESCUDERO MUÑOZ, «Comentario a la STS 599/20 de 12 de noviembre: Legitimidad del decomiso ampliado», *Revista Jurídica* (Nº 1/2023), 142-153. 2023.
- FARTO PIAY, «El decomiso en la Unión Europea: Evolución y régimen jurídico actual», en *Revista Electrónica de Estudios Penales y de la Seguridad*, (1), 1-30. Universidad de A Coruña. 2017.
- FUNES BELTRÁN, «La prueba indiciaria en el decomiso ampliado», en C. Alonso Salgado, A. Rodríguez Álvarez & A. Valiño Ces (Dirs.), *Nuevas tendencias en derecho probatorio* (pp. 200-208). Dykinson, 2024.
- GALLEGO ALFÉREZ, «Estatuto jurídico del tercero afectado por el decomiso», *Diario La Ley*, (10553), Sección Tribuna, 1-22. LA LEY. 2024
- GASCÓN INCHAUSTI, «Las nuevas herramientas procesales para articular la política criminal de decomiso total: La intervención en el proceso penal de terceros afectados por el decomiso y el proceso para el decomiso autónomo de los bienes y productos del delito», *Revista General de Derecho Procesal*, (38). Iustel. 2016.
- GISBERT POMATA, «Los controvertidos requisitos del decomiso ampliado: Indicios objetivos fundados del origen ilícito de los bienes», *Revista Ius et Praxis*, 28(3), 2022.
- JAÉN VALLEJO/PERRINO PÉREZ, «Recuperación de activos derivados del delito: un objetivo prioritario de la reforma penal», *Diario La Ley*, (8545), Sección Doctrina, Ref. D-204. Editorial La Ley. 2015.
- MARCHENA GÓMEZ, «El decomiso en la reforma de 2015», en M. Marchena Gómez/ González-Cuéllar Serrano (dirs.), *La reforma de la Ley de Enjuiciamiento Criminal de 2015* (pp. 445-491). Colex. 2016.

- MARAVER GÓMEZ, «El decomiso ampliado en el ordenamiento jurídico español: Especial referencia a su fundamento y naturaleza», *Revista de Derecho Penal y Criminología*, (28), 139-168. UNED. 2022.
- MARTÍN SAGRADO, «El decomiso en la investigación y enjuiciamiento del delito de blanqueo de capitales», *Revista General de Derecho Penal*, (31). Iustel. 2019.
- NIEVA FENOLL, «El procedimiento de decomiso autónomo: En especial, sus problemas probatorios», *Diario La Ley*, (8601), Sección Doctrina, 1-18. LA LEY. 2015.
- OCAÑA WILHELMI, «Efectos del decomiso», *Revista de Jurisprudencia (Sepín)*, (1), Documento SP/DOCT/20863. 2017.
- OCAÑA WILHELMI, «Naturaleza y clases de decomiso», *Revista de Jurisprudencia (Sepín)*, (1), Documento SP/DOCT/20858. 2017
- RODRÍGUEZ-PIÑERO BRAVO-FERRER, «La agilización del procedimiento de decomiso: Análisis de la Ley 41/2015», *Diario La Ley*, (8651), Sección Tribuna, Ref. D-314. 2016.
- ROIG TORRES, «La regulación del comiso: El modelo alemán y la reciente reforma española», *Estudios Penales y Criminológicos*, 36, 2016.
- SISCART, «El decomiso en el derecho penal español», *Revista Jurídica de Cataluña*, 103(1), 127-152. 2004.
- VIZUETA FERNÁNDEZ, «La regulación española de los decomisos ampliado, desvinculado de la imposición de una pena y de bienes de terceros, tras la Directiva 2014/42/UE del Parlamento Europeo y del Consejo de la Unión Europea», *Diario La Ley*, (10216), Sección Doctrina, 1-22. LA LEY. 2023.

Sección III

Procedimientos con especialidades

Capítulo 69

El proceso por aceptación de decreto

Diego Alberto Gutiérrez Azanza
Fiscal
Letrado del Gabinete Técnico del Tribunal Supremo (Sala Segunda)

1. FUNDAMENTO

La Ley 41/2015, de modificación de la Ley de Enjuiciamiento Criminal para la agilización de la justicia penal y el fortalecimiento de las garantías procesales, introdujo en la LECrim, en los artículos 803 *bis* a y siguientes, el proceso por aceptación de decreto. La exposición de motivos de la Ley 41/2015 se refería a este proceso como un «procedimiento monitorio penal» que había sido implantado con éxito en otros sistemas en el Derecho comparado y que suponía un mecanismo de aceleración de la justicia penal, sumamente eficaz. A juicio del legislador, suponía un cauce de resolución anticipada para causas penales para delitos de menor entidad, que se aplicaría con independencia del proceso penal que correspondiera —delitos leves y delitos menos graves que tuvieran esa menor entidad—. Además, la exposición de motivos, ponía de relieve que el impulso debía provenir del Ministerio Fiscal, pues situaba la posibilidad de aplicar este proceso tanto como una forma de conclusión de la fase de instrucción —correspondiente, en consecuencia, al Juzgado de Instrucción (actual Sección de Instrucción del Tribunal de Instancia[1])— como de culminar las posibles diligencias de investigador que hubiera llevado a cabo

---

[1] En adelante, y para mayor claridad y sencillez en la redacción, denominaremos a los jueces unipersonales con arreglo a su función, en el bien entendido que con esta denominación nos referimos al juez unipersonal integrado en la Sección que corresponda del Tribunal de Instancia competente (TI o TCI). En el capítulo 5 de esta obra puede

el Ministerio Fiscal, sin necesidad de la apertura de la fase de juicio oral, sino, directamente, con la solicitud de dictado de sentencia de condena.

Como ponía de relieve la exposición de motivos a que se ha hecho referencia, el proceso de aceptación por decreto no es una novedad del sistema procesal español, sino que ya existía —y se aplicaba— en otros países de nuestro entorno. Por ejemplo, en Francia existe un procedimiento, en el *Code de Procédure Penale*, *De la procédure simplifiée* (arts. 495 a 495-6) en que el Ministerio Público, para determinados delitos de menor gravedad, interesa la incoación de un procedimiento ante el tribunal, que es comunicado a las partes (y, concretamente, al acusado) para que manifieste si se opone a la resolución dictada por el tribunal. En caso de no oposición, esta resolución se ejecuta como una sentencia. En Alemania, en el *StPO*, los parágrafos 407 a 412 prevén un procedimiento para órdenes de multa (*Verfahren bei Strafbefehlen*) que, en supuestos en que está prevista esta clase de pena y se tramita ante determinados tribunales, el Ministerio Fiscal puede pedir una solicitud de sanción al tribunal, que juzga si puede imponerla, y en que el acusado puede oponerse una vez el tribunal dicta orden con la sanción solicitada por el fiscal. El *Codice di Procedura Penale* italiano también prevé, en sus artículos 459 a 464 un procedimiento por decreto (*Procedimento per decreto*) —para determinados delitos en que no hay oposición a la denuncia—, donde es el fiscal quien dirige al juez de instrucción una propuesta de sanción, que se fija por auto y que puede ser impugnado, mediante oposición del investigado.

El proceso por aceptación de decreto se encuentra regulado en el Libro IV (De los procedimientos especiales); Título III *bis* y comprende los artículos 803 *bis* a, a 803 *bis* j.

Si se quiere una definición de este procedimiento, puede acudirse a ARMENTA (2023, p. 386), quien lo concibe, siguiendo la exposición de motivos de la ley de modificación de la LECrim, como «un procedimiento especial mediante el cual, cumplidos unos presupuestos objetivos y subjetivos, el Ministerio Fiscal formula una propuesta sancionadora, que aceptada por el encausado asistido de su abogado, pone fin anticipado al proceso penal». Puede señalarse que la doctrina se encuentra dividida en cuanto a la naturaleza del proceso de aceptación por decreto. Algunos autores, como ASENCIO (2016), SANTOS (2016) o CAMPANER (2017) sostienen que se trata de un auténtico proceso monitorio —como se expondrá más adelante—, aunque hay otros que niegan su naturaleza monitoria —LUACES (2020, p. 343-344)— y otros cuestionan,

consultarse una explicación completa del nuevo modelo orgánico de los Tribunales de Instancia que introduce la LO 1/2025.

incluso, que se esté en presencia de un auténtico proceso, de manera que lo califican como mera fórmula o mecanismo para la agilización de otro proceso —véase MUERZA (2015, p. 110), que lo considera «un mecanismo para castigar las conductas leves de forma más ágil» o VEGAS (2015, p. 240)—.

Al margen de estos debates doctrinales, en atención a lo expuesto en la exposición de motivos de la Ley 41/2015, el fundamento de la introducción de este proceso especial parecía claro: la agilización de la justicia en delitos de poca entidad, tanto leves, como menos graves, que reunieran una serie de requisitos. Se venía a instaurar una clase de proceso en que se sustituía, al menos en parte, la fase de instrucción por una aceptación de lo propuesto por el Ministerio Fiscal como forma de resolución del litigio penal, con el correspondiente ahorro de trámites procesales —y, también, de medios—. No obstante, hay quien, como DE LA ROSA (2020, p. 134) entiende que, además de lo expuesto, en este proceso existe una manifestación del principio de oportunidad que queda en manos del fiscal, mediante la negociación de una conformidad.

Para ASENCIO (2016, pp. 10-18) el proceso de aceptación de decreto es un auténtico proceso monitorio, de carácter penal, pues en él se reúnen todos los caracteres de los procesos monitorios según Calamandrei: actuación unilateral de la jurisdicción que pone en marcha el proceso y emite la orden penal sin sujetarse a la petición del imputado, supresión del trámite preceptivo de audiencia —más bien, ausencia de necesidad de este trámite—, desplazamiento de la contradicción y creación de un título de condena ejecutivo equiparado plenamente a la sentencia. ASENCIO (2016, pp. 19-23) entiende que esta clase de procedimientos —monitorios— constituyen una fórmula procedimental simplificada, dirigida exclusivamente al conocimiento de la pequeña criminalidad. Su finalidad, para el autor, no es otra que la economía procesal, tanto para el investigado, como para el Estado.

Para el investigado, se reducen los trámites procesales y, con ellos, los efectos criminalizadores que conllevan —piénsese en los juicios "paralelos" o "penas de banquillo"—. Además, la agilización del procedimiento supone una mayor seguridad jurídica y se reduce la incertidumbre del proceso, que podría alargarse durante años, con el dictado de una resolución rápida y que suprime una instrucción innecesaria.

Para el Estado, se reducen los costes derivados de una instrucción ordinaria en supuestos donde la criminalidad puede calificarse "de bagatela" con daño social escaso. Se reduce, además, la carga de los tribunales, que disponen de más tiempo para el enjuiciamiento de conductas más graves. No obstante, ASENCIO advierte de la necesidad de que estas ventajas para el Estado no supongan una merma de los derechos del imputado —parte más débil en el procedimiento— y se le fuerce a un reconocimiento de hechos y asunción de culpabilidad pasando por encima de su presunción de inocencia, bajo la amenaza de un empeoramiento de la acusación por parte del Ministerio Fiscal.

En el mismo sentido, CAMPANER (2017, pp. 13-14) advierte que el objetivo de la reforma de la LECrim de 2015, en cuanto al establecimiento de este procedimiento, consistía en una potenciación de la conformidad del investigado en la fase más temprana posible, en delitos de menor entidad, para lograr un ahorro de tiempo y costes para la Administración de Justicia. No obstante, el autor señala que este objetivo, era de difícil cumplimiento ya desde la promulgación de la ley, por motivos —que se expondrán a lo largo de este trabajo— que, en síntesis, se circunscriben a que el investigado no tiene suficiente aliciente para suscribir la propuesta de decreto del fiscal, cuando puede acogerse a la conformidad prevista para los trámites para el enjuiciamiento rápido, "premiada" con una rebaja de la pena igual o mayor.

2. PRESUPUESTOS Y ÁMBITO DE APLICACIÓN

2.1 Presupuesto procedimental

Como primer requisito, puede situarse uno de carácter procesal —o, más bien, procedimental— que consiste en que el proceso de aceptación de decreto se inserte en otra clase de procedimiento ya iniciado. El artículo 803 *bis* a de la LECrim permite su aplicación, bien en sede de un procedimiento judicial, bien cuando se hayan iniciado diligencias de investigación por parte del Ministerio Fiscal. La incoación de alguna de estas clases de procedimiento es requisito, en consecuencia, para poder aplicar el proceso de aceptación por decreto.

Ahora bien, la LECrim no distingue en cuanto a la clase de «procedimiento judicial» en que puede plantearse el proceso de aceptación de decreto. De ordinario, se plantará en las diligencias previas del procedimiento abreviado y podría plantearse también en sede de diligencias urgentes del juicio rápido, algo que MAGRO (2015) niega. En cualquier caso, como se verá, parece que carece de sentido práctico plantearse esta posibilidad. No se descarta en el texto legal que pueda plantearse en el juicio por delitos leves y, de hecho, parece que sería un supuesto adecuado para la aplicación de este proceso, pues se evita la celebración del juicio. CAMPANER (2017, pp. 56-57) pone de relieve que, en puridad, en el juicio por delitos leves no existe fase de instrucción por lo que no se cumpliría con el límite temporal —declaración del investigado— a que después se aludirá; aunque se muestra favorable a la posibilidad de su aplicación. En el mismo sentido se manifiesta MUERZA (2015, pp. 111-112), que explica que el propio preámbulo de la Ley 41/2015 prevé la aplicación a los delitos leves, tras el trámite de enmiendas en el Senado. A estos argumentos doctrinales, se suma el hecho de que, en sede de ejecución, la LECrim (art. 985, párrafo 2º) sí ha previsto la competencia de la Sección de Instrucción del Tribunal de Instancia para la ejecución de las sentencias dictadas en proceso por aceptación de decreto en caso de delito leve. La posibilidad de aplicar esta clase de proceso para los delitos leves parece, en consecuencia, incontestable.

No resultará de aplicación cuando la instrucción se esté llevando por los trámites del sumario —por la penalidad correspondiente a los delitos que le corresponden—; de la Ley Orgánica del Tribunal del Jurado, pese a que CAMPANER (2017, pp. 109-111) se muestra favorable a ello, por la especialidad procedimental prevista para estos delitos y, también, por la penalidad prevista para muchos de ellos; de la Ley de Responsabilidad Penal de los Menores, por su propia naturaleza, por cuanto no prevé penas, sino medidas y por la condición de los investigados. La LO 9/2021, de aplicación del Reglamento (UE) 2017/1939 del Consejo por el que se establece una cooperación reforzada para la creación de la Fiscalía Europea, no realiza previsión alguna en cuanto a la posibilidad de planteamiento del proceso de aceptación de decreto dentro de su ámbito de aplicación. Sin perjuicio de ello, según este ámbito de aplicación (véase el art. 4 de la LO 9/2021) parece que los delitos, por su penalidad, quedarían excluidos de la posibilidad de quedar insertos en el proceso de aceptación de decreto.

2.2 Presupuesto objetivo-penológico

El segundo requisito tiene carácter material y consiste en la clase y cuantía de pena que lleva asociada el delito que se investiga. Así el artículo 803 *bis* a establece dos condiciones en relación con la pena imponible, que deben distinguirse entre sí.

2.2.1 *Pena prevista para el delito*

La primera de estas condiciones es que el delito debe estar castigado con pena de multa, trabajos en beneficio de la comunidad o prisión que no exceda de un año y sea susceptible de suspensión conforme al artículo 80 del CP, con o sin privación del derecho a conducir vehículos a motor o ciclomotores. Esta condición plantea una serie de dudas:

* Cuando el artículo 803 *bis* a hace referencia a que «el delito esté castigado» debe entenderse que se está refiriendo al marco penal abstracto del

delito. En primer lugar, porque el tenor literal no hace referencia a la pena concretamente imponible. En segundo lugar, porque el inciso segundo, que se tratará a continuación, sí hace referencia a la pena que el fiscal considere concretamente imponible.

* La LECrim parece haber fijado un elenco cerrado de penas. La pena que imponible debe ser prisión de un año o menos, multa o trabajos en beneficio de la comunidad. El texto no aclara qué ocurre cuando, además de estas penas, el delito tiene prevista otra distinta. LUACES (2020, p. 347) se inclina por descartar la aplicación en estos delitos. En el mismo sentido CAMPANER (2017, pp. 67-108, p. 117) entiende que únicamente resulta aplicable a los delitos que, exclusivamente tienen prevista pena de multa, trabajos en beneficio de la comunidad o prisión igual o inferior a un año, con privación o no del derecho a conducir vehículos a motor o ciclomotores. Igualmente se ha pronunciado ASENCIO (2016, pp. 46-48).

  No obstante, la práctica parece haberse decantado por lo contrario. Como se expondrá, existen procedimientos de aceptación por decreto tramitados en Secciones de Violencia sobre la Mujer de Tribunales de Instancia, cuya competencia se extiende en delitos que llevan aparejadas, en el caso de los más leves, de localización permanente (no prevista en el artículo 803 *bis* a); y de privación del derecho a la tenencia y porte de armas (en delitos que tienen prevista pena de prisión de hasta doce meses —arts. 153 CP; 171 CP; 172.2 CP). Y, como penas accesorias, en estos delitos, se impone, además, la prohibición de aproximación a la víctima (arts. 48 y 57 CP) y, facultativamente, la de comunicación con la víctima o la prohibición de residencia. En los demás delitos para los que son competentes, las penas de prisión previstas exceden de un año de duración.

* Subsiste la duda de si el artículo 803 *bis* a, cuando se refiere a que la pena de prisión sea susceptible de suspensión, hace referencia a que esta pena pueda suspenderse en abstracto o lo sea en concreto, en el supuesto de hechos. Puede entenderse que la respuesta debe ser la segunda: debe estarse al caso concreto. Otro entendimiento carecería de sentido, pues una pena de prisión igual o inferior a un año, en abstracto, siempre es susceptible de suspensión. De tal manera que lo que debe tenerse en cuenta es si la pena puede dejarse en suspenso a la persona investigada, por sus propias circunstancias.

2.2.2 *Pena que el Ministerio Fiscal considere que debe imponerse*

La segunda condición es que la pena que el Ministerio Fiscal estime imponible, en el caso concreto sea la de multa, trabajos en beneficio de la comunidad o privación del derecho a conducir vehículos a motor o ciclomotores. Es decir, el fiscal debe entender —y así lo reflejará en su decreto— que, de entre las penas que pueden imponerse por el tipo delictivo, la que corresponde al caso es una de estas que se han indicado. Queda, en consecuencia, excluida la posibilidad de interesar o de imponer pena de prisión, aunque no exceda del año y aunque fuera susceptible de suspensión.

Esta consideración está claramente refrendada en el propio texto legal, pues el artículo 803 *bis* b 1 de la LECrim, cuando indica el objeto de este proceso, hace referencia a que el proceso «tiene por objeto una acción penal ejercitada para la imposición de una pena de multa o trabajos en beneficio de la comunidad y, en su caso, de privación del derecho a conducir vehículos a motor y ciclomotores».

2.3 Presupuesto temporal-procesal

El proceso por aceptación de decreto es únicamente aplicable antes del cierre de la instrucción del proceso penal incoado o que pudiera incoarse, si lo que existen son unas diligencias de investigación del Ministerio Fiscal. De ordinario, en las diligencias previas del procedimiento abreviado, el cierre de la instrucción se produce con el dictado del auto de transformación de diligencias previas en procedimiento abreviado, previsto en el artículo 779.1ª de la LECrim.

Como ya se ha puesto de relieve anteriormente, en el procedimiento para el enjuiciamiento de delitos leves no existe, como tal, una fase de instrucción. Ello no debe ser óbice para la posibilidad de aplicar el proceso por aceptación de decreto a los delitos leves.

La toma de declaración al investigado, según lo dispuesto en el propio texto legal, no afecta al requisito temporal para la emisión del decreto del Ministerio Fiscal. Puede emitirse el decreto haya sido o no llamado a declarar como investigado. A este respecto, MUERZA (2015) llama la atención por cuanto la declaración del investigado ante el juez de instrucción se ha configurado en la LECrim como un derecho, y como el momento en que se le informa de los derechos que le asisten.

2.4 Presupuesto relativo a las partes

La LECrim también establece, como requisito para poder aplicar el proceso por aceptación de decreto, que no exista personación de acusación particular o popular en la causa. CAMPANER (2017, p. 121-122) entiende que esta previsión legal obedece a que el legislador ha pretendido otorgar el protagonismo exclusivo de procedimiento al Ministerio Fiscal, y que la necesidad de ausencia de otra acusación personada obedece al logro de la máxima celeridad. Opina, no obstante, que no existe dificultad para que el Ministerio Fiscal, en delitos de resultado o de peligro concreto pudiera consultar con la víctima, para conocer su opinión, y, de esta manera, salvaguardar el derecho de participación en el proceso que le confiere la Ley 4/2015, del Estatuto de la víctima del delito. LUACES (2020, p. 348) pone de relieve que, cuando se trata de un procedimiento que se está tramitando como diligencias de investigación del Ministerio Fiscal, no está prevista la personación de acusaciones. Efectivamente, la Circular FGE 2/2022 sobre la actividad extraprocesal del Ministerio Fiscal en el ámbito de la investigación penal prevé, expresamente (§K. 61ª), que «en el seno de las diligencias de investigación del Ministerio Fiscal no cabe la personación de denunciantes, ofendidos, perjudicados o cualesquiera otras personas aun cuando cuenten con un interés legítimo». La solución, para estos supuestos, puede pasar por entender que, previamente a la emisión del auto de autorización previsto en el artículo 803 *bis* e LECrim, la Sección de Instrucción del Tribunal de Instancia, si existe víctima, perjudicado u ofendido por el delito, le cite a una comparecencia, donde se le advierta de sus derechos conforme a los artículos 108 a 109 *bis* LECrim y, en caso de que decida personarse, se deniegue la autorización del decreto.

Como puede verse, los presupuestos necesarios para que pueda aplicarse el proceso por aceptación de decreto establecen un ámbito de aplicación ya, de por sí, restringido. En la práctica, su empleo es aún más limitado, tanto que podría calificarse de anecdótico.

MATEOS (2020, p. 280) señala que es un procedimiento de muy escasa aplicación, puesto que al acusado le resulta más conveniente acogerse a la conformidad prevista en el artículo 801 de la LECrim que está premiada con una reducción de un tercio de la pena. Cabe aclarar que la conformidad "premiada" por los trámites para el enjuiciamiento rápido de determinados delitos no sólo está prevista para los que se incoen como tales, sino para todos aquellos castigados con las penas previstas en los límites del artículo 801, si el investigado reconoce los hechos a presencia judicial y el procedimiento se encauza a través de la comparecencia prevista en el artículo 779.1.5ª LECrim.

En este sentido CAMPANER (2017, pp. 115-121) vaticinaba que el éxito del proceso por aceptación de decreto dependería solo de la actuación del Ministerio Fiscal. Aunque se entiende su postura, más bien ocurre que no existe motivo para acudir al procedimiento por aceptación de decreto. Si el procedimiento se ha incoado por los trámites del enjuiciamiento rápido, la conformidad resulta siempre "premiada" con la reducción del tercio de la pena, si se cumplen los límites previstos en el artículo 801 LECrim. Si no lo está, y la pena se encuentra en esos límites (que cubren los del proceso por aceptación de decreto), puede acudirse a la comparecencia prevista en el artículo 779.1.5ª LECrim ya mencionada, para conseguir idéntico "premio". Es más, el proceso por aceptación de decreto (*vid.* art. 805 *bis* c 5º LECrim) prevé la reducción de la pena «hasta en un tercio», de manera que queda al arbitrio del fiscal solicitar una pena que no contenga tal reducción, con lo que el atractivo para la conformidad del investigado es menor en la conformidad del artículo 801 LECrim, en que la reducción es *ex lege* del tercio de la pena.

De hecho, el CGPJ en la memoria de 2024, referida al año 2023, alude a 147 y 11 procedimientos por aceptación de decreto respectivamente señalados en los Juzgados de Instrucción y de Violencia sobre la Mujer, respecto de un total de 324.525 señalamientos en estos órganos (menos de un 0,05% del total). Supone, además, una disminución de esta clase de señalamientos, pues en la Panorámica de Justicia del año 2022 y en la Memoria de 2023, se aludía a 493 señalamientos por esta clase de procesos —481 en Juzgados de Instrucción y 12 en Juzgados de Violencia sobre la Mujer—, respecto de un total de 308.628 señalamientos en juzgados de instrucción y de violencia sobre la mujer.

JUAN (2022), realiza un estudio cuantitativo de los procesos por aceptación de decreto desde 2016 hasta 2021, que evidencia, en línea con lo expuesto, la escasísima trascendencia práctica de este proceso. Además de los motivos para su fracaso ya indicados, señala otros posibles factores, como lo son que el cauce procesal, una vez establecido, genera una inercia que tiende a la culminación del proceso por sus propios senderos, en lugar de los del proceso de aceptación de decreto; así como el factor humano del trabajo cotidiano de los fiscales y los letrados, que no prestan demasiada atención a la posibilidad de empleo de este proceso.

3. EL DECRETO DEL MINISTERIO FISCAL

El proceso por aceptación de decreto se inicia, precisamente, con la emisión de un decreto —fórmula de resolución del Ministerio Fiscal—, que, conforme a lo dispuesto en el art. 803 *bis* b LECrim tiene por objeto el ejercicio de la acción penal y, en su caso, puede contener el ejercicio de la acción civil (en este sentido, *vid.* arts. 109 y ss CP).

El contenido de esta resolución (decreto) del Ministerio Fiscal aparece regulado en el artículo 803 *bis* c LECrim y guarda similitud con el escrito de conclusiones provisionales o escrito de acusación regulado en los arts. 650 y ss LECrim.

El texto legal prevé que el decreto contenga la identificación del investigado término un tanto inexacto, por cuanto la condición de investigado se adquiere, en propiedad, conforme a lo dispuesto en los artículos 108 y ss. de la LECrim, mediante la comunicación de la existencia del proceso, la detención, la adopción de medidas cautelares o el procesamiento. En puridad, el proceso por aceptación de decreto no requiere que la persona contra la que se dirige haya adquirido la condición formal de investigado.

El decreto debe contener, también, la descripción del hecho punible; el delito cometido y una sucinta mención a la prueba existente —más bien, fuentes de prueba existentes—.

2742 También debe incluir el decreto una breve exposición sobre los motivos por los que el fiscal entiende que la pena de prisión debe ser «sustituida». La redacción del texto no deja de sorprender, por cuanto la pena que puede proponerse, es la de multa, trabajos en beneficio de la comunidad o privación del derecho a conducir vehículos a motor, y no puede solicitarse pena de prisión —como, además, refrenda lo indicado en el art. 803 *bis* b—. Debe entenderse, en primer lugar, que cuando la LECrim se refiere a «sustituida», en realidad se refiere a «suspendida» (*vid.* GIMENO, pp. 133-135), pues el CP, tras su reforma en 2015, apenas contiene ya presupuestos de sustitución de la pena de prisión, y los artículos 80 y ss. se refieren a la suspensión de la pena de prisión. En segundo lugar, también ha de entenderse que la referencia a la suspensión de la pena de prisión se ha de realizar en hipótesis, únicamente para los delitos en que cupiera. En este sentido, parece que lo correcto es justificar, primero, por qué no debe imponerse pena de prisión y, segundo, por qué, en el caso de procediera pena de prisión, esta debería ser suspendida.

El decreto concluye con el pedimento del Ministerio Fiscal en cuanto a la responsabilidad civil: petición de restitución e indemnización. Debe entenderse que, aunque no se haya hecho referencia a ella, también cabe pedir la reparación del daño, fórmula expresamente prevista en los arts. 109 y siguientes del CP.

Para ASENCIO (2016, pp. 22-23; 123; 125-126; 129-130 y 133-135) el decreto del Ministerio Fiscal no debe cumplir solo las exigencias formales previstas en el artículo 803 *bis* c de la LECrim. La garantía de la presunción de inocencia del investigado, a juicio del autor, determina que el tribunal deba alcanzar una convicción acerca de su participación en los hechos y su culpabilidad. Y esta convicción, según ASENCIO, no basta con una mención sucinta de la prueba. Entiende que, además, el derecho de defensa requiere que el investigado tenga un conocimiento suficiente de los cargos que se están sosteniendo contra él, por lo que concluye que el decreto del Ministerio Fiscal no es un «objetivo» del procedimiento, sino «un medio para una mejor justicia».

Esta postura parece exagerada. En primer lugar, porque el texto legal solo prevé una «sucinta» mención de la prueba existente, no una explicación sobre su suficiencia y posible valoración. En segundo lugar, porque este previo establecimiento de un canon acerca de la racionalidad y suficiencia en la valoración del acervo probatorio desnaturalizaría el carácter monitorio del proceso por aceptación de decreto. En tercer lugar porque, ni aun en sede de sumario, previsto para delitos graves, se exige tal tipo de explicación en el escrito de conclusiones provisionales (*vid.* art. 656 LECrim), sino que la ley se limita a indicar que las partes proponen, en tal escrito, la prueba de la que intentan valerse y presentan «listas» de peritos y testigos —sin perjuicio de que lo deseable sería que, efectivamente, las partes indicaran, siquiera sea brevemente, por qué consideran esa prueba pertinente para el caso—.

La ley no prevé que sea el Ministerio Fiscal quien notifique el dictado del decreto a la persona investigada, cuestión que, quizá, habría sido deseable, sino que simplemente lo remita a la Sección de Instrucción del Tribunal de Instancia para que sea este quien lo notifique (*vid.* art. 803 *bis* d LECrim).

4. ADMISIÓN DEL DECRETO

Remitido el decreto a la Sección de Instrucción, la LECrim ha previsto, en el artículo 803 *bis* e, una fase de autorización por parte del juez instructor. Este puede optar por autorizarlo o por no autorizarlo, en cuyo caso resulta ineficaz (*vid.* arts. 803 *bis* e y 803 *bis* j).

ASENCIO (2016, pp. 143-147) entiende que el control judicial previsto en la LECrim respecto del decreto del fiscal, en su interpretación gramatical, no le permite valorar los hechos ni su autoría, y debe limitarse al examen de la propuesta del Ministerio Fiscal. No obstante, sostiene que una interpretación sistemática, en unión con lo dispuesto en los artículos 637, 641 y 779.1.1º LECrim, sí le permite constatar la ausencia de prueba —o el examen de las demás causas de archivo que prevén— y proceder al cierre del procedimiento.

Considera que lo que no puede hacer es un examen sobre la suficiencia de la prueba que determinase la necesidad de continuación sobre la base del juicio oral, pero sí podría examinar las causas de archivo indicadas.

LÓPEZ (2017, pp. 146-161), al contrario, entiende que el proceso por aceptación de decreto únicamente ha previsto un control formal del juez instructor, sobre los requisitos que debe reunir el decreto del Ministerio Fiscal. No obstante, coincide en su crítica a la posición que el legislador ha conferido al juez de instrucción y entiende que el control no debería ser meramente sobre los requisitos formales del decreto, sino que, también, debería permitirse un examen sobre cuestiones probatorias de fondo.

La LECrim, por otra parte, solo prevé el control de los requisitos del artículo 803 *bis* a, acerca de los presupuestos necesarios para la aplicación del procedimiento que se han tratado con anterioridad. No prevé, sin embargo, un control sobre el contenido, previsto en el artículo 803 *bis* c —que también se ha expuesto—. Debe entenderse que se trata de un simple lapsus u olvido del Legislador y que el control que se confiere al juez instructor también pasa porque examine el contenido del decreto del Ministerio Fiscal. Otro entendimiento sería absurdo, pues conduciría, por ejemplo, a que el juez instructor debiera autorizar un decreto en que no estuviera identificado el investigado o en que no se solicitase pena.

Sin perjuicio de no pretender entrar en debates doctrinales que excedan del interés del presente trabajo, puede sostenerse que la LECrim ha previsto, efectivamente, un control formal (o, al menos, cuasi formal) del decreto del Ministerio Fiscal por parte del juez instructor por varios motivos:

* Las respectivas Secciones del Tribunal de instancia a que se atribuye la instrucción no son competentes para el enjuiciamiento de los delitos menos graves, sino que lo es, en principio, la Sección de lo Penal. De esta manera, las cuestiones probatorias acerca de la suficiencia de la prueba o la racionalidad de su valoración en estos delitos, no deberían alcanzar el fondo del asunto, ni aun en los supuestos en que no se aplique el proceso por aceptación de decreto. Y, así, atinadamente, GIMENO, como se ha expuesto, entiende que el control del juez instructor solo podría pasar, en su caso, por la existencia de causas de archivo. Más aún, debe entenderse que este control debería limitare a la concurrencia de causas de archivo que sean objetivamente constatables, sin entrar en la valoración de medios de prueba.
* Un control sobre el fondo del asunto, de nuevo, desnaturalizaría al proceso por aceptación de decreto, como proceso monitorio. Precisamente la insuficiencia de elementos de prueba lo que debería dar lugar es a la

no aceptación del decreto por el investigado, y a la continuación, en su caso, de la instrucción, su cierre o la apertura de la fase de enjuiciamiento. Es a la parte encausada a la que la ley ha atribuido una valoración propia acerca de la suficiencia de los medios probatorios que indica el fiscal en el decreto, y, conforme a su entendimiento, evaluar la conveniencia de una posible condena "premiada" en este proceso o de asumir las consecuencias de no aceptar lo propuesto.

* La LECrim tampoco ha previsto un control de fondo sobre la conformidad del acusado para delitos más graves que puedan tramitarse por las diligencias previas del procedimiento abreviado, o, incluso, del sumario. Tanto el artículo 655 LECrim, como el 787 *ter* —materias modificadas por la LO 1/2025—, solo han previsto un control sobre la entidad de la pena solicitada y, a lo sumo, sobre la correcta calificación con la que la defensa pretende conformarse. En ningún caso se ha previsto para los delitos tramitados en estos procesos —que de ordinario serán, se reitera, más graves que los del proceso por aceptación de decreto— un control sobre la suficiencia de la prueba, ni una valoración sobre ella. Tampoco en sede del enjuiciamiento rápido está previsto este control en el artículo 801 LECrim, aunque, paradójicamente, viene precedido sobre un juicio sobre la apertura del juicio oral, en el artículo 800, que realiza el mismo juez instructor. 2745

Finalmente, la LECrim ha previsto dos opciones, por las que puede optar el juez instructor a la vista del decreto del Ministerio Fiscal. La primera, la autorización (por auto, *vid.* art. 803 *bis* f, en consecuencia, de forma motivada) tras el examen de los requisitos del decreto, según se ha venido exponiendo. La segunda, la no autorización del decreto. La única consecuencia de la no autorización es la falta de eficacia del decreto, con la consecuente desvinculación para el Ministerio Fiscal respecto de la propuesta ya realizada (art. 803 *bis* j LECrim). La LECrim no ha previsto el archivo de las actuaciones, el sobreseimiento provisional o libre o la continuación —o apertura— de la instrucción ni la apertura del juicio oral. Puede entenderse que las consecuencias de la falta de autorización serán, necesariamente, casuísticas. Así, el decreto del fiscal se dicta en sede de unas diligencias de investigación, el juez instructor deberá valorar si procede a abrir un procedimiento para la instrucción, a cuyo efecto podría considerarse que el decreto pudiera tener valor de denuncia. Aun sin esta consideración, el juez podría, de oficio, abrir la instrucción si considerase que ha recibido una *notitia criminis*. Si el decreto se recibe en un procedimiento judicial ya incoado, tras la denegación de autorización, el juez instructor deberá adoptar la resolución que proceda a la vista del estado del procedimiento —la práctica de diligencias de instrucción, el sobreseimiento libre o provisional o la conclusión de la fase de instrucción para la posible apertura del juicio oral—.

5. COMPARECENCIA Y ACEPTACIÓN DEL DECRETO

Tras la autorización del decreto, por auto, el artículo 803 *bis* f LECrim prevé su notificación al encausado y su citación a una comparecencia. En la notificación, además, se debe informar al encausado de que, preceptivamente, debe ser asistido de letrado —de su confianza o del que se le designe de oficio, para lo cual debe solicitarlo con anterioridad—, de las consecuencias de la incomparecencia y del derecho a aceptar o rechazar la propuesta del decreto.

La Ley ha configurado una comparecencia con asistencia letrada obligatoria, de manera que tal circunstancia se hace saber en la notificación para la comparecencia (art. 803 *bis* f 2 LECrim y art. 803 *bis* h 1) y el encausado puede solicitar el nombramiento de letrado de oficio al juzgado, con un plazo de cinco días antes de la celebración de la comparecencia (art. 803 *bis* g LECrim).

En la comparecencia pueden distinguirse los siguientes tres supuestos.

5.1 Incomparecencia del encausado

Si el encausado que ha sido citado no comparece, el artículo 803 *bis* h, la comparecencia queda sin efecto. El texto legal no afirma que quede sin efecto la autorización del decreto, sino, únicamente, la comparecencia, por lo que no habría dificultad para entender que puede procederse a citaciones sucesivas, si el fiscal así lo entendiere necesario. La única consecuencia prevista legalmente es que el fiscal no queda vinculado por la propuesta ya autorizada (art. 803 *bis* j LECrim) Cosa distinta es la conveniencia de citar nuevamente a una persona que, sin explicación, ha decidido no acudir a una primera citación.

5.2 Comparecencia sin letrado

El artículo 803 *bis* h 2 LECrim prevé que, en este supuesto, se suspenda la celebración de la comparecencia «de acuerdo con lo dispuesto en el artículo 746» es decir, con designación de letrado de oficio, y un nuevo señalamiento.

5.3 Comparecencia del encausado con letrado

En este supuesto, se prevé la documentación de la comparecencia por medios audiovisuales o, en caso de imposibilidad, de acuerdo con las reglas generales (art. 803 *bis* h 4 LECrim). En esta comparecencia, se encomienda al juez (art. 803 *bis* h 3 LECrim) que se asegure de que el encausado comprenda la propuesta que el fiscal ha emitido en el decreto, así como los efectos de su aceptación.

Aquí, de nuevo, se abren dos opciones. La primera, que el encausado rechace la propuesta del Ministerio Fiscal, en cuyo caso lo que prevé el texto legal (art. 803 *bis* h 2 LECrim) es que la comparecencia quede sin efecto. El artículo 803 *bis* j LECrim prevé que, en caso de falta de aceptación de la propuesta del Ministerio Fiscal, se produce una desvinculación de la propuesta que ha realizado, lo que no empaña la conclusión anterior.

Puede entenderse que el hecho de que una primera comparecencia quede sin efecto, no impide al Ministerio Fiscal, si se dan los requisitos para ello, la emisión de un nuevo decreto —o, incluso, el mantenimiento del ya emitido— para la celebración de otra comparecencia. Pueden existir conversaciones entre el Ministerio Fiscal y el encausado —o su defensa, más bien— para llevar a buen término una segunda comparecencia con modificaciones —o no— sobre el decreto emitido. También, como se ha indicado con anterioridad, el rechazo en la comparecencia, en nada prejuzga la forma en la que debe continuar el procedimiento, y corresponde al juez instructor esta decisión.

La segunda posibilidad, es que el encausado acepte la propuesta que realizó el Ministerio Fiscal, lo que determina los efectos que pasan a estudiarse, con distinción de qué ocurre cuando la aceptación es total, y qué ocurre cuando no se acepta la propuesta en todos sus términos. 2747

6. EFECTOS

Cuando la persona encausada acepta la propuesta de decreto, previamente autorizado por el juez instructor, la LECrim (art. 803 *bis* i LECrim) prevé la «conversión» del decreto. Curiosamente, el texto del artículo no hace referencia a la aceptación de los hechos atribuidos, del grado de participación, de la calificación de los hechos, de la concurrencia —o no— de circunstancias modificativas de la responsabilidad criminal ni de la petición relativa a la responsabilidad civil. Dos dudas se suscitan, en consecuencia:

La primera, a qué se refiere la LECrim cuando emplea el vocablo «conversión». Puede entenderse, sin dificultad, que lo que impone el texto legal es el dictado de una sentencia de condena, que refleje el contenido del decreto autorizado por el juez instructor, sin variaciones o modificaciones.

La segunda, que se refiere a qué ocurre si la persona encausada no admita otras partes del decreto propuesto por el Ministerio Fiscal: la redacción de los hechos, el grado de participación atribuido, la concurrencia —o no— de circunstancias modificativas de la responsabilidad criminal o la petición de responsabilidad civil que realice. Puede defenderse que la petición del Ministerio Fiscal debe ser asumida por la persona encausada completamente. En primer lugar, porque esa propuesta es la que ha sido autorizada por el juez instructor, sin que quepa modificación de lo propuesto. En segundo lugar, porque, aunque el tenor literal del precepto se refiere a la «propuesta de pena», a continuación indica «en todos sus términos». En tercer lugar, porque, interpretado sistemáticamente, el precepto debe entenderse conjuntamente: a) con el 803 *bis* h 2 LECrim que prevé la falta de efecto de la comparecencia cuando se rechace la propuesta del Ministerio Fiscal «total o parcialmente en lo relativo a las penas o a la restitución o indemnización»; b) con el 803 *bis* c, que prevé, como parte integrante del contenido del «decreto de propuesta de imposición de pena» tanto el hecho, como la calificación y la petición de indemnización; y c) con el art. 803 *bis* b que prevé, como objeto del proceso, el ejercicio de la acción penal y de la acción civil.

Cuando el encausado acepta la propuesta solo en parte, no cabe otra solución que dejar sin efecto la comparecencia y continuar con el procedimiento,
 con la desvinculación del Ministerio Fiscal de la propuesta que haya realizado. Esta solución es diferente de la prevista en la conformidad en el acto del juicio, para el procedimiento ordinario, regulada en los artículos 689 y ss. de la LECrim, que prevén la posibilidad de celebración del acto del juicio únicamente en lo relativo a la petición de responsabilidad civil, cuando no exista acuerdo sobre este extremo.

LÓPEZ (2017, pp. 168-170) se plantea si es posible la conformidad con la propuesta del Ministerio Fiscal, cuando existe un tercero responsable civil en la causa que no acepta el pedimento relativo a la responsabilidad civil. Opta por entender que es posible la aceptación de la propuesta por parte del encausado, con el dictado de resolución judicial firme, y la continuación del procedimiento únicamente para dilucidar la responsabilidad civil de ese tercero. Se trata de una solución de evidente utilidad, aunque no puede compartirse. Primero, porque es posible que ni tan siquiera exista un procedimiento judicial abierto —piénsese en los casos en que la propuesta de decreto provenga de unas diligencias de investigación del Ministerio Fiscal—. Y segundo, porque un procedimiento judicial en sede penal que podría continuar con la práctica de diligencias instructoras, no es el cauce procesal más conveniente para dilucidar únicamente una pretensión civil. El proceso penal y el civil son diferentes y el segundo, aunque pueda acompañar al primero cuando se comete un delito, es solo incidental en el orden penal y no se rige por los mismos principios.

Si la aceptación de la propuesta es total, se dicta resolución, sentencia, firme y que debe documentarse en el plazo de tres días. Recogerá la propuesta de decreto, autorizada, emitida por el fiscal y aceptada por el encausado. La propia Ley prevé que tenga plenos efectos de sentencia condenatoria y afirma que no es susceptible de recurso alguno.

No está previsto en los artículos 803 *bis* a - j qué órgano será el encargado de la ejecución de la sentencia. Sí está previsto que, cuando el delito por el que recaiga condena sea delito leve, la ejecución corresponderá al "juzgado" que haya dictado la sentencia de condena (art. 985 LECrim), por lo que debería entenderse que hace referencia a la Sección de Instrucción del Tribunal de Instancia. Si embargo, no existe previsión para el supuesto en que el delito a que se refiere el proceso es menos grave, por lo que se da a entender que la ejecución corresponderá a la Sección de lo Penal del Tribunal de Instancia, lo que es conforme, además, con lo previsto en el artículo 90.4 LOPJ que dispone que «corresponde asimismo a las Secciones de lo Penal la ejecución de las sentencias dictadas en causas por delito grave o menos grave por las Secciones de Instrucción [...]».

La LECrim ha excluido la posibilidad de recurso contra esta sentencia de conformidad. No obstante, a la vista de la jurisprudencia de la Sala Segunda del Tribunal Supremo sobre la posibilidad de recursos en caso de conformidad, puede sostenerse que podría interponerse recurso contra la sentencia, cuando no se hayan respetado los requisitos formales, materiales y subjetivos legalmente necesarios para su validez, o cuando no se hayan respetado en la sentencia los términos del acuerdo entre las partes (por todas, *vid.* STS de 21/03/2012 [*Tol 2509385*]). Además, debe entenderse que el recurso que, en su caso, debería formularse, es el de apelación, presentado ante la Sección de Instrucción y para su conocimiento por la Audiencia Provincial. 2749

BIBLIOGRAFÍA

- ARMENTA DEU, *Lecciones de Derecho procesal penal*, 14ª edición, Marcial Pons, 2023.
- ASENCIO MELLADO, *El proceso por aceptación de decreto*, 1ª edición, Tirant lo Blanch, 2016.
- DE LA ROSA CORTINA, «El principio de oportunidad: experiencias en el proceso penal español», en Calaza López, Muinelo Cobo, (Dirs.), *El impacto de la oportunidad sobre los principios procesales clásicos: estudios y diálogos*, Iustel, 2021.
- JUAN SÁNCHEZ «El proceso por aceptación de decreto como técnica de negociación y las causas de su fracaso», en Martín Pastor y Juan Sánchez, Ricardo (dirs.), *El derecho procesal: entre la academia y el foro*, Atelier Libros Jurídicos, 2022.
- LÓPEZ SIMÓ/CAMPANER MUÑOZ, *El proceso por aceptación de decreto o monitorio penal*, Reus, 2017.
- LUACES GUTIÉRREZ, «Proceso por aceptación de decreto y principio de oportunidad» Calaza López, Muinelo Cobo, (Dirs.), *Postmodernidad y proceso europeo: la oportunidad como principio informador del proceso judicial*, Dykinson, 2020.
- MAGRO SERVET, «El nuevo proceso de aceptación por decreto en la reforma de la LECrim», *Diario La Ley*. Nº 8584, 2015.
- MATEOS RODRÍGUEZ-ARIAS, «Legalidad y oportunidad en la justicia penal: perspectivas de futuro», en *Anuario de la Facultad de Derecho. Universidad de Extremadura*. 2020, núm. 36.
- MUERZA ESPARZA, *Las reformas procesales penales de 2015*, Thomson Reuters Aranzadi, 2015
- SANTOS MARTÍNEZ, «El proceso por aceptación de decreto», en Alonso-Cuevillas Sayrol (Dir.), *El nuevo proceso penal tras las reformas de 2015*, Atelier Libros Jurídicos, 2016.
- VEGAS TORRES, *Apuntes de derecho procesal penal*, 2ª Edición. Autoeditado. 2015.

Capítulo 70
Otros procedimientos penales con especialidades

Juan Manuel Alcoceba Gil[1]
Letrado del Tribunal Constitucional
Profesor Titular (a) de Derecho Procesal
Universidad Carlos III de Madrid

1. ENJUICIAMIENTO DE DELITOS DE VIOLENCIA CONTRA LA MUJER

1.1 Justificación

En España, como en gran parte del mundo, la violencia de género constituye un problema social de primer orden. Según el Observatorio Estatal de Violencia sobre la Mujer de la Delegación del Gobierno contra la Violencia de Genero, a fecha de 2025 son más de 1.316 las mujeres asesinadas desde que se iniciaron las estadísticas en 2003; el Sistema VioGén del Ministerio del Interior contabiliza 101.254 casos activos y el número de denuncias registradas por el CGPJ durante el pasado años supera las 199.000.

Como es obvio, el fenómeno presenta una importantísima dimensión procesal, que se refleja en la solicitud de 49.268 órdenes de protección solo en 2024, de las que se concedieron 33.247 (67,48%). Por su parte, el número de sentencias dictadas fue de 62.173, de las cuales 50.078 resultaron condenatorias (80,55%). La tasa nacional de víctimas fue de 74,2 por cada 10.000 mu-

1 https://orcid.org/0000-0003-2225-0177

jeres, reconociéndose tal condición procesal a 183.908 de ellas (*vid.* Informe Anual del Observatorio Estatal de Violencia sobre la Mujer y del Observatorio contra la Violencia Doméstica y de Género del CGPJ).

Todos estos datos evidencian que no estamos ante una forma de criminalidad ordinaria, sino ante una manifestación persistente y estructural de violencia que afecta a los derechos fundamentales de las mujeres, las personas menores a su cargo y a la sociedad en su conjunto; pues supone un profundo déficit en nuestra convivencia democrática.

En coherencia con ello, el tratamiento procesal de estos delitos presenta una serie de especialidades cuya justificación radica en la necesidad de responder a la especificidad del fenómeno y combatir de la forma más efectiva posible sus dramáticas consecuencias.

1.2 Marco legal y competencial

Las especialidades que presentan los procesos penales por delitos de violencia contra la mujer se incardinan dentro del marco inicialmente establecido por la *Ley Orgánica 1/2004, de 28 de diciembre, de Medidas de Protección Integral contra la Violencia de Género*, en cuya exposición de motivos se conceptualiza este tipo de violencia como una manifestación de la discriminación, la situación de desigualdad y las relaciones de poder de los hombres sobre las mujeres.

Mediante las reformas de carácter sustantivo, procesal y orgánico operadas por la citada norma se pretende proporcionar una respuesta integral a la situación basada en la prevención, sanción de los agresores y protección a las víctimas (art. 1 LO 1/2004). Para ello, en lo que respecta al ámbito judicial, se impone la aplicación del principio de especialidad en la materia, lo que llevará, entre otras medidas, a la creación de los Juzgados de Violencia sobre la Mujer, que tras la reforma operada en la LOPJ por la Ley Orgánica 1/2025, de medidas en materia de eficiencia del Servicio Público de Justicia, han pasado a conformar las Secciones de Violencia sobre la Mujer de los Tribunales de Instancia (art. 84 LOPJ).

1.2.1 Competencia de las Secciones de Violencia sobre la Mujer de los TI

Estas secciones, a las que se atribuye competencias en materia penal y civil para garantizar una respuesta integral al fenómeno, conocerán, en el orden penal (art. 89.5 LOPJ):

* De la instrucción de los procesos para exigir responsabilidad penal por los delitos recogidos en los Títulos del Código Penal relativos a homicidio, aborto, lesiones, lesiones al feto, delitos contra la libertad, delitos contra la integridad moral, contra la libertad e indemnidad sexual, contra la intimidad y el derecho a la propia imagen, contra el honor o cualquier otro delito cometido con violencia o intimidación, siempre que se hubiesen cometido contra quien sea o haya sido su esposa o mujer que esté o haya estado ligada al autor por análoga relación de afectividad, aun sin convivencia; así como de los cometidos sobre los descendientes, propios o de la esposa o conviviente, o sobre los menores o personas con discapacidad que con él convivan.
* De la instrucción de los procesos para exigir responsabilidad penal por cualquier delito contra las relaciones familiares, cuando la víctima sea su esposa o mujer que esté o haya estado ligada al autor por análoga relación de afectividad, aun sin convivencia, así como de los cometidos sobre los descendientes, propios o de la esposa o conviviente, o sobre los menores o personas con discapacidad que con él convivan.
* De la adopción de las órdenes de protección a las víctimas, en conexión con las competencias atribuidas la Sección Única o de Instrucción que ejerza funciones de guardia.
* Del conocimiento y fallo de los delitos leves que les atribuya la ley cuando la víctima sea alguna de las personas señaladas con anterioridad.
* De la instrucción de los procesos para exigir responsabilidad penal por el delito de quebrantamiento previsto en el art. 468 CP cuando la persona ofendida por el delito cuya condena, medida cautelar o medida de seguridad se haya quebrantado sea o haya sido su esposa, o mujer que esté o haya estado ligada al autor por una análoga relación de afectividad aun sin convivencia o sea alguna de las personas referidas con anterioridad
* De la instrucción de los procesos para exigir responsabilidad penal por los delitos contra la libertad sexual previstos en el título VIII del libro II del Código Penal, por los delitos de mutilación genital femenina, matrimonio forzado, acoso con connotación sexual y la trata con fines de explotación sexual cuando la persona ofendida por el delito sea mujer.

Junto con las competencias penales previamente expuestas, las Secciones de Violencia sobre la Mujer de los Tribunales de Instancia también tienen conferida competencia en el orden civil, de conformidad con los procedimientos y recursos previstos en la Ley 1/2000, de Enjuiciamiento Civil, en los siguientes asuntos (art. 89.6 LOPJ):

Los relativos al matrimonio y a su régimen económico matrimonial y los que tengan por objeto la adopción o modificación de medidas de trascendencia familiar y otras acciones derivadas de la crisis matrimonial o de la unión de hecho.

* Los que versen exclusivamente sobre guarda y custodia de hijos e hijas menores o sobre alimentos reclamados por un progenitor contra el otro en nombre de los hijos e hijas menores.
* Los relativos a modificación de medidas adoptadas en los procesos de violencia de genero.
* Los que versen sobre maternidad, paternidad, filiación, adopción y relaciones paternofiliales.
* Los relativos a la protección del menor, incluidas en los capítulos IV *bis* y V del título I del libro IV de la Ley 1/2000, de 7 de enero, de Enjuiciamiento Civil.

2754
* Los expedientes de jurisdicción voluntaria en materia de personas y familia, con excepción de los regulados en los capítulos IX y X del título II de la Ley 15/2015, de 2 de julio, de Jurisdicción Voluntaria.
* Los que versen sobre los procedimientos de liquidación del régimen económico matrimonial instados por los herederos de la mujer víctima de violencia de género, así como los que se insten frente a estos herederos.
* Los que versen sobre el reconocimiento de eficacia civil de resoluciones o decisiones eclesiásticas en materia matrimonial.
* El reconocimiento y la ejecución de sentencias y resoluciones judiciales extranjeras civiles sobre menores y familia.
* Los procesos para la efectividad de los derechos reconocidos en el artículo 160 del Código Civil.

Además, con carácter adicional, se les atribuye competencia de forma exclusiva y excluyente cuando concurran simultáneamente los siguientes requisitos:

a) Que se trate de un proceso civil que tenga por objeto alguna de las materias indicadas con anterioridad.

b) Que alguna de las partes del proceso civil sea víctima de actos de violencia de género o de actos de violencia sexual.

c) Que alguna de las partes del proceso civil sea imputado como autor, inductor o cooperador necesario en la realización de actos de violencia de género o de violencia sexual.

d) Que se hayan iniciado ante la Sección de Violencia sobre la Mujer de un Tribunal de Instancia actuaciones penales por delito o delito leve a consecuencia de un acto de violencia de género o de un acto de violencia sexual, o se haya adoptado una orden de protección a una víctima de violencia de género.

El criterio de competencia territorial da preferencia al órgano del lugar de residencia de la víctima, lo que favorece la accesibilidad y la inmediatez en la protección.

1.2.2 Legislación complementaria

La creación de las Secciones de Violencia Sobre la mujer y el resto de medidas contenidas en la Ley Orgánica 1/2004 se ven complementadas y reforzadas a su vez por posteriores reformas del Código Penal y la Ley de Enjuiciamiento Criminal articuladas a través de disposiciones como la Ley 4/2015, del Estatuto de la víctima del delito, la Ley Orgánica 8/2021 o la Ley Orgánica 10/2022. 2755

Mediante la Ley 4/2015, se protege activamente la situación procesal de las víctimas de violencia mediante la potenciación de sus derechos de información, acceso y participación activa en el proceso, además de incorporar medidas para evitar la confrontación visual y proteger la intimidad.

En la Ley Orgánica 8/2021 se reconoce a los menores expuestos como víctimas directas de este tipo de violencia, se generaliza el uso de la prueba preconstituida y se establece la suspensión preferente del régimen de visitas en casos con indicios de violencia.

Finalmente, a través de la Ley Orgánica 10/2022 se integra en el marco de la especialización en materia de violencia de genero el tratamiento de las violencias sexuales, exista o no relación afectiva entre víctima y agresor, ampliando así la cobertura inicialmente prevista para la violencia de genero a estos otros tipos delictivos.

1.3 Medidas cautelares

En conjunto, el entramado normativo expuesto configura un aparato procesal con rasgos singulares dentro del sistema general sostenido sobre los procedimientos ordinarios. Este aparato, que no llega a constituir un proceso especial en sentido estricto (MORENO CATENA p. 565), se caracteriza por la especialización judicial, la integración de la respuesta penal y civil y la existencia de una batería de medidas cautelares y de protección diseñadas para garantizar la seguridad de la víctima desde el inicio de las actuaciones. Dentro de las ultimas habrían de enmarcarse todas aquellas medidas previstas en los arts. 544 *bis* y *ter* LECrim, que tienen por objeto proteger a las víctimas de violencia de género desde el inicio de la investigación.

Así, en el art. 544 *bis* se recogen las prohibiciones de residir en un determinado lugar, barrio, municipio, provincia u otra entidad local, Comunidad Autónoma, etc.; así como de acudir a determinados lugares o de aproximarse o comunicarse a determinadas personas. Para aquellos casos en que se trate de un delito contra la libertad sexual, se prevé expresamente la utilización de dispositivos telemáticos para el control del cumplimiento de la prohibición. Dado que se trata de medidas restrictivas del derecho fundamental a la libertad ambulatoria (art. 19 CE), habrán de ser adoptadas de forma motivada mediante auto y solo cuando resulte estrictamente necesario, debiéndose tomar en consideración la situación económica del inculpado y los requerimientos de su salud, situación familiar y actividad laboral (STS de 30/10/2024 [*Tol 10263337*]).

Es importante señalar que, en caso de incumplimiento de la medida acordada por el juez o tribunal, éste convocará la comparecencia regulada en el art. 505 LECrim para la adopción de la prisión provisional contra el incumplidor en los términos del artículo 503, de la orden de protección prevista en el artículo 544 ter o de otra medida cautelar que implique una mayor limitación de su libertad personal, para lo cual se tendrán en cuenta la incidencia del incumplimiento, sus motivos, gravedad y circunstancias.

A tal previsión ha de sumarse el hecho de que, desde la regulación penal sustantiva, se refuerza aún más el cumplimiento de estas medidas, pues al margen del gravamen que pueda sufrir la situación personal del inculpado dentro del proceso del que trae causa la prohibición, este incurrirá en responsabilidad penal con su incumplimiento ya que este constituye en sí mismo un delito de quebrantamiento de medida cautelar previsto en el art. 468 CP (Sobre los elementos típicos del delito (*vid*. SSTS de 16/05/2003 [*Tol 4926753*] y de 17/12/2018 [*Tol 6976844*]).

Por otro lado, en el art. 544 *ter* LECrim, se regula la orden de protección para las víctimas de violencia doméstica en los casos en que, existiendo indicios fundados de la comisión de un delito o falta contra la vida, integridad física o moral, libertad sexual, libertad o seguridad de alguna de las personas mencionadas en el artículo 173.2 del Código Penal, resulte una situación objetiva de riesgo para la víctima. En virtud de la misma podrán adoptarse una amplia relación de medidas de carácter tanto penal como civil.

Sin animo de exhaustividad, pues esta institución es objeto de estudio en otros capítulos de la presente obra, debe señalarse que la orden de protección comporta un procedimiento cautelar especifico, que se iniciará por el juez de oficio o a instancia de la víctima o persona que tenga con ella alguna relación que le lleve a conocer la situación de riesgo —servicios sociales, oficinas de atención a victimas, etc.—. Recibida la solicitud de orden de protección, el juez de guardia convocará a una audiencia urgente a la víctima o su representante legal, al solicitante y al presunto agresor, asistido, en su caso, de abogado. También será convocado el Ministerio Fiscal (art. 544 *ter*. 4 LECrim).

Esta audiencia se podrá sustanciar simultáneamente con la prevista en el art. 505 para la adopción de la prisión provisional cuando su convocatoria fuera procedente o, en su caso, con el acto del juicio de delitos leves. Cuando excepcionalmente no fuese posible celebrar la audiencia durante el servicio de guardia, el juez ante el que hubiera sido formulada la solicitud la convocará en el plazo más breve posible. En cualquier caso, la audiencia habrá de celebrarse en un plazo máximo de setenta y dos horas desde la presentación de la solicitud.

Una vez celebrada la audiencia, el órgano judicial resolverá mediante auto sobre la solicitud de la orden de protección, así como sobre el contenido y vigencia de las medidas que incorpore.

1.4 Investigación efectiva

Además de la atribución competencial a órganos especializados y la posibilidad de adoptar medidas cautelares o de protección específicas, el proceso penal por delitos de violencia de genero presenta otra peculiaridad no recogida expresamente en la Ley: está sujeto a un estándar reforzado de investigación suficiente y eficaz.

El Tribunal Constitucional, a partir de su STC 87/200 [*Tol 8062086*], ha impuesto, en relación con la investigación de los delitos de violencia de género, un canon reforzado de investigación suficiente y eficaz que obliga a agotar los medios de indagación existentes en cada caso. Así, se dice que:

«Para que la investigación penal concretamente desplegada satisfaga el derecho a la tutela judicial efectiva de quien se encuentra en posición de víctima en supuestos de violencia de género o cometida en un entorno familiar o afectivo, será necesario no solo activar sin demoras —cuando corresponda— las medidas de protección personal adecuadas al caso, sino también desplegar una instrucción que profundice sobre los hechos denunciados con el fin de descartar toda sospecha fundada de delito. El comportamiento exigible del órgano judicial en modo alguno implica la obligación de admitir o practicar cualesquiera diligencias, sino únicamente aquellas que se evidencien como pertinentes y relevantes a los fines pretendidos. Pero deberá continuar la tarea de investigación mientras, subsistiendo la sospecha fundada de la comisión de los hechos de que se ha tenido noticia y de su relevancia penal, resulte necesario profundizar en su indagación».

En este sentido, el estándar aplicable en materia de violencia de genero resulta equiparable al vigente en materia de torturas (SSTC 166/2021 [*Tol 8629507*] y 13/2022 [*Tol 8815243*]). Por lo que, en todos aquellos casos donde la denuncia fuera archivada *a limine litis*, se estaría produciendo una vulneración del derecho a la tutela judicial efectiva de la denunciante. Solo ello puede concluirse de la siguiente afirmación:

«La adecuada satisfacción del derecho fundamental a la tutela judicial requiere que el órgano encargado de la investigación, tras sopesar la *notitia criminis* y evaluar positivamente la concurrencia de indicios de delito, reaccione prontamente practicando cuantas diligencias —bien propuestas por las partes, bien acordadas de oficio— resulten naturalmente idóneas en relación con los hechos concretos del caso (...) El deber de diligencia requerirá abundar en la investigación allí donde no se hayan agotado las posibilidades razonables de indagación sobre los hechos de apariencia delictiva, vulnerándose el derecho a la tutela judicial efectiva si el órgano judicial clausura precipitada o inmotivadamente la investigación penal. El comportamiento exigible del órgano judicial en modo alguno implica la obligación de admitir o practicar cualesquiera diligencias, sino únicamente aquellas que se evidencien como pertinentes y relevantes a los fines pretendidos. Pero deberá continuar la tarea de investigación mientras, subsistiendo la sospecha fundada de la comisión de los hechos de que se ha tenido noticia y de su relevancia penal, resulte necesario profundizar en su indagación».

En síntesis, la investigación penal presenta ciertas singularidades en materia de violencia de género, que se concretan en la exigencia de que la intervención judicial colme dos necesidades muy concretas: a) emplear cuantas herramientas de investigación se presenten como racionalmente necesarias, suficientes y adecuadas ante toda sospecha fundada de delito, y b) evitar demoras injustificadas que puedan perjudicar el curso o el resultado de la investigación, además de la adecuada protección de quien figure como víctima, allí donde dicha protección se revele necesaria.

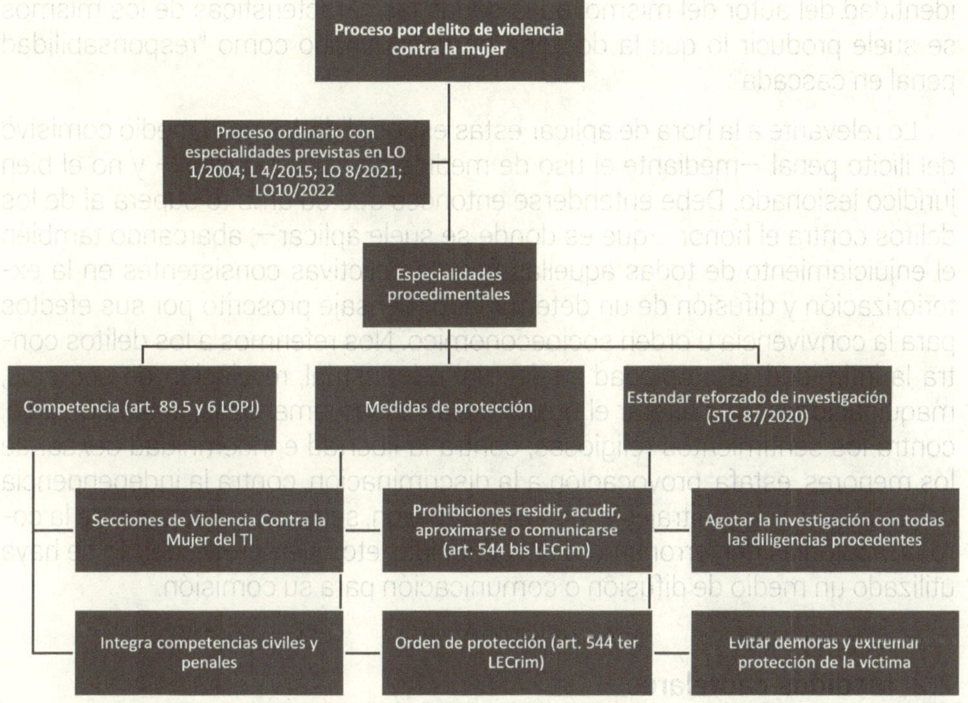

2. ENJUICIAMIENTO DE DELITOS COMETIDOS A TRAVÉS DE MEDIOS DE COMUNICACIÓN

2.1 Justificación

En el Titulo V del Libro IV de la LECrim se regula el "*procedimiento por delitos cometidos por medio de la imprenta, el grabado u otro medio mecánico de publicación*", que, como ya se ha encargado de subrayar la doctrina en reiteradas ocasiones (por todos, MORENO CATENA p. 558; GÓMEZ COLOMER p. 629 y MONTERO AROCA p. 803), no constituye realmente un proceso especial, sino mas bien un conjunto de singularidades articuladas, por razón del medio comisivo del delito, sobre la base del procedimiento ordinario que corresponda.

Tales singularidades, que según se dispone en el art. 823 *bis* también serán aplicables al enjuiciamiento de los delitos cometidos a través de medios sonoros o fotográficos, difundidos por escrito, radio, televisión, cinematógrafo u otros similares, se circunscriben esencialmente a la fase de instrucción. Concretamente las especialidades en cuestión consisten en las medidas cautelares adoptables para evitar la difusión del delito y sobre la determinación de la identidad del autor del mismo, pues dadas las características de los mismos se suele producir lo que la doctrina ha denominado como "responsabilidad penal en cascada".

Lo relevante a la hora de aplicar estas especialidades es el medio comisivo del ilícito penal —mediante el uso de medios de comunicación— y no el bien jurídico lesionado. Debe entenderse entonces que su ámbito supera al de los delitos contra el honor —que es donde se suele aplicar—, abarcando también el enjuiciamiento de todas aquellas figuras delictivas consistentes en la exteriorización y difusión de un determinado mensaje proscrito por sus efectos para la convivencia u orden socioeconómico. Nos referimos a los delitos contra la intimidad, la propiedad intelectual o industrial, revelación de secretos, maquinaciones para alterar el precio de las cosas, amenazas, delitos de odio, contra los sentimientos religiosas, contra la libertad e indemnidad sexual de los menores, estafa, provocación a la discriminación, contra la independencia del Estado, traición, ultrajes a la nación, rebelión, sedición, delitos contra la corona, apologías del terrorismo o del genocidio, etc., siempre y cuando se haya utilizado un medio de difusión o comunicación para su comisión.

2.2 Medidas cautelares

Con el fin de evitar que la conducta delictiva realizada a través de medios de comunicación o publicación siga desprendiendo efectos y, con ello, lesionando el bien jurídico protegido por el ordenamiento penal, se prevén dos medidas cautelares de naturaleza singular: el secuestro de la publicación o molde y la prohibición de difundir o proyectar el documento o soporte que contiene el producto del delito.

Así, en relación con la primera medida prevista, se dispone en el art. 816 LECrim que inmediatamente después de incoar la causa penal por este tipo de delitos, el juez o tribunal acordará el secuestro de los ejemplares del impreso o de la estampa donde quiera que se hallaren y del molde de ésta. Tal previsión se complementa con la posibilidad establecida en el art. 823 *bis* de proceder al secuestro de la publicación a través de la cual se produjo la actividad delictiva. Obsérvese que, mientras en el primer precepto se articula un mandato directo e inequívoco a la autoridad judicial para que aplique de forma automática la medida; en el segundo únicamente se le otorga la posibilidad. Se entiende que regirá lo dispuesto en el segundo articulo ya que, según reiterada doctrina constitucional, corresponde en exclusiva al órgano judicial realizar la necesaria ponderación entre derechos afectados por la medida y los fines perseguidos con su adopción (STC 29/2019 [*Tol 7111098*]).

En cualquier caso, solo los efectos secuestrados constituirán el cuerpo del delito (art. 822 LECrim), lo que ha llevado a parte de la doctrina a considerar que en la citada regulación se está haciendo referencia al simple aseguramiento de los instrumentos del delito (MONTERO AROCA p. 803). Esta tesis debe descartarse, puesto que, como ha señalado la mayor parte de la doctrina (por todos MORENO CATENA p. 559), «el secuestro tiene un carácter eminentemente cautelar o, por mejor decir, de protección o de salvaguarda del derecho de las víctimas», en la medida que la inacción de la autoridad judicial a este respecto no solo frustraría los fines retributivos y preventivos del proceso, sino que también implicaría la perpetuación de los efectos lesivos del acto delictivo. Mientras aquello que dio lugar a su comisión continue siendo público, continuará produciendo un daño ilícito, de ahí la necesidad de actuar cautelarmente.

Junto con el secuestro, en el art. 823 *bis* se introduce también la prohibición de difundir o proyectar el medio a través del cual se produjo la actividad delictiva. Se trata de una medida diferente pero complementaria al secuestro. Complementa, en primer lugar, la acción material de incautar los elementos necesarios para seguir difundiendo el producto del delito, pues estos no alcanzan para neutralizar el efecto de los mensajes o informaciones ya divulgadas.
Además de cesar en la producción del mensaje, es preciso, en estos casos, removerlo de allí donde sigue expuesto; ese es el sentido de prohibir la difusión como medida complementaria a la del secuestro. Además, la prohibición se adapta mejor a medios virtuales como internet, donde la información se produce y difunde a gran velocidad, siendo imposible o insuficiente con proceder al secuestro de los efectos utilizados para la producción del mensaje.

2.3 Especialidades en materia de investigación

En el art. 30 CP se establece una serie de reglas de imputación de la responsabilidad penal singulares para los delitos que se cometan utilizando medios o soportes de difusión mecánicos que la doctrina denomina "responsabilidad en cascada". Según el mismo, no responderán criminalmente ni los cómplices ni quienes los hubieren favorecido personal o realmente.

Por otro parte, los que sean reputados autores en los términos del art. 28 CP, responderán de forma escalonada, excluyente y subsidiaria de acuerdo con el siguiente orden:

1. Los que realmente hayan redactado el texto o producido el signo de que se trate, y quienes les hayan inducido a realizarlo.
2. Los directores de la publicación o programa en que se difunda.

3. Los directores de la empresa editora, emisora o difusora.

4. Los directores de la empresa grabadora, reproductora o impresora.

De esta forma, cuando no pueda perseguirse a ninguna de las personas comprendidas en el primer número, se dirigirá el procedimiento contra las mencionadas en el número inmediatamente posterior. La responsabilidad articulada de este modo resulta excluyente (art. 820 LECrim), de tal forma que, si uno de los autores de los niveles superiores puede ser efectivamente procesado y enjuiciado, libera de responsabilidad a los de los niveles inferiores (STC 176/1995 [*Tol 82914*]). No obstante, debe rechazarse la posibilidad de que se esté ante un supuesto de responsabilidad objetiva, pues los fundamentos del Derecho Penal moderno imponen la necesidad de que concurran elementos tanto objetivos como subjetivos para poder apreciar la culpabilidad penal (STC 91/1999 [*Tol 81157*]).

La forma en que debe articularse la investigación de estos delitos se encuentra en estrecha relación con el sistema de imputación de la responsabilidad aplicable. Así, en el art. 816 LECrim se establece que, en un primer momento, la investigación se centrará en la persona que integra el primer nivel de responsabilidad establecido en el art. 30 CP. Así, se prevé que, nada más incoada la causa se procederá inmediatamente a averiguar quién haya sido el autor real del escrito o estampa con cuya publicación se hubiese cometido el delito.

Sin embargo, inmediatamente después, se dispone que, «si el escrito o estampa se hubiese publicado en periódico, bien en el texto del mismo, bien en hoja aparte, se tomará declaración para averiguar quién haya sido el autor al Director o redactores de aquél y al Jefe o Regente del establecimiento tipográfico en que se haya hecho la impresión o grabado. Para ello se reclamará el original de cualquiera de las personas que lo tenga en su poder, la cual, si no lo pusiere a disposición del Juez, manifestará la persona a quien lo haya entregado» (art. 817 LECrim). Se focaliza así la actividad investigadora en el segundo y tercer nivel de responsabilidad. Pero, a renglón seguido, se establece que «si el delito se hubiese cometido por medio de la publicación de un escrito o de una estampa sueltos, se tomará la declaración expresada en el artículo anterior al Jefe y dependientes del establecimiento en que se haya hecho la impresión o estampación» (art. 818 LECrim); poniendo así el énfasis en el cuarto nivel de responsabilidad.

Las especialidades aplicables al procedimiento para el enjuiciamiento de delitos cometidos a través de medios de comunicación contiene, en último lugar, una previsión que resulta plenamente extensible a la generalidad de procesos penales, pues alude a la insuficiencia de la confesión de un supuesto autor para que se le tenga como tal, si de las circunstancias de aquél o de las del delito resultaren indicios bastantes para creer que el confeso no fue el autor real del escrito o estampa publicados.

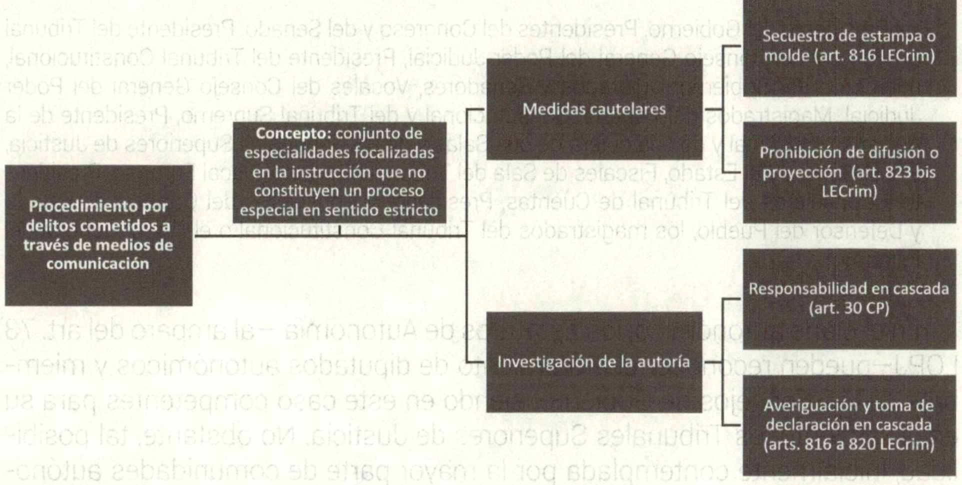

3. ENJUICIAMIENTO DE DELITOS COMETIDOS POR AFORADOS

3.1 Justificación

El aforamiento presenta un hondo arraigo en el ordenamiento jurídico español, donde opera, a efectos procesales, como criterio de atribución de la competencia objetiva por razón de la persona. A través de esta institución, la investigación y enjuiciamiento de determinados cargos públicos es sustraída al conocimiento de los órganos a los que correspondería por razón de la materia y atribuida al Tribunal Supremo o los Tribunales Superiores de Justicia. Tal medida se articula principalmente como garantía institucional destinada a preservar la independencia en el ejercicio de funciones públicas de especial relevancia (STC 90/1985 [*Tol 79505*]).

Su configuración constitucional se encuentra en los artículos 71 y 102 CE, que regulan respectivamente el régimen de inviolabilidad, inmunidad, suplicatorio y responsabilidad penal de diputados, senadores y miembros del Gobierno; así como en los artículos 57 y 73 LOPJ, que determinan la competencia de la Sala Segunda del Tribunal Supremo y de las Salas de lo Civil y Penal de los Tribunales Superiores de Justicia.

El elenco de personas aforadas incluye, en el ámbito estatal, a los miembros de las Cortes Generales (art. 71.3 CE) y a los miembros del Gobierno de la Nación (art. 102 CE), así como a otros altos cargos enumerados en el propio artículo 57 de la LOPJ, entre los que se encuentran:

> «el Presidente del Gobierno, Presidentes del Congreso y del Senado, Presidente del Tribunal Supremo y del Consejo General del Poder Judicial, Presidente del Tribunal Constitucional, miembros del Gobierno, Diputados y Senadores, Vocales del Consejo General del Poder Judicial, Magistrados del Tribunal Constitucional y del Tribunal Supremo, Presidente de la Audiencia Nacional y de cualquiera de sus Salas y de los Tribunales Superiores de Justicia, Fiscal General del Estado, Fiscales de Sala del Tribunal Supremo, Fiscal Europeo, Presidente y Consejeros del Tribunal de Cuentas, Presidente y Consejeros del Consejo de Estado y Defensor del Pueblo, los magistrados del Tribunal Constitucional o el Fiscal General del Estado».

En el plano autonómico, los Estatutos de Autonomía —al amparo del art. 73 LOPJ—pueden reconocer el aforamiento de diputados autonómicos y miembros de los Consejos de Gobierno, siendo en este caso competentes para su enjuiciamiento los Tribunales Superiores de Justicia. No obstante, tal posibilidad, inicialmente contemplada por la mayor parte de comunidades autónomas, ha sido progresivamente abandona ante el creciente cuestionamiento social experimentado por esta institución (MARTÍNEZ ALARCON, p. 437).

Una parte la doctrina a la que nos adscribimos, señala que el número de aforados en España —que supera ampliamente el de la mayoría de países de nuestro entorno— plantea dudas sobre su adecuación al principio de igualdad ante la ley. Así, GÓMEZ COLOMER (p. 274), expresa abiertamente que «o se reforma la Constitución y se dejan sólo el del Rey y el del Presidente del Gobierno, o en España no hay nada que hacer, seguiremos con más de 250.000, o en su caso 10.000, privilegiados injustamente, porque son tratados desigualmente respecto a un ciudadano normal. Soy partidario por tanto en este tema de una reforma radical, como merece ser el respeto al principio de igualdad, directo, frontal, sin excepciones, igualmente radical en definitiva». En esta línea, han sido diversas las iniciativas remitidas en la última década a las Cortes Generales donde se propone la reducción drástica de los supuestos de aforamiento y su limitación a delitos cometidos en el ejercicio del cargo o relacionados directamente con el mismo. La jurisprudencia, por su parte, ha insistido en que el aforamiento no debe interpretarse como un privilegio personal, sino como una garantía funcional que, en todo caso, ha de ser aplicada de forma restrictiva y excepcional (ATC 526/1986 [*Tol 239290*] y STC 51/1985 [*Tol 79466*]).

3.2 Especialidades procedimentales

En términos generales, la principal característica del aforamiento radica en la alteración de las reglas ordinarias de competencia establecidas en los arts. 14 y ss. LECrim. Esta modificación competencial será lo que determine a su vez las diferencias existentes en la tramitación del procedimiento a seguir; que, por lo demás, habrá de ser aquel que corresponda por razón del delito y la pena.

Así, mientras que en el proceso penal ordinario la instrucción se atribuye a un órgano o sección distintos del de enjuiciamiento, en el caso de los aforados ambas funciones se residencian por fuerza en el Tribunal Supremo o Tribunal Superior de Justicia, que designará un "Juez instructor especial" de entre los miembros del mismo Tribunal (art. 303 LECrim)

Ello comporta a su vez que incoación de los procesos penales contra aforados exija previamente que el órgano encargado del enjuiciamiento del aforado, pondere con carácter previo al inicio de la investigación contra el mismo si existen o no indicios de delito suficientes para darle curso, pues será con base en dicha ponderación como se fundamente la delegación de la competencia instructora en uno de sus miembros. Cabe plantearse si dicha practica afecta o no a la independencia del órgano y, por ende, al derecho al juez ordinario predeterminado por la ley que reconoce el art. 24.2 CE.

Por otro lado, cuando la causa se inicie ante la Sección de Instrucción de un Tribunal de Instancia y en el marco de la misma se dilucide la posible existencia de responsabilidad de un aforado, el órgano que esté conociendo podrá acordar, por razón de urgencia, las medidas de precaución necesarias para evitar su ocultación; pero habrá de remitir las diligencias en el término más breve posible, que en ningún caso podrá exceder de tres días, al tribunal competente, el cual resolverá sobre la incoación del sumario, y, con posterioridad, sobre si procede o no el procesamiento del aforado.

De nuevo, por tanto, será el mismo órgano que admite a trámite quien acabe dictando sentencia. A este respecto, el alto tribunal ha precisado que, si en fase inicial no se aprecian indicios suficientes contra un aforado, puede declinar su competencia y remitir la causa al juzgado ordinario competente, evitando un enjuiciamiento improcedente por un tribunal superior (STC 123/2001 [*Tol 12984*]).

En relación con el momento en que se consolida la competencia del órgano de aforamiento, el Tribunal Supremo, en su STS de 10/12/2014 [*Tol 4578270*], señala que la apertura del juicio oral fija con carácter definitivo la competencia del tribunal superior, incluso si el acusado pierde la condición de aforado antes de la celebración del juicio. La resolución se ampara en el principio de *perpetuatio iurisdictionis*, para evitar que el cambio de condición del acusado altere la marcha del proceso.

Por último, debe mencionarse que, en la práctica, las resoluciones dictadas por el Tribunal Supremo en causas contra aforados carecen de recurso de apelación, al tratarse del órgano jurisdiccional ordinario superior en todos los órdenes (art. 57 LOPJ). Ello limita la posibilidad de impugnación a mecanismos extraordinarios como el recurso de amparo ante el Tribunal Constitucional (art. 53.2 CE, arts. 41 y ss. LOTC) o, eventualmente, al TEDH. Tal situación ha motivado la repulsa del Comité de Derechos Humanos de Naciones Unidas por incumplimiento del art. 14.5 PIDCP (en particular, Dictamen en el caso C. Gómez Vázquez c. España), así como duras críticas por la doctrina (SAIZ ARNAIZ, p. 99). Sin embargo, el Tribunal Constitucional ha avalado esta situación, señalando que el derecho al recurso del art. 14.5 PIDCP y del art. 2 del Protocolo nº 7 CEDH no es absoluto, por lo que la concentración de instancia en el Tribunal Supremo está justificada por la naturaleza de la prerrogativa de aforamiento (por todas, STC 51/1985 [*Tol 79466*]).

Por su parte, el TEDH, mediante su decisión de inadmisión de 22 de septiembre de 2020, en el caso *Pablo Iglesias Turrión c. España*, también parece aceptar la ausencia de un recurso ordinario en caso de sentencias dictadas en primera instancia contra aforados, al entender que estos renuncian implícitamente a la doble instancia en favor de ser juzgado por el órgano jurisdiccional más alto.

El razonamiento expuesto resulta criticable en la medida que obliga al aforado a decidir entre seguir manteniendo el cargo representativo o ver satisfecho su derecho a la doble instancia, incurriendo así en el denominado "efecto desaliento" en el ejercicio de sus derechos fundamentales (CUERDA ARNAU p. 88).

3.3 El procedimiento contra diputados y senadores

La inmunidad parcial que el art. 71.2 CE concede a los miembros de las Cortes Generales adquiere un desarrollo procesal propio en los arts. 750 a 757 LECrim, bajo el Título I del Libro IV relativo a los procedimientos especiales, denominado "[d]el modo de proceder cuando fuere procesado un Senador o Diputado a Cortes.

Esta regulación, que conecta con lo dispuesto en los arts. 10 a 14 del Reglamento del Congreso de los Diputados y 21 y 22 del Reglamento del Senado, constituye una manifestación específica de la garantía consistente en no poder ser inculpados ni procesados sin la previa autorización de la Cámara a la que pertenezcan, salvo en caso de flagrante delito. Tal autorización, conocida como *suplicatorio*, constituye un atentico requisito de procedibilidad: sin su concesión, no puede investigarse ni abrir juicio oral *ex* art. 666 LECrim, contra ningún miembro de las Cámaras.

Así, en el art. 750 LECrim se dispone que, cuando un juez o tribunal advierta indicios suficientes de criminalidad contra un diputado o senador, deberá abstenerse de proceder contra él mientras dure la legislatura, solicitando previamente el suplicatorio a la Cámara correspondiente. El artículo 751 LECrim, no obstante, introduce una excepción para los casos de flagrante delito: el parlamentario puede ser detenido y puesto a disposición judicial sin autorización previa, pero en un plazo máximo de veinticuatro horas el órgano judicial debe dar cuenta a la Cámara para que esta resuelva lo procedente.

En el art. 752 LECrim se contempla una hipótesis distinta: la del parlamentario que es procesado antes de ser elegido o durante un periodo de disolución parlamentaria. En estos casos no se exige suplicatorio, pero el tribunal debe comunicar los hechos al órgano competente de la Cámara tan pronto como esta se constituya.

La tramitación del suplicatorio implica necesariamente la suspensión del procedimiento penal desde que se solicita hasta que se resuelve (art. 753 LECrim). Durante este tiempo no se pueden practicar diligencias sustanciales contra el aforado. Este aspecto fue subrayado por el Tribunal Constitucional en su STC 123/2001 [*Tol 12984*], que define la prosecución de la causa sin contar con la autorización de la Cámara como una vulneración del derecho fundamental a un proceso con todas las garantías, por cuanto el suplicatorio opera como límite material al ejercicio de la jurisdicción. De hecho, la Ley dispone que, si el Senado o el congreso negasen la autorización pedida, se sobreseerá respecto al Senador o Diputado a Cortes; pero continuará la causa contra los demás procesados (art. 754 LECrim).

En una línea más reciente, la STC 70/2021 [*Tol 8382358*] precisa que el suplicatorio solo es exigible antes de la inculpación o procesamiento formal, y que no debe imponerse cuando la condición de parlamentario se adquiere con el juicio oral ya abierto, ya que en tal supuesto la garantía de inmunidad no persigue obstaculizar la continuación del procedimiento en marcha. Así, se declara expresamente que "la prerrogativa del art. 71.2 CE se contempla en relación con supuestos de detención, inculpación o procesamiento, pero no puede extenderse más allá del correspondiente juicio de inculpación".

La jurisprudencia del Tribunal Supremo ha reforzado esta interpretación. Así, el ATS de 03/02/2020 [*Tol 7736476*] recoge que solicitar la autorización administrativa para proceder no equivale a una imputación anticipada, sino que constituye un trámite previo indispensable para que el instructor pueda siquiera dirigir la investigación contra un parlamentario, ya que su denegación cierra toda posibilidad de enjuiciamiento mientras subsista el mandato representativo:

«En lo que interesa a la situación procesal en que se encuentra [la procesada], la resolución destacaba la rúbrica del Título I del Libro IV LECrim ("Del modo de proceder cuando fuere procesado un Senador o Diputado a Cortes"), así como la literalidad del artículo 750 de la LECrim, que considera que la autorización de la Cámara es precisa si el Juez o Tribunal encuentra méritos "para procesar" a un senador o diputado a Cortes. Y remarcaba que una interpretación gramatical y sistemática, asociada a la naturaleza misma de la prerrogativa de la inmunidad, avala la idea de que la autorización del órgano legislativo es necesaria "para procesar", esto es, para atribuir a un diputado o senador electo la condición formal de parte pasiva, sujetándolo a un proceso penal que podría afectar al normal funcionamiento de las tareas legislativas. Se trata, por tanto, de una previsión a futuro. El sentido constitucional de la inmunidad y su propia justificación histórica no permiten igualar la autorización para procesar con la homologación parlamentaria del ya procesado. Carece de justificación constitucional que el normal desarrollo de un proceso terminado en su investigación, y cuya prosecución se ha malogrado por no estar los procesados a disposición de la Justicia y por proscribirse en nuestro ordenamiento jurídico el enjuiciamiento en su ausencia, exija para su normalidad democrática el nihil obstat del órgano parlamentario. Como indicábamos en la resolución de 14 de mayo de 2019, no forma parte de las garantías propias del estatuto personal del diputado o senador imponer una valoración retroactiva de la incidencia que ese proceso penal puede tener en la normal actividad de las Cámaras».

4. LA INTERVENCIÓN DE TERCEROS EN EL PROCESO POR DELITOS CON PENA DE DECOMISO

La intervención de terceros en el proceso penal por delitos que llevan aparejada la pena de decomiso cuenta con un régimen específico plasmado en el Título III *ter* del Libro IV (arts. 803 *ter* LECrim). Este régimen responde a la necesidad de garantizar la tutela judicial efectiva de aquellas personas que, sin ostentar la condición de sujeto pasivo por no ser responsables penalmente, ven afectados sus bienes o derechos como consecuencia de un decomiso decretado en el seno de un proceso penal.

La norma procesal parte del reconocimiento de que el decomiso puede incidir sobre bienes pertenecientes a personas distintas del autor del delito, ya sea porque se trate de productos o instrumentos del mismo en manos de un tercero, o porque la titularidad registral encubra una situación de interposición real o ficticia. Ante ello, los apartados a y ss. del art. 803 *ter* LECrim prevén que, cuando el órgano judicial aprecie que una resolución sobre decomiso puede afectar a los derechos de un tercero, deberá acordar su "llamada al proceso" mediante auto motivado. Esta llamada puede producirse de oficio o a instancia de parte —ya sea de la acusación, de la defensa o del propio tercero que se considere afectado—, y tiene como finalidad integrarle en el procedimiento en calidad de parte procesal con capacidad para defender sus derechos.

Una vez admitida su intervención, el tercero goza de un estatuto procesal específico. Su actuación se circunscribe a los aspectos directamente vinculados con la afectación de sus bienes o derechos, no pudiendo extenderse a la discusión sobre la culpabilidad o inocencia del acusado.

No obstante, la práctica ha puesto de manifiesto que, para acreditar la buena fe en la adquisición de un bien o para rebatir presunciones de origen ilícito (art. 127 *quater* CP), el tercero puede verse obligado a aportar alegaciones y pruebas que inciden indirectamente sobre el fondo del asunto penal. De ahí que parte de la doctrina y cierta jurisprudencia consideren que esta restricción material debe interpretarse de forma flexible, en aras de no vaciar de contenido el derecho de defensa reconocido en el artículo 24 CE.

El tercero interveniente tiene derecho a la asistencia letrada obligatoria, y, conforme a la sistemática de la Ley Orgánica del Poder Judicial, se considera recomendable —e incluso exigible en determinados supuestos— la representación mediante procurador (art. 543.1 LOPJ). La comparecencia puede ser personal o a través de representante, y la incomparecencia injustificada no detiene la tramitación del procedimiento. En todo caso, el artículo 803 *ter* d LECrim introduce una garantía adicional: si el tercero no fue llamado debidamente al proceso y no tuvo oportunidad de intervenir, podrá instar la rescisión de la sentencia firme que hubiera acordado el decomiso de sus bienes.

En cuanto a la dinámica procesal, la citación al juicio oral debe realizarse con las mismas garantías que para las demás partes, advirtiendo al tercero de la posibilidad de actuar mediante representante y de que el juicio podría celebrarse en su ausencia. La sentencia que imponga el decomiso deberá notificársele, aun cuando no haya comparecido, para que pueda interponer los recursos que estime pertinentes. Este diseño normativo se ve respaldado por la jurisprudencia del Tribunal Supremo, que ya en la STS de 20/01/1997 [*Tol 5140548*], donde se afirma que el decomiso no puede afectar a terceros ajenos al delito sin que se les brinde la posibilidad de ser oídos en el procedimiento. En el mismo sentido, pero tras la reforma que introduce la actual regulación, la STS de 01/09/2020 [*Tol 8080822*] estima que «no concurren los requisitos para acordar el decomiso de bienes de terceros, porque los familiares no tenían conocimiento del origen ilícito de los bienes. No han sido acusados de blanqueo. La esposa participa en la explotación de los negocios antes expuestos de su marido, y concurren en ella los mismos motivos por los que no se estimó la demanda contra sus hijos».

La protección procesal del tercero también es exigida desde el ámbito europeo. La STJUE de 21 de octubre de 2021, interpretando la Directiva 2014/42/UE y el art. 47 de la Carta de los Derechos Fundamentales de la UE, ha establecido que un tercero que alegue ser titular de un bien sujeto a decomiso debe ser informado de su derecho a intervenir y ser oído antes de que se adopte la medida. Este pronunciamiento refuerza la idea plasmada en la referida legislación de que la intervención de terceros no es una facultad discrecional del órgano judicial, sino una exigencia derivada del derecho fundamental a la tutela judicial efectiva.

BIBLIOGRAFÍA

- ÁLVAREZ HERNÁNDEZ, «La intervención de terceros afectados por el decomiso en el proceso penal español dentro del contexto de la política criminal de la Unión Europea en materia de decomiso», *Revista de la Asociación de Profesores de Derecho Procesal de las Universidades Españolas*, Nº. 10, 2024, pp. 171-216.
- BANACLOCHE PALAO, *Aspectos fundamentales de Derecho procesal penal*, La Ley, 2025.
- CAMPS, *Derecho procesal penal. Régimen especial de los aforados*. Tirant lo Blanch, 2019.
- CARRILLO DEL TESO, *Decomiso y recuperación de activos en el sistema penal español*, Tirant lo Blanch, 2018.
- CUERDA ARNAU, «La doctrina del efecto de desaliento en la jurisprudencia del Tribunal Constitucional español. Origen, desarrollo y decadencia», *InDret*, 2022, pp. 88-131
- DE LA OLIVA SANTOS, *Derecho procesal penal*, Ed. Universitaria Ramon Areces, 2004.
- DEL ROSAL, *El aforamiento en España: Historia, doctrina y jurisprudencia*, Tirant lo Blanch, 2021.
- GIMENO SENDRA/MORENO CATENA/CORTES DOMIGUEZ, *Derecho Procesal Penal*, Colex, 1999.
- GÓMEZ COLOMER, «Privilegios procesales inconstitucionales e innecesario en la España democrática del siglo XXI. El sorprendente mantenimiento de la institución del aforamiento», *Teoría y realidad constitucional*, Nº 38, pp. 239-275.
- GÓMEZ COLOMER, *Derecho Jurisdiccional III*, Tirant lo Blanch, 2019.
- GÓMEZ ORBANEJA, *Derecho y proceso*, Civitas, 2009.
- MARTÍNEZ ALARCON, «El aforamiento de los cargos públicos. derecho español y derecho comparado», *Teoría y Realidad Constitucional*, Nº. 35, 2015.
- MIR PUIG, S., *Derecho Penal Parte General*, Reppertor, 2016.
- MORENO CATENA/CORTÉS, *Derecho Procesal Penal*, Tirant lo Blanch, 2024.

Capítulo 71

El procedimiento de habeas corpus

Ignacio Rodríguez Fernández
Fiscal
Fiscalía de la Audiencia Provincial de Madrid
Letrado del Tribunal Constitucional
Doctor en Derecho

1. BASES CONSTITUCIONALES

1.1 Fundamento constitucional

En el capítulo 27 (apartado 6.2) ya se puso de manifiesto la diferencia que la doctrina del Tribunal Constitucional establece entre los supuestos de restricción de derechos fundamentales sometidos a garantía judicial *absoluta* (arts. 18.2 y 3) y los que están sujetos a una garantía judicial *relativa*. Frente a ese sistema general, el derecho fundamental a la libertad del art. 17.1 CE dispone, en el texto constitucional, de un régimen especial, conforme al cual la administración puede privar de libertad a los ciudadanos sin contar con autorización judicial previa —eso sí, mediante medidas no sancionadoras, de acuerdo con el art. 25.3 CE— pero con sujeción a un haz específico de garantías.

El referido haz de garantías implica, en lo que ahora nos interesa, la previsión, en el art. 17.4 CE, de una vía especial de acceso al juez, esto es, de un procedimiento *ad hoc* para obtener la tutela judicial sumaria de la libertad en tanto el control judicial expresamente previsto en el art. 17.2 CE se dilata. Esa tutela judicial se obtiene a través del proceso regulado en la LO 6/1984 que, de acuerdo con el propio art. 17.4 CE, recibe la denominación de *habeas corpus*.

Como ha señalado el TC —lo reitera, por ejemplo, la relevante STC 73/2021 [*Tol 8382356*]— el *habeas corpus* no es más que una especificación constitucional, en el ámbito del derecho a la libertad, del derecho a la tutela judicial efectiva del art. 24.1 CE. La Constitución refuerza el derecho a la tutela judicial efectiva en relación con la detención gubernativa, esto es, con la injerencia del poder público en la libertad que se verifica sin intervención del juez. La Constitución no se contenta, en definitiva, con establecer un control judicial preceptivo de la privación gubernativa de libertad en un plazo máximo de 72 horas. Arbitra un procedimiento especial de impugnación para que una detención gubernativa irregular pueda ser corregida de inmediato.

En tal sentido, el *habeas corpus* es también una especificación y un refuerzo de la exigencia constitucional, prevista en el art. 53.2 CE, según la cual los derechos fundamentales han de contar con un procedimiento de tutela judicial caracterizado por las notas de preferencia y sumariedad. En el procedimiento de *habeas corpus* la *preferencia* cristaliza de modo especialmente intenso al exigir una tramitación inmediata, sin dilación alguna. La *sumariedad* también se manifiesta aquí con plenitud: tanto en su comprensión más vulgar, asociada a la celeridad de los trámites —ya que el procedimiento de *habeas corpus* tiene una duración máxima de 24 horas—, como en su concepción más técnica de procedimiento de "cognición limitada", pues el *habeas corpus* circunscribe su objeto a una única cuestión: el *cese* de la situación fáctica de intromisión ilícita en el derecho fundamental a la libertad. En este punto, la plasmación práctica realizada por la ley de 1984 es, como se verá a continuación, irreprochable.

1.2 Características

Para entender mejor el papel constitucional del *habeas corpus* como procedimiento revisor que persigue únicamente el cese de una intromisión ilícita en el derecho a la libertad, hay que comprender que el restablecimiento o reintegración de derechos es una tutela jurídica específica que se distingue tanto de la sanción de conductas ilícitas —el derecho sancionador del Estado— como del resarcimiento de los daños y perjuicios —la llamada responsabilidad civil extracontractual—. La tutela estrictamente restablecedora se caracteriza por cuatro notas distintivas que se manifiestan claramente en la regulación que la LO 6/1984 (en adelante LOHC) hace del procedimiento de *habeas corpus*.

En primer lugar, el restablecimiento del derecho subjetivo —en este caso del derecho fundamental a la libertad— consiste en un *juicio puramente objetivo*. Basta la disparidad entre la situación materialmente producida y las exigencias normativas del derecho en cuestión. No se hacen juicios sobre la reprochabilidad personal o la culpa en sentido lato. La tutela restablecedora no depende de un juicio subjetivo de atribución de responsabilidad. Se opera de modo objetivo: hay que comprobar que se han cumplido todos los requisitos que permiten la injerencia en el derecho fundamental. Si falta alguno de esos requisitos hay que subsanar esa falta. Si el requisito es tan esencial que no admite subsanación —por ejemplo, si la detención carece de motivo legítimo—, hay que volver al estado anterior —lo que supone dejar en libertad al afectado—; si admite subsanación, esta debe materializarse de inmediato —lo que implica que la privación de libertad debe desarrollarse, en lo sucesivo, de un modo respetuoso con el requerimiento normativo que ha sido ignorado o incumplido—.

No se busca aquí un culpable ni un responsable. Se trata únicamente de reajustar la situación fáctica generada a las exigencias del derecho fundamental. Por ello:

* De acuerdo con la propia LOHC, no cabe realizar pronunciamiento alguno sobre la responsabilidad individual de quienes han practicado la detención que se reputa ilegal, de quienes mantienen al detenido bajo su custodia o de quien, actuando como promotor del *habeas corpus*, ha atribuido un delito inexistente a los agentes actuantes. En tales casos, el art. 9 LOHC autoriza únicamente a deducir testimonio por la posible comisión de un delito, pero esto queda ya fuera del objeto del procedimiento de *habeas corpus*, que se ocupa solo de verificar que se cumplan las exigencias objetivas del derecho fundamental a la libertad.

* Con ocasión del procedimiento de *habeas corpus* tampoco puede tomarse ninguna decisión acerca de la ilicitud de la prueba. La posible incidencia de las irregularidades de la detención en la obtención de fuentes de prueba tendrá su cauce de depuración dentro del proceso penal seguido por el delito que ha motivado la detención. Será allí donde se realicen los pertinentes juicios de ponderación (STC 97/2019 [*Tol 7446118*]) sobre la ilicitud de las pruebas obtenidas durante o por efecto de la detención.

En el proceso penal posterior se analizará, por ejemplo, si la declaración policial efectuada —y, con ella, los datos decisivos averiguados para obtener otros elementos de convicción— sin previa lectura de derechos o prescindiendo de la asistencia letrada ha de dar lugar a una declaración de nulidad. El *habeas corpus* solo pretende subsanar esos defectos para que la privación de libertad se desarrolle en lo sucesivo conforme a la ley. Las consecuencias probatorias que esos defectos tienen sobre el proceso penal subsiguiente quedan fuera de su alcance. El *habeas corpus* no forma parte del proceso penal que se tramita por el delito que ha motivado la detención. Es un procedimiento constitucional autónomo de restablecimiento del derecho a la libertad, de acuerdo con los arts. 17.4, 24.1 y 53.2 CE. Un caso especial, previsto *ad hoc* en la propia Constitución para la libertad deambulatoria, de procedimiento preferente y sumario de protección de derechos fundamentales, tal como ya se ha dicho. El TC ha expresado a veces esta idea al señalar que el *habeas corpus* no versa sobre las indefensiones procesales (SSTC 196/1987 [*Tol 79935*] y 21/2018 [*Tol 6536342*]).

Como segunda característica hay que señalar que el juicio de restablecimiento de derechos es un *juicio actual*. Esto quiere decir que la contradicción entre la situación fáctica y las exigencias derivadas del derecho fundamental a la libertad debe existir en el momento en el que se insta la tutela judicial.

Si cuando se promueve el *habeas corpus* el solicitante ya ha sido puesto en libertad, el procedimiento de la LOHC carece de todo objeto pues el derecho a la libertad ya no necesita *restablecerse*. El *habeas corpus* no sirve para obtener un pronunciamiento declarativo de la existencia de intromisión ilícita en el derecho a la libertad. Si la libertad no tiene que restablecerse porque la privación no subsiste, el *habeas corpus* no debe siquiera incoarse. Proceden, en esos casos, otras tutelas jurídicas distintas, que no requieren un juicio *actual* sino un juicio *retrospectivo*. Es el supuesto de la tutela sancionatoria, que resolverá, mirando al pasado, si la detención efectuada es punible. Ocurre igual con la tutela resarcitoria, que determinará, también en atención a lo ya acontecido, si la privación de libertad ha dado lugar a un daño indemnizable. En ambos casos, ya no se trata de restablecer el derecho, en consideración de la situación fáctica actual, sino de castigar o resarcir un comportamiento pasado.

Una consecuencia importante de esta nota característica del *habeas corpus* es que, como ha dicho el TC en varias ocasiones, la incoación del procedimiento puede rechazarse *in limine* si la privación de libertad cuya ilicitud se denuncia ya ha cesado. Para que proceda el *habeas corpus*, la privación de libertad ha de ser, según dice expresamente el TC, "real y efectiva". Por ejemplo, en la STC 62/1995 [*Tol 82802*], se considera que la denegación liminar es correcta porque el recurrente no estaba privado de libertad al tiempo de presentar la solicitud de *habeas corpus*. La Dirección General de la Guardia Civil le había impuesto una sanción de tres meses de arresto domiciliario, pero en el momento de plantearse la solicitud de *habeas corpus* no se había iniciado su cumplimiento. Para el TC: «si no ha llegado a existir tal situación de privación de libertad, las reparaciones que pudieran proceder han de buscarse en las jurisdicciones adecuadas». Por ello, la inadmisión a trámite es correcta. Igual ocurre en la STC 26/1995 [*Tol 82765*] Esta línea de doctrina se ha mantenido posteriormente.

La *tercera nota característica* del *habeas corpus* como tutela puramente restablecedora de derechos es que se dirige no frente a quien puede considerarse "culpable" de la privación de libertad sino frente a quien está en disposición de poner fin a la situación ilícita en curso.

Esto lo podemos ver reflejado en el art. 7 LOHC. Conforme a este precepto, el juez, una vez que incoa el procedimiento, se dirige necesariamente a la autoridad a cuya disposición se halla la persona privada de libertad o a aquel en cuyo poder se encuentra. Es, en todo caso, quien tiene la custodia —en cuanto está en situación de poner fin a la privación de libertad ilícita— quien necesariamente ha de ser oído por el juez. El precepto autoriza, desde luego, que el juez oiga a quienes realizaron la privación de libertad, pero solo se les escucha en cuanto la irregularidad de la privación de libertad que hay que corregir puede haberse producido con ocasión de la actuación de esas personas. Su intervención en el procedimiento es, por tanto, accesoria.

Si, pese al antiformalismo del procedimiento de *habeas corpus*, hubiéramos de identificar una parte demandada, esta sería la autoridad o persona que tiene bajo su custodia al individuo privado de libertad. Significativamente, es a esta autoridad o persona a la que se dirigen las eventuales decisiones de "condena" del juez, esto es, las obligaciones de hacer que resultan de la estimación del *habeas corpus*. Estas son, conforme al art. 8 LOHC, la puesta en libertad —si la detención carece de motivo legítimo—, el traslado de establecimiento o entrega a otra autoridad distinta o la inmediata puesta a disposición judicial. Todas ellas son medidas que deben ser adoptadas y ejecutadas por el responsable de la custodia, por más que la ilicitud detectada por la autoridad judicial le sea completamente ajena. Aunque el responsable de la custodia no haya generado la ilicitud que determina la estimación del *habeas corpus*, es la persona en disposición de restablecer al detenido en la plenitud de su derecho a la libertad y, en tal calidad, la parte pasiva del procedimiento especial de tutela del referido derecho fundamental.

La tutela puramente restablecedora tiene, además, un objeto jurídico preciso: la *cesación y remoción* de la situación fáctica contraria a las exigencias del derecho fundamental. En el caso del *habeas corpus* el objeto del restablecimiento del derecho es todavía más estricto: solo se trata de obtener la cesación de la situación ilícita. Así se desprende del propio art. 8 LOHC en el que la puesta en libertad solo procede cuando no concurre el presupuesto material de la privación de libertad —su motivo legítimo—. Solo en ese supuesto se entiende que la única manera de hacer cesar la ilegalidad detectada es la puesta en libertad. En los demás casos, lo que prescribe el precepto es que se adopten las medidas adecuadas para que la privación de libertad continúe desarrollándose de conformidad con las exigencias legales: esto es, con cesación de la concreta irregularidad detectada. Incluso en el caso de que la irregularidad sea la superación del plazo máximo de detención, lo que prescribe el art. 8 LOHC es el puro cese de esa ilicitud mediante la inmediata puesta a disposición del juez competente. La consecuencia es clara: quien actúa como juez de la libertad en el *habeas corpus* tiene la misión exclusiva de reconducir la ilegalidad detectada, según las características de esta, con un efecto exclusivamente *ex nunc*. Todo lo que vaya más allá —especialmente, como ya se ha dicho, el examen de las posibles nulidades probatorias— queda fuera de su estricta jurisdicción.

Lo peculiar del *habeas corpus* es, no obstante, la vía procedimental singularísima que se configura para lograr este objetivo. Si la privación de libertad que opera sin garantía judicial es, como ya se ha dicho, una anomalía constitucional tolerada por razones prácticas, el *habeas corpus* pretende revertirla con la inmediata e indisponible intervención judicial cuando se atribuye una violación el art. 17 CE a la privación de libertad gubernativa en curso. A lo que da derecho el *habeas corpus* es, como vamos a ver a continuación, al acceso a la autoridad judicial para formular ante ella, de manera presencial, la concreta pretensión restitutoria.

1.3 Contenido vinculante para el legislador

La garantía constitucional de *habeas corpus* da derecho a ser oído por el juez, a tener la posibilidad de exponer personalmente a la autoridad judicial las razones por las que se entiende que la privación de libertad gubernativa es ilícita. Esto supone necesariamente sacar al detenido del contexto coactivo en que se encuentra, extraerle de la custodia exclusivamente policial. Debe ser oído, fuera de ese contexto, por un juez de garantía de su derecho fundamental a la libertad, un *juez de la libertad*. La exposición de motivos de la LOHC es clara al respecto cuando señala que «el *habeas corpus* se configura como una comparecencia del detenido ante el juez; comparecencia de la que proviene etimológicamente la expresión que da nombre al procedimiento, y que *permite al ciudadano, privado de libertad, exponer sus alegaciones contra las causas de la detención o las condiciones de la misma, al objeto de que el Juez resuelva, en definitiva, sobre la conformidad a Derecho de la detención*» [énfasis añadido]

El fragmento extractado pone de manifiesto que la *esencia* del *habeas corpus* es que la persona privada de libertad sea llevada a presencia del juez. La comparecencia del detenido ante el juez es un elemento absolutamente característico del instituto. La exposición de motivos precisa que esa comparecencia se produce, además, a los efectos de que la persona privada de libertad pueda realizar sus alegaciones ante dicha autoridad. Esto supone que solo cuando el detenido es llevado a presencia judicial se formaliza realmente la pretensión restitutoria. Es en ese momento cuando esta adquiere materialidad jurídica completa con su particular *causa petendi*. Solo desde entonces se admite, por ello, un control judicial material de la pretensión formulada. No antes de la comparecencia, pues hasta ese momento no hay, en puridad, pretensión.

Esta es la característica más definitoria del procedimiento de *habeas corpus*. Si contemplamos esta figura, como a veces ha hecho el TC, como *garantía institucional*, podemos decir que la comparecencia obligatoria ante el juez para formular oralmente la pretensión, como presupuesto previo a todo juicio de fondo sobre la licitud o ilicitud de la privación de libertad, es la *esencia* de la institución prevista en el art. 17.4 CE y, por ello, el elemento definitorio que el legislador no puede desconocer. El legislador orgánico podrá, por tanto, modificar el régimen jurídico del *habeas corpus*, pero deberá respetar en todo caso el elemento que lo hace institucionalmente identificable: la comparecencia previa ante el juez como antecedente necesario a todo juicio de fondo.

Si bien se mira, que no haya un juicio preliminar sobre el fundamento de la pretensión de restablecimiento de derechos fundamentales es algo habitual en todo tipo de procesos. También lo es el acceso a la autoridad judicial antes de que se produzca el pronunciamiento sobre el fondo. Lo verdaderamente distintivo del instituto del art. 17.4 CE es, por ello, que la pretensión se materialice oralmente en presencia de un juez, lo que determina que la petición inicial formulada a los meros efectos de incoar el procedimiento tenga unos contenidos mínimos puramente anticipatorios —basta mencionar, como se verá, el "motivo concreto" de la petición, sin mayor desarrollo—. Esto tiene todo el sentido, no solo para conseguir la "universalidad" del remedio al margen de los conocimientos jurídicos del peticionario privado de libertad, como señala la exposición de motivos de la LO 6/1984, sino también a efectos de garantizar que la narración fáctica se realice fuera del contexto coactivo de la detención gubernativa, situación en la que el peticionario puede verse cohibido o puede ser reticente a expresarse con plena libertad, por temor a represalias.

De hecho, puesto que lo que está en juego es el derecho fundamental a la libertad, la puesta a disposición inmediata del juez opera, en el *habeas corpus*, como un sucedáneo de la suspensión inmediata del acto impugnado que se contemplaba, con optimismo propio del momento histórico, en la Ley 62/1978 para la garantía contencioso-administrativa de los derechos fundamentales. En el caso de la LO 6/1984, la puesta de manifiesto del detenido ante el juez implica el cese transitorio de la intromisión gubernativa en el derecho a la libertad, por lo que este trámite esencial opera también como una especie de suspensión cautelar automática del acto impugnado —que es la privación de libertad no sometida a garantía judicial—.

En todo caso, la idea de que el juicio de fondo queda prohibido en cualquier momento anterior a la comparecencia ante el juez del individuo privado de libertad ha sido destacada y remarcada en casi cuarenta años de doctrina del TC, como luego se verá. Son muy numerosas las sentencias que consideran vulnerado el derecho fundamental a la libertad, en su dimensión procedimental del art. 17.4 CE, por la anticipación de la decisión de fondo al trámite del juicio de admisibilidad del art. 6 LOHC.

2. ÁMBITO DE APLICACIÓN

2.1 Garantías protegidas

El procedimiento de *habeas corpus* previsto en el art. 17.4 CE versa principalmente sobre la verificación de tres garantías constitucionales respectivamente enumeradas en los tres apartados anteriores del mismo precepto de la Carta Magna:

* La sujeción de la administración actuante al *principio de legalidad* establecido en el art. 17.1 CE, tanto en lo relativo al supuesto de hecho de la privación de libertad como a la forma en que esta debe ser ejecutada. A este primer ámbito se refiere el art. 1, a) LOHC cuando reputa como ilegal la detención que no cumple «las formalidades prevenidas y requisitos exigidos por las leyes». Es por esta vía que se quedan protegidos derechos del detenido reconocidos legalmente que no emanan directamente de la Constitución, como, por ejemplo, el derecho a ser examinado por el médico forense.
* La sujeción al *principio de limitación temporal* de la privación de libertad, que, según declara el art. 17.2 CE, supone que la detención no puede durar «más del tiempo estrictamente necesario» con un *límite máximo de 72 horas* de duración. Este supuesto está expresamente mencionado en el art. 1, c) LOHC, que califica de ilegal la detención «por plazo superior al señalado en las leyes» sin que se haya efectuado la puesta a disposición judicial.
* El respeto a la *información de derechos y motivos que fundan la detención y a la asistencia letrada* del art. 17.3 CE, que quedan comprendidos

dentro del art. 1, d) LOHC. Este precepto considera ilegal cualquier detención en la que no sean «respetados los derechos que la Constitución y las leyes procesales garantizan a toda persona detenida».

Sobre el contenido de estas garantías puede consultarse lo ya señalado en el capítulo 1 de esta obra.

2.2 Ámbito subjetivo y material. Privaciones de libertad no judiciales

El procedimiento de *habeas corpus* puede utilizarse frente a privaciones de libertad en las que no interviene la autoridad judicial, esto es, que se realizan por parte de autoridades gubernativas o de particulares.

La inclusión de lo que podemos llamar privaciones de libertad *inter privatos* se desprende del art. 1, letra c) LOHC, que admite el *habeas corpus* frente al internamiento ilícito en cualquier establecimiento o lugar. Lo confirma, en todo caso, la exposición de motivos cuando dispone que «el procedimiento establecido por esta ley se caracteriza por la generalidad que implica, por un lado, que *ningún particular* [énfasis añadido] o agente de la autoridad pueda sustraerse al control judicial de la legalidad de la detención de las personas».

En cuanto a las autoridades gubernativas, el remedio es igualmente aplicable a las privaciones de libertad verificadas por la autoridad militar, si bien en este caso la competencia para resolver la petición corresponde al juez togado militar conforme al art. 2 LOHC.

Asimismo, el TC ha dejado claro, desde el primer momento, que el *habeas corpus* no resulta aplicable en los casos de privaciones de libertad "acordadas" por el juez. Así lo expresó ya la STC 31/1985 [*Tol 79446*], en la que se afirma que el procedimiento del art. 17.4 CE «comprende potencialmente a todos los supuestos en que se produce una privación de libertad *no acordada por el juez*» [énfasis añadido].

No obstante, la aplicabilidad del *habeas corpus* depende más bien, como se desprende de la doctrina posterior del TC, de la existencia de un control judicial alternativo cuyas garantías sean materialmente equivalentes. No es lo mismo habilitar judicialmente una privación de libertad que controlarla de manera efectiva. Si el órgano judicial se limita a autorizar la privación de libertad y no existe, en el desarrollo de esta, ninguna posibilidad de que se acceda a un juez determinado para controlar la legalidad de su desarrollo, estaremos materialmente ante una detención puramente gubernativa. La ausencia de garantía judicial específica determinará la procedencia del *habeas corpus*, por mucho que haya existido una resolución judicial originaria que haya habilitado la detención. Si el control judicial no solo se produce en el momento inicial, sino que se extiende a la ejecución posterior de la privación de libertad, estamos, en efecto, ante una privación de libertad que no tiene ya carácter gubernativo, ya que está sometida a control judicial permanente. Si las garantías de ese control judicial son suficientes, el *habeas corpus* no tiene cabida y debe acordarse, de llegar a plantearse este remedio, su inadmisión liminar, ya que el interesado debe dirigir su queja al órgano judicial específicamente competente para controlar la regularidad de esa privación de libertad. Veamos algunos casos.

2.2.1 Internamiento por razón de trastorno psíquico

Uno de los supuestos prácticos más importantes es el de *internamiento por razón de trastorno psíquico* actualmente regulado en el art. 763 LEC. La STC 141/2012 [*Tol 2604674*], señala que en la fase extrajudicial del internamiento urgente por trastorno psíquico deben cumplirse las siguientes «exigencias básicas del respeto al derecho fundamental a la libertad personal» (art. 17 CE): a) el informe médico inicial —más o menos formalizado— que «acredite el trastorno psíquico justificante del internamiento inmediato»; b) la «informa-

ción al afectado o a su representante del internamiento y sus causas»; c) la comunicación al juez competente en un plazo de 24 horas —plazo legal que el legislador podría cambiar pero que el TC considera que no podría ser superior a las 72 horas previstas en el art. 17.2 CE, que, por tanto, son aplicables también al supuesto de internamiento civil—.

El plazo de 24 horas empieza a contar, según esta sentencia, desde que el internamiento se hace involuntario, esto es, desde que la estancia en el centro correspondiente deja de ser consentida. Respecto a su cómputo, como señala la STC 182/2015 [*Tol 5523770*], no caben períodos intermedios entre el plazo gubernativo y el judicial, que forman un lapso temporal ininterrumpido.

Por otro lado, la fijación de un plazo máximo de detención judicial para resolver sobre la ratificación de la medida es una novedad de la LEC de 2000. Ese plazo de 72 horas pasa a ser ahora una garantía constitucional de la libertad por efecto del art. 17.1 CE, como "forma" necesaria para que la privación de libertad pueda verificarse. Aquí es importante que, si el plazo de 72 horas previsto para la resolución judicial vence, debe acodarse la libertad del interno. El juez conserva en ese caso la facultad de acordar el internamiento, pero tiene que dictar la resolución ya con el afectado en situación de libertad. En palabras del TC, la superación del plazo de 72 horas conllevará la vulneración del derecho fundamental del art. 17.1 CE. Como señala la STC 141/2012 [*Tol 2604674*]: «en todas aquellas situaciones donde el centro médico responsable incurra en exceso del plazo legal de 24 horas, la tutela judicial del afectado podrá ser recabada mediante el procedimiento de habeas corpus por su representante o familiares, aplicándose también a este ámbito del internamiento ex art. 1, b) de la LOHC».

En cambio, «desde que tiene lugar la comunicación antedicha» la persona privada de libertad «pasa a efectos legales a disposición del órgano judicial, sin que ello exija su traslado a presencia física del juez», traslado que además contradiría la naturaleza de la medida, pues «el examen judicial directo del afectado» se realiza «en el propio establecimiento hospitalario».

Se produce, así, una división en dos fases que resulta aplicable a otras privaciones gubernativas de libertad con control judicial específico: a) antes de la comunicación del internamiento involuntario al juez civil competente, hay una privación de libertad gubernativa y cabe el *habeas corpus* ante el Juzgado de Instrucción; b) una vez hecha esa comunicación, el interno forzoso se encuentra ya "a disposición" del juez civil, aunque no haya traslado efectivo, y no cabe utilizar el *habeas corpus*. Las infracciones de procedimiento que se hayan podido producir en la privación de libertad ya controlada por el juez civil serán denunciables dentro de este orden jurisdiccional a través del recurso correspondiente.

La STC 141/2012 [*Tol 2604674*] deja abierta, sin embargo, una puerta excepcional al *habeas corpus*. Según declara: «en esta materia de internamiento involuntario civil hemos dejado abierta la puerta, en casos de inactividad objetiva del órgano judicial, para poder acudir al procedimiento de *habeas corpus* ante el juez de instrucción competente en procura de la necesaria tutela de la libertad».

El TC se refiere aquí expresamente a la STC 104/1990 [*Tol 81793*] El supuesto planteado era el de una persona declarada "incapaz" que estaba internada en una clínica-sanatorio de Oviedo. Conviene recordar que antes de la Constitución regía un decreto del año 1931 que establecía el control puramente gubernativo de los internamientos de los enfermos mentales. La ley 13/1983 derogó expresamente esta norma y estableció el control judicial en el art. 211 del Código Civil pero este precepto no contemplaba un plazo máximo para la resolución judicial. Por esa razón, la STC 104/1990 habla de la «posible intervención del procedimiento de *habeas corpus* en la medida en que esas vías judiciales ordinarias se hayan mostrado idóneas para proteger la libertad».

Ahora bien, parece que esto solo tenía sentido cuando la ley no establecía límite temporal a la ratificación judicial. En la actualidad, una vez solicitada por el establecimiento la ratificación judicial debe entenderse que el interno está "a disposición" del juez civil. Si pasan las 72 horas que la regulación en vigor confiere a este para resolver sobre la ratificación de la medida, el interno debe ser puesto en libertad tal y como estipula la ya citada STC 141/2012 [*Tol 2604674*].

2.2.2 *Internamiento en el extranjero*

Otro caso relevante es el de *internamiento del extranjero* del art. 62 de la Ley Orgánica de Extranjería (en adelante LOEX). El TC considera (por todas, SSTC 303/2005 [*Tol 756775*]; 260/2007 [*Tol 1228672*], y 17/2013 [*Tol 3058706*]) que hay una equivalencia de garantías entre el procedimiento de *habeas corpus* y las que «para la libertad persona se derivan del régimen control judicial de la medida cautelar de internamiento». Las garantías concretamente previstas en el art. 62.1 LOEX son la audiencia del interesado, el auto motivado del juez de instrucción que acuerda el internamiento y los 60 días de duración máxima, que, como recuerda la STC 260/2007 [*Tol 1228672*], son justamente eso: un máximo legal que el juez no tiene por qué imponer automáticamente. Las circunstancias del caso pueden exigir un plazo menor.

En lo que ahora interesa, la intervención judicial no se contrae, en caso de internamiento en CIE, a la autorización judicial inicial. Ese control se prolonga durante todo el tiempo de internamiento. Y, desde la reforma de la LOEX de 2009, el art. 62.6 LOEX establece una división competencial entre el juez de instrucción del lugar de la detención y el juez de instrucción en el que está ubicado el centro de internamiento. El primero es competente para acordar y dejar sin efecto el internamiento. El segundo ejerce, en cambio, el «control de la estancia de los extranjeros en los centros de internamiento y en las salas de inadmisión de fronteras». A estos efectos, en los partidos judiciales en los que existe un CIE debe designarse un concreto Juzgado de Instrucción competente para ejercer este control judicial.

A efectos de la aplicación del *habeas corpus*, la existencia de este control judicial específico es lo más importante. Tal y como señala la STC 17/2013 [*Tol 3058706*], el control judicial del internamiento del extranjero no se agota en el acto inicial, sino que se prolonga durante todo el tiempo de privación de libertad. La persistencia de ese control judicial determina que no pueda utilizarse el *habeas corpus* en relación con el internamiento del extranjero judicialmente acordado. Según la STC 17/2013 [*Tol 3058706*]: «el control judicial sobre las condiciones de internamiento es permanente mientras el extranjero se encuentra en un centro de estas características [en un CIE], control judicial que corresponde al juez de instrucción del lugar en el que están ubicados los centros de internamiento a fin de que el mismo conozca de las peticiones y quejas que planteen los internos en lo relativo a sus derechos fundamentales (art. 62.6 LOEX) debiendo ser informada la autoridad judicial de cualquier circunstancia que afecte al extranjero (art. 60.3 LOEX) y pudiendo visitar tales centros cuando conozca algún incumplimiento grave o lo considere conveniente».

De este modo, el juez de instrucción del lugar en el que se ubica el centro de internamiento (CIE) se convierte en una especie de "juez de vigilancia", que ejerce el control judicial de la privación de libertad acordada por el juez de Instrucción del lugar de la detención. No obstante, la reforma de 2009 olvidó cambiar la competencia legal para conocer de las "separaciones preventivas" de los internos, que procede de la ley 14/2003. El actual art. 62 quinquies 3 LOEX sigue señalando que la utilización de medios de contención física debe comunicarse «a la autoridad judicial que acordó el internamiento» y que dicha autoridad debe pronunciarse sobre el mantenimiento o cese de la separación preventiva del interno.

El TC aclara, en referencia a estos supuestos, que la competencia del juez que acordó el internamiento no se contrae únicamente a los supuestos de separación preventiva, como se desprende de la literalidad del precepto, y abarca también la utilización de medidas de contención. Según afirma la STC 17/2013 [*Tol 3058706*], corresponde «en última instancia a la autoridad judicial que acordó la medida de internamiento pronunciarse acerca del mantenimiento o revocación de las medidas, pues aun cuando el precepto hace referencia expresa a la separación preventiva nada impide al juez, en virtud del origen judicial del internamiento, decidir también sobre las medidas de contención». Y también corresponde a este juez que acordó la medida, según la misma resolución, resolver "en última instancia" sobre la persistencia de la causa excepcional que la motiva, ya que estamos ante una medida cautelar que no tiene una finalidad de castigo y no constituye una sanción.

Por tanto, en relación con el internamiento del extranjero del art. 62 LOEX puede llegarse a la misma conclusión que ya se obtuvo en relación con el internamiento urgente del art. 763 LECrim. El *habeas corpus* es un remedio procedente en tanto no se produce la intervención judicial específicamente prevista en el precepto legal —en este caso, la del juez de instrucción del lugar de la detención—. Una vez que dicho juez acuerda el internamiento en CIE, hay un control judicial específico, cuyas garantías pueden considerarse materialmente equivalentes a las del *habeas corpus*. Dicho control corresponde al juez de instrucción que acordó la medida —en lo que se refiere al cese del internamiento, a las medidas de contención física y a la separación preventiva del interno— y al juez de instrucción de lugar en el que se ubica el CIE —en cuanto a las demás alegaciones de vulneración de derechos fundamentales—.

2.2.3 La devolución en frontera

La *devolución en frontera* del extranjero presenta mayores particularidades, pues el TC ha excluido de este supuesto el plazo máximo de 72 horas del art. 17.2 CE. Según se señaló en el capítulo 1, la aplicación de este plazo máximo fuera del proceso penal depende de la «finalidad, naturaleza y duración» de la privación de libertad de que se trate. A toda detención se aplica la garantía de legalidad en cuanto a sus presupuestos y procedimiento del art. 17.1 CE y el principio de limitación temporal del art. 17.2 CE, pero el plazo máximo de 72 horas no se aplica necesariamente a todas las privaciones gubernativas de libertad. No obstante, seguirá siendo útil el *habeas corpus* para denunciar la duración excesiva de la privación de libertad o la vulneración de cualquier derecho fundamental que pueda producirse durante su vigencia.

En el caso de la devolución de extranjeros, de acuerdo con la STC 179/2000 [*Tol 81343*], a través de la garantía procedimental revisora del *habeas corpus*

se puede plantear al juez la infracción del art. 17.2 CE en su vertiente —de aplicación universal a toda detención gubernativa— de prohibición de exceso, que veda que la privación de libertad vaya más allá del tiempo estrictamente necesario. El juez competente para tramitarlo deberá examinar si se ha superado el plazo necesario para la ejecución forzosa del acto administrativo. Lo importante, en este supuesto, será comprobar dos cosas: a) que la administración ha adoptado las medidas necesarias para ejecutar dicho acto de manera inmediata, lo que exige revisar la diligencia desarrollada por la administración para ejecutar la orden de devolución y b) la existencia de circunstancias objetivas impeditivas, como la imposibilidad de encontrar un medio de transporte o la carencia de documentación adecuada para entrar en otro país (STEDH de 25 de junio de 1996, asunto *Amuur c. Francia, rec. 19776/92*). En el caso concreto de la STC 179/2000 [*Tol 81343*] el Tribunal apreció la vulneración del art. 17.4 CE, ya que el Juzgado de Instrucción de Madrid denegó la incoación del *habeas corpus* por considerar que la privación de libertad era lícita, esto es, por razones de fondo.

2.2.4 Solicitantes de asilo

En el caso de *los solicitantes de asilo*, la STC 53/2002 [*Tol 80809*] señala que «el derecho al procedimiento de *habeas corpus* (art. 17.4 CE) rige en todos los supuestos de privación de libertad no acordada por el juez [...]. Esta garantía tiene especial sentido ante situaciones en las que, bajo la apariencia de protección del extranjero al amparo del art. 5.7.3 LDA se pudieran producir verdaderas detenciones o privaciones de libertad contrarias al art. 17 CE». Según añade, «aquí habría que incluir [...] supuestos de permanencia del extranjero en el puesto fronterizo después de la inadmisión a trámite de la petición de asilo: o también en hipótesis, la retención en el puesto fronterizo del extranjero cuya petición de asilo ya hubiera sido admitida a trámite por silencio administrativo positivo».

2.2.5 *Menores puestos a disposición del fiscal*

Para el supuesto de los *menores puestos a disposición del fiscal* de acuerdo con lo previsto en la LORPM, la STC 146/2012 [*Tol 2604718*] aclara que el *habeas corpus* es el procedimiento adecuado para discutir la legalidad de la detención del menor, también si se encuentra ya a disposición del fiscal. El art. 17 LORPM divide el plazo de privación de libertad en 24 horas de detención policial y 48 horas a disposición del fiscal y el art. 17.6 LORPM establece una regla competencia idéntica para ambos supuestos —detención policial/fiscal—. No hay que olvidar que en este caso la competencia para resolver los *habeas corpus* no es del juez de menores sino del «juez de instrucción donde se encuentra el menor privado de libertad».

3. JUICIO DE ADMISIBILIDAD

3.1 Requisitos formales

El juicio de admisibilidad de una petición *habeas corpus* versa sobre supuestos tasados que han de interpretarse de forma restrictiva, pues la incorrecta inadmisión liminar del *habeas corpus* constituye, en la doctrina del TC, una modalidad autónoma de vulneración del derecho fundamental a la libertad personal (art. 17.4 CE). Desde el punto de vista formal, el control de admisibilidad versa sobre los siguientes extremos:

* El juicio de admisibilidad se refiere, en primer lugar, a la correcta determinación del *juez competente*. Según el art. 2 LOHC, la competencia para conocer de la solicitud de *habeas corpus* corresponde, con carácter general, al juez de instrucción del lugar en que se encuentre la persona privada de libertad; si no consta este lugar, al del lugar en que

se produzca la detención, y, en su defecto, al del lugar donde se hayan tenido las últimas noticias sobre el paradero del detenido.

Hay, no obstante, dos reglas especiales: a) la que confiere competencia al juez central de instrucción en los casos (arts. 55.2 CE y 384 *bis* y 520 *bis* LECrim) de suspensión individual de las garantías del art. 17.2 CE (art. 2.II LOHC), aplicable en supuestos de terrorismo, y b) la que atribuye el conocimiento de este procedimiento restablecedor al juez togado militar de instrucción «en el ámbito de la jurisdicción militar» (art. 2. III LOHC), lo que se proyecta sobre los arrestos disciplinarios producidos en el ámbito castrense. Como ya se ha dicho, los juzgados de menores carecen de competencia para tramitar este procedimiento, que, en caso de detención de menores de edad, ha de plantearse ante el juez de instrucción, ya estén a disposición de la policía o del fiscal (art. 17.6 LORPM).

La determinación de la competencia tiene una dimensión especialmente trascendente en la garantía de *habeas corpus*, pues la inmediatez del remedio no admite dilaciones derivadas de inhibiciones incorrectas. Por ello, la inhibición indebida produce, como cualquier otra inadmisión liminar infundada, una vulneración autónoma del art. 17.4 CE. De hecho, la primera sentencia constitucional sobre *habeas corpus* en la que se apreció la vulneración del derecho fundamental a la libertad por efecto exclusivo de la falta de incoación del procedimiento de *habeas corpus* fue un supuesto de errónea inhibición.

En efecto, en un primer momento, en la STC 31/1985 [*Tol 79446*], relativa a un arresto domiciliario de 30 días impuesto a un capitán jefe de unidad de la Policía Nacional, el TC no estableció una distinción entre la violación estrictamente procedimental del art. 17. 4 CE —por la falta de incoación— y el juicio de fondo sobre la regularidad de la privación de libertad. Entró directamente a dilucidar la legalidad del referido arresto por infracción del principio de legalidad penal y de las garantías procesales aplicables.

Es más tarde, en la STC 93/1986 [*Tol 79639*], también relativa a un arresto impuesto a un agente de Policía Nacional, cuando el Tribunal introduce la idea de una violación formal de la garantía de *habeas corpus* (art. 17.4 CE) por falta de incoación para un supuesto de inhibición incorrecta del órgano judicial —que había apreciado su incompetencia por razón de la materia por ser de aplicación normas disciplinarias militares—. En este caso, el Tribunal consideró que, aunque se aplicasen sanciones disciplinarias militares, la jurisdicción ordinaria era la competente para conocer del *habeas corpus* al tratarse de una sanción impuesta a un cuerpo policial civil (Policía Nacional). En lo que ahora nos interesa: se aprecia que la errónea inhibición ha supuesto, por sí misma, una vulneración del art. 17.4 CE, al no haberse producido la preceptiva incoación de un procedimiento de *habeas corpus*.

* En cuanto a la *legitimación* del peticionario, corresponde, según el art. 3, a) LOHC, a la persona privada de libertad, su cónyuge o persona unida por análoga relación de afectividad, descendientes, ascendientes, hermanos y, en su caso, respecto a los menores y personas incapacitadas, a los representantes legales de estos. La LO 5/2024, de 11 de noviembre, del *derecho de defensa*, ha introducido en esta letra a) del art. 3 LOHC una referencia expresa a «las personas con discapacidad con medidas de apoyo judiciales», otorgando legitimación para instar el *habeas corpus* en este concreto supuesto a «la persona que preste su apoyo con facultad de representación específica para este acto concreto».

La falta de legitimación del peticionario es, en principio, una razón válida para denegar la incoación del *habeas corpus*. Pero hay que advertir que esa inadmisión no puede ser automática. Si los hechos que se ponen en conocimiento del juez son determinantes de una detención que no cumple con las exigencias legales, la autoridad judicial debe incoar de oficio el *habeas corpus*. Si no lo hace, ha de ser el fiscal —que sí está legitimado por la ley— el que así lo interese. 2789

Un caso límite es el que se planteó al TC en la STC 154/2016 [*Tol 5892063*] (caso *Algeciras Acoge*), en la que, tal y como explican los votos particulares —el amparo fue, finalmente, inadmitido— se produjo un fallo sistémico, ya que ni el Ministerio Fiscal instó la incoación ni el juez de instrucción la acordó de oficio, sin que hubiera ninguna posibilidad de que una de las personas legitimadas en el art. 3, a) LOHC pudiera instar el procedimiento —pues se trataba de 250 inmigrantes recién llegados a las costas españolas que, según se denunciaba, se hallaban detenidos en un pabellón en Tarifa, sin posibilidad de comunicar con el exterior—.

En todo caso, el TC ha considerado que el abogado del detenido que interpone la solicitud de *habeas corpus* actúa en representación de este, por lo que no cabe la denegación del procedimiento con la excusa de que aquel no está incluido expresamente entre las personas legitimadas (ATC 55/1996; SSTC 61/2003 [*Tol 238577*], 224/1998 [*Tol 81075*] y 37/2008 [*Tol 1265130*]). Este criterio interpretativo ha sido incorporado por el legislador a la LOHC, como letra d) del art. 3, a través de la LO 5/2024. Se contempla ahora expresamente la legitimación para instar el *habeas corpus* del "abogado defensor del privado de libertad"

* Finalmente, la inadmisión puede proceder también por *falta de indicación del motivo concreto* en que se funda el *habeas corpus* [art. 4, c)

LOHC]. No obstante, con esta exigencia formal hay que ser muy cuidadoso. Prácticamente cualquier referencia a la ilicitud de la privación de libertad, por escueta que sea, es suficiente para justificar la incoación del procedimiento y para acordar, en consecuencia, la puesta de manifiesto de la persona detenida.

Como ejemplo, puede acudirse a la STC 12/2014 [*Tol 4114490*] —en un supuesto en el que, por cierto, el recurso de amparo había sido interpuesto por el fiscal—. La petición de *habeas corpus* se fundaba en "no haber hecho nada para estar detenido". El juez de instrucción consideró que no es un supuesto previsto en la ley y que esa cuestión es justamente la que se tiene que dilucidar con la puesta a disposición del detenido dentro del proceso penal. Sin embargo, el TC consideró vulnerado el art. 17.4 CE, en el entendimiento de que esa petición de *habeas corpus* designaba un motivo concreto y era necesaria la incoación.

En todo caso, debe advertirse que, en este tipo de supuestos, la verificación de la existencia de indicios a efectos de detención gubernativa no puede confundirse con la posterior determinación de la existencia de indicios a efectos de prisión provisional. El canon de control en el *habeas corpus* es menos exigente. La detención gubernativa basada en un reconocimiento fotográfico es perfectamente posible. Es, en cambio, inadmisible acordar la prisión provisional con ese fundamento exclusivo. Lo que la policía necesita para detener es, en definitiva, menos de lo que el juez necesita para acordar la prisión. Y lo que se revisa en el ámbito del *habeas corpus* es únicamente lo primero.

3.2 Requisitos materiales

Para comprender cuándo estamos ante una privación de libertad susceptible de ser revisada en el procedimiento de *habeas corpus* es capital la STC 98/1986 [*Tol 79644*] El TC afirma en dicha resolución que:

> «[...] debe considerarse como detención cualquier situación en que la persona se vea impedida u obstaculizada para autodeterminar, por obra de su voluntad, una conducta lícita, de suerte que la detención no es una decisión que se adopta en el curso de un procedimiento, sino una pura situación fáctica, sin que puedan encontrarse zonas intermedias entre detención y libertad y que siendo admisible teóricamente la detención pueda producirse en el curso de una situación voluntariamente iniciada por la persona».

Sin embargo, no siempre es fácil determinar, de acuerdo con la doctrina del TC, si estamos ante una situación material de privación de libertad, especialmente cuando el *habeas corpus* se desenvuelve fuera del marco del proceso penal. Un caso especialmente difícil es el resuelto en la STC 94/2003 [*Tol*

268282]. En el referido supuesto, el solicitante de *habeas corpus* es un individuo al que se ha privado cautelarmente de la custodia de su hijo de 8 años. El menor ha sido ingresado en un centro de acogida, en el que llevaba 15 días en el momento de promoverse la solicitud. El Juzgado de Instrucción inadmitió el *habeas corpus* por dos razones. Considera, de un lado, que la privación de libertad es lícita —lo que habría supuesto, por sí solo, un juicio de fondo contrario al art. 17.4 CE—. Entiende, asimismo, que no existe una verdadera privación de libertad.

La sentencia 94/2003 señala que la situación de un menor que se encuentra en un centro de acogida a consecuencia de la privación cautelar de la guarda y custodia de los progenitores no puede considerarse una privación de libertad. Según la citada sentencia, para evaluar si las diferentes situaciones de estancia de un menor en un centro dependiente de servicios de asistencia a menores en función de resolución administrativa, hay que valorar: a) las circunstancias que han provocado la situación; b) si esa situación implica fácticamente una modificación o una alteración del *status libertatis* del menor. En relación con el menor de 8 años al que se refería el caso planteado, el TC considera que «su *status libertatis* estaba contextualizado en virtud de su minoría de edad, por las exigencias derivadas del ejercicio de la guarda y custodia, entre las cuales se encuentra permanecer en compañía del titular de dicha potestad». La estancia del menor en el centro se contempla, pues, como una mera consecuencia inherente a la transferencia de las facultades propias de la guarda y custodia, que pasan a ser asumidas por la entidad pública. En palabras del propio TC, es una «mera consecuencia necesaria e inherente al ejercicio del acogimiento cautelar» por parte de la entidad pública. El titular de la guarda puede decidir lícitamente el lugar de residencia del menor.

En cualquier caso, no toda situación fáctica de privación de libertad permite articular el *habeas corpus* como remedio. El TC señala en su doctrina (véase por todas la STC 169/2006 [*Tol 964377*]) que la privación de libertad ha de cumplir dos exigencias para que sea procedente la garantía de *habeas corpus*: a) que la privación de libertad sea "real y efectiva". Como ya se anticipó, si el afectado ya está en libertad deben buscarse otras vías jurisdiccionales para la reparación del derecho lesionado; y b) que la privación de libertad «no haya sido acordada judicialmente», lo que determina la aplicabilidad del *habeas corpus* a detenciones policiales, detenciones en materia de extranjería y a sanciones de arresto disciplinario impuestas en el ámbito militar, como ya se ha visto.

4. PROCEDIMIENTO

4.1 Incoación

El art. 6 LOHC señala que «promovida la solicitud de «Habeas Corpus» el juez examinará la concurrencia de los requisitos para su tramitación y dará traslado de la misma al Ministerio Fiscal. Seguidamente, mediante auto, acordará la incoación del procedimiento, o, en su caso, denegará la solicitud por ser esta improcedente. Dicho auto se notificará, en todo caso, al Ministerio Fiscal. Contra la resolución que en uno u otro caso se adopte, no cabrá recurso alguno».

De acuerdo con el precepto, el juez examina por sí mismo "la concurrencia de los requisitos" para la tramitación del procedimiento y da "traslado" de la solicitud al Ministerio Fiscal. Este "traslado" al fiscal es el único trámite procedimental expresamente previsto y se ha convertido en la práctica en una audiencia formal, lo que resulta contradictorio con el carácter ágil y antiformalista del procedimiento y con la naturaleza estrictamente reglada del trámite de incoación. Probablemente, el precepto no prevé más que la puesta de la solicitud de *habeas corpus* en conocimiento del Ministerio Fiscal, en cuanto parte necesaria del procedimiento. Hay que tener presente al respecto que:

* El precepto no dice, como sí hace el art. 7 LOHC —una vez incoado el procedimiento— que el juez "oirá" al Ministerio Fiscal. Solo dice que le dará traslado. Esto tiene toda la lógica si se comprende la mecánica del procedimiento.
* El art. 6 aclara que, recibida la solicitud, el juez examinará por sí mismo la concurrencia de los requisitos, lo que indica igualmente que realiza de modo autónomo, sin trámite formal de audiencia, el juicio preliminar de admisibilidad, limitándose a comprobar que no hay causa impeditiva de la incoación del procedimiento. El traslado al Ministerio Fiscal es aludido con posterioridad a este examen de oficio de la concurrencia de los requisitos de admisibilidad, lo que refuerza la idea de que se trata de una mera puesta en conocimiento del fiscal para que pueda comparecer en el procedimiento, ejercer una labor inspectora de la decisión sobre la admisibilidad e intervenir, como la ley manda, en el trámite relativo al juicio de fondo sobre la regularidad de la privación de libertad.

La utilidad de la puesta en conocimiento del fiscal es clara. El resto de las personas que intervienen en el procedimiento son llamados por el juez por su relación singular con la privación de libertad —como autores de la detención o como encargados de la custodia—. El Ministerio Fiscal interviene siempre y, por tal razón, se le debe llamar al procedimiento de inmediato, sobre todo teniendo en cuenta que, en el año 1984, no se había generalizado aún la presencia de un fiscal, a tiempo completo, ante el juez de instrucción de guardia. El fiscal tenía que ser llamado para facilitar su pronta comparecencia en el trámite del *habeas corpus*, que tiene una duración máxima de 24 horas.

No obstante, la práctica forense del dictamen previo del fiscal ya se ha implantado completamente, hasta el punto de que ha sido asumida por el propio TC como un trámite necesario. Por ejemplo, la STC 263/2000 [*Tol 81379*], señala que: «la LO 6/1984 permite realizar un juicio de admisibilidad previo sobre la concurrencia de los requisitos para su tramitación, e incluso denegar la incoación del procedimiento, previo dictamen del Ministerio Fiscal».

El dictamen del Ministerio Fiscal se ha convertido, de este modo, en una garantía específica del trámite de admisibilidad del *habeas corpus*.

4.2 Remedios frente a la inadmisión

El art. 6 LOHC dispone que contra la resolución que se adopte sobre la incoación del habeas corpus «no cabrá recurso alguno». Esto determina que, en caso de inadmisión liminar indebida —por ejemplo, la que se produce por razones de fondo—, el único remedio judicial posible es el incidente de nulidad de actuaciones. Este procede, como es sabido, frente a vulneraciones de derechos fundamentales que no han podido ser denunciadas anteriormente en el procedimiento y frente a las cuales no cabe recurso alguno. Por ello, finalizado el procedimiento de *habeas corpus* con una decisión liminar de inadmisión, el remedio del art. 241 LOPJ es el único que aparece al alcance del promotor del incidente para denunciar la vulneración del art. 17.4 CE.

Aparentemente, el incidente de nulidad de actuaciones es, además, un remedio necesario para acceder al recurso de amparo en este concreto supuesto. En el recurso de amparo rige el principio de subsidiariedad, de modo que solo cabe acudir al TC cuando se ha dado una oportunidad previa al juez ordinario de reparar la lesión de derechos fundamentales que, conforme al art. 44 LOTC, se le atribuye. El incidente de nulidad de actuaciones existe —y fue reforzado en 2007— justamente para servir de procedimiento previo de tutela de derechos fundamentales en los casos en los que no era posible articular esta denuncia de la reparación dentro del propio proceso judicial.

La doctrina del TC no ha sido, sin embargo, unívoca en este punto. Recientemente, la ya citada STC 73/2021 [*Tol 8382356*] ha establecido un criterio definitivo y, a mi juicio razonable: en caso de vulneración del derecho fundamental a la libertad (art. 17.4 CE) atribuida a la decisión judicial de no incoar el *habeas corpus*, el incidente de nulidad de actuaciones es solo un remedio potestativo. No constituye un requisito imprescindible para acceder al recurso de amparo. La sentencia aludida contiene largos y enrevesados razonamientos sobre el motivo y el sentido de esta dispensa del incidente. La realidad es que la razón es prosaica y tiene poco que ver, probablemente, con las complejas disquisiciones que se hacen en la STC 73/2021 [*Tol 8382356*]: no tiene sentido que un procedimiento regido por el antiformalismo y la celeridad, que debe ser resuelto en 24 horas, tenga, como interludio necesario antes de acceder al recurso de amparo, una vía de impugnación ordinaria mucho más larga y compleja, que solo puede contribuir a dilatar el proceso de amparo. Hay una desproporción entre la fisonomía del *habeas corpus*, como procedimiento autónomo de restablecimiento del derecho a la libertad de gran celeridad y fluidez, y el incidente de nulidad de actuaciones, como procedimiento autónomo de denuncia de una vulneración de derechos fundamentales que es mucho menos rápido y ágil.

En este punto, cabe plantear dos cosas: en primer lugar, qué utilidad puede tener el incidente de nulidad de actuaciones puramente potestativo (desde la STC 73/2021 [*Tol 8382356*]) frente a la denegación irregular de la incoación del

procedimiento; en segundo lugar, quién debe ser, según los casos, el promotor del incidente de nulidad.

En cuanto al a primera cuestión, el incidente, aun siendo potestativo, puede tener dos utilidades:

* Por un lado, cabe señalar que el recurso de amparo nunca va a conseguir una tutela efectiva del individuo privado de libertad. La sentencia del TC llegará cuando la situación de privación de libertad gubernativa ya ha cesado. La tutela a prestar será puramente declarativa. Por ello, el incidente puede tener una utilidad que el amparo no puede proporcionar: lograr una tutela realmente efectiva del derecho del privado de libertad. Para ello es, obviamente, indispensable que se promueva el incidente de modo inmediato, esto es, cuando la privación de libertad gubernativa no ha cesado aún. Será también imprescindible que el órgano judicial lo tramite con celeridad, pero esto no está ya al alcance del promotor del incidente.

En suma, desde el punto de vista del "efecto útil" del incidente, puede tener sentido interponerlo mientras la privación de libertad subsiste. Si esta cesa, aun cuando se esté en plazo para plantear el incidente, no tendrá un efecto útil que justifique su utilización previa al recurso de amparo, ya que la tutela que podrá obtenerse con ambos remedios será la puramente declarativa.

* La segunda utilidad del incidente puede ser la de reforzar las posibilidades de admisión de un posterior recurso de amparo. No estaríamos en este caso ante un incidente interpuesto para lograr un efecto útil sino puramente preordenado a la posterior utilización del recurso de amparo.

Hay que tener en cuenta que, desde el año 2007, el recurso de amparo solo es admisible si, además de la verosimilitud de la lesión que se denuncia, concurre una causa de *especial trascendencia constitucional*. Debemos tener presente que, desde la STC 155/2009 [*Tol 1568033*], (y muy especialmente desde la STEDH de 20 de enero de 2015 [*Tol 6407756*], asunto *Arribas Antón* c. España) el TC ha establecido unas causas generales de "especial trascendencia constitucional" a los efectos de admitir los recursos de amparo. Una de ellas es la desobediencia manifiesta a la doctrina del TC, esto es, un apartamiento consciente del juez ordinario de su deber de acatamiento de la doctrina fijada por el TC en materia de derechos fundamentales.

Pues bien, en el caso de la denegación de la incoación del *habeas corpus* el incidente de nulidad de actuaciones es la única manera de poner de relieve que el juez desoye la doctrina constitucional aplicable pese a que se le pone claramente de manifiesto. Una petición dc nulidad de actuaciones que ponga "blanco sobre negro", de un modo tan claro que al juez no le pueda pasar desapercibido, la doctrina constitucional que prohíbe denegar la incoación del *habeas corpus* por razones de fondo, permite alegar ante el TC que el órgano judicial no ha cometido un mero error de interpretación sino que ha decidido apartarse conscientemente de la doctrina del TC. Es obvio que, en la actualidad, la mayoría de los jueces que siguen inadmitiendo en *habeas corpus* por razones de fondo son conscientes de que incumplen una doctrina constitucional de casi cuarenta años de antigüedad. No obstante, no lo reconocerán así en el auto del art. 6 LOHC. Por eso, el incidente de nulidad es útil, en la práctica, para que la desobediencia del juez a la doctrina constitucional pueda considerarse "manifiesta". 2795

Es verdad que la reciente STC 73/2021 aprecia, como causa de especial trascendencia constitucional, una situación de *incumplimiento generalizado* de la doctrina constitucional. Si el TC aprecia, como causa justificativa, un incumplimiento generalizado no hay necesidad, obviamente, de acreditar una desobediencia manifiesta en el caso concreto. Pero deben hacerse dos matizaciones al respecto. La primera es que no está tan claro que la STC 73/2021 [*Tol 8382356*] aprecie como causa de especial trascendencia el incumplimiento generalizado y no la necesidad de unificar criterios —en el caso concreto, en relación con el incidente de nulidad de actuaciones—. De otra parte, nunca se sabe cuál va a ser la posición del TC en el siguiente recurso de amparo. Llegará el momento en que deje de considerar que existe ese incumplimiento generalizado. Entonces solo el recurso de amparo que pueda acreditar la concurrencia de otra causa de ETC tendrá acceso a una resolución de fondo del Tribunal.

Por tanto, el incidente de nulidad de actuaciones, pese a ser potestativo para el supuesto de denegación indebida de la incoación de un *habeas corpus*, no tiene por qué ser un remedio superfluo si quien lo interpone tiene la mente puesta en un posterior recurso de amparo ante el TC, basado en la "negativa manifiesta" del órgano judicial a acatar la doctrina constitucional que prohíbe una inadmisión liminar por razones de fondo.

La segunda cuestión que se plantea es si tiene sentido que el promotor del incidente no sea el propio promotor del *habeas corpus*, y, en particular, si ha de ser ejercitado por el Ministerio Fiscal. La respuesta es, en realidad, simple: salvo que el fiscal actuante tenga alguna razón para pensar que el juez de guardia puede llegar a rectificar su criterio si se le advierte de su error —por ejemplo, si se le alega una sentencia del TC que ya se pronuncia sobre un caso idéntico—, la actuación del Ministerio Fiscal como promotor del incidente de nulidad de actuaciones solo tiene sentido si se contempla como una actuación orientada a la posterior interposición, por la Fiscalía ante el TC, de un recurso de amparo.

Casos de recursos de amparo del Ministerio Fiscal por denegación indebida de la incoación del procedimiento de *habeas corpus* ya han existido (por ejemplo, la citada STC 12/2014 [*Tol 4114490*]). La legitimación conferida al efecto por la LOTC es clara. Ahora bien, estamos ante una opción más compleja y remota de lo que puede parecer en un principio. Por más que el Ministerio Fiscal sea, con carácter general, el defensor de los derechos fundamentales, no puede olvidarse que el principal gestor de su derecho es su propio titular y que ha de ser este el que pondere por sí mismo la posibilidad de recurrir en amparo ante el TC. La actuación del Ministerio Fiscal como defensor público de los derechos fundamentales debe reservarse a casos cualificados en los que, cualquiera que sea la decisión del titular del derecho, persiste un especial interés público en que la actuación judicial sea depurada.

4.3 Puesta de manifiesto de la persona detenida

El art. 7 LOHC condensa la esencia institucional del habeas corpus cuando dice en su párrafo primero lo siguiente: «en el auto de incoación, el juez ordenará a la autoridad a cuya disposición se halle la persona privada de libertad o a aquél en cuyo poder se encuentre, *que la ponga de manifiesto ante él*, sin pretexto ni demora alguna o se constituirá en el lugar donde aquélla se encuentre» (énfasis añadido).

La "puesta de manifiesto" supone, sin duda, la confrontación visual entre el juez y la persona detenida, lo que, en el momento de aprobación de la LO 6/1984, solo era posible de modo presencial. Esta puesta de manifiesto ante el juez está, como se ha dicho ya, en la esencia histórica y constitucional del *habeas corpus*. Cabe preguntarse, por ello, si sería contrario a esa esencia un *habeas corpus* de carácter telemático, en el que la "puesta de manifiesto" ante el juez se hiciera por videoconferencia.

Es muy discutible que tal cosa sea posible. Desde luego, hay causas de *habeas corpus* que no admiten, ni siquiera como hipótesis, la tramitación telemática, por ejemplo, cuando el solicitante alega que está siendo objeto de malos tratos por parte de los funcionarios encargados de la custodia. En tal supuesto, es obvio que el privado de libertad debe ser "extraído" de la custodia estrictamente policial y que debe ser llevado ante el juez. Como ya se ha dicho, la presencia judicial no solo es necesaria para resolver adecuadamente sobre la pretensión de *habeas corpus*. Es también una garantía de que el individuo privado de libertad concreta su pretensión con plena autonomía, sin sentirse presionado en modo alguno por el contexto coactivo en el que se desenvuelve.

No debemos olvidar que lo que la ley desea es que la pretensión de fondo del individuo privado de libertad sea manifestada solo a presencia del juez. El escrito de formalización del procedimiento es meramente anticipatorio. Con esa exigencia, la ley quiere garantizar que la pretensión del privado de libertad sea manifestada en un contexto de protección judicial, de modo que el promotor del procedimiento no se sienta inhibido o atemorizado por la custodia estrictamente policial. No puede ignorarse que la idea de que una privación gubernativa de libertad es un contexto coactivo que restringe, por sus propias condiciones ambientales, la posibilidad del afectado de conducirse con plena autonomía está en la base de garantías procesales fundamentales y en particular de las llamadas *Miranda Warnings*. La presencialidad física es, por ello, un elemento que parece consustancial a la garantía del *habeas corpus* —como la propia denominación latina del instituto pone de relieve—, al menos cuando no existen circunstancias excepcionales que obliguen a renunciar a ella —pues no hace tanto vivimos una pandemia que impuso la renuncia a la presencialidad en numerosos trámites procesales—.

Dicho esto, pueden existir motivos de *habeas corpus* que no exijan la presencialidad, por ejemplo, la denuncia de una mera infracción formal —se afirma que no se deja al abogado acceder a un documento, que no se ha puesto de manifiesto, de forma precisa, el motivo de la detención...—. En estos casos, la utilidad de la presencialidad es bastante relativa. En esas situaciones, el legislador podría prever una "puesta de manifiesto" telemática sin desvirtuar la esencia institucional del *habeas corpus* como medio de restablecimiento del derecho fundamental a la libertad. En todo caso, mientras esa reforma legislativa no se produce, si se llega a plantear la posibilidad de una tramitación telemática de la "puesta de manifiesto" del detenido, parece lógico seguir esta pauta: a) comprobar que la causa o motivo alegado no exige, por sí misma, la presencialidad física y b) supeditar en todo caso la tramitación telemática a la aquiescencia del letrado de la persona detenida, de modo que solo se admita esa modalidad de tramitación cuando la defensa del privado de libertad considera que de ella no se deriva ningún detrimento a sus posibilidades de alegar y probar la irregularidad que se denuncia.

Asimismo, no está de más recordar que el TC ha rechazado categóricamente que la puesta de manifiesto pueda realizarse ante el secretario judicial (actual LAJ). Como señala la STC 32/2014 [*Tol 4143264*]: «la comparecencia se realizó ante la Secretaria judicial y este acto no puede colmar la exigencia de que, una vez incoado el procedimiento de habeas corpus, el detenido sea oído por el juez».

4.4 Trámite de audiencia

Tras la "puesta de manifiesto" del detenido, el art. 7, párrafo segundo, LOHC dispone que «Antes de dictar resolución, oirá el Juez a la persona privada de libertad o, en su caso, a su representante legal y Abogado, si lo hubiera designado, así como al Ministerio Fiscal; acto seguido oirá en justificación de su proceder a la autoridad, agentes, funcionario público o representante de la institución o persona que hubiere ordenado o practicado la detención o internamiento y, en todo caso, a aquella bajo cuya custodia se encontrase la persona privada de libertad; a todos ellos dará a conocer el Juez las declaraciones del privado de libertad».

Como ya se ha explicado, aparte de la propia persona privada de libertad y el Ministerio Fiscal, solo ha de ser oído por el juez el encargado de la custodia, lo que es completamente coherente con las características de una acción de restablecimiento de un derecho, en la que es la persona que puede reparar la violación —en este caso, quien tiene el control de la privación de libertad y puede hacerla cesar o corregirla— la que aparece como sujeto pasivo de la acción ejercitada y destinatario potencial de las eventuales decisiones de condena. Otras comparecencias, como la de quien ha ordenado o practicado la detención, dependen del tipo de vulneración que se denuncia, ya que su testimonio puede ser relevante para dilucidar la realidad de la lesión del derecho a la libertad.

De otro lado, la ubicación que el precepto da a la audiencia del Ministerio Fiscal deja mucho que desear. Tiene todo el sentido que el trámite contradictorio ante el juez comience con las manifestaciones de la persona privada de libertad y su abogado, ya que estos deben concretar la pretensión de restablecimiento del derecho fundamental a la libertad. No lo tiene, en cambio, que el fiscal deba intervenir también en ese primer momento, antes de que se haya oído la versión de los funcionarios o personas encargados de la custodia o que han practicado la detención.

Hay que advertir que la ley no dispone otra intervención posterior del Ministerio Fiscal. Tras este trámite de audiencia se practican las pruebas y el juez resuelve el incidente. Poco puede hacer el Ministerio Fiscal en el procedimiento de *habeas corpus* si su intervención se contrae a este trámite inicial de audiencia, en el que aún no debería tener elementos de convicción suficientes para fijar una posición sobre el fondo.

Ante esta regulación legal, debe recordarse el carácter antiformalista del procedimiento de *habeas corpus*, que destaca la propia exposición de motivos de la ley. Como ocurre en los procedimientos orales no penales en los que interviene el fiscal como defensor de los derechos fundamentales, lo lógico es que el Ministerio Fiscal se limite, en este trámite inicial, a reservarse su posición sobre el fondo para el trámite de conclusiones. Aunque dicho trámite no esté previsto, lo lógico es que se practiquen todas las actuaciones del art. 7 LOHC en unidad de acto y que el juez abra un breve turno oral para que las partes fijen su posición definitiva. Es entonces cuando el fiscal debe pronunciarse, ya con los elementos de juicio necesarios.

5. RESOLUCIÓN Y EFECTOS

Si atendemos a lo que dispone el art. 8 LOHC, la puesta en libertad solo procede si la detención es ilegal, esto es, si no hay causa o motivo justificativos de la detención. Las irregularidades en la detención deben ser, simplemente, subsanadas para que la privación de libertad se desarrolle, en lo sucesivo, con pleno respeto a la legalidad. Así ocurrirá, por ejemplo, en los casos de insuficiente información sobre los hechos que motivan la detención y denegación de acceso a documentos.

Un caso particularmente interesante es el de la estimación del *habeas corpus* por el transcurso de los plazos de detención. Aquí la solución legal no es la puesta en libertad del detenido sino la regularización de la situación personal por parte del juez. Si la detención gubernativa ha excedido el plazo de 72 horas, debe producirse la puesta a disposición judicial para que se regularice la situación. La posible responsabilidad penal o civil derivada de la superación del plazo máximo del art. 17.2 CE deberá dilucidarse en otro procedimiento distinto al *habeas corpus*. A los efectos del art. 17.4 CE, la privación ilícita de libertad cesa con la puesta a disposición judicial.

En cuanto a las costas, su imposición se erige como única solución legal en caso de temeridad en la petición del *habeas corpus*. Visto que el procedimiento del art. 17.4 CE supone un alto coste de tiempo y dedicación para los funcionarios policiales y judiciales, quizá sería aconsejable ir más allá de estas hipotéticas costas y dar al juez la posibilidad de imponer multas por temeridad, si bien limitadas a casos de uso manifiestamente abusivo, para evitar cualquier efecto disuasorio que vaya en detrimento del libre ejercicio del remedio reconocido en el art. 17.4 CE

BILIOGRAFÍA

- ARMENTA DEU, *El derecho fundamental a la libertad y el procedimiento de habeas corpus*, Tecnos, 2006.
- FERRERES COMELLA, «El *habeas corpus* y la protección judicial de la libertad personal», *Revista Española de Derecho Constitucional*, nº 43 (1995).
- GIMENO SENDRA, *Proceso penal constitucional y habeas corpus*, Civitas, 2010.
- GIMENO SENDRA, *El proceso de habeas corpus*, Tecnos, 1985.
- ILLESCAS RUS, *El proceso de habeas corpus en la jurisprudencia del Tribunal Constitucional*, 1994.
- IZQUIERDO TÉLLEZ, «art. 17 CE», en *Comentarios a la Constitución Española* (dir. VV.AA., Ed. Tirant).
- MARCHENA GÓMEZ, «Medidas restrictivas y privativas de libertad en el proceso penal: Detención, prisión, referencia al proceso de Habeas Corpus», en *Estudios Jurídicos - Ministerio Fiscal, VII*, 1999.
- MARTÍN DIZ, «La práctica actual del *habeas corpus*», *Diario La Ley*, nº 8402 (2014).
- QUINTANA LÓPEZ, «Evolución jurisprudencial del *habeas corpus* en España», *La Ley Penal*, nº 113 (2016).
- SERRANO ALBERCA, «Comentarios al art. 17 de la Constitución Española, en *Comentarios a la Constitución*, Madrid, 1980.

Capítulo 72
El procedimiento ante el Tribunal del Jurado

Diego Alberto Gutiérrez Azanza
Fiscal
Letrado del Gabinete Técnico del Tribunal Supremo (Sala Segunda)

1. CONCEPTO, RAZÓN DE SER DEL TRIBUNAL DEL JURADO Y BASE CONSTITUCIONAL

1.1 Concepto de Jurado

Para comenzar con el desarrollo del presente capítulo, es conveniente explicar, en primer lugar, qué es un Jurado. GRANADOS (1995, pp. 29 y ss.) ponía de relieve la dificultad de encontrar una definición de lo que es un Jurado, así como su encaje con la facultad jurisdiccional que corresponde, en exclusiva, a los jueces y magistrados integrantes del poder judicial según lo previsto en el artículo 117 CE. No obstante, destacaba algunas definiciones, entre las que merece la pena destacar la de PRIETO-CASTRO (*vid.* GRANADOS, p. 34) que señalaba que el Jurado es «un conjunto de personas no pertenecientes al estamento judicial, que declara sobre la realización de los hechos reputados punibles en un proceso penal agregadamente de los constitutivos de circunstancias modificativas, formando sus declaraciones (veredictos) la base del hecho sobre la que los jueces (magistrados) construyen su juicio de derecho o calificación jurídica, determinante de la parte dispositiva de la sentencia».

GUTIÉRREZ (1991, pp. 27-32) señalaba que una de las principales dificultades para encontrar una definición apropiada de lo que sea "Jurado" proviene de la concepción "juradista" o "antijuradista" de quien trate de definirlo. Citaba, entre otras, la definición clásica de ESCRICHE (*vid.* GUTIÉRREZ, p. 29) para quien Jurado era «la reunión o junta de cierto número de ciudadanos que sin tener carácter público de magistrados son elegidos por sorteo y llamados ante el tribunal o juez de derecho para declarar, según su conciencia, si un hecho está o no justificado, a fin de que aquel pronuncie su sentencia de condenación o absolución y aplique la pena con arreglo a las leyes. Dícese también jurado, cada uno de los ciudadanos que componen dicha reunión, los cuales se denominan, así mismo, jueces de hecho». Sin embargo, para GUTIÉRREZ, lo más relevante no era decantarse por una definición u otra, sino fijarse en los elementos definidores de un Jurado, que son los siguientes:

* El Jurado es un órgano colegiado.
* Los miembros del Jurado no pertenecen a un cuerpo profesional de magistratura.
* Estos miembros están legitimados por el respeto a los principios del juez ordinario predeterminado por la ley y de igualdad.
* Deben emitir un veredicto —sobre la culpabilidad o inculpabilidad— según su íntimo convencimiento, no según criterios técnico-jurídicos.
* Para la autora, el Jurado tiene, además, un componente de "carga ideológica" pues en él se encuentra la participación directa del pueblo en la Administración de Justicia.

1.2 Razón de ser del Tribunal del Jurado

La institución del Tribunal del Jurado en un mundo jurídico de jueces y magistrados profesionales que asumen la mayor parte de los enjuiciamientos por delitos no deja de ser un elemento extraño en el sistema procesal. Al menos, en los sistemas procesales penales continentales de la actualidad. No obstante, existen poderosas razones para sostener su legitimidad —al margen de su reconocimiento constitucional—. GUTIÉRREZ (1991, pp. 89-101) recogía algunos de estos argumentos:

* Existe, en primer lugar, un argumento de orden político, que consiste en la democratización del poder judicial.
* También se defiende un argumento de orden jurídico-filosófico, que se correspondería con un derecho natural de cada ciudadano a ser juzgado por su propio pueblo.
* Una tercera razón es de tipo psicológico, pues se defiende que, en los juzgadores profesionales termina por producirse una "deformación profesional" que no existiría en los legos. Quienes defienden esta clase de argumentos señalan que, entre jueces y magistrados, puede producirse una aplicación "maquinal" de la ley, que desplaza a una suficiente reflexión y que se encontraría, además, presidida por un "encasillamiento" de las personas acusadas.
* Otro argumento que se sostiene, para defender la legitimidad del tribunal del Jurado, es de naturaleza sociológica. Consiste en que, con la participación de los jurados en la justicia, se produce un doble efecto: por una parte, la ciudadanía se acerca al mundo judicial y se genera un espíritu cívico de defensa de los bienes sociales; por otra, se reduce la generación de "élites jurídicas" formadas por los profesionales de la administración de justicia y la posibilidad de que estos profesionales actúen de forma "corporativista".
* Finalmente, también puede encontrarse un argumento técnico-penal, de eficacia en la labor del Jurado. Así, se señala que, para el entendimiento de figuras delictivas próximas al honor, a la intimidad o a valores que reconocen más un derecho natural que uno positivizado, los jurados pueden realizar una labor eficaz. En delitos en que existe colisión de derechos fundamentales, en aquellos en que la moral adquiere una relevancia singular o en los que se requiere una interpretación de los usos sociales, los ciudadanos legos de "a pie" se encuentran en una situación que puede ser más próxima a la realidad social que la que tengan los tribunales profesionales.

No obstante, no debe dejar de señalarse que también existen argumentos que pueden sostenerse en contra de la institución del Jurado. Un profundo estudio de tales argumentos desborda el interés de esta obra. Sin embargo, deben mencionarse algunos de estos alegatos "antirjuradistas", aunque sea de forma sucinta. Así, quienes se muestran contrarios a la institución, suelen centrar la crítica en la falta de formación técnica de los juzgados y, también, en su falta de hábito a la hora de someter a valoración las pruebas expuestas en un juicio. No solo eso, también se contestan los restantes argumentos favorables a la institución, pues la democratización del poder judicial no exige la existencia de jurados ni la participación directa de los ciudadanos en la justicia. De igual forma, la existencia de un pretendido derecho a ser juzgado por un juez natural o que comparta los valores de la sociedad tampoco exige la existencia de jurados, solo la formación de los jueces y la determinación clara de normas de competencia. También, en contra de la institución del Jurado, se sostienen argumentos tales como la falta de interés de los ciudadanos en participar en la justicia, el temor a ejercer la función de juzgar, la posibilidad de que se vean influenciados por causas ajenas al proceso, la posibilidad de "juicios emocionales", etc. Todo ello no debe obviar, como se expondrá más adelante, que la Constitución Española ofrece al Tribunal del Jurado suficiente base para su implantación y desarrollo, que culminó en la promulgación de la Ley Orgánica 5/1995, del Tribunal del Jurado.

1.3 Clases de tribunales del Jurado

Se manejan, en la doctrina, dos grandes clasificaciones de jurados: los jurados puros y los jurados escabinados. Aun cuando se trata de una distinción teórica, sí conviene aclarar la diferencia entre ambos (GÓMEZ COLOMER, 2003, p. 6):

* El *jurado puro*, también denominado anglosajón o histórico, está constituido únicamente por ciudadanos no magistrados. Los jurados se pronuncian únicamente sobre el juicio fáctico, es decir, sobre si quedan o no acreditados los hechos. Además, el veredicto es inmotivado. Tras la declaración de hechos probados, el pronunciamiento corresponde a los jueces o magistrados que son quienes aplican el derecho a esos hechos probados.
* El *jurado escabinado, escabinato o tribunal de escabinos*, supone la participación conjunta, en el órgano de enjuiciamiento, de ciudadanos legos y de magistrados o jueces. Elaboran conjuntamente la sentencia y conocen tanto del juicio fáctico, como del jurídico. Su pronunciamiento se realiza de forma motivada tanto respecto del veredicto, como respecto del pronunciamiento en sí mismo.

Aun sin entrar en mayores estudios doctrinales, es comúnmente aceptado que el sistema procesal español ha optado por un sistema de jurado más aproximado al puro que al escabinado (PÉREZ-CRUZ, 1994), aunque puedan detectarse elementos de este último (GÓMEZ COLOMER, 2003, pp. 58-59, 70, 80 y ss.).

1.4 Base constitucional

La institución del Jurado tiene reflejo constitucional en el artículo 125 de la Constitución Española que dispone «Los ciudadanos podrán ejercer la acción popular y participar en la Administración de Justicia mediante la institución del Jurado, en la forma y con respecto a aquellos procesos penales que la ley determine, así como en los Tribunales consuetudinarios y tradicionales». Aunque el texto constitucional contiene el vocablo "podrán", lo cierto es que, como recordaba GÓMEZ COLOMER (1996, p. 17), existe prácticamente consenso doctrinal acerca de que el establecimiento del Tribunal del Jurado en el ordenamiento jurídico se trata de un mandato al legislador y no de una opción que quedara en sus manos.

Por otra parte, debe tenerse en cuenta que este mandato contenido en el artículo 125 CE se sitúa en el contexto del derecho de participación en los asuntos públicos del artículo 23.1 CE y de lo previsto en el artículo 117.1 CE, en cuanto a que la justicia emana del pueblo (ESPARZA, 2021, p. 673). Esta conexión, a su vez, legitima el Poder Judicial y sirve como instrumento de su control, como señala MORENO CATENA (2023, pp. 565-566).

No obstante, y pese a la previsión constitucional existente, la tarea legislativa demoró la aprobación de una ley del jurado hasta el año 1995. Concretamente, hasta la promulgación de la LO 5/1995. La propia exposición de motivos de la LOTJ hace referencia a su legitimación constitucional, con base en el artículo 125 CE, y la sitúa como continuación de una «constante en la historia del derecho constitucional español», con cita de las constituciones de 1812, 1837, 1869 y 1931. Efectivamente, cita, como derecho conexo, el derecho de participación pública, pero también el del juez ordinario predeterminado por la ley del artículo 24.2 CE. Sitúa la LOTJ en el contexto «del ejercicio del derecho subjetivo a participar en los asuntos públicos, perteneciente a la esfera del *status activae civitatis*, cuyo ejercicio no se lleva a cabo a través de representantes, sino que se ejercita directamente al acceder el ciudadano personalmente a la condición de jurado. De ahí que deba descartarse el carácter representativo de la Institución y deba reconocerse exclusivamente su carácter participativo y directo». En consecuencia, sitúa la participación de los ciudadanos en el Jurado como un derecho-deber.

2. ÁMBITO DE APLICACIÓN Y COMPETENCIA

2.1 Delitos de los que conoce el Tribunal del Jurado

La LOTJ nació, aparentemente, con una vocación competencial amplia. Muestra de ello es que la exposición de motivos preveía que, según la experiencia y a medida que se consolidase la institución, el legislador fuera ampliando los delitos que son objeto de enjuiciamiento a través de este sistema. No obstante, en la práctica ha ocurrido lo contrario, lo que DOIG (2019, p. 477) llama una "huida del Jurado". Las razones, como apuntaba GIMENO (2021, p. 610) son de índole económico, pero también por la falta de confianza del legislador en el sistema instaurado, sobre todo para el enjuiciamiento de delitos cuya descripción pudiera contener valoraciones jurídicas. A ello se pueden adicionar razones de carácter práctico, puesto que resulta mucho más simple la celebración de un juicio ante un juzgado profesional, pues se ahorra todo el proceso de constitución, instrucción, redacción del veredicto y demás trámites procesales propios del Tribunal del Jurado.

Como señala DOIG (2019, pp. 477-482), la LOTJ ha establecido un siste-
2808 ma competencial basado en un triple criterio: en primer lugar, en un *criterio positivo* o de listado; en segundo lugar, en un *criterio de exclusión*; y, en tercer lugar, existe la *posibilidad de ampliación* de la competencia al conocimiento de otros delitos, por la relación con el delito que es objeto de conocimiento por el Jurado.

Téngase en cuenta que la delimitación competencial del Tribunal del Jurado debe realizarse en atención a los datos que existen en el momento procesal oportuno —incoación, fase de conclusiones provisionales y audiencia previa o cuestiones preliminares, como se explicará—. La Sala de lo Penal del Tribunal Supremo ha señalado que «la determinación del órgano competente no puede realizarse de forma invertida, esto es, ajustándola a las conclusiones de la sentencia que se dicte, sino por el contrario a la luz de los datos previamente existentes, antes de la celebración del juicio» (SSTS de 20/01/2004 [*Tol 392781*] y de 29/01/2013 [*Tol 3010065*]).

2.1.1 Delimitación competencial positiva

La LOTJ establece cuáles son los delitos de que conoce el Tribunal del Jurado mediante un sistema de "doble lista" que se contiene en su artículo 1. En primer lugar, se realiza una exposición de categorías de delitos que, en principio, podrían quedar bajo esta competencia, para, a continuación, circunscribirlo a una lista cerrada.

«1. El Tribunal del Jurado, como institución para la participación de los ciudadanos en la Administración de Justicia, tendrá competencia para el enjuiciamiento de los delitos atribuidos a su conocimiento y fallo por esta u otra Ley respecto de los contenidos en las siguientes rúbricas: a) Delitos contra las personas. b) Delitos cometidos por los funcionarios públicos en el ejercicio de sus cargos. c) Delitos contra el honor. d) Delitos contra la libertad y la seguridad. 2. Dentro del ámbito de enjuiciamiento previsto en el apartado anterior, el Tribunal del Jurado será competente para el conocimiento y fallo de las causas por los delitos tipificados en los siguientes preceptos del Código Penal: a) Del homicidio (artículos 138 a 140). b) De las amenazas (artículo 169.1º). c) De la omisión del deber de socorro (artículos 195 y 196). d) Del allanamiento de morada (artículos 202 y 204). e) De la infidelidad en la custodia de documentos (artículos 413 a 415). f) Del cohecho (artículos 419 a 426). g) Del tráfico de influencias (artículos 428 a 430). h) De la malversación de caudales públicos (artículos 432 a 434). i) De los fraudes y exacciones ilegales (artículos 436 a 438) j) De las negociaciones prohibidas a funcionarios (artículos 439 y 440). k) De la infidelidad en la custodia de presos (artículo 471)».

Solo estos delitos, comprendidos en el apartado 2 del art. 1 son los que resultan de la competencia del Tribunal del Jurado. Llama la atención la ausencia de explicación de los motivos que llevaron al legislador a incluir estos delitos, y no otros, como competencia del Tribunal del Jurado. No existe un razonamiento en la exposición de motivos ni en el articulado, ni la doctrina, por lo general, ha podido encontrar una explicación a este respecto. 2809

No obstante, téngase en cuenta que la LO 1/2025, en su artículo 20 (quince) ha modificado la Ley de Enjuiciamiento Criminal, previendo que el allanamiento de morada, del artículo 202 CP, pueda tramitarse por el procedimiento para el enjuiciamiento rápido, según lo dispuesto en el artículo 795.1 LECrim. Esta previsión legislativa no ha modificado la LOTJ, lo que supone, para el delito de allanamiento de morada, la necesidad de una interpretación que está pendiente de desarrollo jurisprudencial. De esta manera puede entenderse:

* Que el delito de allanamiento de morada previsto en el artículo 202 CP podrá tramitarse como juicio rápido, pero únicamente en el caso de que se cumplan los demás requisitos para la tramitación por esta vía procesal (delito flagrante, incoación en virtud de atestado policial, citación ante la Sección de guardia del Tribunal de Primera Instancia[1] o deten-

[1] En adelante, y para mayor claridad y sencillez en la redacción, denominaremos a los jueces unipersonales con arreglo a su función —v.gr. juez de instrucción o instructor, en el bien entendido de que con esta denominación nos referimos al juez unipersonal integrado en la Sección que corresponda del Tribunal de Instancia competente (TI o TCI). En el capítulo 5 de esta obra puede consultarse una explicación completa del nuevo modelo orgánico de los Tribunales de Instancia que introduce la LO 1/2025.

ción, etc.). De manera que, en los restantes supuestos, el procedimiento continuaría tramitándose según lo dispuesto en la LOTJ.

* Que, en todo caso, el delito de allanamiento de morada del artículo 202 CP ha dejado de ser competencia del Tribunal del Jurado.

A lo que se añade el problema añadido de que la LO 1/2025 ha guardado silencio acerca del delito previsto en el artículo 204 CP, por lo que podría defenderse que esta modalidad de allanamiento de morada, cuando es cometido por autoridad o funcionario público, continúa siendo competencia del Tribunal del Jurado en todo caso.

La Fiscalía General del Estado, en su Circular 1/2025, entiende que, en los casos en que el procedimiento pueda resolverse por los trámites de las diligencias urgentes, por concurrir todos sus requisitos, ese será el trámite procesal adecuado, de manera que la cuestión se ventilaría ante la Sección de Instrucción del Tribunal de Instancia o ante la Sección Penal (si no hubiese conformidad). Sin embargo, si no pudiera tramitarse por diligencias urgentes, el procedimiento sería el previsto en la LOTJ y la competencia, para el enjuiciamiento, correspondería al Tribunal del Jurado.

2.1.2 Delimitación competencial negativa

Tras esta enumeración contenida en el artículo 1, la LOTJ va excluyendo una serie de supuestos de la competencia del Jurado, aunque concurran las figuras delictivas enumeradas. Así, el Tribunal del Jurado no conocerá de estos delitos:

* Los delitos cuyo enjuiciamiento se atribuya a la Audiencia Nacional (art. 1.3 LOTJ).
* Los delitos cuya competencia —para investigación, debe entenderse— asuma la Fiscalía Europea (art. 1.3 LOTJ).
* Los delitos de homicidio en tentativa (*vid.* art. 5.1 *in fine*).
* En ningún caso el Tribunal del Jurado conocerá de un delito de prevaricación, ni aun en el supuesto de que fuera conexo con otro delito (art. 5.2.2º LOTJ).

2.1.3 El problema de la competencia por conexión

La mayor fuente de problemas en cuanto a la determinación de la competencia del Tribunal del Jurado surge en los supuestos de conexidad delictiva, es decir, cuando se deben enjuiciar delitos que están relacionados entre sí y son "conexos". A este respecto el artículo 5.2 LOTJ establece: «La competencia del Tribunal del Jurado se extenderá al enjuiciamiento de los delitos conexos, siempre que la conexión tenga su origen en alguno de los siguientes supuestos: a) Que dos o más personas reunidas cometan simultáneamente los distintos delitos; b) que dos o más personas cometan más de un delito en distintos lugares o tiempos, si hubiere precedido concierto para ello; c) que alguno de los delitos se haya cometido para perpetrar otros, facilitar su ejecución o procurar su impunidad.

No obstante lo anterior, y sin perjuicio de lo previsto en el artículo 1 de la presente Ley, en ningún caso podrá enjuiciarse por conexión el delito de prevaricación, así como aquellos delitos conexos cuyo enjuiciamiento pueda efectuarse por separado sin que se rompa la continencia de la causa».

El artículo guarda un evidente paralelismo con el artículo 17 de la LECrim, que define los que son delitos conexos, sobre todo en su redacción previa a la reforma dada por la Ley 41/2015. A este respecto, se contenían los mismos supuestos de conexidad en ambas leyes, a salvo del último que preveía el artículo 17 de la LECrim, que consideraba conexos «Los diversos delitos que se imputen a una persona al incoarse contra la misma causa por cualquiera de ellos, si tuvieren analogía o relación entre sí, a juicio del Tribunal, y no hubiesen sido hasta entonces sentenciados».

Este sistema de atribución competencial en casos de conexidad ha sido fuente constante de problemas y conflictos (NARVÁEZ, p. 1.202), y ha dado lugar a múltiples pronunciamientos jurisprudenciales, sobre todo por el problema de la falta de previsión de lo dispuesto en el artículo 17 5º de la LECrim —en su redacción previa a la reforma de 2015— en la LOTJ.

Previamente a realizar un estudio sobre las soluciones a los problemas competenciales, merece la pena señalar el acuerdo del Pleno no Jurisdiccional de la Sala Segunda de 29 de enero de 2008, a los efectos del control de la competencia, que señala:

> «Conforme al art. 240.2 apartado 2 de la LOPJ, en todos los recursos de casación promovidos contra sentencias dictadas por las Audiencias Provinciales o los Tribunales Superiores de Justicia, en el procedimiento del Jurado, la Sala sólo examinará de oficio su propia competencia. Las alegaciones sobre la falta de competencia objetiva o la inadecuación de procedimiento, basadas en la vulneración del art. 5 de la LOTJ, habrán de hacerse valer por los medios establecidos, con carácter general, en la Ley de Enjuiciamiento Criminal y en la LO 5/1995, reguladora del Tribunal del Jurado».

Establecido que el control competencial pasa por el régimen de recursos establecido por la ley, deben examinarse las soluciones ofrecidas respecto de los problemas competenciales que se plantean en delitos conexos. Para apuntar las soluciones a este respecto (BARJA DE QUIROGA, 2019, pp. 909 a 923), distinguiremos tres escenarios:

a) *Supuestos anteriores a la reforma de la LECrim de 2015, cuando la conexidad derive del artículo 17.5 de la LECrim.* La regla general, en esta clase de supuestos, es que el Tribunal del Jurado no es competente, sino que lo será la Audiencia Provincial. Básicamente por dos motivos: poque no estamos en presencia de lo previsto en el artículo 5.2 de la LOTJ y porque no es posible separar la contingencia de la causa.

Cuando de lo que se trata es de la concurrencia de un delito de homicidio o asesinato consumado otro que está en tentativa, existe un acuerdo del Pleno no Jurisdiccional de la Sala Segunda del Tribunal Supremo de 5 de febrero de 1999, según el cual «En los problemas de determinación de la competencia entre el Tribunal del Jurado y la Audiencia Provincial en aquellos casos en los que se imputan a una persona dos delitos contra las personas, uno consumado y otro intentado, con el riesgo de romper la continencia de la causa, el enjuiciamiento corresponderá a la Audiencia Provincial» (*vid.* STS 22/12/2010 [*Tol 2053459*], entre otras).

Fuera de los supuestos de concurrencia de un homicidio consumado con otro intentado, el criterio jurisprudencial es similar: la regla general es que la competencia no corresponde al Tribunal del Jurado (*vid.* SSTS 3/03/2010 [*Tol 1830820*]; 6/03/2009 [*Tol 1466702*] y 27/11/2007 [*Tol 1229916*]), entre otras muchas). No obstante, se encuentran excepciones en caso de supuestos de progresión delictiva: por ejemplo, delitos de malos tratos y homicidio (SSTS 29/11/2000 [*Tol 4923187*] y 2/04/2003 [*Tol 4928341*]). También se han excepcionados supuestos en que se rompa la continencia de la causa (STS 31/01/2002 [*Tol 4976734*]).

b) *Supuestos anteriores a la reforma de la LECrim de 2015, cuando la conexidad no derive del artículo 17.5 de la LECrim.* En esta clase de supuestos, la regla general es que, si concurre lo dispuesto en el artículo 5.2 de la LOTJ la competencia sí es del Tribunal del Jurado. Resultan de aplicación práctica los acuerdos del Pleno no jurisdiccional de la Sala Segunda de 20/01/2010 y 23/02/2010 (este último complementa al anterior), que disponen:

«Cuando se imputen varios delitos y alguno de ellos sea de los enumerados en el art. 1.2 de la LOTJ:

1. La regla general es el enjuiciamiento separado, siempre que no lo impida la continencia de la causa.

a) Se entenderá que pueden juzgarse separadamente distintos delitos si es posible que respecto de alguno o algunos pueda recaer sentencia de fallo condenatorio o absolutorio y respecto de otro o de otros pueda recaer sentencia de sentido diferente.

b) La analogía o relación entre varios hechos constitutivos de varios delitos, en ningún caso exige, por sí misma, el enjuiciamiento conjunto si uno o todos ellos son competencia del Tribunal del Jurado (artículo 1.2 LOTJ).
2. La aplicación del art. 5.2.a) no exige que entre los diversos imputados exista acuerdo. Se incluyen los casos de daño recíproco.
3. La aplicación del art. 5.2.c) requiere que la relación funcional a la que se refiere se aprecie por el órgano jurisdiccional en atención a la descripción externa u objetiva de los hechos contenidos en la imputación.
La competencia se extenderá al delito conexo siempre que se haya cometido teniendo como objetivo principal perpetrar un delito que sea de la competencia del Tribunal del Jurado, es decir, que ha de ser de la competencia del Jurado aquel cuya comisión se facilita o cuya impunidad se procura.
Por el contrario, si el objetivo perseguido fuese cometer un delito que no es competencia del Tribunal del Jurado y que se comete para facilitar aquél o lograr su impunidad fuese alguno de los incluidos en el art. 1.2, en estos casos la competencia será del Juzgado de lo Penal o de la Audiencia Provincial, salvo que, conforme al apartado 1 de este acuerdo, puedan enjuiciarse separadamente.
Cuando existieren dudas acerca de cuál es el objetivo principal perseguido por el autor de los hechos objeto de las actuaciones y uno de ellos, al menos, constituya delito de los atribuidos al Tribunal del Jurado (art. 1.2 LOTJ), la competencia se determinará de acuerdo con la que corresponda al delito más gravemente penado de entre los imputados.
4. El art. 5.3, al mencionar un solo hecho que pueda constituir dos o más delitos, incluye los casos de unidad de acción que causaren varios resultados punibles.
5. Se excluye el caso de la prevaricación, que nunca será competencia del Tribunal del Jurado. 2813
6. En consecuencia, cuando no se aprecie alguna de las finalidades previstas en el art. 5.2.c) o el delito fin no sea de los enumerados en el art. 1.2: no concurran las circunstancias de los apartados a) o b) del art. 5.2; no se trate de un caso de concurso ideal o de unidad de acción que causare varios resultados punibles; o, en cualquier caso, siempre que uno de los delitos sea el de prevaricación, y no pueda procederse al enjuiciamiento separado sin romper la continencia de la causa, la competencia será del Juzgado de lo Penal de la Audiencia Provincial».

En este sentido, y al respecto de la atribución de la competencia en función de la finalidad delictiva, puede señalarse que la Sala de lo Penal ha aclarado que «solo se atenderá al criterio de atribuir la competencia en función del delito más grave cuando existan dudas sobre cuál es el delito fin» (STS 19/01/2017 [*Tol 5950065*]).

Por si existieran dudas acerca de la aplicación retroactiva de los Acuerdos del Pleno anteriormente expuestos, la Sala de lo Penal dictó otro acuerdo del Pleno no jurisdiccional, de 20 de julio de 2010, que disponía:

«Los acuerdos adoptados en los Plenos no jurisdiccionales de la Sala que tengan como objeto cuestiones de índole procesal no se aplicarán a los actos procesales ya tramitados en la fecha del acuerdo. Se exceptúan aquellos actos que hubieran incurrido en vulneración de un derecho fundamental que fuera determinante de su nulidad».

c) *Supuestos posteriores a la reforma de la LECrim de 2015*. La reforma de la LECrim dada por la Ley 41/2015 modificó la conexidad prevista en el art. 17 de la LECrim, pero no dio lugar a una reforma del art. 5 LOTJ. Para solucionar las fricciones que puedan ocasionarse acerca de estas cuestiones, la Sala de lo Penal del Tribunal Supremo dictó el acuerdo del Pleno no jurisdiccional de 9 de marzo de 2017, que apareció desarrollado en la STS de 21/06/2017 [*Tol 6201310*]):

«El Tribunal Supremo, en un acuerdo de Pleno no jurisdiccional de la Sala Segunda, ha fijado su postura respecto a la incidencia en el procedimiento de la Ley del Jurado de las nuevas reglas de conexión del artículo 17 de la Ley de Enjuiciamiento Criminal. El texto del acuerdo es el siguiente:

1.– De los delitos que se enumeran en el art. 1.2 de la ley reguladora, siempre y sólo conocerá el Tribunal del Jurado. Si se ha de conocer de varios delitos que todos sean competencia del Tribunal del Jurado, como regla general se seguirá un procedimiento para cada uno de ellos sin acumulación de causas. Será excepción la prevista en el nuevo art. 17 de la Ley de enjuiciamiento criminal: serán investigados y enjuiciados en la misma causa cuando la investigación y la prueba en conjunto de los hechos resulten convenientes para su esclarecimiento y para la determinación de las responsabilidades procedentes salvo que suponga excesiva complejidad o dilación para el proceso.

2.– También conocerá de las causas que pudieran seguirse por otros delitos cuya competencia no le esté en principio atribuida en los casos en que resulte ineludiblemente impuesta la acumulación pero que sean conexos.

2814

3.– La procedencia de tal acumulación derivará de la necesidad de evitar la ruptura de la continencia de la causa. Se entiende que no existe tal ruptura si es posible que respecto de alguno o algunos de los delitos pueda recaer sentencia de fallo condenatorio o absolutorio y respecto de otro u otros pueda recaer otra sentencia de sentido diferente.

4.– Existirá conexión determinante de la acumulación en los supuestos del art. 5 de la LOTJ.

5.– Que en el supuesto del art. 5.2 a, se entenderá que también concurre la conexión conforme al actual art. 17.6º cuando se trate de delitos cometidos por diversas personas cuando se ocasionen lesiones o daños recíprocos Cuando se atribuyan a una sola persona varios hechos delictivos cometidos simultáneamente en unidad temporo-espacial y uno de ellos sea competencia del Tribunal del Jurado, se considerarán delitos conexos por analogía con lo dispuesto en el artículo 5.2.a) de la LOTJ, por lo que, si deben enjuiciarse en un único procedimiento, el Tribunal del Jurado mantendrá su competencia sobre el conjunto.

6.– En los casos de relación funcional entre dos delitos (para perpetrar, facilitar ejecución o procurar impunidad) si uno de ellos es competencia del Tribunal del Jurado y otro no, conforme al artículo. 5.2.c) de la Ley del Tribunal del Jurado, se estimará que existe conexión conociendo el Tribunal del Jurado de los delitos conexos.

7.– No obstante, en tales supuestos de conexión por relación funcional, la acumulación debe subordinarse a una estricta interpretación del requisito de evitación de la ruptura de la continencia, especialmente cuando el delito atribuido al Jurado es de escasa gravedad y el que no es en principio de su competencia resulta notoriamente más grave o de los excluidos de su competencia precisamente por la naturaleza del delito.

8.– Tampoco conocerá el Tribunal del Jurado del delito de prevaricación, aunque resulte conexo a otro competencia de aquél. Pero sí podrá conocer, de mediar tal conexión, del delito de homicidio no consumado.

9.– Cuando un solo hecho pueda constituir dos o más delitos será competente el Tribunal del Jurado para su enjuiciamiento si alguno de ellos fuera de los atribuidos a su conocimiento.

> Asimismo, cuando diversas acciones y omisiones constituyan un delito continuado será competente el Tribunal del Jurado si éste fuere de los atribuidos a su conocimiento.
> 10.– A los efectos del art. 17.2.3 de la ley de enjuiciamiento criminal se considerarán conexos los diversos delitos atribuidos a la misma persona en los que concurra, además de analogía entre ellos, una relación temporal y espacial determinante de la ineludible necesidad de su investigación y prueba en conjunto, aunque la competencia objetiva venga atribuida a órganos diferentes.
> En tales casos, si de uno de los delitos debiera conocer el Tribunal del Jurado, se estará a lo establecido en el apartado 5 párrafo segundo de este acuerdo».

2.2 Competencia territorial y funcional

En esta materia no se presentan problemas de relevancia en relación con la competencia territorial o funcional, más allá de los comunes a estas cuestiones y de la cuestión del aforamiento constitucional que se explicará.

La LOTJ no contiene previsiones acerca de la competencia territorial, por lo que, supletoriamente habrá de acudirse a las normas de la LECrim a este respecto (*vid.* art. 24.2 LOTJ). Únicamente, la LOTJ, en el artículo 1.3, aclara que el juicio se celebra en el ámbito de la Audiencia Provincial o, en su caso, en el de los Tribunales que correspondan por aforamiento. 2815

Al respecto del aforamiento, se produce una particularidad digna de mención. Cuando el aforamiento está expresamente previsto en la Constitución Española (arts. 102.1 y 71.3 CE) y se dispone que el conocimiento corresponde a la Sala de lo Penal del TS, existe una fricción entre lo previsto en el texto constitucional y lo que prevé el artículo 1.2 LOTJ, que establece la competencia del Tribunal del Jurado, bajo la presidencia de un magistrado de la Sala correspondiente. La solución pasa por respetar lo previsto en el texto constitucional, pues la LOTJ no puede modificar este aforamiento estricto previsto en la Constitución. Así se pronunciaba la Circular 3/1995 FGE. Este criterio fue acogido en el Acuerdo no jurisdiccional de la Sala Segunda del Tribunal Supremo de 27 de noviembre de 1998, sobre el procedimiento a seguir respecto a delitos competencia del Tribunal del Jurado cuando se trata de personas aforadas cuyo enjuiciamiento viene atribuido por la Constitución al Tribunal Supremo:

> «El enjuiciamiento de los Diputados, Senadores (artículo 71.3 de la Constitución) y miembros de la Presidencia y demás miembros del Gobierno (artículo 102.1 de la Constitución) se tramitará ante la Sala Segunda del Tribunal Supremo según las normas de procedimiento contenidas en la Ley de Enjuiciamiento Criminal».

Por lo demás, el régimen de recursos se estudiará en el presente capítulo, sin perjuicio de adelantar que la Audiencia Provincial conoce de la apelación contra las decisiones adoptadas en instrucción, la Sala de lo Civil y Penal del Tribunal Superior de Justicia conoce del recurso de apelación contra la sentencia, y la Sala de lo Penal del Tribunal Supremo del recurso de casación que pudiera interponerse contra la sentencia dictada por el Tribunal Superior de Justicia.

3. ESPECIALIDADES EN LA FASE DE INSTRUCCIÓN

3.1 Incoación

Probablemente una de las mayores especialidades de la LOTJ es que no se prevé la incoación de oficio del procedimiento, por parte del juez instructor. BERMÚDEZ (pp. 134-136) entiende que ello obedece a que el legislador pretendió dotar al instructor de una mayor imparcialidad. Así, el artículo 24 LOTJ solo prevé la posibilidad de incoación del procedimiento previa denuncia o querella y con valoración de su verosimilitud por parte del instructor.

Cuestión distinta es que esta especialidad pueda carecer de efectos prácticos reales, pues en múltiples ocasiones el procedimiento no se incoa formalmente como un procedimiento ante el Tribunal del Jurado, sino como diligencias previas del procedimiento ordinario (o como sumario) y, posteriormente, se procede a la transformación del procedimiento según lo establecido en la LOTJ.

Por otra parte, recuerda GIMENO (2021, p. 612) que, aunque la LOTJ no lo prevea expresamente, la resolución que decida la incoación del procedimiento deberá adoptar la forma de auto, porque decide sobre la competencia de un tribunal y, además, se trata de un "punto esencial del procedimiento" (*vid.* art. 141 3º LECrim).

3.2 Comparecencia y auto de confirmación o sobreseimiento

Tras la incoación del procedimiento la LOTJ, en el art. 25, prevé la citación a las partes para la concreción de la imputación. Esta comparecencia se celebra siguiendo el siguiente esquema temporal:

* En primer lugar, se produce una comunicación a los imputados (investigados en términos de la LECrim) con la convocatoria a la comparecencia en un plazo de cinco días y con el traslado de la denuncia o querella. Probablemente el término "imputado" no sea el más correcto, y la ley debería haber indicado que se trata de la persona (o personas) contra

las que se dirige la denuncia o querella, puesto que, formalmente, todavía no se ha dirigido ninguna actuación penal contra esta persona. También se cita a los ofendidos o perjudicados por el delito.

* La citación a la comparecencia se realiza, además, con la prevención de que la persona investigada debe estar asistida de letrado, bien de propia designación, bien designado de oficio. Por otra parte, aunque no esté expresamente previsto, es el momento adecuado para instruir a las personas investigadas de los derechos que, como tales, les asisten. Sí está expresamente previsto que se instruya a los ofendidos o perjudicados por el delito de los derechos que les asisten según la LECrim —y, debería añadirse, según el Estatuto de la Víctima del Delito—.
* La comparecencia se celebra atribuyendo, en primer lugar, la palabra a las acusaciones, que deben concretar su imputación. Entiéndase por ello, la necesidad de atribución de unos hechos y una calificación jurídica más o menos provisional. A continuación intervienen las defensas, que pueden pedir el sobreseimiento de la causa.
* La comparecencia no se circunscribe únicamente a la atribución de una imputación más o menos concreta, o a la solicitud de sobreseimiento, puesto que la LOTJ habilita a todas las partes para pedir diligencias de instrucción en ese momento.

Tras la celebración de la comparecencia, debe adoptarse una resolución de decisión, que debe pronunciarse sobre las siguientes cuestiones:

* Sobre la competencia del Tribunal del Jurado, según lo dispuesto en el artículo 28 LOTJ.
* Sobre las diligencias instructoras que las partes han solicitado en la comparecencia, admitiendo o denegando su práctica, según lo dispuesto en el artículo 27.1 LOTJ.
* Acerca sobre la continuación del procedimiento, o sobre el sobreseimiento solicitado. Está expresamente previsto el recurso de apelación para la resolución que acuerde el sobreseimiento en este momento procesal, que se ventilará ante la Audiencia Provincial competente. No está previsto recurso contra la decisión que acuerde la continuación del procedimiento.

  La remisión del artículo 26.2 LOTJ a lo dispuesto en los artículos 642 y 644 de la LECrim conduce a concluir que, si todas las partes solicitan el sobreseimiento de la causa, el juez instructor no puede adoptar una decisión de continuación. Cabrá que haga saber a los ofendidos o perjudicados esta situación, para su posible personación en la causa (y, en tal caso, debería celebrarse una nueva comparecencia, en lógica) de conformidad con lo dispuesto en el artículo 642 LECrim, o que dé traslado al superior del Fiscal, según lo dispuesto en el artículo 644 LECrim, pero no podrá, por sí mismo, decidir la continuación del procedimiento.

3.3 Actos de investigación

La práctica de diligencias de instrucción es una de las cuestiones peor reguladas en la LOTJ, tal y como señalaba GÓMEZ COLOMER (1996, pp. 89-93). La ley pretendía dotar al instructor de una mayor imparcialidad que la prevista en la LECrim —véase la exposición de motivos— mediante un sistema en que sean las partes acusadoras las que interesen la práctica de diligencias —y, además, de forma concentrada en la comparecencia de la concreción de la imputación—. No obstante, el sistema en que se desembocó prevé la práctica de diligencias de oficio y una múltiple posibilidad de interesar la práctica de diligencias a lo largo del procedimiento. Tampoco parece haberse logrado la pretendida concentración de la práctica de la prueba en el acto del juicio y la evitación en la dilación de las instrucciones. A este respecto, en STS 21/04/2014 [*Tol 4278351*], se mencionaba:

> «[...] la instrucción en el procedimiento por Jurado presenta un carácter mucho más sumario y restringido que en el procedimiento abreviado, debido a que aquel concentra toda la fase probatoria en la vista oral, procurando evitar la dilación de las instrucciones, aunque en la práctica pocas veces lo consiga».

Así pueden distinguirse hasta varios momentos procesales en que se puede adoptar o solicitar la práctica de diligencias:

* Las diligencias que sean inaplazables, tras la incoación de procedimiento, y que se adoptan antes de la comparecencia de traslado de la imputación (*vid.* art. 24.1 LOTJ). En este caso se trata de diligencias acordadas de oficio y que se consideren "inaplazables". Deberá valorarse, a los efectos de lo que pueda considerarse inaplazable el contexto del hecho acaecido, la forma en que se produzca, la necesidad de preservación del material probatorio y la posibilidad de su práctica (*vid.* STS 22/12/2020 [*Tol 8261730*]).
* Las diligencias que puede solicitar la parte querellante, si emplea este mecanismo procesal, en la propia querella (*vid.* art. 277.5º LECrim), y cuya práctica se admitirá (o denegará) en la resolución de incoación del procedimiento.

* Las diligencias que las partes puedan solicitar en la comparecencia de traslado de la imputación (arts. 25.3 y 27.1 LOTJ).
* Las diligencias que las partes soliciten tras la celebración de la comparecencia del traslado de la imputación, para lo que disponen de un plazo de cinco días (art. 27.2 LOTJ).
* Las diligencias que las partes soliciten tras la práctica de la última diligencia que ya se hubiere acordado con anterioridad, también en un plazo de cinco días (art. 27.2 LOTJ).
* Diligencias complementarias de las anteriores, que el juez puede acordar, para comprobar el hecho justiciable y respecto de las personas objeto de acusación (art. 27.3 LOTJ).
* Diligencias complementarias que las partes soliciten en sus escritos de conclusiones provisionales, para su práctica en la audiencia preliminar (art. 29.4 LOTJ). El artículo señala lo que parece una obviedad: que no pueden reiterarse las diligencias que ya hayan sido practicadas con anterioridad. Evidentemente un canon de pertinencia y necesidad en la práctica de la prueba no casa con una reiteración de lo ya practicado.
* Diligencias que las partes propongan para su práctica en el momento de la audiencia preliminar (art. 31.2 LOTJ), que deben dirigirse a sostener la pretensión de apertura (o denegación de apertura) del juicio oral.
* Diligencias complementarias que el juez acuerde de oficio, a resultas de lo actuado en la audiencia preliminar, para resolver sobre su apertura (art. 32.3 LOTJ).
* Aunque propiamente no se trataría de diligencias de instrucción, sino de prueba propiamente dicha, también puede solicitarse la práctica de medios de prueba en el trámite de cuestiones previas y, ya iniciado el juicio oral, en el trámite de alegaciones previas del Jurado.

Así en STS de 30/09/2013 [*Tol 3964010*]:

«[...] la proposición de prueba en el procedimiento ante el Tribunal del Jurado presenta como peculiaridad la posibilidad de efectuarla en distintos momentos procesales. Así las partes tienen la posibilidad en la comparecencia del traslado de la imputación, art. 25.3 LOTJ, de solicitar las diligencias de investigación que estimen oportunas, y el Juez ordenará practicar solamente las que considere imprescindibles para decidir sobre la procedencia de la apertura del juicio oral y no pudiesen practicarse directamente en la audiencia preliminar prevista en la Ley. Igualmente en el escrito de calificación (art. 29 LOTJ) conforme las normas generales de los arts. 650 y ss., con la posibilidad de solicitar nuevas diligencias de investigación, condicionadas por tres limitaciones: en primer lugar que solo podrán proponerse aquellas que fuesen complementarias de las otras anteriormente solicitadas y acordadas por el Juez; en segundo lugar que estas nuevas diligencias complementarias solo podrán practicarse, si así lo acuerda el Juez, en la Audiencia preliminar que sigue a este trámite; y en tercer lugar que no puede aprovecharse este trámite para reiterar anteriores diligencias que hubieran sido ya practicadas. En la propia Audiencia preliminar, art. 31.2 las partes podrán proponer en el momento diligencias para practicarse en el acto, si bien el Juez denegará toda diligencia propuesta que no sea imprescindible para la adecuada decisión sobre la procedencia de la apertura del juicio oral.

En el trámite de cuestiones previas ante el magistrado-presidente del Tribunal del Jurado, art. 36 e) las partes podrán impugnar los medios de prueba propuestos por las demás partes y proponer nuevos medios de prueba. Y por último, iniciado el juicio oral, el trámite de las alegaciones previas del Jurado, siendo requisito necesario que en estos dos últimos momentos los medios de prueba propuestos sean nuevos, en el sentido de que las pruebas no pudieron solicitarse en un momento anterior por su desconocimiento o eran conocidas pero por imposibilidad no atribuida a las partes no se podía utilizar. Ello significaría que las partes no pudieron proponerlas ni en el escrito de calificación ni en el trámite de cuestiones previas por imposibilidad, esto es, por circunstancias ajenas a la voluntad de las partes. Una segunda condición tiene que tener las nuevas pruebas y es la susceptibilidad para ser practicadas en ese acto».

La fase de instrucción concluye con el traslado a las partes para que interesen la apertura del juicio oral, con formulación de conclusiones provisionales, una vez se han practicado, al menos, las diligencias suficientes para formular la calificación (*vid.* art. 27.4 LOTJ). No existe, en consecuencia, una resolución que, formalmente, declare conclusa la instrucción.

4. FASE INTERMEDIA Y DECISIÓN DE APERTURA DE JUICIO ORAL

La fase intermedia se inicia con esa "conclusión tácita" de la instrucción, es decir, con el traslado a las partes para la solicitud de sobreseimiento o apertura de juicio oral y, en su caso, formulación de conclusiones provisionales.

GIMENO (2021, p. 614) señala que la fase intermedia del procedimiento ante el jurado mantiene la clásica estructura dual de órganos jurisdiccionales, propia de nuestro ordenamiento jurídico procesal, con la particularidad de que el modelo asumido no es el del procedimiento ordinario (sumario), sino el del procedimiento abreviado, por cuanto se concentra en un solo acto la petición de apertura del juicio oral y la formalización de la pretensión penal —mediante la emisión de los escritos de calificación provisional, entiéndase— según lo previsto en el artículo 29.1 LOTJ.

4.1 La solicitud de apertura de juicio oral y formulación de conclusiones provisionales

Conclusa la instrucción, el juez instructor da traslado a las partes para la solicitud de apertura del juicio oral o para la solicitud de sobreseimiento, con formulación, en su caso, de conclusiones provisionales (art. 27.4 LOTJ).

Este escrito, en caso de contener la pretensión de apertura del juicio oral, tiene la forma de conclusiones provisionales del artículo 650 LECrim, según dispone el art. 29 (apartados 1 y 2) LOTJ. A este respecto, deben realizarse algunas consideraciones, que tienen más bien carácter general a este respecto:

* La acusación ha de ser precisa y clara respecto del hecho (y del delito) por el que se formula (por todas, STS de 30/06/2022 [*Tol 9124858*]). También debe ser completo y específico, pero es necesario que sea exhaustivo (entre otras, STS de 8/06/2022 [*Tol 9010119*]).
* Las conclusiones provisionales permiten definir los términos de los debates del juicio oral. Pero son las conclusiones definitivas las que delimitan el objeto del proceso, tanto en su dimensión objetiva como subjetiva (*vid.*, entre otras, STS de 16/03/2022 [*Tol 8893296*]) y las que, en ella, se citan). 2821
* El Tribunal Constitucional ha indicado que el trámite previsto en el artículo 652 de la LECrim es una posibilidad procesal de la parte defensora. Puede concretar un relato alternativo al contenido en los escritos de las acusaciones, o bien, simplemente, negar los hechos relatados (STC 109/2002 [*Tol 258642*]).
* Sólo después de formalizadas las acusaciones procederá comunicar la causa a los investigados para que, de acuerdo con el art. 652 de la LECrim, formalicen sus conclusiones provisionales, defensivas frente a las acusatorias (STS 9/04/2010 [*Tol 1877692*]).
* Las conclusiones alternativas pueden ser puramente disyuntivas, o también subsidiarias, de forma que una de las tesis se haga valer como principal y la otra, supletoriamente, sólo para el caso de no acogerse la primera (STS de 2/04/2018 [*Tol 6574057*]).

Debe tenerse en cuenta, ya como especialidad de la LOTJ, que se permite a las partes la solicitud de práctica de diligencias complementarias para su práctica en la audiencia preliminar, que serán aquellas que no se hubieran propuesto con anterioridad (*vid.* art. 29.4 LOTJ). Opina MORENO CATENA (2023,

p. 571) que son las que no se hubieran podido proponer o practicar durante la fase de instrucción.

También, en este momento procesal, se permite a las partes la solicitud de conversión del procedimiento, si consideran que el delito que resulta de los hechos no es competencia del Tribunal del jurado (*vid.* art. 29.5 LOTJ).

4.2 La audiencia preliminar

La audiencia preliminar, regulada en los artículos 30 y 31 LOTJ, es una particularidad de esta clase de procedimiento que se configura como una suerte de "juicio de la acusación" y en que el juez instructor decide acerca de la existencia de material probatorio suficiente que pueda fundar la acusación en juicio o su ausencia, así como acerca de la competencia del Tribunal del jurado, a la vista de lo alegado por las partes.

Por otra parte, se trata de una audiencia a la que puede renunciar la defensa de los acusados, no así las acusaciones (art. 30.2 LOTJ). En tal caso, si las acusaciones han solicitado la apertura del juicio oral, se considera que la defensa se aquieta a esta pretensión y se declarará tal apertura. No obstante, la Sala de lo Penal del Tribunal Supremo se ha pronunciado en alguna ocasión, desestimando que se hubiera producido vulneración de derechos fundamentales, atendiendo las circunstancias del caso, en supuestos en que se produjo un cambio de procedimiento una vez abierto el juicio oral y se omitió la celebración de la audiencia preliminar (*vid.* SSTS de 11/04/2014 [*Tol 4217913*] y de 21/04/2014 [*Tol 4278351*]).

La audiencia preliminar se convoca una vez estén practicadas las diligencias de investigación que se hayan admitido y hayan sido solicitadas por la defensa (art. 30.1 LOTJ), lo que determina que puede celebrarse sin esperar al resultado de las diligencias solicitadas por las acusaciones, si no fuesen imprescindibles para la decisión de continuar con el procedimiento. Se convoca en la fecha más próxima posible y, en la misma resolución en que se acuerde su convocatoria, se decide sobre la práctica de las diligencias que hayan interesado, por lo que la resolución deberá adoptar la forma de auto (art. 141.3º LECrim).

Por lo demás, la audiencia se celebra según lo dispuesto en el artículo 31 LOTJ. Se inicia con la práctica de las diligencias admitidas o con las que se propongan en el acto —y se admitan— y concluye con el pronunciamiento de las partes acerca de la procedencia de la apertura del juicio oral y, en su caso, sobre la competencia del Tribunal del jurado. Se permite a las partes modificar los términos de petición de apertura del juicio oral, pero no introducir elementos que alteren el hecho justiciable o la persona acusada.

Así, siguiendo a PÉREZ-CRUZ (2023, p. 850), la audiencia preliminar, desde un punto de vista sustantivo, implica un enjuiciamiento de un hecho entre los que han sido objeto de la acusación y respecto de los cuales se estime procedente la apertura del juicio oral, produciéndose su operatividad en el encabezamiento sobre la razonabilidad de la acusación "probable causa", cerrando el paso a los que carezcan de fundamento.

4.3 La decisión sobre la apertura del juicio oral

La fase intermedia concluye con la decisión acerca de lo pedido en la audiencia preliminar, con lo que el juez instructor se enfrenta a tres posibilidades: acordar la apertura del juicio oral; acordar el sobreseimiento; o acordar la transformación del procedimiento, en caso de que el Tribunal del jurado no sea competente para el enjuiciamiento. Le asiste la posibilidad, según dispone el art. 32.3 LOTJ, de acordar la práctica de alguna diligencia complementaria, que considerase necesaria para adoptar la resolución.

* La resolución que acuerda el sobreseimiento debe fundarse en alguna de las causas previstas en los artículos 637 y 641 LECrim y se prevé, expresamente, la posibilidad de dictar un sobreseimiento parcial respecto de algunos de los investigados, conforme al artículo 640 en relación con el artículo 637.3º LECrim. Esta resolución es apelable ante la Audiencia Provincial, aunque no se prevé expresamente el efecto suspensivo del recurso.
* La resolución que acuerda la apertura del juicio oral debe acomodarse a lo dispuesto en el art. 33 LOTJ y contener el hecho o hechos justiciables objeto de enjuiciamiento; las personas acusadas y los responsables civiles; la fundamentación de la procedencia de la apertura del juicio y el órgano competente para el enjuiciamiento. En esta misma resolución, debe incluirse la decisión de deducción de los testimonios que prevé el artículo 34 LOTJ. Resulta especialmente relevante la documentación de las diligencias no reproducibles, pues en caso de no emitirse el testimonio, la prueba no podrá llevarse al acto del juicio. Además, el auto de apertura del juicio oral contendrá el mandamiento para que se emplace a las partes ante el Tribunal competente para el enjuiciamiento, en un plazo de 15 días (art. 35.1 LOTJ).
* También puede considerar el instructor que la competencia para el enjuiciamiento de los hechos no corresponde al Tribunal del jurado, en

cuyo caso acomoda el procedimiento al que resultase aplicable, y si este es el procedimiento abreviado, declarará abierto el juicio oral y remitirá la causa al competente para enjuiciamiento —Sección de lo Penal del Tribunal de Instancia o Audiencia Provincial— según el art. 32.4 LOTJ.

4.4 Designación del magistrado-presidente, cuestiones previas y auto de hechos justiciables

Podría discutirse si la fase intermedia concluye con el auto de apertura del juicio oral o con la resolución de las cuestiones previas y la emisión del auto de hechos justiciables, lo que, probablemente desborde el interés de este capítulo y requiera un estudio dogmático.

Sea como fuere, recibidas las actuaciones en el tribunal ante el que debe seguirse el juicio, se designa al magistrado que debe presidir el jurado, de acuerdo con el turno establecido (art. 36.2 LOTJ).

Antes de constituirse el Tribunal del jurado, la LOTJ prevé un trámite de personación expreso (*vid.* art. 36.1 LECrim), en el que las partes, a la vez que

se personan, pueden plantear las cuestiones previas previstas en el artículo 36.1, que se tramitan conforme a lo dispuesto en la LECrim para el sumario, según lo que prevé el artículo 36.2 LOTJ, y que se resuelven por el magistrado presidente. Las cuestiones se plantean y resuelven por escrito, sin que esté prevista una comparecencia. Pueden plantearse las siguientes, según el tenor literal de la Ley:

a) Plantear alguna de las cuestiones o excepciones previstas en el artículo 666 de la Ley de Enjuiciamiento Criminal o alegar lo que estimen oportuno sobre la competencia o inadecuación del procedimiento.

b) Alegar la vulneración de algún derecho fundamental.

c) Interesar la ampliación del juicio a algún hecho respecto del cual hubiese inadmitido la apertura el juez instructor.

d) Pedir la exclusión de algún hecho sobre el que se hubiera abierto el juicio oral, si se denuncia que no estaba incluido en los escritos de acusación.

e) Impugnar los medios de prueba propuestos por las demás partes y proponer nuevos medios de prueba.

En este caso, se dará traslado a las demás partes para que en el término de tres días puedan instar por escrito su inadmisión».

Debe prestarse atención a este trámite, pues es un trámite expresamente previsto para depurar la actividad procesal y probatoria ante el magistrado, que evita que el Tribunal del Jurado se pronuncie sobre cuestiones estrictamente jurídicas. Puede provocar la preclusión de las alegaciones relativas a vulneraciones de derechos fundamentales surgidas con anterioridad. Así en SSTS de 6/06/2018 [*Tol 6635530*], de 22/12/2020 [*Tol 8261730*] y de 24/01/2024 [*Tol 9880482*]:

> «[...] el artículo 36 LOTJ habilita un trámite para plantear de forma previa al dictado del auto de hechos justiciables y de constitución del Jurado, las cuestiones que requieran un pronunciamiento en sede jurisdiccional, con apelación ante el Tribunal Superior de Justicia; establece así la ley un espacio de depuración y saneamiento de la actividad probatoria y de la actividad procesal realizada, con el fin de evitar un pronunciamiento sobre estos aspectos por parte del Tribunal de Jurado, que podría suponer el entorpecimiento de la función de fijación del hecho que en esencia le corresponde.
> La decisión sobre la nulidad de un medio de prueba por vulneración de un derecho fundamental corresponde adoptarla al magistrado presidente del Jurado, con sujeción a revisión a través del recurso de apelación.
> Y todo ello con anterioridad al juicio oral; se pretende, que la vista del juicio ante el Tribunal del Jurado quede "despejada" de cualquier cuestión que exceda de lo que es atribución propiamente dicha del Jurado o que pudiera suponer un obstáculo a la conclusión del proceso; sin que quepa diferir tal cuestión ni reproducirla al comienzo de la vista, sin perjuicio del recurso que pueda formularse contra la sentencia.
> Se atiende a evitar que esos aspectos que son cuestionados por las partes puedan enturbiar la función de fijación de los hechos que corresponde al Tribunal de Jurado, y establece ese específico trámite especial de depuración y saneamiento, con la remisión del artículo 36 de la Ley a los artículos 668 a 677 de la Ley de Enjuiciamiento Criminal para la tramitación de incidentes por el planteamiento de cuestiones previas, con la adición al artículo 678 de la exclusión de la posibilidad, en los procedimientos ante Jurado de reproducir en el juicio oral las cuestiones desestimadas.
> Es decir, es la propia norma la que veda la posibilidad de tal planteamiento en las cuestiones previas; y se prohíbe reproducir, tanto más suscitar ex novo en ese o ulterior momento de la vista, introduciendo cuestiones ajenas al cometido decisional de los jurados».

Una vez que el magistrado presidente ha resuelto estas cuestiones, debe dictar el llamado "auto de hechos justiciables" —siempre que la resolución de tales cuestiones no determine la imposibilidad de celebración—. Su contenido se regula en el artículo 37 LOTJ y se ha considerado por la jurisprudencia el «antecedente penal inmediato del objeto del veredicto» (*vid.* STS 8/02/2023 [*Tol 9398616*]) y «configurador del objeto del proceso» (STS de 28/04/2022 [*Tol 8920509*]). Lo más relevante —y lo que constituye el núcleo esencial— del auto de hechos justiciables es la redacción de los hechos justiciables. Deberán redactarse de manera sencilla, en párrafos separados y numerados. El relato será único e incluirá las alegaciones fácticas que las partes hayan presentado, siempre que no sean contradictorias o excluyentes entre sí. Si, sobre un mismo hecho, existen alegaciones negativas y afirmativas, solo se incluirá una de ellas. Además de los hechos justiciables, se incluirán los que configuren el grado de ejecución y de participación y los que den lugar a la concurrencia de circunstancias modificativas de la responsabilidad criminal —agravación, atenuación o exención—. Tras ello, contendrá una calificación jurídica de los hechos, de manera que indicará el delito o delitos que constituyen.

El auto resuelve, además, sobre la prueba propuesta por las partes y sobre una eventual solicitud de prueba anticipada. Finalmente, señala el día para la vista.

5. EL JUICIO ORAL ANTE EL TRIBUNAL DEL JURADO

5.1 Constitución del Tribunal del Jurado

Tras el dictado del auto de hechos justiciables, se constituye el Tribunal del Jurado, propiamente dicho. Puede distinguirse una fase previa, de preselección de candidatos y, a continuación, una fase de selección para el acto de juicio concreto.

5.1.1 Preselección de candidatos

De conformidad con el artículo 13 LOTJ, cada dos años —los años pares— se realiza un sorteo en las Delegaciones Provinciales de la Oficina del Censo Electoral, en la forma que prevé tal artículo. Se prevé la posibilidad de realizar reclamaciones y la forma de resolverlas en la ley. Tras ello, se emite una lista de candidatos por cada provincia.

Existen una serie de requisitos para ser jurado, previstos en el artículo 8, unas causas de incapacidad, en el artículo 9, una serie de incompatibilidades —por razón del cargo— en el artículo 10 y unas prohibiciones —fundadas en el interés en el procedimiento— en el artículo 11, así como las excusas previstas en el artículo 12 —que atienden a razones de perturbación de la situación personal del candidato o a su eficacia en la función—. Las causas de incapacidad, incompatibilidad y excusa deben comunicarse al tiempo de formación de las listas de candidatos, una vez se ha recibido la comunicación de que se ha sido incluido en la lista (*vid.* art. 13.4 LOTJ) para poder efectuar la correspondiente reclamación según el art. 14.

5.1.2 Designación de los candidatos a jurados

Con las listas de candidatos, el LAJ realiza un sorteo, ordenado por el magistrado presidente, en audiencia pública, al menos 30 días antes de la primera vista del juicio, del que resultan 36 candidatos (*vid.* art. 18 LOTJ), a los que cita el mismo LAJ (art. 19 LOTJ), con indicación de las funciones que les corresponden y acompañándose un cuestionario en que se manifiesten las causas de incapacidad, incompatibilidad, prohibición o supuestos de excusa. Este cuestionario debe ser devuelto en la forma prevista en el artículo 20 LOTJ y, comunicado a las partes, pueden formular incidente de recusación conforme al art. 21 LOTJ, que el magistrado presidente resolverá en vista (art. 22 LOTJ).

5.1.3 Selección y constitución del tribunal

El juicio se inicia con la selección de los jurados, en la forma prevista en los arts. 38 y ss. LOTJ. Deben concurrir, al menos, veinte candidatos. En otro caso, se suspende la sesión y se realiza un nuevo señalamiento (*vid.* art. 39 LOTJ) o señalamientos sucesivos, hasta que concurran esos veinte —o más— candidatos, con la posibilidad de imposición de las multas previstas para los candidatos que no asistieran.

Si asisten veinte o más candidatos, el magistrado presidente les interroga para conocer si concurrieran las exclusiones previstas en la ley. Las partes también pueden participar en este interrogatorio. Cabe recusación en ese momento, que se resolverá por el magistrado en el acto y contra la que no cabe recurso —sí formular protesta a efectos de recurso contra la sentencia—.

De entre esos candidatos, se realiza un sorteo de que deben resultar seleccionados 9 jurados que formarán parte del tribunal y 2 suplentes, en la forma prevista en el art. 40 LOTJ. Cuando se extrae el nombre de uno de ellos, las partes pueden formularle preguntas y realizar recusaciones sin causa, hasta cuatro para el conjunto de las acusaciones y otras cuatro para el conjunto de las defensas.

La Sala de lo Penal ha indicado que las diferentes vías de recusación expuestas se refieren tanto a los 9 titulares como a los 2 suplentes que deben integrar el Tribunal del Jurado (*vid.* STS de 24/02/2022 [*Tol 8874289*]); aunque también señaló que las causas de recusación sobrevenidas —es decir, manifestadas a lo largo del juicio—, no afectan a los jurados suplentes mientras no pasen a formar parte del órgano decisor.

Está previsto un juramento o promesa formal, obligatorio, bajo conminación de multa, para las personas así escogidas. El juramento o promesa de cada uno de sus miembros es requisito necesario para poder integrar el Tribunal del Jurado (*vid.* art. 41 LOTJ).

Antes de concluir este epígrafe, conviene señalar que la LOTJ no prevé ni proscribe la presencia de los acusados en estos trámites previos, de selección del Tribunal del Jurado. Efectivamente, la STS de 12/01/2022 [*Tol 9372793*], con cita de alguna previa, señalaba:

> «[...] hay que rechazar que la ley imponga de forma categórica e indiscutible la presencia del acusado en esos momentos del pre-plenario [...]. Las previsiones sobre la presencia del acusado en el acto del juicio oral no son automática e inmatizadamente trasladables a esa inicial audiencia destinada a la constitución del Jurado. [...] La Ley no impone la presencia de los acusados en la sesión destinada a la constitución del jurado; solo lo hace de forma inexcusable en lo que es propiamente el acto del juicio oral. Cuando la ley habla genéricamente de las partes está pensando en la respectiva dirección letrada. Ciertamente no se puede decir que la ley excluya o prohíba la presencia del acusado en esos trámites previos. En absoluto. Incluso se podría defender que es preferible, especialmente cuando se solicita expresamente. Pero no se puede afirmar que la ausencia del acusado en esos momentos —praxis muy habitual— suponga vulneración de la legalidad».

5.2 Celebración del juicio oral

2828 El juicio oral se celebra según lo dispuesto en los artículos 680 y ss. LECrim, por remisión expresa del artículo 42.1 LOTJ. No obstante, la LOTJ contiene determinadas especialidades, en razón de la clase de procedimiento, que deben tenerse en cuenta y que se exponen brevemente.

5.2.1 Presencia del acusado y comunicación con la defensa

La LOTJ ha previsto un sistema de necesaria presencia del acusado para la celebración del juicio (art. 44), lo que excluye las posibilidades de celebración en ausencia que prevé la LECrim (*vid.* art. 786.1.2º). Además, el acusado debe situarse en la forma en que sea posible la comunicación inmediata con su defensa (art. 42.2 LOTJ), cuestión que la Sala de lo Penal del Tribunal Supremo (véase, por ejemplo, la STS de 24/02/2021 [*Tol 8352384*]) ha señalado que debería extenderse a los juicios que no se celebran por los trámites de esta ley.

5.2.2 Alegaciones previas al Jurado

El art. 45 LOTJ prevé un trámite de alegaciones previas al Jurado, para exposición de alegaciones en relación con el contenido de las calificaciones y la finalidad de la prueba que han propuesto. Además, en este mismo trámite, se permite solicitar al magistrado presidente pruebas que puedan practicarse en el acto. Como señala SÁNCHEZ MELGAR (2021, p. 1.090) este trámite fue introducido en la LOTJ por la influencia del modelo anglosajón de procedimiento ante el Jurado. Opina, además, que nada obsta a que las acusaciones o las defensas se levanten y aproximen al Jurado, si lo solicitan, o que se empleen medios tecnológicos en las respectivas presentaciones.

5.2.3 Especialidades probatorias

El art. 46 LOTJ recoge una serie de especialidades probatorias para esta clase de procedimiento:

* La posibilidad de que los jurados dirijan preguntas a los declarantes (acusado, testigos, peritos). Se realizan mediante escrito y a través del magistrado presidente, que debe declarar su pertinencia. Solo pueden dirigirse para la aclaración de los hechos sobre los que verse la prueba.
* La posibilidad de que los jurados examinen, por sí mismos, las piezas de convicción.
* La posibilidad de exhibición de las diligencias remitidas por el Juez instructor.
* La posibilidad de que las partes pregunten al acusado, testigos y peritos sobre sus contradicciones entre lo manifestado en el juicio y lo dicho en instrucción. La especialidad reside, más bien, en que no se produce la lectura de las declaraciones —como prevé el art. 717 LECrim— sino que se produce la unión al acta del testimonio de la declaración que, la parte que interroga aporta en ese acto.

Al respecto de esta última especialidad probatoria, el tenor literal de la LOTJ señala, además que «las declaraciones efectuadas en la fase de instrucción, salvo las resultantes de prueba anticipada, no tendrán valor probatorio de los hechos en ellas afirmados». La interpretación del Tribunal Supremo (*vid.* STS de 7/07/2010-[*Tol 1919367*]) a este particular, es que las declaraciones practicadas en instrucción, con garantías y contradicción, sí pueden tener valor incriminatorio si se practican con las formalidades legales y se introducen en el plenario en condiciones que permitan a la defensa del acusado al someterlas a contradicción (en el mismo sentido, SSTS de 18/10/2021 [*Tol 8630849*]; de 24/05/2019 [*Tol 7271638*] o de 27702/2015 [*Tol 4800028*], entre otras). Esta doctrina jurisprudencial fue admitida por el Tribunal Constitucional en STC 151/2013 [*Tol 3954965*].

5.2.4 *Modificación de conclusiones*

La LOTJ permite, al igual que lo hace la LECrim, modificar las conclusiones provisionales de las partes, a la vista del resultado probatorio (*vid.* art. 48 LOTJ). La principal especialidad, a este respecto, es que, cuando la nueva calificación jurídica que pudiesen interesar las partes determinara que el delito no es competencia del Tribunal del Jurado, se mantendrá la competencia del tribunal para dictar sentencia.

5.2.5 *Disolución del Jurado*

La LOTJ prevé la posibilidad de que el juicio ante el Tribunal del Jurado concluya con la disolución de este en cinco supuestos diferentes, que, además, tienen un fundamento distinto entre ellas.

* Disolución del Jurado por suspensión (art. 47 LOTJ): cuando el juicio deba suspenderse, el magistrado-presidente puede decidir la disolución del Jurado. Esta disolución es preceptiva si la suspensión debe prolongarse durante cinco o más días (STS de 29/01/2019 [*Tol 7028898*]). No obstante, téngase en cuenta que el TS también ha indicado que la infracción de este precepto, sin que se acredite indefensión o vulneración del derecho de defensa, no determina, *per se*, la nulidad del acto del juicio (STS de 22/02/2024 [*Tol 9902456*]).
* Disolución del Jurado por inexistencia de prueba de cargo suficiente: el art. 49 LOTJ permite al magistrado-presidente disolver el Jurado cuando aprecie que no existe prueba de cargo suficiente, con el dictado de sentencia absolutoria. Permite, también, excluir del objeto del veredicto lo que pudiera afectar solo a alguno de los acusados. El TS ha indicado que la aplicación del art. 49 debe interpretarse en el sentido previsto en la exposición de motivos de la LOTJ, es decir que debe entenderse que «no existirá prueba si, ni aún en la interpretación de la practicada más favorable a las tesis de la acusación, ésta habría de ser rechazada» (STS de 7/02/2018 [*Tol 6508954*]). También, en la misma sentencia, recordaba que la aplicación de este precepto abre un cauce de apelación con motivo específico, que no tiene trasunto en el recurso de casación, donde habrá de emplearse la vulneración de derechos fundamentales (véase la sentencia citada y la STS de 11/11/2010 [*Tol 2002633*]).
* Disolución por conformidad de las partes: el artículo 50 LOTJ prevé la disolución del Jurado cuando las partes suscriben un escrito de calificación de conformidad o manifiestan su acuerdo con la calificación que

solicite pena de mayor gravedad; lo que conllevará al dictado de sentencia condenatoria en esos términos. Se establece un máximo de pena de seis años de privación de libertad para este supuesto. No obstante, téngase en cuenta que la LO 1/2025 ha modificado la posibilidad de conformidad prevista en el artículo 655 de la LECrim, y ha dejado sin efecto el límite penológico que se preveía en sede de sumario —pena correccional o prisión de seis años, según interpretación jurisprudencial—. Esta modificación de la LECrim puede entenderse como una derogación tácita de ese límite de seis años de prisión para la conformidad en la LOTJ, tal y como ha sostenido, por ejemplo, el Ministerio Fiscal en una "nota interna" de 28 de marzo de 2025. Se trata de una conformidad especial, pues, al contrario que la prevista en la LECrim, no evita la celebración del juicio, sino que se produce en el momento de las conclusiones definitivas. Lo que evita es el veredicto del Jurado (STS de 5/06/2012 [*Tol 2581559*]). No obstante, el magistrado puede ordenar la continuación del juicio cuando entienda que no existen motivos bastantes determinantes de la existencia del hecho o de la autoría del acusado, o cuando entienda que los hechos no sean constitutivos de delito o existan causas de exención o atenuación. A este respecto, véase la STS de 5/06/2012 [*Tol 2581559*]) ya citada. El Tribunal Supremo (STS de 30/11/2017 [*Tol 6454914*]) ha indicado que, cuando no todos los acusados prestan su conformidad, el juicio debe celebrarse, y los acusados que pretendan conformarse declararán en esta condición, y no como testigos. 2831

* Disolución por desistimiento en la petición de condena: este supuesto está previsto en el artículo 51 LOTJ, para cuando, en cualquier momento del juicio, todas las partes acusadoras manifiesten que desisten de la petición de condena del acusado. Obliga al magistrado-presidente a la disolución del Jurado y al dictado de sentencia absolutoria.
* Disolución por no alcanzarse las mayorías necesarias o por no corregirse los defectos apreciados en el acta de redacción del veredicto, cuando esta es devuelta, conforme a lo previsto en el art. 65 LOTJ.

6. EN ESPECIAL: EL VEREDICTO

6.1 La redacción del objeto del veredicto

Tras la emisión de las conclusiones definitivas, informe de las partes y escuchados los acusados se declara concluso el juicio oral y se procede a la emisión del veredicto, que comienza con su redacción. BARJA DE QUIROGA

(2019, pp. 2.519 y ss.) explica que, para evitar que el Jurado divague y para que se pronuncie sobre lo que es relevante, el magistrado presidente debe realizar una concreción de lo que es pertinente para la redacción de la sentencia. Lo que prevé la LOTJ es la emisión de un escrito, por parte del magistrado, que se someterá al Jurado. Este escrito tiene la forma prevista en el artículo 52 LOTJ y tiene un contenido preceptivo y otro facultativo para el magistrado.

6.1.1 Contenido preceptivo

Es el contenido en las letras a) a g) del artículo 52:

a) Narrará en párrafos separados y numerados los *hechos alegados por las partes y que el Jurado deberá declarar probados o no*, diferenciando entre los que fueren contrarios al acusado y los que resultaren favorables. No podrá incluir en un mismo párrafo hechos favorables y desfavorables o hechos de los que unos sean susceptibles de tenerse por probados y otros no. Comenzará por exponer los que constituyen el hecho principal de la acusación y después narrará los alegados por las defensas. Pero si la consideración simultánea de aquéllos y éstos como probados no es posible sin contradicción, sólo incluirá una proposición. Cuando la declaración de probado de un hecho se infiera de igual declaración de otro, éste habrá de ser propuesto con la debida prioridad y separación.

b) Expondrá después, siguiendo igual criterio de separación y numeración de párrafos, los hechos alegados que puedan determinar la estimación de una *causa de exención de responsabilidad*.

c) A continuación incluirá, en párrafos sucesivos, numerados y separados, la narración del hecho que determine el *grado de ejecución, participación y modificación de la responsabilidad*.

d) Finalmente precisará el *hecho delictivo* por el cual el acusado habrá de ser declarado culpable o no culpable.

e) Si fueren enjuiciados diversos delitos, efectuará la redacción anterior separada y sucesivamente por cada delito.

f) Igual hará si fueren varios los acusados.

6.1.2 Contenido facultativo

Es el previsto en la letra g) del apartado 1 y en el apartado 2 del art. 52 LOTJ. De conformidad con este precepto, el magistrado-presidente, a la vista del resultado de la prueba, podrá añadir hechos o calificaciones jurídicas favorables al acusado siempre que no impliquen una variación sustancial del hecho justiciable, ni ocasionen indefensión. Si el magistrado presidente entendiese que de la prueba deriva un hecho que implique tal variación sustancial, ordenará deducir el correspondiente tanto de culpa. Por último, el magistrado-presidente recabará, en su caso, el criterio del Jurado sobre la aplicación de los beneficios de remisión condicional de la pena y la petición o no de indulto en la propia sentencia.

6.1.3 Audiencia a las partes

Tras la redacción del objeto del veredicto, y antes de entregarlo a las partes, está previsto un trámite de audiencia a las partes (art. 53 LOTJ), en que pueden solicitar inclusiones o exclusiones. El magistrado resuelve de plano, y contra su resolución solo cabe formular protesta a los efectos de recurso contra la sentencia. Tanto el escrito, como las peticiones de las partes, deben consignarse por el LAJ en el acta del juicio. Es una audiencia que «tiene un significado eminentemente técnico. Se trata de un debate jurídico que tiene que desarrollarse sin la presencia de los miembros del Jurado. La razón es evidente. La ley busca impedir que el motivado rechazo del magistrado-presidente a cualquier argumento adhesivo o de impugnación de las partes sea interpretado por los miembros del Jurado como expresión del camino que sugiere el juez técnico como posible desenlace del juicio» (*vid.* STS de 19/05/2022 [*Tol 8972176*]). 2833

6.1.4 Entrega del objeto del veredicto e instrucciones a los jurados

Tras la fijación del objeto de veredicto, el artículo 54 LOTJ prevé una audiencia para entrega del escrito a los jurados e instrucciones —en audiencia pública—. En este precepto el juez técnico que preside la celebración del juicio actúa procesalmente, asistido del LAJ, para documentar el acto procesal, y con asistencia de las partes, para asegurar la contradicción y la correcta actuación de las exigencias del principio acusatorio y las derivadas del derecho de defensa (STS de 22/07/2022 [*Tol 8871813*]). Puede sistematizarse el contenido de estas instrucciones en la forma siguiente:

* La función del Jurado.

* Las reglas para deliberación y votación (arts. 55 a 66 LOTJ).
* La forma en que debe manifestarse el veredicto (arts. 67 y 68 LOTJ).
* Las explicaciones sobre la naturaleza de los hechos y el significado que su concurrencia o ausencia puede implicar.
* Las nociones sobre las reglas probatorias. Básicamente sobre la carga de la prueba, la ilicitud probatoria y el principio *in dubio pro reo*.
* La indicación de que, en caso de duda sobre los extremos del veredicto, pueden solicitar una ampliación de las instrucciones.

Al impartir estas instrucciones, el magistrado debe cuidarse de manifestar, en forma alguna, su opinión sobre el resultado probatorio. Debe señalarse que el momento procesal apto para formular objeciones a la forma en que se imparten las instrucciones es el de la propia audiencia del artículo 54. El Tribunal Supremo (STS de 14/05/2024 [*Tol 10034898*]) a este respecto, ha indicado que:

> «debe evitarse el ventajismo procesal consistente en reservarse bazas para la apelación, a utilizar en el caso de que el veredicto sea desfavorable. Por ello, si ha existido oportunidad de pedir subsanación en el momento en que se produce la infracción, se tiene la carga de solicitarla en el acto y protestar en caso de no ver satisfecha su pretensión».

Por su parte, y con relación a la protesta dirigida contra las instrucciones al Jurado, la STS de 22/02/2022 [*Tol 8871813*] señala que:

> «[...] la protesta trata de remediar los aspectos de las instrucciones que consideren que no se ajustan a derecho o perjudican su posición procesal fuera de lo dispuesto por la ley [...] La protesta no es un mero acto formal de la parte, es un replanteamiento de la cuestión para colaborar en la correcta observancia de las reglas del proceso».

6.2 La deliberación del Jurado

6.2.1 Cuestiones formales

La deliberación tiene lugar a puerta cerrada, en una sala habilitada a tal efecto, de forma incomunicada y secreta, presidida inicialmente por la primera persona que salió del sorteo y con elección de un portavoz (*vid.* arts. 55 y 56 LOTJ).

La ley no ha previsto un plazo para la emisión del veredicto, solo la posible convocatoria, por parte del magistrado presidente, para ampliación de instrucciones, si no se hubieran pronunciado en dos días (art. 57.2 LOTJ).

6.2.2 Posibilidad de ampliación de instrucciones

La LOTJ ha previsto la posibilidad de que los jurados puedan pedir una ampliación de instrucciones cuando duden sobre cualquier aspecto del objeto del veredicto. La solicitud se hace por escrito y a través del Letrado de la Administración de Justicia. La ampliación se hace en audiencia pública, con la asistencia de las partes (*vid.* art. 57.1 LOTJ).

6.2.3 Deliberación y votación

A) Forma

La ley no ha previsto un sistema de deliberación, aunque, en lógica, podría pensarse que lo más razonable es comenzar siguiendo el orden del objeto del veredicto facilitado en el escrito del magistrado. La votación se hace en la forma prevista en el artículo 58, y con el contenido de los artículos 59 y 60 LOTJ. Se realiza de forma nominal, en alta voz, por orden alfabético —salvo el portavoz, que vota el último—. La votación es obligatoria, no cabe abstención, con las consecuencias que prevé el art. 58, apartados 2 y 3, LOTJ.

B) Votación de hechos

La votación sobre los hechos se regula en el art. 59 LOTJ y prevé un régimen de mayorías, por siete votos cuando son contrarios al acusado y por cinco cuando son favorables. De no lograrse estas mayorías, se somete a votación e hecho con las precisiones que apunte quien lo propone, sin que ello suponga dejar de someter a votación la propuesta del magistrado presidente. Sí se puede incluir un párrafo nuevo que no suponga una alteración sustancial ni determina agravación de responsabilidad.

Téngase en cuenta el acuerdo del Pleno no Jurisdiccional de la Sala segunda del Tribunal Supremo de 13/03/2013, sobre el artículo 59.1 LOTJ:

> «Mayorías necesarias para alcanzar un veredicto en el proceso del jurado:
> a) Para declarar probado un hecho desfavorable será necesario el voto de, al menos, siete jurados.
> b) Para declarar no probado el hecho desfavorable son necesarios al menos, cinco votos.
> c) Si no se alcanza alguna de esas mayorías, no habrá veredicto válido y habrá que operar en la forma prevista en los arts. 63 y 65 LOTJ (supuestos de seis o cinco votos a favor de declarar probado el hecho desfavorable).
> d) Para declarar probado el hecho favorable es necesario el voto de cinco jurados. El hecho favorable se considerará no probado por el voto de cinco jurados».

El acuerdo fue desarrollado en SSTS de 27/03/2013 [*Tol 3706417*] y de 23/04/2013 [*Tol 3671156*]).

C) Votación de culpabilidad, remisión condicional y petición de indulto

Tras la votación sobre los hechos, se produce la votación sobre estos elementos (art. 60 LOTJ) respecto de cada acusado. El régimen de mayorías es análogo: siete votos para declarar la culpabilidad y cinco para la inculpabilidad; cinco votos para la remisión condicional o sobre la petición de indulto.

6.3 La extensión del acta, lectura y posible devolución

6.3.1 Acta: aspectos formales, lectura y contenido

Una vez concluye la votación, su resultado debe consignarse por escrito (art. 61 LOTJ), en un acta que tiene carácter formal y que se lee en audiencia pública (art. 62 LOTJ). La redacta el portavoz, salvo que disienta de la mayoría y se designe otro redactor, para lo que puede solicitar la asistencia del LAJ o del funcionario designado para ello. La firman todos los jurados.

Su contenido es el previsto en el art. 61.1 LOTJ, y se prevé un estilo de redacción formal. Básicamente contendrá: la relación de hechos probados; la relación de hechos no probados; la declaración de culpabilidad y el pronunciamiento en cuanto a los beneficios e indulto; motivación; y relación de incidentes acaecidos durante la deliberación.

Uno de los aspectos más controvertidos en esta materia es la obligación de motivación que incumbe al Jurado. Sin profundizar de forma exhaustiva en la materia, debe indicarse que han existido corrientes doctrinales y jurisprudenciales que abogaban por la inexistencia de un deber de motivación, o por un deber de motivación atenuado en el veredicto del Jurado. El motivo principal de tal postura es la caracterización del Tribunal del Jurado como un jurado puro, con jueces legos, a los que no pueden exigirse conocimientos técnico-jurídicos equiparables a los jueces profesionales. Por otra parte, tanto doctrinalmente como jurisprudencialmente también ha existido una corriente favorable a la exigencia de motivación en el veredicto del Jurado. Principalmente motivado por el derecho a la tutela judicial efectiva de las partes, a la motivación de las resoluciones (arts. 24.1 y 120.3 CE) y a la presunción de inocencia —respecto de los acusados, art. 24.2 CE—. La Sala de lo Penal del Tribunal Supremo sostiene la existencia de un deber de motivación del pronunciamiento del Jurado, «una tesis razonable intermedia, en la que el Jurado, en la sucesiva concatenación de los hechos objeto del veredicto, individualiza las pruebas y cualesquiera otros elementos de convicción cuyo impacto psicológico le persuade o induce a admitir o rehusar la versión histórica de los respectivos acontecimientos» (STS de 21/03/2024 [*Tol 9967803*]):

> «[...] la circunstancia de que los miembros legos del Tribunal de Jurado carezcan, por definición, de esos conocimientos técnico-jurídicos especializados, en nada sustancial alivia la exigencia de motivación de su veredicto, ni dificulta el cumplimiento de dicha función. Es, al contrario, una característica esencial de esta clase de enjuiciamiento. Todos ellos se encuentran, —han de encontrarse y así lo pone de manifiesto la cotidiana experiencia—, en condiciones de explicar las razones que justifican su decisión, aludiendo a los medios probatorios que la nutren y concretando, de manera sucinta pero suficiente, cuáles han sido las fuentes informativas por ellos escogidas para reconstruir el suceso enjuiciado, de manera que el veredicto pueda ser comprendido por la comunidad y reconocido como una decisión razonable» (STS de 5/07/2023 [*Tol 9638543*]).

El deber de motivación no es exigible en la misma medida que lo es a un tribunal profesional, sino que se circunscribe a la explicación de los elementos de convicción que se han tenido en cuenta y a las razones por las que se admiten o se dan por probados los hechos (STS de 5/06/2024 [*Tol 10052801*]):

> «[...] la jurisprudencia de esta Sala ha resaltado que no puede exigirse a los ciudadanos que emitan el veredicto con el mismo grado de razonamiento intelectual y técnico que un juez profesional. Por ello la Ley Orgánica del Tribunal del Jurado solo requiere en el artículo 61.1. d) que conste en el acta de votación la expresión de los elementos de convicción y una sucinta explicación de las razones por las que han admitido o rechazado como probados unos determinados hechos. Con ello se configura la motivación del veredicto, que debe ser lo suficientemente explícita para que el magistrado-presidente pueda cumplir con la obligación de concretar la existencia de prueba de cargo que le impone el artículo 70.2 de la Ley, completando aquellos aspectos».

Por lo demás, tras la lectura del veredicto consignado en el acta, el Jurado cesa en sus funciones (art. 66 LOTJ).

6.3.2 *Devolución del acta*

La ley ha previsto determinados supuestos en que, cuando el magistrado presidente advierte defectos en la redacción del acta, debe devolverla al Jurado para corrección de tales defectos. Así cuando aprecie la existencia de tales defectos, debe convocar a las partes (*vid.* art. 63.3 en relación con el art. 53 LOTJ) para escuchar su postura al respecto de esa posible devolución. Esta audiencia solo es preceptiva cuando el magistrado se plantea la posible devolución, no se prevé para el supuesto de que no detecte defectos en el acta.

Los motivos de devolución son los previstos en el artículo 63.1 LOTJ: no haberse pronunciado sobre todos los hechos, sobre la culpabilidad o inculpabilidad de todos los acusados respecto de todos los hechos delictivos; no haberse obtenido la mayoría necesaria; existencia pronunciamientos contradictorios; y existencia de defectos relevantes en la deliberación y votación.

Cuando se produce la devolución del acta, además de la audiencia prevista en el artículo 63.3 (en relación con el artículo 53 LOTJ), en que se escucha a las partes, debe convocarse otra audiencia, en la que estén presentes las partes y en que el magistrado explica al Tribunal del Jurado las causas de la devolución y la forma en que deben subsanarse los defectos. Estas audiencias, del artículo 63.3 y del artículo 64 LOTJ, no pueden unificarse en un único acto procesal, pues tienen contenido diferente. La audiencia a las partes, previa a acordar la devolución, tiene carácter técnico-jurídico y se desarrolla sin la presencia de los miembros del Jurado. Una vez decidida la devolución —ante lo que puede formularse protesta (*vid.* art. 53.2 LOTJ)—, la segunda audiencia se celebra para justificar ante el Jurado el porqué de la devolución y para instruirle en la forma en que pueda superarse esta "crisis decisoria" (*vid.* STS de 19/05/2022 [*Tol 8972176*]).

El art. 65 LOTJ prevé que, tras tres devoluciones sin que se subsanen los defectos advertidos, se disuelva el Jurado y se celebre un nuevo juicio, con un nuevo Jurado. Celebrado este nuevo juicio, si no se obtuviere un veredicto por esta causa, se disuelve el jurado y se dicta sentencia absolutoria.

7. SENTENCIA Y RECURSOS

7.1 Veredicto de inculpabilidad

Cuando el jurado alcanza un veredicto de inculpabilidad, tras la lectura del acta, el magistrado presidente debe dictar, en el acto, sentencia absolutoria y ordenar la libertad del acusado de forma inmediata —en caso de que estuviese preso provisional, entiéndase— (art. 67 LOTJ).

El dictado de la sentencia, en el acto, no exime al magistrado presidente de su obligación de redacción de la sentencia, según el artículo 248.3 de la LOPJ.

7.2 Veredicto de culpabilidad

Cuando el veredicto es de culpabilidad, la sentencia no se dicta en el acto. La LOTJ ha previsto (*vid.* art. 68 LOTJ) un trámite de audiencia para que las partes se pronuncien sobre la pena o medidas que deben imponerse al culpable y sobre la responsabilidad civil. Cuando el jurado se haya pronunciado favorablemente a los beneficios de remisión condicional de la pena, las partes también deberán pronunciarse sobre este particular.

Debe tenerse en cuenta que el veredicto de culpabilidad, por sí solo, no es suficiente para cumplir con el canon de motivación que requiere una sentencia condenatoria. El artículo 70 LOTJ, además de imponer una obligación de redacción de la sentencia en la forma general prevista en la LOPJ (art. 248.3) señala que la sentencia debe concretar la prueba de cargo exigida por la garantía constitucional de la presunción de inocencia (art. 70.2 LOTJ). Esta obligación integra la motivación del jurado con la propia del magistrado presidente, para garantizar el derecho a la tutela judicial efectiva del condenado y su presunción de inocencia. Así:

> «Este mandato debe ponerse en relación con el artículo 61.1.d), que establece, en relación con el acta de votación, la existencia de un cuarto apartado que deberá contener una sucinta explicación de las razones por las que los jurados han declarado o rechazado declarar determinados hechos como probados. De ambos preceptos se deduce que el magistrado-presidente debe señalar en este apartado de la presunción de inocencia los elementos de convicción que ha tenido en cuenta el Jurado y además añadir sus propias consideraciones sobre la concurrencia en el caso de la prueba de cargo que técnicamente deba ser considerada como tal» (*vid.*, entre otras, STS de 21/03/2024 [*Tol 9967803*]).

> «[...] la motivación del Jurado debe integrarse por el complemento del magistrado-presidente que precisamente en el caso de la prueba indiciaria y de la prueba de los elementos subjetivos del tipo es singularmente relevante porque por su preparación técnica puede concretar la existencia de la prueba de cargo con mayor precisión cumpliendo de esa forma la obligación que le incumbe conforme al artículo 70.2 de la ley» (entre otras, STS de 3/10/2023 [*Tol 9738782*]).

7.3 Recursos

La exposición de motivos de la LOTJ pretendía el establecimiento de una nueva apelación —contra la sentencia— que «aspira a colmar el derecho al «doble examen», o «doble instancia», en tanto su régimen cumple suficientemente con la exigencia de que tanto el fallo condenatorio como la pena impuesta sean sometidas a un tribunal superior, en función del carácter especial del procedimiento ante el Jurado, y sin perjuicio de la función propia que debe desempeñar, respecto de todos los delitos, el recurso de casación».

El sistema establecido es la existencia de un recurso de apelación ante la Sala de lo Civil y Penal del Tribunal Superior de Justicia, con la posibilidad de recurrir en casación la sentencia que dicte esta Sala.

El régimen del recurso de apelación se contiene en los artículos 846 *bis* a) y siguientes de la LECrim, régimen que se extiende a los autos dictados por el magistrado-presidente del Tribunal del Jurado que se dicten resolviendo cuestiones a que se refiere el art. 36 LOTJ.

Pueden formular apelación el Ministerio Fiscal, así como las demás partes, en un plazo de diez días desde la última de las notificaciones de la sentencia. Pueden, además, formular su propia apelación, en el trámite de impugnación al recurso.

Los motivos de recurso se recogen en el artículo 846 *bis* c) LECrim que, de forma resumida son: quebrantamiento de normas y garantías procesales que hayan causado indefensión, siempre que se hubiera reclamado la subsanación; infracción de preceptos constitucionales; infracción de preceptos legales; indebida desestimación de la petición de disolución del jurado por inexistencia de prueba de cargo; indebida disolución del jurado; y vulneración de la presunción de inocencia. BARJA DE QUIROGA (2019, pp. 2.777 y 2.778) entiende que todos estos motivos son, realmente, reconducibles a infracción de ley, infracción de precepto constitucional o quebrantamiento de forma.

2840 El recurso se interpone ante la Audiencia Provincial (órgano a *quo*), si bien su conocimiento corresponderá a la Sala de lo Civil y Penal del Tribunal Superior de Justicia (órgano *ad quem*). Está previsto un trámite expreso de personación ante la Sala del TSJ tras la interposición del recurso y traslado a las partes (*vid*. 846 *bis* d) LECrim), así como la celebración de vista ante esta Sala.

Contra la sentencia que dicte la Sala de lo Civil y Penal del Tribunal Superior de Justicia puede interponerse recurso de casación por infracción de ley y quebrantamiento de forma (art. 847 LECrim; arts. 849 a 851 LECrim), así como por infracción de precepto constitucional (art. 852 LECrim), ante la Sala de lo Penal del Tribunal Supremo. Las cuestiones relativas al recurso de casación se explicarán en el tema correspondiente del presente tratado.

BIBLIOGRAFÍA

- BARJA DE QUIROGA, *Tratado de Derecho Procesal Penal (Tomo II)*, Thomson Reuters Aranzadi, 2019.
- BERMÚDEZ REQUENA, *Tribunal del Jurado modelo y proceso, evolución legislativa en el ordenamiento jurídico español*, Tirant lo Blanch, 2008.
- DOIG DÍAZ, «El proceso ante el jurado», en Asencio Mellado (dir.), *Derecho procesal penal*, Tirant lo Blanch, 2019.
- ESPARZA LEIBAR, «Procesos penales especiales regulados fuera de la LECrim y procesos civiles derivados del hecho punible», en Gómez Colomer y Barona (coords.), *Proceso Penal Derecho Procesal III*, 1ª Edición, Tirant lo Blanch, 2021.
- GIMENO SENDRA, «Los procesos penales especiales (III). El proceso ante el jurado», en *Derecho procesal penal*, Tirant lo Blanch, 2021.
- GÓMEZ COLOMER, *El proceso penal especial ante el Tribunal del Jurado*, Civitas 1996.
- GÓMEZ COLOMER, *Juicio penal con Jurado en la España Democrática*, Centro para la Administración de Justicia, Universidad Internacional de la Florida, 2003.
- GRANADOS CALERO, *El jurado en España*, Tirant lo Blanch, 1995.
- GUTIÉRREZ SANZ, *El jurado: aproximación a su sentido histórico y actual*, Promociones y Publicaciones Universitarias, 1991.
- MORENO CATENA, *Derecho procesal penal,* (con Cortés), Tirant lo Blanch, 2023.
- NARVÁEZ RODRÍGUEZ, «El procedimiento ante el Tribunal del Jurado.», en Álvarez Alarcón (dir.). *Abogacía y proceso penal*, Tirant lo Blanch, 2021.
- PÉREZ-CRUZ MARTÍN, «En defensa del escabinado», *Diario La Ley*, 1994, tomo 4.
- PÉREZ-CRUZ MARTÍN, *Derecho Procesal Penal*, Tirant lo Blanch, 2023.
- SÁNCHEZ MELGAR, La celebración del juicio oral en el proceso penal, en Álvarez Alarcón (dir.). *Abogacía y proceso penal*, Tirant lo Blanch, 2021.

Capítulo 73

El procedimiento de responsabilidad penal de los menores

José Miguel de la Rosa Cortina
Fiscal de Sala
Fiscalía del Tribunal Supremo

1. INTRODUCCIÓN

1.1 Principios generales

Como premisa básica debe partirse de que el proceso penal de menores es un proceso penal. Por ello, las garantías del proceso de adultos le son en esencia trasladables, como declaró la STC 36/1991 [*Tol 80450*] «resulta inequívocamente que ese procedimiento no es otra cosa que una variante del proceso penal, cuyos principios básicos debe respetar».

Igualmente debe partirse de que el proceso penal de menores es un proceso especial, en razón de las singulares características de sus destinatarios. Está integrado dentro del sistema procesal penal general, y es por ello que, respetando las especialidades contenidas en los escasos preceptos de la LO 5/2000 Reguladora de la responsabilidad penal de los menores (en adelante, LORPM), son aplicables las disposiciones de la LECrim, como por lo demás expresamente dispone la Disposición final primera de la LORPM.

En las últimas décadas se ha producido una doble evolución en el tratamiento de la delincuencia juvenil. Esta evolución tiende a dar a los menores infractores unas respuestas muy diferentes de las penas previstas para los adultos y simultáneamente reconoce a ambos grupos prácticamente las mismas garantías procesales.

Si representáramos gráficamente la evolución del Derecho de menores en relación con el de adultos podríamos trazar, en unos ejes, dos líneas —simbolizando el Derecho penal de adultos y el Derecho penal de menores— que con un punto de inicio común, van progresivamente separándose cada vez más. Por contra, esa misma representación referida al Derecho procesal penal de adultos y al Derecho procesal penal de menores se plasmaría en dos líneas que, con unos puntos de origen muy alejados, van progresivamente acercándose hasta prácticamente confluir.

En efecto, las diferencias con el Derecho de adultos son mucho más intensas en los aspectos sustantivos que en los procesales, aunque también en éstos hay matices. Esta homologación procesal no es sino una conquista reciente, ya que no hace muchos años la situación era radicalmente distinta: los sistemas denominados tutelares —mayoritariamente seguidos en Derecho comparado—, se inspiraban en una filosofía paternalista, que con el pretexto de que las medidas que se imponían a los menores lo eran en su propio beneficio, hacían tabla rasa de las garantías de proceso debido, pues se entendía que carecían de sentido.

La Convención de los Derechos del Niño de 1989 (CDN) claramente se decanta por el reconocimiento del derecho del menor infractor a un proceso con todas las garantías. Esta es la opción que decididamente adopta el legislador español. En este sentido, la Circular 3/2018 FGE declara que [...] l«as personas a las que se aplica la LORPM gozan de todos los derechos reconocidos en la Constitución y en el ordenamiento jurídico». Incluso puede decirse que la LORPM reconoce más garantías procesales al menor investigado que las que se conceden al adulto.

La doctrina de la Fiscalía General del Estado adquiere en esta materia una especial relevancia teniendo en cuenta que el recurso de casación de menores, por su propia configuración ha devenido inoperante para generar jurisprudencia, con la consiguiente dispersión de criterios entre las Audiencias.

Además de las Circulares generales, se han dictado algunas para abordar el tratamiento de fenómenos delictivos especiales: así, la Instrucción 10/2005 FGE sobre el tratamiento del acoso escolar desde el sistema de justicia juvenil y la Circular 1/2010 FGE, sobre el tratamiento desde el sistema de justicia juvenil de los malos tratos de los menores contra sus ascendientes. En materia de delitos sexuales cometidos por menores es de especial interés la Circular 9/2011 FGE sobre criterios para la unidad de actuación especializada del Ministerio Fiscal en materia de reforma de menores.

1.2 Competencia objetiva y territorial

Tras la LO 1/2025, conforme al apartado primero del art. 91 LOPJ «con carácter general, en el Tribunal de Instancia con sede en la capital de cada provincia, y con jurisdicción en toda ella, existirá una Sección de Menores. No obstante, cuando el volumen de trabajo lo aconseje, podrán establecerse Secciones de Menores cuya jurisdicción se extienda o bien a un partido determinado o agrupación de partidos, o bien a dos o más provincias de la misma comunidad autónoma. Tomarán su nombre de la población donde radique su sede».

El apartado segundo del art. 91 LOPJ establece que «corresponde a las Secciones de Menores de los Tribunales de Instancia el ejercicio de las funciones que establezcan las leyes para con los menores que hubieren incurrido en conductas tipificadas por la ley como delito o delito leve y aquellas otras que, en relación con los menores de edad, les atribuyan las leyes, así como de la emisión y la ejecución de los instrumentos de reconocimiento mutuo de resoluciones penales en la Unión Europea que les atribuya la ley».

En el ámbito de la Audiencia Nacional, el Tribunal Central de Instancia cuenta con una Sección de Menores, que conforme al art. 95 c) LOPJ «conocerá de las causas que le atribuya la legislación reguladora de la responsabilidad penal de los menores, así como de la emisión y la ejecución de los instrumentos de reconocimiento mutuo de resoluciones penales en la Unión Europea que le atribuya la ley».

La competencia territorial corresponde al juez de menores[1] del lugar donde se haya cometido el hecho delictivo (art. 2.2 LORPM). Por tanto, tendrá com-

---

1 En adelante, y para mayor claridad y sencillez en la redacción, utilizaremos la denominación «juez de menores», en el bien entendido que con esta denominación nos referimos al juez unipersonal integrado en la Sección de Menores del Tribunal de Ins-

petencia sobre los hechos delictivos cometidos por menores en la provincia en que radique la sección de menores del Tribunal de Instancia. La competencia para la instrucción se determina automáticamente a partir del dato de la competencia para el enjuiciamiento. Será competente para la instrucción la sección de menores de la fiscalía de la provincia en que hayan ocurrido los hechos.

Existe una regla especial: si se cometen varios hechos delictivos y éstos son conexos, habrán de acumularse en un único procedimiento. Si todos los hechos se han cometido en una misma provincia, las reglas de competencia no se alteran, pero si se han cometido en distintas provincias, la LORPM establece un fuero preferente: la determinación del órgano judicial competente para el enjuiciamiento se hará teniendo en cuenta el lugar del domicilio del menor, y subsidiariamente, los criterios del art. 18 LECrim. Este fuero preferente es, en cierta medida, flexible e indeterminado: no se dice que imperativamente sea competente el juez de menores del domicilio del menor, sino que la determinación del órgano competente «se hará teniendo en cuenta el domicilio del menor».

En todo caso debe partirse de que para aplicar el fuero del domicilio del menor, además de que concurran varios delitos conexos es necesario que al menos uno de ellos se haya cometido en la provincia en la que radique su domicilio.

En nuestra opinión las reglas de conexidad deben interpretarse de modo flexible, propiciando siempre que sea posible la tramitación conjunta en una misma causa de todos los hechos que se imputen al menor, con el fin de evitar perturbaciones y posibles actuaciones contradictorias entre distintas secciones de menores. En efecto, las peculiaridades del Derecho penal de menores abogan por la conveniencia de una respuesta global y adecuada sobre la base de un conocimiento lo más exacto posible de la evolución, y por tanto, de las necesidades del menor.

En el proceso de la LORPM se sigue el sistema de expediente por hecho, con la corrección derivada de la operatividad que se otorga a la conexidad, como aglutinadora del tratamiento de los distintos hechos imputables al menor siempre que sea posible. No obstante, como reminiscencia del anterior sistema de "expediente por menor", todos los procedimientos relativos a cada

tancia competente (TI o TCI). En el capítulo 5 de esta obra puede consultarse una explicación completa del nuevo modelo orgánico de los Tribunales de Instancia que introduce la LO 1/2025.

menor se archivan en un expediente personal que ha de llevarse tanto en la sección de menores como en fiscalía, conforme al párrafo 2º del art. 20 LORPM.

Cabe plantearse hasta qué momento procesal será posible acumular hechos. Parece claro que lo más conveniente al interés del menor es que, en la medida de lo posible, en el mismo procedimiento se acumulen los distintos hechos que le sean imputados, con el fin de dar una respuesta conjunta y proporcionada. La fragmentación y multiplicación de procedimientos es, sin duda, indeseable. Estos principios, sin embargo, deben compatibilizarse con la necesidad de racionalizar la tramitación de los procedimientos, por lo que debe llegar un momento procesal a partir del cual debe cesar la posibilidad de acumular. Entendemos que debe dejarse abierta la posibilidad de acumular durante toda la instrucción. Finalizada ésta, ya no debe retrotraerse el procedimiento, pues se generarían retrasos y posibles indefensiones en cuanto a la necesidad de concretar la imputación. En todo caso, para unificar la respuesta educativo-sancionadora siempre podrá, en fase de ejecución, promoverse un incidente de acumulación.

El art. 21 LORPM permite al fiscal acordar la remisión de lo actuado al órgano legalmente competente cuando el conocimiento de los hechos no corresponda a la competencia de los jueces de menores. Estos supuestos no son propiamente de inhibición, y por ello no deben aplicarse supletoriamente las normas de las cuestiones de competencia. Por tanto, si el juez de instrucción a quien se remiten las actuaciones no acepta su competencia, sólo cabrá la interposición de los correspondientes recursos por el fiscal. La cuestión de competencia sólo podrá ser planteada en su momento por el juez de menores. 2847

Si el fiscal que recibe la *notitia criminis* considera que, aun siendo un asunto atribuido a la jurisdicción de menores, no tiene competencia territorial, se limitará a remitir las actuaciones a la Sección de Menores de la fiscalía competente.

Una vez incoado expediente de menores, el fiscal no podrá inhibirse por sí, sino que habrá de interesar del juez de menores la inhibición, ya en favor de la Sección de Menores de otro Tribunal de Instancia, ya de un juez de instrucción, para lo cual deberá remitirle el expediente para su unión a las diligencias de trámite. En efecto, tras la incoación del expediente, el juez de menores abre diligencias y al mismo compete en última instancia la decisión sobre el destino del procedimiento. Por otro lado, el juez de instrucción sólo debe inhibirse a la jurisdicción de menores cuando haya comprobado la minoría de edad del investigado.

La Sección de Menores del Tribunal Central de Instancia de la Audiencia Nacional tendrá competencias: 1) para conocer de los delitos de terrorismo cometidos por menores y 2) para conocer de los delitos cometidos por menores en el extranjero cuando conforme al art. 23 LOPJ y a los Tratados Internacionales corresponda su conocimiento a la jurisdicción española.

2. LA FASE DE INSTRUCCIÓN

2.1 Ideas generales

Una de las grandes novedades del proceso penal de menores ha sido la atribución al Ministerio Público de la función de instruir estos procedimientos. El juez de menores no queda al margen de esta fase, sino que interviene, como juez de garantías, cuando puede existir afectación de derechos fundamentales —medidas cautelares, diligencias restrictivas de derechos fundamentales y declaración de secreto— o actividades puramente jurisdiccionales —preconstitución de prueba—.

2848 La articulación de las necesarias relaciones entre juez de menores y fiscal durante la instrucción debe partir, como lo hace la Circular FGE 1/2000 sobre criterios de aplicación de la LO 5/2000 del principio de que «desde el punto de vista orgánico [...] la relación del fiscal instructor con el juez de menores no es jerárquica, al ser la instrucción competencia del fiscal y no sujetarse a revisión judicial directa en tanto no concluya dicha fase».

El art. 6 LORPM exige al fiscal que dirija personalmente la investigación de los hechos. La LORPM no aborda la forma de las resoluciones del fiscal instructor. Las resoluciones del fiscal, salvo las de mero trámite, deben estar motivadas. La Circular 1/2000 denomina a estas resoluciones del fiscal "Decretos", en terminología plenamente consagrada en la práctica.

La STC 206/2003 [*Tol 334697*] ha tenido oportunidad de pronunciarse sobre el valor de las diligencias instructoras del fiscal, otorgándoles un valor netamente superior a las diligencias puramente gubernativas o policiales.

El fiscal acumula las funciones de instructor, promotor de la acción de justicia, ejerciente del principio de oportunidad, protector de la víctima, garante de los derechos del menor investigado y supervisor de la ejecución. Por ello, se le ha denominado *dominus procedendi*.

2.2 Las diligencias preliminares

La fase de instrucción se inicia con un acuerdo expreso del fiscal en tal sentido. Esta fase no debe ser abierta por el fiscal en tanto no concurran los siguientes requisitos: 1) que los hechos denunciados resulten verosímiles, 2) que los hechos denunciados tengan relevancia penal; 3) que incriminen a una o varias personas menores de edad y mayores de 14 años; y 4) que el interés de los menores implicados no exija o aconseje hacer uso del principio de oportunidad archivando directamente las actuaciones.

En ocasiones, la mera presentación del atestado o de la denuncia aclarará suficientemente estos cuatro extremos, pero en otros supuestos será necesario hacer comprobaciones para determinar si concurren. Las pesquisas necesarias se realizan mediante las denominadas diligencias preliminares, como fase previa a la instrucción, que formalmente tienen cobertura en los arts. 773.2 LECrim y 5 Ley 50/1981, pues la LORPM no las regula.

La *notitita criminis* que origina la apertura de estas diligencias puede llegarle al fiscal bien por atestado policial, bien por oficio remisorio de actuaciones administrativas en las que se haya detectado el presunto delito, por denuncia de particular o por notoriedad misma del hecho. La iniciación de oficio es perfectamente posible, en relación con todos los delitos públicos.

Las diligencias preliminares solamente se justifican en tanto en cuanto existan dudas sobre la concurrencia de los elementos necesarios para incoar expediente. El mantenimiento artificial de esta fase previa puede ser generador de indefensión y podría dar lugar a nulidades del procedimiento. Estas diligencias, además, deben inspirarse en los principios de contradicción, proporcionalidad y defensa.

El último inciso del art. 16 LORPM permite al fiscal el archivo de las actuaciones "cuando los hechos no constituyan delito o no tengan autor conocido". No deben considerarse estos supuestos de archivo como *numerus clausus* ni tal archivo como definitivo.

Las resoluciones de archivo de las diligencias preliminares deben ser notificadas a denunciantes y perjudicados (arts. 4 y 16.2 LORPM).

2.3 El desistimiento en la incoación de expediente

El art. 18 LORPM introduce en el procedimiento de menores el denominado principio de oportunidad reglada. Este principio hunde sus raíces en las notas que distinguen a esta rama del Derecho, que no trata de ejercitar el *ius punien-*

di estatal, sino de dar una respuesta resocializadora al menor infractor. Como regla general no existe —o no debe existir— la finalidad de retribución, por lo que, en un análisis *prima facie* de los hechos, en supuestos menos graves y ante hechos aislados, si no se vislumbran posibles beneficios del procedimiento, la ley autoriza a poner fin al mismo anticipadamente, de forma que no llegue a nacer.

Es un principio de oportunidad reglado porque va a estar subordinado a condiciones estrictas, y así se reserva para supuestos: 1) que constituyan delitos menos graves sin violencia o intimidación. Por tanto, quedarán excluidos los delitos graves (concurra o no violencia o intimidación) y los delitos menos graves (cuando concurra violencia o intimidación); Los delitos leves podrán ser archivados aun cuando concurra violencia o intimidación; 2) que se trate de menores que no hayan cometido con anterioridad otros hechos de la misma naturaleza. En estos casos, la denuncia o atestado en la que se plasme la *notitia criminis* deberá dar lugar a la correspondiente apertura de diligencias preliminares, y seguidamente, en su seno, constatada la procedencia del desistimiento, habrá de dictarse el decreto de archivo.

Acordado el desistimiento, el Ministerio Fiscal «dará traslado de lo actuado
2850 a la entidad pública de protección de menores para la aplicación de lo establecido en el art. 3 [...]». La remisión al art. 3 supone en definitiva la puesta en conocimiento de los hechos a la entidad pública de protección a fin de que por ésta se valore la situación y promueva las medidas de protección adecuadas a las circunstancias. Pese a los términos aparentemente imperativos de la LORPM, esta remisión de testimonio solamente debe darse en los supuestos en los que de lo actuado existan indicios de que el menor se encuentre en una situación de desamparo o riesgo que precise medidas de protección. Si no hay al menos situación de riesgo la Administración ni puede ni debe intervenir, ni siquiera en sus cometidos de protección de menores.

El desistimiento impide ejercitar la acción civil ante el juez de menores, sin perjuicio de que quedará expedita la vía ante la jurisdicción civil.

La Circular 9/2011 da pautas en relación con los menores con antecedentes: «[...] la norma en este punto debe ser interpretada con prudencia y a partir de la consideración de que el desistimiento es un beneficio pensado para infractores primarios. De ese modo, la posibilidad de aplicar el desistimiento a quien le consten antecedentes, reviste carácter excepcional, pues no tendría sentido que partiendo de una estricta literalidad del precepto se favorezca a quien vaya acumulando diligencias abiertas por diferentes tipos penales».

2.4 La incoación del expediente

La fase de instrucción, en puridad, se inicia con el decreto de incoación del expediente. Este decreto exigirá que concurran los siguientes presupuestos: 1) que llegue a conocimiento del fiscal la *notitia criminis*; 2) que los hechos puedan subsumirse en algún tipo penal; 3) que, en su caso, se hayan cumplido las condiciones de procedibilidad exigibles; 4) que los hechos no estén prescritos; 5) que los hechos tengan visos de verosimilitud *prima facie*; 6) que esté identificado el presunto autor como menor de 18 años y mayor de 14 al tiempo de comisión de los hechos. 7) que el interés del menor no aconseje un desistimiento de la acción en los términos del art. 18.1 LORPM.

La incoación del expediente por el fiscal se ve acompañada de una dación de cuenta al juez de menores (art. 16.3 LORPM) con la correlativa apertura por éste de diligencias de trámite y de la pieza separada de responsabilidad civil (art. 16.4 LORPM). Esta incoación lleva también anudada el nombramiento de letrado para la defensa del menor infractor, no distinguiendo la LORPM si los hechos son constitutivos de delito grave, menos grave o leve o si es más o menos previsible quc cl expediente pueda tener una solución extrajudicial, por lo que en todo caso habrá de procederse a esa designación. 2851

El art. 22.2 LORPM dispone que el expediente será notificado al menor desde el momento mismo de su incoación —salvo que se declare secreto—. A tal fin, el fiscal requerirá al menor y a sus representantes legales para que designen letrado en el plazo de tres días, advirtiéndoles que, de no hacerlo, se le nombrará de oficio de entre los integrantes del turno de especialistas del correspondiente Colegio de Abogados. Una vez producida dicha designación, el fiscal la comunicará al juez de menores.

Es improcedente poner fin a la instrucción formulando alegaciones sin haberse procedido al nombramiento de letrado al menor y consiguientemente sin dar a éste la posibilidad de intervenir en esta fase.

La LORPM se decanta decididamente por la instauración de la figura del abogado especializado. La Consulta FGE 4/2005 profundiza en todos los aspectos relativos a su intervención. En el procedimiento de menores el abogado puede actuar por sí, no siendo preceptiva la representación por medio de procurador.

En relación con la acusación particular, en el último párrafo del art. 25 LORPM se dispone que una vez admitida por el juez de menores su personación, se le dará traslado de todas las actuaciones y se le permitirá intervenir en todos los trámites en defensa de sus intereses. En cuanto a los requisitos de postulación exigibles a la acusación particular ha de entenderse que debe exigírsele actuar por medio de letrado, pero sin necesidad de representación mediante procurador.

2.5 Sobreseimiento del expediente por reparación o conciliación

El art. 19 LORPM faculta al Ministerio Fiscal para desistir de la continuación del expediente, atendiendo a la gravedad y circunstancias de los hechos y del menor, de modo particular a la falta de violencia o intimidación graves en la comisión de los hechos, y a la circunstancia de que además el menor se haya conciliado con la víctima o haya asumido el compromiso de reparar el daño causado a la víctima o al perjudicado por el delito, o se haya comprometido a cumplir la actividad educativa propuesta por el Equipo Técnico en su informe.

La iniciativa puede tener lugar de oficio por el fiscal o a petición del letrado del menor. Iniciada esta vía, el expediente quedará en suspenso, debiendo el fiscal a tales efectos comunicarlo al juez. Si la conciliación culmina con éxito, el fiscal propondrá al juez de menores el archivo.

Para que pueda optarse por este cauce desjudicializador debe concurrir una *conditio sine qua non*: que se traten de hechos subsumibles en delitos menos graves o leves. Además, deberá valorarse "la gravedad y circunstancias de los hechos y del menor, de modo particular a la falta de violencia o intimidación graves en la comisión de los hechos". Por tanto, aunque es un elemento específico y cualificado de valoración, la concurrencia de violencia o intimidación no impide *per se* la utilización de estas soluciones extrajudiciales. En el mismo sentido se pronuncia la Instrucción 10/2005 FGE. A estos efectos, por delitos menos graves habrá de entenderse los que conforme a los arts. 13 y 33 CP merecen tal calificación.

El dictamen 1/2015, del Fiscal de Sala Coordinador de Menores, sobre criterios de adaptación de la LORPM a la reforma del Código Penal por LO 1/2015, parte de que todas las alusiones a las "faltas" contenidas en el articulado de la LORPM y su Reglamento deben entenderse automáticamente sustituidas por la expresión "delitos leves", como categoría de infracción penal que las reemplaza.

En principio, ha de contarse con la conformidad de la víctima o perjudicado, incluso cuando la actividad a desarrollar lo sea en beneficio de la comunidad. No obstante, para la LORPM lo esencial no que se haya concluido con éxito la mediación o que el menor infractor haya cumplido los compromisos de reparación asumidos con la víctima. Lo realmente trascendente es que efectivamente concurra una voluntad del menor en cumplir esos objetivos: así se explica que se equipare, a los efectos de poder acordarse el archivo, el que se haya producido "la conciliación" o se hayan cumplido "los compromisos de reparación asumidos con la víctima o perjudicado" al supuesto de que la conciliación o reparación "no pudieran llevarse a efecto por causas ajenas a la voluntad del menor". Es decir, si existe plena disponibilidad del menor hacia la reparación, aunque no llegue a producirse, la voluntad del mismo puede desplegar su eficacia desjudicializadora. En el mismo sentido se pronuncia la Instrucción 10/2005 de la Fiscalía General del Estado.

El párrafo sexto del art. 19 LORPM introduce requisitos adicionales para los supuestos de víctimas menores de edad o discapacitadas: «el compromiso al que se refiere el presente artículo habrá de ser asumido por el representante legal de la misma, con la aprobación del juez de menores».

El art. 27.4 LORPM incorpora otras vías de desjudicialización que no encajan en el concepto de reparación. Cabe poner fin al expediente, sin imposición de medidas: 1) Cuando se aprecie la conveniencia de no continuar la tramitación del expediente en interés del menor por haber sido expresado suficientemente el reproche al mismo a través de los trámites ya practicados. 2) Cuando se aprecie la conveniencia de no continuar la tramitación del expediente por considerar inadecuada para el interés del menor cualquier intervención, dado el tiempo transcurrido desde la comisión de los hechos.

En ambos casos también se requerirá que concurran los requisitos previstos en el art. 19.1 LORPM, por lo que los delitos graves automáticamente quedan fuera de la posibilidad de ser desjudicializados.

Las amplias posibilidades de sobreseer el procedimiento deben tener como contrapeso la necesidad de motivar las propuestas y resoluciones y la obligatoriedad de notificar a los perjudicados (art. 270 LOPJ).

El RD 1774/2004, por el que se aprueba el Reglamento de la LORPM (en adelante RLORPM) desarrolla en detalle el modo de llevar a cabo las soluciones extrajudiciales.

La desjudicialización autorizada por los arts. 19 y 27.4 LORPM enlaza con los postulados de la despenalización o *decriminalization/diversion* en la terminología anglosajona, corriente iusfilosófica que propugna la sustitución de las sanciones penales por formas de control legal menos estigmatizantes —del ámbito civil o administrativo—. La idea que subyace es la de desjudicializar las conductas de los menores cuando puedan valorarse como infracciones normales de carácter episódico y pueda entenderse que tales comportamientos desaparecerán espontáneamente. En efecto, en muchos casos, a medida que los menores maduran, dejan de delinquir sin necesidad de que intervenga el sistema de justicia estatal.

En todo caso, la reparación extrajudicial como medio de terminar el proceso solamente tiene lugar cuando, tras la ponderación de todas las circunstancias concurrentes, se llegue a la conclusión de que es una respuesta procedente. En esta evaluación es de especial importancia el dictamen del Equipo Técnico.

Conforme a la Circular 9/2011 FGE como pauta general, con esta opción desjudicializadora lo que se busca es una réplica puntual a ilícitos penales, igualmente puntuales, cometidos por menores. Por ello, este tipo de respuesta no resulta adecuada cuando la clase de tipología delictiva o la situación del menor demanden medidas de intervención global.

Aunque el resarcimiento patrimonial al perjudicado no está contemplado como condición para la aplicación de las soluciones extrajudiciales del art. 19 LORPM, puede ser un elemento muy a tener en cuenta para impulsarlas en aquellos casos en que constase su abono efectivo o existiese una voluntad real de llevarlo a cabo.

Del análisis conjunto de los arts. 18, 19 y 27 LORPM puede llegarse a la conclusión de que el principio de legalidad sigue teniendo, frente al principio de oportunidad, operatividad en el proceso de menores: en todo caso, cuando
2854 al menor se le imputa la comisión de un delito grave no cabrá poner fin anticipadamente al proceso, sino que éste deberá desarrollarse y culminar en una sentencia.

Cuando la reparación no llegue a buen puerto, en ningún caso podrá otorgarse al acta de reparación los efectos de fijación de los hechos que se atribuyen a la conformidad regulada en los arts. 655 y 791.3 LECrim.

El mecanismo desjudicializador previsto en los arts. 19 y 27.4 LORPM puede aplicarse aunque el menor haya cometido con anterioridad hechos de la misma naturaleza —a diferencia del desistimiento del art. 18—. No obstante, la concurrencia de tal circunstancia lógicamente habrá de sopesarse especialmente antes de decidir utilizar esta vía de escape al procedimiento formalizado.

La STC 23/2016 [*Tol 5681994*] considera que el auto dictado por un juez de menores acordando el sobreseimiento del art. 19 LORPM a instancia del MF y desestimando la petición de la acusación particular que pretendía llegar a juicio no vulnera el derecho a la tutela judicial efectiva de la acusación particular cuando se acuerda el sobreseimiento, ponderando los intereses en conflicto y el "interés superior del menor", conforme a la LORPM y los Convenios internacionales sobre Justicia juvenil.

2.6 Diligencias a practicar por el fiscal

En el procedimiento de menores el tiempo juega un papel vital. Por ello, la instrucción del fiscal debe ser ágil, presidida por el principio de celeridad, evitando la burocratización, la práctica de diligencias innecesarias o la reiteración de lo ya practicado en el atestado, teniendo siempre presente que la única prueba digna de tal nombre es la que se practica ante el juez en el acto del juicio oral. El fiscal está obligado a luchar contra las dilaciones. No obstante, no se ha establecido un plazo predeterminado máximo de duración de la fase de instrucción, pese a que se presentaron en sede parlamentaria enmiendas a tales efectos.

No es aplicable supletoriamente el sistema de plazos instaurado por el art. 324 LECrim. En este sentido se pronuncia la Circular 5/2015, sobre los plazos de la instrucción. Esta conclusión no se modificó ni por la última reforma del art. 324 LECrim, operada por Ley 2/2020, ni por la nueva Circular 1/2021 que la interpretó.

Esta necesaria celeridad es aún más exigible a la vista del dato verificable estadísticamente de que la inmensa mayoría de los delitos cometidos por los menores son de estructura sencilla —hurtos, robos, lesiones, daños, contra la libertad sexual, etc.—. que no plantean dificultades en la instrucción. Además, desde un punto de vista criminológico puede constatarse la frecuencia con la que concurre un elemento añadido de tosquedad en la ejecución que facilita el descubrimiento de los hechos y sus circunstancias. Coadyuvando a la simplificación de la investigación, puede comprobarse que en la práctica se produce un alto porcentaje de confesiones en sede policial, que si bien no exime de practicar diligencias para constatar todos los elementos fácticos relevantes para calificar los hechos y seleccionar la medida a aplicar, sin duda, es un factor de simplificación. 2855

La Directiva (UE) 2016/800 relativa a las garantías procesales de los menores sospechosos o acusados en los procesos penales expresamente establece que «los Estados miembros tomarán todas las medidas adecuadas para velar por que los procesos penales relacionados con menores se tramiten con carácter urgente y con la debida diligencia (art. 13.2)».

Cuando en unos mismos hechos estén implicados mayores y menores, a los efectos de agilizar la instrucción y recabar diligencias útiles, debe reclamarse un testimonio de las actuaciones que se hayan llevado a cabo por el juez de instrucción.

En la fase de instrucción tienen ya plena vigencia los principios de contradicción y defensa, debiendo dar el fiscal entrada al letrado del menor y en su caso, a la acusación particular, en las diligencias de prueba que practique, so pena de poder incurrir en causa de nulidad (vid. AAP Guadalajara, sec. 1ª, nº 56/2004, de 19 de mayo).

2.7 Diligencias de instrucción practicadas a instancias del letrado del menor y de la acusación particular

El letrado del menor puede solicitar del fiscal, al igual que la acusación particular, cuantas diligencias estime necesarias, conforme a lo dispuesto en el art. 26 LORPM. El fiscal, ante cualquier solicitud en este sentido, habrá de resolver mediante resolución motivada —decreto—. Este decreto deberá ser notificado a las partes y puesto en conocimiento del juez. Los parámetros para decidir la práctica de estas diligencias deben ser los mismos que utiliza el juez de instrucción durante la fase de investigación, con la única corrección derivada de la ampliación del objeto de la instrucción en el procedimiento de menores a la determinación de los elementos fácticos a valorar a efectos de determinar el interés del menor. Por tanto, también serán pertinentes y necesarias aquellas diligencias destinadas a acreditar la concurrencia de circunstancias psicoló-

gicas, educativas, sociales o familiares que puedan hacer aconsejable desistir del procedimiento, alcanzar una solución extrajudicial o modular el alcance de la intervención.

El art. 26 LORPM unifica el tratamiento de la acusación particular y de la defensa a la hora de solicitar diligencias de instrucción al fiscal. Si el letrado del menor o de la acusación particular pretenden que se practiquen diligencias que afecten a derechos fundamentales de éste o de otras personas, habrá también de hacerlo por intermediación del Ministerio Fiscal, que de estimar pertinente la solicitud, se dirigirá al juez de menores (art. 26.3 LORPM). Por tanto, tal petición pasará por un doble filtro: para que pueda practicarse habrá de estimarse pertinente primero por el fiscal y después por el juez.

Los decretos por los que el fiscal inadmite las diligencias propuestas no son susceptibles de recurso alguno, pero pueden las partes reproducir la petición, en cualquier momento, ante el juez de menores. Sin embargo, entendemos que el juez habrá de esperar a que el fiscal le remita el expediente, una vez concluso el mismo, para conforme a lo dispuesto en el art. 33 e) LORPM y dentro de la denominada fase intermedia, decidir sobre la procedencia de las diligencias. Esta es también la posición de la Circular FGE 1/2000.

2.8 Otras diligencias de instrucción

Las ruedas de reconocimiento se regulan en el RLORPM, que en su art. 2.10 establece que «cuando para la identificación de un menor haya de acudirse a la diligencia de reconocimiento prevista en el artículo 369 de la Ley de Enjuiciamiento Criminal, dicha diligencia solo podrá llevarse a cabo con orden o autorización del fiscal o del juez de menores según sus propias competencias». Esta disposición también regula el consentimiento necesario para formar parte de la rueda, tanto de los menores integrantes de la misma como, en su caso, de los representantes legales.

La diligencia de reconocimiento fotográfico puede ser un medio alternativo adecuado —siempre que se practique con todas las garantías— cuando no pueda realizar el reconocimiento en rueda. La denominada "neutralidad del investigador" es una exigencia ineludible para la validez de este medio de investigación (vid. STC 36/1995 [*Tol 82776*]).

La declaración del menor investigado no es una diligencia de práctica obligatoria en la instrucción. Dicho esto, en muchos supuestos será muy conveniente oír al menor antes de decidir si se formula o no escrito de alegaciones. Desde luego, no tendría justificación el que no se hiciera en los supuestos de delitos de mayor gravedad. En todo caso, para los supuestos de delitos graves en los que los imputados sean mayores de 16 años, en que en un alto porcentaje darán lugar a la detención en sede policial y a la presentación ante el fiscal, la toma de declaración devendrá necesaria, antes de decidir si procede solicitar una medida cautelar o acordar la puesta en libertad. 2857

No obstante, la jurisprudencia menor oscila entre las resoluciones que consideran obligatoria la declaración del menor imputado y las que la consideran facultativa.

La toma de declaración al menor investigado dentro de un expediente ya incoado habrá de realizarse necesariamente con asistencia del letrado del mismo. En este sentido, se pronuncia la Consulta FGE 4/2005.

No será necesaria —salvo el supuesto de declaración durante la detención— la asistencia de los representantes legales del menor, como tampoco lo es en la fase de audiencia (vid. art. 35.1 LORPM), aunque deberán ser citados por si desean acompañar al menor a la práctica de la diligencia. Conforme a la Circular FGE 9/2011, la asistencia de los padres a la exploración como investigado de un menor no detenido no es un requisito preceptivo procedimental, sino un derecho que corresponde ejercitar al menor conforme al art. 22.1.e) LORPM. En caso de que un menor no detenido acudiera a la citación para declarar en fiscalía en calidad de investigado sin acompañamiento de persona adulta, si se apreciara en el mismo suficiente discernimiento, e informado de su derecho, renunciara formalmente a la presencia de sus padres o representantes, se le podrá recibir declaración sin representante legal y sin que entre en juego la previsión del art. 17.2 de representación a cargo de un miembro del Ministerio Fiscal.

La proposición como diligencia de la declaración del menor vincula al fiscal, que deberá acordarla salvo que, obviamente, hubiere concluido la instrucción (art. 26.2 LORPM). No aclara la Ley si la petición de declaración del menor, a instancias de la defensa, puede repetirse con el mismo efecto de la obligatoriedad de su práctica. Nos inclinamos por la respuesta positiva, por aplicación supletoria de lo dispuesto en el art. 400 LECrim, que permite, como garantía del investigado, que éste declare cuantas veces estime procedente.

En relación con la toma de declaración de víctimas o testigos, el art. 23.4 LORPM, tras la reforma operada por LO 1/2025, dispone que el Ministerio Fiscal, de oficio o a petición de cualquiera de las partes personadas, instará al juez de menores, la práctica de la declaración de la víctima o de un cualquier otro testigo, con las garantías de la prueba preconstituida, de conformidad con lo dispuesto en la Ley de Enjuiciamiento Criminal, asegurando en todo

caso el principio de contradicción cuando concurran alguno de los supuestos siguientes: a) Cuando exista riesgo de imposibilidad de concurrir al juicio oral. b) Cuando se trate de una persona especialmente vulnerable. En todo caso, tendrá esa consideración toda persona menor de catorce años o persona con discapacidad necesitada de especial protección».

La reforma operada por LO 1/2025 también introduce en el art. 4 LORPM otra peculiaridad en las declaraciones de testigos [también las refiere a las declaraciones de partes acusadoras o peritos (*sic*)]: se establece que se realizarán salvo resolución motivada, de forma telemática en los siguientes supuestos: cuando sean víctimas de violencia de género, de violencia sexual, de trata de seres humanos o cuando sean víctimas menores de edad o con discapacidad. Todas ellas podrán intervenir desde los lugares donde se encuentren recibiendo oficialmente asistencia, atención, asesoramiento o protección, o desde cualquier otro lugar, siempre que dispongan de medios suficientes para asegurar su identidad y las adecuadas condiciones de la intervención.

En cuanto a la adopción de medidas de protección de testigos durante la fase de instrucción, la LO 19/1994, *de Protección a Testigos y Peritos en causas criminales* atribuye la facultad para adoptar las medidas al juez instructor, y la LORPM traslada al fiscal las actuaciones instructoras, por lo que podría concluirse con que en el ámbito del proceso penal de menores sería el fiscal el legitimado para adoptar estas medidas de protección. Esta línea interpretativa ha sido acogida por la Instrucción FGE 10/2005.

En cuanto a las diligencias para la determinación de la edad, debe tenerse presente que cuando como consecuencia de la falta de documentación se generan dudas en cuanto a la edad del imputado y, por consiguiente, en cuanto al régimen jurídico —común o de menores— aplicable, es necesario practicar diligencias de instrucción específicas tendentes a despejar tales incógnitas. Al ser la jurisdicción de menores especial o especializada, no deben seguirse sus cauces sino hasta tanto no esté razonablemente acreditado que el imputado es menor de 18 años. El art. 2 RLORPM aborda esta cuestión: el apartado 9º de este precepto dispone que «cuando la policía judicial investigue a una persona como presunto autor de una infracción penal de cuya minoría de edad se dude y no consten datos que permitan su determinación, se pondrá a disposición de la autoridad judicial de la jurisdicción ordinaria para que proceda a determinar la identidad y edad del presunto delincuente por las reglas de la Ley de Enjuiciamiento Criminal».

Como expresa la Circular FGE 1/2000 si pese al diligente agotamiento de los medios de prueba, subsiste la duda razonablc accrca de la minoría de edad del inculpado habrá de aceptarse la remisión a la fiscalía de menores, pues ante el riesgo potencial de sujetar a un menor de edad a un sistema procesal y penal legalmente improcedente debe optarse por la solución menos arriesgada, que es la aplicación de las normas reguladoras de la responsabilidad penal de menores.

Si la duda no despejada es en torno a si el sujeto tenía o no cumplidos los 14 de años de edad al ejecutar los hechos, dicha duda se dirimirá en sentido favorable al menor y no se le exigirá responsabilidad penal, debiendo el fiscal dictar decreto de archivo de las Diligencias Preliminares con remisión de lo actuado a la entidad de protección correspondiente.

También debe quedar despejada durante la instrucción la determinación de la identidad del menor. Esta diligencia no planteará mayores problemas cuando el investigado esté debidamente documentado, pero si no lo está, será necesario que se practiquen las correspondientes reseñas policiales —cliché fotográfico, reseña dactiloscópica, atribución de ordinal de informática— a fin de que pueda ser susceptible de identificación aun cuando en una fase ulterior del procedimiento aportase datos de filiación distintos a los inicialmente suministrados. En ningún caso puede llegarse al trámite de alegaciones sin que conste la completa identificación del menor, pues ello generaría riesgos de indeterminación del sujeto pasivo del procedimiento. El RLORPM contiene una detallada regulación en su art. 2 de las diligencias de identificación del menor, tanto en relación con los registros policiales sobre identidad de menores, como sobre reseña dactilar del menor y sobre la gestión de la información sobre archivos policiales.

La diligencia de inspección ocular podrá ser practicada directamente por el fiscal, que no necesitará a tales efectos recabar autorización judicial. En cuanto a la diligencia de levantamiento de cadáveres, entendemos que la competencia debe atribuirse siempre al juez de instrucción de guardia, toda vez que en los primeros momentos es imposible excluir *ex ante* la intervención de mayores de edad penal.

2.9 Actividad instructora del juez de menores

La asignación de la fase de instrucción al fiscal implica que en principio, el juez de menores quede al margen de la misma. Sin embargo, imperativos constitucionales impiden llevar estos planteamientos hasta sus últimas consecuencias, pues el fiscal —en cuanto carente de de *iuris dictio*— no puede adoptar resoluciones que incidan en el ámbito de los derechos fundamentales. Estos límites se trazan por el art. 23.3 LORPM. Dentro de estos supuestos que exigen la intervención del juez deben incluirse las autorizaciones de entrada y registro en domicilios, al quedar afectado el derecho a la inviolabilidad del domicilio (art. 18.2 CE), las autorizaciones de interceptación de comunicaciones, al quedar afectado el derecho al secreto de las comunicaciones (art. 18.3 CE) y en ciertos supuestos las intervenciones corporales, al poder quedar afectado el derecho a la integridad e intimidad personal (arts. 15 y 18.1 CE).

La Policía —que en definitiva investiga de forma directa— no puede por sí solicitar diligencias restrictivas de derechos fundamentales al juez de menores. El art. 2.2 RLORPM dispone que «salvo la detención, toda diligencia policial restrictiva de derechos fundamentales será interesada al Ministerio Fiscal para que, por su conducto, se realice la oportuna solicitud al juez de menores competente».

Frente al auto del juez denegando estas diligencias cabrán los recursos de reforma y apelación (art. 41 LORPM).

El juez de menores también habrá de intervenir cuando se pretenda preconstituir prueba (art. 23.4 LORPM y arts. 448 y 772.2 LECrim).

Para que la diligencia de intervención de comunicaciones pueda ser acordada por el juez de menores, el sujeto pasivo de la diligencia habrá de ser un menor de edad en la fecha de comisión del hecho investigado, debiendo ser al mismo tiempo el titular del derecho al secreto de las comunicaciones.

También será competente el juez de menores para acordar la práctica de obtención de saliva, pelo y semejantes respecto del menor sospechoso para su posterior análisis y examen en relación con las muestras dubitadas.

2.10 Declaración de secreto del expediente

El art. 24 LORPM atribuye la competencia para adoptar tal resolución al juez de menores mediante auto motivado, pudiendo afectar al procedimiento en su totalidad o parcialmente. La declaración de secreto no puede acordarse de oficio por el juez: habrá de existir petición de parte: pueden pedirlo el Ministerio Fiscal, el menor o su familia. También puede solicitarlo la acusación particular.

Puede acordarse «durante toda la instrucción o durante un período limitado de ésta». La Circular FGE 1/2000 defiende que «aunque la Ley no lo exige, la excepcionalidad de la medida aconseja que el juez establezca en su resolución un límite máximo a la duración temporal de la situación de secreto, que en principio no debería superar el plazo de un mes previsto en el art. 302.2 LECrim, sin perjuicio de eventuales prórrogas de la medida». Se establece un límite temporal: al alcanzarse el trámite de formulación del escrito de alegaciones habrá de permitirse al letrado del menor y a la acusación particular conocer en su integridad el expediente. 2861

La tramitación de lo relativo al secreto se materializa en pieza separada abierta por el juez de menores. Salvo que haya sido solicitado por la representación del expedientado, su efecto más importante será que quedará sin efecto la facultad de libre acceso al expediente reconocida al letrado del menor en el art. 23 LORPM.

3. LA DETENCIÓN DE LOS MENORES

Los principales instrumentos internacionales han impulsado el reconocimiento de garantías específicas para el menor detenido, teniendo en cuenta su situación de especial vulnerabilidad. El art. 17 LORPM asume decididamente este esquema garantista.

Una importante singularidad respecto del régimen de la LECrim es la de que la Policía debe notificar inmediatamente el hecho de la detención y el lugar de la custodia a los representantes legales del menor y al Ministerio Fiscal. Esta notificación tiene una extraordinaria importancia, pues a diferencia de lo que ocurre en el proceso de adultos en el que el control de legalidad se ejercita por el juez una vez recibe el atestado al no existir esa obligación de notificación previa, en el proceso de menores, a través de la notificación inmediata de la detención al fiscal, éste habrá de controlar ya *ex ante* la legalidad de la detención En este mismo sentido se pronuncia la Circular FGE 1/2000.

El cacheo y aseguramiento físico de los menores detenidos se llevará a cabo en los casos en que sea estrictamente necesario y como medida proporcional de seguridad para el propio menor detenido y los funcionarios actuantes, cuando no sea posible otro medio de contención física del menor (art. 2 apartado 5º RLORPM).

El apartado segundo del art. 17 LORPM establece que la declaración del menor detenido se llevará a cabo en presencia de su letrado y de aquéllos que ejerzan la patria potestad, tutela o guarda del menor —de hecho o de derecho—. Debe entenderse que bastará con la presencia de uno de los progenitores o representantes.

En los casos en los que no se pueda localizar a los que ejerzan la patria potestad, tutela o guarda del menor la declaración del menor solo podrá tener lugar a presencia del fiscal. En estos casos, por tanto, la Policía deberá poner en conocimiento del fiscal esta incidencia para que éste disponga lo necesario.

La Ley deja abierta la posibilidad de que se acuerde que no estén presentes los padres. Debe entenderse que se está pensando en una situación de conflicto de intereses.

El menor detenido tendrá derecho a la entrevista reservada con su abogado con anterioridad y al término de la práctica de la diligencia de toma de declaración.

Los menores detenidos «deberán hallarse custodiados en dependencias adecuadas y separadas de las que se utilicen para los mayores de edad, y recibirán los cuidados, protección y asistencia social, psicológica, médica y física que requieran, habida cuenta de su edad, sexo y características individuales». La custodia de los menores detenidos corresponderá a las Fuerzas y Cuerpos de Seguridad competentes (vid. art. 33 RLORPM).

La detención policial no podrá durar más tiempo del estrictamente necesario para la realización de las averiguaciones tendentes al esclarecimiento de los hechos, y, en todo caso, dentro del plazo máximo de veinticuatro horas, el menor detenido deberá ser puesto en libertad o a disposición del Ministerio Fiscal. Por tanto, el plazo máximo de detención policial se acorta respecto del régimen general de 72 horas previsto para los adultos (art. 520 LECrim). El fiscal habrá de resolver dentro de las cuarenta y ocho horas a partir de la detención. En el mismo sentido se pronuncia la Circular FGE 1/2000. La única excepción a estos plazos tendrá lugar en los casos de delitos de terrorismo.

Al igual que ocurre con los adultos, el plazo predeterminado es un plazo de máximos. Por tanto, es de aplicación *mutatis mutandis* la doctrina del TC al respecto (vid, por todas, STC 224/1998 [*Tol 81075*]).

La detención policial del menor puede concluir en la puesta en libertad de oficio por la propia Policía o en la puesta a disposición del fiscal. Aunque la Ley no da pautas al respecto, la regla general será la puesta en libertad de oficio por la policía y la excepción será la puesta a disposición de la fiscalía en los casos de delitos con violencia o intimidación —robos con violencia y uso de medios peligrosos, lesiones graves o con medio peligroso, etc.—, o de otros delitos graves o en los casos en que la reiteración del menor en comportamientos delictivos pueda hacerla aconsejable.

También cabe acordar la detención cuando el investigado menor no comparece a alguna diligencia para la que hubiera sido citado en fiscalía (en el mismo sentido, Circular FGE 1/2000).

La garantía del *habeas corpus* es contemplada en el apartado sexto del art. 17 LORPM. La competencia para conocer de este procedimiento sufre un importante cambio, ya que se atribuye al juez de instrucción del lugar en el que se encuentre el menor privado de libertad, si no constare, el del lugar donde se produjo la detención, y, en defecto de los anteriores, el del lugar donde se hayan tenido las últimas noticias sobre el paradero del menor detenido. Esta alteración competencial responde a que no todos las Secciones de Menores tienen un régimen de guardias de 24 horas.

El *habeas corpus* podrá plantearse no solamente frente a detenciones practicadas por la Policía sino también frente a detenciones acordadas por el fiscal. La custodia del menor en dependencias inadecuadas, su mezcla con detenidos mayores de edad o la falta de los cuidados, protección y asistencia social pueden dar lugar al ejercicio por el menor o sus representantes legales del derecho al *habeas corpus*.

La puesta a disposición del juez tendrá lugar sólo cuando el fiscal promueva una medida cautelar de internamiento, y ha de tener lugar en las 48 horas siguientes a la detención.

Debe tenerse en cuenta que conforme al art. 59 *bis* del Reglamento CGPJ 5/1995 sobre aspectos accesorios de las actuaciones judiciales los jueces de menores solo prestan servicio de guardia en circunscripciones judiciales en que existan cuatro o más titulares en la sección de menores. Para las demás circunscripciones, conforme al art. 40.3 del Reglamento citado, fuera de las horas de audiencia será el juez de instrucción de guardia quien asuma la competencia para medidas cautelares y demás diligencias competencia del juez de menores.

Una vez que el menor detenido ha sido puesto a disposición judicial, por aplicación supletoria del art. 520 LECrim habrá de entenderse que deberá resolverse sobre su situación en el plazo de setenta y dos horas.

La Circular FGE 9/2011 aclara algunos puntos dudosos en cuanto al régimen de la detención de menores: 1) no cabe la renuncia a la asistencia letrada ni siquiera cuando el menor sea detenido por la comisión de un delito contra la seguridad vial; 2) no procede autorizar la asistencia de padres y representantes a aquellas diligencias que resulten incompatibles con su desarrollo, como la rueda de reconocimiento; 3) en el caso de los menores detenidos formalmente emancipados debe reputarse innecesaria la asistencia de los padres su declaración; 4) en las declaraciones de mayores de edad, que fueren detenidos por delitos consumados durante su minoría de edad, no procede la presencia de sus padres, sin perjuicio de que sigan beneficiándose de los plazos de detención más breves previstos en el art. 17.4 y 5 LORPM

2864 La Directiva (UE) 2016/800 se pronuncia sobre los supuestos de mayores detenidos por hechos cometidos durante la minoría de edad y declara que «para el supuesto de que los menores detenidos cumplan dieciocho años, los Estados miembros regularán la posibilidad de que esas personas sigan separadas de otros adultos detenidos, cuando ello esté justificado habida cuenta de las circunstancias de la persona de que se trate, siempre que ello sea compatible con el interés superior de los menores que estén detenidos junto con esa persona». (art. 12.3).

Debe tenerse en cuenta que el art. 509.4 LECrim dispone que «en ningún caso podrán ser objeto de detención incomunicada los menores de dieciséis años».

4. LAS MEDIDAS CAUTELARES

4.1 Modalidades

Las medidas cautelares en el proceso de menores tienen unos perfiles propios que las distinguen de las del proceso de adultos, debiendo ponderarse el interés superior del menor a la hora de implementar la tutela cautelar. Ello supone tener en cuenta las circunstancias personales, familiares, educativas y sociales del menor y el previsible impacto que la medida cautelar puede llegar a tener en el mismo.

El art. 28 LORPM contempla cuatro modalidades: a) Internamiento: podrá consistir en internamiento en el régimen adecuado, por lo que podrá aplicarse como medida cautelar tanto el internamiento cerrado como el semiabierto, abierto o terapéutico, determinándose su contenido conforme a las prescripciones del art. 7 LORPM en relación con las medidas homónimas. b) Libertad vigilada. c) Convivencia con otra persona, familia o grupo educativo. d) Alejamiento.

La LORPM, al menos aparentemente, atribuye a las medidas cautelares una finalidad superpuesta, que es la de protección y custodia del menor. En nuestra opinión estas medidas no pueden tener por objeto principal la protección del menor expedientado; si lo que se necesita es proteger al menor existen otros mecanismos: la puesta a disposición de la entidad pública para que ejercite las funciones previstas en el art. 172 CC o la adopción de medidas protectoras directamente por el juez de menores al amparo de lo dispuesto en el art. 158 CC. Debe evitarse incurrir en confusiones, aunque la literalidad de la LORPM no sea precisamente de ayuda.

Junto a estas medidas cautelares personales, y pese al silencio de la LORPM, serán admisibles las medidas cautelares reales, para garantizar unas eventuales responsabilidades civiles. Serán aplicables supletoriamente las disposiciones de la LECrim y podrán ser adoptadas, no solo frente al patrimonio del menor sino también respecto de los demás responsables civiles solidarios.

4.2 Presupuestos comunes

Se exigen indicios racionales de criminalidad reforzados. Es necesario no solo que exista constancia del hecho típico, sino también que concurran motivos bastantes sobre la responsabilidad penal, esto es, que existan indicios de que los hechos, además de típicos, sean antijurídicos y culpables.

La finalidad debe ser siempre, de acuerdo con su naturaleza, el aseguramiento de una eventual sentencia de condena. El art. 28.1 LORPM con carácter general para todas las medidas, establece como finalidades las siguientes: 1) riesgo de eludir la acción de la justicia; 2) riesgo de obstruir la acción de la justicia; 3) riesgo de atentar contra los bienes jurídicos de la víctima. Del apartado segundo de este precepto puede colegirse que la finalidad de evitar la reiteración delictiva es también una finalidad legítima.

La adopción de medidas cautelares se rige por el principio acusatorio. El juez de menores no podrá adoptar medidas cautelares de oficio. Será necesaria la previa petición del Ministerio Fiscal o de alguna parte acusadora.

Cuando el menor detenido sea puesto a disposición del fiscal, éste deberá pronunciarse sobre si procede o no solicitar la adopción de alguna medida cautelar. Antes, lógicamente, deberá instruirle de sus derechos y recibirle declaración como investigado. Para adoptar la medida cautelar de internamiento, conforme a la Circular 1/2000 «se habrá de celebrar una comparecencia en los términos del art. 28.2 a la que asistirán el letrado del menor, el representante del Equipo Técnico y el de la entidad pública de protección o reforma de menores». Esta comparecencia es de naturaleza y características muy similares a la prevista en el art. 504 *bis* 2 LECrim para acordar la adopción de medidas cautelares personales en el proceso de adultos.

El fiscal, cuando vaya a interesar el internamiento habrá de poner al detenido a disposición del juez de menores antes del agotamiento del plazo de cuarenta y ocho horas y deberá solicitar simultáneamente la convocatoria de comparecencia.

2866 En cuanto al plazo en el que se debe celebrar la comparecencia, la Circular FGE 1/2000 por aplicación supletoria del art. 497.1 LECrim, considera que deberá celebrarse en un plazo máximo de setenta y dos horas a partir de la puesta a disposición judicial.

La Circular también admite la aplicación supletoria de los apartados 2º y 4º del art. 504 *bis* LECrim cuando no pueda celebrarse la comparecencia dentro del plazo de las setenta y dos horas, concurriendo un riesgo cierto de fuga; por tanto en estos casos «el juez podrá acordar el internamiento del menor mediante auto motivado y la convocatoria de nueva comparecencia a celebrar en el plazo de las siguientes setenta y dos horas». La prueba ha de practicarse concentrada en el mismo acto, con posibilidad de práctica en 24 horas.

Las medidas cautelares no privativas de libertad, en tanto suponen una inmisión en los derechos del menor imputado de mucha menor entidad, no justifican ni un procedimiento complejo ni límites temporales estrictos. Esta es también la posición de la Circular FGE 1/2000. La Consulta 3/2004 introdujo matizaciones a la regla general de exclusión de la comparecencia cuando se solicite la libertad vigilada con alejamiento, declarando que sin perjuicio de entender aplicables los criterios de la Circular «no puede desconocerse que como norma general, por las implicaciones de la medida y su complejidad y con la finalidad de valorar adecuadamente el interés del menor, será aconsejable la celebración de comparecencia cuando vaya a solicitarse el alejamiento como regla de conducta de la libertad vigilada». Esta misma matización también debe ser aplicada a la tramitación de la nueva medida cautelar de alejamiento, como postulan las Circulares 1/2007 y 1/2010.

En cuanto al plazo máximo de duración de las medidas, la medida cautelar de internamiento está sujeta al plazo de seis meses, que podrá prorrogarse, a instancia del Ministerio Fiscal, previa audiencia del letrado del menor y mediante auto motivado, por otros tres meses como máximo (art. 28.3 LORPM). La solicitud de prórroga y la resolución acordándola habrán de recaer con anterioridad al agotamiento del plazo ordinario. Este es también el criterio de la Circular 1/2007.

Conforme a lo resuelto por la STS de 3/02/2003 [*Tol 4928016*] la interposición del recurso de casación en interés de Ley no afecta a la firmeza de la sentencia dictada en apelación, por lo que es ajustado a derecho declarar tal firmeza y «acordar el cese de la medida cautelar que pudiese haber sido adoptada durante la tramitación del expediente y ordenar, en su caso, la ejecución de la medida de reforma impuesta en dicha sentencia».

Se ha planteado si cabe prorrogar la medida una vez recaída sentencia durante la apelación hasta la mitad de la medida impuesta en primera instancia por aplicación supletoria del art. 504.2 LECrim. En nuestra opinión no cabe aplicar supletoriamente la habilitación de la LECrim pues del texto de la LORPM claramente se infiere la *voluntas legis* de limitar la duración a los plazos expresamente establecidos.

En cuanto a la duración de las medidas cautelares no privativas de libertad, como se infiere del propio art. 28.1 LORPM podrán mantenerse hasta que recaiga sentencia firme.

El fiscal instructor tiene la obligación de llevar un Libro de menores sujetos a medidas cautelares con el fin de asegurar el control de las mismas, sean constitutivas o no de privación de libertad, debiendo dar tramitación preferente al expediente en el que se hayan adoptado medidas (vid. Instrucción FGE 2/2000 y Consulta FGE 3/2004).

Por aplicación del principio de provisionalidad, la medida adoptada podrá ser modificada en cualquier momento, de oficio o a instancia de parte.

La tramitación de las medidas cautelares se documentará en una pieza separada (art. 28 apartado cuarto LORPM).

4.3 Las medidas cautelares de internamiento

Para la adopción de la medida cautelar de internamiento en centro cerrado, es *conditio sine qua non* que existan indicios racionales de haberse cometido un delito de los que permiten imponer en sentencia la medida homónima. Por ello, solo podrá adoptarse esta medida cautelar, cuando a) los hechos estén tipificados como delito grave por el Código Penal o las leyes penales especiales; b) tratándose de hechos tipificados como delito menos grave, en su ejecución se haya empleado violencia o intimidación en las personas o se haya generado grave riesgo para la vida o la integridad física de las mismas; c) los hechos tipificados como delito se cometan en grupo o el menor perteneciere o actuare al servicio de una banda, organización o asociación, incluso de carácter transitorio, que se dedicare a la realización de tales actividades.

Parece claro que el principio de proporcionalidad y homogeneidad impide que pueda adoptarse una medida cautelar más grave que la medida definitiva que pueda imponerse.

La Circular FGE 1/2007 sigue este criterio restrictivo y dispone al respecto que «los Sres. fiscales habrán de partir de la necesaria limitación de las medidas cautelares de internamiento en centro cerrado a los supuestos en los que los hechos imputados sean potencialmente merecedores de una medida —en su acepción equivalente a pena— de internamiento en régimen cerrado. Con la admisibilidad de esta medida de internamiento cerrado para un mayor número de supuestos tras la reforma 8/2006, cabrá correlativamente aplicarla en su modalidad cautelar en su misma extensión. Así por ejemplo, el supuesto que generó más problemas, el de delitos contra la salud pública en su modalidad de sustancias que causan grave daño a la salud podrá motivar, como delito grave, en caso de que concurran los demás requisitos, la medida cautelar de internamiento en centro cerrado».

Los demás internamientos cautelares sólo exigirán que los hechos imputados sean susceptibles de ser sancionados con medida privativa de libertad. Ello trae consigo la necesidad de comprobar en cada caso si el Código Penal sanciona el hecho concreto con pena privativa de libertad. Como expone la Circular FGE 1/2007 «el principio de proporcionalidad debe llevar a descartar la aplicación de la medida cautelar privativa de libertad como regla general ante casos de hechos punibles respecto de los que en una valoración prima facie sea probable que culminen en suspensión de condena, en sustitución de la medida privativa de libertad o directamente en condena a medida no privativa de libertad».

La LORPM no contempla la posibilidad de adoptar internamientos cautelares atenuados. No obstante, el art. 28 LORPM prevé como medidas cautelares personales las de internamiento en centro en el régimen adecuado. Teniendo en cuanta la supletoriedad de las disposiciones de la LECrim y la naturaleza *pro reo* de esta previsión cabría adoptar el internamiento cautelar atenuado o domiciliario en los supuestos previstos en el art. 508 LECrim y en otros de naturaleza análoga al mismo. Por las mismas razones será igualmente aplicable al proceso penal de menores *mutatis mutandis* el apartado segundo de este art. 508 LECrim que prevé para investigados toxicómanos una medida cautelar de ingreso en un centro de desintoxicación.

El juez podrá por sí en cualquier momento alzar la medida si entiende que han cesado los supuestos que la justificaban, o sustituirla por otra medida cautelar de vigilancia o convivencia.

Conforme al apartado segundo del art. 28 LORPM los datos específicos que deben ser ponderados para decidir sobre la medida cautelar de internamiento son: 1) la gravedad de los hechos, 2) las circunstancias personales y sociales del menor, 3) la existencia de un peligro cierto de fuga, y 4) especialmente, el que el menor hubiera cometido o no con anterioridad otros hechos graves de la misma naturaleza.

La gravedad de los hechos no es propiamente una finalidad, sino un factor a tener en cuenta. Otra cosa es que de la gravedad de los hechos y, correlativamente, de la previsible gravedad de las medidas a imponer, pueda inferirse el riesgo de fuga.

Las circunstancias personales y sociales del menor tampoco son obviamente finalidades, sino que de nuevo son factores a tener en cuenta. Para la Circular FGE 1/2007 «debe entenderse que a través del parámetro relativo a las circunstancias personales y sociales del menor podrá calibrarse en toda su dimensión operativa el principio del superior interés del menor».

Siguiendo los dictados de la Circular FGE 1/2007 puede decirse que serán fines susceptibles de ser perseguidos con el internamiento cautelar el de evitar el riesgo de fuga, conjurar el riesgo de oscurecimiento del proceso mediante la destrucción de fuentes de prueba, hacer frente al riesgo de reiteración delictiva y evitar nuevos atentados contra bienes jurídicos de la víctima. Debe también entenderse aplicable al internamiento cautelar la jurisprudencia acuñada por el TC en relación con los principios básicos que deben regir la prisión provisional: excepcionalidad, subsidiariedad, provisionalidad y proporcionalidad.

4.4 Libertad vigilada cautelar

Esta medida rebasa los contornos tradicionales de la tutela cautelar, y sólo puede cumplir con una de sus finalidades típicas: evitar la reiteración delictiva, tratando de encauzar y supervisar los comportamientos del menor. Conforme a la Circular FGE 1/2000 esta medida no tiene fijado un plazo límite de duración y podrán prolongarse hasta la sentencia sin necesidad de prórroga expresa. La ejecución de esta medida cautelar se regula en el art. 22 RLORPM

4.5 Convivencia cautelar

Esta medida, tanto en su modalidad cautelar como en su modalidad sancionadora, tiene una naturaleza más protectora que penal y cumple un importante papel en su dimensión cautelar en protección de la víctima, en especial en expedientes por malos tratos de hijos a ascendientes (en esta línea, Circular FGE 1/2010).

4.6 Medidas cautelares en protección de la víctima

El art. 28 LORPM incorpora como específica finalidad de la tutela cautelar en el proceso penal de menores *el riesgo de atentar contra los bienes jurídicos de la víctima.*

Esta nueva finalidad de las medidas cautelares adquiere todo su sentido en los casos en los que el ofendido se encuentra unido a su agresor por razones de parentesco, de convivencia o sentimentales. La reforma operada por LO 8/2006 dispone en su Exposición de Motivos que «se incorpora como causa para adoptar una medida cautelar el riesgo de atentar contra bienes jurídicos de la víctima, y se establece una nueva medida cautelar consistente en el alejamiento de la víctima o su familia u otra persona que determine el juez».

4.7 Medidas cautelares en caso de inimputabilidad

El art. 29 LORPM bajo la rúbrica «Medidas cautelares en los casos de exención de la responsabilidad» regula de forma defectuosa la materia, confundiendo medidas cautelares penales con medidas civiles de protección, para los supuestos de inimputabilidad.

Las medidas civiles deben ser instadas ante el juez civil y no ante el juez de menores, en el seno del procedimiento para la adopción de medidas de apoyo y con base legal en los arts. 762 y 763 LEC, sin perjuicio de las facultades del juez de adoptar medidas protectoras provisionales al amparo del art. 158 CC. La Circ. 1/2000 se hace eco de la confusión en que incurre el art. 29 tratando de deslindar los aspectos civiles y penales.

En relación con estos supuestos, como medida cautelar propia del proceso penal del menor, en el caso de que las circunstancias del procedimiento así lo exijan y concurran los presupuestos necesarios de toda medida cautelar, la que si podrá adoptarse por el juez de menores es la medida cautelar de internamiento terapéutico. En el mismo sentido se pronuncia la Circular FGE 1/2007. En todo caso es aplicable el art. 8 LORPM de modo que si el delito imputado no lleva aparejada pena privativa de libertad, conforme al CP, no podría imponerse ni medida privativa de libertad en sentencia ni medida cautelar equivalente. También cabrá aplicar como medida cautelar el tratamiento ambulatorio en el marco de una medida cautelar de libertad vigilada, como regla de conducta de ésta.

Se desarrolla esta materia en la Circular FGE 3/2013, de 13 de marzo, *sobre criterios de aplicación de las medidas de internamiento terapéutico en el sistema de justicia juvenil.*

4.8 Abono de la medida cautelar

De conformidad con el art. 28.5 LORPM, «el tiempo de cumplimiento de las medidas cautelares se abonará en su integridad para el cumplimiento de las medidas que se puedan imponer en la misma causa o, en su defecto, en otras causas que hayan tenido por objeto hechos anteriores a la adopción de aquéllas». Este precepto es trasunto de la regulación que sobre la materia se contiene en el CP, que a tales efectos habrá de entenderse supletoriamente aplicable, conforme a la Disposición final primera LORPM.

El art. 28.5 LORPM establece criterios enormemente flexibles, ya que el juez dará la medida por cumplida en la parte que *estime razonablemente compensada por la medida cautelar*, por lo que, especialmente en los supuestos de diferencias cualitativas entre medida cautelar y medida finalmente impuesta en sentencia, no habrá de atenderse a un criterio puramente cuantitativo.

Desde el punto de vista procedimental, el art. 28.5 LORPM dispone que «el juez, a propuesta del Ministerio Fiscal y oídos el letrado del menor y el Equipo Técnico que informó la medida cautelar, ordenará que se tenga por ejecutada la medida impuesta en aquella parte que estime razonablemente compensada por la medida cautelar». El dictamen 6/2011 de la Fiscal de Sala Coordinadora de Menores introduce una tabla de equivalencias.

4.9 Recursos

Contra los autos que resuelven sobre medidas cautelares cabrá interponer recurso de reforma. También cabrá interponer recurso de apelación, bien contra el auto que resuelva el recurso de reforma, bien directamente, *per saltum*, contra el auto que resuelve sobre la medida cautelar.

4.10 La imparcialidad del juez de menores y la adopción de medidas cautelares

Las causas de abstención y de recusación, contenidas en el art. 219 LOPJ, al estar dirigidas a tutelar la imparcialidad del juzgador, integran el derecho fundamental a un proceso con todas las garantías, como ha tenido ocasión de declarar reiteradamente nuestro TC. Una de las causas de abstención y de recusación consiste en «haber actuado como instructor de la causa penal» (art. 219.10 LOPJ). La finalidad es la de evitar prejuicios acerca de la culpabilidad del acusado por parte del órgano jurisdiccional encargado de conocer del juicio oral.

El TC ha declarado que «constituye un común denominador de todas las medidas cautelares, penales y civiles, que puedan disponerse en el proceso penal el de que su "fumus boni iuris" o presupuesto material que justifica su adopción estriba en un fundado juicio de imputación que ha de formarse el juez de instrucción sobre la participación del acusado en el hecho punible (arts. 503.3 y 589 LECrim) [...] la asunción por el juez de instrucción de dicho juicio de imputación puede hacer nacer en el juzgador cierto prejuicio sobre la responsabilidad penal del imputado que compromete, subjetiva y objetivamente, su imparcialidad para conocer de la fase de juicio oral contra un acusado con respecto al cual adoptó durante la instrucción cualquier género de medida cautelar» (SSTC 310/2000 [*Tol 81733*] y 320/1993 [*Tol 82341*]).

En nuestra opinión, cuando el juez de menores ha de decidir si procede o no la adopción de una medida cautelar —en especial cuando se trata de la más grave, del internamiento— necesariamente entra a valorar los elementos potenciales de prueba concurrentes, de forma que sólo cuando entiende que razonablemente habrá prueba bastante sobre la participación del imputado en los hechos entra a analizar los demás presupuestos de la decisión.

Por ello, entendemos, en estos casos puede producirse contaminación, pues necesariamente habrá contacto con el material de la instrucción y el juez se formará una opinión sobre el asunto antes de la celebración de la audiencia —prejuicio— por lo que lo más respetuoso con el derecho al juez imparcial sería dejar abierta la posibilidad en cada caso concreto de utilizar la abstención y de admitir la recusación.

4.11 Particularidades de la instrucción en los supuestos de terrorismo

La competencia en estos supuestos se atribuye a la Sección de Menores del Tribunal Central de Instancia en la Audiencia Nacional (art. 2.4 LORPM) y, correlativamente a la fiscalía de la Audiencia Nacional.

El art. 17.4 LORPM dispone en su último inciso que se aplicará, en su caso, lo dispuesto en el art. 520 *bis* LECrim, por lo que los plazos de detención se podrán prorrogar. Profundiza en estas cuestiones la Circular FGE 2/2001.

En cuanto a la tramitación del *habeas corpus*, en nuestra opinión, al atribuirse la competencia tanto de la instrucción como del enjuiciamiento como de la segunda instancia a órganos de la Audiencia Nacional, sería competencia del juez central de instrucción, conforme a lo dispuesto en el art. 2 párrafo 3º de la LO 6/1984, de 24 de mayo. En este mismo sentido se pronuncia la Circular FGE 2/2001.

El art. 20.4 LORPM dispone que los procedimientos de la competencia de la Audiencia Nacional no podrán ser objeto de acumulación con otros procedimientos instruidos en el ámbito de la jurisdicción de menores, sean o no los mismos los sujetos imputados. El art. 41.4 por su parte establece que contra los autos y sentencias dictados por el Juzgado Central de Menores (ahora Sección de Menores del TCI) de la Audiencia Nacional cabe recurso de apelación ante la Sala de lo Penal de la Audiencia Nacional.

4.12 Extradición de menores

Es posible, en nuestra opinión, solicitar a otro país la extradición de un menor conforme a las disposiciones de la LECrim (arts. 824 a 833 LECrim). El art. 824 prevé que el fiscal pida al juez que proponga al Gobierno la extradición. Parece que *mutatis mutandis*, el fiscal de menores habrá de pedirlo al juez, aun cuando la solicitud de extradición se plantee en la fase de instrucción.

La orden europea de detención y entrega también puede ser aplicada a menores de edad, siempre que se trate de menores que por sus edades estén comprendidos dentro del ámbito de aplicación de la LORPM. La Ley 23/2014, de reconocimiento mutuo de resoluciones penales en la Unión Europea, que deroga la Ley 3/2003, en su art. 39.1 dispone que «la autoridad judicial española podrá dictar una orden europea de detención y entrega para el ejercicio de acciones penales cuando, concurriendo los requisitos para ello previstos en esta Ley, concurran además los previstos en la Ley de Enjuiciamiento Criminal para acordar el ingreso en prisión preventiva del reclamado o los de la Ley Orgánica 5/2000, de 12 de enero, reguladora de la responsabilidad penal de los menores, para acordar el internamiento cautelar de un menor». La Directiva (UE) 2016/800 parte de la aplicabilidad de la orden europea de detención a los menores (art. 17). La Ley 3/2018 ha modificado puntualmente la regulación de la orden europea en relación con menores para adaptarla a esta directiva. Tiene especial interés para la interpretación de la orden europea de detención aplicada a menores la STJUE de 23/01/2018, C-367/16 [*Tol 6478522*].

Tras la LO 1/2025, el apartado segundo del art. 91 LOPJ expresametne atribuye a las Secciones de Menores de los Tribunales de Instancia la emisión y la ejecución de los instrumentos de reconocimiento mutuo de resoluciones penales en la Unión Europea que les atribuya la ley y el art. 95 c) LOPJ, en el ámbito de la AN asigna a la Sección de Menores del Tribunal Central de Instancia la emisión y la ejecución de los instrumentos de reconocimiento mutuo de resoluciones penales en la Unión Europea que le atribuya la ley.

5. EL INFORME DEL EQUIPO TÉCNICO

2874 El Equipo Técnico, compuesto por expertos en ciencias no jurídicas, es el órgano auxiliar de la justicia de menores que, mediante dictámenes periciales, aporta sus conocimientos a fin de determinar la situación psicológica, social, educativa y familiar del menor con el objeto de lograr una respuesta adecuada a su interés. El informe del Equipo es esencial para valorar el interés del menor y para orientar sobre si procede desistir o alcanzar una solución extrajudicial o, si por el contrario, debe proseguir el procedimiento —y en tal caso para concretar el tipo de medida imponible—.

En nuestra opinión se trata de un informe pericial, en tanto en cuanto puede subsumirse en el concepto que recoge el art. 456 LECrim. Se trata de una diligencia de práctica imperativa. El fiscal, como dispone el art. 27 LORPM, durante la instrucción, habrá de requerir del Equipo Técnico la elaboración del informe. Cuando ya con anterioridad el Equipo hubiera emitido informe sobre el menor, no será necesario un nuevo informe completo, sino que bastará que se realice una actualización sobre el ya emitido.

La omisión del informe del Equipo Técnico sería un claro supuesto determinante de nulidad de actuaciones, obligando a retrotraer las actuaciones a la fase de instrucción. En este sentido se pronuncia la Circular FGE 9/2011, que parte de que los Equipos técnicos deben integrarse por un psicólogo, un trabajador social y un educador y de que el informe evacuado conforme al art. 27.1 LORPM, «debido a su carácter interdisciplinar, habrá de emitirse, en principio, por los tres integrantes del Equipo». No obstante, introduce matizaciones: «distintos del supuesto de inexistencia del informe, serán los casos de informes que incurren en otro tipo de irregularidades, como puede ser la falta de firma de los tres peritos o la no intervención de alguno de ellos. La respuesta aquí debe matizarse evitando incurrir en maximalismos y analizando, en cada caso, la entidad del informe, la medida que se solicita, los aspectos que pudieran haber sido omitidos, y su influencia en la debida comprensión del contexto psicológico y socio-educativo del menor».

El RLORPM aborda la regulación de detalle del Equipo, dedicando su art. 4 a lo relativo a la actuación y su art. 5 al modo de llevar a cabo las soluciones extrajudiciales.

La Directiva (UE) 2016/800 subraya la trascendencia de estos informes técnicos y así establece que "los menores sospechosos o acusados en procesos penales deberán ser objeto de una evaluación individual. En dicha evaluación individual se tendrán en cuenta, en particular, la personalidad y madurez del menor, su contexto económico, social y familiar, así como cualquier vulnerabilidad específica que pueda tener el menor" (art. 7.2).

6. LA CONCLUSIÓN DE LA INSTRUCCIÓN Y LA FASE INTERMEDIA

6.1 Ideas generales

Con la conclusión de la instrucción se abre una fase equivalente a la fase intermedia en el procedimiento de adultos. En el procedimiento de menores presenta la importante peculiaridad de que es el fiscal el encargado de decidir cuándo finaliza la instrucción (art. 30 LORPM). En la fase intermedia se trata de evaluar si se dan los presupuestos necesarios para abrir la audiencia (como equivalente a juicio oral) o si, por el contrario, no concurren y procede, por tanto, el sobreseimiento. No existe un plazo preclusivo predeterminado de duración de la fase preparatoria, ni es, por tanto, legalmente posible que el juez requiera al fiscal para que le remita el expediente.

La fase intermedia se iniciaría con las actuaciones previstas en el art. 31 LORPM. El fiscal instructor remite el expediente a la Sección de Menores del Tribunal, dando lugar a una acumulación o incorporación del expediente (que ha tramitado el fiscal conforme al art. 16.1 LORPM) a las diligencias de trámite (que ha tramitado el juez de menores conforme al art. 16.3 LORPM). Por tanto, en este momento procesal se produce una convergencia entre unas y otras actuaciones, pasando todas ellas a quedar a cargo del juez de menores.

Hasta el momento de la remisión del expediente, el juez solamente tiene en su poder las denominadas diligencias de trámite, en las que consta que el fiscal ha incoado el expediente, así como el informe del Equipo Técnico —que debe ser remitido al juez inmediatamente, conforme a lo dispuesto en el art. 27.5 LORPM— y las piezas separadas que hayan podido incoarse —responsabilidad civil, medidas cautelares, diligencias limitativas de derechos fundamentales y secreto del expediente—.

El fiscal, tras remitir al Tribunal el expediente, pasa de ser el órgano estatal encargado de la tramitación del procedimiento, —que es lo que ocurre en fase de instrucción—, a ser un órgano público de promoción de la justicia, con el *status* de parte. Esta remisión de actuaciones debe abarcar todo el material que pueda haber generado la fase de instrucción del procedimiento.

6.2 Formulación de escrito de alegaciones

El fiscal, si procede, habrá de formular un escrito de alegaciones, trasunto del escrito de calificación previsto en el art. 650 LECrim para el proceso de adultos, aunque modulado por las peculiaridades de la jurisdicción de me-
2876 nores. En efecto, este escrito habrá de incluir, además de los hechos que se imputan, la calificación jurídica y las consecuencias solicitadas —medidas y responsables/responsabilidad civil en su caso—, *una breve reseña de las circunstancias personales y sociales* del menor, es decir un breve extracto del informe del Equipo Técnico en los extremos que más interesen para fundamentar la concreta petición de medida que se realice. Igualmente se exige que se incluyan *los fundamentos educativos* de la medida que se proponga. También, dentro de la proposición de prueba se alude a la posibilidad de interesar la audiencia de personas o representantes de instituciones que puedan aportar elementos valorativos del interés del menor y de la conveniencia o no de las medidas solicitadas. El escrito de alegaciones podrá, por aplicación supletoria del art. 650 LECrim, contener conclusiones alternativas.

Recibido el escrito de alegaciones con el expediente, las piezas de convicción, los efectos y demás elementos relevantes para el proceso remitidos por el Ministerio Fiscal, el LAJ de la Sección de Menores del TI los incorporará a sus diligencias, y el juez de menores procederá a abrir el trámite de audiencia, dándose traslado simultáneamente a quienes ejerciten la acción penal y la civil para que en un plazo común de cinco días hábiles formulen sus respectivos escritos de alegaciones y propongan las pruebas que consideren pertinentes (vid. art. 31 LORPM)

La LORPM en su art. 25 permite a la acusación particular —a imagen y semejanza de la regulación de la LECrim— instar la imposición de medidas y proponer pruebas, intervenir en la práctica de las pruebas y participar en las vistas o audiencias que se celebren. El traslado a la acusación particular lo será por un plazo de cinco días hábiles. En cuanto al contenido de su escrito de alegaciones, entendemos habrá de extenderse a los mismos extremos que el del fiscal. No obstante, no podrá proponer prueba en cuanto a circunstancias familiares y sociales del menor sometido a proceso (art. 25 d LORPM).

Tras dar en su caso traslado a la acusación particular, y al actor civil, si alguna acusación (oficial o particular) formula alegaciones, el LAJ dará traslado al letrado del menor y, en su caso, a los responsables civiles, para que en cinco días formule su escrito de defensa —también denominado por la Ley escrito de alegaciones—.

El art. 34 LORPM dispone que «el juez de menores, dentro del plazo de cinco días desde la presentación del escrito de alegaciones del letrado del menor, o una vez transcurrido el plazo para la presentación sin que ésta se hubiere efectuado, acordará, en su caso, lo procedente». Si el abogado no presenta su escrito en tiempo y forma, se le tendrá por opuesto a las alegaciones del fiscal. Es la denominada doctrinalmente "defensa ficticia". Conforme a la Circular FGE 9/2011 los fiscales «deben velar por que los letrados de la Defensa cumplan el plazo para formular alegaciones, instando, en caso de incumplimiento, la continuación del procedimiento de acuerdo con lo dispuesto en el art. 784 LECrim para el trámite del escrito de defensa». A través del escrito de alegaciones, la defensa puede plantear cualquiera de las cuestiones a que se refiere el art. 666 LECrim.

El juez de menores será competente para pronunciarse sobre la procedencia de acceder a la celebración del juicio, y por tanto sobre la razonabilidad de la acusación.

6.3 Petición de sobreseimiento

6.3.1 Ideas generales

En esta fase también puede el fiscal, como alternativa a la formulación de alegaciones, solicitar el sobreseimiento por cualquiera de los motivos previstos en la LECrim —provisional o libre, total o parcial—. Una vez incoado el expediente de menores, quien acuerda el sobreseimiento de la causa es el juez de menores, tras recibir el procedimiento.

El decreto del fiscal en el que se acuerda la conclusión de la instrucción y la propuesta de sobreseimiento no es recurrible. Puede, sin embargo, ser recurrido el auto del juez de menores accediendo a la solicitud y acordando el sobreseimiento, debiendo entenderse que cabe recurso de reforma y apelación.

6.3.2 Sobreseimiento por encontrarse el menor en paradero desconocido

Se trata de un supuesto que no está expresamente previsto en la LORPM, habiendo motivado esta laguna discrepancias en cuanto a quién es competente para acordar el sobreseimiento provisional cuando, una vez abierta la fase de instrucción y antes de su conclusión, el menor infractor se coloca en paradero desconocido. En nuestra opinión, una vez incoado el expediente, la decisión de sobreseimiento del mismo se reserva al órgano jurisdiccional, que no olvidemos, ha incoado ya sus diligencias de trámite. Por ello, en estos supuestos el fiscal debería remitir el expediente a la Sección de Menores del TI conforme al art. 30.4 LORPM para que éste acuerde el sobreseimiento provisional oficiando a las Fuerzas y Cuerpos de Seguridad a fin de que se proceda a la búsqueda y localización o a la detención del menor investigado.

6.3.3 Sobreseimiento de las actuaciones por auto motivado (art. 33 b LORPM)

Este sobreseimiento podrá basarse en cualquiera de las causas recogidas en la LECrim (art. 30.4 LORPM en relación con los arts. 637 y 641 LECrim). En estos supuestos de solicitud de sobreseimiento por el fiscal, si está personada una acusación particular e interesa la apertura de audiencia, habrá de resolver el juez de menores.

El sobreseimiento motivado también podrá ser adoptado por el juez de menores aunque el fiscal y/o la acusación particular hayan formulado escrito de alegaciones y solicitado la celebración de audiencia. La expresa mención a que el auto debe ser motivado precisamente apunta a que el legislador está pensando en un sobreseimiento que contraría la solicitud de las acusaciones. En este sentido se pronuncia la Circular FGE 1/2000.

Debe admitirse también la posibilidad de que el juez disconforme con la solicitud de sobreseimiento del fiscal haga uso de la posibilidad de acudir a plantear la discrepancia ante el fiscal jefe, conforme al art. 644 LECrim. También debe entenderse aplicable supletoriamente ante la propuesta de sobreseimiento del fiscal el uso por el juez de la denominada *laudatio actoris* o llamada al perjudicado prevista en el art. 642 LECrim y en el art. 782.2 a) LECrim.

Si efectivamente se personara el perjudicado manteniendo la acusación, podría el juez de menores continuar la tramitación del procedimiento pese a la postura abstencionista del fiscal.

6.3.4 Archivo por sobreseimiento de las actuaciones con remisión de particulares a la entidad pública

Este supuesto, previsto en el art. 33 c) LORPM, también está en conexión con la facultad de postular el sobreseimiento que el art. 30.4 otorga al fiscal, y con la regulación de los arts. 19 y 27.4 LORPM —solicitud de sobreseimiento por haberse alcanzado una solución extrajudicial o por aplicación del principio de oportunidad—.

En nuestra opinión, al vincularse el archivo a la petición del fiscal, la decisión solamente podrá tomarse si existe petición del mismo, por lo que el juez no tendrá margen para aplicar de oficio el principio de oportunidad. No faltan, no obstante, opiniones doctrinales que defienden la posibilidad de que el juez de menores de oficio pueda hacer uso de este principio.

La remisión de particulares a la entidad pública de protección de menores será procedente si se detecta en el menor investigado una situación de riesgo o de desamparo. 2879

Con carácter general, por aplicación del principio acusatorio, el juez quedará vinculado por la petición de sobreseimiento que pueda hacer el fiscal, aunque la personación de la acusación particular puede propiciar la continuación del procedimiento y la celebración de la audiencia. A tales efectos el art. 33 párrafo primero LORPM expresamente prevé que el juez deberá, antes de decidir sobre la celebración de la audiencia o el sobreseimiento valorar tanto la petición del Ministerio Fiscal como los escritos de alegaciones de las partes.

6.3.5 Remisión de las actuaciones al juez competente

La inhibición —remisión de actuaciones en sentido técnico— puede acordarse por el propio fiscal en fase de Diligencias Preliminares, conforme al art. 21 LORPM «cuando el conocimiento de los hechos no corresponda a la competencia de los jueces de menores, el fiscal acordará la remisión de lo actuado al órgano legalmente competente».

También puede tener lugar más tardíamente, en la fase intermedia. En efecto, el art. 33 d) prevé como una de las decisiones que puede adoptarse la de remitir las actuaciones al juez competente, cuando el juez de menores considere que no le corresponde el conocimiento del asunto. La decisión podrá fundarse a) en no ser competente la jurisdicción de menores —ya por no haber cumplido el menor los 14 años al tiempo de comisión de los hechos —si bien en este caso más que de inhibición habría que hablar de archivo—, ya por ser el investigado mayor de edad cuando cometió la infracción penal—; b) en considerar que los hechos deben ser enjuiciados por otro órgano de la jurisdicción de menores (bien por un juez de menores de otro partido ——alta de competencia territorial—, bien por la Sección de Menores del TCI de la Audiencia Nacional —falta de competencia objetiva—).

6.3.6 *Práctica de pruebas denegadas en la fase de instrucción*

El letrado del menor y la acusación particular pueden proponer en fase de instrucción la práctica de cuantas diligencias estime necesarias. A su vez, el fiscal puede denegar su práctica, si las considera inútiles o impertinentes, y frente a esta denegación las partes pueden reproducir su petición en cualquier momento ante el juez de menores (art. 26.1 LORPM).

En el caso de que el juez considere procedente la práctica de esta prueba previa a la audiencia, habrá de practicarla por sí, esto es, no ordenará su práctica al fiscal, sino que habrá de ser el propio juez el que la lleve a cabo. Tras la práctica y con el fin de preservar los principios de audiencia y de contradicción, habrá de dar traslado de los resultados al Ministerio Fiscal, acusación particular, letrado del menor, y en su caso partes civiles.

6.3.7 *Recursos en la fase intermedia*

Las decisiones de celebrar audiencia, sobreseer, archivar, inhibirse o practicar prueba, pueden ser recurridas conforme al art. 33 LORPM párrafo «cabrán los recursos previstos en esta Ley». Con más precisión, el art. 41 LORPM dispone en su párrafo 3º que «contra los autos que pongan fin al procedimiento [...] cabe recurso de apelación ante la Audiencia Provincial por los trámites que regula la Ley de Enjuiciamiento Criminal para el procedimiento abreviado». Por tanto, debe colegirse que contra estos autos de sobreseimiento y archivo cabrá, además del recurso de reforma admitido frente a todos los autos en general, el recurso de apelación.

También cabrá recurso de reforma y subsidiario de apelación contra el auto que al amparo del art. 33 a) acuerde la celebración de la audiencia, pues no existe en la LORPM ningún precepto asimilable a la disposición contenida en el art. 783.3 LECrim que expresamente excluye los recursos frente al auto de apertura del juicio oral.

Los autos que acuerdan la inhibición serán también susceptibles de recurso de reforma y en nuestra opinión, por aplicación supletoria de la LECrim, de apelación (*vid.* disposición final primera LORPM en relación con el nuevo art. 766 LECrim).

7. LA FASE DE AUDIENCIA

7.1 Señalamiento

El art. 34 LORPM regula la convocatoria de la audiencia, que es como se denomina en el proceso de menores al juicio oral. Si el Ministerio Fiscal y/o la acusación particular solicitan la apertura de la audiencia y el juez de menores accede, una vez presentado el escrito de alegaciones por la defensa del menor y, en su caso, de los responsables civiles o transcurrido el plazo de cinco días concedido al efecto sin presentarlo, habrá de dictar el juez dentro de un nuevo plazo de cinco días el auto señalando el inicio de la audiencia. Este auto debe pronunciarse sobre la pertinencia de las pruebas propuestas. También habrá de pronunciarse sobre la necesidad de mantener o no las medidas de protección de testigos acordadas. El auto habrá de fijar el día y hora de comienzo de la audiencia, necesariamente en los diez días siguientes, como concreción del principio de celeridad.

El señalamiento deberá guiarse por las pautas que ofrece el art. 785.2 LECrim, a saber: habrá de tenerse en cuenta la flagrancia del delito, la medida cautelar de internamiento que el menor pudiera estar sufriendo por la causa «y el aseguramiento de su presencia a disposición judicial, la complejidad de la prueba propuesta o cualquier circunstancia significativa». Estos parámetros para ordenar los señalamientos deberán estar especialmente modulados por las necesidades que en cada caso concreto pongan de manifiesto el interés del menor sometido al proceso.

Contra el auto denegando la prueba propuesta cabrá reforma y apelación.

7.2 Asistentes

7.2.1 Asistentes necesarios

El fiscal. Es conveniente —aunque no imprescindible (vid. Instrucción 2/2000)— que se trate de un fiscal integrado en la correspondiente sección de menores de la fiscalía que por razón de competencia territorial hubiera tramitado el expediente.

El letrado del menor. En tanto la Ley configura el derecho de defensa del menor a través de una defensa técnica debe partirse de que su asistencia deviene imprescindible.

El representante del Equipo Técnico. También es una presencia imprescindible, al configurarse el informe como prueba pericial de necesaria realización. La Circular FGE 9/2011 matiza esta presencia en los siguientes términos: a) es factible, como vía para una más adecuada racionalización del trabajo de estos Equipos, cuando existan varios, que para cada sesión de audiencias asista un solo representante de todos los Equipos, el cual llevará el informe elaborado por el Equipo; b) ello sin perjuicio de que, si se trata de un asunto complejo
2882 y se estima necesario o conveniente, asista el representante del Equipo que lo elaboró; c) Igualmente, nada obsta a que, si durante la sustanciación de la audiencia por alguna parte se solicita la presencia de un miembro del Equipo que emitió el informe, pueda acordarse en tal sentido; d) no obstante, en caso de que se hubiera producido una impugnación expresa del informe, será conveniente promover la asistencia del representante del Equipo que lo emitió.

7.2.2 Asistentes contingentes

Los representantes legales del menor. Han de ser citados preceptivamente, salvo que el sujeto pasivo del procedimiento haya rebasado los 18 años pues en tal caso la patria potestad habrá quedado extinguida. La audiencia podrá celebrarse aunque no comparezcan los representantes citados. Además, el propio art. 36 permite al juez previa audiencia de las partes, acordar la no asistencia de los padres.

La acusación particular. Parece claro que, en caso de no asistir pese a haber sido citada en forma, procederá acordar la continuación del procedimiento sin su presencia. En relación con los derechos de las víctimas, es de especial interés el dictamen del Fiscal de Sala Coordinador de Menores 1/2016, sobre adaptación de la Ley 4/2015, del Estatuto de la víctima del delito, al ámbito de la justicia juvenil.

Con carácter facultativo, el *representante de la entidad pública de protección o reforma* de menores que haya intervenido en las actuaciones de instrucción.

El actor civil y los perjudicados. El art. 30.3 LORPM dispone que en todo caso serán llamadas al acto de audiencia las personas o instituciones perjudicadas civilmente por el delito.

El responsable/s civil. El art. 35.1 LORPM dispone que igualmente, deberán comparecer la persona o personas a quienes se exija responsabilidad civil; aunque su inasistencia injustificada no será por sí misma causa de suspensión de la audiencia.

7.2.3 Asistencia del menor

La cuestión de la posibilidad de celebrar el juicio en ausencia del menor es objeto de fuerte debate doctrinal, aún no resuelto pacíficamente. Es claro que el menor imputado está obligado a asistir al acto de la audiencia, pero la duda surge a la hora de analizar si ante un incumplimiento de esta obligación cabe el enjuiciamiento *in absentia*. El caldo de cultivo de las dudas radica en el silencio que la LORPM guarda sobre este punto, declarando únicamente en su art. 35.1 que «la audiencia se celebrará con asistencia [...] del propio menor». Desde esta declaración, se ha considerado por un sector de la doctrina que la LORPM parte del axioma de que es imprescindible la presencia del menor en el acto de la vista oral.

Sin embargo, mayoritariamente se ha aceptado en determinados supuestos la posibilidad del juicio en rebeldía, siempre con respeto a las garantías previstas para el enjuiciamiento en ausencia de los adultos: que la medida no exceda de los límites previstos para el enjuiciamiento en ausencia y que se haya notificado al investigado advirtiéndole de la posibilidad de celebrar el juicio en rebeldía. En todo caso, de admitirse esta posibilidad habrán de entenderse admisible el recurso de anulación contra la sentencia, aplicando supletoriamente el art. 793.2 LECrim.

Esta es, en nuestra opinión, la interpretación más adecuada y es la asumida por la Circular 1/2007, que establece como conclusión la de que «los Sres. Fiscales deberán partir de que en orden a proteger el superior interés del menor, evitar dilaciones indebidas, neutralizar efectos revictimizantes y eludir daños a la Justicia es admisible la celebración del juicio en ausencia, respetando en todo caso las garantías que la LECrim exige». La Directiva (UE) 2016/800 parte de la admisibilidad de la celebración del juicio contra el menor en ausencia, si bien establece que «los Estados miembros velarán por que los menores que no estuvieran presentes en su propio juicio, tengan derecho a un nuevo juicio o a otro tipo de recurso judicial» (art. 16.2).

7.3 Vista oral

La puesta en escena de la vista no debe olvidar que el protagonista principal es un menor, por lo que será necesario utilizar esquemas antiformalistas y relajar las solemnidades inherentes a la función jurisdiccional. En esta misma línea se pronuncia la Circular FGE 1/2000.

Una vez iniciada la audiencia —en su sentido equivalente a juicio oral— no cabe acordar el sobreseimiento de la causa en base a las posibilidades desjudicializadoras reconocidas en la LORPM.

En cuanto al ejercicio de las facultades de policía de estrados, habrá de seguirse lo dispuesto en el art. 190 LOPJ que faculta al juez para mantener el orden en la Sala, «a cuyo efecto acordará lo que proceda», y amparar en sus derechos a los presentes.

La conformidad, con la correlativa asunción de responsabilidad del menor por la infracción cometida, puede tener una profunda significación educativa en armonía con los principios de la LORPM. Igualmente puede preservar el interés del menor, evitando el contenido estigmatizante de un juicio oral.

La LORPM parte de la capacidad de obrar procesal del menor sometido a expediente, como lo prueba el hecho de que no es preceptiva la asistencia al juicio de sus representantes legales. Por ello, la regla general ha de ser la de reconocer al menor capacidad para conformarse por sí. El art. 36.2 expresamente se refiere a la conformidad "prestada por el propio menor", que puede ser eficaz aun contra el criterio de su letrado. A partir de este esquema general, si en el caso concreto surgen dudas sobre las condiciones de madurez del menor y si se llega a la conclusión de que concurren o pueden concurrir déficits que impiden al mismo comprender la trascendencia del acto, no será posible dotar de eficacia a la conformidad prestada, ni aun cuando los padres o representantes estuvieren de acuerdo. Obviamente estos problemas no se presentan cuando la persona sometida a enjuiciamiento ya ha alcanzado los 18 años.

Pero es desde luego importante que se le expliquen al menor de forma comprensible los hechos que se le imputan y la entidad y alcance de la medida que se le solicita, así como los efectos de la conformidad, para evitar allanamientos únicamente motivados por un irreflexivo —y frecuente en la práctica— deseo del menor de poner fin cuanto antes al proceso.

La conformidad se regula en la LORPM en dos momentos procesales distintos: una conformidad preliminar, prevista en el art. 32, y una conformidad en la fase propiamente de audiencia, prevista en el art. 36. La conformidad preliminar tiene posibilidades operativas más limitadas, al no poder comprender medidas privativas de libertad.

El art. 32 permite, en los supuestos en los que no se solicite medida de internamiento, que el letrado, de consuno con el menor, muestre su conformidad, procediendo en tal caso tras una comparecencia, el dictado sin más trámite de la sentencia imponiendo la medida solicitada.

Comienzan las sesiones con la información al menor expedientado, en un lenguaje comprensible y adaptado a su edad, por parte del LAJ, de las medidas y responsabilidad civil solicitadas por el Ministerio Fiscal y, en su caso, la acusación particular y el actor civil, en sus escritos de alegaciones, así como de los hechos y de la causa en que se funden.

Tras esa información, conforme al art. 36.2 LORPM el juez preguntará al menor si se declara autor de los hechos y si está de acuerdo con las medidas solicitadas y con la responsabilidad civil. Si mostrase su conformidad con dichos extremos, oídos el letrado del menor y la persona o personas contra quienes se dirija la acción civil, el juez podrá dictar resolución de conformidad. Si el letrado no estuviese de acuerdo con la conformidad prestada por el propio menor, el juez resolverá sobre la continuación o no de la audiencia, razonando esta decisión en la sentencia.

La posibilidad de control jurisdiccional de la conformidad se asume implícitamente en el art. 36 al expresar que ante el acuerdo «el juez podrá dictar resolución de conformidad», es decir, el juez, a la inversa, podrá no dictarla si entiende que la conformidad no se ajusta a la legalidad. También devendrá aplicable el último inciso del art. 787.5 LECrim, según el cual «no vinculan al juez...las conformidades sobre la adopción de medidas protectoras en los casos de limitación de la responsabilidad penal» entendiendo por tales las medidas de internamiento terapéutico y tratamiento ambulatorio.

Si son varios los menores contra los que se dirige el proceso, habrá de entenderse, por aplicación supletoria del art. 697 LECrim, que solo será posible la conformidad si todos ellos la prestan. En otro caso la audiencia habrá de celebrarse para todos.

Cuando el menor o la persona contra quien se dirija la acción civil no estuvieren conformes con la responsabilidad civil solicitada, se sustanciará el trámite de la audiencia sólo en lo relativo a este extremo.

La conformidad parcial se regula en el art. 36.3 LORPM, cuando el menor esté de acuerdo con los hechos, pero no con la medida solicitada. En estos casos la conformidad tendrá una eficacia limitada a los hechos, continuando el trámite de la audiencia sólo en lo relativo a la valoración de la medida adecuada.

El art. 37 regula la fase de audiencia, que se dividirá a su vez en: 1) debate preliminar; 2) práctica de la prueba; 3) ratificación o modificación de las conclusiones; 4) informe oral de las partes y 5) última palabra del menor.

El juicio propiamente dicho, una vez descartada la posibilidad de conformidad, se inicia con una fase similar a la que en el procedimiento abreviado de adultos se conoce como de cuestiones previas, reguladas en el art. 786.2 LECrim en torno a un turno de intervenciones en el que las partes pueden exponer lo que consideren conveniente en relación con: a) la competencia; b) la vulneración de derechos fundamentales; c) la existencia de artículos de previo pronunciamiento; d) causas de suspensión del juicio oral; e) nulidad de actuaciones y f) contenido y finalidad de las pruebas propuestas o de las que puedan proponerse en el acto.

El art. 37 LORPM limita el contenido de estas cuestiones previas, ciñéndolo a alegaciones sobre violación de derechos y proposición de nueva prueba. Entendemos, no obstante, que cabría plantear en este trámite además de las cuestiones expresamente previstas, las que se contienen en el art. 786.2 LECrim, y por tanto, también los denominados artículos de previo pronunciamiento regulados en el art. 666 LECrim.

La LORPM permite al juez poner de manifiesto a las partes la posibilidad de aplicar distinta calificación o distinta medida de las que hubieran solicitado las partes. Este supuesto guarda gran parecido con la denominada doctrinalmente "tesis" —regulada en el art. 733 LECrim y, en cierto modo, en el art. 788.3 LECrim para el procedimiento abreviado—. La lógica procesal se ve sin embargo perturbada en el sistema de la LORPM al permitirse al juez hacer uso de esta tesis al comienzo de las sesiones, cuando —teóricamente— el mismo no ha podido formarse una convicción sobre los hechos ni sobre el Derecho. La Circular FGE 9/2011 exhorta a los fiscales como regla general a posponer el informe sobre la tesis a un momento procesal ulterior, en el que, una vez practicada toda la prueba, se esté en disposición de formular las alegaciones definitivas.

En cuanto a la práctica de la prueba, la falta de regulación en la LORPM ha de suplirse de conformidad con su disposición final primera acudiendo a las disposiciones de la LECrim. La Circular FGE 1/2000 ordena a los fiscal «velar porque el orden de la actividad probatoria se acomode al superior interés del menor» instando del juez a alterar el orden probatorio cuando así lo considere conveniente para el mayor esclarecimiento de los hechos o para el más seguro descubrimiento de la verdad, conforme al art. 701 LECrim.

El párrafo 3º del art. 37 LORPM permite adoptar las medidas previstas en la LO 19/1994 de protección a peritos y testigos en causas criminales.

Será relativamente frecuente que se cite a declarar a personas mayores de edad imputadas por los mismos hechos en un proceso penal de adultos. En estos supuestos parece claro que la citación habrá de hacerse en calidad de testigos, si bien deberá reconocérseles su derecho a no declarar contra sí mismos y a no declararse culpables, con lo que nos encontraremos ante un testimonio *sui generis*. En este punto reviste especial interés la Consulta FGE 1/2000 sobre declaración del ya condenado en el enjuiciamiento posterior de otros copartícipes.

En relación con el interrogatorio del menor acusado, la LORPM no introduce ninguna especialidad, si bien del articulado se desprende un principio general que impone la necesidad de emplear un lenguaje comprensible.

El art. 37.4 LORPM autoriza que el juez, de oficio o a instancia de parte acuerde que el menor abandone la sala durante la práctica de la prueba, siempre que su interés lo aconseje. El criterio rector que debe presidir el acuerdo para el abandono del menor de la Sala de audiencias debe ser el "interés del menor". La resolución habrá de ser motivada, no siendo susceptible de impugnación autónoma, sino que solamente podría atacarse consignando la protesta en acta e interponiendo recurso de apelación contra la sentencia de fondo. La Circular FGE 9/2011 considera que es conveniente promover la utilización de estas facultades previstas para que, en interés del menor, éste no esté presente durante la lectura, ampliación o aclaraciones del informe del Equipo Técnico, si por las circunstancias concurrentes en el caso concreto, la toma de conocimiento por parte del menor de su contenido pudiera resultarle perjudicial.

El art. 37.2 LORPM dispone que se oirá al Equipo Técnico sobre las circunstancias del menor y sobre la procedencia de las medidas. Es claro, pese al silencio de la Ley que el fiscal, la defensa y el juez podrán hacer preguntas al Equipo sobre el informe elaborado para aclarar o ampliar los puntos del mismo.

Tampoco hay en el procedimiento de menores especialidades en cuanto a la valoración de la prueba, por lo que en virtud de la cláusula de supletoriedad de la disposición final primera habrá de aplicarse la teoría de la prueba elaborada en el Derecho Procesal Penal común, con plena vigencia de los principios de presunción de inocencia, de libre valoración y del *in dubio pro reo*. En todo caso debe huirse de la tentación —presente en ocasiones en esta subjurisdicción— de relajar el estándar probatorio propio de la jurisdicción de adultos. En el ámbito penal —y éste, reiteramos, es un ámbito penal— la sentencia condenatoria requiere como *conditio sine qua non* una prueba de cargo más allá de cualquier duda razonable. El principio del interés del menor en ningún caso puede servir de coartada para suplir omisiones probatorias o minimizar las exigencias derivadas de la presunción de inocencia. En este sentido, se pronunció la STC 211/1993 [*Tol 82233*] Esta doctrina ya se ha aplicado por ejemplo en cuanto a la valoración del testimonio del coimputado como prueba de cargo, trasladando los mismos criterios que se utilizan en Derecho procesal de adultos (STC 30/2005 [*Tol 579128*]).

Podrá el juez de menores practicar prueba de oficio, en los supuestos previstos en el art. 729 LECrim.

Terminada la práctica de la prueba, el juez requerirá a la acusación y a la defensa para que manifiesten si ratifican o modifican las conclusiones de los escritos inicialmente presentados (por aplicación supletoria del art. 788.3 LECrim). Cuando se cambie la tipificación penal de los hechos o se aprecie un mayor grado de participación o de ejecución o circunstancias de agravación, el juez podrá considerar un aplazamiento de la sesión, hasta el límite de diez días, a petición de la defensa, a fin de que ésta pueda aportar los elementos probatorios y de descargo que estime convenientes (art. 788.4 LECrim).

Finalmente, el fiscal y las demás partes informarán oralmente sobre la valoración de la prueba, su calificación jurídica y la procedencia de las medidas propuestas; sobre este último punto, se oirá también al Equipo Técnico. El informe de las partes civiles debe ceñirse a los derechos que le asisten.

El inciso último del art. 37.2 LORPM dispone que «por último, el juez oirá al menor». Se trata de lo que doctrinalmente se denomina derecho a la última palabra. La STC 3/2006 [*Tol 817399*] se ha pronunciado sobre este derecho dentro del proceso penal de menores, declarando aplicables los criterios acuñados ya respecto de los adultos, afirmando que aunque no se solicite por el propio recurrente o por su asistencia letrada el órgano judicial sigue teniendo el deber de ofrecer esta garantía y subrayando su importancia como manifestación del derecho de autodefensa, hasta el punto de que su omisión supone una violación del derecho de defensa y conlleva la declaración de nulidad.

En relación con las posibilidades de suspensión de las sesiones del juicio, habrá de acudirse para determinar el cuadro de las causas de suspensión a las disposiciones de la LECrim supletoriamente aplicables (art. 746 LECrim).

En cuanto a la publicidad de las sesiones del juicio, la LORPM opta por el principio general de que las sesiones, salvo resolución expresa en contrario, serán públicas, permitiéndose por consiguiente el acceso a la sala de vistas de los ciudadanos en general. Sin embargo, la posibilidad de excepcionar la publicidad se establece en términos de gran amplitud. Así, «el juez podrá acordar, en interés de la persona imputada o de la víctima, que las sesiones no sean públicas» (art. 35 LORPM). La Circular FGE 9/2011 declara al respecto que la decisión sobre la celebración a puerta cerrada requiere una resolución motivada con referencia al caso concreto.

La Directiva (UE) 2016/800 declara al respecto que los Estados miembros establecerán que las vistas en que participen menores se celebren, por regla general, sin presencia de público o permitirán a los órganos jurisdiccionales decidir que esas vistas se celebren sin presencia de público. (art. 14.2).

El segundo inciso del art. 35.2 LORPM establece una prohibición absoluta: «en ningún caso se permitirá que los medios de comunicación social obtengan o difundan imágenes del menor ni datos que permitan su identificación». La Circular FGE 9/2011 considera que esta prohibición es también aplicable a los supuestos en que el investigado hubiere alcanzado ya la mayoría de edad, aunque si la inmisión se hubiera consumado alcanzada la mayoría de edad, habrá de entenderse que el fiscal carece de legitimación para promover acciones de protección a la intimidad y a la propia imagen. 2889

La identificación del menor infractor en los medios de comunicación traería consigo el riesgo de estigmatización y de correlativa puesta en peligro del objetivo de la reinserción. La Instrucción FGE 3/2005 aborda la interpretación de esta prohibición, armonizándola con la atribución al fiscal de la facultad de informar a la opinión pública. En esta misma línea, el art. 14 de la Directiva 2016/800, partiendo del respeto a la libertad de expresión y de información de los medios de comunicación, dispone la necesidad de que los Estados aliente a los medios a tomar las medidas de autorregulación que sean adecuadas para proteger los derechos de los menores.

8. SENTENCIA Y RECURSOS

Tratando de implementar el principio de celeridad, el art. 38 LORPM prevé un plazo para dictar sentencia tras la finalización de la vista de cinco días.

El contenido de la sentencia se rige por las previsiones de la LOPJ. El art. 39 LORPM especifica que la sentencia resolverá sobre la medida o medidas propuestas, con indicación expresa de su contenido, duración y objetivos a alcanzar con las mismas. La sentencia será motivada, consignando expresamente los hechos que se declaren probados y los medios probatorios de los que resulte la convicción judicial. En la misma sentencia se resolverá sobre la responsabilidad civil derivada del delito o falta, con el contenido indicado en el art. 115 del Código Penal.

Se prevé también la posibilidad de anticipar oralmente el fallo al término de las sesiones de la audiencia.

La LORPM exhorta al juez —"procurará"— a expresar sus razonamientos en un lenguaje claro y comprensible para la edad del menor.

Se plantea si cabe imponer las costas generadas por la acusación particular y el actor civil. Podría defenderse que la falta de mención a la condena en costas supone la inaplicación pura y simple de su régimen. Se trata de una cuestión que debía haberse solucionado por el legislador, que pese a haber sido advertido de ello por el Consejo Fiscal, guardó silencio. En nuestra opinión debe entenderse comprendida, por aplicación supletoria de la LECrim, la posibilidad de la condena en costas del menor, incluyendo los honorarios de la acusación particular salvo que las pretensiones de la misma hubieran sido
2890 manifiestamente desproporcionadas, erróneas o heterogéneas en relación a las acogidas en la sentencia. También, en su caso, habrían de incluirse en las costas los honorarios del letrado del actor civil. La Circular FGE 9/2011 en su conclusión XII.8 asume esta interpretación y declara que «los menores declarados penalmente responsables conforme a la LORPM, deben ser igualmente condenados en costas conforme a lo dispuesto en el art. 240.2 LECrim, incluyendo, en su caso, las de la acusación particular».

El art. 41 LORPM prevé un recurso de apelación contra la sentencia dictada por el juez de menores. Conforme a la Disposición final primera LORPM el recurso de apelación se regirá supletoriamente por las disposiciones previstas en los arts. 790 a 792 LECrim, con las especialidades establecidas en el art. 41 LORPM.

La competencia para conocer de la apelación corresponde a las Audiencias Provinciales. Las singularidades más relevantes son las de que el plazo para la interposición del recurso se rebaja a 5 días frente a los 10 previstos para el procedimiento abreviado, y la de que es preceptiva la celebración de vista.

Es de especial importancia la Circular FGE 1/2018 sobre algunas cuestiones que suscita la nueva regulación de la segunda instancia en materia penal, que en su conclusión 18ª dispone que «las pautas que se imparten en el presente documento son aplicables, *mutatis mutandis*, al proceso penal de menores».

El recurso de casación para unificación de doctrina se regula en el art. 42 LORPM. La FGE interpreta este recurso en sus Circulares 1/2000, 1/2007 (apartado X) y 9/2011 (apartado VII). La Circular 9/2011 declara que la casación para unificación de doctrina sólo se concibe frente a sentencias condenatorias, no siendo posible articularla frente a sentencias absolutorias y que tampoco es posible recurrir una sentencia a fin de sustituir sus aspectos parcialmente absolutorios por una condena. Ya la Circular 1/2000 advertía que «respecto de la aplicación del CP, habrá de jugar toda la jurisprudencia emanada de la Sala Segunda del Tribunal Supremo al interpretar los tipos penales y sus requisitos. Todo este cuerpo jurisprudencial es plenamente aplicable a la materia de menores».

La competencia para conocer de este recurso recae en la Sala Segunda del Tribunal Supremo. Son recurribles en casación las sentencias dictadas en apelación por la Audiencia Nacional y por las Audiencias Provinciales cuando se hubiere impuesto una de las medidas a las que se refiere el art. 10. Desarrolla este punto la la Circular 1/2007, que además, respecto del objeto del recurso, dispone que «tendrá por objeto la unificación de doctrina con ocasión de sentencias dictadas en apelación que fueran contradictorias entre sí, o con sentencias del Tribunal Supremo, respecto de hechos y valoraciones de las circunstancias del menor que, siendo sustancialmente iguales, hayan dado lugar, sin embargo, a pronunciamientos distintos. [...] En todo caso, hay que subrayar que el legislador se está refiriendo más que a supuestos de igualdad sustancial de las personas, que es imposible encontrarla en su literalidad, a similitud de valoraciones de las circunstancias del menor». 2891

La tramitación se rige por lo dispuesto en el apartado tercero del art. 42 LORPM: «el recurso podrá prepararlo el Ministerio Fiscal o cualquiera de las partes que pretenda la indicada unificación de doctrina dentro de los diez días siguientes a la notificación de la sentencia de la Audiencia Nacional o Provincial, en escrito dirigido a la misma».

El escrito de preparación deberá contener una relación precisa y circunstanciada de la contradicción alegada, con designación de las sentencias aludidas y de los informes en que se funde el interés del menor valorado en sentencia. Podrá prepararlo el Ministerio Fiscal o cualquiera de las partes que pretenda la indicada unificación de doctrina dentro de los diez días siguientes a la notificación de la sentencia de la Audiencia Nacional o Provincial, en escrito dirigido a la misma.

La fase de interposición y de sustanciación tiene lugar ante la Sala Segunda del Tribunal Supremo, siendo de aplicación lo dispuesto en la Ley de Enjuiciamiento Criminal, en cuanto resulte aplicable.

En cuanto a los efectos de la sentencia casacional, como establece la Circular FGE 1/2007 habrá de entenderse de aplicación lo dispuesto en los arts. 900 a 906 de dicha Ley, *mutatis mutandis*, con la especialidad consistente en que esa sentencia tendrá efectos normativos de unificación de doctrina, dada la naturaleza del recurso, sin que sea necesaria una segunda sentencia en el mismo sentido para apreciar la existencia de jurisprudencia.

El Acuerdo de Pleno no Jurisdiccional, Sala 2ª, de 13 de marzo de 2013 declaró que la estimación de un recurso de casación para unificación de doctrina solo incidirá en la situación concreta decidida por la sentencia recurrida si es favorable al menor. Siguen este criterio las SSTS 6/02/2018 [*Tol 6508915*], 3/02/2003 [*Tol 4928016*] y de 7/11/2002 [*Tol 4976653*]: produce efectos en favor del menor afectado pero no en contra, y los modelos que han de ser tenidos en cuenta, para la interpretación de los puntos que en la regulación legal han quedado oscuros o insuficientemente resueltos han de ser, de una parte, el recurso para unificación de doctrina regulado en el art. 216 y ss. del texto refundido de la Ley de Procedimiento Laboral y, de otra, el recurso de revisión regulado en los arts. 954 y ss. LECrim.

2892 En nuestra opinión, el recurso de casación favorable al menor debe tener incidencia directa en el concreto asunto. Deberá tener incidencia indirecta en otros procedimientos distintos en los que sea de aplicación la doctrina sentada a través de las posibilidades que brindan los arts. 14 y 51 LORPM. El recurso de casación desfavorable al menor no tendrá incidencia ni en el asunto concreto ni en otros asuntos análogos resueltos ya por sentencia. En este mismo sentido se pronuncia la Circular FGE 1/2000.

Los pronunciamientos civiles de las sentencias dictadas en el proceso de menores no pueden ser atacados mediante el recurso de casación.

9. LA FASE DE EJECUCIÓN

9.1 Introducción

Es la última fase del procedimiento y en la que, en definitiva, se va a tratar de dar cumplimiento a los fines de la legislación penal de menores cuyo fin es la superación de los factores adversos que condujeron al menor hacia comportamientos delictivos. La LORPM dedica un Título, el VII, (*De la ejecución de las medidas*) íntegramente a la materia y remite al reglamento el desarrollo en detalle de la misma. Este Título VII se divide a su vez en tres capítulos: el I, dedicado a las disposiciones generales, el II a las reglas para la ejecución de las medidas en general y el III a las reglas especiales para la ejecución de las medidas privativas de libertad.

La LORPM se centra fundamentalmente en la ejecución de las medidas privativas de libertad, dejando la materia de la ejecución de medidas en régimen abierto reducida a una serie de principios generales.

El RLORPM dedica la mayor parte de su articulado a regular la ejecución de las medidas, estableciendo en su art. 6 una serie de principios generales inspiradores de la ejecución de las medidas en general, que tiene por destinatarios a los profesionales, organismos e instituciones encargadas de la ejecución de las medidas.

También como pórtico de todo el desarrollo reglamentario, el art. 7 RLORPM dispone que «los menores y los jóvenes gozarán durante la ejecución de las medidas de los derechos y libertades que a todos reconocen la Constitución, los tratados internacionales ratificados por España y el resto del ordenamiento jurídico vigente, a excepción de los que se encuentren expresamente limitados por la ley, el contenido del fallo condenatorio o el sentido de la medida impuesta».

El principio de legalidad en la ejecución aparece expresamente recogido en el art. 43 LORPM, que declara que las medidas solamente podrán ejecutarse en la forma prevista en la Ley y en los reglamentos que la desarrollen.

La jurisdiccionalidad deriva del art. 43 LORPM, que en su primer apartado exige una sentencia firme como presupuesto para la ejecución de cualquier tipo de medida establecida en la Ley, y del art. 44 LORPM, que dispone que «la ejecución de las medidas previstas en esta Ley se realizará bajo el control del juez de menores». A continuación, el mismo precepto, otorga un listado de competencias al juez concretando el ejercicio de esa potestad de control que le atribuye la LORPM, debiendo entenderse que tal listado es meramente *ad exemplum*, como subraya la Circular FGE 1/2000.

El juez de menores asume además de las competencias generales de ejecución como órgano sentenciador, las competencias que el juez de vigilancia penitenciaria tiene en materia de ejecución de penas.

Los incidentes que puedan surgir durante la ejecución deben resolverse con respeto a estos principios y así el art. 44.1 LORPM especifica que el juez resolverá «oídos el Ministerio Fiscal, el letrado del menor y la representación de la entidad pública que ejecute».

La ejecución material de las medidas se atribuye a las Comunidades Autónomas y a las Ciudades de Ceuta y Melilla. La competencia territorial vendrá dada por la ubicación del juez de menores que hubiere impuesto la medida. También se prevé en la LORPM la posibilidad de colaboración de instituciones privadas en la ejecución.

El principio de flexibilidad es clave en la fase de ejecución, permitiendo preservar el interés del menor y procurando adecuar la reacción frente al delito a las concretas circunstancias actuales del menor. La LORPM prevé la posibilidad de la suspensión de la ejecución del fallo (art. 40), la cancelación —no condicional— de la medida y la sustitución, en cualquier momento del curso de su ejecución (art. 51).

9.2 Actuaciones de ejecución

La primera actuación a practicar dentro de la ejecución será la remisión de la correspondiente comunicación al Registro para que se proceda a la anotación de la condena. A estos efectos habrá de tenerse en cuenta el RD 232/2002 por el que se regula el Registro de Sentencias sobre Responsabilidad Penal de los Menores. Su art. 3 recoge el contenido de la inscripción, y el art. 4 obliga a los Tribunales a remitir la comunicación dentro de los 10 días siguientes a la firmeza de la sentencia.

La liquidación es la actuación previa a realizar antes del inicio de la ejecución, una vez declarada la firmeza de la sentencia y aprobado el programa de ejecución de la medida impuesta. La competencia para su práctica se atribuye al LAJ de la Sección competente del TI, si bien debe ser aprobada por auto del juez. En la liquidación se concreta el día inicial y el final de la medida, teniendo en cuenta para ello el tiempo de duración fijado en sentencia, al que deberá restarse los períodos de medidas cautelares cumplidas y que resulten abonables conforme al art. 28.5 LORPM.

La LORPM se limita a decir que «se notificará al Ministerio Fiscal el inicio de la ejecución, y al letrado del menor si así lo solicitara del juez de menores». El RLORPM es más preciso al establecer en el art. 10.1 *in fine* que «una vez aprobada la liquidación por el juez, previo informe del Ministerio Fiscal y del letrado del menor, se comunicará a la entidad pública competente».

El art. 10 RLORPM regula cuál debe ser a efectos de la liquidación la fecha de inicio respecto de cada una de las medidas.

El juez debe abrir un expediente de ejecución, que será el cauce formal por el que discurran las incidencias que durante esta fase tengan lugar, en equivalencia con la denominada "ejecutoria" propia del procedimiento de adultos. Este expediente deberá incorporar un testimonio de la sentencia a ejecutar.

Las Comunidades Autónomas adquieren un decisivo protagonismo en esta fase y coherentemente, antes de iniciar el ejercicio de sus competencias habrán de serle remitidos por el juez la liquidación y el testimonio de particulares que el juez considere necesario y que deberá incluir los informes técnicos que obren en la causa.

La primera actuación de la entidad pública será la de designar de forma inmediata un profesional que se responsabilizará de la ejecución de la medida —caso de que se trate de medida en medio abierto— o el centro más adecuado para su ejecución de entre los más cercanos al domicilio del menor en los que existan plazas disponibles —para el caso de que la medida sea de internamiento—.

En cuanto al cambio del centro inicialmente designado, la LORPM establece que «requerirá en todo caso la aprobación del juez de menores y en cuanto a su fundamentación sólo podrá basarse en el interés del menor de ser alejado de su entorno familiar y social». Este último inciso parece abonar la interpretación de que cuando el traslado de centro no implique alejamiento del entorno familiar y social no será necesaria la autorización judicial. En todo caso, la designación inicial de centro es competencia de la Administración y no del juez de menores.

El inciso final del art. 46.3 LORPM dispone que en todo caso los menores pertenecientes a una banda, organización o asociación no podrán cumplir la medida impuesta en el mismo centro, debiendo designárseles uno distinto, aunque la elección del mismo suponga alejamiento del entorno familiar o social.

El art. 48 LORPM regula el expediente personal del ejecutoriado, cuya llevanza compete a la entidad pública y que se tramita por menor y no por hecho. Este expediente se integraría por los informes del menor, las resoluciones judiciales y el resto de la documentación generada durante la ejecución. Por tanto, cada menor infractor, aparte de los expedientes que genere por cada hecho, dará lugar a tres expedientes personales: uno en fiscalía, otro en la Sección de Menores y otro en la entidad pública. El art. 12 RLORPM detalla todo lo relativo a este expediente personal.

9.3 Revisión de medidas

Los informes sobre la ejecución se regulan en el art. 49 LORPM. El denominado principio de flexibilidad, —que conlleva la posibilidad de cancelar, sustituir o modificar la medida, atendiendo a la evolución del ejecutoriado al modo como se ejecutan las medidas de seguridad, subordinadas en su propia existencia al pronóstico de futuro— hace que uno de los elementos esenciales de la ejecución venga integrado por la necesidad de que la entidad que materialmente cumplimenta las medidas vaya emitiendo informes en los que se ponga de manifiesto la evolución del menor con el fin de adaptar la medida a las necesidades del mismo.

Estos informes, pues, tienen como finalidad inmediata la de poner en conocimiento de los operadores jurídicos la situación en cada momento del menor y el impacto que en sus condiciones psico-socio-educativas está teniendo la medida, y como finalidad última la de posibilitar al juez adoptar las resoluciones pertinentes para que la ejecución se adapte al interés del menor (vid. arts. 14 y 51 LORPM), dentro de los límites legales —previstos para los delitos más graves—.

La elaboración de estos informes corresponde a la entidad pública que se está encargando de la ejecución, y los destinatarios son, en todo caso, el juez y el fiscal, y, previa petición, el abogado del menor. El art. 13.6 RLORPM dispone que una copia de los informes de seguimiento y final se remitirá también al letrado que acredite ser el defensor del menor y lo solicite de forma expresa a la entidad pública.

La periodicidad de los informes es absolutamente imprescindible para poder aplicar adecuadamente el principio de flexibilidad y para evitar una ejecución rutinaria por mimetismo con la de la pena en el proceso penal de adultos. La ejecución debe adaptarse a la evolución del menor, a modo de una ejecución "a la medida".

La facultad revisora del juez de menores consiste en la posibilidad de cancelar, reducir o sustituir las medidas impuestas en sentencia firme. Es la plasmación del principio de flexibilidad en la ejecución, y el legislador le da tal relevancia que incluso, le dedica dos artículos distintos con un contenido muy parecido. Esta facultad revisora va más allá del enunciado genérico del art. 51, pues no sólo permite la sustitución sino también la reducción de la duración y la cancelación pura y simple de la misma. La cancelación anticipada tiene el límite de los períodos de seguridad previstos en el art. 10 LORPM.

No debe olvidarse que además de esta facultad revisora, el juez de menores tiene otra posibilidad previa derivada de este principio de flexibilidad, consistente en la facultad de acordar la suspensión de la ejecución de la medida impuesta por sentencia firme, siempre que concurran los requisitos previstos en el art. 40 LORPM.

En todo caso, esta facultad revisora nunca puede suponer una *reformatio in peius*, ni desde el punto de vista cuantitativo —expresamente se dice en cuanto a la extensión de la nueva medida que lo será «por tiempo igual o inferior al que reste para su cumplimiento»— ni desde el punto de vista cualitativo.

La revisión se sustancia a través de un incidente que se encauza en el propio expediente de ejecución. La iniciación puede tener lugar de oficio por el juez o a instancia del Ministerio Fiscal, del letrado del menor o de la Administración competente. Se confiere por tanto legitimación directa a la Administración, correctamente a nuestro juicio, —teniendo en cuenta que es la entidad con un conocimiento más profundo y cercano a las circunstancias del menor ejecutoriado— pero sin duda de forma descoordinada con lo dispuesto en el art. 49.2, en cuanto en este precepto se prevé que la Administración en estos casos, solicite del fiscal que éste a su vez promueva la revisión.

Una vez iniciado el incidente, habrá de darse audiencia a las partes —lógicamente excluyendo la proponente— y al Equipo Técnico y a la representación de la entidad pública de protección o reforma de menores, para posteriormente resolver mediante auto motivado.

La conciliación, de nuevo en fase de ejecución, tiene un importante papel, al permitir que si se produce el acuerdo del art. 19 LORPM entre el infractor y la víctima, se deje sin efecto la medida impuesta (art. 51.3 LORPM). Para llegar a la solución de la cancelación de la medida también será necesario que el propio acto de conciliación y el tiempo de duración de la medida ya cumplido «expresen suficientemente el reproche que merecen los hechos cometidos por el menor». El art. 15 RLORPM desarrolla la regulación de la revisión de la medida por conciliación.

El auto que resuelve el incidente será susceptible de reforma y apelación.

9.4 Suspensión de la ejecución del fallo

El art. 40 LORPM prevé la posibilidad de que el juez competente para la ejecución acuerde la suspensión de la ejecución del fallo contenido en la sentencia, cuando la medida impuesta no sea superior a dos años de duración. La suspensión puede acordarse en la propia sentencia o por auto.

Si las condiciones a las que se subordina la suspensión no se cumplen, el juez alzará la suspensión y procederá a ejecutar la sentencia. En nuestra opinión, si la suspensión se concede o se deniega mediante auto, cabrá contra el mismo interponer recurso de reforma y/o apelación. Si la suspensión se concede o se deniega en la propia sentencia, contra la misma cabrá recurso de apelación. Contra el auto en el que se revoque la suspensión cabrá reforma y apelación.

El art. 102. b) LORPM establece límites a la suspensión, para delitos de máxima gravedad cometidos por menores de 16 y 17 años.

9.5 Conversión del internamiento semiabierto en cerrado

Conforme al apartado segundo del art. 51 LORPM si la medida impuesta es la de internamiento en régimen semiabierto y el menor evoluciona desfavorablemente, el juez de menores podrá sustituirla por la de internamiento en régimen cerrado, cuando el hecho delictivo por la que se impuso sea alguno de los previstos en el art. 9.2 de esta Ley.

Al respecto, la Circular FGE 1/2007 dispone que «aunque no se establecen expresamente los cauces procedimentales para operar esta sustitución [...], será en todo caso necesario abrir un incidente en el que se de audiencia tanto al fiscal como al ejecutoriado y a su letrado, debiendo resolverse mediante auto debidamente motivado (art. 44.1 LORPM), y susceptible de recurso tanto de reforma como de apelación (art. 41 LORPM)».

2898

9.6 Quebrantamiento

En caso de quebrantamiento el juez de menores remitirá testimonio de los particulares relativos al quebrantamiento de la medida al Ministerio Fiscal —como órgano instructor— por si el hecho fuese constitutivo de delito. Estos nuevos hechos darán lugar, en su caso, a un nuevo expediente.

Conforme al art. 50.2 LORPM si la medida quebrantada no fuere privativa de libertad, el Ministerio Fiscal podrá instar del juez de menores la sustitución de aquélla por otra de la misma naturaleza. Excepcionalmente, y a propuesta del Ministerio Fiscal, oídos el letrado y el representante legal del menor, así como el Equipo Técnico, el juez de menores podrá sustituir la medida por otra de internamiento en centro semiabierto, por el tiempo que reste para su cumplimiento.

Interpreta este precepto desde una perspectiva garantista la Circular 1/2009 FGE, *sobre la sustitución en el sistema de justicia juvenil de medidas no privativas de libertad por la de internamiento en centro semiabierto, en supuestos de quebrantamiento*.

9.7 Regresión en la modalidad del internamiento

Conforme al apartado segundo del art. 51 LORPM cuando el juez de menores haya sustituido la medida de internamiento en régimen cerrado por la de internamiento en régimen semiabierto o abierto, y el menor evolucione desfavorablemente, previa audiencia del letrado del menor, podrá dejar sin efecto la sustitución, volviéndose a aplicar la medida sustituida de internamiento en régimen cerrado.

El juez resolverá por auto motivado, contra el cual se podrán interponer los recursos de reforma y apelación.

9.8 Acumulaciones y refundiciones

Cuando la simultaneidad sea posible, corresponde al juez de menores que dictó la última sentencia firme ordenar esta modalidad de ejecución de la pluralidad de medidas concurrentes.

El art. 47 LORPM aborda la regulación de la acumulación de medidas. El principio de flexibilidad y del interés del menor tiene gran operatividad en estos supuestos. Esta materia es desarrollada de forma detallada por el art. 11 RLORPM.

La LORPM establece una serie de reglas para ordenar la ejecución de las medidas plurales cuando no puedan cumplirse simultáneamente. Las medidas de internamiento tienen preferencia y así habrán de cumplirse *antes que las medidas no privativas de libertad*, interrumpiendo *las que se estuvieren ejecutando que fueran de esta última naturaleza*. Las medidas de internamiento terapéutico tienen preferencia sobre cualquier otra medida, preferencia que se basa en los presupuestos de su imposición y en la propia especificidad de su contenido y finalidad. Las otras medidas impuestas quedan en suspenso hasta la finalización de ésta sin perjuicio de las posibilidades del juez, conforme al art. 14 LORPM de sustituir, modifica o cancelarlas teniendo especialmente en cuenta los resultados del tratamiento.

Cuando concurran varias medidas de la misma naturaleza se cumplirán *por orden cronológico de firmeza de las respectivas sentencias*. El RLORPM dispone en su art. 11.4 que cuando concurran varias medidas de internamiento, definitivas o cautelares, de diferente régimen, se cumplirá antes la de régimen más restringido y, en su caso, se interrumpirá la de régimen menos restringido que se estuviera ejecutando, salvo que el juez de menores haya dispuesto otro orden.

El art. 47 LORPM permite al juez la alteración de las previsiones sobre orden de cumplimiento, *cuando así lo hiciere aconsejable el interés del menor.* El procedimiento para la tramitación de este incidente requeriría la audiencia del fiscal y del letrado del menor, informe del Equipo Técnico y finalmente, auto motivado del juez. Aunque la Ley no lo dice, este incidente podría iniciarse tanto de oficio como a petición de cualquiera de las partes.

Cuando concurran medidas impuestas por la LORPM y penas impuestas por el CP, si es posible, medida y pena se cumplen de forma simultánea. No siendo posible la ejecución simultánea, se cumplirá la sanción penal, quedando sin efecto la medida impuesta conforme a la LORPM, salvo que se trate de una medida de internamiento y la pena impuesta sea de prisión y deba efectivamente ejecutarse. En este último caso, a no ser que el juez de menores adopte alguna de las resoluciones previstas en el art. 13 —cancelación, modificación, sustitución—, la medida de internamiento terminará de cumplirse en el centro penitenciario en los términos previstos en el art. 14, y una vez cumplida se ejecutará la pena.

Conforme a la Circular FGE 9/2011 «las acumulaciones y refundiciones previstas en la LORPM deben promoverse de oficio. Si el juez de menores no
2900 lleva a cabo de oficio la acumulación, habrá de instarse la misma, exigiendo un pronunciamiento expreso, interponiendo, en su caso, los correspondientes recursos».

En nuestra opinión frente a la respuesta del juez de menores, sea en forma de auto o de providencia, cabrá interponer reforma y apelación.

Son de especial interés los pronunciamientos sobre acumulaciones contenidos en la Circular 1/2017.

9.9 Reglas especiales para la ejecución de las medidas privativas de libertad

La LORPM regula con detalle la ejecución de estas medidas, que por su potencialidad lesiva para los derechos fundamentales requiere, si cabe, una mayor dosis de seguridad jurídica. El RLORPM desarrolla la materia en sus art. 23 y ss, especificando el contenido de cada una de las distintas modalidades de internamiento.

Para la Circular FGE 1/2000, la ausencia respecto de la legislación penitenciaria de una norma similar a la contenida en la Disposición final primera LORPM —remisión al CP y a la LECrim para colmar lagunas—, impide la aplicación supletoria de la Ley Orgánica General Penitenciaria en cuanto suponga restricciones de derechos que no estén expresamente contempladas y determinadas en la LORPM.

Al igual que ocurre en la legislación penitenciaria, el menor interno entabla con la Administración encargada de la ejecución una relación de sujeción especial, que se concreta en una tabla de derechos y deberes —y correlativos deberes y derechos de la Administración—. Su enumeración la encontramos en los arts. 56 y 57 LORPM. Esta relación de sujeción se encuentra tamizada por el principio de resocialización, finalidad última de las medidas, con una intensidad que excede de la filosofía que inspira a las penas. Si el art. 25 CE declara que las penas privativas de libertad y las medidas de seguridad estarán orientadas hacia la reeducación y reinserción social, el art. 55 LORPM va aún más lejos, al declarar que «la vida en el centro debe tomar como referencia la vida en libertad, reduciendo al máximo los efectos negativos que el internamiento pueda representar para el menor o para su familia».

Los letrados de los menores internos en centros pueden visitarlos los días que consideren oportunos, si bien deben anunciarlo con antelación la comunicación, a fin de que el centro fije la hora, y en su caso, el lugar. La atribución para fijar la hora concreta en la que deba llevarse a cabo la entrevista corresponde al centro de internamiento. No tiene cobertura legal ni reglamentaria la limitación temporal de la entrevista, pudiendo infringir el derecho de defensa (vid. Circular FGE 9/2011).

La necesidad de mantener el buen orden regimental exige el establecimiento de un sistema de sanciones como reacción frente al incumplimiento de los deberes de los menores internos. Como garantía para los mismos, es necesario que la ley determine cuales son las sanciones imponibles, así como los principios del procedimiento sancionador. La LORPM aborda esta materia en el art. 60, estableciendo el catálogo de sanciones, así como los límites generales de la potestad sancionatoria.

Serán de aplicación los principios de la potestad sancionadora de la Administración (principios de legalidad, irretroactividad, tipicidad, responsabilidad, proporcionalidad, prescripción y concurrencia de sanciones) y de los principios del procedimiento sancionador —garantía del procedimiento, derechos del presunto responsable, medidas de carácter provisional, presunción de inocencia, resolución— (*vid.* Ley 39/2015).

El RLORPM regula la materia en su capítulo IV, de forma detallada y extensa. El régimen disciplinario de los centros tendrá como finalidad contribuir a la seguridad y convivencia ordenada en estos y estimular el sentido de la responsabilidad y la capacidad de autocontrol de los menores internados. El RLORPM tipifica las faltas disciplinarias en sus art. 61 a 69, y las clasifica como muy graves (art. 62) graves (art. 63) y leves (art. 64) atendiendo a la violencia desarrollada, su intencionalidad, la importancia del resultado y el número de personas ofendidas. Las sanciones disciplinarias para cada tipo de infracción se regulan en el art. 65.

Los recursos en materia disciplinaria se regulan en el apartado séptimo del art. 60 LORPM, que en definitiva habilita recurrir las resoluciones administrativas sancionadoras ante el juez de menores. El recurso puede presentarse ante el juez de menores o ante el director del centro de internamiento en que se halle el ejecutoriado.

El art. 52 LORPM permite al menor interponer directamente recursos contra cualquier resolución adoptada durante la ejecución de las medidas, incluso de forme verbal.

La Circular FGE 9/2011 se pronuncia sobre este recurso: «pese al plazo de 24 horas para recurrir y pese a que la adopción como cautelar en ocasiones generará el cumplimiento de la sanción antes de que se resuelva el recurso, no por ello debe desistirse en su tramitación [...] La resolución del recurso, aún en esos casos, puede tener importantes consecuencias: además del precedente en relación con la actuación del Centro, la sanción cumplida y posteriormente revocada o reducida debe entenderse abonable para el cumplimiento posterior de otras sanciones impuestas por acciones u omisiones anteriores a la referida revocación o reducción [...] Debe reconocerse al menor que manifiesta su propósito de recurrir una sanción disciplinaria el derecho a la asistencia letrada».

La Circular FGE 9/2011 defiende la legitimación del fiscal para recurrir sanciones disciplinarias impuestas al menor, aunque éste no lo haga y dedica especial atención a la sanción de separación de grupo, considerando que "debe aplicarse teniendo en cuenta su excepcionalidad, interpretando restrictivamente el concepto de alteración de la normal convivencia del centro grave y reiterada" (conclusión XII.7).

9.10 Mayoría de edad del condenado

El art. 14 LORPM aborda los efectos de la mayoría de edad en el cumplimiento de las medidas. El principio general es el de que el hecho de que el menor a quien se le hubiere impuesto una medida alcance la mayoría de edad, no es óbice para la continuación del cumplimiento de la medida hasta alcanzar los objetivos propuestos en la sentencia.

La medida de internamiento en régimen cerrado tiene un régimen especial: cuando se alcanzan los dieciocho años sin haber finalizado su cumplimiento, el juez de menores, tras una audiencia podrá ordenar en auto motivado que su cumplimiento se lleve a cabo en un centro penitenciario conforme al régimen general de la Ley Penitenciaria (LOGP) si la conducta de la persona internada no responde a los objetivos propuestos en la sentencia.

Cuando las medidas de internamiento en régimen cerrado sean impuestas a quien haya cumplido veintiún años de edad o, habiendo sido impuestas con anterioridad, no haya finalizado su cumplimiento el juez de menores, tras una audiencia ordenará su cumplimiento en centro penitenciario conforme al régimen general previsto en la LOGP, salvo que, excepcionalmente, entienda en consideración a las circunstancias concurrentes que procede la utilización de las medidas previstas en los arts. 13 y 51 LORPM o su permanencia en el centro en cumplimiento de tal medida cuando el menor responda a los objetivos propuestos en la sentencia.

El pase al cumplimiento de la medida de internamiento en un centro penitenciario, desencadena como efecto colateral la cancelación del resto de medidas impuestas por el juez de menores si éstas no fueren compatibles con el régimen penitenciario, todo ello sin perjuicio de que excepcionalmente proceda la aplicación de los arts. 13 y 51 LORPM. 2903

La medida de internamiento en régimen cerrado que imponga el juez de menores se cumplirá en un centro penitenciario conforme al régimen general de la LOGP siempre que, con anterioridad al inicio de la ejecución de dicha medida, el responsable hubiera cumplido ya, total o parcialmente, bien una pena de prisión impuesta con arreglo al Código Penal, o bien una medida de internamiento ejecutada en un centro penitenciario.

El art. 8.5 RLORPM dispone que «si se ordena el cumplimiento de la medida de internamiento del menor en un centro penitenciario, la competencia para la ejecución de esta será de la Administración penitenciaria, sin perjuicio de las facultades propias del juez de menores competente».

9.11 Archivo definitivo de la causa

Habrá de ser acordado por el juez una vez cumplida la medida. Antes del archivo definitivo la entidad pública deberá remitir un informe final. Si del informe final —o de cualquiera de los informes obrantes en autos— se desprendiera una situación de desamparo o riesgo, el juez de oficio o a petición de parte deberá —no solamente "podrá" como dice el art. 53— remitir el correspondiente testimonio a la entidad pública de protección. El seguimiento de la actuación protectora de la Administración quedará en todo caso extramuros de la ejecutoria, siendo competencia del Ministerio Fiscal conforme a las previsiones del art. 174 CC.

Antes de que se acuerde el archivo habrá de tenerse especial cuidado en cancelar las órdenes de averiguación de paradero o de detención cursadas a la Policía, debiendo quedar en autos el acuse de recibo correspondiente. También habrá de proveerse en relación con las piezas de convicción que pudieran estar a disposición del tribunal, conforme a lo dispuesto en el Real Decreto 2783/1976 de conservación y destino de piezas de convicción. Igualmente, antes del archivo habrá de comprobarse que el Registro de sentencias previsto en la Disposición adicional tercera LORPM —y desarrollado por el Real Decreto 232/2002— ha acusado recibo de las comunicaciones remitidas.

BIBLIOGRAFÍA

- ABEL SOUTO, «Las medidas del nuevo Derecho penal juvenil (Consideraciones en torno al artículo 7 de la Ley penal del menor)», en *Actualidad Penal* nº 6, 2002.
- AGUILERA MORALES, «Las medidas cautelares en la Ley de Responsabilidad Penal del Menor (o crónica de un despropósito)», *Revista Tribunales de Justicia*, La Ley nº 3 marzo de 2003
- CARMONA SALGADO, «Algunas observaciones sobre la responsabilidad penal de los menores, a raiz de la ley 5/2000, de 12 de enero» en *Los Derechos Humanos*, Homenaje al Excmo. Sr. D. Luis Portero García, Publicaciones de la Universidad de Granada, 2001.
- DÍAZ-MAROTO Y VILLAREJO, Comentarios a la Ley Reguladora de la Responsabilidad Penal de los Menores, Thomson-Civitas 2008
- GARCÍA PÉREZ, Las medidas y su ejecución en el sistema de justicia penal juvenil, Tirant lo Blanch, 2019.
- GARCÍA-ROSTÁN CALVÍN, *El proceso penal de Menores*, Thomson-Aranzadi, 2007
- GONZÁLEZ RODRÍGUEZ, «Las medidas aplicables a la delincuencia juvenil tras la Ley Orgánica de Responsabilidad Penal del Menor 5/2000 de 12 de enero», en *Boletín Aranzadi Penal* núm. 9/2003 Parte Boletín Editorial Aranzadi, SA, Pamplona, septiembre 2003
- JORGE BARREIRO/FEIJOÓ SÁNCHEZ Nuevo Derecho Penal Juvenil: una perspectiva multidisciplinar, Atelier, 2007.
- KRISBERG/AUSTIN *Reinventing juvenile justice*, Sage Publications, 1993.
- LOUGHRAN/GUARINO-GHEZZI *Balancing Juvenile Justice*, Transaction Publishers, 1996.
- MILLER *Last one over the wall (The Massachussets experiment in closing reform schools*, Ohio State University Press, 1991
- PETERSILIA «A Decade of Experimenting With Intermediate Sanctions: What Have We Learned?», Federal Probation, volume LXII december 1998 number 2.
- SÁINZ-CANTERO CAPARRÓS «Fundamentos teóricos y antecedentes del sistema de responsabilidad penal de los menores», en Estudios Jurídicos Centro de Estudios Jurídicos. Madrid, 2004.
- SÁNCHEZ GARCÍA DE PAZ «La nueva ley reguladora de la responsabilidad penal del menor», en *Actualidad Penal*, nº 33, septiembre de 2000.
- SCOTT/STEINBERG *Rethinking Juvenile Justice*, Harvard University Press, 2008-09.
- SOSPEDRA, *Práctica del Proceso Penal*, segunda edición", Civitas, 2005.
- VALBUENA GARCÍA Medidas cautelares en el enjuiciamiento de menores, Thomson Aranzadi, 2008.

Capítulo 74

El procedimiento para el enjuiciamiento en España de los delitos investigados por la Fiscalía Europea

Raquel de Miguel Morante
Fiscal
Fiscalía de la Audiencia Nacional

1. FUNDAMENTO, REGULACIÓN Y PRINCIPIOS

Tras más de veinticinco años de negociación, siendo España uno de los países impulsores del proceso desde sus orígenes y con el objetivo compartido de avanzar en la construcción del Espacio de Libertad, Seguridad y Justicia (ELSJ), el artículo 86 en conjunción con el artículo 325 del Tratado de Funcionamiento de la Unión Europea (TFUE) establecen el asiento legislativo para crear la institución de la Fiscalía Europea, que se constituye como la primera Fiscalía de carácter supranacional, órgano común a los Estados miembros (EEMM) pero independiente de estos.

El germen de la Fiscalía Europea se halla en el denominado «Corpus Iuris». En el año 1997 un grupo de expertos presentó un informe titulado «Corpus Iuris: Introducción de disposiciones penales sobre los intereses financieros de la Unión Europea». El Corpus Iuris mantiene la tradicional distinción entre derecho sustantivo y procesal. Mientras que los primeros diecisiete artículos se dedican a cuestiones de Derecho penal sustantivo, los artículos 18 a 35 contienen principios y normas sobre el procedimiento penal, incluida la propuesta de creación de la Fiscalía Europea. Se centra en el procedimiento previo al juicio, dejando este último a los tribunales nacionales, permitiendo la presencia del fiscal europeo durante la fase del juicio con el fin de garantizar la continuidad del proceso y la igualdad de trato de los justiciables, a pesar de las diferencias entre los sistemas nacionales.

La Fiscalía Europea, EPPO acrónimo en inglés, ha entrado en funcionamiento el 1 de junio de 2021 y ha supuesto, sin duda, un hito histórico, al crear la primera autoridad judicial independiente de la Unión con competencias para la investigación penal.

Hemos de recordar de acuerdo con el acervo comunitario, el carácter de concepto autónomo del Derecho de la Unión de "autoridad judicial", que comprende a los jueces y a los fiscales de conformidad con la garantía de independencia del poder ejecutivo, tal y como ha sido ratificado por la jurisprudencia del Tribunal de Justicia de la Unión Europea.

Se crea, en inicio, para un ámbito específico de investigación y prosecución penales, en concreto, para combatir de forma eficaz el fraude sobre el presupuesto de la Unión Europea, fraude que, en tanto perjudica los intereses financieros de la Unión, también perjudica los intereses de la ciudadanía europea en su conjunto.

Supone una aplicación expresa del principio de subsidiariedad establecido en el artículo 5 del TFUE, ante la constatación de que las infracciones que perjudiquen los intereses financieros de la Unión, como, por ejemplo, las relativas a los fondos estructurales de la Unión o el fraude del IVA transfronterizo de gran envergadura, debido a su dimensión y efectos, se pueden combatir mejor a escala de la Unión.

Detectadas ciertas dificultades, tanto por parte de los órganos judiciales nacionales, como de las instituciones comunitarias hasta ese momento existentes, para aflorar y recuperar los activos desviados o defraudados por estructuras organizadas de carácter transnacional y actuar rápida y eficazmente a través de las fronteras, la Fiscalía Europea complementa así la labor de la OLAF, de Eurojust y Europol, que carecen de un mandato para llevar a cabo investigaciones judiciales, y llena por tanto este vacío institucional.

La implantación y regulación de este órgano independiente se cohonesta plenamente con la salvaguarda de los derechos fundamentales y la observancia de los principios reconocidos por la Carta de los Derechos Fundamentales de la Unión, especialmente su Título VI, y en particular, el derecho a un proceso judicial imparcial, los derechos de la defensa y la presunción de inocencia, consagrados en los artículos 47 y 48 de la Carta, así como los consagrados por el Derecho internacional y por los acuerdos internacionales en los que son parte la Unión o todos los Estados miembros, incluido el Convenio Europeo para la Protección de los Derechos Humanos y de las Libertades Fundamentales (CEDH), así como por las Constituciones de los Estados miembros en sus respectivos ámbitos de aplicación.

En la actualidad de los veintisiete Estados Miembros (EEMM), son veinticuatro los que se han adherido al mecanismo (Austria, Bélgica, Bulgaria, Croacia, Chipre, Chequia, Estonia, Finlandia, Francia, Alemania, Grecia, Italia, Letonia, Lituania, Luxemburgo, Malta, Países Bajos, Polonia, Portugal, Rumanía, Eslovaquia, Eslovenia, España y Suecia), en tanto sólo Hungría ha decidido no participar y los Estados de Dinamarca e Irlanda mantienen excepciones (opt-out) en el ELSJ.

Así, es el Reglamento (UE) 2017/1939 de 12 de octubre de 2017 por el que se establece una cooperación reforzada para la creación de la Fiscalía Europea (RFE), en lo sucesivo el Reglamento, la norma que prevé su diseño, estructura, funciones y puesta en funcionamiento.

En supuestos como el presente, en el que divergencias en la negociación impidieron la falta de unanimidad del Consejo para la aprobación del proyecto legislativo, el procedimiento denominado de "cooperación reforzada" abre la vía de que un grupo mínimo de nueve Estados —en este caso fueron diecisiete— remita el proyecto para su deliberación al Consejo Europeo en un último intento por alcanzar un consenso, como finalmente se obtuvo.

El propio Reglamento estableció un plazo de funcionamiento no inferior a tres años desde su entrada en vigor, precisamente para permitir a los EEMM el desarrollo y la adopción de todas las medidas de carácter normativo, organizativo e institucional necesarias para su efectiva puesta en marcha.

Muestra de la envergadura y complejidad del proyecto, es la paridad entre el número de considerandos —ciento veintiuno— que desarrollan una labor interpretativa esencial y el articulado —ciento veinte artículos—, dividido en once Capítulos.

> Capítulo I. Objeto y definiciones; Capítulo II. Creación, funciones y principios básicos de la Fiscalía europea; Capítulo III. Estatuto jurídico, estructura y organización de la Fiscalía Europea; Capítulo IV. Competencia y ejercicio de la competencia de la Fiscalía Europea; Capítulo V. Normas de procedimiento sobre investigaciones, medidas de investigación, ejercicio de la acción penal y alternativas al ejercicio de la acción penal; Capítulo VI. Garantías procesales; Capítulo VII. Tratamiento de la información; Capítulo VII. Protección de datos; Capítulo IX. Disposiciones financieras y de personal; Capítulo X. Disposiciones relativas a la relación de la Fiscalía Europea con sus colaboradores; Capítulo XI. Disposiciones generales.

Desde la perspectiva organizativa e institucional ha de precisarse que se trata de un órgano indivisible de la Unión con una estructura híbrida a dos niveles, central y descentralizado, a fin de que puedan formar parte de ella los órganos policiales y judiciales nacionales.

Así, el nivel central, con sede en Luxemburgo, adopta un modelo colegial, y no estrictamente piramidal, a diferencia de las Fiscalías clásicas, integrado por el (la) Fiscal General Europeo, que es la persona que ostenta la jefatura de la Fiscalía Europea en su conjunto y del Colegio de Fiscales Europeos, sus Fiscales adjuntos, las Salas Permanentes, los Fiscales Europeos —uno por cada EM— y el Director Administrativo.

Forman parte del nivel descentralizado, los respectivos fiscales europeos delegados (FEDs) que estarán localizados en los distintos Estados Miembros.

El procedimiento nacional para la selección del o la Fiscal europeo/a y de los fiscales europeos delegados —de número siete en nuestro país— como paso previo su elección y nombramiento por la Fiscalía Europea, está regulado en el Real Decreto 882/2022, de 18 de octubre, por el que se regula el procedimiento para la selección y designación de la terna de candidatos a Fiscal Europeo y candidatos a fiscal europeo delegado en España (teniendo como antecedente el Real Decreto 37/2019, de 1 de febrero, por el que se crea la Comisión de selección a tales fines, de conformidad con 16 y 17 del Reglamento (UE) 2017/1939).

Pues bien, el Reglamento, acorde con el modelo casi generalizado en el ámbito de la Unión Europea y de conformidad con los principios informadores de eficacia y eficiencia procesales, ha optado por un modelo extensivo de
2910 competencias en el que atribuye a la Fiscalía la dirección de la investigación penal.

Para ello actuará con plena autonomía e independencia, respetará los principios de legalidad y proporcionalidad en todas sus actuaciones, llevará a cabo sus investigaciones de forma imparcial y buscará todas las pruebas pertinentes, tanto inculpatorias como exculpatorias, llevando a cabo sus investigaciones sin dilaciones indebidas (art. 5 RFE).

Para garantizar la plena autonomía e independencia de la Fiscalía Europea, se la dota de un presupuesto autónomo, con ingresos procedentes esencialmente de una contribución del presupuesto de la Unión.

En consecuencia, las funciones de la Fiscalía Europea no se limitan a aquellas relacionadas con el ejercicio de acciones penales, sino que también incluyen actividades de investigación por sí o mediante instrucciones a las autoridades competentes de los respectivos Estados Miembros. En cualquier caso, las autoridades nacionales competentes, de acuerdo con el Reglamento, asistirán y respaldarán activamente las investigaciones y acusaciones de la Fiscalía Europea de acuerdo con el principio de cooperación leal.

Frente a este sistema, la instrucción penal a cargo de un juez como fase previa al enjuiciamiento se da en los países de la órbita jurídica francesa, Bélgica, España, Grecia y Luxemburgo, y en todo caso, en la mayoría de estos, no para la generalidad de los delitos.

Es por ello que, en relación con la adaptación normativa del propio modelo procesal, en la mayoría de los Estados no se han precisado modificaciones normativas sustanciales.

Sin embargo, la inserción de este sistema de aplicación directa ha sido particularmente compleja en un sistema procesal penal como el nacional, en el que, salvo en la jurisdicción de menores, pervive el modelo de instrucción sumarial a cargo de los jueces de instrucción, resultando incompatible con el fijado en el Reglamento.

Así, en nuestro ordenamiento jurídico, tal adecuación se ha llevado a cabo mediante LO 9/2021, de aplicación del Reglamento (UE) 2017/1939 del Consejo, de 12 de octubre de 2017, por el que se establece una cooperación reforzada para la creación de la Fiscalía Europea.

Además, mediante tal norma también se establecen las modificaciones necesarias por razones sistemáticas en el Estatuto Orgánico del Ministerio Fiscal, la Ley Orgánica del Poder Judicial, la Ley de Reconocimiento Mutuo de Resoluciones Penales en la Unión Europea, la Ley Orgánica del Tribunal del Jurado y el Código Penal.

Ha de tenerse en cuenta, en todo caso, que esta normativa nacional de aplicación habrá de ponerse en constante conexión en primer lugar con el Reglamento, cuyas provisiones son de aplicación directa de acuerdo con el principio de primacía, pero también con el reglamento interno de la propia Fiscalía Europea —las denominadas *internal rules of procedure*— aprobadas por la Decisión 003/2020, de 12 de octubre de 2020 del Colegio de la EPPO y modificado y suplementado por la decisión 085/2021, de 11 de agosto de 2021 y decisión 026/2022, de 29 de junio de 2022, del Colegio de la Fiscalía Europea— y sus guías interpretativas.

Así pues, la LO 9/2021, pese a su relativa extensión, irremediable por las propias peculiaridades de nuestro sistema procesal penal, en cuanto a su esencia y razón de ser, se trata de una "norma de mínimos".

Esta norma se va a centrar en la correcta inserción de una nueva autoridad judicial, La Fiscalía Europea, que va a operar en nuestro territorio y a la que corresponden legítimos poderes de dirección de la investigación penal, siendo también la autoridad que decidirá sobre su terminación, postulando o no a continuación el ejercicio de la acción penal.

La norma, por tanto, ha sido exclusivamente diseñada para la correcta y eficaz aplicación del Reglamento en nuestro territorio, cuando la investigación en el ámbito de las competencias de la Fiscalía Europea sea asumida por fiscales europeos delegados nacionales (FEDs) y a los efectos de regular ese nuevo procedimiento de investigación penal con plena validez ante los tribunales nacionales, a los fines del ejercicio de su función jurisdiccional.

Huelga decir que la norma no viene a reproducir, ni le corresponde, cuestiones que están expresas en el Reglamento y el reglamento interno del Colegio, como el procedimiento interno de la Fiscalía Europea para la toma de decisiones, sus mecanismos internos de delegación, avocación, supervisión o revisión entre los niveles central y descentralizado, las funciones de los Fiscales europeos de los respectivos territorios de los EEMM frente a "sus" FEDs, las Salas Permanentes o el Colegio, cuestiones, todas ellas, que aun teniendo plena eficacia frente a terceros, van a quedar "extramuros" de la norma de adaptación.

La Ley orgánica se compone de un Título preliminar y seis Títulos. En el Título preliminar destaca la cláusula de carácter interpretativo del apartado 2 del art. 2 que da la clave de la inserción de este procedimiento especial en el sistema procesal penal nacional, estableciendo una cláusula general de supletoriedad y remisión a la vigente Ley de Enjuiciamiento Criminal, y en particular, a las normas del procedimiento abreviado. Ello, con independencia de las penas fijadas para los delitos del ámbito de la competencia de la Fiscalía Europea o de los concretos delitos en cuestión. Esta última referencia implica la deliberada opción por un procedimiento cuya agilidad no se vea condicionada por los rigorismos del sumario ordinario y por un órgano de enjuiciamiento profesional en razón a la especialización técnica del objeto material de estos procedimientos, excluyendo los cauces de la Ley del procedimiento del Jurado.

Destaca en la norma una disposición que no por su denominación "referencia normativa" deja de ostentar un contenido material de profunda significación, otorgando plena legitimidad a la actuación de la Fiscalía Europa en el ejercicio de sus funciones. Así, en la Disposición adicional primera se especifica como toda referencia contenida en el conjunto del ordenamiento jurídico a la autoridad judicial o al Ministerio se entenderá realizada a la Fiscalía Europea en su actuación en el ejercicio de dichas funciones.

Tal cláusula permite anticipar que la Fiscalía Europea para tal ejercicio ostentará atribuciones pueden exceder de las asumidas por los fiscales nacionales y estar atribuidas a órganos jurisdiccionales pues los fiscales europeos actuarán "además y con sujeción a los poderes y al estatuto específicos que les confiere el presente Reglamento y en las condiciones que en él se establecen" (art. 13 RFE).

Es importante señalar como la norma de aplicación nace marcada por los principios informadores del RFE. Los principios de eficacia y eficiencia de la investigación, como razón de ser del RFE, quedan preconizados en los considerandos 14, 68, 70, 88, en los arts. 9, 28, 34 y en la cláusula de revisión del art. 119 RFE.

Ello ha llevado a la articulación de un procedimiento especial de carácter expeditivo que trata de dinamizar el ya de por sí carácter complejo y abultado de estas investigaciones, huyendo de paralizaciones o de incidentes interlocutorios que no se acomoden a las exigencias del RFE. De ahí la regulación de ciertas especialidades procesales, como la modulación de los mecanismos de personación o de impugnación frente a las resoluciones fiscales o judiciales en esta fase previa al enjuiciamiento.

Respecto de las primeras, como opción de política criminal y en línea armonizadora con los países en los que se aplica el RFE, se ha excluido la legitimación activa de la acusación popular. Ello no impide sin embargo que la acción penal también pueda ser ejercitada por las asociaciones y entidades a las que la ley reconoce legitimación para la defensa de los intereses que se han visto afectados por la comisión del delito investigado (art. 36 LO 9/2021).

Respecto de los mecanismos impugnatorios, se han tratado de establecer supuestos tasados que agilicen el procedimiento, con salvaguarda, en todo caso, del principio de equivalencia, en tanto este implica necesariamente un análisis diacrónico y valorativo del procedimiento en su conjunto, garantizando el establecimiento de vías de recurso necesarias para asegurar una protección jurisdiccional efectiva, así como un proceso justo, mediante el control jurisdiccional de los actos del procedimiento de la Fiscalía Europea.

En el considerando 88 se plasma el principio de equivalencia, poniendo de relieve como las normas procesales nacionales que rigen las acciones destinadas a la protección de derechos individuales otorgados por el Derecho de la Unión no deben ser menos favorables que las que rigen acciones similares en el Derecho nacional —*principio de equivalencia*— y no deben imposibilitar en la práctica o dificultar en exceso el ejercicio de derechos concedidos por el Derecho de la Unión —*principio de eficacia*—.

Ello no ha impedido el surgimiento de discrepancias en la asunción del nuevo procedimiento, habiendo dado lugar al planteamiento ante el Tribunal de Justicia de la Unión de la cuestión prejudicial por parte del Juzgado Central de Instrucción nº 6 C-292/23 en relación con la adecuación de la norma al artículo 42, apartado 1, del Reglamento 2017/1939 a la luz del artículo 19 TUE, apartado 1, párrafo segundo, de los artículos 47 y 48 de la Carta de los

Derechos Fundamentales de la Unión Europea y de los principios de equivalencia y de efectividad. La STJUE de 8/04/2025 [*Tol 10474420*] ha resuelto que «una decisión por la cual, en el marco de una investigación, el fiscal europeo delegado encargado del asunto de que se trate cita a testigos está sujeta al control del órgano jurisdiccional nacional competente, en virtud de dicho artículo 42, apartado 1, cuando esa decisión esté destinada a producir efectos jurídicos obligatorios que puedan afectar a los intereses de las personas que impugnan esa misma decisión, como las personas investigadas, modificando sustancialmente su situación jurídica».

De ser así, el Derecho nacional debe garantizar a esas personas el control jurisdiccional efectivo de dicha decisión, al menos con carácter incidental, en su caso, por parte del órgano jurisdiccional penal encargado de enjuiciar el asunto.

Ahora bien, con arreglo al principio de equivalencia, cuando las disposiciones procesales nacionales relativas a recursos similares de carácter interno prevean la posibilidad de impugnar directamente una decisión análoga, también debe ofrecerse a dichas personas tal posibilidad."

La Ley Orgánica por otra parte, con clara vocación garantista, viene a reproducir en el art. 26 los derechos de la persona investigada, sin perjuicio de la expresa aplicación del Capítulo de derechos y garantías de los sospechosos y acusados del RFE en el que se explicitan las directivas que ya han sido objeto de transposición en nuestra LECrim.

El artículo 41 bajo la rúbrica Alcance de los derechos de los sospechosos y acusados, establece que:

«1. Las actividades de la Fiscalía Europea se llevarán a cabo de plena conformidad con los derechos de los sospechosos o acusados consagrados en la Carta, incluidos el derecho a un proceso imparcial y los derechos de defensa.

2. Cualquier sospechoso o acusado en un proceso penal de la Fiscalía Europea disfrutará, como mínimo, de los derechos procesales previstos en la legislación de la Unión, incluidas las directivas relativas a los derechos de los sospechosos y acusados en los procesos penales, tal como se hayan transpuesto por la legislación nacional, a saber:

a) el derecho a interpretación y traducción, contemplado en la Directiva 2010/64/UE;

b) el derecho a la información y a acceder a los documentos del caso, recogido en la Directiva 2012/13/UE;

c) el derecho de acceso a un abogado y a comunicarse con terceras personas e informarlas en caso de detención, tal y como dispone la Directiva 2013/48/UE;

d) el derecho a permanecer en silencio y a la presunción de inocencia tal como se establece en la Directiva (UE) 2016/343;

e) el derecho a la asistencia jurídica gratuita con arreglo a lo dispuesto en la Directiva (UE) 2016/1919.

3. Sin perjuicio de los derechos mencionados en el presente capítulo, los sospechosos y acusados, así como otras personas implicadas en los procesos de la Fiscalía Europea, disfrutarán de todos los derechos procesales que les proporcione la legislación nacional aplicable, incluida la posibilidad de presentar pruebas, de solicitar que se nombren peritos y se oiga a testigos, así como de solicitar que la Fiscalía Europea obtenga tales medidas en nombre de la defensa.».

Por último y en relación con los derechos de las víctimas de estos delitos, si bien el Reglamento, como consecuencia de la necesidad de establecer estándares mínimos de armonización entre las legislaciones de los EEMM, no hace mención expresa a la materia concerniente a la responsabilidad civil *ex delicti*, la posibilidad que ofrece nuestro modelo procesal de recuperar los fondos públicos defraudados de forma inmediata y paralela al buen fin de la prosecución penal, constituye un valor añadido en términos de eficacia e interés de la justicia que ha determinado su inserción expresa en la norma de aplicación.

Procederemos al pormenorizado análisis de los Títulos, permanentemente conectados con las previsiones del RFE, adentrándonos en este procedimiento especial.

2. ÁMBITO DE APLICACIÓN Y EJERCICIO EFECTIVO DE LA COMPETENCIA

Como decíamos, las competencias de esta Fiscalía de nivel europeo por el momento están limitadas a investigar, procesar y llevar a juicio a los autores de delitos que afecten a intereses financieros de la Unión de conformidad con su regulación: esto es, de conformidad con la Directiva sobre la lucha contra el fraude que afecta a los intereses financieros de la Unión a través del Derecho penal (la «Directiva PIF») de 5 de julio de 2017 (DOCE de 28 de julio) y delitos conexos de carácter instrumental.

Por tanto, este órgano va a proyectar su actuación procesal "ratione materiae" de forma convergente sobre otro instrumento normativo de carácter sustantivo aprobado en paralelo, la denominada "Directiva PIF". Y extenderá su competencia cuando dichos delitos, alternativamente:

a) Hayan sido cometidos total o parcialmente en el territorio de uno o varios de los Estados miembros (*locus comissi delicti*).
b) Hayan sido cometidos por un nacional de un Estado miembro, siempre que un Estado miembro sea competente respecto de ese tipo de delito cuando se haya cometido fuera de su territorio, (lo que implica la dualidad de la extensión de la jurisdicción nacional y el criterio "ratione personae").
c) Hayan sido cometidos fuera de los territorios a que se refiere la letra a) por una persona sujeta al Estatuto de los funcionarios o al Régimen aplicable a los otros agentes en el momento de la perpetración del delito, siempre que un Estado miembro sea competente respecto de ese

tipo de delito cuando se haya cometido fuera de su territorio (artículo 23 RFE).

La completa transposición de la Directiva PIF se llevó a cabo mediante la Ley Orgánica 1/2019, por la que se modificó el Código Penal, para cumplir compromisos internacionales, entre otros el derivado de la transposición de esta Directiva. Esta reforma supone la regulación armonizada de estos fraudes, así como la penalización de otras conductas íntimamente vinculadas con los mismos, como el blanqueo de capitales procedente de los denominados delitos "PIF", el cohecho, la malversación o las falsedades vinculadas a los mismos.

También será competente respecto de delitos relativos a la participación en una organización delictiva definida en la Decisión Marco 2008/841/JAI, del Consejo, de 24 de octubre de 2008, relativa a la lucha contra la delincuencia organizada, tal y como se haya transpuesto por la legislación nacional, si la actividad delictiva de dicha organización se centra en cometer alguno de los delitos a que perjudiquen intereses financieros de la Unión, y en caso de delitos indisociablemente vinculados —"inextricable linked"—, cuando el delito que perjudique a los intereses financieros de la Unión sea preponderante, en cuanto a la gravedad del delito de que se trate, lo que quedará reflejado en la máxima sanción que se podría imponer.

El concepto autónomo del delito indisociablemente unido o vinculado al delito "PIF" tal y como queda regulado en la propia Directiva, ha determinado una huida deliberada del término "conexidad" en la norma de aplicación, por cuanto en esta materia sería erróneo acudir a la interpretación auténtica del término delitos conexos de nuestra ley rituaria.

No será competente, sin embargo, respecto de delitos referentes a los impuestos directos nacionales, incluidos los delitos indisociablemente vinculados a ellos.

En el Título I de la LO 9/2021, con una clara intención clarificadora, se insertan los preceptos del Reglamento que delimitan la dinámica de su ámbito competencial y al tiempo su necesaria correlación, por remisión normativa explícita directa, a los delitos objeto de transposición en la denominada Directiva PIF.

Así pues, el ámbito competencial queda enmarcado en los artículos 4, 22, 23 y 25 del Reglamento y ello, para evitar disonancias entre unos EEMM y otros, con independencia del concreto "nomen iuris" que se otorgue a los comportamientos reflejados en la Directiva por la concreta norma nacional de transposición.

No obstante, dadas las dificultades interpretativas que ofrece la remisión del Reglamento a la Directiva, el apartado 2 del artículo 4 de nuestra LO 9/2021 ha venido a clarificar la cuestión, descendiendo a las equivalencias con nuestro texto punitivo, en particular: los delitos contra la Hacienda de la Unión no referidos a impuestos directos nacionales, tipificados en los arts. 305, 305 *bis* y 306 la concreta calificación jurídica que se otorgue a los mismos.

> «2. En particular, tendrán competencia para investigar y ejercer la acusación en relación con las causas por los delitos tipificados en los siguientes preceptos de la Ley Orgánica 10/1995, de 23 de noviembre, del Código Penal:
> a) De los delitos contra la Hacienda de la Unión no referidos a impuestos directos nacionales, tipificados en los artículos 305, 305 *bis* y 306. En el supuesto de ingresos procedentes de los recursos propios del impuesto sobre el valor añadido, los Fiscales europeos delegados solo serán competentes cuando los hechos estén relacionados con el territorio de dos o más Estados miembros y supongan, como mínimo, un perjuicio total de 10 millones de euros.
> b) De la defraudación de subvenciones y ayudas europeas prevista en el artículo 308.
> c) Del delito de blanqueo de capitales que afecten a bienes procedentes de los delitos que perjudiquen los intereses financieros de la Unión; de los delitos de cohecho cuando perjudiquen o puedan perjudicar a los intereses financieros de la Unión y del delito de malversación cuando perjudique de cualquier manera los intereses financieros de la Unión.
> Asimismo, de los delitos tipificados en la Ley Orgánica 12/1995, de 12 de diciembre, de Represión del Contrabando, cuando afecten a los intereses financieros de la Unión. 2917
> d) Del delito relativo a la participación en una organización criminal tipificado en el artículo 570 *bis*, cuya actividad principal sea la comisión de alguno de los delitos previstos en los apartados anteriores.
> 3. En cualquier caso, la competencia se extenderá, en los términos previstos en el Reglamento, a los delitos indisociablemente vinculados a los recogidos en las tres primeras letras del apartado anterior, sin perjuicio del efectivo ejercicio de tal competencia de conformidad con el artículo 25.3 del mismo».

Ahora bien, la determinación de la competencia no está exenta de complejidad pues es preciso no sólo determinar la equivalencia de los concretos tipos penales sino aplicar los criterios explicitados en particular en los apartados 2 y 3 de los artículos 22 y 25 RFE, que implican modulaciones a los límites cuantitativos fijados del perjuicio para los intereses de la Unión o al criterio del "vínculo indisociable" entre delitos en razón a los límites máximos del umbral de penas a imponer.

Es importante asimismo destacar que el ámbito de actuación de la Fiscalía Europea tiene una cualidad ínsita de carácter dinámico, en cuanto que precisa claro está, en primer lugar, del marco legislativo de atribución, no exento de los mencionados márgenes de apreciación, pero, en segundo lugar, y no menos importante, de la decisión del ejercicio efectivo por parte de la Fiscalía de tales competencias, quedando en otro caso residenciado el conocimiento del ilícito en las autoridades judiciales nacionales.

Es de señalar que el Reglamento instaura una suerte de "test de oportunidad" para decidir el ejercicio de sus competencias tanto en materia de avocación del caso de una autoridad nacional que ya esté conociendo, cuando "en relación con delitos que causen o puedan causar un perjuicio para los intereses financieros de la Unión cuya cuantía sea inferior a 100 000 euros, el Colegio considere que, con referencia al nivel de gravedad del delito o la complejidad de los procedimientos en el caso particular, no resulta necesario investigar un caso o ejercer la acción penal al respecto a nivel de la Unión, formulará, de conformidad con el artículo 9, apartado 2, unas orientaciones generales que permitan a los fiscales europeos delegados decidir, de manera independiente y sin dilación indebida, no avocar el caso" apartado 8 del art. 27; como para decidir una vez finalizada la investigación, transferir el caso a las autoridades nacionales competentes (art. 34.3).

Es en este ejercicio efectivo en el que despliega su primacía pues el art. 25 RFE, complementado por el considerando 58, refleja expresamente como «cuando la Fiscalía Europea decida ejercer su competencia, las autoridades nacionales competentes no ejercerán la suya respecto del mismo comportamiento constitutivo de delito».

Ello sin perjuicio de las actuaciones a prevención. A la luz del Reglamento (considerandos 48, 49 y 58) las autoridades de los Estados miembros deben abstenerse de actuar, a menos que sean necesarias medidas urgentes, hasta
2918 que la Fiscalía Europea haya decidido si procede asumir una investigación (art. 10 LO 9/2021).

En todo caso, ante las previsibles dificultades prácticas en la determinación de la atribución competencial, el propio Reglamento ha establecido expresamente la necesidad de que los EEMM designen una "autoridad nacional" dirimente de las discrepancias entre la Fiscalía Europea y "las autoridades nacionales que ejercen la acción penal" sobre si el comportamiento constitutivo de delito está comprendido en el ámbito de aplicación del artículo 22, apartados 2 o 3, o del artículo 25, apartados 2 o 3 (art. 25.6 RFE). En cumplimiento de tal previsión, el art. 9 de nuestra LO 9/2021 ha designado al Fiscal General del Estado.

Ello sin perjuicio de que, si la discrepancia no surgiera *ab initio*, sino estando ya el asunto judicializado, corresponderá tal resolución a la Sala de lo Penal del Tribunal Supremo, previo informe del Ministerio Fiscal.

Así, *ad exemplum*, la cuestión de competencia planteada ante la Sala II del Tribunal Supremo por el Juzgado de instrucción nº 1 de Getafe (Diligencias Previas nº 212/21) respecto de la Fiscalía Europea (Procedimiento Fiscalía Europea N°67/2021). En el caso tras la inhibición del Juzgado de instrucción nacional, la Fiscalía Europea dictó decreto de devolución de la competencia a las autoridades nacionales por el que acordó informar al Juzgado de Instrucción nº 1 de Getafe de su decisión de no ejercer el derecho de avocación en relación con dichas Diligencias Previas. Tras el planteamiento de la cuestión, la Sala de lo Penal del Tribunal Supremo resolvió por auto 9/06/2022 [*Tol 9049306*], en el que dirimió la cuestión de competencia planteada asignando la competencia para la investigación a la Fiscalía Europea.

Tales disposiciones operan con la salvaguarda de la previsión expresa del artículo 42.2.c) del RFE respecto del eventual pronunciamiento prejudicial del Tribunal de Justicia en esta materia de conformidad con el artículo 267 del TFUE.

Cuestión ésta no del todo cerrada a nivel interpretativo, pues si bien es cierto que la mayoría de los EEMM ha designado a sus respectivas fiscalías generales nacionales como autoridades dirimentes, también lo es que se precisa en tal caso, un conceto asiento legislativo que permita la eventual elevación de la cuestión al TJUE para su obtener un pronunciamiento prejudicial sobre un hipotético conflicto competencial.

Así pues, ese "diálogo" inicial necesario entre las autoridades nacionales y la Fiscalía Europea para la puesta en conocimiento de la "notitia criminis" que garantice la toma de decisión sobre el ejercicio de sus competencias, se plasma en concretos deberes de información.

Es importante destacar que ya desde ese momento inicial toda comunicación o consulta entre autoridades va a formar parte del "expediente procesal" de la Fiscalía Europea que adopta un formato electrónico y que en aras de garantizar la independencia que preconiza la norma y el correcto funcionamiento de la Fiscalía Europea como oficina única, queda alojado en el denominado "sistema de gestión procesal de casos" (case management system). Se trata de un sistema radicalmente separado de los procedimientos judiciales digitalizados o no de los Estados Miembros, al que exclusivamente tiene acceso la Fiscalía Europea, con excepcionales y concretos puntos de conexión con información restringida cuanto la interconexión entre autoridades judiciales nacionales y la Fiscalia Europea es necesaria.
Tal es la importancia del "sistema de gestión de casos" que queda incorporado y regulado en el propio Reglamento: considerando 47 del RFE y todo un Capítulo, en concreto el VII dedicado al "Tratamiento de la información", en particular arts. 44 a 46 RFE y a él se hace mención por remisión en nuestro art. 17 de la LO 9/2021).

Las autoridades nacionales, cualesquiera que sean, deben informar sin dilación a la Fiscalía Europea de toda conducta que pueda constituir un delito incluido en el ámbito de su competencia. En concreto, dados los perentorios plazos que impone el Reglamento, deberán seguirse los procedimientos de notificación vigentes a los fiscales europeos delegados.

Tal mecanismo está regulado en los artículos 24 y 25 RFE, 38 a 42 *bis* del reglamento interno y 13, 17 a 22 de la LO 9/2021.

En primer lugar, dado que ese deber de información es trasversal y generalizado, y pueden ser múltiples las autoridades, agencias, de todos los ámbitos concernidos que puedan tener conocimiento de ilícitos susceptibles de ser atribuidos al conocimiento de la Fiscalía Europea, a fin de encauzarlo de forma eficiente el art. 13 de la LO 9/2021 establece un régimen de comunicaciones y consultas de carácter preferente.

Así, se ha establecido un canal "ad intra" entre las diferentes autoridades o agentes nacionales y el Ministerio Fiscal, garantizando el acceso inmediato con independencia del lugar de detección en el territorio para que, por conducto de su máximo órgano, la Fiscalía General del Estado, se vehiculen "ad extra" las comunicaciones con la Fiscalía Europea. Este canal de comunicaciones va a ser relevante no sólo en este momento inicial sino a lo largo de todo el procedimiento, diseñándose como el cauce de interrelación entre las autoridades judiciales nacionales y la Fiscalía Europea en diferentes hitos procesales (véase apartado 3 art. 13 LO 9/2021).

Ello sin perjuicio, con carácter residual, del deber genérico de comunicación de cualquier autoridad o agente con la Fiscalía Europea en cumplimiento del mandato imperativo del artículo 24.1 del Reglamento (art. 13.4 en relación con el art. 18.2 LO 9/2021).

Así tras el conocimiento de la *notitia criminis* por cualesquiera de las vías
2920 anteriores, el RFE articula un mecanismo en dos fases de registro y verificación de la información reportada a los efectos de la toma de decisión sobre el efectivo ejercicio de esas competencias.

Este ejercicio puede articularse, a su vez, en dos formas: bien mediante el inicio de una investigación directa de la Fiscalía Europea (art. 40.1 y cctes. del reglamento interno y 18 LO 9/2021), bien mediante el ejercicio del denominado "derecho de avocación" cuando una investigación preprocesal por parte de la Fiscalía nacional o una instrucción judicial ya estuvieran iniciadas (art. 40. 2 y cctes. y art. 19 LO 9/2021)

Tanto la decisión negativa de no iniciar o no ejercer el derecho de avocación, como la positiva, en caso contrario, vendrán avaladas por mecanismos internos reglados de notificación y confirmación del nivel descentralizado —fiscales europeos delegados— por parte del nivel centralizado de la Fiscalía Europea —Fiscal europeo supervisor, Salas permanentes Fiscal jefe de la Fiscalía Europea— (arts. 40 a 42 *bis* del reglamento interno).

3. LA FASE PREVIA AL ENJUICIAMIENTO: LA INVESTIGACIÓN Y PROSECUCIÓN DE LA FISCALÍA EUROPEA

3.1 Investigación penal

Así pues, tras las fases de registro y verificación, una vez decidida por la Fiscalía Europea el ejercicio efectivo de sus competencias en nuestro territorio será el/la Fiscal Europeo/a Delegado/a encargado/a del caso la figura responsable de la investigación en España, sin perjuicio de su constante supervisión por el/la Fiscal europeo/a en nombre de la Sala Permanente. A ello ha de matizarse la posibilidad de asignación de más de un fiscal encargado dependiendo de la magnitud del caso e igualmente de la posibilidad de reasignación a un fiscal europeo delegado en otro Estado miembro, la sustitución entre los fiscales europeos delegados (FEDs), incluso avocación al Fiscal Europeo (FE) o la nueva asignación de FED encargado tras una acumulación o escisión de casos (*vid*. arts. 24 y 25 LO 9/2021).

Las especialidades de este procedimiento van a venir reguladas en los Títulos III y IV de la LO 9/2021 y, como decimos, han de ser puestas en constante relación y concordancia con el Reglamento, en tanto derivan de este. 2921

Para la realización de la investigación de acuerdo con el art. 28 del Reglamento, el FED encargado podrá, bien emprender medidas de investigación u otras medidas por iniciativa propia, bien encomendárselas a las autoridades competentes de su Estado miembro.

A tales fines se prevé tanto la cláusula general de atribuciones del art. 5 de la LO 9/2021, como la previsión acerca de los medios específicos de apoyo del art. 16 que será desarrollada mediante convenios de colaboración de obligado cumplimiento.

Los fiscales europeos delegados, dirigirán la investigación ordenando la realización de todos los actos de investigación y aseguramiento contemplados en el Reglamento de conformidad con el procedimiento establecido en la LO 9/2021 y sin perjuicio de todos aquellos previstos en la Ley de Enjuiciamiento Criminal o bien solicitando del juez de garantías aquellas medidas que requieran legalmente dicha autorización judicial.

Así, la resolución de incoación del procedimiento de investigación adoptará la forma de "decreto", cuyo contenido se explicita en el art. 23 LO 9/2021. La misma forma adoptarán el resto de resoluciones de contenido material que adopten los FED en el curso de la investigación.

El dictado del decreto de incoación de la investigación determinará asimismo la designación por reparto del juez de garantías (art. 25 LO 9/2021).

3.2 Atribuciones de los jueces de garantías

La inserción en nuestro sistema procesal penal de un procedimiento especial para la investigación de ciertos delitos, en los que es la Fiscalía europea la que ostenta la dirección de la investigación procesal implica la instauración de aspectos tan novedosos como la implantación de la figura del juez de garantías para la adopción de aquellas funciones de supervisión o control jurisdiccional, en el seno de la investigación, expresamente previstas en la ley.

Para la concreta atribución de esta función, el legislador ha primado el valor añadido de su asignación a órganos ya especializados en materia de cooperación penal internacional activa y pasiva, así como en delincuencia transnacional compleja, residenciados, conforme a la legislación vigente, en el ámbito competencial de la Audiencia Nacional (Tribunal Central de Instancia, de conformidad con Ley Orgánica 1/2025, de 2 de enero, de medidas en materia de eficiencia del Servicio Público de Justicia).

A ello ha de añadirse la exigencia en el Reglamento de una inmediata respuesta a los requerimientos de la Fiscalía Europea, con un riguroso establecimiento de plazos. Es por ello por lo que, frente a las indudables ventajas del también sopesado criterio de la proximidad territorial, se ha optado por la atribución de esta función a jueces adscritos a la Sección de Instrucción del Tribunal Central de Instancia, actuando en el seno de este procedimiento no en tal condición, sino como jueces de garantías.

En concreto, los jueces de garantías conocerán de las peticiones de la Fiscalía Europea relativas a la adopción de medidas cautelares personales, la autorización de los actos que supongan limitación de los derechos fundamentales cuya adopción esté reservada a la autoridad judicial y demás supuestos que expresamente determine la ley.

Igualmente, conocerán de las impugnaciones que establezca la ley contra los decretos de los fiscales europeos delegados (art. 95 LO 1/2025).

La LO 9/2021 ha optado por razones de claridad y eficiencia procesal y teniendo como principio informador la salvaguarda del derecho de defensa y sus garantías, por un sistema de atribuciones al juez de garantías de funciones tasadas, explicitadas en el art. 8.

> «En el marco del procedimiento regulado por la presente ley orgánica, corresponderá al juez de garantías:

1º Autorizar las diligencias de investigación restrictivas de derechos fundamentales de conformidad con lo previsto en la ley.
2º Acordar las medidas cautelares personales cuya adopción esté reservada a la autoridad judicial.
3º Asegurar la fuente de prueba personal ante el riesgo de pérdida de la misma.
4º Autorizar el secreto de la investigación y su prórroga.
5º Acordar la apertura del juicio oral o disponer el sobreseimiento conforme a lo establecido en esta ley orgánica.
6º Resolver las impugnaciones contra los decretos del fiscal europeo delegado.
7º Adoptar las medidas de protección de testigos y peritos que procedan a instancia del fiscal europeo delegado».

Este precepto ha de ser puesto en relación con el Título IV en el que se pormenorizan y regulan las actuaciones sujetas a control jurisdiccional:

* La declaración del secreto (arts. 64 a 68).
* La autorización judicial de las diligencias de investigación, con su supervisión y eventuales ampliaciones a nuevos hechos o personas (arts.69 a 76).
* El procedimiento para la adopción y prórroga de medidas cautelares personales (arts. 77 a 89).
* La regulación de la impugnación de los decretos del fiscal europeo delegado (arts. 90 y 91).
* El incidente para el aseguramiento de las fuentes de prueba en cualquier momento previo a que se produzca el emplazamiento ante el órgano de enjuiciamiento (arts. 96 a 106).

Del mismo modo se regula el recurso de apelación contra los autos del juez de garantías expresamente establecidos por la ley orgánica ante la Sala de lo Penal de la Audiencia Nacional (arts. 92 a 95).

En los supuestos de aforamiento, dicha competencia corresponderá a las salas que para resolver el recurso se constituyan en el Tribunal Supremo y en los Tribunales Superiores de Justicia.

2923

3.3 Normas sobre medidas de investigación y otras medidas

Si bien el Reglamento ha pretendido reconducirse en términos generales a las respectivas regulaciones procesales de los EEMM, sí ha querido garantizar unos mínimos estándares que atribuyan a los fiscales europeos delegados facultades suficientes para el buen fin de la investigación o que permitan el alzamiento de los obstáculos que lo impidan.

Respecto de estas últimas, dado el carácter sensible de estas investigaciones, en las que no es previsible que sea anecdótica la investigación de personas que gocen en sus respectivos Estados de origen de ciertos privilegios o inmunidades, el art. 29.1 del Reglamento ha establecido una previsión para su alzamiento.

Tal previsión ha sido desarrollada en el apartado 5 del art. 27 de la LO 9/2021. Ya en la primera comparecencia para el traslado de cargos a la persona sospechosa o investigada, cuando esta goce de inmunidad, se plantea un incidente por el que el Fiscal General Europeo se dirigirá al juez de garantías constituido ante el órgano competente para el enjuiciamiento de la persona aforada, para que recabe la correspondiente autorización para proceder. Del mismo modo se procederá cuando sin haberse practicado la primera comparecencia el fiscal europeo delegado interese la adopción de una medida cautelar o la detención de la persona aforada.

Por su parte, y en relación a las concretas medidas de investigación, el artículo 30 RFE establece un canon de necesidad, proporcionalidad y pertinencia de las medidas que se consideran imprescindibles para llevar a cabo de forma eficiente las investigaciones del ámbito de la Fiscalía Europea, caracterizadas por ser de índole financiera y su carácter transfronterizo.

> «(...) los Estados miembros garantizarán que los fiscales europeos delegados estén facultados para ordenar o solicitar las siguientes medidas de investigación:
> a) inspeccionar cualquier local, territorio, medio de transporte, domicilio privado, ropa y pertenencias personales o sistemas informáticos, y adoptar todas las medidas cautelares necesarias para preservar su integridad o evitar la pérdida o contaminación de pruebas;
> b) conseguir la presentación de cualquier objeto o documento pertinente, ya sea en su formato original o en otro formato determinado;
> c) conseguir la presentación de datos informáticos almacenados, ya sean encriptados o descifrados, en su formato original o en otro formato determinado, incluidos los datos relativos a cuentas bancarias y de tráfico, con la excepción de los datos específicamente conservados de conformidad con el Derecho nacional en aplicación del artículo 15, apartado 1, segunda frase, de la Directiva 2002/58/CE del Parlamento Europeo y del Consejo (1);
> d) inmovilizar los instrumentos o los productos del delito, incluidos los activos, si se prevé que el órgano jurisdiccional los decomisará y si existen motivos para pensar que el propietario, poseedor o gestor de dichos instrumentos o productos intentará frustrar la sentencia que ordene su decomiso;(...)».

A este respecto en los Capítulos IV y V del Título III de la LO 9/2021 se han venido a pormenorizar las medidas a adoptar o solicitar, señalando las especialidades respecto del Derecho común y en todo caso no estableciendo menor rigor que el exigido en este.

Destaca en primer lugar, la inaplicación en este procedimiento de investigación de las previsiones de la "prórroga de instrucción" establecida en el art.

324 Lecrim. Es clara su exclusión, de una parte, por cuanto en estos procedimientos que serán complejos por naturaleza, no es el "juez de instrucción" el encargado de la misma, siendo el FED el encargado de su constante impulso, bajo la directa supervisión de los órganos adscritos al nivel centralizado de la Fiscalía Europea, controlando en cumplimiento del Reglamento, la ausencia de dilaciones indebidas.

En cuanto a las concretas medidas se regulan expresamente: las declaraciones testificales y la designación de peritos, así como la solicitud de protección de los mismos; la entrada y registro en lugares cerrados y en el domicilio de la persona jurídica; la interceptación de las comunicaciones y medidas de investigación tecnológica; la conservación de datos o la entrega vigilada, con extensión esta última a instrumentos de interés para la investigación en virtud del tipo de delito investigado.

En este apartado destaca en primer lugar el precepto de adaptación del art. 31 del Reglamento en cuanto establecimiento de un instrumento privilegiado de cooperación en materia de prueba transfronteriza, que ha pretendido ir un paso más allá de la orden europea de investigación en clara línea armonizadora entre EEMM, a través de la delegación directa del fiscal encargado de la investigación en un EM, en el fiscal asistente en aquel Estado en que se practique la prueba, sin que el hecho de haber sido obtenidas en otro Estado miembro o de conformidad con el Derecho de otro Estado miembro, pueda ser causa de inadmisión por el juez o tribunal, sin perjuicio del libre criterio para su valoración.

Artículo 51. *Investigaciones transfronterizas*

1. En las investigaciones transfronterizas el fiscal europeo delegado aplicará las reglas establecidas en el sistema de asignación previsto en los artículos 31 y 32 del Reglamento para la práctica de diligencias de investigación y obtención de prueba, sin perjuicio de la eventual remisión a los instrumentos de reconocimiento mutuo de conformidad con el artículo 31.6 de dicha norma europea.
2. Cuando el fiscal europeo delegado actúe en su condición de encargado de la investigación y la medida que haya de llevarse a efecto en otro Estado parte requiera autorización judicial de conformidad con nuestra legislación vigente, esta deberá ser solicitada por el fiscal europeo delegado asistente en el Estado de ejecución de su asignación y de conformidad con su derecho interno. Sólo en el caso de que el ordenamiento del Fiscal delegado asistente no requiera autorización judicial, el fiscal europeo delegado encargado la solicitará del juez de garantías.
3. Cuando el fiscal europeo delegado actúe en su condición de asistente en ejecución de su asignación, adoptará las medidas que le sean requeridas de conformidad con la legislación vigente. Cuando alguna de ellas exija autorización judicial, la recabará del juez de garantías para su práctica.
4. El fiscal europeo delegado podrá solicitar la práctica de las diligencias de investigación que deban practicarse fuera de los países participantes en la cooperación reforzada, de conformidad con lo dispuesto en los artículos 103 y 104 del Reglamento.

5. De conformidad con lo dispuesto en este artículo y en el artículo 37 del Reglamento, no será motivo de inadmisión de prueba el mero hecho de que hayan sido obtenidas en otro Estado miembro o de conformidad con el Derecho de otro Estado miembro, sin perjuicio del libre criterio para su valoración.

En segundo lugar y no menos importante resulta la regulación de la adopción por parte de los FED de las medidas cautelares reales que, teniendo por finalidad el aseguramiento de las responsabilidades de carácter patrimonial y de las responsabilidades civiles, constituyen pieza clave en este tipo de investigaciones.

En este sentido, el artículo 53 LO 9/2021 faculta al fiscal europeo delegado, de oficio o a instancia de parte, entendiendo por tal a la acusación particular o a los actores civiles, a adoptar mediante decreto las medidas cautelares dirigidas al aseguramiento de todas las responsabilidades pecuniarias que puedan derivarse del mismo. La acusación particular también podrá solicitar medidas cautelares para asegurar el pago de la multa, las costas, la ejecución del decomiso y las consecuencias accesorias de carácter patrimonial que pudieran derivarse del delito (art. 56)

En el caso de que e se trate de actuaciones reservadas a la autorización judicial por la Constitución y el resto del ordenamiento jurídico, que habrán de ser autorizadas por el juez de garantías.

En cualquier caso, tanto el decreto fiscal, como la resolución del juez de garantías resolviendo el incidente serán susceptibles de impugnación.

3.4 Conclusión del procedimiento de investigación

Procederá la conclusión de la investigación propiamente dicha de conformidad con el artículo 35 RFE. El FED encargado someterá a supervisión del Fiscal europeo, propuesta de actuación para su aprobación por la Sala permanente.

Las posibilidades de la propuesta de actuación consistirán en formular acusación ante un órgano judicial nacional o considerar la remisión del caso, su archivo o un procedimiento simplificado de ejercicio de la acción penal por acuerdo, con arreglo a los articulos 34, 39 o 40 RFE.

Las especialidades de la fase intermedia de este procedimiento se regulan en los Títulos V y VI de la LO 9/2021.

3.4.1 Remisión del caso a la autoridad nacional

Tras la investigación se abre por parte de la Fiscalía Europea una nueva fase de evaluación y verificación del ejercicio de sus competencias a fin de la toma de decisión esencial de sobre el ejercicio de la acción penal.

Ello da lugar a una posibilidad de terminación por remisión a la autoridad nacional, en un trámite similar al realizado tras la incoación del procedimiento (arts. 34 RFE y arts. 107 y 108 LO 9/2021).

Este caso se dará, cuando, después de haberse iniciado diligencias de investigación, de acuerdo con lo dispuesto en el artículo 34 del Reglamento, el FED encargado estime que los hechos objeto de investigación no constituyen un delito de los comprendidos en el ámbito de su jurisdicción o competencia, o considere que han dejado de cumplirse las condiciones específicas para el ejercicio de la misma, previa comunicación a la Fiscalía General del Estado, remitirá el procedimiento al órgano de instrucción competente para su continuación conforme a lo previsto en la Ley de Enjuiciamiento Criminal, con validez de las actuaciones practicadas, sin necesidad de convalidación por el Juzgado de instrucción que asuma el conocimiento del asunto, operando como una inhibición.

Puede ocurrir, sin embargo, que las razones de la abstención devinieran de que la Fiscalia Europea estimase, de conformidad con el "test de oportunidad", que no resulta necesario investigar un caso o ejercer la acción penal a nivel de la Unión, con relación a delitos que causen o puedan causar un perjuicio para los intereses financieros de la Unión de cuantía inferior a 100 000 euros, con referencia al nivel de gravedad del delito o la complejidad de los procedimientos en el caso particular, y que la remisión del caso a las autoridades nacionales competentes redundaría en beneficio de la eficiencia de la investigación o del ejercicio de la acción penal.

En este caso, procederá el trámite de "acomodación del procedimiento" y se remitirá tal decisión a la Fiscalía General del Estado a fin de que en el plazo máximo de treinta días acuerde por decreto la asunción del asunto, remitiéndose el procedimiento al Juzgado de instrucción competente o su no aceptación (de conformidad con el apartado 5 del art. 34 RFE). En el caso de que la Fiscalía General de Estado acordare la no aceptación del procedimiento, corresponderá a la Fiscalía Europea la conclusión de la investigación.

3.4.2 *Archivo del procedimiento*

Cabe, igualmente, que una vez practicadas todas las diligencias necesarias, el FED encargado dicte decreto de conclusión del procedimiento acordando el archivo por improcedencia del ejercicio de la acción penal en los supuestos contemplados en el artículo 39.1 del Reglamento.

En efecto, el art. 39.1 RFE enumera serie de causas tasadas que motivan el archivo del procedimiento que aglutinan desde causas de extinción de responsabilidad penal —fallecimiento o liquidación de la persona jurídica, amnistía o indulto, prescripción, cosa juzgada— a supuestos de ausencia de condiciones de perseguibilidad —inmunidades—, de eventual ausencia de antijuridicidad o culpabilidad —enajenación mental— o ausencia de elementos probatorios.

Los arts. 111 a 113 regulan el contenido el decreto de archivo, su carácter total o parcial, su notificación a las víctimas del delito, aun cuando no estuvieran personadas.

Cuando el fiscal europeo delegado haya conocido de delitos indisociablemente vinculados en los términos previstos en el Reglamento, solo procederá el archivo previa consulta con la Fiscalía General del Estado, de conformidad con el apartado 3 del artículo 39 del mismo, pues cabría la posibilidad de remisión a las autoridades nacionales para su conocimiento.

En cualquier caso, cuando se haya archivado un caso, la Fiscalía Europea lo comunicará oficialmente a las autoridades nacionales competentes e informará de dicho archivo a las instituciones, órganos y organismos de la Unión pertinentes, así como, a los sospechosos o acusados y a las víctimas. Los casos que hayan sido archivados también podrán remitirse a la OLAF o a las autoridades administrativas o judiciales competentes a escala nacional para su recuperación o un seguimiento administrativo de otro tipo.

El archivo no empece sin embargo la reapertura del procedimiento cuando aparezcan hechos nuevos de los que no se tuviera conocimiento en el momento de acordar el archivo y justifiquen el ejercicio de la acción penal. Dicho decreto podrá ser impugnado por la persona investigada.

3.4.3 *Conformidad*

El artículo 40 RFE hace referencia expresa a la terminación de la investigación como consecuencia de los procedimientos simplificados de ejercicio de la acción penal encaminados a la resolución definitiva de un caso.

Serán criterios para determinar la idoneidad de acudir a tal forma simplificada de resolución:

a) la gravedad de la infracción, en particular a tenor del perjuicio causado;
b) la voluntad del presunto infractor de reparar los daños y perjuicios provocados por la conducta ilegal; y
c) la utilización del procedimiento estaría en consonancia con los objetivos generales y principios básicos de la Fiscalía Europea, según lo establecido en el Reglamento.

Es por ello, que la LO 9/2021 ha regulado expresamente la conformidad en este procedimiento especial en el art. 110.

Cabe por tanto que el FED encargado dicte decreto de conclusión en el que se solicite se dicte sentencia de conformidad, presentando ante el juez o tribunal competente para el enjuiciamiento escrito de acusación suscrito conjuntamente con la defensa de la persona encausada.

Los requisitos formales y materiales están especificados en dicho precepto, señalando como en caso de que el juez o tribunal entienda que existe obstáculo legal para la aprobación del acuerdo o cuando el investigado no ratifique en presencia judicial la conformidad en los estrictos términos en que se haya formulado, se devolverá la causa al fiscal europeo delegado, que continuará su tramitación.

Es de destacar, que pese a la mención "juez o tribunal", en razón a las penas en abstracto a aplicar en la mayoría de los tipos penales del ámbito de las competencias de la Fiscalía Europea, va a ser el juez adscrito a la Sección de lo Penal del Tribunal Central de Instancia el competente para el conocimiento de estos procedimientos y como por esta vía de conformidad se han resuelto ya múltiples procedimientos (*vid*. sentencias del Juzgado Central de lo Penal nº 1 de 24/01/2023, de 27/09/2024, de 13/12, 2024 y de 20/03/2025).

3.4.4 *Ejercicio de la acción penal*

El derecho de conclusión del procedimiento a que hace referencia el art. 109 de la LO 9/2021 podrá, finalmente, ser el vehículo formal de ejercicio de la acción penal.

En tal caso en él se solicitará la apertura de juicio oral formulando escrito de acusación abriéndose la denominada "fase intermedia" de preparación del juicio oral.

También cabrá que la Fiscalia europea en este trámite decida ejercer la acción penal ante las autoridades judiciales de otro Estado miembro de conformidad con lo prevenido en el apartado 3 del art. 35 RFE, teniendo en cuenta las mayores posibilidades de prosperabilidad del enjuiciamiento, disponiendo en este caso, el archivo del procedimiento seguido en España.

3.5 Fase intermedia: preparación del juicio oral

La LO 9/2021 ha establecido una fase intermedia en la que se contempla una doble remisión jurisdiccional.

En primer lugar, se contempla la posibilidad de una audiencia preliminar ante el juez de garantías a efectos de resolver eventualmente sobre el sobreseimiento de la causa.

El FED encargado, tras cumplimentar los trámites internos procedentes conforme al Reglamento (art. 36), remitirá el decreto de conclusión con solicitud de apertura del juicio oral y escrito de acusación con las previsiones de los arts. 115 y 116 al juez de garantías.

2930 Recibida la solicitud de apertura, el juez de garantías dará traslado del escrito de acusación a las acusaciones particulares y al actor civil, si los hubiera, así como a las víctimas no personadas, a las que se permitirá su personación en este acto.

De dichos escritos se dará traslado a la defensa que podrá impugnar la acusación formulada alegando la concurrencia de motivo de sobreseimiento, promoviendo en este caso la celebración de una audiencia preliminar, con petición de prueba a tal fin o formular escrito de defensa.

En el caso de impugnación de la acusación, la audiencia preliminar se celebrará ante el juez de garantías de conformidad con lo previsto en el artículo 122, resolviendo sobre el sobreseimiento de la causa. Ha de destacarse que se reproducen como motivos de sobreseimiento, los ya valorados como causas de archivo por la Fiscalía Europea (art. 123).

En cualquier caso, el auto de sobreseimiento será susceptible de recurso de apelación ante la Sala de lo Penal de la Audiencia Nacional.

A continuación, en el Capítulo V (arts. 127 y ss.) se regula propiamente la apertura del juicio oral ante el órgano competente para el enjuiciamiento de la Sección de lo Penal del Tribunal Central de Instancia de conformidad con el art. 95 de la Ley Orgánica 1/2025, de 2 de enero, de medidas en materia de eficiencia del Servicio Público de Justicia, sin perjuicio de los supuestos de aforamiento.

Ha de señalarse como la norma de aplicación finaliza propiamente en este estadío procesal, por cuanto el Reglamento no ha ido más allá, limitándose a la regulación de las competencias de la Fiscalía como directora de la investigación y considerando como ya el enjuiciamiento y la ejecución han de regularse de conformidad con las previsiones nacionales de los respectivos Estados Miembros.

En todo caso y para evitar la consideración de eventuales lagunas, es por lo que procede acudir a la Disposición adicional primera de la LO 9/2021.

Sí se han realizado, no obstante, dos previsiones relevantes por su importancia que exceden de tal ámbito:

a) Una en materia probatoria, que permite incorporar y validar "ex lege" ante la jurisdicción del EM de enjuiciamiento las pruebas obtenidas válidamente conforme a la legislación y requisitos del EM en el que se hayan obtenido (art. 37 RFE).

b) Otra respecto a la disposición en fase de ejecución de los activos decomisados, con salvaguarda de los derechos de la Unión o de otras víctimas a ser indemnizadas por los daños que hayan sufrido (art. 38 RFE).

En definitiva y a modo de conclusión, podemos avanzar que la andadura y los objetivos alcanzados por la Fiscalía Europea pueden ya fácilmente apreciarse mediante los informes anuales publicados en su página oficial, dando cuenta de los resultados positivos hasta la fecha, que deben ser necesariamente complementados con las estadísticas nacionales de condenas que redundan directamente en beneficio del presupuesto de la Unión.

Respecto al futuro de la misma, desde sus orígenes la Fiscalía Europea nació con vocación de expansión, pues ya el apartado 4 del art. art. 86 TFUE permite la ampliación de las competencias para incluir otros delitos graves de carácter transnacional; en todo caso, esta decisión sólo puede adoptarte por el Consejo Europeo por unanimidad, previa aprobación del Parlamento Europeo y previa consulta a la Comisión.

Si bien ya se han producido manifestaciones públicas sobre la posibilidad de ampliar su ámbito de actuación a los delitos terroristas que afecten a más de un Estado de la Unión o a delitos contra el medioambiente a gran escala, es bien seguro que tales cuestiones darán lugar a debate para la futura toma de posición sobre la cuestión.

BIBLIOGRAFÍA

- AAVV, *La Fiscalía Europea*, (Bachmaier coord.), Marcial Pons, 2018.
- DE ANGELIS, *The European Public Prosecutor's Office (EPPO). Past, Present, and Future.* Eucrim, 2019.
- HERRNFELD/BRODOWSKI/BURCHARD, *European Public Prosecutor's Office Article-by-Article Commentary*, Bloomsbury Academic, 24 diciembre de 2020.
- ESPINA RAMOS/CARBAJOSA, (dirs.) *The Future European Public Prosecutor´s Office*, DL M-7116-2009 (BOE).

Sección IV

El procedimiento ante la Corte Penal Internacional

Capítulo 75

El procedimiento ante la Corte Penal Internacional

Raquel de Miguel Morante

Fiscal

Fiscalía de la Audiencia Nacional

1. REGULACIÓN

La Corte Penal Internacional (CPI), a veces denominada Tribunal Penal Internacional, es la piedra angular de la justicia penal internacional, como instrumento esencial en la lucha por un orden global más justo basado en la protección de los derechos humanos.

El Estatuto de Roma de la Corte Penal Internacional, el "Estatuto de Roma", adoptado en la capital italiana el 17 de julio de 1998 por la Conferencia diplomática de Estados plenipotenciarios de las Naciones Unidas, es el instrumento internacional por el que se crea y constituye la CPI, con sede en la Haya (Países Bajos), para el enjuiciamiento de los crímenes más graves del derecho internacional humanitario, poner fin a su impunidad y contribuir a su prevención.

Teniendo presentes las indelebles experiencias de los Tribunales de Núremberg y Tokio tras la segunda guerra mundial y más recientemente, evidenciadas las limitaciones y fragilidades del sistema de creación de Tribunales ad hoc mediante resoluciones del Consejo de Seguridad de las Naciones Unidas, como lo fueron los auspiciados ante las atrocidades cometidas en el territorio de la ex-Yugoslavia y en Ruanda en 1993 y 1994 respectivamente, para la

Comunidad internacional se impuso la necesidad de crear, ya con una base convencional, un Tribunal de carácter independiente, con vocación de permanencia y alcance potencialmente universal.

Aprobado por ciento sesenta Estados, ya ha sido ratificado por ciento veinticinco de todas las regiones del planeta, incluyendo a todos los países de la Unión y la gran mayoría de los países occidentales, que otorgan a la Corte personalidad jurídica internacional y la capacidad jurídica necesaria para el conocimiento de los crímenes de mayor trascendencia cometidos total o parcialmente en sus territorios o por sus nacionales a partir de la entrada en vigor del Estatuto de Roma el 1 de julio de 2002. No obstante, no ha sido ratificado por Estados con innegable influencia geopolítica como Arabia Saudí, China, Corea del Norte, Estados Unidos, India, Irán, Israel, Rusia o Turquía, entre otros.

España ratificó el Estatuto de Roma por instrumento de 19 de octubre de 2000. De conformidad con el art. 96 de nuestra Constitución, el Estatuto de Roma forma parte de nuestro ordenamiento jurídico y es directamente aplicable.

El Estatuto de Roma es un tratado amplio que regula todos los aspectos necesarios para la puesta en marcha de la CPI y su eficaz funcionamiento: su establecimiento, atribuciones y delimitación de sus competencias, con expresa delimitación de los tipos penales aplicables; los principios generales del derecho penal que deben regir su actuación; la composición y administración de la Corte; y específicamente, la regulación del procedimiento, desde la investigación y ejercicio de la acción penal por el fiscal, al enjuiciamiento, la determinación e imposición de las penas, los recursos de apelación y revisión, hasta la ejecución, llegando a abordar los mecanismos de cooperación penal internacional con los Estados y con otros organismos.

No siendo, sin embargo, todos sus preceptos autoejecutivos –*self-executing*–, es la LO 18/2003, de Cooperación con la Corte Penal Internacional, la norma que ha venido a regular aquellos aspectos orgánicos, procesales y procedimentales necesarios para permitir la aplicación concreta del Estatuto, aplicando, en principio, supletoriamente las demás normas orgánicas y procesales nacionales de carácter general, en lo que no esté regulado expresamente por ella.

Forman parte, no obstante, del bloque regulatorio del Estatuto, sus normas complementarias, en particular las reglas de procedimiento y prueba, que han de ser publicadas en el "Boletín Oficial de Estado" y como tal lo fueron en virtud de Resolución de 19 de septiembre de 2011, de la Secretaría General Técnica del Ministerio de Asuntos Exteriores y de Cooperación.

Además, habrán de tenerse en cuenta los acuerdos específicos de cooperación que España pueda celebrar con la Corte, tales como el Acuerdo sobre privilegios e inmunidades de la Corte Penal Internacional, ratificado en 2009 o el Acuerdo sobre Ejecución de Sentencias con la CPI firmado en 2022, pendiente de ratificación.

Es indiscutible en todo caso, la interrelación que, en materia de atribución competencial de la Corte, ostenta la regulación nacional de la extensión de la jurisdicción en virtud del principio de justicia universal, regulado en el apartado 4 del art. 23 de la LOPJ, específicamente tras la modificación operada por LO 1/2014, de modificación de la LO 6/1985, de 1 de julio, del Poder Judicial, relativa a la justicia universal, y que ha venido a modular —*lex posterior*—, alguno de los principios ya apuntados en la LO 18/2003.

2. JURISDICCIÓN Y COMPETENCIA DE LA CORTE PENAL INTERNACIONAL: SUS LÍMITES Y PRINCIPIOS DE APLICACIÓN EN RELACIÓN CON LA JURISDICCIÓN NACIONAL

Pues bien, la puesta en funcionamiento de la Corte Penal Internacional no ha venido a implicar una suerte de reconducción automática a este órgano supranacional de todos aquellos casos que se contemplan en los Convenios internacionales en vigor como crímenes internacionales. Antes, al contrario, es necesario analizar la extensión de su jurisdicción y competencia para delimitar su margen de actuación en relación con los Estados, teniendo en cuenta, además, la concurrencia de éstos entre sí. 2937

Ya inicialmente, las modulaciones derivadas de la fundación convencional de la Corte implican importantes limitaciones, en particular la imposibilidad de que pueda conocer de los crímenes alegados en el Estatuto realizados en el territorio de un Estado no-Parte o por sus nacionales —salvo que los cometan en un Estado parte o el Estado ha formulado una declaración *ad hoc*—; aunque sí podría investigar los cometidos por nacionales de un Estado parte en cualquier lugar del mundo.

Adicionalmente, el Tratado va a establecer una sustancial limitación *ratione temporis* que implica, en primer lugar, que la Corte tendrá competencia únicamente respecto de crímenes cometidos después de la entrada en vigor del Estatuto.

Pero además se establece la importante previsión de que, si un Estado se hace Parte después de su entrada en vigor, la Corte sólo podrá ejercer su competencia con respecto a los crímenes cometidos después de la entrada en vigor del Estatuto respecto de ese Estado, a menos que expresamente ese Estado realice una declaración de consentimiento respecto del crimen de que se trate. Y ello sin perjuicio de la particularidad en la categoría de los crímenes de guerra, respecto de los que se establece la posibilidad de declarar por tal Estado que, durante un período de siete años no aceptará la competencia de la Corte sobre (art. 124 Estatuto).

Partiendo de las premisas anteriores, analizaremos la atribución competencial a la Corte que ha establecido el Estatuto *ratio materiae*, mediante una enumeración de crímenes *numerus clausus*, lo que implica un claro carácter restrictivo.

Ya se ha anticipado como la competencia de la Corte se limitará a los crímenes más graves de trascendencia para la comunidad internacional en su conjunto.

Así, el Estatuto ofrece una específica tipificación de tales delitos (art. 5), a los que otorga interpretaciones de carácter auténtico: a) El crimen de genocidio (art. 6); b) Los crímenes de lesa humanidad (art. 7); c) Los crímenes de guerra (art. 8); y d) El crimen de agresión (art. 8 *bis*).

2938 Por LO 2/25 de 3 de junio, España ha ratificado las Resoluciones de NU por las que se introducen como crímenes de guerra en el artículo 8.2, los referidos a:
– «Emplear armas que utilicen agentes microbianos u otros agentes biológicos, o toxinas, sea cual fuere su origen o modo de producción;»
– «Emplear cualquier arma cuyo efecto principal sea lesionar mediante fragmentos que no puedan localizarse por rayos X en el cuerpo humano;»
– «Hacer padecer intencionalmente hambre a la población civil como método de hacer la guerra, privándola de los objetos indispensables para su supervivencia, incluido el hecho de obstaculizar intencionalmente los suministros de socorro.»

Asimismo, y a los efectos de interpretar y aplicar tales artículos se regulan expresamente los denominados "Elementos de los crímenes", normas hermenéuticas aprobadas por una mayoría de dos tercios de los miembros de la Asamblea de los Estados Parte y que ya obran como cuerpo interpretativo de la propia Corte.

Esta delimitación de carácter restrictivo implica la exclusión de la competencia de la Corte de delitos que tradicionalmente han sido objeto de persecución en virtud del principio de justicia universal como el terrorismo, la piratería o el tráfico ilegal de drogas, pero cuyo deber de persecución se focaliza en que lesionan o amenazan a intereses de seguridad de todos los Estados.

Además, los tipos penales expresamente comprendidos se configuran como tipos penales complejos, que se componen esencialmente de un elemento contextual y de delitos específicos y subyacentes que se perpetran en el referido ámbito. Ese contexto implica un elemento de carácter intencional como parte de un ataque generalizado o sistemático a la población o parte de ella, quedando fuera de la competencia de la Corte aquéllos realizados de manera individualizada o que provoquen pocas víctimas.

Al margen de las anteriores limitaciones, la característica esencial es que el Estatuto de Roma crea un sistema de justicia penal diseñado para garantizar que los delitos más graves que preocupan a la comunidad internacional en su conjunto no queden impunes, ya sea por la falta de voluntad o por la incapacidad de los propios Estados para investigar o procesar a los autores de estos delitos y que su enjuiciamiento efectivo debe garantizarse mediante la adopción de medidas a nivel nacional y el fortalecimiento de la cooperación internacional.

Este sistema se basa en el denominado "principio de complementariedad" consagrado en el Estatuto —Preámbulo, arts. 1 y 17 del Estatuto— lo que significa que la Corte solo intervendrá cuando los Estados no puedan llevar a cabo realmente la investigación o el procesamiento y enjuiciamiento de los autores de estos delitos.

En virtud de este principio de actuación va a otorgar preferencia a las jurisdicciones de los Estados, con las que contribuirá de forma preeminente a través de programas e instrumentos de cooperación internacional —la llamada "complementariedad positiva"— y sólo intervendrá para investigar y, cuando corresponda, procesar y juzgar a los autores de estos delitos, cuando se constate que los Estados no estén dispuestos o cuando realmente no estén en condiciones de hacerlo.

En la delimitación de la jurisdicción entre la CPI y los Estados, ha de diferenciarse el Estado competente por razón del lugar de comisión —o de sus nacionales—, de la jurisdicción de los demás Estados en aplicación del principio de justicia universal, afirmado por los ordenamientos internos.

Así, dicho principio no puede invocarse frente a la jurisdicción del Estado del lugar de comisión del delito internacional, que es en todo caso preferente; tampoco para el caso de que esté establecido un Tribunal Penal Internacional, al que habrán de cooperar los correspondientes Estados de la Comunidad Internacional.

Esta delimitación con carácter negativo de la competencia de los tribunales españoles en nuestro ordenamiento jurídico ha venido a reforzarse, con mayor o menor aceptación por parte de la doctrina, mediante una regulación positiva nacional que ha matizado el principio de complementariedad de la

Corte mediante una plasmación expresa del principio de subsidiariedad de la jurisdicción nacional.

Este principio de subsidiariedad ya se había apuntado en el nada inocuo apartado 2 del art. 7 de la LO 18/2003, de Cooperación con la Corte Penal Internacional:

«2. Cuando se presentare una denuncia o querella ante un órgano judicial o del Ministerio Fiscal o una solicitud en un departamento ministerial, en relación con hechos sucedidos en otros Estados, cuyos presuntos autores no sean nacionales españoles y para cuyo enjuiciamiento pudiera ser competente la Corte, dichos órganos se abstendrán de todo procedimiento, limitándose a informar al denunciante, querellante o solicitante de la posibilidad de acudir directamente al fiscal de la Corte, que podrá, en su caso, iniciar una investigación, sin perjuicio de adoptar, si fuera necesario, las primeras diligencias urgentes para las que pudieran tener competencia. En iguales circunstancias, los órganos judiciales y el Ministerio Fiscal se abstendrán de proceder de oficio.

3. No obstante, si el fiscal de la Corte no acordara la apertura de la investigación o la Corte acordara la inadmisibilidad del asunto, la denuncia, querella o solicitud podrá ser presentada nuevamente ante los órganos correspondientes».

Este precepto impone un deber de abstención precautorio por parte de los tribunales nacionales —principio de no intervención—, con exclusión, claro está, de la prevalencia de la jurisdicción nacional ante los clásicos criterios de la territorialidad —*forum loci comissi*— y la nacionalidad o personalidad activa (contemplados en los apartados 1 y 2 del art. 23 LOPJ), en clara antinomia con una regulación de igual rango orgánico y que hasta la fecha había preconizado el ejercicio del principio de justicia universal con mayor amplitud: el apartado 4 del art. 23 LOPJ.

Ya el Pleno de la Sala de lo Penal de la Audiencia Nacional se pronunció sobre la vigencia del principio de complementariedad o subsidiariedad, habiendo señalado en Acuerdo no jurisdiccional de 3 de noviembre de 2005 que: «... en aras de evitar una eventual duplicidad de procesos y la vulneración de la interdicción del principio *ne bis in idem*, atendida la prioridad de la jurisdicción del lugar de comisión del delito y de los Tribunales internacionales, antes de la admisión a trámite de la denuncia o querella sobre tales delitos, deberá constatarse la inactividad de la jurisdicción del Estado en cuyo lugar se cometieron presuntamente los hechos».

Es por ello por lo que es práctica habitual para dilucidar la procedencia del conocimiento por parte de las autoridades competentes de hechos comúnmente presentados mediante querella que, con carácter previo a resolver sobre la cuestión de competencia y su admisión a trámite, se interese la emisión de las correspondientes comisiones rogatorias a las autoridades judiciales eventualmente concurrentes a fin de esclarecer tales extremos.

En el caso de consulta con la Corte Penal internacional, esta se llevará a cabo de conformidad con el régimen de cooperación establecido en la LO 18/2003.

Abundando en esa línea correctora y clarificadora del principio de subsidiariedad, LO 1/2009 vino a modificar los apartados 4 y 5 del art. 23 LOPJ, incorporando, de una parte, tipos de delitos que no estaban expresamente incluidos en el catálogo de la extensión de jurisdicción en virtud del principio de justicia universal (apartado 4) y cuya persecución venía tradicionalmente amparada por los Convenios y la costumbre del Derecho Internacional, como son los de lesa humanidad y crímenes de guerra, ámbito concurrente con el de la CPI, aunque también «cualquier otro que, según los tratados y convenios internacionales, en particular los Convenios de derecho internacional humanitario y de protección de los derechos humanos, deba ser perseguido en España».

Pero, de otro lado, la reforma viene expresamente a introducir el cambio el paradigma, pasando de un modelo absoluto de jurisdicción universal a otro limitado, mediante la necesidad de la presencia del denominado «vínculo de conexión relevante con España» y los principios de subsidiariedad y concurrencia, no sólo con la Corte sino con cualquier otro Estado inicialmente competente, en los siguientes términos:

> «Sin perjuicio de lo que pudieran disponer los tratados y convenios internacionales suscritos por España, para que puedan conocer los Tribunales españoles de los anteriores delitos deberá quedar acreditado que sus presuntos responsables se encuentran en España o que existen víctimas de nacionalidad española, o constatarse algún vínculo de conexión relevante con España y, en todo caso, que en otro país competente o en el seno de un Tribunal internacional no se ha iniciado procedimiento que suponga una investigación y una persecución efectiva, en su caso, de tales hechos punibles.
>
> El proceso penal iniciado ante la jurisdicción española se sobreseerá provisionalmente cuando quede constancia del comienzo de otro proceso sobre los hechos denunciados en el país o por el Tribunal a los que se refiere el párrafo anterior».

Apenas transcurridos cuatro años desde tal modificación, el legislador optó por ahondar en esa misma línea mediante la reforma operada por la LO 1/2014, y que modifica los apartados 2, 4 y 5, y añade el apartado 6 al art. 23 de la LOPJ, por la que se consagra un "sistema limitado restrictivo", pues limita la jurisdicción española a la necesaria existencia de un tratado internacional que lo prevea o autorice, como exigencia de legitimidad y justificación de la actuación de los tribunales españoles.

De esta forma, se introduce además una cláusula de cierre legitimadora —letra p)— que puede venir a colmar las exigencias futuras derivadas de la ratificación de nuevos instrumentos internacionales, sin necesidad de una modificación expresa que haga aumentar el ya largo catálogo de supuestos, con las dificultades inherentes al rango orgánico del precepto.

Además, declara expresamente que la regulación de la materia debe ajustarse a los compromisos derivados de la ratificación por España del Estatuto de la CPI, como instrumento esencial de la lucha por un orden internacional más justo, basado en la protección de los derechos humanos.

En particular, epígrafe a) del art. 23.4 LOPJ condiciona la extensión de jurisdicción para los delitos de genocidio (art. 607 CP), lesa humanidad (art. 607 *bis* CP) o contra las personas y bienes protegidos en caso de conflicto armado (art. 608 CP), reforzando el vínculo nacional de conexidad —"siempre que" ...— de tal manera que se excluye el enjuiciamiento *in absentia*:

> «Genocidio, lesa humanidad o contra las personas y bienes protegidos en caso de conflicto armado, siempre que el procedimiento se dirija contra un español o contra un ciudadano extranjero que resida habitualmente en España, o contra un extranjero que se encontrara en España y cuya extradición hubiera sido denegada por las autoridades españolas."
> La tipificación antedicha de los delitos citados deviene respectivamente de la Convención para la Prevención y la Sanción del Delito de Genocidio, de 9 de diciembre de 1948 (BOE núm. 34 de 8 de febrero de 1969) y en los cuatro Convenios de Ginebra: I Convenio, para aliviar la suerte que corren los heridos y los enfermos de las fuerzas armadas en campaña (BOE núm. 236 de 23 de agosto de 1952), II Convenio, para aliviar la suerte que corren los heridos, los enfermos y los náufragos de las fuerzas armadas en el mar (BOE núm. 239 de 26 de agosto de 1952); III Convenio, relativo al trato debido a los prisioneros de guerra (BOE núm. 249 de 5 de septiembre de 1952), y IV Convenio, relativo a la protección debida a las personas civiles en tiempo de guerra (BOE núm. 246 de 2 de septiembre de 1952), todos ellos de 1949».

Pero además se viene a delimitar expresamente y con carácter negativo la competencia de los tribunales españoles, perfilando de nuevo el principio de subsidiariedad.

En ese sentido, se va a excluir la competencia de los tribunales españoles, en primer lugar y en lo que aquí concierne, cuando «ya se hubiese iniciado un procedimiento en un Tribunal Internacional», incluida por tanto en la Corte, y ello sin perjuicio de la extensión a los Tribunales *ad hoc* en su caso [apartado 5 a)]:

> «5. Los delitos a los que se refiere el apartado anterior no serán perseguibles en España en los siguientes supuestos:
> a) Cuando se haya iniciado un procedimiento para su investigación y enjuiciamiento en un Tribunal Internacional constituido conforme a los Tratados y Convenios en que España fuera parte. (...)».

Además y en el supuesto de concurrencia con la jurisdicción de un tercer Estado, se perfila también el principio de subsidiariedad respecto de los tribunales del lugar de comisión o nacionalidad del sujeto activo, matizado por la puesta a disposición efectiva de la persona a quien se impute el hecho ante los tribunales españoles y por una suerte de principio de complementariedad que precisará un pronunciamiento expreso de la Sala 2ª del Tribunal Supremo, a la que se remiten como criterios de valoración los recogidos en el Estatuto de la Corte Penal Internacional [apartado 5 letra b)].

En relación con este pronunciamiento, cabe señalar la STS 64/2021 de 28 de enero que en resolución desestimatoria del recurso de casación contra la condena al Viceministro de Seguridad Pública de El Salvador por actuación terrorista a ciudadano español en ese país determina:

«Ahora bien si se constata que el Estado que ejerce su jurisdicción no esté dispuesto a llevar a cabo la investigación o no pueda realmente hacerlo, los Tribunales españoles sí podrán conocer de los hechos en cuestión. Porque, como declara el preámbulo del Estatuto de la Corte Penal Internacional, los crímenes más graves de trascendencia para la comunidad internacional en su conjunto no deben quedar sin castigo. La valoración sobre esa imposibilidad objetiva o esa falta de intención del Estado correspondiente para llevar a cabo la investigación habrá de realizarse por esta Sala de lo Penal, que habrá de tener en cuenta para ello los parámetros fijados por el legislador. Esta valoración, por otro lado, supone «enjuiciar» la actuación de la Administración de Justicia de otro Estado, no está exenta de dificultades y puede conllevar el análisis de cuestiones complejas, tanto desde el punto de vista jurídico, como desde el punto de vista político-diplomático e incluso histórico, que exigen a este Tribunal prudencia en su ejercicio».

Por último, se refuerza ese carácter restrictivo con la adición de un requisito de perseguibilidad para la prosecución de estos delitos, cual es la necesaria interposición de querella por parte del agraviado —en clara alusión a las víctimas del delito— o del Ministerio Fiscal.

No menos importante en la incorporación de dicha reforma fue la adición de una disposición transitoria única de carácter procesal, que eliminando toda duda interpretativa determinó en virtud del principio *tempus regit actum* una revisión automática de todos los asuntos litispendentes.

En virtud de dicha disposición, las causas que en el momento de su entrada en vigor se encontraran en tramitación quedarían sobreseídas hasta que no se acreditara el cumplimiento de los requisitos establecidos en ella.

A este respecto debe señalarse la relevancia indiscutible de la STS de 6/05/2025 [*Tol 5001812*], en resolución de un recurso de casación contra el auto de sobreseimiento y archivo de la causa dictado por el Pleno de la Sala de lo Penal de la Audiencia Nacional —acompañado de votos particulares— en procedimiento incoado en virtud de querella interpuesta por una víctima nacional y asociaciones constituidas en acusación popular como el Comité de Apoyo al Tíbet por delitos de genocidio, torturas, terrorismo y de lesa humanidad contra altos dirigentes de la República Popular China, que en un análisis comparado tanto de la jurisdicción universal como de la reforma del art. 23 de la LOPJ, determina como "La Jurisdicción Universal supone, en consecuencia, que conforme a determinados Tratados Internacionales los Tribunales de un Estado deben ejercer jurisdicción extraterritorial sobre ciertos delitos en función de su naturaleza, para evitar que los responsables puedan encontrar un lugar de refugio donde alcanzar la impunidad.

No significa, sin embargo, que los Estados estén obligados necesariamente a extender dicha jurisdicción a personas que no se encuentren en su territorio, o en el ámbito de su soberanía, iniciando una investigación "in absentia" de delitos internacionales cometidos en cualquier parte del mundo, aunque los supuestos responsables no se encuentran a su alcance. Pero pueden extender facultativamente su jurisdicción a estos supuestos si así lo establecen en su legislación interna."

Analiza la existencia de diferentes modelos de justicia universal (absoluto y limitado) ambos respetuosos con la salvaguarda de los intereses esenciales de la Comunidad internacional y como "El compromiso derivado de los Tratados de ejercitar la Jurisdicción Universal frente a determinados delitos debe hacerse efectivo por los Estados firmantes incorporándolo a su legislación interna, dado que la asunción de responsabilidades por un Estado en el ámbito internacional no determina por si sola la responsabilidad penal de sus ciudadanos en el ámbito nacional.

Es preciso que la normativa penal nacional defina y sancione los distintos tipos delictivos y la normativa procesal la normativa procesal establezca específicamente la jurisdicción, para respetar el principio constitucional de legalidad penal.

El establecimiento de la Jurisdicción Universal por la normativa interna puede realizarse de un modo genérico, o absoluto, en relación con cualquier responsable de los delitos a que se refieren los Tratados Internacionales en esta materia, o bien de un modo limitado, exigiendo criterios de conexión que justifiquen específicamente la Jurisdicción del Estado en cuestión o limitando el ejercicio de la Jurisdicción Universal al enjuiciamiento de los responsables que se encuentren en su territorio.

El sistema de asunción limitada de la Jurisdicción Universal es el que está generalizado en el Derecho Comparado. "(...) "El debate sobre la admisión en Derecho Penal Internacional de una Jurisdicción Universal "in absentia", es decir extensiva a la posibilidad de reclamar la extradición de extranjeros que han cometido delitos en el extranjero sin especiales vínculos de conexión con el país que los reclama, ha suscitado una relevante controversia. (...)

Ahora bien, el citado debate se centra en determinar si los Tratados facultan a los Estados a establecer en su regulación interna un modelo de Jurisdicción Universal "in absentia", que no dependa de la presencia de los inculpados en su territorio. En ningún caso se afirma de modo relevante en la doctrina internacional que los Tratados impongan esa modalidad de Jurisdicción Universal pura o "in absentia".

Una cosa es sostener que la gravedad y universalidad de los delitos perseguidos, faculta, o incluso aconseja, a los Estados para acoger en su ordenamiento interno un modelo de Jurisdicción Universal pura o absoluta, que incluya la investigación, instrucción formal, orden de detención internacional y solicitud de extradición, en supuestos de ejercicio de jurisdicción extraterritorial "in absentia", y otra sostener que los Tratados impongan necesariamente esta modalidad de Jurisdicción Universal absoluta e incondicionada, criterio carente de apoyo relevante en el ámbito internacional."

La sentencia a los solos efectos de resolver los recursos interpuestos y sin pretender un pronunciamiento definitivo, se adentra en una valoración de legalidad no ordinaria sino constitucional, en tanto los votos particulares de la resolución de instancia, acogidos por los recurrentes, cuestionaban ya la constitucionalidad de la reforma, no sólo por su contravención con los deberes impuestos por el Tratado internacional aplicable al caso (Convenio de Ginebra, relativo a la protección debida a las personas civiles en tiempo de guerra (1949), sino por la arbitrariedad y el aparente asistematismo en los "vínculos relevantes" establecidos en unos supuestos frente a otros de forma discriminatoria, especialmente omitiendo el

relativo a la nacionalidad de las víctimas precisamente en el caso de los delitos más graves protegidos por la Comunidad internacional (letra a).
A este respecto se abunda en cómo la doctrina constitucional (STC 237/2005 [*Tol 709540*]) "no se opuso a la incorporación de criterios limitadores, por vía legislativa. Y eso es lo que ha realizado el Legislador, de forma precipitada y con carácter ciertamente restrictivo, es cierto, pero que a nuestro juicio no incluye limitaciones arbitrarias, que puedan incurrir en inconstitucionalidad, como ya se ha razonado. Y son limitaciones que encuentran su fundamento tanto en la práctica de otros países de nuestro entorno, como en la escasa o nula efectividad que la experiencia ha demostrado que alcanzan los procedimientos de jurisdicción universal contra responsables que no se encuentran en territorio español."
En todo caso el Tribunal Constitucional ha tenido oportunidad de pronunciarse sobre diversos aspectos de la constitucionalidad de la reforma, tanto en STC 140/218 [*Tol 6978681*], desestimatoria del recurso de inconstitucionalidad interpuesto contra la propia LO 1/2014, como en los cinco pronunciamientos del año 2019 de la Sala Segunda del Alto Tribunal desestimatorios de diversos recursos de casación en STC 15/2019 [*Tol 7087855*], STC 23/2019 [*Tol 7111102*] y 35/2019 [*Tol 7179293*], ésta última respecto de la STS anterior; STC 36/2019 [*Tol 7179292*] y STC 80/2019 [*Tol 7378880*].

Lo que sí es reseñable es que en todos los supuestos anteriores se trata de acciones incoadas contra hechos acaecidos en el territorio de Estados no Parte del Estatuto de Roma, por lo que el eventual enjuiciamiento habría de venir determinado exclusivamente por el Estado en cuestión o un tercer Estado tributario de un distinto modelo de jurisdicción universal. 2945

3. LOS PRINCIPIOS DEL PROCEDIMIENTO ANTE LA CORTE. DERECHOS Y GARANTÍAS

3.1 Los principios del procedimiento ante la Corte

Sin duda alguna uno de los mayores logros del Estatuto de Roma, partiendo del delicado mosaico de tradiciones jurídicas participantes de la Comunidad internacional y del carácter trasversal y multidisciplinar en su negociación, ha sido la asunción de unos principios, derechos y garantías comúnmente aceptados.

Los principios están definidos de los arts.22 al 33 del Estatuto y son los siguientes: el principio de legalidad —*nullum crimen, nulla poena sine lege*—, recogido en los arts.22, 23 y 24, que recogen expresamente la taxatividad e irretroactividad de las normas penales y el principio *in dubio pro reo*, complementado en su vertiente procesal en el art. 66, bajo el epígrafe presunción de inocencia; el principio de responsabilidad penal individual del art. 25, lo que excluye expresamente la responsabilidad de personas jurídicas o instituciones públicas o privadas, sin perjuicio de la responsabilidad del Estado conforme al derecho internacional; este principio se complementa con exclusiones y extensiones: la fijación del umbral la edad de imputabilidad en 18 años conforme al art. 26, la improcedencia del cargo oficial (art. 27) o la responsabilidad dimanante de orden superior de los jefes y otros superiores (art. 28); el principio de imprescriptibilidad, de acuerdo con el tenor del art. 29 los crímenes de la competencia de la Corte no prescribirán; el elemento de intencionalidad, que extiende el dolo a los elementos materiales del crimen (art. 30), complementado por la regulación del error de hecho y error de derecho (art. 32) y en materia de exención de responsabilidad: la concreción de las circunstancias eximentes de responsabilidad redactadas en los términos comúnmente aceptados por dogmática penal: enfermedad o deficiencia mental, estado de intoxicación —salvo *actio libera in causa*—, legítima defensa o estado de necesidad, con expresa regulación de la responsabilidad dimanante del cumplimiento de las órdenes superiores, particularmente aplicable en el ámbito de los delitos de la Corte, con exclusión expresa de la exención de responsabilidad en caso de cumplimiento de orden de cometer genocidio o crímenes de lesa humanidad por su carácter manifiestamente ilícito (art. 33).

2946

3.2 Derechos y garantías. Derecho de defensa

En el ámbito propiamente procesal, y en relación con el derecho de defensa, es claro que una defensa fuerte es un componente esencial de un juicio justo. Los equipos de defensa representan y protegen los derechos de la persona sospechosa o acusada. Se explicitan en el Estatuto los derechos de defensa durante la investigación (art. 55) y en fase de enjuiciamiento (art. 67).

En cuanto a los primeros, con carácter general: nadie estará obligado a declarar contra sí mismo ni a declararse culpable; nadie será sometido a forma alguna de coacción, intimidación, amenazas, torturas, ni a otros tratos crueles, inhumanos o degradantes; poder seguir los procedimientos en una lengua que comprenda plenamente y, por lo tanto, contar con un intérprete y las traducciones según sea necesario; nadie será sometido a arresto o detención arbitrarios, ni será privado de su libertad salvo por los motivos previstos en el presente Estatuto y de conformidad con los procedimientos establecidos en él. Al propio tiempo y en relación con los derechos de los que será informado antes del interrogatorio: ser informado de los motivos para creer que ha cometido un crimen de los previstos en el Estatuto; a guardar silencio, sin que ello sea considerado como elemento en la determinación de su inocencia o culpabilidad; a la asistencia letrada de su preferencia, o de oficio de forma gratuita; a ser interrogado en presencia de su asistencia letrada, a menos que haya renunciado voluntariamente a ella.

Respecto de los derechos de la persona acusada ya en fase de enjuiciamiento: derecho a un proceso público y justo que se lleve a cabo de manera imparcial y en plena igualdad.

El Estatuto de Roma concede derechos específicos, además de los anteriores, entre ellos: el derecho a ser informado de los cargos; disponer de tiempo y medios adecuados para preparar su defensa; ser juzgado sin dilaciones indebidas; estar presente en el proceso y derecho a la autodefensa o elegir libremente asistencia letrada; a interrogar a los testigos de cargo y presentar pruebas de descargo; a guardar silencio, sin que ello sea considerado como elemento en la determinación de su inocencia o culpabilidad, así como declarar de palabra o por escrito; a que no se invierta la carga de la prueba ni le sea impuesta la carga de presentar contrapruebas.

En este sentido, el fiscal divulgará a la defensa los elementos probatorios que obren en su poder o estén bajo su control y, a su juicio, demuestren o tiendan a demostrar la inocencia del acusado, o mitigar su responsabilidad.

3.3 Derechos y garantías. Protección de las víctimas

El papel de las víctimas en los procedimientos de la CPI va a complementar los esfuerzos realizados por el Tribunal para responsabilizar a los autores de los delitos más graves de interés para la comunidad internacional. El principio que subyace es que la verdadera justicia se logra cuando las voces de las víctimas son escuchadas y se alcanza la percepción de su sufrimiento.

El tratamiento de las víctimas en el procedimiento ante la Corte ha supuesto innovaciones procesales en el ámbito de la justicia penal internacional, que han servido de antecedente en la basculación de los sistemas procesales nacionales. Así, ya en el art. 68 se hace referencia a la evaluación de las víctimas en atención a sus circunstancias de edad, género, estado de salud y en particular la tipología del delito sufrido a fin de adecuar las medidas de protección, encomendando su adopción tanto al fiscal como a las Salas. Las víctimas pueden participar en el procedimiento, en primer lugar, enviando información al fiscal, pidiéndole iniciar una investigación.

Pero además hay dos innovaciones importantes con respecto a las víctimas, desde el punto de vista procesal. Tienen el derecho de participar en los procedimientos y solicitar reparaciones. Esto significa que su función no es exclusivamente la de fuente de prueba al declarar como testigos, sino también pueden exponer sus puntos de vista y preocupaciones en todas las fases del procedimiento, si bien de forma reglada. Se permite su intervención desde los estadíos iniciales del procedimiento, tal como la comparecencia en la que el fiscal pide autorización de la Sala de Cuestiones Preliminares para iniciar una investigación o cuando se interesa de la Corte la confirmación de los cargos contra la persona sospechosa.

La participación de las víctimas en el procedimiento tendrá lugar en la mayoría de los casos de través de un representante legal. En el caso de existencia de un número importante la Salas podrán requerir la designación de una única representación por razones de eficiencia del procedimiento.

Las víctimas pueden solicitar reparaciones por los daños que han sufrido como resultado de un delito de la competencia del Tribunal de Justicia (art. 75). El Tribunal de Justicia también podrá decidir hacer frente a las reparaciones por iniciativa propia, incluso cuando las víctimas no hayan presentado solicitudes. Las víctimas pueden presentar sus las demandas y el Tribunal decidirá si procede o no la concesión de la reparación y la forma que debe adoptar. El Tribunal de Justicia podrá ordenar diversos tipos de reparación, entre ellos, la restitución, la indemnización y la rehabilitación.

Aunque el Fondo Fiduciario para las Víctimas es independiente de la Corte, fue creado en 2004 por la Asamblea de los Estados Parte, de conformidad con el art. 79 del Estatuto de Roma. La misión del Fondo es apoyar y ejecutar programas que reparen los daños resultantes del genocidio, los crímenes de humanidad, los crímenes de guerra y la agresión. Para lograr esta misión, el FFV —TFV acrónimo en inglés— tiene un doble mandato: (i) implementar reparaciones ordenadas por la Corte y (ii) proporcionar apoyo físico, psicológico y material a las víctimas y sus familias. Al ayudar a las víctimas a regresar a una vida digna dentro de sus comunidades, el TFV contribuye a lograr una paz sostenible y duradera mediante la promoción de la justicia restaurativa y la reconciliación.

4. FASE PREVIA AL ENJUICIAMIENTO: LA INVESTIGACIÓN Y PROSECUCIÓN DE LA FISCALÍA DE LA CORTE PENAL

Con carácter preliminar, se realiza un breve apunte sobre la organización de la CPI en cuanto que la misma está íntimamente relacionada con las fases del procedimiento. Así, la Corte se compone de cuatro órganos: la Presidencia, las Salas, la Fiscalía y la Secretaría. Cada uno de esos órganos tiene una función y un mandato específicos.

Respecto de las Salas, los dieciocho magistrados, elegidos por la Asamblea de los Estados Parte, son asignados a las tres Secciones judiciales de la Corte: la Sección de Cuestiones Preliminares, la Sección de Primera Instancia y la Sección de Apelaciones.

A su vez, las Secciones se integran por Salas divididas en atención a las funciones antedichas. De este modo, las funciones y responsabilidades de los magistrados se establecen en función de estas tres categorías: la fase previa al enjuiciamiento, el enjuiciamiento y la apelación.

* *Las Salas de Cuestiones Preliminares*, cada una de las cuales está integrada por uno o tres magistrados, deciden acerca de todas las cuestiones que se plantean antes de que se inicie la fase del juicio. Su función consiste esencialmente en supervisar cómo la Fiscalía lleva a cabo sus actividades de investigación y ejercicio de la acción penal, garantizar los derechos de los investigados, las víctimas y los testigos durante la fase de investigación y asegurar la integridad de los procedimientos.

También decidirá si emitir o no órdenes internacionales de detención o citaciones de comparecencia a petición de la Fiscalía y la confirmación o no de los cargos formulados por esta contra la persona sospechosa de haber cometido un crimen en el ámbito de sus competencias. También pueden decidir sobre los casos de admisión de la personación de las víctimas en la fase preliminar.

Una vez se haya emitido una orden de detención respecto de la persona inculpada, ésta ha sido detenida y los cargos han sido confirmados por la Sala de Cuestiones Preliminares, la Presidencia constituye la Sala de Primera Instancia o enjuiciamiento.

* La función principal de la *Sala de Primera Instancia o enjuiciamiento* es asegurar que los juicios se desarrollen de forma justa, imparcial y eficiente y que sean conducidos con pleno respeto de los derechos de los acusados y la debida consideración por la protección de las víctimas y testigos. También decide sobre la participación de las víctimas en la fase del juicio.

La Sala de Primera Instancia se pronunciará sobre la culpabilidad o inocencia de la persona acusada y si es declarada culpable podrá o imponer una pena de prisión por un número específico de años, penas pecuniarias y medidas de reparación de los daños y perjuicios causados a las víctimas.

* *La Sala de apelaciones*, por su parte, está compuesta por el Presidente de la Corte y otros cuatro magistrados. Todas las partes del procedimiento pueden apelar o suplicar la apelación de los pronunciamientos dictados por las Salas de Cuestiones Preliminares y de Primera Instancia. Le corresponde evidentemente revisar la sentencia condenatoria dictada en primera instancia.

* Por su parte, *la Fiscalía* es uno de los cuatro órganos de la Corte, que actuará en forma independiente como órgano separado ésta, por tanto, con pertenencia orgánica e independencia funcional para el correcto ejercicio de sus funciones.

La Fiscalía estará dirigida por el fiscal, en el entendimiento de que tal mención es al órgano y no a la persona, el o la fiscal. El fiscal tendrá plena autoridad para dirigir y administrar la Fiscalía, con inclusión del personal, las instalaciones y otros recursos. El fiscal contará con la ayuda de uno o más fiscales, elegidos todos ellos por la Asamblea de los Estados Parte, además de los servicios adscritos que incluyen investigadores y analistas, forenses, expertos psico-sociales, de relaciones internacionales y diplomáticas o comunicación e informaciones públicas.

La función de la Fiscalía abarca una eficaz y eficiente conducción de las investigaciones preliminares, las investigaciones propiamente dichas y el ejercicio de acciones penales contra las personas responsables de los crímenes de genocidio, crímenes contra la humanidad, crímenes de guerra y crimen de agresión. La Fiscalía actuará con independencia, imparcialidad y objetividad, de conformidad con los deberes y valores estatutarios. En consecuencia, un miembro de la Fiscalía no solicitará ni actuará siguiendo instrucciones de ninguna fuente externa, como Estados, organizaciones internacionales, organizaciones no gubernamentales o individuos.

En cuanto a las funciones y atribuciones del fiscal con respecto a la investigación, en primer lugar, y con la finalidad de establecer la veracidad de los hechos podrá ampliar la investigación a todos los hechos y las pruebas que sean pertinentes para determinar la responsabilidad penal; adoptar medidas adecuadas para asegurar la eficacia de la investigación y el enjuiciamiento de los crímenes con respeto siempre de los derechos que el Estatuto le confiere a las personas, en particular víctimas y testigos. Asimismo, podrá realizar investigaciones en el territorio de un Estado y de conformidad con la autorización de la SCP.

Podrá reunir y examinar las fuentes de prueba; hacer comparecer e interrogar a las personas objeto de la investigación, víctimas y testigos; solicitar la cooperación de un Estado u organización; concertar las disposiciones o los acuerdos compatibles con el Estatuto, a fin de facilitar la cooperación de un Estado, una organización intergubernamental o una persona, así como salvaguardar la integridad y confidencialidad de la investigación, sus elementos de prueba y la protección de datos (art. 54).

4.1 Activación del ejercicio de la competencia

En virtud del art. 13 del Estatuto de Roma, hay tres formas de activar el ejercicio de la competencia de la Corte cuando parece que se han cometido crímenes de su competencia. En los tres casos, el fiscal debe llevar a cabo una evaluación independiente e imparcial antes de decidir proceder.

* Todo Estado Parte en el Estatuto de Roma podrá remitir una situación solicitando al fiscal que lleve a cabo una investigación. El fiscal abrirá una investigación si se cumplen los criterios legales. Esto ha sucedido en casos tales como la República Democrática del Congo, Uganda, Palestina, Venezuela o Ucrania.

El apartado 2 del art. 7 de nuestra LO 18/2003 recoge como corresponde exclusivamente al Gobierno, mediante Acuerdo del Consejo de Ministros, a propuesta conjunta del Ministro de Asuntos Exteriores y del Ministro de Justicia, decidir la presentación de la denuncia de una situación ante el fiscal de la Corte.

* El Consejo de Seguridad de las Naciones Unidas también puede remitir una situación al fiscal (Capítulo VII de la Carta de las Naciones Unidas), quien abrirá una investigación si se cumplen los criterios legales. Esto ha sucedido en los casos de Darfur (Sudán) y Libia.

* Por último, el fiscal propio *motu* puede abrir una investigación. Si llegare a la conclusión de que existe fundamento suficiente para abrir una investigación, presentará a la Sala de Cuestiones Preliminares una petición de autorización para ello, junto con la documentación justificativa que haya reunido. Esto ha sucedido en casos como Kenia, Georgia, Burundi, Afganistán, Bangladesh/Myanmar o Filipinas.

La negativa de la Sala de Cuestiones Preliminares a autorizar la investigación no impedirá que el fiscal presente ulteriormente otra petición basada en nuevos hechos o pruebas relacionados con la misma situación.

4.2 La investigación

Como decimos, el fiscal es la persona encargada de dirigir la investigación durante toda la fase previa al enjuiciamiento. Esto implica que decidirá en primer lugar adoptar una decisión respecto a la iniciación o no de la investigación. (art. 53, apartados 1 del Estatuto).

Para ello, llevara a cabo una investigación preliminar (pre-investigación) a fin de determinar si, con la información de que dispone o que recabe a tal fin, existe "fundamento razonable" suficiente para iniciar la investigación propiamente dicha.

Al propio tiempo analizará los criterios de admisibilidad de la causa ante la CPI de conformidad con el Art. 17 del Estatuto, esto es, ratione *temporis, per-*

sonae y *materiae*, así como el principio de complementariedad (*vid. supra*). En efecto, una vez que la "División de Jurisdicción, Complementariedad y Cooperación" de la Oficina del fiscal ha corroborado la jurisdicción de la CPI en todos sus aspectos debe llevarse a cabo el "test de la complementariedad".

Las investigaciones preliminares también brindan a la Fiscalía la oportunidad de alentar a las autoridades nacionales a cumplir con su responsabilidad principal de llevar a cabo investigaciones y enjuiciamientos nacionales por sí mismas.

Tal previsión se complementa en el art. 8 de nuestra LO 18/2003, en cuya virtud el fiscal de la Corte notificará por conducto de la autoridad central la incoación de una investigación que pudiere ser competencia de los tribunales españoles por territorialidad o personalidad (Arts. 23.1 y 2 LOPJ), en cuyo caso dicha autoridad solicitará al Fiscal General del Estado información urgente sobre la preexistencia de actuaciones o procedimiento a nivel nacional o sobre la competencia para su incoación. Recabada dicha información son las personas titulares de los Ministerios de Justicia y Exteriores los que elevarán propuesta conjunta al Consejo de Ministros para que resuelva sobre sostener la competencia de las autoridades españolas y, en su caso, requerir de inhibición al Fiscal de la Corte conforme al art. 18.2

En cualquier la introducción de este control gubernativo no se ha perfilado en caso de concurrencia con la jurisdicción nacional cuando esta ejerce sus competencias en virtud del principio de justicia universal respecto de un tercer Estado.

Junto a los criterios anteriores el Estatuto viene a introducir una suerte de principio de oportunidad, pudiendo el fiscal en última instancia considerar "si existen razones sustanciales para creer que aun teniendo en cuenta la gravedad del crimen y los intereses de las víctimas, una investigación no redundaría en interés de la justicia —"test del interés de la justicia"—. En este caso el fiscal lo deberá notificar a la Sala de Cuestiones Preliminares.

De considerar el fiscal, no iniciar una investigación formal tras el examen preliminar, el sistema de revisión dependerá de los motivos por los que se ha acordado tal decisión.

Si se trata de que estima no existir fundamento suficiente para una investigación, informará de ello a quienes la hubieren presentado, el Estado o Estados o el Consejo de Seguridad de las Naciones Unidas, en su caso. A petición de estos la Sala de Cuestiones Preliminares (SCP) podrá pedir al fiscal que reconsidere su decisión.

Solo en el caso de que la decisión negativa se base en el test del interés de la justicia, la SCP podrá, de oficio, revisar tal decisión del fiscal. En este caso la decisión del fiscal únicamente surtirá efecto si es confirmada por la SCP.

Solo si una situación es considerada admisible, tras de analizar la veracidad de la información obtenida, y de llegar a la conclusión de que existe fundamento para iniciar una investigación, el fiscal está en condiciones de decidir si debe abrir una investigación formal en el sentido del Art. 53, apartado 2 del Estatuto.

En este caso igualmente habrá de presentar a la Sala de Cuestiones Preliminares (SCP) una petición de autorización de investigación.

A este respecto, si la Corte estimase hipotéticamente en una situación nacional su competencia se desplegarían los arts. 9 y 10 de la LO 18/2003, facultando al Gobierno para impugnar dicha competencia alegando litispendencia o cosa juzgada. Si, a pesar de la solicitud de inhibición al fiscal de la Corte prevista en el art. 8 de esta ley o de la impugnación de la competencia o la admisibilidad de la causa contemplada en el art. 9, la Sala competente de la Corte autoriza al fiscal a proceder a la investigación o mantiene su competencia, el órgano jurisdiccional español se inhibirá a favor de la Corte.

En cuanto a la investigación propiamente dicha, la Fiscalía se desplazará en
misiones —generalmente compuestas por investigadores, asesores de cooperación y, en caso necesario, fiscales— a los países afectados, con el objetivo de
identificar los incidentes más graves y los más responsables de estos crímenes mediante la recolección de pruebas tanto incriminatorias como eximen- 2953
tes, a fin de establecer la verdad sobre una situación determinada.

Para llevar a cabo estas actividades, la Fiscalía depende de la asistencia y la cooperación de los Estados Parte, las organizaciones internacionales y regionales, así como de la sociedad civil.

En relación con auxilio judicial internacional por parte de las autoridades judiciales españolas a instancia de la Corte conforme al art. 93 del Estatuto, el art. 20 de la LO 18/2023 establece la comunicación a través del Ministerio de Justicia, quien informará a la Corte del órgano interno al que haya transmitido la solicitud —en la mayoría de los casos bajo la forma de comisión rogatoria internacional—. Se detectan ineficiencias en tal atribución a una autoridad gubernativa y no judicial, cuando no están en cuestión asuntos relativos a la defensa o seguridad nacional, como sí se establece específicamente en el apartado 2 del mismo precepto. Se estima la conveniencia de una actualización de la norma mediante una articulación de la cooperación judicial penal sobre la base de relaciones directas entre la Corte y las autoridades judiciales nacionales, como en el caso de la ejecución de las órdenes europeas de investigación en la que es el Ministerio Fiscal la autoridad competente para su recepción y correcta remisión a los órganos judiciales competentes para su ejecución, de forma más acorde con el principio de confianza recíproca que debe operar en las relaciones con la CPI.

Tras realizar la investigación formal, el o la fiscal puede decidir no proseguir el procedimiento, en virtud de las razones ya examinadas durante la fase preliminar: ausencia de base suficiente de hecho o de derecho para pedir una orden de detención o comparecencia contra una persona determinada; incurrir en causa de inadmisibilidad conforme al art. 17 o de nuevo, no superar el test de interés de la justicia.

De nuevo frente a esta decisión negativa se arbitran sistemas de control por la SCP que dependerán del fundamento de la decisión, siendo vinculante para el fiscal la revisión de la SCP cuando se base en el test del interés de la justicia.

Una vez que la Fiscalía considere que tiene pruebas suficientes para demostrar ante la Sala que una persona es responsable de un delito en la jurisdicción de la Corte, interesará que se emita una orden de detención o una citación para comparecer. La adopción de estas medidas cautelares de carácter personal resulta imprescindible en este procedimiento pues el Estatuto no permite dictar sentencias *in absentia*.

Solo con este último paso existe un caso legal o formal según la Sala de Cuestiones Preliminares, dando lugar a la fase de prosecución o ejercicio de la acción penal.

4.3 Orden internacional de detención o citación de comparecencia

En cualquier momento después de iniciada la investigación, la Sala de Cuestiones Preliminares (SCP) dictará, a solicitud del fiscal, una orden de detención contra una persona si, tras examinar la solicitud y los indicios presentados por el fiscal de haber cometido un crimen competencia de la Corte, llegare a la convicción de que tal medida está justificada para la consecución de los fines explicitados en el art. 58 del Estatuto.

Estos no son otros que: asegurar su comparecencia en juicio, evitar la obstrucción o puesta en peligro de los medios de prueba o evitar la reiteración delictiva.

Como alternativa a la solicitud de la orden de detención, el fiscal puede emitir una solicitud a la SCP para que emita una citación de comparecencia de la persona sospechosa.

Las Salas también pueden emitir de oficio órdenes de detención por varias razones, en particular para garantizar la seguridad y la protección de víctimas y testigos, para mantener la integridad de investigaciones y pruebas, y/o asegurar el traslado y la puesta a disposición de la persona sospechosa o acusada.

En el caso de la solicitud por el fiscal de una orden de detención, a la misma se acompañará, además de la identificación de la persona y la referencia al crimen indiciariamente imputable, un resumen de los hechos, de la prueba hasta ese momento recopilada y de las razones de la detención.

La Corte, sobre la base de la orden de detención, podrá solicitar a las autoridades judiciales del Estado en que la persona reclamada fuere hallada la detención provisional —en caso de urgencia y hasta que se presente la solicitud de entrega y los documentos que la justifiquen— o la detención y entrega, sobre la base de los términos expresos de cooperación internacional establecidos en la Parte IX del Estatuto (arts. 89 a 92).

Los arts. 11 a 19 de la LO 18/23 han venido a regular el mecanismo complementario de entrega cuando la persona respecto de la que la Corte ha emitido una orden internacional de detención provisional o de detención y entrega es habida y detenida en territorio nacional. En el plano orgánico, de forma armónica con el apartado 4º del art. 65 LOPJ, la competencia se residencia en los jueces centrales de instrucción[1]. Paradójicamente a lo antes señalado en materia de auxilio judicial general, aquí sí se ha optado por un sistema análogo a la regulación de la orden europea de detención y entrega, judicializándose todo el sistema, atribuyendo la competencia para la entrega a los jueces centrales de instrucción y eliminándose las llamadas fases gubernativas propias del reminiscente procedimiento de extradición pasiva. No obstante, sí se mantiene un régimen de comunicaciones por parte de la policía actuante con el Ministerio de Justicia.

Se establece una primera audiencia en el plazo de 72 horas desde la detención en el que la persona reclamada, asistida de letrado, e intérprete en su caso, comparece ante el juez central de instrucción, con presencia del Ministerio Fiscal, a los solos efectos de declarar si presta su consentimiento irrevocable a la entrega y decidir sobre su situación personal. 2955

Si prestase su consentimiento el procedimiento se reconduce a su forma simplificada con la consiguiente agilización del mismo, procediendo a su ejecución sin esperar a recibir ningún tipo de documentación adicional. Este consentimiento podrá prestarse también dentro de los 15 días siguientes a la comparecencia (art. 13 de la LO 18/2003).

El juez central tendrá un margen de discrecionalidad reglado sobre la medida cautelar a adoptar, pues le estará vedado analizar si la emisión de la orden de detención está justificada (art. 59.4 Estatuto). Solo podrá acordar la libertad provisional de la persona reclamada con medidas cautelares accesorias que aseguren su puesta a disposición de la Corte, si dada la gravedad de los presuntos crímenes, hay circunstancias urgentes y excepcionales la justifiquen. Habitualmente estas medidas serán la entrega de pasaporte con prohibición de salida del territorio nacional y comparecencias "apud acta".

Se establece un plazo de un mínimo de 20 días y máximo de 60 días a la espera de recibir los documentos que justifiquen la solicitud de entrega conforme a la regla 188 del Procedimiento (se han denominado "recomendaciones" en la LO). Transcurrido ese plazo sin haberse recibido la documentación de la Corte se procederá a la puesta en libertad provisional con medidas aseguratorias de la puesta a disposición de la Corte, por un plazo máximo de 180

1 En adelante, y para mayor claridad y sencillez en la redacción, salvo que merezca mayor concreción en el texto, nos referiremos al "juez central de instrucción" como juez unipersonal integrado en la Sección de Instrucción del Tribunal Central de Instancia. En el capítulo 5 de esta obra puede consultarse una explicación completa del nuevo modelo orgánico de los Tribunales de Instancia que introduce la LO 1/2025.

días, sin perjuicio de la modificación de la situación una vez recibida dicha documentación. Contra las resoluciones del juez central de Instrucción relativas a la situación personal del reclamado cabe recurso de apelación ante la Sala de lo Penal de la Audiencia Nacional.

En orden a la decisión sobre la entrega a la Corte, se establece una segunda comparecencia ante del juez central de Instrucción en el plazo máximo de 10 días desde la recepción de la documentación de la Corte, con citación de la persona reclamada y su defensor y, en su caso, de un intérprete, así como del Ministerio Fiscal. A dicha audiencia podrá asistir e intervenir un delegado del fiscal de la Corte. Es por ello que en el caso de orden de detención y entrega se estima podrá realizarse de forma concentrada con la anterior.

En todo caso se reducen los motivos de oposición a la solicitud de entrega, limitándose más bien a la verificación formal de la solicitud, apartándose de los modelos clásicos en materia de extradición, pues no se regulan motivos de carácter facultativo y respecto de los tradicionalmente preceptivos, ni siquiera la existencia de cosa juzgada puede impedir la entrega, sin perjuicio de la valoración que, en su caso, pueda efectuar la Corte, arbitrándose un régimen previo de consultas. (art. 59 del Estatuto y 15 de la LO 18/2003). Contra el auto del juez central de instrucción en el que se resuelve sobre la entrega cabe igualmente recurso de apelación ante la Sala de lo Penal de la Audiencia Nacional.

Se regulan en el Estatuto y en la LO 18/2003 igualmente el procedimiento para determinar la prioridad de entrega en el caso de solicitudes concurrentes (art. 16), la entrega temporal (art. 18) y el principio de especialidad (art. 19).

2956

4.4 Confirmación de los cargos y conclusión de la fase previa al enjuiciamiento

Una vez que la persona reclamada haya sido entregada a la Corte o haya comparecido voluntariamente o en cumplimiento de una orden de comparecencia, la Sala de Cuestiones Preliminares celebrará una audiencia para confirmar los cargos sobre la base de los cuales el fiscal tiene la intención de ejercer acusación. La audiencia se celebrará en presencia del fiscal y de la persona imputada, asistida de su defensa, de conformidad con el art. 61 Estatuto.

La audiencia podrá celebrarse "in absentia" cuando la persona imputada haya renunciado a su derecho a estar presente o se haya sustraído a la acción de la justicia. En un plazo razonable antes de la audiencia se facilitará a la defensa para instrucción el documento en que se formulen los cargos por los cuales el fiscal se proponga enjuiciarlo, así como la información de los medios probatorios de que intente valerse. Antes de la audiencia, el fiscal podrá proseguir la investigación y modificar o retirar los cargos con notificación a la SCP. En la audiencia el fiscal formulará la presentación de los cargos aportando un resumen de medios probatorios que sustentan cada uno de ellos. Por su parte la defensa podrá impugnar los cargos, las pruebas presentadas o presentar nuevas pruebas.

A la vista de la comparecencia, la Sala de Cuestiones Preliminares resolverá:

* Confirmar los cargos respecto de los cuales haya determinado que existen elementos probatorios suficientes y asignará al acusado a una Sala de Primera Instancia para su enjuiciamiento.
* No confirmar los cargos respecto de los cuales haya determinado que las pruebas son insuficientes.
* Levantar la audiencia y pedir al fiscal que considere la posibilidad de presentar nuevos elementos de prueba o llevar a cabo nuevas investigaciones en relación con un determinado cargo; o modificar un cargo en razón de que las pruebas presentadas parecen indicar la comisión de un crimen distinto que sea de la competencia de la Corte.

No obstante, esta fase está dotada de flexibilidad y cabe por el fiscal tanto la nueva presentación de cargos no confirmados apoyados en nuevos elementos de prueba, como la modificación de cargos ya confirmados, incluso de carácter más grave con solicitud de nueva audiencia para su confirmación.

Una vez confirmados los cargos de conformidad con el presente art., la Presidencia constituirá una Sala de Primera Instancia (SPI) para el enjuiciamiento.

A fin de facilitar el curso justo y expedito del proceso, la Sala de Primera Instancia podrá celebrar reuniones con las partes cuando sea necesario. De oficio o a petición del fiscal o la defensa, podrá dirimir cualquier cuestión relativa a la sustanciación de la causa. Tan pronto como sea posible después de constituirse, celebrará una reunión con las partes a fin de fijar la fecha del juicio. La Sala de Primera Instancia se asegurará de que esta fecha y cualquier aplazamiento sean hechos públicos.

5. FASE DE ENJUICIAMIENTO

5.1 Celebración del juicio

A menos que se decida otra cosa, el juicio público se celebrara en la sede de la Corte. La persona acusada estará presente durante el juicio. En casos excepcionales de perturbación constante del juicio, cuando no hubiere medios alternativos y por el tiempo estrictamente necesario, la CPI podrá dar instrucción de que el acusado salga de la Sala y acceda al juico mediante el uso de tecnologías de comunicación.

Al comenzar el juicio la SPI preguntará al fiscal y a la defensa si tienen alguna objeción u observación respecto de la sustanciación de la causa que haya surgido después de la confirmación de los cargos.

Dará lectura ante el acusado de los cargos confirmados anteriormente por la SCP y se cerciorará de que el acusado comprende la naturaleza de los cargos. En todo caso podrá de oficio o a instancia de parte, disponer que se someta al acusado a un reconocimiento médico, psiquiátrico o psicológico, pudiendo incluso acordar la suspensión del juicio en su caso.

Dará a la persona acusada la oportunidad de declararse culpable debiendo constatar que tal declaración es voluntaria e informada con pleno conocimiento de la naturaleza y las consecuencias de tal declaración. La SPI también determinará si la declaración de culpabilidad está corroborada por los hechos de la causa conforme a los cargos presentados y su acervo probatorio.

La SPI de constatar que se cumplen las condiciones anteriormente señaladas, considerará que la declaración de culpabilidad constituye un reconocimiento de todos los hechos esenciales que configuran el crimen, y podrá dictar sentencia condenatoria por ese crimen.

En el caso de que no se constate el cumplimiento de tales condiciones se tendrá la declaración de culpabilidad como no formulada. En este caso el juicio prosigue con arreglo al procedimiento ordinario y podrá remitir la causa a otra SPI.

A la SPI se le encomienda una nueva validación proactiva de los cargos presentados por la Fiscalía, cuando considere necesaria en interés de la justicia y en particular en interés de las víctimas una presentación más completa de los hechos de la causa, requiriendo al fiscal una investigación suplementaria con presentación de pruebas adicionales.

Durante la sustanciación del juicio, el magistrado Presidente podrá impartir directivas, en particular para que este sea justo e imparcial. Todos los magistrados de la Sala de Primera Instancia estarán presentes en cada fase del juicio y en todas sus deliberaciones.

La práctica de las pruebas se desarrollará conforme a los prevenido en el art. 69 del Estatuto, en particular desarrollado en las Reglas de procedimiento y prueba publicadas en la Resolución de 19 de septiembre de 2011.

5.2 La sentencia

Finalizado el juicio y tras las deliberaciones, que tendrán carácter secreto, los magistrados de la Sala de Primera Instancia procurarán adoptar su fallo por unanimidad, pero, de no ser posible, éste será adoptado por mayoría, en cuyo caso en él se incluirán las opiniones de la minoría.

El fallo de la Sala de Primera Instancia constará por escrito e incluirá una exposición fundada y completa de la evaluación de las pruebas presentadas y examinadas ante ella y las conclusiones. La lectura del fallo o de un resumen de éste se hará en sesión pública, de ser posible, en presencia de la persona acusada.

En el caso de que se dicte un fallo condenatorio, a los efectos de individualización de las penas y de una mejor delimitación de las formas de reparación a las víctimas, se prevé la posibilidad de que la SPI pueda de oficio convocar una audiencia y tendrá que hacerlo si lo solicita el fiscal o la persona acusada antes de que concluya la instancia, a fin de practicar diligencias de prueba o escuchar presentaciones adicionales relativas a la pena.

En esta audiencia se prevé la participación de los Estados Parte (art. 23 LO 18/2003). Nada de lo dispuesto podrá interpretarse en perjuicio de los derechos de las víctimas con arreglo al derecho interno o el derecho internacional. Los Estados parte darán efecto a la decisión dictada por la Corte.

La Corte podrá imponer a la persona declarada culpable de uno de los crímenes a que se hace referencia en el art. 5 del presente Estatuto las penas de prisión por un número determinado de años que no exceda de 30 años —en cómputo individual o acumulado— o prisión a perpetuidad cuando lo justifiquen la extrema gravedad del crimen y las circunstancias personales del condenado.

Además de la prisión la Corte podrá imponer penas pecuniarias y el decomiso del producto, los bienes y los haberes procedentes directa o indirectamente de dicho crimen.

6. FASE DE APELACIÓN: APELACIÓN DEL FALLO CONDENATORIO O ABSOLUTORIO O DE LA PENA

Los fallos dictados por la Sala de Primera Instancia serán apelables de conformidad con las Reglas de Procedimiento y Prueba ante la Sala de Apelaciones (SA).

En cuanto a los motivos y efectos, el fiscal puede apelar por alguno de los motivos siguientes: vicio de procedimiento; error de hecho; o error de Derecho.

La extensión de la apelación es mayor cuando recurre la persona condenada o el fiscal en su nombre y por tanto en su defensa, en tanto podrá apelar por alguno de los siguientes motivos: vicio de procedimiento; error de hecho; error de Derecho; o cualquier otro motivo que afecte a la justicia o a la regularidad del proceso o del fallo. En particular se contempla la apelación por parte del fiscal o la persona condenada en razón de una desproporción entre el crimen y la pena impuesta.

Los representantes legales de las víctimas, la persona condenada o la persona propietaria de buena fe de bienes afectados por resolución en virtud de la cual se ordenan reparaciones a las víctimas también pueden apelar contra ella. La persona condenada permanecerá privada de libertad mientras se resuelve la apelación, salvo cuando la duración de la detención fuese mayor que la de la pena de prisión impuesta, que será puesta en libertad. No obstante, si también apela el fiscal, esa libertad quedará sujeta determinadas condiciones.

Si la sentencia fuere absolutoria, el acusado será puesto en libertad de inmediato, con sujeción a las siguientes normas: en casos excepcionales y teniendo en cuenta, el riesgo concreto de fuga, la gravedad del delito y las probabilidades de que se dé lugar a la apelación, la SPI, a solicitud del fiscal, podrá decretar que siga privado de la libertad mientras dure la apelación. Estas decisiones dictadas por la SPI también serán apelables.

En cuanto al procedimiento de la apelación, si la Sala de Apelaciones inadmite la apelación, quedará firme la sentencia. Si por el contrario estima la apelación al considerar que las actuaciones recurridas fueron injustas de tal forma que afectaron la regularidad del fallo o que la sentencia apelada adoleció efectivamente de errores de hecho o de Derecho o de vicios de procedimiento podrá bien revocar o enmendar la sentencia, bien acordar la celebración de un nuevo juicio en otra SPI.

7. EJECUCIÓN

Por último, un breve apunte en materia de ejecución, que viene a incidir la primacía del principio de cooperación con la Corte por parte de los Estados Parte y que informa todo el procedimiento, desde su inicio hasta su finalización.

Las personas condenadas cumplen sus penas en el Estado designado por la Corte a partir de una lista de Estados que han manifestado estar dispuestos a recibir a personas condenadas.

Las condiciones de prisión se rigen por las leyes del Estado de ejecución y deben ser compatibles con las normas de los tratados internacionales generalmente aceptadas sobre el tratamiento de los reclusos. Esas condiciones no pueden ser ni más ni menos favorables que las aplicadas a los condenados por delitos análogos en el Estado de ejecución.

Pues bien, nuestra LO 18/2003 (art. 22) ha complementado la materia en relación con la ejecución de las sentencias de la Corte, debiendo precisar que en lo que concierne a las penas privativas de libertad, España ha formulado una declaración expresando la disposición a recibir personas condenadas por la Corte, para cumplimiento de la condena, bajo determinados límites temporales, de acuerdo con la habilitación concedida por la disposición adicional única de la LO 6/2000.

Así, previas las consultas oportunas, comunicará a la Corte las condiciones en las que España estuviese dispuesta a aceptar el traslado de un condenado a pena privativa de libertad o las razones que impidiesen la aceptación de dicho traslado. Por el Ministerio de Justicia se transmitirán las oportunas informaciones al Ministerio del Interior para la realización del traslado, debiendo comunicarse por las autoridades penitenciarias al juez de vigilancia penitenciaria competente la llegada del recluso, en un plazo de veinticuatro horas. Se prevé la disponibilidad y colaboración por parte de los jueces de vigilancia penitenciaria y el Ministerio del Interior con los magistrados y funcionarios de la Corte que se personaren en España para supervisar la ejecución de las penas. Se regula igualmente el principio de especialidad y los términos de la eventual intervención procesal ante la SP en caso de revisión de condena de quien estuviere cumpliendo en España.

BIBLIOGRAFÍA

- AMBOS, «El test de complementariedad de la Corte Penal Internacional (art. 17 Estatuto de Roma», *InDret, Revista para el Análisis del Derecho*. núm. 2, 2010.
- FERNÁNDEZ, F. M. *Esquema de la Investigación y el Procedimiento ante la Corte Penal Internacional.*
- OLÁSOLO/CARNERO, «Extensión y Límites de la Jurisdicción Personal, Territorial y Temporal de la Corte Penal Internacional», en Olásolo, H. *Ensayos de Derecho Penal y Procesal Internacional*, Tirant lo Blanch, 2011.
- RODRÍGUEZ YAGÜE, «Criterios de resolución de conflictos entre la Corte Penal Internacional y Tribunales ad hoc y la jurisdicción española: a vueltas con la justicia universal» en *Revista Electrónica de Estudios Internacionales*, núm 14, 2007.

Epílogo

Juan José López Ortega
Magistrado
Audiencia Provincial de Madrid
Presidente de la Comisión de redacción de los anteproyectos de LECrim de 2011 y 2020
Profesor Asociado
Universidad Carlos III de Madrid

Si, tal y como señala el director de la presente obra, el proceso penal es espejo de su tiempo, la configuración moderna del mismo refleja el papel central que los derechos y libertades individuales desempeñan en nuestra sociedad.

Bajo el prisma liberal clásico que —hasta ahora— ha caracterizado el pensamiento occidental, la justicia criminal constituye, esencialmente, un mecanismo de control del poder público; la concreción clara y precisa de que un Estado verdaderamente democrático es solo aquel dispuesto a autolimitarse en el ejercicio de sus facultades punitivas.

Por eso, el modelo procesal nacido y desarrollado al albor de las revoluciones francesa y americana se erige, ante todo, como un factor de legitimación del castigo y no un simple medio para su aplicación. Y es que, en el contexto jurídico-político que hemos heredado de la Ilustración, la justicia de una decisión no solo ha de predicarse respecto de su contenido, sino también del *iter* lógico que lleva a su adopción.

En coherencia con esa función legitimadora, durante la modernidad, el proceso penal transmuta en sistema de garantías; se vertebra a través de una serie de salvaguardas o cautelas de obligado cumplimiento para la autoridad encargada de la represión del delito. Estas garantías operan en dos ámbitos teleológicamente distintos, aunque complementarios en la práctica.

El primero de los ámbitos integra una serie de garantías esenciales dirigidas a minimizar el error judicial en la determinación de los hechos, excluyendo la posibilidad de condenar si no se alcanza un alto umbral de certidumbre. Así, se atribuye la carga de acreditar los elementos fácticos constitutivos de la responsabilidad penal a la parte acusadora, se impone la contradicción en la práctica probatoria, se otorga valor preeminente a la inmediación del juicio oral y se establece la obligación de motivar las resoluciones judiciales. Todas estas exigencias no son meros formalismos; constituyen filtros destinados a asegurar que la decisión judicial sea el resultado de un razonamiento depurado y controlable, no de la mera sospecha o de la arbitrariedad.

El segundo de los ámbitos integra un amplio compendio de medidas dirigidas a asegurar la primacía de los derechos individuales de carácter fundamental frente a los fines preventivo y retributivo del castigo, posición que queda sintetizada en la máxima de que *la verdad no puede alcanzarse a cualquier precio, sino solo dentro de los límites establecidos por las reglas del debido proceso*. Así, el acusado deja de ser objeto pasivo de la intervención penal para convertirse en sujeto de derechos, titular de una esfera de protección jurídica, que el Estado está obligado a respetar y garantizar. Esta concepción, que tiene como uno de sus más claros exponentes la exclusión de toda prueba obtenida con violación de derechos fundamentales o derivada de esta, sitúa al proceso penal en la primera línea de defensa de la dignidad humana: en él se concreta el derecho a no ser torturado, a no declarar contra sí mismo, a contar con un abogado desde el primer momento, a ser informado de la acusación, a un juicio público y a obtener una resolución fundada.

La doble finalidad de salvaguardar derechos y reducir el error no solo sitúa al proceso penal como principal factor de legitimación del castigo, sino que también le confiere una función estructural en el Estado de Derecho. Ya no se trata únicamente de enjuiciar delitos, sino de garantizar que la persecución se realice conforme a parámetros representativos del modelo de convivencia democrático. Si en términos simbólicos, el proceso es un espejo de la cultura política de cada época, el proceso penal moderno refleja las bases de la democracia liberal.

Por eso, en la España surgida tras la Constitución vigente se reforzó el espíritu garantista del proceso penal, que abandona cualquier pretensión de constituir un fin en sí mismo, para concebirse íntegramente como un instrumento de tutela encaminado a hacer efectivos los derechos fundamentales. A partir de 1978, el proceso penal ya no puede entenderse sin la centralidad de derechos como la tutela judicial efectiva, la presunción de inocencia, el derecho a un proceso con todas las garantías o la legalidad penal y procesal. En tanto núcleo incuestionable del modelo constitucional de justicia penal, todo el diseño del procedimiento pasa a estar orientado hacia su cumplimiento efectivo.

Ahora bien, este modelo garantista no se construye en el vacío. Como recuerda la doctrina, cada principio responde a una determinada experiencia histórica. Por ello, hablar del proceso penal como sistema de garantías implica también reconocer que se trata de una construcción siempre provisional, sometida a tensiones y a ajustes. En tiempos de crisis o de incertidumbre, los Estados tienden a reforzar el componente represivo; en épocas de estabilidad democrática, se enfatiza la protección de derechos. Esta oscilación constante explica por qué el proceso penal es un "campo de batalla entre la seguridad y la libertad"; un espacio privilegiado para medir la salud democrática del Estado.

Tales planteamientos chocan, sin embargo, con el hecho de que nuestro código procesal penal, la Ley de Enjuiciamiento Criminal de 1882, lleve casi siglo y medio vigente. Su permanencia constituye, en sí misma, una anomalía: mientras en el ámbito civil o mercantil las codificaciones decimonónicas han sido sustituidas o profundamente reformadas, el proceso penal español continúa anclado en un texto nacido durante la Restauración. Esta capacidad de supervivencia no parece responder tanto a su rendimiento técnico, como a la incapacidad política de aprobar un nuevo texto adaptado a las exigencias de la sociedad contemporánea.

El marco social y político donde se aprobó la LECrim de 1882 era radicalmente distinto al actual. Se trataba de una España con una estructura estatal centralizada, una criminalidad de baja complejidad y un sistema de gobierno pseudorrepresentativo basado en el turnismo de partidos. En ese contexto, el modelo procesal mixto, heredero de la tradición inquisitiva pero abierto a algunos elementos acusatorios, podía resultar funcional. El juez de instrucción, figura clave del sistema, fue incorporado a las lógicas liberales bajo la premisa de que un magistrado independiente debía controlar la investigación para evitar abusos. Sin embargo, lo que entonces se concibió como garantía se ha transformado, con el paso del tiempo, en un obstáculo. Lo mismo ocurre con múltiples aspectos netamente procedimentales del modelo, su base territorial o la propia distribución de atribuciones entre los miembros del Poder Judicial.

Quizás, la debilidad más llamativa del modelo aún vigente en España es su inadecuación estructural. El juez de instrucción concentra funciones contradictorias: investiga los hechos y ordena diligencias mientras tutela los derechos fundamentales del investigado; decide sobre medidas cautelares e incluso enjuicia en determinados supuestos. Esta acumulación resulta difícilmente compatible con los altos estándares de imparcialidad objetiva que exige la Constitución y, sobre todo, el Tribunal Europeo de Derechos Humanos. Además, son consabidas las críticas que desde hace décadas se formulan desde ámbitos académicos al peso que la norma procesal otorga a las conclusiones extraídas por juez instructor, pues al operar como base de la acusación, pueden comprometer la integridad del juicio oral.

Por otro lado, dado su distanciamiento de la realidad vigente, la LECrim de 1882 es ineficiente. El predominio de la escritura, la dispersión de trámites y la duración excesiva de la instrucción generan dilaciones incompatibles con el artículo 24.2 de la Constitución. Muchos procesos se alargan durante años, con un enorme coste económico y social, y sin que ello se traduzca en una mayor calidad de la justicia. Esta ineficiencia mina la confianza de los ciudadanos en la justicia penal y alimenta la percepción de impunidad.

La norma ha quedado obsoleta si se atiende a las características que reviste la criminalidad contemporánea. En el último siglo hemos pasado de un tipo de delincuencia marcadamente individual y local, a la preminencia de delitos asociativos de carácter fundamentalmente económico y ámbito global, criminalidad organizada transnacional, terrorismo internacional o ciberdelitos. Pretender que un juez unipersonal pueda dirigir prácticamente solo investigaciones de tal complejidad resulta ilusorio. De ahí que las legislaciones europeas hayan optado por fiscalías especializadas, equipos conjuntos de investigación y estructuras más flexibles y dinámicas.

Además, la LECrim adolece de una coherencia interna deteriorada. A lo largo de su larga vigencia ha sido reformada en decenas de ocasiones, de forma fragmentaria y descoordinada. El resultado es un texto farragoso, lleno de remisiones cruzadas y contradicciones, difícil de interpretar incluso para los operadores jurídicos experimentados. Estamos, en resumidas cuentas, ante un *palimpsesto* legislativo en el que conviven normas de tres siglos distintos, sin un hilo sistemático que les dé coherencia.

Por todo ello, la necesidad de superar este modelo ha sido reconocida en múltiples foros, empezando por el Pacto de Estado para la Justicia de 2001, en el que las principales fuerzas políticas coincidieron en la urgencia de aprobar una nueva Ley de Enjuiciamiento Criminal que sustituyera de forma integral la de 1882. La idea, irrealizada hasta la fecha, era consensuar un texto que situara a España en línea con los países de su entorno, reforzara la eficiencia y garantizara la plena efectividad de los derechos fundamentales. Aunque aquel compromiso no se tradujo en una reforma efectiva, supuso la constatación de un diagnóstico compartido: la LECrim había agotado su recorrido histórico.

También desde la perspectiva europea se ha insistido en la necesidad de convergencia. La construcción del espacio judicial común en la Unión Europea exige que los Estados miembros cuenten con procesos penales compatibles en sus principios esenciales. La Directiva sobre derechos de defensa, las normas sobre orden de detención europea o la cooperación judicial penal requieren sistemas cada vez homogéneos en sus fundamentos, tanto orgánicos como procedimentales. España, al mantener el modelo del juez instructor, se ha convertido en una excepción difícil de justificar.

Por todo ello, aparentemente la superación de la LECrim de 1882 resultaría no solo necesaria, sino inaplazable. Cuestión distinta, pero igual o aún más relevante que las razones que señalan la necesidad de superar el modelo, es cómo y con qué equilibrios jurídico-políticos pueda llevarse a cabo.

En cualquier caso, el reconocimiento de la insuficiencia del sistema procesal penal vigente no ha quedado únicamente en el plano doctrinal. A lo largo de las últimas dos décadas se han articulado distintos proyectos normativos que, aunque finalmente frustrados, han dejado tras de sí un valioso acervo de propuestas y de consensos técnicos. Entre ellos destacan tres hitos principales: el Anteproyecto de Ley de Enjuiciamiento Criminal de 2011, el Borrador de Código Procesal Penal de 2013 y el Anteproyecto de 2020. Cada uno de estos textos surgió en un contexto político específico, pero todos convergen en unos lineamientos comunes que perfilan con claridad lo que hasta ahora ha sido la apuesta española por un modelo alternativo al de 1882.

El Anteproyecto de 2011 supuso el primer intento serio de sustituir de manera integral la LECrim de 1882. Elaborado por una comisión de expertos, el texto respondía a un diagnóstico claro: la estructura del proceso penal español era incompatible con los estándares constitucionales y europeos. Frente a ello, el Anteproyecto proponía un giro acusatorio nítido.

Su núcleo central era la atribución de la dirección de la investigación al Ministerio Fiscal. El fiscal investigador estaría obligado a actuar con objetividad, tanto en la búsqueda de pruebas de cargo como de descargo, y bajo el control del juez de garantías. Este último se configuraba como la figura llamada a autorizar las medidas restrictivas de derechos fundamentales —intervenciones telefónicas, entradas y registros, detenciones prolongadas— y a velar por el respeto al principio de proporcionalidad.

Otro de los elementos innovadores era la creación de tribunales de instancia en lo penal, sustituyendo a los juzgados unipersonales. Una medida ya vigente, cuyo objetivo era dotar de mayor agilidad y coherencia a la justicia penal, superar el aislamiento del juez único y facilitar la especialización.

Asimismo, el Anteproyecto introducía la figura de la audiencia preliminar, que también se encuentra hoy incorporada al ordenamiento para el procedimiento abreviado, en tanto fase oral y contradictoria en la que las partes debaten la solidez de la acusación antes de abrir el juicio oral. Esta audiencia permite filtrar las causas infundadas, evitando juicios innecesarios y protegiendo al acusado de procesos largos y estigmatizantes sin base suficiente.

Aunque no llegó a tramitarse parlamentariamente, el Anteproyecto de 2011 marcó un antes y un después. Supuso la primera vez que un gobierno asumía oficialmente la necesidad de reformar integralmente la LECrim y ponía sobre la mesa un modelo alternativo coherente y articulado.

Dos años después, bajo un nuevo gobierno, se presentó el Borrador de Código Procesal Penal de 2013. A pesar de las diferencias políticas, el texto mantenía las líneas maestras del Anteproyecto de 2011, lo que revela la existencia de un consenso técnico en torno al modelo de futuro.

El Borrador confirmaba la atribución de la investigación al Ministerio Fiscal, con un estatuto reforzado de independencia funcional. Se mantenía la figura del juez de garantías, encargado de autorizar y supervisar las medidas que afectasen a derechos fundamentales. También se conservaba la audiencia preliminar como fase intermedia oral y contradictoria.

Entre sus aportaciones propias destacaba la insistencia en los equipos conjuntos de investigación, formados por fiscales, policías y peritos especializados, capaces de afrontar delitos complejos como la corrupción, el terrorismo o la criminalidad económica. Se trataba de un reconocimiento explícito de que la criminalidad del siglo XXI exige estructuras de investigación flexibles y multidisciplinares, imposibles de gestionar por un juez instructor aislado.

El Borrador tampoco prosperó, pero su coincidencia con el Anteproyecto de 2011 reforzó la idea de que el camino hacia un modelo acusatorio estaba ya trazado, independientemente del color político del gobierno.

El intento más reciente es el Anteproyecto de 2020, que recoge las lecciones aprendidas de los proyectos anteriores y las adapta al contexto actual. De nuevo, el fiscal investigador se consolida como la piedra angular del sistema. El Ministerio Fiscal asume la dirección de la investigación, con la obligación de actuar con objetividad y bajo el control judicial de garantías. Para reforzar la independencia de la Fiscalía se prevé un estatuto más detallado y un régimen de responsabilidad disciplinaria que evite interferencias.

El juez de garantías adquiere un papel aún más central, no solo en la autorización de medidas restrictivas de derechos, sino también en la supervisión del respeto a los plazos y en la protección de la defensa. Se busca con ello evitar la posibilidad de que el fiscal se convirtiera en un poder descontrolado.

El Anteproyecto de 2020 innovaba además en la regulación de las diligencias de investigación tecnológica, como la interceptación de comunicaciones electrónicas, la captación remota de dispositivos o el uso de herramientas de geolocalización. Estas técnicas, cada vez más habituales en la criminalidad contemporánea, quedaban sometidas a un estricto control judicial para garantizar el respeto a la intimidad y a la privacidad.

En materia de medidas cautelares, se insistía en la excepcionalidad de la prisión provisional y se introducían mecanismos de control más rigurosos. Asimismo, se reconocía una mayor participación de la víctima en el proceso, otorgándole derechos a ser informada, a recurrir determinadas resoluciones y a recibir asistencia especializada.

Aunque hasta la fecha no ha podido ser aprobado, el Anteproyecto de 2020 constituye el esfuerzo más completo y ambicioso de los últimos tiempos. Recoge lo mejor de las propuestas anteriores y añade elementos de modernización imprescindibles para afrontar la criminalidad tecnológica y globalizada.

Del análisis de estos tres proyectos se desprenden varias conclusiones. En primer lugar, existe un consenso técnico sólido en torno a los pilares del nuevo proceso penal: fiscal investigador, juez de garantías, tribunales de instancia, audiencia preliminar y modernización tecnológica. Estos elementos, aparentemente, no dependen de la coyuntura política, sino de un diagnóstico compartido sobre las deficiencias del modelo actual.

En segundo lugar, las propuestas coinciden en reforzar las garantías procesales. Lejos de concebir la atribución de la investigación al fiscal como un retroceso, las propuestas normativas acompañan esta fase de un robusto sistema de control judicial y garantías del derecho de defensa. El objetivo no es desplazar el centro de poder, sino equilibrarlo, de modo que ninguna institución concentre funciones incompatibles con la imparcialidad.

En tercer lugar, los textos reconocen la centralidad del juicio oral como único espacio legítimo para desvirtuar la presunción de inocencia. Todo el diseño de la instrucción y fase intermedia presentan un claro carácter preparatorio del juicio, lejos de adquirir sustantividad propia, como hoy ocurre en muchas ocasiones.

En cuarto lugar, los proyectos han puesto de relieve la necesidad de una justicia penal adaptada a la complejidad criminal contemporánea. La creación de equipos de investigación conjuntos, la regulación de técnicas tecnológicas o la protección de las víctimas son respuestas concretas a desafíos que la LECrim de 1882 jamás pudo prever.

Por todo ello, puede afirmarse que los proyectos de 2011, 2013 y 2020 han configurado ya un modelo de futuro inalcanzado. Aunque no se hayan convertido en ley, su coincidencia en los puntos esenciales dibuja el horizonte hacia el que se ha tratado de tender.

Sin embargo, la existencia de un consenso doctrinal y técnico sobre la necesidad de sustituir la Ley de Enjuiciamiento Criminal de 1882 contrasta con la incapacidad política de hacerlo realidad. Durante más de dos décadas, los distintos gobiernos han presentado proyectos de reforma integral que coincidían en los aspectos esenciales. Sin embargo, ninguno ha llegado a aprobarse.

Esta frustración recurrente obliga reflexionar las dificultades estructurales que bloquean la sustitución del modelo vigente.

Las dificultades para superar el modelo de 1882 no se deben a un único factor, sino a la confluencia de varios: la resistencia de los operadores jurídicos anclados en sus funciones tradicionales, la lucha existente entre poderes y los intereses corporativos de estamentos públicos y privados son algunos de los más destacados. Cada uno de estos obstáculos, por sí solo, podría ser gestionable; juntos, parecen haber configurado un escenario de bloqueo estructural.

La constatación de que, pese a múltiples intentos, no ha sido posible aprobar una nueva Ley de Enjuiciamiento Criminal integral obliga a replantear los caminos de reforma del proceso penal. Quizá la pregunta ya no sea cuándo sustituiremos de una vez por todas el texto de 1882, sino cómo se llevará a cabo esa transformación en un contexto de pluralismo político, resistencias corporativas y complejidad técnica.

Una de las claves para entender el presente reside en la idea de que estamos asistiendo al fin de la etapa codificadora. Las lógicas implícitas en los grandes códigos unitarios que pretendían regular de manera exhaustiva toda una materia resultan inoperantes a día de hoy, pues son propias de sociedades más homogéneas y de sistemas jurídicos centralizados. La globalización, la integración europea y la complejidad social hacen que la aspiración a un único texto omnicomprensivo se vea sustituida por una pluralidad de leyes sectoriales.

En este sentido, la LECrim de 1882 es una superviviente de una época que ya no existe. La insistencia en sustituirla por un nuevo código integral puede ser como un objetivo quimérico. No porque no sea deseable contar con un texto coherente, sino porque las condiciones políticas y sociales actuales no parecen propicias para lograr consensos tan amplios.

Frente a esta dificultad, se abre la posibilidad de una reforma modular, es decir, de una transformación progresiva mediante leyes específicas que regulen aspectos concretos del proceso penal. En lugar de esperar a que se apruebe un nuevo código integral, es más probable que acaben promulgándose leyes autónomas, aunque conectadas, sobre medidas cautelares, sobre la investigación penal, sobre el juicio oral, sobre los recursos o sobre la ejecución de sentencias.

Este camino presenta varias ventajas. En primer lugar, permite avanzar de manera gradual, acumulando consensos parciales en ámbitos menos conflictivos. En segundo lugar, facilita la adaptación a los cambios sociales y tecnológicos, ya que cada ley puede actualizarse con mayor rapidez que un código integral. Por último, reduce el riesgo de colapso institucional, pues las reformas se introducen de forma paulatina sin alterar la totalidad de la estructura procesal.

La contrapartida es tan evidente como habitual en el momento presente: una mayor dispersión normativa. El proceso penal podría fragmentarse en múltiples fuentes, lo que dificultaría su comprensión sistémica. Sin embargo, esta dispersión no debe verse necesariamente como un defecto, sino como un reflejo de la complejidad del mundo contemporáneo; se trata de aceptar la pluralidad como característica estructural del Derecho actual.

En definitiva, los horizontes de futuro del proceso penal en España no pueden seguir anclados en la expectativa de una gran ley integral que sustituya, de golpe, a la LECrim de 1882. La experiencia de los últimos veinte años demuestra que ese camino es políticamente improbable. En su lugar, se perfila un escenario de reformas progresivas, sectoriales y modulares, impulsadas en parte por la presión europea y en parte por la necesidad de dar respuesta a los desafíos tecnológicos y sociales.

Ello no implica renunciar al ideal de un proceso penal coherente y garantista. Significa reconocer que la coherencia ya no vendrá de la unidad formal de un código, sino de la capacidad del legislador y de los tribunales para mantener un hilo conductor en la regulación y practica de toda actuación penal: el respeto y reflejo de los valores que rigen nuestro modelo de convivencia democrática. Ese será, como siempre ha debido ser, el criterio con el que deberá medirse la legitimidad del sistema penal del siglo XXI.